D1731338

BROCKHAUS · DIE ENZYKLOPÄDIE

1796

Zweihundert Jahre
Brockhaus-Lexika

1996

BROCKHAUS
DIE ENZYKLOPÄDIE

in vierundzwanzig Bänden

Zwanzigste, überarbeitete und
aktualisierte Auflage

Zweiundzwanzigster Band
THEM – VALK

F. A. Brockhaus Leipzig · Mannheim

Dieser Band enthält die Schlüsselbegriffe
Tierschutz
Tod
Totalitarismus
Tourismus
Tradition
Umweltpolitik
Umweltschutz
Utopie

Die Deutsche Bibliothek – CIP-Einheitsaufnahme
Brockhaus – Die Enzyklopädie: in 24 Bänden. –
20., überarb. und aktualisierte Aufl. –
Leipzig; Mannheim: Brockhaus.
  19. Aufl. u. d. T.: Brockhaus-Enzyklopädie
  ISBN 3-7653-3100-7
Bd. 22. THEM–VALK. – 1999
  ISBN 3-7653-3122-8

Namen und Kennzeichen, die als Marken
bekannt sind und entsprechenden Schutz genießen,
sind beim fett gedruckten Stichwort durch das
Zeichen ® gekennzeichnet.
Handelsnamen ohne Markencharakter sind
nicht gekennzeichnet. Aus dem Fehlen des
Zeichens ® darf im Einzelfall nicht geschlossen
werden, dass ein Name oder Zeichen frei ist.
Eine Haftung für ein etwaiges Fehlen des Zeichens ®
wird ausgeschlossen.
Das Wort BROCKHAUS ist für den Verlag
F. A. Brockhaus GmbH als Marke geschützt.
Das Werk wurde in neuer Rechtschreibung verfasst.

Das Werk einschließlich aller seiner Teile ist
urheberrechtlich geschützt. Jede Verwertung
außerhalb der Grenzen des Urheberrechtsgesetzes ist
ohne Zustimmung des Verlages unzulässig und
strafbar. Das gilt insbesondere für Vervielfältigungen,
Übersetzungen, Mikroverfilmungen und die
Speicherung und Verarbeitung in elektronischen
Systemen.

© F. A. Brockhaus GmbH, Leipzig–Mannheim 1999
ISBN für das Gesamtwerk: 3-7653-3100-7
Band 22: 3-7653-3122-8

Typographische Beratung: Hans Peter Willberg,
Eppstein, und Friedrich Forssman, Kassel,
unter Mitwirkung von Raphaela Mäntele, Heidelberg
Satz: Bibliographisches Institut & F. A. Brockhaus AG
(PageOne Siemens Nixdorf) und Mannheimer Morgen
Großdruckerei und Verlag GmbH
Druck: ColorDruck, Leimen
Papier: 120 g/m^2 holzfreies, alterungsbeständiges
und chlorfrei gebleichtes Offsetpapier der Papeteries
Smurfit-Condat, Paris
Einband: Großbuchbindereien Lachenmaier,
Reutlingen, und Sigloch, Künzelsau
Printed in Germany

THEM

Thema [griech.-lat. ›Satz‹, ›abzuhandelnder Gegenstand‹, eigtl. ›das (Auf)gesetzte‹] *das, -s/...men* und (veraltend) *-ta,* **1)** *allg.:* zu behandelnder Gegenstand, Hauptinhalt, Leitgedanke, Gesprächsstoff.
2) *Geschichte:* urspr. Bez. für die byzantin. Heeresabteilungen, später auf die von Kaiser HERAKLEIOS (610–641) zunächst in Kleinasien eingerichteten großen Militärbezirke übertragen, in denen Truppen angesiedelt wurden (Stratioten) und die gleichzeitig Verw.-Bezirke waren. Als Themenstatthalter fungierte der Stratege, der im Zuge der Umwandlung der großen T. in kleinere Verw.-Einheiten immer mehr durch den Dux ersetzt wurde (seit dem 10./11. Jh.).
3) *Literaturwissenschaft:* Bez. für den in einem literar. Werk behandelten Gegenstand, v. a. der die Gestaltung und den Ablauf der Handlung durchdringende Grundgedanke. Die Bez. T. geht dabei über die Bedeutung sowohl von →Fabel als auch von →Motiv hinaus und weist auf den ideellen Zusammenhang der Einzelelemente.
4) *Musik:* ein prägnanter musikal. Gedanke, der als tragender Formteil eines Stückes wesentlich auf Wiederkehr, Bearbeitung und Verarbeitung (→thematische Arbeit) hin angelegt ist, ggf. auch auf Gegenüberstellung oder Kombination mit weiteren Themen. Gestalt und Funktion eines T. hängen von Gattung, Form und kompositor. Absicht ab. So gehen die Themenbegriffe z. B. von Fuge, Sonatensatzform und Variationswerk weit auseinander. Das T. in der frühen Neuzeit entstanden und erstmals so benannt, hat bes. in der aufblühenden Instrumentalmusik hauptsächlich nach drei Richtungen unterschiedl. Ausprägungen erfahren: 1) Der Typus des von Einzelstimmen vorgetragenen T., vorbereitet in der Vokalpolyphonie des 15./16. Jh. durch das Prinzip der →Imitation und vermittelt u. a. durch Ricercar und Fantasia, findet sich im Subjekt von →Fuge und Fugato und umfasst meist nur wenige Takte. 2) Die →Variation des 16. bis 17. Jh. kennt neben dem Typus des Ostinato-T. (→Ostinato) auch den des Lied-T. (Virginalisten, J. P. SWEELINCK, S. SCHEIDT). Variationswerke der Folgezeit beruhen u. a. auf Tanz-, Marsch-, Liedsätzen und Arien sowie auf frei erfundenen Themen. 3) In der klassisch-romant. →Sonatensatzform ist stets ein markantes Haupt-T. bestimmend, dem i. d. R. ein zweites, nicht selten noch ein drittes andersartiges T. gegenübertritt. Das T. selbst, nicht immer klar begrenzt, besteht meist aus mehreren Motiven, die zumal im Bereich der Wiener Klassik an eine harmonisch-metr. Ordnung (→Periode) gebunden sind. Motiv. Verarbeitung des T., Ableitung der Themen von einer Grundgestalt, poet. Bedeutung der Themen (H. BERLIOZ, R. SCHUMANN, F. LISZT), Vermehrung des themat. Materials (J. BRAHMS, A. BRUCKNER, G. MAHLER), Verschleierung und schließlich Preisgabe des T. (A. SCHÖNBERG, ›Sechs kleine Klavierstücke‹ op. 19, 1911) kennzeichnen die weitere Entwicklung.
5) *Sprachwissenschaft:* semant. Einheit, die den Ausgangspunkt der Äußerung (die bekannte oder gegebene Information) darstellt; der kommunikative Sinn einer Äußerung konstituiert sich in der Beziehung auf das →Rhema.

Themar, Stadt im Landkreis Hildburghausen, Thür., 330 m ü. M., an der Werra, 3 400 Ew.; Möbelbau, Baustoffindustrie. – Spätgot. Stadtkirche (begonnen 1488; im Chor Netzgewölbe mit Pflanzenornamenten) mit bes. qualitätvoller Ausstattung, u. a. Marienaltar (um 1500) und Kanzel (17. Jh.). – Nordwestlich von T. liegt die Ruine Osterburg (13. Jh.), südöstlich (im Schleusetal) Kloster Vessra (nach 1201; mit Henneberg. Museum). – 776 und 796 genannte Güter im heutigen Stadtgebiet gehörten den Klöstern Fulda und Milz. Die 1303 erstmals genannte Kleinstadt T. unterstand den Grafen von Henneberg (1340 so bezeugt), fiel 1583 unter sächs. Verwaltung, kam 1660 zum Herzogtum Sachsen-Altenburg, 1672 an Sachsen-Gotha, 1680 an Sachsen-Römhild und gehörte 1826–1918 zu Sachsen-Meiningen.

thematische Arbeit, thematisch-motivische Arbeit, Kompositionsverfahren, bei dem über längere Strecken eines Satzes hin Motive des Themas abgewandelt, umgruppiert und kombiniert werden. Den bevorzugten Ort hierfür bieten die Übergangs- und Durchführungsteile zw. den themat. Partien der Sonatensatzform. Namentlich seit J. HAYDNS Streichquartetten op. 33 (1781) wurde die t. A. zum favorisierten Kompositionsprinzip der Wiener Klassik; sie wurde durch L. VAN BEETHOVEN zur Vollendung geführt und durch J. BRAHMS und G. MAHLER aufs Neue stärkstens verdichtet und als Technik ständiger Motivvariation an die zweite Wiener Schule um A. SCHÖNBERG vermittelt.

thematische Karte, Themakarte, *Kartographie:* Karte, die ein bestimmtes Thema (z. B. Geologie, Klima, Bev., Wirtschaft) auf einem topograph. Kartengrund darstellt, der der räuml. Lokalisierung und dem Verständnis des Themas dient. Ein **thematischer Atlas** ist eine Sammlung von t. K. eines Themas (Fachatlas) oder mehrerer, alle das gleiche Land betreffende Themen (z. B. Nationalatlas).

E. IMHOF: Themat. Kartographie (1972).

thematischer Apperzeptionstest, Abk. **TAT, Murray-Test** [ˈmʌrɪ-], Bez. für ein von H. A. MURRAY in den 1930er-Jahren entwickeltes projektives Diagnoseverfahren. Es besteht aus 20 Bildvorlagen, zu denen Geschichten erzählt werden sollen, aus denen der Psychologe auf die Bedürfnis-, Gefühls- und Motivstruktur des Erzählers schließt. Wegen fehlender Testgütekriterien wird dieses Verfahren nicht zu den standardisierten Tests gezählt. Als Explorationshilfe hat es sich dennoch, v. a. in der Kinderversion (children's apperception test, Abk. CAT), bewährt.

H. J. KORNADT u. H. ZUMKLEY: Themat. Apperzeptionsverfahren, in: Persönlichkeitsdiagnostik, hg. v. K.-J. GROFFMANN u. a. (1982).

thematischer Katalog, Verzeichnis von Kompositionen mit beigefügten Noten des Beginns der einzelnen Stücke; im 18. Jh. aus Verlagskatalogen entstanden. Der t. K. hat bes. als chronologisch oder nach Opuszahlen geordnetes Werkverzeichnis einzelner Komponisten (mit Angaben zur Entstehung und Überlieferung der Werke) Bedeutung gewonnen, z. B. für J. S. BACH das Bach-Werke-Verzeichnis (→BWV), für W. A. MOZART das →Köchelverzeichnis (KV).

Themis:
Marmorstatue der Göttin aus dem Themistempel von Rhamnus, signiert von Chairestratos; Höhe 2,2 m, um 300 v. Chr. (Athen, Archäologisches Nationalmuseum)

Themistokles
(römische Kopie einer griechischen Porträtplastik; Ostia Antica, Archäologisches Museum)

Thenardit

Thematisierungshypothese, Agenda-setting-Ansatz, Erklärungsansatz der Medienwirkungsanalyse, der besagt, dass die Medien durch die Platzierung, Aufmachung und Häufigkeit der Behandlung der versch. Themen im Wesentlichen bestimmen, was die Mediennutzer für wichtig halten.

Themavokal, Bindevokal, Vokal, mit dessen Hilfe von der Wurzel eines Wortes der Stamm gebildet wird, bes. der zw. Verbalwurzel und Personalendung eingeschobene Vokal, z. B. (erschlossenes) e/o in griech. paideuomen ›wir erziehen‹, paideuete ›ihr erzieht‹; bei Verben dieser Art spricht man von **thematischen Verben.** Wird die Personalendung unmittelbar an den Verbalstamm angefügt, spricht man von **athematischen Verben** (z. B. indogerman. es-ti ›[er] ist‹).

themenzentrierte Inter|aktion, Abk. **TZI,** von der Psychiaterin RUTH COHN (* 1912) entwickelte gruppendynam. Methode für Arbeits-, Selbsterfahrungs- und therapeut. Gruppen. Die TZI zielt darauf ab, zw. den Bedürfnissen der einzelnen Gruppenmitglieder sowie der Gruppe insgesamt und dem gemeinsamen Thema ein dynam. Gleichgewicht zu erhalten. Damit soll kognitives und emotionales Lernen (**lebendiges Lernen**) in Gruppen ermöglicht werden.

Themis, griech. Mythos: Tochter des Uranos und der Gaia, zweite Gemahlin des Zeus, Mutter der Horen und Moiren, der Dike und Eirene (nach einer Version des Mythos auch des Prometheus). Sie galt als Personifikation von Ordnung und göttl. Recht und war vor Apoll Inhaberin des delph. Orakels. – T. ist schon auf griech. Vasen des 5. Jh. v. Chr. nachweisbar. Erhalten ist auch eine Statue des →CHAIRESTRATOS.

Themistokles, griech. **Themistokles,** athen. Feldherr und Staatsmann, * Athen um 525 v. Chr., † Magnesia am Mäander kurz nach 460 v. Chr.; ließ 493/492 als Archon den Hafen Piräus ausbauen. Angesichts der Rüstungsanstrengungen der Perser vor dem Feldzug XERXES' I. (→Perserkriege) setzte T. seit 483/482 v. Chr. den Bau einer großen Flotte (200 Trieren) durch, finanziert durch Einnahmen aus neuen Silberminen bei Laurion, und begründete so die att. Seemacht. Als Stratege der athen. Schiffe siegte er 480 v. Chr. im Sund von Salamis über die Perser. 479/478 setzte der wenig beliebte T. – ihm wurde u. a. Prunksucht vorgeworfen – gegen spartan. Widerstand die Ummauerung Athens durch. 471 v. Chr. (?) wurde er durch Ostrakismos verbannt und später auf Betreiben Spartas, das ihn des Hochverrats (er soll in seinem Verbannungsort Argos die antispartan. Bewegung auf der Peloponnes geschürt haben) und der Konspiration mit den Persern verdächtigte, in Athen in Abwesenheit zum Tode verurteilt. Er starb als pers. Vasall.

A. J. PODLECKI: The life of Themistocles (Montreal 1975); R. J. LENARDON: The saga of Themistocles (London 1978).

Themse die, engl. **Thames** [temz], Hauptfluss Englands, 346 km lang, entspringt (113 m ü. M.) in den Cotswold Hills bei Cirencester, mündet in die Nordsee. Die Flussbreite beträgt bei Oxford 38 m, in London an der London Bridge 245 m, bei Woolwich über 500 m, bei Gravesend 700 m und an der Mündung des Ästuars 9 km. Für Seeschiffe ist die T. bis zur London Bridge, für kleinere Fahrzeuge bis oberhalb von Oxford befahrbar. Die Londoner Hafenanlagen (mit Fabriken) unterhalb der Tower Bridge (Docklands) wurden zw. 1967 und 1981 stillgelegt; neue Häfen entstanden themseabwärts: Containerhafen Tilbury, Erdölhäfen Shellhaven, Thames Haven, Canvey Island und Coryton. Der Tidenhub beträgt bei der London Bridge 4,5–7 m. Das Sturmflutwehr **Thames Barrier** bei Woolwich östlich von Greenwich, das London seit 1982 bei Sturmfluten schützt, besteht aus sechs halbmondförmigen Toren (vier mit 61 m, zwei mit 31,5 m Breite), die im Boden des Flussbettes ruhen und bei Flutgefahr elektrohydraulisch in die Senkrechte gehoben werden (innerhalb 30 min), sowie vier einfachen Falltoren an den Seiten. Damit das durch das Wehr gestaute Flutwasser das vor dem Wehr liegende Land nicht überschwemmt, wurden die Flussdeiche erhöht und verstärkt sowie acht kleinere Sperren gebaut, die die Zuflüsse der T. abriegeln können.

Thenard [tə'na:r], Louis Jacques Baron (seit 1824), frz. Chemiker, * La Louptière (heute La Louptière-Thénard, Dép. Aube) 4. 5. 1777, † Paris 20. (21.?) 6. 1857; ab 1804 Prof. in Paris. T. führte, z. T. mit J. L. GAY-LUSSAC, Untersuchungen u. a. über Alkalimetalle, Äther und Ester durch, entwickelte 1805 das nach ihm benannte Pigment **T.-Blau** (→Kobaltpigmente) und entdeckte 1818 das Wasserstoffperoxid.

Thenardit [nach L. J. THENARD] der, -s/-e, weißes, auch bräunl. oder rötl., rhomb. Mineral der chem. Zusammensetzung Na_2SO_4 (α-Modifikation); isotyp mit →Mascagnit; Härte nach MOHS 2,5, Dichte 2,67 g/cm³. T. scheidet sich in der heißen Jahreszeit in vielen Salzseen aus, auch als Exhalationsprodukt von Vulkanen. T. entsteht bei Temperaturen über 32,5 °C; darunter bildet sich, durch leichte Hydratisierung an feuchter Luft, Glaubersalz. Zw. 197 und 250 °C sind noch weitere Modifikationen bekannt, z. B. **Meta-T.,** Na_2SO_4 (δ-Modifikation), in vulkan. Fumarolen.

Theobaldy [-di], Jürgen, Schriftsteller, * Straßburg 7. 3. 1944; lebte nach dem Studium u. a. der Literaturwiss. ab 1974 in Berlin (West), seit 1984 vorwiegend in der Schweiz. T. schreibt Gedichte in nüchtern-salopper Sprache, in denen er das Lebensgefühl seiner Generation zum Ausdruck bringt; ähnlich auch die Romane und Erzählungen, die die Erfahrungen von 1968 reflektieren.

Werke: Lyrik: Sperrsitz (1973); Blaue Flecken (1974); Zweiter Klasse (1976); Drinks. Gedichte aus Rom (1979); Schwere Erde, Rauch (1980); Die Sommertour (1983); In den Aufwind (1990); Der Nachtbildsammler (1992). – Romane: Sonntags Kino (1978); Span. Wände (1981, überarb. Fassung 1984).

Themse: Thames Barrier bei Woolwich östlich von Greenwich

Theobroma [zu griech. theós ›Gott‹ und brōma ›Speise‹], die Pflanzengattung →Kakaobaum.

Theobromin [zu Theobroma] das, -s, in Kakaobohnen, schwarzem Tee und Kolanüssen enthaltenes Alkaloid (chemisch 3,7-Dimethylxanthin); bildet farblose, bitter schmeckende Kristalle. In seinen Wirkungen ähnelt T. Koffein und Theophyllin; es hat allerdings nur einen geringen zentralstimulierenden Effekt und wirkt auch nur schwächer diuretisch.

Theodelinde, langobard. Königin, →Theodolinde.

Theoderich, Name got. Könige; bedeutend v. a.: Ostgoten: **1) Theoderich der Große,** Teilkönig (seit 471), König (seit 474, in Italien seit 493), * in Pannonien 451 (?), † Ravenna 30. 8. 526; Sohn des THIUDIMIR († 474) aus dem Geschlecht der Amaler, lebte

Theoderich der Große, gotischer König (Goldmedaillon, Anfang des 6. Jh.; Rom, Thermenmuseum)

etwa 459–469 als Geisel in Konstantinopel. T. wurde vom oström. Kaiser ZENON 476/483 zum Heermeister und Patricius ernannt und war 484 Konsul (Empfang des röm. Bürgerrechts). Seit 488 bekämpfte er im Auftrag ZENONS die Herrschaft des Skiren ODOAKER in Italien, drängte diesen nach Verona zurück, wo er ihn im September 489 besiegte; später belagerte er länger als zwei Jahre lang Ravenna, wohin ODOAKER geflohen war (die ›Rabenschlacht‹ der Sage um →Dietrich von Bern). Nachdem er 493 ODOAKER ermordet hatte, wurde T. Regent Italiens als Stellvertreter des oström. Kaisers, der ihn erst 497 als König des westl. Reiches anerkannte (T. nannte sich ›Flavius Theodericus rex‹). Seine in Wirklichkeit unabhängige Herrschaft dehnte er durch Bündnisse bis in den Alpen- und Donauraum aus. Trotz intensiver Heiratspolitik mit den benachbarten german. Königreichen (Westgoten, Burgunder, Franken) gelang ihm die erhoffte Vereinigung innerhalb des Weström. Reiches nicht.

T.s Reg.-Zeit gilt als ›goldene Epoche‹. Er behielt die röm. Staatseinrichtungen bei und war um die Erhaltung antiker Kultur bemüht, die nochmals eine Blüte erlebte; hervorragende Römer (CASSIODOR, BOETHIUS) betraute er mit Ämtern. Das Heerwesen blieb den Goten vorbehalten; zu einer Vermischung der arian. Goten mit den Römern kam es nicht. – T. wurde in Ravenna beigesetzt (T.-Grabmal, BILD →Grabmal).
W. ENSSLIN: T. d. Gr. (²1959); H. WOLFRAM: Die Goten (Neuausg. ³1990); D. KOHLHAS-MÜLLER: Unterss. zur Rechtsstellung T.s d. Gr. (1995).

Westgoten: **2) Theoderich I.,** eigtl. **Theoderid,** König (seit 418), †(gefallen) auf den Katalaun. Feldern 451; eigentl. Begründer des →Tolosanischen Reiches der Westgoten, erkannte die röm. Oberhoheit noch bis 425 an; verband sich mit dem weström. Feldherrn AETIUS gegen die auch sein Reich bedrohenden Hunnen unter ATTILA und fiel in der Entscheidungsschlacht.

Theoderich, Gegenpapst (1100–1102), † Januar 1102; Kardinalbischof von Santa Rufina, als Nachfolger des Gegenpapstes KLEMENS (III.) gewählt, wurde T. von den Anhängern des Papstes PASCHALIS II. Anfang 1101 gefangen genommen. Bis zu seinem Tod blieb T. in der Abtei La Cava interniert.

Theoderich, T. von Prag, eigtl. **Theodorich,** auch **Dittrich, Dětřich** ['djɛtrʒix], **Jetřich** [-trʒ-], Maler (seine Herkunft, dt. oder slawisch, ist umstritten), † Prag vor dem 11. 3. 1381; bedeutender Vertreter des weichen Stils in Böhmen, Hofmaler Kaiser KARLS IV. in Prag. Sein Hauptwerk ist ein Zyklus von Tafelbildern (129 erhalten) in der Heiligkreuzkapelle von Burg Karlstein mit Kreuzigung, Schmerzensmann und Brustbildern von Heiligen, für den er 1367 nachweislich entlohnt wurde. T.s Stil verbindet böhm., ital. und frz. Elemente und ist gekennzeichnet durch die schwere Körperlichkeit der Figuren und eine breite, weich modellierende Malweise. (Weiteres BILD →Böhmische Malerschule)

Theodizee [frz. théodicée, zu griech. theós ›Gott‹ und díkē ›Gerechtigkeit‹] *die, -/...'ze|en,* i. e. S. der Versuch einer Rechtfertigung Gottes angesichts des von ihm trotz seiner Allmacht und Güte zugelassenen phys. Übels, moral. Bösen und des Leidens in der Welt; i. w. S. Bez. für die Gesamtheit der Probleme der philosoph. Gotteserkenntnis. Die großen Weltreligionen haben im Wesentlichen drei Antworttypen auf die Frage der T. entwickelt: 1) Der Monismus (z. B. der ved. Schriften) lehrt, dass die Welt in ihrer empir. Erscheinungsvielfalt und mit dieser das Übel lediglich →Maya (›Illusion‹) sei. 2) Der Dualismus (z. B. des Parsismus) hat die Vorstellung zweier opponierender Gottheiten, einer guten und einer bösen, wobei Letztere für alles Übel (das Zeichen ihres zeitweiligen Erfolges ist) verantwortlich ist. 3) Der Monotheismus (z. B. des Christentums und des Judentums) verbindet mit seinem metaphys. Monismus eine Form von eth. ›Dualismus‹, der das Übel als Folge (und Strafe) des Missbrauchs der dem Menschen von Gott gegebenen Freiheit bzw. der Verletzung der Gott gegenüber gebotenen Gehorsams- und Treuepflicht charakterisiert.

G. W. LEIBNIZ, der den Begriff T. (1697) geprägt hat, unternahm einen umfassenden Versuch, das Problem theoretisch zu lösen, wobei er zw. einem metaphys. Übel als Unvollkommenheit aller endl. Wesen hinsichtlich ihres Seinsgehaltes, dem phys. Übel als Leiden und dem moral. Übel als Sünde unterschied. LEIBNIZ ging, wie vor ihm bereits AUGUSTINUS, von den zwei Grundannahmen aus, dass einerseits das Böse nicht als solches existiert, sondern einen bloßen Mangel an Gutem (eine Art Schöpfungsdefekt) darstellt, und dass andererseits etwas nur dann als böse erscheint, wenn es isoliert, d. h. nicht im Kontext der gesamten Schöpfung betrachtet wird. Das Böse ist von Gott zugelassen, damit auch aus ihm Gutes komme; die Unvollkommenheit eines Teils dient der größeren Vollkommenheit des Ganzen. Schließlich handele es sich um ›die beste aller möglichen Welten‹, da es in

Theobromin

Theoderich von Prag: Der heilige Papst Leo der Große; Ausschnitt aus einer Bildtafel, um 1360 (Burg Karlstein, Heiligkreuzkapelle)

jeder anderen noch mehr Übel gäbe. Für G. W. F. HEGEL, der den Gedanken aufgriff, stellt der den Gang der Weltgeschichte die ›wahrhafte T., die Rechtfertigung Gottes in der Geschichte‹ dar. I. KANT zufolge gibt jedoch allein der gute Wille des Menschen, der Gottes Gerechtigkeit und Güte gegen die Erfahrung der Realität des Übels in der Welt postuliert, handelnd die einzig mögl. Antwort auf die T.

F. BILLICSICH: Das Problem des Übels in der Philosophie des Abendlandes, 3 Bde. (Wien [1-2]1952-59); G. W. LEIBNIZ: Die T. von der Güte Gottes, der Freiheit des Menschen u. dem Ursprung des Übels, 2 Bde. (Neuausg. 1986, dt. u. frz.); Worüber man nicht schweigen kann. Neue Diskussionen zur T.-Frage, hg. v. W. OELMÜLLER (1992); G. STREMINGER: Gottes Güte u. die Übel der Welt. Das T.-Problem (1992); C.-F. GEYER: Die T. Diskurs, Dokumentation, Transformation (1992); H.-G. JANSSEN: Gott–Freiheit–Leid. Das T.-Problem in der Philosophie der Neuzeit ([2]1993); T. SCHUMACHER: T. Bedeutung u. Anspruch eines Begriffs (1994); A. KREINER: Gott im Leid. Zur Stichhaltigkeit der T.-Argumente (1997).

Theodolinde, Theodelinde, Theudelinde, langobard. Königin, †22. 1. 627 (oder 628); Tochter des Bayernherzogs GARIBALD († etwa 591); wohl seit 589 Gemahlin des Langobardenkönigs AUTHARI, heiratete nach dem Tod ihres Mannes (590) dessen Schwager und Nachfolger AGILULF; ihr ursprüngl. Grab wurde im Dom von Modena (unter einem Pfeiler) entdeckt. T. förderte den Übertritt der Langobarden vom arianischen zum kath. Christentum.

Theodolit [engl., Herkunft unbekannt] *der, -(e)s/-e*, Instrument zum Messen von →Horizontalwinkeln und →Höhenwinkeln. Wichtigster opt. Teil ist das Fernrohr mit Fadenkreuz und einer für die Scharfeinstellung verschiebbaren Zwischenlinse. Mechan. Teile sind der fest stehende Unterbau und der um die Vertikalachse (Stehachse) drehbare Oberbau. Der Unterbau besteht aus dem durch die Fußschrauben horizontierbaren Dreifuß und dem horizontalen Teilkreis. Der Oberbau trägt das um die Horizontalachse (Kippachse) kippbare Fernrohr, den mit der Kippachse verbundenen →Höhenkreis und Mikroskope zur Ablesung der Teilkreise. Beim Feldgebrauch wird der T. auf ein Stativ aufgesetzt, mit einem Lot über dem Vermessungspunkt zentriert und mithilfe von Libellen oder mit einem automat. Kompensator horizontiert. Für die Horizontalwinkelmessung wird das Fernrohr nacheinander auf das linke und das rechte Ziel eingestellt und die Differenz der zugehörigen Teilkreisablesungen gebildet. Der Höhenwinkel kann bei einspielender Höhenlibelle direkt am Höhenkreis abgelesen werden. Beim elektron. T. sind die Ablesemikroskope durch ein optisch-elektron. Abtastsystem ersetzt. Mess- und Auswertevorgang werden durch einen Mikroprozessor gesteuert. Besitzt der T. auch Einrichtungen zur Distanzmessung, so entsteht ein Tachymeter-T. (→Tachymeter). Elektron. T. sind stets mit einem elektr. Distanzmesser kombiniert.

H. KAHMEN: Vermessungskunde ([19]1997).

Theodolit: Schematische Darstellung; a Fernrohr mit 25-facher Vergrößerung, b Vertikalkreis, c Beleuchtungsspiegel, d Ablesemikroskop für Horizontal- und Vertikalkreis, e Horizontalkreis, f Libelle

Theodor [griech. Theódōros, eigtl. ›Gottesgeschenk‹, zu theós ›Gott‹ und dōron ›Gabe‹, ›Geschenk‹], Päpste:

1) Theodor I. (642–649), *Jerusalem, †Rom 14. 5. 649. Den Kampf seines Vorgängers JOHANNES IV. gegen den Monotheletismus energisch fortsetzend, forderte T. von Kaiser KONSTANS II. die Aufhebung der →Ekthesis, woraufhin dieser per Erlass die Diskussion über den Monotheletismus verbot.

2) Theodor (687), Gegenpapst; röm. Presbyter; als Kandidat der röm. Miliz erhoben, unterwarf er sich bald dem als Papst anerkannten SERGIUS I.

3) Theodor II. (897), Römer, rehabilitierte das Andenken des Papstes FORMOSUS und ließ durch eine Synode die Beschlüsse der →Leichensynode STEPHANS VI. aufheben und die Weihen des FORMOSUS für gültig erklären. Sein Pontifikat dauerte 20 Tage.

Theodor, T. Studites, Theodoros Stoudites [-stu-; griech. ›vom Studionkloster‹], byzantin. Theologe, *Konstantinopel 759, † auf den Prinzeninseln 11. 11. 826; aus vornehmer byzantin. Familie; wurde um 780 Mönch im Kloster Sakkudion (Bithynien), 794 dort Abt. 798 ging er mit einem großen Teil des Konvents (auf der Flucht vor den Arabern?) in das →Studionkloster, das unter seiner Leitung zum Mittelpunkt monast. Reform und zum Schwerpunkt der Orthodoxie gegen den Ikonoklasmus wurde. Wegen seiner bilderfreundl. Haltung geriet T. in Konflikt mit dem Kaiser, wurde inhaftiert und starb in der Verbannung. Neben JOHANNES VON DAMASKUS der bedeutendste Theologe des →Bilderstreites, verteidigte er die Selbstständigkeit der Kirche und war ein einflussreicher Reformer des Mönchtums. Von seinen zahlr., thematisch sehr vielseitigen Schriften (auch liturg. Dichtungen) sind die mehr als 550 erhaltenen Briefe aufschlussreich für die Gesch. seiner Zeit. – Heiliger (Tag: 11. 11.). BILD →bulgarische Kunst

Ausgaben: Patrologiae cursus completus, in: Series graeca, hg. v. J.-P. MIGNE, Bd. 99 (1860, Nachdr. 1982); Anthologia Graeca carminum Christianorum, hg. v. W. VON CHRIST u. a. (1871, Nachdr. 1963); P. N. TREMPELAS: Eklogē Hellenikēs Ortodoxou hymnographias ... (1949); Theodori Studitae epistulae, hg. v. G. FATOUROS, 2 Bde. (1992). – Des hl. Abtes T. von Studion Martyrbriefe aus der Ostkirche, hg. v. B. HERMANN (1931); Jamben und versch. Gegenstände, bearb. v. P. SPECK (1968); On the holy icons, übers. v. C. P. ROTH (1981).

A. GARDNER: Theodore of Studium. His life and times (London 1905, Nachdr. New York 1974); E. MARIN: Saint Théodore (Paris 1906); I. HAUSHERR: Saint Théodore studite (Rom 1926); MAX HERZOG ZU SACHSEN: Der hl. T., Archimandrit von Studion (1929); J. LEROY: Studit. Mönchtum (a. d. Frz. Ms., 1969).

Theodor, T. von Canterbury [-ˈkæntəbəri], Erzbischof von Canterbury (seit 668), *Tarsus um 602, †Canterbury (?) 19. 9. 690; vollendete die kirchl. Organisation Englands und war als hochgebildeter griech. Mönch auch für das innere kirchl. Leben bedeutsam. – Heiliger (Tag: 19. 9.).

Theodor, T. von Mopsuestia, griech. Kirchenschriftsteller und Theologe, *Antiochia am Orontes um 350, †Mopsuestia (heute Misis, bei Adana) 428; mit seinem Freund JOHANNES CHRYSOSTOMOS Schüler des DIODOROS VON TARSUS († vor 394), bedeutendster Vertreter der →antiochenischen Schule, seit 392 Bischof von Mopsuestia. Mit seiner am jeweiligen Kontext und histor. Zusammenhang orientierten Hermeneutik wandte er sich gegen die vorherrschende allegor. Methode der Bibelauslegung. In seiner originellen →Christologie setzte er sich intensiv mit Apollinarismus (→APOLLINARIS) und Arianismus auseinander und verband sie mit der Vorstellung von einer intersubjektiven Einheit der beiden Naturen (Gott und Mensch) in CHRISTUS. Im Gefolge der Auseinandersetzung um die Christologie des →NESTORIUS wurde T. im →Dreikapitelstreit durch die Einflussnahme Kaiser JUSTINIANS I. auf dem 2. Konzil von Konstantinopel postum verurteilt (553). Für die Nestorianer gilt er als der Haupttheologe und Exeget schlechthin.

F. A. SULLIVAN: The christology of Theodore of Mopsuestia (Rom 1956); J. M. DEWART: The theology of grace of Theodore of Mopsuestia (Washington, D. C., 1971); R. BULTMANN: Die Exegese des T. v. M. (1984); P. BRUNS: Den Menschen mit dem Himmel verbinden. Eine Studie zu den katechet. Homilien des T. v. M. (Löwen 1995).

Theodora, byzantin. Kaiserinnen; bedeutend waren v. a.:

1) Theodora, Gattin Kaiser JUSTINIANS I., D. GR. (seit 525), *Konstantinopel um 500, †ebd. 28. 6. 548;

Tochter eines Tierwärters beim Hippodrom, war Schauspielerin. Nach der Thronbesteigung JUSTINIANS (527), der sie zur Augusta erhob, war sie nicht nur karitativ tätig und kirchlich zugunsten des Monophysitismus engagiert, sondern übte dank ihrer Intelligenz und Willenskraft auch großen polit. Einfluss auf JUSTINIAN aus. Im →Nikaaufstand (532) rettete sie ihm den Thron. BILD →byzantinische Kultur

2) Theodora, Gattin (seit 830) von Kaiser THEOPHILOS (829–842), *Elissa (Paphlagonien) um 810, †Konstantinopel 11. 2. 867; übernahm 842 die Regentschaft für ihren Sohn MICHAEL III., der sie 856 absetzte. T. stellte die Bilderverehrung wieder her (Synode von Konstantinopel 843).

Theodora, Römerin, †nach 916; Gemahlin des Konsuls und Senators THEOPHYLAKT, beherrschte, wie später ihre Tochter →MAROZIA, Rom und das Papsttum während der ersten Jahre des 10. Jh. (›röm. Hurenregiment‹).

Theodorakis [θ-], Mikis, griech. Komponist, *auf Chios 29. 7. 1925; studierte in Athen und Paris (O. MESSIAEN), war 1963–67 Abg. (Vereinigte Demokrat. Linke) im griech. Parlament, nach dem Putsch 1967–70 (wie schon 1947–49) inhaftiert, lebte 1970–74 im Exil in Paris, dann wieder in Griechenland; 1981–88 und seit 1989 erneut Abg., 1990–92 Min. ohne Geschäftsbereich. Seine von polit. Engagement geprägten Kompositionen, u. a. Orchesterwerke (sieben Sinfonien, 1948–86), Ballette, Opern (u. a. ›Elektra‹, 1995), Oratorien (›Canto general‹, 1973, nach P. NERUDA), Lieder, Bühnen- und Filmmusik (darunter ›Alexis Sorbas‹, 1964), erlangten durch die Verwendung griech. Volksmusik sowie ihre eingängige Melodik und Rhythmik große Breitenwirkung.
Schriften: Journal de résistance (1971; dt. Mein Leben für die Freiheit). – Meine Stellung in der Musikszene. Schriften, Essays, Interviews 1952–1984, übers. u. hg. v. A. KUTULAS u. a. (1986).
G. WAGNER: M. T. Ein Leben für Griechenland (Echternach 1995).

Theodoret, T. von Cyrus, Theodoretos von Kyrrhos, griech. Theologe, *Antiochia am Orontes um 393, †um 466; ab 423 Bischof von Cyrus (Syrien) und Vertreter der →antiochenischen Schule; Verfasser einer Kirchengesch. (für die Zeit von 323 bis 428), einer ›Historia religiosa‹ (30 Biographien zur Gesch. des syr. Mönchtums) sowie von Schriften zur Trinitätslehre und Christologie (u. a. gegen KYRILL VON ALEXANDRIA, den Apollinarismus [→APOLLINARIS] und den Arianismus), in denen er die Theologie der Antiochener DIODOROS VON TARSUS (†vor 394) und THEODOR VON MOPSUESTIA verteidigte. Auf dem Konzil von Ephesos (431) widersetzte er sich der Verurteilung des NESTORIUS. Durch die →Räubersynode (449) illegal abgesetzt, auf dem Konzil von Chalkedon (451) rehabilitiert; auf Betreiben Kaiser JUSTINIANS I. auf dem 2. Konzil von Konstantinopel postum (553) verurteilt (→Dreikapitelstreit).
Ausgaben: Mönchsgesch., übers. v. K. GUTBERLET (1926); Kirchengesch., hg. v. L. PARMENTIER (²1954); Histoire des moines de Syrie, hg. v. P. CANIVET u. a., 2 Bde. (1977–79); Commentaire sur Isaïe, hg. v. J.-N. GUINOT, 3 Bde. (1980–84, griech. u. frz.).
P. CANIVET: Le monachisme syrien selon Théodoret de Cyr (Paris 1977); S.-K. BERGJAN: T. v. C. u. der Neunizianismus (1994).

Theodor-Heuss-Preis, 1964 gestiftete Auszeichnung, i. d. R. nicht dotiert, wird jährlich von der Stiftung T.-H.-P. e. V. für vorbildliches demokrat. Verhalten, Zivilcourage und Einsatz für das Allgemeinwohl an Personen, Gruppen oder Institutionen verliehen. Neben dem Preis werden **Theodor-Heuss-Medaillen** vergeben, mit denen ein Geldbetrag verbunden sein kann. Preisträger: u. a. H. KOSCHNIK (1995), R. DAHRENDORF (1997).

Theodoros, zwei byzantin. Kaiser aus der Dynastie der Laskariden (→Laskaris); bedeutend:
Theodoros I. Laskaris, Kaiser (seit 1204, gekrönt 1208), *um 1175, †1222; gründete nach der Eroberung Konstantinopels durch die Teilnehmer des 4. Kreuzzugs und der Errichtung des →Lateinischen Kaiserreiches das Exilreich von Nikaia, das er gegen die in Trapezunt (heute Trabzon) herrschenden Komnenen, gegen die lat. Kaiser von Konstantinopel und die einheim. Aristokratie behauptete.

Theodoros, T. Prodromos, byzantin. Dichter, lebte in der 1. Hälfte des 12. Jh. in Konstantinopel und verkehrte am Hof der Komnenen. Sein umfangreiches Werk umfasst u. a. einen Versroman in neun Büchern, ›Ta kata Rhodanthen kai Dosiklea‹ (Rhodanthe und Dosikles), eine dramat. Parodie in Versen (›Katomyomachia‹; dt. ›Katzenmäusekrieg‹), mehrere Satiren in Versen, allegor. Gedichte, Kirchenhymnen, versch. Werke in Prosa, alle in einem gelehrten Griechisch verfasst. Hinzu kommen vier Gedichte mit drei Varianten, die an den Komnenen gerichteten ›Ptochoprodromika‹ (Bettelgedichte des Prodromos) in Vulgärsprache. Sein Werk ist sprach- und literaturgeschichtlich von großer Bedeutung.
Ausgaben: Collection de monuments pour servir à l'étude de la langue néo-hellénique. Nouvelle série, hg. v. É. LEGRAND, Bd. 7 (1875); Bibliothèque grecque vulgaire, hg. v. DEMS., Bd. 1 (1880); Poèmes prodromiques en grec vulgaire, hg. v. D. C. HESSELING u. a. (1910, Nachdr. 1968); Histor. Gedichte, hg. v. W. HÖRANDNER (1974).
C. DIEHL: Figures byzantines, 2 Bde. (Paris ²⁻⁴1908–09, Nachdr. Hildesheim 1965).

Theodoros, T. von Samos, griech. Architekt, Bildhauer, Goldschmied und Gemmenschneider, tätig um 570–530 v. Chr.; soll mit RHOIKOS VON SAMOS das Heraion von Samos bei →Pythagorion erneuert und den Erzguss (Hohlguss) erfunden haben. In der Überlieferung wird ihm eine Reihe von (nicht erhaltenen) Werken zugeschrieben: ein riesiger Silberkrater, vom Lyderkönig KRÖSUS nach Delphi gestiftet, ein goldener gravierter Ring für den Tyrannen POLYKRATES von Samos, eine Bronzestatue des Apollon Pythios für das Heraion sowie eine Gemme mit Selbstbildnis. Die neuere Forschung stellt die These auf, dass der dritte Heratempel (etwa Mitte des 6. Jh.) weder RHOIKOS noch T. noch beiden gemeinsam zugeschrieben werden kann und RHOIKOS allein Architekt des vierten Baus (um 530 v. Chr.) ist.

Theodor-W.-Adorno-Preis, 1976 von der Stadt Frankfurt am Main gestiftete Auszeichnung, dotiert mit 50000 DM; alle drei Jahre für hervorragende Leistungen in den Bereichen Philosophie, Musik, Theater und Film verliehen; Preisträger: N. ELIAS (1977), J. HABERMAS (1980), G. ANDERS (1983), M. A. GIELEN (1986), L. LÖWENTHAL (1989), P. BOULEZ (1992), J.-L. GODARD (1995), ZYGMUNT BAUMAN (*1925; 1998).

Theodosius, röm. (oström.) Kaiser:
1) Theodosius I., der Große, röm. Kaiser (seit 383, Mitkaiser seit 379), *Cauca (heute Coca) 11. 1. 347, †Mediolanum (heute Mailand) 17. 1. 395, Großvater von 2). Durch GRATIAN 379 zum Augustus des Ostens erhoben, legte T. 382 den Konflikt mit den Westgoten durch deren vertragl. Ansiedlung als Foederaten in Thrakien bei. Der Sieg über die Usurpatoren MAGNUS MAXIMUS (388) und EUGENIUS (394) unterwarf auch den Westteil des Reiches seiner Herrschaft, sodass das Röm. Reich zum letzten Mal in einer Hand vereint war. Erst 380 getauft, beendete T. mit dem 1. Konzil von Konstantinopel (381, 2. ökumen. Konzil) den Kirchenstreit seit 325 und erklärte die kath. Lehre zur Staatsreligion; 391/392 verbot er alle heidn. Kulte, 394 die Olymp. Spiele. Die Teilung des Imperiums unter die Söhne →ARKADIOS und →HONORIUS

Mikis Theodorakis

bedeutete das Ende der Reichseinheit. Eine Tochter von T. war →GALLA PLACIDIA.

A. LIPPOLD: T. d. Gr. u. seine Zeit (²1980); P. THRAMS: Christianisierung des Römerreiches u. heidn. Widerstand (1992).

Theodosius I., der Große, römischer Kaiser (Darstellung des Kaisers in der Mitte zwischen Valentinian II. und Arkadios auf einer silbernen Geschenkplatte, 388 n.Chr.; Madrid, Real Academia de la Historia)

2) **Theodosius II.,** griech. **Theodosios II.,** ostsöm. (byzantin.) Kaiser (seit 408), * Konstantinopel 30. 8. 401, † ebd. 28. 7. 450, Enkel von 1); stand zunächst unter der Vormundschaft seiner Schwester PULCHERIA und nach seiner Eheschließung (421) unter dem Einfluss seiner gelehrten Gattin AELIA →EUDOKIA (urspr. ATHENAIS). T. ließ das röm. Recht – die seit KONSTANTIN D. GR. erlassenen Kaiserkonstitutionen – kodifizieren (**Codex Theodosianus,** 438). Den Krieg gegen die Perser (421/422) beendete er durch einen Friedensvertrag; der Friedensschluss mit den Hunnen (um 434) erlegte dem Ostsöm. Reich riesige Tributleistungen auf.

Theodotos, griech. Architekt des 4. Jh. v.Chr.; laut Bauinschrift Erbauer des Äskulaptempels in Epidauros, eines gedrungenen dorischen Peripteros (um 390 v.Chr.).

Theodul, mittellat. Dichter vielleicht des 10. Jh.; verfasste ein allegor. Streitgedicht (›Ecloga‹), worin in je vier gereimten Hexametern der Hirt Pseustis (Personifikation der ›Lüge‹) mit antiken Mythen und die Schäferin Alithia (›Wahrheit‹) mit alttestamentl. Geschichten gegeneinander streiten und Fronesis (›Vernunft‹) der ›Wahrheit‹ den Sieg zuerkennt. Die 344 Verse umfassende Dichtung wurde Schullektüre und fand bis in die frühe Neuzeit weite Verbreitung.

Theodulf, T. von Orléans [-ɔrle'ã], mittellat. Dichter und Theologe, * in Spanien um 760, † Le Mans 821. Der westgot. Flüchtling am Hof KARLS D. GR. entwarf um 790 die königl. Stellungnahme zum Bilderstreit (→Libri Carolini), führte seit 798 als Bischof von Orléans KARLS Kirchen- und Bildungsreformen durch, begleitete den König 800 zur Kaiserkrönung nach Rom und wurde nach ALKUINS Tod (804) sein theolog. Berater. Als angebl. Verschwörer wurde er von LUDWIG I., DEM FROMMEN, abgesetzt und seit 818 in Angers, dann in Le Mans in Klosterhaft gehalten. Mit Bibelstudien, Diözesanerlassen (›Capitula‹) und theolog. Schriften (›De spiritu sancto‹, 809; ›De ordine baptismi‹, 812) unterstützte T. das Reformwerk KARLS. Seine 80 Gedichte (rd. 4600 Verse), die u. a. das Hofleben schildern, sind T.s antike Bildung.

Theognis, griech. Elegiendichter aus Megara, um 500 v.Chr. Unter seinem Namen ist eine Sammlung von Gedichten in eleg. Distichen erhalten, meist politisch-moral. Inhalts aus der Sicht des Adels in den Ständekämpfen des 6. Jh. v.Chr.; der letzte Teil handelt von Lebensgenuss und Knabenliebe; die Sammlung enthält neben echten Elegien an T.' Geliebten KYRNOS Zusätze aus Elegien von TYRTAIOS, MIMNERMOS, SOLON u. a. sowie spätere Umdichtungen.

Ausgaben: T., hg. v. D. YOUNG (²1971); Iambi et elegi Graeci ante Alexandrum cantati, hg. v. M. L. WEST, Bd. 1 (²1989).

F. S. HASLER: Unters. zu T. (Winterthur 1959).

Theognosie [spätgriech.] die, -, **Theognosis,** Philosophie: Gotteserkenntnis.

Theogonie [griech., zu theógonos ›von Gott geboren‹] die, -/...'ni|en, myth. Bericht über die Herkunft der Götter, an den sich oft Göttergenealogien anschließen. Aus der griech. Tradition – berühmt ist die ›Theogonia‹ des HESIOD (um 700 v.Chr.) – wurde das Wort von der Religionswiss. als Terminus technicus übernommen, um Entstehungs- bzw. Herkunftsmythen von Göttern zu bezeichnen. Religionsgeschichtlich entstehen T. häufig als Ausgleich zw. versch. religiösen Traditionen, die miteinander verschmelzen. Mit Kosmogonie (Entstehung der Welt) und Anthropogonie (Herkunft des Menschen) bildet die T. eine religiöse Trias.

Theokratie [griech.] die, -/...'ti|en, Herrschaftsform, die sich aus dem göttl. Willen und Gesetz legitimiert und in der staatl. und religiöse Ordnung eine Einheit bilden (›Gottesstaat‹). Die Staatsgewalt liegt entweder in der Hand einer Person (Autokratie, Monarchie), die selbst als Gott bzw. als dessen Stellvertreter (auf Erden) angesehen wird, oder sie wird von Priestern bzw. Priesterbünden ausgeübt (Hierokratie). T. finden sich bes. in frühen Staatssystemen (Mesopotamien, Ägypten, Israel, Mesoamerika, später auch in Südamerika), aber auch bis in neuere Zeit (Tibet, Mongolei, sakrales Königs- bzw. Häuptlingstum bei afrikan. Völkern). Das religiös und theoretisch am weitesten durchgebildete theokrat. System bildet der Islam (Imamat, Kalifat); ebenso streben manche neuen Religionen (z. B. Vereinigungskirche, Ananda Marga) eine Gottesherrschaft auf Erden an.

Theokrit, griech. **Theokritos,** griech. Dichter. Dichter aus Syrakus, * um 300, † um 260 v.Chr.; lebte längere Zeit auf Kos und in Alexandria. Seine überwiegend in dorischem (Kunst-)Dialekt verfassten ›Eidyllia‹ greifen auf sizilian. Volksgesänge und literar. Vorbilder, bes. die Mimen SOPHRONS, zurück und schildern neben Stadtszenen v. a. das Hirtenleben. T. wurde damit zum Begründer der Bukolik (Schäferdichtung). Seine Gedichte verraten Beobachtungsgabe, Einfühlungsvermögen und humorvoll-(selbst)iron. Distanz zum Dargestellten, auch gegenüber Wunschbildern vom einfachen Leben auf dem Lande. Mit der mythisch-literar. Tradition weiß T. als gelehrter Dichter des Hellenismus kunstvoll zu spielen. Ein Teil der unter seinem Namen überlieferten Werke – darunter neben Mimen auch Hymnen, kleine epische Gedichte, Liebeslieder und Epigramme – ist unecht. Seine Wirkung reicht über VERGIL bis in die Schäferdichtung von Barock und Rokoko.

Ausgaben: Scholia in Theocritum vetera, hg. v. C. WENDEL (1914, Nachdr. 1967); Carmina, hg. v. A. S. F. GOW (²1952, Nachdr. 1965). – Gedichte, hg. v. F. P. FRITZ (1970, griech. u. dt.).

J. RUMPEL: Lexicon Theocriteum (1879, Nachdr. 1961); U. OTT: Die Kunst des Gegensatzes in T.s Hirtengedichten (1969); A. E.-A. HORSTMANN: Ironie u. Humor bei T. (1976); T. u. die griech. Bukolik, hg. v. B. EFFE (1986); K.-H. STANZEL: Liebende Hirten. T.s Bukolik u. die alexandrin. Poesie (1995).

Theologia Crucis [lat. ›Theologie des Kreuzes‹], die →Kreuzestheologie.

Theologia naturalis [lat.], **Theologia rationalis,** in der philosoph. Gotteslehre v. a. des MA. übl. Bez. für die →natürliche Theologie.

Theologia teutsch, Theologia deutsch, Deutsche Theologie, Der Frankfurter, Der Franckfor-

ter, im späten 14. Jh. unter dem Einfluss MEISTER ECKHARTS und im Umkreis der Gottesfreunde verfasste asketisch-myst. Schrift über die myst. Vereinigung mit Gott. Der Verfasser ist unbekannt; im Prolog wird er als Mitgl. des Dt. Ordens in Frankfurt am Main (Sachsenhausen) beschrieben. Die erste vollständige gedruckte Ausgabe der T. t., die die Gedanken der dt. Mystik zusammenfasst, wurde 1518 von M. LUTHER veröffentlicht.

Ausgaben: Der Franckforter (Theologia deutsch), hg. v. W. VON HINTEN (1982); T. deutsch, hg. v. G. WEHR u. a. (Neuausg. 1989); Der Franckforter, hg. v. A. M. HAAS (²1993).

G. BARING: Bibliogr. der Ausg. der T. Deutsch. 1516–1961 (1963).

Theologie [spätlat., von griech. *theología* ›Rede, Lehre von den Göttern‹] *die, -/...'gi|en,* systematisch reflektierende Entfaltung religiöser Glaubensaussagen. Der Begriff T. ist erstmals bei PLATON bezeugt, für den er Aufdeckung des Wahrheitsgehalts der von allen Abstrusitäten gereinigten religiösen Mythenerzählungen bedeutet. Dagegen nennt ARISTOTELES die Mythenerzähler selbst Theologen (und unterscheidet sie so von den Philosophen), kann aber darüber hinaus T. auch als philosoph. Reflexion der metaphys. Dimension. Wegen der Rückbezogenheit des Begriffs auf die hellenistische kultisch-myth. Tradition wurde er erst allmählich in den christl. Sprachgebrauch einbezogen, endgültig wohl erst im 4. und 5. Jh. (EUSEBIOS VON CAESAREA, ATHANASIOS, AUGUSTINUS), der Zeit, in der sich mit der →alexandrinischen Schule und der →antiochenischen Schule die ersten christl. Theologenschulen etabliert hatten. Der Begriff T. wurde jedoch noch lange Zeit meist spezialisiert gebraucht: als zusammenfassende Bez. der im Rahmen frühchristl. Lehrbildung (→Christologie, →Trinität) entstandenen ›Lehre von Gott‹. Erst mit Beginn der Hochscholastik (etwa ab 1200) wurde er zum Oberbegriff für die wiss. Beschäftigung mit allen Gegenständen der christl. Tradition, bes. der Bibel (als histor. und damit wiss. Untersuchung zugängl. Zeugnis von →Offenbarung Gottes) und den anderen schriftl. Zeugnissen des Glaubens (›Glaubensurkunden‹); T. wurde zur ›Glaubenswissenschaft‹ (so z. B. bei THOMAS VON AQUINO). In diesem Sinne wird die Bez. T. bis heute benutzt und inzwischen auch für systemat. Lehren anderer Religionen (z. B. T. des Islam), religiöser Schulen (T. der Schule von Chartres, des Sufismus u. a.) oder auch einzelner Autoren oder bibl. Bücher (T. LUTHERS, des Markusevangeliums usw.) verwendet.

T. und Religionswissenschaft: Die T. als Wiss. und die Religionswiss. beziehen sich grundsätzlich auf denselben Gegenstand: die religiöse Verfasstheit des Menschen sowie die Ausprägung von Religionen in der Geschichte. Während aber die glaubensneutral forschende und wertende Religionswiss. die religiöse Wahrheitsfrage und/oder Wahrheitsheit ausklammert bzw. alle Religionen als prinzipiell ›gleichwertige‹ Artikulationen menschl. Religiosität voraussetzt, geht die T., die immer an eine bestimmte Glaubenstradition gebunden ist, prinzipiell von der nach ihrer Auffassung von Gott bzw. (den) Göttern geoffenbarten ›Wahrheit‹ der eigenen Tradition aus. In ihren konkreten Einzelforschungen können Religionswiss. und T. durchaus die gleichen wiss. Methoden anwenden. Eine den methodisch-krit. Anforderungen heutiger wiss. Tätigkeit genügende T. findet sich innerhalb der Religionen dabei nach wie vor v. a. im Christentum.

T. als Wissenschaft: Die christl. T. kann in dreifacher Weise als Wiss. verstanden werden: 1) T. als methodisch exakte Reflexion und Darlegung des sich auf JESUS gründenden Glaubens an Gott. Hierbei wird (im Glauben) die Wahrheit der christl. Sache vorausgesetzt und selbst nicht in Zweifel gezogen, sondern lediglich in Auseinandersetzung mit den jeweils gegebenen Wiss.en (mit ›dem Denken‹) sich selbst und anderen gegenüber verantwortet (→Apologetik, →Fundamentaltheologie). Im Altertum, MA. und auch weithin in der Neuzeit (v. a. in der kath. T.) geschah dies in Konfrontation mit den Mitteln der hellenist. Philosophien, sodass diese T. hellenistisch-metaphys. T. ist. Erst mit der ›krit. Wende‹ der Neuzeit und dem Aufkommen der modernen Wiss. entfaltet die T. ihre Aussagen in der Auseinandersetzung mit krit. Philosophie, Natur- und Humanwiss.en. Dieser T. fehlt nach modernem Wissenschaftsverständnis das Kriterium der Voraussetzungslosigkeit; sie wäre demnach zwar in der Anwendung der Methoden, nicht aber als solche wissenschaftlich. Dennoch führte diese Art der T. zu einer radikalen systemimmanenten Kritik der Möglichkeit des Redens von Gott. Diese Infragestellung verlagerte sich in den Bereich der Erkenntniskritik, indem im Anschluss an krit. Philosophien die Legitimität von Aussagen über metaempir. Sachverhalte (Metaphysik) bestritten wurde und wird. Die heutige theolog. Auseinandersetzung wird wesentlich geprägt von der Aufgabe, die traditionelle metaphys. T. so umzuformen, dass sie dem ›Ende der Metaphysik‹ Rechnung trägt. 2) T. als histor. Wissenschaft: Sie erhebt nicht den Anspruch, Gott zum Gegenstand der T. zu machen, sondern die histor. Gestaltformen, die das Reden von Gott im Verlauf der christl. Geschichte gefunden hat. 3) T. als Erfahrungswissenschaft: Ausgangspunkt ist die krit. Erkenntnis, dass alles Reden von Gott, also auch alle Aussagen der christl. Tradition auf menschl. religiöser Erfahrung beruhen, die sich im Kontext und in den Sprach- und Handlungsmodellen der je eigenen geschichtl. Situation ausdrückt, und nur von daher verstanden und weitervermittelt werden können (kontextuelle T., →Kontextualisierung). Von anderen Erfahrungswiss.en unterscheidet sich T. dann nur noch darin, dass in ihr ›letzte‹ bzw. ›erste‹ menschl. Erfahrungen reflektiert werden.

Institutionalisierung der theolog. Wissenschaften: Die T. wurde bis ins MA. hinein v. a. von Männern betrieben, die aufgrund einer bestimmten geschichtl. Situation (z. B. die →Apologeten zur Zeit repressiver röm. Religionspolitik) und/oder eines kirchl. Amtes (z. B. Bischöfe) literarisch tätig wurden. Im 3. und 4. Jh. entstanden in den östl. Zentren Alexandria (Ägypten) und Antiochia (Syrien) theolog. Schulen. Mit dem Vordringen des Christentums in den german. und kelt. Kulturraum wurde T. zunehmend zur Sache von Schulen, in denen neben der Fähigkeit zu lesen und zu schreiben auch Teile des altkirchl. und antiken Erbes gepflegt wurden (Kathedral- und Klosterschulen); T. wurde zur schul. (›scholast.‹) Vermittlung. Manche dieser Schulen brachten schon im frühen Hoch-MA. (Frühscholastik) eine Reihe bedeutender Theologen hervor. Mit der Wende zur Hochscholastik schlossen sich, zunächst in Paris ab 1200, versch. Schulen zu einer ›universitas magistrorum et scholarium‹ (Zunft/Gilde von Lehrern und Schülern) zusammen; in der Folgezeit entstanden an vielen Orten Europas die neuen ›Universitäten‹.

Die T., die wesentlich zur Entstehung der Univ. beigetragen hat und einen zentralen Platz in deren Wissenschaftsgefüge besaß, ist jedoch im Verlauf der letzten 200 Jahre wegen ihrer kirchlich-konfessionellen Rückbindung und der kirchl. Einwirkungsrechte auf die →theologischen Fakultäten in ihrer Stellung im Wissenschaftskanon der staatl. Univ. umstritten, in vielen Ländern aus der Univ. entfernt und an kirchl. Hochschulen (Priesterseminare) verwiesen worden.

Die theolog. Disziplinen: In ihren Anfängen kannte die T. keine exakte method., objektbezogene oder gar personelle Differenzierung in versch. Fachgebiete.

Erst allmählich schälte sich ein verbindl. Fächerkomplex heraus, der sich nach drei method. Kriterien ordnen lässt (wobei die Grenzen oft fließend sind): 1) **historische T.**: Bibelwiss. (Exegese des A. T. und N. T.), Patristik, Kirchengeschichte, T.-Geschichte, kanonist. Rechtsgeschichte, Religionsgeschichte; 2) **systematische T.**: Dogmatik, theolog. Ethik (Moraltheologie), Fundamental-T.; 3) **praktische T.**: Pastoral-T., Kirchenrecht, Liturgiewiss., Liturgik, Religionspädagogik, Katechetik, Homiletik, Poimenik (Seelsorgelehre).

TRE, auf zahlr. Bde. ber. (1977 ff.); Hb. systemat. T., hg. v. C. H. RATSCHOW, auf 18 Bde. ber. (1979 ff.); Christl. Glaube in moderner Gesellschaft, hg. v. F. BÖCKLE u. a., 38 Bde. ($^{1-3}$1981–88); Ev. Kirchen-Lex. Internat. theolog. Enzykl., 4 Bde. u. 1 Register-Bd. (^{3}1986–97); Die Religion in Gesch. u. Gegenwart, hg. v. K. GALLING, 7 Bde. (Neuausg. 1986); W. PANNENBERG: Wissenschaftstheorie u. T. (Neuausg. 1987); Grundkurs T., hg. v. G. STRECKER, auf 10 Bde. ber. (1989 ff.); R. BERNHARDT: Der Absolutheitsanspruch des Christentums. Von der Aufklärung bis zur pluralist. Religions-T. (1990); Neues Hb. theolog. Grundbegriffe, hg. v. P. EICHER, 5 Bde. (Neuausg. 1991); Ev. Lex. für T. u. Gemeinde, hg. v. H. BURKHARDT u. U. SWARAT, 3 Bde. (1992–94); Lex. für T. u. Kirche, hg. v. W. KASPER u.a., auf 10 Bde. u. 1 Register-Bd. ber. (^{3}1993 ff.); W. SCHMITHALS: T.-Gesch. des Urchristentums (1994); R. GIBELLINI: Hb. der T. im 20. Jh. (a. d. Ital., 1995); A. E. MCGRATH: Der Weg der christl. T. Eine Einf. (a. d. Engl., 1997).

Theologie der Religionen, →Religionstheologie.

theologische Ethik, in der ev. Theologie entstandene Bez. für die Lehre über die vom christl. Glauben her gebotenen Normen und Weisen menschl. Handelns; dort i. Allg. eine Teildisziplin der →systematischen Theologie. Die t. E. begründet auf der Grundlage der Bibel und in Rückbindung an die Lehre von der →Rechtfertigung und dem →Gewissen die prakt. Konsequenzen (Ethik) des christl. Glaubens. Christl. Existenz wird als Nachfolge des Gekreuzigten angesehen; das im christl. Glauben gebundene Gewissen als die Grundlage ev. Ethik beschrieben. Diese realisiert sich in einem freien, vor Gott verantworteten Handeln, wobei der Ort und die soziale Gemeinschaft, in der der Glaubende lebt, als die Plätze angesehen werden, auf die er von Gott gestellt ist, um im Sinne des Evangeliums zu wirken. Innerhalb der Lehrentwicklung der ev. Ethik erlangten im Luthertum die →Zweireichelehre, innerhalb des Kalvinismus die Lehre von der →Prädestination besondere Bedeutung. – In neuerer Zeit bildete sich auch in der kath. Theologie die Bez. t. E. für →Moraltheologie heraus.

Hb. der christl. Ethik, hg. v. A. HERTZ, 3 Bde. ($^{1-2}$1979–82); H. E. TÖDT: Perspektiven t. E. (1988); Ev. Ethik, hg. v. H. G. ULRICH (1990); C. FREY: T. E. (1990); M. HONECKER: Einf. in die t. E. Grundl. u. Grundbegriffe (1990); T. RENDTORFF: Ethik. Grundelemente, Methodologie u. Konkretionen einer eth. Theologie, 2 Bde. (^{2}1990–91); T. E. im Diskurs, hg. v. W. LESCH u.a. (1995).

theologische Fakultäten, die seit dem MA. bestehenden kath., dann auch ev. Fakultäten, denen die Pflege der theolog. Wiss. in Forschung und Lehre sowie die Ausbildung des geistl. Nachwuchses obliegt. Diese Aufgabe teilen sie mit den →kirchlichen Hochschulen. In Dtl. gibt es (1998) an staatl. Universitäten 14 ev. t. F., vier Fachbereiche für ev. Theologie und 12 kath. t. F., außerdem theolog. Universitätsinstitute zur Ausbildung von Religionslehrern. Sie sind Einrichtungen des Staates, die in ihrem Auftrag sowohl dem Staat wie den Kirchen zugewandt sind. Der Bestand der t. F. ist in Konkordaten und Kirchenverträgen zugesichert, in denen auch die Einwirkungsrechte der Kirchen auf die t. F., bes. die Mitwirkungsbefugnisse bei der Berufung der Hochschullehrer (Vetorecht des Diözesanbischofs im Hinblick auf Lehre und Lebenswandel des Theologen, →nihil obstat; Befugnis der ev. Kirchenleitung zur Abgabe einer gutachtl. Stellungnahme zur Lehre des zu Berufenden), geregelt sind. –

In *Österreich* bestehen an staatl. Universitäten eine ev. (Wien) und vier kath. (Wien, Graz, Innsbruck, Salzburg) t. F., in der *Schweiz* eine kath. (Freiburg im Üechtland) und sechs ev. (Basel, Bern, Genf, Lausanne, Neuenburg, Zürich) theolog. Fakultäten.

E.-L. SOLTE: Theologie an der Univ. (1971); M. HECKEL: Die t. F. im weltl. Verfassungsstaat (1986); H. SCHMITZ: Studien zum kirchl. Hochschulrecht (1990); J. KRIEWITZ: Die Errichtung theolog. Hochschuleinrichtungen durch den Staat (1992).

Theologische Literaturzeitung, 1876 von A. HARNACK und E. SCHÜRER in Leipzig begründete, seit 1940 monatlich erscheinende Rezensionszeitschrift für wiss. Veröffentlichungen aus Theologie und Religionswiss.; erscheint bei der Ev. Verlagsanstalt in Leipzig (1947–1990 Sitz in Berlin [Ost]).

theologische Tugenden, →göttliche Tugenden.

Theologumenon [griech.] *das, -s/...mena,* eine theolog. Aussage innerhalb der christl. Theologie, die keine konfessionell verbindl. Glaubensaussage oder Glaubenswahrheit (Dogma) darstellt, sondern (nur) grundsätzlich als bedeutsamer inhaltl. Teil der Glaubenslehre betrachtet wird.

Theomantie [griech.] *die, -/...'ti|en,* Weissagung durch göttl. Eingebung. (→Mantik)

theomorph [griech.], **theomorphisch,** in göttl. Gestalt (auftretend, erscheinend).

Theonomie [zu griech. theós ›Gott‹ und nómos ›Gesetz‹] *die, -,* Begriff aus der christl. Ethik; bezeichnet die Bindung des sittl. Handelns an den Willen Gottes, im Unterschied z. B. zur →Autonomie.

Theophanes, T. Confessor [lat. ›der Bekenner‹], griech. **Theophanes Homologetes,** byzantin. Chronist, *um 760, †auf Samothrake 12. 3. 817; Mönch und Abt eines von ihm gegründeten Klosters bei Kyzikos; verteidigte entschieden die Bilderverehrung und wurde deshalb von Kaiser LEON V. auf die Insel Samothrake verbannt. Seine in gehobener Umgangssprache verfasste Weltchronik (›Chronographia‹, 810–814 entstanden) umfasst die Zeit von 285 bis 813. In lat. Übersetzung hat sie auch die Geschichtsschreibung des lat. MA. beeinflusst. – Heiliger (Tag: 12. 3.).

Ausgaben: Chronographia, hg. v. C. DE BOOR, 2 Bde. (1883–85, Nachdr. 1980); Bilderstreit u. Arabersturm in Byzanz. Das 8. Jh. (717–813) aus der Weltchronik des T., bearb. v. L. BREYER (^{2}1964).
I. ROCHOW: Byzanz im 8. Jh. in der Sicht des T. (1991).

Theophanes, T. der Grieche, russ. **Feofan Grek,** griech. Maler, *um 1340, †1411; ab etwa 1370 in Russland tätig, wahrscheinlich Lehrer von A. RUBLJOW. Von seinen Wandmalereien in etwa 40 Kirchen sind nur Teile der Fresken in der Christi-Verklärungs-Kirche an der Iljastraße in Nowgorod (1378) erhalten. Ihm werden Ikonen der Ikonostase in der Verkündigungskathedrale des Moskauer Kreml (1405) und einige Einzelikonen zugeschrieben.

V. N. LAZAREV: T. d. G. u. seine Schule (a. d. Russ., Neuausg. Wien 1968).

Theophanes, T. Graptos [griech. ›der Tätowierte‹], byzantin. Theologe, *Moabitische Berge wohl 778, †Konstantinopel(?) 11. 10. 845; Mönch des Klosters Mar Saba bei Jerusalem und einer der führenden Verfechter der Bilderverehrung, weswegen er schon unter Kaiser LEON V. (813–820) verbannt wurde. Als er mit seinem Bruder THEODOROS 832 nach Konstantinopel kam, ließ ihnen Kaiser THEOPHILOS (829–842) zur Strafe für ihr Bekenntnis zum Bilderkult zwölf Spottverse auf die Stirn brennen (daher der Beiname) und verbannte sie nach Bithynien. Nach dem Ende des →Bilderstreites wurde T. 842 Metropolit von Nikaia. Von ihm stammt ein größtenteils noch unediertes Werk liturg. Dichtungen.

Ausgaben: Anthologia graeca carminum christianorum, hg. v. W. CHRIST u. a. (1871, Nachdr. 1963); Analecta sacra Spicilegio Solesmensi parata, hg. v. J.-B. PITRA, Bd. 1 (1876); P. N.

TREMPELAS: Eklogḗ Hellēnikḗs Ortodóxou hymnographías ... (1949).

H.-G. BECK: Kirche u. theolog. Lit. im byzantin. Reich (²1977).

Theophanie [spätgriech.] *die, -/...'ni|en,* religionswiss. Begriff; bezeichnet das zeitlich und räumlich begrenzte Erscheinen, Sichtbar- oder Erkennbarwerden einer (dem Betroffenen bekannten) Gottheit und wird oft gleichbedeutend mit →Epiphanie verwendet. In Stammesreligionen verkörpern sich Gottheiten z. B. in Medien, in antiken Religionen in Herrschern, Helden und Priestern; aber auch in Bildern, Dingen und Ereignissen können Gottheiten erscheinen. Die Berufungserlebnisse von Propheten und Religionsgründern sind typ. Beispiele für T. (MOSE, MOHAMMED u. a.). Im Hinduismus ist mit der Lehre von den →Avataras Vishnus die T. fest in das religiöse System integriert. Im Christentum bildet das Erscheinen Gottes in JESUS CHRISTUS das grundlegende Faktum des christl. Glaubens.

Theophanes der Grieche: Mariä Himmelfahrt; 1392

Theophano, Theophanu, Herrscherinnen:
Heiliges Röm. Reich: 1) **Theophano, Theophania, Theophanu,** Kaiserin, * um 955, † Nimwegen 15. 6. 991; war eine Verwandte des byzantin. Kaisers JOHANNES I. TZIMISKES, heiratete am 14. 4. 972 in Rom Kaiser OTTO II. und wurde zur Kaiserin gekrönt. Die hochgebildete T. nahm großen Einfluss auf die Politik und bereitete als Regentin nach 983 ihren unmündigen Sohn OTTO III., unterstützt von Erzbischof WILLIGIS von Mainz, auf das Kaisertum vor.

Kaiserin Theophanu. Begegnung des Ostens u. Westens um die Wende des ersten Jt., hg. v. A. VON EUW u. a., 2 Bde. (1991); Kaiserin Theophanu. Prinzessin aus der Fremde – des Westreichs Große Kaiserin, hg. v. G. WOLF (1991); E. EICKHOFF: Theophanu u. der König. Otto III. u. seine Welt (1996).

Byzantin. Reich: 2) **Theophano,** Kaiserin, * um 941; Tochter eines Schankwirts; einflussreiche Gemahlin des schwachen Kaisers ROMANOS II. (959–963), dann seines Nachfolgers NIKEPHOROS II. PHOKAS (963–969); Letzteren ließ sie von ihrem Geliebten JOHANNES TZIMISKES töten, der als JOHANNES I. den Thron bestieg, aber erst nach der Trennung von T. gekrönt wurde. Ihr Sohn BASILEIOS II. (976–1025) holte seine verbannte Mutter zurück.

Theophilus, Gestalt des N. T.; in Lk. 1, 3 und Apg. 1, 1 genannte, wohl hoch gestellte Persönlichkeit der christl. Gemeinde, der das Lukasevangelium und die Apostelgeschichte gewidmet sind.

Theophilus, Gestalt der mittelalterl. Legende; ein verstoßener Priester, der einen Teufelspakt schließt, um wieder in sein Amt eingesetzt zu werden. Er bereut und wird von MARIA gerettet. Am bedeutendsten ist die dramat. Bearbeitung des Stoffes durch RUTEBEUF (›Miracle de Théophile‹, um 1260).

Theophilus Presbyter, gelehrtes Pseud. für →Roger von Helmarshausen.

Theophrast, griech. Philosoph, * Eresos zw. 372 und 369 v. Chr., † Athen zw. 288 und 285 v. Chr.; soll urspr. **Tyrtamos** geheißen haben und noch unter PLATON Mitgl. der Akad. gewesen sein, begann um 345 in Mytilene die Zusammenarbeit mit ARISTOTELES und wurde dann Mitgl. seiner Schule (Peripatos) in Athen, deren Leitung er später übernahm und bis zu seinem Tod innehatte. Seine zahlr., durch Universalität ausgezeichneten Werke, die Themen der Naturwiss.en, darunter Physik, Kosmologie, Tier- und Pflanzenkunde, der Psychologie, Ethik, Politik, Musik, Rhetorik, Philosophie behandelten, sind mit Ausnahme der wichtigsten botan. Werke, einer metaphys. und kleinerer naturwiss. Schriften verloren. In seinen ebenfalls erhaltenen ›Charakteren‹ skizziert er in scharf beobachtender und erheiternder Weise 30 fehlerhafte Charaktertypen (Wirkung auf PLUTARCH und SENECA D. J.). – T. knüpfte an ARISTOTELES an, dessen Lehren er systematisierte und kritisch fortentwickelte, wobei er platonisch-spekulative Elemente zu vermeiden suchte und demgegenüber empir. Forschungen und die Untersuchung von Einzelphänomenen vertiefte; auf die Stoa und auf die Anfänge der wiss. Botanik im 16. Jh. hatte er Einfluss.

Ausgaben: Naturgesch. der Gewächse, übers. u. hg. v. K. SPRENGEL, 2 Tle. (1822, Nachdr. 1971); Opera, quae supersunt, omnia, hg. v. F. WIMMER (1866, Nachdr. 1964); Charaktere, hg. v. P. STEINMETZ, 2 Bde. (1960–62, griech. u. dt.); Sources for his life, writings, thought and influence, übers. u. hg. v. W. W. FORTENBAUGH u. a., 2 Tle. (1992).

G. SENN: Die Pflanzenkunde des T. von Eresos. Seine Schr. über die Unterscheidungsmerkmale der Pflanzen u. seine Kunstprosa (Basel 1956); W. W. FORTENBAUGH: Quellen zur Ethik T.s (Amsterdam 1984); K. GAISER: T. in Assos. Zur Entwicklung der Naturwiss. zw. Akad. u. Peripatos (1985); U. EIGLER u. G. WÖHRLE: T. De odoribus. Edition, Übers., Komm. (1993).

Theophrast Bombast von Hohenheim, Arzt, Naturforscher und Philosoph, →Paracelsus, Philippus Theophrastus.

Theophrastengewächse [nach THEOPHRAST], **Theophrastaceae,** den Primelgewächsen nahe stehende Pflanzenfamilie mit etwa 90 Arten in fünf Gattungen, verbreitet im trop. und subtrop. Amerika (einschließlich Karibik); Bäume oder Sträucher mit oft an der Spitze des Stamms oder der Zweige gehäuften Blättern (Schopfbäume); Blüten mit →Staminodien; Früchte als Beeren ausgebildet; einige Arten sind Warmhauszierpflanzen.

Theophylakt, röm. Konsul und Senator, † um 925; Haupt des stadtröm. Adels und Verwalter der Einkünfte der Päpste, auf deren Politik er und seine Angehörigen (seine Gattin THEODORA, seine Tochter MAROZIA) großen Einfluss nahmen.

Theophyllin [zu griech. *theós* ›Gott‹ und *phýllon* ›Blatt‹] *das, -s,* u. a. in Teeblättern vorkommendes, mit Koffein nahe verwandtes Purinalkaloid (chemisch 1,3-Dimethylxanthin). Es steigert die Kontraktionskraft des Herzens, erweitert die Bronchien, erregt v. a. in höherer Dosierung das Zentralnervensystem und

Theophyllin

Theorbe:
Venezianische Arbeit,
17. Jh. (London,
Victoria and Albert
Museum)

Hugo Theorell

wirkt gefäßerweiternd sowie schwach harntreibend. T. wird bei Asthmapatienten sowohl im akuten Asthmaanfall als auch prophylaktisch eingesetzt.

Theopompos, griech. **Theopompos, Theopomp,** griech. Geschichtsschreiber, * auf Chios um 378 v. Chr., † Alexandria (?) zw. 323 und 300 v. Chr.; verfasste als Hauptwerke die ›Hellenika‹ (›Hellenikai istoriai‹, 12 Bücher) über die Jahre 411–394 v. Chr. und die ›Philippika‹ (›Philippikai istoriai‹, 58 Bücher) über die Regierungszeit PHILIPPS II. von Makedonien (nur Fragmente erhalten).

Theorbe [ital.-frz.] *die, -/-n,* eine Basslaute mit Spielsaiten und Bordunsaiten. Die Bordune, die nur angezupft werden, sind in einem zweiten Wirbelkasten oberhalb des ersten angebracht. Der Unterschied der T. (auch **paduanische T.** gen.) zum →Chitarrone (auch **römische T.** gen.) besteht in dem kürzeren, seitlich versetzten und geschweiften Hals. Die Stimmung der acht Bordune ist diatonisch von $_1$D bis D, die der Griffsaiten E–F–G–c–f–a–d–g. Die T. wurde v. a. als Generalbass- und Kammermusikinstrument verwendet, seltener als Soloinstrument, da der lange Hals virtuoses Spiel erschwert. Sie war von Ende des 16. Jh. bis ins 18. Jh. in Gebrauch.

Theorell [tɛuˈrɛl], Hugo, schwed. Biochemiker, * Linköping 6. 7. 1903, † Stockholm 15. 8. 1982; wurde 1932 Prof. in Uppsala, 1937 in Stockholm, wo er gleichzeitig die biochem. Abteilung des Nobelinstituts leitete. T. erhielt für seine Untersuchungen über Chemie und Wirkungsweise der Enzyme 1955 den Nobelpreis für Physiologie und Medizin.

Theorem [griech.-lat., eigtl. ›das Angeschaute‹, zu griech. theōreĩn ›zuschauen‹] *das, -s/-e,* Lehrsatz einer wiss. Disziplin; Aussage, die durch endlich viele Anwendungen von Deduktionsregeln aus den einer Theorie zugrunde liegenden Axiomen gewonnen wird.

Theorema egregium [lat. egregius ›hervorragend‹], ein von C. F. GAUSS 1827 angegebener Satz der Flächentheorie, nach dem die →gaußsche Krümmung invariant ist unter isometr. Abbildungen.

Theorem der korrespondierenden Zustände, Theorem der übereinstimmenden Zustände, 1881 von J. D. VAN DER WAALS aufgestellter thermodynam. Satz, der davon ausgeht, dass sich alle Stoffe am krit. Punkt (→kritischer Zustand) in einem vergleichbaren Zustand befinden. Korrespondierende Zustände versch. Stoffe weisen dabei übereinstimmende Werte der Verhältnisse T/T_k und V/V_k auf (T Temperatur, V Volumen, und der Index k für die Werte des jeweiligen krit. Zustands). Das T. d. k. Z. besagt, dass alle Stoffe in den fluiden Zuständen flüssig und gasförmig einer allg. gültigen Zustandsgleichung der Form $p/p_k = f(T/T_k, V/V_k)$ genügen (p Druck). – Bei einigen Stoffen gilt das T. d. k. Z. zwar, es trifft in guter Näherung aber nur dann weitgehend zu, wenn man es um einen stoffabhängigen Parameter erweitert. Dieser geht in versch., praktisch bewährte Zustandsgleichungen ein, die die näherungsweise Bestimmung der Zustandsgrößen eines Stoffs aus wenigen experimentellen Daten erlauben.

theoretisch [griech theōrētikós ›beschauend‹, ›untersuchend‹], 1) die Theorie von etwas betreffend; 2) gedanklich, die Wirklichkeit nicht (genügend) berücksichtigend.

theoretische Chemie, Teilgebiet der Chemie, das sich mit der theoret. (mathemat.) Charakterisierung der Elektronenstruktur und Reaktivität von Molekülen beschäftigt, v. a. durch Anwendung der Gesetze der Quantenmechanik (→Quantenchemie).

Theoretical models of chemical bonding, hg. v. Z. B. MAKSIĆ, 4 Bde. (Berlin 1990–91); W. KUTZELNIGG: Einf. in die t. C., 2 Bde. (Neuausg. 1992–94).

Theorie [griech. ›Betrachtung‹, zu theōreĩn ›anschauen‹, ›betrachten‹, ›erwägen‹] *die, -/...'ri|en,* 1) rein gedankl. Betrachtungs- und Erklärungsweise im Unterschied zur prakt. Anwendung bzw. im Ggs. zur Praxis als tätig veränderndem Bezug zur Wirklichkeit; durch Denken gewonnene Erkenntnis im Ggs. zu dem durch Erfahrung gewonnenen Wissen; 2) ein System von Aussagen und Sätzen, das in gewissem Umfang der Zusammenfassung, Beschreibung, Erklärung und Vorhersage von Phänomenen dient. Eine T. fasst im Rahmen eines Gegenstandsbereichs zahlr. und vielgestaltige Phänomene so zusammen, dass sie als wiss. Erkenntnis ausgewiesen werden können. Dies gilt sowohl für die realitätsbezogenen Wiss.en (Erfahrungswiss.en) als auch für die rein formalen (z. B. Logik, Mathematik). 3) ›T.‹ ist auch Bez. für ein wiss. Lehrgebäude und für die Lehre über die Grundlagen, Gesetze und Prinzipien eines bestimmten Bereichs der Wiss., Technik oder Kunst. Über ihre Funktion der Erklärung und Prognose hinausgehend, können T. (als Meta-T.) auch der Überprüfung ihres eigenen Wahrheits- und Gültigkeitsanspruchs, ihres Anwendungs- und Geltungsbereichs wie auch der Kritik anderer T. und der Projektierung neuer Forschungen und Erstellung neuer T. dienen. I. w. S. ist alles menschl. Erkennen theoretisch, insofern es über die Feststellung des hier und jetzt Gegebenen hinausgeht und auf Allgemeinheit zielt. T. sind Bestandteile der menschl. Erkenntnisentwicklung und unterliegen der histor. Modifikation und Abfolge, die (als ›T.-Dynamik‹) Gegenstand der Wissenschaftsgeschichte sind.

Der Begriff der T. bezeichnet urspr. bei ARISTOTELES das Leben in der Betrachtung des unwandelbaren Seins und des Göttlichen, das im Unterschied zum prakt. Leben als Bürger der Polis und zum genusshaften Leben rein um seiner selbst willen erstrebt wird und daher als weit wertvoller gilt. Die Höherbewertung der theoret. gegenüber der prakt. Existenzform findet im Vorrang der ›vita contemplativa‹ gegenüber der ›vita activa‹, wie sie ausgehend vom MA. bis in die frühe Neuzeit fortwirkte, ihren Ausdruck. Bei I. KANT bedeutet T. das Denken des Seins bzw. die Analyse dessen, was Sein konstituiert. Im Marxismus dagegen wird der T. die Praxis als Ausdruck der Dialektik von Denken und Handeln gegenübergestellt. Ob eine T. wahr ist, lässt sich letztlich nur in der Praxis prüfen, die sowohl Grundlage jeder T. als auch deren Wahrheitskriterium ist. Die Frankfurter Schule der →kritischen Theorie (M. HORKHEIMER, T. W. ADORNO) verweist auf die gesellschaftlich-histor. Bedingtheit und Interessenbestimmtheit der nach traditionellem Verständnis wertfreien T. und Wissenschaft.

Die *Wissenschaftstheorie* unterscheidet zw. empir. und deduktiven T. Empir. T. werden auf der Basis gut bestätigter Hypothesen gebildet, die ihrerseits durch Verallgemeinerung (Induktion) aus Beobachtungen hervorgehen und immer wieder – eventuell nach der Ableitung von Testimplikationen – an der Erfahrung geprüft werden. Aus solchen T. können Gesetze, Aussagen über Phänomene, aber auch andere T. abgeleitet werden. Sie lassen sich hinsichtlich ihrer formalen Struktur und ihres Gehalts unterscheiden und enthalten i. d. R. eine Reihe theoret. Terme oder Begriffe, die sich nicht direkt auf Beobachtbares beziehen (z. B. ›Kraft‹ oder ›Feld‹). Der Empirismus, dem zufolge alles Wissen auf Erfahrung beruht, fordert als Kriterium der Gültigkeit einer T., dass sich alle Bestandteile (letztlich mithilfe von Deduktionen oder Reduktionen) auf Beobachtbares zurückführen lassen (→Beobachtungssprache, →Reduktionismus). Dies wird heute jedoch allg. als unmöglich betrachtet. Vielmehr muss sich eine empir. T. hinsichtlich ihrer Funktion der Erklärung bekannter oder der Voraussage neuer Phänomene bewähren. Im Falle miteinander konkurrierender T. (z. B. die Phlogiston- und die Sauerstofftheorie der Verbrennung) stellt sich das Problem, anhand von Erfahrung (→Experimentum Crucis) zu entscheiden, welche T. zutreffender bzw. welche falsch ist. Eine T. stellt aus heutiger Sicht einen vorausgreifenden Rahmenentwurf von Möglichkeiten für Experiment und Forschung dar und lässt sich prinzipiell nicht verifizieren, sondern lediglich – bei mangelnder Bewährung an der Realität – falsifizieren und ggf. durch eine bessere T. ersetzen.

Bei deduktiven T. wird prinzipiell darauf verzichtet, mit ihnen einen Wahrheitsanspruch zu verbinden. Axiome werden in ihnen zu Axiomenschemata, die weder wahr noch falsch sein können, der Vorgang des Ableitens von Sätzen hieraus wird zu einem reinen Befolgen log. Regeln. Erst eine Interpretation macht ein solches formales System wahrheitsfähig: Sie liefert zur T. einen Anwendungsbereich, und beide – T. und Anwendung – werden durch Übersetzungsregeln miteinander verbunden.

In den exakten Disziplinen der →Naturwissenschaften bezeichnet man als T. eine quantitative formale Beschreibung eines Vorgangs, z. B. eines Experiments zur Bestimmung einer nicht direkt messbaren Naturkonstante, i. e. S. einen mit Bezug auf beobachtbare Fakten eines klar umrissenen Wirklichkeitsbereichs interpretierten, umfassend ausgearbeiteten mathemat. Formalismus (in der Physik z. B. Mechanik, Thermodynamik, Elektrodynamik, Quantenmechanik, Relativitätstheorie). In diesem Sinn gehören zu einer T. sowohl eine in sich schlüssige, widerspruchsfreie mathemat. Formulierung als auch eine verbindl. und eindeutige Vorschrift darüber, was die dabei verwendeten Größen in der Wirklichkeit und v. a. in Bezug auf ein →Experiment bedeuten; v. a. muss jede physikal. T. – wenn sie als solche anerkannt werden will – einen eindeutigen Bezug zu messbaren Größen haben. Dieses Konzept der T. und das unabdingbar mit ihm verbundene Konzept des Experiments bilden die wichtigste method. Grundlage der →Physik. Von allen naturwiss. T. wird gefordert, dass sie nicht im Widerspruch zueinander und zu bekannten experimentellen Fakten stehen. Treten Widersprüche auf, dann sind die betroffenen T. und die in ihnen verwendeten Begriffe zu revidieren. Die Folge einer solchen Revision ist i. d. R. eine Einschränkung der Anwendbarkeit der betroffenen T. und häufig das Entstehen neuer; bekannte Beispiele sind die Einschränkung der klass. newtonschen Mechanik und die Entstehung von Relativitätstheorie und Quantenmechanik.

Von dem naturwiss. Begriff der T. sind der weniger genaue des →Modells sowie derjenige der →Hypothese zu unterscheiden. Einer neuen T. geht meist eine Hypothesenbildung voraus, bei welcher Modellvorstellungen häufig eine wichtige Rolle spielen. Ihre endgültige Formulierung und Interpretation ergeben sich dann aus dem engen Wechselspiel zw. experimenteller Verifizierung der aus Hypothese und Modell abgeleiteten Konsequenzen, sukzessiver Verfeinerung der Vorstellungen und begriffl. Abstraktion aus den experimentellen Befunden.

Die polit. T. ist ein Teilgebiet der Politikwissenschaft. Sie umfasst thematisch theoret. Entwürfe zur polit. Ordnung (z. B. die →Utopien), die grundlegenden Ideen u. a. zu Demokratie oder Rechtsstaat, geschichtlich wirksame Ideologien (Liberalismus, Sozialismus, Kommunismus, Nationalismus, Konservativismus, Faschismus), Einzelbereiche der Politik (zwischenstaatl. und innerstaatl. Konflikte, Parteiwesen, Wählerverhalten) sowie das Verhalten des politisch Handelnden (polit. Ethik). – In der polit. T.-Bildung entwickelten sich versch. method. Ansätze, u. a. der empirisch-analytische (an der Lösung konkreter polit. Probleme orientiert), der normativ-kritische (krit. Bewertung der gegebenen polit. Ordnung an wertbestimmten Vorstellungen) und der dialektisch-kritische (der die geschichtl. Bedingtheit der jeweiligen Herrschafts- und Gesellschaftsordnung und die Notwendigkeit ihrer Korrektur oder Aufhebung als Beitrag zur Emanzipation des Menschen in der Gesellschaft betont).

Wissenschaftstheorie: W. LEINFELLNER: Die Entstehung der T. Eine Analyse des krit. Denkens in der Antike (1966); H. SPINNER: T., in: Hb. philosoph. Grundbegriffe, hg. v. H. KRINGS u. a., Bd. 3 (1974); W. STEGMÜLLER: Probleme u. Resultate der Wissenschafts-T. u. analyt. Philosophie, Bd. 2: T. u. Erfahrung, 3 Tle. ($^{1-2}$1974–85); Theorien der Wissenschaftsgesch. Beitr. zur diachronen Wissenschafts-T., hg. v. W. DIEDERICH (5.-6. Tsd. 1978); T. S. KUHN: Die Struktur wiss. Revolutionen (a. d. Amerikan., ^{7}1984); Gesch. der polit. Theorien. Beitr. v. H. FENSKE u. a. (Neuausg. 1996); Die konstruierte Welt. T. als Erzeugungsprinzip, hg. v. F. RAPP (1997); Karl Popper, Logik der Forschung, hg. v. H. KEUTH (1998).

Politische Theorie: Polit. T. Begründungszusammenhänge in der Politikwiss., hg. v. G. GÖHLER (1978); H. BUSSHOFF: Politikwiss. T.-Bildung. Grundlagen u. Verfahrensweisen (1984); Polit. T.-Gesch.. Probleme einer Teildisziplin der polit. Wiss., hg. v. U. BERMBACH (1984); Lust an der Erkenntnis. Polit. Denken im 20. Jh. Ein Lesebuch, hg. v. H. MÜNKLER (1990); K. VON BEYME: T. der Politik im 20. Jh. Von der Moderne zur Postmoderne (1991). – Weitere Literatur →Politik

Theorie der Eigentumsrechte, engl. **Property-Rights-Theory** [ˈprɔpəti raɪts ˈθɪəri], auf ARMENT A. ALCHIAN (* 1914), HAROLD DEMSETZ (* 1930) und R. H. COASE zurückgehender Ansatz der Neuen →Institutionenökonomik, der Gütern nicht nur phys. Eigenschaften zumisst, sondern sie zugleich als Bündel von Eigentums- bzw. Verfügungsrechten (Property-Rights) betrachtet. Diese bilden ein System von Berechtigungen für den Umgang mit einem Gut (Recht zur Nutzung, zur Aneignung des Ertrages, zur Veränderung und Veräußerung). Die Zuordnung der Eigentumsrechte erfolgt durch rechtl. oder soziale Normen, eine missbräuchl. Verwendung wird entsprechend sanktioniert. Die T. d. E. unterstellt, dass die Ausgestaltung der Eigentumsrechte Allokation und Nutzung ökonom. Ressourcen in spezif. Weise beeinflusst: Werden Eigentumsrechte nicht genau spezifiziert, unterbleibt die Internalisierung →externer Effekte, und es kommt zu Effizienzverlusten. Umgekehrt gilt, dass der Anreiz zur effektiven Ressourcennutzung dann am größten ist, wenn die externen Effekte vollständig internalisiert werden. Dies ist dann der Fall, wenn Eigentumsrechte – unabhängig von ihrem Inhaber – genau festgelegt sind.

Beispiel aus dem Bereich der Ressourcenökonomik: Solange für das Meer keine Eigentumsrechte festgelegt sind, ergibt sich eine Tendenz zur Überfischung. Würde ein einzelner Fischer aus dieser Erkenntnis auf das Fangen verzichten, müsste er die gesamten Kosten des entgangenen Einkommens tragen, der Nutzen würde aber auch allen anderen Fischern zufallen. Daher wird sich kein rational verhaltender Fischer eine solche Entscheidung treffen. Würden hingegen Eigentumsrechte definiert und einem (beliebigen) Fischer zugewiesen, könnte dieser selbst (und andere mit ihm per Fangjlizenzen) das Meer nachhaltig nutzen und auf diese Weise dauerhafte Einkommen erzielen. Das ist darauf zurückzuführen, dass jetzt nicht nur die Kosten der Fangbeschränkung (Einkommensverzicht in der Gegenwart), sondern auch den Nutzen (höheres Einkommen in der Zukunft) beim Inhaber der Verfügungsrechte anfallen.

Die T. d. E. geht also der Frage nach, wie Institutionen (einschließlich des Systems der Eigentumsrechte) zu gestalten sind, um effiziente Ergebnisse zu erzielen. Insofern ist sie v. a. für die Theorie der Unternehmung, Theorie der wirtschaftl. Entwicklung, die Umwelt- und Ressourcenökonomik sowie die Theorie nichtmarktl. Allokationssysteme von Bedeutung.

Theorikon [griech., zu theōrikós ›zum Theater gehörig‹] *das, -s/...ka,* staatl. Geldzuwendung an athen.

Bürger, um ihnen den Theaterbesuch an Kultfesten zu ermöglichen; umstritten ist, wer das T. einführte.

Theosis [griech. ›Vergöttlichung‹] *die, -,* zentraler Begriff der orth. Theologie: Ausgehend von der im N. T. und bei den Kirchenvätern nachweisbaren Vorstellung, dass der Mensch Abbild Gottes ist, dieses Abbild durch die menschl. Sünde verdunkelt, in CHRISTI Menschwerdung jedoch wiederhergestellt wird, ist nach orth. Lehre der Mensch dazu berufen, in Gott zu leben und an seiner Herrlichkeit immer mehr teilzuhaben, um so durch Gnade das zu werden, was Gott der Natur nach ist. (→Anthropologie, theolog. Anthropologie).

Theosophie [spätgriech., zu griech. theós ›Gott‹ und sophía ›Weisheit‹] *die, -/...'phi|en,* allgemeiner Begriff für philosoph. und theolog. Denkansätze, die von einem religiösen Glauben her das Weltbild und die Erkenntnis durchdringen und erweitern wollen. Der Versuch der T., alles Wissen unmittelbar auf Gott zu beziehen, findet sich in fast allen religionsphilosoph. Systemen. Der T. geht es um die Vereinigung von ›himml.‹ und ›ird. Wissen‹, Glauben und (Natur-)Wissenschaft, Philosophie und Theologie, bei F. C. OETINGER ›Philosophia sacra‹, bei J. V. ANDREÄ und J. A. COMENIUS →Pansophie genannt. Theosophisch gefärbt sind v. a. die neuplaton. Mystik (PLOTIN), wo der Begriff zur Bez. des Wissens um das Göttliche durch sein unmittelbares Erleben erstmals auftaucht, ferner die hermet. Literatur, die Gnosis, die Kabbala sowie die Mystik des 16. bis 18. Jh. In Dtl. erlebte das theosoph. Denken Höhepunkte in der frühen Neuzeit (PARACELSUS, J. BÖHME, J. G. GICHTEL) und der Romantik (F. VON BAADER, F. W. J. SCHELLING). Die christl. T. geht aus von den Schriften des PAULUS und beruft sich darauf, dass dem auf Gottes Wort Hörenden auch ›göttl.‹ Weisheit‹ geschenkt wird (1. Kor. 1, 30; Kol. 2, 3). Dabei lassen sich zwei Hauptlinien christl. T. verfolgen: im Osten von den alexandrin. Kirchenvätern (KLEMENS VON ALEXANDRIA, ORIGENES) über DIONYSIUS AREOPAGITA und JOHANNES VON DAMASKUS bis hin zu den russ. Sophiologen des 19. und 20. Jh. (W. S. SOLOWJOW, N. A. BERDJAJEW, S. N. BULGAKOW), im Westen von AUGUSTINUS über ALBERTUS MAGNUS, HILDEGARD VON BINGEN bis ANDREÄ, COMENIUS, OETINGER, BAADER, J. J. GÖRRES u. a. Davon zu unterscheiden ist die im 19. Jh. entstandene →Theosophische Gesellschaft.

R. ROCHOLL: Beitr. zu einer Gesch. dt. T. (1856); G. WEHR: Alle Weisheit ist von Gott. Gestalten u. Wirkungen christl. T. (1980); DERS.: Die dt. Mystik. Myst. Erfahrung u. theosoph. Weltsicht (1988); P. DEGHAYE: Jakob Böhmes T., in: Gnosis u. Mystik in der Gesch. der Philosophie, hg. v. P. KOSLOWSKI (Zürich 1988); Russ. Religionsphilosophie u. Gnosis, hg. v. DEMS. (1992).

Theosophische Gesellschaft, eine 1875 von HELENA P. BLAVATSKY und HENRY STEEL OLCOTT (* 1832, † 1907) in New York gegründete Weltanschauungsgemeinschaft, die den →Okkultismus und Spiritismus des 19. Jh. mit hinduist. und buddhist. Vorstellungen verband. Hauptsitz der T. G. ist seit 1882 Adyar (bei Madras). Im Unterschied zu den abendländisch-philosoph. Richtungen der →Theosophie wird die Weltanschauung der T. G. auch als ›theosoph. Okkultismus‹ oder ›angloind. Theosophie‹ bezeichnet. Grundlegend wurde für sie die von BLAVATSKY verfasste Geheimlehre ›The secret doctrine‹ (3 Tle., 1888-97; dt. ›Die Geheimlehre‹) und ›The key to theosophy, being a clear exposition ...‹ (1889; dt. ›Der Schlüssel zur Theosophie‹). Als Hauptziele der T. G. werden darin genannt: die Vereinigung der Menschheit (›universelle Bruderschaft der Menschheit‹), das Studium und die Förderung der östl. Weltanschauungen und das Studium des Okkultismus (›der unerklärl. Naturkräfte‹). Ziel ist die Verwirklichung der Einheit von Naturwiss. und Religion. Durch Aneignung der von übermenschl. Wesen übermittelten, allen Weltanschauungen und Religionen zugrunde liegenden tieferen ›Urweisheit‹ oder ›Geheimlehre‹ solle die Menschheit sich selbst vervollkommnen und auf die Entwicklungsstufe der vollendeten Wesen (›Meister der Weisheit‹, ›Götter‹, ›Bodhisattvas‹) gelangen. – Seit Ende des 19. Jh. kam es zu zahlr. Spaltungen und Neubildungen der T. G.: 1895 trennte sich die amerikan. Sektion unter WILLIAM Q. JUDGE (* 1851, † 1896) und KATHERINE TINGLEY (* 1847, † 1929) von der T. G.; 1923 bildete sich die ›Arcane School‹ unter ALICE A. BAILEY (* 1880, † 1949). Von Bedeutung war v. a. die 1913 erfolgte Trennung R. STEINERS, der 1902-12 Gen.-Sekr. der ›T. G. Adyar in Dtl.‹ war, von der T. G. und seine Gründung der Anthroposoph. Gesellschaft (→Anthroposophie). Weitere Fortbildungen sind die ›I-AM-Bewegung‹, der ›Agni Yoga‹ und die ›Welt-Spirale‹. Die meisten Mitglieder theosoph. Weltanschauungsgemeinschaften finden sich in den USA und in Indien; in den dt.-sprachigen Ländern nur etwa 2 %. Die weltweit größte Gruppe, die ›T. G. Adyar‹, hat etwa 35 000 Anhänger. Die theosoph. Gesellschaften waren in Dtl. während der natsoz. Herrschaft verboten, ebenso in den sozialist. Staaten Mittel- und Osteuropas. Auf die esoter. und okkultist. Bewegung der Gegenwart, v. a. auf die New-Age-Bewegung, übt die angloind. Theosophie einen starken Einfluss aus.

A. L. MATZKA: Theosophie u. Anthroposophie (Graz 1950); K. R. H. FRICK: Die Erleuchteten, Bd. 1: Gnostischtheosoph. u. alchemistisch-rosenkreuzer. Geheimgesellschaften bis zum Ende des 18. Jh. (ebd. 1973); B. F. CAMPBELL: Ancient wisdom revived. A history of the theosophical movement (Berkeley, Calif., 1980); S. HOLTHAUS: Theosophie. Speerspitze des Okkultismus (1989); H.-J. RUPPERT: Theosophie. Unterwegs zum okkulten Übermenschen (1993).

Theotokas, Giorgos, neugriech. Schriftsteller, * Konstantinopel 27. 8. 1906, † Athen 30. 10. 1966; behandelte die Probleme der bürgerl. Gesellschaft und nat. Krisensituationen; begann mit einem krit. Essay (›Der freie Geist‹, neugriech. 1929), der als das ›Manifest des Selbstverständnisses der Autorengeneration der 30er-Jahre‹ (K. T. DIMARAS) gilt. In seinen frühen Romanen stellt er die Psychologie der Pubertät, z. T. in Verbindung mit gesellschaftl. Konflikten und geschichtl. Ereignissen, dar.

Weitere Werke (neugriech.): *Romane und Erzählungen:* Mußestunden (1931); Argo (1933, 2. Fassung 1936; engl.); Euripides Pentozales (1937); Der Genius (1938); Leonis (1940); Hl. Straße (1950); Und ewig lebt Antigone (1964; dt.). – *Essays:* Probleme unserer Zeit (1956); Geistiger Weg (1961); Die Glocken (hg. 1970). – *Lyrik:* Gedichte (1944).

Theotokion [griech. ›(Gesang) zur Gottesgebärerin‹] *das, -(s)/...ki|en* oder *...kia,* in der Hymnologie der orth. Kirche ein kurzer Gesang zu Ehren MARIAS, der Gottesmutter, eine Variante ist das **Staurotheotokion** [griech. ›(Gesang) zu Kreuz und Gottesgebärerin‹], das mittwochs und freitags gesungen wird und die Klage MARIAS am Kreuz JESU CHRISTI beschreibt. Ursprünge der Gattung dürften schon auf EPHRÄM DEN SYRER zurückgehen, die wichtigsten Werke stammen von JOHANNES VON DAMASKUS und THEOPHANES GRAPTOS.

Theotokopulos, Domenikos, span. Maler griech. Herkunft, El →Greco.

Theotokos [griech. ›Gottesgebärerin‹], erstmals von HIPPOLYT auf MARIA angewandtes Epitheton, das in der vorchristl. Antike auf die altägypt. Göttin Isis bezogen war. Die christl. Verwendung entstammt dem Denken der alexandrin. Theologenschule. Die Bez. T. sollte die Gottheit CHRISTI unterstreichen, fand seit Ende des 3. Jh. (ATHANASIOS) Eingang in die Christologie, wurde in ihrer theolog. Aussage (→Gottesmutterschaft) gegen den Widerstand des NESTORIUS durch das Konzil von Ephesos (431) bestätigt

(→Mariologie) und fand im großen Umfang Eingang in die liturg. Dichtung der orth. Kirche.

Theoxenia [griech.] *Pl.*, Kultmahl, bei dem die Götter, bes. Apoll, Dionysos und die Dioskuren, persönlich anwesend gedacht wurden.

Thera, neugriech. **Thira** ['θira], seit dem MA. auch **Santorin** [aus ital. ›Santa Irene‹], neugriech. **Santorini**, Insel im S der Kykladen, Griechenland, 76 km², 9400 Ew.; Hauptort ist Thera (Phira). Die Inseln T. und **Therasia** (neugriech. Thirasia, 9,3 km², 200 Ew.) sowie die kleine Insel **Aspronisi** sind Reste eines bei dem gewaltigen Ausbruch 1628 v.Chr. gesprengten Vulkankegels. In die dabei entstandene, von den genannten Inseln (Teile des Kraterrandes) umgebene →Caldera drang das Meer ein, aus dem sich mehrfach Vulkane heraushoben, **Palaia Kameni** vermutlich schon in prähistor. Zeit; zwei jüngere (1570–73 und 1707–11) mit dem 1867–70 entstandenen Georgsvulkan wurden 1925–28 durch einen neuen Vulkankegel zu der Insel **Nea Kameni** verschmolzen (letzter Vulkanausbruch 1956). Die Inseln sind stark erdbebengefährdet (letztes katastrophales Beben 1956).

Die Insel T. ist mit Lava-, Schlacken- und Aschendecken und einer bis 30 m mächtigen Schicht von vulkan. Tuff (→Santorinerde) bedeckt. Der Steilabfall des inneren Kraterrands (200–360 m ü. M.) setzt sich unter dem Meeresspiegel fort (Tiefe bis 380 m). Nach außen dacht sich die Insel sanft ab. Im SO erhebt sich der Prophitis Elias (566 m ü. M.), aufgebaut aus gefalteten Sedimentgesteinen (Kalke, Tonschiefer). – Die Bev. lebt vom Ackerbau (Weizen, Tomaten; Weinbau im Rückgang), vom Abbau der Santorinerde und heute v. a. vom Fremdenverkehr. Der Hauptort Thera (mit dicht beieinander stehenden weißen Flach- und Tonnendachhäusern; archäolog. Museum) liegt auf dem inneren Inselrand, ein Treppenweg (588 Stufen) und eine Kabinenbahn führen zum unterhalb von T. gelegenen alten Hafen, eine Serpentinenstraße (17 km) zum neuen Hafen Athinios; der Flugplatz liegt 6 km südöstlich von Thera.

Die Ausgrabungen seit 1967 (bis 1974 durch S. MARINATOS) beim Dorf Akrotiri an der SW-Küste erweisen, dass auf T. eine bedeutende, der minoischen Kultur Kretas nahe stehende bronzezeitl. Siedlung bestand, die durch einen Vulkanausbruch zerstört wurde, dessen Datierung lange umstritten war, der

Thera: Übersichtskarte

aber offenbar nicht Mitte des 15., sondern im 17. Jh. v.Chr. erfolgte, und zwar nach jüngsten dendrolog. Untersuchungen 1628 v.Chr. Es gab mehrstöckige Häuser, deren Wände z. T. mit Fresken geschmückt waren (heute v. a. im Archäolog. Nationalmuseum in Athen); sie zeigen das Bild einer blühenden Insel mit Handelsstädten. Die Thematik erweitert das aus Kreta Bekannte wesentlich: Gazellen, Boxkampf, Fischer, Blumen pflückende Frauen, ›Schiffsfries‹ (im Westhaus) mit heimkehrenden Schiffen in einer Insellandschaft mit Fluss, Bergen und Meer, zwei Städten, Hafen und Menschen. Die Schwalben auf einem bes. gut erhaltenen Fresko mit Lilien auf Felsen (›Frühlingsfresko‹) kehren in der aus der gleichen Zeit stammenden Vasenmalerei von T. wieder. Aus dem verbrannten Holz entstandenen Leerräumen in der erkalteten vulkan. Schicht gewannen die Ausgräber durch Gipsausgüsse versch. Möbelstücke (Liege, Schemel). Kostbare Kleinfunde wurden wohl deshalb nicht gemacht, weil transportable Wertsachen anscheinend von den flüchtenden Bewohnern mitgenommen wurden. Eine vorübergehende spärl. Nachbesiedlung ist feststellbar.

Die Insel, an ihrer SO-Küste Anfang des 1. Jt. v.Chr. durch dor. Griechen neu besiedelt, gewann bes. in hellenist. Zeit als ptolemäischer Flottenstützpunkt Bedeutung; Ausgrabungen legten Häuser, Tempel, Theater u. a. der antiken Stadt Thera (am Kap Mesavuno) aus dieser Zeit frei; reiche Einzelfunde aus archaischer Zeit.

S. MARINATOS: Excavations at T., 8 Tle. (Athen 1968–76); DERS.: Kreta, T. u. das myken. Hellas (Neuausg. 1986); Vulkanismus, Einf. v. H. PICHLER (1985); C. G. DOUMAS: T., Santorin. Das Pompeji der alten Ägäis (a. d. Engl., 1991).

Theralith [nach der Insel Thera] *der*, *-s* und *-en/-e(n)*, dunkles, bas. Tiefengestein, v. a. aus Plagioklas, Nephelin, Titanaugit, Hornblende und Biotit.

Theramenes, griech. **Theramenes**, athen. Feldherr, Politiker und Redner, *um 455 v.Chr., †Athen 404 v.Chr.; beteiligte sich 411 v.Chr. an einem oligarch. Staatsstreich, wirkte nach dem Sturz der radikalen Oligarchen für eine gemäßigte oligarch. Verfassung, die den besitzenden Mittelstand begünstigte. T. war 404 einer der →Dreißig Tyrannen, wurde aber als Führer der gemäßigten Gruppe von den Radikalen unter KRITIAS gezwungen, den Giftbecher zu trinken.

Thera: Fresko mit der Darstellung eines Fischers; vor 1628 v.Chr. (Athen, Archäologisches Nationalmuseum)

Die griech. Geschichtsschreiber beurteilten T. unterschiedlich, ARISTOTELES rechnete ihn zu den drei besten neueren Staatsmännern Athens.

Therapeuten [griech. therapeutḗs, zu therapeúein ›dienen‹, ›pflegen‹, auch ›(Gott) verehren‹], jüd. asket. Gemeinschaft im 1./2. Jh. n. Chr., die in der Nähe von Alexandria lebte und sich dem Gebet und Schriftstudium widmete. Ihre Askese bestand v. a. im Fasten und im Verzicht auf Privatbesitz. – Die Kirchenväter sahen in den T. Vorläufer des christl. Mönchtums.

Therapeutikum das, -s/...ka, Medizin: Heilmittel.

therapeutisch, zur Therapie gehörend.

therapeutische Systeme, spezielle Zubereitungsformen von Arzneistoffen, die deren kontrollierte Freisetzung über einen entsprechenden Zeitraum ermöglichen. Sie stellen somit Sonderformen von →Depotpräparaten dar. Unter den verschiedenen t. S. zur peroralen Anwendung sind z. B. die OROS®-Präparate so aufgebaut, dass sie in einem mit einer semipermeablen Membran umgebenen Tablettenkörper den Arzneistoff sowie eine osmotisch aktive Substanz (›Treibsubstanz‹) enthalten, die nach Wassereintritt in den Innenraum durch die Membran den Wirkstoff durch eine mit einem Laserstrahl gebohrte sehr kleine Öffnung austreibt. Transdermale t. S. dienen zur Wirkstoffabgabe über die Haut an die Blutbahn. Weitere t. S. sind implantierbare Minipumpen. U. a. bei Herz-Kreislauf-Erkrankungen, schweren Schmerzzuständen, Hormonmangel nach der Menopause (Östrogenpflaster) oder der Raucherentwöhnung (Nikotinpflaster) werden t. S. bereits erfolgreich eingesetzt.

Therapie [griech. therapeía, eigtl. ›das Dienen‹, zu therapeúein ›dienen‹, ›pflegen‹] die, -/...'pi|en, Gesamtheit der Maßnahmen zur Behandlung einer Krankheit mit dem Ziel der Wiederherstellung der Gesundheit, der Linderung der Krankheitsbeschwerden und der Verhinderung von Rückfällen.

Von der Verfahrensweise her werden die (v. a. medikamentöse) **konservative** und die (chirurg.) **invasive** T. unterschieden; von der Zielrichtung her bestehen folgende Formen:

Die Methoden der **unspezifischen** T. richten sich auf eine allgemeine Steigerung der Widerstandskraft und eine Förderung der Heilungsvorgänge; zu ihnen gehören v. a. die Verfahren der Physiotherapie im Rahmen der Naturheilkunde, der physikal. T. und der Ernährungs-T.; die Maßnahmen der **spezifischen** T. richten sich dagegen gezielt gegen eine Krankheit und streben als **kausale** T. eine Bekämpfung der Krankheitsursachen, z. B. von Krankheitserregern oder Mangelzuständen, an. Zu den konservativen Verfahren der spezif. T. gehören v. a. der Einsatz von Arzneimitteln, bes. die Chemo-T. von Infektions- und Tumorkrankheiten, die Formen der Strahlen-T. und die Substitutions-T. bei Fehlen körpereigener Stoffe (z. B. Insulin). Zu den invasiven Verfahren zählen die endoskop. und chirurg. Eingriffe. Eine vorbeugende spezif. T. ist die Schutzimpfung.

Die **symptomatische** T. erstrebt eine Linderung der Beschwerden (z. B. Schmerzzustände, Fieber) und kann unterstützend oder in Form der **palliativen** T. als einzige Behandlungsmöglichkeit (einschließlich lebensverlängernder Maßnahmen) bei unheilbaren Krankheiten eingesetzt werden; sie besteht meist in konservativen, jedoch auch (v. a. bei fortgeschrittenen Krebserkrankungen) in operativen Maßnahmen.

Psychosomat. Erkrankungen sowie seel. Störungen und Krankheiten sind Gegenstand der Psycho-T. und/oder der psychiatr. T.; an die T. schwerwiegender somat. oder seel. Krankheiten schließen sich die Maßnahmen der Rehabilitation an. (→Medizin)

Therapie|resistenz, Unbeeinflussbarkeit einer Krankheit oder eines Krankheitssymptoms durch alle infrage kommenden Behandlungsmaßnahmen.

Therapsida, ausgestorbene, formenreiche Ordnung säugetierähnl. Reptilien (Synapsida), die vom Perm bis zum Jura weltweit verbreitet waren; aus ihnen entwickelten sich gegen Ende der Trias die Säugetiere. Die T. waren meist mittelgroß, teils Fleisch, teils Pflanzen fressend und wahrscheinlich z. T. bereits warmblütig (Hinweise auf Haarkleid); in Mitteleuropa zahlr. Fährtenfunde. Zu den säugetierhaften Merkmalen gehören: sekundärer Gaumen, sekundäres Kiefergelenk, heterodonte Zähne (Differenzierung in Schneide-, Eck- und Backenzähne), Verstärkung des Dentale auf Kosten der anderen Unterkieferknochen, die mehr als bei früheren Reptilien aufgerichteten Extremitäten. Der therapside Schädel hat ein Schläfenfenster und einen aus Jochbein und Schuppenbein gebildeten Jochbogen. Die T. umfassten rd. 300 Gattungen. Bes. säugetierähnlich waren die →Cynodontia.

Theravāda-Schule, einzige buddhist. Schule des →Shravakayana, die sich in Sri Lanka und SO-Asien bis heute erhalten hat. Die T.-S. ging aus der ersten Spaltung innerhalb des Buddhismus hervor. Ihre Anhänger, die **Theravadin**, berufen sich darauf, an der ›Lehre der Ordensälteren‹ (Pali Theravada, Sanskrit Sthaviravada) festzuhalten. Der gesamte Kanon der T.-S., das →Tipitaka, sowie eine reiche Kommentarliteratur dazu sind in Pali überliefert. Der bedeutendste Kommentator war BUDDHAGHOSA. (→Buddhismus)

H. W. SCHUMANN: Buddhismus. Stifter, Schulen u. Systeme (Olten 1976); R. GOMBRICH: Der Theravada-Buddhismus. Vom alten Indien bis zum modernen Sri Lanka (a. d. Engl., 1997).

Therbusch, Anna Dorothea, geb. **Lisiewska**, Malerin, *Berlin 23. 7. 1721, †ebd. 9. 11. 1782; wurde 1767 Mitgl. der Akademie in Paris, 1768 der Akademie in Wien, Hofmalerin FRIEDRICHS D. GR. Ihre frühen Bilder zeigen den Einfluss von A. PESNE, A. WATTEAU und J.-H. FRAGONARD, ihr eigener Stil entfaltete sich dann aus dem Eindruck der fläm. und holländ. Malerei. Bedeutend sind v. a. ihre Porträts.

Theresia, T. von Ávila, Teresa de Ávila, Teresa de Jesús [-xe'sus], eigtl. Teresa de Cepeda y Ahumada [- θe'peda i au'maða], span. Karmelitin und Mystikerin, *Ávila 28. 3. 1515, †Alba de Tormes 4. 10. 1582; trat 1535 in das Karmelitinnenkloster ›La Encarnación‹ in Ávila ein und widmete sich seit 1560 der Reform des Ordens. Gegen heftige Widerstände begann sie 1562 mit der Gründung von Reformklöstern, aus denen der reformierte Zweig der →Karmeliten (Unbeschuhte Karmeliter) hervorging. Unterstützt wurde sie dabei u. a. von D. BAÑEZ und JOHANNES VOM KREUZ. Charakteristisch für T.s Spiritualität ist die Verbindung von myst. Innerlichkeit (strenge Askese, intensives Gebet, ekstat. und visionäre Erfahrungen) mit weltoffenem Apostolat (Betonung der Nächstenliebe und des aktiven, prakt. Tuns). Von ihren zahlr. Schriften, die über ihre theolog. Bedeutung hinaus als wichtiger Beitrag zur frühneuzeitlichen bzw. span. Literatur gelten, sind bes. von Bedeutung: ›Libro de su vida‹ (2 Fassungen 1562 und 1565, gedruckt 1583; dt. ›Leben der hl. T. von Jesu ...‹), ›Camino de perfección‹ (gedruckt 1583; dt. ›Weg der Vollkommenheit‹) und ›Castillo interior o tratado de las Moradas‹ (1577; dt. ›Die Seelenburg ...‹). Durch ihre persönl. Kontakte wie auch durch ihre Schriften und Briefe hat T. die kath. Reformbewegung des 16./17. Jh. wesentlich beeinflusst. – 1622 heilig gesprochen (Tag: 15. 10., im Karmeliterorden 5. 10.); 1970 zum ›Doctor Ecclesiae‹ (→Kirchenlehrer) ernannt.

Ausgaben: Obras de Santa Teresa de Jesús, hg. v. SILVENIO DE SANTA THERESA u. a., 9 Bde. (1915–24); Obras completas, hg. v. EFREN (⁶1979). – Sämtl. Schriften der hl. T. von Jesu, übers. v. A. ALKOFER, 6 Bde. (⁴⁻⁸1985–1992); T. v. Á., hg. v. U. DOBHAHN (⁴1987); ›Ich bin ein Weib u. obendrein kein gutes.‹ Ein Porträt der Heiligen in ihren Texten, hg. v. E. LORENZ (⁷1990).

U. DOBHAN: Gott, Mensch, Welt in der Sicht Teresas von Avila (1978); E. LORENZ: Teresa von Avila, Licht u. Schatten (Schaffhausen 1982); R. ROSSI: Teresa de Ávila. Biografia de una escritora (a. d. Ital., Barcelona 1984); Teresa von Ávila, hg. v. H. BEHNKEN u. a. (1991); W. HERBSTRITH: Teresa von Avila, Lebensweg u. Botschaft (²1993); J. BURGGRAF: Teresa von Avila, Humanität u. Glaubensleben (1996); W. NIGG: Teresa von Avila (Zürich 1996).

Theresia, T. von Lisieux [-li'zjø], **T. vom Kinde Jesu und vom heiligen Antlitz,** eigtl. **Marie Françoise Thérèse Martin** [- mar'tɛ̃], gen. **kleine heilige Theresia** (im Ggs. zu THERESIA VON ÁVILA), frz. Karmelitin, * Alençon 2. 1. 1873, † Lisieux 30. 9. 1897; trat 1888 in das Karmelitinnenkloster von Lisieux ein, wurde 1893 zweite Novizenmeisterin und begann 1895 mit der Aufzeichnung ihrer Autobiographie (›Histoire d'une âme‹, gedr. 1898; dt. ›Geschichte einer Seele‹). Ihre Spiritualität war geprägt von schweren inneren Kämpfen, bes. während ihrer Krankheit in den Monaten vor ihrem Tod (Gefühl des Verlassenseins von Gott, Gewissensängste), und dem Glauben an die in CHRISTUS wirksame allmächtige Gnade Gottes. In ihre Verehrung ging auch ihr Versprechen ein, vom Himmel Rosen auf die Erde zu streuen (›Rosensegen‹). – Heilige (Tag: 1. 10.); 1997 zum ›Doctor Ecclesiae‹ (→Kirchenlehrer) ernannt.

Ausgaben: Manuscrits autobiographiques, hg. v. F. DE SAINTE-MARIE, 4 Tle. (1956). – Gesch. einer Seele u. weitere Selbstzeugnisse, hg. v. O. KARRER (1952); Briefe (³1983); Selbstbiogr. Schr. (¹²1991).

J. LAFRANCE: Thérèse de Lisieux et sa mission pastorale (Paris 1968); C. MARTIN: Die kleine Therese von Lisieux. Aufzeichnungen u. Erinnerungen ihrer Schwester (a. d. Frz., ²1988); H. U. VON BALTHASAR: Schwestern im Geist. Therese von Lisieux u. Elisabeth von Dijon (⁴1990); Thérèse von Lisieux, Leben – Botschaft – Umwelt, hg. v. C. DE MEESTER (Wien 1997); Therese von Lisieux. Zur Aktualität einer Heiligen, hg. v. M. PLATTIG (1997).

Theresienstadt, tschech. **Terezín** ['tɛrɛziːn], Stadt im Nordböhm. Gebiet, Tschech. Rep., 160 m ü. M., an der Eger nahe ihrer Mündung in die Elbe, unweit von Leitmeritz, etwa 4 000 Ew.; Gedenkstätte (in der Kleinen Festung) für die Opfer im jüd. Getto und im KZ T.; Nahrungsmittel-, Holz-, Strickwarenindustrie. – Barocke Festungsanlagen (1780). – T. wurde 1780 als österr. Festung gegründet (benannt nach Kaiserin MARIA THERESIA). Nach Aufgabe der Festungsfunktionen (1882) diente T. weiterhin als Garnisonort und die Kleine Festung als Staatsgefängnis (u. a. für GAVRILO PRINCIP, den Attentäter von Sarajevo, 1914).

In T. bestand neben dem Gestapo-Gefängnis (ab Juni 1940) in der Kleinen Festung November 1941–Mai 1945 ein KZ, das nach Evakuierung aller nichtjüd. Bewohner (bis Juli 1942) die gesamte Stadt umfasste. T. war zunächst v. a. zentrales Sammellager für Juden aus dem Protektorat Böhmen und Mähren, ab Anfang 1942 Getto für Juden über 65 Jahre (›Altersgetto‹) und ›Vorzugslager‹ für ›privilegierte‹ Juden wie schwer geschädigte oder hoch ausgezeichnete jüd. Teilnehmer des Ersten Weltkriegs (später auch prominente Juden) v. a. aus Dtl., Österreich und dem Protektorat. Im Rahmen der NS-Vernichtungspolitik diente die angebl. ›jüd. Mustersiedlung‹ T. der Aufrechterhaltung der ›Umsiedlungslegende‹ und zur Zerstreuung ausländ. Kritik, aber auch als Sammelstelle bzw. Durchgangslager innerhalb der Deportationen der Juden Mittel- und W-Europas in die Vernichtungslager. Bis April 1945 wurden rd. 141 000 Personen nach T. verschleppt, rd. 35 000 starben dort, 85 000 in den Vernichtungslagern; nur 19 000 überlebten. Bei der Befreiung (8. 5. 1945) befanden sich 17 000 Menschen in T. Bei der Vertreibung der Sudetendeutschen war T. Internierungslager.

H. G. ADLER: T. 1941–1945. Das Antlitz einer Zwangsgemeinschaft (²1960); G. E. BERKLEY: Hitler's gift. The story of T. (Boston, Mass., 1993).

Theriak [griech.-lat.] *der, -s,* beliebtes Arzneimittel des MA. in breiiger Zubereitungsform (Latwerge), das v. a. gegen Vergiftungen und Seuchen (z. B. Pest) empfohlen wurde. T. war ein (scheinbar) kostbares Arzneimittel, das auf komplizierte Weise aus über 60 (später über 80) Bestandteilen zusammengesetzt war; die Vorschrift zur Bereitung des T. ging urspr. auf ANDROMACHUS, den Leibarzt NEROS (um 60 n. Chr.), zurück (›Theriaca Andromachi‹). Die Bestandteile des T. waren in erster Linie getrocknete pflanzl. Drogen und Gewürze, darunter Meerzwiebel, Baldrian und Opium, ferner u. a. Schlangenfleisch und gebrannter ›Chalcanth‹ (›Vitriol‹), der später durch Eisenoxid ersetzt wurde. Im 18. Jh. gab es heftige Angriffe aufgeklärter Ärzte gegen den T., dessen Zusammensetzung um 1800 stark vereinfacht wurde; in dieser Form kam er als ›Electuarium theriacale‹ noch im Ergänzungsbuch zum Dt. Arzneibuch Anfang des 20. Jh. vor.

Theridiidae [griech.], die →Haubennetzspinnen.

Theriodontia, ausgestorbene säugetierähnl. Reptilien, zu den →Therapsida zählend. Neben urtüml., oft sehr großen (bis 4 m lang) Vertretern gab es kleine, leicht gebaute Tiere, wie die →Cynodontia.

Thérive [te'riːv], André, eigtl. **Roger Puthoste** [py'tɔst], frz. Schriftsteller, * Limoges 19. 6. 1891, † Paris 4. 6. 1967; einer der Initiatoren des ›Populismus, von dem er sich jedoch wieder abwandte. Er verfasste realist. Romane und trat in krit. Arbeiten für die Reinerhaltung der frz. Sprache ein (›Querelles de langage‹, 3 Bde., 1929–40).

Weitere Werke: Romane: Le plus grand péché (1924); Les souffrances perdues (1927); Noir et or (1930); Anna (1932); Comme un voleur (1965); La voix du sang (1955); Le baron de paille (1965). – *Essays:* Procès de langage (1962); Procès de littérature (hg. 1970).

therm..., ...therm, Wortbildungselement, →thermo...

Thermaischer Golf, Golf von Saloniki, Teil des nördl. Ägäischen Meeres westlich der Halbinsel Chalkidike, Griechenland, bis 60 km breit, 110 km lang; an der inneren Bucht liegt die Hafenstadt Saloniki.

Thermalbad, von mineralhaltigen Thermen gespeistes Frei- oder Hallenbad, speziell in einem über →Heilquellen verfügenden Badeort.

Therme *die, -/-n,* **Thermalquelle,** →Akratopege. (→Quelle)

Thermen [griech. *thérmai* ›heiße Quellen‹, zu *thermós* ›warm‹] *Pl.,* antike Badeanlagen, in Griechenland seit dem 5. Jh. v. Chr. nachweisbar, mit Sitzwannen für Warmwasserbäder, kleinen runden Schwitzbädern und Schwimmbad. Bei den Römern entwickelten sie sich zu Stätten der Erholung, Zerstreuung, Unterhaltung und Bildung (große T. besaßen Bibliotheken) und wurden gesellschaftl. Treffpunkt für Männer und Frauen. T. sind in privaten röm. Villen und fast gleichzeitig (seit dem 2. Jh. v. Chr.) als öffentl. Anlagen nachweisbar (Pompeji). Es entwickelten sich zwei Bautypen, von denen der Reihentypus (Aneinanderreihung der Räume in einer Fluchtlinie) und der Ringtypus (ringförmige Abfolge der Räume) in vielfachen Variationen (Verdoppelungen einzelner Abschnitte oder der Gesamtanlage) im ganzen Röm. Reich Verbreitung fanden. Die T. hatten i. d. R. Umkleideraum (Apodyterium), einen feuchten Warmluftraum mit Heißwasserwannen (Sudatorium), Warmwasserbad (Caldarium), Abkühlraum (Tepidarium), Kaltwasserbad (Frigidarium). Beim ›kleinen Kaisertyp‹ kommen eine Palästra (Säulenhof), beim großen mehrere Palästren und ein Freibad (Natatio) dazu. Ferner gab es Gärten, Wasserspiele, Wandelgänge, Massage-, Aufenthaltsräume u. a. Zumindest

Theresia von Lisieux

Ther Thermenregion – thermische Ausdehnung

Thermen: Ruinen der Thermenanlage von Civitavecchia; im Vordergrund der ältere Baukomplex (1. Jh. v. Chr.) mit einem Rundraum (Durchmesser 6,5 m) um ein Wasserbecken, zu dem sechs Stufen hinabführen; im Hintergrund der Baukomplex aus hadrianischer Zeit (2. Jh. n. Chr.)

eine kleine Anlage hatte jede Stadt, Villa oder auch Militärstation. Die T. wurden urspr. durch große Feuerbecken erwärmt, zu Beginn des 1. Jh. v. Chr. gingen die Römer zur Fußboden- und Wandbeheizung über (→Hypokaustum). Mit ihrer Grundrissbildung, den Tonnengewölben und Kuppeln gehören die T. zu den hervorragenden architekton. Leistungen der Römer. Die Ausstattung bestand aus Wandverkleidungen aus z. T. kostbaren Materialien sowie Statuenprogrammen. Die größten öffentl. T. sind in Rom die des CARACALLA (337×328 m) und des DIOKLETIAN (Kernbau 244×144 m, Gesamtareal 376×361 m); bes. umfangreiche private T. hatte der Palast von Piazza Armerina (4. Jh.). Von Baiae (heute Baia) ist überliefert, dass die öffentl. T. an Pächter vergeben wurden. Beispiele großer T. außerhalb Italiens gibt es u. a. in Arles, Timgad, Leptis Magna, Cherchell, Ephesos. In Dtl. sind v. a. Trier mit Barbara-, Kaiser- und den erst 1987 ff. freigelegten frühen T. unter dem Viehmarkt (Museumsprojekt) und Xanten, wo die Herbergs-T. rekonstruiert wurden, zu nennen.

Thermen: Caracallathermen in Rom, Grundriss der eigentlichen Badeanlage; A Apodyterium, B Palästra (Säulenhof), C Caldarium (Warmwasserbad), E Eingang, F Basilika mit Seitenräumen (S) sowie Wasserbecken zum Abkühlen, daher auch Frigidarium genannt, H Höfe, N Natatio (Kaltwasserschwimmbecken), T Tepidarium, I, Ia, II und III beheizte Baderäume (Schwitzbäder: Sudatorien, Laconicum)

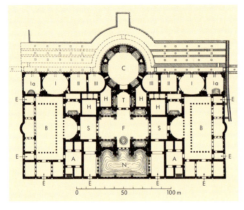

W. HEINZ: Röm. T. Badewesen u. Badeluxus im Röm. Reich (1983); M. WEBER: Antike Badekultur (1996); E. BRÖDNER: Die röm. T. u. das antike Badewesen (Neuausg. 1997).

Thermenregion, Weinbaugebiet in Niederösterreich, südlich von Wien am Fuß des Wiener Waldes; 3200 ha Rebland, zu zwei Dritteln (v. a. im N, Zentrum Gumpoldskirchen) mit Weißweinreben bestanden (v. a. Neuburger, Rotgipfler, Zierfandler). Im trockeneren (karge Schotterböden) S, um Bad Vöslau und – weiter östlich – Tattendorf, herrschen Rotweinreben vor, v. a. Portugieser (sein Wein wird lokal auch Vöslauer genannt). – Das Gebiet T. entstand 1985 durch Vereinigung der alten Weinbaugebiete Gumpoldskirchen und Bad Vöslau; der Wein dieser Gegend wurde auch als ›Südbahner‹ bezeichnet.

Thermi, Fundplatz einer städt. Siedlung an der O-Küste von Lesbos, seit dem 3. Jt. v. Chr. besiedelt; die Kultur der fünf Schichten (der Kupfer- und der frühen Bronzezeit zugeordnet) ist der von Troja I und II verwandt.

Thermia, griech. Insel, →Kythnos.

Thermidor [-ˈdɔːr; frz., eigtl. ›Hitzemonat‹] *der, -(s)/-s,* der 11. Monat im frz. Revolutionskalender (→Kalender), vom 19. oder 20. Juli bis zum 17. oder 18. August. Am 9. T. des Jahres II (27. 7. 1794) wurde M. DE ROBESPIERRE gestürzt.

...thermie, Wortbildungselement, →thermo...

Thermik [zu griech. thérmē ›Wärme‹] *die, -,* die durch starke Erwärmung des Bodens und der bodennahen Luftschichten hervorgerufene konvektive Vertikalbewegung von Luftmassen (Aufwind). Über schnell aufheizbarem Untergrund (z. B. Getreidefelder, Felsen, Häuser) wird die Luft wärmer als z. B. über Wiesen, Wäldern und Gewässern. Die aufsteigenden T.-Blasen und -Schläuche können von Segelfliegern (→Segelflug) und Vögeln zur Gewinnung von Höhe ausgenutzt werden. Solange die aufsteigende Luft mit Wasserdampf ungesättigt bleibt und noch keine Wolkenbildung einsetzt, spricht man von **Blau-T.** Bei ausreichender Luftfeuchtigkeit und labiler Schichtung bildet sich bei Erreichen des Kondensationsniveaus **T.-Bewölkung** (Cumuluswolken).

Thermionen, positive Ionen, die unter Zufuhr therm. Energie (Wärme) aus den Oberflächen von Festkörpern (z. B. nicht sehr reine Metalle) austreten. Bes. wirksam sind Spuren von Alkalimetallen in Eisenoxid für die Erzeugung von Alkaliionen. Als T. werden auch Ionen bezeichnet, die durch den →Langmuir-Effekt entstehen.

Thermionik|element, thermionischer Umwandler, thermionischer Konverter, Glühkathodenwandler, Vorrichtung, die die →Glühemission zur unmittelbaren Umwandlung von Wärmeenergie in elektr. Energie ausnutzt. In einem evakuierten oder mit einem dünnen Cäsiumdampf erfüllten Gefäß wird eine von zwei metall. Elektroden (Emitter) zur Elektronenemission erhitzt (**Cäsiumdiode;** Temperaturen bis zu etwa 1800 °C). Der Cäsiumdampf dient zur Herabsetzung der Austrittsarbeit und zur Kompensation der Raumladung. Von der (Glüh-)Kathode fließen die Elektronen zur gekühlten Anode (Kollektor). Die Stromdichte der emittierten Elektronen steigt mit der Temperatur. Die nutzbare Spannung ist die Differenz der Austrittsarbeiten der beiden Elektroden. Es wird ein Wirkungsgrad von etwa 10% erreicht. Durch die erforderl. hohen Temperaturen werden die Einsatzmöglichkeiten stark eingeschränkt.

thermionisch, Thermionen oder Glühelektronen (→Glühemission) betreffend.

thermisch, auf Wärme (therm. Energie) oder Temperaturdifferenzen bezogen, auf ihnen beruhend oder durch sie verursacht.

thermische Ausdehnung, die →Wärmeausdehnung.

thermische Bewegung, die →Wärmebewegung.

thermischer Brutreaktor, ein Brutreaktor, dessen Kettenreaktion mit therm. Neutronen aufrechterhalten wird, und der aus nichtspaltbarem ^{232}Th spaltbares ^{233}U erbrütet (→Brüten).

thermisches Gleichgewicht, Gleichgewichtszustand eines thermodynam. Systems, der durch die →Temperatur als eine allen Teilsystemen gemeinsame Zustandsgröße quantitativ erfasst werden kann. Systeme im gegenseitigen t. G. besitzen die gleiche Temperatur, Systeme, die nicht im t. G. stehen, i. Allg. versch. Temperaturen. Ein t. G. stellt sich zw. thermodynam. Systemen ein, die lediglich therm. Wechselwirkung unterliegen, d. h., es wird nur Wärmeenergie übertragen, ein Stoffaustausch oder mechan. Einwirkungen sind ausgeschlossen. Wegen des verschwindenden Temperaturgradienten kommt es nach Einstellen des t. G. zu keinem Wärmestrom mehr. Daneben spricht man auch von einem t. G., wenn sich in Körper mit einem elektromagnet. Strahlungsfeld in einem dynam. Gleichgewichtszustand befindet (abgestrahlte gleich absorbierte Leistung), z. B. im Innern eines Hohlraumstrahlers. – Das t. G. ist vom →thermodynamischen Gleichgewicht zu unterscheiden.

thermische Trennverfahren, 1) *Chemie* und *Verfahrenstechnik:* Verfahren zur Trennung von Stoffgemischen durch Wärmezufuhr oder -entzug, wie Destillation, Extraktion, Absorption oder Trocknung. Bei t. T. werden Stoffe zw. zwei Phasen (z. B. Flüssigkeit und Dampf) ausgetauscht.
2) *Fertigungstechnik:* Verfahren zum Durch- oder Abtrennen von metall. Werkstoffen (therm. →Schneiden).

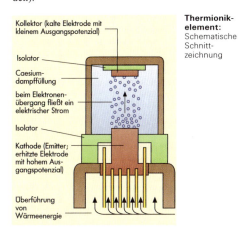

Thermionikelement: Schematische Schnittzeichnung

thermische Zyklen, geotekton. Zyklen, die von der durch radioaktiven Zerfall in der Erde entstehenden Wärme ausgehen. Infolge Wärmestaus kann es dabei zu einer Temperaturerhöhung bis zu einem Grenzwert kommen, bei dem sich die Unterkruste der Erde verflüssigt. Als Folge davon werden starke magmat. Eruptionen und zunehmende Konvektionsströme angenommen, die eine beschleunigte Abkühlung und, verbunden damit, eine Schrumpfung und Faltung der Erdkruste bewirken. Auf diese Weise werden in der Erdgeschichte die versch. aufeinander folgenden geotekton. Zyklen erklärt. Die Hypothese der t. Z. wurde v. a. von dem irischen Geologen JOHN JOLY (* 1857, † 1933) 1925 und dem brit. Geologen ARTHUR HOLMES (* 1890, † 1965) 1928/30 vertreten.

Thermistor [Kw. aus engl. *therm*ally sensitive re*sistor,* ›thermisch empfindlicher Widerstand‹] *der, -s/...'toren,* **NTC-Widerstand** [NTC, Abk. für engl. **n**egative **t**emperature **c**oefficient, ›negativer Temperaturkoeffizient‹], **Heißleiter,** als ohmscher Widerstand verwendetes Halbleiterbauteil, dessen spezif. Widerstand mit zunehmender Temperatur abnimmt. Der entsprechende Temperaturkoeffizient beträgt etwa $-0{,}03\,\text{K}^{-1}$ bis $-0{,}06\,\text{K}^{-1}$, sein Betrag ist demnach etwa zehnmal größer als der von Metallen (→Kaltleiter). Die Temperaturabhängigkeit des elektr. Widerstands R_T eines T. verläuft exponentiell nach der Formel $R_T = R_N \exp [B(1/T - 1/T_N)]$ (T Temperatur in Kelvin, R_N Widerstand bei der Temperatur $T_N = 298\,\text{K}$, B Materialkonstante des T.). T. bestehen aus oxidkeram., bei Temperaturen zw. etwa 1 000 °C und 1 400 °C gesinterten Werkstoffen. Die Spannungs-Strom-Kennlinie eines T. bei konstanter Umgebungstemperatur hat drei charakterist. Abschnitte: am Anfang einen gerade ansteigenden Teil, bei dem die Leistungszuführung so gering ist, dass durch sie keine Erwärmung des T. eintritt, dann einen flacher werdenden Teil bis zu einem Spannungsmaximum und schließlich einen fallenden Teil, in dem der Widerstandswert überwiegend durch den fließenden Strom und nur zu einem geringen Teil durch die Umgebungstemperatur bestimmt wird. Aus dem Verlauf dieser Kennlinie in den versch. Bereichen ergeben sich die versch. Anwendungsmöglichkeiten von T.: als Kompensations- und Messwiderstand zur Temperaturmessung (Temperatursensor) und Temperaturkompensation, als Anlasswiderstand zur Unterdrückung von Stromstößen oder für die Anzugs- und Abfallverzögerung von Relais. Im fallenden Teil der Kennlinie arbeiten auch Regelwiderstände, die zur Spannungsstabilisierung eingesetzt werden. Eine wichtige Anwendung ist das T.-Anemometer als Durchflusssensor zur Messung von Gasströmungen. Dabei ist die Kühlung des T. durch den Gasstrom ein Maß für die Strömungsgeschwindigkeit.

Thermit *das, -s,* Gemisch aus Eisenoxiden und Aluminiumpulver, bei dessen Reaktion sehr hohe Temperaturen entstehen. Man verwendet T. v. a. zum **T.-Schweißen** (→Aluminothermie), auch als Brandmittel.

thermo... [zu griech. *thermós* ›warm‹, ›heiß‹], vor Vokalen verkürzt zu **therm...,** Wortbildungselement mit den Bedeutungen: 1) Wärme, Wärmeenergie, z. B. Thermographie, thermisch; 2) Temperatur, z. B. Thermometer. – Als letzter Wortbestandteil: 1) **...thermie,** in Substantiven mit der Bedeutung: Erwärmung, Durchwärmung, Wärmebildung, z. B. Hyperthermie; 2) **...therm,** in Adjektiven mit der Bedeutung: Temperatur, z. B. homöotherm.

Thermo|analyse, thermische Analyse, Oberbegriff für analyt. Methoden, bei der spezifische physikal. und chem. Eigenschaften von Stoffen (überwiegend Feststoffen) in Abhängigkeit von der Temperatur oder Zeit gemessen und untersucht werden, wobei die Probe einem kontrollierten Temperaturverlauf unterworfen ist. Bei der **Thermogravimetrie** (TG) werden wenige Milligramm einer Probe mit konstanter Geschwindigkeit (1–10 K/min) aufgeheizt. Tritt in einem bestimmten Temperaturbereich Zersetzung der Probe auf (z. B. $CaCO_3 \rightarrow CaO + CO_2$), wird dieser Vorgang als Gewichtsänderung mit einer Thermowaage erfasst. Bei der **Differenzial-T.** (DTA) wird die zu untersuchende Probe beim Aufheizen (oder auch Abkühlen) mit einem inerten Referenzmaterial verglichen. Tritt in der Probe bei einer bestimmten Temperatur ein thermodynam. Vorgang (Schmelzen, Änderung der Kristallstruktur, chem. Reaktion) auf, bleibt im Referenzmaterial der Temperaturanstieg konstant, während sich die Temperatur in der Probe entweder langsamer (endothermer Vorgang) oder schneller (exothermer Vorgang) erhöht. Die Differenzial-T. ist eine wichtige Methode der Festkörperforschung. Sie wird z. B. zur Bestimmung der Phasendiagramme von Metalllegierungen, der Glastemperatur von Kunst-

Thermistor: Schaltzeichen

stoffen und der Umwandlung von Modifikationen (z. B. in Zementen) angewandt. Eine quantitative Bestimmung von Enthalpieänderungen ist durch **Differenzial-Raster-Kalorimetrie** (engl. differential scanning calorimetry, Abk. DSC) möglich. In modernen Geräten können diese Untersuchungen z.T. sogar simultan durchgeführt werden. Bei der **Dilatometrie** wird die lineare Abmessung einer Probe in Abhängigkeit von der Temperatur aufgezeichnet.

W. HEMMINGER u. H. K. CAMMENGA: Methoden der therm. Analyse (1989)

Thermochemie, chemische Thermodynamik, Teilgebiet der physikal. Chemie, das sich mit den Wärmeübergängen bei chem. Reaktionen beschäftigt. Grundlage der T. ist der 1. Hauptsatz der →Thermodynamik. Aus ihm folgt, dass bei exothermen Reaktionen (z. B. Verbrennung von Wasserstoff nach $H_2 + \frac{1}{2}O_2 \to H_2O$) dieselbe Wärmemenge freigesetzt wird, wie für ihre endotherme Umkehrung (z. B. Wasserspaltung nach $H_2O \to H_2 + \frac{1}{2}O_2$) aufgewendet werden muss. Reaktionswärmen können mit →Kalorimetern gemessen werden. Experimentell nicht oder schwer bestimmbare Reaktionswärmen lassen sich nach dem →Hess-Gesetz berechnen. Die T. ist z. B. für die Beurteilung und Anwendung von Brenn- und Kraftstoffen sowie bei der Auslegung von →Reaktionsapparaten von Bedeutung.

thermochemische Behandlung, Abk. **TCB**, Sammel-Bez. für Verfahren der Werkstofftechnik, bei denen metall. Werkstoffe in einem geeigneten Mittel einer Wärmebehandlung unterzogen werden, um durch Stoffaustausch, v. a. in der Randschicht des Werkstoffes, eine gezielte Eigenschaftsänderung zu erreichen. Durch eine t. B. lässt sich das Verhalten von Bauteilen und Werkzeugen gegenüber dynam., tribolog., korrosiven Beanspruchungen verbessern. Zur t. B. werden feste (Pulver, Pasten), flüssige (Salz-, Metallschmelzen) und gasförmige Wirkmedien eingesetzt. Man unterscheidet t. B. mit Nichtmetalldiffusion (Aufkohlen, Borieren, Carbonitrieren, Nitrieren, Oxidieren, Sulfidieren, Sulfonitrieren), Metalldiffusion (Alitieren, Chromieren, Silicieren, Stannieren, Manganieren) und Metall-Nichtmetall-Diffusion. (→CVD-Verfahren)

Thermodynamik: Versuchsanordnung von James Prescott Joule mit von zwei Gewichten (links und rechts) angetriebenen, in einem Kalorimeter (Mitte) angeordneten Schaufelrädern zur Wärmeerzeugung durch Reibung des Wassers, wodurch er das mechanische Wärmeäquivalent (427 mkp/kcal) ermittelte (Stahlstich aus J. P. Joules Arbeit ›On the mechanical equivalent of heat‹, erschienen im ersten Teil der ›Philosophical transactions‹, 1850)

Thermochroismus [zu griech. chrõma ›Farbe‹] der, -, Wärmestrahlenfarbigkeit, die Eigenschaft der meisten Minerale und synthet. Kristalle, für die Wärmestrahlung (Infrarotstrahlung) nicht gleichmäßig durchlässig, d. h. ›farbig diatherman‹ zu sein. Eine Abhängigkeit zw. Durchsichtigkeit und Wärmestrahlendurchlässigkeit (Diathermie) besteht im strengen Sinne nicht. Allerdings sind fast alle undurchsichtigen Minerale auch wärmestrahlenundurchlässig (adiatherman), dagegen lässt eine Reihe durchsichtiger Stoffe die Wärmestrahlen nur in geringem Maße durch, z. B. Kalkspat, Gips, Alaun, und fast gar nicht Eis; der pleochroitisch gefärbte Biotit jedoch ist praktisch diatherman (Glimmerfenster an Hochöfen). Nichtthermochroit. (wärmefarblose) Minerale gibt es nur wenige, z. B. Sylvin, Steinsalz, Zinkblende.

Thermochromie [zu griech. chrõma ›Farbe‹] die, -, das Auftreten reversibler Farbänderungen von Feststoffen bei Temperaturänderungen, die ihre Ursache überwiegend in Änderungen der Kristallstruktur haben. Beispiele sind gelber elementarer Schwefel, der bei −196 °C farblos wird, Rubin, dessen Farbe beim Erhitzen von Rot in Grün übergeht, sowie einige →Kupferverbindungen und →Quecksilberverbindungen. Anwendung findet die T. z. B. bei Temperaturmessstiften und Temperaturlacken.

Thermodiffusion, physikal. Erscheinung in Gas- und Flüssigkeitsgemischen, die bei Vorliegen eines inneren Temperaturgefälles auftritt: Die leichteren Moleküle diffundieren bevorzugt in Richtung zunehmender Temperatur, die schwereren entgegengesetzt dazu, sodass eine teilweise Entmischung erfolgt. Auf der T. beruht die Isotopentrennung im →Clusius-Dickel-Trennrohr. In kondensierten Phasen wird die Thermodiffusion als **Soret-Effekt** bezeichnet. Die Umkehrung der T. ist der →Dufour-Effekt.

Thermodruck, Verfahren zum Herstellen von Farbausdrucken aus dem Datenbestand eines Computersystems in kleinen Auflagen mit einem **Thermofoliendrucker (Thermoprinter),** wobei eine mit vielen separat ansteuerbaren quadrat. Halbleiterelementen versehene Thermoschiene die Druckauflösung bestimmt. Als Farbträger dient eine Polyesterfolie, die in der Länge der Druckseite abwechselnd mit den vier Farben Gelb, Magenta (Purpur), Cyan (Blau) und Schwarz beschichtet ist. Je nach Ansteuerung schmelzen die erhitzten Thermoelemente die Wachsfarben auf der Folie, und eine Druckwalze überträgt die Farbe auf das Papier. Dieser Vorgang wiederholt sich Zeile für Zeile, wobei der Druck jeder Farbe in einem gesonderten Durchgang erfolgt.

Thermodure [zu lat. durus ›hart‹], →Kunststoffe.

Thermodynamik, Teilgebiet der Physik, das, ausgehend von der Untersuchung der Wärmeerscheinungen (i. e. S. der Wärmelehre), alle mit Energieumsetzungen unterschiedlichster Art verbundenen Vorgänge und deren Anwendungen untersucht. Untersuchungsobjekt der T. ist das real oder modellhaft betrachtete **thermodynamische System,** ein geeignet abgegrenztes Raumgebiet mit der in ihm enthaltenen Materie. Die Größe des Systems muss makroskopisch sein, insbesondere muss ihm eine →Temperatur zugeordnet werden können. Die gedachten oder materiellen Grenzen trennen es von seiner Umgebung. Ein durchweg gleichartig beschaffenes System heißt homogen, ein aus mehreren Phasen bestehendes heterogen. Nach dem Charakter des Systems, seiner Grenzen und seiner Wechselwirkung mit der Umgebung spricht man von einem abgeschlossenen, geschlossenen oder offenen System (→physikalisches System).

Bei der physikal. Betrachtung wird, abhängig vom Systemcharakter und der method. Vorgehensweise, zw. der klass. (phänomenolog.) T., der statist. T. und der T. irreversibler Prozesse unterschieden. Neben den physikal. Grundlagen unterscheidet man nach den Hauptanwendungsgebieten weiterhin die **technische T.,** die sich mit der Umwandlung von Wärmeenergie in mechan. Energie und ihren Einsatz in Wärmekraftmaschinen u. a. energietechn. Anlagen (z. B. Turbinen, Pumpen, Motoren), aber auch der Kälte- und Heizungstechnik beschäftigt, und die **chemische T.** (→Thermochemie), die v. a. die Wechselbeziehungen zw. Wärme und Stoffumwandlungen bei chem. Reaktionen behandelt.

Die **klassische (phänomenologische) T.** verknüpft, ausgehend von fundamentalen Erfahrungssätzen, den Hauptsätzen der T., versch., der Messung unmittelbar zugängl. Eigenschaften der Materie wie Druck, Temperatur, Stoffmenge, Volumen, spezif. Wärmekapazität, Reaktionswärme oder verrichtete Arbeit. Sie beschränkt sich auf die makroskop. Beschreibung von (idealisierten) Prozessen, die nur Gleichgewichtszustände durchlaufen (näherungsweise durch eine quasistat. Prozessführung zu verwirklichen). Der Zustand eines (i. Allg. abgeschlossenen) thermodynam. Systems ist dabei durch Angabe bestimmter unabhängiger, makroskop. Variablen festgelegt (→Zustandsgrößen, →thermodynamische Funktionen), die durch →Zustandsgleichungen miteinander verknüpft sind. Die Hauptsätze der T. werden als Postulate formuliert, die jedoch von allen experimentellen Erfahrungen gestützt werden:

Nach dem **1. Hauptsatz der T.** besitzt jedes System eine extensive Zustandsgröße, die →innere Energie U, die sich nur durch Energieaustausch mit der Umgebung (Wärmeaustausch, Volumenarbeit) ändert. Der 1. Hauptsatz bezieht in das Prinzip von der Erhaltung der Energie (→Energiesatz) auch die →Wärme als eine besondere Form der Energie ein, da Arbeit in Wärme (z. B. durch Reibung) und Wärme in Arbeit (z. B. in einer Wärmekraftmaschine) umgewandelt werden kann, und die umgewandelten Arbeits- und Wärmebeträge einander äquivalent sind. Für die Änderung der inneren Energie eines Systems gilt nach dem 1. Hauptsatz $\Delta U = \Delta Q + \Delta W$, wobei zugeführte Wärmemengen ΔQ und Arbeitsbeiträge ΔW positiv, abgeführte negativ gerechnet werden. Insbesondere ist die innere Energie eines abgeschlossenen Systems konstant. Anders formuliert besagt der 1. Hauptsatz, dass die Konstruktion einer Maschine, die aus dem Nichts Arbeit leistet (→Perpetuum mobile 1. Art), unmöglich ist.

Der **2. Hauptsatz der T. (Entropiesatz)** gibt die Richtung thermodynam. Zustandsänderungen an. Er kann unter versch. Gesichtspunkten formuliert werden, u. a.: 1) Jedes System besitzt eine extensive Zustandsgröße, die →Entropie S, die sich nur durch Wärme- oder Stoffaustausch mit der Umgebung und durch irreversible Prozesse im Systeminnern ändert. Die Änderung ΔS der Entropie in einem thermisch isolierten, abgeschlossenen System ist niemals negativ, d. h., es gilt $\Delta S \geq 0$. 2) Wärme kann niemals spontan, d. h. ohne Einwirkung von außen, von einem kälteren auf einen wärmeren Körper übergehen (→clausiussches Prinzip). 3) Der von selbst verlaufende Wärmeübergang von höherer zu tieferer Temperatur (Wärmeleitung) oder die Erzeugung von Wärme durch Reibung kann in keiner Weise rückgängig gemacht werden, ohne dass andere Veränderungen der Natur zurückbleiben (irreversible Prozesse). 4) Eine periodisch arbeitende Maschine zu konstruieren, die Wärme in mechan. Arbeit unter Abkühlung eines Wärmespeichers umwandelt, ohne in der übrigen Umgebung Veränderungen zu bewirken (Perpetuum mobile 2. Art) ist unmöglich. 5) Die Umwandlung von Wärme in Arbeit bei einem periodisch wirkenden Prozess (Kreisprozess, Maschine) ist nur möglich, wenn dabei Wärme von höherer (T_1) zu tieferer Temperatur (T_2) übergeht; nicht die ganze bei der höheren Temperatur verbrauchte Wärme Q_1 wird in Arbeit W umgewandelt, sondern nur ein Teil davon. Der Rest $Q_2 = Q_1 - W$ wird bei der tieferen Temperatur wieder abgegeben. Der thermodynam. Wirkungsgrad η eines solchen Prozesses ist bestenfalls $\eta = W/Q_1 = 1 - T_2/T_1$ (→Carnot-Prozess). – Bei einem mit dem bestmögl. Wirkungsgrad arbeitenden Kreisprozess ist die Größe Q_1/T_1, die Entropiezunahme des dem Prozess unterworfenen Systems am oberen Reservoir, gleich der Entropieabnahme Q_2/T_2 am unteren Reservoir, die Entropie hat sich also nicht geändert; solche Prozesse nennt man reversibel. Mithilfe der Entropie ergibt sich als Formulierung für den 1. Hauptsatz die gibbssche Fundamentalgleichung $dU = TdS - pdV$ (p Druck, V Volumen). Bei irreversiblen Prozessen wird die Entropie vermehrt. Von selbst ablaufende Prozesse in abgeschlossenen Systemen sind immer mit einer Entropiezunahme verbunden. Sie laufen so weit, bis ein weiterer Umsatz eine Entropieabnahme zur Folge hätte; das Maximum der Entropie kennzeichnet den thermodynam. Gleichgewichtszustand.

Der **3. Hauptsatz der T.** ist der →nernstsche Wärmesatz. Als **nullter Hauptsatz der T.** wird auch die grundlegende Aussage bezeichnet, dass zwei Systeme, die im therm. Gleichgewicht mit einem dritten System stehen, sich auch untereinander im therm. Gleichgewicht befinden (Transitivität). Daraus folgt die Existenz der Temperatur als neben den mechan. Größen (Druck, Volumen) neue, intensive Zustandsgröße, die in Gleichgewichtssystemen überall gleich ist.

Die **statistische T.** berücksichtigt im Ggs. zur klass. T. den atomaren Aufbau der Materie und leitet im Rahmen der →statistischen Mechanik daraus die makroskop. Gesetze der T. ab. Das Verhalten der thermodynam. Systems als Ganzes lässt sich damit auf das Verhalten der einzelnen Teilchen (z. B. Atome, Moleküle) zurückführen, aus denen es sich zusammensetzt. Nichtgleichgewichte werden in der **T. irreversibler Prozesse** untersucht. Sie erlaubt als Erweiterung der klass. T. die quantitative Beschreibung irreversibler Prozesse und ihres Zeitverlaufs bei thermodynam. Systemen, die sich nicht im therm. Gleichgewicht befinden sowie v. a. die Untersuchung offener Systeme; von großer Bedeutung hierbei ist der Entropieaustausch des Systems mit seiner Umgebung. Zur formalen Beschreibung werden die →thermodynamischen Kräfte eingeführt. Die T. irreversibler Prozesse findet insbesondere Anwendung in der Theorie der Transporterscheinungen.

Geschichte: Ausgangspunkt der T. sind die Überlegungen von N. L. S. Carnot (1824) über die Arbeitsfähigkeit der Wärme, die er anhand von reversiblen Kreisprozessen (Carnot-Prozess) anstellte und die von B. P. E. Clapeyron (1834) fortgeführt wurden. W. Thomson (später Lord Kelvin) definierte über den Wirkungsgrad des Carnot-Prozesses 1848 die thermodynam. Temperaturskala. Nach bedeutenden Vorarbeiten durch J. R. Mayer (Äquivalenz von Wärme und Arbeit 1842) und J. P. Joule (Bestimmung des mechan. Wärmeäquivalents, erstmals 1843) sowie der Aufstellung des allgemeinen Satzes der Erhaltung der Energie durch Mayer (1845) gab H. von Helmholtz 1847 die mathemat. Formulierung des Energiesatzes und damit des 1. Hauptsatzes. R. Clausius und Thomson stellten um 1850 den 2. Hauptsatz auf, den Clausius 1865 durch Einführung der Entropie neu formulierte. Das Bestreben, die T. auf die Mechanik zu gründen, verknüpfte die Entwicklung der T. eng mit der Entwicklung der kinet. Gastheorie und der statist. Mechanik. Die Grundlagen für die chem. T. wurden v. a. von J. W. Gibbs mit der Einführung verschiedener thermodynam. Potenziale und der Phasenregel für mehrphasige Systeme (1876) gelegt. Zu den Begründern der techn. T. zählen W. Rankine und G. A. Zeuner. 1906 stellte W. H. Nernst den 3. Hauptsatz auf, dem M. Planck 1911 eine allgemeine Fassung unter Benutzung des Entropiebegriffs gab. Die Formulierung der T. irreversibler Prozesse geht auf L. Onsager (1931) zurück; dieser Bereich der T. wurde in neuerer Zeit v. a. von I. Prigogine weiterentwickelt.

G. KORTÜM u. H. LACHMANN: Einf. in die chem. T. (^{7}1981); R. BECKER: Theorie der Wärme (^{3}1985); K.-F. KNOCHE: Techn. T. (^{4}1992); K. STEPHAN u. F. MAYINGER: T. Grundlagen u. techn. Anwendungen, 2 Bde. ($^{13-14}$1992); Grundlagen der techn. T., Beitrr. v. N. ELSNER u. a., 2 Bde. (^{8}1993); C. KITTEL u. H. KRÖMER: Physik der Wärme (a. d. Engl., ^{4}1993); R. REICH: T. (^{2}1993); H. D. BAEHR: T. Eine Einf. in die Grundlagen u. ihre techn. Anwendungen (^{9}1996).

thermodynamische Funktionen, thermodynamische Potenziale, charakteristische Funktionen, für die mathemat. Behandlung thermodynam. Problemstellungen bedeutsame Funktionen, die jeweils von zwei einfachen →Zustandsgrößen (Druck p, Volumen V, Temperatur T, Entropie S) eines im Gleichgewicht befindlichen thermodynam. Systems abhängen. Die gebräuchl. t. F. sind: →innere Energie $U = U(S,V)$, →Enthalpie $H = H(S,p)$, →freie Energie $F = F(T,V)$ und →freie Enthalpie $G = G(T,p)$; bisweilen wird auch die Entropie zu den t. F. gezählt. Bei thermodynam. Systemen aus versch. Stoffen kommen als unabhängige Variablen der t. F. noch die Stoffmengen n_i der Teilchensorten i hinzu.

Zw. den t. F. und Zustandsgrößen bestehen viele Verknüpfungen, von denen die Gibbs-Helmholtz-Gleichungen (→Reaktionsisochore) v. a. in der physikal. Chemie wichtig sind. Als **gibbssche Fundamentalgleichungen** bezeichnet man die totalen Differenziale der t. F.:

$$dU = TdS - pdV \qquad dF = -SdT - pdV$$
$$dH = TdS + Vdp \qquad dG = -SdT + Vdp$$

Sie dienen als Ausgangspunkt der Herleitung aller übrigen thermodynam. Größen. Für Systeme aus versch. Teilchensorten erweitern sie sich jeweils auf der rechten Seite um den Term $+\sum \mu_i dn_i$ (μ_i →chemische Potenziale). Die Kenntnis der t. F. beinhaltet somit die vollständige Beschreibung eines thermodynam. Systems; ihre Bestimmung selbst ist mit Mitteln der statist. Mechanik prinzipiell möglich.

thermodynamische Kräfte, in der Thermodynamik irreversibler Prozesse Bez. für physikal. Größen, die Abweichungen eines thermodynam. Systems von seinem Gleichgewicht kennzeichnen (meist als Gradienten thermodynam. Zustandsgrößen beschreibbar); sie werden als Ursache der auftretenden irreversiblen Prozesse (z. B. Wärmeleitung, Diffusion, Stromleitung bzw. chem. Reaktionen) angesehen. Die Stromdichten der hervorgerufenen Ströme, z. B. Wärmestrom, elektr. Strom bzw. die Konzentrationsänderungen chemisch reagierender Stoffe, werden auch thermodynam. Flüsse genannt. Das Produkt aus einer t. K. und dem zugehörigen thermodynam. Fluss (z. B. Temperaturgradient und Wärmestromdichte) ist ein Maß für die Produktionsdichte der →Entropie im irreversiblen Prozess.

thermodynamische Potenziale, die →thermodynamischen Funktionen.

thermodynamisches Gleichgewicht, Gleichgewichtszustand, der vorliegt, wenn unter festen Nebenbedingungen in einem thermodynam. System keine Zustandsänderungen und stationären Ströme (Wärme-, Diffusionsstrom) mehr auftreten. Jedes sich selbst überlassene, abgeschlossene thermodynam. System strebt einem solchen Gleichgewichtszustand zu, der durch das Verschwinden der Entropieproduktion (maximale Entropie) gekennzeichnet ist. Der spezielle Fall gleicher Temperatur wird als →thermisches Gleichgewicht bezeichnet. – Ein t. G. in offenen Systemen ist das →Fließgleichgewicht.

thermodynamisches System, →Thermodynamik.

thermodynamische Temperatur, →Temperatur.

Thermoelastizität, bei Wärmezufuhr eintretende elast. Verformung eines festen, flüssigen oder gasförmigen Körpers; als Umkehrung hiervon auch Bez. für die bei der Deformation eines Körpers auftretende Temperaturänderung. Bei Festkörpern kann außer einer Änderung von Länge und Volumen als Folge einer Temperaturänderung (→Wärmeausdehnung) auch die Änderung der mechan. Spannungen auftreten, wenn die Deformation nicht möglich ist (z. B. bei verschweißten Eisenbahnschienen). Umgekehrt findet bei adiabatischer mechan. Beanspruchung eine Temperaturänderung ΔT statt, für die bei einem linearen Objekt (z. B. Draht) bei einer Erhöhung der Zugspannung $\Delta\sigma$ die Beziehung $\Delta T = -\alpha T \cdot \Delta\sigma c$ gilt. Bei Stoffen mit positivem α (Längentemperaturkoeffizient oder linearer Ausdehnungskoeffizient) ergibt sich demnach eine Temperaturerniedrigung, bei Stoffen mit negativem α eine Temperaturerhöhung (c Wärmekapazität pro Volumen). Typ. Stoffe mit negativem α sind Elaste, insbesondere Kautschuk. Wird Kautschuk adiabatisch gedehnt, erwärmt er sich; die anschließende Kontraktion bewirkt eine Abkühlung. Eine isotherme Wärmezufuhr, die normalerweise ein Verlängern bzw. eine Volumenzunahme zur Folge hat, ruft beim Kautschuk eine Verkürzung bzw. Volumenverminderung hervor. – Bei Gasen treten thermoelast. Effekte z. B. beim Verdichten in einer Pumpe auf, wobei sich die Temperatur des Gases erhöht.

Thermoelektrika, Stoffe mit bes. günstigen thermoelektr. Eigenschaften (z. B. große Thermokraft); v. a. Halbleiter wie Selen, Tellur und halbleitende Verbindungen (z. B. mit Blei dotiertes Wismuttellurid, Bi_2Te_3), aber auch (bes. bei hohen Temperaturen) versch. Metalle und Legierungen.

thermoelektrische Effekte, Sammel-Bez. für versch. Erscheinungen, die an Flüssigkeiten und Festkörpern auftreten, wenn deren bewegl. Ladungsträger bestimmten Gradienten der Temperatur und/oder der elektr. Potenziale (d. h. elektr. Feldern) ausgesetzt sind. Die t. E. sind eng mit den Transporteigenschaften der beteiligten Ladungsträger verbunden und beruhen auf der Beeinflussung der Ladungsträgerverteilung durch Temperatur- und Potenzialgradienten. Die Gesamtheit solcher Erscheinungen wird als **Thermoelektrizität** bezeichnet. Zu ihren wesentl. Merkmalen gehört, dass Wärme lokal aufgenommen und lokal abgegeben wird (im Ggs. zur joulesche Wärme).

Die in den therm. und in den elektr. Strömen linearen t. E. sind der →Seebeck-Effekt, der →Peltier-Effekt und der Thomson-Effekt. Der Seebeck- und der Peltier-Effekt treten in Stromkreisen auf, die aus zwei versch. Stoffen, A und B, bestehen. Beim Seebeck-Effekt wird eine Leerlaufspannung U_{AB} gemessen (auch als **Thermospannung** oder integrale **Thermokraft** bezeichnet), wenn die beiden Kontaktstellen auf unterschiedl. Temperaturen T_1 und T_2 gehalten werden. Für sie gilt:

$$U_{AB} = \int_{T_1}^{T_2} [S_A(T) - S_B(T)] dT \equiv \int_{T_1}^{T_2} S_{AB}(T) dT.$$

Dabei sind S_A, S_B und S_{AB} die absoluten (differenziellen) Thermokräfte der Stoffe A und B bzw. die (differenzielle) Thermokraft der gesamten Anordnung. Beim Peltier-Effekt wird in der Zeit t an der einen Kontaktstelle eine Wärmemenge $Q_p = \Pi_{AB} It$ aufgenommen (Peltier-Wärme) und an der anderen ein gleich großer Wärmestrom abgegeben (Π_{AB} der Peltier-Koeffizient, I die elektr. Stromstärke). Der **Thomson-Effekt** zeigt sich in einem Stoff, in dem ein zur Richtung des elektr. Stroms paralleles Temperaturgefälle ΔT herrscht, ebenfalls als Erzeugung einer Wärmemenge parallel zur Stromrichtung. Für diese gilt in einem homogenen Stoff: $Q_t = -\mu_t I \Delta T t$; μ_t (auch σ_t) wird als Thomson-Koeffizient bezeichnet. Die zw. den Transportkoeffizienten Π_{AB}, $S(T)$ und μ_t bestehenden Beziehungen wurden erstmals von W. THOMSON (dem späteren Lord KELVIN) hergeleitet. Sie lassen sich mit zwei Gleichungen beschreiben (Thomson- oder Kelvin-Gleichungen), für die häufig folgende Formen gewählt werden:

$$\Pi_{AB} = T(S_A - S_B) \equiv TS_{AB} \quad \text{und} \quad \mu_t(T) = TdS(T)/dT.$$

Neben den linearen t. E. gibt es auch t. E. höherer Ordnung. Diese sind: der **1. Benedicks-Effekt**: In einem Stromkreis aus einem Einkristall wird durch extrem hohes Temperaturgefälle eine (sehr kleine) Thermospannung erzeugt; der **2. Benedicks-Effekt**: In einem homogenen, von einem elektr. Strom durchflossenen Leiter entsteht in der Nähe einer Drosselstelle eine (sehr kleine) Erwärmung. – Die t. E. sind nicht nur für Anwendungen von Interesse, sondern auch für die Grundlagenforschung, u. a. zur Aufklärung von Festkörpereigenschaften. (→Spannungsreihe)

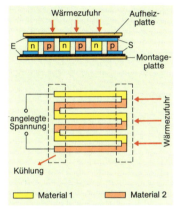

thermoelektrische Generatoren: Schematischer Aufbau aus n-leitenden und p-leitenden Halbleiterwerkstoffen in Blockbauweise (oben) und Reihenschaltung mehrerer Thermoelemente für Kühlzwecke (unten); S metallische Strombrücken, E elektrisch isolierte Schichten

thermo|elektrische Generatoren, Vorrichtungen oder Geräte zur Direktumwandlung von therm. Energie in elektrische unter Ausnutzung des →Seebeck-Effekts. Ihr Aufbau entspricht im Prinzip demjenigen des →Thermoelements. Von den elektr. Kontakten der Thermopaare wird jeweils der eine beheizt und der andere gekühlt. Bei den meisten t. G. wird für die Thermopaare Halbleitermaterial verwendet, n-leitendes in einem Zweig und p-leitendes in dem anderen, weil die absoluten (differenziellen) Thermospannungen von n- bzw. p-Halbleitern entgegengesetzte Vorzeichen haben; Thermopaare aus ihnen haben bes. große absolute Thermospannungen (→thermoelektrische Effekte). Die Leistung der t. G. reicht bis zu einigen kW, ihr Wirkungsgrad liegt bei 10%. Sie haben den Vorteil, ohne bewegl. Teile zu arbeiten und werden dann eingesetzt, wenn langfristig zuverlässige Stromversorgung erforderlich ist (z. B. Herzschrittmacher, abgelegene Messstationen, Raumsonden).

Thermo|element, Messgrößenaufnehmer zur Temperaturmessung unter Ausnutzung des Seebeck-Effekts. Die unmittelbar gemessene Größe ist dabei eine elektr. Spannung, die integrale Thermokraft (→thermoelektrische Effekte). T. bestehen aus zwei Drähten aus voneinander versch., speziell geeigneten Metallen oder Metalllegierungen, die an den Enden miteinander verbunden sind (Thermopaare). Die versch. Thermopaare dienen entsprechend ihren Eigenschaften für Messungen in unterschiedl. Temperaturbereichen (insgesamt etwa von −270°C bis 3 300°C) und sind für techn. Anwendungen genormt.

Mit T. werden Empfindlichkeiten bis etwa 7mV pro 100°C erreicht (etwa $1/100$ derjenigen von Metallwiderstandsthermometern). Für industrielle Anwendungen werden T. in Schutzrohre eingebaut, bei kleinen Bauformen ist das Thermopaar von einem hermetisch dichten, flexiblen Metallmantel elektrisch isoliert umschlossen (Außendurchmesser etwa von 0,2 bis 6mm). Zur Vergrößerung des Messsignals können mehrere Thermopaare elektrisch in Reihe und thermisch parallel geschaltet werden **(Thermosäule).**

Thermofixieren, Behandlung von thermoplast. Chemiefasern bzw. der aus ihnen hergestellten Textilien mit Wärme zur Beseitigung innerer Spannungen und zur Verleihung neuer Formen. Dabei wird die Faser durch Heißwasser, Heißluft, Kontakt- oder Strahlungswärme kurzzeitig auf Temperaturen im Erweichungsbereich erhitzt. Die Molekülketten der Faserstoffe werden begrenzt beweglich, sodass sie sich unter Lösen der in den Elementarfäden nach dem Erspinnen vorhandenen inneren Spannungen neu ordnen; der entspannte Zustand bzw. die erzeugte Form bleibt nach dem Abkühlen erhalten. T. verhindert auch ein späteres Schrumpfen bzw. Knittern und erhöht die Formbeständigkeit der Textilien. Angewendet wird es z. B. zum Formen von Damenstrümpfen und zum Herstellen dauerhafter Bügel- oder Plisseefalten.

Thermoformen, →Warmformen.

Thermograph [griech. ›Temperaturschreiber‹] *der, -en/-en, Meteorologie:* Gerät zur analogen Aufzeichnung der Lufttemperatur, bei dem die durch Temperaturschwankungen hervorgerufenen Bewegungen eines Bimetallstreifens auf einen Schreibhebel mit Schreibfeder übertragen und auf einer Registriertrommel aufgezeichnet werden.

Thermographie *die, -, 1) Messtechnik:* Verfahren zur Sichtbarmachung und Aufzeichnung von Temperaturverteilungen und -änderungen an Oberflächen von Objekten mittels der vom Objekt ausgehenden Wärmestrahlung. Man erhält ein Wärmebild **(Thermogramm),** auf dem die unterschiedl. Farben bzw. Grauwerte durch langwellige Infrarotstrahlung zustande kommen. Wärmebilder lassen sich u. a. durch fotograf. Aufnahmen mit infrarotempfindl. Fotomaterial oder mit **Wärmebildgeräten (Thermographen)** erzeugen. Bei diesen Geräten wird die vom Objekt ausgehende Wärmestrahlung über eine Infrarotoptik und einen optomechan. Abtastmechanismus (z. B. rotierendes Spiegelpolygon und Kippspiegel) zu einem

Thermoelement: Schaltschema für die Temperaturmessung, z. B. an der warmen Lötstelle unter Konstanthaltung der Temperatur an der kalten (oder umgekehrt)

Thermographie 1): Wärmebild eines Hauses mit Temperaturskala (links)

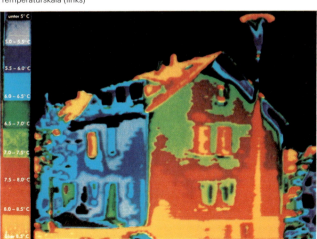

Infrarotdetektor geleitet (z. B. mit flüssigem Stickstoff gekühltes Indiumantimonid in Thermovisionskameras). Die Strahlung der in einzelne Punktelemente zerlegten ›therm. Szene‹ trifft so in festgelegter Reihenfolge auf den Detektor, der für jedes einfallende Strahlungsquant verzögerungsfrei ein Elektron freisetzt. Die Amplitude des elektr. Ausgangssignals ist proportional zur Strahlungsleistung, was zur Helligkeits- bzw. Farbsteuerung eines Fersehbildschirms genutzt wird, auf dem das Thermogramm sichtbar wird. Mit einem pyroelektr. Vidikon als Infrarotsensor oder mit CCD-Infrarotdetektoren arbeitende **Wärmesichtgeräte** zur direkten Betrachtung und Untersuchung benötigen kein aufwendiges mechan. Abtastsystem.

In der Medizin wird die Infrarot-T. zur Diagnose von Durchblutungsstörungen, Entzündungsprozessen oder zum Erkennen von Brustkrebs eingesetzt. Die durch diese Veränderungen verminderte oder vermehrte Gefäßdurchblutung führt zu einer von den umgebenden Bereichen abweichenden Wärmestrahlung der Hautoberfläche, wobei Differenzen von bis zu 0,08 °C feststellbar sind. Die T. wird als **Tele-T.** durch Aufzeichnung mit einer speziellen Infrarotkamera oder als **Platten-T.** (Kontakt-T.) durch Anpressen des Körperteils (z. B. der weibl. Brust) an eine mit Flüssigkristallen gefüllte Platte bzw. Folie ausgeführt, die Temperaturdifferenzen durch Farbänderungen sichtbar macht. Bei der v. a. in Verbindung mit einer Mammographie vorgenommenen T. der weibl. Brust ermöglicht die Tele-T. die Sichtbarmachung von Temperaturunterschieden vergleichbarer Stellen der rechten und linken Brust und gegenüber der Umgebung; bei der Platten-T. sind überwärmte Bezirke (engl. hot spots) durch den Vergleich zw. einer Normalabbildung und einer nach künstl. Abkühlung angefertigten verstärkt erkennbar.

Die T. wird auch bei der Luftbild- und Satellitenfotografie sowie für militär. Zwecke (→Nachtsichtgeräte) und in der Technik angewendet, z. B. im Maschinenbau und in der Elektronik zum Erkennen sich zu stark erwärmender und daher zerstörungsanfälliger Bauteile oder im Bauwesen zum Ausfindigmachen von Wärmeisolationsfehlern. Auch zur zerstörungsfreien Werkstoffprüfung wird die T. herangezogen, da Materialeinschlüsse u. a. Inhomogenitäten den Wärmefluss verändern, was sich im Wärmebild der Oberfläche abzeichnet.

2) *Vervielfältigungstechnik:* Sammel-Bez. für Kopierverfahren, die mit wärmeempfindl. Schichten arbeiten. Man unterscheidet die Thermokopierverfahren und solche, bei denen durch Wärme die Übertragung einer bes. Schicht vom Trägermaterial auf Papier stattfindet. Beim **Thermokopierverfahren** dringt Infrarotstrahlung durch das Kopierblatt hindurch und trifft auf das damit in Kontakt stehende Original, dessen dunkle Stellen die Wärmestrahlen absorbieren, was zu einer bildmäßigen Erwärmung und Färbung des Kopierblattes führt.

Thermogravimetrie, →Thermoanalyse.

thermohaline Zirkulation [zu griech. háls, halós ›Salz‹], horizontale und vertikale Strömungen im Meer, entstehen durch Dichteunterschiede des Meerwassers, die auf Temperatur- und Salzgehaltsunterschieden beruhen. Die t. Z. spielt bes. eine Rolle bei der Bildung und Ausbreitung des Boden- und Tiefenwassers in den Polarregionen, bei der Bildung von Temperatursprungschichten sowie beim Absinken salzreichen Wassers in den Subtropen. Von lokaler Bedeutung sind haline Küstenströmungen in den höheren Breiten sowie thermohaline Ausgleichsströmungen in Meeresstraßen.

Thermo|isoplethen, Linien gleicher Temperatur (→Isoplethen).

Thermokarst, Kryokarst, Pseudokarst, kessel- oder rinnenartige, oft wassererfüllte Hohlformen an der Oberfläche von Dauerfrostbodengebieten, bedingt durch das Auftauen von Eiskeilen und Eislinsen. T. wird oft durch anthropogene Eingriffe in das Temperaturgleichgewicht des Bodens verursacht (Bebauung, Lichtung der Vegetationsdecke).

Thermokaustik, die therm. →Kauterisation.

Thermokompressions|schweißen, das Thermokompressionsbonden (→Bonden).

Thermokraft, →thermoelektrische Effekte.

Thermolumineszenz, allg. Bez. für Erscheinungen der Lumineszenz, die durch Zufuhr therm. Energie ausgelöst oder verstärkt werden, i. e. S. Bez. für die Form der Lumineszenz, die an einem festen Stoff beobachtet wird, dessen Temperatur in definierter Weise stetig erhöht wird (angewendet z. B. bei der T.-Methode und bei T.-Dosimetern). T. tritt auf, wenn ein Stoff nicht nur Leuchtzentren (→Leuchtstoffe), sondern auch Haftstellen (engl. traps) hat, in denen Elektronen oder Defektelektronen (Löcher) eingefangen werden können (oft für lange Zeit). Durch die Zufuhr therm. Energie werden die Bindungen an den Haftstellen gelöst, und die Elektronen und Defektelektronen können unter Energiefreisetzung rekombinieren. Findet diese Rekombination nahe genug bei einem Rekombinationszentrum statt, wird dieses durch die freigesetzte Energie zur Lumineszenz angeregt.

Thermolumineszenzmethode, Anwendung der Thermolumineszenz zur →Altersbestimmung von Proben mit einem Alter bis zu etwa 300 000 Jahren. Dabei wird die Probe sukzessiv auf Temperaturen bis etwa 500 °C erhitzt und die Intensität der auftretenden Lumineszenzstrahlung in Abhängigkeit von der Temperatur aufgezeichnet. Die Fläche unter einer solchen Glühkurve ist ein Maß für die Gesamtdosis an ionisierender Strahlung, die die Probe empfangen hat, seit sie vorher zum letzten Mal auf Temperaturen über etwa 450 °C erhitzt war. Das Alter der Probe (Bestrahlungsalter) ergibt sich als Quotient ihrer Gesamtbestrahlungsdosis und der Dosis, die sie pro Jahr empfangen hat. Diese jährl. Bestrahlungsdosis wird entweder aus den Konzentrationen an Uran, Thorium und Kalium sowie an deren Tochterkernen in der Probe selbst und ggf. in der Umgebung ihrer Fundstelle ermittelt oder durch kontrollierte Bestrahlung der Probe mit ionisierender Strahlung und anschließende Registrierung der daraus resultierenden Thermolumineszenz. Die T. wird v. a. zur archäolog. Altersbestimmung von Gegenständen aus Keramik oder Glas, von Knochen und Muscheln angewendet (und dabei insbesondere zur Echtheitsprüfung), aber auch für Zwecke der Geochronologie.

Thermolyse [zu griech. lýsis ›(Auf)lösung‹] *die, -,* durch therm. →Dissoziation bewirkter spontaner Zerfall oder gezielte Spaltung organ. Verbindungen. (→Pyrolyse)

thermomagnetische Effekte, Sammel-Bez. für versch. elektr. und therm. Erscheinungen, die an einem in ein magnet. Feld eingebrachten Leiter oder Halbleiter auftreten, durch den ein Wärmestrom fließt, d. h., der einen Temperaturgradienten aufweist. Man unterscheidet die t. E. vornehmlich nach der relativen Orientierung von Temperaturgradient und Magnetfeld. Bei den **transversal-transversalen t. E.** verläuft der Temperaturgradient senkrecht zum Magnetfeld, also z. B. in x-Richtung ($\partial T/\partial x$), wenn das Magnetfeld in z-Richtung weist (H_z), die Effekte werden senkrecht zu diesen beiden Richtungen beobachtet. Zu ihnen gehören: der **1. Ettingshausen-Nernst-Effekt** (nach dem österr. Physiker ALBERT Freiherr VON ETTINGSHAUSEN, *1850, †1932, und W. H. NERNST), elektr. Feld in y-Richtung: $E_y = Q(\partial T/\partial x)H_z$; Q wird als Ettingshausen-Nernst-Koeffizient bezeichnet; der

1. Righi-Leduc-Effekt (nach A. Righi und dem frz. Physiker Sylvestre Anatole Leduc, *1856, †1937), Temperaturgradient in y-Richtung:

$$\partial T/\partial y = S(\partial T/\partial x)H_z;$$

S wird als Righi-Leduc-Koeffizient bezeichnet. Bei den **transversal-longitudinalen t. E.** ist die relative Orientierung von Temperaturgradient und Magnetfeld wie zuvor, aber der beobachtete Effekt hat die gleiche Richtung wie der Temperaturgradient. Zu ihnen gehören: der **2. Ettingshausen-Nernst-Effekt,** elektr. Potenzialdifferenz (elektr. Feld) in x-Richtung, die sich als Änderung der Thermokraft auswirkt, sowie der **2. Righi-Leduc-Effekt,** Temperaturgradient in x-Richtung, der sich als Änderung der Wärmeleitfähigkeit auswirkt. Bei den **longitudinal-longitudinalen t. E.** verläuft der Temperaturgradient parallel zum Magnetfeld; es werden Änderungen der Thermokraft und der Wärmeleitfähigkeit in Richtung des Magnetfelds beobachtet.

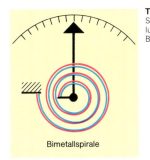

Thermometer: Schematische Darstellung eines Bimetallthermometers

thermomechanische Behandlung, Abk. **TMB,** Sammel-Bez. für Verfahren, bei denen metall. Werkstoffe durch eine Kombination von Umformung und Wärmebehandlung gezielt in ihren Eigenschaften verändert werden. Dies wird v. a. über die Einstellung eines bestimmten Gefüges erreicht: Das normalisierende Umformen ist mit einer vollständigen Rekristallisation des Austenits verbunden. Die Endumformung erfolgt im Bereich der Normalglühtemperatur. Das thermomechan. Umformen wird in einem Temperaturbereich durchgeführt, in dem der Austenit nicht oder nur unwesentlich rekristallisiert. Der dadurch herbeigeführte Werkstoffzustand vereint hohe Festigkeit mit Zähigkeit, die durch eine einfache Wärmebehandlung nicht erreichbar sind.

Thermometamorphose, Pyrometamorphose, Gesteinsmetamorphose (→Metamorphose) durch Wärmezufuhr, v. a. die →Kontaktmetamorphose.

Thermometer das, österr. und schweizer. auch der, -s/-, **Temperaturmesser,** jedes Instrument zur Messung der Temperatur. Die Funktion des T. beruht auf mechan., elektr., magnet. oder opt. Erscheinungen, die mit der Temperatur über bekannte physikal. Gesetzmäßigkeiten verbunden sind. Messprinzipien der am häufigsten verwendeten **Berührungs-T.** sind die Volumenänderung fester, flüssiger und gasförmiger Stoffe und die Änderung des elektr. Widerstandes, jeweils in Abhängigkeit von Temperaturänderungen, und bei →Thermoelementen der Seebeck-Effekt. Der Messfühler von Berührungs-T. wird mit dem Messobjekt in engen therm. Kontakt gebracht, wodurch er dessen Temperatur annimmt. Bei **Strahlungs-T.** (→Bolometer, →Pyrometer) ist dagegen eine Berührung nicht erforderlich. Bei T., die auf der therm. Ausdehnung (**Ausdehnungs-T.**) beruhen, unterscheidet man entsprechend dem sich ausdehnenden Stoff Flüssigkeits-T., Metallausdehnungs-T., →Dampfdruckthermometer und →Gasthermometer.

Flüssigkeits-T. oder **Flüssigkeitsglas-T.** bestehen aus einem kleinen Glaskolben zur Aufnahme der T.-Flüssigkeit mit angeschmolzener kalibrierter Glaskapillare (Haarröhrchen konstanten Durchmessers) und einer Anzeige. Entsprechend der Temperaturänderung ändert die Flüssigkeit ihr Volumen und steigt bzw. sinkt in der Kapillare. Die Temperatur wird aus dem Stand der Flüssigkeit in der Kapillare auf Skalenmarkierungen abgelesen, die nach einer bestimmten →Temperaturskala eingeteilt sind. Der Raum über der Flüssigkeit ist evakuiert, bisweilen auch mit einem unter hohem Druck stehenden neutralen Gas (Argon, Stickstoff) gefüllt, um das Verdampfen der Flüssigkeit zu verhindern. Je nach dem gewünschten Messbereich verwendet man als Messflüssigkeit organ. Flüssigkeiten, z. B. Alkohol (**Alkohol-T.,** Messbereich $-110\,°C$ bis $50\,°C$), Toluol ($-90\,°C$ bis $110\,°C$) oder Pentan ($-200\,°C$ bis $35\,°C$) und sehr häufig Quecksilber, das wegen seiner Eigenschaft, Glas nicht zu benetzen, bevorzugt wird. **Quecksilber-T.** sind von $-39\,°C$ (Erstarrungspunkt) bis rd. $150\,°C$ (merkl. Verdampfung) einsetzbar. Bei Verwendung von Quarzglas und Gasdruck bis 50 bar kann der Messbereich bis $750\,°C$ erweitert werden. Für höhere Temperaturen ist flüssiges Gallium als T.-Flüssigkeit geeignet. Sonderformen des Quecksilber-T. sind das →Beckmann-Thermometer, das Hypso-T. (→Hypsometer), das zur Betätigung elektr. Schaltvorrichtungen dienende **Kontakt-T.** (Quecksilber schließt bzw. öffnet bei einer vorgewählten Temperatur über eingeschmolzene Kontakte einen Stromkreis) sowie das Maximum-T. und das Minimum-T. zur Bestimmung des Höchst- bzw. Tiefstwertes der Temperatur. Beim **Maximum-T.** ist zw. T.-Gefäß und Kapillare eine Verengung angebracht, durch die das Quecksilber bei steigender Temperatur in die Kapillare, bei sinkender Temperatur jedoch nicht von selbst wieder in das T.-Gefäß zurückgelangen kann. Die Neueinstellung erfolgt durch kräftiges Schütteln nach unten (z. B. beim →Fieberthermometer), wodurch sich der abgerissene Quecksilberfaden wieder mit dem Quecksilber des T.-Gefäßes vereinigt. Beim **Minimum-T.** befindet sich in der Kapillare ein gefärbter bewegl. Glasstift, der bei sinkender Temperatur mit der Flüssigkeit (durch die Oberflächenspannung) mitgeführt wird. Bei steigender Temperatur fließt die Flüssigkeit an dem Stift vorbei; dieser bleibt liegen und zeigt die tiefste erreichte Temperatur an. Das **Maximum-Minimum-T.** ist ein u-förmig gebogenes Alkohol-T., in dessen Kapillare die Flüssigkeit durch einen

Thermometer: Schematische Darstellung eines Flüssigkeitsthermometers

Thermometer: Schematische Darstellung eines Minimum-Maximum-Thermometers (links) und eines Widerstandsthermometers (rechts)

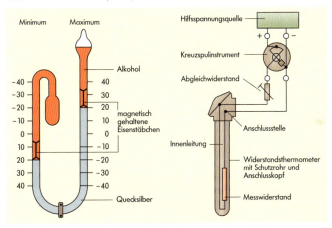

Quecksilberfaden unterbrochen ist; auf beiden Enden des Quecksilberfadens liegt je ein Eisenstäbchen, das mit dem Quecksilberfaden jeweils in Richtung maximaler oder minimaler Temperaturanzeige verschoben wird und nach dem Ablesen durch Lösen des festhaltenden Magneten auf die Quecksilbersäule zurückgebracht werden kann.

Metallausdehnungs-T. werden im Temperaturbereich von 0 °C bis 1 000 °C eingesetzt; für Temperaturen bis 300 °C bestehen sie aus Messing, bis 600 °C aus Nickel und bis 1 000 °C aus Chromnickel. **Stab-T.** sind Metallausdehungs-T., die die unterschiedl. Ausdehnung zweier versch. Metallstäbe ausnutzen. Sie dienen ausschließlich als Schalter, mit dem ein elektr. Kontakt betätigt wird. Das **Bimetall-T.** besteht aus einem Bimetallstreifen, der sich abhängig von der Temperatur krümmt. Die Krümmung kann durch einen Zeiger sichtbar gemacht oder durch eine Schreibvorrichtung aufgezeichnet werden (Thermograph).

Widerstands-T. nutzen die Temperaturabhängigkeit des spezifischen elektr. Widerstands aus. Bei Temperaturfühlern aus Metallen, z. B. Kupfer, Nickel oder Platin, erhöht sich der ohmsche Widerstand proportional zur Temperatur, bei Verwendung von Thermistoren aus versch. halbleitenden Materialien (→Halbleiterthermometer) ist es umgekehrt. Um die Wärmeableitung möglichst gering zu halten, sind die Widerstandsdrähte auf Glimmer oder Keramik gewickelt und von Schutzrohren aus Glas, Nickel oder, bei höheren Temperaturen, von Quarzglas oder glasiertem Porzellan umgeben. Als Normale bei der Darstellung der Kelvin-Skala im Gebiet von 13 K bis 1 235 K verwendet man Widerstands-T. aus spektroskopisch reinem Platin. Die Messunsicherheit liegt hier zw. 3 und 100 mK. Für techn. Zwecke eignen sich Widerstands-T. mit einem Sollwert von 100 Ω bei 0 °C. Die Fehler bei 20 °C betragen etwa 0,3 °C, bei 500 °C etwa 2,5 °C. Die Signalverarbeitung erfolgt in einer →Messbrücke. **Digital-T.** enthalten Halbleiterdioden, Transistoren oder integrierte Schaltungen als Messfühler sowie eine Stromstabilisierungsschaltung und ein digital anzeigendes, in °C geeichtes Digitalvoltmeter; sie nutzen die weitgehend lineare Spannungs-Temperatur-Charakteristik eines p-n-Übergangs bei konstantem Strom in Durchlassrichtung.

Sonderverfahren zur Temperaturmessung, bei denen flüssige Kristalle, Temperaturfarben, Temperaturfarbstifte, Temperaturmesskörper und Segerkegel verwendet werden, zeigen durch Farbumschlag bzw. Schmelzen jeweils nur eine bestimmte Temperatur an. (→Thermochromie)

Thermometerhuhn, Art der →Großfußhühner.
Thermometerhütte, die →Wetterhütte.
Thermon, griech. Ort, →Thermos.
Thermonastie, durch Temperaturreize bewirkte Bewegungen von Organen (z. B. Blüten, Blätter) ortsgebundener Pflanzen (→Nastien).
thermonukleare Reaktion, Kernreaktion, die bei sehr hohen Temperaturen unter Energiefreisetzung als Verschmelzung leichter Atomkerne stattfindet (→Kernfusion).
Thermopapier, mehrschichtig aufgebautes Spezialpapier, dessen Bedruckbarkeit auf einer wärmeempfindl. Schicht beruht. Eingesetzt wird es z. B. in Telefaxgeräten und als Aufkleber in automat. Waagen in Großmärkten. In der Thermoschicht befinden sich fein verteilt die einzelnen Komponenten Farbvorstufe, Entwickler (ein Phenol) und ein wasserlösl. Bindemittel. Damit diese Wärmereaktionsmasse bei der Beschichtung nicht in das Trägerpapier eindringt, wird es mit einem Vorstrich als Sperrschicht versehen. Die Geschmeidigkeit der Papieroberfläche ist durch eine im Kalander geglättete Deckschicht aus Wachs gegeben. – Wenn das T. unter dem Thermokopf hindurchläuft, werden die von den Signalen vorgegebenen Stellen des Thermokopfes kurzzeitig erhitzt. Dieser Wärmeeintrag führt in der Thermoschicht zum Umschlagen der Farbvorstufe in die jeweilige Farbe.

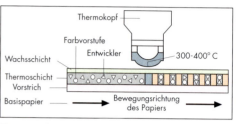

Thermopapier: Schematische Darstellung des Druckvorgangs

Thermopause, die obere Grenze der →Thermosphäre.
Thermoperiodismus [zu griech. períodos ›Umlauf‹, ›Wiederkehr‹] *der, -/...men,* Erscheinung eines meist mit Lichtwechsel einhergehenden Temperaturwechsels (tagsüber warm, nachts kühl), der eine optimale Entwicklung der Pflanzen steuert, z. B. Knospenruhe und die Anlage von Blüten. (→Vernalisation)
thermophil [zu griech. phileĩn ›lieben‹], *Biologie:* Wärme liebend; von Mikroorganismen gesagt, die bevorzugt in einem Temperaturbereich von 40 bis 55 °C (extrem thermophile Bakterien bis über 80 °C) leben bzw. dort ihr Wachstumsoptimum haben.
Thermoplasma, Bakteriengattung der thermoacidophilen Archaebakterien; Vorkommen in sauren, heißen Quellen; optimales Wachstum bei 60 °C und pH 1.
Thermoplaste [zu griech. plastós ›gebildet‹, ›geformt‹], *Sg.* **Thermoplast** *der, -(e)s,* →Kunststoffe.
Thermopylen, griech. **Thermopylai** [›warme Tore‹], im Altertum der Engpass zw. dem Kallidromosgebirge und dem Malischen Golf, durch den die Straße zw. Mittel- und Nordgriechenland führte. War an bes. enger Stelle befestigt. Heute ist die Landschaft durch die Anschwemmungen des Spercheios gänzlich verändert. Am Fuß des Gebirges entspringen Schwefelthermen (40 °C), die dem T. den Namen gaben. – Im Jahr 480 v. Chr. versuchten die Griechen, den Vormarsch XERXES' I. nach Mittelgriechenland (→Perserkriege) bei den T. aufzuhalten, wobei die vom spartan. König LEONIDAS I. befehligten Truppen vernichtet wurden.
Thermoregulation, die →Temperaturregulation.
Thermoremanenz, *Geophysik:* →Paläomagnetismus.
Thermorezeptoren, Temperatur|rezeptoren, *Physiologie:* →Temperatursinn.
Thermos, Thermon, Stadt in Ätolien, Griechenland, östlich des Sees Trichonis, 1 700 Ew., mit Resten des gleichnamigen antiken Apollonheiligtums der Ätoler. Freigelegt wurden u. a. ein Megaronbau (ein Kultbau aus der Zeitstufe der geometr. Kunst) und der große Apollontempel (um 620, im 3. Jh. v. Chr. erneuert) mit Säulen in der Mittelachse und Tonmetopen. 218 und 206 v. Chr. von PHILIPP V. von Makedonien zerstört (darunter rd. 2 000 Statuen), danach befestigten die Ätoler den Kultbezirk. Im Museum auch spätmyken. Funde.
Thermosäule, →Thermoelement.
Thermoselect®-Verfahren, als Alternative zur Müllverbrennung entwickeltes Verfahren zur therm. Behandlung von Abfällen verschiedenster Art. Die Abfälle werden zuerst auf etwa $^1/_{10}$ ihres ursprüngl. Volumens verdichtet, danach werden die organ. Anteile bei 600 °C entgast und zu Kohlenstoff umgesetzt; dieser wird mit den anorgan., mineral. und metall. Antei-

len zu ›Briketts‹ verfestigt, die dann bei 2000°C vergast werden. Pro Tonne Müll fallen 250 kg Mineralstoffe, 30 kg Metalle, 600 kg Synthesegas und 300 kg Wasser an. Eine Pilotanlage wurde 1992 in Fondotoce (Ortsteil von Verbania/Italien) in Betrieb genommen; die erste dt. Anlage steht mit einem Jahresdurchsatz von 100 000 t in Ansbach.

Thermosflasche®, von dem Glasbläser REINHOLD BURGER (* 1866, † 1954) patentrechtlich geschütztes →Dewar-Gefäß für den Haushaltsgebrauch. Im Unterschied zu dem von J. DEWAR und ADOLF FERDINAND WEINHOLD (* 1841, † 1917) entwickelten Laborgefäß wies die T. einen verengten Hals, Abstützungen zur Erhöhung der Stabilität beim Transport und beim Ausgießen der Flüssigkeit sowie eine äußere Schutzhülle auf.

Thermosolieren, Färben von Polyesterfasermaterialien sowie Polyester-Baumwoll-Mischgeweben durch Behandlung mit Dispersionsfarbstoffen unter kurzfristigem Erhitzen.

Thermospannung, →thermoelektrische Effekte.

Thermosphäre, die oberhalb der Mesosphäre ab etwa 80 km Höhe gelegene Schicht der →Atmosphäre, in der die Temperatur mit der Höhe stark ansteigt. Diese Temperaturzunahme beruht auf der Absorption von Sonnenstrahlung mit Wellenlängen unter 200 nm (d. h. vom Ultraviolett bis in den Röntgenbereich) durch Sauerstoff und Stickstoff, während die äußerst geringe Luftdichte (mehr als sechs Größenordnungen niedriger als am Boden) eine nur geringe Wärmeabstrahlung und einen sehr schlechten Wärmeaustausch mit unteren Luftschichten bewirkt. Die Obergrenze der T. **(Thermopause)** und die dort erreichten Temperaturen schwanken erheblich mit der Tageszeit und hängen von der Stärke der Sonnenaktivität ab. Tagsüber liegt die Thermopause in bis zu 500 km Höhe mit Höchsttemperaturen von 700°C bis über 1000°C, nachts durch die teilweise Abkühlung in rd. 200 km Höhe mit niedrigsten Temperaturwerten zw. etwa 400°C und 1000°C. Die Schicht oberhalb der T. besitzt eine weitgehend gleich bleibende Temperatur.

Thermostabilität, v. a. im Zusammenhang mit Kunststoffen verwendeter Begriff, der die Beständigkeit bei der Verarbeitung bzw. bei der Verwendung (Alterungsbeständigkeit) gegenüber therm. Abbau und Oxidation kennzeichnet.

Thermostat [zu griech. statós ›stehend‹, ›gestellt‹] der, -(e)s und -en/-e(n), Gerät zum Konstanthalten der Temperatur. T. für Gefäße werden v. a. in Labors eingesetzt; sie bestehen aus einem wärmeisolierenden Behälter, einer eingebauten Heizung (häufig mit Kühleinrichtung) und einem Temperaturregelsystem. Für tiefe Temperaturen gibt es →Kryostaten. Das T.-Ventil am Heizkörper enthält ein Wellrohr, das durch den temperaturabhängigen Dampfdruck einer Fühlerflüssigkeit mehr oder weniger stark zusammengedrückt oder gedehnt wird und über einen Druckstift das Ventil betätigt. Durch den Einstellhandgriff lässt sich über die unterschiedl. Vorspannung einer Gegenfeder der gewünschte Temperaturbereich für Öffnen und Schließen einstellen. Bei Verbrennungsmotoren ist der T. ein mit einem wachsartigen Stoff gefüllter Dehnkörper, der den Kühlwasserdurchfluss durch den Motor so regelt, dass eine bestimmte Temperatur eingehalten wird.

Thermotaxis, durch Temperaturreize ausgelöste gerichtete, aktive Ortsveränderung frei bewegl. Lebewesen (→Taxien).

Thermotropismus, durch Temperaturreize bewirkte Orientierungsbewegung von Teilen ortsgebundener Pflanzen oder auch bei einigen sessilen Tieren. (→Tropismen)

Thermo|umformer, Baugruppe aus einem Heizdraht und einem Thermoelement, mit der hochfrequente Wechselströme oder Gleichströme für die Messung umgeformt werden. Der Messstrom durchfließt den Heizleiter und erwärmt direkt oder indirekt die Verbindungsstelle eines Thermopaars. Die entstehende Thermospannung ist annähernd dem Quadrat des Effektivwertes der Stromstärke proportional.

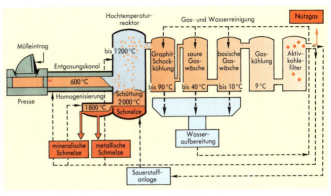

Thermoselect®-Verfahren: Schematische Darstellung der Funktionsweise

Thermus, Bakteriengattung; thermophile gramnegative, aerobe Bakterien, die sich bei Temperaturen von über 65°C optimal vermehren.

Theromorpha [zu griech. thếr ›Tier‹ und morphế ›Gestalt‹, ›Form‹], säugetierähnliche fossile Reptilien, →Synapsida.

Theron, Tyrann (seit 488 v. Chr.) von Akragas (heute Agrigent), * etwa 540/530 v. Chr., † Ende 472 v. Chr.; Vater der DAMARETE; errang 480 im Bund mit GELON von Syrakus bei Himera einen großen Sieg über Karthago, das dadurch für die nächsten Jahrzehnte auf seine Stützpunkte im W-Teil Siziliens zurückgeworfen wurde. In Akragas, unter seiner Herrschaft eine der reichsten Städte Siziliens, wurde bald nach seinem Tod die Demokratie wieder eingeführt.

Therophyten [zu griech. théros ›Sommer‹ und phytón ›Pflanze‹], Sg. **Therophyt** der, -en, Pflanzen, die die ungünstige Jahreszeit als Samen überdauern, z. B. die Sonnenblume.

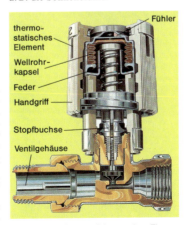

Thermostat: Schnittzeichnung eines Thermostatventils

Theropoda [zu griech. thếr ›Tier‹ und poús, podós ›Fuß‹], Unterordnung der →Dinosaurier.

Theroux [θəˈruː], Paul Edward, amerikan. Schriftsteller, * Medford (Mass.) 10. 4. 1941; lebte als Englischlehrer in Italien, Malawi, Uganda und Singapur;

unternahm ausgedehnte Reisen; ließ sich 1972 in London nieder. Seine Reisebeschreibungen, Erzählungen und die Romane, deren exzentr. Helden es oft an exot. Schauplätze zieht, stellen im Erleben des Fremden die Suche nach Weltverständnis und der eigenen Identität in den Mittelpunkt.

Werke: *Romane:* Jungle lovers (1971; dt. u. a. als Dschungelliebe); Saint Jack (1973; dt.); Picture palace (1978; dt. Orlando oder die Liebe zur Fotografie); The mosquito coast (1981; dt. Moskito-Küste); Doctor Slaughter (1984; dt. Dr. Slaughter); O-Zone (1986; dt.); My secret history (1989; dt. Mein geheimes Leben); Chicago loop (1990; dt.); My other life (1996; Kowloon Tong (1997; dt.). – *Erzählungen:* The London embassy (1982; dt. London Embassy. Kabinettstücke). – *Reiseberichte:* The great railway bazaar. By train through Asia (1975; dt. Abenteuer Eisenbahn. Auf Schienen um die halbe Welt); The old Patagonian express (1979; dt. Der alte Patagonien-Express); Sunrise with seamonsters. Travels and discoveries 1964–1984 (1985); Riding the iron rooster. By train through China (1988; dt. Das chin. Abenteuer); To the ends of the earth. The selected travels of P. T. (1990); The happy isles of Oceana. Paddling the Pacific (1992; dt. Die glückl. Inseln Ozeaniens); The Pillars of Hercules (1995; dt. An den Gestaden des Mittelmeeres).

Thersites, in der ›Ilias‹ der hässlichste aller Griechen vor Troja, auch als feiger und frecher Großsprecher geschildert. Als er der Meinung Agamemnons in der Heeresversammlung widersprach, wurde er von Odysseus gezüchtigt. Nach einer späteren Version des Mythos wurde er von Achill erschlagen, weil er dessen Liebe zu Penthesilea verhöhnt hatte.

Thesaurierung, allg. das Ansammeln von Werten (Geld, Edelmetalle und andere Vermögensgegenstände) durch private Haushalte oder die Bildung finanzieller Reserven des Staates (z. B. →Juliusturm); in der *Betriebswirtschaftslehre* das Einbehalten von Unternehmensgewinnen zur Selbstfinanzierung (**Gewinn-T.,** →Gewinn); im *Bankwesen* werden Investmentfonds, deren Zins- und Dividendeneinnahmen sowie realisierte Kursgewinne nicht ausgeschüttet, sondern wieder angelegt werden, als thesaurierende Fonds (**T.-Fonds**) bezeichnet.

Thesaurismosen [zu griech. thēsaurós ›Vorrat‹, ›Schatz‹], Sg. **Thesaurismose** die, -, die →Speicherkrankheiten.

Thesauros [griech.] der, -/...roi, das →Schatzhaus.

Thesaurus [lat., von griech. thēsaurós ›Schatz‹, ›Schatzhaus‹] der, -/...ren und ...ri, alphabetisch und systematisch geordnete Sammlung aller sprachl. und sonstigen Bez. eines bestimmten Anwendungsbereichs (z. B. einer Fachsprache) nach ihren semant. Beziehungen in einem System syntagmat. und paradigmat. Querverweise. Die T. sind als Funktionsträger im Rahmen eines Dokumentationssystems grundlegende Hilfsmittel zur Wiederauffindung und inhaltl. Erschließung von Dokumenten und zur Wiedergewinnung von Informationen über jedes gewünschte Element des erfassten Bereichs. – Früher war T. lediglich die Bez. für eine Sammlung des Gesamtbestandes einer Sprache zu deren lexikal. Bearbeitung.

Thesaurus Linguae Graecae, das erste umfassende Wörterbuch der Altgriechischen (1572 geschaffen von HENRI II. ESTIENNE u. d. T. ›Thesaurus graecae linguae‹, 5 Bde.). Seit 1955 erscheint der T. L. G. in neuer Form (Wortschatz nach Literaturgattungen getrennt), hg. v. B. SNELL u. a. (zunächst das ›Lexikon des frühgriech. Epos‹).

Thesaurus Linguae Latinae, umfassendes Wörterbuch der lat. Sprache, das 1894 begründet wurde und in München von dt. und ausländ. Akademien und Gesellschaften bearbeitet wird; hg. seit 1900.

These [griech.] *die, -/-n,* **1)** *bildungssprachlich* für: behauptend aufgestellter Leitsatz, der als Ausgangspunkt für die weitere Argumentation dient.
2) *Logik:* Behauptung, die ohne Beweis zur Grundlage weiterer Behauptungen oder Argumentationen gemacht wird. Durch eine Begründung oder einen Beweis wird die T. zu einer geltenden bzw. wahren Aussage. In der →Dialektik ist die T. eine Setzung, der als Antithese eine ihr widersprechende gegenübergestellt und mit dieser in der Synthese aufgehoben wird.

Theseion, nicht erhaltener Tempel des Theseus in Athen, mit Gemälden von MIKON und POLYGNOT. Der erhaltene Tempel an der Agora von Athen, der lange als T. galt, ist heute als →Hephaisteion gesichert.

Theseus, griech. **Theseus,** griech. *Mythos:* att. Heros, Sohn des →Aigeus (nach einer anderen Version des Poseidon) und der Aithra; wuchs am Hof seines Großvaters Pittheus in Troizen auf. Auf dem Weg zu seinem Vater in Athen bestand er mehrere Abenteuer (u. a. tötete er Ungeheuer und Wegelagerer, z. B. Prokrustes). Nach seiner Ankunft in Athen versuchte Medea, die bei Aigeus Zuflucht gefunden hatte und seine Gemahlin geworden war, T. zu töten, ehe Aigeus ihn als seinen Sohn erkannte; ihr Anschlag wurde entdeckt, und sie musste Athen verlassen. T. vollbrachte weitere Heldentaten: Er tötete den →Kretischen Stier, den Herakles einst nach Attika gebracht hatte, dann zog er nach Kreta, um Athen von der Tributpflicht gegenüber König →Minos zu befreien. Im Labyrinth von Knossos tötete er den →Minotaurus und konnte sich selbst mithilfe der →Ariadne retten. Als er auf der Heimreise das mit Aigeus vereinbarte Zeichen (das Gelingen des Unternehmens sollte durch ein weißes Segel angezeigt werden) vergaß, stürzte sich dieser, im Glauben, sein Sohn sei ums Leben gekommen, ins Meer. T. trat in der Nachfolge seines Vaters die Herrschaft in Athen an. Von einem Zug gegen die Amazonen brachte er deren Königin Antiope (oder Hippolyte) als Gattin nach Athen. Sie wurde die Mutter des →Hippolytos, fiel aber im Kampf gegen die aus Rache einfallenden Amazonen. T.' zweite Frau wurde →Phädra. Mit →Peirithoos nahm er an der Jagd auf den Kalydon. Eber sowie am Kampf der Lapithen gegen die Kentauren teil und entführte später Helena aus Sparta; der Versuch, Persephone aus der Unterwelt zu rauben, misslang. Bei seiner Rückkehr nach Athen wurde T. von Menestheus (einem Nachfahren des ersten Königs) vertrieben und in Skyros von König Lykomedes zunächst gastfreundlich aufgenommen, dann aber heimtückisch von einem Felsen gestürzt. T.' Sohn Demophon wurde König von Athen.

Die Elemente der T.-Sage reichen bis in minoisch-myken. Zeit zurück. Seit dem 6. Jh. v. Chr. war T. (in Parallele zum dor. Heros Herakles) att. Nationalheros, er galt als Urheber des polit. Zusammenschlusses (Synoikismos) der att. Gemeinden, als Schöpfer der att. Demokratie und wurde kultisch verehrt.

Die Tötung des Minotaurus im Labyrinth ist eine der am häufigsten dargestellten mytholog. Szenen in der antiken Kunst und seit dem 7. Jh. v. Chr. u. a. auf Vasen zu finden, in Attika trat sie seit dem 6. Jh. v. Chr. auf, z. B. auf der Françoisvase, auf der außerdem gezeigt wird, wie T. den Siegestanz anführt. Seit Ende des 6. Jh. bis ins späte 5. Jh. v. Chr. waren in Athen Zyklen mit seinen Heldentaten beliebt (z. B. Schale des PENTHESILEAMALERS, Ferrara, Archäolog. Nationalmuseum, des KODROSMALERS, London, Brit. Museum), in der Bauplastik u. a. an den Metopen des Schatzhauses der Athener in Delphi (6. Jh. v. Chr., Delphi, Museum), an der Cella des Tempels von Bassai (5. Jh. v. Chr.) und am Hephaisteion (5. Jh. v. Chr., Athen); T.-Sagen waren auch ein Thema der Malerei (Amazonenkampf um Antiope u. a.). Die Idealisierung des Helden in klass. Zeit wurde in der hellenist. und röm. Kunst (z. B. Mosaiken in Paphos) und auch in der Neuzeit (N. POUSSIN, A. CANOVA, O. KOKOSCHKA) beibehalten.

F. BROMMER: T. Die Taten des griech. Helden in der antiken Kunst u. Lit. (1982); K. SCHEFOLD u. F. JUNG: Die Urkönige,

Perseus, Bellerophon, Herakles u. T. in der klass. u. hellenist. Kunst (1988).

Thesis [griech. ›Auftreten des Fußes‹] *die, -/...sen, griech. Metrik:* urspr. Bez. für die dem schweren Taktteil entsprechende Senkung des Fußes bei der Taktmarkierung und damit der Betonung der Silbe (Ggs.: →Arsis). Die T. entspricht damit in ihrer Bedeutung dem dt. Begriff der Hebung. Bei den spätlat. Grammatikern bezeichnete T. die Senkung der Stimme und, in Umkehrung der ursprüngl. Bedeutung, die unbetonte, kurze Silbe. In diesem Sinn wird der Begriff Senkung in der dt. Verslehre verwendet.

Thesium [griech.-lat., nach Theseus], die Pflanzengattung →Leinblatt.

Thesmophori|en [zu griech. thesmophóros ›gesetzgebend‹] *Pl.,* altgriech., von Frauen gefeiertes Fest der Demeter und Persephone, das im Herbst anlässlich der Aussaat begangen wurde.

Thespis, griech. Tragödiendichter des 6. Jh. v. Chr., aus dem att. Demos Ikaria, trat zw. 536 und 533 v. Chr. bei den großen Dionysien in Athen erstmalig mit einer Tragödie auf; die erhaltenen Tragödien und Verse wurden schon in der Antike als nicht von ihm stammend angesehen.

Thespiskarren, der Wagen, auf dem THESPIS seine Stücke aufgeführt haben soll (überliefert bei HORAZ); heute übertragen gebraucht (meist scherzhaft) für eine Wanderbühne.

Thesprotia [θεs-], Verw.-Bez. (Nomos) in der Region Epirus, NW-Griechenland, 1 515 km², 44 200 Ew., Verw.-Sitz ist Igumenitsa.

Thessali|en, griech. **Thessalia,** Landschaft im nördl. Zentralgriechenland, umfasst als Region 14 037 km² und 734 800 Ew.; größte Beckenlandschaft der griech. Halbinsel, durch die flache Mittelthessal. Schwelle in ein westl. (um Karditsa und Trikala) und ein östl. Becken (um Larissa) geteilt, allseitig von Gebirgen umgeben: im W vom Pindos, im O von Olymp, Ossa und Pelion, im S von der Othrys, im N vom Chassiagebirge. Der Peneios entwässert T. durch das Tempetal zum Golf von Saloniki. Anbau von Weizen, Mais und v. a. Baumwolle. Wirtschaftl. Zentren sind Larissa und die Industrie- und Hafenstadt Volos.

Geschichte: Im Gebiet von T., das in der jüngeren Steinzeit schon dicht besiedelt war (→Sesklokultur), lagen die ältesten bekannten Siedlungen Griechenlands. Die Landschaft spielt in Sage und Mythologie (Sitz des Olymp, Heimat des Achill) eine große Rolle. Nach der Einwanderung der nordwestgriech. **Thessaler** im 12. Jh. v. Chr. kam es zur Ausbildung eines Stammesstaates unter einem Heerführer (Tagos). Im 6. Jh. v. Chr. beherrschte T. große Teile N-Griechenlands und kontrollierte zeitweise die pyläisch-delph. Amphiktyonie. Die Einheit des Landes wurde nur vorübergehend unter IASON VON PHERAI erreicht. Der makedon. König PHILIPP II. gliederte T. 352 v. Chr. an Makedonien an. 196 v. Chr. wieder unabhängig, hatte T. erneut eine Bundesverfassung (**Thessalischer Bund**); 148 v. Chr. von den Römern unterworfen.

Thessalonicherbriefe, zwei Schriften des N. T., kurze Schreiben des PAULUS an die Gemeinde von Thessaloniki. Als authent. Paulusbrief wird der **1. T.** (Abk. **1. Thess.**) angesehen, der um 50 n. Chr. in Korinth abgefasst wurde und die frühe Theologie des PAULUS widerspiegelt. Er ist die älteste Schrift des N. T. und befasst sich mit der Wiederkunft CHRISTI und dem Los der vor diesem Zeitpunkt verstorbenen Gläubigen. Der **2. T.** (Abk. **2. Thess.**, Autorschaft des PAULUS umstritten) richtet sich gegen die in der Gemeinde verbreitete Irrlehren über die Wiederkunft.

R. PESCH: Die Entdeckung des ältesten Paulus-Briefes (1984); F. LAUB: 1. u. 2. T. (²1988); Die Briefe an die Galater, Epheser, Philipper, Kolosser, Thessalonicher u. Philemon, bearb. v. J. BECKER u. a. (⁴1990); T. HOLTZ: Der erste Brief an die Thessalonicher (Zürich ²1990); The Thessalonian correspondence, hg. v. R. F. COLLINS (Löwen 1990).

Thessaloniki, neugriech. **Thessaloníki** [θ-], Stadt in Griechenland, →Saloniki.

Theta, 1) Zeichen ϑ, Θ, der neunte Buchstabe des ursprüngl., der achte des klassischen griech. Alphabets.

2) *Formelzeichen:* ϑ, Θ für Winkel, z. B. Streuwinkel, für Temperatur, z. B. $Θ_D$ Debye-Temperatur.

Theta Orionis, Abk. **ϑ Ori,** ein Mehrfachsystem aus sechs Sternen im Sternbild →Orion, von denen die vier hellsten trapezförmig angeordnet sind und als **Trapez** bezeichnet werden; sie gehören zu einem sehr jungen Sternhaufen, dem **Trapezhaufen.**

Theten, *Sg.* **Thes** *der, -,* griech. **Thetes,** Bez. für die grundbesitzlose, unterste Klasse (Lohnarbeiter, meist Landarbeiter, später auch Handwerker) der vier Klassen der freien Bürger Athens (→SOLON). Die T. gewannen durch die athen. Seemacht- und Flottenpolitik unter THEMISTOKLES und PERIKLES wegen ihres Einsatzes auf den Schiffen an innenpolit. Bedeutung.

Thetford-Mines ['θetfəd 'maɪnz], Stadt in der Prov. Quebec, Kanada, südlich von Quebec, 30 300 Ew.; Bergbaumuseum; Zentrum eines der größten Asbestgewinnungsgebiete der Erde (entdeckt 1876), mit Tief- und Tagebau.

Thetis, griech. **Thétis,** *griech. Mythos:* Meeresnymphe, Tochter des Nereus, Mutter des Achill. Dem nachhomer. Mythos zufolge warb Zeus um sie, ließ aber davon ab, als er erfuhr, dass T. einen Sohn gebären werde, der stärker als sein Vater werden würde. T. wurde daraufhin mit →Peleus vermählt. Nach einer anderen Version gewann Peleus T. im Ringkampf, bei dem diese sich in versch. Tiere verwandelte. Als T. bei dem Versuch, Achill unsterblich zu machen, von Peleus überrascht wurde, zog sie sich in den Palast ihres Vaters zurück. Sie half ihrem Sohn weiterhin (z. B. indem sie versuchte, ihn vom Trojan. Krieg fern zu halten und nach Patroklos' Tod eine neue Rüstung brachte). – V. a. der Ringkampf mit Peleus (auf einer chalkid. Hydria, 6. Jh. v. Chr.; München, Staatl. Antikensammlung), ihre Hochzeit (Françoisvase), T. bei Hephaistos u. a. mit Achill in Zusammenhang stehende Szenen (der auf sie lauernde Peleus) sind häufig dargestellte Themen schon der griechisch-archaischen Kunst. Auf röm. Sarkophagen war das Motiv der T. als liebende Mutter sehr beliebt.

Theudelinde, langobard. Königin, →Theodolinde.

Theuerdank, Versroman, →Teuerdank.

The|urgie [zu griech. theós ›Gott‹ und érgon ›Werk‹, ›Arbeit‹, also etwa ›Götterbearbeitung‹] *die, -,* allg. Bez. für den manipulativen Umgang mit Gottheiten und den Versuch ihrer Beeinflussung durch den Menschen; eine in allen Religionen verbreitete Form der Frömmigkeit und Religiosität. Der im →Neuplatonismus aufgekommene Begriff meinte die Überführung göttl. Kräfte in ein durch den Theurgen in Trance versetztes Medium, vornehmlich um geheimes Wissen zu erkunden (Gnosis), aber auch um selbst göttl. Qualität zu erhalten. Auch der Vorgang der ›Beseelung‹ von Götterstatuen galt als theurg. Prozess.

Theveste, röm. Stadt in N-Afrika, →Tébessa.

Thevetia [nach dem frz. Mönch und Reisenden ANDRÉ THEVET, *1502, †1590], **Thevetie,** Gattung der Hundsgiftgewächse mit acht Arten im trop. Amerika; kleine Bäume oder Sträucher mit großen, gelben, in Trugdolden stehenden Blüten mit trichterförmiger Krone. Die bekannteste, in den Tropen häufig als Zierstrauch angepflanzte Art ist der **Gelbe Oleander** (Thevetia peruviana) mit lineal. Blättern und zahlr. duftenden Blüten.

THF, *Chemie:* Abk. für →Tetrahydrofuran.

Thia... [zu griech. theïon ›Schwefel‹], Vorsilbe der chem. Nomenklatur, die in systemat. Namen organ.

Thevetia:
Gelber Oleander
(Höhe 3–4,5 m)

Thia Thiabendazol – Thiele

Thiabendazol

4H-1,4-Thiazin
Thiazine

Thiazol

HC—CH
HC⸗N
   S
Isothiazol
Thiazole

Verbindungen den Ersatz einer Methylengruppe, $-CH_2-$, durch ein Schwefelatom, $-S-$, kennzeichnet.

Thiabendazol, aus zwei heterozykl. Ringsystemen bestehende chem. Verbindung (chemisch das 2-(4-Thiazolyl)-benzimidazol), die als Fungizid u. a. zur Bekämpfung von Mehltau, zur Schimmelverhütung bei Zitrusfrüchten und auf Bananen) verwendet wird; dient auch als Wurmmittel (Tiabendazol).

Thiamin *das, -s,* **Vitamin B₁, Antiberiberifaktor,** der B-Gruppe zugehöriges, wasserlösl. Vitamin, das aus einem Pyrimidin- und einem Thiazolring aufgebaut ist, die über eine Methylenbrücke verbunden sind. T. ist in der Form des Pyrophosphats (T.-Diphosphats) Coenzym versch. Enzyme des Zuckerstoffwechsels. Der Tagesbedarf liegt bei 0,3 mg (Kinder) bis 2,0 mg (Erwachsene). T. kommt in kleineren Mengen in allen pflanzl. und tier. Nahrungsmitteln vor, in Körnerfrüchten v. a. im Keim und in der Aleuronschicht. Deshalb führt das Ausmahlen von Mehl und das Polieren von Reis zu einer starken Abnahme des T.-Gehaltes. T.-Mangelkrankheiten sind die →Beriberi und die bes. bei Alkoholkranken auftretende →Wernicke-Enzephalopathie.

Thiamis ['θiamis], Fluss in Griechenland, →Thyamis.

Thiasos, im antiken Griechenland ein Kultverein, der zu Ehren eines Gottes, bes. des Dionysos, Feste veranstaltete und oft auch geschäftl. Zwecken diente.

Thiazine [Kw.], *Sg.* **Thiazin** *das, -s,* heterozykl. Verbindungen, die im sechsgliedrigen Ring ein Schwefel- und ein Stickstoffatom enthalten. Je nach Stellung der Heteroatome unterscheidet man acht isomere T.; das 4H-1,4-Thiazin ist Bestandteil des →Phenothiazins (das früher selbst auch Thiazin genannt wurde).

Thiazinfarbstoffe, histor., jedoch nicht korrekte Bez. für Farbstoffe, die sich vom Phenothiazin herleiten (→Azinfarbstoffe), z. B. Methylenblau.

Thiazole [Kw.], *Sg.* **Thiazol** *das, -s,* heterozykl. Verbindungen, die im fünfgliedrigen Ring ein Schwefel- und ein Stickstoffatom enthalten. Nach der Stellung der Heteroatome unterscheidet man **Thiazol** und **Isothiazol.** Thiazol ist eine farblose, unangenehm (pyridinartig) riechende Flüssigkeit. Derivate des Thiazols dienen als Zwischenprodukte bei der Herstellung von Farbstoffen und als Vulkanisationsbeschleuniger. Ein in der Natur vorkommendes Derivat des Thiazols ist das Thiamin (Vitamin B₁).

Thibaud [ti'bo], Jacques, frz. Violinist, * Bordeaux 27. 9. 1880, † (bei einem Flugzeugunglück) bei Barcelonnette 1. 9. 1953; war v. a. als Interpret W. A. Mozarts sowie frz. Komponisten bekannt; bildete 1905 mit P. Casals und A. Cortot ein Trio und gründete 1943 mit Marguerite Long, an deren Musikinstitut er seit 1940 unterrichtete, den ›Concours international de piano et violon Marguerite Long – J. Thibaud‹.

Jacques Thibaud

Thibaudeau [tibo'do], Jean, frz. Schriftsteller, * La Roche-sur-Yon 7. 3. 1935; war zeitweise Mitgl. der Gruppe ›Tel Quel‹. Sein erster Roman ›Une cérémonie royale‹ (1960; dt. ›Königsparade‹) steht unter dem Einfluss des Nouveau Roman; später, in der Trilogie ›Ouverture‹ (›Ouverture‹, 1966; ›Imaginez la nuit‹, 1968; ›Roman noir ou voilà les morts à notre tour d'en sortir‹, 1974), interessieren ihn die Verbindungen des Unbewusstseins zur realen Welt. Film. Gestaltungsprinzipien zeigt ›L'Amérique. Roman‹ (1979). T. verfasste auch zahlr. Essays über literar., ästhet., soziale und polit. Themen.

Weitere Werke: *Essays:* Mai 1968 en France (1970; dt. Mai 1968 in Frankreich); Artaud, homme du théâtre (1976); Alexandre Dumas (1983). – Souvenirs de guerre. Dialogues de l'aube (1991, Gedichte u. Prosa).

Thibaudet [tibo'dɛ], Albert, frz. Literaturhistoriker und -kritiker, * Tournus (Dép. Saône-et-Loire) 1. 4. 1874, † Genf 16. 4. 1936; ab 1925 Prof. für frz. Lit. in Genf. Als Schüler von H. Bergson übertrug er dessen Erkenntnisse auf die Literaturkritik. Zw. den beiden Weltkriegen war er (als Mitarbeiter der ›Nouvelle Revue Française‹) einer der einflussreichsten Kritiker (Zusammenfassung seiner Beiträge in ›Réflexions sur le roman‹, 1938; ›Réflexions sur la littérature‹, 1938; ›Réflexions sur la critique‹, 1939). Sein Hauptwerk ist ›L'histoire de la littérature française de 1789 à nos jours‹ (1936; dt. ›Gesch. der frz. Literatur von 1789 bis zur Gegenwart‹), die das jeweilige dichter. Werk in seiner Einmaligkeit hervorhebt. Wegbereitend für das Verständnis moderner frz. Lyrik wurde seine Studie ›La poésie de Stéphane Mallarmé‹ (1912). Er verfasste auch zahlr. monograph. Arbeiten (u. a. ›La vie de Maurice Barrès‹, 1921; ›Gustave Flaubert‹, 1922; ›Paul Valéry‹, 1923; ›Stendhal‹, 1931).

Thibault [ti'bo], Jacques-François-Anatole, frz. Schriftsteller, →France, Anatole.

Thibaut, T. IV de Champagne [ti'bo katr də ʃã'paɲ], frz. Dichter, * Troyes 30. 5. 1201, † Pamplona 7. 7. 1253; König von Navarra (seit 1234); einer der bedeutendsten Lyriker des frz. MA. Von den ihm zugeschriebenen Texten stammen rd. 60 von ihm (die Mehrzahl von ihnen sind Liebeslieder); ferner verfasste er Pastorellen und Mariendichtungen.

Thibaut [ti'bo], Anton Friedrich Justus, Jurist, * Hameln 4. 1. 1772, † Heidelberg 28. 3. 1840; wurde 1798 Prof. in Kiel, 1802 in Jena, 1806 in Heidelberg. T. trat für die Schaffung eines einheitl. dt. bürgerl. Gesetzbuches ein; gegen diesen Plan wandte sich F. C. von Savigny mit der Schrift ›Vom Beruf unserer Zeit...‹ (1815) und führte so zu den langen Streit zw. der ›histor.‹ (Savigny) und der ›rechtsphilosoph.‹ (T.) Rechtsschule. T. machte sich auch als Kenner der älteren Musik (G. P. da Palestrina) einen Namen.

Werke: Theorie der log. Auslegung des röm. Rechts (1799); System des Pandektenrechts, 2 Bde. (1803); Über die Notwendigkeit eines allg. bürgerl. Rechts für Dtl. (1814); Über Reinheit der Tonkunst (1825).

Ausgabe: T. u. Savigny. Ihre programmat. Schr., hg. v. H. Hattenauer (Neuausg. 1973).

Þidreks saga af Bern [ð-], altnord. [›Die Geschichte Dietrichs von Bern‹], nach einem ihrer Teile auch **Wilkina saga,** um 1250 vermutlich im norweg. Bergen aufgrund von Erzählungen niederdt. Hansekaufleute entstandene, in altnorweg. Sprache geschriebene Sagenkompilation über Dietrich von Bern. Die in z. T. voneinander abweichenden Bearbeitungen erhaltene Prosafassung bietet im Wesentlichen eine Übersetzung von verlorenen Heldenliedern, Versepen u. Ä., die meist erst hier mit der eigentl. Dietrichtradition in Zusammenhang gebracht wurden und dabei oft im niederdt. Raum angesiedelt sind; so u. a. die Sagen von König Samson, König Osangtrix, Attila, Wieland dem Schmied, von Sigurd und den Burgunden, Walther und Hildegunde, Ermanarich.

Ausgaben: Þidreks saga af Bern, hg. v. G. Jónsson, 2 Bde. (1954); Die Gesch. Thidreks von Bern, übers. v. F. Erichsen (Neuausg. 1967).

D. von Kralik: Die Überlieferung u. Entstehung der T. (1931); H. Schneider: Germanische Heldensage, 3 Tle. (¹⁻²1933–62); R. Wisniewski: Die Darstellung des Niflungenuntergangs in der T. (1961); J. de Vries: Altnord. Literaturgesch., 2 Bde. (²1964–67); H. Reichert: Heldensage u. Rekonstruktion. Unterss. zur T. (Wien 1992).

Thiele, Friedrich Karl Johannes, Chemiker, * Ratibor 13. 5. 1865, † Straßburg 17. 4. 1918; ab 1893 Prof. in München, ab 1902 in Straßburg. T. arbeitete über organ. Verbindungen des Stickstoffs. Untersuchungen über Additionsreaktionen an Verbindungen mit konjugierten Doppelbindungen führten ihn zur Theorie der Partialvalenzen (→Valenztheorie). T. entdeckte das Fulven und arbeitete über Synthesen mit Nitro- und Aminoguanidin.

Thielemann, Christian, Dirigent, *Berlin 1. 4. 1959; studierte u. a. bei HELMUT ROLOFF (*1912) in Berlin und war 1979 Assistent von H. VON KARAJAN; nach Tätigkeiten als Korrepetitor an der Dt. Oper Berlin sowie als Kapellmeister (u. a. in Düsseldorf) wurde er 1988 Generalmusikdirektor der Stadt Nürnberg (bis 1992) und 1997 der Dt. Oper Berlin; trat auch als Gastdirigent an versch. Bühnen Europas und der USA sowie als Pianist (bes. Liedbegleiter) hervor.

Fred Thieler: Ohne Titel; 1956 (Privatbesitz)

Thieler, Fred, Maler, *Königsberg (heute Kaliningrad) 17. 3. 1916; einer der wichtigsten Vertreter der dt. informellen Malerei; studierte 1946-49 an der Münchner Akad., war Mitgl. der Gruppe Zen und arbeitete im Atelier von S. HAYTER in Paris. 1959-81 lehrte er an der Hochschule der Künste in Berlin-Charlottenburg. T. gestaltet seine großformatigen Bilder, indem er unvermischte Farben (v. a. Rot, Blau, Weiß, Schwarz) auf die liegende Leinwand schüttet.
F. T. Arbeiten 1940-1986, bearb. v. B. VOLKMANN u. a., Ausst.-Kat. (1986); F. T. Monographie u. Werkverz. Bilder von 1942-1993, hg. v. A. FIRMENICH u. a. (1995).

Thielicke, Helmut, ev. Theologe, *Barmen (heute zu Wuppertal) 4. 12. 1908, †Hamburg 5. 3. 1986; war 1936 Universitätsdozent in Erlangen, 1936-40 kommissar. Prof. in Heidelberg und nach seiner Absetzung durch das natsoz. Regime (1940) Pfarrer in Ravensburg. 1942-45 leitete T. das Theolog. Amt der Württemberg. Landeskirche. 1945 wurde er Prof. in Tübingen, 1954 Prof. in Hamburg und Prediger an St. Michaelis. Als Prediger, Schriftsteller und Wortführer des konservativen Protestantismus hat T. die ev. Kirche in Dtl. nach 1945 nachhaltig mitgeprägt.
Werke: Gesch. u. Existenz (1935); Theolog. Ethik, 4 Tle. (1951-64); Der ev. Glaube, 3 Bde. (1968-78); Glauben u. Denken in der Neuzeit (1983); Zu Gast auf einem schönen Stern. Erinnerungen (1984); Auf der Suche nach dem verlorenen Wort. Gedanken zur Zukunft des Christentums (1986).
F. LANGSAM: H. T. Konkretion in Theologie u. Predigt (1996).

Thieme, Hans, Zivilrechtslehrer und Rechtshistoriker, *Naunhof 10. 8. 1906; Prof. u. a. in Breslau (ab 1935), Göttingen (ab 1946) und Freiburg im Breisgau (seit 1953); arbeitete v. a. über dt. Rechtsgeschichte.
Werke: Grundzüge der dt. Rechtsgesch. (1934); Die Funktion der Regalien im MA, in: Ztschr. der Savigny-Stiftung für Rechtsgesch., Bd. 62 (1942); Das Naturrecht u. die europ. Privatrechtsgesch. (1947).

Thieme-Becker, Kurz-Bez. für ›Allgemeines Lexikon der bildenden Künstler von der Antike bis zur Gegenwart‹, hg. v. ULRICH THIEME (*1865, †1922) und FELIX BECKER (*1864, †1928), 37 Bde., 1907-50. Das Lexikon behandelt etwa 150 000 bildende Künstler aller Kunstepochen, auch außereurop. Meister. Eine Fortsetzung ist das ›Allgemeine Lexikon der bildenden Künstler des 20. Jh.‹, hg. v. HANS VOLLMER (*1878, †1969), 6 Bde., 1953-62. Eine Neubearbeitung beider Lexika wurde 1969 vom VEB E. A. Seemann Verlag begonnen. U. d. T. ›Allgemeines Künstlerlexikon. Die bildenden Künstler aller Zeiten und Völker‹ erschienen seit 1983 drei Bände. 1991 wurde das Projekt vom K. G. Saur Verlag übernommen.

Thieme Verlag, Georg, Fachverlag für Medizin und Naturwiss.en, gegr. 1886 in Leipzig, seit 1946 Sitz in Stuttgart, 1990 wurde das Stammhaus in Leipzig zurückerworben. Tochterfirmen sind: Thieme & Frohberg, Stuttgart und Berlin (seit 1993), Thieme Medical Publishers, Inc., New York (seit 1979); Hippokrates Verlag, Stuttgart (seit 1980), Thieme Software GmbH (seit 1993) u. a.; seit 1971 ist der **Ferdinand Enke Verlag** (Human- und Veterinärmedizin, Naturwiss.en, Psychologie, Sozialwiss.en) angeschlossen.

Thierack, Otto Georg, Jurist und Politiker, *Wurzen 19. 4. 1889, †(Selbstmord) Sennelager (heute zu Paderborn) 22. 11. 1946; wurde 1921 Staatsanwalt in Leipzig, 1926 in Dresden; ab 1932 Mitgl. der NSDAP und Führer des NS-Rechtswahrerbunds. Ab 1933 sächs. Justiz-Min. und ab 1935 Vize-Präs. des Reichsgerichts in Leipzig; 1936-42 Präs. des Volksgerichtshofs, wurde 1942 Reichs-Min. der Justiz. Von HITLER ermächtigt, sich über jedes Gesetz hinwegzusetzen, um eine ›natsoz. Rechtspflege‹ aufzubauen, bedeutete seine Amtszeit eine weitere Radikalisierung der Strafverfolgung und Entrechtung.

Thierry, T. von Chartres [tjɛˈri, ʃartr], latinisiert **Theodoricus Brito, Theodoricus Carnotensis,** frz. Theologe und Gelehrter, *in der Bretagne um 1100, †Chartres 1151. Ob er tatsächlich in Chartres gelehrt hat, ist nicht gesichert; nach 1136 lehrte er in Paris, 1141 wurde er Kanzler des Bischofs von Chartres. Sein nur teilweise erhaltenes ›Heptateuchon‹ enthält ›Klassiker‹ der sieben Artes liberales (darunter Schriften des ARISTOTELES über Logik), wobei eine Verbindung von mathematisch-naturwiss. und rhetorisch-literar. Ausbildung angestrebt wird. In seinem Kommentar zur Genesis entwickelte er eine zusammenhängende Weltentstehungslehre auf ontolog. und naturphilosoph. Grundlage. Seine platonisch und neupythagoreisch inspirierten Spekulationen über das Eine, die Zahl und die Trinität haben auf NIKOLAUS VON KUES gewirkt. Als einer der Ersten förderte er die arab. Wissensvermittlung im lat. Westen.

Thierry [tjɛˈri], Alexandre, frz. Orgelbauer, *Paris 1646 oder 1647, †ebd. 1. 12. 1699; Mitgl. einer Orgelbauerfamilie, arbeitete v. a. in Paris an Orgelerweiterungen in den wichtigsten Kirchen, u. a. vollendete die von seinem Vater PIERRE T. (*1604, †1665) begonnene Orgel von Saint-Germain-des-Prés (1668; nicht erhalten). Neue Orgeln baute er für Saint-Louis-des-Invalides (1679-87; Gehäuse und einige Pfeifen erhalten) und Saint-Cyr (1687) sowie mehrere Hausorgeln für den Hof in Versailles. Sein Neffe FRANÇOIS T. (*1677, †1749) führte ebenfalls Erweiterungen an Pariser Orgeln aus und baute u. a. die Orgel von Notre-Dame (1730-33; nur das Gehäuse erhalten). - Mit F.-H. CLICQUOT waren die T. maßgeblich an der Ausbildung eines einheitl. Orgeltyps (vier Manuale: Hauptwerk, Positiv, Récit, Echo) beteiligt.

Thiers [tjɛːr], Stadt im Dép. Puy-de-Dôme, Frankreich, 439 m ü. M., am Rand der Limagne, 14 800 Ew. (Thiemois); Museum Fontenille-Mondière (u. a. Sammlung zum Messerschmiedehandwerk; Herstellung von Messern, Scheren, Rasierklingen und chirurg. Instrumenten sowie von Werkzeugen, Waffen-, Fahrrad- und Autozubehör, Elektro- und Kunststoffindustrie. - Das Zentrum liegt hoch über dem engen Tal der Durolle; hier umfangreiche Sanierung der vorherrschenden Fachwerkhäuser aus dem 15.-17. Jh. Die Kirche Saint-Genès (11.-16. Jh.) bewahrt roman. Fresken und Mosaikfragmente. - Aufgrund der Was-

Helmut Thielicke

Thie Thiers–Thimig

Adolphe Thiers

Wolfgang Thierse

Frank Thiess

Helene Thimig

serkraft der Durolle entwickelten sich seit dem 15. Jh. Mühlen- und Papierindustrie sowie das Messerschmiedehandwerk.

Thiers [tjɛːr], Adolphe, frz. Politiker und Historiker, *Marseille 14. 4. 1797, † Saint-Germain-en-Laye 3. 9. 1877; seit 1821 ein Wortführer des Liberalismus, unter LOUIS PHILIPPE 1836 und 1840 Min.-Präs. und Außen-Min. Als gemäßigter Republikaner bekämpfte er das Kaiserreich NAPOLEONS III.; nach dessen Sturz ersuchte er im Herbst 1870 vergeblich die Großmächte um Hilfe gegen Preußen. Seit Februar 1871 Chef der Exekutivgewalt, seit 31. 8. 1871 erster Präs. der Dritten Rep.; warf im Mai 1871 die Pariser →Kommune nieder und führte später die Friedensverhandlungen mit BISMARCK. Am 24. 5. 1873 trat er unter dem Druck der monarchist. Mehrheit in der Nationalversammlung zurück. – Als Historiker trug T. durch seine ›Histoire de la Révolution française‹ (10 Bde., 1823–27; dt. ›Geschichte der frz. Staatsumwälzung‹, 6 Bde.) wesentlich zu einer liberalen Idealisierung der Revolution von 1789 bei, während er durch seine ›Histoire du Consulat et de l'Empire‹ (20 Bde. und Atlas, 1845–62; dt. ›Geschichte des Consulats und des Kaiserreichs‹, 24 Bde. und Atlas) die nat. Napoleonlegende förderte.

J. P. T. BURY u. R. P. TOMBS: T. 1797–1877. A political life (London 1986).

Thiersch, 1) August, Architekt und Archäologe, * Marburg 28. 11. 1843, † Zürich 1. 1. 1917, Bruder von 2); erbaute Wohnhäuser und Kirchen in historisierendem Stil. 1875 wurde er Prof. an der TH in München. Bedeutend sind v. a. seine archäolog. (Rekonstruktion des Erechtheions) und architekturtheoret. Arbeiten.

2) Friedrich Ritter von (seit 1897), Architekt, * Marburg 18. 4. 1852, † München 23. 12. 1921, Bruder von 1); wurde 1879 Prof. an der TH in München. Er schuf Kaufhäuser, Kirchen, Brücken und öffentl. Großbauten in historisierendem Stil (mit Eisenkonstruktion), darunter den Justizpalast in München (1887–97) in neubarocken (die Erweiterung von 1902–05 in neugot.) Formen.

Weitere Werke: Friedrichsbrücke in Mannheim (1887–91, mit W. MANCHOT u. a.; 1945 zerstört); Garnisonskirche in Ludwigsburg (1900–03); Kurhaus in Wiesbaden (1904–07); Festhalle in Frankfurt am Main (1906–21).

W. NERDINGER: F. v. T. 1852–1921 (1977); H. K. MARSCHALL: F. v. T. 1852–1921 (1982).

3) Karl, Chirurg, * München 20. 4. 1822, † Leipzig 28. 4. 1895; wurde 1854 Prof. in Erlangen, 1867 in Leipzig; widmete sich v. a. der plast. Chirurgie (Hauttransplantation) und war auch an der Einführung der Antisepsis in Dtl. beteiligt.

Thierse, Wolfgang, Politiker, *Breslau 22. 10. 1943; Schriftsetzer, Germanist; ab Oktober 1989 Mitgl. des ›Neuen Forums‹, ab Januar 1990 der SPD der DDR (9. 6. bis 26. 9. 1990 deren Vors.); 18. 3. bis 2. 10. 1990 Abg. in der Volkskammer (ab 21. 8. Fraktions-Vors.). T. wurde am 27. 9. 1990 stellv. Bundes-Vors. der SPD, am 3. 10. 1990 MdB sowie am 26. 10. 1998 Präs. des Dt. Bundestags; Mitgl. des ZdK.

Thierstein, Bez. im NO des Kt. Solothurn, Schweiz, 102 km², 13 100 Ew., Hauptort Breitenbach; im Jura (südlich vom Laufenthal) gelegen.

Thiery [tjeˈri], Herman, fläm. Schriftsteller, →Daisne, Johan.

Thiès [tjɛs], Stadt in W-Senegal, 70 km östlich von Dakar, 216 400 Ew.; Verw.-Sitz der Region T.; kath. Bischofssitz; polytechn. Fachhochschule, Inst. für landwirtschaftl. Entwicklung; Zentrum eines dicht besiedelten, agrarisch intensiv genutzten Umlands (Erdnussanbau) mit Nahrungsmittel- und Textilindustrie, Lkw-Montagewerk, Eisenbahnwerkstätten. Im Verkehrsknotenpunkt T. gabelt sich der von Dakar kommende Verkehr nach N und O. In der Nähe Phosphatabbau (Lagerstätten T., Taïba und Pallo). – T. entstand in der 2. Hälfte des 19. Jahrhunderts.

Thiess, Frank, Schriftsteller, *Eluisenstein (bei Ikšķile, nahe Riga) 13. 3. 1890, † Darmstadt 22. 12. 1977; lebte während der natsoz. Zeit v. a. in Wien und Rom; prägte 1933 das Wort von der →inneren Emigration, zu der er sich bekannte, worüber es nach Kriegsende zu einer nachhaltigen Auseinandersetzung mit T. MANN kam. Verfasser gut komponierter, effektvoll geschriebener Romane und Novellen, in deren Mittelpunkt oft Grenzsituationen menschl. Gefühlslebens, erot. Konflikte, Probleme der Jugend, später v. a. histor. und zeitgeschichtl. Themen und Persönlichkeiten (›Caruso‹, 2 Bde., 1942–46; ›Die griech. Kaiser. Die Geburt Europas‹, 1959) stehen. Auch kulturphilosoph. Arbeiten, Essays und Dramen.

Weitere Werke: Romane: Die Verdammten (1923); Das Tor zur Welt (1926); Tsushima (1936); Stürm. Frühling (1937); Das Reich der Dämonen (1941, Neufassung 1968); Der Zauberlehrling (1975). – *Erzählungen* und *Novellen:* Die Gesch. eines unruhigen Sommers u. a. Erz. (1932); Der schwarze Engel (1966). – *Autobiographisches:* Verbrannte Erde (1963); Freiheit bis Mitternacht (1965); Jahre des Unheils (1972).

Thietmar, T. von Merseburg, Dietmar von Merseburg, mittelalterl. Chronist, *25. 7. 975, † 1. 12. 1018; Sohn des Grafen SIEGFRIED VON WALBECK († 991), erzogen in Quedlinburg und Magdeburg; wurde am 20. 4. 1009 von König HEINRICH II. mit dem Bistum Merseburg belehnt. Seine stark aus eigenem Erleben schöpfende Chronik der Liudolfinger (›Chronicon‹, 8 Bücher, begonnen 1012; gedruckt erstmals 1580) über die Zeit von HEINRICH I. bis 1018 ist die bedeutendste Quelle für die Reichsgesch. unter den Kaisern OTTO III. und HEINRICH II., für die ottoton. Markenpolitik sowie für das Verhältnis zw. Deutschen und Slawen im 10./11. Jh. (Originalkodex heute in Dresden, Sächs. Landesbibliothek).

Ausgabe: Chronik, hg. v. W. TRILLMICH (⁶1985).

H. LIPPELT: T. v. M. Reichsbischof u. Chronist (1973).

Thieu, Nguyen Van T. [ŋuiən vain θiəu], vietnames. General und Politiker, →Nguyen Van Thieu.

Thigmotaxis [zu griech. thígma ›Berührung‹ und táxis ›Anordnung‹] *die, -/...xen,* durch Berührung ausgelöste Bewegung frei bewegl. Organismen. – Röhrenbewohner und in Verstecken lauernde Arten suchen allseitige Berührung **(Stereotaxis).** – *Taxien*

Thigmotropismus, der, →Haptotropismus.

Thika, Industriestadt in Kenia, 50 km nordöstlich von Nairobi an der Eisenbahnstrecke nach Nanyuki inmitten eines Sisalanbaugebietes, 50 000 Ew.; Herstellung von Obstkonserven (v. a. Ananas), Textilien und Bekleidung, Kartonpappe, Chemiefasern und Zigaretten sowie Kfz-Montage.

Thimig, österr. Schauspielerfamilie; bedeutende Vertreter:

1) Hans, *Wien 23. 7. 1900, † ebd. 17. 2. 1991, Sohn von 4); subtiler Komiker; 1918–24 am Burgtheater in Wien, später auch Regisseur an versch. Bühnen und beim Film; 1949–66 wieder am Burgtheater, ab 1959 Lehrer am Reinhardt-Seminar.

R. KERN: H. T. u. das Theater (Diss. Wien 1967); Die T.s, bearb. v. E. FUHRICH-LEISLER u. a., Ausst.-Kat. (Salzburg 1977).

2) Helene, *Wien 5. 6. 1889, † ebd. 7. 11. 1974, Tochter von 4); spielte nach Verpflichtungen in Meiningen und am Königl. Schauspielhaus Berlin am Dt. Theater Berlin unter M. REINHARDT (1917–33), mit dem sie verheiratet war; emigrierte 1933 zunächst nach Wien, dann 1938 in die USA (lebte dort bis 1946); 1948–54 und 1960 war sie Prof. an der Wiener Akad. für Musik und darstellende Kunst. Ihr Repertoire war außergewöhnlich vielseitig; ihre Darstellungsweise verband Wiener Tradition mit modernen Darstellungsmitteln reinhardtscher Prägung.

F. SCHWIEFERT: H. T. (1923).

3) Hermann, *Wien 3. 10. 1890, †ebd. 7. 7. 1982, Sohn von 4); Komiker und Charakterdarsteller. 1910–14 in Meiningen, 1916–24 am Dt. Theater Berlin; 1924–32 am Theater in der Josefstadt Wien, 1934–67 am Burgtheater; gestaltete auch Filmrollen.
H. T., hg. v. G. DOUBLIER u. a. (Wien 1972).
4) Hugo, *Dresden 16. 6. 1854, †Wien 24. 9. 1944, Vater von 1), 2) und 3); ab 1874 am Wiener Burgtheater, 1912–17 dessen Direktor; herausragender Charakterkomiker und Repräsentant des Burgtheaterstils.

Thimphu [-'pu], Hauptstadt von Bhutan, 2 600 m ü. M., in einem Hochtal, (1993) 30 300 Ew.; Kunsthandwerk, kleines Kraftwerk. – T. wird überragt von dem Versammlungshaus Tashiohho Dzong; der gewaltige Bau, dessen Turm noch vom ältesten Kloster (17. Jh.) des Landes stammt, beherbergt neben dem Thronsaal auch Regierungsbehörden sowie die Sommerresidenz der Priester. Weiter im Tal der Schrein für den 1972 verstorbenen König JINGME DORJI WANGCHUK. – T. ist seit 1960 Hauptstadt.

Thing, *Rechtsgeschichte:* →Ding.

Thingspiel, Form des natsoz. Freilichttheaters, →Laienspiel.

Thingvallavatn ['θiŋgvadlavahtn], **Þingvallavatn** [θ-], größter See Islands, 30 km östlich von Reykjavík, in der Ebene Thingvellir, 103 m ü. M., 85 km² groß, bis 114 m tief. Die Insel Sandey im südl. Teil des Sees ist ein postglazialer Vulkan. Am Abfluss des Sees (Sog) die Sog-Kraftwerke.

Thingvellir ['θiŋgvɛdlɪr], **Þingvellir** [θ-], lavabedeckte Ebene in Island, nordöstlich von Reykjavík; ein vom Skjaldbreiður in südsüdwestl. Richtung zur Küste hin verlaufender, flacher tekton. Graben mit von NO nach SW ziehenden spaltendurchsetzten Lavafeldern, die bis zu 80 m abgesenkt wurden; von den Verwerfungsspalten der Almannagjá (Allmännerschlucht, 5 km lang) und der Hrafnagjá begrenzt. In dem 4–5 km breiten Graben liegt der Thingvallavatn, an dessen N-Ufer der alte Thingplatz T., auf dem 930–1798 das isländ. Althing tagte; am 17. 6. 1944 wurde hier die Rep. proklamiert. – Im MA. gab es auch ein Bistum Thingvellir.

Thio... [zu griech. theīon ›Schwefel‹], Vorsilbe der chem. Nomenklatur, die in den systemat. Namen von anorgan. und organ. Verbindungen den Ersatz eines Sauerstoffatoms, –O–, durch ein Schwefelatom, –S–, kennzeichnet.

Thio|alkohole, *Chemie:* →Thiole.

Thio|äther, organische Sulfide, formal den →Äthern entsprechende Verbindungen, bei denen das Sauerstoffatom durch ein Schwefelatom ersetzt ist; allgemeine Formel R–S–R (R gleiche oder verschiedene organ. Reste). T. sind meist flüssige, farblose oder gelbe Substanzen mit unangenehmem Geruch, die z. B. durch Umsetzung von Alkylhalogeniden mit Natriumsulfid hergestellt werden.

Thiobarbiturate, →Barbitursäure.

Thiobazillen, Thiobacillus, Bakteriengattung; die aerob lebenden T. sind befähigt, Schwefelverbindungen (Schwefelwasserstoff, Thiosulfat) und elementaren Schwefel zu Schwefelsäure zu oxidieren. Ihr Stoffwechsel ist chemolithoautotroph, d. h., sie gewinnen ihre Energie aus der Oxidation reduzierter anorgan. Verbindungen und den für den Zellaufbau notwendigen Kohlenstoff aus der Assimilation von Kohlendioxid. Einige Formen (z. B. Thiobacillus ferrooxidans) können Eisen(II)-Verbindungen zu Eisen(III)-Verbindungen oxidieren (→Eisenbakterien).

Thiocarbamid, der →Thioharnstoff.

Thiocyan..., früher **Rhodan...,** Wortbildungselement zur Bez. der aus je einem Schwefel-, Kohlenstoff- und Stickstoffatom bestehenden Gruppe SCN; mit **Thiocyanato-** wird in systemat. Namen organ. Verbindungen die Gruppe –SCN sowie bei Koordinationsverbindungen das Ion (SCN)⁻ als Ligand gekennzeichnet.

Thiocyansäure, früher **Rhodanwasserstoffsäure,** sauer reagierende anorgan. Verbindung mit der Formel $H-\bar{S}-C\equiv N|$. Bei Zimmertemperatur ist T. ein farbloses Gas, das sich leicht in Wasser, Alkohol und Äther löst; frei befindet sich T. in tautomerem Gleichgewicht mit der **Isothiocyansäure,** $H-\bar{N}=C=\bar{S}$, das jedoch bei Normalbedingungen fast ausschließlich auf der Seite der T. liegt. Hergestellt werden kann T. entweder aus ihren Salzen oder durch Umsetzung von Blausäure mit Schwefel. – Die Salze und Ester der T., allgemeine Formeln M¹SCN bzw. R–SCN, werden **Thiocyanate** (früher **Rhodanide**) genannt. Hergestellt werden die Salze (z. B. Kaliumthiocyanat) durch Erhitzen der entsprechenden Cyanide (z. B. Kaliumcyanid) mit Schwefel. Bis auf einige Schwermetallsalze sind die Thiocyanate wasserlöslich; in ihrem chem. Verhalten ähneln sie den Chloriden. Mit Eisen(III)-Ionen ergeben die lösl. Thiocyanate eine tiefrote (›blutrote‹) Färbung, die als Nachweisreaktion für T. und Eisen(III)-Verbindungen dient. Thiocyanate werden als Fungizide, Textilhilfsmittel, Fixierzusätze in der Fotografie u. a. verwendet. – Die Salze und Ester der Isothiocyansäure, allgemeine Formeln M¹NCS bzw. R–NCS, werden **Isothiocyanate** genannt. Wichtig sind v. a. die als →Senföle bezeichneten Ester, die sich bei der enzymat. Spaltung schwefelhaltiger Glykoside (Glucosinolate) bilden.

Thioglykolsäure, Mercapto|essigsäure, flüssige, farblose, unangenehm riechende chem. Verbindung, die durch Umsetzung von Kaliumhydrogensulfid und Chloressigsäure gewonnen wird. Verwendung finden die T. und ihre Salze (**Thioglykolate**) bei der Synthese schwefelhaltiger Farbstoffe und – wegen der keratinerweichenden Wirkung – bei der Herstellung von Dauerwellpräparaten, kosmet. Enthaarungsmitteln und Präparaten für die Permanentverformung von Wollwaren.

Thioharnstoff, Thiocarbamid, veraltet **Sulfoharnstoff** und **Sulfocarbamid,** vom →Harnstoff durch Ersatz des Sauerstoffatoms durch ein Schwefelatom abgeleitete Verbindung, die in einem tautomeren Gleichgewicht mit **Isothioharnstoff** steht. T. ist eine farblose, kristalline, wasserlösl. Substanz, die durch Umsetzen von Cyanamid mit Schwefelwasserstoff gewonnen wird. Verwendung findet T. u. a. bei der Herstellung von Aminoplasten, als Zusatz zu Reinigungs- und Poliermitteln sowie zu Silberputzmitteln; T.-Derivate dienen u. a. als Antioxidantien, Vulkanisationsbeschleuniger und Pharmazeutika. – T. gehört zu den Stoffen, bei denen ein begründeter Verdacht auf ein Krebs erzeugendes Potenzial besteht.

Thio|indigo, Schwefel|indigo, roter Küpenfarbstoff, der sich vom →Indigo durch Schwefelatome anstelle der Iminogruppen unterscheidet; Stammkörper mehrerer Küpenfarbstoffe (**T.-Farbstoffe**). – T. wurde durch PAUL FRIEDLÄNDER (*1857, †1923) als erster Küpenfarbstoff synthetisiert.

Thiolan *das,* -s, **Tetrahydrothiophen,** farblose, giftige, durch Hydrieren von Thiophen gewonnene flüssige Substanz, die als Lösungsmittel und als Zwischenprodukt bei organ. Synthesen verwendet wird. Wegen des unangenehmen Geruchs wird T. auch bes. als Odoriermittel (v. a. für Erdgas) benutzt.

Thiole, organ. Verbindungen mit der funktionellen Gruppe –SH, die der Gruppe –OH bei Alkoholen und Phenolen entspricht (**Thioalkohole** bzw. **Thiophenole;** formal die Halbester des Schwefelwasserstoffs, →Sulfide); sie haben die allgemeine Formel R–SH (R = aliphat. oder aromat., auch heterozykl. Rest). T. sind meist sehr unangenehm riechende Gase, Flüssigkeiten oder Feststoffe; sie zeigen schwach saure Reaktion und bilden Salze, die **Thiolate.** Verwendet werden

Hugo Thimig

HS–CH₂–COOH
Thioglykolsäure

$$\begin{array}{c} NH_2 \\ | \\ C=S \\ | \\ NH_2 \end{array}$$
Thioharnstoff

$$\begin{array}{c} NH_2 \\ | \\ C-SH \\ \| \\ NH \end{array}$$
Isothioharnstoff

Thioharnstoff

H₂C–CH₂
H₂C   CH₂
   \\S/
Thiolan

CH₃–SH
Methanthiol
(Methylmercaptan)

HS–(CH₂)₃–SH
Propandithiol

Thiole

T. z. B. zur Herstellung von Pflanzenschutzmitteln; heterozykl. T. haben v. a. als Vulkanisationsbeschleuniger Bedeutung. – Da T. mit Quecksilber Verbindungen bilden, wurden sie früher **Mercaptane** (von mlat. mercurium captans ›Quecksilber ergreifend‹), ihre Salze **Mercaptide** genannt.

Thionville [tjɔ̃'vil], dt. **Diedenhofen,** Stadt im Dép. Moselle, Frankreich, in N-Lothringen, an der Mosel, 39 700 Ew. Auf dem Eisenerzbergbau westlich von T. (Becken von Longwy–Pont-à-Mousson) basiert die Schwerindustrie (Verhüttung, Stahl- und Walzwerke, Kokereien), die stark an Bedeutung verloren hat (→Lothringen); ferner chem., Kfz-, Elektroindustrie und Brauereien; Verkehrsknotenpunkt, Flusshafen. – Die klassizist. Kirche Saint-Maximin wurde 1755–60 errichtet. Der ›Tour aux Puces‹ ist ein mächtiger, polygonaler Wohnturm (12. und 13. Jh.; heute Museum). Am Markt Altes Rathaus mit Belfried (14. und 17. Jh.) und Barockhäuser mit Laubengängen (16./17. Jh.). – Das seit dem 8. Jh. belegte T. war eine bevorzugte Residenz der Karolinger und Sitz der von Kaiser LUDWIG I., DEM FROMMEN, einberufenen Synode (835); fiel 870 an König LUDWIG (II.), DEN DEUTSCHEN, im 11. Jh. an die Grafen von Luxemburg, die seine Tuch- und Lederindustrie durch Verleihung von Stadtrechten (1239) förderten. 1445 kam T. an das Herzogtum Burgund, danach an das Haus Habsburg; 1659 wurde es frz.; im 18./19. Jh. war eine bedeutende, von S. DE VAUBAN erbaute Festung; gehörte 1871–1919 zum Dt. Reich.

Thionyl..., Bez. der chem. Nomenklatur, kennzeichnend für die Gruppe — SO — in anorgan. Verbindungen.

Thionylchlorid, →Schwefelverbindungen.

Thiophen *das, -s,* heterozyklische chem. Verbindung, die im fünfgliedrigen Ring ein Schwefelatom enthält. T. ist eine farblose, benzolähnlich riechende Flüssigkeit, die aus Schieferöl, Braun- und Steinkohlenteer zus. mit dem Benzol isoliert werden kann. Synthetisch wird T. durch Reaktion von Butan, Buten oder Butadien mit Schwefel (oder Schwefelwasserstoff, Schwefeldioxid, Schwefelkohlenstoff) hergestellt; es wird als Lösungsmittel verwendet und ist Zwischenprodukt bei der Herstellung u. a. von Farbstoffen, Arzneimitteln und Pflanzenschutzmitteln.

Thioschwefelsäure, →Schwefelverbindungen.

Thiospirillum [zu griech. theîon ›Schwefel‹ und lat. spira ›gewundene Linie‹], zu den →Schwefelpurpurbakterien gehörende Bakteriengattung. **T. jenense** ist ein sehr großes (3,5 μm dick, 50 μm lang) phototrophes Bakterium.

Thiosulfate, →Schwefelverbindungen.

Thira ['θira], griech. Insel, →Thera.

Third Stream [θəːd striːm; engl. ›dritte Strömung‹], von G. A. SCHULLER in den 1950er-Jahren geprägte Bez. für eine Musik, in der Elemente der improvisator. Jazztradition und der komponierten europ. Musik vereint werden sollen. Herausragender Vertreter des T. S. neben SCHULLER war das Modern Jazz Quartet unter seinem Leiter J. A. LEWIS.

Thirring, 1) Hans, österr. Physiker, * Wien 23. 3. 1888, † ebd. 22. 3. 1976, Vater von 2); 1921–58 Prof. in Wien. T. leistete Beiträge zur theoret. Physik, insbesondere zur allgemeinen Relativitätstheorie und zur Festkörperphysik. Er war ein Gegner des Nationalsozialismus. Nach dem Zweiten Weltkrieg setzte er sich bes. für die friedl. Nutzung der Kernenergie und für die Beendigung des Rüstungswettlaufs ein.

Werke: Die Idee der Relativitätstheorie (1921); Gesch. der Atombombe (1946); Homo sapiens, 2 Bde. (1947–49); Atomkrieg u. Weltpolitik (1948); Power production (1956); Kernenergie gestern, heute u. morgen (1963, mit H. GRÜMM).

2) Walter, österr. Physiker, * Wien 29. 4. 1927, Sohn von 1); 1958 Prof. in Bern, ab 1959 in Wien; Arbeiten zur Quantenelektrodynamik, relativist. Quantenfeldtheorie, Elementarteilchenphysik, Gravitation, statist. Mechanik und Festkörperphysik. 1977 wurde T. mit der Max-Planck-Medaille ausgezeichnet.

Werke: Einf. in die Quantenelektrodynamik (1955); Elementary quantum field theory (1962, mit E. M. HENLEY; dt. Elementare Quantenfeldtheorie).

Thiruvananthapuram, früher **Trivandrum** [trɪ-'vændrəm], Hauptstadt des Bundesstaates Kerala, im S Indiens, an der Malabarküste, 523 700 Ew.; Sitz eines Bischofs der syro-malankares. Katholiken; Univ. (gegr. 1937), medizin. Hochschule, Kunstgalerie, Museum, zoolog. Garten; Zucker-, Textilindustrie. – Im Zentrum der quadratisch angelegten, ummallten Altstadt die Festungsanlage (18. Jh.) mit dem Vishnu-Tempel Padmanabhaswamy (16. Jh.) mit siebenstöckigem Gopura. – T. wurde im 18. Jh. als Hauptstadt des ind. Fürstenstaates Travancore gegründet; seit 1956 Hauptstadt Keralas.

Thisbe, Geliebte des Pyramus (→Pyramus und Thisbe).

Thisted ['tisdɛð], Stadt in Jütland, Dänemark, auf der Halbinsel Thy, an einer Bucht des Limfjords, Amt Viborg, 29 600 Ew.; Bibliothek, Museum; Maschinenbau, Möbel-, Aluminium-, Nahrungsmittel- u. a. Industrie, Werft; Hafen, Flugplatz. – Das 1367 erstmals belegte T. erhielt das 1524 bezeugte Stadtrecht in späteren Jahren bestätigt.

Thiva ['θiva], griech. Stadt, →Theben.

Thixotropie [zu griech. thíxis ›Berührung‹ und tropḗ ›(Hin)wendung‹] *die, -,* die Eigenschaft bestimmter Zweistoffsysteme (Gele), durch mechan. Beanspruchung (Rühren, Schütteln, Einwirkung von Ultraschall) bei unverändertem Wassergehalt vom festen in den flüssigen Zustand überzugehen. In Ruhe verfestigt sich die Substanz wieder. Im Bauwesen wird die T. genutzt zur Herstellung thixotrop eingestellter Anstrichmittel (zur Verhinderung von Nasen- und Tropfenbildung), für thixotrope Stoffe als Schmiermittel bei Senkkästen und Schildvortrieb und thixotrope Suspensionen als Stützflüssigkeit bei der →Schlitzwandbauweise. In der Tiefbohrtechnik sind thixotrope Stoffe wesentl. Bestandteile der →Bohrspülmittel. Durch T. erklärt sich auch das Verhalten von →Quicktonen und →Suspensionsströmen.

Thjodolf [θ-], **Thjódólfr ór Hvíni** [θ-], norweg. Skalde des 9. Jh., Dichter u. a. am Hofe des norweg. Königs HARALD I. SCHÖNHAAR. Seine Standwerke sind das mytholog. Schildgedicht ›Haustlöng‹ über den Raub der Idun durch den Riesen Thjazi und den Kampf Thors gegen den Riesen Hrungnir sowie das ›Ynglingatal‹, eine auf den Gott Yngvi-Freyr zurückgehende Ahnenreihe der schwed. Ynglingerkönige. Das ›Ynglingatal‹ verzeichnet die Namen der Ynglingerkönige, Todesart und Bestattungsort.

Thjórsá ['θjoʊrsau] *die,* mit 230 km die längste Fluss Islands, entspringt östlich des Hofsjökull und mündet an der SW-Küste; in der T.-Schleife am Búrfell steht ein Kraftwerk, das von einem Stausee (245 m ü. M.) durch einen Tunnel (225 m³/s) versorgt wird.

Thlaspi [griech.], nicht die Pflanzengattung Hellerkraut.

Thoas, griech. **Thóas,** *griech. Mythos:* 1) König von Lemnos, Vater der →Hypsipyle; 2) im Iphigenie-Mythos König der Taurier.

Thoby-Marcelin [toʻbi marsˈlɛ̃], Philippe, haitian. Schriftsteller, →Marcelin.

Thohoyandou [-ˈjandu], Stadt im N der Nord-Prov., Rep. Südafrika, etwa 10 500 Ew.; Univ., Museum. – T. war 1979–94 Hauptstadt des ehem. Homelands Venda.

Thoiry [twaˈri], Gem. im Dép. Ain, Frankreich, westlich von Genf, 3 000 Ew. – Beim **Treffen von T.** zw. dem frz. Außen-Min. A. BRIAND und G. STRESEMANN im September 1926 verständigten sich diese auf einen

Thököly – Thoma **Thom**

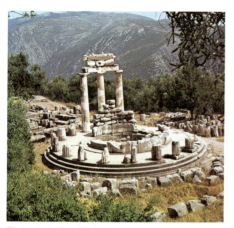

Tholos im heiligen Bezirk der Athena Pronaia in Delphi; 4. Jh.

Tholos: Grundriss

vorzeitigen Abzug der frz. Truppen aus dem Rheinland gegen vorgezogene dt. Reparationszahlungen an Frankreich. Das Vorhaben scheiterte jedoch an v. a. frz. und amerikan. Widerständen.

Thököly [ˈtøkøj], Imre Graf, ungar. Freiheitskämpfer, →Tököly, Imre Graf.

Tholeiit, Tholeyit *Petrologie:* intermediäres subvulkan. Gestein, das aufgrund seiner mineral. Zusammensetzung und seines relativ hohen Gehalts an Siliciumdioxid zu den Andesiten oder Dioriten gestellt wird. Auch olivinfreie →Basalte werden als tholeiitisch bezeichnet.

Tholen [ˈtoːlə], Insel in der Prov. Seeland, Niederlande, grenzt im S an die Oosterschelde, im O an den Schelde-Rhein-Kanal, 123 km², 22 600 Ew.; von Poldern eingenommen; Acker- und Gemüsebau. – Der Hauptort T. an der O-Küste hat eine gut erhaltene regelmäßige Befestigung mit sieben Bastionen. Onze-Lieve-Vrouwekerke (15. Jh.) ist eine dreischiffige Basilika, Chor um 1520. Rathaus (nach 1452) sowie einige Häuser mit Treppengiebel.

Tholey [ˈtoːlaɪ], Gem. im Landkreis Sankt Wendel, Saarland, am Fuß des Schaumbergs, 13 400 Ew. – Die ehem. Kloster- und heutige Pfarrkirche St. Mauritius wurde im 13. Jh. über einem Vorgängerbau mit z. T. röm. Mauerwerk errichtet; der wuchtige W-Turm trägt einen stattl. Haubenhelm mit vier kleinen Ecktürmchen. Im Bereich der Kirche befand sich eine röm. Badeanlage, die durch Grabungen u. a. 1957–59 untersucht wurde. – Die Benediktinerabtei wurde im 7. Jh. gegründet, 1794 aufgehoben und 1949 neu gegründet.

Tholeyit [nach der Gem. Tholey] der →Tholeiit.

Thololyse [zu griech. tholós ›Schlamm‹, ›Schmutz‹ und lýsis ›(Auf)lösung‹] *die, -/-n,* Bez. für die Verwitterung am Boden von Binnengewässern.

Tholos [griech.] *die,* auch *der, -/...loi* und *...len,* in der griech. Antike der Rundbau, meist eine flach überdachte Ringhalle. Die T. in Delphi besaß außen 20 dor., innen 10 korinth. Säulen sowie ein Zeltdach, sie wurde von THEODOROS VON PHOKEIA im hl. Bezirk der Athena Pronaia wohl als Heroon für Phylakos erbaut. Die T. in Epidauros hatte außen 26 dor., innen 14 korinth. Säulen; sie wurde vermutlich von POLYKLET D. J. als Heroon des Asklepios errichtet. Hellenist. Beispiele sind das von PHILIPP II. von Makedonien begonnene Philippeion in Olympia und das Arsinoeion auf Samothrake. Die Römer übernahmen Elemente der T., indem sie ihre Rundbauten, die auf die runde Wohnhütte zurückgehen (z. B. der Vestatempel auf dem Forum Romanum in Rom), um einen Säulengang erweiterten und bei einigen zudem den traditionellen röm. Podiumsunterbau durch einen griech. Stufenbau ersetzten. Die ägyptisierende hellenistisch-röm. Form der T. heißt fachsprachlich Monopteros.

Tholosgrab, über rundem Grundriss frei auf dem Boden errichtetes Grab aus Steinen, entweder mit Steingewölbe oder mit flacher Holzdecke gedeckt; Vorkommen seit dem Ende des 3. Jt. v. Chr. als Sippengruft mit vielen Beigaben auf Kreta (Messara), kleine Beispiele auf den Kykladen (Syros). Ein T. von 16 m Durchmesser (bisher bekannte T. höchstens 13 m Durchmesser) wurde 1982 auf der Peloponnes (bei Pellana, Lakonien) entdeckt (16. Jh. v. Chr.). Das T. ist die Vorform des myken. →Kuppelgrabes.

Tholuck, Friedrich August Gottreu, ev. Theologe, * Breslau 30. 3. 1799, † Halle/Saale 10. 6. 1877; war ab 1823 Prof. in Berlin, ab 1826 in Halle/Saale. Theologisch den →Supranaturalismus vertretend, wandte sich T. gegen Aufklärung und spekulativen Idealismus ebenso wie gegen einen engen Konfessionalismus. Zentrum seiner Theologie bildete die Lehre vom Sündenfall und der Erbsünde. T. war einer der einflussreichsten Erweckungstheologen des 19. Jh. und verstand sich als theolog. Lehrer ganz bewusst auch als Seelsorger seiner Studenten (u. a. M. KÄHLER).

Werke: Stunden christl. Andacht (1840); Das kirchl. Leben des 17. Jh., 2 Bde. (1861/62); Gesch. des Rationalismus, Bd. 1 (1865, mehr nicht erschienen).

Ausgabe: Werke, 11 Bde. (1862–73).

Thom [tɔm], René Frédéric, frz. Mathematiker, * Montbéliard 2. 9. 1923; 1957–63 Prof. an der Univ. Straßburg, seitdem am Inst. des Hautes Études Scientifiques in Bures-sur-Yvette (Dép. Essonne). T. leistete bedeutende Beiträge zur algebraischen Topologie, Differenzialtopologie und bes. zur Singularitätentheorie, die er im Rahmen der Katastrophentheorie zur Erklärung sprunghaft auftretender Phänomene einsetzte. T. erhielt 1958 die Fields-Medaille.

Werk: Stabilité structurelle et morphogenèse (1972).

Hans Thoma: Schwarzwaldlandschaft; 1867 (Bremen, Kunsthalle)

Thoma, 1) Hans, Maler, * Bernau (Landkreis Waldshut) 2. 10. 1839, † Karlsruhe 7. 11. 1924; Schüler von J. SCHIRMER, lernte in Paris die Werke G. COURBETS und der Schule von Barbizon kennen. Ab 1870 lebte er in München (W. LEIBL und seinem Kreis nahe stehend), ab 1877 in Frankfurt am Main, 1899–1919 in Karlsruhe (Direktor der Kunsthalle und Prof. an der

Thom Thomae – Thomas

Akad.). T. malte realist. Porträts seiner Familie, bäuerl. Figurenbilder und stimmungsvolle Landschaften, bes. aus dem Schwarzwald und vom Oberrhein. Seine mytholog., allegor. und religiösen Bilder nach dem Vorbild von A. BÖCKLIN sind wenig überzeugend. Unter der graf. Arbeiten sind die Lithographien hervorzuheben. (Weiteres BILD →Exlibris).

Werke: Mutter und Schwester des Künstlers in der Bibel lesend (1866; Karlsruhe, Staatl. Kunsthalle); Der Rhein bei Säckingen (1873; Berlin, Nationalgalerie); Taunuslandschaft (1881 und 1890; München, Neue Pinakothek); Selbstbildnis mit Frau (1887; Hamburg, Kunsthalle); Der Bach im Tal (1906; Mainz, Landesmuseum).

U. KRENZLIN: T. (Dresden 1981); C. VON HELMOLT: H. T. Spiegelbilder (1989); J. A. BERINGER: H. T. Radierungen (²1991); H. T. (1839–1924), bearb. v. E.-M. FROITZHEIM (1993); J. LAUTS: H. T. (Neuausg. 1995).

Ludwig Thoma

2) **Ludwig**, Schriftsteller, *Oberammergau 21. 1. 1867, †Rottach (heute zu Rottach-Egern) 26. 8. 1921; Sohn eines Forstbeamten; seine Schulzeit in Landstuhl, Neuburg, Burghausen, München und Landshut fand ihren literar. Niederschlag in den ›Lausbubengeschichten‹ (1905) und ›Tante Frieda. Neue Lausbubengeschichten‹ (1907). T. studierte für kurze Zeit Forstwiss., dann Jura und war 1894–99 Rechtsanwalt, zunächst in Dachau, dann in München. Hier war er Redakteur des ›Simplicissimus‹, später freier Schriftsteller. In scharfen, mit dem Pseudonym **Peter Schlemihl** gezeichneten satir. Gedichten, auch in krit. Artikeln in der Zeitschrift ›März‹, die er ab 1907 mit H. HESSE herausgab, wandte er sich gegen Scheinmoral, spießbürgerl. Engherzigkeit, wilhelmin. Preußentum und klerikale bayer. Politik. Diese Positionen kennzeichnen auch sein dramat. Schaffen dieser Zeit (›Magdalena‹, 1912). Eine scharfe polit. Wende vollzog T. im Jahre 1914, markiert durch seine freiwillige Meldung zum Militärdienst und den Übertritt in das national-konservative Lager. Am deutlichsten zeigte sich dies in seiner (anonym erschienenen) publizist. Arbeit für den ›Miesbacher Anzeiger‹ 1920/21. Die von T. hier v. a. gegen die demokrat. Kräfte der Weimarer Republik vorgetragenen derben und z. T. offen antisemit. Angriffe offenbaren eine lange Zeit in der allgemeinen Rezeption verdrängte Facette in T.s Leben und Werk. – Bekannt sind dagegen v. a. seine einfallsreichen, humorvollen oder satir. Erzählungen aus dem oberbayer. Bauern- und Kleinstädtertum, die oft starke Wirkungen aus dem Widerstreit zw. der Komik des Dargestellten und einem sachlich lapidaren Stil ziehen, und die dem Naturalismus verpflichteten Bauernromane, die nach unsentimentaler Schilderung bäuerl. Lebens streben. Sehr erfolgreich war T. als Bühnenschriftsteller mit seinen auch in Dialekt gestalterisch einsetzenden Komödien.

Weitere Werke: *Romane:* Andreas Vöst (1906); Der Wittiber (1911); Altaich (1918); Der Ruepp (hg. 1922); Münchnerinnen (hg. 1923). – *Erzählungen und sonstige Prosa:* Agricola (1897); Kleinstadtgeschichten (1908); Briefwechsel eines bayr. Landtagsabgeordneten, Tl. 1 (1909), Tl. 2: Jozef Filsers Briefwexel (1912); Der Münchner im Himmel (1911); Hl. Nacht (1917); Erinnerungen (1919). – *Dramen:* Die Medaille (1901); Die Lokalbahn (1902); Moral (1909); Lottchens Geburtstag (1911).

Ausgaben: Ein Leben in Briefen, hg. v. A. KELLER (1963); Theater. Sämtl. Bühnenstücke (1964); Eine bayer. Freundschaft in Briefen. L. T. Ignatius Taschner, hg. v. R. LEMP (Neuausg. 1973); Ges. Werke, hg. v. A. KNAUS, 6 Bde. (Neuausg. ²1974); Sämtl. Beitrr. aus dem ›Miesbacher Anzeiger‹ 1920/21, hg. v. W. VOLKERT (²1990).

B. F. STEINBRUCKNER: L. T. (Boston, Mass., 1978); H. AHRENS: L. T. (1983); G. M. RÖSCH: L. T. als Journalist (1989); O. GRITSCHNEDER: Angeklagter L. T. Mosaiksteine zu einer Biogr. aus unveröffentl. Akten (²1992); E. NIETSCH: Frau u. Gesellschaft im Werk L. T's (a.d.Frz., 1995).

Thomae, Hans, Psychologe, *Winkl (heute zu Lenggries) 31. 7. 1915; studierte Psychologie, Philosophie und Gesch. in Berlin und Bonn (u. a. bei E. ROTHACKER); 1953–59 Prof. für Psychologie in Erlangen, 1960–83 in Bonn. Themenschwerpunkte bilden Motivation, Bewusstsein und Persönlichkeit. T. ist Initiator und Mitarbeiter großer entwicklungspsycholog. Studien (Längsschnittuntersuchung ›Dt. Nachkriegskinder‹, 1952–68, Sammlung und Auswertung autobiograph. Materials über das jüngere und mittlere Erwachsenenalter; Bonner Gerontolog. Längsschnittstudie, seit 1965).

Werk: Das Individuum u. seine Welt (1968).

Thoman, Thomann, Johann Valentin Anton, Architekt, getauft Mainz 30. 10. 1695, † ebd. 29. 12. 1777; bedeutender Vertreter des rheinisch-fränk. Barock, Schüler von M. VON WELSCH. Er entwarf Stadthäuser wie das Kesselstattsche Palais in Trier (1740–45, nach Kriegszerstörung 1944 Fassade wiederhergestellt) und den Osteiner Hof in Mainz (1747–52; 1942 ausgebrannt, wiederhergestellt), ferner Kirchen (St. Peter in Mainz, 1752–56, nach Kriegszerstörung 1959/60 wieder errichtet).

J. SPENGLER: Der Kurmainzer Architekt J. V. A. T. 1695–1777 (1987).

Thomanerchor, aus Schülern der Thomasschule in Leipzig gebildeter Knabenchor. Die Gesch. der Thomasschule reicht wohl bis 1212 zurück. Berühmtester Thomaskantor war J. S. BACH (1723–50). Seit 1992 wird der Chor von GEORG CHRISTOPH BILLER (* 1955) geleitet. Frühere Thomaskantoren waren u. a.: G. RHAU (1518–20), J. H. SCHEIN (1616–30), J. KUHNAU (1701–22), J. A. HILLER (1789–1804), K. STRAUBE (1918–39), G. RAMIN (1940–56), K. THOMAS (1957–60), E. MAUERSBERGER (1961–72), HANS-JOACHIM ROTZSCH (* 1929; 1972–91).

Thomas, *N. T.:* ein Jünger JESU, einer der zwölf Apostel (Mk. 3, 18). Er wird in allen Evangelien genannt, aber nur im Johannesevangelium findet sich eine Ausgestaltung seiner Person (z. B. Joh. 11, 16; 14, 5; 21, 2). In Joh. 20, 24 ff. erscheint T. als Typus des Zweiflers an der Osterbotschaft (›ungläubiger T.‹). – Nach der Legende – im Anschluss an Joh. 11, 16, wo er als ›T., gen. Didymus (Zwilling)‹, bezeichnet wird – ist T. ein Zwillingsbruder JESU und wird z. T. mit JUDAS, dem Bruder des Herrenbruders JAKOBUS, gleichgesetzt, daher auch ›Judas T.‹ gen. Frühchristl. Quellen berichten von T.'s Mission in Persien und Indien (→Thomaschristen). Ein Martyrium des T. wird zuerst in den T.-Akten bezeugt; seine Gebeine seien nach Edessa gebracht worden. – Heiliger (Tag: in der lat. Kirche 3. 7., bis 1969: 21. 12.; in den Ostkirchen z. T. 6. 10.). Mit dem (ursprüngl.) T.-Tag (21. 12.) und der T.-Nacht verbinden sich im Volksglauben bes. des

Thomanerchor unter Leitung des Thomaskantors Georg Christoph Biller

süddt. und österr. Raumes vorchristl. Bräuche (besonderes Gebäck, Schreckgestalten, Orakelbefragung).

Die Verbindung des T. mit dem syr. Raum spiegelt sich auch in versch. apokryphen Schriften wider, die ihm zugeschrieben werden: Die in syr. Übersetzung erhaltenen, urspr. in griech. Sprache verfassten **T.-Akten** (3. Jh.) sind eine romanhafte Erzählung (Wunder, Aposteltaten, Wirken in Indien) mit symbolisch-typolog. Bedeutung. T. wird darin als Zwilling JESU beschrieben. Ein poet. Höhepunkt des gnostisch geprägten Werkes, das sowohl von Manichäern als auch in modifizierter Form von Christen gelesen wurde, ist das ›Perlenlied‹. Die **T.-Apokalypse** (vor dem 5. Jh.) enthält die vorgebl. Offenbarung von Begebenheiten des Jüngsten Tages im Sieben-Tage-Schema an T. Das **koptische T.-Evangelium** (um 400) ist ein in der ägypt. Nag-Hammadi-Bibliothek wieder entdecktes apokryphes Evangelium, das gegenüber der urspr. griech. Vorlage aus Syrien (Mitte 2. Jh., vielleicht mit älterem Material; Fragmente in den Oxyrhynchos-Papyri, 653/654) jedoch gnostisch bearbeitet wurde. Es ist eine reine Sammlung von Logien JESU, deren Quellen noch umstritten sind. Parallelen zu den Synoptikern sind vorhanden, lassen aber keine direkte Abhängigkeit erkennen; ein großer Teil erweist sich als unbekannte Jesusworte und Agrapha. Das **(Kindheits-)Evangelium des T.** (ebenfalls als **T.-Evangelium** bezeichnet) enthält wohl Ende des 2. Jh. urspr. griechisch abgefasste wundersame Geschichten über den fünf- bis zwölfjährigen JESUS; die Erzählungen sind in heidenchristl. Kreisen entstanden und haben die Volksfrömmigkeit stark beeinflusst. Das **Buch des T.** (vor Mitte 4. Jh.) ist ein in der Nag-Hammadi-Bibliothek gefundenes kopt., sonst unbekanntes, urspr. wohl griechisch verfasstes Werk, vermutlich eine Überarbeitung einer älteren jüd. Weisheitsschrift mit einem Dialog zw. T. und JESUS über die Erlösung.

In der *bildenden Kunst* erscheint T. zunächst jugendlich, ohne Bart, seit dem 13. Jh. häufiger mit Bart (frz. Kathedralplastik). Die Szene des ›ungläubigen T.‹ findet sich seit dem 8. Jh., z. B. im 14. Jh. auf Gemälden von GIOVANNI DA MILANO, später bei A. DEL VERROCCHIO, beim MEISTER DES BARTHOLOMÄUSALTARS, bei P. P. RUBENS, H. TERBRUGGHEN, M. PRETI, S. LEGA, J. OVERBECK, E. NOLDE u. a. Wie alle Apostel hat T. als Attribute Buch und Schriftrolle, als Hinweis auf sein Martyrium Lanze und Schwert, auf seinen legendären Beruf als Baumeister das Winkelmaß. (BILDER →Apostel, →Ikone)

W. SCHRAGE: Das Verhältnis des T.-Evangeliums zu synopt. Tradition u. zu den kopt. Evangelienübers. (1964) / A. F. J. KLIJN: Edessa, die Stadt des Apostels T. (a. d. Niederländ., 1965); Das Evangelium nach T., hg. v. J. LEIPOLDT (1967) / Die lat. T. Akten, hg. v. K. ZELZER (Berlin-Ost 1977) / M. FIEGER: T.-Evangelium (1991) / Neutestamentl. Apokryphen in dt. Übers., hg. v. W. SCHNEEMELCHER, Bd. 2 (⁶1997).

Thomas, T. d'Angleterre [tɔ'ma dãglə'tɛːr], **Thomas of Britain** ['tɔməs əv 'brɪtn], anglonormann. Dichter der 2. Hälfte des 12. Jh.; lebte wahrscheinlich am engl. Hof und verfasste einen Tristanroman in anglonormann. Sprache, von dem neun (insgesamt 3 150 Verse umfassende) Fragmente erhalten sind. 1995 wurde in Carlisle ein weiteres Fragment von 154 Zeilen Länge aufgefunden, das entscheidende Episoden zur Liebestrankszene enthält. Im Unterschied zu volkstüml. Bearbeitungen behandelte T. den Stoff erstmals im höf. Sinn. GOTTFRIED VON STRASSBURG benutzte in ›Tristan und Isold‹ die Tristanfassung des T. als Hauptquelle.

Ausgabe: Tristan et Yseut, übers. v. A. BERTHELOT u. a. (1994).

Thomas, T. Ebendorfer, mittellat. Historiograph und Theologe, * Haselbach (NÖ) 10. 8. 1388, † Wien 12. 1. 1464; lehrte an der Univ. Wien in der Artisten- und ab 1428 in der theolog. Fakultät (bis 1460), war als Vertreter der Univ. beim Basler Konzil (1432–35) an den Verhandlungen mit den Hussiten beteiligt. FRIEDRICH III. diente er als Ratgeber und Diplomat, bereitete 1451/52 dessen Romzug und Kaiserkrönung vor, verlor aber an Einfluss und zog sich an die Univ. bzw. in die ihm 1435 als Wiener Domherrn anvertraute Pfarrei Perchtoldsdorf zurück. Von seinen rd. 200 Schriften besitzen die Predigtsammlungen (z. B. über die Paulusbriefe, gedruckt Straßburg 1478) und der umfängl. Vorlesungskommentar zu den Weissagungen JESAJAS (1428–60) kulturhistor. Wert; wichtiger durch ihre Augenzeugenschaft sind seine Tagebuchaufzeichnungen über die Verhandlungen mit den Hussiten (›Diarium‹, 1433–36) sowie die für FRIEDRICH III. verfassten, später aktualisierten Chroniken der röm. Kaiser, der Päpste und Österreichs (›Chronica Austriae‹, 1451–63).

Thomas von Aquino (Darstellung auf einer Altartafel von Carlo Crivelli; 1476; London, National Gallery)

Thomas, T. von Aquino, T. von Aquin, T. Aquinas, der bedeutendste Theologe und Philosoph des MA. (Ehrentitel ›Doctor communis‹ und ›Doctor angelicus‹), * Burg Roccasecca (bei Aquino) 1224 oder 1225, † Fossanova 7. 3. 1274. Aus neapolitan. Adel stammend und als Benediktineroblate im Kloster Monte Cassino, später an der Univ. Neapel erzogen, trat T. 1244 gegen den Widerstand seiner Familie in den Dominikanerorden ein. In Köln war er Schüler von ALBERTUS MAGNUS (1248–52); danach lehrte er bis 1259 in Paris, 1261–65 in Orvieto, 1267/68 in Viterbo und Rom. Philosoph. Kontroversen an der Univ. und der innerkirchl. Streit um die Lebensform der neuen Bettelorden führten ihn 1269 nach Paris zurück; 1272 wurde ihm die Leitung des neuen Generalstudiums seines Ordens in Neapel übertragen. Er starb auf der Reise zum Konzil von Lyon. T. wurde 1323 heilig gesprochen (Festtag: 28. 1.; bis 1969: 7. 3.) und 1567 zum Kirchenlehrer erhoben.

Lehre: T. verband den überlieferten Augustinismus mit den Lehren des ARISTOTELES, die dem lat. Abendland erst zu seiner Zeit durch neue Übersetzungen in ihrem ganzen Umfang bekannt geworden waren, zu einer philosophisch-theolog. Synthese. Dabei stützte er sich bes. auf ARISTOTELES, dessen Hauptwerke er Satz für Satz kommentierte; über AUGUSTINUS, BOETHIUS, DIONYSIUS AREOPAGITA, den ›Liber de causis‹ (lat. Übersetzung eines arab. Werkes über das reine Gute; Ergänzung zur aristotel. Metaphysik) und den arab. Philosophen IBN SINA wirkten aber auch platon. (bes. die Vorstellung der Teilhabe) und neuplaton. Gedanken (bes. das Konzept einer stufenförmigen Hierarchie des Seins) auf ihn ein. So musste er sein theolog. Lehrgebäude nach zwei Seiten hin verteidigen: gegen die Angriffe der augustinisch geprägten Schultradition und gegen einen radikalen Aristotelismus (Averroismus), der v. a. wegen seiner Lehre von dem einen, allen Menschen gemeinsamen göttl. Intellekt in Widerspruch zur christl. Hoffnung auf eine individuelle Auferstehung geriet.

T. erkannte die Berechtigung des vernünftigen Wissens neben dem Glauben und den selbstständigen Wert, den eine nach eigenen Prinzipien und Methoden arbeitende Philosophie auch gegenüber der Theologie behält. Weil aber das natürl. Wissen seine Grenzen hat und die Philosophie die Frage nach dem letzten Lebensziel des Menschen nicht sicher beantworten kann, wird sie von T. in den umgreifenden Rahmen einer theolog. Glaubenswiss. eingeordnet, die ihre obersten Prinzipien der göttl. Offenbarung entnimmt. Der Sinn der berühmten Formel vom ›Magddienst der Philosophie‹ (lat. ancilla theologiae) liegt aber nicht nur in der Unterordnung der Philosophie unter die Theologie, sondern ebenso in der relativen Selbstständigkeit, in der jene innerhalb der vorausgesetzten theolog. Synthese eine eigene Begründungsaufgabe leistet. Erst die Verbindung von Wissen und Glauben, Vernunft und Offenbarung stellt die ganze christl. Weisheit dar.

Die Einheit des thoman. Denkens ist darin begründet, dass alle Einzelsätze auf wenige ontolog. Grundprinzipien und formale Axiome zurückgeführt werden. Besondere Bedeutung hat dabei die Weiterbildung des aristotel. Akt-Potenz-Schemas bzw. die Lehre von Form und Materie: Jedes endl. Seiende ist aus Potenz (Anlage, Möglichkeit) und Akt (Wirklichkeit, Seinsmächtigkeit) zusammengesetzt; die reale, nicht bloß gedachte Unterscheidung von Wesen und Sein und der Vorrang des Seinsaktes vor dem ›Was‹ (quidditas) der Dinge gehört zu den wichtigsten Eigentümlichkeiten der thoman. *Ontologie*, durch die sie sich von der späteren thomist. Wesensmetaphysik unterscheidet. Wahrheit ist dabei die Übereinstimmung von Geist und Sein. Bei den körperl. Wesen ist die von ihren Akzidenzien unterschiedene Substanz selbst wieder aus ›erster Materie‹ (materia prima) und ihrer Wesensform zusammengesetzt. Die erste Materie stellt jedoch nur einen notwendigen Grenzbegriff des Denkens dar; als völlig bestimmungslose ›reine Potenz‹ kann sie nicht allein für sich bestehen. Die Wesensform, durch die es Anteil am Sein erhält, ist in jedem Seienden nur eine einzige; in den Lebewesen ist dies die Seele. Auch Pflanzen und Tiere haben ein eigenes Lebensprinzip, die vegetative und die animal. Seele. Die menschl. Seele ist einerseits als ›Form des Leibes‹ mit der Materie zu einer Wesenseinheit verbunden, andererseits ist sie geistig und immateriell und kann so nach dem Tod auch außerhalb vom Leibe weiterbestehen. In der universalen Erkenntnisfähigkeit der geistigen Seele und in ihrer Unmittelbarkeit zu Gott wurzelt der ontolog. Rang der menschl. Person. Weil in ihr alles Sein in unwiederholbarer Weise gegeben ist, kann die Person nicht mehr als Teil eines höheren Ganzen, sei es als Glied eines polit. Organismus oder als Segment einer allgemeinen Wesensnatur, verstanden werden. Sie ist vielmehr selbst ein Ganzes und in der doppelten Fähigkeit zur Erkenntnis und zur Gottesliebe auf den Horizont des Unendlichen hin geöffnet.

Alles innerweltlich Seiende erweist seine Endlichkeit für T. dadurch, dass es ›durch Teilhabe‹ am göttl. Sein in unterschiedl. Graden der Vollkommenheit existiert und darum verursacht ist; erst in Gott, der aus sich selbst und vollkommen eins ist, kommt es zur Einheit alles Verschiedenen. So steigt T. in seinen ›fünf Wegen‹ oder Gottesbeweisen von der Vielfalt des ird. Seins zu Gott als der ›ersten Ursache‹ und dem ›reinen Akt‹ (actus purus) auf. Voraussetzung dieser natürl. Gotteserkenntnis ist das universale Band der Analogie (→Analogia Entis), d. h. eine trotz aller größeren Unähnlichkeit bleibende Ähnlichkeit des Geschöpfes mit Gott, in der die Gleichnisfähigkeit des Endlichen für das Unendliche und die Symbolstruktur aller ird. Wirklichkeit gründet. Über den Gedanken des obersten Grundes und des göttl. Selbstseins kommt die philosoph. Gotteserkenntnis jedoch nicht hinaus; die Manifestation des obersten Seinsgrundes als Trinität vermag die menschl. Vernunft ebenso wie den Gedanken der Menschwerdung Gottes erst im Nachhinein zu erfassen, indem sie nach Gründen für die heilsgeschichtl. Offenbarung Gottes fragt.

T.' *Ethik* beruht auf dem Grundgedanken, dass sittlich handeln heißt, der Ordnung des Seins entsprechend zu handeln, wie sie von der prakt. Vernunft erkannt wird. Auch die Erkenntnis des sittl. Naturgesetzes und des der staatl. und polit. Gemeinschaft vorgeordneten Naturrechtes entspringt einer Ordnungsleistung der prakt. Vernunft; dabei werden konkrete Normen nicht auf deduktivem Weg, sondern durch ›Auffindung‹ und ›Bestimmung‹ (inventio und determinatio) im Licht der obersten Prinzipien des natürl. Sittengesetzes festgelegt. Drei formale Grundzüge kennzeichnen sie Ethik: Philosophisch als Entfaltung der Freiheitslehre, theologisch als Rückkehrbewegung des freien Geschöpfs in die Gemeinschaft mit Gott konzipiert; den gesamten Stoff der konkreten Ethik ordnet T. in Anlehnung an die aristotel. Gedanken einer umrissartigen ›Topik‹ nach dem Schema der vier Kardinaltugenden (Klugheit, Gerechtigkeit, Tapferkeit, Maß) an, dem er die paulin. Trias der theolog. Tugenden (Glaube, Hoffnung, Liebe) zur Seite stellt.

In der *Theologie* entfaltet T. die scholast. Wiss. von Gottes Offenbarung, indem er ihr neue Quellen (griech. Kirchenväter, altkirchl. Konzilien, Augustinusrezeption) erschließt um sich um eine umfassende Begründung aus der Hl. Schrift bemüht. Die neuere Forschung hat insbesondere seiner exeget. Arbeit Beachtung geschenkt, die sich in umfangreichen wiss. Bibelkommentaren niederschlägt und die gesamte theolog. Arbeit befruchtet. Charakteristisch für die theolog. Synthese des T. ist v. a. die Zuordnung von Schöpfungs- und Gnadenlehre: Danach wird das von Gott begnadete Geschöpf zu wirkl. Eigensein befreit. Die später von den reformator. Theologie kritisierte Aufnahme des philosoph. Substanzgedankens und der aristotel. ›habitus‹-Lehre zur Deutung des Rechtfertigungsgeschehens bringt dabei zum Ausdruck, dass Gottes Beziehung zum Menschen immer eine schöpfer. Relation ist, die diesen bleibend in seinem Sein qualifiziert und zur freien Antwort auf den Ruf Gottes befähigt. Das Wesen der Theologie sieht T. nicht nur als Eigenleistung der begriffl. Reflexion der menschl. Vernunft, sondern zugleich als einen im Glauben geschehenden Nach- und Mitvollzug der Gedanken Gottes über Welt, Mensch und Geschichte. Die nähere Klärung des Verhältnisses, in dem Heilsgeschichte und theolog. Wiss. zueinander stehen, gehört zu den dringenden Aufgaben der gegenwärtigen T.-Forschung. Gegenläufige Interpretationstendenzen zeigen sich v. a. im Bereich der Ethik, wo T. als Vorläufer des autonomen und geschichtl. Denkens der Neuzeit, aber auch (noch immer) als Vertreter einer objektiven Gesetzesethik in Anspruch genommen wird.

Werke (Entstehungszeitraum): De ente et essentia (1253–55; dt. Über das Sein u. das Wesen); Super IV Libros sententiarum (1253–59); Quaestiones disputatae: De veritate (1256–59; dt. u. a. als Untersuchungen über die Wahrheit); De malo (1266/67; dt. Über das Übel); De anima (1269; dt. Die Seele); Summa theologica (1267–73); Summa contra gentiles (1269–89; dt. Die Summe wider die Heiden); De unitate intellectus contra Averrointas (1270).

Ausgaben: Opera omnia, hg. v. S. E. FRETTÉ u. a., 34 Bde. (Neuausg. 1873–95); Opera omnia, auf zahlr. Bde. ber. (1882 ff.); Opera omnia, hg. v. R. BUSA, 7 Bde. (1980). – Die dt. T.-Ausg., hg. v. der Albertus-Magnus-Akademie Walberberg, auf 36 Bde. ber. (¹⁻³1934 ff.).
L. SCHÜTZ: T.-Lex. (²1895, Nachdr. 1983); M. GRABMANN: Einf. in die Summa theologiae des hl. T. v. Aquin (²1928); DERS.: T. v. Aquin (⁸1949); P. WYSER: T. v. Aquin (Bern 1950); B. MONTAGNES: La doctrine de l'analogie de l'être d'après Saint Thomas d'Aquin (Löwen 1963); J. PIEPER: Die Wirklichkeit u. das Gute (⁷1963); DERS.: T. v. Aquin. Leben u. Werk (⁴1990); U. KÜHN: Via caritatis. Theologie des Ges. bei T. (Neuausg. 1965); K. KREMER: Die neuplaton. Seinsphilosophie u. ihre Wirkung auf T. v. Aquin (Leiden 1966, Nachdr. ebd. 1971); K. BERNATH: Anima forma corporis. Eine Unters. über die ontolog. Grundl. der Anthropologie des T. v. Aquin (1969); L. DÜMPELMANN: Kreation als ontisch-ontolog. Verhältnis. Zur Metaphysik der Schöpfungstheologie des T. v. Aquin (1969); J. C. DOIG: Aquinas on metaphysics (Den Haag 1972); W. KLUXEN: Philosoph. Ethik bei T. v. Aquin (²1980); J. A. WEISHEIPL: T. v. Aquin. Sein Leben u. seine Theologie (a. d. Engl., Graz 1980); E. SCHOCKENHOFF: Bonum hominis. Die anthropolog. u. theolog. Grundlagen der Tugendethik des T. v. Aquin (1987); O. H. PESCH: T. v. Aquin. Grenze u. Größe mittelalterl. Theologie (³1995); M.-D. CHENU: T. v. Aquin (a. d. Frz., 38.–39. Tsd. 1995); J.-P. TORRELL: Magister Thomas. Leben u. Werk des T. v. Aquin (a. d. Frz., 1995). – *Zeitschrift:* Revue thomiste (Toulouse 1893 ff.).

Thomas, T. von Celano [- tʃe-], ital. **Tommaso da Celano**, Franziskaner, *Celano (Prov. L'Aquila) um 1190, †Tagliacozzo (Prov. L'Aquila) um 1260; wurde zw. 1213 und 1216 Franziskaner, ging 1222 nach Dtl., 1227 wieder nach Assisi; war Kaplan der Klarissen in Tagliacozzo. T. beschrieb das Leben des FRANZ VON ASSISI (›Vita prima‹, 1229, zusammengefasst 1230 in der ›Legenda ad usum chori‹). 1245–47 verfasste er die erweiterte ›Vita secunda‹ unter Verwendung der ›Legenda trium sociorum‹. Auch die ›Legenda Sanctae Clarae‹ (›Legende der Hl. Klara‹; 1255/56) wird ihm zugeschrieben. Seine Autorschaft der Sequenz ›Dies irae‹ ist umstritten.
Ausgaben: Analecta Franciscana, Bd. 10: T. Celano: Legendae S. Francisci Assisiensis, 4 Tle. (1926–41). – Leben u. Wunder des hl. Franziskus von Assisi, übers. v. E. GRAU (⁴1988).

Thomas, T. von Kempen, lat. **T. a Kempis**, eigtl. **T. Hemerken**, latinisiert **T. Malleolus**, Mystiker, *Kempen 1379 oder 1380, †Agnietenberg (bei Zwolle) 25. 7. 1471; lebte 1392/93 in Deventer, wo er die Brüder vom Gemeinsamen Leben kennen lernte. 1399 wurde er Augustinerchorherr auf dem Agnietenberg (Kloster St. Agnes). Er wirkte als Seelsorger, Novizenmeister und geistl. Schriftsteller und war einer der einflussreichsten Vertreter der →Devotio moderna. Sein Name ist verbunden mit dem seit dem 15. Jh. weit verbreiteten Erbauungsbuch ›De imitatione Christi‹ (→Nachfolge Christi); seine Verfasserschaft ist allerdings umstritten.
Ausgaben: Opera omnia, hg. v. M. J. POHL, 7 Bde. (1902–22). – Die Nachfolge Christi, hg. v. WENDELIN MEYER (²1990).
Geert Groote, T. v. K. u. die Devotio moderna, hg. v. H. N. JANOWSKI (Olten 1978); E. ISERLOH: T. v. K. u. die Devotio moderna (²1978).

Thomas, T. von Sutton [- sʌtn], engl. Dominikaner, *Sutton (bei Cambridge) um 1250, †Oxford um 1315; um 1300 Magister in Oxford. Er verteidigte die Lehren des THOMAS VON AQUINO gegen HEINRICH VON GENT. Wahrscheinlich ist er identisch mit THOMAS ANGLICUS, der die Angriffe des JOHANNES DUNS SCOTUS gegen den Thomismus abwehrte.
Ausgaben: Quodlibeta, hg. v. M. SCHMAUS (1969); Quaestiones ordinariae, hg. v. J. SCHNEIDER (1977); Contra quodlibet Iohannis Duns Scoti, hg. v. DEMS. (1978).

Thomas, 1) [tɔˈma], Charles Louis Ambroise, frz. Komponist, *Metz 5. 8. 1811, †Paris 12. 2. 1896; studierte am Pariser Conservatoire u. a. bei F. W. KALKBRENNER und J.-F. LE SUEUR, erhielt 1832 den Rompreis, kehrte 1836 nach Paris zurück, wurde 1856 Prof. für Komposition am Conservatoire und 1871 dessen Direktor. T. war zu seiner Zeit einer der geschätztesten und erfolgreichsten Opernkomponisten. Er schrieb kom. Opern, u. a. ›Le Caïd‹ (1849), die z. T. als Vorläufer der Operetten J. OFFENBACHS gelten können, fand jedoch mit ›Mignon‹ (1866, nach GOETHES ›Wilhelm Meisters Lehrjahre‹) und ›Hamlet‹ (1868) zu einem ernsteren, romantisch eingefärbten Genre. T. komponierte ferner Ballette, Kammermusik sowie geistl. und weltl. Vokalwerke.

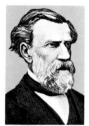

Ambroise Thomas

2) [ˈtɔməs], D. M. (Donald Michael), engl. Schriftsteller, *Redruth (Cty. Cornwall) 27. 1. 1935; wuchs z. T. in Australien auf, studierte in Oxford; seine epische Züge aufweisenden, fantast. wie mytholog. Elemente integrierenden Gedichte umkreisen, in Anlehnung an die Triebtheorie S. FREUDS, die Pole Liebe und Tod (›Personal and possessive‹, 1964; ›Love and other deaths‹, 1975; ›The honeymoon voyage‹, 1978; ›Dreaming in bronze‹, 1981). Bekannt wurde T. v. a. durch seine z. T. experimentellen Romane, so ›Birthstone‹ (1980), eine Realität und Traum verbindende Identitätssuche, bes. aber ›The white hotel‹ (1981; dt. ›Das weiße Hotel‹), der sich anhand der fiktiven Fallgeschichte einer Patientin FREUDS mit der Erfahrung von Gewalt im Dritten Reich beschäftigt.
Weitere Werke: *Romane:* Ararat (1983); Swallow (1984); Sphinx (1986); Summit (1987); Lying together (1990); Eating Pavlova (1994). – *Lyrik:* Selected poems (1983).

3) [ˈtɔməs], Dylan Marlais, walis. Schriftsteller, *Swansea 27. 10. 1914, †New York 9. 11. 1953; Journalist, lebte ab 1933 als freier Schriftsteller in London und Wales. Seine erste Gedichtsammlung (›Eighteen poems‹, 1934) steht mit dunklen und assoziativ gereihten Bildern dem Surrealismus nahe und zeigt, wie auch die späteren Gedichte (›Collected poems, 1934–1952‹, 1952), in Abwendung von der intellektuell-polit. Dichtung der 30er-Jahre, Ähnlichkeiten mit der Lyrik der →Metaphysical Poets. Themen sind der Unschuldszustand der Kindheit, Liebe und Sexualität, die Allgegenwart des Todes und die Vision einer kosm. Einheit des Seins. V. a. wegen der ›trunkenen Syntax‹, der Klang- und Bildfülle und der komplizierten Reimtechnik stieß sein Werk auf Kritik z. T. auf Ablehnung. Während seiner Lesereisen durch die USA (1950, 1952, 1953) entstand sein Hauptwerk, das lyr. Hörspiel ›Under milk wood‹ (hg. 1954; dt. ›Unter dem Milchwald‹; auch als Bühnenstück), das Stimmen aus einem walis. Dorf zu einem komplexen Bild menschl. Erfahrungen zusammenführt. T. verfasste auch autobiograph. Kurzgeschichten (›Portrait of the artist as a young dog‹, 1940; dt. ›Porträt des Künstlers als junger Dachs‹, auch u. d. T. ›Porträt des Künstlers als junger Hund‹), einen Roman (›Rebecca's daughters‹, hg. 1965; dt. ›Rebecca's Töchter‹), ein Romanfragment (›Adventures in the skin trade‹, hg. 1955; dt. ›Abenteuer in Sachen Haut‹) und Drehbücher (›The doctor and the devils‹, endgültige Fassung 1953; dt. ›Der Doktor und die Teufel‹).
Ausgaben: The poems, hg. v. D. JONES (Neuausg. 1978); The collected stories (1983); The collected letters, hg. v. P. FERRIS (1985); The notebook poems. 1930–1934, hg. v. R. MAUD (1989); The broadcasts, hg. v. DEMS. (1991). – Ausgew. Gedichte, übers. v. E. FRIED (Neuausg. 1984); Ausgew. Werke in Einzelausg., hg. v. K. MARTENS, auf mehrere Bde. ber. (1991 ff.).
C. FITZGIBBON: The life of D. T. (Neuausg. London ²1975); P. FERRIS: D. T. (Neuausg. Harmondsworth 1978, Nachdr. ebd. 1985); J. ACKERMAN: Welsh D. D. T.'s life, writing, and his Wales (London 1980); DERS.: A D. T. companion (Neuausg. Basingstoke 1994); DERS.: D. T. His life and work (ebd. ³1996); Critical essays on D. T., hg. v. G. GASTON (Boston, Mass., 1989); B. READ: D. T. (a. d. Engl., 16.–22 Tsd 1989); W. DAVIES: D. T. (Neuausg. Cardiff 1990).

Dylan Thomas

Donnall Thomas

Jess F. Thomas

4) ['tɔməs], Edward Donnall, amerikan. Transplantationsmediziner und Hämatologe, * Mart (Tex.) 15. 3. 1920; wurde 1963 Prof. in Seattle (Wash.) und Forschungsdirektor am dortigen Krebsforschungszentrum; erhielt für seine Entdeckungen auf dem Gebiet der Organ- und Zelltransplantation (v. a. des Knochenmarks) 1990 mit J. E. MURRAY den Nobelpreis für Physiologie oder Medizin.

5) ['tɔməs], Jess Ford, amerikan. Sänger (Tenor), * Hot Springs (S. D.) 4. 8. 1927, † San Francisco (Calif.) 11. 10. 1993; debütierte 1957 in San Francisco (Calif.), wurde 1961 Mitgl. der Münchner Staatsoper, 1965 der Wiener Staatsoper, 1969 der Dt. Oper Berlin und 1973 des Zürcher Opernhauses. T. wurde bes. als Wagner-, Verdi- und Strauss-Interpret bekannt.

6) Kurt, Komponist und Chorleiter, * Tönning 25. 5. 1904, † Bad Oeynhausen 31. 3. 1973; war 1934–39 Prof. an der Musikhochschule in Berlin, 1939–45 Direktor des Mus. Gymnasiums in Frankfurt am Main, 1947–55 Prof. in Detmold, 1957–60 Thomaskantor in Leipzig, 1960–65 Leiter der Chorkonzerte des Bachvereins Köln, ab 1965 Prof. in Lübeck. Er komponierte v. a. geistl. (›Markus-Passion‹, 1927) und weltl. Chorwerke.

7) ['tɔməs], Llewellyn Hilleth, amerikan. Physiker brit. Herkunft, * London 21. 10. 1903, † 20. 4. 1992; 1930–46 Prof. in Columbus (Oh.), danach an der Columbia University in New York, 1968–76 in Raleigh (N. C.). Arbeiten zur Quantenmechanik der Atome, v. a. zur Spin-Bahn-Wechselwirkung der Elektronen und zur Theorie der Teilchenbeschleuniger.

8) ['tɔməs], Michael Tilson, amerikan. Dirigent und Pianist, * Los Angeles (Calif.) 21. 12. 1944; studierte an der University of Southern California in Los Angeles; war 1971–79 Musikdirektor des Buffalo Philharmonic Orchestra, 1981–85 ständiger Gastdirigent des Los Angeles Philharmonic Orchestra sowie seit 1988 Chefdirigent des London Symphony Orchestra. 1995 wurde er zum Musikdirektor des San Francisco Symphony Orchestra berufen.

9) ['tɔməs], Philip Edward, Pseud. **P. Eastaway** ['iːstəweɪ], engl. Schriftsteller, * London 3. 3. 1878, † (gefallen) bei Arras (Frankreich) 9. 4. 1917. Angeregt durch R. FROST, verfasste er pastorale Naturlyrik, die das Beobachtete in melancholisch-krit. Brechung spiegelt, sowie kontemplative Kriegsgedichte; veröffentlichte topograph. Prosa (›The heart of England‹, 1906), Literaturkritik, Biographien (›Richard Jefferies‹, 1909, und ›Keats‹, 1914) sowie einen Roman (›The happy-go-lucky-Morgans‹, 1913).
Ausgaben: The collected poems, hg. v. R. G. THOMAS (1978); Selected poems and prose, hg. v. D. WRIGHT (1981).
R. G. THOMAS: E. T. A portrait (Oxford 1985); The art of E. T., hg. v. J. BARKER (Bridgend 1987); A. MOTION: The poetry of E. T. (Neuausg. London 1991).

10) ['tɔməs], R. S. (Ronald Stuart), walis. Lyriker, * Cardiff 29. 3. 1913; studierte Altphilologie und Theologie, war 1937–78 Landpfarrer in Wales. Seine schmucklos-schlichte, doch modulationsreiche christl. Lyrik ist geprägt vom Empfinden für die herbe walis. Landschaft und die in ihr verwurzelten Menschen.
Werke: Lyrik: Song at the year's turning (1955); Later poems (1983); Selected poems (1983); Destinations (1985); Welsh airs (1987); No truce with the furies (1995).
Ausgaben: Collected poems 1945–1990 (1993, Nachdr. 1996). – Das helle Feld (1995, Ausw.).
J. P. WARD: The poetry of R. S. T. (Bridgend 1987); W. M. MERCHANT: R. S. T. (Neuausg. Cardiff 1989); Critical writings on R. S. T., hg. v. S. ANSTEY (Bridgend ²1992).

11) ['tɔməs], Sidney Gilchrist, brit. Metallurg, * Canonbury (heute zu London) 16. 4. 1850, † Paris 1. 2. 1885; erfand 1876/77 mit seinem Vetter, dem Chemiker PERCY CARLYLE GILCHRIST (* 1851, † 1935), ein Verfahren zur Erzeugung von Eisen und Stahl aus phosphatreichem Erz (→Thomas-Verfahren), das ab 1879 industriell eingesetzt wurde. Er ließ sich auch die Verwendung der entstehenden Schlacke als Düngemittel (Thomasmehl) patentieren.

12) ['tɔməs], William Isaac, amerikan. Soziologe, * County Russel (Va.) 13. 8. 1863, † Berkeley (Calif.) 5. 12. 1947; war Prof. für engl. Lit., wandte sich um 1890 der Soziologie zu und wurde u. a. durch seine Lehrtätigkeiten an der Univ. von Chicago (1895–1918), an der ›New School of Social Research‹ (1923–28) und 1936/37 an der Harvard University zu einem der einflussreichsten amerikan. Soziologen seiner Zeit. T.' Hauptinteresse galt den Verflechtungen des menschl. Handelns im Spannungsfeld von Kultur, Persönlichkeit und Sozialverhalten (→Thomas-Theorem). Auch in der Migrationsforschung und im Bereich der Theoriebildung empir. Sozialforschung gingen von seinen Studien wichtige Impulse aus.
Werke: Sex and society (1907); The Polish peasant in Europe and America, 5 Bde. (1918–20, mit F. ZNANIECKI); The unadjusted girl (1923); Social behaviour and personality (hg. 1951; dt. Person u. Sozialverhalten).

Thomas|akten, apokryphe Schrift, die dem Apostel →THOMAS zugeschrieben wird.

Thomas Becket [engl. 'tɔməs 'bekɪt], **T. Beckett, T. von Canterbury** [- 'kæntəbəri], engl. Lordkanzler, Erzbischof von Canterbury (seit 1162), * London 21. 12. 1118, † Canterbury 29. 12. 1170; war seit 1155 Kanzler, Freund und Ratgeber König HEINRICHS II. 1162 wurde er vom König zum Erzbischof von Canterbury erhoben, legte im selben Jahr das Kanzleramt nieder und wurde ein unerbittl. Verfechter kirchl. Rechte und päpstl. Politik. Insbesondere widersetzte er sich der Wiedereinführung königl. Vorrechte im kirchl. Bereich. Bei den Verhandlungen in →Clarendon (1163/64) stellte sich T. B. gegen den König, wurde der →Felonie angeklagt und floh wegen drohender Inhaftierung nach Frankreich zu Papst ALEXANDER III. Nach langen Verhandlungen kam es zw. Papst, König und T. B. 1170 zu einer Einigung und zur Rückkehr nach Canterbury. Nach einer zornigen Äußerung des Königs über T. B.s Weigerung, suspendierten Bischöfen ohne vorhergehende Loyalitätserklärung gegenüber dem Papst die Absolution zu erteilen, wurde er von vier Rittern in der Kathedrale während des Vespergottesdienstes getötet. T. B. wurde als Märtyrer gefeiert und schon 1173 von ALEXANDER III. heilig gesprochen (Tag: 29. 12.). Der König verzichtete auf die Konstitutionen von Clarendon und unterzog sich 1174 am Grab des T. B. der öffentl. Kirchenbuße. 1538 wurden der Schrein und die Reliquien des T. B., die Anziehungspunkt für zahlr. Wallfahrten waren, von HEINRICH VIII. zerstört.
Eine Wallfahrt zum Grab des Heiligen bildet den Rahmen für G. CHAUCERS ›The Canterbury tales‹ (entstanden ab 1387). Person und Werk des T. B. sind vielfach Gegenstand der Lit., so bei C. F. MEYER (›Der Heilige‹, Novelle, 1880), A. Lord TENNYSON (›Becket‹, Drama, 1884), T. S. ELIOT (›Murder in the cathedral‹, 1935, Drama, danach Oper von I. PIZZETTI, ›L'assassino nella cattedrale‹, 1958) und J. ANOUILH (›Becket ou l'honneur de Dieu‹, Drama, 1959). BILDER →mittellateinische Literatur, →Tarrasa
F. BARLOW: T. B. (London 1986); P. AUBÉ: T. B. (a. d. Frz., Zürich 1990); T. VON FROIDMONT: Die Vita des hl. T. B., Erzbischof von Canterbury, hg. v. PAUL G. SCHMIDT (1991); P. B. ROBERTS: T. B. in the medieval latin preaching tradition (Den Haag 1992).

Thomas|christen, Sammel-Bez. für Christen versch. Konfessionen an der Malabarküste (SW-Indien, Staat Kerala), die sich traditionell auf eine (in den apokryphen Thomasakten berichtete) Mission des Apostels THOMAS ab 52 n. Chr. zurückführen. Das Grab des Apostels wird in Madras verehrt, eine Missionsreise des THOMAS ist jedoch historisch nicht belegbar. Die Christianisierung Indiens geht auf die nestorian. Mission im 5./6. Jh. unter dem Katholikos-Patriarchen von Seleukeia-Ktesiphon zurück. 720 wurde eine eigene nestorian. Metropolie des ›Sitzes des hl. Thomas und der ganzen Christen in Indien‹ für die Malabarküste eingerichtet. Die um 1500 in das Land eindringenden Portugiesen versuchten, die christl. Bevölkerung zu einer Union mit der römisch-kath. Kirche und einer Änderung der Kirchenstruktur (Unterstellung unter lat. Bischöfe; Einführung lat. Bräuche) zu zwingen (Synode von Diamper 1599). 1661/63 eroberten Niederländer die Küste, die kath. portugies. Missionare wurden vertrieben. Ab 1665 ging von dem syrisch-orth. (jakobit.) Bischof GREGORIOS († 1672) aus Jerusalem eine Renaissance des syr. Christentums aus, das kirchl. Monopol der Nestorianer wurde zerbrochen. Unter der folgenden brit. Herrschaft entstand aus einer Reformbewegung innerhalb der Syrisch-orth. Kirche die anglikan. ›Mar-Thomas-Kirche‹ (Name seit 1889; heute über 700 000 Mitgl.), die sich ebenfalls auf THOMAS beruft; von ihr spaltete sich 1961 die ›Ev. St.-Thomas Kirche‹ ab (heute rd. 90 000 Mitgl.). Die unabhängig gebliebenen syrisch-orth. T. erhielten 1929 einen eigenen Katholikos und stehen seither als autonome ›Syrisch-orth. Kirche des Ostens‹ in kanon. Gemeinschaft mit dem syrisch-orth. Patriarchat von Antiochia. Daneben besteht weiter aus der port. Zeit die mit der römisch-kath. Kirche unierte Kirche der (ostsyr.) Syromalabaren, die (bis dahin lat. Bischöfen unterstehend) 1923 wieder eigene reguläre Bistümer erhielt und seit 1993 einem eigenen kirchl. Oberhaupt mit dem Titel ›Großerzbischof‹ untersteht. Da sich 1874/75 ein weiterer Teil der Unierten wieder von Rom trennte, konnte ab 1907 auch die nestorian. Tradition erneuert werden (›Mellusianer‹ oder ›Neunestorianer‹). Ein Teil der Westsyrer fand sich 1930 wieder zu einer Union mit der römisch-kath. Kirche bereit (Syromalankaren), sodass die T. heute konfessionell zersplittert sind. Ihre Gesamtheit wird auf mehrere Millionen Gläubige geschätzt, wovon die ›Syrisch-orth. Kirche des Ostens‹ mit rd. 1 Mio. Mitgl. und die rd. 2 Mio. syromalabares. Katholiken die größten Gruppen bilden. (→Ostkirchen)

P. J. PODIPARA: Die T. (a. d. Engl., 1966); E. R. HAMBYE u. J. MADEY: 1900 Jahre T. in Indien (Freiburg 1972); Die syr. Kirchen in Indien, hg. v. P. VERGHÈSE (a. d. Engl., 1974); G. HOHMANN: Östl. Christentum in Indien, in: Der Christl. Osten, 49 Jg. (1994).

Thomas|evangelium, Name mehrerer apokrypher Schriften zum N. T., die dem Apostel →THOMAS zugeschrieben werden.

Thomas-Fermi-Modell ['tɔməs-], **Fermi-Gas-Modell, statistisches Modell,** von L. H. THOMAS und E. FERMI (1928) entwickeltes Atommodell, nach dem die Elektronenhülle der Vielelektronenatome als ein Gas aufgefasst wird, dessen ›Moleküle‹, die Elektronen, der Fermi-Dirac-Statistik gehorchen. Das T.-F.-M. ermöglicht die näherungsweise Berechnung der Elektronenverteilung in der Hülle und dadurch mittelbar die Bestimmung des auf die Elektronen wirkenden elektrostat. Potenzials φ.

Nach diesem Modell bewegen sich die Elektronen unabhängig voneinander (Einteilchenmodell) in einem kugelsymmetrischen Potenzialfeld, in dem sie mit der potenziellen Energie $V(r) = -e\varphi(r) < 0$ gebunden sind (r Radius, e Elementarladung), sodass für die Gesamtenergie jedes der Elektronen gilt: $E = T(p) + V(r) < 0$. Dabei ist $T(p) = p^2/2m$ die kinet. Energie, p der Impuls und m die Masse eines Elektrons. Das Potenzial $\varphi(r)$ ist nicht von vornherein bekannt, da es nicht nur von der Ladung des Atomkerns abhängt, sondern auch von der Wechselwirkung der Elektronen untereinander. Zu seiner Herleitung wird angenommen, dass die Wirkung aller übrigen Elektronen auf jedes einzelne von ihnen sich zu einem kugelsymmetr. effektiven Potenzial zusammenfassen lässt, dessen Summe mit dem Potenzial der Kernladung das genannte Potenzial $\varphi(r)$ ergibt. Damit gehören zu jedem Radius r_0 ein wohldefinierter Wert $V(r_0)$ der potenziellen Energie. In einer Kugelschale mit diesem Radius kann ein Elektron, wenn es noch gebunden sein soll, höchstens die kinet. Energie $T(p_0) = -V(r_0)$ haben (d. h. $E = 0$), aus der sich sein größtmögl. Impuls p_0 in dieser Kugelschale ergibt. Zu jeder solchen Kugelschale der Dicke dr gehört dann ein Impulsraum mit einem maximalen Impuls p_0 und dem minimalen Impuls null. Das Produkt aus der Größe dieses Impulsraums und dem Volumen der Kugelschale, dem zugehörigen Konfigurationsraum, ergibt das Volumen des zum jeweiligen Radius gehörenden →Phasenraums. Dieses Phasenraumvolumen wird in Zellen der Größe h^3 eingeteilt (h plancksches Wirkungsquantum), von denen jede nach den Gesetzen der Quantenstatistik genau einen Zustand enthält. Entsprechend der Fermi-Dirac-Statistik bzw. dem →Pauli-Prinzip kann jeder dieser Zustände mit höchstens zwei Elektronen besetzt werden. Indem man nun alle Elektronen eines Atoms auf die Phasenraumzellen verteilt, bei der niedrigsten Energie beginnend und zu höheren fortschreitend, erhält man die radiale Verteilung der Elektronen und aus dieser einen Ausdruck für die Ladungsdichte in Abhängigkeit vom Potenzial $\varphi(r)$ und damit mittelbar in Abhängigkeit vom Radius r. Indem man diesen Ausdruck in die →Poisson-Gleichung einsetzt und diese löst, erhält man die Potenzialfunktion $\varphi(r)$ des jeweiligen Atoms.

Das T.-F.-M. kann in versch. Form abgewandelt und verfeinert werden und gibt dann für mittlere Abstände auch die Schalenstruktur des Atoms gut wieder; dagegen ist es für kleine und für große Kernabstände nicht brauchbar. Da es vergleichsweise einfach ist, werden die nach ihm berechneten Potenzialfunktionen auch als Anfangsgrößen in rechnerisch aufwendigen iterativen Näherungsverfahren wie der →Hartree-Fock-Methode verwendet, mit denen genauere Ergebnisse erzielt werden. In der Kernphysik führt seine Anwendung auf die Nukleonen des Atomkerns zum statist. Kernmodell.

Thomasin, T. von Zerklaere [- tsɛrˈklɛːrə], mittelhochdt. Dichter, * Friaul um 1186, † nach 1215. Seine Familie entstammte dem Stadtadel von Cividale del Friuli, er selbst war Domherr in Aquileja, wo er mit dem Hof WOLFGERS VON ERLA, dem dortigen Patriarchen (1204–18) und früheren Bischofs von Passau (und Mäzens WALTHERS VON DER VOGELWEIDE) in Kontakt stand. T. schrieb in seiner Jugend – wahrscheinlich in provenzal. Sprache – eine (nicht erhaltene) höf. Sittenlehre. 1215 verfasste er mit dem moralphilosophisch-didakt. Werk ›Der wälsche Gast‹ (nahezu 14 800 Verse) ein im MA. weit verbreitetes (24 Handschriften) Lehrgedicht, das auch die erste deutschsprachige →Hofzucht enthält und sich v. a. an die adelige Hofgesellschaft wandte. (BILD S. 44)

Ausgabe: Der Welsche Gast, hg. v. F. W. VON KRIES, 4 Bde. (1984–85).

Thomasius, Christian, Jurist und Philosoph, * Leipzig 1. 1. 1655, † Halle (Saale) 23. 9. 1728; stammte aus einer prot. Gelehrtenfamilie; lehrte ab 1681 an der Univ. Leipzig, dort auch (als einer der Ersten) seit 1687 in dt. Sprache. Mit den ›Monats-Gesprächen‹ (1688) gab er die erste wiss. Zeitschrift in dt. Sprache heraus und begründete mit seinen Rezensionen darin das journalist. Feuilleton. Seit 1694 lehrte er an der neu gegründeten Univ. Halle. T. zählt neben S. PUFENDORF, für dessen Lehre er sich einsetzte, zu den bedeutendsten Vertretern der dt. Aufklärung und der Lehre vom Naturrecht, das er wie die Sittlichkeit auf das ›natürl. Licht‹ der Vernunft gegründet sah, während er das positive Recht als obrig-

Christian Thomasius

keitl. Zwangsfestsetzung verstand. T. strebte die Befreiung der Philosophie und Wiss. von der Vorherrschaft der Theologie und der Scholastik an. Ziel seines Denkens war die Vereinigung von Vernunft und Moral. Sein Eintreten für die Humanisierung der Strafprozessordnung trug wesentlich zur Beseitigung der Hexenprozesse und der Folter bei.

Werk: Fundamenta juris naturae et gentium ex sensu communi deducta, in quibus ubique secernuntur principia honesti, justi ac decori (1705).

C. T. (1655–1728). Neue Forschungen im Kontext der Frühaufklärung, hg. v. F. VOLLHARDT (1997).

Thomasmehl, Thomasphosphat [nach S. G. THOMAS], fein zermahlene Thomasschlacke, die als Phosphatdünger verwendet wird; enthält etwa 45–50% CaO, 15–20% P_2O_5, 7–16% Eisenoxide, 6–8% SiO_2, daneben geringe Anteile an Al, Mn, Mg; wird bes. auf kalkarmen Böden verwendet.

Thomas Morus, engl. Staatsmann und Humanist, →More, Sir Thomas.

Thomassin d'Eynac [tomaˈsɛ dɛˈnak], Louis de, frz. kath. Theologe, *Aix-en-Provence 28. 8. 1619, †Paris 24. 12. 1695; Oratorianer, lehrte bes. in Paris. T. d'E. gilt als einer der größten frz. Gelehrten des 17. Jh.; er schrieb viele Werke zur kirchl. Rechtsgeschichte, Dogmatik, Dogmengeschichte.

Werke: Ancienne et nouvelle discipline de l'Église, touchant les bénéfices et les bénéficiers, 3 Bde. (1678–81, lat. Ausg. u. d. T. Vetus and nova ecclesiae disciplina circa beneficia et beneficiarios, 3 Bde., 1688); Dogmatum theologicorum..., 3 Bde. (1680–89).

Thomas-Theorem [ˈtɔməs-], von W. I. THOMAS formulierter Grundsatz ›If men define situations as real they are real in their consequences‹), der das sozialwiss. Interesse darauf hinweist, dass sich Menschen in ihrem situationsbezogenen Handeln oder Verhalten oft weniger von objektiven Tatbeständen als vielmehr von den in ihrer jeweils eigenen Situationsdefinition maßgebl. Faktoren bestimmen lassen.

Thomas-Verfahren [nach S. G. THOMAS], heute nur noch selten (in der BRD seit 1977 nicht mehr) angewendetes Verfahren zur Erzeugung von Stahl, das v. a. zur Verarbeitung von flüssigem Roheisen aus phosphorreichen Eisenerzen (z. B. Minette) eingesetzt wurde. Bei diesem Verfahren wird durch die am Boden des mit bas. Futter (Dolomitsteine oder -stampfmassen) ausgekleideten Konverters **(Thomaskonverter, Thomasbirne)** befindl. Düsenöffnungen Luft an das flüssige Roheisen geblasen; die Begleitstoffe des Eisens verbrennen unter starker Wärmeentwicklung, sodass eine äußere Wärmezufuhr nicht erforderlich ist. Der zu Phosphorpentoxid oxidierte Phosphor bildet mit dem als Zuschlag beigefügten Kalk die **Thomasschlacke,** die fein gemahlen als Phosphatdünger (→Thomasmehl) verwendet wird. Der nach dem T.-V. hergestellte **Thomasstahl** enthält neben Eisen 0,05–0,55% Kohlenstoff, bis 0,3% Silicium, 0,2–0,9% Mangan, 0,04–0,08% Phosphor und 0,04–0,07%, in Ausnahmefällen (Automatenstahl) bis 0,2% Schwefel.

Thomisidae [griech.], die →Krabbenspinnen.

Thomismus der, -, Sammel-Bez. für philosoph. und theolog. Positionen und Schulrichtungen, die sich auf THOMAS VON AQUINO und seine Lehre berufen und diese z. T. stark verändert haben. Einer der bedeutendsten Vertreter des älteren T. (14. Jh.) war THOMAS VON SUTTON. Im 15. Jh. führten JOHANNES CAPREOLUS (*1380, †1444), der sich durch die Apologie ›Defensiones theologiae D. Thomae de Aquino‹ auszeichnete, und JUAN DE TORQUEMADA (†1468) den T. weiter. Ab 1480 löste die ›Summa theologica‹ des THOMAS VON AQUINO die Sentenzen des PETRUS LOMBARDUS als theolog. Lehrbuch ab. Im 16. Jh. gingen von dem Dominikaner THOMAS CAJETAN (*1469, †1534) bestimmende Impulse auf die Thomasrezeption aus. Beginnend in Spanien erlebte der T. im 16. Jh. eine Erneuerung; am einflussreichsten war die Schule von Salamanca, zu der Dominikaner wie Karmeliter zählten und die auf eine Verbindung des T. mit dem Humanismus zielte. D. BÁÑEZ, der im →Gnadenstreit mit L. DE MOLINA die thomist. Position führend vertrat, und BARTOLOMÉ DE MEDINA (*1527, †1580) verfassten richtungweisende Kommentare zu THOMAS VON AQUINO. Der T. der span. Barockscholastik hat auf die Entwicklung der prakt. Philosophie und des europ. Völkerrechts (durch Vermittlung von H. GROTIUS) gewirkt. Bes. in der 2. Hälfte des 19. Jh. gewann der T., auch durch die Förderung der Päpste, neuen Einfluss (→Neuscholastik). Im Streit um die Orthodoxie des idealist. Philosophen A. ROSMINI-SERBATI wurde von den Redakteuren der Jesuitenzeitschrift ›La Civiltà Cattolica‹ der Terminus →Neuthomismus geprägt, der bald zu einem theologiepolit. Kampfbegriff wurde. Zu einem Bedeutungsverlust des T. im schulgeprägten Sinne trug seit dem 2. Vatikan. Konzil nicht zuletzt die Entstehung der histor. Thomasforschung bei, die auf zahlr. Brüche zw. der ursprüngl. thoman. Lehre und späteren Schulbildungen des T. hinwies.

P. WYSER: Der T. (Bern 1951); J. GREDT: Elementa philosophiae Aristotelico-Thomisticae, hg. v. E. ZENZEN, 2 Bde. (Freiburg im Breisgau ¹³1961); G. SIEWERTH: Ges. Werke, Bd. 2: Der T. als Identitätssystem (1979); Christl. Philosophie im kath. Denken des 19. u. 20. Jh., hg. v. E. CORETH u. a., Bd. 2: Rückgriff auf scholast. Erbe (Graz 1988).

Thomkins, André, schweizer. Zeichner und Maler, *Luzern 11. 8. 1930, †Berlin 8. 11. 1985; beschäftigte sich mit Thematik und Zeichenstil des Manierismus, Dadaismus und Surrealismus. In seinen meist klein-

Thomasin von Zerklaere: Seite aus dem Lehrgedicht ›Der wälsche Gast‹ in einer Handschrift des 13. Jh. (Heidelberg, Universitätsbibliothek)

formatigen Zeichnungen entstehen aus Wortspielen Räume mit Landschaften und Figuren. Er verwendete hierbei sowohl ornamentale Grundmuster als auch realist. Darstellungsmittel.

Labyrinthspiel. A. T., bearb. v. M. GLEISS u. a., 2 Bde., Ausst.-Kat. (1989).

Thomon [tɔ'mɔ̃], Thomas de, frz. Architekt, Maler und Grafiker, * Nancy 21. 12. 1754, † Sankt Petersburg 4. 9. 1813; wurde nach einem Aufenthalt in Rom (1785/86) und Exil in Wien und Ungarn (ab 1789) 1802 Hofarchitekt Kaiser ALEXANDERS I. in Sankt Petersburg. Hier baute er in strengem, von der frz. Revolutionsarchitektur und der ägypt. und griech. Architektur beeinflusstem Stil die Börse (1805–16) und gestaltete deren Umgebung städtebaulich neu.

Thompson ['tɔmpsn], **1)** Sir Benjamin, britisch-amerikan. Physiker, →Rumford, Sir Benjamin Thompson, Graf von.

2) Daley, eigtl. **Francis Morgan T.,** brit. Leichtathlet (Zehnkämpfer), * Notting Hill (London) 30. 7. 1958; Olympiasieger 1980 und 1984, Weltmeister 1983 sowie Europameister 1982 und 1986; stellte zw. 1980 und 1984 vier Weltrekorde auf. Internat. erfolgreichster Zehnkämpfer der 1980er-Jahre.

3) [tɔmsn], Emma, brit. Schauspielerin, * London 15. 4. 1959; war 1989–95 ∞ mit K. BRANAGH, mit ihm als Partner und Regisseur gemeinsame Bühnenarbeit; spielte u. a. in seinen Filmen (ab 1988); auch Fernsehrollen; Darstellerin und Drehbuchautorin für den Film ›Sinn und Sinnlichkeit‹ (1995).

Filme: Henry V. (1989); Schatten der Vergangenheit (1990); Wiedersehen in Howards End (1991); Peter's Friends (1992); Viel Lärm um nichts (1993); Was vom Tage übrigblieb (1993); Junior (1994); Carrington (1995); The Winter Guest (1997).

4) Ernest Seton, nordamerikan. Schriftsteller, →Seton, Ernest Thompson.

5) Francis, engl. Schriftsteller, * Preston 18. 12. 1859, † London 13. 11. 1907. Der urspr. zum Priester bestimmte, unter Tuberkulose und Drogensucht leidende T. schrieb Literaturkritik sowie von R. CRASHAW, W. BLAKE und P. B. SHELLEY beinflusste, religiös inspirierte mystisch-symbolist. Dichtungen, deren bekannteste ›The hound of heaven‹ (1893; dt. ›Der Jagdhund des Himmels‹) zu den wichtigen Werken der neueren kath. Dichtkunst in England gezählt wird.

Ausgaben: The works (Neuausg. 1970). – Gedichte (1967).

K. K. KRAEMER: F. T. Der Dichter der Rückkehr zu Gott (1956); J. C. REID: F. T. Man and poet (London 1959); J. WALSH: Strange harp, strange symphony. The life of F. T. (New York 1967).

6) John Eric Sidney, brit. Archäologe, * London 31. 12. 1898, † Cambridge 9. 9. 1975; grundlegende Forschungen zur Mayakultur, bes. zu Kalender, Chronologie und Schrift der Maya.

Werke: Maya hieroglyphic writing (1950); The rise and fall of Maya civilization (1954; dt. Die Maya).

7) William, irischer Nationalökonom und Sozialreformer, * Rosscarbery (Cty. Cork) um 1785, † Clounksen (Cty. Cork) 28. 3. 1833. Aufbauend auf J. BENTHAMS Utilitarismus und v. a. D. RICARDOS Arbeitswertlehre vertrat T. die Ansicht, dass der von den Kapitalisten angeeignete Wert illegitim sei, wenn allein die Arbeit Quelle des Wertes ist und formulierte vor K. MARX eine Ausbeutungstheorie. Seine ökonom. Schriften beeinflussten die Chartisten und Gewerkschaften wie die owenschen Genossenschaften; trat für Frauenemanzipation und Geburtenkontrolle ein.

Werke: An inquiry into the principles of the distribution of wealth (1824; dt. Unters. über die Grundsätze der Verteilung des Reichtums zu besonderer Beförderung des menschl. Glücks, 2 Bde.); Appeal of one half of the human race, women, against the pretensions of the other half, men, ... (1825).

Thomsen, 1) ['θɔmsɛn], Grímur Þorgrímsson, island. Schriftsteller, * Bessastaðir 15. 5. 1820, † ebd. 27. 11. 1896; studierte in Kopenhagen, wo er u. a. Beziehungen zu A. G. OEHLENSCHLÄGER und H. C. ANDERSEN knüpfte; 1848–66 Beamter im dän. Außenministerium. Seine bevorzugte Gattung war die Ballade, in der er Stoffe aus dem nord. und dem klass. Altertum behandelte. Zu seinen berühmtesten Werken zählt das 1906 herausgegebene Epos ›Búarímur‹ sowie das dramat. Gedicht ›Á Sprengisandi‹ (1880).

Ausgabe: Ljóðmæli, hg. v. S. NORDAL (1969).

2) Hans Peter Jørgen Julius, dän. Chemiker, * Kopenhagen 16. 2. 1826, † ebd. 13. 2. 1909; Prof. an der Univ. Kopenhagen; arbeitete v. a. über Thermochemie. T. führte den Begriff Wärmetönung ein und verifizierte experimentell das Massenwirkungsgesetz. Aus der Reaktionswärme leitete er mit M. BERTHELOT die chem. Affinität ab (T.-Berthelot-Prinzip).

Thomson [tɔmsn], **1)** Sir Charles Wyville, brit. Biologe und Ozeanograph, * Bonsyde (Lothian Region) 5. 3. 1830, † ebd. 10. 3. 1882; ab 1870 Prof. in Edinburgh, plante und leitete die Challenger-Expedition (→Challenger).

2) Sir (seit 1943) George Paget, brit. Physiker, * Cambridge 3. 5. 1892, † ebd. 10. 9. 1975, Sohn von 5); Prof. in Aberdeen 1922–30, in London 1930–50, danach in Cambridge; v. a. Arbeiten zur Elektronenbeugung. T. bestätigte 1927 kurz nach dem →Davisson-Germer-Versuch gleichfalls experimentell den Welle-Teilchen-Dualismus des Elektrons durch Beugungserscheinungen von Elektronenstrahlen an Kollodiumfolien. Damit war die von L. DE BROGLIE und E. SCHRÖDINGER postulierte Wellennatur des Elektrons nachgewiesen. Für diese Entdeckung erhielten T. und C. J. DAVISSON 1937 den Nobelpreis für Physik.

Werke: Applied aerodynamics (1920); The atom (1930; dt. Das Atom); The wave mechanics of free electrons (1930); Theory and practice of electron diffraction (1939, mit W. COCHRANE); The forseeable future (1955; dt. Ein Physiker blickt in die Zukunft); The strategy of research (1957).

3) James, schott. Schriftsteller, * Ednam (Borders Region) 11. 9. 1700, † Richmond (heute zu London) 27. 8. 1748; studierte Theologie in Edinburgh, ging 1725 nach London und trat dort mit in Blankvers geschriebenen naturbetrachtenden, philosophisch-reflexiven Zyklus ›The seasons‹ (4 Tle., 1726–30; dt. ›Die Jahreszeiten‹) hervor. Das Werk gilt als Wegbereiter der engl. Romantik und beeinflusste die dt. Dichtungen in der Phase ihrer Abwendung von klassizist. frz. Vorbildern (1801 vertont von J. HAYDN). Bekannt wurde T. auch durch die nationalist. Hymne ›Rule, Britannia‹ (in dem 1740 mit DAVID MALLET [* 1705, † 1765] verfassten Maskenspiel ›Alfred‹).

André Thomkins: Loose ode inde Doose; 1976 (Privatbesitz)

Emma Thompson

Sir George Paget Thomson

Thom Thomson-Brücke – Thomson-Gruppe

Sir Joseph John Thomson

Ausgabe: The complete poetical works, hg. v. J. L. ROBERTSON (1908, Nachdr. 1971).
H. H. CAMPBELL: J. T. (1700–1748). An annotated bibliography ... (New York 1976); M. J. SCOTT: J. T., Anglo-Scot (Athens, Ga., 1988); J. SAMBROOK: J. T. 1700–1748 (Oxford 1991).

4) James, schott. Lyriker, * Port Glasgow (Strathclyde Region) 23. 11. 1834, † London 3. 6. 1882. T., der unter dem Pseud. **B. V.** schrieb, den Initialen von Bysshe (zweiter Vorname P. B. SHELLEYS) und Vanolis (Anagramm von NOVALIS), führte ein unstetes Leben, u. a. als Journalist, und war ab 1862 für die Zeitschrift ›National Reformer‹ tätig. Er wurde v. a. bekannt durch die spätromant. visionäre Allegorie des modernen Menschen in ›The city of dreadful night ...‹ (1880), deren Themen die Vereinsamung des Einzelnen und die alptraumhafte Erfahrung der Großstadt sind.

Ausgaben: The poetical works, 2 Bde., hg. v. B. DOBELL (1895). – Nachtstadt u. a. lichtscheue Schr., hg. v. U. HORSTMANN (1992).
I. B. WALKER: J. T. (B. V.) A critical study (Ithaca, N. Y., 1950, Nachdr. Westport, Conn., 1970); K. H. BYRON: The pessimism of J. T. (B. V.) in relation to his times (Den Haag 1965).

5) Sir (seit 1908) **Joseph John,** brit. Physiker, * Cheetham Hill (heute zu Manchester) 18. 12. 1856, † Cambridge 30. 8. 1940, Vater von 2); ab 1884 Prof. und Direktor am Cavendish Laboratory in Cambridge, ab 1915 Präs. der Royal Society. T. leistete wichtige Beiträge zur Elektrodynamik bewegter Ladungen, wies 1896/97 die elektr. Leitfähigkeit von Gasen in evakuierten Gefäßen unter Röntgenbestrahlung nach, klärte die Natur der dabei auftretenden Kathodenstrahlen als Ströme freier Elektronen auf und bestimmte die elektr. und magnet. Ablenkung der Kathodenstrahlen sowie mit J. S. E. TOWNSEND das Verhältnis von Masse zu Ladung der Elektronen. Der Nachweis von Elektronen in Atomen führte T. und W. THOMSON 1898 zu dem nach ihnen benannten →Atommodell. 1899 wies T. gleichzeitig mit P. LENARD nach, dass auch beim Photo- und beim glühelektr. Effekt Elektronen emittiert werden. Er gab Anstoß zur Entwicklung der Nebelkammer durch C. T. R. WILSON und der Massenspektroskopie durch F. ASTON, mit dem er 1912 erstmals Isotope beobachtete. 1906 erhielt T. für seine Untersuchungen der elektr. Leitungsmechanismen den Nobelpreis für Physik.

Werke: Application of dynamics to physics and chemistry (1888); Notes on recent researches in electricity and magnetism (1893); A textbook of physics, 16 Tle. (1899–1914, mit J. H. POYNTING); Conduction of electricity through gases (1903; dt. Elektrizitäts-Durchgang in Gasen, mit G. P. THOMSON); Electricity and matter (1904; dt. Elektrizität u. Materie); The corpuscular theory of matter (1907; dt. Die Korpuskulartheorie der Materie); Rays of positive electricity and their application to chemical analysis (1913); The atomic theory (1914); Recollections and reflections (1936, Autobiogr.).

R. J. RAYLEIGH: The life of Sir J. J. T., O. M. Sometime master of Trinity College Cambridge (Cambridge 1942, Nachdr. London 1969); J. G. CROWTHER: British scientists of the twentieth century (London 1952); G. P. THOMSON: J. J. T. and the Cavendish Laboratory in his day (London 1964, Nachdr. ebd. 1967).

6) Sir (seit 1866) **William, Lord Kelvin of Largs** [- əv lɑːgz] (seit 1892), brit. Physiker, * Belfast 26. 6. 1824, † Nethergall (bei Largs, Strathclyde Region) 17. 12. 1907; ab 1846 Prof. für theoret. Physik in Glasgow. Seine Hauptforschungsgebiete waren die Elektrophysik und die Thermodynamik, daneben leistete er bedeutsame Beiträge zur Elastizitätslehre, Hydrodynamik, Geophysik und förderte die beginnende Elektrotechnik, v. a. die Unterwassertelegrafie. 1848 gab T., ausgehend vom Carnot-Prozess, eine von der Temperatur unabhängige Definition der Temperatur und kam neben R. J. E. CLAUSIUS zu eigenen Formulierungen der beiden Hauptsätze der Thermodynamik. Die absolute Temperatur wird heute in Kelvin angegeben. Mit J. P. JOULE entdeckte T. 1853 den Joule-Thomson-Effekt und 1856 den thermoelektr. Thomson-Effekt. T. erfand und verbesserte auch zahlr. Messverfahren und Geräte, u. a. die T.-Brücke.

Werke: Treatise on natural philosophy (1867; dt. Hb. der theoret. Physik, 2 Tle., mit P. G. TAIT); Reprint of papers on electrostatics and magnetism (1872); Mathematical and physical papers, 6 Bde. (1882–1911); Popular lectures and addresses, 3 Bde. (1889); Baltimore lectures on molecular dynamics and the wave theory of light (1904; dt. Vorlesungen über Molekulardynamik u. die Theorie des Lichts).

A. GRAY: Lord Kelvin. An account of his scientific life and work (London 1908, Nachdr. New York 1973); S. P. THOMPSON: The life of W. T., Baron Kelvin of Largs, 2 Bde. (London 1910); A. P. YOUNG: Lord Kelvin (ebd. 1948).

Thomson-Brücke ['tɔmsn-; nach W. THOMSON], eine Messschaltung (Brückenschaltung) zum Messen kleiner Widerstände im Bereich von $10^{-7}\,\Omega$ bis $10\,\Omega$. Dabei gehen Leitungs- und Übergangswiderstände nicht in das Messergebnis ein.

Thomson-Effekt ['tɔmsn-; nach W. THOMSON], *Physik:* 1) ein longitudinaler →galvanomagnetischer Effekt, der sich als Widerstandsänderung eines Leiters zeigt, wenn dieser in ein Magnetfeld eingebracht wird, das senkrecht zur Stromrichtung orientiert ist; 2) →thermoelektrische Effekte.

Thomson-Formel ['tɔmsn-; nach W. THOMSON], **thomsonsche Schwingungsgleichung,** der Zusammenhang zw. der Induktivität L, der Kapazität C und der Resonanzfrequenz f_0 bzw. der Resonanz-Kreisfrequenz ω_0 bei einem →Schwingkreis:
$$\omega_0 = 2\pi f_0 = 1/\sqrt{LC}.$$

Thomsongazelle (Kopf-Rumpf-Länge 80–110 cm, Schwanzlänge 19–27 cm)

Thomsongazelle ['tɔmsn-; nach dem brit. Entdecker JOSEPH THOMSON, * 1858, † 1895], **Gazẹlla thomsoni,** in den Steppen O-Afrikas beheimatete Art der Gazellen, oberseits mit rötlich bis gelbbraunem Fell, von der weißen Bauchseite durch ein breites, schwarzes Flankenband abgesetzt; Gesicht schwarzweiß gezeichnet. T. ernähren sich bevorzugt von grünen Pflanzen; daher unternehmen sie – in Abhängigkeit von den Trocken- und Regenzeiten – Wanderungen innerhalb ihres Verbreitungsgebietes, während derer sich vorübergehend Herden von mehreren Tausend Tieren bilden können.

Thomson-Gleichungen ['tɔmsn-], →thermoelektrische Effekte.

Thomson-Gruppe, The Thomson Corporation [ðə 'tɔmsn kɔːpəˈreɪʃn], kanadisch-brit. Medienkonzern, aufgebaut nach dem Ersten Weltkrieg von Lord ROY HERBERT THOMSON OF FLEET (* 1894, † 1976), mit Zeitungs-, Zeitschriften- und Buchverlagen, Druckereien u. a.; Sitz: Toronto. The Thomson Corp.

Thomson-Brücke: Schaltschema; R_x der unbekannte Widerstand, R_v fester Vergleichswiderstand, R_1 und R_2 sowie R_3 und R_4 verstellbare Widerstände

Eduard Thöny: Umwertung; ›Muatta, zum Ackern muß i di einspanna. Der Ochs ist z'viel Geld wert und der Gaul erst recht‹; Titelblatt des ›Simplicissimus‹, Jahrgang 24, 1919, Heft 30

wurde 1963 als Dachunternehmen aller Gesellschaften gegründet. KENNETH ROY THOMSON (* 1923) verkaufte 1981 die traditionsreichen engl. Zeitungen ›The Sunday Times‹ und ›The Times‹ wegen hoher Verluste, begleitet von Streiks und einer elfmonatigen Schließung der Zeitungen, an R. K. MURDOCH. In den 1990er-Jahren verkaufte die T.-G. weitere Zeitungen in Kanada und den USA und verlegte ihre weltweiten Aktivitäten zunehmend in den Bereich der Finanz- und Fachinformationen, Lehrbuch- und Wissenschaftsverlage (International Thomson Publishing) sowie in die Tourismusbranche (Reisebüros, Britannia Airways). Umsatz im Mediensektor (1995): 6,95 Mrd. DM, Beschäftigte: 32 700.

Thomson S. A. [tɔmˈsɔn sɔsjeˈte anɔˈnim], Unternehmen der elektron. und elektrotechn. Industrie, gegr. 1893 als Compagnie Française Thomson Houston; Sitz: Paris. Das Produktionsprogramm umfasst v. a. Unterhaltungselektronik (Fernseher, Video, Hifi) der Marken RCA, GE, ProScan, Telefunken, Saba, Thomson, Ferguson, Brandt. Umsatz (1997): 38,08 Mrd. FF, rd. 50 000 Beschäftigte.

Thomson-Streuung [ˈtɔmsn-; nach J. J. THOMSON], die klass. Streuung elektromagnet. Strahlung an einem Elektron, der Grenzfall der Compton-Streuung (→Compton-Effekt) für im Vergleich zur Ruheenergie $m_e c^2$ des Elektrons kleine Photonenenergien $h\nu$ (h plancksches Wirkungsquantum, ν Frequenz der Strahlung, m_e Ruhemasse des Elektrons, c Lichtgeschwindigkeit). In diesem Grenzfall ist die Frequenz der gestreuten Strahlung gleich der der ungestreuten (bzw. die Energie des gestreuten Photons gleich der des einfallenden). Für den differenziellen Wirkungsquerschnitt $d\sigma/d\Omega$ der T.-S. in den Winkel ϑ bezüglich der Einfallsrichtung folgt daraus aus der →Klein-Nishina-Formel: $d\sigma/d\Omega = r_e^2 (1 + \cos^2 \vartheta)/2$. Dabei ist $r_e = 2,8 \cdot 10^{-15}$ m der klass. →Elektronenradius.

Thon, Ton, K o n s t a n t i n Andrejewitsch, russ. Architekt, *Sankt Petersburg 6. 11. 1794, †ebd. 6. 2. 1881; entwickelte einen historisierenden ›pseudoruss.‹ Stil, der für die Staatsbauten der Zeit NIKOLAUS' I. verbindlich wurde.

Werke (alle Moskau): Erlöserkathedrale (1839–83, 1931 gesprengt, 1997 als Kopie neu errichtet); Großer Kremlpalast (1838–49); Rüstkammer des Kreml (Oruschejnaja Palata, 1844–51).

Thon Buri, Stadtteil von Bangkok, Thailand, am rechten Ufer des Menam, (1970) rd. 630 000 Ew., war bis 1973 selbstständige Stadt. – Tempel Wat Arun, begonnen 1792; seine Oberfläche besteht aus schimmernden Porzellan- und Keramikscherben. (BILD →thailändische Kunst)

Thonet, Michael, Tischler und Industrieller, *Boppard 2. 7. 1796, †Wien 3. 3. 1871; ihm gelang 1830 die Erfindung, Holz im Dampf zu biegen. Seit 1842 in Wien, stellte er nach diesem Verfahren Stühle (seit 1861 auch Schaukelstühle) her, die weltbekannt und in riesigen Stückzahlen verkauft wurden. 1889 wurde in Frankenberg (Eder) von den Gebrüdern T. eine weitere Firma gegründet, die noch heute besteht und ein Stuhlmuseum unterhält. (Weiteres BILD →Bugholzmöbel)

K. MANG: T.-Bugholzmöbel (Wien ²1982); A. VON VEGESACK: M. T., Leben u. Werk. Ein Katalogbuch des Museums der Stadt Boppard u. des Landesmuseums Koblenz (1987); T. – Biegen oder Brechen, hg. v. U. LÖBER, Ausst.-Kat. Landesmuseum Koblenz (1996).

Thonga, Gruppe von Bantuvölkern, →Tsonga.

Thonon-les-Bains [tɔnɔ̃lɛˈbɛ̃], Stadt im Dép. Haute-Savoie, Frankreich, am S-Ufer des Genfer Sees, 29 700 Ew.; Volkskundemuseum des Chablais; Sommerfrische und Heilbad (Behandlung von Nierenleiden); Elektro-, Papier- und Nahrungsmittelindustrie. – Die Kirche Saint-Hippolyte (bereits um 1136 erwähnt) wurde im 17. Jh. erneuert, daneben steht die neugot. Basilika Saint-François-de-Sales (1890–1930), mit Wandgemälden von M. DENIS (1945). Am Hafen liegt das Schloss von Montjoux (14. Jh.), 6 km entfernt am Seeufer Schloss Ripaille (15.–18. Jh.), wohin sich AMADEUS VIII. von Savoyen 1434 zurückzog und für sich und sechs Kavaliere je einen Turm errichten ließ (vier davon sind erhalten).

Thöny, 1) Eduard, Zeichner und Maler, *Brixen 9. 2. 1866, †Holzhausen (heute zu Utting a. Ammersee) 26. 7. 1950; ab 1897 Mitarbeiter des ›Simplicissimus‹; schilderte karikierend die elegante Gesellschaft, bes. dt. Offiziere, sowie das bayerische bäuerl. Milieu.

E. T., bearb. v. D. VON KESSEL-THÖNY, Ausst.-Kat. (1986).

2) Wilhelm, österr. Maler, *Graz 10. 2. 1888, †New York 1. 5. 1949; übersiedelte nach einem Parisaufenthalt (1931–38) nach New York; malte Landschaften, Städte- und Figurenbilder sowie Porträts in einem spätimpressionistisch-expressiven Stil; schuf auch Buchillustrationen.

W. T. Porträt eines Einzelgängers, Beitr. v. WIELAND SCHMIED u. a. (Salzburg 1976).

Thor, german. Gott, →Donar.

Thor [θɔː], 1955–59 entwickelte amerikan. einstufige militär. Mittelstrecken-Flüssigkeitsrakete, schon früh als Unterstufe von Trägerraketen verwendet, z. B. T.-Able, T.-Agena und T.-Delta (→Delta).

Thora [ˈtoːra, toˈraː, hebr.] die, -, **Tora,** zentraler Begriff des Judentums, der in mehrfachem Sinn verstanden werden kann: 1) allg. Weisung, Lehre (→Gesetz); i. e. S. die priesterl. Anweisung; 2) als **Sefer T.** (Buch bzw. Rolle der T.) Bez. für die fünf Bücher Mose (→Pentateuch), entweder in normaler Buchform oder – für die liturg. Lesung im Synagogengottesdienst – als Buchrolle (geschrieben nach bestimmten Schreibvorschriften), die in der Synagoge im →Thoraschrein aufbewahrt wird; 3) die verbindl. Offenbarung, die MOSE am Sinai empfangen hat. Im rabbin. Judentum wird dabei unterschieden zw. den gesetzl. Inhalten (613 Gebote und Verbote) des Pentateuchs als ›schriftl. T.‹ und der in →Mischna und →Talmud enthaltenen ›mündl. T.‹; die Gesamtheit von ›schriftl. T.‹ und ›mündl. T.‹ macht die jüd. Gesetzesüberlieferung aus, die →Halacha. T. bedeutet dabei das ›Gesetz‹ (griech. ›nomos‹) schlechthin, zugleich aber

Michael Thonet: Bugholzstuhl (Wiener Kaffeehausstuhl)

Weltgesetz und Schöpfungsplan Gottes; von dieser umfassenden theolog. Weltsicht ist die T.-Frömmigkeit bestimmt. Im Reformjudentum wurde der Akzent vom gesetzl. auf den eth. Aspekt der T. verlagert. (Weiteres BILD →jüdische Kunst)

JOHANN MAIER: Zw. den Testamenten (1990); DERS.: Gesch. der jüd. Religion (²1992); F. AVEMARIE: Tora u. Leben. Unterss. zur Heilsbedeutung der Tora in der frühen rabbin. Lit. (1996). – Weitere Literatur →Pentateuch.

Thora: Verlesung der Thora aus einer Thorarolle

thorakal, *Anatomie:* den Thorax betreffend.

Thorakal|atmung, die →Brustatmung.

Thorakos|kopie [zu griech. thốrax, thốrakos ›Brust‹ und skopeīn ›betrachten‹] *die, -/...'pi|en,* endoskop. Untersuchung der Brusthöhle mit dem **Thorakoskop,** einem Spezialendoskop, das in örtl. Betäubung oder Narkose durch die Brustwand eingeführt wird; dient zur Gewebeentnahme von Brustfell und Lungenoberfläche für histolog., zytolog. oder bakteriolog. Untersuchungen sowie zur Durchführung kleinerer Operationen.

Thorakotomie [zu griech. thốrax, thốrakos ›Brust‹ und tomē ›das Schneiden‹, ›der Schnitt‹] *die, -/...'mi|en,* operative Eröffnung der Brusthöhle.

Thórarensen ['θɔυrarɛnsɛn], Bjarni Vigfússon, isländ. Schriftsteller, * Brautarholt 30. 12. 1786, † Möðruvellir 24. 8. 1841; lernte in Kopenhagen, wo er studierte, die nord. Romantik kennen (v. a. A. G. OEHLENSCHLÄGER); im Geist der Romantik schrieb er 18-jährig das Gedicht ›Eldgamla Ísafold‹ (Uraltes Island), das Natur und Menschen Islands besingt und Islands erste Nationalhymne wurde. T. gilt als erster bedeutender Dichter der neueren Zeit auf Island.

Ausgabe: Ljóðmæli, hg. v. J. HELGASON, 2 Bde. (1935).

Thórarinsson ['θɔυrarɪnsɔn], Sigurður, isländ. Geologe und Geograph, * Vopnafjörður 8. 1. 1912, † Reykjavík 9. 2. 1983; seit 1969 Prof. für Geologie und Geographie in Reykjavík; veröffentlichte vielseitige Studien zum Vulkanismus.

Werke: Tefrokronologiska studier på Island (1944); The thousand years struggle against ice and fire (1956); Surtsey (1964; dt.); The eruption of Hekla in historical times (1967); Hekla (1970); Vötnin strið (1974).

Thoraschrein, hebr. **Aron ha-kodesch,** der vielfach künstlerisch reich geschmückte Aufbewahrungsort der Thora in der Synagoge. Er befindet sich i. d. R. an der Jerusalem zugekehrten Wand und repräsentiert symbolisch das Allerheiligste des Tempels. (→Bundeslade)

Thorax [griech. ›Brust(panzer)‹] *der, -(es)/-e* und *...'races, der* →Brustkorb beim Menschen und bei Wirbeltieren; bei Insekten das aus drei Rumpfsegmenten bestehende **Bruststück,** das Beine und ggf. Flügel trägt.

Thorbecke, 1) Franz, Geograph, * Heidelberg 8. 11. 1875, † Winterstein (Landkreis Gotha) 19. 8. 1945; reiste 1907–09 und 1911–13 in Kamerun; wurde 1917 Prof. in Köln.

Werk: Im Hochland von Mittel-Kamerun, 5 Tle. (1914–51).

2) ['tɔːrbekə], Johan Rudolf, niederländ. Politiker, * Zwolle 14. 1. 1798, † Den Haag 4. 6. 1872; wandte sich 1824 unter dem Eindruck der autoritären Reg. König WILHELMS I. dem Liberalismus zu und wurde einer der Führer der liberalen Reformpartei. Ab 1844 gehörte er der Zweiten Kammer an; 1848 berief ihn König WILHELM II. zum Vors. der Verfassungskommission, die die Verf. von 1848, größtenteils das Werk T.s, ausarbeitete. Des Weiteren bestimmte er als Reg.-Chef (1849–53, 1862–66, 1871–72) wesentlich die Umgestaltung der Niederlande in eine konstitutionelle Monarchie nach brit. Vorbild.

Thórðarson ['θɔυrðarsɔn], Thórbergur, **Þórbergur Þórðarson,** isländ. Schriftsteller, * Hala (Distrikt Skaftafell) 12. 3. 1889, † Reykjavík 12. 11. 1974; Bauernsohn, zunächst Seemann, studierte Philologie und wurde Lehrer, wegen radikaler polit. Haltung entlassen, danach freier Schriftsteller, Wegbereiter der modernen Lit. in Island; in seinem bahnbrechenden ersten Prosawerk ›Bréf til Láru‹ (Brief an Laura, 1924) setzt er sich mit den geistigen Strömungen in Island kritisch auseinander.

Thoreau [θəˈrəʊ], Henry David, amerikan. Schriftsteller, * Concord (Mass.) 12. 7. 1817, † ebd. 6. 5. 1862; studierte 1833–37 an der Harvard University, war danach zeitweise u. a. als Lehrer an der Schule seines Bruders und als Landvermesser tätig. Eng befreundet mit R. W. EMERSON, bei dem er 1841–43 wohnte, wurde er im Kreis der Transzendentalisten (→Transzendentalismus) aktiv. Bekannt wurde T. v. a. mit seinem Buch ›Walden. Or, Life in the woods‹ (1854; dt. ›Walden‹), das auf seinen Erfahrungen am Waldenteich bei Concord beruht, wo er 1845–47 in einer selbst erbauten Blockhütte lebte. In diesem eindringl., Naturschilderung mit z. T. iron. Betrachtungen verbindenden Werk entwirft T. die Vision eines selbstgenügsamen, auf eigener Kraft beruhenden Lebens im Einklang mit der Natur und ihren göttl. Gesetzen. Auf der Grundlage dieser Vision und seines radikalen Individualismus übt T. in ›Walden‹ sowie in Reden und Essays scharfe Kritik am kapitalist. Materialismus und an gesellschaftl. Institutionen (Staat, Kirche, Armee, Steuersystem). In seinem Essay ›Resistance to civil government‹ (1849; dt. ›Widerstand gegen die Regierung‹; 1848 als Vortrag u. d. T. ›The relation of the individual to the state‹, 1866 u. d. T. ›Civil disobedience‹) will T. den Einzelnen zum passiven Widerstand gegen als unmoralisch bewertete staatl. Maßnahmen verpflichten. T. erreichte eine starke Wirkung, bis hin zu L. N. TOLSTOJ, M. K. GANDHI, M. L. KING und der student. Protestbewegung Ende der 1960er-Jahre. T. trat in Reden und Aufsätzen entschieden gegen die Sklaverei auf (›Slavery in Massachusetts‹, 1854). Seine naturreligiöse Philosophie äußert sich auch in seinen umfangreichen Tagebüchern und in den Beschreibungen seiner Exkursionen in Neuengland (›A week on the Concord and Merrimack rivers‹, 1849; ›Excursions‹, 1863).

Weitere Werke: Berichte: Cape Cod (1865); A yankee in Canada (1866).

Ausgaben: The journal, hg. v. B. TORREY u. a. (1906, Nachdr. 1984); The writings, hg. v. DEMS., 20 Bde. (1906, Nachdr. 1968); The correspondence, hg. v. W. HARDING u. a. (1958, Nachdr. 1974); Collected poems, hg. v. C. BODE (Neuausg. 1969); The writings, hg. v. W. L. HOWARTH, auf zahlr. Bde. ber. (1971 ff.). – Aus den Tagebüchern 1837–1861, hg. v. S. SCHAUP (1996).

H. S. CANBY: T. (Boston, Mass., 1939, Nachdr. Gloucester, Mass., 1965); J. W. KRUTCH: H. D. T. (Neuausg. Westport, Conn., 1976); W. L. HOWARTH: The book of Concord. T.'s life

Henry David Thoreau

as a writer (Harmondsworth 1983); H. D. T., hg. v. H. BLOOM (New York 1987); R. J. SCHNEIDER: H. D. T. (Boston, Mass., 1987); S. CAVELL: The senses of Walden (Neuausg. Chicago, Ill., 1992); H.-D. u. H. KLUMPJAN: H. D. T. (8.-9. Tsd. 1992); R. K. MCGREGOR: A wider view of the universe. H. T.'s study of nature (Urbana, Ill., 1997); DIETER SCHULZ: Amerikan. Transzendentalismus. Ralph Waldo Emerson, H. D. T., Margaret Fuller (1997).

Thorenburg, Stadt in Rumänien, →Turda.

Thorex-Verfahren [Thorex Kw. aus engl. **Thor**ium recovery by **ex**traction ›Thoriumaufarbeitung durch Extraktion‹], Verfahren zur Wiederaufarbeitung von Kernbrennstoffen, die angereichertes Uran und Thorium enthalten. Die ausgedienten Brennstäbe werden demontiert, ihr Inhalt wird chemisch aufgelöst, anschließend werden Thorium und Uran mit Tributylphosphat extrahiert.

Thorez [tɔˈrɛːz], Maurice, frz. Politiker, * Noyelles-Godault (Dép. Pas-de-Calais) 28. 4. 1900, † während einer Schiffsreise im Schwarzen Meer 11. 7. 1964; Berg-, später Bauarbeiter, trat 1920 von der Section Française de l'Ouvrière (SFIO) zum Parti Communiste Français (PCF) über, wurde 1924 Mitgl. des Zentralkomitees, 1925 des Politbüros des PCF. Ab 1928 Mitgl. des Exekutivkomitees, ab 1931 im Präsidium der Kommunist. Internationale (Komintern). Ab 1930 Gen.-Sekr. seiner Partei, richtete er diese ganz auf die von STALIN bestimmte Generallinie der kommunist. Bewegung aus. 1932–39 Abg.; wurde zu einem Verfechter der Volksfront. 1939 legte er den PCF auf die Ablehnung des Krieges gegen Dtl. fest. Ab Ende 1939 in der UdSSR – in Frankreich inzwischen wegen Fahnenflucht verurteilt –, wirkte T. 1943 an der Auflösung der Komintern mit. Im November 1944 nach Frankreich zurückgekehrt und begnadigt, war er 1945/46 Mitgl. beider Konstituanten, 1946–64 Abg. in der Nationalversammlung. 1945/46 in mehreren Reg. Staats-Min. und stellv. Min.-Präs., ab Januar 1947 bis zum Ausschluss der kommunist. Min. aus der Reg. Ramadier stellv. Min.-Präs. In der Opposition vertrat T. einen prosowjet. Kurs. 1964 trat T. als Gen.-Sekr. zurück und wurde zum Präs. des PCF gewählt.

Schriften: Fils du peuple (1937; dt. Ein Sohn des Volkes); Une politique de grandeur française (1945).
P. ROBRIEUX: M. T. Vie secrète et vie publique (Paris 1975).

Thorgud Reis, türk. Heerführer, →Dragut.

Thorianit [zu Thorium] *der, -s/-e,* schwarzes, angewittert graues bis rötlich braunes, stark radioaktives, kub. Mineral der chem. Zusammensetzung $(Th, U)O_2$, isotyp mit Uraninit; Härte nach MOHS 6,5, Dichte 9,7 g/cm³; eingewachsene Kristalle in Pegmatiten oder lose, abgerollte Massen in Flussseifen; Vorkommen in Sri Lanka, Madagaskar, Sibirien, USA (Pennsylvania).

Thorikon, Ort an der O-Küste Attikas bei Laurion, Griechenland, 200 Ew., mit Resten der antiken Stadt T. (auch **Thorikos**). Siedlungsspuren reichen mindestens bis in mittelhellad. und myken. Zeit zurück; auf der Akropolis befinden sich myken. Kuppelgräber des 16./15. Jh. v. Chr.; am W-Hang wurde ein Stollen aus frühhellad. Zeit entdeckt (Silbererzbergbau). In der klass. Zeit Griechenlands war T. ein Zentrum für Erzaufbereitung des umliegenden Bergwerkgebietes. Ausgrabungen legten ein Theater (6. und 4. Jh. v. Chr.), Werkstätten, Wohnhäuser, Erzwäschereien sowie Reste von Stadtmauer und Hafenanlagen frei.

Thorild [ˈtuːrild], Thomas, eigtl. **T. Thorén** [tuˈreːn], schwed. Schriftsteller, * Svarteborg (Verw.-Bez. Göteborg und Bohus) 18. 4. 1759, † Greifswald 1. 10. 1808; studierte Jura in Lund und Uppsala, hielt sich 1788–90 in England auf; setzte sich für die Frz. Revolution und die Aufhebung aller Standesprivilegien ein und wurde 1792 des Landes verwiesen; ab 1795 Bibliothekar und Prof. für schwed. Literatur in Greifswald (das damals schwedisch war). Als Hauptvertreter des schwed. Sturm und Drang wandte sich T. gegen den formalen Zwang des frz. Klassizismus.

Werke: *Lyrik:* Passionerna (1785). – *Essays:* Om qvinnokönets naturliga höghet (1793); Rätt, eller alla samhällens eviga lag, 4 Tle. (1794–95).
Ausgabe: Samlade skrifter, hg. v. S. ARVIDSON u. a., auf zahlr. Bde. ber. (1933 ff.).

Thorit [zu Thorium] *der, -s/-e,* schwarzes bis dunkelbraunes, radioaktives, tetragonales Mineral der chem. Zusammensetzung $ThSiO_4$, kann bis zu 20% U_3O_8 enthalten; Härte nach MOHS 4,5–5, Dichte 4,4–4,8 g/cm³; eingesprengte Kristalle in Granitpegmatiten (z. B. in Norwegen, New Mexico/USA, Madagaskar) oder lose in Zinnseifen.

Thorium		
chem. Symbol:	Ordnungszahl	90
	relative Atommasse	232,0381
	Häufigkeit in der Erdrinde	0,0011 %
Th	natürliche Isotope (mit Anteil in %)	^{232}Th (100)
	radioaktive Isotope	^{212}Th bis ^{236}Th
	längste Halbwertszeiten	
	(^{230}Th)	$7{,}54 \cdot 10^4$ Jahre
	(^{229}Th)	$7{,}9 \cdot 10^3$ Jahre
	(^{228}Th)	1,913 Jahre
	Dichte	11,71 g/cm³
	Schmelzpunkt	1750 °C
	Siedepunkt	4788 °C
	Schmelzwärme	82,88 kJ/kg
	spezifische Wärmekapazität (bei 25 °C)	0,113 J/(g · K)
	elektrische Leitfähigkeit (bei 0 °C)	$7{,}69 \cdot 10^6$ S/m
	Wärmeleitfähigkeit (bei 27 °C)	54 W/(m · K)

Thorium [nach dem altgerman. Gott Thor] *das, -s,* chem. Symbol **Th,** ein →chemisches Element aus der Reihe der →Actinoide im Periodensystem der chem. Elemente. T. ist ein radioaktives, ziemlich weiches und dehnbares, weiß glänzendes Schwermetall, das an der Luft rasch grauschwarz anläuft. Beim Erhitzen verbrennt es unter starker Wärmeentwicklung zu T.-Dioxid, ThO_2. Von Wasser wird T. (auch beim Erwärmen) nur wenig angegriffen. In seinem chem. Verhalten ähnelt das T. dem Zirkonium und den Elementen aus der Reihe der Actinoide. Natürlich vorkommendes T. besteht fast ausschließlich aus dem T.-Isotop ^{232}Th, das als Anfangsglied der **T.-Zerfallsreihe** mit einer Halbwertszeit von $1{,}4 \cdot 10^{10}$ Jahren als α-Strahler zerfällt; Endglied ist das Bleiisotop ^{208}Pb (früher auch **T.-Blei** gen., Symbol **ThD**). Andere natürl. T.-Isotope treten in den natürl. radioaktiven Zerfallsreihen auf (→Radioaktivität, ÜBERSICHT): ^{234}Th, ^{230}Th (in der Uran-Radium-Reihe), ^{228}Th (in der T.-Reihe), ^{231}Th, ^{227}Th (in der Uran-Actinium-Reihe).

T. kommt in zahlr. Mineralen meist vergesellschaftet mit Uran oder Seltenerdmetallen vor. Einen bes. hohen Gehalt an T. hat das Mineral →Thorianit; für die Gewinnung von T. haben →Thorit und bes. →Monazit (und Cheralith) sowie auch →Thucholith Bedeutung. Zur Gewinnung von T. werden die aufbereiteten Erze zunächst mit Schwefelsäure oder Natronlauge aufgeschlossen und dann durch Fällungsreaktionen in T.-Konzentrate überführt. Zur Abtrennung von den noch erhaltenen Seltenerdmetallen werden die Konzentrate in Salpetersäure gelöst und das T.-Tetranitrat, $Th(NO_3)_4$, durch Flüssig-flüssig-Extraktion (meist mit Tributylphosphat z. B. in Kerosin) isoliert. Aus den gereinigten T.-Nitrat-Lösungen werden über mehrere Reaktionsschritte das T.-Tetrafluorid, ThF_4, oder das T.-Tetrachlorid, $ThCl_4$, hergestellt, die mit Calcium bzw. Magnesium zum Metall reduziert werden. Bes. reines T. wird durch therm. Zersetzung (Aufwachsverfahren) von T.-Tetrajodid, ThJ_4, oder auch durch Schmelzflusselektrolyse von T.-Tetrachlorid in einem Schmelzbad aus Natriumchlorid (oder Natrium-/Kaliumchlorid) gewonnen.

Thor Thorium-Hochtemperaturreaktor – Thorn

Thorn 1): Blick über die Weichsel auf die Stadt, in der Bildmitte die Kirche St. Johannes

Verwendung findet metall. T. u. a. zur Herstellung spezieller Legierungen, z. B. für die Raketentechnik, von einigen Katalysatoren, z. B. für die Ammoniakverbrennung, und als Getter in der Vakuumtechnik. In der Kerntechnik besitzt T. Bedeutung als Kernbrennstoff und Brutstoff (→Brüten). Der größte Teil des T. wird in Form von T.-Dioxid als hochtemperaturfestes und chemisch resistentes keram. Material zur Herstellung u. a. von Schmelztiegeln für die Feinmetallurgie und für das chem. Laboratorium, zur Herstellung von Glühstrümpfen (→Gasbeleuchtung), als Zusatz zu Spezialgläsern für elektr. Entladungsgefäße sowie als Katalysator für Hydrierungs- und Dehydrierungsreaktionen verwendet.

T. wurde 1828 von J. J. VON BERZELIUS in einem (später Thorit genannten) norweg. Mineral entdeckt.

Thorium-Hochtemperatur|reaktor, Abk. **THTR,** ein mit Thorium als Brennstoff betriebener Hochtemperaturreaktor (→Kernreaktor). Der THTR-300 in Uentrop (Leistung 300 MW), erster großtechn. Hochtemperaturreaktor in Dtl., wurde 1988/89 wegen Sicherheitsbedenken und mangelnder Wirtschaftlichkeit stillgelegt. (→Kernenergie)

Thoriumreihe, Thoriumzerfallsreihe, →Radioaktivität.

Thoriumverbindungen. Thorium tritt in seinen Verbindungen fast ausschließlich mit der Oxidationszahl +4, selten mit den Oxidationszahlen +3 und +2 auf. – Weitaus die wichtigste Verbindung ist das **Thoriumdioxid,** ThO_2, eine weiße, pulverige Substanz (Schmelzpunkt etwa 3 200 °C), die sich beim Glühen der meisten Thoriumsalze (Thoriumtetranitrat, Thoriumoxalat usw.) bildet (Verwendung: →Thorium). – Unter den Salzen des Thoriums ist z. B. das **Thoriumtetranitrat,** $Th(NO_3)_4$, zu nennen, eine farblose, kristalline Substanz, die mehrere Hydrate bildet. Thoriumtetranitrat ist Zwischenprodukt bei der Gewinnung von reinem Thorium und bei der Herstellung von Gasglühkörpern (→Gasbeleuchtung).

Thorn, poln. **Toruń** ['tɔruɪn], 1) Hauptstadt der Wwschaft T. (Toruń), Polen, 50 m ü. M., beiderseits der unteren Weichsel, 204 300 Ew.; N.-Kopernikus-Univ. (1945 gegr.), Teile der Poln. Akad. der Wiss.en, Offiziershochschule, Regional-, Volkskunde-, Kopernikus-, Ostasiat. Museum, zwei Theater. Die vielseitige Industrie umfaßt Chemiefaserwerke, Kunstdüngerfabrik, Nahrungs- und Genussmittelindustrie (traditionelle Pfefferkuchenbäckerei), Maschinenbau, Betriebe der Elektrotechnik und Elektronik sowie des Textil-, Metall- und Baustoffsektors. T. ist ein wichtiger Verkehrsknotenpunkt mit Flusshafen sowie Anziehungspunkt des Fremdenverkehrs. – Trotz der Veränderungen beim Ausbau im 19. Jh. konnte T. sein altes Stadtbild bewahren. Erhalten blieben Teile der Backsteinstadtmauer (13.-15. Jh.) mit Türmen (u. a. Schiefer Turm, 14. Jh.) und Toren (Klostertor, Anfang 14. Jh., Brückentor, 1432, Seglertor, 1. Hälfte 14. Jh.), der mächtige Dansker (13./14. Jh.) der 1454 zerstörten Burg des Dt. Ordens, das got. Altstädter Kauf- und Rathaus (1393 ff., 1602/03 umgebaut, heute Regionalmuseum) mit dem Turm von 1274 (1385 erhöht), got. Bürgerhäuser (14./15. Jh.) und die Kirchen St. Johannes (got. Halle, nach 1250, Sakristei 1410-20; Innenausstattung 14.-18. Jh.), St. Jakob (got. Basilika, 1309-50, Kapellen 1359-1424; got. Fresken und Plastiken, barocker Hochaltar) und St. Marien (14. Jh.; Fresken aus dem 14. Jh., Skulpturen, frühbarocke Grabkapelle der ANNA WASA, *1568, †1625, der Schwester von König SIGISMUND III. von Polen, 1636). Aus der Barockzeit erhalten sind ferner die Heiliggeistkirche (1735-56), mehrere Patrizierhäuser mit reichem Stuckdekor und der ehem. Palast der Bischöfe von Kujawien (1693). Das klassizist. Zeughaus von 1824 ist heute Museum; 1853 wurde das Denkmal für N. KOPERNIKUS, der in T. geboren wurde, errichtet; 1904 entstand das Theater (Entwurf: F. FELLNER und H. HELMER). – T. wurde 1231 als erster Stützpunkt des Dt. Ordens im Culmer Land am rechten Weichselufer angelegt. Die unmittelbar danach gegründete Siedlung bekam 1232 Stadtrecht und wurde (wegen der Überschwemmungsgefahr) 1236 rd. 8 km stromaufwärts an die heutige Stelle verlegt. Die nordöstlich der ›Altstadt‹ entstandene ›Neustadt‹ erhielt 1264 ihre Handfeste, 1454 wurden beide vereinigt. Durch seine verkehrsgünstige Lage entwickelte sich T. rasch zu einer bedeutenden Handelsstadt (Mitgl. der Hanse). Die 1454 an Polen gefallene Stadt errang, ähnlich wie Danzig, eine Sonderstellung. 1558 erhielt T. Religionsfreiheit. Die Bev. bekannte sich überwiegend zum Luthertum. Europaweites Aufsehen erregte das **Thorner Blutgericht** (7. 12. 1724), die Hinrichtung des Bürgermeisters J. G. RÖSSNER und neun weiterer Bürger nach jesuitenfeindl. Ausschreitungen in der Stadt, bei denen das Jesuitenkolleg zerstört worden war. 1793 fiel T. an Preußen und war (ausgenommen 1807-15 während der Zugehörigkeit zum Herzogtum Warschau) eine wichtige Grenzfestung. 1920 kam T. an Polen (Rückgang der dt. Bev. von 66 % [1910] auf rd. 4 % [1931]). 1939-45 gehörte die Stadt zum Reichsgau Danzig-Westpreußen. 1945 kam T. erneut an Polen. – In T. wurden zwei Friedensschlüsse ausgehandelt (→Thorner Frieden).

Thorn 1) Stadtwappen

2) Wwschaft im N Polens, 5348 km², 672300 Einwohner.

Thorn, Gaston, luxemburg. Politiker, *Luxemburg 3. 9. 1928; Rechtsanwalt, ab 1959 Abg. der liberalen Demokrat. Partei, deren Präs. er 1961–80 war; 1959–69 Mitgl. des Europ. Parlaments. Ab 1969 Min. für Äußeres und Außenhandel (bis 1980) sowie für Sport (bis 1977), 1977–80 zugleich Wirtschafts-, 1979/80 Justiz-Min. 1974–79 leitete er als Premier-Min. eine Koalitions-Reg. aus Demokraten und Sozialisten; 1979/80 war er stellv. Reg.-Chef. 1981–84 Präs. der EG-Kommission; 1970–82 Präs. der Liberalen Internationale, 1976–80 Präs. der Föderation liberaler und demokrat. Parteien Europas, 1985–87 Präs. der Europ. Bewegung. 1985 wurde er Generaldirektor des Privatfunksenders Radio Luxemburg (RTL), 1987 Präs. der Konzerndachgesellschaft CLT.

Thorndike ['θɔ:ndaɪk], 1) Edward Lee, amerikan. Psychologe, *Williamsburg (Mass.) 31. 8. 1874, †Montrose (N. Y.) 10. 8. 1949; Schüler von W. JAMES, Prof. an der Columbia University. Er gilt als Vorläufer des →Behaviorismus und prägte den Begriff ›Konnektionismus‹, dem zufolge die Verbindungen zw. Sinneseindruck (Reiz) und Handlungsimpuls (Reaktion) die Grundlage allen Verhaltens bilden. Mit der Verwendung des Problemkäfigs führte er das Tierexperiment in die Lernforschung ein (das in den Käfig gesperrte Tier soll versuchen, einen Mechanismus zu betätigen, der die Tür zum Futter öffnet). Er bewies →Versuch und Irrtum als elementare Prinzipien des Lernens. Gemäß T.s ›Effekt-Gesetz‹ verstärkt Belohnung eine Reiz-Reaktions-Verbindung, während Bestrafung sie abschwächt.

Werke: Animal intelligence (1898); Educational psychology (1903; dt. Psychologie der Erziehung); The fundamentals of learning (1932).

2) Dame (seit 1931) Sybil, engl. Schauspielerin, *Gainsborough (Cty. Lincolnshire) 24. 10. 1882, †London 9. 6. 1976; nach Verpflichtungen in den USA und in Großbritannien 1914–18 Mitgl. des Old Vic Theatre in London, danach an versch. Theatern; gilt als eine der bedeutendsten Tragödinnen.

J. C. TREWIN: S. T. (London 1955).

Thorn-Eberswalder Urstromtal, O-W-gerichtete Talung im östl. Norddt. Tiefland und im Tiefland im N Polens, zw. der Elbe bei Havelberg und der unteren Weichsel. Das dem Pommerschen Stadium zugeordnete Urstromtal wird heute auf weiten Strecken von den Flüssen Brahe, Warthe und Netze, zw. Thorn und Bromberg auch von der Weichsel sowie vom Finow- und vom Oder-Havel-Kanal benutzt.

Thorn EMI plc [θɔ:n i:em'aɪ 'pʌblɪk 'lɪmɪtɪd 'kʌmpəni], brit. Mischkonzern, entstanden 1980 durch Zusammenschluss von Thorn Ltd. (gegr. 1928) und EMI Ltd. (gegr. 1898); Sitz: London. Im August 1996 wurde der Unternehmensbereich Thorn wieder abgetrennt, seitdem firmiert das Unternehmen als **EMI Group plc** mit dem Geschäftsschwerpunkt Tonträger- und Musikproduktion (Labels: Capital Records, Chrysalis, Virgin Music u. a.). Dt. Tochtergesellschaft ist die EMI Electrola GmbH, Köln, entstanden 1972 durch Fusion von Electrola (gegr. 1925) und Carl Lindström AG (gegr. 1904). – Umsatz (1997): 6,53 Mrd. US-$, Beschäftigte: rd. 24500.

Thorner Frieden, zwei Friedensschlüsse zw. dem Dt. Orden und Polen: Im **1. T. F.** vom 1. 2. 1411 gelang es dem Dt. Orden durch das diplomat. Geschick HEINRICHS VON PLAUEN (Hochmeister 1410–13), trotz der vernichtenden Niederlage bei Tannenberg (1410) sein Gebiet bis auf geringe Ausnahmen zu behaupten. Doch führte die an Polen zu zahlende hohe Auslösung der Gefangenen zu Spannungen innerhalb des Ordens und (aufgrund höherer Steuerforderungen) zu Konflikten mit den aufstrebenden preuß. Handelsstädten. – Der **2. T. F.** vom 19. 10. 1466 be-endete die seit 1454 ausgetragenen Kämpfe zw. dem Dt. Orden und dem Preuß. Bund, der sich dem poln. König als Lehnsherrn unterstellt hatte. Der Orden musste Pommerellen, das Culmer Land, das Ermland sowie neben den bereits 1454 abgefallenen Mitgliedern des Preuß. Bundes die Gebiete Elbing, Marienburg, Christburg und Stuhm an die poln. Krone abtreten. Für das verbliebene Land (das östl. Preußen mit Königsberg) musste der Hochmeister die Oberhoheit des poln. Königs anerkennen und diesem einen persönl., allerdings keine Lehnsabhängigkeit begründenden Eid ablegen; zudem wurde der Dt. Orden zur Kriegshilfe verpflichtet.

Die Staatsverträge des Dt. Ordens in Preußen im 15. Jh., hg. v. E. WEISE, Bde. 1 u. 2 (¹⁻²1955-70).

Thornhill ['θɔ:nhɪl], Sir (seit 1720) James, engl. Maler, *Melcombe Regis (Cty. Dorset) 25. 7. 1675, †Thornhill (Cty. Dorset) 13. 5. 1734; entwarf, von PAOLO VERONESE, den Mitgl. der Familie Carracci, N. POUSSIN und C. LEBRUN beeinflusst, barocke Dekorationszyklen.

Werke: Wand- und Deckengemälde der Painted Hall des Greenwich Hospital in London (1707–27, heute Royal Naval College); Kuppelbilder mit Szenen aus dem Leben des Apostels Paulus (1716–19; London, Saint Paul's Cathedral).

Thorn-Prikker, Jan, eigtl. **Johan T. P.,** niederländ. Maler, *Den Haag 5. 6. 1868, †Köln 5. 3. 1932; lehrte ab 1904 in Dtl. (Krefeld, Hagen, Essen, Köln). Außer Gemälden und kunsthandwerkl. Arbeiten schuf er in einer vor Jugendstil und Symbolismus ausgehenden Formensprache monumentale Wandbilder, Mosaiken und bes. Glasmalereien, die zur Erneuerung der christl. Kunst beitrugen.

P. WEMBER: Johan T. P. Glasfenster, Wandbilder, Ornamente 1891–1932 (1966); J. L. WEX: J. T. P., Abstraktion u. Konkretion in freier u. angewandter Kunst (Diss. Bochum 1984).

Gaston Thorn

Jan Thorn-Prikker: Kreuzabnahme; 1892 (Otterloo, Rijksmuseum Kröller-Müller)

Thoroddsen ['θɔ:rɔdsɛn], Jón Þórðarson, isländ. Schriftsteller, *Reykhólar 5. 10. 1818, †Leirá 8. 3. 1868; schuf mit der Schilderung aus dem Volksleben ›Piltur og stúlka‹ (1850; dt. ›Jüngling und Mädchen‹) den ersten neuisländ. Roman.

Ausgabe: Skáldsögur, hg. v. J. S. ÞORSTEINSSON, 2 Bde. (1942).

Thóroddsen ['θoʊrɔdsɛn], Thorvaldur, Islandforscher, *auf Flatey (NW-Island) 6. 6. 1855, †Kopenhagen 28. 9. 1921; 1885–95 Gymnasiallehrer in Reykjavík, danach Privatgelehrter in Kopenhagen, ab 1902 Prof. an der Universität.

Werke: Landfræðisaga, 4 Bde. (1892–1904; Bde. 1 u. 2 dt. u. d. T. Gesch. der isländ. Geographie); Island. Grundriß der Geologie u. Geographie, 2 Bde. (1905/06); Die Gesch. der isländ. Vulkane (1925).

Bertel Thorvaldsen: Reiterstandbild des Kurfürsten Maximilian I. auf dem Wittelsbacher Platz in München; 1830–36, 1839 aufgestellt

Thoron [zu Thorium] *das, -s,* **Thorium|emanation,** chem. Symbol **Tn** oder **ThEm,** veraltete Bez. für das radioaktive Isotop ^{220}Rn des Edelgases →Radon. (→Radioaktivität)

Thorpe [θɔ:p], Jim, eigtl. **James Francis T.,** amerikan. Leichtathlet (Mehrkämpfer) indian. Herkunft, *bei Prague (Indianerterritorium, heute Okla.) 28. 5. 1888, †Lomita (Calif.) 28. 3. 1953; gewann 1912 in Stockholm sowohl den ersten Zehnkampf bei Olymp. Spielen als auch den Fünfkampf, 1913 umstrittene Aberkennung der Medaillen wegen angebl. Verletzung des Amateurstatus; spielte später als Profi Baseball (1913–19) und American Football (1919–26). Der 1982 vom IOK rehabilitierte T. gilt als größter Allroundathlet der ersten Hälfte des 20. Jahrhunderts.

Thorsberg, Anhöhe bei Süderbrarup im Kr. Schleswig-Flensburg, Schlesw.-Holst., an deren Fuß im Thorsberger Moor 1858–61 zahlr. Waffen und militär. Ausrüstungsgegenstände (u. a. Helm, Panzer, Schwert- und Gürtelbeschläge, Fibeln, Zierscheiben, Prachtmantel) ausgegraben wurden. Zumeist handelt es sich um Objekte dreier zeitlich getrennter Kriegsbeuteopferungen (Mitte 2. Jh., um 230 und 2. Hälfte 3. Jh.). BILD →germanische Kunst

Thorshavn [ˈtoːrshaun], Hauptstadt der Färöer, →Tórshavn.

Thorsteinsson, Þorsteinsson [ˈθɔrstɛinsɔn], **1)** Indriði Guðmundur, island. Schriftsteller, *Gilhagi (Verw.-Bez. Skagafjörður) 18. 4. 1926; im Mittelpunkt seiner die island. Literatur der 50er und 60er-Jahre nachhaltig prägenden Prosa stehen v. a. die Landflucht sowie das Zerbrechen der traditionellen Gesellschaftsstrukturen (so z. B. in ›79 af stöðinni‹, 1955; ›Land og synir‹, 1963, dt. ›Herbst über Island‹; ›Mannþing‹, 1965).

2) Steingrímur, island. Schriftsteller, *Arnarstapi (Snæfellsnessýsla) 19. 5. 1831, †Reykjavík 21. 8. 1913; studierte klass. Philologie und Jura in Kopenhagen, war Lehrer ebd., später in Reykjavík; schrieb romant. Lyrik, patriot. Lieder und satir. Epigramme; als Übersetzer (u. a. ›Tausendundeine Nacht‹, GOETHE, SCHILLER, H. HEINE, SHAKESPEARE und Lord BYRON) ist er ein bedeutender Mittler der Weltliteratur für Island.

Ausgabe: Ljoðmæli (1881).

Thortveitit [nach seinem Entdecker, dem Norweger OLAUS THORTVEIT, 20. Jh.] *der, -s/-e,* dunkelgrünes bis fast schwarzes, monoklines Mineral der chem. Zusammensetzung (Sc,Y)$_2$[Si$_2$O$_7$]; Härte nach MOHS 6,5, Dichte 3,57 g/cm^3; eingewachsene prismat. Kristalle in Granitpegmatiten, radialstrahlige Aggregate; z. T. Sc durch Th und Si durch Al ersetzt **(Befanamit).**

Thorvaldsen [ˈtɔrvalsən], **Thorwaldsen,** Bertel, dän. Bildhauer, *Kopenhagen 19. 11. 1770, †ebd. 24. 3. 1844, Sohn eines isländ. Bildschnitzers; studierte an der Kopenhagener Akad. und lebte ab 1797 (mit Unterbrechungen) in Rom, wo er aus der Anschauung der Antike und im Verkehr mit A. CARSTENS, J. A. KOCH, W. VON HUMBOLDT, C. D. RAUCH die ihm eigene Form eines empfindsamen Klassizismus fand. T.s Produktion für öffentl. und private Auftraggeber war sehr umfangreich. Er schuf kleinere Bildtafeln, Bildnisbüsten, anmutige Gestalten von jugendl. Schönheit sowie Grabmäler, Stand- und Reiterbilder. 1838 kehrte er nach Kopenhagen zurück. Hier wurde für seine Werke und Kunstsammlungen 1839–48 ein eigenes Museum errichtet, in dem T. auch begraben liegt. Weiteres BILD →dänische Kunst

Werke: Jason (1802/03; Kopenhagen, Thorvaldsens Museum); Ganymed reicht die gefüllte Schale (1804; Posen, Muzeum Narodowe); Hebe (1806; Kopenhagen, Thorvaldsens Museum); Alexanderfries, Relief (1811–12; Rom, Quirinalpalast); Ganymed tränkt den Adler (1817; Kopenhagen, Thorvaldsens Museum); Löwendenkmal (1818, 1821 nach seinem Entwurf ausgeführt; Luzern); Porträtbüste von K. W. Fürst VON METTERNICH (1819–21; Kopenhagen, Thorvaldsens Museum); Ausstattung der Frauenkirche in Kopenhagen, u. a. Christusfigur (1820/21); Grabmal für Papst PIUS VII. (1823–31; Rom, Peterskirche); Reiterstandbild des Kurfürsten MAXIMILIAN I. (1830–36, 1839 aufgestellt; München); Schillerdenkmal (1839; Stuttgart).

B. T. Skulpturen, Modelle, Bozzetti, Handzeichnungen, hg. vom Wallraf-Richartz-Museum, Köln, Ausst.-Kat. (^{2}1977); J. BIRKEDAL HARTMANN: Antike Motive bei T. (1979); K. HEMMETER: Studien zu Reliefs von T. (1984); Künstlerleben in Rom. B. T. (1770–1844), der dän. Bildhauer u. seine dt. Freunde, bearb. v. U. PETERS, Ausst.-Kat. German. Nationalmuseum, Nürnberg, u. a. (1991); C. STECKNER: T.s Aesthetik (1995).

Thoß, Stephan, Tänzer und Choreograph, *Leipzig 15. 12. 1965; studierte an der Palucca Schule Dresden; kam 1982 zum Ballett der Dresdner Staatsoper, dem er mit Unterbrechungen (Kom. Oper Berlin; Kassel) bis 1997 angehörte; ab der Spielzeit 1998/99 Leiter des Balletts der Kieler Bühnen. Seit Ende der 80er-Jahre als Choreograph tätig, entwickelte er eine eigenständige Bewegungssprache, die auf die Erkenntnisse von R. VON LABAN und K. JOOSS zurückgreift und nach neuen Ausdrucksmöglichkeiten sucht.

Choreographien: My way (1992); Die vier Jahreszeiten (1992); Rhapsodie über ein Thema von Paganini (1993); Romeo und Julia (1994); Les Noces (1994); The time will (1995).

Thot, ägypt. **Djehuti,** altägypt. Gott. Seine wichtigsten Kultorte waren Hermopolis Parva im Nildelta und Hermopolis Magna im 15. oberägypt. Gau, seine bevorzugte Erscheinungsformen Ibis (BILD →Ibisse) und Pavian. T. galt als Mondgott, als Gott der Schreibkunst und der Wiss., darüber hinaus als Götterbote und Seelenführer. Im Mythos schlichtet er den Streit zw. Horus und Seth und heilt das verletzte Horusauge. Die Griechen setzten ihn mit →Hermes Trismegistos und dem Seelenführer Hermes gleich.

Thoulet-Lösung [tuˈlɛ-; nach dem frz. Mineralogen JULIEN OLIVIER THOULET, *1843, †1936], eine wässrige Lösung von Kaliumjodid, KJ, und Quecksilber(II)-jodid, HgJ$_2$, im Verhältnis 1,24:1,00 mit einer Flüssigkeitsdichte von 3,196 g/cm^3; wird bei der Schwebemethode zur Bestimmung der Dichte von Mineralen verwendet.

Thouret [tuˈrɛ], **Touret,** Nikolaus Friedrich von (seit 1808), Architekt, *Ludwigsburg 2. 6. 1767, †Stuttgart 17. 1. 1845; ausgebildet als Maler, wandte sich – angeregt von F. WEINBRENNER – 1793 in Rom der Architektur zu. Im Dienste des Stuttgarter Hofes vollendete er mehrere Schlösser bzw. baute sie, u. a. das Stuttgarter Neue Schloss, in klassizist. Stil um. Auf Empfehlung GOETHES wurde T. 1798 nach Weimar (zum Wiederaufbau des Schlosses) berufen.

Thousand Islands ['θaʊzənd 'aɪləndz], Gruppe von über 1500 Inseln im Sankt-Lorenz-Strom, an dessen Ausfluss aus dem Ontariosee; die T. I. gehören teils zu Kanada (Prov. Ontario), teils zu den USA (Bundesstaat New York); gebildet aus felsigem Untergrund des Kanad. Schilds; Erholungsgebiete; auf kanad. Gebiet wurde 1914 der Saint Lawrence Islands National Park eingerichtet.

Thousand Oaks ['θaʊzənd əʊks], Stadt in Kalifornien, USA, westlich von Los Angeles, 110 800 Ew. (1960: 2900 Ew.); ein Zentrum der Biotechnologie.

Thr, Abk. für →Threonin.

Thraker, griech. **Thrakes,** lat. **Thraces,** indogerman. Volk des Altertums in SO-Europa und Vorderasien, nach HERODOT das zweitgrößte Volk der damaligen Zeit (nach den Indern). T. und verwandte Stämme siedelten seit dem 2. Jt. v. Chr. außerhalb Thrakiens nördlich der unteren Donau, so die Daker (→Dakien) und die →Geten, auf vorgelagerten Inseln (bes. Thasos, Samothrake) und in N-Kleinasien (bes. Mysien, Bithynien). Unter den vielen Einzelstämmen waren die Odrysen in den Tälern des Hebros (heute Maritza) und Tonzos (heute Tundscha) von besonderer Bedeutung. Der odrys. König TERES einigte um 450 v. Chr. erstmals die versch. Stämme und gründete ein Reich, das unter seinem Nachfolger SITALKES (um 440 bis 424 v. Chr.) seine größte Ausdehnung erreichte, als es im N auch das Gebiet bis zur Donau umfasste. Nach makedon. und kelt. Herrschaft gerieten die T. schließlich unter röm. und byzantin. (→Thrakien). Vom 6./7. Jh. an beschleunigte sich der Untergang der T., die bis dahin als eigene sprachl., ethn. und kulturelle Einheit angesehen werden, infolge der beginnenden Slawisierung der Balkanhalbinsel. – Von der hoch stehenden Kultur der T. zeugen zahlr. Grabhügel und Schatzfunde (→thrakische Kunst).

W. TOMASCHEK: Die alten T. Ethnolog. Unters., 3 Tle. (Wien 1893/94, Nachdr. ebd. 1980, 1 Bd.); R. WERNER: T., Geten, Daker, in: Abriß der Gesch. antiker Randkulturen, hg. v. W.-D. VON BARLOEWEN (1961); J. WIESNER: Die T. (1963); M. OPPERMANN: T. zw. Karpatenbogen u. Ägäis (Leipzig 1984).

Thrakien, Thrazien, griech. **Thrake,** neugriech. **Thraki** [θ-], bulgar. **Trakija,** histor. Landschaft auf der östl. Balkanhalbinsel, in Griechenland, Bulgarien und der Türkei. In Griechenland und Bulgarien umfasst T. die thrak. Küstenebene, das Rhodopegebirge und die nördlich vorgelagerte Maritzaebene (Oberthrak. Ebene). Der griech. Teil (8 578 km², 338 000 Ew.) mit den Verw.-Bez. (Nomoi) Evros, Rhodope und Xanthe gehört zur 1987 gebildeten Region Ostmakedonien und T.; Abseitslage und mangelhafte Infrastruktur sind u. a. Ursachen für wirtschaftl. Rückständigkeit, zugleich den Erhalt einer vielfältigen Natur. Türkisch-T. (Ost-T.) umfasst den europ. Teil der Türkei (23 764 km², 6 Mio. Ew.) mit dem wald- und niederschlagsarmen ›Thrak. Dreieck‹ zw. Edirne, Istanbul und Gelibolu, das im NO von den Istranca Dağları (bis 1 031 m ü. M.) begrenzt wird, eine Kornkammer vor den Toren Istanbuls.

Geschichte: Im Altertum war T. urspr. das gesamte Gebiet im NO der Balkanhalbinsel (Grenzen: im W Makedonien, im N die Donau, im O Schwarzes Meer, im S Ägäisches Meer). Das thrak. Küstengebiet und die Chalkidike waren seit etwa 750 v. Chr. Ziel griech. Koloniegründungen (z. B. Abdera, Byzantion [→Byzanz], Amphipolis, Poteidaia, Olynth), die in der klass. Zeit zum Einflussbereich Athens zählten. Aus den zahlr. thrak. Stämmen des Binnenlandes bildete sich erst um 450 v. Chr. ein Reich (→Thraker), das 342 v. Chr. von Makedonien unterworfen wurde und nach dem Tod ALEXANDERS D. GR. (323 v. Chr.) an LYSIMACHOS fiel. Im 3. Jh. v. Chr. bildete sich auf thrak. Boden das Keltenreich von Tylis (bis 193 v. Chr.); um 15 v. Chr. wurde T. röm. Klientelstaat. Im N entstand 44 n. Chr. die röm. Prov. Moesia (später mehrfach geteilt, →Mösien), im S (zw. Balkangebirge und Schwarzem Meer) die Prov. **Thracia.** Im MA. gehörte T. zum Byzantin. Reich (Thema **Thrake** nördlich des Marmarameeres), das dann den größten Teil des alten T. an Bulgarien verlor. Seit der Mitte des 14. Jh. wurde T. osmanisch; die Kriege und Friedensschlüsse zw. 1912 und 1923 führten zur heutigen Grenzziehung zw. der Türkei, Griechenland und Bulgarien.

B. GEROV: Beitrr. zur Gesch. der röm. Provinzen Mösien u. T. (Amsterdam 1980).

thrakische Kunst, die Kunst der Thraker im östl. Balkanraum (v. a. N-Bulgarien), die hauptsächlich aus Grab- und Schatzfunden bekannt ist. Schon der bronzezeitl. Fund von Waltschitran bei Plewen (Objekte des 13.–12. Jh. v. Chr., Museum Sofia) enthält Meisterwerke thrak. Goldschmiedekunst (Gefäße und Deckel mit Silberinkrustation) in einfachen, klaren Formen, myken. Arbeiten nahe stehend. Die eisenzeitl. thrak. Gesellschaft entwickelte eine luxuriöse Hofkunst (6.–3. Jh. v. Chr.), wobei unter Aufnahme unterschiedl. Anregungen (griech., achaimenid., skyth. Elemente) eine eigene Bildsprache entstand, die v. a. von Prunkgefäßen aus Silber (z. T. vergoldet) belegt ist (Schatzfunde von Letniza, Borowo im Gebiet Rasgrad, Wraza, →Panagjurischte, →Rogosen u. a.). Rhyta, tiefere und flache Schalen (Phialen gen.), Becher und Kannen sind undekoriert oder in Treibarbeit teils ornamental, teils mit Tierszenen (oft Raubtiere mit Beute als Symbol der Macht und Stärke) verziert. Häufig finden sich Mischwesen, oft geflügelte Tiere (Flügelpferd, Sphinx, Greif, Chimäre), auch Reiterfiguren (Jagdszenen sowie männl. und weibl. Gottheiten). Zeugen thrak. Baukunst sind Tumulusgräber in Bulgarien (Ausgrabungen u. a. in Duwanli bei Panagjurischte, Mesek, →Kasanlak, →Sweschtari im Gebiet Rasgrad) und Rumänien (→Agighiol). Die Wandmalereien in den Grabkammern von Kasanlak und Sweschtari verwenden hellenist. Elemente, verändern den Gesamteindruck jedoch im Sinne von Statik, Reihung und hierarch. Ordnung; dargestellt werden (wohl als zeremonielle Selbstdarstellung der reichen Adelsschicht) Repräsentationsszenen. Die Gräber (meist Vorkammer und eigentl. Grabkammer) sind nicht axial angelegt, die Eingänge sind versetzt, die

Thot: Darstellung des Gottes als Pavian auf einem Kalksteinblock aus Tuna el-Djebel, der Nekropole von Hermopolis Magna; um 300 v. Chr. (Hildesheim, Roemer- und Pelizaeus-Museum)

Thra Thrakische Masse – Three Essentials

thrakische Kunst: links Stirnschmuck aus dem Schatz von Lukowit mit einem Greifenkopf; Silber, z.T. vergoldet, Höhe 10 cm; Ende des 4. Jh. v. Chr. (Sofia, Archäologisches Museum); Mitte Zierplatte von einem Pferdegeschirr aus dem Schatz von Letniza, Silber, z.T. vergoldet; 1. Hälfte des 4. Jh. v. Chr. (Lowetsch, Historisches Bezirksmuseum); rechts Kännchen aus einem Grabhügel in Wraza mit der Darstellung des Apollon als Quadrigalenker und einem Henkel in Form eines Heraklesknotens; um 380–350 v. Chr. (Wraza, Historisches Bezirksmuseum)

Ecken stoßen nicht ganz rechtwinklig aufeinander. Für die über einer älteren Siedlung Ende des 4. Jh. n. Chr. erbaute Stadt Seuthopolis (heute vom Stausee bei Kasanlak überflutet) wurde dagegen das rechtwinklige hippodam. System benutzt; Stadt und (gesondert) Palastareal waren befestigt.

Goldschätze der Thraker, bearb. v. I. VENEDIKOV, Ausst.-Kat. (Wien 1975); I. VENEDIKOV u. T. GERASSIMOV: T. K. (a. d. Bulgar., Neuausg. Leipzig 1976); Gold der Thraker. Archäolog. Schätze aus Bulgarien, Ausst.-Kat. (1980); Der thrak. Silberschatz aus Rogosen, Bulgarien, bearb. v. A. FOL, Ausst.-Kat. (1988); U. PETER: Die Münzen der thrak. Dynasten (5.–3. Jh. v. Chr.) (1997).

Thrakische Masse, Rhodopenmasse, Bez. für den aus Gneisen, Graniten u. a. kristallinen Gesteinen bestehenden, variskisch gefalteten Sockel der südöstl. Balkanhalbinsel, dessen wichtigste Gebirgsstöcke Rhodope-, Rila-, Piringebirge und Witoscha sind.

Thrakischer Chersones, in der Antike Name der Halbinsel →Gallipoli.

thrakische Kunst: Kopf einer Göttin aus einem Grabhügel in Wraza, Detail von einer Beinschiene (Knieschutz); Silber und Gold, um 380–350 v. Chr. (Wraza, Historisches Bezirksmuseum)

thrakische Sprache, Zweig der indogerman. Sprachen. Das Thrakische, die Sprache der Thraker, wurde im O-Teil des Balkans gesprochen und ist fast nur durch geograph. und Personennamen bekannt (so bewahrt das Lexikon des HESYCHIOS einige thrak. Wörter). Die wenigen erhaltenen Inschriften (z. B. der Ring von Jesero, Grabtext von Kjolmen bei Preslaw, Keramikbruchstücke aus Samothrake) sind nur unsicher gedeutet. – Das (wohl in mehrere Dialekte gegliederte) Thrakische ist im frühen MA. ausgestorben.

I. I. RUSSU: Die Sprache der Thrako-Daker (a. d. Rumän., 1969); D. DETSCHEW: Die thrak. Sprachreste (Wien ²1976); R. KATIČIČ: Ancient languages of the Balkans, 2 Bde. (Den Haag 1976); I. DURIDANOV: Die Sprache der Thraker (a. d. Russ., 1985).

Thrasimedes, T. von Paros, griech. Bildhauer, Architekt und Goldschmied der ersten Hälfte des 4. Jh. v. Chr.; schuf um 380 die chryselephantine Sitzstatue des Asklepios (verloren) für den Asklepiostempel (dessen Erbauer THEODOTOS war) und, nach den vertraglich vereinbarten Summen zu schließen, auch die gesamte, einst kostbare Innenausstattung.

Thrasolt, Ernst, eigtl. **Joseph Matthias Tressel,** Schriftsteller, * Beurig (heute zu Saarburg) 12. 5. 1878, † Berlin 20. 1. 1945; war ab 1920 kath. Waisenhauspfarrer in Berlin-Weißensee; Freund und Biograph von C. SONNENSCHEIN; Vertreter der kath. Erneuerungsbewegung, als Pazifist von der Gestapo verfolgt; schrieb pantheistisch-religiöse Lyrik (›Gottlieder eines Geistlichen‹, 1923).

Thrasybulos, Tyrann von Milet (um 600 v. Chr.); verteidigte Milet erfolgreich gegen den Lyderkönig ALYATTES. Seine Tyrannis galt als Blütezeit der Stadt.

Thrasybulos, athen. Feldherr und Staatsmann, * um 455 v. Chr., † (gefallen) Aspendos 388 v. Chr.; im Verlauf des Peloponnes. Krieges Flottenkommandant, floh vor den →Dreißig Tyrannen nach Theben, fiel jedoch 404/403 v. Chr. in Attika ein und führte den Sturz der Tyrannis herbei. In den folgenden Jahren war er maßgeblich am Wiederaufstieg der athen. Macht beteiligt.

Thrazi|en, Teil der Balkanhalbinsel, →Thrakien.

Three Essentials [θriː ɪˈsenʃlz; engl. ›drei wesentliche Dinge‹], die von Präs. J. F. KENNEDY 1961 formulierte, bis 1990 geltende Grundposition der amerikan. Berlinpolitik, der sich Großbritannien und Frankreich inhaltlich anschlossen. Als unabdingbar bezeichneten die T. E.: 1) die Anwesenheit der westl. Alliierten in Berlin (West), 2) ihren freien Zugang nach Berlin (West) und 3) das Recht der Bev. von Berlin (West), ihre eigene Lebensweise zu wählen.

Three Mile Island [θri: maıl 'aılənd], Kernkraftwerk bei Harrisburg (Pa.), USA. Im Druckwasserreaktor des Kraftwerkblocks TMI-2 (960 MW Leistung) ereignete sich am 28. 3. 1979 der bis dahin schwerste bekannte Unfall in einem Kernkraftwerk. Dabei wurde nach Ausfall von Pumpen im Speisewassersystem der Reaktorkern durch Versagen eines Ventils im Reaktorkühlsystem und Fehlhandlungen des Bedienpersonals vorübergehend vom Kühlmittel freigelegt, überhitzt und durch partielles Schmelzen schwer beschädigt; gleichzeitig gelangten geringe Mengen radioaktiver Stoffe in die Umgebung (→GAU).

Three Rivers [θri: 'rıvəz], engl. Name der kanad. Stadt →Trois-Rivières.

Threnos [griech.] *der, -/...noi,* **Threnodie**, im antiken Griechenland Trauer- oder Klagelied, das bei der Aufbahrung und beim Leichenbegängnis gesungen wurde. Bei SIMONIDES VON KEOS und bei PINDAR ist T. eine eigene Gattung der Chorlyrik.

threo..., in der chem. Nomenklatur verwendeter Vorsatz, der besagt, dass bei zwei benachbarten asymmetr. Kohlenstoffatomen einer Verbindung die entgegengesetzte Konfiguration vorliegt; Ggs.: erythro...

Threonin [Kw.] *das, -s,* Abk. **Thr** oder **T,** eine essenzielle →Aminosäure, chemisch die 2-Amino-3-hydroxybuttersäure. T. hat zwei asymmetr. Kohlenstoffatome; von den vier stereoisomeren, optisch aktiven Formen tritt in der Natur nur das L(−)-T. als Proteinbaustein (bes. in Ei- und Milchproteinen) auf. Im Stoffwechsel wird T. durch T.-Dehydratase zu α-Ketobuttersäure desaminiert.

Threose [Kw.] *die, -,* Monosaccharid aus der Gruppe der Tetrosen, das zwei benachbarte asymmetr. Kohlenstoffatome mit entgegengesetzter Konfiguration enthält; tritt in zwei optisch aktiven Isomeren (D- und L-T.) auf; bildet eine farblose, zähflüssige, mit Wasser leicht mischbare Flüssigkeit.

Threskiornithidae [griech.], die →Ibisse.

Thriller ['θrılə; engl., to thrill ›zittern machen‹] *der, -s/-,* bes. spannungsreiches literar. oder film. Werk. Neuerdings gelten als T. speziell Werke mit politisch-kriminellem Kontext oder mit Spionagehintergrund (→Kriminalliteratur). Das Hauptmotiv des Film-T. ist der ungeklärte Mord oder die Morddrohung. Er spielt in ›mysteriöser‹ Atmosphäre und arbeitet vorwiegend mit Nervenkitzel (Psycho-T.). Als beispielhaft gelten viele Werke von A. HITCHCOCK. Der Film-T. überschneidet sich weitgehend mit dem →Kriminalfilm ist mit dem →Horrorfilm verwandt. Zu den T.-Regisseuren gehören u. a. auch R. SIODMAK, H.-G. CLOUZOT und B. DE PALMA.

Thrinax [griech.], die Pflanzengattung →Schilfpalme.

Thripse [griech.], die →Fransenflügler.

thromb..., Wortbildungselement, →thrombo...

Thromblangiitis obliterans, die →Winiwarter-Buerger-Krankheit.

Thromblektomie, operative Entfernung (Desobliteration) eines Blutpfropfs (Thrombus) aus einem Blutgefäß.

Thrombin *das, -s,* für die →Blutgerinnung wichtiges Eiweiß spaltendes Enzym im Blut, das die Bildung von Fibrin aus Fibrinogen katalysiert.

thrombo... [griech. thrómbos ›geronnene Blutmasse‹], vor Vokalen meist verkürzt zu **thromb...**, Wortbildungselement mit den Bedeutungen: 1) Blutgerinnung, z. B. Thromboplastin, Thrombin; 2) geronnenes Blut, Blutpfropf, z. B. Thrombus, Thrombektomie.

Thrombollyse [zu griech. lýsis ›(Auf)lösung‹] *die, -/-n,* Auflösung eines Thrombus als physiolog. Reaktion (→Fibrinolyse) oder als therapeut. Maßnahme durch intravenöse Infusion von Fibrinolytika, ggf. auch durch Anwendung der Arzneimittel mittels Gefäßkatheters unmittelbar an der Verschlussstelle, z. B. bei akutem Herzinfarkt.

Thrombollytika, *Pharmazie:* die →Fibrinolytika.

Thrombolpenie, *Medizin:* die →Thrombozytopenie.

Thrombolphlebitis, Form der →Venenentzündung.

Thromboplastin [zu griech. plássein ›bilden‹, ›formen‹] *das, -s,* **Gewebethromboplastin, Faktor III,** hauptsächlich aus phosphatidreichen Membranstrukturen bestehender Blutgerinnungsfaktor, der bei einer Gewebeverletzung freigesetzt wird und durch Aktivierung von Faktor VII die weiteren Blutgerinnungsprozesse einleitet.

Thrombose [griech. thrómbōsis, eigtl. ›das Gerinnen(machen)‹] *die, -/-n,* durch Bildung eines Blutgerinnsels (→Thrombus) im Blutgefäßsystem hervorgerufener teilweiser oder vollständiger Verschluss eines Blutgefäßes und das hierdurch ausgelöste Krankheitsbild einer örtl. Kreislaufstörung. T. entstehen in Venen, v. a. der unteren Körperhälfte (Phlebo-T. der tiefen Bein- und Beckenvenen), in den Herzhöhlen und in den Arterien (Athero-T.). Die von R. VIRCHOW erstmals erkannten, häufig in Kombination vorliegenden Voraussetzungen (Trias) für die T.-Entstehung sind Veränderungen von Blutströmung und Gefäßwand sowie eine Störung der Blutzusammensetzung (Thrombophilie). Ursache der venösen T. sind vorrangig eine Verlangsamung der Fließgeschwindigkeit des Blutes sowie Veränderungen der Blutzusammensetzung (Verminderung gerinnungshemmender Bestandteile) und seltener Veränderungen an den Gefäßen. Bei der arteriellen T. stehen ursächlich Gefäßveränderungen (Arteriosklerose) und dadurch ausgelöste Störungen der Blutströmung im Vordergrund, wobei aktivierten Blutplättchen an der T.-Bildung besondere Bedeutung zukommt.

Risikofaktoren der venösen T.-Entstehung sind Bettlägerigkeit, Bewegungsmangel, Blutflussstörungen, Venenerkrankungen und erhöhte Blutgerinnungsneigungen erbl. Art oder nach Operationen, Entbindungen, Infektionskrankheiten, aber auch im Rahmen unerwünschter Arzneimittelwirkungen (z. B. durch orale Empfängnisverhütungsmittel oder Cortison). Die Risikofaktoren der arteriellen T.-Entwicklung sind insbesondere Gefäßwandveränderungen in Form der Arteriosklerose und die zu dieser Erkrankung führenden Einflüsse wie Rauchen, Bluthochdruck, Diabetes mellitus und Fettstoffwechselstörungen.

Die *Symptome* der T. erklären sich aus der Blutflussstörung mit Schweregefühl, ziehenden Schmerzen, Druckschmerz und Ödembildung bei den Beinvenen-T. bzw. Mangeldurchblutungsbeschwerden bei arteriellen T., z. B. als Herzinfarkt oder Schlaganfall. Die Rückbildung der Thromben vollzieht sich selten durch natürl. Auflösung (Fibrinolyse), vielmehr wird das Strombahnhindernis durch Erweiterung bestehender oder Neubildung von Blutgefäßen umgangen. Komplikationen einer T. bestehen in der Ablösung und Fortschwemmung des Thrombus (Embolie) mit Verursachung einer mitunter tödl. Lungenembolie bei Venen-T. bzw. peripheren Embolien, z. B. Hirnembolie, Schlaganfall) bei Herzhöhlen-T. Weitere Komplikationen bestehen in der seltenen bakteriellen Besiedlung des Thrombus.

Zur *Vorbeugung* einer venösen T. in Risikosituationen (z. B. nach Operationen oder Entbindungen) dienen blutflusserhöhende Maßnahmen (Anwendung von Stützstrümpfen, frühzeitige Bewegung, Massagen), zur Vorbeugung arterieller T. das Meiden oder

COOH
|
H₂N—C—H
|
H—C—OH
|
CH₃

L(−)-Threonin
Threonin

CHO
|
HO—C—H
|
H—C—OH
|
CH₂OH

D-Threose

CHO
|
H—C—OH
|
HO—C—H
|
CH₂OH

L-Threose
Threose

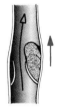
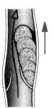
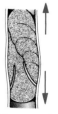

Wachstumsrichtung des Thrombus

Thrombose: Wachstum des Thrombus in der Richtung der Blutströmung aus einer Venenklappe bis zum vollständigen Verschluss des Gefäßes, worauf das retrogene Wachstum beginnt

der Ausschluss von Risikofaktoren. Der Einsatz blutgerinnungshemmender Arzneimittel reduziert das Risiko neu auftretender T. oder von Rezidivthrombosen.

Die *Behandlung* der akuten T. erfolgt mit blutgerinnungshemmenden Arzneimitteln, wobei die Wiederherstellung der Gefäßdurchgängigkeit durch medikamentöse Thrombolyse oder chirurg. Beseitigung des Verschlusses (Thrombektomie), ggf. auch durch Ballondilatationen, mit oder ohne Einsatz einer inneren Gefäßprothese (Stent) oder einer überbrückenden Gefäßplastik (Bypass) erfolgen kann.

T. u. Embolie, hg. v. F. KOLLER u. a. (1983); P. SALZMANN: Ärztl. Rat bei venösen Durchblutungsstörungen (^{2}1986); DERS.: Venenleiden. Vorbeugung u. Behandlung von Krampfadern u. T. (1995); T. WUPPERMAN: Varizen, Ulcus cruris u. T., begr. v. K. SIGG (^{5}1986); K.-D. NEANDER u. a.: T. Grundlagen – Prophylaxe – Therapie (1997); E. HILLER u. H. RIESS: Hämorrhag. Diathese u. T. (^{2}1998).

Thrombozyten [zu griech. kýtos ›Wölbung‹], *Sg.* **Thrombozyt** *der, -en,* die Blutplättchen (→Blut).

Thrombozyten|aggregation, →Acetylsalicylsäure.

Thrombozyt|hämie [zu griech. haîma ›Blut‹] *die, -/...'mi|en,* anhaltende krankhafte Erhöhung der Zahl der Blutplättchen (Thrombozyten) auf über 1 Mio. je mm^3; Ursache ist eine Vermehrung der Stammzellen (Megakaryozyten) im Knochenmark, die zu den neoplast. (tumorbildenden) Krankheiten des Blutsystems gerechnet wird. Die Symptome bestehen in Schleimhautblutungen und/oder Thromboembolien und Milzschwellung. *Behandlung* mit zytostat. Mitteln.

Thrombozytopenie [zu griech. penía ›Mangel‹] *die, -/...'ni|en,* **Thrombopenie,** abnorme Verminderung der Zahl der Blutplättchen (Thrombozyten) auf weniger als 150000 je mm^3. Die T. stellen die weitaus häufigste Form der zur Gruppe der hämorrhag. Diathesen gehörenden Blutfleckenkrankheit dar.

Zu den *Ursachen* gehören: 1) überwiegend erworbene Bildungsstörungen im Knochenmark, die durch Knochenmarkerkrankungen (akute Panmyelopathie oder Leukämie) oder -schädigungen infolge Arzneimittelnebenwirkungen (z. B. zytostat. Mittel, Antibiotika, Antiepileptika, Antirheumatika), Vergiftungen, ionisierender Strahlung oder Infektionskrankheiten (z. B. Hepatitis) hervorgerufen werden; 2) verkürzte Lebensdauer der Thrombozyten im Blut, die in Form der **Werlhof-Krankheit (idiopathische thrombozytopenische Purpura,** Abk. **ITP)** als häufigster Ursache einer T. durch Autoantikörperbildung gegen die Thrombozyten bedingt ist, wodurch diese vorzeitig in der Milz von Makrophagen abgebaut werden. Die Ursache hierfür ist unbekannt; ITP tritt häufiger bei Frauen als bei Männern auf. Sie beginnt oft in der Pubertät oder der Menopause und verläuft schubweise über Monate bis Jahre. Bei 1–4% der Betroffenen kommt es zu Gehirnblutungen mit tödl. Ausgang. Andere Formen werden durch Bildung von Immunkomplexen gegen die Thrombozyten z. B. als Folge viraler Infekte oder allerg. Prozesse hervorgerufen; 3) Verteilungsstörungen aufgrund einer abnormen Speicherung in der Milz bei Splenomegalie.

Bei einer Verminderung der Thrombozyten unter 30000 je mm^3 treten als charakterist. Symptome Haut- und Schleimhautblutungen auf. Die *Behandlung* richtet sich in diesen Fällen nach der Ursache; bei der ITP und den anderen immunologisch bedingten Formen werden Glucocorticoide gegeben, in schweren Fällen erfolgt eine operative Entfernung der Milz.

Thrombozytose *die, -/-n,* vorübergehender Anstieg der Blutplättchen-(Thrombozyten-)Zahl im Blut als physiolog. Reaktion auf Blutungen (z. B. nach Operationen, Entbindungen), auch nach Infektionskrankheiten oder infolge operativer Milzentfernung (Splenektomie).

Thrombus [griech. ›geronnene Blutmasse‹] *der, -/...ben,* durch Abscheidungs- und Gerinnungsvorgänge in den Blutgefäßen oder Herzhöhlen gebildeter ›Blutpfropf‹, der unmittelbar (→Thrombose) oder durch Fortschwemmung mit dem Blutstrom an einer entfernten Stelle des Körpers (→Embolie) zum Gefäßverschluss führen kann. Ein **Abscheidungs-T.** (›weißer‹ oder ›grauer‹ T.) entsteht infolge von Gefäßwandschäden durch Abscheidung von Blutplättchen (Thrombozyten) mit dazwischen gelagerten weißen Blutkörperchen und durch nachfolgende Fibrinbildung; er sitzt der Gefäßwand fest an. Ein **Gerinnungs-T.** (›roter‹ T.) bildet sich bei vermindertem Blutfluss oder bei Stillstand (Stase) durch Blutgerinnung und besteht aus Fibrinfasern sowie weißen und roten Blutkörperchen; da er die Gefäßlichtung ausfüllt, aber nicht an der Gefäßwand haftet, ist hierbei eine besondere Emboliegefahr gegeben. Abscheidungs-T. entstehen v. a. in Arterien, Gerinnungs-T. bes. in Venen.

Ein **gemischter** T. entsteht durch Anlagerung eines Gerinnungs-T. oberhalb eines Abscheidungs-T.

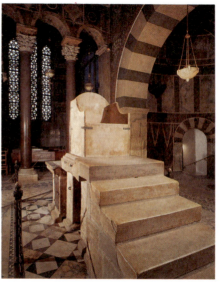

Thron: Marmorthron mit Holzsitz (so genannter Thron Karls des Großen) im Obergeschoss der Pfalzkapelle des Aachener Münsters

Thron [griech.], erhöhtes, i. d. R. auf hohe Füße und/oder Stufen gestelltes, kunstvoll gearbeitetes Sitzmöbel, ein Sinnbild der weltl. und geistl. Herrschaft; in den Kulturen des Altertums auch Sitz der Götter. Im kirchl. Bereich ist die Bez. Cathedra oder →Bischofsstuhl geläufig.

Seit dem Altertum kommen alle Grundformen des Sitzmöbels vor: der Hocker-T. (auch als Faltstuhl), der T.-Stuhl mit Rückenlehne, der außerdem mit Armlehnen versehene T.-Sessel und die T.-Bank. Bereits aus neolith. Zeit ist die Vorstellung eines T. für die Muttergottheit belegt. Spätere assyr. und späthethitisch-nordsyr. T. zeigen wie z. T. auch ägypt. T. für Götter und Könige tiergestaltige Elemente, Lehnen und Füße sind als Sphinx, Löwe oder Stier gestaltet. Die thronende Gottheit kann nach hethit. Vorstellung z. B. auch auf einem auf ein Tier gestellten T. gedacht werden (BILD →Kybele). Ein in Salamis gefundener T.-Sessel besaß eine Verkleidung aus Elfenbeinreliefs, u. a. mit einer Sphinx (phönik. Arbeit, 8.–7. Jh. v. Chr.). Der elfenbeinverkleidete T. SALOMOS trug nach den Berichten auf den Außenseiten Löwenreliefs.

Der Hocker-T. war sehr häufig (BILDER →babylonische Kultur, →Introition). Thronartige Sitze aus Holz sind in der minoischen und myken. Kultur mehrfach aus dem archäolog. Befund in den Palästen von Knossos, Pylos, Tiryns u. a. erschlossen worden. Die Form dieser hölzernen Stühle ist im Alabaster-T. von Knossos aus dem späten 15. Jh. v. Chr. überliefert (hohe Rückenlehne, keine Armlehnen). Während in der myken. Kultur der T. im Megaron stand, kannten die Griechen archaischer und klass. Zeit den T. nur als Götterstuhl, dargestellt mit reichem Schmuck bei Sitzstatuen (z. B. Zeus des PHIDIAS in Olympia). 4 m Höhe erreichte der nachträglich errichtete T. in Amyklai (6. Jh. v. Chr.) für die Apollonstatue.

Im MA. gab es sowohl den steinernen T. als Sitz des Herrschers in Pfalzen und Kirchen (T. in der Empore des Aachener Münsters, im Westwerk in Corvey) als auch den bewegl. Faltstuhl, z. B. den Dagobert-T. (BILD →Faltstuhl), der auf den kurul. Stuhl der hohen röm. Beamten (→kurulische Ämter) zurückgeht. In der bildenden Kunst wurden auch CHRISTUS auf einem T.-Sitz (BILD →Echternacher Malerschule) und MARIA auf einem Lehnstuhl thronend gezeigt (BILD →Orcagna, Andrea); der leere T. stand für den kommenden CHRISTUS bereit. Der mittelalterl. T. hatte auch Kasten- oder Bankform mit Baldachin und Vorhängen, bes. im byzantin. Bereich.

Der T. muslim. Herrscher war eine mit Sitzkissen ausgestattete Bank (Diwan) mit Baldachin, auf der der Herrscher in der übl. Sitzhaltung mit untergeschlagenen Beinen thronte. – In Indien wurde unter den Mogulherrschern der ›Pfauenthron‹ angefertigt (→Pfauen). – In China war der kaiserl. T. ein kastenförmiger Stuhl vor einem ein- oder mehrteiligen Stellschirm. – Aus Schwarzafrika, wo in den sakralen Königtümern der Hofkultur kaum die öffentl. Rolle spielte, sind nur wenige T. bekannt, z. B. die perlenbesetzten T. im Kameruner Grasland sowie die anthropomorph gestalteten T. der Nyamwezi (Tansania).

P. E. SCHRAMM: Herrschaftszeichen u. Staatssymbolik, 4 Bde. (1954–78); S. MIRIÉ: Das Thronraumareal des Palastes von Knossos (1979); H. JUNG: Thronende u. sitzende Götter. Zum griech. Götterbild u. Menschenideal in geometr. u. früharchaischer Zeit (1982); M. METZGER: Königs-T. u. Gottes-T., 2 Tle. (1985).

Thronfall, im Lehnsrecht Bez. für den Wechsel in der Person des Lehnsherrn; bei Fürsten als T., sonst als Herrenfall bezeichnet.

Thronfolge, Sukzession, der Eintritt des Nachfolgers in die Herrscherstellung des bisherigen Monarchen (z. B. des Kronprinzen in die eines Kaisers oder Königs). Das Recht auf T. wird in der Erbmonarchie durch Geburt erworben und innerhalb der Dynastie in Hausgesetzen geordnet.

Im *german. Recht* vollzog sich die T. nach dem Wahl- und Erbrecht verbindenden Geblütsrecht. Der König wurde in der Volksversammlung gewählt und auf den Schild gehoben. Alle männl. Mitgl. der Königssippe waren ohne Rangunterschied wählbar, doch konnte der König seine Nachfolge durch verbindl. Vorschlag (Designation) beeinflussen. In fränk. Zeit verlor das Wahlrecht zwar an Bedeutung, wurde aber nicht völlig vom Erbrecht verdrängt: 751 folgten die Karolinger den Merowingern durch Wahl.

Im *Heiligen Röm. Reich* setzte sich das seit dem 9. Jh. wieder stärkere Wahlprinzip nach dem Scheitern des →Erbreichsplans Kaiser HEINRICHS VI. (1196) und endgültig seit dem Interregnum (1254–73) für das König- bzw. Kaisertum durch. Gleichzeitig verengte sich der Kreis der Wähler auf die Kurfürsten (Goldene Bulle 1356). Das Wahlprinzip galt in den geistl. Territorien des Reiches, nachdem seit dem Wormser Konkordat (1122) die königl. Bischofsinvestitur aufgehört hatte. Jedoch wurden Bischofs- und Erzbischofsstühle mitunter faktisch zu Sekundogenituren einer Dynastie.

In den dt. Territorialstaaten war das wie in den meisten europ. Monarchien auf dem Erbrecht beruhende T.-Recht in Hausverträgen enthalten. In einzelnen Staaten (z. B. Preußen) war ausschließlich der Mannesstamm folgeberechtigt (agnat. T., →Salisches Gesetz; in Österreich (→Pragmatische Sanktion) u. a. trat nach dem Aussterben des Mannesstammes eine kognat., alle, auch die weibl. Blutsverwandten umfassende T. ein.

Als T.-Ordnung setzte sich in Dtl. seit dem späten MA. die →Primogenitur durch. Bei Mangel eines folgeberechtigten Familien-Mitgl. (außerordentl. T.) konnte durch Erbverbrüderungen zw. Fürstenhäusern für den Fall des Aussterbens eines Hauses ein gegenseitiges T.-Recht festgelegt werden.

H. MITTEIS: Die dt. Königswahl (²1944, Nachdr. 1987); DERS.: Dt. Rechtsgesch., bearb. v. H. LIEBERICH (¹⁹1992); Königswahl u. T. in ottonisch-frühdt. Zeit, hg. v. E. HLAWITSCHKA (1971).

Thronfolger, nach der jeweiligen Erbfolgeordnung designierter Nachfolger eines Herrschers. T. eines erbl. Kaisers oder Königs ist der Kronprinz. In *Preußen* erhielt der mutmaßl. T., wenn er nicht Sohn oder Enkel des Königs war, ab 1744 den Titel ›Prinz von Preußen‹. In den dt. Staaten bzw. Territorien hieß der T. Erbprinz, Erbgroßherzog oder Kurprinz. In *Frankreich* trug der T. den Titel ›Dauphin‹, in *Russland* bis 1718 ›Zarewitsch‹, ab 1797 offiziell ›Zesarewitsch‹. In *Großbritannien* erhält der T. (von Geburt an Herzog von Cornwall) durch Verleihung den Titel ›Prince of Wales‹.

Thron und Altar, auf die sakrale Wurzel der Monarchie verweisende Formel der frz. Geistlichkeit des Ancien Régime (›le trône et l'autel‹); im Preußen der Restauration zur Losung eines den Staat stützenden antirevolutionären Denkens erhoben. Die Formel wandelte sich in den 1830er-Jahren (H. HEINE) zum polem. Schlagwort des Liberalismus und Sozialismus gegen das den monarch. Obrigkeitsstaat charakterisierende Bündnis von Monarchie und Staatskirche.

THTR, Abk. für →Thorium-Hochtemperaturreaktor.

Thuban [θu-; arab. ›Drache‹], der Stern α im Sternbild Drache (α Draconis).

Thuburbo Maius, röm. Ruinenstätte in Tunesien, rd. 60 km südwestlich von Tunis. Die vermutlich berber. Siedlung wurde von Karthago (5. Jh. v. Chr.) und Rom (Zeit des AUGUSTUS) kolonisiert; Blütezeit als röm. Stadt im 2. und 3. Jh. n. Chr.; Baureste bes. aus dem 2. Jh. n. Chr.: Kapitol (vier von urspr. sechs Säulen wurden wieder aufgerichtet), quadrat. Forum, kleine Tempel, Palästra, Thermen, eine frühchristl. Basilika mit Friedhof; Amphitheater; zahlr. Villen mit figürl. Mosaiken (heute großenteils im Bardo-Museum von Tunis). Da in der Nähe von T. M. kein Steinbruch liegt, wurde beim Mauerbau das Opus africanum phönik. Herkunft angewendet (Steinfachwerk mit Gipsmörtelfüllung).

Thucholith [nach den aufbauenden Elementen Th, U, C, H, O] *der, -s* und *-en/-e(n)* asphaltartige, organ. Substanzen enthaltende (brennbare), natürl. Substanz, deren Asche überwiegend aus Thoriumdioxid, ThO_2, und Urandioxid, UO_2, besteht; bildet auch würfelige Kristalle, Pseudomorphosen nach Uraninit. T. kommt u. a. in Kanada (Parry Sound in Ontario; Gewinnung aus pegmatit. Lagerstätten), S-Schweden und Südafrika vor.

Thufur [isländ.], *Sg.* **Thufa** *der, -(s),* kleine (i. Allg. bis 1 m hohe), geschlossen von Vegetation (auch in Mooren: Torfbülten) bedeckte Bodenbuckel auf Feinerdeböden des Wechsel- oder Dauerfrostbereichs (bes. Subarktis); durch Auffrieren entstanden.

Thujon:
α- und β-Thujon unterscheiden sich nur durch die Konfiguration an dem mit * gekennzeichneten asymmetrischen Kohlenstoffatom

Thukydides
(Römische Kopie einer griechischen Herme; Neapel Museo Archeologico Nazionale)

Thug [tag, engl. θʌg], ind. Raubmörderkaste (seit dem 12. Jh. bis etwa 1835). Die T. verehrten die blutdürstige Göttin Kali.

Thugga, röm. Stadt in N-Afrika, →Dougga.

Thuille, Ludwig, österr. Komponist, * Bozen 30. 11. 1861, † München 5. 2. 1907; 1883 Lehrer für Klavier und Harmonielehre, 1890 Prof. für Komposition an der Königl. Musikschule in München; war einer der bedeutendsten Kompositionslehrer seiner Zeit. T. verfasste eine viel benutzte ›Harmonielehre‹ (1907, mit RUDOLF LOUIS, * 1870, † 1914) und komponierte in spätromant. Stil u. a. Opern, Orchester-, Kammer- und Klaviermusik, Chorwerke und Lieder.

Thuja [griech.] die, -/...jen, die Pflanzengattung →Lebensbaum.

Thujaöl, Zedernblätteröl, aus Blättern und Zweigen des Abendländ. Lebensbaums gewonnenes äther. Öl; besteht zu 60 % aus Thujon, weiter aus Fenchon, Bornylester, α-Pinen, Camphen u. a. Es hat einen frischen, kampferartigen Geruch und dient zur Parfümierung techn. Zubereitungen; in höheren Konzentrationen wirkt es (u. a. durch den Gehalt an Thujon) giftig, hautreizend und krampferregend.

Thujon das, -s, **Tan|aceton, Absinthol,** in zwei stereoisomeren Formen auftretende Terpenverbindung, die im Thujaöl und im Salbeiöl (α-T.) sowie im Wermut-, im Rainfarn- und im Wurmsamenöl (β-T.) enthalten ist. T. ist ein starkes Nervengift und verursacht epilept. Krämpfe. Es gelangt bei der Extraktion von Wermutpflanzen in Wermutwein und Absinth und verursacht Absinthismus. Gereinigtes T. ist ein farbloses Öl mit mentholartigem Geruch.

Thujopsis [griech.], die Pflanzengattung →Hibalebensbaum.

Thukydides, griech. **Thukydídes,** lat. **Thucydides,** griech. Geschichtsschreiber, * Athen um 460 v. Chr., † nach 400 v. Chr.; nahm 424 v. Chr. als athen. Flottenkommandant am Peloponnes. Krieg teil, konnte den Fall von Amphipolis nicht verhindern und wurde von den Athenern verbannt; seine Rückkehr nach Athen nach Aufhebung der Verbannung (404 v. Chr.) ist ungewiss.

Sein Geschichtswerk schildert im ersten Buch die Vorgeschichte und die Ursachen des Peloponnes. Krieges, den er als die bis dahin gewaltigste Auseinandersetzung begriff: Die ›Archäologie‹ (I, 2–19) fasst die älteste griech. Geschichte zusammen, die ›Pentekontaëtie‹ (I, 89–118) gibt einen Abriss der Zeit zw. Perserkriegen und Peloponnes. Krieg. Die eigentl. Darstellung des Peloponnes. Krieges findet sich streng chronologisch in den Büchern zwei bis acht. Die Schilderung der Ereignisse ist knapp, überall auf Tatsachen bedacht (Namen, Zahlen, Chronologie); sie verwendet Augenzeugenberichte, Ergebnisse aus sprachl., ethnolog., archäolog. Befunden und zieht Urkunden z. T. im Wortlaut heran. T. gilt damit als Begründer der polit. Geschichtsschreibung. Statt der Götter bestimmen für ihn die menschl. Natur, bes. das Streben nach Macht, und der Zufall den Gang der Geschichte. Bes. in den eingefügten, vom Denken der Sophistik beeinflussten (im Wesentlichen frei erfundenen) Reden will T. die historisch wirkenden Kräfte und die Motive der Politiker herausarbeiten; so würdigt die ›Gefallenenrede‹ des PERIKLES (II, 35–46) die athen. Demokratie im Perikleischen Zeitalter, der ›Melierdialog‹ (V, 84–113) formuliert das Macht-Recht-Problem. Die von T. getroffene analyt. Unterscheidung zw. Anlässen und wirkl. Ursachen histor. Geschehnisse wurde zur Grundkategorie der Geschichtswiss. bis heute. Mitten im achten Buch bricht die Darstellung im Jahr 411 v. Chr. ab; das Werk ist unvollendet.

Obwohl T.' Stil schwierig ist (archaisierende Sprache, reich an Anakoluthen und Parenthesen), hat er im Altertum stark gewirkt. Seine Darstellung wurde fortgesetzt von XENOPHON, THEOPOMPOS und KRATIPPOS. SALLUST und TACITUS haben Elemente seiner andeutenden Knappheit übernommen. In der Neuzeit war er u. a. für T. HOBBES, D. HUME, T. MACAULAY und L. VON RANKE von Bedeutung; für F. NIETZSCHE war er der ›echteste‹ Grieche.

Ausgaben: De bello Peloponnesiaco, hg. v. J. CLAASSEN, bearb. v. J. STEUP, 8 Bde. (⁵⁻⁸1966–77); Gesch. des Peloponns. Krieges, hg. v. G. P. LANDMANN (Neuausg. 1991).

W. SCHADEWALDT: Die Geschichtsschreibung des T. (1929, Nachdr. Dublin 1971); A. W. GOMME u. a.: A historical commentary on Thucydides, 5 Bde. (Oxford 1945–81, Nachdr. ebd. 1998); H. STRASBURGER: Die Entdeckung der polit. Gesch. durch T. u. Der Geschichtsbegriff des T., in: DERS.: Studien zur Alten Gesch., Bd. 2 (1982); T., hg. v. H. HERTER (Neuausg. 1984); S. HORNBLOWER: Thucydides (London 1987); E. HEITSCH: Gesch. u. Situationen bei T. (1996).

Thulden ['tyldə], Theodoor van, niederländ. Maler und Radierer, * Herzogenbusch 9. 8. 1606, begraben ebd. 12. 7. 1669; übersiedelte 1621 nach Antwerpen. 1631/32 hielt er sich in Paris auf (Grafikband mit Reproduktionen von Fresken F. PRIMATICCIOS in Fontainebleau). T. malte religiöse und mytholog. Bilder großen Formats in der Art von P. P. RUBENS; dessen Mitarbeiter bei der Gestaltung der Festdekoration für den feierl. Einzug des Kardinalinfanten FERDINAND (* 1609, † 1641) in Antwerpen 1635 (Stichfolge ›Pompa Introitus ...‹, 1642). Ab 1643 lebte er wieder in seiner Vaterstadt.

T. van T., hg. v. A. ROY, Ausst.-Kat. (Zwolle 1991).

Thule, 1) antikes, erstmals von PYTHEAS in der 2. Hälfte des 4. Jh. v. Chr. beschriebenes Land, sechs Tagesfahrten nördlich von Britannien; später sprichwörtl. Bez. für das äußerste Land am N-Rand der Welt (ultima T.); nach TACITUS die Shetlandinseln, nach PROKOPIOS VON KAISAREIA Skandinavien. Nachdem auch Island und die Faröer in Betracht gezogen wurden, setzte man in modernen Deutungen (so zuerst bei F. NANSEN) T. meist mit dem mittelnorweg. Küstengebiet gleich.

2) Siedlung auf Grönland, →Qaanaaq.

Thule-Expeditionen, sieben Expeditionen, die der dän. Polarforscher K. RASMUSSEN zw. 1912 und 1933 von der durch ihn gegründeten Station Thule (heute Dundas) aus nach N-Grönland und in die amerikan. Arktis unternahm bzw. entsandte; sie dienten bes. der Erforschung der Eskimo. Auf der fünften T.-E. (1921–24), der längsten Hundeschlittenreise in der Gesch. der arkt. Forschung, drang RASMUSSEN bis zur Beringstraße vor.

Thulegesellschaft, 1918 in München gegründeter logenartiger Bund, der bei der Dachorganisation alldt., vaterländ. und völk. Münchener Verbände fungierte und v. a. antisemit. Propaganda betrieb; hervorgegangen aus der Germanen-Thule-Sekte (gegr. 1912), die in Verbindung mit dem antisemit. Hammerbund (gegr. 1910) und dem radikalen völk. Alldt. Verband stand; Symbole: Hakenkreuz, german. Runen; eigene Zeitung ›Münchener Beobachter‹. Zu den rd. 1 500 Mitgl. der T., die Verbindungen zu weiten Bereichen der bayer. Gesellschaft hatte, gehörten die späteren Nationalsozialisten D. ECKART, G. FEDER, R. HESS, A. ROSENBERG. Die T., die auch Umsturzpläne entwickelte, förderte gegenrevolutionäre Gruppen, u. a. die Dt. Arbeiterpartei und die daraus hervorgegangene NSDAP. 1919 organisierte die T. einen militanten Kampfbund und war zus. mit den Freikorps maßgeblich an der Niederschlagung der bayer. Räte-Rep. beteiligt.

Thulekultur, spätprähistor., um 900 n. Chr. in NW-Alaska entstandene Eskimokultur; breitete sich ab etwa 1000 zum einen entlang der Flüsse ins Innere Alaskas aus (Konzentration auf Karibujagd), zum anderen an der Eismeerküste nach O bis Grönland (die

Eskimo folgten den in die arkt. Gewässer vordringenden Walen). Dabei kam es zur Verbreitung der typ. Jagdgeräte, Boote, Hundeschlitten und zur Herausbildung einer relativ einheitl. Sprache und Kultur. Etwa ab dem 15. Jh. erfasste die T., in der die →Dorsetkultur aufging, die gesamte arkt. Küste; sie leitete zur heutigen Kultur der →Eskimo über.

Thule-Landbrücke, fast während des gesamten Tertiärs bestehende Landbrücke zw. den Brit. Inseln, den Färöern, Island, Grönland und Ellesmere Island. Sie wurde aus basalt. Ergüssen über einem Hot Spot gebildet.

Thulin [tuˈliːn], Ingrid, schwed. Schauspielerin, * Sollefteå (Verw.-Bez. Västernorrland) 27. 1. 1929; eindringl. Darstellerin der Bühne und des Films (seit 1948); auch Regisseurin.
Filme: Darstellerin: Nahe dem Leben (1958); Das Schweigen (1963); Die Verdammten (1969); Schreie u. Flüstern (1972); Das Haus des Lächelns (1991).

Thulium [nach Thule] *das, -s,* chem. Symbol **Tm**, ein →chemisches Element aus der Reihe der →Lanthanoide im Periodensystem der chem. Elemente. T. ist ein silberweißes, dehnbares, sehr seltenes Schwermetall, das zus. mit den übrigen Lanthanoiden in Form von Phosphaten und Silikaten in der Natur vorkommt (im Monazit z. B. zu etwa 0,007%). In seinen meist grün gefärbten Verbindungen tritt T. bevorzugt dreiwertig, seltener auch zweiwertig auf. T. ist bisher ohne prakt. Bedeutung. Das gammastrahlende Isotop ^{170}Tm wird u. a. zur zerstörungsfreien Werkstoffprüfung verwendet. – T. wurde 1879 von P. T. CLEVE bei der Untersuchung der Ytteberden entdeckt.

Thum, Stadt im Landkreis Annaberg, Sa., 520 m ü. M., im Westerzgebirge, 3 300 Ew.; Erholungsort nördlich der Greifensteine (Naturtheater, Stülpnerhöhle). – Ein Teil des gegen Ende des 12. Jh. gegründeten Waldhufendorfes T. entwickelte sich gegen 1300 aufgrund des Zinnbergbaus zu einer Berggemeinde; 1539 wurde T. als kleine Stadt bezeugt.

Thumb, Architektenfamilie, die zu den Begründern der →Vorarlberger Bauschule zählt. – Bedeutende Vertreter:
1) Christian, * Bezau (Vorarlberg) um 1645, † Au (Vorarlberg) 4. 6. 1726, Bruder von 2). In Zusammenarbeit mit F. BEER VON BLEICHTEN entstanden nach Plänen seines Bruders die Wallfahrtskirche auf dem Schönenberg bei Ellwangen/Jagst (1682–84) und die Stiftskirche in Obermarchtal (1686–92). Er war auch beteiligt am Neubau der Abteikirche in Weingarten (1715 ff.). Sein eigenes Werk ist die heutige Schlosskirche in Friedrichshafen (ehem. Benediktinerprioratskirche St. Andreas, 1695–1701; BILD →Friedrichshafen).
2) Michael, * Bezau (Vorarlberg) um 1640, † ebd. 19. 2. 1690, Vater von 3) und Bruder von 1); errichtete u. a. die Chorherrenstiftskirche in Wettenhausen (1670 ff.). Nach seinen Plänen entstanden die Wallfahrtskirche auf dem Schönenberg bei Ellwangen/ Jagst (1682–84) und die Stiftskirche in Obermarchtal (1686–92).
3) Peter, * Bezau (Vorarlberg) 18. 12. 1681, † Konstanz 4. 3. 1766, Sohn von 2). Von seinem Vater und seinem Schwiegervater F. BEER VON BLEICHTEN ausgebildet, zählt er zu den hervorragendsten Vertretern des dt. Spätbarock und Rokoko. Bereits in den Frühwerken, der Abteikirche Ebersmünster (1708 bis 1731) und der Abteikirche St. Peter im Schwarzwald (1724–27), besticht die einheitl. Wirkung der Innenräume. Als seine Hauptwerke gelten die Wallfahrtskirche →Birnau sowie das Langhaus der Kirche und die Bibliothek des Benediktinerstifts St. Gallen (BILD →Bibliothek).
H.-M. GUBLER: *Der Vorarlberger Barockbaumeister P. T.* (1972).

Thulium		
chem. Symbol:	Ordnungszahl	69
	relative Atommasse	168,93421
	Häufigkeit in der Erdrinde	$1{,}9 \cdot 10^{-5}$%
Tm	natürliche Isotope (stabil)	nur ^{169}Tm
	radioaktive Isotope	^{147}Tm bis ^{168}Tm, ^{170}Tm bis ^{176}Tm
	längste Halbwertszeit (^{171}Tm)	1,92 Jahre
	Dichte (bei 25 °C)	9,321 g/cm^3
	Schmelzpunkt	1545 °C
	Siedepunkt	1946 °C
	Schmelzwärme	99,63 kJ/kg
	spezifische Wärmekapazität (bei 25 °C)	0,16 J/(g · K)
	elektrische Leitfähigkeit (bei 20 °C)	$1{,}479 \cdot 10^6$ S/m
	Wärmeleitfähigkeit (bei 27 °C)	16,9 W/(m · K)

Thümmel, Moritz August von, Schriftsteller, * Schönefeld (heute zu Leipzig) 27. 5. 1738, † Coburg 26. 10. 1817; pflegte die Kavalierdichtung des Rokoko, wobei er bes. das Ironische und Erotische betonte. Seinen schriftsteller. Ruhm begründete er mit dem komisch-heroischen Epos ›Willhelmine oder der vermählte Pedant‹ (1764). Nach dem Vorbild L. STERNES konzipiert er seine Beschreibung der ›Reise in die mittägl. Provinzen von Frankreich im Jahr 1785 bis 1786‹ (10 Bde., 1791–1805).
Ausgabe: Sämmtl. Werke, 8 Bde. (Neuausg. 1853–54).

Thun, 1) Bezirksstadt im Kt. Bern, Schweiz, 560 m ü. M., am Ausfluss der Aare aus dem Thuner See, 39 200 Ew.; Lehrerseminar, Fachschule für Gastronomie; Kunstmuseum, Schweizer. Gastronomie-Museum; Metallverarbeitung (u. a. Waffen- und Munitionsfabrik, Maschinenbau), Nahrungsmittelindustrie (u. a. Milchverarbeitung), Verlage; eidgenöss. Waffenplatz; Fremdenverkehrsort (Tor zum Berner Oberland). – Das maler. Straßenbild wird geprägt von Laubengängen und in der Oberen Hauptgasse von hoch über dem Straßenniveau über vorspringenden Kellergeschossen gelegenen Gehsteigen. Über der Stadt die Burg (Histor. Museum) mit vier runden Ecktürmen, daneben das Amtsschloss (1429) des Berner Schultheißen; Stadtkirche (Neubau 1738). In der Kirche in **Scherzligen** Wandmalereien (13.–15. Jh.). Im Park von Schloss Schadau (1849–54) der Rundbau des ältesten Panoramas der Schweiz; die 38 m lange Malerei von MARQUARD WOCHER (* 1760, † 1830) stellt T. und Umgebung dar. – Um die Ende des 12. Jh. angelegte Burg entstand die Siedlung T., seit 1264 Stadt. 1384 kaufte Bern die Stadt, die Sitz des Berner Landvogts wurde. 1798–1803 war T. Hauptstadt des Kt. Oberland.
2) Bez. im Kt. Bern, Schweiz, 267 km^2, 86 700 Ew.; umfasst die nordwestlich des Thuner Sees gelegenen Gemeinden.

Thunbergia [nach dem schwed. Botaniker CARL PETER THUNBERG, * 1743, † 1828], **Thunbergie,** Gattung der Akanthusgewächse (Acanthaceae) mit rd. 100 Arten in den Tropen und Subtropen der Alten Welt; oft windende Sträucher, Stauden oder Kräuter mit einfachen Blättern und trichterförmigen Blüten. Die bekannteste der zahlr. in Kultur befindl. Arten ist die **Schwarzäugige Susanne** (Thunbergia alata), ein bis 2 m hohes, windendes Kraut mit gelben, trichterförmigen Blüten mit schwarzem Schlund.

Thunder Bay [ˈθʌndə beɪ], Stadt in der Prov. Ontario, Kanada, am Oberen See, 114 000 Ew.; kath. Bischofssitz; Lakehead University (gegr. 1965); Schiff-, Zellstoff- und Papierindustrie; als kanad. Endpunkt des Sankt-Lorenz-Seeweges bedeutender Hafen, bes. für Getreide (große Speicher), ferner für Holz, Eisenerz, Kalisalz und Schwefel. – 1970 durch Vereinigung der Städte **Fort William** und **Port Arthur** entstanden.

Thünen, Johann Heinrich von, Landwirt, Agrar- und Volkswirtschaftler, * Gut Canarienhausen (heute zu Wangerland, Kr. Friesland) 24. 6. 1783, † Tellow

Thun 1)
Stadtwappen

Thunbergia:
Schwarzäugige Susanne
(Höhe 90–200 cm)

Johann Heinrich von Thünen

Thun Thuner See – Thur

(heute zu Warnkenhagen, Landkreis Güstrow) 22. 9. 1850; einer der bedeutendsten dt. Wirtschaftstheoretiker des 19. Jh. und Mitbegründer der landwirtschaftl. Betriebslehre. T. entwickelte eine noch heute gültige Theorie des verkehrswirtschaftl. Standorts landwirtschaftl. Betriebe, die er durch empir. Studien über Erträge, Rente und Standort der landwirtschaftl. Produktion auf seinem Mustergut Tellow zu bestätigen suchte: Eine Stadt bezieht alle Lebensmittel und Rohstoffe vom Land und wird von einer gleichmäßig fruchtbaren Anbaufläche umgeben. Der Landwirt verhält sich ökonomisch rational (›Gewinnmaximierer‹) und verkauft seine Produkte auf dem von jedem Ort gleich gut erreichbaren Markt der Stadt. T. wies nach, dass sich die Anbausysteme mit wachsender Entfernung von der Stadt ändern müssen: Die Höhe der Marktpreise für landwirtschaftl. Produkte und die Transportkosten bestimmen Art und Intensität der Bodennutzung. Die landwirtschaftl. Anbausysteme ordnen sich wie konzentr. Kreise um den zentralen Markt an (**thünensche Kreise, thünensche Ringe**). In engem Zusammenhang damit steht seine Theorie der →Grundrente. Mit seiner Lohn- und Zinstheorie war T. Mitbegründer der →Grenzproduktivitätstheorie.

Werk: Der isolirte Staat in Beziehung auf Landwirthschaft u. Nationalökonomie, 3 Bde. (1826–63).
Ausgabe: Ausgew. Texte, hg. v. W. BRAEUER (1951).
J. H. von T. als Wirtschaftstheoretiker, Beitrr. v. H. C. BINSWANGER u. a., hg. v. H. RIETER (1995).

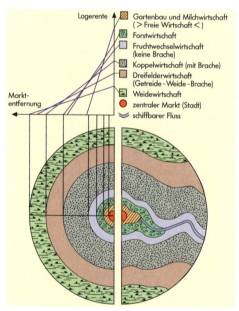

Johann Heinrich von Thünen: Grafische Darstellung der landwirtschaftlichen Standorttheorie; die Intensität der Bebauung und die erzielbare Grundrente (Lagerente) nehmen mit zunehmender Entfernung vom zentralen Markt (Stadt) ab; um die Stadt bilden sich Ringe verschiedener Bewirtschaftungssysteme, die sich nach Einbeziehung einer Hauptverkehrslinie (schiffbarer Fluss) verschieben

Thuner See, Alpenrandsee im Kt. Bern, Schweiz, nördlich der Berner Alpen, 558 m ü. M., 217 m tief, 48 km², von der Aare durchströmt (nachdem diese den Brienzer See und das beide Seen voneinander trennende →Bödeli durchflossen hat); an den Ufern zahlr. Kur- und Fremdenverkehrsorte.

Thunfische [lat. thunnus, thynnus ›Thunfisch‹, von griech. thýnnos], zusammenfassende Bez. für versch. zu den Makrelen gehörende Gattungen (bes. die Gattung **Thunnus**); makrelenähnl. und fast schuppenlose Fische mit blauschwarzem Rücken, silbrigen Seiten und weißem Bauch. T. können ihre Körpertemperatur bis 12 °C über die Umgebungstemperatur erhöhen. Sie ernähren sich bes. von Sardinen, Anchovis, Jungheringen oder Jungmakrelen. Da sie ein verhältnismäßig hohes Lebensalter erreichen können, ist in ihrem Körper eine gesundheitsschädl. Konzentration von Umweltgiften möglich.

Thunfische: Roter Thunfisch (Länge bis 4,5 m)

Der **Gewöhnliche** oder **Rote T.** (Thunnus thynnus) ist mit bis 4,5 m Länge und 600 kg Gewicht die größte Art der T.; er lebt im Atlantik einschließlich der Nordsee (selten in der Ostsee). Seine Laichwanderungen führen zu den Mittelmeerküsten, wo er zur Laichzeit gefangen wird; das fette, in rohem Zustand rote Fleisch wird hauptsächlich zu Konserven verarbeitet. Der **Weiße T.** (Thunnus alalunga; Länge bis 1,1 m, Gewicht bis 30 kg) ist am häufigsten im Pazifik, wo er weite Wanderungen unternimmt. Die wirtschaftlich wichtigste Art in trop. Meeren ist der bis 1 m lange und 22 kg schwere **Echte Bonito** (Katsuwonus pelamis); er besitzt vier bis sieben dunkle Längsbinden am Bauch und kommt im Sommer vereinzelt auch in der Nordsee vor. Das Fleisch vom bis 60 cm langen **Unechten Bonito** (Auxis thazard) ist wegen seiner Dunkelfärbung weniger begehrt; aufgrund seiner Häufigkeit ist er als Speisefisch lokal jedoch von großer Bedeutung.

Thun und Hohenstein, österr. Uradelsgeschlecht, das 1145 erstmals urkundlich erwähnt wurde; 1629 in den Reichsgrafenstand und 1911 in den österr. Fürstenstand erhoben. – Bekannt wurden:
1) *Franz Anton Fürst* (seit 1911) *von*, österr. Politiker, *Tetschen 2. 9. 1847, †ebd. 1. 11. 1916, Neffe von 2); war als Mitgl. des Abgeordnetenhauses (seit 1879), des Herrenhauses (seit 1881) und des böhm. Landtags (seit 1883) Repräsentant der hoch konservativen böhm. Partei. Als Statthalter von Böhmen (1889–96 und 1911–15) trat er 1890 für einen dt.-tschech. Ausgleich ein. 1898/99 war er Min.-Präs. und Min. des Innern. Er scheiterte an der Obstruktion der deutschnat. Parteien gegen seine Politik des Ausgleichs mit den Tschechen.
2) *Leo Graf von*, österr. Politiker, *Tetschen 7. 4. 1811, †Wien 17. 12. 1888, Onkel von 1); machte während der Märzrevolution 1848 als Gubernial-Präs. von Böhmen auf sich aufmerksam, war 1849–60 Min. für Kultus und Unterricht. Er veranlasste die Reorganisation des österr. Studienwesens und gilt als Begründer des polit. Katholizismus in Österreich, der am Abschluss des Konkordats von 1855 maßgeblich Anteil hatte.

Thur *die,* **1)** linker Nebenfluss des Hochrheins, Schweiz, 125 km lang; entsteht bei Wildhaus im Kt. Sankt Gallen aus mehreren Quellbächen zw. Säntis (Säntisthur) und Churfirsten (Wildhauserthur), durchfließt das →Toggenburg (bildet zw. Lichtensteig und Schwarzenbach eine teilweise tief eingeschnittene Molasseschlucht), den Thurgau und das Zürcher Weinland; mündet 5 km nordöstlich von Eglisau bei Ellikon.

2) linker Nebenfluss der Ill im Elsass, Frankreich, etwa 60 km lang, entspringt in den Vogesen im Gebiet des Hohneck (Rainkopf), mündet südlich von Colmar.

Thur|alpen, Gebirgsgruppe in den Kantonen St. Gallen und Appenzell, Schweiz, im Einzugsgebiet der oberen Thur. Walenseefurche (im S) und Alpenrheintal (im O); umfasst die **Appenzeller Alpen** (Alpstein mit →Säntis) und die →Churfirsten.

Thurandt, Burg über der Mosel bei →Alken.

Thurber ['θə:bə], James Grover, amerikan. Schriftsteller und Zeichner, * Columbus (Oh.) 8. 12. 1894, † New York 2. 11. 1961; 1927–33 fester, später freier Mitarbeiter der Zeitschrift ›The New Yorker‹, deren Stil er mitprägte und in der seine humoristisch-satir. Erzählungen und Cartoons erschienen. T.s eleganter Witz greift, in durchaus moralist. Absicht, die Alltagserfahrungen der amerikan. Mittelklasse in einer Zeit sich wandelnder Wertvorstellungen auf. Seine zahlr. Bücher waren ebenso erfolgreich wie seine Märchen für Kinder und seine Komödien.

Werke: *Erzählungen:* Is sex necessary? (1929, mit E. B. WHITE; dt. Warum denn Liebe?); Fables for our time (1940; dt. 75 Fabeln für Zeitgenossen); The T. carnival (1945; dt. Rette sich, wer kann!); T.'s dogs (1955; dt. So spricht der Hund); Further fables for our time (1956; dt. Das kleine Fabelbuch). – *Autobiographisches:* My life and hard times (1933; dt. Man hat's nicht leicht); The years with Ross (1959). – *Zeichnungen:* T.'s men, women and dogs, a book of drawings (1943; dt. Männer, Frauen u. Hunde).

Ausgaben: Selected letters, hg. v. H. THURBER u. a. (Neuausg. 1982); Collecting himself. J. T. on writing and writers, humor and himself, hg. v. M. J. ROSEN (Neuausg. 1989). – Achtung. Selbstschüsse (1950, Ausw.); Zehn goldene Regeln für das Zusammenleben mit 100 warnenden Beispielen, bearb. v. H. M. LEDIG-ROWOHLT (25.–27. Tsd. 1985).

B. BERNSTEIN: T. (New York 1975); R. C. TOBIAS: The art of J. T. (Athens, Oh., ²1975); C. M. KENNEY: T.'s anatomy of confusion (Hamden, Conn., 1984); R. E. LONG: J. T. (New York 1988); Conversations with J. T., hg. v. T. FENSCH (Jackson, Miss., 1989).

James G. Thurber: Touché!; Cartoon aus ›Rette sich, wer kann!‹, 1945

Thureau-Dangin [tyrodã'ʒɛ̃], François, frz. Assyriologe, * Paris 3. 1. 1872, † ebd. 24. 1. 1944; war Chefkonservator am Louvre; bahnbrechende Forschungen zu den einsprachigen sumer. Königsinschriften.

Werke: Rituels accadiens (1921); Le syllabaire accadien (1926); Les homophones sumériens (1929). – *Transkription und Übersetzung:* Les inscriptions de Sumer et d'Akkad (1905; dt. Die sumer. u. akkad. Königsinschriften).

Thurgau, Kanton im NO der Schweiz, 991 km², (1996) 224 800 Ew. (davon 19,4% Ausländer); Hauptstadt ist Frauenfeld. Die überwiegend dt.-sprachige Bev. gehört fast zur Hälfte der ref. Kirche und zu rd. 40% der kath. Kirche an. Der T. umfasst die nordöstlichsten Teile des Schweizer Mittellandes an Bodensee und Hochrhein und gliedert sich (getrennt durch mehrere Senken) in den südlich des Bodensees gelegenen Molassehügelzug des →Seerückens, das stark gekammerte thurgauische Hügelland und die Nagelfluhberge des nördl. Tössberglandes.

Staat und Recht: Nach der Verf. von 1987 (in Kraft seit 1. 1. 1990) liegt die Gesetzgebung beim 130 Mitgl. zählenden Großen Rat; Exekutivorgan ist der Reg.-Rat mit fünf Mitgl. Beide Organe werden vom Volk auf vier Jahre gewählt; über ihre Abberufung ist eine

Kanton Thurgau: Größe und Bevölkerung (1996)

Bezirk	Fläche in km²	Ew.
Arbon	70	36 600
Bischofszell	93	30 500
Diessenhofen	41	6 200
Frauenfeld	133	40 700
Kreuzlingen	107	35 800
Münchwilen	157	34 000
Steckborn	138	17 000
Weinfelden	124	24 000
Kanton Thurgau	**863*)**	**224 800**

*) Gesamtfläche mit Seeanteil 991 km²

Volksabstimmung durchzuführen, wenn 20 000 Stimmberechtigte dies verlangen. 4 000 Stimmberechtigte können eine Abstimmung über Erlass bzw. Änderung oder Aufhebung von Verf. und Gesetzen initiieren. Gesetze und Beschlüsse des Großen Rates unterliegen dem fakultativen Referendum (2 000 Stimmberechtigte), Finanzbeschlüsse über einmalige Ausgaben von mehr als 3 Mio. sfr dem obligator. Referendum. Die Zivilrechtspflege üben das Obergericht und die Bezirksgerichte (mit ihren jeweiligen Zweigen) sowie die Friedensrichter aus. Die Strafrechtspflege ist dem Kassations-, dem Kriminal- und dem Obergericht, den Bezirksgerichten, der Jugendanwaltschaft und den Bezirksämtern anvertraut.

Wappen: Es zeigt im silberngrün schräg geteilten Schild je einen goldenen Löwen, die Wappenbilder der ehemaligen Grafen von Kyburg.

Bildungswesen: Die Schulpflicht beträgt neun Jahre. An die sechsjährige Primarschule schließen drei Jahre Realschule oder drei Jahre Sekundarschule als Voraussetzung für viele Berufsausbildungen und die Maturitätsschulen (vier Jahre) an. Lehrerseminar in Kreuzlingen (fünf Jahre im Anschluss an die Sekundarschule, eineinhalb nach der Maturität), Kindergärtnerinnenseminar, Seminar für Textilarbeit/Werken und Gestaltung; Handelsmittel- und Diplommittelschule; Berufsschulen; Berufsbildungsstätten für soziale Berufe.

Wirtschaft: Der T. wird gemeinhin als ›grüner Industrie-Kanton‹ ohne urbane Zentren charakterisiert. Die thurgauischen Regionen orientieren sich eher nach städt. Mittelpunkten außerhalb des Kantons, u. a. der Ober-T. nach St. Gallen, der Hinter-T. nach Wil und Winterthur und einige Bodenseegemeinden nach Konstanz. Mit einem Volkseinkommen je Ew. von (1995) 39 266 sfr liegt der T. an 18. Stelle unter den 26 Kantonen (Schweiz 45 276 sfr). In der Landwirtschaft, in der (1995) 11% der Erwerbstätigen beschäftigt sind, dominiert die Viehhaltung; rd. 66% der insgesamt 54 350 ha umfassenden landwirtschaftl. Nutzfläche werden futterbaulich genutzt, rd. 34% sind Ackerland. Dem Anbau v. a. von Getreide und Hackfrüchten stehen 14 125 ha zur Verfügung. Das thurgauische Bodenseeufer ist nach dem Wallis das wichtigste schweizer. Obstbaugebiet (1 799 ha); in günstigen Lagen wird auch Weinbau (254 ha) betrieben.

Trotz fehlender urbaner Zentren ist der T. ein stark industrialisierter Kt.; über ausreichende Industriebaulandreserven verfügt. Im von Klein- und Mittelbetrieben geprägten sekundären Sektor sind (1995) 41% der Beschäftigten tätig; damit liegt der Kt. weit über dem schweizer. Mittel von 30%. An Industriebranchen finden sich neben der aus der Heimweberei hervorgegangenen Textil- und Stickereiindustrie v. a. Metallverarbeitung, Maschinen- (u. a. Nähmaschinen) und Fahrzeugbau, Holz-, Nahrungsmittel- und chem. Industrie. Neben der Kt.-Hauptstadt Frauenfeld sind Industrieunternehmen v. a. in Kreuzlingen,

Thurgau Kantonswappen

Thür Thüring – Thüringen

Thüringen Landeswappen

Aadorf, Sirnach, Münchwilen angesiedelt. Der Dienstleistungssektor liegt mit (1995) 48% der Beschäftigten deutlich unter dem schweizer. Durchschnitt (64%); dies deutet auf die Strukturschwäche der thurgauischen Wirtschaft hin. Der Fremdenverkehr ist nur in den Bodenseegemeinden von Bedeutung; die Anzahl der Übernachtungen belief sich (1996) auf 267 300. Kreuzlingen und Romanshorn (Fähre nach Friedrichshafen) sind wichtige Grenzstationen und Verkehrsknotenpunkte.

Geschichte: In das seit der Steinzeit besiedelte Gebiet des T.s drangen seit 400 v. Chr. die Helvetier ein, die 58 v. Chr. von den Römern unterworfen wurden. 455 n. Chr. unterwarfen die Alemannen das Gebiet, das um 700 christianisiert wurde und im 8. Jh. einen Gau des Fränk. Reiches bildete, begrenzt von Aare, Reuss, der Walenseefurche, Rhein und Bodensee. 861 wurde der westl. Teil als Zürichgau abgetrennt, weitere, kleinere Teile fielen an die aufstrebenden Klöster Sankt Gallen, Rheinau und Reichenau sowie das Hochstift Konstanz. Der übrige T. entwickelte sich zur Landgrafschaft unter den Kyburgern (1094), seit 1264 unter den sie beerbenden Habsburgern, und unterstand dem Landgericht von Konstanz. 1460 eroberten die Eidgenossen den T. und ließen ihn vom Landvogt der Acht Alten Orte als Untertanengebiet (Gemeine Herrschaft) verwalten. Die Reformation, die bes. von Zürich her vordrang, setzte sich bis 1529 im T. durch, doch beseitigte der 2. Kappler Friede 1531 die reformierte Kirchengesetzgebung, worauf eine Rekatholisierung um sich griff. Nach der Freilassungserklärung durch die eidgenöss. Tagsatzung (3. 3. 1798) war der T. 1798–1803 Kanton der Helvet. Rep. und wurde durch die Mediationsakte (1803) eigenständiger Kanton. 1814 gab sich der T. eine neue Verf., die noch mehrmals geändert (u. a. 1831 Einführung liberaler Grundsätze; 1869 Totalrevision) und 1987 durch eine neue ersetzt wurde (Reorganisation der Verwaltung bis 2000 vorgesehen).

E. HERDI: Gesch. des T.s (Frauenfeld 1943); E. LEISI: Chronik des Kantons T. (Luzern 1950); T. gestern, heute, morgen, hg. v. M. VISCHER (Frauenfeld 1966); Gesch. des Kantons T., Beitrr. v. A. SCHOOP, 4 Bde. (ebd. 1987–94); D. BERKE u. H. RUPRECHT: T. Aus dem Flugzeug betrachtet (ebd. 1989).

Thüring, T. von Ringoltingen, spätmittelalterl. Dichter, *um 1415, †Bern 1483; aus Berner Stadtadel; 1435 Mitgl. des Großen Rats, zw. 1458 und 1467 viermal Schultheiß. Er übertrug COULDRETTES provenzal. Versroman →Melusine in dt. Prosa (1476).

Thüringen, Freistaat T., Land in der Mitte Dtl.s, 16 171 km^2, (1997) 2,485 Mio. Ew.; grenzt im W an Hessen, im NW an Ndsachs., im N an Sa.-Anh., im NO und O an Sa. und im S an Bayern; Hauptstadt ist Erfurt.

STAAT · RECHT

Verfassung: Nach der Verf. vom 25. 10. 1993 liegt die Gesetzgebung beim Landtag (88 Abg., auf fünf Jahre gewählt). Gesetzesvorlagen können aus der Mitte des Landtags, von der Staats-Reg. oder durch Volksbegehren (Quorum: mindestens 14% der Stimmberechtigten) eingebracht werden. Die vollziehende Gewalt liegt bei der Landes-Reg. unter Vorsitz des vom Landtag gewählten Min.-Präs. Dieser ernennt und entlässt die Mitgl. seines Kabinetts und besitzt Richtlinienkompetenz. Er kann vom Landtag durch konstruktives Misstrauensvotum gestürzt werden. In der Verf. sind neben einem Grundrechtskatalog eine Reihe von Staatszielen fixiert: u. a. Umweltschutz, Schutz von Kindern und Jugendlichen, Recht auf Wohnraum und Arbeit. – Das seit 1994 existierende Verf.-Gericht besteht aus dem Präs. und acht weiteren Mitgl. (vom Landtag für fünf Jahre gewählt).

Wappen: Das 1991 gesetzlich festgelegte Wappen lehnt sich in der Gestaltung an das von 1945 an, greift aber auf die traditionellen thüring. Wappenfarben zurück. Zentrales Wappenbild ist der goldgekrönte, achtfach von Rot und Silber quer gestreifte Löwe der Thüringer Landgrafen, umgeben von acht sechseckigen Sternen, die sich auf die sieben Kleinstaaten, aus denen T. nach dem Ersten Weltkrieg gebildet wurde, sowie auf die 1944 faktisch, 1945 juristisch dem Territorium zugeschlagenen preuß. Landesteile beziehen.

Verwaltung: T. ist in 17 Landkreise und sechs kreisfreie Städte gegliedert. Die Kommunalverfassung (1993) folgt den Linien der ›süddt. Ratsverfassung‹ (→Gemeinde).

Recht: In T. gibt es ein OLG (Jena), vier Land- und 29 Amtsgerichte, ein Landesarbeitsgericht (Erfurt) und sieben Arbeitsgerichte, ein Oberverwaltungsgericht (Weimar) und drei Verwaltungsgerichte, ein Landessozialgericht (Erfurt) und vier Sozialgerichte sowie ein Finanzgericht (Gotha).

LANDESNATUR · BEVÖLKERUNG

T. liegt im Bereich der Dt. Mittelgebirgsschwelle. Der zentrale und nordwestl. Teil wird vom fruchtbaren →Thüringer Becken eingenommen, das von zahlr. Flüssen (bes. Unstrut) durchflossen wird und dessen Ränder aus zertalten Muschelkalkhöhenzügen und im SO von stark zergliederten Randplatten (Ilm-Saale- und Ohrdrufer Muschelkalkplatte, Saale-Elster-Buntsandsteinplatte) gebildet werden. Südlich des Thüringer Beckens liegen der →Thüringer Wald (der Große Beerberg bildet mit 982 m ü. M. die höchste Erhebung T.s) und das auf der Linie Gehren–Schleusingen unmittelbar angrenzende →Thüringer Schiefergebirge, das ohne deutl. Grenze in den Frankenwald übergeht, dessen N-Teil in T. liegt. Dem östl. Thüringer Schiefergebirge ist die 30 km lange, fruchtbare Orlasenke vorgelagert. Im SW erstreckt sich zw. Thüringer Wald, der nach T. hineinziehenden Kuppenrhön und Hohen Rhön (→Rhön) und dem Grabfeld die hügelige, in Buntsandstein und Muschelkalk angelegte Werrasenke. Im N gehören Teile des Südharzes (Unterhar-

Verwaltungseinheit	Fläche in km²	Ew. in 1000	Ew. je km²	Verwaltungssitz
Kreisfreie Städte				
Eisenach[1]	103,8	44,9	433	–
Erfurt	269,1	207,0	769	–
Gera	152,0	120,3	791	–
Jena	114,2	100,0	876	–
Suhl	102,7	52,0	506	–
Weimar	84,3	62,0	735	–
Landkreise				
Altenburger Land	569,1	119,0	209	Altenburg
Eichsfeld	939,8	116,9	124	Heilbad Heiligenstadt
Gotha	935,6	149,3	160	Gotha
Greiz	843,4	127,0	151	Greiz
Hildburghausen	937,3	75,0	80	Hildburghausen
Ilmkreis	843,3	122,7	145	Arnstadt
Kyffhäuserkreis	1 035,1	97,1	94	Sondershausen
Nordhausen	710,9	101,1	142	Nordhausen
Saale-Holzland-Kreis	817,0	93,0	114	Eisenberg
Saale-Orla-Kreis	1 148,3	101,5	88	Schleiz
Saalfeld-Rudolstadt	1 034,6	137,8	133	Saalfeld/Saale
Schmalkalden-Meiningen	1 209,6	146,1	121	Meiningen
Sömmerda	804,1	82,5	103	Sömmerda
Sonneberg	433,3	69,8	161	Sonneberg
Unstrut-Hainich-Kreis	975,4	121,4	124	Mühlhausen/Thür.
Wartburgkreis	1 304,9[2]	147,8[2]	113	Bad Salzungen
Weimarer Land	803,3	90,8	113	Apolda
Thüringen	16 171,1	2 485,0	154	Erfurt

[1] seit 1. 1. 1998. – [2] 1. 1. 1998 (vorläufige Angabe).

Thüringen **Thür**

zes), der →Kyffhäuser sowie der W-Teil der fruchtbaren Goldenen Aue zu T. Im äußersten NW liegt das Eichsfeld. Der O wird von der Ostthüringisch-Vogtländ. Hochfläche (Oberland), die von der Saale mit den größten Stauanlagen T.s (Bleiloch-, Hohenwartetalsperre) und von der Weißen Elster durchflossen wird, eingenommen. Ein kleines Gebiet im NO liegt in der Leipziger Tieflandsbucht.

Klima: Das ozeanisch geprägte Klima wird durch die Vielseitigkeit des Reliefs modifiziert. Wärmebegünstigt sind das Thüringer Becken, die Orla- und Werrasenke sowie das Unstrut- und Saaletal. Der Thüringer Wald hat ein raues, niederschlagsreiches (bis 1300 mm im Jahr) Klima. Im Januar liegen die mittleren Temperaturen in T. zw. −0,2 und −2,2 °C, im Juli zw. 15,5 und 17,8 °C, in den Gipfellagen des Thüringer Waldes entsprechend bei −4,0 °C bzw. 12,5 °C. Im Winter sind Inversionswetterlagen häufig, die negative Temperaturwerte in den Beckenlandschaften und Senken und positive in den Gebirgskammlagen bringen. Relativ niederschlagsarm ist das Thüringer Becken (450–600 mm im Jahr); das im Regenschatten des Harzes liegende Gebiet um Artern (z. T. unter 450 mm im Jahr) zählt zu den trockensten Gebieten in Dtl.

Vegetation: T. gehört mit einem Waldanteil von 28,6 % zu den waldreichen Bundesländern. Große Waldgebiete weisen die Mittelgebirge, bes. der Thüringer Wald, die Ostthüringisch-Vogtländ. Hochfläche (Holzland um Stadtroda) und die Ränder des Thüringer Beckens auf. Vorherrschend ist Laub- (Buchen-, z. T. auch Birken-Stieleichen-Wälder), in den höheren Lagen der Mittelgebirge Nadelwald (Fichten-, z. T. Tannen-Kiefern-Wälder). – T. besitzt 202 Naturschutz- (Gesamtfläche 20 955 ha), 66 Landschaftsschutzgebiete (378 247 ha), zwei Biosphärenreservate (Rhön, Vessertal; 65 573 ha) und einen Nationalpark (Hainich; 7 500 ha).

Bevölkerung: Mit 153,7 Ew./km² gehört T. zu den schwächer besiedelten Bundesländern. Am geringsten sind die landwirtschaftlich strukturierten Kreise des Thüringer Beckens und die Gebiete im äußersten SW besiedelt, am stärksten die wirtschaftl. Kernräume zw. Eisenach und Weimar, die Gebirgsrandzone längs des Thüringer Waldes und Thüringer Schiefergebirges sowie des Südharzes und die Täler von Saale und Weißer Elster. Den verhältnismäßig wenigen größeren Städten (am größten sind Erfurt, Gera, Jena, Weimar, Suhl, Gotha, Nordhausen, Altenburg und Eisenach) steht ein kleingliedriges ländl. Siedlungsnetz und eine relativ große Zahl von Kleinstädten zw. 2000 und 5000 Ew. gegenüber. Die bäuerl. Gehöfte sind, soweit sie in der ursprüngl. Anlage noch vorhanden sind, fränk. Drei- und Vierseithöfe; bei den Häusern im Frankenwald ist Schieferverkleidung typisch. Die Bauernhöfe bilden in der Ebene und im Hügelland meist Haufendörfer, oft um einen Dorfteich oder Anger gruppiert. In den engen Gebirgstälern überwiegen Reihendörfer. Der Altstadtgrundriss der meisten Städte zeigt einen viereckigen Marktplatz und sich rechtwinklig schneidende Straßen.

Religion: Nach kirchl. Angaben (1996) gehören rd. 29,6 % der Bev. einer ev. Landes-, rd. 8,7 % der kath. Kirche (bes. im Eichsfeld) an. T. umfasst das Kirchengebiet der ›Ev.-Luther. Kirche in Thüringen‹, Teile des Kirchengebietes der →Evangelischen Kirche der Kirchenprovinz Sachsen und das Dekanat Schmalkalden der ›Ev. Kirche von Kurhessen-Waldeck‹ sowie seitens der kath. Kirche das Bistum Erfurt, das Dekanat Geisa des Bistums Fulda, in Ostthüringen Teile des Bistums Dresden-Meißen und eine Pfarrei des Bistums Magdeburg. Die ›Jüd. Landesgemeinde Thüringen‹ zählt 190 Mitgl. (Gemeinde Erfurt).

Bildungswesen: Das Schulwesen ist im Thüringer Schul-Ges. vom 6. 8. 1993 geregelt. Es gibt folgende

Thüringen: Die zu den Drei Gleichen gehörende Burgruine Mühlburg am Ostrand der Gemeinde Mühlberg

Schularten: Grundschule, Regelschule, Gymnasium, Förderschule und berufsbildende Schule. Die Regelschule fasst in der fünften und sechsten Klasse alle Schüler zusammen, ab der siebten Klasse können auf den Haupt- bzw. Realschulabschluss bezogene Klassen gebildet werden, oder es kann eine Differenzierung nach Kursen erfolgen. Auch ein Wechsel in Klasse 7 des Gymnasiums ist möglich. Das Abitur wird nach zwölf Schuljahren abgelegt. Alle Schullaufbahnen schließen mit zentral vorgegebenen Prüfungen ab. Auf Hochschulebene gibt es Universitäten in Erfurt (Lehrbetrieb ab 1999/2000), Ilmenau (TU), Jena (Friedrich-Schiller-Univ.) und Weimar (Bauhaus-Univ.), FH in Erfurt, Jena, Nordhausen und Schmalkalden, eine PH in Erfurt, eine Hochschule für Musik in Weimar sowie ein Philosophisch-Theolog. Studium in Erfurt.

Thüringen: Verwaltungsgliederung

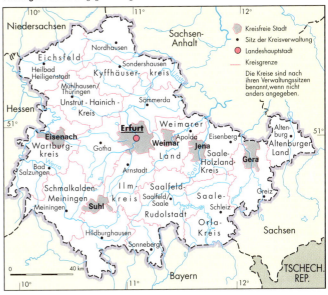

Thür Thüringen

WIRTSCHAFT · VERKEHR

Für T. haben industrielle Produktion, Landwirtschaft einschließlich Gartenbau und Fremdenverkehr ein besonderes Gewicht. Der Übergang von der sozialist. Plan- zur sozialen Marktwirtschaft war mit einer tief greifenden Anpassung und Umwandlung der Wirtschaftsstruktur verbunden. Der starke Rückgang einzelner Branchen, bes. in industriell monostrukturierten Gebieten in Nord- (Kali-, Textilindustrie) und Ost-T. (Braunkohlen-, Uranbergbau, Maschinenbau) führte zu erhebl. Arbeitslosigkeit und zu einem Rückgang der Zahl der Erwerbstätigen von (1989) 1,6 Mio. auf (1996) 1,1 Mio. Der wirtschaftl. Aufschwung ab 1992, bes. durch deutl. Zuwächse im verarbeitenden Gewerbe und Dienstleistungssektor und die Entwicklung des Handwerks, hat sich nach 1995 abgeschwächt, liegt jedoch hinsichtlich des realen Zuwachses des Bruttoinlandsprodukts (BIP) von (1996) 2,9% um 0,9% über dem Durchschnitt der neuen Bundesländer. Von den Erwerbstätigen waren 1996 3,6% in der Landwirtschaft, 36,6% im produzierenden Gewerbe, 20,8% im Handel, Gastgewerbe und Verkehr sowie 39,0% im übrigen Dienstleistungsbereich tätig; 5,5% waren selbstständig. Das BIP je Erwerbstätigen stieg 1991–96 von 24 400 auf 61 000 DM; T. liegt damit leicht unter dem Durchschnitt der neuen Bundesländer und Berlin-Ost (63 000 DM) und bei 59% des Durchschnittswertes für Deutschland.

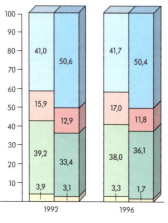

Thüringen: Erwerbsstruktur (sozialversicherungspflichtig beschäftigte Erwerbstätige nach zusammengefassten Wirtschaftsbereichen) und Produktionsstruktur (Beiträge zusammengefasster Wirtschaftsbereiche zur Bruttowertschöpfung in jeweiligen Preisen in Prozent)

Landwirtschaft: Der Agrarsektor ist mit 1,6% an der Erwirtschaftung des BIP beteiligt. Die Privatisierung volkseigener und genossenschaftl. Betriebe nach 1990 war mit einem starken Anstieg der Arbeitslosigkeit verbunden (Rückgang der Beschäftigten 1989–95 von 130 000 auf etwa 27 000). Die landwirtschaftl. Nutzfläche (LN) umfasst (1996) 49,5% der Gesamtfläche T.s; sie wird von 5 340 Betrieben bewirtschaftet, zu denen 543 jurist. Personen (darunter 241 GmbH und 235 eingetragene Genossenschaften) mit einer durchschnittl. Wirtschaftsfläche von 998,7 ha und 4 797 natürl. Personen (davon 4 492 Einzelpersonen und 238 Gesellschaften des bürgerl. Rechts) mit 53,9 ha durchschnittl. Wirtschaftsfläche gehören. Das Pachtland umfasst etwa 88%. Von der landwirtschaftl. Nutzfläche sind 78,1% Ackerland, 21,5% Dauergrün- und 0,4% Obstbauland. Die Ackerfläche, verbreitet von höchster Bodengüte, wurde 1996 zu 60,2% mit Getreide (bes. Weizen, Gerste, Roggen), 13,5% mit Futterkulturen, 2,1% mit Zuckerrüben, 0,9% mit Kartoffeln und 10,4% mit Winterraps bestellt. Hauptgebiete des Ackerbaus sind das Thüringer Becken, die Orlasenke und das Gebiet südlich von Altenburg; im Eichsfeld und Werragebiet zusätzlich Tabakanbau. In den höheren Lagen der Mittelgebirge dominiert die Grünlandnutzung (verbunden mit Jungrinderaufzucht), in den Tälern von Saale und Weißer Elster sowie am Kyffhäuser Obstbau und Gemüseanbau, um Erfurt Gemüseanbau und Blumenzucht (Saatzuchtbetriebe). Im Vergleich zu 1992 nahmen die Viehbestände bis 1996 bei Rindern um 3,5% auf 458 900 (davon Kühe um 4,6% auf 164 100) und Schweinen um 15,1% auf 641 000 ab, bei Schafen um 5,2% auf 233 100 und Geflügel um 18,9% auf 4,21 Mio. zu.

Forstwirtschaft: Die Waldfläche wird von (1996) 17 388 Forstbetrieben bewirtschaftet (16 333 davon sind mit 13,9% der Waldfläche im Besitz natürl. Personen). Über ein Drittel der Bäume weisen deutl. bis starke Schäden auf (bes. die Eichen).

Fischerei: Durch die relative Armut an natürl. Seen spielt die Binnenfischerei eine untergeordnete Rolle. Intensive Fischzucht wird nur im Gebiet der Schleizer Seenplatte mit dem Plothener Teichgebiet im Saale-Orla-Kreis betrieben.

Bodenschätze: T. besitzt mannigfaltige Bodenschätze, bes. Stein- und Kalisalze (Südharzrevier um Bleicherode, Sondershausen und Roßleben sowie das Werrarevier um Merkers-Kieselbach bei Bad Salzungen), Nichteisenmetall- (bes. Kupfer-) und Eisenerze, Uranpechblende, Flussspat, Erdgas (in geringen Mengen bei Bad Langensalza und Mühlhausen/Thüringen), Braunkohle (zw. Altenburg und Meuselwitz) sowie versch. Baustoffe. Von dem bis 1990 umfangreichen Kalibergbau blieb nur ein Kalischacht in Unterbreizbach bei Vacha (Werrarevier) in Betrieb (→Bischofferode); der Kaliabbau in den übrigen Gebieten wurde wie der Uranerzbergbau, die Gewinnung von Braunkohle und der Erzbergbau eingestellt. Im Gebiet Probstzella–Lehesten–Wurzbach befinden sich die größten Schieferbrüche Europas.

Energiewirtschaft: Sie ist seit 1990 von einem tief greifenden Strukturwandel geprägt, dessen Hauptmerkmale ein Rückgang des Energieverbrauchs (1992–96 um 41%) und die Abkehr von der einseitigen Ausrichtung auf Braunkohle zugunsten des Einsatzes von Mineralöl und Erdgas sind. An der oberen Saale Pumpspeicherwerke.

Industrie: Nach 1989/90 gingen durch Strukturwandel und Marktanpassung die industriellen Kapazitäten drastisch zurück, wenngleich sich die generellen Strukturproportionen nicht wesentlich veränderten. Die Zahl der Beschäftigten im produzierenden Gewerbe verringerte sich 1989–96 von 817 000 auf 395 800, davon sind 59,1% im verarbeitenden Gewerbe und 37,2% in der seit 1996 rückläufigen Bauwirtschaft tätig. Die Industrie ist v. a. im südl. Thüringer Becken entlang der Städtelinie Eisenach–Gotha–Erfurt–Weimar, an den Rändern und im Vorland des Thüringer Waldes sowie in den Tälern von Saale und Weißer Elster konzentriert. Gemessen am Umsatz hat die Nahrungsmittel- und Genussmittelindustrie mit den Hauptstandorten Erfurt, Gotha, Weimar, Mühlhausen/Thüringen und Nordhausen (Spirituosen, Tabakwaren) die größte Bedeutung, gefolgt vom Straßenfahrzeugbau (größte Zuwachsraten durch den Ausbau des Hauptstandortes Eisenach; umfangreiche umliegende Zulieferindustrie), von der Glasindustrie (Glasinstrumente, Thermometer, Christbaumschmuck) in und um Ilmenau und Lauscha, der Porzellanherstellung in Kahla und Triptis und dem Maschinenbau (Erfurt, Arnstadt, Nordhausen, Gera, Saalfeld/Saale, Zeulenroda). Bedeutungsvoll sind außerdem die Kleineisen- und Werkzeugproduktion (Werkzeuge und Jagdwaffen in Suhl, Schmalkalden und Zella-Mehlis), die elektron. Industrie und der Gerätebau in Jena (traditionsreiches Zentrum der wiss. Präzisionsgerätebaus in zwei Nachfolgeunternehmen des ehem. Großbetriebs Carl Zeiss Jena), Sömmerda, Erfurt, Hermsdorf, Eisenach, Arnstadt, Ruhla (Uhren), Zella-Mehlis, Suhl, Meiningen und Neuhaus am Rennweg; Sonneberg ist Zentrum der Spielzeugindustrie, Zeulenroda, Triebes und Eisenberg des Möbelbaus. In Ost-T. (Gera, Zeulenroda) und dem Eichsfeld ist die Textilindustrie verbreitet. Bedeutung haben auch die Produktion von Pharmazeutika (Jena, Weimar), Zement (Deuna), Stahl (Unterwellenborn) und Chemiefasern (Rudolstadt-Schwarza) sowie die Druckereien in Pößneck, Gotha (kartograph. Erzeugnisse) und Altenburg (Spielkarten).

Tourismus: Dank der Modernisierung und dem Ausbau der Fremdenverkehrseinrichtungen stieg die Zahl der Übernachtungen bei einer durchschnittl. Aufenthaltsdauer von drei Tagen 1991–96 von 2,87 Mio. auf 7,75 Mio. an, davon waren 7,36 Mio. Gäste aus dem Bundesgebiet und 0,4 Mio. aus dem Ausland. Die bedeutendsten Fremdenverkehrsregionen sind Thüringer Wald, Thüringer Schiefergebirge mit dem vorgelagerten Saaletal, Kyffhäuser und Südharz; der Thüringer Wald ist für den Wintersport (Zentrum Oberhof) wichtig. T. hat bedeutende Kurorte wie Bad Liebenstein, Bad Berka, Bad Sulza und Bad Langensalza. Beiderseits der Klassikerstraße T.s liegen kulturhistor. und kulturelle Anziehungspunkte, bes. die Goethe- und Schillergedenkstätten in Weimar, die Luther- und Bachgedenkstätten in Eisenach (mit der Wartburg) und Arnstadt sowie die Thomas-Müntzer-Gedenkstätten in Mühlhausen/Thüringen, außerdem Sehenswürdigkeiten in Erfurt, Gotha, Jena und Suhl.

Verkehr: Die zentrale Lage macht T. zu einem wichtigen Durchgangsland im West-Ost- und Nord-Süd-Verkehr. Das Verkehrsnetz umfasst etwa 1950 km Eisenbahnstrecken und (1996) über 310 km Bundesautobahnen, 1953 km Bundes-, 5643 km Landes-, 2400 km Kreis- und 13630 km Gemeindestraßen. Die infolge der Spaltung Dtl.s teilweise unterbrochenen Eisenbahn-, Autobahn- und Straßenverbindungen nach Hessen und Bayern wurden neu geknüpft und das Verkehrsnetz im großen Umfang modernisiert, darunter im Rahmen der Verkehrsprojekte Deutsche Einheit der Ausbau der Eisenbahnstrecken Bebra–Erfurt, Bahnhof Eichenberg in Neu-Eichenberg (Werra-Meißner-Kreis)–Halle (Saale) und die ICE-Strecke Nürnberg–Berlin sowie der Ausbau der Autobahnen Frankfurt am Main–Erfurt–Dresden und Berlin–Hermsdorfer Kreuz–München; begonnen wurde der Bau der Südharzautobahn Halle (Saale)–Göttingen und der Thüringer-Wald-Autobahn Erfurt–Schweinfurt/Suhl-Lichtenfels. Wichtigster Eisenbahnknotenpunkt ist Erfurt, wo sich auch ein internat. Flughafen (1995: 312 200 Fluggäste) befindet.

GESCHICHTE

Das heutige T. war schon lange german. Siedlungsland gewesen, als Anfang des 5. Jh. die Thüringer, deren Name den Land fortan anhaftete, ihr Siedlungsgebiet weit über den landläufig als T. bezeichneten Raum hinausschoben und ein Königreich gründeten. Es wurde 531 bei Burgscheidungen (?) von den Franken und (nach WIDUKIND VON CORVEY) ihnen verbündeten Sachsen besiegt. Der auf das Gebiet zw. Harz und Unstrut sowie Thüringer Wald, Werra und Saale eingeengte Stamm der Thüringer kam unter fränk. Einfluss und wurde im 8. Jh. missioniert (u. a. BONIFATIUS). Im 9. Jh. bildete das thüring. Grenzland an der Saale einen wichtigen Abschnitt an der O-Grenze des Fränk. Reiches. Umfangreichen Besitz erwarben die (hess.) Reichsklöster Fulda und Hersfeld. Erfurt, stets der zentrale Ort von T., kam an das Erzbistum Mainz (Kurmainz). Seit dem Übergang des (dt.) Königtums auf die sächs. Liudolfinger, die um 900 in T. Fuß gefasst hatten, gehörte das Land zum Kerngebiet des (späteren) Hl. Röm. Reiches (Pfalzen in Erfurt, Tilleda, Wallhausen, Allstedt; Kloster Memleben). Nach 933 (Schlacht bei Riade) kam es zur Eroberung slaw. Siedlungsraumes im O. Im 11. und 12. Jh. traten mächtige Adelsgeschlechter hervor, deren bedeutendstes, die Ludowinger, auch reichen hess. Besitz erworben hatte und im 1130 von König LOTHAR III. mit der Landgrafenwürde ausgezeichnet wurde (seit 1122 Herrschaftsverbindung mit Hessen). Sie taten sich sowohl als Reichsfürsten als auch als Kreuzfahrer, Förderer des Kirchenwesens (v. a. LUDWIG IV., Gemahl der hl. ELISABETH) und des Minnesangs (v. a. HERMANN I.) hervor. Der Aufbau eines einheitl. Territorialstaates gelang ihnen jedoch nicht. Als sie mit HEINRICH RASPE, ab 1246 Gegenkönig von FRIEDRICH II., 1247 im Mannesstamm ausstarben, kam es zum Thüringer Erbfolgekrieg (bis 1263/64); der hess. Anteil der Ludowinger fiel an die Grafen von Brabant (HEINRICH I., DAS KIND), T. kam an die Wettiner Markgrafen von Meißen (HEINRICH III.). Das bisher nach W orientierte T. trat damit in enge Verbindung zum mitteldt. O, der gerade der dt. Ostsiedlung erschlossen war. Die Wettiner setzten sich gegen die heim. Herrengeschlechter durch (Grafenkrieg 1342–46), nur Schwarzburg, Reuß (beide später in z. T. mehrere Linien verzweigt) und südlich des Thüringer Waldes Henneberg stiegen zu eigener Landesherrschaft auf. Erfurt, wo 1379 eine Universität gegründet wurde, blieb in loser Abhängigkeit vom Erzbistum Mainz, dem ab 1334/42 auch das Untere →Eichsfeld gehörte. Mühlhausen und Nordhausen waren Reichsstädte. 1294 verkaufte Markgraf ALBRECHT DER ENTARTETE von Meißen T. an König ADOLF VON NASSAU, der aber den Besitz so wenig wie sein Nachfolger ALBRECHT I. halten konnte. In der Schlacht bei Lucka 1307 konnten die meißn. Wettiner die Mark Meißen sowie T. zurückgewinnen. 1353 gewannen die Wettiner Coburg, 1372 die Grafschaft Weimar-Orlamünde, 1583 die Grafschaft Henneberg und brachten auch die Vogtei über die Reichsstädte Mühlhausen und Nordhausen an sich; doch auch ihnen gelang die Bildung eines geschlossenen Territoriums nicht. Neben den Territorien der Schwarzburger, Henneberger, Gleichen und Reußen bestanden im 16. Jh. noch die Landgebiete der Städte Erfurt, Mühlhausen und Nordhausen; durch die Leipziger Teilung von 1485 hatten die Wettiner ihren Besitz in T. selbst zersplittert: Die Hauptmasse von Eisenach im W bis Zwickau im O, von Coburg im S bis Buttstädt im N war an die Ernestiner gekommen (Kursachsen; mit Hessen ab 1526 prot. Führungsmacht, 1531 Schmalkald. Bund), der N von Groitzsch im O bis östlich von Treffurt im W an die albertin. Linie. Das ernestin. T. wurde ab 1572 durch häufige Teilungen (bis zu zehn Linien) stark zersplittert; bes. das (Groß-)Herzogtum Sachsen-Weimar-Eisenach war Ende des 18. Jh. ein geistiger Mittelpunkt Dtl.s (Weimarer Klassik). Am Ende des 17. Jh. bestanden neben zehn Linien der Ernestiner neun der Reußen, drei der Schwarzburger; das Erzbistum Mainz hatte 1664 die Landesherrschaft über Erfurt gewonnen und war seit 1423 im Eichsfeld (mit dem es zu einem größeren Territorium gelangte). Brandenburg hatte sich mit dem Saalkreis nach T. vorgeschoben.

Die albertin. Teile, seit 1547 (Wittenberger Kapitulation) kursächsisch (Thüringer Kreis, Kreis Schleusingen), seit 1806 königlich sächsisch, fielen 1815 an Preußen (Prov. Sachsen [→Sachsen-Anhalt, Geschichte]), das schon 1803 Erfurt, das Eichsfeld, Nordhausen und Mühlhausen gewonnen hatte. Seit 1826 gab es vier ernestin. →Sächsische Fürstentümer; außerdem bestanden noch die Fürstentümer Schwarzburg (Rudolstadt und Sondershausen) und Reuß (jüngere und ältere Linie).

In einem unblutigen Umsturz während der Novemberrevolution 1918 bildeten sich nach Abdankung der Fürsten die acht Fürstentümer zu ›Freistaaten‹ auf der Basis von Arbeiter- und Soldatenräten um. Nach den Landtagswahlen (bis März 1919) konstituierten sich parlamentarisch-demokrat. Regierungen. Von Februar bis August 1919 tagte in Weimar die dt. Nationalversammlung. Auf der Grundlage eines Gemeinschaftsvertrages (20. 6. 1919) schlossen sich die thüring. Freistaaten – mit Ausnahme Coburgs – am 4. 1. 1920 zu einem Bundesstaat, am 1. 5. 1920 zum ›Land T.‹ mit der Hauptstadt Weimar zusammen. Coburg hatte sich zuvor in einer Volksabstimmung am 30. 11. 1919 für eine Vereinigung mit Bayern ausgesprochen. Am 12. 5. 1920 erhielt T. eine ›vorläufige‹, am 11. 3. 1921 eine ›endgültige‹ Verf. Zw. 1921 und 1932 verschoben sich die polit. Akzente von sozialdemokratisch geführten Regierungen (1921–23/24 unter AUGUST FRÖHLICH, *1877, †1966) über bürgerlich-konservative Kabinette (1924–32) zu einer natsoz. bestimmten Reg. (seit 1932; 1. NSDAP-Reg. in Dtl.); nach der Gleichschaltung der dt. Länder mit dem Reich (1933) unterstand T. einem Reichsstatthalter (F. SAUCKEL), der am 1. 7. 1944 auch die Zuständigkeit über den Reg.-Bez. Erfurt (bisher: preuß. Prov. Sachsen) und den Kreis Schmalkalden (bisher preuß. Prov. Hessen-Nassau) erhielt.

Am 9. 6. 1945 setzte die amerikan. Militär-Reg. (seit April 1945) H. BRILL (SPD) als Reg.-Präs. ein. Nach Besatzungswechsel und Abzug der amerikan. Truppen (1. bis 6. 7. 1945) kam das Land zur SBZ; Hauptstadt wurde Weimar, der Reg.-Sitz aber 1948–52 nach Erfurt verlegt. Die sowjet. Militäradministration ernannte am 16. 7. 1945 RUDOLF PAUL (*1893, †1978; parteilos, ab 1946 SED) zum Min.-Präs., der die Umwandlung T.s im Sinne der sowjet. Besatzungsmacht und der von ihr geförderten SED einleitete. Bei den Landtagswahlen vom 20. 10. 1946 wurde die SED stärkste Partei (50 Sitze); die LDP erhielt 28, die CDU 19 und die Vereinigung der gegenseitigen Bauernhilfe (VdgB) drei Sitze. Auf der Grundlage des von der SED gelenkten Blocksystems bildeten PAUL im Dezember 1946 und (nach dessen Flucht in den Westen, 1. 9. 1947) WERNER EGGERATH (*1900, †1977; SED) im September 1947 Landesregierungen. Am 20. 12. 1946 erhielt T. eine Verf. (die erste der SBZ). 1949 wurde T. Land der DDR, das im Juli 1952 auf die drei DDR-Bez. Erfurt, Gera und Suhl aufgeteilt wurde; der Raum Altenburg kam zum Bez. Leipzig.

Durch die Ländereinführungs-Ges. vom 22. 7. 1990 wurde das Land T. zum 3. 10. 1990 wiederhergestellt (seit 1993 Freistaat). Aus Landtagswahlen ging die CDU bisher als stärkste Partei hervor und stellte, 1990–94 in Koalition mit der FDP, seit 1994 in Koalition mit der SPD, die Min.-Präs. JOSEF DUCHAČ (*1938; 1990–92) und B. VOGEL (ab Februar 1992).

H. PATZE: Die Entstehung der Landesherrschaft in T. (1962); Gesch. T.s, hg. v. DEMS. u. a., 9 Tle. (¹⁻²1967–85); Geologie von T., hg. v. W. HOPPE u. a. (Gotha 1974); Hb. der histor. Stätten Dtl.s, Bd. 9: T., hg. v. H. PATZE (²1989); U. HESS: Gesch. der Behördenorganisation T.s. Staaten u. des Landes T. von der Mitte des 16. Jh. bis zum Jahr 1952 (1993); T.: Zur Geographie des neuen Bundeslandes, hg. v. P. GANS u. W. BRICKS (1993); J. JOHN u. a.: Gesch. in Daten – T. (1995); Geologie von T., hg. v. G. SEIDEL (1995).

Thüringen-Rundfahrt, *Straßenradsport:* 1) Männer: seit 1975 jährlich im Frühjahr ausgetragenes nat. Etappenrennen (6 Etappen) mit internat Beteiligung über rd. 800 km für Elite-Fahrer (→Straßenradsport); wechselnde Streckenführung mit Etappenlängen zw. 120 und 200 km. 2) Frauen: seit 1986 jährlich im August ausgetragenes internat. Etappenrennen (5 Etappen) über rd. 450 bis 500 km für Elite-Fahrerinnen; ostthüring. Streckenführung mit Etappenlängen zw. 65 und 135 km.

Thüringer [Etymologie unsicher; zu lat. Hermunduri?], dt. Stamm im Raum zw. Thüringer Wald und nördl. Harzvorland. Die hier wohl seit dem 1. Jh. v. Chr. kontinuierlich ansässige elbgerman. Bev. (→Hermunduren u. a.) wurde um 400 erstmals als T., lat. T(h)oringi, T(h)uringi, bezeichnet. In der Wiss. konnte die Ethnogenese der T. bisher nicht restlos aufgeklärt werden; Ende des 3. Jh. ist eine ausgeprägt aristokrat. Oberschicht fassbar. Die T. gerieten im 5. Jh. unter hunn. Herrschaft und übernahmen südosteurop. Kunstformen. Im 5./6. Jh. bestand vermutlich ein Königreich der T.; der erste bezeugte König ist BISIN (BASINUS, seit etwa 457; →Thüringen, Geschichte).

Volkskunde: Siedlungsform ist neben der Klein- und Mittelstadt das Haufendorf, im Thüringer Wald das Waldhufendorf, östlich der Saale vielfach das Rundling. Vorherrschend ist das im geschlossenen Rechteck angelegte mitteldt. (fränk.) Gehöft mit dem meist zweistöckigen Wohnhaus. Es gibt sehr viele Fachwerkbauten, im Altenburger Raum auch Steinhäuser. Trotz Industrialisierung und technisierter Landwirtschaft blieb Heimarbeit in den Dörfern des Thüringer Waldes erhalten. Hergestellt werden Spiel- und Glaswaren (Christbaumschmuck), Keramik- und Kleineisenerzeugnisse, Fastnachtsartikel (Masken), Musikinstrumente u. a. Es besteht reiches Jahresbrauchtum: Eisenacher Sommergewinn, Questenfest auf dem Questenberg (östlich von Sangerhausen; heute Sa.-Anh.), Brunnenfeste in Mühlhausen und Langensalza, Sonnwendfeuer, Laternenumzüge am Martinstag. Die T. haben auch einen reichen Schatz an Volksliedern.

Thüringer Becken, weite, hügelige, waldarme Beckenlandschaft im mittleren Teil Thüringens zw. Harz im N, Thüringer Wald und Thüringer Schiefergebirge im S, unterem Werratal und Leinegraben im W und Weißer Elster (zw. Weida und Zeitz) im O; von Unstrut, Gera, im O von der Ilm durchflossen. Geologisch wie geomorphologisch ist das T. B. eine Triasmulde, die im Tertiär schüsselförmig einsank. In Schichtenlagerung folgen von den bis 520 m ü. M. gelegenen Außenrändern zur Beckenmitte im Zechstein, Buntsandstein, Muschelkalk und (im Muldeninnern) Keuper (Gipskeuper), weshalb das 135–155 m ü. M. liegende innere T. B. auch **Thüringer Keuperbecken** genannt wird. Die überwiegend dicht bewaldete Gebirgsumrahmung wurde durch zahlr. herzynisch gerichtete Verwerfungen in NW-SO verlaufende Höhenzüge und Hochflächen aufgelöst: Hörselberge, Hainich (seit 1998 Nationalpark), Oberes Eichsfeld, Hainleite (mit Dün), Windleite, Schmücke, Schrecke und Finne. Das Keuperland im Innern wird durch ovale Aufwölbungen über Zechsteinlager (Ettersberg bei Weimar, Fahner Höhe bei Erfurt) und durch in Reliefumkehr herauspräparierte Muschelkalkschichten (z. B. Drei Gleichen bei Arnstadt) überragt. Buntsandstein ist besonders in der Saale-Elster-Platte und im Unteren Eichsfeld verbreitet; in der nördl. Buntsandsteinzone tritt die Pultscholle des →Kyffhäuser als Fremdkörper (u. a. Granite) auf. Im Bereich des mittleren Muschelkalks und Zechsteins fanden seit dem Tertiär Auslaugungen der Gips- und Salzlager statt, sodass es zur Absenkung der Goldenen Aue kam. Der im Wellenkalk Stufen bildende Muschelkalk findet seine Verbreitung in der Ilm-Saale- und Ohrdrufer Platte, im Hainich, Oberen Eichsfeld und in der Hainleite; durch Störungslinien entstanden in den Hörselbergen, der Schmücke und Finne steile Schichtkämme. – Das innere T. B. ist wärmebegünstigt, jedoch trocken (z. T. Jahresniederschläge unter 500 mm). Durch Bewässerung wird das Niederschlagsdefizit ausgeglichen. Auf fruchtbaren Schwarzerde- und Lösslehmböden der Keuperflächen werden im Beckeninnern reiche Erträge an Weizen, Gerste und Zuckerrüben erzielt; um Erfurt wird Gemüsebau sowie Blumen- und Samenzucht, bei Kölleda Heilpflanzenanbau, an den Hängen des Unstrut- (um Freyburg [Unstrut]) und Saaletals (um Naumburg [Saale] und Bad Kösen) Weinbau betrieben. Die Ausbeutung der in den Zechsteinschichten vorhandenen Stein- und Kalisalzlager wurde bei Bleicherode eingestellt, bei Sondershausen stark eingeschränkt. Größte Städte im T. B. sind Erfurt, Jena, Weimar und Gotha.

Thüringer Kaninchen, Rasse kleiner, gedrungener, 2,5–4,3 kg schwerer Hauskaninchen; Fell gelbbraun mit blauschwarzem Schimmer, u. a. an den Stehohren, am Schwanz und an den Seiten; Maske ohne scharfe Abgrenzung, Augenringe dunkel.

Thüringer Kröpfer, Rasse mittelgroßer Kropftauben aus Thüringen; unbefiederte Füße, eiförmiger Kopf mit nach hinten gerichteter, zweigeteilter Federkappe; in allen bekannten Taubenfarben und zahlr. Zeichnungsformen.

Thüringer Pforte, Sachsenburger Pforte, veraltet **Sachsenlücke,** Durchbruchstal der Unstrut durch die nördl. Randschwelle des Thüringer Beckens bei Heldrungen; der Talboden verengt sich von 3 km auf rd. 300 m beim Durchbruch durch die steil gestellten Wellenkalkschichten zw. Hainleite und Schmücke und verbreitert sich anschließend auf 5 km. Der Durchgang wurde durch die Sachsenburgen (heute Ruinen) an der westl. Talflanke geschützt.

Thüringer Saale die, linker Nebenfluss der Elbe, →Saale.

Thüringer Schiefergebirge, waldreiches Mittelgebirge im S von Thür. mit südl. Ausläufern bis nach Bayern (Oberfranken), schließt auf der Linie Gehren–Schleusingen an den Thüringer Wald an. Die Grenze zw. beiden Gebirgen bildet der Schwarzburger Sattel, das Gebiet beiderseits der →Schwarza. Das T. S. ist eine schräg gestellte, im SW am stärksten herausgehobene, von NW nach SO ziehende Pultscholle, überwiegend aus paläozoischen Tonschiefern, Quarziten und Grauwacken aufgebaut, die im Zuge der varisk. Gebirgsbildung in mehrere Sättel und Mulden gefaltet wurden. Im Ggs. zum →Thüringer Wald wird die Oberfläche von einer flachwelligen, im SW 700–800 m ü. M. gelegenen Hochfläche (Rumpffläche) geprägt, die von einzelnen Erhebungen (höchster Berg ist mit 867 m ü. M. der Kieferle westlich von Lauscha) überragt wird und durch zahlr. Flüsse (Schwarza, auf der NO-Abdachung Saale mit Hohenwarte- und Bleilochtalsperre) stark zerschnitten ist. Im S geht das T. S. in den →Frankenwald über; der NO-Teil dacht sich allmählich zu den östl. Randplatten des Thüringer Beckens, der O-Teil zur Ostthüringisch-Vogtländ. Hochfläche ab, die vielfach dem T. S. zugerechnet wird **(Thüringisch-Vogtländisches Schiefergebirge).** Lediglich der SW-Rand ist stellenweise als steile Bruchstufe ausgebildet. Dem östl. T. S. ist die 30 km lange, durch Zechsteinauslaugung entstandene Orlasenke vorgelagert. Das Klima ist rau und auf der Luvseite niederschlagsreich (1 300 mm pro Jahr). Das T. S. ist ein wichtiges Erholungsgebiet; bedeutende Urlaubs- und z. T. Kurorte sind u. a. Schwarzburg, Masserberg, Bad Blankenburg, Neuhaus am Rennweg, Lauscha, Sonneberg und Lobenstein. Am Gebirgsrand liegen zahlr. Gewerbestandorte, bes. Lauscha und Sonneberg. Der Eisenerzbergbau (oolith. Eisensilikate) bei Saalfeld und Schmiedefeld (Verhüttung in der Maxhütte Unterwellenborn) wurde 1990 eingestellt. Im Gebiet von Lehesten und Probstzella-Unterloquitz wird, überwiegend unter Tage, Schiefer, bei Saalfeld/Saale Knotenkalk (›Thüringer Marmor‹) gebrochen. Die Gewinnung von Griffelschiefer am Fellberg bei Steinach (für Schreibgriffel) wurde eingestellt. Bei größtenteils wenig fruchtbaren Böden ist Grünlandwirtschaft und Forstwirtschaft verbreitet.

Thüringer Wald u. Schiefergebirge, hg. v. A. HANLE (1992).

Thüringer Wald bei Manebach (Ilmtal)

Thüringer Tracht, in ganz Thüringen mit landschaftlich nur geringen Unterschieden bis gegen Ende des 19. Jh. getragene (bäuerl.) Volkstracht. Der dunkle, faltenreiche Wollstoffrock der weibl. Tracht war am unteren Rand mit einem farbigen Streifen verziert. Unter dem schwarzsamtenen, ärmellosen Schnürmieder trug man eine langärmelige weiße Leinenjacke; den Halsausschnitt bedeckte der bunt gemusterte Brustlatz aus Wolle oder Seide. Auffällig war der Thüringer Dachkragenmantel aus dunklem Tuch mit breiten Rückenfalten und gesteiftem Nackenkragen. Zur Kirchen- und Festtracht gehörten die Bänderhauben. Die Männertracht bestand aus schwarzsamtenen Kniehosen mit bunt gestickten Knieriemen, weißen Strümpfen oder Gamaschen und einer kurzen Jacke. An Festtagen trug man den langen, mit Knöpfen besetzten Schoßrock und den Dreispitz. (→Altenburger Tracht)

Thüringer Wald, schmales, 75 km langes Mittelgebirge (Kammgebirge) in der SW-Hälfte von Thür., erstreckt sich von Hörschel (an der Werra nordwestlich von Eisenach) im NW mit einer Breite, die von 7 km (bei Eisenach) auf 20 km zunimmt, nach SO und geht auf der Linie Gehren–Schleusingen ohne erkennbare geomorphol. Grenze in das →Thüringer Schiefergebirge über. Der T. W. wurde zw. zwei Verwerfungen in der Kreidezeit und im Tertiär emporgehoben. Er besteht aus einer Reihe variskisch streichender Sättel und Mulden, in denen Porphyre, Melaphyre und Konglomerate des Rotliegenden, im Bereich des Ruhlaer Sattels auch kristallines Gestein, bei Suhl verbreitet Granit, zutage treten; Porphyrhärtlingskuppen als Reste vulkan. Ergüsse bilden die höchsten Erhebungen (Großer Beerberg, 982 m ü. M.; Schneekopf, 978 m ü. M.; Großer Finsterberg, 944 m ü. M.; Großer Inselsberg, 916 m ü. M.). Zahlr. im Wesentlichen zur Werra, Unstrut bzw. Saale gerichtete kurze Flüsse haben sich tief eingeschnitten und den T. W., über dessen Kamm (im zentralen Teil 800–900 m ü. M.) der →Rennsteig verläuft, stark zergliedert.

Das Klima ist in weiten Gebirgsteilen rau (in den Tälern 6,5 °C, auf den Höhen 4 °C Jahresmitteltemperatur), an seiner SW- oder Luvflanke niederschlagsreich (1 000–1 350 mm im Jahr), im NW im Regenschatten der Rhön und an der NO-Flanke jedoch niederschlagsärmer (600–850 mm im Jahr). Trinkwassertalsperren bei Tambach-Dietharz/Thür. Wald, Oberhof (Ohratalsperre) und Ohrdruf sammeln das Wasserüberangebot für die Fernwasserversorgung im Thüringer Becken, der Bau einer Talsperre im Tal der zur Schwarza fließenden Lichte bei Leibis (Ortsteil von Unterweißbach) im Landkreis Saalfeld-Rudolstadt mit einer 102 m hohen Sperrmauer und einem 44 Mio. m³ fassenden Speicherbecken ist umstritten.

Der T. W. ist weitgehend bewaldet; in tieferen Lagen stockten urspr. Buchen- bzw. Buchenmischwälder (heute durch Fichtenmonokulturen abgelöst), in Höhenlagen reine Fichtenbergwälder. Die landwirtschaftl. Nutzung beschränkt sich hauptsächlich auf Grünlandwirtschaft. Abgesehen vom Fremdenverkehr haben die Verarbeitungsindustrie am Gebirgsrand und die Forstwirtschaft größte Bedeutung. Die inzwischen eingestellte Manganerzförderung bei Trusetal und Seligenthal begünstigten die Entwicklung der Metall verarbeitenden Industrie, bes. in Suhl (Waffenherstellung), Zella-Mehlis, Schmalkalden und Steinbach-Hallenberg; hervorzuheben sind außerdem die Glas- (Ilmenau) und Uhrenindustrie (Ruhla). Im T. W. liegen viele Erholungs-, z. T. auch Kurorte, bes. Oberhof, Brotterode (beide auch Zentren des Wintersports), Frauenwald, Friedrichroda, Finsterbergen, Georgenthal/Thür. Wald, Schmiedefeld am Rennsteig, Steinbach-Hallenberg, Tabarz/Thür. Wald, Suhl und Tambach-Dietharz/Thür. Wald; Bad Liebenstein ist Heilbad. Östlich von Suhl befindet sich im Vessertal ein Biosphärenreservat (172,4 km²).

In vorgeschichtl. Zeit hatte der T. W. meist trennende Funktion, bes. deutlich in der La-Tène-Zeit, als er kelt. und german. Stämme schied. Einige Kuppen (→Steinsburg) wurden von Kelten zu bewehrten Siedlungen oder Fliehburgen ausgebaut.

T. W. u. nördl. Vorland. Kleiner Exkursionsführer, hg. v. G. KRÄHAHN u. a. (²1991).

Thüringer Weißlatztaube, Thüringer Weißlatz, zu den Farbentauben zählende Rasse gedrungener, kurzbeiniger Haustauben in vielen Farbschlägen; Kopf (bis auf die farbige Kappe), Vorderhals und Schwanz weiß; Füße nicht oder weiß befiedert.

Thüringisch, →deutsche Mundarten.

Thüringisches Volksrecht, Lex Thuringorum, →germanische Volksrechte.

thüringisch-sächsische Malerschule, spätroman. Handschriftengruppe des 13. Jh., benannt nach den Herrscherhäusern der Auftraggeber der beiden Hauptwerke, dem thüring. Landgrafen HERMANN I. (›Landgrafenpsalter‹, Stuttgart, Landesbibliothek) und dessen Schwiegertochter ELISABETH (›Elisabethpsalter‹, Cividale del Friuli, Archäolog. Nationalmuseum). Stilistisch und ikonographisch machen sich Beziehungen zur gleichzeitigen sächs. Kunst bemerkbar. Neben einer von byzantin. Einflüssen geprägten Richtung entwickelte sich der **Zackenstil,** für den spitz-splittrig verlaufende, weit abstehende Gewandsäume und zackig gebrochene Binnenfalten charakteristisch sind. Sie verleihen der Gewandstruktur der Figuren eine ornamentale Eigendynamik. Beide Stile kommen auch in der Wandmalerei vor.

Weitere Werke: Evangeliar im Rathaus von Goslar (um 1230–40); Brandenburger Evangelistar (Anfang des 13. Jh., Brandenburg, Domstiftsarchiv); Evangelistar des Braunschweiger Domes (2. Hälfte des 13. Jh., Braunschweig, Museum).

Thuringit [nach Thüringen] *der, -s/-e,* zu den Chloriten gehörendes, oliv- bis schwärzlich grünes, monoklines Mineral der chemischen Zusammensetzung $Fe_{3,5}(Al,Fe)_{1,5}[(OH)_6|(Si_{2,5}Al_{1,5}O_{10})] \cdot nH_2O$; Härte nach MOHS 2–2,5, Dichte 3,15–3,19 g/cm³. T. kommt gelegentlich in kleinen Schüppchen vor, meist aber in dichten, kryptokristallinen Massen in oder in Oolithen, meist zus. mit →Chamosit, in großen Massen in schwach metamorphosierten sedimentären Erzlagerstätten. Manchmal ist er auch durch hydrothermale Zersetzung eisenreicher Gesteine entstanden.

Thuringium *das, -s,* obere Abteilung des Perm, →Zechstein.

Thurioi [griech.], lat. **Thurili,** antike Stadt in Unteritalien, Nachfolgesiedlung der 510 v. Chr. zerstörten Stadt Sybaris, auf Betreiben des PERIKLES um 444 v. Chr. am Golf von Tarent gegründet, wobei auch HERODOT als Kolonist nach T. zog. Von T. ging ein bedeutender kultureller Einfluss auf die italischen Stämme des Hinterlandes aus. Nach dem 2. Pun. Krieg wurde T. als **Copia** 193 v. Chr. latin. Kolonie. Freigelegt wurden Reste der Römerstadt, aber auch (in 5–6 m Tiefe unter Schwemmsand) der Stadt des 5.–3. Jh. und des archaischen Sybaris.

Thurles [ˈθəːlɪs], irisch **Durlas** [ˈdurləs], Stadt in der Cty. Tipperary (North Riding), Rep. Irland, am Suir, 6 900 Ew.; kath. Erzbischofssitz; Zuckerfabrik, Industriepark mit Instrumentenbau, Bekleidungs- und Elektronikindustrie; Marktort für ein weites agrar. Umland.

Thurn, Pass T., Pass in den Kitzbüheler Alpen, an der Grenze zw. Tirol und Salzburg, Österreich; die Straße über den Pass T. (Scheitelpunkt bei 1 274 m ü. M.) verbindet Kitzbühel mit Mittersill im Pinzgau; Wintersportgebiet.

Thurneysen, 1) Eduard, schweizer. ev. Theologe, *Walenstadt (Kt. St. Gallen) 10. 7. 1888, †Basel 21. 8. 1974; war 1927–59 Münsterpfarrer in Basel, seit 1941 Prof. für prakt. Theologie ebd. Mit K. BARTH und F. GOGARTEN gehörte T. zu den Begründern der →dialektischen Theologie. Er wirkte v. a. als Prediger und Seelsorger.

Werke: Dostojewski (1921); Die Bergpredigt (1936); Die Lehre von der Seelsorge (1948).

Ausgabe: K. BARTH: Gesamtausg., Abteilung 5: Karl Barth, E. T. Briefwechsel, 2 Tle. (1973/74).

R. BOHREN: Prophetie u. Seelsorge. E. T. (1982).

2) Rudolf, Indogermanist schweizer. Herkunft, Keltologe und Romanist, *Basel 14. 3. 1857, †Bonn 9. 8. 1940; wurde 1887 Prof. in Freiburg im Breisgau, 1913 in Bonn. Sein ›Handbuch des Alt-Irischen‹ (2 Tle., 1909), ›Die irische Helden- und Königsage ...‹ (1921) und seine Untersuchungen zum irischen Recht sind noch immer wegweisend.

Thurneysser, Leonhard, gen. **L. T. zum Thurn,** Arzt und Alchimist, getauft Basel 6. 8. 1531, †Köln 9. 7. 1596; Verfasser mehrerer alchimist. Werke, in denen u. a. Mineralwässer beschrieb; betrieb in Berlin eine große Druckerei; 1578–84 Leibarzt des brandenburg. Kurfürsten JOHANN GEORG in Berlin. Richtete ein alchimist. Laboratorium ein und schrieb das (unvollständige) Pflanzenbuch ›Historia sive descriptio plantarum omnium‹ (1578).

Thurn und Taxis, fürstl. Geschlecht in Dtl. aus der Familie →Taxis, das von Kaiser FERDINAND III. das Recht zur Führung von Wappen und Namen ›Tour et Tassis‹ für Spanien (1649) und für das Heilige Röm. Reich (1650) und 1681 den spanisch-niederländ. Fürstentitel ›de la Tour et Tassis‹ vom span. König PHILIPP IV. erhielt. Durch sein Erbgeneralpostmeisteramt (seit 1615) im Heiligen Röm. Reich erwarb es erhebl. Besitz; 1695 wurde es in den Reichsfürstenstand erhoben (Virilstimme erst 1754). Seine Residenz wurde, nachdem es 1743/48 das Prinzipalkommissariat beim Reichstag erlangt hatte, 1748 von Frankfurt am Main nach Regensburg verlegt. In den Span. (Österr.) Niederlanden verloren die T. u. T. im Span. Erbfolgekrieg (1701) sowie in den Frz. Revolutionskriegen (1792-1813) Besitz und Ämter. Im Heiligen Röm. Reich wurde das Haus T. u. T. 1806 mediatisiert, erhielt aber durch die Dt. Bundesakte 1815 eine bundesunmittelbare Stellung. Für die am 1. 7. 1867 an Preußen abgetretene gesamte Postorganisation erhielt das Haus eine finanzielle Entschädigung.

Thurnwald, Richard, Ethnologe und Soziologe, *Wien 18. 9. 1869, †Berlin 19. 1. 1954; nach jurist. Ausbildung österr. Verwaltungsbeamter in Bosnien (ab 1896); Studium der Orientalistik und Völkerkunde. T. unternahm als Assistent am Berliner Völkerkundemuseum (ab 1901), später als Prof. in Halle/Saale (1919-23) und Berlin (ab 1924) Feldforschungen in Melanesien, Mikronesien (1906-09; 1933-34), Neuguinea (1912-15) und Tanganjika (1930). Im Ggs. zu den Vertretern des brit. Funktionalismus, deren method. Ansätze er teilte, versuchte T. die funktionale Analyse einzelner Gesellschaften mit vergleichenden und histor. Fragestellungen zu verbinden; im Hinblick auf eine allgemeine Typologie sozialer Prozesse untersuchte er bes. die wechselseitigen Beziehungen von gesellschaftl. Organisation, Ökonomie, Technologie und kultureller Persönlichkeitsstruktur sowie Probleme der ›sozialen Siebung‹ und des kulturellen Wandels der Stammesgesellschaften unter dem Einfluss der europ. Kolonisation. Anders als in der angelsächs. Völkerkunde wurde sein umfangreiches Werk in Dtl. nur zögernd rezipiert; heute gilt er als maßgebl. Begründer der dt. Ethnosoziologie.
Werke: Völkerpsycholog. Charakterstudien (1927); Die menschl. Gesellschaft in ihren ethnosoziolog. Grundl., 5 Bde. (1931-35); Economics in primitive communities (1932); Koloniale Gestaltung. Methoden u. Probleme überseeischer Ausdehnung (1939).

Thurrock [ˈθʌrək], Stadt in der Cty. Essex, England, am N-Ufer des Themse-Ästuars, 131 200 Ew.; Nahrungsmittel-, chem., petrochem., Papier-, Zementindustrie; Containerhafen Tilbury, Erdölhäfen Shellhaven, Thames Haven und Coryton. – 1936 durch Zusammenschluss der Siedlungen Grays, Tilbury, Purfleet und Orsett entstanden.

Thurstone [ˈθɜːstn], Louis Léon, amerikan. Psychologe, *Chicago (Ill.) 29. 5. 1887, †Chapel Hill (N.C.) 29. 9. 1955; ab 1924 Prof. in Chicago. Bekannt wurde er v. a. durch seine faktorenanalyt. Intelligenztheorie, nach der kognitive Leistungen auf sieben Primärfähigkeiten zurückführbar sind (→Intelligenz); daneben Beiträge zur Entwicklung der multiplen →Faktorenanalyse.
Werke: The vectors of mind (1935); Primary mental abilities (1938); Multiple-factor analysis (1947); The measurement of values (mit Jane 1959).

Thusis, bündnerroman. **Tusaun,** Kreishauptort im Bez. Heinzenberg des Kt. Graubünden, Schweiz, 701 m ü. M., zentraler Ort des Domleschg am Hinterrhein, der hier aus der Via Mala austritt, nahe der Mündung der Albula, 2 700 Ew.; an der Rhät. Bahn, Ausgangspunkt zum Splügen und San-Bernardino-Pass; Fremdenverkehrs- und Marktort. – Die Hauptstraße des lang gestreckten Dorfes wurde nach einem Brand 1845 neu angelegt, zahlreiche stattl. Häuser mit Giebel- oder Walmdächern, u. a. Haus Rosenroll (1634); spätgot. ref. Pfarrkirche (1506, barocker Turmabschluss), nordwestlich des Orts das Schlössli Rosenroll (1670 und 1727). – Mit der Erschließung des Weges durch die Via Mala (nach 1470) entwickelte sich die Ortschaft T.; weiteres Wachstum brachten der Ausbau der Splügenstraße (1818) und die Einbeziehung in das Netz der Rhät. Bahn (1896, 1903 Weiterführung in der Albulabahn).

Thusnelda, Gattin des Cheruskerfürsten →ARMINIUS, Tochter des römerfreundl. Cheruskerfürsten SEGESTES, der sie 15 n. Chr. den Römern auslieferte; 17 im Triumphzug des GERMANICUS mitgeführt.

Thutmosis, griech. **Thutmosis** [›Thot ist geboren‹], gräzisierter Name von vier ägypt. Königen der 18. Dynastie (1552-1306 v. Chr.); bedeutend waren:
1) Thutmosis I., König (1506/05-1493 v. Chr.); Schwiegersohn und Nachfolger AMENOPHIS' I. und Vater der HATSCHEPSUT; drang in Syrien als erster Pharao bis zum Euphrat vor (Kämpfe mit dem neu gebildeten Mitannireich) und eroberte Nubien bis zum 4. Nilkatarakt; damit erhob er Ägypten zur Weltmacht. Sein Felsgrab ist das älteste im Tal der Könige.
2) Thutmosis III., König (1490-1436 v. Chr.); Sohn THUTMOSIS' II. (1493-1490) und einer Nebenfrau, zunächst Mitregent seiner Stiefmutter und Tante HATSCHEPSUT. Zu Beginn seiner Alleinregierung (1468 v. Chr.) siegte er bei Megiddo über eine Koalition syr. Fürsten; danach kam es zu lang dauernden Kämpfen gegen das hurrit. Mitannireich. T. errichtete bedeutende Bauten, v. a. in Karnak.

THW, Abk. für →Technisches Hilfswerk.

Thy [ty], Landschaft in Dänemark, →Vendsyssel-Thy.

Thyamis *der,* neugriech. **Thiamis** [ˈθiamis], **Kalamas,** Fluss in Epirus, Griechenland, 115 km lang, entspringt im Pindos. Seinem Tal folgt die Straße Igumenitsa–Ioannina.

Thyborøn-Harboør [tyboˈrœn harboˈøːr], Hafenstadt an der W-Küste Jütlands, Dänemark, Amt Ringkøbing, auf der Nehrung Harboør Tange, die den Limfjord im W abschließt, und am S-Ufer des Thyborønkanals (5 km breite, 3–10 m tiefe Öffnung des Limfjords zur Nordsee; 1862 bei einer Sturmflut entstanden), 5 200 Ew.; Seemannsschule; Fischfang und -verarbeitung; Eisenbahnendpunkt.

Thyestes, griech. *Mythos:* Sohn des Pelops und der Hippodameia, Bruder des →Atreus, Vater des Ägisth.

Thylakoide [zu griech. thýlakos ›Sack‹, ›Beutel‹], *Sg.* **Thylakoid** *das, -(e)s, Botanik:* Bez. für das interne Membransystem der Chloroplasten (→Plastiden, →Grana).

Thyllen [griech. thyllís ›Sack‹, ›Beutel‹], *Sg.* **Thylle** *die, -,* **Füllzellen,** im reifen Kernholz verschiedener Laubbäume auftretende blasenartige Ausstülpungen der Tüpfelschließhäute von Holzparenchymzellen, die in das Lumen benachbarter Tracheen einwachsen, sie verstopfen und so die Wasserleitung unterbinden.

Thymelaea [griech.], die Pflanzengattung →Spatzenzunge.

Thymelaeaceae [griech.], die →Spatzenzungengewächse.

Thymian [unter Einfluss von lat. thymiama ›Räucherwerk‹, zu thymum, von griech. thýmon ›Thymian‹] *der, -s/-e,* **Thymus,** Gattung der Lippenblütler mit etwa 35 Arten im temperierten Eurasien und N-Afrika; durch den Gehalt an äther. Ölen aromatisch duftende Halb- und Zwergsträucher mit kleinen, ganzrandigen Blättern und Blüten in Scheinquirlen. Bekannte Arten: **Feld-T.** (**Quendel,** Thymus serpyllum), in Europa und Asien verbreitet; Polster bildender, bis 30 cm hoher Halbstrauch mit rosafarbenen Blüten; Steingartenpflanze; **Gemeiner T.** (**Garten-T.,** Thymus vulgaris), ästiger, 20–40 cm hoher Halbstrauch mit grausamtig behaartem Stängel und unterseits dicht weißfilzig behaarten Blättern; Blüten lilarosafarben; Gewürz- und Heilpflanze.

Thymian|öl, farbloses bis rotbraunes äther. Öl, das durch Wasserdampfdestillation aus versch. Thymianarten, v. a. dem Gemeinen Thymian, gewonnen wird. T. enthält neben Thymol als Hauptbestandteil zahlr. Terpenverbindungen. Es wird in der Parfümindustrie und in der Medizin (v. a. in schleimlösenden Mitteln) verwendet.

Thymidin *das, -s, Biochemie:* aus der Pyrimidinbase Thymin und dem Zucker Desoxyribose zusam-

Thymian:
Gemeiner Thymian
(Höhe 20-40 cm)

Thym Thymin – Thyristor

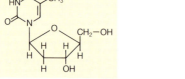

Thymidin

mengesetztes Nukleosid, das am Aufbau der →Nukleinsäuren beteiligt ist.

Thymin [zu Thymonukleinsäure gebildet] *das, -s,* **5-Methyluracil,** $C_5H_6O_2N_2$, eine Pyrimidinbase, Baustein von Nukleinsäuren, bes. der DNA.

Thymol [zu Thymian gebildet] *das, -s,* **Thymiankampfer,** zu 20–60% in den äther. Ölen von Thymianarten (z. B. Lippenblütlern, daneben auch im äther. Öl des Doldengewächses Trachyspermum copticum (Ajowanöl) enthaltenes Phenolderivat, das den typ. Geruch dieser Pflanzen bedingt; chemisch das 2-Isopropyl-5-methylphenol. T. kann aus Thymianöl oder Ajowanöl in Form einer farblosen, kristallinen Substanz isoliert werden, wird aber meist synthetisch hergestellt. T. wird wegen seiner antisept. Wirkung u. a. Mundwässern und Zahnpasten zugesetzt.

Thymonukleinsäure, frühere Bez. für die Desoxyribonukleinsäure (die zuerst aus Thymusdrüsen u. a. tier. Material isoliert worden war).

Thymopsyche [zu griech. thymós ›Gemüt‹], Begriff aus der *Persönlichkeitspsychologie*, der die Gemüts- und Dispositionsanteile (Antriebe, Neigungen) in der Motivation eines Menschen bezeichnen soll.

Thymus [griech. thýmos ›Brustdrüse neugeborener Kälber‹] *der, -/...mi,* bei Mensch und Wirbeltieren ein lymphatisches, urspr. aus Epithelien der Schlundtasche hervorgegangenes paariges Organ (bei jungen Schlachttieren, bes. beim Kalb, **Bries** gen.). Der T. liegt beim Menschen hinter dem Brustbein im vorderen oberen Mediastinum und ist bes. in der Kindheit stark entwickelt. Er ist in kleinere, aus Mark und Rinde bestehende Läppchen gegliedert. Die Rinde ist bes. lymphozytenreich mit wenigen, netzartig angeordneten epithelialen Zellen. Das wesentlich lymphozytenärmere Mark ist durch die Anwesenheit oft schalenartig angeordneter, versch. großer Epithelkomplexe, der Hassall-Körperchen, charakterisiert. Im T. findet die Differenzierung der Stammzellen zu den für die zelluläre Abwehr wichtigen T-Lymphozyten statt, die z. B. bei der Abstoßung von Gewebetransplantaten eine wichtige Rolle spielen und die Immunreaktion regulieren. Die Differenzierung führt zum Erwerb der spezif. Antigen-Rezeptoren und zur Ausbildung von Subpopulationen mit individuellen Funktionen. Bei der Entwicklung der Stammzellen zu den reifen T-Lymphozyten spielt die Wechselwirkung mit den epithelialen und retikulären Zellen des T. eine zentrale Rolle, z. T. über Botenstoffe (z. B. Interleukin 7). Der T. hat auch einen Einfluss auf die Bildung aktiver Körperwachstum und Knochenstoffwechsel. Nach der Pubertät beginnt unter dem Einfluss der Geschlechtshormone die Rückbildung des T. (Pubertäts- und Altersinvolution); ab dem 5. Lebensjahrzent stellt er die Funktion als lymphat. Differenzierungsorgan ein; Immunreaktionen hängen dann von dem Reservoir langlebiger (Gedächtnis-) T-Lymphozyten ab.

Thymus, die Pflanzengattung →Thymian.

Thyratron [Kurzbildung zu griech. thýra ›Tür‹ und Elektron] *das, -s/...'trone* und *-s,* durch Gitter steuerbare Ionenröhre mit Glühkathode. Im T. zündet eine Bogenentladung, wenn die Anodenspannung die notwendige Größe erreicht; die Brennspannung beträgt einige 10 V. Das Einsetzen der Entladung kann durch die Gitter gesteuert werden, nicht jedoch das Löschen. T. eignen sich zum Schalten und, durch Phasenanschnittsteuerung, zum Steuern von Wechselströmen, ferner zum Messen von Impulsamplituden.

thyreo... [Kurzbildung aus thyreoideus in den Fügungen Glandula thyreoidea ›Schilddrüse‹ und Cartilago thyreoidea ›Schildknorpel‹, zu griech. thyreós ›Türstein‹ und -eidḗs ›gestaltet‹, ›ähnlich‹, in der neueren Nomenklatur **thyro...,** auch verkürzt zu **thyr...,** Wortbildungselement mit der Bedeutung: Schilddrüse, -knorpel, z. B. Thyreoiditis, Thyroxin.

Thyreocalcitonin, das →Calcitonin.

Thyreoglobulin, kolloides, jodhaltiges Glykoproteid, in dem die Schilddrüsenhormone Trijodthyronin und Thyroxin gebunden vorliegen; sie werden nach Jodierung von Tyrosinresten und unter Einwirkung einer Protease freigesetzt und in das Blut abgegeben. Die Höhe des T.-Spiegels im Serum dient als Tumormarker für das differenzierte Schilddrüsenkarzinom.

Thyreoid|ektomie, operative Entfernung der gesamten Schilddrüse (Thyreoidea), meist bei Schilddrüsenkrebs.

Thyreo|iditis *die, -/...'tiden,* die →Schilddrüsenentzündung.

Thyreostatika [zu griech. thyreoídea ›Schilddrüse‹ und stásis ›Stehen‹, ›Stillstand‹], *Sg.* **Thyreostatikum** *das, -s,* Arzneimittel, die die hormonale (innersekretor.) Tätigkeit der Schilddrüse hemmen. **Jodisationshemmer** (z. B. Methylthiouracil, Propylthiouracil, Carbimazol, Thiamazol) blockieren die Umwandlung von Jodid zu Jod durch das Enzym Peroxidase und damit den Einbau von Jod in Schilddrüsenhormonvorstufen. Auf diese Weise wird die Bildung aktiver Schilddrüsenhormone unterdrückt. Auf die Freisetzung bereits gebildeter Schilddrüsenhormone haben sie dagegen keinen Einfluss. **Jodinationshemmer** (z. B. Perchlorat) verhindern den aktiven Transport von Jodid aus dem Blut in die Schilddrüse, wodurch nicht ausreichend Jodid bzw. Jod für die Schilddrüsenhormonsynthese zur Verfügung steht. – Jodisationshemmer werden bei Schilddrüsenüberfunktion (Hyperthyreose) sowie zur Vorbereitung einer Schilddrüsenoperation angewendet, Jodinationshemmer nur noch dann, wenn andere T. nicht vertragen werden.

Thyreotoxikose, veraltete Bez. für →Hyperthyreose.

Thyreotropin [zu griech. tropḗ ›Wende‹] *das, -s/-e,* **thyreotropes Hormon, Thyrotropin, thyreoideastimulierendes Hormon,** Abk. **TSH,** glandotropes, zu den Glykoproteinen gehörendes Hormon (relative Molekülmasse rd. 30 000) des Hypophysenvorderlappens (→Hirnanhangdrüse), das die Jodidaufnahme durch die Schilddrüse und die Freisetzung der Schilddrüsenhormone aus Thyreoglobulin stimuliert. Seine Sekretion wird durch ein Neurohormon des Hypothalamus angeregt und durch Somatostatin gehemmt.

Thyreotropin-Releasing-Hormon [-rɪˈliːsɪŋ-, engl.], Abk. **TRH, Thyreotropin-Releasing-Faktor, Thyroliberin,** *Biochemie:* neurosekretor. Hormon des Hypothalamus; Tripeptid aus den Aminosäuren Glutaminsäure, Histidin und Prolin, das auf die Hypophyse wirkt und zur Thyreotropin-Freisetzung führt.

Thyristor [Kurzbildung zu griech. thýra ›Tür‹ und Transistor] *der, -s/...'toren,* steuerbares Halbleiterbauelement mit mindestens drei Zonenübergängen (von denen einer auch durch einen geeigneten Schottky-Kontakt ersetzt sein kann), das in einen Sperr- und einen Durchlasszustand geschaltet werden kann. I. e. S. wird nach DIN unter T. die mit drei Anschlüssen, d. h. nur einer Steuerelektrode (Gate), versehene, rückwärts sperrende **T.-Triode** verstanden, die auch

Thyristor: Grundschaltung mit Schaltzeichen; A Anode, K Kathode, G Gate, U Betriebsspannung, U_G Steuerspannung

als **SCR** (Abk. für engl. silicon- oder semiconductor-controlled rectifier) bezeichnet wird. Ein solcher T. besteht aus vier Halbleiterschichten, die abwechselnd mit Akzeptoren (p-Leitung) und Donatoren (n-Leitung) dotiert sind (pnpn-Schichtenfolge). Auf diese Weise entstehen drei hintereinander geschaltete, in ihrer Richtung jeweils entgegengesetzte p-n-Übergänge. Die Anschlüsse werden mit Anode (an der p-leitenden Schicht) und Kathode (an der n-leitenden Schicht) bezeichnet; die Steuerelektrode kann sowohl an der inneren p- als auch an der inneren n-leitenden Schicht angebracht sein. Die beidseitig steuerbare **T.-Tetrode**

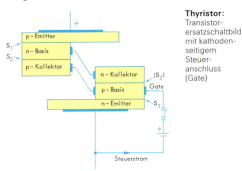

Thyristor: Transistorersatzschaltbild mit kathodenseitigem Steueranschluss (Gate)

besitzt an beiden Seiten je einen Steueranschluss (n- und p-Gate). In seiner Funktion kann der T. aufgefasst werden als Kombination von npn- und pnp-Transistor, bei der jeweils die Basis des einen mit dem Kollektor des anderen verbunden ist. Für eine Stromrichtung bleibt der T. infolge der Sperrschichten S_1 und S_3 stets gesperrt. Durch einen Steuerstrom von der inneren p-Schicht (Gate) zur benachbarten n-Emitterschicht gelangen Elektronen als Majoritätsladungsträger bis in die Sperrschicht S_2, wobei sie dann einen Steuerstrom bis zum p-Emitter darstellen, der seinerseits Defektelektronen bis in S_2 liefert und damit den ursprüngl. Steuerstrom verstärkt. Wenn dann gleichzeitig zw. Anode und Kathode eine Spannung in Durchlassrichtung liegt, wird die mittlere Sperrschicht S_2 durch die beiden Emitterströme in wenigen Mikrosekunden mit Ladungsträgern überschwemmt, wodurch der T. durchlässig wird (›zündet‹) und auch bleibt, wenn der Steuerstrom abgeschaltet wird; zum Zünden genügt somit ein Stromimpuls. Nimmt der Strom durch den T. den Wert null an, z. B. weil im Stromrichterbetrieb eine Kommutierung stattgefunden hat, so ist die Sperrfähigkeit in Durchlassrichtung nach einer Freiwerdezeit von etwa 10 bis 200 ms wieder hergestellt.

Es gibt T. für Ströme von einigen A bis über 1 000 A und Sperrspannungen bis zu einigen kV. Der Spannungsabfall in Durchlassrichtung beträgt etwa 1 bis 2 V, die Durchlassverluste sind damit noch geringer als bei Quecksilberdampfgefäßen. Da bei Sperrschichttemperaturen oberhalb etwa 130 °C infolge der dann einsetzenden Eigenleitung die Sperrfähigkeit des T. verloren geht, muss die entstehende Verlustwärme möglichst rasch abgeführt werden. Dazu wird der Halbleiterkristall über möglichst geringe Wärmewiderstände mit einem Kühlkörper verbunden. Bei kleinen T. geschieht dies durch Schraubverbindung, bei größeren T. in Scheibenzellenausführung durch Einspannen zw. zwei Kühlkörper.

Mit T. lassen sich große Leistungen durch kleine Steuerleistungen schalten oder steuern. In Wechselstromkreisen wird zur Steuerung die Phasenlage des Zündimpulses gegen den Beginn der jeweiligen Anodenspannungshalbwelle verschoben (→Phasenanschnittsteuerung). Angewendet werden T. z. B. für Stromrichterantriebe, für die Drehzahlregelung von Drehstrommotoren, für die Gleichstromsteuerung, in Umrichtern und Wechselrichtern sowie als Schalter in der Digitalelektronik. Spezielle T. sind der Triac, ein Zweirichtungs-T. (Wechselstromsteller), und der RC-T. (Reverse-Conducting-T.), der in einer Richtung dauernd durchlässig ist. Bis zu mittleren Stromstärken gibt es den Abschalt- oder GTO-T. (Gate-turn-off-T.), der über einen Steuerimpuls abschaltbar ist, und T. für direkte Zündung durch Lichtenergie (Photo-T.).

K. HEUMANN u. A. C. STUMPE: T.-Eigenschaften u. Anwendungen (³1974); A. BLICHER: T. physics (Berlin 1976); A. HOFFMANN u. K. STOCKER: T.-Hb. (⁴1976); K. HEUMANN: Grundlagen der Leistungselektronik (⁶1996).

thyro..., Wortbildungselement, →thyreo...

Thyronin *das, -s,* jodfreier Grundkörper der in der Schilddrüse vorkommenden jodhaltigen Aminosäuren; kann durch katalyt. Hydrierung von Thyroxin gewonnen werden.

Thyroxin [zu thyreo... und griech. oxýs ›scharf‹, ›sauer‹] *das, -s,* **3,3',5,5'-Tetrajodthyronin,** Abk. **T₄,** aus der Vorstufe Dijodtyrosin entstehendes, zus. mit →Trijodthyronin physiologisch wirksamstes Schilddrüsenhormon, das hauptsächlich an →Thyreoglobulin gebunden vorliegt und unter dem Einfluss des →Thyreotropin ins Blut ausgeschüttet wird. Seine Wirkung besteht in einer allgemeinen Aktivierung von Kohlenhydrat-, Fett- und Proteinstoffwechsel, verbunden mit einer Erhöhung der Körpertemperatur und der Herzfrequenz sowie einer Senkung der Schwelle für Erregungen im Zentralnervensystem. Die nach Desaminierung, Decarboxylierung und Dejodierung anfallenden Abbauprodukte des T. werden v. a. mit dem Kot ausgeschieden.

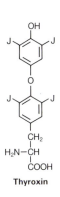

Thyroxin

Thyroxin bindendes Globulin, Abk. **TBG,** *Biochemie:* Serumprotein, das der α-Globulinfraktion angehört und das die Schilddrüsenhormone Trijodthyronin und Thyroxin reversibel gebunden enthält und im Blut transportiert.

Thyrsos|stab, der in einem Pinienzapfen auslaufende, mit Efeu und Weinlaub umwundene Stab des →Dionysos und auch seines Gefolges (Mänaden, Satyrn, Silene u. a.).

Thyrsus [griech.-lat. ›Thyrsosstab‹] *der, -/...sen,* ein →Blütenstand mit durchgehender (monopodialer) Achse, an der anstelle von Einzelblüten Teilblütenstände ohne durchgehende (zymöse) Achsen stehen, z. B. Schraubel oder Wickel.

Thysanoptera [griech.], die →Fransenflügler.

Thysanura [griech.], die →Borstenschwänze.

Thysdrus, röm. Stadt in N-Afrika, →El-Djem.

Thyssen, 1) August, Unternehmer, * Eschweiler 17. 5. 1842, † Schloss Landsberg (heute zu Essen) 4. 4. 1926, Vater von 2) und 3). Nach Studium und ersten unternehmer. Aktivitäten 1867 gründete T. 1871 ein Unternehmen (→Thyssen-Gruppe), das er zu einem vertikalen Konzern (Erz- und Kohlegewinnung bis Stahlverarbeitung und -veredelung) ausbaute.

2) Fritz, Unternehmer, * Styrum (heute zu Mülheim a. d. Ruhr) 9. 11. 1873, † Buenos Aires 8. 2. 1951, Sohn von 1), Bruder von 3); Ingenieur, trat 1898 in die väterl. Firma ein; war 1926–39 u. a. Aufsichtsrats-Vors. der Vereinigten Stahlwerke. Nationalistisch gesinnt, unterstützte T. als einer der ersten dt. Unternehmer (nach eigenen Angaben ab 1923) finanziell die NSDAP, der er 1931 beitrat, und stellte Kontakte zw. Nationalsozialisten und Schwerindustrie her; er wurde 1933 Preuß. Staatsrat, MdR. Ab 1934 kam es zu Differenzen mit dem NS-Regime, aus der NS-Partei 1938 u. a. wegen der Judenverfolgung. 1939 emigrierte T. in die Schweiz; Ende 1940 in Frankreich verhaftet, war T. bis 1945 in KZs inhaftiert; 1948 im Spruchkammerverfahren als Minderbelasteter eingestuft; unter seinem Namen erschien ›I paid Hitler‹ (1941).

August Thyssen

Fritz Thyssen

H. A. TURNER: F. T. u. das Buch ›I paid Hitler‹, in: DERS.: Faschismus u. Kapitalismus in Dtl. (a. d. Engl., ²1980).

3) Heinrich, Baron (seit 1907) **T.-Bornemisza** [-sɔ], ungar. Kunstsammler dt. Herkunft, * Mülheim a. d. Ruhr 31. 10. 1875, † Castagnola (heute zu Lugano) 26. 6. 1947, Sohn von 1), Bruder von 2); wurde nach seiner Heirat (1906) mit der Ungarin MARGARETA Baronesse BORNEMISZA (*1887, †1971) von seinem Schwiegervater 1907 adoptiert; begann seine Sammlung auf Schloss Rohoncz (Burgenland), von wo er sie 1937 nach Castagnola überführte. Sein Sohn HANS HEINRICH (*1921), der die Sammlung fortführt, machte die Pinacoteca T.-Bornemisza der Öffentlichkeit zugänglich. Etwa 800 Gemälde die 12.–20. Jh. wurden 1992 für zunächst 9½ Jahre an Spanien ausgeliehen; 1993 vom span. Staat erworben; sie werden im Palacio Villahermosa in Madrid ausgestellt.

THY – Turkish Airlines

Thyssen-Gruppe, multinat. Industrie- und Handelskonzern; Führungsgesellschaft ist die **Thyssen AG**; Sitz: Duisburg. Als Gründungsjahr der T.-G. gilt 1891, als A. THYSSEN den Erwerb aller Anteile der Zeche ›Gewerkschaft Dt. Kaiser‹ (Hamborn, gegr. 1867) bekannt gab. 1871 hatte A. THYSSEN bereits das Stahl- und Walzwerk Thyssen & Co. in Mülheim a. d. Ruhr gegründet. Bis 1914 entwickelte sich die T.-G. zu einem führenden dt. Eisen- und Stahlproduzenten; 1926 wurden die Kohle-, Stahl- und Handelsaktivitäten in die →Vereinigte Stahlwerke AG eingebracht, in der 1934 die Betriebsführungsgesellschaft August Thyssen-Hütte AG gebildet wurde. Andere Unternehmensbereiche (v. a. Werften, Energieunternehmen) gingen auf H. THYSSEN-BORNEMISZA sowie andere Erben über. Im Zuge der Entflechtung und Neuordnung der dt. Montanindustrie nach 1945 wurde (1953) die August Thyssen-Hütte AG (ATH) neu gegründet (1977 Umfirmierung in Thyssen AG) und der Konzern durch Erwerb zahlr. Unternehmen erweitert: u. a. 1957 Dt. Edelstahlwerke AG, 1964 Phoenix-Rheinrohr AG, 1968 Hüttenwerke Oberhausen AG, 1974 Rheinstahl AG (heute Thyssen Industrie AG). V. a. seit 1970 wurde verstärkt vom Stahl in andere Bereiche diversifiziert; die zur T.-G. gehörenden Kohlebergwerke wurden (1969) in die Ruhrkohle AG (heute RAG Aktiengesellschaft) eingebracht.

Die Aktivitäten des Konzerns sind in folgende Unternehmensbereiche gegliedert: 1) Investitionsgüter und Verarbeitung, repräsentiert durch Thyssen Industrie AG und Thyssen Budd Automotive GmbH, beide Essen (Umsatz: 11,4 Mrd. DM, Beschäftigte: 52 800), mit den Geschäftsfeldern Produktionssysteme, Aufzüge, Werften, Anlagentechnik (einschließlich Magnetschwebebahnsystem), Automobilzulieferung, Pressteile, Kunststoff- und Gusserzeugnisse, Massiv- und Blechumformung; 2) Handel und Dienstleistungen mit Thyssen Handelsunion AG, Düsseldorf (Umsatz: 19,1 Mrd. DM, Beschäftigte: 33 000), einem der weltweit größten Handels- und Dienstleistungsunternehmen in den Sparten Bautechnik, Brennstoffe, industrielle Dienstleistungen, Logistik, Projektmanagement, Recycling und Werkstoffe; 3) Stahl (Umsatz: 12,4 Mrd. DM, Beschäftigte: 40 800). Zum Bereich Stahl gehören die Thyssen Stahl AG und 50 weitere in- und ausländ. Gesellschaften. 1997 kam es durch Zusammenführung der Flachstahlaktivitäten der Fried. Krupp AG Hoesch Krupp und der T.-G. zur Bildung der Thyssen Krupp Stahl AG, an der Thyssen mit 60% und Krupp mit 40% beteiligt sind. Zur T.-G. gehören (Ende 1996) weltweit rd. 650 Tochter- und Beteiligungsgesellschaften, u. a. (sofern nicht anders gen., jeweils 100%) Blohm + Voss Holding AG, Hamburg (86,6%); EBG Ges. für elektromagnet. Werkstoffe mbH, Bochum; Edelstahl Witten-Krefeld GmbH, Witten; Hüller Hille GmbH, Ludwigsberg; Otto Wolff Handelsgesellschaft mbH, Düsseldorf; Thyssen Immobilien GmbH, Oberhausen; Thyssen Telecom AG, Düsseldorf; Copper and Brass Sales, Inc., Eastpoint (Mich.); The Budd Co., Troy (Mich.); Giddings & Lewis, Inc., Fond du Lac (Wis.). Das Kapital der Thyssen AG ist verteilt auf rd. 140 000 Aktionäre, die Thyssen Beteiligungsverwaltung GmbH (über 10%) und die Fritz Thyssen Stiftung (unter 8%). Konzernumsatz (1996/97): 40,75 Mrd. DM, Beschäftigte: rd. 127 900. – Für 1999 ist die Fusion der T.-G. und der Fried. Krupp AG Hoesch Krupp zur Thyssen Krupp AG geplant.

T. & Co. Mülheim a. d. Ruhr. Die Gesch. einer Familie u. ihrer Unternehmung, hg. v. H. A. WESSEL (1991); H. UEBBING: Wege u. Wegmarken. 100 Jahre Thyssen (1991).

Thyssen-Stiftung, →Fritz Thyssen Stiftung.

THY – Turkish Airlines [- ˈtɔːkɪʃ ˈɛəlaɪnz], staatliche türk. Luftverkehrsgesellschaft, gegr. 1933 als DHY-Devlet Hava Yollari; Sitz: Istanbul. Das Streckennetz umfasst den Nahen, Mittleren und Fernen Osten (einschließlich der Türkei und des türkisch besetzten Teils Zyperns), Europa sowie Afrika. Die Charterfluggesellschaft SunExpress (gegr. 1990), Antalya, ist eine gemeinsame Tochtergesellschaft von THY und der Dt. Lufthansa. THY beförderte 1995 mit einem Flugpark von 52 Flugzeugen und mit 8 568 Beschäftigten 7,7 Mio. Passagiere.

Ti, chem. Symbol für das Element →Titan.

Ti, chin. Herrschertitel, →Di.

Tiahuanaco [tiaŭaˈnako], Zeremonialzentrum und Stadtanlage aus vorkolumb. Zeit, 20 km südlich des Titicacasees, 4 000 m ü. M. im Hochland von Bolivien; der Platz war besiedelt ca. 300 v. Chr. – 1000 n. Chr.; die **T.-Kultur** ist im gesamten Titicacabecken nachzuweisen (Blütezeit 375–725).

Tiahuanaco: Stützmauer der ›Kalasasaya‹ (Detail mit Kalksteinquadern und Kopfskulpturen)

Mit den Ausgrabungen von T. und Huari gelang der Nachweis von Stadtsiedlungen und ersten Staatsbildungen im Andenraum. Das etwa 5 km² große T. dominierte politisch Sekundärzentren der unmittelbaren Umgebung; die Wirtschaft beruhte auf intensivem Anbau u. a. stärkehaltiger Knollenfrüchte, die durch Gefriertrocknung haltbar gemacht wurden. Das zeremonielle Zentrum zeigt unterschiedl. Bautypen: mit Steinmauern umfriedete, eingesenkte Höfe, Gebäude in Pyramidenform mit Steinblöcken verblendet sowie Palast- und Wohnbauten. Zentraler Komplex ist die ›Kalasasaya‹, von der nur wenige Grundmauern vorhanden sind; sie ist umgeben von einer Mauer aus unregelmäßig verteilten hohen Pfeilern und dazwischen liegenden Steinquadern, die von allen Seiten geglättet und ohne Mörtel verlegt sind. Das berühmte ›Sonnentor‹ (BILD →andine Hochkulturen), ein monolithisches, 3 m hohes und fast 4 m breites Eingangstor aus einem Andesitblock mit Reliefdekor, steht heute innerhalb der Anlage. Erhalten sind außerdem zahlr. Stelen und Statuen, zum größten Teil rechteckige Pfeiler, aus denen oft nur Kopf und Beine der dargestellten menschl. Figuren stärker herausgearbeitet sind. Die Keramik kennt mit Bechern (→Keru), Flaschen und Schüsseln nur relativ wenige Formen (oft plastisch in Form von Jaguaren und Pumas), die auf rotem Untergrund polychrom bemalt sind. Die Motive der Keramik (geometr. Muster, Profilköpfe von Kondorvögeln, Pumas) haben sich in benachbarten Lokalstilen niedergeschlagen. Über die Kultur von →Huari beeinflusste T. die späteren andinen Hochkulturen.

C. PONCE SANGINÉS: Tiwanaku (La Paz 1972); J. MIRANDA-LUIZAGA: Das Sonnentor (1985).

Tiama [afrikan.] *das, -(s),* **Edinam,** grob strukturiertes, drehwüchsiges, hellrötl. bis rotbraunes Holz des bis 45 m hohen westafrikan. Zedrachgewächses Entandrophragma angolense; weniger fest, aber besser bearbeitbar als →Sapelli; Verwendung als Ausstattungsholz, für Möbel und Furniere.

Tiamat [zu akkad. tiamtum ›Meer‹], *babylon. Mythologie:* göttl. Personifikation des Salzmeers, Gattin des Apsu. Im babylon. Lehrgedicht ›Enuma Elisch‹ erringt Marduk durch einen Sieg über T. die Herrschaft über die Götter und erschafft aus den Leichnamshälften der T. Himmel und Erde.

Tian, T'ien, Himmel oder Himmelsgott im traditionellen China; nach den alten Schriftform noch als anthropomorphe Gottheit (höchster Ahnherr des Herrscherklans) erkennbar, seit der Mitte des 1. Jt. v. Chr. nur noch eine eher unpersönl., das All beherrschende Macht, der der Reichsherrscher als ›Sohn des Himmels‹ (tian zi) im Staatskult Opfer darbrachte.

Tianjin [-dʒɪn], Stadt in China, →Tientsin.

Tianlong Shan [- ʃan], buddhist. Höhlentempel in der chin. Prov. Shanxi, 40 km südwestlich von Taiyuan. Skulpturen und Wandreliefs in den Höhlen 1 bis 6 repräsentieren den Linearstil der Nördl. Qidynastie (2. Hälfte des 6. Jh.). Der Amitabha in Höhle 7 auf neunstufigem Thron zeigt die zurückhaltende unbewegte Strenge des Sui-Stils (Ende 6./Anfang 7. Jh.). Die übrigen Höhlen (7.–10. Jh.) repräsentieren den realistisch-körperbetonten Stil der Tangzeit.

Tian Shan [- ʃan], der →Tienschan.

Tiara [(mittel)lat. ›(Bischofs)mütze‹, von griech. tiára, aus dem Pers.] *die, -/...ren,* **1)** *Geschichte:* altoriental., kegelförmige königl. Kopfbedeckung. Der assyr. König trug eine Mütze mit vergoldeter Spitze, der persische eine des. hohe Form mit einem Diademreif am unteren Rand.

2) *kath. Kirche:* **Triregnum** [lat. ›dreifache Krone‹], die hohe, mit drei parallel übereinander gesetzten Kronen geschmückte, außerliturg. Kopfbedeckung des Papstes, die bei feierl. Aufzügen getragen wurde und ein Bestandteil der päpstl. Heraldik ist. Die T. erscheint zuerst als spitze Mütze, seit dem 12. Jh. mit einem goldenen Reif geziert, dem unter Papst BONIFATIUS VIII. ein zweiter (zur Betonung von geistl. und weltl. Macht), bald darauf ein dritter hinzugefügt wurde. Seit dem symbol. Ablegung der T. durch PAUL VI. (11. 11. 1964) wird sie nicht mehr getragen.

Tiarella [lat.], die Pflanzengattung →Schaumblüte.

Tiaret [tjaˈrɛt, frz.], Stadt in N-Algerien, 1 050 m ü. M., auf einem Plateau am S-Fuß der Monts de T. (westl. Tellatlas), am N-Rand des Hochlands der Schotts, 185 000 Ew.; Bez.-Verw., Univ.-Zentrum; Wollkombinat, Karosseriebau, Gießerei, Kunsthandwerkszentrum (Teppiche), Papier- und Nahrungsmittelindustrie. T. ist Handelszentrum (Getreide, Schafe, Alfa, Holz) und Verkehrsknotenpunkt an den Pipelines Hassi Rmel–Arzew; Flughafen 15 km östlich. 5 km nordöstlich liegt La Jumenterie, das bedeutendste Pferdegestüt Algeriens (Araberzucht). – Im 8. Jh. wurde das polit. und religiöse Zentrum des Gebiets von der röm. Limesstation **Tingartia** nach **Tahert** verlegt (an die Stelle des heutigen Dorfes Tagdemt, 6 km westlich von T.), der ersten Hauptstadt der Ibaditen (→Charidjiten), die 908 von den Fatimiden zerstört wurde. Die später an der Stelle der röm. Limesstation gegründete Stadt T. wurde 1841 als Hochburg von ABD EL-KADER von den Franzosen zerstört und 1843 von ihnen als Kolonialstadt neu angelegt.

Tibaldi, Pellegrino, auch **P. Pellegrini,** eigtl. **P. de' Pellegrini,** ital. Baumeister, Bildhauer und Maler, * Puria (heute zu Valsolda, Prov. Como) 1527, † Mailand 27. 5. 1596; in Rom Schüler des DANIELE DA VOLTERRA; als Architekt an G. DA VIGNOLA geschult, beherrschte in der 2. Hälfte des 16. Jh. zugleich mit G. ALESSI die oberital. Baukunst durch einen trockenen, doch wuchtigen Manierismus. 1587 berief ihn PHILIPP II. als Bauintendanten an den Escorial, wo er zahlr. Fresken schuf. Seine kraftvolle, virtuose, MICHELANGELOS Formen vermittelnde Malerei wirkte in Bologna schulebildend.

Werke: Bologna: Cappella Poggi in San Giacomo Maggiore (1552; mit Deckenfresken aus der Odyssee, 1562); Palazzo Poggi (heute Univ.; Fassade, Hof u. Fresken von T., nach 1554); Mailand: San Fedele (1569 ff.); Krypta, Baptisterium u. Chorschranken des Domes (1570 ff.); Pavia: Collegio Borromeo (1564 ff., heute Univ.).

M. SCHOLZ-HÄNSEL: Eine span. Wiss.-Utopie am Ende des 16. Jh. Die Bibliotheksfresken von Pellegrino Pellegrini im Escorial (1987).

Tibbu, Tibu, Volk im nördl. Afrika, →Tubu.

Tiber *der,* ital. **Tevere,** lat. **Tiberis,** Fluss in Italien, 405 km lang, mit einem Einzugsgebiet von 17 168 km², entspringt 1 268 m ü. M. am Monte Fumaiolo im Etrusk. Apennin, durchfließt die Reihe der Umbr. Becken, durchbricht unterhalb Todi die westl. Vorketten des Apennins. Im Unterlauf hat er sich in die vulkan. Tuffe Latiums eingeschnitten. Im Bereich von Rom ist er kanalisiert und von hier ab für kleinere Schiffe befahrbar; mündet westlich von Ostia mit einem Delta in das Tyrrhen. Meer. Das Delta des T., mit dem röm. Hafen und Seebad Lido di Ostia, das früher stadtnah in das Meer vorgeschüttet wurde, unterliegt heute starker Brandungserosion. Nebenflüsse sind von links Topino, Nera, Aniene, von rechts Paglia. – Den als Gott aufgefassten Fluss riefen die Römer mit dem Kultnamen ›Tiberinus‹ im Gebet an.

Tiberias, Stadt in Israel, 212 m u. M. – 245 m ü. M., am W-Ufer des Sees Genezareth (See von T.), 37 600 Ew.; Zentrum des am stärksten landwirtschaftl. genutzten Gebietes von Israel, das Bananen, Trauben, Datteln und Frühgemüse liefert; Fischerei. Wegen seines milden Winterklimas und seiner (schon im Altertum genutzten) radonhaltigen Thermalquellen ist T. bedeutender Touristenort. – In der Nähe liegen viele hl. Stätten des Christentums (z. B. Kapernaum). – Wenige antike Überreste sind erhalten; in und bei T. befinden sich Gräber bedeutender jüd. Gelehrten (ELIESER BEN HYRKANOS, AKIBA BEN JOSEF, M. MAIMONIDES u. a.). – 26/27 n. Chr. von HERODES ANTIPAS als Hauptstadt seiner Tetrarchie Galiläa-Peräa erbaut und nach Kaiser TIBERIUS benannt, wurde T. zu einer hellenist., von frommen Juden zunächst gemiedenen Stadt. Das änderte sich jedoch seit der Zerstörung Jerusalems; gegen Ende des 2. Jh. war T. palästin. Zentrum jüd. Gelehrsamkeit. Hier wurde um 200 die Mischna zusammengefasst, im 4. Jh. der palästin. Talmud vollendet, im 8.–10. Jh. das tiber. Vokalisationssystem der hebr. Bibel entwickelt. Nach der Niederlage eines Kreuzfahrerheers gegen SALADIN beim nahe gelegenen Hittin (1187) verlor T. seine Bedeutung. Die Altstadt wurde um 1740 errichtet, die heutige Stadt entstand v. a. seit Beginn der Palästinasiedlungsbewegung (1882).

Tiberius, eigtl. **T. Iulius Caesar Augustus,** vor der Adoption **T. Claudius Nero,** röm. Kaiser (14–37),

Tiberius, römischer Kaiser (römische Marmorbüste; Kopenhagen, Ny Carlsberg Glyptotek)

*Rom 16. 11. 42 v. Chr., † Misenum (am heutigen Kap Miseno, bei Neapel) 16. 3. 37 n. Chr.; stammte als Sohn des T. CLAUDIUS NERO und der →LIVIA DRUSILLA aus dem Geschlecht der Claudier; im Haus seines Stiefvaters AUGUSTUS erzogen. Als Feldherr griff er 20 v. Chr. in Armenien ein und machte den Enkel des TIGRANES II. zum König, unterwarf 15–13 v. Chr. mit seinem Bruder DRUSUS Rätien und Vindelicien (→Vindeliker), befriedete 10/9 Pannonien und Dalmatien und übernahm dann nach DRUSUS' Tod den Oberbefehl in Germanien. Nach seiner von AUGUSTUS erzwungenen Scheidung von VIPSANIA AGRIPPINA (*um 33 v. Chr., † 20 n. Chr.) und Heirat mit →JULIA ging T. nach Rhodos in freiwillige Verbannung (6 v. Chr. bis 2 n. Chr.). T. wurde 4 n. Chr. von AUGUSTUS adoptiert, musste gleichzeitig GERMANICUS adoptieren. 6–9 warf er den pannon. Aufstand nieder; nach der Niederlage des VARUS sicherte er die Rheingrenze. 13 wurde ihm AUGUSTUS das Imperium und damit die Mitregentschaft übertragen. Nach dem Tod des AUGUSTUS legte T. Wert auf die Wahl zum Princeps durch den Senat.

T. war eine gerechte Verw. der Prov. und auf sparsame Finanzwirtschaft bedacht. Er knüpfte an die republikan. Tradition an und suchte in seiner Politik das Einvernehmen mit dem Senat. 26 zog er sich nach Capri zurück (Reste erhalten, v. a. die Ruine der Villa Jovis) und überließ die Reg. dem Prätorianerpräfekten SEJAN, den er aber 31 verhaften und hinrichten ließ. Das schon von den antiken Geschichtsschreibern (TACITUS, SUETON, CASSIUS DIO COCCEIANUS) gezeichnete düstere Persönlichkeitsbild eines menschenscheuen, im Alter krankhaft misstrauischen Menschen wird ihm wohl kaum gerecht.

R. SEAGER: T. (London 1972); P. SCHRÖMBGES: T. u. die Res publica Romana (1986); M. BAAR: Das Bild des Kaisers T. bei Tacitus, Sueton u. Cassius Dio (1990).

Tibesti *der,* Gebirge in der zentralen Sahara, im N der Rep. Tschad mit Ausläufern nach S-Libyen und NO-Niger; weitgehend eine stark zerklüftete Vulkanlandschaft (Rhyolith, Basalt) mit zahlr. Calderen, im Emi Kussi 3415 m ü. M. (höchste Erhebung der Sahara); im Untergrund gefaltete präkambr. Schiefer und Phyllite (im NW und S anstehend) und Granite sowie, diese überlagernd, paläozoische Sandsteine. Breite Trockentäler wechseln mit Hochflächen und scharf herauspräparierten Gipfeln. Die jährl. Niederschlagsmengen liegen zw. 25 und 100 mm; im nördl. und zentralen T. Oasen mit Palmenhainen und Gärten, an der SW-Flanke dagegen nomad. Weidewirtschaft. Der T. ist Wohngebiet der →Tubu; zentraler Ort ist die Oase Bardai (ehem. dt. Forschungsstation). – Eine Besiedlung von Teilen des T. lässt sich bereits für das Paläolithikum nachweisen. Die Jungsteinzeit ist durch zahlr. Bodenfunde und durch Felsbilder belegt (vorwiegend Gravierungen, z. B. in Gonoa), die mit Ausnahme von Darstellungen der Pferdeperiode die für die Sahara typ. Motive zeigen. Felsbilder aus nachneolith. Zeit zeigen v. a. Menschen mit Waffen. Der T. wurde 1869 von G. NACHTIGAL als erstem Europäer bereist.

H. HAGEDORN: Unterss. über Relieftypen arider Räume an Beispielen aus dem T.-Gebirge u. seiner Umgebung (1971); Berliner geograph. Abhh., H. 32: Arbeitsber. aus der Forschungsstation Bardai, T., Tl. 5: Abschlußber., Beitrr. v. G. J. BRUSCHEK u. a. (1982).

Tibet ['tiːbɛt, tiˈbeːt, nach dem gleichnamigen innerasiat. Hochland] *der, -s/-e,* **1)** *Pelzhandel:* Felle der eineinhalb bis zwei Monate alten Lämmer einer in N-China lebenden Schafart.

2) *Textilkunde:* ein weicher Kleiderstoff aus dem Haar der Kaschmirziege (Kaschmirwolle) oder als Imitat aus feinem Wollkammgarn; auch eine Reißwollqualität aus gerissenen Kammgarnstoffen.

Tibet ['tiːbɛt, tiˈbeːt], chin. **Xizang** [ɕidzaŋ], amtlich **Xizang Zizhiqu** [-tsidʒitʃy], autonomes Gebiet im W Chinas, im Hochland von T., 1 228 400 km², (1995) 2,36 Mio. Ew. (meist Tibeter, daneben nach offiziellen Angaben 100 000 Chinesen); Hauptstadt ist Lhasa. Amtssprache ist neben Chinesisch auch Tibetisch. Verwaltungsmäßig ist T. in fünf Präfekturen (Changdu, Shannan, Shigatse, Naqu, Ali) und den etwa 78 000 km² großen Stadt-Bez. Lhasa gegliedert.

Vom Hauptkamm des Himalaja, wo T. an Birma, Indien, Bhutan und Nepal grenzt, und seiner N-Abdachung erstreckt sich die Region über die südtibet. Längstalfurche, den Transhimalaja und das menschenfeindl. abflusslose Hochland von T. bis zum Tanggula Shan an der Grenze zur Prov. Qinghai (im NO) und zum Kunlun Shan an der Grenze zum autonomen Gebiet Sinkiang (im westl. N). Der weitaus größte Teil des autonomen Gebietes T. gehört zum **Hochland von T.,** das mit rd. 2 Mio. km² einer mittleren Höhe von 4 500 m ü. M. das ausgedehnteste, geschlossenste und höchstgelegene Hochland der Erde ist. Die das Hochland umrahmenden, 7 000–8 000 m ü. M. aufragenden Gebirgsbarrieren machen es in seiner natürl. Ausstattung und kulturlandschaftl. Ausprägung zum isoliertesten Großraum Asiens. Der nordöstl. Teil gehört zur Prov. Qinghai (Hochland von Qinghai zw. Nanshan und Bayan Har Shan). Zentraler Teil ist das zw. Kunlun Shan und Transhimalaja gelegene abflusslose Hochland Changtang, das von wenigen, sich im W und NW zusammendrängenden Gebirgsketten durchzogen wird. Zw. den Ketten erstrecken sich flache, durch vorherrschende mechan. Verwitterung (v. a. Frostverwitterung) von Schutt erfüllte, oder von Salzseen und -sümpfen eingenommene Becken.

Südlich der Wasserscheide zw. den Quellgebieten von Hwangho und Jangtsekiang schließen sich die osttibet. Randketten an, eng gescharte, in Gipfellagen z. T. vergletscherte Gebirgsketten, die durch parallel verlaufende, schluchtartig eingeschnittene Stromtäler voneinander getrennt werden. Wichtigste Flüsse sind außer dem Jangtsekiang (Grenze zur Prov. Sichuan), dessen Oberlauf sich als eigenständiger Landschaftsraum heraushebt, Mekong und Salween. Im äußersten SO grenzt T. an die Prov. Yunnan. Südlich des Transhimalaja erfolgt die Entwässerung über die Oberläufe von Brahmaputra (Yarlung Zangbo Jiang), Sutlej und Indus in der südtibet. Längstalfurche, einer über 1 600 km langen, durchschnittlich 3 600 m ü. M. gelegenen, im S vom Himalaja begrenzten Grabenzone. Das Tal des Yarlung Zangbo Jiang (Tsangpo) mit seinen Seitentälern gilt als wirtschaftl. und kultureller Kernraum des Landes (Zentral-T.).

T. wird durch Trockenheit, starke Sonneneinstrahlung, warme Sommer und sehr kalte Winter geprägt (die Täler sind dabei aber relativ geschützt); die tageszeitl. Temperaturschwankungen sind beträchtlich. Während die W und N des Landes ausgesprochene Trockengebiete sind, die von Felsschutt- und Geröllwüsten, sporadisch von Dorn- und Zwergstrauchformationen eingenommen werden, hat der O im Sommer ein feuchtwarmes Klima (Hochsteppen, die im Gebiet des Qinghai Hu, dem Hauptweidegebiet der Tibeter, in Baumsteppen übergehen). Ackerbau kann daher nur im S und O betrieben werden. Angebaut werden v. a. Gerste (Hauptnahrungsmittel ist Tsampa aus Gerstenmehl), Weizen, Hirse und Buchweizen, in geringem Maße auch Gemüse (Rettich, Bohnen, Möhren, Tomaten, Zwiebeln) und Kartoffeln. Importiert werden müssen Tee (für den traditionellen Buttertee, ein Gemisch aus Tee, Butter und Salz), Zucker und Reis. Weite Teile (insgesamt 57 Mio. ha) werden als Weidegebiet genutzt (im N und W des Landes durch Nomaden), und zwar für Schafe und Ziegen

(Wollgewinnung) sowie für Rindvieh. Dieses ist für die Nomaden der Grunzochse (Yak), für die sesshafte Bev. das Dzo (weiblich Dzomo), eine Kreuzung zw. Yak und Rind. T. besitzt große Waldgebiete (v. a. zur Papiererzeugung genutzt).

Die Bodenschätze werden erst seit der chin. Besetzung untersucht; nachgewiesen sind u. a. Vorkommen von Borax, Eisen- und Magnesiumerz sowie Gold. Das große Potenzial an Wasserkraft wird kaum genutzt. Das verarbeitende Gewerbe umfasst rd. 300 mittlere und kleinere Betriebe, v. a. der Textilindustrie sowie der Metall- und Holzverarbeitung; wichtigster Industriestandort und Handelsplatz ist Lhasa. Das Land ist, v. a. im S und O, durch lediglich 22 000 km Straßen erschlossen, die v. a. in den 1950er- und 60er-Jahren von Chinesen erbaut wurden.

Tibet: Blick auf Gyangzê in Südtibet mit dem Tschorten Kumbum im Zentrum des Palkhorklosters

Geschichte

Der mytholog. Ursprung des Königtums lag im Tsangpotal, wo der erste sagenhafte König NYATRI TSENPO 127 v. Chr. die Yarlungdynastie begründet haben soll, die bis um 842 n. Chr. bestand. Unter ihrem 33. König SRONGTSAN GAMPO (etwa 620–649) wurde T. in kurzer Zeit der beherrschenden Vormacht Zentralasiens; es erstreckte sich von N-Birma über Nepal bis Gilgit und von W-Turkestan bis in die nordwestl. Grenzregionen Chinas. SRONGTSAN GAMPO regte u. a. die Einführung des Kalenders und der Schrift an und gründete die Stadt Lhasa, die seitdem das polit. und religiöse Zentrum T.s ist. Durch seine Vermählung mit einer nepales. (BHRIKUTI) und einer chin. Prinzessin (WENCHENG) führte er den Buddhismus zur Stütze des Königtums ein, der die im Adel verwurzelte, vorbuddhist. Bon-Religion teilweise verdrängte (zahlr. Mischformen) und die Einigung des Reiches ermöglichte. Unter TRISRONG DETSEN (755–797) erreichte T. seine größte geograph. Ausdehnung; 763 eroberten seine Truppen sogar die chin. Hauptstadt Chang'an (heute Xi'an). Er berief PADMASAMBHAVA aus Indien, der mit →Samye das erste buddhist. Kloster gründete. Nach einer Buddhistenverfolgung unter König LANGDARMA (836–841/42) zerfiel T. wieder in zahlr. kleine Staaten. Als um 1000 eine erneute Buddhisierung von Indien aus einsetzte, etablierte sich als mönch. Buddhismus, der von dieser Zeit an als →Lamaismus bezeichnet werden kann und versch. Schulrichtungen hervorbrachte. Durch Förderung der mongol. Yuankaiser (1271–1368) wurde die Sakyapa-Schule mit ihrem Zentrum im Kloster →Sakya zur maßgeblichen polit. Kraft. Unter dem bedeutendsten Reformator des tibet. Buddhismus, TSONGKHAPA (* 1357, † 1419), der 1409 östlich von Lhasa ein Kloster gründete, entwickelte sich die streng asket. Gelugpa-Schule (›Schule der Tugendhaften‹, ›Gelbmützen‹). 1578 erhielt ihr Oberhaupt SONAM GYATSO vom mongol. Fürsten ALTAN KHAN den Titel →Dalai-Lama. Mit mongol. Hilfe setzten die Gelugpa bis 1642 (Sieg über den König aus dem Herrschergeschlecht der Tsangpa) ihre Herrschaft über T. durch und erlangten dort vom ›großen 5.‹ Dalai-Lama LOBSANG GYATSO (* 1617, † 1682) ein über das institutionalisierte Prinzip der Reinkarnation (→Tulku) dauerhaft die Position des polit. und religiösen Oberhaupts.

Als erste Europäer suchten 1661 zwei Jesuiten Lhasa auf. 1717 bemächtigten sich der Dsungaren der tibet. Hauptstadt; die zu Hilfe gerufenen Truppen der chin. Qingdynastie eroberten Lhasa 1720 zurück. Diese Gelegenheit nutzend, begründeten die Mandschukaiser ein Protektorat über T., stationierten dort Truppen und setzten Ambane (kaiserl. Statthalter) als Kontrolleure der tibet. Reg. ein. 1750 scheiterte ein antichin. Umsturzversuch. Der →Pantschen-Lama hielt sich oft als Vertreter T.s am chinesisch-mandschur. Kaiserhof auf. – 1788, 1791/92 und 1854–56 fielen nepales. Gurkhas in das tibet. Gebiet ein. Ende des 19. Jh. geriet T. in den Konflikt zw. China, Großbritannien und Russland. Eine brit. Militärexpedition unter Oberst F. E. YOUNGHUSBAND drang 1904 gewaltsam bis Lhasa vor (Flucht des Dalai-Lama, der bis 1909 im Exil blieb). Überraschend erkannten Großbritannien (1906) und Russland (1907) die chin. Oberhoheit über T. an. 1910 floh der Dalai-Lama erneut vor anrückenden chin. Truppen (Rückkehr 1912). Nach dem Zusammenbruch des chin. Kaiserreichs (1911) verselbstständigte sich T. unter der Führung des 13. Dalai-Lama (TUBTEN GYATSO, * 1876, † 1933) mithilfe der britisch-ind. Reg. als theokratisch-lamaist. Staat. Im östl. T. konnte sich zwar der mit China sympathisierende Pantschen-Lama vorübergehend behaupten, musste jedoch nach einem 1917 fehlgeschlagenen chin. Rückeroberungsversuch 1923 nach Nanking ins Exil gehen. 1940 wurde der 14. Dalai-Lama (TENZIN GYATSO, * 1935) feierlich eingeführt, an dessen Hof sich ab 1946 H. HARRER aufhielt.

Nach dem Sieg der Kommunisten im chin. Bürgerkrieg und der Errichtung der VR China (1949) erneuerte MAO ZEDONG unter Ausnutzung der Rivalität zw. Dalai-Lama und Pantschen-Lama den Anspruch Chinas auf T. Im Herbst 1950 drangen Einheiten der chin. ›Volksbefreiungsarmee‹ in T. ein und besetzten 9. 9. 1951 Lhasa. In einem zuvor aus Indien vermittelten tibetisch-chin. 17-Punkte-Vertrag (23. 5. 1951) erhielt T. innerhalb des Staatsverbandes der VR China innere Autonomie. Nach einer Einigung mit dem Pantschen-Lama (1952) sollte der Dalai-Lama Staatsoberhaupt und, gemeinsam mit dem Pantschen-Lama, geistl. Oberhaupt und Mitgl. der chin. Zentral-Reg. sein. Die VR China begründete ihre Legitimation mit histor. (›seit der Tangzeit‹), polit. (›Befreiung des tibet. Volkes vom Feudalismus‹) und wirtschaftl. Argumenten (›Modernisierung‹). Mit dem Bau strategisch wichtiger Fernstraßen zu den benachbarten chin. Regionen und Prov., für den viele Tibeter unter unmenschl. Bedingungen zwangsverpflichtet wurden, sowie durch die Anlage von Flugplätzen konnte sie die Abgeschlossenheit T.s durch eine immer stärkere Bindung an die VR China ersetzen.

Die wachsende Unzufriedenheit mit der polit. Vorherrschaft der chin. Kommunisten in T., die schon in der ersten Hälfte der 50er-Jahre zu schweren Unruhen (Höhepunkt 1956) geführt hatte, entlud sich im März 1959 in einem Aufstand, der jedoch blutig niedergeschlagen wurde. Der Dalai-Lama flüchtete nach Indien ins Exil; rd. 80 000 Tibeter flohen nach Indien, Nepal, Bhutan, Sikkim und Europa. T. wurde jetzt voll in den gesamtchin. ›Revolutions‹-Prozess einbezogen.

Tibe Tibetdogge – tibetische Kunst

Der Pantschen-Lama, zunächst als Vors. des ›Vorbereitenden Komitees für die Autonome Region T.‹ eingesetzt, fiel 1964 in Ungnade (bis 1978 in China inhaftiert, dann wieder in öffentl. Ämter eingesetzt). Am 9. 9. 1965 wurde dem etwa um die Hälfte seines Territoriums reduzierten T. offiziell der Status einer Autonomen Region der VR China eingeräumt; große Gebiete gliederte man administrativ den chin. Nachbarprovinzen Yunnan, Sichuan und Qinghai an.

Nachdem bereits bis 1966 etwa vier Fünftel der lamaist. Klöster und Tempel zerstört worden waren, kam es in den Wirren der chin. Kulturrevolution zur Verwüstung fast aller noch verbliebener (mit Ausnahme von 13). Die Bauern und auch die Nomaden wurden zum Leben in Volkskommunen gezwungen; Tausende Tibeter starben in Arbeitslagern, durch Verfolgung oder Hungersnöte. Unter DENG XIAOPING ließ die kommunist. Führung Chinas seit 1979 eine vorsichtige Öffnung T.s zu, förderte die Entwicklung der Wirtschaft, die aber mit einer rücksichtslosen Ausbeutung der natürl. Ressourcen verbunden wurde, und duldete unter strenger Aufsicht eine begrenzte Wiederbelebung der einheim. religiösen und kulturellen Traditionen (Wiederaufbau einiger Tempel und Klöster). Gleichzeitig betrieb die VR China eine strikte Sinisierungspolitik (Ansiedlung bes. von Hanchinesen, die bereits in allen größeren Städten die Bev.-Mehrheit bilden; Geburtenkontrolle unter der tibet. Bev., Zerstörung der alten Städte durch Abriss ganzer histor. Viertel und Neubau chin. Siedlungen) und sicherte ihre Macht durch starke Militärpräsenz (Stationierung Hunderttausender Soldaten). Den diplomat. Bemühungen des im Exil in Dharamsala lebenden Dalai-Lama zur Beendigung des T.-Konflikts begegnete die chin. Führung mit strikter Ablehnung. Ausgehend von den lamaist. Klöstern, kam es seit 1987, als sich erstmals wieder gewalttätige Proteste gegen die chin. Herrschaft richteten, wiederholt zu schweren Unruhen (bes. im März 1989 [daraufhin 1989/90 Verhängung des Kriegsrechts], 1993 und 1995).

G. TUCCI: Tibetan painted scrolls, 2 Bde. (a. d. Ital., Rom 1949); DERS. u. W. HEISSIG: Die Religionen T.s u. der Mongolei (1970); H. HOFFMANN: Die Religionen T.s (1956); DERS.: T. A handbook (Bloomington, Ind., ²1986); T. W. SHAKABPA: T. A political history (New Haven, Conn., 1967); D. SNELLGROVE u. H. RICHARDSON: A cultural history of T. (London 1968); M. HENSS: T. Die Kulturdenkmäler (Zürich 1981); R. A. STEIN: La civilisation tibétaine (Paris ²1981); M. C. GOLDSTEIN: A history of modern T., 1913–1951 (Neuausg. Berkeley, Calif., 1991); Die Nomaden West-T.s. Der Überlebenskampf der tibet. Hirtennomaden, Text von M. C. GOLDSTEIN u. a. (a. d. Engl., 1991); C. BASS: Der Ruf des Muschelhorns. Begegnung mit T. (a. d. Engl., 1992); E. TEMPLE: Bibliographie du T., auf 2 Bde. ber. (Saintes 1992 ff.); K. LUDWIG: T. (²1996); Encyclopaedia of T., hg. v. S. K. SHARMA u. a., 7 Bde. (Delhi 1996); T. HOPPE: T. heute: Aspekte einer komplexen Situation (1997).

Tibetdogge
(Schulterhöhe 58–69 cm)

Tibetdogge ['tiːbɛt-, tiˈbeːt-], **Tibetmastiff** [-maːstɪf], von den Hochebenen des Himalaja stammende Hunderasse, die der Urahn vieler Berghunde und wohl auch der europ. Doggen ist. Kräftiger, muskulöser Hund (Schulterhöhe 58–69 cm), mit reinschwarzem oder lohfarbenem, langhaarigem Fell, seitlich herabhängenden Ohren und meist über dem Rücken gerollt getragenem, buschigem Schwanz.

Tibeter, Eigen-Bez. **Bod, Bodpa,** Volk in Zentralasien, z. T. mongolid (v. a. die Bauern in West- und Zentraltibet), z. T. turanid (v. a. die Nomaden im NO und O sowie die ehem. Oberschicht). Von den T. leben 5 Mio. in China, davon 46% im autonomen Gebiet Tibet, 24% in Sichuan, 20% in Qinghai, 8% in Gansu und 2% in Yunnan. Zu den eigentl. T. werden auch die überwiegend südlich des Himalaja-Hauptkammes wohnenden etwa 175 000 Balti im pakistan. Teil von Kaschmir (Baltistan), 70 000 Ladakhis im ind. Teil von Kaschmir, die Bhotias in N-Indien (90 000) und in Nepal (100 000, einschließlich der Sherpa) sowie die Bhutija in Bhutan (900 000) und Monpa im ind. Gliedstaat Arunachal Pradesh (25 000) gerechnet. Mehrheitlich sind die T. Anhänger des lamaist. Buddhismus (→Lamaismus), die ursprüngl. →Bon-Religion ist v. a. im O noch als Volksreligion verbreitet; die Balti sind sunnit. und imamit. Muslime, die Bhotias z. T. Hindus. – Die sesshafte Bev. (meist Ackerbauern) wohnt in ein- oder zweistöckigen Steinbauten mit Flachdach, die nomadisierenden Viehzüchter in Jakhaarzelten. Die traditionelle tibet. Gesellschaft war in drei Klassen gegliedert: Volk, Adel und Geistlichkeit. Neben der (vorherrschenden) Monogamie war auch Polyandrie verbreitet. Nach den Aufständen von 1959 gegen die chin. Vorherrschaft flohen viele T. ins Ausland.

tibetische Kunst, die Kunst des tibet. Hochlandes und der daran angrenzenden Regionen des Himalajagebietes. Zu den frühesten Zeugnissen aus vorbuddhist. Zeit gehören ringförmige, bisweilen dreieckige Bronzeamulette sowie Tierfiguren und Ringfibeln, die Verbindungen zum Tierstil der Steppenkunst nahe legen, des Weiteren Megalithe, Gräber und Steinkreise, deren Fundstätten hauptsächlich in W- und Zentraltibet liegen.

Das südtibet. Tal des Yarlung Zangbo Jiang (Tsangpo) beherbergt die Königsgräber der nach dem Gebiet benannten Yarlungdynastie. Die erste quellenkundlich erfassbare Ausformung tibet. Kunstschaffens erfolgte mit der Gründung des tibet. Großreiches (etwa 620–842) unter König SRONGTSAN GAMPO (etwa 620–649) und dem hierdurch bedingten regen kulturellen Austausch mit den Nachbarvölkern als

tibetische Kunst: links Fragment des Throns einer Buddhastatue aus dem Palkhorkloster in Gyangzê mit der Darstellung eines Bodhisattva; Bronze vergoldet, 16. Jh.; rechts Figur eines Buddhas im Gewand und mit den Attributen eines Bodhisattva; Holz, 17. Jh. (beide Leiden, Nationalmuseum für Völkerkunde)

Träger ind., chin. wie zentralasiat. Kunstströmungen. Architekton. Spiegelbilder dieser Entwicklung sind – neben einer allg. einsetzenden Bautätigkeit – der unter SRONGTSAN GAMPO begonnene Bau des berühmten Jokhang-Tempels von Lhasa sowie das um 775 unter König TRISRONG DETSEN (755–797) gegründete erste buddhist. Kloster →Samye.

Nach den um 842 einsetzenden polit. Wirren konnte sich buddhistisch-religiöses wie künstler. Leben nur in den Randgebieten halten: im westtibet. Königreich von Guge, das enge Beziehungen zum benachbarten Kaschmir unterhielt, wie auch in O-Tibet mit seinem Zentrum in Derge, von wo aus Beziehungen zu China (Tangzeit) bestanden. Erst die seit Mitte des 10. Jh. einsetzende ›Zweite Verbreitung der Lehre‹, die in der Folgezeit zu einer buddhist. Renaissance führte, brachte neue Impulse. Richtungweisend war hierbei das Wirken des Gelehrten und Künstlers RINCHEN SANGPO (958–1055), der mit versch. Klostergründungen in W-Tibet in Zusammenhang steht.

Die Wandfresken der Klöster Alchi (Ladakh), Tabo (Spiti), Tsaparang und Tholing (W-Tibet) geben Zeugnis hoher künstler. Fertigkeit sowie der Symbiose kaschmirisch-westtibet. Kunststile, die ihrerseits neben Einflüssen der zentralasiat. Kunst Stilformen der hellenistisch geprägten Gandhara- wie der ostind. Pala-Kunst in sich bergen. Für Süd- und Zentraltibet war v. a. der über Nepal einfließende Kunststil der ind. Pala-Sena-Zeit von Bedeutung. Zeugnisse dieser künstler. Tätigkeit sind u. a. die südtibet. Klöster von →Sakya und →Gyangzê (BILD →Tibet).

Der rege geistig-kulturelle Austausch mit dem mongol. Hof und der mongol. Yuandynastie der Folgezeit (13./14. Jh.) brachte u. a. neue architekton. Formgebungen hervor, die von chin. Stilelementen beeinflusst sind. Ab dem Ende des l4. Jh. bildeten sich in Tibet in der Thangkamalerei (→Thangka) eigene Stile auch lokaler Prägung heraus. In der Plastik konnte sich die Tradition Nepals bis in die jüngste Zeit halten. Ein wichtiger Förderer der Kunst war der ›große 5.‹ Dalai-Lama, LOBSANG GYATSO (* 1617, † 1682), der aus Nepal Handwerker, Erzgießer und Goldschmiede nach Lhasa berief, wo sie u. a. an der Erweiterung des ›Potala‹ beteiligt waren.

Die Ikonographie der t. K. umfasst innerhalb des dargestellten Pantheons des Lamaismus eine Fülle von Gestalten, die hierarch. Systeme bilden und in symmetr. Anordnungen, jedoch auch als einzelne Figuren gezeigt werden. Jeder tibet. Gott kann zwei Aspekte (Erscheinungsformen) haben: eine ›friedliche‹ (gekennzeichnet durch die Farbe Weiß) und eine ›schreckliche‹ (gekennzeichnet durch Rot oder Dunkelblau). In friedl. Gestalt erscheinen BUDDHA (Shakyamuni), die acht großen Bodhisattvas (v. a. Avalokiteshvara mit elf Köpfen und acht oder tausend Armen) und die fünf ›Tathagatas‹ (Weise) oder Jainas (Siegreiche) als Buddhas der vier Kardinalpunkte und der Mitte des Mandala, die Lamas oder die 84 Mahasiddas (Vollendete), meist als Asketen dargestellt. In Furcht erregender Gestalt erscheinen i. Allg. der Schützer der hl. Lehre (Dharmapala) als erzürnte Götter (z. B. Mahakala, Yamantaka), die 58 rasenden Gottheiten (darunter 28 Dakini mit Tierköpfen), die dem Menschen in dem Zwischenzustand nach dem Tod (Bar-do) erscheinen. Die Darstellung der geschlechtl. Vereinigung männl. und weibl. Gottheiten symbolisiert den Gedanken der Polarität und ihrer Aufhebung.

Die Kunst der →Bon-Religion (bisher kaum erforscht) orientiert sich seit dem Erstarken des Buddhismus in hohem Maße an der buddhist. Formensprache, wobei westtibetisch-zentralasiat. Stilelemente vorherrschen.

Neben dem sakralen Bereich konnte sich in Tibet auch eine reichhaltige und lebendige Volkskunst entwickeln, die in den Gegenständen des tägl. Lebens zum Ausdruck kommt. Für das kulturelle Leben Tibets stellt das Jahr 1959 eine Zäsur dar. Während außerhalb Tibets v. a. das traditionelle Erbe bewahrt und weitergepflegt wird, versuchen die jungen Künstler der Autonomen Region Tibet auch zu neuen, v. a. an westl. Kunst orientierten Formen zu finden.

L. S. DAGYAB: Tibetan religious art, 2 Tle. (Wiesbaden 1977); D.-I. LAUF: Eine Ikonographie des tibet. Buddhismus (Graz 1979); M. HENSS: Tibet. Die Kulturdenkmäler (Zürich 1981); Die Götter des Himalaya. Buddhist. Kunst Tibets, bearb. v. G.-W. ESSEN u. a., Ausst.-Kat., 2 Bde. (1989); Tibet. Thangka-Malerei, hg. v. I. M. ZACKE (Wien 1992); A history of Tibetan painting. The great Tibetan painters and their traditions, bearb. v. D. P. JACKSON (Wien 1996); J. LANDAW u. A. WEBER: Bilder des Erwachens. Tibet. Kunst als innere Erfahrung (a. d. Engl., 1997); Mythos Tibet. Wahrnehmungen, Projektionen, Phantasien, hg. v. T. DODIN u. H. RÄTHER (1997).

tibetische Kunst: Perlenthangka mit einer Darstellung des Avalokiteshvara im Tempel des Tandrukklosters bei Tsethang; Stickerei mit 30 000 Perlen

tibetische Literatur. Die t. L. wird mit der Schaffung der tibet. Schrift im 7. Jh. nachweisbar. Zu den frühesten Zeugnissen gehören grammat. Texte, Zaubersprüche der einheim. Bon-Religion, Inschriften, die Annalen von Dunhuang (über den Zeitraum von 650 bis 747) und Übersetzungen. Nach Einführung des Buddhismus (→Lamaismus) wurden zahlreiche buddhist. Texte aus dem Sanskrit (daneben u. a. auch aus dem Chinesischen) ins Tibetische übersetzt, die, im 14. Jh. im Kandschur (›Übersetzung des [Buddha-]Wortes‹) und im Tandschur (›Übersetzung der Lehrschriften‹) zusammengestellt (→Tandschur und Kandschur), den Kanon der tibetischen buddhist. Schriften bilden; nach diesem Vorbild schuf sich die systematisierte Bon-Religion einen eigenen Kanon, während die zahlr. Schulen des Lamaismus eigene scholast. und exeget. Schriften hervorbrachten. Die Schule der Kagyüpa kannte besondere Initiationsprüfungen, die u. a. von NAROPA (* 1016, † 1100) und dem bedeutenden tibet. Dichter MILAREPA beschrieben wurden. Dieser gilt auch als Verfasser der durch ihre Naturlyrik berühmten ›Hunderttausend Gesänge‹ (mGur-'bum). Bei den Nyingmapa (›Anhänger der Alten [Tantras]‹) wurden viele Schriften dem im 8. Jh. aus Indien nach Tibet gekommenen Tantriker PADMASAMBHAVA zugeschrieben, u. a. auch das ›Tibet. Totenbuch‹ (Bar-do Thos-grol), das die Befreiung aus dem bis zu 49 Tage währenden Zwischenzustand (Bar-do) nach dem Tod ermöglicht. Der Begründer der Gelugpa (der ›Gelbmützen‹ oder ›gelben Kirche‹), TSONGKHAPA (* 1357, † 1419), verfasste zahlreiche reformator. Schriften (u. a. über Ordenszucht). Von den Dalai-Lamas schrieb der ›große 5.‹ Dalai-Lama, LOBSANG GYATSO (* 1617, † 1682), u. a. eine Chronik und (wie der heutige 14. Dalai-Lama, TENZIN GYATSO, *1935) eine Autobiographie. Buddhist. Chroniken verfassten ferner u. a. BUSTON (14. Jh.), TARANATHA (um 1600) und SUMPAMKHANPO (18. Jh.). Viele Traktate behandeln Themen aus Medizin, Astronomie, Chronologie, Mathematik, Geographie, Grammatik, Lexikographie u. a. Wiss. Klosterschätze wurden in Katalogen (dKar-chag) erfasst. In der schönen Literatur sind indisch-buddhist. Sujets häufig, z. B. im Schauspiel, das sich aus Maskentänzen (Tscham-Tänzen) entwickelte. Zur Volksliteratur gehört u. a. das Geser-Khan-Epos.

Die kommunist. Indoktrination durch die Chinesen seit 1959 und die chin. Kulturrevolution setzten dem literar. Schaffen der lamaist. Schulen und der Bon-Religion ein Ende. Mit den tibet. Flüchtlingen gelangten jedoch umfangreiche Textsammlungen in den Westen, deren Erschließung neue Perspektiven für den Zugang zur t. L. verspricht.

Anthologien: Volkslit. tibet. Nomaden. Lieder u. Erzählungen, hg. v. M. CAUSEMANN (1993); An den Lederriemen geknotete Seelen. Erzähler aus Tibet, hg. v. A. GRÜNFELDER (1997).

G. TUCCI: Tibetan painted scrolls, 2 Bde. (a. d. Ital., Rom 1949); R. A. STEIN: Recherches sur l'épopée et le barde au Tibet (Paris 1959); Verz. der oriental. Hss. in Dtl., Bd. 11: Tibet. Hss. u. Blockdrucke, auf zahlr. Tle. ber. (1966ff.); A. I. VOSTRIKOV: Tibetan historical literature (Kalkutta 1970); M. TAUBE: Beitr. zur Gesch. der medizin. Lit. Tibets (St. Augustin 1981); V. S. DYLYKOVA: Tibeckaja literatura (Moskau 1986); H. HOFFMANN: Tibet. A handbook (Bloomington, Ind., ²1986); P. K. SØRENSEN: A provisional list of tibetological research papers and articles published in the People's Republic of China and Tibet (Stuttgart 1991); S. HUMMEL: Mythologisches aus Eurasien im Ge-sar-Heldenepos der Tibeter (1993).

tibetischer Buddhismus, der →Lamaismus.

tibetische Schrift. Die t. S. wurde angeblich von THON-MI SAMBHOTA, Min. im ersten tibet. Großreich unter dem 33. König SRONGTSAN GAMPO (etwa 620–649), 632 n. Chr. mit 30 Grundbuchstaben nach dem Vorbild der ind. Guptaschrift (→indische Schriften) entwickelt. Konsonantenbündel am Anfang, auslautende d, l und s sind nur noch histor. Schreibung. Neben der v. a. im Holzblockdruck verwendeten Kapitalschrift (dbu can ›mit Kopf‹, d. h. mit Deckstrich) gibt es eine zahlr. Kürzel enthaltende Kursivschrift (dbu med ›ohne Kopf‹) sowie Ornamentalschriften. Ein allg. verbindl. Umschriftsystem in lat. Buchstaben besteht bisher nicht.

G. GRÖNBOLD: Die Schrift- u. Buchkultur Tibets, in: CLAUDIUS C. MÜLLER u. W. RAUNIG: Der Weg zum Dach der Welt (Innsbruck 1982).

tibetische Sprache. Die t. S. gehört zur tibetobirman. Gruppe der →sinotibetischen Sprachen. Sie wird in Tibet und angrenzenden Gebieten sowie in einigen Sprachinseln (u. a. in Indien) von insgesamt etwa 4 Mio. Menschen gesprochen. Als klassisch gilt der Lhasa-Dialekt, neben dem eigenständige ost- und westtibet. Zweige existieren. Das Tibetische ist eine isolierende Sprache und vorwiegend monosyllabisch. Die Beziehungen im Satz werden durch Partikeln und Wortstellung ausgedrückt. Aufgrund der Multifunktionalität besteht meist kein Unterschied zw. Substantiv, Adjektiv und Verb. Das Verb wird unpersönlich konstruiert und entwickelt bis zu vier Ablautformen für Präsens, Präteritum, Futur und Imperativ. Nach stimmlosen Anfangskonsonanten wird der folgende Vokal hochtonig, sonst tieftonig ausgesprochen.

H. A. JÄSCHKE: A Tibetan-English dictionary (London 1881, Nachdr. Delhi 1980); S. C. DAS: A Tibetan-English dictionary (Kalkutta 1902, Nachdr. Alipore 1960); H. HOFFMANN: Tibet. A handbook (Bloomington, Ind., ²1986); TASHI: A basic grammar of the modern spoken Tibetan (Dharamsala 1990); M. HAHN: Lb. der klass. tibet. Schriftsprache (⁶1994).

Tibetobirmanen, von Tibet über große Gebiete Hinterindiens bis weit in den SW Chinas verbreitete Gruppe sprachverwandter Völker, die ›sinotibetische‹ Sprachen sprechen. Neben den namengebenden Tibetern und Birmanen gehören zu den T. mehrere Himalajavölker (Kanauri, Kiranti, Newar, Tamang, Gurung, Magar, Sunwar, Lepcha u. a.) und Nord-Assam-Völker sowie u. a. die Naga, Mikir, Bodo, Kuki-Chin, Kachin, Drung, Lolo (Yi), Lisu, Nahi, Hani, Lahu, Jino, Pai (Minchia), Akha, Chiang, Pumi, Nu und Karen. Eine einheitl. Kultur existiert nicht.

Tibetspaniel (Schulterhöhe 24–28 cm)

Tibetspaniel, aus einer Kreuzung zw. Tibetan. Löwenhund und Pekinese entstandene asiat. Hunderasse mit verschiedenfarbigem, anliegendem Deckhaar mit deutl. Mähne an Hals und Schultern, Hängeohren und meist über dem Rücken gerollt getragenem Schwanz. Ruhiger Begleithund (Schulterhöhe 24 bis 28 cm).

Tibetsteine, Handelsname für verschiedenfarbige Aventurinquarze sowie für gewisse asiat. Porphyrite (Schmucksteine).

Tibetterrier, aus dem Hochland von Tibet stammende Hunderasse (Schulterhöhe 36–40 cm) mit langem, weichem, verschiedenfarbigem Fell, das wellig sein kann, und über dem Rücken gerolltem Schwanz; kräftig und kompakt gebaut.

Tibetterrier (Schulterhöhe 36–40 cm)

Tibia [lat., eigtl. ›ausgehöhlter Stab‹] die, -/...biae, **1)** *Anatomie:* das Schienbein (→Bein). – Bei →Insekten die Schiene als Teil des Beins.

2) *Musik:* urspr. eine altröm. Knochenflöte, später lat. Bez. für ein dem →Aulos ähnl. Blasinstrument mit gedoppelten Röhren. – In der Orgel Bez. einzelner Flötenregister, z. B. T. silvestris für →Waldflöte.

Tibu, Tibbu, Volk im nördl. Afrika, →Tubu.

Tibull, eigtl. **Albius Tibullus,** röm. Dichter, *um 50 v. Chr., † um 17 v. Chr.; aus ritterl. Stand; gehörte dem Dichterkreis um MESSALLA CORVINUS an, mit Ho-

RAZ befreundet, von OVID sehr geschätzt. T. hat, mit PROPERZ, der röm. Elegie ihr klass. Gepräge gegeben. Im 1. Buch der erhaltenen Gedichtsammlung besingt er seine Geliebte PLANIA, die er ›Delia‹ nennt, im 2. Buch ein Mädchen namens ›Nemesis‹. Dazu tritt das Thema der Knabenliebe (›Marathus-Elegien‹). Auch Freundschaft und Geselligkeit werden besungen. V. a. aber ist T. ein Dichter des italischen Landlebens, der der Sehnsucht nach einfachen Verhältnissen, einer krit. Einstellung zur Weltstadt Rom sowie Distanz gegenüber Staat und Politik Ausdruck verleiht. Von der erhaltenen Gedichtsammlung stammen die beiden ersten Bücher sicher von T. Das 3. Buch stellt wohl eine Sammlung von Gedichten versch. Autoren dar, die wohl überwiegend der Zeit nach OVID angehören.

Ausgaben: Albii Tibulli aliorumque carmina, hg. v. G. LUCK (1988); Appendix Tibulliana, hg. v. H. TRÄNKLE (1990). – T. u. sein Kreis, hg. v. W. WILLIGE (Neuausg. 1966, lat. u. dt.); Gedichte, übers. v. R. HELM (⁷1988, lat. u. dt.).

H. HARRAUER: A bibliography to the Corpus Tibullianum (Hildesheim 1971); F. CAIRNS: Tibullus. A Hellenistic poet at Rome (Cambridge 1979); R. J. BALL: Tibullus the elegist (Göttingen 1983); C. NEUMEISTER: T. Einf. in sein Werk (1986).

Tiburón [tiβu'rɔn], größte Insel Mexikos, im Golf von Kalifornien vor der Küste von Sonora, 1 208 km^2, bis 1 215 m ü. M., wüstenhaft; Naturschutzgebiet.

Tic [frz.] der, -s/-s, unregelmäßig wiederkehrende, rasche, abrupt einsetzende Bewegungsabläufe (Muskelzuckungen), bedingt durch Innervation einzelner Muskeln oder Muskelgruppen. Häufig ist die Augen- oder Stirnregion betroffen, z. B. in Form des Blinzel-T. der Augenregion (Blepharospasmus). Bei Betroffensein des Fazialis treten Zuckungen einer Gesichtshälfte auf. Seltener kommt es zu motor. T. wie Schnüffeln, Räuspern oder Schulterzucken. Außerdem sind auch komplexe T.-Bewegungen, z. B. Kopfschütteln, Springbewegungen oder abrupte Kniebeugungen, möglich. Zu den organ. Ursachen gehören u. a. Reizzustände peripherer Nerven, extrapyramidale Erkrankungen sowie Zustände nach Gehirnentzündung oder Schädel-Hirn-Trauma. Es gibt außerdem arzneimittelinduzierte Formen (z. B. nach Neuroleptikagabe). Möglicherweise sind auch psychogene Ursachen (z. B. Trennungssituationen), bes. bei Kindern, von Bedeutung.

Tichau, poln. **Tychy** ['tixi], Stadt in der Wwschaft Katowice (Kattowitz), Polen, 270 m ü. M., in Oberschles. Industriegebiet, 14 km südlich von Kattowitz, 136 800 Ew.; Steinkohlenbergbau (seit 1945); Pkw-Montagewerk, Maschinenbau, Zellulose- und Papier-, Baustoff-, Nahrungsmittelindustrie, Brauerei (seit 1627) sowie Gärtnereien. – Zw. 1950 und 1970 planmäßiger Ausbau mit Errichtung der Arbeiterwohnstadt **Nowe Tychy**.

Tichitt, Dhar T., Tichit, Plateau im südöstl. Mauretanien, am N-Rand der Senke Hodh, mit vorgeschichtl. Fundstätten. Aus dem Neolithikum stammen zahlr. Dorfsiedlungen mit erhaltenen Steinmauern bis zu 2 m Höhe. Der älteste, unbefestigte Siedlungskomplex (etwa 15.–11. Jh. v. Chr.) liegt am Fuß des Plateaus, in der Randzone damaliger Seen. Die Menschen lebten als Jäger und Sammler sowie vom Fischfang. In der zweiten Siedlungsphase (etwa 11.–8. Jh. v. Chr.) weisen befestigte Dörfer auf das Vordringen fremder Bev.-Gruppen hin. Zu der Zeit war die Rinderhaltung bekannt. Die jüngste Siedlungsphase (etwa 7.–4. Jh. v. Chr.) mit ebenfalls befestigten Dörfern belegt den Zerfall der jungsteinzeitl. Kultur, die durch zunehmende Austrocknung der Seen und die Desertifikation ihre Lebensgrundlage verlor und unter den Druck eingewanderter Nomaden geriet. Felsbilder jener Zeit zeigen mit Rindern bespannte Wagen.

Tichon, eigtl. **Wassilij Iwanowitsch Belawin**, Patriarch von Moskau, * Toropez (Gebiet Pleskau) 31. 12. 1865, † Moskau 7. 4. 1925; wurde 1888 Dozent für Fundamentaltheologie und Dogmatik am Seminar in Pleskau, 1891 Mönch und Priester, 1898 Bischof der Aleuten und Alaskas (seit 1900 von Nordamerika), 1907 Erzbischof von Jaroslawl und Rostow, 1913 von Litauen und Wilna und nach dem Sturz des Zaren 1917 Metropolit von Moskau und Kolomenskoje. Als das Allruss. Landeskonzil 1917 das russisch-orth. Patriarchat wiederherstellte, wurde T. durch Losentscheid zum Patriarchen erwählt. Er wandte sich vehement gegen Übergriffe der kommunist. Machthaber auf die Kirche und wurde 1922 inhaftiert. Kurz darauf beschloss eine vom Regime geförderte Strömung innerhalb der russisch-orth. Kirche auf einem Konzil seine Absetzung und Laisierung. Nach der Freilassung T.s (1923) konsolidierte sich die russisch-orth. Kirche zwar wieder, T. blieb jedoch weiterhin starkem staatl. Druck ausgesetzt. Sein für loyale Beziehungen zum sowjet. Staat eintretendes Testament ist in seinem veröffentlichten Wortlaut wohl gefälscht. 1989 wurde T. von der russisch-orth. Kirche als Bekenner heilig gesprochen (Tag: 25. 3.).

Tichon, T. von Sadonsk, eigtl. **Timofej Saweljewitsch Sokolow,** russ. orth. Mönch (seit 1758) und Theologe, * Korozk (bei Nowgorod) 1724, † Sadonsk (Gebiet Lipezk) 13. 8. 1783; absolvierte die Geistl. Schule und das Seminar in Nowgorod und wurde 1763 Bischof von Woronesch. 1767 legte T. sein Bischofsamt nieder und lebte ab 1769 im Gottesmutterkloster in Sadonsk. Seit dieser Zeit veröffentlichte er (beeinflusst wohl von J. ARND) zahlr. spirituelle Werke. Wahrscheinlich war T. neben den Starzen von →Optina Pustyn auch Vorbild für die Gestalt des Sosima in F. M. DOSTOJEWSKIJS ›Die Brüder Karamasow‹. – Heiliger der russisch-orth. Kirche (Tag: 13. 8.).

N. GORODETZKIJ: T. v. S. Anreger Dostojewskijs (a. d. Engl., 1987).

Tichonow, Nikolaj Semjonowitsch, russ. Schriftsteller, * Sankt Petersburg 4. 12. 1896, † Moskau 8. 2. 1979. Die aus T.s Erfahrung als Teilnehmer am Ersten Weltkrieg und Rotarmist erwachsenen Poeme, Balladen und Prosaskizzen sind in ihrer Dynamik und Hyperbolik typ. Werke der ›revolutionären Romantik‹. Heroismus bestimmte auch das spätere, meist lyr. Werk, so bes. das Poem ›Kirov s nami‹ (1941; dt. ›Kirow lebt‹), mit dem er zur Verteidigung Leningrads aufrief. Auf ausgedehnten Reisen in Mittelasien und im Kaukasus beobachtete er die sozialist. Aufbau und schrieb Erzählungen über dieses Thema (›Birjuzovyj polkovnik‹, 1927; ›Večnyj tranzit‹, 1934). Als führender sowjet. Lyriker wirkte T. auch als polit. Funktionär im Schriftstellerverband, im Obersten Sowjet, im Weltfriedensrat u. a.

Weitere Werke: *Lyrik:* Orda (1922). – *Poem:* Krasnye na Arakse (1925). – *Erzählung:* Kočevniki (1933).

Ausgaben: Sobranie sočinenij, 7 Bde. (1985–86). – Gedichte (1950, Ausw.); Erzählungen aus Pakistan (1952, Ausw.); Wie Diamanten fallen die Sterne (1977; Balladen, dt. u. russ.).

N. Semenovič Tichonov. Bibliografičeskij ukazatel' ego proizvedenij i literatury o nem 1918–1970 gg, hg. v. V. A. ŠOŠIN (Leningrad 1975); V. A. ŠOŠIN: N. Tichonov. Očerk žizni i tvorčestva (ebd. 1981).

Tichorezk, Tichoreck [-'rezk], Stadt in der Region Krasnodar, Russland, in der Kubanniederung, 68 100 Ew.; Maschinenbau und Metallverarbeitung, Nahrungsmittelindustrie; Eisenbahnknotenpunkt.

Tichwin, Tichvin [-w-], Stadt im Gebiet Leningrad, Russland, südöstlich des Ladogasees, 72 000 Ew.; Rimskij-Korsakow-Museum (im Geburts- und Wohnhaus des Komponisten); Gießerei, Traktorenbau, Holz verarbeitende Industrie; östlich von T. Bauxitlagerstätten (Boksitogorsk).

Ticino [ti'tʃi:no], ital. Name für das →Tessin.

Ticinosaurus, ausgestorbene Reptiliengattung, →Pseudosuchier.

Tichon, Patriarch von Moskau

Tick Ticket – Tieck

Ludwig Tieck

Ticket [engl., eigtl. ›Zettel‹] *das, -s/-s,* 1) Fahrschein (bes. für Flug- und Schiffsreisen); 2) Eintrittskarte.

Ticonius, Tyconius, nordafrikan. Theologe, † um 400; vertrat trotz Zugehörigkeit zur donatist. Kirche (→Donatisten) die objektive Gültigkeit der Sakramente und eine Ekklesiologie, nach der die ird. Kirche CHRISTI neben wahren Christen auch Scheinchristen umfasse; wurde deshalb 380 auf einer Synode exkommuniziert. Besondere Bedeutung erlangten sein ›Liber regularum‹, die erste lat. Hermeneutik, und sein Kommentar zur Apokalypse des JOHANNES.

Tiddis, Ruinenstätte des röm. **Castellum Tidditanorum** in Algerien, rd. 30 km nördlich von Constantine. Die älteste Siedlung vorröm. Zeit lag auf der Höhe. Die aus rotem Stein errichtete röm. Stadt war auf drei übereinander liegenden Terrassen angeordnet, Blüte im 2. und 3. Jh. n. Chr.; Baureste u. a. von Forum, Thermen und einem Wasserreservoir; Felsmithräum (→Mithras).

Tiden [mnd. tīde, getīde ›(Flut-)Zeit‹], *Sg.* **Tide** *die, -,* die →Gezeiten.

Tidenhub, der Unterschied des Wasserstandes zw. Niedrig- und Hochwasser bei den →Gezeiten.

Tidore, Insel der Molukken, Indonesien, vor der W-Küste von Halmahera, 116 km², 34 000 Ew.; Hauptort Soasiu, an der O-Küste. Den S der Insel nimmt der Vulkan Kiematabu (1 730 m ü. M.) ein; Anbau von Mais, Bananen, Obst u. a., Sago- und Kokospalmen. – Zur *Geschichte* →Molukken.

Tiebreak [ˈtaɪbreɪk; aus engl. tie ›unentschiedenes Spiel‹ und break, vgl. Break] *der oder das, -s/-s, Sport:* 1) Tennis: 1970 anlässlich der ›US-Open‹ eingeführtes Reglement, mit dem im Wettkampf ein Satz beim Stand von 6:6 schneller zum Abschluss gebracht wird. Der T. ist das Spiel zum 7:6, wodurch im Unterschied zur Grundregel, nach der zum Satzgewinn zwei Spiele Vorsprung nötig sind, der Satz mit einem Spiel Vorsprung entschieden ist. Der Spieler, der im T. zuerst mit zwei Punkten Vorsprung sieben Punkte erreicht, gewinnt Spiel und Satz. 2) →Racquetball.

Christian Friedrich Tieck: Clemens Brentano; 1803 (Berlin, Nationalgalerie)

Tieck, 1) **Christian Friedrich,** Bildhauer, * Berlin 14. 8. 1776, † ebd. 12. 5. 1851, Bruder von 2) und 3); Vertreter des Klassizismus, war 1794–97 Schüler von G. SCHADOW in Berlin, 1798–1801 im Atelier von J.-L. DAVID in Paris, 1802–05 in Weimar (Bauplastik für das Schloss ebd.). In Rom (1805–09) lernte er C. D. RAUCH kennen, mit dem er (ab 1819) in Berlin ein gemeinsames Atelier unterhielt. 1809 arbeitete T. in München an 24 Porträtbüsten für die Walhalla in Donaustauf (Marmorausführung 1812–19 in Carrara). Er schuf die Entwürfe für vier Schlachtgenien für das Kreuzbergdenkmal in Berlin (1821 eingeweiht) und arbeitete dann nahezu drei Jahrzehnte an der Bauplastik für das Schauspielhaus am Gendarmenmarkt in Berlin. 1830 wurde T. Direktor der Skulpturengalerie des Berliner Museums.

Weitere Werke: Statue J. NECKERS (1816–18; Schloss Coppet); Marmorsitzbild A. W. IFFLANDS (1824–27; Berlin, Schauspielhaus am Gendarmenmarkt); Rossebändiger am Dach des Alten Museums (1827/28; Berlin); Porträtbüsten von GOETHE (1801, 1820; Weimar, Goethe-Nationalmuseum).

2) **Johann Ludwig,** Pseud. **Peter Lebrecht, Gottlieb Färber,** Schriftsteller und Philologe, * Berlin 31. 5. 1773, † ebd. 28. 4. 1853, Bruder von 1) und 3); 1782–92 Besuch des Friedrichwerderschen Gymnasiums in Berlin (mit W. H. WACKENRODER als Mitschüler). Von 1792 an studierte er Theologie, Gesch. und Philologie an den Universitäten Halle (Saale), Göttingen und Erlangen. 1794–98 hielt sich T. in Berlin auf, wo er im Haus des Hofkapellmeisters J. F. REICHARDT verkehrte, dessen Schwägerin AMALIE ALBERTI (* 1769, † 1837) er heiratete. Danach folgten Aufenthalte und Besuche in Jena, Dresden und Weimar, wo er mit den Brüdern A. W. und F. SCHLEGEL, mit NOVALIS, C. BRENTANO, F. W. J. VON SCHELLING und J. G. FICHTE zusammentraf und auch GOETHE und SCHILLER begegnete. 1802–18 lebte T. meist auf Gut Ziebingen (heute Cybinka, bei Reppen), daneben unternahm er zahlr. Reisen, u. a. nach Rom und Florenz (1805–06), Prag (1813) und London (1817). 1803 begegnete er HENRIETTE VON FINCKENSTEIN (* 1777, † 1847), die seine Förderin und Geliebte wurde. Mit ihr und seiner Familie kehrte T. nach Auflösung des Ziebinger Kreises nach Dresden zurück, wo er ab 1825 als Hofrat und Dramaturg am Hoftheater wirkte; seine Wohnung wurde dabei sehr schnell zum Mittelpunkt des literar. Lebens der Stadt. 1842 siedelte er auf Einladung König FRIEDRICH WILHELMS IV. als Berater des Hoftheaters nach Berlin über. Schwer gichtleidend und zuletzt in dürftiger materieller Lage, starb T. nach langen Krankheitsjahren vereinsamt. – Bereits in der Schulzeit entdeckte er SHAKESPEARES Werke für sich. ›Sommernacht‹ heißt dann auch die erste erhaltene Dichtung T.s (1789), der rasch weitere dramat. und erzähler. Arbeiten folgten. 1791 wurde er Mitarbeiter an den ›Genie- und Schauerromanen‹ seines Lehrers FRIEDRICH EBERHARD RAMBACH (* 1767, † 1826). Während des gemeinsam mit WACKENRODER an der Univ. Erlangen verbrachten Sommersemesters 1793 unternahmen die Freunde zahlr. Wanderungen durch Franken, die für sie die Entdeckung der altdt. Kunst (A. DÜRER) und Stadtkultur (Nürnberg), der Renaissance (Besuch der Galerie auf Schloss Pommersfelden), v. a. aber der ländl. Natur bedeuteten. Diese Eindrücke schlugen sich in den in enger Zusammenarbeit zw. T. und WACKENRODER entstandenen empfindsamen ›Herzensergießungen eines kunstliebenden Klosterbruders‹ (1796/97) nieder, später als ›Phantasien über die Kunst, …‹ (1799). 1794 Mitarbeit an RAMBACHS ›Berlinischem Archiv der Zeit und ihres Geschmacks‹, 1795–97 an den von F. NICOLAI herausgegebenen ›Straußfedern‹, einer auf moralisierender Unterhaltung und Bearbeitungen engl. und frz. Vorlagen ausgerichteten literar. Sammlung. T. selbst veröffentlichte darin 13 Erzählungen; noch im Stil der Spätaufklärung geschrieben, begründeten sie die moderne soziale Satire. Zur gleichen Zeit schloss T. den Briefroman ›Die Geschichte des Herrn William Lovell‹ (3 Bde., 1795–96) ab, die Geschichte eines jungen Mannes, den Lebensunzufriedenheit, Selbstzweifel und das Gefühl der (auch polit.) Ohnmacht zu Zynismus und ins Verbrechen treiben. Unter dem programmat. Titel ›Volksmährchen‹ (3 Bde., 1797) gab T. Texte der frühen Romantik heraus, so die Erzählung von der schönen →Magelone, die romantisch-iron. Komödie ›Der gestiefelte Kater‹, aber auch Kunstmärchen einer neuen Art wie ›Der blonde Eckbert‹. T.s Konzept künstler. Imagination verbindet sich in dem Künstlerroman ›Franz Sternbalds Wanderungen‹ (2 Bde., 1798) mit der Erinnerung an den früh

verstorbenen WACKENRODER und macht die Figur des vagabundierenden Malerpoeten zum Muster romant. Welterfahrung. Alle Dichtungsgattungen und den Kanon romant. Motive vereinigte T. in dem Lustspiel ›Kaiser Octavianus‹ (1804). Den Anstoß für die Sammlung und Erschließung mittelalterl. Literatur gab die Anthologie und Übersetzung ›Minnelieder aus dem Schwäb. Zeitalter‹ (1803); 1812 veröffentlichte T. ULRICH VON LICHTENSTEINS ›Frauendienst‹. Dichtungen seiner Jugendzeit verknüpfte er mit späteren Werken zu der mit geistreichen Gesprächen umrahmten Sammlung ›Phantasus‹ (3 Bde., 1812–16), in der sich der Wandel von romant. Fantastik zu schlichterem Realismus ankündigte. Hiervon waren dann v. a. die Novellen geprägt, die zunächst einzeln in versch. Taschenbüchern (bes. Brockhaus' ›Urania‹), dann wiederholt gesammelt (›Ges. Novellen‹, 14 Bde., 1835–42) erschienen. Seine Wendung zur histor. Erzählung war u. a. beeinflusst durch die Rezeption W. SCOTTS. In der Novelle ›Der Aufruhr in den Cevennen‹ (1826) gelangte er zu einer eigenen, Mehrdeutigkeiten erkennbar machenden Form. Eigentl. Hauptwerk seines Lebens sollte, nach T.s eigenem Wunsch, ein Buch über SHAKESPEARE sein. Studien dazu sind greifbar in nachgelassenen Notizen, in einigen Novellen und in den ›Krit. Schriften‹ (4 Bde., 1848–52), die gegen das Theater der totalen Illusion eine Bühne der heiteren und iron. Distanz stellen. T. setzte das von A. W. SCHLEGEL begründete Unternehmen der Shakespeare-Übersetzung unter Mitarbeit seiner Tochter DOROTHEA (* 1799, † 1841) u. W. H. Grafs VON BAUDISSIN fort (›Shakespeare's dramat. Werke‹, 9 Bde., 1825–33). – T. war der produktivste und wandlungsfähigste Autor der frühromant. Generation. Er hat die Gattungen der Märchennovelle und des Künstlerromans entworfen, Stimmungslyrik geschaffen, das Prinzip der romant. Ironie realisiert und die Formen der zeitkrit. und histor. Novelle entwickelt. Dem romant. Konzept der Weltliteratur diente T.s überragende Übersetzung des ›Don Quijote‹ (4 Bde., 1799–1801). Für das Theater sammelte er altdt. und altengl. Stücke, J. G. SCHNABELS Roman ›Wunderliche Fata einiger Seefahrer‹ (4 Bde., 1731–43) gab er 1828 u. d. T. ›Die Insel Felsenburg‹ (6 Bde.) neu heraus. Den Freunden W. H. WACKENRODER und NOVALIS setzte er Denkmäler mit ersten Werkausgaben, auch für H. VON KLEIST, J. M. R. LENZ u. a. besorgte er Editionen von Rang.

Ausgaben: Gedichte, 3 Tle. (1821–23, Nachdr. 1967); Schriften, 28 Bde. (1828–54, Nachdr. 1966); Nachgelassene Schriften, hg. v. R. KÖPKE, 2 Bde. (1855, Nachdr. 1974); Werke. Nach dem Text der Schriften von 1828–1854, hg. v. M. THALMANN, 4 Bde. (²1978–88); Schriften, hg. v. M. FRANK u. a., auf 12 Bde. ber. (1985 ff.). – Briefe: Aus T.s Novellenzeit. Briefwechsel zw. L. T. u. F. A. Brockhaus, hg. v. H. LÜDEKE VON MÖLLENDORF (1928); Letters to and from L. T. and his circle, hg. v. P. MATENKO u. a. (1967); Briefe. L. T. u. die Brüder Schlegel, hg. v. E. LOHNER (1972).

R. KÖPKE: L. T. Erinnerungen aus dem Leben des Dichters nach dessen mündl. u. schriftl. Mitteilungen, 2 Bde. (1855, Nachdr. 1970); E. H. ZEYDEL: L. T., the German romanticist (Princeton, N. J., 1935, Nachdr. Hildesheim 1971); L. T., hg. v. W. SEGEBRECHT (1976); J. P. KERN: L. T. Dichter zwischen Krise (1977); König der Romantik. Das Leben des Dichters L. T. in Briefen, Selbstzeugnissen u. Berichten, hg. v. K. GÜNZEL (1981); R. PAULIN: L. T. Eine literar. Biogr. (a. d. Engl., 1988); M. ZYBURA: L. T. als Übersetzer u. Herausgeber (1994); A. GEBHARDT: L. T. Leben u. Gesamtwerk des ›Königs der Romantik‹ (1997).

3) *Sophie,* Schriftstellerin, →Bernhardi, Sophie.

Tiedge, Christoph August, Schriftsteller, * Gardelegen 14. 12. 1752, † Dresden 8. 3. 1841; ab 1803 Reisebegleiter von ELISABETH VON DER RECKE, mit der er seit 1819 in Dresden lebte. Sein Lehrgedicht ›Urania. Über Gott, Unsterblichkeit und Freiheit‹ (1800) gehörte zu den meistgelesenen Werken seiner Zeit.

Ausgabe: Werke, hg. v. A. G. EBERHARD, 8 Bde. (1823 bis 1829).

Tief, 1) *Geomorphologie* und *Wasserbau:* →Priel.
2) *Meteorologie:* das →Tiefdruckgebiet.

Tief|ausläufer, *Meteorologie:* keilförmige Ausbuchtung des vorwiegend runden Isobarenfeldes im Bereich der →Front eines Tiefdruckgebiets.

Tiefbau, 1) *Bauwesen:* im Unterschied zum Hochbau die Bauarbeiten zu ebener Erde, in oder unter der Erde (z. B. Straßen-, Erd-, Grund-, Tunnelbau, Brückenbau, Eisenbahnbau, Wasserbau, Kanalisation).
2) *Bergbau:* der Abbau von Lagerstätten nutzbarer Minerale unter Tage, im Ggs. zum Tagebau.

Tiefdecker, →Flugzeug (Baugruppen).

Tiefdruck, *graf. Technik:* i. e. S. ein Druckverfahren, bei dem die druckenden Stellen gegenüber den nicht druckenden vertieft in der Druckform (T.-Zylinder) liegen. Der Zylinder taucht in die dünnflüssige Farbe ein, die mit einer Stahlrakel (→Rakeltiefdruck) von der Oberfläche abgestrichen wird. Aus den druckenden Vertiefungen (Rasternäpfchen) wird die Farbe in der Druckzone zw. Druckzylinder und Presseur auf den Bedruckstoff übertragen. Beim konventionellen T. werden die druckenden Partien aus gleich großen, aber unterschiedlich tiefen Näpfchen gebildet (tiefenvariabler T.), die in den Kupfermantel des Zylinders mit Eisenchlorid geätzt werden. Beim flächenvariablen T. (autotyp. T.) für Halbtonbilder weisen die Rasternäpfchen eine gestufte Größe auf, während die Ätztiefe nur wenig variiert. Der flächentiefenvariable T. kombiniert die unterschiedl. Größe der Rasternäpfchen mit einer Tiefenstaffelung. Diese Druckzylinder werden heute meist graviert, nicht mehr geätzt. Die Druckvorlagen werden von einem Lichtstrahl abgetastet und die Helligkeitswerte über optoelektron. Wandler in Steuersignale für den Gravurkopf umgesetzt. Abtastung und Gravur erfolgen parallel. Bei der modernsten Form der Zylinderherstellung werden die Text- und Bildinformationen über einen Flachbettscanner erfasst und in digitalisierter Form gespeichert. Nach Konvertierung der Daten in ein von der Graviermaschine lesbares Format kann dann die Gravur erfolgen. – I. w. S. zählen auch die manuellen Verfahren des Kupferstichs, die Radierung, die Heliogravüre und der Stahlstich zum Tiefdruck.

T.-Maschinen sind Bogen- und Rollenrotationsmaschinen. Bei Maschinen des Rakel-T. läuft der Druckformzylinder in einer Farbwanne. Die vom rotierenden Zylinder mitgenommene Farbe wird anschließend durch ein federndes dünnes Stahllineal (Rakel) von der Oberfläche des Zylinders abgestrichen. Typisch für T.-Maschinen sind die gekapselten, aufschwenkbaren Trockenwerke, aus denen auch das verdunstete Lösungsmittel (Toluol) der Farben der Rückgewinnungsanlage zugeführt wird. Dominierend im T. sind heute Rotationsdruckmaschinen mit einfacher (0,8 m) bis überbreiter (> 3 m) Arbeitsbreite (z. B. für den Druck von Illustrierten und Katalogen).

Tiefdruckgebiet, Tief, Zyklone, barometrisches Minimum, Abk. **T** oder **L** [von engl. low-pressure area ›Gebiet geringen Drucks‹], Gebiet relativ niedrigen Luftdrucks, in dem der Luftdruck von außen zu einem Zentrum (Tiefkern) hin abnimmt. T. sind Luftwirbel unterschiedl. Ausmaßes mit vertikaler, meist leicht geneigter Achse, deren Rotationsrichtung von der Coriolis-Kraft bestimmt wird. So weht in einem T. der Nordhalbkugel der Wind grundsätzlich entgegen dem Uhrzeigersinn, auf der Südhalbkugel in umgekehrter Richtung. Das bedeutet, dass auf der Nordhalbkugel auf der O-Seite der T. Warmluft nach N sowie auf der W-Seite Kaltluft (Polarluft) nach S

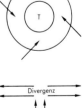

Tiefdruckgebiet: Luftströmungen in einem Tiefdruckgebiet; **oben** zyklonale Bodenströmung; **unten** vertikale Zirkulation

strömt. In den unteren Luftschichten wird dabei der Wind infolge Reibung in das T. hinein abgelenkt. Die Entstehung eines T. (Zyklogenese) beruht auf dem Vorhandensein einer warmen und einer kalten Luftmasse, die bei einer bestimmten Druckverteilung im Bereich einer Frontalzone gegeneinander geführt werden (Konvergenz). Dadurch wird eine großräumige Vertikalbewegung der Luft eingeleitet, die zu Wolken- und Niederschlagsbildung führt. Die dabei frei werdende Kondensationswärme begünstigt die Hebung der Luft. In höheren Schichten der Troposphäre strömt die Luft horizontal auseinander (Divergenz).

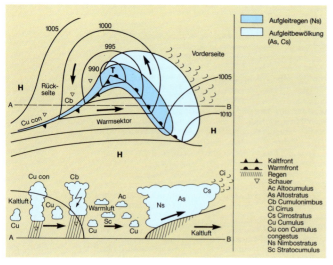

Tiefdruckgebiet: Aufbau eines jungen Tiefdruckgebiets (oben) und dazugehörende Wettererscheinungen in der Schnittlinie AB

Dabei lässt sich eine Entwicklungsreihe von einer flachen Wellenstörung an einer →Frontalzone über eine junge Zyklone mit breitem ›Warmsektor‹ (Niederschläge fallen beim Aufgleiten auf die vorgelagerte kältere Luft) zu einem gealterten Zentraltief beobachten. Hierbei wird die Warmfront von der schneller vordringenden Kaltfront eingeholt (Reifestadium mit intensivster zyklonaler Rotation) und die Warmluft schließlich vom Boden abgehoben (Altersstadium, →Okklusion). Wenn das T. vollständig von Kaltluft erfüllt ist, wird es ein stationäres Zentraltief, das nachfolgende T. um sich schließlich an Ort und Stelle auflöst (Zyklolyse). Auf der Rückseite von T. im Bereich der nachströmenden Kaltluft wechseln Quellbewölkung (Cumulus, mit Regen-, Schnee- oder Graupelschauern) und Aufheiterungen rasch miteinander ab (›Rückseitenwetter‹). Die Lebensdauer eines T. beträgt wenige Tage. Nicht selten bilden sich jedoch an der lang gestreckten Kaltfront weitere, ähnl. Wellenstörungen (Zyklonenfamilie). Auch orograph. Hindernisse können die Entwicklung eines T. auslösen, wenn sie eine Strömung abbremsen, ablenken oder beschleunigen und dadurch das Gleichgewicht der Druck- und Temperaturverteilung stören, z. B. an der S-Spitze Grönlands und Spitzbergens, am S-Rand der Alpen (Genua- und Adriatiefs) und im Skagerrakgebiet der Nordsee. Eine ganz andere Art von T. sind die sommerl. Hitzetiefs, die über dem Festland bei geringen horizontalen Luftdruckunterschieden in einer einheitl. Warmluftmasse entstehen.

Die von dem Meteorologen WILHELM JAKOB VAN BEBBER (*1841, †1909) statistisch festgestellten und mit röm. Ziffern sowie Buchstaben versehenen **Zugstraßen** der T. haben nur noch histor. Bedeutung, außer der Zugstraße Vb, die vom Golf von Genua über das östl. Mitteleuropa zum Ostseeraum verläuft; ihre feuchtwarme Luft gleitet auf die über Mitteleuropa lagernde Kaltluft und bringt sehr ergiebige, bisweilen Hochwasser verursachende Niederschläge. Tropische T. sind viel seltener. Sie entstehen aus wellenartigen Störungen (Easterly Waves) an der innertrop. Konvergenz oder aus Störungen, die aus der Westwindzone in die trop. Zirkulation einbezogen werden. Für den Nordatlantik und den nordöstl. Pazifik unterscheidet man versch. Entwicklungsstufen: trop. Tiefdruckstörungen (mit polwärts ausgebuchteten Isobaren), trop. Depressionen (in den bodennahen Schichten eine geschlossene zyklonale Strömung), trop. Stürme (mit Windgeschwindigkeiten von 62 bis 117 km/h, Beaufortgrad 8 bis 11, im Kern vollkommen von Wolken bedeckt) und Orkane (mehr als 118 km/h oder Beaufortgrad 12, v. a. →tropische Wirbelstürme).

P. RAETHJEN: Dynamik der Zyklonen (Leipzig 1953); G. BAHRENBERG: Auftreten u. Zugrichtung von T. in Mitteleuropa (1973).

Tiefdruckrinne, Tiefdruckfurche, lang gestrecktes Gebiet tiefen Luftdrucks mit weitgehend geraden Isobaren.

Tief|ebene, in geringer Meereshöhe gelegene Ebene, meist in Meeresnähe im Mündungsgebiet großer Ströme (Westsibir. T., Golfküsten-T., Amazonasbecken, Ganges- und Indus-T., Norddt.).

Tiefen, zur Hauptgruppe Umformen, speziell (neben Längen und Weiten) zum Zugumformen, gehörendes Fertigungsverfahren, mit dem Vertiefungen in einem Werkstück aus Blech angebracht werden. Die benötigte größere Fläche entsteht dabei durch Verringern der Blechdicke. Das T. kann mit starren oder nachgiebigen Werkzeugen (z. B. Hohlprägen, Streckziehen, Tiefziehen), mit Wirkmedien (z. B. T. mit Druckluft), mittels Wirkmedien mit energiegebundener Wirkung (z. B. Explosionsumformen) oder mit Wirkenergie (z. B. T. mit Magnetfeldern) durchgeführt werden.

Tiefenbronn, Gem. im Enzkreis, Bad.-Württ., 432 m ü. M., am NO-Rand des Schwarzwaldes, 10 km südöstlich von Pforzheim, 5 200 Ew. – Die Pfarrkirche St. Maria Magdalena (14./15. Jh.) birgt den Magdalenenaltar (1432) von LUCAS →MOSER, ferner einen Schnitzaltar (1469) von H. SCHÜCHLIN. In den Chorfenstern Bildscheiben des frühen 15. Jh., spätgot. Wandmalereien und farbige Fassung der Architekturteile; zahlr. Grabdenkmäler des 15.–18. Jh. (u. a. OTTO VON GEMMINGEN, *1475, †1558).

Tiefenbruch, Geologie: andere Bez. für →Lineament.

Tiefencastel, bündnerroman. **Casti,** Gem. im Kt. Graubünden, Schweiz, 887 m ü. M., an der Albula, am Eingang ins Oberhalbstein (Julierpass), 274 Ew.; Fremdenverkehrsort. – Nahebei die Kirche von →Mistail.

Tiefengesteine, plutonische Gesteine, Plutonite, Intrusivgesteine, Hauptgruppe der magmat. Gesteine. Sie entstehen durch die Erstarrung eines Magmas in größerer Erdtiefe, unter hohem Druck. Die hier wirksame Wärmedämmung bedingt ein nur langsames Fortschreiten der Abkühlung und Kristallisation und dadurch die Bildung relativ großer, idiomorpher, hypidiomorpher oder xenomorpher Kristalle. Die meist mittel- bis grobkörnigen T. haben ein richtungslos körniges Gefüge und bestehen v. a. aus Silikatmineralen. Es überwiegen daher die Granite und Granodiorite (mit 60 bis 70% SiO_2), die aus eutekt. Schmelzen der Erdkruste hervorgegangen sind. Die quarzfreien Gesteine mit Feldspatvertretern sind dagegen vergleichsweise selten (meist in subvulkan. Schmelzkammern in Bruch- und Grabengebieten). Die Dichte nimmt vom Granit zum Peridotit (dem

SiO$_2$-ärmsten T.) von 2,67 auf 3,3 g/cm^3 zu; daher sind SiO$_2$-arme, bas. oder ultrabas. T. meist spezifisch schwerer als ihre Umgebung und muldenförmig in diese eingelagert, während die SiO$_2$-reichen, sauren T. (mit vorherrschend hellen Gemengteilen) stockförmige Aufwölbungen in der Erdkruste bilden (→Plutone). Sie können von mehr oder weniger mächtigen Kontakthöfen (→Kontaktmetamorphose) umgeben sein. Durch tekton. Bewegungen (Orogenese) in höhere Krustenbereiche gelangt, können sie nach Abtragung ihrer Überdeckung zutage treten. Zum Gefüge und zur Einteilung der T. →magmatische Gesteine. (→Magma, →Plutonismus)

Tiefenkarten, Gewässerkarten, in denen die Tiefenverhältnisse durch Tiefenlinien (Isobathen), Tiefenzahlen (Wassertiefe in m) und farbige Tiefenstufen (Tiefenschichten) dargestellt werden.

Tiefenmaß, ein →Messschieber zur Messung von Nut- und Bohrungstiefen.

Tiefenperson, *Psychologie:* nach dem von FRIEDRICH KRAUS (* 1858, † 1936) 1919 entworfenen Schichtenmodell der Persönlichkeit die Gesamtheit der unbewussten psychophys. Prozesse, die auf die Tätigkeit der subkortikalen Hirnzentren zurückgeführt werden; im Ggs. zur **Kortikalperson.** Von anderen Vertretern der psycholog. Schichtenlehre auch Vitalperson, endothymer Grund oder Es genannt.

Tiefenpsychologie, Sammel-Bez. für diejenigen psycholog. Richtungen, nach deren Auffassung der Schlüssel zum Verständnis des Seelenlebens im →Unbewussten liegt. Dem von E. BLEULER geprägten Begriff der T. liegt die Ansicht zugrunde, dass in den unbewussten Prozessen die eigentl. Triebkräfte liegen, die sich im Erleben, Verhalten und Handeln des Individuums manifestieren. Zur Deutung des Verhaltens wie auch von psych. Störungen, Konflikten, Fehlleistungen, Erkrankungen und zu deren Behandlung werden somit die ›dahinter liegenden‹ Motive – z. B. unverarbeitete Erlebnisse, verdrängte Triebe und Bedürfnisse – herangezogen. Hauptrichtungen der T. sind die →Psychoanalyse S. FREUDS und deren spätere Fortentwicklungen in der Neopsychoanalyse (H. SCHULTZ-HENCKE, KAREN HORNEY, E. FROMM, H. S. SULLIVAN u. a.), die →Individualpsychologie (A. ADLER), die komplexe oder analyt. Psychologie von C. G. JUNG, die →Daseinsanalyse (L. BINSWANGER u. a.), die →Existenzanalyse (V. E. FRANKL) und die →Schicksalsanalyse (L. SZONDI). Zu den neueren tiefenpsychologisch fundierten Therapieformen zählen z. B. Bioenergetik, Gestalttherapie, Logotherapie, Transaktionsanalyse. (→Psychotherapie)

L. SCHLEGEL: Grundr. der T., 5 Bde. ($^{1-2}$1973–85); T. u. Pädagogik, hg. v. P. M. PFLÜGER (1977); U. H. PETERS: Wb. der T. (1978); W. TOMAN: T. (1978); L. J. PONGRATZ: Hauptströmungen der T. (1983); J. RATTNER: Klassiker der T. (1990); DERS.: Krit. Wb. der T. für Anfänger u. Fortgeschrittene (1994); W. J. SCHRAML: Einf. in die T. Für Pädagogen u. Sozialpädagogen (Neuausg. 1992).

Tiefenrausch, beim Tieftauchen durch erhöhte Aufnahme von Stickstoff ins Gewebe hervorgerufene euphor. Zustände mit Denk- und Bewegungsstörungen, im Extremfall Bewusstlosigkeit und Tod.

Tiefenruder, Horizontalruder an Bug und Heck oder im Turmbereich von Unterseebooten zur dynam. Veränderung der Tauchtiefe (im Ggs. zur stat. Veränderung durch Fluten oder Lenzen der Tauchtanks).

Tiefenschärfe, *Fotografie:* die →Schärfentiefe.

Tiefenstruktur, in der →generativen Grammatik die syntakt. Struktur eines Satzes, die Grundlage seiner semant. Interpretation ist und die durch Transformationen in die →Oberflächenstruktur des Satzes umgewandelt wird. Die T. als theoret. Konstrukt gibt an, aus welchen lexikal. und grammat. Morphemen ein Satz besteht und in welchen syntakt. Beziehungen diese Morpheme bzw. Gruppen von ihnen zueinander stehen. Die Konzeption der T. wurde von A. N. CHOMSKY im Rahmen der generativen Transformationsgrammatik mehrfach verändert.

Tiefenstufe, 1) *Geologie:* die →geothermische Tiefenstufe.
2) *Petrologie:* **Tiefenzone,** Bez. für Bereiche unterschiedl. Metamorphosegrades bei der Metamorphose (Epi-, Meso-, Katazone). Die 1903 von F. BECKE und 1904 von ULRICH GRUBENMANN (* 1853, † 1924) konstatierte Zunahme von Druck und Temperatur mit der Krustentiefe besteht nicht zwangsläufig (z. B. Wärmezufuhr in höhere Krustenbereiche), auch ist der Chemismus nicht tiefengebunden. Neben der entsprechend modifizierten Zonengliederung dient daher mehr die →Mineralfazies zur Charakterisierung des Metamorphosegrades.

Tiefenwinkel, *Geophysik:* →Höhenwinkel.

Tiefgang, die Höhe des Schiffskörpers unter Wasser, die zw. Wasserlinie und Unterkante Kiel gemessen wird; ablesbar durch am Vor- und Hintersteven, häufig auch auf halber Schiffslänge angebrachte T.-Marken (Ahmings), Steuerbord in Dezimeter, Backbord in engl. Fuß. Der **Freibord-T.** ist der maximal zulässige T. **(Tiefladelinie)** gemäß Freibordmarke bei voller Abladung, d. h. Beladung. (→Freibord)

Tiefgefrieren, Tiefkühlen, →Gefrieren.

Tiefkühlkost, tiefgefrorene Lebensmittel, im Handel und im Haushalt in →Gefriergeräten gelagert. Die Lagerzeiten, ohne wesentl. Qualitätseinbuße, sind für Obst 12–24, Gemüse 15–18, Fleisch 6–12, Geflügel (ausgenommen und verpackt) 12, Fisch 4–8, Butter 8, Kartoffeln frittiert 24, Sahne und Eiscreme 6 Monate. Ein Hauptproblem stellen Transport und Vertrieb der T. dar, da die Temperatur, bei der die Lebensmittel eingefroren bzw. gelagert wurden, möglichst bis zum Verbrauch aufrechterhalten werden soll, d. h., die **Tiefkühlkette** sollte nicht unterbrochen werden. Die Qualität der genussfähigen Gefrierware hängt wiederum vom Auftauprozess ab, bei dem die Temperatur des Gefriergutes, bes. von Fleisch, allmählich auf die der Außentemperatur gebracht werden soll.

Tiefkühltruhe, andere Bez. für Gefriertruhe (→Gefriergerät).

Tiefladeanhänger, Tieflader, für Schwerlasttransporte auf der Straße verwendeter Fahrzeuganhänger. Die Ladefläche besteht im Wesentlichen aus einer Plattform, die auf dem mittleren, tief gekröpften Teil des Fahrgestellrahmens aufliegt oder in den Rahmenaufbau eingefügt ist; oft sind alle Achsen lenkbar.

Tiefladewagen, Eisenbahnwagen mit tief liegender Ladefläche zum Transport hoher Güter. Für bes. große und schwere Einzellasten stehen →Tragschnabelwagen zur Verfügung.

Tiefland, in geringer Meereshöhe gelegenes Gebiet, i. Allg. eine Tiefebene (→Flachland).

Tiefland, Oper von E. D'ALBERT, Text nach À. GUIMERÀS Drama ›Terra baixa‹ (1897) von R. LOTHAR; Uraufführung 15. 11. 1903 in Prag.

Tieflandsbucht, Teil eines Tieflands, das in Form einer Bucht in das benachbarte Gebirgsland eingreift, z. B. Kölner Bucht, Westfäl. Bucht, Leipziger T. Infolge ihrer geschützten Lage wurden T. meist früh besiedelt.

Tiefland|unke, die →Rotbauchunke.

Tiefpass: Einfacher Tiefpass aus einem Widerstand R und einem Kondensator C (RC-Tiefpass); Grenzfrequenz $f_g = 1/2\,\pi RC$

Tiefpass, elektron. Schaltung (→Filter) mit einem Durchlassbereich zw. $f = 0$ und f_g, wobei f_g die jeweilige Grenzfrequenz ist. Frequenzen oberhalb f_g werden vom T. gesperrt. T. dienen u. a. als Siebschaltungen zur Unterdrückung unerwünschter hoher Fre-

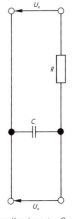

Tiefladewagen mit gekröpfter Ladebrücke

Tief Tiefschnittschmelz – Tiefseegraben

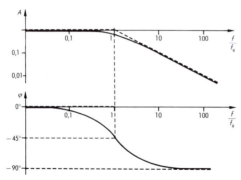

Tiefpass: Bode-Diagramm eines *RC*-Tiefpasses; Frequenzgang der Verstärkung A (Amplitudenverhältnis, oben) und der Phasenverschiebung φ (unten) des Ausgangssignals; $A = 0{,}01$ entspricht einem Ausgangspegel von -40 dB

quenzen (z. B. Rauschen, Restwelligkeit bei der Gleichrichtung) und als Laufzeitglieder.

Tiefschnittschmelz, Technik der →Emailkunst.

Tiefsee, pelagische Region, abyssische Region, umfasst die landfernen, lichtlosen Meeresräume unterhalb 800 m Tiefe, bedeckt rd. 60 % der Erdoberfläche. (→Meeresboden, →Meeresablagerungen)

Bodenschätze: Im Bereich der T. finden sich mineral. Rohstoffe als Bodenschätze in Lockergesteinen (→Manganknollen, Phosphoritvorkommen, Erzschlämme) sowie unterhalb des Meeresbodens und im Meeresuntergrund (Steinsalz, Erdöl, Erdgas). Zur Förderung der bis jetzt noch nicht genutzten mineral. Rohstoffe vom und aus dem T.-Boden sind größere Entwicklungsarbeiten im Gange (→Meeresbergbau, →Meerestechnik).

Flora und *Fauna:* Die Vegetation reicht im Meer bis in Zonen von etwa 100–200 m Tiefe. Infolge der Anpassung an das kurzwellige Tiefenlicht herrschen Rotalgen vor. In den lichtlosen Tiefenschichten der Ozeane unter 500 m findet sich das T.-Plankton. Neben Bakterien, Panzerflagellaten und Blaualgen kommen bes. Ruderfuß-, Leuchtkrebse, Garnelen, Pfeilwürmer, Schlangensterne, Seewalzen, Hohl-, Manteltiere und Fische vor, die ab 200 m Tiefe bis zum T.-Boden das freie Wasser (Bathypelagial), den Kontinentalabhang (Bathybenthal) oder die lichtlose Zone des Meeresbodens (Abyssal) bewohnen. Die meisten T.-Fische haben rückgebildete oder teleskopförmige Augen, Leuchtorgane und gelegentlich fühlerartige Fortsätze. Nahrung und Nährstoffe gelangen aus den produktiven Oberflächenschichten durch Sedimentation organ. Partikel (tote Organismen, Kot u. a.) in die Tiefe.

Biologie der Meere, hg. v. G. HEMPEL (1991); E. SEIBOLD: Das Gedächtnis des Meeres (1991).

Tiefseeanglerfische, Ceratioidei, Unterordnung der Armflosser mit 80 Arten, die in Tiefen bis zu 4000 m leben. Der erste Strahl der Rückenflosse ist als bewegl. Angel ausgebildet, deren Köder aus einem Leuchtorgan besteht. Die winzigen parasitierenden Männchen einiger Arten sind am Körper der Weibchen festgewachsen. (BILD →Armflosser)

Tiefseebeilfische, Beilfische, Sternoptychidae, Familie der Lachsartigen Fische der Tiefsee v. a. trop. und gemäßigter Meere; mit beilförmigem, seitlich abgeplattetem Körper und Leuchtorganen entlang der Bauchkante. Die bis 10 cm langen T. sind bevorzugte Nahrung tief schwimmender Thunfische.

Tiefseebergbau, der →Meeresbergbau.

Tiefseebohrungen, Erforschung des Untergrundes von Meeren durch Bohrungen von einem Bohrschiff aus. Angeregt durch die 1964 gegründete Joint Oceanographic Institutions for Deep Earth Sampling (JOIDES), begann die US National Science Foundation (NSF) das von 1968 bis 1983 dauernde Deep Sea Drilling Project (DSDP), dem 1974 die UdSSR, die BRD, Frankreich, Großbritannien und Japan beitraten. Im September 1975 begann die International Phase of Ocean Drilling (IPOD), deren erste Phase 1979 endete. 1976 übernahm die Joint Oceanographic Institutions Inc. (JOI Inc.) das Management von JOIDES. Das DSDP wurde 1985 durch das →Ocean Drilling Program (ODP) abgelöst, dessen letzte Phase 1998 einsetzte. Ein Fortsetzungsprogramm ab 2003 ist geplant.

Im Rahmen des DSDP wurden mit dem Forschungsschiff →Glomar Challenger auf 96 Expeditionen zu 624 Bohrplätzen in allen Ozeanen und Nebenmeeren der Erde aus 1024 Bohrlöchern Bohrkerne von einer Gesamtlänge von 130 km gewonnen. Im Rahmen des ODP führte das Forschungsschiff ›Joides Resolution‹ bis 1998 78 Forschungsfahrten aus; 1993 gelang erstmals eine T. bis 2111 m Tiefe (östlich der Galápagosinseln im Pazifik). In der Fortsetzung bis 2003 sind Bohrungen in Wassertiefen bis zu 8,2 km und maximale Bohrlochtiefen von 3 km geplant. Die große techn. Leistung bei T. besteht in der Stabilisierung der Schiffsposition und der Wiedereinführung des Gestänges in das Bohrloch am Meeresboden nach jedem Wechsel des Bohrmeißels. Die T. erbrachten an wiss. Erkenntnissen: Die Böden der Ozeane sind maximal 0,2 Mrd. Jahre alt (die der Kontinente 4,3 Mrd.); durch aufquellende Lava längs der Mittelozean. Rücken werden sie ständig neu gebildet und bewegen sich von dort zu Verschluckungszonen hin (→Subduktion; →Sea-Floor-Spreading, →Plattentektonik). Ferner konnten neue Vorstellungen für die Rohstoffsuche und zum Verständnis klimat. Entwicklungen gewonnen werden. – Die geplanten Bohrungen werden sich v. a. mit der Struktur und Zusammensetzung von ozean. Erdkruste und oberem Erdmantel, der Dynamik, Kinematik und Deformation der Lithosphäre, der Fluidzirkulation in der Lithosphäre und den Ursachen und Auswirkungen der ozean. und klimat. Veränderungen befassen.

Tiefseeforschung, der Teil der Meereskunde, der sich bes. mit der Erforschung von →Tiefsee und Tiefseeböden befasst. (→Tiefseebohrungen)

Tiefseegräben (Auswahl)	
Tiefseegraben	größte Tiefe
Atlantischer Ozean:	
Puerto-Rico-Graben (Milwaukeetiefe)	9219 m
Süd-Sandwich-Graben (Meteortiefe)	8264 m
Romanchetiefe	7864 m
Caymangraben	7680 m
Indischer Ozean:	
Sundagraben (Planettiefe)	7455 m
Pazifischer Ozean:	
Marianengraben (Witjastiefe I)	11034 m
Tongagraben (Witjastiefe II)	10882 m
Kurilen-Kamtschatka-Graben (Witjastiefe III)	10542 m
Philippinengraben (Galatheatiefe)	10540 m
Boningraben (Ramapotiefe)	10374 m
Kermadecgraben (Witjastiefe IV)	10047 m
Atacamagraben (Spencer-F.-Byrd-Tiefe)	8066 m
Aleutengraben	7822 m
Ryūkyūgraben	7507 m
Perugraben (Milne-Edwards-Tiefe)	6262 m

Tiefseegraben, rinnenförmige Einsenkung des Meeresbodens mit Tiefen über 6000 m (bis zu den größten Meerestiefen); sie liegen am Rande der Ozeane, wo sich die schwerere ozean. unter die leichtere kontinentale Erdkruste schiebt (→Plattentektonik); sie sind Zonen sehr häufiger und dabei oberflächennaher Erdbeben (→Benioff-Zonen). Von den 24 bekannten T. befinden sich 20 im Pazif. Ozean.

Ozeane u. Kontinente, bearb. v. P. GIESE u. a. (1983).

Tiefsee|sedimente, die →Meeresablagerungen auf dem Tiefseeboden.

Tiefseeton, tonige Tiefseeablagerung, v. a. →roter Tiefseeton. (→Meeresablagerungen)

Tiefstichkeramik, jungsteinzeitl. Tonware mit Linien-, teils auch Flächenmustern, die sich aus der Anordnung tiefer Einstiche ergeben. Die T. kennzeichnet eine bes. in Nord-Dtl. und S-Skandinavien verbreitete Gruppe innerhalb der Trichterbecherkultur.

Tieftemperaturphysik: Siedetemperatur flüssiger Gase bei Normdruck (1 013,25 hPa) in K

Sauerstoff O_2	90,18
Stickstoff N_2	77,35
Wasserstoff H_2	20,28
Helium ^{4}He	4,216
Helium ^{3}He	1,67

Tieftemperaturphysik, Spezialgebiet der Physik, das sich mit der Erzeugung und Messung sehr tiefer Temperaturen befasst, oft bezogen auf den Temperaturbereich unterhalb des Siedepunkts von flüssigem Sauerstoff (90 K) oder Stickstoff (77 K), sowie mit der Untersuchung von Materialeigenschaften und physikal. Prozessen bei diesen tiefen Temperaturen. Die Technik zur Erzeugung tiefer Temperaturen verwendet bis etwa 1 K hinab die →Gasverflüssigung. Die verflüssigten Gase, v. a. Stickstoff, Wasserstoff und Helium, werden in →Kryostaten als Kühlmittel eingesetzt. Erniedrigt man den Dampfdruck über der Flüssigkeit, so nimmt die Temperatur noch weiter ab. Temperaturen unterhalb von 4,2 K lassen sich mit Helium durch Abpumpen des Dampfes über der Flüssigkeit erreichen, wobei dem System die Verdampfungswärme entzogen wird. Mit ^{4}He, dem häufigsten Heliumisotop, können damit 0,8 K erreicht werden. Mit dem selteneren ^{3}He, das einen höheren Dampfdruck als ^{4}He besitzt, lassen sich 0,3 K als untere Grenztemperatur erreichen. – Mit dem ^{3}He-^{4}He-Entmischungsapparat (engl. dilution refrigerator) können kontinuierlich Temperaturen von 1 bis 2 mK erzeugt werden. Da die Isotope ^{3}He und ^{4}He unterhalb von 0,8 K nicht vollständig mischbar sind, kann man in diesem Temperaturbereich eine Grenzfläche zw. fast reiner ^{3}He-Flüssigkeit und einem Gemisch von flüssigem ^{4}He mit ca. 6 % ^{3}He herstellen. Durch Absaugen des ^{3}He aus dem Gemisch wird an der Grenzfläche der beiden Phasen ^{3}He in das ^{4}He hinein verdampft. Die dazu erforderl. Energie wird der ^{3}He-Flüssigkeit entzogen, was zur Temperaturerniedrigung führt.

Vor der Entwicklung des Entmischungskryostaten wurde der Bereich von etwa 0,3 K bis 1 mK durch die →adiabatische Entmagnetisierung erschlossen. Mit paramagnet. Salzen (z. B. Kaliumchromalaun $KCr(SO_4)_2 \cdot 12 H_2O$) kann man in den Bereich von einigen mK abkühlen. Wendet man die adiabat. Entmagnetisierung auf die magnet. Momente der Atomkerne an, z. B. des Kupfers, so erreicht man noch um etwa einen Faktor 1 000 niedrigere Temperaturen. Die tiefste Temperatur, auf die ein Stück Kupfer bisher (1992) abgekühlt wurde, beträgt 12 μK ($12 \cdot 10^{-6}$ K). Das System der Kernmomente selbst kann auf sehr viel kleinere Temperaturen im Nanokelvin (nK)-Bereich abgekühlt werden. Der Wärmeaustausch zw. dem Kernmomentesystem und dem übrigen Festkörper ist bei diesen tiefen Temperaturen äußerst gering, sodass die Abkühlung der ganzen Probe sehr lange dauern kann.

Durch →Laserkühlung können (seit etwa 1985) stark verdünnte Gase (Atomstrahlen) in sehr kurzen Zeiten (einige Millisekunden) auf Temperaturen im μK-Bereich und darunter gekühlt werden. Durch anschließende Verdampfungskühlung gelang (1995) der Nachweis der →Bose-Einstein-Kondensation.

Für die Erzeugung und Aufrechterhaltung tiefer Temperaturen muss die Tieftemperaturapparatur extrem gut von der warmen Umgebung abgeschirmt werden. Das gelingt durch völlig geschlossene Metallschilde, die mit flüssigem Helium oder auch durch einen ^{3}He-^{4}He-Mischkryostaten gekühlt werden. Für Aufbewahrungsgefäße von flüssigen Gasen kann heute die Superisolation verwendet werden. Diese besteht aus vielen Lagen einer sehr dünnen, mit Aluminium bedampften Kunststofffolie, die in den Zwischenraum zw. der warmen Außenwand und dem kalten Innengefäß gestopft werden.

Die Messung sehr niedriger Temperaturen erfolgt im Bereich der flüssigen Gase mit Gasthermometern, mit denen man über die Messung des Drucks (bei konstantem Volumen) die Temperatur bestimmen kann. Mit den Gasthermometern lassen sich die sehr viel einfacher zu benutzenden elektr. Widerstandsthermometer eichen. Unterhalb von etwa 0,3 K verwendet man zur Temperaturmessung die Bestimmung der magnet. Suszeptibilität der paramagnet. Salze bzw. der Kernmomente. Zur Eichung dieser Thermometer dient als ›Rauschthermometer‹ die statist. Schwankungen (das Rauschen) der elektr. Spannung an den Enden eines Widerstands ist eindeutig mit der absoluten Temperatur verknüpft.

In jedem Temperaturbereich treten charakterist. Phänomene auf, wenn die Energie der ungeordneten Wärmebewegung vergleichbar wird mit der Wechselwirkungsenergie, die zu einem Ordnungszustand führt. Im Bereich von 10^4 K bis 1 K werden die Umwandlungen gasförmig – flüssig – fest beobachtet. Im mK-Bereich treten die magnet. Ordnungen in paramagnet. Salzen auf und im μK-Bereich schließlich die Ordnungen in den Kernmomentesystemen. Mit der →Supraleitung bestimmter Stoffe und der →Suprafluidität von ^{4}He und ^{3}He wurden überraschende Tieftemperaturerscheinungen entdeckt, die auch techn. Anwendungen gebracht haben (z. B. →supraleitende Magnete). Daneben liefert die T. die Grundlagen für alle Bereiche der →Kryotechnik.

Geschichte: Obwohl R. PICTET und L. CAILLETET bereits 1877 Sauerstoff und Stickstoff, J. DEWAR 1898 auch Wasserstoff verflüssigen konnten, setzte die eigentl. T. und Tieftemperaturtechnik erst 1908 mit der Verflüssigung von Helium durch H. KAMERLINGH ONNES in Leiden ein, wo allein auch die Weiterentwicklung für viele Jahre lag. Erst 1923 stand auch in Toronto und 1925 in Berlin (bei W. MEISSNER in der Physikalisch-Techn. Reichsanstalt) flüssiges Helium zur Verfügung. W. F. GIAUQUE gelang es 1933 in Berkeley (Calif.), mit dem von ihm und unabhängig von P. DEBYE vorgeschlagenen Verfahren der adiabat. Entmagnetisierung 0,1 K zu erreichen. Wenig später erreichte W. J. DE HAAS in Leiden bereits 4 mK. Der Vorschlag, für das Vordringen zu noch tieferen Temperaturen Systeme von Kernmomenten adiabatisch zu entmagnetisieren, wurde von C. J. GORTER 1934 und von N. KURTI und F. E. SIMON 1935 gemacht. Aber erst 1956 gelang es KURTI und seinen Mitarbeitern, das Kernmomentensystem von Kupfer durch Entmagnetisierung erfolgreich abzukühlen, wobei eine Temperatur im μK-Bereich erreicht wurde.

H. HAUSEN u. H. LINDE: Tieftemperaturtechnik. Erzeugung sehr tiefer Temperaturen, Gasverflüssigung u. Zerlegung von Gasgemischen (^{2}1985); O. V. LOUNASMAA: Experimental principles and methods below 1 K (Neudr. London 1988).

Tieftemperaturtechnik, die →Kryotechnik.

Tiefungsversuche, technolog. Prüfverfahren, mit denen die Eignung von Blechen zur ziehtechn. Umfor-

Tief Tiefurt–Tienschan

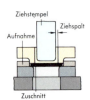

Tiefziehen

Tiegel 1):
oben Tontiegel mit Deckel; unten Tiegelzange

Tiegelteuerling
(Fruchtkörperhöhe 0,5–1 cm)

mung (Tiefungs- und Tiefziehfähigkeit) ermittelt wird. Beim **T. nach Erichsen** (DIN 50 101) wird ein eingespanntes Blechstück bestimmter Größe mit einem kugelförmigen Stempel bei geeigneter Schmierung durch die auftretenden Zugspannungen bis zum Einreißen eingebeult. Die erreichte Einbeultiefe (Erichsentiefung *IE*) wird ermittelt und dient als Gütemaßzahl für die Tiefungsfähigkeit. Für die Beurteilung der Tiefziehfähigkeit (Zug- und Druckbeanspruchung) wird der **Napfziehversuch** eingesetzt, bei dem festgestellt wird, wie groß der Durchmesser *D* einer kreisrunden Blechprobe gerade sein darf, damit man sie im Erstzug mit einem Stempel des Durchmessers *d* vollständig zu einem Napf tiefziehen kann, ohne dass Risse entstehen. Die Ziehgrenze ergibt sich aus dem Verhältnis von *D* zu *d* (Ziehverhältnis).

Tiefurt, Schloss bei →Weimar.

Tiefziehen, *Fertigungstechnik:* Zugdruckumformen eines ebenen Bleches (auch Kunststofffolie oder -platte) zu einem Hohlkörper oder Zugdruckumformen eines Hohlkörpers zu einem Hohlkörper mit geringerem Umfang ohne beabsichtigte Veränderung der Blechdicke (DIN 8 584). Der Zuschnitt wird durch einen Ziehstempel (seltener durch ein Magnetfeld oder Vakuum) in eine Ziehmatrize oder einen Ziehring hineingezogen oder durch elast. Medien (Gummikissen) oder (Flüssigkeitsdruck (Hydroform-T., hydromechan. T.) an einen starren Stempel angelegt. Ein Niederhalter drückt den Zuschnitt auf die Ziehmatrize und verhindert die Bildung von Falten während des Ziehvorganges. Ein Ziehspalt zw. Stempel und Matrize (etwas größer als die Blechdicke) ermöglicht das Fließen des Werkstoffs und verhindert eine unerwünschte Zunahme der Wanddicke des Ziehteils. Soll das Blech zu einem Hohlkörper mit relativ kleinem Durchmesser und großer Höhe gezogen werden, sind mehrere Züge erforderlich. Im Erstzug (Anschlagzug) wird ein Hohlteil geringer Höhe und größeren Durchmessers hergestellt. Daraus entsteht in einer oder mehreren Ziehstufen über Weiterzug (Weiterschlag) und Fertigzug das endgültige Formteil.

Tiegel, 1) *Chemie:* im chem. Labor Bez. für ein kleines, meist kon. Gefäß mit aufsetzbarem Deckel aus Porzellan, Quarz, Edelstahl u. a., das zum starken Erhitzen (Rösten, Verbrennen, Schmelzen) von Substanzen verwendet wird; zum Transport der (heißen) T. dient die **Tiegelzange.**
2) *Hüttenwesen:* **Tiegelofen,** aus einem beheizbaren, tiegelförmigen Behälter aus Graphit, Ton oder Schamotte bestehender Schmelzofen zum Erschmelzen von Stahl. T.-Öfen sind heute meist durch Elektroschmelztiefe, Induktionstiefe, v. a. Lichtbogenöfen, ersetzt.

Tiegelteuerling, Crucibulum, weltweit verbreitete Gattung der Nestpilze mit der einzigen mitteleurop. Art T. im engeren Sinn (*Crucibulum vulgare*); Fruchtkörper tiegelförmig, bis 1 cm hoch und breit, strohgelb; mit weißl., linsenförmigen Sporenkapseln; kommt ab Frühjahr häufig in Gruppen auf abgestorbenen Ästen von Laub- und Nadelbäumen vor.

Tiel, Stadt in der Prov. Gelderland, Niederlande, an der Waal und am Amsterdam-Rhein-Kanal, 34 200 Ew.; Regionalmuseum; Maschinenbau, Herstellung von Metallwaren (Blechverarbeitung), Möbeln und Präzisionsinstrumenten, Glasfabrik, Schiffbau, Nahrungsmittelindustrie. – Der Turm der spätgot. Grote Kerk wurde 1440 errichtet; Amtmannshaus (16. Jh.); Fischmarkt mit klassizist. Säulengalerie (1789). – T., 889 erstmals erwähnt, übernahm nach dem Rückgang von Dorestad dessen Handelsfunktionen und entwickelte sich zu einem bedeutenden Wirtschaftszentrum im Warenverkehr zw. dem Rheinland und England. Gegen 1200 wurde T. von Köln überflügelt.

Tiele-Winckler, Eva von, Diakonisse, * Miechowitz (Oberschlesien) 31. 10. 1866, † ebd. 21. 6. 1930; gründete 1888 in Miechowitz das Haus ›Friedensort‹ als Anfang einer diakon. Einrichtung mit später 28 Häusern. 1895–1901 war sie Vorsteherin des Diakonissenhauses ›Sarepta‹ in Bethel und gründete dann in Miechowitz eine neue Schwesternschaft. Sie begann 1908 mit der Aussendung von Schwestern in Missionsgebiete und errichtete 1910 den bei Breslau ein erstes Kinderhaus, aus dem sich die ›Heimat für Heimatlose GmbH‹ mit über 40 Häusern in ganz Dtl. entwickelte. Nach dem Zweiten Weltkrieg wurde die von ihr begonnene Arbeit in Polen, aber auch in Dtl. weitergeführt. T.-W. schrieb ›Nichts unmöglich. Erinnerungen und Erfahrungen‹ (1929).

A. FUNKE: E. v. T.-W. (1981).

Tielt, Stadt in der Prov. Westflandern, Belgien, 19 500 Ew.; Kunststoffverarbeitung, Textil- und Bekleidungsindustrie, Metall verarbeitende und Möbelindustrie. – Am Grote Markt die Tuchhalle (um 1275) und der Belfried mit Glockenspiel (35 Glocken) von 1772; die got. Sint-Pieterhallenkerk (17. Jh.) besitzt bedeutende Glasmalereien. – T., seit dem 12. Jh. Stadt, war v. a. im 13. und 14. Jh. Zentrum der flandr. Tuchindustrie.

Tiemann, Walter, Schrift- und Buchkünstler, * Delitzsch 29. 1. 1876, † Leipzig 12. 9. 1951; leitete seit 1920 die Staatl. Akad. für graph. Künste in Leipzig. Als einer der Pioniere der neuen Buch- und Schriftkunst war er seit 1898 für Buchverlage, bes. den Insel-Verlag, tätig; gründete 1907 mit C. E. POESCHEL die ›Janus-Presse‹; schuf etwa 20 Druckschriften.

Tiemannit [nach seinem Entdecker, dem Bergingenieur JOHANN WILHELM ALBRECHT TIEMANN, * 1774, † 1841] *der, -s/-e,* **Selenquecksilber,** dunkelbleigraues, kub. Mineral der chem. Zusammensetzung HgSe; Härte nach MOHS 2,5, Dichte etwa 8,3 g/cm³; meist derbe, feinkörnige oder dichte Massen, auf Selenerzgängen.

T'ien, chin. *Philosophie* und *Religion:* →Tian.

Tienen [ˈtiːnə, niederländ.], frz. **Tirlemont** [tirləˈmɔ̃], Stadt in der Prov. Flämisch Brabant, Belgien, südöstlich von Löwen, 31 600 Ew.; Museum; Zuckerfabrik, Landmaschinenbau, elektrotechn. Industrie. – Am Grote Markt das klassizist. Rathaus (1836) und die Onze-Lieve-Vrouw-ten-Poelkerk mit roman. Chor (1297), die 1357 in got. Stil erweitert wurde; 70 m hoher Vierungsturm. Am Wolmarkt Patrizierhäuser (17.–18. Jh.) und die Sint-Germanuskerk (13.–15. Jh.) mit roman. Westbau. – Im 8. Jh. erstmals erwähnt; seit 1014 Stadt; im 13./14. Jh. blühende Tuchindustrie.

Tiengen/Hochrhein [ˈtiŋən-], ehem. selbstständige Stadt, seit 1975 Teil von →Waldshut-Tiengen.

Tienschan *der,* chin. **Tian Shan** [-ʃan; ›Himmelsgebirge‹], Gebirgssystem in Zentral- und Mittelasien, in China (Sinkiang), Kirgistan, Usbekistan, Tadschikistan und Kasachstan, erstreckt sich über rd. 2 500 km zw. der Sandwüste Kysylkum und dem Gobi. Der bis 400 km breite T. wird im N von der Sandwüste Mujunkum, den Halbwüsten des ›Siebenstromlands‹ und der Dsungarei begrenzt, im S vom Fergana- und Tarimbecken. Höchster Berg ist mit 7 439 m ü. M. der Pik Pobeda (an der Grenze zw. Kirgistan und China). Der T. ist ein durch Ketten (u. a. Talas-, Transili-, Terskej-Alatau) und intramontane Becken (u. a. das des abflusslosen Issykkul) gegliedertes Bruchschollengebirge. Die Turfansenke (Becken von Turpan) an der SO-Flanke ist eine Depression (154 m u. M.). Die Gebirgsketten gehen im W fächerartig auseinander, nordwestl. Ausläufer ist der Karatau. Aufgebaut ist der T. aus präkambr. und paläozoischen Schiefern, Sandsteinen, Kalksteinen, Marmor, Gneisen und Graniten, in Tälern und alten Verebnungsflächen von quartären Sedimenten überdeckt. – Im Unterschied zu den östl. Teilen des T., die unter dem Einfluss trocke-

Giovanni Battista Tiepolo: Neptun bietet Venedig die Reichtümer des Meeres an; um 1748/50 (Venedig, Dogenpalast)

ner Luftmassen aus den zentralasiat. Wüstengebieten stehen, werden die westl. und nördl. Teile von zyklonalen Niederschlägen erreicht, sodass der westl. T. und die von kurzen Flüssen zerschnittene N-Abdachung besser beregnet werden. Der T. hat überwiegend Halbwüsten- und Steppenvegetation. Im westl. Teil gibt es in Höhenlagen zw. 1 500 und 3 000 m ü. M. stellenweise Laub- und Fichtenwälder. Im östl. Teil besitzt die S-Abdachung bis in 2 000 m ü. M. Wüstencharakter, an der N-Abdachung finden sich bis in 1 600 m ü. M. Steppen, darüber Nadelwälder. Die Stufe zw. 2 700/3 000 m ü. M. und der Schneegrenze wird von Matten und trockeneren Hochgebirgsformationen eingenommen. Die Schneegrenze liegt im NW bei 3 600–3 800 m, im Zentrum bei 4 200–4 600 m, im O bei mehr als 5 000 m ü. M.; Gletscher finden sich bes. im Zentral-T., Borohoro Shan und Bogda Shan. Die Bewohner sind v. a. Kirgisen, im W auch Tadschiken.

Tientsin, amtl. chin. **Tianjin** [-dʒɪn], Stadt im N Chinas, südöstlich von Peking, 153 km^2, mit (1993) 5,899 Mio. Ew. drittgrößte Stadt des Landes, als Verw.-Gebiet (regierungsunmittelbare Stadt im Rang einer Prov.) 11 305 km^2 und (1995) 9,35 Mio. Ew. T. liegt im NO der Nordchin. Ebene, 5 m ü. M., am Zusammenfluss von Kaiserkanal, Ziya He, Yonding He und Daqing He zum Hai He, der die gesamte Stadt durchfließt, und reicht als Prov. bis zum Küstenmeer Bo Hai. T. besitzt viele wiss.-kulturelle Einrichtungen: Nankai-Univ (gegr. 1919), TU (gegr. 1960), mehrere Hochschulen (u. a. für Technik, Kunst und Musik, Medizin, Pädagogik), astronom. Observatorium, zahlr. Forschungsinstitute (für Geologie und Mineralogie, Gemüsebau), Kolleg für Akupunktur (für Ausländer), Bibliothek, Kunst-, Buch- und Stadthistor. Museum, Kulturpalast der nat. Minderheiten und Festhalle des Volkes. T. ist das wichtigste Handels- und Industriezentrum N-Chinas mit Außenhandelsbüro und zahlr. Banken westlich und Industriebetrieben, die v. a. nach 1949 entstanden, östlich des Hai He. Die wichtigsten Industriezweige sind Maschinen-, Schiff-, Fahrzeug-, Apparate- und Gerätebau, Erdölraffinerie (Pipeline vom Erdölfeld Daqing an der Bucht Bo Hai), chem., Stahl-, elektrotechnisch-elektron., feinmechan., opt., Papier-, Textil- und Nahrungsmittelindustrie sowie Teppichherstellung (die bedeutendste in China; Teppichmesse). Der seit 1952 im Aufbau befindl. Hochseehafen **Tianjin Xingang** (Jahresumschlag etwa 20 Mio. t) ist der zweitgrößte Außenhandelshafen Chinas; er ist außerdem der wichtigste Flusshafen im Einzugsgebiet des Hai He. In seiner Nähe entstand die für ausländ. Kapital geöffnete Sonderwirtschaftszone **Tanggu**. T. liegt im Schnittpunkt der Eisenbahnlinien Schanghai–Peking und Peking–Shenyang, hat eine U-Bahn (seit 1984; 1990: etwa 12 km) und einen Flughafen. – T. war in der Mingzeit (1368–1644) Grenzgarnisonstadt und Umschlagplatz für den Getreidehandel zw. dem Großen Kanal (→Kaiserkanal) und Peking. Die Stadt wurde im Westen v. a. durch die **Verträge von T.** (1858) bekannt (→China, Geschichte). Die Öffnung als Vertragshafen (1860) ließ die Stadt rasch aufblühen. T. wurde 1976 von einem Erdbeben stark zerstört, beim Wiederaufbau erweitert; Teile der Altstadt südlich des Südabschnitts des Kaiserkanals blieben erhalten.

Tiepolo, Giovanni Battista (Giambattista), ital. Maler, * Venedig 5. 3. 1696, † Madrid 27. 3. 1770, Vater von 2); bedeutender Vertreter der venezian. Schule. Seine an P. VERONESE orientierte und unter dem Einfluss von G. B. PIAZZETTA und S. RICCI ausgebildete und erfindungsreiche Malweise war für die großen Dekorationsprogramme kirchl. und aristokrat. Auftraggeber in ganz Europa gefragt. Er schuf eine Fülle von Altarbildern und Fresken für Kirchen, Paläste und Villen in Venedig (u. a. Chiesa degli Scalzi, Ca' Rezzonico, Palazzo Labia) und an anderen Orten Oberitaliens, u. a. in Udine (1726 ff.; im Dom und im erzbischöfl. Palast), Mailand (1731, 1737 und 1740; u. a. im Palazzo Dugnani), Bergamo (1733; u. a. in der Colleoni-Kapelle), Vicenza (1734 und 1757; u. a. Villa Valmarana). Den Höhepunkt seines Schaffens bilden die Fresken im Kaisersaal und im Treppenhaus der Würzburger Residenz (1751–53). 1762 siedelte er nach Madrid über, wo er mit seinen Söhnen GIOVANNI DOMENICO und LORENZO (* 1736, † 1776) die Fresken im Königsschloss ausführte. Seit Mitte der 1720er-Jahre wichen in T.s Werken die erdigen, stumpfen Töne der Frühzeit einer leuchtenden Farbenpalette, die sich zunehmend aufhellte, bis um 1750 das Licht die Farben transparent und durchsichtig machte. Kühne Verkürzungen und kraftvolle Lichteffekte dienen der illusionist. Öffnung der Deckenmalerei, zunehmend prägt sich sein Streben nach repräsentativer Großartigkeit und klassisch geklärter Komposition aus. T. schuf auch 35 Radierungen in zwei Folgen (›Vari Capricci‹, ›Scherzi di Fantasia‹) sowie Rötelzeichnungen und lavierte Federzeichnungen.

Weitere Werke: Neptun bietet Venedig die Reichtümer des Meeres an (um 1748/50; Venedig, Dogenpalast); Bildnis eines Prokurators (um 1749; ebd., Pinacoteca Querini Stampalia); Das Gastmahl von Antonius und Kleopatra (Fresko, um 1750; ebd., Palazzo Labia); Anbetung der Könige (1753; München, Alte Pinakothek); Der hl. Jakobus von Compostela (1757/58; Budapest, Magyar Szépművészeti Múzeum).

A. MORASSI: A complete catalogue of the paintings of G. B. T. (London 1962); G. KNOX: Giambattista and Domenico T. A study and catalogue raisonné of the chalk drawings, 2 Bde. (Oxford 1980); C. DEININGER: Die Fresken im Frühwerk Giambattista T.s. Über die ingeniösen Anfänge des venezian. Freskanten (1995); G. B. T. (1696–1770) u. sein Atelier. Zeichnungen u. Radierungen im Berliner Kupferstichkabinett, bearb. v. H.-T. SCHULZE ALTCAPPENBERG, Ausst.-Kat. Kupferstichkabinett, Berlin (1996); T. in Würzburg. Der Himmel auf Erden, hg. v. P. O. KRÜCKMANN, Ausst.-Kat. Residenz Würzburg, 2 Bde. (Neuausg. 1997).

2) **Giovanni Domenico** (Giandomenico), ital. Maler, * Venedig 30. 8. 1727, † ebd. 3. 3. 1804, Sohn von 1); Schüler und Mitarbeiter seines Vaters, radierte auch nach Gemälden seines Vaters und eigenen Entwürfen (u. a. die Flucht nach Ägypten) und fertigte Zeichnungen (u. a. Pulcinellaserie). Sein eigener satirisch-realist. Stil kommt in Genreszenen zum Ausdruck, bes. in den Fresken mit bäuerl. Szenen im Gästehaus der Villa Valmarana in Vicenza (1757) und in den Fresken mit Harlekinaden, Schaulustigen und Flaneuren im Familienwohnsitz in Zianigo (um 1791, heute in Venedig, Ca' Rezzonico).

G. D. T. Die Flucht nach Ägypten, hg. v. H. KELLER (1986); G. D. T. The Punchinello drawings, bearb. v. A. GEALT (London 1986).

Tier, 1) *Biologie:* →Tiere.
2) *Jägersprache:* Bez. für das weibl. Stück der Hirscharten außer Rehwild (dort: Ricke); im einjährigen Alter: Schmaltier.

Tierdarstellungen: Zwei kämpfende Steinböcke; Spitze einer aus Rentiergeweih geschnitzten Speerschleuder, gefunden in der Höhle Enlène, Dép. Ariège; Höhe 9,4 cm, 15 000–10 000 v. Chr. (Paris, Musée de l'Homme)

Giovanni Domenico Tiepolo: Rast der Hanswurste; Fresko, um 1791 (Venedig, Ca' Rezzonico)

Tier|areal, jener Teil des Verbreitungsgebietes einer Tierart, in dem diese sich ohne ständigen Zuzug von außen her dauerhaft fortzupflanzen vermag. Im Unterschied zu den ortsgebundenen Pflanzen ist der Arealbegriff für Tiere schwer festzulegen. Irrgäste können z. B. falsche Arealgrenzen vortäuschen, außerdem sind T. selten homogen besiedelt. Die Größe eines T. kann – bei Kosmopoliten – nahezu alle Kontinente umfassen, sie kann – bei Endemiten – sehr begrenzt sein. Bei vielen Tieren (z. B. Aalen, Lachsen) kann das T. in ein Wander- und ein Fortpflanzungsgebiet unterteilt sein, bei Zugvögeln in Brutgebiet, Zuggebiet und Überwinterungsgebiet. Areale, die aus nicht zusammenhängenden Gebieten bestehen, heißen disjunkte Areale, solche, die ein zusammenhängendes Gebiet darstellen, kontinuierl. Areale. Wenn sich die T. zweier nahe verwandter Arten nicht überschneiden, sind diese allopatrisch verbreitet, überschneiden sie sich zum größten Teil, so spricht man von sympatr. Verbreitung.

Tier|arzt, Veterinärmediziner [v-], Tiermediziner nach Studium und Erteilung der →Approbation. Der T. arbeitet freiberuflich (oft spezialisiert) in eigener Praxis, als Beamter (Amts-Bez. aufsteigend vom Veterinärrat bis zum Veterinärdirektor) oder Angestellter in der Veterinärverwaltung, in Forschung und Lehre, im halbamtl. Tiergesundheitsdienst, als Veterinäroffizier in der Bundeswehr oder als Angestellter bzw. Sachverständiger in der Wirtschaft (v. a. pharmazeut. Industrie). Die Aufgaben des T. erstrecken sich außer auf die Behandlung kranker Tiere und die Tierseuchenbekämpfung auch auf die Untersuchung und Überwachung der Herstellungs-, Lagerungs-, Transport- und Verkaufshygiene von Fleisch (Schlachttier- und Fleischuntersuchung), Milch und sonstigen Lebensmitteln tier. Herkunft, ferner auf den Tierschutz, die Beratung der Tierhalter und die Überwachung der Hygiene in Tierbeständen. (→Tiermedizin)

tier|ärztliche Hochschule, wiss. Hochschule spezieller Fachrichtung für die Ausbildung von Tierärzten. In Dtl. besteht die t. H. Hannover, außerdem kann das Studium der Tiermedizin auch an den Univ. in Berlin (FU, Humboldt-Univ.), Gießen, Leipzig und München aufgenommen werden. In Wien besteht eine **Veterinärmedizinische Universität** (seit 1905 t. H., seit 1975 Univ.), die Univ. Bern und Zürich haben tierärztl. Fakultäten.

Die t. H. gehen auf Tierarzneischulen (zur Bekämpfung von Seuchen) zurück; früheste Gründungen waren die in Lyon (1762) und Alfort bei Paris (1766), in Dtl. Hannover (1778; seit 1887 t. H.), Dresden (1780; 1889 t. H., 1923 als Fakultät an die Univ. Leipzig verlegt) und Berlin (1790; 1887 t. H., nach dem Zweiten Weltkrieg Veterinärmedizin. Fakultät der Univ.); die Wiener Pferdekur- und Operationsschule (1767) wurde um 1800 Arzneiinstitut.

Tierbauten, von Tieren hergestellte Einrichtungen aus körperfremden Stoffen zum eigenen Schutz oder dem der Nachkommen, zur Jungenaufzucht oder zum Nahrungserwerb. Bei Vögeln und Säugern sind Nester und Erdhöhlen (z. T. Baue genannt) weit verbreitet; Staaten bildende Insekten errichten unter- und oberird. Nestbauten (z. B. Termitenhügel).

Tierbestattungen, seit dem Beginn der Jungsteinzeit geübter Brauch, Tiere (oder Teile von ihnen) entweder selbstständig oder gemeinsam mit (einem) Menschen zu bestatten. Dabei überwiegen Haustiere (Katze, Hund, Rind, Schwein, Schaf, Pferd, Ziege) vor Wildtieren (Rotwild). Art des Tieres, Lage des Grabes und Anzahl der T. lassen Deutungsversuche zu (u. a. Opfertiere, Seelenführer, hl. Tiere).

Tierdarstellungen – Tierdichtung **Tier**

Tierdarstellungen, Wiedergabe von Tieren in der bildenden Kunst. Sie gehören zu den frühesten Zeugnissen menschl. Kunstschaffens. Die naturgetreu wiedergegebenen Jagdtiere der eiszeitl. Höhlenmalerei (→Felsbilder) sind als kultisch gebundene, mag. Bilder zu verstehen. Tierkulte und Tiergötter sind bei vielen Naturvölkern bis in unsere Zeit bekannt. Sie finden sich auch in den Hochkulturen des Altertums, v. a. in der ägypt. Kultur, in der auch die höchsten Götter als Tiere (z. B. Hathor als Kuh, Horus als Falke) oder als Mischwesen (z. B. der schakalköpfige Anubis) dargestellt werden. Die ältesten monumentalen Freiplastiken sind ägypt. Tierdenkmäler (Granitlöwe, um 3000 v. Chr.; Berlin, Ägypt. Museum); sie drücken in geschlossen blockhafter Form ein hohes Maß an lebendiger Naturbeobachtung aus. Aus Vorderasien sind seit dem 2. Jt. Gefäße in Tierform bekannt. Meisterhafte Tierreliefs schufen die Assyrer. Auch in der Frühzeit der griech. Kunst spielen T. eine bedeutende Rolle: formelhaft als Schmuck an Gefäßen und als Statuetten in Ton und Bronze. Mit dem Eindringen oriental. Elemente gewinnt u. a. die Darstellung des Löwen an Bedeutung. Bevorzugtes Tier der griech. Kunst ist aber das Pferd; ein Höhepunkt in der Erfassung von Organismus und Wesen des Pferdes ist der Parthenonfries. Eine völlig andere Wiedergabe von

Tierdarstellungen: links Kranich und junger Chinese; Porzellanfiguren aus der Mingzeit, Höhe 22 cm bzw. 14,6 cm (Privatbesitz); rechts Sibylla Merian, ›Tagfalter mit Raupe an einem blühenden, fruchttragenden Busch‹; mit Wasserfarben kolorierter Kupferstich, 1705 (Privatbesitz)

Tierdarstellungen: Der ägyptische Gott Amun als Widder, gefunden im Amuntempel in Napata; Länge 2,10 m, um 1370 v. Chr. (Berlin, Ägyptisches Museum)

Tieren entwickelten die Germanen während der Völkerwanderungszeit im german. →Tierstil, dessen Voraussetzungen u. a. im eurasiat. Tierstil liegen. Die Tierornamentik der Völkerwanderungszeit, der auch sinnbildl. Bedeutung zukommt, lebt bes. in den keltisch-irischen Bilderhandschriften des 7. und 8. Jh., aber auch in der roman. Bauornamentik weiter. Im MA. übernahmen die Künstler den schon in frühchristl. Zeit geprägten Symbolgehalt, der im →Physiologus, der wichtigsten Quelle mittelalterl. Tiersymbolik, zusammengestellt ist. Mit dem Naturstudium vieler Künstler in der Renaissance löst sich die Tierdarstellung aus ihrer symbol. und allegor. Gebundenheit (u. a. Zeichnungen von PISANELLO und A. DÜRER, Kleinbronzen von A. RICCIO). Durch die Schaffung des ›Tierstücks‹ in der niederländ. Malerei des 17. Jh. wird die T. zur selbstständigen Bildgattung (u. a. bei P. POTTER, F. SNIJDERS). Bedeutende T. in der Plastik entstanden im 19. Jh.; besonderes Interesse galt hier wieder Pferd und Löwe (u. a. B. THORVALDSEN, Löwendenkmal in Luzern, 1818). Im 19. und 20. Jh. ge-

hören T. zum Hauptthema einzelner Künstler (u. a. A.-L. BARYE, F. MARC, A. GAUL, R. SINTENIS, M. MARINI, P. HARTH, H. WIMMER).

F. D. KLINGENDER: Animals in art and thought to the end of the Middle Ages (1971); W. VON BLANKENBERG: Heilige u. dämon. Tiere (²1975); Tierbilder aus vier Jahrtausenden. Antiken der Slg. Mildenberg, Beitrr. v. A. P. KOZLOFF u. a., Ausst.-Kat. (a. d. Amerikan., 1983); G. BAMMES: Große Tieranatomie. Gestalt, Gesch., Kunst (1991); Animals in African art, bearb. v. A. F. ROBERTS u. a. (New York 1995); R. STOLL: Tiere auf röm. Münzen (1995); J. GIERLICHS: Mittelalterl. Tierreliefs in Anatolien u. Nordmesopotamien (1996).

Tierdichtung, Sammelbegriff für literar. Werke, in denen Tiere als handelnde Figuren im Mittelpunkt stehen. Diese behalten ihre tier. Erscheinungsform, agieren jedoch mit menschl. Charakterzügen. Zu unterscheiden sind Tierepos, Tierfabel, Tiermärchen, Tiersage, Tierbuch und Tierroman. Populärste Form der T. ist die **Tierfabel** (→Fabel), die bereits im alten Indien (→Pancatantra, →Kalila und Dimna) und Ägypten verbreitet war. Die Fabeln der griech. Antike sind mit dem legendären Namen des AISOPOS verbunden, sie beeinflussten über BABRIOS, AVIANUS, PHAEDRUS u. a. die gesamte europ. T. Ihre wichtigste mittelalterl. Form ist die in moralisierender Absicht abgefasste und v. a. auf eine typolog. Ausdeutung hin konzipierte Schilderung tatsächl. oder vermeintl. Merkmale oder Verhaltensweisen von Tieren in den Bestiarien (→Bestiarium). Wichtigste Quelle hierfür war der →Physiologus. Das **Tierepos** als literar. Großform benutzt das Figurenensemble der Tierfabel, beschränkt jedoch die Anthropomorphisierung der Tiere auf typ. Charakterzüge, als (didaktisch-satirische) Widerspiegelung so-

Tierdarstellungen: Franz Marc, ›Schweine‹, 1912 (Privatbesitz)

Tier Tiere

zialer Verhältnisse und menschl. Verhaltens. Ältestes Tierepos ist die Versdichtung →Batrachomyomachie (›Froschmäusekrieg‹, 3. Jh.), das bis in das späte MA. und in die frühe Neuzeit hinein Übersetzungen und Nachahmungen fand (u. a. J. FISCHART, G. ROLLENHAGEN). Wichtige europ. Tierepen des MA. sind neben der aus dem 11. Jh. stammenden ›Ecbasis captivi‹ v. a. der lat. ›Ysengrimus‹ (Mitte 12. Jh.) des NIVARDUS VON GENT und der altfrz. ›Roman de Renart‹. Auf ihnen beruht die weitere literar. Tradition um →Reinecke Fuchs, die bis zu GOETHES Bearbeitung (›Reineke Fuchs‹, 1794) reicht.

Die Tierfabel erlebte im 17. Jh. bei J. DE LA FONTAINE in Frankreich, später auch in Dtl. bei C. F. GELLERT, J. W. L. GLEIM, J. G. HERDER und G. E. LESSING eine neue Blütezeit. Die Tradition der T. setzt sich fort in E. T. A. HOFFMANNS fragmentar. Roman ›Lebens-Ansichten des Katers Murr ...‹ (2 Bde., 1819–21), H. HEINES Versepos ›Atta Troll‹ (1847), im 20. Jh. u. a. in den Tiererzählungen M. KYBERS (›Unter Tieren‹, 1912), K. A. GJELLERUPS (›Das heiligste Tier‹, 1919) und G. ORWELLS (›Animal Farm‹, 1945).

Als neuer Zweig der T. entwickelte sich seit dem 19. Jh. der **Tierroman** bzw. innerhalb der sich ausbildenden Kinder- und Jugendliteratur das **Tierbuch** mit sprechenden und handelnden Tieren. Das Tier wird nun auch in seinem Eigenleben und in seiner natürl. Umwelt beschrieben (z. B. B. BERG, S. FLEURON, H. LÖNS, E. T. SETON), doch übertragen auch zahlr. Tierbücher menschl. Züge und Eigenarten auf Tiere und stellen sie als Freunde, Verwandte und Helfer dar, so etwa R. KIPLING (›The jungle book‹, 1894), J. LONDON (›White Fang‹, 1896), W. BONSELS (›Die Biene Maja und ihre Abenteuer‹, 1912). Daneben stehen solche Werke, in denen ein Tierschicksal eng mit den Geschicken eines Menschen verknüpft ist (z. B. H. MELVILLE, ›Moby-Dick or, The whale‹, 1851; T. MANN, ›Herr und Hund‹, 1919; E. HEMINGWAY, ›The old man and the sea‹, 1952).

Zahlreiche Märchen berichten von Begegnungen mit zauberkräftigen, hilfreichen oder dankbaren Tieren, von Tierverwandlungen und (Ehe-)Gemeinschaft mit Tieren. In diesen **Tiermärchen** i. w. S. werden die Tierfiguren als eigenständige Handlungsträger neben den menschl. Märchenhelden oder als deren Metamorphosen ins Spiel gebracht. Tiermärchen i. e. S. handeln vom Zusammenleben der Tiere und von daraus entstehenden Konflikten (›Krieg der Tiere‹). Hier treten als Handlungsträger ausschließlich Tiere auf, Menschen kommen allenfalls in untergeordneten Rollen vor. In Zaubermärchen und Legenden begegnen sie als zentrale Figuren in der Rolle dankbarer und hilfreicher Tiere und erfüllen im Dienste der Protagonisten scheinbar unlösbare Aufgaben. Die aus vielen Teilen der Welt bekannten ätiolog. **Tiersagen** wollen Eigenschaften von Tieren erklären bzw. die Ursache ihrer Erschaffung begründen. In Tiererzählungen der Naturvölker haben oftmals religiöse Vorstellungen ihren Niederschlag gefunden. Deutlich wird dabei der Zusammenhang mit alten Mythen, in denen das Tier dem Menschen noch gleichberechtigt oder sogar höherrangig gegenübersteht. In totemist. Kulturen wird v. a. die Mensch-Tier- bzw. Tier-Mensch-Verwandlung thematisiert. **Tierschwänke** zeigen eine starke themat. Affinität zur knappen Fabel, bilden aber häufig Zyklen. Die moral. Ausdeutung fehlt, es überwiegt die Freude an der Überlistung des Gegners. Tiere agieren in komischen Situationen, schädigen sich selbst unbewusst oder lassen sich durch andere Tiere zu für sie nachteiligen Handlungen verleiten. Dabei haben die Völker ihre jeweiligen Lieblingstiere, die als zentrale Figuren substituiert und keineswegs nur auf die aus Fabeln bekannten ›klass.‹ Charakteristika festgelegt werden können. Rolle und Funktion, die in Mittel- und Nordeuropa der Fuchs spielt, nimmt in Afrika und bei der afroamerikan. Bevölkerung Nordamerikas der Hase bzw. das Kaninchen (›Brer Rabbit‹) ein; in Westafrika, auf Jamaika und in Surinam agiert die trickreiche Spinne, in Indien und in Teilen Afrikas der durchtriebene Schakal, bei den Malaien der Zwerghirsch mit diesen Charakteristika und bei den Indianern Nordamerikas der Kojote.

O. KELLER: Die antike Tierwelt, 2 Bde. (1909–13, Nachdr. 1980); A. L. SELLS: Animal poetry in French and English literature and the Greek tradition (London 1957); H. R. JAUSS: Unters. zur mittelalterl. T. (1959); Das Tier in der Dichtung, hg. v. U. SCHWAB (1970); Aspects of the medieval animal epic, hg. v. E. ROMBAUTS u. a. (Löwen 1975); N. HENKEL: Studien zum Physiologus im MA. (1976); K. GRUBMÜLLER: Meister Esopus. Unters. zu Gesch. u. Funktion der Fabel im MA. (Zürich 1977); F. P. KNAPP: Das lat. Tierepos (1979); L. RÖHRICH: Märchen u. Wirklichkeit (^{4}1979); C. LECOUTEUX: Les monstres dans la littérature allemande du moyen âge, 3 Bde. (Göppingen 1982); R. TREMAIN: The animals Who's Who (London 1982); Fabelforschung, hg. v. P. HASUBEK (1983); E. BRUNNER-TRAUT: Altägypt. Tiergesch. u. Fabel (^{7}1984); P. CARNES: Fable scholarship (New York 1985); G. DICKE u. K. GRUBMÜLLER: Die Fabeln des MA. u. der frühen Neuzeit (1987); Atti del V. Colloquio della International Beast Epic, Fable and Fabliau Society, hg. v. G. MOMBELLO u. a. (Alessandria 1987); Die dt. u. lat. Fabel in der frühen Neuzeit, hg. v. A. ELSCHENBROICH, 2 Bde. (1990); R. WEICK: Der Habicht in der dt. Dichtung des 12. bis 16. Jh. (1993).

Tiere [ahd. tior, wahrscheinlich eigtl. ›atmendes Wesen‹], **Animalia,** die Gesamtheit der eukaryont. Organismen, die im Tierreich (regnum animalium) zusammengefasst sind und als solche dem Pflanzenreich gegenübergestellt werden. Systematisch wird das Tierreich in die Unterreiche **Protozoa** (einzellige T.) und **Metazoa** (vielzellige T.) gegliedert, mit insgesamt 30 Stämmen, wobei über die Zahl der Stämme und deren weitere systemat. Unterteilung unter Wissenschaftlern keine Übereinstimmung herrscht. Sowohl einzellige (rd. 27 000 Arten) als auch vielzellige T. (etwa 1,5 Mio. bekannte Arten) sind aus echten Zellen mit Zellkern und membranumgrenzten Zellorganellen aufgebaut. Stammesgeschichtlich können T. und Pflanzen auf gemeinsame einzellige Urformen zurückgeführt werden, die unter den Flagellaten zu finden sind; bei den Flagellaten werden ›autotrophe und ›heterotrophe Formen unterschieden und die Ernährungsweise ist wohl das Hauptunterscheidungsmerkmal zw. den i. Allg. autotrophen Pflanzen und den heterotrophen T. Deutlich werden die Unterschiede zw. Pflanzen und T. bei den vielzelligen Organismen, wobei die sich herausbildenden Strukturmerkmale in vielem als Anpassung an die heterotrophe Ernährungsweise und die (im Ggs. zu den Pflanzen) meist frei beweglich. Lebensweise gesehen werden können. Grundsätzlich haben die vielzelligen T., bei denen der Stoffaustausch im Wesentlichen im Körperinnern stattfindet, eine eher kompakte Form mit reich gegliederten Körperhohlräumen, während Pflanzen ein im Vergleich zur Körpermasse große, reich gegliederte Oberfläche haben.

Trotz der großen Vielfalt im Tierreich existiert nur eine begrenzte Zahl von Grundbauplänen, da viele T. gemeinsame Merkmale besitzen. Wichtiges Organisationsmerkmal ist die Größe; zunehmende Größe ermöglicht und erfordert zunehmende Komplexität und Spezialisierung.

Stützsysteme und *Bewegungsapparat:* Pflanzen erhalten ihre Stabilität v. a. durch den hohen Turgor der Zellen. Bei T. wird dies durch die Ausbildung von Bindegewebe und Faserproteinen (z. B. Kollagen, Chitin) erreicht. Stützelemente, die meist – neben kontraktilen Fasern – auch der Bewegung dienen, finden sich schon bei Einzellern. V. a. bei Wirbellosen kann ein →Hydroskelett ausgebildet sein, das außer der Stützfunktion auch im Dienst der Fortbewegung stehen kann, so durch über Muskelkontraktion erzeugte peristalt. Bewegungen (z. B. bei Würmern), und das auch umfangreichere Gestaltänderungen erlaubt. Stützelemente in Form von Hartskeletten können als Außen- oder Innenskelett ausgebildet sein. Außenskelette finden sich z. B. bei den Gliederfüßern (Kutikula mit Chitineinlagerung) und bei den Weichtieren (Kalkschale). Sie haben neben der Stützfunktion auch Schutzfunktion. Bei größeren T. ist ein Außenskelett schon wegen des zu erwartenden Gewichts ungünstig. Sie besitzen ein Innenskelett, das bei den Chordatieren aus Knorpel oder Knochen besteht; dieses ist aufgebaut aus Kollagenfasern, die durch Calciumcarbonat, -phosphat und -silikat mineralisiert sind, wodurch ihm auch eine wichtige Rolle im Mineralhaushalt zukommt. Sowohl bei Außen- als auch bei Innenskeletten sind Gelenke ausgebildet; das Vorhandensein bewegl. Glieder erweitert – im Zusammenspiel mit Muskeln – die Möglichkeiten der Fortbewegung, dies v. a. bei landlebenden Tieren.

Nahrungsaufnahme und *Verdauung:* T. sind auf die Aufnahme organ. Nahrung angewiesen und besitzen dementsprechend Organe, die der Nahrungsaufnahme, ihrem mechan. Aufschluss, dem chem. Abbau und der Resorption der Spaltprodukte dienen. Bei den vielzelligen T. sind zu diesem Zweck Körperhohlräume (Darmsysteme) ausgebildet, die mit der Außenwelt in Verbindung stehen. Nach der Art der Nahrungsaufnahme kann unterschieden werden zw. Filtrierern, Säftesaugern, Schlingern, Substratfressern, Zerkleinerern (z. B. mit Radula, Mundgliedmaßen, Kaumägen, Gebiss). Der Darmtrakt besteht meist aus einem durchgehenden Darm mit Mund und After, der in morphologisch und funktionell versch. Abschnitte gegliedert ist. Grundsätzlich werden Vorder-, Mittel- und Enddarmabschnitte unterschieden, vielfach mit Anhangsdrüsen unterschiedl. Funktion (Speicheldrüsen, Mitteldarmdrüsen, Leber u. a.). Die chem. Verdauung beruht auf der katalyt. Wirkung von Enzymen, die von den Anhangsdrüsen und auch den Epithelzellen der Darmwand selbst gebildet werden (bei einigen T., z. B. Spinnen, kommt extraintestinale Verdauung vor). Die Resorption der Spaltprodukte geschieht über Diffusion und aktiven Transport, eine größtmögl. Resorption wird durch Vergrößerung der resorbierenden Oberfläche (Einfaltungen, Darmzotten u. a.) erreicht. Bei vielen T. wirken symbiont. Mikroorganismen bei der Verdauung im Darm mit (bes. wichtig für den Aufschluss von Cellulose).

Atmung und *Gasaustausch:* Während bei den Pflanzen der Gasaustausch grundsätzlich an der Oberfläche erfolgt, ist dies nur bei kleineren T. der Fall, die im Verhältnis zum Volumen eine große Körperoberfläche haben (z. B. Hohltiere, Plattwürmer, kleine Ringelwürmer und Gliederfüßer, manche Schnecken) und durch die Haut atmen; Hautatmung kommt bei vielen T. auch zusätzl. zur Atmung mittels Atmungsorganen vor. An spezif. Atmungsorganen kann man drei Grundformen unterscheiden: Bei wasserlebenden T. finden sich →Kiemen, landlebende besitzen entweder →Tracheen (Insekten, Tausendfüßer) oder →Lungen.

Kreislaufsysteme dienen der Versorgung aller Teile des Körpers mit Nährstoffen und Atemgasen sowie dem Abtransport der Abfallprodukte. Bei sehr kleinen T. kann dies durch einfache Diffusion geschehen, bei größeren T. ist eine ausreichende Versorgung aller Zellen nur durch unterstützenden Transport gewährleistet. Im einfachsten Fall liegt ein offener Kreislauf vor, d. h., die Zellen grenzen an flüssigkeitsgefüllte Körperhöhlen, die Flüssigkeit wird durch Körperbewegungen durchmischt (z. B. bei Würmern, Weichtieren, Gliederfüßern). Bei größeren T. reicht dies nicht aus, hier ist ein geschlossener Kreislauf erforderlich mit einem Herzen, das die Körperflüssigkeit (Blut) in den Gefäßen durch seine Pumptätigkeit in Umlauf hält, was für die Konstanterhaltung der Lebensbedingungen aller Körperzellen wichtig ist.

Exkretion, Wasser- und *Ionenhaushalt:* Die Funktion von Exkretionsorganen ist die Aufrechterhaltung der Ionenkonzentration, die Steuerung des Wassergehaltes des Körpers und die Abscheidung stickstoffhaltiger Abfallprodukte (als Ammoniak, Harnstoff, -säure). Bei den wasserlebenden T. dienen die Exkretionsorgane v. a. der Regulation von Wasser- und Ionenhaushalt, während bei den landlebenden T. die Ausscheidungsfunktion ebenso wichtig ist. Exkretionsorgane i. w. S. finden sich schon bei süßwasserbewohnenden Einzellern als kontraktile Vakuolen. Exkretionsorgane i. e. S. sind in ihrer ursprünglichsten Form Protonephridien, z. B. der Plattwürmer, Fadenwürmer, vieler Larven, weiterhin die bei Ringelwürmern, Gliederfüßern, Weichtieren vorkommenden Metanephridien, bei den landlebenden Gliederfüßern die Malpighi-Gefäße und bei den Wirbeltieren die Nieren.

Sinnesorgane und *Nervensysteme:* Sinnesorgane dienen der Aufnahme von Reizen aus der Umwelt; um auf diese in angemessener Weise reagieren zu können sowie zur Koordination der Tätigkeit der versch. Organe und Gewebe im Körper ist bei vielzelligen T. ein Nervensystem ausgebildet. Schon einzellige T. reagieren auf Reize; bei den Vielzellern können im einfachsten Fall einzelne Sinneszellen einziges Element der Reizaufnahme sein; mit steigendem Organisationsgrad werden in Anpassung an Lebensweise und Lebensraum zunehmend komplizierter aufgebaute Sinnesorgane ausgebildet (z. B. Gehörsinnesorgane, Augen). Auch das Nervensystem wird mit zunehmendem Organisationsgrad komplexer. Hohltiere und Seeigel besitzen ein diffuses Nervennetz, z. T. auch schon Nervenstränge. Bei den meisten Wirbellosen ist eine Bauchganglienkette ausgebildet, viele segmentierte T. besitzen pro Segment ein Ganglion. Bei höheren Gliederfüßern finden sich einfache Gehirne in Form z. B. der Oberschlundganglien. Am höchsten entwickelt ist das Nervensystem der Wirbeltiere.

Fortpflanzung und *Entwicklung:* Sowohl ungeschlechtl. als auch geschlechtl. Fortpflanzung kommen vor, beide Formen können in einem Generationswechsel verbunden sein. Die Erzeugung der Keimzellen dienenden Fortpflanzungsorgane liegen meist im Körperinneren (bei Pflanzen stets an der Oberfläche). Während viele wasserlebende T. ihre Eier und Spermien ins Wasser abgeben, überwiegt bei den Land-T. innere Befruchtung, was zusätzl. Organe für die Übertragung und Aufnahme des Spermas erfordert. – In der Individualentwicklung hört bei den T. das Wachstum i. d. R. nach Ende einer definierten Wachstumsphase auf, während Pflanzen zeitlebens wachsen.

T. haben für den Menschen in vielerlei Hinsicht Bedeutung. Viele T. und ihre Produkte (Eier, Honig, Milch u. a.) sind wesentl. Grundlage der Ernährung des Menschen und dienen der Herstellung von Kleidung (Felle, Leder, Wolle), Werkzeugen (Knochen, Zähne u. a.), Arzneimitteln (z. B. Schlangenseren, Immunseren) und vielen anderen Produkten. V. a. die zur Ernährung dienenden Nutztiere wurden vom Menschen schon früh in den Hausstand übernommen und planmäßig gezüchtet. In der wiss. Forschung und v. a. in der pharmazeut. und kosmet. Industrie werden T. als Versuchs-T. eingesetzt, um Substanzen auf ihre schädl. Wirkung hin zu testen. Hauptsächlich für Wirbeltiere, die er als ihm verwandte Mitgeschöpfe erkennt, kann der Mensch ›Tierliebe‹ empfinden und sie deshalb als Haustiere halten.

Recht: Rechtlich sind T. zwar keine Sachen, die für Sachen geltenden Vorschriften finden auf sie aber grundsätzlich entsprechende Anwendung (§ 90a BGB). T. werden durch besondere Gesetze, insbesondere das Tierschutzgesetz, geschützt.

Besteht wegen der Verletzung eines T. ein Schadensersatzanspruch, sind die Kosten der Heilbehandlung u. U. auch dann zu ersetzen, wenn sie den Wert des T. erheblich übersteigen (§ 251 Abs. 2 Satz 2 BGB).

Ferner sind Haustiere von wilden T. zu unterscheiden. Wilde T. sind herrenlos, solange sie sich in Freiheit befinden; sie unterliegen dem Aneignungsrecht, das durch landesgesetzl. Bestimmungen über das Jagd- und Fischereirecht beschränkt ist (→Jagdrecht). Haustiere werden, auch wenn sie verwildern, nicht herrenlos. Über die Haftung →Tierhalter.

Religionsgeschichte: Als Mitlebewesen des Menschen haben T. von frühesten Zeiten an Teil am religiösen Selbstverständnis und Vollzug menschl. Gemeinschaften (→Felsbilder und frühe Kleinplastik, →Tierdarstellungen). In Jäger- und Viehzüchterkulturen bilden sie den Mittelpunkt kult. und manipulativer Religiosität (Animalismus, z. B. als ›Jagdzauber‹), aber auch in Ackerbaukulturen und weiter differenzierten Gesellschaften gehören T. zum festen Bestandteil religiöser Ausdrucksformen in Lehre (T.-Gottheiten, Ahnen-T., Seelen-T., T. als Heil- und Kulturbringer) und Kult (Opfer- und Orakel-T., Gebrauch von T.-Masken und T.-Bekleidung oder T.-Teilen als Elemente des Priesterornats oder als Amulette). Zum kult. Umgang mit T. gehört auch die Tempelsodomie. Eine besondere Rolle spielen T. im →Nagualismus und →Totemismus. In den meisten Religionen ist das Verhältnis zu (bestimmten) T. ambivalent: Neben heiligen T. (z. B. Kuh, Stier, Bär, Fuchs) und religiös unbedeutenden T. stehen solche mit unheilvollem (z. B. Wolf, Ziegenbock, Katze, Ratte, Wiesel, Chamäleon) oder gar Unheil bringendem Charakter (Schlange, Drache, ›T. der Endzeit‹). Eine besondere Form des T.-Kults findet sich in Jägerkulturen bei dem meist tiergestaltigen →Herrn der Tiere (Sibirien, Afrika), der für Jagderfolg verantwortlich ist, die Seele der getöteten T. aber wieder zu sich nimmt (Skelett- oder Tierteilbestattung). An die Stelle von hl. T. treten häufig auch T.-Statuen (Stier, Schlange u. a.) oder tier- bzw. tierkopfgestaltige Gottheiten (z. B. in Indien, Ägypten und im Nahen Osten). In monotheist. Religionen erscheinen sie nur noch als Symbol-T. (Lamm, Fisch, Taube u. a.) oder Begleit-T. (Adler, Löwe, Eule, Bär, Affe u. a.). Die Annahme, der T.-Kult und der mit ihm verbundene Ahnenglaube habe am Anfang aller Religion gestanden, hat zu verschiedenen religionswiss. (Ursprung-)Theorien geführt (Animismus, Animatismus, Präanimismus, Totemismus, Dynamismus), die die neuere Forschung aber aufgrund des spekulativen Charakters zunehmend infrage stellt.

Zur Literatur →Tierdichtung.

⇨ *Atmung · Blutkreislauf · Darm · Domestikation · Entwicklung · Ernährung · Exkretion · Fortpflanzung · Muskeln · Nervensystem · Sinnesorgane · Skelett · Systematik · Tierschutz · Tierversuche · Verdauung*

Biologie: U. WELSCH u. V. STORCH: Einf. in die Cytologie u. Histologie der T. (1973); A. KAESTNER: Lb. der speziellen Zoologie, auf zahlr. Tl.-Bde. ber. ([4]1980 ff.); Lb. der Zoologie, begr. v. H. WURMBACH, fortgef. u. hg. v. R. SIEWING, 2 Bde. ([3]1980–85); Grzimeks Tierleben. Enzykl. des Tierreichs, hg. v. B. GRZIMEK u.a., 13 Bde. (Neudr. 1993); K. URICH: Vergleichende Biochemie der T. (1990); Urania-Tierreich, 6 Bde. in 7 Tlen. (Neuausg. 1991–95).

Religionsgeschichte: H. FINDEISEN: Das Tier als Gott, Dämon u. Ahne (1956); J. PAULSON: Schutzgeister u. Gottheiten des Wildes in Nordeurasien (Stockholm 1961); K. SÄLZLE: Tier u. Mensch, Gottheit u. Dämon (1965); K. MYŚLIWIEC: Studien zum Gott Atum, Bd. 1: Die hl. T. des Atum (1978); D. KESSLER: Die hl. T. u. der König, Tl. 1: Beitrr. zu Organisation, Kult u. Theologie der spätzeitl. Tierfriedhöfe (1989); H. M. LINS: T. in der Mythologie u. ihre religiöse Symbolkraft ([2]1994).

Tier|ethik, →Tierschutz.

tierfangende Pflanzen, die →Fleisch fressenden Pflanzen.

Tierfellnävus, Naevus pilosus, behaarter Nävuszellnävus (Muttermal), der größere Körperabschnitte bedeckt.

Tierfilme, schon in der Vorgeschichte des Films ab 1872 von E. MUYBRIDGE als Forschungsinstrument für Bewegungsabläufe genutzt, werden T. in der Verhaltensforschung und für den Unterricht wegen der film. Möglichkeiten von Zeitlupe und -raffer, Groß- und Fahraufnahmen geschätzt. Daneben werden sie im Kino als Naturbeobachtung (›Die Wüste lebt‹, 1954, Produktion W. DISNEY) und sogar mit fiktiver dramat. Handlung (›Die Möwe Jonathan‹, 1973, Regie HALL BARTLETT, * 1922; ohne menschl. Darsteller) gezeigt. Breite Aufmerksamkeit fanden, auch im Fernsehen, Dokumentationen von B. GRZIMEK (›Kein Platz für wilde Tiere‹, 1956) und HEINZ SIELMANN (* 1917; ›Expeditionen ins Tierreich‹).

Tiergarten, der →zoologische Garten.

Tiergarten, Verw.-Bez. im zentralen Teil von Berlin, 13,4 km[2], 91 400 Ew.; benannt nach dem zw. Landwehrkanal und Spree gelegenen Park **Tiergarten** (167 ha). Der am Ende des Zweiten Weltkriegs abgeholzte Park wurde ab 1949 neu bepflanzt. Er wird in West-Ost-Richtung von der Straße des 17. Juni durchquert, die zum Brandenburger Tor führt (auf der zentralen Kreuzung, dem ›Großen Stern‹, die Siegessäule, 1873, auf der N-Seite das sowjet. Ehrenmal, 1946). Im N des Parks liegen Schloss Bellevue (1785–89) und die Kongresshalle (1957/58, von H. A. STUBBINS), am O-Rand das Reichstagsgebäude (1884–94, von P. WALLOT). Südlich des Parks liegen Nationalgalerie (1962–67, von L. MIES VAN DER ROHE), Staatsbibliothek Preuß. Kulturbesitz (1967–78, nach Plänen von H. SCHAROUN u. a.), Ibero-Amerikan. Institut, Staatl. Institut für Musikforschung mit Musikinstrumenten-Museum, Philharmonie (1960–63, von SCHAROUN), Kunstgewerbemuseum (1981–85, von R. GUTBROD) und St.-Matthäus-Kirche (1844–46, von F. A. STÜLER), in der nahe gelegenen Stauffenbergstraße ehem. Shell-Haus (1928–31, von E. G. FAHRENKAMP) und Gedenkstätte Dt. Widerstand (im ehem. Bendlerblock) mit dem Denkmal für die Opfer des 20. Juli 1944. Südlich des Parks erstreckt sich das T.-Viertel (früher Diplomatenviertel), südlich des Landwehrkanals der Zoolog. Garten (1844 eröffnet), westlich des Schlossparks Bellevue das Hansaviertel mit der Akad. der Künste (1960, von W. DÜTTMANN). Im N breitet sich zw. Spree und dem S-Bahn-Nordring der Ortsteil Moabit aus (mit starker Industriekonzentration). Der nördlich des S-Bahn-Nordrings gelegene Westhafen ist der größte Hafen Berlins. – Im 16. Jh. ließen die Kurfürsten von Brandenburg vor den Toren Berlins ein Jagdrevier einhegen, als dessen Teil 1657–59 ein Wildgehege entstand, durch das gegen 1700 in Fortführung der Straße ›Unter den Linden‹ eine Straße zum Schloss Charlottenburg geführt wurde. FRIEDRICH D. GR. beauftragte 1742 G. W. VON KNOBELSDORFF mit der Umgestaltung des Parks, der durch ihn und später (1833–40) durch P. J. LENNÉ seine heutige Form erhielt. Das um den Park entstandene Wohngebiet wurde 1861 eingemeindet und bildet seit 1920 den heutigen Bezirk.

Tiergeographie, Zo|ogeographie, die Wissenschaft von der geograph. Verbreitung und Ausbreitung der Tiere auf der Erde; Teilgebiet der Biogeographie. Die T. baut auf den Ergebnissen faunist. Bestandsaufnahmen und den Erkenntnissen anderer biolog. Disziplinen sowie von Geologie, Geographie, Paläontologie und Klimatologie auf. Sie trägt jedoch auch zur Lösung von Problemen dieser Wissenschaften bei. So ist die Theorie der →Kontinentalverschiebung einerseits eine wichtige Grundlage für die Klärung vieler ehemaliger Ausbreitungswege, andererseits wird sie durch die T. auch gestützt.

Die *deskriptive T.* beschreibt die gegenwärtige und ehemalige Verbreitung der Tiere. Sie gliedert sich in die **Chorologie** (Arealkunde; Beschreibung der Areale von Populationen und Arten), die **systematische T.** (Beschreibung der Verbreitung höherer systemat. Gruppen) und die **biozönotische T.** (Beschreibung der Verbreitung von Lebensgemeinschaften), die auch als **geographische Zoologie** der **zoologischen Geografie** (Faunistik; Beschreibung der Tierwelt eines bestimmten Gebietes) gegenübergestellt werden.

Die *kausale T.* erforscht unter Berücksichtigung ihrer Ausbreitungsmöglichkeiten die Ursachen der Verbreitung der Tiere. Sie gliedert sich in die **ökologische T.** (Erklärung der Verbreitung der Arten mit ihren ökolog. Möglichkeiten und Ansprüchen), die **historische T.** (Erklärung der Verbreitung mithilfe der Stammesgeschichte der Tiere und durch Rekonstruktion der geograph. und klimat. Gegebenheiten der Vergangenheit) und die **experimentelle T.** (Überprüfung der Ursachen der Verbreitung durch Experimente; z. B. Neubesiedlung von Inseln).

Die komplexen Fragestellungen der modernen T. lassen sich jedoch meist nicht entsprechend einordnen. Die **Inseltheorie** macht aufgrund von Modellrechnungen Vorhersagen über die Artenzahl auf Inseln (positiv wirken sich Nähe und Artenreichtum der Küsten, die Ausgangspunkt der Besiedlung sind, und die Größe der Insel aus). Da sie auch auf inselartige Vorkommen auf dem Festland anwendbar ist, hat sie einen wichtigen Beitrag für das Verständnis isolierter Lebensräume und die Gefährdung ihrer Lebensgemeinschaften geliefert und große Bedeutung für Naturschutzprobleme erlangt. So macht sie z. B. verständlich, dass eine Art in einem unveränderten Biotop A verloren geht, weil Biotop B zerstört wurde, der bisher gelegentlich Verstärkung oder Ersatz lieferte, wenn die Bedingungen in A ungünstig waren.

Gliederung der Lebensräume

Die deskriptive T. gliedert die Lebensräume der *Landtiere* in Regionen, Subregionen und Provinzen (synonym werden auch die Kategorien Reich, Region und Subregion gebraucht). Die Grenzverläufe sind umstritten (1954 lagen 78 Klassifikationen vor), da für einzelne Tiergruppen oft unterschiedl. Grenzen gezogen werden müssten. Die klass. Gliederung beruht weitgehend auf der Verbreitung der Vögel und Säugetiere. Die tiergeograph. Regionen stimmen mit in den Kernbereichen mit den Florenreichen der →Pflanzengeographie überein. Die Zusammenfassung von tiergeograph. Regionen zu Faunenreichen wird so unterschiedlich gehandhabt, dass hier darauf verzichtet wird. Übergangsgebiete mit aus Elementen der angrenzenden (Sub-)Regionen bestehenden Mischfaunen existieren zw. der Neotropis und der Nearktis in Mittelamerika, zw. der Äthiopis und der Paläarktis in N-Afrika und dem Vorderen Orient, zw. der Orientalis und der Paläarktis in SO-Asien und zw. der Orientalis und der austral. Region (Australis) in der durch die Lydecker- und die Wallace-Linie begrenzten →Wallacea.

Die Einheitlichkeit der Tierwelt der **Holarktis** beruht einerseits darauf, dass es zumindest während des ganzen Tertiärs keine Landverbindung zw. Nord- und Südamerika gegeben hat, und dass andererseits zw. Nordamerika und Eurasien eine länger dauernde Landverbindung (Beringbrücke) im Bereich des Beringsmeers bestand. Deshalb ist die Tierwelt Nordamerikas der Eurasiens ähnlicher als der Südamerikas. Die Holarktis ist durch die pleistozänen Eiszeiten viel stärker beeinflusst worden als die anderen Regionen und letzten Endes in ihrer (des Klimas wegen ohnehin unterdurchschnittl.) Artenzahl verarmt. Zu den etwa 5 000 gemeinsamen Tieren der Holarktis gehören z. B. Bison, Rentier, Eis- und Braunbär, Wolf, Elch, Maulwürfe, Biber, Raufußhühner, Salamander, Olme, Hechte, Barsche, Lachse und Störe. Trotz der Gemeinsamkeiten sind Unterschiede zw. ihren Subregionen nicht zu übersehen. In der **Paläarktis** erschweren die in Ost-West-Richtung verlaufenden Gebirgszüge eiszeitl. Rückzugs- und nacheiszeitl. Wiederausbreitungsbewegungen. Die Kenntnis der eiszeitl. Rückzugsgebiete (Glazialrefugien) ist für das Verständnis der heutigen Fauna von großer Bedeutung. Endem. Tiergruppen der Paläarktis sind Gämsen, Saigaantilopen, Moschustiere, Schlafmäuse, Springmäuse, Braunellen, Winkelzahnmolche und Scheibenzüngler. Die Vogelwelt des riesigen Gebiets setzt sich fast ausschließlich aus weit verbreiteten Gruppen zusammen. Die Artenzahl ist mit etwa 1 100 niedriger als z. B. die Kolumbiens (mehr als 1 500 Arten). Die **Nearktis** ist durch die Eiszeiten weniger stark betroffen worden. Endem. Tiergruppen sind Gabelböcke, Bergbiber, Taschenratten, Kängururatten, Truthühner, Krokodilschleichen, Krustenechsen, Schwanzfrösche, Querzahn-, Aal- und Armmolche. Von S her sind aus der Neotropis viele Tiere eingewandert (z. B. Opossum, Baumstachelschwein, Kolibris und Neuweltgeier).

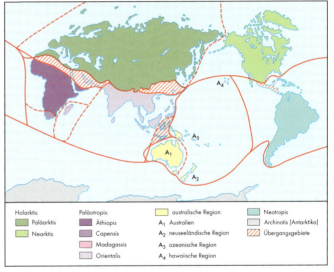

Tiergeographie: Tiergeographische Regionen (Grenzen der Hauptregionen mit roter Linie, Grenzen der Subregionen mit durchbrochener Linie)

Gemeinsame Tiergruppen der **Paläotropis** (früher zus. mit der Holarktis zur Arktogaea zusammengefasst) sind Elefanten, Nashörner, Hyänen, Stachelschweine, Schuppentiere, Menschenaffen, Meerkatzen, Loris, Nektarvögel, Bülbüls, Prachtdrosseln, Honiganzeiger, Nashornvögel, Eierschlangen, Chamäleons, Flugfrösche und Messerfische. In der **Äthiopis**, die Bestandteil des Großkontinents →Gondwana war, haben sich vorpleistozäne Tiergruppen erhalten, die aber hinter den später eingewanderten zurücktreten. Charakteristisch sind Gorillas, Schimpansen, Zebras, Giraffen, Flusspferde, Erdferkel, Goldmulle, Mausvögel, Perlhühner, Sekretäre, Afrikan. Strauße, Schuhschnäbel, Schlangenechsen, Flösselhechte, Afrikan. Lungenfische und Zitterwelse. Die Tierwelt →Madagaskars ist so eigentümlich, dass man sie als eigene Subregion (Madagassis) auffasst. Da die **Orientalis** Ursprungsgebiet zahlr. Tiergruppen und vor der Faltung des Himalaja Durchgangsgebiet war,

Tier tiergeographische Regionen – Tierhaltung

ist die Zahl endem. Tiere gering, z. B. Pelzflatterer, Spitzhörnchen, Gibbons, Koboldmakis, Blattvögel, Pfauen, Großkopfschildkröten und Gaviale.

Besonders reich an Endemiten ist die Tierwelt der Neotropis (→Südamerika) und der austral. Region oder Notogäa (→Australien). Die →Antarktis (Antarktika, Archinotis) wird nicht immer als eigene Region betrachtet.

Der Lebensraum der *Meerestiere* gliedert sich in →Litoral, →Pelagial und →Abyssal. Für die Tiere des Litoral ist die Tiefsee Ausbreitungsschranke. Sie sind relativ großen Temperaturunterschieden ausgesetzt, und ihre Areale werden oft durch Süßwassereinströme begrenzt. Daher ergibt sich eine geographisch kleinräumigere Gliederung als für das Pelagial. Dieses ist mehr durch ökolog. als durch histor. Faktoren geprägt und wird – weitgehend den Klimazonen entsprechend – in die tropische (Warmwasser-)Region und die boreale und antiboreale (Kaltwasser-)Region gegliedert. Das Abyssal ist der bei weitem größte und bisher am wenigsten erforschte Lebensbereich der Erde. Er ist durch den völligen Lichtmangel, niedrige, relativ gleich bleibende Temperaturen, Nahrungsarmut und tiefenwärts zunehmenden Wasserdruck gekennzeichnet. Durch die Gleichförmigkeit der Tiefsee und den Mangel an Barrieren haben die meisten Tiefseetiere eine weite Verbreitung, meist über zwei, drei Ozeane. Wirksame Ausbreitungsschranken sind untermeer. Schwellen, die Nebenmeere, z. B. Mittelmeer und Rotes Meer, von den freien Ozeanen trennen. Diese haben eine stark reduzierte Tiefseefauna und infolge der Isolation viele endem. Arten.

Durch den Einfluss des Menschen (Verschleppung, Neueinbürgerung, Ausrottung u. a.) werden die Grenzen der Tierregionen neuen Veränderungen unterworfen, die z. T. zu erhebl. Störungen der Lebensgemeinschaften führen und eine Verwischung der natürl. Lebensbereiche zur Folge haben werden. Auch für den Menschen können große Schäden entstehen, wie z. B. durch Bisamratte und Kartoffelkäfer in Mitteleuropa, durch die Achatschnecke als Überträger von Pflanzenkrankheiten in SO-Asien oder durch viele zu Kosmopoliten gewordene Vorratsschädlinge.

G. DE LATTIN: Grundr. der Zoogeographie (Jena 1967); J. ILLIES: Einf. in die T. (1971); PAUL MÜLLER: T. (1977); E. THENIUS: Grundzüge der Faunen- u. Verbreitungsgesch. der Säugetiere (^{2}1980); U. SEDLAG: T., in: Die große farbige Enzykl. Urania Tierreich, Bd. 7 (1995).

tiergeographische Regionen, Tierregionen, Faunenregionen, den Faunenreichen (Tierreichen) untergeordnete Kategorien der Gliederung der geograph. Verbreitung der Tiere (→Tiergeographie).

Tiergesellschaft, Tiersozietät, Lebensgemeinschaft oder Vergesellschaftung von Tieren, die aus artgleichen Individuen **(homotypische Sozietät)** oder aus versch. Tierarten **(heterotypische Sozietät)** zusammengesetzt sein kann und die von einer besonderen Anziehung zusammengehalten wird. In **anonymen Verbänden** gibt es kein individuelles Erkennen der Mitglieder untereinander; anonyme Verbände können offen sein, d. h., fremde Tiere können sich jederzeit anschließen, oder sie sind geschlossen, d. h., fremde Tiere werden abgelehnt; Letzteres setzt die Existenz von Erkennungsmerkmalen voraus, meist spielen Duftstoffe (Pheromone, Sexuallockstoffe, Alarmstoffe u. a.) eine Rolle. Beispiele für offene Verbände sind Vogel- und Fischschwärme, Huftierherden; geschlossene Verbände sind z. B. die →Insektenstaaten. **Individualisierte Verbände** sind dadurch charakterisiert, dass sich die Mitglieder gegenseitig kennen, z. B. an Geruch, Aussehen, Stimme. Eine solche Gruppe hat ihr besonderes Beziehungsnetz, das von dem jeweiligen (auch Veränderungen unterliegenden) Verhaltensrepertoire und den Eigenarten der Mitglieder geprägt ist. Das soziale Verhalten wird zudem stark durch eine →Rangordnung bestimmt; außerdem sind individualisierte Gruppen immer geschlossene Verbände. Individualisierte Verbände kommen oft dadurch zustande, dass eine Familie zusammenbleibt, i. d. R. sind zumindest ein Teil der Mitglieder untereinander verwandt (z. B. alle Weibchen oder alle Männchen). Beispiele für individualisierte Verbände sind Raubtierverbände (z. B. Wolfsrudel), Primatenhorden, Elefantenherden, bei Vögeln die Familienverbände der Baumhopfe.

Tiergesundheitsdienst, Abk. **TGD,** tiermedizin. Einrichtung, nach Bundesland unterschiedlich organisiert; dient der Beratung, Vorbeugung und Bekämpfung von Tierkrankheiten. Angegliedert sind Laboratorien, in denen u. a. Blut- und Kotproben, Milch und Tierkörper untersucht werden können. – Eine Untergliederung nach Tierarten besteht bei den versch. Gesundheitsdiensten (u. a. Rinder-, Schweine-, Geflügel-, Schafe-, Pferdegesundheitsdienst). Diese befassen sich mit speziellen Aufgaben, u. a. Überwachung von Fruchtbarkeit, Stoffwechselerkrankungen, Parasitenbefall, Seuchenbekämpfung.

Tierhalter, Person, die im eigenen Interesse die Obhut über ein Tier längere Zeit übernimmt; auf das Eigentum am Tier kommt es nicht an. Nach § 833 BGB ist der T., wenn durch das Tier ein Mensch getötet oder verletzt oder eine Sache beschädigt wird, verpflichtet, den Schaden zu ersetzen, und zwar auch, wenn ihn keinerlei Verschulden trifft (Beispiel für eine →Gefährdungshaftung). Der Schaden muss durch ein der tier. Natur entsprechendes, willkürl. Verhalten des Tieres entstanden sein. Wird der Schaden durch ein Haustier verursacht, das dem Beruf, der Erwerbstätigkeit oder dem Unterhalt des T. zu dienen bestimmt ist (Nutztier, z. B. Milchkuh, Blindenhund), haftet der T. dann nicht, wenn er nachweisen kann, dass er bei der Beaufsichtigung des Tieres die im Verkehr erforderl. Sorgfalt beachtet hat oder der Schaden auch bei Anwendung dieser Sorgfalt entstanden wäre. Nach den letztgenannten Grundsätzen haftet auch der Tieraufseher oder Tierhüter (§ 834 BGB).

Gefährl. Wildtiere oder bösartige Tiere dürfen sich, soweit sie in der Obhut eines T. stehen, nicht frei bewegen, ihnen sind besondere Vorsichtsmaßnahmen zu widmen; Verstöße gegen diese Gebote stellen auch Ordnungswidrigkeiten dar (§ 121 Ordnungswidrigkeiten-Ges.). – Nach *österr.* Recht ist der T. für Schäden verantwortlich, sofern er nicht beweist, dass er für die erforderl. Verwahrung oder Beaufsichtigung des Tieres gesorgt hat; ferner haftet derjenige, der die Beschädigung durch Antreiben, Reizen oder nachlässiges Verwahren hervorgerufen hat (§ 1320 ABGB). In der *Schweiz* ist die Haftung des T. ähnlich wie in Österreich geregelt (Art. 56 f. OR).

Tierhaltung, die Haltung landwirtschaftl. Nutztiere, bes. von Rindern, Schweinen, Schafen, Ziegen und Geflügel, zur Erzeugung von Fleisch, Milch, Eiern und Wolle. Diese tier. Erzeugung bringt in Dtl. rd. 62 % des Produktionswertes der Landwirtschaft und trägt damit erheblich zum Einkommen der meist bäuerl. Familienbetriebe bei. Von den etwa 40 Mrd. DM Produktionswert der T. 1995/96 wurden rd. 60 % durch die Rinder-, 28 % durch die Schweine- und 10 % durch die Geflügelproduktion erwirtschaftet. Der Rest entfiel auf Schafe, Pferde, Imkerei u. a. Spezialzweige, wie die landwirtschaftl. Wildhaltung.

An die T. und Tierproduktion werden heute hohe Anforderungen gestellt, insbesondere bei der Erzeugung von gesunden und qualitativ hochwertigen Produkten bei tiergerechten und umweltschonenden Haltungsverfahren sowie bei der Sicherung der Wettbewerbsfähigkeit. Darauf sind auch eine Reihe rechtl. Rahmenbedingungen gerichtet.

Das Tierzuchtgesetz von 1994 hat bes. die Erhaltung und Verbesserung der Leistungsfähigkeit der Tiere, die Verbesserung der Wirtschaftlichkeit der tier. Erzeugung, die Sicherung einer hohen Qualität der tier. Erzeugnisse und die Erhaltung der genet. Vielfalt zum Ziel. Die Realisierung erfolgt v. a. über privatrechtlich organisierte Züchtervereinigungen mit ihren Zuchtprogrammen.

Das Bundesimmissionsschutzgesetz i. d. F. v. 1995 legt u. a. für größere Tierhaltungsanlagen ein Umweltschutz-Genehmigungsverfahren fest, nach dem diese Tierhaltungen so zu errichten und zu betreiben sind, dass der anfallende Wirtschaftsdünger ordnungsgemäß und schadlos verwertet wird.

Je Tierhalter wurden in Dtl. 1996 durchschnittlich 55 Rinder, 116 Schweine und 33 Schafe gehalten (in den neuen Ländern liegen die Bestandsgrößen deutlich über diesem Durchschnitt). Die Haltung erfolgt meist in eingestreuten Anbinde- oder zunehmend in tiergerechten Laufställen bei weitgehend mechanisierter Fütterung, Entmistung, Milch- und Eiergewinnung. Durch elektron. Tierkennzeichnung werden in noch begrenztem Umfang bestimmte Teilprozesse, wie die leistungsgerechte Fütterung, automatisiert. Insgesamt werden in Dtl. rd. 16 Mio. Rinder, 24 Mio. Schweine, 44 Mio. Legehennen, 2 Mio. Schafe, 0,6 Mio. Pferde und 1,2 Mio. Bienenvölker gehalten.

Die dt. T. erbringt hohe Leistungen, so rd. 5 500 kg Milch je Kuh und Jahr, 264 Eier je Henne und Jahr oder 660 Gramm Tageszunahmen in der Schweinemast. Der Selbstversorgungsgrad betrug 1995 bei Rindfleisch 114%, Schweinefleisch 76%, Geflügelfleisch 60%, Milch 99%, Eiern 72% und Honig 50%.

Rinder werden überwiegend als Zweinutzungsrassen (Milch und Fleisch) gehalten, v. a. Dt. Schwarzbunte (rd. 43%), Dt. Fleckvieh (34%), Dt. Braunvieh (10%) und Dt. Rotbunte (10%). Zur Fleischproduktion erfolgt auch eine Gebrauchskreuzung mit Fleischrinderrassen. Die Rasseverbände der Dt. Schwarzbunten und Dt. Rotbunten Rinder haben sich aufgrund ihrer Zuchtzielähnlichkeit und Rasseverwandtschaft zum Rasseverband Dt. Holstein-Verband zusammengeschlossen.

Die Mastschweineerzeugung erfolgt v. a. mit den Rassen Dt. Landrasse (rd. 51%), Pietrain (35%) und Dt. Edelschwein (10%), soweit Reinzucht betrieben wird oder auch durch spezielle Hybridzuchtkreuzungsprogramme, die in ihrer Bedeutung erheblich zugenommen haben und heute mit über 50% der Mastschweineproduktion am Markt sind.

Die wichtigsten Schafrassen Merinolandschaf, Schwarzköpfiges Fleischschaf, Weißköpfiges Fleischschaf, Merinofleischschaf und Texelschaf machen rd. 80% des Gesamtschafbestandes aus. Hauptziel ist die Lammfleischerzeugung.

Die Hühnerhaltung erfolgt zu einem erhebl. Teil in großen konzentrierten Anlagen, teilweise in gewerbl. Betrieben ohne Bindung an landwirtschaftl. Nutzfläche. So werden etwa 70% aller Legehennen in Beständen ab 10 000 Tieren gehalten.

Pferde werden überwiegend für Freizeit und Sportzwecke genutzt. Neuerdings nimmt die Zahl der in der Forstwirtschaft eingesetzten Kaltblutpferde wieder zu. Der Zuchtpferdbestand unterteilt sich in 59% Warmblüter, 31% Ponys und Kleinpferde und 10% Vollblüter, Traber sowie Kaltblüter.

Die Bienenhaltung erfolgt zum allergrößten Teil durch Freizeitimker. Neben Honig liegt der Hauptnutzen der Bienen in ihrem Beitrag zur Ertragssteigerung bes. im Obst- und Gartenbau sowie zur Artenerhaltung in der heim. Flora.

Die landwirtschaftl. Wildhaltung in Gattern geschieht größtenteils mit Damtieren in einem Umfang von 90 000 Muttertieren auf ca. 18 500 ha Weideland.

Tierheilkunde, die →Tiermedizin.
tierische Stärke, →Glykogen.
Tierkohle, →Aktivkohle.
Tierkörperbeseitigung, die aus Gründen der Tierseuchenbekämpfung, des Gesundheits- wie des Umweltschutzes notwendige Beseitigung von geborener, verendeter oder getöteter Tiere, ihrer Teile oder Erzeugnisse (bes. Fleisch, Eier, Milch), die nicht für den menschl. Verzehr geeignet sind. Maßgeblich ist das T.-Ges. vom 2. 9. 1975. Jeder Tierbesitzer ist verpflichtet, anfallende Tierkörper einer Tierkörperverwertungsanstalt oder Behörde zu melden, ggf. abholen zu lassen oder abzuliefern. Bestimmte Tiere (v. a. Hunde, Katzen) dürfen auf zugelassenen Plätzen oder auf eigenem Grund begraben werden.

Tierkreiszeichen

Grad	Zeichen[1]	Symbole		Monatsabschnitt[2]
Frühlingszeichen				
0–30	Widder (Aries)	♈		21. 3. bis 20. 4.
30–60	Stier (Taurus)	♉		21. 4. bis 20. 5.
60–90	Zwillinge (Gemini)	♊		21. 5. bis 21. 6.
Sommerzeichen				
90–120	Krebs (Cancer)	♋		22. 6. bis 22. 7.
120–150	Löwe (Leo)	♌		23. 7. bis 23. 8.
150–180	Jungfrau (Virgo)	♍		24. 8. bis 23. 9.
Herbstzeichen				
180–210	Waage (Libra)	♎		24. 9. bis 23. 10.
210–240	Skorpion (Scorpius)	♏		24. 10. bis 22. 11.
240–270	Schütze (Sagittarius)	♐		23. 11. bis 21. 12.
Winterzeichen				
270–300	Steinbock (Capricornus)	♑		22. 12. bis 20. 1.
300–330	Wassermann (Aquarius)	♒		21. 1. bis 19. 2.
330–360	Fische (Pisces)	♓		20. 2. bis 20. 3.

[1] deutsche und lateinische Namen. – [2] da die Sonne je nach Schaltjahr, Zeitzone und anderen Faktoren unterschiedlich in ein Tierkreiszeichen eintritt, kann die Zuteilung des Monatsabschnitts nur ungefähr erfolgen; für die genaue Zuordnung ist die Kenntnis des täglichen Gestirnstandes im Geburtsjahr nötig.

Tierkreis, Tierkreisgürtel, Zodjakus, Zone am Himmel beiderseits der →Ekliptik von etwa 15° Breite, innerhalb deren sich die Sonne, der Mond und die Planeten (mit Ausnahme des Pluto) bewegen und in die zwölf (unterschiedlich langen) **T.-Sternbilder (ekliptikale Sternbilder)** liegen. Infolge des jährl. Umlaufs der Erde um die Sonne durchläuft diese für den ird. Beobachter die T.-Sternbilder in der Reihenfolge Widder, Stier, Zwillinge, Krebs, Löwe, Jungfrau, Waage, Skorpion, Schütze, Steinbock, Wassermann, Fische; das Sternbild Schlangenträger wird nicht zu den T.-Sternbildern gerechnet, obwohl es ebenfalls von der Ekliptik geschnitten wird. – Von den T.-Sternbildern zu unterscheiden sind die gleichnamigen in der →Astrologie und für die Erstellung von →Horoskopen bedeutsamen zwölf **T.-Zeichen** von je exakt 30° Länge. Infolge der →Präzession der Erdachse fallen T.-Zeichen und T.-Sternbilder nicht mehr zusammen. Da man die T.-Zeichen aber auch heute noch mit dem T.-Zeichen Widder im Frühlingspunkt beginnen lässt, dieser sich dagegen in den vergangenen etwa 2 500 Jahren entlang der Ekliptik in das Sternbild Fische verschoben hat, sind heute T.-Zeichen und -Sternbilder um etwa eine Einheit gegeneinander verschoben.

Astrologie: Seit dem Altertum, bes. in Babylon und China, später durch griech. bzw. ägypt. Elemente angereichert und im Hellenismus vollendet, wurde den Sternbildern des T. bestimmender Einfluss auf das menschl. Schicksal zugewiesen. Von Babylon gelangte die Astrologie auch nach Indien, sodass die ind. und chin. T. dem hellenist. ähnlich sind, wohingegen die Herkunft der altamerikan. T.-Zeichen noch nicht geklärt ist. In der babylonisch-assyr. Religion wurde der T. als Weg von Sonne und Mond unter der Herrschaft ihrer Götter angesehen; in anderen Religionen galt der T. als Symbol der Harmonien im Universum. V. a. auf CLAUDIUS PTOLEMÄUS (2. Jh.) geht die Teilung in männl. und weibl. T.-Zeichen (System der 12 →Häuser) als Deutungsgrundlage der westl. Astrologie zurück. Als Symbole werden die T.-Zeichen in eine analoge Entsprechung zu Menschentypen, Ereignissen, aber auch zu Pflanzen, Steinen (→Monatssteine), Tieren, Farben u. a. Phänomenen gestellt. In der fernöstl. (chin.) Mond-Astrologie (mit 28 ›Mondhäusern‹, chin. xiu) sind die ebenfalls 12 T.-Zeichen (Ratte, Büffel, Tiger, Hase, Drache, Schlange, Pferd, Ziege, Affe, Hahn, Hund, Wildschwein) jeweils einem Jahr zugeordnet, entsprechend dem Zwölfjahreszyklus des Kalenders.

Tierkreislicht, das →Zodiakallicht.

Tierkreissteine, *Astrologie:* Edelsteine, die bestimmten Tierkreiszeichen zugeordnet werden und während des Zeitraums, in dem die Sonne in diesen Zeichen steht, wirken sollen. (→Monatssteine)

Tierkult, →Tiere (Religionsgeschichte).

Tierkunde, die →Zoologie.

Tierläuse, Phtiraptera, Ordnung der Insekten (bisweilen als Überordnung aufgefasst) mit den Unterordnungen (bzw. Ordnungen) →Haarlinge, →Läuse und **Elefantenläuse** (Rhynchophtirina, Rüssellläuse); Letztere unterscheiden sich von allen anderen T. durch den Bau ihrer Mundwerkzeuge, mit denen sich in der Haut des Wirts (Afrikan. Elefant, Warzenschwein) fest verankern.

Tierliebe, die menschl. Zuneigung zum Tier, ein Sammelbegriff, der heterogene Einstellungsformen umfasst, die von der affektiven Bindung an eine bestimmte Tierart (z. B. Katzenfreunde) als der häufigsten Form, in der sich T. äußert, bis hin zu einer selbstlosen Liebe gegenüber allen Tieren als Mitgeschöpfen reichen kann und auch artgerechte Schonung des Tieres aus Mitleid und Einsicht in seine Schmerzfähigkeit beinhaltet. Die Verhaltensforschung nimmt angeborene Zuwendungsreaktionen an, die sich aus der Ähnlichkeit in Erscheinung und Verhalten bestimmter Tiere mit kleinen Kindern ergeben.

Tiermärchen, →Tierdichtung.

Tiermedizin, Veterinärmedizin, Tierheilkunde, Wiss. vom gesunden und kranken Funktionszustand des tier. Organismus sowie von den Ursachen, den Erscheinungsformen, der Vorbeugung und Heilung von Krankheiten der Haus- und Nutztiere, der Versuchs-, Laboratoriums- und Zootiere, der mannigfaltigen Gruppe der als ›Heimtiere‹ gehaltenen Kleintiere (z. B. Meerschweinchen, Hamster, Reptilien, Zierfische und Stubenvögel) sowie der in freier Wildbahn lebenden Tiere. Fast alle Gebiete der Medizin, soweit sie nicht speziell den Menschen betreffen, sind auch maßgebend für die T. Erschwerend für die Diagnostik ist, dass das Tier keine Aussage machen kann. Spezielle Untersuchungsmethoden wie Labor-, Röntgen- oder Ultraschalldiagnostik können dies ausgleichen, soweit der Tierhalter bereit ist, die Kosten für diese Untersuchungen zu tragen. Eine wichtige Aufgabe der T. ist die Bekämpfung und die Verhinderung der Ausbreitung von →Tierseuchen.

Zw. den Erkrankungen des Menschen und denen der Tiere besteht kein grundsätzl. Unterschied. Abweichungen sind durch die Verschiedenheit der Anatomie und Physiologie bedingt. Einige Infektions- und Invasionskrankheiten von lebenden oder toten Tieren sowie von tier. Produkten können meist auf den Menschen übertragen werden. Ziel der T. ist daher u. a. die Erhaltung wirtschaftl. Werte und der Schutz des Menschen vor →Zoonosen. Bei der Erfüllung der sich daraus ergebenden Aufgaben, v. a. im Hinblick auf die Gesundheit der Bev., besitzt das öffentl. Veterinärwesen eine große Verantwortung.

Geschichte: Die Anfänge der T. reichen bis ins Altertum zurück. Aus Ägypten ist ein Veterinärpapyrus von Kahun überliefert. Eine Sammlung griech. Veterinärliteratur enthält das von E. ODER und C. HOPPE herausgegebene ›Corpus Hippiatricorum Graecorum‹ (2 Bde., 1924–27). Die ›Mulomedicina Chironis‹ (1885 in der Münchner Staatsbibliothek gefunden) ist die vulgärlat. Übersetzung eines griech. Textes. PUBLIUS VEGETIUS RENATUS schrieb um 380 ›Artis veterinariae libri quatuor‹. Das erste mittelalterl. Werk über Aufzucht, Haltung und Krankheiten des Pferdes (›De medicina equorum‹) schrieb um 1250 JORDANUS RUFFUS, ein Oberstallmeister am Hof Kaiser FRIEDRICHS II. – Die wiss. T. beginnt 1598 mit der Herausgabe von ›Dell'anatomia, e dell'infermità del cavallo‹ durch CARLO RUINI (* um 1530, † 1598), einen Senator in Bologna. Mit der Gründung von Lehranstalten für T. nahm die systemat. Entwicklung der tierärztl. Wiss. ihren eigentl. Anfang. Die **tierärztlichen Hochschulen** in Europa (1762 Lyon, 1776 Wien, 1778 Hannover, 1780 Dresden, 1790 Berlin und München, 1821 Stuttgart, 1829 Gießen) sind aus den Tierarzneischulen hervorgegangen, die nach 1750 errichtet worden waren, um die Bekämpfung der Tierseuchen, insbesondere der Rinderpest, anzubahnen. Einen entscheidenden Aufschwung nahm die dt. T. nach Erlass des ›Reichsgesetzes vom 23. Juni 1880 zur Abwehr und Unterdrückung von Viehseuchen ...‹. Die Grundlagen der modernen T. lieferten der Ausbau der Narkose und der Analgesie, die Einführung der Antisepsis und Asepsis sowie die Entdeckung der Röntgenstrahlen und der Chemotherapeutika. Im 20. Jh. machte die T. weitere Fortschritte durch serolog. Untersuchungsmethoden und die Weiterentwicklung der Diagnostik. So finden Methoden wie Endoskopie, Computertomographie oder Ultraschalldiagnostik und auch der operative Einsatz künstl. Hüftgelenke zunehmend Eingang in die Tiermedizin.

H. LUKAS u. H. SCHMEISER: Treffpunkt Tierarzt (Graz 1989); Lb. der allg. Pathologie für Tierärzte u. Studierende der T., begr. v. T. KITT, hg. v. LEO C. SCHULZ ([10]1990); Wb. der Veterinärmedizin, hg. v. E. WIESNER u. R. RIBBECK, 2 Bde. ([3]1991); K. BICKHARDT: Kompendium der allg. inneren Medizin u. Pathophysiologie für Tierärzte (1992); U. SPIELBERGER u. R. SCHAETTE: Biolog. Stallapotheke ([4]1996); U. R. KNICKEL u. a.: Praxis-Leitf. T. ([3]1998).

Tier-Mensch-Übergangsfeld, Abk. **TMÜ,** nicht mehr gebräuchl. Bez. für die angeblich entscheidende Phase der Menschwerdung (→Hominiden) im oberen Pliozän. Das TMÜ liegt danach in der menschl. Stammesgeschichte (→Mensch) zw. der **subhumanen Phase** (Vormenschen) und der **humanen Phase** (Echtmenschen). Der Begriff vermengt soziokulturelle Leistungsbegriffe mit stammesgeschichtl. Entwicklungsstufen. Er ist damit wissenschaftstheoretisch in einer physiognom. Tradition angesiedelt und ohne tatsächl. Erklärungswert.

Tier|ökologie, die Lehre von den Wechselbeziehungen zw. Tieren und ihrer Umwelt (→Ökologie).

Tierprozess, im MA. und in der frühen Neuzeit im westl. Europa verbreitetes Strafverfahren gegen Haustiere wegen von ihnen angerichteter Schäden.

Tierquälerei, →Tierschutz.

Tierra [span. ›Land‹], in den trop. Gebirgsländern Lateinamerikas (Mexiko bis Bolivien) Bez. für die klimat. Höhenstufen. Die unterste Stufe, **Tierra caliente** (›heißes Land‹), reicht in Äquatornähe bis 1000 m, in Guatemala bis 700 m, in Mexiko bis 600–800 m ü. M. Das Klima ist je nach Niederschlagsmenge und Niederschlagstage feuchtheiß (oder trockenheiß); mittlere Jahrestemperaturen: 31–24 °C. Natürl. Vegetation: alle Vegetationsformen von immergrünem Regenwald (bei 10–12 humiden Monaten) über regengrünen Dorn- und Sukkulentenwald und Dornsavanne (bei 3–4 humiden Monaten) bis zur Halbwüste (ein humider Monat). Hauptanbau: Kakao, Zuckerrohr, Baumwolle, Bananen, Maniok, Mais und Reis. – In der **Tierra templada** (>gemäßigtes Land<), bis etwa 1700 m, in Äquatornähe bis 2000 m ü. M., gehen die mittleren Jahrestemperaturen mit zunehmender Höhe von 24 auf 18 °C zurück. Natürl. Vegetation: im feuchten Teil trop. Bergwald, an der oberen Grenze Nebelwald, der reich an Lianen und Epiphyten ist; im trockenen Teil Grasland und Dornbusch. Hauptanbau: Kaffee, Tabak, Maniok, Kochbananen, Zitrusfrüchte. – Die **Tierra fría** (>kaltes Land<), die kühle Höhenstufe mit mittleren Jahrestemperaturen von 18–10 °C, reicht in Äquatornähe bis 3000 m, in den Zentralanden bis etwa 4000 m ü. M. Das meist unbeständige Wetter ähnelt dem mitteleurop. Frühjahrs- oder Herbstwetter. Natürl. Vegetation: je nach Niederschlagsverhältnissen trop. Höhenwald, Nebelwald, Buschland oder Halbwüste. Hauptanbau: Kartoffeln, Getreide, Hülsenfrüchte, Luzerne, europ. Obst- und Gemüsearten. Mais gedeiht am Titicacasee bis etwa 4000 m ü. M. – In der **Tierra helada** (>gefrorenes Land<) weicht die Hochgebirgsvegetation (feucht: Páramo, trocken: Puna) nach oben kahlen Felshängen und der Region des ewigen Schnees; in den unteren Regionen ist Kartoffelanbau möglich.

Tierra del Fuego, Nationalterritorium im äußersten S Argentiniens, →Feuerland.

Tierradentro, Berglandschaft zw. Río Magdalena und Río Cauca im S Kolumbiens. In der Frühzeit (bis etwa 600) durch Schachtgräber in weichem Gestein mit großen, oft ausgemalten Grabgewölben gekennzeichnet; in ihren Nischen Tongefäße mit Brandasche oder Knochen. Keramik mit plast. und Ritzverzierungen, Stein- oder Goldverarbeitung. Der archäolog. Park von T. wurde von der UNESCO zum Weltkulturerbe erklärt.

A. CHAVES u. M. PUERTA: Entierros primarios de T. (Bogotá 1980).

Tier|regionen, →Tiergeographie.

Tier|reiche, Faunenreiche, unterschiedlich verwendete, höchste Kategorien der Gliederung der geograph. Verbreitung der Tiere. (→Tiergeographie)

Tierschutz, alle Aktivitäten, die darauf ausgerichtet sind, Leben und Wohlbefinden von Tieren zu schützen, sie vor der Zufügung von Schmerzen, Leiden und Angst oder vor Schäden zu bewahren und ihnen, wenn sie sich in der Obhut des Menschen befinden, ein artgerechtes Leben zu ermöglichen sowie einen schmerzlosen Tod zu bereiten.

Die Mensch-Tier-Beziehung in Religion und Philosophie

In *frühen* und vielen *außereurop. Kulturen* haben Götter, Geister, Menschen und Tiere numinose Qualität. Mensch und Tier sind Teile einer gemeinsamen Lebenswelt. Das Tier ist weder Eigentum des Menschen noch für ihn frei verfügbar. Sofern es menschl. Nahrung dient, werden v. a. im Zusammenhang mit der Jagd bestimmte Riten vollzogen, um die Schuld der Tötung zu sühnen und die Götter versöhnlich zu stimmen. Das Tier oder wertvolle Teile des Tieres werden Göttern geopfert. Einige Tiere gelten als heilig; eine reiche Symbolik kann mit dem Tier verbunden sein. In den *ind. Religionen* Jainismus, Hinduismus und Buddhismus spielt in der Beziehung zw. Mensch und Tier die Vorstellung von der Möglichkeit einer Wiederverkörperung der menschl. Seele in einem Tier eine prägende Rolle. Es besteht das Gebot, alles Leben zu schonen. Die *Ägypter* waren sich zu allen Zeiten der gemeinsamen Herkunft aus der Hand des Schöpfergottes bewusst. Sie hatten ein partnerschaftl. Verhältnis zum Tier. *Christl. T.-Ethik* hat ihre Wurzeln im A. T.: Der Mensch hat eine herausgehobene Stellung durch den Auftrag Gottes, über die Tiere zu herrschen (1. Mos. 1, 26), dies jedoch in Verbindung mit Verantwortung für das Tier. Auch in der gefallenen Schöpfung haben Tiere einen besonderen Stellenwert. Nutztiere sind der Großfamilie zugeordnet und in die Sabbatruhe mit einbezogen (2. Mos. 20, 10). In der Position des Überlegenen soll sich der Mensch die göttl. Eigenschaft der Barmherzigkeit zu Eigen machen: Der Gerechte erbarmt sich seines Viehs, aber der Gottlose ist unbarmherzig (Spr. 12, 10). Wenngleich im bibl. Weltbild vor dem Hintergrund der Hirten- und Bauernkultur des alten Israel die Nutzung und Tötung von Tieren nicht infrage gestellt wird, ist nach den Weissagungen der Propheten die Wiederherstellung des paradies. Zustandes des allumfassenden Schöpfungsfriedens, auch zw. Mensch und Tieren (sowie innerhalb des Tierreichs), ein Ziel des Heilsplanes Gottes. Auch nach dem N. T. ist der Erlösungsgedanke für alle Geschöpfe gültig. Verheißen wird die allumfassende Versöhnung Gottes mit Menschen und Tieren. Das Streben danach und nach Frieden ist die Grundlage für FRANZ VON ASSISIS Gedanken der >Brüderlichkeit< im Sinne einer die Artgrenzen überschreitenden Zusammengehörigkeit aller Lebewesen. Die Benutzung von Tieren für Interessen des Menschen ist unzulässig. A. SCHWEITZERS Ethik der >Ehrfurcht vor dem Leben< verlangt Barmherzigkeit gegenüber Tieren ebenso wie Brüderlichkeit. Die Ethik der >Mitgeschöpflichkeit<, die der Züricher Theologe FRITZ BLANKE 1959 geprägt hat, fordert, alle Geschöpfe zu achten und sich teilnehmend um sie zu kümmern. Dabei wird die Verschiedenartigkeit der Lebewesen nicht aufgehoben, ihre Nutzung und Tötung wird für unverzichtbare Bedürfnisse des Menschen zugelassen, darf aber nicht mit Schmerzen oder Leiden für die Tiere verbunden sein. Eine Diskussion des T. in christl. Kirchen fand lange nicht statt, sie ist auch heute noch vom anthropozentr. Weltbild geprägt, wonach Tiere vom Menschen genutzt und getötet werden dürfen. Beide Kirchen betonen aber auch den Eigenwert von Lebewesen und fordern, dass sie nicht ohne ernste Gründe gequält oder getötet werden. Infrage gestellt werden z. B. Tierversuche in der Kosmetik, das Quälen von Tieren für Luxusprodukte und zum Vergnügen. Auch die tierquäler. Massentierhaltung wird kritisiert.

Auch in der *Philosophie* gibt es versch. Ansätze, das Verhältnis des Menschen zum Tier zu bestimmen. Der *Naturalismus* geht davon aus, dass der Mensch als der Stärkere das Recht hat, im Kampf um beste Lebensmöglichkeiten seine Interessen gegen Tiere durchzusetzen. Damit wird – nicht ganz korrekt interpretiert – auch versucht, intensive Massentierhaltung und Tierversuche, aber auch z. B. genet. Veränderung von Tieren zur menschl. Nutzung zu rechtfertigen, da die Ausbeutung oder Beeinflussung einer anderen Art durch eine andere natürlich und damit ethisch neutral sei. *Anthropozentr. Ethiken,* die im abendländ. Denken verbreitetsten Konzepte des Verhältnisses von Mensch und Tier, leiten aus der Sonderstellung des Menschen die Verfügungsgewalt über die Tiere ab. Dabei wird der T. zunächst als Pflicht des Menschen gegen sich selbst aufgefasst. Der Mensch schützt Tiere vor Tierquälerei, weil gegenüber dem Tier geübte Grausamkeit leicht auch in den zwischenmenschl. Bereich überspringen könnte. Vertreten wird diese Position z. B. von THOMAS VON AQUINO, ebenfalls von I. KANT (>Grundlegung zur Metaphysik der Sitten<, 1785). Kritisch wird hiergegen eingewendet, dass ein ge-

Schlüsselbegriff

genüber dem Menschen grausames Verhalten an und für sich grausam sei und daher KANTS kategor. Imperativ auch als Prinzip der Tierethik gelten müsse. Anthropozentr. Ethiken rechtfertigen die Züchtung, Nutzung und Haltung von Tieren unter den von Menschen vorgegebenen Bedingungen, die Durchführung von Tierversuchen und das Töten von Tieren, solange ein ›vernünftiger Grund‹ vorliegt. Zwar fordern sie auch die Übernahme von Verantwortung im Sinne einer die Umwelt einbeziehenden Verantwortungsethik, aber an erster Stelle steht der Mensch mit seinen Interessen. Eine *humanitäre Ethik* leitet von der Sonderstellung und der spezif. Würde des Menschen die Verpflichtung zum T., zur Fürsorge gegenüber den auf Schutz angewiesenen schwächeren Mitgeschöpfen ab. Diese ist zugleich Ausdruck des menschl. Selbstverständnisses, das sich der Humanität verpflichtet weiß. Diese Position ist die Grundlage für T., wie er heute in unserer Gesellschaft zunehmend verstanden wird.

In der aktuellen tierschutzeth. Diskussion geht es um die schon von A. SCHOPENHAUER erhobene Forderung nach Gerechtigkeit auch für Tiere. SCHOPENHAUER, der Barmherzigkeit als arrogante Herablassung verstand, verlangte grenzenloses Mitleid mit allen lebenden Wesen und von Gerechtigkeit und Menschenliebe geprägte Handlungen gegenüber Tieren. Der von J. BENTHAM begründete *Utilitarismus* verweist auf das Menschen und (höheren) Tieren gemeinsame Merkmal der Leidensfähigkeit und leitet daraus das moral. Recht des Tieres auf Achtung, Schutz und Schonung und die Pflicht zur artübergreifenden Gerechtigkeit ab. Die von BENTHAM aufgestellte Forderung nach der Befreiung der Tiere aus ungerechter Ausbeutung hat P. SINGER aufgegriffen. Er wendet sich analog zum Rassismus gegen die Unterdrückung anderer sensitiver Lebewesen aufgrund ihrer Zugehörigkeit zu einer anderen, als minderwertig angesehenen Art. Der Gleichheitsgrundsatz als essenzielles Prinzip der Gerechtigkeit muss für alle Lebewesen gelten. Danach müssen Tiere immer dann nach gleichen Maßstäben wie der Mensch behandelt werden, wenn gleiche Ansprüche oder Empfindungen vorausgesetzt werden können. Andersbehandlung ist da geboten, wo Ansprüche verschieden sind. Ausgehend von der Annahme, dass Tiere ein Bewusstsein dafür haben, was ihnen fehlt oder gut tut, spricht SINGER ihnen Interessen zu. Tiere, die Schmerzen empfinden können, haben somit ein Interesse an deren Vermeidung. Ein Lebensinteresse setzt für SINGER dagegen Selbstbewusstsein und damit die Fähigkeit, Erinnerungen und Erwartungen zu bilden (Verhältnis zu Vergangenheit und Zukunft) sowie eine Vorstellung vom eigenen Leben voraus. Diese Fähigkeiten schreibt SINGER z. B. Schimpansen, Gorillas, Delphinen und Walen zu. Der Utilitarismus fordert die Abwägung menschl. Interessen gegen solche von Tieren, wobei gleiche Interessen mit gleichem Gewicht zu versehen sind und größere Interessen nur kleineren geopfert werden dürfen.

Dass Tiere ein vitales Interesse haben, sich wohl zu fühlen, Schmerzen, Leiden und Schäden zu vermeiden, ist inzwischen allgemein akzeptiert und wissenschaftlich untermauert. Umstritten ist jedoch die Forderung, den eigenen Wert und die eigene geschöpfl. Würde der Tiere und der gesamten Natur anzuerkennen und das durch das Zuerkennen von Rechten zum Ausdruck zu bringen. Im Forum Europarat wurde 1978 eine ›Universelle Erklärung der Tierrechte‹ veröffentlicht. Sie enthält den Grundsatz, dass alle Tiere ein Recht auf Leben und Achtung haben. Mit der Forderung nach Unteilbarkeit der Ethik soll verdeutlicht werden, dass das Sittengesetz als eine in sich zusammenhängende Einheit zu sehen ist. Danach ist es unzulässig, Tieren mit Verweis auf die noch nicht gelösten Probleme der Menschheit einen verbesserten Schutz zu verwehren. T. und Menschenschutz werden als gemeinsame Aufgabe der Humanität angesehen.

Entwicklung der Tierschutzbewegung

Schon relativ früh haben sich Bürger zusammengeschlossen, um sich für den Schutz der Tiere einzusetzen. 1822 wurde in Großbritannien der erste Naturschutzverein der Erde gegründet. 1837 wurde in Stuttgart der erste dt. T.-Verein ins Leben gerufen, dem weitere folgten. 1881 schlossen sich die T.-Vereine im Dt. Tierschutzbund zusammen, der (1998) rd. 700 T.-Vereine und etwa 700 000 Mitgl. umfasst und in jedem Land durch einen Landesverband repräsentiert ist. Seit 1986 unterhält der Dt. T.-Bund in Neubiberg eine eigene Akademie, die u. a. über eine Datenbank und ein Zellkulturlabor für Alternativmethoden zu Tierversuchen verfügt.

Neben dem Dt. T.-Bund sind auch neue Verbände und Gruppen mit z. T. speziellen Zielen entstanden wie der Bundesverband D., der Bund gegen den Missbrauch der Tiere, der Bundesverband der Tierversuchsgegner und der Verein gegen die tierquäler. Massentierhaltung. Vertreter des tierärztl. Berufsstandes haben sich in der Tierärztl. Vereinigung für T. zusammengeschlossen, um aus ihrer Position und Erfahrung heraus einen besonderen Beitrag zur Weiterentwicklung des T. zu leisten. Alle T.-Organisationen finanzieren ihre Arbeit aus Spenden und Mitgliedsbeiträgen. Die T.-Organisationen der Europ. Gemeinschaft sind auf europ. Ebene in der Eurogroup for Animal Welfare zusammengeschlossen. Seit 1981 arbeiten T.-Organisationen weltweit in der Welttierschutzgesellschaft (World Society for the Protection of Animals, Abk. WSPA) zusammen.

Entwicklung des gesetzlichen Tierschutzes

Bereits im Codex des babylon. Königs HAMMURAPI (1728–1686 v. Chr.) finden sich Regelungen in Bezug auf Nutztiere, allerdings weniger im Interesse dieser Tiere als in dem ihrer Besitzer oder Käufer. Das erste T.-Ges. wurde 1822 in Großbritannien zum Schutz der Pferde und landwirtschaftl. Nutztiere erlassen. Im dt. Reichsstrafgesetzbuch von 1871 wurde mit einer Strafe bedroht, wer öffentlich oder in Ärgernis erregender Weise Tiere boshaft quält oder roh misshandelt. Diese Regelung war darauf ausgerichtet, Tiere um des Menschen willen zu schützen (anthropozentr. T.). Mit dem Reichstierschutz-Ges. vom 24. 11. 1933 wurden zum ersten Mal in Dtl. Schutzbestimmungen um der Tiere willen erlassen. Dieses Ges. wurde 1972 vom T.-Ges. abgelöst, das wiederum 1986 überarbeitet wurde. In der Fassung von 1986 ist zum ersten Mal ausdrücklich festgehalten, dass aus der Verantwortung des Menschen für das Tier als Mitgeschöpf dessen Leben und Wohlbefinden zu schützen ist. Diesem hohen Anspruch wird das T.-Ges. allerdings in seinen konkreten Bestimmungen noch nicht gerecht. Es enthält Rahmenbestimmungen, die durch Rechtsverordnungen konkretisiert werden müssen. Dies ist jedoch erst teilweise geschehen. Konkret verboten ist u. a. Tiere auszusetzen, ihnen unverhältnismäßige Leistungen abzuverlangen, sie auf andere Tiere zu hetzen, sie zwangszuernähren oder Wirbeltiere ohne vorherige Betäubung zu töten (Ausnahme: →Schächten). Abgesehen von den konkreten Bestimmungen lässt das T.-Ges. zu, dass Tieren Schmerzen, Leiden oder Schäden zugefügt werden, sofern ein vernünftiger Grund dafür vorliegt. Die entscheidende Frage, was als vernünftiger Grund anzusehen ist, bleibt der Prüfung im Einzelfall vorbehalten. Die Fassung des Ges. vom 17. 2. 1993 ist u. a. erweitert durch restriktivere Vorschriften bei Eingriffen und Behandlungen an Tieren, die Verschärfung von Anforderungen bei der Einfuhr von Tieren aus Drittländern und ein EG-konformes grundsätzl. Verbot von Tierversuchen bei der Entwicklung dekorativer Kosmetika. Das dt. T.-Ges. beschränkt die Wirkung wichtiger Bestimmungen auf Wirbeltiere (§§ 4, 5, 8, 12).

Die EU-Regierungskonferenz beschloss 1997 mit Unterstützung der Bundes-Reg. in einem Protokoll zum EG-Vertrag, dass die Gemeinschaft und die Mitgl.-Staaten den Erfordernissen des Wohlergehens der Tiere voll Rechnung tragen. 1998 tritt in der EG ein grundsätzl. Tierversuchsverbot für die Entwicklung kosmet. Produkte in Kraft. Dieses Verbot wurde zusammen mit weiteren Bestimmungen zum Schutz von Tieren beim Transport, bei der Schlachtung oder Tötung sowie bei Tierversuchen durch Änderung des T.-Ges. (25. 5. 1998) in dt. Recht umgesetzt.

Mit Freiheitsstrafe bis zu drei Jahren oder mit Geldstrafe wird bestraft, wer ein Wirbeltier ohne vernünftigen Grund tötet oder ihm aus Rohheit erhebl. Schmerzen oder Leiden oder länger anhaltende oder sich wiederholende erhebl. Schmerzen oder Leiden zufügt. Wer gegen andere konkrete Bestimmungen des T.-Ges. verstößt, begeht eine Ordnungswidrigkeit und muss mit einem Bußgeld rechnen. Vollzugs- und Kontrollorgane sind die staatl. Veterinärbehörden.

Im BGB war das Tier bis 1990 leblosen Sachen gleichgestellt. Jetzt ist dort durch den neuen § 90 a ausdrücklich festgeschrieben, dass Tiere keine Sachen, sondern Lebewesen sind. Gleichzeitig wird damit klargestellt, dass nach einem Unfall, bei dem ein Tier verletzt wurde, dem Tierhalter auch die Heilbehandlungskosten ersetzt werden müssen, die den ›Sachwert‹ des Tieres überschreiten. In der Diskussion steht die Forderung, den T. wie bereits den Umweltschutz als Staatsziel ins GG aufzunehmen.

In *Österreich* fällt die Regelung des T. in die Zuständigkeit der Länder. Tierquälerei ist nach § 222 StGB strafbar. – Das T.-Ges. der *Schweiz* entspricht in seinen Grundzügen dem dt. T.-Recht. Es gibt jedoch über ausgefüllte Verbotsermächtigungen und durch die Möglichkeit, eine Bewilligungspflicht für den Umgang mit speziellen Tieren vorzuschalten, einen konkreteren Rahmen für den T. vor. Im Ggs. zu Dtl. und Österreich ist in der Schweiz der Sachbegriff für Tiere noch verankert.

Problembereiche des Tierschutzes

Moderner T. beschäftigt sich mit allen Bereichen, in denen Tiere den Interessen des Menschen dienen. Dazu zählen die Nutztierhaltung, die Tierversuche, die Haltung von Tieren im Privathaushalt, im Zoo oder Zirkus, die Jagd, die Verwendung von Tieren beim Sport, für die Kürschnerei und mit zunehmender Bedeutung gentechn. Manipulationen an Tieren. Primäres Ziel des T. ist nicht der Schutz von Arten und Populationen, welche durch Nachstellung vom Menschen oder durch Vernichtung ihrer Lebensgrundlage in ihrem Gesamtbestand gefährdet sind. Dieses gehört zu den Aufgabenbereichen des Natur- und Artenschutzes, aus dem Motiv, die biolog. Vielfalt zu bewahren. Im Vordergrund des T. steht hingegen das Wohlergehen sowohl wild als auch in Gefangenschaft lebender Individuen. Gelegentlich verfolgen T. und Artenschutz gemeinsame Ziele, wenn auch aus unterschiedl. Beweggründen. Zu derartigen Übereinstimmungen kommt es in erster Linie bei populären Tierarten, welche gesetzlich

bes. geschützt oder gefährdet sind, z. B. Robben Wale und Tiger. Tierschutzrelevant ist v. a., wenn Tiere absichtlich aus Rohheit gequält werden, ihre Bedürfnisse z. B. in Bezug auf Lebensraum, Pflege, Ernährung und Sozialkontakt vernachlässigt oder ihnen Leiden und Schmerzen im Interesse einer von der Gesellschaft heute noch mehrheitlich akzeptierten Zielsetzung zugefügt werden. Wenn Haustiere gequält werden, geschieht das oft aus Unwissenheit (nicht nur bei Kindern) oder Gedankenlosigkeit, aber auch weil sie ›vermenschlicht‹ werden. Ihre Bedürfnisse werden falsch eingeschätzt oder nicht ausreichend beachtet. Beim Sport, z. B. Reiten, werden Tieren noch immer ausnahmsweise übermäßige und damit gesundheitsgefährdende Leistungen abverlangt. Auch die beliebte Hobbyzucht von Hunden, Katzen, Kaninchen, Tauben u. a. Tieren kann zur Tierquälerei geraten, wenn extreme Zuchtziele angestrebt werden. Nicht unumstritten ist heute der Einsatz von Tieren zu Schauzwecken im Zirkus, in Tierschauen oder ähnl. Veranstaltungen. In diesem Bereich werden Diskussionen auch unsachlich und emotional geführt, und es wird vom T. gelegentlich übersehen, dass gerade der enge Kontakt zu Tieren erst Verständnis und Tierliebe fördert.

Immer mehr Bürger lehnen die Zucht oder den Fang von Pelztieren, die allein für die Herstellung von Pelzartikeln sterben müssen, ab. Für sie sind Pelze verzichtbare Luxusprodukte, für die Tiere weder gequält noch getötet werden dürfen. Ein bes. schwerwiegendes Problem sind nicht immer notwendige →Tierversuche.

Das weitaus größte T.-Problem ist heute jedoch die Art und Weise, wie mit den (allein in Dtl. rd. 150 Mio.) Nutztieren umgegangen wird. Die Haltungsbedingungen und die Betreuung der Tiere in der zur Industrie geratenen Massentierhaltung werden den Bedürfnissen der Tiere häufig nicht gerecht. Schlachttiere werden ungeachtet der Bestimmungen des EG-Rechts (Richtlinie vom 29. 6. 1995) und weiterführender EG-Verordnungen, tagelang ohne Ruhepause und ohne ausreichende Versorgung durch Europa transportiert. Die Schlachtung erfolgt nicht immer mit ausreichender Betäubung. Zuchtziele in der modernen Nutztierhaltung sind z. B. immer höhere Milch- und Fleischleistung, eine Tendenz, die durch die Möglichkeiten der Gentechnologie noch verstärkt wird und den Produktionscharakter der Tierhaltung zeigt, somit häufig im Widerspruch zum T. steht.

T., als immer auch sehr emotionsbehaftetes Thema, ist in der Gegenwart nicht frei von radikalen Tendenzen. Dabei wird übersehen, dass diese dem berechtigten Anliegen des T. mehr schaden als nützen. Von Teilen des T. geäußerte Forderungen nach einem Verbot von Heimtierhaltung oder Jagd sind nicht nur unbegründet und unrealistisch sondern auch gefährlich. So würde ein vollständiges Jagdverbot in unserer Kulturlandschaft zu erhebl. landwirtschaftl. Schäden führen und jede Naturverjüngung von Wäldern verhindern. Unbestritten bleibt dabei die gerechtfertigte Kritik an bestimmten Jagdformen, z. B. Trophäenjagd.

Der organisierte T. sieht seine Aufgabe heute nach wie vor in der Direkthilfe für in Not geratene Tiere. In über 400 Tierheimen, die den T.-Vereinen zugeordnet sind, werden jährlich Hunderttausende ausgesetzter oder abgegebener Tiere aufgenommen, betreut und weitervermittelt. Darüber hinaus spielen übergeordnete T.-Probleme eine wesentl. Rolle. Dabei geht es darum, sich mit Politikern und Parteien auseinander zu setzen, um so wichtige Entscheidungsträger für den T. zu gewinnen. Damit wird auch ein Gegengewicht zur Lobby der an der

Nutzung von Tieren interessierten Gruppierungen geschaffen. Zu den ständigen Aufgaben der T.-Organisationen gehören die Beteiligung an Anhörungen und Stellungnahmen zu tierschutzrelevanten Rechtsetzungsverfahren. Fortschritte im T. sind nur zu erreichen, wenn die Öffentlichkeit über Probleme informiert wird. Die Aufklärungsarbeit der Verbände reicht von prakt. Hinweisen zum Umgang mit Haustieren über Informationen zu den Problembereichen Nutztierhaltung, Tierversuche bis hin zu Ratschlägen für tierfreundl. Verbraucherverhalten. Bestrebungen von dem T. verpflichteten Landwirten, tier-, umwelt- und verbraucherfreundlich zu produzieren, werden durch verbandsübergreifende Zusammenschlüsse gefördert.

⇨ *Artenschutz · Ethik · Gentechnologie · Massentierhaltung · Naturschutz · Tierversuche*

T.-Praxis, hg. v. K. DRAWER u. a. (1979); T. in Dtl., bearb. v. DEMS. (1980); P. SINGER: Befreiung der Tiere. Eine neue Ethik zur Behandlung der Tiere (a. d. Engl., 1982); D. E. ZIMMER: Hühner. Tiere oder Eiweißmaschinen? (1983); T. Testfall unserer Menschlichkeit, hg. v. U. M. HÄNDEL (1984); K. SOJKA: Auch Tiere haben Rechte. T., Artenschutz, Naturschutz für jeden (1987); H. STEFFAHN: Menschlichkeit beginnt beim Tier. Gefährten u. Opfer (1987); G. M. TEUTSCH: Mensch u. Tier. Lex. der T.-Ethik (1987); Verteidigt die Tiere. Überlegungen für eine neue Menschlichkeit, hg. v. P. SINGER (a. d. Engl., Neuausg. 1988); A. SCHWEITZER: Die Ehrfurcht vor dem Leben. Grundtexte aus fünf Jahrzehnten, hg. v. H. W. BÄHR (⁶1991); A. LORZ: T.-Ges. (⁴1992); Die Natur ins Recht setzen. Ansätze für eine neue Gemeinschaft allen Lebens, hg. v. M. SCHNEIDER u. A. KARRER (1992); Das Tier als Mitgeschöpf, bearb. v. K. NAGORNI u. R. STIEBER (1992); Tiere als Ware. Gequält – getötet – vermarktet, Beitrr. v. M. KARREMANN u. K. SCHNELTING (17.–19. Tsd. 1994); H.-P. BRESSLER: Eth. Probleme der Mensch-Tier-Beziehung (1997); G. GERWECK: Das Recht der Tiere. Persönl. Plädoyer für den T. (1997).

Tierserum, hauptsächlich vom Pferd, Rind oder Hammel gewonnenes Immunserum (→Heilserum).

Tiers État [tjɛːrzeˈta, frz.] *der, --,* →dritter Stand.

Tierseuchen, Infektionskrankheiten, die bei Haustieren oder Süßwasserfischen vorkommen oder bei anderen Tieren auftreten und auf Haustiere oder Süßwasserfische übertragen werden können. Nach Art der Ausbreitung der T. unterscheidet man: **Enzootie,** bei wiederholtem, aber auf kleine Bezirke beschränktem Auftreten wie bei Orts- und Stallseuchen (z. B. Milzbrand); **Epizootie,** bei zeitweisem Auftreten und rascher Verbreitung über größere Landstriche (z. B. Maul- und Klauenseuche); **Panzootie,** bei Verbreitung über mehrere Länder oder einen ganzen Erdteil (z. B. Rinderpest).

In Dtl. sind die Maßnahmen zum Schutz der Tierbestände und der menschl. Gesundheit bzw. zur Bekämpfung von T. bundeseinheitlich geregelt. Das **T.-Gesetz** (früher Viehseuchengesetz) i. d. F. vom 20. 12. 1995 sieht im Bedarfsfall u. a. Quarantänemaßnahmen (z. B. Stallsperren, Ortssperren), Schlacht-, Abhäutungs-, Verkaufs- und Transportverbote oder -beschränkungen und Zwangstötungen vor. Es regelt den Handel (Ein-, Durch- und Ausfuhr) mit lebenden und toten Tieren, mit Tierteilen, tier. Erzeugnissen, Seren und Impfstoffen und schreibt Schutzmaßnahmen für Viehmärkte, Schlachthöfe und Tierschauen vor. Für seuchenbedingte unverschuldete Tierverluste werden Entschädigungen (durch die T.-Kasse) gewährt; der Entschädigungsanspruch entfällt, wenn der Tierbesitzer seiner durch die T.-Kassensatzung festgelegten Beitragspflicht (für Pferde, Rinder, Schweine und Schafe obligatorisch, für andere Tierarten fakultativ) an so genannte T.-Kassen nicht nachkommt.

Anzeigepflichtige T. (werden staatlicherseits bekämpft) in Dtl. sind u. a.: (bei Rindern) Lungenseuche, Rinderleukose, Rinderpest, Rindertuberkulose; (bei Schweinen) Schweinepest, ansteckende Schweinelähme; (bei Schafen) Pockenseuche; (bei Pferden) Beschälseuche, Rotz; (bei mehreren der vorgenannten Tierarten) Brucellose, Maul- und Klauenseuche, Milzbrand, Rauschbrand, Tollwut; (bei Geflügel) Geflügelpest, Newcastle-Krankheit; (bei Papageien) Psittakose; (bei Bienen) bösartige Faulbrut. Meldepflichtige Tierkrankheiten in Dtl. sind u. a.: Geflügelpocken, Ornithose, Toxoplasmose, bösartiges Katarrhalfieber und Virusdurchfall bei Rindern.

F. HORSCH: Allg. Mikrobiologie u. Tierseuchenlehre (Jena ²1987); Grundlagen der Tierseuchenbekämpfung, hg. v. A. BURCKHARDT (1992); M. ROLLE u. ANTON MAYR: Medizin. Mikrobiologie, Infektions- u. Seuchenlehre für Tierärzte, Biologen u. Agrarwissenschaftler (⁶1993).

Tierseuchenkasse, öffentlich-rechtl. Anstalt (beitragspflichtig), aus der der Tierhalter eine Entschädigung erhalten kann, wenn auf behördl. Anweisung Tiere von ihm getötet werden mussten bzw. Tierverluste eingetreten sind. Meist handelt es sich dabei um Maßnahmen zur Verhütung und Bekämpfung von →Tierseuchen.

Tiersoziologie, Teilgebiet der Zoologie und Biologie, dessen Untersuchungen und Ergebnisse bezüglich des Sozialverhaltens von Tieren auch für die vergleichende Verhaltensforschung (Ethologie) herangezogen werden und mitunter in der soziolog. Diskussion eine Rolle spielen. T. setzt im eigentl. Sinne erst dort ein, wo sich individuelle Repräsentanten der Gattung in ihrem Gruppenverhalten (als Geschlechtspartner, im Familienverband, in der Herde, dem Rudel, Schwarm oder jeweiligen Staat) unterscheiden lassen. Die soziale Organisation und das soziale Verhalten können dabei sowohl durch umweltbedingte Faktoren als auch durch erbl. Einflüsse bestimmt sein. Bezüglich des Zustandekommens lassen sich **homotypische Gesellschaften** (Sozietäten), in denen artgleiche Individuen verbunden sind, von **heterotypischen** unterscheiden, die aus versch. Tierarten bestehen. Dort, wo die soziale Organisation vorübergehend in Erscheinung tritt, wird von **akzidentellen Gesellschaften,** dort, wo diese auf Dauer angelegt ist, von **essenziellen Gesellschaften** gesprochen. Hinsichtlich des Sozialverhaltens lassen sich vier Funktionskreise unterscheiden: Droh-, Kampf-, Territorial- und Rangordnungsverhalten, Sexualverhalten, Brutpflegeverhalten und Kommunikationsverhalten.

N. TINBERGEN: Tiere untereinander. Formen sozialen Verhaltens (a. d. Engl., 1975); A. REMANE: Sozialleben der Tiere (³1976); A. PORTMANN: Das Tier als soziales Wesen (Neuausg. 1978); J. ALCOCK: Das Verhalten der Tiere aus evolutionsbiolog. Sicht (a. d. Amerikan., 1996).

Tiersprache, Kommunikationsform, die im Unterschied zur menschl. Sprache oft in einem weiteren Sinne gefasst wird. Dementsprechend werden unter T. alle Formen von Kommunikation zw. Individuen, auch z. B. mittels chem. Signale (Pheromone) oder aufgrund bestimmter symbolhafter Verhaltensweisen (→Bienensprache) verstanden. Bes. deutlich ist die T. bei Vögeln ausgebildet, z. B. die Warn-, Droh- und Sammelrufe, sowie der Gesang des Vogelmännchens. Mit höheren, nichtmenschl. Primaten (v. a. Schimpansen) wurden Sprachexperimente vorgenommen mit dem Ziel, diese eine Form menschl. Kommunikation zu lehren. Dabei zeigte sich, dass sie nicht in der Lage sind, menschl. Vokalsprache zu produzieren, da sie aufgrund einer von der menschl. abweichenden Kehlkopfanatomie nicht über den entsprechenden Stimmapparat verfügen. Erfolge wurden hingegen mit Symbolen (in Form von bunten Plastikplättchen) und mit der Gebärdensprache Gehörloser erzielt.

Tierstaaten, geschlossene Verbände aus Individuen einer Tierart, die einen sehr hohen Organisationsgrad besitzen. Die Angehörigen eines T. können morpholog. und physiolog. Unterschiede aufweisen und versch. Funktionen (Arbeitsteilungen) übernehmen. Das Zusammenwirken der Angehörigen eines Staates ist instinktgebunden und wird durch Hormone gesteuert. T. finden sich v. a. bei den sozialen Insekten (→Insektenstaaten).

Tierstil, Dekoration in Form von Tiermotiven oder Tiervollplastiken in bestimmter Darstellungsweise und mit Darstellung bestimmter Tiere, bes. in Mittel-, Nord-, Zentralasien sowie in Ost-, Mittel-, Nord- und Westeuropa verbreitet, v. a. als Goldschmiede- und Bronzearbeiten sowie auf Textilien seit dem 1. Jt. v. Chr. Vorformen scheinen im iran.-syr. Raum (Hurriterreich und Loristan [→Luristanbronzen]) bis in das 2. Jt. v. Chr. zurückzugehen. Man unterscheidet den german. T. (→germanische Kunst) und den eurasiat. T., dessen Ursprung wohl die Steppengebiete Mittel- und Zentralasiens sind: →Steppenkunst, →skythische Kunst, →Ziwije; für China bedeutend sind die →Ordosbronzen sowie Bronzen der Kultur der →Dian und des Huaistil (1. Hälfte des 1. Jt. v. Chr. bis erste Jahrhunderte n. Chr., benannt nach einem Fluss in Zentral-China); Vermittler nach China waren vermutlich Tocharer aus dem Gebiet zw. Altai und Tienschan. – Es kommen einzelne Tiere (im asiat. Bereich v. a. Hirsch, Rind, Wildschwein, Tiger, im german. Bereich auch z. B. Vögel, >Greifen<, Schlangen, Pferde, >Löwen<), miteinander kämpfende Tiere (in Asien oft Feliden, die ein anderes Tier anfallen), hintereinander laufende Tiere (>Tierprozession<) und Jagdszenen, realist., stilisierte und ornamentalisierende Darstellungen vor. Oft wird die Tierform naturfremd zum >Rolltier< gestaltet mit angewinkelten Beinen und zurückgebogenem, auf den Rücken gelegten Kopf. Die Hinterbeine können auch nach oben gebogen sein, sodass eine S-Form entsteht. Ohren, Augen und Gelenke können durch Kreise oder Herzen, oft mit Steineinlagen, wiedergegeben werden; Krallen, Schwanz oder Hirschgeweih können zu Vogelköpfen umgestaltet werden. Manchmal werden auf der Körperfläche oder auf dem Kopf weitere Tiere abgebildet.

Tierstöcke, Tierkolonien, Ansammlungen von Tieren, die durch Knospung oder Teilung aus einem Einzelwesen hervorgehen und in körperl. Zusammenhang bleiben. T. kommen nur bei wasserlebenden Tieren vor. Stockbildung findet sich bei Radiolarien, Geißeltierchen, Wimperinfusorien, Schwämmen, Hohltieren, Moostierchen und Manteltieren. Bei den Hydrozoen entstehen Stöcke mit bis zu einer Million Tochterpolypen mit unterschiedl. Funktion, z. B. Wehrpolypen, Fresspolypen. Die Arbeitsteilung führt zu einer Gestaltvielfältigkeit (Polymorphismus), wie den →Staatsquallen. Durch Stockbildungen Kalk abscheidender Korallentiere entstehen Korallenbauten.

Tierversicherung, Versicherung gegen Schäden durch Tod, Nottötung und dauernde Unbrauchbarkeit von Tieren (**Lebendtierversicherung**), Schäden bei Schlachttieren, die während des Transports auftreten oder sich durch die fleischbeschaurechtl. Untersuchung ergeben (**Schlachttierversicherung**) und auch die Krankheitskosten von Tieren (**Tierkrankenversicherung**). Die T. ist eine bereits in Babylonien nachweisbare Versicherungsform; im MA. kam es zur Gründung von Kuhgilden oder Kuhladen.

Tierversuche, nach dem Tierschutz-Ges. i. d. F. v. 25. 5. 1998 Eingriffe oder Behandlungen zu Versuchszwecken an Tieren, wenn sie mit Schmerzen, Leiden oder Schäden für diese Tiere verbunden sein können. Seit In-Kraft-Treten der Gentechnik-Ges. (1990) ist diese Definition erweitert auf Eingriffe oder Behandlungen am Erbgut von Tieren, wenn sie entsprechende Auswirkungen auf die erbgutveränderten Tiere oder deren Trägertiere haben können. Im Wesentlichen unterscheidet man T. für Forschungszwecke und für Sicherheitsprüfungen. Im Bereich der Forschung geht es um angewandte Forschung, so z. B. um die Entwicklung und Erprobung neuer Arzneiwirkstoffe, Impfstoffe oder Operationsmethoden, und um Grundlagenforschung, z. B. um neue Erkenntnisse über Körperfunktionen. Im Rahmen der Sicherheitsprüfung werden Stoffe und Produkte im T. getestet um festzustellen, ob sie möglicherweise Menschen, Tiere oder die Umwelt schädigen können. Schätzungen zufolge wurden in der BRD in den 1970er- und 1980er-Jahren zw. 7 und 14 Mio. T. jährlich durchgeführt. Amtl. Zahlen gibt es erst seit 1989. Sie erfassen nur die genehmigungs- und anzeigepflichtigen T. an Wirbeltieren und beliefen sich für die alten Bundesländer 1989 auf 2,64 Mio., sie verringerten sich 1996 für Gesamt-Dtl. auf 1,51 Mio. In der Statistik nicht enthalten sind Manipulationen an Tieren, die z. B. zur Aus-, Fort- und Weiterbildung, zu anderen als Versuchszwecken in der Wiss. oder bei der Impfstoffherstellung vorgenommen werden. Nach der Novelle des Tierschutz-Ges. vom 25. 5. 1998 können auch diese Eingriffe künftig zahlenmäßig erfasst werden.

Die Vorstellung, dass fühlenden Lebewesen bewusst Leiden, Schmerzen und Schäden zugefügt werden, löst bei vielen Bürgern Betroffenheit aus. T. stehen daher seit langem in der öffentl. Diskussion. Einerseits wird darauf verwiesen, dass dem Schutz des Menschen und dem Anspruch des Kranken auf Hilfe Vorrang vor dem Schutz der Tiere eingeräumt werden muss. Auf der anderen Seite sehen es immer mehr Menschen als Pflicht, auf Leben und Wohlbefinden der Mitgeschöpfe Rücksicht zu nehmen. Immer häufiger wird bezweifelt, ob es zulässig ist, ein Tier, das schmerzempfindlich ist, stellvertretend für den Menschen leiden zu lassen. Umstritten ist, ob T. methodisch überhaupt geeignet sind, Mensch, Tier und Umwelt vor mögl. Schäden zu bewahren. Fest steht, dass es trotz aller T. zur Verträglichkeit neuer Stoffe und Produkte zu Fehleinschätzungen kommt, die gesundheitlich im Einzelfall negative Folgen für den Menschen haben.

Die heutige Gesetzgebung zur Regulierung von T. ist das Ergebnis jahrzehntelanger Tierschutzbestrebungen, die in den 1820er-Jahren in Großbritannien ihren Ursprung hatten. Als Ausgangspunkt kann u. a. die Ablehnung der →Vivisektion angesehen werden, die zur Gründung der entsprechenden Gesellschaften in Großbritannien und in den USA führte.

Nach dem Willen des Gesetzgebers sind T. auf das >unerlässl. Maß< zu beschränken. Im Tierschutz-Ges. wird festgelegt, zu welchen Zwecken und unter welchen Bedingungen T. durchgeführt werden dürfen. Zur Entwicklung oder Erprobung von Waffen und dazugehörigem Gerät sind ausdrücklich verboten, nicht jedoch T. zu wehrmedizin. Zwecken. Einem grundsätzl. Verbot, das in begründeten Fällen durch die Rechtsverordnung aufgehoben werden kann, unterliegen T. zur Entwicklung von Tabakerzeugnissen, Waschmitteln und Kosmetika. Nach der Novelle des Tierschutz-Ges. vom 25. 5. 1998 ist das Töten von Hunden, Katzen, Affen und Halbaffen zu wiss. Zwecken (z. B. zu Organ- oder Gewebeentnahme zum Zweck der Transplantation) nur erlaubt, wenn sie speziell für diesen Zweck gezüchtet wurden. Damit soll sichergestellt werden, dass weder Fundtiere noch aus Natur entnommene Tiere verwendet werden. Auch für die Organ- oder Gewebeentnahme am lebenden Tier dürfen nur Tiere verwendet werden, die für diesen Zweck gezüchtet wurden. Landwirtschaftl. Nutztiere sowie beispielsweise Tauben oder Fische, die für T. eingesetzt werden, müssen nicht aus speziellen Versuchstierzuchten stammen. Wer T. an Wirbeltieren durchführen will, bedarf einer behördl. Genehmigung des Vorhabens. T., die gesetzlich vorgeschrieben sind,

sind nicht genehmigungspflichtig. Sie müssen der zuständigen Behörde nur angezeigt werden. Eine Reihe von nat. und internat. Bestimmungen schreiben T. zum Schutz von Mensch, Tier und Umwelt ausdrücklich vor. Hierbei handelt es sich z. B. um Giftigkeitsprüfungen (akute und subakute Toxizität, Phototoxizität, Ökotoxizität), um Haut- und Schleimhautverträglichkeitstests, um Tests auf embryoschädigende oder erbgutschädigende Wirkung (Teratogenitäts- und Mutagenitätstest) oder um Tests auf Krebs auslösende Wirkung (Kanzerogenitätstest). Für die Durchführung von T. gibt es im Tierschutz-Ges. Bestimmungen, die unnötige Leiden für die Tiere verhindern sollen.

Die gesetzl. Bestimmungen zu T. werden von vielen Seiten kritisiert. Während die Tierschutzorganisationen beklagen, dass das Tierschutz-Ges. aufgrund mangelnder Präzisierung kaum einen T. wirklich verhindere, verweisen tierexperimentell arbeitende Wissenschaftler und Vertreter der einschlägigen Industrie auf den Grundsatz der Forschungsfreiheit und darauf, dass das Tierschutz-Ges. die Forschung behindere. – Im *österr*. T.-Ges. vom 27. 9. 1989 sind T. ebenfalls umfassend definiert. Sie sind genehmigungspflichtig. – Im eidgenöss. Tierschutz-Ges. der *Schweiz* sind T. umfassend definiert. Man unterscheidet Melde- und Bewilligungspflicht, die sich an der Schwere des Eingriffes orientieren.

Im Zuge der europ. Harmonisierung wurden 1986 eine Europ. Konvention und eine EG-Richtlinie zum Schutz der Versuchstiere verabschiedet, die Grundsätze und Detailbestimmungen über die Voraussetzungen und die Durchführung von T. und den Umgang mit Versuchstieren enthalten. Inzwischen wurden die Bestrebungen intensiviert, T. durch andere Methoden zu ersetzen oder wenigstens einzuschränken. Solche Methoden sind z. B. Testverfahren mit menschl. oder von Tieren gewonnenen Zellkulturen, aber auch der Einsatz von künstlich nachgebildeten Organen und Organismen oder von Computermodellen. Als Ersatzmethode treten sie an die Stelle eines T. Als Ergänzungsmethode werden sie häufig dem Tierexperiment vorgeschaltet, anschließend werden weniger Tiere als urspr. eingesetzt. Neben Ersatz- und Ergänzungsmethoden kommen oft auch Verbesserungen bei der Durchführung eines T. oder bei der Auswertung der Ergebnisse als ›Alternativen‹ in Betracht, weil dadurch ebenfalls eine Verringerung der Tierzahlen erreicht wird. All diese Möglichkeiten, T. einzusparen, werden unter dem Begriff der ›3 R‹ – Refinement (Verfeinerung), Reduction (Verringerung) und Replacement (Ersatz) – zusammengefasst. Bisher verzögern aufwendige Untersuchungen zur Überprüfung der Wiederholbarkeit und Zuverlässigkeit der Ergebnisse, die mit alternativen Verfahren gewonnen wurden, die Anwendung von Ersatzmethoden und v. a. deren Eingang in gesetzl. Bestimmungen. Bundes-Reg., Industrie und Tierschutzorganisationen arbeiten u. a. in einer gemeinsamen Stiftung zusammen, um hier weitere Fortschritte zu erzielen. V. a. Tierschützer fordern, dass in Zukunft nur noch wiss. verlässliche, tierversuchsfreie Verfahren eingesetzt werden. Viele Biologen, Mediziner und Pharmakologen halten dies für unrealistisch, da ein vollständiges Verbot von T. den medizin. Fortschritt blockieren würde.

K. ALLGEIER: T. Pro u. contra (1980); Kritik der T., hg. v. I. WEISS (1980); D. H. SMYTH: Alternativen zu T. (a. d. Engl., 1982); D. PRATT: Leiden vermeiden. Alternativen zum T. (a. d. Amerikan., 1983); G. M. TEUTSCH: T. u. Tierschutz (1983); Ersatzmethoden zum T. Gesundheit u. Tierschutz. Wissenschaftler melden sich zu Wort, hg. v. K. J. ULLRICH u. a. (1985); Ersatzmethoden zum T. Ausgewählte Projekte aus der Forschungsförderung in der Biotechnologie ..., bearb. v. E. WEBER (1986); T. u. medizin. Ethik. Beitrr. zu einem Heidelberger Symposion, hg. v. W. HARDEGG u. a. (1986); Hb. über Möglichkeiten u. Methoden zur Verbesserung, Verminderung u. Vermeidung von T., hg. v. H.-P. SCHEUBER, Losebl. (1994 ff.); Forschung ohne T., bearb. v. H. SCHÖFFL u. a. (1995 ff.); B. RAMBECK: Mythos T., eine wissenschaftskrit. Unters. (⁶1996).

Tierwanderung, aktiver, meist period. Standortwechsel von Tieren, der durch Außenfaktoren (z. B. Kälte, Trockenheit, Nahrungsmangel, Übervölkerung) oder aufgrund endogener Stoffwechselrhythmen ausgelöst wird. T. werden meist durch physiolog. Änderungen wie z. B. Mauser, hormonale Änderungen, Speicherung von Reserven, Gonadenwachstum vorbereitet, die photoperiodisch oder endogen bedingt sein können. Fast immer ist mit den Wanderungen ein Biotopwechsel verbunden. Viele Gebirgstierarten steigen mit dem einsetzenden Winter in tiefere Lagen ab, z. B. Gämsen in den Alpen, Weißwedelhirsche in Nordamerika, Kolibris in den Anden. Robben und Pinguine kommen zur Fortpflanzung, Meeresschildkröten zur Eiablage an die Strände, Landkrabben wandern ins Meer. Vorwiegend landlebende Lurche laichen im Süßwasser ab. Viele Tiere legen auf ihren Wanderungen weite Strecken zurück, z. B. Gnus, Zebras, Bisons und Rentiere. Aale leben zunächst in den Binnengewässern und suchen zur Laichzeit das Meer (Sargassosee) auf. Lachse dagegen steigen zum Laichen aus dem Meer in die Binnengewässer auf, wobei sie über 3 000 km zurücklegen können. Zugvögel können auf ihren Wanderungen ebenfalls sehr weite Strecken (bis zu 10 000 km) überwinden. Der Monarchfalter, der sich im Frühjahr im nördl. Nordamerika fortpflanzt, zieht im Herbst in Scharen an den Golf von Mexiko; im nächsten Frühjahr kehren die Tiere zu ihren Fortpflanzungsstätten zurück.

Meist auf mehrere Generationen verteilt sind die Wanderungen europ. Schmetterlinge: z. B. Distelfalter, Admiral, Gammaeule, Heufalter, Totenkopf, Windenschwärmer. Der Wirtspflanzenwechsel geflügelter Generationen von Blattlausarten dient der Ausnutzung des besseren Nahrungsangebotes. – Senkrechte Wanderungen führen die Planktonlebewesen aus, die um Mitternacht zur Meeresoberfläche aufsteigen und in den Morgenstunden wieder zur Tiefe absinken.

In unterschiedl. Zeitintervallen kommt es zu Massenwanderungen der Lemminge, Steppenhühner, Tannenhäher und Kreuzschnäbel. Aperiodische Niederschlagsverhältnisse führen zu für den Menschen oft bedrohl. Massenentwicklungen und -wanderungen der Wanderheuschrecken.

Tierzucht, gezielte Vermehrung von Tieren durch den Menschen, bei der versch. Leistungsmerkmale (u. a. Fleisch-, Milch-, Eier-, Wollproduktion) sowie auch andere Kriterien (z. B. Sport, Jagd) zugrunde liegen. Weiterhin werden Heim- und Versuchstiere gezüchtet.

Die Zahl der vom Menschen zum Haustier gemachten Tierarten ist relativ klein, die der Nutztiere (Rinder, Schweine, Schafe, Ziegen, Pferde, Geflügel, Fische) noch geringer. Im Laufe ihrer Züchtung haben sich aus den Haus- wie auch den Nutztieren viele Varianten entwickelt, die häufig auf die versch. Bedürfnisse des Menschen zurückzuführen sind. Dabei entwickelten die Haustiere Nutzungsmöglichkeiten und Leistungen, die kaum zu erwarten waren und deren biolog. Grenzen noch nicht erreicht sind. Der angestrebte, weitere Züchtungsfortschritt hängt jedoch davon ab, inwieweit der tier. Organismus den biolog. Anforderungen insgesamt gewachsen ist. Daran hat die Ernährung der Tiere einen entscheidenden Anteil.

Die T. basiert auf Grundlagen der allgemeinen Genetik (Kenntnisse über Geschlechtsorgane, Geschlechtszellen, Befruchtung, Zyto- und biochem. Genetik sowie mendelsche Regeln) und der Populationsgenetik (statist. Grundlagen, Populationsparameter, Zuchtwertschätzung, Selektion, Inzucht und Fremdzucht) sowie verschiedenen Zuchtmethoden.

Ziel bei der Züchtung von Nutztieren ist eine hohe Wirtschaftlichkeit, d. h. eine gute Futterverwertung, Fruchtbarkeit, Krankheitsresistenz sowie hohe Leistungen, z. B. bei Kühen an Milch und Milchinhaltsstoffen (Eiweiß, Fett), bei Schweinen an Fleisch guter Qualität, bei Legehennen an Eiern. Bei Haustieren sind u. a. Farbe und Zeichnung des Haarkleides oder Gefieders sowie Körperformen häufiges Zuchtziel.

Durch die Einführung der →künstlichen Besamung in der T. konnten die Leistungssteigerung von Nutztieren erheblich beschleunigt werden. In neuerer Zeit hat der Embryotransfer eine größere Bedeutung in der T. erlangt. Dabei handelt es sich um die gleichzeitige Gewinnung einer größeren Zahl befruchteter Eizellen nach Superovulationen und deren Transfer (früher Transplantation) auf die Gebärmutter eines Empfängers (Rezipient), wodurch die Nachkommenzahl auch züchterisch bes. wertvoller Muttertiere wesentlich erhöht werden kann. Mit den modernen Reproduktionsmethoden (künstl. Besamung, Embryotransfer, Zwillingsproduktion durch Mikromanipulation) kommt es jedoch zu einer Einschränkung der genet. Vielfalt.

T., hg. v. D. SMIDT u. a. (⁵1982); G. BREM u. a.: Experimentelle Genetik in der T. (1991); Tierzüchtungslehre, hg. v. H. KRÄUSSLICH (Neuausg. 1997).

Tierzucht|amt, Behörde der staatl. Tierzuchtverwaltung, die im Auftrag des zuständigen Landesministeriums arbeitet. Aufgaben sind Fütterungs- und Stallbauberatungen, Durchführung tier. Leistungsprüfungen. Tierzuchtbeamte sind oft Geschäftsführer von Züchtervereinigungen und deren Zuchtleiter.

Louis C. Tiffany: Tischlampe mit Glasschirm in Opal- und Favrile-Glas; Höhe 76 cm, um 1900/02 (München, Bayerisches Nationalmuseum)

Tierzuchtgesetz. Das T. vom 22. 12. 1989 i. d. F. v. 22. 1. 1998 erfasst nur die Großtierzucht (Rinder, Schweine, Schafe, Ziegen, Pferde). Das T. von 1977 enthielt den Rahmen bzw. die Grundsätze der Tierzuchtförderung, u. a. die Zuchtverwendung von männl. Tieren (Bulle, Eber, Hengst, Schafbock) lediglich nach Körung und Deckerlaubnis sowie die Einsatzerlaubnis für künstl. Besamung. Auch waren das Mindestalter für die Körung und die Mindestanforderungen bei den Leistungsprüfungen weibl. Vorfahren und in der Eigenleistungsprüfung festgelegt.

Mit dem neuen T. wurde der staatl. Körzwang für männl. Tiere aufgehoben. Die Leistungsbeurteilung obliegt jetzt den Züchtervereinigungen. Lediglich die Vorschriften für den Einsatz von Tieren zur künstl. Besamung sind geblieben, deren Leistungen über dem mittleren Zuchtwert vergleichbarer Tiere liegen müssen. Bei Abgabe und/oder Erwerb von Zuchttieren müssen nach EG-Recht vereinheitlichte Zuchtbescheinigungen vorliegen. Weiterhin sind noch Leistungsprüfungen und Zuchtwertfeststellungen von Tieren durch zuständige Behörden bzw. beauftragte Stellen vorgeschrieben. Neu sind Vorschriften zur Erlaubnis des Embryotransfers. Ziel ist, den Handel mit Zuchttieren, Embryonen, Eizellen auf EG-Ebene zu harmonisieren. Auch sollen Genreserven der vom Aussterben bedrohten Tiere angelegt werden.

Tietê *der,* **Rio T.** [ˈrriu tiɛˈtɛ], linker Nebenfluss des Paraná im Bundesstaat São Paulo, Brasilien, entspringt in der Serra do Mar, 1 130 km lang; Wasserkraftwerke.

Tietjen, Heinz, Dirigent, Regisseur und Intendant, * Tanger 24. 6. 1881, † Baden-Baden 30. 11. 1967; studierte bei A. NIKISCH und war nach Stationen in Trier (1904–19), Saarbrücken (1919–22) und Breslau (1922–24) künstler. Betriebsdirektor an der Städt. Oper Berlin (1925–27) und Generalintendant der Preuß. Staatstheater (1927–44). 1933–44 leitete er auch die Bayreuther Festspiele (Zusammenarbeit mit dem Bühnenbildner E. PREETORIUS). 1948–54 war er Intendant der Städt. Oper Berlin, 1954–59 der Hamburg. Staatsoper.

Heinz Tietjen

Tietmeyer, Hans, Finanz- und Wirtschaftsfachmann, * Metelen 18. 8. 1931; nach Tätigkeit im Bundesministerium für Wirtschaft (ab 1962) sowie im Bundesministerium der Finanzen (ab 1977, u. a. als Staats-Sekr. 1982–89) seit 1990 im Direktorium der Dt. Bundesbank, ab Juli 1991 deren Vize-Präs. und seit Oktober 1993 deren Präs. Internat. Erfahrung erwarb T. in der OECD (Wirtschaftsausschuss 1972–82) und der EG (Wirtschafts- sowie Währungsausschuss) sowie als persönl. Berater von H. KOHL u. a. in der Vorbereitung der jährl. Wirtschaftsgipfel.

Hans Tietmeyer

Tietz, Ferdinand, Bildhauer, →Dietz, Ferdinand.

Tietze, 1) Andreas, österr. Turkologe, * Wien 26. 4. 1914; wurde 1958 Prof. in Los Angeles (Calif.) und 1973 in Wien; Forschungen auf dem Gebiet der türk. Etymologie, Volkskunde und Literatur.

Werke: The lingua franca in the Levant (1958, mit H. u. R. Kahane); The Koman riddles and Turkic folklore (1966); Bilmece. A corpus of Turkish riddles (1973, mit M. I. BAŞGÖZ). – **Hg.:** Muṣṭafā Ālī's description of Cairo of 1599 (1975); Muṣṭafā Ālī's Counsel for Sultans of 1581, 2 Bde. (1979–82).

2) Hans, Kunsthistoriker, * Prag 1. 3. 1880, † New York 13. 4. 1954; war 1918–38 Prof. in Wien, wo er die Neuordnung der Museen leitete. Nach seiner Emigration (1938) lehrte er in New York.

Werke: Die Methode der Kunstgesch. (1913); Wien (1918); Die Entwicklung der bildenden Kunst in Niederösterreich (1923); Lebendige Kunstwiss. Zur Krise der Kunst u. Kunstgesch. (1925); Krit. Verz. der Werke A. Dürers, 3 Tle. (1928–38, mit E. TIETZE-CONRAT); Tizian. Leben u. Werk (1937); The drawings of the Venetian painters in the 15ᵗʰ and 16ᵗʰ centuries (1944, mit E. TIETZE-CONRAT); Tintoretto (1948).

Tiffany [ˈtɪfənɪ], Louis Comfort, amerikan. Kunsthandwerker, * New York 18. 2. 1848, † ebd. 17. 1. 1933; ausgebildet als Maler, gründete 1879 die ›T. Glass and Decorating Company‹ und stellte ab etwa 1893 das mehrfarbig irisierende ›Favrile-Glas‹ her, dessen Lüstrierung in einem Spezialverfahren durch Metalldämpfe gelang. Neben Erzeugnissen der Glaskunst gestaltete T. auch Schmuck, Möbel, Textilien, Tapeten u. a. 1902 übernahm er von seinem Vater CHARLES LEWIS T. (* 1812, † 1902) das Juweliergeschäft Tiffany & Co. in New York. (Weiteres BILD →Jugendstil)

P. PRODDOW u. D. HEALY: T. u. die amerikan. Juwelierkunst (a. d. Amerikan., 1987); H. F. MCKEAN: L. C. T. (a. d. Amerikan., ²1988); T. Meisterwerke. Beitr. v. A. DUNCAN u. a. (a. d. Engl., 1989).

Tifinagh [tiˈfinar], Bez. für die Schriftzeichen der Tuareg, die v. a. in kurzen Felsinschriften erhalten sind. Sie repräsentieren eine moderne Form der →libyschen Schrift; das genaue Verwandtschaftsverhältnis konnte jedoch noch nicht näher bestimmt werden.

Tifl Tiflis – Tiger

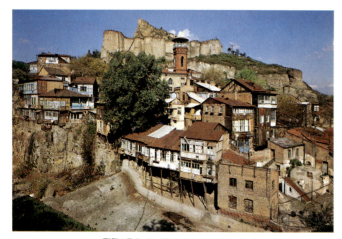

Tiflis: Teile der Altstadt unterhalb der Festung Narikala

Tiflis

georgischer Name: Tbilissi

Hauptstadt von Georgien

an der Kura

1,28 Mio. Ew.

Kultur- und Wirtschaftszentrum des Landes

Akademien, Universitäten und Hochschulen

orientalische Altstadt am Steilufer der Kura

im 12. Jh. blühendes Handelszentrum im Vorderen Orient

Tiflis, georg. **Tbilissi** [db-; ›Warmbrunn‹], Hauptstadt Georgiens, 406–522 m ü. M., erstreckt sich (fast 40 km) terrassenförmig im nach N geöffneten Tal der mittleren Kura, (1991) 1,28 Mio. Ew.; im Stadtgebiet liegt in einem Talkessel der Ioristausee (Tifliser Meer; 12,5 km²; Naherholungsgebiet); Sitz des Katholikos der orth. Kirche Georgiens; Georg. Akad. der Wiss.en, Akad. der Künste, Univ., TU, Landwirtschafts-Univ., neun Hochschulen (u. a. für Sport, Medizin, Musik, Theaterkunst, Handel), zahlr. Museen (u. a. Museum der Gesch. Georgiens, der Gesch. und Ethnographie von T., Museumsreservat für georg. Volksbaukunst und Lebensweise, Gemäldegalerie), Philharmonie mit großem Konzertsaal, Goethe-Inst., botan. und zoolog. Garten und mehrere Theater (v. a. Paliaschwili-Opernhaus), nat. Bedeutung haben Film- und Fernsehstudios. In T. konzentriert sich etwa ein Drittel der georg. Industrieproduktion: Maschinen-, Elektrolokomotiv-, Flugzeugbau, Herstellung von elektrotechn./elektron. Geräten und Präzisionsinstrumenten, Textil- und Bekleidungs-, Nahrungsmittelindustrie, Wein- und Sektkellereien, Spirituosenherstellung, Schuh-, Holz-, Glas- und Porzellan-, pharmazeut. Industrie sowie Druckereien; ein Großkraftwerk (1 960 MW) arbeitet auf Erdgasbasis (Fernleitung aus Aserbaidschan). Fremdenverkehr und Kurbetrieb (bis zu 47 °C warme Schwefelthermen) sind durch den Ausbruch des Bürgerkriegs 1991 beeinträchtigt. T. ist Verkehrszentrum am Endpunkt der →Georgischen Heerstraße sowie der in Tunneln unter dem Kamm des Großen Kaukasus nach Wladikawkas verlaufenden Transkaukas. Automagistrale (Transkam); Eisenbahnlinie nach Erewan; internat. Flughafen; U-Bahn (1966 eröffnet), Drahtseilbahn zum Berg Mtazminda (730 m ü. M., 270 m hoher Fernsehturm), mehrere Hängebahnen zu den höher gelegenen Stadtteilen.

Stadtbild: Im SO, rechts der Kura, unter den Ruinen der Festung Narikala (4.–17. Jh.), liegt die oriental. Altstadt mit engen, steilen Gassen, 2- bis 3-stöckigen Häusern (mit geschnitzten Holzbalkons), der Zionskathedrale (urspr. 6./7. Jh., im 17. Jh. umgebaut) und der Antschischati-Kirche (urspr. 6. Jh., im 17. Jh. umgebaut; Glockenturm 1675); am linken Ufer der Kura erhebt sich die Metechi-Kirche (1278–93) aus der georg. Altstadt; nach N schließt sich die überwiegend klassizist. Neustadt an. Am Stadtrand entstanden neue Wohngebiete.

Geschichte: Siedlungsspuren auf dem Gebiet von T. reichen bis ins 4./3. Jt. v. Chr. zurück. Im 6. Jh. wurde T. Hauptstadt des ostgeorg. Königreiches Iberien; die Lage an den Verbindungsstraßen in das östl. Transkaukasien und zw. Zentral- und Kleinasien bewirkte einen wirtschaftl. Aufschwung. In der 2. Hälfte des 7. Jh. von den Arabern erobert, war T. seit den 30er-Jahren des 8. Jh. Hauptstadt eines Emirats. 1122 befreite die Stadt der georg. König DAVID IV., DER ERBAUER (1089–1125), die Stadt und machte sie zur Hauptstadt eines christlich-georg. Reiches und zu einem blühenden Handelszentrum im Vorderen Orient. Nach Verheerungen durch die Charismier im 13. Jh. und dem Einfall TIMURS (1386–1402) stand T. bis ins 18. Jh. wechselweise unter osman. und pers. Herrschaft; 1762 wurde es Hauptstadt des vereinigten (Kachetien und Kartlien umfassenden) ostgeorg. Königreichs, 1795 durch die Perser zerstört; 1801 fiel es an Russland (Gouv.-Hauptstadt, seit 1845 Residenz des Statthalters des Zaren im Kaukasus). 1918–21 war T. Sitz der menschewist. Reg. der Georg. Rep. (im Februar 1921 durch die Rote Armee gestürzt). 1921 wurde es Hauptstadt der Georg. SSR (1922–36 gleichzeitig der Transkaukas. SFSR). Die Niederschlagung einer friedl. Demonstration in der Stadt am 9. 4. 1989 führte zum endgültigen Bruch mit der sowjet. Zentralmacht. (→Georgien, Geschichte)

Tiger [ahd. tigiritior, eigtl. (verdeutlichend) ›Tigertier‹, von lat. tigris, griech. tígris, wohl aus dem Iran.], **Panthera tigris,** mit bis 2,8 m Körperlänge (Schwanzlänge 60–95 cm) und bis fast 300 kg Gewicht die größte Katzenart; über die systemat. Stellung des T. besteht keine Übereinstimmung; manche Autoren stellen den T. in die Gattung Neofelis und damit in die engere Verwandtschaft zum Nebelparder. – Der seit dem Pleistozän bekannte T. lebt v. a. in den Wäldern SW- bis O-Asiens (einschließlich der Sundainseln). Das Fell ist blass rötlichgelb bis rotbraun mit charakterist. schwarzer Querstreifung, der rundl. Kopf trägt (bes. bei den Männchen) einen Backenbart. T. sind Einzelgänger, die ihre Beutetiere (v. a. Huftiere) während der Dämmerung oder nachts durch lautloses Anschleichen bis auf kürzeste Entfernung jagen. Angriffe auf den Menschen sind meist auf Unglücksfälle oder auf kranke und verletzte Tiere zurückzuführen, die ihre normale Beute nicht mehr erlegen können; jedoch gibt es, v. a. in den Sundarbans, auch Menschen fressende T., die gezielt Jagd auf Menschen machen. – Das Weibchen bringt nach einer Tragezeit von dreieinhalb Monaten zwei bis vier Junge zur Welt. T. können bis zu 20 Jahre alt werden.

Tiger: Sibirischer Tiger

Von den acht Unterarten ist der **Bali-T.** (Panthera tigris balica), mit bis 1,4 m Körperlänge die kleinste T., wahrscheinlich ausgerottet; ebenso der **Java-T.** (Panthera tigris sondaica; Körperlänge bis 1,4 m). Auch die übrigen Unterarten sind in ihren Beständen überwiegend stark bedroht. Größte Unterart ist der im Amur-Ussuri-Gebiet lebende **Sibirische T.** (Pan-

thera tigris altaica), dessen Fell bes. langhaarig ist; man schätzt seinen Bestand auf etwa 400 Tiere. Kaum kleiner ist der in Indien beheimatete **Königs-T.** oder **Bengal-T.** (Panthera tigris tigris), dessen Bestände sich nach der Einrichtung von T.-Reservaten einigermaßen erholt haben. Dagegen gibt es vom **Sumatra-T.** (Panthera tigris sumatrae) trotz der Errichtung von Schutzgebieten nur noch etwa 600 Tiere.
Kulturgeschichtliches: Die ältesten T.-Darstellungen sind Siegelbilder der Induskultur von Mohenjo-Daro. In der röm. Kaiserzeit wurde T. im Zirkus gezeigt. Das dämon. Tiergesicht der chin. Mythologie geht auf den T. zurück, der als weißer T. in der chin. Kosmologie den Herbst und den Westen verkörpert.
T. Über das unbekannte Familienleben der ind. Großkatzen, bearb. v. V. THAPAR u. a. (a. d. Engl., 1989); V. MAZÁK: Der T. Panthera tigris (a. d. Tschech., ⁴1996).

Tiger, Theobald, Pseud. des Schriftstellers und Journalisten Kurt →Tucholsky.

Tiger, *Militärwesen:* Name eines zweisitzigen Kampfhubschraubers, auch als **Eurocopter** bezeichnet; wurde ab Mitte der 1980er-Jahre von Frankreich und der BRD entwickelt; Erstflug des Prototyps im April 1991. Der T. soll eingesetzt werden zur Unterstützung von Bodenkräften, als Begleitschutz für Hubschrauber, zur bewaffneten Aufklärung sowie zur Bekämpfung von Panzern und Luftzielen. Die Bewaffnung besteht je nach Verwendungszweck u. a. aus einer schwenkbaren Bordkanone, acht Panzerabwehr-Flugkörpern, vier Luft-Luft-Flugkörpern sowie 44 ungelenkten 68-mm-Raketen. Geplant ist insgesamt die Beschaffung von 215 T. für Frankreich und 212 als Unterstützungshubschrauber vorgesehenen T. für die Bundeswehr; die Auslieferung der ersten 80 T. soll ab 2001 beginnen und 2011 abgeschlossen sein.

Tiger|auge, Handelsname für die parallelfaserige, goldgelb bis goldbraun gestreifte Varietät des Quarzes mit Einschlüssen von Krokydolith, der durch Verwitterung in braunes Eisenhydroxid (Limonit) pseudomorph umgewandelt ist. T. zeigt auf Bruchflächen seidigen Glanz, auf polierten Flächen Chatoyance; Schmuckstein, der v. a. in Südafrika vorkommt. T. wird bei Erhitzung auf 250–400 °C durch Umwandlung von Limonit in Hämatit rot gefärbt.

Tigerblume, Tigrịdia, Gattung der Schwertliliengewächse mit etwa 20 Arten in Mexiko und Guatemala und in den Anden Perus und Chiles; Zwiebelpflanzen mit wenigen grundständigen, schmalen oder schwertförmigen Blättern und großen, schalenförmigen Blüten. Die bekannteste Art ist die **Pfauenblume** (Tigridia pavonia), mit bis 15 cm langen, verschiedenfarbigen, gefleckten Blüten, die nur acht bis zwölf Stunden blühen; beliebte Gartenblume.

Tigerfink, Amandava amandava, Art der Prachtfinken aus S- und SO-Asien, der an Gewässern Schilf und Hochgräser bewohnt. Der T. ist die einzige Prachtfinkenart, bei der das Männchen einen Wechsel durchmacht zw. einem schlichten, dem Gefieder des Weibchens ähnl. Ruhekleid und einem prächtigen, überwiegend rötl., weiß gesprenkelten Brutkleid.

Tigerfische, Theraponidae, Familie der Barschartigen Fische mit 15 Arten in Küstengewässern des Indopazifiks, z. T. auch im Süßwasser; Größe bis 28 cm.

Tigerfrosch, Rana tigrịna, bis 18 cm langer, dunkel gefleckter Frosch in S- und SO-Asien; in Madagaskar eingebürgert.

Tigerhai, Art der →Grauhaie.

Tigerjaspis, Handelsname für durch Verkieselung wechsellagernder Tuff- und Lavaschichten entstandenen Jaspis mit abwechselnd braungelben und dunkelbraunen Flecken.

Tigerkäfer, die →Sandlaufkäfer.

Tigerländer, kleine Tiger, Bez. für asiat. →Schwellenländer, urspr. für Süd-Korea, Taiwan, Hongkong und Singapur, später auch für Thailand, Malaysia, Indonesien und die Philippinen.

Tiger|ottern, Notẹchis, Gattung bis 1,5 m langer, vorwiegend nachtaktiver Giftnattern in Australien. T. gelten als aggressiv, ihr Gift führt häufig trotz Serumbehandlung zum Tode.

Tigerpython, Art der →Pythonschlangen.

Tigersandstein, Sandstein des unteren Buntsandsteins Südwest-Dtl.s mit dunklen Eisen- und Manganoxidflecken.

Tigerschimmel, Tigerpferd, v. a. im Zirkus sehr beliebte, seit alters bekannte Farbvariante des Hauspferds; heute v. a. in den USA und in Großbritannien gezüchtet; faustgroße, runde bis ovale, über das gesamte sonst weiße Fell verteilte farbige Flecke.

Tighina [-'gi:-], bis 1990 **Bendẹry,** türk. **Bẹnder,** Stadt im S Moldawiens, am Dnjestr, 129 300 Ew.; Lebensmittel-, elektrotechn. Industrie; Verkehrsknotenpunkt. – Im 12. Jh. genues. Niederlassung, 1484 von den Türken erobert und 1538 zur Festung ausgebaut. Bei T. hatte KARL XII. 1709–13 sein Feldlager. 1770, 1789 und 1806 von Russen erobert, kam 1812 mit Bessarabien an Russland; 1918–40 war T. rumänisch.

Tiglatpilẹser [hebr.], akkadisch **Tukụlti-apil-escharra,** Name assyr. Könige; bedeutend v. a.:
1) **Tiglatpilẹser I.,** König (1114–1076 v. Chr.); stellte die Macht Assyriens durch erfolgreiche Kämpfe gegen kleinasiat. Stämme und gegen die Aramäer für ein halbes Jahrhundert wieder her. Er eroberte Babylon und drang bis zum Mittelmeer vor. Teile seiner Bibliothek wurden in Assur ausgegraben.
2) **Tiglatpilẹser III.,** König (745–727 v. Chr.); reorganisierte das assyr. Reich nach einer Phase des Machtverfalls, eroberte Babylon und nahm dort unter dem Thronnamen PULU (im A. T. PHUL) ebenfalls die Königswürde an. Er kämpfte erfolgreich gegen das ostanatol. Reich Urartu (→Urartäer) und gliederte Syrien in das assyr. Provinzsystem ein (732 v. Chr. Eroberung von Damaskus).

Tignes [tiɲ], Sommerfrische und Wintersportort in den frz. Alpen, Dép. Savoie, 2 100 m ü. M., am Stausee von T. (Lac de T.), im Tal der oberen Isère, als Gem. (T.-les-Boisses) 2 000 Ew. Lift- und Seilbahnnetz bis 3 500 m ü. M. (u. a. Gletscherseilbahn **Grande Motte**). – Der alte Ort T. wurde durch die Anlage des Stauwerks (180 m hohe Krone) 1954 überflutet.

Tigon [Kw. aus engl. tiger ›Tiger‹ und lion ›Löwe‹] *der, -s/-,* Bastard aus der Kreuzung zw. Tigermännchen und Löwenweibchen; das Männchen hat eine ausgeprägte Mähne; die Streifenzeichnung ist verwaschen. (→Liger)

Tigerauge

Tigerblume: Pfauenblume (Blüten bis 15 cm lang)

Tigerfink (Größe 10 cm)

Tigrạnes, Name armen. Könige; bedeutend v. a.:
Tigrạnes I. (althistor. Zählung, nach armen. Zählung **T. II.**), König (seit etwa 94 v. Chr.), †etwa 56 v. Chr.; aus der Dynastie der Artaxiden (→ARTAXIAS), Schwiegersohn und Verbündeter von König MITHRIDATES VI. von Pontos; schuf durch Eroberung Kili-

kiens, Kappadokiens, Teilen von Mesopotamien u. a. ein Großreich und gründete als neue Hauptstadt Tigranokerta (heute Silvan, östlich von Diyarbakır). 66 v. Chr. unterwarf er sich POMPEIUS, verlor seine Eroberungen, wurde aber als armen. König bestätigt.

Tigray, Volk in Nordostafrika, →Tigrinja.

Tigre, Stadt im N von Groß-Buenos-Aires, Argentinien, am Río de la Plata, 360 km^2, 253 700 Ew.; Marine-, Reconquista-Museum; Handelszentrum; Tourismus (Wassersport).

Tigre, eine in zahlreiche Stämme (Almada, Habab, Mensa, Marea, Raschaida u. a.) gegliederte Volksgruppe in N-Eritrea und angrenzenden Teilen der Rep. Sudan. Sie stammt von semit. Einwanderern und einer Urbevölkerung ab und wurde mehrfach von kuschit. (Agau, Bedja, Saho) und arab. Elementen überlagert; wichtigste Gruppe der etwa 700 000 T. sind die etwa 180 000 Beni Amer (→Bedja). Die früher mehrheitlich christl. (monophysit.) T. wurden im 19. Jh. überwiegend sunnit. Muslime. Sie betreiben im Tiefland v. a. Viehwirtschaft, in höher gelegenen Gebieten auf terrassierten Hängen Ackerbau. Ihre Sprache, das **Tigre,** gehört mit →Geez und →Tigrinja zu den nordäthiop. Semitensprachen. Es hat den semit. Charakter bewahrt und bietet in der Bildung der Verbalstämme und der Nomina mit ihren vielen Morphemtypen einen großen Formenreichtum. Der Wortschatz weist Entlehnungen aus dem Arabischen und aus nordkuschit. Sprachen auf und weicht heute als Umgangssprache dem Arabischen. Im T. ist ein reicher Schatz von Fabeln, Legenden und Gesängen mündlich überliefert, der von Europäern aufgezeichnet wurde.

Publications of the Princeton expedition to Abyssinia, hg. v. E. LITTMANN, 4 Bde. (Leiden 1910–15); W. LESLAU: Short grammar of T. (New Haven, Conn., 1945); E. LITTMANN u. M. HÖFNER: Wb. der Tigrē-Sprache (1962); F. R. PALMER: The morphology of the T. noun (London 1962); S. RAZ: T. grammar and texts (Malibu, Calif., 1983).

Tigrinja, Tigriña [-ɲa], **Tigray,** Volk im N des Äthiop. Hochlandes, etwa 4 Mio. Menschen. Die vermutlich aus einer Mischung südarab. Einwanderer mit kuschit. Ureinwohnern hervorgegangenen T. sind überwiegend äthiop. (monophysit.) Christen, etwa 200 000 (v. a. in Eritrea) sunnit. Muslime (Jabarti). Die mit den Amhara staatstragenden T. waren Hauptbetroffene des äthiop. Bürgerkriegs (Hungersnöte, Zwangsumsiedlungen). Ihr langjähriger Widerstand trug maßgeblich zum Sturz der kommunist. Regierung bei. – Ihre Sprache, das **Tigrinja, Tigriña** oder **Tigray,** gehört mit →Geez und →Tigre zu den nordäthiop. Semitensprachen. Es ist reich an konsonant. Phonemen, unter denen die Velare und Pharyngale der Sprache ihren besonderen Charakter verleihen; die Morphologie des Nomens ist durch großen Formenreichtum gekennzeichnet. Der Wortschatz enthält Entlehnungen aus dem Arabischen sowie aus den Kuschitensprachen der Agau. Seit Ende des 19. Jh. hat sich ein Schrifttum entwickelt. – Das Gebiet der T. war Zentrum des Königreichs →Aksum und gehörte seither zu den christl. Kernlanden Äthiopiens. Es besitzt zahlreiche für die äthiop. Geschichte und Kultur bedeutende Stätten, wie Aksum, Adua und das Kloster Debre Damo (religiöses Zentrum im 14.–16. Jh.).

F. PRAETORIUS: Gramm. der Tigriñasprache in Abessinien, 2 Tle. (1871–72, Nachdr. 1974, 1 Bd.); F. DA BASSANO: Vocabolario tigray-italiano e repertorio italiano-tigray (Rom 1918); M. DA LEONESSA: Grammatica analitica della lingua Tigray (ebd. 1928); W. LESLAU: Documents tigrigna. Grammaire et textes (Paris 1941); R. VOIGT: Das tigrin. Verbalsystem (1977); A Tigrinya (Tegreñña) chrestomathy, hg. v. E. ULLENDORFF (Stuttgart 1985).

Tigris, arab. **Didjla** [-dʒ-], türk. **Dicle** [-dʒ-], assyr. **Diglat,** der wasserreichste Fluss Vorderasiens, etwa 1 950 km lang, mit einem Einzugsgebiet von rd. 375 000 km^2. Der T. entspringt im Osttaurus (Türkei),

Willem van Tijen: Wohnhochhaus ›Bergpolder‹ in Rotterdam; 1934–35 (mit Leendert Lodewijk Cornelius van der Vlugt und Johannes Andreas Brinkman); historische Aufnahme, Ansicht von Nordosten

bildet ein kurzes Stück die Grenze zw. Syrien und der Türkei und quert dann bis zu seiner Mündung Irak. Von O strömen ihm aus den Ketten des Zagrosgebirges die größeren Nebenflüsse Khabur, Großer und Kleiner Zab, Adhaim und Dijala zu. Bei Kut zweigt vom T. der →Schatt el-Hai, ein früherer T.-Lauf, nach S ab. Im Raum von Amara verzweigt sich der T. in viele einzelne Stromarme, die in das große Sumpfgebiet des ›Hor‹ münden. Bei Kurna strömt ihr Wasser in einem früheren Euphratlauf wieder in die Stromrinne des T. ein. Bei Karmat Ali vereinigt sich der T. mit dem Euphrat zum →Schatt el-Arab.

Der T. hat von März bis Mai Hochwasser (April: mittlere Wasserführung bei Bagdad 2 950 m^3/s; Maximum rd. 13 000 m^3/s). Die niedrigsten Wasserstände treten von August bis November auf (Oktober: mittlere Wasserführung bei Bagdad 350 m^3/s; Minimum etwa 150 m^3/s). Die mittlere jährl. Wasserführung bei Bagdad beträgt 1 236 m^3/s. Staudammbauten in Irak regulieren die Wasserführung des T. und seiner Nebenflüsse: Ein Damm bei Samarra (erbaut 1956) leitet gefährl. Hochwasserwellen in die Senke des Wadi Tharthar ab. Der Staudamm bei Kut (1939) reguliert die Bewässerung. Zwei Hochdämme in den Gebirgstälern der Nebenflüsse (Dokhan, erbaut 1959; Derbend-e Khan, erbaut 1961) dienen zur Speicherung für die Zeit des Niedrigwassers im Herbst. Nördlich von Mosul ist 1986 ein weiterer großer Staudamm von 3,5 km Länge und 135 m Höhe fertig gestellt worden (Eski-Mosul-Damm). Die tigrisnahen Fluren in Unterirak werden meist durch Motorpumpen bewässert. Die Flussschifffahrt auf dem T., zurzeit ohne jede Bedeutung, soll wieder ausgebaut werden.

E. WIRTH: Agrargeographie des Irak (1962); J. RZÓSKA: Euphrates and T., Mesopotamian ecology and destiny (Den Haag 1980).

Tigzirt [tik'zırt], Seebad mit Fischereihafen in Algerien, an der Küste der Großen Kabylei, 40 km nördlich von Tizi-Ouzou, 9 000 Ew.; seit 1972 Badetouristikzentrum. – Von der röm. Stadt **Iomnium** sind u. a. ein eigentüml. Tempel mit turmartiger Cella aus dem frühen 3. Jh. erhalten, ferner Reste vom Forum sowie eine große dreischiffige christl. Basilika (5./6. Jh.) mit Narthex, halbrunder Apsis, ionischen und korinth. Säulen, angebaut ein kleeblattförmiges Baptisterium.

Tihama, Küstentiefland im SW der Arab. Halbinsel, v. a. in Jemen, nach N bis südlich von Djidda (Saudi-Arabien) reichend, bis 70 km breit an der Küste von Asir jedoch schmal; bis 200 m ü. M. ansteigend; gliedert sich in die **Küsten-T.,** ein schwülheißes Flachland mit geringen Niederschlägen und einer Vegetation aus Salzpflanzen und Polstergräsern (nur als dürftige Weide nutzbar), und die anschließende **Vorgebirgs-T.,** wo jährlich bis zu 250 mm Niederschlag fallen und in der daher und dank der episod. Wasserführung der aus dem Gebirge kommenden Wadis am Gebirgsrand und im jemenit. Teil mit Pumpenbewässerung auch gebirgsferner Anbau möglich ist (Hirse und Sesam, Baumwolle, Tabak, Luzerne, Gemüse).

Tihange [tiˈãʒ], Standort eines belg. Kernkraftwerks, →Huy.

Tihany [ˈtihɔnj], Gem. im Bez. Veszprim, Ungarn, auf der Halbinsel von T. (6 km lang, 4 km breit) am Nordwestufer des Plattensees, 1 300 Ew.; Badeort; limnolog. Forschungsinstitut, erdmagnet. Observatorium, Museen. – Auf dem Hügel die 1055 gegründete Benediktinerabtei, deren Bauten als Festung im Krieg gegen die Türken dienten und mehrfach zerstört wurden. Die heutige Kirche (1740–54) und das Kloster sind vom Barock geprägt; von der ehem. Abteikirche blieb die roman. Krypta aus dem 11. Jh. erhalten (Grab des ungar. Königs ANDREAS I.).

Tijen [ˈtɛjə], Willem van, niederländ. Architekt, * Wormerveer 1. 2. 1894, † Zandvoort 28. 5. 1974. T. errichtete zahlreiche Wohnbauten unter besonderer Berücksichtigung sozialer und funktionaler Aspekte. Die mit L. C. VAN DER VLUGT und J. A. BRINKMAN ausgeführten Wohnhochhäuser in Rotterdam (Bergpolder, 1934–35) wirkten bahnbrechend für eine neue Konzeption des scheibenförmigen Hochhauses auf Stützen.

T. IDSINGA: Architect W. v. T. 1894–1974 (Den Haag 1987).

Tijuana [tiˈxuana], Stadt im Bundesstaat Baja California Norte, Mexiko, 742 700 Ew.; kath. Bischofssitz. Die Lage im Grenzgebiet zu Kalifornien, USA, machte T. zu einem schnell wachsenden Fremdenverkehrszentrum (1950: 59 000 Ew.) mit vielen Vergnügungseinrichtungen; in der Umgebung Bewässerungsfeldbau.

Tikạl, größte Stadt der vorkolumb. Mayakultur im Tiefland des Petén, N-Guatemala, besiedelt von etwa 600 v. Chr. bis etwa 900 n. Chr. (Blütezeit 550–900). T. war Sitz einer Fürstenfamilie, die vermutlich ein Gebiet von etwa 160 km² beherrschte. Auf einem rd. 16 km² großen Areal mit vier breiten Straßen als Hauptachsen wurden etwa 3 000 Gebäude (Pyramiden, Tempel, Plattformen, Paläste, Sammelbecken für die Wasserversorgung in der Trockenzeit u. a.) freigelegt, auch zahlreiche Stelen mit Inschriften, so die älteste datierte Stele des Tieflandes (292 n. Chr.). Unter Tempel I wurde das Grab eines Herrschers gefunden mit der für T. typ. Kleinkunst (Gefäße, Jade, Muscheln und geschnitzte Knochen mit Szenen und Inschriften). T. war schon in der frühen Klassik der Mayakultur ein bedeutendes Zentrum, die meisten Bauten stammen aus dem 7./8. Jh., die letzte datierbare Stele aus dem Jahr 869, um 930 wurde die Stadt endgültig verlassen. Bes. kunstvoll sind die aus Holz geschnitzten Türstürze der Tempeleingänge (BILD →mesoamerikanische Hochkulturen). Charakteristisch für die Architektur von T. ist neben den bis 68 m hohen Tempelpyramiden der Komplex der Zwillingspyramiden, der insgesamt siebenmal gefunden wurde: An der O- und an der W-Seite eines Hofes liegt je eine Pyramide, oben mit einer Plattform, zu der auf allen vier Seiten Treppen führen, an der S-Seite des Hofes ein Palast, an der N-Seite eine rechteckige Ummauerung mit Stele und Altar. T. wurde von der UNESCO zum Weltkulturerbe erklärt.

W. R. COE u. W. A. HAVILAND: Introduction to the archaeology of T., Guatemala (Philadelphia, Pa., 1982); W. R. COE: T., a handbook of the ancient Maya ruins (Neuausg. Guatemala ²1988).

Tikar, Tikali, Volk am Oberlauf des Sanagazuflusses Mbam im →Kameruner Grasland. Die etwa 35 000 T. wurden namengebend für eine Gruppe verwandter Völker (Fungom, Bum, Fut, Kom, Ndop, Nso sowie die Nsungli mit den Stämmen War, Tang, Wiya, Mbo, Mbem) mit Klassensprachen und zus. mehr als

Tikal: Tempel I am Hauptplatz

500 000 Angehörigen in W-Kamerun (südl. Adamaua), dazu kleinere Gruppen in benachbarten Gebieten Nigerias. Die T. betreiben Feldbau in der Savanne (Mais, Maniok) und Viehhaltung und wohnen in Kegeldachhäusern. Bedeutende Holzschnitzkunst: Ahnenfiguren sowie massiv gearbeitete Tanzaufsätze in Gestalt lebensgroßer Köpfe (mit scheibenförmigem oder tiaraähnl. Kopfputz). Die T. und ihre aus dem N stammende Herrenschicht gerieten um 1830 unter die Oberhoheit der Fulbe und den Einfluss des Islam; jedoch sind christl. und afrikan. Religionen ebenfalls verbreitet.

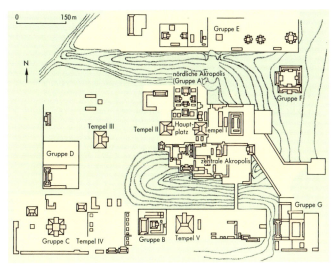

Tikal: Lageplan

Tịki, in Polynesien der Name eines Halbgottes, der den ersten Menschen schuf; später allg. polynesische Bez. für Götterbilder. Neben steinernen Götterfiguren für rituelle Zwecke (Gesellschaftsinseln, Marquesasinseln) wurden v. a. kleine Nephritanhänger aus Neuseeland (→Maori) als T. bekannt, die von ausgewählten Frauen um den Hals getragen wurden (**hei-**

Tiki von den Marquesasinseln (Berlin, Museum für Völkerkunde)

Tiki, hei ›hängen‹). Sie sind im Flachrelief gearbeitet und stellen die Götter meist mit untergeschlagenen Beinen und großem, zur Seite geneigtem Kopf dar, der Mund in Form einer Acht, die Augen sind häufig mit Muscheleinlagen betont.

Tikkanen, Märta, schwedischsprachige finn. Schriftstellerin, * Helsinki 3. 4. 1935; wurde bekannt v. a. mit ihrem – auch verfilmten – Emanzipationsroman ›Män kan inte våldtas‹ (1975; dt. ›Wie vergewaltige ich einen Mann?‹) und durch die autobiographisch gefärbte Schilderung einer Ehe mit einem alkoholkranken Mann in dem Gedichtzyklus ›Århundradets kärlekssaga‹ (1978; dt. ›Die Liebesgeschichte des Jahrhunderts‹). Das Prosawerk ›Sofias egen bok‹ (1982; dt. ›Aifos heißt Sofia‹) ist ein einfühlsamer Bericht über die Behinderung ihres jüngsten Kindes.
Weitere Werke: Lyrische Texte: Arnaía – kastad i havet (1992; dt. Arnaia – Ins Meer geworfen). – *Roman:* Personliga angelägenheter (1996; dt. Persönl. Fragen).

Tikuna, Tukuna, Eigen-Bez. **Magüta,** in Peru **Duüyügu,** den Tukano sprachlich nahe stehendes Indianervolk im Dreiländereck von Brasilien, Kolumbien und Peru, etwa 23 000 Angehörige. Seit Jahrhunderten in ständigem Kontakt mit Weißen, haben sich die T. diesen äußerlich (Kleidung) und in der Wirtschaftsform (Landarbeiter, Kleinbauern, Fischer) stark angeglichen. Dabei bewahren sie aber ihr ethn. Bewusstsein, z. B. in Maskentänzen und Initiationsfeiern. Durch Prophezeiungen ausgelöste messian. Wanderungen in Erwartung einer künftigen Heilsperiode sowie Cargo-Kulte treten von Zeit zu Zeit auf.

Tilaka, Citraka [tʃ-], *Hinduismus:* täglich erneuertes Sektenzeichen aus Strichen und Punkten auf dem Körper oder auf der Stirn (Asche, weißer Lehm, mit Farbzusätzen); auch der von ind. Frauen auf der Stirn getragene Schönheitspunkt.

Til Barsip, altorientalische. Stadt, ausgegraben im Ruinenhügel Tell Ahmar in N-Syrien, südöstlich von Karkemisch. Älteste Siedlungsspuren aus dem späten 3. Jt. v. Chr. (Kammergrab mit Beigaben); im 1. Jt. v. Chr. Hauptstadt des Aramäerstaates Bit-Adini; 857 v. Chr. vom assyr. König SALMANASSAR III. erobert. Ausgrabungen im Palast legten Torlaibungslöwen der aramäischen Periode frei und v. a. Teile der urspr. rd. 100 m Wandmalerei in roten, blauen, weißen und schwarzen Farben; der zur neuassyr. Kunst gehörige Zyklus (anstelle der sonst üblichen assyr. Reliefzyklen) zeigt einen Tributzug, eine Seeschlacht und Jagdszenen (Kopien im Louvre); auch assyr. Stelen wurden gefunden.

Tilburg [ˈtɪlbyrx], Stadt in der Prov. Nordbrabant, Niederlande, am Wilhelminakanal, 164 400 Ew.; kath. Hochschule (gegr. 1927), Akad. für Baukunst, niederländ. Textilmuseum, naturhist. Museum, Museum für Schreib- und Bürotechnik; Textilindustrie, Herstellung von Autoreifen, Möbeln, Fertigkost, Maschinen und Präzisionswerkzeugen; Verkehrsknotenpunkt. – Das neugot. Rathaus war urspr. der Palast (1847ff.) von König WILHELM II., ebenfalls im neugot. Stil die Grote Kerk; Stadttheater (1961); Stadthaus (1971). In einer ehem. Wollspinnerei wurde 1992 ein Zentrum für moderne Kunst eröffnet (Bestände der Stiftung Jan de Pont). – Das 711 erstmals erwähnte T. litt zeitweilig schwer unter Kriegseinwirkung: 1543 wurde die Ortschaft erstmals geplündert, 1586 erneut durch span., 1672, 1702, 1747/48 und 1794 durch frz. Truppen. 1809 wurde T. Stadt.

Tilbury [ˈtɪlbəri; nach dem gleichnamigen Londoner Wagenbauer, frühes 19. Jh.] *der, -s/-s,* leichter, zweirädriger Kutschwagen für zwei Personen; hoch gebaut, mit aufklappbarem Verdeck.

Tilbury [ˈtɪlbəri], engl. Containerhafen, zu →Thurrock gehörend.

Tilde [span., über katalan. titlla, title von lat. titulus ›Überschrift‹] *die, -/-n,* Aussprachezeichen: bezeichnet z. B. im Spanischen die palatale Aussprache des n (z. B. doña [ˈdoɲa]), im Portugiesischen die nasalierte Aussprache eines Vokals (z. B. São [sãʊ]).

Tildy, Zoltán, ungar. Politiker, * Wieselburg (heute zu Mosonmagyaróvár) 18. 11. 1889, † Budapest 3. 8. 1961; prot. Geistlicher, 1936–44 und 1945–46 Abg.; ab 1940 Vors. der Partei der Kleinen Landwirte, sprach sich 1941 gegen den Eintritt Ungarns in den Krieg gegen die UdSSR aus. Führend in der Widerstandsbewegung tätig, trat T. 1945 für eine Zusammenarbeit mit den Kommunisten auf Regierungsebene ein. Nach dem Wahlsieg seiner Partei im November 1945 führte er bis Februar 1946 unter Einschluss der Kommunisten eine Koalitions-Reg.; 1946–48 war er Präs. seines Landes. Unter dem wachsenden Druck der Kommunisten trat er am 30. 7. 1948 zurück. Zu Beginn des ungar. Volksaufstandes (Ende Oktober 1956) berief ihn Min.-Präs. I. NAGY als Staats-Min.; nach der Niederschlagung des Aufstandes wurde er zu sechs Jahren Gefängnis verurteilt, später begnadigt.

Tilemsi, Vallée du T. [frz. valedytilɛmˈsi], Trockental in der mittleren Sahara, westlich des Adrar des Iforas bis nach Gao am Niger, in NO-Mali, ehem. Nigerlauf, 500 km lang, durchschnittlich 45 km breit; im Mittelteil bedeutende Phosphatvorkommen.

Im T. wurden dem Sahara-Sudan-Neolithikum zuzuordnende Geräte gefunden, die für eine hoch entwickelte, differenzierte Steinindustrie typisch sind (v. a. besondere Pfeilspitzformen). Die negroiden Bewohner des T., die nach dem Fundort genannten Asselar, betrieben Ackerbau und Viehhaltung, aber auch Jagd und Fischfang. Im N des T. wurde eine dorfähnl. Siedlung entdeckt, die ins 3. Jt. v. Chr. datiert wird.

Tilgner, Viktor, österr. Bildhauer, * Preßburg 25. 10. 1844, † Wien 16. 4. 1896; schuf v. a. Porträtbüsten (A. BRUCKNER, 1899; Wien, Stadtpark); auch Denkmäler (W. A. MOZART, 1896; Wien, Burggarten) und Brunnenanlagen (1880; Wien, Volksgarten).

Tilgung [ahd. tilīgōn, über angelsächs. dīlegian von lat. delere ›zerstören‹], **1)** *Festkörperphysik* und *Photochemie:* die Intensitätsverringerung der Phosphoreszenzstrahlung eines Stoffs durch Temperaturerhöhung (therm. T.) oder zusätzl. Einstrahlung von Licht geeigneter Frequenz (opt. T.); die Elektronenzustände des phosphoreszierenden Stoffs werden durch diese Anregung so besetzt, dass sich der Anteil der strahlungslosen Elektronenübergänge auf Kosten der strahlenden stark vergrößert (Quenching, →Phosphoreszenz).

2) *Recht:* im Zivilrecht die →Erfüllung, d. h. das Bewirken der geschuldeten Leistung. Im Strafrecht die Streichung von Eintragungen im →Bundeszentralregister. (→Strafregister, →Rehabilitation).

3) *Wirtschaft:* die Rückzahlung einer Geldschuld (Verbindlichkeit) entweder in einem einzigen Betrag (nach Ablauf der vertragsmäßig vorgesehenen Frist bzw. Laufzeit oder nach Kündigung) oder in Teilbeträgen. Eine langfristige T. heißt →Amortisation. Die Teilbeträge (**T.-Raten**) sind i. d. R. in einem T.-Plan festgelegt, wobei die T.-Raten meist als Prozentsatz der Geldschuld (z. B. Darlehenssumme) angegeben (**T.-Satz**) und dann in meist jährlich oder vierteljährlich zu zahlende Geldbeträge umgerechnet werden. Der **T.-Plan** wird für die vereinbarte Laufzeit eines Darlehens oder Kredits oder für den gesamten Zeitraum bis zur vollständigen Rückzahlung (**T.-Dauer**) aufgestellt.

Tilgungs|anleihe, Amortisations|anleihe, Form der Anleihe, bei der die Schuld nicht auf einmal, sondern in Teilbeträgen getilgt wird. Nach der Art der Rückzahlung werden unterschieden: 1) Ratenanleihen mit regelmäßigen, gleich hohen Tilgungsraten; 2) Annuitätenanleihen mit regelmäßigem, gleich hohem

Schuldendienst mit abnehmendem Zins- und steigendem Tilgungsanteil (→Annuität); 3) Anleihen ohne einen von vornherein festgelegten Tilgungsplan, die durch Rückkauf der zu tilgenden Stücke an der Börse, durch Kündigung oder durch Auslosung getilgt werden. Bei der Auslosung werden die ausgelosten Schuldverschreibungen zum Nennwert zurückgezahlt.

Tilgungshypothek, Amortisationshypothek, Abzahlungshypothek, Form der Hypothek, bei der die Darlehenssumme in regelmäßigen, gleich hohen →Annuitäten mit abnehmendem Zins- und steigendem Tilgungsanteil zurückgezahlt wird.

Tilia [lat.], die Pflanzengattung →Linde.

Tiliaceae [lat.], die →Lindengewächse.

Tillabéry, Handelszentrum des Reisanbaugebietes von SW-Niger, am Niger, etwa 10000 Ew.; Reismühle, Zuckerfabrik.

Tillandsie [nach dem finn. Botaniker ELIAS TILLANDS, *1640, †1693], **Tillandsia,** Gattung der Ananasgewächse mit etwa 500 Arten im trop. und subtrop. Amerika (einschließlich Karibik); meist epiphytisch lebende Pflanzen ohne oder mit nur schwach entwickelten Wurzeln; Blätter schmal, nie bestachelt; Blüten in endständiger, einfacher oder doppelter Ähre. Bekannt ist v. a. die Art **Greisenbart (Louisianamoos, Spanisches Moos,** Tillandsia usneoides), in wärmeren Gebieten Amerikas; Blätter schmal, 3–8 cm lang; hängt von Bäumen und Felswänden herab. Bei den ›grauen T.‹ sind die Blätter dicht mit den Wasseraufnahme dienenden, im trockenen Zustand weißgrauen Saugschuppen besetzt. Sie kommen in Klimabereichen mit einer ausgeprägten Trockenzeit vor. Die in feuchteren Klimaten heim. ›grünen T.‹ weisen weniger Saugschuppen auf. ›Graue T.‹ sind als ›Luftnelken‹ (v. a. auf Steine oder Rebholz geklebt) im Handel. Im Hinblick auf die rücksichtslose Ausbeutung der natürl. Bestände wurden einige T.-Arten unter Naturschutz gestellt.

Till Eulenspiegel, →Eulenspiegel.

Tillich, Paul Johannes, amerikan. ev. Theologe und Religionsphilosoph. dt. Herkunft, *Starzeddel (bei Guben) 20. 8. 1886, †Chicago (Ill.) 22. 10. 1965; war 1914–18 Feldprediger; begründete nach dem Ersten Weltkrieg mit G. DEHN u. a. den ›Bund religiöser Sozialisten‹. 1924 wurde T. Prof. für Systemat. Theologie und Philosophie in Marburg, 1925 für Religions- und Sozialphilosophie in Dresden und (seit 1927) gleichzeitig in Leipzig, 1929 für Philosophie (und Soziologie) in Frankfurt am Main (Nachfolger M. SCHELERS). Als führender religiöser Sozialist 1933 mit einem Lehrverbot belegt, emigrierte er in die USA (1940 Staatsbürgerschaft) und war 1938–55 Prof. für philosoph. Theologie am Union Theological Seminary in New York, 1955–62 an der Harvard University, anschließend in Chicago. 1962 erhielt T. den Friedenspreis des Dt. Buchhandels.

T.s Denken bewegt sich ›auf der Grenze‹ zw. Theologie und Philosophie, Kirche und Gesellschaft, Religion und Kultur, Luthertum und Sozialismus, Idealismus und Marxismus, Theorie und Praxis. Durch die ›Methode der Korrelation‹ sollen die ewige Wahrheit der christl. Offenbarung und die jeweilige geschichtl. Situation gleichermaßen berücksichtigt werden. Daraus erwächst eine Theologie, die an der Autorität der bibl. Überlieferung festhält und zugleich das autonome, krit. Denken der Neuzeit bejaht und so die Alternative von Orthodoxie und Liberalismus überwinden will. T. formuliert (v. a. in seinem Hauptwerk ›Systematic theology‹ (3 Bde., 1951–63; dt. ›Systemat. Theologie‹) die christl. Grundthemen in ontolog. Sprache neu: Gott als das ›was uns unbedingt angeht‹, oder das ›Sein selbst‹, die Zweideutigkeit menschl. Existenz als ›Entfremdung‹ vom Seinsursprung; JESUS CHRISTUS als Manifestation des ›Neuen Seins‹, das sich in der Kirche, der ›Geistgemeinschaft‹ in allen konkreten Religionen, Kirchen und Konfessionen vorweg fragmentarisch realisiert. Religion generell wird nicht als ein Sonderbereich der Kultur verstanden, sondern als deren ›Substanz‹, als Tiefendimension der Wirklichkeitserfahrung. Dem entspricht auch T.s Entwurf einer ›transmoralischen‹ Ethik vom Prinzip der Liebe (›agape‹) her.

Ausgaben: Ges. Werke, hg. v. R. ALBRECHT, 14 Bde. u. 6 Erg.- u. Nachlaß-Bde. (¹⁻²1959–90); T.-Ausw., hg. v. M. BAUMOTTE, 3 Bde. (1980); Main works = Hauptwerke, hg. v. C. H. RATSCHOW, 6 Bde. (1987–98).

H. TILLICH: From time to time (New York 1973); W. u. M. PAUCK: P. T. Sein Leben u. Denken (a. d. Amerikan., 1978); P. T., sein Werk, hg. v. R. ALBRECHT u. a. (1986); G. WEHR: P. T. (14.–16. Tsd. 1987); DERS.: P. T. zur Einf. (1998); N. JAHR: Theologie als Gestaltmetaphysik (1989); P. T. Studien zu einer Theologie der Moderne, hg. v. H. FISCHER (1989); W. SCHÜSSLER: Jenseits von Religion u. Nicht-Religion. Der Religionsbegriff im Werk P. T.s (1989); DERS.: P. T. (1997); Theologie auf der Grenze. Annäherungen an die systemat. Theologie P. T.s, hg. v. W. SCHIEWEK u. a. (1991); Truth and history – a dialogue with P. T., hg. v. G. HUMMEL (Berlin 1998).

Tillier [ti'je], Claude, frz. Schriftsteller, *Clamecy (Dép. Nièvre) 10. 4. 1801, †Nevers 18. 10. 1844; Lehrer, verlor seine Stelle wegen eines oppositionellen Zeitungsartikels, der ihm auch eine Gefängnisstrafe einbrachte, war seitdem als Journalist Verfasser zahlreicher, oft sarkast. Artikel und Pamphlete, die seine liberalen Überzeugungen spiegeln. Seinen Nachruhm verdankt er dem zunächst in Dtl. und England bekannt gewordenen Roman ›Mon oncle Benjamin‹ (1843; dt. ›Mein Onkel Benjamin‹), einem satir. Schelmenroman, der dem Spießertum der Julimonarchie die Ideale der Aufklärung entgegensetzt.

Tillit [engl.] *der, -s/-e,* diagenetisch verfestigter Geschiebemergel aus vorquartären Eiszeiten, z. B. der permokarbon. Vereisung (im südl. und südwestl. Afrika, →Dwykagruppe).

Tillja-Tepe, Ruinenhügel bei Shibarghan, N-Afghanistan; unter einem Palast oder Feuertempel, der einen 6 m hohen Sockel aus luftgetrockneten Ziegeln besaß (um 100 v. Chr.), wurden sechs Fürstengräber eines Geschlechts der Kushana des 1. Jh. n. Chr. aufgedeckt, mit einer Ausnahme Frauengräber. Es wurden etwa 20 000 Goldobjekte geborgen, v. a. Schmuck und kostbare Waffen sowie mit Goldplättchen besäte Gewänder. Sie zeigen eine Verschmelzung hellenist. Traditionen mit vorderorientalen. Motiven sowie Motiven der Steppenkunst.

Tillandsie: Tillandsia erubescens (Höhe bis 7 cm)

Paul Tillich

Tillja-Tepe: Goldener Siegelring aus einem der Fürstengräber; dargestellt ist die Göttin Athene, deren Name in Spiegelschrift eingeritzt ist; 1. Jh. n. Chr.

Tillon [ti'jɔ̃], Charles, frz. Politiker, *Rennes 3. 7. 1897, †Marseille 13. 1. 1993; Metallarbeiter, dann Seemann, führte die Meuterei der 1919 im Schwarzen Meer gegen das bolschewist. Russland eingesetzten frz. Kriegsflotte und wurde zu fünf Jahren Zwangsarbeit in Marokko verurteilt. Nach seiner Freilassung Anhänger des Parti Communiste Français (PCF) und gewerkschaftlich tätig, wurde T. 1932 Mitgl. des ZK des PCF und war 1936–40 Abg. in der Kammer. Er kämpfte in den internat. Brigaden im Span. Bürgerkrieg. Während der Besetzung Frankreichs durch das natsoz. Dtl. schloss sich T., ab 1940 Organisator des illegalen PCF, der Résistance an und führte den kommunist. Partisanenverband Francs-tireurs et Partisans. 1944–52 war T. Mitgl. des Politbüros des PCF, 1945–46 beider Konstituanten, 1946–55 Abg. in der Nationalversammlung; 1944–45 Luftfahrt-, 1945–46 Rüstungs-, 1947 Wiederaufbau-Min. Nach Kritik an seinem bürokrat. Führungsstil durch M. THOREZ wurde T. 1952 aus dem ZK ausgeschlossen (1957 rehabilitiert); da er zusammen mit R. GARAUDY die Besetzung der Tschechoslowakei durch Truppen des Warschauer Pakts verurteilte, wurde er 1970 aus der Partei ausgeschlossen.

Werke: Les Francs-Tireurs et Partisans (1962); La révolte vient de loin (1969); Un ›Procès de Moscou‹ à Paris (1971); On chantait rouge (1977).

Y. LE BRAZ: Les rejetés. L'affaire Marty-T. (Paris 1974).

Johann Tserclaes Graf von Tilly (Ausschnitt aus einem Kupferstich von Pieter de Jode d. J. nach einem Gemälde von Anthonis van Dyck, um 1630)

Tilly, Johann Tserclaes Graf von (seit 1623), kaiserl. Feldherr, * Schloss Tilly (bei Nivelles) Februar 1559, † Ingolstadt 30. 4. 1632; zunächst im span., dann im kaiserl. Heerdienst, erwarb sich im Krieg gegen die Türken militär. Erfahrung. Auf Wunsch Herzog MAXIMILIANS I. von Bayern trat T. 1610 an die Spitze des Heeres der kath. Liga, deren Generalleutnant er 1620 wurde. Er formte das Heer zu einer schlagkräftigen Truppe, v. a. dessen bayer. Kontingent, mit dem er am 8. 11. 1620 die Schlacht am Weißen Berg bei Prag entschied. In der Folge setzte er sich mit dem Ligaheer im NW des Heiligen Röm. Reichs fest, wo er der Rekatholisierung den Weg bereitete. Am 27. 8. 1626 schlug er König CHRISTIAN IV. von Dänemark bei Lutter am Barenberge und wurde 1630 nach der Absetzung WALLENSTEINS Generalissimus der kaiserl. und der ligist. Truppen. 1631 belagerte und erstürmte T. Magdeburg, wurde aber am 17. 9. 1631 vom schwed. König GUSTAV II. ADOLF bei Breitenfeld geschlagen. Bei dem Versuch, das Vordringen schwed. Truppen nach Bayern zu verhindern, wurde er in der Schlacht bei Rain am Lech (15. 4. 1632) tödlich verwundet.

Tilmen Hüyük, Ruinenhügel in der SO-Türkei, 10 km östlich von Islahiye, Prov. Gaziantep, seit 1959 freigelegt. Der Ort bestand aus einer Zitadelle und aus der durch eine Steinmauer befestigten Unterstadt. Die Zitadelle lässt vier Besiedlungsperioden vom Neolithikum bis in röm. Zeit unterscheiden. Der Palast der zweiten Schicht bestand trotz mehrerer Zerstörungen vom 18. bis zum 12. Jh. v. Chr. (Hauptbauphasen im 18./17. und 15./14. Jh. v. Chr.). Zu Schicht III gehört ein großes, aus Steinen sorgfältig erbautes und mit großen Steinplatten abgedecktes Kammergrab unter dem Innenhof des Palastes, das in die Zeit um 1900 v. Chr. datiert wird.

Tilmun, Dilmun, im Altertum (nach sumer. und akkad. Urkunden seit etwa 2500 v. Chr.) Name von →Bahrain. In der sumerisch-babylon. Mythologie galt T. als die Insel des ewigen Lebens, des Paradieses. (→Golfkultur)

Tilos, griech. Insel, →Telos.

Tilsit, seit 1946 russ. **Sowjetsk, Sovetsk** [-'vjetsk], Stadt im Gebiet Kaliningrad (Königsberg), Russland, 15 m ü. M., an der Memel, die hier Grenze zu Litauen bildet, 43 400 Ew.; Zellstoff- und Papierindustrie, Möbelfabrik, Nahrungsmittelindustrie, Bau von Fischerbooten; Flusshafen, Eisenbahnknotenpunkt; Grenzübergang. - Bis zu den Zerstörungen im Zweiten Weltkrieg waren neben der Lutherkirche (1598-1612) v. a. Bauten aus dem 18. und 19. Jh. erhalten, u. a. Litauische Landkirche (1757) und Rathaus (1752-55). - T. entstand um die 1406-09 in der Nachfolge einer bereits 1365 erwähnten Burg des Dt. Ordens angelegte neue Burg. 1552 erhielt die Siedlung Stadtrecht. 1945 kam T. mit der nördl. Teil Ostpreußens unter sowjet. Verwaltung und fiel 1991 völkerrechtlich verbindlich an die Sowjetunion (heute Territorium Russlands). - Der **Frieden von T.** zw. Frankreich und Russland (7. 7. 1807) und Frankreich und Preußen (9. 7.) beendeten den 4. Koalitionskrieg (1806-07). Kaiser ALEXANDER I. sicherte in persönl. Verhandlungen mit NAPOLEON I. den Fortbestand Preußens, das jedoch fast alle Erwerbungen aus der 2. und 3. Poln. Teilung und die Gebiete links der Elbe verlor, die weitgehend zur Bildung des Herzogtums Warschau und des Königreichs Westfalen verwendet wurden. Preußen und Russland traten der Kontinentalsperre bei.

H. LAUKS: T.-Bibliogr. (1983).

Tilsiter, ein urspr. aus Tilsit stammender halbfetter Schnittkäse mit gleichmäßigen, schlitzförmigen Löchern (→Käse, ÜBERSICHT).

Tilson [tɪlsn], Joe, brit. Maler und Grafiker, * London 24. 8. 1928; Vertreter der brit. Pop-Art. T. zitiert in seinen Arbeiten (Bilder, Siebdrucke, Holzreliefs, Objekte u. a.) v. a. Elemente der Werbung.

Timaios, T. von Tauromenion, griech. **Timaios,** griech. Geschichtsschreiber aus Tauromenion (heute Taormina), * etwa 345 v. Chr., † etwa 250 v. Chr.; lebte, von AGATHOKLES vertrieben, in Athen. T. verfasste das erste nach Olympiaden rechnende Geschichtswerk, eine Gesch. des griech. Westens, v. a. Siziliens (Titel ungewiss, mindestens 38 Bücher, bis 264 v. Chr. reichend; nur Fragmente erhalten), mit geograph., ethnograph., lokalhistor. Abhandlungen und einem Anhang über die Zeit des PYRRHOS I.; ferner ein chronograph. Werk über die Olympioniken.

Timalien [Herkunft unsicher], **Timaliidae,** Familie der Singvögel, mit rd. 250 Arten, mit Ausnahme der nordamerikan. Chaparraltimalie in der Alten Welt und Australien verbreitet, in Europa nur durch die →Bartmeise vertreten. Die meisen- bis dohlengroßen T. haben relativ kurze und abgerundete Flügel sowie kräftige Füße, sind aber sonst sehr vielgestaltig. Manche, z. B. die →Sonnenvögel, haben einen sehr wohltönenden Gesang. Die systemat. Stellung der T. ist umstritten; häufig werden sie als Unterfamilie oder Tribus der Grasmücken oder Fliegenschnäpper angesehen. Zu den T. gehören u. a. →Säbler, →Häherlinge und →Rohrmeisen.

Timanrücken, russ. **Timanskij krjasch,** Höhenzug im NO des europ. Teils von Russland, erstreckt sich über 900 km von der Tschoschabucht der Barentssee bis zur oberen Wytschegda, bis 471 m ü. M.; im N Tundra, im S von vermoorter Taiga bedeckt. Bauxitabbau, im SO-Rand Erdgasgewinnung und Erdölförderung im **Timan-Petschora-Erdölbecken** (über 55 Lagerstätten), das sich bis zum Subpolaren Ural im O erstreckt (350 000 km^2, Ausgangspunkt der Erdgasfernleitung ›Nordlicht‹ nach Zentral- und W-Russland und der Erdölfernleitung Ussinsk-Jaroslawl).

Timar [türk. ›Fürsorge‹], im Osman. Reich Bez. für ein Militärlehen, dessen Inhaber **(Timariot)** Kriegsdienst und Steuerabgaben leisten musste; größere Lehen (Siamet) verpflichteten auch zur Stellung von Spahis.

Timbales [span.] Pl., ein aus Mittelamerika stammendes, auf einem Ständer befestigtes Trommelpaar, bestehend aus einfelligen Trommeln von unterschiedl. Durchmesser mit Metallzarge; v. a. in der Schlagzeuggruppe von Tanzorchestern verwendet.

Timbre ['tɛ:brə; frz. ›Klang‹, ›Schall‹] das, -s/-s, Bez. für die Klangfarbe eines Instruments, bes. aber der individuellen menschl. (Sing-)Stimme.

Timbuktu, frz. **Tombouctou** [tɔ̃buk'tu], Oasenstadt im mittleren Mali, 296 m ü. M., 10 km nördlich des Niger, etwa 9 000 Ew.; Verw.-Sitz der Region T.;

Dokumentationszentrum arab. Literatur (Centre Ahmed Baba); Handelsplatz u. a. für Salz aus Taoudenni; vom Flusshafen Kabara Schiffsverkehr nach Koulikoro (Juli–Dezember) und Gao (Oktober–März); Flugplatz. – Das geschlossene Stadtbild in sudanes. Lehmbauweise mit Moscheen aus dem 13., 14. und 15. Jh. und Medrese wurde von der UNESCO zum Weltkulturerbe erklärt. – Um 1000 als Tuareglager erstmals in arab. Chroniken erwähnt, entwickelte sich T. unter der Herrschaft der Reiche Mali (seit 1330) und Songhai (seit 1468) zum Zentrum islam. Gelehrsamkeit im Sudan. Vom 14. bis 16. Jh. war es ein bedeutender Handelsplatz und wichtigster Knotenpunkt der Karawanenwege im westl. Sahel. Mit der marokkan. Eroberung Songhais (1590) endete die Blütezeit von T. Von 1780 bis zur Einnahme durch die Franzosen 1894 beherrschten die Tuareg die Stadt. Die ersten Europäer, die T. besuchten, waren 1825/26 ALEXANDER GORDON LAING (* 1793, † 1826), 1828 R. CAILLIÉ und 1853/54 H. BARTH. Zu Beginn der 1990er-Jahre geriet T. durch Auseinandersetzungen der in der Region lebenden Tuareg mit der Reg. Malis in zunehmende Isolation (zeitweise Sperrung für Touristen).

Time [taɪm; engl. ›Zeit‹], polit. Wochenzeitschrift, gegr. 1923 in New York von BRITON HADDEN (* 1890, † 1929) und H. R. LUCE. T. erscheint im Verlag Time Inc. des Medienkonzerns →Time Warner Inc. in einer amerikan. (Aufl. 1997: 4,1 Mio.) und mehreren internat. Ausgaben (Asien; Atlantik, d.h. Europa; Kanada; Lateinamerika; Australien/Neuseeland). T. prägte den Zeitschriftentypus →Nachrichtenmagazin und hat den Journalismus stark beeinflusst.

Time-Motion-Verfahren [taɪm 'məʊʃn -, engl.], →Ultraschalldiagnostik.

Times, The [ðə taɪmz], traditionsreiche brit. Tageszeitung, gegr. 1785 in London von JOHN WALTER (* 1739, † 1812) u. d. T. ›The Daily Universal Register‹, heutiger Name seit 1788, älteste überregionale brit. Zeitung, Auflage (1997): 685 000 Exemplare. Wegen ihrer umfassenden Inlands- und Auslandsberichterstattung sowie der abgewogenen Leitartikel zählte sie zu den ›quality papers‹, hat jedoch seit ihrem Verkauf an die News Corporation Ltd. (R. K. MURDOCH) Niveauverluste erlitten. Die T. hat maßgeblich zur Entstehung der modernen Presse beigetragen, indem sie die bisher getrennten Funktionen Nachrichtenübermittlung, Meinungsäußerung, Unterhaltung und Anzeigenwerbung vereinte und erstmalig die von F. KOENIG entwickelte Schnellpresse einsetzte (1814). Eigentümer waren bis 1908 die Familie Walter, 1908–22 A. NORTHCLIFFE, 1922–66 J. J. ASTOR, 1967–81 R. H. THOMSON bzw. dessen Sohn (→Thomson-Gruppe). Letzterer verkaufte die Zeitung, die wegen Streiks vom 1. 12. 1978 bis 12. 11. 1979 nicht erscheinen konnte, an MURDOCH.

O. WOODS u. J. BISHOP: The story of T. T. (London 1983).

Timesharing, Time-Sharing ['taɪmʃeərɪŋ; engl., eigtl. ›Zeitzuteilung‹, zu to share ›teilen‹, ›beteiligen‹] *das, -s/-s,* 1) *Datenverarbeitung:* die zeitl. Einteilung der Rechenzeit der Zentraleinheit eines Rechnersystems in begrenzte Zeitabschnitte (→Zeitscheiben) und deren abwechselnde Vergabe an die Benutzer bei →Teilnehmersystemen.

2) *Zivilrecht:* **Teilzeitnutzungsrecht, Teilzeitwohnrecht,** das für mehrere Jahre oder auf Dauer gegen Entgelt erworbene Recht, eine Sache, bes. eine Immobilie, während eines bestimmten Zeitraums des Jahres zu nutzen. Prakt. Bedeutung hat das T. bei der Nutzung von Ferienwohnungen erlangt. Das Teilzeit-Wohnrechte-Ges. vom 20. 12. 1996 zum Schutz der Erwerber setzt eine EG-Richtlinie von 1994 in dt. Recht um. Das Ges. knüpft seine Schutzwirkung an Verträge (zw. privaten Erwerbern und beruflich oder gewerblich handelnden Veräußerern) mit einem Ge-

samtpreis und mindestens drei Jahren Laufzeit. Es legt u. a. Pflichtangaben für den Prospekt und den schriftlich abzuschließenden Vertrag fest und gewährt dem Erwerber ein Widerrufsrecht binnen zehn Tagen ab Zugang des Vertrages; wurde der Erwerber nicht ordnungsgemäß über das Widerrufsrecht belehrt, beginnt die Frist erst drei Monate nach Aushändigung des Vertrages.

Times Literary Supplement, The [ðə taɪmz 'lɪtərəri 'sʌplmənt], Abk. **TLS** [tiːelˈes], ab 1902 als Beilage der wöchentlich erscheinenden ›Sunday Times‹, seit 1914 selbstständig erscheinende engl. Wochenzeitschrift von internat. Ansehen, die Rezensionen aus allen wiss. und kulturellen Bereichen veröffentlicht, ebenso Besprechungen von Theateraufführungen, Filmen, Konzerten, Ausstellungen usw. in London. Die Beiträge erschienen früher anonym, seit 1974 gezeichnet. Bedeutende Mitarbeiter u. a.: VIRGINIA WOOLF, T. S. ELIOT, F. R. LEAVIS, C. P. SNOW, G. STEINER, L. TRILLING, D. LODGE.

Time Warner Inc. [taɪm 'wɔːnə ɪn'kɔːpəreɪtɪd], amerikan. Medienkonzern, entstanden 1989 durch Fusion der Verlagsgruppe Time Inc. (gegr. 1923) und der Filmgesellschaft Warner Communications Inc. (gegr. 1923 als →Warner Brothers Pictures); Sitz: New York. Der weltgrößte Medien- und Unterhaltungskonzern ist der führende Buch- und Magazinherausgeber in den USA (›Fortune‹, ›Life‹, ›Money‹, ›People‹, ›Sports Illustrated‹, ›Time‹ u. a.); er betreibt einen Buchklub, Kabelfernsehgesellschaften (Home Box Office, Cinemax) und besitzt eine starke Stellung in der Tonträger-, Film- und Fernsehproduktion, die 1996 durch die Fusion mit der Turner Broadcasting System Inc. noch verstärkt wurde (u. a. Kabelfernsehsender CNN und TNT, Filmbibliothek MGM/United Artists); Umsatz (1995): 30,6 Mrd. DM, Beschäftigte: 59 400.

Timgad: Grundriss der römischen Stadtanlage mit streng rechtwinkligem Straßensystem

Timgad, Ruinenstätte des antiken **Thamugadi,** rd. 40 km östlich von Batna, Algerien. T., von TRAJAN 100 n. Chr. als röm. Kolonie gegr., war v. a. im 3. Jh. eine der bedeutendsten Städte Numidiens und ein Hauptsitz der Donatisten; im 7. Jh. wurde es von Arabern zerstört. – Die Stadt (367 m × 324 m), im Rastertypus röm. Militärlager angelegt, wuchs schnell über die Befestigungsmauern hinaus. Innerhalb lagen u. a. das Forum mit Forumtempel, Curia und an der Ostseite eine Gerichtsbasilika. Die Innenstadt besaß mehrere

Timi Timimoun – Timok

Timgad: Trajansbogen; Ende des 2. Jh. n. Chr.

Felix Timmermans

Thermen, die großen Ostthermen gehen in die 1. Hälfte des 2. Jh. zurück. Südlich vom Forum lag ein Theater (erbaut zw. 161 und 169 n. Chr.; für rd. 4000 Zuschauer), geringe Reste wohl eines Dionysostempels liegen oberhalb. Außerhalb wurden schon im 2. Jh. das Kapitol, Thermen, der Tempel des Genius der röm. Stadt (Colonia) von 169 und – am besten erhalten – der (fälschlich so genannte) Trajansbogen, ein Tetrapylon (Stadttor vom Ende des 2. Jh.) sowie neue Wohnquartiere mit unregelmäßigen Straßenzügen und ein Handwerkerviertel angelegt; um 200 entstand die Markthalle des SERTIUS, der sich auch eine Villa am S-Rand der Stadt erbaute, wo eine weitere Prachtvilla liegt. 300 m weiter südwestlich sind die Reste einer 539 errichteten byzantin. Festung sowie ein christl. Friedhof zu finden. Aus der byzantin. Epoche stammt die Donatistenbasilika. Zahlr. Ausgrabungsfunde im Museum von T. Die Ruinen der röm. Stadt wurden von der UNESCO zum Weltkulturerbe erklärt.

Timimoun [-'mun; arab. ›die rote Stadt‹], **Timimun,** Oasenstadt im zentralen Algerien, 700 m ü. M., in maler. Hanglage am S-Rand des Westl. Großen Erg, 21 600 Ew.; Hauptmarktort (Datteln, Getreide, Mandeln, Feigen, Webteppiche) der Region Gourara, einer durch Foggaras bewässerten Palmoasengruppe mit Ksar-Siedlungen, die sich rd. 40 km entlang der Sebcha am Rand der Hammada hinzieht; Tourismus. Flughafen 8 km östlich von T. – Das Stadtbild ist geprägt von rotbraunen Lehmziegelbauten im sudanesisch-nigerian. Stil. Der ›T.-Dekor‹, eine Mischung altberberischer, spanisch-maur. und lokaler Ornamentik, überzieht Wände, Bogen, Pfeiler und Decken fast aller Gebäude.

Timing ['taɪmɪŋ, engl.] *das, -s/-s,* 1) *allg.:* zeitl. Steuerung; synchrone Abstimmung versch. Handlungen, Abläufe aufeinander.
2) *Sport:* 1) im Fußball der koordinierte Bewegungsablauf einer Spielhandlung (z. B. beim Torschuss oder beim Kopfballduell); 2) im Tennis die Abstimmung des Bewegungsablaufs der Schlagbewegung auf die Geschwindigkeit des anfliegenden Balls.

Timiș ['timiʃ], Nebenfluss der Donau, →Temesch.

Timișoara [timi'ʃoara], rumän. Stadt, →Temeswar.

Timm, Uwe Hans Heinz, Schriftsteller, *Hamburg 30. 3. 1940; seit 1971 freier Schriftsteller; Mitherausgeber der Reihe ›Autoren-Edition‹ (1972–82) und der ›Literar. Hefte‹. – Begann mit polit. Lyrik (›Widersprüche‹, 1971); trat aber v. a. mit zeitkrit. Romanen hervor, die häufig autobiograph. Bezüge zeigen (so

›Heißer Sommer‹, 1974, über die Studentenrevolte von 1968). Seit dem Roman ›Der Mann auf dem Hochrad‹ (1984) gewann seine Prosa durch Ironie und Humor an Leichtigkeit. Genaues Zeitkolorit und ironisch-hintersinnige Szenen zeichnen die späteren Werke aus, die Geschichten über den dt. Nachkriegsalltag (Novelle ›Die Entdeckung der Currywurst‹, 1993) oder das Berlin nach dem Fall der Mauer erzählen (Roman ›Johannisnacht‹, 1996). T. schreibt auch Hörspiele und Drehbücher, v. a. ist er aber erfolgreicher Kinderbuchautor (›Rennschwein Rudi Rüssel‹, 1989).
Weitere Werke: *Romane:* Morenga (1978); Kerbels Flucht (1980); Der Schlangenbaum (1986); Kopfjäger (1991). – *Kinderbücher:* Die Zugmaus (1981); Die Piratenamsel (1983). – Erzählen und kein Ende. Versuche zu einer Ästhetik des Alltags (1993); Die Bubi-Scholz-Story (1998).

Timmelsjoch, ital. **Passo del Rombo,** Pass zw. den Ötztaler und den Stubaier Alpen, über den die Grenze zw. Österreich und Italien verläuft, 2474 m ü. M. Über das T. führt die **T.-Straße** (42 km lang, auf ital. Seite mehrere Tunnel, seit 1968 im Sommer durchgehend befahrbar), die das Gurgltal (Ötztal) in Tirol mit dem Passeiertal in Südtirol verbindet.

Timmendorfer Strand, Groß-Gem. im Kr. Ostholstein, Schlesw.-Holst., 8900 Ew., umfasst außer zwei binnenwärts gelegenen Dörfern die Ostseeheilbäder T. S. und Niendorf; Kongresshalle; Meerwasseraquarium; Fleischwarenfabrik.

Timmermans, Felix, fläm. Schriftsteller, *Lier 5. 7. 1886, †ebd. 24. 1. 1947; besuchte die Realschule und die Malerakademie in Lier, wo er fast sein ganzes Leben verbrachte. Debütierte mit pessimist. Novellen (›Schemeringen van den dood‹, 1919; dt. ›Dämmerungen des Todes‹), entwickelte sich dann aber zu einem der bedeutendsten Vertreter der fläm. Heimatkunst, der in farbenfrohen, bilderreichen, von gütigem Humor und schlichter Frömmigkeit geprägten Romanen und Erzählungen teils derb-realistisch, teils idealisierend und mit Neigung zur Idylle ein Bild des Lebens in Brabant gestaltete. Daneben schrieb T. auch volkstüml. Dramen und Lyrik sowie biograph. Romane; seine Werke illustrierte er größtenteils selbst.
Weitere Werke: *Erzählungen und Romane:* Pallieter (1916; dt.); Het kindeken Jezus in Vlaanderen (1917; dt. Das Jesuskind in Flandern); De zeer schoone uren van Juffrouw Symforosa, begijntje (1918; dt. Die sehr schönen Stunden von Jungfer Symforosa, dem Beginchen); De pastoor uit den bloeyenden wijngaerdt (1923; dt. Der Pfarrer vom blühenden Weinberg); Boerenpsalm (1935; dt. Bauernpsalm); Minneke Poes (1942; dt. Minneke Pus oder Die schönen Tage im Kempenland). – *Autobiographie:* Uit mijn rommelkas (1922).
Ausgabe: Jubiläumsausg., 4 Bde. (1986).
L. VERCAMMEN: F. T. De mens, het werk (Hasselt 1971); J. DE CEULAER: F. T. (Neuausg. Nimwegen 1978).

Timmins ['tɪmɪnz], Stadt im O der Prov. Ontario, Kanada, 47 500 Ew.; anglikan. und kath. Bischofssitz; Hauptort des Goldbergbaugebiets von Porcupine (Abbaubeginn 1907), seit 1961 auch Abbau von Kupfer- und Zinkerz; Wasserkraftwerk; Holz verarbeitende Industrie, Brauereien.

Timm Thaler oder das verkaufte Lachen, Erzählung für Kinder von J. KRÜSS, 1962.

Timna, ehem. Kupferminen im S Israels, 25 km nördlich von Elat im östl. Negev; die Förderung wurde 1976 wegen Unrentabilität eingestellt. Das Erz tritt verschiedentlich als Malachit auf (›Elatstein‹). – Bei Ausgrabungen wurden u. a. Kriechtunnel, Schmelz- und Aufbereitungsplätze festgestellt; zeitlich einzuordnen den Bergbau von einen ins 14.–12. Jh. v. Chr. datierbaren ägypt. Tempel.
B. ROTHENBERG: T. Das Tal der bibl. Kupferminen (a. d. Engl., 1973).

Timne, Volk in Westafrika, →Temne.

Timok *der,* rechter Nebenfluss der Donau, in Serbien, 183 km lang, entsteht aus zwei im Balkan entspringenden Quellflüssen, die bei Knjaževac zum **Beli T.** zusammenfließen, durchschneidet eine 50 km lange Grabenzone zw. Balkan im O und Serb. Erzgebirge im W, vereinigt sich unterhalb von Zaječar mit der aus dem Serb. Erzgebirge kommenden Crna Reka **(Crni T.)** zum T., durchfließt in einer gewundenen Schlucht ein lössbedecktes Tafelland und bildet vor seiner Mündung am Dreiländereck Serbien, Bulgarien, Rumänien auf 16 km die Grenze zu Bulgarien.

Timokratie [griech., zu timē ›Schätzung (des Vermögens)‹ * Korinth und kratein ›herrschen‹] *die, -/...'ti|en,* Staats-Verf., bei der die polit. Rechte der Bürger, bes. das Wahlrecht, nach Vermögensverhältnissen oder Einkommen abgestuft sind; lässt sich bis zu SOLONS Verf. zurückverfolgen. Entsprechende Systeme gab es im Röm. Reich (→Census), aber auch in neuerer Zeit (→Dreiklassenwahlrecht).

Timoleon, griech. **Timoleon,** griech. Feldherr in Syrakus, * Korinth um 410 v. Chr., † Syrakus nach 337 v. Chr.; wurde von seiner Heimatstadt Korinth 345/344 den Syrakusanern gegen DIONYSIOS II. und Karthago als Stratege zu Hilfe gesandt. T. beseitigte die Tyrannis der DIONYSIOS auf Sizilien und beschränkte die Karthager auf die W-Spitze der Insel (Friedensschluss 339/338). Er gab Syrakus (neue oligarch. Verfassung) und dem griech. Teil Siziliens eine neue polit. Ordnung und suchte der Entvölkerung Siziliens durch Ansiedlung von griech. Kolonisten und Söldnern zu begegnen.

Timon, athen. Sonderling, wahrscheinlich aus dem 5. Jh. v. Chr.; als Typus des Menschenfeindes von der att. Komödie verspottet, bekannt durch einen Dialog LUKIANS sowie SHAKESPEARES Drama ›T. of Athens‹ (entstanden 1607/08).

Timor [indones. 'timɔr], die größte der Kleinen Sundainseln, durch die T.-See von Australien getrennt, rd. 480 km lang und bis 100 km breit, 33 600 km², rd. 2 Mio. Ew. Der südwestl. Teil der Insel gehört zur Prov. Nusa Tenggera Timur (Verw.-Sitz: Kupang; der bis 1976 port. T. bildet seitdem die Prov. T. Timur (Verw.-Sitz: Dili). Die die Insel durchziehenden zwei zentralen Gebirgsketten erreichen im W im Mutis (2 427 m ü. M.) und im O im Ramelanmassiv (2 960 m ü. M.) ihre höchsten Erhebungen; sie sind von Senken und Hochebenen durchsetzt. Klimatisch ist T. durch eine kurze Regenzeit (Dezember–März, unregelmäßiger Westmonsun) und eine lange Trockenzeit (Mai–Oktober, Südostmonsun) gekennzeichnet. Während der trockenheiße N meist 500–1 000 mm Jahresniederschläge erhält, fallen im feuchtheißen S bis 2 000 mm (im Gebirge bis über 3 000 mm). Die natürl. Waldvegetation ist bis auf einige lichte, trockene Monsunwälder weitgehend vernichtet (früher bedeutende Sandelholzausfuhr); Savannen herrschen vor. Die Bev. (Timoresen: u. a. Rotinesen, Atoni, Belu) weist palämongolide (Alt- und Jungindonesier) und melanes. Züge auf; sie ist z. T. kath. (bes. in Ost-T.), prot. oder islamisch. Der Nassreisanbau ist auf wenige Gebiete beschränkt; vorherrschend Anbau (z. T. Brandrodung) von Mais, Trockenreis, Hirse, Maniok und Kaffee (Export), Sago- und Kokospalmenkulturen; Viehhaltung (Büffel, Rinder, Pferde, Schweine), an den Küsten Fischfang und Salzgewinnung.

Geschichte: 1520 landeten Portugiesen auf der Insel; sie gerieten ab 1613 in Auseinandersetzung mit den Niederländern, die den westl. Teil in Besitz nahmen (Konfliktbeilegung durch Teilungsvertrag 1859, erst 1914 voll in Kraft getreten). 1812–15 beherrschten die Briten T., 1942–45 war es von Japan. Truppen besetzt. Danach kam **Niederländisch-T.** an Indonesien. **Portugiesisch-T. (Ost-T.)** war 1951–75 port. Übersee-Prov. Angesichts der port. Rückzugsabsichten formierten sich versch. Parteien, darunter die UDT (Abk. für ›União Democratica Timorense‹, ›Demokrat. Union T.s‹), die zunächst eine Föderation mit Portugal anstrebte, die FRETILIN (Abk. für ›Frente Revolucionário do Timor-Leste Indepente‹, ›Front für ein unabhängiges Osttimor‹) und die APODETI (Abk. für ›Associação Popular Democratica de Timor‹, ›Demokrat. Volksvereinigung der Timoresen‹), die den Anschluss Ost-T.s an Indonesien als autonome Prov. befürwortete. Die Auseinandersetzung zw. diesen Gruppierungen führte ab August 1975 zu einem mehrwöchigen Bürgerkrieg, den die FRETILIN durchsetzte (28. 11. 1975 Unabhängigkeitserklärung). Am 7. 12. 1975 begannen indones. Truppen mit der Besetzung Ost-T.s (etwa 200 000 Tote durch die Militäraktion und ihre Folgen); im Juli/August 1976 wurde es als 27. Prov. Indonesien angegliedert (bisher internat. nicht anerkannt; 1992 erneut von der UNO, die Portugal weiterhin als Verwaltungsmacht ansieht, Selbstbestimmungsrecht der Bev. Ost-T.s gefordert). Gegen die Annexion wandte sich eine v. a. von der FRETILIN geführte und vom indones. Militär mit Repressionen (u. a. Massaker in Dili am 12. 11. 1991) verfolgte Unabhängigkeitsbewegung. Von der UNO vermittelte indonesisch-port. Verhandlungen über Ost-T., die erstmals in den 80er-Jahren, erneut ab Dezember 1992 stattfanden (1994 erster indones. Kontakt mit der FRETILIN), führten bis in die jüngste Zeit (1998) zu keiner Lösung des Konflikts.

J. RAMOS-HORTA: Funu. Ost-T.s Freiheitskampf ist nicht vorbei! (a. d. Engl., 1997).

Timorlaut, Inselgruppe Indonesiens, →Tanimbarinseln.

Timoschenko, Timošenko [-ʃ-], S e m j o n Konstantinowitsch, sowjet. Marschall (seit 1940), * Furmanka (heute Furmanowka, Gebiet Odessa) 18. 2. 1895, † Moskau 31. 3. 1970; kämpfte im Bürgerkrieg unter K. J. WOROSCHILOW und S. M. BUDJONNYJ. 1919 trat er der KP bei. Als Oberbefehlshaber einer Heeresgruppe führte er 1939 (nach dem dt. Angriff auf Polen) Truppen an die dt.-sowjet. Demarkationslinie in Polen; in gleicher Funktion konnte er im Finnisch-Sowjet. Winterkrieg (1939/40) die ›Mannerheim-Linie‹ (finn. Befestigungssystem auf der Karel. Landenge) durchbrechen. 1940/41 war T. Volkskommissar für Verteidigung. Nach dem Überfall dt. Truppen (Juni 1941) auf die Sowjetunion befehligte er zunächst die Westfront, von September bis Dezember 1941 sowie von Juli bis Juli 1942 die Südwestfront, im Juli 1942 die Stalingrader Front und von Oktober 1942 bis März 1943 die Nordwestfront; 1943–45 koordinierte er die militär. Aktionen in SO-Europa.

Timotheegras [wohl nach dem amerikan. Farmer TIMOTHY HANSON, 18. Jh.], das Wiesenlieschgras (→Lieschgras).

Timotheos, griech. Bildhauer des 4. Jh. v. Chr., vielleicht aus Paros; bezeugt als Mitarbeiter am Skulpturenschmuck des Asklepiostempels von Epidauros (um 390–370) und des Mausoleums von Halikarnassos (um 350). Die Zuschreibungen versch. erhaltener klass. Skulpturen und Reliefs an T. sind umstritten: vom Asklepiostempel Akroterfiguren (z. B. reitende Amazone) des O-Giebels (BILD →griechische Kunst) und die Statue der →Hygieia in fließenden Gewändern; vom Mausoleum der Fries mit der Amazonenschlacht (London, Brit. Museum; ein Relief in Bodrum, Museum). Ferner (um 380/370) eine nur in Kopien der Kaiserzeit überlieferte Statue der Leda mit dem Schwan (u. a. München, Glyptothek; Stuttgart, Württemberg. Landesmuseum).

B. VIERNEISEL-SCHLÖRB: Klass. Skulpturen (1979).

Timotheos, T. von Milet, griech. **Timotheos,** griech. Dichter, * um 450 v. Chr., † um 360 v. Chr. Erhalten sind 250 Verse seiner ›Persai‹ (›Die Perser‹, über die Seeschlacht von Salamis), bei deren dramat.

Gestaltung in die Monodie (Sologesang mit Instrumentalbegleitung) Elemente des Chorgesangs eingingen. In die griech. Musik führte er eine Erhöhung der Saitenzahl (auf elf) der den Chor begleitenden Kithara ein.

Timotheus, im N. T. ein Schüler und Mitarbeiter des PAULUS, der auch als Mitabsender von einigen Paulusbriefen erscheint (z. B. 2. Kor.; Phil.; Phlm.). Nach Apg. 16,1 ff. war er Sohn einer Judenchristin (nach 2. Tim. 1,5 mit dem Namen EUNIKE) und eines Heiden aus Lykaonien und wurde von PAULUS zum Christentum bekehrt. Zwei Schreiben der →Pastoralbriefe **(1. und 2. T.-Brief)** sind an ihn adressiert. – Die altkirchl. Tradition sieht in ihm den ersten Bischof von Ephesos, wo er unter DOMITIAN den Märtyrertod erlitten haben soll. – Heiliger (Tag, zus. mit Titus: 26. 1.; Ostkirchen: 22. 1.).

W.-H. OLLROG: Paulus u. seine Mitarbeiter (1979). – Weitere Literatur →Pastoralbriefe.

Timpano [ital.] *der, -s/...ni,* ital. Bez. für →Pauke.

Timrava ['tjimrava], eigtl. **Božena Slančíková** ['slantʃi:kɔva:], slowak. Schriftstellerin, * Polichno (Mittelslowak. Gebiet) 2. 10. 1867, † Lučenec 27. 11. 1951; schrieb realist. Erzählungen aus dem dörfl. und kleinstädt. Milieu. In der Novelle ›Ťapakovci‹ (1914, dt. ›Die Ťapáks‹) stellt sie die Konsequenzen patriachal. Rückständigkeit dar. Als Frauenrechtlerin rüttelt sie an den Konventionen der Geschlechterbeziehungen. In der Erzählung ›Hrdinovia‹ (1918) artikuliert sie ihren Protest gegen den Ersten Weltkrieg. Mit Illusionen in der nat. Frage rechnet sie in der Novelle ›Všetko za národ‹ (1926) ab.

Timsahsee [›Krokodilsee‹], See auf der Landenge von Suez, Ägypten, vom →Suezkanal durchzogen; am N-Ufer liegt Ismailia.

TIMSS-Studie [Kw. von engl. Third International Mathematics and Science Study], Mitte der 1990er-Jahre in 45 Ländern (auch in Dtl.) durchgeführte Untersuchung der Schulleistungen von Schlüsseljahrgängen der Grundschule sowie der Sekundarstufe I und II. Die Studie kam zu dem Ergebnis, dass die Mathematikleistungen der internat. Spitzengruppe, die von asiat. Ländern gebildet wird, für dt. Schülerinnen und Schüler derzeit unerreichbar sind. Auch in den Naturwissenschaften wurde ein deutl. Leistungsrückstand festgestellt. Darüber hinaus konnte die T.-S. nachweisen, dass es innerhalb Dtl.s eine erhebl. Streuung der Leistungen in Mathematik und Naturwissenschaften gibt. Bildungspolitisch wurde die T.-S. zu einem wichtigen Auslöser für versch. Bestrebungen, die Leistungsfähigkeit des dt. Bildungssystems zu steigern und seine internat. Wettbewerbsfähigkeit zu erhöhen.

TIMSS – mathematisch-naturwiss. Unterricht im internat. Vergleich, Beitrr. v. J. BAUMERT u. a. (1997).

Timur [osttürk. temür ›Eisen‹], bei den Persern **Timur-i Läng** [›T. der Lahme‹], daraus entstellt **Tamerlan,** asiat. Eroberer aus Transoxanien, * bei Käsch (heute Schahr-i säbs, bei Samarkand) 8. 4. 1336 (traditionell überliefertes, wohl nur angenähertes Datum), † Otrar (bei Tschimkent) 18. 2. 1405; turkisierter muslim. Mongole aus der Stammeskonföderation Dschagatai, erkämpfte sich bis 1369/70 die Herrschaft über die turkisierten und Turkstämme Transoxaniens. Da nur Abkömmlinge DSCHINGIS KHANS den Khantitel führen durften, behielt er den Titel Emir an, war aber neben Marionettenkhanen aus dem Dschagataiclan der eigentl. Herrscher. In den folgenden Jahrzehnten unternahm er mit seinen nomad. und halbnomad. Truppen weit ausgreifende Eroberungszüge, die von Gräueltaten begleitet waren und ihm den Ruf barbar. Grausamkeit eintrugen. Um 1379 annektierte er Charism, zw. 1380/81 (Einnahme Herats) und 1385 zog er nach Persien und unterwarf Khorasan im O, Sistan im S sowie N-Iran. 1386 wandte er sich nach W und er-

Timur: ›Timur auf dem Thron‹, lavierte Federzeichnung von Rembrandt; um 1656 (Paris, Louvre)

oberte Zentralpersien (Zerstörung Isfahans), Aserbaidschan, Georgien und Armenien, 1388–91 und 1395 brachte er der Goldenen Horde vernichtende Niederlagen bei; auf einem der Züge drang er bis Moskau vor. Daneben konsolidierte er seine Herrschaft in Persien und weitete sie bis nach Mesopotamien aus (Plünderung Bagdads). In einem kurzen Feldzug nahm er 1398 Delhi ein und wandte sich dann gegen die Mamelucken in Syrien (vorübergehende Einnahme von Damaskus) und nach Anatolien, wo er 1402 den osman. Sultan BAJASID I. besiegte und gefangen nahm. Ende 1404 brach er zu einer Eroberung Chinas auf, starb aber wenige Wochen später. Seine Hauptstadt Samarkand, in der er Handwerker und Künstler ansiedelte und pers. Kunst und Literatur förderte, ließ er mit prächtigen Bauwerken ausstatten. – Nach T.s Tod zerfiel das Reich rasch in kleinere Einheiten. Seine Nachkommen, die **Timuriden,** beherrschten große Teile Irans und Zentralasiens bis 1506/07. Unter ihnen erlebten ihre Residenzen Samarkand und Herat noch einmal architekton. Blütezeiten.

H. HOOKHAM: Tamburlaine, the conqueror (London 1962).

Timur-Rubin, ein unpolierter roter →Spinell (nicht Rubin) von 361 Karat, heute im Besitz der engl. Königsfamilie, mit eingravierten Namen und Daten von sechs früheren Besitzern (von Großmogul JAHANGIR 1612 bis zum afghan. Herrscher AHMED SCHAH DURRANI, 1754).

Tinajones [tina'xɔnɛs, span.], Stauanlage (rd. 330 Mio. m³) im NW von Peru, um Chiclayo, mit Wasser aus mehreren Flüssen, z. T. durch Stollen von der O-Seite der Anden (Marañonsystem), gespeist, dient der Bewässerung von rd. 95 000 ha an der Küste.

Tinbergen ['tɪnbɛrxə], 1) **Jan,** niederländ. Volkswirtschaftler und Ökonometriker, * Den Haag 12. 4. 1903, † ebd. 9. 6. 1994, Bruder von 2); Prof. in Rotterdam (1933–73) und Leiden (1973–75), Mitarbeiter beim niederländ. Zentralamt für Statistik (1929–36, 1938–45) und Leiter des zentralen Büros für Wirtschaftsplanung (1945–55). T. befasste sich bes. mit Ökonometrie, Konjunkturtheorie, Planung, Entwicklungspolitik und Konvergenztheorie. Der vom Keynesianismus geprägte Wissenschaftler war Mitbegründer der Econometric Society und erhielt 1969 mit R. FRISCH den Nobelpreis für Wirtschaftswiss.en für seine Arbeiten zur Entwicklung und Anwendung dynam. Modelle zur Analyse wirtschaftl. Abläufe.

Werke: Econometrie (1941; dt. Einf. in die Ökonometrie); International economic co-operation (1945); Economic policy.

Jan Tinbergen

Principles and design (1956; dt. Wirtschaftspolitik); The design of development (1958; dt. Grundl. der Entwicklungsplanung); Mathematical models of economic growth (1962); Central planning (1964); Ontwikkelingsplannen (1967; dt. Modelle zur Wirtschaftsplanung); Income distribution. Analysis and policies (1975; dt. Einkommensverteilung); Reshaping the international order (1976); Warfare and welfare (1987); World security and equity (1990).

2) **Nikolaas**, niederländ. Zoologe, * Den Haag 15. 4. 1907, † Oxford 21. 12. 1988, Bruder von 1); wurde 1947 Prof. für experimentelle Zoologie in Leiden, 1949 für Verhaltenslehre in Oxford. T. gilt als Mitbegründer der Verhaltenslehre (v. a. Forschungen zum Verhalten von Insekten, Fischen und Seevögeln); erhielt für seine grundlegenden verhaltensphysiol. Arbeiten mit K. LORENZ und K. VON FRISCH 1973 den Nobelpreis für Physiologie oder Medizin.

Werk: The study of instinct (1951; dt. Instinktlehre).

Tinctoris, Johannes, frankofläm. Musiktheoretiker und Komponist, * Braine-l'Alleud um 1435, † vor dem 12. 10. 1511; wirkte als Geistlicher, Mathematiker und Rechtsgelehrter ab 1472 im Dienst König FERDINANDS I. von Neapel. Mit zwölf Traktaten war er der bedeutendste Musiktheoretiker seiner Zeit (u. a. ›De inventione et usu musicae‹, gedruckt um 1487); sein ›Terminorum musicae diffinitorium‹ (um 1473/74) gilt als erstes europ. Musiklexikon.

Tindal [tɪndl], Matthew, engl. Religionsphilosoph und Jurist, * Bere Ferrers (bei Plymouth) zw. 1653 und 1657, † Oxford 16. 8. 1733; zunächst hochkirchlich orientiert, 1685–87 kath., dann antikirchlich eingestellt. Gilt als einer der Hauptvertreter des engl. Deismus. In seiner Religionskritik ›Christianity as old as the creation‹ (1730; dt. ›Beweis, dass das Christenthum so alt als die Welt sey‹) geht T. davon aus, dass im Ggs. zu anderen positiven Religionen nur im Christentum die natürl. Religion, die Urreligion schlechthin, unverfälscht zu finden sei. Das Christentum wird dabei wesentlich als Ethik verstanden.

Tindemans, Leo, belg. Politiker, * Zwijndrecht (bei Antwerpen) 16. 4. 1922; Journalist; 1961–89 Abg. der Christl. Volkspartei (CVP), 1968–71 als fläm. Min. für Gemeinschaftsbeziehungen mit Fragen der Staatsreform befasst, 1972/73 Landwirtschafts-, 1973/74 Finanz-Min. Als Min.-Präs. (1974–78) einer Koalitions-Reg. führte er 1975 eine weit reichende Verw.-Reform durch. Bes. in der Europapolitik engagiert, erstellte T. im Auftrag der Staats- und Reg.-Chefs der EG-Länder einen Bericht über die Aussichten der europ. Integration (**T.-Bericht,** Januar 1976). Darin beurteilte er die Verwirklichung der angestrebten polit. Union bis 1980 als kaum möglich; er empfahl institutionelle Änderungen und die Intensivierung der außenpolit. Zusammenarbeit. 1976 erhielt T. den Internat. Karlspreis der Stadt Aachen. 1976–85 war er Präs. der Europ. Volkspartei (EVP), 1979–81 auch Präs. der CVP; 1979–81 und ab 1989 Abg. im Europ. Parlament; 1981–89 Außen-Min., 1992–94 Fraktions-Vors. der EVP im Europ. Parlament.

Tinea [lat. ›nagender Wurm‹] *die, -/...neae,* Bez. für durch Dermatophyten hervorgerufene Hautpilzkrankheiten, z. B. T. favosa, der →Erbgrind.

Tineidae [lat.], die Echten →Motten.

Tineo, Stadt in Asturien, N-Spanien, 672 m ü. M., am Berg T. (N-Abdachung des Kantabr. Küstengebirges), 71 km westlich von Oviedo, 14 700 Ew.; Nahrungsmittelindustrie (v. a. Milch- und Fleischverarbeitung); südöstlich von T. Abbau von Steinkohle. – Engwinkelige Altstadt mit romanisch-got. Pfarrkirche (12./13. Jh.), got. Palästen und einem Pilgerhospital. 7 km westlich liegt das Kloster Obona (780 gegr.).

Ting, Samuel Chao Chung, amerikan. Physiker chin. Herkunft, * Ann Arbor (Mich.) 27. 1. 1936; ab 1967 Prof. am Massachusetts Institute of Technology. Seine Arbeiten über die Erzeugung von Leptonen und Mesonen in Hochenergieprozessen führten ihn 1974 bei Experimenten am großen Protonenbeschleuniger des Brookhaven National Laboratory zu der Entdeckung des von ihm als J-Teilchen bezeichneten →Psi-teilchens. Hierfür erhielt er 1976 mit B. RICHTER den Nobelpreis für Physik.

Ting Ling, chin. Schriftstellerin, →Ding Ling.

Tingo María, Stadt am O-Abhang der Ostkordillere Perus, am mittleren Río Huallaga, 300 km nordöstlich von Lima, 45 100 Ew.; landwirtschaftl. Univ. (gegr. 1964); Zentrum einer Agrarkolonisationszone (seit 1936), mit verstärktem Kokaanbau (für Kokaingewinnung) seit etwa 1980.

Tinguaït [nach der Serra do Tinguá, Brasilien] *der, -s/-e,* helles, feinkörniges Ganggestein, aus Alkalifeldspäten, Feldspatvertretern (Nephelin) und Pyroxen (Ägirin).

Tinguely [ˈtɪŋəli, frz. tɛ̃gəˈli], Jean, schweizer. Bildhauer und Maler, * Freiburg im Üechtland 22. 5. 1925, † Bern 30. 8. 1991; studierte 1941–45 zeitweilig an der Kunstgewerbeschule in Basel und begann eine Lehre als Dekorateur. In der Folgezeit malte er abstrakte Bilder und gestaltete erste Arbeiten aus Eisendraht. 1953 übersiedelte er mit seiner Frau EVA AEPPLI nach Paris und gehörte dort zu den Mitbegründern des →Nouveau Réalisme. Seine z. T. motorisierten kinet. Skulpturen sind aus Altmetallteilen und Objets trouvés konstruiert. Häufig sind akust. Phänomene mit einbezogen. Die ›Hommage à New York‹ (1960), eine sich selbst zerstörende Maschine, zeigt die Berührungspunkte T.s zur Happeningbewegung. In Zusammenarbeit mit seiner zweiten Frau NIKI DE SAINT PHALLE (seit 1961) und mit PER OLOF ULTVEDT (* 1927) schuf er 1966 die begehbare Monumentalplastik ›Hon‹ in Stockholm. Zu seinen Hauptwerken gehören ferner der Fastnachtsbrunnen vor dem Stadttheater in Basel (1977) und die Brunnenanlage ›Le sacre du printemps‹ auf der Place Igor Stravinsky in Paris (1982/83, mit NIKI DE SAINT PHALLE; BILD →französische Kunst). 1988 eröffnete er ein Atelier in La Verrerie (Kt. Freiburg). 1996 wurde ein J.-T.- Museum in Basel eröffnet (Architekt: M. BOTTA).

Ausgabe: Briefe von J. T. an Maja Sacher, hg. v. M. HAHNLOSER (1992).

J. T. Werkkat. Skultpuren u. Reliefs, bearb. v. C. BISCHOFBERGER, 2 Bde. (1982–90); T., bearb. v. P. HULTEN u. a., Ausst.-Kat. (Paris ²1988); H. E. VIOLAND-HOBI: J. T. Biogr. u. Werk (1995).

Tinguirica, Berg in den Anden Zentralchiles, nahe der argentin. Grenze, 80 km südöstlich von Rancagua, 4 625 m ü. M.; Vulkan im Solfataren- und Fumarolenstadium; vergletschert.

Nikolaas Tinbergen

Leo Tindemans

Samuel Chao Chung Ting

Jean Tinguely: Métaharmonie II.; 1979 (Basel, Kunstmuseum, Depositum der Emanuel Hoffmann-Stiftung)

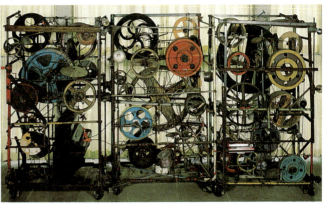

Tini Tinian – Tintenfische

Tinmal: Die Ruine der 1153/54 von Abd al-Mumin erbauten Hauptmoschee (teilweise restauriert)

Tinian, Insel der →Marianen.
Tinkal [malaiisch], Mineral, →Borax.
Tinkalkonit *der, -s/-e,* **Mohavit** [wegen des Vorkommens in der Mohavewüste], weißes oder farbloses, trigonales Mineral der chem. Zusammensetzung $Na_2B_4O_7 \cdot 5 H_2O$; feinkörniges Pulver oder pseudomorph nach →Borax, aus dem es durch Wasserentzug entsteht.
Tinktur [lat. tinctura ›Färbung‹, zu tingere ›färben‹] *die, -/-en,* **1)** *Heraldik:* →heraldische Farben.
2) *Pharmazie:* **Tinctura,** Abk. **Tct.,** aus pflanzl. oder tier. Materialien mithilfe von Weingeist, Äther oder ihren Mischungen, ggf. mit Zusätzen hergestellter Auszug.
Tinmal, Tinmel, Ruinenstadt in Zentral-Marokko, 105 km südlich von Marrakesch im Hohen Atlas, am Oued Nfis; Ahnensitz und hl. Stadt der Almohadendynastie. 1125 von MOHAMMED IBN TUMART als befestigtes Ribat gegr., 1276 von den Meriniden (mit Ausnahme der Moschee) zerstört; Reste mächtiger Stadtmauern mit Viereckbasteien. Die 1153/54 von ABD AL-MUMIN erbaute, gut erhaltene Hauptmoschee (heute teilrestauriert) ist ein Typen bildendes Meisterwerk der westislam. Sakralbaukunst und Grablege der drei ersten, bedeutendsten Almohadenherrscher. Das rechteckige, risalitartige Minarett ist direkter Vorläufer der großen maur. Minarette von Marrakesch, Rabat, Sevilla, Tlemcen, Taza und Mansoura.
Tinnitus aurium [zu lat. tinnire, tinnitum ›klingen‹ und auris ›Ohr‹] *der, - -/- -, die* →Ohrgeräusche.
Tino di Camaino, ital. Bildhauer, *Siena um 1285, † Neapel um 1337; Schüler G. PISANOS, seit 1315 dessen Nachfolger als Leiter der Dombauhütte in Pisa. Im gleichen Jahr entstand das erste seiner Grabmäler, das im Typus (zweistöckiger Aufbau) und der Schwere und Geschlossenheit der Figuren auf ARNOLFO DI CAMBIO zurückgeht. Nach Aufenthalten in Siena und Florenz wurde er 1323 von den Anjou nach Neapel berufen. In Siena nahm er die eleganten Linienrhythmen der sienes. Kunst auf.
Werke: Grabmäler für: Kaiser HEINRICH VII. (1315; Grabmal im Dom, Einzelfiguren im Camposanto, Pisa); Erzbischof RICCARDO PETRONI (1318–20; Siena, Dom); Bischof ANTONIO D'ORSO (1321; Florenz, Dom); KATHARINA VON ÖSTERREICH (nach 1323; Neapel, San Lorenzo Maggiore); MARIA von Ungarn (1324–26; ebd., Santa Maria Donnaregina); MARIA von Anjou (1329; ebd., Santa Chiara); KARL von Kalabrien (1332/1333; ebd.).

Tino di Camaino: Caritas (Florenz, Museo Bardini)

Tinos, griech. Insel, →Tenos.
Tin Pan Alley [tɪn pæn 'ælɪ; engl., eigtl. ›Blechpfannengasse‹], umgangssprachl. Bez. für die amerikan. Unterhaltungsmusikbranche, bes. die in New York ansässige vom Ende des 19. Jh. bis in die 1920er-Jahre, als zahlr. Musikverlage in der 28. Straße und der 6. Avenue ihren Sitz hatten. Der Name wird auf den blechernen Klang der Klaviere zurückgeführt, auf denen ständig die neuesten Schlager und Filmmelodien ausprobiert und vorgeführt wurden.
Tinten [ahd. tincta, von mlat. tincta (aqua) ›gefärbt(e Flüssigkeit)‹, ›Tinktur‹], meist wässrige, gelöste Farbstoffe und sehr wenig oder keine Bindemittel enthaltende Schreibflüssigkeiten für Füllhalter, Kugelschreiber, Faserschreiber oder zur Anwendung für Tintenstrahlverfahren, die u. a. bei Textverarbeitung, Adressendruck, Warenauszeichnung zunehmende Bedeutung haben. Als färbende Komponenten sind in blauen Füllhalter-T. die Triarylmethanfarbstoffe Wasserblau oder Helvetia Blau, in T. zum Markieren von Textstellen z. B. die fluoreszierenden Farbstoffe Uranin (Fluoresceinderivat) oder Pyranin enthalten. Weitere Bestandteile von T. sind Gummiarabikum zur besseren Haftung auf dem Papier, Feuchthaltemittel, um das Antrocknen an der Feder oder am Docht von Faserschreibern zu verzögern, Konservierungsmittel und Tenside. **Eisengallus-T.,** die aus Gallapfelauszügen und Eisensalzen hergestellt wird, findet wegen ihrer Urkundenechtheit auch heute noch Verwendung. **Spezial-T.** sind u. a. Wäschezeichen-T. (mit Ruß oder Direktfarbstoffen), weiße T. (mit Titanweißpigment) sowie Gold- und Silber-T. (Suspensionen von Aluminiumbronzen). – T. unterliegen in Dtl. dem Lebensmittel- und Bedarfsgegenständegesetz und den dazu ergangenen Verordnungen. Sie enthalten meist toxisch wenig bedenkl. Substanzen und sind bei sachgemäßer Anwendung nicht giftig; bei einigen Spezialprodukten sind jedoch auch tox. Substanzen enthalten. T. und Farben, die zu Vergiftungen (z. B. durch versehentl. perorale Aufnahme) führen können, sind meist durch besondere Angaben (z. B. ›nicht für Kinder geeignet‹) gekennzeichnet.
Kulturgeschichte: T. wurden bereits um 2600 v. Chr. in China und Ägypten hergestellt. Die T. des klass. Altertums bestanden aus schwarzem Farbstoff (meist Ruß) in einer Gummi- oder Leimlösung. Zur T.-Herstellung dienten Paletten aus Sandstein, Schiefer, Holz, Serpentin, Ebenholz oder Alabaster. Die Eisengallus-T. war schon im 3. Jh. v. Chr. bekannt. PHILON VON BYZANZ kannte bereits eine Art ›Geheim-T.‹ (Extrakt von Eichengallen, der durch Bestreuen des Papiers mit Kupfervitriollösung sichtbar wurde). Im german. Altertum kannte man einfache T., die durch das Kochen von Eisensalzen, -oxiden oder Eisenspänen mit Gerbsäuren in wässriger Lösung gewonnen wurden. In verbesserter Form hielt sich dieses Verfahren bis zur Entwicklung der synthet. Farbstoffe im 19. Jahrhundert.
Tintenbaum, Semecarpus, Gattung der Sumachgewächse mit etwa 40 Arten in Indien, SO-Asien und Australien. Die bekannteste Art ist der bis 10 m hohe **Markfruchtbaum (Ostindischer T.,** Semecarpus anacardium), mit lederartigen Blättern und großen, bis 2,5 cm langen und bis 2 cm breiten, zusammengedrückt eiförmigen Steinfrüchten. Aus unreifen Früchten wurden früher Tinte und Stempelfarbe sowie ein Firnis hergestellt.
Tintenbeere, Ilex glabra, Art der Gattung Stechpalme im östl. Nordamerika; bis 2,5 m hoher, ausladend wachsender Strauch; Blätter ganzrandig oder an der Spitze stumpf gezähnt; Früchte schwarz; winterharter Zierstrauch für sandige und torfig-saure Böden.
Tintenfische, 1) Dibranchiata, (ungenauer) volkstüml. Name der Zweikiemer (→Kopffüßer).

2) Tintenfische i. e. S., **Sepioidea**, zu den Zweikiemern gehörende Kopffüßer mit über 150 Arten (darunter den →Sepien) in allen Weltmeeren. Von den zehn Armen sind zwei zu langen, vorstreckbaren Fangarmen mit endständigen, saugnapfbesetzten Keulen umgewandelt. Die Schale ist nur selten vollständig ausgebildet (z. B. beim →Posthörnchen), meist jedoch zum hornigen Gladius oder kalkigen Schulp reduziert, oder sie fehlt völlig. Alle Arten besitzen einen Tintenbeutel am Enddarm, der bei Gefahr entleert wird; gelegentlich sind Leuchtorgane ausgebildet.

Tintenfischpilz, Anthurus archeri, Clathrus archeri, zu Beginn des 20. Jh. von Australien und Neuseeland eingeschleppter, in Laub- und Nadelwäldern sowie auf Wiesen vorkommender, ungenießbarer Bauchpilz. Bei der Fruchtkörperreife brechen aus dem bis 6 cm hohen ›Teufelsei‹ vier bis acht blutrote Arme hervor, die den Fangarmen eines Tintenfischs ähnlich sehen.

Tintenschnecken, die →Sepien.

Tintenstift, →Bleistift.

Tintenstrahldrucker, *Datenverarbeitung:* ein →Drucker.

Tintinnabula [lat.] *Pl.,* mittelalterl. Bez. für abgestimmte Glöckchen oder Schellen bzw. ein Glöckchenspiel, oft bedeutungsgleich mit →Cymbala; heute noch in den Alpen Bez. für das Herdengeläute.

Tintlinge, Tintenpilze, Coprinaceae, Familie der Blätterpilze mit mehreren Gattungen, deren Arten schwarze oder dunkle Sporen ausbilden. T. haben teilweise, zus. mit Alkohol genossen, eine Giftwirkung. Etwa 100 Arten hat die Gattung **Tintling** (Coprinus); Fruchtkörper bis 10 cm hoch; weiß, grau bis braun; Hut faltig gefurcht und wie die Lamellen im Alter manchmal zerfließend; Sporen schwarz od. schwarzbraun. Bekannte Arten sind der **Rad-T.** (Coprinus plicatilis), Hut bis 3 cm hoch, grau bis blassockerbraun, gefaltet-gerieft, bei der Reife radartig flach ausgebreitet; auf Gras besonnter Wegränder und in Gärten; **Schopf-T.** (**Tintenpilz, Spargelpilz, Porzellan-T.,** Coprinus comatus), etwa 20 cm hoch; junger Hut weiß, walzenförmig; Lamellen weiß (dann essbar), später rosafarben und schwarz werdend und nach der Sporenreife tintenartig zerfließend; gruppenweises Vorkommen auf stickstoffreichen Böden.

Tinto, Fluss in SW-Spanien, →Río Tinto.

Tintoretto [ital. ›der kleine Färber‹], eigtl. **Jacopo Robusti,** ital. Maler, *Venedig Ende September/Anfang Oktober 1518, †ebd. 31. 5. 1594; zählt nach TIZIAN und neben VERONESE zu den wichtigsten Malern des Cinquecento in Venedig, arbeitete aber im Ggs. zu diesen v. a. für die in Bruderschaften organisierten Bürgerlichen, sodass Forderungen nach Repräsentation seiner von Vergeistigung der religiösen Inhalte und Nähe zu den Bürgern der Stadt geprägten Kunst nicht im Wege standen. Einer Anekdote zufolge war er bemüht, TIZIANS Farbe mit MICHELANGELOS manierist. Disegno zu verbinden; diese Einflüsse verband er mit weiteren manierist. Einflüssen und entwickelte rhythmisch bewegte Kompositionen, die durch große Tiefenwirkung mit jähen Verkürzungen einerseits und flächenhafter Gebundenheit andererseits eine spannungsvolle Gesamtwirkung ergeben. Eine raffinierte Beleuchtungsregie und ein dynamisch-schneller Pinselduktus verwandeln v. a. in seiner Spätzeit die bibl. Szenen in erregende Lichtvisionen, deren ikonograph. Deutung noch nicht abgeschlossen ist, und denen auch Landschaft und Räumlichkeit untergeordnet werden. Sein Hauptwerk sind die Gemäldezyklen aus dem N. T. für die Scuola di San Rocco in Venedig, für die er 1564–88 arbeitete (Herbergssaal 1564–67, oberer Saal 1577–81, unterer Saal 1583–88); sie veranschaulichen eindringlich seinen sehr persönl. Malstil und seine ungewöhnl. Interpretationen.

Weitere Werke: Der hl. Markus befreit einen Sklaven (1548; Venedig, Accademia); Die Erschaffung der Tiere (um 1550; ebd.); Kain erschlägt Abel (1550–51; ebd.); Vulkan überrascht Mars u. Venus (1550–53 [?]; München, Alte Pinakothek; BILD →erotische Kunst); Susanna im Bad (um 1560; Wien, Kunsthistor. Museum); Anbetung des Goldenen Kalbes u. Jüngstes Gericht (um 1560; Venedig, Madonna dell'Orto); Rettung eines Sarazenen (1562–66; Venedig, Accademia); Bergung des Leichnams des hl. Markus (1562–66; ebd.); Auffindung des Leichnams des hl. Markus (1562–66; Mailand, Brera); Abendmahl (um 1565-70; Venedig, San Paolo); vier mytholog. Deckenbilder im Anticollegio (1576–78; Venedig, Dogenpalast); Venedig als Beherrscherin des Meeres (1581–84, ebd., Deckenbild im Senatssaal); Das Paradies (1588–92, ebd., Sala del Gran Consiglio); Mannalese (1592–94; Venedig, San Giorgio Maggiore); Abendmahl (1592–94; ebd.; weiteres BILD →Perspektive). – *Porträts:* N. PRIULI (Venedig, Cà d'Oro); Selbstporträt (1588; Paris, Louvre).

L'opera completa del T., hg. v. C. BERNARI u. a. (Neuausg. Mailand 1978); K. M. SWOBODA: T. Ikonograph. u. stilist. Unters. (Wien 1982); R. PALLUCCHINI u. P. ROSSI: T. Le opere sacre e profane, 2 Bde. (Mailand 1982); C. RIDOLFI: The life of T., and of his children Domenico and Marietta (a. d. Ital., University Park, Pa., 1984); U. WILLMES: Studien zur Scuola di San Rocco in Venedig (1985); R. KRISCHEL: Jacopo T.s ›Sklavenwunder‹ (1991); C. BÜHLER: Ikonographie u. Entwicklung des heilsgeschichtl. Ereignisbildes im Œuvre T.s (1996).

T-Invarianz, *Physik:* →CP-Invarianz, →Zeitumkehr.

Tiobraid Árann [ˈtobərəd ˈaːrən], irischer Name von →Tipperary.

Tipasa, arab. **Tibasa,** Ort an der alger. Mittelmeerküste, 70 km westlich von Algier, am O-Ende der Bucht von Chenoua zw. drei Landvorsprüngen, 15 800 Ew.; größtes alger. Badetouristikzentrum und eine der bedeutendsten antiken Ruinenstätten N-Afrikas. – Aus pun. Zeit wurde ein Friedhof entdeckt (Grabstelen mit Symbolen der Tanit), aus numid. Zeit (Anfang 1. Jh. v. Chr.) stammt ein Grabtumulus. Der größte Teil des röm. Stadtareals wurde als archäolog. Park hergerichtet: Reste vom hoch gelegenen Forum (nahe der Küste), einem Amphitheater, zwei einander gegenüberliegenden Tempeln, großen Thermen, Nymphäum, Theater, W-Tor, großer neunschiffiger (58 m lang und 42 m breit) frühchristl. Basilika, von der die Apsis aufragt (4. Jh.). Nahebei liegen die christl. W-Nekropole und eine kleine Kirche (Kapelle), außerhalb der röm. Ummauerung (147 n. Chr.) auf einem Hügel die 30 m lange dreischiffige christl. Basilika der hl. Salsa (4./5. Jh.) sowie die christl. O-Nekropole. Das Museum beherbergt Sarkophage, Mosaiken u. a. Funde. T. wurde von der UNESCO zum Weltkulturerbe erklärt. – Der urspr. phönik. Handelshafen T. entwickelte sich zu einer bedeutenden pun. Stadt und

Tintenfischpilz (Höhe 7–14 cm)

Tintlinge: Schopftintling (Höhe bis 20 cm)

Tintoretto: Abendmahl; 1592–94 (Venedig, San Giorgio Maggiore)

Tiph Tiphiidae – Tirana

Tipasa: Römischer Sarkophag aus Tipasa; 2. Jh. (Cherchel, Archäologisches Museum)

blühte unter JUBA II. als Zentrum der Kunst und griechisch-röm. Zivilisation. Im 1. Jh. wurde es röm. Kolonie, im 3. Jh. christianisiert, 430 von den Wandalen erobert, im 6. Jh. von den Byzantinern und Ende des 7. Jh. von den Arabern besetzt (von ihnen **Tefassed** gen.).

Tiphiidae [griech.], die →Rollwespen.

Tipi [Sioux] *das, -s/-s,* kegelförmiges Stangenzelt der Plains-Indianer Nordamerikas: 14–30 Holzstangen (bis 6 m lang) sind am oberen Ende zusammengebunden und mit 15–18 gegerbten und häufig bemalten Bisonfellen bespannt (ab Mitte des 19. Jh. mit Leinwand). T. werden heute nur noch bei Zeremonien und Festen aufgeschlagen.

Tipitaka [Pali ›Dreikorb‹] *das, -,* **Tripitaka** [Sanskrit], Sammlung der heiligen Schriften der Theravada-Schule; ältester buddhist. Kanon, abgefasst in Pali (›Pali-Kanon‹). Die ›Drei Körbe‹ sind: Vinayapitaka, Suttapitaka, Abhidhammapitaka (→Buddhismus). Nach buddhist. Überlieferung wurde mit der Festlegung des Kanons bald nach dem Nirvana des BUDDHA begonnen, indem das T. mit Kommentaren von den Mönchen gemeinsam rezitiert wurde; es wurde so bis zum 1. Jh. v. Chr. mündlich überliefert.

Tipití [Tupi] *das, -s/-s,* geflochtener Schlauch südamerikan. Waldindianer (v. a. Amazonas- und Guayanaindianer) zum Auspressen des giftigen Safts aus den Maniokknollen.

Tipperary [tɪpəˈreərɪ], irisch **Tiobraid Árann** [ˈtobərəd ˈaːrən], **1)** Stadt in der Cty. Tipperary (South Riding), Rep. Irland, 4900 Ew.; Milchverarbeitung, Industriepark mit Metall-, Elektronikindustrie.

2) ehem. County in der histor. Prov. Munster, Rep. Irland; seit 1981 geteilt in **T. (North Riding)**, 1996 km², 58 000 Ew., Verw.-Sitz Nenagh (nördl. Teil), und **T. (South Riding)**, 2258 km², 75 500 Ew., Verw.-Sitz Clonmel.

Tippett [ˈtɪpɪt], Sir (seit 1966) Michael, engl. Komponist, *London 2. 1. 1905, †ebd. 8. 1. 1998; studierte 1923–28 am Royal College of Music u. a. bei ADRIAN BOULT (*1889, †1983) und M. SARGENT, war 1940–51 Musikdirektor des Morley College in London und 1969–74 künstler. Leiter des Bath Festival. Er arbeitete auch als Dirigent mit Chören und Orchestern. T.s Stil vereinigt hohe Expressivität mit strengem Formwillen. Ausgehend von einer rhythmisch komplexen, polyphonen Tonsprache auf der Basis erweiterter Tonalität, in die gelegentlich auch Elemente der Folklore und des Jazz einfließen, gelangte er seit den 40er-Jahren zu stärker aufgespaltenen, scharf kontrastierenden Strukturen und zu einem eher deklamator. als lyr., harmonisch nicht mehr diaton., in der Grundhaltung aber weiterhin neoklassizist. Idiom. Er schrieb u. a. das antifaschist. Oratorium ›A child of our time‹ (1944), die Opern ›The midsummer marriage‹ (1955), ›King Priam‹ (1962), ›The knot garden‹ (1970), ›The ice break‹ (1977), ›New Year‹ (1989) sowie vier Sinfonien (1945–77), Orchesterwerke (u. a. ›New Year Suite‹, 1990) ›The rose lake‹, 1995), Konzerte, Kammermusik (u. a. fünf Streichquartette, 1935–92) und Chorwerke (u. a. ›The mask of time‹, 1982).

I. KEMP: T., the composer and his music (London 1984); A. FISHER: Die Bühnenwerke M. T.s (1993).

Tipp-Kick®, *Freizeit-* und *Turniersport:* →Tischfußballspiele.

Tiptank, Flügellendtank, am Tragflügelende (engl. tip) eines Flugzeugs fest oder abwerfbar angeordneter zusätzl. Kraftstoffbehälter. T. können die Beanspruchungsverhältnisse des Flügels verbessern und den →induzierten Widerstand vermindern.

Tipu, T. Sultan, T. Sahib, muslim. Herrscher von Mysore (seit 1782), *Devanhalli (bei Bangalore) 10. 11. 1750, †(gefallen) Seringapatam (bei Mysore) 4. 5. 1799; Sohn und Nachfolger von →HAIDAR ALI; seine 1790–92 in einem Krieg an die Briten verlorenen Gebiete (etwa die Hälfte von Mysore) versuchte er 1799 vergeblich zurückzugewinnen. Nach seinem Tod setzten die Briten in Mysore die alte Hindudynastie wieder ein.

Tipulidae [lat.], die →Schnaken.

TIR, T. I. R. [Abk. für frz. Transport International de Marchandises par la Route ›Internat. Transport von Gütern auf der Straße‹, auch für frz. Transports Internationaux Routiers ›Internat. Straßentransporte‹], Kennzeichen (in weißer Schrift auf blauem Grund) für Lkw, die für ihre Waren den Zollpassierschein Carnet TIR (→Carnet) mitführen.

Tiraboschi [-ˈbɔski], Girolamo, ital. Kulturhistoriker, *Bergamo 18. 12. 1731, †Modena 3. 6. 1794. Als sein bedeutendstes Werk gilt die ›Storia della letteratura italiana‹ (13 Bde., 1772–82, Erg.-Bd. hg. 1795, erw. Ausg. 16 Bde., 1787–94; dt. Auszug u. d. T. ›Gesch. der freien Künste und Wiss.en in Italien‹, 5 Bde.). Vor dem Hintergrund eines zeitentsprechend weit gefassten Literaturbegriffes wurde das Werk durch die in ihm angewandte Einteilung der literar. Epochen nach Jahrhunderten zum Modell für die wiss. Literaturgeschichtsschreibung der Folgezeit.

Tirade [frz., eigtl. ›länger anhaltendes Ziehen‹, zu tirer ›ziehen‹] *die, -/-n,* **1)** *bildungssprachlich abwertend* für: wortreicher, meist sagender Wortschwall.

2) *Musik:* bes. im 17./18. Jh. eine Verzierung, bei der zwei Melodietöne (meist im Oktavabstand) durch einen diaton. Lauf auf- oder abwärts miteinander verbunden werden; v. a. verwendet in der frz. Ouvertüre.

Tirailleurtaktik [tiraˈjœːr-, frz.], *Militärwesen:* in den Frz. Revolutionskriegen entwickelte Taktik, bei der Infanteristen **(Tirailleure)** in zerstreuter Ordnung kämpften. Die T. ermöglichte größere Beweglichkeit und bessere Geländeausnutzung.

Tiramisu [ital. tirami su, eigtl. ›zieh mich hoch‹ (im Sinne von ›mach mich munter‹), wohl in Anspielung auf den Kaffee und den Alkohol] *das, -s/-s,* Süßspeise aus Mascarpone (ein Frischkäse sahniger Konsistenz) und in Alkohol und Kaffee getränkten Biskuits.

Tirana, alban. **Tiranë** [tiˈranə], Hauptstadt von Albanien, 151 m ü. M., im Zentrum des Landes, (1991) 251 000 Ew.; liegt in einem weiten, von Hügeln umgebenen und vom Fluss Tirana (Quellfluss des Ishm) zum Adriat. Meer entwässerten Becken. T. bildet einen eigenen Bez. (374 000 Ew.) und ist geistig-kulturelles und wirtschaftl. Zentrum Albaniens mit Akad. der Wissenschaften, Univ. (1957 gegr.), Hochschulen (für Musik, bildende Künste, Sport, Landwirtschaft; PH), Nationalbibliothek und -theater, Filmateliers, Museen für Archäologie, Geschichte, Volks- und Naturkunde. Die Industriebetriebe (Maschinen- und Fahrzeugbau, Textil- und Bekleidungs-, chem. und pharmazeut., Baustoff-, Nahrungsmittelindustrie) sind mit etwa einem Fünftel an der alban. Industrieproduktion beteiligt. T. ist durch Eisenbahn und

Sir Michael Tippett

TIR: Kennzeichen

Tirana
Hauptstadt von Albanien
·
in zentraler Beckenlage
·
251 000 Ew.
·
Universität (gegründet 1957)
·
orientalisch geprägte Altstadt
·
Skanderbegplatz mit Denkmal des Nationalhelden
·
1572 erstmals erwähnt
·
seit 1920 Hauptstadt

Tirana: Skanderbegdenkmal und Kulturpalast

Straße mit dem Hochseehafen Durrës verbunden. Nördlich der Stadt liegt der internat. Flughafen Rinas. – Neben der noch vielfach orientalisch geprägten Altstadt (Moschee Ethem-beg, 1797, mit Fresken) erbauten in der Zeit zw. den Weltkriegen ital. Architekten das Reg.-Viertel um den Skanderbegplatz. – Die 1572 erstmals erwähnte Siedlung wurde ab 1614 zur Stadt ausgebaut (Marktort), behielt jedoch bis zum Beginn des 20. Jh. kleinstädt. Charakter; seit 1920 Hauptstadt Albaniens.

Tirant lo blanc, katalan. Ritterroman, →Martorell, Joanot.

Tiras, Tiraz [-z; aus dem Persischen ins Arabische entlehnt], 1) urspr. allg. Stickerei, dann v. a. deren kunstvolle Formen; 2) Staats- und Ehrengewand mit gestickten Schriftbändern (mit Name, Titel des Trägers, Wunschformel u. Ä.); 3) Werkstatt, die solche bestickten Stoffe und Gewänder herstellt (v. a. in Ägypten); 4) Bez. für gestickte Schriftborten und bandartige Inschrift auf Holz, Stein, Metall, Glas oder Fayence.

Tiraspol, Stadt im SO Moldawiens, am linken Ufer des Dnjestr, Hauptort der Dnjestr-Region, 185 100 Ew.; PH, Heimatmuseum, Theater; Lebensmittel- (bes. Weinkellereien und -brennerei), Baumwoll- und Bekleidungs-, Elektroindustrie, Fahrzeugbau; Wärmegroßkraftwerk (2 000 MW); Hafen. – T. entstand neben einer 1792 gegründeten Festung; 1924–40 Hauptstadt der Moldauischen ASSR. 1990 wurde hier von den in der →Dnjestr-Region lebenden Russen und Ukrainern die ›Dnjestr-Republik‹ ausgerufen.

Tiresias, griech. Mythos: →Teiresias.

Tîrgoviște [tir'goviʃte], 1953–93 Schreibweise der rumän. Stadt →Târgoviște.

Tîrgu Jiu ['tirgu 'ʒiu], 1953–93 Schreibweise der rumän. Stadt →Târgu Jiu.

Tîrgu Mureș ['tirgu 'mureʃ], 1953–93 Schreibweise der rumän. Stadt Târgu Mureș, →Neumarkt 3).

Tirich Mir ['tiərɪtʃ 'mɪə], höchster Berg des Hindukusch, in Pakistan, nahe der Grenze zu Afghanistan, 7 690 m ü. M.; erstmals 1950 von einer norweg. Expedition bestiegen.

Tiris al-Gharbija [arab. -rarˈbiːja], der südl. Teil von →Westsahara.

Tirlemont [tirləˈmɔ̃], Stadt in Belgien, →Tienen.

Tîrnava ['tir-], 1953–93 Schreibweise des rumän. Flusses Târnava, →Kokel.

Tîrnăveni [tirnəˈvenj], 1953–93 Schreibweise der rumän. Stadt →Târnăveni.

Tirnowo ['tər-], bis 1965 Name der bulgar. Stadt →Weliko Tarnowo.

Tirol, mit 12 648 km² drittgrößtes und einer Einwohnerzahl von (1997) 661 900 am dünnsten besiedeltes Bundesland Österreichs, setzt sich (infolge der Abtrennung Südtirols) aus den räumlich getrennten Teilen Nordtirol (zw. Bayern im N, Salzburg im O, der Schweiz und Italien im S sowie Vorarlberg im W gelegen) und Osttirol (grenzt im N an Salzburg, im O an Kärnten und im S und W an Italien) zusammen; Hauptstadt ist Innsbruck. T. gliedert sich in acht polit. Bezirke, die zus. 279 Gemeinden (darunter 10 Städte und 18 Markt-Gem.) umfassen, und eine Stadt mit eigenem Statut (Innsbruck).

Staat und Recht: Nach der Tiroler Landesordnung von 1989, die als Staatsziele u. a. den Schutz der Umwelt und die soziale Marktwirtschaft fixiert, übt die Landesgesetzgebung ein auf fünf Jahre gewählter Landtag (36 Abg.) aus. Die Verw. liegt bei der vom Landtag gewählten Landes-Reg., die aus dem Landeshauptmann als Vors., seinen zwei Stellvertretern und fünf Landesräten besteht. T. gehört dem Sprengel des Oberlandesgerichts Innsbruck an, hat ein Landesgericht (Innsbruck) sowie 13 Bezirksgerichte.

Wappen: Die älteste Darstellung des roten, goldbewehrten Tiroler Adlers ist die Abbildung auf dem Altar der Kapelle von Schloss Tirol aus dem Jahre 1370 (Altar heute in Innsbruck, Ferdinandeum). Zum Wappentier der Grafen von Tirol war der Adler bereits vor 1190 erhoben worden. Die heutige Darstellung zeigt die ursprüngl. Form, zusätzlich versehen mit goldener Bekrönung, Kleestängeln auf den Flügeln und einem grünen Laubkranz (›Ehrenkränzl‹; seit 1918 offizieller Bestandteil) hinter dem Haupt. I. d. R. wird der Tiroler Adler schildlos dargestellt.

Größe und Bevölkerung (1997)			
Verwaltungseinheit	Fläche in km²	Ew.	Ew. je km²
Politischer Bezirk			
Imst	1 725	51 900	30,0
Innsbruck-Land	1 990	151 900	76,3
Kitzbühel	1 163	58 300	50,1
Kufstein	970	91 200	94,0
Landeck	1 595	43 100	27,0
Lienz (= Osttirol)	2 020	50 600	25,0
Reutte	1 237	31 200	25,2
Schwaz	1 843	73 200	39,7
Stadt mit eigenem Statut			
Innsbruck	105	110 500	1 052,3
Tirol	**12 648**	**661 900**	**52,3**

Landesnatur: Beide Teile T.s sind ausgesprochene Hochgebirgsräume. **Nordtirol** umfasst einen Teil der Nördl. Kalkalpen (Allgäuer Alpen, Lechtaler Alpen, →Tirolisch-Bayerische Kalkalpen, Loferer und Leoganger Steinberge), zumeist schroffe Kettengebirge, zw. denen Übergänge, v. a. über den Fernpass, den Seefelder Sattel und die Furche des Achensees (Achenpass), vom Inntal in das bayer. Alpenvorland führen. Südlich vom Stanzer Tal (zw. Landeck und Wörgl) und dem Sattel von Ellmau gehören überwiegend aus kristallinen Gesteinen bestehende Gruppen der Zentralalpen zu T.: Verwallgruppe, Teile von Silvretta und Samnaungruppe sowie bis zur Hauptwasserscheide Ötztaler, Stubaier und Zillertaler Alpen; sie ragen bis weit über 3 000 m ü. M. auf, sind stark vergletschert und durch lange, tief eingesenkte Quertäler (Inntal oberhalb von Landeck, Kauner-, Pitz-, Ötz-, Stubai-, Wipp-, Zillertal) gegliedert. Zw. die Zentral- und die Nördl. Kalkalpen schaltet sich östlich des Wipptales die Grauwacken- oder Schieferzone (Tuxer Alpen, Kitzbüheler Alpen) mit sanfteren Formen ein.

Osttirol liegt auf der Südseite der Zentralalpen (S- bzw. SW-Teil der Venediger- und Glocknergruppe der Hohen Tauern, Defereggengebirge, Schobergruppe) und wird durch das fiederförmig verzweigte Talsystem der Isel zum Lienzer Becken entwässert. Den äußers-

Tirol
Landeswappen

Tiro Tirol

ten S bilden die südlich der Drau liegenden Kalkberge der Lienzer Dolomiten (→Gailtaler Alpen) und der N-Abfall des westlichsten Teiles der Karn. Alpen.

Klima: T. besitzt ein kühles, durch die Reliefunterschiede allerdings stark modifiziertes Gebirgsklima. Die Gipfelpartien empfangen starke Niederschläge (bis zu 2 000 mm jährlich; in Osttirol ergiebige Stauniederschläge bei Zufuhr warmer und feuchter Luftmassen aus dem S); das obere Inntal und die Täler Osttirols sind mit 800 bis 1 000 mm jährlich verhältnismäßig niederschlagsarm. In den engen Hochgebirgstälern ist die Sonnenscheindauer sehr unterschiedlich, so empfängt im Paznaun (westl. T.) die Schattenseite während eines Jahres nur etwa die Hälfte der Wärmemenge, die die Sonnenseite erhält.

Bevölkerung: T. konnte im Zeitraum 1981–96 ein Bev.-Wachstum von knapp 13% verzeichnen, das zweithöchste aller österr. Bundesländer; aber nur 12,4% der Landesfläche gelten als Dauersiedlungsraum (in Österreich: 38,2%). Hauptsiedlungsraum ist das Inntal mit z. T. weit über 100 Ew. je km², es folgen die Täler von Lech, Isel und Drau sowie deren Nebentäler. Etwa zwei Drittel der Ew. leben zw. 400 und 800 m ü. M., immerhin 13% in Höhen über 1 000 m ü. M. Die höchstgelegene bäuerl. Dauersiedlung (2 014 m ü. M.) sind die Rofenhöfe bei Sölden (Ötztal). Vorherrschende Siedlungsform ist das Haufendorf.

Religion: Rd. 87% der Bev. sind kath.; kirchlich ist T., bis auf das zum Erzbistum Salzburg gehörende Gebiet östlich von Inn und Ziller, Teil des Bistums Innsbruck. Die rd. 2,5% ev. Christen gehören zur →Evangelischen Kirche Augsburgischen und Helvetischen Bekenntnisses in Österreich. Rd. 2,3% der Bev. sind Muslime. In Innsbruck besteht eine kleine jüd. Kultusgemeinde.

Wirtschaft: T. ist v. a. durch eine dynam. Entwicklung im Dienstleistungsbereich und im Gütertransitverkehr charakterisiert. Mit (1994) 166,96 Mrd. S trägt T. 7,9% zum Bruttoinlandsprodukt (BIP) Österreichs bei. Im Vergleich der Bundesländer liegt es in der Wirtschaftskraft mit einem BIP je Ew. von 254 980 S um 2,9% unter dem österr. Durchschnitt und damit an 5. Stelle. Der Dienstleistungssektor dominiert mit einem BIP-Anteil von 66,2% (Österreich: 64,9%), wobei allein der Anteil des Fremdenverkehrs 10,8% (Österreich: 3,6%) ausmacht. Das produzierende Gewerbe (einschließlich Energie- und Wasserversorgung, Bauwesen) entspricht mit 31,8% annähernd dem Bundesmittel (32,3%). Demgegenüber haben Land- und Forstwirtschaft eine geringe Bedeutung (BIP-Anteil T.: 1,7%; Österreich: 2,4%). Auch die Erwerbstätigenanteile belegen die besondere Bedeutung des tertiären Wirtschaftssektors (1996: Land- und Forstwirtschaft 4,8%; Sachgüterproduktion 28,3%; Dienstleistungen 66,9%).

Landwirtschaft: Rd. 10,5% der Fläche T.s werden landwirtschaftlich genutzt (rd. 12 500 ha als Ackerland, rd. 103 500 ha als Wiesen und Weiden); auf Almen entfällt ein Anteil von rd. 25%; rd. 36% sind Wald. Im unteren Inntal bestehen landwirtschaftl. Betriebe mit höherem Ackeranteil (v. a. Roggen- und Kartoffelanbau), sonst überwiegt die Grünlandwirtschaft (z. T. mit hohem Almanteil). Die Viehzucht ist sowohl auf Fleisch- als auch auf Milchwirtschaft (v. a. Käseerzeugung) ausgerichtet; der Schaf- und der Ziegenbestand ist mit (1996) 103 000 bzw. 12 400 der jeweils größte Österreichs.

Bodenschätze: Nach Aufgabe des früher bedeutenden Kupfer-, Silber-, Blei- und Zinkerzabbaus beschränkt sich der Bergbau auf den Abbau von Magnesit in Hochfilzen bei Fieberbrunn sowie die Gewinnung von Steinen und Erden.

Die *Energiewirtschaft* beruht auf Wasserkraftwerken (mehrere Laufkraftwerke entlang des Inn und große Speicherkraftwerke, u. a. Sellrein-Silz, Kaunertal und Achensee) mit einer Jahresproduktion von (1996) 5 227 GWh; damit kann der Eigenbedarf T.s an elektr. Energie fast gänzlich gedeckt werden.

Industrie: Mit einem BIP-Anteil von (1994) 20,4% ist der industrielle Sektor in T. von unterdurchschnittl. Bedeutung. Schwerpunkte sind chem. Industrie (21% des industriellen Produktionswertes), Holzverarbeitung (12%), Maschinen- und Stahlbau (10%), Nahrungs- und Genussmittelerzeugung (8%), Stein- und Keramikindustrie (7%), Elektro- und Elektronikindustrie, Eisen- und Metallwarenindustrie sowie Textilindustrie (je 6%). Der Großteil der Betriebe ist im Inntal und um Reutte (Lechtal) angesiedelt.

Tourismus: Der Fremdenverkehr (Schwerpunkte sind die Räume Kitzbühel, Innsbruck, Seefeld, das Ziller-, das Stubai- und das Ötztal sowie das Gebiet um den Arlberg) stellt den relativ größten Wertschöpfungsfaktor dar. Dank mehr als (1996) 39 Mio. Übernachtungen (davon 93% von Ausländern) ist der Tourismus ein bedeutender Devisenbringer. Über 53% aller Übernachtungen entfallen auf die Wintersaison.

Verkehr: Durch T. führt eine Hauptransitverbindung zw. Italien und Dtl.: die Inntal- und die Brennerautobahn (Kufstein–Innsbruck–Brenner). Das enorme Verkehrsaufkommen dieser Strecke (rd. 75% des Alpentransits durch Österreich) führt zu einer erhebl. Belastung der Anwohner und der Umwelt; ein projektierter Eisenbahntunnel unter dem Brenner soll daher die Verlagerung, v. a. des Gütertransits, auf die Schiene forcieren. Für den Durchgangs- und Fernverkehr sind ferner von Bedeutung: die Arlberg-Autobahn, bes. als Verbindung zum Reschenpass, sowie die Straßen über den Fernpass, den Seefelder Sattel, den Achenpass, den Gerlospass und den Pass Thurn. Letzterer ist in Verbindung mit der Felber-Tauern-Straße für Osttirol von entscheidender Bedeutung. Die wichtigsten Strecken für den Eisenbahn-(Güter-)Verkehr sind die Bahn Salzburg–Bregenz und, v. a. für den internat. Durchgangsverkehr, die Strecke Kufstein–Innsbruck–Brenner. Für den Fremdenverkehr wurden zahlr. Seilbahnen und Sessellifte erbaut. Innsbruck besitzt einen internat. Flughafen.

Geschichte: Das alpenländ. Einzugsgebiet von Lech, Inn, Drau und Etsch war zunächst von Illyrern bewohnt, seit Ende des 5. Jh. v. Chr. drangen Kelten auf ihren Wanderungen dorthin vor und wurden sesshaft. Die Römer unterwarfen das Gebiet und gliederten es 16/15 v. Chr. den Prov. Rätien und Noricum sowie (S-Teil) der Region Venetia et Histria ein. Später drangen Alemannen, Slawen und Langobarden ein, die im 6. Jh. von den Baiern verdrängt wurden. Die bair. Herrschaft reichte schließlich im S bis Bozen und ins Pustertal. 788 wurde das Gebiet von KARL D. GR. dem Fränk. Reich einverleibt. Nachdem OTTO I., D. GR., Italien den (werdenden) Heiligen Röm. Reich eingegliedert hatte, unterstellte er 952 die Mark Verona dem Herzogtum Bayern, das sie jedoch bereits 976 wieder an das neu gegründete Herzogtum Kärnten verlor. Zw. 1004 und 1094 kamen die karoling. Grafschaften nördlich und südlich des Brenners an die Bischöfe von Brixen und Trient. Seit dem 11. Jh. strebten die Grafen von Eppan, die Grafen von Andechs (seit 1180 Herzöge von Meranien) und die Grafen von T., nach deren Stammsitz bei Meran das Gebiet seinen heutigen Namen trägt, nach der Herrschaft, bis die Grafen von T. die Vogtei der Hochstifte Trient (Mitte des 12. Jh.) sowie Brixen (1210) und 1248 nach dem Aussterben der Andechs-Meranier deren Grafen- bzw. Herzogsrechte gewannen. Mit dem Tod ALBERTS III. 1253, dem Aussterben der Grafen von T., fiel das Land als Erbe an die Grafen von Görz, die sich seit MEINHARD III. (in T. MEINHARD I.; *um 1200/05, †1258) Grafen von Görz und T. nannten und sich 1271 in die Linien Görz und T. teilten (→Meinhardiner). Unter ihnen blühten bes. die Städte Bozen, Meran, Trient, Brixen und Innsbruck auf. In ihrer Reg.-Zeit wurde T. zur landrechtl. Einheit; seit 1289 ist eine Landsgemeinde nachweisbar, 1305 verlieh König ALBRECHT I. T. Hoheitsrechte. Es entstanden sozial freie und wehrfähige Bauerngemeinden und Gerichte, die seit dem 14. Jh. als eigene Kurie auf den Landtagen vertreten waren. 1363 gab MARGARETE MAULTASCH T. mit Zustimmung der Stände an ihren habsburg. Vetter Herzog RUDOLF IV., DEN STIFTER, von Österreich. Dessen Neffe Herzog FRIEDRICH IV., der seit 1406 Graf von T. war, sich jedoch erst seit 1418 gegen König SIEGMUND und den Tiroler Landadel durchsetzen konnte, verlegte 1420 seine Residenz von Meran nach Innsbruck. Unter seiner Herrschaft blühte das Land durch Salz- und Silbererzbergbau auf (1486 erstmals Ausprägung eines Silberäquivalents für den Goldgulden, →Taler). Die dt. Sprachgrenze verschob sich bis zum Ende des MA. bis zur Salurner Klause nach S, während dt. Sprachinseln bis in den Trienter Raum zu finden sind. – Seit dem 15. Jh. galt T. als ›gefürstete Grafschaft‹.

Nachdem der spätere Kaiser MAXIMILIAN I. 1490 T. erworben hatte, wurden die S- und NO-Grenze festgelegt. Im Landshuter Erbfolgekrieg gewann er 1505 von den Landgerichte Kitzbühel, Kufstein und Rattenberg; bereits 1500 war er in den Besitz der Grafschaft Görz gelangt. 1525 griff der Bauernkrieg auf T. über (M. GAISMAIR). 1564 kam es zur Bildung einer Tiroler Linie des Hauses Österreich (Habsburg), die bis zu ihrem Aussterben 1665 in Innsbruck residierte. Danach vereinigte Kaiser LEOPOLD I. alle habsburg. Länder in seiner Hand. Die wirtschaftl. Blüte des Landes ging im 18. Jh. durch die Einstellung des Bergbaus zurück.

1803 wurden die beiden Hochstifte Brixen und Trient säkularisiert und mit T. vereinigt; 1805 fiel T. an Bayern. Unter A. HOFER (und J. HASPINGER, P. MAYR sowie J. SPECKBACHER) kam es im April 1809 zu einem Aufstand, der nach anfängl. Erfolgen von bayer., frz. und ital. Truppen am 1. 11. 1809 in der letzten Schlacht am →Bergisel niedergeschlagen wurde (**Tiroler Freiheitskampf**); T. wurde geteilt. Der N kam an Bayern, der S an das Königreich Italien, der O wurde Teil der Illyr. Provinzen (→Illyrien), jedoch fiel 1814 das gesamte Land erneut an Österreich. Im Frieden von Saint-Germain-en-Laye (1919) musste Österreich das Gebiet T.s südlich des Brenners an Italien abtreten (→Südtirol); der Rest T.s bildete 1919–38 das österr. Bundesland T., nach dem ›Anschluss‹ Österreichs an das Dt. Reich (1938) zus. mit Vorarlberg einen ›Gau‹ des Dt. Reiches. Nach Wiedererrichtung der Rep. Österreich (1945) wurde es – in den Grenzen von 1919 – wieder österr. Bundesland (Landesordnung von 1953). Führende Partei ist die ÖVP, die auch mit HANS TSCHIGGFREY (*1904, †1963) 1957–63, EDUARD WALLNÖFER (*1913, †1989) 1963–87, ALOIS PARTL (*1929) 1987–93 und WENDELIN WEINGARTNER (*1937) seit 1993 den Landeshauptmann stellt.

T.-Atlas, hg. v. A. LEIDLMAIR, Losebl. (Innsbruck 1969ff.); A. ELLER u. H. HOHENEGGER: Landeskunde T.s (ebd. 1970); T. Ein geograph. Exkursionsführer, hg. v. F. FLIRI u. a. (ebd. 1975); Studien zur Landeskunde T.s u. angrenzender Gebiete, hg. v. W. KELLER (ebd. 1979); G. PFAUNDLER: T.-Lex. (ebd. 1983); Gesch. des Landes T., Beitrr. v. J. FONTANA u. a., 5 Tle. (Bozen 1-21986–90); B. FISCHER: T. Nord-T. u. Ost-T. (⁴1988); J. RIEDMANN: Gesch. T.s (Wien ²1988); Hb. zur neueren Gesch. T.s, hg. v. H. REINALTER, auf 2 Bde. ber. (Innsbruck 1993ff.).

Tirol, ital. **Tirolo**, Gem. in der Prov. Bozen, Südtirol, Italien, nördlich von Meran, 596 m ü. M., 2 300 Ew.; Fremdenverkehr. – **Schloss T.**, auf einem Sandsteinfelsen gelegene Stammburg der Grafen von T. (um 1140 erbaut, nach 1900 restauriert); am Eingang zum Palas Rundbogenportal aus weißem Marmor mit Skulpturenschmuck (um 1170); Kapelle (roman. Portal mit reicher Gliederung; im Inneren Fresken, Ende 14. Jh.; spätgot. Flügelaltar, um 1520). St. Peter in Gratsch, westlich des Dorfes, gilt als eine der ältesten Kirchen Tirols (9. oder 10. Jh; Freskenschmuck aus versch. Perioden).

Tirol: Schloss Tirol; um 1140, nach 1900 restauriert

Tiroler Etschland, 1948–72 amtlicher dt. Name für →Südtirol.

Tiroler Tracht, bis ins 19. Jh. weit verbreitete ländl. Kleidung in Tirol; wurde im 20. Jh. durch bewusste Pflege wieder belebt. Die Männertrachten mit kniefreien Lederhosen, breiten Ledergürteln mit Federkielstickerei und bestickten Hosenträgern sind bis auf die Kopfbedeckung weitgehend einheitlich. Die Frauen tragen in manchen Tälern dieselben Hüte wie die Männer (z. B. Zillertal, Sarntal); neben Röcken und Ärmeljacken, meist aus dunklem Wollstoff, fallen die farbenfrohen Brustlätze und Halstücher bes. auf.

Tirolisch-Bayerische Kalk\alpen, Nordtiroler Kalk\alpen, mittlerer Teil der →Nördlichen Kalkalpen, zw. dem Fernpass im W und der Tiroler Ache im O; den westl. Teil bilden das Wettersteingebirge (in der Zugspitze 2962 m ü. M.) und das Mieminger Gebirge, nach O schließen sich das Karwendelgebirge, das Rofangebirge und das Kaisergebirge (östlich des Inn) an; vorwiegend aus Wettersteinkalk und Hauptdolomit aufgebaut. Im N ist den T.-B. K. die niedrigere, dicht bewaldete Flyschzone der Bayer. Voralpen vorgelagert.

Tirolstrophe, siebenzeilige mhd. Strophenform: zwei Reimpaare, eine Waisenterzine; benannt nach der Verwendung in der fragmentar. Dichtung ›Tirol und Fridebrant‹ (13. Jh.). Die T. gilt als eine Fortentwicklung der Morolfstrophe.

tironische Noten, eine Art Kurzschrift der röm. Antike, benannt nach MARCUS TULLIUS TIRO (1. Jh. v. Chr.), einem Freigelassenen und Sekr. CICEROS. Die t. N. wurden erstmals nachweislich in einer röm. Senatssitzung am 5. 12. 63 v. Chr. verwendet. Als Grundbestandteile enthielten sie Anfangsbuchstaben von Wörtern, beruhen also auf dem weit älteren Prinzip der teilwörtl. Auslassung (Suspension). Form- und Lageveränderungen sowie bestimmte Zusätze ergaben für die t. N. geometrisch-kursive Mischschriftlichkeit. Von TIRO selbst stammen offenbar nur 140 Zeichen (für Vorsilben und kurze Wörter). Durch Aufstockung und Weiterentwicklung noch in der Antike ergab sich schließlich ein Bestand von nahezu 14 000 Zeichen. Die t. N. wurden, unterschiedlich verbreitet und angewandt, noch bis ins 11. Jh. verwendet.

Tiro TIROS – Tirumurai

A. MENTZ: Die t. N. Eine Gesch. der röm. Kurzschrift (1944); H. BOGE: Griech. Tachygraphie u. t. N. (Neuausg. 1974); T. N., hg. v. P. GANZ (1990).

TIROS ['taɪərəs; engl., Abk. für Television and Infrared Observation Satellite], Serie von zehn zw. 1960 und 1965 gestarteten amerikan. Wettersatelliten. T. 1, Bahnhöhe zw. 692 und 753 km, 122 kg schwer, übertrug als erster meteorolog. Satellit globale Wolkenbilder (insgesamt fast 23 000) zur Erde.

Tirpitz, Alfred von (seit 1900), Großadmiral (seit 1911), * Küstrin 19. 3. 1849, † Ebenhausen (heute zu Schäftlarn) 6. 3. 1930; ab 1865 in der preuß. Marine, 1877 mit der Entwicklung der Torpedowaffe betraut, ab 1892 Stabschef des Oberkommandos der Marine, ab 1897 Staats-Sekr. des Reichsmarineamts. Durch die Flottengesetze (1898, 1900, letzte Novelle 1912) stellte er den Ausbau der kaiserl. Marine sicher, die das Dt. Reich zur zweitstärksten Seemacht (nach Großbritannien) machte. Unterstützt von Kaiser WILHELM II., konnte er sich gegen wachsende polit. Bedenken der Reichs-Reg. im Hinblick auf das dt.-brit. Verhältnis durchsetzen und trug damit zum Scheitern des von Reichskanzler T. VON BETHMANN HOLLWEG angestrebten Ausgleichs mit Großbritannien bei (›Haldane-Mission‹, 1912). Sein Hauptgedanke, die dt. Flottenstärke werde Großbritannien von einem Krieg gegen Dtl. abhalten, erwies sich 1914 als verfehlt. Im Ersten Weltkrieg trat T. für den sofortigen Einsatz der Hochseeflotte und den uneingeschränkten U-Boot-Krieg ein, geriet dadurch erneut in Ggs. zu BETHMANN HOLLWEG und nahm 1916 seinen Abschied. 1917 gründete er mit W. KAPP die Dt. Vaterlandspartei; 1924–28 MdR (DNVP).

V. R. BERGHAHN: Der T.-Plan (1971); M. SALEWSKI: T. Aufstieg, Macht, Scheitern (1979); M. EPKENHANS: Die wilhelmin. Flottenrüstung 1908–1914. Weltmachtstreben, industrieller Fortschritt, soziale Integration (1991).

Alfred von Tirpitz

Tirs, Bodentyp, →Vertisol.

Tirschenreuth, 1) Kreisstadt in Bayern, 500 bis 655 m ü. M., an der Waldnaab, in der Naab-Wondreb-Senke zw. Oberpfälzer Wald und Fichtelgebirge, 10 000 Ew.; Oberpfälzer Fischereimuseum mit Großaquarien, Museum des Heimatkreises Plan-Weseritz; Walzen-, Tuchfabrik, Zinnverarbeitung, Hemdenfabrik, Porzellan- und Kachelherstellung. – Die kath. Pfarrkirche Mariä Himmelfahrt wurde Mitte des 17. Jh. über einem Vorgängerbau (13. Jh.) errichtet (Turm von 1487 mit Barockhaube), 1722/23 die Wallfahrtskapelle zur Schmerzhaften Muttergottes angebaut. Vom Rathaus blieb nach einem Brand nur die Fassade von 1582/83 erhalten. Zum ehem. Fischhof (um 1680, heute Amtsgericht) führt eine zehnjochige Brücke aus Granitquadern (1748–50). – T., 1134 erstmals urkundlich belegt, wurde 1364 Stadt.

2) Landkreis im Reg.-Bez. Oberpfalz, Bayern, 1 084 km², 80 700 Ew.; erstreckt sich vom südl. Fichtelgebirge, zu dem der Steinwald (bis 946 m ü. M.) gehört, über die an Fischweihern reiche Naab-Wondreb-Senke bis in den Oberpfälzer Wald. Der äußerste SW wird dem Oberpfälzer Hügelland zugerechnet. Wirtschaftsgrundlagen sind Porzellan-, Glas-, Textil- und Bekleidungsindustrie, die traditionelle Teichwirtschaft sowie die Landwirtschaft. Außer Tirschenreuth (Kreisstadt) liegen im Kreis die Städte Bärnau, Erbendorf, Kemnath, Mitterteich, Waldershof und Waldsassen. Im Besitz des Klosters Waldsassen befand sich das ›Stiftland‹ im O des Kreises.

Tirso der, Fluss in Sardinien, Italien, 150 km lang, entspringt auf Granithochflächen im N, mündet bei Oristano. Der T. ist durch Talsperren aufgestaut (u. a. Lago Omodeo, 20,8 km²), speist mehrere Kraftwerke und dient der Bewässerung der Ebene von Oristano.

Tirso de Molina, eigtl. **Gabriel Téllez** ['teλεθ], span. Dichter, * Madrid, Geburtsjahr ungewiss (1571,

Tirso de Molina

1584?), † Soria 12. 3. 1648; trat 1601 in den Orden der Mercedarier ein; zahlr. Reisen führten ihn u. a. nach Galicien, Portugal und Haiti; zuletzt war er Prior in Soria. T. de M. gilt als der bedeutendste Schüler von LOPE F. DE VEGA CARPIO. Er soll etwa 400 Comedias und Autos sacramentales verfasst haben, von denen 86 erhalten sind. Die Zuschreibung einiger Stücke, darunter die des Don-Juan-Dramas, ist nicht gesichert. Seine religiösen Comedias behandeln bibl. Stoffe und Gestalten, so HERODES (›La vida de Herodes‹, 1636, auch u. d. T. ›La vida y muerte de Herodes‹), RUTH (›La mejor espigadera‹, 1634), das Haus DAVIDS (›La venganza de Tamar‹, 1634), sowie Heiligenviten (›La santa Juana‹, Tl. 1 und 2 1636, letzter Tl. hg. 1907; ›El condenado por desconfiado‹, 1635, dt. ›Der Kleinmütige‹, auch u. d. T. ›Ohne Gottvertrauen kein Heil‹). Zu den religiösen Stücken gehört auch ›El burlador de Sevilla y convidado de piedra‹ (1630; dt. ›Don Juan, der Wüstling‹, auch u. d. T. ›Der steinerne Gast‹), das die Gestalt des Don Juan in die Literatur einführte. Das Stück wird heute dem Dramatiker ANDRÉS DE CLARAMONTE (* um 1580, † 1626) zugeschrieben. Als eines der besten histor. Dramen gilt ›La prudencia en la mujer‹ (1634). T. de M.s viel gespielte Charakter- und Intrigenstücke zeichnen sich immer wieder Frauengestalten, die den Männern an Weltklugheit und Witz überlegen sind (›El vergonzoso en palacio‹, 1621; ›Don Gil de las calzas verdes‹, 1635, dt. ›Don Gil von den grünen Hosen‹). Er verfasste auch eine Geschichte seines Ordens (›Historia general de la Orden de Nuestra Señora de las Mercedes‹, 1639) und zwei umfangreiche Erzählwerke (›Cigarrales de Toledo‹, 1621; ›Deleytar aprovechando‹, 1635). In ihrem Zentrum stehen religiös-moralisierende Erzählungen, deren narrative Struktur durch lyr. Einlagen und den Einschluss ganzer Theaterstücke weitgehend aufgelöst wird.

Ausgaben: Obras dramáticas completas, hg. v. B. DE LOS RÍOS, 3 Bde. (¹⁻²1946–62); A. de Claramonte: El burlador de Sevilla. Atribuido tradicionalmente a T. de M., hg. v. A. RODRÍGUEZ LÓPEZ-VÁZQUEZ (1987).

A. NOUGUÉ: L'œuvre en prose de T. de M. (Toulouse 1962); An annotated, analytical bibliography of T. de M. studies 1627–1977, hg. v. V. G. WILLIAMSEN (Columbia, Mo., 1979); H. W. SULLIVAN: T. de M. and the drama of the counter reformation (Amsterdam ²1981); T. de M. vida y obra, hg. v. J. M. SOLÁ-SOLÉ (Madrid 1987); X. A. FERNÁNDEZ: Las comedias de T. de M., 3 Bde. (Kassel 1991); T. de M.: del siglo de oro al siglo XX, hg. v. I. ARELLANO u. a. (Pamplona 1995).

Tirtha [Sanskrit ›Furt‹], meist an Flüssen gelegene Wallfahrtsorte Indiens, an denen eine Gottheit ideell oder als Bildwerk verehrt wird. Die heiligsten T. der Hindus sind Varanasi, Mathura, Prayaga (Allahabad), Hardwar, Ujjain, Nasik und Puri, ferner die Tempel der fünf Element-Lingas in S-Indien.

Tiruchirapalli [tɪrʊtʃɪ'rɑːpəlɪ], **Tiruchchirappalli** [tɪrʊtʃtʃɪ'rɑːpəlɪ], früher **Trichinopoly** [trɪtʃɪ'nɔpəlɪ], Stadt im Bundesstaat Tamil Nadu, im S Indiens, an der Spitze des fruchtbaren Cauverydeltas, 386 600 Ew.; kath. Bischofssitz; Univ. (gegr. 1982), TH (Seshasayee Institute of Technology), Kunstgalerie; Eisenbahnwerkstätten, Metall-, Nahrungsmittel-, Textil-, Tabakindustrie; hinduist. Wallfahrtsort. – Die Stadt liegt am Fuß des mit einer Festung bekrönten Burghügels Rock Fort. In dessen Flanke befinden sich shivait. Höhlentempel der frühen Pallavazeit mit Wandreliefs hinduist. Gottheiten, darunter ein →Gangadhara-Shiva.

Tirumurai [Tamil ›Die hl. Schrift‹], Sammlung älterer, an Shiva gerichteter religiöser Literatur der Tamilen. Der Tradition nach von dem shivait. Dichter NAMPIYANTAR NAMPI (11. Jh.) redigiert, vereint das T. in elf Büchern zahlr. Hymnen, die zw. dem 5. und 11. Jh. entstanden sind. Zu den bedeutendsten zählen die Dichtungen des MANIKKAVACAKAR (9. Jh.) in seinem ›Tiruvacakam‹ (›Das hl. Wort‹) und das dem T.

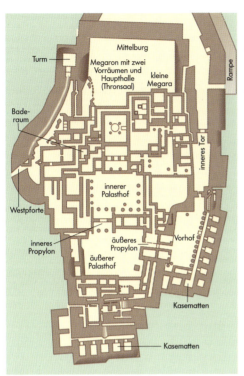

Tiryns: Grundriss der Ober- und Mittelburg

nachträglich hinzugefügte, im 12. Jh. verfasste ›Periyapuranam‹ (›Das große Purana‹), eine Sammlung von Heiligenlegenden des CEKKILAR.

Tirupati [ˈtirʊpatiː], Stadt im Bundesstaat Andhra Pradesh, im S Indiens, 174 400 Ew.; Univ. (gegr. 1954), Colleges der landwirtschaftl. Univ. Hyderabad; Perückenherstellung; hinduist. Wallfahrtsort.

Tiruvạlluvar, Tamildichter des 6. Jh.; angesehener Vertreter der Spruchdichtung unter den Tamilen; Autor des ›Tirukkural‹ (›die hl. Distichen‹, entstanden um 500), einer in drei Abschnitte zerfallenden Sammlung von 1330 Zweizeilern, die den drei Lebenszielen gewidmet sind: Tugend, Besitz (d. h. Königtum, Staat und Gesellschaft) und Liebe.

Tịryns, myken. Burg und Stadt in der Argolis, nördlich von Nauplion (Griechenland). Die Burg wurde 1884/85 durch H. SCHLIEMANN und W. DÖRPFELD, 1905–29 und 1967–86 durch das Dt. Archäol. Institut in Athen ausgegraben, seit 1967 v. a. Unterburg und Stadt. Seit frühhellad. Zeit kontinuierlich besiedelt, besaß der flache, damals unmittelbar am Meer gelegene Hügel in der mittelhellad. Epoche im 3. Jt. v. Chr. einen Rundbau von etwa 20 m Durchmesser (Fürstensitz). Die Blütezeit des myken. T. begann mit der ersten Befestigung der Oberburg Anfang des 14. Jh. v. Chr. In der 1. Hälfte des 13. Jh. v. Chr. wurde die Befestigung erweitert und die nördlich angrenzende, ebenfalls mit Gebäuden bestandene Mittelburg in die im Durchschnitt 7,5 m, teilweise (mit Kasematten) bis zu 17,5 m dicke Burgmauer eingeschlossen. Die W-Front wurde nach der Mitte des 13. Jh. sehr sorgfältig und repräsentativ gearbeitet (BILD →kyklopische Mauern); sie hat vom Turm der Mittelburg ausgehend eine versteckte Treppe (80 Stufen) zu einer Ausfallpforte. In der 2. Jahrhunderthälfte wurde auch die Unterburg mit einbezogen; unter der W-Mauer hindurch führten Gänge zu 20 m außerhalb gelegenen Zisternen. Der Palast auf der Oberburg erhielt zu dieser Zeit seine endgültige Gestalt; der Zugang von O war mehrfach abgesichert, nach dem Außentor durch zwei weitere Torbauten in dem langen Gang. Der eigentl. Palast hatte zwei Höfe, jeweils mit Säulenhallen am Eingang (äußeres und inneres Propylon), am inneren Palasthof lag das große Megaron mit zwei Vorräumen. Von den Freskomalereien haben sich viele Reste gefunden. Nach Zerstörung der Burg um 1200 v. Chr. (vielleicht durch Erdbeben) wurden Mitte des 11. Jh. v. Chr. die Unterburg und die Unterstadt planmäßig wiederhergestellt, aber bald erneut zerstört. In einem Heraheiligtum der Unterburg fand man bemalte Tonidole (Nauplion, Museum), am Toreingang der Burg Linear-B-Täfelchen.

T. Die Ergebnisse der Ausgrabungen ..., hg. vom Dt. Archäolog. Institut in Athen, auf zahlr. Bde. ber. (1912 ff.); Troja, Mykene, T., Orchomenos, hg. v. K. DEMAKOPOULOU, Ausst.-Kat. Nationalmuseum, Athen (Athen 1990).

Tịsa, Nebenfluss der Donau, →Theiß.

Tisch [ahd. disc ›Tisch‹, ›Schüssel‹, von lat. discus ›Wurfscheibe‹, ›flache Schüssel‹, ›Platte‹], Möbelstück aus einer horizontalen, von einem Untergestell getragenen Platte. Dem Untergestell nach gibt es mehrere Typen: den **Schragen-T.,** dessen Gestell aus zwei Paar schräg gekreuzten Böcken (Schragen) mit einem quer hindurchgesteckten und verkeilten Querholz besteht; den **Wangen-T.,** bei dem die Platte auf zwei breiten, senkrecht stehenden und durch ein Querholz (Steg) verbundenen Seitenteilen ruht; den **Stollen-T.** mit drei, vier oder mehr senkrecht oder leicht schräg stehenden Beinen; den **Kasten-T.,** bei

Tisch: links Ratstisch für das Würzburger Rathaus von Tilman Riemenschneider; 1506 (Würzburg, Mainfränkisches Museum); rechts Prunktisch von Lucas Kilian und Hans Georg Hertel; 1626 (München, Schatzkammer der Residenz)

dem die eckige, ovale oder runde Platte auf einem schränkchenartigen Unterbau liegt; den T. mit einem Mittelfuß (Trompeten-, Pilzfuß).

Tisch aus der Serie ›New Classic‹ von Dacota Jackson; 1983

Geschichte: Antike T. waren meist klein und dreibeinig (sie wurden angelehnt); kostbare T. zeigten Verzierungen mit Elfenbein oder Bronzebeschlägen. Im Hellenismus und bei den Römern wurden die festen T. auf Wangen, vier Beinen oder Mittelstütze zu reich verzierten Prunkstücken aus Bronze ausgestaltet oder mit Platten von Marmor und seltenen Hölzern versehen. Als Zweckmöbel bestand der T. im MA. anfangs aus Brettern, die man über Böcke legte. Das Gestell war durch lange T.-Tücher bedeckt. Im 14. Jh. ruhte die Platte auf schräg stehenden Brettern als Stützen. Abgewandelt wurde dieser Schragen-T. in ländl. Gegenden bis ins 19. Jh. beibehalten. In der Spätgotik kam der Kasten-T. auf. Aus der ital. Renaissance übernahm man den einfüßigen T. (T. RIEMENSCHNEIDERS T. für das Würzburger Rathaus, 1506). Im 16. Jh. entstand der Pfosten-T. mit Säulen oder Balustern als Stützen, die von der Zarge verbunden werden. Für Nord-Dtl. hatte der niederländ. Auszieh-T. im 17. Jh. Vorbildcharakter. Einbezogen in die Tendenz zur Schweifung erscheint der T. im 18. Jh. Es entstanden kleinere Formen wie der **Tee-T.**, der **Spiel-T.**, der **Arbeits-T.** für Damen. Bestandteil der Raumdekoration ist der seit der Zeit LUDWIGS XIV. an der Wand aufgestellte **Konsol-T.** Der **Klapp-T.** auf vier Beinen mit ausfahrbaren Stützen verbreitete sich im 17. Jh. von England aus (gate-leg-table), daneben war im 18. Jh. der runde Klapp-T. mit umlegbarer Platte beliebt. Die Platte konnte Gegenstand kunsthandwerkl. Gestaltung sein: Der **Bild-T.** mit Malerei wurde in Gotik wie Renaissance gefertigt, im 16. Jh. wurden T.-Platten aus Solnhofener Plattenkalk geschnitten und geätzt, in der ital. Frührenaissance kamen intarsierte T.-Platten in Mode. Der wandfeste, aus einer herabklappbaren Platte mit Stütze bestehende T. hielt sich in Bauernhäusern bis in das 19. Jh. (und ist heute noch als Platz sparendes Möbelstück in Gebrauch). Das Biedermeier bevorzugte ovale Tische. War im 18. Jh. der **Toiletten-T.** meist von Tüchern verhüllt, so wurde er im 19. Jh. mit Klappspiegeln ausgestattet und durch Fächer mit einem Schreib-T. kombiniert **(Poudreuse).** Die frz. **Tricoteuse** des 18. Jh., ein schmaler, leicht transportierbarer T., meist mit Schubladen, fand im 19. Jh. auch in Dtl. allg. als Nähtischchen Verwendung. Die moderne Möblierung führte Couch-, Beistell- und Computer-T. als neue Varianten ein. (→Schreibtisch)

H. ADAM: T. aus vier Jh. (1988).

Tischbein, Malerfamilie des 18./19. Jh.; bedeutende Vertreter:

1) Johann Friedrich August, *Maastricht 9. 3. 1750, †Heidelberg 21. 6. 1812, Neffe von 2); Schüler seines Vaters, des Hildburghauser Hofmalers JOHANN VALENTIN T. (*1715, †1768), und seines Onkels, nach Studien in Paris (J. G. WILLE) und Italien (J.-L. DAVID, A. R. MENGS) u. a. in Arolsen und Dessau tätig, ab 1800 Direktor der Kunstakademie in Leipzig. T. malte Porträts in der vornehmen, malerisch gelockerten Art der großen engl. Porträtmaler (T. GAINSBOROUGH, G. ROMNEY).

2) Johann Heinrich, d. Ä., *Haina (Kloster) 14. 10. 1722, †Kassel 22. 8. 1789, Onkel von 1) und 3); ausgebildet in Paris, Venedig und Rom; ab 1752 Hofmaler, ab 1776 Direktor der Akademie in Kassel. Er malte im Stil des Rokoko religiöse und mytholog. Bilder, auch Porträts (v. a. vorzügl. Frauenbildnisse).

3) Johann Heinrich Wilhelm, gen. **Goethe-T.** [ˈgø-], *Haina (Kloster) 15. 2. 1751, †Eutin 26. 2. 1829, Neffe von 2); studierte u. a. bei seinem Onkel in Kassel und lebte 1779–81 und 1783 ff. in Rom. 1787 reiste er mit GOETHE nach Neapel, wo er 1789 Akademiedirektor wurde. Ab 1799 lebte er wieder in Dtl. und war in Hamburg, ab 1808 in Eutin (Hofmaler des Herzogs von Oldenburg) tätig. T. malte neben Porträts (bekannt v. a. ›Goethe in der Campagna‹, 1786/87; Frankfurt am Main, Städelsches Kunstinstitut; BILD →Goethe, Johann Wolfgang von) Historienbilder, Idyllen, Tierbilder und Stilleben. Vom Rokoko ausgehend, wandte sich T. in Italien dem Klassizismus zu; in seiner Spätzeit nahm er auch romant. Tendenzen auf.

Schrift: Aus meinem Leben (hg. 1861).

J. H. W. T., hg. v. P. REINDL (1982); H. MILDENBERGER: J. H. W. T. Goethes Maler u. Freund, Ausst.-Kat. (1986); J. H. W. T. Zeichnungen aus Goethes Kunstsammlung, hg. v. M. OPPEL (1991); Das Homer-Zimmer für den Herzog von Oldenburg. Ein klassizist. Bildprogramm des ›Goethe-T.‹, bearb. v. A. SUCROW u. P. REINDL, Ausst.-Kat. Landesmuseum für Kunst- u. Kulturgesch., Oldenburg (1994).

Tischendorf, Konstantin von, ev. Theologe, *Lengenfeld 18. 1. 1815, †Leipzig 7. 12. 1874; seit 1851 Or-

Johann Heinrich Wilhelm Tischbein (Ausschnitt aus einem Selbstbildnis)

Johann Friedrich August Tischbein: Bildnis des Malers mit seiner Familie; 1800

dinarius für N. T. in Leipzig. T. edierte die auf seinen Reisen 1844 und 1859 entdeckten Bibelhandschriften (v. a. den →Codex Sinaiticus) und gab eine textkrit. Ausgabe des N. T. heraus (›Novum testamentum graece. Editio octava critica major‹, Bd. 1 u. 2, 1869–72; Bd. 3, 3 Tle., hg. 1884–94). Wichtige Beiträge lieferte T. auch zur Septuaginta- und Apokryphenforschung (›Acta apostolororum apocrypha‹, 1851; ›Evangelia Apocrypha ...‹, 1853).

K. u. B. ALAND: Der Text des N. T. (²1989); L. SCHNELLER: T.-Erinnerungen (41.–43. Tsd. 1991).

Tischfußballspiele, *Freizeit-* und *Turniersport:* Gruppe von →Kompaktsportspielen, die in unterschiedl. Weise – miniaturisiert – fußballähnl. Elemente aufweisen, wobei (im Turniersport) jeweils nach einem verbindl. Regelwerk gespielt wird.

Das **Subbuteo** ist von den T. äußerlich und bezüglich der Spielaktionen am meisten an den eigentl. Fußball angelehnt. Gespielt wird auf einer 140 cm × 90 cm großen Filzfläche, die mit den Linien und Markierungen eines Fußballplatzes versehen ist. Die Spielfiguren (je zehn Feldspieler und ein Torhüter) stehen auf halbkugelförmigen Sockeln. Durch Schnippen mit einem Finger gegen den Sockel bewegt sich die Figur nach vorn und kickt den Ball fort. Der Torhüter kann mit einem Hebel hinter dem Tor horizontal bewegt werden. – Beim **Tipp-Kick**® (auch in mehreren Varianten im Spielzeughandel erhältlich) beträgt die Spielfeldfläche auf dem bandenumgebenen, filztuchbespannten Tisch etwa 120 cm × 70 cm (Linien und Markierungen wie bei Subbuteo). Die Spielfigur ist mit einem frei schwingenden Schussbein ausgerüstet, das mit einem Druckknopf (auf dem Kopf der Figur) bedient wird. Eine weitere Figur ist der über eine Stange mit einem Bedienkästchen hinter dem Tor verbundene Torhüter. – Beim **Tischfußball** (Fach-Bez.: Soccer), einem ›Automatenspiel‹, stehen sich je elf Spielfiguren, an quer bewegl. und drehbaren Stangen befestigt, in vier Positionsreihen gegenüber (ein Torhüter, zwei Abwehrspieler, fünf Mittelfeldspieler, drei Stürmer). Die Stangen (130 cm breit) sind zur Mittellinie parallel versetzt angeordnet und werden auf den beiden Längsseiten des Tisches (143 cm × 74 cm) von je einem bzw. (beim Doppel) zwei Akteuren bedient. Ziel ist es, den Ball, nachdem er durch das Balleinwurfloch ins Spiel gebracht wurde, mittels Drehschwungs ins gegner. Tor zu befördern.

Tischlein deck dich, ein Märchenmotiv: Ein Mann kommt in den Besitz eines Tisches, der Essen, und eines Tieres, das Gold in unerschöpfl. Fülle spendet. Tisch und Tier werden von anderen betrügerisch ausgetauscht und vom Eigentümer mithilfe eines Sackes, der einen Knüppel birgt, zurückgewonnen. Einzelne Motive begegnen schon früh: der sich selbst deckende Tisch bei dem att. Komödiendichter KRATES, Gold auswerfende Tiere im ind. ›Pancatantra‹, prügelnde Knechte aus dem Sack im 14. Jh. in Sagen um ALBERTUS MAGNUS. Heute ist das Märchen in Europa, Asien und Amerika verbreitet.

Tischner, Rudolf, Augenarzt und Parapsychologe, *Hohenmölsen 1. 4. 1879, †Garstedt (heute zu Norderstedt) 24. 4. 1961. Nach Arbeit an versch. Kliniken praktizierte er 1913–49 in München. T. verfasste mehrere Werke zur Parapsychologie (v. a. zum Mesmerismus) sowie zur Homöopathie.

Tischri [hebr.] *der, -,* der erste, 30 Tage zählende Monat (September/Oktober) des jüd. Kalenders. Am 1. und 2. T. wird das jüd. Neujahrsfest (→Rosch ha-Schanah) gefeiert, am 10. →Jom Kippur, vom 15. bis 21./22. das →Laubhüttenfest, am 22./23. das Fest →Simchat Thora.

Tischrücken, Phänomen des *Okkultismus* in spiritist. Sitzungen. Die Teilnehmer legen die Hände auf den Tisch, an dessen Bewegungen (Elevation) und Klopfzeichen (Tischklopfen) auftreten, die als Verständigung mit Geistern gedeutet werden.

Tischtennis, Rückschlagspiel für Frauen und Männer, bei dem zwei Spieler (Einzel) oder zwei Paare (Doppel, auch als Mixed) versuchen, an einem durch ein Netz in zwei Hälften geteilten Tisch einen Celluloidball mithilfe eines Schlägers so in die gegner. Hälfte zu schlagen, dass er nicht mehr den Regeln entsprechend zurückgespielt werden kann. Die T.-Platte soll 2,55 cm dick sein. Die weißen oder gelben Turnierbälle haben einen Umfang von 11,43 bis 12,7 cm und sind 2,4–2,53 g schwer. Der Schläger besteht aus einem gleichmäßig starken Holzbrett mit glattem (Noppen innen) oder aufgerautem (Noppen außen) Kautschukbelag; zw. Kautschuk und Holz befindet sich i. d. R. ein elast. Schaumstoffschwamm. Der gerade Schlägergriff wird zw. dem Daumen und den übrigen Fingern oder zw. Daumen und Zeigefinger (›Penholdergriff‹) gehalten. Die Beläge beider Schlägerseiten dürfen höchstens 4 mm stark sein und müssen bei unterschiedl. Belagmaterial auch unterschiedl. Farben aufweisen (meist Rot und Schwarz).

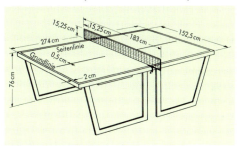

Tischtennis: Spieltisch

Ein Spiel erstreckt sich über zwei oder drei Gewinnsätze. Ein Satz ist von derjenigen Partei gewonnen, die zuerst 21 Punkte bei einem Vorsprung von wenigstens zwei Punkten erreicht hat. Steht es 20 : 20, wird so lange weitergespielt, bis eine Partei zwei Punkte Vorsprung hat. Fehler, die als Punkte für den Gegner gewertet werden, sind: Ausball, fehlerhafter Auf- und Rückschlag, Berührung der Spielfläche mit der Hand, Körperberührung des Balles. – Im Behindertensport wird T. im Rollstuhl oder im Stand gespielt; es ist eine Disziplin (außer für Sehgeschädigte) der →Paralympics.

Wettbewerbe, Organisationen: Weltmeisterschaften im T. werden seit 1927 und Europameisterschaften seit 1958 ausgetragen, olymp. Sportart ist T. seit 1988. T. wird in Dtl. vom Dt. T.-Bund (DTTB; gegr. 1925, Sitz: Frankfurt am Main) organisiert. In Österreich besteht der Österr. T.-Verband (ÖTTV; gegr. 1923, Sitz: Wien), in der Schweiz der Schweizer. T.-Verband (STTV; gegr. 1931, Sitz: Burgdorf). Weltdachverband ist die International Table Tennis Federation (ITTF; gegr. 1926, Sitz: London), europ. Dachverband die European Table Tennis Union (ETTU; gegr. 1957, Sitz: Luxemburg).

Geschichte: T. entwickelte sich im 19. Jh. als Raumtennis bes. in O-Asien. Die erste Erwähnung stammt aus dem Jahre 1884. Entscheidend war die Erfindung des Celluloidballes durch den engl. Ingenieur J. GIBB um 1890. Die ersten dt. Meisterschaften wurden 1931 ausgetragen.

Tischzuchten, im hohen und späten MA. dichterisch gestaltete Lehrschriften über das rechte Verhalten bei den Mahlzeiten; spezif. Gattung der →Anstandsliteratur. Urspr. an ein höf. Publikum adressiert, richteten sich die T. Ende des MA. bes. auch an das Bürgertum und erlangten, v. a. in der didaktisch-satir. Form der hieran anschließenden grobian. Lite-

Arne Tiselius

Aleksandar Tišma

ratur (→Grobianismus), weite Verbreitung. Die ältesten T. waren lat. Werke aus dem klösterl. Bereich.

Tisē [ˈtɪseː], Eduards, lett. Kameramann, →Tisse, Eduard Kasimirowitsch.

Tiselius, Arne Wilhelm Kaurin, schwed. Biochemiker, * Stockholm 10. 8. 1902, † Uppsala 29. 10. 1971; ab 1930 Prof. in Uppsala, 1960–64 Präs. der Nobelstiftung. T. arbeitete v. a. über Kolloidchemie, bes. über Serumproteine; er entwickelte Methoden zur Analyse und Trennung biochem. Substanzen durch Elektrophorese und Adsorptionschromatographie. Für seine elektrophoret. Untersuchungen und die Entdeckung der komplexen Natur der Serumproteine erhielt er 1948 den Nobelpreis für Chemie.

Tisiphone, Teisiphone, griech. *Mythos:* eine der →Erinnyen.

Tišma [-ʃ-], Aleksandar, serb. Schriftsteller, * Horgoš (bei Subotica) 16. 1. 1924; stammt aus einer serbisch-jüd. Familie, war als Redakteur der Zeitschrift ›Letopis Matice Srpske‹ und als Verlagslektor in Novi Sad tätig. 1992–95 lebte T. in Paris im Exil. Hauptwerk ist der aus den Büchern ›Knjiga o Blamu‹ (1971; dt. ›Das Buch Blam‹), ›Upotreba čoveka‹ (1976; dt. ›Der Gebrauch des Menschen‹), ›Škola bezbožništva‹ (1978; dt. ›Die Schule der Gottlosigkeit‹), ›Vere i zavere‹ (1983) und ›Kapo‹ (1987; dt.) bestehende ›Pentateuch‹, der sich mit der Zeit des Zweiten Weltkrieges beschäftigt.

Weitere Werke: Romane: Za crnom devojkom (1969); Koje volimo (1990; dt. Die wir lieben). – *Erzählungen:* Nasilje (1965); Mrtvi ugao (1973); Povratak miru (1977). – *Lyrik:* Naseljeni svet (1956); Krčma (1961). – *Reisebeschreibung:* Drugde (1969).

Tiso [ˈtjisɔ], Jozef, slowak. Politiker, * Veľká Bytča (heute zu Bytča) 13. 10. 1887, † (hingerichtet) Preßburg 18. 4. 1947; kath. Priester, Mitbegründer der Slowak. Volkspartei, 1938–45 deren Vors., war 1938–39 Min.-Präs. und 1939–45 Staatspräs. der vom natsoz. Dtl. abhängigen Slowakei. 1947 wurde T. u. a. wegen Verrats und Verbrechen gegen die Menschlichkeit zum Tode verurteilt.

Tissa, Nebenfluss der Donau, →Theiß.

Tissandier [tisɑ̃ˈdje], Gaston, frz. Luftfahrtpionier, * Paris 21. 11. 1843, † Jurançon (Dép. Pyrénées-Atlantiques) 30. 8. 1899; konstruierte Luftschiffe und unternahm zahlr. Ballonfahrten; stieg 1875 mit einem Freiballon auf 8 600 m Höhe und machte 1883/84 Versuche mit einem durch einen Elektromotor angetriebenen (1,3 und 2 PS) Luftschiff.

Tissaphernes, pers. **Tschissafarnah,** pers. Satrap von Sardes unter DAREIOS I. und ARTAXERXES II., * um 450 v. Chr., † (hingerichtet) 395 v. Chr.; griff während des Peloponnes. Krieges in die Kämpfe zw. Athen und Sparta ein. Während des Aufstandes KYROS' D. J. hielt er zu ARTAXERXES II. und entschied zu dessen Gunsten die Schlacht von Kunaxa (401 v. Chr.). Wegen einer Niederlage, die T. 395 am Paktolos bei Sardes im Kampf gegen die Spartaner unter DERKYLIDAS erlitt, fiel er in Ungnade.

Tisse, Tissé, Eduard Kasimirowitsch, lett. **Eduards Tisē** [ˈtɪseː], lett. Kameramann, * Libau 13. 4. 1897, † Moskau 18. 11. 1961; führte die Kamera bei den Filmen von S. M. EISENSTEIN; charakteristisch sind seine Aufnahmen von Massenszenen und seine streng graf. Kompositionen.

Tisserand [tisˈrɑ̃], François Félix, frz. Astronom, * Nuits-Saint-Georges (Dép. Côte-d'Or) 15. 1. 1845, † Paris 20. 10. 1896; wirkte 1873–78 in Toulouse, danach in Paris (ab 1892 Direktor der dortigen Sternwarte); wurde 1878 Mitglied der Académie des sciences. Arbeiten zur Himmelsmechanik, v. a. über die Bewegung des Mondes sowie über den Einfluss des Jupiter auf die Bahnen von kurzperiod. Kometen. 1884 begründete T. das ›Bulletin Astronomique‹.

Tissot [tiˈso], James, eigtl. **Jacques-Joseph T.,** frz. Maler und Grafiker, * Nantes 15. 10. 1836, † Buillon (Dép. Doubs) 3. 8. 1902; lebte ab 1871 in England und malte, stilistisch beeinflusst von seinen Freunden E. DEGAS, É. MANET und J. WHISTLER, Szenen aus der vornehmen engl. Gesellschaft. Nach seiner Rückkehr nach Frankreich (1883) hielt er sich mehrmals in Palästina auf und schuf zahlr. Lithographien und Radierungen mit bibl. Thematik.

James Tissot: Junge Frau in roter Jacke; 1864 (Paris, Musée d'Orsay)

Tissue [ˈtɪsjuː; engl.] *das, -(s),* auf der Papiermaschine trocken gekrepptes Papier aus Zellstoff oder Holzschliff von niedrigem Flächengewicht (12–16 g/m²); mehrlagig verbunden für Servietten, Toilettenpapier, Gesichtstücher u. a. verwendet.

Tisza [ˈtisɔ], Nebenfluss der Donau, →Theiß.

Tisza [ˈtisɔ], **1)** István (Stephan) Graf (seit 1897), ungar. Politiker, * Pest (heute zu Budapest) 22. 4. 1861, † (ermordet) Budapest 31. 10. 1918, Sohn von 2); Jurist, war 1903–05 und 1913–17 Min.-Präs., gründete im Februar 1910 die liberal-konservative ›Nat. Arbeiterpartei‹. Als Präs. des Abgeordnetenhauses (1912–13) verhinderte er eine Wahlrechtsreform und die Erfüllung der kulturpolit. Forderungen der nat. Minderheiten. Im Juli 1914 widersetzte er sich zwar dem Angriffskrieg gegen Serbien, förderte später aber die Kriegsanstrengungen der Mittelmächte.

G. VERMES: I. T. The liberal vision and conservative statecraft of a Magyar nationalist (New York 1985).

2) Kálmán (Koloman) von, ungar. Politiker, * Geszt (Bez. Békés) 16. 12. 1830, † Budapest 23. 3. 1902, Vater von 1); wurde im Rahmen des Österr.-Ungar. Ausgleichs (seit 1867) als Gründer (1875) der Liberalen Partei Innen-Min. (1875–87) und Min.-Präs. (1875–90); durch die Verwaltungsreform, die Neuordnung der Finanzen und die Förderung der Industrialisierung einer der Mitbegründer des modernen ungar. Staates.

F. GOTTAS: Ungarn im Zeitalter des Hochliberalismus. Studien zur T.-Ära: 1875–1890 (Wien 1976).

Tiszapolgár-Gruppe [ˈtɪsɔpolgaːr-], frühkupferzeitl. Kulturgruppe bes. in N-Ungarn und der O-Slowakei mit unbemalter Keramik (viele Fußgefäße mit Buckelverzierung), aus der →Theißkultur hervorgegangen. Die T. ist fast nur aus Gräberfeldern überliefert, sie geht der →Bodrogkeresztúr-Gruppe voraus.

Tiszaújváros [ˈtisɔuːjvaroʃ], bis 1990 **Leninváros** [-vaˌroʃ], Stadt im Bez. Borsod-Abaúj-Zemplén, N-Ungarn, an der Theiß, 17 900 Ew.; Erdölraffinerie, Kraftwerk, bedeutende chem. Industrie. – 1970 als Industriestadt Leninváros einschließlich der Dörfer Tiszabalkonya und Tiszaszederkény gegründet.

Titan [nach den Titanen] *das, -s,* chem. Symbol **Ti,** ein →chemisches Element aus der vierten Nebengruppe des Periodensystems. T. ist in reinem Zustand ein silberweißes, dehnbares Metall, das kaltgewalzt und zu Drähten gezogen werden kann. Es überzieht sich (v. a. bei erhöhter Temperatur) an der Luft mit einer fest haftenden, harten und spröden, gegen Säuren und Alkalien beständigen Oxidschicht. Bei Rotglut verbrennt T. mit Sauerstoff unter Bildung von T.-Dioxid, TiO_2; mit Stickstoff vereinigt es sich zu T.-Nitrid, TiN, einer bronzefarbenen, zu den Hartstoffen zählenden Substanz. Techn. T. ist infolge von geringen Verunreinigungen spröde und hart und nur bei Rotglut schmiedbar; es zeichnet sich durch große Korrosionsbeständigkeit aus.

T. gehört zu den häufigsten Elementen der festen Erdkruste und steht in der Häufigkeit der chem. Elemente an 10. Stelle. Es kommt in der Natur in zahlr. Mineralen und Gesteinen vor, ist aber meist nur in geringen Mengen enthalten. Eigentl. T.-Minerale sind →Ilmenit, →Rutil, →Anatas und →Brookit sowie →Perowskit und →Titanit, von denen als Ausgangsstoffe für die Metallgewinnung nur Rutil, TiO_2, und Ilmenit, $FeTiO_3$, in Betracht kommen; der überwiegende Teil der abgebauten T.-Erze dient zur Herstellung von T.-Dioxid (→Titanverbindungen).

Zur *techn. Gewinnung* von T. wird aus Rutil (durch Abtrennen der Verunreinigungen, bes. Kieselsäure, Eisen-, Vanadium-, Niob- und Tantaloxide) bzw. aus Ilmenit (durch Aufschließen mit Schwefelsäure und anschließendes Fällen) T.-Dioxid hergestellt, das dann durch Umsetzen mit Chlor in Gegenwart reduzierender Substanzen (Kohle, Koks) zu T.-Tetrachlorid, $TiCl_4$, einer farblosen, flüssigen Verbindung, umgesetzt wird. Aus diesem erhält man durch Reaktion mit Magnesium (→Kroll-Verfahren) oder Natrium unter Argon als Schutzgas fein verteiltes T. (T.-Schwamm), das dann (nach Auswaschen von gleichzeitig gebildetem Magnesium- bzw. Natriumchlorid) unter Schutzgas zu kompaktem Metall eingeschmolzen wird. Eine weitere Methode zur Gewinnung von reinem T. besteht in der therm. Zersetzung von T.-Halogeniden (v. a. T.-Tetrajodid) nach dem →Van-Arkel-de-Boer-Verfahren. Geringere Bedeutung zur Gewinnung von reinem T. hat bisher die Schmelzflusselektrolyse von T.-Halogeniden. Da für techn. Zwecke oft kein hochreines T. benötigt wird, stellt man durch Reduktion von T.-Dioxid in Gegenwart von Eisen durch Kohlenstoff oder Aluminium Ferro-T. (→Ferrolegierungen) her, das v. a. als Zusatz für Stähle verwendet wird.

Verwendung findet T. (als solches oder in Form von Legierungen) v. a. als Werkstoff für techn. Gegenstände, die hohe Festigkeit sowie geringe Masse haben sollen; bes. große Bedeutung hat T. deshalb v. a. in der Luft- und Raumfahrt (u. a. für Triebwerke) erlangt. Wegen seiner hohen Korrosionsbeständigkeit dient T. ferner als Werkstoff zur Herstellung von Apparaten für die chem. Industrie, die Zellstoff- und Papierindustrie, die Textilindustrie, die Lebensmitteltechnik usw., ferner von Gegenständen, die dem Seewasser ausgesetzt sind (u. a. Schiffsschrauben, Anlagen zur Meerwasserentsalzung). Fast 95 % des erzeugten T. werden als T.-Dioxid für die Pigmentindustrie (→Titanpigmente) benötigt.

Wirtschaft: Aufgrund seiner techn. Bedeutung gilt T. als strateg. Gut; außer in der Luft- und Raumfahrt wird es für diverse militär. Anwendungen benötigt. Die jährl. Weltproduktion von T.-Dioxid betrug (1996) 4,0 (1990: 3,9) Mio. t, bei T.-Schwamm 66 600 (1990: 97 000) t. Bei der T.-Dioxid Produktion nimmt Australien mit 1,3 Mio. t eine führende Rolle ein, gefolgt von Kanada mit 840 000 t und Südafrika mit 700 000 t. Größte Produzenten für T.-Schwamm sind Japan mit 21 100 t und die USA mit 19 500 t. Bei derzeitigem Verbrauch reichen die bekannten Reserven 240 Jahre.

Geschichte: T. wurde in Form seines Dioxids 1791 von dem brit. Chemiker und Mineralogen WILLIAM GREGOR (* 1761, † 1817) und unabhängig von ihm 1795 von M. H. KLAPROTH entdeckt. Elementares T. wurde erstmals 1825 von J. J. BERZELIUS gewonnen.

Titan		
chem. Symbol:	Ordnungszahl	22
	relative Atommasse	47,88
	Häufigkeit in der Erdrinde	0,41 %
Ti	natürliche Isotope (mit Anteil in %)	^{46}Ti (8,0), ^{47}Ti (7,3), ^{48}Ti (73,8), ^{49}Ti (5,5), ^{50}Ti (5,4)
	insgesamt bekannte Isotope	^{41}Ti bis ^{53}Ti
	längste Halbwertszeit (^{44}Ti)	47 Jahre
	Dichte (bei 20 °C)	4,5 g/cm³
	Schmelzpunkt	1668 ± 10 °C
	Siedepunkt	3287 °C
	Schmelzwärme (geschätzt)	437 kJ/kg
	spezifische Wärmekapazität (bei 25 °C)	0,523 J/(g · K)
	elektrische Leitfähigkeit (bei 20 °C)	2,38 · 10⁶ S/m
	Wärmeleitfähigkeit (bei 27 °C)	21,9 W/(m · K)

Titan, 1) *Astronomie:* der größte Satellit (›Mond‹) des Planeten Saturn, 1655 von C. HUYGENS entdeckt; mit einer scheinbaren mittleren visuellen Oppositionshelligkeit von 8ᵐ3 bereits in kleinen Fernrohren sichtbar. T. hat eine mittlere Dichte von 1,88 g/cm³ und ist mit einem Durchmesser von 5150 km nach Ganymed der zweitgrößte Satellit im Sonnensystem. T. umläuft Saturn in einem mittleren Abstand von 1 221 000 km (numer. Exzentrizität 0,029) mit einer synchronen Rotationsperiode von 15,95 Tagen und besitzt eine ausgedehnte Atmosphäre (etwa 82 % Stickstoff, 11 % Argon, 6 % Methan sowie Spuren von u. a. Äthan, Propan, Methylacetylen, Cyanoacetylen, Kohlendioxid und -monoxid). T. ist neben der Erde der einzige Körper im Sonnensystem, dessen Atmosphäre primär aus Stickstoff besteht. Der Druck an der Oberfläche beträgt 1,6 bar, die Temperatur im Mittel 92 K, die Entweichgeschwindigkeit 2,8 km/s. Vermutlich ist auf T. ein schwacher Treibhauseffekt wirksam. Die Atmosphäre ist nur für Radiowellen durchlässig. Nach radarastronom. Messungen mithilfe der Raumsonden Voyager 1 und 2 wird angenommen, dass seine Oberfläche von Wassereis und wahrscheinlich mindestens teilweise flüssigem Äthan und Methan gebildet wird.

2) *Raketentechnik:* Name einer Serie von Mehrstufenraketen, die in den USA für unterschiedl. Zwecke entwickelt wurden. Ausgangstyp (1957) war die zweistufige **T. I** (Startmasse 110 t). Die 1962 eingeführte **T. II** (Startmasse 150 t) zählte bis in die 80er-Jahre zum Bestand der strateg. Interkontinentalraketen der USA, wurde jedoch auch als Trägerrakete für die Raumfahrt eingesetzt (z. B. für das Gemini-Programm). Die **T. III** wurde in mehreren Versionen gebaut, u. a. als **T. III C** (Startmasse 560 t) und als **T. III E-Centaur** (Startmasse 640 t). Seit 1989 ist die **T. IV** (seit 1994 **T. IV-Centaur**) im Einsatz (BILD →Rakete).

Titancarbid, →Titanverbindungen.
Titandioxid, →Titanverbindungen.
Titan|eisen, das Mineral →Ilmenit.

Tita Titanen – Titanverbindungen

Titanic: Das britische Passagierschiff vor Antritt seiner einzigen Überseereise im Jahr 1912

Titanit

Titanit: Kristallformen; von **oben** langprismatisch, tafelig, Durchkreuzungszwillinge

Titanen, *griech. Mythos:* das von Uranos und →Gaia abstammende zweite Göttergeschlecht (nach HESIOD: Okeanos, Koios, Kreios, Hyperion, Iapetos, Kronos, Thetis, Phoibe, Theia, Rhea [Rheia], Themis und Mnemosyne). Mithilfe der übrigen T. stürzte →Kronos seinen Vater Uranos. Später wurden Kronos und die T. von Kronos' Sohn →Zeus besiegt und in den Tartaros geworfen. Mnemosyne und Themis wurden Gattinnen des Zeus. – Die T. dürften urspr. vorgriech. Gottheiten gewesen sein und erscheinen i. Allg. – wie die Giganten – als Gegenkräfte gegen die Weltordnung der olymp. Götter.

Titanenwurz, Amorphophallus titanum, auf Sumatra heim. Aronstabgewächs der Gattung Amorphophallus; mit 2–5 m hohem Blattstiel und bis 3 m im Durchmesser erreichender, dreiteiliger Blattspreite; Blütenkolben bis 1,5 m hoch, mit außen grünl., innen bräunlich purpurfarbener Spatha (Blütenscheide); dekorative Warmhauspflanze.

Titania, ein Mond des Planeten →Uranus.

Titania, Feenkönigin, Gemahlin des Zwergenkönigs →Oberon.

Titanic [ti'taːnɪk, engl. taɪ'tænɪk], brit. Passagierschiff der White Star Line; mit 46 329 BRT das größte Schiff seiner Zeit (Länge 269 m, Breite 28 m, 51 000 PS Maschinenleistung, Höchstgeschwindigkeit 22,3 kn); Stapellauf 31. 5. 1911. Bei der Jungfernreise von Southampton nach New York stieß die T. in der Nacht vom 14. zum 15. 4. 1912 in der Nähe der Großen Neufundlandbank mit einem Eisberg zusammen und sank, obwohl sie, in 16 wasserdichte Bereiche gegliedert und über die gesamte Länge mit doppeltem Schiffsboden versehen, als unsinkbar gegolten hatte, in weniger als drei Stunden. Von den 1 308 Passagieren und 898 Mann Besatzung wurden nur 703 gerettet. Der Untergang der T. gab u. a. den Anlass für die Internat. Konvention zum Schutz des menschl. Lebens auf See sowie für die Einrichtung des Eiswarndienstes. Erste Unterwasseraufnahmen des in etwa 3 600 m Tiefe entdeckten Wracks der T. entstanden 1985, die Hebung einer Anzahl von Gegenständen gelang 1987.

Neben literar. Gestaltungen des Stoffes, u. a. ›T. Eine Ozean-Phantasie‹ (1928; Roman von MARIA EUGENIE DELLE GRAZIE), ›T., die Tragödie eines Ozeanriesen‹ (1939; Roman von JOSEF PELZ VON FELINAU, * 1895, † 1978), ›The T.‹ (1935; erzählende Dichtung von E. J. PRATT), ›Das blaue Band‹ (1938; Roman von B. KELLERMANN), ›Der Untergang der T.‹ (1978; Versepos von H. M. ENZENSBERGER) und ›Choral am Ende der Reise‹ (1990; Roman von E. F. HANSEN), hielten dokumentar. Bücher und v. a. filmische Verarbeitungen des Stoffes die Katastrophe im Bewusstsein, dazu gehören u. a. ›In Nacht und Eis‹ (1912; Original verschollen), ›Saved from the T.‹ (1912; Regie: ÉTIENNE ARNAUD), ›T.‹ (1943; HERBERT SELPIN, * 1892, † 1942, und WERNER KLINGLER, * 1900), ›Untergang der T.‹ (1953; JEAN NEGULESCO, * 1900, † 1993), ›Die letzte Nacht der T.‹ (1958; ROY BAKER, * 1916) und ›T.‹ (1997; JAMES CAMERON, * 1954).

J. BRENNECKE: Gesch. der Schiffahrt (²1986); R. D. BALLARD u. R. ARCHBOLD: Das Geheimnis der T. (a. d. Amerikan., ⁵1991); T. Königin der Meere. Das Schiff u. seine Gesch., Beitrr. v. A. MARSCHALL u. a. (a. d. Engl., 1992); J. MACINNIS: T. In einem neuen Licht (a. d. Engl., 1993); T., Triumph u. Tragödie, Beitrr. v. J. P. EATON u. C. A. HAAS (a. d. Engl., 1997).

Titanit [zu Titan] *der, -s/-e,* gelbes, grünes, braunes, auch schwarzes oder rötl., durchsichtiges bis undurchsichtiges, monoklines Mineral der chem. Zusammensetzung $CaTi[O|SiO_4]$, auch mit Gehalten an Eisen (FeO), Yttrium (**Yttro-T.** oder **Keilhauit**), Vanadium (**Alshedit**), Mangan (**Greenovit**) oder Zinn (**Zinn-T.**); Härte nach MOHS 6–6,5, Dichte 3,29–3,56 g/cm³. In magmat. Gesteinen eingewachsene Kristalle sind flach, briefkuvertförmig, aufgewachsene Kristalle (**Sphen**) in Klüften tafelig oder langprismatisch, oft verzwillingt (Durchkreuzungs- oder Berührungszwillinge). T. tritt auch in metamorphen Gesteinen und als Schwermineral in Sanden auf. Er wird gelegentlich als Titanerz, trotz relativ geringer Härte wegen seiner hohen Lichtbrechung als Schmuckstein verwendet.

Titanlegierungen, Legierungen, die Titan als Hauptbestandteil enthalten; Legierungszusätze sind v. a. Aluminium, Vanadium, Zinn, Molybdän, Zirkonium, Eisen, Palladium und Chrom. T. sind gegenüber Säuren und Salzen sehr beständig, haben eine dem Aluminium ähnl., geringe Dichte, jedoch höhere Warmfestigkeit. Sie werden daher im chem. Apparatebau, im Flugzeug- und Raketenbau sowie für hoch beanspruchte Maschinenteile verwendet. Nickel-T. sind →Memory-Legierungen.

Titanomagnetit, Mineral, titanreicher →Magnetit.

Titanotheri|en [zu Titanen und griech. thērion ›Tier‹], *Sg.* **Titanotherium** *das, -s, Paläontologie:* die →Brontotherien.

Titanpigmente, Gruppe von Pigmenten auf der Basis von Titandioxid (→Titanverbindungen), die als Weißpigmente für Lacke, Anstrichfarben, Papier, Kunststoffe usw. sowie zum Aufhellen von Buntpigmenten verwendet werden. Sie besitzen aufgrund der hohen Lichtbrechung des Titandioxids (Brechzahl der Rutilmodifikation 2,75, der Anatasmodifikation 2,55) ein sehr hohes Deckvermögen. – Z. T. werden auch Mischpigmente benutzt, z. B. **Titanweiß** (gemischt mit Baryt oder Zinkoxid, wobei der farbbestimmende Anteil das Titandioxid ist).

Titanverbindungen. Titan tritt in seinen Verbindungen bevorzugt in der Wertigkeitsstufe +4, seltener in den Wertigkeitsstufen +3 und +2 auf (in einigen Komplexen auch in den Stufen 0 und −1).

Die weitaus wichtigste T. ist das **Titandioxid, Titan(IV)-oxid,** TiO_2, das in der Natur in Form der Minerale Rutil, Anatas und Brookit vorkommt. Reines, synthetisch hergestelltes Titandioxid ist eine strahlend weiße, beim Erhitzen gelb werdende pulverige Substanz; es ist ungiftig und chemisch sehr beständig. Die techn. Gewinnung erfolgt nach dem ›Sulfatverfahren‹ durch Aufschluss von Ilmenit, $FeTiO_3$, mit Schwefelsäure; das dabei gebildete **Titanoxidsulfat, Titanylsulfat,** $TiO(SO_4)$, wird durch Hydrolyse in **Titandioxidhydrat,** ›**Titansäure**‹, $TiO_2 \cdot x\,H_2O$, übergeführt, aus dem man nach Reinigung durch Glühen das Titandioxid (v. a. in der Rutil- oder auch in der Anatasmodifikation) erhält. Außerdem kann Titandioxid nach dem ›Chloridverfahren‹ durch Reaktion von Titantetrachlorid, $TiCl_4$, mit Sauerstoff bei erhöhter Temperatur gewonnen werden ($TiCl_4 + O_2 \rightarrow TiO_2 + 2Cl_2$, wobei das entstandene Chlor wieder zur Herstellung von Titantetrachlorid dient). Titandioxid wird wegen seiner kräftig weißen Farbe u. a. zur Herstellung von Weißpigmenten verwendet (→Titanpigmente); daneben dient es u. a. als Mattierungsmittel für Chemiefasern sowie als Füllstoff für Kunststoffe und Kautschukerzeugnisse. – Beim Zusammenschmelzen von Titandioxid mit Oxiden oder Carbonaten von Erdalkali- oder Schwermetallen entstehen **Titanate**, Doppeloxide z. B. mit der allgemeinen Formel $M^{II}TiO_3$ (M^{II} = zweiwertiges Metall), die als keram. Werkstoffe verwendet werden. Beim Glühen von Titandioxid mit Bariumoxid erhält man **Bariumtitanat**, $BaTiO_3$, das als Dielektrikum verwendet wird. – Zum Nachweis von Titan eignet sich die Reaktion von Titanoxidsulfat mit Wasserstoffperoxid, H_2O_2, zu orangegelbem **Titanperoxidsulfat**, $TiO_2(SO_4)$.

Unter den mit Halogenen gebildeten T. sind v. a. das Tetra- und das Trichlorid zu nennen. **Titantetrachlorid, Titan(IV)-chlorid,** $TiCl_4$, ist eine an der Luft stark rauchende, wasserhelle flüssige Substanz (Siedepunkt 136 °C), die beim Überleiten von Chlor über ein glühendes Gemenge von Titandioxid (Rutil) und Kohle entsteht. Es ist ein wichtiges Zwischenprodukt bei der Gewinnung von Titan bei der Reindarstellung von Titandioxid; daneben wird es u. a. zur Oberflächenvergütung von Glas sowie zur Herstellung von Ziegler-Natta-Katalysatoren verwendet. Durch Umsetzung von Titantetrachlorid mit Alkoholen oder Phenolen werden **Titansäureester, Titanalkoholate** und **-phenolate**, $Ti(OR)_4$ (R = organ. Reste) gewonnen, leicht hydrolisierbare, meist flüssige Substanzen, die zur Abscheidung von fein verteiltem Titandioxid auf Oberflächen sowie als Härter für Harze, als Katalysatoren u. a. verwendet werden. – **Titantrichlorid, Titan(III)-chlorid,** $TiCl_3$, ist eine dunkelviolette kristalline Substanz, die man durch Reduktion von Titantetrachlorid mit Wasserstoff bei 400 °C erhält. Die wässrigen Lösungen von Titantrichlorid wirken stark reduzierend und werden in der Oxidimetrie (Titanometrie) verwendet. Wasserfreies Titantrichlorid wird als Katalysator bei organ. Synthesen sowie als Reduktionsmittel in der organ. Chemie benutzt.

Das zu den Hartstoffen zählende **Titancarbid**, TiC, eine schwarzgraue, metallisch glänzende Substanz, wird durch Sintern von Titanpulver und Graphit gewonnen. Es findet Verwendung zur Herstellung von Sinterhartmetallen und zur Oberflächenbeschichtung stark beanspruchter Werkstücke.

Titanweiß, →Titanpigmente.

Titchener ['tɪtʃnə], Edward Bradford, amerikan. Psychologe brit. Herkunft, *Chichester 11. 1. 1867, †Ithaca (N. Y.) 3. 8. 1927; studierte in Oxford Philosophie, promovierte 1892 bei W. WUNDT in Leipzig und arbeitete danach bis 1927 an der Cornell University in Ithaca. T. war ein Hauptvertreter des Strukturalismus. Seiner ›core-context theory of meaning‹ zufolge erhält ein psych. Prozess seine Bedeutung erst im Kontext anderer psych. Prozesse.

Werk: Experimental psychology, 4 Tle. (1901–05).

Titel [ahd. titul(o), von lat. titulus ›Aufschrift‹, ›Überschrift‹] *-s/-,* **1)** *allg.:* Beruf, Stand, Rang, Würde kennzeichnende Bezeichnung.
2) *Buchwesen* und *Kunst:* Name eines Buches, einer Schrift oder eines Werkes der Musik oder bildenden Kunst. (→Titelblatt.)
3) *Finanzwirtschaft:* kleinste Gliederungseinheit der Einzelpläne im öffentl. Haushaltsplan; enthält eine T.-Nummer, eine Zweckbestimmung (Gegenstand der Ausgabe bzw. Grund der Einnahme) und einen Ansatz (Geldbetrag). T. werden zu Kapiteln zusammengefasst.
4) *kath. Kirchenrecht:* Namensbezeichnung einer Kirche oder eines Altars.
5) *Recht:* a) Standesbezeichnung: Adelstitel (→Adel) können in Dtl. nicht mehr rechtswirksam verliehen werden; vor dem 14. 8. 1919 erworbene T. gelten als Namensbestandteil. b) Ehrenbezeugung: T. im Sinn des Ges. über T., Orden und Ehrenzeichen vom 26. 7. 1957 sind nur Ehren-T., die der Bundes-Präs. auf der Grundlage eines entsprechenden weiteren Gesetzes verleihen kann. Da der Dt. Bundestag von diesem Gesetzgebungsrecht bislang keinen Gebrauch gemacht hat, gibt es auf Bundesebene keine Ehren-T. Die Annahme und Führung ausländ. T., Orden und Ehrenzeichen von einem ausländ. Staatsoberhaupt oder einer ausländ. Reg. bedarf der Genehmigung durch den Bundes-Präs. c) Akadem. Grade: Es gilt das Ges. über die Führung akadem. Grade vom 7. 6. 1939 (→Grade). d) Amts- und Dienstbezeichnungen: Diese Bez. und T. werden vom Bundes-Präs. durch VO festgesetzt (§ 81 Bundesbeamten-Ges.); zum Militär (→Dienstgrad, ÜBERSICHT). – Der Missbrauch von T. der vorstehenden Art, bes. das unbefugte Führen von T., ist gemäß § 132 a StGB unter Strafe gestellt (Freiheitsstrafe bis zu einem Jahr oder Geldstrafe). e) Prozessrecht: ein beurkundetes Recht (›titulierter Anspruch‹), also eine öffentl. Urkunde, die einen Anspruch feststellt und kraft Gesetzes die Grundlage der Vollstreckung sein kann (→Vollstreckungstitel). f) Rechtssystematik: Abschnitt eines Gesetzes- oder Vertragswerkes.

Titel|auflage, Titel|ausgabe, die textlich unveränderte Ausgabe der Restbestände einer Auflage, die vom Verlag nur mit einem neuen Titelblatt versehen wird. Zur T. ist die Zustimmung des Verfassers erforderlich; das veränderte Titelblatt darf nicht den Eindruck einer neuen Auflage erwecken.

Titelblatt, das Blatt einer Veröffentlichung, auf dem der Haupttitel steht. Es enthält außerdem Namen und Vornamen von Verfassern und/oder Herausgebern, Bearbeitern und Übersetzern, Untertitel, Auflagen-Bez. (mitunter die Auflagenhöhe), ferner Angaben über die Zahl der Abbildungen, Tabellen, Tafeln oder sonstige Beigaben sowie den Erscheinungsvermerk (Verlagsnamen, -ort, Erscheinungsjahr) und ggf. das Verlagssignet. Bei schöngeistigen Werken ist oft die Gattung (Roman, Drama) erwähnt. Auf der Rückseite des T. befinden sich der Copyright-Vermerk, das Impressum, die Internat. Standard-Buchnummer (→ISBN) und ›Printed-in ...‹-Vermerk; bei mehrbändigen Werken auch die Band- oder Teilbezeichnung. – In Anlehnung an die Handschriften besaßen Frühdrucke keine T.; erst um 1470 kamen T. auf und sind seit etwa 1500, zunächst häufig mit Holzschnitten, im 18.–19. Jh. dann mit Kupferstichen zur Titelumrahmung oder -verzierung geschmückt, allg. verbreitet. In der Vergangenheit wurden T. anstelle der heute üblichen farbigen Buchumschläge oder ›Waschzettel‹ der Verleger vielfach als Werbemittel genutzt. – Zus. mit den Seiten für Vorwort u. a. Beigaben (Inhalts-, Tafelverzeichnis, Schmutztitel usw.) bildet das T. die **Titelei.** Wird für die Titelei ein eigener Bogen verwendet, so werden die Seiten dieses **Titelbogens** oft römisch gezählt.

Titeldrucke, Titelkartendrucke, von Bibliotheken mit zentraler Bedeutung herausgegebene Neuerwerbungsinformationsdienste (als Listen, in Bandform oder als Karteikarten) zur Vereinheitlichung und Vereinfachung von Katalogisierung und bibliograph. Nachweis von Veröffentlichungen.

Titelei, →Titelblatt.

Titelgeschichte, Geschichte (Erzählung) eines Sammelbandes, deren Titel als Bandtitel dient; in der Journalistik Coverstory (→Cover).

Titelkatalog, in öffentl. Bibliotheken verwendeter Typus des alphabet. Kataloges, bes. für Werke der schönen sowie Kinder- und Jugendliteratur. Im T. sind Bücher unter ihrem Titel, nicht unter Verfassernamen verzeichnet.

Titicacasee mit Schilfinseln und -booten der Uruindianer

Tithonia: Tithonia speciosa (Höhe bis 3 m)

Titelkirche, die den Kardinalpriestern und -diakonen bei ihrer Ernennung zugewiesene Kirche der Stadt Rom. Die T. entstammen der früheren Organisation des kirchl. Lebens in Rom, ihre Inhaber waren wohl die Leiter der über Rom verteilten ›Filialen‹ einer einzigen, dem Papst unterstehenden ›Pfarrei‹.
R. HÜLS: Kardinäle, Klerus u. Kirchen Roms, 1049–1130 (1977).

Titelouze [titəˈluːz], Jehan (Jean), frz. Organist und Komponist, *Saint-Omer 1562 oder 1563, †Rouen 24. 10. 1633; wirkte als Organist in Rouen, ab 1585 an Saint-Jean, ab 1588 an der Kathedrale (1610 zum Domherrn ernannt). Mit seinen frühbarocken Orgelkompositionen (›Hymnes de l'église‹, 1623; ›Le Magnificat ... suivant les huit tons de l'église‹, 1626) begründete er eine eigenständige frz. Orgelliteratur.

Titelschutz, rechtl. Schutz der Titel von Werken. Als geschäftl. Bez. werden Werktitel nach § 5 Marken-Ges. geschützt. Hierunter sind Namen oder besondere Bez. von Druckschriften, Film-, Ton-, Bühnen- oder sonstigen vergleichbaren Werken zu verstehen (z. B. ›Der Spiegel‹, ›Die ZEIT‹). Sie genießen Markenschutz entweder durch die Eintragung als Marke in das beim Patentamt geführte Markenregister oder aufgrund Verkehrsgeltung (→Marke, Recht). Voraussetzung ist, dass der Titel Unterscheidungskraft besitzt. Auch bei Computersoftware kann T. bestehen. Urheberrechtl. Schutz besteht nur ausnahmsweise, wenn bereits der Titel selbst eine individuelle geistige Schöpfung darstellt (z. B. ›Dr. Murkes gesammeltes Schweigen‹). Verletzungen des T. können zu Unterlassungs- und Schadensersatzansprüchen des Titelinhabers führen.

Titer [frz. titre, eigtl. ›Angabe eines (Mischungs)verhältnisses‹] *der, -s/-,* **1)** *Chemie:* in der Maßanalyse das Verhältnis der tatsächl. Konzentration an wirksamem Reagenz in einer Titrierlösung $c(X)$ zum Sollwert der Konzentration $\bar{c}(X)$. Der Faktor $t = c(X)/\bar{c}(X)$ wird durch Titration gegen eine →Urtitersubstanz ermittelt; bei einer Lösung, die gegenüber dem Sollwert 1-normal z. B. den Wert 1,1-normal hat, beträgt der T. 1,1.
2) *Medizin:* von der entsprechenden Verdünnungsstufe abgeleitete Maßzahl für diejenige Menge eines Antikörpers oder Antigens, die gerade noch zu einer Antigen-Antikörper-Reaktion führt. Aus dem T. können z. B. Konzentration und Bindungsstärke eines Antigens abgeschätzt werden (wichtig bei Infektionskrankheiten).
3) *Textiltechnik:* Maß für die Feinheit von Natur- und Chemiefäden, die längenbezogene Masse einer textilen Faser oder eines Garns (→Garnfeinheit). Gesetzl. Einheit ist das →Tex.

Tithon [nach Tithonos] *das, -s,* **Tithonium, Tithonien** [tito'njɛ̃], *Geologie:* Stufe des →Jura.

Tithonia [nach Tithonos], **Tithonie**, Gattung der Korbblütler mit etwa zehn Arten in Mittelamerika; bis 3 m hohe Kräuter mit gelben Blütenkörbchen; in Dtl. als einjährige Zierpflanzen in Kultur.

Tithonos, *griech. Mythos:* Sohn des Laomedon, Bruder des Priamos. Eos raubte ihn wegen seiner Schönheit und erbat für ihn von Zeus Unsterblichkeit, versäumte aber, auch um ewige Jugend zu bitten. Als er daher im Alter dahinschwand, sperrte sie ihn ein (nach anderen Fassungen des Mythos verwandelte sie ihn in eine Zikade).

Titicacasee, der größte Hochlandsee der Erde, 3 812 m ü. M. im Andenhochland (Altiplano) Südamerikas, 8 300 km² (davon 4 996 km² zu Peru, der Rest zu Bolivien), 190 km lang, bis im Mittel 50 km breit, bis 281 m tief, durch Inseln und Halbinseln reich gegliedert; entwässert durch den Río Desaguadero nach SO zum Lago de Poopó; fischreich, in der Umgebung Terrassenkulturen; Schiffsverkehr zw. den Eisenbahnendpunkten Puno (Peru) und Guaqui (Bolivien). Zentrum der →Aimara; in den Sümpfen am W-Ufer lebt auf schwimmenden Schilfinseln (auch Hütten und Boote aus Schilf) das Fischervolk der Uruindianer.

Titin [griech.], Protein, das in der Muskulatur die Funktion einer Feder ausübt, um den gedehnten Muskel in seine Ausgangslage zurückzuziehen. T. stellt das größte bisher bekannte Protein dar, das mit 27 000 Aminosäuren in einer einzigen Peptidkette eine relative Molekülmasse von ca. 3 Mio. aufweist. Die Klonierung seiner cDNA (komplementäre einzelsträngige DNA zur mRNA) gelang 1995.

Titisee, See im südl. Schwarzwald, Bad.-Württ., 1,3 km², bis 40 m (im Mittel 20 m) tief; ein am O-Hang des Feldbergs in 840 m ü. M. gelegener Moränenstausee des pleistozänen Feldberggletschers; sein Ausfluss ist die Gutach (→Wutach). Am N-Ufer der gleichnamige Kurort (Teil von Titisee-Neustadt).

Titisee-Neustadt, Stadt im Landkreis Breisgau-Hochschwarzwald, Bad.-Württ., 845–1 192 m ü. M., im südl. Schwarzwald, an Gutach und Titisee, 12 000 Ew.; Heimatmuseum; der Stadtteil **Neustadt** ist Kneippkurort, **Titisee** ist heilklimat. Kurort; Ausflugsverkehr, Wintersportzentrum (Natursprungschanze); Holzverarbeitung. – T-N. entstand 1971 durch Zusammenschluss von Neustadt (um 1250 als Stadt gegründet, bis 1971 Kreisstadt) mit den Gemeinden Titisee und Rudenberg. Eingemeindungen vergrößerten 1973 und 1974 die Stadt.

Titius, Johann Daniel, eigtl. **J. D. Tietz,** Naturwissenschaftler, *Konitz 2. 1. 1729, †Wittenberg 11. 12. 1796; unterrichtete ab 1756 Mathematik, Physik und Philosophie in Wittenberg. Seine zahlr. Publikationen betreffen theoret. und experimentelle Physik, Biologie und Geschichte. Bekannt wurde T. u. a. durch das von ihm formulierte Gesetz über die Planetenabstände (→Titius-Bode-Reihe).

Titius-Bode-Reihe, Bode-Titius-Reihe, von J. Titius entdeckte und von J. E. Bode bekannt gemachte Beziehung zw. den mittleren Entfernungen der Planeten von der Sonne. Nach ihr lautet die Formel für die mittlere Entfernung a eines Planeten (in Astronom. Einheiten): $a = 0{,}4 + 0{,}3 \cdot 2^n$, wobei $n = -\infty$ den Wert für Merkur, $n = 0$ für Venus, $n = 1$ für die Erde, $n = 2$ für Mars ergibt (usw. für die übrigen Planeten). Die für $n = 3$ urspr. vorhandene Lücke wird durch die Planetoiden geschlossen. Bis auf die Abstände von Neptun und Pluto stimmen die so errechneten Planetenentfernungen ziemlich genau mit den tatsächlichen überein. Für die theoret. Grundlage dieser Beziehung gibt es lediglich Hypothesen.

Titlis, Berg in den Innerschweizer Alpen, Kt. Uri, südlich des Engelberger Tales, 3239 m ü. M.; durch Bergbahnen von Engelberg bis Trübsee (1 800 m ü. M.) und von dort (rotierende Großkabinenbahn) auf den stark vergletscherten Gipfel (Gletschergrotte mit Eislehrpfad) erschlossen.

Tito [serbokroat. ˈtitɔ], Josip, eigtl. **J. Broz** [brɔːz], jugoslaw. Politiker und Marschall (seit 1943), * Kumrovec (Kroatien) 25. 5. 1892, † Ljubljana 4. 5. 1980; Kroate; Mechaniker, geriet 1915 als Feldwebel der österr.-ungar. Armee in russ. Gefangenschaft; schloss sich 1918 der Roten Armee an. 1920 nach Kroatien zurückgekehrt, beteiligte er sich dort am Aufbau der KP und war nach deren Verbot (1921) mehrfach in Haft, zuletzt 1928–34. Danach Mitgl. des ZK, dann auch des Politbüros der KP, 1935 Mitarbeiter der Balkansektion der Komintern, arbeitete er unter versch. Tarnnamen (am häufigsten: T.) im Untergrund. Von der Komintern 1937 zum Gen.-Sekr. der jugoslaw. KP ernannt (1940 von dieser gewählt), organisierte er die illegalen Kader und übertrug jungen Parteiaktivisten wie E. KARDELJ, M. DJILAS und A. RANKOVIĆ Führungsaufgaben.

Nach dem dt. Angriff auf die UdSSR (22. 6. 1941) organisierte T. von seinem Hauptquartier in Užice aus den kommunist. Widerstand gegen die dt. und ital. Streitkräfte, die ab April 1941 Jugoslawien besetzt hielten. T. verband seinen Aufruf zum allgemeinen Aufstand in Jugoslawien mit dem Versprechen, nach Wiederherstellung eines unabhängigen jugoslaw. Staates allen jugoslaw. Nationalitäten eine gleichberechtigte Stellung zu geben. Gestützt auf die rasch wachsende kommunist. Partisanenarmee, suchte er in den von ihr kontrollierten Gebieten, v. a. im Bereich von Užice, einen revolutionären Staat nach marxistisch-leninist. Muster zu errichten. Er geriet damit in Konflikt mit der jugoslaw. Exil-Reg. und den von D. MIHAILOVIĆ geführten Četnici. Durch eine dt. Offensive im November 1941 aus der Region von Užice vertrieben, konnte T. mit seinen Partisanenverbänden ab 1942 v. a. in Bosnien eine neue militär. Plattform errichten, sich dort gegen versch. dt. Offensiven behaupten und zugleich konkurrierende Widerstandsgruppen, bes. die Četnici, aufreiben. Am 26./27. 11. 1942 berief er in Bihać einen ›Antifaschist. Volksbefreiungsrat‹ (AVNOJ) ein; er selbst trat an die Spitze eines ›Antifaschist. Volksbefreiungskomitees‹. Nach dessen Umbildung in eine provisor. Reg. (Jajce; 29. 11. 1943) wurde er Min.-Präs.; über die Zahl der Opfer des folgenden innerjugoslaw. Bürgerkriegs zw. T.-Partisanen, Četnici, Ustascha u. a. nat. Kräften, im Grenzgebiet von Triest (Italien) sowie bei der blutigen Vertreibung der Jugoslawiendeutschen (1944–48) besteht keine abschließende Klarheit.

Seit der Umformung Jugoslawiens zur ›Föderativen Volksrepublik Jugoslawien‹ (29. 11. 1945) wurde T. als Gen.-Sekr. der KP (seit 1952 ›Bund der Kommunisten Jugoslawiens‹, BdKJ), Min.-Präs. (1943–53) und Staatspräs. (seit 1953; 1963 auf Lebenszeit gewählt) die beherrschende Persönlichkeit in Partei und Staat. Als T. in seiner Gesellschaftspolitik eigene Vorstellungen entwickelte und in seiner Außenpolitik sowjet. Hegemonieansprüche zurückwies, kam es 1948 zum Bruch mit STALIN, der ihn v. a. mithilfe des Kominform zu stürzen versuchte. Auch Pläne T.s, die Balkanstaaten stärker – etwa im Rahmen einer Balkanföderation – miteinander zu verbinden, stießen auf das Misstrauen STALINS. Unter Betonung des Rechts eines jeden Landes auf den ›eigenen Weg zum Sozialismus‹ entwickelte T. ein in der Verf. von 1953 festgeschriebenes Modell einer sozialistisch bestimmten (Arbeiter-)Selbstverwaltung der Wirtschaft (→Titoismus). Mit der Annäherung an die westl. Staaten (bes. die USA) suchte er den sowjet. Versuch einer Wirtschaftsblockade gegen Jugoslawien zu begegnen. Nach dem sowjetisch-jugoslaw. Ausgleich (1955) gewann er großes internat. Ansehen als einer der Sprecher der blockfreien Staaten. – Innenpolitisch setzte der selbstherrlich herrschende T. einerseits oft mit großer Härte den Repressionsapparat seines diktator. Reg.-Systems ein, z. B. gegenüber innerparteil. Kritikern wie DJILAS oder im ›kroat. Frühling‹ 1971; andererseits suchte er mit Verf.-Reformen (1963 und 1974) durch größeren Föderalismus histor. Konfliktpotenziale abzubauen, kompensierte dies aber durch den Zentralismus der stark von Serben bestimmten Partei- und Staatsbürokratie in Belgrad. – Da T. in seiner Person die Einigkeit und Unabhängigkeit des Vielvölkerstaats verkörpert hatte, wurden nach seinem Tod die nat. Fliehkräfte wieder wirksam (u. a. Föderalisierung des BdKJ) und führten 1989–91/92 zum Zusammenbruch →Jugoslawiens in der von T. geprägten Form.

Ausgabe: Der jugoslaw. Weg. Sozialismus u. Blockfreiheit. Aufs. u. Reden, übers. v. M. G. RADULOVIĆ u. a. (1976).

G. PRUNKL u. A. RÜHLE: J. B.-T. (17.–21. Tsd. 1980); M. DJILAS: T. (a. d. Serbokroat., Neuausg. 1982); Jugoslawien am Ende der Ära T., hg. v. K.-D. GROTHUSEN u. a., 2 Bde. (1983–86); Krieg in Jugoslawien. Vom titoist. Sonderweg zum nationalist. Exzeß, hg. v. C. SAMARY (a. d. Frz., 1992); J. RIDLEY: T. (London 1994); R. WEST: T. and the rise and fall of Yugoslavia (ebd. 1994); L. M. REES: Keeping T. afloat. The United States, Yugoslavia, and the Cold War (University Park, Pa., 1997).

Josip Tito

Titograd, 1946–92 Name der montenegrin. Stadt →Podgorica.

Titoismus *der, -,* nach TITO benannte Form des Kommunismus, von diesem mit M. DJILAS und E. KARDELJ theoretisch entwickelt; geprägt durch eine nach dem Modell des Rätesystems aufgebaute Arbeiterselbstverwaltung in den Betrieben, ein Wirtschaftssystem, das Elemente einer dezentralisierten Plan- mit solchen der Marktwirtschaft (Wettbewerb, Gewinn, freie Preisentwicklung) verband, eine offenere Kulturpolitik und einen föderativen Staatsaufbau im Rahmen eines Einparteiensystems, in dem die KP ideolog. Motor der gesellschaftl. Entwicklung und Bewahrerin der staatl. Einheit sein sollte. Innerhalb der kommunist. Weltbewegung betonte der T. das Recht eines jeden Volkes auf den ›eigenen Weg zum Sozialismus‹, in der Außenpolitik das Prinzip der Blockfreiheit. – In der Gesch. der kommunist. Bewegung markiert der T. den ersten Versuch, einen vom gesellschaftl. Modell der UdSSR abweichenden Weg zu gehen, was 1948 zum ideolog. Konflikt mit STALIN führte; der UdSSR und den an ihr orientierten Regimen galt der T. als ›rechte‹ Abweichung vom Marxismus-Leninismus.

Titokibaum [polynes.], **Alectryon excelsus,** in Neuseeland heim. Art der Seifenbaumgewächse (Sapindaceae); Baum mit gefiederten Blättern und kleinen Blüten in Rispen; Samenmantel essbar.

Titova Mitrovica [-tsa-], 1982–91 Name der serb. Stadt →Kosovska Mitrovica.

Titovo Užice [ˈtitɔvɔ ˈuʒitsɛ], 1946–91 Name der serb. Stadt →Užice.

Titov Veles [ˈtitɔf ˈvɛlɛs], 1946–91 Name der makedon. Stadt →Veles.

Titov Vrbas, [ˈtitɔf ˈvrbaːs], 1982–91 Name der serb. Stadt →Vrbas.

Titration [zu Titer] *die, -/-en,* →Maßanalyse.

Titrimetrie [zu Titer] *die, -,* die →Maßanalyse.

Tittmoning, Stadt im Landkreis Traunstein, Oberbayern, 388–517 m ü. M., am westl. Hochufer der Salzach, 5700 Ew.; Burgmuseum im Heimathaus des Rupertiwinkels (reiche volkskundl. und kunsthandwerkl. Sammlungen); Stahlbau, Kunststoffverarbeitung, Werkzeugbau; Salzachbrücke (Grenzübergang nach Österreich). – Maler. Ortsbild mit z. T. erhaltener mittelalterl. Befestigung; Stadtplatz mit barocker Marien- und Johann-Nepomuk-Statue sowie dem Floriansbrunnen; Rathaus (15. Jh., 1711 umgestaltet), Burgkapelle (1693/94). Die spätgot. ehem. Kollegiatskirche St. Laurentius (1410 Grundsteinlegung) wurde nach Brand 1815 verändert wieder aufgebaut; ehem. Klosterkirche der Augustinereremiten (Allerheiligenkirche) mit Ausstattung der Erbauungszeit (1681–83), kath. Wallfahrtskirche Maria Ponlach (1715). Am Fuße des Burgberges röm. Landsitz (2.–4. Jh.). – Dem aus einer röm. Siedlung hervorgegangenen T., erstmals 788 erwähnt, wurden 1234 die Stadtrechte verliehen; Mitte des 13. Jh. wurden Burg und Stadt befestigt. T., im 13. Jh. zur **Grafschaft T.,** ab 1224 (endgültig 1254) mit dieser zum Fürsterzbistum Salzburg gehörig, kam 1810 vorläufig, 1816 endgültig an Bayern.

Titularbischof, *kath. Kirche:* im Unterschied zum Diözesanbischof ein auf ein erloschenes Bistum geweihter Bischof, ohne jegl. Jurisdiktion über dieses. – Die meisten T. fungieren als Apostol. Nuntien, Delegaten, Vikare oder als Weihbischöfe. Seit 1962 sind auch alle Kardinäle, die nicht residierende Bischöfe sind, mithin v. a. die Inhaber leitender Ämter an der röm. Kurie, Titularbischöfe.

Titulatur [zu lat. titulus, vgl. Titel] *die, -/-en,* Standes-, Berufs-, Funktions-, Rang- oder Herkunfts-Bez.; als solche Ausdruck der öffentl. Stellung ihres Trägers. Die histor. Forschung trifft mitunter die Unterscheidung zw. Selbstaussage, d. h. der vom Titelträger selbst gewählten Aussage über seine polit. Stellung (bzw. eventuelle Ansprüche), und Fremdaussage, d. h. der ihm von anderer Seite gegebenen Rang- und Funktions-Bez. (→Anrede). Die Grenzen sind hier jedoch fließend. In frühmittelalterl. Urkunden und nichturkundl. Schriftstücken sind im abendländ. Raum historisch fassbar zunächst die Herrschertitel, die Titel der Amtsträger, die auf spätantike Tradition zurückgehen, sowie Titel der kirchl. Hierarchie. Die Fürstentitel sind in Analogie zu den Herrschertiteln gebildet worden. Mit der Abschaffung der T. dokumentierte die Frz. Revolution in diesem Bereich das Ende des Ancien Régime. Im diplomat. Verkehr, in der kirchl. Hierarchie sowie im Univ.-Bereich spielt die T. noch immer eine Rolle.

Titurel, bei WOLFRAM VON ESCHENBACH Ahnherr der Gralsfamilie, Vater des Frimutel, Großvater des Amfortas. Sein Name liefert den Titel für WOLFRAMS ›T.-Fragmente‹ und für ALBRECHTS ›Jüngeren Titurel‹.

Titurelstrophe, kunstvolle Strophenform, von WOLFRAM VON ESCHENBACH in den ›Titurelfragmenten‹ verwendet. Die T. besteht aus vier paarweise gereimten Langzeilen, von denen die erste acht, die zweite und vierte zehn und die dritte sechs Hebungen hat. Nach der vierten Hebung liegt in den Versen eins, zwei und vier eine, allerdings sehr variabel gehandhabte Zäsur; die Kadenzen sind klingend.

Titus, im N. T. Mitarbeiter des PAULUS, ein Heidenchrist aus Antiochia, der mit PAULUS am Apostelkonzil in Jerusalem teilnahm (Gal. 2, 3). T. oblag auch die Sorge um die in Korinth abgehaltene Kollekte für die Gemeinde in Jerusalem. Nach 2. Tim. 4, 10 missionierte er später in Dalmatien. In dem an ihn adressierten **T.-Brief** (Abk. **Tit.**), einem der →Pastoralbriefe, erscheint er als Bevollmächtigter für die Einsetzung von Presbytern und die Konsolidierung der Gemeinde. Der Brief warnt vor der Gefahr der Irrlehre und ermahnt zu Glaubenstreue und christl. Lebensführung. Die altkirchl. Tradition sieht in T. den ersten Bischof von Kreta (soll in Gortyn seinen Bischofssitz gehabt haben). – Heiliger (Tag, zus. mit Timotheus: 26. 1.; Ostkirchen 25. 8.).

W.-H. OLLROG: Paulus u. seine Mitarbeiter (1979). – Weitere Literatur →Pastoralbriefe.

Titus, eigtl. T. **Flavius Vespasianus,** röm. Kaiser (seit 79), * Rom 30. 12. 39, † Aquae Cutiliae bei Reate (heute Rieti) 13. 9. 81; Sohn des VESPASIAN, der ihm nach seiner Erhebung zum Kaiser (69) Ende des Jahres den Oberbefehl im Jüd. Krieg übertrug. Nach der Zerstörung von Jerusalem im August/September 70 feierte T. mit VESPASIAN den Triumph, der auf dem →Titusbogen dargestellt ist. T. erhielt daraufhin den Imperatortitel und die Tribunicia Potestas (→Tribun) und war als Prätorianerpräfekt und mehrmaliger Konsul Mitregent seines Vaters. Als Kaiser ernannte er 79 seinen Bruder DOMITIAN zum Nachfolger, vollendete das Kolosseum und die nach ihm benannten Thermen. In seine Reg.-Zeit fielen der Vesuvausbruch vom 24. 8. 79 (→Pompeji) und ein Brand Roms (80). T. zeichnete sich durch friedl. und milde Herrschaft aus, war wohlwollend gegenüber dem Senat und wurde bei seinem Tod allg. betrauert.

B. W. JONES: The emperor T. (London 1984).

Titusbogen in Rom; nach 81 n. Chr.

Titusbogen, eintoriger Triumphbogen auf dem Forum Romanum in Rom, nach 81 n. Chr. zu Ehren des Sieges von TITUS über die Juden (Eroberung von Jerusalem 70 n. Chr.) errichtet. Der Reliefschmuck des T. konzentriert sich auf die Zwickelfelder über den Bogenöffnungen auf beiden Seiten (Viktorien, Flussgötter) und auf zwei Reliefs im Bogendurchgang (Triumphzug des Kaisers), die bedeutende Beispiele für den illusionist. Reliefstil der Kunst unter den flav. Kaisern darstellen.

Titus Tatius, *röm. Mythos:* König der Sabiner, zog der Sage nach wegen des Raubes der Sabinerinnen gegen Rom und herrschte nach Kriegsende mit Romulus über den römisch-sabin. Doppelstaat, bis er in Lavinium erschlagen wurde.

Tityos, griech. **Tityos,** *griech. Mythos:* riesenhafter Sohn der Gaia bzw. des Zeus und der Elare (einer Tochter des Orchomenos). Als T. sich an Leto vergreifen wollte, wurde er von Apoll und Artemis getötet. In der Unterwelt fraßen zwei Geier an seiner immer nachwachsenden Leber.

Tiv, Munchi, Mbitse, Volk im mittleren SO-Nigeria, vom zentralen Plateau über das mittlere Benuebecken bis nach Kamerun, v. a. in den Bundesstaaten Plateau, Benue, Gongola und (als Enklave) Cross River. Die etwa 3 Mio. T. sprechen eine dem Bantu verwandte Klassensprache. Die T. haben eine bedeutende Schnitz- und Bronzegusstradition. Die Ahnenfiguren (Masken sind nicht bekannt) werden aus sehr hartem Holz (Eisenholz) geschnitzt und zeichnen sich durch ihren statuar. Ausdruck und schalenförmige Ohren aus. Die weibl. Figuren tragen als Schmucknarben meist konzentr. Kreise um den Nabel.

R. C. ABRAHAM: A dictionary of the T. language (London 1940, Nachdr. Farnborough 1968); Akiga's story, übers. v. R. EAST (Neuausg. London 1965).

Tiv, Tiu, altgerman. Gott, →Týr.

Tivoli [nach der Stadt Tivoli], Name von Vergnügungsstätten und Vergnügungsgärten, u. a. das T. in Kopenhagen.

Tivoli, Stadt in der Prov. Rom, Latium, Italien, 225 m ü. M., am Aniene, der in der Travertinkette im Anschluss an den Monte Gennaro (1271 m ü. M.) Terrassen bildet, 53 100 Ew.; kath. Bischofssitz; Teil des Stadtumlandes von Rom und Pendlerwohnort; Papier-, Textilindustrie, Druckereien; Energiegewinnung an den Wasserfällen des Aniene; Fremdenverkehr. Westlich von T. liegt das Schwefelbad Bagni di T.; Industriestandort ist Ponte Lucano. – Aus dem frühen 1. Jh. v. Chr. stammt ein korinth. Rundtempel (›Sibyllentempel‹) auf einer Anhöhe über dem Anienetal, daneben Reste eines röm. Rechtecktempels; im Tal eine röm. Brücke sowie das Grab der Plautier (1. Jh. n. Chr.). Ihre Blüte erlebte die antike Stadt unter HADRIAN, der seine Villenanlage 6 km unterhalb von T. erbauen ließ (→Hadriansvilla). Der in roman. Zeit erneuerte Dom wurde größtenteils barockisiert. In der einschiffigen roman. Kirche San Silvestro sind Fresken des 13. Jh. erhalten. Für Kardinal IPPOLITO II. D'ESTE wurde die **Villa d'Este** von P. LIGORIO um 1560 in manierist. Stil angelegt, die v. a. durch ihre Parkgestaltung – in Terrassen abfallend mit einer Folge von Wasserspielen sowie Brunnen und Grotten – Bedeutung erlangte. Im Park der **Villa Gregoriana** (Anfang 19. Jh.) Grotten, Aussichtsterrassen und die Wasserfälle des Aniene. – Das antike **Tibur** war Mitgl. des Latin. Städtebunds, fiel 338 v. Chr. endgültig an Rom und gewann als Erholungsort des röm. Adels Bedeutung. Unter byzantin. Herrschaft bildete T. einen Dukat; wurde im 10. Jh. freie Kommune; kam in der 2. Hälfte des 15. Jh. an den Kirchenstaat.

Tizian [nach TIZIAN], **Tizianrot,** ein leuchtendes goldenes bis braunes Rot (v. a. Haarfarbe).

Tizian, eigtl. Tiziano Vecellio [ve'tʃellio], ital. Maler, * Pieve di Cadore (Prov. Belluno) um 1488, † Venedig 27. 8. 1576. Als einen der bedeutendsten Meister der ital. Hochrenaissance zeichnet ihn gegenüber MICHELANGELO und RAFFAEL sein sensualist. Umgang mit der Farbe aus, durch den er eine weite Skala an Ausdruckswerten für die Malerei erschloss. Zu seiner Malkultur bekannten sich nachfolgende Künstler wie TINTORETTO, P. P. RUBENS und D. VELÁZQUEZ bis zu P. CÉZANNE. V. a. in Venedig tätig, arbeitete er auch für fürstl. Auftraggeber, u. a. Kaiser KARL V., PHILIPP II. von Spanien, Papst PAUL III.

Obwohl an sich zuverlässige Quellen ein frühes Geburtsdatum (um 1477) belegen, spricht v. a. das Fehlen von Werken vor 1508 für das spätere Datum (um 1488). Einem Bericht zufolge soll er 1508, noch nicht zwanzigjährig, als Mitarbeiter GIORGIONES in Venedig am Fondaco dei Tedeschi gearbeitet haben. Die nur sehr fragmentarisch erhaltenen Fresken (Ca' d'Oro, Galleria Franchetti) lassen maler. Qualitäten erkennen, durch die er sich bereits von seinen Lehrern GIOVANNI BELLINI und GIORGIONE unterscheidet. Der erste Höhepunkt seiner Tätigkeit auch in den Augen seiner Zeitgenossen ist das 1516–18 gemalte Hochaltarbild der ›Assunta‹ (Venedig, Santa Maria dei Frari; BILD →Himmelfahrt Marias), das mit der für dieses Thema bisher übl. statisch-feierl. Anordnung bricht. In Komposition, Figurenauffassung und Farbbetonung verbinden und steigern sich Bewegung

Tivoli: Panoramaansicht der Villa d'Este, gemalt nach einer Radierung von Étienne Dupérac (Privatbesitz)

und Ruhe und bewirken eine sinnl. Vergegenwärtigung übersinnl. Phänomene. Das zweite für diese Kirche gemalte Werk, die ›Pesaro-Madonna‹ von 1519–26, bringt durch die asymmetrisch diagonale Bildkonzeption eine Steigerung der dynam. Qualitäten, die auf Manierismus und Barock vorausweist. Die mytholog. Szenen dieser Schaffensperiode (›Venusfest‹, 1518, Madrid, Prado; ›Bacchanal‹, um 1518, ebd.; ›Bacchus und Ariadne‹, 1523, London, National Gallery) sind durch überschäumende Sinnenfreude und detaillierte humanist. Kenntnisse charakterisiert. Die Werke der 1530er-Jahre, ruhiger in der Komposition, zeichnen sich durch äußerst nuancierte Farbabstufungen und stilllebenhafte Details aus (›Tempelgang Mariä‹, 1534–38, Venedig, Accademia; ›Venus von Urbino‹, 1538, Florenz, Uffizien). Durch die Ernennung zum Hofmaler KARLS V. (1533) wurde T. zu einem der begehrtesten Porträtisten Europas. Die Darstellung des Renaissancemenschen in seiner auf Vollendung und Würde zielenden Selbstinszenierung, die die frühen Bildnisse auszeichnet (›Mann mit Handschuhen‹, um 1523; Paris, Louvre), wich zunehmend einer eindringl. psycholog. Schilderung (›Papst Paul III.‹, 1543, Neapel, Museo e Gallerie Nazionali di Capodimonte; Gruppenporträt ›Papst Paul III. mit seinen Nepoten‹, 1546, ebd.; ›Karl V.‹, 1548, München, Alte Pinakothek). In den religiösen Bildern erfolgte erneut eine Bewegungs- und Ausdruckssteige-

Tizian (aus einem Selbstporträt)

Tizian: Venus von Urbino; 1538 (Florenz, Uffizien)

Tizi Tizi-Ouzou – tkm

rung, die Nähe zum Manierismus zeigt und fast trübe Farbtöne einsetzt (›Dornenkrönung‹, um 1542–44; Paris, Louvre). In den für PHILIPP II. gemalten mytholog. Bildern mit ihrer eindeutig erot. Aussage setzte T. noch einmal den ganzen Reichtum seiner Farbkultur ein (›Danae‹, 1553, Madrid, Prado; ›Venus und Adonis‹, 1554, ebd.). Die Summe seiner Erfahrungen führte in dem um 1555 beginnenden Altersstil zu einer zurückgenommenen subtilen und freien Handhabung der Farbe, die zum wesentl. Gestaltungsmittel der durchgeistigten Weltsicht des Künstlers wurde (›Schindung des Marsyas‹, 1570, Kremsier, Okresni Muzeum; ›Pietà‹, 1570–76, von J. PALMA IL GIOVANE vollendet, Venedig, Accademia).

Weitere Werke: Zeichnungen zur Holzschnittfolge ›Trionfo della Fede‹; Fresken aus der Antoniuslegende (1511; Padua, Scuola del Santo); Kirschen-Madonna (Wien, Kunsthistor. Museum); Das ländl. Konzert (1510–12; auch GIORGIONE zugeschrieben; Paris, Louvre); Salome (1512; Rom, Galleria Doria Pamphili; BILD →Salome); Der Zinsgroschen (um 1516; Dresden, Staatl. Kunstsammlungen); Madonna mit den Heiligen Franziskus und Aloysius (um 1520; Ancona, Museum); Grablegung Christi (um 1525; Paris, Louvre); La Bella (um 1536; Florenz, Galleria Palatina im Palazzo Pitti); Junger Engländer (um 1540; ebd.); Francesco Maria Della Rovere, Herzog von Urbino, und seine Gattin (1536–38; Florenz, Uffizien); Franz I. (1538; Paris, Louvre; BILD →Porträt); Venus mit dem Orgelspieler (um 1545; Madrid, Prado; andere Fassung um 1550, Berlin, Gemäldegalerie); P. Aretino (1545; Florenz, Galleria Palatina im Palazzo Pitti); Marter des hl. Laurentius (vor 1559; Venedig, Jesuitenkirche); Raub der Europa (1559; Boston, Mass., Gardner Museum); Grablegung Christi (1559; Madrid, Prado); Selbstporträt (1562; Berlin, Gemäldegalerie); Verkündigung (1565; Venedig, San Salvatore); Selbstporträt (um 1565–70; Madrid, Prado); Dornenkrönung (um 1570; München, Alte Pinakothek).

E. PANOFSKY: Problems in Titian, mostly iconographic (ebd. 1969); L'opera completa di Tiziano, hg. v. C. CAGLI (Neuausg. Mailand 1978); Titian. His world and his legacy, hg. v. D. ROSAND (New York 1982); R. GOFFEN: Piety and patronage in Renaissance Venice. Bellini, Titian, and the Franciscans (New Haven, Conn., 1986); S. GRUNDMANN: T. u. seine Vorbilder (1987); Titian. Prince of painters, hg. v. S. BIADENE, Ausst.-Kat. (1990); T. HETZER: T. Gesch. seiner Farbe, die frühen Gemälde, Bildnisse (Neuausg. 1992); F. PEDROCCO: T. (a. d. Ital., Florenz 1993); T., bearb. v. A. WALTHER (³1997).

Tizi-Ouzou [frz. tiziu'zu], **Tisi Usu**, Stadt in N-Algerien, 190 m ü. M., am N-Fuß des Djurdjura-Massivs, 100 km östlich von Algier, 92400 Ew.; Sitz der Bez.-Verw.; Univ.-Zentrum (gegr. 1975); Handelszentrum der Großen Kabylei mit vielfältigem traditionellem Kunsthandwerk (jährl. Messe im April); Hotel- und Touristikfachschule; bedeutende Feigen- und Olivenölproduktion, elektrotechn. Industrie; Eisenbahnendpunkt (Schnellbahn von Algier). 10 km westlich liegt das größte Textilkombinat des Landes in Draa Ben Khedda. – T.-O. konnte in der Kolonialzeit wegen des zähen Widerstands der Berberstämme Beni Yenni und Irathen erst 1851 von den Franzosen erobert werden. Infolge planmäßiger Industrieansiedlungen erfährt die Stadt seit 1972 ein starkes Wachstum, der Stadtkern um die alte Moschee ist heute bedeutungslos.

Tiznit [tiz'nit], Oasenstadt in SW-Marokko, 224 m ü. M., am NW-Fuß des Antiatlas, am SW-Rand des Sous, 90 km südlich von Agadir, 43000 Ew.; Sitz der Prov.-Verw., einer Garnison, ehem. auch der Silberschmiede und Waffenproduzenten des Sous; Handelszentrum der Sahara-Nomaden und Sous-Bauern; Kunsthandwerk; Fremdenverkehr. 17 km entfernt am Atlantik das Seebad Sidi Moussa Aglou; 25 km nordöstlich von T. Staudamm am Oued Massa (20000 ha Bewässerungsland). – In der von einer 5 km langen Stampflehmmauer mit sechs Toren umschlossenen Medina liegen der Dar el-Makhzen (Königspalast), das Mausoleum des islam. Freiheitskämpfers MA EL-AÏNIN (*1831, †1910), die Große Moschee, die Mellah und die ›Blaue Quelle‹ der Lalla Fatima (der legendä-

ren Stadtgründerin des 5. Jh. n. Chr.); außerhalb der Mauer neuer Stadtteil mit Flüchtlingen aus dem Gebiet Westsahara. – T., 1882 als Festungsstadt gegr., wurde 1912 von den Franzosen erobert und zum Militärstützpunkt ausgebaut.

TJ, Nationalitätszeichen für Tadschikistan.

Tjalk [niederländ.] *die, -/-en*, bis in das frühe 20. Jh. eingesetztes Segelfrachtfahrzeug der Nordsee mit flachem Boden, Seitenschwertern und einem Mast mit kurzer Gaffel für den Einsatz in Wattenmeergebieten.

Tjimba, Ovatjimba, hererosprachiger Stamm in den Baynes Mountains des Kaokoveld, NW-Namibia; lebt v. a. vom Sammeln und von der Jagd (mit Pfeil und Bogen).

Tjörn [tçœːrn], Insel im Kattegat, im Verw.-Bez. (Län) Göteborg und Bohus, Schweden, 147 km², 14600 Ew.; im Sommer starker Fremdenverkehr; durch Brücken mit dem Festland und der Insel Orust verbunden.

Tjost [mhd. tjost(e), tjust(e), von altfrz. jouste, zu joster ›mit Lanzen kämpfen‹] *die, -/-en oder der, -(e)s/-e*, mittelalterl. Reiterkampfspiel (→Turnier).

Tjumen, Hauptstadt des Gebiets Tjumen, Russland, im Westsibir. Tiefland, an der Tura, 494000 Ew., Logistikzentrum des Westsibir. Erdöl- und Erdgasreviers (→Westsibirisches Tiefland) und wichtige sibir. Wirtschafts-, Handels- und Kulturstadt; Univ. (1973 gegr.), Hochschulen (für Kunst und Kultur, Medizin, Industriewesen, Bauwesen und Landwirtschaft), Stadt-, Regional-, W.-K.-Blücher-Museum, Bildergalerie, Philharmonie, Theater; Maschinenbau und Metallverarbeitung, Reparaturwerft, Holz-, chem. und Nahrungsmittelindustrie; Verkehrsknotenpunkt (Abzweigung der →Nordsibirischen Eisenbahn von der Transsibir. Eisenbahn); Hafen, Flughafen; Kreuzungspunkt zahlr. Pipelines. – T. wurde 1586 als erste russ. Stadt in Sibirien an der Stelle der von JERMAK TIMOFEJEWITSCH 1581 eroberten tatar. Siedlung Tschingi-Tura gegründet und entwickelte sich rasch zu einem Handelszentrum an der Straße nach China.

Tjuringa [austral.] *die, -/Tjurunga*, Kultobjekt der zentralaustral. Stämme (→Australier): flach, oval und länglich aus Holz (diese meist unverziert) oder aus Stein, mit geometr. Ornamenten (konzentr. Kreise, kleine Winkel u. a.) und bedeutungsvollen Zeichen verziert. Die T. zählen als Träger schöpfer. Kräfte der myth. Ahnen zu den geheiligten Symbolen der Stammesüberlieferungen.

Tjuttschew, Tjutčev [-tʃef], Fjodor Iwanowitsch, russ. Lyriker, *Gut Owstug (Gebiet Orel) 5. 12. 1803, †Zarskoje Selo (heute Puschkin) 27. 7. 1873; adliger Herkunft, Diplomat in München (1822–37) und Turin (1837–39), ab 1848 Zensor in Sankt Petersburg, ab 1858 Vors. der Zensurbehörde für ausländ. Literatur; stand den Slawophilen nahe. T. gilt als einer der größten russ. Lyriker des 19. Jh. Seine Gedichte (›Poslednjaja ljubov'‹, 1854; dt. ›Die letzte Liebe‹) zeichnen sich durch vollendete, dabei durchaus eigenwillige Form, durch Gedankenreichtum und Gefühlswärme aus; in seinen Naturschilderungen, einem bedeutenden Teil seines Werkes, tritt das irrationale Element des Seins in den Vordergrund. Von großem Wert sind auch seine feinfühligen Nachdichtungen aus dem Werk dt. Dichter (GOETHE, SCHILLER, H. HEINE).

Ausgaben: Sočinenija, 2 Bde. (1984). – Gedichte, hg. v. F. FIEDLER (1905, dt. Ausw.); Rußland u. der Westen. Polit. Aufsätze, hg. v. M. HARMS (1992).

B. BILOKUR: A concordance to the Russian poetry of Fedor I. Tiutchev (Providence, R. I., 1975); A. D. GRIGOR'EVA: Slovo v poèzii Tjutčeva (Moskau 1980); R. CONANT: The political poetry and ideology of F. I. Tiutchev (Ann Arbor, Mich., 1983); R. C. LANE: Bibliography of works about and by F. I. Tiutchev to 1985 (Nottingham 1987).

tkm, *Güterverkehr:* Abk. für →Tonnenkilometer.

Fjodor Iwanowitsch Tjuttschew

Tl, chem. Symbol für das Element →Thallium.

Tlacopán, in vorkolumb. Zeit Hauptstadt der Tepaneken am O-Ufer des Texcocosees (heute Tacuba, Teil der Stadt Mexiko), Mexiko. T. war Mitgl. des Dreibundes, dessen Zusammenschluss unter Führung von Tenochtitlán die Errichtung des aztek. Imperiums im 15. Jh. ermöglichte.

Tlalcozotitlán, archäolog. Fundstätte der Kultur der Olmeken in Guerrero, Mexiko, am Río Balsas, zw. 1600 und 700 v. Chr. Erst 1982 wurde die ausgedehnte Anlage gefunden; das Haupteiligtum aus sorgfältig behauenen großen Steinblöcken mit Treppenlauf misst 19 m × 14 m, im Umkreis wurden Wohnbezirke und Werkstätten ausgegraben, die auf ein großes Siedlungszentrum schließen lassen. Die Lage von T. belegt, dass das Gebiet der Olmeken nicht auf die Golfküste begrenzt war. Auch typisch olmek. Kolossalplastik wurde ausgeführt.

Tlaloc [aztek. ›der, der sprießen lässt‹], Gott des Regens und des Wassers, eine der ältesten und am weitesten verbreiteten Göttergestalten in Mesoamerika, schon bei den Olmeken und in Teotihuacán nachweisbar. Dem T. entspricht bei den Maya Chac (oder Tohil), bei den Totonaken Tajín, bei den Zapoteken Cocijo, den Mixteken Dzahui. Charakteristisch bei der Darstellung des Regengottes sind die brillenartig umrahmten Augen, die zu einem nach oben gekrümmten Rüssel ausgearbeitete Nase, der ausgeprägte Oberlippenbart und die blaue Bemalung.

Tlatelolco, vorkolumb. Stadt im Texcocosee, Mexiko. 1473 von den Azteken unterworfen und in die Stadt Tenochtitlán einbezogen, wurde T. zum Fernhandelszentrum des aztek. Reiches. Bei Bauarbeiten im N der Stadt Mexiko wurde 1963 das Kultzentrum von T. am heutigen Platz der drei Kulturen freigelegt, an das sich ehemals der große Marktplatz anschloss. – Der **Vertrag von T.** (am 14. 2. 1967 von 14 lateinamerikan. Staaten unterzeichnet, am 31. 1. 1968 in Kraft getreten) legte für das Gebiet südlich des 35. Breitengrades (mit Ausnahme der unter US-Hoheit stehenden Territorien und Gewässer) das Verbot fest, Kernwaffen zu produzieren, zu erwerben, zu erproben oder zu lagern.

Tlatilco, archäolog. Fundort am Rande der Stadt Mexiko. In mehr als 300 Gräbern (um 1000 v. Chr. bis 150 n. Chr.) wurden reiche Beigaben in Form von Kleinkunst gefunden, die in der Blütezeit (800–300 v. Chr.) stark von der Kultur der Olmeken beeinflusst sind. Zahlr. handgearbeitete Frauenfiguren aus Ton werden als Fruchtbarkeitsgöttinnen gedeutet.

Tlaxcala [tlas'kala], Name von geographischen Objekten:

1) Tlaxcala, kleinster Bundesstaat Mexikos, im SO des Mexikan. Hochlands, 3 914 km², (1995) 883 600 Ew.; Hauptstadt ist Tlaxcala de Xicoténcatl. T. nimmt den NO des in der Cordillera Neovolcánica eingelagerten Beckens von Puebla-T. ein (um 2 200 m ü. M., zw. der Sierra Nevada mit dem Popocatépetl im W und dem 4 461 m ü. M. hohen erloschenen Vulkan La Malinche im O) sowie das nördlich anschließende, um 200–300 m höhere Hügel- und Tafelland. Die Temperaturen sind durch die Höhenlage gemäßigt; winterl. Kaltlufteinbrüche, etwa 850 mm Jahresniederschlag. Im Trockenfeldbau werden v. a. Mais, Bohnen, Kürbisse, Agaven (zur Pulquebereitung) und Gerste angebaut, in der Ebene, teilweise mit Bewässerung, Luzerne, Hafer (Grünfutter) und Winterweizen sowie Gemüse; Schaf-, Rinder- und Schweinehaltung.

W. TRAUTMANN: Der kolonialzeitl. Wandel der Kulturlandschaft in T. (1983).

2) Tlaxcala de Xicoténcatl [-xiko'teŋkatl], Hauptstadt des Bundesstaates Tlaxcala, Mexiko, 2 250 m ü. M., im N des Beckens von Puebla-T., 58 000 Ew.; Bischofssitz; Univ., Pädagog. Hochschule; Textil-,

Tlaxcala 2): Wallfahrtskirche ›Schrein der Jungfrau von Ocotlán‹; Mitte des 18. Jh.

Nahrungsmittelindustrie. – In der einschiffigen Klosterkirche San Francisco (16. Jh.) holzvertäfelte Decke im Mudéjarstil, barocker Hochaltar (17. Jh.), →offene Kapelle und zwei der ehem. vier Prozessionskapellen (→Posas). Etwas oberhalb der Stadt der ›Schrein der Jungfrau von Ocotlán‹. Diese Wallfahrtskirche, Werk eines indian. Künstlers (Mitte 18. Jh.), gilt als einer der schönsten Sakralbauten Mexikos; Barockportal aus weißem Bruchstein mit Estípite-Pfeilern, Glockentürme mit weißen Stuckornamenten; im Innern (Mitte 19. Jh. fertig gestellt) u. a. reich verziertes Retabel und die Nische der hl. Jungfrau mit indianisch beeinflusster, bunter Stuckdekoration.

Tlemcen [ˈtlɛmsan, frz. tlɛmˈsɛn], **Tilimsan,** Stadt in NW-Algerien, 807 m ü. M., am N-Fuß der Monts de T. (westl. Tellatlas), 112 000 Ew.; Sitz der Bez.-Verw.; Univ.-Zentrum (gegr. 1974); Hauptzentrum der islam. Kultur, Kunst und Religion in Algerien und einzige Stadt des Landes mit ungebrochener maur. Kulturtradition; Konservatorium für andalus. Musik; Archäolog. Museum; Garnison; Mittelpunkt eines reichen Agrargebiets (Wein, Obst, Oliven) mit Textilfabriken (Chemiefaserstoffe, Seide, Wolle), Nahrungsmittel-, Baustoffindustrie, Milchzentrale, Metall-, Lederverarbeitung, Produktion von Fernmeldeeinrichtungen, 18 staatl. Teppichgroßknüpfereien (für den Export), ehem. bedeutendem Kunsthandwerk (Kupfer-, Messing-, Lederarbeiten, private Teppichknüpferei, Stickerei, Brokatweberei, Keramik, Töpferei, Holzschnitzerei, Musikinstrumente); Tourismus; Eisenbahnstation; Flughafen. – Die 37 sakralen Bauwerke und die sieben Stadttore zeigen Elemente der maur. Ornamentik in vervollkommneten Formen. Im Ggs. zu den anderen Maghrebstädten vereint in T. die Kernstadt die arab. Medina (mit Mellah) mit der kolonialzeitl. Stadt. Im Zentrum liegt die almoravid. Moschee El-Kebir (1135/36 vollendet) mit dreizehnschiffigem Betsaal, prachtvoll gestaltetem Mihrab und reich verziertem quadrat. Minarett (1236; 43 m hoch). Die dreischiffige Moschee Sidi Bel Hasan (1296/97) mit fein ziseliertem Mihrab- und Wanddekor beherbergt das Archäolog. Museum mit der besten Sammlung almoravid. und almohad. Kunst in Algerien. Das Grabmal des Rabbi EPHRAIM ALI KAOUA († 1442) westlich der Stadtmauer ist jüd. Wallfahrtsziel. Weitere bedeutende Bauwerke im Vorort →El-Eubbad. – Die röm. Stadt **Pomaria,** mit frühchristl. Bischofssitz, bestand bis Ende des 5. Jh. Um 670 über-

Tlatilco: Grabbeigabe in Form einer weiblichen Tonfigur

nahmen die Araber den Ort und gründeten im 8. Jh. die Festungsstadt **Agadir**, neben der die Almoraviden 1082 die neue Stadt **Tagrart** errichteten. Seit dem 15. Jh. Tilimsan gen., bildete diese den Kern der heutigen Stadt, während Agadir heute Vorort ist. Die Ansiedlung span. Muslime (nach 1492) leitete die Entwicklung zu einem kulturellen Zentrum Algeriens ein. 1299–1307 wurde T. von den Meriniden belagert (Bau von Mansoura). 1554 wurde es von den Türken erobert und als westlichster Außenposten des Osman. Reiches mit einer starken Garnison ausgestattet. In der Folge vermischten sich Araber, Berber und Türken zu den ›Kulughlis‹, Araber, Berber und Andalusier zu den ›Hadar‹ mit jeweils eigenen Stadtvierteln. 1837–42 wurde es von ABD EL-KADER beherrscht, 1842 von den Franzosen erobert.

Tlingit, nordamerikan. Indianer der Na-Dené-Sprachfamilie an der Küste von SO-Alaska. Die in mehrere Stämme (→Chilkat, Hoonah, Sitka u. a.) gegliederten 14 300 T. sind typ. Vertreter der Nordwestküstenkultur (→Nordwestküstenindianer). Im benachbarten Binnenland des kanad. British Columbia und des Yukon Territory wurden athapask. Gruppen (rd. 1 000 **Tagish** u. a.) kulturell stark von den T. beeinflusst.

Tlučhoř [ˈtlutʃhɔrʃ], Alois, österr. Schriftsteller, →Sonnleitner, A. Th.

T-Lymphozyten, T-Zellen, thymusabhängige Lymphozyten, Klasse von Lymphozyten, deren Stammzellen im Knochenmark entstehen und die ihre immunolog. Funktion durch Differenzierungsreifungen im Thymus erlangen. T-L. wandern über das Lymph- und Blutgefäßsystem durch den Organismus und können so ›vor Ort‹ Antigene aufspüren. Entsprechend sind etwa 70–80 % der im Blut zirkulierenden Lymphozyten T-L. Sie regulieren alle Immunreaktionen, vermitteln die zellulären (z. B. Transplantatabstoßung) oder allerg. Reaktionen und sind verantwortlich für Selbsttoleranz (das Nichtreagieren des Immunsystems gegen Strukturen des eigenen Organismus) oder Autoimmunität (krankhafte Immunreaktion gegen den eigenen Organismus). Die unterschiedl. Funktionen werden von mehreren Subpopulationen erfüllt: Zytotox. T-L. (→Killerzellen) können Zellen zerstören, Helferzellen (T-Helfer-Lymphozyten) fördern und kontrollieren die Antikörpersynthese von B-Lymphozyten wie auch zelluläre oder Entzündungsreaktionen, v. a. durch die Sekretion von →Zytokinen. Nach Erstkontakt mit ihrem Antigen können T-L. sehr lange (möglicherweise lebenslang) überleben; dies bildet die Grundlage des immunolog. Gedächtnisses (→Gedächtniszellen).

Im Unterschied zu den Antikörper bildenden B-Lymphozyten können T-L. Antigene mit ihren Rezeptoren nur erkennen, wenn diese ihnen zu kleinen Bruchstücken zerlegt und an Moleküle des MHC (→HLA-System) gebunden an der Oberfläche antigenpräsentierender Zellen (z. B. Zellen des Monozyten-Makrophagen-Systems, B-Lymphozyten) dargeboten werden. Da individuelle MHC-Moleküle vererbt werden, folgt daraus die genet. Kontrolle von Immunreaktionen (z. B. die familiäre Häufung von Allergien gegen bestimmte Antigene).

Tm, chem. Symbol für das Element →Thulium.
TM, Nationalitätszeichen für Turkmenistan.
TMD, Abk. für **T**ages**m**aximal**d**osis, maximal zulässige Arzneimittelmenge in 24 Stunden.
Tmesis [griech., eigtl. ›das Schneiden‹] *die, -/...sen*, Trennung eines zusammengesetzten Wortes, wobei andere Satzglieder dazwischengeschoben werden, z. B. dt. ›ob ich schon wanderte ...‹ anstelle von ›obschon ich ...‹ (Psalm 23, 4), lat. ›disque tulissent‹ (›und trugen auseinander‹) anstelle von ›et distulissent‹.
TML [Abk. für engl. **t**etra**m**ethyl **l**ead], das Bleitetramethyl (→bleiorganische Verbindungen).

Tmutarakan, Tmutorokan, ehem. russ. Hafenstadt auf der Halbinsel Taman am Schwarzen Meer, errichtet an der Stelle der im 6. Jh. v. Chr. gegründeten griech. Stadt Hermonassa. T. war schon im 10. Jh. für den Handel mit den nordkaukas. Völkern, den Schwarzmeerstädten und Byzanz von Bedeutung. Es gehörte zum Chasarenreich bis zu dessen Zusammenbruch (965), fiel dann an das Kiewer Reich und wurde Fürstensitz (988 erstmals erwähnt), der durch den Ansturm der Polowzer im 11./12. Jh. von den übrigen russ. Gebieten abgeschnitten wurde und im 12. Jh. auf unbekannte Weise unterging; seit 1824 wiederholt Ausgrabungen (Kirche, Anfang 11. Jh.).

TN, **1)** postamtl. Abk. für den Bundesstaat **Te**nnessee, USA.
2) Nationalitätszeichen für Tunesien.
TNF, Abk. für **T**umor**n**ekrose**f**aktor (→Zytokine).
TNM-Nomenklatur, →Krebs.
TNP, Abk. für →**T**héâtre **N**ational **P**opulaire.
TNT, Abk. für →**T**ri**n**itro**t**oluol.
Toamasina, früher frz. **Tamatave**, Hafenstadt an der O-Küste von Madagaskar, 127 400 Ew.; Sitz der Prov.-Verw.; kath. Bischofssitz; Univ. (gegr. 1977); Metall-, Konserven-, Nahrungsmittel-, chem. Industrie, Erdölraffinerie; Endpunkt der Eisenbahnlinie von Antananarivo, wichtigster Exporthafen des Landes, Flugplatz.
Toarc [nach der frz. Stadt Thouars] *das, -(s)*, **Toarcium, Toarcien** [-ˈsjɛ̃], *Geologie:* Stufe des →Jura.
Toast [toːst; engl., zu to toast ›rösten‹] *der, -(e)s/-e* und *-s*, **1)** geröstete Weißbrotscheibe (T.-Brot); **2)** Trinkspruch (nach dem früheren engl. Brauch, vor einem Trinkspruch ein Stück Toast in das Glas zu tauchen).
Toba, Eigen-Bez. **Namqom**, zu den →Chacoindianern gehörendes Volk in N-Argentinien und Paraguay, etwa 30 000 Angehörige. Urspr. Jäger und Sammler, hatten sich die T. im 17. Jh. der Reiterkriegerkultur des Gran Chaco angeschlossen. Sie wurden in blutigen Feldzügen 1870 und 1889 von der argentin. Armee besiegt. Heute sind die meisten T. Landarbeiter oder Hirten.
Toba, Topa, Tabgatsch, Herrscherclan aus dem mongol. Nomadenvolk der Xianbi, gründete in China die Dynastie der Nördl. Wei (Toba-Wei, 386–534) und einigte 439 N-China. Durch Zwangssinisierung des Adels im 5. Jh. entstand ein gemischtblütiger nordchin. Adel. (→China, Geschichte)
Tobago, Insel vor der N-Küste Südamerikas, 300 km², (1995) 51 300 Ew.; Hauptort ist Scarborough. (→Trinidad und Tobago)
Tobasee, See in NW-Sumatra, Indonesien, in einer vulkanotekton. Depression des Batakhochlands, 1 146 km², 906 m ü. M., bis 529 m tief, durch den →Asahan zur Malakkastraße entwässert. Im T. liegt, durch einen Damm mit dem Seeufer verbunden, die Insel Samosir (530 km²). Die auf Samosir und in der Umgebung des T. lebenden **Toba** gehören zu den →Batak. Das Gebiet um den T. hat sich zu einem bedeutenden Fremdenverkehrszentrum entwickelt.
Tobata, ehem. selbstständige Stadt in Japan, seit 1963 Teil von →Kitakyūshū.
Tobel [mhd. tobel, eigtl. wohl ›Senke‹] *der* (österr. nur so) *oder das, -s/-*, oberdt. für schluchtartige Wildbachstrecke.
Tobelo, ein zu den Nordhalmahera-Völkern zählendes, mit den Papua verwandtes Volk in Indonesien. Die etwa 35 000 T. leben v. a. in der Kau-Bucht in N-Halmahera und auf Morotai. Als Seefahrer (Händler, Seeräuber) gründeten sie auf anderen Molukkeninseln Kolonien (S-Halmahera, Batjan, Ceram). Sie sind seit langem kalvinist. Christen.
Tobey [ˈtəʊbi], Mark, amerikan. Maler, Grafiker, Dichter und Komponist, *Centerville (Wis.) 11. 12.

Tobias – Tobis **Tobi**

Mark Tobey: Schattengeister des Waldes; 1961 (Düsseldorf, Kunstsammlung Nordrhein-Westfalen)

1890, † Basel 24. 4. 1976; bereiste 1934 erstmals den Fernen Osten. Der Einfluss ostasiat. Philosophie und Kalligraphie wurde richtungweisend für seine abstrakte Malerei (z. B. Serie der ›white writings‹: weißes Liniengewebe auf farbigem Grund), mit der er das amerikan. Actionpainting stark beeinflusste. Ab 1960 lebte er in Basel.

M. T. A centennial exhibition, Ausst.-Kat. (Basel 1990); M. T. Werke/Œuvres 1945–1975, hg. v. H. HACHMEISTER, Ausst.-Kat. (1991).

Tobias, Tobit, im A. T. Name der Hauptperson des apokryphen **Buches T.** (Abk. **Tob.**), einer romanhaften Lehrerzählung, die wahrscheinlich um 200 v. Chr. in Ägypten, Syrien oder Palästina entstanden ist. Der griech. Text ist in versch. Textformen überliefert. Qumranfragmente machen eine hebräische bzw. aramäische Vorlage wahrscheinlich. Unter Verarbeitung alttestamentl. Motive (z. B. 1. Mos. 24) und außerbibl. Erzählstoffe werden das Geschick des im Exil in Ninive lebenden frommen Juden TOBIT und die Reise seines Sohnes T., die diesen zu seiner späteren Frau SARA führt, erzählt. Vermittelt durch den Engel Raphael erfahren die Beteiligten Gottes Hilfe. Das Buch T. gilt im Judentum als Beispielerzählung für das Festhalten an den Geboten Gottes in Bedrängnis (Deportation und Leben im Exil) und die Treue Gottes gegenüber seinem Volk.

In der bildenden Kunst wurden Szenen aus der Legende der T. oft dargestellt (›Der alte T. begräbt die Toten‹, ›Erblindung des alten T.‹, ›Abschied des jungen T.‹, ›T. und Raphael auf der Wanderschaft‹, ›T. und der Fisch‹, ›Vermählung des jungen T. mit Sara‹, ›Heilung des alten T.‹, ›Raphael verlässt die Familie‹), u. a. von S. BOTTICELLI, PINTURICCHIO, A. ELSHEIMER und REMBRANDT.

P. DESELAERS: Das Buch Tobit. Studien zu seiner Entstehung, Komposition u. Theologie (Freiburg 1982); H. GROSS: Tobit, Judit (1987); M. RABENAU: Studien zum Buch Tobit (1994).

Tobiasfisch, Zoologie: →Sandaale.

Tobin ['təʊbɪn], James, amerikan. Volkswirtschaftler, * Champaign (Ill.) 5. 3. 1918; Prof. an der Yale University (1955–88). T., einer der Hauptvertreter des Keynesianismus, lieferte wichtige Beiträge zur Konjunktur- und Wachstumstheorie, v. a. aber zur Geldtheorie durch die Weiterentwicklung der Liquiditätspräferenztheorie der Geldnachfrage zur makroökonom. Theorie der →Portfolio-Selection und deren Anwendung auch auf die Geldangebotstheorie. Für seine Analyse der Finanzmärkte und deren Zusammenhang mit Ausgabenbeschlüssen privater Haushalte und Unternehmen im Hinblick auf Beschäftigung, Produktion und Preisentwicklung erhielt T. 1981 den Nobelpreis für Wirtschaftswissenschaften.

Werke: National economic policy (1966); Essays in economics, 3 Bde. (1971–82); Asset accumulation and economic activity (1980; dt. Vermögensakkumulation u. wirtschaftl. Aktivität); Policies for prosperity. Essays in a Keynesian mode (1987). – **Hg.:** Two revolutions in economic policy. The first economic reports of Presidents Kennedy and Reagan (1988, mit M. WEIDENBAUM).

James Tobin

Tobino, Mario, ital. Schriftsteller, * Viareggio 16. 1. 1910, † Agrigent 11. 12. 1991; war nach Tätigkeit als Psychiater in Bologna, Ancona und Görz 1940–42 Soldat in Libyen (›Il deserto della Libia‹, Prosa, 1951; dt. ›Die ital. Wüste‹), nach seiner Rückkehr in der Widerstandsbewegung; 1948–80 leitete er die psychiatr. Klinik in Magliano bei Lucca. T.s stark autobiographisch inspiriertes Werk, das jedes Individuum als in sich geschlossenes Universum zu begreifen versucht, stand in seinen Anfängen u. a. dem Ermetismo (→Hermetismus) nahe, entwickelte jedoch zunehmend auch neorealist. Züge.

Weitere Werke: Romane: Il figlio del farmacista (1942); Le chiette donne di Magliano (1953; dt. u. a. Die Frauen von Magliano oder Die Freiheit im Irrenhaus); La brace dei Biassoli (1956; dt. Signora Maria); Il clandestino (1962; dt. Medusa); Il perduto amore (1979; dt. Verlorene Liebe); La ladra (1984). – Erzählungen: La gelosia del marinaio (1942); Bandiera nera (1950; dt. Doppeltes Spiel); La bella degli specchi (1976).

F. DEL BECCARO: M. T. (Neuausg. Florenz 1973); M. GRILLANDI: Invito alla lettura di M. T. (Mailand 1975).

Tobinsteuer ['təʊbɪn-], von J. TOBIN 1972 vorgeschlagene (Lenkungs-)Abgabe auf Devisentransaktionen. Sie soll bewirken, dass kurzfristige Währungsspekulationen unattraktiv werden, sich Angebot und Nachfrage am Devisenmarkt stärker an wirtschaftl. Fundamentaldaten orientieren und sich die kurzfristigen Ausschläge der Wechselkurse auf diese Weise verringern, sodass die nat. Reg. bzw. Zentralbanken geldpolit. Spielräume zurückerhalten. Die viel diskutierte T. könnte ihre erhoffte Wirkung aber nur dann entfalten, wenn sie weltweit, zumindest aber für die wichtigsten Finanzmärkte, eingeführt werden würde.

I. KÖNIG: Devisenumsatzsteuer u. Wechselkursverlauf (1997).

Tobis, Abk. für die **Tonbild-Syndikat AG,** ein Tonfilmkonzern, gegr. 1928 durch Zusammenschluss von dt., schweizer., niederländ. und dän. Tonfilmpatentinhabern, um die restl. noch in Europa verbliebenen Tonfilmpatente auszuwerten. 1929 kam es zu einer Marktaufteilung zw. der T. und der von den Elektrokonzernen AEG und Siemens & Halske gegründeten Klangfilm GmbH. Die T. übernahm die Produktion von Tonfilmen und den Vertrieb der Aufnahmegeräte, während Klangfilm sich auf die Herstellung der Aufnahme- und Wiedergabegeräte beschränkte.

Tobias: Giovanni Battista Caracciolo, ›Tobias und der Engel‹; um 1622 (Privatbesitz)

Als erster Tonfilm der T. wurde 1929 ›Melodie der Welt‹ (von W. RUTTMANN) aufgeführt. Nach 1945 wurde das Vermögen der T., die 1938 über eine Holding indirekt verstaatlicht worden war, von den Alliierten beschlagnahmt und der Konzern liquidiert.

Tobit, Gestalt im A. T., →Tobias.

Toblach, ital. **Dobbiaco,** Gem. in der Prov. Bozen, Südtirol, Italien, 1 243 m ü. M., 3 200 Ew.; im Pustertal auf dem **Toblacher Feld,** der Wasserscheide zw. Adria (Rienz) und Schwarzem Meer (Drau), gelegen; Sessellift auf den Radsberg (1 950 m ü. M.); Fremdenverkehr. 3 km südlich der **Toblacher See** (800 m lang, 400 m breit). – Spätbarocke Pfarrkirche St. Johann der Täufer (1769–82) mit reicher Ausstattung (Deckenfresken, Rocailleschmuck und Altarblatt des Hochaltars, 1769); der Kreuzweg zu einer Kapelle am Viktoriahügel, eine der ältesten Anlagen dieser Art, hat fünf Kapellen, geschmückt mit Reliefs von 1519.

Tobler, 1) Adolf, schweizer. Romanist, *Hirzel (Kt. Zürich) 23. 5. 1835, †Berlin 18. 3. 1910, Bruder von 2); ab 1867 Prof. in Berlin. Ausgehend von der Herausgabe altfrz. Texte, wandte er sich der Metrik, Syntax und Lexikographie zu; er sammelte Materialien zu einem ›Altfrz. Wörterbuch‹ (hg. v. E. LOMMATZSCH u. a., 1925 ff., auf 11 Bde. berechnet).
Ausgabe: Vermischte Beitrr. zur frz. Gramm., 5 Bde. ($^{1-2}$1902–12, Nachdr. 1971).
2) Ludwig, schweizer. Germanist, *Hirzel (Kt. Zürich) 1. 6. 1827, †Zürich 15. 8. 1895, Bruder von 1); wurde 1866 Prof. in Bern, 1874 in Zürich; Sammlung des schweizer. Wortschatzes und der schweizer. Volkslieder.
Werk: Schweizer. Volkslieder, 2 Bde. (1882–84).

Toboggan [engl., aus Algonkin] *der, -s/-s,* Schleife (Schlitten) kanad. Indianer aus einem oder mehreren miteinander verbundenen dünnen Holzbrettern, die vorn hochgebogen sind; von Menschen oder Hunden gezogen.

Tobol *der,* linker Nebenfluss des Irtysch, 1 591 km, in Kasachstan (etwa 650 km) und Russland, Einzugsgebiet 426 000 km²; entspringt auf dem Tafelland von Turgai, durchfließt die Turgaisenke und das nördlich anschließende Westsibir. Tiefland, mündet bei Tobolsk; im Oberlauf durch Regulierungsmaßnahmen auf 105 km und 255 km vor seiner Mündung schiffbar; drei Stauseen, u. a. bei Karatomarsk (94 km² groß).

Tobolsk, Stadt im Gebiet Tjumen, Russland, im Westsibir. Tiefland, am Kreuzungspunkt der Nordsibir. Eisenbahn mit dem Irtysch, an dessen rechtem Ufer, nahe der Mündung des Tobol, 97 600 Ew.; PH, russisch-orth. Priesterseminar, Architektur-Freilandmuseum (im Kreml), Regionalmuseum, ältestes dramaturg. Theater Sibiriens (1705 gegr.); petrochem. Werk, Schiffswerft, Möbelbau, Nahrungsmittelindustrie, traditionelle Knochenschnitzerei; Hafen und Flughafen. – Im Kreml (Ende 17. bis Anfang 18. Jh.; erster steinerner Kreml Sibiriens) sind mehrere Bauwerke des 17./18. Jh. erhalten, u. a. Sophien-Uspenskij-Kathedrale (1681–86; Fünfkuppelkirche mit Glockenturm, 1796–98), Gasthof (1703–05) mit Innenhof und vier Ecktürmen, Schwed. Palast (1714–16) und ehem. Bischofspalais (1773). – Etwa 20 km westlich befinden sich die Ruinen der Tatarenhauptstadt **Sibir** (auch Kaschlyk oder Isker gen.). – T., 1587 von Kosaken als Festung gegr., entwickelte sich bald zu einer bedeutenden Handels- und Verwaltungsstadt und wurde 1708 Hauptstadt des Gouv. Sibirien, 1782 der Statthalterschaft und 1796 des Gouv. T. In der Zarenzeit war T. Verbannungsort und Verteilerzentrum für Gefangene auf ganz Sibirien.

Tobruk, Hafenstadt in der östl. Cyrenaika, Libyen, 94 000 Ew.; bester Naturhafen des Landes (jedoch ohne Hinterland), an der Steilküste der Marmarika, die hier eine 4 km breite Bucht bildet; Futtermittelfabrik, Wärmekraftwerk (150 MW), Meerwasserentsalzungsanlage. 4 km östlich der Erdölexporthafen **Marsa el-Hariga** (Pipeline von Sarir, Erdölraffinerie) mit Flugplatz. – Im Zweiten Weltkrieg war T. zwischen dt.-ital. mit brit. Truppen mehrfach hart umkämpft.

Tobsucht, *Psychiatrie:* histor. Bez. für eine psych. Erkrankung mit einem hochgradigen Erregungszustand.

TOC [Abk. für engl. **t**otal **o**rganic **c**arbon ›gesamter organisch gebundener Kohlenstoff‹], zus. mit dem →chemischen Sauerstoffbedarf wichtige Kenngröße für die Belastung eines Gewässers mit organ. Stoffen. Die Bestimmung erfolgt meist durch Oxidation der organ. Substanz zu Kohlendioxid und dessen Bestimmung z. B. durch Infrarotspektroskopie.

Tocai Friulano, nordital. Weißweinrebe, mit dem Sauvignon verwandt, die häufigste Rebsorte des Friaul, auch im Veneto und in der Lombardei vertreten; liefert körperreiche, neutrale Weine.

Tocantins [tokan'tĩs], Name von geographischen Objekten:
1) Tocantins, Bundesstaat in Brasilien, im N des Brasilian. Berglandes, am Mittellauf des Rio T., 278 421 km², (1995) 1 007 Mio. Ew.; Hauptstadt ist Palmas do T. (24 300 Ew.). Die Wirtschaft basiert auf Anbau von Reis, Mais, Sojabohnen u. a. sowie Viehhaltung (Rinder, Schweine); Goldgewinnung. Das Gebiet wird von der Fernstraße Brasília–Belém durchzogen. Größte Stadt ist Araguaína. – T. wurde 1988 aus dem ehem. N-Teil des Bundesstaates Goiás gebildet.
2) Rio Tocantins ['rriu -] *der,* 2 640 km langer Fluss in Brasilien; seine Quellflüsse **Rio das Almas** und **Rio Paranã** (beide über 600 km lang) entspringen westlich bzw. nordöstlich von Brasília. Der Rio T. fließt in nördl. Richtung durch die Bundesstaaten Goiás, T. (im N Grenzfluss zu Maranhão) und Pará; er vereinigt sich mit dem **Rio do Pará** (Flussarm im Amazonasmündungsgebiet) zum Mündungstrichter **Baía de Marajó** (vor der O-Küste der Ilha de Marajó). Der bis 13 km breite Unterlauf ist bis Tucuruí für Ozeanschiffe befahrbar, sonst ist der Rio T. wegen der zahlr. Stromschnellen nur abschnittsweise schiffbar (insgesamt auf 1 370 km Länge); im Unterlauf der Tucuruístausee (2 600 km²) mit Kraftwerk (Endleistung 8 000 MW); erbaut 1977–84).

Toccata [ital., eigtl. ›das Schlagen‹, zu toccare ›(an)schlagen‹] *die, -/...ten,* **Tokkata,** seit dem 16. Jh. Bez. für ein frei, gleichsam improvisatorisch aus Akkorden und Läufen gestaltetes Stück für ein Tasteninstrument, benachbart dem →Ricercar und der →Fantasie. Im 17. (G. FRESCOBALDI) und 18. Jh. entwickelte sich die T. zu einem groß angelegten Stück (Höhepunkt bei J. S. BACH, z. B. ›dorische‹ T., BWV 538), dessen Teile abwechselnd von frei schweifender, virtuoser Spielfreude und vom streng gebundenen Satz bestimmt sind. Im 19. Jh. steht die Klavier-T. der Etüde nahe (z. B. R. SCHUMANN, op. 7, 1832). Die barocke Tradition der Orgel-T. erneuerten u. a. M. REGER, M. DUPRÉ, E. PEPPING, W. FORTNER. – Vom späten 14. bis zu Beginn des 17. Jh. wurde die Bez. T. auch für ein festlich fanfarenartiges Stück für Pauken und Bläser verwendet (z. B. C. MONTEVERDI, Einleitung zur Oper ›Orfeo‹, 1607).

Toce ['toːtʃe] *der,* Oberlauf der T. **Tosa,** Fluss in den ital. Alpen, Piemont, westl. Zufluss des Lago Maggiore, 80 km lang, entspringt an der schweizer. Grenze, bildet den Wasserfall ›La Frua‹ (160 m), durchfließt die Täler Valle Antigorio und Val d'Ossola, mündet nordwestlich von Pallanza.

Toch, Ernst, amerikan. Komponist österr. Herkunft, *Wien 7. 12. 1887, †Los Angeles (Calif.) 1. 10. 1964; war 1913–29 Klavier- und Kompositionslehrer am Mannheimer Konservatorium, lebte 1929–32 in

Berlin, emigrierte 1933 in die USA (1940 amerikan. Staatsbürger) und lehrte u. a. an der Univ. in Los Angeles. In T.s Kompositionen finden sich romantisch-traditionelle Stilmittel neben freitonalen und experimentellen Techniken (z. B. ›Gesprochene Musik‹, 1930). Er schrieb u. a. die Opern ›Die Prinzessin auf der Erbse‹ (1927), ›Der Fächer‹ (1930), Orchester- (sieben Sinfonien), Kammer- (13 Streichquartette) und Klaviermusik (›Der Jongleur‹, 1923), Vokalwerke (›Die chin. Flöte‹, 1923) und Filmmusiken.

Louis Tocqué: Der Schauspieler Pierre Jéliotte in der Rolle des Apoll (Sankt Petersburg, Eremitage)

Tocharer, von den Chinesen **Yuezhi (Yüeh-chih)** genannte Stämme, die um 170 v. Chr. von den →Xiongnu aus ihren Weidegebieten in NW-China (Prov. Gansu) verdrängt wurden. Der größere Teil von ihnen wanderte in das Siebenstromland aus, der kleinere ließ sich im Tarimbecken nieder. Die größere Gruppe überschritt im letzten Drittel des 2. Jh. v. Chr. den Iaxartes (heute Syrdarja) und ließ sich am oberen Oxus (heute Amudarja) in dem später nach ihnen **Tocharistan** genannten Gebiet nieder, das damals Teil des Hellenobaktr. Reiches (→Baktrien) war. Bedeutung erlangte v. a. der Clan der →Kushana, der über den Hindukusch hinaus nach S ausgriff und innerhalb weniger Jahrzehnte ein großes Reich schuf.

tocharische Sprache, bis ins 8. Jh. in zwei Dialekten (A = Ost-Tocharisch, im Gebiet der Oase Turfan und von Qara Shahr; B = West-Tocharisch, im Raum Kuqa) bezeugte indogerman. Sprache mit Kentumcharakter (→Kentumsprachen), die aber von nichtindogerman. (etwa kaukas., finnougr., uralaltaischen oder alten innerasiat.) Idiomen beeinflusst ist. – Zeugnisse der Tocharischen wurden zu Beginn des 20. Jh. im NO des Tarimbeckens aufgefunden. Die handschriftl. Reste, die aus dem 6.–8. Jh. stammen, enthalten überwiegend buddhist. Texte, z. B. Buddhalegenden und Dramen. An originaltochar. Zeugnissen sind u. a. Klosterabrechnungen, Geschäftsbriefe, ein Liebesgedicht, ferner Bildbeischriften zu Wandgemälden erhalten. Die für die Texte verwendete Schrift ist eine Abart der ind. Brahmischrift.

Tochar. Sprachreste, hg. v. E. SIEG u. a., 2 Tle. (1921, Sprache A); Tochar. Sprachreste. Sprache B, hg. v. DENS., 2 Tle. (1949–53, neu bearb. v. W. THOMAS, auf mehrere Tle. ber., 1983 ff.); E. SIEG u. a.: Tochar. Gramm. (1931); W. KRAUSE: Westtochar. Gramm., Bd. 1 (1952, mehr nicht erschienen); DERS. u. W. THOMAS: Tochar. Elementarb., 2 Bde. (1960–64); W. KRAUSE: Tocharisch (Leiden 1955, Nachdr. ebd. 1971); A. J. VAN WINDEKENS: Le tokharien confronté avec les autres langues indo-européennes, 3 Tle. (Löwen 1976–82); W. THOMAS: Die Erforschung des Tocharischen 1960–1984 (1985).

Tochigi [totʃ-], Präfektur (Ken) auf der Insel Honshū, →Japan.

Tochtergeneration, *Genetik:* die →Filialgeneration.

Tochtergeschwulst, *Medizin:* →Metastase.
Tochtergesellschaften, Tochterunternehmen, *Wirtschaft:* →Muttergesellschaft.
Töchter vom heiligen Kreuz, eine 1833 in Lüttich gegründete weibl. kath. Ordensgemeinschaft für Krankenpflege, Unterricht und Mission (1998: rd. 1 000 Ordensschwestern). Das dt. Provinzialat befindet sich in Rees.
Tocopherol, *Biochemie:* das →Tokopherol.
Tocqué [tɔ'ke], Louis, frz. Maler, * Paris 19. 11. 1696, † ebd. 10. 2. 1772; Schwiegersohn und Schüler von J.-M. NATTIER D. J. 1756–59 hielt er sich an den Höfen in Sankt Petersburg und Kopenhagen auf. Seine repräsentativen Porträts von Mitgliedern des Hochadels werden von den lebendigen Bildnissen bürgerl. Charakters übertroffen.
Tocqueville [tɔk'vil], Charles Alexis Henri **Clérel de** [kle'rɛl-], frz. Staatsdenker und Politiker, * Verneuil-sur-Seine (Dép. Yvelines) 29. 7. 1805, † Cannes 16. 4. 1859; aus alter normann. Adelsfamilie. T. wurde 1827 Richter am Gericht von Versailles und bereiste 1831/32 im Auftrag der frz. Reg. die USA, um dort den Strafvollzug zu studieren. Ihn interessierte bes. die Struktur des amerikan. Reg.-Systems, das er nach seinem Ausscheiden aus dem Dienst (1832) einer scharfsinnigen Analyse unterzog. 1835–40 erschien sein vierbändiges Hauptwerk ›De la démocratie en Amérique‹ (dt. ›Die Demokratie in Amerika‹). Die Beschreibung der demokrat. Gesellschaft in den USA diente als Rahmen für allgemeine Gedanken über Demokratie, in der er die zukünftige Organisationsform zivilisierter Gemeinwesen erkannte. T. wurde 1841 Mitgl. der Académie française. Als Abg. (seit 1839) bekämpfte er von einem liberalen Standpunkt aus die Politik F. GUIZOTS. Trotz seiner Zurückhaltung gegenüber der Revolution von 1848 stellte er sich als Mitgl. der Nationalversammlung und von Juni bis Oktober 1849 als Außen-Min. in den Dienst der Zweiten Republik. Er verurteilte die Präsidentschaftskandidatur LOUIS NAPOLÉONS und schied nach dessen Staatsstreich endgültig aus der Politik aus. 1856 erschien sein zweites großes Werk: ›L'ancien régime et la révolution‹ (dt. ›Der alte Staat und die Revolution‹). T. zeigte, dass die Entwicklung zur demokrat. Gleichheit lange vor der Frz. Revolution begonnen hatte, dass schon im Absolutismus mit seinen zentralist. und nivellierenden Tendenzen jener Prozess eingeleitet worden war, der durch die Entmachtung der Aristokratie die alte ständ. Ordnung zerstört und die Gesellschaft in eine Masse uniformer, isolierter Individuen verwandelt hat, die in Gefahr ist, dem Despotismus eines Diktators zu erliegen; gegen Konformismus und Unfreiheit propagierte T. staatl. Dezentralisierung, Gewaltenteilung und Stärkung des Sinns für bürgerl. Eigenverantwortung mit der Zielsetzung eines innenpolit. Gleichgewichts.

Ausgaben: Œuvres complètes, hg. v. JACOB P. MAYER, auf zahlr. Bde. ber. (¹⁻⁹1951 ff.). – Werke u. Briefe, hg. v. DENS., 2 Bde. (1959–62); Das Zeitalter der Gleichheit. Ausw. aus Werken u. Briefen, hg. v. S. LANDSHUT (²1967).

H. DITTGEN: Politik zw. Freiheit u. Despotismus. A. de T. u. Karl Marx (1986); M. HERETH: T. zur Einf. (1991); A. JARDIN: A. de T. Leben u. Werk (a. d. Frz., 1991).

Alexis Clérel de Tocqueville

Tod

Tod [ahd. tōt, zu touwen ›sterben‹, eigtl. ›betäubt, bewusstlos werden‹], Zustand eines Organismus nach dem irreversiblen Ausfall der Lebensfunktionen. Als Abschluss des Alterungsprozesses, dem jedes Lebewesen von Geburt an unterworfen ist, ist der T. genetisch programmiert und somit ein in der organ. Verfassung des Lebens begründetes biolog. Ereignis; nur Einzeller besitzen eine potenzielle Unsterblichkeit, da ihre Zellteilungen unter geeigneten

Schlüsselbegriff

Tod

Bedingungen auch über Tausende von Generationen keine Alterungsvorgänge erkennen lassen. – Von dem T. anderer Lebewesen unterscheidet sich der menschl. T. dadurch, dass der Mensch mit dem Bewusstsein seiner eigenen Sterblichkeit begabt ist und daher bes. der menschl. T. ebenso wie das →Leben über die biolog. Fakten hinaus auch metaphys. Erklärungen herausfordert.

Biologische und medizinische Aspekte

Leben ist an die drei naturwiss. determinierten Hauptkategorien Struktur, Funktion und Stoffwechsel gebunden. Sie bilden ein System, d. h. einen Komplex von Elementen, die untereinander so in Wechselwirkung stehen, dass der Ausfall eines Systemglieds zum Untergang des Gesamtsystems, zum T., führt. Dies gilt für alle Stufen in der Hierarchie des Lebendigen, angefangen bei der DNA (Desoxyribonukleinsäure) bis zum Gesamtorganismus. Es ist eine biolog. Gesetzmäßigkeit, dass jeder vielzellige Organismus einmal stirbt. Wenn man den T. naturwiss. als irreversiblen Stillstand aller lebenserhaltenden und lebensbestimmenden Merkmale definiert (zelluläre Organisation, Stoffwechsel und transport, Wachstum und Differenzierung, Reizbeantwortung, Wahrung der Individualität, Fortpflanzung und Vererbung, Evolution), wird deutlich, dass diese Definition nicht befriedigen kann, da sie die Kategorie des Geistigen nicht erfasst, dessen Verlust im Sterben bes. nachhaltig in Erscheinung tritt. Sterben und T. sind eng miteinander verflochten. Sterben ist der Übergang vom Leben in den T. Abgesehen von Todesfällen, die durch äußere Gewalteinwirkungen zur plötzl. Vernichtung des Lebens führen, ist Sterben ein allmähl. Übergang mit einem stufenweisen Abbau der Lebensfunktionen, zu dem der zunehmende Mangel an Sauerstoff infolge der abnehmenden Blutzirkulation den wichtigsten Kausalfaktor bildet. Dabei ist bekannt, dass die Überlebenszeit der Organe und Organsysteme bei komplettem Sauerstoffmangel sehr verschieden ist, was belegt, dass Sterben und T. eines Organismus zeitlich dissoziiert sind. Diese Erkenntnis führt zu der wichtigen und ärztlich bedeutungsvollen Unterscheidung von klinischem und biolog. Tod.

Der **klinische T.** umfasst Merkmale ausgefallener Funktionen, die als unsichere Todeszeichen zu bewerten sind: Herzstillstand, Pulslosigkeit, Atemstillstand, Areflexie, Bewusstlosigkeit, Hautblässe und Temperaturabfall. Bei tiefer Bewusstlosigkeit mit klinisch nicht mehr wahrnehmbaren Lebensäußerungen (z. B. akute Vergiftung) kann der Anschein des T. erweckt werden, obwohl mithilfe des Elektroenzephalogramms (EEG) und des Elektrokardiogramms (EKG) noch elektr. Aktivitäten nachweisbar sind. Diese Vita reducta bzw. minima (umgangssprachlich →Scheintod) ist zeitabhängig reversibel und lässt sich durch manuelle und apparative Reanimation vielfach überwinden. Im Zentrum steht dabei die Wiederherstellung von Kreislauf und Atmung zur Sauerstoffversorgung aller Organe. Die Reanimation erfährt ihre Grenzen am Gehirn, dessen Wiederbelebungszeit in Abhängigkeit von der Körper- und Außentemperatur zw. 6 und 10 min liegt. Jenseits dieser Zeitspanne entstehen am Zentralnervensystem irreversible strukturelle Schäden, die mit dem Leben nicht vereinbar sind.

Das Wissen um zeitlich abgestufte Wiederbelebungszeiten der Organe (z. B. 6 Stunden für die Niere) ist von grundsätzl. Bedeutung für die Organtransplantation. Die Organentnahme zur →Transplantation hat die Frage aufgeworfen, wann ein Mensch für tot erklärt werden kann, da die Zeichen des klin. T. allein dies nicht erlauben. Unter Berücksichtigung medizinischer, eth. und jurist. Gesichtspunkte wird der Organ-T. des Gehirns dem T. des Menschen (Individual-T.) gleichgesetzt, da mit dem Erlöschen der Hirnfunktionen die für jedes menschl. Leben unabdingbaren Voraussetzungen entfallen. Der **Hirn-T.** ist der vollständige und irreversible Ausfall der integrativen Groß- und Stammhirnfunktionen bei nur noch künstlich aufrechterhaltenem Kreislauf. Die Fortführung einer Behandlung nach festgestelltem Hirn-T. ist aussichtslos.

Mit dem Hirn-T. ist das Ende des Organismus in seiner funktionellen Ganzheit definiert, wobei nicht gleichzeitig der T. aller Einzelteile vorausgesetzt werden kann. Das Sterben der Einzelzellen ist ein progredienter, organabhängiger Vorgang (Stadium des intermediären Lebens), der nach dem Absterben aller Zellen im (absoluten) **biologischen T.** sein Ende findet.

Nach Eintritt des klin. T. bilden sich in einer bestimmten zeitl. Abfolge die sicheren Todeszeichen (Totenflecke, Totenstarre, Autolyse, bakteriell bedingte Fäulnis) aus, die für die äußeren Leichenschau durch den Arzt die Grundlage für die Feststellung des eindeutigen T. bilden. Ihre Ausprägung ermöglicht in gewissem Umfang eine Abschätzung des Zeitpunktes für den Todeseintritt. Im Zusammenhang mit der Leichenschau und der Pflicht zur Ausfüllung des Totenscheines ist der Arzt verpflichtet, den natürl. T. vom unnatürl. T. zu unterscheiden. Der **natürliche T.** ist die Folge von Krankheiten, zum **unnatürlichen T.** kommt es durch von außen einwirkende Einflüsse (Gewalt, Unfall, Vergiftung) oder infolge eines Suizids. Für die Feststellung des T. bei der äußeren Leichenschau muss mindestens eines der sicheren Todeszeichen vorliegen. Im Zweifelsfall sind unverzüglich Reanimationsmaßnahmen einzuleiten. Wenn durch die äußere Leichenschau die Todesursache nicht sicher festzustellen ist, ist eine innere Leichenschau (Obduktion) erforderlich.

Thanatopsychologie

Die interdisziplinär ausgerichtete wiss. Erforschung von Sterben und T. wird als Thanatologie bezeichnet. Sie berührt sowohl medizin. als auch psycholog., soziolog., philosoph., theolog. und jurist. Aspekte des Themas. Thanatopsychologie befasst sich mit den Auswirkungen, die der T. als imaginatives oder reales Ereignis auf das Verhalten und Erleben von Menschen hat. Mittels empir. Studien wird Grundlagen- und anwendungsorientierte Forschung betrieben, deren Erkenntnisse u. a. für die psychosoziale Betreuung Sterbender im Sinne der Sterbebegleitung (→Sterbehilfe) nutzbar gemacht werden. Die Gesamtheit der kognitiven Bewusstseinsinhalte (Begriffe, Vorstellungen, Bilder), die einer Person zur Beschreibung und Erklärung des T. zur Verfügung stehen, wird **Todeskonzept** genannt. Die kindl. Entwicklung unterschiedl. ›Subkonzepte‹ wie der Einsicht in das Aufhören aller Körperfunktionen (Nonfunktionalität), in die Kausalität, Universalität und Irreversibilität des T. zeigt Parallelen zur geistesgeschichtl. Genese des Todesbewusstseins. Drei- bis fünfjährige Kinder betrachten Totsein als abgestuftes Lebendigsein und als vorübergehenden Zustand (vorgestellt als Schlaf oder Reise), der durch äußere Gewalteinwirkung herbeigeführt wird. Erst etwa ab dem zehnten Lebensjahr können Kinder den T. logisch und biologisch richtig kennzeichnen. Er wird als das unausweichl. und endgültige Aufhören der Körperfunktionen begriffen.

Einer der Hauptforschungsgegenstände der Thanatopsychologie ist die Angst vor dem Sterben (z. B.

vor Schmerz, Isolation), Angst vor dem Totsein (z. B. keine Erfahrung mehr machen zu können, Sorge um die Angehörigen) und Angst vor dem Danach (z. B. psych. Zerstörung, Rechenschaft ablegen zu müssen). Diese Ängste können sich auf die eigene Person beziehen oder aber auf eine nahe stehende andere. Einige wichtige Befunde: Frauen berichten mehr über Furcht oder Angst vor dem T. als Männer, was nicht notwendigerweise bedeutet, dass Frauen größere Angst haben, sondern eher dass sie für emotionale Erfahrungen offener sind. Höhere Angstwerte haben Heranwachsende und junge Erwachsene, und zwar im Vergleich mit anderen Zeitpunkten der Lebensspanne. Ältere Erwachsene geben tendenziell weniger Angst vor dem T. an als jüngere Erwachsene. Sterbende Personen haben nicht unbedingt stärkere todbezogene Ängste; sie können aber andere schwerwiegende Befürchtungen haben, z. B. in Bezug auf Schmerzen, finanzielle Probleme oder das Wohlergehen der Angehörigen. In einzelnen Fällen sind andere Ängste hinter der Angst vor T. und Sterben verborgen; todbezogene Ängste können sich in gleicher Weise in anderen Besorgnissen oder psych. Störungen manifestieren. Personen unterscheiden sich in starkem Maße darin, was genau am T. ihnen Angst macht. Deshalb ist auch eine Unterscheidung der versch. Quellen todbezogener Ängste wichtig. Die Angst kann ganz zurücktreten, wenn T. z. B. als friedl. Lebensende, als Erlösung von Leiden und Schmerzen erfahren oder mit Hoffnungen auf ein Jenseits verbunden wird.

Die ›Phasenlehren‹ zur psycholog. Beschreibung des Sterbeprozesses werden aufgrund unzureichender empir. Grundlagen und mangelnder Differenzierung hinsichtlich der Individualität des Sterbenden eher im Sinne einer vorläufigen Orientierung gewertet und sind umstritten. Das von ELISABETH KÜBLER-ROSS (* 1926) vorwiegend an Krebskranken entwickelte Schema geht von fünf Phasen aus: Einer Phase der Verneinung und des Nicht-wahrhaben-Wollens folgt eine Phase des Zornes und der Auflehnung. In einer dritten Phase kommt es zu einem ›Verhandeln‹ mit dem Schicksal (z. B. religiöse Gelübde), worauf eine Phase der Depression folgt. Die letzte Phase ist durch die Annahme der unabwendbaren Realität des T. gekennzeichnet. Erlebnisberichte von reanimierten ›klinisch tot‹ gewesenen Personen (›Nahtod-Erfahrungen‹), wie sie u. a. von RAYMOND A. MOODY gesammelt wurden, deuten auf positive Empfindungen während des Sterbens. Berichtet wird u. a. von einem Lebenspanorama (zeitrafferartige Rückschau auf das eigene Leben), außerkörperl. Wahrnehmung und einem Tunnelerlebnis, d. h. einer Wahrnehmung des Sterbens als Durchgang durch einen finsteren Tunnel, an dessen Ende ein Licht sichtbar wird, das die betroffene Person nicht erreicht. In der empir. Forschung, für die die Existenz von Todesnäheerlebnissen nicht mehr umstritten ist, geht es zum einen um die Bedingungen dieser Erfahrungen, die in der Person oder in der zum Erlebnis auslösenden Situation zu suchen sind, zum anderen um die Interpretation der Erlebnisse. Wissenschaftlich nicht haltbar ist die Deutung solcher Berichte als Beleg für ein Jenseits (MOODY) oder als Hinweis auf die Trennung einer unsterbl. Seele vom Körper (KÜBLER-ROSS).

Tod als kulturelles Phänomen

Zur geistesgeschichtl. Genese des Todesbewusstseins wird angenommen, dass sich zunächst eine Einsicht in die Unvermeidlichkeit des T. (literarisch erstmals greifbar im Gilgamesch-Epos), dann in die Endgültigkeit des T. ausgebildet hat. Mit dem Gewahrwerden der Unausweichlichkeit des T. wurde diese Bedrohung in eine Sinnwelt eingeordnet und damit in menschlich-gesellschaftl. Lebensvollzüge in Analogie zu den Lebens- und Sterbeprozessen in der Natur integriert.

Älteste Belege für eine sinnbezogene Aneignung des T. bieten archäol. Zeugnisse aus der Altsteinzeit, die auf Begräbnisriten und den Glauben an ein Fortleben nach dem T. schließen lassen. Aufgrund der kultur- und zeitbedingten Verschiedenheit der Todesauffassungen kann von einer ›Geschichte des T.‹ gesprochen werden. Ihren Niederschlag findet sie in Religion, Philosophie, Wiss. und Kunst.

Religiöse Sinndeutungen: Alle Religionen bieten eine Sinngebung von Leben und T., die in soziale und kosm. Zusammenhänge gestellt werden. Oft wird der T. als eine veränderte Zuständlichkeit des Menschen dem Eingriff einer göttl. Macht zugeschrieben.

In der altägypt. Religion galt der T. als Durchgang durch das Nichtsein zu einem erhöhten Sein in Osiris' Reich. Einbalsamierung, Grabbeigaben und entsprechende Begräbnisstätten, bes. die Pyramiden, dienten der Bewahrung des ganzen Körpers für das neue Leben. In späterer Zeit sollten die Formeln der Totenbücher vor den Gefahren des Jenseits und einem ungünstigen Ausgang des Totengerichts schützen.

In Buddhismus und Hinduismus bewirkt der T. – konkret z. B. im Moment der Totenverbrennung – eine Auflösung des Körpers in seine Bestandteile. Die das Individuum konstituierenden Kräfte (Dharmas) im Buddhismus, bzw. im Hinduismus die individuelle Seele, gehen in ein neues Wesen (Pflanze, Tier, Mensch) ein. Nach dem moral. Vergeltungsprinzip aller Taten (Karma) bestimmt die vorherige Existenz die Qualität der Folgeexistenz. Vollkommene Weltentsagung ermöglicht eine Erlösung aus diesem Kreislauf unzähliger Wiedergeburten (Samsara) durch Eingehen in das →Nirvana.

Das A. T. als Grundlage der Todeskonzeption im Judentum kennt keine einheitl. Todeskonzeption, doch werden T. und Leben nicht allein für sich, sondern in Rückbindung an Jahwe, den Herrn über Leben und T. (4. Mos. 27, 16; 1. Sam. 2, 6), verstanden. Bei Jahwe ist Leben; T. ist dementsprechend Nicht-Leben und Gottesferne, verkörpert durch die Vorstellung von der →Scheol. Der Totenkult spielt keine Rolle. Trost angesichts des T. spendet allein das absolute Vertrauen in Jahwe (Hiob 1, 21). ›Alt und lebenssatt‹ (1. Mos. 25, 8; Hiob 42, 17) zu sterben bedeutet einen guten T. zu haben. In späteren Schriften findet sich die Hoffnung auf Auferstehung (Dan. 12, 1–3) bzw. auf ein Sein bei Jahwe (Weisheitsliteratur).

Im N. T. wird die geistige Dimension von Leben und T. v. a. in den Schriften des PAULUS ausgeführt: Leben als Daseinsweise des Gläubigen und Gottesbeziehung, T. als Ausdruck und Folgeerscheinung der Sünde im Sinne von menschl. Zerrissenheit, Nichtigkeitsverfallenheit und Gottesferne (Röm. 5, 12). Indem sich das wahre Wesen von Leben und T. christozentrisch – von Leben, T. und Auferstehung JESU CHRISTI her – erschließt, geht das Christentum von der Gewissheit aus, dass mit der Auferstehung und dem neuen Leben JESU CHRISTI die Macht des T. prinzipiell überwunden ist (Joh. 11, 25 f.; Röm. 6, 8–11). Der leibl. T. gibt dem Leben eines Menschen mit seinen Grundentscheidungen eine letzte Gültigkeit, macht es ›endgültig‹ und nimmt die im Glauben Verstorbenen in die ewige Gemeinschaft mit Gott (den ›Himmel‹) auf. Die wissentlich und willentlich im Unglauben Verstorbenen dagegen verharren nach dem T. endgültig in der Gottesferne und -verlassenheit (→Hölle).

Tod Tod

Der Islam betrachtet den T. als in die Schöpfung eingeplantes und von Gott gesetztes Ereignis, das den Übergang zu einem neuen Leben darstellt und im Koran als die Heimkehr der Verstorbenen zu ihrem Herrn (Sure 6, 164) beschrieben wird. Je nachdem, ob der Mensch sein ihm von Gott gegebenes Leben im Einklang oder Widerspruch zu dessen Willen geführt hat, erwarten ihn nach seinem T. das Paradies als Ort der immer währenden Freundschaft Gottes oder die ewige Hölle (Sure 2, 81 f.).

Der T. in der Philosophie: Die philosoph. Grundfrage nach dem Sinn menschl. Existenz im Zusammenhang alles Seienden wird häufig zus. mit der Frage nach dem Sinn des T. gestellt. Diese wiederum stellt sich in versch. Teilfragen: 1) Was ist der T.? Ist er z. B. Trennung von Leib und Seele oder ist er Ende persönl. Identität? 2) Gibt es eine Hoffnung über den T. hinaus? 3) Erkenntnistheoretisch wird nach dem Woher und dem Wie des Wissens vom T. und nach der Verstehbarkeit des T. gefragt. Von der Beantwortung der ersten beiden Fragen abhängig ist 4) die Frage: Wie sollen wir uns zum T. stellen?

Die bis in die Gegenwart reichende Vorstellung von der Unsterblichkeit der Seele im Ggs. zur Sterblichkeit des Leibes geht v. a. auf PLATON zurück. In seinem Dialog ›Phaidon‹ definiert er den T. als Befreiung der Seele vom Körper, dem ›Grab der Seele‹. Ein anderes Todeskonzept entwickelte in der Antike EPIKUR: Beim T. fallen die Atome des Körpers und der Seele auseinander; jede Wahrnehmungsfähigkeit endet. Somit geht der T. uns nichts an, ›denn solange wir sind, ist der T. nicht da; und wenn der T. da ist, sind wir nicht mehr‹.

Tod:
Reitender Tod mit Pfeil und Bogen und der Tod als Sensenmann; Holzschnitt aus einer Druckausgabe von Johannes von Tepls ›Der Ackermann aus Böhmen‹ von 1461

Die Philosophie der Neuzeit zeichnet sich durch eine zunehmende Individualisierung des T. (›Jemeinigkeit‹) aus. Nach R. DESCARTES ist T. lediglich ein biolog. Vorgang, eine ›Funktionsstörung‹ der Maschine Körper, die die individuelle unsterbl. Seele nicht betrifft. I. KANT betrachtet die Unsterblichkeit der individuellen Seele als ein Postulat der prakt. Vernunft. Da das menschl. Leben zu kurz ist, um die im allgemeinen Sittengesetz postulierte sittl. Vollkommenheit, das ›höchste Gut‹, zu erreichen, ist eine Fortexistenz der Persönlichkeit des Menschen quasi ›moralisch‹ notwendig.

L. FEUERBACH führte den Topos vom ›natürl. T.‹ ein. Der Alters-T. ist ›naturgemäß‹ und nicht zu fürchten. Die endgültige Realität des T. ist vom Einzelnen hinzunehmen ohne jeden Trost auf eine persönl. Unsterblichkeit im Jenseits. Hoffnung bietet einzig die biolog. Unsterblichkeit in den Nachkommen bzw. das Fortleben im Gedächtnis späterer Generationen. Im marxist. Denken wird der T. des Einzelnen gesellschaftl. Zielen untergeordnet und als ›Sieg der Gattung über das bestimmte Individuum‹ (K. MARX) interpretiert. Der ›Rote Held‹ (E. BLOCH) kommt ohne den ›überkommenen Trost‹ aus und geht bewusst in das Nichts.

Im Ggs. zur epikureischen und zur materialist. Auffassung führt in der →Existenzphilosophie die Ablehnung ontisch-jenseitiger Spekulation und die Annahme des T. als eines absoluten Endes individuellen Lebens zu einem Selbstverständnis des Menschen aus seiner eigenen Endlichkeit. Die Bedeutung des T. liegt im Leben jedes einzelnen Menschen, insofern seine →Existenz über die Welt auf ein Unbedingtes hinausweist, das in ›Grenzsituationen‹ wie dem T. als Transzendenz erfahren werden kann (K JASPERS). Menschl. Existenz ist ›Sein zum Tode‹, ein ›Vorlaufen in den T.‹ (M. HEIDEGGER). Jedoch ist T. nicht unbedingt ein Sinngeschehen, sondern kann auch als eine Vernichtung jeden Sinngeschehens und als absurde Tatsache (J.-P. SARTRE, A. CAMUS), als Inbegriff der Absurdität menschl. Daseins, aufgefasst werden.

Die *literar.* Gestaltung des T. ist in erster Linie Ausdruck der jeweiligen Epoche und Kultur eigenen Welt- und Sinndeutung, v. a. hinsichtlich der Bewertung einer Transzendenz, von der her der T. begriffen und gedeutet werden kann. Je klarer und verbindlicher im Sinne einer gesamtgesellschaftl. Akzeptanz und Verankerung die Vorstellungen hierüber sind, desto weniger fragwürdig und sinnzweifelnd ist die literar. Darstellung der Todeserfahrung. So ist in der Literatur des europ. MA. der T. nicht nur allgegenwärtige und öffentl. Realität, sondern in erster Linie eine von der christl. Heilsgewissheit her erfahrene notwendige – wenn auch mit Blick auf Gericht, Himmel und Hölle nicht furchtlos erwartete – Durchgangsstation. Ausdruck dessen ist nicht nur die geistl. Dichtung (z. B. Memento-mori-Gedichte des 11. und 12. Jh., ›Millstätter Sündenklage‹, 12. Jh.), sondern auch die selbstverständl. Hereinnahme des T. in die Sphäre der held. ›Vita activa‹ sowohl in der althochdt. und mittelhochdt. Heldendichtung (z. B. ›Hildebrandslied‹, 9. Jh.; ›Nibelungenlied‹, um 1200) als auch im höf. Roman (HARTMANN VON AUE, ›Erec‹, 12. Jh.). Einen gewissen Wendepunkt stellt ›Der Ackermann aus Böhmen‹ (um 1400) des JOHANNES VON TEPL dar. Hier triumphiert das lebensbejahende Prinzip vorübergehend über den Tod.

Der mittelalterl. Welt- und Jenseitsdeutung diametral entgegengesetzt und paradigmatisch noch für die Gegenwart ist der literar. Umgang mit dem T. seit dem 18. Jh. Von nun an wird der T. in zunehmendem Maße nicht mehr religiös, sondern säkular gedeutet. Er wird nicht mehr auf ein Weiterleben nach dem T. oder ein Jenseits hin verstanden, sondern erscheint als individuell interpretierbares, rein individuelles Ereignis. Literar. Thema wird daher zunehmend der Prozess des Sterbens wie auch die gesellschaftl. Umwelt des Sterbenden. Dabei kommt es auch zu einer neuen literar. Neubewertung des Freitodes, der, wie z. B. in GOETHES ›Die Leiden des jungen Werthers‹ (1774, Neufassung 1787), nunmehr eine in früheren Epochen kaum mögliche ästhet. Instrumentalisierung erfährt. Im Übergang vom 19. zum 20. Jh. wird daneben ein Prozess deutlich, der

Tod

den T. – wie auch andere existenzielle Grunderfahrungen des Menschen – aus den letzten Verbindungen dichter. Bemühungen um Sinnstiftung bzw. Rückbindung an metaphys. Fragestellungen (wie z. B. bei L. N. TOLSTOJ, F. M. DOSTOJEWSKIJ) herauslöst und ihn zu einer Metapher der menschl. Orientierungslosigkeit, der Vereinzelung und des Ausgeliefertseins macht (so z. B. bei F. KAFKA, A. STRINDBERG, S. BECKETT, T. BERNHARD). Nicht zuletzt hat die im 20. Jh. allgegenwärtige Erfahrung des Massensterbens und -tötens zu einer für den Einzelnen unausweichl. Konfrontation mit diesen Ereignissen geführt, die dort, wo sie sich aus der Sprachlosigkeit löste, u. a. in einer komplexen literar. Gestaltung des →Krieges, seiner Schrecken und Folgen ihre Verarbeitung fand.

In der *bildenden Kunst* finden sich seit der Antike die vielfältigsten Personifikationen des T. In der griech. Kunst erschien er z. B. als geflügelter Jüngling (Thanatos, der Bruder des Schlafes Hypnos) oder als Genius mit gesenkter Fackel. In der Spätantike trat der T. auch als Skelett auf, das als Memento mori, aber auch als Aufforderung, das Leben zu genießen, gedeutet wurde. Die christl. Ikonographie des MA. personifiziert den T. als von CHRISTUS besiegte Gestalt und als Töter der Menschen. Dabei erscheint der T. in der roman. Tradition meist als Frau, z. B. im Fresko ›Triumph des Todes‹ von F. TRAINI im Camposanto in Pisa (um 1340–50) als Furie mit Fledermausflügeln und Sense. Diese und ähnl. Darstellungen betonen die Gnadenlosigkeit des T. In N-Europa wurde der T. als Töter der Menschen seit dem Spät-MA. unter dem Eindruck der Pestepidemien zunehmend als verwesender Leichnam oder als Skelett wiedergegeben, oft dargestellt

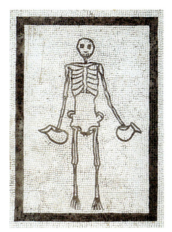 

Tod: links Der Tod als Mundschenk; römisches Fußbodenmosaik aus Pompeji (Neapel, Museo Archeologico Nazionale); rechts HAP Grieshaber ›Tod und Kaufmann‹; Gouache zum ›Totentanz von Basel‹, 1966 (Stuttgart, Staatsgalerie)

Tod: Hans Baldung, genannt Grien, ›Die drei Lebensalter des Weibes und der Tod‹; um 1510 (Wien, Kunsthistorisches Museum)

als apokalypt. Reiter oder Kriegsmann (A. DÜRER), auch als Schnitter, Jäger oder Totengräber mit charakterist. Attributen (Schwert, Sense, Pfeil und Bogen). Diese Personifizierungen waren als Warnung vor einem plötzl. T. und als Ermahnung zu einem bußfertigen Leben gedacht. Die das Spät-MA. bewegenden Todesgedanken fanden bildl. Ausdruck v. a. auch im →Totentanz. Diese Darstellung von Menschen jeden Alters und Standes, die mit Toten einen Reigen tanzen, weist auf die Gleichheit aller Menschen vor dem T. hin. Mit der Auflösung des Totentanzes in einen Zyklus von Einzelszenen erfolgte auch die Verselbstständigung einzelner Motive, die die Allgegenwart des T. veranschaulichen: ›Der T. und das Mädchen‹ (H. BALDUNG, N. MANUEL), ›Der T. und der Jüngling‹ (HAUSBUCHMEISTER), ›Der T. und die Landsknechte‹ (U. GRAF). Seine Macht vergegenwärtigte bes. eindringlich P. BRUEGEL D. Ä. im ›Triumph des T.‹ (um 1562; Madrid, Prado). Seit dem späten 16. Jh. finden sich T. und Todesallegorien oft an Grabmälern; am aufwendigsten und eindrucksvollsten wurden sie zur Zeit des Barock gestaltet. Der Klassizismus orientierte sich an der antiken Todesauffassung. Etwa von der Mitte des 19. Jh. an entwickelte sich in der profanen Kunst ein neues Interesse an Todesdarstellungen (R. BRESDIN, F. ROPS, A. BÖCKLIN), das im Symbolismus der Jahrhundertwende seinen Höhepunkt erreichte (M. KLINGER, J. ENSOR). Im 20. Jh. wird die Todesthematik v. a. in der Grafik aufgegriffen (KÄTHE KOLLWITZ, A. KUBIN, F. MASEREEL, O. DIX, HAP GRIESHABER, A. HRDLICKA, H. JANSSEN). Schwerpunkte bilden Arbeiten, die die sehr persönl. Auseinandersetzung des Künstlers mit dem T. dokumentieren oder die den Krieg und seine verheerenden Folgen anklagen.

Weltweit wird der T. auch in der *Musik* thematisiert, versch. nach Kulturen und Zeiten und in unauslotbarer Unterschiedlichkeit ihrer Faktur, ihres Empfindungs- und Symbolgehalts. Im Mittelpunkt der christlich-europ. Kultmusik steht hier das Requiem, die kath. Messe für Verstorbene, in der im 13. Jh. die Sequenz ›Dies irae‹ als Hinweis auf das Gottesgericht am Jüngsten Tag eingefügt wurde. Seit dem 15. Jh. (J. OCKEGHEM) ist das Requiem auch mehrstimmig vertont worden mit Höhepunkten bei W. A. MOZART, L. CHERUBINI, H. BERLIOZ

Tod

und G. VERDI, im 20. Jh. u. a. bei B. BRITTEN, G. LIGETI und I. STRAWINSKY, K. PENDERECKI, H. W. HENZE bis hin zu JAKOB ULLMANNS (* 1959) ›Lied des verschwundenen Engels‹ (1989), einer Art Requiem für die Opfer polit. und religiöser Verfolgung. Auf ev. Seite sind die ›Musical. Exequien‹ (1636) von H. SCHÜTZ ein überragendes Zeugnis seiner Begräbnismusik, während ›Ein dt. Requiem‹ (1866-68) von J. BRAHMS einen intendiert interkonfessionellen Charakter hat. – In ihrer langen Geschichte, mit Höhepunkt bei J. S. BACH, erfassen die Passionsmusiken das Sterben JESU in immer wieder neuer christolog. Auslegung, zu der auch Werke wie die Passionskantate ›Der Tod Jesu‹ (1755) von C. H. GRAUN oder die Orchesterkomposition ›Die sieben Worte des Erlösers am Kreuz‹ (1785) von J. HAYDN gehören.

Der Totentanz erfasst seit dem 16. Jh. im Anschluss an poet. und bildner. Darstellungen auch musikalisch den Tanz der Toten oder des T. mit den Lebenden, bis hin zu dem ›Totentanz, Paraphrase über Dies irae‹ (1849) für Klavier und Orchester von F. LISZT oder der sinfon. Dichtung ›La danse macabre‹ (1874) von C. SAINT-SAËNS. Zahlr. andere musikal. Formen und Gattungen gehören in den Bereich der Klage und des Trostes, der Ehrung und des Andenkens angesichts des T., so die Klagemusik des Lamentos und der Plainte und bes. das frz. Tombeau des 16. und 17. Jh., ein Instrumentalstück zum Gedächtnis an bekannte Persönlichkeiten, im 20. Jh. wieder aufgenommen durch ›Hommage à ...‹- Kompositionen u. a. von C. DEBUSSY, M. RAVEL, P. BOULEZ, W. LUTOSŁAWSKI und W. RIHM. Auch etwa das Lied (F. SCHUBERT, ›Erlkönig‹, ›Der Tod und das Mädchen‹; G. MAHLER, ›Kindertotenlieder‹), die Sinfonie (MAHLER, 2. Sinfonie, gen. ›Auferstehungs-Sinfonie‹), das Konzert (A. BERG, Violinkonzert) setzen sich in vielfältiger Weise mit dem T. auseinander. In der Oper reicht die Darstellung des T. vom Racheakt bis zum Liebestod, vom Intrigenmord bis hin etwa zu VIKTOR JOSEF ULLMANNS (* 1898, † 1944) Theresienstadt-Oper ›Der Kaiser von Atlantis oder Die Todverweigerung‹ (1944) mit ihrer Anspielung auf das Völkermorden HITLERS. Wo immer auch die Musik das Phänomen des T. ins Ästhetische transformiert, stellt sich die Frage, ob T. als Ende der menschl. Existenz überhaupt in der Ästhetisierung durch Kunst fassbar ist.

Soziologische Aspekte

Einstellungen und Verhalten des Menschen zum T. unterliegen gesellschaftl. Deutesystemen, Normen und Gebräuchen. Ein Beispiel für die unterschiedl. Auswirkung solcher sozialen Standardisierungen ist die Wertung des plötzlich eintretenden T. Gilt in unserer heutigen Gesellschaft diese Todesform vielen als ›schöner T.‹, so war im christl. MA. der ›jähe T.‹ extrem angstbehaftet, weil er keine Zeit zur rechten Sterbevorbereitung nach den Regeln der →Ars Moriendi ließ. Ein Entwicklungsmodell der Einstellungen des abendländ. Menschen zum T. bietet P. ARIÈS, wobei die einzelnen Phasen nicht als striktes chronolog. Hintereinander aufzufassen sind: Bis ins 12. Jh. sei der ›gezähmte‹, d. h. der erwartete und auf sich genommene T. dominant gewesen. Ihm folgte der ›eigene T.‹, eine Phase zunehmender Individualisierung zw. dem 13. und 18. Jh., die vom ›T. des anderen‹ mit Schwerpunkt auf den Gefühlen beim Verlust eines geliebten Menschen abgelöst wurde. Die Gegenwart sei durch den ›ins Gegenteil verkehrten T.‹, d. h. den ›verbotenen‹ und ›heimlichen‹ (d. h. aus dem öffentl. Leben ausgegrenzten) T., gekennzeichnet.

Diese Benennungen ARIÈS' basieren auf einer Theorie M. SCHELERS, nach der Arbeits- und Erwerbstrieb sowie Rastlosigkeit als Kennzeichen des modernen Menschen den Todesgedanken verdrängen, und zwar über das Maß der vital zweckmäßigen Todesverdrängung hinaus. Weiter geht E. BECKER mit seiner Auffassung, dass es das Schicksal des Menschen ist, den T. auf die eine oder andere Art zu verleugnen. Dies erzwingt allein die Tatsache, dass uns unsere eigene Sterblichkeit bewusst wird. Die Idee des T. und die damit verbundene Angst treibt den Menschen an; sie motiviert ein Verhalten, das hauptsächlich der Verleugnung dient. In der Verdrängungshypothese wird ein aus der Psychoanalyse stammender Begriff, der das Abdrängen (nicht: Unwirksammachen) unlustbetonter Bewusstseinsinhalte in das Unbewusste durch das Individuum bezeichnet, auf die Gesellschaft übertragen. Stützen findet diese Theorie im Verhalten gegenüber dem Sterben, der Thanatopraxis, der Moderne. Der Umgang mit Sterbenden, Toten und Trauernden wird zunehmend Experten übertragen und verliert damit an Öffentlichkeit. Mehr als 60 % aller Sterbefälle sind im Krankenhaus oder Altenheim zu verzeichnen (Institutionalisierung des Sterbens). Diese ›Auslagerung‹ und Spezialisierung im Umgang mit Sterben und T. findet jedoch ihre Entsprechung in anderen Lebensbereichen (z. B. in der Übertragung von Erziehungsfunktionen aus der Familie auf die Schule und andere Institutionen) und ist nicht nur in einer hoch entwickelten Medizin, sondern auch in veränderten Familienstrukturen und Lebensbedingungen begründet. Auch Indizien wie die Tendenz zur sprachl. Verschleierung und Beschönigung des T., die Reduzierung der Artikulationsmöglichkeit Trauernder auf die Privatsphäre und nicht zuletzt die im Gespräch mit Trauernden sowie mit Kranken und deren Angehörigen über den letalen Verlauf einer Krankheit auftretenden Kommunikationshemmungen weisen auf eine Tabuisierung des T. hin, die mit derjenigen der Sexualität in früherer Zeit verglichen worden ist (ARIÈS). Gegen die Theorie von der Todesverdrängung spricht auch der Erfolg der Hospizbewegung, die sich gegen die verborgenen oder unausgesprochenen Standards, nach denen Sterbende behandelt werden, wendet. Diese von Bürgerinitiativen getragenen Einrichtungen bieten unheilbar Kranken und ihren Familien materielle und ideelle Unterstützung an, damit sich ein würdevolles Sterben zu Hause oder – wenn nicht anders möglich – in der Klinik vollziehen kann. Vorbild für die inzwischen weltweit verbreiteten Institutionen ist die von CICELY SAUNDERS 1967 gegründete Klinik, das St. Christopher's Hospice in London.

Von anderer Seite wird die Theorie von der Todesverdrängung in den modernen Industriegesellschaften als zu pauschal und von einer konservativen Kulturkritik bestimmt verworfen (A. HAHN, W. FUCHS); vielmehr wird darauf hingewiesen, dass gerade jene Menschen, die am stärksten mit dem T. konfrontiert sind, viel von ihm reden und dass eine Häufung neuerer wiss. Publikationen T. fast zum ›Modethema‹ werden ließ. Diese Kritik geht jedoch eher vom psychoanalytisch geprägten Begriff der Individualverdrängung aus und trifft daher die Vertreter einer ›sozialen Verdrängung‹ auf ›Weltbildebene‹ (M. HORKHEIMER, T. W. ADORNO, A. NASSEHI, G. WEBER) kaum.

Die Ursache für die gesamtgesellschaftl. Ausblendung der existenziellen Bedeutung der Todesthematik scheint in einer fehlenden umfassenden Sinngebung des T. als Teil des Lebens und damit in der Struktur der Moderne selbst begründet zu sein.

Aufgrund der Differenzierung und Pluralität von Glaubenssystemen, Normen und Werten in der Gesellschaft sind keine universellen Sinndeutungen mehr möglich. Religionen nehmen ihre sinnstiftende Funktion nur noch partiell – auf Teilgruppen beschränkt – wahr. Eine menschlich-existenziell notwendige Sinngebung des T. scheint somit nur noch ›privat‹ möglich zu sein. Dabei kann das auf sich allein gestellte Individuum entweder aus dem existierenden Angebot religiöser und säkularer Sinndeutungen eine individuell als angemessen erscheinende Lebens- und Todesdeutung auswählen oder intrasubjektiv den eigenen T. durch das eigene Leben bzw. den T. anderer durch deren Leben und die eigene gelebte Beziehung zu diesen Personen deuten. Die grundlegende Alternative der Deutung des T. als eines Sinngeschehens oder als einer absurden Tatsache bleibt dabei bestehen.

A. HAHN: Einstellungen zum T. u. ihre soziale Bedingtheit (1968); L. PETZOLDT: Der Tote als Gast. Volkssage u. Exempel (Helsinki 1968); K. STÜBER: Commendatio animae. Sterben im MA. (Bern 1976); W. FUCHS: Todesbilder in der modernen Gesellschaft (Neuausg. ²1979); Wie die Alten den T. gebildet. Wandlungen der Sepulkralkultur 1750–1850, hg. v. H.-K. BOEHLKE u. a., Ausst.-Kat. Wiss.-Zentrum Bonn-Bad Godesberg (1979); S. BAUM: Plötzlich u. unerwartet. Todesanzeigen (Neuausg. 1981); H. VORGRIMLER: Der T. im Denken u. Leben des Christen (²1982); J. ZIEGLER: Die Lebenden u. der T. (a. d. Frz., Neuausg. 1982); P. ARIÈS: Bilder zur Gesch. des T. (a. d. Frz., 1984); DERS.: Gesch. des T. (a. d. Frz., Neuausg. ⁷1995); D. C. KURTZ u. J. BOARDMAN: Thanatos. T. u. Jenseits bei den Griechen (a. d. Engl., 1985); WALTER SCHULZ: Metaphysik des Schwebens. Unterss. zur Gesch. der Ästhetik (1985); G. SCHERER: Das Problem des T. in der Philosophie (²1988); A. M. HAAS: Todesbilder im MA. Fakten u. Hinweise in der dt. Lit. (1989); A. NASSEHI u. G. WEBER: T., Modernität u. Gesellschaft (1989); Der T. in Dichtung, Philosophie u. Kunst, hg. v. H. H. JANSEN (²1989); G. CONDRAU: Der Mensch u. sein T. (Zürich ²1991); J. LE GOFF: Die Geburt des Fegefeuers. Vom Wandel des Weltbildes im MA. (a. d. Frz., ²1991); Langsamer Abschied. T. u. Jenseits im Kulturvergleich, bearb. v. M. S. CIPOLLETTI u. a., Ausst.-Kat. (³1991); E. JÜNGEL: T. (Neuausg. ⁵1993); R. OCHSMANN: Angst vor T. u. Sterben. Beitrr. zur Thanato-Psychologie (1993); Leben u. T. in den Religionen, hg. v. G. STEPHENSON (Neuausg. 1997); R. A. MOODY: Leben nach dem T. (a. d. Amerikan., Neuausg. 1997); N. OHLER: Sterben u. T. im MA. (Neuausg. ³1997).

Tod|austragen, Brauch, am Sonntag →Lätare eine als Tod bezeichnete Puppe zu ertränken oder zu verbrennen; durch Synodalverbote schon 1366, 1371 und 1384 bezeugt und seit dem Dreißigjährigen Krieg über ganz Schlesien und Polen, noch heute in Teilen Österreichs, der Schweiz, Luxemburgs und Bayerns verbreitet. Seit der Nennung in J. GRIMMS ›Dt. Mythologie‹ (1835) wird das T. als eine Form des ›Winteraustreibens‹ gedeutet (z. B. ›Sommertagszug‹). Es geht auf die Perikope des auf Lätare folgenden Donnerstags (Lk. 7, 11–16: Auferweckung des Jünglings von Nain) zurück und war damit Zeichen der Überwindung des Todes durch den Erlöser.

F. SIEBER: Dt.-westslaw. Beziehungen in Frühlingsbräuchen. T. u. Umgang mit dem Sommer (Berlin-Ost 1968).

Todd, 1) Sir (seit 1954) **Alexander** Robertus, Baron of **Trumpington** [əv 'trʌmpɪŋtən] (seit 1962), brit. Chemiker, *Glasgow 2.10.1907, †Cambridge 10.1.1997; Prof. in Manchester (1938–44) und Cambridge; 1975–80 Präs. der Royal Society. T. arbeitete bes. über organ. Naturstoffe, u. a. mit R. ROBINSON, über Pflanzen- und Blütenfarbstoffe, Vitamine und Nukleinsäuren. Für die Strukturermittlung von Nukleotiden und Nukleotidcoenzymen erhielt er 1957 den Nobelpreis für Chemie.

2) Michael (Mike), eigtl. **Avrom Hirsch Goldbogen,** amerikan. Theater- und Filmproduzent, *Minneapolis (Minn.) 22.6.1907, †(Flugzeugabsturz) bei Grants (N. Mex.) 22.3.1958; heiratete 1957 ELIZABETH TAYLOR; Produzent zahlr. Broadway- und Filmshows; ab 1945 selbstständiger Filmproduzent; wandte in seinem Film ›In achtzig Tagen um die Welt‹ (1956) zum ersten Mal das nach ihm benannte ›Todd-AO-Verfahren‹ (→Breitwandverfahren) an.

A. COHN: The nine lives of Mike T. (Neuausg. London 1959).

Tod des Handlungsreisenden, Der, engl. ›Death of a salesman‹, Theaterstück von A. MILLER; engl. Erstausgabe 1949, Uraufführung 7.10.1949 in New York.

Toddy ['tɔdɪ; engl., von Hindi tāṛī ›Palmensaft‹] *der,* -(s)/-s, 1) der →Palmwein; 2) grogartiges Getränk.

Todes|erklärung, Festlegung von Tod und Todeszeitpunkt einer verschollenen Person im amtsgerichtl. Aufgebotsverfahren. Jemand ist verschollen, wenn sein Aufenthalt während längerer Zeit unbekannt ist, keine Lebenszeichen von ihm aus dieser Zeit vorliegen und nach den Umständen ernstl. Zweifel an seinem Fortleben bestehen (§ 1 Verschollenheits-Ges. i. d. F. v. 15.1.1951). Zur T. muss außerdem einer der gesetzl. Verschollenheitstatbestände erfüllt sein. Man unterscheidet die allgemeine Verschollenheit sowie die Kriegs-, See-, Luft- und (sonstige) Gefahrverschollenheit. Die T. ist frühestens zulässig nach Ablauf einer Frist (**Verschollenheitsfrist**) von regelmäßig zehn Jahren im Falle der allgemeinen Verschollenheit bzw. von drei Monaten bis einem Jahr in den anderen Fällen. Die T. im Falle der allgemeinen Verschollenheit darf nicht vor dem Ende des Jahres erklärt werden, in dem der Betroffene sein 25. Lebensjahr vollendet hätte. Die T. ergeht auf Antrag des Staatsanwalts, eines nahen Familienangehörigen oder jedes anderen, der ein rechtl. Interesse daran hat, durch Beschluss des zuständigen Amtsgerichts. Zuständig ist primär das Amtsgericht des letzten inländ. Wohnsitzes oder Aufenthaltsortes, hilfsweise das Amtsgericht Berlin-Schöneberg. Die T. dient hauptsächlich Beweiszwecken, indem sie eine (jederzeit widerlegbare) Vermutung begründet, dass der Verschollene in dem im Beschluss festgestellten Todeszeitpunkt gestorben ist. Bedeutung hat dies v. a. für die Möglichkeit der Wiederheiratung – die frühere Ehe bleibt selbst dann aufgelöst, wenn die T. aufgehoben wird – sowie im Erb- und Sozialversicherungsrecht.

In *Österreich* gilt das T.-Ges. 1950 mit sehr ähnl. Regelungen. Die T. erfolgt im Ediktalverfahren vor dem Gerichtshof 1. Instanz. Nach *schweizer.* Recht ist der Todesfall auf Weisung der zuständigen kantonalen Aufsichtsbehörde durch den Zivilstandsbeamten im Todesregister einzutragen, wenn der Tod einer verschwundenen Person nach den Umständen als sicher angenommen werden kann, auch wenn niemand die Leiche gesehen hat (Art. 34 und 49 ZGB).

Die *kath. Kirche* erkennt für ihren Bereich, z. B. für die Wiederverheiratung des überlebenden Teils, die staatl. T. nicht an. Vielmehr ist eine kirchl. T. aufgrund eines eigenen Verfahrens möglich, die nur mit moral. Gewissheit des Todes ausgesprochen wird (C. 1707 CIC). Stellt sie sich nachträglich als irrtümlich heraus, so ist die etwa eingegangene zweite Verbindung kirchenrechtl. ungültig und muss aufgelöst werden.

Todesfallversicherung, eine Art der →Lebensversicherung.

Todeskampf, die →Agonie.

Todes|otter, *Acanthophis antarcticus,* bis 1 m lange, nachtaktive Giftnatter in trockenen Gebieten Australiens und Neuguineas. Der Schwanz läuft in einen hornigen Stachel aus.

Todes|schuss, gezielter Rettungs|schuss, finaler Rettungs|schuss, mit einer Waffe abgegebener gezielter Schuss, der mit an Sicherheit grenzender

Sir Alexander Todd

Tode Todesspirale – Todesstrafe

Wahrscheinlichkeit tödlich treffen wird. Seine Zulässigkeit als polizeil. Zwangsmittel ist rechtspolitisch sehr umstritten. Soweit die Polizeigesetze der Länder dem Musterentwurf für ein einheitl. Polizei-Ges. gefolgt sind, ist er nur zulässig, wenn er das einzige Mittel zur Abwehr einer gegenwärtigen Lebensgefahr oder der gegenwärtigen Gefahr einer schwerwiegenden Verletzung der körperl. Unversehrtheit ist (z. B. bei Geiselbefreiungen). →Schusswaffengebrauch.

Todes|spirale, *Eiskunstlauf:* Figur im Paarlauf, bei der die Partnerin fast horizontal auf einem Bein um die Achse des Partners gezogen wird. Die T. kann rückwärts und vorwärts, einwärts oder auswärts gelaufen oder rückwärts oder vorwärts auf die andere Laufrichtung oder das andere Bein umgesprungen werden.

Todes|strafe, die schwerste der Kriminalstrafen; ihre Berechtigung und Zweckmäßigkeit wurden bis zur Mitte des 18. Jh. i. Allg. nicht bezweifelt. Die →Carolina (1532) sah die oft durch grausamen Vollzug verschärfte T. bei den meisten schweren Verbrechen vor. In der Praxis wurde die T. im 17. und 18. Jh. durch die aufkommende Freiheitsstrafe allmählich zurückgedrängt und nach und nach zu einer umstrittenen Institution. Während noch I. KANT davon sprach, dass dem höchsten Verbrechen die höchste Strafe entsprechen müsse, formulierte G. W. F. HEGEL seine Bedenken in der Betrachtung, das primäre Empfinden bei einer Hinrichtung sei, dass einem Menschen sein Recht, sich für sein Leben zu wehren, entzogen sei. Zum entschiedenen Gegner der T. wurde C. BECCARIA. Das Für und Wider der Meinungen betrifft sowohl die Frage nach dem sittl. Recht des Staates, das Leben eines Menschen um der Gesamtheit willen zu fordern, als auch die Frage, ob zum Schutz gegen schwerste Verbrechen die T. nötig und geeignet ist. Die Gegner der T. verneinen beide Fragen. Sie berufen sich auf die Möglichkeit und die nicht wenigen tatsächl. Fälle eines nicht wieder gutzumachenden Justizirrtums (z. B. wurden 1972 in den USA 558 Todesurteile in Haftstrafen umgewandelt; vier der Verurteilten mussten später als unschuldig entlassen werden), sie bestreiten bes. auch die abschreckende Wirkung der T., indem sie darauf hinweisen, dass in den Staaten, die die T. abgeschafft haben, die Mordkriminalität nicht nachweisbar zugenommen hat. Auch sei es nicht möglich, den für die T. allein in Betracht kommenden Tatbestand des Mordes einwandfrei vom →Totschlag abzugrenzen. Die Verteidiger der T. berufen sich darauf, dass nur die T. eine dem allgemeinen Gerechtigkeitsempfinden entsprechende Vergeltung schwerster Tötungsdelikte darstelle. Ferner sei die T. nicht nur das wirksamste Abschreckungsmittel, sondern gewährleiste auch allein eine Sicherung der Gesellschaft vor dem Täter.

Im Dt. Reich wurde die T. in das StGB von 1871 aufgenommen, ihre Anwendung jedoch auf den Mord beschränkt. Die Verurteilungen zur T. nahmen seit 1933, v. a. im Zweiten Weltkrieg, stark zu; auch in den Kriegsverbrecherprozessen danach wurde sie oft verhängt. In der BRD wurde die T. 1949 durch Art. 102 GG abgeschafft, in Berlin (West) durch Ges. vom 8. 1. 1951; seit 1993 darf die T. in Dtl. auch nicht mehr im Bereich des NATO-Truppenstatuts verhängt werden. In der DDR wurde die T. (§ 60 StGB) 1987 abgeschafft, in Österreich 1968 (Art. 85 Bundesverfassung). In der Schweiz hat das StGB von 1937 (in Kraft ab 1. 1. 1942) die in einigen Kantonen bis dahin zulässige T. beseitigt; im Militärstrafrecht ist sie zum 1. 9. 1992 aufgehoben worden.

Nach Angaben von Amnesty International hatten Ende 1996 58 Staaten und Territorien die T. abgeschafft (die Zahl erhöhte sich bis 1998 auf über 60, z. B. 1998 Estland); 15 Staaten sehen sie nur noch für außergewöhnl. Straftaten (z. B. Kriegsverbrechen) vor. Zahlr. Staaten halten an der T. fest, z. T. ist sie aber für Friedenszeiten verboten oder es wird trotz der gesetzl. Möglichkeit seit längerer Zeit auf ihre Anwendung verzichtet. In einigen Staaten wurde die T. nach ihrer Abschaffung wieder eingeführt (z. B. Philippinen) oder nach längerer Nichtanwendung wieder vollstreckt (z. B. Guatemala). Mitte 1998 war für folgende Mitgliedsstaaten des Europarats das Protokoll Nr. 6 zur Konvention zum Schutze der Menschenrechte und Grundfreiheiten über die Abschaffung der T. in Kraft getreten: Andorra, Dänemark, Deutschland, Estland, Finnland, Frankreich, Irland, Island, Italien, Kroatien, Liechtenstein, Luxemburg, Makedonien, Malta, Moldawien, Niederlande, Norwegen, Österreich, Portugal, Rumänien, San Marino, Schweden, Schweiz, Slowak. Rep., Slowenien, Spanien, Tschech. Rep. und Ungarn. Belgien, Griechenland, Russland und die Ukraine haben das Protokoll nur unterzeichnet, je-

Todesursachenstatistik: Sterbefälle nach bedeutenden Todesursachen in ausgewählten Staaten (je 100 000 Ew.)

Todesursache[1]	Deutschland	Österreich	Schweiz[2]	Russland	Frankreich	Großbritannien	Niederlande	Australien	Japan	USA
	1995	1994	1994	1994	1993	1994	1994	1994	1994	1992
infektiöse und parasitäre Krankheiten (001–139)	10,0	2,9	16,0	20,0	12,6	5,3	6,7	5,3	12,6	12,2
bösartige Neubildungen (140–208)	260,7	240,5	227,6	204,0	248,2	273,0	236,9	184,6	195,2	204,0
des Magens (151)	18,8	21,1	11,1	34,3	10,9	14,7	12,9	7,0	38,3	5,3
des Dickdarms (153)	26,0	22,8	18,7	11,6	21,2	21,3	20,8	18,7	15,3	18,9
des Mastdarms (154)	11,1	11,1	7,4	9,9	7,1	9,9	5,8	6,5	8,0	3,2
der Luftröhre, Bronchien und Lunge (162)	45,5	40,3	38,5	44,7	40,5	63,9	55,6	36,0	34,8	57,2
Leukämie (204–208)	8,0	7,0	7,6	5,0	8,5	6,7	6,6	6,8	4,7	7,6
Diabetes mellitus (250)	28,6	20,0	18,7	9,9	11,4	11,2	20,5	14,6	8,7	19,6
Krankheiten des Kreislaufsystems (390–459)	525,8	538,7	374,1	834,9	302,8	475,8	335,6	300,4	237,7	359,7
ischämische Herzkrankheiten (410–414)	225,0	208,9	251,4	405,0	85,0	266,6	134,4	168,4	46,4	188,1
akuter Myokardinfarkt (410)	107,4	109,5	–[3]	39,6	53,9	155,6	102,1	105,6	31,9	89,9
Krankheiten der Atmungsorgane (460–519)	66,0	43,8	62,9	80,6	70,2	156,5	73,6	51,8	95,4	76,1
Krankheiten der Verdauungsorgane (520–579)	51,2	50,2	26,5	44,0	45,5	36,6	32,6	21,3	31,9	29,8
Magengeschwür und Ulcus duodeni (531–533)	4,3	5,3	2,8	5,5	3,0	7,9	2,9	3,6	2,9	2,4
chronische Leberkrankheit und -zirrhose (571)	23,8	26,5	9,0	–[3]	16,2	6,7	4,7	5,7	13,2	9,9
Krankheiten der Harn- und Geschlechtsorgane (580–629)	12,1	10,2	8,6	12,8	12,8	13,6	17,2	11,0	17,1	15,8
Kfz-Unfälle im Verkehr (E810–E819)	11,0	15,3	8,8	23,7	15,1	6,4	7,8	11,0	10,9	15,7
Selbstmord und Selbstbeschädigung (E950–E959)	15,8	22,4	21,0	42,0	21,3	7,5	10,3	11,6	16,8	11,9
Sterbefälle insgesamt	**1083,2**	**1019,0**	**869,3**	**1561,6**	**925,5**	**1080,4**	**866,9**	**685,6**	**701,8**	**852,5**

[1] in Klammern Positionsnummer der ICD 1986, 9. Revision. – [2] Grundlage: ICD 1968, 8. Revision. – [3] keine Angabe.

Todi: Piazza del Popolo mit dem Palazzo del Popolo (13. Jh.; links) und dem Palazzo dei Priori (14. Jh.)

doch noch nicht ratifiziert. Außerhalb Europas ist die T. in den meisten Staaten Zentral- und Südamerikas beseitigt worden. Insgesamt sind die Länder, in denen nach wie vor die T. zulässig ist, jedoch in der Überzahl. Zu ihnen gehören die meisten Bundesstaaten der USA, Weißrussland sowie versch. Staaten Afrikas und Asiens (z. B. China, Iran).

T. in den USA, hg. v. Amnesty International (a. d. Engl. 1989); Wenn der Staat tötet. T. contra Menschenrechte, hg. v. DENS. (a. d. Engl. 1989); H. MOSTAR: Unschuldig verurteilt (Neuausg. 1990); R. MARTIS: Die Funktionen der T. (1991); Natsoz. Justiz u. T., bearb. v. W. KNAUER (1991); Zur Aktualität der T., hg. v. C. BONLANGER u. a. (1997); FRANK MÜLLER: Streitfall T. (1998).

Todestrieb, Thanatostrieb, in der Triebtheorie S. FREUDS ein dem Lebenstrieb (Eros) und Lustprinzip entgegenwirkender Grundtrieb des Organismus zur Selbstzerstörung; nach außen gerichtet äußert er sich als Aggression. Die beiden Triebkategorien kommen nach FREUD i. d. R. in Verschränkung mit wechselnder Dominanz der einen oder anderen vor. Bei Überwiegen des Lebenstriebs sind aggressive Momente beigemischt (Selbsterhaltungs-, Sexualtrieb), bei Überwiegen des T. verselbstständigen sich diese (Selbstvernichtungstendenz, Masochismus, Sadismus).

Todes|ursachenstatistik, derjenige Teil der amtl. Statistik, der die Krankheiten und Verletzungen erfasst, die unmittelbar oder mittelbar zum Tod von Menschen geführt haben. Die T. beruht auf Angaben der Ärzte im ›vertraul. Teil‹ des Leichenschauscheins. Diese Angaben werden nach den Positionen der Internat. Klassifikation der Krankheiten, Verletzungen und Todesursachen (engl. Abk. ICD) der Weltgesundheitsorganisation verschlüsselt. Die T. ist unikausal, d. h., für jeden Todesfall wird nur eine Todesursache angegeben. Sie beinhaltet neben Aussagen über die Sterblichkeit auch Aussagen über das Krankheitsgeschehen bei tödlich verlaufenden Krankheiten.

Die T. bildet die Basis für Modellrechnungen, die zeigen sollen, um wie viel sich die Lebenserwartung durch die Bekämpfung bestimmter vermeidbarer Todesursachen steigern lässt. Sie ist auch für Planungen und Entscheidungen im System der sozialen Sicherung, z. B. bei Renten- und Lebensversicherungen, und im Gesundheitswesen sowie für die epidemiolog. Krankheitsursachenforschung wichtig. Ein besonderer Schwerpunkt liegt auf der Untersuchung der Ursachen der Säuglings- und der Müttersterblichkeit.

Todeswurm, Art der →Hakenwürmer.

Todeszeichen, Gesamtheit der Symptome, die mit unterschiedl. Sicherheit für den Tod eines Organismus kennzeichnend sind. Als **unsichere T.** gelten die Symptome des klin. Todes (Atem- und Herzstillstand, Pulslosigkeit, Abfall der Körpertemperatur, Hautblässe, Pupillenstarre), als **sichere T.** v. a. Totenflecke, Totenstarre und Fäulnis (→Leiche).

Todghatal [arab. -ra-], das →Todratal, Marokko.

Todi, Stadt im S der Prov. Perugia, Umbrien, Italien, 410 m ü. M., 16 900 Ew. – Neben dem mittelalterl. Mauerring (u. a. Porta Romana, 14. Jh.) sind Reste der etrusk. (Porta Marzia) und röm. Mauerringe (Porta della Catena), des Amphitheaters und an der Piazza del Mercato Vecchio vier Nischen mit dor. Gebälk (wohl Teile einer röm. Basilika oder eines Forums) erhalten. Die mittelalterl. Piazza del Popolo ist über eine röm. Zisterne angelegt, umgeben von dem im 12. Jh. erbauten, im 13.–16. Jh. veränderten Dom und Palästen des 13. Jh. (Palazzo del Popolo, Palazzo del Capitano, mit Pinakothek) und 14. Jh. (Palazzo dei Priori). Aus got. Zeit stammt die dreischiffige Hallenkirche San Fortunato (begonnen 1292), in deren Krypta IACOPONE DA TODI beigesetzt ist. Unterhalb von T. liegt die Wallfahrtskirche Santa Maria della Consolazione, ein kuppelüberwölbter Zentralbau über griech. Kreuz mit Halbkuppeln über den Kreuzarmen, 1508 ff. von Schülern BRAMANTES erbaut (Kuppel 1607 vollendet). – Das antike, urspr. umbr. **Tuder** wurde 42 v. Chr. röm. Kolonie. Nach mehreren Besitzwechseln fiel es zu Beginn des 13. Jh. an den Kirchenstaat, konnte aber bis ins 15. Jh. weitgehende Selbstständigkeit behaupten.

Tödi der, höchster Gebirgsstock der →Glarner Alpen, Schweiz.

Tod in Venedig, Der, Novelle von T. MANN, 1912; verfilmt von L. VISCONTI, 1970. – Oper ›Death in Venice‹ von B. BRITTEN; Uraufführung 16. 6. 1973 in Aldeburgh.

Todis [lat.], **Todidae,** Familie der →Rackenvögel. Die fünf oberseits leuchtend grün gefärbten, an kleine Eisvögel erinnernden Arten sind auf einige karib. Inseln beschränkt.

Todomundostein [todu'mundu-], brasilian. Bez. für grünl., gelben oder bräunl. Turmalin.

Todos os Santos, Baía de T. os S. [-'toduz us 'santus], die →Allerheiligenbai, Brasilien.

Todratal: Die Oasenstadt Tineghir beiderseits der Flussoase Todra am Südrand des Hohen Atlas

Todratal, Todghatal [-ra-], cañonartige Schlucht im zentralen Marokko, rd. 170 km östlich von Ouarzazate, vom Oued Todra in die südl. Kalkketten des Hohen Atlas eingeschnitten, an der engsten Stelle nur 10 m breit; bis 300 m hohe, fast senkrechte Felswände; mehrere berber. Ksar, Stampflehmkasbas und Zawijas. Vor der Schlucht die Oasenstadt **Tineghir,** 1 342 m ü. M., 30 500 Ew.; Garnison; Handels-, Landwirtschafts- und Verw.-Zentrum; v. a. Wohnort der Beschäftigten des Silberbergwerks von Imiter (30 km westlich); bedeutendes Handwerk und Kunsthandwerk (u. a. Blasebalge, Silberschmuck, Teppiche); Fremdenverkehr. – Maler. Kasbas, v. a. die Ruinen einer prachtvollen Kasba (Ende 19. Jh.) des Paschas von Marrakesch, TAHMI EL-GLAOUI (* 1874, † 1956).

Todsünde, schwere Sünde, *kath. Theologie:* aus der Bußpraxis der frühen Kirche hervorgegangene Klassifizierung (im Unterschied zur →lässlichen Sünde), mit der urspr. eine Sünde bezeichnet wird, zu deren Vergebung das →Bußsakrament erforderlich ist; inhaltlich gefasst eine freiwillige, absichtsvolle und schwerwiegende Übertretung göttl. Gebote, bei der in einer Grundentscheidung die Abkehr von Gott vollzogen wird. Ihre Folge sind Ausschluss von der göttl. Gnade und ewige →Verdammnis. Im MA. wurden diese Grundeinteilung systematisiert, der jurid. Aspekt (Gesetzesübertretung) verstärkt und die sieben →Hauptsünden als T. fixiert. In der neueren kath. Theologie nähert man sich vielfach dem prot. Verständnis an, in dem weitgehend auf eine Unterscheidung von schweren und leichten Sünden zugunsten der Betonung einer allgemeinen Sündigkeit des Menschen verzichtet wird. Wo noch von T. gesprochen wird, wird diese i. d. R. im Sinne eines verfehlten Lebens im Ganzen (nicht einzelner Fehlentscheidungen) interpretiert.

Todt, Fritz, Politiker, * Pforzheim 4. 9. 1891, † (Flugzeugabsturz) bei Rastenburg 8. 2. 1942; Ingenieur, ab Januar 1922 Mitgl. der NSDAP, wurde 1931 SA-Oberführer im Stab von E. RÖHM. Am 30. 6. 1933 ernannte ihn HITLER zum ›Generalinspekteur für das dt. Straßenwesen‹ und schuf damit die erste ›führerunmittelbare‹ Sonderbehörde außerhalb der Reichsministerien und ihrer Verwaltungsorgane. T. leitete den Bau der Reichsautobahn und ab 1938 die Errichtung des Westwalls. Gleichzeitig entstand aus dem Zusammenwirken von Bauverwaltungen, privaten Baufirmen und dienstverpflichteten Arbeitskräften unter T.s Leitung die nach ihm benannte →Organisation Todt (OT). Seine Ernennung zum ›Generalbevollmächtigten für die Regelung der Bauwirtschaft‹ (Dezember 1938) durch den Beauftragten für den Vierjahresplan H. GÖRING und seine von HITLER gegen den Willen der Wehrmacht verfügte Ernennung zum Reichs-Min. für Bewaffnung und Munition (März 1940) stärkten die Sonderstellung T.s und der OT; ab 1941 war T. auch ›Generalinspekteur für Wasser und Energie‹.

F. W. SEIDLER: F. T. Baumeister des Dritten Reiches (Neuausg. 1988).

Tödt, Heinz Eduard, ev. Theologe, * Bordelum (Kr. Nordfriesland) 4. 5. 1918, † Hannover 25. 5. 1991; war 1963–83 Prof. für Systemat. Theologie (Sozialethik) in Heidelberg. Seit 1966 wirkte er als Berater ökumen. Gremien für sozialeth. Fragen, seit 1986 als Mitherausgeber der Werke D. BONHOEFFERS.

Werke: Der Menschensohn in der synopt. Überlieferung (1959); Menschenrechte. Perspektiven einer menschl. Welt (1977, mit W. HUBER); Das Angebot des Lebens. Theolog. Orientierung in den Umstellungskrisen der modernen Welt (1978); Rudolf Bultmanns Ethik der Existenztheologie (1978); Perspektiven theolog. Ethik (1988).

Todtmoos ['tɔtmoːs, tɔt'moːs], Gem. und heilklimat. Kurort im Landkreis Waldshut, Bad.-Württ., im Südschwarzwald, 2 200 Ew. Der Ortskern liegt 820 m ü. M. im waldreichen, nach S geöffneten Hochtal der oberen Wehra, die dreizehn weit verstreuten Ortsteile reichen bis 1 263 m ü. M. (Hochkopf); Heimatmuseum; Wintersport. – Der Ort entstand um die Wallfahrtskirche Mariä Himmelfahrt (urspr. 13. Jh., heutiger Bau 1627 geweiht, Ausstattung 17. Jh.).

Todtnau, Stadt im Landkreis Lörrach, Bad.-Württ., 647 m ü. M., im Südschwarzwald, in einer beckenartigen Talweitung der oberen Wiese, 5 200 Ew.; Luftkurort und Wintersportplatz am SW-Fuß des Feldbergs; Textil- und Bürstenfabriken, Bürstenmaschinenbau. Unterhalb des Ortsteils Todtnauberg der rd. 90 m hohe Todtnauer Wasserfall. – Das 1025 erstmals erwähnte T. wurde 1809 Stadt.

Toeloop ['tuːluːp; engl. 'təʊluːp; engl., aus toe ›Schuhspitze‹, ›Zeh‹ und loop ›Schleife‹] *der, -(s)/-s,* **getippter Rittberger,** *Eiskunstlauf:* Sprung mit Anlauf als Dreier vorwärts-einwärts, Einstechen, Absprung, volle Drehung, Landung auf dem Absprungbein auswärts rückwärts; bei den Männern wird bereits der vierfache T. gesprungen (auch Kombination: vier- und dreifacher T.).

Toepffer [tœp'fɛːr], **1)** Rodolphe, schweizer. Schriftsteller frz. Sprache und Zeichner, * Genf 31. 1. 1799, † ebd. 8. 6. 1846, Sohn von 2); war ab 1832 Prof. für Ästhetik an der Genfer Kunstakademie. Er erlangte v. a. Bedeutung als Schöpfer der Bildergesch. des 19. Jh. (›Monsieur Cryptogame‹, 1830; dt. ›Fahrten und Abenteuer des Herrn Steckelbein‹ u. a.), über die er in seinem ›Essai de physiognomonie‹ (1845) grundlegende Überlegungen anstellte. Als Schriftsteller wurde er durch seine in humorvollem und zugleich moralist. Ton gehaltenen Novellen (›La bibliothèque de mon oncle‹, 1832, dt. ›Die Bibliothek meines Onkels‹; ›Histoire de Jules‹, 1838) und Romane (›Le presbytère‹, 2 Bde., 1839; dt. ›Das Pfarrhaus‹) sowie seine illustrierten Schilderungen der Wanderungen mit seinen Studenten durch die Schweiz (›Voyages en zigzag‹, dt. ›Reisen im Zickzack‹; ›Nouveaux voyages en zigzag, ...‹, hg. 1854) bekannt.

Ausgaben: Œuvres complètes, hg. v. P. CAILLER u. a., 26 Bde. (1942–58). – Sämmtl. Werke, hg. v. C. T. HEYNE, 4 Bde. (1847); Genfer Novellen, übers. v. P. SAATMANN (5. Tsd. 1949); Kom. Bilder-Romane, hg. v. K. RIHA (1975); Meistererzählungen, übers. v. H. GRAEF (1987).

E. GALLATI: R. T. u. die dt.-sprachige Kultur (1976); T., Beitrr. v. L. BOISSONNAS u. a., (Ausst. Genf 1996).

2) Wolfgang Adam, schweizer. Maler, * Genf 20. 5. 1766, † Morillon (heute zu Pregny-Chambésy, Kt. Genf) 10. 8. 1847, Vater von 1); war in Paris Zeichenlehrer der Kaiserin JOSEPHINE, dann in London und Genf tätig. Er malte Landschafts- und Genrebilder und trat auch als Karikaturist hervor (›Album de Caricature‹, 1817).

Toepler ['tœplər], August Joseph Ignaz, Physiker, * Brühl (Erftkreis) 7. 9. 1836, † Dresden 6. 3. 1912; Prof. in Riga (1865–69), Graz und Dresden (ab 1876). T. entwickelte das nach ihm benannte →Schlierenverfahren, konstruierte 1862 eine Quecksilberluftpumpe (T.-Pumpe) und 1883 eine magnet. Waage. Außerdem befasste er sich mit der Erzeugung hochgespannter Gleichströme.

Toesca, Pietro, ital. Kunsthistoriker, * Pietra Ligure 12. 7. 1877, † Rom 9. 3. 1962; Prof. in Turin, Florenz, 1926–48 in Rom. T. förderte v. a. die Erforschung und Darstellung der ital. Kunst des MA. im europ. Zusammenhang.

Werke: Giotto (1941); San Vitale di Ravenna, I mosaici (1952).

Toeschi [to'eski], Carlo Giuseppe (Carl Joseph), ital. Violinist und Komponist, getauft Ludwigsburg 11. 11. 1731, † München 12. 4. 1788; Schüler von J. STAMITZ; 1752 Mitgl., 1759 Konzertmeister des Mannheimer Hoforchesters, dann Direktor der Kammermusik (als Nachfolger von J. STAMITZ), übersiedelte 1778 zus. mit dem Hof nach München, wo 1780 zum Musikdirektor ernannt wurde. Er komponierte 66 Sinfonien, 25 Ballettmusiken, 19 Flöten-,

11 Violinkonzerte und Kammermusik (u. a. Quartette und Quintette mit Flöte). Neben C. CANNABICH ist T. einer der bedeutendsten Vertreter der zweiten Generation der →Mannheimer Schule.

Tofalaren, Tubalaren, Karagassen, weitgehend in den Altaiern und Russen aufgegangene turkisierte kleine Gruppe ehemaliger (samojed.) Nomaden im östl. Sajan des südl. Mittelsibirien, mit engen ethn., kulturellen und sprachl. Beziehungen zu den Tuwinen. Um 1930 zur Sesshaftigkeit gezwungen, betreiben die etwa 730 T. Rentierzucht und Pelztierjagd. Die Sprache der T., das **Tofalarische,** ist eine den Tuwinischen nahe stehende Turksprache mit südsamojed. Substrat.

K. H. MENGES in: Philologiae Turcicae fundamenta, hg. v. J. DENY u. a., Bd. 1 (Wiesbaden 1959).

Tofieldia [nach dem brit. Botaniker THOMAS TOFIELD, * 1730, † 1779], die →Simsenlilie.

Tofu [jap.-chin.] *der, -(s),* **Sojaquark,** aus Japan und China stammendes quarkähnl. Produkt aus Sojabohnenextrakt (›Sojamilch‹); eiweißreiches, fett- und kalorienarmes Nahrungsmittel, das gekocht, gebraten oder roh gegessen wird.

Toga [lat., eigtl. ›Bedeckung‹] *die, -/...gen,* altröm. Obergewand, das zu tragen nur dem freien röm. Bürger gestattet war; in der Frühzeit auch Frauengewand, als solches jedoch bald von der →Stola abgelöst. Die dem griech. →Himation vergleichbare, jedoch halbkreisförmig geschnittene T. leitet sich ab von etrusk. Mantelformen mit gerundetem Saum. Sie wurde über der →Tunika getragen, dabei so drapiert und gesteckt, dass der T.-Rand (Balteus) von der rechten Achsel zur linken Schulter schräg ansteigend über die Brust verlief, während ein Gewandzipfel (Lacinia) vorn zw. die Füße herabfiel. Die Entwicklung führte von der relativ kurzen, knapp gewickelten T. des republikan. Rom zum stoffreicher, länger und fülliger werdenden Gewand der Kaiserzeit; als durchschnittl. Maße gelten eine Länge von rd. 5,50 m und eine mittlere Breite von 2,20 m. – Die ›Togahülle‹, aus weißem Wollstoff gefertigte ›T. virilis‹ war Zeichen des erwachsenen Mannes und Bürgers. Frei geborene Knaben trugen die ›T. praetexta‹ mit breiten Purpurstreifen (Clavus), die auch die Kleidung von Magistratspersonen war. Bewerber für öffentl. Ämter – die ›Kandidaten‹ – trugen die leuchtend weiße ›T. candida‹, die dunkle ›T. pulla‹ fungierte als Gewand Trauernder und Angeklagter. Der ›Cinctus Gabinus‹ bezeichnete eine rituellen und offiziellen Handlungen vorbehaltene Art, die T. zu drapieren, der triumphierende Feldherr trug die ›T. purpurea‹ oder ›T. picta‹ aus Purpurseide mit Goldstickerei. Eine kürzere Form der T. war die purpurrote, mit scharlachroten oder weißen Streifen versehene ›Trabea‹, belegt als Kleidung von Königen, Konsuln und Rittern (Equites) sowie als zeremonielle Amtskleidung der Salier und Auguren.

L. M. WILSON: The Roman toga (Baltimore, Md., 1924); H. GABELMANN: Die ritterl. trabea, in: Jb. des Dt. Archäolog. Instituts, Bd. 92 (1977); DERS.: Röm. Kaiser in toga picta, in: Jb. des Dt. Archäolog. Instituts, Bd. 100 (1985); H. WREDE: Zur Trabea, in: Jb. des Dt. Archäolog. Instituts, Bd. 103 (1988); H. R. GOETTE: Studien zur röm. T.-Darst. (1990).

Togan, Ahmed Zeki Velichi, türk. Turkologe und Islamwissenschaftler, * Küzen (bei Urfa) 10. 12. 1890, † Istanbul 26. 7. 1970; wurde 1927 Prof. in Istanbul, 1935 in Bonn, 1938 in Göttingen und 1939 erneut in Istanbul; war maßgebl. Förderer der turkestan. Freiheitskämpfe (1917–22); verfasste zahlr. histor. Werke über die Türken in Asien und der islam. Welt.

F. BERGDOLT: Der geistige Hintergrund des türk. Historikers A. Z. V. T. Togan (Neuried 1981).

Togata [lat.] *die, -/...ten,* **Fabula togata,** eine Gattung der röm. Komödie, die, im Unterschied zur →Palliata, Themen aus dem röm. Leben behandelte (Fabula togata, von togatus ›mit der Toga bekleidet‹). Der Schöpfer dieser Form war vermutlich GNAEUS NAEVIUS. Als ihr Klassiker galt bes. LUCIUS AFRANIUS. In der Zeit SULLAS scheint sie ausgestorben zu sein.

Toggenburg *das,* Talschaft im Kanton St. Gallen, Schweiz, an der oberen Thur, erstreckt sich von der bei Wildhaus zw. Churfirsten und Alpstein gelegenen Wasserscheide zum Rhein bis zur Stadt Wil; der oberste Abschnitt zw. Wildhaus und Stein (Nordgrenze der Alpen) trägt alpine Züge und wird von Almwirtschaft und Fremdenverkehr geprägt; zw. Stein und Wattwil bestimmen mächtige, aus schräg gestellten Nagelfluhbänken bestehende Pultberge das Landschaftsbild, während im untersten Abschnitt flach lagernde Molasseschichten dominieren; das untere T. ist stärker besiedelt und industrialisiert (Textilindustrie und Maschinenbau). – Seit 1209 bestand die Grafschaft T., die nach dem Aussterben der Grafen (1436) und dem anschließenden →Toggenburger Erbschaftskrieg 1468 vom Stift St. Gallen durch Kauf erworben wurde. Den Kampf um ihren prot. Glauben und ihre alten Rechte entschieden die Toggenburger mithilfe Berns und Zürichs durch den Sieg bei Villmergen (25. 7. 1712); **Toggenburger Krieg,** auch Zweiter →Villmerger Krieg) über das Stift und die mit diesem verbündeten kath. Kantone für sich. 1798 endete die Herrschaft des Stifts mit dem Einmarsch frz. Truppen; 1803 wurde das T. Teil des Kt. St. Gallen.

Das T. Eine Landschaft zw. Tradition u. Fortschritt, hg. v. H. BÜCHLER (Sulgen 1992).

Toggenburger Erbschaftskrieg, Alter Zürichkrieg, 1436–50 geführter Krieg um das Erbe des letzten Grafen von Toggenburg, FRIEDRICH VII. († 30. 4. 1436). Die Kämpfe zw. dem von Österreich unterstützten Zürich (Ewiges Bündnis von 1442) und dem mit den übrigen Eidgenossen verbündeten Schwyz gipfelten in der Schlacht von Sankt Jakob an der Birs (26. 8. 1444), in der die Eidgenossen den von Österreich zu Hilfe gerufenen frz. Armagnaken (→Armagnac) so schwere Verluste zufügten, dass sich diese aus dem T. E. zurückzogen. Die folgende militär. Pattsituation ermöglichte dem Friedensschluss mit Frankreich (1444 in Ensisheim) und 1450 mit Österreich und Zürich. Das Bündnis zw. Zürich und Österreich wurde für unzulässig erklärt, Schwyz und Glarus behielten im T. E. gemachten Eroberungen.

H. BERGER: Der Alte Zürichkrieg im Rahmen der europ. Politik (Zürich 1978); A. NIEDERSTÄDTER: Der alte Zürichkrieg (Wien 1995).

Togidashi [-ʃi], eine Technik der jap. →Lackkunst.

Töging a. Inn, Industriestadt im Landkreis Altötting, Bayern, 398 m ü. M.; 9 500 Ew.; Wasserkraftwerk. – T. a. I., 1300 erstmals urkundlich erwähnt, wurde 1972 zur Stadt erhoben.

Togliatti [toʎˈʎatti], Palmiro, ital. Politiker (KP), * Genua 26. 3. 1893, † Jalta 22. 8. 1964; zunächst Jurist, später Journalist; 1921 Mitbegründer der ital. KP; ging 1926 ins Exil; 1937–39 nahm er am Span. Bürgerkrieg teil. Im Zweiten Weltkrieg in der Sowjetunion, kehrte er 1944 nach Italien zurück und übernahm die Leitung der KP, 1947–64 als Gen.-Sekr.; 1944 war er Min. ohne Geschäftsbereich, 1944/45 stellv. Min.-Präs. und 1945/46 Justiz-Min. Seit 1947 verfolgte er die Strategie, auf parlamentar. Weg Staat und Gesellschaft zu revolutionieren. Innerhalb der kommunist. Weltbewegung entwickelte T. unter dem Begriff der ›Einheit in der Vielfalt‹ (→Polyzentrismus) eine eigene ideolog. Linie.

Tognazzi [tɔŋˈnatsi], Ugo, ital. Filmschauspieler, * Cremona 23. 3. 1922, † Rom 27. 10. 1990; kam 1950 zum Film, wo er in kom. Rollen hervortrat; führte auch Regie.

Filme: Die Bienenkönigin (1963); Das große Fressen (1973); Ein Käfig voller Narren (1978); Die Tragödie eines lächerl. Mannes (1980); Safe Breaker (1986).

Toga: Mamorstatue eines Mannes mit Tunika und Toga; um 390/410 n. Chr. (Ostia, Archäologisches Museum)

Palmiro Togliatti

Togo Togo

Togo
Fläche 56 785 km²
Einwohner (1996) 4,27 Mio.
Hauptstadt Lome (Lomé)
Amtssprache Französisch
Nationalfeiertag 27.4.
Währung 1 CFA-Franc = 100 Centimes
Uhrzeit 11:00 Lome = 12:00 MEZ

Staatswappen

Staatsflagge

Internationales Kfz-Kennzeichen

1970 1996   1970 1995
Bevölkerung   Bruttosozial-
(in Mio.)   produkt je Ew. (in US-$)

☐ Stadt
☐ Land
Bevölkerungsverteilung 1995

☐ Industrie
☐ Landwirtschaft
☐ Dienstleistung
Bruttoinlandsprodukt 1995

Togo, amtlich frz. **République Togolaise** [repy-'blik togo'lɛ:z], dt. **Republik T.,** Staat in Westafrika, am Golf von Guinea, grenzt im W an Ghana, im N an Burkina Faso, im O an Benin, mit 56 785 km² fast doppelt so groß wie Belgien, (1996) 4,27 Mio. Ew. Hauptstadt ist Lome (Lomé), Amtssprache Französisch; Währung: 1 CFA-Franc = 100 Centimes. Zeitzone: Westeurop. Zeit (11:00 Lome = 12:00 MEZ).

STAAT · RECHT

Verfassung: Nach der am 28. 9. 1992 durch Referendum gebilligten Verf. ist T. eine präsidiale Rep. mit Mehrparteiensystem. Staatsoberhaupt und oberster Inhaber der Exekutive ist der auf fünf Jahre direkt gewählte Präs. Er ernennt das Kabinett unter Vorsitz des Premier-Min. Die Legislative liegt bei der Nationalversammlung (81 Abg., für fünf Jahre gewählt). Die Verf.-Realität steht im Widerspruch zu den Verf.-Normen und wird durch andauernde innere Unruhen geprägt.

Parteien: Trotz verfassungsmäßiger Verankerung des Mehrparteiensystems behauptet die frühere Einheitspartei Rassemblement du Peuple Togolais (RPT) ihre dominierende Stellung. Zu den einflussreichsten der über 40 Oppositionsparteien zählen das Comité d'Action pour le Renouveau (CAR) und die Union Togolaise pour la Démocratie (UTD).

Gewerkschaften: Bedeutendster Dachverband ist der Collectif des Syndicats Indépendants (CSI; gegr. 1992).

Wappen: Das Wappen zeigt in der Mitte eine goldene Sonne mit den Staatsinitialen R T, oben besteckt mit zwei Staatsflaggen; rechts und links der Sonne zwei mit mit Pfeil und Bogen ausgestattete ›junge‹ Löwen; ganz oben ein Spruchband mit dem Motto ›Travail, Liberté, Patrie‹ (›Arbeit, Freiheit, Vaterland‹).

Nationalfeiertag: 27. 4., zur Erinnerung an die Erlangung der Unabhängigkeit 1960.

Verwaltung: T. ist in fünf Regionen und 21 Präfekturen gegliedert. An der Spitze einer Region steht ein vom Präs. ernannter Inspekteur, die Präfekturen werden je von einem Distriktchef verwaltet, dem ein gewählter Rat zur Seite steht.

Recht: Nebeneinander stehen traditionelle Rechtsregeln und modernes Recht frz. Prägung. Eigenständig neu sind Personen- und Familiengesetzbuch (1980), Arbeitsgesetzbuch (1974), Strafgesetzbuch (1980), Zivilprozess- (1982) und Strafprozessordnung (1983). Das Handels-, Wirtschafts- und Gesellschaftsrecht wird zw. den frz.-sprachigen Ländern Afrikas harmonisiert. – Die Gerichtsverfassung sieht Gerichte erster Instanz sowie Jugend- und Arbeitsgerichte, zwei Berufungsgerichte und darüber den Obersten Gerichtshof vor. 1997 wurde ein Verfassungsgerichtshof eingeführt.

Streitkräfte: Die Gesamtstärke der Wehrpflichtarmee (selektive Wehrpflicht 24 Monate) beträgt rd. 6 900, die der paramilitär. Gendarmerie etwa 750 Mann. Das Heer (rd. 6 500 Mann) ist v. a. gegliedert in zwei Infanterieregimenter, ein Fallschirmjägerregiment und die Präsidentengarde. Marine und Luftwaffe verfügen über je etwa 200 Mann. Die Ausrüstung besteht im Wesentlichen aus rd. 60 leichten Panzerfahrzeugen (v. a. Spähpanzer), 15 leichten Kampfflugzeugen sowie zwei Küstenwachbooten.

LANDESNATUR · BEVÖLKERUNG

T. bildet einen maximal 140 km breiten Gebietsstreifen, der sich von der Küste des Atlantiks (Küstenlinie 53 km) etwa 550 km nach N ins Innere erstreckt. Es ist weitgehend ein Plateau des präkambr. Sockels in 200–500 m ü. M., das vom →Togo-Atakora-Gebirge zentral von SW nach NO durchzogen wird und im N zur Otiebene (vom Oti durchflossener Ausläufer des Voltabeckens), im SO zum Becken am Mono (mit Stausee) abfällt. An den schmalen Küstengürtel, eine Ausgleichsküste mit Nehrungen und z. T. verlandeten Lagunen (z. B. dem →Togosee), schließt sich eine 35 (im W) bis 50 km breite, flachwellige Lateritebene (›terre de barre‹) an, die maximal 150 m ü. M. erreicht. Den äußersten NW bildet ein bis 500 m ü. M. ansteigendes Sandsteinplateau.

Klima: T. hat randtrop. Klima mit zwei Regenzeiten (April–Juni und September–November) im S und einer Regenzeit (Mai–Oktober) im N. Die Jahressumme der Niederschläge erreicht an der Küste 900 mm und steigt landeinwärts bis zum Gebirgsfuß des Togo-Atakora-Gebirges auf 1 400 mm (im Zentrum) bis 1 700 mm (im SW) an. Der N erhält rd. 1 100 mm Niederschlag im langjährigen Mittel, in den einzelnen Jahren jedoch in sehr unterschiedl. Menge. Der kühlste Monat (meist der August) fällt in die Regenzeit; seine mittleren Temperaturwerte liegen bei 24–25 °C, in größeren Höhen fallen sie auf 22 °C oder gar 20 °C ab. Insgesamt ist das Klima jedoch durch geringe jahreszeitl. Temperaturunterschiede gekennzeichnet; die mittleren tägl. Maxima liegen im Januar bei 30–33 °C (im Gebirge bei 28 °C), lediglich im N steigen sie auf Werte um 36 °C an.

Vegetation: Die Feuchtsavanne im südl. Teil T.s (im äußersten S mit Ölpalmen) geht nach N in Trocken-

Togo: Übersichtskarte

Togo

savanne mit Akazien über. An vor dem Harmattan geschützten Südhängen gibt es Waldareale (im Togogebirge regengrüne Feuchtwälder), an den Flüssen Galeriewälder (im N dürftiger).

Bevölkerung: Die Bev. T.s umfasst rd. 40 Ethnien mit entsprechend vielen Sprachen und Dialekten. Am stärksten vertreten sind die Ewe und die Kabre, deren Sprachen auch als Nationalsprachen dienen. In Nord-T. ist Hausa allgemeine Verständigungssprache, die Sprachen der Fulbe, der Temba und der Mina haben über ihr Wohngebiet hinaus Bedeutung.

Mit 75 Ew. je km^2 zählt T. zu den dicht besiedelten Ländern Afrikas. An der Küste (180 Ew. je km^2) ist die Dichte am größten, im gesamten Zentralraum am dünnsten (24 Ew. je km^2); relativ hohe Bev.-Dichten haben das Togogebirge und das Gebiet um Lama-Kara im NO. Das Bev.-Wachstum ist mit durchschnittlich jährlich (1985–95) 3,0 % sehr hoch; der Anteil der städt. Bev. beträgt 31 %. Die wichtigsten Städte sind Lome (1990: 513 000 Ew.), Sokodé (55 000 Ew.), Kara (41 000 Ew.) und Kpalimé (31 000 Ew.).

Religion: Es besteht Religionsfreiheit. Etwa die Hälfte der Bev. bekennt sich zu den traditionellen afrikan. Religionen. Innerhalb der Stammesgesellschaften (z. B. der Ewe) üben →Geheimbünde großen Einfluss aus. – Die rd. 29 % Christen gehören überwiegend der kath. Kirche an (über 23 %). Die kath. Kirche umfasst das Erzbistum Lome mit sechs Suffraganbistümern. Größte prot. Kirche ist die ref. ›Ev. Kirche von T.‹ (›Église Évangélique Presbyterienne du T.‹; rd. 150 000 Mitgl.); unter den prot. Kirchen (Reformierte, Baptisten, Pfingstler, Methodisten, Lutheraner) sind v. a. die Pfingstkirchen im Wachsen begriffen. – Die am stärksten wachsende Religionsgemeinschaft ist der sunnit. Islam der malikit. Rechtsschule, zu dem sich nach Schätzungen 15–20 % der Bev. bekennen (u. a. Fulbe und Hausa). – Eine kleine religiöse Minderheit bilden die Bahais.

Bildungswesen: Das Schulwesen ist nach frz. Muster aufgebaut, wobei Schulangebot und -besuch ein erhebl. Stadt-Land- und S-N-Gefälle aufweisen. Schulpflicht für die sechsjährige Primarschule besteht ab dem 6. Lebensjahr. Daran schließt sich eine siebenjährige zweistufige Sekundarstufe an. Unterrichtssprachen sind Ewe, Kabre (eine Gur-Sprache) und Französisch. Zahlr. Missionsschulen ergänzen das unzureichende staatl. Angebot. Die Analphabetenquote beträgt 49,6 %. Eine Univ. (gegr. 1965 als College, Univ. seit 1970) befindet sich in Lome.

Publizistik: Trotz der seit 1992 verfassungsmäßig garantierten Pressefreiheit wird das Erscheinen von Oppositionsblättern (u. a. ›La Tribune des Démocrates‹, ›Le Démocrate‹, ›Motion d'Information‹) immer wieder behindert. Offizielle Organe sind die täglich in drei Landessprachen herausgegebene ›Togo-Presse‹ sowie das ›Journal Officiel de la République du Togo‹. Nachrichtenagentur ist die staatl. ›Agence Togolaise de Presse‹ (gegr. 1975). Hörfunk (›Radiodiffusion du Togo‹ mit Programmen in Englisch, Französisch und Landessprachen) und Fernsehen (›Télévision Togolaise‹) sind staatlich kontrolliert; seit 1992 sendet ferner der Oppositionssender ›Radio de Liberté.‹

WIRTSCHAFT · VERKEHR

Landwirtschaftl. und mineral. Ressourcen bilden das ökonom. Rückgrat T.s. Mit einem Bruttosozialprodukt (BSP) je Ew. von (1995) 310 US-$ gehört T. zu den Ländern mit niedrigem Einkommen. Bei einer Auslandsverschuldung von (1995) 1,5 Mrd. US-$ müssen 5,7 % der Exporterlöse für den Schuldendienst aufgewendet werden. Die Inflationsrate lag im Zeitraum 1985–95 im Durchschnitt bei jährlich 3 %. Durch die Errichtung einer Freihandelszone in Lome sollen ausländ. Investitionen, u. a. in der Textilindustrie (Verarbeitung heim. Baumwolle), gefördert werden. T. ist Mitglied der Westafrikan. Wirtschafts- und Währungsunion (UEMOA).

Landwirtschaft: Der Agrarsektor beschäftigt (1995) 62 % der Erwerbstätigen und trägt 38 % zum Bruttoinlandsprodukt (BIP) bei. Es dominieren kleinbäuerl. Betriebe mit weniger als 2 ha Anbaufläche. Fast die Hälfte des Landes wird landwirtschaftlich genutzt, davon umfassen 2,4 Mio. ha Ackerland und Dauerkulturen und 200 000 ha Dauerweiden. Wichtigste Grundnahrungsmittel sind Mais, Hirse, Maniok und Jamswurzeln. In Dürrejahren müssen v. a. Mais und Hirse importiert werden. Ferner besitzen Reis, Zuckerrohr, Bohnen, Erdnüsse sowie Bataten und Taro große Bedeutung. Hauptexportkulturen sind Baumwolle, Kaffee und Kakao. Während Baumwolle in allen Landesteilen angebaut wird, konzentrieren sich Kaffee- und Kakaoplantagen auf den westl. Teil der Hochebene. Regionale Schwerpunkte der Viehhaltung (v. a. Schafe und Ziegen) sind Mittel-T. und das Savannengebiet.

Forstwirtschaft: Die Waldfläche verringert sich ständig (1987 noch 1,35 Mio. ha, 1995 nur noch 900 000 ha), v. a. wegen des verstärkten Holzeinschlags für die Brennholz- und Holzkohlegewinnung (Holzeinschlag 1994: 0,2 Mio. m^3 Nutzholz, 1,12 Mio. m^3 Brennholz).

Klimadaten von Lome (20 m ü. M.)					
Monat	Mittleres tägl. Temperaturmaximum in °C	Mittlere Niederschlagsmenge in mm	Mittlere Anzahl der Tage mit Niederschlag	Mittlere tägl. Sonnenscheindauer in Stunden	Relative Luftfeuchtigkeit nachmittags in %
I	30,5	17	2	6,6	63
II	31,5	37	3	7,4	68
III	31,5	80	7	7,0	62
IV	31,5	104	7	6,9	64
V	30,5	153	14	6,4	67
VI	29	220	15	4,9	72
VII	27	55	9	4,5	72
VIII	27	16	6	4,8	70
IX	28,5	48	10	5,3	70
X	29,5	153	13	6,6	70
XI	31	21	4	8,0	58
XII	31	6	1	7,4	54
I–XII	30	892	90	6,3	66

Bodenschätze: Der Bergbau hatte 1995 einen Anteil von 5 % am BIP. Wichtigstes Bergbauprodukt ist Phosphat mit einer Fördermenge von (1992) 2,1 Mio. t (wegen des hohen Cadmiumanteils von minderer Qualität); die größte Lagerstätte Hahotoé liegt verkehrsgünstig am Togosee. Vorkommen an Eisenerz, Mangan, Chrom und Torf werden noch nicht abgebaut.

Energiewirtschaft: Wichtigste Energieträger sind Brennholz und Holzkohle, die 70 % des Energiebedarfs decken. Durch Inbetriebnahme eines Wasserkraftwerkes in Nangbeto am Mono konnte seit 1988 die Einfuhr elektr. Energie aus Ghana verringert werden.

Industrie: Das verarbeitende Gewerbe ist bes. auf die Weiterverarbeitung heim. Grund- und Rohstoffe sowie landwirtschaftl. Erzeugnisse ausgerichtet. Wichtigste Branchen sind das Nahrungsmittel- und Textilgewerbe mit zus. 65 % der industriellen Wertschöpfung. Weitere Industriebereiche sind die Verarbeitung von Steinen und Erden sowie die Holzindustrie. Regionale Schwerpunkte sind der Großraum Lome sowie Dadja südlich von Atakpamé und Kara.

Außenwirtschaft: Die Außenhandelsbilanz ist seit Jahren negativ (Einfuhrwert 1995: 386 Mio. US-$; Ausfuhrwert: 209 Mio. US-$). Die Hauptexportprodukte sind Rohstoffe: Phosphat, Baumwolle, Kaffee und Kakao. Die wichtigsten Handelspartner sind die EU-Länder (v. a. Frankreich, die Niederlande), die USA und Kanada.

Verkehr: Die große Längserstreckung des Staatsgebietes ist eines der Haupthindernisse der verkehrsräuml. Erschließung, wobei die zentralen und nördl. Landesteile weniger entwickelt sind als der S. Die Verkehrswege T.s haben auch eine große Bedeutung für den Transithandel der Binnenstaaten Burkina Faso, Mali und Niger, wenngleich seit den polit. Unruhen Anfang der 90er-Jahre ein Großteil über das Nachbarland Benin abgewickelt wird. Wichtigste Linie des 525 km umfassenden Eisenbahnnetzes ist die Verbindung von Lome nach Blitta. Die asphaltierte Transitstrecke von Lome über Kara und Dapaong nach Burkina Faso ist die wichtigste Straßenverbindung des (1995) 7 500 km langen Straßennetzes. Über den Hafen von Lome wird der größte Teil des Überseehandels T.s abgewickelt; Phosphat wird v. a. über den Hafen von Kpémé ausgeführt. Internat. Flughäfen gibt es in Tokoin nahe der Hauptstadt Lome sowie in Niamtougou.

GESCHICHTE

Die Küste des heutigen T. wurde 1471 von Portugiesen entdeckt. Im 17. und 18. Jh. errichteten frz. Kaufleute Niederlassungen, gaben sie jedoch bald wieder auf. Seit 1856 traten dt. Kaufleute in Erscheinung. Durch einen Protektoratsvertrag vom 5. 7. 1884 zw. G. NACHTIGAL und den Häuptlingen des Dorfes Togo wurde zunächst ein schmaler Küstenstreifen dt. Schutzgebiet. Verträge mit Frankreich 1887 und 1897 sowie Großbritannien 1890 und 1899 legten die Grenzen im Hinterland fest. 1901 war ganz T. in dt. Hand. Als einzige dt. Kolonie konnte sich T. ab 1900 finanziell selbst tragen. Im August 1914 von frz. und brit. Truppen erobert, wurde T. 1919 in ein frz. und ein brit. Gebiet geteilt, die 1922 als Mandatsgebiete des Völkerbunds (seit 1946 UN-Treuhandgebiete) den beiden Staaten unterstellt wurden. Großbritannien verwaltete seinen kleineren, westl. Teil zus. mit seiner Kolonie Goldküste; nach einer Volksabstimmung unter UN-Kontrolle 1956 wurde West-T. 1957 der Goldküste (→Ghana, Geschichte) eingegliedert. Frankreich verwaltete seinen östl., größeren Teil getrennt von seinen westafrikan. Kolonien. Frz.-Togo erhielt am 1. 9. 1956 innere Autonomie innerhalb der Frz. Union und wurde am 27. 4. 1960 unter Präs. SYLVANUS OLYMPIO (* 1902, † 1963), Führer des ›Comité d'Unité Togolaise‹ (CUT, dt. ›Komitee der togoischen Einheit‹), unabhängig.

Bereits in der Kolonialzeit hatte sich ein starkes soziales Gefälle zw. dem wirtschaftlich stärker entwickelten S und dem in dieser Hinsicht noch wenig fortgeschrittenen N herausgebildet. Die Teilung des Wohngebietes der Ewe infolge kolonialer Grenzziehung zw. brit. und frz. Interessen führte zu Spannungen zw. T. und Ghana. Nach einem Militärputsch am 13. 10. 1963, bei dem OLYMPIO ermordet wurde, übernahm NICOLAS GRUNITZKY (* 1913, † 1969) die Macht; er wurde jedoch im Zuge eines weiteren Militärputsches am 13. 1. 1967 wieder abgesetzt. Gestützt auf das Militär, seit 1969 zugleich auf den ›Rassemblement du Peuple Togolais‹ (RPT), errichtete Oberstleutnant E. G. EYADÉMA als Staatspräs. ein Einparteiensystem. Wie seine Vorgänger führte er außenpolitisch sein Land in enger Anlehnung an Frankreich. 1986 schlug das Militär einen Putschversuch gegen EYADÉMA nieder. Nach anhaltenden Protesten erfolgte 1991 die Zulassung oppositioneller Parteien. Unter Einschränkung der diktator. Macht EYADÉMAS wählte die Nationalversammlung im August 1991 JOSEPH KOKOU KOFFIGOH (* 1948) zum Premier-Min. an der Spitze einer Übergangs-Reg. Nach Protesten der Opposition, mehreren Putschversuchen und schließlich der Übernahme der Macht durch die Militärs im Dezember 1991 kam es im Januar 1992 zur Bildung einer Reg. der nat. Einheit unter KOFFIGOH. Angesichts blutiger Unruhen zw. Armee und Anhängern der Opposition im Januar 1993 und einer daraufhin einsetzenden Massenflucht Zehntausender in die Nachbarländer versuchte eine dt.-frz. Initiative vergeblich, die innenpolit. Konflikte beizulegen und den Demokratisierungsprozeß zu beschleunigen, der nach dem umstrittenen Wahlsieg EYADÉMAS im August 1993 erneut ins Stocken geriet. Bei den Parlamentswahlen vom Februar 1994 konnte eine parlamentar. Mehrheit der vereinigten Opposition nur durch Annullierung der Ergebnisse in drei Wahlkreisen verhindert werden. Durch die Ernennung des Führers der Oppositionspartei ›Union Togolaise pour la Démocratie‹ (UTD), EDEM KODJO (* 1939), zum Min.-Präs. im April 1994 gelang Präs. EYADÉMA die Spaltung der Opposition und im Mai 1994 die Bildung einer von seinen Anhängern dominierten Mehrparteien-Reg. Auf dieser Basis setzt das Regime seither seine z. T. gewaltsame Unterdrückung der Presse und der Opposition fort. Im August 1996 trat KODJO zurück. An der neuen, von KWASSI KLUTSÉ (* 1945) geführten Reg. beteiligte sich die Opposition nicht mehr. Bei den umstrittenen Präsidentschaftswahlen im Juni 1998 setzte sich EYADÉMA gegen den im Exil in Ghana lebenden Oppositionspolitiker GILCHRIST OLYMPIO, Sohn von S. OLYMPIO, durch.

A. J. KNOLL: T. under Imperial Germany (Stanford, Calif., 1978); K. ATTIGNON: Géographie du T. (Neuausg. Lome 1979); P. SEBALD: T. 1884–1914 (Berlin-Ost 1988); J. RUNGE: Morphogenese u. Morphodynamik in Nord-T. ... (1990); R. ERBAR: Ein ›Platz an der Sonne‹? Die Verwaltungs- u. Wirtschaftsgesch. der dt. Kolonie T. 1884–1914 (1991); A. A. CURKEET: T. Portrait of a West African Francophone republic in the 1980s (Jefferson, N. C., 1993); S. DECALO: T. (Oxford 1995); DERS.: Historical dictionary of T. (Lanham, Md., ³1996); Histoire, littérature et societé au T., hg. v. J. RIESZ u. A. AMEGBLEAME (Frankfurt am Main 1997).

Togo-Atakora-Gebirge, lang gestrecktes Gebirge in W-Afrika, verläuft vom unteren Volta in nordöstl. Richtung bis zum Niger. Das aus mehreren Quarzitketten bestehende T.-A.-G. wird von Inselbergen begleitet und erreicht im Mont Agou (in SW-Togo) 986 m ü. M. Durch die westlich von Sokodé verlaufende Bruchzone wird das T.-A.-G. unterteilt in das **Togogebirge** (SO-Ghana und W-Togo) und die **Atakora** (NO-Togo, NW-Benin und im äußersten SW der Rep. Niger). An vor dem Harmattan geschützten Südhängen gibt es im Togogebirge regengrüne Feuchtwälder; auf steinigen, dem Harmattan ausgesetzten Hängen wachsen lichte Trockenwälder, die auch in der Atakora überwiegen. Im südl. Togogebirge werden Kaffee und Kakao angebaut. Die nachgewiesenen Bodenschätze (Bauxit am Mont Agou, Graphit, Schwefel, Gold und Chromerz) sind nicht abbauwürdig. Gewonnen wird Marmor (Vorrat 20 Mio. t) in Gnaoulou am Mont Agou. Im äußersten N Nationalparks.

Togo|see, frz. **Lac Togo** [laktɔˈgo], Lagune (Strandsee) an der Küste Togos, zw. Lome und Aného, 11 km lang; Fischfang. Am N-Ufer wird bei Hahotoé Phosphat abgebaut (rd. 100 Mio. t Vorrat), eine Bahn (25 km) führt nach Kpémé (Aufbereitung und Export).

Tōhaku, eigtl. **Hasegawa T.,** jap. Maler, * Nanao (Präfektur Ishikawa) 1539, † Edo (heute Tokio) 19. 3. 1610; neben KANŌ EITOKU bedeutendster Maler der Muromachi- und Momoyama-Zeit. T. wandte die Technik der spontanen Tuschmalerei der Zen-Mönche auf jap. Themen an. Neben dekorativen monochromen Tuschmalereien malte er auch in Grün-, Braun- und Grautönen auf Goldhintergrund Bilder auf Stellschirmen und mehrgliedrigen Schiebetüren in zahlr. Tempeln und Palästen in Kyōto, Ōsaka und Edo.

Tohuwabohu [hebr. tohû wą vohû ›Wüste und Öde‹] *das, -(s)/-s,* in der Übersetzung M. LUTHERS von 1. Mos. 1, 2 Bez. für den Zustand der Erde zu Beginn der Schöpfung; im übertragenen Sinn wird T. für ›Durcheinander‹, ›Chaos‹ gebraucht.

Toilette [tǫaˈlɛtə; frz., eigtl. Verkleinerung von toile ›Tuch‹, urspr. ›Tuch, worauf man das Waschzeug legt‹] *die, -/-n,* 1) *ohne Pl.,* gehoben für: das Sichankleiden; 2) Damenkleidung, bes. für festl. Anlässe; 3) *veraltet:* kurz für Frisier-T. (›Frisiertisch‹); 4) Abort und Waschraum. Wesentl. Teil ist der **Spülabort (Wasserklosett, WC),** der Wasserspülung besitzt und an eine Kanalisation angeschlossen ist. Als Spüleinrichtung dienen Druckspüler oder Spülkasten. Der Spülkasten ist durch das Spülrohr mit dem Abortbecken verbunden und wird durch Handzug, Hand- oder Fußdrücker betätigt. Druckspüler nutzen den Wasserdruck der Hauswasserversorgung. Sie werden durch Hebel- oder Druckknopfbetätigung ausgelöst und schließen nach einer gewissen Spüldauer selbsttätig. – Nach der Konstruktion des Klosettbeckens werden **Flachspül-, Tiefspül-** und **Absaugeklosetts** unterschieden. Das Flachspülklosett gestattet die Beobachtung der Fäkalien zur frühzeitigen Erkennung von Krankheiten. Bei Tiefspül- und Absaugeklosett fallen die Fäkalien in das Wasser des →Geruchsverschlusses und werden von dort herausgespült oder abgesaugt. Das **Wandklosett** (als Tief- oder Flachspülklosett) ist an die Wand angebaut und hat v. a. den Vorteil der Fußbodenfreiheit sowie der Vermeidung von Schmutzwinkeln. – Zunehmend werden **mobile T. (Chemie-T.)** z. B. in Reisemobilen, Wohnwagen, Omnibussen und auf Baustellen eingesetzt. Für diese Einrichtungen wurden spezielle kläranlagenverträgl. und ungiftige Sanitärzusätze (Umweltzeichen: ›Blauer Engel‹) entwickelt, die lästige Gerüche vermeiden, was sie aufgrund ihrer ggf. Zusammensetzung die anaerobe Gärung, d. h. übel riechende Faulprozesse ohne Sauerstoffzufuhr, in der T. vermeiden.

Kulturgeschichte: Die ältesten Aborte über Wasserläufen wurden in Altmesopotamien (Eschnunna, um 2300 v. Chr.), in der Harappakultur und auf Kreta (Knossos) gefunden; sie zeigen die noch z. B. im Orient übliche Bauart des Hockaborts mit Fußplatten. Das ägypt. Haus kannte Steinsitze (über transportalen Gefäßen), ebenso das vornehme griech. Haus (ab etwa 300 v. Chr. nachgewiesen, vermutlich älter). Es gab seit hellenist. Zeit auch öffentl. Latrinen (z. B. in Ephesos). Dank der Kanalisation gehörte die T. im röm. Haus zum festen Bestand: meist neben, zuweilen in der Küche angebracht und zum Sitzen bestimmt (Stein- oder Holzbank mit einem oder mehreren Löchern). Im MA. finden sich im Plan des Klosters von St. Gallen (um 820), durch lange Gänge mit den Bauten verbunden, ganze Reihen von Abortanlagen mit 6–18 Sitzen. Diese Disposition nimmt die Anordnung einzelner Deutschordensburgen vorweg (→Dansker).

An Profanbauten wurde der Abort oft in Erkerform angebracht, bei Burgen liegt er auch in der Mauerdicke mit schrägem Kanal nach außen. Bis in das 19. Jh. war der Abort in den Städten sehr primitiv. Noch im 18. Jh. gab es Häuser ohne Abort. Oft befand er sich gesondert im Hof. Ganz vereinzelt fand sich in Dtl., z. B. in Berlin und Bremen, schon ein Abfluss durch Kanäle. Fortschritte waren: 1775 Wasserverschluss gegen Geruch, 1823 ›Siphon‹, ein s-förmiges Rohr zum gleichen Zweck. Um 1800 hatte ein Viertel aller Häuser in London Spülaborte (›WC‹); in Berlin besaßen 1871 9 % der Grundstücke Wasserklosetts.

Toit, Jacob Daniel Du, südafrikan. Lyriker und Theologe, →Totius.

Tōjō [-dʒ-], Hideki, jap. General und Politiker, *Tokio 30. 12. 1884, †(hingerichtet) ebd. 23. 12. 1948; 1937 Generalstabschef der Kwangtungarmee in der Mandschurei, 1940/41 Heeres-Min., 1941–44 Min.-Präs. (zugleich Inhaber versch. Min.-Posten); führte er Japan als Befürworter einer expansiven Außenpolitik und als Vertreter eines harten Kurses gegenüber den USA in den Zweiten Weltkrieg (Überfall auf Pearl Harbor am 7. 12. 1941). Nach militär. Rückschlägen (bes. infolge der amerikan. Eroberung der Marianen 1944) musste er zurücktreten, war aber 1944/45 noch Generalstabschef. Vom internat. Militärgerichtshof als Kriegsverbrecher angeklagt, nahm er die Hauptverantwortung für die jap. Kriegführung auf sich und entlastete Kaiser HIROHITO; am 12. 11. 1948 wurde T. zum Tode verurteilt.

Tokai Bank Ltd., jap. Großbank mit Sitz in Nagoya, entstanden 1941 durch Fusion von Ito Bank (gegr. 1881), Nagoya Bank (gegr. 1882) und Aichi Bank (gegr. 1896); zählt zu den größten Banken der Welt.

Tōkaidō [›Ostmeergau‹], urspr. einer der sieben Gaue (›dō‹) der altjap. Territorialverwaltung, i. e. S. seit dem 17. Jh. die 514 km lange Straße von Tokio über Nagoya nach Kyōto, früher durch 53 Übernachtungs- und Rastplätze gegliedert (wiederholt Thema in der jap. Kunst, u. a. bei ANDŌ →HIROSHIGE). – Für den Eisenbahnverkehr wurde 1964 die **T.-Linie (T.-Shinkansen)** zw. Tokio und Ōsaka in Betrieb genommen, 1972 bis Okayama und 1975 bis Hakata/Fukuoka (auf Kyūshū) durch den ›Neuen Kammontunnel‹ verlängert (→Shinkansen).

Tokaj [ˈtɔkɔj], Ort im Bez. Borsod-Abaúj-Zemplén, NO-Ungarn, 113 m ü. M., an der Mündung des Bodrog in die Theiß, 4 400 Ew.; Mittelpunkt des Weinbaugebietes T.-Hegyalja (→Tokajer); Weinkellereien und -handel; Fremdenverkehr.

Tokajer [tɔˈkaiər, ˈtɔkaiər] *der, -s/-,* **Tokaier,** ungar., meist süßer Weißwein aus dem Weinbaugebiet **Tokaj-Hegyalja** (6 200 ha) im äußersten NO des Landes am SO-Fuß des Zempliner Gebirges, im Wesentlichen beiderseits des Bodrog; bereitet aus spät gelesenen, vollreifen Trauben der Rebsorten Furmint, Lin-

Tōhaku: Herbstblumen, von Ahorn umgeben; Detail einer mehrgliedrigen Schiebetür, 1592 (Kyōto, Tempel Chishakuin)

denblättriger (Hárslevelű) und Muskateller, und zwar zu zwei versch. Weinarten, dem **T. Szamorodni** (poln. ›wie gewachsen‹, bei dem alle gelesenen Trauben wie üblich gekeltert werden, was einen der dt. Spätlese entsprechenden Wein ergibt, und dem **T. Aszú.** Für diesen werden jedem Fass (Gönczer Fass zu 136l) Jungwein 2–6 Butten (Puttonyos zu 25 kg) Maische von gesondert ausgelesenen Trockenbeeren zugegeben. Nach der Vergärung und Lagerung (mindestens 4–8 Jahre, je nach Buttenzahl) in nicht ganz gefüllten kleinen Holzfässern in den unterird. Kellern (im Tuff) mit speziellem ›Kellerklima‹ entstehen so edelsüße Weine mit bis zu 18 Vol.-% Alkohol und einem hohen Zuckeranteil; dieser liegt z. B. bei 3-buttigem Aszú bei 90 g/l, bei 5-buttigem bei 150 g/l. Nur aus Trockenbeeren bereiteter T. ist der **T. Esszencia** mit etwa 180 g/l Restzucker (und 50 g/l zuckerfreiem Extrakt). Jährlich werden rd. 260 000 hl T. hergestellt.

Tokamak-Prinzip, →Kernfusion.

Tokara|inseln, jap. **Tokara-rettō,** Kette von 10 Vulkaninseln im nördl. Abschnitt der →Ryūkyūinseln, Japan.

Tokarewa, Wiktorija Samojlowna, russ. Schriftstellerin, * Leningrad 20. 11. 1937; schildert in ihren Erzählungen, in deren Mittelpunkt häufig Frauen stehen, knapp und realistisch den russ. Alltag.
Werke: Erzählungen: Den' bez vranja (1964); Letajuščie kačeli. Rasskazy, povest' (1978); Ničego osobennogo (1983); Pervaja popytka (1989; dt. Mara). – *Kurzroman:* Khêppi ènd (1995; dt. bereits 1991 u. d. T. Happy-End).
Ausgaben: Und raus bist du (1987, dt. Ausw.); Sag ich's oder sag ich's nicht?, übers. v. A. Schneider u. a. (Neuausg. 1995); Der Pianist u. andere Erzählungen, übers. v. Ders. (1997); Sentimentale Reise. Erzählungen, übers. v. Ders. (Neuausg. 1997).

Tokat, Prov.-Hauptstadt in der Türkei, 623 m ü. M., im Pont. Gebirge, an der Mündung des Tokat Suyu in den Oberlauf des Yeşilırmak, 83 200 Ew.; Kupferschmiedehandwerk, Webereien, Teppichherstellung, Nahrungsmittelindustrie; nahebei Chromerzbergbau. – Weitgehend erhaltenes mittelalterliches Stadtbild; der Ort wird von der Ruine einer osman. Festung überragt, die über Vorläufern einer antiken (Dacimon) und einer byzantin. Festung erbaut wurde. Am Hauptplatz östlich des Zitadellenhügels u. a. die 1271–77 erbaute ›Blaue Koranschule‹ (Gök Medrese, heute archäolog. Museum und Ikonensammlung), die nur noch geringe Reste der namengebenden türkisblauen Fayencedekoration besitzt. Moscheen (13., 15. und 16. Jh.), Bäder und Grabtürben (13. und 14. Jh.), auch mehrere Herbergen (Chane) des 14., 17. und 18. Jh. Über den Yeşilırmak führt eine (Seldschuken-)Brücke aus dem 12. Jh.; 10 km nördlich Ruinen des großen hellenist. Heiligtums Komana Pontica. – Das mittelalterl. **Eugocia** war früh Bischofssitz und besaß als Sitz eines Erzbistums noch 1631 zwölf Kirchen. Unter den Armeniern hieß der Ort **Jevtogia** (daraus heutiger Name). Aus der bis ins 20. Jh. stark von armen. Christen bewohnten Stadt wurden 1923 alle Armenier ausgewiesen.

Tokay d'Alsace [tɔkɛdal'zas], im Elsass traditionelle Bez. für den →Grauburgunder.

Tokee
(Länge bis 40 cm)

Tokee [malaiisch] *der, -(s)/-s,* **Gekko gecko,** Art bis 40 cm langer, baumbewohnender →Geckos in SO-Asien. Die männl. Tiere stoßen (wahrscheinlich zur Kennzeichnung ihres Territoriums) von März bis Mai laut bellende Rufe aus: ›to-keh‹ oder ›geck-ooh‹. T. erjagen Gliedertiere und kleine Wirbeltiere (bis Mausgröße) und halten sich als Kulturfolger häufig in oder nahe bei menschl. Behausungen auf. Sie werden als Glücksbringer angesehen.

Tokelau, amtlich 1916–46 **Union Islands** ['juːnjən 'aɪləndz], 1946–76 **T. Islands (T.-Inseln),** als Überseeterritorium zu Neuseeland gehörende Inselgruppe im Pazif. Ozean, 500 km nördlich der Samoainseln, besteht aus den Atollen Atafu (203 ha), Nukunonu (546 ha) und Fakaofu (263 ha), zus. 10,1 km^2 (einschließlich der von T. beanspruchten Meeresfläche 290 000 km^2), 1 700 Ew. Über zwei Drittel der Bev. sind Kongregationalisten, etwa 30% Katholiken.

Die nur bis maximal 4,5 m ü. M. aufragenden Koralleninseln bieten geringe wirtschaftl. Möglichkeiten: Anbau (Taro, Bananen, Papaya, Kokospalmen, Brotfrucht- und Schraubenbäume u. a.) und Viehhaltung (Schweine, Hühner) zur Selbstversorgung, Fischfang. Exportiert werden Kopra, handwerkl. Erzeugnisse (Hüte und Matten aus Schraubenbaumblättern) sowie Münzen und Briefmarken für Sammler. Für den Ausgleich des Außenhandelsdefizits sorgen Überweisungen der Auswanderer sowie Lizenzgebühren ausländ. Reg. und der Auswanderer sowie Lizenzgebühren ausländ. Fischereifahrzeuge innerhalb der 200-Seemeilen-Zone. Zw. den Inseln und nach Westsamoa und Fidschi besteht regelmäßiger Schiffsverkehr (Ankern nur auf Reede).

Geschichte: Die 1765 entdeckten Inseln standen seit 1877 unter brit. Protektorat; 1916 unter dem Namen Union Islands der Kolonie Gilbert and Ellice Islands angegliedert; seit 1925 von Neuseeland verwaltet, zu dem sie seit 1949 gehören.

Token ['toʊkən; engl. ›Zeichen‹] *das, -s/-s,* **1)** *Datenverarbeitung:* bei Rechnernetzen (v. a. →lokales Netz) mit Ringstruktur und darüber hinaus auch in anderen Netzkonfigurationen (z. B. auf einem physikal. Bus), denen ein log. Ring **(T.-Ring)** zugeordnet ist, ein bestimmtes Zeichen, das in dem Ring von Station zu Station gesendet wird und so im Ring umläuft **(T.-Passing-Verfahren, T.-Verfahren).** Eine angeschlossene Station, die Daten senden will, wartet auf den Empfang des T., entfernt es aus dem Ring, sendet ihre Daten und schickt dann das T. weiter.

2) *Numismatik:* Notgeld in Großbritannien und seinen Kolonien sowie in den USA **(Civil War T., Hard Times T.).** Die erste T.-Periode in England lag im 17. Jh.; es handelte sich hier um kleine Farthing-T. aus unedlen Metallen, die von Händlern und Handwerkern ausgegeben wurden. Im späten 18. Jh. wurden in Großbritannien infolge des akuten Kleingeldmangels (der Staat ließ keine Münzen prägen) v. a. Halfpenny- und Penny-T. (seltener Farthing-T.) aus Kupfer von Firmen und Händlern in erhebl. Mengen verwendet. Während der Koalitionskriege im frühen 19. Jh. gab es neben den Kupfer- auch Silber-T. (ganz selten auch Gold-T.). In Großbritannien wurden die T. 1818, in den Kolonien erst 1873 verboten.

Token-Ökonomie ['toʊkən-], *Psychologie:* Methode der Verhaltensmodifikation, bei der zum Aufbau des erwünschten Verhaltens nach einem zuvor festgelegten Regelsystem Verstärker in Form von Münzen, Marken oder Punkten (›tokens‹) benutzt werden, die von den Behandelten in Vergünstigungen (›back-up reinforcer‹) umgetauscht werden können. Kombiniert Prinzipien der operanten Konditionierung mit ökonom. Denken. Komplexe Verhaltensweisen werden in isolierte Einheiten aufgegliedert, diese systematisch beobachtet und kontingent belohnt. Breite Verwendung findet das Verfahren in therapeut. und pädagog. Arbeit mit Kindern und Jugendlichen, in der Psychiatrie und Geriatrie sowie zunehmend in organisator., betriebl. und ökolog. Zusammenhängen. Kritik wird u. a. an der zumeist unzulänglich geklärten Indikationsstellung, an ›manipulativen‹ Charakteristiken oder an der Missachtung der Beziehungswünsche der Betroffenen geübt.

A. E. Kazdin: The token economy. A review and evaluation (New York 1977); F. Büch u. a.: Therapeut. Schülerhilfe (1979).

Tőkés ['tøke:ʃ], László, ref. Bischof in Rumänien, * Klausenburg 1. 4. 1952; Rumänienungar, 1986–90 Pfarrer in Temeswar, forderte in diesem Amt die Wahrung der Menschenrechte und trat für demokrat. Wandel in Rumänien ein. Bes. bekämpfte er die Politik der Dorfzerstörungen durch das Ceaușescu-Regime. Er wurde von der Geheimpolizei überwacht und verfolgt; der Versuch seiner Verhaftung löste am 15./16. 12. 1989 den Aufstand in Temeswar aus und mündete in einen allg. Volksaufstand gegen die Herrschaft N. CEAUȘESCUS (→Bürgerbewegung). 1990 wurde T. zum Bischof von Großwardein gewählt.

Tokio, amtlich jap. in lat. Buchstaben **Tōkyō** [›Osthauptstadt‹], bis 1868 **Edo, Yedo,** Hauptstadt Japans, auf Honshū, an der inneren T.-Bucht (Tōkyō-wan) des Pazif. Ozeans, bestehend aus 23 Stadtbezirken (Ku) mit zus. 581 km² Fläche und (1996) 7,96 Mio. Ew. (1955: 7 Mio., 1970: 8,8 Mio., 1980: 8,4 Mio., 1990: 8,2 Mio. Ew.).

Zur Präfektur Tokio (Tōkyō-to), die einen Sonderstatus hat und 2166 km² mit (1996) 11,78 Mio. Ew. umfasst, gehören außer der Hauptstadt zahlr. weitere Städte, u. a. Hachiōji, Machida, Fuchū, Chōfu, Mitaka, Hino, Kodaira, Tachikawa und Musashino, außerdem Inseln im Pazifik (mit zus. 403 km²), v. a. Ōshima und die rd. 1000 km entfernten Bonininseln. Innerhalb des 50-km-Umkreises von T. wurde für 1990 eine Bev. von 29,2 Mio. Ew. (davon 8,2 Mio. Ew. in T.) und eine durchschnittl. Bev.-Dichte von 3831 Ew. je km² errechnet; 1960 lebten in diesem Raum 15,7 Mio. Ew. (davon 8,3 Mio. Ew. in T.), die durchschnittl. Bev.-Dichte betrug 2277 Ew. je km².

Administrative und kulturelle Einrichtungen: Das polit., kulturelle und wirtschaftl. Leben Japans ist auf T. ausgerichtet; T. ist Residenz (seit 1869) des Kaisers (Tenno) und Sitz von Parlament und Reg., auch eines kath. Erzbischofs. Zu den Bildungseinrichtungen gehören die Univ. von T. (gegr. 1877) und sieben weitere staatl. Univ., die Städt. Univ. T. sowie 29 private Univ. und Hochschulen (u. a. Keiō-Univ., gegr. 1858); in der Präfektur T. sind weitere drei staatl. Univ. sowie zehn private Univ. und Hochschulen vorhanden. Die Stadt ist Sitz der jap. Akad. der Wissenschaften (Nippon Gakushiin, gegr. 1879) sowie des Jap. Wissenschaftsrats (Nihon Gakujutsu Kaigi, gegr. 1949), der Forschungsvorhaben landesweit koordiniert; viele Forschungseinrichtungen sind seit den 1960er-Jahren außerhalb von T. in →Tsukuba konzentriert. In T. befinden sich Nationaltheater sowie viele Museen, allein im Ueno-Park das T.-Nationalmuseum (archäolog. Funde, u. a. Haniwa; jap. Kunst bis zur Meijizeit, u. a. Kunstschätze aus dem →Hōryūji; Kunst aus Indien, China, Korea), das Städt. Kunstmuseum T. (Tōkyō-to Bijutsukan; Werke zeitgenöss. jap. Künstler), das Museum der T.-Univ. für schöne Künste und Musik, das Nationalmuseum für Westl. Kunst (v. a. frz. Gemälde und Skulpturen des 19.–20. Jh.) und das Nationalmuseum für Wiss. und Technik; daneben das Nationalmuseum für moderne Kunst, das Jap. Kunstgewerbemuseum, das Jap. Volkskunstmuseum, das Hara-Museum zeitgenöss. Kunst, das Bridgestone-, Gotō-, Idemitsu- und Nezu-Kunstmuseum. Außerdem bestehen Konzertsäle, ›Tōkyō Opera City‹ (mit Oper, Theater, Konzertsälen, Museum für Medienkunst u. a.), ein Planetarium, ein Aquarium, botan. und zoolog. Gärten sowie ›Tōkyō Disneyland‹ (an der T.-Bucht, eröffnet 1983).

Wirtschaft: T. ist Wirtschaftsschwerpunkt Japans und einer dicht besiedelten, weit über die Präfektur T. hinausreichenden Industrieregion (Keihin und Keiyō), die die innere T.-Bucht von der Dreimillionenstadt Yokohama über T. bis Chiba umgibt und sich in der westl. Kantōebene erstreckt. Nach New York ist T., u. a. mit der →Tokyo Stock Exchange, eine der wichtigsten Finanzmetropolen der Erde. Führende jap. Wirtschaftsunternehmen haben hier ihre Hauptverwaltung. Hauptbranchen der Industrie sind Elekt-

Tokio: Die Ginza, das bekannteste Einkaufszentrum der Stadt

ronik, Maschinenbau, Metall-, Nahrungsmittel- und Druckindustrie (T. ist führendes Presse- und Verlagszentrum Japans). Wichtigstes Messegelände im Stadtgebiet ist das von Harumi (am Hafen); außerhalb T.s entstand 1989 das von Makuhari (an der T.-Bucht zw. Funabashi und Chiba). Der Hafen an der T.-Bucht, dessen Gelände ab 1966 durch Aufschüttungen erweitert wurde, hat sich zu einem bedeutenden Containerumschlaghafen entwickelt.

Verkehr: Im jap. Verkehrsnetz ist T. der Hauptknotenpunkt. Eisenbahnstrecken mit Hochgeschwindigkeitszügen (→Shinkansen) verbinden T. mit Kyūshū (→Tōkaidō), mit Niigata am Jap. Meer, mit Morioka sowie mit Ueno. Schnellstraßen gehen strahlenförmig von T. aus, die wichtige Tōmei-Schnellstraße nach Nagoya (348 km) wurde 1969 dem Verkehr übergeben. Der internat. Großflughafen (New Tokyo International Airport) in Narita, 65 km östlich von T., wurde 1978 eröffnet. Der Inlandflughafen Haneda liegt am südwestl. Stadtrand. – Hauptverkehrsmittel innerhalb der Stadt, in die täglich mehrere Mio. Pendler strömen, ist die U-Bahn (Streckenlänge 1996: 220 km). Die seit den 1960er-Jahren entstandenen Stadtautobahnen führen auf Stützen über die Hauptstraßen hinweg. Im Berufsverkehr sind die Züge der U-Bahn sowie der staatl. und privaten Vorortbahnen trotz enger Zugfolge stets überfüllt, die Straßen verstopft. Die Ballungsprobleme T.s haben in den letzten Jahrzehnten immer wieder zur Diskussion der Verlegung der hauptstädt. Funktionen geführt.

Stadtbild: Wegen der wiederholten Zerstörungen durch Feuer und Erdbeben (v. a. 1923) sowie der im Zweiten Weltkrieg hat T. nur wenige histor. Bauten und Anlagen. Bedeutende Shintō-Schreine sind der Meiji-Schrein, in dem der Kaiser MUTSUHITO verehrt wird (1920, 1958 wieder aufgebaut), der Tōshōgū-Schrein (1626, im Gongstil, einer Verschmelzung von shintoist. und buddhist. Stilelementen) im Uedo-Park und der Yasukuni-Schrein (1869, Kriegsgedenkstätte). Von den buddhist. Tempelanlagen ist das Torgebäude (Sammon) des Asakusa-Tempels im Stadtbezirk Taitō-ku von kunsthistor. Interesse.

Aus der Meijizeit sind öffentl. Bauten in dem von Europa stark beeinflussten modernen jap. Architek-

Tokio
Stadtwappen

Hauptstadt Japans

an der Tokiobucht

7,96 Mio. Ew.

Wirtschafts-, Bildungs- und Verkehrszentrum Japans

Kunstmuseen

Ginza

Rathaus mit 243 m Höhe

Name bis 1868 Edo

seit 1869 Residenz des Tenno

erdbebengefährdet

Toki Tokio

Tokio: Blick auf die Stadt, im Vordergrund der 1962 vollendete Neubau des Kaiserpalastes mit seinen von Wallmauern und Wassergräben (noch von 1613) umgebenen Parkanlagen

turstil erhalten: das Bahnhofsempfangsgebäude (1914, dem Amsterdamer Bahnhof nachgebaut), das Parlamentsgebäude (1936), die Steinbrücke Nihonbashi (1911, heute von Stadtautobahnen überspannt) nordöstlich des Hauptbahnhofs, der Akasaka-Palast (1909) im Stil der frz. Palastarchitektur des 18. Jh. Fast alle öffentl. Gebäude waren Residenzen der Daimyōs, die diese während der Zeit des Shōgunats in Edo unterhalten mussten, z. T. dienen die Gartenanlagen noch als Parks, z. B. Rikugi-en (1702), Kōraku-en (1626 als Nachbildung vers. Landschaften geschaffen), Ueno-, Hibiya- oder Meiji-Park, z. T. als prachtvolle Restaurants mit großen Gärten (Chinzansō, Happō-en). Ginza, Ikebukuro (im Stadtbezirk Toshima-ku), Shinjuku und Shibuya sind exklusive Einkaufs- und Vergnügungsviertel mit zahlr. architekton. Experimenten.

Zu den bedeutendsten Werken zeitgenöss. Architekten gehören das nach einem Entwurf von LE CORBUSIER 1959 erbaute Nationalmuseum für Westl. Kunst sowie Bauten von TANGE KENZŌ (Rathaus, 1952–57; Olympiahallen, 1961–64; Kathedrale St. Maria, 1961–64; neues Rathaus im Stadtbezirk Shinjuku-ku, 1986–91; 243 m Höhe, 56 Geschosse), MAEKAWA KUNIO (Festhalle, 1961; Städt. Kunstmuseum, 1975), OKADA SHINICHI (Oberster Gerichtshof, 1974), MAKI FUMIHIKO (Geschäfts- und Kulturzentrum ›Spirale‹, 1984/85; Wiss.- und Präsentationszentrum ›Tepia‹, 1989), SHINOHARA KAZUO (TIT-Jahrhunderthalle, 1987/88), HARA HIROSHI (Yamato International Building, 1987) und ITŌ TOYO (Ei der Winde, 1991) sowie die 1997 eröffnete ›Tōkyō Opera City‹ (u. a. von H. DEILMANN, TAK Architects).

Geschichte: Das Gebiet um die heutige Stadt war nach archäolog. Funden bereits zur Jōmonzeit (um 7500 v. Chr.) besiedelt. 1457 gewann mit dem von ŌTA DŌKAN (*1432, †1486), einem Vasallen der das Gebiet beherrschenden Uesugi-Sippe, begonnenen Bau der Burg Edo (Edo-jō) das am Rand der Musashi-Ebene angelegte Dorf Edo Bedeutung. 1524 fiel die Burg den in Odawara beheimateten Hōjō zu. Nach deren Vernichtung gab TOYOTOMI HIDEYOSHI 1590 die Kantōebene TOKUGAWA IEYASU zu Lehen. Dieser machte das damals unbedeutende Fischerdorf zunächst zum Sitz seiner Lehnsverwaltung und 1603 zum Sitz seiner Shōgunats-Reg. Das Schloss (seit 1869 Kaiserpalast) wurde bis 1636 zur Residenz der Shōgune ausgebaut und war polit. Mittelpunkt Japans. Nahe dem Schloss siedelten in eigenen Stadtvierteln die etwa 80 000 Vasallen des Shōguns sowie die Daimyōs, die verpflichtet waren, in regelmäßigen Abständen in Edo Hof zu halten, und deren Familien als Geiseln ständig dort zu wohnen hatten. Die zur Versorgung des Hofes notwendigen Handwerker, Kauf- und Dienstleute ließen die Bev. rasch ansteigen. 1695 zählte die Stadt rd. 1 Mio., 1787 rd. 1,4 Mio. Ew.; mehrere Großbrände (die schwersten 1657, 1772, 1806) und Erdbeben (1650, 1703, 1707, 1855 und 1923) zerstörten große Teile der Stadt, die immer wieder, jedoch ohne planvolle Anlage, aufgebaut wurde. Bereits im 17. Jh. war Edo Verkehrsmittelpunkt des jap. Rei-

---

Tokio: Stadtplan (Namenregister)

Straßen und Plätze

Aioi-Brücke F 4
Aoyamadōri A 4, B 3
Chūōdōri E 3
Edodōri E 2, F 1
Eitai-Brücke F 3
Eitaidōri DE 2, F 3–4
Ginza D 3
Hakusandōri D 2
Hibiyadōri C 4, D 3
Hongōdōri D 1
Kachidoki-Brücke E 4
Keiyōdōri F 2
Kiyosu-Brücke F 3
Kiyosumidōri E 4–F 1
Kuramae-Brücke F 1
Mejirodōri C 1
Nijū-Brücke CD 3
Ōkubodōri B 1
Ryōgoku-Brücke F 2
Sakuradadōri C 4
Shin-Brücke F 2
Shinjukudōri BC 2
Shinobazudōri D 1
Shinōhashidōri E 4–3, F 2

Shōwadōri E 1–D 4
Sotoboridōri BC 3, B 3–1, C 1–2, D 2–4
Tsukuda-Brücke E 4
Uchiboridōri C 2–D 3
Umaya-Brücke F 1
Yasukunidōri A 2–E 1

Gebäude, Anlagen u. a.

Akademie der Handelsmarine F 4
Akasaka-Palast, ehemaliger B 3
Akihabara-Bahnhof E 1
Amtssitz des Ministerpräsidenten C 3
Aoyama-Friedhof A 4
Aoyama-Palast AB 3
Arbeitsministerium D 2
Asakusabashi-Bahnhof EF 1
Atago-Hügel C 4
Außenministerium C 3

Äußerer Meiji-Garten (Olympiapark) A 3
Budōkan (Judohalle) C 2
Chiyoda-ku C 2
Chūō-ku E 3
Finanzministerium C 3
Gemäldegalerie A 3
Haiyūza-Theater B 4
Hamachō-Park F 2
Hama-Garten D 4
Hauptbahnhof D 3
Hauptpost D 3
Hibiya-Halle CD 3–4
Hibiya-Park CD 3
Hie-Schrein BC 3
Hōsei-Universität BC 1
Ichigaya-Bahnhof B 2
Iidabashi-Bahnhof C 1
Industrie- und Handelskammer (IHK) D 3
Justizministerium C 3
Kabuki-Theater D 4
Kaiserpalast CD 2–3
Kanda-Bahnhof E 2
Kanda-Myōjin-Schrein D 1

Keiō-Universitätsklinik A 3
Kitanomaru-Park C 2
Kiyosumi-Garten F 3
Kōrakuen-Park C 1
Kōtō-ku F 3
Krankenhaus D 4, E 4, F 1
Meiji-Universität D 1
Meijiza-Theater F 2
Meteorologisches Institut D 2
Minato-ku B 4
Museum für Wissenschaft und Technik C 2
Nationalmuseum für moderne Kunst CD 2
Nationalstadion A 3
Nationaltheater C 3
Nezu-Kunstmuseum A 4
Nikolai-Kathedrale D 1
Nippon-Universität C 1
Oberster Gerichtshof C 3
Ochanomizu-Bahnhof D 1
Parlament C 3
Polizeipräsidium C 3
Pressezentrum C 4
Ryōgoku-Bahnhof F 1

Sankt-Ignatius-Kirche B 2
Schwimmbad A 3
Shiba-Park C 4
Shimbashi-Bahnhof D 4
Shimizudani-Park B 3
Shinanomachi-Bahnhof A 3
Shinjuku-Gyoen-Park A 2
Shinjuku-ku AB 1
Sophia-Universität B 3
Sportplätze A 3
Sportzentrum C 1
Stadion C 1
Suidōbashi-Bahnhof C 1
Suitengū-Schrein F 2
Sumida-gawa F 3
Sumida-ku F 1
Taitō-ku EF 1
Tokio-Theater D 4
Tokioturm BC 4
Tsukiji-Honganji-Tempel E 4
Verkehrsmuseum DE 1
Yasukuni-Schrein C 3
Yotsuya-Bahnhof B 2
Yūrakuchō-Bahnhof D 3
Zentraler Großhandelsmarkt DE 4

Tokio: Stadtplan

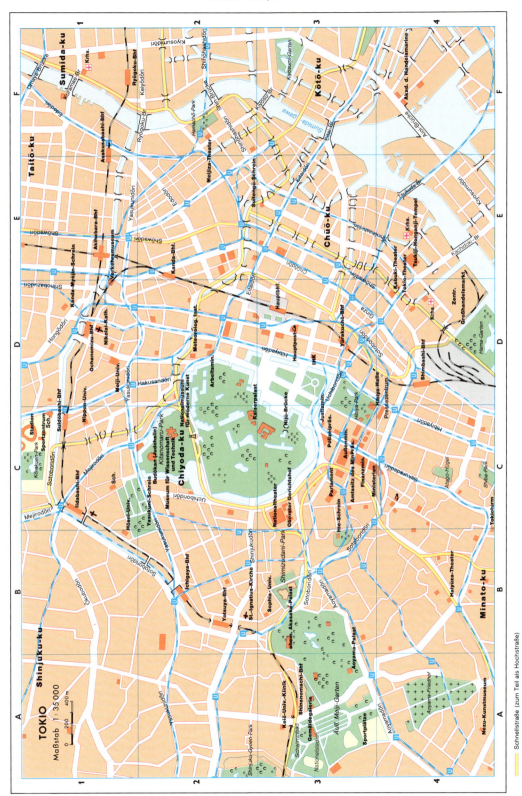

Toki Tokiwa – Tokyo Stock Exchange

ches und entwickelte sich auch zu einem kulturellen Zentrum, konnte jedoch die alten Zentren Kyōto und Ōsaka erst im ausgehenden 18. Jh. überflügeln. Mit dem Ende der Shōgunats-Reg. begann 1867 eine neue Epoche in der Gesch. der Stadt. 1868 wurde Edo zur Hauptstadt erhoben und erhielt zugleich den heutigen Namen; 1869 verlegte der Tenno seine Residenz hierher. Nach dem verheerenden Erdbeben vom 1. 9. 1923 (Tod Zehntausender Menschen, Vernichtung von etwa 63% der Bauten, v. a. durch Feuersbrünste) wurde T. bis 1930 weitgehend wiederhergestellt (im selben Jahr etwa 2 Mio. Ew.). Die im Zweiten Weltkrieg durch amerikan. Luftangriffe v. a. am 9./10. 3. und Ende Mai 1945 stark zerstörte Stadt (1941: rd. 6,4 Mio. Ew., 1945: rd. 2,8 Mio. Ew.) war 1945–52 Sitz einer amerikan. Militär-Reg. (›General Headquarters of the Supreme Commander of the Allied Powers‹); 1946–48 fand hier der Prozess des Internat. Militärgerichtshofes für den Fernen Osten gegen die jap. Kriegsverbrecher statt. Das rasch wieder aufgebaute T. hatte bereits 1950 erneut rd. 6,3 Mio. Ew. – 1964 war es Austragungsort der Olymp. Sommerspiele.

T. YAZAWA: T. Eine Weltstadt in Ostasien (1984); T., hg. v. M. RIVAS-MICOUD (1992); Tokyo, hg. v. B. BOGNAR (Chichester 1997).

Tokiwa, Mitsunaga, jap. Maler, →Mitsunaga.

Tokkata, *Musik:* →Toccata.

Tokographie [zu griech. tókos ›Geburt‹] *die, -/...'phien,* Verfahren zur fortlaufenden graf. Aufzeichnung der Wehentätigkeit (Tokogramm), meist mit gleichzeitiger Registrierung des kindl. Herzschlags (→Kardiotokographie).

Tokologie, Lehre von der Geburt, Geburtshilfe.

Tököly [ˈtøkøli], **Thököly,** Imre (Emmerich) Graf, ungar. Freiheitskämpfer, * Käsmark 25. 9. 1657, † Izmit 13. 9. 1705; Sohn des an der wesselényischen Verschwörung beteiligten und daraufhin hingerichteten ISTVÁN T. (* 1623, † 1670); stellte sich in Fortführung der polit. Ziele seines Vaters 1677 an die Spitze der gegen die habsburg. Herrschaft kämpfenden Kuruzen und eroberte mit frz. und osman. Hilfe bis 1682 ganz Oberungarn (die heutige Slowakei) bis zur Waag. Vom Sultan zum Fürsten von Oberungarn (1682–85) und Siebenbürgen (1690) ernannt, konnte er sich angesichts der militär. und diplomat. Erfolge des Wiener Hofes jedoch nur kurzzeitig behaupten. Von der habsburg. Amnestie im Frieden von Karlowitz (1699) ausgenommen, lebte er danach im türk. Exil.

Tokolyse [zu griech. tókos ›Geburt‹ und lýsis ›(Auf)lösung‹] *die, -/-n,* medikamentöse Hemmung vorzeitiger oder abnorm starker Wehen v. a. zur Verhinderung einer drohenden Frühgeburt; die Akut-T. dient zur intrauterinen Reanimation bei wehenbedingtem fetalem Sauerstoffmangel. Bei Anwendung der T. sind Kontraindikationen wie Fieber, vaginale Blutungen, vorzeitige Plazentalösung, Diabetes mellitus oder Herz- und Nierenerkrankungen zu beachten.

Tokonoma, Bildnische mit erhöhtem Boden im jap. Haus für das Zurschaustellen einzelner Kunstwerke (z. B. →Hängerolle, edle Keramik oder Blumengesteck), die der Jahreszeit oder dem jeweiligen Anlass angemessen sind.

Tokopherol [zu griech. tókos ›Geburt‹ und phérein ›tragen‹, ›bringen‹] *das, -s/-e,* **Tocopherol, Vitamin E, Antisterilitätsvitamin,** zusammenfassende Bez. für eine Gruppe fettlösl. Vitamine, die 1922 als Antisterilitätsfaktor bei Ratten gefunden wurde; ölige Flüssigkeiten, chemisch gesehen Chromanderivate mit einer Isoprenoidseitenkette in 2-Stellung. Man unterscheidet α-, β-, γ- und δ-T., von denen α-T. das physiologisch wirksamste ist. T. kommen v. a. in Pflanzenölen vor (bes. in Keimölen). Die biolog. Wirkung ist noch weitgehend ungeklärt, gesichert ist die Funktion als Antioxidans; T. verhindern die Oxidation ungesättigter Fettsäuren durch Luftsauerstoff und tragen somit wahrscheinlich zur Stabilisierung biolog. Membranen bei. Mangelerscheinungen beim Menschen sind bislang nicht bekannt, da T. offenbar ausreichend in der Nahrung vorhanden sind. Wegen seiner antioxidativen Wirkung wird T. u. a. auch Lebensmitteln, Kosmetika und Anstrichfarben zugesetzt. – Der Bedarf des Menschen liegt bei etwa 5–30 mg T. pro Tag.

Tokorozawa [-zawa], Stadt in der Präfektur Saitama, Japan, auf Honshū, im NW des Ballungsraumes Tokio, 320 400 Ew.; Elektronikindustrie.

Tokos [port.], *Sg.* **Toko** *der, -s,* **Tockus,** afrikan. Gattung der Nashornvögel mit 13 Arten (Größe bis 60 cm), die in den Savannen und lichten Wäldern leben; mit schwarzweißem Gefieder und leicht gebogenem Schnabel, der keinen oder einen flachen Aufsatz trägt.

Toktoguler Stausee, Stausee in Kirgistan, am →Naryn.

Tokugawa, eigtl. **Matsudaira,** jap. Shōgun-Dynastie, die unter diesem Namen von T. IEYASU begründet wurde. Dieser ließ im Zuge seines Machtstrebens eine Genealogie anfertigen, die die bis dahin wenig bedeutende, nach ihrem Hauptsitz Matsudaira in der Prov. Mikawa (Präfektur Aichi) benannte Sippe als Nachkommen des T.-Zweiges der Nitta und somit als Nachfahren der Minamoto, denen das Amt des Shōguns zustand, auswies. Im Kampf um die Macht änderte IEYASU seinen Namen in T. und nutzte den so erlangten Legitimitätsvorsprung zur Errringung des Shōgunats. Das Recht zur Führung des Namens T. schränkte er auf einen fest umrissenen Kreis ein. Das 1603 von ihm begründete Shōgunat endete 1867/68, als sich T. YOSHINOBU (* 1837, † 1913), auch T. KEIKI gen., gezwungen sah, die Herrschaft an den Kaiser abzutreten. In der Meijizeit wurden die T. in den Fürstenstand erhoben. – Das T.-Shōgunat wird auch als Edozeit (nach dem Reg.-Sitz) bezeichnet.

Tokugawa Ieyasu, jap. Feldherr und Staatsmann, * Okazaki 31. 1. 1543, † Sumpu (heute Shizuoka) 1. 6. 1616; Sohn des Okazaki beherrschenden Schlossherrn; erreichte unter ODA NOBUNAGA und →TOYOTOMI HIDEYOSHI eine Machtposition, die ihm nach dem Tod des Letzteren (1598) und nach der Schlacht von Sekigahara (1600) die Macht über das Reich sicherte. 1603 wurde er vom Kaiser zum Shōgun ernannt (dessen Würde er erblich machte) und verlegte seinen Reg.-Sitz nach Edo (heute Tokio). Ohne die Stellung des Kaiserhauses anzutasten, schuf er durch eine straffe Zentral-Reg. und eine staatl. Kontrolle aller Lebensbereiche die Voraussetzungen für einen mehr als 250-jährigen Frieden (→Japan, Geschichte). Bereits 1605 trat er das Amt des Shōguns an seinen Sohn T. HIDETADA (* 1579, † 1632) ab, beteiligte sich aber weiter maßgeblich an der Regierung.

Tokushima [-ʃi-], Präfekturhauptstadt in Japan, an der O-Küste von Shikoku, 268 700 Ew.; Univ. (gegr. 1949); chem., Nahrungsmittel- und Möbelindustrie; Puppenkopfschnitzerei (Heimat eines traditionellen bäuerl. Puppentheaters); Fährhafen.

Tōkyō, Hauptstadt Japans, →Tokio.

Tokyo Stock Exchange [ˈtəʊkjəʊ stɒk ɪksˈtʃeɪndʒ], Abk. **TSE** [tiːesˈiː], umsatzstärkster Börsenplatz in Japan für in- und ausländ. Aktien, Anleihen sowie Wertpapiertermingeschäfte; eine der größten Börsen der Erde, gegr. 1878. Träger der TSE ist eine staatl., dem Finanzministerium unterstellte Organisation. Als Mitgl. der TSE sind v. a. in- und ausländ. Wertpapierhäuser (Securities-Companies) sowie inzwischen auch Banken zugelassen. Die meisten Mitgl. führen Kundenaufträge aus (Regular Members), einige beschränken sich darauf, als Makler Kauf- und Verkauforders auszugleichen (Saitori-Members). Die wichtigsten Aktienindizes sind der →Nikkei Dow Jones Average und der TSE-Index (TSE Stock Price Index, kurz

Imre Tököly
(Bildnismedaille, 1683)

TOPIX, mit einer Reihe neuer Subindizes, z. B. TOPIX Core 30, TOPIX 100 und 500, TOPIX Small, TOPIX Large 70, TOPIX Mid 400).

Tola [indian.], von Peru bis Patagonien verbreitete Gattung der Korbblütler mit nur wenigen Arten; stark verzweigte Zwergsträucher mit meist zypressenähnl., mehrzeilig beblätterten Zweigen. T.-Arten sind in der →Puna Perus und Boliviens formationsbildend (T.-Heide, T.-Formation).

Tola branca, anderer Name für das Holz →Agba.

Tolai, Volksstamm auf →New Britain.

Tolañaro [-ŋ-], Stadt auf Madagaskar, →Taolanaro.

Toland ['təʊlənd], John, engl. Philosoph, * Redcastle (Cty. Donegal) 30. 11. 1670, † Putney (heute zu London) 11. 3. 1722; trat 1687 zum Protestantismus über und wurde in Glasgow und Edinburgh zum Pfarrer ausgebildet; studierte 1692–94 in Leiden; einer der Hauptvertreter des Deismus. In Oxford verfasste er 1694/95 sein Hauptwerk ›Christianity not mysterious‹ (dt. ›Christentum ohne Geheimnis‹), in dem er die These vertrat, das Evangelium widerspreche weder der Vernunft, noch könne es diese übersteigen; es enthalte nichts anderes als die natürl. Religion und Moral und entspreche der von Gott geschaffenen Naturordnung. Die Veröffentlichung des Werkes (1696) rief heftige Kritik hervor; 1697 wurde es öffentlich verbrannt. T. floh zunächst nach Irland, dann nach London und verfasste dort bibelkrit. und historisch-krit. Arbeiten. Auf Reisen nach Dtl. kam er 1701 an den Hof von Hannover, 1707 an den Berliner Hof, der ihn als Vertreter der Aufklärung feierte. Im ›Pantheisticon‹ (1720) propagierte T. eine deist. Vernunftreligion. In seinem späteren Werk finden Elemente eines Pantheismus (ein von T. geprägter Begriff) Eingang.
Weitere Werke: The life of John Milton (1698); Amyntor, or a defence of Milton's life (1699); Nazarenus, or Jewish, Gentile and Mahometan christianity (1718).
A. SEEBER: J. T. als polit. Schriftsteller (1933); R. E. SULLIVAN: J. T. and the Deist controversy (Cambridge, Mass., 1982); R. BLANCHET u. P. DANLOT: J. T. 1670–1722, un des modernes (Rouvray 1996).

Tolar der, -/-, Abk. **SIT,** Währungseinheit von Slowenien, 1 T. = 100 Stotinov.

Tolbuchin, 1949–92 Name der bulgar. Stadt →Dobritsch.

Toledanische Tafeln, Toledische Tafeln, um 1070 von I. AS-SARKALA herausgegebene Planetentafeln mit Aufzeichnungen der Planetenbewegungen, der Finsternisse u. a. Vorgänge am Himmel sowie einem Sternverzeichnis.

Toledo [span. to'leðo], **1)** Stadt in Zentralspanien, Hauptstadt der Region Kastilien-La Mancha und der Prov. T., 529 m ü. M., in maler. Lage auf einem dreiseitig vom tief eingeschnittenen Tajo umflossenen Granitsporn der S-Meseta, 70 km südlich von Madrid, 62 200 Ew.; kirchl. Zentrum Spaniens, Erzbischofssitz (Primas von Spanien); Infanterieakademie; bedeutende Museen; Waffenfabrik (1780 wieder gegr.); berühmtes Kunsthandwerk nach maur. Tradition: damaszierte Toledoklingen, Gold- und Silberverarbeitung, Einlegearbeiten, Keramik, Stahlwaren; Marzipanherstellung nach maur. Art; bedeutender Fremdenverkehr; Solarkraftwerk; Straßenknoten- und Eisenbahnendpunkt.
Stadtbild: Die Altstadt von T. wurde von der UNESCO zum Weltkulturerbe erklärt. Versch. Kirchen entstanden durch Umbau von Moscheen und Synagogen, viele wurden noch drei Jahrhunderte nach der Reconquista stark von maur. Stilelementen (Mudéjarstil) beeinflusst: Santo Cristo de la Luz (ehem. Moschee aus dem späten 10. Jh. mit neun Kuppelgewölben auf Hufeisenbögen), Santa María la Blanca (ehem. Synagoge, 12./13. Jh.), El Tránsito (ehem. Synagoge, 1355–57, mit reichem Stuckdekor; heute jüd.

Toledo 1)

Museum); Santiago del Arrabal (2. Hälfte des 13. Jh., Mudéjarstil). Die fünfschiffige Kathedrale ist eine der bedeutendsten got. Kirchen Spaniens (1226–1493), mit reicher Bauplastik an den Portalen (v. a. Puerta del Reloj, Ende 13. Jh., und Puerta de los Leones, 2. Hälfte 15. Jh.); zur Ausstattung gehören der durch ein Deckenfenster in helles Licht getauchte ›Transparente‹, ein monumentaler barocker Altaraufbau (1721–32; BILD →Tomé, Narciso), und Chorgestühl (BILD →Berruguete, Alonso de); im Kapitelsaal von E. EGAS (1508–11) Fresken u. a. von JUAN DE BORGOÑA und prächtige Artesonadodecke, in der Sakristei Gemälde von F. DE GOYA und EL GRECO. Die Klosterkirche San Juan de los Reyes (1476 gestiftet) im isabellin. Stil von J. GUAS erbaut, urspr. als Grabstätte für die Kath. Könige bestimmt, hat einen spätgot. zweigeschossigen Kreuzgang mit Artesonadodecke und plateresker Treppe. Im Hospital Santa Cruz (von EGAS, 1504 begonnen) befindet sich heute das Provinzialmuseum (u. a. Werke von EL GRECO). Der das Stadtbild beherrschende Alcázar wurde unter KARL V. errichtet (urspr. röm. und maur. Anlagen), nach Zerstörung im Span. Bürgerkrieg wieder aufgebaut und zum nationalen Monument erklärt (heute Bürgerkriegsmuseum). Die Brücken Puente de Alcántara (854 zerstört, wieder aufgebaut 997, 1259 erneuert) und Puente de San Martín (13. Jh.) sowie die Stadttore (Puerta Vieja de Bisagra, urspr. 9. Jh.; Puerta del Sol, 14. Jh.) sind z. T. maur. Ursprungs; Casa y Museo del Greco ist eine freie Rekonstruktion von EL GRECOS Wohnhaus. – Außerhalb von T. liegt das Hospital San Juan Bautista de Afuera, nach 1541 für Kardinal JUAN PARDO DE TAVERA (* 1472, † 1545) erbaut, mit dessen Grabmal (von A. DE BERRUGUETE, 1552–61) und Gemälden von EL GRECO.
Geschichte: T., eine der ältesten Städte Spaniens, war Hauptstadt der iber. Carpetaner, wurde 192 v. Chr. von den Römern erobert, war als **Toletum** wichtige Stadt des röm. Spanien und schon 400 (erstes Konzil in T.) frühchristl. Zentrum. T. gehörte ab dem 5. Jh. zum →Tolosanischen Reich der Westgoten und wurde nach dessen Untergang (ab 507) unter König LEOWIGILD (568–586) Hauptstadt des westgot. **Königreichs T.** (bis 711). Nach dem Übertritt der Westgoten vom Arianismus zum Katholizismus wurde auf dem Konzil von 589 das Christentum zur Staatsreligion erklärt; die Konzilien von T. (insgesamt 17) gelten wegen ihrer Zusammensetzung (Bischöfe, König,

Toledo 1)
Stadtwappen

Vertreter des Hofrats und der Stadt) als Vorläufer der span. Cortes. 712 wurde T. kampflos von den Arabern eingenommen und erlebte dann als **Tulaitula** seine größte Blüte als Zentrum von Wiss. und Kunst, von Waffenfabrikation, Seide- und Wollindustrie, Gold- und Silberschmiedekunst u. a. Kunsthandwerk. Bis 1035 war es Sitz eines Emirs unter der Oberherrschaft des Kalifen von Córdoba, ab 1036 Hauptstadt eines großen Taifareiches. 1085 wurde T. von ALFONS VI. von Kastilien erobert, 1087 dann Königsresidenz und erneut kirchl. Zentrum Spaniens; seine Kardinalerzbischöfe waren nach den Königen die politisch einflussreichsten Granden. Unter FERDINAND III. und bes. ALFONS X., DEM WEISEN, stieg T. als ›Stadt der drei Religionen‹ (christl. Mozaraber und Christen, muslim. Morisken, Juden) mit seiner berühmten Übersetzerschule zum europ. Zentrum des Geistes und der Wiss. auf, das dem Abendland das Gedankengut und die Erkenntnisse der griech.-röm. Antike und des arab. Kulturkreises vermittelte; seine jüd. Gemeinde war bis zur Ausweisung der Juden aus Spanien (1492) die größte auf der Iber. Halbinsel, die arab. Sprache wurde erst 1580 verboten. Die Verlegung der Hauptstadt nach Madrid (1561) brachte das Ende der polit. Bedeutung T.s. Im Span. Bürgerkrieg hielten 1300 Anhänger von General F. FRANCO BAHAMONDE vom 21. 7. bis 27. 9. 1936 den zerstörten Alcázar gegen republikan. Truppen bis zum Entsatz.

F. CHUECA-GOITIA u. M. CARRIERI: Madrid, T. (a. d. Span., Luzern 1973); H. KAUFMANN: T. Wege u. Wirkung arab. Wiss. in Europa (Wien 1977); J. S. GIL: La escuela de traductores de T. y los colaboradores judios (Toledo 1985).

2) Prov. in Zentralspanien, Region Castilla-La Mancha, 15 370 km², 515 400 Ew.; erstreckt sich auf der S-Meseta von Neukastilien zw. der Sierra de Gredos im NW und den **Montes de T.** im SW und reicht im SO bis in die Mancha; wird vom Tajo und dessen Nebenflüssen durchflossen; bei kontinentalem Klima auf trockenen Schuttböden lichte Steineichenbestände; auf Großfeldern Anbau von Weizen, Gerste, Sonnenblumen und Mais sowie Ölbaumkulturen (v. a. im W) und Weinbau (v. a. im O); in bewässerten Talauen Zuckerrübenanbau; verbreitet Schaf- und Rinderhaltung (Versorgung von Madrid); keram., chem. und Baustoffindustrie. Die weit auseinander liegenden Orte der dünn besiedelten Prov. haben vielfach mittelalterl. Befestigungen und kunsthistorisch bedeutende Bauten (u. a. im Toledaner Mudéjarstil).

3) [tə'li:dəʊ], Hafenstadt in NW-Ohio, USA, an der Mündung des Maumee River in den Eriesee, 332 900 Ew.; die Metrop. Area hat 614 100 Ew.; kath. Bischofssitz; Univ. (gegr. 1872), Kunstmuseum, zoolog. Garten; Glas-, Kraftfahrzeug-, Maschinen-, Kunststoffindustrie, Erdölraffinerien; bedeutender Hafen am Sankt-Lorenz-Seeweg mit Umschlag von Massengütern (Kohle, Eisenerz, Getreide, Erdölprodukte). – Nach Kriegen gegen die Indianer 1794 wurde die Gegend erstmals, nach dem Krieg von 1812 dauerhaft von Weißen besiedelt. T. entstand aus dem Zusammenschluss zweier Dörfer (Port Lawrence, gegr. 1817, und Vistula, gegr. 1832) und ist seit 1837 City. Der Anspruch der Staaten Michigan und Ohio auf das Gebiet um T. führte 1835 zu einem Grenzkrieg, der durch Vermittlung von Präs. A. JACKSON zugunsten Ohios entschieden wurde.

4) Stadt im W der Insel Cebu, Philippinen, 126 000 Ew.; mit der größten Kupfermine des Landes.

Toledo [to'leðo], **1)** Francisco de, Vizekönig von Peru (1569–81), *Oropesa (Prov. Toledo) 10. 7. 1515, †Escalona (Prov. Toledo) 21. 4. 1582; ließ 1572 das de facto unabhängige Inkareich von Vilcabamba erobern und den letzten Inkaherrscher, TUPAC AMARU, hinrichten. T. hinterließ ein umfangreiches und weitsichtiges Gesetzeswerk, das die Grundlage der kolonialen Verwaltung im Vizekönigreich Peru bildete.

2) Francisco de, latinisiert **Franciscus Toletus**, span. Philosoph und Theologe, *Córdoba 4. 10. 1532, †Rom 14. 9. 1596; wurde 1558 Jesuit, 1559 Prof. am Collegium Romanum, 1569 Apostol. Prediger, reiste 1580 in päpstl. Auftrag in der Angelegenheit des M. BAJUS nach Belgien und wurde 1593 Kardinal. 1595 erreichte er die Versöhnung HEINRICHS IV. von Frankreich mit der kath. Kirche.

Ausgaben: Opera omnia philosophica, 5 Tle. (1615–16, Nachdr. 1985, 2 Bde.); In summam theologiae S. Thomae Aquinatis enarratio, hg. v. J. PARIA, 4 Bde. (1869–70).

3) Juan Bautista de, span. Architekt, †Madrid 19. 5. 1567; in Italien Schüler MICHELANGELOS, ab 1559 Hofarchitekt PHILIPPS II. und Leiter der königl. Bauten. T. verbreitete in Spanien Stil und bautechn. Errungenschaften der Architektur der ital. Hochrenaissance. Sein größter Auftrag war die Planung des →Escorial, dessen Grundsteinlegung 1563 erfolgte.

Toledoarbeit, *Stickerei:* eine Durchbruchstickerei mit Glanzstickgarn auf dichtem, weißem Leinen, bei der entweder der Grund oder das Muster im Gewebe stehen bleibt (Gitterdurchbruch). Die durchbrochene Fläche wird als gleichmäßiges Gitter gearbeitet, in das mit Stopf- oder Schlingenstich Muster eingefügt werden können.

Tolentino, Stadt in den Marken, Prov. Macerata, Italien, 223 m ü. M. im Chiental, 18 400 Ew.; Keramikmuseum, Städt. Museum (archäolog. Funde u. a.); brom-, jod- und kochsalzhaltige Quellen; Textil-, Nahrungsmittel- u. a. Industrie. – Basilika San Nicola (13. Jh., mehrfach verändert) mit Frührenaissanceportal und reich dekoriertem Innern (barocke Kassettendecke) sowie got. Kapelle des hl. NIKOLAUS VON T. (*1245, †1305) mit einem fast vollständig erhaltenen Freskenzyklus des 14. Jh. Über den Chienti führt der Ponte del Diavolo (›Teufelsbrücke‹, 1268, 1944 erneuert). – T., in röm. Zeit entstanden, gehörte 1445–1799 zum Kirchenstaat.

Tolentino de Almeida [tulen'tinu ðə al'mɐjdɐ], Nicolau, port. Dichter, *Lissabon 9. 9. 1740, †ebd. 22. 6. 1811; war ab 1767 Prof. für Rhetorik und Poetik in Lissabon; schrieb Sonette, Oden, Episteln und Satiren; wurde v. a. als Satiriker bekannt. Schilderte unter der Maske des armen Bettlers die Sitten des Lissaboner Bürgertums.

Ausgaben: Obras poéticas, 3 Bde. (1801–28); Satyras e epistolas (1888).

Toleranz die, -/-en, **1)** *ohne Pl., allg.:* Haltung, andere Anschauungen, Einstellungen, Sitten, Gewohnheiten u. Ä. zu akzeptieren; Duldsamkeit.

2) *Medizin:* 1) Widerstandsfähigkeit oder Reaktionslosigkeit des Organismus gegenüber äußeren Einwirkungen (Reizen), z. B. gegen Antigene bei →Immuntoleranz; 2) Wirkungsabnahme bei wiederholter Anwendung eines Arzneimittels.

3) *Messtechnik:* die Differenz zw. dem größten und dem kleinsten zulässigen Wert einer messbaren Größe (z. B. Länge, Druck, Kenngrößen von elektron. Bauelementen, elektr. Spannung) bei einem vorgegebenen Sachverhalt. Die v. a. in der Fertigungstechnik wichtigen T. für Längenmaße geben den Bereich an, in dem Abweichungen von Maß (**Maß-T.:** Unterschied zw. den Grenzmaßen Größt- und Kleinstmaß), Form (**Form-T.:** Abweichung von der Idealform, z. B. von der Geradheit, Rundheit, Ebenheit), Lage (**Lage-T.:** Abweichung von der Ideallage, z. B. von Parallelität, Rechtwinkligkeit, Symmetrie, Rundlauf) und Oberflächenbeschaffenheit (z. B. Rauheit) zulässig sind.

Da es nicht möglich ist, ein Werkstück auf das gewünschte →Nennmaß genau zu fertigen, wird je nach

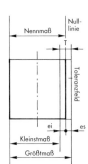

Toleranz 3): Lage eines Toleranzfeldes bei negativem unterem Abmaß (ei) und positivem oberem Abmaß (es); T Toleranz

Herstellungsart und -kosten, Funktion und Austauschbarkeit ein bestimmter Bereich (die T.) festgelegt, in dem das dann am Werkstück gemessene →Istmaß liegen darf. Die Differenz zw. dem Größtmaß und dem Nennmaß wird als **oberes Abmaß**, die Differenz zw. Kleinstmaß und Nennmaß als **unteres Abmaß** bezeichnet (bei z. B. $10^{+0,1}_{-0,2}$ ist 10 mm das Nennmaß, + 0,1 mm das obere und − 0,2 mm das untere Abmaß). In der bildl. Darstellung wird das Nennmaß durch die **Nulllinie** verkörpert, auf die sich alle anderen Maße beziehen. Die T. wird als **T.-Feld** dargestellt. Dabei wird das Abmaß mit dem kleinsten Abstand zur Nulllinie als **Grundabmaß** bezeichnet. Bei Maßen ohne T.-Angabe nach DIN 7168 festgelegte **Allgemein-T. (Freimaß-T.).**

Im T.-System der ISO wird die Lage der T.-Felder (das Grundabmaß) für Bohrungen durch große und für Wellen durch kleine Buchstaben angegeben. Die Größe der T.-Felder ergibt sich aus dem **T.-Grad** und dem Wert des Nennmaßes; sie wird mit einer Zahl angegeben. Die **Internationalen T.** (IT) sind in 20 Grundtoleranzgrade (IT 01, 0, 1 bis 18) eingeteilt, die für Nennmaße von 1 mm bis 3 150 mm gelten und nach Anwendungsgebieten und Fertigungsverfahren ausgewählt werden; für ein bestimmtes Nennmaß ist die T. beim T.-Grad IT 01 am kleinsten. Die sich aus der Kombination von Buchstaben und einer Zahl ergebenden **T.-Klassen** (z. B. H8) sind tabellarisch in **T.-Reihen** festgelegt und erleichtern so z. B. die Auswahl der T. für bestimmte Passungsarten (→Passung).

4) *Münztechnik:* →Remedium.

5) *Sozialethik:* die Bereitschaft, in Fragen der religiösen, polit., weltanschaul. und kulturellen Überzeugung andere Anschauungen, Einstellungen, Sitten und Gewohnheiten gelten zu lassen bzw. anzuerkennen, im Ggs. zu Fanatismus und Intoleranz. Abgeleitet von lat. tolerare (zu tolus ›Last‹) meint T. das Ertragen einer phys., psych. oder geistigen Last. ›T. üben‹ heißt demnach, die Beanspruchung, die eine fremde Lebensform oder Weltanschauung für die eigene Überzeugung bedeutet, ertragen zu können.

Historisch zunächst auf den religiösen Bereich bezogen, wurde der T.-Begriff seit dem Humanismus auch auf polit. und staatsrechtl. Zusammenhänge angewendet. Mit den Religionskriegen und der Aufklärung wurde T. zu einem Postulat, dessen Verwirklichung zur polit. Gewährung der Freiheiten des Glaubens, Denkens, der Meinung, des Gewissens führte und darüber hinaus zu den Ermöglichungsgrundlagen freiheitlichen-demokrat. Zusammenlebens gehört. Heute erstreckt sich das Verständnis von T. vom privaten (Akzeptanz individueller Lebensformen, z. B. hinsichtlich Kleidermoden, sexueller Neigungen) über den gesellschaftl. (wechselseitige T. von Einzelnen und Gruppen unterschiedlicher weltanschaul. Überzeugung, von den religiösen (gleichwertige Koexistenz der Religionen) bis in den polit. Bereich. Im Rahmen freiheitlicher-demokrat. Ordnung ist T. nicht nur im Sinne einer Duldung abweichender Auffassungen zu verstehen, etwa darin begründet, dass persönl. Einstellungen und das Gewissen äußerem Zugriff grundsätzlich entzogen sind; vielmehr ist sie in Verbindung mit den allgemeinen Menschenrechten Teil der Verantwortung des Staates geworden.

In der menschl. Kommunikation ist T. eine Vor- und Grundbedingung freier vernünftiger Auseinandersetzung zw. konkurrierenden Wahrheits- und Geltungsansprüchen von Erkenntnissen und Normen. Die Unverzichtbarkeit von T. wird vornehmlich damit begründet, dass kein Mensch im Vollbesitz der Wahrheit sei, Wahrheitsfindung sich vielmehr als ein histor. Prozess vollziehe; bei universalem Wahrheitsanspruch (z. B. einer Religion) ist T. in der Achtung vor der abweichenden Überzeugung begründet.

Zur Geschichte der Toleranzidee

Religionswissenschaftlich bezeichnet **formale T.** eine Position, die den Glauben und die Religion anderer nur respektiert, solange die staatl. Einheit durch diese nicht gefährdet erscheint. So wurde mit dem Edikt von Mailand 313 eine Gleichstellung der christl. Religion im Sinne einer der Einheit des Röm. Reiches nachgeordneten Duldungsbereitschaft gegenüber Fremdreligionen erreicht und damit zugleich eine formale Intoleranz, wie sie in den Christenverfolgungen ihren Ausdruck fand, beendet. **Inhaltliche T.** kennzeichnet eine Position, die darüber hinaus der jeweils anderen Religion oder Konfession und deren religiöser Praxis eine positive Anerkennung gewährt (Beispiele hierfür sind die röm. Religion mit ihrer Aufnahmebereitschaft fremder Götter in dem Maße, in dem das röm. Imperium wuchs, in der Neuzeit die Schriften von ERASMUS VON ROTTERDAM, später die ökumen. Bewegung). Die Offenbarungsreligionen werden z. T. wegen ihres absoluten Wahrheitsanspruches als ›intolerant‹ und die myst. Religionen (Buddhismus, Hinduismus, Sufismus) wegen ihrer Anerkennung der verschiedenartigen Religionen als gleichwertigen Wegen zum Göttlichen als ›tolerant‹ bezeichnet.

Das MA. fand, ausgehend von der Einheit von Kirche und Reich und dem Absolutheitsanspruch christl. Heilswahrheit, nicht zu einer Begründung von T.; während es für berechtigt galt, gegen Ketzer mit Gewalt vorzugehen, herrschte Nichtchristen gegenüber die Auffassung, niemand dürfe zum Glauben gezwungen werden. Neben Ketzerverfolgung, Inquisition und bedingungsloser Unterwerfung fordernden Theologenprozessen stand die Auseinandersetzung mit griech., arab. und jüd. Philosophen. Ansätze zur Begründung der T.-Idee finden sich im Humanismus (M. FICINO, NIKOLAUS VON KUES, ERASMUS VON ROTTERDAM u. a.), jedoch konnte auch die Reformation, trotz einzelner Versuche (S. FRANCK, S. CASTELLIO u. a.), in allgemeiner Form das T.-Prinzip nicht durchsetzen; intolerantes Verhalten fand sich auch auf prot. Seite. Das Verhältnis der konkurrierenden Konfessionen wurde zunächst nach Maßgabe territorialer Souveränität geregelt (Augsburger Religionsfriede 1555, Westfäl. Friede 1648). Die Glaubensspaltung und die Religionskriege wie auch die Begegnung mit fremden Kulturen bereiteten die T.-Idee vor, wie sie in der Aufklärung (z. B. P. BAYLE, G. E. LESSING, VOLTAIRE) systematisch vertreten und verbreitet wurde. Dabei nahm z. B. J. LOCKE (›A letter concerning toleration‹, 1689) einen Kernbestand religiöser und polit. Wahrheiten (natürl. Religion; Trennung von Staat und Kirche, Erhaltung des liberalen Staates) als Basis der allgemeinen T.-Forderung an. Im 18. und 19. Jh. fand die T.-Idee, ausgehend von den angelsächs. Ländern im Sinne eines Rechts auf allgemeine Religions-, Glaubens- und Kultfreiheit, in die Verfassungen der USA und der meisten europ. Staaten Eingang. Mit der Erklärung der Menschenrechte in den USA (1776/91) und in der Frz. Revolution (1789) wurde T. in Verbindung mit den Menschenrechten der Gewissens- und Religionsfreiheit als ein jedem Menschen zukommender Anspruch begründet.

Toleranz in ethischer und politischer Bedeutung

In Staat und Gesellschaft hat die T. (allgemein-rechtlich wie individuell-ethisch) eine doppelte Schutzfunktion: Sie schützt zum einen das allgemein geltende gesellschaftl. und polit. Normen- und Wertesystem vor Infragestellung und Auflösung, wobei Wahrheitsansprüche, Werte und Traditionen Einzelner wie von Gruppen toleriert, d. h. hingenommen werden; zum anderen hat sie die Funktion, Andersdenkende und

-lebende vor Repressionen, Diskriminierung, psych. und phys. Angriffen zu schützen. T. ermöglicht somit Humanität und schafft die Voraussetzung für ein friedl. Austragen von Konflikten. Gleichwohl kann mit T. nicht das Prinzip der indifferenten, alles integrierenden ›fortgeschrittenen Industriegemeinschaft‹ als Ideologie des Status quo gemeint sein (H. MARCUSE). Vielmehr fordert gerade die ursprüngl. Heterogenität von Überzeugungen, Anschauungen, Traditionen miteinander lebender und kommunizierender Menschen dazu auf, diese wahrzunehmen, sie anzuerkennen, in den Dialog zu treten und dabei auch nach gemeinsamen Wertorientierungen als Basis der gemeinsamen Lebenspraxis zu fragen. T. setzt, anknüpfend an die Aufklärung, auf der Seite des Staates die Trennung des Politischen von Religion und Weltanschauungsfragen sowie eine Bindung an die allgemeinen Menschenrechte und die Verfassung voraus. Seitens des Individuums ist im Verhältnis zu Staat und Gesellschaft eine Anerkennung und Wahrung der Prinzipien, Normen und Regeln des freiheitl. Staates gefordert, selbst wenn, bezogen auf die Mehrheit, abweichende polit. und weltanschaul. Grundsätze vertreten werden. Diese Rahmenbedingungen friedl. Zusammenlebens setzen die Grenzen von T. dort, wo Überzeugungen und Lebensformen mit Gewalt auf Einzelne, auf gesellschaftl. Gruppen oder die polit. Gemeinschaft einwirken (z. B. jede Form des Radikalismus, Rassismus). Eine pluralist. Gesellschaft ist ohne T. nicht funktionsfähig.

Zur Gesch. der T. u. Religionsfreiheit, hg. v. H. LUTZ (1977); A. T. KHOURY: T. im Islam (1980); Religiöse T. Dokumente zur Gesch. einer Forderung, hg. v. H. R. GUGGISBERG (1984); I. FETSCHER: T. Von der Unentbehrlichkeit einer kleinen Tugend für die Demokratie (1990); K. SCHREINER u. G. BESIER: T., in: Geschichtl. Grundbegriffe, hg. v. O. BRUNNER u. a., Bd. 6 (1990, Nachdr. 1997); ANNETTE SCHMITT: T. – Tugend ohne Grenzen? (1993); Christentum u. T., hg. v. I. BROER u. R. SCHLÜTER (1996); Kulturthema T. Zur Grundlegung einer interdisziplinären u. interkulturellen T.-Forschung, hg. v. A. WIERLACHER (1996); M. WALZER: Über T. Von der Zivilisierung der Differenz (a. d. Amerikan., 1998).

Toleranz|akte, engl. **Toleration Act** [tɔləˈreiʃn ækt], engl. Parlaments-Ges. von 1689, das den →Dissenters, die der päpstl. Gewalt abschworen und dem engl. König einen Loyalitätseid leisteten, erlaubte, ihre eigenen Gottesdienste abzuhalten, ihre sozialen und polit. Beschränkungen (u. a. Ausschluss von öffentl. Ämtern) jedoch nicht aufhob. Katholiken und Unitarier waren von der T. ausgenommen.

Toleranz|edikt von Mailand, Edikt von Mailand, die zw. den Kaisern KONSTANTIN I. und LICINIUS im Februar 313 geschlossene Übereinkunft, die – in Fortführung des Edikts des GALERIUS (311) – den Christen freie Religionsausübung einräumte und die Rückgabe der während der Verfolgungen konfiszierten Liegenschaften an die Gemeinde verfügte. Nach neueren Untersuchungen handelte es sich dabei lediglich um ein Reskript des LICINIUS an östl. Statthalter. Die Zusammenkunft der Kaiser in Mailand diente v. a. der Abgrenzung ihrer Einflusssphären (Teilung in West und Ost) sowie der Proklamierung einer allgemeinen Religionsfreiheit und stand so weitgehend in der Tradition spätröm. Religionspolitik.

Toleranz|edikt von Nantes [- nãt], →Nantes, Edikt von.

Toleranzpatent, von Kaiser JOSEPH II. am 13. 10. 1781 erlassenes Edikt, das den Lutheranern, Reformierten und orth. Griechen in Österreich private Ausübung ihrer Religion und bürgerl. Rechte gewährte. Die kath. Kirche behielt jedoch ihre Vorrangstellung. Der Versuch von Papst PIUS VI., bei einem Besuch in Wien JOSEPH II. zur Rücknahme des Edikts zu bewegen, blieb ohne Erfolg. Am 2. 1. 1782 wurde das T. für die Juden in Wien erlassen. (→Josephinismus)

Toletus, Franciscus, span. Philosoph und Theologe, →Toledo, Francisco de.

Toliary, Toliara, früher frz. **Tuléar** [tyleˈar], Hafenstadt an der südl. W-Küste von Madagaskar, 61 500 Ew.; Prov.-Verw., kath. Bischofssitz; Ölmühlen, Fleischkonservierung; Flugplatz.

Tolima, Name von geographischen Objekten:
1) **Tolima,** Dep. in →Kolumbien.
2) **Nevado del Tolima,** Vulkan in der Zentralkordillere Kolumbiens, 5 215 m ü. M.

Toliman, *Astronomie:* der Stern →Alpha Centauri.

Toljatti [nach P. TOGLIATTI], bis 1964 **Stawropol,** Stadt im Gebiet Samara, Russland, am O-Ufer des Samaraer (Kujbyschewer) Stausees der Wolga, 702 000 Ew.; TH; eines der wichtigsten Zentren des russ. Automobilbaus (Pkw-Werk 1967–71 in Zusammenarbeit mit dem ital. FIAT-Konzern errichtet); chem. (synthet. Kautschuk, Stickstoff), Trikotagen-, Lederindustrie, Druckereien; Hafen. – 1737 als Festung gegründet, wurde der Ort wegen der Überflutung durch den 1955–57 entstandenen Samaraer Stausee aufgegeben und ab 1955 als Stawropol neu errichtet.

Tolkappiyam, Name des ältesten erhaltenen Werks der Tamilliteratur, einer Grammatik und Poetik des Tamil von einem unbekannten Autor. Entstanden vielleicht im 1. Jh. v. Chr., Schlussredaktion wohl im 5. Jh.; die etwa 1 600 Aphorismen sind in drei Bücher eingeteilt: 1) Phonetik und Morphologie; 2) Morphologie, Morphosyntax und Semantik; 3) Metrik und Regeln zu Form und Inhalt von Dichtung. Trotz offensichtl. Einflüsse der Sanskritgrammatiker ist das T. eine eigenständige, von der Sprachstruktur des Tamil bestimmte Leistung. Die Poetik wurde in der →Sangamliteratur angewendet.

Tolkien [ˈtɔlkiːn], J. R. R. (John Ronald Reuel), engl. Schriftsteller und Philologe, *Bloemfontein (Rep. Südafrika) 3. 1. 1892, †Bournemouth 2. 9. 1973; kam 1896 nach England, war u. a. 1925–59 Prof. für altengl. Sprache und Lit. in Oxford. Seine Kenntnisse auch der altnord. und kelt. Dichtung sowie der Mythenforschung regten ihn zur Konzeption seines fantastisch-mytholog. Erzählwerks an. Aufbauend auf der für Kinder geschriebenen Erzählung ›The hobbit‹ (1937; dt. ›Der kleine Hobbit‹) schuf er in der Trilogie ›The lord of the rings‹ (dt. ›Der Herr der Ringe‹; Bd. 1: ›The fellowship of the ring‹, 1954, dt. ›Die Gefährten‹; Bd. 2: ›The two towers‹, 1954, dt. ›Die zwei Türme‹; Bd. 3: ›The return of the king‹, 1955, dt. ›Die Rückkehr des Königs‹; danach gleichnamiger Zeichentrickfilm, 1978) die detailgenau dargestellte Fantasiewelt ›Mittelerde‹, in der ein auf mytholog. Muster zurückgreifender Kampf zw. Gut und Böse ausgetragen wird. Das Werk wurde in den späten 60er-Jahren zu einem Kultbuch und gab der Fantasyliteratur entscheidende Impulse.

Weitere Werke: *Erzählungen:* The silmarillion (hg. 1977; dt. Das Silmarillion); Unfinished tales of Númenor and Middleearth (hg. 1980; dt. Nachrichten aus Mittelerde); The book of lost tales, 2 Tle. (hg. 1983/84; dt. Das Buch der verschollenen Geschichten). – *Aufsätze:* Beowulf, the monsters and the critics (1936; dt. Die Ungeheuer u. ihre Kritiker).

Ausgaben: Fabelhafte Geschichten (⁶1983); Briefe, hg. v. H. CARPENTER (1991); Die Geschichte des großen Ringkrieges, 7 Bde. (1997).

T. and the critics. Essays on J. R. R. T.'s The Lord of the Rings, hg. v. N. D. ISAACS u. a. (Neuausg. Notre Dame, Ind., 1976); T. criticism. An annotated checklist, bearb. v. R. C. WEST (Neuausg. Kent, Oh., 1981); T., new critical perspectives, hg. v. N. ISAACS (Lexington, Ky., 1981); R. E. BLACKWELDER: A T. thesaurus (New York 1990); H. CARPENTER: J. R. R. T. Eine Biogr. (a. d. Engl., Neuausg. 1997); D. DAY: T. Die illustrierte Enzykl. (a. d. Engl., 1992); G. ZAHNWEH: Heldenfiguren bei T. (Neuausg. 1995); W. G. HAMMOND u. C. SCULL: J. R. R. T. – der Künstler (a. d. Engl., 1996).

Tollan, Hauptstadt der Tolteken, →Tula.

J. R. R. Tolkien

Tolldreiste Geschichten, frz. ›Contes drôlatiques‹, Schwankerzählungen von H. DE BALZAC; frz. Erstausg., 3 Bde., 1832–37.

Tollens, Hendrik, eigtl. **Henricus Franciscus Caroluszoon T.,** niederländ. Schriftsteller, * Rotterdam 24. 9. 1780, † Rijswijk 21. 10. 1856; Farbenhändler; einer der populärsten niederländ. Dichter der 1. Hälfte des 19. Jh.; schrieb Dramen und in schlichtem Ton gehaltene Gedichte. Von ihm stammt das nat. Volkslied ›Wien Neêrlandsch bloed‹.
    G. W. HUYGENS: H. T. De dichter van de burgerij (Rotterdam 1972).

Tollense die, rechter Nebenfluss der Peene, in Meckl.-Vorp., 79 km lang; entspringt am N-Rand des Mecklenburg. Landrückens nördlich von Neustrelitz, durchfließt bei Neubrandenburg den lang gestreckten **Tollensesee** (ein Rinnensee; 17,4 km², bis 34 m tief) und mündet bei Demmin.

Tollenser, zum Bund der →Lutizen gehöriger westslaw. Stamm zw. oberer Peene und Tollense; 1121 durch BOLESŁAW III. von Polen unterworfen.

Toller, Ernst, Schriftsteller, * Samotschin (bei Schneidemühl) 1. 12. 1893, † (Selbstmord) New York 22. 5. 1939; studierte in Grenoble Jura, setzte nach schwerer Kriegsverletzung das Studium in München und Heidelberg fort, beeinflusst von M. WEBER und G. LANDAUER; Mitglied der USPD, Freund K. EISNERS, nach dessen Ermordung 1919 Vors. des bayer. Arbeiter- und Soldatenrats; nach dem Sturz der Räterepublik zu fünf Jahren Festungshaft verurteilt; emigrierte 1933. T. schrieb Essays, Reden und Manifeste, v. a. aber expressionist. Dramen, von denen ein großer Teil während der Haftzeit entstand. Sein vielfach abgewandeltes Hauptthema ist der um eine neue Sozialordnung ringende Mensch. T.s Sozialismus war aus seiner während des Krieges gewonnenen pazifist. Haltung erwachsen, die in seinen Antikriegsstücken zum Ausdruck kommt. In seinen letzten Veröffentlichungen zeigt sich der Übergang von einer revolutionär-emotionalen Grundhaltung zu einer unpathet. und histor. Betrachtungsweise. T. war auch Lyriker und Erzähler. (Weiteres BILD →Sintenis, Renée)
    Werke: *Dramen:* Die Wandlung (1919); Masse Mensch (1921); Hinkemann (1922); Die Maschinenstürmer (1922); Der entfesselte Wotan (1923); Hoppla, wir leben! (1927); Feuer aus den Kesseln (1930); Die blinde Göttin (1933); No more peace! (1937); Pastor Hall (1939). – *Gedichte:* Gedichte der Gefangenen (1921); Das Schwalbenbuch (1924); Vormorgen (1924). – *Autobiographie:* Eine Jugend in Dtl. (1933).
    Ausgabe. Ges. Werke, hg. v. J. M. SPALEK u. a., 5 Bde. (1978).
    Der Fall T. Kommentar u. Materialien, hg. v. J. SPALEK u. W. FRÜHWALD (1979); R. DOVE: E. T. Ein Leben in Dtl. (a. d. Engl., 1993); C. GRUNOW-ERDMANN: Die Dramen E. T.s im Kontext ihrer Zeit (1994); W. ROTHE: E. T. (²1997).

Tollkirsche, Atropa, Gattung der Nachtschattengewächse mit vier Arten von W-Europa bis zum Himalaja. Die bekannteste Art ist die in Laubwäldern vorkommende **Schwarze T.** (**Belladonna, Atropa belladonna**), eine bis 1,5 m hohe, sparrig verzweigte, drüsig behaarte Staude mit breit lanzettl. Blättern und einzeln stehenden, rötlich braunen, glockenförmigen Blüten. V. a. die schwarzen glänzenden Beerenfrüchte sind durch ihren hohen Alkaloidgehalt (Hyoscyamin, Scopolamin) sehr giftig. Der Extrakt aus den Blättern (**Belladonnaextrakt, Extractum Belladonnae**) enthält 1,5 % Alkaloide (v. a. Hyoscyamin und Atropin) und wird medizinisch als krampflösendes, gefäß- und pupillenerweiterndes Mittel verwendet. – Im MA. waren T.-Blätter Bestandteil von Hexensalben. Der Saft der Beeren wurde im 16. Jh. Hautsalben beigemischt oder in die Augen getropft, um ihnen Glanz zu geben und die Pupillen zu erweitern.

Tollkraut, Skopolie, Scopolia, Gattung der Nachtschattengewächse mit fünf Arten vom Mittelmeerraum und Europa bis zum Himalaja. In den Laubwäldern O- und SO-Europas kommt das **Krainer T.** (Scopolia carniolica) vor; bis 60 cm hohe Staude mit ellipt. Blättern und einzeln stehenden, bräunlich lilafarbenen, hängenden Blüten. Der alkaloidhaltige giftige Wurzelstock wurde im MA. zu Liebes- und Rauschtränken verarbeitet.

Tollund [ˈtɔlɔn], Fundort einer 1950 entdeckten Moorleiche bei Silkeborg, Dänemark. Der Tote (BILD →Moorleichen) aus der Zeit um Christi Geburt lag auf der rechten Seite und war bis auf eine Lederkappe auf dem Kopf und einen Ledergürtel nackt. Um den Hals lag ein abgeschnittener Strick aus Leder mit Schlinge, an dem der Mann wohl erhängt worden war, bevor er im Moor versenkt wurde. Der gut erhaltene Kopf zeigt ein glatt rasiertes Kinn, die Fingernägel waren geschnitten. Der Mageninhalt ließ als letzte Mahlzeit ein Gericht aus Getreide und zahlr. Unkrautsamen erkennen. – Etwa 15 km nordöstlich von T. fand man 1952 die Moorleiche von Grauballe.

Tollwut, Hundswut, Lyssa, Rabies, Wutkrankheit, weltweit verbreitete, in Dtl. nach dem Bundesseuchengesetz bereits bei Verdacht meldepflichtige, akute Infektionskrankheit (Zoonose), die durch den Biss (auch Schleimhautkontakt) eines erkrankten Tieres auf andere Tiere und auf den Menschen übertragbar ist. Ihr Erreger ist das zu den Rhabdoviren gehörende T.-Virus (Rabiesvirus), für das alle Warmblüter empfänglich sind. Während in weiten Teilen der Welt nach wie vor Hunde das größte Erregerreservoir darstellen (in Süd- und Mittelamerika auch Fledermäuse), sind dies in den von der T. betroffenen Ländern Europas (so auch in Dtl.) nahezu ausschließlich Füchse. Die Erkrankung von Haustieren ist ebenfalls anzeigepflichtig.

Eine Infektion führt immer zum Ausbruch der Krankheit. Die Inkubationszeit liegt beim Menschen zw. drei Wochen und drei Monaten (bis zu einem Jahr) und ist am kürzesten bei Wunden an Kopf und Nacken, die deshalb am gefährlichsten sind. Die Erreger erreichen von der Eintrittsstelle aus über die peripheren Nerven das Gehirn und verbreiten sich von dort zentrifugal zu den Speicheldrüsen.

Die *Symptome* bestehen zunächst in Juckreiz und Brennen an der Bissstelle, Kopfschmerzen und Fieber, starker innerer Unruhe, Steigerung der Muskelreflexe; in der Erregungsphase kommt es zu hochgradiger motor. Unruhe (Schreien, Toben), starkem Speichelfluss und zunehmender Verkrampfung der Muskulatur mit spast. Kontraktionen der Schluckmuskulatur beim Essen und Trinken, die schließlich bereits beim Anblick von Flüssigkeit einsetzen (Hydrophobie bzw. Wasserscheu). Nach ein bis drei Tagen beginnt das Lähmungsstadium mit zunehmendem Ausfall der motor. und sensiblen Nerven, Bewusstseinsverlust und Tod durch Atem- und Herzlähmung. – Während der Inkubationszeit ist i. d. R. der Nachweis der Krankheit weder serologisch noch virologisch mög-

Ernst Toller

Tollkirsche: Schwarze Tollkirsche, Zweig mit Blüten (oben) und Frucht (Höhe bis 1,5 m)

Tollkraut: Krainer Tollkraut (Höhe bis 60 cm)

Tollwutfälle bei Tieren in der Bundesrepublik Deutschland (Stand Mai 1998)						
Jahr	Tiere gesamt	Haustiere gesamt	Hund	Katze	Wildtiere gesamt	Fuchs
1985	6 745	1 052	67	233	5 693	4 955
1991*)	3 534	617	149	184	2 917	2 637
1992	1 417	270	56	71	1 147	1 005
1993	825	140	8	23	685	619
1994	1 359	227	6	29	1 132	1 033
1995	854	159	2	19	695	627
1996	152	31	1	6	121	107
1997	86	8	0	1	78	74
1998	37	1	1	0	36	33

*) ab 1991 einschließlich der neuen Länder

lich; eine Infektiosität erkrankter Tiere gilt bereits 2–3 Tage vor Eintritt der Symptome als gesichert.

Eine ursächl. *Behandlung* der T. ist nicht möglich; sie verläuft nach Ausbruch immer tödlich. Nach Exposition mit einem vermeintlich tollwutkranken Tier ist eine sofortige aktive Immunisierung mit drei aufeinander folgenden Impfungen notwendig; gleichzeitig wird meist mit der ersten Impfung eine passive Immunisierung mit T.-Immunserum vorgenommen. Bei Risikogruppen (Forstpersonal, Tierärzten) ist eine vorbeugende Impfung wichtig. Der Seuchenprophylaxe dienen die regelmäßige Impfung von Hunden und Katzen, die Ausweisung von Sperrbezirken bei Auftreten von Wild-T. und die Sanierung der Erregerreservoire, teils durch Abschuss, primär aber durch Impfung der Füchse mit präparierten Ködern.

Rechtsgrundlage für das behördl. Einschreiten bei T. sowie für die Duldungs- und Verhaltenspflichten der Tierhalter (bes. Einsperrungs- oder Tötungspflicht) bilden das Tierseuchen-Ges. sowie die T.-VO vom 23. 5. 1991.

Aktuelle Probleme der T., hg. v. G. Schoop u. a. (1970); Dokumentation T. Eine Lit.-Zusammenstellung für den Human- u. Veterinärmediziner, bearb. v. B. Zitzmann (1977); K. Burghard: Die T.-Therapie im Jh. vor Pasteur (1991).

Tolman ['toʊlmən], **1)** E d w a r d Chace, amerikan. Psychologe, *West Newton (Mass.) 14. 4. 1886, †Berkeley (Calif.) 19. 11. 1959, Bruder von 2); lehrte 1918–54 in Berkeley (University of California). Beeinflusst durch die Gestaltpsychologie, modifizierte T. den Behaviorismus durch Einbeziehung kognitiver Faktoren in den Lernprozess. Lernen besteht somit nicht in der Ausbildung relativ isolierter Reiz-Reaktions-Verknüpfungen, das Individuum bildet vielmehr durch die Erfahrung Erwartungen, die äußere Reize mit bestimmten Bedeutungen verknüpfen und damit zu Handlungsbereitschaften generalisieren. Erst nach der ›kognitiven Wende‹ in der Psychologie in den 1960er-Jahren wurden T.s Ideen (auch ›Purposivismus‹, d. h. Zielstrebigkeitslehre, oder ›Zeichen-Gestalt-Theorie‹ gen.) verstärkt rezipiert.

Werk: Purposive behavior in animals and men (1932).

2) R i c h a r d Chace, amerikan. Physiker, *West Newton (Mass.) 4. 3. 1881, †Pasadena (Calif.) 5. 9. 1948, Bruder von 1); ab 1922 Prof. am California Institute of Technology in Pasadena. Neben dem nach ihm benannten Versuch über die Trägheit der Elektronen leistete T. bedeutende Beiträge zu Kolloiden und Gasentladungen, zur allgemeinen Relativitätstheorie, zur statist. Mechanik und Thermodynamik.

Tolman-Versuch ['toʊlmən-; nach R. C. Tolman], physikal. Experiment zum Nachweis der Beweglichkeit von Elektronen in Metallen. Ein metall. Leiter wird abrupt beschleunigt (z. B. auf eine hohe Geschwindigkeit gebracht und dann schnell abgebremst), wobei sich die freien Elektronen aufgrund ihrer Trägheit relativ gegen das Metallgitter bewegen. Der resultierende Stromstoß kann mit einem ballist. Galvanometer gemessen und daraus die spezif. Ladung des Elektrons e/m_e bestimmt werden.

Tolna ['tolnɔ], Bez. in S-Ungarn, westlich der Donau, 3 704 km², 250 000 Ew.; Hauptstadt ist Szekszárd; auf fruchtbaren Lössböden Weizen-, Mais-, Sonnenblumenanbau sowie Obst- und Weinbau, daneben Schweine- und Schafzucht; Textil-, Leder- und Nahrungsmittelindustrie (bes. in Szekszárd); bei Paks an der Donau Kernkraftwerk.

Tolnay ['tolnɔi], Charles de, eigtl. **Karoly** Edler **von Tolnai,** ungar. Kunsthistoriker, *Budapest 27. 5. 1899, †Florenz 17. 1. 1981; studierte u. a. in Wien (bei M. Dvořák, J. von Schlosser) und Berlin (bei A. Goldschmidt). 1929–32 gehörte er in Hamburg zum Kreis um A. Warburg. Ab 1933 lehrte er in Paris an der Sorbonne, nach seiner Emigration (1939) in die USA an der Princeton University und an der Columbia University. T. war ein bedeutender Kenner der niederländ. Malerei und Michelangelo-Spezialist (ab 1965 Direktor der Casa Buonarroti in Florenz).

Werke: Pieter Bruegel l'ancien (1935); Hieronymus Bosch (1937; dt.); Michelangelo, 5 Bde. (1943–60); Corpus dei disegni di Michelangelo, 4 Bde. (1975–80).

Tolosa, Stadt in der Prov. Guipúzcoa (Baskenland), Spanien, 79 m ü. M., im Talkessel des Oria, 18 200 Ew.; Provinzialarchiv; bedeutender Markt; Zentrum der span. Papierindustrie, ferner Maschinenbau-, Metall-, elektrotechn., Nahrungsmittel- und Textilindustrie (Baskenmützen); Straßenknotenpunkt; Bahnstation. – Barockkirche Santa María (16.–17. Jh.) mit prachtvoller Innenausstattung (u. a. Wandmalereien) und frei stehender Glockenmauer; Renaissancekirche San Francisco (16. Jh.); Armería (Zeughaus; 12. und 16. Jh.); Reste von röm. und Templerbauten.

Tolosanisches Reich, lat. **Regnum Tolosanum,** nach der Hauptstadt Tolosa (heute Toulouse) benanntes Reich der →Westgoten mit Kerngebiet in SW-Gallien, 418 durch Foederatenvertrag zw. König Wallia (415–418) und Rom entstanden. Erster Herrscher und eigentl. Begründer war Theoderich I. (418–451). Das T. R. erstreckte sich nach den Eroberungen König Eurichs (466–484) von der Loire im N über Spanien bis zur Meerenge von Gibraltar; 475 von Rom als unabhängig anerkannt. Mit der Niederlage Alarichs II. gegen den Frankenkönig Chlodwig I. (507 in der Schlacht von Vouillé bei Poitiers) und dem Ende des T. R.s setzte der Niedergang der westgot. Herrschaft in Gallien ein, die sich erst nach Narbonne und an die Mittelmeerküste, schließlich nach Spanien (Zentrum Barcelona, dann Toledo) verlagerte.

Tölpel, Sulidae, den Ruderfüßern zugeordnete Familie bis 1,8 m spannender Meeresvögel, v. a. in trop. bis gemäßigten Küstenregionen; stoßtauchende Fischfresser mit relativ langem, keilförmig zugespitztem Schnabel, meist auf Inseln. Von den neun Arten ist der **Bass-T.** (Morus bassanus) am bekanntesten; etwa gänsegroß; weiß, mit schwarzen Flügelspitzen; v. a. an den Küsten Großbritanniens, Islands, S-Norwegens und Neufundlands, auch vereinzelt auf Helgoland. Während der Brutzeit (März bis Juni) sind Kopf und Halsoberseite gelb getönt.

Tölpel
Basstölpel
(Größe 91 cm)

Tolsá, Manuel, span. Architekt und Bildhauer, *Enguera (Prov. Valencia) 4. 5. 1757, †Veracruz (Mexiko) 24. 12. 1816; tätig in Mexiko, wo er zum Hauptmeister des Neoklassizismus wurde. T. leitete die Fertigstellung der Kathedrale von Mexiko (1813). Als seine Hauptwerke gelten der Palacio de la Minería (1797–1813) und das davor aufgestellte bronzene Reiterdenkmal Karls IV. von Spanien.

Tolstaja, Tatjana Nikititschna, russ. Schriftstellerin, *Leningrad 3. 5. 1951; Enkelin von A. N. Tolstoj; 1968–74 Studium der Altphilologie in Leningrad, danach Lektorin, lebt in Moskau; veröffentlicht seit 1983 pointierte Geschichten aus dem russ. Alltag, der z. T. unter Verwendung der Erzähltechnik des →Skas, aus der Sicht ihrer Gestalten (Sonderlingen und Träumern, deren Fantasien an der Realität zerbrechen) geschildert wird.

Tatjana Nikititschna
Tolstaja

Werke: *Erzählungen:* Na zolotom kryl'ce sideli ... (1987; dt. Stelldichein mit einem Vogel. Ljubiš' – ne ljubiš' (1997).

Ausgaben: Sonja, Erzählungen, übers. v. S. List (1991); Und es fiel Feuer vom Himmel. Sechs Erzählungen, übers. v. ders. (1992).

Tolstoj, Tolstoi, russ. Adelsfamilie, die auf die Mitte des 14. Jh. zurückgeht und 1724 den Grafentitel erhielt.

N. Tolstoy: Das Haus Tolstoi. 24 Generationen russ. Gesch. 1353–1983 (a. d. Engl., 1985)

Lew Nikolajewitsch Graf Tolstoj (Ausschnitt aus einem Gemälde von Ilja Jefimowitsch Repin, 1887; Moskau, Tretjakow-Galerie)

Bedeutende Vertreter:
1) Aleksej Konstantinowitsch Graf, russ. Schriftsteller, *Sankt Petersburg 5. 9. 1817, †Krasnyj Rog (Gebiet Brjansk) 10. 10. 1875, Vetter von 4); schrieb neben lyr. Gedichten, Balladen und Versepen sowie den histor. Roman ›Knjaz' Serebrjanyj‹ (1863; dt. u. a. als ›Der silberne Fürst‹). Obwohl Vertreter des L'art pour l'art, nahm er auch in satirisch-parodist. Gedichten im Sinne eines gemäßigten humanen Konservativismus zu versch. aktuellen Problemen Stellung. Als sein Hauptwerk gilt die Trilogie der Zarendramen ›Smert' Ioanna Groznogo‹ (1866; dt. ›Der Tod Iwans des Grausamen‹), ›Car' Fëdor Ioannovič‹ (1868; dt. ›Zar Feodor Joannowitsch‹) und ›Car' Boris‹ (1870; dt. ›Zar Boris‹). T. veröffentlichte auch unter dem kollektiven Pseud. →Kosma Prutkow.
Weitere Werke: Drama: Don Žuan (1862; dt. Don Juan). – *Autobiograph. Verserzählung:* Portret (1874; dt. Das Bild).
Ausgabe: Sobranie sočinenij, 4 Bde. (1980).
S. D. GRAHAM: The lyric poetry of A. K. Tolstoi (Amsterdam 1985).

2) Aleksej Nikolajewitsch Graf, russ. Schriftsteller, *Nikolajewsk (heute Pugatschow, Gebiet Saratow) 10. 1. 1883, †Moskau 23. 2. 1945; Großvater von TATJANA N. TOLSTAJA; Sohn eines Gutsbesitzers, begann mit realist. Erzählungen aus dem Adelsmilieu (›Chromoj barin‹, 1910; dt. ›Der hinkende Fürst‹). In der Emigration (1918–23, Paris und Berlin) entstanden die autobiograph. Erzählung ›Detstvo Nikity‹ (1922; dt. ›Nikitas Kindheit‹) und der von H. G. WELLS beeinflusste fantastisch-utop. Roman ›Aëlita‹ (1923; dt.). Nach der Rückkehr in die UdSSR schloss T. sich der kommunist. Bewegung an und schrieb meist politisch-tendenziöse Werke. Die Romantrilogie ›Choždenie po mukam‹ (1920–41; dt. ›Der Leidensweg‹) schildert die Schicksale russ. Intellektueller in den Revolutionswirren und mündet in der Anerkennung des Bolschewismus. Auf umfangreichen Quellenstudien beruht der unvollendete histor. Roman ›Pëtr Pervyj‹ (3 Bücher, 1929–45; dt. ›Peter der Erste‹). T., der stilistisch in der Tradition der russ. Realisten des 19. Jh. steht, schrieb ferner Gedichte, Novellen und Dramen (›Ivan Groznyj‹, 2 Tle., 1941–43; dt. ›Iwan der Vierte‹).
Ausgaben: Polnoe sobranie sočinenij, 15 Bde. (1946–53); Sobranie sočinenij, 10 Bde. (1982–86).
S. G. BOROVIKOV: A. T. Stranicy žizni i tvorčestva (Moskau 1984); A. N. T. Materialy i issledovanija, hg v. A. M. KRJUKOVA (ebd. 1985); A. M. KRJUKOVA: A. N. T. i russkaja literatura (ebd. 1990).

3) Fjodor Petrowitsch Graf, russ. Medailleur, Bildhauer, Maler und Grafiker, *Sankt Petersburg 21. 2. 1783, †ebd. 25. 4. 1873; schuf im klassizist. Stil Reliefs, u. a. für die Bronzetüren der Isaak-Kathedrale in Sankt Petersburg und der Erlöserkathedrale in Moskau, sowie 21 allegor. Medaillons zur Erinnerung an den Vaterländ. Krieg 1812 (1814–36; Sankt Petersburg, Russ. Museum).

4) Lew (Leo) Nikolajewitsch Graf, russ. Schriftsteller, *Jasnaja Poljana 9. 9. 1828, †Astapowo (Gebiet Lipezk) 20. 11. 1910, Vetter von 1); Sohn eines Gutsbesitzers, verlor früh seine Eltern und wuchs unter der Obhut von Verwandten auf, studierte in Kasan 1844–47 oriental. Sprachen und Jura. 1851 trat er in die Armee ein und kämpfte im Kaukasus und auf der Krim (1854/55). Nach seinem Abschied (1855) lebte er teils auf seinem Gut Jasnaja Poljana, teils in Moskau und Sankt Petersburg; 1857 und 1860/61 bereiste er W-Europa. 1862 heiratete er SOFJA ANDREJEWNA BERS (*1844, †1919) und lebte nun ständig auf Jasnaja Poljana. Am 10. 11. 1910 verließ T., der unter dem Widerspruch zw. seinen religiös-sozialen Ideen und seiner Stellung als wohlhabender Gutsbesitzer litt, die Familie, um sein Leben in asket. Einsamkeit zu beschließen; er starb auf der Reise.

T. begann seine literar. Tätigkeit mit dem autobiograph. Roman ›Detstvo‹ (1852; dt. ›Kindheit‹) mit den Fortsetzungen ›Otročestvo‹ (1854; dt. ›Knabenalter‹) und ›Junost'‹ (1857; dt. ›Jugendzeit‹; die drei Romane zus. dt. auch als ›Aus meinem Leben‹). Es folgten die Erzählungen ›Nabeg‹ (1852; dt. ›Der Überfall‹) und ›Kazaki‹ (begonnen 1852, veröffentlicht 1863; dt. ›Die Kosaken‹) über seine Erlebnisse im Kaukasus sowie – nach einem Aufenthalt im belagerten Sewastopol während des Krimkrieges – die drei Erzählungen ›Sevastopolskie rasskazy‹ (1855 bis 1856; dt. ›Sewastopol‹), die ihm literar. Erfolg brachten. Sein groß angelegter histor. und geschichtsphilosoph. Roman ›Vojna i mir‹ (6 Bde., 1868/69; dt. ›Krieg und Frieden‹), der das Schicksal dreier Familien vor dem Hintergrund der Napoleon. Kriege schildert, und der Eheroman ›Anna Karenina‹ (3 Bde., 1878; dt.), der ein Bild der russ. Oberschicht in den 1860er-Jahren zeichnet, zählen zu den größten Leistungen des Romans im 19. Jh. T. war ein typ. Vertreter des psycholog. Realismus, v. a. ein Meister der präzisen, anschaul., farbigen und nuancenreichen Darstellung der Natur und des Menschen, der die äußere Erscheinung ebenso scharf erfasste wie seel. Vorgänge und der Massenszenen und dramat. Begebenheiten ebenso beherrschte wie das Intime. Kennzeichnend für seine Werke ist die mehrschichtige Komposition (zwei und mehr ineinander verflochtene Parallelhandlungen). Meist geht es ihm weniger um das Schicksal von Einzelpersonen als um das von Ehen und Familien, denn die Familie war für ihn der Inbegriff des sittl. Lebens.

Seit seiner ›Bekehrung‹ (›Ispoved'‹, 1884; dt. ›Meine Beichte‹) suchte T. in didakt. und theoret. Schriften seine sozialen und künstler. Anschauungen darzustellen und zu begründen. In dieser letzten Schaffensperiode entstanden Werke wie die Erzählungen ›Smert' Ivana Il'iča‹ (1886; dt. ›Der Tod des Iwan Ilitsch‹) über das Thema des Todes und ›Krejcerova sonata‹ (1891; dt. ›Die Kreutzersonate‹) über das Problem der Sexualität, der Roman ›Voskresenie‹ (1899; dt. ›Auferstehung‹, 3 Bde.), in dem sich T. von der orth. Kirche distanziert, sowie Dramen (›Vlast' t'my‹, 1886; dt. ›Die Macht der Finsterniß‹).

T.s ständigem Suchen nach ethisch-religiöser Wahrheit standen eine unerschöpfl. Vitalität und sinnenhafte Erdverbundenheit gegenüber. Der Ethiker T. strebte nach der Unterordnung aller Lebenserscheinungen unter strenge geistige und moral. Prinzipien; der Künstler ließ sich stets von neuem von der naturhaften Kraft und Schönheit des Lebens hinreißen. Als scharfer, immer skept. Beobachter suchte er mit schonungsloser Ehrlichkeit alles Unechte und Scheinhafte bei sich selbst und anderen zu entlarven, wobei er sich

Tolteken: Monumentalfiguren aus Basalt in Tula (›Atlanten von Tula‹), Höhe bis über 4 m, mit Reliefs verziert

bewusst gegen die herrschenden Zeitströmungen stellte. Sein leidenschaftl. Temperament und sein Hang zu geradlinigen, radikal vereinfachenden Formulierungen verleiteten ihn dabei oft zu Übertreibungen, Paradoxien, Widersprüchen und Trugschlüssen. Seine Lehre vom ›Nichtwiderstehen dem Bösen‹ ist ein Ergebnis des Versuchs, aus dem sehr einseitig verstandenen Evangelientext ein reines Urchristentum zu rekonstruieren. Durch die Idealisierung des naturnahen Lebens und des ›einfachen Volkes‹, durch die Kritik der verlogenen gesellschaftl. Konvention und des sozialen Unrechts sowie durch ein tiefes Misstrauen gegen alle intellektuellen Leistungen des Menschen gelangte T. zu einer Art Kulturnihilismus, indem er den Fortschritt, den Sinn der geschichtl. Entwicklung, den Wert von Kunst und Wiss. und überhaupt jeder intellektuellen Tätigkeit leugnete und jegl. polit., soziale und kirchl. Organisation bekämpfte (1901 Ausschluss aus der orth. Kirche). Sein Anarchismus war aber niemals ein zyn. uneingeschränktes Verneinen; dahinter stand immer ein tiefer Glaube an das Wirken Gottes in der Welt und das Bemühen, das wahre göttl. Gesetz zu ergründen. (Weitere BILDER →Kramskoj, Iwan Nikolajewitsch, →Troubetzkoy, Paolo).

Weitere Werke: *Roman:* Semejnoe sčast'e (1859; dt. Familienglück). – *Erzählungen:* Utro pomeščika (1856; dt. Der Morgen eines Gutsherrn); Tri smerti (1859; dt. Drei Tode); Polikuška (1863; dt. Polikuschka); Cholstomer (1885; dt. Der Leinwandmesser); Narodnye rasskazy (1887; dt. Volkserzn.; darin u.a.: Wieviel Erde braucht der Mensch?); Chozjain i rabotnik (1895; dt. Herr u. Knecht); Chadži Murat (entst. 1896–1904, hg. 1911; dt. Hadschi Murat); Posle bala (1903; dt. Nach dem Ball). – *Dramen:* Plody prosveščenija (1891; dt. Die Früchte der Bildung); I svet vo t'me svetit (entst. 1896–1900, hg. 1911; dt. Und das Licht leuchtet in der Finsternis); Živoj trup (entst. 1900, hg. 1911; dt. Der lebende Leichnam). – *Schriften:* V čem moja vera? (1885; dt. Worin besteht mein Glaube?); Tak čto že nam delat'? (1886; dt. Was sollen wir also thun?); Čto takoe iskusstvo? (1898; dt. Was ist Kunst?); Rabstvo našego vremeni (1900; dt. Die Sklaverei unserer Zeit); Ne mogu molčat' (1908; dt. Ich kann nicht schweigen).

Ausgaben: Polnoe sobranie sočinenij, 90 Bde. u. Register-Bd. (1928–64, Nachdr. 1961); Sobranie sočinenij, 22 Bde. (1978–85). – Ges. Werke, hg. v. E. DIECKMANN u.a., 20 Bde. ([1-8]1966–87); Sämtl. Erzn., hg. v. G. DROHLA, 8 Bde. ([2]1982); Die Romane, 10 Bde. (1984); Ausgew. Werke, hg. v. J. PERFAHL, 4 Bde. (1989); Pädagog. Schriften, hg. v. P. H. DÖRR, 2 Bde. (1994).

K. HAMBURGER: Leo Tolstoi (1950); Bibliografija literatury o L. N. Tolstom, 1917–1973, hg. v. N. G. ŠELJAPINA, 4 Bde. (Moskau 1960–78); S. LAFFITTE: Leo Tolstoi et ses contemporains (Paris 1972); M. BRAUN: T. (1978); D. R. u. M. A. EGAN: Leo Tolstoy. An annotated bibliography of English-language sources to 1978 (Metuchen, N. J., 1979); N. M. FORTUNATOV: Tvorčeskaja laboratorija L. Tolstogo (Moskau 1983); W. LETTENBAUER: T. (1984); V. SCHKLOWSKI: Leo Tolstoi (a. d. Russ., Neuausg. 1984); S. A. TOLSTAJA: Tagebuch, 2 Bde. (Neuausg. 1986); A. DONSKOV: Essays on L. N. T.'s dramatic art (Wiesbaden 1988); P. CITATI: Leo Tolstoi. Eine Biogr. (a. d. Ital., Neuausg. 1994); R. ROLLAND: Das Leben T.s (a. d. Frz., Neuausg. Zürich 1994); J. LAVRIN: Lev Tolstoj (a. d. Engl., [13]1996); M. ZUREK: T.s Philosophie der Kunst (1996); Leo Tolstoy. The critical heritage, hg. v. A. V. KNOWLES (Neudr. London 1997); D. RANCOUR-LAFERRIERE: Tolstoy on the couch. Misogyny, masochism and the absent mother (Basingstoke 1998).

Tölt [isländ. tölt] *der, -s,* eine Gangart zw. Schritt und Trab mit sehr rascher Fußfolge.

Tolteken, histor. Volk, Träger einer vorkolumb. Kultur in Mesoamerika, im 9.–11. Jh. die dominierende Macht im zentralen Hochland von Mexiko. Die Hauptstadt war →Tula (Tollan) im heutigen mexikan. Staat Hidalgo. Von den Azteken wurden die T. als Kulturbringer schlechthin angesehen. Wahrscheinlich praktizierten die T. einfache Methoden der Bewässerung; sie betrieben einen ausgedehnten Handel bis in das Gebiet von Nicaragua und Costa Rica. Über die erbl. Könige Tulas geben schriftl. indian. Quellen späterer Zeit Auskunft, ebenso über ihren historischmyth. Herrscher und Kulturheros Quetzalcoatl; über das Herrschaftssystem selbst ist wenig bekannt. Charakterist. Skulpturen sind die Atlanten von Tula und die →Chac-Mool. Motive der Reliefkunst sind Krieger, die Federschlange, Menschenopfer und Raubtiere sowie der Adler. Die Keramik ist gekennzeichnet durch auf hellbraunem Grund rot bemalte Gefäße (meist Dreifußschalen). Die Merkmale der toltek. Kunst erscheinen im nördl. Yucatán im Mayagebiet (u. a. in Chichén Itzá) wieder, in das um 900 toltek. Gruppen eindrangen. 1179 wurde Tula von nördl. Gruppen erobert und das Reich zerstört. – Toltek. Sprachzeugnisse sind nicht erhalten. Es wird angenommen, dass das Toltekische zur utoaztek. Sprachfamilie gehörte.

N. DAVIES: The Toltecs, until the fall of Tula (Norman, Okla., 1977); DERS.: The Toltec heritage. From the fall of Tula to the rise of Tenochtitlán (ebd. 1980).

Tolubalsam [nach der Stadt Tolú in Kolumbien], plast., bräunl., vanilleartig riechendes Baumharz aus der Stammrinde des im NW Südamerikas verbreiteten **T.-Baums** (Myroxylon balsamum var. balsamum; ein Schmetterlingsblütler); enthält v. a. Zimtsäureester, äther. Öle sowie Vanillin und wird in der Parfümindustrie und in Wundsalben verwendet.

Toluca de Lerdo, Hauptstadt des mexikan. Bundesstaates Mexiko, 2 640 m ü. M., in einem weiten, fruchtbaren Hochbecken westlich der Stadt Mexiko, 487 600 Ew.; Bischofssitz; Univ., Museen; Handelszentrum; Textil-, chem., Leder-, Nahrungs- und Genussmittelindustrie. Südlich von T. liegt der erloschene Vulkan Nevado de Toluca (Xinantécatl), 4 577 m ü. M., mit Nationalpark.

Toluidinblau, Phenothiazinfarbstoff, der v. a. als Mikroskopierfarbstoff verwendet wird; dient auch als Antidot bei Vergiftungen mit Anilin oder anderen Substanzen, die zu Methämoglobinämie führen.

Toluidine [zu Toluol], *Sg.* **Toluidin** *das, -s,* **Methylaniline, Aminotoluole,** vom Toluol abgeleitete aromat. Amine. Die Isomere o-T. (2-Methylanilin) und m-T. (3-Methylanilin) sind bei Raumtemperatur flüssigkeiten, p-T. (4-Methylanilin) ist ein kristalliner Stoff. T. werden durch Hydrierung der entsprechenden Nitrotoluole hergestellt. Sie dienen zur Herstellung von Farbstoffen und Vulkanisationsbeschleunigern. T. sind starke Blutgifte. o-T. ist als Krebs erzeugender Arbeitsstoff eingestuft, bei p-T. besteht Verdacht auf ein Krebs erzeugendes Potenzial.

Toluol [zu Tolubalsam gebildet] *das, -s,* **Methylbenzol,** wichtiger Kohlenwasserstoff aus der Reihe

p-Toluidin
Toluidine

Toluol

der aromat. Verbindungen, chemisch das Methylderivat des Benzols. T. ist eine farblose, aromatisch riechende und brennbare Flüssigkeit mit einer Siedetemperatur von 111 °C. T. ist in Reformat und Pyrolysebenzin enthalten, zu deren hoher Klopffestigkeit (→Oktanzahl) es beiträgt und aus denen es durch Extraktion oder Extraktivdestillation isoliert werden kann. Es dient als Lösungsmittel sowie zur Herstellung u. a. von Benzol (→Hydrodealkylierung), Diisocyanaten, Caprolactam, Phenol, Benzoesäure und Trinitrotoluol.

Toluylen|di|isocyanat, Abk. **TDI,** →Isocyanate.

Tolyl..., Bez. der chem. Nomenklatur für die vom Toluol abgeleitete Kohlenwasserstoffgruppe $-C_6H_4-CH_3$.

Tölz, Name von geographischen Objekten:

1) Bad Tölz, Kurstadt und Kreisstadt des Landkreises Bad Tölz-Wolfratshausen, Bayern, 655 m ü. M., am nördl. Alpenrand, an der Isar, 16 600 Ew.; Heimatmuseum. Am linken Flussufer das Kurviertel mit jodhaltigen Quellen, Heilanzeigen v. a. bei Herz- und Gefäßerkrankungen. Für ein Kraftwerk ist die Isar unterhalb von T. seeartig gestaut. – Marktstraße mit Flachgiebelhäusern (18./19. Jh.), z. T. mit Fresken oder Stuckdekoration; spätgot. Stadtpfarrkirche Mariä Himmelfahrt (1466 vollendet, 1612 umgestaltet); schlichte Dreifaltigkeitskirche (Franziskanerkirche, 1733–35); Wallfahrtskirche Mariahilf auf dem Mühlfeld (1735–37, nach Plänen von Joseph Schmuzer) mit Chorfresko von M. Günther. Die Anlage des Kalvarienbergs mit Doppelkirche Hl. Kreuz (1723) wurde 1711 begonnen; westlich liegt die Leonhardskapelle (1718–22). – T., das siedlungsgeschichtlich hinter seine erste Erwähnung als Markt (1281) zurückreicht, wurde 1906 Stadt. Nach Entdeckung der Jodquellen (1846) entstand das heutige Kurviertel.

2) Bad Tölz-Wolfratshausen, Landkreis im Reg.-Bez. Oberbayern, Bayern, 1 111 km², 112 700 Ew.; Kreisstadt ist Bad Tölz. Das Kreisgebiet, das im NO in die Münchener Ebene reicht, erstreckt sich beiderseits der oberen Isar vom Jungmoränenhügelland des Alpenvorlands (östlich des Starnberger Sees und im zentralen Kreisgebiet) über die Voralpen mit Herzogstand (zw. Kochel- und Walchensee) und Benediktenwand (1 801 m ü. M.) in das Karwendelgebirge (Bayer. Alpen, bis 2 100 m ü. M.), an dessen N-Rand der Sylvensteinstausee liegt. Haupterwerbszweige der Bev. sind Grünlandwirtschaft, Industrie und Handwerk sowie Fremdenverkehr (Bad Tölz, Bad Heilbrunn, Kochel a. See, Lenggries). Städte sind Bad Tölz, Geretsried und Wolfratshausen. Benediktbeuern ist durch das ehem. Benediktinerkloster bekannt.

Tölzer Knabenchor, von Gerhard Schmidt-Gaden (*1937) 1956 gegründeter und geleiteter Chor (urspr. ›Singkreis Bad Tölz‹, seit 1957 heutiger Name). Das Repertoire reicht von klass. Vokalpolyphonie bis zu zeitgenöss. sowie volkstüml. Musik.

Tom *der,* rechter Nebenfluss des Ob, im SO Westsibiriens, Russland, 867 km lang; entspringt im Abakangebirge, durchfließt das Schorijabergland, das Kusnezker Steinkohlenbecken (hier Wasserkraftwerk bei Krapiwinskij; 300 MW) und das Westsibir. Tiefland, mündet unterhalb von Tomsk; unterhalb von Nowokusnezk auf 643 km schiffbar.

Tom., *Buchwesen:* Abk. für →Tomus.

Toma, Loma, Lorma, Buzi, Volk im Waldland W-Afrikas, rd. 300 000 Angehörige, davon 130 000 in NW-Liberia und 170 000 in SO-Guinea. Die traditionelle Religion der in mehrere Untergruppen geteilten T. ist bisher von Christentum und Islam wenig beeinflusst. Eine große Rolle spielt der Poro-Geheimbund der Männer; bei seinen Zeremonien werden stark abstrahierende Masken verwendet. – Die Sprache der T., das **Toma,** gehört zu den südwestl. Mandesprachen. Es ist eine Tonsprache mit konsonant. Anlautwechsel und besitzt eine eigene Silbenschrift.

R. W. Heydorn: Grammar of the Loma language with some Kono words in the vocabulary, in: Afrika u. Übersee, Bd. 54 (1970/71).

Toma, Gioacchino, ital. Maler, *Galatina (Prov. Lecce) 24. 1. 1836, †Neapel 12. 1. 1891; malte Landschaften (z. T. mit figürl. Gruppen), Stillleben, Porträts von zarter Licht- und Farbenstimmung.

Tomahawk ['tɔməhɔːk; engl., aus Algonkin] *der, -s/-s,* 1) *Völkerkunde:* Streitaxt der nordamerikan. Indianer; die von Europäern eingeführte kleine Stahlaxt verdrängte nach und nach ältere Keulenformen aus Holz; im 18. Jh. auch mit Tabakspfeife kombiniert.

C. F. Feest: T. u. Keule im östl. Nordamerika, in: Archiv für Völkerkunde, Bd. 19 (Wien 1966).

2) *Waffentechnik:* ein Typ der →Cruisemissile.

Tomakomai, Hafenstadt an der S-Küste der Insel Hokkaidō, Japan, 169 300 Ew.; Papierfabrik (seit 1910, eine der größten Japans), chem. Industrie; Handels- und Fischereihafen.

Toman, Karel, eigtl. **Antonín Bernášek** ['bɛrnaːʃɛk], tschech. Lyriker, *Kokovice (bei Slaný, Mittelböhm. Gebiet) 25. 2. 1877, †Prag 12. 6. 1946. Seine frühe Lyrik ist unter dem Einfluss der tschech. Dekadenz von Melancholie, Pessimismus und anarch. Gedanken geprägt (›Torzo života‹, 1902); später schrieb er melodiöse, gefühlvolle Erlebnislyrik, die von Liebe zur Heimat und den Menschen erfüllt ist (›Sluneční hodiny‹, 1913; ›Měsíce‹, 1918; ›Hlas ticha‹, 1923).

Ausgabe: Dílo, 2 Bde. (1956–57).

Tomar [tu'mar], Stadt im Distr. Santarém, Portugal, am Nabão, 14 000 Ew.; Textil- (Baumwolle) und Papierindustrie. – Den Mittelpunkt des Baukomplexes der Ordensburg mit seinen sieben Kreuzgängen bildet die Christusritterkirche. Ihr Kern ist ein Zentralbau (Templerkirche), der aus einem achteckigen Mittelteil mit sechzehneckigem Umgang (1162) besteht und mit Fresken niederländ. Maler (1510) geschmückt ist. Am stärksten wurde der Bau Anfang des 16. Jh. unter König Emanuel I. durch J. de Castilho und D. de Arruda im Emanuelstil mit seinem bizarren Formenreichtum geprägt: An die Rotunde wurde ein zweigeschossiger Bau angefügt, der im Untergeschoss den Kapitelsaal (von Arruda), im Obergeschoss den Hochchor (von Castilho) birgt. Castilho schuf auch reichen Baudekor (Chorportal, Kapitelsaalfenster). König Johann III. ließ nach 1523 nach der Umwandlung des Ritterordens in einen Mönchsorden die Klosteranlage vergrößern; 1557 begann D. de Torralva den erst um 1580 von F. Terzi vollendeten Kreuzgang (Claustro dos Filipes) in den Formen der ital. Hochrenaissance. Der gesamte Komplex wurde von der UNESCO zum Weltkulturerbe erklärt (Bilder →portugiesische Kunst). – In der Stadt die Kirche São João Baptista (um 1520), die Renaissancekirche Nossa Senhora da Conceição (um 1550) sowie die Templerkirche Santa Maria do Olival (um 1540 umgebaut, Sitz des großen Ordenskapitels). – An der Stelle einer Römersiedlung errichtete der Templerorden auf dem Bergrücken über dem Flusstal nach 1159 eine Burg, bei der sich die Stadt entwickelte; ab 1356 Sitz des Christusordens.

Tomášek ['tɔmaːʃɛk], 1) **František,** tschech. kath. Theologe, *Studénka (Nordmähr. Gebiet) 30. 6. 1899, †Prag 4. 8. 1992; wurde 1949 geheim zum Bischof geweiht, 1951 verhaftet und (ohne Gerichtsurteil) bis 1954 interniert; wurde 1965 zum Apostol. Administrator der Erzdiözese Prag ernannt und war (seit 1976 Kardinal) 1978–91 Erzbischof von Prag. Als Primas der kath. Kirche in der Tschechoslowakei solidarisierte sich T. in den 80er-Jahren mit der Bürgerrechtsbewegung der ČSSR und verkörperte für viele das un-

Tomahawk 1): Lederüberzogene Kugelkopfkeule der Apachen (oben); Stahlaxt der Osage (unten)

František Tomášek

gebrochene Streben nach kirchl. Unabhängigkeit. Höhepunkte seiner Amtszeit bildeten die Feierlichkeiten anlässlich des 1 100. Todestages des Hl. METHODIOS 1985 in Welehrad und der Besuch Papst JOHANNES PAULS II. 1990 in Prag.

Kardinal T. Zeugnisse über einen bedeutsamen Bischof u. einen tapferen Kardinal, hg. v. J. HARTMANN u. a. (a.d. Tschech., 1994).

2) Václav Jan Křitel, dt. **Wenzel Johann Tomaschek**, tschech. Komponist, *Skuteč (Ostböhm. Gebiet) 17. 4. 1774, † Prag 3. 4. 1850; stand 1806–24 im Dienst des Grafen GEORG BUQUOY (*1781, †1851) und gründete 1824 eine eigene Musikschule, wo u. a. E. HANSLICK sein Schüler war. Seine Instrumentalmusik (Sinfonien, Klavierkonzerte, Kammermusik, Klaviersonaten) steht in der Tradition der Wiener Klassik. Mit seinen Sammlungen kleiner Klavierstücke (›Eklogen‹, ›Rhapsodien‹, ›Dithyramben‹) gehört er zu den Initiatoren des Charakterstücks. Schrieb auch Opern (u. a. ›Serafine‹, 1811) und Lieder.

Tomasi, Henri Frédien, frz. Komponist, *Marseille 17. 8. 1901, † Paris 13. 1. 1971; studierte in Marseille und Paris (u. a. bei PAUL-ANTOINE VIDAL, *1863, †1931), dirigierte ab 1949/50 an den Opern in Genf, Dublin, Turin, Zürich, Monte Carlo und Lausanne. Seine brillant instrumentierten, neoklassizistisch orientierten Werke zeigen Anlehnungen an M. RAVEL. Neben Orchester- und Kammermusik schrieb er Ballette und v. a. Bühnenwerke, u. a. ›L'Atlantide‹ (1954), ›Don Juan de Mañara‹ (1956), ›L'élixir du révérend père Gaucher‹ (1964) und ›Le silence de la mer‹ (1964).

Giuseppe Tomasi di Lampedusa

Tomasi di Lampedusa, Giuseppe, eigtl. **G. Tomasi, Fürst von Lampedusa,** ital. Schriftsteller, *Palermo 23. 12. 1896, † Rom 23. 7. 1957. Sein einziger Roman ›Il gattopardo‹ (dt. ›Der Leopard‹) wurde erst postum 1958 veröffentlicht. Das Werk evoziert in üppigen Bildern am Beispiel des Niedergangs der sizilian. Aristokratie nach der Landung G. GARIBALDIS auf der Insel das unaufhaltsame Vergehen gewachsener Traditionen und Lebensformen und entwirft damit jenseits aller Historie eine allgemein gültige Parabel von Entstehen, Verfall und Tod. Es wurde 1963 von L. VISCONTI verfilmt.

Weitere Werke: *Erzählungen:* Racconti (hg. 1961; dt. Die Sirene). – *Essays:* Lezioni su Stendhal (hg. 1977; dt. Stendhal. Reflexionen eines Bewunderers); Letteratura inglese, 2 Bde. (hg. 1990–91; dt. Teilausg. u. d. T. Morgenröte der engl. Moderne).

S. SALVESTRONI: T. di L. (Neuausg., Florenz 1979); G. BUZZI: Invito alla lettura di G. T. di L. (Mailand ⁷1991); M. BERTONE: T. di L. (Palermo 1995).

Tomaszów Mazowiecki [tɔˈmaʃuf mazɔˈvjetski], Stadt in der Wwschaft Piotrków Trybunalski (Petrikau), Polen, 130 m ü. M., in der mittelpoln. Tiefebene, an der Pilica, 70 000 Ew.; stadtgeschichtl. und ethnograph. Museum; Chemiefaserwerk, Wollweberei, Teppichherstellung, Bekleidungs-, Leder- und Nahrungsmittelindustrie.

Tomate [durch span.-frz. Vermittlung aus Nahuatl tomatl], **Liebes**|**apfel, Paradies**|**apfel, Lycopersicon esculentum, Solanum lycopersicum,** wohl aus Peru und Ecuador stammendes, früher zur Gattung Nachtschatten, heute zu der sieben Arten im westl. Südamerika und auf den Galápagosinseln umfassenden Gattung Lycopersicon gestelltes Nachtschattengewächs; 0,3–1,5 m hohe, einjährige, sympodial verzweigte, frostempfindl. Pflanze mit großen, unterbrochen gefiederten Blättern; Blüten gelb, in Wickeln; Frucht eine vielsamige, rote oder gelbe Beere. Die Früchte (**Tomaten**) enthalten pro 100 g essbaren Anteil etwa 94 g Wasser, wenig Kohlenhydrate, v. a. aber 24 mg Vitamin C und Vitamine der B-Gruppe. Das im grünen Zustand vorhandene giftige Alkaloid Solanin wird während der Reife abgebaut. Außer zum Rohverzehr dienen die Früchte zur Gewinnung von T.-Mark sowie als Grundlage von T.-Ketchup und Gemüsesaft. Die T. wird in zahlr. Kultursorten fast weltweit angebaut, in kühleren Gebieten unter Glas. Neben den Stock- oder Stab-T. (Pflanzen sind an Stäben hochgebunden) werden, v. a. in trockenen Klimazonen, niedrig bleibende Busch-T. gepflanzt. Hauptproduktionsländer sind die USA und Italien.

Krankheiten und *Schädlinge:* Auf Mangel oder Überschuss an Nährstoffen (Magnesium, Bor, Eisen, Calcium) und Wasser reagiert die T.-Staude empfindlich mit Blattrollen, Blütenendfäule, Aufplatzen, Grünkragen, Wassersucht der Früchte. Die wichtigsten Virosen sind Tomatenmosaik, übertragen durch Kontakt, und die Strichelkrankheit, die durch Blattläuse übertragen wird. Zahlr. Pilze befallen Stauden und Früchte, verursachen Umfallkrankheiten, Stängelgrundfäulen, Welken, Kraut- und Braunfäulen, Blattflecken, Grauschimmel und sind durch Fungizide zu bekämpfen. An tier. Schädlingen treten auf: gallbildende Wurzelnematoden (Älchen), Mottenschildläuse, Blattläuse, Spinnmilben.

Kulturgeschichte: Die T. wurde bereits in vorkolumb. Zeit von den Indianern Mexikos und Perus kultiviert. In Europa wurde sie 1557 von dem niederländ. Botaniker REMBERT DODOENS (*1517, †1585), 1576 von M. LOBELIUS in Kräuterbüchern abgebildet. Zunächst wegen der vermuteten Giftigkeit der Früchte nur als Zierpflanze gezogen, erlangte sie in Dtl. erst Anfang des 20. Jh. Bedeutung als Nutzpflanze.

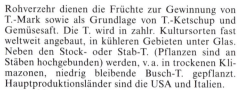

Tomatenfrosch, Dyscophus antongilli, bis 11 cm lange, leuchtend rote Art der Engmaulfrösche auf Madagaskar.

Tomba, Alberto, ital. alpiner Skifahrer, *San Lazzaro di Savenna (Prov. Messina) 19. 12. 1966; Slalom- und Riesenslalomspezialist; Olympiasieger 1988 (Slalom, Riesenslalom) und 1992 (Riesenslalom) sowie Weltmeister 1996 (Slalom, Riesenslalom); gewann 1995 den →Alpinen Weltpokal sowie je viermal den Slalom- (1988, 1992, 1994/95) und Riesenslalomweltcup (1988, 1991/92, 1995).

Tombak [niederländ., von malaiisch tombāga ›Kupfer‹] *der, -s, Handwerk:* zur Herstellung von Schmuckwaren, Medaillen, Musikinstrumenten und Beschlägen verwendetes Messing mit 70–90% Kupfer, Rest Zink; Farbe nach Zinkgehalt rot, golden oder gelb.

Tombalbaye [tɔmbalˈbaj], N'Garta, früher **François T.,** tschad. Politiker, *Bessada (S-Tschad) 15. 6. 1918, † N'Djamena 13. 4. 1975; Lehrer, 1946 maßgeblich an der Gründung des Parti Progressiste Tchadien (PPT), einer Untergliederung des überregionalen Rassemblement Démocratique Africain (RDA), beteiligt, errichtete als Staatspräs. (ab 1960) ein Einparteiensystem. Mit kulturrevolutionären Methoden suchte T. sein polit. System in der Bev. zu verankern, sah sich jedoch wachsendem Widerstand des islam. N gegenüber und geriet in Ggs. zu den Streitkräften. 1975 wurde er gestürzt und erschossen.

Tombaugh [ˈtɔmbɔː], Clyde William, amerikan. Astronom, *Streator (Ill.) 4. 2. 1906, † Las Cruces (N. Mex.) 17. 1. 1997; Assistent am Lowell Observatory in Flagstaff (Ariz.), ab 1965 Prof. an der New Mexico State University; entdeckte 1930 den Planeten Pluto.

Tombeau [tɔ̃ˈbo; frz. ›Grabmal‹] *das, -(s)/-x,* in der frz. Musik des 16./17. Jh. zum Gedächtnis eines Toten oder Künstler komponiertes Instrumentalstück, v. a. für Laute oder Klavier, oft in Form von Pavane oder Allemande, z. B. von D. GAULTIER, LOUIS COUPERIN (*um 1626, †1661), J.-H. D'ANGLEBERT und J. J. FROBERGER. Dem T. nahe stehen die Plainte und das Lamento. Im 20. Jh. wurde die T.-Komposition (auch

Tomate: Trieb mit Früchten

u. d. T. ›Hommage à ...‹) wieder aufgegriffen, u. a. von C. DEBUSSY, M. RAVEL, P. BOULEZ und W. RIHM.

Tombola [ital., zu tombolare ›purzeln‹ (nach dem ›Purzeln‹ der Lose in der Lostrommel)] *die, -/-s* und *...len,* Verlosung von meist gespendeten Gegenständen, bes. bei Wohltätigkeitsveranstaltungen, auf Jahrmärkten oder bei Festen.

Tomcat ['tɔmkæt, engl.], Typen-Bez. F-14; zweisitziges, schiffsgestütztes Militärflugzeug mit Schwenkflügeln; Einsatz als Abfangjäger zum Flottenschutz, als takt. Aufklärer und leichter Bomber; Erstflug am 21. 12. 1970; die Höchstgeschwindigkeit beträgt Mach 1,2 in Meereshöhe, Mach 2,4 in 14 930 m Höhe, der Aktionsradius beläuft sich je nach Zuladung auf 715–1 230 km; Bewaffnung: eine 20-mm-Kanone, an Luft-Luft-Lenkflugkörpern sechs Phoenix (Kampfreichweite 148 km, gleichzeitige Bekämpfung von sechs Zielen möglich, unabhängig von deren Höhe, Geschwindigkeit, Kurs) oder sechs Sparrow (45 km) oder vier Sidewinder (8 km) oder max. 6 577 kg Waffenzuladung.

Narciso Tomé: Altaraufbau ›Transparente‹ in der Kathedrale von Toledo; 1721–32

Tomé, Narciso, span. Architekt, Bildhauer und Maler, *Toro 1690, †Toledo 13. 12. 1742; einer der führenden Meister des Churriguerismus. Sein Hauptwerk ist der ›Transparente‹ in der Kathedrale von Toledo, ein monumentaler, in Marmor, Jaspis und Bronze ausgeführter Altaraufbau (1721–32).

Tomeo, Javier, span. Schriftsteller, *Quicena (Prov. Huesca) 9. 9. 1932. In seinen z. T. aufs Äußerste verknappten Erzählungen (›Historias mínimas‹, 1988) und kurzen, handlungsarmen Romanen thematisiert er anhand skurriler Außenseitergestalten in surrealen Welten die ausweglose Einsamkeit des Individuums in der modernen Gesellschaft. Die Werke kreisen, zuweilen mit iron. Unterton, um das grundsätzl. Scheitern jeder menschl. Kommunikation, ob sie nun polit. inspiriert sind (›El castillo de la carta cifrada‹, 1979; dt. ›Der Marquis schreibt einen unerhörten Brief‹), erotisch (›El cazador de leones‹, 1987; dt. ›Der Löwenjäger‹) oder technisch (›La ciudad de las palomas‹, 1989; dt. ›Die Taubenstadt‹).

Weitere Werke: *Romane:* Amado monstruo (1985; dt. Mütter u. Söhne); El discutido testamento de Gaston de Puyparlier (1990; dt. Das umstrittene Testament des Gaston de Puyparlier); El crimon del cine Oriente (1995; dt. Das Verbrechen im Orientkino). – Der Mensch von innen u. a. Katastrophen. In vier Abteilungen (1989, Ausw.).

...tomie [zu griech. tomḗ ›das Schneiden‹, ›Schnitt‹], Wortbildungselement mit den Bedeutungen: 1) operative Eröffnung eines Organs oder Körperteils, z. B. Gastrotomie; 2) kunstgerechte Zergliederung eines Körpers, Körperteils oder Gewebes, z. B. Anatomie.

Tomillares [-lj-], mediterrane Felsheide (Garide) auf der Iber. Halbinsel (→Garigue).

Tomioka, 1) Hyakuren, Künstlername **T. Tessai,** jap. Maler, Kalligraph, Kunstkritiker und Shintōpriester, *Kyōto 25. 1. 1836, †ebd. 31. 12. 1924; letzter eigenständiger Vertreter der Literatenmalerei; ab 1917 kaiserl. Hofmaler, ab 1919 Mitgl. der kaiserl. Akad. der Künste, Tokio. T. betrachtete die Malerei als Ergänzung zum Geschriebenen, wählte Themen aus alten Gedichten und bezog buddhist. Texte in seine Bilder ein.

2) Taeko, jap. Schriftstellerin, *Ōsaka 28. 7. 1935; begann als Lyrikerin, wandte sich dann der Prosaliteratur zu; setzt sich in ihren Werken v. a. mit dem jap. Familiensystem und der Rolle der Frau auseinander.

Werke (jap.): *Erzählungen:* Heirat (1979; dt.); Die neue Familie (1990).

Tomizza, Fulvio, ital. Schriftsteller, *Giurizzani (bei Materada di Umago, heute zu Umag, Kroatien) 26. 1. 1935; emigrierte 1955 (als seine Heimat jugoslawisch wurde) nach Triest und begann für den ital. Rundfunk zu arbeiten. T.s stark autobiographisch inspiriertes Werk spiegelt zum einen geschichtl., polit. und soziale Momente der verlorenen bäuerl. Heimat sowie den individuellen und gesellschaftl. Neubeginn im Triester Exil (u. a. in der ›istr. Trilogie‹ ›Materada‹, 1960, dt.; ›La ragazza di Petrovia‹, 1963; ›Il bosco di acacie‹, 1966, dt. ›Der Akazienwald‹), zum anderen wendet es sich in histor. Romanen Gestalten der Vergangenheit zu, die T.s eigenen Erfahrungen nahe stehen und zugleich von zeitloser Bedeutung sind (›La finzione di Maria‹, 1981, dt. ›Der Prozess der Maria Janis‹; ›Il male viene dal Nord‹, 1984, dt. ›Das Böse kommt vom Norden‹).

Weitere Werke: *Romane:* L'albero dei sogni (1969); La torre capovolta (1971; dt. Der umgestürzte Turm); La città di Miriam (1972); La miglior vita (1977; dt. Eine bessere Welt); L'amicizia (1980; dt. Triestiner Freundschaft); Gli sposi di via Rossetti (1986; dt. Das Liebespaar aus der Via Rossetti); Quando Dio uscì di chiesa (1987); L'ereditiera veneziana (1989; dt. Die venezian. Erbin); I rapporti colpevoli (1992); Franziska (1997).

M. NEIROTTI: Invito alla lettura di F. T. (Mailand 1979).

Tom Jones [tɔm dʒəʊnz], engl. ›The history of Tom Jones, a foundling‹, Roman von H. FIELDING; engl. 6 Bde., 1749.

Tomkins ['tɔmkɪnz], Thomas, engl. Komponist, *Saint David's (Cty. Dyfed) 1572, begraben Martin Hussingtree (Cty. Hereford and Worcester) 9. 6. 1656; Schüler von W. BYRD, 1596–1646 Organist in der Kathedrale in Worcester; komponierte in der Tradition engl. Polyphonie Kirchenmusik (Anthems, Psalmen), Madrigale, Musik für Tasteninstrumente (Virginal und Orgel) sowie für Violenconsort (Fantasien, Pavanen, In-nomine-Stücke).

Tomlin ['tɔmlɪn], Bradley Walker, amerikan. Maler, *Syracuse (N. Y.) 19. 8. 1899, †New York 11. 5. 1953; begann seine künstler. Arbeit 1919 mit dekorativen Illustrationen in Anlehnung an die Art nouveau. Nach einem Aufenthalt in Paris (1923/24) entstanden Stillleben, die vom Kubismus beeinflusst sind. In den 1940er-Jahren ging er zur gegenstandslosen Malerei über und schuf großformatige, farblich gedämpfte Bilder, deren Zeichensprache an ostasiat. Kalligraphien erinnert. Sie bilden einen wichtigen Beitrag zum abstrakten Expressionismus. BILD S. 170

Tomlinson ['tɔmlɪnsn], 1) Alfred Charles, engl. Lyriker, *Stoke-on-Trent 8. 1. 1927; studierte in Cambridge, lehrte 1956–92 engl. Literatur an der Univ. Bristol (seit 1982 Prof.). Seine vom Imagismus, von W. STEVENS und MARIANNE MOORE beeinflusste Dichtung, die während der 50er-Jahre im Kontrast zur Lyrik des →Movement die symbolist. Tradition fortsetzte, konzentriert sich auf die visuelle Erfassung der Wirklichkeit. In Sammlungen wie ›Relations and contraries‹ (1951), ›Seeing is believing‹ (1958), ›The flood‹ (1981) u. a. sucht er das objektivist. Bemühen um neue, präzise Formen der Wahrnehmung mit dem Interesse an der subjektiven Gefühlswelt zu verbinden. T. war auch Übersetzer (O. Paz, A. Machado y Ruiz, F. I. Tjuttschew, L. Piccolo) und Literaturkritiker (›Poetry and metamorphosis‹, 1983).

Weitere Werke: *Lyrik:* American scenes, and other poems (1966); Written on water (1972); The door in the wall (1992).

Ausgabe: Gedichte, bearb. v. J. Utz (1994).

S. Wewetzer: Ästhet. Strukturen u. dichtungstheoret. Konzepte bei C. T. (1995).

2) H. M. (Henry Major), engl. Schriftsteller, *London 21. 6. 1873, †ebd. 5. 2. 1958; Journalist und Autor von exot. Reisebüchern und Seeromanen; bekannt wurde bes. sein autobiographisch geprägter Kriegsroman ›All our yesterdays‹ (1930).

Weitere Werke: The sea and the jungle (1912); Gallions Reach (1927); Malay waters (1950); A mingled yarn (1953, autobiogr.).

Tommaseo, Niccolò, ital. Schriftsteller, *Šibenik 9. 10. 1802, †Florenz 1. 5. 1874; war nach Abschluss seiner jurist. Studien in Padua 1822 als Schriftsteller und Übersetzer tätig; 1834–39 wegen seines Eintretens für die ital. Einigungsbewegung in frz. Exil; wurde 1848 Unterrichts-Min. in der provisor. Reg. der Rep. Venedig und musste nach der Wiederherstellung der habsburg. Herrschaft 1849 zum zweiten Mal ins Exil, nach Korfu, wo er sich bis 1854 aufhielt; lebte dann in Turin und ab 1859 in Florenz. T. schrieb neben polit., pädagog. und literarhistor. Arbeiten Romane, Novellen und Gedichte; er sammelte Volkslieder (›Canti popolari toscani, corsi, illirici, greci‹, 4 Bde., 1841/42) und verfasste einen Kommentar zu Dantes ›Divina Commedia‹ (1837) sowie einen ›Dizionario della lingua italiana‹ (8 Bde., 1861–79, mit Bernardo Bellini, *1792, †1876); außerdem hinterließ er ein umfangreiches, für Gesch. und Lit. Italiens im 19. Jh. höchst bedeutsames Briefkorpus sowie ein Tagebuch, das er über Jahrzehnte hin führte (›Diario intimo‹, hg. 1938). Mit seiner Verbindung von klass. Bildung und Engagement für die romant. Bewegung, von Patriotismus und liberaler, von A. Graf von Rosmini-Serbati beeinflusster Katholizität wirkt T. wie ein Brennpunkt all jener Tendenzen, die den kulturellen und polit. Geist des Risorgimento prägten.

Weitere Werke: Confessioni (1836); Poesie (1872). – *Roman:* Fede e bellezza (1840, endgültige Fassung 1852; dt. Treue u. Schönheit).

Ausgaben: Edizione nazionale delle opere di N. T., hg. v. R. Ciampini u. a., 7 Tle. (1943–81); Opere, hg. v. M. Puppo, 2 Bde. (1968); Opere, hg. v. M. Cataudella (1969).

G. Debenedetti: N. T. (Mailand 1973); M. Puppo: Poetica e poesia di N. T. (Rom 1980); A. Manai: Per un 'editione critica delle poesie di N. T. (Pisa 1995).

Tommaso, T. da Celano [-tʃ-], →Thomas, T. von Celano.

Tommaso, Tomaso, T. da Modena, ital. Maler, *Modena zw. 9. 3. 1325 und 6. 6. 1326, †vor 16. 7. 1379; tätig bes. in Treviso (1349–58), einer der wichtigsten Meister des Mitte des 14. Jh. erwachenden Realismus in der Gotik (→weicher Stil), wobei T. deutlich bei Giotto anknüpft. Seine im Auftrag Kaiser Karls IV. für die Burg Karlstein geschaffenen Altäre (Triptychon mit Madonna und zwei Heiligen sowie tragbares Diptychon, beide vor 1360) haben die Böhm. Malerschule beeinflusst.

Werke: Fresken im Kapitelsaal des ehem. Dominikanerklosters (1352; Treviso; Bild →Treviso), Fresken im Museo Civico (ebd.); Fresken in der Kapelle von San Francesco (ebd.).

Tommy [ˈtɔmɪ], im Ersten und Zweiten Weltkrieg Spitzname für den brit. Soldaten (kurz für Tommy Atkins, der Bez. für ›einfacher Soldat‹, nach dem früher auf Formularen vorgedruckten Namen).

Shin-Ichirō Tomonaga

Bradley W. Tomlin: Number 2 – 1950; 1950 (New York, Whitney Museum of American Art)

Tomographie [zu griech. tomé ›das Schneiden‹ und gráphein ›schreiben‹, ›zeichnen‹] *die, -/...ˈphi̯en,* Verfahren der Röntgenuntersuchung, v. a. in Form der →Computertomographie.

Tomonaga, Shin-Ichirō, jap. Physiker, *Tokio 31. 3. 1906, †ebd. 8. 7. 1979; Schüler von W. Heisenberg, ab 1941 Prof. in Tokio. T. begründete ab 1941 die relativist. Formulierung der Quantenelektrodynamik, mit der erstmals die Lamb-Shift u. a. Effekte berechnet werden konnten. Dabei führte er auch das Verfahren der Ladungs- und Massenrenormierung ein. Zus. mit J. Schwinger und R. P. Feynman erhielt er hierfür 1965 den Nobelpreis für Physik.

Werk: Quantum mechanics, 2 Bde. (1962–66).

Tömöscher Pass, Pass in Rumänien, →Predeal.

Tomoskopie [zu griech. tomé ›das Schneiden‹ und skopeĩn ›betrachten‹] *die, -,* **Gated-Viewing-Verfahren** [ˈgeɪtɪd ˈvjuɪŋ -, engl.], v. a. bei aktiven →Nachtsichtgeräten angewendetes Verfahren zur Unterdrückung von Streulicht, das durch Dunst oder Aerosolteilchen in der Atmosphäre verursacht wird. Dabei werden Lichtquelle und Bildverstärkerröhre (→Bildwandler) synchron und mit der jeweils erforderl. Phasenverschiebung getaktet, sodass nur das vom Objekt bzw. dessen Umgebung reflektierte Licht von der Bildverstärkerröhre registriert wird, nicht jedoch das auf dem dazwischen liegenden Weg gestreute.

Tomowa-Sintow, Anna, bulgar. Sängerin (Sopran), *Stara Sagora 22. 9. 1941; debütierte 1965 in Stara Sagora, war 1972–76 Mitgl. der Berliner Staatsoper und trat u. a. an der Wiener Staatsoper, der Mailänder Scala, der Covent Garden Opera in London und bei Festspielen (Salzburg) auf. Sie wurde bes. in Rollen von W. A. Mozart und R. Strauss, aber auch als Verdi-, Wagner- und Puccini-Interpretin bekannt.

Tom Sawyer [tɔm ˈsɔːjə], Hauptfigur von Romanen →Mark Twains.

Tomsk, Gebietshauptstadt in Russland, im Westsibir. Tiefland, am rechten Ufer des Tom, 470 000 Ew.; Univ. (1880 gegr.; älteste Hochschule Sibiriens), Sibir. Medizin. Univ., TU, Akad. für Steuerung und Funkelektronik, Akad. für Architektur und Bauwesen, PH,

Institute der Russländ. Akad. der Wiss.en, botan. Garten, Kunst-, Regionalmuseum sowie mehrere Univ.-Museen, Philharmonie, Planetarium, Theater; bedeutendes Industriezentrum mit großem petrochem. Werk, Maschinen- und Gerätebau, Kugellagerherstellung, elektrotechn., Holz- und Nahrungsmittelindustrie; Umschlaghafen (Fluss/Bahn: Zweiglinie der Transsibir. Eisenbahn), Flughafen. Etwa 20 km nördlich von T. liegt die geheime und geschlossene ›Atomstadt‹ **Tomsk-7** (1993 schwererer nuklearer Unfall). - T. wurde 1604 als Verwaltungsmittelpunkt gegründet und war 1804–1925 Gouv.-Hauptstadt.

Tom-Tom [lautmalend] *das, -(s)/-s,* **Tomtom, Jazzpauke** ['dʒæz-], eine in den 1920er-Jahren vielleicht aus China in die westl. Ensembles eingeführte Trommel, urspr. mit leicht gewölbtem Holzkorpus und zwei aufgenagelten Fellen, in der modernen Bauart mit einem zylindr. Korpus aus Sperrholz, ein- oder beidseitigem Fellbezug und Spannschrauben. T.-T. werden in mehreren Größen einzeln zusammengestellt oder als T.-T.-Spiel (6–13 T.-T.) auf ein Gestell montiert, der Anschlag erfolgt mit Trommelstöcken oder Paukenschlägeln. Das Instrument wird in der Jazz- und Tanzmusik und auch im modernen Orchester (P. HINDEMITH, ›Cardillac‹, 1926; H. W. HENZE, ›König Hirsch‹, 1956) verwendet.

Tom und Jerry [tɔm, 'dʒeri], engl. **Tom and Jerry** [- ənd -], Figurenpaar (Katze und Maus) des amerikan. Zeichentrickfilms. T. u. J. hatten zw. 1940 und 1957 ihre größten Erfolge (über 200 Trickfilme).

Tomus [griech.-lat.] *der, -/...mi,* Abk. **Tom.,** veraltet für: Abschnitt, Band (eines Schriftwerkes).

Tomuschat, Christian, Jurist, * Stettin 23. 7. 1936; studierte in Heidelberg und Montpellier; 1972–95 Prof. in Bonn, seit 1995 an der Humboldt-Univ. zu Berlin; arbeitet bes. auf dem Gebiet des Völkerrechts; war in den Vereinten Nationen 1977–86 Mitgl. des Ausschusses für Menschenrechte, 1985–96 Mitgl. der Völkerrechtskommission, 1990–93 Beauftragter der Menschenrechtskommission für die Menschenrechtslage in Guatemala; seit 1993 Vors. der Dt. Gesellschaft für Völkerrecht.
Werke: Die gerichtl. Vorabentscheidung nach den Verträgen über die europ. Gemeinschaften (1964); Verfassungsgewohnheitsrecht? (1972). - **Hg.:** Extremisten u. öffentl. Dienst. Rechtslage u. Praxis des Zugangs zum u. der Entlassung aus dem öffentl. Dienst in Westeuropa, USA, Jugoslawien u. der EG (1981, mit E.-W. BÖCKENFÖRDE); Modern law of self-determination (1993); The United Nations at age fifty. A legal perspective (1995).

ton..., Wortbildungselement, →tono-...

Ton [ahd. dāha, eigtl. ›(beim Austrocknen) dicht Werdendes‹] *der, -(e)s/-e,* feinkörniges klast., meist gelbl. bis graues Lockergestein mit Korngrößen von weniger als 0,002 mm (Pelite); auch rot oder violett (durch Eisenoxide und -hydroxide), grün (durch Chlorite) oder schwarz (durch organ. Material). T. bestehen v. a. aus den bei der Verwitterung neu gebildeten →Tonmineralen, ferner aus erhalten gebliebenen staubförmigen Mineraltrümmern (u. a. Quarz, Feldspäten, Glimmer, T.-Mineralen, Schwermineralen wie Hämatit), nach der Sedimentation neu entstandenen Mineralen (u. a. Glaukonit, Pyrit, Dolomit, Calcit) und biogenen Resten (Kalk- und Kieselschalen, Humus, Kohle). Im →Schwarzschiefer und →Ölschiefer können organ. Bestandteile über 30 % ausmachen (Erdölmuttergesteine). Hohe Metallgehalte weist v. a. der →Kupferschiefer auf. Die feinkörnige, glanzlose, zerreibl. Masse des T. gibt beim Anhauchen den charakterist. ›T.-Geruch‹ und haftet an der Zunge. Sehr feinkörnige, quarzarme T. (also mit hohem Gehalt an T.-Mineralen) werden als **fette T.,** stark mit Staubsand vermengte T. als **magere T.,** quarzsandreiche T. als →Lehme, kalkreiche T. als Mergel, stark steinsalz- und gipshaltige T. als **Salztone** bezeichnet. Durch diagenet. Verfestigung der T. entstehen →Tonstein und →Schieferton, durch Schieferung infolge tekton. Drucks und leichter Metamorphose →Tonschiefer. Bei der Diagenese werden T.-Minerale eingeregelt und umgebildet, und Porenwasser wird ausgepresst.

T. entstehen durch Verwitterung auf älteren Gesteinen, v. a. aber durch Abtragung, Transport und Ablagerung von Gesteinsmaterial, bes. im Meer (v. a. auf dem äußeren Schelf und in Tiefsee-Ebenen, u. a. →roter Tiefseeton), jedoch auch auf dem Festland, in Seen (z. T. mit rhythm., jährlich oder jahreszeitlich wechselnder Materialzufuhr, z. B. →Bändertone) und in Überschwemmungsgebieten und Deltas von Flüssen. Außerdem können T. durch Verwitterung von pyroklast. Vulkaniten gebildet werden (Bleicherde, Bentonit, Tonstein in Kohleflözen). Etwa 50 % aller Sedimentgesteine sind T. oder aus T. entstanden.

V. a. die T.-Minerale sind die Träger der charakterist. Eigenschaften des T. Sie nehmen leicht Wasser auf, vergrößern dadurch das Volumen (Quellfähigkeit) und werden wasserundurchlässig (Grundwasserstauer; auch wichtig in der Bautechnik); denn trotz großem Gesamtporenraum sind die einzelnen Porenräume sehr eng. T. sind plastisch verformbar, v. a. →Quicktone neigen zu Thixotropie. Für den Stoffhaushalt der Böden ist das Ionenaustauschvermögen wichtig (→Austauschkapazität). T. dient als Rohstoff bei der Herstellung von keram. Erzeugnissen (Ziegelsteinen, Kacheln, Töpferwaren u. a.), Baustoffen (Zement, feuerfesten Stoffen, →Blähton u. a.), als Füllstoff in der Papierindustrie und als Bohrspülmittel.

G. MILLOT: Geology of clays (a. d. Frz., Berlin 1970); P. E. POTTER u. a.: Sedimentology of shale (ebd. ²1984); H. CHAMLEY: Clay sedimentology (ebd. 1989); D. HEIM: T. u. T.-Minerale (1990); Microstructure of fine-grained sediments, from mud to shale, hg. v. R. H. BENNETT u. a. (Berlin 1991); T.-Minerale u. Tone, hg. v. K. JASMUND u. G. LAGALY (1993).

Ton [mhd. don, ton ›Lied‹, ›Laut‹, ›Ton‹, von lat. tonus ›das (An)spannen (der Saiten)‹, ›Ton‹, ›Klang‹, von griech. tónos ›das Spannen‹] *der, -(e)s/Töne,* **1)** *Akustik:* Bez. für einen Schall mit sinusförmigem Schwingungsverlauf. Das Schallspektrum eines T. enthält nur eine einzige Frequenz; er wird daher auch häufig als reiner oder als einfacher (Sinus-)T. bezeichnet, um ihn von einem musikal. T. (z. B. Geigen-T.), der i. Allg. aus einer Reihe harmon. T. zusammengesetzt ist und physikalisch als →Klang bezeichnet wird, zu unterscheiden. Die charakterist. Merkmale eines T. sind **T.-Höhe** und **T.-Stärke,** die durch die Frequenz bzw. die Amplitude der Schallschwingung physikal. bestimmt sind. (→Kombinationstöne)

In der abendländ. *Musik* ist der T. die kleinste Einheit des musikal. Materials. Das deutlichste Symptom dieses historisch bedingten Sachverhalts ist die Notenschrift, in der die kleinsten graf. Elemente T. bezeichnen. Ein T. kann in bestimmten kompositor. Zusammenhängen Träger musikal. Bedeutung oder aber nur Baustein eines musikal. Bedeutungsträgers (wie Motiv, Phrase, Thema) sein.

Die T.-Empfindung (→Hören) lässt sich nur näherungsweise durch Angabe von Kenngrößen der entsprechenden Reize beschreiben. Während die Akustik im Wesentlichen den zeitl. Verlauf der Schwingungen, die den Reiz darstellen, durch Angaben der Frequenzen, Amplitude und Phasen beschreibt, hat die Hör- bzw. →Tonpsychologie andere, z. T. allerdings umstrittene, musikalisch relevante T.-Eigenschaften bestimmt: Klangfarbe, Helligkeit, Rauigkeit, Volumen, Dichte usw. - Schallempfindungen, denen keine T.-Höhe zugeordnet werden kann (Geräusch, Knall), werden i. d. R. nicht als T. bezeichnet.

C. STUMPF: T.-Psychologie, 2 Bde. (1883–90, Nachdr. 1965); H. VON HELMHOLTZ: Die Lehre von den T.-Empfindungen (⁶1913, Nachdr. 1983); J. HANDSCHIN: Der T.-Charakter.

Ton — Tonalität

Eine Einf. in die T.-Psychologie (1948); H.-P. HESSE: Die Wahrnehmung von T.-Höhe u. Klangfarbe als Problem der Hörtheorie (1972); D. ENNEMOSER: Das Maß des Klanges. Über die Entdeckung des Codes, mittels welchem das Gehirn Tonschönheit entschlüsselt (Zürich 1990, dt. u. engl.).

2) *Literatur:* im Minnesang, in der Sangspruchdichtung, im Meistersang und in der stroph. Epik die Einheit von Strophenform und Melodie, ein ›Strophenmodell‹, das sowohl den Verlauf der Melodie, ihre Gliederung und ihre rhythm. Struktur als auch die metr. Gestalt des vertonten Textes umfasst. Das mittelhochdt. Wort *don* geht zurück auf althochdt. *tuni* (›Geräusch‹) und lat. *tonus*. Die Lehnwortbedeutung setzte sich mit dem höf. Minnesang durch. Die Meistersinger übernahmen den Begriff, sie beschränkten sich in ihren Liedern und Spruchgedichten zunächst auf die Verwendung der Töne der ›zwölf alten Meister‹, bis seit den Reformbestrebungen unter H. FOLZ (gegen 1480) dann die Schaffung eines neuen T. Voraussetzung zur Erlangung der Meisterwürde wurde (→Meistersang).

3) *Malerei:* der →Farbton. **Tonig** nennt man ein Kolorit, das von einem Farb-T. beherrscht wird, dem die anderen Farben angeglichen sind.

Ton, Einheitenzeichen **ton,** in Großbritannien noch gebräuchl. Masseneinheit: 1 ton = 2240 pounds = 1016,047 kg; in den USA nur im Sinne von →Short Ton (im Unterschied zur Long Ton).

Ton, Konstantin Andrejewitsch, russ. Architekt, →Thon, Konstantin Andrejewitsch.

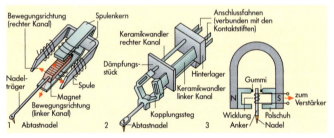

Tonabnehmer: Schematische Darstellung des Aufbaus eines magnetischen Tonabnehmers (1), eines piezoelektrischen Tonabnehmers (2) und eines dynamischen Tonabnehmers (3)

Ton|abnehmer, Wandlersystem zum Umwandeln mechan. Schwingungen in elektr. Wechselspannungen des Tonfrequenzbereichs, angewendet in elektron. Musikinstrumenten und als Abtastsystem in Plattenspielern. Bei diesen T. folgt die Abtastnadel einem elastisch gelagerten Nadelträger den Auslenkungen der Schallrille; die Bewegungen werden vom Wandlerelement in elektr. Spannungen umgesetzt. Im **magnetischen T.** wird z. B. ein ferromagnet. Anker im Feld eines Permanentmagneten bewegt und induziert in Spulen auf dessen Schenkeln tonfrequente Wechselspannungen. Beim **dynamischen T.** bewegt der Nadelträger eine kleine, leichte Spule im Feld eines Permanentmagneten. Der **piezoelektrische T.** beruht auf dem gleichen Prinzip wie das piezoelektr. Kristallmikrofon mit der Abtastnadel anstelle der Mikrofonmembran.

Bei T. für Stereowiedergabe wird die in zwei Ebenen erfolgende Nadelauslenkung durch erweiterte Wandlerelemente in getrennte Tonsignale umgesetzt.

T. für Musikinstrumente wandeln Saitenschwingungen in Tonfrequenzspannungen um, die verstärkt und weiterverarbeitet werden können.

Tonadilla [tonaˈdilja; span. ›Liedchen‹] *die, -/-s,* im 17./18. Jh. dem ital. →Intermezzo entsprechende span. Form der Zwischenaktunterhaltung für Soli, Chor und Orchester, meist von komisch-satir. Charakter. Überliefert sind mehr als 2000 Tonadillas.

Tonalelini|e [nach dem Tonalepass], tekton. Linie in den südl. Alpen zw. Bernina- und Ortlergruppe (im N) und Bergamasker Alpen und Adamellogruppe (im S), durch Talabschnitte von Adda (Veltlin), Ogliolo, Oglio und Noce markiert. Südlich der T. wurde das Gebirge leicht nach S bewegt; sie setzt sich im O – entlang der **Judikarienlinie** (im S durch die W-Grenze der Brentagruppe markiert) nach N verschoben – als **Pusterlinie** fort, der Puster- und Gailtal folgen.

Tonalepass, ital. **Passo del Tonale,** Pass zw. Ortler- und Adamellogruppe, Italien, mit der Wasserscheide zw. Noce und Oglio, 1883 m ü. M.; die Straße über den T. verbindet den Nonsberg (Val di Non) durch das Sulzbergtal (Val di Sole) mit dem Val Camonica.

Tonalismus [zu aztek. *tonalli* ›Geist‹, ›Bestimmung‹, ›Schicksal‹] *der, -, Religionswissenschaft:* Bez. für die Vorstellung der Schicksalsverbundenheit eines Menschen (auch eines Gottes) mit einem bestimmten Tier. Mensch und Tier bilden gleichsam eine Wesensgemeinschaft (→Alter Ego), wobei das Tier häufig in Traum oder Trance erkannt wird (daher auch als Schutzgeist oder Schattenseele verstanden). Verletzung oder Tod des einen bedeutet dasselbe Los für den anderen; auch die zeitweilige Verwandlung des Menschen in die Gestalt seines ›Schutztieres‹ wird als möglich geglaubt. T. wird auch als Individualtotemismus oder als →Nagualismus bezeichnet.

Tonalit [nach dem Tonalepass] *der, -s/-e,* quarzreiches, diorit. Tiefengestein mit Plagioklas, Hornblende und Biotit.

Tonalität [frz. *tonalité,* zu *tonal* ›tonartlich‹], im ursprüngl. Sinn (nachweisbar seit 1810) das Ordnungsprinzip für die Verbindung der Töne einer Skala (Tonleiter bzw. Tonart). F.-J. FÉTIS definierte 1844 T. als die Zusammenstellung der sinnstiftenden Beziehungen simultan und sukzessiv angeordneter Tonleitertöne und unterschied ethnisch und geschichtlich eine Vielzahl von T.-Typen. H. RIEMANN verstand seit den 1870er-Jahren unter T. die Bezogenheit von Tönen und Akkorden auf ein Zentrum (→Tonika) sowie ihre Funktion und Rangordnung innerhalb dieses Bezugssystems, das den Sinn der Tonbildungen wesentlich bestimmt und den musikal. Zusammenhang garantiert (→Funktionstheorie). Die in diesem Sinne harmon. oder funktionale T. beruht auf dem Dur-Moll-System und prägt sich durch Akkordfolgen aus: Die Dreiklänge der I. (Tonika), IV. (Subdominante) und V. (Dominante) Stufe gelten als Hauptfunktionen einer Tonart (→Kadenz), denen sich die anderen Akkorde unterordnen; Intervalle und Akkorde werden als konsonant oder dissonant qualifiziert; charakterist. Dissonanzen verdeutlichen die Tonart, insbesondere die der Subdominante hinzugefügte große Sexte (→Sixte ajoutée) und die der →Dominante beigegebene kleine Septime (Dominantseptakkord). Gültig ist dieser funktionale T.-Begriff in der abendländ. Kunstmusik des 17.–19. Jahrhunderts.

Im MA. und bis ins 17. Jh. wurde das sinnstiftende Ordnungsprinzip der Tonfolgen und Zusammenklänge vom Aufbau der Modi (→Kirchenarten) bestimmt, bei denen nicht die harmon. Tonika, sondern die melod. →Finalis den Bezugspunkt bildete, sodass von einer melod. oder modalen T. gesprochen werden kann. – Das Ende der T. innerhalb der artifiziellen Musik (in anderen Musikarten, z. B. in der Unterhaltungsmusik, besteht sie bis heute) bezeichnet die →atonale Musik ab etwa 1910, bei der zugunsten komposit. Freiheit und neuartiger Expression die Beziehung auf ein tonales Zentrum aufgegeben wurde. Vorstufen hierzu waren um 1910 die →Polytonalität, ferner die ›schwebende‹ T., die zw. mehreren Tonarten schwankt, und die ›aufgehobene‹ T., bei der die tonalen Bezüge uneindeutig sind. Tonordnungen z. B. von

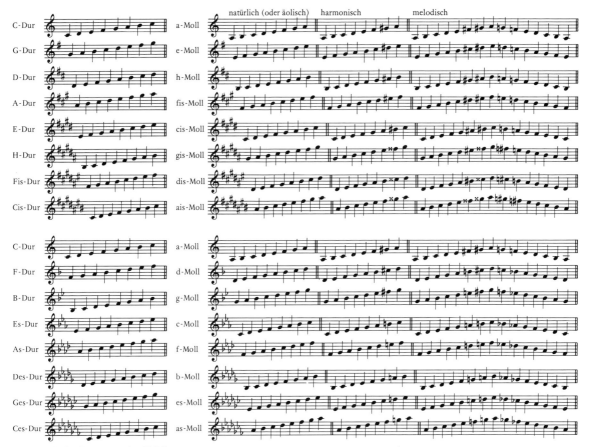

Tonart: links Dur-Tonarten; rechts Moll-Tonarten

I. STRAWINSKY, B. BARTÓK und P. HINDEMITH, die weder normativ tonal noch atonal sind, werden zuweilen als ›erweiterte‹ T. charakterisiert.

Mit der Preisgabe der T., d.h. der Zentrierung, funktionalen Differenzierung und hierarch. Abstufung der Tonordnung, ging ein in eminentem Maße sinnstiftendes Prinzip der Musik verloren, weshalb atonale Musik zunächst schwer verständlich war und verbreitet noch heute Befremden auslöst. Von namhaften Musikern und Musiktheoretikern (z.B. HINDEMITH, E. ANSERMET und L. BERNSTEIN) ist – entgegen dem kompositionsgeschichtl. Tatbestand – die Möglichkeit und Berechtigung atonaler Musik immer wieder bezweifelt und angegriffen worden. In der Gegenwart ist auch bei bedeutenden Komponisten wieder eine organ. Einbeziehung tonaler Elemente und Strukturen in die Atonalität zu konstatieren, wodurch die Möglichkeiten musikal. Sinnstiftung abermals auf neuartige Weise bereichert und zugleich die Verstehenszugänge gefördert werden.

H. RIEMANN: Über T., in: DERS.: Präludien u. Studien, Bd. 3 (1901, Nachdr. Nendeln 1976); P. HINDEMITH: Unterweisung im Tonsatz, 3 Bde. (Neuausg. 1970); BERNHARD MEIER: Die Tonarten der klass. Vokalpolyphonie (1974); C. DAHLHAUS: Unterss. über die Entstehung der harmon. T. (²1988); R. EBERLEIN: Die Entstehung der tonalen Klangsyntax (1994).

Tonantzintla, Ort im Bundesstaat Puebla, Mexiko, 2200 m ü. M., 4000 Ew. – Die Kirche Santa María (frühes 17. Jh.), Fassade (später) aus rotem Stein mit weißblauen Azulejos, im Innern farbige Stuckaturen (Heilige, Engel, Früchte, Blumen, Vögel), gehört zu den schönsten indianisch beeinflussten Kirchen Mexikos.

Ton|arm, schwenkbarer Arm an →Plattenspielern.

Ton|art, die Bestimmung des Tongeschlechts als →Dur und →Moll auf einer bestimmten Tonstufe, z.B. C-Dur und a-Moll. Die T. prägt sich einerseits aus in der Tonleiter, andererseits wird sie in der Musik vom 17.–19. Jh. durch die →Kadenz eindeutig festgelegt. Die →Kirchentonarten, deren Skalen sich durch die wechselnde Lage der Halbtöne voneinander unterscheiden, wurden im 17. Jh. durch Dur und Moll verdrängt.

Jede Tonleiter in Dur zeigt den Aufbau aus zwei gleich gebauten Viertonfolgen mit dem Halbtonschritt jeweils zw. 3. und 4. sowie 7. und 8. Stufe, z.B.:

c d e f | g a h c.

Mollskalen haben ihren Halbton stets zw. 2. und 3. Stufe, z.B.:

a h c d e f g a (natürl. Moll);

außerdem wird neben der 7. Stufe (harmon. Moll) häufig auch die 6. Stufe erhöht (melod. Moll). Bestimmend für Dur ist die große Terz eines Dreiklangs (z.B. c e g), für Moll die kleine Terz (a c e). Grundskalen sind C-Dur und a-Moll. Aus der Transposition der beiden Grundskalen auf andere Ausgangstöne ergeben sich mit 12 Dur- und 12 Moll-T. die 24 T. des temperierten Systems (→Temperatur); entspre-

Tona Tonartencharakter – Tonbandgerät

chende Vorzeichnung (♯ und ♭) bewirkt jeweils den ident. Aufbau aus Ganz- und Halbtönen. Von C ausgehend folgen in Dur die Kreuztonarten im Abstand einer Quinte aufwärts (G D A E H Fis), die B-Tonarten abwärts (F B Es As Des Ges). Entsprechendes gilt für die Moll-T. von a aus (aufwärts: e h fis cis gis dis; abwärts: d g c f b es). Fis- und Ges-Dur bzw. dis- und es-Moll unterscheiden sich im temperierten System zwar in der Schreibweise, nicht aber dem Klang nach (→Enharmonik); aufgrund dieser klangl. Identität lassen sich die T. als →Quintenzirkel in einem geschlossenen Kreis darstellen. Moll- und Dur-T. mit denselben Vorzeichen heißen Parallel-T.; der Grundton der parallelen Moll-T. liegt eine kleine Terz unter dem der Dur-T. (z. B. ist e-Moll die parallele Moll-T. zu G-Dur). Quintverwandt (bzw. terzverwandt) heißen T., deren Grundtöne zueinander im Verhältnis einer Quinte (bzw. Terz) stehen. Den T. wird häufig ein bestimmter T.-Charakter zugeschrieben. Seit etwa 1910 hat das T.-System seine Verbindlichkeit für die Werke der Kunstmusik weitgehend eingebüßt (→atonale Musik, →serielle Musik, →elektronische Musik).

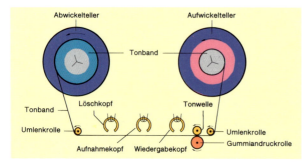

Tonbandgerät: Schematische Darstellung des Magnetkopfteils mit Bandlauf

Ton|artencharakter. Die Vorstellung, dass den Tonarten ein bestimmter Charakter eigen ist, reicht bis in die Antike (PLATON) zurück. Sie wurde im MA. häufig im Bereich der →Kirchentonarten erörtert. Seit dem 16. Jh. werden Dur und Moll als Ggs. von hell-heiter und dunkel-traurig empfunden, während seit dem 18. Jh. jeder Dur- und Molltonart ein bestimmter Ausdrucksbereich zugesprochen wurde, z. B. steht Es-Dur für heroisch, F-Dur für hirtenmäßig-ländlich, c-Moll für tragisch. Diese Tonartencharakteristik ist wohl hauptsächlich geschichtlich erklärbar durch die traditionelle Verbindung bestimmter Tonarten mit musikal. Gattungen, die ihrerseits durch typ. Instrumente (Stimmungen = Tonarten) charakterisiert sind. Eine eindeutige Erklärung der T. ist jedoch ebenso schwierig, wie ihre schemat. Konstatierung überhaupt fragwürdig ist.

P. MIES: Der Charakter der Tonarten (1948); E. BINDEL: Die Zahlengrundl. der Musik im Wandel der Zeiten, Bd. 3: Zur Sprache der Tonarten u. Tongeschlechter (1953); H. BECKH: Die Sprache der Tonart. In der Musik von Bach bis Bruckner (³1977); BERNHARD MEIER: Alte Tonarten. Dargest. an der Instrumentalmusik des 16. u. 17. Jh. (²1994).

Tonband, mit magnetisierbarem Material beschichtetes Kunststoffband (Polyester u. a.) zur magnet. Speicherung von Schall mithilfe eines Tonbandgeräts. T. gibt es als **offene Wickel** auf Wickelkernen (**Bobbys**) für Studiogeräte, auf Spulenkörpern (**Flanschspulen**) und in **T.-Kassetten**.

Eisenbänder sind mit Eisenoxid (Fe_2O_3) beschichtet. Die mit Chromdioxid (CrO_2) beschichteten **Chrombänder** geben v. a. hohe Frequenzen besser wieder und erlauben niedrigere Bandgeschwindigkeiten. **Doppelschichtbänder,** meist als ›Ferrichrom‹ bezeichnet, sind mit Eisen- und Chromdioxid beschichtet und vereinigen die guten Eigenschaften beider Bandarten. **Reineisenbänder** (›Metallpulverband‹, ›Metallpigmentband‹ u. a.) bieten höchste Qualität, erfordern aber im T.-Gerät u. a. spezielle Tonköpfe und höhere Lösch- und Vormagnetisierungsströme.

Bei Flanschspulen für nichtprofessionelle Geräte sind Spulendurchmesser von 7,5 cm, 10 cm, 13 cm, 15 cm und 18 cm üblich. Nach der auf der Spule unterzubringenden, von der Banddicke abhängigen Bandlänge unterscheidet man Normal- (Standard-), Langspiel-, Doppelspiel- und Dreifachspielbänder. Eine Spule von 10 cm Durchmesser nimmt 90 m Normalband, 135 m Langspielband, 180 m Doppelspielband oder 270 m Dreifachspielband auf, eine Spule von 18 cm Durchmesser jeweils das Vierfache.

T.-Kassetten sind in ihren Abmessungen und anderen techn. Parametern international genormt (z. B. Laufzeiten von 60 min, 90 min, 120 min) und stehen v. a. als **Kompaktkassette,** für Kleingeräte als **Mikrokassette** zur Verfügung. T.-Kassetten sind entweder unbespielt (Leerkassette) oder bespielt (Musikkassette u. a.) im Handel. Sie lassen sich bequem in das Gerät einlegen; Schneiden und Kleben des Bandes wie bei Flanschspulen sind jedoch nicht möglich. (→Magnetband)

Tonband|aufnahmen, Recht: →Tonbandprotokolle.

Tonbandgerät, Kurz-Bez. **Bandgerät,** Magnetbandgerät zur Speicherung und Wiedergabe von Schallereignissen nach dem →Magnettonverfahren. Der Antriebsmotor (**Tonmotor**) wirkt direkt oder mittels einer Übertragung auf die **Tonwelle** (Tonachse, Tonrolle; →Capstan) für den Bandantrieb. Die **Wickelteller** werden über **Wickelmotoren** oder auch vom Tonmotor angetrieben. Die normale Bandgeschwindigkeit beträgt bei T. für offene Spulen (Spulen-T.) 19 cm/s, 9,5 cm/s oder 4,75 cm/s, bei Kassetten-T. 4,75 cm/s oder (z. B. für Diktiergeräte) 2,38 cm/s, die von Studio- und Spezial-T. ist z. T. höher (z. B. 38,1 cm/s). Das T. enthält mindestens zwei →Magnetköpfe (Löschkopf, Aufnahme- und Wiedergabekopf, Letztere getrennt oder kombiniert), Aufnahme- und Wiedergabeverstärker.

Mit **Stereo-T.** werden zwei Spuren gleichzeitig aufgezeichnet und wiedergegeben. Dazu sind je zwei unter- oder im Winkel zueinander angeordnete Tonkopfsysteme, bei getrenntem Sprech- und Hörkopf also insgesamt vier Tonkopfsysteme, erforderlich, außerdem je zwei Verstärker für Aufnahme und Wiedergabe und je zwei Mikrofone bzw. Lautsprecher.

Nach der Anzahl von Tonspuren, die auf einem Band untergebracht werden können, unterscheidet man T. für **Doppelspuraufzeichnung (Halbspurverfahren)** und T. für **Vierspuraufzeichnung (Viertelspurverfahren).** T. nach dem Viertelspurverfahren enthalten zwei (oder vier) in einem Abstand von einem Viertel der Bandbreite angeordnete Tonkopfsysteme. Bei Mono-T. werden sie getrennt eingeschaltet, bei Stereo-T. gleichzeitig.

T. für Film- und Diavertonung, zur Eigenproduktion von Hörspielen und für Trickaufnahmen sind mit zusätzl. Einrichtungen wie →Mischpult, Tricktaste (Übersprechtaste, die den Löschkopf abschaltet, um mehrere Aufzeichnungen übereinander aufzunehmen), Echoleitung und Hinterbandkontrolle (zum Mithören der Aufnahme mit einem in Bandlaufrichtung hinter dem Sprechkopf liegenden getrennten Hörkopf) ausgestattet. **Synchron-T.** liefern Bänder mit Synchronisierungskennzeichen (z. B. Synchronisierspur); sie werden bei Film und Fernsehen verwendet. Als **Hi-Fi-T.** gelten T., die mindestens den Qualitätsanforderungen nach DIN 45 500 gerecht werden.

Kassetten-T. (→Kassettenrekorder) dienen der Speicherung auf Leerkassetten und der Wiedergabe bespielter Kassetten. Sie sind je nach Güteklasse mit Rauschunterdrückung (z. B. →DNL, →Dolby-System, →High-Com-System), Umschaltmöglichkeiten auf versch. Bandsorten, automat. Bandenabschaltung, Autoreverse u. a. ausgerüstet. Ihre Bedienung ist weitgehend vereinfacht.

Tonbandprotokolle, im *Recht* die anstelle schriftl. Protokolle gefertigten Aufzeichnungen mit Tonaufnahmegeräten. T. sind im Zivilprozess gestattet (§ 160 a ZPO). – Die StPO sieht sie nur bei richterl. Untersuchungshandlungen außerhalb der Hauptverhandlung vor (§ 168 a), doch hat die Rechtsprechung die Aufnahme der Hauptverhandlung auf Tonband zugelassen, soweit sie zur Gedächtnisstütze der Richter bei der Beratung dienen soll und der jeweils auf Tonband Sprechende (bes. der Angeklagte) zustimmt.

Darüber hinaus eröffnet das am 1. 12. 1998 in Kraft getretene Zeugenschutz-Ges. vom 30. 4. 1998 die Möglichkeit, die Vernehmung eines Zeugen auf Bild-Ton-Träger aufzuzeichnen, §§ 58 a, 247 a Satz 4 StPO, und diese Aufzeichnung unter bestimmten Voraussetzungen auch als Beweis zu verwerten, § 255 a StPO (→Unmittelbarkeit). Im Übrigen sind Tonbandaufnahmen als Beweismittel nur zugelassen, wenn sie mit dem Einverständnis der Betroffenen hergestellt worden sind. Dagegen dürfen heiml. Tonbandaufnahmen, weil sie in unzulässiger Weise in die Privatsphäre der Betroffenen eindringen, i. d. R. im Prozess nicht verwertet werden; eine Ausnahme ist nur für notwehrähnl. Situationen (z. B. Aufnahme von Anrufen eines Erpressers) anerkannt worden.

Tonbezeichnung, der Name der einzelnen Töne im Zusammenhang eines →Tonsystems. In ihrer ältesten Form findet sie sich in der →Buchstabennotation, deren mittelalterl. Verwendung der ersten Buchstaben des Alphabets (→A, →B [→H], →C, →D, →E, →F, →G) in den Ländern des german. Sprachgebietes bis heute gültig geblieben ist. Dagegen setzten sich in den Ländern roman. Sprache (Frankreich, Italien, Spanien) die aus der →Solmisation übernommenen T. durch (ut [do], re, mi, fa, sol, la, si). Erst mit der Festlegung des →Kammertons auf eine internat. verbindl. Frequenz sind die T. an die Tonhöhe gebunden.

Tonbild-Syndikat AG, →Tobis.

Tonböden, Bodenarten mit hohen Anteilen an Tonmineralen mit Korngrößen unter 0,002 mm Durchmesser. T. sind meist nährstoffreich, weisen aber ungünstige physikal. Eigenschaften auf, u. a. geringe Wasserdurchlässigkeit, Durchlüftung und Durchwurzelung; im trockenen Zustand steinhart und im feuchten, gequollenen Zustand zäh, sind sie schwer zu bearbeiten (›schwere Böden‹).

Tonbuchstaben, die zur →Tonbezeichnung verwendeten Buchstaben des Alphabets.

Toncharakter, *Musik:* die →Tonigkeit.

Tončić-Sorinj [ˈtontʃitʃ ˈzoːriːn], Lujo, österr. Politiker, * Wien 12. 4. 1915; Jurist, Mitgl. der ÖVP, 1949–66 Abg. im Nationalrat; war 1966–68 Außen-Min.; 1953–66 auch Mitgl. der Beratenden Versammlung des Europarates und 1964–74 Gen.-Sekr. des Europarates.

Tondelli, Pier Vittorio, ital. Schriftsteller und Journalist, *Correggio (Prov. Reggio nell'Emilia) 14. 9. 1955, †ebd. 15. 12. 1991; vermittelt in dem Erzählband ›Altri libertini‹ (1980; dt. ›Andere Freiheiten‹) und in ›Pao Pao‹ (1982; dt. ›Pao Pao – Gruppenbild mit Mann‹), dem witzig-grotesken Rückblick eines Homosexuellen auf seinen Militärdienst, in einem von Jargon und Comics geprägten Sprachduktus ein kaleidoskopartiges Bild der Jugendlichen seiner Generation, deren Illusionen an der Realität zerbrechen. Der Roman ›Rimini‹ (1985; dt.) zeigt Glamour und Schattenseiten des Adria-Ferienortes anhand mehrerer verflochtener Erzählstränge. ›Camere separate‹ (1989; dt. ›Getrennte Räume‹) ist ein Roman über die Trauerarbeit eines Schriftstellers anlässlich des Todes seines intimen Freundes.

Tondern, dän. **Tønder** [ˈtønər], Stadt in Nordschleswig, Dänemark, 4 km nördlich der dt. Grenze, Amt Südjütland, 12 800 Ew.; am Rand der **Tonderner Marsch** (größtes Marschgebiet Dänemarks) gelegen; Museen; Nahrungsmittel-, Maschinen-, Möbelindustrie. – Die Christuskirche, eine Hallenkirche aus Backstein (1591), wurde noch im spätgot. Stil ausgeführt, W-Turm (um 1520) vom Vorläuferbau. Rathaus (1643–1647), Kaufmanns- und Handwerkerhäuser des 17./18. Jh. – T. erhielt 1243 Stadtrechte. 1920 kam die Stadt mit Nordschleswig an Dänemark. Bis 1970 war T. Sitz des dann aufgelösten gleichnamigen Amtes.

Tondichtung, von R. STRAUSS für die meisten seiner sinfon. Dichtungen verwendete Bez., davor schon von C. LOEWE für sein Orchesterwerk ›Mazeppa‹ (1830; nach BYRON) gebraucht.

Tondo [ital. tondo, älter: ritondo, eigtl. ›runde Scheibe‹] *das, -s/-s* und *...di*, Rundbild, schon in der Antike als Medaillon, Münzbild und v. a. auf Schaleninnenbildern der griech. Vasenmalerei, die erstmals die Rundfläche als besondere Gestaltungsaufgabe auffasste. Als Ziermotiv erscheint es auch in Malerei und Plastik des MA. Bes. in der florentin. Renaissance wurden T. sowohl in der Malerei (MASACCIO, D. VENEZIANO, S. BOTTICELLI) wie in der Plastik (DONATELLO, B. ROSSELLINO, L. DELLA ROBBIA) bevorzugt. (BILD →Raffael)

Ton Duc Thang, vietnames. Politiker, *My Hoa Hung (Prov. Long Xuyen, Süd-Vietnam) 20. 8. 1888, †Hanoi 30. 3. 1980; diente 1912–19 in der frz. Marine; kehrte 1920 nach Indochina zurück, 1929–45 von den frz. Kolonialbehörden wegen seiner revolutionären Untergrundtätigkeit auf der Zuchthausinsel Poulo Condor (Con Son) inhaftiert, wurde dort 1930 Mitgl. der illegalen Lagerorganisation der KP Indochinas; nach 1945 ein enger Kampfgefährte HO CHI MINHS. 1960–69 war er Vize-Präs., 1969–76 Präs. der ›Demokrat. Republik Vietnam‹ und 1976–80 – nach der Vereinigung der beiden Teile Vietnams – Präs. der ›Sozialist. Republik Vietnam‹.

Tone, *Petrologie:* →Ton.

Tone, jap. **Tone-gawa,** Fluss in Zentralhonshū, Japan, 322 km lang, entspringt in der Präfektur Gumma, durchfließt die Kantōebene, mündet bei Chōshi in den Pazifik; durch menschl. Eingriffe (Laufverlegungen, Talsperren) stark verändert.

Tonegawa, Susumu, jap. Molekularbiologe, * Nagoya 5. 9. 1939; seit 1981 Prof. am Krebsforschungsinstitut des MIT; erhielt 1987 den Nobelpreis für Physiologie oder Medizin für die Erforschung der genet. Grundlagen der Antikörpervielfalt.

Ton|eisenstein, *Geologie:* 1) durch Ton verunreinigter Limonit oder Hämatit; 2) Konkretionen von Siderit in tonigen Sedimenten (›Sphärosiderite‹), oft in Knollenform, z. B. die ›Lebacher Knollen‹ aus dem Rotliegenden des Saarlandes (oft mit Amphibien- und Fischfossilien).

Tonelada [span. ›Tonne‹] *die, -/-s,* nichtmetr. Masseneinheit in Spanien, Portugal und Lateinamerika. In Spanien galt 1 T. = 20 Quintales = 920,190 kg, in Portugal und Brasilien 793,152 kg, in Chile 1 016,050 kg, in Argentinien und Uruguay 918,80 kg.

Tonem [zu Ton, Analogiebildung zu Phonem] *das, -s/-e, Sprachwissenschaft:* kleinste funktionelle Tondifferenzen einer Sprache mit bedeutungsunterscheidender Funktion (→Tonsprachen).

Toner [engl.] *der, graf. Technik:* färbende Substanz (pulverförmig oder flüssig), die als Kontrastmittel zur Sichtbarmachung der Information bei Anwendung des elektrofotograf. Verfahrens (→Elektrofotografie) dient. Dabei werden druckende und nicht druckende

Susumu Tonegawa

Tone Tonerde – Tonga

Partien auf der Druckform durch die partielle Änderung des bestehenden Energiezustands auf einer Halbleiteroberfläche sichtbar gemacht. Infolge der Lichtbestrahlung findet an den bildfreien Stellen eine Entladung statt, an Stellen mit geringer Bestrahlungsdosis bleibt die vorhandene Ladung weiterhin bestehen. Zur Sichtbarmachung des auf diese Weise entstandenen latenten Bilds (›Ladungsbild‹) wird der T. auf die Druckformoberfläche aufgetragen. Nach Übertragung des T. auf den Bedruckstoff erfolgt seine Fixierung auf der Bedruckstoffoberfläche, z. B. durch Anschmelzen.

Ton|erde, 1) *Chemie:* zusammenfassende Bez. für die Modifikationen des Aluminiumoxids (→Aluminiumverbindungen).

2) *Pharmazie:* →essigsaure Tonerde.

Tonfilm, Spielfilm, bei dem (im Unterschied zum Stummfilm) auch der Ton aufgezeichnet ist und synchron mit der Bildfolge abläuft (→Filmtechnik, →Film).

Tonga, Batonga, 1) Bantuvolk im südl. Afrika, →Tsonga.

2) Volksgruppe im südl. Sambia, lebt im Gebiet vom Bogen des mittleren Sambesi über den Kafue hinaus etwa bis zum Lunsemfwa nördlich von Lusaka, z. T. auch südlich des Karibasees in Simbabwe. Neben den eigentl. T. zählen heute auch die Lenje, Soli, Toka, Leya, Sala, Gowa und die sich durch ihre vermutlich nördl. Herkunft (Niloten) abhebenden Ila (Baila, Mashukolumbwe) zu den T. Traditionelle Wirtschaftsformen der etwa 1,6 Mio. T. (Sambia 1,3 Mio.) waren Hirseanbau und Viehhaltung. Die T. standen früher unter der Oberhoheit der Rotse und litten unter den Einfällen der Ndebele und Nguni.

3) eines der zahlr. Völker beiderseits des unteren Sambesi in Moçambique mit über 100 000 Angehörigen.

4) Volk am W-Ufer des Malawisees um Chinteche in N-Malawi. Die etwa 160 000 T. betreiben v. a. Fischerei, daneben Feldbau und Viehhaltung.

Tonga

Fläche 748 km²
Einwohner (1996) 97 500
Hauptstadt Nuku'alofa
Amtssprachen Tongaisch, Englisch
Nationalfeiertag 4.6.
Währung 1 Pa'anga (T$) = 100 Seniti (s)
Uhrzeit 24⁰⁰ Nuku'alofa = 12⁰⁰ MEZ

Tonga, amtliche Namen: tongaisch **Pule'anga Fakatu'i'o Tonga,** engl. **Kingdom of Tonga** ['kɪŋdəm əv 'tɔŋə], dt. **Königreich T.,** Staat im südl. Pazifik, zw. 15° und 23° 30′ s. Br. sowie 173° und 177° w. L., umfasst die rd. 170 **T.-Inseln** (auch **Friendly Islands,** dt. **Freundschaftsinseln**) mit einer Landfläche von 748 km² (einschließlich Inlandswasserflächen) und einem Meeresgebiet von etwa 700 000 km², (1996) 97 500 Ew.; Hauptstadt ist Nuku'alofa (auf Tongatapu); Amtssprachen: Tongaisch (eine polynes. Sprache) und Englisch; Währung: 1 Pa'anga (T$) = 100 Seniti (s); Uhrzeit: 24⁰⁰ Nuku'alofa = 12⁰⁰ MEZ.

STAAT · RECHT

Verfassung: Nach der Verf. von 1875 (mit späteren Änderungen) ist T. eine konstitutionelle Erbmonarchie im Commonwealth. Der Monarch ist Staatsoberhaupt und oberster Inhaber der Exekutive. Er ernennt den Kronrat (Premier-Min., Min. und die Gouv. von Ha'apai und Vava'u), der als Reg. fungiert und über beschränkte Gesetzgebungsbefugnisse verfügt. Die Legislative liegt bei der Gesetzgebenden Versammlung, bestehend aus dem König, dem Kronrat, neun Mitgl. des Erbadels sowie neun für drei Jahre direkt gewählten Vertretern.

Parteien: Erste polit. Partei ist die People's Party (gegr. 1994).

Wappen: Der gevierte Schild zeigt im ersten Feld drei silberne Sterne (Symbol für die drei wichtigsten Inselgruppen des Königreichs), im zweiten die Königskrone als Kennzeichen der Monarchie, im dritten eine Friedenstaube, im vierten drei gekreuzte Schwerter, Sinnbild der drei Königsgeschlechter, aus denen die herrschende Dynastie ihre Herkunft ableitet; in der Schildmitte das Nationalemblem, ein rotes Kreuz auf weißem Stern. Hinter dem Schild sind zwei Staatsflaggen gekreuzt, zwischen ihnen schwebt als Oberwappen die von einem Kranz aus Kastanienblättern umgebene Königskrone. Am Fuß des Schildes befindet sich ein Schriftband mit dem Wahlspruch ›Koe otua mo Tonga ko hoku tofia‹ (›Gott und Tonga sind meine Erbschaft‹).

Nationalfeiertag: 4. 6. (zur Erinnerung an die Erlangung der Unabhängigkeit 1970).

Recht: Das Gerichtswesen umfasst Magistratsgerichte, ein Landgericht, einen Appellationsgerichtshof sowie den Obersten Gerichtshof. Letzte Instanz ist der Privy Council in London.

Streitkräfte: Die Verteidigungsaufgaben werden im Wesentlichen von Großbritannien erfüllt, lediglich für die Überwachung der territorialen Gewässer stehen einige Patrouillenboote in Dienst.

LANDESNATUR · BEVÖLKERUNG

Die T.-Inseln bestehen aus zwei in N-S-Richtung auf über 800 km Länge parallel verlaufenden Reihen auf zwei submarinen Rücken (Tofua- und T.-Rücken) westlich des T.-Grabens. Die westl. Reihe ist vulkan. Ursprungs (mit z. T. noch aktiven Vulkanen, auf Kao bis 1 030 m ü. M.), die östl. wird aus z. T. mehrfach gehobenen Koralleninseln (auf Tongatapu bis über 60 m ü. M.) gebildet. Durch vulkan. Aschen wurde auch auf den Koralleninseln die Bodenqualität stark verbessert. Erdbeben bezeugen die tekton. Aktivität. Von N nach S werden drei Inselgruppen unterschieden: Vava'u-Gruppe (Hauptinsel Vava'u mit 91 km²), Ha'apai-Gruppe und Tongatapu-Gruppe (Hauptinsel Tongatapu mit 257 km² und Eua mit 88 km²).

Klima: T. liegt in den Randtropen. Die Hauptniederschläge (je nach Exposition und Höhenlage 1 500–3 000 mm/Jahr) fallen in der wärmeren Jahreszeit (Dezember–April), dann treten häufig auch Wirbelstürme auf. Die Durchschnittstemperaturen liegen bei 20–30 °C.

Bevölkerung: In T. leben v. a. Polynesier (seit etwa 1400 v. Chr.; Lapitakultur, →Ozeanien), daneben wenige Europäer und Mischlinge. Nur 36 Inseln sind ständig bewohnt, zwei Drittel der Bev. leben auf Tongatapu, über 20 % in der Hauptstadt. Das durchschnittliche jährl. Bev.-Wachstum beträgt (1985–95) 0,9 %; der Anteil der städt. Bev. (1995) 41 %. Alles Land ist seit 1875 Eigentum der Krone, die es größtenteils dem Adel als Lehen weitergab mit der Auflage, kleine Parzellen an die einzelnen Bürger zu verpachten. Jeder männl. Tongaer hat ab dem 16. Lebensjahr gegen eine Pachtgebühr lebenslang Nutzungsanspruch auf 3,3 ha landwirtschaftlich nutzbaren Landes oder 0,16 ha eines Dorf- oder Stadtgrundstückes. Jeder Landinhaber muss mindestens 200 Kokospalmen pflanzen. Da diese Pacht weitervererbt wird und es nicht genügend Land gibt, müssen viele Tongaer im Ausland Arbeit suchen; viele wandern nach Neuseeland, Amerikanisch-Samoa und in die USA aus. 1990 lebten etwa 40 000 Tongaer im Ausland.

Tonga

Staatswappen

Staatsflagge

1970 1996 | 1970 1995
Bevölkerung (in Tausend) | Bruttosozialprodukt je Ew. (in US-$)

Bevölkerungsverteilung 1995

 Stadt
Land

 Industrie
Landwirtschaft
Dienstleistung

Bruttoinlandsprodukt 1993

Die plast. Kunst der Tongaer knüpft an die Traditionen der Fidschiinseln an. Bemerkenswert sind Figuren aus Elfenbein (10–15 cm hoch; meist weiblich, mit gerundeten Formen und kräftigen Beinen), deren Gesichter in Form und Ausdruck äußerst individuell wirken, Schalen, Trommeln, Keulen u. a. Arbeiten aus Holz sowie v. a. mit geometr. Mustern dekorierte →Tapa.

Religion: Es besteht Religionsfreiheit. Das Königshaus gehört der methodist. ›Freien Wesleyan. Kirche von T.‹ an, deren Titularoberhaupt der König ist. – Rd. 78 % der Bev. sind Christen; rd. 49 % gehören den drei methodist. Kirchen an (rd. 37 % der ›Freien Wesleyan. Kirche‹), rd. 15 % anderen prot. und der anglikan. (Prov. Neuseeland), rd. 14 % der kath. Kirche (exemtes Bistum T., Sitz: Nuku'alofa). – Rd. 21 % der Bev. sind Mormonen. – Eine zahlenmäßig kleine nichtchristl. Minderheit bilden die Bahais.

Bildungswesen: Allgemeine Schulpflicht besteht vom 6. bis 15. Lebensjahr; an staatl. Schulen ist der Unterricht unentgeltlich. Die Schulzeit in der Primar- und allgemein bildenden Sekundarschule (z. T. in kirchl. Trägerschaft) beträgt je sechs Jahre. Es gibt kaum Analphabeten (1 %). Neben einigen techn. und berufsbildenden Schulen verfügt T. in Nuku'alofa über eine Lehrerbildungsanstalt. Die Tongaer studieren in Übersee.

Publizistik: Wöchentlich erscheinen jeweils in einer engl. und einer tongaischen Ausgabe der von der Reg. unterstützte ›Tonga Chronicle/Kalonikali Tonga‹ und ›The Times of Tonga/Koe Taimi'o Tonga‹. Die kommerziell betriebene unabhängige ›Tonga Broadcasting Commission‹ (gegr. 1961) sendet Hörfunkprogramme in Englisch und Tongaisch sowie seit 1984 ein Fernsehprogramm. Seit 1991 überträgt die ›Oceania Broadcasting Inc.‹ US-amerikanische Fernsehprogramme.

WIRTSCHAFT · VERKEHR

Mit einem Bruttosozialprodukt (BSP) je Ew. von (1995) 1 630 US-$ gehört T. zu den Entwicklungsländern mit mittlerem Einkommen. Die Auslandsverschuldung lag (1995) bei 70,1 Mio. US-$. Die relativ hohe Inflationsrate von jährlich (1985–95) 7,9 % wirkt sich negativ auf die wirtschaftl. Entwicklung aus.

Landwirtschaft: Der Agrarbereich (einschließlich Forstwirtschaft und Fischerei), in dem knapp 40 % der Erwerbstätigen arbeiten und der (1993) 39 % zur Entstehung des Bruttoinlandsprodukts (BIP) beiträgt, ist die Lebensgrundlage der Bev. Wichtigste Grundnahrungsmittel sind Jamswurzeln, Taro und Bataten; für den Export werden Kokosnüsse, Vanille, Kürbisse und Bananen angebaut. Bei der Viehhaltung dominieren Schweine und Rinder. Der Fischfang ist ebenfalls wichtig (Fangmenge 1994: 2 500 t).

Industrie: Der Industriesektor ist wenig entwickelt (Erwerbstätigenanteil: 21 %; BIP-Anteil 1993: 12 %). In Nuku'alofa gibt es Betriebe des Textil-, Möbel- und Baugewerbes. – Der Tourismus gewinnt an Bedeutung; 1995 besuchten 29 500 ausländ. Gäste T., v. a. aus Neuseeland, den USA und Australien.

Außenwirtschaft: T. weist Jahr für Jahr ein hohes Außenhandelsdefizit auf (Einfuhrwert 1993: 61,4 Mio. US-$; Ausfuhrwert 15,9 Mio. US-$). Hauptexportprodukte sind Kokosnussöl, Kürbisse, Bananen, Vanille, Fisch. Importiert werden v. a. Nahrungsmittel, Maschinen, Fahrzeuge, industrielle Konsumgüter, Erdölprodukte und Chemikalien. Die wichtigsten Handelspartner sind Japan, die USA, Neuseeland und Australien.

Verkehr: Auf den T.-Inseln gibt es 280 km befestigte Straßen, v. a. auf Tongatapu (190 km) und auf Vava'u (74 km). Zw. den Inseln besteht regelmäßiger Schiffsverkehr. Überseehäfen haben Nuku'alofa und Neiafu auf Vava'u. Der internat. Flughafen liegt nahe Nuku'alofa.

GESCHICHTE

Die vor etwa 3 400 Jahren von Austronesiern besiedelten T.-Inseln, auf denen vom 10. Jh. bis etwa 1470 die Tu'i Tonga-Dynastie herrschte (abgelöst von der Linie Tu'i Ha'a Takalaua, um 1600 von der Linie Tu'i Kanokupolu), wurden 1616 von den Niederländern J. LE MAIRE und W. C. SCHOUTEN entdeckt, 1643 von A. TASMAN und 1773 sowie 1777 von J. COOK erkundet; Letzterer gab ihnen den Namen ›Friendly Islands‹. Nach ersten gescheiterten Versuchen (1797, 1822) begann 1826 die erfolgreiche Missionstätigkeit durch engl. Methodisten; im 19. Jh. wurde die Mehrheit der einheim. polynes. Bev. christianisiert. Mit einer Revolte 1799 brachen bürgerkriegsähnl. Wirren aus, die erst von dem Häuptling TAUFA'AHAU beendet wurden, der als König GEORG TUPOU I. (1845–93) die Tongaer einte und ein christl. Königreich errichtete. 1862 hob er die Leibeigenschaft auf, 1875 führte er eine Verf. ein. Mit dem Dt. Reich schloss T. 1876 einen ›immer währenden Freundschaftsvertrag‹ (1977 mit der Bundesrepublik Dtl. erneuert). Unter König GEORG TUPOU II. (1893–1918) wurde T. aufgrund eines dt.-brit. Vertrages von 1899 faktisch und aufgrund brit.-tongaischer Verträge 1900 auch formell ein brit. Protektorat. Mit T. geriet das letzte noch unabhängige ozean. Reich unter europ. Herrschaft. Nach dem Tod des Königs wurde seine Tochter SALOTE TUPOU III. Königin (1918–65). Am 15. 12. 1965 bestieg ihr Sohn TUPOUTO'A TUNGI (* 1918), der bereits seit 1949 Premier-Min. war, als TAUFA'AHAU TUPOU IV. den Thron. Mit Wirkung vom 4. 6. 1970 entließ Großbritannien das Königreich in die Unabhängigkeit, es wurde Commonwealth-Mitgl. und ging als einer der AKP-Staaten eine enge Verbindung mit der EU ein. 1992 wurde die reformorientierte Pro-Democracy Movement gegründet, aus der 1994 die People's Party hervorging; 1993 sowie 1996 errang die Reformbewegung die Mehrheit von den neun durch Volkswahl zu bestimmenden Parlamentsmandaten.

G. KOCH: Südsee – gestern u. heute. Der Kulturwandel bei den Tonganern ... (1955); A. E. ODOFREDI: Das Südsee-Königreich T. Versuch einer Darst. aus völkerkundl. Sicht (Diss. Freiburg i. Br. 1975); Friendly islands. A history of T., hg. v. N. RUTHERFORD (Melbourne 1977); H.-J. WIEMER: Agrarstruktur in T. (1985); A. C. IFFLAND: Die wirtschaftsstrukturellen Probleme der T.-Inseln unter besonderer Berücksichtigung des Außenhandels (1991); S. LAWSON: Tradition versus democracy in the South Pacific (Cambridge 1996).

Tongagraben, Tiefseegraben im südwestl. Pazifik, östlich der Tongainseln, größte Tiefe 10 882 m (Witjastiefe II).

Tongareva, Penrhyn, Atoll der Nördl. Cookinseln, 9,8 km², 500 Einwohner.

Tongariro-Nationalpark, Nationalpark im Zentrum der Nordinsel Neuseelands, 790 km²; umfasst das Gebiet der noch aktiven Vulkane →Ruapehu, →Ngauruhoe und Tongariro (1 968 m ü. M.); Thermalquellen (Ketetahi Springs), Wintersportzentrum. – 1894 eingerichtet (einer der ältesten Nationalparks der Erde), mit Kultstätten der Maori, gehört zum UNESCO-Welterbe.

T'ongdo-sa, Tempelkomplex auf dem Berg Youngch'ui in der Prov. Kyŏngsangnam-do, gilt neben Haein-sa und Songkwang-sa als größte Tempelanlage Süd-Koreas; wurde 646 gegr. und brannte bei der Invasion unter TOYOTOMI HIDEYOSHI (1592) nieder; der Wiederaufbau begann 1614. Zu den zwölf Kulthallen gehören die Halle des Heiligen Berges (um 1700) und die weite Haupthalle (Taeung-jon, 1641) mit bemalter und geschnitzter Decke. Ein Steinzaun und vier Laternen schirmen den Reliquienstupa des Shakyamuni ab.

Ton|generator, Bau- oder Funktionsteil zur Erzeugung sinusförmiger Wechselspannungen fester oder einstellbarer Frequenzen im Bereich des Hörschalls; wird für Messzwecke und in elektron. Musikinstrumenten verwendet. (→Generator)

Tongern, niederländ. **Tongeren** [ˈtɔŋərə], frz. **Tongres** [tɔ̃gr], Stadt in der Prov. Limburg, Belgien, im fruchtbaren Haspengau, 29 700 Ew.; galloröm. Provinzialmuseum; Computerherstellung, Filterproduktion, Bauindustrie, Gießereisandgewinnung. – Reste der röm. Ringmauer und der Stadtbefestigung des 13./14. Jh. sind erhalten; Onze-Lieve-Vrouwbasiliek (13.–16. Jh.) mit 76 m hohem Turm (1586; Glockenspiel mit 42 Glocken), Kirchenschatz (BILD →Adlerpult) und Kreuzgang (12. und 13. Jh.). – T. entstand in Nachfolge einer im 1. Jh. v. Chr. angelegten röm. Siedlung der Eburonen, später der Tungrer **(Aduatuca Tungrorum),** die im 2. Jh. n. Chr. ummauert wurde. Im 4. Jh. wurde T. erster Bischofssitz im niederländ. Raum. Nach Zerstörung durch die Normannen (881) im 10. Jh. wieder aufgebaut und befestigt, gehörte T. bis zur Frz. Revolution zum Fürstbistum Lüttich.

Ton|geschlecht, die charakterist., jeweils durch eine bestimmte Abfolge von Intervallschritten festgelegte Gestalt von Tonleitern eines Tonsystems. In der griech. Musik wurden die T. (griech. Genos) →Diatonik, →Chromatik und →Enharmonik genannt. Seit dem 16./17. Jh. bildeten sich aus den Kirchentonarten die T. →Dur (aus dem ion. Kirchenton) und →Moll (aus dem äol. Kirchenton) heraus.

T'onggu, T'onggen, T'ung-kou, korean. **Kungnae,** auch **Kuknae,** histor. Stätte in NO Chinas an der Grenze zu Korea, am Fluss Yalu. T. war die erste Hauptstadt des Königreichs Koguryŏ, woran die Steinstele des Königs KWANGKYAEI'O (391–412) erinnert (414). In T. stand die für Könige oder Heerführer angelegten gewaltigen Hügelgräber erhalten, deren steinerne Grabkammern mit Wandmalereien versehen sind (BILD →koreanische Kunst).

Tongking, Tongkin, Tonkin, vietnames. **Bắc Bô** [baɪk -], der nördl. Teil von Vietnam, umfasst das v. a. vom →Roten Fluss aufgebaute **T.-Delta** am Golf von T. und das dieses umgebende Bergland. Das durch Flussarme, Kanäle, Terrassen und Uferdämme gegliederte 15 000 km² große Delta liegt größtenteils tiefer als 3 m ü. M. und wächst heute noch durch Anschwemmung. Während der monsunalen Regenzeit (Juli–Oktober) wird das Delta von Hochwässern und Sturmfluten (Taifunen) bedroht. Seit vorgeschichtl. Zeit besiedelt, konnte es erst durch umfangreiche Eindeichungen und wurtähnl. Wohnhügel seit über 2 000 Jahren intensiver genutzt werden. Durch die Kultivierung, bei der die ursprüngl. Vegetation (v. a. Sumpfwald und Mangrove) weitgehend vernichtet wurde, ist das Delta zum wirtschaftlich wichtigsten und dichtest besiedelten Gebiet N-Vietnams geworden. Hauptanbaufrucht ist Reis; daneben werden Bataten, Maniok, Bohnen, Zuckerrohr, Tabak, Baumwolle, Erdnüsse, Sojabohnen u. a. erzeugt. Große Bedeutung hat die Binnenfischerei. Das vom Roten und Schwarzen Fluss gequerte Bergland reicht im Fan Si Pan bis 3 142 m ü. M. Die hier lebenden nichtvietnames. Völker haben durch ihren Brandrodungsfeldbau den Wald vielfach stark degradiert. Die seit dem 19. Jh. eingewanderten Miao und Yao bauen Reis, Mais, Maniok, Baumwolle, Hanf, Tabak, Mohn (Opium) und Gewürzpflanzen an, sie halten Büffel, Rinder, Schweine und Pferde. In den Flusstälern haben sich seit dem 16. Jh. Thai niedergelassen. Neuere, von Vietnamesen betriebene Kulturen sind Kaffee, Tee und Erdnüsse. Unter den reichen Bodenschätzen sind v. a. Kohle (bes. bei Hong Gay) und versch. Erze zu nennen.

Die hohe Bev.-Dichte im Delta (durchschnittlich über 1 000 Ew./km²) und die Bodenschätze waren günstige Voraussetzungen für die Industrialisierung. Wichtige städt. Zentren und Industriestandorte sind Hanoi, die Hafenstadt Haiphong sowie u. a. Nam Dinh, Thai Nguyen, Thanh Hoa, Viet Tri. Wichtig ist neben Straßen- und Schienen- auch der Bootsverkehr auf den zahlr. Wasserwegen.

Geschichte: Das Delta des Roten Flusses war das Kernland des späteren Volks der Vietnamesen. Das Gebiet stand seit 111 v. Chr. unter chin. Herrschaft; 968 wurde es Teil des annamit. Königreichs (Annam), dessen Hauptstadt im 11. Jh. Thang Long (heute Hanoi) wurde, das später Dong Kinh hieß (danach nannten die Europäer die Region T.). 1883 wurde T. ein eigenes frz. Protektorat (Verw.-Sitz Hanoi), das 1887 mit den Protektoraten Annam, Cochinchina und Kambodscha von den Franzosen zu einer Union (→Indochina) zusammengeschlossen wurde.

Tongking, Golf von T., vietnames. **Vinh Bắc Bô** [viŋ baɪk -], chin. **Beibuwan, Pei-pu-wan,** flache Bucht des Südchin. Meeres, im W und N von den Küsten Vietnams und Chinas, im O von der chin. Halbinsel Leizhou und der Insel Hainan begrenzt. Die zum G. v. T. gehörende Bucht von Halong mit rd. 1 600 Karstgipfeln wurde von der UNESCO zum Weltnaturerbe erklärt.

Tongking-Zwischenfall, →Vietnamkrieg.

Tongres [tɔ̃gr], Stadt in Belgien, →Tongern.

Tongrien [tɔ̃ˈgriɛ̃; nach der belg. Stadt Tongern] *das, -(s),* Name des unteren Oligozän im Belg. Becken.

Ton|gut, zusammenfassende Bez. für keram. Erzeugnisse mit wenig oder nicht gesintertem, porösem Scherben. (→Keramik)

Tonhalle Orchester Zürich, 1868 gegründetes schweizer. Orchester, Chefdirigent: DAVID ZINMAN (* 1936; seit 1995). Bedeutende frühere Dirigenten waren u. a. F. HEGAR, V. ANDREAE, H. ROSBAUD, R. KEMPE und G. ALBRECHT.

Tonhaltepedal, beim modernen Konzertflügel das mittlere Pedal; es hebt die Dämpfung nur derjenigen Tasten auf, die gleichzeitig mit ihm niedergedrückt werden.

Tonhöhe, eine im Rahmen vieler Musikkulturen fundamentale Eigenschaft eines Tons; sie lässt sich durch Abstraktion von anderen Toneigenschaften wie Dauer, Lautstärke oder Klangfarbe als ›lineare‹ (d. h. gleichmäßig ansteigende) oder ›zyklische‹ (d. h. ähnlich wiederkehrende; →Tonigkeit) Veränderung eines Tons wahrnehmen. Dabei werden klangfarblich ›hellere‹ Töne als ›höher‹ empfunden. ›Höhe‹ ist demnach eine relativ willkürliche Bezeichnung. Die Notenschrift legt diese Bezeichnung nahe, sie ist jedoch, wie andere Sprachen oder Ausdrucksweisen zeigen, nicht selbstverständlich (statt ›hoch‹ findet man Bez. wie ›scharf‹, ›spitz‹ oder ›hell‹). Nur period. Schallereignissen kann intersubjektiv die Eigenschaft ›Tonhöhe‹ zugeordnet werden. Je größer die Frequenz einer Schwingung ist, um so höher ist die entsprechende Tonempfindung. Näherungsweise gilt das Gesetz: Gleichen T.-Schritten (→Intervall) entsprechen gleiche Verhältnisse der Frequenzen. Außerdem wird die T.-Empfindung durch die Schallintensität und Dauer des Schallereignisses beeinflusst.

J. G. ROEDERER: Physikal. u. psychoakust. Grundl. der Musik (a. d. Engl., 1977). – Weitere Literatur →Ton.

Tonhöhenschreiber, Gerät zur trägheitsfreien Aufzeichnung des Tonhöhenverlaufs, der Melodiekurve von Sprache und Gesang. Der 1937 entwickelte, später verbesserte T. stellt auf einer Kathodenstrahlröhre und einem davon abgenommenen Film die zeitl. Frequenzschwankungen des Grundtons und gleichzeitig den gesamten Sprechstromverlauf dar. Er wird u. a. bei phonet. Untersuchungen eingesetzt. (→Melograph)

Tonhöhensprachen, die →Tonsprachen.

Tonholz, das →Klangholz.

Tonholzstich, Tonstich, Sonderform des Holzschnitts, →Holzstich.

Ton-Humus-Komplexe, organomineral. Verbindungen von biologisch günstigen, ständig neu produzierten (v. a. im Verdauungstrakt der Bodentiere) reaktionsfähigen Huminstoffen mit Tonmineralen. T.-H.-K. zeigen bes. hohe Beständigkeit ihres organ. Anteils gegen biolog. Abbau und haben daher hohes Sorptionsvermögen für Nährstoffe, stabiles Krümelgefüge, optimale Durchlüftung, reges Kleinleben und neutrale Reaktion. T.-H.-K. sind am stärksten (85% der organ. Substanz) in Tschernosemen vertreten.

Tonic-solfa, eine zu Beginn des 19. Jh. in England entwickelte Unterrichtsmethode zur Ausbildung der tonalen Vorstellung durch Handzeichen und gesungene Intervallübungen. Ihre Urheber, SARAH ANN GLOVER (* 1786, † 1867) und JOHN CURWEN (* 1816, † 1880), bedienten sich einer auf einen wechselnden Grundton (Tonic) beziehbaren Durskala aus den leicht abgewandelten Ton-Bez. der →Solmisation: do re mi fa so la ti und einer daraus abgeleiteten Buchstabennotation: d r m f s l t. Eine Erhöhung oder Erniedrigung der Töne um einen Halbton wird durch Veränderung der Vokale angezeigt. (→Tonika-do)

Tonicwater ['tɔnıkwɔ:tə, engl.] *das, -(s)/-,* **Quininewater** [kwı'ni:n-, engl.; amerikan. 'kwaınaın-], mit Chinarinde (Chinin) aromatisiertes, bittersüßes und stark kohlensäurehaltiges Getränk; bes. als Longdrink mit Gin (Gin Tonic).

...tonie, Wortbildungselement, →tono...

Tonigkeit, Tonqualität, Toncharakter, engl. **Chroma** ['krəʊmə], von E. M. VON HORNBOSTEL geprägter Begriff, bezeichnet den ›zykl.‹ Aspekt der →Tonhöhe, d.h. die Wiederkehr relativ ähnl. Tonhöhenempfindungen bei den Frequenzverhältnissen 1:2:4:8 usw. der Schallreize, im Ggs. zum ›linearen‹ Aspekt, d.h. dem gleichmäßigen Anstieg der Tonhöhenempfindung mit zunehmender Frequenz des Schallreizes. Das der T. zugrunde liegende, sich in der Wiederkehr der Tonbezeichnungen ausdrückende Oktavphänomen ist Basis der tonalen und der atonalen Musik.

A. WELLEK: Die Aufspaltung der ›Tonhöhe‹ in der Hornbostelschen Gehörpsychologie, in: Ztschr. für Musik-Wiss., Jg. 16 (1934); A. BACHEM: Tone height and tone chroma as two different pitch qualities, in: Acta psychologica, Bd. 7 (Amsterdam 1950).

Tonika [ital., zu tonico ›betont‹] *die, -/...ken,* der Grundton einer →Tonart, die nach ihm benannt wird, z. B. C-Dur nach C, a-Moll nach A. Der T.-Dreiklang (in der →Funktionstheorie als T bezeichnet, z. B. c–e–g in C-Dur) ist in der tonalen Musik Ausgangs- und Bezugspunkt des harmon. Geschehens (→Kadenz); dem entspricht der Charakter der Ruhe, Entspannung und Schlusswirkung.

Tonika-do *das, -,* das um 1900 in den dt. Musikunterricht (mit leichten Veränderungen) übernommene Tonic-solfa-System (→Tonic-solfa). Mit leicht singbaren, deutlich voneinander unterschiedenen Tonsilben (do re mi fa so la ti do) und Handzeichen für jede Tonstufe erleichtert es im Anfangsunterricht das Verständnis der Tonordnung und Intervalle.

Tonikum [nlat., zu griech. tonikós ›gespannt‹] *das, -s/...ka,* Stärkungsmittel (Kräftigungsmittel, Roborans), das bei Erschöpfungszuständen oder in der Rekonvaleszenz zu einer allgemeinen Kräftigung des Patienten führen soll. Trotz der häufigen Anwendung ist der Wert solcher Präparate sehr fraglich, meist beruht die Wirkung auf Suggestion, zu der die intensive Werbung und der hohe Preis beitragen.

Toniolo, Giuseppe, ital. Soziologe, * Treviso 7. 3. 1845, † Pisa 11. 10. 1918; Prof. in Padua, Venedig, Modena und Pisa; Berater Papst LEOS XIII.; gründete 1889 die ›Kath. Union für Sozialstudien in Italien‹; entwarf ein christl. Sozialprogramm.

tonischer Versbau, metr. System der russ. Dichtung, das um 1750 vom →syllabotonischen Versbau abgelöst wurde (vorbereitet durch die theoret. Arbeiten von W. K. TREDIAKOWSKIJ und M. W. LOMONOSSOW). Der t. V., der in der russ. Volksdichtung vorherrscht, ist durch eine feste Anzahl von Hebungen je Zeile und eine freie Zahl von Senkungen gekennzeichnet, wobei die Zeilenlänge häufig variiert.

Tönisvorst [-fɔrst], Stadt im Kr. Viersen, 37 m ü. M., NRW, im Niederrhein. Tiefland, 30 000 Ew.; Landwirtschaft, Textil- und Metallverarbeitung, chem. Industrie. – 1970 durch Zusammenschluss von Sankt Tönis und Vorst entstanden, seit 1979 Stadt.

Tonitza, Nicolae, rumän. Maler, Zeichner und Kunstkritiker, * Bîrlad 13. 4. 1886, † Jassy 26. 2. 1940; studierte u. a. in München und Paris; malte Landschafts-, Blumen-, Interieur- und v. a. Kinderbilder von leuchtender Farbigkeit und schuf Zeichnungen und Grafiken mit sozialkrit. Aussage.

Tonkabohnen [indian.], die Samen versch. Arten der im trop. Amerika heim. Schmetterlingsblütlergattung Dipteryx, v. a. die des in Brasilien und den Guayanaländern heim. T.-Baums (Dipteryx odorata). Die schwarzbraunen, bitter-würzig schmeckenden, stark nach Cumarin duftenden T. werden zum Aromatisieren von Tabak und als Gewürz sowie in der Parfümindustrie verwendet.

Tonkawa, Stamm und Sprachfamilie der Prärie- und Plains-Indianer. Die T. wurden außer einer kleinen Gruppe mit Reservationsland in N-Oklahoma (etwa 200) in Zentraltexas völlig mexikanisiert.

Tonkin, Teil von Vietnam, →Tongking.

Tonkinwein, Tetrastigma, Gattung der Weinrebengewächse mit etwa 90 Arten in trop. Asien. Die bekannteste, aus Vietnam stammende Art ist Tetrastigma voinierianum, eine große Kletterpflanze mit fünfzähligen, unterseits braunfilzigen Blättern; eine raschwüchsige Pflanze für große Wintergärten. Einige Arten sind Wirtspflanzen der Rafflesien.

Tonkopf, der Aufnahme- und/oder Wiedergabeteil (häufig als Kombinationskopf ausgeführt) beim Tonbandgerät. Er besteht aus Systemkern, Spule und Arbeitsspalt. Der Spalt hat je nach Funktion des T. eine Breite von 10 µm **(Sprechkopf),** 2–5 µm **(Hörkopf),** 7 µm **(Kombikopf)** oder 100–400 µm **(Löschkopf).** Durch den sich in der Kopfspalt ausbildenden magnet. Fluss wird das vorbeilaufende Band magnetisch durchflutet und entsprechend den Tonsignalen magnetisiert. Beim Verbundmagnetkopf sind Aufnahme und Wiedergabesystem in einem T. nebeneinander angeordnet (zwei Spalten) und durch eine magnet. Abschirmung voneinander getrennt. Um ein gleichmäßiges Vorbeigleiten des Bandes am **Polspiegel** zu erreichen, weisen T. eine Oberflächenrauigkeit unter 0,2 µm auf. Die Lebensdauer eines T. ist durch die schmirgelnde Wirkung des Bandes begrenzt (rd. 1 000 Stunden). (→Magnetkopf)

Tonleiter, Skala, stufenweise in jeweils bestimmten Intervallabständen angeordnete Abfolge von Tönen innerhalb eines →Tonsystems. Die T. wird durch Rahmentöne begrenzt (meist die Oktave) und ist i. d. R. jenseits dieser Grenze wiederhol- bzw. transponierbar. Die **Material-T.** umfasst den gesamten Tonvorrat innerhalb eines kulturspezif. Tonsystems, die **Gebrauchs-T.** die transponierbare, geordnete Intervallfolge innerhalb eines Tonsystems, die **Instrumental-T.** die Tonfolgen, die sich aus der unveränderbaren Stimmung mancher Instrumente ergeben. Die T. sind (nachträglich) aus den in der Musizierpraxis verwendeten Melodien abgeleitet. Sie bilden wichtige, musikal. Erfindung, Musikvorstellung und Hören prägende Denkformen. Entscheidende Bestimmungsmerkmale

Tonl Tonle Sap – Tönnies

der vielfältigen T.-Typen (→Pentatonik, →Ganztonleiter, →Zigeunertonleiter, →Maqam, →Raga) sind Zahl, Abstand und Abfolge der Tonstufen. In der abendländ. Musik stehen seit dem MA. diaton. T. im Vordergrund, so bereits im System der →Hexachorde und der →Kirchentonarten. Aus diesen entwickelten sich die beiden heute gebräuchlichsten T., →Dur und →Moll, die auf alle zwölf Stufen der chromat. T. (→Chromatik) transponierbar sind.

Tonle Sap, See im W Kambodschas, in dem Becken der Dangrek-Kette (im N) und dem Kardamomgebirge; steht durch den 110 km langen Fluss T. S. mit dem Mekong in Verbindung, zu dem er von Mitte Oktober bis Anfang Juni entwässert; von Mitte Juni bis Anfang Oktober dagegen strömt das durch die monsunalen Niederschläge bedingte Flutwasser des Mekong durch den nun in umgekehrter Richtung fließenden Fluss T. S. in den See und erweitert damit dessen Oberfläche von rd. 2 700 km² bei Niedrigwasser auf 10 000–15 000 km²; dabei steigt die Wassertiefe des Sees von 2–3 m bis 14 m an. Der T. S. wirkt also als Rückhaltebecken für das Mekonghochwasser, das somit im Mekongdelta nicht zu Überschwemmungen führt. Um den reich fischreichen See liegt eines der Hauptreisanbaugebiete des Landes.

Tonmalerei, 1) *bildende Kunst:* die →Valeurmalerei.
2) *Musik:* Nachbildung von außermusikal. Vorgängen oder von Bildern mit musikal. Mitteln als stilisierte Nachahmung von Geräuschen oder Naturlauten wie Gewitter (Sturm, Blitz, Donner), Landschaftsidylle (Waldesrauschen, Bach, Jagdhörner, Echo), Tierstimmen (Vogelgesang), Schlacht und Jagd (Pferdegetrappel, Schüsse, Signale), Schlittenfahrt, Eisenbahn usw. Die ›objektive‹ (auf den Gegenstand gerichtete) T. ist fast immer und in der Neuzeit in zunehmendem Maß verbunden mit ›subjektiver‹ T., die zugleich die durch den Gegenstand verursachten Affekte oder Gefühle und Stimmungen ausdrückt. Die T. erfasst die komplexen Erscheinungen und Vorgänge selektiv, v. a. seitens die charakterisierenden Lautlichkeit und/oder Bewegungsart, auch assoziativ (z. B. Hornklang: Wald) und synästhetisch, indem z. B. ein Schallreiz mit einem Erlebnis aus einem anderen Sinnesbezirk, z. B. mit einer Farbe, beantwortet wird. T. tritt in der europ. Musik seit dem ausgehenden MA. hervor, z. B. in den Gattungen →Caccia und →Battaglia. Bes. wichtig wird sie in der →Programmmusik. In gegenstands- und stoffgebundener Musik, zumal in Oper und Filmmusik, ist sie bis heute verbreitet.

  J. J. ENGEL: Ueber die musikal. Malerey (1780); A. B. MARX: Über Malerei in der Tonkunst (1828); H. RÖSING: Musikal. Stilisierung akust. Vorbilder in der T., 2 Bde. (1977).

Tonminerale, zusammenfassende Bez. für wasserhaltige Aluminiumsilikate mit Schichtgitteraufbau (Schichtsilikate; →Silikate), die durch Verwitterung silikat. Gesteine, z. B. von Feldspäten und Glimmern, entstanden sind und als Hauptbestandteile des →Tons und des Kaolins auftreten. Die T. bilden äußerst kleine (Teilchengröße 2 μm), meist plättchen- oder auch röhrenförmige, leicht zerreibbare Kristalle. In ihrem Schichtgitter wechseln aus Ringen von SiO₄-Tetraedern gebildete Silikatschichten mit oktaedrisch aufgebauten Aluminiumoxidhydroxidschichten ab, wobei in der Tetraederschicht Silicium z. T. durch Aluminium und in der Oktaederschicht Aluminium durch Magnesium, auch Eisen, Chrom u. a. ersetzt sein kann. Nach dem strukturellen Aufbau unterscheidet man **Zweischicht-T.,** bei denen einer Tetraederschicht eine Oktaederschicht folgt (zu ihnen zählen v. a. Kaolinit sowie Dickit, Nakrit und Halloysit), **Dreischicht-T.,** bei denen zw. zwei Tetraederschichten eine Oktaederschicht liegt und zw. den Dreierschichten vielfach noch Kationen eingelagert sind (zu ihnen zählen u. a. Montmorillonit, Beidellit, Nontronit, Vermiculit und Illit), sowie **Vierschicht-T.,** bei denen auf eine Dreierschicht eine zusätzl. Metallhydroxidschicht folgt (zu ihnen gehören z. B. die Chlorite). Daneben treten Wechsellagerungsminerale auf, die aus zwei oder drei versch. T. zusammengesetzt sind, ferner fasersilikat. T. (Palygorskit, Meerschaum) und die nahezu amorphen →Allophane. Aufgrund ihrer Schichtstruktur haben die T. eine große innere Oberfläche; sie besitzen vielfach ein großes Wasseraufnahmevermögen (Quellfähigkeit) und wirken teilweise als Kationenaustauscher (wichtig für die Bodenfruchtbarkeit; →Kationenaustausch, →Austauschkapazität). Bei Zugabe geeigneter Mengen Wasser ergeben sie plast., leicht formbare Massen; für die Herstellung von Keramik bes. wichtige T. sind der Kaolinit und der Illit, daneben auch der Halloysit.

  Literatur →Ton.

Tonnage [tɔˈnaʒə; frz., zu tonne ›Tonne‹] *die, -/-n,* Bez. für den Raumgehalt (→Schiffsvermessung) bzw. für die Tragfähigkeit eines Schiffes.

Tönnchenpuppe, *Zoologie:* Sonderform der →Puppe.

Tonne [ahd. tunna, von mlat. tunna ›Fass‹, wohl aus dem Keltischen], 1) *Messwesen:* alte dt. Volumeneinheit, die aus der Verwendung von Fässern als Frachtbehälter abgeleitet wurde; auch gleichzeitig eine Masseneinheit (1 T. = 6 Stechkannen = 108 kg). – Im metr. Einheitensystem ist die T. eine gesetzl. Einheit der Masse, Einheitenzeichen **t**: 1 t = 1 000 kg; statt des nichtgesetzl. Doppelzentners wird auch 1 Dezi-T. = 1 dt = 100 kg verwendet. Der Energieinhalt von Brennstoffen lässt sich als Masseäquivalent in T. →Steinkohleneinheiten angeben, die Zerstörungswirkung von Waffen (v. a. Kernwaffen) in Masseäquivalenten des TNT in Kilo- und Mega-T. (kt, Mt). – Als angloamerikan. Einheit →Ton. – Zur Schiffsgrößenbestimmung →Schiffsvermessung.

2) *Schifffahrt:* verankertes, schwimmendes →Seezeichen. Nach der Form unterscheidet man Baken-, Spieren-, Spitz-, Stumpf-, Kugel- und Fass-T. Baken-T. treten auch als Heul-, Leucht- oder Glocken-T. auf.

Tonnenbaum, Cavanillesia, Gattung der Wollbaumgewächse mit nur wenigen Arten im trop. Südamerika; Bäume mit durch Wasserspeicherung tonnenförmig verdicktem, sich nach oben und unten verjüngendem Stamm. Der bis 20 m hohe und 5 m Stammdurchmesser erreichende **Barriguda** (Cavanillesia arborea) ist ein Charakterbaum der Trockenwälder O-Brasiliens (→Caatinga). Aus Cavanillesia platanifolia wird ein Holz gewonnen, das ein Ersatz für Balsa ist.

Tonnenkilometer, Abk. **tkm**, das Produkt aus beförderter Last (in t) und Beförderungsweg (in km) als Leistungsmaßstab u. a. für den Güterverkehr. Unterschieden werden **angebotene T.,** denen die gewichtsmäßig mitführbare Nutzlast der Verkehrsmittel zugrunde gelegt ist, und **geleistete T.,** die sich auf die tatsächlich beförderte Nutzlast beziehen.

Tonnenschnecken, Fassschnecken, Tonnidae, im Meer räuberisch lebende Familie der Vorderkiemer. Die Speicheldrüsen der **Tonnenschnecke** (Tonna galea; Vorkommen: Indopazifik, Atlantik und westl. Mittelmeer) sondern Asparaginsäure und bis 4 %ige Schwefelsäure mit dem Speichel ab, die die Beutetiere (große Muscheln und Stachelhäuter) lähmen und deren Kalkskelette zersetzen. F. sind v. a. durch Sammler in ihrem Bestand gefährdet.

Tönnies [-niəs], Ferdinand, Soziologe und Philosoph, *Riep (heute zu Oldenswort, Kr. Nordfriesland) 26. 7. 1855, †Kiel 11. 4. 1936; ab 1909 Prof. in Kiel, zunächst für wirtschaftl. Staatswiss.en (bis 1916), ab 1920 für Soziologie; 1909 Mitbegründer der Dt. Gesellschaft für Soziologie (deren Präs. 1922–33).

Tonnenschnecken:
Tonnenschnecke
(Durchmesser bis 25 cm)

Ferdinand Tönnies

T. war einerseits Hobbes-Forscher (Manuskriptfunde, Editionen), andererseits einer (neben M. WEBER und G. SIMMEL) der Begründer einer eigenständigen Soziologie in Dtl. Sowohl unter dem Einfluss der dt. Philosophie (I. KANT, A. SCHOPENHAUER) als auch der Gesellschaftstheoretiker und -historiker des 19. Jh. (u.a. L. H. MORGAN, J. J. BACHOFEN) erarbeitete T. für die Soziologie eigene Arbeitsbereiche und eine eigene wiss. Gliederung und Systematik mit einer eigenständigen Begrifflichkeit. Weil er dabei u. a. auf Begriffe der dt. Kulturkritik zurückgriff, brachte ihn das unfreiwillig in die Nähe spezifisch dt.-nat. Ideologien. T. war Mitgl. der SPD und verlor aufgrund seiner entschiedenen Ablehnung des Nationalsozialismus nach 1933 seine Professur.

Im Zentrum der Soziologie stehen bei T. die beiden als ›Wesenheiten‹ bestimmten Gesellungsformen ›Gemeinschaft‹ und ›Gesellschaft‹. Der erste Begriff zielt auf Vergesellschaftungsformen wie Familie, Freundschaft und Nachbarschaft, in denen die sozialen Bindungen um ihrer selbst willen bestehen. In der ›Gesellschaft‹ hingegen (die in T.' historisierender Darstellung die Grundform der ›Gemeinschaft‹ verdrängt und abgelöst hat) herrschen T. zufolge Egoismus, Zweckrationalität und Nutzenkalkül als Ausdruck eines lediglich aus dem Denken geborenen ›Kürwillens‹. T.' Vorstellungen zielten auf eine Überwindung dieses Zustandes durch die Stärkung gemeinschaftl. Elemente, was er sich von einem genossenschaftlich organisierten Sozialismus erhoffte.

Werke: Gemeinschaft u. Gesellschaft (1887); Hobbes Leben u. Lehre (1896); Die Entwicklung der sozialen Frage (1907); Die Sitte (1909); Marx. Leben u. Lehre (1921); Kritik der öffentl. Meinung (1922); Soziolog. Studien u. Kritiken, 3 Bde. (1925–29); Einf. in die Soziologie (1931).

Hundert Jahre ›Gemeinschaft u. Gesellschaft‹. F. T. in der internat. Diskussion, hg. v. L. CLAUSEN u. C. SCHLÜTER (1991); P. U. MERZ-BENZ: Tiefsinn u. Scharfsinn. F. T.'s begriffl. Konstitution der Sozialwelt (1995).

Tönning, Stadt im Kr. Nordfriesland, Schlesw.-Holst., an der unteren Eider, 4900 Ew.; Wasser- und Schifffahrtsamt; Luftkur- und Badeort; Fischereihafen, Pumpenbau, Elektroindustrie. – Die Laurentiuskirche (Kern 12. Jh., sonst 17./18. Jh.) mit ihrem auffallenden Barockturm (1703–06) hat reiche Ausstattung (u. a. Schnitzaltar von 1634; Emporenlettner mit Knorpelwerkschnitzereien, 1634/35; vollständig ausgemaltes hölzernes Tonnengewölbe, 1704). Zahlr. ein- oder zweigeschossige Backsteingiebelhäuser des 17. Jh.; am Binnenhafen ein Packhaus von 1783. – T. entstand aus einer Warftsiedlung. 1137 fand die Ortschaft, die 1590 Stadtrecht erhielt, erste urkundl. Erwähnung.

Tönnis, Wilhelm, Neurochirurg, * Kley (heute zu Dortmund) 16. 6. 1898, † Köln 12. 9. 1978; erhielt 1937 den ersten Lehrstuhl für Neurochirurgie in Berlin, wurde 1948 Prof. in Köln; arbeitete über Diagnostik und Therapie der Gehirntumoren und entwickelte neue Operationsmethoden.

tonnlägig, bergmännisch für: geneigt (bes. bei Schächten und Strecken).

tono... [zu griech. tónos ›das Spannen‹], vor Vokalen verkürzt zu **ton...,** Wortbildungselement mit den Bedeutungen: 1) Druck, Spannung, z. B. Tonometer, tonisch; 2) Kräftigung, Stärkung, z. B. Tonikum. – Als letzter Wortbestandteil **...tonie,** mit der Bedeutung: Druck, Spannung, z. B. Hypertonie.

Tonofibrillen, zugfeste Zellstrukturen, die in zugbelasteten Epithelzellen (z. B. in der Oberhaut bei Vögeln und Säugertieren) entlang meist. Spannungslinien angeordnet sind und der mechan. Zellverfestigung dienen (Zytoskelett). Sie bestehen aus Proteinfilamenten **(Tonofilamenten),** die ihrerseits aus Zytokeratinen (Proteinen mit einer relativen Molekülmasse von 40000–60000) aufgebaut sind.

Tönning: Giebelhäuser am Markt; rechts der auffallende Barockturm (1703–06) der Laurentiuskirche

Tonometer [zu griech. métron ›Maß‹] das, -s/-, **Ophthalmo-T.,** Gerät zur Messung des Augeninnendrucks **(Tonometrie)** bei Verdacht auf Glaukom; beim Impressions-T. wird die vom Innendruck abhängige Eindrucktiefe eines auf die lokal betäubte Hornhaut aufgesetzten, mit Grammgewichten bestückten Stäbchens gemessen; dieses Gerät wird nicht mehr verwendet, weil die Messungen von der individuell versch. Dehnungsfähigkeit der Augenhüllen beeinflusst werden. Bei der inzwischen üblichen, genaueren **Applanationstonometrie** wird die Abplattung der Hornhaut unter Einwirkung eines äußeren Drucks gemessen, bei der Routineuntersuchung in Verbindung mit einer automat. Refraktionsmessung in Form der Luftapplanation (Messung unter Einwirkung eines kurzen Luftstoßes).

Tonoplast [zu griech. plastós ›gebildet‹, ›geformt‹] der, -en/-en, die semipermeable Membran, die den mit Zellsaft erfüllten Innenraum (Vakuole) der Pflanzenzelle vom Zytoplasma trennt.

Tonplastik, plast. Werke, bes. der Kleinkunst, aus meist ungebranntem, lufttrockenem →Ton; Werke aus gebranntem Ton, v. a. aus der Antike und der ital. Kunst des Quattrocento, heißen auch Terrakotten (→Terrakotta). In Dtl. entstanden kleinformatige T. insbesondere z. Z. des weichen Stils (z. B. die ›Nürnberger Tonapostel‹, um 1400; Nürnberg, German. Nationalmuseum). Aus der Renaissance und dem Barock sind zahlr. →Bozzetti aus Ton erhalten. Im 20. Jh. gewann die T. wieder an Bedeutung durch P. PICASSO und J. MIRÓ, die wichtige Anregungen von J. L. ARTIGAS erhielten.

Für einige außereurop. Kulturen hat sich T. als Bez. gegenüber Terrakotta durchgesetzt, obwohl es sich häufig um gebrannte Tonfiguren handelt.

In *China* wurde T. v. a. als Grabbeigabe hergestellt: Herausragendes Beispiel ist die Armee von überlebensgroßen, nach dem Brand naturnah kalt bemalten Figuren (BILD →China), die QIN SHI HUANGDI in seiner unterird. Grabanlage in Stellung bringen ließ. In Gräbern der Hanzeit sind neben Tonmodellen von Häusern (BILD →chinesische Kunst), Ställen und Turmbauten sowie anderen Gebrauchsgegenständen zahlr. kalt bemalte oder mit Bleisilikatglasuren überzogene kleinere Grabfiguren ausgegraben worden. Nach dem Zusammenbruch des Hanreiches bildeten sich in der Zeit der Teilstaaten Lokalstile aus. Grabfiguren der Nördl. Weidynastie stehen z. B. stilistisch den Ton-Stuck-Plastiken der Höhlentempel nahe. Die naturalist., schwungvoll körperbetonten, meist kleinen gebrannten und glasierten Grabfiguren der Tangzeit (Figuren von Ausländern, Damen, Tänzerinnen, Musikantinnen, Zivil- und Militärbeamten, Kamelen, Pferden u. a.) geben ein eindrucksvolles Bild von der kosmopolit. Kultur dieser Epoche. Aus dem 12. Jh. sind außerdem Plastiken von meditierenden →Luohan aus farbig glasiertem Steinzeug erhalten.

In *Japan* ist T. aus der Frühzeit erhalten: magisch-groteske Tonfigürchen (Dogū) aus der Jōmonzeit und →Haniwa aus der Kofunzeit. Aus ungebranntem, auf einen strohumwickelten Holzkern aufmodelliertem Ton entstanden im 8. Jh. viele buddhist. T., z. T. bemalt und mit eingesetzten Augen, z. B. in Nara die T. des Nikkō- und des Gakkō-Bosatsu und Ni-ō (Mitte des 8. Jh.) im Hokkedō des Tōdaiji und eine der 12 göttl. Generäle (um 750) im Shin-Yakushiji sowie bei Nara die kleinen Statuen von 711 im →Hōryūji.

Aus dem vorkolumb. *Amerika* sind Tonfigurinen in Mesoamerika v. a. aus Tlatilco, Teotihuacán, Remojadas und Jaina überliefert. Von den westmexikan. Kulturen stammen neben Tonfiguren auch plastisch gearbeitete Keramikgefäße, die sich auch bei den Zapoteken finden (Figurengefäße). Aus dem andinen Gebiet sind Tonfiguren bes. von der Küste Ecuadors (Esmeraldas, Tumaco) und der angrenzenden Küstenregion Kolumbiens überliefert. Figurengefäße stammen v. a. aus der Mochekultur.

M. Prodan: Chin. Keramik der T'ang-Zeit (a. d. Engl., 1961); F. Pratt u. C. Gay: Ceramic figures of ancient Mexico (Graz 1979); A. von Wuthenau: Altamerikan. T. (Neuausg. 1980); O. Stutzke: Großfigürl. T. in Franken während der Epoche des Weichen Stils (Diss. Heidelberg 1991).

Tonpsychologie, Lehre von den psychophysiolog. Voraussetzungen und Abläufen der Schallwahrnehmung, v. a. der elementaren musikal. Gehöreindrücke (Klang, Intervall u. a.), und damit Basis der →Musikpsychologie. Ein wesentl. Aspekt bes. der angewandten T. sind die musikal. Reizstrukturen, v. a. im musiktherapeut., werbepsycholog. und arbeitspsycholog. Rahmen. Über die Erforschung der Psychologie des musikal. Schaffens, des Geschmacks und nat. Besonderheiten wird eine Verbindung zur Musikästhetik, Musiksoziologie und Musikethnologie geschaffen. – Nach Vorbereitung durch H. von Helmholtz begründete im 19. Jh. C. Stumpf die T., die A. Wellek auch als Gehör- oder Hörpsychologie bezeichnete.

C. Stumpf: T., 2 Bde. (1883–90; Nachdr. Hilversum 1965); P. Faltin: Phänomenologie der musikal. Form (1979); S. Stevens u. F. Warshofsky: Schall u. Gehör (a. d. Amerikan., Neuausg. 1980).

Tønsberg ['tœnsbær], Hauptstadt der Prov. (Fylke) Vestfold, Norwegen, an der W-Küste des Äußeren Oslofjords, 33 200 Ew.; Museum (mit Walfangabteilung); Erdölraffinerie; Fremdenverkehr; Hafen. – Im späten 9. Jh. gegründet.

Tonschiefer, durch →Schieferung aus Tonen oder Schiefertonen hervorgegangenes, in ebenen Platten spaltendes Tongestein. T. bestehen v. a. aus feinsten Quarzkörnchen, Sericit- und Chloritschüppchen und können durch kohlige Substanz bläulich grau bis schwarz, durch Chlorit grünlich, durch Eisenoxid rot bis violett, durch Eisenhydroxid braun gefärbt sein. T. werden als Dach-, Tafel-, Griffel-, Zeichen- und Wetzschiefer verwendet.

tons deadweight [tɔns 'dedweɪt, engl.], Einheitenzeichen **tdw**, →Deadweight.

Tonsignet [-zinje, ziɡnɛt], ein musikal. Firmen- oder Warenzeichen, eine Tonfolge zur Kenntlichmachung von Rundfunkstationen und -sendungen (›Pausenzeichen‹) oder die akust. Komponente eines Werbespots. Die Bedeutung des oft tonmaler. Signets muss durch den jeweiligen Zusammenhang klar definiert sein (Grenzfälle: Signal eines Feuerwehrautos, andererseits: eine Nationalhymne). T. sind urheberrechtlich geschützt; sie unterliegen zudem den Gesetzen des Markenschutzes.

Tonsillae [lat.], *Sg.* **Tonsilla** *die, -,* die →Mandeln.

Tonsillektomie, die operative Entfernung der Gaumenmandeln (→Mandelentzündung).

Tonsillitis *die, -/...'tiden,* die →Mandelentzündung.

Tonsprachen, Tonhöhensprachen, Sprachen, in denen die Tonhöhe (der Silben eines Wortes, aber auch längerer Spracheinheiten), d. h. der musikal. Ton und nicht der Druckakzent, für die Unterscheidung von Wörtern und grammat. Formen relevant ist. Zu den T. gehören zahlr. afrikan. Sprachen (u. a. Ewe, Hausa) sowie u. a. das Chinesische, das Vietnamesische und das Thailändische.

K. L. Pike: Tone languages (Neuausg. Ann Arbor, Mich., 1977); Tone. A linguistic survey, hg. v. V. A. Fromkin (New York 1978); A. Weidert: Tonologie. Ergebnisse, Analysen, Vermutungen (1981).

Tonstärke, *Akustik:* →Ton.

Tonstein, *Geologie:* 1) diagenetisch verfestigter Ton, der im Ggs. zum Schieferton keine Absonderung parallel zur Schichtung zeigt. Mit zunehmender Diagenese werden Tonminerale um- oder neu gebildet; 2) sehr feinkörnige saure Tuffe des Rotliegenden und Oberkarbons; 3) Kohlen-T., dünne, wenige Millimeter mächtige, überwiegend aus Kaolinit bestehende Lagen feinklast. Materials in Steinkohlenflözen, mindestens teilweise aus vulkan. Tuffen entstanden; da von großer flächenhafter Ausdehnung, als stratigraph. Leithorizonte verwendbar.

Tonsur [lat. tonsura ›das Scheren‹, zu tondere ›scheren‹] *die, -/-en, christl. Kirchen:* das Scheren des Haupthaares bei Mönchen und Klerikern als Zeichen der Übereignung an Gott. Die T. findet sich schon im altkirchl. Mönchtum und war seit dem MA. allgemeiner Brauch. Man unterschied das v. a. im Osten übl. volle Scheren des Haares (›Paulus-T.‹) von dem Stehenlassen eines Haarkranzes (›Petrus-T.‹, v. a. in der lat. Kirche). Beim Weltklerus wurde der Haarkranz später verbreitet und die T. zuletzt auf eine kleine Rundung am Scheitel (Scheitel-T.) reduziert. Die T.-Erteilung durch den Abt oder Bischof war seit dem Früh-MA. mit der Aufnahme in den geistl. Stand verbunden. In der kath. Kirche ist sie als Teil des Aufnahmemeritus der Kleriker seit 1972 abgeschafft.

Tonsystem, der musikalisch verwendete Tonvorrat einer Kultur oder Epoche, der nach bestimmten Prinzipien (Intervallaufbau, Melodiestruktur, akust. Stimmung) geordnet ist. Grundlage jedes T. ist die Tonleiter, die als begrenzte Gebrauchsleiter aus der Materialtonleiter (dem Gesamtbestand von Tönen) ausgewählt wird. Das antike T. beruhte auf Viertonfolgen (→Tetrachord), nach deren innerer Struktur das Tongeschlecht als →Diatonik, →Chromatik und →Enharmonik bestimmt wurde; zwei Tetrachorde bilden eine Tonleiter (Oktavgattung). Das mittelalterl. T. übernahm die griech. Oktavgattungen und (mit abweichender Zuordnung) deren Namen (→Kirchentonarten); die antiken Tetrachorde wurden durch das Denken in →Hexachorden (Sechstonfolgen) erweitert. In der Dur-Moll-Tonalität des 17.–19. Jh. bilden die 12 Halbtöne der chromat. Skala den verfügbaren Tonbestand. Andere Oktaveinteilungen zeigen z. B. das indones. T., das von fünf- (→Slendro) und siebenstufigen (→Pelog) Leitern ausgeht, oder die →Ganztonleiter, die die Oktave in sechs Ganztöne teilt. Gegenüber dem fünftönigen T. der halbtonlosen →Pentatonik schreitet die siebenstufige diaton. Skala in Ganz- und Halbtönen fort. Für die Ausbreitung des dur-moll-tonalen T. war die Verwendung der gleichschwebenden →Temperatur etwa seit 1700 von großer Bedeutung. Akustisch reinere Teilungen konnten sich nicht durchsetzen.

M. Vogel: Die Lehre von den Tonbeziehungen (1975); H. E. Lauer: Die Entwicklung der Musik im Wandel der T. (Basel ³1976); M. Markovits: Das T. der abendländ. Musik im frühen MA. (Bern 1977).

Tontaubenschießen, frühere Bez. für →Wurfscheibenschießen, da die ›Tauben‹, nach denen geschossen wurde, aus Ton bestanden.

Tontić [-titɕ], Stevan, bosn. Lyriker, *Sanski Most 30. 12. 1946; stammt aus einer serb. Familie, war bis zu seiner Emigration 1993 als Verlagslektor in Sarajevo tätig; lebt heute in Berlin. T. veröffentlichte mehrere Lyrikbände (›Nauka o duši i druge vesele priče‹, 1970; ›Tajna prepiska‹, 1976; ›Naše gore vuk‹, 1976; ›Hulim i posvećujem‹, 1977; ›Crna je mati nedjelja‹, 1983), Anthologien, Essays und Übersetzungen aus der dt. Literatur. Die Gedichtsammlung ›Sarajevski rukopis‹ (1993; dt. ›Handschrift aus Sarajevo‹) entstand während der Belagerung der Stadt.

Tonträger, 1) *Elektroakustik:* stoffl. Medium zur Speicherung von Schallereignissen für wiederholbare Wiedergabe (→Schallaufzeichnung), z. B. Schallplatte, Tonband), dem T. entspricht der Begriff des Bildträgers (z. B. Film, magnet. Bildaufzeichnung). – *Recht:* Das Recht der öffentl. Wiedergabe eines urheberrechtlich geschützten Werkes durch T. ist ein dem Urheber zustehendes Verwertungsrecht. Der Hersteller eines T. hat für 50 Jahre das ausschließl. Vervielfältigungs- und Verbreitungsrecht (§ 85 Urheberrechts-Ges.). Dem internat. T.-Schutz dient das internat. Abkommen vom 26. 10. 1961.
2) *Fernsehen:* die mit dem Begleitton modulierte Trägerfrequenz, die mit konstantem Frequenzabstand zum hochfrequenten Bildträger abgestrahlt wird.

Ton|umfang, bei Musikinstrumenten und den Gattungen der menschl. Singstimme der Bereich zw. dem tiefsten und höchsten Ton; auch Bez. für den vom menschl. Ohr wahrnehmbaren Bereich des Tonvorrats (Hörbereich) sowie für den davon in der Musik verwendeten Tonbestand. (→Ambitus)

Tonung, Umwandlung des Silberbilds einer Schwarzweißfotografie in ein monochromes Farbbild durch Baden in einer oder mehreren Tonerflüssigkeiten. Man unterscheidet **direkte T.,** bei denen das Silber unmittelbar in eine farbige Metallkomplexverbindung oder Silbersulfid (heiße Schwefel-T.) verwandelt wird, und **indirekte T.,** bei denen es zuvor ausgebleicht, d. h. in Silberhalogenid zurückverwandelt werden muss. Neben den klass. Schwefel-, Selen- und Goldtonbädern (Bildtöne Braun, Sepia, Rötel u. a.) bieten moderne Tonbäder für die subtraktiven Grundfarben eine reiche Palette an Farbnuancen.

Tonus [lat., von griech. *tónos* ›das Spannen‹, ›Anspannung‹] *der, -/-…ni,* 1) *Human-* und *Tierphysiologie:* der →Muskeltonus; in der *Medizin* i. w. S. auch Bez. für den Spannungszustand von Gewebe.
2) *Musik:* lat. Bez. für den Ganzton; die Aneinanderreihung von drei Ganztönen ergibt den →Tritonus. Im MA. war T. die Bez. für eine Tonart im Sinne antiker oder mittelalterl. Kirchentöne.
3) *Pflanzenphysiologie:* der durch innere oder äußere Faktoren beeinflussbare Zustand der Empfindlichkeit gegenüber Außenreizen (z. B. unterbleiben bei tiefen Temperaturen phototrop. Reaktionen).
4) *Psychologie:* **psychischer T.,** der teils persönlichkeitsspezifisch geprägte, teils von der situativen Befindlichkeit abhängige Grad der Spannkraft, Gelöstheit oder Verkrampfung.

Tonus peregrinus [lat. ›fremder Ton‹, ›Pilgerton‹] *der, - -,* ein seit dem frühen MA. bekannter, aber wohl erst seit dem 14. Jh. so genannter Psalmton, der mit wechselnder Finalis und wechselndem Tenor (Tuba) nicht in das feste System der →Psalmtöne eingeordnet werden kann. Sein Name kommt vielleicht von dem Pilgerpsalm ›In exitu Israel‹ (Ps. 114), der im T. p. gesungen wird, oder von seiner Fremdartigkeit im System der Psalmtöne.

Tonverlagerung, Tonwanderung, *Bodenkunde:* →Lessivierung.

Tonwahrnehmung, →Hören.

Tonwortsystem, ein von C. EITZ 1891 veröffentl. Silbensystem für den musikal. Elementarunterricht. Der Unterschied zu den Tonsilben der →Solmisation liegt darin, dass EITZ mit den von ihm verwendeten Buchstaben die diaton. und chromat. Beziehungen der Töne festhielt. Die Grundtonleiter ab C lautet: bi-to-gu-su-la-fe-ni-bi. Bei diaton. Halbtönen wird derselbe Vokal, bei enharmon. Tönen derselbe Konsonant beibehalten:

```
       ro   mu   pa   de   ki
  bi     to     gu su     la     fe     ni bi
  ri   mo   pu   da   ke
```

Tonzeug, zusammenfassende Bez. für Porzellan und Steinzeug.

Tooke [tuːk], Thomas, engl. Bankfachmann und Volkswirtschaftler, *Sankt Petersburg 29. 2. 1774, †London 26. 2. 1858; Mitbegründer der →Bankingtheorie sowie Vertreter der klass. Nationalökonomie und des Freihandels.
Werke: A history of prices, …, 6 Bde. (1838–57, mit W. NEWMARCH); An inquiry into the currency principle (1844).

Tool [tuːl; engl. ›Werkzeug‹], in der Informatik Bez. für ein Softwarewerkzeug. (→Softwaretechnik)

Toomer [ˈtuːmə], Jean Nathan Eugene, amerikan. Schriftsteller, *Washington (D. C.) 26. 12. 1894, †Bucks County (Pa.) 30. 3. 1967; nach dem Studium u. a. in New York entdeckte er während der Lehrtätigkeit an einer Landschule in Sparta (Ga.) sein mit dem Süden verbundenes afroamerikan. Erbe; diese Erfah-

Tonsystem: Tonbezeichnungen und Oktavbezirke, dargestellt in Notenschrift und bezogen auf die Tasten des Klaviers

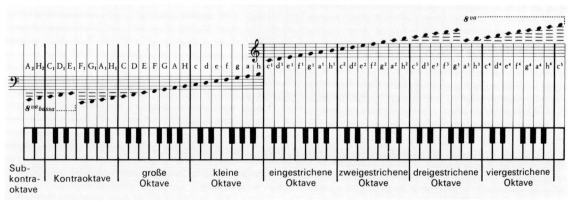

Topas: Geschliffene Formen von Edeltopasen

rung fand Niederschlag in seinem bedeutendsten Werk, der die Lebensformen des Schwarzen spiegelnden Sammlung von Geschichten, Lyrik und dialog. Skizzen ›Cane‹ (1923; dt. ›Zuckerrohr‹), mit dem er zu einem der wichtigsten Vertreter der →Harlem Renaissance und ihrer Suche nach einer eigenständigen afroamerikan. Ästhetik wurde.

Ausgaben: The wayward and the seeking. A collection of writings, hg. v. D. T. TURNER (1980); The collected poems, hg. v. R. B. JONES u. a. (1988).
B. J. BENSON u. M. M. DILLARD: J. T. (Boston, Mass., 1980); N. Y. MCKAY: J. T., artist (Chapel Hill, N. C., 1984); J. T. A critical evaluation, hg. v. T. B. O'DANIEL (Washington, D. C., 1988).

Toona [ˈtuːna, Hindi], die Pflanzengattung →Surenbaum.

Toonder, Marten, niederländ. Schriftsteller und Comic-Künstler, * Rotterdam 2. 5. 1912. T.s Ende der 60er-Jahre entstandenen Zeichengeschichten um die zentralen Figuren Heer Ollie B. Bommel (einen Bären) und seinen Freund Tom Poes (einen Kater) zeichnen sich durch hohen künstler. Gehalt und liebenswert-satir. Attacken auf die (niederländ.) moderne Gesellschaft aus (›Als je begrijpt wat ik bedoel‹, 1967; ›Geld speelt geen rol‹, 1968).

Ausgaben: Ausfäller. Die erste Gesch. von Ollie B. Bommel (1989); Die Überdirektoren. Die zweite Gesch. von Ollie B. Bommel (1989).

Toorn, Peter Willem van, niederländ. Schriftsteller, * Amsterdam 4. 11. 1935. Seine Prosa wie Lyrik (u. a. ›Het landleven‹, 1981) ist seit der Debütnovelle ›De explosie‹ (1959) durch eine mild-iron. Tonart gekennzeichnet. Vergänglichkeit, Entfremdung und Tod sind die Hauptthemen seines Werkes.

Weitere Werke: Rooie (1991); Het verhal van een middag (1994); Dooltuin (1995).

Toorop, Jan, eigtl. **Johannes Theodor T.,** niederländ. Maler und Zeichner, * Purworejo (Java) 20. 12. 1858, † Den Haag 3. 3. 1928; lebte ab 1871 in den Niederlanden. Er schuf v. a. Figurenbilder und Porträts, zunächst pointillistisch, dann unter Einfluss der Symbolisten in linear stilisierender Art, schließlich im Sinne des Jugendstils. Nach 1905 wandte er sich v. a. religiösen Themen zu. Er entwarf auch Glas- und Wandmalereien und gestaltete Bucheinbände und Plakate.

V. HEFTING: J. T. Een kennismaking (Amsterdam 1989).

Jan Toorop: Die Begierde und die Besänftigung; 1893 (Paris, Musée d'Orsay)

Toowoomba [təˈwʊmbə], Stadt im südöstlichen Queensland, Australien, 610 m ü. M., am Rand der Darling Downs, 79 900 Ew.; kath. Bischofssitz; Univ. (gegr. 1992); Rundfunkstation, Kunstgalerie, botan. Garten; Verarbeitung von landwirtschaftl. Erzeugnissen, Landmaschinenbau.

top..., Wortbildungselement, →topo...

Top [Abk. für engl. **t**able **o**f **p**ages, ›Verzeichnis der Seiten‹], →Videotext.

Topa, Nomadenclan, →Toba.

Topas: Kristall von prismatisch-pyramidalem Habitus

Topas [griech. tópazos, wohl nach der ehemals Topazos genannten Insel Sabargat (Zibirjat) im Roten Meer, Ägypten] *der, -es/-e,* farbloses, meist aber gefärbtes, weingelbes, auch meerblaues oder -grünes, rotbraunes, orange- oder rosafarbenes, durchsichtiges, glasglänzendes, rhomb. Mineral der chem. Zusammensetzung $Al_2[F_2|SiO_4]$; das Fluor kann z. T. durch Hydroxylionen (OH) ersetzt sein. Härte nach MOHS 8, Dichte 3,52–3,57 g/cm³. Die Kristalle sind z. T. sehr flächenreich (über 140 Formen), einzeln oder in Drusen aufgewachsen, auch derb oder in stängeligen Aggregaten **(Pyknit).**

T. ist Leitmineral pneumatolyt. Vorgänge und entsteht während der Erstarrung saurer Tiefengesteine durch Einwirkung von Fluor auf Tonerdesilikate; z. B. bei der Bildung von →Greisen. In Ergussgesteinen kommt T. selten (Quarzporphyre, Rhyolithe), aber lokal reichlich vor, z. B. in der Thomas Range (Utah); sekundär auf Edelsteinseifen, u. a. in Sri Lanka und Brasilien (z. B. die Pingas de agua, ›Wassertropfen‹, am Rio Belmonte, farblos, bläulich, gelblich, grünlich mit Flüssigkeitseinschlüssen); weitere Vorkommen v. a. im Ural, in Brasilien (u. a. der goldgelbe Brasilian), Namibia, Japan, Mexiko, Simbabwe, Nigeria, Pakistan, Schneckenstein bei Auerbach in Sachsen, Untersulzbachtal in den Hohen Tauern.

Die klaren T. sind geschätzte Edelsteine, im Handel ›Edeltopase‹ gen., im Ggs. zur Falsch-Bez. ›Goldtopas‹ für gebrannte Amethyste. Für farblose T. wird meist Brillantschliff, für farbige Treppen- oder Scherenschliff verwendet. – T. findet sich als Schmuckstein im Altertum in hellenist. und röm. Zeit. Nach HILDEGARD VON BINGEN zeigt er Gift in Speisen und Getränken an. Im MA. und in der Neuzeit tritt er in der Bewertung hinter Rubin, Saphir und Smaragd zurück.

Topazolith [zu Topas und griech. líthos ›Stein‹] *der, -s* und *-en/-e(n),* vorwiegend Handelsname für hellgelbe bis hellgrüne (›topasfarbige‹) klare Kristalle des Minerals →Andradit.

Top-Cross [engl.] *das, -,* 1) *Pflanzenzüchtung:* Methode der Testkreuzung zur Ermittlung der Kombinationseignung von Inzuchtlinien. Die zu prüfende Linie wird mit dem Pollen einer anderen Linie bestäubt; im nächsten Jahr wird die Ernte auf ihre Ertragsfähigkeit untersucht, um die Inzuchtlinien mit den besten Erträgen zu ermitteln.

2) *Tierzüchtung:* Paarung von Individuen aus einer Zuchtlinie mit nicht verwandten und nicht ingezüchteten Individuen.

Top-down-Methode [tɔpˈdaʊn-; engl., top ›Spitze‹ und down ›hinunter‹], 1) *Informatik:* deduktive Entwurfs- und Implementierungsmethode, bei der man schrittweise von allgemeinen, umfassenden

Strukturen zu immer spezielleren Details übergeht, bis das gesamte Projekt als Plan erstellt bzw. als Produkt implementiert ist. Die T.-d.-M. ist ein wichtiges Verfahren der →Softwaretechnik und wird insbesondere bei der →strukturierten Programmierung angewendet. Das entgegengesetzte Verfahren ist die induktive **Bottom-up-Methode** (von engl. bottom ›Boden‹ und up ›hinauf‹), bei der – von Einzelheiten ausgehend – stufenweise die Gesamtstruktur eines Systems errichtet wird.

2) *Sprachwissenschaft:* →Bottom-up-Methode.

Töpferscheibe: Ägyptischer Töpfer mit Töpferscheibe; Kalksteinplastik um 2500 v. Chr. (Chicago, Ill., Oriental Institute of the University of Chicago)

Top-down-Planung [tɔpˈdaʊn-], **retrograde Planung,** Form der →Unternehmensplanung, bei welcher der Planungsprozess die hierarch. Ebenen von oben nach unten durchläuft. Das Topmanagement trifft Grundsatzentscheidungen, die von den nachgeordneten Stellen schrittweise konkretisiert werden. Die **Bottom-up-Planung (progressive Planung)** erfolgt im Ggs. dazu von unten nach oben, indem Detailpläne aus den Bereichen an die übergeordneten Instanzen weitergegeben werden, die die Teilpläne zusammenfassen und weiter nach oben geben. Das **Gegenstromverfahren** ist eine Kombination beider Verfahren.

Topeka [təˈpiːkə], Hauptstadt des Bundesstaates Kansas, USA, am Kansas River, 119 900 Ew.; Washburn University of T. (gegr. 1865), Kunstgalerie; Nahrungsmittelindustrie (Mühlen, Fleischverarbeitung, Druckereien, Verlage. – 1854 von Gegnern der Ausweitung der Sklaverei gegr., war T. vor dem Sezessionskrieg Schauplatz heftiger Auseinandersetzungen mit Befürwortern der Sklaverei. Ab 1856 Hauptstadt des Territoriums, seit 1861 des Staates Kansas.

Topelius, Zacharias, finnlandschwed. Schriftsteller, *Kuddnäs (bei Nykarleby, Prov. Vaasa) 14. 1. 1818, †Helsinki 12. 3. 1898; ab 1854 Prof. für Gesch.; schrieb spätromant., formgewandt-stimmungsvolle, später religiös gefärbte Lyrik, patriot. Erzählwerke sowie Kinder- und Jugendbücher.
Ausgabe: Samlade skrifter, hg. v. G. V. VASENIUS, 34 Bde. (1899–1907).

Töpfer, 1) Johann Gottlob, Organist und Komponist, *Niederroßla (bei Apolda) 4. 12. 1791, †Weimar 8. 6. 1870; berühmter Orgelimprovisator, war ab 1830 Stadtorganist in Weimar. In seinem Werk ›Lehrbuch der Orgelbaukunst ...‹ (2 Bde., 1855; 2. Aufl. u. d. T. ›Die Theorie und Praxis des Orgelbaues‹, 4 Bde., 1888) versuchte er, gestützt auf F. BÉDOS DE CELLES und G. J. VOGLER, den Orgelbau durch mathemat. und physikal. Gesetze zu begründen. Er war der führende Theoretiker der romant. Orgelbaukunst.

2) Klaus, Politiker, *Waldenburg (Schles.) 29. 7. 1938; Volkswirtschaftler, ab 1972 Mitgl. der CDU, 1978/79 Prof. an der Univ. Hannover und Direktor des Inst. für Raumforschung und Landesplanung; war 1985–87 Min. für Umwelt und Gesundheit in Rheinl.-Pf., 1987–94 Bundes-Min. für Umwelt, Naturschutz und Reaktorsicherheit, 1994–98 (Rücktritt) Bundes-Min. für Raumordnung, Bauwesen und Städtebau sowie Beauftragter der Bundes-Reg. für den Umzug nach Berlin; außerdem 1990–98 MdB und 1990–95 Landesvors. der CDU im Saarland. Anfang Februar 1998 wurde er Exekutiv-Direktor des Umweltprogramms der UN (UNEP) mit Sitz in Nairobi.

Töpferei, handwerkl. Fertigung von →Keramik.

Töpferscheibe, Drehscheibe, zur Formung rotationssymmetr. Keramikwaren verwendete einfache Maschine, bei der eine waagerecht liegende Scheibe über eine senkrechte Welle durch Fußantrieb oder mittels Elektromotor in Rotation versetzt wird.
Geschichte: Mattenabdrücke am Boden von vorgeschichtl. Tongefäßen deuten an, dass diese auf einer beweg. Unterlage modelliert wurden; bald kamen Untersätze aus Holz oder Keramik hinzu; als man diese drehbar lagerte (im 6. Jt.), war die urtümlichste Form der T. erfunden (O-Irak, W-Iran). Im südl. Mesopotamien (Eanna) wurde um 3700/3600 v. Chr. durch Verbesserung der Lagerung und Steigerung der Drehmasse die schnell laufende, noch von Hand, aber nach dem Prinzip des Schwungrades gedrehte Scheibe entwickelt, die es ermöglichte, in einem einzigen Arbeitsgang aus einem Tonklumpen ein Gefäß zu formen. In hellenist. Zeit wurde (in Ägypten) die fußgetriebene Scheibe erfunden.

Töpfervögel, Furnariidae, Familie der Tyrannenschreivögel. Die rd. 220 grasmücken- bis drosselgroßen, meist braunen Arten bewohnen in Mittel- und Südamerika die unterschiedlichsten Lebensräume. Manche, z. B. der in Argentinien sehr populäre **Rosttöpfer** (Furnarius rufus), ›töpfern‹ umfangreiche Nester aus Lehm, andere bauen große geschlossene Reisignester oder brüten in Höhlen.

Töpferwespen, Trypoxylon, Gattung der Grabwespen; T. fangen für ihre Brut Spinnen; die Nester liegen meist in alten Gängen anderer Insekten.

Topf|fruchtbaum, Topfbaum, Affentopfbaum, Lecythis, Gattung der T.-Gewächse mit etwa 25 Arten in trop. Amerika, v. a. im Amazonasgebiet; Sträucher oder teilweise sehr stattl. Bäume mit topfförmigen, kinderkopfgroßen Früchten, die früher als Affenfallen genutzt wurden; Samen bei mehreren Arten (u. a. Lecythis zabucajo) ölhaltig und wohlschmeckend (Sapucaianüsse, Sapucajanüsse, Paradiesnüsse).

Topf|fruchtbaumgewächse, Affentopfbaumgewächse, Lecythidaceae, Familie der zweikeimblättrigen Pflanzen mit etwa 280 Arten in 20 Gattungen, heb. in den Regenwäldern Südamerikas und dort ein wichtiger Bestandteil der Gehölzflora; Bäume oder Sträucher mit ganzrandigen Blättern und einzeln, in Trauben oder Doldentrauben stehenden Blüten; Frucht häufig eine holzige, mit einem Deckel aufspringende Kapsel. Die Öffnung der Frucht ist oftmals so klein, dass die Samen erst nach Tiereinwirkung oder Verrottung der Kapsel freigesetzt werden. Bekannt sind →Paranussbaum und →Topffruchtbaum.

Topfkreis, in der *Hochfrequenztechnik* ein vorwiegend im Frequenzbereich von 0,3 bis 3 GHz als Resonanz- bzw. Sperrkreis **(Sperrtopf)** verwendeter elektr. Resonator (Schwingkreis), bei dem ein im Innern einer abgeschlossenen zylindr. Metallschachtel **(Topf)** befindl. Leiterstück an einem Ende mit dieser verbunden und kurzgeschlossen, am anderen Ende hingegen mit einer Kapazität belastet ist. Die Länge des Innenleiters ist auf $^1/_4$ der Wellenlänge der erzeugten bzw. gesperrten Schwingung (oder ein ganzzahliges Vielfaches davon) ausgelegt.

Topfwurm, Art der →Enchytraeidae.

Tophet, Tofet, im A. T. Opferstätte im Hinnomtal bei Jerusalem, an der Kinderopfer dargebracht wur-

Klaus Töpfer

Töpfervögel: Rosttöpfer (Größe 19 cm)

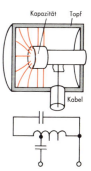

Topfkreis: oben Schematische Darstellung des Aufbaus mit kapazitiver Ankopplung (an Generator und Verbraucher); unten Schaltbild

Toph Tophus – Topographie

den und die deshalb als Ausdruck besonderer Sündhaftigkeit galt (2. Kön. 23, 10; Jer. 7, 31 ff. und 19, 6). – Im archäolog. Sprachgebrauch Bez. jeder Opferstätte für die karthag. Göttin →Tanit. Auch Bestattungsort. (→Moloch)

Tophet: Das 1921 entdeckte Tophet im Süden von Karthago; die hier gefundenen Grabstelen reichen bis ins 7. Jh. v. Chr. zurück

Tophus [lat. ›Tuffstein‹] *der, -/...phi, Medizin:* entzündl. Knoten, v. a. als Symptom der Gicht.

Topi [afrikan.] *das, -(s)/-s,* Unterart von Damaliscus lunatus (→Leierantilopen).

Topical Songs ['tɔpɪkl sɔŋz; engl. ›aktuelle Lieder‹], im Bereich des Folksongs Bez. für Lieder, die zu aktuellen Problemen Stellung nehmen, wobei häufig persönl. Erfahrungen wiedergegeben werden (u. a. BOB DYLAN); oft fälschlich mit Protestsong übersetzt.

...topie, Wortbildungselement, →topo...

Topik [griech. topikḗ (téchnē), zu topikós ›einen Ort betreffend‹] *die, -,* 1) *Literaturwissenschaft:* die Gruppierung literar. Texte um ihre Topoi (→Topos).

2) *Philosophie:* die Lehre von den Topoi, den ›Örtern‹ oder ›Gemeinplätzen‹; bei ARISTOTELES (in ›Topica‹) wird die T. als eine ›Methode‹ bezeichnet, ›nach der wir über jedes aufgestellte Problem aus wahrscheinl. Sätzen Schlüsse bilden können und (somit), wenn wir selbst in Rede stehen sollen, in keine Widersprüche geraten‹. Die T., die in dialekt. Schlüssen auf Wahrscheinliches schließt, nimmt die Mitte ein zw. der Lehre vom wiss. Schluss und der Lehre vom Trugschluss, die Wahres bzw. Falsches ergeben. I. KANT unterscheidet zw. dieser log. T. und der transzendentalen T., die allen Begriffen ihren Ort in der Sinnlichkeit oder im reinen Verstand zuweist.

3) *Sprachwissenschaft:* 1) Gliederung von Sätzen in Satzgegenstand (das, worüber eine Aussage getroffen wird, engl. topic) und Satzaussage (das, was darüber ausgesagt wird, engl. comment); 2) Gliederung von Äußerungen in bekannte (alte) und unbekannte (neue) Informationen, d. h. nach kommunikativen Gesichtspunkten.

Topikalisierung, inhaltliche Hervorhebung eines Satzgliedes oder einzelner Wörter durch die Anordnung im Satz.

Topinambur [frz. topinambour, nach dem Namen eines brasilian. Indianerstammes (in der falschen Annahme, die Pflanze stamme aus Südamerika)] *der, -s/-s und -e oder die, -/-en,* **Rosskartoffel, Pferdekartoffel, Erd|artischocke, Erdbirne, Erdschocke, Helianthus tuberosus,** in Nordamerika heim. Art der Gattung Sonnenblume; bis über 2 m hohe Staude mit gegenständigen, herzförmigen bis spitz eiförmigen, rau behaarten Blättern; Blütenkörbchen dottergelb. An der Sprossbasis entspringen unterird. Ausläufer, die an ihren Spitzen spindelförmige, kartoffelgroße Knollen tragen. Die je nach Sorte gelb-, braun- oder rotschaligen T.-Knollen enthalten 75–79% Wasser, 2,4% Eiweiß und 15,8% Kohlenhydrate, davon 7–8% →Inulin. Sie werden zuweilen als Gemüse, v. a. für Diabetiker, verwendet. Der größte Teil dient als Viehfutter oder wird zu Alkohol verarbeitet. – Der T. gelangte um 1600 nach Europa und wurde dem Anbau der Kartoffel lange vorgezogen, da diese als giftig galt. T. wird heute noch v. a. in Frankreich und Italien sowie in Bad.-Württ. angebaut (auch zur Herstellung von Biokraftstoff).

Topinambur: Blütenstängel (oben) und Wurzelknollen

Topitsch, Ernst, österr. Philosoph und Soziologe, * Wien 20. 3. 1919; wurde 1956 Prof. in Wien, 1962 in Heidelberg, 1969 in Graz. T. hat sich u. a. mit erkenntnistheoret. Fragen und Problemen der soziolog. Methodenlehre und Wissenschaftstheorie beschäftigt und in krit. Absicht gegen wiss. Dogmatismen jegl. Art, bes. die Verfestigungen marxist., empirist., aber auch alteuropäischer Vorstellungen, Stellung bezogen. Im Zentrum seiner Arbeit steht das Bemühen um eine nichtdogmat., gleichwohl dem krit. Rationalismus verpflichtete Sozialphilosophie.

Werke: Vom Ursprung u. Ende der Metaphysik (1958); Sozialphilosophie zw. Ideologie u. Wiss. (1961); Die Sozialphilosophie Hegels als Heilslehre u. Herrschaftsideologie (1967); Die Voraussetzungen der Transzendentalphilosophie (1975); Heil u. Zeit. Ein Kapitel zur Weltanschauungsanalyse (1990); Studien zur Weltanschauungsanalyse (1996). – Hg.: Logik der Sozialwiss.en (1965).

Toplader [engl. top ›obere Fläche‹], 1) *Haustechnik:* →Waschmaschine.

2) *Hi-Fi-Technik:* Kassetten- oder Videorekorder, dessen Kassettenfach und Bedienelemente sich auf der waagerechten Oberseite des Geräts befinden.

Toplitzsee, Gebirgssee im steir. Salzkammergut, Österreich, im Naturschutzgebiet Totes Gebirge, 718 m ü. M., durch seinen Abfluss mit dem →Grundlsee verbunden.

Topmanagement ['tɔpmænɪdʒmənt, engl.], die oberste Leitungsebene in Unternehmen (→Management).

topo... [zu griech. tópos ›Ort‹, ›Stelle‹, ›Platz‹], vor Vokalen meist verkürzt zu **top...,** Wortbildungselement mit den Bedeutungen: 1) Gelände, Gebiet, z. B. Topographie; 2) Ort, Platz, umschriebene Stelle, z. B. Topotaxis, Toponomastik; 3) Lage, Lagebeziehung, z. B. Topologie. – Als letzter Wortbestandteil: **...topie** in der Bedeutung Stelle, Lage, z. B. Dystopie (Fehllagerung eines Organs).

Topochemie, von dem Chemiker VOLKMER KOHLSCHÜTTER (* 1874, † 1938) 1919 geprägte Bez. für Abhängigkeiten des Ablaufs chem. Reaktionen vom Ort der Reaktion, bes. von geometr. Anordnungen der Atome an Festkörperoberflächen oder in Kristallgittern. Topochem. Reaktionen laufen u. a. bei der heterogenen Katalyse (Moleküle können nur an Oberflächenplätzen mit ganz bestimmten Abmessungen adsorbiert und damit zur Reaktion gebracht werden), bei Korrosionsvorgängen, beim Abbinden von Zement oder bei der Knochenbildung im Körper ab.

topogen [zu griech. -genḗs ›hervorgebracht‹], lagebedingt entstanden, z. B. von einem Flachmoor im Bereich des Grundwassers gesagt.

Topograph [griech., zu topographeīn ›einen Ort beschreiben‹] *der, -en/-en,* vermessungstechn. Fachmann für Durchführung und Auswertung von Vermessungen des Geländes.

Topographie *die, -/...'phien,* 1) *Geographie, Geodäsie:* Erfassung und Wiedergabe des Geländes mit seinen Formen und Gewässern sowie den auf dem Gelände befindl. Objekten, wie Gebäude, Wege u. a.; auch die Gesamtheit aller Erscheinungen des Geländes. Die **topographische Vermessung (topographische Geländeaufnahme)** besteht in der vermessungstechn. und begriffl. Erfassung der topograph. Gegenstände für deren Darstellung in topograph. Karten.

2) *Meteorologie:* die Isohypsendarstellung von Druckflächen in einer →Höhenwetterkarte.

Topographietruppe, in der Bundeswehr zu den Führungstruppen des Heeres gehörende Truppengattung. Sie unterstützt Führung und Truppe durch die Bereitstellung von Informationen über topograph. und landeskundl. Merkmale des Geländes, v. a. mittels Verteilung selbst hergestellter Karten aller Art.

topographische Karten, →Karte.

Topoklima, Geländeklima, Teilbereich des Mesoklimas (→Klima), bezogen auf den Einfluss der Topographie, d. h. auf die Bodenoberfläche und den oberflächennahen Untergrund (z. B. Wärmeleitfähigkeit). Raumeinheiten des T. sind z. B. Täler, Hänge.

Topol, 1) Jachým, Pseud. **Jindra Tma,** tschech. Schriftsteller, * Prag 4. 8. 1962, Sohn von 2); u. a. Redakteur bei den Zeitschriften ›Respekt‹ und ›Revolver revue‹; gehörte vor 1989 dem offiziell verbotenen literar. Untergrund an; schreibt Lyrik (›Miluju tě k zbláznění‹, 1991; ›V úterý bude válka‹, 1992) und Liedtexte. Seine sprachlich-expressiven Romane (›Sestra‹, 1994; dt. ›Die Schwester‹ und ›Anděl‹, 1995; dt. ›Engel Exit‹) gleichen einer Odyssee, in der die vom Moloch Großstadt determinierten Figuren durch ein chaot. Nachwendeeuropa treiben.

2) Josef, tschech. Schriftsteller, * Poříčí nad Sázavou (bei Benešov) 1. 4. 1935, Vater von 1); Dramaturg und Regisseur; Publikationsverbot nach Unterzeichnung des ›Manifests der 2000 Worte‹ (1968) und der ›Charta 77‹; schreibt Gedichte und übersetzt (SHAKESPEARE, A. TSCHECHOW). T. setzt in seinen Dramen einer durch Pragmatismus bedingten Deformation des Lebens die Suche nach Individualität entgegen, wirft dabei Fragen der Schuld auf, wobei er Tod und Maske als bevorzugte Symbole benutzt.

Werke: Konec masopustu (1963; dt. Fastnacht); Kočka na kolejích (1966; dt. Die Katze auf dem Gleis); Sbohem, Sokrate! (1977); Hlasy ptáků (1989).

Topol'čany ['topoljtʃani], Stadt im Westslowak. Gebiet, Slowak. Rep., 162–201 m ü. M., an der Neutra, zw. den äußeren und inneren Westkarpaten, 32200 Ew.; Heimatmuseum; Nahrungsmittel-, Möbel-, Bekleidungs-, elektrotechn. Industrie.

Topologie *die, -,* 1) *Mathematik:* Teilgebiet, das aus der Analyse des Raumbegriffs Eigenschaften allgemeiner Räume herleitet. Urspr. untersuchte die **Analysis situs** (›Geometrie der Lage‹) die Eigenschaften geometr. Objekte (wie Kurven, Flächen, Räume), die bei umkehrbar eindeutigen stetigen Abbildungen (**topologischen Abbildungen**) erhalten bleiben, d. h. topologisch invariant (**homöomorph**) sind. – Die moderne T. umfasst die Theorie →topologischer Räume, synonym wird die **topologische Struktur** eines Raumes als dessen T. bezeichnet. T. führen auch topolog. Strukturen in der Graphentheorie (→Graph) mit ihren Anwendungsgebieten zu Begriffen wie der T. eines Rechner- oder Versorgungsnetzes (Netzwerk-T.). Die die topolog. Struktur erhaltende Abbildung zw. topolog. Räumen ist der →Homöomorphismus. Nach den zur Untersuchung benutzten Methoden unterscheidet man die für die Analysis grundlegende **mengentheoretische (analytische, allgemeine) T.** von der **algebraischen T.,** die sich in weitere Teildisziplinen gliedert. Die mengentheoret. T. stellt, aufbauend auf einem mengentheoret. Axiomensystem, die allgemeine Theorie der Räume dar und untersucht insbesondere auch die mit einer uniformen Struktur bzw. einer →Metrik versehenen Räume. In der Differenzial-T. (einer Disziplin der analyt. T.), deren Ergebnisse v. a. in der →Funktionalanalysis von Bedeutung sind, werden differenzierbare →Mannigfaltigkeiten studiert. Innerhalb der algebraischen T., die topolog. Räume mit algebraischen Methoden und Begriffen untersucht bzw. charakterisiert, haben sich die →Homologietheorie sowie die Cohomologietheorie und die →Homotopietheorie als eigenständige Disziplinen herausgebildet. V. a. Methoden der algebraischen T. nutzt auch die **Knotentheorie,** die die Einbettung (meist) niederdimensionaler topolog. Räume in höherdimensionale untersucht, z. B. von Kurven in den Anschauungsraum.

Geschichte: Die T. entwickelte sich aus geometr. Fragestellungen, bei denen nur homöomorphieinvariante Lagebeziehungen interessierten. G. W. LEIBNIZ, der in diesem Zusammenhang den Begriff ›Analysis situs‹ einführte, suchte als Erster nach einem geeigneten Kalkül. Die Beschäftigung L. EULERS mit dem →Königsberger Brückenproblem und der von ihm formulierte →eulersche Polyedersatz sind erste wichtige Beiträge zur Topologie. C. F. GAUSS untersuchte schon verschlungene Kurven, und mit JOHANN BENEDIKT LISTINGS (* 1808, † 1882) 1847 erschienenen ›Vorstudien zur T.‹ wurde der neue Name eingeführt und die weitere Entwicklung angeregt. So untersuchte A. F. MÖBIUS 1859 erstmals einseitige Flächen, und wenig später erkannte B. RIEMANN die Bedeutung topolog. Eigenschaften für das Studium komplexer Funktionen. Seine Einführung der →Zusammenhangszahlen zur Kennzeichnung topolog. Räume führte zur Entwicklung der algebraischen T., zu der anfangs u. a. L. E. J. BROUWER, H. HOPF und LEW SEMJONOWITSCH PONTRJAGIN (* 1908, † 1988) wesentlich beitrugen. Aufbauend auf der cantorschen Mengenlehre entwickelten Funktionentheoretiker wie R. BAIRE, E. BOREL, H. LEBESGUE, J. HADAMARD, E. HEINE, C. JORDAN, F. KLEIN und H. POINCARÉ für die Analysis grundlegende topolog. Begriffe und Aussagen. F. HAUSDORFF, W. F. SIERPIŃSKI und H. WEYL leisteten wichtige Beiträge zur heutigen mengentheoret. Topologie.

J. L. KELLEY: General topology (Princeton, N. J., 1955, Nachdr. New York 1975); N. BOURBAKI: General topology, 2 Bde. (a. d. Frz., Neuausg. 1989); J. DUGUNDJI: Topology (Neuausg. Dubuque, Ia., 1989); R. ENGELKING: General topology (a. d. Poln., Neuausg. 1989).

2) *Sprachwissenschaft:* Bezeichnung für Wort- und Satzgliedstellung.

topologische Abbildung, der →Homöomorphismus.

topologische Gruppe, eine Gruppe $(G, \circ)$, auf deren zugrunde liegender Menge G eine topolog. Struktur existiert, bezüglich derer die Gruppenverknüpfung $(a,b) \mapsto a \circ b$ und die Inversenbildung $a \mapsto a^{-1}$ stetig sind (→Stetigkeit). Die durch die Matrizen der Form

$$A(\theta) = \begin{pmatrix} \cos\theta & -\sin\theta \\ \sin\theta & \cos\theta \end{pmatrix}$$

beschriebenen Drehungen in der Ebene bilden mit der Hintereinanderausführung eine Gruppe und zus. mit der durch die Umgebungen

$$U[A(\theta), \varepsilon] := \{A(\varphi) / |\varphi - \theta| < \varepsilon\}$$

induzierten Topologie eine topolog. Gruppe.

topologische Halbgruppe, eine →Halbgruppe $(H, \circ)$, versehen mit einer topolog. Struktur, sodass die Halbgruppenoperation

$$\circ : H \times H \to H, \ (a,b) \to a \circ b$$

stetig ist.

topologische Psychologie, Vektorpsychologie, von K. LEWIN ausgehend von der Gestaltpsychologie entwickelte Theorie zur Erklärung des individuellen Verhaltens, wobei der ›Lebensraum‹ des Individuums als ein unauflösl. Systemzusammenhang von personeigenen und aus der Umwelt einwirkenden Bedingungen aufgefasst und als ein in Regionen (Felder) gegliedertes Konstrukt dargestellt wird (›Feldtheorie des Handelns‹). Das individuelle Verhalten ist in jeder Region des Lebensraums durch (›Vektor‹-)Kräfte der Anziehung und Abstoßung in einem →gespannten System bestimmt, welche mithilfe der Topologie und Vektormathematik erfasst werden.

K. LEWIN: Grundzüge der t. P. (Bern 1969).

topologischer Körper, ein →Körper $(K, *, \circ)$ zus. mit einer topolog. Struktur auf K, sodass $(K, *)$ und $(K \setminus \{0\}, \circ)$ →topologische Gruppen sind. Der Körper $(\mathbb{R}, +, \cdot)$ der reellen Zahlen ist mit der durch die Umgebungen
$$U_\varepsilon(x) := \{y \in \mathbb{R} / |x - y| < \varepsilon\}$$
induzierten euklid. Topologie ein topolog. Körper.

topologischer Raum, ein Paar (X, T), bestehend aus einer Menge X und einer topolog. Struktur T auf X, d.h. einer Teilmenge T der →Potenzmenge von X, die invariant gegenüber beliebigen Vereinigungen und endl. Durchschnitten ihrer Elemente ist sowie X und die leere Menge enthält. Die Mengen aus T heißen **offene Mengen** und ihre →Komplementärmengen **abgeschlossene Mengen** des t. R. Eine Teilmenge U von X heißt **Umgebung** des Punktes p aus X, falls p in einer in U enthaltenen offenen Menge liegt. Auch andere Teilmengen der Potenzmenge von X induzieren eine topolog. Struktur auf X. Ist bezogen auf eine Menge von Umgebungsfiltern $F(p)$ (→Filter) aller Punkte p aus X eine Teilmenge als offen definiert, falls sie für jedes ihrer Elemente p eine Menge aus $F(p)$ enthält, so ist damit eine topolog. Struktur auf X definiert, deren Umgebungen genau die Elemente dieser Umgebungsfilter sind. In diesem Sinne sind die Topologien der in der Funktionalanalysis häufig auftretenden →metrischen Räume und →uniformen Räume definiert. Ist beispielsweise (X, d) ein metr. Raum, d. h. X eine Menge mit einer →Metrik auf X, so ist für jeden Punkt p aus X $F(p) := \{O \subseteq X / \text{es existiert } \varepsilon > 0, \text{sodass } U_\varepsilon(p) \subseteq O\}$, wobei $U_\varepsilon(p) := \{t \in X / d(p, t) < \varepsilon\}$, ein Umgebungsfilter von p und bezüglich der (von der Metrik d) im obigen Sinne induzierten Topologie auch die Menge aller Umgebungen von p. Aus t. R. können neue t. R. gebildet werden: Ist (X, T) ein t. R. und gilt $Y \subseteq X$, so heißt die topolog. Struktur $U := \{O \cap Y / O \in T\}$ auf Y die **Spurtopologie** auf Y und (Y, U) ein **Unterraum** von (X, T), und ist $(X_i, T_i)_{i \in I}$ eine Familie von t. R., so bilden alle Teilmengen des kartes. Produkts $\prod_{i \in I} X_i$, die sich als Vereinigung von Mengen der Form $\prod_{i \in I} O_i$ darstellen lassen, wobei $O_i \in T_i$ und $O_i = X_i$ bis auf endlich viele $i \in I$, die **Produkttopologie** auf $\prod_{i \in I} X_i$.

Zw. den allgemeinen t. R. und den metr. Räumen stehen bezüglich ihrer Struktur die **T-Räume.** Ein t. R. (X, T) ist ein **T_0-Raum,** falls zu Punkten $p \neq t$ entweder eine Umgebung U von p existiert, sodass $t \notin U$ oder eine Umgebung V von t existiert, sodass $p \notin V$, er ist ein **T_1-Raum,** falls zu Punkten $p \neq t$ Umgebungen U von p und V von t existieren, sodass $t \notin U$ und $p \notin V$, ein **T_2-Raum** oder **hausdorffscher Raum,** falls zu je zwei versch. Punkten disjunkte Umgebungen existieren, **T_3-Raum,** falls zu jedem $p \in X$ und jeder abgeschlossenen Teilmenge A von X mit $p \notin A$ disjunkte Umgebungen existieren, ein **T_{3a}-Raum,** falls zu jedem $p \in X$ und jeder abgeschlossenen Teilmenge A von X mit $p \notin A$ eine stetige Funktion $f : X \to [0, 1]$ existiert, sodass $f(p) = 1$ und $f(A) = \{0\}$, ein **T_4-Raum,** falls disjunkte abgeschlossene Teilmengen von X disjunkte Umgebungen besitzen. Ein t. R. heißt **regulär, vollständig regulär** bzw. **normal,** falls er ein hausdorffscher Raum und ein T_3-, T_{3a}- bzw. T_4-Raum ist. Jeder normale t. R. ist vollständig regulär, jeder vollständig reguläre t. R. ist regulär, jeder hausdorffsche Raum ist T_1-Raum, jeder T_1-Raum auch T_0-Raum, und die topolog. Struktur eines t. R. wird genau dann von einer →uniformen Struktur bzw. von einer Metrik induziert, wenn er ein T_{3a}-Raum bzw. ein vollständig regulärer t. R. ist, dessen offene Mengen sich als Vereinigung aus den Elementen einer abzählbaren Familie offener Mengen darstellen lassen. Die charakterisierenden Eigenschaften der T-Räume sind homöomorphieinvariant; ein metr. Raum ist normal, besitzt also alle Trennungseigenschaften (→Trennungsaxiome). Andere wichtige t. R. sind durch Überdeckungseigenschaften charakterisiert. Beispielsweise heißt ein hausdorffscher Raum (X, T) **kompakt,** falls zu jeder Teilmenge $M := = \{O_i / i \in I\}$ von T mit der Eigenschaft
$$X = \bigcup_{i \in I} O_i$$
eine endl. Teilmenge $\{O_{i_j} / 1 \leq j \leq n\}$ von M existiert, sodass
$$X = \bigcup_{j=1}^{n} O_{i_j}.$$
Die t. R. bilden die allgemeinsten mathemat. Räume, bezüglich derer stetige Abbildungen und der Begriff der Konvergenz definiert sind.

topologischer Ring, ein Ring $(R, +, \cdot)$ zus. mit einer topolog. Struktur auf R, bezüglich derer $(R, +)$ eine →topologische Gruppe und $(R, \cdot)$ eine →topologische Halbgruppe ist. Der Ring $(R, +, \cdot)$ der reellen Zahlen ist mit der von den Umgebungen $U_\varepsilon(x) := \{y \in \mathbb{R} / |x - y| < \varepsilon\}$ induzierten Topologie ein topolog. Ring.

topologischer Vektorraum, ein Vektorraum $(V, +, \cdot)$ über einem →topologischen Körper K, der mit einer topolog. Struktur versehen ist, sodass die Addition $V \times V \to V$, $(x, y) \to x + y$ und die Skalarmultiplikation $K \times V \to V$, $(\lambda, x) \to \lambda x$ stetig sind. Ein normierter Vektorraum $(V, \|\cdot\|)$ (→Norm) ist ein t. V. bezüglich der von der zugehörigen Metrik $d(x, y) = \|x - y\|$ induzierten Topologie.

topologische Struktur, eine Teilmenge T der →Potenzmenge einer Menge X, bezüglich der das Paar (X, T) ein →topologischer Raum ist.

Toponomastik, Wiss. von den Ortsnamen.

Topophobie, krankhafte, unbeherrschbare Angst vor bestimmten Orten. (→Phobie)

Roland Topor: Ohne Titel: Blatt für die Künstlermappe ›Für Oskar Lafontaine‹, 1990

Topor, Roland, frz. Zeichner poln. Abstammung, *Paris 7. 1. 1938; gestaltet satir., oft düster makabre Grafiken, die dem Surrealismus nahe stehen, auch Illustrationen zu eigenen Romanen, Bühnenbilder.

Werke: Toxicologie (1970); Tragödien, Zeichnungen 1958–1968 (1971); Tagträume. Zeichnungen 1964–1974 (1975). T., Tod u. Teufel, hg. v. G. KEHAYOFF u.a., Ausst.-Kat. (1985).

Toporow, Toporov, Wladimir Nikolajewitsch, russ. Slawist, *5. 7. 1928; bedeutender Vertreter der Moskauer semiot. Schule; Arbeiten zur Sprachwissenschaft der slaw., balt., altind. und altiran. Sprachen, zur Kultursemiotik, Mythologie, Folklore und Literaturwissenschaft.

Werke: Lokativ v slavjanskich jazykach (1961); Slavjanskie jazykovye modelirujuščie semiotičeskie sistemy (1965, mit V. V. IVANOV); Issledovanija v oblasti slavjanskich (1974, mit DEMS.); Prusskij jazyk. Slovar', auf zahlr. Bde. ber. (1975 ff.); ›Bednaja Liza‹ Karamzina (1995); Svjatost' i svjatye v russkoj duchovnoj kul'ture, auf mehrere Bde. ber. (1995 ff); Strannyj Turgenev (1998).

Zeichen – Text – Kultur. Studien zu den sprach- u. kultursemiot. Arbeiten von Vjač. Vs. Ivanov u. V. N. Toporov, hg. v. K. EIMERMACHER u. a. (1991).

Topos [griech., eigtl. ›Ort‹, ›Stelle‹, ›Platz‹] *der, -/...poi, Literaturwissenschaft:* in der neueren Sprach- und Literaturwissenschaft eine formelhafte Wendung oder ein festes Bild, die bzw. das in der literar. Tradition fortlebt. Die moderne T.-Forschung wurde von E. R. CURTIUS begründet, der aufzeigte, in welch starkem Maße als Originalschöpfungen verstandene Aussagen und Bilder einzelner Autoren der abendländ. Literatur Topoi sein können. Eines der bekanntesten Beispiele für einen T. ist der →Locus amoenus, der nach jedoch antiken und mittelalterl. Verwendung noch in der Schäferdichtung von der Renaissance bis zum Rokoko eine bedeutende Rolle spielte.

Topotaxis, Form der gerichteten Orientierungsbewegung frei bewegl. Organismen (→Taxien).

topozentrisch, *Astronomie:* auf den Beobachtungsort als Zentrum bezogen.

Topp [mnd. top ›Spitze‹] *der, -s/-e(n)* und *-s,* oberes Ende eines Mastes oder einer Stenge, z. B. Vor-T., Groß-T.; **toppen,** eine Rah waagerecht stellen. Die **T.-Laterne (T.-Licht)** ist ein an der Mastspitze gesetztes Licht, das **T.-Segel** das obere Segel am Mast eines Segelschiffs. **T.-Flaggen** werden an den obersten Stellen des Mastes gesetzt (z. B. Reedereiflaggen, Kommandowimpel). **T.-Zeichen** sind Markierungen auf Seezeichen für die Schifffahrt.

Töpper, Hertha, österr. Sängerin (Mezzosopran), *Graz 19. 4. 1924; debütierte 1945 in Graz, wurde 1952 Mitgl. der Münchner Staatsoper und trat u. a. an der Wiener Staatsoper, der Mailänder Scala, der Metropolitan Opera in New York sowie bei Festspielen (Salzburg, Bayreuth) auf. 1971–69 lehrte sie an der Münchner Musikhochschule. Sie machte sich bes. als Mozart-, Strauss- und Wagner-Interpretin einen Namen; auch Lied- und Oratoriensängerin.

topplastig, oberlastig, bezeichnet ein Schiff, dessen Schwerpunkt so hoch liegt, dass seine metazentr. Höhe (→Stabilität) zu klein wird, um noch eine ausreichende Kentersicherheit zu gewährleisten.

Topquark, *Elementarteilchenphysik:* →Truth, →Quarks.

Toprak-kala, Ruinenstätte in der Karakalpak. Rep., Usbekistan; Stadtanlage mit gewaltigem Burgkomplex aus der Frühzeit des Reichs Charism. Der Palast der Burg war zweistöckig und enthielt zahlr. Skulpturen und Malereien geschmückte Räume. Der ›Saal der Könige‹ (280 m²) erhielt seinen Namen von den hier gefundenen Stucksculpturen, die möglicherweise eine Art Porträtgalerie der Herrscher darstellen. Die Datierung 3.–4. Jh. n. Chr. ist umstritten; die aus luftgetrockneten Lehmziegeln erbaute Stadt ging mit großer Wahrscheinlichkeit, die Burg vermutlich ebenfalls im 1. Jh. n. Chr. unter. Die Skulpturen und Wandmalereien gehören anscheinend ins 3. Jh. n. Chr. Im SO von T.-k. liegt der Feuertempel.

V. M. MASSON: Das Land der tausend Städte (a. d. Russ., Neuausg. 1987).

Toprakkale, Ruinenstätte am Vansee, Türkei, identifiziert als Rusahinili, Hauptstadt des Reichs von Urartu unter RUSA I. (etwa 730–714 v.Chr.). Reste eines großen Tempels des Gottes Chaldi mit Steinquaderfundament und Eckbastionen sowie großer vorgelagerter Terrasse. Zu den Einzelfunden gehören v. a. Metallarbeiten (Prunkschilde, Thronfragmente).

Topside-Sondierung [ˈtɔpsaɪd-; engl. topside ›obere Bordwand‹], Untersuchung der Ionosphäre von einem Satelliten aus, dessen Bahn oberhalb der Ionosphärenschichten verläuft. Dabei wird mit einer eingebauten →Ionosonde die Impulssondierung vertikal nach unten angewendet.

Top|spin [engl., eigtl. ›von oben gegebener Drall‹] *der, -s/-s, Sport:* überrissener Angriffsschlag im Tennis und Tischtennis, bei dem der Ball einen starken Vorwärtsdrall bei hoher Rotation erhält. Dadurch springt er in der gegner. Hälfte in einem schwer berechenbaren Winkel ab.

Toptani, Esat Pascha, alban. Offizier und Politiker, →Esat Pascha Toptani.

Toque [tɔk, span.-frz.] *die, -/-s,* frz. Bez. für Barett, seit dem späten 15. Jh. nachweisbar; in der deutschsprachigen kostümkundl. Terminologie v. a. für kleine krempenlose Barettformen der 2. Hälfte des 16. Jh. sowie für die gleichzeitig aufkommenden hohen schmalkrempigen Hüte der span. Mode. Seit dem 19. Jh. werden mod. Frauenkopfbedeckungen in darauf zurückgreifenden Formen als T. bezeichnet.

Tor, 1) *Baukunst:* Bez. für den Durchlass durch eine Umhegung: Garten-, Hof-, Burg-, Stadt-T. u. a. Das T., das das Stadt-T., ist schon früh künstlerisch reich ausgestaltet worden. Auch hl. Bezirke erhielten kunstvolle T. (→Pylon, →Propyläen, →Torana, →Torii). Das T. konnte auch ein frei stehender Bau auf Straßen oder Plätzen sein, vor Heiligtümern oder vor der Stadt sein (→Triumphbogen, →Pai-lou). Es gab Gottheiten der T., z. B. Apollon Agyieus, Janus. (→Portal, →Tür)

2) *Digitaltechnik:* **Torschaltung,** andere Bez. für ein →Gatter.

3) *Halbleitertechnik:* eine Steuerelektrode beim →Feldeffekttransistor.

4) *Netzwerktheorie:* in einem allgemeinen Netzwerk ein Klemmenpaar, das dadurch spezifiziert ist, dass der Strom, der durch eine Klemme hineinfließt, durch die andere Klemme abfließt und dass eine Klemmenspannung zw. den beiden Polen angegeben wird (Beispiele: Ein-T., Zwei-T., n-Tor).

5) *Sport:* engl. **Goal** [gəʊl], **1)** bei Ballspielen mit T.-Wertung das Angriffsziel der gegner. Mannschaft; zwei durch eine Querstange verbundene Pfosten, meist mit Netz zum Auffangen des Balls bzw. Pucks. Als T. bezeichnet man kurz auch den T.-Erfolg; **2)** im Pferdesport ein Hindernis bei Springprüfungen; **3)** im alpinen Skisport, Kanuslalom, Gymkhana und Wasserski zu durchlaufende oder -fahrende Begrenzungsstangen (Stangenpaare).

Tora [ˈtoːra, toˈraː], *Judentum:* die →Thora.

Torabwurf, *Handball:* Wurf durch den Torhüter aus dem Torraum, wenn der Ball vom Torhüter der verteidigenden Mannschaft innerhalb seines eigenen Torraumes über die Torlinie oder über das Tor abgewehrt wurde; es gibt keinen Eckwurf für den Gegner.

Toraja [-dʒa], **Toradja,** Sammel-Bez. für die in zahlr. kleine Gruppen untergliederte altindones. Bev. im zentralen Celebes (Sulawesi) und auf den Togian-Inseln, etwa 2 Mio. Angehörige; treiben Reisbau auf Trocken- und Nassfeldern sowie Fischfang (Aal) und Jagd. Die Häuser der T., aus Bambus und Holz, sind künstlerisch gestaltet: geschwungene Dächer mit weit vorstehenden Giebeln (weitere BILDER →Celebes, →Indonesien); die Flächen sind reich mit Ornamenten und geometr. Mustern bemalt und verziert, deren Motiven und Farben kultisch-symbol. Bedeutung zukommt. Die früher als Kopfjäger gefürchteten T. wurden v. a. durch ihren Totenkult bekannt. Ihre Felsengräber weisen Nischen mit bekleideten Holzfiguren auf, Abbilder der Ahnen (Grabwächter); die älteren dieser ›tau-tau‹ haben starre, ausdruckslose Gesich-

Tora Torana – Tordesillas

ter, die neueren realistischere Züge. Jedoch verliert die traditionelle animist. Religion (Büffelopfer) der T. gegenüber Christentum (etwa 50% Kalvinisten) und Islam (140 000 unter den westl. T.) an Bedeutung.

N. BARLEY: Hallo Mister Puttymann. Bei den T. in Indonesien (a. d. Engl., ²1997).

Toraja: Verzierter Giebel eines Hauses in der Nähe von Rentepao im zentralen Celebes

Torana [Sanskrit] *die, -/-s*, Eingangstor zu Tempeln und Stupas in Indien. An Steinzäunen von Stupas wurden T. in den vier Himmelsrichtungen bes. prachtvoll reliefiert (Bharhut, Sanchi u. a.). Über den Stambhas tragen weibl. Stützfiguren (Shalabhanjika) dreifache, dekorierte Architrave. Frei stehende T. als Ehrenpforten wurden vor Tempeln errichtet.

Torball, *Behindertensport:* Hallenmannschaftsspiel (effektive Spielzeit 2 × 5 min) für Sehbehinderte und Blinde, getrennt ausgeübt von Frauen und Männern. Gespielt wird (je drei Spieler und max. drei Wechselspieler) mit einem 500 g schweren ›Klingelball‹ auf einem 7 m × 16 m großen Spielfeld. Zur Orientierung werden auf jeder Spielfeldhälfte drei 2 m × 1 m große Matten aufgelegt. Der Ball muss unter drei mit Glöckchen behangenen Leinen (angebracht in 40 cm Höhe) gespielt werden, von denen sich zwei im Abstand von 2 m von der Mittelleine befinden. Ein Tor ist dann erzielt, wenn der Ball die gegner. Grund-(Tor-)Linie vollständig überschritten hat. – In Dtl. wird T. durch den Dt. Behinderten-Sportverband (→Behindertensport) organisiert. Er entstand um 1990 aus dem →Rollball und wurde von der International Blind Sports Association (IBSA) anerkannt. (→Goalball)

Torbanit [nach dem Ort Torbane Hill, Schottland] *der, -s/-e,* die →Bogheadkohle.

Friedrich Torberg

Torbay ['tɔ:beɪ], Stadt in der Cty. Devon, SW-England, erstreckt sich um die Tor Bay des Ärmelkanals, 102 600 Ew.; Brit. Fischereimuseum (in Brixham), naturhist. Museum (in Torquay); Seebad mit ganzjährigem Fremdenverkehr (wintermildes Klima), Kongressstadt; Leichtindustrie; Jacht- und Fischereihafen, Fährverkehr zu den Kanalinseln. – Gebildet 1969 durch Zusammenschluss von **Brixham, Paignton** und **Torquay.**

Torberg, Friedrich, eigtl. **F. Kantor-Berg,** österr. Schriftsteller und Publizist, *Wien 16. 9. 1908, †ebd. 10. 11. 1979; studierte Philosophie in Prag, war dann Journalist beim ›Prager Tagblatt‹; emigrierte 1938 (Schweiz, Frankreich); dann über Spanien und Portugal in die USA); zunächst Drehbuchautor in Hollywood, 1944–51 in New York; kehrte 1951 nach Wien zurück, wo er 1954–65 die kulturpolit. Zeitschrift ›Forum‹ herausgab. Schrieb viel gelesene Romane, Erzählungen und Anekdoten, die – v. a. im Spätwerk – im jüd. Milieu spielen; seine Feuilletons, Kritiken, Glossen und Parodien stehen sprachlich-stilistisch in der Tradition K. KRAUS'. Als Theaterkritiker trug T. maßgeblich zur – antistalinistisch begründeten – Ablehnung der Stücke B. BRECHTS durch die österr. Bühnen der Nachkriegszeit bei. Auch Lyriker, Herausgeber (F. VON HERZMANOVSKY-ORLANDO) und Übersetzer (F. MOLNÁR, E. KISHON).

Werke: *Romane* und *Erzählungen:* Der Schüler Gerber hat absolviert (1930, Neuausg. u. d. T. Der Schüler Gerber, 1954); Die Mannschaft (1935); Abschied (1937); Mein ist die Rache (1943); Hier bin ich, mein Vater (1948); Die zweite Begegnung (1950); Golems Wiederkehr u. andere Erz. (1968); Die Tante Jolesch oder der Untergang des Abendlandes in Anekdoten (1975); Die Erben der Tante Jolesch (1978); Auch das war Wien (hg. 1984); Der letzte Ritt des Jockeys Matteo (hg. 1985). – *Lyrik:* Lebenslied (1958). – *Briefe:* PPP. Pamphlete, Parodien, Post Scripta (1964); In diesem Sinne. Briefe an Freunde u. Zeitgenossen (hg. 1981); Liebste Freundin u. Alma. Briefwechsel mit Alma Mahler-Werfel (hg. 1987); Eine tolle, tolle Zeit. Briefe u. Dokumente aus den Jahren der Flucht 1938–1941 (hg. 1989). – *Essays, Kritiken:* Das fünfte Rad am Thespiskarren. Theaterkritiken, 2 Bde. (1966–67); Apropos. Nachgelassenes, Kritisches, Bleibendes (hg. 1982); Auch Nichtraucher müssen sterben. Essays, Feuilletons, Notizen, Glossen (hg. 1985); Voreingenommen, wie ich bin. Von Dichtern, Denkern u. Autoren (hg. 1991).

Torbernit [nach TORBERN O. BERGMAN] *der, -s/-e*, **Kupfer|uranglimmer, Chalkolith,** smaragd- bis grasgrünes, tetragonales Mineral der chem. Zusammensetzung $Cu[UO_2|PO_4]_2 \cdot 8H_2O$; Härte nach MOHS 2–2,5, Dichte 3,23–3,71 g/cm³. T. tritt meist in Form von dünntafeligen Kristallen oder auch schuppigen oder pulvrigen Aggregaten auf; er entsteht sekundär in der Oxidationszone von Uranerzlagerstätten; z. T. als Uranerz genutzt.

Torcello [-tʃ-], Laguneninsel vor Venedig, Italien. – Dom (639 gegr., im 9. Jh. umgebaut, im 11. Jh. erneuert, Vorhalle 14./15. Jh.; Mosaiken, v. a. des 12. Jh.); Kirche Santa Fosca, Zentralbau (11. Jh.) über griech. Kreuz, an fünf der acht Außenseiten Säulenumgang (12. Jh.). – Die Siedlung T. wurde im 7. Jh. von Flüchtlingen aus der auf dem Festland gelegenen, erst von den Hunnen, dann von den Langobarden verwüsteten Stadt Altinum (heute Altino) gegründet; 640 wurde auch der Bischofssitz nach T. verlegt (bestand bis ins 18. Jh.); Blütezeit vom 9. bis zum 12. Jh., bedeutendes Wirtschaftszentrum.

Torda ['tɔrdɔ], ungar. Name der rumän. Stadt →Turda.

Tord|alk [schwed.], **Alca torda,** den →Alken zugeordneter, bis fast 50 cm langer, schwarzweißer Meeresvogel an den Küsten und auf Inseln des Nordatlantiks; Teilzieher, der bis ins westl. Mittelmeergebiet zieht.

Tordesillas [tɔrðe'siʎas], Stadt in der Prov. Valladolid, Spanien, 703 m ü. M., auf einer Anhöhe über dem Duero, in Altkastilien, 7 700 Ew.; Marktzentrum und Straßenknotenpunkt 30 km südwestlich von Valladolid. – Klarissinnenkloster Real Monasterio de Santa Clara, 1340 im Mudéjarstil von ALFONS XI. als Königsschloss erbaut, nach dem Tod PETERS I. (1369) in ein Kloster umgewandelt, mit prachtvollen maur. Dekor- und Bogenformen im Patio Arabe, in den Baños Arabes, in der Capilla Dorada sowie in der Capilla Mayor (Artesonadodecke); die got. Kirche San Antolín (16. Jh.) ist heute Museum; Plaza Mayor mit hölzernen Bogengängen (17. Jh.); Reste arab. Stadtmauern; mittelalterl. Brücke über den Duero. – T., urspr. eine iber. Gründung, wurde nach der Reconquista zur Residenzstadt der kastil. Könige ausgebaut. – Im Kloster Santa Clara schlossen am 7. 6. 1494, nach einem Schiedsspruch von Papst ALEXANDER VI., Spanien und Portugal den **Vertrag von T.,** der die damals bekannte Neue Welt und noch zu entdeckende Gebiete zw. den beiden Mächten aufteilte: Alle Territorien östlich einer Demarkationslinie 370 Meilen westlich der Kapverd. Inseln wurden Portugal, alle westlich davon Spanien zugesprochen. 1506 wurde JOHANNA DIE WAHNSINNIGE in das Kloster gebracht, wo sie bis zu ihrem Tod (1555) bleiben musste. T. war bis 1521 Sitz der ›Heiligen Junta‹ der Comuneros.

Tordylium [griech.], die Pflanzengattung →Zirmet.

Torell [tuˈrɛl], Otto, schwed. Geologe und Polarforscher, *Varberg 5. 6. 1828, †Stockholm 11. 9. 1900; Prof. und Direktor der schwed. geolog. Landesanstalt in Stockholm, Arktis- und Quartärgeologe; widerlegte durch die Erkenntnis, dass Nord-Dtl. im Pleistozän von Inlandeis bedeckt war, die →Drifttheorie C. LYELLS.

Torelli, Giuseppe, ital. Violinist und Komponist, *Verona 22. 4. 1658, †Bologna 8. 2. 1709; war 1686–95 und ab 1701 Mitgl. der Kapelle der Basilika San Petronio in Bologna, 1697–1700 Kapellmeister in Ansbach. Er komponierte v.a. Sonaten, Sinfonien, Concerti grossi und gilt mit den ›Concerti musicali a quattro‹ op. 6 (1698) als Schöpfer des Violinkonzerts.

Torero [span., zu toro ›Stier‹] *der, -(s)/-s,* **Toreador,** bezahlter Stierkämpfer. (→Stierkampf)

Tores [nach M. THOREZ], **Torez** [-z], bis 1964 **Tschistjakowo,** Stadt im Gebiet Donezk, Ukraine, im Donez-Steinkohlenbecken, etwa 85 000 Ew.; Kohlebergbau; elektrotechn., Baustoff-, Nahrungsmittelindustrie.

Toreutik [griech.-lat., zu griech. toreúein ›treiben‹] *die, -, Kunst:* die →Treibarbeit.

Tordesillas: Mittelalterliche Brücke über den Duero; dahinter das Klarissinnenkloster Real Monasterio de Santa Clara (1340), in dessen Turm 1506–55 Johanna die Wahnsinnige lebte

Torf: Zum Trocknen aufgestapelter Presstorf in einem Moor

Torf [mnd., eigtl. ›der Abgestochene, Losgelöste‹], Produkt der unvollkommenen Zersetzung abgestorbener pflanzl. Substanz unter Luftabschluss in Mooren, wobei die Pflanzenstruktur z. T. erhalten bleibt und der Anteil an kolloidalen, braun bis schwarz gefärbten Huminstoffen zunimmt. Die T.-Bildung **(Vertorfung)** ist die erste Stufe der →Inkohlung (überwiegend biochem. Prozess). Der Zersetzungsgrad (eigtl. Humifizierungsgrad) hängt v. a. vom Chemismus (pH-Wert, Stickstoffgehalt) und Wasserstand, auch von der Temperatur ab. Neben der unter Beteiligung von Mikroorganismen (Pilze, Bakterien, Algen) ablaufenden Humifizierung (→Humus) tritt auch Verwesung (→Mineralisation) ein; diese führt zu beträchtl. Stoffverlusten (i. d. R. mehr als die Hälfte der urspünglichen pflanzl. Substanz). Pflanzl. Gewebe und Detritus werden von humosen Gelen durchtränkt. Unter dem Einfluss aerober Bakterien kann der Kohlenstoffgehalt schon in den obersten 50 cm bis auf 60 % steigen. In größerer Tiefe gibt es nur noch anaerobe Bakterien, danach nur noch chem. Veränderungen (u. a. Kondensation, Polymerisation, Reduktion). Mit zunehmendem Auflagerungsdruck nimmt der Wassergehalt ab. Die Vertorfung endet, wenn das T.-Moor durch fluviatile, limn. oder marine Sedimente überlagert wird. T. enthält im Ggs. zu Braunkohle noch freie, nicht von Lignin geschützte Cellulose. Als Hauptbestandteile liegen bis zu 50 % Huminsäuren vor; daneben treten Wachse und Harze sowie anorgan. Sedimente auf, darunter auch im Moor neu gebildete mineral. Substanzen, v. a. Kalk (Wiesenkalk, Seekreide) und Eisenverbindungen (Limonit als →Raseneisenerz; auch Siderit, Vivianit, Pyrit, Markasit). T. enthält in frisch gewonnenem Zustand 75–95 % Wasser, lufttrocken 10–15 %.

T. haben je nach Moortyp (Nieder-, Übergangs-, Hochmoor) versch. Zusammensetzung. Bei den Hochmoor-T. unterscheidet man aufgrund der erhaltenen Pflanzenreste Bleichmoos-, Wollgras-, Reiser-, Binsen- oder Scheuchzeria-T. Wesentlich größer ist die Zahl der Pflanzenarten bei den Übergangs- und Niedermooren: u. a. Schilf-, Seggen-, Moos-, Bruchwald-T. In Nordwest-Dtl. lässt sich in den meisten Hochmooren eine deutl. Zweigliederung im Profil erkennen: eine stark zersetzte, dunklere untere und eine schwach zersetzte, hellere obere Lage (→Schwarztorf-Weißtorf-Kontakt).

Nutzung: Die T.-Gewinnung erfolgt nach Entwässerung der Moore in **T.-Stichen** mit Hand oder maschinell (erste Brenntorfstechmaschine 1842, erster Brenntorf-Eimerleiterbagger 1894, erste Weißtorfstechmaschine 1955). Älterer Hochmoor-T. und gut zersetzter Niedermoor-T. werden nach der Gewinnung mit Eimerleiterbaggern, der Trocknung und Pressung als **Maschinen-T. (Press-T.)** oder nach Verarbeitung in Brikettpressen **(T.-Briketts)** zum Heizen verwendet, z. B. in Russland, Finnland, Schweden und Irland. Der Heizwert liegt zw. 9 300 und 16 400 kJ/kg oder, berechnet auf wasser- und aschefreie Substanz (Gehalt: durchschnittlich 55–64 % Kohlenstoff, 33–37 % Sauerstoff, 5–7 % Wasserstoff, 2 % Stickstoff), bei 21 400–24 800 kJ/kg. V. a. in der ehem. Sowjetunion (73 Kraftwerke mit zus. 5 000 MW) sowie in Irland, Schweden und Finnland wird mit T. elektr. Strom erzeugt.

Wesentlich wichtiger ist heute die T.-Nutzung im Erwerbsgartenbau als Kultursubstrat (z. B. T.-Kultursubstrat, →Einheitserde). Die bodenverbessernde Wirkung des T. beruht auf der hohen Wasser- und Luftkapazität, der guten Strukturstabilität und dem Fehlen von Schadstoffen. Verwendet wird v. a. wenig bis mäßig zersetzter Hochmoor-T. **(Weiß-T.)** sowie stärker zersetzter durchfrorener Hochmoor-T. **(Schwarz-T.).** Aus Schwarz-T. werden außerdem durch Verschwelung T.-Koks und Aktivkohle hergestellt. **T.-Koks** dient metallurg., chem. u. a. techn. Zwecken, Aktivkohle als Katalysator- und Filterstoff. Schwarz-T. und Niedermoor-T. werden auch in der medizin. Therapie eingesetzt (→Moorbad). An der südl. Nordseeküste, v. a. im Bereich der Halligen, wurden mindestens seit dem 9. Jh. und bis Ende des 18. Jh. stark von Salzwasser durchtränkte T.-Ablagerungen **(Salz-T.)** abgebaut, getrocknet und verascht, die Asche dann ausgelaugt und das Salz aus der Sole durch Sieden gewonnen.

Rd. 90% des in Dtl. abgebauten T. stammen aus Ndsachs., jährlich rd. 3 Mio. m³ Weiß-T. und 6 Mio. m³ Schwarz-T.; die T.-Reserven betragen dort rd. 85 Mio. m³ Weiß-T. und 1 500 Mio. m³ Schwarz-T., von denen aber v. a. aus ökolog. Gründen (Schutz der Moorlandschaften) nur etwa 10 bzw. 15% zum Abbau genehmigt sind. (→Moor)

Moor u. T. in Wiss. u. Wirtschaft, hg. v. E. HACKER u. a. (1975); Peat and coal. Origin, facies, and depositional models, hg. v. P. C. LYONS u. a. (Amsterdam 1989); Moor u. T. in Ndsachs., Beitr. v. H. C. DEILMANN u. a. (1990); Moor- u. Torfkunde, hg. v. K. GÖTTLICH u. a. (³1990); E. PAAVILAINEN: Peatland forestry. Ecology and principles (Berlin 1995); Peatland use. Present, past and future, hg. v. G. W. LÜTTIG, 4 Bde. (Stuttgart 1996).

Torfaen, Verw.-Distr. in Wales, 126 km², 90 400 Ew., Verw.-Sitz ist Pontypool.

Torfgränke:
Chamaedaphne
calyculata
(Höhe bis 1 m)

Torfgränke, Zwerglorbeer, Chamaedaphne, Gattung der Heidekrautgewächse mit der einzigen Art **Chamaedaphne calyculata** auf Hochmooren N-Eurasiens und der nördl. Nordamerika; bis 1 m hoher, immergrüner Strauch mit aufrechten, rutenförmigen Zweigen, eiförmig-lanzettl. Blättern und weißen Blüten in einseitswendigen Trauben; Zierpflanze für Moorbeete. Die nordamerikan. Indianer verwendeten die Blätter zur Teebereitung.

Torfmoos, Sphagnum, Gattung der Laubmoose mit etwa 250 Arten in den gemäßigten kalten Zonen der Nord- und Südhalbkugel sowie in den Gebirgen der Tropen; rhizoidlose, bleichgrüne oder bräunl. Pflanzen mit spiralig um das Stämmchen angeordneten, zu drei bis fünf zusammengefassten Seitenästen, die mit dachziegelartig angeordneten Blättchen besetzt sind. Blättchen und Stämmchen mit großen toten, Wasser speichernden Zellen (T. können bis zum 40fachen ihres Eigengewichts an Wasser aufnehmen). Kationenaustausch in der Zellwand führt zu so sauren Milieubedingungen, dass bei Ausbreitung von T. Wälder absterben können. Charakterpflanzen der Hochmoore und extrem saurer, nährstoffarmer Böden; einige Arten können unter besseren Nährstoffverhältnissen in versumpften Nadel- und Laubwäldern vorkommen; wichtigste Torfbildner.

Torfschaf, Ovis palustris, ausgestorbene kleine Schafrasse, die 1861 von dem schweizer. Zoologen und Anatomen LUDWIG RÜTIMEYER (* 1825, † 1895) in jungneolith. Pfahlbauten der Schweizer Seen entdeckt wurde; mit geringer Wollentwicklung, relativ langem Schwanz und ziemlich langen, eingebogenen Hörnern; älteste europ. Hausschafrasse.

Torga, Miguel, eigtl. **Adolfo Correia da Rocha** [-'rrɔtʃa], port. Schriftsteller, * São Martinho de Anta 12. 8. 1907, † Coimbra 17. 1. 1995; lebte 1920–25 in Brasilien; praktizierte seit 1939 als Arzt in Coimbra; hatte Kontakte zum modernist. ›Presença‹-Kreis (bis 1930) und arbeitete an der Zeitschrift ›Presença‹ mit. Unter dem Salazar-Regime konnten viele seiner Texte nicht bzw. nur im Selbstverlag publiziert werden, er selbst war einige Monate in Haft. T., einer der eigenwilligsten Schriftsteller der modernen port. Literatur, schuf ein reiches literar. Werk: Lyrik, Romane, Erzählungen, Tiergeschichten, Dramen, Essays und Tagebücher. In den Essays und in dem umfangreichen, die Gattungsgrenzen sprengenden autobiograph. Roman ›A criação do mundo‹ (6 Tle., 1937–81; dt. ›Die Erschaffung der Welt‹) setzt er sich mit den großen Menschheitsthemen auseinander; die erzählende Prosa handelt vom ländl. Leben und von einfachen Menschen (Roman ›Vindima‹, 1945, umgearbeitet 1954; dt. ›Weinlese‹); auch seine Sprache ist von der kargen Landschaft N-Portugals geprägt.

Weitere Werke: Lyrik: Ansiedade (1928); Abismo (1932); O outro livro de Job (1936); Odes (1946); Alguns poemas ibéricos (1952); Penas do purgatório (1954); Orfeu rebelde (1958). – Roman: O senhor Ventura (1943; dt. Senhor Ventura). – Erzählungen: Bichos (1940; dt. Tiere); Montanha (1941, ³1962 u. d. T. Contos da montanha); Novos contos da montanha (1944; dt. Neue Erzählungen aus dem Gebirge); Pedras lavradas (1951); Fogo pesso (1976). – Theaterstücke: Terra firma (1941); Sinfonia (1947); O paraíso (1949). – Tagebücher: Diário (15 Bde., 1941–90).

D. ARAUJO: M. T.: Orphée rebelle (Monaco 1989); ›Sou um homem de granito‹. M. T. e su compromisso, hg. v. F. C. FAGUNDES (Lissabon 1997).

Torgau, Krst. des Landkreises Torgau-Oschatz, Sa., nördlich der Dahlener Heide, 86 m ü. M., am linken Ufer der Elbe, 19 700 Ew.; Flachglaswerk, Steingutfabrik, Herstellung von Briefumschlägen und Versandtaschen, Baugewerbe, Maschinenbau; Straßenknotenpunkt mit einer 509 m langen Elbbrücke; wichtigster sächs. Binnenhafen. – Die Marienkirche, eine spätgot. Hallenkirche (begonnen um 1390) mit zweitürmigem spätroman. Westbau (1. Hälfte des 13. Jh., S-Turm um 1750 erneuert), birgt eine reiche Ausstattung (u. a. ›14 Nothelfer‹ von L. CRANACH D. Ä.) Schloss **Hartenfels** ist eine mächtige, unregelmäßige Vierflügelanlage, u. a. mit spätgot. Albrechtspalas (um 1470, 1482–85 erweitert), Johann-Friedrich-Bau (1533–36), einem frühen Hauptwerk der dt. Renaissance mit großem Wendelstein (BILD →Krebs, Konrad), und Schlosskirchenflügel (heute Museum) mit dem ›Schönen Erker‹ (1544); die Schlosskirche ist der erste prot. Kirchenbau (1544 von M. LUTHER geweiht). Renaissancerathaus (1561–65) mit Volutengiebel und Zwerchhäusern; Bürgerhäuser (nach dem Stadtbrand 1482 entstanden). – 973 schenkte Kaiser OTTO II. den Ort T. dem Erzbistum Magdeburg. Die den Elbübergang sichernde Burg, vermutlich zur gleichen Zeit angelegt, fand 1119 erste urkundl. Erwähnung. Im selben Jahr kam T. in den Besitz der Markgrafen von Meißen. Ende des 12. Jh. ist T. erstmals als Stadt bezeugt. Ab 1485 eine zeitweilige Residenzstadt der ernestin. Kurfürsten, war T. ein wichtiger Ort der Reformation; ab 1547 albertinisch, bis zum 17. Jh. kurfürstl. Nebenresidenz. 1811 wurde T. auf Geheiß NAPOLEONS I. zur Festung ausgebaut (1889 geschleift). Die Stadt fiel 1815 an Preußen (Prov. Sachsen). In natsoz. Zeit 1939–45 Zentrum des Wehrmachtstrafsystems sowie 1943–45 Sitz des Reichskriegsgerichts. 1945/46–48 bestanden die NKWD-›Spezialager Nr. 8‹ und ›Nr. 10‹ (etwa 800 Todesopfer). In T. gab es 1965–89 den einzigen ›Geschlossenen Jugendwerkhof‹ der DDR. – T. kam 1952 von Sa.-Anh. (ab 1945) wieder zu Sa. und war bis 1994 Kreisstadt. – In der **Schlacht bei T.** siegte König FRIEDRICH II., D. GR., von Preußen am 3. 11. 1760 über ein österr. Heer unter L. J. VON DAUN. – Am 25. 4. 1945 trafen an der zerstörten Elbbrücke bei T. (1945 wieder aufgebaut, 1994, nach Bau einer neuen, abgebrochen) amerikan. und sowjet. Truppen zusammen (Denkmal der Begegnung).

Das T.-Tabu. Wehrmachtstrafsystem – NKWD-Speziallager – DDR-Strafvollzug, hg. v. N. HAASE u. B. OLESCHINSKI (²1998).

Torgauer Artikel, Ende März 1530 dem Augsburger Reichstag erstattetes Gutachten über kirchl. Zeremonien, das P. MELANCHTHON, M. LUTHER, J. JONAS und J. BUGENHAGEN für Kurfürst JOHANN von Sachsen abgefasst hatten. Die T. A. wurden im zweiten Teil

Tork

Torgau: Schloss Hartenfels (links; begonnen um 1470) und Marienkirche (begonnen um 1390)

des →Augsburgischen Bekenntnisses (Art. 22–28) verarbeitet.

Torgauer Bund, 1591 abgeschlossenes Sonderbündnis ev. Reichsstände mit König HEINRICH IV. von Frankreich zum gegenseitigen Schutz vor einer gewaltsamen Gegenreformation. Der T. B. blieb nach dem Tod der Protagonisten CHRISTIAN I. von Sachsen und JOHANN CASIMIR von der Pfalz wirkungslos. Seine Ordnung beeinflusste aber wesentlich die Gestaltung der prot. Union.

Torgau-Oschatz, Landkreis im Reg.-Bez. Leipzig, Sa., grenzt im N an Sachs.-Anh., mit der nördl. O-Grenze an Bbg., 1 168 km², 104 200 Ew.; Kreisstadt ist Torgau. Das im NO von der Elbe durchflossene Kreisgebiet besitzt fruchtbare Agrargebiete und ausgedehnte Forst- und Heideflächen (Wermsdorfer Wald, Dübener, Annaburger, Dahlener Heide) mit zahlr. Teichen und Seen (größter der Große Teich bei Torgau), höchste Erhebung ist der Collmberg (313 m ü. M.) bei Oschatz; in Graditz das Sächs. Hauptgestüt. Größte Städte sind Torgau und Oschatz, weitere Städte sind Belgern, Dahlen (mit Kurort Schmannewitz), Dommitzsch, Mügeln und Schildau (Erholungsort). Im wirtschaftlich schwach strukturierten Kreis sind Klein- und mittelständ. Gewerbe bes. in Oschatz, Land- und Forstwirtschaft sowie Fremdenverkehr wichtig. – Der Kreis wurde am 1. 8. 1994 aus den Kreisen Torgau und Oschatz gebildet; eingegliedert wurden fünf Gemeinden des ehem. Kreises Eilenburg.

Torgelow [-lo], Stadt im Landkreis Uecker-Randow, Meckl.-Vorp., 8 m ü. M., an der Uecker, inmitten der Ueckermünder Heide, 11 500 Ew.; Gießerei, Möbelindustrie, histor. Werkstätten. – Das seit 1281 bezeugte Dorf T. kam 1648 mit dem Herzogtum Pommern an Schweden. Seit 1690 war es Sitz eines Amtes. 1720 an Preußen gefallen, erhielt T. ein Eisenhüttenwerk. 1945 wurde T. Stadt.

Torguten, Zweig der Westmongolen in der Mongolei (12 500) und in China, v. a. in der Dsungarei. In Russland stellen sie die Mehrzahl der →Kalmücken.

Torhüter, Torwart, in Ballsportarten mit Torwertung derjenige Spieler, der zur Bewachung des eigenen Tores eingesetzt wird, um den gegner. Torerfolg zu verhindern.

Toribio [toˈriβio], Alfonso **de Mogrovejo** [-ˈvɛxo], latinisiert **Turibius,** span. kath. Theologe, * Villaquejida (Prov. León) oder Mayorga (Prov. Valladolid) 16. 11. 1538, † bei Lima 23. 3. 1606; wurde 1575 Inquisitor von Granada, 1579 Erzbischof von Lima; Reorganisator und Erneuerer der südamerikan. Kirche. – Heiliger, Patron von Lima und Peru (Tag: 23. 3.).

Tori Busshi [-ʃi; jap. ›Buddhabildner Tori‹], jap. Bildhauer chin. Abstammung des 7. Jh.; schuf die ältesten erhaltenen Bronzefiguren Japans in der Technik der verlorenen Form. Von ihm stammen, inschriftlich belegt, der ›Yakushi‹ (607) und die ›Shakatrias‹ (623, beide im Hōryūji bei Nara). Seine Figuren kennzeichnet ein archaisches Lächeln; ihre Gewänder zeigen symmetr. Faltenwurf.

Tories [ˈtɔːrɪz]; engl., von irisch toraidhe ›Verfolger‹, ›Räuber‹], Sg. **Tory** der, -s, **1)** in *England/Großbritannien* seit 1679 die urspr. abwertende Bez. für die Gruppierung im Parlament, die JAKOB II. gegen die →Whigs unterstützte. 1710–14 und 1784–1830 mit kurzen Unterbrechungen regierungstragend, wurden die T. gleichgesetzt mit Anglikanismus und ländl. Grundbesitz. Die Reform Bill der Whigs von 1832 löste die Wandlung der T. zur →Konservativen und Unionistischen Partei aus.
2) im *Nordamerikan. Unabhängigkeitskrieg* die →Loyalisten.

Torii [jap. ›Vogelsitz‹] *das, -(s)/-(s),* Tor vor Shintō-Heiligtümern (→Schrein), gebildet aus zwei senkrechten, manchmal leicht einander zugeneigten Holzpfeilern, die durch zwei Querbalken verbunden und oft mit einem Seil aus Stroh mit gefalteten Papierstreifen geschmückt sind. BILD →Shintō-Kunst

Torii Kiyonaga, jap. Farbholzschnittkünstler, →Kiyonaga.

Torii-Schule, jap. Schule und Familie von Holzschnittzeichnern in Edo (heute Tokio), v. a. für Theatergrafik (Bühnenszenen und Plakate), aber auch großfigurige Kurtisanenbilder; gegr. von →KIYONOBU. KIYONAGA löste sich vom Torii-Stil der Schauspielerbilder und wandte sich anderen Themen zu. Ein letzter Vertreter der Torii-Sippe ist KIYOMINE (* 1787, † 1869).

torische Fläche [zu Torus], Teil einer Rotationsfigur, die durch Rotation eines Kreisbogens um eine Achse entsteht, die in dessen Ebene liegt, aber nicht durch seinen Mittelpunkt geht. Liegt der Krümmungsmittelpunkt des Kreisbogens zw. Scheitel und der Rotationsachse, so bezeichnet man die t. F. als wurstförmig; liegt dagegen die Rotationsachse zw. Scheitelpunkt und Krümmungsmittelpunkt, wird die t. F. tonnenförmig genannt. T. F. als brechende Flächen dienen z. B. bei Brillengläsern (→Brille) zur Korrektion astigmat. Augenfehler (tor. Linsen). – Die Bez. wird auch für Flächen verwendet, die durch Rotation einer nicht kreisförmigen ebenen Kurve entstehen.

Torkretverfahren [Kw.], **Torkret®,** Spritzbetonverfahren, bei dem ein Gemisch von Zement und Sand

torische Fläche: Wurstförmige (oben) und tonnenförmige torische Flächen; gezeigt sind je eine konvexe (links) und eine konkave Fläche

Torl Torlonia – Tornado

Tornado 1) am 5. 8. 1965 in Oklahoma, USA

mit Druckluft durch eine Rohrleitung gepresst wird, an deren Austrittsende dem Gemisch durch Düsen Wasser zugegeben wird. Die Masse wird in mehreren Lagen aufgespritzt, die sich aufgrund des hohen Pressdrucks gut miteinander verbinden. Das T. wird zur Herstellung eines sehr dichten Verputzes, zur feuersicheren Umkleidung von Stahlbetonkonstruktionen u. a. angewendet.

Torlonia, röm. Familie, 1794 geadelt, 1814 gefürstet. ALESSANDRO T. (* 1800, † 1886), u. a. Fürst von Musignano und Canino, finanzierte die Trockenlegung des Fuciner Sees. (→Fuciner Becken)

Tormes, Río T., linker Nebenfluss des Duero in W-Spanien, 247 km lang, entspringt mit vielen Quellbächen am N-Hang der Sierra de Gredos, durchfließt die N-Meseta im westl. Altkastilien, mündet an der spanisch-port. Grenze. Zwei Stauseen dienen der Bewässerung und Energieerzeugung: im Oberlauf Santa Teresa, im Unterlauf Almendra (1970 fertig gestellt; Stauvolumen 2,65 Mrd. m³; Staumauer 202 m hoch, 567 m lang).

Törn [niederdt.], *seemännisch:* einmaliges Umwickeln einer Leine um einen Gegenstand, Schlinge; *übertragen:* eine bestimmte wiederkehrende Zeitspanne oder Reihenfolge (z. B. Wach-T.), Zeitabschnitt einer Reise (z. B. See-T.).

Tornado [engl., unter Anlehnung an span. tornar ›sich drehen‹, umgebildet aus tronada ›Gewitter‹, zu tronar ›donnern‹] *der, -s/-s,* **1)** *Meteorologie:* 1) kleinräumiger, den Großtromben zugeordneter verheerender Wirbelsturm. T. entstehen meistens in den Staaten des Mittleren Westens der USA, v. a. in der warmen Jahreshälfte und in Verbindung mit Gewitterwolken, bevorzugt vor Kaltfronten, an denen trockenkalte Luft von den Rocky Mountains mit feuchtwarmer Luft aus dem Golf von Mexiko zusammentrifft. Dabei bilden sich große Temperatur- und Feuchtegegensätze auf engstem Raum und eine starke Labilität der Luftschichtung. Durch örtlich starke Aufwinde in einem engen Schlauch gerät die aufsteigende Luft in eine Kreisbewegung mit nach innen zunehmender Windgeschwindigkeit, die mehrere hundert Kilometer pro Stunde erreichen kann. Sichtbares Zeichen der T. ist ein ›Rüssel‹, der mit Wassertropfen als Folge der Kondensationsvorgänge bei starkem Druckfall und mit aufgewirbeltem Staub gefüllt ist und sich von der Gewitterwolke in Richtung Erdboden erstreckt. In seinem Bereich treten außerordentlich hohe Vertikal- und Rotationsgeschwindigkeiten auf. Längs der Zugbahn von T. (im Mittel 5–10 km, aber auch bis 300 km, bei einer Fortbewegung um 50–60 km/h) bleibt auf einer Breite von einigen Hundert Metern bis über einen Kilometer, dem Durchmesser der T., eine Schneise der Verwüstung zurück. Im langjährigen Durchschnitt kommen in den USA etwa 750 T. jährlich vor; sie können einige Hundert Menschen das Leben kosten. – Auch in Mitteleuropa treten gelegentlich derartige kleinräumige Wirbelstürme auf. 2) Gewitter in Westafrika, die besonders am Anfang und Ende der Regenzeit im Bereich von O-W-ziehenden Störungen auftreten.

Intense atmospheric vortices, hg. v. L. BENGTSSON u. a. (Berlin 1982); J. T. SNOW: Tornados, in: Spektrum der Wiss. (1984), H. 6.

2) *Segeln:* Zweihand-Katamaran mit zwei Rümpfen, seit 1976 olymp. (schnellste) Klasse; Länge 6,1 m, Breite 3,05 m, Tiefgang 0,76 m (mit Schwert), Segelfläche 21,8 m²; Segelzeichen (BILD →Segeln): schräges T (τ, griech. Tau).

Tornado, zweisitziges Militärflugzeug, von der MBB-Tochtergesellschaft Panavia Aircraft GmbH (Konsortium der dt., brit. und ital. Luftfahrtindustrie) ab Ende der 1960er-Jahre als Mehrzweckkampfflugzeug entwickelt und daher auch als **MRCA** (Abk. für engl. **M**ulti-**r**ole **C**ombat **A**ircraft) bezeichnet; Erstflug am 14. 8. 1974, Serienproduktion seit 1977; seit 1981 von der Bundeswehr geflogen. Der in der Grundversion fast ausschließlich als Jagdbomber eingesetzte T. ist ein allwetterfähiges, mit einem automat. Terrainfolgesystem ausgestattetes Schwenkflügelflugzeug (Flügelpfeilung 25° bis 66°); es besitzt zwei Dreiwellenstrahltriebwerke mit je etwa 37 kN Schubkraft; die Höchstgeschwindigkeit beträgt Mach 1,1 in Bodennähe, Mach 2,2 in 11 000 m Höhe. Das normale Abfluggewicht der Maschine ist 18 000 kg, der Aktionsradius beläuft sich je nach Zuladung auf 500–1 200 km; Bewaffnung: zwei 27-mm-Kanonen und max. 7 250 kg Waffenzuladung. Von den bis Ende der 90er-Jahre produzierten rd. 1 000 Exemplaren befinden sich insgesamt 332 im Besitz der Bundeswehr; 35 hiervon sind die 1990–92 ausgelieferten elektron. Kampfaufklärer T. ECR (Electronic combat reconnaissance). Die brit. Royal Air Force verfügt neben dem T. in der Grundversion über die speziellen Jägerversionen T. F-2/F-3. – Zum ersten Kampfeinsatz von T. der

Tornado 1): Luftströmungen in einem Tornado

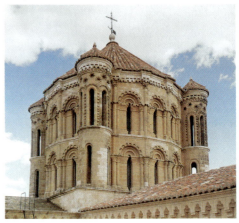

Toro: Kuppel der Stiftskirche Santa María la Mayor (1160 bis 1240)

Bundeswehr kam es ab 1995 zur Überwachung der Friedensvereinbarungen für das ehem. Jugoslawien. (BILD →Kampfflugzeug)

F. K. MASON: T. Entwicklung, Technik, Einsatz (a. d. Engl., 1989).

Tornatore, Giuseppe, ital. Filmregisseur, * Bagheria (Prov. Palermo) 1956; drehte 1982 einen Dokumentarfilm über ethn. Minderheiten auf Sizilien; ging später (1985) zum Spielfilm über.
Filme: Der Professor (1985); Code Name Zebra (1986); Grotesque (1987); Cinema Paradiso (1989); Allen geht's gut (1990); Una pura formalità (1994); Der Mann, der die Sterne macht (1995).

Torneälv ['toːrnəˌɛlv] *der,* finn. **Torniojoki,** Fluss in N-Skandinavien, 410 km lang, entfließt dem See **Torneträsk** (341 m ü. M., 322 km², 70 km lang, bis 168 m tief) in N-Schweden, nahe der Grenze zu Norwegen; bildet im Unterlauf die Grenze zw. Schweden und Finnland, mündet in den Bottn. Meerbusen; an der Mündung liegen die Hafenstädte Haparanda (Schweden) und Tornio (Finnland).

Tornio, schwed. **Torneå** ['toːrnɔː], Hafen- und Industriestadt in der Prov. Lappi, Finnland, in Lappland, an der Mündung des Grenzflusses Torniojoki (→Torneälv) in den Bottn. Meerbusen, 23 300 Ew.; Holzindustrie, Ferrochromhütte. – Holzkirche (1684) mit z. T. bemalter Holzdecke und wertvollen Schnitzereien. – Als Stadt gegr. 1621.

Toro, Bantuvolk östlich des Ruwenzori, zw. Rutanzige- und Albertsee in W-Uganda. Die etwa 500 000 T. setzen sich aus einer kleinen äthiopiden, Vieh züchtenden Oberschicht (Hima) und der Masse der Ackerbau (Bananen, Kaffee, Baumwolle) treibenden Unterschicht (Iru) zusammen. Die meisten T. sind Christen (Anglikaner, Katholiken). – Das Gebiet der T. gehörte zu dem von den Hima gegründeten Reich **Kitwara.** Um 1830 wurden die T. unter einem sakralen Herrscher unabhängig. Das Königreich **Toro** blieb bis 1967 bestehen, wurde am 29. 7. 1993 mit der Krönung PATRICK KABOYO OLIMIS (* 1945, † 1995) wieder errichtet (→Uganda, Geschichte).

History of East Africa, hg. v. R. A. OLIVER u. a., Bd. 1 (Neuausg. Oxford 1976).

Toro, Stadt in der Prov. Zamora, W-Spanien, 652 m ü. M., auf einem steil zum Duero abfallenden Plateau Altkastiliens, 32 km östlich von Zamora, 9 500 Ew.; Landwirtschaftszentrum inmitten der fruchtbaren ›Campos de T.‹ (Getreide, Wein, Zuckerrüben); Eisenbahnstation. – Wegen des geschlossenen mittelalterl. Stadtbildes mit vielen kunsthistorisch wichtigen Bauten ist T. in seiner Gesamtheit Nationaldenkmal. Die Stiftskirche Santa María la Mayor (1160–1240) besitzt eine mächtige Kuppel mit vier Ecktürmchen und zwei Reihen schlanker Rundbogenfenster, die mit effektvollen Blatt- und Perlornamenten geschmückt sind, qualitätvolle Bauplastik auch am N-Portal (12. Jh.) und am W-Portal (Mitte 13. Jh.). In der Kirche San Lorenzo Hauptretabel von F. GALLEGO (um 1492). – T., das iber. **Arbucale** und röm. **Arbocala,** war nach Beendigung der arab. Herrschaft (883) Residenz der Könige von León.

Toroni, Niele, schweizer. Maler, * Muralto (bei Locarno) 19. 3. 1937; lebt seit 1959 in Paris, arbeitet seit Ende der 1960er-Jahre an einer einzigen konzeptuell orientierten Werkreihe, die den Titel ›Pinselabdrücke Nr. 50, wiederholt in regelmäßigen Abständen von 30 cm‹ trägt. Lediglich Farbton und Pigmentträger werden als Variable behandelt und vor Ort ausgewählt.

N. T. Catalogue raisonnée 1967–1987. 20 ans d'empreintes, Ausst.-Kat. Musée de Peinture et de Sculpture, Grenoble (Nizza 1987); N. T., l'album, Ausst.-Kat. Musée National d'Art Moderne, Paris (Paris 1991).

Toronto [engl. təˈrɒntəʊ], Hauptstadt der Prov. Ontario, Kanada, am N-Ufer des Ontariosees, (1996)

Toronto: Blick vom Ontariosee auf den von Wolkenkratzern geprägten Stadtkern; links die Sportarena ›Skydome‹ (1989), deren Kuppel geöffnet werden kann, und der 553 m hohe Canadian Tower

653 700 Ew.; als Metrop. Area rd. 4 Mio. Ew. (1951: 1,1 Mio., 1971: 2,6 Mio. Ew.). 1998 sind die 6 Stadt-Bez. der früheren ›Metro T.‹ zur ›City of T.‹ mit rd. 2,4 Mio. Ew. vereinigt worden, der so genannten ›Mega City‹. Der gesamte Ballungsraum, Greater T. Area, umfasst rd. 7000 km² mit (1996) 4,6 Mio. Ew. und stellt die größte Bev.-Konzentration Kanadas dar. Die Mehrheit der Bev. sind Anglokanadier brit. Herkunft, ferner zahlr. weitere ethn. Gruppen, u. a. Italiener, Chinesen, Inder, Portugiesen, Deutsche (1991: 1,8 %), die z. T. in bestimmten Wohnvierteln leben.

T. ist das wichtigste Wirtschafts-, Handels- und Finanzzentrum Kanadas sowie führendes Kultur- und Bildungszentrum Anglokanadas; Sitz eines kath. Erzbischofs, eines anglikan. und eines ukrainisch-unierten Bischofs; University of T. (gegr. 1827), York University (gegr. 1959), TH (Ryerson Polytechnical Institute, gegr. 1963), Konservatorium, Organistenschule, Kunsthochschule, Bibliotheken, Art Gallery of Ontario, Ontario Science Centre u. a. Museen, Planetarium, zoolog. Garten; jährliche kanad. Nationalausstellung. Wichtigster Wirtschaftsfaktor ist das Dienstleistungsgewerbe, v. a. in Verwaltungen, Handel und Verkehr, Banken und Versicherungen; die Börse für Montanwerte in T. ist die bedeutendste der Erde. Zur vielseitigen Industrie gehören u. a. Metallverarbeitung, Elektrotechnik und Maschinenbau, Hightech-, Holz-, chem. und Druckindustrie; in T. erscheinen versch. führende Zeitungen. T. besitzt einen bedeutenden Hafen und den größten internat. Flughafen Kanadas (Lester Pearson Airport). Gute Verkehrserschließung durch Highways, Busnetz und U-Bahn.

Stadtbild: Im Schachbrettmuster angelegte Altstadt; deren ältester erhaltener Ziegelbau, ›The Grange‹, ist ein typ. Herrenhaus von 1830 (seit 1911 Museum); daran anschließend die Neubauten der Art Gallery of Ontario (u. a. 1926; 1989–92 von BARTON MYERS u. a.). Im Bereich des histor. Stadtkerns unweit des Ontariosees der zentrale Geschäftsbereich mit Hochhäusern, z. B. das Einkaufszentrum ›Eaton Centre‹ (1976–81, von EBERHARD ZEIDLER); von demselben Architekten der Cadillac Fairview Tower (1981) und Queen's Quai Terminal (1983–84). Von Bedeutung sind auch Roy Thomson Hall (Konzerthalle;

Toronto
Stadtwappen

Provinzhauptstadt in Kanada

am Ontariosee

653 700 Ew. (Metropolitan Area rd. 4 Mio. Ew.)

Wirtschafts- und Kulturzentrum Anglokanadas

zwei Universitäten (gegr. 1827 und 1959)

1793 als York entstanden

nach Plänen von ARTHUR C. ERICKSON, * 1924) und Sportarena ›Skydome‹ (1989). Wahrzeichen der modernen Stadt sind die City Hall (1958–65, von V. G. →REVELL) und der Canadian Tower (553 m hoher Telekommunikationsturm, 1975 eingeweiht). Seit 1967 entstanden zahlreiche unterird. Einkaufspassagen, die Bürogebäude, Hotels und U-Bahnhöfe verbinden. Nach außen weitläufige Wohnbereiche (Suburbs) mit vorwiegend Einzelhäusern, unterbrochen von Hochhauskonzentrationen, Einkaufszentren, Industrie- und Büroanlagen. Im O der Metrop. Area errichtete J. ANDREWS 1964–67 das Scarborough College der University of Toronto.

Toronto: Die kreisrunde Roy Thomson Hall (Konzerthalle, nach Plänen von Arthur C. Erickson) vor den Hochhäusern des zentralen Geschäftsbereichs

Geschichte: Zunächst eine Siedlung der Irokesen **(Teiaiagon),** bestand hier 1720–30 ein kleiner frz. Vorratsplatz, 1750/51–59 eine größere befestigte Niederlassung (Fort Rouillé); nach Gründung der – überwiegend englischsprachigen – Prov. Oberkanada (1791) wurde 1793 die Siedlung **York** angelegt (ab 1796 Prov.-Hauptstadt). Sie wurde 1834 unter dem Namen T. zur City erhoben; seit 1867 Hauptstadt der Prov. Ontario.

J. T. LEMON: T. since 1918. An illustrated history (Toronto 1985).

Tororo, Stadt in O-Uganda, 1 176 m ü. M., südwestlich des Mount Elgon, etwa 20 000 Ew.; Distrikt-Verw., kath. Bischofssitz; Zementfabrik, Herstellung von Düngemitteln, Insektiziden u. a. Chemikalien, Ölmühle mit Seifenfabrik; Verkehrsknotenpunkt.

Torpedo [nach lat. torpedo ›Zitterrochen‹ (der seinen Gegner bei Berührung ›lähmt‹), zu torpere ›betäubt sein‹, ›erstarrt sein‹] *der, -s/-s, Militärwesen:* zigarrenförmiges Unterwasserkampfmittel mit eigener Antriebsanlage und Steuereinrichtungen; wirkt mittels Sprengladung gegen den unter der Wasseroberfläche befindl. Teil gegner. Schiffe und Boote (Seeziele) sowie gegen U-Boote (Unterwasserziele). **Schwergewichts-T.** werden von U-Booten oder von Überwasserfahrzeugen aus je nach Typ gegen feindl. See- oder Unterwasserziele eingesetzt; Länge 5–7 m; Gewicht 1 200–1 600 kg; Geschwindigkeit 25–45 kn; Reichweite 10–30 km; Kaliber i. d. R. 53,3 cm. Für die U-Boot-Bekämpfung von Luftfahrzeugen aus konstruierte man die **Leichtgewichts-T.,** die von U-Jagd-Flugzeugen und -Hubschraubern, aber auch von Überwassereinheiten aus eingesetzt werden; Länge 2,5–3,5 m; Gewicht 200–350 kg; Reichweite 5–20 km; Kaliber meist 32,4 cm.

An Bord von Überwasserfahrzeugen mitgeführte T. werden i. d. R. aus T.-Rohren mithilfe von Druckluft oder einer schwachen Pulverladung oder mittels eines Raketentreibsatzes (Raketen-T.) ausgestoßen. Von U-Booten das verlassen die T. das T.-Rohr mittels Kolbenausstoß oder durch Eigenantrieb (›Ausschwimmen‹). Luftfahrzeuge klinken sie ähnlich wie Bomben aus. Als Antriebssystem wird heute überwiegend der Elektromotor verwendet. Die Steuerung moderner Schwergewichts-T. erfolgt mittels Drahtlenkung vom Trägerfahrzeug aus, Leichtgewichts-T. werden anhand der ermittelten Zieldaten auf einen bestimmten Kurs vorprogrammiert, bei beiden T.-Arten übernimmt in Zielnähe meist ein akust. Zielsuchkopf die Steuerung. Als Zünder dienen kombinierte Aufschlag- und magnet. Abstandszünder, die auf Veränderungen des magnet. Erdfeldes durch das anvisierte Ziel ansprechen. Die Sprengkraft eines T. wird durch die ›Verdämmung‹ unter Wasser derart verstärkt, dass ein T.-Treffer i. d. R. zur Versenkung des Zieles führt.

Geschichte: Ende des 18., Anfang des 19. Jh. erfolgten erste Versuche mit Unterwassersprengladungen v. a. durch R. FULTON, der für diese auch die Bez. T. einführte. Ab Mitte des 19. Jh. wurde für verankerte oder treibende Sprengkörper der Name Seemine üblich, als T. galten seitdem ausschließlich selbstlaufende Unterwasserkampfmittel. Im Sezessionskrieg (1861–65) wurden erstmals in größerem Umfang ›Spieren-T.‹ eingesetzt, die man mittels Befestigung an einer weit über den Bug eines kleinen Überwasserfahrzeugs hinausragenden Stange (seemännisch ›Spiere‹) an das gegner. Schiff heranbrachte. Die Urform des heutigen T. konstruierte 1859–60 in Fiume (heute Rijeka) der österr. Fregattenkapitän JOHANN LUPPIS VON RAMMER (* 1813, † 1875). Darauf aufbauend entwickelte der brit. Ingenieur ROBERT WHITEHEAD (* 1823, † 1905) den ersten einsatzfähigen T.: den ›Fisch‹ oder Whitehead-T. (1872). Als Antriebssystem herrschte bis zum Zweiten Weltkrieg der Druckluftmotor vor, der jedoch an der Wasseroberfläche eine verräter. Blasenbahn erzeugte. Dies wurde durch den 1918 entwickelten und dann im Zweiten Weltkrieg eingesetzten elektr. T.-Antrieb vermieden. Erheblich verbessert wurde die T.-Waffe im Zweiten Weltkrieg, als mit akust. Zielsuchköpfen ausgestattete, eigen- und drahtgelenkte T. sowie die magnet. Abstandszündung entwickelt wurden.

Bis zum Ersten Weltkrieg blieb das T.-Boot wichtigstes Trägermittel für T., seitdem ist es das U-Boot. Eine besondere Rolle spielte im Zweiten Weltkrieg das T.-Flugzeug, von dem aus man im Tiefflug (Luft-)T. abwarf.

Torpedo: Schematischer Längsschnitt durch einen Zielsuchtorpedo mit Elektroantrieb

F. Lauck: Der Luft-T. Entwicklung u. Technik in Dtl. 1915–1945 (1981); E. Rössler: Die T. der dt. U-Boote (1984); T.-Flugzeuge. Entwicklung u. Einsatz, bearb. v. H. J. Nowarra (1984); M. Schiffner u. a.: T.-Bewaffnung (Berlin-Ost ²1990).

Torpedoboot, im Zuge der Entwicklung des Torpedos als dessen Trägermittel konstruierter, bis zum Zweiten Weltkrieg verwendeter Kriegsschiffstyp. Auf die zunächst eingeführten Spieren-T. (in Dtl. seit 1872) folgten seit Anfang der 1880er-Jahre für den Einsatz selbstlaufender Torpedos mit Ausstoßrohren an Oberdeck ausgestattete T. Als schnelle, wendige Fahrzeuge (um 100 ts) dienten sie v. a. der Bekämpfung gegner. Großkampfschiffe (bevorzugt in Nachtangriffen). Zur Steigerung des Fahrbereichs und der Seetüchtigkeit baute man seit etwa 1900 erheblich größere T. (300–700 ts, später bis 1 300 ts). Nachdem bereits vor dem Ersten Weltkrieg zur Bekämpfung des T. der T.-Zerstörer entwickelt worden war und die Großkampfschiffe zu diesem Zweck mittlere Artillerie in größerer Zahl erhielten, verlor das T. an Bedeutung, seine Aufgaben gingen endgültig im Zweiten Weltkrieg auf den →Zerstörer und das →Schnellboot über.

H. Fock: Z – vor! Die internat. Entwicklung u. Kriegseinsätze von Zerstörern u. T. (1989).

Torpor [lat. ›Erstarrung‹] *der, -s,* **Torpidität, 1)** *Biologie:* Erstarrungszustand, der mit einer starken Reduktion des Stoffwechsels und der Körpertemperatur einhergeht, kommt bes. bei kleinen Landsäugetieren (z. B. Fledermäusen, Ameisenigeln, Weißzahnspitzmaus) und Insekten fressenden Vögeln (z. B. Mauerseglern, Kolibris) mit hoher Stoffwechselaktivität vor; er dient der Gewährleistung einer ausgeglichenen Energiebilanz. T. kann in tägl. Zyklen so gelegentl. Starrezuständen (fakultativer T.) auftreten, abhängig von den im Tier vorhandenen Energiereserven, die ihrerseits u. a. von Nahrungsangebot und Witterungseinflüssen abhängig sind.

2) *Psychologie:* starker Aktivitätsverlust als Symptom bei geistiger Behinderung.

Torquay [ˈtɔːkiː], ehem. selbstständige Stadt in England, seit 1969 Teil von →Torbay.

Torquemada [tɔrkeˈmaða], **1)** Juan de, latinisiert **Johannes de Turrecremata,** span. Theologe und Kardinal (seit 1439), * Valladolid 1388, † Rom 26. 9. 1468, Onkel von 2); Dominikaner; Konzilstheologe in Konstanz, Basel, Ferrara und Florenz. Bedeutung erlangte seine 1561 erschienene ›Summa de ecclesia‹, eine thomist. Ekklesiologie, in der er die päpstl. Suprematie verteidigte.

2) Tomás de, latinisiert **Thomas de Turrecremata,** span. Theologe, * Valladolid 1420, † Ávila 16. 9. 1498, Neffe von 1); Dominikaner, erwarb als Beichtvater das Vertrauen Isabellas I. und Ferdinands II. Seit 1484 leitete er als Großinquisitor die span. →Inquisition.

Torques [lat., zu torquere ›drehen‹] *der, -/-,* gedrehter metallener Halsring, um 1200 v. Chr. von O-Europa bis Britannien verbreitet, typisch bes. für die Kunst der Kelten. Unterschieden werden v. a. der stabgedrehte T., wobei der Stab einen quadrat., rechteckigen oder dreieckigen Querschnitt haben kann, und der lappengedrehte T., bei dem die Kanten des Stabs ausgehämmert sind. Auch der Band-T. ist gedreht; daneben gibt es pseudogedrehte T., die in einer Form gegossen sind.

Torr [nach E. Torricelli] *das, -s/-,* Einheitenzeichen **Torr,** nichtgesetzl. Einheit des Drucks, bes. des Luftdrucks; definiert als der 760ste Teil der physikal. →Atmosphäre: 1 Torr = $^1/_{760}$ atm = 1,33322 mbar = 133,322 Pa.

Torralva [port. tu-], Diogo de, auch **Diego de Torralba,** port. Architekt span. Herkunft, † 1566; kam 1525 nach Portugal, wo er als einer der wenigen port. Renaissancebaumeister wirkte. Er errichtete im Auftrag König Johanns III. den Chor der Hieronymitenklosterkirche in Belém (um 1550 ff.). 1557 begann er den großen Kreuzgang, ›Claustro dos Filipes‹, des Christusritterklosters in Tomar (um 1580 vollendet von F. Terzi).

Torrance [ˈtɔrəns], Industriestadt in Kalifornien, USA, im südl. Vorstadtbereich von Los Angeles, 139 100 Ew.; Eisen-, Stahl-, Erdölindustrie. – Gegr. 1911, seit 1921 City.

Torre, Guillermo de, span. Schriftsteller, * Madrid 27. 8. 1900, † Buenos Aires 14. 1. 1971; lebte 1927–32 und ab 1937 in Argentinien; Schwager von J. L. Borges. Inspiriert von S. Mallarmé, wurde T. zum Begründer und Theoretiker des span. →Ultraismus (›Manifiesto vertical ultraísta‹, 1920), dessen Ästhetik er in seiner Lyrik umsetzte (›Hélices, poemas (1918–1922)‹, 1923). Auch als Literaturkritiker und Essayist förderte er versch. Avantgarde-Bewegungen und deren Vermittlung nach Spanien und Argentinien (›Literaturas europeas de vanguardia‹, 1925, 1965 u. d. T. ›Historia de las literaturas de vanguardia‹; ›Picasso‹, 1936). T. gründete 1927 mit E. Giménez Caballero die ›Gaceta literaria‹. Er übersetzte aus dem Französischen M. Jacob und P. Verlaine. Daneben verfasste er zahlreiche literarhistor. Arbeiten (›Claves de la literatura hispanoamericana‹, 1959; ›La difícil universalidad española‹, 1965; ›Del 98 al barroco‹, 1969).

Torreaner, in der Antike krieger. Stämme auf Korsika, →Filitosa.

Torre Annunziata, Industriestadt in Kampanien, Prov. Neapel, Italien, am Golf von Neapel südlich des Vesuvs, 50 700 Ew.; eisenhaltige Mineralquellen; Nahrungsmittel- (Teigwaren), mechan., pharmazeut. Industrie; Stahlwerk; Hafen. – Die heutige Stadt (um eine 1319 gegründete Kapelle entstanden) liegt an der Stelle des röm. **Oplontis,** eines vom Vesuv 79 n. Chr. verschütteten Villenorts. Durch Ausgrabungen (seit 1964) wurde eine weitläufige Villenanlage freigelegt (mehr als 3 000 m² überbaute Fläche), die vielleicht Poppaea Sabina oder ihrer Familie gehörte. In versch. repräsentativen Räumen fanden sich einzigartige Wandmalereizyklen im zweiten pompejan. Stil mit illusionist. Garten- und Architekturmalerei (wohl um 50 v. Chr.). Die Villa besaß Thermen, Schwimmbad, Wirtschaftstrakt.

Torre del Greco, Stadt in Kampanien, Prov. Neapel, Italien, am Golf von Neapel südwestlich des Vesuvs, 99 600 Ew.; Kunstgewerbeschule, Kameenmuseum; Kunstgewerbe (Kameenherstellung), Handelszentrum, Nahrungsmittelindustrie. – Die v. a. 1631, 1794 und 1861 durch Ausbrüche des Vesuvs stark zerstörte Stadt hat nur wenige alte Bauten bewahrt, u. a. Villa Palomba (1742), Villa del Cardinale (1744). – In der Antike besaßen die Römer hier Villen und berühmte Weinberge; im MA. war die Stadt Verteidigungszentrum gegen die Sarazenen.

Torrelavega, Industriestadt in Kantabrien, N-Spanien, 27 km südwestlich von Santander (Autobahn- und Eisenbahnverbindung), 16 m ü. M., in einer fruchtbaren Küstenebene am Zusammenfluss von Saya und Bensaya, 60 000 Ew.; Zentrum der Eisen- und Stahlproduktion Kantabriens, Metall-, chem. (Kunstfasern, Soda), Textil-, elektrotechn., Nahrungsmittelindustrie (Milchprodukte, Schokolade), Holzverarbeitung; bedeutender Viehmarkt; Verkehrsknotenpunkt. An T. schließt sich der Exporthafen Raqueña in der Ría de Saya an. – Ruinen des Schlosses Torre; in der neugot. Pfarrkirche de la Asunción eine barocke Christussskulptur. 4 km im W die Höhlen von →Altamira; 3 km im NW liegt →Santillana del Mar. – T. wurde im 14. Jh. gegründet.

Torremolinos, Stadt in der Prov. Málaga, S-Spanien, 40 m ü. M., an der Costa del Sol, im Schutz der

Torr Torre-Nilsson – Torresstraße

Sierras de Mijas und Llana am 9 km langen Sandstrand gelegen, 30 900 Ew.; einer der größten Badetourismuskomplexe Europas (jährlich über 1 Mio. Gäste), mit kilometerlangen Hochhauszonen (Hotels, Appartements), die im NO an die Vororte Málagas, im SW über Benalmádena an das 17 km entfernte Fuengirola anschließen; Spielcasinos, Weinmuseum. – T. entwickelte sich seit den 1950er-Jahren aus dem unbedeutenden Fischerort La Carihuela.

Torre-Nilsson, Leopoldo, argentin. Filmregisseur, * Buenos Aires 5. 5. 1924, † ebd. 8. 9. 1978; gab eine makabre, psychologisch eindringl. und krit. Darstellung des Lebens der Oberschicht.

Filme: Das Haus des Engels (1957); Die sich selbst überlassen sind (1958); La Caída (1958); Der beste Mann (1960); Das Fest ist aus (1960); Die Hand in der Falle (1961); Haut in der Sonne (1961); Das Versteckspiel (1975).

M. OMS: L. T.-N. (Lyon 1962).

Torrens, Lake T. [leɪk ˈtɔrənz], zweitgrößte Salzpfanne Australiens, im zentralen South Australia, westlich der Flinders Ranges, 5 900 km², im Sommer meist völlig ausgetrocknet; Nationalpark.

Torrens [ˈtɔrənz], Robert, brit. Politiker und Volkswirtschaftler, * Harvey Hill (Distr. Derry) 1780, † London 27. 5. 1864; bis 1837 Marineoffizier; Vertreter der →Currencytheorie; lieferte Beiträge zur Arbeitswertlehre, zur Theorie der komparativen Kosten. T., der 1835 Vors. der ›South Australian Colonization Commissioners‹ wurde, galt als Wegbereiter der Kolonisation Australiens.

Torrẹnte [ital., eigtl. ›Wildbach‹] *der, -/-n,* Gewässer, das nur nach starken Niederschlägen Wasser führt, dann oft den ganzen Talboden erfüllt. T. sind weit verbreitet in den Mittelmeerländern, in semiariden und ariden Gebieten. (→Bajada, →Wadi)

Torrente Ballester [toˈrrente βaʎesˈter], Gonzalo, span. Schriftsteller, * El Ferrol 13. 6. 1910; Gymnasiallehrer; 1962 Bruch mit dem Franco-Staat und Verlust seines Amtes; 1966–70 Gastprofessor in Albany (N. Y.); seit 1975 Mitgl. der Span. Akademie; erhielt zahlreiche Literaturpreise, darunter 1985 den ›Premio Miguel de Cervantes‹. T. B. trat zunächst v. a. als Theaterkritiker (u. a. für die Zeitung ›Arriba‹) und Literarhistoriker (›Teatro español contemporáneo‹, 1957) hervor. Bereits seine frühen (nicht aufgeführten) Theaterstücke (›El retorno de Ulises‹, 1946; ›Ifigenia‹, 1950) zeigen die Tendenz zur spieler. Entmythifizierung, die in den späteren Romanen sichtbar wird. Als Hauptwerk gilt die Trilogie ›Los gozos y las sombras‹ (1957–62; dt. ›Licht und Schatten‹), eine realistisch erzählte Familiengeschichte vom Vorabend des Span. Bürgerkriegs. Die folgenden Romane, komplexe metaphernreiche Texte mit ironisch-parodist. Zügen, spiegeln die Suche des Autors nach Selbsterkenntnis, die die Grenze zw. Realität und Literatur verschwimmen lässt (›Don Juan‹, 1963; dt.; ›Fragmentos de Apocalipsis‹, 1977; ›Crónica del rey pasmado‹, 1989).

Weitere Werke: Romane: La saga, fuga de J. B. (1972); La isla de los jacintos cortados (1980; dt. Die Insel der Hyazinthen); La princesa durmiente va a la escuela (1983); Las islas extraordinarias (1991); La muerte del decano (1992). – *Essays:* El Quijote como juego (1975).

J. PÉREZ: G. T. B. (Boston, Mass., 1984); Critical studies on G. T. B., hg. v. DEMS. (Boulder, Colo., 1989).

torrentikol [zu lat. torrens, torrentis ›strömend‹ und colere ›bewohnen‹], zum Lebensraum des rasch fließenden Wassers gehörend.

Torreón, Stadt im Bundesstaat Coahuila, Mexiko, 1 130 m ü. M., 459 800 Ew.; Bischofssitz; Mittelpunkt eines Baumwoll- und Weizenanbau- sowie Viehzuchtgebiets; Eisen- und Stahlwerke, Verarbeitung von landwirtschaftl. Produkten; in der Umgebung Bergbau auf Silber, Zink, Kupfer, Blei, Arsen.

Torres Bodet [-βoˈðet], Jaime, mexikan. Schriftsteller, * Mexiko 17. 4. 1902, † (Selbstmord) ebd. 13. 5. 1974; war u. a. Diplomat, Prof. für Romanistik und Kunstgeschichte, 1948–52 Präs. der UNESCO und 1958–64 mexikan. Erziehungs-Min. Seine intimist. Lyrik nährt sich aus mehreren avantgardist. Strömungen; auch Verfasser von psychologisch nuancierten Romanen sowie Essays.

Werke: Lyrik: Canciones (1922); Destierro (1930); Trébol de cuatro hojas (1958). – *Romane:* La educación sentimental (1930); Proserpina rescatada (1931); Primero de enero (1935); Sombras, relato (1937). – *Memoiren:* Tiempo de arena (1955); Equinoccio (1974).

Ausgabe: Obra poética, 2 Bde. (²1983).

S. KARSEN: J. T. B. (New York 1971).

Joaquín Torres García: Arte abstracto a cinco tonos y complementarios; 1943 (Buffalo, N. Y., Albright-Knox Art Gallery)

Gonzalo Torrente Ballester

Jaime Torres Bodet

Tọrres García [-ɣarˈsia], Joaquín, uruguay. Maler, * Montevideo 28. 7. 1874, † ebd. 8. 8. 1949; studierte 1891–96 in Barcelona, hielt sich 1920–22 in New York, 1924–32 in Frankreich auf und kehrte 1934 nach Montevideo zurück, wo 1947 das Museum T. G. gegründet wurde. T. G. kam nach versch. Werkphasen Ende der 1920er-Jahre durch die Begegnung mit T. VAN DOESBURG und P. MONDRIAN zu seinem eigentl. Stil: Er verband die Bildzeichen der präkolumb. Kunst und indian. Folklore mit den geometr. Formprinzipien des Neoplastizismus.

Torres Islands [ˈtɔris ˈaɪləndz], nördlichste Inselgruppe der Neuen Hebriden, Vanuatu, rd. 95 km², rd. 300 Ew.; von Korallenriffen umsäumte Vulkaninseln: Hiu (43 km²), Metoma, Tegua, Linua, Loh, Toga; von Polynesiern besiedelt.

Tọrres Naharro [-naˈarro], Bartolomé de, span. Dramatiker und Lyriker, * Torre de Miguel Sesmero (Prov. Badajoz) um 1480(?), † um 1530(?); kam wohl als Soldat nach Italien, geriet in alger. Gefangenschaft und lebte später als Priester in Rom und Neapel, wo er 1517 seine Werke u. d. T. ›Propalladia‹ veröffentlichte. Die Sammlung enthält Lyrik und acht Theaterstücke, die – v. a. die ›Himenea‹ (Heiratskomödie) mit dem Thema der Ehre – wichtige Vorläufer der ›Mantel- und-Degen-Stücke darstellen. Mit dem Vorwort zu seinen Stücken (›Prohemio‹) hat T. N. die erste Theorie des Dramas in span. Sprache verfasst.

Ausgabe: Propalladia. And other works, hg. v. J. E. GILLET, 4 Bde. (Neuausg. 1979).

J. LIHANI: B. de T. N. (Boston, Mass., 1979).

Tọrres Novas [ˈtorɨʒ ˈnɔvaʃ], Stadt im Distrikt Santarém, Portugal, im Ribatejo, 10 500 Ew.; Museum; Textilindustrie, Kfz-Montage. – Burgruine (14. Jh.); Misericórdia-Kirche mit schönem Renaissanceportal und reicher Azulejosdekoration.

Tọrres|straße, engl. **Torres Strait** [ˈtɔris ˈstreɪt], Meeresstraße zw. der Kap-York-Halbinsel Australiens und Neuguinea, an der engsten Stelle 153 km breit;

verbindet die Arafurasee (im W) mit dem Korallenmeer; Hauptschifffahrtsweg ist der Great Northeast Channel. In der T. liegen zahlr. Inseln (vulkan. Ursprungs oder Korallenbauten; zu Queensland, Australien), die auch als **Torres Strait Islands** bezeichnet werden, mit 8600 Ew. (polynes., melanes. und austral. Herkunft), die von Fischfang, Perlenzucht und Fremdenverkehr leben. Die größten Inseln sind (von S nach N) Prince of Wales Island (180 km²), Horn Island, Moa Island, Badu Island und Saibai Island sowie Boigu Island vor der Küste Neuguineas. Östlich der Inseln erstrecken sich Korallenriffe und -inseln des Großen Barriereriffs. – Benannt nach dem span. Seefahrer LUIS VAEZ DE TORRES, der die T. 1608 entdeckte.

Torres Vedras [ˈtorɪʒ ˈveðraʃ], Stadt im Distrikt Lissabon, Portugal, 13 300 Ew.; Gießerei, Metallverarbeitung, Zementfabrik; Weinbau- und Weinhandelszentrum. – Mittelalterl. Burganlage; got. Misericórdia-Kirche mit reicher Ausstattung (18. Jh.), in der Kirche Sao Pedro (16. Jh.) Azulejosschmuck.

Torres Villarroel [-βiʎarroˈɛl], Diego de, span. Schriftsteller, getauft Salamanca 18. 6. 1694, †ebd. 19. 6. 1770; war nach wenig systemat. Studien und abenteuerl. Leben 1726–51 kaum qualifizierter Prof. für Mathematik in Salamanca, seit 1745 Priester. Ruhm erlangte T. V. seit 1718 als Verf. von Almanachen und Horoskopen sowie wenig seriösen populärmedizin. Werken. Seine Lyrik (›Ocios políticos‹, 1726) und sein Theater (›Juguetes de Thalía‹, 1738) sind noch ganz dem Barock verpflichtet. In der Nachfolge von F. GÓMEZ DE QUEVEDO Y VILLEGAS stehen seine ›Sueños morales‹ (3 Tle., 1727–28), in denen er die Gesellschaft seiner Zeit durchaus scharfsichtig in satirisch-burlesker Form geißelt. Seine ›Vida‹ (6 Tle., 1743–58) ist noch mehr dem Modell des pikaresken Romans und der barocken Desillusion verpflichtet als dem Typus der modernen, auf die Analyse der Individualität zielenden Autobiographie.

G. MERCADIER: D. de T. V. Masques et miroirs, 3 Bde. (Paris 1976).

Torrevieja [torreˈβieχa], Hafenstadt und Seebad in der Prov. Alicante, SO-Spanien, 50 km südlich von Alicante am Mittelmeer (Costa Blanca), 28 000 Ew.; Handels-, Fischerei- und Jachthafen, im N der Badetourismuskomplex ›El Torrejón‹; jährl. Musikfestival ›Habaneras‹. In der Umgebung ausgedehnter Anbau von Frühgemüse (Kanalbewässerung vom Segura); in den großen Lagunen Salinas de T. und Salinas de la Mata Gewinnung von Meersalz.

Torricelli [torriˈtʃelli], Evangelista, ital. Mathematiker und Physiker, *Faenza 15. 10. 1608, †Florenz 25. 10. 1647. T. kam 1641 nach Florenz und half G. GALILEI bei der Beendigung seiner ›Discorsi e demonstrazioni mathematiche‹. Nach dem Tod GALILEIS 1642 wurde T. dessen Nachfolger als Hofmathematiker des Großherzogs von Florenz und Prof. für Mathematik und Physik an der Univ. Florenz. In seinem 1644 erschienenen Hauptwerk ›Opera geometrica‹ behandelte T. infinitesimalmathemat. Fragen durch Anwendung archimedischer und cavalierischer Methoden, was wesentl. Einfluss auf die weitere Entwicklung der Infinitesimalrechnung hatte. Des Weiteren formulierte T. das →Ausflussgesetz. Am bekanntesten wurde T. durch seine Erfindung des Quecksilberbarometers.

Ausgabe: Opere, hg. v. G. LORIA u. a., 5 Tle. (1919–44).

B. CALDONAZZO u. a.: E. T. (Florenz 1951).

Torrijos Herrera [toˈrijos eˈrrera], Omar, panamaischer Politiker, *Santiago de Veraguas 13. 2. 1929, † (Flugzeugabsturz) bei Penonomé 31. 7. 1981; wurde nach dem Putsch (1968) gegen Präs. ARNULFO ARIAS (*1899, †1988) das führende Mitgl. der Militärjunta (›Oberster Führer der Panamaischen Revolution‹). T. H. verfolgte Strukturreformen und betrieb v. a. die Revision des Panamakanalvertrags von 1903. 1972 wurde er zum Reg.-Chef ernannt; ab 1978 bestimmte er als Oberbefehlshaber der Nationalgarde die Politik und leitete eine demokrat. Öffnung ein.

Törring, Joseph August Graf von, Schriftsteller, *München 1. 12. 1753, †ebd. 9. 4. 1826; bekleidete hohe bayer. Staatsämter (bis 1825); Vertreter des Ritterdramas (›Kaspar der Thorringer‹, 1785). Nachhaltige Wirkung, so z. B. auf F. HEBBEL und O. LUDWIG, übte sein Drama ›Agnes Bernauerin. Ein vaterländ. Trauerspiel‹ (1780) aus.

Torriti, Jacopo, ital. Maler und Mosaizist, tätig in Rom gegen Ende des 13. Jh. Die von ihm zw. 1288 und 1292 oder wenig später ausgeführten Apsismosaiken in der Lateransbasilika (1878 erneuert) und in Santa Maria Maggiore (1292–95?, BILD →Krönung Marias) weisen ihn als einen noch der byzantin. Tradition verpflichteten Künstler des Duecento aus, der jedoch zugleich Einflüsse der frz. Gotik verarbeitete.

Eduardo Torroja y Miret: Tribüne der Pferderennbahn La Zarzuela bei Madrid; 1935

Torroja y Miret [toˈrroxa i miˈrɛt], Eduardo, span. Ingenieur und Architekt, *Madrid 27. 8. 1899, †ebd. 15. 6. 1961; wirkte mit technisch kühnen Dachkonstruktionen bahnbrechend für die Entwicklung des Schalenbaus (Tribüne der Pferderennbahn La Zarzuela bei Madrid, 1935).

Torrox [toˈrɔks], Stadt in der Prov. Málaga, S-Spanien, an der Costa del Sol, 3 km landeinwärts der Mittelmeerküste (Punta de Torrox, Leuchtturm), 10 700 Ew.; Mudéjarkirchen; Badetourismuskomplex **T. Costa** mit 8 km langem Sandstrand. – T., röm. Ursprungs (Nekropole, Thermen, Mosaike; Funde im archäolog. Museum in Málaga), war in der Maurenzeit berühmt durch Seidenmanufakturen.

Torse [zu Torsion] die, -/-n, eine →Regelfläche, bei der längs jeder erzeugenden Geraden die Tangentialebene unverändert bleibt. T. lassen sich in die Ebene abwickeln, d. h. längentreu abbilden (→abwickelbar). Beispiele für T. sind Kegel-, Zylinder- und Tangentenflächen.

Tórshavn [ˈtoːʊrshaʊn], dänisch **Thorshavn** [ˈtoːrshaʊn], Hauptstadt und größte Siedlung der Färöer, im SO der Insel Streymoy, 15 300 Ew.; Sitz des Lagting; Univ., Archiv, Museen; Fischfang und -verarbeitung; Hafen.

Torsion [zu spätlat. torsum, lat. tortum von torquere ›drehen‹] die, -/-en, 1) *Archäologie:* in versch. frühen Kulturen zu beobachtendes Gestaltungsprinzip, bei dem ein Element an einem Punkt schraubenförmig gedreht wird und sich ein Richtungswechsel ergibt. Zuerst als Dekorationsprinzip keram. Gefäße u. a. im Donau-Balkan-Raum, auf Kreta (minoische Kultur) und im westl. Vorderasien nachgewiesen.

Tors Torsionsbruch – Tortil

2) *Mathematik:* die Windung $\tau(s) = |b'(s)|$ einer Kurve, die in der →Frénet-Formel $b'(s) = -\tau(s)n(s)$ als Proportionalitätsfaktor auftritt und angibt, wie stark und in welchem Sinne sich die Kurve in der Umgebung des Punktes $r(s)$ aus der durch den Tangenten- und Hauptnormalenvektor $n(s)$ gebildeten Schmiegebene herauswindet.

3) *Mechanik:* **Drillung, Verdrehung, Verdrillung, Verwindung,** Beanspruchung eines Bauteils, z. B. einer Welle, durch zwei gleich große, aber entgegengesetzt gerichtete, in endl. Abstand voneinander angreifende Drehmomente, eine besondere Form der →Scherung. Ein einfaches Beispiel ist ein an einem Ende eingespannter kreisrunder Stab oder Draht (Radius r, Länge l), an dessen freiem Ende ein in Richtung Stabachse weisendes Drehmoment (**T.-Moment**) M angreift. Dadurch werden die Querschnittsflächen des Stabs oder Drahts um einen um so größeren Winkel verdreht, je weiter sie vom festen Ende entfernt sind, und seine Volumenelemente erfahren bei einer Drehung des freien Endes um den Winkel φ eine Scherung um den Winkel $\alpha = \varphi r/l$. Innerhalb der Gültigkeitsgrenzen des →hookeschen Gesetzes ruft die T. ein dem tordierenden Drehmoment M gleiches, aber entgegengerichtetes →Rückstellmoment D_r hervor, unter dessen Wirkung ein tordierter (verdrillter) und dann losgelassener Draht (Stab) Drehschwingungen (**T.-Schwingungen**) ausführen kann. Deren Schwingungsdauer ist $T = 2\pi \sqrt{J/D_r}$, wenn J das Trägheitsmoment eines Körpers ist, der am freien Ende eines am andern Ende fest eingespannten Drahts befestigt ist.

Torsion 3) eines kreisrunden Stabs, der am unteren Ende eingespannt ist und am oberen Ende um den Winkel φ verdreht ist; $M = r \times F$ ist das angreifende Drehmoment; r Radiusvektor, F und $-F$ Kräftepaar

4) *Medizin:* Drehung eines Organs (meist um die Längsachse) bei abnormer Beweglichkeit, z. B. Hoden-T. (→Hoden).

Torsionsbruch, Drehungsbruch, *Medizin:* Form des Knochenbruchs infolge einer gewaltsamen gegensinnigen Drehbewegung, z. B. bei Skiunfällen.

Torsionsgruppe, *Mathematik:* die aus allen Elementen endlicher Ordnung bestehende Untergruppe einer abelschen →Gruppe.

Torsionsmodul, der →Gleitmodul.

Torsionsstab, der →Drehstab.

Torsionsversuch, Werkstoffprüfverfahren, bei dem an einer axial eingespannten zylindr. Probe ein Torsionsmoment angreift und die zugehörige Verdrehung, d. h. der Winkel zw. festem und das Drehmoment einleitendem Einspannkopf, gemessen wird. Die auf den Abstand der Einspannköpfe bezogene Verdrehung wird als **Schiebung** bezeichnet. Die Verdrehung der Probe bis zum Bruch ist ein Maß für das Umformvermögen des Werkstoffs.

Torsionswaage, Federwaage, die die Last aus der Verformung einer Torsionsfeder ermittelt.

Torso [ital., eigtl. ›Kohlstrunk‹, ›Fruchtkern‹, über spätlat. tursus von griech. thýrsos ›Stängel‹, ›Strunk‹] *der, -s/-s* oder *...si,* fragmentarisch erhaltene oder unvollendete Statue, bei der Teile abgebrochen oder nie ausgeführt worden sind. Die Antike kannte den T. als selbstständige Kunstform nicht. – Im 16. Jh. wurde der T. nach dem Vorbild des →Belvederischen Torso zum Studienobjekt und entstand zunächst überwiegend als bildhauer. Entwurf, als Bozzetto. In der Malerei zum ersten Mal 1524 als Personifikation der Bildhauerei verwendet (B. LICINIO, ›Familienbildnis‹; Rom, Galleria Borghese), wurde der T. zum gängigen Typus der bildenden Kunst. In der Plastik lässt sich der T. zunächst in der Bauskulptur des Manierismus als Karyatide und Herme mit abgeschnittenen Armen im Sinne eines pseudoantiken T. nachweisen (1555, Paris,

Torso:
Belvederischer Torso des Apollonios; 1. Jh. v. Chr. (Rom, Vatikanische Sammlungen)

Louvre). Erst im 17. Jh. war der T. als Sinnbild der Bildhauerei in der Plastik bekannt und wurde auch im Sinn eines Vergänglichkeitssymbols verwendet. Seit A. RODIN erscheint der T. als autonomes Motiv, als ›Monumentalisierung des Entwurfs‹, entsprechend einer allg. Neigung zur Skizzenhaftigkeit, aber auch als Verkörperung einer künstler. Idee (W. LEHMBRUCK, C. BRANCUSI, H. ARP, H. MOORE, G. SEITZ, A. HRDLICKA).

W. SCHNELL: Der T. als Problem der modernen Kunst (1980); T. als Prinzip, Ausst.-Kat. (1982); Das Fragment. Der Körper in Stücken, bearb. v. SABINE SCHULZE, Ausst.-Kat. (Bern 1990).

Torstenson, Torstensson, Lennart, Graf **von Ortala** (seit 1647), schwed. Feldherr, * Forstena (bei Vänersborg) 17. 8. 1603, † Stockholm 7. 4. 1651; kam als Artillerieoberst 1630 mit GUSTAV II. ADOLF nach Dtl., 1641–46 Oberbefehlshaber der schwed. Armee (Sieg bei Breitenfeld 1642, Besetzung Jütlands 1643).

Torte [ital. torta, von spätlat. torta ›rundes Brot‹], feiner, aus mehreren Schichten bestehender Kuchen, meist aus Biskuitteig, mit Creme oder Sahne und Obst gefüllt bzw. verziert oder mit Obst belegt.

Tortelier [tɔrtə'lje], Paul, frz. Violoncellist und Komponist, * Paris 21. 3. 1914, † Villarceaux (Dép. Val d'Oise) 18. 12. 1990; studierte am Pariser Conservatoire, war u. a. Mitgl. des Boston Symphony Orchestra (1937–40) und lehrte am Pariser Conservatoire (1956–69), an der Folkwang-Hochschule in Essen (1972–78) und am Konservatorium in Nizza (1978–80). Er komponierte u. a. 3 Violinkonzerte, Werke für Violoncello und Orchester sowie für Streichorchester. Für den Unterricht verfasste er ›Solmisation contemporaine‹ (1965). Ferner schrieb er ›How I play, how I teach‹ (1975).

Tortellini [ital., Verkleinerung von tortello ›gefüllte Nudel‹, ›Pastetchen‹], *Sg.* **Tortellino** *der, -s,* kleine, mit Fleisch, Gemüse u. a. gefüllte Ringe aus Nudelteig.

Tortendiagramm, Form des →Diagramms, bei der die Anteile an einem Ganzen durch Einteilung eines perspektivisch dargestellten flachen Zylinders in Sektoren (›Tortenstücke‹) veranschaulicht werden. Zur Hervorhebung können dabei Sektoren etwas aus der Mitte herausgerückt oder weggelassen sein. T. werden u. a. in der Informationsgrafik (→Präsentationsgrafik) verwendet.

Tortendiagramm

Torticollis [zu lat. tortus ›gedreht‹ und collum ›Hals‹] *der, -,* der →Schiefhals.

Tortil [frz.] *der, -/-s,* von einer Perlenschnur umwundener Kronreif der frz. Barone, seit dem 17. Jh. herald. Rangzeichen.

Tortilla [tɔrˈtɪlja; span., Verkleinerung von torta ›Torte‹, ›Fladen‹] *die, -/-s,* 1) in Lateinamerika: Fladenbrot aus Maismehl; 2) in Spanien: Omelett mit versch. Zutaten, z. B. mit Kartoffelstückchen (T. española), Thunfisch (T. de atún).

Tortola [tɔːˈtəʊlə], Hauptinsel der brit. Virgin Islands, Kleine Antillen, östlich von Puerto Rico, 54 km², 13 600 Ew.; Hauptort ist Road Town. Die Insel ist vulkan. Ursprungs, im Mount Sage bis 543 m ü. M. (Nationalpark mit Resten des ursprüngl. Waldes); Viehzucht (v. a. Rinder).

Torton [nach der Stadt Tortona] *das, -s,* **Tortonium, Tortonien** [-ˈnjɛ̃], *Geologie:* Stufe des →Tertiär.

Tortona, Stadt in Piemont, Prov. Alessandria, Italien, 114 m ü. M., am Fuß des Ligur. Apennins am Torrente Scrivia, 27 000 Ew.; kath. Bischofssitz; Museum; Nahrungsmittel-, Metall-, Textilindustrie; Verkehrsknotenpunkt. – Die frühbarocke Kirche Santa Maria Assunta e Lorenzo (1574–84) ist durch eine Galerie mit dem Bischofpalast (1550) verbunden; im Palazzo Guidobona (15. Jh.) befindet sich heute das Museo Civico. – 4 km südlich in Rivalta Scrivia eine ehem. Zisterzienserabtei (1150 gestiftet), mit Kirche Santa Maria (um 1180–1223) in lombard. Zisterzienserarchitektur. – Das antike **Dertona** war eine bedeutende ligur. Stadt, die um 120 v. Chr. röm. Kolonie wurde. In den Kämpfen FRIEDRICHS I. BARBAROSSA gegen die lombard. Städte spielte T. eine wichtige Rolle; 1155 und 1162 wurde es von kaiserl. Truppen verwüstet. Ab Mitte des 14. Jh. im Besitz der Visconti, teilte es die Geschicke des Herzogtums Mailand; im 17. Jh. und endgültig 1748 fiel es an das Haus Savoyen.

Tortosa, Stadt in der Prov. Tarragona, NO-Spanien, Katalonien, 10 m ü. M., am Unterlauf des Ebro vor dessen Delta, 30 200 Ew.; kath. Bischofssitz; Landwirtschaftszentrum (Vermarktung von Wein, Reis, Zitrusfrüchten), Speiseölhandel (50 Ölmühlen), Metallverarbeitung, Textilindustrie; Fremdenverkehr. – Die Altstadt wurde im Span. Bürgerkrieg zerstört, verschont blieb nur das Viertel um die Kathedrale (1347 auf Vorgängerbau, klassizist. Fassade aus dem 18. Jh., mit maur. Turm und got. Kreuzgang); Bischofspalast (13. Jh.); Handelsbörse (1369–75); prächtiger Renaissance-Innenhof mit dreistöckiger Galerie im Colegio de San Luis (1544). – T., urspr. das iber. **Hibera,** ein karthag. Handelsstützpunkt, dann die röm. Kolonie **Dertosa** (mit frühchristl. Bischofssitz), stand 717–1148 als **Turtusa** unter arab. Herrschaft. – Im Span. Bürgerkrieg tobte um T. die Ebroschlacht (Juli–November 1938; 150 000 Tote).

Tortue, Île de la T. [ildəlatɔrˈty], zu Haiti gehörende Insel vor der N-Küste Hispaniolas, 220 km², 22 000 Ew. – Von C. KOLUMBUS entdeckt und Tortuga (›Schildkröte‹) genannt.

Tortur [mlat. tortura ›Folter‹, zu lat. torquere, tortum ›(ver)drehen‹, ›martern‹] *die, -/-en,* 1) *früher* svw. Folter; 2) Qual, Quälerei, Strapaze.

Torulahefen [zu lat. torulus ›Wulst‹], hefeartige, den Deuteromycetes zugeordnete Pilze aus der Gattung Candida, die in großem Maßstab zur Gewinnung von Futterhefen gezüchtet werden.

Toruń [ˈtɔruin], Stadt und Wwschaft in Polen, →Thorn.

Torus [lat. ›Wulst‹, ›Erhebung‹] *der, -/...ri,* 1) *Anatomie, Anthropologie:* wulstartige Erhebungen auf der Knochenoberfläche, z. B. **T. occipitalis,** Hinterhauptwulst, ein quer liegender Knochenwulst am Hinterhaupt, der bes. bei Affen und menschl. Altformen (Pithecanthropus, Neandertaler) stark ausgeprägt ist. Der **T. supraorbitalis,** Überaugenwulst, ist ein für Affen und ältere fossile Menschenformen kennzeichnender, durchgehender Querwulst über Nasenwurzel und Augenhöhle. Manche T.-Bildungen des anatomisch modernen Menschen treten in familiärer Häufung auf (z. B. am knöchernen Gaumen).

2) *Architektur:* halbrund hervortretendes Polster antiker Säulenbasen. BILD →Basis.

3) *Botanik:* scheibenförmige zentrale Verdickung der Tüpfelschließhaut bei Hoftüpfeln der Nadelhölzer. BILD →Tüpfel.

4) *Mathematik:* **Kreiswulst, Ringfläche,** die durch Rotation des Kreises $(x-a)^2 + z^2 = r^2$ ($r < a$) in der x,z-Ebene um die z-Achse entstehende Fläche.

Torwächterfiguren, Skulpturen oder Reliefs mit Gefahren abwehrendem, apotropäischem Charakter an Tempel- oder Palasteingängen altoriental. Bauten in Form von Löwen und Stieren (auch als geflügelte Fabelwesen) sowie geflügelten Genien, Stiermenschen u. a. – Über T. am jap. Tempel →Ni-ō.

Torwart, *Sport:* der →Torhüter.

Tory [ˈtɔːrɪ], *Sg.* von →Tories.

Tory [tɔˈri], Geoffroy, frz. Buchdrucker, * Bourges um 1480, † Paris nach 1533; zunächst als Herausgeber lat. Texte tätig (gedruckt von HENRI I. ESTIENNE, * um 1460, † 1520); ab 1518 Buchhändler und Holzschnittzeichner in Paris; schuf Initialen und Randeinfassungen, u. a. für Livres d'heures, die z. T. in eigenem Verlag erschienen. In seinem Werk ›Champ Fleury‹ (1529) legt er seine Auffassung von Typographie und Sprachreform dar; ab 1530 königl. Buchdrucker.

Törzburg, rumän. **Bran,** auf einem Kalkfelsen in den Südkarpaten gelegene Burg im Kr. Kronstadt, Rumänien, 1378 als ungar. Königsburg LUDWIGS I. errichtet, später im Besitz der Kaufleute von Kronstadt (1622/23 unter Fürst G. BETHLEN von IKTÁR umgebaut). 1758 wurde die inzwischen verfallene Burg wieder aufgebaut (Umbauten 1920–30; heute Museum).

Tosa, Fluss in Italien, →Toce.

Tosafot [hebr. ›Ergänzungen‹], im 12.–14. Jh. entstandene Glossen zu frühen Talmudkommentaren, bes. zum Kommentar RASCHIS. Die T. werden den Talmudausgaben an der Außenseite des Textes beigedruckt, während RASCHIS Kommentar die Innenseite einnimmt. Bedeutende Verfasser von T. **(Tosafisten)** waren JAKOB BEN MEIR TAM (* um 1100, † 1171; ein Enkel RASCHIS) und ISAAK BEN ASCHER HALEVI (2. Hälfte 11. Jh./Anfang 12. Jh.) aus Speyer.
E. E. URBACH: Ba'ale ha-Tosafot, 2 Bde. (Jerusalem 1980).

Tosa-Hund, jap. Hunderasse (Schulterhöhe 54–60 cm), die um die Wende 19./20. Jh. durch Einkreuzung von Bernhardinern, Bulldoggen, Bullterriern und Dt. Doggen gezüchtet wurde; mit kleinen Hängeohren, breitem Schädel und langer Rute; die kurzen, rauen Haare sind überwiegend rot; Wach- und Begleithund.

Tosa-nikki [jap. ›Tosa-Tagebuch‹], ältestes überliefertes Denkmal der jap. Memoirenliteratur in der Landessprache, Reiseaufzeichnungen von KI NO TSURAYUKI († 946) in Tagebuchform (→Nikki). Beschrieben wird die Rückreise des Gouverneurs von Tosa (KI NO TSURAYUKI) in die Hauptstadt Kyōto 935. Der Autor trat auch als Dichter hervor (→Kokinshu).
Ausgaben: The Tosa diary, übers. v. W. N. PORTER (1912); Das Tosa Nikki, übers. v. A. VAN BOSSE (Neuausg. 1948); : The Tosa diary, in: Japanese poetic diaries, übers. v. E. R. MINER (1969).

Tosa-Schule, jap. Malerschule, die die Tradition des Yamato-e fortführte und v. a. für Kaiserhof und Hofadel tätig war. Außer Bildrollen hatten ihre Mitgl. Fächerbilder, Alben und Stellschirme miniaturhaft fein, in leuchtenden Farben und in konventioneller Wiederholung des Stils der erzählenden Querrollen des 12.–14. Jh. mit ihren stilisierten Figuren. Als Hauptmeister der T.-S., die seit TOSA YUKIHIRO Anfang des 15. Jh. so benannt sein soll, gelten TOSA MITSUNOBU (* 1434 [1435?], † 1525 [1522?]) und TOSA MITSUOKI (* 1617, † 1691). Sie bestand bis ins 19. Jahrhundert.

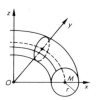

Torus 4): Schnitt durch einen Torus, der durch Rotation des Kreises mit dem Mittelpunkt M und dem Radius r um die z-Achse im Abstand $a = |OM|$ entsteht

Arturo Toscanini

Tos|becken [zu tosen], **Absturzbecken,** Becken unterhalb eines Wehrs, eines Absturzes oder am unteren Ende einer Schussrinne, in dem sich die kinet. Energie des stürzenden oder schießenden Wassers unter Ausbildung eines Wechselsprungs (→Fließwechsel) in Verbindung mit Grund- und Deckwalzen größtenteils in Wärme umwandelt. Die befestigte Sohle eines T. bezeichnet man als **Sturzbett** oder **-boden.** Im Unter- oder Oberhaupt einer Schiffsschleuse dient eine **Toskammer** zur Beruhigung des Schleusungswassers.

Tosca, Oper von G. PUCCINI, Text nach V. SARDOU von G. GIACOSA und LUIGI ILLICA; Uraufführung 14. 1. 1900 in Rom.

Toscana, Region in Italien, →Toskana.

Toscanini, Arturo, ital. Dirigent, *Parma 25. 3. 1867, †New York 16. 1. 1957; war zunächst Violoncellist u. a. an der Mailänder Scala (Mitwirkung bei der Uraufführung von G. VERDIS ›Otello‹, 1887) und debütierte 1886 in Rio de Janeiro als Dirigent. 1898–1903 und 1906–08 leitete er die Mailänder Scala, war 1908–15 Dirigent an der Metropolitan Opera in New York und 1921–29 erneut Direktor der Mailänder Scala. 1928–36 leitete er das New York Philharmonic Orchestra, 1937–54 das NBC Symphony Orchestra. Außerdem dirigierte er 1930–31 bei den Bayreuther und 1934–37 bei den Salzburger Festspielen. T. mied dann Dtl. und Italien und lebte als Gegner des Faschismus in den USA. Seine Interpretationen – er war berühmt als Beethoven-, Wagner- und v. a. Verdi-Dirigent – zeichneten sich durch zügige Tempi, äußerste Präzision und mustergültige Klarheit aus. Er dirigierte bei der Uraufführungen u. a. von R. LEONCAVALLOS ›I Pagliacci‹ (1892) und G. PUCCINIS ›La Bohème‹ (1896), ›La fanciulla del West‹ (1910) und ›Turandot‹ (1926).

Toschkakanal, der →Tuskakanal.

Tosefta [hebr. ›Hinzufügung (zur Mischna)‹] *die, -,* Sammlung früher rabbin. Traditionen, die die Mischna z. T. ergänzen, zu ihr z. T. aber auch im Widerspruch stehen. Wie die Mischna ist die T. in sechs Ordnungen geteilt, doch breiter angelegt; sie enthält mehr haggad. Material. Rabbi CHIJA BAR ABBA soll Anfang des 3. Jh. die T. abschließend redigiert haben, doch müssen noch später Ergänzungen vorgenommen worden sein. Die T. ist in zwei Handschriften (Erfurt, Wien) und einem gleichwertigen Erstdruck (Venedig 1521) überliefert.

Ausgabe: The T., übers. J. NEUSNER, 6 Bde. (1977–86).

J. NEUSNER: The T. Its structure and its sources (Atlanta, Ga., 1986); G. STEMBERGER: Einleitung in Talmud u. Midrasch (⁸1992).

Toselli, Enrico, ital. Pianist und Komponist, *Florenz 13. 3. 1883, †ebd. 15. 1. 1926; schrieb eine Oper, Operetten, Orchester- und Kammermusik sowie Romanzen, u. a. die bekannte Serenata ›Rimpianto‹ für Gesang und Klavier op. 6,1. Aufsehen erregte seine Verbindung (Heirat 1907, Scheidung 1912) mit der Erzherzogin LOUISE von Österreich-Toscana (*1870, †1947; in erster Ehe verheiratet mit Kronprinz FRIEDRICH AUGUST von Sachsen).

Toshiba Corporation [tɔˈʃibɑ kɔːpəˈreɪʃn], seit 1978 offizieller Firmenname der Tokyo Shibaura Denki, drittgrößter jap. Konzern der elektron. und elektrotechn. Industrie, gegr. 1875; Sitz: Tokio. Tätigkeitsschwerpunkte sind Informationsverarbeitungs- und Kommunikationstechnik, elektron. Bauelemente und Unterhaltungselektronik. Umsatz (1997): 43,9 Mrd. US-$, Beschäftigte: rd. 186 000.

Tōshūsai [toʃu-], Familienname des jap. Farbholzschnittkünstlers →Sharaku.

Tosi, 1) Arturo, ital. Maler, *Busto Arsizio 25. 7. 1871, †Mailand 3.1. 1956; malte spätimpressionist. Landschaftsbilder und Stillleben in fein abgestufter Farbigkeit.

2) Pier Francesco, ital. Sänger (Kastrat), *Cesena 1654 (nach anderen Quellen Bologna 1647), †Faenza nach dem 30. 4. (?) 1732; wirkte u. a. seit 1692 als Gesangslehrer in London und war 1705–11 kaiserl. Hofkapellmeister in Wien. Er wurde bes. durch sein Werk ›Opinioni de' cantori antichi e moderni‹ (1723; in mehrere Sprachen übersetzt, u. a. dt. u. d. T. ›Anleitung zur Singkunst‹ 1757 von J. F. AGRICOLA), eine der ersten Gesangsschulen, bekannt.

Toskammer, geschlossenes →Tosbecken.

Toskana, ital. **Toscana,** Region in Mittelitalien, 22 993 km², 3,522 Mio. Ew., mit den Prov. Arezzo, Florenz, Grosseto, Livorno, Lucca, Massa-Carrara, Pisa, Pistoia, Prato, Siena. Hauptstadt: Florenz.

Die T. wird im N und O vom Toskan. Apennin (im Monte Cimone 2165 m ü. M.) mit den Beckenlandschaften Lunigiana, Garfagnana, Mugello, Casentino, Valdarno, Val di Chiana u. a. umrahmt. Im S reicht sie bis zur Tufflandschaft Latiums und schließt den isolierten Monte Amiata ein. Das subapennin. Berg- und Hügelland im SW besteht aus jungtertiären Sanden und Tonen sowie Resten eines älteren, vielfach Erz führenden Gebirges (Toskan. Erzgebirge). Die westlich anschließende Küste ist größtenteils sandige Ausgleichsküste, die zur Versumpfung der heute meliorierten ehem. Mündungsbuchten der Flüsse beigetragen hatte (→Maremmen). Zur T. gehören auch die Toskan. Inseln (Toskan. Archipel, mit den Inseln Elba, Montecristo, Pianosa, Capraia, Gorgona, Giglio, Giannutri, die zum größten Teil Nationalpark werden sollen). An den Küsten liegen Seebäder (u. a. Viareggio, Forte dei Marmi). Hauptflüsse sind Arno und Ombrone. Die T. gehört zu den dichtestbesiedelten und am besten kultivierten Regionen Italiens, der Waldanteil ist relativ hoch.

Wirtschaft: Hauptgebiete der Landwirtschaft sind die Becken- und Hügellandschaften mit Weinbau (v. a. im Hügelland von Chianti), Oliven- und Mischkulturen (Weizen, Mais u. a.), heute auch marktorientierte Monokulturen. Als Bodenschätze sind Eisenerz, Pyrit, Zinkerz, Quecksilber (Monte Amiata), Marmor (Carrara, Massa), Salz (Volterra) vorhanden. Die vielseitige Industrie konzentriert sich in den Städten des Beckens von Pistoia-Prato-Florenz und im Valdarno. Handels- und Fischereihafen ist Livorno; in Piombino werden Eisenerze verhüttet. Bei Larderello wird geotherm. Energie genutzt. Historisch und kunstgeschichtlich bedeutende Städte, meist etrusk. Ursprungs, krönen die Hügel und Bergkuppen (Siena, Volterra, San Gimignano, Montepulciano, Certaldo, Arezzo u. a.) oder liegen in den fruchtbaren Becken, wie Florenz, Pistoia, Lucca, Pisa; sie sind Zentren des Tourismus. BILDER →Italien

Geschichte: Nach dem Untergang des Weström. Reiches (476) stand **Tuscia** (dt. **Tuszi|en**), das antike →Etrurien, nacheinander unter ostgot., byzantin., langobard. (seit etwa 570 Herzogtum mit Hauptort Lucca) und fränk. (seit 774) Herrschaft. Seit dem 11. Jh. regierten in der Markgrafschaft Tuszien Markgrafen aus dem Haus →Canossa. Ihr Machtbereich umfasste schließlich fast das gesamte Gebiet der T., reichte im N über den Apennin und bis jenseits des Po und bezog auch Modena, Reggio nell'Emilia, Mantua und Ferrara mit ein. Bes. die Markgräfin MATHILDE von Tuszien verstand es, ihre Länder zu einem starken Komplex zusammenzufassen. Im Lauf des 12. Jh. zerfiel das Gebiet in mehrere rivalisierende Stadtstaaten, von denen Florenz seit dem 13. und 14. Jh. zur Vormacht aufstieg und den größten Teil der T. unterwarf. Das 1531 von Kaiser KARL V. errichtete Herzogtum Florenz wurde 1569 von Papst PIUS V. zum Großherzogtum erhoben; Herzog und erster Großherzog war COSIMO I. aus dem Haus Medici. Aufgrund des Wiener Friedens von 1735 fiel die T. 1737 an FRANZ STE-

PHAN von Lothringen (den späteren Kaiser FRANZ I.). Nach dessen Tod (1765) wurde sie als habsburg. Sekundogenitur unter LEOPOLD I. (1765–90, als Kaiser LEOPOLD II.) durch umfassende Reformen zum Musterland des aufgeklärten Absolutismus. 1799 von den Franzosen besetzt, kam das Land 1801 als **Königreich Etrurien** an Bourbon-Parma, wurde jedoch 1807/08 von Frankreich annektiert. 1809 erhob Kaiser NAPOLEON I. seine Schwester ELISA BACIOCCHI (→Bonaparte, Elisa) zur Großherzogin. 1815 erhielten die Habsburger die T. zurück. Die nach einer Erhebung im Februar 1849 ausgerufene Rep. wurde im April gestürzt. Als der Großherzog 1859 den Anschluss an Sardinien-Piemont ablehnte, kam es zu einem Aufstand, in dessen Folge (Volksabstimmung vom März 1860) die Vereinigung der T. mit dem Königreich Sardinien und damit der Anschluss an den ital. Nationalstaat erreicht wurde.

F. SCHNEIDER: Reichsverwaltung in Toscana. Von der Gründung des Langobardenreiches bis zum Ausgang der Staufer, 568–1268 (Rom 1914, Nachdr. 1966); K. MÜLLER-HOHENSTEIN: Die Wälder der T. (1969); F. DÖRRENHAUS: Villa u. Villegiatura in der T. (1976); Reclams Kunstführer Italien, Bd. III/2; G. KAUFFMANN: T. (1984); W. BRAUNFELS: Mittelalterl. Stadtbaukunst in der T. (⁶1988); F. PESENDORFER: Die Habsburger in der T. (Wien 1988); K. ZIMMERMANN: Toscana (¹⁶1989).

toskanischer Inkrustations|stil, die in der Toskana im 11.–13. Jh. verbreitete Art der Marmorverkleidung (meist an der Fassade), dunkle, grüne oder rote Einlagen in weißem Marmorgrund, v.a. in Florenz (Baptisterium; San Miniato al Monte), Fiesole (Badia Fiesolana) und Pisa (Dom).

Tosken, eine Hauptgruppe der →Albaner.

Töss *die,* linker Nebenfluss des Hochrheins, in der Schweiz, 58 km lang, entspringt in zwei Quellbächen am Tössstock (1 150 m ü. M.) im Kanton St. Gallen, mündet im Kt. Zürich oberhalb von Eglisau; durchfließt eine Nagelfluhhügellandschaft.

Tossa de Mar, Seebad in der Prov. Gerona, NO-Spanien, Katalonien, an der Costa Brava, 3 800 Ew.; Fischindustrie; Fremdenverkehr. – Malerische mittelalterl. Oberstadt (Vila Vella), landseits von turmbewehrter Mauer eingefasst (Rundtürme, z. T. 12. Jh.). – T., iber. Ursprungs, war das röm. **Castrum de Tursia.** Nach einem Aufenthalt M. CHAGALLS 1933 wurde T. Künstlerkolonie und als erster Ort an der Costa Brava Tourismuszentrum.

Tostão [tuʃˈtãu], port. Silbermünze (→Testone).

Tostedt, Gem. im Landkreis Harburg, Ndsachs., 62 m ü. M., 12 600 Ew.; Wohn- und Erholungsort in der nördl. Lüneburger Heide.

Total|endoprothese, vollständiger Gelenkersatz (beide Gelenkteile) durch körperfremdes Material (→Arthroplastik).

Total|erhebung [mlat. totalis ›gänzlich‹, zu lat. totus ›ganz‹], *Statistik:* eine Form der Querschnittsanalyse, bei der im Ggs. zur Teilerhebung (→Erhebung) Merkmale aller Untersuchungseinheiten einer statist. Grundgesamtheit erfasst werden. Volkszählungen und Zensen im verarbeitenden Gewerbe (Totalerfassung von Unternehmen) sind Beispiele von T. Sie können infolge ihres Umfangs nur in großen zeitl. Abständen durchgeführt werden und verursachen hohe Kosten (die Volkszählung in der BRD 1987 kostete rd. 1 Mrd. DM). Gleichwohl liefern sie fachl. und regionale Details, die man mit Stichproben nicht gewinnen kann.

totaler Krieg, Bez. für eine Art der Kriegführung, in der es nicht nur um die Unterwerfung des Gegners zur Erreichung begrenzter polit. Ziele, sondern um seine moral. und phys. Vernichtung geht. Diesem Ziel werden alle militär., wirtschaftl. und personellen Ressourcen untergeordnet, wobei außerdem sämtl. ideolog. und propagandist. Mittel zur Diskriminierung des Feindes eingesetzt werden. Der totalen Mobilisierung entspricht der Form uneingeschränkter Gewaltanwendung, die jede Grenze zw. Militärischem und Zivilem ignoriert und die gegner. Zivil-Bev. ebenso wie ihre Wirtschaft und Infrastruktur zu Zielen der Kriegführung macht. Der Einsatz von Massenvernichtungsmitteln, Flächenbombardements und die Verminung ganzer Landstriche sind Ausdruck totaler Kriegführung.

Historisch ist der t. K. ein neues Phänomen. Erst die industrielle Revolution und der Nationalismus des 19. Jh. brachten die materiellen, technolog. und weltanschaul. Voraussetzungen für die enge Verbindung von militär. und industriellen Kapazitäten sowie die Fähigkeit zur Massenmobilisierung mit sich. Im Ersten, v. a. aber im Zweiten Weltkrieg erreichte die Entgrenzung des Krieges durch die totale Mobilisierung aller materiellen und ideologischen Ressourcen ihren Höhepunkt. Während des Kalten Krieges wurde die atomare Drohung totaler gegenseitiger Vernichtung schließlich zum Mittel der Abschreckung. Das Ende der Konfrontation der Supermächte hat das Risiko eines totalen Weltkrieges zwar erheblich reduziert, doch die ethn., religiöse oder nationalist. Aufladung vieler regional begrenzter Kriege verleiht auch diesen häufig den Charakter totaler krieger. Auseinandersetzungen.

totales Differenzial, vollständiges Differenzial, Verallgemeinerung des Begriffs der Ableitung von reellen Funktionen (→Differenzialrechnung) aus dem $\mathbb{R}^n$ in den $\mathbb{R}^p$. Das t. D. ist der lineare Anteil $Df(x) \cdot h$ des Funktionszuwachses $f(x+h) - f(x)$ einer auf der offenen Teilmenge U des $\mathbb{R}^n$ (→Raum) definierten Abbildung $f: U \to \mathbb{R}^p$, die in $x \in U$ total differenzierbar ist, d. h. zu der eine im Punkt x stetige Abbildung $Df: U \to \mathrm{Hom}(\mathbb{R}^n, \mathbb{R}^p)$ von U in den mit der Operatornorm

$$\|A\| := \sup_{\|z\| \le 1} \|A(z)\|$$

versehenen Vektorraum $\mathrm{Hom}(\mathbb{R}^n, \mathbb{R}^p)$ der linearen Abbildungen des $\mathbb{R}^n$ in den $\mathbb{R}^p$ existiert, sodass für alle $h \in \mathbb{R}^n$ mit $x + h \in U$ gilt:

$$f(x+h) = f(x) + Df(x+h) \cdot h.$$

Aus der Differenzierbarkeit von f in x folgen die Stetigkeit von f in x und die Existenz aller partiellen Ableitungen

$$\frac{\partial f_i}{\partial x_j}(x),\ 1 \le i \le p,\ 1 \le j \le n,$$

der p Komponentenfunktionen $f_i : U \to \mathbb{R}$ von f in x. Das t. D. $Df(x)$ von f in x wird dargestellt durch die als **Jacobi-Matrix** bezeichnete $(p \times n)$-Matrix

$$\left(\frac{\partial f_i}{\partial x_j}(x)\right)_{1 \le i \le p,\ 1 \le j \le n}.$$

Hinreichend für die totale Differenzierbarkeit von f in x ist die stetige partielle Differenzierbarkeit der Komponentenfunktionen f_i von f in x. Zur obigen Definition der totalen Differenzierbarkeit existieren äquivalente Formulierungen. Insbesondere ist eine Funktion $g: U \to \mathbb{R}$ in $x \in U$ genau dann total differenzierbar, wenn eine Linearform $Dg(x): \mathbb{R}^n \to \mathbb{R}$ existiert, sodass für jeden Punkt $dy = (dy_1, ..., dy_n) \in \mathbb{R}^n$ mit $x + dy \in U$ gilt:

$$g(x + dy) = g(x) + Dg(x) \cdot dy + \varphi(dy),$$

wobei für

$$\varphi : \mathbb{R}^n \to \mathbb{R} \text{ gilt } \lim_{dy \to 0} \frac{\varphi(dy)}{|dy|} = 0$$

(→Grenzwert). Das t. D. von g in x ist in diesem Fall

$$Dg(x) \cdot dy = \frac{\partial g}{\partial x_1}(x)\, dy_1 + \ldots + = \frac{\partial g}{\partial x_n}(x)\, dy_n.$$

Tota Totalintensität – Totalitarismus

Total|intensität, *Geophysik:* Formelzeichen *F*, der als magnet. Flussdichte oder Feldstärke angegebene Gesamtbetrag des →erdmagnetischen Feldes.

Totalisator [latinisiert aus frz. totalisateur, zu totaliser ›alles addieren‹] *der, -s/...'toren,* **1)** *Meteorologie:* der Niederschlagssammler (→Niederschlagsmesser).

2) *Rennwetten:* amtl. Wettbetrieb auf der (Pferde-)Rennbahn, 1871 in Frankreich eingeführt, vorher nur Wetten bei →Buchmachern. Er umfasst Entgegennahme und Quittierung der Wetten mit Tickets, Berechnung der Quoten (unter Abzug der Rennwettsteuer u. a.) und sofortige Auszahlung der Gewinne; mit elektron. Auswertung.

Totalisatorsteuer, *Steuerrecht:* →Rennwett- und Lotteriesteuer.

totalitärer Staat [mit französierender Endung zu total gebildet], **totaler Staat,** Staat, der im Sinne des →Totalitarismus alle gesellschaftl. und persönl. Lebensbereiche als potenziell staatlich für sich in Anspruch nimmt und zu bestimmen sucht, daher eine Autonomie der Einzelbereiche (z. B. Wirtschaft, Kultur, Erziehung, Religion) und einen staatsfreien Raum des Einzelnen nicht anerkennt. Kennzeichnend sind das Fehlen des freiheitl. demokrat. Verfassungssystems, bes. der Gewaltenteilung, der freien Parteibildung, der freien Wahlen, der Grundrechte und der richterl. Unabhängigkeit sowie die Zusammenfassung der gesamten Staatsgewalt in der Hand einer Machtgruppe (Partei, Bewegung). Durch die rigorose Durchsetzung einer Ideologie, die Beseitigung jeder Form des Pluralismus und das Bestreben, die Bev. für die jeweils propagierten Ziele zu mobilisieren, unterscheidet sich der t. S. vom →autoritären Staat.

Schlüsselbegriff

Totalitarismus [zu totalitär, vgl. totalitärer Staat] *der, -,* Begriff, mit dem jene Herrschaftsordnungen im 20. Jh. versehen wurden, die sich 1) vom Typ des demokrat. Verfassungsstaats, 2) von einer autoritären Diktatur und 3) von allen früheren Formen der Autokratie abheben. Der totalitäre Staat ist das Gegenteil des demokrat. Verfassungsstaates. Die Individuen sind entrechtet; Gleichschaltung ist ebenso angestrebt wie Kontrolle. Von besonderer Bedeutung ist die Unterscheidung zw. autoritären und totalitären Diktaturen. Die Theorie des Hispanoamerikaners JUAN J. LINZ differenziert zw. drei Dimensionen: dem Grad des polit. Pluralismus, dem Grad der ideolog. Ausrichtung und dem Grad der gelenkten polit. Mobilisierung. Zeichne sich ein totalitäres System durch ein Machtzentrum aus, so gewähre ein autoritäres begrenzten Pluralismus. Mache sich ein totalitäres System eine ausgearbeitete Ideologie zu Eigen, so begnüge sich ein autoritäres mit einer nicht fest gefügten Geisteshaltung. Lege ein totalitäres System auf polit. Mobilisierung Wert, so bescheide sich ein autoritäres mit der Apathie seiner Bürger. Von früheren Formen der Autokratie unterscheidet sich der T. dadurch, dass er bestimmte Formen der Demokratie (Einbeziehung der Massen, Berufung auf die Volkssouveränität) zumindest zum Schein berücksichtigt. Damit ist der totalitäre Staat – antidemokratisch, pseudodemokratisch und postdemokratisch gleichermaßen – ein Phänomen des 20. Jh., nicht zuletzt aufgrund seiner ›Gier nach Zustimmung‹ (D. STERNBERGER) und der damit verbundenen Tarnung seiner polit. Absichten, weniger aufgrund der Entwicklung der Technik, die schließlich nicht nur das Aufkommen des T., sondern auch seine Entkräftung begünstigt hat, wobei den Massenmedien eine zentrale Bedeutung zukam. Das 20. Jh. gilt als Zeitalter des T. und zugleich als das seiner Überwindung.

Entstehung von Begriff und Phänomen des Totalitarismus

Der Begriff T. wurde 1923 von dem ital. Liberalen GIOVANNI AMENDOLA mit Bezug auf den Faschismus B. MUSSOLINIS geprägt. Später bezog MUSSOLINI diesen Begriff im positiven Sinn auf die eigene Bewegung. Bald erfolgte die Ausweitung des Begriffs ›totalitär‹ auf das natsoz. Dtl. und die Sowjetunion STALINS. Diese drei Regime mit z. T. völlig unterschiedlicher ideolog. Ausrichtung wurden aufgrund ihres umfassenden Herrschaftsanspruchs als totalitär bezeichnet; der Begriff war neu, wie man auch die mit ihm umschriebene Erscheinung als neuartig empfand. Die Klassifikation verschiedener und gegensätzl. polit. Ordnungsformen als totalitär erfolgte speziell unter dem Aspekt der Herrschaftstechnik. Die totalitäre Herrschaft wurde jedoch nicht nur durch Gewalt, Unterdrückung und Terror aufrechterhalten, sondern totalitäre Staaten haben eine Vielzahl an Integrationsmechanismen entwickelt, mit deren Hilfe es ihnen zumindest zeitweise gelang, einen beträchtl. Teil der Bev. auf ihre Seite zu ziehen. Totalitäre Regime waren und sind auch Systeme, die an Sehnsüchte der Menschen anknüpfen und einen geschichtl. Umbruch versprechen, der denjenigen, die daran glauben, das Heil verheißt. R. ARON und ERIC VOEGELIN haben angesichts religionsähnl. Phänomene in modernen Diktaturen Ende der 1930er-Jahre dafür den Begriff ›polit. Religion‹ geprägt.

Der Amerikaner CARLTON J. H. HAYES fasste 1939 auf dem ersten großen Symposium über T. die spezif. Züge des modernen T. in folgenden Punkten zusammen: 1) Er monopolisiere alle Gewalten und schalte das freie Spiel der Kräfte aus. 2) Der T. stütze sich auf die Massen. 3) Die totalitäre Diktatur bediene sich neuer Mittel der Propaganda. 4) Sie übe eine beträchtl. Anziehungskraft durch ihren missionar. Eifer aus. 5) Der T. habe ein neuartiges System von Methoden und Techniken entwickelt, um seinen Einfluss geltend machen zu können. 6) Gewalt und Macht diene nicht nur als Mittel zum Zweck, sondern werde um ihrer selbst willen ausgeübt. 7) Der T. stelle eine Revolte gegen die histor. Kultur des Westens dar und sage dieser einen tödl. Kampf an.

Kommunismus und Nationalsozialismus als totalitäre Diktaturen

In der Wiss. gehen die Auffassungen darüber weit auseinander, welche Staaten die Bez. ›totalitär‹ verdienen. Prinzipieller Konsens herrscht jedoch darin, die Sowjetunion zumal unter der Herrschaft STALINS und das natsoz. Dtl. unter HITLER als Prototypen totalitärer Herrschaft anzusehen. 1917 und 1933 sind also Schlüsseljahre für den Beginn des T. Mit ihrem nackten Terror, symbolisiert durch GULAG und Auschwitz, sind die beiden ›Großtotalitarismen‹ (IMANUEL GEISS) verantwortlich für Millionen von Toten. Richtete der sowjet. T. sich v. a. gegen ›Klassenfeinde‹, so der des Nationalsozialismus primär gegen ›Rassenfeinde‹. Der sozialen Vernichtung (der Kulaken) entsprach die biolog. Vernichtung (v. a. der Juden). Die Opfer, die größtenteils gar nicht gegen das System opponiert hatten, konnten sich meist den Tätern nicht entziehen.

Das natsoz. Dtl. und die Sowjetunion unter LENIN, v. a. aber unter STALIN, weisen mannigfache Analogien auf. Zu ihnen gehören zahllose Massenaufmärsche, riesige Militärparaden und der bizarr wirkende Führerkult. Angestrebt wurde eine gesellschaftl. Gleichschaltung. Diesem Ziel diente eine

Reihe von Organisationen, denen der Einzelne von Kindheit an eingegliedert wurde. Polit. Gewalt gegen wirkl. und vermeintliche innenpolit. Gegner war allgegenwärtig. Auch die Außenpolitik wurde in den Dienst der militanten Ideologie gestellt.

Zu den Unterschieden ist das Feindbild zu rechnen. Was im einen Fall der Rassenkampf war, sollte im anderen Fall der Klassenkampf sein. Das Dritte Reich erwies sich als deutlich weniger monolithisch als das kommunist. System der Sowjetunion STALINS, das zudem viel stärker gegen Kräfte aus den eigenen Reihen mithilfe von Säuberungen vorging. Aber mancher Unterschied zw. den gegensätzl. Regimen verwischte sich. Der Internationalismus STALINS und der Nationalismus HITLERS etwa waren nicht in allen Phasen gleich bleibend. So nahm die sowjet. Politik nach dem Überfall Dtl.s immer stärker nat. Züge an, wie die Parole vom Großen Vaterländ. Krieg zeigt.

Der Kommunismus kam eher zur Macht und seine Geschichtsmächtigkeit endete viel später als die des Nationalsozialismus. Dieser Umstand hängt wesentlich damit zusammen, dass sich der Kommunismus – wie der demokrat. Verfassungsstaat – jedenfalls in der Theorie zu universalist. Prinzipien bekannt hat. Konnte man hier von ›Deformationen‹ in der Praxis reden, so war beim Nationalsozialismus schon die Idee eine ›Deformation‹ humaner und demokrat. Traditionen. Der Hinweis auf unterschiedl. Züge kommunist. und faschist. Systeme wie auf deren unterschiedl. soziale Basis erschüttert allerdings nicht den Kern des T.-Konzepts, das die Herrschaftstechnik zu erfassen sucht. Wiss. T.-Ansätze haben niemals von einer völligen Gleichartigkeit gesprochen. Selbst CARL JOACHIM FRIEDRICH und Z. BRZEZINSKI, Verfechter einer ›identifizierenden‹ T.-Interpretation, verstanden das von ihnen postulierte Prinzip der grundsätzlichen Gleichheit (›basically alike‹) nicht im Sinne einer Identität. ›Rot‹ ist in der Tat nicht gleich ›braun‹, aber die Gegensätzlichkeit in manchen Punkten schließt Verwandtschaft nicht aus.

Entwicklungsgeschichte des Totalitarismusbegriffs

Die Geschichte der T.-Theorien ist eine Geschichte wechselvoller Wandlungen. Die verschiedenartigen Stadien in der T.-Forschung gehen zum einen auf die Veränderungen der als totalitär klassifizierten Herrschaftsordnungen zurück, zum anderen spiegeln sie Verschiebungen im polit. Koordinatensystem westl. Demokratien wider. Die Politik blieb nicht ohne Einfluss auf die Geltungskraft von Theorien zum T.; mehr noch: Kaum eine andere Konzeption im Bereich der Politikwiss. ist innerhalb weniger Jahre – je nach dem Zeitgeist – derart unterschiedlich bewertet worden.

In den 20er- und 30er-Jahren war die vergleichende T.-Konzeption, von einzelnen Ansätzen abgesehen, noch nicht voll entfaltet. Das erste wiss. Symposium über den ›totalitären Staat‹ vom November 1939 bezog sich auf die Sowjetunion und Dtl. unter HITLER gleichermaßen, nachdem bereits zuvor die Begriffsbildung ›totalitär‹ für Dtl. und die Sowjetunion geläufig geworden war. Nach dem Überfall Dtl.s auf die Sowjetunion 1941 wurde die T.-Konzeption weithin ad acta gelegt, jedenfalls nicht mehr auf die Sowjetunion bezogen. Als jedoch das Zweckbündnis zw. der Sowjetunion und den westl. Demokratien zur Niederschlagung des natsoz. Dtl. an sein Ende kam, trat eine Zäsur ein. In der Zeit des Kalten Kriegs erlebte die T.-Konzeption ihre Blüte. Allerdings gehörten ihre Protagonisten zu einem beträchtl. Teil der dt. Emigranten (HANNAH ARENDT, F. BORKENAU, E. FRAENKEL, G. LEIBHOLZ, R. LÖWENTHAL, FRANZ NEUMANN, SIGMUND NEUMANN). Für diese Autoren war es eine Selbstverständlichkeit, dass man nicht glaubwürdig antifaschistisch sein konnte, ohne zugleich antikommunistisch zu sein.

In dem Maße, wie sich die Beziehungen zw. den Großmächten entspannten, verlor auch der T.-Begriff zur Kennzeichnung kommunist. Systeme an Bedeutung. Er galt vielfach als anachronistisch und schien die Entspannungspolitik zu gefährden. Zudem hatten sich die kommunist. Staaten gegenüber der Zeit STALINS gewandelt: ›Blutsäuberungen‹ (LÖWENTHAL) gehörten der Vergangenheit an, die ideolog. Ausrichtung ließ angesichts des Zwangs zu ökonom. Effizienz und Modernisierung nach. Allerdings konnte von einer Konvergenz der Systeme niemals die Rede sein. Aufgrund der 68er-Bewegung geriet ein antitotalitäres Demokratieverständnis gegenüber einem antifaschistischen immer mehr ins Hintertreffen. In Teilen des intellektuellen Milieus setzte eine ›Tabuisierung des T.-Begriffs‹ (K. D. BRACHER) ein. Noch aus einem anderen Grund wurde das T.-Konzept infrage gestellt: Angesichts der desaströsen Hinterlassenschaften des Nationalsozialismus galt der Versuch, eine linke und eine rechte Ausprägung eines diktator. Systems unter den Begriff des T. zu fassen, vielfach als Relativierung der Einzigartigkeit des natsoz. Systems, als Verharmlosung seines verbrecher. Charakters, als – allenfalls – formaler Vergleich mit lediglich begrenzter Aussagekraft, zumal sich die Sowjetunion vom Terror STALINS wegentwickelt hatte. Nachdem die mangelnde Reformfähigkeit marxistisch-leninist. Systeme offenkundig geworden war, erlebte das Konzept des T. allerdings in den 80er-Jahren eine Renaissance, nicht zuletzt durch Dissidenten aus dem Ostblock.

Die Staaten des ›realen Sozialismus‹ haben der T.-Forschung keine guten Seiten abgewinnen können und von der ›T.-Doktrin‹ gesprochen, um deren unwissenschaftl. Charakter zu betonen. Allerdings wurde in der 2. Hälfte der 80er-Jahre die Kritik im Zuge der Propagierung des ›neuen polit. Denkens‹, wonach im Atomzeitalter der Friede der absolute Wert sei, etwas differenzierter. Seit dem Zusammenbruch des ›realen Sozialismus‹ greifen auch einstige Apologeten des Marxismus-Leninismus den T.-Begriff auf, und nicht nur negativ. Nach dem Zusammenbruch vieler kommunist. Systeme 1989–91 ist die Tabuisierung des Begriffs T. verschwunden. Heute wird die T.-Forschung auch von den meisten derjenigen nicht infrage gestellt, die sie vor 1989 als überholt oder als Ausfluss des Kalten Kriegs angesehen haben.

Die T.-Forschung stellt u. a. die Kernfrage nach dem Verhalten des Individuums in einem Unterdrückungssystem. Das T.-Konzept rückt die Opferperspektive in den Vordergrund. Ungeachtet ihrer Berechtigung kann die T.-Forschung aber offenkundig weder den Wandel von polit. Systemen hinreichend erklären noch bestimmte Gesetzmäßigkeiten ermitteln. Auch sie hat den plötzl. Untergang des ›realen Sozialismus‹ nicht vorhergesehen.

Theorien, Erklärungsansätze

Gemeinhin gilt die Theorie von C. J. FRIEDRICH als klass. Konzept der T.-Forschung. Das erwähnte ›Basically-alike‹-Prinzip zeichnet die Theorie aus. Sechs Wesenszüge seien allen totalitären Systemen eigentümlich: eine straff ausgerichtete Massenpartei; eine ausgeklügelte Ideologie mit Endzeitanspruch; ein System der Geheimpolizei, die auch vor der Anwendung von Terror nicht zurückschreckt; ein Monopol der Massenkommunikationsmittel;

ein Waffenmonopol; eine zentral gelenkte Wirtschaft. Diese herrschaftsstrukturelle Konzeption wurde in der Folge u.a. deshalb kritisiert, weil sie statisch sei.

Schon vorher hatte eine andere Theorie großes Aufsehen erregt. HANNAH ARENDT hatte 1951 in ihrem Werk ›The origins of totalitarianism‹ (dt. ›Elemente und Ursprünge totaler Herrschaft‹) das Exemplarische des T. in Form der Ideologie und des Terrors herausgearbeitet: Es gebe ›objektive Feinde‹ (wie Juden und Kulaken), die aufgrund der ›Gesetze der Geschichte‹ oder der ›Gesetze der Natur‹ zur Vernichtung freigegeben seien, nicht wegen ihres Tuns, sondern allein wegen ihres Seins. Gegen diese Konzeption wurde geltend gemacht, dass sie allenfalls auf Hochphasen des Stalinismus und des Nationalsozialismus gültig zutreffe.

In den 80er-Jahren entstand im Zusammenhang mit dem →Historikerstreit eine heftige Kontroverse um eine Konzeption von E. NOLTE. Sein historisch-genet. Ansatz (v.a. in ›Der europ. Bürgerkrieg, 1917–1945‹, 1987) arbeitete die Wechselbeziehungen der beiden Totalitarismen heraus: Der Erfolg des Nationalsozialismus stehe in einem ›kausalen Nexus‹ zu dem des Kommunismus. Jener sei wesentlich eine Reaktion auf diesen. NOLTES Position rief viel Kritik hervor, u.a. deshalb, weil sie die innerdt. Ursachen für den Aufstieg des Nationalsozialismus herunterspiele und dessen einzigartige Verbrechen relativiere.

Durch das vornehmlich von frz. Autoren geschriebene ›Le livre noir du communisme‹ (1997; dt. ›Das Schwarzbuch des Kommunismus‹) ist die Diskussion um die Vergleichbarkeit totalitärer Systeme und die Singularität der natsoz. Verbrechen neu entbrannt. Das Werk kommt aufgrund der Öffnung der Archive zu dem Ergebnis, dass der Kommunismus in seinen versch. Varianten über 80 Mio. Opfer gefordert hat. Das große Echo erklärt sich wesentlich aus der partiellen Verdrängung kommunist. Verbrechen auch in westl. Ländern aufgrund verbreiteter antifaschist. Grundüberzeugungen. Kritisch wird geltend gemacht, dass nicht immer einwandfrei erwiesen sei (z.B. in Russland und in der VR China), ob jede Hungersnot zielgerichtet in Gang gesetzt worden (und demgemäß als kommunist. Systemunrecht zu werten) ist.

Bei aller Gegensätzlichkeit der Positionen ist der T.-Begriff für die Forschung nach wie vor ein unentbehrl. Instrument zur Beschreibung und Analyse jener Systeme, die sich aufgrund ihres uneingeschränkten Herrschaftsanspruchs in demokrat. Verfassungsstaaten wie von autoritären Ordnungsformen unterscheiden. Andere Analysekonzepte verlieren deshalb nicht an Bedeutung. Kommunismus- und Faschismusforschung etwa sind in ihrem Erkenntniswert davon prinzipiell nicht tangiert.

Symposium on the totalitarian state from the standpoints of history, political science, economics and sociology (Philadelphia, Mass., 1940); C.J. FRIEDRICH: Totalitäre Diktatur (a.d.Amerikan., 1957); M. JÄNICKE: Totalitäre Herrschaft. Anatomie eines polit. Begriffes (1971); Wege der T.-Forschung, hg. v. B. SEIDEL u. S. JENKNER (³1974); J.J. LINZ: Totalitarian and authoritarian regimes, in: Handbook of political science, hg. v. F.I. GREENSTEIN u. N.W. POLSBY, Bd. 3: Macropolitical theory (Reading, Mass., 1975); Totalitarianism reconsidered, hg. v. E.A. MENZE (Port Washington, N.Y., 1981); Die T.-Doktrin im Antikommunismus. Kritik einer Grundkomponente bürgerl. Ideologie, hg. v. G. LOZEK (Berlin-Ost 1985); K.D. BRACHER: Die totalitäre Erfahrung (1987); G.J. GLAESSNER: Kommunismus – T. – Demokratie. Studien zu einer säkularen Auseinandersetzung (1995); A. GLEASON: Totalitarianism. The inner history of the Cold War (New York 1995); Terrorist. Diktaturen im 20. Jh. Strukturelemente der natsoz. u. stalinist. Herrschaft, hg. v. M. VETTER (1996); F. FURET: Das Ende der Illusion. Der Kommunismus im 20. Jh. (a.d.Frz., 1996); T. im 20. Jh. Eine Bilanz der internat. Forschung, hg. v. E. JESSE (1996); ›T.‹ u. ›polit. Religionen‹. Konzepte des Diktaturvergleichs, hg. v. HANS MAIER u. M. SCHÄFER, 2 Bde. (1996–97); Stalinism and Nazism. Dictatorships in comparison, hg. v. I. KERSHAW u. M. LEWIN (Cambridge 1997); T. Eine Ideengesch. des 20. Jh., hg. v. A. SÖLLNER u.a. (1997); F. FURET u. E. NOLTE: ›Feindl. Nähe‹. Kommunismus u. Faschismus im 20. Jh. Ein Briefwechsel (1998); Das Schwarzbuch des Kommunismus. Unterdrückung, Verbrechen u. Terror, Beitrr. v. S. COURTOIS u.a. (a.d.Frz., 1998).

Totalität, *Astronomie:* die vollständige Verfinsterung eines Gestirns (→Finsternis).

Totalitätszone, →Sonnenfinsternis.

Totalkapazität, Maß für das Atemvolumen (→Atmung).

Totalmodell, zum einen ein wirtschaftstheoret. Modell, das möglichst alle ökonomisch relevanten Größen eines Gesamtzusammenhangs und deren gegenseitige Abhängigkeiten umfasst (z.B. das T. des gesamten Preissystems im Ggs. zum Partialmodell für die Analyse eines bestimmten Marktes); zum anderen Bez. für ein ökonometr. Modell zur wirtschaftswiss. Analyse einer Volkswirtschaft.

Totalprothese, vollständiger Zahnersatz für den zahnlosen Kiefer, individuell angepasst und mit unterschiedl. Haltemitteln versehen.

Total Quality Management ['təʊtl 'kwɔlɪtɪ 'mænɪdʒmənt, engl.], Abk. **TQM,** →Qualitätsmanagement.

Totalreflexion, vollständige →Reflexion von Wellen (insbesondere Lichtwellen) an der Grenzfläche von einem optisch dichteren Medium (Brechzahl n_1, z.B. Glas) zu einem optisch dünneren Medium (Brechzahl n_2, z.B. Luft; $n_2 < n_1$), wenn die einfallende Welle von der Seite des optisch dichteren Mediums auf die Grenzfläche trifft und der Einfallswinkel α_1 größer als der **Grenzwinkel der T.** α_T ist. α_T erhält man aus dem snelliusschen Brechungsgesetz (→Brechung) für den zugehörigen Winkel des austretenden Strahls (Brechungswinkel α_2) von 90° zu $\sin \alpha_T = n_2 / n_1$.

In der Lichtoptik findet die T. bei opt. Geräten, z.B. Reflexionsprismen, und Lichtleitern Anwendung. Sie kann jedoch auch bei Elektronen- oder Neutronenwellen oder Röntgenstrahlung (z.B. im Röntgenteleskop) ausgenutzt werden. Die exakte wellentheoret. Behandlung zeigt, dass sich bei T. längs der Grenzfläche eine Welle ausbildet, deren Amplitude im optisch dünneren Medium (Medium mit der größeren Phasengeschwindigkeit) exponentiell mit dem Abstand von der Grenzfläche abnimmt; die Eindringtiefe beträgt dabei etwa eine Wellenlänge.

Totalrefraktometer, *Optik:* →Refraktometer.

Total S.A. [tɔˈtal sɔsjeˈte anɔˈnim], frz. Energiekonzern, gegr. 1924; Sitz: Paris. Durch Privatisierung wurde der Anteil des frz. Staats 1992 von 31,7% auf 5,4% und 1996 auf 0,9% reduziert. Umsatz (1996): 176,6 Mrd. FF, Beschäftigte: rd. 57 600.

Toteis, bewegungslos gewordene Teile von Gletschern oder Inlandeis (meist infolge Abtrennung bei raschem Gletscherrückgang), über die sich Sande und Kiese der Gletscherschmelzwässer lagern, oft von Moränen- bzw. Schmelzwasserablagerungen überdeckt, wodurch das T. lange erhalten bleibt. Beim Abtauen des T. entstehen unregelmäßige Hohlformen **(T.-Loch),** meist abflusslos, daher heute vielfach von Seen erfüllt. (→Sölle)

Totalreflexion eines Strahls (rot), dessen Einfallswinkel α_1 größer ist als der Grenzwinkel α_T der Totalreflexion; beim Einfall unter einem Winkel $\alpha_1 < \alpha_T$ wird der Strahl teilweise reflektiert und teilweise gebrochen (schwarz); α_2 Brechungswinkel, n_1 und n_2 Brechzahlen des dichteren bzw. dünneren Mediums

Totem [engl., von Ojibwa ot-oteman ›er ist aus meiner Verwandtschaft‹] *das, -s/-s*, eine Tier- oder Pflanzenart (seltener eine Himmelserscheinung oder ein anderes Naturphänomen), mit der sich, insbesondere bei Wildbeutern, ein menschl. Sozialverband emotional oder verwandtschaftlich verbunden fühlt. Entsprechende Glaubensvorstellungen fordern die fortgesetzte mag. Solidarität zw. diesen Menschen und ihren T. Diese äußert sich gewöhnlich in respektvoller Behandlung (Tötungs-, Speise- und Berührungsverbote) und wirkt durch ihre Symbole (T.-Embleme), Exogamie- u. a. Tabuvorschriften sowie durch die Benennung der Gruppen nach ihren jeweiligen T. nach außen abgrenzend.

Totemannshand, die →Meerhand.

Totemismus *der, -*, die gefühlsmäßige oder auf myth. Abstammung zurückgeführte Bindung von Menschen an bestimmte Tiere, Pflanzen oder Naturphänomene (→Totem). Dahinter steht wohl der Wunsch, den menschl. Lebenskreis mit der meist als Bedrohung empfundenen Wildnis zu versöhnen (und somit die Zweiteilung des Kosmos aufzuheben), indem man die Natur systematisch zu ordnen sucht und zw. deren Erscheinungsformen und eigenen Sozialeinheiten verwandtschaftl. Beziehungen konstruiert. Religiöse Bedeutung gewinnt dieser Prozess durch Sakralisierung der auf die Totems bezogenen Symbole, Orte, Zeiten und Verhaltensweisen. Neben **Individual-T.** (der Einzelne hat ein inniges Verhältnis zu einem Totem) und dem am häufigsten vorkommenden **Gruppen-T.** (Bindung von Familien, Lineages oder Klanen an ein Totem) gibt es auch einen **Geschlechter-T.** (beide Geschlechter besitzen jeweils andere Totems). Früher hat man T. als universelle Urreligion gedeutet und kulturelle Ausformungen wie Exogamie, Tabu, Opfer oder Symbol mit seiner Hilfe zu erklären versucht. S. Freud sah in moral. Tabus unserer Gesellschaft gar die ›infantile Wiederkehr des T.‹. Als man jedoch erkannte, dass Totems oft nur Embleme spezif. Gruppenidentitäten darstellen und nicht notwendigerweise verehrt werden, rückte die Forschung von derlei Spekulationen ab, wodurch auch das theoret. Interesse an dem Begriff abnahm.

Totempfahl, →Wappenpfahl.

Toten|acker, der →Friedhof.

Totenbanner, Totenfahne, chin. **Fei-yi, Fei-i,** mehrfarbiges, hochformatiges Seidentuch, archäologisch erstmals 1972 durch Grabfund in Mawangdui bei Changsha für das 2. Jh. v. Chr. nachgewiesen. Die mytholog. Szenen auf dem T. geben in dreiteiliger Komposition eine Vorstellung vom Weiterleben nach dem Tod.

Totenbeschwörung, eine Form der →Nekromantie. Voraussetzung dafür ist die Annahme einer Postexistenz der Toten, bzw. deren unvergängl. Faktoren (Seelen). T. findet sich in den Stammesreligionen, in denen der Umgang mit den Ahnen und die Vorstellung, dass diese zeitweilig unter den Lebenden präsent sind (Ahnenstühle, -masken, -hütten und -häuser, Orakel u. a.), selbstverständl. religiöses Phänomen ist, sowie v. a. im Spiritismus und Okkultismus. Sie dient meist zur direkten, individuellen Kontaktaufnahme mit bestimmten Toten.

Totenbestattung, die Beisetzung von Leichen oder Leichenbrand, meist mit einem vom Kulturkreis, bes. von dessen Religion, abhängigen Ritual (Funeralriten); mit zunehmendem Zivilisationsgrad gewinnen daneben hygien. Gesichtspunkte an Bedeutung. I. d. R. erfolgen T. heute auf einem eigens dafür ausgewiesenen Areal, dem →Friedhof, und zwar entweder als **Erdbestattung (Beerdigung),** die Leiche wird in einem Sarg in der Erde vergraben, oder als **Feuerbestattung (Einäscherung),** die Leiche wird verbrannt, ihre Asche in einer Urne beigesetzt. Außerdem besteht der Ritus des **Ausstreuens der Asche,** z. B. ins Meer oder in den hl. Ganges; früher auch als Kirchenstrafe (Nichtbeisetzung; u. a. für Ketzer). Andere Formen der T. sind das Versenken der Leiche ins Meer **(Seemannsgrab),** urspr. eine hygien. Maßnahme, damit die Leiche schnell von Bord kam, heute als Urnenbestattung auf hoher See auch außerhalb der Schifffahrt vollzogen, und die **Luftbestattung,** z. B. auf den →Türmen des Schweigens im Parsismus.

Die Bräuche und Riten bei der T. sind sehr vielseitig. Im europ. Kulturkreis wird vor der Bestattung der Sarg mit der Leiche in der Leichenhalle des Friedhofs aufgebahrt, in ländl. Gebieten oft auch im Haus (oder Hof), bei besonders bedeutenden Persönlichkeiten an einem (öffentl.) Ehrenplatz. Die eigentl. T., die **Beisetzung (Begräbnis),** umfasst die Trauerfeier in der Trauerhalle (Aussegnungshalle, Kapelle), bei Erdbestattung die anschließende Überführung des Sarges in einem Leichenzug zum Grab (bei Feuerbestattung erfolgt die Urnenbeisetzung später) und am offenen Grab letzte Worte des Grabredners bzw. bei christl. T. die Rituale des Geistlichen sowie den persönl. Abschied der Trauergäste. Der T. schließt sich oft ein Totenmahl (Leichenschmaus) an, ein gemeinsames Essen der Trauernden. (→Trauer)

Geschichte: Bereits in der Altsteinzeit wurden Tote durch Ausstattung mit Beigaben aller Art (u. a. Nahrung) oder Einfärben mit Roterde für das Jenseits vorbereitet und so begraben. Feste Regeln für die T. bestanden in der Jungsteinzeit. Im Frühneolithikum herrschte überall die Bestattung in →Hockergräbern, oft (bes. in Vorderasien) unterhalb des Hauses oder innerhalb der Siedlung, sodass die Ahnen den Lebenden nahe blieben. Eine andere Form der Ahnenverehrung spricht aus der Ausgestaltung der →Megalithgräber. Bei den Pyramiden Ägyptens kommt das Motiv des Denkmals zu dem der Totenwohnstatt hinzu. Von der späten Jungsteinzeit an kennen weite Teile Europas die T. in →Hügelgräbern. Sie sind primär Gräber von Einzelnen (keine ›Sippengrüfte‹). Es bestand, bes. in Ägypten und Etrurien, die Vorstellung, der Verstorbene setze im Jenseits sein diesseitiges Leben fort und habe die gleichen Bedürfnisse wie hier. Daher wurden ihm Dinge des tägl. Lebens in das als Wohnraum gestaltete Kammergrab (Totenhaus) mitgegeben. Für die Kupfer führende Jungsteinzeit und die ältere Bronzezeit lassen sich in Mittel- und Nordeuropa die ältesten Särge nachweisen (meist →Baumsärge).

In der Hallstattzeit wurde es üblich, die führenden Persönlichkeiten zus. mit Pferd und Wagen zu bestatten. Solche Gräber gab es bei den nomad. Skythen S-Russlands, in der Völkerwanderungszeit und in karoling. Zeit bes. in N-Deutschland. (→Fürstengräber)

Besondere Formen der T. beziehen sich auf die Überfahrt des Toten in die ›andere Welt‹. Bei den Griechen führten solche Vorstellungen zur Beigabe des Charonspfennigs. Vielleicht hängen auch Wagenbestattungen mit solchen Vorstellungen zusammen, die ihre eindrucksvollste Ausprägung in den →Schiffsgräbern N-Europas gefunden haben. Dem Wunsch, die weitere Existenz des Toten durch Erhalten seines Körpers zu sichern, entsprang der Brauch der Einbalsamierung, v. a. in Ägypten (→Mumie). In der griech. und röm. Antike standen das ehrende Gedenken und die Fürsorge durch Grabbeigaben im Mittelpunkt der T.; die Feuerbestattung überwog, doch auch Erdbestattungen waren üblich.

Die **Brandbestattung** (Leichenverbrennung) war von der frühen Jungsteinzeit (Çatal Hüyük) an vereinzelt, häufiger erst in der späten Jungsteinzeit (Schönfelder Gruppe in Mittel-Dtl.; Bretagne und England) und bes. in der Bronze- und Eisenzeit üblich. Der Sinngehalt der Brandbestattung ist noch unklar. Die Hinterbliebenen glaubten aber offenbar an ein Fort-

Tote Totenblume – Totenflecke

Totenbrett: Mit Vierzeilern versehene Totenbretter bei Bayerisch Eisenstein (Bayerischer Wald)

leben auch des verbrannten Toten, wie die Beigaben an Schmuck und Gebrauchsgegenständen, aber auch die Gestaltung des Leichenbrandbehälters in Hausform (→Hausurnen) erkennen lassen. Nach der Scheiterhaufenzeremonie wurde der Leichenbrand außer in Tonurnen auch in Baumsärgen, mannslangen Steinsetzungen unter Erdhügeln (Tumuli), in Flachgräbern oder schlichten Erdgruben beigesetzt. Durch das Christentum fand die Feuerbestattung im Abendland ein vorläufiges Ende, da sie mit dem Glaubenssatz von der Auferstehung des Fleisches nicht vereinbar erschien. Im 19. Jh. kam sie wieder auf (erstes Krematorium 1874 in Gotha), besonders aus hygien. (gesund-

Totenbuch 1): Erster Spruch im Totenbuch des Maiherperi aus dem Grab Nr. 36 im Tal der Könige; die Zeichnung zeigt den Begräbniszug: Die Mumie liegt in einem Schrein auf einer Barke, die auf einem Schlitten von Rindern gezogen wird; um 1450 v.Chr. (Kairo, Ägyptisches Museum)

heitspolit.) Gründen; aber auch die Angst vor der Bestattung eines Scheintoten und eine demonstrativ antikirchl. Haltung spielten eine Rolle. (→Grab, →Grabmal)

Zum *Recht* →Leiche.

M. RUETZ: Nekropolis (1978); R. THALMANN: Urne oder Sarg? Auseinandersetzung um die Einf. der Feuerbestattung im 19. Jh. (Bern 1978); Wie die Alten den Tod gebildet. Wandlungen der Sepulkralkultur. 1750–1850, hg. v. H.-K. BOEHLKE, Ausst.-Kat. (1979); Vom Kirchhof zum Friedhof. Wandlungsprozesse zw. 1750 u. 1850, bearb. v. DERS. u.a. (1984); Zur Gesch. des Bestattungswesens in Wien, hg. v. F. KNISPEL, Ausst.-Kat. (Wien 1982); Die letzte Reise. Sterben, Tod u. Trauersitten in Oberbayern, hg. v. S. METKEN, Ausst.-Kat. (1984); M. RÁČEK: Die nicht zu Erde wurden ... Kulturgesch. der konservierenden Bestattungsformen (Wien 1985); A. HAFFNER: Gräber – Spiegel des Lebens. Zum Totenbrauchtum der Kelten u. Römer ... (1989); Bestattungswesen u. Totenkult in ur- u. frühgeschichtl. Zeit, hg. v. F. HORST u.a. (1991); M. ILLI: Wohin die Toten gingen. Begräbnis u. Kirchhof in der vorindustriellen Stadt (Zürich 1992); I. BACHER-GÖTTFRIED: Totenkult u. Jenseitsvorstellungen im alten Ägypten (1994).

Totenblume, die Gartenringelblume (→Ringelblume).

Totenbrett, ein Brett, auf dem der Tote bis zur Einsargung bzw. zur Beerdigung aufgebahrt wurde. Nach der Bestattung wurden die T. mit Namen, Lebensdaten, Kreuz, z. T. auch Malereien sowie einem Gebet oder christl. Spruch versehen und als Gedenkbretter an Wegen, Kreuzungen, Brücken oder Kapellen aufgestellt; sie sollten an die Verstorbenen erinnern und zum Fürbittgebet auffordern. Der Brauch war früher im fränk., bayer., westböhm. und oberösterr. Raum weit verbreitet.

Die letzte Reise. Sterben, Tod u. Trauersitten in Oberbayern, hg. v. S. METKEN, Ausst.-Kat. (1984).

Totenbuch, 1) eine altägypt. Sammlung von Sprüchen, die sich auf das Leben nach dem Tod und auf die Überwindung jenseitiger Gefahren beziehen. Seit dem Neuen Reich wurden sie dem Toten ins Grab gelegt. Die Sprüche gehen z. T. auf die älteren →Pyramidentexte zurück; sie hatten urspr. keine feste Ordnung und wurden erst später in eine gültige Reihenfolge gebracht. Die Überlieferung des T. reicht bis in die röm. Zeit Ägyptens. – T. waren oft mit Bildern geschmückt, die den Inhalt eines Spruches zusammenfassen. Weiteres BILD →Papyrus.

Ausgabe: Das Todtenbuch der Aegypter nach dem hieroglyph. Papyrus in Turin, hg. v. R. LEPSIUS (1842, Nachdr. 1969); Das T. der Ägypter, übers. v. E. HORNUNG (1979, Nachdr. 1990); Die Unterweltsbücher der Ägypter, übers. v. DEMS. (^{3}1989, Nachdr. 1992); Ägypt. T., übers. v. G. KOLPAKTCHY (^{7}1980); Die T.-Hss. der 18. Dynastie im Ägypt. Museum Cairo, bearb. v. I. MUNRO, 2 Bde. (1994).

K. SETHE: Die Totenlit. der alten Ägypter (1931); A. CHAMPDOR: Das ägypt. T. (a.d. Frz., Neuausg. 1997).

2) Tibetisches T., tibet. **Bardo Thödröl,** Text aus einer von PADHMASAMBHAVA (8. Jh.) verfassten Sammlung buddhist. Unterweisungen; er wird dem gerade Verstorbenen von einem Lama verlesen, um seinen Geist auf das im Todesaugenblick aufleuchtende gleißende, weiße Licht ›hell wie 1 000 Sonnen‹, sowie die folgenden Erscheinungen von fried- und zornvollen Gottheiten, Lichtern und Klängen vorzubereiten, die ihm im ›Bardo‹, im Zwischenzustand zwischen Tod und Wiedergeburt, begegnen. Die essenzielle Lehre des T. ist, dass alle Erscheinungen lediglich karm. Trugbilder sind, deren illusionäre, letztendlich ›leere‹ Natur es zu durchschauen gilt, um Befreiung zu erreichen. Wird diese Erkenntnis nicht gewonnen, erfolgt eine Wiedergeburt.

Ausgaben: Das tibet. Buch der Toten, hg. v. E. K. DARYAY (^{4}1984); Das tibetan. T. oder die Nachtod-Erfahrungen auf der Bardo-Stufe, hg. v. W. Y. EVANS-WENTZ (^{18}1993).

D.-J. LAUF: Geheimlehren tibet. Totenbücher (^{4}1994).

Totenflecke, zu den sicheren Todeszeichen gehörende Erscheinungen an der →Leiche.

Totenkopfäffchen:
Saimiri sciureus
(Kopf-Rumpf-Länge
22,5–37 cm;
Schwanzlänge
36–46,5 cm)

Totengabe, die →Grabbeigabe.

Totengedächtnis, in vielen Religionen verbreiteter Brauch, an bestimmten Tagen der Verstorbenen in der Liturgie zu gedenken. In der christl. Kirchen wird v. a. an →Allerseelen und am →Ewigkeitssonntag (Totensonntag) der Toten gedacht.

Totengericht, in vielen Religionen ausgebildete Vorstellung von einem individuellen oder kollektiven Gericht am Weltende. I. Allg. wird der Begriff T. für das Gericht über den einzelnen Menschen verwendet; Beispiele hierfür finden sich im Parsismus und in der altägypt. Religion sowie in Judentum, Christentum und Islam. (→Jüngstes Gericht)

Totengespräche, in Prosa verfaßte fiktive Gespräche zwischen histor. oder mytholog. Figuren im Totenreich, in denen in satir. Form Menschheits- und Zeitkritik geübt wird. Zur Gattung der T. zählen i. e. S. nur jene Dialoge, die sich an den ersten T. der europ. Literatur orientieren, an LUKIANS ›Nekrikoi dialogoi‹ (um 165 n.Chr.). Die Rezeption der lukian. Gattung begann zunächst im Humanismus, doch trat eine nachhaltige Wirkung von europ. Tragweite erst ein seit ihrer Erneuerung durch B. LE BOVIER DE →FONTENELLE, durch D. FASSMANNS ›Gespräche in dem Reiche derer Todten‹ (240 Tle., 1718–39) und durch J. C. GOTTSCHEDS sowie C. M. WIELANDS Lukian-Übersetzungen. Letzterer verfaßte selbst T., die wiederum GOETHE in seiner satir. Farce ›Götter, Helden und Wieland‹ (1774) aufgriff. Im 20. Jh. gibt es nur vereinzelte Beispiele für die Gattung (F. MAUTHNER, ›T.‹, 1906; P. ERNST, ›Erdachte Gespräche‹, 1921).

Totengräber, Necrophorus, Gattung der →Aaskäfer mit acht einheim. Arten.

Totenhochzeit, →Totenkrone.

Totenkäfer, Name zweier Arten der Schwarzkäfergattung **Blaps** (Blaps mortisaga und Blaps mucronata), 2–3,1 cm lang, plump, nachtaktiv; mit Stinkdrüsen. Das Flügeldeckenende ist in eine Spitze (Mucro) verlängert. T. leben unter Steinen und Brettern, in Holzlagern, Schuppen und Kellern. Käfer und Larven ernähren sich von toten pflanzl. Stoffen.

Totenklage, zeremonielles Klagen und Weinen meist von Frauen, oft berufsmäßigen ›Klageweibern‹ oder Klagegemeinschaften, vorgebracht an der eingesargten Leiche, auf dem Weg zum Friedhof, am Grab, am 3., 9., 30. und 40. Tag nach dem Tod und an Totengedenktagen; sowohl improvisiert als auch nach rituellen Überlieferungen, als Preisklage (Loblied auf den Verstorbenen, Größe des Verlustes u. a.), als Weckruf (Einladung an den Toten wiederzukehren) und als Biographie (Schilderung der letzten Lebenstage und des Sterbens sowie der Lebenssituation der Familie vor und nach diesem Tod). Die T. war und ist in vielen Teilen Europas und des angrenzenden Mittelmeerraumes verbreitet. Literaturgeschichtlich ist die T. ein aus dem Mythos erwachsenes Kultlied (z. B. das altgerman. Totenlied), vielfach auch Bestandteil des Epos (z. B. die T. der Trojaner um Hektor in HOMERS ›Ilias‹). Als eigenständige Ausprägung erscheint die T. beispielsweise im A. T. in den →Klageliedern, in der antiken Chorlyrik als →Threnos, →Nänie, in der antiken Tragödie als →Kommos. Häufige Form der T. ist seit der klass. Zeit die →Elegie.

L. HONKO: The Lament, in: Genre, structure and reproduction in oral literature, hg. v. DEMS. (Budapest 1980).

Totenkopf|äffchen, Saimiriinae, Unterfamilie der Kapuzinerartigen Affen mit zwei Arten (Gattung Saimiri) und 16 Unterarten (z. T. werden auch vier Arten unterschieden) in den süd- und mittelamerikan. trop. Regenwäldern. T. besitzen eine charakterist. weiße Gesichtszeichnung mit schwarzer Mundgegend; das Fell ist kurz und dicht, der lange Schwanz nicht greiffähig. Sie sind tagaktiv und ernähren sich von Früchten und Insekten; T. sind gesellige Tiere, die sich bevorzugt in kleineren Männchen- und Weibchengruppen auf die Nahrungssuche begeben. T. bringen nach einer Tragzeit von 152 bis 172 Tagen ein Junges zur Welt; sie können bis 21 Jahre alt werden.

Totenkopfschwärmer, Totenkopf, Acherontia atropos, Art der Schwärmer mit bis 13 cm Flügelspannweite, Vorderflügel fleckig braun rindenfarbig, Hinterflügel und Körperseiten auffällig gelbschwarz gezeichnet, Oberseite des Brustabschnitts mit totenkopfähnl. Zeichnung. T. sind im trop. Afrika heimisch und fliegen alljährlich über die Wüste Sahara in die Mittelmeerländer und nach Mittel- und Nordeuropa ein. Bei Störung erzeugen T. piepsende oder zirpende Töne. Die bis 15 cm lange, bunte Raupe lebt an Nachtschattengewächsen.

Totenkopfschwärmer
(Spannweite bis 13 cm)

Totenkrone, ein kranzähnl. Gebilde, das jung Verstorbenen, v. a. unverheirateten Mädchen, auf den Sarg gelegt wurde, damit sie wenigstens im Tode in dem Schmuck erscheinen, der in der Sicht der Gemeinschaft das ›Wichtigste und Schönste‹ im Erdenleben symbolisiert, die Hochzeit. Diese **Totenhochzeit** dokumentierte zugleich die Jungfräulichkeit. Nach kirchl. Vorschrift im ›Rituale Romanum‹ war die T. urspr. eine Krone aus frischen Blumen; vom Spätbarock an finden sich T. aus Drahtgeflechten (vielfach Gold- oder Silberdraht) mit reichem Schmuck aus (Glas-)Perlen, künstl. Blumen, Schleifen und Bändern.

E. H. SEGSCHNEIDER: Totenkranz u. T. im Ledigenbegräbnis (1976).

Totenkult, die Gesamtheit der aus Anlass des Todes an einem Verstorbenen und in Bezug auf ihn vollzogenen rituellen und brauchtüml. Handlungen. Der T. ist Bestandteil aller Kulturen und Religionen und wird mit unterschiedl. Anliegen verbunden: Moderne Gesellschaften verstehen ihn vorrangig als Ausdruck der Pietät gegenüber dem Verstorbenen; in Stammesreligionen ist er in besonderer Weise mit dem Bestreben verbunden, die als numinos empfundene Macht des Verstorbenen in ihren positiven Aspekten der Gemeinschaft der Hinterbliebenen zu vermitteln und ihre negativen Auswirkungen von ihr abzuwenden (→Mana, →Ahnenverehrung). Viele Religionen alter Kulturen verstanden den T. (auch) als Ausstattung des Verstorbenen für seine Reise ins Totenreich, dabei davon ausgehend, dass sich im Tod Geist und Seele trennen, der Geist noch in der Nähe des Leichnams verweilt, die Seele sich aber in ein →Jenseits begibt. Bes.

Totenkäfer:
Blaps mortisaga
(Länge 2–3,1 cm)

Totenleuchte auf dem Friedhof von Château-Larcher, Dép. Vienne; 12. Jh.

ausgeprägt war der T. im alten Ägypten (→ägyptische Kultur, →Totenbuch). Christl. T. äußert sich z. B. in Totenmessen, im Gedenken an die verstorbenen Gläubigen zu →Allerseelen und in der Reliquienverehrung sowie stark säkularisiert in Toten- und Gefallenenfeiern (z. B. am →Volkstrauertag). Wesentliche, die einzelnen Kulturen und Religionen übergreifende Elemente des T. sind die →Totenbestattung und die →Totenklage. Der Wunsch, dass das Ansehen, das ein Mensch im Leben genoss, seinen Tod überdauern soll, findet seinen Ausdruck bes. in der Errichtung, Pflege und Verehrung von →Grabmälern.

A. HÜPPI: Kunst u. Kult der Grabstätten (Olten 1968); H. KEES: Totenglauben u. Jenseitsvorstellungen der alten Ägypter (Berlin-Ost ^{5}1983); Lebende Tote. T. in Mexiko, bearb. v. H.-O. KRAUSE u. a., Ausst.-Kat. (1986); R. BRIER: Zauber u. Magie im alten Ägypten. Geheimes Wissen u. T. im Pharaonenreich (a. d. Amerikan., 1991); T. MOOREN: Die vertauschten Schädel. Tod u. Sterben in Naturreligionen, Hinduismus u. Christentum (1995).

Totenleuchte, steinerne Säule mit laternenartigem Aufsatz auf Friedhöfen, auch an Karnern und an Strebepfeilern von Kirchen. In der T. wurde zur Erinnerung an Verstorbene ein ›Arme-Seelen-Licht‹ entzündet (Lux perpetua luceat eis, ›Das ewige Licht leuchte ihnen‹). T. waren seit dem 13. Jh. im südl. und westl. Dtl. allgemein verbreitet, kamen aber im 16. Jh. außer Gebrauch. Heute lebt dieser Brauch in den Grablichtern, die v. a. an Allerseelen und am Todestag des Verstorbenen aufgestellt werden, fort.

Totenmahl, →Totenbestattung.

Totenmaske, die Abformung des Gesichts eines Verstorbenen in Gips oder Wachs unmittelbar nach dem Tod. Die schon im röm. Ahnen- und Totenkult bedeutende T. diente seit dem späten MA. der Ausarbeitung realist., porträtgenauer Grabfiguren und der Anfertigung königl. Scheinleiber für die Begräbniszeremonie. Die bis ins 19. Jh. zweckgebundenen Abformungen bekamen nun Eigenwert; es entstand ein Kult der ›ewigen Antlitze‹, die in Bildbänden veröffentlicht wurden.

E. BENKARD: Das ewige Antlitz. Eine Sammlung von T.n (^{3}1929).

Totenmesse, →Requiem.

Totenoffizium, Das, *kath. Liturgie:* das →Stundengebet, das v. a. an Gedenktagen einzelner oder aller Toten verrichtet werden kann.

Totenorakel, →Nekromantie.

Totenreich, in vielen Religionen Bez. für das →Jenseits als Aufenthaltsort der Toten, die dort entweder ein gesteigertes irdisches Leben fortsetzen oder ein Schattendasein führen müssen.

Totenschiff, Das, Roman von B. TRAVEN, 1926.

Totenschild, in Kirchen, Kapellen, Kreuzgängen u. a. aufgehängtes Gedächtnismal in Form eines Schildes (mit Leder überzogenes Holzbrett, grundiert und bemalt, oft mit Edelsteinen), das in heraldischen Schmuck (Wappen u. a.) und Schrift an den Tod eines Ritters erinnern sollte. Seit dem 12. Jh. nachweisbar, wurde die Sitte später auch vom Bürgertum übernommen (reiche Beispiele in Nürnberg). T. gab es bis in das Zeitalter des Barock.

toten Seelen, Die, russ. ›Mertvye duši‹, Roman von N. W. GOGOL (russ. 1842).

Totensonntag, *ev. Kirchen:* →Ewigkeitssonntag.

Totenstarre, →Leiche.

Totenstrauch, Tarchonanthus, Gattung der Korbblütler mit zwei Arten in Afrika und Arabien; zweihäusige, kleine Bäume mit filzigen, kampferartig duftenden Blättern und kleinen Blütenköpfchen. Die purpurfarben blühende Art **Tarchonanthus camphoratus** aus dem östl. und südl. Afrika wird gelegentlich als Kalthauspflanze kultiviert.

Totentanz, frz. **Danse macabre** [dãsma'kabr], Darstellung von Menschen jeden Alters und Standes, die einen Reigen mit Toten tanzen, von denen sie gepackt und weggerafft werden. Die Bilder wurden durch Verse erläutert, in denen die dem Tod Verfallenen mit ihren Partnern Zwiesprache halten. In späteren, nicht mehr einen Tanz darstellenden Bilderfolgen, ebenfalls als T. bezeichnet, erscheint jeweils einem Lebenden ein nunmehr den Tod selbst verkörperndes Skelett zugeordnet, oft mit Sense und Stundenglas. – Die nicht zu den offiziellen kirchl. Themen gehörenden T. wurden, zuerst wohl in Frankreich, meist auf Mauern von Kirchhöfen, Kapellen und Beinhäusern gemalt, so auf dem Kirchhof von Saints-Innocents in Paris (1425; zerstört). Nicht erhalten sind die durch Kopien und Nachzeichnungen überlieferten T. der Marienkirche in Lübeck (von B. NOTKE, 1463 oder 1466 vollendet) und des Dominikanerklosters in Bern (von N. MANUEL, 1517–19). Unter den graf. Darstellungen ragen zwei Holzschnittfolgen hervor: ›La danse macabre‹ (Paris 1485, herausgegeben von GUY MARCHAND) und die ›Todesbilder‹ von H. HOLBEIN D. J. (entstanden 1523–26, veröffentlicht 1538) die mit die Entwicklung ihren Abschluss fand. Im 19. Jh. griff A. RETHEL das Thema erneut auf (›Auch ein T.‹, 1849 erschienen), im 20. Jh. u. a. A. KUBIN, E. BARLACH, HAP GRIESHABER, H. JANSSEN und A. HRDLICKA.

Totentanz: Hans Holbein d. J., ›Das Alt Weib‹; Blatt 25 aus der Folge ›Todesbilder‹; Holzschnitt, entstanden 1523–26, gedruckt 1538

T.-Dichtungen in Monologen, später in Dialogen, sind seit der Mitte des 14. Jh. bekannt, z. B. der ›Oberdt. T.‹ in lat. Hexametern und seine erweiterte, im 15. Jh. in Handschriften, Blockbüchern und auf T.-Gemälden weit verbreitete dt. Übersetzung in Dialogen (entstanden 1350–60). F. VILLONS berühmte ›Ballade des pendus‹ (gedruckt 1489) lässt Gehenkte in Form eines Tanzliedes ihr Schicksal beklagen. Der T.-Gedanke taucht auch im Volkslied und im geistl. Spiel auf, im Volksspiel wirkt er bis ins 20. Jh. weiter.

Seit dem 16. Jh. wurden im Anschluss an die spätmittelalterlichen bildl. oder literar. Darstellungen meist mehrteilige (zykl.), auf versch. Begebenheiten bezogene Stücke komponiert. Bekannt sind v. a. der ›T., Paraphrase über Dies irae‹ (1859) für Klavier und Orchester von F. LISZT und die sinfon. Dichtung ›La danse macabre‹ (1875) von C. SAINT-SAËNS.

S. COSACCHI: Makabertanz. Der T. in Kunst, Poesie u. Brauchtum des MA. (1965); H. ROSENFELD: Der mittelalterl. T. (^{3}1974); R. HAMMERSTEIN: Tanz u. Musik des Todes. Die mittelalterl. T. u. ihr Nachleben (Bern 1980); T. aus 6. Jh., hg. v. ROLF H. SCHMITZ, Ausst.-Kat. (1982); J. HUIZINGA: Herbst des MA. (a. d. Niederländ., Neuausg. 1987); Tanz u. Tod in Kunst u. Lit., hg. v. F. LINK (1993); Der T. der Marienkirche in Lübeck und der Nikolaikirche in Reval (Tallinn). Edition, Kommentar, Interpretation, Rezeption, hg. v. H. FREYTAG (1993).

Totentrompete, Herbsttrompete, Craterellus cornucopioides, im Herbst in Laubwäldern vorkommender, 5–15 cm hoher, trichter- oder trompetenförmiger Leistenpilz; in feuchtem Zustand fast schwarz, sonst schiefergrau; etwas zäher, schmackhafter Speisepilz; getrocknet als Würzpilz geeignet.

Totenuhr, Bez. für zwei Insektenarten, die klopfende Geräusche erzeugen: die zu den Staubläusen gehörende Art Trogium pulsatorium und die in Holz lebende Klopfkäferart Anobium punctatum.

Totenvogel, in der Vorstellung mancher Völker ein Vogel, in dessen Gestalt die Seele des Menschen entflieht oder weiterlebt. Die ägypt. Totenbücher verzeichnen als Möglichkeit, sich eine selige Existenzform zu schaffen, ›sich in einen Falken zu verwandeln‹, damit so die Seele dem Grab entfliehen kann. – Im europ. Volksglauben werden u. a. Eule und Kauz als T. bezeichnet, da ihr Erscheinen oder ihr Ruf einen baldigen Tod anzeigen sollen.

toter Gang, *Maschinenbau:* unwirksame Bewegung infolge des Spiels zw. zwei Maschinenteilen, z. B. zw. Schraubenspindel und Mutter.

toter Mann, *Metallurgie:* nicht geschmolzene Beschickungssäule im Kern eines Schachtofens; entsteht unerwünscht bei zu geringem Winddruck oder zu großen Ofendurchmessern.

toter Punkt, 1) *Betriebswirtschaftslehre:* →Break-even-Analyse.
2) *Technik:* der →Totpunkt.

toter Winkel, 1) *Kraftfahrzeugtechnik:* der hinter und seitlich in einem Kfz durch die Rückspiegel nicht einsehbare Raum; kann durch Verwendung von Weitwinkelspiegeln verringert werden.
2) *Militärwesen:* **toter Raum,** Teil des Geländes oder Luftraums, in dem die Geländeform oder -bedeckung oder die Eigenart der Waffe die Bekämpfung von Erd- oder Flugzielen nicht zulässt.

Totes Gebirge, stark verkarsteter, aus Dachsteinkalk aufgebauter Gebirgsstock der Nördl. Kalkalpen, östlich der Traun, in der Steiermark und Oberösterreich, im Großen Priel 2515 m ü. M.; bildet die größte vegetationslose Hochfläche der Kalkalpen; im Innern ausgedehnte Höhlensysteme; zahlr. Seen (Altausseer See, Grundlsee, Toplitzsee), z. T. Naturschutzgebiet; Wintersportzentrum auf der Tauplitzalm.

Totes Meer, arab. **Al-Bahr al-Maijit** [alˈbaxər alˈmaijit], hebr. **Yam-Hammelah** [ˈjam haˈmɛlax], Salzsee im →Jordangraben, zu Jordanien und Israel gehörend, 80 km lang, etwa 15 km breit. Durch die Halbinsel Lisan und feste Salzablagerungen ist das T. M. geteilt in das kleinere, recht seichte Becken im S (durch Sinken des Wasserspiegels fast ausgetrocknet) und das größere Becken im N, das bis etwa 400 m tief ist. Der Wasserspiegel liegt bei etwa 396 m u. M. (durch Verdunstung und die starke Wasserentnahme aus dem Jordan zu Bewässerungszwecken ständig sinkend), der Grund des T. M. liegt bei 829 m u. M.; es erfüllt somit die tiefste Depression der Erde. Wichtigster Zufluss ist der →Jordan (am N-Ende). Am W-Ufer gibt es einige Karstquellen (v. a. bei →En Gedi). Das Klima am T. M. gehört zu den trockensten und heißesten Klimaten der Erde. Die durchschnittl. Niederschlagsmenge beträgt im N jährlich nur 85 mm, im S 50 mm.

Das Wasser ist wegen der starken Verdunstung und der geringen Süßwasserzufuhr durch den Jordan extrem salzhaltig. Insgesamt sind 43,8 Mrd. t Salze gelöst; ein Liter Wasser enthält (in Form von Ionen) 212 g Chlor, 41 g Magnesium, 39 g Natrium, 17 g Calcium, 7,3 g Kalium, 5,1 g Brom sowie kleinere Mengen Sulfat und Hydrogencarbonat. Wegen des hohen Salzgehaltes (bis 26,3 %) beschränkt sich das Leben im T. M. auf anaerobe, Nitro-, Schwefel- und Cellulose abbauende Bakterien. Am S-Ufer werden Kali-, daneben Brom- und Magnesiumsalze in Verdunstungsbecken gewonnen; auf israel. Seite wurden dafür große Deichanlagen gebaut (→Sodom). Am jordan. Ufer wurde in den 1980er-Jahren ein ähnl. Werk errichtet. Seit einigen Jahren wird das hyperton. Wasser des T. M. auf israel. Seite auch für therapeut. Zwecke (v. a. gegen Schuppenflechte) genutzt (Kurzentrum zw. Neve Zohar und En Boqeq). – Die durchschnittl. Temperaturen liegen im Sommerhalbjahr bei 30°C, Maximum 46°C (Juli/August), im Winter sinken sie nicht unter 10°C. Außerdem ist das Gebiet um das T. M. das sauerstoffreichste der Erde.

Das T. M. ist der Restsee eines pleistozänen Sees, der vor 23000 Jahren den Jordangraben bis etwa 180 m. ü. M. erfüllte (**Lisansee**); die verschiedenen Wasserverdunstungsstadien sind aus 30 horizontalen Terrassen am Grabenrand ersichtlich.

D. NEEV u. K. O. EMERY: The Dead Sea (Jerusalem 1967); M. SCHWARZBACH: Berühmte Stätten geolog. Forschung (²1981).

tote Sprachen, Sprachen, die von niemandem mehr als Muttersprache gesprochen werden (im Ggs. zu den ›lebenden Sprachen‹), die ›ausgestorben‹ sind (z. B. Sumerisch). Die Bez. t. S. trifft nicht auf Sprachen zu, die in Form ausgebildeter Fachsprachen als Literatur- und Kultsprache eine Rolle spielen (z. B. Latein in Europa, Sanskrit in Indien), ebenso wenig auf Sprachen, deren Tochtersprachen fortleben (z. B. das Vulgärlatein, aus dem die roman. Sprachen hervorgingen).

totes Werk, Bez. für die über der Konstruktionswasserlinie liegenden Teile des Schiffs (Überwasserschiff); Ggs.: **lebendes Werk** (Unterwasserschiff).

tote Zone, allg. Bez. für einen Raumbereich, in dem ein Ereignis nicht wahrgenommen, insbesondere ein Signal nicht empfangen werden kann, z. B. der Bereich um einen Kurzwellensender, in dem die Bodenwelle nicht mehr und die Raumwelle noch nicht empfangen werden kann. (→Zone des Schweigens)

Totgeburt, Totgeborenes, während der Schwangerschaft oder im Verlauf der Geburt verstorbene Leibesfrucht, die nach Verlassen des Mutterleibes weder Herzschlag noch Nabelschnurpulsation oder natürl. Lungenatmung aufweist und ein Gewicht von mindestens 500 Gramm besitzt. Es besteht die Pflicht zur Ausstellung einer Totenbescheinigung und Anzeige beim zuständigen Amt für Personenstandswesen (Standesamt) mit Eintrag in das Sterberegister sowie zur Bestattung.

Tóth [toːt], Árpád, ungar. Lyriker, *Arad 14. 4. 1886, †Budapest 7. 11. 1928; war anfangs von der Dekadenz, den frz. Symbolisten und E. ADY beeinflusst und trat später zu einer einfacheren Form; er trat auch mit Übersetzungen aus dem Englischen, Französischen, Deutschen und Russischen hervor.

Totila, eigtl. wohl **Baduila** [›der Streiter‹, ›der Kämpfer‹], **Badua,** König (seit 541) der Ostgoten in Italien, †Caprae (heute Caprara, Gem. Gualdo Tadino, Prov. Perugia) Ende Juni/Anfang Juli 552; nahm 542–550 den Byzantinern Rom und fast ganz Italien – außer Ravenna – wieder ab. Er versuchte, an THEODERICH D. GR. anknüpfend, das Verhältnis der Goten zur einheim. Bevölkerung friedlich zu regeln. 551 wurde die neu geschaffene got. Flotte, mit der T. Sizilien, Sardinien und Korsika erobert und die griech. Küsten gebrandschatzt hatte, bei Sena Gallica (heute Senigallia) geschlagen; 552 wurde T. beim Versuch, den Byzantinern unter NARSES den Übergang über den Apennin zu verwehren, in der Schlacht auf der Hochebene Busta Gallorum (in der Nähe von Tadinae) tödlich verwundet und starb wenig später.

H. WOLFRAM: Die Goten (³1990).

Tot|impfstoff, →Schutzimpfung.

Totius, eigtl. **Jacob Daniel Du Toit** [ˈdyˌtɔit], weiteres Pseud. **Jaduto,** südafrikan. Lyriker und Theologe,

Totentrompete (Höhe 5–15 cm)

*Paarl 21. 2. 1877, † Potchefstroom 1. 7. 1953; Pfarrer, 1900 Feldprediger im Burenkrieg, ab 1911 Theologie-Prof. in Potchefstroom, übertrug 1916–36 die Bibel und ihre Psalmen ins Afrikaans (›Berymde psalms‹, 1937). Seine einfachen, volkstüml. Gedichte wenden sich dem alltägl. Leben sowie dem Leiden und der Geschichte der Buren zu und verleihen seinem Glauben an die göttl. Vorsehung und die Prädestination des Menschen Ausdruck.

Weiteres Werk: *Autobiographie:* Vier-en-sestig dae te velde (hg. 1977).

Ausgabe: Versamelde werke, hg. v. H. VENTER, 11 Bde. (1977).

T. T. CLOETE: T. (Kapstadt 1963); Die Lewende Totius, hg. v. H. VAN DER SCHOLTZ (ebd. 1977); Totius-kroniek, hg. v. F. I. J. VAN RENSBURG (ebd. 1977).

Tot|lage, *Technik:* der →Totpunkt.

Toto [Kurzbildung aus Totalisator, in lautl. Anlehnung an ›Lotto‹] *das,* auch *der, -s/-s,* Kurz-Bez. für →Fußballtoto.

Totò, eigtl. **Antonio De Curtis Gagliardi Griffo Focas** [-ga'kardi-], ital. Schauspieler, *Neapel 15. 2. 1898, †Rom 19. 4. 1967; Komiker, der nach dem Ersten Weltkrieg zur Bühne und 1937 zum Film kam.

Filme: Mein Allerwertester (1958); Große Vögel – kleine Vögel (1965); Hexen von heute (1966).

Totonaken, Volk an der Golfküste Mexikos, in den Staaten Veracruz und Puebla, etwa 210 000 Angehörige. Zentren waren in vorkolumb. Zeit in der klass. Epoche (bis etwa 900) möglicherweise El Tajín, in nachklass. Zeit Cempoala und, nordwestlich davon, Misantla. Um die Mitte des 15. Jh. eroberten die Azteken das Gebiet; z. Z. der Landung der Spanier (1519, unter H. CORTÉS) rebellierten die T. gegen die Eroberer und verbündeten sich mit den Spaniern, bevor diese Tenochtitlán erreichten. Als Fortführung altindian. Tradition hat sich bis heute bei den T. das ›Fliegerspiel‹ erhalten, ein ehemals mit dem mesoamerikan. Ritualkalender und dem Regen verknüpfter Ritus, bei dem vier Männer, kopfüber um einen hohen Pfahl sich drehend, zur Erde hinabsinken. Der Kunststil der T. wird auch der des nachklass. Veracruz genannt, da die Zuordnung der archäolog. Hinterlassenschaften (600–1521) nicht immer gesichert ist. In der sehr eigenständigen Kultur spiegeln sich auch in der Kunst fremde Stile wider; so hat ein starker kultureller Austausch mit dem Hochbecken von Mexiko und mit dem Mayagebiet stattgefunden. In der älteren Zeit übernahmen die T. in der Steinplastik Kunstformen der Olmeken, dem Stil von Teotihuacán nähert sich ihre Keramik: Gefäße mit flachem Boden, dekoriert mit eingeritzten Mustern, die die weiße Grundierung zum Vorschein brachten, oder bemalt in Rot, Braun oder Orange mit Tierfiguren in eckigem Silhouettenstil. Die Tonfiguren der T. sind realistisch gestaltet, häufig Würdenträger in steifer Haltung, Figuren mit Göttermasken oder Figuren, die Alltagsszenen wiedergeben. Die Steinskulpturen der Joche, Hachas und Palmas werden ebenfalls den T. zugerechnet.

W. KRICKEBERG: Altmexikan. Kulturen (Neuausg. 14. Tsd. 1979).

Totonicapán, Dep. in →Guatemala.

Totpunkt, toter Punkt, Tot|lage, diejenige Stellung eines Bewegungsmechanismus, bei der eines seiner Glieder durch Richtungsumkehr in Ruhe ist. Insbesondere beim Kurbelgetriebe von Kolbenmaschinen sind der obere (äußere) und untere (innere) T. die Lagen des Kolbens, bei denen er die Geschwindigkeit null hat; im oberen T. ist das Arbeitsraumvolumen eines Zylinders am kleinsten (**Totraum**).

Totschlag, die vorsätzl. Tötung eines Menschen ohne die strafschärfenden Merkmale des →Mordes (§ 212 StGB). Der T. wird mit Freiheitsentzug nicht unter fünf Jahren, in bes. schweren Fällen mit lebenslangem Freiheitsentzug bestraft. War der Täter ohne eigene Schuld durch eine ihm oder einem Angehörigen zugefügte Misshandlung oder schwere Beleidigung zum Zorn gereizt und hierdurch auf der Stelle zur Tat hingerissen oder sind andere mildernde Umstände vorhanden, so tritt Freiheitsstrafe von einem bis zu zehn Jahren ein (§ 213 StGB). – Nach dem *österr.* StGB (§ 76) begeht T., wer sich in einer allg. begreifl. heftigen Gemütsbewegung dazu hinreißen lässt, einen anderen zu töten. Das *schweizer.* StGB (Art. 111, 113) unterscheidet zw. der einfachen vorsätzl. Tötung und der Tötung, die in einer nach den Umständen entschuldbaren heftigen Gemütsbewegung oder unter großer seel. Belastung begangen wird; nur die Letztere wird als T. bezeichnet und mit Zuchthaus bis zu zehn Jahren oder Gefängnis von einem bis zu fünf Jahren bestraft.

Totstellreflex, 1) *Biologie:* reflektor. Erstarren von Tieren bei Gefahr. (→Akinese)

2) *Psychologie:* plötzl. Aufhören der Bewegungsfähigkeit (momentanes Erstarren), v. a. in außergewöhnl. Angst- und Schrecksituationen.

Tottel's Miscellany ['totlz mɪ'selənɪ], von dem engl. Verleger RICHARD TOTTEL (*um 1530, †1594) herausgegebene wichtige Anthologie, die wegen der darin enthaltenen Gedichte von H. HOWARD, Earl OF SURREY und Sir T. WYATT für die Entwicklung der elisabethan. Lyrik, bes. der Sonettkunst, von Bedeutung war und zu ihrer Popularisierung beitrug (gedruckt 1557 u. d. T. ›Songes and sonettes‹).

Ausgabe: T. M. (1557–1587), hg. v. H. E. ROLLINS, 2 Bde. (Neuausg. 1965).

Tottori, Präfekturhauptstadt in Japan, in SW-Honshū nahe dem Jap. Meer, 146 300 Ew.; Univ.; Elektronik-, Metallwarenindustrie; Fremdenverkehr zu den größten Dünen Japans an der Küste vor T.; Hafen.

Tötung auf Verlangen, die Tötung eines Menschen, zu der der Täter durch das ausdrückl. und ernstl. Verlangen des Getöteten bestimmt wurde; wird als Tötungsdelikt nach § 216 StGB mit Freiheitsentzug von sechs Monaten bis zu fünf Jahren bestraft. Problematisch ist sowohl die Abgrenzung der Tat zur (straflosen) Beihilfe zum Selbstmord als auch die Anwendung dieser Strafvorschrift in Fällen der →Sterbehilfe. – Parallele Strafnormen kennen das *österr.* (§ 77) und das *schweizer.* (Art. 114) StGB, wobei Letzteres beim Täter ›achtenswerte Beweggründe‹ (bes. Mitleid) fordert.

Literatur →Sterbehilfe.

Tötungsdelikte, die Straftaten, durch die vorsätzlich und fahrlässig der Tod eines Menschen verursacht wird. Das StGB unterscheidet bei den vorsätzl. T. zw. →Mord, →Totschlag und →Tötung auf Verlangen; die fahrlässige Tötung wird mit Freiheitsstrafe bis zu fünf Jahren oder Geldstrafe bestraft (§ 222 StGB). Der Straftatbestand der →Kindestötung (§ 217 StGB) wurde durch das 6. Strafrechtsreform-Ges. mit Wirkung vom 1. 4. 1998 aufgehoben; nunmehr wird auch die vorsätzl. Tötung eines nichtehel. Kindes durch die Mutter gleich nach der Geburt als Mord oder Totschlag bestraft.

Totwasser, 1) *Bodenkunde:* Wasser, das im Boden mit so hohen Anziehungskräften gehalten wird, dass die Saugkraft der Pflanzen es nicht aktivieren kann.

2) *Strömungslehre:* bei einem umströmten Körper das Strömungsgebiet hinter den Stellen der Strömungsablösung (→Grenzschichtablösung), dessen Grundströmung mehr oder weniger stark verlangsamt ist und das, je nach Größe der Reynolds-Zahl, regelmäßige Wirbelbildung (→kármánsche Wirbelstraße) oder Turbulenz aufweist. Bei voll ausgebildeter Turbulenz ist das T.-Gebiet durch eine Trennungsschicht (→Trennungsfläche) vom Gebiet der ›gesunden‹ Strömung getrennt, und der Druck in ihm ist wesentlich geringer als der in der gesunden Strömung. Die Bildung des T. hat wesentl. Anteil am Strömungswiderstand des umströmten Körpers (Druckwiderstand).

Tot|zeit, die Zeit zw. dem Auftreten eines Ereignisses und dem dadurch bewirkten Effekt, z. B. in der Messtechnik die Zeit zw. der Änderung einer Messgröße und deren Nachweis durch einen Messfühler.

Tot|zeitsystem, Baustein eines Regelkreises oder einer Steuerkette, der eine zeitl. Verschiebung bewirkt, derart, dass das Eingangssignal nach Ablauf einer festen Zeitspanne (→Totzeit) als Ausgangssignal auftritt.

Touat [twat], **Tuat,** Oasengruppe in der alger. Sahara, in einer Talsenke am W-Rand des Plateaus von Tademait, an der westlichen Transsaharastraße zw. →Adrar im N und →Reggane im S. Die 135 Oasendörfer (Ksar, Kasba, Speicherburg) mit rd. 100 000 Dattelpalmen sowie Anbau von Getreide und Tabak (Export nach Marokko) werden von rd. 3 000 Foggaras und Pumpbrunnen aus dem unterird. Wasserlauf des Oued Messaoud versorgt (seit 1995 Tiefbohrungen). – 10 km südlich von Adrar liegt **Tamentit,** vom 13. bis 15. Jh. die bedeutendste Stadt des T. mit reicher jüd. Gemeinde. – Die Oasen wurden im 10. Jh. von den Arabern erobert, 1901–02 von den Franzosen besetzt und als Stützpunkte für die Eroberung der westl. Sahara genutzt.

Touba ['tuba], islam. Wallfahrtsort in Senegal, 50 km nördlich von Diourbel; Straßenknotenpunkt und Marktzentrum. – Im Zentrum der T. die größte Moschee Schwarzafrikas, Grabmoschee eines Ordensgründers, 1927–63 erbaut, mit vier Minaretten, vier Kuppeln und einem 87 m hohen zentralen Turm. Das alljährl. Pilgertreffen ist eines der bedeutendsten der schwarzafrikan. Muslime.

Toubkal [tub'kal] *der*, **Tubkal,** höchster Berg N-Afrikas, im Hohen Atlas, Marokko, 4 165 m ü. M.

touchieren [tuʃ-; frz. toucher ›berühren‹, ›befühlen‹], *Sport:* berühren.

Touchscreen ['tʌtʃskriːn, engl.], *Datenverarbeitung:* der Berührungsbildschirm (→Sensorfeld).

Toucouleur [tuku'lœːr], Volk in Westafrika, →Tukulor.

Touggourt [tu'gurt, frz.], **Tuggurt, Tughghurt** [tu'gurt], Oasenstadt in O-Algerien, 67 m ü. M., in der nördl. Sahara, 219 km südlich von Biskra, 24 000 Ew.; Markt- (Wolle, Schafe, Ziegen), Industrie- und Handwerkszentrum (vielfarbige Teppiche, Messing-, Eisen-, Töpferwaren, Silberschmuck); Endpunkt der Eisenbahn Constantine–Biskra, Straßenknotenpunkt, Flughafen. In der Umgebung Erdölförderung (Pipeline nach Hassi Messaoud). Die Oasengärten mit 1,2 Mio. Dattelpalmen (jährlich rd. 15 000 t Qualitätsdatteln), durch artes. und Pumpbrunnen aus dem unterird. Wasserlauf des Oued Rhir bewässert, sind zu 10 % Plantagen (angelegt in der Kolonialzeit), daneben privater Groß- und Kleinbesitz. – Maler. Altstadt mit z. T. überwölbten Gassen, Ksar und Großer Moschee (1834 restauriert; Kuppel mit farbigen Mosaiken und Stuckaturen); am W-Rand die monumentalen Grabstätten (vier Kubbas) der ›Könige von T.‹ (›Dynastie der Ben Djellab‹; herrschte vom Ende des 15. Jh. bis 1854). 13 bzw. 15 km südlich von T. die beiden befestigten Oasenorte **Temacine** (Moschee aus dem 13. Jh.) und **Tamelhat** (großer Ksar).

Toul [tul], 1) Stadt in Lothringen, Dép. Meurthe-et-Moselle, Frankreich, an der Mosel und am Rhein-Marne-Kanal, 17 300 Ew.; Gießerei, Holz-, Glas-, Papier- und Bekleidungsindustrie, Reifenfabrik; Weinbau (Côtes de T.) und -handel. – Die Stadt wird überragt von der ehem. Kathedrale Saint-Étienne (13./14. Jh., W-Fassade im Flamboyantstil 15. Jh.); got. Kirche Saint-Gengoult (13./14. Jh.); ehem. Bi-

Toulon: Blick auf die Stadt vom Mont Faron

schofspalast (18. Jh.). – Das antike **Tullum (Tullum Leucorum),** Hauptort der gall. Leuker, an der Kreuzung wichtiger Straßen entstanden, war wohl seit Mitte des 4. Jh. Bischofssitz. Die Stadt, die 925 mit Lothringen an das Ostfränk. (dt.) Reich fiel, stand bis zur Mitte des 13. Jh. unter der Herrschaft der Bischöfe. Durch Weinhandel reich geworden, wurde sie im 13. Jh. Reichsstadt. Der frz. König HEINRICH II. besetzte T. 1552, und im Westfäl. Frieden (1648) wurde Frankreich der Besitz der Stadt und des Bistums bestätigt. VAUBAN baute T. zur Festung aus.

2) ehem. Bistum, wohl im 4. Jh. errichtet, dem Erzbistum Trier unterstellt. Nach der Eingliederung Lothringens ins Ostfränk. Reich (925) gehörte es zur Reichskirche, im Westfäl. Frieden 1648 wurde es Frankreich zugesprochen. 1777 wurden die Diözesen Nancy und Saint-Dié ausgegliedert; 1802 Aufhebung.

Touliu, Hauptstadt des Kr. Yünlin, im W Taiwans, 83 000 Ew.; chem. Industrie.

Toulmin ['təʊlmɪn], S t e p h e n Edelton, brit. Wissenschaftstheoretiker und Philosoph, *London 25. 3. 1922; war 1955–59 Prof. in Leeds, lehrte seitdem in den USA (u. a. in Chicago, Ill.). Schon früh verwies er auf Grenzen der analyt. Philosophie und entwickelte für eine Argumentationstheorie log. Grundlagen, die er später auch auf moral. Diskurse anwandte. Bekannt wurde T. ferner für sein Bemühen, wiss. Abläufe mittels Erkenntnissen der biolog. Evolutionstheorie zu deuten.

Werke: The philosophy of science. An introduction (1953; dt. Einf. in die Philosophie der Wiss.); The uses of argument (1958; dt. Der Gebrauch von Argumenten); Human understanding, Bd. 1: The collective use and evolution of concepts (1972, mehr nicht erschienen; dt. Menschl. Erkennen, Bd. 1: Kritik der kollektiven Vernunft); The abuse of casuistry. A history of moral reasoning (1988, mit A. R. JONSEN); Cosmopolis. The hidden agenda of modernity (1990; dt. Kosmopolis. Die unerkannten Aufgaben der Moderne).

Toulon [tu'lɔ̃], Stadt in S-Frankreich, Verw.-Sitz des Dép. Var, an einer Bucht des Mittelmeeres unterhalb des Kalkmassivs Mont Faron, 168 000 Ew. (Agglomeration 438 000 Ew.); Sitz des Bischofs von Fréjus-T.; Univ. (gegr. 1969); Forschungszentrum für Ozeanographie; Schifffahrts-, Kunst- und archäolog. sowie heimatgeschichtl. Museum; Theater. Maschinen- und Apparatebau, chem., Kork verarbeitende und Möbelindustrie, im Industrievorort **La Seyne** Schiffbau und -reparatur; Fremdenverkehr. Seit dem

Toulon
Stadtwappen

Toul Toulouse – Toulouse-Lautrec

Toulouse
Stadtwappen

Stadt in S-Frankreich
·
Hauptstadt der Region
Midi-Pyrénées
·
146 m ü. M.
·
an der Garonne
zwischen Pyrenäen
und Zentralmassiv
·
359 000 Ew.
(650 000 Ew. in der
Agglomeration)
·
Universität
(gegründet 1229)
·
romanische Basilika
Saint-Sernin
(11.–13. Jh.)
·
Kirche des ehemaligen
Jakobinerklosters
(13./14. Jh.)
·
Hauptstadt des
Tolosanischen Reiches
der Westgoten
·
Zentrum der
Albigenserbewegung

17. Jh. ist T. größter frz. Kriegshafen sowie Handels- und Fischereihafen; Flughafen **T.-Hyères**. – In der Altstadt die Kathedrale Sainte-Marie-Majeure, dem urspr. got. Bau wurde eine klassizist. Fassade (18. Jh.) vorgeblendet; barocke Kirche Saint-François-de-Paule (1744). An der Fassade des Schifffahrtsmuseums zwei Atlanten von P. PUGET (1656–57). – Das röm. **Telo Martius** war als Naturhafen und durch seine Purpurfärberei bekannt. 441 ist T. erstmals als Bistum bezeugt (1790 aufgehoben, 1801 dem Bistum Fréjus eingegliedert, 1957 Verlegung des Bischofssitzes nach T.). 1481 kam die Stadt mit der Provence an die frz. Krone. LUDWIG XII. und HEINRICH IV. ließen den Hafen ausbauen, VAUBAN erweiterte ihn. Bei der Vertreibung der brit. Flotte vor T. (1793) erwarb der Bataillonskommandeur NAPOLÉON BONAPARTE seinen ersten Kriegsruhm und wurde zum General befördert. Im 19. Jh. war T. Zentrum der frz. Kriegs-, im Zweiten Weltkrieg Hauptbasis der Mittelmeerflotte.

Toulouse [tuˈluːz], Stadt in S-Frankreich, Hauptstadt der Region Midi-Pyrénées und Verw.-Sitz des Dép. Haute-Garonne, 146 m ü. M., an der Garonne und am Canal du Midi, in der fruchtbaren Senke zw. Pyrenäen und Zentralmassiv, 359 000 Ew. (Agglomeration 650 000 Ew.); Erzbischofssitz; Univ. (gegr. 1229), polytechn. Hochschule, Institut Catholique (gegr. 1877); Raumforschungszentrum Lespinet mit Hochschule für Aeronautik sowie ziviler Fliegerschule; Veterinärhochschule, mehrere Ingenieurschulen u. a. Fachschulen; medizin. Forschungsinstitute, Forschungseinrichtungen für Elektrooptik u. a.; Observatorium; Kunst-, archäolog. und Volkskundemuseum, Museum für asiat. Kunst; Theater; Rundfunkstation; Académie des Jeux Floraux (Dichterakademie). T. besitzt eine Börse und veranstaltet Messen; bedeutender Umschlagplatz für Agrarerzeugnisse. Entscheidende wirtschaftl. Impulse erhielt T. durch die Verlagerung der frz. Rüstungs- und Luftfahrtindustrie nach dem Ersten Weltkrieg sowie der Raumfahrtindustrie nach dem Zweiten Weltkrieg hierher; verbunden damit ist eine bedeutende Zulieferindustrie, bes. der Elektronik; zweitwichtigster Wirtschaftszweig ist die chem. Industrie, für die teilweise Erdgas aus Lacq die Rohstoffbasis bildet; es folgen die traditionellen Branchen der Textil-, Leder-, Möbel- und Metall verarbeitenden Industrie. Der Canal du Midi hat nur noch tourist. Bedeutung; Flughafen Blagnac. – In der Altstadt liegt das 1750–60 errichtete Capitol, ehem. Sitz des Magistrats, heute Hôtel de Ville und Theater. Die got. Kirche Notre-Dame-du-Taur wurde im 14. Jh. mit einem für S-Frankreich typ. Glockenturm erbaut. Die roman. Basilika Saint-Sernin (Ende 11.–13. Jh., im 19. Jh. von E.-E. VIOLLET-LE-DUC restauriert) ist eine monumentale Wallfahrtskirche an der Pilgerstraße nach Santiago de Compostela (hervorragender Bauschmuck, v. a. Porte Miégeville, Anfang 12. Jh.). Zum ehem. Jakobinerkloster gehört die got. Église des Jacobins (13./14. Jh.), in der Kapelle Saint-Antonin Fresken des 14. Jh. Die Kathedrale Saint-Étienne (11.–17. Jh.) besitzt ein bedeutendes got. Langhaus (frühes 13. Jh.), Glasfenster des 14.–16. Jh. und Wandteppiche des 16.–18. Jh. Im ehem. Augustinerkloster das Musée des Augustins mit roman. Bauplastik (um 1140). An der Garonne die barocke Kirche Notre-Dame-la-Daurade (18. Jh.). Mehrere Paläste aus Renaissance und Barock (heute z. T. Museen). – 3 km südlich liegt die 1964–77 von G. CANDILIS für 100 000 Ew. gebaute Satellitenstadt **T.-Le Mirail**. – T., das galloröm. **Tolosa**, Vorort der kelt. Volcae Tectosages (→Volken), war seit dem 3. Jh. Bischofssitz (seit 1317 Erzbischofssitz); 418 wurde es Hauptstadt des →Tolosanischen Reiches der Westgoten, 507 fränkisch. Die Grafschaft T. war ein wichtiger Teil des seit 781 bestehenden karoling. Unterkönigtums Aquitanien. Den Kampf um die aquitan. Herzogswürde verloren die Grafen von T. im 10. Jh. gegen die Grafen von Poitou, stiegen aber dennoch zu mächtigen Herren in S-Frankreich auf, deren Gebiet sich zw. Garonne und Rhône mit den Schwerpunkten T. und Avignon erstreckte. In der Mitte des 12. Jh. wurde T. zu einem der Zentren der Albigenserbewegung und wurde (1209–18) durch ein Kreuzfahrerheer unter S. DE MONTFORT und (1226) durch königl. Truppen erobert. 1271 fiel die Grafschaft T. an die frz. Krone, behielt aber bis 1779 Sonderrechte.

T. le Mirail. Geburt einer neuen Stadt, hg. v. G. CANDILIS (1975, dt., engl., frz.); F. TAILLEFER: Atlas et géographie du Midi toulousain (Paris 1978).

Toulouse-Lautrec [tuluzloˈtrɛk], Henri de, Maler und Grafiker, * Albi 24. 11. 1864, † Schloss Malromé (Dép. Gironde) 9. 9. 1901; stammte aus einem alten frz. Adelsgeschlecht; wurde infolge zweier Beinbrüche 1878 und 1879 zum Krüppel. Begann früh zu zeichnen und erhielt seine erste Ausbildung in Paris bei dem Tiermaler RENÉ PRINCETEAU (* 1839, † 1917). 1882 trat er in Paris in das Atelier von L. BONNAT ein. 1884 zog er auf den Montmartre in Paris, wo er u. a. in den Vergnügungslokalen, Tanzcafés, Vorstadttheatern, Kabaretts (›Die Tänzerin Jane Avril‹, um 1892; Paris, Musée d'Orsay) und Bordellen (›Im Salon der Rue des Moulins‹, 1899; Albi, Musée T.-L.) seine Motive fand und so zum krit. Chronisten der Pariser Gesellschaft im ausgehenden 19. Jh. wurde. – Von E. DEGAS und dem jap. Farbholzschnitt beeinflusst, wandte er sich immer mehr von der impressionist. Malerei ab. 1886 begegnete er V. VAN GOGH und porträtierte ihn 1887 (Amsterdam, Rijksmuseum Vincent van Gogh). In dem 1888 gemalten Bild ›Zirkus Fernando‹ (Chicago, Ill., Art Institute) ist der seit 1884 entwickelte eigene Stil voll ausgebildet. V. a. Elemente jap. Ursprungs wie die Schattenlosigkeit, die diagonale Kompositionslinie, das Anschneiden von Personen am Bildrand und die Vereinfachung und Deformation der Konturen beherrschen die Bilder seiner Hauptschaffenszeit. Diese Technik wandte er auch bei seinen in den 1890er-Jahren entstandenen Lithographien an. Farblithographie und Plakat wurden erst durch ihn zu künstler. Rang erhoben, bekannte Blätter galten der Sängerin YVETTE GUILBERT (1894; 1898), LOUISE WEBER, ›La Goulue‹ (1891 auf dem Plakat ›Moulin Rouge‹), A. BRUANT (1892, Plakat), CHA-U-KAO und MAY BELFORD. Er zeichnete auch für Zeitungen und illustrierte Bücher. T.-L. war Mitbegründer des Cloisonismus und wirkte mit seinen

Henri de Toulouse-Lautrec: Zirkus Fernando; 1888 (Chicago, Ill., Art Institute)

Plakaten und Lithographien stark auf den Jugendstil ein. (Weitere BILDER →Cancan, →Lithographie)

Weitere Werke: Carmen en face (1884; Williamstown, Mass., Sterling and Francis Clark Art Institute); Hélène Vary (1888; Bremen, Kunsthalle); Moulin de la Galette (1889; Chicago, Ill., Art Institute); Tanz im Moulin Rouge (1892; Prag, Národní Galerie); Die Engländerin vom Konzertcafé Star in Le Havre (1899; Albi, Musée T.-L.); Die Modistin (1900; ebd.).

Ausgabe: Die Briefe von H. de T.-L., hg. v. H. D. SCHIMMEL (1994).

T.-L. Das gesamte graph. Werk, Ausst.-Kat. (1986); A. HENZE: H.de T.-L., Leben u. Werk (²1989); E. JULIEN: T.-L. (Paris 1991); T.-L., Ausst.-Kat. (London 1992); R. HELLER: T.-L. Der Maler vom Montmartre (1997).

Toulouser Gans [tu'luz-], aus Frankreich stammende, zu den Legegänsen zählende schwerste Rasse der Hausgänse (Gewicht 12–15 kg) mit graugansähnl. Gefieder.

Toupet [tu'pe; frz., zu altfrz. to(u)p ›Haarbüschel‹] *das, -s/-s, Haartracht:* 1) in der 2. Hälfte des 18. Jh. in die Höhe gekämmtes, durch Pomade gefestigtes und durch Toupieren oder künstl. Unterlagen verstärktes Stirnhaar; 2) nach Maß gearbeitetes Haarersatzteil.

toupieren [tup-; zu Toupet], Haarsträhnen (verdeckt) gegen den Haaransatz kämmen, um die Frisur fülliger erscheinen zu lassen.

Tour [tu:r], **1)** Georges de La T., frz. Maler, →La Tour, Georges de.

2) Maurice-Quentin de La T., frz. Maler, →La Tour, Maurice-Quentin.

Tourada [to'raðɐ, port.] *die, -/-s,* →Stierkampf.

Touraine [tu'rɛn] *die,* histor. Gebiet in Frankreich, beiderseits der Loire; umfasst im Wesentlichen das heutige Dép. Indre-et-Loire, daneben kleine Teile der Dép. Loir-et-Cher und Indre; Mittelpunkt ist →Tours. Das Gebiet ist durch die Kreideplateaus des westl. Pariser Beckens geprägt, die von tonigen Sanden bedeckt sind und vorwiegend Wald und Heiden (z. T. Militärgelände) tragen; dazu gehören die Landschaften Gâtine, Pays d'Amboise, Champeigne und das Plateau von Sainte-Maure-de-T. Die fruchtbaren Tallandschaften von Loire, Cher, Indre und Vienne mit Gemüse-, Wein- und Obstbau gelten als ›Garten Frankreichs‹. Dank der →Loireschlösser ist die T. eines der bedeutenden frz. Fremdenverkehrsgebiete. V. a. die jüngere Industrie (chem., pharmazeut., Gummiindustrie, Kugellagerfabrikation) konzentriert sich in wenigen Städten wie Tours, Amboise, Langeais und Bourgueil; bei Chinon Kernkraftwerkskomplex.

Geschichte: Die T., einst von den kelt. Turonen bewohnt, 507 m Merowingerkönig CHLODWIG I. den Westgoten entrissen, bildete eine fränk. Grafschaft und kam um 940 an die Grafen von Blois, 1044 an die Grafen von Anjou und durch deren dynast. Verbindungen 1154 unter engl. Herrschaft; 1205 vom frz. König zurückerobert (1259 bestätigt); ab 1360 Herzogtum.

Touraine [tu'rɛn], Alain, frz. Soziologe, *Hermanville-sur-Mer (Dép. Calvados) 3. 8. 1926; seit 1966 Prof. in Nanterre; Mitgl. des Collège de France. T. befasste sich zunächst mit industriesoziolog. Fragestellungen, wandte sich dann, u. a. unter dem Einfluss der Pariser Studentenunruhen, der Reflexion des Entwicklungsgangs moderner Industriegesellschaften und der sich in diesen formierenden sozialen Bewegungen zu (›La société post-industrielle‹, 1969; dt. ›Die postindustrielle Gesellschaft‹).

Weitere Werke: L'évolution du travail ouvrier aux usines Renault (1955); Sociologie de l'action (1965; dt. Soziologie als Handlungswiss.); La conscience ouvrière (1966); Production de la société (1973); Pour la sociologie (1974; dt. Was nützt die Soziologie?); La prophétie anti-nucléaire (1980; dt. Die antinukleare Prophetie); Critique de la modernité (1992); Qu'est-ce que la démocratie? (1994).

Tourcoing [tur'kwɛ̃], Industriestadt im Dép. Nord, Frankreich, 93 800 Ew.; Textil-, Kunst- und heimatgeschichtl. Museum, Nat. Studio für zeitgenöss. Kunst ›Le Fresnoy‹ (1997; Architekt: B. TSCHUMI). T. ist Teil des Ballungsraums Lille-Roubaix-T. (›Communauté urbaine‹) und hat v. a. Textilindustrie (spezialisiert auf Wirkwaren und Bekleidung), ferner Papierindustrie.

Tour de France [turdə'frãs], kurz **Tour,** *Straßenradsport:* bedeutendstes Etappenrennen mit von Mal zu Mal wechselnder Streckenführung für Elite-Fahrer (→Straßenradsport); 1903 erstmals gefahren und seitdem (außer 1915–18 und 1940–46) jährlich durchgeführt. Die Streckenlänge beträgt i. d. R. zw. 3500 und 4000 km über 20–23 Etappen. Seit 1954 ist es üblich, bei der Streckenführung unregelmäßig auch Nachbarländer (Belgien, Dtl., Luxemburg, Niederlande, Schweiz, Spanien) einzubeziehen. Wichtige und oftmals vorentscheidende Bergprüfungen werden in den Pyrenäen und Alpen ausgetragen. Hinzu kommen neben Tagesabschnitten durch unterschiedl. Gelände ein Einzelzeitfahren als Prolog (seit 1967) sowie weitere (meist zwei) Einzelzeitfahren. Die ›Tour‹ endet stets in Paris, auf den Champs-Élysées seit 1975. Während des Rennens trägt der Spitzenreiter der Einzelwertung das **gelbe Trikot,** das 1919 eingeführt wurde. Seit 1933 gibt es eine Bergwertung (**gepunktetes Trikot;** weiß mit roten Punkten) und seit 1953 eine Punktwertung (**grünes Trikot**) für den schnellsten Sprinter (Spurts und Zieleinläufe). – Die bisher (1998) erfolgreichsten Fahrer sind J. ANQUETIL, E. MERCKX, B. HINAULT und M. INDURÁIN LARRAYA mit jeweils fünf Gesamtsiegen. Den ersten dt. Gesamtsieg gab es 1997 durch J. ULLRICH. – Seit 1984 wird für Frauen die ›Tour‹ auf 10–12 kürzeren Etappen ausgetragen.

Tour de Suisse [tu:rdə'sɥis], *Straßenradsport:* in der Schweiz durch gebirgiges Gelände führendes Etappenrennen für Elite-Fahrer (→Straßenradsport); ausgetragen seit 1933 (außer 1940 und 1943–45). Die Streckenlänge beträgt auf den (i. d. R.) zehn Etappen bei unterschiedl. Streckenführung 1500–2000 km.

Tourdion [tur'djõ, frz.], höf. Tanz des 16. Jh. im schnellen $^6/_8$-Takt, in Frankreich, Italien und Spanien beliebt als Nachtanz der Basse Danse; der →Galliarde ähnlich, wird jedoch nicht gesprungen, sondern geschritten. Mit der Basse Danse kam der T. als Tanz Ende des 16. Jh. außer Gebrauch, als Instrumentalstück findet er sich bis Ende des 17. Jahrhunderts.

Touré [tu're], Ahmed Sékou, Politiker in Guinea, *Faranah (Zentralguinea) 9. 1. 1922, †Cleveland (Oh.) 26. 3. 1984; aus dem Volk der Malinke; baute im Rahmen der frz. Gewerkschaftsorganisation CGT das Gewerkschaftswesen in Guinea auf, war zeitweilig ihr Gen.-Sekr. in Schwarzafrika und gewann über sie Kontakt zur kommunist. Bewegung. 1946 beteiligte sich T. maßgeblich an der Gründung des Rassemblement Démocratique Africain (RDA) und übernahm 1952 die Führung des Parti Démocratique de Guinée (PDG; urspr. ein Landesverband des RDA). 1958 trat er entschieden für die Ablehnung der Verf. der Frz. Gemeinschaft ein und damit für die sofortige Unabhängigkeit Guineas. T. wurde zum Staatspräs. gewählt (mehrfach wieder gewählt). Gestützt auf den PDG errichtete er ein diktator. Einparteiensystem. Außenpolitisch bekannte er sich zum Prinzip der Blockfreiheit.

Tourenwagen ['tu:r-], Abk. **TW,** *Automobilsport:* Fahrzeuge der Gruppe A, N oder ST (homologierte T.). Sie basieren jeweils auf einer Serienversion, von der innerhalb von zwölf Monaten mindestens 2500 Exemplare hergestellt sein müssen; die leistungssteigernde Bearbeitung mechan. Teile und Gewichtserleichterungen sind erlaubt. Im Rallyesport besteht für T. mit Turbolader eine Beschränkung der Ansaugluft.

Super-T. (STW) sind nach besonderen internat. techn. Bestimmungen aufgebaute Fahrzeuge mit Motoren von max. 2000 cm³ Hubraum und 221 kW (300 PS) Leistung sowie einer Drehzahl von max. 8500 U/min.

Touraine
Historisches Wappen

Ahmed Sékou Touré

Tour Touring Club Schweiz – Tourismus

Seit 1994 finden jährlich Rennen um den internat. STW-Cup statt.
Touring Club Schweiz ['tuːrɪŋ-], frz. **Touring Club Suisse** [- klœb 'sɥis], ital. **Touring Club Svizzero,** Abk. **TCS,** größter schweizer. Automobilisten- und Touristenverband; gegr. 1896, Sitz: Genf; (1997) rd. 1,4 Mio. Mitglieder.

Schlüsselbegriff

Tourismus [tu-; engl. tourism, zu tour ›Ausflug‹] *der, -,* i. e. S. verbreitete Freizeitaktivität der Bev., die mit Erholung und Vergnügen verbunden ist und für die sich eine tourist. Dienstleistungswirtschaft herausgebildet hat. Diese v. a. als spezif. Erscheinungsform der entwickelten Industriestaaten zu betrachtende Art des T. ist ein relativ junges Phänomen, das erst ab dem 19. Jh. entstanden ist und gegen Ende des 20. Jh. einen gewissen Höhepunkt erreicht hat. In Fachkreisen wird der Begriff T. zumeist i. w. S. verwendet. Dabei interessieren alle Phänomene, die mit vorübergehendem Ortswechsel von Personen zusammenhängen und mit mindestens einer Übernachtung verbunden sind (aber weniger als ein Jahr dauern). Insbesondere werden auch die für die T.-Wirtschaft lukrativen Geschäftsreisen einbezogen. Für statist. und wirtschaftsanalyt. Zwecke hat die Welttourismusorganisation (WTO) 1993 eine internat. gültige Systematik entwickelt, nach der T. alle ›Aktivitäten von Personen, die an Orte außerhalb ihrer gewohnten Umgebung reisen und sich dort zu Freizeit-, Geschäfts- oder bestimmten anderen Zwecken nicht länger als ein Jahr ohne Unterbrechung aufhalten‹, umfasst.

Im dt. Sprachraum werden die Begriffe T., Fremden-, Reiseverkehr und Touristik weitgehend synonym verwendet. Im alltägl. Sprachgebrauch kommt es ferner zu einer Gleichsetzung von Urlaub und T., obwohl während des Urlaubs nicht zwangsläufig gereist werden muss und T. mehr als Urlaubsreisen umfasst. Um die Vielfalt des T. und seiner Erscheinungsformen genauer darzustellen und abzugrenzen, werden zusätzl. Attribute benötigt. Hierzu dienen v. a. drei Kriterien, die auch als konstitutive Elemente des T. (WALTER FREYER) gesehen werden: 1) Zeit/Dauer: T. erfordert mindestens eine Übernachtung und dauert nicht länger als ein Jahr. Ferner wird zw. Kurz-, Wochenend-, Urlaubs- und Langzeit-T. unterschieden. Reisen ohne Übernachtung gelten als Tagesausflüge. 2) Ort/Raum: In Bezug auf die Entfernung und das Reiseziel gibt es die Klassifikationen Nah- oder Fern-T. Neben dem Inlands-T. (Domestic tourism) interessiert v. a. der grenzüberschreitende T. (zwischenstaatl., internat., interkontinentaler T.), bei dem zwei Reiserichtungen unterschieden werden: Einreise- oder Ausreise-T. (Incoming/Inbound-T. bzw. Outgoing/Outbound-T.). 3) Motiv/Anlass der Reise: Als wichtigste internat. Reiseanlässe unterscheidet die WTO Freizeit, Erholung und Urlaub/Ferien, Besuch bei Freunden und Verwandten, Geschäft und Beruf, Gesundheit und Genesung (Kur- und Bäderreisen) sowie Religion/Wallfahrt; zu den sonstigen Reisemotiven zählen v. a. Kultur-, Sport-, Abenteuer-T. – Neben diesen Elementen des T. dienen weitere Kriterien, wie Organisationsformen (Pauschal- oder Individual-T.), Verkehrsmittel (Bahn-, Pkw-, Bus-, Rad-, Schiffs-, Flug-T.), Teilnehmerzahl (Single-, Partner-, Gruppen-T.), zur Differenzierung und Charakterisierung des Reiseverhaltens.

Geschichte

Der Drang zur Ortsveränderung existiert bereits seit Beginn der Menschheitsgeschichte. Die meisten histor. Reisen erfolgten jedoch nicht freiwillig, sondern aufgrund von Kriegen, Flucht, Suche nach Nahrung, Armut, Krankheiten, Handel bzw. aus polit. und religiösen Gründen. Eine erste Urform des modernen T. kann bereits in den frühen Hochkulturen festgestellt werden, in denen auch Reisen aus Neugierde (z. B. HERODOT), Vergnügen (z. B. ›Pyramiden-T.‹ im alten Ägypten) oder zur Erholung unternommen wurden. Im MA fanden vorwiegend zweckgerichtete Reisen statt, z. B. waren Kaiser und Könige z. T. mit ihrem gesamten Hofstaat unterwegs, um an den verschiedenen Stellen ihres Einflussgebietes zu regieren. Eine große Mobilität bewiesen auch Handwerksgesellen, Mönche und wagemutige Einzelgänger (z. B. MARCO POLO). Im Spät-MA. kam es zudem zu Pilger- und Wallfahrten unter Beteiligung breiter sozialer Schichten.

Von T. i. e. S. kann erst seit dem 18. Jh. gesprochen werden. Zu dieser Zeit wurde die Reise zum Selbstzweck, und als Reisemotiv rückte das Kennenlernen von Land und Leuten in den Vordergrund. Zunächst galt Reisen noch als Privileg wohlhabender Schichten, sodass vorwiegend junge Adlige die von England ausgehende ›Grand Tour‹ bewältigten, die durch verschiedene europ. Länder führte und zum Bildungsmaßstab der damaligen Zeit wurde. Der Masse der Bev. fehlte es jedoch sowohl an der erforderl. Freizeit als auch an den notwendigen finanziellen Mitteln. Mit der Entstehung frühmoderner Territorialstaaten, dem Aufstieg des Bürgertums und gefördert durch techn. Entwicklungen, v. a. im Verkehrsbereich, zunehmende innere Sicherheit sowie den Ausbau von urbanen Zentren und Heilbädern begann sich ein neuer Reisetyp zu formieren, die Bildungs- und Erholungsreise. Literatur über die Kunst des Reisens, verstärkt durch eine Vielzahl von Erfahrungsberichten, sowie Reiseführer und -handbücher (→Reiseliteratur) ließen ein neues Reisefieber entstehen. Der Wunsch nach dem Erleben fremder Menschen und Kulturen erfasste zunehmend breitere Gesellschaftsschichten. Zudem äußerte sich eine wachsende Naturbegeisterung als Gegenpol zur Entwicklung der gesellschaftl. Fortschritts im Drang nach dem Erleben der Bergwelt und der Meeresküsten (›Sommerfrische‹). Ausdruck dafür waren u. a. die Alpenreisen (Alpentouristik) sowie die Entstehung der Kur- und Badereisen, u. a. in die Seebäder an Nord- und Ostsee seit Mitte des 18. Jh. Veränderungen des tourist. Reiseverhaltens zeichneten sich im 19. Jh. mit dem Aufkommen organisierter Reiseformen als Pauschal- oder Gesellschaftsreisen mit kompletten Arrangements ab. Die Entwicklung der Dampfkraft und damit des Dampfschiffes (R. FULTON, 1807) sowie der -lokomotive (G. STEPHENSON, 1814) führten zu einer Beschleunigung und Verbilligung des Verkehrs. In Verbindung mit dem Ausbau des Post- und Nachrichtenwesens sowie der Entwicklung des europ. Straßennetzes kam es zu einem Anstieg der Reisetätigkeit. Ein höherer Wohlstand der Gesellschaft infolge der Industrialisierung und die Freistellung ganzer Bev.-Gruppen von Erwerbsarbeit begünstigten diese Entwicklung. In diesem Zusammenhang bildeten sich organisierte Reiseunternehmen (erste tourist. Gruppenreise durch T. COOK 1841) und spezielle Anbieter tourist. Informationen (Gründung des ersten dt. Verlages für Reisebücher durch K. BAEDEKER 1827 in Koblenz) heraus. Mit der Gründung von Reisebüros (COOK, 1845 in Leicester; L. und C. STANGEN, 1863 in Breslau und Berlin) und der Etablierung eines Beherbergungs- und Versorgungsgewerbes entwickelte sich im Laufe der Zeit eine eigenständige T.-Infrastruktur. Eine zunehmende Rolle für die Entwicklung des T. spielten auch Gebirgs-, Wander-, Trachten-

Verkehrs- sowie Arbeiterfreizeitvereine (Naturfreunde) und die Jugendbewegung (Wandervogel). Neben der Vermarktung von Brauchtum und Landschaft förderten diese Vereine das Selbstverständnis tourist. Reisen. – Nach einem vorübergehenden Rückgang infolge des Ersten Weltkrieges erreichte der T. danach im Rahmen einer organisierten Urlaubs- und Freizeitgestaltung einen weiteren Aufschwung. Mithilfe der natsoz. Organisation ›Kraft durch Freude‹ (KdF) entstand in Dtl. ein staatlich geförderter und kontrollierter Pauschal-T. für breite Bev.-Schichten (bis 1939 rd. 43 Mio. organisierte Reisen, davon 84% Tagesausflüge). In der nach dem Zweiten Weltkrieg einsetzenden Hochphase des T. gewann der Auslands- und Fern-T. als Ausdruck von Wohlstand, Ungebundenheit und Mobilität an Bedeutung. Techn. und sozialer Fortschritt ermöglichten großen Teilen der Gesellschaft auch das Reisen in ferne Länder. Die Erschließung neuer Verkehrsmittel (Flugzeug, Hochgeschwindigkeitszug) sowie die Modernisierung der Informationstechnologie verkürzten nicht nur Reisezeiten, sondern förderten auch spontane Reiseentscheidungen (Last-Minute-T.) sowie den Wochenend- und Kurzurlaub (Städte-T.). Gegenwärtig wird der T. v. a. durch die Herausbildung neuer Reiseziele und -formen, durch einen Verdrängungswettbewerb innerhalb der T.-Wirtschaft sowie das Erreichen von ökolog. und sozialverträgl. Grenzbereichen tourist. Wachstums geprägt.

Erklärungen der Einzelwissenschaften

Für die Analyse und Erklärung des Phänomens T. hat sich bisher keine einheitl. Sichtweise durchgesetzt, vielmehr wird T. aus dem Blickwinkel verschiedener wiss. Einzeldisziplinen betrachtet. Während die Wirtschaftswissenschaft seine ökonom. Dimensionen (z. B. Angebot von und Nachfrage nach T.-Produkten, Beitrag des T. zum Sozialprodukt, Managementaufgaben von T.-Betrieben) analysieren, untersucht die Soziologie gesellschaftl. Aspekte wie Gruppenaktivitäten, Sozialordnungen, gesellschaftl. Werte (und deren Wandel), Organisationen, Bürokratie. Die Ökologie wiederum beschäftigt sich mit Fragen der Umweltbelastung und -gestaltung und die Geographie mit raumwirksamen Aspekten des T. Die Psychologie interessiert sich beispielsweise für individuelle Einstellungen und Verhaltensweisen, Persönlichkeitsmerkmale, Bedürfnisse und Motive der Reisenden, und die Politikwiss. gibt u. a. Erklärungen für nat. und internat. Bestimmungen des Reiseverkehrs. Analog übertragen auch andere Wissenschaftsbereiche ihre Methoden und Fragestellungen auf den T., z. B. die Verkehrs-, Rechts-, Freizeit-, Kulturwiss., Raumplanung, Landespflege, Architektur und Medizin. Insgesamt gilt T. als ein multidisziplinäres Phänomen bzw. als Querschnittsdisziplin.

Auf die zentrale Frage, warum Menschen überhaupt reisen, geben die einzelnen Wissenschaftsdisziplinen unterschiedl. Antworten. Erklärungen, dass die Reisenachfrage aus einem Naturgesetz oder einem biolog. Bedürfnis erwächst, haben sich nicht durchgesetzt. Weder existiert ein ›Wandertrieb‹, noch ist das ›Nomadentum‹ die eigentl. Ursache des T. Betrachtet man das Reisen im histor. Kontext, so wird deutlich, dass es über lange Zeit hinweg im Wesentlichen außenbestimmt und weitgehend unfreiwillig erfolgte. Erst seit Ende des 19. Jh. wurde das Reisen zur freien oder freiwilligen Beschäftigung breiter Bev.-Kreise mit Vergnügungscharakter, für die sich ein eigener Wirtschaftsbereich, die Freizeit- und T.-Wirtschaft, entwickelt hat. Tourist. Reisen müssen nicht zwangsläufig durchgeführt werden, auch wenn sie bestimmten Zwecken dienen oder auf psycholog., soziolog. oder ökonom. Faktoren zurückgeführt werden können. Neben dem Spaß- und Freudemotiv spielen auch die Regeneration der Arbeitskraft, Bildung und Kommunikation eine Rolle. So gesehen ist T. nicht immer ›reiner Selbstzweck‹. Ein weiterer Erklärungsversuch bezieht sich auf den Ggs. von Alltags- und Urlaubswelt. So verstanden ist T. v. a. ein ›Weg-von-Reisen‹, eine ›Flucht aus dem Alltag‹, der als System von Zwängen, in denen die wahren Wünsche nicht ausreichend ausgelebt werden können, betrachtet wird; auf Reisen will der Tourist das erleben, was ihm sonst fehlt (›Defizittheorie‹ bzw. ›Kontrarhaltung‹). Das ›Weg-von-Reisen‹ enthält aber auch positive Aspekte (›Komplementärhaltung‹): Der Tourist sucht am Urlaubsort das Neue, Andere, Authentische, Außergewöhnliche, freie Zeiteinteilung, aber auch Prestige und Anerkennung, schönes Wetter sowie das Ausleben bestimmter Wünsche (z. B. Kommunikation, Sexualität). Als Teil des zielorientierten Reisens wird T. gelegentlich mit Festen, Ritualen oder mit Spielen verglichen (CHRISTOPH HENNIG).

Der moderne T. wird in engem Zusammenhang mit dem Entstehen einer eigenständigen T.-Wirtschaft gesehen. Entsprechende ökonom. Erklärungen betrachten ihn als Zusammenwirken von Angebots- und Nachfragefaktoren, die über Märkte koordiniert werden. Hierbei ist strittig, was letztlich Ursache oder Wirkung ist. Sind es die Bedürfnisse der Menschen zu reisen, die die T.-Wirtschaft haben entstehen lassen, oder ist es umgekehrt der Wirtschaftsfaktor T., der die Menschen mit seinen Angeboten und Werbemaßnahmen zum verstärkten Reisen animiert? Tatsache ist, dass durch die moderne T.-Wirtschaft vielfältige Möglichkeiten zur Realisierung von Reiseträumen und -wünschen geboten werden, die sonst nicht zur Verfügung stünden (z. B. weltweite Flug- und Beherbergungsmöglichkeiten, Freizeitattraktionen). Diese Aktivitäten der T.-Unternehmen wirken sicherlich verstärkend, ohne dass damit T. zu einer reinen ›Veranstaltung des Kapitalismus‹ wird, wie Kritiker (z. B. GERHARD ARMANSKI) gelegentlich behaupten.

Wirtschaftliche und gesellschaftliche Aspekte

Hinsichtlich der Bewertung und Entwicklung des T. hat sich weitgehend der Aspekt der Nachhaltigkeit (→nachhaltige Entwicklung) durchgesetzt, der v. a. in Bezug auf drei Teilbereiche gesehen wird: 1) Ökonom. Nachhaltigkeit bedeutet einen ertragreichen T. für alle an der T.-Wirtschaft Beteiligten, speziell bezogen auf Wertschöpfung und Arbeitsmarkt. Ökonom. Effekte sollen vorrangig für die betreffende Region und deren Bewohner erzielt werden. 2) Ökolog. Nachhaltigkeit zielt auf Ressourcenschonung und minimale Belastung der entsprechenden Ökosysteme sowie Erhalt der natürl. Umwelt auch für künftige Generationen. 3) Soziale oder soziokulturelle Nachhaltigkeit erwartet Rücksicht auf Sitten, Tradition und Kultur der bereisten Region, ferner Partizipation aller Anspruchsgruppen an der tourist. Entwicklung. Diese drei Teilziele sind in den verschiedenen T.-Regionen unterschiedlich, z. T. nur unzureichend erfüllt. Während die ökonom. Entwicklung überwiegend als positive Chance gesehen wird, werden bei den ökolog. und soziokulturellen Auswirkungen des T. vielfach die negativen Trends in den Vordergrund gestellt.

Der T. hat sich im 20. Jh. angesichts gestiegenen Massenkonsums und erweiterter →Freizeit in vielen Ländern zu einem bedeutenden Wirtschaftsfaktor entwickelt. Transport-, Beherbergungsunterneh-

Tour Tourismus

Tourismus: Weltweite Entwicklung des internationalen Fremdenverkehrs 1960–1996

men, Reiseveranstalter und -vermittler, die unmittelbar mit der Vorbereitung und Durchführung von Reiseaktivitäten beschäftigt sind, zählen zur tourist. Kernwirtschaft. Hinzu kommen ergänzende und unterstützende Betriebe, die sich mit einem Teil ihrer Geschäftsfelder auf T. spezialisiert haben (z. B. Reiseversicherungen, Verlage für Reiseliteratur). Aber auch andere Unternehmen (v. a. in den Bereichen Einzelhandel, Handwerk, sonstige Dienstleistungen) erzielen durch den T. zusätzl. Umsätze und Beschäftigungsmöglichkeiten.

Weltweit werden gegenwärtig rd. 10 % des Bruttosozialprodukts (BSP) durch den T. erwirtschaftet, ähnlich hoch ist der Anteil der in diesem Wirtschaftssektor Beschäftigten. Dabei konzentriert sich die internat. Statistik v. a. auf den weltweiten zwischenstaatl. Reiseverkehr, d. h., nat. Reiseströme (Binnen-T.) werden zumeist außer Acht gelassen. Diese Betrachtungsweise führt dazu, dass Dtl. als Land der ›Reiseweltmeister‹ bezeichnet wird, da die Deutschen weltweit am meisten über ihre Landesgrenze hinaus verreisen (über 50 %). Die Bewohner anderer Länder verbringen i. d. R einen Großteil ihres Urlaubs im eigenen Land (US-Amerikaner z. B. über 90 %). Das mag mit Lage, Größe, Wetter, dem T.-Angebot, aber auch mit Mentalität und Einkommenssituation der Bev. des jeweiligen Landes zusammenhängen. Vergleicht man die Ein-

nahmen und Ausgaben der OECD-Staaten im internat. Reiseverkehr, so wird dieser Eindruck bestätigt. Für Dtl. betrugen diese Zahlen (1995) 16,22 Mrd. US-$ bzw. 50,67 Mrd. US-$, für die USA 3,24 Mrd. US-$ bzw. 45,86 Mrd. US-$, für Japan 3,24 Mrd. US-$ bzw. 36,83 Mrd. US-$ und für Frankreich 27,53 Mrd. US-$ bzw. 16,33 Mrd. US-$. Insgesamt hat sich das weltweite Reiseaufkommen (Zahl der registrierten Ankünfte) von 1956 bis 1996 fast verzehnfacht und seit 1980 mehr als verdoppelt; auch die Umsätze weisen eine dynam. Entwicklung auf. Allerdings sind die einzelnen Ländergruppen in unterschiedl. Maße daran beteiligt: 55,35 % der registrierten Ankünfte und 63,75 % der tourist. Gesamteinnahmen entfallen (1996) auf die Industriestaaten, 30,6 % bzw. 30,39 % auf Entwicklungsländer und 14,5 % bzw. 5,86 % auf die mittel- und osteurop. Staaten. Über 50 % des internat. Reiseverkehrs sind auf zehn Länder (USA, Italien, Frankreich, Spanien, Großbritannien, Dtl., Österreich, Hongkong, China und Schweiz) konzentriert und drei Viertel der beliebtesten T.-Destinationen befinden sich in nur 20 Ländern der Erde.

Die Besonderheiten des Wirtschaftszweiges T. folgen aus dem Dienstleistungscharakter, der Kapitalintensität und der Konjunktur- und Saisonabhängigkeit sowie aus der Abhängigkeit von natürl. (Klima, Topographie, Landschaft) und infrastrukturellen Gegebenheiten (Beherbergungs- und Verpflegungsangebot, Einrichtungen für Sport und Freizeitgestaltung, Verkehrswege usw.). Seine wirtschaftl. Bedeutung zeigt sich äußerst differenziert, je nachdem, ob man die internat., nat., regionalen oder lokalen Auswirkungen analysiert. Für die volkswirtschaftl. Effekte sind v. a. folgende Bereiche relevant: 1) Die Berechnung des Wirtschaftsfaktors T. erfolgt zumeist in Hinblick auf seinen Beitrag zur Wertschöpfung, gemessen am Sozialprodukt. Da die T.-Wirtschaft neue Sachgüter und Dienstleistungen erstellt, kann dem T. einerseits eine Lokomotivfunktion in Bezug auf die wirtschaftl. Entwicklung zukommen, andererseits besteht bei einer zu starken einseitigen Ausrichtung die Gefahr einer krisenanfälligen T.-Monostruktur. Weltweit konzentriert sich die tourist. Wertschöpfung zu rd. 50 % auf die europ. Länder, rd 20 % werden in Nordamerika und Ostasien und nur etwa 10 % in Entwicklungsländern erwirtschaftet. – Da viele der zunehmend global agierenden T.-Unternehmen (z. B. Fluggesellschaften, Computerreservierungssysteme, Hotelketten, große Reiseveranstalter) zumeist aus Europa und Nordamerika kommen, fließt ein Großteil der Direktinvestitionen über die Gewinne in diese Regionen zurück. 2) Die Produktion tourist. Leistungen schafft Einkommen und hat damit Arbeitsmarkt- bzw. Beschäftigungseffekte. Neben den positiven Beschäftigungswirkungen wird oftmals die Qualität der Arbeitsplätze im T. (ungünstige Arbeitszeiten, Saisonabhängigkeit, z. T. niedrige Löhne und Notwendigkeit von Kinder- und Familienarbeit) kritisiert. Auf der Nachfrageseite interessiert ferner die Verwendung des Einkommens für das Reisen als tourist. Konsum. So wird z. B. in Dtl. durchschnittlich ein Monatseinkommen für die jährl. Urlaubsreise ausgegeben. 3) T. bewirkt wichtige Import- und Exporteffekte, sowohl im internat. Rahmen (Außenwirtschaftsbeitrag) als auch in Regionen und Kommunen (regionale Effekte). Für Länder mit Zahlungsbilanzüberschüssen kann eine verstärkte Reisetätigkeit der Bev., die gleichbedeutend mit Dienstleistungsimporten ist, zu einer (erwünschten) Ausgleichsfunktion der gesamten Leistungs- und damit der Devisenbilanz führen, z. B. in Dtl. oder Japan.

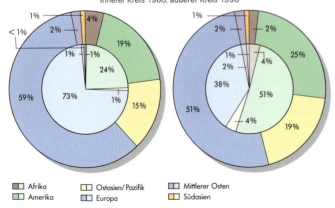

Tourismus: Anteil einzelner Regionen an den Gesamtankünften ausländischer Touristen (links) und den weltweiten touristischen Einnahmen (rechts) jeweils in Prozent; innerer Kreis 1960, äußerer Kreis 1996

Für andere Staaten (z. B. zahlr. Entwicklungsländer) dient der T. zur Erwirtschaftung von Devisen. Allerdings fällt der Nettodeviseneffekt oftmals weitaus geringer aus, da vielfach zusätzl. Waren und Know-how importiert werden müssen. Hinzu kommt, dass die kapitalschwachen Länder der Dritten Welt häufig auch Kosten für Regionalerschließung, Infrastrukturmaßnahmen sowie Umweltschädigungen zu tragen haben und dass die durch die Touristen eingeführten Geldmengen und Waren die lokalen Märkte bedrohen. 4) Weitere ökonom. Auswirkungen des T. betreffen Preiseffekte sowie Verteilung und Konzentration.

Zu den gesellschaftl. Faktoren, die den T. in seiner heutigen Bedeutung hervorgebracht haben, gehören höhere Lebenserwartung, sozialpolit. Errungenschaften und Verstädterung, Zunahme an Einkommen und Vermögen, Verbesserung der Kommunikationsmöglichkeiten sowohl durch den Ausbau der Kommunikationstechniken und des Verkehrswesens als auch des Bildungswesens (Fremdsprachen). Hinzu kommt die Verinnerlichung von Orientierungsmustern wie Jugendlichkeit und →Mobilität. Innerhalb eines Jahrhunderts haben sich in den westl. Industrieländern die Lebenserwartung verdoppelt, die Erwerbszeit halbiert und die Realeinkommen im Durchschnitt verachtfacht. Der durchschnittl. Jahresurlaub ist z. B. in Dtl. von (1950) 12 auf (1996) 29,5 Tage gestiegen. Gesellschaftl. Bedeutung kommt dem T. ferner dadurch zu, dass Urlaub und Freizeit als individuell und sozial akzeptierte, ja idealisierte Wunschräume eine erhebl. motivierende und mobilisierende Kraft entfalten können, die Arbeitsenergie, Geld und sonstige Ressourcen für sich nutzbar zu machen sucht. Entsprechend hoch sind vielfach Überforderungen in gesundheitl., aber auch in psych. und sozialer Hinsicht (›Holiday-Syndrom‹). In Bezug auf seine soziokulturellen Auswirkungen wird der T. überwiegend kritisch gesehen. Das Grundproblem resultiert aus dem Zusammentreffen von Menschen in sehr unterschiedl. Lebenssituationen und aus verschiedenen Kulturräumen. Während sich die Touristen zumeist in einer Ausnahmesituation befinden und in ihrer ›Freizeitwelt‹ Spaß und Vergnügen suchen, werden die in der Alltags- und Arbeitswelt der Gastgeber vorhandenen Normen, Werte, Strukturen und Verhaltensweisen mit dieser T.-Welt konfrontiert. Da Anpassung und Veränderung überwiegend auf der Seite der Gastgeber erfolgen, gehen Ursprünglichkeit und Authentizität in den tourist. Zielgebieten verloren. Besonders auffällig sind solche Veränderungen bei Reisen in Dritte-Welt-Länder, wenn auch dieses Segment nur einen geringen Teil des Welt-T. ausmacht. Gelegentlich wird auch vom T. als ›neuer Form des Kolonialismus‹ gesprochen. Eine solche Bewertung stellt das Bewahren traditioneller Strukturen in den Vordergrund und verkennt den zwangsläufigen Wandel und die Modernisierung in der Weltgesellschaft, die nur z. T. durch den T. verursacht werden. Hauptbereiche für die Beurteilung soziokultureller Folgen des T. sind Kultur, Kunst, Tradition, Sitte, Moral, Sozialstruktur, Umwelt, Religion, Gesundheit sowie Werteordnung. Zwar sind in allen Bereichen sowohl positive wie auch negative Effekte zu verzeichnen, zumeist sind Letztere aber bes. augenscheinlich: T. zerstört die natürl. Umwelt der bereisten Länder durch den Bau tourist. Infrastruktur (Straßen, Flughäfen, Hotelanlagen), erhöhten Ressourcen- und Energieverbrauch, Abfallproduktion, Luftverschmutzung, anderseits werden aber auch Mittel für Erhalt und Förderung von Landschaftsschutzgebieten bereitgestellt. Negative Veränderungen in der Sozialstruktur betreffen v. a. die traditionellen Hierarchien, die Familienstrukturen sowie die Stellung von Mann und Frau. Auch bilden sich durch den T. neue, vielfach stark durch ausländ. Investoren dominierte Besitz- und Machtstrukturen heraus, die zu sozialen Spannungen führen können. In diesem Kontext ist auch auf die polit. Instrumentalisierung des T. durch Extremisten (Geiselnahmen, Terroranschläge auf Touristen) zu verweisen. In Bezug auf Kultur und Tradition werden einerseits traditionelle Feierlichkeiten und das Kunsthandwerk zunehmend kommerzialisiert und dem Geschmack der Touristen angepasst, wodurch die Authentizität vieler Veranstaltungen, Traditionen und Einrichtungen verloren geht. Anderseits dienen Museen und die Restauration von Bauwerken dem Schutz und dem Erhalt des kulturellen Erbes. Beispiele für negative Einflüsse des T. auf die Werteordnung (Sitte, Moral und Religion) sind der Besuch von religiösen Stätten in Badekleidung und der Prostitutions-T. Nur wenn die Konzepte eines nachhaltigen T., der die Interessen und die kulturellen Besonderheiten der jeweiligen einheim. Bev. stärker berücksichtigt sowie mehr Zurückhaltung und Anpassung der Touristen postuliert, verstärkt Eingang in die moderne T.-Wirtschaft finden, wird der T. zu einer positiven Entwicklung für alle Beteiligten führen.

G. ARMANSKI: Die kostbarsten Tage des Jahres. T. – Ursachen, Formen, Folgen (^{3}1986); J. KRIPPENDORF: Die Landschaftsfresser. T. u. Erholungslandschaft, Verderben oder Segen? (Bern ^{4}1986); Der neue T., hg. v. K. LUDWIG u. a. (^{2}1990); U. MÄDER: Vom Kolonialismus zum T. – von der Freizeit zur Freiheit (Zürich ^{3}1991); Zur Sonne, zur Freiheit! Beitrr. zur T.-Gesch., hg. v. H. SPODE (1991); Reisekultur. Von der Pilgerfahrt zum modernen T., hg. v. H. BAUSINGER u. a. (1991); T. in Entwicklungsländern, bearb. v. W. BEHRENS (1993); T.-Psychologie u. T.-Soziologie. Ein Hb. zur T.-Wiss., hg. v. H. HAHN u. H. J. KAGELMANN (1993); W. ALTHOF: Incoming-T. (1996); C. BECKER u. a.: T. u. nachhaltige Entwicklung (1996); T. KIRSTGES: Expansionsstrategien im T. (^{2}1996); Kultur-T., hg. v. A. DREYER (1996); H. W. OPASCHOWSKI: T. Systemat. Einf.... (^{2}1996); K. VORLAUFER: T. in Entwicklungsländern (1996); Zum Beispiel Sextourismus, bearb. v. E. LAUNER u. R. WILKE-LAUNER (Neuausg. ^{2}1997); C. HENNIG: Reiselust. Touristen, T. u. Urlaubskultur (1997); W. FREYER: T.-Marketing (1997); DERS.: T. Einf. in die Fremdenverkehrsökonomie (^{6}1998).

Touristikmedizin [tu-], **Reisemedizin,** Bereich der Medizin, der sich mit Vorbeugung und Behandlung von Gesundheitsstörungen und Krankheiten befasst, die in Verbindung mit dem Ferntourismus auftreten. Die T. verbindet Erkenntnisse und Aufgaben aus den Gebieten Tropen-, Arbeits-, Sozial- und Flugmedizin, Klimaphysiologie und öffentl. Gesundheitswesen. Zu ihren Aufgaben gehören die Gesundheitsvorsorge durch Aufklärung und Beratung über individuelle und regionale Risiken, allgemeine und spezif. Prophylaxe (z. B. Impfungen und Malariaprophylaxe) sowie die Behandlung von Erkrankungen bei Rückkehr aus trop. Ländern (v. a. Darminfektionen, fieberhafte Erkrankungen, Hautprobleme). Vor jeder Fernreise sollten detaillierte Auskünfte zu Impfungen und Malariaprophylaxe eingeholt werden. Obwohl wiss. anerkannt und international organisiert, stellt die T. bislang keinen eigenständigen Fachbereich der ärztl. Berufsordnung in Dtl. dar. ÜBERSICHT S. 220

Touristik Union International GmbH & Co. KG [tu-], →TUI.

Tourist Trophy [ˈtʊərɪst ˈtrəʊfɪ; engl. ›Trophäe des Reisenden‹], ältestes und schwerstes Motorradrennen der Erde, 1907 erstmals auf der Insel Man ausgeschrieben, weil Rennen auf öffentl. Straßen in Großbritannien verboten sind. Seit 1920 wird der noch übl. Mountain Course von 60,725 km Länge gefahren.

Tour Tournachon – Tournier

Touristikmedizin: Übersicht für Fernreisen
(nach Angaben des Centrums für Reisemedizin; Stand 1998)

	Malariaprophylaxe	Gelbfieberimpfung
Afrika		
Nordafrika	×	△
tropisches Afrika	O	+
Kenia	O	△ ×
Madagaskar	O	△
Mauritius	O	△
Moçambique	O	△
Seychellen	–	△
Rep. Südafrika	×	△
Amerika		
karibische Staaten	–	△
Dominikanische Republik	×	–
Zentralamerika	×	△
Andenstaaten	O	△ ×
Argentinien	–	–
Brasilien	O	△ ×
Venezuela	×	×
Asien		
Türkei	×	–
Persischer Golf (Emirate)	×	–
China	×	△
Indien	O	△
Indonesien	O	△
Malaysia	O	△
Malediven	×	△
Nepal	×	△
Philippinen	×	△
Singapur	×	△
Sri Lanka	O	△
Thailand	×	△
Australien und Ozeanien		
Australien	–	△
Neuseeland	–	–
Fidschi	×	△

× bei Reisen in bestimmte Landesteile empfohlen;
△ bei Einreise aus Infektionsgebieten vorgeschrieben;
+ in den meisten Staaten vorgeschrieben;
O empfohlen; – nicht notwendig.

Tournachon [turnaˈʃɔ̃], Gaspard Félix, frz. Schriftsteller, Karikaturist und Fotograf, →Nadar.

Tournai [turˈnɛ], **Tournaisien** [-ˈzjɛ̃], **Tournaisium** [turˈnɛ-], *Geologie:* Stufe des →Karbon.

Tournai [turˈnɛ], niederländ. **Doornik,** Stadt in der Prov. Hennegau, Belgien, beiderseits der Schelde, 67 900 Ew.; kath. Bischofssitz; Textilfachschule; Kalk- und Zementindustrie, Ziegeleien, Brauerei, Textil-, Teppich-, Nahrungsmittel-, elektrotechn. und feinmechan., Fahrzeug-, Maschinen- und Papierindustrie, Druckereien, Großverlag. – Das Stadtbild wird beherrscht von den Türmen der Kirchen Saint-Brice, Saint-Jacques, Sainte-Madeleine, Saint-Nicolas, Saint-Piat (alle 12./13. Jh.) und der fünftürmigen Baugruppe der Kathedrale Notre-Dame (BILD →niederländische Kunst), einer kreuzförmigen Basilika des 12. Jh. mit roman. Portalplastik, Resten roman. Fresken im Querschiff, Glasmalereien (15. Jh.), Lettner von C. FLORIS (1570–73); in der Schatzkammer u. a. Marienschrein (1205) von NIKOLAUS VON VERDUN. Am dreieckigen Marktplatz die Tuchhalle, ein 1610 begonnener Renaissancebau, nahebei der 72 m hohe Belfried (12./14. Jh.) sowie die roman. Kirche Saint-Quentin (urspr. 12. Jh., nach Schäden im Zweiten Weltkrieg wiederhergestellt). Der Pont des Trous (doppeltürmiger Verteidigungsbau, um 1290 als Teil der Stadtbefestigung errichtet) beherrschte einst die Scheldeinfahrt. – T., als **Turnacum** im 1. Jh. n. Chr. gegründet (auch **Turris Nerviorum** gen.), war in spätröm. Zeit Hauptort der kelt. Menapier und im 5. Jh. ein Zentrum merowing. Macht (1653 Entdeckung des Grabes von CHILDERICH I.). Anfang des 6. Jh. wurde T. Bischofssitz, Anfang des 7. Jh. dem Bistum Noyon unterstellt, 1148 erneut selbstständiges Bistum. Der außerhalb der Stadt angelegte Hafen wurde 880/881 von Normannen zerstört. Seit dem 9. Jh. unterstand T. den Grafen es wurde 1187/88 eine frz. Stadt und widerstand 1340 der engl. Belagerung. Kaiser KARL V. gliederte T. 1521 den Span. Niederlanden an. 1667 durch den frz. König LUDWIG XIV. erobert, fiel T. im Aachener Frieden (1668) an Frankreich, seit 1713/14 gehörte es zu den Österr. Niederlanden, war 1794–1814 erneut frz., anschließend Bestandteil der Vereinigten Niederlande und wurde 1830 belgisch. – Im 14./15. Jh. war T. ein Zentrum der →Bildwirkerei (seit dem 13. Jh. urkundlich belegt; v. a. große Bildteppichfolgen für den burgund. Hof). 1751 wurde eine Manufaktur für Weichporzellan gegründet, die aus einer Fayencemanufaktur hervorging (bis 1885).

Tournedos [turnəˈdo:; frz., zu tourner ›(um)drehen‹, ›rund formen‹ und dos ›Rücken‹] *das, -/-,* wie ein Steak zubereitete runde Lendenschnitte von der Filetspitze des Rindes.

Tournee [turˈne:; frz., Partizip Perfekt fem. von tourner ›(um)drehen‹, ›rund formen‹] *die, -/-s* und *…ˈneǀen,* Gastspielreise von Künstlern, Artisten.

Tournefort [turnəˈfɔ:r], Joseph Pitton de, frz. Botaniker und Mediziner, *Aix-en-Provence 5. 6. 1656, †Paris 28. 11. 1708; lehrte ab 1683 am Jardin du Roi in Paris, ab 1702 am Collège de France; auf zahlr. Reisen zur Erforschung der Pflanzenwelt Europas entdeckte er mehr als 1 300 neue Arten. T. begründete eine Systematik der Pflanzen aufgrund der Blütenverhältnisse (eine der Grundlagen für C. VON LINNÉS Systematik).

Tourneur, 1) [ˈtəːnə], Cyril, engl. Dichter und Dramatiker, *um 1575, †Kinsale (bei Cork) 28. 2. 1626; verfasste das allegor. ›The transformed metamorphosis‹ (1600), Gedicht ›polit. Zeitsatire, sowie die Tragödie ›The atheist's tragedie‹ (1611); neben T. MIDDLETON kommt er als Verfasser des in der Tradition der elisabethan. Rachetragödie mit übersteigerter Darstellung von Leidenschaften und Grausamkeit stehenden Stücks ›The revenger's tragedie‹ (1607; dt. ›Tragödie der Rächer‹) infrage.

2) [frz. turˈnœːr, engl. ˈtəːnə], Jacques, amerikan. Filmregisseur frz. Herkunft, *Paris 12. 11. 1904, †Bergerac 19. 12. 1977; führte 1931 erstmals Regie; Meister des Horrorfilms; u. a. auch Western.
Filme: Katzenmenschen (1942); Ich folgte einem Zombie (1943); Experiment in Terror (1944); Goldenes Gift (1947); Der Fluch des Dämonen (1958).

Tournier [turˈnje], Michel, frz. Schriftsteller, *Paris 19. 12. 1924; studierte in Paris und Tübingen, war u. a. Verlagslektor und Rundfunkjournalist. T.s Romane sind breit angelegte, klassisch erzählte Geschichten von großer symbol. Dichte, die philosoph. und kulturgeschichtl. Themen aufnehmen und diesen eine neue Aktualität verleihen, so gibt er in ›Vendredi ou les limbes du Pacifique‹ (1967; dt. ›Freitag oder im Schoße des Pazifik‹) eine iron. Version des Robinsonstoffes, in ›Gaspard, Melchior et Balthazar‹ (1980; dt. ›Kaspar, Melchior und Balthasar‹) erzählt er die Dreikönigslegende neu. Die Transformation kulturgeschichtlich und mythologisch bedeutsamer Motive kennzeichnet auch sein bekanntestes Werk, ›Le Roi des aulnes‹ (1970; dt. ›Der Erlkönig‹, verfilmt von V. SCHLÖNDORFF u. d. T. ›Der Unhold‹, 1996), wo er die Legende des Kinderräubers in das Dtl. des Nationalsozialismus übertrug. Für T. besteht die wichtigste Funktion der Literatur darin, die in unserer Geschichte wirksamen Mythen vor der Erstarrung zu bewahren, wie er in seinen krit. Essays, etwa ›Le vent Paraclet‹ (1977; dt. ›Der Wind Paraklet. Ein autobiograph. Versuch‹), ausführt. T. widmet sich auch der Fotografie und verfasst Kinder- und Jugendbücher,

Joseph Pitton de Tournefort

Michel Tournier

Tourniquet – Toussaint **Tous**

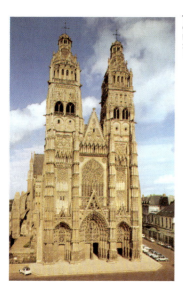

Tours: Gotische Kathedrale Saint-Gatien; 13.–16. Jh.

Tours Stadtwappen

Stadt in Frankreich

Hauptort der Touraine

48 m ü. M.

an der Loire

130 000 Ew.

Universität (1970 gegründet)

gut erhaltene Altstadt mit Kathedrale Saint-Gatien (13.–16. Jh.)

Wirkungsstätte des hl. Martin und des hl. Gregor von Tours

Zentrum der karolingischen Renaissance

oft über die Themen seiner großen Romane, wie ›Vendredi ou la vie sauvage‹ (1971; dt. ›Freitag und Robinson im Bann der wilden Insel‹).
Weitere Werke: *Romane:* Les météores (1975; dt. Zwillingssterne); Gilles et Jeanne (1983; dt. Gilles & Jeanne); La goutte d'or (1985; dt. Der Goldtropfen). – *Erzählungen:* Le coq de bruyère (1978; dt. Die Familie Adam); Le médianoche amoureux (1989; dt. Das Liebesmahl. Novellen einer Nacht). – *Essays.* Le vol du vampire (1981); Le pied de la lettre (1994).
C. KLETTKE: Der postmoderne Mythenroman M. T.s am Beispiel des Roi des Aulnes (1991).

Tourniquet [turniˈkɛ; frz. ›Drehkreuz‹] *das, -s/-s,* Schlauchbinde oder Fadenschlinge zum provisor. Abbinden bei Arterienverletzungen. – **T.-Syndrom,** das →Crush-Syndrom.

Tournüre [tur-], die →Turnüre.

Tournus [turˈny], Stadt im Dép. Saône-et-Loire, Frankreich, an der Saône, 6 600 Ew.; bedeutender Agrarmarkt; Aluminiumverarbeitung. – Die Kirche Saint-Philibert der im 6. Jh. gegründeten ehem. Benediktinerabtei wurde um 1000 begonnen und gilt als ein Meisterwerk der Romanik; in der Vorhalle und im dreischiffigen Langhaus mächtige Rundstützen; Chor (12. Jh.) und Krypta (Fresken des 12. Jh.) mit Kapellenumgang. Aus dem 11. Jh. stammt Saint-Valérien, aus dem 12. Jh. Sainte-Madeleine.

Tours [tuːr], Stadt in Frankreich, Mittelpunkt der Touraine und Verw.-Sitz des Dép. Indre-et-Loire, 48 m ü. M., an der Loire, oberhalb der Chermündung, 130 000 Ew.; Erzbischofssitz; Univ. (gegr. 1970), Institut zum Studium der Renaissance; mehrere Museen; Metall verarbeitende (u. a. Maschinenbau), Elektro-, Möbel-, Bekleidungs- und Brauereiindustrie, Herstellung von Eisenbahnmaterial und Kugellagern, Gummi-, chem. und Druckindustrie; Messestadt; Flugplatz. – Zerstörungen im Zweiten Weltkrieg beeinträchtigen das Altstadtbild mit zahlr. Kirchen und Profanbauten. Von der im 4. Jh. vom hl. MARTIN gegründeten Abtei Saint-Martin blieben vom Kirchenbau des 11.–13. Jh., einer der bedeutendsten Wallfahrtskirchen des MA., nur geringe Reste (Tour Charlemagne; Tour de l'Horloge) erhalten, 1887–1924 wurde ein Neubau errichtet. Die got. Kathedrale Saint-Gatien (13.–16. Jh.) mit spätgot. Fassade im Flamboyantstil und dem Kreuzgang ›La Psalette‹ (15.–16. Jh., mit Fresken) besitzt prächtige Glasgemälde des 13.–15. Jh.; got. Kirche Saint-Julien (12. und 13. Jh.) mit roman. Turm. Bauten aus der Zeit der Renaissance sind u. a. Hôtel Gouin (archäolog. Museum) und Hôtel Babou de la Bourdaisière; im ehem. erzbischöfl. Palast (17.–18. Jh.) Musée des Beaux-Arts. – T., das galloröm. **Caesarodunum,** Vorort der kelt. Turonen, war seit dem 3. Jh. Bischofssitz, seit dem 9. Jh. Erzbischofssitz (1790–1801 nur Bistum); Hauptort der fränk. Grafschaft →Touraine. Durch das Wirken des hl. MARTIN und des hl. GREGOR VON TOURS bekam es große kirchl. Bedeutung und entwickelte sich zu einem wichtigen Wallfahrtsort (Abtei Saint-Martin). Zur Zeit KARLS D. GR. war T. – mit der philosophisch-theolog. Schule ALKUINS und einer bedeutenden Buchmalereischule – ein Zentrum der karoling. Renaissance. Im 12.–13. Jh. erlebte die Stadt Blütezeiten unter den Grafen von Anjou (seit 1044) und den engl. Königen. Im 16. Jh. Herstellung von Seide und goldgewirkten Stoffen.

Histoire de T., hg. v. B. CHEVALIER u. a. (Toulouse 1985).

Tours, Schule von [- tuːr], karoling. Buchmalereischule des Benediktinerklosters Saint-Martin in Tours von der Zeit KARLS D. GR. bis zum Normannensturm 853; unter Abt ALKUIN wurde sie zum führenden Zentrum der Bibelreform und -herstellung. Die ›Grandval-Bibel‹ (um 840, benannt nach der Abtei Moutier-Grandval, Schweiz, der sie im späten 16. Jh. gehörte; heute London, British Library) weist eine Fülle ornamentaler Motive und vier ganzseitige Deckfarbenbilder mit Genesis-, Exodus- und Apokalypsedarstellungen auf. Die Szenen sind kontinuierlich ablesbar und in Streifen übereinander komponiert, wie auch bei dem anderen großen Werk der S. v. T., der ›Vivian-Bibel‹ (um 845/846; Paris, Bibliothèque Nationale de France). Den Höhepunkt bildet das ›Lothar-Evangeliar‹ (ebd.), das zw. 849 und 851 im Auftrag Kaiser LOTHARS I. vom Hauptmeister der ›Vivian-Bibel‹ angefertigt wurde.

W. KOEHLER: Die karoling. Miniaturen, Bd. 1: Die S. v. T., 2 Tle. (1930–33, Nachdr. 1963); H. KESSLER: The illustrated Bibles from Tours (Princeton, N. J., 1977).

Toussaint [tuˈsɛ̃], Jean-Philippe, belg. Schriftsteller frz. Sprache, *Brüssel 29. 11. 1957; gehört zu den

Schule von Tours: Die Genesis; ganzseitiges Farbbild aus der ›Grandval-Bibel‹; um 840 (London, British Library)

in den 1980er-Jahren als literar. ›Minimalisten‹ hervorgetretenen Autoren, die eine banale Alltagswirklichkeit mit großer Präzision und Detailfülle, aber emotionaler Teilnahmslosigkeit beschreiben. Als Protokolle gegenwärtiger Befindlichkeit spielen die Texte subtil ironisch mit den Erwartungen des Lesers, lassen aber hinter scheinbarer Indifferenz tiefes Unbehagen an der Gesellschaft erkennen.

Werke: *Romane:* La salle de bain (1985; dt. Das Badezimmer); Monsieur (1986; dt.); L'appareil-photo (1988; dt. Der Photoapparat); La réticence (1991; dt. Der Köder).

Toussaint Louverture [tuˈsɛ̃ luvɛrˈtyːr], **Toussaint l'Ouverture,** François Dominique, gen. **Der schwarze Napoleon,** Freiheitsheld Haitis, *Bréda (Haiti) 20. 5. 1743, † Fort Joux (Dép. Doubs) 7. 4. 1803; Sklave, schloss sich 1791 der haitian. Revolution an; stieg im Dienst der frz. Revolutions-Reg. 1797 zum Oberbefehlshaber der frz. Kolonie Saint-Domingue (→Haiti, Geschichte) auf, eroberte den span. Teil der Insel Hispaniola, proklamierte ihre Unabhängigkeit (1801), wurde daraufhin von frz. Truppen 1802 besiegt und als Gefangener nach Frankreich gebracht.

Towada-Hachimantai-Nationalpark [-hatʃi-], Nationalpark im N von Honshū, Japan, 834 km²; Bergland mit dem Calderavulkan Hakkōda (1 585 m ü. M.) und dem in einer Caldera gelegenen Towadasee (60 km²); heiße Quellen; Wintersportgebiet.

Tower [ˈtauə; engl. ›Turm‹] *der, -(s)/-,* der Kontrollturm auf →Flughäfen.

Tower of London (1077 ff.) und Tower Bridge (1886–94) in London

Tower, T. of London [ˈtauə əv ˈlʌndən], Zitadelle im O der Altstadt von London am nördl. Themseufer oberhalb der 1886–94 erbauten Tower Bridge, das älteste Bauwerk Londons, von WILHELM DEM EROBERER 1077 angelegt, seitdem mehrfach erweitert (UNESCO-Weltkulturerbe). Der T., bis zu KARL II. (1660–85) gelegentlich Wohnsitz der engl. Könige, später Staatsgefängnis (bis 1820), ist heute Arsenal und Kaserne. Der älteste Teil, der **White-T.,** enthält ein Waffenmuseum, der **Wakefield-T.** die Kronjuwelen.

Town [taun] *die, -/-s,* 1) im engl. Sprachgebrauch allgemeine Bez. für kleinere Stadt.

2) **Township** [-ʃip], in den USA eine auf engl. Rechtstraditionen (Borough) beruhende, seit dem 17. Jh. für Neuengland typische, später auch in Teilen des Mittleren Westens vorkommende Siedlungsform und gleichzeitig eine Reg.- und Verw.-Einheit. T. waren förmlich inkorporiert und als eigenständige Gebietskörperschaften mit dem Recht der Selbstverwaltung und der Vertretung im Kolonialparlament ausgestattet; sie umfassten außer den individuell zugeteilten Grundstücken (Lots) die Allmende und Land für Kirche und Schule. Im **Town-Meeting,** der regelmäßigen Versammlung der wahlberechtigten ›Freemen‹ (anfänglich oft nur Kirchen-Mitgl.), wurden lokale Angelegenheiten in direkter Demokratie entschieden, die Amtspersonen und Abg. für das Kolonial-, später das Staatsparlament gewählt, aber auch überlokale polit. Angelegenheiten erörtert. Die neuengl. T.-Meetings und die aus ihnen hervorgegangenen Committees of Correspondence waren in der Unabhängigkeitsbewegung Zellen antibrit. Agitation. 1785 wurde eine Township für die neu zu erschließenden Gebiete des W durch Bundes-Ges. definiert als ein Gebiet von 6 Meilen im Quadrat mit 36 Sections zu 259 ha. Bis heute spielt die T. als kommunale Körperschaft eine wichtigere Rolle in der Lokal-Verw. der Neuenglandstaaten als die übergeordnete County.

Townes [taunz], Charles Hard, amerikan. Physiker, *Greenville (S. C.) 28. 7. 1915; 1939–47 in den Bell Telephone Laboratories tätig, 1948–61 Prof. an der Columbia University in New York, danach am Massachusetts Institute of Technology und ab 1967 an der University of California in Berkeley. T. leistete bedeutende Beiträge zur Radartechnik, Mikrowellenspektroskopie und zur Physik der Maser und Laser. 1951 erkannte T. die Möglichkeit der Verstärkung elektromagnet. Wellen durch induzierte Emission geeigneter Moleküle, konstruierte 1954 mit seinen Mitarbeitern den ersten Maser und beschrieb 1958 mit A. L. SCHAWLOW die Bedingungen für die Anwendung des Maserprinzips auf Licht. 1964 erhielt T. zus. mit N. G. BASSOW und A. M. PROCHOROW den Nobelpreis für Physik.

Townsend [ˈtaunzend], Sir (seit 1941) John Sealy Edward, brit. Physiker, *Galway 7. 6. 1868, † Oxford 16. 2. 1957; 1900–41 Prof. in Oxford. T. gelang 1898 die Bestimmung der Elementarladung mittels einer Tröpfchenmethode, ab 1900 untersuchte er den Stromdurchgang und die Ionisationsprozesse in Gasen; dabei gab er eine Erklärung der Stoßionisation. Unabhängig von C. RAMSAUER entdeckte er die Energieabhängigkeit der mittleren freien Weglänge von Elektronen in Gasen sowie den Ramsauer-Effekt.

Werke: The theory of ionisation of gases by collision (1910); Electricity in gases (1915); Electricity and radio-transmission (1943); Electrons in gases (1947).

A. VON ENGEL: Sir John T. ..., in: Biographical memoirs of fellows of the Royal Society, Bd. 3 (London 1957).

Townsend-Entladung [ˈtaunzend-; nach J. S. E. TOWNSEND], Form der →Gasentladung.

Township [ˈtaunʃip, engl.] *die, -/-s,* 1) →Town 2).

2) im Apartheidsystem der Rep. Südafrika Wohnsiedlung der Schwarzen, die außerhalb der ihnen zugewiesenen →Homelands in Gebieten arbeiteten, die den Weißen vorbehalten waren. Die T. lagen bes. im Randbereich der großen Städte (u. a. →Soweto) und waren Zentren des schwarzen Widerstandes gegen die →Apartheid.

Township-Art [ˈtaunʃipɑːt, engl.] *die, -,* vielfältige Kunstströmungen in den Vorstädten südafrikan. Metropolen, mit denen sich seit der Mitte der 1970er-Jahre der kulturelle Kampf gegen die weiße Vorherrschaft formulierte. Neben polit. Bildern (PAUL SIBISI, *1948) wurde die T.-A. auch zum Spiegelbild alltägl. Lebensszenen (GERHARD SEKOTO, *1913, †1933; PETER CLARKE, *1929) und ein Medium zur Weiterentwicklung traditioneller Kunstformen, so der Skulptur (NORIA MABASA, *1938; PHUTUMA SEOKA, *1922) wie der Bemalung von Hauswänden mit geometr. Mustern. Zu den Künstlern der T.-A. zählt auch der Namibier JOHN MUAFANGEJO (*1943, †1987).

Charles H. Townes

Townsville [ˈtaʊnzvɪl], Hafenstadt im NO von Queensland, Australien, am Korallenmeer, 122 500 Ew.; anglikan. und kath. Bischofssitz; Univ. (gegr. 1970), Meeresforschungsinstitut; Kupferraffinerie (Erze aus Mount Isa), Nickelraffinerie (Importerze), Nahrungsmittel-, Metall-, Zementindustrie, Bootsbau; Fischerei; Fremdenverkehrszentrum für den Besuch des Großen Barriereriffs, Meeresaquarium; Bahnknotenpunkt mit Werkstätten, internat. Flughafen. – 1864 gegr., 1866 City, 1899 Eisenbahnanschluss.

tox..., Wortbildungselement, →toxiko...

Toxämie [zu griech. haîma ›Blut‹] *die, -/...'mien,* **Toxikämie,** 1) Zersetzung des Blutes durch Giftstoffe, 2) Überschwemmung des Blutes mit Giften, insbesondere Bakteriengiften, z. B. bei Diphtherie **(Toxinämie).**

toxi..., Wortbildungselement, →toxiko...

Toxiferin [zu lat. ferre ›tragen‹] *das, -s,* ein Alkaloid (→Curare).

toxigen [zu griech. genés ›hervorbringend‹], **toxogen,** Giftstoffe erzeugend (z. B. von Bakterien) oder durch eine Vergiftung verursacht bzw. auf Giftwirkung zurückführbar.

Toxika [griech.], *Sg.* **Toxikum** *das, -s,* die →Gifte.

Toxikämie, die, →Toxämie.

toxiko... [zu griech. toxikón ›Pfeilgift‹], vor Vokalen meist verkürzt zu **toxik...,** auch in den Kurzformen **toxi...,** vor Vokalen **tox...,** Wortbildungselement mit der Bedeutung: Gift, Vergiftung, z. B. Toxikologie, Toxikämie, Toxikum, Toxoglossa, toxigen.

Toxikologie *die, -,* Lehre von den Wirkungen der →Gifte bzw. den gesundheitsschädl. Folgen biolog. Wechselwirkungen von chem. Stoffen mit körpereigenen Strukturen. Die **Toxizität** ist nicht nur an die chem. Stoffe selbst und deren Strukturmerkmale gebunden, sondern hängt weitgehend auch von der Konzentration bzw. →Dosis, der Art (Kontaktort bzw. Aufnahmeweg) und Häufigkeit sowie auch der Gesamtzeit der Einwirkung ab. Wichtigste Aufgabe der T. ist die Ermittlung des gesundheitl. Risikos beim Umgang mit Chemikalien sowie die Veranlassung geeigneter Schutz- und Verhütungsmaßnahmen.

Im Einzelnen unterscheidet man die Teilgebiete **Arzneimittel-T.,** deren Aufgabe eine vorklin. Prüfung neuer Arzneimittel ist (z. B. hinsichtlich Verträglichkeit und schädl. Nebenwirkungen); **Gewerbe-T.,** die akute und chron. Vergiftungen durch Arbeitsstoffe untersucht, geeignete Schutz- und Verhütungsmaßnahmen entwickelt und Toleranzgrenzen (wie BAT-Wert, MAK-Wert) ermittelt; die **Pestizid-T.** befasst sich mit der Wirkung von Pestiziden und untersucht deren Rückstände in Nahrungs- und Genussmitteln; zum Aufgabenbereich der **klinischen T.** gehören v. a. Diagnose und Therapie von Vergiftungen sowie Erarbeitung von Informationen über Giftwirkungen und Behandlungsvorschläge in Notfällen; die **Nahrungsmittel-T.** untersucht Schadwirkungen natürl. u. synthet. Nahrungsbestandteile (Farbstoffe, Konservierungsmittel u. a.); zum Forschungsbereich der **Umwelt-T.,** die auch Präventivmaßnahmen empfiehlt, gehören Schadwirkungen chem. Stoffe auf Ökosysteme (Luft, Boden, Wasser, Pflanzen, Tiere) und deren Rückwirkungen auf den Menschen.

W. WIRTH u. C. GLOXHUBER: T. (⁵1993); Allg. u. spezielle Pharmakologie u. T., hg. v. W. FORTH u. a. (⁷1996); E. MUTSCHLER: Arzneimittelwirkungen. Lb. der Pharmakologie u. T. (Neuausg. 1997).

Toxikose *die, -/-en,* Sammel-Bez. für Erkrankungen, die durch im Körper selbst entstandene (Autointoxikation) oder von außen zugeführte Giftstoffe hervorgerufen werden.

Toxinämie, →Toxämie.

Toxine, *Sg.* **Toxin** *das, -s,* von Mikroorganismen, Pflanzen oder Tieren gebildete wasserlösl. Giftstoffe (Eiweiße, Polysaccharide), die als Antigen wirken und nach einer gewissen Latenzzeit typ. Krankheitssymptome hervorrufen. Bei den bakteriellen T. unterscheidet man die von lebenden Bakterien abgesonderten **Exotoxine** von den erst nach Absterben (Auflösung) der Mikroorganismen frei werdenden **Endotoxinen.**

toxisch, *Medizin:* giftig; durch Gift verursacht.

Toxizität *die, -,* Grad der schädigenden Wirkung einer giftigen Substanz in Abhängigkeit von der Art der Einwirkung, der →Dosis und der spezif. Empfindlichkeit des betroffenen Organismus (meist arttypisch); in Bezug auf Radionuklide als →Radiotoxizität bezeichnet.

toxo..., Wortbildungselement, →toxiko...

Toxoglossa [griech.], die →Giftzüngler.

Toxoid *das, -s/-e,* das →Anatoxin.

Toxoplasmose *die, -/-n,* weltweit vorkommende Infektion (Zoonose), die bei Hauskatzen und verwandten Arten als spezif. Endwirt und bei anderen Säugetieren sowie dem Menschen als Zwischenwirt auftritt; Erreger ist Toxoplasma gondii, ein zu den Kokzidien (Sporentierchen) gehörendes Protozoon. Die Erreger durchlaufen in Katzen sowohl eine geschlechtl. als auch eine ungeschlechtl. Vermehrung, wobei die geschlechtl. Vermehrung in Dünndarmzellen erfolgt; die Übertragung kann über die von Hauskatzen und verwandten Arten ausgeschiedenen Verbreitungsstadien (Oozysten) erfolgen, die gegen äußere Einflüsse sehr widerstandsfähig sind. Werden die Oozysten von Zwischenwirten aufgenommen, kommt es zu einer ungeschlechtl. Entwicklung im Darm und zur Ausbreitung in den Zellen aller Organe und Gewebe, zunächst v. a. des Monozyten-Makrophagen-Systems, später bes. in Gehirn und Muskulatur. Dort bilden sich Erregeransammlungen in Zysten, deren Aufnahme durch Verzehr des Fleischs befallener Tiere ebenfalls zur Infektion führt.

Auf den Menschen wird die T. v. a. durch den Verzehr von rohem oder unzureichend erhitztem zystenhaltigem Fleisch und durch Kontakt mit infizierten Katzen und deren Kot übertragen. Bei Erwachsenen verläuft die Infektion i. d. R. bei intaktem Immunsystem latent und ohne erkennbare Symptome, sodass trotz hoher Durchseuchungsrate der Bev. die Erkrankung selten in Erscheinung tritt. In etwa 10–20 % der Fälle kommt es zu Lymphknotenschwellungen, Kopfschmerzen, Mattigkeit, lang anhaltendem leichtem Fieber, Muskel- und Gelenkschmerzen, selten zu Herzmuskelentzündungen; es treten auch akute Erkrankungen sowie zentralnervöse Verlaufsformen auf, die v. a. bei Kindern und Jugendlichen beobachtet werden. Erfolgt jedoch während der Schwangerschaft eine Erstinfektion der Schwangeren, so kann dies zum Fruchttod führen oder es können beim Kind irreversible Schäden (intrazerebrale Verkalkungen, Wasserkopf als Zeichen einer abgelaufenen Gehirn- und Rückenmarkentzündung, Erblindung) entstehen. Die Toxoplasmen gelangen transplazentar von der Mutter zum Fetus. Nach Ablauf der akuten Infektion besteht Immunität; da die Erreger in den Zysten weiterhin im Körper bleiben, kann es bei Immunschwäche (bei Tumorpatienten, immunsuppressiver Behandlung, Aids) zu einer Reaktivierung mit häufig tödl. Ausgang (Gehirn- und Gehirnhautentzündung) kommen.

Zur *Behandlung* werden Langzeitsulfonamide mit Pyrimethamin und Folinsäure kombiniert. Die Therapiedauer beträgt meist vier Wochen.

Infektionen durch Toxoplasma gondii, hg. v. P. M. SHAH u. W. STILLE (²1992); T. Erreger u. Krankheit, hg. v. D. POHLE u. J. S. REMINGTON (1994).

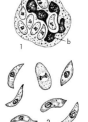

Toxoplasmose: Leibeshöhlenflüssigkeit einer mit Toxoplasmen künstlich infizierten Maus; 1 Innerhalb eines weißen Blutkörperchens, a Toxoplasmen, b Kern des Blutkörperchens; 2 Freie Toxoplasmen

Toxotidae [griech.], die →Schützenfische.

Toyama, Präfekturhauptstadt in Japan, in Zentralhonshū, am Jap. Meer, 325 300 Ew.; Univ. (gegr. 1949), Museum für moderne Kunst; pharmazeut. Industrie, Maschinenbau, Erdölraffinerie, Herstellung von Kfz-Teilen.

Toyen: Le Paravent; 1966 (Paris, Musée d'Art Moderne de la Ville de Paris)

Toyen ['tɔiən], eigtl. **Marie Čermínová** ['tʃɛrmi:nɔva:], tschech. Malerin, * Prag 12. 9. 1902, † Paris 9. 11. 1980; lebte 1925–29 und ab 1947 ständig in Paris. 1934 war sie Gründungs-Mitgl. der Surrealistengruppe um K. TEIGE in Prag. Ihre unter dem Eindruck des Krieges entstandenen Bilder (u. a. Zyklus ›Verberge dich, Krieg‹, 1944; Prag, Národní Galerie) leiten zum mag. Realismus über, der auch ihre späteren Werke prägte.

T. Das maler. Werk, hg. v. R. BISCHOF (1987).

Arnold Joseph Toynbee

Toynbee ['tɔinbi], Arnold Joseph, brit. Historiker, Kulturtheoretiker und Geschichtsphilosoph, * London 14. 4. 1889, † York 22. 10. 1975, Neffe des brit. Sozialreformers ARNOLD T. (* 1852, † 1883); 1919–24 Prof. für Byzantinistik und neugriech. Sprache, Literatur und Geschichte in London, 1925–56 für internat. Geschichte und gleichzeitig Direktor des Royal Institute of International Affairs in London; 1919 und 1946 Mitglied der brit. Delegation bei den Friedenskonferenzen in Paris. Sein Hauptwerk ›A study of history‹ (12 Bde., 1934–61; dt. ›Der Gang der Weltgeschichte. Aufstieg und Verfall der Kulturen‹) als Versuch einer Darstellung aller Kulturen steht unter dem Einfluss der Lebensphilosophie H. BERGSONS und der vergleichenden Kulturmorphologie O. SPENGLERS. Während SPENGLER jedoch Kulturen nach dem organolog. Schema Blüte, Reife und Verfall deutete, erklärte T. den Aufstieg und Untergang von Zivilisationen durch das Gesetz von situationsbedingten Herausforderungen und spezif. Lagebeantwortungen (›challenge and response‹). Die Art, in der die geschichtl. Lagen beantwortet werden, ist verschieden; die Geschichte der Kulturen, von denen T. zunächst 23, später nur noch 13 unterschied, verläuft unsystematisch, weist aber bei Entstehung, Entfaltung, Ablauf und Auflösung typisch wiederkehrende Formen auf. T. hat seine universalhistor. Kulturanalysen unter dem Einfluss der Kritik und neuer Forschungsergebnisse mehrfach modifiziert. In den ersten Bänden deutete er die Kulturentwicklung nach einem Interpretationsmuster, das sich an der mittelmeerisch-europ. Geschichte orientierte; nach dem Zweiten Weltkrieg verlagerte sich sein Hauptinteresse von den Zivilisationen auf die Hochreligionen. Daneben beschäftigte sich T. u. a. mit dem Einfluss des Christentums auf die Kulturgeschichte und aktuellen histor. Fragen (dem technologisch-industriellen Fortschritt und der Frage seiner angemessenen moral. Bewältigung).

Weitere Werke: Greek civilization and character (1924); Christianity and civilization (1940); Civilization on trial (1948); dt. Kultur am Scheidewege); The world and the West (1953; dt. Die Welt u. der Westen); Hellenism. The history of a civilization (1959); The present-day experiment in Western civilization (1962; dt. Die Zukunft des Westens); Surviving the future (1971); Mankind and mother earth (hg. 1976; dt. Menschheit u. Mutter Erde).

O. ANDERLE: Das universalhistor. System A. J. T.s (1955); J. ORTEGA Y GASSET: Eine Interpretation der Weltgesch. Rund um T. (a. d. Span., 1964); M. HENNINGSEN: Menschheit u. Gesch. Unters. zu A. J. T.s A study of history (1967); P. HABLÜTZEL: Bürgerl. Krisenbewußtsein u. histor. Perspektive. Zur Dialektik von Geschichtsbild u. polit. Erfahrung bei A. J. T. (Lyss 1980); W. H. MCNEILL: A. J. T. A life (New York 1989); M. PERRY: A. T. and the western tradition (New York 1996).

Toyohara, 1905–46 jap. Name der russ. Stadt →Juschno-Sachalinsk.

Toyohashi [-haʃi], Stadt in der Präfektur Aichi, Japan, auf Honshū, an der Mikawabucht (Pazifik) südöstlich von Nagoya, 352 900 Ew.; Kunststoffindustrie, Stahlverarbeitung, Herstellung von Kfz-Teilen, Maschinenbau, Nahrungsmittelindustrie; Hafen.

Toyokuni, Utagawa, eigtl. **Kurahashi Kumakichi** [-haʃi, -kitʃi], jap. Maler und Holzschnittzeichner, * Edo (heute Tokio) 1769, † ebd. 24. 2. 1825; neben SHUNSHŌ und SHARAKU führend in der Darstellung von Schauspielern und Theaterszenen, die ihm den Ruf des größten Ukiyo-e-Künstlers eintrugen. Seinen manierist. Spätstil führten vier Meister des gleichen Namens fort, von denen T. II, Schüler und Erbe des Meisters, anfangs den Namen TOYOSHIGE führte und T. III unter dem Namen KUNISADA bekannt ist. Zu seinen vielen Schülern gehörte auch KUNIYOSHI. (BILD →japanisches Theater)

Toyonaka, Stadt in der Präfektur Ōsaka, Japan, auf Honshū, im N des Ballungsraumes Ōsaka, 398 900 Einwohner.

Toyota, Stadt in der Präfektur Aichi, Japan, auf Honshū, östlich von Nagoya, 341 000 Ew.; Kraftfahrzeugindustrie (Toyota Motor Corp.).

Toyota Motor Corp. [-'mɔʊtə kɔ:pə'reɪʃn], größtes jap. Unternehmen der Kraftfahrzeugindustrie, gegr. 1926 als Toyoda Automatic Loom Works durch die Familie Toyoda, seit 1937 (Aufnahme der Automobilherstellung) jetziger Name, Sitz: Toyota. Produziert wurden (1996) 2,8 Mio. Pkw sowie 613 220 Nutzfahrzeuge und Busse. Zu den zahlr. in- und ausländ. Tochtergesellschaften gehört z. B. die Daihatsu Motor Co., Ltd.; Umsatz (1996/97): 98,74 Mrd. US-$, Beschäftigte: rd. 70 500.

Toyotomi Hideyoshi [-jɔʃi], eigtl. **Hiyoshimaru** [-ʃi-], jap. Feldherr, * Nakamura (heute zu Nagoya) 1536/37, † Fushimi (heute zu Kyōto) 18. 9. 1598; stieg aus niederem Stand im Dienst von ODA NOBUNAGA auf und riss nach dessen Tod die Macht an sich. 1585 wurde er vom Tennō zum Regenten (Kampaku), 1586 zum Großkanzler (Dajōdaijin) ernannt. 1590, nach dem Sieg über seine Gegner, gelang ihm die Einigung des Reiches. Er schuf eine Zentralverwaltung, regelte die gesellschaftl. Ordnung und das Lehnswesen neu, sorgte für Reformen im Steuer- und Münzwesen und erstrebte eine Belebung des Außenhandels. 1587 erließ er ein Verbot des Christentums und wies die Missionare aus.

Toy-Spani|els [tɔi-; engl. toy ›Spielzeug‹], Mitte des 19. Jh. durch Kreuzung von Spaniels mit Japan Chins entstandene Hunderasse (Schulterhöhe 26 bis 32 cm); T.-S., urspr. zur Jagd verwendet, wurden bald zu Luxushunden; das Haarkleid ist üppig, seidenweich und oft leicht gewellt in versch. Farben; sie haben ein anhängl., sanftes Wesen.

Tozeur [tɔˈzœːr], arab. **Tusur,** Oasenstadt in SW-Tunesien, 45 m ü. M., am NW-Rand des Schott el-Djerid, 35 600 Ew.; Gouvernoratshauptstadt; Museum (röm. Funde, modernes Kunstgewerbe), botan. Garten, Zoo (Wüstentiere); Marktzentrum; Textilindustrie, Herstellung von Web- und Knüpfteppichen, Wolldecken, Stoffbahnen für Nomadenzelte; Palmfaserflechterei; Fremdenverkehr; Eisenbahnendpunkt; Flughafen. – Älteste Häuser (14. Jh.) wie moderne Bauten haben geometr. Backsteinreliefs: Kombination alter Berbermotive mit aragones. Mudéjarstil und span. Renaissanceeinfluss. Im Viertel El-Hader Backsteinminarett auf Fundamenten des Römerkastells; neunschiffige Moschee (1027–30) mit Kuppel im spanisch-maur. Dekor und Mihrab (1193) mit Stuckaturen der Banu Ghanya (letzte Almoravidenherrscher); Marabut des IBN CHABBAT († 1282). – 13 km nordöstlich in Ouled Majed Moschee und Backsteinminarett mit vier Kuppeln (9. Jh.) auf röm. Unterbau. 8 km im N liegt El-Hamma du Djerid (Thermalquellen bis 40 °C, schon von den Römern genutzt). – Das röm. **Thusuros** war wichtiger Limesposten an der Römerstraße Biskra–Gafsa, frühchristl. Bischofssitz, wurde von den Wandalen zerstört, unter den Byzantinern erneut Bischofssitz und erst im 8. Jh. von den Arabern erobert. T. wurde Zentrum des Karawanenhandels mit Schwarzafrika, Hort islam. Gelehrsamkeit (Sufismus), im 12. und 13. Jh. Zuzug span. Mauren (im 14. Jh. über 100 000 Ew.), erhielt Anfang des 16. Jh. Zuzug von Morisken, verfiel jedoch durch Überfälle und Seuchen, wurde 1881 kampflos von den Franzosen besetzt; blüht erst seit der Unabhängigkeit Tunesiens langsam wieder auf.

Tozzi, Federigo, ital. Schriftsteller, *Siena 1. 1. 1883, †Rom 21. 3. 1920; Eisenbahnbeamter, dann Journalist, zeitlebens Autodidakt. Seine literar. Produktion umfasst von G. D'ANNUNZIO inspirierte Gedichte (›La zampogna verde‹, 1911; ›La città della vergine‹, 1913), Erzählungen (›L'amore‹, 1919, dt. ›Eine Geliebte. Erzählungen‹; ›Giovani‹, 1920), Theaterstücke, Zeitschriftenbeiträge und Texteditionen (›Antologia d'antichi scrittori senesi‹, 1913). T.s literar. Nachruhm beruht jedoch v. a. auf seinen psychologisch-realist. Romanen, in denen er, oft in lakon. Strenge auf eigene Erfahrungen zurückgreifend, vor dem Hintergrund Sienas und der toskan. Landschaft Formen individuellen Scheiterns schildert (›Con gli occhi chiusi‹, 1919, dt. ›Mit geschlossenen Augen‹; ›Tre croci‹, 1920, dt. ›Drei Kreuze‹; ›Il podere‹, 1921, dt. ›Das Gehöft‹).

Ausgaben: Opere, hg. v. G. Tozzi, 7 Tle. (1961–84); Opere, hg. v. M. MARCHI (³1993).

L. REINA: Invito alla lettura di F. T. (Mailand 1975); F. T. tra provincia ed Europa, hg. v. P. VOZA (Bari 1983).

Tozzia [nach dem ital. Botaniker FEDERIGO TOZZI, *1645, †1743], die Pflanzengattung →Rachenblume.

TP, Abk. für →technische Prüfstelle.

TR, Nationalitätszeichen für die Türkei.

Tr., Lebensmitteltechnik: Abk. für →Trockenmasse.

Traben-Trarbach: Ruine Grevenburg; um 1350

Traat, Mats, estn. Schriftsteller, *Arula 23. 11. 1936; wurde bekannt durch eine kraftvolle Lyrik, in der ein weiter Themenhorizont unterschiedlich in Stil, Sprache und Darstellungsart gefüllt wird; in der seit den 70er-Jahren im Vordergrund stehenden Prosa hat T. einfühlsam v. a. das Leben der Landbevölkerung behandelt.

Werke: *Romane:* Inger (1975; dt. Inger oder das Jahr auf der Insel); Üksi rändan (1985).

Ausgabe: Valitud teosed, 3 Bde. (1985).

Trab, *Pferdesport:* →Gangart.

Trabant [spätmhd. drabant ›(hussitischer) Landsknecht‹, wohl von tschech. drabant] *der, -en/-en,*
1) *Astronomie:* der →Satellit.
2) *Kraftfahrzeugtechnik:* vom Sachsenring Automobilwerk Zwickau seit 1957 gebauter viersitziger Kleinwagen; luftgekühlter Zweitakt-Ottomotor, 594,5 cm³ Hubraum, 19,3 kW (26 PS) Leistung, 110 km/h Höchstgeschwindigkeit, Duroplastkarosserie mit Stahlblechgerippe. Der T., im Volksmund **Trabbi** gen., wurde bis 1991 (zuletzt mit Viertaktmotor) in Zwickau gebaut (Produktion insgesamt: 3,69 Mio.).
3) *Militärwesen:* im MA. Bez. für den geworbenen Söldner, seit dem 15./16. Jh. für den prunkvoll ausgestatteten Angehörigen einer fürstl. Leibwache bzw. -garde (**T.-Garde**).

Trabantenstadt, städt. Gemeinwesen, das am Rande einer Stadtregion oder eines Verdichtungsraumes in größerer Entfernung zur Kernstadt als die →Satellitenstadt liegt und eine ausgeprägte strukturelle und funktionelle Selbstständigkeit aufweist. Von ihren Funktionen her entsprechen die T. den New Towns z. B. im Umkreis Londons.

Trabea [lat.], →Toga.

Trabeata [lat.] *die, -/...ten,* **Fabula trabeata,** Gattung der röm. Komödie, benannt nach der Trabea, der Staatstoga. Die T. sollte z. Z. des AUGUSTUS die →Togata erneuern und in eine höhere Sphäre heben.

Trabekel [aus lat. trabecula ›kleiner Balken‹] *die, -/-n, Anatomie:* bälkchenartiges Gerüst (festes Bindegewebe) mit stützender Funktion in einigen Organen, z. B. in Lymphknoten, Penis oder Milz.

Traben-Trarbach, Stadt im Landkreis Bernkastel-Wittlich, Rheinl.-Pf., 110 m ü. M., beiderseits der mittleren Mosel, 6 100 Ew.; Amt für Wehrgeophysik der Bundeswehr; Mittelpunkt des Weinbaus und -handels mit regem Fremdenverkehr und Großkellerei; Luftkurort; im Stadtteil Bad Wildstein (110–400 m ü. M.) Thermalquelle (33 °C; Heilanzeigen bei Erkrankungen des Stütz- und Bewegungsapparates sowie der Harnwege). – In Traben (links der Mosel) die spätgot. ev. Peterskirche (15. Jh., 1968/69 erweitert), kath. Kirche

St. Peter und Paul (1910–12) und die Ruine der Festung Mont Royal (1687 von VAUBAN begonnen, 1697 geschleift); in Trarbach (rechts der Mosel) die spätgot. ev. Nikolauskirche (14./15. Jh.), die ehem. Lateinschule (1573), die Ruine Grevenburg (um 1350), das Rokokohaus Kayser (1762) und das barocke Haus Böcking (um 1750, heute Mittelmosel-Museum). – Das 820 erstmals erwähnte **Traben** und das seit 1144 bezeugte **Trarbach**, Stadtrechte seit 1254, wurden 1904 vereinigt.

Traber, seit dem Ende des 18. Jh. für Trabrennen gezüchtete, teilweise auf das Engl. oder Arab. Vollblut zurückgehende Pferderassen, u. a. →Orlow-Traber, →Hackney und →Standardbred; letztere Rasse diente zur Zucht des Dt. Trabers (seit 1940), wobei das Exterieur weitgehend verbessert wurde; auch als Wirtschaftspferd geeignet.

Traberkrankheit, →Scrapie.

Trab|rennen, Trab|rennsport, Teildisziplin im Pferdesport; Rennveranstaltung (Leistungsprüfung) nach dem →Tierzuchtgesetz. Ziel der für T. gezüchteten Pferde **(Traber)** mit besonderer Frühreife und korrektem Exterieur ist die Rennleistungsfähigkeit im Trab (→Gangart). Haupteinsatzgebiet der Traber ist folglich der Rennbetrieb, bei dem sie taktrein einen möglichst raschen Trab (ca. 50 km/h) gehen und auf die Anweisungen der im **Sulky** (einachsiger, einspänniger Rennwagen) sitzenden Trabrennfahrer bzw. -fahrerinnen reagieren sollen. T. werden auf ovalen, sandbeschichteten Rennbahnen ausgetragen, die zw. 20 und 25 m breit, an den Kurven überhöht und zw. 800 und 1 200 m lang sind. Die Streckenlänge beim Rennen beträgt 1 600–2 600 m. – In Dtl. beaufsichtigt und fördert der Hauptverband für Traber-Zucht und -Rennen e. V. (HVT, Sitz: Kaarst) die Traberzucht und deren Leistungsprüfungen. Die Zentrale für Traber-Zucht und -Rennen in Österreich hat ihren Sitz in Wien, der Sitz des Schweizer. Trabrenn-Verbands (STRV) befindet sich in Glattburg (Kt. Zürich). Weltdachverband ist The International Trotting Association (ITA, Sitz: zurzeit Kaarst), europ. Dachverband die Union Européenne de Trot (UET, Sitz: Paris).

In Dtl. führen 24 (1998) Rennvereine diese Leistungsprüfungen durch. T. wird v. a. durch den behördlich genehmigten Wettbetrieb (→Rennwette) finanziert. Jährlich werden bei den rd. 900 Rennveranstaltungen mit insgesamt rd. 10 000 Leistungsprüfungen rd. 400 Mio. DM am →Totalisator umgesetzt. Alle Zucht- und Leistungsdaten werden im HVT-Zentralregister, dem die Rennvereine angeschlossen sind, verwaltet. Die wichtigsten europ. T. sind die elf Rennen des Circuit International mit dem →Prix d'Amérique in Vincennes; in Dtl. ist es das →Deutsche Traberderby und seit 1998 die jährl. Rennserie ›Breeders Crown‹. Bekannte dt. Trabrennbahnen befinden sich in Berlin (Karlshorst, Mariendorf), Dinslaken, Gelsenkirchen, Hamburg (Bahrenfeld), Mönchengladbach, München (Daglfing), Pfaffenhofen, Recklinghausen und Straubing (älteste Bahn Dtl.s).

Trabrennen: Sulky

Trabzon [-zɔn], Prov.-Hauptstadt und Hafenstadt in der Türkei, am östl. Schwarzen Meer, am Fuß des Pont. Gebirges, 144 800 Ew.; TU (eröffnet 1963); Handels- und Wirtschaftszentrum des dicht besiedelten Küstengebietes (Haselnusskulturen, Obst-, Tee-, Tabakanbau); Zement-, Tabak-, Gummi-, Möbel-, Metall-, chem. Industrie, Bootsbau; seit Ende 1990 besteht die organisierte Industriezone von T. (980 000 m²; 22 km vom Hafen entfernt); im Herbst 1991 wurde im Schwarzmeerhafen eine Freihandelszone in Betrieb genommen. – Inmitten der Altstadt erhebt sich ein ummauertes Areal mit der Festung, im Festungsgürtel die Moschee Ortahisar Camii (1468 durch Umwandlung einer christl. Kirche entstanden); vom ehem. Palastkomplex sind nur einige Gebäude erhalten; weitere Moscheen sowie Bäder aus osman. Zeit. Am Schwarzmeerufer die profanierte Hagia Sophia (Anfang 13. Jh., heute Museum) mit Freskenzyklen (nach 1250). – Zur Geschichte →Trapezunt.

Trace [treɪs; engl., eigtl. ›Spur‹] *das, -/-s, Informatik:* Aufzeichnung der Programmschritte und ihrer Resultate während eines Programmablaufs; auch Bez. für das so entstehende Protokoll.

Tracer [ˈtreɪsə; engl., eigtl. ›Aufspürer‹] *der, -s/-,* Substanz, die mit einer anderen gemischt oder an diese gekoppelt wird, um deren Verteilung oder Lokalisierung verfolgen und/oder untersuchen zu können. **Physikalische T.** sind nur durch Adsorption, Lösung oder Mischung mit der zu verfolgenden Substanz kombiniert, z. B. Farbstoffe, die bei Strömungsmessungen eingesetzt werden, oder spezif. Ferritpulver, mit denen Rohöle markiert werden, um Ölpestverursacher auf See identifizieren zu können. **Chemische T.** haben gleiche oder ähnliche chem. Eigenschaften wie die nachzuweisende Substanz. Große prakt. Bedeutung haben v. a. radioaktive Isotope (→markierte Verbindungen). – T. werden z. B. in der Biologie und Medizin zur Untersuchung von Stoffwechsel- und Transportvorgängen, in der Chemie zur Aufklärung von Reaktionsmechanismen, in der Hydrologie zur Messung von Fließgeschwindigkeit und Abflussmenge (z. B. beim Salzverdünnungsverfahren) und in der Technik für Verschleiß- und Verteilungsmessungen eingesetzt.

Trabzon: Ausschnitt aus einem Fresko in der Hagia Sophia; nach 1250

Trachea [zu griech. tracheĩa, weibl. Form von trachýs ›rau‹ (nach dem Aussehen)] *die, -/...'cheae* und *...'che|en,* die →Luftröhre.

Trachealstenose, die Luftröhrenverengung (→Luftröhre).

Tracheen [vgl. Trachea], *Sg.* **Trachee** *die, -,* 1) *Botanik:* →Leitbündel.
2) *Zoologie:* Atmungsorgane der Stummelfüßer, Spinnentiere, Tausendfüßer und Insekten, wobei die T. der Tausendfüßer und Insekten – im Taxon **T.-Tiere (Tracheata)** zusammengefasst – zweifellos unabhängig von denen der beiden anderen Gruppen als röhrenförmige, urspr. segmentale und paarige Einstülpungen des Integuments entstanden sind. Sie bilden ein System von Röhren (T.-System), die von Atemöffnungen (**Stigmen,** Spiracula) an der Körperoberfläche ausgehen, sich immer feiner bis zu den T.-Kapillaren (**Tracheolen**) verzweigen, über diese alle Körperzellen erreichen und dem Gastransport dienen. Die T.-Wand setzt sich aus Basalmembran (außen), T.-Epithel (der einschichtigen Epidermis) und einer zarten, chitinigen T.-Intima zusammen; Letztere entspricht der Kutikula (wird daher mitgehäutet) und weist eine ringförmig oder spiralig verdickte Exokutikula (Spiralfalte, **Taenidium**) als Wandversteifung auf. Häufig, bes. bei guten Fliegern wie bei Zweiflüglern und Hautflüglern, zeigen die T. Erweiterungen (Luftsäcke), damit die Tiere ein. großes Luftvolumen aufnehmen können. Bei vielen im Wasser lebenden Insektenlarven kommen **T.-Kiemen** vor, bei denen feine, geschlossene Tracheolenverästelungen direkt unter der Kutikula liegen, die einen Gasaustausch mit dem Wasser ähnlich einer Hautatmung ermöglichen; die →Fächerlungen der Spinnentiere werden auch als Fächer-T. bezeichnet.

Tracheiden [zu Trachea und griech. -eĩdēs ›gestaltet‹, ›ähnlich‹], *Botanik:* →Leitbündel.

Tracheobakteriosen [zu Trachea], pflanzl. Infektionskrankheiten, bei denen Bakterien durch Spaltöffnungen oder Wunden bis in die Leitbahnen gelangen, die Tracheen verstopfen und zersetzen; entsprechend durch Pilze verursachte Krankheiten werden als **Tracheomykosen** bezeichnet. Als Folge kommt es zum Welken und Absterben des befallenen Triebs oder der ganzen Pflanze.

Tracheophyta [griech.], die →Gefäßpflanzen.

Tracheo|skopie [zu Trachea] *die, -/...'pi|en,* endoskop. Untersuchung der →Luftröhre.

Tracheo|tomie [zu Trachea] *die, -/...'mi|en,* der →Luftröhrenschnitt.

Trachinidae [griech.], *Zoologie:* →Drachenfische.

Trachipteridae [griech.], die Sensenfische (→Bandfische).

Trachom [zu griech. trachýs ›rau‹] *das, -s/-e,* **Körnerkrankheit, ägyptische Körnerkrankheit,** in Indien, Afrika und den südl. Mittelmeerländern verbreitete chron., infektiöse Augenkrankheit, die (von akuten Schüben unterbrochen) jahrelang andauert und regelmäßig zur Erblindung führt (häufigste Ursache der Erblindung in den betroffenen Ländern, bei etwa 4 % der Bev.). In Europa tritt das T. selten auf, es ist hier meldepflichtig. Der Erreger (Chlamydia trachomatis) wird durch Schmierinfektion bei mangelnder Hygiene und von Fliegen übertragen. Nach einer Inkubationszeit von 5–10 Tagen kommt es zu einer Bindehautentzündung der Oberlidinnenseite durch Einschlusskörperchen in den Epithelzellen. Daraus entstehen charakterist. Körner (Follikel) mit gallertigem Aussehen, die aufplatzen, narbig abheilen und durch Schrumpfung zur Einwärtskehrung der Augenlider (Entropium) mit Hornhautschädigung (Geschwüre, Trübung) durch schleifende Wimpern führen. Zu den weiteren Entzündungsschäden gehört ein von oben sich entwickelnder →Pannus der Hornhaut, der zu hoher Blendungsempfindlichkeit führt.

Im Frühstadium ist eine *Behandlung* mit Antibiotika (v. a. Tetracycline) aussichtsreich. Die Stellung des einwärtsgekehrten Lids muss operativ korrigiert werden. Wesentl. Bedeutung besitzt die Prophylaxe durch Verbesserung der hygien. Bedingungen, insbesondere eine ausreichende Wasserversorgung.

Trachselwald, 1) Bezirkshauptort im Kt. Bern, Schweiz, 680 m ü. M., an der Grüene oberhalb ihrer Mündung in das Emmental, 1 100 Ew. – Schloss (12. Jh.; mehrfach verändert bzw. ausgebaut); ursprünglich spätgot., 1686 barockisierte Kirche.
2) Bez. im Kt. Bern, Schweiz, östlich des Emmentals, 191 km², 23 800 Einwohner.

Tracht [ahd. draht(a), zu tragen], 1) *Imkerei:* Bez. für die von Bienen, v. a. von Honigbienen, eingetragene Nahrung (Nektar, Pollen, Honigtau).
2) *Kleidung:* ursprünglich allg. im Sinn des ›Getragenen‹ Bez. für jede Kleidung und die dazugehörige Aufmachung (Haar-T., Bart-T.), wie sie von der herrschenden Sitte, einer Konvention oder Institution vorgeschrieben wird. Seit dem 16. Jh. erscheinende Trachtenbücher stellten modisch, national und ständisch definierte Kleidungen vor. Entsprechend umfassend fand der Begriff T. bis ins 20. Jh. auch in der kostümkundl. Forschung Anwendung. Heute beschränkt sich der Gebrauch des Begriffs v. a. auf den Bereich regional definierter →Volkstrachten sowie auf jene Bekleidungen, in denen wie in Standes-, Berufs- und National-T. zeitbedingte Kleidungsformen über die mod. Entwicklung hinaus Bestand haben.

B. KÖHLER: Allg. T.-Kunde, 7 Tle. (1900–01); E. NIENHOLDT: Die dt. T. im Wandel der Jh. (1938); DIES.: Kostümkunde (1961); M. DAVENPORT: The book of costume, 2 Bde. (New York ⁶1965); F. HOTTENROTH: Die Bilder aus der Hb. der dt. T. (Neuausg. 1985); Mode – T. – Regionale Identität, hg. v. H. OTTENJANN (²1988). – Weitere Literatur →Kleidung.

3) *Kristallographie:* **Kristall-T.,** →Kristallgestalt.
4) *Zoologie:* allg. die durch Zeichnung, Färbung und Gestalt bestimmte äußere Erscheinung von Tieren; sie besitzt Signalcharakter und kann z. B. im Sexualverhalten (bei der Balz) oder bei der Schutzeinrichtung oder Tarnung (Schutz- oder Tarn-T.) eine Rolle spielen; dies oft auch im Zusammenhang mit bestimmten Verhaltensweisen.

Durchschnittliche Trächtigkeitsdauer einiger Säugetiere (in Tagen)			
Ind. Elefant	610–670	Tiger	103–110
Blauwal	300–365	Hauskatze	60–68
Hauspferd	330–350	Haushund	59–67
Hausrind	240–320	Rotfuchs	52–55
Schimpanse	216–261	Europ. Feldhase	42–44
Hausziege	150–154	Hauskaninchen	30–31
Hausschaf	145–157	Wildkaninchen	28–31
Wildschwein	etwa 130	Hausmaus	21–24
Hausschwein	112–116	Goldhamster	16–19

Trächtigkeit, Gravidität, Gestation, Zustand des geschlechtsreifen weibl. Säugetiers von der Befruchtung bis zur Geburt der Jungen; die jeweilige **T.-Dauer (Tragzeit, Tragezeit)** ist weitgehend genetisch festgelegt; sie korreliert i. Allg. mit der Körpergröße der betreffenden Tierart und ist darüber hinaus umso kürzer, je mehr Junge geboren werden; außerdem kann die T.-Dauer ernährungs- oder witterungsbedingte Abweichungen erfahren. Durch Stillstand der Embryonalentwicklung (**Keimruhe**) für eine bestimmte Zeit kann sie auch unverhältnismäßig lang sein (z. B. beim Reh und bei einigen Marderarten). Liegt zw. Begattung und Befruchtung ein längerer, durch eine Ruhezeit der Spermien (Spermienruhe) im weibl. Genitaltrakt bedingter Zeitraum, spricht man

Trac Trachyt – Trade Unions

von **verschobener Tragzeit** (bei einigen Fledermausarten der nördl. gemäßigten Breiten). Bes. kurz ist die Tragzeit bei Beuteltieren, deren Junge im Embryonalzustand geboren werden.

Trachyt [zu griech. trachýs ›rau‹ (nach der Beschaffenheit)] *der, -s/-e,* leukokrates (hellfarbenes: grau, rötlich), dicht- oder feinkörniges, oft porphyrisches vulkan. Gestein mit Einsprenglingen von Alkalifeldspat (in jüngeren T. v. a. Sanidin), Plagioklas, auch Augit, Hornblende und Biotit in einer Grundmasse, die überwiegend aus Alkalifeldspäten besteht; es gibt auch glasreiche T. und T.-Bimssteine. T. paläozoischen Alters wurden früher als **Orthophyr (Orthoklasporphyr)** bezeichnet (Umwandlung der Sanidine in Orthoklas). T. kommt z. B. in der Eifel, im Siebengebirge (Drachenfels), Westerwald, in der Auvergne, auf Ischia, den Azoren und Kanar. Inseln vor. Er wird als Baustein und Schotter verwendet.

Tracing-Test ['treɪsɪŋ-; engl. to trace ›aufspüren‹, ›nachzeichnen‹], *Psychodiagnostik:* Verfahren zur Prüfung der Feinmotorik und Bewegungskoordination: Ein bewegter Linienzug muss nachgezeichnet werden; in der Arbeits- und Verkehrspsychologie als Eignungstest sowie zur Prüfung des Einflusses von Ermüdung, Alkohol, Zeitdruck u. a. verwendet.

Track [træk; engl., eigtl. ›Spur‹, ›Bahn‹] *der, -s/-s,* 1) *Datenverarbeitung:* die →Spur.
2) *Seefahrt:* Reiseweg eines Schiffes; auch viel befahrene Route.

Trackability [trækə'bɪlɪtɪ, engl.] *die, -,* **Tracking-Ability** ['trækɪŋ ə'bɪlɪtɪ], mechan. Abtastfähigkeit eines Tonabnehmersystems, beurteilt an den frequenzabhängigen Schnellewerten, die das System noch verarbeiten kann, ohne dass der Kontakt zw. Abtastnadel und Rille verloren geht. Die T. sinkt bei hohen Frequenzen und großen Rillenauslenkungen.

Trackball ['trækbɔːl, engl.], **Rollkugel,** *Datenverarbeitung:* Eingabegerät mit der gleichen Funktion wie die der →Maus, bei dem die Signale zur Positionierung des Cursors durch Drehen einer nach oben aus dem Gerät herausragenden Kugel gegeben werden.

Tracking-Studie ['trækɪŋ-, engl.], Wellenerhebung, bei der (im Ggs. zum →Panel) wechselnde Personen einer Zielgruppe in regelmäßigen Abständen interviewt werden mit dem Ziel, in Posttests die Wirkung absatzpolit. Maßnahmen (v. a. von Werbekampagnen) kontinuierlich festzustellen. Dazu wird in monatl. bis halbjährl. Abständen eine repräsentative Stichprobe von 200 bis 400 Personen persönlich oder telefonisch nach der Aufmerksamkeitswirkung einer Werbekampagne (Aktualität, Werbeerinnerung), der Kommunikationsleistung (empfangene Werbeaussage, Bekanntheit des Slogans) und der Einstellung gegenüber dem Produkt bzw. der Werbung befragt. T.-S. werden in Dtl. von verschiedenen Marktforschungsinstituten angeboten. Die einzelnen Verfahren unterscheiden sich u. a. hinsichtlich der Wahl des Wirkungskriteriums sowie der Berücksichtigung der Wirkungsdynamik und der Konkurrenz.

W. PEPELS: Käuferverhalten u. Marktforschung (1995); L. BEREKOVEN u. a.: Marktforschung (⁷1996).

Tractus [lat. ›der verhaltene Stil‹, eigtl. ›das Ziehen‹] *der, -/-,* **Traktus,** einer der Propriumsgesänge der röm. Messe. Er wird während der Fastenzeit und beim Requiem anstelle des Allelujas oder auch eines Graduales vorgetragen. Im Unterschied zum Graduale werden reine Verse ohne Kehrvers gesungen. Alle einstimmigen T.-Vertonungen gehören dem 2. oder 8. Kirchenton an und weisen eine einheitl. psalmod. Grundstruktur mit reichen Melismen auf.

Tracy ['treɪsɪ], Spencer, amerikan. Schauspieler, * Milwaukee (Wis.) 5. 4. 1900, † Beverly Hills (Calif.) 10. 6. 1967; zunächst Bühnenrollen, ab 1930 beim Film; bedeutender Charakterdarsteller.

Spencer Tracy

Tradeskantie: Tradescantia blossfeldiana

Filme: San Francisco (1936); Manuel (1937); Teufelskerle (1938); Die Frau, von der man spricht (1942); Vater der Braut (1950); Stadt in Angst (1955); Der alte Mann und das Meer (1958); Das Urteil von Nürnberg (1961); Rat mal, wer zum Essen kommt (1967).

D. DESCHNER: The films of S. T. (New York 1968); L. SWINDELL: S. T. A biography (Neuausg. London 1970); G. KANIN: S. T. u. Katharine Hepburn (a. d. Amerikan., 1990).

Trade-Dollar ['treɪddɔlə; engl. ›Handelsdollar‹], für den Ostasienhandel geprägte Dollarmünzen der USA (1873–85), Japans (1875–77) und Großbritanniens (1895–1935). →Handelsmünzen.

Trademark ['treɪdmɑːk; engl., eigtl. ›Handelsmarke‹] *die, -/-s,* im engl. Sprachraum übl. Bez. für →Marke. Auch im angloamerikan. Recht wird darunter ein Zeichen verstanden, das von Herstellern oder Händlern zur Kennzeichnung und Unterscheidung ihrer Waren und Dienstleistungen benutzt wird. Registrierung ist nicht erforderlich; eine registrierte T. genießt allerdings erhöhten Schutz. – Im internat. Handel die Bez. des Herkunftslandes eines Erzeugnisses (z. B. Made in Germany).

Tradeskantie [nach dem engl. Hofgärtner und Reisenden JOHN TRADESCANT, * 1608, † 1662] *die, -/-n,* **Tradescantia,** Gattung der Kommelinengewächse mit etwa 35 Arten (bei Einbeziehung z. B. von →Rhoeo und →Zebrina etwa 65 Arten) im trop. und gemäßigten Amerika; aufrechte oder niederliegende Stauden mit länglich eiförmigen Blättern und weißen, blauen oder lilafarbenen Blüten; teilweise Garten- oder Zimmerpflanzen. Eine etwas empfindl. Zimmerpflanze ist die Art **Tradescantia blossfeldiana** aus Argentinien; mit fein beharrten und unterseits lilafarbenen Blättern.

Tradeterms ['treɪdtəːmz, engl.], *Wirtschaft:* →Handelsklauseln.

Trade Unions ['treɪd 'juːnjənz; engl., aus trade ›Gewerbe‹ und union ›Union‹], Bez. für die v. a. in Großbritannien entstandenen Gewerkschaften, i. e. S. für deren Dachverband Trades Union Congress (TUC).

Geschichte: Vorläufer der T. U. entstanden in England seit Ende des 17. Jh. Durch die Combination Laws von 1799 und 1800 wurde den Arbeitern verboten, sich zur Regelung von Löhnen und Arbeitsbedingungen zusammenzuschließen. 1824/25 wurden jedoch zahlr. Gesetze gegen die Koalitionsfreiheit der Arbeiterschaft aufgehoben. Die ersten T. U., z. T. von den Gedanken R. OWENS beeinflusst, bestanden nicht lange; die Amalgamated Society of Engineers (gegr. 1851) war die erste festere gewerkschaftl. Organisation. 1860 schlossen sich die Londoner T. U. zu einem ständigen Ausschuss zusammen. 1868 trat in Manchester der erste Gewerkschaftskongress zusammen, der Trades Union Congress, bei dem alle Angelegenheiten besprochen wurden, die die Berufsverbände angingen. In den 1870er-Jahren wurde die rechtl. Stellung der Gewerkschaften wesentlich verbessert; die T. U. nahmen ihre heutige Form an, die ersten Industriegewerkschaften wurden gegründet.

Trotz heftigen Widerstandes innerhalb der T. U. wurde 1891 die ›Industrial Relations Bill‹ über die Reform der Gewerkschaftsordnung und der Arbeitsgesetzgebung verabschiedet. Sie sollte das Verhältnis zw. den Sozialpartnern verbessern. V. a. sollten Tarifverträge künftig rechtlich verbindlich sein, die Arbeitgeber die Gewerkschaften als Verhandlungspartner anerkennen, ›wilde Streiks‹ für illegal erklärt werden und die Gewerkschaften ihre Statuten bei einer staatl. Stelle genehmigen und registrieren lassen. Nicht registrierte Gewerkschaften konnten bei wilden Streiks schadenersatzpflichtig gemacht werden.

Mit dem ›Trade Disputes Act‹ 1906 wurden die T. U. und ihre Mitgl. von der Haftung für Arbeitskampffolgen entbunden. Seit Ende des 19. Jh. setzten sich die

T. U. auch für die parlamentar. Vertretung der Arbeiterschaft ein, was schließlich zur Gründung der →Labour Party führte. Die enge Verflechtung zw. dieser und den T. U. ist kennzeichnend für die brit. Gewerkschaftsbewegung.

1917 wurden nach Empfehlungen des Whitley Committee mit unterschiedl. Erfolg Joint industrial councils (gemeinsame Verhandlungsgremien) und Courts of Arbitration (ständige Schiedsgerichte) eingeführt. Nach dem Ersten Weltkrieg kam es zu heftigen Wirtschaftskämpfen und dabei auch zu Auseinandersetzungen innerhalb der T. U. Der verlorene Generalstreik 1926 und die Wirtschaftskrise hemmten lange ihre Aktivität. Im ›T. U. Act‹ von 1927 (1946 aufgehoben) wurden Gewerkschaftsrechte eingeschränkt. In und nach dem Zweiten Weltkrieg gewannen die T. U. beträchtl. Einfluss, v. a. nach der Nationalisierung der Grundstoffindustrien. Trotz eines permanenten Fusionsprozesses bei den T. U. ist die Organisationsstruktur der brit. Gewerkschaftsbewegung auch heute noch äußerst heterogen. Nach dem im Juli 1993 erfolgten Zusammenschluss der drei größten Gewerkschaften des öffentl. Dienstes zur UNISON repräsentieren die fünf größten Gewerkschaften das Gros der TUC-Mitgl. und dominieren die Dachorganisation. Diese Entwicklung und die Umorientierung des TUC in Richtung einer Service- und Dienstleistungsorganisation hat seit einigen Jahren die Frage der Neuorganisation des Verhältnisses von TUC und Einzelgewerkschaften aufgeworfen. Der TUC hat selbst nur begrenzte Funktionen, die ihm von den weitgehend autonomen Einzelgewerkschaften übertragen werden. Es steht den Einzelgewerkschaften frei, die Beschlüsse des TUC anzunehmen. Der vom TUC gewählte Gen.-Sekr. und der Generalrat führen die Geschäfte zw. den Kongressen und vertreten den TUC nach innen und außen.

Gemeinsames Merkmal der Organisationsstruktur der T. U. ist i. Allg. die Gewerkschaftsgruppe (nach Wohnsitz oder Arbeitsplatz; Distriktorganisation). Oberstes Organ ist die meist einmal jährlich zusammentretende Delegiertenkonferenz. Diese wählt den Exekutivausschuss, den Gen.-Sekr. und Präs. der Gewerkschaft. Der Gen.-Sekr. ist für die Geschäftsführung verantwortlich; der Präs. übt häufig nur eine repräsentative ehrenamtl. Funktion aus. Eine besondere Bedeutung kommt den →Shop-Stewards zu, deren Einfluss, ebenso wie der der T. U., i. Allg. durch Begrenzung der traditionellen Streikrechte, Erschwerung des so genannten Closed Shop, Aufhebung der absoluten gewerkschaftl. Immunität bei Arbeitskämpfen eingeschränkt wurde. Der Mitgl.-Rückgang in den vergangenen Jahren weist auf einen erhebl. Bedeutungsverlust der brit. Gewerkschaften hin. (→Großbritannien und Nordirland, Gewerkschaften)

tradieren [von lat. tradere, zu trans ›über ... hin‹ und dare ›geben‹], *bildungssprachlich* für: überliefern, etwas Überliefertes weiterführen, weitergeben.

Trading ['treɪdɪŋ, engl.] *das, -s, Wirtschaft:* allg. der Handel; im Börsenwesen das Ausnutzen kurzfristiger Kursschwankungen durch häufige Käufe und Verkäufe von Wertpapieren oder speziellen Spekulationsobjekten im Rahmen von Options- und Termingeschäften (z. B. Optionsscheine, Futures). Ein spekulativer Börsenhändler oder Anleger wird als **Trader** bezeichnet.

Trading-up [treɪdɪŋ 'ʌp, engl.] *das, -,* Bez. für alle Maßnahmen des Marketing bes. von Handelsbetrieben zur Verbesserung der Leistungsstandards (z. B. breiteres Sortiment, umfangreichere Serviceleistungen, ansprechendere Geschäftsausstattung), um die Kundenbindung zu erhöhen, neue Zielgruppen anzusprechen sowie höhere Preise durchsetzen und höhere prozentuale Handelsspannen erzielen zu können. Die entgegengesetzte Strategie eines Abbaus des Leistungsniveaus, v. a. im Rahmen von Maßnahmen zur Kostensenkung eingesetzt, ist das **Trading-down**.

Tradition [lat. traditio ›Übergabe‹, ›Überlieferung‹, zu tradere, vgl. tradieren] *die, -/-en,* die gesellschaftlich vermittelte, historisch überkommene oder auch bewusst gewählte Übernahme und Weitergabe von Wissen, Lebenserfahrungen, Sitten, Bräuchen, Konventionen und den sie tragenden Einrichtungen (Institutionen) und Medien. Als Bez. für die Fähigkeit und das Medium zur Übertragung bzw. Speicherung von Informationen und Handlungs- bzw. Verhaltensmustern benennt T. eine zentrale Dimension menschl. Kultur und Selbstauslegung. T. stellt so eine zwar jeweils unter bestimmten Umständen anders ausformbare, gleichwohl aber grundlegende und mit der Conditio humana untrennbar verbundene Kategorie menschl. Handelns und Selbstdeutens dar, die zugleich die wichtigste Voraussetzung für den Menschen bildet, individuelle und kollektive Identität, Kultur und kulturellen Wandel zu entwickeln und auf deren Grundlage menschl. Überleben und Evolution zu sichern. Die Suche nach einem grundlegenden Erklärungsmodell für T. reicht dabei von der Vorstellung, Empfang und Weitergabe einer göttl. Offenbarung und die über Generationen weitervermittelte Orientierung an einem sakralen Wissen bildeten den Kernbestand aller T. (J. PIEPER), bis zu der aus kulturanthropolog. Sicht formulierten Annahme, die Weitergabe bestimmter Erfahrungen über giftige bzw. essbare Pflanzen bilde in der Evolution des ›Allesfressers‹ Mensch den Ansatzpunkt für T. und damit für Kultur überhaupt (M. J. CASIMIR); die Verhaltensforschung beobachtet solche Ansätze von T.-Bildung neben Ererbtem und vom Individuum selbst Erfahrenem auch im Tierreich (z. B. Vogeldialekte). Zw. diesen beiden Polen liegen weitere sozialhistor., philosoph., soziolog., ethnolog. und religionshistor. Deutungsansätze, in denen T. jeweils als eine Form ›sozialen Gedächtnisses‹ (A. LEROI-GOURHAN) verstanden wird.

T. verweist auf die Notwendigkeit, Orientierungswissen von anderen zu übernehmen, da niemand alles Wichtige von Anfang an selbst ermitteln und entwickeln kann; sie umfasst aber zugleich die Alternative, sich gegenüber jeder T. ablehnend oder annehmend verhalten zu können. Im Kern besteht T. damit auch in einem Paradoxon: Sie tritt mit dem Anspruch unveränderl. Weitergabe und Ausführung eines als T.-Bestand Festgelegten auf, und sie wirkt v. a. dadurch, dass sie jeweils in bestimmte Situationen übernommen, d. h. auch an diese angepasst, verändert und neu verstanden werden muss, um als T. überhaupt wirksam Orientierung bieten zu können; eine ›generelle Haltung hinsichtlich der Überzeugungen, Institutionen und Praktiken einzunehmen, die uns von vorangegangenen Generationen überliefert worden sind‹, erscheint dagegen unmöglich: ›Die T. ist, im Ggs. zum Rad, eine neue Erfindung‹ (AVISHAI MARGALIT).

Im engeren Gebrauch einzelner Fachgebiete wird der Begriff dagegen präziser, damit auch eingeschränkter verwendet. So bezeichnet T. in der Geschichtswissenschaft als quellenkundl. Begriff solche Zeugnisse, Gegenstände oder Schriftstücke, die im Ggs. zum ›Überrest‹ bereits im Hinblick auf eine beabsichtigte Weitergabe im Laufe der Zeit verfertigt wurden (J. G. DROYSEN, E. BERNHEIM), während im Bereich der Volkskunde v. a. Bräuche, Sitten oder altertüml. Gegenstände der alltagsbezogenen materiellen Kultur als T. angesprochen und in

Schlüsselbegriff

Trad Tradition

ihrer sozialen Bedeutung betrachtet werden. In literaturwiss. und kulturhistor. Sicht wird in T. vornehmlich der Prozess der mündl. Weitergabe von Texten (Erzählforschung, Oralliteratur) im Ggs. zu schriftlich verfasster Literatur bezeichnet. Im kulturphilosoph., kunst- und literaturhistor. Gebrauch wird auch der Kanon der überlieferten und normativ gesetzten Formen und Werke, der Ansprüche, Werte und überkommenen Maßstäbe der Kritik als T. angesprochen, die für die weitere Entwicklung sowohl als Grundlage und Rahmen als auch als Widerpart und zu überwindendes Hindernis gesehen werden kann.

Der Traditionsbegriff in Religion und Theologie

In den Religionen bezeichnet T. alles Überkommene innerhalb eines Glaubens-, Kult- und Sozialsystems, das eine Religion zu einer mit sich selbst ident. Größe macht. Eine besondere Bedeutung erhält T. in Religionen mit einem kanon. Schrifttum (hl. Schriften), zu dem sich ergänzend oder auch im Widerspruch eine mündl. Überlieferung entwickelt, die im Laufe der Zeit meist ebenfalls schriftlich fixiert wird und autoritative Bedeutung erlangen kann. Die Autorität der T. wird meist legitimiert durch eine ununterbrochene Kette von ›Zeugen‹, die bis auf den Religionsgründer oder die ersten Anhänger zurückgeführt wird.

Im Christentum hat mit der zeitl. Distanz zu seinem histor. Ursprung, dem Auftreten und der Lehre JESU, die Herausbildung einer T. begonnen. Maßgeblich wurden das Zeugnis der Apostel und die überlieferte Interpretation der Urkirche. Schon bei PAULUS zeigen seine Mahnungen, sich am Wort JESU zu orientieren (1. Kor. 7,10; 9,14; 11,23; 1. Thess. 4,15 u. a.) oder an die Überlieferung zu halten (1. Kor. 11,2; Phil. 4,8 f.), die Tendenz, Streitigkeiten unter Hinweis auf T. und die ihr innewohnende Autorität zu beseitigen. Das Lukasevangelium vertritt die Vorstellung einer Kette von T.-Vermittlern, die, ausgehend von JESUS, über die Augenzeugen die Authentizität der Christusereignisse garantiert (Lk. 1,1–4); die Distanz zu den Ereignissen lässt die Ersttradenten zu autoritativen Größen werden. Diese Konzeptionen wurden in den ersten Jahrhunderten auf die Kirche angewendet und weiterentwickelt. So wird die Kirche bei IRENÄUS VON LYON zur Bewahrerin einer unverfälschten T., deren Garant die Sukzession der Bischöfe ist. Zur Zeit des AUGUSTINUS hatte sich der Väterbeweis als Mittel, inhaltl. Übereinstimmung mit der T. herzustellen, vollends als universelles Instrument theolog. Denkens etabliert (→Kirchenväter). Schließlich stellte VINZENZ VON LÉRINS den T.-Begriff der Schrift gleichwertig an die Seite: Eine gute T. zeichne sich durch universelle Geltung, Alter und Konsens aus (das, ›was überall, zu jeder Zeit und von allen‹ in der Kirche geglaubt wird) und sei für Gläubige und Kirche gleichermaßen bindend. Im Zuge der Reformation wurde die Auseinandersetzung um das Verhältnis von Schrift und T. zu einem wesentl. Thema der →Kontroverstheologie. Gegen M. LUTHERS Prinzip der alleinigen Geltung der Schrift (lat. →sola scriptura) formulierte das Konzil von Trient die Geltung von Schrift *und* T., wie sie von CHRISTUS verkündet oder, vermittelt durch den Hl. Geist und die Apostel, von der Kirche bewahrt worden ist. Damit erschien die mündl. T. (die inhaltlich allerdings nicht näher bestimmt wurde) als mit der Schrift formell gleichwertig. In der Folgezeit konnte sich in der kath. Theologie mehr und mehr das Verständnis von T. als einer zweiten Quelle von Offenbarung durchsetzen. Verstärkt wurde dies durch das 1. Vatikan. Konzil, das mit der Definition der päpstl. Unfehlbarkeit, die sich nicht aus der Schrift, sondern nur aus der T. begründen lässt, das Gewicht der T. weiter betonte. Im Ggs. dazu näherte sich das 2. Vatikan. Konzil der prot. Position an, indem es die Bedeutung von T. als einer Art interpretativer Begleitung der Schrift hervorhob.

Traditionsverständnis in der europäischen Kulturgeschichte

Dem Begriff der T. liegen in seiner ursprüngl., aus dem röm. Recht stammenden Bedeutung (traditio als Übergabe einer bewegl. Sache, bes. in Verbindung mit einem Rechtsgeschäft wie Kauf oder Schenkung) drei Komponenten zugrunde: *Etwas* wird an *jemanden* von einem *anderen* übergeben. Insoweit als Gebende, Nehmende und die jeweils übergebene bzw. empfangene Sache, Idee oder Person sich dabei stets in einem historisch, kulturell und gesellschaftlich konkreten Rahmen bewegen, wird einsichtig, dass es für T. nicht eine (einzig richtige) Begriffsbestimmung gibt, sondern dass deren Bedeutung auch von den jeweiligen Handlungsbereichen, Rahmenbedingungen, Handelnden und von dem zu Übermittelnden selbst abhängig ist.

War der europ. Begriff von T. bis zur frühen Neuzeit weitgehend durch einen theolog. Bezug dominiert, so finden sich daneben seit dem 18. Jh. verstärkt zum einen ein histor., durch innerweltl. Gegebenheiten (Staatsvorstellungen, Institutionen, Gesetze, Regeln und Bräuche) und entsprechende Ordnungsvorstellungen bestimmter T.-Begriff, dessen aktuelle Bedeutung noch in der Auseinandersetzung um den Stellenwert der Frz. Revolution (E. BURKE, A. DE TOCQUEVILLE u. a.) zu fassen ist, und zum anderen ein spezifisch durch literar., künstler. und rhetor. Bezüge geprägter kulturhistor. T.-Begriff. Der Letztere dominiert im 20. Jh. so, dass von einer ›inflationären‹ Verwendung dieses Begriffs in der Gegenwart (S. WIEDENHOFER) gesprochen werden kann. Erst der T.-Bruch, als dessen Ergebnis sich die modernen Gesellschaften seit der Frz. und der industriellen Revolution verstehen, hat die zentrale soziale Bedeutung der T. zum Vorschein gebracht, ihre innerweltl., kulturelle und anthropolog. Dimension als Ordnungs- und Orientierungsmuster, das von Generation zu Generation weitergegeben, adaptiert und zugleich verändert wird. Im Lichte dieses modernen T.-Verständnisses können dann auch die Entwicklungslinien der T. in der Vergangenheit verfolgt werden.

Im Begriff T. war von jeher der Aspekt der besonderen Wertschätzung des Überlieferten bzw. des Überlieferungsprozesses enthalten. Die Entwicklung des T.-Begriffs im Christentum zu einer zentralen theolog. Kategorie führte schon in der Spätantike einerseits zu einer normativen Ausweitung und Aufwertung des T.-Bezugs, andererseits zu einer fakt. (Selbst-)Begrenzung der existierenden oder postulierten T. durch das Auftreten konkurrierender T.-Ansprüche. Diese Entwicklung erfuhr im MA. eine weitere Problematisierung, da T. nun in Ggs. zu Vernunft (lat. ratio) gesetzt wurde. T. wurde dabei als direkte, im Zusammenhang der Kirche auch institutionalisierte Übermittlung göttl. Offenbarung verstanden, während der (individuellen) Vernunft zunächst nur eine Hilfsfunktion zugeschrieben wurde. In dem Maße, wie in der weiteren geschichtl. Entwicklung (Renaissance, Reformation, Aufklärung) der vernunftgeleiteten Perspektive vernünftigen Denkens zunehmende Bedeutung beigemessen wurde, führte die Opposition von T. und Vernunft zu einer großen Spannweite kontroverser Sichtweisen, da nunmehr je nach Standpunkt einmal das Individuum gegenüber der Macht der T. abgewertet werden (z. B. im polit. Konservativismus) oder aber als Richter und Kritiker der vorhandenen T. auftreten konnte (z. B. in der Perspektive aufklär. Kritik). Während sich die Zeitgenossen namentlich im Zusammenhang der Aufklärung und der bürgerl. Emanzipation als traditionslos, also als an der Spitze fortschrittl. Bewegung stehend verstanden, handelt es sich bei allen genannten kulturellen Umbrüchen um Prozesse, in denen bestimmte T. abgelöst, zugleich aber andere T. aufgenommen wurden. Dies gilt für die Bezugnahme der Renaissance auf die heidnisch-antike T. ebenso wie für die Rückbesinnung der reformator. Religiosität auf die in der Hl. Schrift enthaltene Offenbarung. Auch die charakterist. Neuerung im T.-Verständnis der Aufklärung besteht damit nicht in einer Absage an jede T., sondern in der Ausbildung eines Wissens um die begrenzte Gültigkeit und die Wandelbarkeit von T. So unterschied bereits 1647 B. PASCAL histor., auf T.-Wissen ausgerichtete von anderen, auf naturwiss. Erfahrungswissen aufbauenden Wissensformen.

Im 18. Jh. wurde T. nicht zuletzt dadurch zu einem zentralen Thema der bürgerl. Emanzipationsbewegung, dass diese erstmals die Emanzipation der eigenen Gruppe (des Bürgertums) als Emanzipation aller Menschen vertrat und so den T.-Begriff zum Rahmen anthropolog. und sozialwiss. Überlegungen machte. Die Stellungnahmen zur T. bewegten sich dabei zw. der Kritik und Ablehnung von T. als Hindernissen auf dem Weg des Menschen zu sich selbst (und zum Selbstdenken), z.B. bei J. LOCKE, und einer anthropologisch-kulturkrit., aber auch historisch fundierten Position, die im Verlust der T. eine zentrale Ursache für die Unruhe der Zeit und namentlich für die Frz. Revolution ausmachte (BURKE, L. G. A. DE BONALD, J. M. DE MAISTRE).

Als Ergebnis der durch die Aufklärer beförderten, von den Romantikern und konservativen Denkern nach der Wende zum 19. Jh. zurückgewiesenen Kritik der T. kommt eine Ambivalenz im Verständnis einer nun innerweltlich und historisch aufgefassten T. zum Vorschein, die sich bereits in J. G. HERDERS Betrachtung der T. als einer der zentral wirksamen Kräfte der Geschichte findet. Demnach ist die Ausbildung von T. einerseits eine entscheidende Bedingung der menschl. Entwicklung, zum anderen stellt sie in einem so bedeutenden Maße Festlegung, Fessel und Schicksal des Menschen dar, dass HERDER von ihr als ›Opium des Geistes‹ sprach. Während sich in der romant. Entwicklung – zum ersten Mal wurden mit historisierendem Blick auch Gegenstände, Bräuche und Lieder der Volkskultur im Sinne von T. gesammelt und bewahrt – der Zug zur Wertschätzung der T. angesichts eines tief greifenden Umbruchs der sozialen, polit., kulturellen und ökonom. Strukturen und Ordnungsmuster (industrielle Revolution, sozialer Wandel und damit verbundene Mobilitätserfahrungen) vertiefte, wurde T. im Bewusstsein in breiterer Schichten zunehmend zu einem Begriff für Rückständiges, zu Überwindendes. Diese Haltung trat in der 2. Hälfte des 19. Jh. durch die Erfolge naturwiss. und techn. Forschens und das darauf aufbauende Fortschrittsbewusstsein verstärkt hervor; Modernität als Gegenbegriff zu T. wurde zum Schlagwort der Zeit.

Dagegen blieb in den großen Geschichts- und Gesellschaftstheorien des 19. Jh. (G. W. F. HEGEL, A. COMTE, K. MARX, aber auch TOCQUEVILLE, L. VON STEIN) das Wissen um Ambivalenz und Zwiespältigkeit des T.-Verständnisses lebendig. Wurde T. hierbei zunächst in die welthistor. Abfolge der Objektivationen menschl. Geistes bzw. in den fortschreitenden Gang der Gesellschafts- und Weltgeschichte eingebunden, so wurde sie in der Folge auch als Problem der Ideologie und Weltanschauung gesehen. T. konnte nunmehr, mit negativer Konnotation, in so unterschiedl. Blickrichtungen wie denjenigen von MARX und F. NIETZSCHE als Ausdruck verfestigter Gruppeninteressen, als Scheinlösung und stabilisierende Lüge in Erscheinung treten. Sie wurde damit nicht nur als Ideensystem und Ideologie, sondern durchaus im Geiste der Religionskritik auch als Manipulationsinstrument und als durch Manipulation herstellbares Orientierungsmuster begriffen.

Im Zusammenhang einer im Anschluss an K. MANNHEIM als Grundzug der Neuzeit verstandenen ›Fundamentalpolitisierung‹ (C. Graf VON KROCKOW) wurde im Laufe des 19. und in den Massenmobilisierungsbewegungen der 1. Hälfte des 20. Jh. (Nationalismus, Militarismus, Imperialismus, Faschismus, Stalinismus), aber auch in den Leitvorstellungen bürgerl. Parteien und Republiken erkennbar, dass nahezu alle polit. Strömungen und Interessengruppen dazu neigen, eigene T. zu ›erfinden‹ (E. HOBSBAWM) bzw. zu besetzen, um aktuelle Ansprüche historisch zu untermauern und das Verhalten ihrer Anhänger zu beeinflussen. – Während diese Strömungen sich als Fortschreibungen bestehender Tendenzen und T. verstehen, findet sich daneben auch die Position einer bewussten Bezugnahme auf die zentralen Bindungs- und Leitfunktionen einer als unveränderlich angesehenen ›alteurop.‹ T. (Traditionalismus), die sich im 19. Jh. zunächst in Frankreich in Abwehr der sozialen Veränderungen und Säkularisierungsbestrebungen formiert hatte.

Die Bedeutung von Tradition in der Gegenwart

Die Diskussion um das Verhältnis zur T. wird von drei unterschiedl. Zugangsweisen zu T. bestimmt, die aufeinander bezogen geeignet scheinen, sowohl den Stellenwert von T. in der Gegenwart zu zeigen als auch die mit T. verbundenen Ansprüche und Erwartungen zu relativieren:

1) Die modernen Industriegesellschaften sind von dem Selbstverständnis geprägt, ›fortschreitende‹ bzw. ›im Fortschritt begriffene‹ Gesellschaften zu sein, in denen ältere T.-Bestände‹ (HANNAH ARENDT) aufgezehrt werden und durch rationale Vorgehensweisen und neue Orientierungsmuster abgelöst werden sollen (T. PARSONS, D. LERNER). Dies bestimmte auch das – inzwischen weitgehend infrage gestellte – Selbstverständnis der Industriegesellschaften gegenüber der eigenen Geschichte und nicht zuletzt gegenüber den ›traditionalen‹ Gesellschaften Afrikas, Asiens und Lateinamerikas. Diese werden als in T. statisch verharrende, zumindest in ihren Leitvorstellungen weitgehend durch T. bestimmte Gesellschaften aufgefasst, während die ›modernen‹ Gesellschaften entweder fälschlich als traditionslos bezeichnet werden oder aber durch häufigen Wechsel und ›Verbrauch‹ von T. gekennzeichnet erscheinen konnten.

2) Zur Alltagserfahrung auch in den fortgeschrittenen Industriegesellschaften gehört, dass Menschen, zumal in Umbruchs- oder Belastungssituationen, versuchen, sich an herkömml. Verlässlichkeiten zu orientieren, oder dort, wo diese nicht zur Verfügung stehen, auf bereitgestellte ›Erfindungen‹ von Verlässlichkeit, auf Geschichtsmythen, Legenden, ggf. auch auf Lügen und Vorurteile zurückzugreifen, um entsprechende Stabilität, aber auch Legitimität für ihre Ziele zu finden. Dies gilt in einem durchaus prekären und zweischneidigen Sinn auch für T. So finden sich ›neue‹ T. zunächst einmal dort, wo versucht wird, angesichts in der alltägl. Lebens-

Trad Tradition

welt erfahrener Unsicherheiten durch den Rückgriff auf T. eine Art zuverlässige histor. Vertrautheit zu schaffen (z. B. T.- und Trachtenvereine, Volksfeste). In dem Maße allerdings, in dem sie dann als Unterhaltung und Konsumprodukt Verwendung finden (z. B. ›Volksliedhitparade‹, tourist. Attraktionen), zeigen sie sich als Resultate der in der Moderne erzeugten bzw. verstärkten Bedürfnisse nach überkommenen Orientierungsmustern, nach Regression auf vermeintlich früher herrschende Nähe und Überschaubarkeit. Polit. und soziale Gruppierungen (z. B. Bürgerinitiativen, regionale Autonomiebewegungen, ökolog. Gruppen) beziehen sich zur Ausformulierung ihres Selbstverständnisses ebenfalls auf bestehende oder vorgestellte T. Auch große polit. Machtgruppen finden in T. ein reiches Repertoire an Vorstellungen und Handlungsmustern, die es ihnen ermöglichen, polit. Betätigung und soziale Bewegung zu mobilisieren bzw. zu prägen. Dies ist bei Parteien unterschiedlicher polit. Ausrichtung in den liberalen Demokratien des Westens ebenso wie in den Mobilisierungsbestrebungen neuer Nationalismen (etwa in Ost- und Südosteuropa), in antimodernen und totalitären polit. und religiösen Strömungen von der Art des Faschismus oder unterschiedlich radikaler Fundamentalismen zu beobachten.

Auch in einer kritisch-reflexiven Ausrichtung finden sich T.-Bildungen, z. B. die des intellektuellen Engagements mit Bezug auf É. ZOLA und J.-P. SARTRE, der krit. Gesellschaftstheorie oder einer materialistisch orientierten Geschichtsphilosophie (E. BLOCH, W. BENJAMIN) bzw. des Rückgriffs auf kommunale Orientierungen der vorindustriellen Gesellschaft (Kommunitarismus) und bestimmter religiöser Vorstellungen (›Kirche der Armen‹). Für die deutsche polit. Kultur mag in diesem Zusammenhang nicht unerheblich sein, dass die Veränderungen und Ereignisse im Bereich der polit. Geschichte – das Ende des Kaiserreichs 1918, aber auch der Mord an den Juden in der Zeit des Nationalsozialismus, der Zweite Weltkrieg, die dt. Teilung nach 1945 – immer auch als T.-Brüche in Erscheinung getreten sind. Um Fortdauer und Bruch der histor. und polit. T. in Dtl. haben sich heftige Kontroversen (u. a. der →Historikerstreit) entwickelt, wobei gerade im Hinblick auf die nach 1989 eingetretenen Veränderungen sowohl die fortdauernde Bedeutung von T.-Vorstellungen als auch die Versuche, T. immer neu zu bestimmen bzw. zu schaffen, hervortreten (z. B. in der ›Hauptstadtfrage‹, im Streit um ein ›nat.‹ Holocaustdenkmal). Das Spektrum des Gebrauchs und Verbrauchs von T. belegt damit nicht nur ein in gewissem Sinne anthropologisch und sozial fundiertes Bedürfnis nach T.-Leitung und T.-Orientierung, sondern zugleich die Möglichkeit und Notwendigkeit, den Umgang mit T. zu pluralisieren und ihre Inhalte in einen histor. Kontext zu stellen. In der Folge kann sich hieraus ein für den zeitgenöss. Bewusstseinsstand charakterist. ›reflexiver T.-Begriff‹ (WIEDENHOFER) bestimmen.

3) Hierauf geht die wiss., im 20. Jh. v. a. historisch und soziologisch ausgerichtete Forschung ein. Schon M. WEBER nutzte den Begriff T. zur Bildung sozialwiss. Kategorien (›traditionale Herrschaft‹), die T. sowohl in einer beschreibenden als auch in einer analyt. und erklärenden Dimension darstellen sollten. In dieser Weise hat der Begriff Eingang in die sozialwiss. Diskussion des sozialen Wandels (etwa in D. RIESMANS Begriff der ›T.-Leitung‹) und in die Modernisierungstheorie (LERNER, S. N. EISENSTADT) gefunden. Einem solchen zumeist fachspezifisch eingeschränkten Gebrauch des T.-Begriffs steht eine breite undeutlich bestimmte Begriffsverwendung im Bereich öffentl., z. B. polit. Diskussionen gegenüber, in deren Rahmen T. im ›interessegeleiteten‹ Sinn als Schlagwort und Mobilisierungsmotiv genutzt wird. Wie stark der Begriff T. noch immer als Wertbegriff fungiert, zeigt sich auch in Massenmedien und Werbung (z. B. bei Produkten der Naturheilkunde, in der Ratgeberliteratur, in Kochbüchern oder bei tourist. Angeboten).

So scheint die zeitgenöss. Auffassung der T. in der Moderne nicht dadurch bestimmt, dass sie die Gültigkeit von T. ablehnt, sie geht vielmehr von der jeweils nur eingeschränkten Geltung bestimmter (im Einzelfall möglicherweise zufälliger oder willkürlich ›gemachter‹) T. aus. Während nun eine postmoderne Blickrichtung die grundsätzl. Verfügbarkeit (und Erfindbarkeit) aller mögl. Traditionen behauptet, stellt sich T. für eine historisch-soziolog. Betrachtung als eine Vielzahl einzelner Überlieferungsstränge dar, deren Aufkommen, Dauer, Verbindlichkeit und Geltung zwar nicht mehr historisch oder metaphysisch begründbar und notwendig erscheinen, deren jeweilige Gestalt aber auf reale histor., anthropolog. und soziale Erfahrungen und Gruppeninteressen verweist. In deren Zusammenhang erfüllt T. dann ebenso eine bestimmte Funktion (z. B. der Orientierung), wie sie im Rahmen der gegenwärtigen Individualisierungs- und Pluralisierungstendenzen eine Grenze erfährt.

Die gegenwärtige Diskussion um die Rolle und den Stellenwert von T. wird von sehr unterschiedl. Entwicklungen bestimmt, die einen gemeinsamen Ausgangspunkt darin haben, dass sie die Orientierung an T. ebenso wie die Formen und das Bestehen von T. und ihre Bindekraft als abhängig von den jeweiligen Ansprüchen der Gegenwart sehen. T. wird also weniger als Erbe der Vergangenheit gesehen, sondern vielmehr als aktive Definitionsleistung der Gegenwart; diese braucht allerdings die Berufung auf T. auch zur Legitimierung und zum Verständnis der eigenen Position. Eine solche Bestimmung der T. aus der Perspektive der Gegenwart bedeutet eine Umkehrung des früher gültigen T.-Verständnisses. Der damit in den Blick tretende ›epistemolog.‹ (d. h. begriffsgeschichtl. und erkenntnistheoret.) Bruch ist seinerseits Ergebnis unterschiedlicher kulturgeschichtl., sozialer und philosophisch-psycholog. Veränderungen. Diese drückt sich zunächst einmal in der bereits seit NIETZSCHE die Kulturkritik und Wissenschaftstheorie durchziehenden Erkenntnis von der Geschichtlichkeit und Relativität überkommener Weltentwürfe aus, die im 20. Jh. durch die Erfahrung rapiden sozialen Wandels und durch die Individualisierung von Lebensvorstellungen und Verantwortungskonzepten ebenso verstärkt wurde wie durch die Auflösung traditioneller Bindungsformen (Religionen, Nationen, Regionen, Familien) und eine damit einhergehende Pluralisierung von Sinnmustern und Wertvorstellungen. Zugleich aber liegen nach wie vor nicht nur starke und attraktive T.-Bestände vor; auch die Bereitschaft zur Orientierung an ihnen und zur Anerkennung entsprechender Bedürfnisse nach T. sind gerade im Zusammenhang der oben genannten Auflösungs- bzw. Umstrukturierungserscheinungen erneut gewachsen, wie etwa das am Ende des 20. Jh. wieder hervortretende Interesse an Orientierungsmustern wie Nation, Geschichte, Kultur oder Religion belegt. Auf dem Feld der Politik bewirkt die Erkenntnis von der Attraktivität ebenso wie von der Machbarkeit der T. vielerlei Konkurrenzen um die Besetzung von T.; diese Tendenz wird noch einmal verstärkt durch nachhaltige Zweifel an umfassenden Zukunftsentwürfen und an einem generellen Fortschrittsmodell. In dem Maße, wie sich zudem, auch aus der Sicht der Individuen, Lebensstile, Selbstbilder, aber auch gewählte Zuordnungen und Zugehörigkeiten als Versatzstücke einer selbst zu erstellenden Identität auffassen lassen (›patchwork identity‹), erscheinen T. schließlich auch als mehr oder weniger frei verfügbare Muster, auf die im Rahmen von ›Identitätspolitik‹ und ›Identitätsmanagement‹ zugegriffen werden kann.

⇨ *Aufklärung · Autorität · Fortschritt · Fundamentalismus · Geschichtsbewusstsein · Gesellschaftskritik · Heimat · Ideologie · Konservativismus · Moderne · Nostalgie · Säkularisierung · sozialer Wandel · Utopie · Wertewandel*

H. Arendt: Fragwürdige T.-Bestände im polit. Denken der Gegenwart (a. d. Engl., 1957); J. Pieper: Über den Begriff der T. (1958); Y. M. S. Congar: Die T. u. die Traditionen, Bd. 1 (a. d. Frz., 1965); R. Bendix: T. and modernity reconsidered, in: Comparative studies in society and history, Bd. 9 (Cambridge 1967); H. Bausinger: Kritik der T., in: Ztschr. für Volkskunde, Jg. 65 (1969); C. J. Friedrich: T. u. Autorität (a. d. Amerikan., 1974); T. W. Adorno: Über T., in: Ders.: Ges. Schriften, Bd. 10, Tl. 1 (1977); S. N. Eisenstadt: T., Wandel u. Modernität (a. d. Engl., 1979); E. Shils: T. (Chicago, Ill., 1981); Kultur u. T., hg. v. K. Mácha (1987); Die Moderne – Kontinuitäten u. Zäsuren, hg. v. J. Berger (1986); H. Reimann: Die Vitalität ›autochthoner‹ Kulturmuster. Zum Verhältnis von Traditionalität u. Moderne, in: Kölner Ztschr. für Soziologie u. Sozialpsychologie, Sonderh. 27 (1986); S. Wiedenhofer: T., Traditionalismus, in: Geschichtl. Grundbegriffe, hg. v. O. Brunner u. a., Bd. 6 (1990, Nachdr. 1997); The invention of tradition, hg. v. E. Hobsbawm u. a. (Neuausg. Cambridge 1992); K. Schori: Das Problem der T. Eine fundamentaltheolog. Unters. (1992); H. Klages: T.-Bruch als Herausforderung (1993); Z. Bauman: Moderne u. Ambivalenz. Das Ende der Eindeutigkeit (a. d. Engl., Neuausg. 1995); Alltägl. Lebensführung. Arrangements zw. Traditionalität u. Modernisierung, hg. v. W. Kudera u. S. Dietmaier (1995); A. Leroi-Gourhan: Hand u. Wort. Die Evolution von Technik, Sprache u. Kunst (a. d. Frz., ²1995); A. Giddens: Konsequenzen der Moderne (a. d. Engl., ²1997).

Traditionalismus *der, -,* (meist abwertende) Bez. für die Überzeugung, dass die Überlieferung und ihre Inhalte von größerem Wert für das menschl. Leben seien als die Veränderung. Diese Position steht in bewusstem Ggs. zu Aufklärung und Rationalismus. I. e. S. bezeichnet der T. eine philosophisch-theolog. Richtung bes. der 1. Hälfte des 19. Jh. in Frankreich (L. G. A. de Bonald; J. M. de Maistre; Louis-Eugène-Marie Bautain, *1796, †1867; bis 1826 H. F. R. de Lamennais), nach der die metaphys. und religiös-sittl. Grundwahrheiten nur durch eine letztlich auf die göttl. Offenbarung zurückgehende Tradition glaubend (→Fideismus) empfangen werden könnten; die individuelle Vernunft sei zu ihrer Erkenntnis unfähig. Gegen diesen T. verteidigte das 1. Vatikan. Konzil (1870) die Möglichkeit grundlegender philosoph. Erkenntnisse im Sinne einer →natürlichen Theologie. Seit Ende des 19. Jh. wurden innerhalb der kath. Kirche unter T. konservative, gegen den →Modernismus gerichtete Strömungen verstanden (→Integralismus); heute werden i. e. S. die in ihrer Tradition stehenden, bewusst an kirchl. und theolog. Positionen vor dem 2. Vatikan. Konzil anknüpfenden Bewegungen wie die →Internationale Priesterbruderschaft des Hl. Pius X. und die Gemeinschaft des →Opus Angelorum (›Engelwerk‹) als ›traditionalistisch‹ bezeichnet.

N. Hötzel: Die Uroffenbarung im frz. T. (1962); P. Antes: Traditionalisten u. Progressive, in: Münchener Theolog. Zeitschr., Jg. 29 (1978); S. Pfürtner: Traditionalist. Bewegungen im gegenwärtigen Katholizismus, in: Die Kirchen u. ihre Konservativen, hg. v. R. Frieling (1984).

Traditional Jazz [trə'dıʃnl 'dʒæz, engl.], Sammel-Bez. für Jazzstile der 1920er- bis 1930er-Jahre, v. a. für die retrospektiven Dixielandstile, die seit den 1940er-Jahren die ältere Jazzmusik zu konservieren versuchen (z. B. British Trad).

traditionell, seltener **traditional,** einer Tradition entsprechend, herkömmlich.

Traditionsgeschichte, ein Zweig der bibl. Exegese. Ihr Ziel ist die Erforschung der bibl. Überlieferungszusammenhänge von ihrer Entstehung über die mündl. Quellen bis zu ihrer endgültigen schriftl. Form. Dabei wird insbesondere nach mögl. Abhängigkeiten der bibl. Bücher voneinander und nach der Überlagerung versch. Traditionen gefragt.

Traditionslenkung, engl. **Tradition-Directedness** [trə'dıʃndı'rektıdnəs], von dem amerikan. Soziologen D. Riesman eingeführte Bez. zur Kennzeichnung des an einer gemeinsamen Tradition einer Gesellschaft orientierten Verhaltens des Individuums, im Unterschied zur →Außenlenkung und zur →Innenlenkung.

Traditionspapier, Wertpapier des kaufmänn. Geschäftsverkehrs, das von einem Lagerhalter oder Unternehmer des Fracht- oder Seefrachtgeschäfts über eine auf Lager oder auf dem Transport befindl. Warenpartie ausgestellt wird. Das T. hat die gesetzl. Wirkung, dass die Übertragung des Papiers in der wertpapierrechtlich vorgesehenen Form rechtlich genauso zu beurteilen ist, als ob die Ware selbst übergeben würde. Auf diese Weise werden Übereignung und Verpfändung der Ware erleichtert. T. sind der Orderlagerschein (→Lagergeschäft), der →Ladeschein und das →Konnossement.

Traduzianismus *der, -,* altchristl. Form des →Generatianismus.

Traetta, Tommaso, ital. Komponist, *Bitonto 30. 3. 1727, †Venedig 6. 4. 1779; war Schüler u. a. von F. Durante in Neapel, wirkte 1758–65 am Hof von Parma, 1765–68 in Venedig und 1768–75 am Hof Katharinas II. in Sankt Petersburg. T. war einer der erfolgreichsten Opernkomponisten seiner Zeit. Unter seinen über 40 Bühnenwerken weisen v. a. die späteren (›Sofonisba‹, 1762; ›Ifigenia in Tauride‹, 1763; ›Antigona‹, 1772), ähnlich wie bei N. Jommelli, durch Ensembles, größere Szenenbildungen und stärkeren Anteil des Orchesters auf Reformbestrebungen innerhalb der ital. Opera seria.

Trafalgar, Kap T., span. **Cabo de T.** ['kaβo-], Kap an der Atlantikküste S-Spaniens, 36° 11′ 02″ n. Br., 6° 02′ 06″ w. L., rd. 45 km südöstlich von Cádiz; Leuchtturm. – In der **Seeschlacht bei T.** (21. 10. 1805) errang die brit. Flotte (27 Linienschiffe) unter Admiral H. Nelson einen vollständigen Sieg über die frz.-span. Flotte (33 Linienschiffe, nur 11 entkamen). Nelson fiel, aber die brit. Seeherrschaft blieb durch seinen Sieg für über ein Jahrhundert gesichert.

Trafo *der, -(s)/-s,* Kw. für →Transformator.

Trag|altar, Portatile, kleine Altarplatte in Tafel- oder Kastenform mit Unterbau, die seit dem 6. Jh. hohen geistl. Würdenträgern auf Reisen dem Zelebrieren des Messopfers diente. Meist war in die obere Fläche eine Reliquie eingelassen, auf die man den Kelch setzte. In entwickelter Form wurde der T. zu einem mit Metall oder Elfenbein ummantelten Kästchen oder Miniaturaltar mit Füßen (häufig in Säulchenform). Das älteste erhaltene und sehr kostbar gestaltete Beispiel ist der T. Arnulfs von Kärnten (nach 893; München, Schatzkammer der Residenz). Viele T. mit symbol. und typolog. Schmuck in Grubenschmelz brachte das 12. Jh., bes. die Maasschule, hervor. Weitere Beispiele gehören zum →Welfenschatz, u. a. der T. des →Eilbertus Coloniensis. Bedeutend ist auch der Abdinghofer T. des →Roger von Helmarshausen (vor 1100 oder um 1120). Im späten MA. löste der Klappaltar den T. ab.

Tragant [mhd. dragant, von griech. tragákantha] *der, -(e)s/-e,* **1)** *Botanik:* **Astragalus,** Gattung der

Tragant 1):
Bärenschote
(Stängellänge
bis über 1 m)

Trag Tragblatt – Trägerfrequenzfotografie

Schmetterlingsblütler; mit etwa 2 000 Arten die wahrscheinlich umfangreichste Pflanzengattung; überwiegend in trockenen Gebieten (Steppe, Prärie) der Nordhalbkugel, v. a. in Zentralasien und in Nordamerika. Einige Arten sind auch in Dtl. verbreitet, z. B. die **Bärenschote** (Astragalus glycyphyllos); Staude mit bis über 1 m langen, niederliegenden Stängeln, unpaarig gefiederten Blättern, grünlich gelben Blüten in seitl. Trauben; auf Steppenrasen, Kahlschlägen und in lichten Wäldern; die Wurzel schmeckt süß (süßer T.). In alpinen Rasengesellschaften, an Hängen und Felsbändern wächst die **Gratlinse** (**Gletscher-T.,** Astragalus frigidus), eine bis 40 cm hohe, mehrjährige, aufrechte Pflanze; Fiederblätter mit drei bis acht Paar blaugrünen, eiförmigen Blättchen und blattartigen, bis 2 cm langen Nebenblättern; Blüten gelblich weiß in end- oder seitenständigen Blütentrauben. Mehrere Arten werden als Steingartenpflanzen kultiviert.

2) *Chemie:* **Traganth, Tragacanth,** aus dem Saft mehrerer T.-Arten gewonnenes Gummiharz, das aus einem komplexen Gemisch verschiedener Polysaccharide besteht, in Wasser aufquillt und einen trüben, schlüpfrigen Schleim bildet. In 1–2%iger Lösung dient T. u. a. als Klebstoff, als Verdickungsmittel und Emulsionsstabilisator in der Lebensmittelindustrie und Kosmetik sowie als Bindemittel bei der Herstellung pharmazeut. Produkte.

Tragblatt, Stützblatt, Blatt einer Pflanze, aus dessen Achsel ein Seitenspross, eine Blüte oder ein Blütenstand entspringt.

Tragédie lyrique [traʒeˈdi liˈrik] *die, -ˌ/-s -s,* **Tragédie en Musique** [- ã myˈzik], die in Frankreich gegen Ende des 17. Jh. nach dem Vorbild der klass. Tragödie entstandene, sich zur repräsentativen national-frz. Oper entwickelnde Form des Musiktheaters. Vorstufen waren das →Ballet de Cour, die →Comédie-Ballet und die frühe ital. Oper. Die T. l. besteht aus Prolog und fünf Akten und verwendet mythologisch-heroische Stoffe. Musikalisch ist sie durch das in Rhythmus und Intonation der pathet. Deklamation des Sprechdramas folgende Rezitativ bestimmt. Dazu treten vokale Airs, Duette, breit angelegte Chorsätze und als Instrumentalformen Ouvertüren, Sinfonien und Tanzsätze für Balletteinlagen. Die Gattung wurde von R. CAMBERT (›Pomone‹, 1671) und J.-B. LULLY (›Cadmus et Hermione‹, 1673) begründet. Ihnen folgten u. a. M.-A. CHARPENTIER, A. CAMPRA, A. C. DESTOUCHES. Mit J.-P. RAMEAU erreichte sie ihren künstler. Höhepunkt (›Castor et Pollux‹, 1737; ›Zoroastre‹, 1749). Letzter bedeutender Vertreter war C. W. GLUCK mit seinen frz. Werken (z. B. ›Iphigénie en Tauride‹, 1779), wichtigster Textdichter P. QUINAULT.

J. R. ANTHONY: French baroque music from Beaujoyeulx to Rameau (Neuausg. New York 1981).

Träger, 1) *Bautechnik:* tragendes Bauteil zur Aufnahme von Einzel- oder Streckenlasten und zu deren Übertragung auf die Auflager. T. sind meist waagerecht, ggf. auch schräg (z. B. bei Dächern) über Öffnungen und Räumen angeordnet und werden hauptsächlich auf Biegung beansprucht. T. sind wichtige Konstruktionselemente, z. B. für Decken, Dächer und Brücken. Der T.-Querschnitt bzw. die Konstruktionsart ist abhängig von der zu überspannenden Stützweite, der Auflast und der zulässigen Beanspruchung des verwendeten Werkstoffs (v. a. Holz, Stahl, Leichtmetall, Stahlbeton, Verbundwerkstoffe). Ein wesentl. Merkmal ist die Art der Auflagerung auf einem, zwei oder mehreren Stützpunkten (Auflagern). Der **frei aufliegende T.** liegt auf seinen Unterstützungspunkten einspannungsfrei (›gelenkig‹) auf und hat nur ein festes Lager zur Aufnahme von horizontalen Kräften. Der **ein- oder beidseitig eingespannte T.** ist mit einem bzw. zwei Auflagern biegefest (›ungelenkig‹) verbunden. **Krag-T. (Frei-T.)** sind an einem Ende eingespannt, das andere Ende ragt über seine Unterstützung hinaus oder ist ohne Unterstützung frei schwebend. Der **durchgehende T. (Durchlauf-T., Mehrfeld-T.)** geht ohne Unterteilung über mehrere Auflager hinweg. Einen T., der zur Erhöhung der Tragfähigkeit mit einem Zuggurt unterspannt ist, bezeichnet man als **unterspannten T.** Nach dem Konstruktionsprinzip unterscheidet man T. ohne Gelenke und Gelenk-T. mit zw. den Auflagern befindlichen Gelenken, z. B. →Gerberträger und Koppel-T. Je nach Konstruktionsart unterscheidet man **Vollwand-T.** mit voller Wandung (Steg) zw. einem oberen Gurt (meist Druckgurt) und einem unteren Gurt (meist Zuggurt), **Kasten-** oder **Hohlwand-T.** aus zusammengesetzten Bohlen oder parallelen Blech-T. mit durchgehender Gurtplatte und **Fachwerk-T.** mit auf Zug oder Druck beanspruchten, im Dreiecksverband miteinander verbundenen Stäben. Vollwand-T. aus Holz, Stahl oder Stahlbeton sind auch einfache →Balken, Profilstähle (z. B. U-Stahl, I-Stahl, →Profil) bzw. →Plattenbalken. Fachwerk-T. werden je nach Form z. B. als Parallel-, Trapez-, Fischbauch-, Linsen-, Lohse-, Dreiecks-, Pauli-T. oder langerscher Balken bezeichnet.

2) *Chemie* und *Physik:* **T.-Substanzen,** chemisch inerte Stoffe als Unterlage und/oder Gerüst für Wirkstoffe oder als Übertrager (Transportmedium) z. B. bei der Katalyse, bei Pharmaka oder Pflanzenschutzmitteln. Feste T.-Substanzen sind z. B. Aktivkohle, Tonerde, Kieselgel. T.-Gase werden in der Gaschromatographie verwendet. (→Carrier)

3) *Nachrichtentechnik:* die →Trägerschwingung.

Trägerbohlwand, *Grundbau:* Stahlprofilträger mit dazwischen eingelegten, verkeilten Holzbohlen zum Abstützen von Baugrubenwänden. Zur Vermeidung von Rammerschütterungen oder Geräuschen oder wenn harte Schichten anstehen, werden die T. (in Abständen von 1,5 bis 2,5 m) in vorgebohrte Löcher gestellt und dort mit Magerbeton oder rolligem Erdstoff fixiert.

Trägerdampfdestillation, eine →Destillation in Gegenwart eines Hilfsstoffes, der in dem zu trennenden Flüssigkeitsgemisch unlösl. ist. Da sich die Dampfdrücke ineinander unlösl. Komponenten zum Gesamtdruck über der Mischung addieren und die Siedetemperatur dann erreicht ist, wenn der Dampfdruck gleich dem äußeren Druck ist, hat die Mischung eine niedrigere Siedetemperatur als die reinen Komponenten. Die T. wird z. B. bei der Erdöldestillation und bei der Gewinnung äther. Öle angewendet.

Trägerflugzeug, für den Einsatz auf →Flugzeugträgern bestimmtes Flugzeug. Kennzeichnend sind: Eignung zum Katapultstart, unkrit. Landeeigenschaften, für hohe Sinkgeschwindigkeiten beim Landen bemessene Fahrwerke, Fanghaken zum Greifen von Bremsseilen sowie anklappbare Flügel- und Rumpfteile zur Raum sparenden Unterbringung in Unterdeckhangars.

Trägerfrequenz, 1) *Elektromagnetismus:* →Trägerschwingung.

2) *Fototechnik:* →Trägerfrequenzfotografie.

Trägerfrequenzfotografie, Verfahren der Bildspeicherung auf fotograf. Schichten, mit dem mehrere unterschiedl. Bildinformationen auf derselben Schichtfläche untergebracht werden können. Das zu

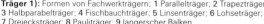

Träger 1): Träger mit unterschiedlicher Art der Auflagerung; 1 frei aufliegender Träger; 2 beidseitig eingespannter Träger; 3 Kragträger mit Unterstützung; 4 durchgehender Träger

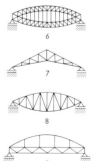

Träger 1): Formen von Fachwerkträgern; 1 Parallelträger; 2 Trapezträger; 3 Halbparabelträger; 4 Fischbauchträger; 5 Linsenträger; 6 Lohseträger; 7 Dreieckträger; 8 Pauliträger; 9 langerscher Balken

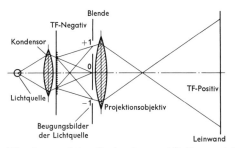

Trägerfrequenzfotografie: Anordnung und Strahlengang bei der Projektion eines Trägerfrequenznegativs

speichernde Bild wird zus. mit einem sehr feinen Linienraster der Negativschicht aufkopiert, wobei das Linienraster als Beugungsgitter wirkt und im Negativ eine als räumlich period. Trägerfrequenz wirksame Gitterstruktur hervorruft, der das zu speichernde Bild gewissermaßen aufmoduliert wird. In einer Projektionsanordnung können die Beugungsbilder erster positiver und erster negativer Ordnung ausgeblendet und projiziert werden, wobei beide Beugungsstrahlenbündel gemeinsam oder jedes Bündel für sich ein Bild des Negativs entwerfen. Das projizierte Beugungsbild des Negativs ist ein Positiv, da die Intensität des gebeugten Lichts umso größer ist, je stärker das Gitter und damit die Negativschwärzung an den einzelnen Bildpunkten in Erscheinung tritt; es erfolgt somit Bildumkehr. Derselbe Effekt ist auch mit einem einfachen Betrachtungsgerät zu erreichen. – Die Überlagerung mehrerer Bilder auf demselben Filmstück (**Mehrkanalfotografie**) wird dadurch möglich, dass man für die einzelnen Bildinhalte unterschiedl. **Trägerfrequenzen** (Gitter mit unterschiedl. Gitterkonstanten oder gedrehte Gitter mit gleicher Gitterkonstante) wählt.

Trägerfrequenztechnik, Kurz-Bez. **TF-Technik,** *Nachrichtentechnik:* die Gesamtheit der Verfahren und Geräte, mit deren Hilfe eine Vielzahl von Nachrichten (v. a. Ferngespräche) gleichzeitig und unabhängig voneinander über einen einzelnen Nachrichtenübertragungsweg (Draht- oder Kabelleitung, Richtfunkstrecke, Satellitenfunkverbindung) großer nutzbarer Frequenzbandbreite übertragen werden kann (Frequenzmultiplex). In der T. wird die Tatsache ausgenutzt, dass die Bandbreite des Übertragungsweges i. Allg. sehr viel größer ist als die Bandbreite der zur Übertragung der einzelnen Nachrichten bzw. Gespräche benötigten Frequenzbänder (Kanäle). Bei der Übertragung werden die Sprachsignale aus ihrem Grundfrequenzbereich von 0,3 bis 3,4 kHz durch Modulation und Frequenzumsetzung mit Trägerfrequenzen von z. B. 12, 16 oder 20 kHz in einen höheren Frequenzbereich gebracht. Dabei wird von den bei Amplitudenmodulation entstehenden zwei Seitenbändern und dem Träger zur Ersparnis an Bandbreite nur ein Seitenband verwertet, das andere wird durch Bandpässe unterdrückt. Gibt man den Seitenbändern versch. Sprachsignale unterschiedl., z. B. im Abstand von 4 kHz nebeneinander liegende Frequenzbereiche, so lassen sich innerhalb eines dadurch entstehenden Basisbandes zahlreiche Fernsprechkanäle auf einem Übertragungsweg bilden. Am Empfangsort werden die Seitenbänder durch Selektion, Frequenzumsetzung und Demodulation (mit Trägerzusatz) wieder in ihren Grundfrequenzbereich gebracht und dem Teilnehmer zugeführt.

Die Aufbereitung eines Basisbandes erfolgt in mehreren Stufen, wobei die Seitenbänder zu kleineren Gruppen und diese zu immer größeren Gruppen gebündelt werden. Je nach Größe der Endgruppe entstehen Systeme unterschiedl. Kanalzahlen oder Basis-

bandbreiten. In Dtl. werden neben einigen älteren Systemen geringer Kanalzahl Trägerfrequenzsysteme bis zu 120 Kanälen (Basisband 12...552 kHz) auf symmetr. Leitungen und Systeme bis zu 10 800 Kanälen (Basisband etwa 4...60 MHz) auf Koaxialkabeln im Vierdraht-Gleichlageverfahren betrieben. Spezielle, für Richtfunkstrecken geeignete Systeme können alternativ zu rd. 1 000 Fernsprechsignalen ein Fernsehsignal übertragen. (→Breitbandkommunikation, →TFH-Technik)

Trägerrakete, zwei- bis vierstufige (in Ausnahmefällen auch fünfstufige) →Rakete zum Transport von Nutzlasten in eine Erdumlaufbahn oder in den interplanetaren Weltraum für Aufgaben der Raumfahrt. Die charakterist. Leistungsgröße ist die Nutzlastmasse, die vom Typ der T. abhängt und mit zunehmendem Geschwindigkeitsbedarf absinkt (→Raumflugbahnen). Der Start oder das Abheben erfolgt senkrecht von speziellen Startanlagen (Ausnahmen: jap. M-Träger mit schräger Startschiene, Flugzeug beim Projekt Pegasus). Die meisten T. wurden aus militär. Langstreckenraketen entwickelt (z. B. USA: Titan, Atlas, Delta; UdSSR: Kosmos, Sojus), die übrigen für Raumfahrtaufgaben konzipiert (z. B. Europa: Ariane; USA: Raumtransporter Spaceshuttle, Saturn, Scout, Pegasus; UdSSR: N 1, Proton, Energija; Japan: M-, N-, H-Reihen). Aus Leistungsgründen gehen bei praktisch allen T. die Raketenstufen nach dem Einsatz verloren; nur der US-Raumtransporter ermöglicht eine Wiederverwendung einzelner Baugruppen.

Trägerraketen in der Reihenfolge ihrer Nutzlastkapazität (Auswahl)				
Name, Staat bzw. Erdteil	max. Nutzlast in t*)	Höhe in m	Startmasse in t	Startschub in KN
Saturn V, USA	125 (Mond 45)	111	2 900	34 000
Energija, UdSSR/Russland	105 (GEO 22,5)	58	2 400	35 500
Spaceshuttle STS, USA	29,5 (GEO 2,3)	56	2 047	28 590
Proton, UdSSR/Russland	21 (GEO 2,2)	60	705	9 000
Saturn IB, USA	20	68	581	7 257
Titan IV, USA	17,7 (GEO 4,5)	63	860	15 500
Zenit, UdSSR/Ukraine	15,7 (GEO 2,4)	61	466	14 518
Titan III (34 D), USA	14 (GEO 2)	44	692	14 837
Sojus, UdSSR/Russland	7	50	317	4 030
Ariane 4, Europa	GTO 4,2 GEO 2,6	58	483	3 360
Ariane 5, Europa	6,8 GTO	53	725	11 660
Atlas II, USA	6,6 (GTO 2,7)	48	290	3 850
Atlas I, USA	5,7 (GTO 2,2)	44	266	3 770
Delta II-7 925, USA	5 (GTO 1,8)	38	232	3 565
Wostok, UdSSR/Russland	5 (SSO 1,8)	39	287	4 030
Zyklon, UdSSR/Ukraine	3,6–4,0	40	185	2 970
H-I, Japan	2,2 (GEO 0,5)	40	140	2 089
CZ-2, China	1,8	32	190	2 750

*) gilt, wenn nicht anders angegeben, für niedrige Erdumlaufbahnen (rd. 200 km). GEO: geostationäre Erdumlaufbahn; GTO: geostationäre Transferbahn; SSO: sonnensynchrone Erdumlaufbahn (rd. 800 km) über die Pole.

Trägerschwingung, Kurz-Bez. **Träger,** elektromagnet. Schwingung, deren Frequenz als für eine drahtgebundene oder drahtlose Übertragung geeignet gewählt wird und der die Nachricht durch →Modulation aufgeprägt wird. Das Frequenzband des Nachrichtensignals kann damit in eine gewünschte Frequenzlage umgesetzt werden. So ist z. B. eine günstige Übertragung auf Leitungen oder eine günstige Abstrahlung durch Antennen möglich. Wählt man für versch. Nachrichtensignale unterschiedl. Trägerfrequenzen, so entstehen →Multiplexsysteme (Frequenzmultiplex) zur Mehrfachausnutzung von Nachrichtenwegen (z. B. Trägerfrequenztechnik).

Tragfähigkeit, 1) *Bautechnik:* der Widerstand eines Bauglieds oder einer Gesamtkonstruktion gegen Bruch und das Vermögen, die nach den baubehördl. Bestimmungen anzunehmenden Lasten (Nutz-, Verkehrslast) einschließlich des Eigengewichts unter Be-

Trag Tragflügel – Trägheitskraft

Tragflügelboot ›Rheinjet‹, das zwischen Köln und Mainz auf dem Rhein verkehrt; Baujahr 1997, Länge 21 m, Breite 5 m, Passagierzahl 54, Geschwindigkeit 70 km/h

rücksichtigung eines Sicherheitszuschlags zu tragen. Zwei Lastgrenzen sind wesentlich: die Last, bei der der erste als unzulässig erachtete Zustand (z. B. unzulässige Spannung) entsteht, und die Last, bei der die T. erschöpft ist (Bruchgrenze). In der Bodenmechanik ist T. der Widerstand des Bodens gegen unzulässigen Grundbruch oder unzulässige →Setzung.

2) *Bevölkerungslehre:* ein Maß für die Dichte, in der eine bestimmte Bev. je Fläche leben kann, ohne dass sie ihre Lebensgrundlage nachhaltig schädigt; verallgemeinernd auch auf Tiere (Wild, Weidevieh) bezogen. Die T. wird untersucht in **T.-Analysen** mit einem naturwiss. oder agrarökonom. Ansatz. Aufgrund unterschiedl. Annahmen und Nebenbedingungen differieren die Untersuchungsergebnisse beträchtlich, z. B. in Bezug auf die Welternährungskapazität; die Schätzungen reichen von einer T. der Erde von 7,7–16 Mrd. Menschen (E. EHLERS) bis zu 49,8 Mrd. (MOIRA-Studie). Die erste T.-Berechnung führte J. P. SÜSSMILCH 1741 durch. Er schätzte die T. der Erde auf 14 Mrd. Menschen, eine Zahl, die den heutigen Weltbevölkerungsprojektionen (→Bevölkerungsprojektion) der UN nahe kommt.

C. CLARK: Die Menschheit wird nicht hungern. Programm zur Ernährung der Welt-Bev. (a. d. Engl., 1970); Model of international relations in agriculture = MOIRA, bearb. v. H. LINNEMANN u. a. (Amsterdam 1979); Ernährung u. Gesellschaft. Bev.-Wachstum – agrare T. der Erde, hg. v. E. EHLERS (1983); B. FRITSCH: Mensch, Umwelt, Wissen. Evolutionsgeschichtl. Aspekte des Umweltproblems (Zürich ⁴1994).

3) *Schiff:* der Masse der Zuladung, die das Schiff bis zur Tiefladelinie eintauchen lässt (→Deadweight).

Tragflügel, →Flugzeug (Baugruppen).

vollgetauchte Tragflügel

halbgetauchte Tragflügel

Tragflügelboot

Tragflügelboot, Tragflächenboot, engl. **Hydrofoil** [ˈhaɪdrəʊfɔɪl], schnelles Wasserfahrzeug (30–60 kn), dessen Bootskörper durch dynam. Auftrieb an halb- oder vollgetauchten Tragflügeln über der Wasseroberfläche schwebt (→Gleitboot). **Halbgetauchte Tragflügel** durchbrechen im Schwebezustand die Wasseroberfläche. Sie sind konstruktiv einfach und selbststabilisierend, d. h., sie richten durch Änderung des eingetauchten Flügelflächenanteils bei seitl. Neigung das Fahrzeug selbsttätig wieder auf. **Vollgetauchte Tragflügel** bleiben auch im Schwebezustand unter Wasser. Sie sind mit dem Bootskörper nur durch schmale Stützen verbunden und benötigen aufwendige, durch Radar, Ultraschall und Kreisel gesteuerte Stabilisierungsanlagen, laufen aber im Seegang sehr ruhig. Halbgetauchte Tragflügel sind meist starr am Bootskörper befestigt, vollgetauchte können zur Verringerung des Tiefgangs im Schwimmzustand eingezogen oder hochgeklappt werden. – Antrieb durch Motoren oder Gasturbinen, Vortrieb über lange, schräge Propellerwelle oder Kegelradgetriebe und Schiffsschraube, durch Wasserstrahlantrieb, seltener durch Luftschrauben.

Tragflügeltheorie, Teilgebiet der Strömungslehre, befasst sich mit der Entstehung und Berechnung der Strömungskräfte, die an Tragflügeln auftreten. Grundlegende Beiträge lieferten ab 1902 die Mathematiker WILHELM KUTTA (* 1867, † 1944) und N. J. SCHUKOWSKIJ, die durch Einführung des Begriffs der →Zirkulation eine Erklärung für das Auftreten einer Auftriebskraft zu geben versuchten. Eine erste für die Praxis brauchbare Theorie formulierte 1918 L. PRANDTL, der sie später mit seinen Mitarbeitern (J. ACKERET u. a.) ausweitete. Die T. macht Aussagen über die an einem Tragflügel angreifenden Kräfte und Momente in Abhängigkeit aller wirkenden Einflussgrößen (geometr. Gestalt und Oberflächenbeschaffenheit des Flügels, Zuströmbedingungen und Eigenschaften des strömenden Mediums); diese Aussagen sind von Bedeutung für Entwicklung und Entwurf u. a. von Flugzeugen, Luftschrauben, Schiffsschrauben, Tragflügelbooten.

Trägheit, 1) *Physik:* **Beharrungsvermögen,** die Eigenschaft jedes massebehafteten Körpers, dem Versuch einer Änderung der Größe oder Richtung seines Bewegungszustands einen Widerstand entgegenzusetzen (→Trägheitskraft). Der Inbegriff dieses Widerstands ist die träge →Masse. Da nach dem einsteinschen Gesetz die Energie der Masse äquivalent ist (→Masse-Energie-Äquivalenz), kommt auch jeder Energie eine T. zu.

2) *Psychologie:* **Passivität,** der →Aktivität entgegengesetzte, diese einschränkende, situativ und/oder typbedingte Verminderung des →Antriebs, der Handlungsbereitschaft (Motivation), bes. der reaktiven Anpassung an Umweltreize (→Rigidität), verknüpft mit einer Verlangsamung der Verhaltensabläufe; krankhaft gesteigert als Apathie und Lethargie.

Trägheits|einschluss, →Kernfusion.

Trägheits|ellipso|id, →Trägheitstensor.

Trägheitsgesetz, fundamentales Gesetz der Mechanik, das besagt, dass ein Körper, auf den keine Kräfte einwirken, seinen Bewegungszustand beibehält. Bei einer Punktmasse ist unter Bewegungszustand deren (linearer) Impuls zu verstehen; die Aussage des T. ist dann mit der des ersten →newtonschen Axioms identisch (Trägheitsprinzip). Bei einem starren Körper kommt noch die Rotationsbewegung hinzu; der Bewegungszustand ist dann außer durch den linearen Impuls auch durch den Drehimpuls gekennzeichnet.

Trägheitskraft, *Mechanik:* 1) die d'alembertsche Kraft (→alembertsches Prinzip); 2) jede →Kraft, die auf der Trägheit eines Körpers beruht, insbesondere jede Kraft, die in einem beschleunigten Bezugssystem an einem Körper gemessen wird, ohne dass es sich dabei um eine von außen eingeprägte Kraft handelt (z. B. in einem anfahrenden oder bremsenden Auto oder Aufzug). Obwohl solche Kräfte häufig als ›Scheinkräfte‹ bezeichnet werden, weil sie nicht den newtonschen Axiomen genügen, sind sie ebenso real wie eingeprägte Kräfte und müssen z. B. berücksichtigt werden, um in einem beschleunigten Bezugssystem die richtigen Bewegungsgleichungen zu erhalten. Sie unterscheiden sich von eingeprägten Kräften lediglich dadurch, dass sie durch Übergang in ein Inertialsystem ›wegtransformiert‹ werden können (d. h., sie treten im Inertialsystem nicht auf), was mit eingeprägten Kräften nicht gelingt. Spezielle T., die in rotierenden Bezugssystemen auftreten (z. B. in erdfesten), sind die →Zentrifugalkraft und die →Coriolis-Kraft. Auf der

Messung von T. und entsprechenden Drehmomenten beruht z. B. die Trägheitsnavigation.

Trägheitsmoment, Formelzeichen J, mitunter auch θ, physikal. Größe, die die Trägheit eines Körpers bezüglich der Drehung um eine vorgegebene Achse A beschreibt. Für einen →starren Körper ist das skalare T. durch die Summe der mit dem Quadrat ihres senkrechten Abstandes r_i^2 von der Drehachse multiplizierten Massenelementen Δm_i gegeben (**Massenmoment 2. Grades**):

$$J = J_A = \sum_i \Delta m_i r_i^2 = \int_V \varrho(r) r^2 \mathrm{d}V,$$

wobei $\varrho(r)$ die Massendichte des Körpers ist und das Integral über das vom Körper eingenommene Volumen V zu erstrecken ist; für das T. eines Massenpunktes folgt entsprechend $J = mr^2$. Das T. bleibt nur bei Rotationen um eine feste Achse konstant; die allgemeine Rotationsbewegung eines Körpers um beliebige (veränderl.) Drehachsen (z. B. beim Kreisel) wird durch den →Trägheitstensor beschrieben.

Mit der Einführung des T. können für die Rotation um die Achse A die kinet. Energie (→Rotationsenergie) $E_{rot} = \frac{1}{2} J\omega^2$ und der Drehimpuls $L = J\omega$ analog zur kinet. Energie der Translation $E_{trans} = \frac{1}{2} Mv^2$ und dem Impuls $p = Mv$ geschrieben werden; der Masse M ($M = \sum \Delta m_i$) entspricht das T. J, der Geschwindigkeit v die Winkelgeschwindigkeit ω. Für die Beziehungen zw. den T. eines Körpers um zueinander parallele, feste Achsen gilt der →steinersche Satz.

Experimentell bestimmt man das T. durch Drehschwingungen um eine durch den Schwerpunkt gehende Achse oder durch Messung der Schwingungsdauer eines physikal. →Pendels.

Bei Festigkeitsberechnungen in der techn. Mechanik spielen **Flächen-T.** eine wichtige Rolle (Flächenmomente 2. Grades), die mathematisch analog zum T. definiert sind. Bei ihnen wird (integriert) summiert statt über die Masse eines dreidimensionalen Körpers jeweils nur über eine zweidimensionale Querschnittsfläche. Sie sind z. B. für Biegungsberechnungen wichtig, haben also physikalisch eine völlig andere Bedeutung als das Trägheitsmoment.

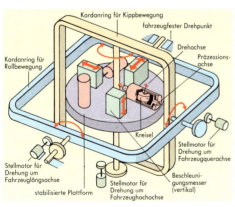

Trägheitsnavigation: Prinzip der Trägheitsnavigation mit den auf einer kreiselstabilisierten, kardanisch gelagerten Plattform befindlichen Beschleunigungsmessern

Trägheitsnavigation, Inertialnavigation, v. a. in der Luft- und Raumfahrt angewandtes, von äußeren Einrichtungen unabhängiges Navigationsverfahren, bei dem die Eigenortung mithilfe einer ständigen Registrierung der (z. B. während des Fluges infolge von Geschwindigkeits- und Richtungsänderungen auftretenden) Trägheitskräfte bzw. der ihnen proportionalen Beschleunigungen erfolgt. Als Messwertgeber dienen zwei oder drei Beschleunigungsmesser, die in rechtwinklig zueinander verlaufenden Achsen auf einer kreiselstabilisierten, kardanisch gelagerten Plattform angeordnet sind; diese behält ihre Lage im Raum (unabhängig von der Bewegung des Gehäuses) bei; sie wird daher bei der erdbezogenen Navigation ständig automatisch auf die örtl. Vertikale, d. h. parallel zur Erdoberfläche, ausgerichtet. Ein dem Messsystem angeschlossener Bordrechner integriert die Summe aus gemessener und (vom Gravitationspotenzial der Erde bekannter) gravitativer Beschleunigung. In einer ersten Integrationsstufe wird die Geschwindigkeit und in einer zweiten Stufe die Position berechnet. Der Positionsfehler nimmt bei dieser ›reinen‹ T. infolge unvermeidl. Mess- und Systemfehler ständig zu (etwa 2 km pro Flugstunde bei T.-Systemen in Verkehrsflugzeugen). Die **gestützte T.** sorgt dafür, dass die Ortungsfehler begrenzt bleiben. Dabei werden außer den Beschleunigungsmessungen Geschwindigkeitsmessungen (mittels Bordradar) und Positionsmessungen der Funknavigation oder der astronom. Navigation zur Stützung herangezogen. – In plattformlosen bzw. fahrzeugfesten T.-Systemen (Strapdown-Systemen) sind die Beschleunigungsmesser fest mit dem Fahrzeug verbunden, machen also alle Fahrzeugbewegungen mit. Solche Konstruktionen sind einfacher und robuster, stellen aber höhere Anforderungen an Sensoren und Rechner.

Trägheits|tensor, Tensor der Trägheitsmomente, Formelzeichen $\mathbf{J}$, symmetrischer kartes. Tensor 2. Stufe, dessen Komponenten (Koordinaten) J_{ik} die axialen →Trägheitsmomente J_{ii} und die Deviationsmomente J_{ik} ($i \neq k$) sind:

$$\mathbf{J} = \begin{pmatrix} J_{11} & J_{12} & J_{13} \\ J_{21} & J_{22} & J_{23} \\ J_{31} & J_{32} & J_{33} \end{pmatrix} \equiv \begin{pmatrix} J_{xx} & J_{xy} & J_{xz} \\ J_{yx} & J_{yy} & J_{yz} \\ J_{zx} & J_{zy} & J_{zz} \end{pmatrix}$$

Die Komponenten des T. werden meist auf ein Koordinatensystem bezogen, dessen Ursprung mit dem Schwerpunkt des zugehörigen Körpers zusammenfällt. Der T. charakterisiert vollständig das Verhalten des starren Körpers bei beliebigen Drehbewegungen. Durch eine geeignete Drehung des Koordinatensystems kann immer erreicht werden, dass die Deviationsmomente verschwinden. Die mit einer solchen Hauptachsentransformation erhaltenen Koordinatenachsen heißen **Hauptträgheitsachsen**; zentrale Hauptträgheitsachsen gehen durch den Massenmittelpunkt. Die zu den Hauptachsen gehörenden axialen Drehmomente heißen **Hauptträgheitsmomente** und werden mit J_1, J_2, J_3 bezeichnet; jedes von ihnen kann nicht größer sein als die Summe der beiden anderen. Ein starrer Körper, dessen drei Hauptträgheitsmomente voneinander verschieden sind, heißt unsymmetr. →Kreisel, ein Körper mit zwei gleichen Hauptträgheitsmomenten symmetr. Kreisel; bei einem Kugelkreisel sind alle drei Hauptträgheitsmomente gleich. Die Achse mit dem größten und die mit dem kleinsten Hauptträgheitsmoment sind ›freie‹ Achsen des starren Körpers, da eine Rotation um sie auch ohne Fixierung stabil ist, im Ggs. zur Rotation um die Achse mit dem mittleren Hauptträgheitsmoment. – Ein Ellipsoid, dessen drei Hauptachsen die Längen J_1, J_2, J_3 haben, wird als **Trägheitsellipsoid** bezeichnet.

Trägheitswellen, *Geophysik:* wellenartige Bewegungen, die in großräumigen Strömungen des Meeres oder der Atmosphäre durch Überlagerung einer linearen Bewegung (z. B. durch Druckdifferenzen) und einer Kreisbewegung (durch die →Coriolis-Kraft) auftreten.

Traghimmel, ein →Baldachin.

Tragholz, das →Fruchtholz.

Tragik [vgl. tragisch] *die, -,* philosophisch-ästhet. Grundbegriff (Gegenbegriff zu →Komik), bezeichnet ein schicksalhaftes, Konflikte, Untergang oder Verderben bringendes, unverdientes Leid, das beim Betrachter Erschütterung und Trauer hervorruft; in der Literatur Gattungsmerkmal der →Tragödie, die unterschiedl. Theorien des Tragischen entwickelt hat. So reduziert die *moralist.* Theorie T. auf den Mechanismus von moral. Schuld und einer ins Maßlose gesteigerten Sühne. Nach der *fatalist.* Theorie beruht T. im Walten eines unentrinnbaren ›trag. Schicksals‹. Die *idealist.* Theorie sieht das Wesen des Tragischen im ›trag. Konflikt‹ (z. B. zw. Individuum und Gesellschaft).

Tragikomödi|e, dramat. Gattung, in der sich trag. und kom. Elemente wechselseitig durchdringen bzw. so zusammenwirken, dass die Tragik durch humorist. Brechung gemildert wird oder aber die tragisch gebrochene Komik die trag. Aspekte noch vertieft. Die Grenzen der T. zur satir. Komödie, zum Rührstück, zum weinerl. Lustspiel und v. a. zur Groteske sind fließend. Schon bei PLAUTUS findet sich die T. als die Mischung des Hohen der Tragödie mit dem Niedrigen der Komödie, aber erst in der Renaissance wurde sie als besondere Gattung, d. h. nicht lediglich als Mischung heterogener Elemente unter Aufhebung der →Ständeklausel, theoretisch begründet. Sie galt dann u. a. als ›Tragödie mit glücklichem Schluß‹ (G. GIRALDI), v. a. aber, im von G. B. GUARINI (›Compendio della poesia tragicomica‹, 1601) definierten Sinn, als Ausgleich der Extreme trag. und kom. Wirkung. Im Gefolge GUARINIS (›Il pastor fido‹, 1590) und T. TASSOS (›Aminta‹, 1580) entstanden bis Ende des 17. Jh. zahlreiche tragikom. Schäferdramen sowie tragikome T., in Frankreich u. a. von R. GARNIER, J. DE ROTROU, G. DE SCUDÉRY, P. CORNEILLE (›Le Cid‹, 1637), in England u. a. von F. BEAUMONT, J. FLETCHER, J. MARSTON, P. MASSINGER. Auch reichen die Dramen SHAKESPEARES (›Measure for measure‹, 1623), P. CALDERÓN DE LA BARCAS (›La vida es sueño‹, 1636) oder MOLIÈRES (›Tartuffe ou l'imposteur‹, 1669) können als T. gelten. Die dt. klassizist. Poetik von M. OPITZ bis J. C. GOTTSCHED lehnte die T. als ›Bastardgattung‹ ab, so auch G. E. LESSING; er skizzierte aber zugleich eine neue Möglichkeit der Gattung, die weitgehend dem heutigen Verständnis entspricht. Seit dem Ende des 18. Jh., v. a. aber im 19. Jh. beschäftigte man sich wieder intensiver theoretisch mit ihr (J. M. R. LENZ, A. W. SCHLEGEL, V. HUGO, G. B. SHAW u. a.). Nachdem wichtige Konstituenten trag. Gestaltung nicht mehr gegeben sind, v. a. die Vorstellung des Schicksals und damit des trag. Konflikts (→Tragödie), wird die T. in der neueren Literatur (im Sinn eines intensivierenden Zusammenfallens von Tragik und Komik und in der Annäherung an die Groteske) als die dem modernen Bewusstsein adäquate dramat. Form empfunden (F. DÜRRENMATT, E. IONESCO). So erreichte sie nach zögerndem Einsatz eine neue Blüte um die Wende zum 20. Jh., v. a. bei H. IBSEN (›Vildanden‹, 1884), E. ROSTAND (›Cyrano de Bergerac‹, 1897), A. STRINDBERG (›Brott och brott‹, 1899), A. P. TSCHECHOW (›Višněvyj sad‹, 1904), A. SCHNITZLER (›Der grüne Kakadu‹, 1899) und G. HAUPTMANN (›Die Ratten‹, 1911). Seit etwa 1920 nahmen die grotesken Elemente überhand und bestimmen die Entwicklung bis heute, so u. a. bei F. WEDEKIND, G. KAISER, L. PIRANDELLO, J. GIRAUDOUX, DÜRRENMATT, M. FRISCH, S. BECKETT, IONESCO, B. BEHAN, H. PINTER, T. STOPPARD, S. SHEPARD, W. HILDESHEIMER und T. BERNHARD.

K. S. GUTHKE: Gesch. u. Poetik der dt. T. (1961); DERS.: Die moderne T. Theorie u. Gestalt (a. d. Amerikan., 1968); J. L. STYAN: The dark comedy. The development of modern comic tragedy (London ²1968, Nachdr. Cambridge 1974); F. DÜRRENMATT: Theaterprobleme (Zürich ⁷1974); R. GUICHEMERRE: La tragi-comédie (Paris 1981); D. L. HIRST: Tragicomedy (London 1984); R. DUTTON: Modern tragicomedy and the British tradition (Norman, Okla., 1986); Renaissance tragicomedy, hg. v. N. KLEIN MAGUIRE (New York 1987); J. ORR: Tragicomedy and contemporary culture. Play and performance from Beckett to Shepard (Basingstoke 1991); The politics of tragicomedy, hg. v. G. MCCULLAN u. a. (London 1992); F. RAN-MOSELEY: The tragicomic passion. A history and analysis of tragicomedy and tragicomic characterization ... (New York 1994); I. RAMM-BONWITT: Die kom. Tragödie, auf mehrere Bde. ber. (1997 ff.).

tragisch [lat. tragicus, von griech. tragikós, eigtl. ›bocksartig‹, vgl. Tragödie], 1) die Tragik betreffend, schicksalhaft, erschütternd; 2) die Tragödie betreffend.

Tragische Sinfoni̱e, Sinfonie Nr. 4 c-Moll D 417 (1816) von F. SCHUBERT, vom Komponisten nachträglich so genannt.

Tragkettenförderer, Fördermittel (Stetigförderer) zum Transport von Ladeeinheiten mit hohem Gewicht und einheitl. Ladehilfsmitteln (Palettentransport). Als Zug- und Tragmittel werden Buchsenketten (meist zwei; →Kette) eingesetzt, die synchron auf Längsträgern endlos umlaufen. Die Förderrichtung verläuft geradeaus, Richtungsänderungen sind nur mit Hilfseinrichtungen wie z. B. Drehtischen möglich.

Tragling, neben →Nesthocker und →Nestflüchter die dritte Form der Jugendentwicklung bei plazentalen Säugetieren; kennzeichnend ist, dass das Junge zur Beschützung und Pflege darauf angewiesen ist, von seiner Mutter für einen bestimmten Zeitraum nach seiner Geburt ständig umhergetragen zu werden, sowie die Fähigkeit, sich am Fell der Mutter festzuhalten. T. sind charakteristisch für die Primaten und kommen auch bei anderen, v. a. baumbewohnenden Säugetieren vor (z. B. Koala, Faultier). Aufgrund bestimmter angeborener Verhaltensweisen (bes. des ausgeprägten →Greifreflexes) kann der menschl. Säugling als ›ehemaliger T.‹ angesehen werden.

Tragluftkonstruktionen, pneumati̱sche Konstrukti̱onen, Baukonstruktionen aus geschweißten, regendichten und sturmfesten Kunststofffolien oder aus beschichteten synthet. Geweben, deren Form durch Gasüberdruck (im Normalfall Luft) stabilisiert wird. Die Hülle (Membran) wird durch einen mithilfe von Gebläsen erzeugten konstanten Überdruck oder durch prall aufgepumpte luftdichte Gummirippen (Stützschlauchkonstruktionen) aufgerichtet, gestrafft und in ihrer Form gehalten. Die Form ergibt sich aus dem Zuschnitt der Membran. Fundamentblöcke dienen zur Befestigung und Abspannung der Membran. Man unterscheidet Niederdruck- (0,98–0,99 bar) und Hochdrucksysteme (1,2–7,0 bar), Einfach- und Mehrfachmembransysteme sowie Systeme mit und ohne zusätzl. Stützelemente. – Der brit. Ingenieur FREDERIC WILLIAM LANCHESTER (* 1868, † 1946) ließ sich 1918 ein pneumat. Gebäude patentieren. Prakt. Eingang in das Bauwesen fand das Prinzip erst nach 1945 (pneumat. Radome). Heutige Nutzungsmöglichkeiten sind bes. die **Tragluft̲hallen** (Sport-, Ausstellungs-, Lagerhallen, Gewächshäuser).

Tragö̱de [griech.] *der, -n/-n,* Schauspieler, der trag. Rollen spielt.

Tragödi|e [lat. tragoedia, von griech. tragō̱día ›tragisches Drama‹, ›Trauerspiel‹, eigtl. ›Bocksgesang‹, zu trágos ›Ziegenbock‹ und ōdē ›Gesang‹] *die, -/...di|en,* neben der Komödie die wichtigste Gattung des europ. Dramas, i. e. S. die griech. (att.) T., die, bei wechselnder Interpretation, als stoffl., formales und eth. Muster die weitere Entwicklung des europ. Dramas in der Antike (röm. T.) und erneut seit der Renaissance wesentlich beeinflusst hat. Sie gestaltet einen schicksalhaften, unvermeidl. und unausgleichbaren Ggs., der zum Untergang des Protagonisten führt. Weitere Gestaltungsmerkmale wie das Gesetz der →Fallhöhe, die Einheit von Ort, Zeit und Handlung (→Einheiten) oder die formale Strenge wurden in der Geschichte der T. in unterschiedl. Auslegung von den antiken Vorbildern übernommen, dann auch abgewandelt oder aufgegeben.

Antike und Mittelalter

Die T. entstand in Griechenland aus dem Kultfest des Dionysos, das selbst wiederum in prähistor. Ritualhandlungen wurzelt. Die griech. T., die ihre Blütezeit im 5. Jh. v. Chr. hatte, entnahm ihre Stoffe dem Reichtum der mythisch-sagenhaften Überlieferung. In der den Göttern fromm und verehrend zugewandten T. des AISCHYLOS feiert und bestätigt der Untergang des Helden, dessen Handeln durch →Hybris und →Ate bestimmt ist, die göttl. Mächte. Bei SOPHOKLES tritt das Individuum hervor und gerät in unvermeidl., tragischschuldhaften Ggs. zu den in den Göttern verkörperten heiligen Ordnungen, deren Geltung noch unerschüttert ist. Bei EURIPIDES wird die Beziehung zwischen menschl. und göttl. Sein zum Problem. Seine T. sind beherrscht von den inneren und äußeren Konflikten der Menschen, ihrer Klage und Anklage der Weltordnung. Dementsprechend verlieren Maske, →Kothurn und →Chor, die sich aus dem überpersönl., religiös verbindl. Ursprung und Anspruch der T. herleiteten, an Notwendigkeit und Bedeutung. Die Wirkung der griech. T. hat ARISTOTELES als →Katharsis bestimmt.

Die an die griech. anknüpfende röm. T. erreichte einen Höhepunkt bei SENECA D. J., der stoische Philosophie mit der Darstellung grausam übersteigerter Qual und rhetorisch-pathet. Stil verband.

Dem MA. blieb in seiner Gewissheit der christlichkirchl. Heilsordnung, der Erlösung und der über dem Menschen waltenden Vorsehung die T. fremd. Die Passionsspiele gipfelten nicht im Opfertod, sondern in der Auferstehung CHRISTI (→geistliches Drama).

15. bis 17. Jahrhundert

Das Zeitalter der Renaissance, der Glaubenskämpfe, der sich verselbstständigenden Vernunft und Individualität sowie der fragwürdig werdenden religiöskirchl. Geltungen erneuerte die geistesgeschichtl. Voraussetzungen zur Entstehung der T.: Christl. Transzendenz und renaissancehafte Diesseitsbejahung, Glauben und Vernunft, Gemeinschaft und Individuum, autonomes Subjekt und eth. Norm traten auf einer neuen Stufe in eine Spannung, die in Grenzfällen tragisch unausgleichbar wurde.

Der Begriff T. hatte im MA., so bei G. CHAUCER, im Anschluss an BOETHIUS, soviel wie ›Geschichte eines jähen Glückswechsels‹, ›eines plötzl. Sturzes ins Unglück‹ bedeutet. Die an SENECA D. J. anknüpfende neue dramat. T. der Renaissance übernahm diese Auffassung des Tragischen; sie schöpfte u. a. aus der Novellendichtung von G. BOCCACCIO und G. GIRALDI. Die ital. Seneca-Nachahmer (A. MUSSATO, GIRALDI) wurden bald von den Vertretern des engl. elisabethanischen Dramas weit übertroffen in der Häufung von Gräuel und Schrecken, die man für wesentlich zur Affekterzeugung bei den Zuschauern hielt. Aus ihrer Mitte ging der erste überragende Tragiker der Neuzeit, SHAKESPEARE, hervor. Bei ihm verliert die T. das maßlos Exzentrische; er ist der Gestalter der aus eigener Wesensnotwendigkeit heraus lebenden Einzelnen im Konflikt mit sich selbst (›Hamlet‹, 1603) oder mit den natürl., weltl. und sittl. Mächten, wobei auch das Gewissen eine Art Naturmacht ist (›Macbeth‹, 1623).

Die ebenfalls in Anknüpfung an SENECA D. J. entstandene neue frz. T. unterschied sich von der antiken T. dadurch, dass die Art, wie das Schicksal hoch stehender Personen in ihr lebendig wird, moralisch wirken und das Publikum begeistern soll. Es geht um den inneren Zwiespalt der durch Renaissance eröffneten neuen Wertbereiche: der natürl. Person und der überpersönl. Ordnungen des Staates und der Gesellschaft. P. CORNEILLE gestaltete Tragik und Triumph der heroischen Selbstüberwindung, die willentl. Unterwerfung unter die Ansprüche einer überpersönl. polit. Vernunft. J. RACINE näherte sich der griech. Schicksalsidee, indem er Verhängnis und Schicksal in Verbindung brachte mit dem christl. Gedanken der Erbsünde und dem jansenist. der Prädestination. Er sah das Wesentliche der T. nicht im blutigen Untergang des Helden, sondern in der trauervollen Würde und Anmut, mit welcher der große Mensch seine Rolle im Leben zu Ende führt.

Das reiche span. Theater entwickelte keine T. im antiken oder modernen Sinn. Wohl kannte auch das span. Drama seit der Renaissance die durch den Individualismus geweckten sittl. Konflikte, eine gesteigerte Spannung des Weltlichen und Geistlichen. Aber das span. Denken blieb heilsgewiss; immer wird schließlich die in ihrer Buntheit freudig bejahte diesseitige Welt vom Göttlichen her erhellt (LOPE DE VEGA, P. CALDERÓN DE LA BARCA), und der Tod wird nicht tragisch gewertet, sondern mit Perspektive auf das ewige Leben gesehen.

Die ital. Bemühungen um Erneuerung der griech. T. führten schließlich zur Entstehung der Oper. Dabei ist in der meist gegen die Tyrannis gerichteten ital. T. von A. MUSSATO bis V. ALFIERI der Tyrann keine eigentlich trag. Gestalt; sein Untergang ist die gerechte Strafe Gottes.

Die im Jesuitentheater und im dt. Barockdrama von A. GRYPHIUS u. a. gepflegte Märtyrer-T. sollte bei aller Steigerung der Darstellung innerer und äußerer Qualen v. a. Erziehung zum stoischen Ideal der →Ataraxie sein bzw. Berufung und Befähigung des Menschen zum ewigen Heil bezeugen.

18. bis 19. Jahrhundert

Im 18. Jh. vollzog sich die schrittweise Ablösung von der normativen Poetik. Während J. C. GOTTSCHED in Dtl. noch die Nachahmung der klassizist. frz. T. forderte, durchbrach G. E. LESSING wie andere Autoren in England und Frankreich im empfindsam-moral. →bürgerlichen Trauerspiel den strengen Regelkanon. Indem er die gebundene Rede sowie die Beschränkung der T. auf hohe Standespersonen aufgab, suchte er das unmittelbare Miterleiden der Vorgänge auf der Bühne durch die Möglichkeit der Selbstidentifikation des Zuschauers mit dem trag. Helden zu verstärken. Der gleichen Aufgabe diente die theoret. Auseinandersetzung der Aufklärung mit der T., die in LESSINGS Umdeutung der Katharsis-Lehre des ARISTOTELES gipfelt. Die Erregung von Furcht und Schrecken bei den Zuschauern, die letztlich eine Reinigung von diesen Affekten bewirken soll, wird bei LESSING zur Erregung von Mitleid und von Furcht als auf sich selbst bezogenem Mitleid. Damit setzte eine Tendenz zur Moralisierung ein, die auch in der Folgezeit die T. eher zum Forum gesellschaftl. als schicksalhafter Gegensätze machte und so ein wesentl. Charakteristikum der antiken T. auflöste. Damit steht auch die weitere formale Lockerung im →Sturm und Drang in Zusammenhang, der thematisch die Entgegensetzung des Naturgenies und der wertärmeren, aber übermächtigen Wirklichkeit von Gesetz und Gesellschaft betonte. Die freie Szenenfolge, die psycholog. und realist. Aspekte und die sozialkrit. Tendenz verweisen schon auf Entwicklungen des 19. und 20. Jh. Während die klass. GOETHE die T. zugunsten eines symbolisch überhöhten Seelendramas aufgab, in dem die Lösung des weitgehend ins Innere der Personen verlagerten Konflikts von Ich und Welt vorgeführt wird, fand bei SCHILLER eine Gegenbewegung in Richtung einer Erneuerung der antiken T. statt. Diese Wiederannäherung lag nicht nur in der formalen Gestaltung, die in der ›Braut von Messina‹ (1803) bis zur Nachahmung des antiken Chors geht, sondern v. a. in der idealistisch geprägten Darstellung der freien Hingabe des Menschen an die höhere und ewige Welt der Ideen, selbst unter Aufopferung aller diesseitigen Werte und Daseinsgrundlagen. Die zugleich niederschlagende und erhebende Wirkung der T. SCHILLERS beruht demnach darauf, dass sie im Unterliegen des Helden zugleich ein unzerstörbar überlegenes Moment tathafter Freiheit enthüllt. Die in H. VON KLEISTS Dramen gestaltete trag. Welterfahrung lässt hingegen alle sichernde humane und metaphys. Gewissheit bereits hinter sich und stellt den Menschen mit dem unbedingten Anspruch seiner Seele, aber mit versagenden Erkenntnis- und Urteilskräften einer schein- und zufallsbestimmten Wirklichkeit gegenüber.

Nach Vorklängen bei LESSING, K. P. MORITZ sowie im fatalistisch-dämon. Drama der Frühromantik wurde Z. WERNER zum Begründer der kurzfristigen Theatermode der Schicksals-T., in der das Schicksal zu einer errechneten, kleinl. Verknüpfung äußerer Umstände herabsinkt. In dieser Tradition standen dann v. a. A. MÜLLNER und C. E. VON HOUWALD. Beendet wurde die Reihe der Schicksals-T. durch F. GRILLPARZERS Jugendwerk ›Die Ahnfrau‹ (1817). In GRILLPARZERS nach Form und Sprache noch ganz dem klass. Erbe verpflichteten T. wird der Mensch immer unfähiger, seine Individualität im Strom des Lebens zu bewahren. Bei C. D. GRABBE scheitert der Geschichte schaffende Tatmensch, der sich der nihilist. Wert- und Sinnzersetzung entgegenstellt, als Opfer der dumpfen Masse, der niedrigen Berechnung oder des bloßen Zufalls. Die weit vorausweisende T. G. BÜCHNERS gestaltete die heroische Verzweiflung des dem Geschichtsprozess unterliegenden Genies (›Dantons Tod‹, 1835) oder die dumpfe des unbekannten Menschen aus der Masse, der als Objekt der Verhältnisse und der Gesellschaft zugrunde gerichtet wird (›Woyzeck‹). Formal und inhaltlich hat er damit Tendenzen des 20. Jh. vorgearbeitet, die zur völligen Auflösung des Konzepts der T. führen. F. HEBBEL hingegen hielt am Tragischen fest, indem er bereits in der Individualität und im Einzelwillen als solchem die metaphys. tragische Urschuld erblickte (›Pantragismus‹), zugleich aber darin Voraussetzung und Wesen des Welt- und Geschichtsprozesses überhaupt sah.

20. Jahrhundert

Seit F. NIETZSCHES Abhandlung über die ›Geburt der Tragödie aus dem Geiste der Musik‹ (1872) gab es Versuche, die archaischen (G. HAUPTMANNS ›Atriden-Tetralogie‹, 1941–48) und kult. (C. ORFF) Elemente der Tragödie wieder zu beleben oder die T. im Sinne archetyp. Situationen zu psychologisieren (E. O'NEILL). Ihre Wirkung war insgesamt gering. Die stilbegründenden Voraussetzungen der hohen T., der Schicksalsbegriff, die Unausweichlichkeit des trag. Konflikts, die Vorbildlichkeit des Helden und die kathart. Wirkung, wurden von verschiedener Seite infrage gestellt. Schon das Milieudrama des Naturalismus hatte die realist. und psycholog. Tendenzen so weit verstärkt, dass die Beziehung von Individuum und Welt nicht mehr als tragische, sondern als durch soziale Verhältnisse determinierte erschien. Identifikation und Katharsis wurden von B. BRECHT gar als ideolog. Mechanismen eingestuft und durch seine Konzeption des →epischen Theaters ersetzt: Die menschl. Konflikte sind hier im Sinne des Marxismus durch gesellschaftl. Verhältnisse bedingt; diese Verhältnisse sind veränderbar. Das epische Theater will die gesellschaftl. Bedingtheit aufzeigen, durch →Verfremdung die Identifikation des Zuschauers mit dem ›Helden‹ des Stückes verhindern und in ihm – statt Erschütterung durch das Tragische – krit. Nachdenken auslösen. Auch Autoren, bei denen das Vertrauen in die rationale Lösbarkeit von menschl. Konflikten weniger ausgeprägt ist, vermeiden bei ihrer Darstellung das Muster der T.: Nicht mehr trag. Erschütterung mit ihrer paradoxen Vereinigung von niederschlagender und erhebender Wirkung, sondern illusionslos skept. Daseinsbeschreibung und -erhellung, radikale Satire und Kritik der bürgerl. Moral und Gesellschaft, Entlarvung der durch Konventionen und Ideologien verdeckten menschl. ›Wirklichkeit‹ wurden das Ziel jener modernen Dramatik, die, von den Naturalisten bis zu J.-P. SARTRE, O'NEILL und T. WILLIAMS die pessimistisch-nihilist. Analyse des Menschen verfolgte, zunächst durch die Verdichtung geschlossener soziolog., psycholog. und physiolog. Kausalreihen, später durch künstlerisch freieres Gestalten der vielschichtigen Determinanten mit dem zwangsläufig traurigen, nicht mehr im ursprüngl. Sinn trag. Ausgang. Schon A. P. TSCHECHOW, gefolgt von J. GIRAUDOUX, wich einer trag. Lösung in die Komödie aus. Nach F. DÜRRENMATT ist in der modernen Welt die T. überhaupt unmöglich geworden; ihr gemäß sei nur noch die (schaurig-groteske) Komödie (→Tragikomödie). Schließlich räumte das Tragische im Schauspiel dem Absurden (→absurdes Theater) oder dem nur noch Schrecklichen (›Theater der Grausamkeit‹) den Platz. Nach dem Schicksal und dem Helden wurde auch die Kategorie des Konflikts aufgegeben und die auf die Katastrophe hin strukturierte Handlungsführung durch die Gestaltung von kreisläufigen Prozessen oder reiner Zuständlichkeit ersetzt (S. BECKETT). Dieser Auflösungsprozess führte zu einer Form des Dramas, deren eigtl. Gegenstand die Repräsentationsleistung des Theaters selbst ist, darin inbegriffen die Möglichkeit des Tragischen. HEINER MÜLLERS Destruktionen von klass. T.-Stoffen und T.-Helden stellen einen solchen rein negativen Bezug auf die T. dar. Das Tragische tritt nur noch als zitathaftes oder parodist. Moment, nicht mehr als Gestaltungsprinzip eines ganzen Stückes auf.

Die Bauformen der griech. T., hg. v. W. JENS (1971); Tragik u. T., hg. v. V. SANDER (1971); D. E. R. GEORGE: Dt. T.-Theorien vom MA. bis zu Lessing (1972); P. SZONDI: Versuch über das Tragische, in: DERS.: Schrr., Bd. 1 (1978); DERS.: Zur Theorie des Tragischen unter der T., in: DERS.: Die Theorie des bürgerl. Trauerspiels im 18. Jh. (Neuausg. 1986); B. VON WIESE: Die dt. T. von Lessing bis Hebbel (Neuausg. 1983); M. KOMMERELL: Lessing u. Aristoteles. Unters. über die Theorie der T. (⁵1984); A. LESKY: Die griech. T. (⁵1984); J. LATACZ: Einf. in die griech. T. (1993); C. MÖNCH: Abschrecken oder Mitleiden. Das dt. bürgerl. Trauerspiel im 18. Jh. (1993); K. S. GUTHKE: Das dt. bürgerl. Trauerspiel (⁵1994); P.-A. ALT: T. der Aufklärung (1994); H.-D. GELFERT: Die T. Theorie und Gesch. (1995); History, tragedy, theory, hg. v. B. GOFF (Austin, Tex., 1995); W. BENJAMIN: Ursprung des dt. Trauerspiels (Neuausg. ⁷1996); G. K. HART: Tragedy in paradise. Family and gender politics in German bourgeois tragedy, 1750–1850 (Columbia, S. C., 1996).

Tragopogon [griech.], die Pflanzengattung →Bocksbart.

Tragos [griech. ›Bockshaut‹, nach dem Material, auf dem das Dokument geschrieben wurde], das grundlegende →Typikon der Klöster des Berges Athos, das von einem Mönch des Studionklosters ausgearbeitet und zwischen 970 und 972 von Kaiser JOHANNES I. TZIMISKES erlassen wurde. Es stellt die erste Regel des Athos dar, die zwischen Anachoretentum und Koinobitentum zu vermitteln sucht.

Tragschnabelwagen, *Eisenbahn:* zweiteiliger Schwertransportwagen für große Einzellast, die freitragend zw. Tragschnäbeln befördert wird. Letztere stützen sich auf den Laufwerken der beiden Wagenhälften ab, womit das Ladegewicht gleichmäßig auf alle Radsätze verteilt wird. Der Übergang auf Straßenschwerlastfahrzuge ist ohne Kran möglich.

Tragschrauber, Autogiro [-ʒiːro], ein →Drehflügelflugzeug, bei dem die den Auftrieb liefernde **Tragschraube (Rotor)** durch den Fahrtwind in Umdrehung gehalten wird, während eine motorisch angetriebene Luftschraube den Vortrieb liefert. T. sind nicht schwebeflugfähig und können nur Kurzstarts (nicht Senkrechtstarts) ausführen. Da keine aufwendigen Rotorgetriebe und kein Drehmomentausgleich benötigt werden, ist der T. im Aufbau einfacher als der Hubschrauber; trotzdem hat er sich gegenüber diesem nicht durchsetzen können. – Der erste T. wurde 1922 von JUAN DE LA CIERVA Y CODORNIU entwickelt.

Tragschrauber: Von Juan de la Cierva y Codorniu gebauter Autogiro, mit dem er selbst 1928 den Ärmelkanal überquerte

Trägspinner, Wollspinner, Lymantriidae, Schmetterlingsfamilie mit etwa 3 000 Arten (in Mitteleuropa 17); ihre Saugrüssel sind meist verkümmert oder fehlen. T. weisen oft starken Geschlechtsdimorphismus auf. Die Raupen der T. besitzen acht Fußpaare und sind oft stark behaart, die Haare sind auf Warzen oder in Büscheln oder Pinseln (Brennhaare) angeordnet. Einige T. werden durch Kahlfraß ihrer Raupen an Obst- und Waldbäumen schädlich, wie das →Goldafter, die →Nonne, der →Schwammspinner; dies gilt u. U. auch für den **Schwan** (Porthesia similis), der dem Goldafter in Aussehen und Lebensweise sehr ähnlich ist. Als Bürstenbinderraupen oder Bürstenbinder werden die Raupen der Gattung Orgyia bezeichnet, zu der u. a. der →Schlehenspinner gehört.

Tragstein, *Bauwesen:* →Konsole.

Tragus [griech. trágos, eigtl. ›Ziegenbock‹] *der, -/...gi,* Knorpelvorsprung der menschl. Ohrmuschel über der Mündung des äußeren Gehörgangs. Gegenüber liegt der Antitragus. (→Anthelix)

Tragwerk, 1) *Bautechnik:* System aus Trägern oder anderen Bauelementen, das die Wirkungen aus ständigen Lasten, Verkehrs- und Nutzlasten aufnimmt und an die Auflager (Pfeiler, Widerlager u. a.) überträgt. Je nach Art bzw. Anordnung der Bauelemente unterscheidet man →Flächentragwerke, Rahmentragwerke (→Rahmen), Bogentragwerke (→Bogen), Balkentragwerke (→Sprengwerk, →Hängewerk), →Stabwerke und →Seiltragwerke.

2) *Flugzeugbau:* Baugruppe des →Flugzeugs.

Tragzeit, Tragezeit, *Zoologie:* →Trächtigkeit.

Trailer ['treɪlə; engl., zu to trail ›ziehen‹, ›(nach)schleppen‹] *der, -s/-,* **1)** *Fahrzeugtechnik:* 1) Sattelhänger für den Straßentransport von Containern. **T.-Schiff,** Spezialfrachtschiff zum Transport von T. (→Roll-on-roll-off-Schiff); 2) Fahrzeuganhänger zum Transport kleinerer Boote.

2) *Film:* 1) kurzer, aus einigen Szenen eines Films zusammengestellter Vorfilm, der als Werbung für diesen Film gezeigt wird; 2) nicht belichteter Filmstreifen am inneren Ende einer Filmrolle.

3) *Rundfunk und Fernsehen:* kurze, öfter wiederholte Einblendung in das laufende Programm mit der Vorschau auf eine bestimmte Sendung.

Train [trɛ̃; frz., zu traîner ›(nach)ziehen‹] *der, -s/-s, Militärwesen:* von FRIEDRICH II., D. GR., eingeführte und bis zum Ende des Ersten Weltkriegs in Dtl. übliche Bez. für das der Versorgung von Truppen dienende Transport- und Nachschubwesen bzw. dessen Kräfte und Mittel. (→Tross)

Train à grande vitesse [trɛ̃ aˈgrɑ̃d viˈtɛs], frz. Hochgeschwindigkeitszug, →TGV.

Trainee [treɪˈniː; engl., zu to train, vgl. Trainer] *der, -s/-s,* jemand (bes. Hochschulabsolvent), der innerhalb eines Unternehmens ein **Trainee-Programm** durchläuft, d. h. eine prakt. Ausbildung in versch. Abteilungen erhält und auf eine meist leitende Tätigkeit in einer dieser Abteilungen vorbereitet wird.

Trainer [ˈtrɛːnər; engl., zu to train ›erziehen‹, ›(nach)schleppen‹] *der, -s/-, Sport:* Person, die für eine bestimmte Sportart erforderl. Technik und Taktik systematisch lehrt und verfeinert, die Wettkampfvorbereitung plant, steuert und kontrolliert sowie während des Wettkampfs die Betreuung übernimmt. In den Mannschaftssportarten ist der T. darüber hinaus für die Aufstellung der Mannschaft verantwortlich. Qualitätskriterien eines T.: sportartspezif. Kenntnisse und Können; sportwiss. Kenntnisse bes. in der Trainingslehre sowie in Sportpsychologie, -pädagogik und Biomechanik. Die Tätigkeit als haupt- oder nebenamtl. T. in den Organisationen des Dt. Sportbundes (DSB) setzt das Absolvieren spezif. Ausbildungsgänge und Abschlussprüfungen mit dem Erwerb einer T.-Lizenz voraus (→Trainerakademie Köln e. V.).

Im Fußball erfolgt die sechsmonatige Ausbildung zum staatlich anerkannten ›Fußballlehrer‹ im Rahmen der T.-Ausbildung des Dt. Fußball-Bundes (DFB) an der →Deutschen Sporthochschule Köln. Voraussetzungen zur Ausbildung sind u. a. die DFB-A-Lizenz und erfolgreiche T.-Tätigkeit.

K.-H. BETTE: Die Trainerrolle im Hochleistungssport. System- u. rollentheoret. Überlegungen zur Sozialfigur des T. (1984); N. PATSANTÁRAS: Der T. als Sportberuf (1994); J. FORNOFF u. R. M. KILZER: Ausbildung u. Arbeitsbedingungen des T. (1994); J. SCHIFFER: Aspekte der T.-Ausbildung u. des T.-Berufes (²1994); Fußball-Lehrer im Dt. Fußball-Bund, bearb. v. H. G. STEINKEMPER (1996).

Trainerakademie Köln e. V., Berufs-Akad. des Dt. Sportbundes (DSB) zur Aus- und Weiterbildung von Trainern, auch zur Fortbildung von Bundestrainern; gegr. 1974 in Köln. Die Ausbildung (allgemeine Grundlagen, sportübergreifende und sportspezif. Inhalte) dauert zwei Jahre und wird mit der Prüfung zum ›Staatlich geprüften Trainer‹ (›Diplomtrainer‹) abgeschlossen. Zulassungsvoraussetzungen sind u. a. die A-Lizenz und die Empfehlung des jeweiligen (DSB-)Spitzenfachverbandes. Träger der Akad. ist der ›Verein T. K. e. V.‹, dessen Mitgl. die Spitzenfachverbände (Ausnahme: Dt. Fußball-Bund, →Trainer), die Landessportbünde, der DSB, das Nat. Olymp. Komitee (NOK) und der Dt. Sportärztebund sind.

Traini, Francesco, ital. Maler, um 1321–65 in Pisa und Bologna tätig; als weitgehend gesichert gilt die Zuschreibung der um 1340–50 entstandenen Fresken mit dem Triumph des Todes im Camposanto von Pisa. Sie stellen in volkstümlich zupackender Schilderung höf. Lebensgenuss der Unerbittlichkeit des Todes gegenüber und gelten als ein Hauptwerk der toskan. Trecentomalerei. Sein einziges signiertes Werk ist das ›Dominikus-Triptychon‹ (1345 vollendet; Mittelteil in Pisa, Museo Nazionale di San Matteo; Seitenflügel ebd., Santa Catarina). BILD S. 242

Training [ˈtrɛːnɪŋ; engl., zu to train, vgl. Trainer] *das, -s/-s,* **1)** *allg.:* planmäßige Durchführung eines Programms von vielfältigen Übungen zur Ausbildung und Steigerung von Können und Leistungsfähigkeit.

2) *Sport:* auf Grundlage der allgemeinen T.-Prinzipien (Belastung, Zyklisierung und Spezialisierung) geplanter komplexer Handlungsprozess mit dem Ziel der planmäßigen Entwicklung und Verbesserung funktioneller und morpholog. Anpassungen an spezif. Belastungen. Obwohl T. die spezif., individuell be-

Francesco Traini: Die Rettung der Schiffbrüchigen auf der Garonne; Ausschnitt aus der Mitteltafel des ›Dominikus-Triptychons‹, 1345 vollendet (Pisa, Museo Nazionale di San Matteo)

grenzte maximale Leistungsfähigkeit ansteuert, wirkt es sich auch auf die Entwicklung der Gesamtpersönlichkeit aus. T. umfasst inhaltl., method. und organisator. Maßnahmen sowie allgemeine und sportartspezif. Tätigkeiten zur zielgerichteten Verbesserung der körperl. Leistungsfähigkeit, Kondition und Technik. T. beinhaltet auch Maßnahmen der psycholog. Schulung und Einstellung auf den Wettkampf. Die **T.-Wissenschaft** als Teil der Sportwissenschaft setzt sich aus interdisziplinärer Sichtweise mit der Beschreibung und Analyse sportl. Leistungen und Leistungsbedingungen sowie mit der Begründung und Überprüfung des Leistungshandelns im T. und im sportl. Wettkampf auseinander. Sie ist von der **T.-Lehre** abzugrenzen, die alle (wiss. und nichtwiss.) Aussagen und Aussagensysteme zusammenfasst, die Anweisungen zum Handeln im T. und Wettkampf enthalten. Die T.-Lehre greift stets auf reflektierte Erfahrungen der in der T.-Praxis Tätigen bzw. die T.-Praxis systematisch Beobachtenden zurück und ist insofern stärker praxisorientiert als die T.-Wissenschaft.

D. MARTIN u.a.: Hb. Trainingslehre (²1993); M. LETZELTER: Trainingsgrundlagen (104.–106. Tsd. 1994); B. MÜHLFRIEDEL: Trainingslehre (⁵1994); Trainingswiss. Leistung – T. – Wettkampf, hg. v. G. SCHNABEL u.a. (Neuausg. 1997).

Training on the Job [ˈtrɛːnɪŋ ɔn ðə dʒɔb, engl.], spezif. Form der Personalentwicklung, bei der die Qualifizierung im Betrieb bei der Erfüllung der Arbeitsaufgaben (z. B. durch Job-Enrichment, Einsatz in Projektgruppen) erfolgt. Beim **Training near the Job** findet die Qualifizierung in räuml., inhaltl. und zeitl. Nähe zum Arbeitsplatz statt (z. B. durch Qualitätszirkel, Coaching). Erfolgt die Personalentwicklung außerhalb des Unternehmens und losgelöst von der eigentl. Arbeitsaufgabe (z. B. auf Konferenzen) spricht man von **Training off the Job**.

Trainingsmaßnahmen [ˈtrɛːnɪŋ-], *Arbeitsförderung:* Maßnahmen, die der Verbesserung der Eingliederungsaussichten von Arbeitslosen dienen; zus. mit dem Eingliederungsvertrag (→Probearbeitsverhältnis) eingeführt. Nach §§ 48 ff. SGB III können Arbeitslose durch Weiterleistung von Arbeitslosengeld oder Arbeitslosenhilfe und durch Übernahme der Maßnahmekosten gefördert werden (Förderungsdauer: zwei bis acht Wochen), wenn die Maßnahme oder Tätigkeit geeignet ist, die Arbeitsmarktchancen des Arbeitslosen zu verbessern, und auf Vorschlag oder mit Einwilligung des Arbeitsamtes erfolgt. Der Anspruch auf Arbeitslosengeld kann ruhen, wenn sich der Arbeitslose trotz Belehrung weigert, an einer T. teilzunehmen.

Traisen, 1) Markt-Gem. im Bez. Lilienfeld, NÖ, 356 m ü. M., 3 700 Ew.; VÖEST-Alpine-Stahlwerk.
2) *die,* rechter Nebenfluss der Donau in NÖ, 70 km lang; entspringt in den Quellflüssen Turnitzer T. und Unrechttraisen in den Steirisch-Niederösterr. Kalkalpen, mündet im westl. Tullnerfeld; das T.-Tal ist stark industrialisiert.

Traiskirchen, Stadt im Bez. Baden, NÖ, 201 m ü. M., im Wiener Becken, 16 100 Ew.; Heimatmuseum, Volkssternwarte; Reifenherstellung, Metallverarbeitung, Holz-, Papier- und Nahrungsmittelindustrie (Süßwaren, Fleisch- und Wurstwaren); Weinbau. – Inmitten einer befestigten Anlage liegt die kath. Pfarrkirche St. Margareta, 1755 unter Einbeziehung eines got. Vorgängerbaus vollendet. – Das seit dem 13. Jh. als Markt bezeugte T. wurde 1927 Stadt.

Traismauer, Stadt im Bez. Sankt Pölten, NÖ, 197 m ü. M., im unteren Traisental, 5 600 Ew.; Heimatmuseum (im Hungerturm), Museum für Frühgeschichte (im Schloss); Maschinenbau und Stahlwarenindustrie (Herstellung von Sägen), Kunststoff verarbeitende und Nahrungsmittelindustrie; Weinbau in der Umgebung. – Die kath. Pfarrkirche St. Rupert wurde zw. 1475 und 1500 unter Einbeziehung älterer Teile errichtet. Erhalten sind Reste der mittelalterl. Stadtmauer mit Hungerturm und Wiener Tor (16. Jh.). – In Nachfolge eines röm. Kastells und einer röm. Siedlung entstand um 800 der Ort, dessen älteres Marktrecht 1458 bestätigt wurde; seit 1958 Stadt.

Trait [treɪ(t); engl. ›Zug‹] *der, -(s)/-s, Psychologie:* relativ unveränderl. Grundzug der →Persönlichkeit; in der faktorenanalyt. Theorie werden die Wesenszüge grundsätzlich in komplexe **allgemeine T.** und **persönliche T.** unterteilt, neben **Verhaltens-T.** werden im Einzelnen auch **morphologische T.** (z. B. Körpergröße), **physiologische T.** (Stoffwechsel) sowie weitere, auf Einstellungen, Interessen, Bedürfnisse, Temperament und Eignung bezogene T. unterschieden.

Trajan, eigtl. **Marcus Ulpius Traianus,** röm. Kaiser (seit 98), * Italica (Spanien) 18. 9. 53, † Selinus (Kilikien) 8. 8. 117; erster aus einer Prov. stammender Kaiser, als Statthalter der Prov. Germania superior 97 von NERVA adoptiert und zum Caesar ernannt. Unter T. erreichte das Röm. Reich seine größte Ausdehnung. 106 wurden die Prov. Dakien und Arabia Petraea (das Königreich der →Nabatäer) angegliedert, im Partherkrieg 114–117 Armenien, Assyrien und Mesopotamien als Prov. gewonnen (von seinem Nachfolger HADRIAN wieder aufgegeben). T. starb auf der Heimreise vom Partherfeldzug, seine Asche wurde in der →Trajanssäule beigesetzt. – Trotz seiner absolutistisch-zentralist. Regierungsform und T. in gutem Einvernehmen mit dem Senat. Literatur und Kunst blühten, T.-Forum und T.-Thermen in Rom wurden gebaut, ferner Straßen, Kanäle und Brücken, neue Städte und Kolonien wurden gegründet. Die mit T. beginnende Epoche der Adoptivkaiser wird in zeitgenöss. und späterer Deutung dank seiner Person als eine der glücklichsten der röm. Geschichte.

J. G. WOLF: Politik u. Gerechtigkeit bei Traian (1978); H. PRINZ ZU LÖWENSTEIN: Traianus (1981); S. FEIN: Die Beziehungen der Kaiser T. u. Hadrian zu den ›litterati‹ (1994); J. BENNETT: T. Optimus princeps. A life and times (London 1997).

Trajan
(zeitgenössische Marmorbüste; Rom, Kapitolinisches Museum)

Trajanow, Teodor Wassilew, bulgar. Lyriker, * Pasardschik 11. 2. 1882, † Sofia 15. 1. 1945; ab 1906 Diplomat in Wien. T. ist mit seiner formal und ästhetisch vollendeten Verskunst einer der Hauptvertreter des bulgar. Symbolismus.
Werke: Regina mortua (1908); Chimni i baladi (1912); Bălgarski baladi (1921); Osvobodenijat čovek (1929); Panteon (1934).
Ausgaben: Izbrani stichotvorenija (1966); Izbrani tvorbi, hg. v. I. SESTRIMSKI (1981).

Trajansbogen, eintoriger röm. Ehrenbogen in Benevent, 114 n.Chr. dem Kaiser TRAJAN für die von ihm als Verlängerung der Via Appia erbaute Straße von Benevent nach Brindisi (Via Traiani) errichtet. Der figurenreiche Reliefschmuck zeigt den Kaiser bei öffentl. Handlungen, wobei er von einer Reihe Gottheiten begleitet wird. Die Stadtseite ist Rom, die Landseite den Provinzen gewidmet. – Der 116 n.Chr. am Eingang des Trajansforums in Rom errichtete T. ist nicht erhalten.

Trajans|säule, Gedenksäule aus Marmor (mit dem würfelförmigen Sockel 39,83 m hoch) auf dem Trajansforum in Rom, 113 n.Chr. errichtet; auf einem Reliefband (rd. 200 m Länge), das spiralartig die Säule umzieht, ist die Eroberung Dakiens durch TRAJAN (101–02 und 105–06) dargestellt; in einer Kammer des Sockels stand einst die Urne mit der Asche des Kaisers; den Abschluss der Säule bildete eine Statue TRAJANS, die im MA. verloren ging und durch eine Petrusstatue ersetzt wurde. (Weiteres BILD →Piranesi, Giovanni Battista)
W. GAUER: Unters. zur T., Tl. 1 (1977, m.n.e.); A.-M. LEANDER TOUATI: The great Trajanic frieze. The study of a monument and of the mechanisms of message transmission in Roman art (Stockholm 1987).

Trajekt [lat. traicere, traiectum ›hinüberbringen‹] *der* oder *das, -(e)s/-e,* Spezialschiff zum Transport von Eisenbahnwaggons im Fährverkehr (→Fähre).

Trajektori|e [zu spätlat. traiector ›Durchdringer‹] *die, -/...ri|en,* **1)** *Kinematik:* die als Funktion der Zeit gegebenen Koordinaten und Bewegungsgrößen (Ort, Geschwindigkeit bzw. Impuls) eines Teilchens oder Körpers, die dessen Bewegung im Raum beschreiben.
2) *Mathematik:* eine Kurve, die alle Kurven einer gegebenen Kurvenschar genau einmal schneidet. Ist der Schnittwinkel konstant oder 90°, so wird die T. als **isogonal** bzw. **orthogonal** bezeichnet.

Trakai, Stadt in Litauen, westlich von Wilna in einer waldreichen Seenlandschaft (61 T.-Seen), inmitten des 83 km² großen T.-Nationalparks, 7 200 Ew.; Naherholungsgebiet; Histor. Museum. – Inselburg (Wasserburg; 14./Anfang 15. Jh.; nach 1945 restauriert) im Galvėsee, kath. Vytautaskirche (15.–18. Jh.), Holzhäuser der Karäer aus dem 19. und 20. Jh. – Alt-T. war im 12./13. Jh. Zentrum des Trakaier Fürstentums. Im 14. Jh. wurde die Stadt 4 km nach N verlegt (T. oder Neu-T.). 1409 erhielt T. Magdeburger Stadtrecht, danach war es nach der polnisch-litauischen Personalunion bis ins 16. Jh. Woiwodschaftsstadt.

Trakehnen, seit 1946 russ. **Jasnaja Poljana,** Ort im Gebiet Kaliningrad (Königsberg), Russland, nördlich der Rominter Heide, 500 Ew. – In T. bestand 1732–1944 ein Gestüt (→Trakehner). Mit dem nördl. Teil Ostpreußens kam der Ort 1945 an die Sowjetunion und gehört heute zu Russland.

Trakehner, Ostpreußisches Warmblutpferd, Ostpreuße, aus Ostpreußen stammende, edelste Rasse dt. Warmblutpferde; Schulterhöhe 162–168 cm, elegante Renn-, Spring- und Dressurpferde von lebhaftem Temperament. – Die Rasse geht zurück auf die seit 1732 in Trakehnen veredelten Schweiken (stehen den →Koniks nahe), in die seit 1786 planmäßig Arab. und Engl. Vollblut eingekreuzt wurden. Seit 1945 wird die Rasse mithilfe der im Wintertreck 1944–45 aus Ostpreußen geretteten Tiere (kaum 2 000 von 25 000 eingetragenen Stuten) überall in Dtl. (v. a. in Holstein und Ndsachs.) gezüchtet, bes. als Füchse und Braune. Der T. überwiegt in der poln. Pferdezucht und ist auch in anderen europ. Staaten, in der GUS, in Nordamerika sowie im östl. und südl. Afrika vertreten.
F. SCHILKE: T.-Pferde einst u. jetzt (⁵1982); R. G. BINDING: Das Heiligtum der Pferde (Neudr. 1994).

Trakl, Georg, österr. Lyriker, * Salzburg 3. 2. 1887, † Krakau 3. 11. 1914. Nach dem Abgang vom Gymnasium 1905 Apothekerlehre in Salzburg, erste dichter. Versuche und Drogenerfahrungen, 1908–11 Pharmaziestudium und Militärdienst in Wien, wurde durch seinen Freund EDUARD BUSCHBECK (* 1889, † 1960) u.a. mit H. BAHR bekannt, ab 1912 Apotheker am Garnisonsspital in Innsbruck; dort Freundschaft mit L. VON FICKER, der zahlr. Gedichte T.s in seiner Ztschr. ›Der Brenner‹ veröffentlichte, dazwischen Aufenthalte in Wien und Salzburg; Bekanntschaft mit K. KRAUS, O. KOKOSCHKA, P. ALTENBERG, A. LOOS, ELSE LASKER-SCHÜLER und T. DÄUBLER. Obwohl literarisch äußerst produktiv, war er bald durch Alkohol- und Drogenmissbrauch physisch und psychisch völlig zerrüttet. 1914 bei Kriegsausbruch eingezogen, erlebte er als Sanitätsfähnrich die Schlacht bei Gródek (Wwschaft Białystok), unter deren Eindruck er zusammenbrach und schließlich in einem Krakauer Garnisonsspital verstarb; die genauen Umstände seines Todes blieben ungeklärt. T. zählt neben G. HEYM, E. STADLER und F. WERFEL zu den bedeutendsten Frühexpressionisten dt. Sprache. Seine frühen Gedichte zeigen in der Verwendung bestimmter Formen

Trajanssäule: Ausschnitt aus dem Reliefband

Trajektorie 2): Orthogonale Trajektorien (konfokale Hyperbel- und Ellipsenschar)

Trakehner (Schulterhöhe 162–168 cm)

Georg Trakl

(Terzine, Sonett) und Motive (Herbst, Dämmerung, Verfall) Anklänge an C. BAUDELAIRE und A. RIMBAUD; später dominieren schwer entschlüsselbare, oft surreal übersteigerte Bilder in assoziativer Reihung und freien Rhythmen. Charakteristisch für T.s Lyrik, die der dt. Dichtung neue Dimensionen erschloss, ist ferner die reiche Farbmetaphorik sowie das immer wiederkehrende Motiv der (inzestuösen?) Beziehung zu seiner Schwester MARGARETHE (›Gretl‹, * 1891, † 1917). Das Werk übte großen Einfluss auf die expressionist. Lyrik und auf die Lyrik nach 1945 aus.

Werke: *Gedichtsammlungen:* Sebastian im Traum (hg. 1915); Der Herbst des Einsamen (hg. 1920); Gesang des Abgeschiedenen (hg. 1933); Offenbarung u. Untergang (hg. 1947). – *Dramen:* Totentag (UA 1906); Blaubart. Ein Puppenspiel (entst. 1910, hg. 1939). – *Prosa:* Traumland, in: Salzburger Volksblatt (1906).

Ausgaben: Aus goldenem Kelch. Die Jugenddichtungen, hg. v. E. BUSCHBECK (^{7}1967); Werke, Entwürfe, Briefe, hg. v. H.-G. KEMPER u. a. (1984, Nachdr. 1986); Das dichter. Werk, hg. v. F. KUR (^{10}1986); Dichtungen u. Briefe. Historisch-krit. Ausg., hg. v. W. KILLY u. a., 2 Bde. (^{2}1987); Sämtl. Werke u. Briefwechsel, hg. v. H. ZWERSCHINA u. E. SAUERMANN, auf 6 Bde. ber. (1995 ff.).

W. RITZER: T.-Bibliogr. (Salzburg 1956); DERS.: Neue T.-Bibliogr. (ebd. 1983); Erinnerung an G. T. Zeugnisse u. Briefe (ebd. ^{3}1966); W. KILLY: Über G. T. (^{3}1967); Internat. G.-T.-Symposion, hg. v. J. P. STRELKA (1984); H. RÖLLEKE: Die Stadt bei Trakl, Heym u. T. (^{2}1988); S. KLETTENHAMMER: G. T. in Zeitungen u. Ztschr. seiner Zeit (Innsbruck 1990); H. ZWERSCHINA: Die Chronologie der Dichtungen G. T.s (ebd. 1990); O. BASIL: G. T. (62.–64. Tsd. 1992); F. FÜHMANN: Vor Feuerschlünden (Neuausg. 1993); H. WEICHSELBAUM: G. T. Eine Biogr. mit Bildern, Texten u. Dokumenten (Salzburg 1994); M. NERI: Das abendländ. Lied – G. T. (1996).

Trakt [von lat. tractus ›das Ziehen‹; ›Ausdehnung‹, ›Lage‹, ›Gegend‹] *der, -(e)s/-e,* 1) größerer, sich in die Breite ausdehnender Teil eines Gebäudes, Gebäudeflügel; 2) Strecke, Strang (z. B. Darmtrakt).

Traktandum [lat. ›was behandelt werden soll‹] *das, -s/...den, schweizer.* für: Tagesordnungspunkt, Verhandlungsgegenstand.

Traktat [lat. tractatus ›Abhandlung‹] *das oder der, -(e)s/-e,* literar. Zweckform in Prosa, schriftl. Behandlung eines religiösen, moral. oder wiss. Themas; in Dtl. häufige Form der →Erbauungsliteratur seit dem 16. Jh. sowie von religiösen Flug-, Streit- und Schmähschriften, daher bisweilen abschätzig als Bez. für platt tendenziöse Schriften.

Traktion [zu lat. trahere, tractum ›(nach)ziehen‹] *die, -/-en,* 1) *Eisenbahn:* die →Zugförderung. 2) *Fahrzeugtechnik:* die Zugkraftentwicklung eines Fahrzeugs oder eines Teils seines Laufwerks (z. B. Reifen) auf festem und nachgiebigem Untergrund, bedeutsam z. B. beim Traktor. Treibradreifen benötigen einen gewissen Schlupf (Geschwindigkeitsverlust) zur Leistungsübertragung, den man mit dem **T.-Wirkungsgrad** bewertet (auf fester Fahrbahn 90 bis 95 %, für Ackerboden 50–80 %). Die maximalen Reifenzugkräfte auf der Straße betragen bis 100 % der Radlast, auf dem Acker 40 bis 70 % (Boden muss fest sein).

Traktor [engl., zu lat. trahere, tractum ›(nach)ziehen‹] *der, -s/...'toren, der* →Ackerschlepper.

Traktrix [nlat. ›Schlepperin‹] *die, -/...'trizes,* **Schleppkurve,** ebene Kurve, deren Tangenten von einer festen Geraden, der Leitlinie, stets im gleichen Abstand vom zugehörigen Tangentenberührungspunkt geschnitten werden. Durch Rotation der T. entsteht die →Pseudosphäre.

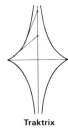

Traktrix

Traktur [spätlat. tractura ›das Ziehen‹] *die, -/-en,* in der →Orgel die Verbindung zw. den Tasten und einem Spiel- oder Tonventilen.

Traktus, *lat. Liturgie:* →Tractus.

Tralee [trəˈliː], irisch **Trá Lí** [tra: ˈliː], Hauptstadt der Cty. Kerry im SW der Rep. Irland, in der histor. Prov. Munster, 19 950 Ew.; Verarbeitung landwirtschaftl. Produkte (u. a. Baconherstellung), Industriepark mit Maschinenbau, Metallverarbeitung, Elektronik- und Bekleidungsindustrie; Flughafen; Fremdenverkehr.

Trälleborg [trɛləˈbɔrj], Stadt in Schweden, →Trelleborg 1).

Tralleis, Tralles, antike Handelsstadt im Mäandertal, beim heutigen Aydın, Türkei. T., eine alte karischlyd. Siedlung, war wegen ihrer strategisch günstigen Lage oft umkämpft; im 6. Jh. v. Chr. von den Persern, 334 v. Chr. von ALEXANDER D. GR., 281 v. Chr. von SELEUKOS I. erobert; 189 v. Chr. kam T. zum Pergamen. Reich, 133 zur röm. Prov. Asia. 27 v. Chr. durch Erdbeben zerstört, wurde es durch Kaiser AUGUSTUS wieder aufgebaut und ihm zu Ehren **Kaisareia (Caesarea)** genannt. Nach der endgültigen Eroberung durch die Seldschuken 1280 wurde es durch das neu errichtete Aydın verdrängt.

Tralow [-loː], Johannes, Pseudonym **Hanns Low,** Schriftsteller, * Lübeck 2. 8. 1882, † Berlin (Ost) 27. 2. 1968; war Journalist, dann Regisseur und Theaterschauspieler in Berlin; ab 1933 freier Schriftsteller; 1951–57 Präs. des ›Dt. P.E.N.-Zentrums Ost und West‹. 1957 Übersiedlung in die DDR. Verfasser zahlr. Romane, die histor. Prozesse durch das Schicksal bedeutender Persönlichkeiten darstellen. Als Hauptwerke gelten die der ›Osman. Tetralogie‹ verknüpften Romane ›Roxelane‹ (1942), ›Irene von Trapezunt‹ (1947), ›Malchatun‹ (1952) und ›Der Eunuch‹ (1956).

Tram [Kurzform von engl. tramway ›Straßenbahn(linie)‹] *die, -/-s,* **Trambahn,** *landschaftlich* für: →Straßenbahn.

Tramelan [tramˈlã], Gem. im Bez. Courtelary, Kt. Bern, Schweiz, 917 m ü. M., im Kettenjura, an der Trame, 4 400 Ew.; internat. Fortbildungszentrum; Uhren- und elektron. Industrie, Maschinenbau.

Trameten [zu lat. trama ›Gewebe‹], **Trametes,** weltweit verbreitete Gattung der Porlinge (Ständerpilze) mit konsolenartig seitlich an Baumstämmen sitzenden, meist halbrunden, ungestielten Fruchtkörpern von korkartiger oder lediger Beschaffenheit.

Tramin, ital. **Termeno,** seit 1971 amtl. **T. an der Weinstraße,** ital. **Termeno sulla strada del vino,** Gem. in der Prov. Bozen, Italien, 3 000 Ew.; Weinbau. – Pfarrkirche St. Julitta und Quiricus mit got. Chor (um 1400; an Außen- und Innenwänden Fresken, Anfang 15. Jh.), Turm mit Maßwerkgalerie und Spitzhelm (1466–92); roman. Fresken (um 1220) in der Apsis von St. Jakob in Kastellaz; roman. Friedhofskirche St. Valentin (13. Jh., mit Fresken des 14./15. Jh.). Mehrere repräsentative Wohnsitze, darunter der der Familie Langenmantel mit mytholog. Fresken von 1547.

Tramin, Peter von, eigtl. **P. Richard Oswald Tschuggel,** österr. Schriftsteller, * Wien 9. 5. 1932, † ebd. 14. 7. 1981; Bankkaufmann, wurde v. a. bekannt durch seinen autobiographisch gefärbten Entwicklungsroman ›Die Herren Söhne‹ (1963), der, ebenso wie seine fantastisch-grotesken Erzählungen (›Die Tür im Fenster‹, 1967; ›Taschen voller Geld‹, 1970) im literar. Umfeld von F. HERZMANOVSKY-ORLANDO und H. VON DODERER beheimatet ist.

Traminer, Rebsorte, →Gewürztraminer.

Tramontana [ital.] *die, -/...nen,* in Italien frischer, über die Alpen kommender Nordwind.

Tramp [trɛmp, engl.] *der, -s/-s,* Landstreicher, umherziehender Gelegenheitsarbeiter, v. a. in den USA.

Trampeltier, Art der →Kamele.

Trampolin [auch -ˈliːn; ital. trampolino, zu trampolo ›Stelze‹] *das, -s/e,* durch Stahlfedern gespanntes Sprungtuch; misst zw. 3,60 m × 1,80 m und (für den Wettkampf) 4,30 m × 2,15 m; dient dem **T.-Turnen,** das aus Übungen wie Überschlägen und Drehungen mit bis zu 9 m hohen Sprüngen besteht und von Frauen und Männern einzeln oder zu zweit ausgeübt wird. Das Wettkampfprogramm besteht aus zehn Teilübungen und ähnelt dem beim →Kunstturnen und →Wasserspringen. – Die T.-Turner und -Turnerinnen sind in Dtl. und in der Schweiz ihren nat. Turnverbänden angeschlossen (→Turnen). Internat. Dachverband ist die Fédération Internationale de Trampoline (FIT; gegr. 1964, Sitz: Moutier). Weltmeisterschaften seit 1964, Europameisterschaften seit 1969; 2000 erstmals olymp. Disziplin (Einzel).

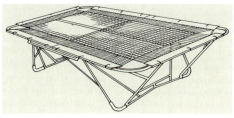

Trampolin

Trampschiff [ˈtrɛmp-], nach Bedarf, d. h. nicht im Linienverkehr eingesetztes →Frachtschiff.

Tramway [-vai; engl., vgl. Tram] *die, -/-s, österr.* für: Straßenbahn.

Tran [mnd. trān, eigtl. ›(durch Auslassen von Fettfett gewonnener) Tropfen‹], Bez. für die v. a. von Walen und Robben, z. T. auch von Fischen gewonnenen dickflüssigen Öle. Die wichtigste T.-Art ist der **Wal-T. (Walöl)**, eine farblose, unangenehm riechende Flüssigkeit (Zusammensetzung →Fette, TABELLE), die durch Fetthärtung in eine feste, geruchlose Masse verwandelt wird. Die T. dienen v. a. zur Herstellung von Margarine und Seife. (→Lebertran)

Trance [ˈtrãs(ə); engl., von altfrz. transe ›das Hinüberbergen (in den Tod)‹, zu lat. transire ›hinübergehen‹] *die, -/-n*, eine veränderte, die freie Willensbestimmung aussetzende Bewusstseinslage, die sich bei dafür bes. empfängl. Menschen auf suggestivem Wege erzeugen lässt und im religiösen Bereich auch als Ekstase bezeichnet wird. Dieser Zustand kann u. a. durch Hypnose, Drogen, Tanz, Musik, Atemtechniken, Autosuggestion herbeigeführt werden. Bei leichter T. bleiben Erinnerungen daran erhalten, Zustände tiefer T. sind von Amnesie gefolgt.

Tranche [ˈtrãʃ(ə); frz., zu trancher, vgl. tranchieren] *die, -/-n*, **1)** *Bank-* und *Börsenwesen:* Teilbetrag einer Wertpapieremission, der entweder in gewissen Zeitabständen oder gleichzeitig an mehreren Börsenplätzen, meist in versch. Ländern, aufgelegt wird, weil der Gesamtbetrag der Wertpapieremission zu einem einzigen Zeitpunkt und/oder in einem einzigen Land nicht untergebracht werden kann.
2) *Kochkunst:* fingerdicke Scheibe von Fleisch oder Fisch.

tranchieren [trãˈʃiː-; frz. trancher ›durch-, zerschneiden‹], *Kochkunst:* Geflügel, Wild kunstgerecht zerlegen; einen Braten in Scheiben schneiden.

Tran Duc Luong, vietnames. Politiker, * Prov. Quang Ngai 5. 5. 1937; Geologe; schloss sich 1959 der KP an; studierte 1981 in der Sowjetunion Wirtschaftswissenschaften, wurde im selben Jahr Mitgl. der Nationalversammlung, 1986 des Zentralkomitees und 1996 des Politbüros der KP Vietnams; ab 1987 einer der Stellv. des Min.-Präs. und ständiger Vertreter Vietnams beim Rat für gegenseitige Wirtschaftshilfe (Letzteres bis 1991); im September 1997 als Nachfolger von LE DUC ANH zum Staatspräs. gewählt.

Tränen, *Physiologie:* →Tränendrüsen.

Tränenbein, Os lacrimale, paariges, dünnes Knochenplättchen, das einen Teil der Augenhöhle und des Tränen-Nasen-Kanals bildet, in dem der häutige Tränen-Nasen-Gang liegt.

Tränendes Herz, Herzblume, Flammendes Herz, Dicentra spectabilis, im nördl. China heim. Erdrauchgewächs; 60–90 cm hohe Staude mit dreizähligen Blättern und herzförmigen, meist rosafarbenen Blüten, deren Schauwirkung allein durch die beiden jeweils in Zweizahl ausgebildeten, verschieden gefärbten Kronblätter entsteht, während die unscheinbaren Kelchblätter früh abfallen. Die Blüten sind in langen, überhängenden traubigen Blütenständen angeordnet und hängen infolge ihrer zarten Blütenstiele einseitswendig nach unten.

Tränendrüsen, Glandulae lacrimales, Tränenflüssigkeit absondernde Drüsen bei Reptilien (außer Schlangen), Vögeln und Säugetieren.

Beim *Menschen* liegen die T. als quer zweigeteilter, etwa bohnengroßer, verzweigt tubulös-alveolärer, exokriner Drüsenkomplex jeweils seitlich oben unter dem Augenhöhlendach. Das Sekret, die **Tränenflüssigkeit** (tägl. Menge etwa 1–3 ml), ist schwach salzig (rd. 660 mg Natriumchlorid je 100 ml), ganz schwach alkalisch, in geringem Umfang eiweißhaltig und wirkt leicht antibakteriell. Es wird über zahlr. kleine Ausführgänge in die Bindehautfalte des oberen Augenlids ausgeschieden und dann mithilfe des Lidschlags über Binde- und Hornhaut des Auges (die dabei angefeuchtet und gereinigt werden) zum inneren Augenwinkel hinbefördert, in dem als medialer, gefäßreicher Schleimhauthöcker das **Tränenwärzchen** (Caruncula lacrimalis) liegt. Vom *Tränenwärzchen*, fließt (durch Kapillarwirkung) die Tränenflüssigkeit über eine kleine Öffnung (**Tränenpünktchen**), die sich auf der Spitze je einer an der inneren Kante des oberen und des unteren Augenlids gelegenen kleinen, kegelartigen Erhebung (**Tränenhügel**, Papilla lacrimalis) befindet, in die beiden bis 1 cm langen, sich am Ende vereinigenden **Tränenkanälchen** (**Tränenröhrchen**, Canaliculi lacrimales) und dann in den **Tränensack** (Saccus lacrimalis) ab. Dieser bildet die in einer der Augenhöhle zugewandten Bucht des Tränenbeins gelegene, erweiterte obere Verlängerung des **Tränen-Nasen-Gangs** (Ductus nasolacrimalis), der unter der unteren Nasenmuschel in den unteren Nasengang mündet, nachdem er das Tränenbein über

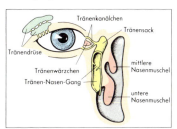

Tränendrüse und Tränenwege

eine Öffnung passiert hat. – Die Absonderung der Tränenflüssigkeit erfolgt unter nervaler Steuerung: sie wird gefördert durch den Parasympathikus, gehemmt durch den Sympathikus. Sie kann unter psych. Einfluss (Schmerz, Trauer, Freude) so stark werden, dass die Tränenflüssigkeit (beim Weinen) in Form von **Tränen** über die Lidränder abläuft. Neugeborene weinen zu Anfang noch tränenlos, da die entsprechenden zentralnervösen Verbindungen erst ab der dritten Lebenswoche funktionieren. Eine verstärkte Absonderung tritt auch bei mechan. Reizung oder bei Einwirkung von →Tränenreizstoffen auf.

Tränendrüsenentzündung, Dakryo|adenitis, in akuter Form meist einseitig auftretende Entzündung der Tränendrüse mit schmerzhafter Schwellung des Oberlids, teilweise mit Abszessbildung (Tränenfistel);

Tränendes Herz (Höhe 60–90 cm)

sie kann in Verbindung mit lokalen entzündl. Prozessen (Gerstenkorn), aber auch infolge Verletzung oder (doppelseitig) bei Mumps auftreten.

Tränengase, →Tränenreizstoffe.

Tränengras, Hiobs|träne, Jupiterträne, Coix, mit dem Mais näher verwandte Grasgattung mit nur wenigen Arten in Indien und von China bis Polynesien; Ähren im unteren Teil mit ein bis zwei weibl. Blüten, die in perlenähnl., durch das Deckblatt des weibl. Blütenstandes gebildete Gehäuse eingeschlossen sind (→Christusträne). Diese Fruchtgehäuse werden für Schmuck u. a. verwendet. Die Art Coix lacryma-jobi wird als Ziergras kultiviert.

Tränenkiefer, Pinus wallichiana, aus dem Himalaja stammende Kiefernart, bis 50 m hoher Baum; am Kurztrieb stehen die schlaffen, bläulich silbrigen Nadeln zu fünft, 13–20 cm lang, überwiegend bogig herabhängend; Zapfen 15–27 cm lang, 3–6 cm dick, leicht gekrümmt, Zapfenschuppen oft mit Harztropfen besetzt; attraktiver Park- und Gartenbaum.

Tränenreizstoffe, Augenreizstoffe, meist leichtflüchtige chem. Substanzen, die Reizwirkungen auf die Atemwege und bes. auf die Tränendrüsen ausüben und zu starker Absonderung von Tränenflüssigkeit führen. Einige T. aus der Gruppe der halogenierten organ. Verbindungen, z. B. Bromaceton, Chloracetophenon (→CN) und 2-Chlorbenzylidenmalonsäuredinitril (→CS), wurden als Reizkampfstoffe (›Tränengase‹) bekannt (→chemische Waffen).

Tränensack|entzündung, Dakryozystitis, durch Abflusshindernisse im Tränensackausgang hervorgerufene, akut oder chronisch verlaufende infektiöse, auch eitrige Entzündung mit schmerzhafter Schwellung und Rötung des Unterlids im Nasenwinkel, teils mit Abszessbildung. Die *Behandlung* kann bei eitriger Entzündung durch Spülung mit einer Antibiotikalösung des Tränenkanals Erfolg haben, in akuten Fällen ist ein entlastender Einschnitt (Inzision) oder eine operative Verbindung zum Nasenrachenraum (Dakryozystorhinostomie) erforderlich.

Tränenträufeln, die →Epiphora.

Trani, Hafenstadt und Seebad in Apulien, Prov. Bari, Italien, an der Adria, 52 300 Ew.; Erzbischofssitz; Diözesanmuseum; Kalksteinbrüche und -verarbeitung (T.-Marmor) u. a. Industrie; Handelsplatz für landwirtschaftl. Erzeugnisse. – Normann. Kathedrale, zw. 1094 und 1099 als San Nicola Pellegrino anstelle einer frühchristl. Marienkirche (vor 633) begonnen (BILD →italienische Kunst); die Maria geweihte Unterkirche 1142, die Oberkirche wohl 1166 abgeschlossen, Campanile nach 1229 errichtet (vor 1379 vollendet); die Krypta des hl. LEUCIUS stammt aus dem 7. oder 8. Jh. Am roman. W-Portal plast. Bauschmuck sowie die Bronzetüren von →BARISANUS VON TRANI (um 1180). Weitere Kirchen des 12. Jh.: Basilika Ognissanti, eine ehem. Templerkirche (1. Hälfte 12. Jh.) mit reich gestalteter Vorhalle, die apul. Kreuzkuppelkirchen Sant'Andrea (Anfang 12. Jh.) und San Francesco (geweiht 1184). Palazzi des 15.–18. Jh. Das Kastell wurde 1233–49 unter FRIEDRICH II. erbaut. – T. geht auf das röm. **Turenum** zurück; seit etwa 500 Bischofssitz; während der Kreuzzüge Einschiffungsplatz für die Kreuzfahrer und im 12./13. Jh. ein Stützpunkt der stauf. Macht in Unteritalien.

Tränk|harze, lösungsmittelfreie Reaktionsharze i. Allg. auf Basis von Harnstoff-, Melamin- oder Phenolharzen. Verwendung zum Imprägnieren von Papier oder Holz, zus. mit lösungsmittelhaltigen Tränklacken als Isoliermittel in der Elektrotechnik.

Tränkmetalle, poröse Sinterkörper aus hochschmelzenden Metallen (Wolfram, Molybdän, Eisen), Carbiden u. a., deren Poren mit niedrigschmelzenden Metallen oder Legierungen wie Blei, Silber, Kupfer ausgefüllt sind. Aus T. werden elektr. Kontakte und Gleitkörper hergestellt.

Tranninhplateau [-plato], frz. **Plaine des Jarres** [plɛnɛˈʒar], dt. **Ebene der Tonkrüge,** Hochland in Laos, nördlich von Vientiane, durchschnittlich 1 000–1 200 m, bis 2 817 m ü. M.; v. a. von Bergstämmen besiedelt; Vorkommen von Eisenerzen u. a. Bodenschätzen; Hauptort ist Xieng Khouang. – Das nach den hier gefundenen Stein- und Tonurnen früherer Kulturen benannte T. war 1953 in der 1. Phase des Vietnamkriegs zw. Franzosen und Vietminh, in der 2. Phase zw. dem Pathet Lao und der laot. Reg. umkämpft und von amerikan. Luftangriffen betroffen.

Tranquilizer [ˈtræŋkwɪlaɪzə]; engl., zu to tranquillize ›beruhigen‹, zu lat. tranquillus ›ruhig‹], Sg. **Tranquilizer** der, -s, **Tranquillanti|en,** Pharmazie: →Psychopharmaka.

Tranquilli [tranˈkwilli], Secondo, ital. Schriftsteller, →Silone, Ignazio.

trans... [lat. trans ›jenseits‹, ›über... hin‹], Präfix mit den Bedeutungen: 1) durch etwas hindurch, über etwas hin, z. B. Transpiration; 2) von einem Ort zu einem anderen erfolgend, z. B. Transport; 3) vorübergehend (zeitlich), z. B. transitorisch; 4) jenseits, z. B. transalpin, auch *übertragen,* z. B. transzendent.

trans-, Chemie: Vorsilbe der chem. Nomenklatur, die besagt, dass bei einer chem. Verbindung zwei Substituenten (oder Liganden) relativ zueinander auf der entgegengesetzten Seite einer Ebene liegen (→Stereochemie); Ggs.: cis-.

Trani: Westportal der Kathedrale mit Bronzetüren von Barisanus von Trani (um 1180)

Trans|actinoide, →Transurane.

Trans|afrikastraßen, 1) O-W-Verbindung durch den afrikan. Kontinent, von Mombasa (Kenia) bis Lagos (Nigeria), führt durch Uganda, die Demokrat. Rep. Kongo, die Zentralafrikan. Rep. und Kamerun; rd. 6 500 km, davon über 40 % asphaltiert. 2) geplante N-S-Verbindung, soll von Tripolis (Libyen) nach Windhuk (Namibia) führen.

Trans|aktion [spätlat. transactio ›Übereinkunft‹], der Übergang eines Gutes (bzw. einer Dienstleistung) oder einer Forderung von einem Wirtschaftssubjekt (Haushalt, Unternehmen, Staat) auf ein anderes. Die volkswirtschaftl. Gesamtrechnung unterscheidet: 1) **einseitige (unilaterale) T.,** bei denen eine Übertragung – wie bei Schenkung oder Transfer – ohne Gegenleistung erfolgt, und **zweiseitige (bilaterale) T.** mit Gegenleistung (Kauf bzw. Verkauf oder Realtausch); 2) **Finanz-T.,** bei denen Forderungen gegen Forderungen getauscht werden, und **Leistungs-T.,** bei denen Forderungen aufgrund eines Gutes oder wegen einer

Schenkung übertragen werden; Leistungs-T. ändern im Ggs. zu Finanz-T. den Bestand an Forderungen oder Verbindlichkeiten der beteiligten Wirtschaftssubjekte; 3) **Markt-T.** (beobachtbare, sichtbare, tatsächl. T.) und **unterstellte T.** (fiktive, unsichtbare T.), die nicht über Märkte vorgenommen werden (z. B. selbst erstellte Anlagen eines Unternehmens) und häufig mit geschätzten Marktpreisen bewertet werden müssen (z. B. der Eigenverbrauch des Staats).

Trans|aktionsanalyse, von dem kanad. Psychiater ERIC BERNE (* 1910, † 1970) begründete Form der Einzel- und Gruppenpsychotherapie; deutet das Verhalten und Erleben aus wechselnden ›Ich-Zuständen‹ des Menschen (Kind-Ich, Erwachsenen-Ich, Eltern-Ich); sucht die zwischenmenschl. Beziehungen als ›Transaktionen‹ nach bestimmten Mustern zu verstehen, diese in der Therapie positiv zu verändern und das Akzeptieren der eigenen Person zu fördern.

E. BERNE: Was sagen Sie, nachdem Sie ›Guten Tag‹ gesagt haben? (a. d. Amerikan., Neuausg. 1992); I. STEWART u. V. JOINES: Die T. (a. d. Engl., ²1992).

Trans|aktionskasse, *Wirtschaftstheorie:* →Kassenhaltung.

Trans|aktionskosten, Kosten, die nicht durch Produktion von Gütern, sondern im Zusammenhang mit wirtschaftl. Transaktionen entstehen, weil die beteiligten Wirtschaftssubjekte nur über unvollkommene Informationen verfügen. Zu den T. zählen alle Kosten, die bei der Anbahnung eines Vertrags (Suche, Information), Abschluss (Verhandlung, Entscheidungsfindung) eines Vertrags sowie nach Vertragsabschluss (Überwachung, mögl. Sanktionen) entstehen. Während in den Modellen der traditionellen neoklass. Wirtschaftstheorie davon ausgegangen wird, dass der Güteraustausch selbst kostenlos ist, finden die T., die in der Praxis z. T. erhebl. Dimensionen erreichen, in der **T.-Theorie** (auch **T.-Ökonomik**), einem v. a. auf R. H. COASE und OLIVER EATON WILLIAMSON (* 1932) zurückgehenden Ansatz der Neuen →Institutionenökonomik, verstärkt Berücksichtigung.

Mithilfe der Theorie der T. lassen sich alternative Formen der institutionellen Einbettung wirtschaftl. Transaktionen untersuchen sowie unterschiedliche vertragl. Beziehungen und das Verhalten der Vertragspartner erklären. Dabei ist zw. dem klass. (diskreten) und dem relationalen Vertrag zu unterscheiden. Im klass. Vertrag werden Leistung und Gegenleistung präzise festgelegt, für Transaktionen sind keine spezif. Investitionen der Vertragspartner erforderlich. Unter diesen Umständen ist der Markt eine zweckmäßige Koordinationsform. In der Realität treten jedoch häufig Situationen auf, in denen diese Bedingungen nicht erfüllt werden. Es kann sein, dass für geplante Transaktionen spezif. Aufwendungen nötig sind, die außerhalb dieser Transaktionen nicht oder nur mit erhebl. Verlust verwertbar sind: Ein Zulieferer für ein Automobilwerk tätigt z. B. in den Standort in der Nähe seines Abnehmers spezif. Investitionen (Maschinen, Qualifikation der Mitarbeiter). Diese schaffen ein besonderes – von der traditionellen neoklass. Markttheorie nicht berücksichtigtes – gegenseitiges Verhältnis. Einerseits ergibt sich für den Zulieferer eine Abhängigkeit vom Auftraggeber, andererseits erhält er einen ›First mover advantage‹: Bei der Vergabe eines zweiten gleich gelagerten Auftrags sind die notwendigen spezif. Investitionen bereits getätigt und für ihn nicht mehr entscheidungsrelevant (→Sunk Costs). Der Auftragnehmer kann daher der Konkurrenz unterbieten können. Langfristig kann daraus sogar ein bilaterales Monopol entstehen. Ein solcher Wandel in der Institution Markt wird von WILLIAMSON als ›fundamentale Transformation‹ bezeichnet. Für die Höhe der T. spielen neben dem Volumen der spezif. Aufwendungen auch die Unsicherheit und die begrenzte Fähigkeit zur Informationsverarbeitung eine Rolle. So ist z. B. bei der Entwicklung neuer Produkte die Unsicherheit bes. hoch, da der Vertragsgegenstand bei -abschluss noch nicht existiert. Ein weiteres Kriterium ist die Häufigkeit der Transaktionen; mit steigender Häufigkeit sinken die durchschnittl. T. durch Fixkostendegression und Lerneffekte. Nach Auffassung der T.-Theorie sind immer dann, wenn transaktionsspezif. Investitionen notwendig werden, Transaktionen unter Unsicherheit stattfinden und sich wiederholen, klass. Verträge ungeeignet und durch relationale Verträge zu ersetzen. Dies sind keine Verträge im jurist. Sinne, sondern langfristige komplexe Beziehungen zw. Vertragspartnern auf der Grundlage gemeinsamer Normen. Es wird bewusst darauf verzichtet, für alle Probleme eine Detaillösung zu vereinbaren. Stattdessen einigt man sich auf Rahmenbedingungen, die im Bedarfsfall ausgefüllt werden.

O. E. WILLIAMSON: Die ökonom. Institutionen des Kapitalismus (a. d. Amerikan., 1990); DERS.: T.-Ökonomik (a. d. Amerikan., ²1996); H. DIETL: Institutionen u. Zeit (1993); H. LÖCHEL: Institutionen, T. u. wirtschaftl. Entwicklung (1995).

Trans|alaigebirge, nördlichste, stark vergletscherte Hochgebirgskette des Pamir an der Grenze Kirgistans zu Tadschikistan, auf kurzem Teilstück auch zu China, 240 km lang, durchschnittlich 5000–6000 m, im Pik Lenin 7134 m ü. M. Einziger Übergang ist der Kysylartpass (4280 m ü. M.), über den die Hochgebirgsstraße Osch–Chorog verläuft.

Trans-Alaska-Pipeline [-'paɪplaɪn], Erdölleitung in Alaska, USA, 1285 km lang; führt von der Prudhoe Bay in N (1967–68 Entdeckung reicher Erdöllager [Reserven 11,5–12,9 Mrd. Barrels]) zum eisfreien Hafen Valdez am Prince William Sound im S und quert versch. Gebirgszüge (bis 1440 m ü. M. in der Brooks Range). In Valdez wird das Rohöl von Tankern übernommen. – Der Bau der T.-A.-P. (1968–69 Beschluss zum Bau; 1970 Baustopp aus Gründen des Umweltschutzes, 1973 Aufhebung, 1977 Fertigstellung) war zw. den Ölfirmen, der einheim. Bev. und Naturschützern heftig umstritten und ist problematisch: Dauerfrostboden (auf 75% der Strecke), Erdbebengefahr, Störung des ökolog. Gleichgewichts (z. B. der Wanderungen der Karibus) u. a. erfordern hohen techn. Aufwand. Die Leitung (Durchmesser 122 cm, tägl. Kapazität mindestens 300 000 t) ist überwiegend oberirdisch auf Stelzen verlegt (BILD →Pipeline). Im →Prince William Sound ereignete sich 1989 eine der schwerwiegendsten Tankerhavarien.

H. GRABOWSKI: Erdöl aus Alaska, in: Ztschr. für den Erdkundeunterricht, Jg. 47 (1995), H. 9.

Transall C-160

Trans|all C-160, in dt.-frz. Zusammenarbeit entwickeltes mittleres Transportflugzeug; Erstflug des Prototyps am 25. 2. 1963, Serienproduktion seit 1965, Einführung in die dt. Luftwaffe ab 1967. Techn. Daten: max. Nutzlast 16 t, Reichweite etwa 1850 km; zwei Turboproptriebwerke; max. Reisegeschwindigkeit in 6100 m Höhe rd. 500 km/h. Aufgrund der ext-

Tran transalpin – Transbaikalien

remen Kurzstart- bzw. -landefähigkeit (900 bzw. 700 m) auch auf Behelfspisten sowie der relativen Unabhängigkeit von einer festen Bodenorganisation ist die T. außer als ›Kampfzonentransporter‹ auch für Einsätze in Katastrophengebieten geeignet.

trans|alpin, trans|alpinisch, jenseits der Alpen (von Rom aus gesehen).

Trans|amazônica [trăzama'zonika], rd. 5 600 km lange, in O-W-Richtung durch Amazonien verlaufende Fernstraße in Brasilien; ab 1970 erbaut. Die T. führt von der NO-Küste Brasiliens (zwei Ausgangspunkte: João Pessoa und Recife) über Marabá (am Rio Tocantins), Itaituba, Humaitá (Abzweigung der Straße nach Pôrto Velho), Rio Branco und Cruzeiro do Sul (im Bundesstaat Acre) zur Grenze zu Peru (Dep. Ucayali). Die T. sollte mit anderen in N-S-Richtung verlaufenden Fernstraßen der Erschließung des bisher überwiegend von trop. Regenwald bedeckten und nur punkthaft bewohnten Amazonastieflands dienen, v. a. der Ansiedlung von Menschen aus dem von Dürren bedrohten NO Brasiliens, aber auch der Gewinnung von Holz und Bodenschätzen. Wegen der mangelnden ökolog. (die Böden waren schon nach kurzzeitiger landwirtschaftl. Nutzung ausgelaugt), wirtschaftl. und organisator. Voraussetzungen konnten die Siedlungspläne der Reg. nur in geringem Maße durchgeführt werden. Statt staatlich gelenkter kleinbäuerl. Agrarkolonisation begünstigte die Reg. die großbetriebl. Rinderweidewirtschaft und Großprojekte zur Ausbeutung von Bodenschätzen und zur Energiegewinnung (z. B. Carajás im O des Bundesstaates Pará mit Eisenerzabbau und Roheisenproduktion unter Verwendung von Holzkohle, Wasserkraftwerk Tucuruí und einer fast 1 000 km langen Eisenbahnverbindung zur Küste nach São Luis). Entlang der Erschließungsachsen schreitet auch die spontane Agrarkolonisation voran; darüber hinaus gewinnt die Gold-, Zinn- und Diamantenwäscherei durch so genannte Garimpeiros an Bedeutung. Diese Aktivitäten sind mit einer weitflächigen Vernichtung des Waldes verbunden (→Amazonien).

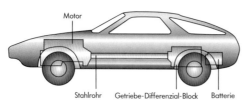

Transaxle-Bauweise

Trans|aminasen [Kw.], *Sg.* **Trans|aminase** *die*, -, **Aminotransferasen,** Transferasen, die in pflanzl. und tier. Geweben die reversible Übertragung der Aminogruppe einer α-Aminosäure auf eine α-Ketosäure katalysieren. Prosthet. Gruppe der T. ist Pyridoxalphosphat (→Pyridoxin). – Einige T. sind in der Enzymdiagnostik von Bedeutung, z. B. die Glutamat-Oxalacetat-T. (GOT) und die Glutamat-Pyruvat-T. (GPT), die bes. in der Leber und in der Herzmuskulatur sowie auch in anderen Geweben enthalten sind. Bei Zellschädigung treten diese Enzyme vermehrt ins Blut über; eine erhöhte Aktivität dieser Enzyme im Blutserum kann deshalb zur Diagnose und Beurteilung von Lebererkrankungen oder auch eines Herzinfarkts herangezogen werden.

Trans|aminierung, die Übertragung von Aminogruppen durch Transaminasen; sie ist im lebenden Organismus durch den reversiblen, im Gleichgewicht stehenden Übergang von α-Ketosäuren zu α-Aminosäuren von großer Bedeutung für die Verknüpfung des Eiweißstoffwechsels mit dem Kohlenhydrat- bzw. dem Fettstoffwechsel. (→Desaminierung)

Trans|andenbahnen, Eisenbahnlinien, die, die Anden kreuzend, Argentinien, Chile und Bolivien miteinander verbinden. Die als **Andenbahn** bezeichnete, seit 1910 befahrene Hauptlinie von Buenos Aires nach Valparaiso mit Abzweigung nach Santiago de Chile quert die Anden von Mendoza über Uspallata bis Los Andes in einem Tunnel unter dem Uspallatapass in 3 165 m ü. M. Die Strecke Salta–Antofagasta (erbaut zw. 1921 und 1948) verläuft über den Socompapass (3 858 m ü. M.) und den Chorrillospass (4 453 m ü. M.). Zw. Chile und Bolivien bestehen die Verbindungen Antofagasta–Uyuni–La Paz (ab 1873 gebaut; bis 3 960 m ü. M) und Arica–La Paz (seit 1913; über den Tacorapass in 4 256 m ü. M.). Bolivien und Argentinien sind durch die Strecke Uyuni–Salta verbunden. Die meisten Bahnen haben an Bedeutung verloren, z. T. wurde der Personenverkehr vollständig eingestellt.

Trans|antarktisches Gebirge, Gebirgssystem in der Antarktis, über 3 000 km lang, erstreckt sich vom W-Rand der Ostantarktis bis zum Filchnerschelfeis. Hauptteile des T. G.s sind das Admiraltygebirge (Mount Minto, 4 163 m ü. M.), das Victoriagebirge (bis 3 555 m ü. M.), das Prinz-Albert-Gebirge (Mount Melbourne, 2 732 m ü. M.), das Churchillgebirge (Mount Albert, 3 207 m ü. M.), das Königin-Alexandra-Gebirge (Mount Kirkpatrick, 4 528 m ü. M.), das Königin-Maud-Gebirge (Mount Fridtjof Nansen, 4 069 m ü. M.), das Horlickgebirge (bis 3 380 m ü. M.), das Thielgebirge (bis 2 812 m ü. M.) und das Pensacolagebirge (bis 2 066 m ü. M.). Das T. G. ist stark vergletschert. An Bodenschätzen wurden u. a. Kohle- und Eisenerzvorkommen entdeckt.

trans|atlantisch, jenseits des Atlantiks (gelegen), überseeisch.

Trans|avanguardia [ital.], 1978 geprägte Bez. für eine Reihe ital. Maler, die in Opposition zu Minimal- und Conceptart mit erzählerisch-poet., metaphor., teilweise verschlüsselten und oft auch leise iron. Bildern hervortraten, wobei sie an die ital. Malerei der 1920er- bis 40er-Jahre anknüpften (S. CHIA, F. CLEMENTE, E. CUCCHI, NICOLA DE MARIA, *1954, und M. PALADINO); ihre Malerei wurde auch als **Arte cifra** bezeichnet. Sie lösten eine Bewegung aus, die in Dtl. mit den →Neuen Wilden, in den USA als ›New image painting‹, in Frankreich als ›Figuration libre‹ in Erscheinung trat. – T. oder **Transavantgarde** wird auch als Synonym für ›postmoderne Malerei‹ verwendet.

T., bearb. v. B. ELSEN-SCHWEDLER, Ausst.-Kat. Museum Würth, Künzelsau-Gaisbach (1998).

Transaxle-Bauweise [trænsˈæksl-; engl. axle ›Achse‹], Bauweise von Kfz mit Frontmotor und Hinterradantrieb, bei der das Getriebe an der Hinterachse angeordnet ist. Mit dem Frontmotor ist es durch ein Rohr starr verbunden, das Antriebswelle und Schaltgestänge aufnimmt. Mit der T.-B. lässt sich eine gleichmäßige Gewichtsverteilung auf beide Achsen und damit ein gutes Fahrverhalten erreichen.

Transbaikalien, russ. **Sabajkalje, Zabajkal'e** [z-], Gebirgsland in SO-Sibirien, Russland, reicht vom Baikalsee im W zum Argun (Grenze zu China) und zur Oljokma im O sowie vom Nordbaikal- und Patombergland im N bis zur mongolisch-russ. Grenze im S; besteht aus zahlr., parallel von SW nach NO streichenden Mittelgebirgsketten (Jablonowyjgebirge, Tscherskijgebirge, Oljokmagebirge) mit durchschnittl. Höhen von 1 200 bis 1 800 m (maximal bis 2 999 m ü. M.), die durch weitläufige Gebirgssenken (Baikal-Selenga-Senke u. a.) und flachwellige Hochplateaus (→Witimplateau) voneinander getrennt werden. Gebirgszüge und Senken entstanden durch horstartige Heraushebungen bzw. Absenkungen von Schollen an Brüchen einer ehem. weit gespannten Rumpffläche eines präkambrisch gefalteten Gebirges. In T. herrscht ein streng kontinentales, im Winter bes. in den Senken extrem kaltes Klima. Im Gebirgsland wächst im N bis 1400 m, im S bis 1900 m ü. M. Lärchentaiga, die Gebirgssenken sind von mongol. Steppen bedeckt. T. ist reich an Bodenschätzen; gefördert werden u. a. Kupfer- (Udokan), Blei-Zink-Erze (bei Nertschinsk), Zinn-Wolfram-Molybdän-Erze (bei Scherlowaja Gora und Chaptscheranga), Gold (bei Balej, Kljutschewskij, Werschino-Darassunskij), Aluminiumrohstoffe (Dschida, Kjachta) sowie Kohle.

Trans-Canada Highway: Denkmal zur Erinnerung an die Vollendung der Fernstraße am Rogers Pass

Trans-Canada Highway [trænsˈkænədə ˈhaɪweɪ], transkontinentale Fernstraße im S Kanadas, führt durch alle zehn Prov., von Saint John's auf Neufundland im O bis Victoria auf der Pazifikinsel Vancouver Island im W; 7821 km lang, davon 225 km durch Nationalparks; rd. 7 m breit, befestigt und ganzjährig befahrbar; erbaut zw. 1950 und 1970, formelle Eröffnung 1962 am Rogers Pass in British Columbia.

Transceiver [trænsˈsiːvə; engl., Kw. aus **trans**mitter und re**ceiver**] *der, -s/-,* Sende-Empfangs-Anlage, →Funksprechgerät.

Transcoder [engl.] *der, -s/-, Farbfernsehen:* Gerät zur Umsetzung der Farbinformation eines Systems in die eines anderen (z. B. von PAL zu SECAM).

Transdanubien, ungar. **Dunántúl** [ˈduːnaːntuːl], Gebiet in Ungarn westlich der Donau; umfasst das Transdanub. Mittelgebirge (Teil des Ungar. Mittelbirges), das **Transdanubische Hügelland** im Bereich des Plattensees (durch zahlr. Flüsse zertal, von Schottern, Sanden und Löss bedeckt, 150–200 m ü. M.; im O ackerbaulich intensiv genutzt), das →Mecsekgebirge und das südlich davon gelegene Villányer Gebirge sowie den nordöstlich an das Transdanub. Hügelland anschließenden und als Mezőföld bezeichneten Teil des Großen Ungar. Tieflands (Alföld) bis zur Donau im O; mitunter werden auch das Kleine Ungar. Tiefland (Kisalföld) und die Ausläufer der Ostalpen an der Grenze zu Österreich mit Ödenburger und Günser Gebirge zu T. gerechnet. Größte Stadt in T. ist Fünfkirchen (Pécs).

transdermale Arzneimittelverabreichung [zu griech. dérma ›Haut‹], Darreichungsform eines Arzneimittels mithilfe eines auf die Haut geklebten Pflasters (Membranpflaster); dieses gibt den Arzneistoff kontinuierlich durch die Haut in die Blutbahn ab.

Transducer [trænsˈdjuːsə, engl.] *der, -s/-,* allg. Bez. für →Wandler, i. e. S. der →Messumformer.

Transduktion [lat. traductio, transductio ›Hinüberführung‹] *die, -/-en, Molekulargenetik:* die Übertragung genet. Information bei Bakterien mithilfe von Bakteriophagen. T. wurde erstmals in den 1950er-Jahren beobachtet. Bei der spezialisierten T. übernehmen temperente Bakteriophagen in der infizierten Spenderzelle beim Übergang vom lysogenen in den lyt. Zyklus und der nachfolgenden Phagenproduktion spezif. Anteile der Bakterien-DNA, die sie nach erneuter Infektion von Bakterienzellen in diese einschleusen. Demgegenüber erfolgt bei der generellen T. die Übertragung zufällig ausgewählter Stücke der im Verlauf der Zelllyse partiell abgebauten DNA, wenn diese mit in den Phagenpartikel eingebaut werden. Durch →Rekombination können die übertragenen DNA-Segmente in das neue Wirtsgenom eingebaut werden. T. ist eine Form der →Parasexualität bei Bakterien.

Transduktor [lat. ›Überführer‹] *der, -s/...'toren,* **magnetischer Verstärker,** mit einem Verbraucher in Reihe geschaltete Drosselspule, deren Eisenkern durch einen in eigener Wicklung fließenden Gleichstrom (Steuerstrom) vormagnetisiert wird. So können große elektr. Leistungen durch kleine Gleichstromleistungen gesteuert werden, indem der induktive Widerstand der Spule und damit der Wechselstromwiderstand im Verbraucherkreis verändert werden.

Transenna [lat. ›Netz‹, ›Gitter‹] *die -/...nen, Baukunst:* Fensterfüllung in Gitterform aus Holz oder Stein anstelle von Fensterglas, v. a. im Mittelmeerraum und in oriental. Gebieten.

Transept [mlat.] *der oder das, -(e)s/-e, Baukunst:* das →Querschiff.

Trans|europäische Netze, Abk. **TEN,** länderübergreifende Infrastrukturvorhaben in den Bereichen Verkehr, Energietransport und Telekommunikation am Rahmen des →Europäischen Binnenmarktes. Ziel des TEN-Programms ist die Verringerung der Entfernungen zw. den Randgebieten und den zentral gelegenen Gebieten innerhalb der EU. Das TEN-Programm ist Teil eines Konjunkturprogramms, das die Staats- und Regierungschefs der EU 1993 zur Belebung der Konjunktur und zum Abbau der Arbeitslosigkeit beschlossen. Danach sollen bis 2010 Investitionen in Höhe von 400 Mrd. ECU (bis 2000: 220 Mrd. ECU) getätigt werden. Ende 1994 wurden von Europ. Rat insgesamt 14 Verkehrsprojekte und 11 Projekte der Elektrizitäts- und Erdgasversorgung als vorrangig eingestuft (u. a. mehrere Strecken für Hochgeschwindigkeitszüge, kombinierter Güterverkehr über die Alpen, Ausbau der transeurop. Strom- und Gasversorgungsleitungen). Die Telekommunikation soll durch die Schaffung eines digitalen Euro-ISDN-Netzes verbessert werden. Die TEN-Projekte sollen sowohl durch private Unternehmen als auch über öffentl. Haushalte finanziert werden. Kredite und Zuschüsse zur Finanzierung leisten die →Europäische Investitionsbank und der →Europäische Investitionsfonds.

Trans-Europ-Express, *der* →TEE.

TransFair [-ˈfeːr], Kurz-Bez. für **Verein zur Förderung des Fairen Handels mit der ›Dritten Welt‹ e. V.,** unabhängige Organisation im Bereich des fairen Handels mit Entwicklungsländern, die das Ziel verfolgt, die Lebens- und Arbeitsbedingungen benachteiligter Produzenten in Afrika, Asien und Lateinamerika zu verbessern; gegr. 1992, Sitz: Köln. T. vergibt seit 1993 das T.-Siegel an Lizenznehmer (z. B. an Unternehmen der Nahrungs- und Genussmittelindustrie und entwicklungspolitisch orientierte Unternehmen wie die →GEPA), die sich an mit den Produzenten erarbeiteten Richtlinien für fairen Handel halten (u. a. Direkteinkauf beim Erzeuger, garantierter Mindestpreis, langfristige Lieferverträge). Lizenznehmer können ihre Produkte (bisher v. a. Kaffee, aber auch Tee, Kakao, Bananen, Honig) mit dem T.-Siegel versehen in den Handel bringen (ergänzend zu traditionellen Vertriebswegen wie Dritte-Welt-Läden). Mit den Lizenzgebühren finanziert T. u. a. seine Bildungs- und Öffentlichkeitsarbeit über fairen Handel und ungerechte weltwirtschaftl. Strukturen. Träger des Vereins sind (1998) 39 Organisationen aus den Bereichen Entwicklungspolitik, Kirche, Verbraucherpolitik, Sozialarbeit, Bildung und Umwelt. Der Dachorganisation FLO (Abk. für **F**air **L**abelling **O**rganizations) International (Sitz: Bonn) gehören neben T. Dtl. u. a. auch die T.-Initiativen in Österreich, Italien, Luxemburg, Japan, Kanada und den USA sowie die ›Max-Havelaar‹-Stiftungen in der Schweiz, den Niederlanden, in Frankreich, Belgien und Dänemark an.

Transfektion [zu lat. facere, factum, in Zusammensetzungen -fectum ›machen‹, ›bewirken‹] *die, -/-en, Molekularbiologie:* →Transformation.

Transfer [engl., eigtl. ›Übertragung‹, ›Überführung‹, zu to transfer, vgl. transferieren] *der, -s/-s,* **1)** *allg.:* Überführung, Weitertransport im Reiseverkehr (z. B. vom Flugplatz zum Hotel), Übertragung von Geld, Vereinswechsel von Berufssportlern.

2) *Außenwirtschaft:* Übertragung an das oder vom Ausland ohne direkte Gegenleistung. Dazu gehören Überweisungen ausländ. Arbeitnehmer an die Heimatländer, Unterstützungszahlungen, Renten und Pensionen an Ausländer, Reparations- und Wiedergutmachungsleistungen, die Überweisungen des Staates an internat. Organisationen (z. B. EG, UNO) sowie Leistungen im Rahmen der Entwicklungshilfe. Ihren statist. Niederschlag finden die mit dem Ausland abgewickelten T.-Zahlungen in der →Übertragungsbilanz. Grundsätzlich ist zw. Finanz-T. und Real-T. zu unterscheiden. Wenn ein Land T.-Zahlungen an ein anderes leistet (Finanz-T.), kann das Empfängerland mit den zugeflossenen Mitteln Güterkäufe im leistenden Land tätigen. Insoweit fließt dann auch ein Güterstrom (Real-T.) vom Geber- in das Empfängerland. – In der Außenwirtschaftstheorie wird bei der Analyse der Wirkungen von →Kapitalbewegungen auf die Zahlungsbilanz (T.-Theorie, T.-Mechanismus) der Begriff T. in einem weiten Sinn aufgefasst als jede Art der Übertragung von Forderungen von Inländern auf Ausländer oder umgekehrt ohne Beschränkung auf unentgeltl. Leistungen.

3) *Finanzwissenschaft:* **Transferleistung,** allg. eine Übertragung von ökonom. Ressourcen (Kaufkraft, Gütern) von einem Wirtschaftssubjekt auf ein anderes ohne eine spezielle und direkt zurechenbare marktmäßige Gegenleistung des Empfängers. Derartige T. können stattfinden 1) zw. Privatpersonen (z. B. Schenkungen, Erbschaften), 2) zw. versch. Gebietskörperschaften eines Staates im Rahmen des Finanzausgleichs (→Zuweisung), 3) zw. dem Staat und dem privaten Sektor. I. w. S. zählen dazu auch Kaufkraftübertragungen vom Privatsektor an den Staat (Steuern); i. e. S. wird der Begriff T. auf Leistungen (Finanzhilfen) des Staates eingeschränkt: staatl. T. an Unternehmen heißen →Subventionen, staatl. T. an private Haushalte werden Sozialleistungen, Sozial-T. oder T. im engsten Sinne genannt.

T. sind aus Sicht des Staates öffentl. Ausgaben (**T.-Ausgaben, T.-Zahlungen**), aus Sicht des Empfängers zumeist nicht unwesentl. Bestandteile des Einkommens (**T.-Einkommen, Übertragungseinkommen**). Man unterscheidet: 1) monetäre T. (Geld-T.) und Real-T. in Form der Übertragung von Ansprüchen auf Güter und Leistungen bzw. von Nutzungsrechten zu unter den Markt- bzw. Kostenpreis liegenden Preisen (z. B. staatl. Bildungseinrichtungen); 2) offene T. (explizite T.) und versteckte T. (implizite oder indirekte T.) in Form von Steuervergünstigungen und zinsverbilligten Krediten; 3) freie T. und gebundene T.: Während ein freier Geld-T. vom Empfänger ohne Einschränkungen beliebig zur Bedürfnisbefriedigung entsprechend den individuellen Präferenzen verwendet werden kann, werden gebundene T. nur für bestimmte, aus Sicht des T.-Gebers ›erwünschte‹ Zwecke geleistet (z. B. Wohngeld).

4) *Lernpsychologie:* Übertragung einer Lern- oder Denkleistung abstrakter oder prakt. Art auf eine andere. Der Effekt kann sich als Erleichterung eines Lernprozesses durch die Wirkung eines vorausgegangenen auswirken (Mitübung, **positiver T.,** bei Ähnlichkeit der Inhalte, bestimmter Elemente, Strukturen, Verfahrensprinzipien) oder als Erschwerung (Hemmung, **negativer T.,** v. a. bei inhaltl. Ähnlichkeit und gleichzeitiger Unterschiedlichkeit der Lösungsanforderungen von Aufgaben). Unterschieden werden v. a. der T. von Elementen und der T. von Regeln (z. B. Übertragung des Lösungsprinzips).

5) *Sprachwissenschaft:* Übertragung sprachl. Besonderheiten von der Muttersprache auf eine Fremdsprache.

Transferasen, eine der sechs Hauptgruppen der →Enzyme. Die T. übertragen Molekülteile (z. B. Amino-, Methyl-, Acylgruppen) reversibel von einem Molekül (Donator) auf ein anderes (Akzeptor); sie spielen eine wichtige Rolle beim Stoffwechsel und sind an der biolog. Synthese und am Abbau von Fettsäuren, Kohlenhydraten und Proteinen beteiligt (z. B. die →Transaminasen).

Transferbilanz, die →Übertragungsbilanz.

Transfercharakteristik, *Digitaltechnik:* der Verlauf der Ausgangsspannung von Schaltgliedern beim Übergang vom High-(H-)Zustand in den Low-(L-)Zustand und umgekehrt, wenn die Eingangsspannung nicht sprunghaft, sondern stetig geändert wird. Die Differenz der Ausgangspegel im H- und im L-Zustand heißt **Signalhub.**

Transferdruck, Thermo-T., *graf. Technik:* Verfahren zum Bedrucken v. a. von textilem Material, wobei das Druckbild mit Spezialdruckfarben zunächst auf einen Zwischenträger gedruckt (meist Tiefdruck auf Papier) und dann durch Wärmeeinwirkung auf Stoffbahnen u. a. Materialien übertragen wird. Der Druck mit Folien als Farbträger wird →Thermodruck genannt.

Transfer|einkommen, →Transfer.

Transferenz, *Sprachwissenschaft:* Vorgang und Ergebnis der Übertragung einer bestimmten Erscheinung in einer Fremdspache auf das System der Muttersprache, z. B. die Übernahme fremdsprachiger Wörter, Wortverbindungen, Bedeutungen, syntakt. und stilist. Muster. (→Entlehnung)

Transfergeschwindigkeit, *Datenübertragung:* →Übertragungsgeschwindigkeit.

transferieren [engl. to transfer, von lat. transferre ›hinüberbringen‹], *Wirtschaft:* einen Transfer durchführen; Geld überweisen.

Transferleistung, der →Transfer.

Transferpreise, die →Verrechnungspreise.

Transferrin [zu lat. transferre ›hinüberbringen‹] *das, -s,* **Siderophilin,** tierart- bzw. humanspezif., zur Gruppe der β-Globuline gehörendes, Eisen bindendes Serumprotein (ein einkettiges Glykoproteid); dient dem Transport des aus der Nahrung resorbierten Eisens (Fe^{3+}-Ionen) zu den Eisendepots in Leber und Milz und zu den Blut bildenden Geweben im roten Knochenmark.

Transfer-RNA, tRNA, eine Ribonukleinsäure (→Nukleinsäuren).

Transfer|rubel, transferabler Rubel, Abk. tR, 1964–91 Verrechnungseinheit (nicht frei konvertierbar) im Außenhandel zw. den Mitgl.-Staaten des →Rats für gegenseitige Wirtschaftshilfe.

Transferstraße, vollautomatisierte, in der Massenfertigung eingesetzte Fertigungseinrichtung, die mehrere Bearbeitungsstationen über eine Transporteinrichtung verbindet.

Transferzahlungen, →Transfer.

Transferzellen, durch dicht stehende, zotten- oder faltenartige, nur im Elektronenmikroskop sichtbare

Zellwandausstülpungen gekennzeichnete Pflanzenzellen mit besonderer Funktion. Sie treten einzeln oder in Gruppen auf, wo intensive Stoffaustauschvorgänge in der Pflanze ablaufen, z. B. in Drüsen, im Übergang von Markstrahlen zu Siebröhren oder in Wurzelknöllchen. Die Ausstülpungen bewirken eine starke Oberflächenvergrößerung; oft sind dicht dabei zahlreiche Mitochondrien zu finden, die als Energie liefernde Zellorganellen offenbar im Zusammenhang mit dem aktiven Transport stehen.

Transfiguration [lat. ›Umwandlung‹] *die, -*, die →Verklärung Christi.

transfinit, *Mathematik:* svw. →unendlich; insbesondere Bez. für eine nichtendl. Kardinalzahl (→Mächtigkeit) oder →Ordinalzahl.

Transfluenz [zu lat. transfluere ›hinüberfließen‹] *die, -/-en,* das Hinüberfließen von Gletschereis über niedrigere Teile seiner Umrahmung.

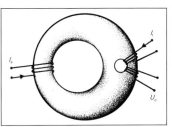

Transfluxor: Schematische Darstellung; I_e Einstellstrom, I_t Treiberstrom, U_a Ausgangsspannung

Transfluxor [zu lat. transfluere, transfluxum ›durchfließen‹] *der, -s/...'xoren,* magnet. Schalt- und Speicherelement, das durch Ummagnetisierung versch. Zustände annehmen kann. Der T., meist als Ferritscheibe ausgebildet, hat i. Allg. zwei Löcher, um mehrere Erregerströme zu verarbeiten. T. werden für Torschaltungen, Schieberegister u. a. benutzt. Vorteilhaft ist die durch Remanenz erreichbare Speicherung über längere Zeit.

Transformation [spätlat., zu lat. transformare ›umformen‹] *die, -/-en,* **1)** *allg.:* Umformung, Umgestaltung, Umwandlung.
2) *Mathematik* und *Physik:* eine umkehrbar eindeutige Abbildung, die besondere Eigenschaften besitzt, wie die zu den →Integraltransformationen gehörende Fourier- und Laplace-T. und die zu den →Koordinatentransformationen zählende Hauptachsen-, Galilei- und Lorentz-Transformation.
Als **orthogonale** bzw. **eigentlich orthogonale T.** werden die winkel- und längentreuen Elemente der orthogonalen Gruppe bzw. die zusätzlich orientierungstreuen Elemente der eigentlich orthogonalen Gruppe auf einem euklid. Vektorraum V (zwei Untergruppen der linearen Gruppe auf V) bezeichnet und durch eine Matrix A dargestellt, deren inverse Matrix A^{-1} die transponierte Matrix A^t ist bzw. die zusätzlich die Determinante 1 besitzt. Die Ähnlichkeitsabbildung, eine winkeltreue affine Abbildung, wird als **Ähnlichkeits-T.** bezeichnet; in der komplexen Ebene bildet die **Möbius-T.**
$$\omega = \frac{az+b}{cz+d}$$
mit $ad - bc \neq 0$ Geraden und Kreise auf ebensolche ab.
Große Bedeutung besitzen T. v. a. für die mathemat. Beschreibung physikal. Sachverhalte. Koordinaten-T. beschreiben den Übergang von einem physikal. Bezugssystem in ein anderes und sind daher wichtig, weil sich Naturgesetze erst nach Wahl geeigneter Koordinaten (und damit Bezugssysteme) analytisch formulieren lassen und diese Koordinaten i. Allg. nur bis auf gewisse T. festlegbar sind. So gehört zur newtonschen Mechanik die Gruppe der Galilei-T., zur speziellen Relativitätstheorie die der Lorentz-T. Bei der Beschreibung starrer Körper spielt die Hauptachsen-T. des Trägheitstensors eine Rolle. Koordinaten-, Basis- oder Symmetrie-T. in abstrakten Räumen treten u. a. in der Quantenmechanik, Festkörper- und Elementarteilchenphysik auf. Schließlich ist die Fourier-T. grundlegend für die spektrale Untersuchung von Wellenerscheinungen. (→Symmetrie)
3) *Medizin:* maligne Entartung von normalen Zellen in Tumorzellen durch Tumorviren oder physikal. oder chem. Noxen.
4) *Molekularbiologie:* Form der →Parasexualität, bei der die Übertragung von Genen zw. Zellen mithilfe isolierter DNA (z. B. als →Plasmid) stattfindet. Durch T.-Versuche an Bakterien konnten O. AVERY und Mitarbeiter 1944 nachweisen, dass die DNA der Träger der genet. Information ist. Die T. von Bakterien- und Hefezellen sowie von Zellen höherer Organismen ist eine der wichtigsten Methoden zur Einschleusung isolierter Gene in der Gentechnologie. – Eine spezielle Form der T. ist die **Transfektion,** bei der aus Viren isolierte DNA oder RNA übertragen wird.
5) *Sprachwissenschaft:* 1) in der →generativen Grammatik formale Operationen, die abstrakte →Tiefenstrukturen in →Oberflächenstrukturen überführen. Mithilfe von T. kann das verschiedenen Sätzen Gemeinsame ebenso erfasst werden wie ihre jeweiligen Unterschiede: verschiedene Sätze wie ›Fritz liest jeden Tag die Zeitung‹, ›Fritz liest die Zeitung jeden Tag‹, ›Jeden Tag liest Fritz die Zeitung‹ usw. weisen nach diesem Konzept die gleiche Tiefenstruktur auf, ihre Unterschiede beruhen auf spezifischen, unterschiedl. T., für deren Anwendung die Reihenfolge festgelegt ist. Während der Begriff der T. in früheren Versionen der generativen Grammatik von zentraler Bedeutung war und zahlreiche unterschiedl. T. angenommen wurden (z. B. Passivierungs-, Nominalisierungs-, Negations-T.), beschränkt man sich heute auf eine einzige Bewegungs-T., deren Wirkungsbereich durch zahlreiche allg. Prinzipien beschränkt wird, und versteht T. nur noch im Sinne einer Beziehung zw. verschiedenen Strukturen bzw. verzichtet ganz auf den Begriff T. 2) Mit T. 1) nicht zu verwechselndes, in verschiedenen theoret. Zusammenhängen verwendetes Umformungsverfahren zur Erläuterung der Beziehungen zw. bedeutungsgleichen unterschiedl. Konstruktionen (z. B. ›der schnelle Zug‹, d. h. ›der Zug ist schnell‹) sowie zur Erfassung der Bedeutungsunterschiede zw. gleichen Konstruktionen (z. B. ›Käsemesser‹, d. h. ›Messer zum Schneiden von Käse‹, ›Stahlmesser‹, d. h. ›Messer aus Stahl‹ oder ›der Schutz des Präsidenten‹, d. h. entweder ›der Präsident schützt X‹ oder aber ›X schützt den Präsidenten‹).

Transformationsgesellschaften, sozial- und wirtschaftswiss. Begriff, der in analyt. und deskriptiver Weise darauf zielt, Prozesse und Steuerungsprobleme gesellschaftl. Umbruchs im Zusammenhang und als (planbares) Wechselspiel grundlegender polit., sozialer, ökonom. und kultureller Veränderungen zu erfassen. Als T. lassen sich Gesellschaften bezeichnen, die unter bestimmten Zielvorgaben einem gesteuerten, grundlegenden Veränderungsprozess unterworfen werden bzw. diesem unterliegen; dabei wird angestrebt, die von diesem Prozess erfassten unterschiedl. Sektoren, Handlungsbereiche, Tiefenwirkungen, Modalitäten und Zeitverläufe aufeinander abzustimmen. Im Mittelpunkt des Konzepts steht damit auch die Frage nach der Planbarkeit erwünschter Ergebnisse, d. h. nach den Möglichkeiten und Grenzen eines Handelns, das in komplexen gesellschaftl., polit. und wirtschaftl. Feldern auf einen grundlegenden Umbau von Gesellschaft und Staat zielt und dabei von eigengesetzl. Entwicklungen und Kontingenzen in diesen Bereichen unterlaufen oder konterkariert werden kann.

Im Zusammenhang der Diskussionen um die polit., wirtschaftl. und sozialen Umgestaltungsprozesse in Mittel- und Osteuropa nach dem Zusammenbruch des ›Ostblocks‹ 1989–91 ist der Begriff T. in den 1990er-Jahren zur Bez. der ehem. staatssozialist. Gesellschaften in den allgemeinen Sprachgebrauch gelangt. Wissenschaftsgeschichtlich knüpft er zum einen an kybernet. Modelle zu planbaren bzw. geplanten Umgestaltungsprozessen von Systemen im Hinblick auf jeweils erwünschte Zielvorgaben an, zum anderen nimmt er Bezug auf die sozialhistor. Studie ›The great transformation‹ (1944) des ungarisch-brit. Wirtschaftshistorikers KARL POLANYI (* 1886, † 1963), der sich v. a. mit den Folgen und Fehlentwicklungen des ›undurchschauten‹ Übergangs vormoderner ›integrierter‹ Wirtschafts- und Gesellschaftsmodelle zu liberalen Markt- und Gesellschaftsvorstellungen auf der Basis einer kapitalist. Ökonomie befasst und sich dabei auch mit den in unterschiedl. gesellschaftl. Teilbereichen verschiedenen und z. T. gegensätzl. Veränderungsprozessen sowie mit Fehlentwicklungen beschäftigt hatte.

Im Unterschied zum Begriff des sozialen Wandels, der einen längerfristigen, vielgründigen und insgesamt ungeplanten Veränderungsprozess benennt, und auch anders als der Begriff der Revolution, der einen plötzl. Umbruch und in polit. Hinsicht die Ersetzung eines dominanten Machtzentrums durch ein anderes mit grundlegenden gesellschaftl. und polit. Auswirkungen bezeichnet, ist Transformation ›durch eine Intentionalität von gesellschaftl. Akteuren, durch einen Prozess mehr oder minder bewusster Änderung wesentl. Ordnungsstrukturen und -muster und durch einen über versch. Medien gesteuerten Umwandlungs-(Umwälzungs-)Prozess von sozialen Systemen gekennzeichnet‹ (R. REISSIG).

Bereits vor den Veränderungen in Osteuropa im Laufe der 1990er-Jahre spielte die Erforschung von T. in sozial- und wirtschaftswiss. Modernisierungstheorien und bes. in der Entwicklungsländerforschung seit den 60er-Jahren eine Rolle, dann auch im Hinblick auf die Liberalisierungsprozesse diktator. Regime in Europa (Griechenland, Spanien, Portugal) und in Südamerika (Argentinien, Chile, Brasilien) in den 70er- und 80er-Jahren. Seine derzeitige Bedeutung erfährt der Begriff allerdings im Wesentlichen aus dem Zusammenhang seiner Anwendbarkeit auf die Umwandlungsprozesse ehem. kommunist. Gesellschaften und Planwirtschaften Osteuropas zu marktwirtschaftlich-liberalen Bürgergesellschaften nach dem Vorbild der westl. Industriegesellschaften. Für die Konjunktur des Begriffs mag auch der Gesichtspunkt eine Rolle spielen, dass er angesichts der sozialen Verwerfungen und zwiespältiger Erfolgsaussichten in den unübersichtl. Umbruchsprozessen Osteuropas Planbarkeit, Rationalität der Akteure und Chancen polit. und wirtschaftl. Handelns suggeriert, die durch die volkswirtschaftl. Daten und die realen Lebensverhältnisse häufig nicht gerechtfertigt erscheinen. Zudem erlaubt er auf der begriffl. Ebene eine Differenzierung gegenüber den ›klass.‹ Entwicklungsländern des Südens.

Auch die gesellschaftl., wirtschaftl. und institutionellen Veränderungen, die im Zuge der dt. Einigung seit 1990 in Ost-Dtl. stattfinden, werden häufig als Transformationsgeschehen angesprochen. Anders als in den osteurop. T. wurden auf dem Gebiet der ehem. DDR jedoch kaum neue Institutionen oder gesellschaftl. Regelungsprozesse entwickelt bzw. in einem entscheidungsoffenen Verfahren konzipiert, vielmehr wurden grundlegende Strukuren, Einrichtungen, Gesetze und gesellschaftl. Differenzierungs- und Ordnungsmuster aus West-Dtl. übernommen (›Inkorporation‹). Der für T. kennzeichnende Aspekt der innovativen Selbststeuerung eines gesellschaftl. Umbaus ist also in den neuen Bundesländern zumindest auf der institutionellen Ebene nicht sehr stark ausgeprägt. Am ehesten ließe sich hier von einem Elitenwechsel sprechen, ein Element im Modell der T., das in den osteurop. T. in wesentlich geringerem Maße als anvisiert realisiert wurde.

Ihrem Programm nach sind T. dadurch bestimmt, dass sie durch ›intentionale Prozesse des Umbaus gesellschaftl. Institutionensysteme und die Entwicklung und Organisation intermediärer Interessen‹ (C. LAU, J. WEISS) eine freie bzw. soziale Marktwirtschaft, bürgerl. Eigentums- und Rechtsordnungen, eine liberale Gesellschaft, eine Mehrparteiendemokratie, Gewaltenteilung, intermediäre Organisationen und eine von unterschiedl. gesellschaftl. Akteuren und Individuen getragene Öffentlichkeit entwickeln sollen. Neben der Errichtung einer neuen Wirtschaftsordnung stehen neue Rechts- und Verfassungsordnungen sowie neue Regeln sozialer Integration auf der Tagesordnung der T. ›Ressourcen müssen erzeugt und verteilt, Rechte definiert und durchgesetzt und Respekt für (nat., ethn., zivilgesellschaftl.) Identitäten muss eingelebt und zuverlässig ... gewährt werden‹ (C. OFFE).

Sowohl auf der Ebene der Modellbildung als auch in den realen Prozessen der osteurop. T. stehen wirtschaftl. Innovationen an erster Stelle. Hierzu gehören die Etablierung konkurrierender Produktionsunternehmen, die Freigabe von Preisen, um auf Angebots- und Nachfrageseite Innovationsanreize zu schaffen; ferner der Aufbau eines Bankensystems zur Regelung und Ermöglichung von Investitionen sowie deren Rückbindung an eine Zentralbank, die im Besonderen das Problem der Inflation im Auge behalten muss; schließlich die Konsolidierung öffentl. Haushalte, wobei liberalist. und sozialstaatl. Konzepte staatl. Handelns in Konkurrenz zueinander stehen. Tatsächlich haben diese Impulse und Aufgaben in keiner der existierenden T. bisher zu einer kurzfristig zufriedenstellenden Lösung gefunden. Vielmehr haben unterschiedliche histor., soziale, polit. und kulturelle Konstellationen auch hinsichtlich der Transformationsprozesse zu unterschiedl. Konsequenzen und Reaktionen mit erhebl. sozialen, wirtschaftl. und polit. Belastungen geführt (Rückgang der Industrieproduktion, hohe, meist sozial unzulänglich abgesicherte Arbeitslosigkeit, steigende Preise für Konsumgüter, hohe Inflationsraten und damit verbundene Verarmung breiter Bev.-Schichten). Dies lässt sich an den heterogenen sozialen und wirtschaftl. Strukturen der derzeitigen T. sowie an den zeitweiligen polit. Erfolgen postkommunist. Parteien und Programmen in den balt. Staaten, aber auch in Polen, Ungarn, in einzelnen GUS-Staaten und auch an den Erfolgen der PDS in den neuen Bundesländern ablesen.

Zu bedenken ist schließlich, dass sich das westl. Modell bürgerl. Gesellschaften auf marktwirtschaftl. Grundlage und im Rahmen einer auf Gewaltenteilung, Menschenrechten, Pluralismus, Rechtsstaatlichkeit und Öffentlichkeit aufbauenden polit. Kultur, die neben staatl. auch individuelle und privat organisierte Akteure kennt und legitimiert, erst in einem jahrhundertelangen, widersprüchl. und konfliktreichen Entwicklungsgang herausgebildet hat, der auch Rückschritte (in grausamster Weise) kannte. Dagegen stehen die gegenwärtigen T. unter dem Anspruch, die genannten Entwicklungen möglichst gleichzeitig, sozial vertretbar und einem ausgeprägten Erwartungsdruck der Bev. entsprechend schnell und erfolgreich zu vollziehen. Auch wenn man die generelle Wiederholbarkeit des westl. Entwicklungsmodells nicht grundsätzlich in Zweifel zieht, herrscht am Ende der 1990er-Jahre angesichts der Vielfalt von Aufgaben, der Unterschiede einzelner Entwicklungen, der Bedeutung kontraproduktiver Erscheinungen (etwa der Umfunktionierung von Privatisierung und Märkten zugunsten

Transformator: Demonstrationsmodell eines Einphasentransformators mit auswechselbarer Primär- und Sekundärspule auf gemeinsamem Eisenjoch

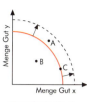

Transformationskurve

Transformator [zu lat. transformare ›umwandeln‹, ›verwandeln‹] *der, -s/...'toren,* Kw. **Trafo,** elektr. Maschine zur Umwandlung der elektr. Spannung eines Wechselstroms in eine höhere oder niedrigere Spannung gleicher Frequenz. Einen Sonderfall stellt der **Trenn-** oder **Isolier-T.** dar, der i. Allg. nur eine galvan. Trennung vom speisenden Netz bewirkt.

In seiner einfachsten Form als **Einphasen-T.** besteht der T. aus zwei Wicklungen, die auf den Schenkeln eines den →magnetischen Kreis bildenden Eisenkerns angebracht sind. Der unbewickelte Teil des magnet. Kreises wird Joch genannt. – Die beiden Wicklungen nennt man nach der Höhe ihrer Spannung Ober- oder Unterspannungswicklung bzw. nach der Richtung des Energieflusses Primär- oder Sekundärwicklung, wobei die Energie von der Primär- zur Sekundärseite übertragen wird. Um eine möglichst verlustarme magnet. Kopplung zu erreichen, müssen die Wicklungen eng beieinander liegen. Sie werden als Zylinderspulen meist konzentrisch angeordnet und ineinander gesteckt, wobei die Unterspannungswicklung in Nähe des Kerns liegt, der geerdet wird. Der magnet. Kreis wird vom Wechselfeld durchsetzt; zur Vermeidung von Wirbelströmen ist er als ›Paket‹ aufgebaut, das aus einzelnen, durch eine Lackschicht voneinander isolierten Blechen besteht. Je nach Ausführung unterscheidet man Kern-T. und Mantel-T. Beim **Kern-T.** sind i. d. R. beide Schenkel bewickelt, jeder trägt je eine Hälfte der Ober- und Unterspannungswicklung. Beim **Mantel-T.** ist nur ein Schenkel mit Ober- und Unterspannungswicklung bewickelt, und der magnet. Fluss teilt sich auf zwei Rückschlussjoche auf.

organisierter Kriminaliät in Russland oder des Wiederauflebens älterer ethn. Konflikte) sowie nicht zuletzt angesichts globaler Umstrukturierungsprozesse und ihrer Folgen eher Skepsis hinsichtlich des Erfolgs einer schnellen und planbaren Entwicklung von T. vor.

S. N. EISENSTADT: Revolution u. die Transformation von Gesellschaften (a. d. Amerikan., 1982); Lebensverhältnisse u. soziale Konflikte im neuen Europa, hg. v. B. SCHÄFERS (1993); Rückweg in die Zukunft. Über den schwierigen Transformationsprozeß in Ost-Dtl., hg. v. R. REISSIG (1993); Berliner Journal für Soziologie, Bd. 4, H. 3: Theoret. Probleme der Transformationsforschung (1994); C. OFFE: Der Tunnel am Ende des Lichts. Erkundungen der polit. Transformation im neuen Osten (1994); K. POLANYI: The great transformation. Polit. u. ökonom. Ursprünge von Gesellschaften u. Wirtschaftssystemen (a. d. Engl., ³1995); Polit. Theorien in der Ära der Transformation, hg. v. K. VON BEYME u. C. OFFE (1995); Transformation sozialist. Gesellschaften. Am Ende des Anfangs, hg. v. H. WOLLMANN u. a. (1995); Systemwechsel, hg. v. W. MERKEL, Bd. 1: Theorien, Ansätze, Konzeptionen der Transitionsforschung (²1996); Vom Plan zum Markt. Weltentwicklungsbericht 1996, hg. v. der Weltbank (Washington, D. C., 1996); Zwischenbilanz der Wiedervereinigung. Strukturwandel u. Mobilität im Transformationsprozeß, hg. v. M. DIEWALD u. KARL U. MAYER (1996); D. BAECKER: Poker im Osten. Probleme der T. (1998).

Transformationsgrammatik, →generative Grammatik.

Transformationskurve, Produktionsmöglichkeitenkurve, *Wirtschaftstheorie:* geometr. Ort aller Mengenkombinationen von zwei Gütern (x, y), die mit einem gegebenen Bestand an Produktionsfaktoren und technisch-organisator. Wissen höchstens erzeugt werden können. Bei allen Mengenkombinationen auf der T. sind die Produktionsfaktoren gerade ausgelastet und werden effizient eingesetzt. Mengenkombinationen außerhalb der T. (z. B. Punkt A) sind mit den vorhandenen Produktionsfaktoren nicht zu erreichen; Güterkombinationen innerhalb der T. (z. B. Punkt B) implizieren, dass Faktoren unausgelastet sind bzw. nicht effizient eingesetzt werden. Optimale Produktionspunkte können daher nur auf der T. liegen (z. B. Punkt C). Die Steigung der T. spiegelt die **Grenzrate der Transformation** wider. Diese gibt an, auf welches Produktionsvolumen von Gut x verzichtet werden muss, wenn die Produktion des Gutes y um eine Einheit ausgedehnt werden soll. Üblicherweise wird von einer zunehmenden Grenzrate der Substitution und einer konkav verlaufenden T. ausgegangen, d. h., eine fortgesetzte Ausdehnung der Produktion des Gutes y ist nur möglich, wenn auf die Produktion von immer mehr Einheiten des Gutes x verzichtet wird. Dies hängt damit zusammen, dass ein gegebener Faktorbestand und sinkende Grenzproduktivitäten angenommen werden. Eine Zunahme des Faktorbestands oder eine Verbesserung des technisch-organisator. Wissens implizieren eine Erhöhung der Produktionsmöglichkeiten und somit eine Verschiebung der T. nach außen.

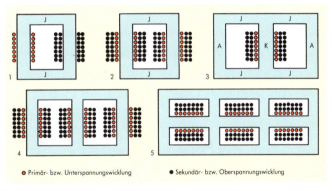

Transformator: Bauformen und Wicklungsanordnungen; 1 und 2 Einphasen-Kerntransformatoren; 3 Einphasen-Manteltransformator; 4 Dreiphasen-Kerntransformator; 5 Dreiphasen-Manteltransformator; A Außenschenkel, J Joch, K Kern

Für die Transformation des in den meisten industriellen Elektroenergiesystemen vorherrschenden Drehstroms benötigt man einen **Drehstrom-T. (Dreiphasen-T.).** Bei diesem bestehen die beiden Wicklungen aus je drei Wicklungssträngen, die in Stern- oder Dreieckschaltung betrieben werden und paarweise auf den Schenkeln eines gemeinsamen Eisenkerns untergebracht sind. Der **Dreischenkel-T.** trägt auf jedem Schenkel des gemeinsamen magnet. Kreises je Phase eine Ober- und Unterspannungswicklung. Der **Fünfschenkel-T.** besitzt zusätzlich zwei unbewickelte Rückschlussschenkel, wodurch sich die Bauhöhe verringert. Statt eines Dreiphasen-T. können auch drei Einphasen-T. zu einer T.-Bank zusammengeschlossen werden (v. a. bei hohen Leistungen).

T. kleiner und mittlerer Leistungen (bis rd. 1 MVA) werden als **Trocken-T.** ausgeführt, bei denen die beim Umformungsprozess entstehenden Wicklungs- und

Tran Transformatorenblech

Ummagnetisierungsverluste in Form von Wärme unmittelbar an die umgebende Luft abgegeben werden. Leistungs-T. werden als **Öl-T.** ausgeführt, bei denen zur inneren Isolation Kern und Wicklungen vollständig von Transformatorenöl umgeben sind, das zugleich als Kühlmittel zur Abführung der durch Leistungsverluste entstehenden Wärme dient. Diese wird zunächst an das Öl und von dort entweder über eine durch Rippen oder Rohre vergrößerte Oberfläche des Gefäßes an die Luft oder durch einen mithilfe von Pumpen erzeugten Ölumlauf über besondere Kühler an die Luft oder an Wasser abgegeben.

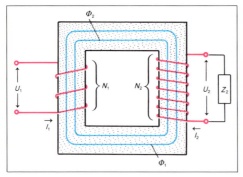

Transformator: Aufbau und Funktionsweise eines Einphasentransformators (schematische Darstellung); N_1, N_2 Windungszahlen, U_1, U_2 Klemmenspannung der auf den Schenkeln des geschlossenen Eisenkerns befindlichen Primär- und Sekundärwicklung; I_1, I_2 Stromstärke der in den Wicklungen fließenden Ströme, Φ_1, Φ_2 die von ihnen induzierten magnetischen Flüsse, Z_2 Wechselstromwiderstand eines angeschlossenen Verbrauchers.

Bei der Stromversorgung verwendete T. (**Umspanner**) sind u.a. die →Aufspanntransformatoren, die **Dreiwicklungs-T.** mit einer zusätzl. Tertiärwicklung zur Verbindung dreier Netze mit unterschiedl. Spannungen sowie die Verteilungs- oder Abspann-T. in T.- oder Umspannstationen zur Herabsetzung der Spannung. **Stell-T.** werden für die stetige, seltener für die stufige Änderung der Sekundärspannung ausgeführt. Für die stufige Änderung wird die Sekundärwicklung mit entsprechenden Anzapfungen versehen, an denen die Spannungswerte abgegriffen werden können (Stufen-T.). Zu den Stell-T. gehören →Drehtransformator, →Spartransformator mit teilweise blanker Wicklung

Transformator: Teilschnittzeichnung eines Großtransformators mit Ölkühlanlage (Scheinleistung 150 MVA)

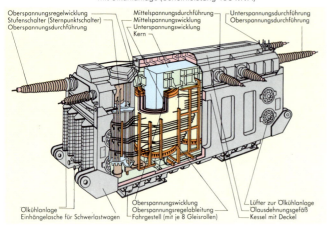

und bewegl. Kohlerollen als Abgriff und →Schubstransformator. Stell-T. im Energieversorgungsnetz liefern als **Quer-T.** eine um 90° gegenüber der Netzspannung verschobene und als **Reihen-T.** eine in Phase liegende Zusatzspannung. Zur Erzeugung der beim Schweißen erforderlichen hohen Stromstärken (bis 1000 A) wird der **Schweiß-T.** verwendet. Er weist eine stark fallende Strom-Spannungs-Kennlinie auf, die durch Anordnung der Wicklungen auf getrennten Kernen erzielt wird. Die Kopplung zw. den Wicklungen kann durch einen bewegl. Streukern geändert werden, um dadurch die Kennlinie den jeweiligen Bedürfnissen anzupassen. Ein spezieller T. ist der **Schutz-T.**, der nur Schutzkleinspannung abgibt und besondere Anforderungen bezüglich der Isolation erfüllt, z.B. Klingel-T. (Bemessungsspannung der Ausgangswicklung max. 12 V) und Spielzeug-T. (max. 24 V). – In der Nachrichtentechnik dient der T. als Netz-T. oder als Anpassungs-T. (→Übertrager).

Die *Wirkungsweise* des T. beruht auf der elektromagnet. Induktion: Der bei Anlegen einer elektr. Wechselspannung U_1 mit der Frequenz f an die Klemmen der Primärspule fließende Wechselstrom (Primärstrom) der Stromstärke I_1 induziert im Eisenkern einen zeitlich veränderlichen magnet. Wechselfluss Φ_1, der seinerseits gemäß dem faradayschen Induktionsgesetz in der Sekundärspule eine ihrer Windungszahl N_2 proportionale elektromotor. Kraft (Wechselspannung) $E_2 = -N_2 d\Phi_1/dt$ induziert, deren Frequenz der von U_1 gleich ist und die an den Klemmen eine Spannung U_2 bedingt. Der durch den Primärstrom hervorgebrachte magnet. Fluss Φ_1 induziert nun aber auch in der Primärspule infolge der Selbstinduktion eine elektromotor. Kraft $E_1 = -N_1 d\Phi_1/dt$, die der angelegten Netzspannung entgegengerichtet und praktisch so groß wie diese ist: $E_1 \approx -U_1$. Da für die in der Primär- und Sekundärspule induzierten Spannungen

$$E_1 = f \cdot N_1 \cdot \Phi_1 \text{ und } E_2 = f \cdot N_2 \cdot \Phi_1$$

gilt, d.h. beide Spannungen sich durch die Windungszahlen N_1 und N_2 voneinander unterscheiden, und da außerdem im Leerlauf (offene Sekundärwicklung) die induzierten Spannungen praktisch gleich den Spannungen an den Klemmen des T. sind, folgt:

$$\frac{E_1}{E_2} = \frac{N_1}{N_2} \approx \frac{U_1}{U_2}.$$

Ist hingegen die Sekundärwicklung über einen Wechselstromwiderstand Z_2 geschlossen, so fließt sekundärseitig ein Strom der Stromstärke I_2, der seinerseits einen dem Fluss Φ_1 entgegengerichteten magnet. Fluss Φ_2 erzeugt. Es stellt sich insgesamt ein Magnetfluss ein, bei dem die Durchflutungen $I_1 \cdot N_1$ und $I_2 \cdot N_2$ praktisch gleich groß sind; es gilt daher:

$$I_1 \cdot N_1 = I_2 \cdot N_2 \text{ oder } \frac{I_1}{I_2} = \frac{N_2}{N_1}.$$

Während sich beim T. also die Spannungen von Primär- und Sekundärseite wie die Windungszahlen verhalten, verhalten sich die Stromstärken der Ströme beider Seiten umgekehrt wie die Windungszahlen. Der T. ist folglich sowohl Strom- als auch Spannungswandler. Die abgegebene Leistung ist mit der Verlustleistung gleich der aufgenommenen Leistung. Bei Vernachlässigung der Verluste gilt $U_1 I_1 = U_2 I_2$ für die elektr. Leistungen in beiden Wicklungen.

C. ARON: Der T. (1926, Nachdr. 1990); G. AICHHOLZER: Elektromagnet. Energiewandler. Elektr. Maschinen, T., Antriebe, 2 Tle. (Wien 1975); WERNER SCHULZ: Netz-T. einfach berechnet (1983); D. NÜHRMANN: Stromversorgungs-Praxis. T., Gleichrichter- u. Stabilisierungsschaltungen (1987); G. D. u. H. O. HÄBERLE: T. u. elektr. Maschinen (²1990); H. C. SKUDELNY: Stromrichtertechnik (1993).

Transformatorenblech, weichmagnet. Blech zum Aufbau von Eisenkernen elektr. Maschinen, z.B. für

Transformatoren. T. besteht zum größten Teil aus Eisen (mit 0,08% Kohlenstoff), das zur Erhöhung des elektr. Widerstands (Verringerung der Wirbelstromverluste) mit 0,7 bis 4,3% Silicium und bis zu 0,3% Mangan legiert ist. T. werden kaltgewalzt und besitzen keine magnet. Vorzugsrichtung.

Transformatorenstation, →Umspannwerk.

Transformer [træns'fɔːmə; engl., zu to transform ›verwandeln‹], eine Richtung der zeitgenöss. Kunst, in der Künstler durch Verkleidung, Maskierung oder sonstige Manipulation an der eigenen Person Rollenklischees, menschl. Zustände und Verhaltensweisen thematisieren. Ihre Medien sind Performance, Fotosequenz, Video.

›T.‹, Aspekte der Travestie, bearb. v. J.-G. AMMANN u. a., Ausst.-Kat. (Luzern 1974).

Transformismus [zu lat. transformare ›umgestalten‹] *der, -,* Theorie der Bildung magmat. Gesteine durch Metamorphose.

Transform|störungen, engl. **Transform-Faults** ['trænsfɔːmfɔːlts], große Querbrüche und Bruchzonen, die gleichzeitig mit dem Aufreißen untermeer. Riftsysteme (→Rift) entstehen, den Mittelozean. Rücken unterbrechen und seitlich versetzen. Zw. den versetzten Riftzonen ist die Relativbewegung der T. umgekehrt als bei übl. Horizontalverschiebungen (transformed), da sich andererseits der Störungslinie jeweils entgegengesetzte Flanken des Mittelozean. Rückens befinden. (→Plattentektonik, →Sea-Floor-Spreading)

Transfusion [lat. ›das Hinübergießen‹] *die, -/-en, Medizin:* Kurz-Bez. für die →Bluttransfusion.

transgene Organismen, Tiere und Pflanzen, die in ihrem Genom fremde Gene (Transgene) enthalten und diese an ihre Nachkommen vererben können. Der Einbau von Genen fremder Spezies erfolgt mit dem Ziel, Pflanzen und Tieren erwünschte Eigenschaften zu vermitteln, die für ihre Produktion, für ihren Versand oder die Verbraucherakzeptanz günstig erscheinen (→Novel Food). T. O. eröffnen auch die Möglichkeit, humane Proteine mit therapeut. Wirkung in größeren Mengen zu produzieren. Schafe und Kühe können manipuliert werden, in ihren Milchdrüsen derartige Eiweiße zu bilden. Solche Verfahren sind dann von Bedeutung, wenn eine Wirkstoffherstellung in Bakterien nicht möglich ist. Das ist immer dann der Fall, wenn Proteine erst durch Anhängen von Zuckerresten ihre Funktionsfähigkeit erhalten. Zu einer solchen Modifizierung sind Bakterien nicht in der Lage. Es ist zu erwarten, dass Teile von t. O. in Zukunft direkt als therapeutisch oder präventiv wirkende ›Nutraceuticals‹ eingesetzt werden, z. B. Kartoffeln mit einem Peptid gegen Bluthochdruck. Die in ihnen enthaltenen Wirkstoffe müssen dann nicht erst aufwendig isoliert werden.

In Biologie und Medizin besitzen transgene Labortiere eine große Bedeutung in der Grundlagenforschung und als Modelle für Erkrankungen wie Krebs oder Alzheimer-Krankheit. Auch die so genannten Knock-out-Mäuse, denen gezielt bestimmte Gene entfernt wurden und die keine fremde DNA enthalten müssen, sind t. O. zuzurechnen.

Mit den gentechnisch gewonnenen t. O. werden den traditionellen Züchtungsverfahren auferlegten Grenzen überschritten. Transgene Pflanzen sind einfach zugänglich, da einzelne Pflanzenzellen zu einem vollständigen Organismus regenerieren können und die Einschleusung fremder Gene durch das Ti-Plasmid von Agrobacterium tumefaciens oder Transposone sehr leicht möglich ist. Bei Tieren besitzen nur befruchtete Eizellen und embryonale Stammzellen die Fähigkeit, sich zu einem vollständigen Organismus zu entwickeln. Demzufolge müssen diese Zellen zur Gewinnung transgener Tiere gentechnisch manipuliert werden, was meist durch Mikroinjektion von Fremd-DNA erfolgt. Ein Problem dabei ist, dass nicht vorhergesagt werden kann, an welchen Stellen die injizierte DNA in das Wirtsgenom eingebaut wird, sodass aufwendige Screening-Verfahren und traditionelle Züchtungsverfahren erforderlich sind, um zu transgenen Tieren mit den gewünschten Eigenschaften zu gelangen. – Kritiker befürchten, dass t. O. bei ihrer Freisetzung (→Freisetzungsversuch) das ökolog. Gleichgewicht stören können. Bei zufälligen Kreuzungen transgener Pflanzen mit Wildpflanzen könnten z. B. ›Superunkräuter‹ entstehen; die Gefährdung der bestehenden Artenvielfalt ist ein weiteres Risiko.

Transgression [lat. ›das Hinübergehen‹] *die, -/-en,*
1) *Genetik:* das erblich bedingte (positive oder negative) Überschreiten der Variabilitätsgrenzen in Bezug auf bestimmte elterl. Merkmale bei Individuen der 2. Tochtergeneration. T. findet v. a. Anwendung bei der Züchtung neuer Pflanzensorten (**T.-Züchtung**); so können z. B. aus weiß blühenden Pflanzensorten farbige, aus späten frühe, aus ertragsarmen ertragreiche gezüchtet werden.
2) *Geologie:* das Vordringen des Meeres über größere Gebiete eines Festlandes (positive Strandverschiebung), verursacht durch Landsenkung (infolge →Epirogenese) oder Ansteigen des Meeresspiegels (→eustatische Meeresspiegelschwankungen). Die dabei abgelagerten marinen Sedimente überlagern das Liegende zumeist diskordant. Teilweise wird die Bez. allg. bei allen, auch nichtmarinen Sedimentationsbecken verwendet. Aus aufgearbeitetem Untergrundgestein können sich **T.-Konglomerate** (→basal) bilden. **T.-Meere** sind flache Nebenmeere, durch Überfluten der Kontinentblöcke im Bereich des Schelfs entstanden. Geologisch junge T. im Gebiet der Nordsee sind die →Flandrische Transgression und die →Dünkirchener Transgression. – Ggs.: Regression. (→Ingression)

Transhimalaja [-hiˈmaːlaja, -himaˈlaːja], **Hedingebirge,** chin. **Gangdise Shan** [-ʃ-], Gebirge im südl. Tibet (China), durch das Tal des oberen Brahmaputra (Yarlung Zangbo Jiang) vom Himalaja getrennt, über 1 000 km lang, mittlere Höhe 5 500–6 000 m ü. M., im Nyainqêntanglha Feng (nordwestlich von Lhasa) 7 088 m ü. M. Mit der Kailaskette, in der Indus und Sutlej entspringen, reicht der T. im W an den Hohen Himalaja heran. Geologisch gehört der T. zum Himalajasystem. Aufgrund sehr geringer Niederschläge ist auch in den Kammlagen vielfach keine Schneestufe ausgebildet. Bes. trocken ist die sanft abfallende N-Abdachung (Halbwüsten- und Wüstencharakter). Die klimat. Schneegrenze liegt bei 6 300–6 500 m ü. M. Lediglich der unter dem Einfluss des ind. Sommermonsuns stehende Steilabfall im S, der im Lee des Himalaja über 500 mm Jahresniederschlag erhält, ist bis in Höhenlagen von mehr als 4 000 m ü. M. von alpinen Steppen, an bes. niederschlagsreichen Stellen auch von alpinen Matten bedeckt, in den unteren Teilen herrscht üppige Grassteppenvegetation. In den südl. Gebirgsteilen findet sich starke Vergletscherung. – Der T. wurde von S. HEDIN im Verlauf seiner 3. Expedition nach Zentralasien (1905–08) erforscht.

Transhumanz [frz. transhumance, zu transhumer, von span. transhumar ›auf die Weide führen‹] *die, -/-en,* spezif. Form der halbnomad. Fernweidewirtschaft, bei der Viehherden (bes. Schafe und Ziegen) zw. weit voneinander entfernten Gebieten im jahreszeitl. Klimarhythmus wechseln (z. B. im Sommer im Gebirge, im Winter in Ebenen). Im Ggs. zur Almwirtschaft gibt es kaum winterl. Einstellung des Viehs. Anders als beim Hirtennomadismus wandern die Besitzer der Herden nicht mit, sondern es werden Hirten gedungen. T. ist v. a. in den Mittelmeerländern und in den USA (Utah) verbreitet, aber auch aus dem trop. Südamerika bekannt. Eine Form der T. ist in Dtl. die **Wanderschäferei** mit Herdenwanderungen zw. Schwäb. Alb, Schwarzwald und Oberrhein. Tiefland.

Transili-Alatau der, schroffe, etwa 350 km lange Hochgebirgskette im N des →Tienschan, in Kasachstan, bis 4973 m ü. M. (Pik Talgar); am Nordfuß des T.-A. liegt Alma-Ata (Almaty).

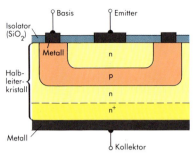

Transistor: Schematischer Querschnitt durch einen npn-Transistor mit den Anschlüssen für Basis, Emitter und Kollektor; n⁺ ist eine stark dotierte n-leitende Zone

Transistor [engl., Kw. aus **trans**fer ›Übertragung‹ und res**istor** ›elektr. Widerstand‹, also ›Übertragungswiderstand‹] der, -s/...'toren, aktives elektron. Bauelement, das aus einem Halbleiterkristall mit Zonen unterschiedl. Störstellenleitung (→Halbleiter) besteht und mindestens drei Elektroden besitzt. Das Ausgangsmaterial für T. ist meist →Silicium, für spezielle Anwendungen auch Germanium und Galliumarsenid. Aufgrund der Möglichkeit, den Stromfluss durch den T. von außen zu steuern, dient der T. in elektron. Schaltungen u. a. als Verstärker, Schalter, Sensor. T. lassen sich grundsätzlich in bipolare und unipolare T. unterteilen, je nachdem, ob beide Ladungsträgerarten (Elektronen und Löcher) oder nur eine Ladungsträgerart für ihre Funktion notwendig sind. T. sind klein, leicht, zuverlässig und mechanisch robust, darüber hinaus billig herzustellen, langlebig und nur mit geringer Verlustleistung behaftet. Sie haben in Empfängerschaltungen mit kleiner Leistung (z. B. elektroakust. Geräte) die →Elektronenröhren vollständig verdrängt.

Der wichtigste Vertreter der **unipolaren** T. ist der →Feldeffekttransistor, Abk. FET. Kennzeichnend für ihn ist, dass er im Ggs. zu den bipolaren T. mit gleichgepolten p-n-Übergängen betrieben wird.

Der **bipolare** T. besteht im Prinzip aus drei aufeinander folgenden Schichten, die abwechselnd als p- und n-leitende Zonen ausgebildet sind. Die Schichtenfolge kann positiv-negativ-positiv sein **(pnp-T.)** oder negativ-positiv-negativ **(npn-T.).** Die äußeren Schichten werden als **Kollektor** (C) und **Emitter** (E) bezeichnet, die mittlere, wesentlich dünnere als **Basis** (B). Diese Kurz-Bez. werden sowohl für die jeweiligen Zonen als auch für die zugehörigen Elektroden und Anschlüsse verwendet. Die Basiselektrode ist die Steuerelektrode des bipolaren T. Zwischen Basis und Kollektor einerseits sowie Basis und Emitter andererseits besteht je ein →p-n-Übergang. Der Emitter-Basis-Übergang wird in Durchlassrichtung, der Basis-Kollektor-Übergang in Sperrrichtung gepolt. Dies gilt sowohl für pnp- als auch für npn-T.; unterschiedlich ist dagegen die Polung der Speisespannungen. In der →Emitterschaltung erhalten Basis und Kollektor beim pnp-T. negative Spannungswerte, beim npn-T. positive, bezogen jeweils auf den Emitter. Für den npn-T. in Emitterschaltung bedeutet dies, dass der Strom der Elektronen aus dem Emitter in die Basis vom positiven Basispotenzial bestimmt wird. Durch die dünne Basiszone (µm-Bereich) gelangen die Elektronen zum Kollektor und bilden dort den T.-Ausgangsstrom. Die geringen Verluste an Ladungsträgern bestimmen den Basisstrom und damit den T.-Eingangsstrom. So ist eine über 500fache Stromverstärkung realisierbar (über 100fache Stromverstärkung bei niedrigen Frequenzen). Mit der →Basisschaltung lässt sich Spannungsverstärkung erzielen. Die →Kollektorschaltung wird wegen ihres hohen Eingangswiderstands als →Impedanzwandler verwendet.

Bei der Verwendung als Schalter (Schalt-T.) wird der T. nur zw. zwei Zuständen (Arbeitspunkten) gesteuert: In einem Arbeitspunkt ist die Kollektor-Emitter-Strecke hochohmig (dieser Zustand entspricht einem geöffneten Schalter), im anderen niederohmig (geschlossener Schalter). Gesteuert wird der T. durch einen Basisstrom oder durch die Basis-Emitter-Spannung. Dabei ist die gesättigte oder die ungesättigte Betriebsart (›Logik‹) möglich, die jeweils anderes Schaltverhalten zeigen. Eine geringe Einschaltzeit erreicht man beim gesättigten Betrieb, im anderen Fall ist die Ausschaltzeit (Speicherzeit) bes. kurz.

Mit einem T. können umso höhere Frequenzen gesteuert werden (bis zu einigen GHz), je dünner die Basiszone ist, weil dann die Laufzeit der Ladungsträger in ihr kürzer ist. Die Bemühung um die Erzielung möglichst dünner Basiszonen führte zu versch. Ausführungsformen des **Flächen-T.** (im Ggs. zum →Spitzentransistor). Beim **Legierungs-T.,** dem ältesten Flächen-T., stellt die Basis den Grundkörper dar (n-leitendes Germanium), in den von zwei gegenüberliegenden Seiten Fremdstoffe zur Herstellung der Emitter- und Kollektorzonen einlegiert werden, und zwar durch Aufschmelzen von Indiumperlen. Die Legierungstiefe bestimmt die Dicke der Basiszone. Beim **Diffusions-T.** oder **Drift-T.** wird die Laufzeit durch Dotierung des Grundkörpers so verkürzt, dass die Dichte der Störstellen (unbesetzte oder mit Fremdatomen besetzte Kristallgitterstellen) vom Emitter zum Kollektor abnimmt, wodurch die Ladungsträger beschleunigt werden. Beim **Mesa-T.,** der aus dem Halbleiterkristall ›tafelbergartig‹ herausgeätzt wird, und beim **Planar-T.** lässt sich eine weitere Verringerung der Basiszonendicke dadurch erreichen, dass der Grundkörper nicht als Basis, sondern als Kollektor dient, auf dem zuerst die Basisschicht und dann die Emitterschicht durch Eindiffundieren von Dotierungsstoffen erzeugt werden (→Planartechnik). Für Anwendungen in der Leistungselektronik werden T. für größere Leistungen als Einfachdiffusions-T., doppelt diffundierte (Epibasis-T.) und dreifach diffundierte T. ausgeführt. – Zu den Bipolar-T. mit besonderen Eigenschaften gehört der →Phototransistor, der

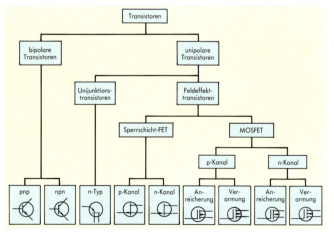

Transistor: Übersicht über die verschiedenen Arten von Transistoren mit Angabe der Schaltsymbole

sich – unter Ausnutzung des inneren Photoeffekts – durch Lichteinwirkung auf den Halbleiterkristall steuern lässt. In der Digitaltechnik werden häufig zum Aufbau log. Verknüpfungsglieder in TTL-Technik →Multiemittertransistoren verwendet. Spezielle →Mikrowellentransistoren sind für den Betrieb bei sehr hohen Frequenzen geeignet. Druckempfindl. Bauelemente, die z. B. als Sensoren eingesetzt werden können, sind →Piezotransistoren.

Geschichte: Der T. wurde auf der Grundlage der Quantenmechanik der Festkörper 1947/48 von J. BARDEEN, W. H. BRATTAIN und W. B. SHOCKLEY in den Bell Laboratories erfunden. Seither fand in enger Wechselwirkung und gegenseitiger Befruchtung von Halbleitertechnologie und Grundlagenforschung (v. a. Festkörperphysik und -chemie sowie Physik und Chemie dünner Schichten und der Oberflächen) eine ständige Weiterentwicklung statt, einerseits hin zu →integrierten Schaltungen bis in den Bereich der →Submikrometertechnik bei Bausteinen für →Speicher und →Mikroprozessoren, andererseits zu Bauelementen der Leistungselektronik (z. B. →Thyristor). T. und die aus ihnen abgeleiteten Bau- und Funktionselemente werden in der Elektronik und der Elektrotechnik überall eingesetzt, wo elektr. Signale oder Leistungen zu schalten, zu steuern oder zu regeln sind, im Bereich von etwa 1 µW bis etwa 1 MW und in so verschiedenartigen Geräten wie Quarzuhren, Herzschrittmachern, Fernsehempfängern, Hörgeräten, Computern und Elektrolokomotiven; viele solcher Geräte wären ohne T. nicht oder erheblich weniger kompakt oder leistungsfähig möglich.

D. NÜHRMANN: T.-Praxis. Berechnungen, Grundschaltungen, Applikationen (1986); DERS.: Professionelle Halbleitertechnik in der Praxis (1995); A. MÖSCHWITZER u. K. LUNZE: Halbleiterelektronik (Neuausg. ^{8}1988); J. C. J. VAN DE VEN: T.-Hb. Mit SMD-Bauteilen (1988, dt. u. engl.); U. TIETZE u. C. SCHENK: Halbleiter-Schaltungstechnik (^{10}1993).

Transistor-Transistor-Logik, →TTL.

Transit [ital. transito, von lat. transitus ›Übergang‹] *der, -s/-e,* **Durchfuhr,** Beförderung von Waren oder Durchreise von Personen durch ein Drittland. Für den T. von Personen ist oft ein T.-Visum erforderlich. Der Warenverkehr (**T.-Handel**) im **T.-Verkehr** wird in der →Außenhandelsstatistik gesondert erfasst.

TRANSIT, System zur →Satellitennavigation, das 1964 von den USA in Betrieb genommen wurde und neben der urspr. militär. auch zivile Nutzung zulässt. Es besteht aus sechs Satelliten, die auf kreisförmigen Bahnen zw. 1 070 und 1 100 km Höhe die Erde umlaufen (Umlaufzeit 107-108 Minuten). Aus Messungen der Dopplerverschiebung der von den Satelliten ausgesandten Funksignale wird mit einem TRANSIT-Empfänger die Position des Empfängers bestimmt. Positionen können mit einer Genauigkeit von etwa 200 m alle 1 bis 6 Stunden bestimmt werden. TRANSIT eignet sich wegen der großen Zeitintervalle zw. den mögl. Standortbestimmungen v. a. zur Navigation von Schiffen. – Seit Inbetriebnahme des →GPS verlor TRANSIT an Bedeutung und wird seit 1996 nicht mehr als offizielles Navigationssystem betrieben.

Transitabkommen, allg. ein zwischenstaatl. Abkommen im Bereich des Personen- und Güterverkehrs über die erleichterte Benutzung von Verkehrswegen; i. e. S. Bez. für das Verwaltungsabkommen vom 17. 12. 1971 zw. der BRD und der DDR (in Kraft seit 3. 6. 1972); regelte in Ausführung des →Berlinabkommens (3. 9. 1971; und unabhängig von diesem) die Modalitäten des Verkehrs zw. der BRD und Berlin (West) über das Gebiet der DDR mit dem Ziel der Erleichterung des Transitverkehrs; parallel zu diesem Vertrag schlossen die Reg. der DDR und der Senat von Berlin (West) einen separaten Vertrag in gleicher Sache ab, da die Reg. der DDR Berlin (West) als völkerrechtlich

eigenes Gebiet betrachtete. Das T. erlosch mit der Wiedervereinigung Dtl.s (3. 10. 1990).

Transition [lat. ›Übergang‹] *die, -/-en,* **1)** *Genetik:* als Form einer Punktmutation (→Mutation) der Austausch einer Pyrimidinbase gegen eine andere Pyrimidinbase bzw. einer Purinbase gegen eine andere Purinbase in der DNA.
2) *Informatik:* →Petri-Netz.

transitiv [lat. ›(auf ein Objekt) übergehend‹], *Sprachwissenschaft:* bezeichnet Verben, die ein direktes Objekt (Akkusativobjekt) nach sich ziehen und ein persönl. Passiv bilden können (z. B. schreiben, lesen). Transitive Verben können auch intransitiv (nicht-t.) gebraucht werden (z. B. ›er schreibt‹ im Unterschied zu ›er schreibt einen Brief‹.

Transitivismus *der, -, Psychologie:* die Übertragung des eigenen Erlebens auf andere; bei psychisch Kranken (v. a. Schizophrenen) die Auffassung, dass sie selbst gesund seien und ihre Umgebung krank sei. – Der Begriff wird zunehmend durch den der →Projektion ersetzt.

Transitivität, *Logik* und *Mathematik:* Eigenschaft einer zweistelligen →Relation R auf einer Menge M, die **transitiv** ist, d. h., für alle a, b, c aus M folgt aus aRb und bRc stets aRc. Die Gleichheitsrelation auf einer beliebigen Menge und die Ordnungsrelation ›kleiner als‹ auf der Menge der reellen Zahlen sind transitiv. Hingegen ist auf einer Menge von Menschen die Relation ›Vater von‹ intransitiv (nichttransitiv), denn aus ›x Vater von y‹ und ›y Vater von z‹ folgt nicht ›x Vater von z‹, und die Relation ›Freund von‹ weder transitiv noch intransitiv, denn aus ›x Freund von y‹ und ›y Freund von z‹ folgt weder ›x Freund von z‹ noch ›x kein Freund von z‹.

transitorisch [lat. transitorius ›vorübergehend‹], vorübergehend, nur kurz andauernd.

transitorische Posten, zur periodengerechten Erfolgsermittlung in der Bilanz aktivierte Ausgaben (transitor. Aktiva) oder passivierte Einnahmen (transitor. Passiva), die am Bilanzstichtag angefallen, jedoch erst für eine bestimmte Zeit danach als Aufwand (Ertrag) zuzurechnen sind. (→Rechnungsabgrenzung)

Transjordanien, das →Ostjordanland.

Transkarpatien, →Karpato-Ukraine.

Transkaspische Eisenbahn, Eisenbahnlinie in Mittelasien, 1 864 km lang; verläuft von Turkmenbaschi am Kasp. Meer (Eisenbahnfähre nach Baku) durch Turkmenistan nach Aschchabad, danach durch die Wüste Karakum über Mary nach Tschardschou, von dort durch Usbekistan über Buchara und Samarkand nach Taschkent, endet in der kasach. Stadt Arys, wo sie Anschluss an die Turkestan-Sibir. Eisenbahn hat. Die T. E. wurde 1881-88 erbaut.

Transkaukasien, russ. **Sakawkásje, Zakavkaz'e** [zakav'kazjə], Teil von →Kaukasien, südlich des Hauptkamms vom Großen Kaukasus.

Transkaukasische Sozialistische Föderative Sowjetrepublik, gegr. am 12. 3. 1922, vereinigte die Sowjetrepubliken Georgien, Aserbaidschan und Armenien, Hauptstadt war Tiflis; schloss sich am 30. 12. 1922 mit der RSFSR sowie der Ukrain. und Weißruss. SSR zur Union der Sozialist. Sowjetrepubliken (UdSSR) zusammen. 1936 wurde die T. S. F. S. wieder aufgelöst. Seitdem waren die Georg., Aserbaidschan. und Armen. SSR Gliedstaaten der UdSSR.

Transkei *die,* ehem. Homeland im NO der Rep. Südafrika, Hauptstadt war Umtata. Das Gebiet erstreckt sich zw. den Flüssen Great Kei im SW und Umtamvuna im NO von der Küste des Ind. Ozeans bis zu den Drakensbergen; es gehört seit 1994 zur Prov. Ost-Kap. Zwei kleine Exklaven liegen an der SW-Grenze Lesothos und im S der Prov. KwaZulu/Natal.

Geschichte: Vermutlich etwa seit dem 12. Jh. siedelten Nguni (Xhosa, Tembu, Pondo u. a.) im Gebiet der

T., wo sie durch Berichte port. Seefahrer seit dem 16. Jh. eindeutig nachweisbar sind. Nachdem die Xhosa in den Kaffernkriegen bis 1879 schrittweise ihr Land westlich des Flusses Great Kei (Ciskei) an die Kapkolonie verloren hatten, wurden zw. 1879 und 1894 auch die östlich des Great Kei (T.) gelegenen Gebiete Ost-Griqualand, Pondoland und Tembuland durch die Kapkolonie annektiert; 1894 wurde eine örtl. Selbstverwaltung eingeführt. 1910 kam die T. als Teil der Kapkolonie zur Südafrikan. Union.

Nach 1948 wählten die Regierungen der Rep. Südafrika die T. als Modell für ihre Politik der großen Apartheid, die den einzelnen schwarzen Völkern Homelands zuwies. Die T. erhielt am 31. 8. 1956 begrenzte Autonomie, am 26. 10. 1976 (formal) die Unabhängigkeit, die jedoch international nicht anerkannt wurde. Reg.-Chef war seit 1963 KAISER DALIWONGA MATANZIMA (* 1915), dessen ›T. National Independence Party‹ (TNIP) im Parlament eine starke Mehrheit hielt. Seit 1979 regierte der Matanzima-Clan diktatorisch. Am 30. 12. 1987 beendete ein Militärputsch seine Herrschaft; General BANTU HOLOMISA (* 1957) übernahm der Aufkündigung der Apartheidpolitik durch den südafrikan. Präs. F. W. DE KLERK (1990) verbündete sich HOLOMISA mit dem African National Congress (ANC) und betrieb die Wiedereingliederung der T. in die Rep. Südafrika.

Transkription [spätlat. transcriptio ›Übertragung‹, zu lat. transcribere ›schriftlich übertragen‹] *die, -/-en,* 1) *Biologie:* **RNA-Synthese,** die ›Umschreibung‹ einzelner DNA-Abschnitte (Gene) in komplementäre Ribonukleinsäure-Transkripte als erster Schritt in der Realisierung der Erbinformation. Die T. wird durch DNA-abhängige RNA-Polymerasen katalysiert und stellt einen örtlich und zeitlich strikt regulierten Prozess dar (→Genregulation). Die Gene für rRNA, tRNA und mRNA werden von verschiedenen RNA-Polymerasen transkribiert. Diese Enzyme binden unter Mitwirkung verschiedener Faktoren in der ersten Phase der T. (**Initiation;** Kettenstart) an bestimmte, vor allen Genen befindl. Sequenzen, die Promotoren, und bewegen sich danach auf der DNA entlang. Am T.-Start beginnt die Synthese von RNA, wobei nur ein DNA-Strang, der so genannte codogene Strang, als Matrize dient. Die Synthese des RNA-Stranges erfolgt durch die Verknüpfung von Ribonukleotiden (**Elongation;** Kettenverlängerung) in 5'-3'-Richtung. An bestimmten Signalstrukturen kommt es zum Abschluss (**Termination;** Kettenabbruch) der T. unter Freisetzung so genannter Primärtranskripte, die noch im Zellkern oder nach dem Transport in das Zytoplasma Modifizierungen unterworfen werden, die dann funktionelle RNA-Spezies hervorbringen.

Als **reverse T.** wird die zur Integration in die Wirtsgenome erforderl. Umschreibung der RNA von Retroviren in DNA bezeichnet. Sie wird durch eine RNA-abhängige DNA-Polymerase, die so genannte Revertase oder reverse Transkriptase, katalysiert.

2) *Musik:* die Bearbeitung eines Musikstücks für eine andere Besetzung als die urspr. vorgeschriebene; bes. von F. LISZT gebrauchte Bez. für seine fantasieartigen Bearbeitungen von Schubert-Liedern für Klavier (→Paraphrase). In der Editionstechnik ist T. die Übertragung älterer Notenaufzeichnungen in heutige Notationsweise; i. e. S. in der Musikethnologie die Übertragung von Tonbandaufzeichnungen in Notenschrift.

3) *Sprachwissenschaft:* i. w. S. jede Übertragung einer Schrift in eine andere (z. B. in Form der Lautschrift), i. e. S. die Wiedergabe von Texten in fremder Schrift mit lautlich ungefähr entsprechenden Zeichen der eigenen Schrift (z. B. von russisch ч als ›tsch‹). (→Transliteration)

Transkriptionsdienst, *Publizistik:* ausländ. Sendeanstalten kostenfrei oder gegen Entgelt zur Nutzung angebotene fertig produzierte Hörfunk- und Fernsehprogramme. Gemäß ihrem Programmauftrag, den Rundfunkteilnehmern im Ausland ein umfassendes Bild des polit., kulturellen und wirtschaftl. Lebens in Dtl. zu vermitteln, bietet die Dt. Welle einen T. an. T. werden auch von der BBC, der Stimme Amerikas und von internat. Organisationen (z. B. Rotes Kreuz, UNESCO, WHO) unterhalten.

Translatio imperii [lat.], mittelalterl., von der Kurie ausgehende Vorstellung von der ›Übertragung des Kaisertums‹ von Byzanz auf KARL D. GR. (800) durch den Papst. Hieraus leiteten die Päpste, bes. seit INNOZENZ III., ihren Anspruch auf Verfügungsgewalt über das Kaisertum ab. (→Reichsidee)

W. GOEZ: T. i. (1958); H. ZIMMERMANN: Das Papsttum im MA. (1981).

Translation [lat. ›das Versetzen‹, ›Übersetzung‹] *die, -/-en,* 1) *Biologie:* die →Proteinbiosynthese.

2) *kath. Kirche:* 1) die Übertragung von Reliquien vom urspr. Ort (Grab) zu einem anderen. Am Tag der T. wurde im MA. häufig das entsprechende Fest begangen; 2) die Verlegung eines Festes wegen Verhinderung der Feier auf den nächsten festfreien Wochentag.

3) *Mathematik:* **Schiebung, Verschiebung,** eine bijektive Abbildung τ auf einem affinen →Raum E über einem Vektorraum V, die die Punkte aus E um einen Vektor x aus V verschiebt: $\tau: E \to E$, $P \to x + P$. Ist τ eine Verschiebung der Ebene um den Vektor x und $P' = x + P$ das Bild eines Punktes P, so ist das Bild eines beliebigen Punktes Q der Schnittpunkt der Parallelen durch P' zur Geraden durch P und Q mit der Parallelen durch Q zur Geraden durch P und P'. Die T. bilden bezüglich der Hintereinanderausführung eine Gruppe, die isomorph ist zur additiven Gruppe des dem affinen Raum E zugrunde liegenden Vektorraums V.

4) *Physik:* 1) die →Parallelverschiebung eines Körpers im Raum, die durch den Verschiebungsvektor (**T.-Vektor**) gegeben ist; kennzeichnet in der Kristallographie (kristallograph. T.) eine Gruppe von →Symmetrieoperationen (T.-Gruppe). Die Invarianz eines physikal. Systems unter T. begründet nach dem →noetherschen Theorem den Impulserhaltungssatz; 2) in einer bestimmten Richtung fortschreitende räuml. Bewegung, bei der alle Punkte eines Körpers oder Systems in gleichen Zeitintervallen gleiche Parallelverschiebungen erfahren (**T.-Bewegung**), z. B. die geradlinige Bewegung eines starren Körpers. Die zugehörigen →Freiheitsgrade des Körpers oder Systems heißen T.-Freiheitsgrade. Als T.-Energie bezeichnet man die →kinetische Energie eines Körpers, die er aufgrund seiner T.-Bewegung besitzt.

5) *Sprachwissenschaft:* 1) Veränderung der syntakt. Funktion eines Ausdrucks mittels eines Funktionsworts (**Translativ**); so kann etwa die nominale Funktion des Nomens ›Karl‹ mittels einer Präposition in die attributive eines Adjektivs überführt werden (›das Haus von Karl‹), die des Adjektivs ›blau‹ durch den Artikel in die substantivische (›das Blau‹); 2) Bez. für Übersetzen und Dolmetschen.

Translations|ebene, *Mathematik:* eine affine Ebene, d. h. ein zweidimensionaler affiner Raum E über einem Vektorraum V, in dem der so genannte ›kleine desarguessche Satz‹ gilt: Liegen die entsprechenden Ecken zweier Dreiecke jeweils auf genau einer von drei parallelen Geraden und sind zwei Paare entsprechender Dreiecksseiten parallel, so ist auch das dritte Seitenpaar parallel. Äquivalent dazu ist, dass zu je zwei Punkten P und Q aus E eine Translation T_y von E existiert, sodass $T_y(P) = Q$ und außerdem stets $T_y(R) = R + y$ ($y \in V$ fest) ist für Punkte R von E.

Translations|energie, →kinetische Energie.

Translation 3)

Translationsgitter, dreidimensional-period. Punktanordnung, die durch Translationen mit sich selbst zur Deckung gebracht werden kann. Die zugehörigen Translationsvektoren **R** (Gittervektoren) ergeben sich als Linearkombination der **Basisvektoren** a_0, b_0, c_0, durch die das T. definiert wird: $R = n_1 a_0 + n_2 b_0 + n_3 c_0$ (n_1, n_2, n_3 ganze Zahlen). Die Gesamtheit aller Vektoren **R** spannt dann das T. auf; die Längen a_0, b_0, c_0 der Basisvektoren bezeichnet man als **Perioden** oder **Gitterkonstanten.** Das von den Basisvektoren aufgespannte und von benachbarten Netzebenen begrenzte Parallelepiped ist die **Elementar-** oder **Einheitszelle** des T. Insgesamt gibt es 14 mögliche, in ihrer Symmetrie verschiedene, einfache T., die →Bravais-Gitter. (→Raumgitter)

Zur Darstellung von Richtungen im T. (z. B. Kristallkanten, Zonenachsen, Gitterrichtungen) kann man sich auf den Nullpunkt des →kristallographischen Achsenkreuzes aufgespannt und einen weiteren, die Richtung (d. h. eine Gerade) festlegenden Punkt mit den Koordinaten (Achsenabschnitten) ua_0, vb_0, wc_0 beziehen. Das Verhältnis der Achsenabschnitte ist nach dem Rationalitätsgesetz für eine gegebene Richtung stets konstant, sodass sich jede Gerade im Kristall sowie die Schar der zu ihr parallelen Gittergeraden durch ganze, teilerfremde Zahlen u, v, w repräsentieren lässt, die symbolisch als Tripel von Geradenindizes $[uvw]$ geschrieben werden. Insbesondere für Zonenachsen gilt zw. deren Geradenindizes und den →millerschen Indizes (hkl) einer tautozonalen Fläche die Beziehung $hu + kv + lw = 0$. Nimmt man zu einer bestimmten Gerade noch die volle Gruppe von Gitterrichtungen hinzu, die aus ihr durch spezielle Symmetrieoperationen des Kristalls hervorgehen, wird das Symbol $\langle uvw \rangle$ verwendet.

Translativ der, -s/-e, *Sprachwissenschaft:* 1) in einigen Sprachen (z. B. im Finnischen) Kasus zur Bez. des Sichbewegens eines Objekts entlang eines Ortes; 2) →Translation.

Transleithani|en, in Österreich-Ungarn 1867 bis 1918 (nichtamtl.) Bez. für die Länder östlich der →Leitha, das Gebiet der ›Länder der Ungar. Krone‹ (im Unterschied zu →Zisleithanien).

Transliteration [zu lat. littera ›Buchstabe‹] *die, -/-en, Sprachwissenschaft:* buchstabengetreue (d. h. im Verhältnis eins zu eins erfolgende) Umsetzung eines in einer Buchstabenschrift geschriebenen Textes in eine andere Buchstabenschrift, ggf. unter Verwendung diakrit. Zeichen (z. B. von russischem ч als č), sodass der Text mithilfe einer T.-Tabelle korrekt in die Originalschrift zurückübertragen werden kann; so wird russisch ж, d. h. der stimmhafte sch-Laut, in der T. als ž (z. B. Schdanow, transliteriert Ždanov), russisch ш, der stimmlose sch-Laut, in der T. als š (z. B. Scholochow, transliteriert Šolochov), in der Transkription jedoch unterschiedslos mit sch wiedergegeben.

Translokation [zu lat. locare ›stellen‹, ›legen‹] *die, -/-en,* 1) *Denkmalpflege:* das Versetzen eines fest mit dem Standort verbundenen Kulturdenkmals als Notmaßnahme, z. B. bei Talsperren- und Straßenbau, um das Kulturdenkmal zu erhalten, auch wenn dabei ein wichtiger Teil, seine Verbindung mit dem histor. Ort der Entstehung, verloren geht.
2) *Genetik:* Form der →Chromosomenaberration.
3) *Molekularbiologie:* ein Teilschritt der →Proteinbiosynthese.

translunar [zu lat. luna ›Mond‹], *Astronomie* und *Raumfahrt:* jenseits des Mondes (gelegen), über den Mond, die Mondumlaufbahn hinausfliegend.

Transmigrasi, Transmigration, bereits 1905 begonnene, durch die indones. Reg. seit 1950 durchgeführte Umsiedlung von Bewohnern Javas, Maduras und Balis (1979–86 etwa 4,5 Mio. Menschen) v. a. nach Sumatra (bes. in die Prov. Sumatera Selatan und Lampung), auch nach S- und O-Borneo, Celebes, Irian Jaya und den Molukken. Die kleinbäuerl. Siedler erhielten kostenlos Land (meist 2 ha); auch die Erschließungskosten, der Hausbau, die Versorgung mit Saatgut, Gerät u. a. wurden von der Reg. getragen. Angesichts der hohen Wachstumsrate der Bev., Rückwanderungsbewegungen und anderer Zuwanderung nach Java ist das Ziel, den Bev.-Druck auf Java wesentlich zu mindern, nicht erreicht worden. Ab 1987 ging die T. stark zurück (1993–95: 35 000 Personen).

Transmission [lat. ›Übersendung‹, ›Übertragung‹] *die, -/-en,* 1) *Physik:* bei einem Medium das Hindurchlassen einer Strahlung.
2) *Technik:* Anlage zum Antrieb mehrerer Arbeitsmaschinen mit Riemengetrieben (in diesem Zusammenhang spricht man auch von T.-Riemen) von einer Kraftmaschine aus, v. a. beim →Sammelantrieb.

Transmissionsgrad, *Physik:* →Absorption.

Transmissionsmechanismus, monetärer T., in der Volkswirtschaftslehre (Geldtheorie) beschriebener Mechanismus, der zum Ausdruck bringt, wie sich geldpolit. Maßnahmen der Zentralbank (›monetäre Impulse‹) auf den güterwirtschaftl. Bereich (Investitionstätigkeit) auswirken. Nach dem **kredittheoretischen T.** werden monetäre Impulse (z. B. Zins- oder Geldmengenänderungen) v. a. über Kreditkosten und -volumen auf die Investitionen übertragen. Ein kontraktiver monetärer Impuls (z. B. eine Erhöhung des Diskont- und Lombardsatzes) verteuert Kredite und schränkt die Kreditverfügbarkeit ein. Dadurch wird die (kreditfinanzierte) Investitionstätigkeit und somit die wirtschaftl. Expansion gedämpft. – Nach dem **vermögenstheoretischen T.** werden monetäre Impulse über Vermögensanpassungen der Wirtschaftssubjekte übertragen. Ausgangspunkt ist die Vorstellung, dass die Wirtschaftssubjekte ihr Vermögen auf versch. Anlageformen aufteilen (→Portfolio-Selection). Ein monetärer Impuls stört das Portfoliogleichgewicht und löst damit Substitutionsprozesse aus, die auf die Realwirtschaft übergreifen können. Ein kontraktiver monetärer Impuls wird z. B. die Geldkomponente im Vermögen verringern. Im Bestreben, diese wieder aufzufüllen, werden die Vermögensbesitzer u. a. Wertpapiere verkaufen, deren Kurs sinkt und deren Rendite steigt. Die Renditesteigerung von Wertpapieren macht Sachkapitalanlagen relativ unattraktiv, sodass die Bildung von Sachkapital (Investitionen) eingeschränkt wird.

Transmitter [engl., eigtl. ›Übermittler‹] *der, -s,* 1) *Physiologie:* die →Neurotransmitter.
2) *Technik:* engl. Bez. für Einheitsmessumformer (→Messumformer).

Transmongolische Eisenbahn, Haupteisenbahnlinie in der Mongolei; führt von Nauschki an der russisch-mongol. Grenze im N (von hier Anschluss an die Transsibir. Eisenbahn in Ulan-Ude) über Suchbaatar und Ulan-Bator durch die Wüste Gobi bis Borchojn Tal/Erenchot an der mongolisch-chin. Grenze im S, von dort über Jining nach Peking. Die eingleisige (Breitspur) T. E. stellt die kürzeste Verbindung zw. Moskau und Peking her; mit Anschlüssen nach den mongol. Städten Erdenet, Nalaich und Tschoibalsan rd. 1 800 km lang. Der nördl. Abschnitt (bis Ulan-Bator) wurde 1949 eröffnet, der südl. Abschnitt 1953–56 erbaut. Die T. E. hat seit 1990 wieder große Bedeutung für den Transitverkehr (bes. nach Moskau und zum chin. Hafen Tianjin).

Transnistri|en, Region und separatist. Republik (**Transnistrische Moldaurepublik**) in der Republik Moldawien, →Dnjestr-Region.

Trans|ost|afrikastraße, Straßenverbindung von Kairo (Ägypten) nach Gaborone (Botswana), durch Sudan, Äthiopien, Kenia, Tansania und Sambia. Von den etwa 9 000 km sind rd. 4 800 km asphaltiert.

Translationsgitter: Die Basisvektoren a_0, b_0 und c_0 spannen die Einheitszelle eines Translationsgitters auf

Transparentapfel 1)

Trans|oxani|en, histor. Gebiet, →Buchara.

Transpadana, im Altertum der nördl. Teil von Gallia Cisalpina (→Gallien), vom Po bis zum Alpenrand; danach **Transpadanische Republik,** 1796–97 aus der vorher österr. Lombardei gebildet, war ab 1797 Teil der →Zisalpinischen Republik.

transparent [frz., zu mlat. transparere ›durchscheinen‹], durchsichtig, durchscheinend, Licht durchlassend.

Transparent *das, -(e)s/-e,* 1) Spruchband, auf dem (polit.) Forderungen, Parolen stehen.
2) Bild (aus Glas, durchscheinendem Stoff, Pergamentpapier u. Ä.), das von hinten beleuchtet wird.

Transparent|apfel, 1) **Klar|apfel, Weißer Klarapfel,** weit verbreiteter Frühapfel; mittelgroß, kugelig, mit glatter, fettiger, hellgrüner bis hellgelber Schale; Fruchtfleisch locker, grünlich weiß, saftig, mäßig süß; reift von Mitte Juli bis Mitte August; nicht lagerfähig.
2) **Croncels, Transparent von Croncels,** Sorte früher Tafel- und Kochäpfel; große, fein- und glattschalige Früchte, Fruchtfleisch locker, saftig, mit weinsäuerl. Aroma; Genussreife September bis Oktober.

Transparenz *die, -,* **Durchsichtigkeit,** 1) *bildungssprachlich* für: Deutlichkeit, Verstehbarkeit; heute oft im Sinne von Durchschaubarkeit (von Institutionen und polit. Entscheidungen) gebraucht.
2) *Optik:* die →Durchlässigkeit für Lichtstrahlung; quantitativ das Verhältnis des von einem Objekt, z. B. einem fotograf. Film, hindurchgelassenen Lichtstroms zum auftreffenden Lichtstrom. Die Bez. T. wird auch für andere Strahlungsarten verwendet.

transpersonale Psychologie, eine Ende der 1960er-Jahre erstmals unter dieser Bez. in den USA beschriebene Richtung der Psychologie und Psychotherapie, die sich mit psych. Dimensionen wie spirituellen Erfahrungen, außersinnl. Wahrnehmung und veränderten Bewusstseinszuständen befasst. Mit der humanist. Psychologie verbindet sie das Ziel des Wachstums und der ganzheitl. Entwicklung und Selbstverwirklichung der Persönlichkeit; die traditionellen Psychotherapien werden dabei integriert. Zu ihren Ansätzen zählen u. a. meditative und kontemplative Techniken, die Verwendung von Drogen, die Auseinandersetzung mit so genannten feinstoffl. Energien (Cakras, Kundalini, Qi-Kraft, Aura, Mental- und Astralkörper), suggestive und hypnot. Techniken, →Reinkarnationstherapie. Die bekanntesten westl. Richtungen der t. P. sind die Tiefenpsychologie von C. G. JUNG mit ihrem Konzept der Individuation, die Psychosynthese von ROBERTO ASSAGLIOLI (* 1889, † 1974), die mehrere Bewusstseinsschichten im Menschen unterscheidet und den Weg der Persönlichkeitsintegration vom Ich zum transpersonalen Selbst als spirituellem Identitätszentrum beschreibt, sowie die initiatische Therapie von K. Graf DÜRCKHEIM und MARIA HIPPIUS (* 1909); sie verbindet die Tiefenpsychologie JUNGS mit Ansätzen der humanist. Therapie und Übungen des Zen-Buddhismus.

T. P., hg. v. C. T. TART (a. d. Engl., Olten 1978); Psychologie in der Wende, hg. v. R. N. WALSH u. a. (a. d. Amerikan., Neuausg. 9.–11. Tsd. 1988); Transpersonale Psychotherapie, hg. v. V. S. BOORSTEIN (a. d. Amerikan., Bern 1988); S. GROF: Topographie des Unbewußten (a. d. Amerikan., ⁷1998).

Transphrastik [zu griech. phrastikós ›zum Reden gehörend‹] *die, -,* linguist. Methode, die über den isolierten Satz hinaus die Zusammenhänge in einem Textganzen und die Wiedergabe ihrer gegenseitigen Verflechtung untersucht. (→Textlinguistik)

Transpiration [frz., zu lat. spirare ›(be)hauchen‹, ›atmen‹] *die, -/-en,* 1) bei *Pflanzen* die Wasserdampfabgabe aus lebendem Gewebe. Sie findet an allen luftumgebenen Teilen, bes. an Blättern, statt und erfolgt v. a. durch die Spaltöffnungen **(stomatäre T.),** in weit geringerem Maß durch die Kutikula der Epidermen **(kutikuläre T.).** Infolge der Verdunstung kühlen sich die Gewebe ab (Kühleffekt). Die Stärke der T. hängt von der relativen Luftfeuchtigkeit (Dampfdruckgefälle) ab und wird durch Wind gesteigert.
Infolge der Wasserabgabe steigt der osmot. Druck des Zellsaftes in den Zellen, sie entziehen den wasserreicheren Nachbarzellen Wasser, diese wiederum den nächsten Nachbarzellen und so bis zu den Gefäßen der Leitbündel. Dort wird das Wasser aus den toten Leitbahnen gesogen. Infolge der Kohäsion der Wassermoleküle wird das Wasser in den Leitbahnen wie ein Faden nachgesogen, der bis zu den Wurzelzellen reicht. Diese nehmen wieder Wasser auf osmot. Wege aus den Nachbarzellen auf, bis schließlich die Wurzelhaare ihr Wasserdefizit aus dem Bodenwasser decken. So entsteht ein **T.-Strom,** der zugleich die von den Wurzeln aus dem Boden absorbierten Salze zu den Bedarfsorten leitet. Eine Birke mit 200 000 Blättern kann an heißen Tagen bis zu 400 l verdunsten. Wird die T. durch Wasserdampfsättigung der Luft unterbunden, kann stattdessen eine Wasserabgabe durch →Guttation eintreten. Dem Schutz gegen zu starke T. dienen dicke Kutikulas, Korkschichten, Einsenkung der Spaltöffnungen, Wachsüberzüge, dichte Bedeckung mit toten Haaren, Blattreduktion bis zum totalen Verlust (Kakteen u. a.) und v. a. der Verschluss der →Spaltöffnungen.
2) bei *Säugetieren* und beim *Menschen* die Schweißsekretion (→Schweiß).

Transpirationsko|effizi|ent, *Landwirtschaft:* das Verhältnis von Wasserverbrauch zur damit erzeugten Trockensubstanz der Erntemasse einer Pflanze; im gemäßigten Klima beträgt der T. für Kulturpflanzen 300–800 l Wasser pro kg geernteter Trockensubstanz.

Transplantat [zu spätlat. transplantare ›verpflanzen‹] *das, -(e)s/-e,* zur Verpflanzung in eine andere Stelle eines Organismus (→Autoplastik) oder von einem Individuum auf ein anderes bestimmtes Organ, Gewebeteil oder Zellpräparat (→Transplantation).

Transplantat|abstoßung, bei der Transplantation von körperfremdem Gewebe als Immunantwort des Wirtsorganismus auftretende Abwehrreaktion, die ohne Behandlung i. d. R. zum Absterben und zur Abstoßung des Spendergewebes führt. Die Stärke der Abstoßungsreaktion hängt von der →Gewebeverträglichkeit ab. Sie ist die Folge genetisch festgelegter individualspezif. Unterschiede der Oberflächenantigene von Zellen (→HLA-System) und beruht v. a. auf der Reaktion von gegen die Zellen des Transplantats gerichteten spezif. →T-Lymphozyten (zelluläre Immunreaktion), aber auch auf der Bildung von spezif. →Antikörpern, die zur Zellschädigung führen (humorale Immunreaktion). Bei Geweben und Organen sind vorwiegend die Blutgefäße betroffen; die Störung der Durchblutung des Transplantats durch Thrombosen oder Schädigung der Gefäßzellen führt zur Abstoßung durch Gewebenekrose. Die langfristige Erhaltung des Transplantats erfordert daher eine lebenslange Unterdrückung der T. durch →Immunsuppression. Einen Sonderfall stellt die Übertragung von Immunzellen bei Immunschwäche des Empfängers dar (→Knochenmarktransplantation). Hier richtet sich die Abwehrreaktion, die bis zum Tod führen kann, gegen den Wirtsorganismus (→Graft-versus-Host-Reaktion).

Transplantat-gegen-Wirt-Reaktion, die →Graft-versus-Host-Reaktion.

Transplantation [zu spätlat. transplantare ›verpflanzen‹] *die, -/-en,* 1) *Medizin:* Übertragung (Verpflanzung) von Zellen, Geweben oder Organen (Transplantate), die die Funktion von fehlenden oder im Austausch entfernten funktionsuntüchtigen Zellen oder Organen übernehmen sollen; das operative Einbringen wird auch als **Implantation** bezeichnet, die Entnahme von einem Spender als **Explantation.** – Bei der **autogenen T.** (**autologe** oder **Auto-T.**) sind Spender und Empfänger identisch, das Transplantat wird von einer Stelle des Organismus auf eine andere übertragen und dient v. a. dem Ersatz von Gewebeverlusten (Autoplastik); als **syngene T.** (**isologe T.**) wird die Verpflanzung zw. zwei genetisch ident. Individuen (v. a. eineiige Zwillinge) bezeichnet. Bei der **allogenen T.** (**homologe T.**) weisen Spender und Empfänger unterschiedl. Erbinformationen auf, gehören jedoch der gleichen Art an; dies stellt die typ. Situation bei einer Organ-T. dar. Die **xenogene T.** (**Xeno-T., heterologe T.**) bezeichnet die Übertragung zw. Individuen unterschiedl. Arten (Tier und Mensch); ihre Möglichkeiten sind aufgrund der großen genet. Unterschiede bislang sehr begrenzt.

Probleme und Möglichkeiten

Das Hauptproblem der T. liegt (soweit es sich um keine autogene T. handelt) in der Tatsache, dass jeder Organismus körperfremde Zellen (Zellen mit anderen Erbinformationen) erkennt und zerstört, d. h. abstößt (→Transplantatabstoßung). Die Intensität dieser immunbiolog. Reaktion ist umso schwächer, je geringer die genet. Unterschiede sind. Daher strebt man eine möglichst weitgehende Übereinstimmung der Gewebe- oder Oberflächenantigene und Blutgruppenidentität (→Gewebeverträglichkeit, →HLA-System) an. Trotzdem ist zur Erhaltung des Transplantats zusätzlich eine lebenslange immunsuppressive Behandlung (→Immunsuppression) erforderlich. Die hiermit verbundene allgemeine Schwächung der Abwehr ist Ursache einer stark erhöhten Infektionsgefahr als zweites Hauptrisiko einer T.; in der Frühphase treten v. a. bakterielle Infektionen, in der Spätphase bes. virale (Zytomegalie-, Epstein-Barr-, Herpes-simplex-Virus) und Pilzinfektionen, auch bösartige Tumoren (v. a. maligne Lymphome) auf. Das dritte Risiko ist eine chron. Transplantatabstoßung, die trotz immunsuppressiver Dauertherapie mit einer Rate von 3–5 % je Jahr beobachtet wird; sie kann zurzeit medikamentös nicht verhindert, sondern lediglich hinausgezögert werden. Eine starre Altersgrenze bei der Durchführung einer T. besteht nicht; jenseits des 55. Lebensjahrs ist sogar seltener mit einer Abstoßungsreaktion zu rechnen. Bei Kindern ist eine Nieren-T. bes. dringlich, da eine Wachstumsbeeinträchtigung unter Dialysebehandlung eher zu erwarten ist als unter der derzeitigen immunsuppressiven Behandlung.

Die Möglichkeit einer T. erstreckt sich gegenwärtig auf Zellen und Gewebeteile wie Knochenspäne, Nervenscheiden, Gefäße, Faszien, Hautteile, Gehörknöchelchen, Augenhornhaut und eine Reihe innerer Organe; auch die →Bluttransfusion ist zur T. zu rechnen.

Die **Haut-T.** dient dem Ersatz größerer Hautverluste (z. B. bei Verbrennungen, Verätzungen) und wird im Rahmen der plast. Chirurgie (Hautplastik) zur Rekonstruktion tief reichender Gewebedefekte eingesetzt. Transplantate werden mithilfe eines Dermatoms in Form unterschiedlich dicker Lappen oder Spaltstücke entnommen. Größere Flächen können mit einem Mesh-Dermatom versorgt werden, das ein gitterartiges Auseinanderziehen des Transplantats ermöglicht (→Spalthautlappen). Im Unterschied zur freien T., bei der kleinere Transplantate in Form von Inseln oder Hautstücken von geeigneten Körperstellen entnommen und verpflanzt werden, bleibt bei der (autologen) gestielten Haut-T. die Versorgung des Transplantats bis zum Einheilen in das Wundbett über eine Gewebebrücke erhalten. Bei diesem Verfahren müssen ggf. die betreffenden Gliedmaßen eine Zeit lang an das Transplantationsbett herangeführt und fixiert werden (z. B. Unterarm an das Gesicht). In der 1989 in München gegründeten ersten dt. →Hautbank werden Vollhaut und Oberhautzellen zu T.-Zwecken aufbewahrt. Auch bei Knochen- und Knorpelteilen wie bei der Augenhornhaut, deren Übertragung zur Behandlung irreversibler Trübungen durchgeführt wird (→Hornhauttransplantation), ist eine Konservierung in Gewebebanken möglich. Ein weiteres Gebiet stellt die →Knochenmarktransplantation dar, die v. a. bei der Therapie der akuten myeloischen Leukämie einen festen Platz einnimmt.

Organtransplantation

Der bedeutendste Bereich der T. ist die Organ-T. als einzig mögl. Behandlungsform bei endgültigem Funktionsverlust. Für Kranke mit dialysepflichtigem chron. Nierenversagen und jugendl. Diabetes mellitus bringen Nieren- und Bauchspeicheldrüsen-T. wesentl. Verbesserungen der Lebensqualität. Aufgrund der besonderen Empfindlichkeit des Organgewebes muss die Blutversorgung bis zur Entnahme aufrechterhalten werden, eine Konservierung der Transplantate ist nur über einen begrenzten Zeitraum (Lunge und Herz unter 6 Stunden, Leber über 12 Stunden, Niere bis 48 Stunden) möglich. Aufgrund dieser medizin. Gegebenheiten müssen in Verbindung mit der jurist. Problematik beim Organspender eine Reihe von Voraussetzungen erfüllt sein. Auch die T.-Anwärter müssen eine Reihe von Bedingungen erfüllen (z. B. keine sekundäre Ausbreitung des Organismus durch die betreffende Organinsuffizienz oder Metastasen bei Organkrebs, keine Stoffwechsel- u. a. Allgemeinerkrankungen). Um die optimale Gewebeverträglichkeit von Spender- und Empfängergewebe zu gewährleisten, werden die medizin. Daten (Blutgruppe, Gewebetyp) von T.-Anwärtern in zentralen Datenbanken erfasst, z. B. bei Eurotransplant (Sitz: Leiden) für die Beneluxländer, Dtl. und Österreich, bei Scandiatransplant (Sitz: Århus) für die nord. Länder. Ein nat. Datenzentrum, das den Datenabgleich der dt. T.-Zentren untereinander und mit Eurotransplant gewährleisten soll, besteht in Heidelberg.

Ist ein Organspender vorhanden, wird unter Berücksichtigung der Dringlichkeit innerhalb von Minuten in der Zentralstelle die bestmögl. Kombination unter den computergespeicherten Anwärtern ermittelt und an das betreffende T.-Zentrum übermittelt. Nach Routineuntersuchung des Spenderbluts auf Antikörper (z. B. gegen HIV, Zytomegalievirus) und Prüfung der Eignung (Größe, Zustand) des Spenderorgans wird dieses entnommen, mit einer speziellen Konservierungslösung perfundiert, in einem sterilen, mit der Lösung gefüllten, gekühlten Plastikbeutel verstaut und in einer Isolierbox auf schnellstem Wege zur T.-Klinik transportiert; der Empfänger ist dort bereits auf die Operation vorbereitet worden. Die Dauer einer Organ-T. liegt zw. drei (Niere), vier (Herz) und fünf bis sechs Stunden (Leber). Die Operationstechniken werden am Tierversuch erprobt.

Hauptanwendungsbereiche der Organ-T. sind die →Nierentransplantation, die →Herztransplantation, die sich beide zu Routineeingriffen entwickelt haben, und die →Lebertransplantation; auch kombinierte Herz-Nieren-T. wurden bereits mit Erfolg durchgeführt. Die mit besonderer Spenderproblematik belastete **Lungen-T.** (etwa 25 % der Anwärter sterben innerhalb der Wartezeit) bei irreversibler Lungenschädigung hat inzwischen auch gute Erfolgsaussichten, sie wird als kombinierte Herz-Lungen-T., Doppellungen-T. mit Bronchialbaum oder Einzelflügel-T. durchgeführt. Die **Bauchspeicheldrüsen-T.** bei Typ-I-Diabetes mit Spätkomplikationen (bei Nierenversagen mit gleichzeitiger Nieren-T.) ist wegen des Verdauungsdrüsenanteils mit hohen postoperativen Komplikationen verbunden (z. B. Selbstverdauung, Infektionen, Blutungen durch Andauung der Gefäßanastomosen, hohe Abstoßungsrate). Versuche, nur die Insulin bildenden Pankreasinseln über die Pfortader in die Leber zu injizieren und damit die Probleme der Bauchspeicheldrüsen-T. zu umgehen, können in ihren Erfolgsaussichten zurzeit noch nicht beurteilt werden.

Entscheidend für den anhaltenden Erfolg einer Organ-T. ist die konsequente Durchführung einer lebenslangen Basistherapie mit Immunsuppressiva (v. a. Cyclosporin, teils in Kombination mit Cortison); mögl. Nebenwirkungen bestehen in Hirsutismus, Zahnfleischwucherungen, Bluthochdruck, Nierenschäden, Blutbildungsstörungen und ggf. den Cortisonrisiken (v. a. Osteoporose) sowie einer erhöhten Infektionsanfälligkeit. Durch (u. a. serolog.) Kontrolluntersuchungen müssen Abstoßungsreaktionen, für die es keine akuten Alarmsignale gibt, möglichst früh erkannt und ggf. durch eine verstärkte Immunsuppression bekämpft werden.

Die Erfolgsaussichten einer Organ-T. liegen inzwischen bei einer Einjahres-Überlebensrate von fast 90 % (Nieren-, Herz-, Leber-T.); häufigste Todesursachen sind Infektionen und akute Abstoßungen; die längsten bekannten Überlebenszeiten liegen zw. 18 und 20 Jahren. In Dtl. wurden 1996 2016 Nieren-T., 699 Leber-T., 510 Herz-T., 108 Lungen-T. und 102 Bauchspeicheldrüsen-T. durchgeführt. Zu den Hauptproblemen der Organ-T. gehören der Mangel an Spenderorganen und die unsichere Langzeitfunktion eines implantierten Organs. Die Verwendung xenogener Transplantate, die ein zusätzl. Reservoir erschließen würde, beschränkt sich aufgrund der immunolog. Probleme auf Teilimplantate (z. B. Herzklappen von Rinder- oder Schweineherzen); Versuche mit Tierorganen (z. B. Pavianleber) erbrachten bisher keinen anhaltenden Erfolg. Eine Verbesserung der immunolog. Verträglichkeit erhofft man sich von der Züchtung gentechnologisch veränderter (transgener) Schweine, die u. a. menschl. Blutgruppenmerkmale oder Kontrollfaktoren des →Komplementsystems tragen.

Geschichtliches: Beschreibungen von Hautlappen-T. bei Gewebedefekten im Nasenbereich sind bereits in der ind. Medizin des 2. Jh. überliefert; in der Legendensammlung des Jacobus de Voragine (vor 1267) wird eine Beinübertragung beschrieben. Mit den ersten erfolgreichen autogenen T. von Hautteilen wurde Ende des 19. Jh. in der Chirurgie begonnen; experimentelle Organ-T. bei Tieren führte u. a. 1902 A. Carrel mit einer neuen Gefäßnahtmethode durch. Obwohl schon ein Jahrzehnt später ›Ungleichheiten des Zelleiweißes und des Serums‹ als Grund für die unterschiedl. Erfolge bei autogenen und allogenen T. vermutet wurden, gelang es erst P. B. Medawar Anfang der 1940er-Jahre, die immunolog. Grundlagen in Form der Gewebeverträglichkeitsantigene zu erforschen. Nachdem Anfang der 1950er-Jahre erste Immunsuppressiva (Cortison, Ganzkörperbestrahlung, Antilymphozytenserum) eingeführt und operative Techniken an Tieren entwickelt worden waren, gelang 1954 J. E. Murray in Boston (Mass.) die erste Nieren-T. zw. eineiigen Zwillingen, 1962 die erste allogene Nieren-T.; eine Verbesserung der Ergebnisse brachte die Einführung von Azathioprin als Immunsuppressivum. Trotzdem lag die Einjahres-Überlebensrate nur bei etwa 40 %. 1963 gelang T. E. Starzl in Pittsburgh (Pa.) die erste Leber-T., 1967 C. Barnard in Kapstadt die erste Herz-T.; nach erfolglosen Versuchen Ende der 1960er-Jahre wurde erst 1983 die erste Lunge von J. D. Cooper in Toronto erfolgreich transplantiert; 1988 führte R. Pichlmayr in Hannover die Verpflanzung von Lebersegmenten ein. Einen großen Durchbruch bei der Verbesserung der T.-Ergebnisse bewirkte die Einführung von Ciclosporin als erstem nichtzytotox. Immunsuppressivum (entdeckt von J. F. Borel, Basel). Die verbesserte Immunsuppression, eine Standardisierung der operativen Techniken und die laufend optimierte Konservierung der Organe ermöglichen zus. mit der zunehmenden Erfahrung bei der Auswahl der Empfänger und der systemat. Berücksichtigung immunolog. Kriterien bei der Zuordnung von Spenderorganen (→HLA-System) den gegenwärtigen Stand.

Recht: In Dtl. gilt für die Spende und die Entnahme von menschl. Organen, Organteilen oder Geweben zum Zweck der Übertragung auf andere Menschen sowie für die Übertragung dieser Organe das seit Ende der 1970er-Jahre diskutierte T.-Gesetz vom 5. 11. 1997, in Kraft seit 1. 12. 1997. Nicht zum Anwendungsbereich des Gesetzes gehören Blut, Knochenmark sowie embryonale und fetale Organe und Gewebe. Nach § 3 T.-Gesetz bedarf die Organentnahme aus dem Körper eines Verstorbenen zum Zweck der T. auf einen lebenden Empfänger grundsätzlich der (mündl. oder schriftl.) Einwilligung des Organspenders; dies kann z. B. durch einen →Organspenderausweis mit Verbindlichkeit über den Tod hinaus dokumentiert werden und bleibt, ebenso wie eine zu Lebzeiten erklärte Ablehnung, über den Tod hinaus für die Angehörigen bindend. Liegt dagegen eine Erklärung des Verstorbenen nicht vor, steht die Entscheidung nach einer im T.-Gesetz bestimmten Rangfolge den nächsten Angehörigen zu, die den mutmaßl. Willen des Verstorbenen zu beachten haben (§ 4; so genannte erweiterte Zustimmungslösung). Möglich ist auch, dass der potenzielle Spender die Entscheidung einer namentlich benannten Person seines Vertrauens überträgt (§ 2 Abs. 2). Für die der Organentnahme vorausgehende Todesfeststellung ist das Kriterium des Hirntodes (vollständiges und bleibendes, d. h. irreversibles Fehlen jegl. Hirntätigkeit) maßgeblich; dieser muss durch zwei vom T.-Team unabhängige ärztl. Spezialisten festgestellt und dokumentiert werden (§§ 3 Abs. 2, 5). Krankenhäuser werden verpflichtet, den eingetretenen Hirntod geeigneter Organspender dem zuständigen T.-Zentrum zu melden (§ 11 Abs. 4). Die Organisation der Zusammenarbeit der T.-Zentren ist Aufgabe der Koordinierungsstelle; die Zuteilung vermittlungspflichtiger Organe hat nach Regeln, die dem Stand der Erkenntnisse der medizin. Wiss.en entsprechen, durch eine Vermittlungsstelle (§ 12) zu erfolgen. Bei einer nur in engen Grenzen zw. einander nahe stehenden Personen zulässigen Lebend-T. (z. B. einer Niere, Teilen der Leber) bedarf die Organentnahme der Einwilligung des Spenders nach vorheriger sorgfältiger Aufklärung. Der Handel mit Organen ist verboten (§ 17 T.-Gesetz; →Organspender).

In *Österreich* sind Organentnahmen von Verstorbenen im Sinne der ›Widerspruchslösung‹ gesetzlich geregelt (§ 62 a Krankenanstalten-Ges.). – In der *Schweiz* sind die Organ-T. im längstens bis zum 31. 12. 2005 befristeten Bundesbeschluss über die Kontrolle von Blut, Blutprodukten und Transplantaten vom 22. 3. 1996 geregelt, welcher es u. a. verbietet, menschl. Transplantate gegen Entgelt in der Schweiz oder von der Schweiz aus im Ausland in Verkehr zu bringen oder gegen Entgelt erworbene menschl. Transplantate zu transplantieren. Ein Verfassungsartikel mit den Bundeskompetenzen für eine umfassende gesetzl. Regelung der T.-Medizin wurde im National- und Ständerat angenommen, die notwendige Volksabstimmung steht noch aus (Stand Nov. 1998). Ein gestützt darauf zu erarbeitendes T.-Gesetz wird frühestens im Jahre 2002 in Kraft treten.

Organspende. Krit. Ansichten zur T.-Medizin, hg. v. R. Greinert u. G. Wuttke (Neuausg. 1993); K. Wonigeit u. R. Pichlmayr: Organ-T., in: Immunologie, begr. v. K.-O. Vorländer, hg. v. D. Gemsa u. a. (^{4}1997).

2) Pflanzenbau: →Veredelung.

Transpluto, Bez. für einen hypothet. Planeten jenseits der Plutobahn. Ein solcher Planet wurde aufgrund von vermeintl. Störungen der Bahnen von Uranus, Neptun und Pluto postuliert, doch erwiesen sich diese ›Bahnstörungen‹ als im Rahmen der auf Messfehlern beruhenden Ungenauigkeiten der Positionsvoraussagen. Alle bisher jenseits der Plutobahn entdeckten Himmelskörper gehören aufgrund ihrer Größe zu den Planetoiden oder Kometenkernen.

Transponder [engl., Kw. aus **trans**mitter ›Sender‹ und res**ponder** ›Antwortgeber‹] *der, -s/-,* Empfangssendegerät, das nach dem Abfrage-Antwort-System arbeitet. Ein vom T. empfangenes codiertes Abfragesignal wird entschlüsselt und nach der →Kennung u. a. Informationen des Abfragenden ausgewertet. Daraufhin wird automatisch ein codiertes, selektiv für den Abfragenden bestimmtes Antwortsignal mit den gewünschten Informationen ausgesendet, das bei diesem ebenfalls automatisch entschlüsselt und ausgewertet wird. Anwendung z. B. als →Sekundärradar in der Flugsicherung oder als →IFF-Gerät.

transponierbare Elemente, *Molekulargenetik:* Bez. für Bereiche der Desoxyribonukleinsäure (DNA), die innerhalb des Genoms, in dem sie sich befinden, ihre Position wechseln **(Transposition)** und an unterschiedl. Stellen integriert werden können. Die Transposition erfolgt entweder durch Herausschneiden des DNA-Elements aus seiner ursprüngl. Position oder durch eine replikative Kopie dieses Elements und nachfolgende Integration an anderen Stellen. Der Einbau von t. E. führt zur Inaktivierung des betroffenen Gens, zu Deletionen, Inversionen und Brüchen in seiner unmittelbaren Umgebung sowie zu polaren Wirkungen auf benachbarte Gene. – Die einfachsten t. E. sind die bei Bakterien vorkommenden →Insertionselemente und die etwas größeren, ebenfalls bakteriellen **Transposone** (Tn-Elemente), DNA-Elemente mit bis zu 80 000 Basenpaaren, die u. a. Gene für Antibiotika-Resistenzen enthalten; ihre Entdeckung geht auf die Ausbreitung von Antibiotika-Resistenzen bei Bakterien zurück. In eukaryont. Zellen kommen ebenfalls t. E. vor, sie wurden u. a. bei Hefen, Taufliegen und bei Mais (durch BARBARA MCCLINTOCK) nachgewiesen, und die in ihnen enthaltenen Gene werden unter der Bez. ›springende Gene‹ zusammengefasst.

transponieren [lat. transponere ›versetzen‹, ›umsetzen‹], **1)** *bildungssprachlich* für: (in einen anderen Bereich) übertragen; versetzen, verschieben.
2) *Musik:* ein Musikstück intervallgetreu in eine andere Tonart versetzen. Davon zu unterscheiden ist die Versetzung musikal. Bildungen auf eine andere Stufe des diaton. Systems mit Veränderung der Lage der Halbtöne.

transponierende Instrumente, Musikinstrumente, die in der Partitur in anderer Tonhöhe notiert werden, als sie erklingen. Bei Blasinstrumenten wird die Naturskala des Instruments, z. B. die der Klarinette in A oder der Trompete in B, als C-Dur, also wie kleine Terz bzw. eine große Sekunde über dem Klang, notiert. Die Transposition bedeutet eine Erleichterung für den Spieler, der versch. Vertreter der gleichen Instrumentengattung spielt. Daneben gibt es Oktavtranspositionen, die sich aus der Absicht erklären, Hilfslinien in der Notenschrift zu vermeiden; z. B. werden die Pikkoloflöte und die Celesta eine Oktave tiefer notiert, als sie klingen, der Kontrabass und das Kontrafagott eine Oktave höher. Oktavtransposition kann zu der durch die Stimmung bedingten Transposition hinzutreten, so bei den tiefen Saxophonen. – In modernen Partituren (seit A. SCHÖNBERGS ›Serenade‹ op. 24, 1923) findet sich häufig auch bei t. I. die Notierung nach dem Klang. (→Scordatura)

Transport [frz., zu transporter, lat. transportare ›hinüberschaffen‹, ›hinüberbringen‹] *der, -(e)s/-e,* die Beförderung von Personen, Gütern, Energie und Nachrichten durch Einrichtungen der Förder- und Verkehrstechnik; allg. die Beförderung von Stoffen in und auf anderen Medien.
Die wichtigsten T.-Mittel (in den Industrieländern) sind Schiffe, Schienenbahnen, Kraftwagen, Flugzeuge. In dieser Reihenfolge steigen i. Allg. die Beförderungsgeschwindigkeiten, der Energieaufwand und die spezif. Kosten des T., dagegen sinken die mögl. Abmessungen und Gewichte der T.-Güter. Unter Energie-T. kann sowohl die Übertragung elektr. Energie über elektr. Leitungen als auch die von Wärme und fossilen Energieträgern durch Rohrleitungen (z. B. Fernwärme, Erdgas) verstanden werden (→Energieübertragung).
Für **Schwer-T.,** die Beförderung ungewöhnlich schwerer oder umfangreicher Güter, und für **Gefahrgut-T.,** die Beförderung ätzender, explosiver, wassergefährdender, giftiger oder radioaktiver Stoffe (→gefährliche Güter), gelten besondere Bestimmungen. (→Güterverkehr, →Personenverkehr, →Verkehr)

Transportbefehl, *Informatik:* in Maschinen- und Assemblersprachen Befehle, die den Inhalt eines Speicherplatzes (i. w. S.) in einen anderen Speicherplatz kopieren (dabei ist hier unter Speicherplatz insbesondere auch ein Register zu verstehen); die am häufigsten mit T. bewirkten Operationen sind das Kopieren aus dem Hauptspeicher in ein Register und umgekehrt. Bei vielen Ein-/Ausgabebussen werden die angeschlossenen Geräte wie ein Hauptspeicherbereich adressiert (engl. memory mapped I/O). Die dabei zur Verfügung stehenden Ein-/Ausgabebefehle zum Ansprechen der Geräteregister werden auch T. genannt.

Transportbeton [-betɔŋ], auch -betɔ̃], **Fertigbeton,** Beton, der vom T.-Werk in Fahrzeugen der Baustelle im einbaufertigen Zustand angeliefert wird.

transponierende und nichttransponierende Instrumente			
Instrument	nicht-transp.	transp.	Differenz Klang – Notation
Pikkoloflöte in C		×	1 Oktave höher als notiert
in Des		×	kleine None höher als notiert
Große Flöte	×		
Oboe	×		
Englisch Horn		×	Quinte tiefer als notiert
Klarinette in C	×		
in B		×	große Sekunde tiefer als notiert
in A		×	kleine Terz tiefer als notiert
Kleine K. in Es		×	kleine Terz höher als notiert
Bassklarinette in B		×	große None tiefer als notiert
Saxophon, Sopran-S. in B		×	große Sekunde tiefer als notiert
Alt-S. in Es		×	große Sexte tiefer als notiert
Tenor-S. in B		×	große None tiefer als notiert
Bariton-S. in Es		×	1 Oktave und große Sexte tiefer als notiert
Bass-S. in B		×	2 Oktaven und große Sekunde tiefer als notiert
Fagott	×		
Kontrafagott		×	1 Oktave tiefer als notiert
Horn (Wald-H.) in F		×	Quinte tiefer als notiert
Trompete in C	×		
in F		×	Quinte tiefer als notiert
in B		×	große Sekunde tiefer als notiert
Flügelhorn		×	große Sekunde tiefer als notiert
Tenorhorn in B		×	große None tiefer als notiert
Posaune	×		
Basstuba in F, in Es	×		
Kontrabasstuba in B	×		
Pauke	×		
Glockenspiel		×	2 Oktaven höher als notiert
Klaviatur-G.		×	1 Oktave höher als notiert
Xylophon (Orchester-X.)		×	1 Oktave höher als notiert
Celesta		×	1 Oktave höher als notiert
Gitarre		×	1 Oktave tiefer als notiert
Harfe	×		
Violine	×		
Viola	×		
Violoncello	×		
Kontrabass		×	1 Oktave tiefer als notiert

Transport|erscheinungen, physikal. Vorgänge, die in Gasen, Flüssigkeiten und Festkörpern bei Störung des thermodynam. Gleichgewichts auftreten und mit einem Transport von Masse, Energie, Impuls oder Ladung (den **Transportgrößen**) verbunden sind. T. werden durch den Gradienten einer bestimmten physikal. Größe hervorgerufen, der Ausgleichsvorgänge in Form von Strömungen oder Strömen in Gradientenrichtung bewirkt; z. B. bewirkt ein Temperaturgradient einen Transport von Wärmeenergie (Wärmestrom), ein elektr. Feld einen Transport von elektr. Ladung (elektr. Strom). Zu den T. und ihren Auswirkungen gehören insbesondere die Wärmeleitung, die Diffusion, die elektr. Leitung, die Thermodiffusion, die Thermoelektrizität und die Viskosität.

Unter **Transporteigenschaften** werden die mit den versch. T. verknüpften physikal. Eigenschaften eines Mediums zusammengefasst, z. B. die Wärmeleitfähigkeit eines Stoffs, die elektr. Leitfähigkeit eines Metalls, Halbleiters oder Plasmas. Die zugehörigen Stoffgrößen sind die **Transportkoeffizienten,** die als Proportionalitätsfaktor zw. jeweiligem Strom und erzeugendem Gradienten in ihrer Größe und Temperaturabhängigkeit experimentell bestimmt werden. Zur theoret. Beschreibung von T. bedient man sich der statist. Mechanik, der Thermodynamik irreversibler Prozesse und der Strömungslehre. Die abgeleiteten **Transportgleichungen** sind partielle Differenzialgleichungen für die Verteilungsfunktion des betrachteten Vielteilchensystems im Phasenraum, z. B. die Boltzmann-, die Planck-Fokker-, die Navier-Stokes-, die Diffusions- und die Wärmeleitungsgleichung.

Transportflugzeug, Transporter, militär. Frachtflugzeug zur Beförderung von Truppen, Waffen, Ausrüstung und Versorgungsgütern. Hauptanforderungen: hohe Tragfähigkeit, große Frachtraumabmessungen, schnelle Be- und Entlademöglichkeit, Unabhängigkeit von Bodenanlagen, Start- und Landefähigkeit auf unvorbereiteten Plätzen, geringe Beschussempfindlichkeit. Bekannte T. die strateg. Großraumtransporter Lockheed C-5 A ›Galaxy‹ und Antonow An-22 ›Antäus‹, An-124 ›Ruslan‹, An-225 ›Mriya‹ sowie die mittleren (›Kampfzonen‹-)Transporter Lockheed C-130 ›Hercules‹ und die →Transall C-160. – Zu zivilen Frachtflugzeugen →Verkehrsflugzeug.

Transportgefährdung, die gemeingefährl. Beeinträchtigung der Betriebssicherheit einer Schienen- oder Schwebebahn, der Schifffahrt oder der Luftfahrt durch Beschädigung der Anlagen oder Beförderungsmittel, Bereiten von Hindernissen oder ähnl. Eingriffe (§ 315 StGB), ferner auch das Führen derartiger Beförderungsmittel in trunkenem Zustand oder unter grob pflichtwidrigem Verstoß gegen Sicherheitsvorschriften (§ 315 a StGB). In beiden Fällen ist die konkrete Gefährdung von Leib oder Leben eines anderen Menschen oder bedeutenden Sachwerten Voraussetzung der Strafbarkeit. Die T. nach § 315 wird mit Freiheitsstrafe von sechs Monaten bis zu zehn Jahren, in schweren Fällen (z. B. bei Absicht, einen Unglücksfall herbeizuführen) mit Freiheitsstrafe nicht unter einem Jahr, in minder schweren Fällen oder bei Fahrlässigkeit mit geringerer Freiheitsstrafe oder Geldstrafe bestraft. Die T. nach § 315a wird mit Freiheitsstrafe bis zu fünf Jahren (bei Fahrlässigkeit bis zu zwei Jahren) oder mit Geldstrafe bestraft. – Ähnl. Bestimmungen enthalten die StGB Österreichs (§§ 176 f., 186) und der *Schweiz* (Art. 238 f.). →Straßenverkehrsgefährdung.

Transportmodelle, *Operations-Research:* Modelle der linearen Programmierung (→mathematische Programmierung) zur Lösung des so genannten (klass.) **Transportproblems:** Man transportiere ein Gut, das in gleicher Art und Qualität an versch. Produktionsstandorten mit der Gesamtmenge M pro Planungszeitraum hergestellt wird, kostenminimal zu versch. Nachfrageorten, die insgesamt die Menge N des Gutes im Planungszeitraum nachfragen. – Die T. werden in großem Umfang v. a. in der Grundstoffindustrie (Mineralöl- und Bergbauprodukte) eingesetzt, ferner auch in der Konsumgüterlogistik. Die besondere Struktur der T. ermöglicht die Verwendung von gegenüber dem Simplexverfahren vereinfachten und leistungsfähigeren Lösungsalgorithmen.

Transportreaktionen, Bez. für chem. Reaktionen, bei denen eine Substanz reversibel in eine leichter ›transportierbare‹ (häufig eine flüchtigere) Verbindung überführt wird, aus der sie an anderer Stelle wieder freigesetzt (oder auf eine weitere Substanz übertragen) wird. Durch T. können Feststoffe im Temperaturgefälle über gasförmige oder gelöste Reaktionsprodukte transportiert werden. Von techn. Bedeutung ist die Wolfram-Rücktransport von der Kolbenwand zur Glühwendel über gasförmiges Wolframbromid bei →Halogenglühlampen. Anwendung finden T. ferner bei der Kristallzüchtung (z. B. Hydrothermalzüchtung von Quarzeinkristallen). Zu den T. gehört die Sauerstoffübertragung durch das Hämoglobin des Blutes bei der Atmung. In lebenden Zellen binden Transportproteine ein Substrat (z. B. Ionen, Glucose) und geben es nach dem Passieren der Zellmembran wieder ab.

Transportsteuerung, Anwendung von Steuerungs- und Informationssystemen im Eisenbahnwesen, die die Automatisierungsmöglichkeiten aufgrund der Spurbindung ausnutzt. Grundlage der T. ist eine umfassende Nachrichtentechnik, die sich eines Rechnersystems mit weit gefächerten Übertragungsnetzen bedient. Die einzelnen Rechner übernehmen die Betriebs- und Verkehrsdaten auf der untersten Eingabeebene (Stellwerke, Güterabfertigungen u. a.) und werten diese für die T. aus.

Transportverpackung, →Verpackung.

Transportversicherung, Versicherung gegen Schäden an Transportmitteln, bes. Schiffen, und beförderten Gütern (**Warenversicherung**) während einer Reise einschließlich der übl. Lagerung sowie an hiermit verbundenen, in Geld schätzbaren Interessen (Versicherung von imaginärem Gewinn), Fracht, Havariegeldern u. a. Nach dem Beförderungsweg wird unterschieden zw. Seewarenversicherung bzw. Binnenwarenversicherung, Seekaskoversicherung bzw. Flusskaskoversicherung. Zur T. zählt auch die Verkehrshaftungsversicherung, die Haftpflichtversicherung für Spediteure und Frachtführer. Zur T. i. w. S. rechnet man auch zahlr. Transportnebensparten (z. B. Ausstellungs-, Garderoben-, Musikinstrumenten-, Kühlgüter-, Reisegepäck-, Valoren-, Automatenversicherung). Bei Kombination mehrerer Arten spricht man von ›Transport von Gütern von Haus zu Haus‹.

Die T. arbeitet nach dem Prinzip der Allgefahrendeckung, die über die Grunddeckung der Elementargefahren (Sturm, Brand, Blitz, Überschwemmung) hinausgeht und sich auch auf die zu Totalverlust führenden Gefahren (Explosion, Transportmittelunfälle u. a.) erstreckt.

Neben der Vertragsform der Einzelpolice (Deckung eines Einzelrisikos) ist für die T. die laufende Police typisch, deren häufigste Form die Generalpolice ist. Sie gewährt während der Vertragszeit Versicherungsschutz auf Umsatzbasis.

T. ..., in: Hwb. der Versicherung, hg. v. D. FARNY u. a. (1988); H. J. ENGE: T. Recht u. Praxis in Dtl. u. England (^{3}1996).

Transposition [zu lat. transponere, transpositum ›versetzen‹, ›umsetzen‹] *die, -/-en,* **1)** *Mathematik:* eine →Permutation p auf einer Menge M, die nur zwei Elemente aus M miteinander vertauscht, also $p(x) = y$, $p(y) = x$ und $p(z) = z$ für alle von x und y verschiedenen Elemente z aus M. Jede Permutation lässt sich als

Hintereinanderausführung einer nicht eindeutig bestimmten Anzahl von T. darstellen, jedoch ist diese Anzahl entweder immer gerade oder immer ungerade.

2) *Musik:* →transponierende Instrumente.

Transposone, *Sg.* **Transposon** *das, -s, Molekulargenetik:* →transponierbare Elemente.

Transputer [træns'pju:tər; Kw. aus engl. **trans**istor und com**puter**] *der, -s/-,* Mikroprozessor, der speziell für den Aufbau von kommunikationsorientierten Parallelverarbeitungssystemen (→Mehrprozessorsystem) entwickelt wurde. Dabei wurde der Befehlssatz unter dem Gesichtspunkt einer möglichst einfachen und effizienten Implementierung entworfen (→RISC-Architektur). Als besondere Architekturmerkmale besitzt der T. ein internes stat. →RAM mit Registerqualitäten (Zugriffszeit entspricht Prozessortakt) von 2 oder 4 Kbyte und vier DMA-fähige Kommunikationskanäle (→direkter Speicherzugriff). Dabei handelt es sich um serielle, voll duplexfähige Kanäle (→Duplexbetrieb), die als Punkt-zu-Punkt-Verbindungen zw. den T. bzw. zur Anbindung der Peripherie dienen.

Während bis etwa Mitte der 1990er-Jahre T. als kombinierte Rechen- und Kommunikationsprozessoren in Multiprozessorsystemen einiger Hersteller eingesetzt wurden, beschränkt sich ihr Einstz heute meist nur auf die Kommunikationsseite in derartigen Systemen. – Speziell zur Programmierung von transputerbasierten Systemen wurde die Programmiersprache OCCAM geschaffen, jedoch lassen sich auch andere Hochsprachen wie C und Fortran einsetzen.

Transrapid [Kw.] *der, -s,* →Magnetschwebebahn mit berührungsfreier Fahr- und Antriebstechnik. Nach dem Demonstrationsmodell TR 01 folgten die Versuchsfahrzeuge TR 02 und TR 04. Vergleichend wurde TR 03 als Luftkissenfahrzeug untersucht. Auf der Verkehrsausstellung IVA '79 in Hamburg beförderte TR 05 erstmals öffentlich Personen. TR 06 und TR 07 dienten auf der Versuchsanlage im Emsland der Entwicklung zur Einsatzreife. Das anwendungsnahe Fahrzeug TR 08 wird ab 1999 zur Typprüfung und Zulassung späterer Serienfahrzeuge benutzt. Für die erste T.-Strecke, die ab 2005 Hamburg mit Berlin verbinden soll, ist v. a. die Finanzierung noch ungesichert.

Trans|saharastraße [-'za:hara, -za'ha:ra], Bez. für zwei Fernverkehrsstraßen, die die Atlasländer mit den Staaten W-Afrikas verbinden. Die wichtigere Straße (im O) führt von Algier über den Hoggar (Tamanrasset) und Agadès nach Kano in Nigeria; sie ist fast durchweg asphaltiert. Die westl. Route führt durch den Adrar des Iforas nach Gao am Niger (Mali); sie ist bis Adrar befestigt. Zw. den beiden Straßen bestehen Querverbindungen zw. El Goléa und Adrar sowie – weniger benutzt – zw. In Salah und Reggane.

Trans|sexualität, Gefühl der Zugehörigkeit zum anderen Geschlecht, verbunden mit dem Bestreben, dessen soziale Rolle möglichst vollkommen zu leben. Dies ist jedoch nur in gewissen Grenzen durch eine →Geschlechtsumwandlung möglich. Als Ursache der T. werden insbesondere über das eigene Körpergeschlecht desinformierende Sozialisationsprozesse in der frühen Kindheit vermutet.

Im falschen Körper. Alles über T., hg. v. B. KAMPRAD u. a. (Zürich 1991).

Trans|sibirische Eisenbahn, russ. Kw. **Transsib,** Eisenbahnlinie in Sibirien und dem Fernen Osten, Russland, 1891–1916 erbaut. Sie beginnt im Ural, wo sie an die 1892 fertig gestellte Strecke Samara–Ufa–Tscheljabinsk (1065 km) anschließt, und führt über Omsk (hier Einmündung der Ausgangsstrecke von Jekaterinburg), Nowosibirsk, Krasnojarsk nach Irkutsk (3068 km) bis zum Baikalsee. Jenseits des Baikalsees führt die Bahn über Ulan-Ude nach Tschita und folgt dann dem Amur (→Amurbahn) nach Chabarowsk. Das letzte Stück bildet die Ussuribahn bis Wladiwostok. Die Länge beträgt von Tscheljabinsk nach Wladiwostok 7512 km, von Moskau nach Wladiwostok 9289 km (längste Eisenbahnstrecke der Erde). Urspr. eingleisig, wurde die Strecke bis 1938 zweigleisig ausgebaut und bis 1984 elektrifiziert (bis Tschita). Zur Entlastung der Strecke und zur Erschließung Westsibiriens wurden die →Südsibirische Eisenbahn sowie die →Mittelsibirische Eisenbahn erbaut. Im O entstand eine Abzweigung von Taischet über Bratsk nach Ust-Kut an der Lena (Lenabahn; 625 km), Ausgangspunkt der →Baikal-Amur-Magistrale. Die T. E. verbindet als Hauptverkehrsader Sibiriens die Oberläufe der S-N-gerichteten großen Flüsse.

J. DES CARS u. J.-P. CARACALLA: Die Transsibir. Bahn. Gesch. der längsten Bahn der Welt (a. d. Frz., Zürich 1987).

Transrapid 07 auf der Versuchsstrecke im Emsland

Trans|silvani|en, rumän. **Transilvania** [›Land hinter den Wäldern‹], andere Bez. für →Siebenbürgen.

Trans|silvanische Alpen, früherer Name der Südkarpaten (→Karpaten).

trans|sonisch [zu lat. *sonus* ›Schall‹], *Strömungslehre:* schallnahe; bezeichnet Strömungsvorgänge in kompressiblen Medien, wobei im gesamten Strömungsfeld die Geschwindigkeiten nur wenig von der Schallgeschwindigkeit verschieden sind und Gebiete sowohl mit Unterschall- als auch mit Überschallgeschwindigkeit auftreten. Dadurch ist die theoret. Beschreibung des Strömungsvorgangs sehr erschwert. Bei Flugzeugen nimmt im transson. Geschwindigkeitsbereich der Widerstandskraft stark zu, und der Angriffspunkt der Auftriebskraft an Tragflügeln rückt stromabwärts, was die Flugstabilität beeinflussen kann. (→Gasdynamik)

Trans|substantiation [mlat. ›Wesensverwandlung‹] *die, -/-en,* kath. *Theologie:* die Wandlung von Brot und Wein bei der Feier der →Eucharistie. T. besagt die durch die Wandlungsworte (›Dies ist mein Leib‹) bewirkte kult. Gegenwart des auferstandenen CHRISTUS (→Realpräsenz). Während der Gedanke einer realen Vergegenwärtigung CHRISTI in den eucharist. Gaben der Sache nach bereits im N. T. angelegt ist (z. B. Joh. 6, 51–58; 1. Kor. 10, 16 ff.), wurde die T. im MA. Gegenstand zahlreicher Kontroversen zw. Befürwortern einer eher spiritualist. und denen einer realistisch-materialist. Auffassung. Im 11. Jh. wurde die Auseinandersetzung zw. BERENGAR VON TOURS und LANFRANC zur Grundlage für die dogmat. Fixierung der T.-Lehre auf dem 4. Laterankonzil (1215) und dem Konzil von Trient (1545–63). Das mittelalterl. Verständnis von T. beruhte auf der scholast. Unterscheidung von Substanz und Akzidens. Sie ermöglichte, die Realität einer substanziellen Wandlung mit der bleibenden Wirklichkeit des dafür stehenden Zeichens (Akzidens) zu verbinden. Nachdem bereits 1415 auf dem Konzil von Konstanz das Miteinander CHRISTI und der Substanzen von Brot und Wein (Konsubstantiation) verworfen worden war, wurde die Problematik verstärkt in der Reformation wieder aufgegriffen (→Abendmahlsstreit). Die Gegensätze zw. M. LUTHER und J. CALVIN wurden in den konfessionalisierten Reformationskirchen verfestigt und erst in den →Arnoldshainer Abendmahlsthesen (1957) und der →Leuenberger Konkordie (1973) im Rahmen einer wachsenden ökumen. Neubesinnung überbrückt. Neuere theolog. Ansätze interpretieren T. im Sinne eines wesentl. Bedeutungswandels (Transsignifikation) oder einer Zweckveränderung (Transfinalisation) der Elemente Brot und Wein.

Trans|sudat [zu lat. sudare ›(aus)schwitzen‹] *das, -(e)s/-e,* nichtentzündl. Erguss, der sich aufgrund von Stauungsprozessen oder abnormer Blutzusammensetzung durch Austritt von seröser Flüssigkeit in Körperhöhlen und Gewebezwischenräumen **(Transsudation)** bildet.

Tranströmer, Tomas Göran, schwed. Schriftsteller, *Stockholm 15. 4. 1931; gilt als einer der bedeutendsten schwed. Lyriker der Gegenwart. T.s Lyrik, die vom Ausdruck her meist kühl und asketisch wirkt, verwendet eine reiche, dabei stark verdichtete Bildsprache, die nicht selten auf antike Versmaße zurückgreift. In neueren Gedichtsammlungen wird daneben eine Tendenz zum Prosagedicht und zu gesellschaftlich orientierter Thematik bemerkbar.
Werke: 17 dikter (1954); Hemligheter på vägen (1958); Den halvfärdigan himlen (1962); Klanger och spår (1966); Mörkerseende (1970); Östersjöar (1974); Sanningsbarriären (1978); Det vilda torget (1983; dt. Der wilde Marktplatz); För levande och döda (1989; dt. Für Lebende und Tote).
Ausgaben: Dikter 1954–1978 (1979); Dikter (1984). – Der Mond u. die Eiszeit (1992); Sämtl. Gedichte, übers. v. H. GRÖSSEL (1997).
L. KARLSTRÖM: T. T. En bibliografi (Västerås 1990).

Trans|urane, Bez. für die Elemente mit einer Ordnungszahl $Z > 92$, die im Periodensystem der chem. Elemente dem Uran ($Z = 92$) folgen. Sie sind radioaktiv mit versch. Zerfallsarten und besitzen Halbwertszeiten von Bruchteilen einer Sekunde bis zu über 80 Mio. Jahren (beim Plutoniumisotop Pu 244). Abgesehen von geringsten Mengen einiger Nuklide der Elemente Neptunium, Plutonium, Americium und Curium kommen T. nicht in natürl. Form vor. Seit 1940 sind durch Verwendung von Teilchenbeschleunigern und Kernreaktoren zahlr. Isotope der T. bis zum Element 112 künstlich hergestellt worden (von den T. mit $Z > 100$ meist nur wenige Atome). Die T. mit $93 \leq Z \leq 103$ bilden zus. mit Actinium, Thorium, Protactinium und Uran die Reihe der **Actinoide,** bei deren Atomen die 5f-Unterschale der O-Schale mit Elektronen aufgefüllt wird, analog zur Füllung der inneren 4f-Schale bei den Atomen der Lanthanoide. Die T. mit $Z > 103$ werden als **Transactinoide** bezeichnet, diejenigen mit $Z > 105$ außerdem auch als →superschwere Elemente.

Die Erzeugung von T. erfolgt u. a. durch Beschuss der Kerne des Urans oder der nächsten T. mit energiereichen Ionen leichter oder mittelschwerer Elemente aus Teilchenbeschleunigern (→Schwerionenforschung). Die Herstellung wägbarer Mengen über Neutroneneinfangreaktionen in Kernreaktoren mit hohem Neutronenfluss ist nur bis zum Fermium ($Z = 100$) möglich. Bestimmung und Nachweis der T. als sehr kurzlebiger Reaktionsprodukte erfolgen mit radiochem. und physikal. Methoden. Verwendung finden T. in wachsendem Maß in Forschung und Technik; v. a. dient das Plutoniumisotop Pu 239 als Kernbrennstoff und das Isotop Pu 238 als Energiequelle von Nuklidbatterien in Satelliten und Herzschrittmachern, das Californiumisotop Cf 252 als Neutronenquelle in der Neutronenaktivierungsanalyse und bei der Krebstherapie.

Geschichte: 1934/35 glaubten E. FERMI und seine Mitarbeiter, dass die bei Neutronenbestrahlung von Uran auftretenden radioaktiven Nuklide Isotope von T. seien; jedoch wiesen O. HAHN und F. STRASSMANN 1938 nach, dass es sich dabei um die mittelschweren Spaltprodukte der auf diese Weise von ihnen entdeckten induzierten Kernspaltung des Urans handelte. Als erste T. wurden 1940 von E. M. MCMILLAN und P. H. ABELSON das Neptunium und von G. T. SEABORG, J. W. KENNEDY und A. C. WAHL das Plutonium gefunden. SEABORG, A. GHIORSO und ihre Mitarbeiter erhielten 1944 die Isotope $^{241}_{96}$Am und $^{242}_{96}$Cm des Americiums bzw. Curiums durch Beschuss von Uran 238 bzw. Plutonium 239 mit Alphateilchen, 1949 das Isotop $^{243}_{97}$Bk des Berkeliums und 1950 das Isotop $^{245}_{98}$Cf des Californiums durch Beschuss von Americium 241 bzw. Curium 242 mit Alphateilchen. 1952 wurden Isotope der T. Einsteinium und Fermium als Reaktionsprodukte des Urans gefunden, das der hochintensiven Neutronenstrahlung einer Wasserstoffbombenexplosion ausgesetzt war und 1954 von SEABORG u. a. aus Ablagerungen isoliert wurde. 1955 erzeugten GHIORSO, SEABORG und Mitarbeiter das Mendeleviumisotop $^{256}_{101}$Md beim Beschuss von Einsteinium 253 mit Alphateilchen.

Die folgenden Jahre waren durch einen heftigen Wettbewerb zw. der amerikan. Arbeitsgruppe in Berkeley (Calif.) und der russischen in Dubna um die Synthese der Elemente 102 bis 105 gekennzeichnet, für die von beiden Gruppen jeweils eigene Namen vorgeschlagen wurden (vgl. Element 102 usw.). Isotope der Elemente 107 und 109 wurden erstmals 1981/82, des Elements 108 erstmals 1984 von der Arbeitsgruppe um P. ARMBRUSTER (*1931), G. MÜNZENBERG (*1940), S. HOFMANN (*1944) u. a. bei der Gesellschaft für Schwerionenforschung (GSI) in Darmstadt mit dem Schwerionenbeschleuniger UNILAC erzeugt. In allen Fällen geschah der Nachweis über den mit Halbwertszeiten von einigen ms erfolgenden Alphazerfall der entstehenden Atomkerne. Die erstmalige Erzeugung der Elemente 110, 111 (1994) und 112 (1996), für die es noch keine Namensvorschläge gibt, wurde ebenfalls in Darmstadt vorgenommen. – Nach Überprüfung von z. T. jahrzehntealten Laborprotokollen durch die ›Transfermium Working Group‹ der IUPAC hat deren Nomenklaturkommission 1997 für die chem. Elemente 101 bis 109 folgende Namen festgelegt: für Element 101 Mendelevium (chem. Symbol Md), Element 102 Nobelium (No), Element 103 Lawrencium (Lr), Element 104 Rutherfordium (Rf), Element 105 Dubnium (Db), Element 106 Seaborgium (Sg), Element 107 Bohrium (Bh), Element 108 Hassium (Hs) und Element 109 Meitnerium (Mt).

Transvaal, ehem. Prov. im NO der Rep. Südafrika, seit 1994 aufgeteilt in die Nord-Provinz und die Prov. Gauteng, Mpumalanga sowie Nord-West.
Geschichte: Nach 1835 wanderten aus der Kapkolonie (Großer Treck), nach der 1845 erfolgten Annexion Natals durch Großbritannien auch aus Natal, Buren, die mit der brit. Herrschaft unzufrieden waren, in das →Mfecane teilweise entvölkerte Gebiet nördlich des Flusses Vaal ein. Aus ihren kleinen Staatenbildungen (durch die ›Sand-River-Konvention‹ vom 17. 1. 1852 von Großbritannien als unabhängig anerkannt) entstand 1856 der Freistaat T. (1884–1902 amtlich **Südafrikanische Republik**). In der Folgezeit behauptete er sich gegen Angriffe schwarzafrikan.

Völker. 1877 wurde T. von Großbritannien annektiert; nach einem erfolgreichen Aufstand (1880/81) der Buren erkannte die brit. Reg. die Eigenständigkeit von T. und Oranje-Freistaat am 3. 8. 1881 erneut an. Infolge der Entdeckung reicher Goldfelder am Witwatersrand (1886) kamen zahlr., meist brit. Einwanderer ins Land, denen jedoch das volle Bürgerrecht verweigert wurde. Dies führte 1895/96 zu dem von C. RHODES unterstützten, von den Buren abgewehrten →Jameson Raid. 1897 schloss T. ein Bündnis mit dem Oranje-Freistaat. Nach dem →Burenkrieg wurde T. von Großbritannien annektiert und war 1910–94 eine südafrikan. Provinz.

K. MAUDER: Landnutzung in Nordost-T., 2 Tle. (1976); E. LONGFORD: Jameson's raid (London 1982); P. DELIUS: The land belongs to us. The Pedi Polity, the Boers, and the British in 19th century T. (Berkeley, Calif., 1984).

Transvaal-Jade, Handels-Bez. für grünen →Grossular.

Transvasierverfahren [zu lat. vas ›Gefäß‹], Methode bei der Sektherstellung, →Schaumwein.

transversal [mlat., zu lat. transversus ›quer liegend‹], senkrecht zu einer Vorzugsrichtung (Ggs.: longitudinal); z. B. steht bei transversalen Schwingungen die Schwingungsgröße senkrecht auf der Ausbreitungsrichtung der zugehörigen Welle.

Transversale die, -/-n, eine Gerade, die eine Kurve oder allgemeiner eine algebraische Mannigfaltigkeit (→algebraische Geometrie) in einem Raum in einem Punkt schneidet.

Transversalverschiebung, Geologie: →Verwerfung.

Transversalwellen, Geophysik: →Erdbeben.

Transversion [lat., zu transvertere ›hinüberwenden‹] die, -/-en, Molekulargenetik: mutative Veränderung eines einzelnen Nukleotids der DNA (Punktmutation), bei der eine Purinbase durch eine Pyrimidinbase oder umgekehrt ersetzt wird.

transversus [lat.], Medizin: quer verlaufend, z. B. zur Längsachse des Körpers.

Transvestismus [zu lat. vestis ›Kleid‹, ›Gewand‹] der, -, **Transvestitismus,** das Bedürfnis, z. B. mittels Kleidung, Schminke und Gestik, die Rolle des anderen Geschlechts anzunehmen. T. tritt überwiegend bei heterosexuell orientierten Männern in Erscheinung, wobei die meisten Transvestiten (im Unterschied zu den Transsexuellen akzeptieren sie die angeborene Geschlechtszugehörigkeit) keine primär sexuellen Ziele verfolgen, sondern in erster Linie die Transvestition als lustvoll erleben. – In Shows – die ersten kommerziellen Transvestitenshows (Travestieshows) entstanden im 19. Jh. in Paris – und Filmen wird das Auftreten von Transvestiten meist als kreativer Ausdruck der Persönlichkeit anerkannt.

Trans World Airlines [træns wə:ld 'eəlaɪnz], →TWA – Trans World Airlines Inc.

transzendent [zu lat. transcendere ›hinübergehen‹], 1) allg.: übernatürlich, übersinnlich, die Grenzen eines Bereiches überschreitend.

2) Philosophie: Der Gedanke des Transzendenten geht urspr. zurück auf PLATONS Entgegensetzung der unsinnl., sich gleich bleibenden Ideen und der sich wandelnden Erscheinungswelt und seine Lehre von der über alles hinausreichenden Idee des Guten; sie wurde in der neuplaton. Fassung zur Grundlage der philosoph. und theolog. Lehre von der Jenseitigkeit (→Transzendenz) Gottes. Sprachlich lassen sich folgende Bedeutungen von t. unterscheiden: 1) einen Erfahrungs-, Gegenstands- oder Seinsbereich überschreitend (im höchsten Sinn: das Absolute); 2) in erkenntnistheoret. Einschränkung die Grenzen des Bewusstseins hinter sich lassend (so bei I. KANT, für den die ›Dinge an sich‹ t. und daher unerkennbar sind); 3) Welt und Wirklichkeit im Sinne des Überweltlichen und Übernatürlichen, Übersinnlichen übersteigend; 4) in der Scholastik: jenseits aller speziellen Kategorien und Gattungsbegriffe liegend (→Transzendentalien) und bei jedem mögl. Gegenstand als notwendig vorausgesetzt; 5) was im Hinausgehen über die Grenzen der jeweils vermittelten objektiven Weltgegebenheiten zur ›Erhellung‹ gelangt (K. JASPERS) oder im Übersteig über das Seiende im Ganzen als ›Hineingehaltensein in das Nichts‹ existenziell ein Seinsverstehen ermöglicht (M. HEIDEGGER).

transzendental [mlat. ›übersinnlich‹], Philosophie: 1) in der Scholastik gleichbedeutend mit transzendent; i. e. S. das auf die (vor aller kategorialen Ordnung stehenden) Grundbestimmungen (→Transzendentalien) des Seienden Bezogene; 2) bei I. KANT in erkenntnistheoret. Auffassung dasjenige, was im Bewusstsein als aprior. Bedingung der Möglichkeit von Gegenständen, Erfahrung, Erkenntnis vorausliegt, den Bereich mögl. Erfahrung jedoch nicht überschreitet; 3) in der transzendentalen Phänomenologie E. HUSSERLS die Untersuchungsart der im Bewusstsein gegebenen Konstitution mögl. Gegenstände, unabhängig von ihrer besonderen Seinsweise und ihrer Zugehörigkeit zu einer besonderen Ontologie; 4) die Frage nach den aprior. Bedingungen der Möglichkeit von Erfahrung und Erkenntnis (→Transzendentalphilosophie).

Transzendentale Meditation, Abk. **TM,** von dem ind. Guru →MAHARISHI MAHESH YOGI begründete Meditationstechnik mit weltveränderndem Anspruch. Durch die Wiederholung eines Mantra soll der Meditierende zu höheren Bewusstseinsebenen gelangen. Die Folge davon sei der Erwerb übernatürl. Fähigkeiten (Siddhis), der Abbau von Stress, die Erhöhung der Kreativität und die Kontrolle der Naturgesetze. 1976 gründete MAHARISHI in Seelisberg (Schweiz) eine ›Weltregierung des Zeitalters der Erleuchtung‹ (mit ›Weltresidenz‹ bei Delhi); den ›Weltplan für vollkommene Gesundheit‹ (1986) soll das Ayurveda-Gesundheitssystem eingeführt werden. Nach eigenen Angaben wurden bisher 2,5 Mio. Menschen in TM eingeführt, in Dtl. mehr als 100 000.

M. MAHESH YOGI: Die Wiss. vom Sein u. die Kunst des Lebens (a. d. Engl., Neuausg. 1969); M. MILDENBERGER u. A. SCHÖLL: Die Macht der süßen Worte (1977); R. HUMMEL: Ind. Mission u. neue Frömmigkeit im Westen (1980); E. u. A. ARON: Der Maharishi-Effekt (a. d. Engl., 1991); F. W. HAACK u. T. GANDOW: T. M. (⁶1992).

Transzendentali|en, Transzendenti|en, in der Scholastik im Unterschied zu den Universalien die allgemeinsten, jenseits sämtl. kategorialer Bestimmungen liegenden metaphys. ›Wesenheiten‹, nach THOMAS VON AQUINO der Begriff des Seienden (lat. ens) und der ihm zukommenden Bestimmungen der Einheit (unum), Wahrheit (verum), Gutheit (bonum), später ergänzt durch die Schönheit (pulchrum).

Transzendentalismus der, -, 1) Literaturgeschichte: philosophisch-literar. Bewegung in Neuengland (etwa 1836–60); verband die Transzendentalphilosophie des dt. Idealismus und Einflüsse v. a. der engl. Romantik mit ostasiat. Philosophien und myst. Vorstellungen zu einer sicht. Weltsicht, die der als erstarrt empfundenen Religion kalvinist. Prägung, dem Rationalismus des 18. Jh. sowie dem Materialismus in den USA kritisch gegenüberstand. Auf der Basis der humanistisch orientierten Religion des Unitarismus (WILLIAM ELLERY CHANNING, * 1780, † 1842; →Unitarier) machte der T. die schöpfer. Intuition des Individuums sowie sein Eingebundensein in eine vom göttl. Prinzip regierte, eine harmon. Allheit bildende Natur zur Quelle der bloßen Sinneswahrnehmung transzendierender Erkenntnis, zur Basis selbstbestimmten Handelns und fortschreitender Gesellschaftsveränderung sowie zur Grundlage eines neuen amerikan. Selbstbewusstseins. Mitgl. dieser losen, zur amerikan. Romantik gehörenden Gruppe (u. a. R. W.

EMERSON; CHANNING; H. D. THOREAU; MARGARET FULLER; AMOS BRONSON ALCOTT, *1799, †1888; THEODORE PARKER, *1810, †1860; G. RIPLEY; ELIZABETH PALMER PEABODY, *1804, †1894; N. HAWTHORNE; JONES VERY, *1813, †1880) trafen sich im ›Transcendental Club‹ (anfangs bei EMERSON in Concord, Mass., später bei PEABODY in Boston, Mass.). Ihr Publikationsorgan war die Zeitschrift ›The Dial‹ (1840–44, anfangs herausgegeben von FULLER, später von EMERSON). Ideen des T. waren auch Grundlage der kommunitäre Lebensformen praktizierenden Siedlungen →Brook Farm und Fruitlands (Harvard, Mass.), die u. a. HAWTHORNE in ›The Blithedale romance‹ (1852) fiktional verarbeitet hat.

The transcendentalists. An anthology, hg. v. PERRY MILLER (Neuausg. Cambridge, Mass., 1979); The transcendentalists. A review of research and criticism, hg. v. J. MYERSON (Detroit, Mich., 1984); American transcendentalists, hg. v. DEMS. (ebd. 1988); DIETER SCHULZ: Amerikan. T. Ralph Waldo Emerson, Henry David Thoreau, Margaret Fuller (1997).

2) *Philosophie:* die kritizist. Transzendentalphilosophie I. KANTS, die das Ding als Phänomen konstituiert.

Transzendentalphilosophie, eine Form philosoph. Fragens, die jeder Erfahrung und Einzelerkenntnis vorausliegenden und diese erst ermöglichenden Bewusstseinsleistungen a priori untersucht. I. KANT entfaltet seine T. in der ›Kritik der reinen Vernunft‹ (1781) im Sinne eines Systems aller Verstandesbegriffe und transzendentalen Grundsätze (→transzendental) a priori, insofern sie auf Gegenstände der sinnl. Wahrnehmung und damit der Erfahrung gehen. Erkenntnis und Erfahrung kommen durch die synthetisierenden Leistungen des Bewusstseins am sinnl. Material zustande. Die ›transzendentale (oder kopernikan.) Wende‹ der kantischen Philosophie bestand gerade darin, an erster Stelle nicht wie üblich der Objekte vollzogener Bewusstseinsleistungen zu thematisieren, sondern jene in Abhängigkeit von der konstitutiven Subjektivität zu verstehen. Im dt. Idealismus (J. G. FICHTE, F. W. J. SCHELLING) gewann der Begriff T. eine spekulativ-metaphys. Bedeutung; ausgegangen wird von einem autonomen, sich selbst bestimmenden transzendentalen Subjekt, durch dessen Tätigkeit auch die mannigfaltigen Objekte der Erfahrung konstituiert werden. – Eine neue Bedeutung gewann die T. bei E. HUSSERL; in seiner transzendentalen Phänomenologie werden die Bedingungen für mögl. Phänomene aller Art so untersucht, dass die Korrelation zw. konstitutiver Leistung und konstituiertem Sinn als Phänomene eines nicht psycholog., sondern transzendentalen Subjektes aufgefasst werden. Ziel ist die reine Wesenserkenntnis. – Bei K.-O. APEL tritt an die Stelle der kantischen Frage nach den Bedingungen der Möglichkeit der Erfahrung die Frage nach den Bedingungen der Möglichkeit von intersubjektiven Geltungsansprüchen, wie sie in jedem sprachl. Argumentieren vorausgesetzt werden müssen. An die Stelle des transzendentalen Subjekts tritt die transzendentale (oder: ideale) Kommunikationsgemeinschaft aller vernünftigen Wesen, Erkenntnis wird in einer transzendentalen Intersubjektivität verankert.

T. SEEBOHM: Die Bedingungen der Möglichkeit der Transzendental-Philosophie (1962); R. LAUTH: Zur Idee der T. (1965); N. HINSKE: Kants Weg zur T. (1970); H. HOLZ: Einf. in die T. (³1991); Aufhebung der T.? Systemat. Beitr. zur Würdigung, Fortentwicklung u. Kritik des transzendentalen Ansatzes zw. Kant u. Hegel, hg. v. T. S. HOFFMANN u. F. UNGLER (1994); MICHAEL MAYER: Transzendenz u. Gesch. (1995); K. HAMMACHER: Transzendentale Theorie u. Praxis (1996).

transzendente Funktion, eine Funktion, die keine →algebraische Funktion ist, z. B. die Exponentialfunktion.

transzendente Gleichung, eine Gleichung, die nicht algebraisch ist (→algebraische Gleichung), bei der z. B. die Unbekannte x als Argument einer transzendenten Funktion auftritt: $\sin^2 x - 2\sin x - 1 = 0$.

transzendente Kurve, eine Kurve, die keine →algebraische Kurve ist, z. B. die archimed. Spirale, die Kettenlinie und die Zykloide.

transzendente Zahl, jede reelle Zahl, die keine →algebraische Zahl ist, z. B. die Kreiszahl π.

Transzendenz [spätlat. transcendentia ›das Überschreiten‹] *die, -,* das jenseits des Bereichs der (sinnl.) Erfahrung und ihrer Gegenstände Liegende im Ggs. zur Immanenz (→immanent); das Jenseitige, Übersinnliche, auch die Jenseitigkeit Gottes; bisweilen synonym zu Gott gebraucht. In der von Theologie und Philosophie geprägten übl. Begriffsverwendung bezeichnet T. einen logisch-ontolog. Bereich, der seine Geltung nicht aus der sinnl. Erfahrungswelt bezieht und insofern ihr gegenüber →transzendent ist, andererseits aber zu ihr einen seinsstiftenden Bezug hat und insofern zugleich immanent ist, für sie seiend und aus ihr erkennbar oder erfahrbar, ohne von ihr zu sein.

transzendieren [lat. transcendere ›hinübergehen‹], **1)** *bildungssprachlich* für: die Grenzen eines Bereichs überschreiten.
2) *Philosophie:* die menschl. Grenzen (v. a. der Erfahrung, Erkenntnis) überschreiten.

Trap [engl. ›Falle‹], **1)** [træp], *Physik* und *Technik:* häufig verwendete Bez. für Situationen, in denen etwas (z. B. ein Teilchen oder ein Signal) eingefangen, abgefangen oder unterdrückt wird; auch Bez. für den dabei wirkenden Mechanismus oder dessen konkrete Grundlage. In der Festkörperphysik werden (z. B. bei der →Phosphoreszenz) Störstellen in Kristallen, durch die Elektronen oder Defektelektronen (Löcher) eingefangen werden können, als T. (oder Haftstellen) bezeichnet. In der Hochfrequenztechnik sind T. Resonanzkreise zur Sperrung bestimmter Frequenzen. In der Datenverarbeitung wird u. a. ein (asynchroner) nicht maskierbarer Interrupt (→Unterbrechungsmaskenregister) bzw. die zugehörige Vektoradresse als T. bezeichnet. Mit ähnl. Bedeutung wird die Bez. für bestimmte Systemzustände verwendet, aus denen eine unbedingte Programmunterbrechung resultiert, hier aber taktsynchron und durch das System selbst ausgelöst (z. B. durch einen Programmfehler wie Versuch einer Division durch null oder in einem Mehrplatzsystem durch den Versuch eines Zugriffs auf geschützte Bereiche).
2) *Schießsport:* Wettbewerb des →Wurfscheibenschießens mit Schrotflinten. Die Schützen haben von 15 m vor den Wurfmaschinen und parallel zu diesen befindl. Positionen zu schießen. Die Wurfscheiben werden nach akust. Signal von einer Wurfmaschine in wechselnder Richtung und in unterschiedl. Höhe geschleudert (Mindestweite 70 m). Beim **Doppel-T.** wird (als ›Doublette‹) jeweils auf zwei Wurfscheiben geschossen, die von einer starren und einer bewegl. Wurfmaschine bis mindestens 65 m weit geschleudert werden. – T. ist seit 1900 olymp. Disziplin (1996 nur für Männer) und WM-Wettbewerb seit 1929 (Männer) bzw. 1962 (Frauen). Doppel-T. (Frauen, Männer) wurde 1996 in das olymp. Programm aufgenommen. *Organisationen:* →Schießsport.

Trapa [port.], die Pflanzengattung →Wassernuss.
Trapaceae, die →Wassernussgewächse.

Trapani, 1) Hauptstadt der Prov. T., Italien, Fischereihafen auf einer niedrigen Landzunge der NW-Küste Siziliens, 69 900 Ew.; kath. Bischofssitz; Museum, Biblioteca Fardelliana; Fischfang und Fischkonservenindustrie, Schiffbau; Erdölraffinerie; Salinen; Weinkellereien; Fremdenverkehr (Osterprozessionen, Trachten- und Volksmusikfeste). – Die 1313–32 erbaute und später mehrfach veränderte Wallfahrtskirche Madonna dell'Annunziata hat noch ihre ursprüngl. Fassade mit Fensterrose und got. Por-

tal. Im ehem. Kloster (1639ff.) befindet sich das Museo Regionale Pepoli. Santa Maria del Gesù (nach 1528), der Dom San Lorenzo (1635, Kuppel und Vorhalle 1740) und die barocke Kollegiatskirche (1606-38); vor dem Hafeneingang die Festung La Colombaia (Turm 14. Jh., im 16./17. Jh. ausgebaut). – Im antiken **Drepanon (Drepana**, lat. **Drepanum)** am Fuß des Eryx (→Erice) bauten die Karthager im 3. Jh. v.Chr. einen Kriegshafen; 249 v.Chr. bereiteten sie hier den Römern, die den Platz von der See aus erobern wollten, eine vernichtende Niederlage; 242 v.Chr. fiel die Stadt an Rom. Im MA. und in der Neuzeit wichtige Hafen- und Handelsstadt.
2) Prov. Italiens, in der autonomen Region Sizilien, 2460 km², 432 300 Einwohner.

Trapassi, Pietro Antonio Domenico Bonaventura, ital. Dichter, →Metastasio, Pietro.

Trapez [spätlat. trapezium, von griech. trapézion, eigtl. ›Tischchen‹] *das, -es/-e,* 1) *Astronomie:* →Theta Orionis.
2) *Geometrie:* ein ebenes Viereck mit zwei parallelen, aber nicht gleich langen Seiten. Die nichtparallelen Seiten sind die Schenkel des T.; sind sie gleich lang, so liegt ein **gleichschenkliges T.** vor. Der Abstand der parallelen Seiten *a* und *c* ist die Höhe *h* des T.; sie wird von der Mittellinie *m*, die die Mittelpunkte der Schenkel *b* und *d* miteinander verbindet, halbiert. Es ist $m = \frac{1}{2}(a+c)$, und $A = mh$ ist der Flächeninhalt.
3) *Segeln:* ein auf Rennjollen oben im Mast befestigter Draht mit Gurt zum Festhalten für den Vorschotmann, der sich beim Kreuzen hart im Wind nach Luv außenbords lehnt, damit das Boot möglichst aufrecht gesegelt werden kann.

Trapezmuskel, der →Kapuzenmuskel.

Trapezoeder [zu Trapez und griech. hédra ›Fläche‹] *das, -s/-, Kristallographie:* eine von 6 (trigonales T.), 8 (tetragonales T.) oder 12 Trapezoiden (hexagonales T.) umschlossene Kristallform. T. bilden die allgemeinen Formen der trigonal-trapezoedr., tetragonal-trapezoedr. und hexagonal-trapezoedr. Kristallklassen (→Kristall, ÜBERSICHT).

Trapezoid [zu griech. trapezoeidés ›trapezförmig‹] *das, -(e)s/-e,* ein Viereck, das keine zueinander parallelen Seiten besitzt, also weder ein Parallelogramm noch ein Trapez ist.

Trapezregel, Formel zur näherungsweisen Berechnung des bestimmten Integrals einer Funktion $f(x)$ über einem Intervall $[a, b]$, wobei anstelle von $f(x)$ ein angenähertes Sehnenpolygon summiert wird; ist das Intervall durch die Punkte

$$a = x_0 < x_1 < \ldots < x_n = b$$

in *n* gleich große Teilintervalle der Länge *h* zerlegt, so ist der Näherungswert

$$S = \frac{h}{2}\left(f(x_0) + 2\sum_{i=1}^{n-1} f(x_i) + f(x_n)\right).$$

Trapeztäuschung, *Wahrnehmungspsychologie:* Form der →Segmenttäuschungen.

Trapezunt, früher Name der türk. Stadt →Trabzon, die im 7. Jh. v.Chr. von der griech. Kolonie Sinope aus als **Trapezus** gegründet wurde und sich zu einer bedeutenden Stadt am Endpunkt einer wichtigen Karawanenstraße entwickelte. 1204 gründete hier ALEXIOS I. MEGAS KOMNENOS das kleine **Kaiserreich von T.,** das 1461 an den osman. Sultan MEHMED II. FATIH übergeben werden musste.

Trapp [schwed., zu trappa ›Treppe‹] *der, -(e)s/-e,* Bez. für die aus Trapp- oder →Flutbasalt aufgebauten vulkan. Decken.

Trapp, Ernst Christian, Pädagoge, * Friedrichsruhe (heute zu Drage, Kr. Steinburg) 8. 11. 1745, † Salzdahlum (heute zu Wolfenbüttel) 18. 4. 1818; war Schulrektor in Bad Segeberg und Itzehoe, 1777 Mitarbeiter J. B. BASEDOWS am Philanthropin in Dessau, 1779-83 Prof. in Halle (Saale), 1786-90 Mitgl. im Braunschweig. Schuldirektorium, das die Schulen im Geist des Philanthropismus reformieren sollte. T. verfasste neben pädagog. auch Jugendschriften.
Werk: Versuch einer Pädagogik (1780).

Trappen, Otididae, den →Kranichvögeln oder den →Regenpfeifervögeln zugeordnete Familie mit 24 Arten; bis 1,3 m große Bodenvögel, die in Feldern, Steppen und Halbwüsten Afrikas, Eurasiens und Australiens verbreitet sind. – Zu den T. gehören u.a.: **Großtrappe** (Otis tarda; Größe bis 1 m) in ausgedehnten Feldern und Grassteppen des gemäßigten Eurasien; Füße kräftig, Kopf und Hals des Männchens hellgrau gefärbt, Rücken und Schwanz auf rötlich braunem Grund schwarz quer gebändert; Bauch weiß, die Weibchen sind matter gefärbt; äußerst scheuer, in kleinen Trupps lebender Vogel. Bei der eindrucksvollen Balz (zeitiges Frühjahr, kurz vor Sonnenaufgang) bläht der Hahn seinen langen Hals auf und verdreht Flügel und Schwanz so weit nach oben, dass die weiße Unterseite aufleuchtet. Die Großtrappe ist ein Bodenbrüter, der sich von Blättern, Knospen, Insekten und Mäusen ernährt; in Dtl. ist sie nach den Roten Listen vom Aussterben bedroht. Die asiat. Populationen sind Zugvögel (ziehen bis Indien); sonst sind die Groß-T. Teilzieher. – Noch größer ist die bis 1,3 m große, ähnlich gefärbte **Riesentrappe (Koritrappe,** Ardeotis kori) in den Steppen des östl. und südl. Afrika; das Männchen dehnt bei der Balz seinen Schlund als Resonanzboden für die weithin hörbaren Brülllaute stark aus.

Trapper [engl., eigtl. ›Fallensteller‹, zu trap ›Falle‹] *der, -s/-,* früher: nordamerikan. Pelztierjäger.

Trappisten, lat. **Ordo Cisterciensium Reformatorum seu Strictoris Observantiae** [›Orden der Reformierten Zisterzienser von der strengeren Observanz‹], Abk. **OCSO, Ordo Cisterciensium Reformatorum** [›Orden der Reformierten Zisterzienser‹], Abk. **OCR,** kath. Orden. Er geht zurück auf das Zisterzienserkloster La Trappe (Dép. Dordogne), dessen Abt A. J. LE BOUTHILLIER DE RANCÉ 1664 eine strenge Reform durchführte mit dem Ziel der Rückbesinnung auf die ursprüngl. zisterziens. Ideale. 1791 erfolgte von La Trappe aus eine Neugründung in Valsainte (Kt. Freiburg), von wo aus zahlreiche weitere Klostergründungen ausgingen. 1892 wurden sie als ›Reformierte Zisterzienser Unserer Lieben Frau von La Trappe‹ zusammengeschlossen und erhielten 1902 den heute gültigen Namen. Bereits 1898 hatten T. das Stammkloster →Citeaux wieder besiedelt, heute Ort des jährl. Generalkapitels. Aus dem 1880 gegründeten T.-Kloster Mariannhill in der Rep. Südafrika ging 1909 eine eigene Missionskongregation hervor, die **Mariannhiller Missionare** (1998: rd. 380 Mitgl. und 37 Niederlassungen). Die Regel der T. ist geprägt von Gebet, strenger Askese (z.B. stetes Schweigen) und körperl. Arbeit (früher Landwirtschaft, heute zunehmend industrielle Tätigkeiten). Sitz des Generalabtes ist Rom. Weltweit besitzt der Orden (1998) 96 Klöster mit rd. 2400 Mönchen, darunter in Dtl. die Abtei Mariawald in Heimbach und in Österreich das Stift Engelszell (Engelhartszell; Oberösterreich). – Als Mutterkloster der **Trappistinnen** gilt das 1796 gegründete Kloster ›La Sainte-Volonté-de-Dieu‹ in der Schweiz (Kt. Wallis). Die Trappistinnen unterhalten (1998) 64 Klöster mit rd. 1700 Ordensschwestern, darunter in Dtl. die Abtei Maria Frieden in Dahlem (Landkreis Bitburg-Prüm) und in der Schweiz im Kt. Freiburg die Abtei Fille-Dieu in Romont (FR).

B. SCHELLENBERGER: Die Gesch. der T. in Dtl., in: Die Zisterzienser, hg. v. K. ELM u.a., Ausst.-Kat., 2 Tle. (1980-82); Die Zisterzienser, Beitrr. v. J. SYDOW u.a. (²1991).

Trasimenischer See, ital. **Lago Trasimeno, Lago di Perugia** [-peˈruːdʒa], größter See der Apen-

Trapez 2)

Trappen: Großtrappe (Größe bis 1 m)

Trás Trás-os-Montes – Traubenhafer

ninhalbinsel nordwestlich von Perugia, Umbrien, Italien, 259 m ü. M., 128 km², bis 7 m tief. Der fischreiche, nur von unbedeutenden Bächen gespeiste und von Natur aus abflusslose See entwässert seit der Antike künstlich durch einen unterird. Kanal und einen weiteren offenen (seit dem 19. Jh.; zur Bewässerung) zur Caina und dadurch zum Tiber. – 217 v. Chr. erkämpfte sich im 2. Pun. Krieg HANNIBAL durch einen Sieg über die Römer unter GAIUS FLAMINIUS am T. S. den Weg nach Mittel- und Süditalien.

Trás-os-Montes [trazuʒˈmontiʃ], histor. Prov. in nordöstl. Portugal, an der span. Grenze; umfasst die Distrikte Bragança und Vila Real sowie Teile von Guarda und Viseu. Das von Rumpfflächen überzogene Land (durchschnittlich 700–900 m ü. M.) ist vom Douro (span. →Duero) und seinen Nebenflüssen zertalt; im O geht es in die N-Meseta über. Das Klima ist relativ kontinental und sommertrocken, bes. trocken in dem temperaturmäßig begünstigten Dourotal (›Terra quente‹), winterkalt (Schneefall) im nördl. Bergland (›Terra fria‹). Das Gebiet ist dünn besiedelt, die landwirtschaftl. Nutzung ist extensiv: Anbau v. a. von Roggen und Kartoffeln, daneben Weizen, Mais u. a.; Ziegen-, Schaf- und Rinderhaltung; am Douro das Weinbaugebiet →Alto Douro; außerhalb der Felder v. a. Macchien und Heiden, auch Edelkastanien- und Eichenhaine. Die Bodenschätze (Eisenerzbergbau bei Moncorvo; Chrom-, Wolfram-, Zinn- und Uranerze) werden bisher erst wenig genutzt. Mehrere Wasserkraftwerke am Douro und im NW. Hauptorte sind Bragança und Vila Real sowie Chaves.

Johann Thomas Edler von Trattner

Tratzberg: Schlossanlage; 1500–15, 1571 im Renaissancestil erweitert

Trass [niederländ. tras, älter terras, von frz. terrasse, vgl. Terrasse], **Duckstein**, aus vulkan. Aschströmen oder aus Glutwolken abgesetzter, weißl., gelber, grauer oder bräunl., stark glashaltiger Bimstuff; u. a. im Brohl- und Nettetal bei Andernach. T. hat gute hydraul. Eigenschaften, bildet mit Calciumhydroxid und Wasser schwer lösl. Silikate, wird fein gemahlen als Puzzolan bei der Herstellung von Zement, Mörtel und Beton verwendet; dient auch als Werkstein.

Trasse [frz. trace ›Spur‹, ›Umriss‹, zu tracer ›vorzeichnen‹, ›entwerfen‹] die, -/-n, 1) allg. im Gelände durch Pfähle, Schnüre, Furchen o. Ä. markierte Linie; 2) die Linienführung (**Trassierung**) eines Verkehrsweges. Diese wird durch Geländevermessung, geolog. Untersuchung, kartograph. Bearbeitung und techn. Projektierung unter Berücksichtigung von Wirtschaftlichkeit, Grundbesitzverhältnissen, Umwelt- und Naturschutz festgelegt.

Trastámara, Herrscherhaus in Spanien, regierte seit König HEINRICH II., einem natürl. Sohn ALFONS' XI. von Kastilien und seiner Geliebten ELEONORE GUZMÁN (LEONOR DE GUZMÁN, †1351), 1369–1504 in Kastilien, 1412–1516 in Aragonien.

Trastevere, der Teil Roms rechts vom Tiber und südlich der Vatikanstadt.

Tratte [ital. tratta, eigtl. ›die Gezogene‹] die, -/-n, der gezogene (ausgestellte) Wechsel, der noch nicht akzeptiert ist. Der Aussteller des Wechsels wird auch als **Trassant**, der Bezogene (Akzeptant) auch als **Trassat** bezeichnet.

Trattenbuch, Buchführung: →Wechselkopierbuch.

Trattner, Johann Thomas Edler von (seit 1764), Wiener Drucker, Verleger und Buchhändler, *Jormannsdorf (bei Güns) 11. 11. 1717, †Wien 31. 7. 1798; wurde in Buchhändler- und Literatorenkreisen wegen rücksichtsloser Herausgabe zahlr. Nachdrucke von Originalausgaben literar. Werke abschätzig als ›Nachdruckerfürst‹ bezeichnet.

Trattoria [ital., zu trattare ›verpflegen‹, ›beköstigen‹] die, -/...ˈriǀen, einfaches ital. Speiselokal.

Tratzberg, Schloss in Tirol, Österreich, am SO-Rand des Karwendelgebirges oberhalb des Inntals, nordöstlich von Schwaz; 1500–15 an der Stelle einer durch Brand zerstörten Burg errichtete spätgot. Anlage, 1571 im Renaissancestil erweitert; wertvolle Inneneinrichtung (Täfelungen, Kassettendecken u. a.).

Traù, Stadt in Kroatien, →Trogir.

Traube, Botanik: 1) Form eines →Blütenstandes; 2) allgemeinsprachl. Bez. für den Fruchtstand der Weinrebe, der morphologisch eine Rispe darstellt.

Traube, 1) Ludwig, Philologe und Paläograph, *Berlin 19. 6. 1861, †München 19. 5. 1907; ab 1902 Prof. in München, hat durch bahnbrechende Arbeiten im Bereich der lat. Paläographie, Überlieferungsgeschichte und Textedition, als Mitgl. der Zentraldirektion der ›Monumenta Germaniae Historica‹ (seit 1897) und als akadem. Lehrer mit internat. Schülerkreis die lat. Philologie des MA. mitbegründet.

Ausgabe: Vorlesungen u. Abh., hg. v. F. BOLL, 3 Bde. (1909–20, Nachdr. 1965).

2) Moritz, Chemiker, *Ratibor 12. 2. 1826, †Berlin 28. 6. 1894; Besitzer einer Weingroßhandlung (ab 1849 in Ratibor und ab 1866 in Breslau). T. beschäftigte sich als Privatgelehrter mit tier. und pflanzl. Oxidationsvorgängen; er zeigte, dass die alkohol. Gärung durch ein nicht lebendes, ›unorganisiertes‹ Ferment (Enzym) hervorgerufen wird, und entwickelte bereits 1867 das Prinzip der pfefferschen Zelle.

Träubel, Träubelhyazinthe, die Pflanzengattung →Traubenhyazinthe.

Traubendorn, Danaë, Gattung der Liliengewächse mit der einzigen Art **Danaë racemosa** in Wäldern Vorderasiens; immergrüner, reich verzweigter, bis 1 m hoher Strauch mit eiförmig lanzettl. Flachsprossen (Kladodien); Blüten in endständigen Trauben; Kalthauspflanze.

Traubenǀeiche, Winterǀeiche, Quercus petraea, in Europa heim. Art der Gattung Eiche; bis 40 m hoher Baum mit regelmäßiger, breiter Krone; Blätter breit eiförmig, regelmäßig gebuchtet, Basis der Blattspreite gestutzt bis breit keilförmig; Eicheln zu zwei bis sechs, mit sehr kurzem Stiel. Wie die Stieleiche liefert die T. wertvolles Holz. Die Rinde wird medizinisch als Adstringens verwendet.

Traubenhafer, Danthonia, Gattung der Süßgräser mit rd. 80 Arten, v. a. im südl. Afrika, in Australien und auf Neuseeland, einige Arten auch auf der Nordhalbkugel. Die einzige Art in Dtl. ist **Danthonia alpina** mit 10–70 cm hohen Halmen; Ährchen groß, silbrig; sehr selten (nur in der Garchinger Heide).

Traubenhyazinthe, Träubel, Träubelhyazinthe, Muscari, Gattung der Liliengewächse mit 60 Arten in Europa, im Mittelmeerraum und in W-Asien; Zwiebelpflanzen mit wenigen grundständigen, schmal lanzettl. bis schmal lineal. Blättern; Blüten in Trauben, bei denen oftmals die obersten Blüten steril sind und die Schauwirkung des Blütenstandes erhöhen; z.T. Gartenzierpflanzen. In Dtl. kommt u.a. in Weinbergen und Halbtrockenrasen die bis 30 cm hohe **Weinbergs-T.** (Muscari racemosum) mit dunkelblauen, weiß gesäumten, duftenden Blüten in 10- bis 30-blütigen Trauben vor. Die wild lebenden Populationen aller Arten sind geschützt.

Traubenkern|öl, gelbes bis grünl., halbtrocknendes Öl, das aus Weintraubenkernen (Ölgehalt meist 12–15%) durch Auspressen oder Extrahieren gewonnen wird. T. enthält v.a. Glyceride der Linolsäure (bis 70%); es dient als Speiseöl sowie (im Gemisch mit anderen trocknenden Ölen) zur Herstellung besonders elast. Öllacke.

Traubenkirsche, Ahlkirsche, Prunus padus, im gemäßigten Eurasien heim. Rosengewächse der Gattung Prunus; Strauch oder kleiner Baum mit großen, ellipt., gesägten Blättern und wohlriechenden, weißen Blüten in überhängenden Trauben; in Mischwäldern auf feuchten Böden; auch als Zierstrauch angepflanzt.

Traubenkur, Diätform, bei der etwa eine Woche lang ausschließlich Weintrauben gegessen werden dürfen (als Getränke sind Mineralwasser und ungezuckerte Kräutertees erlaubt). Die T. soll entgiftend und entschlackend wirken und bei versch. Erkrankungen, z.B. Fettsucht oder Herzleiden, einen günstigen Einfluss haben. Wie bei anderen extremen Diätformen ist ihr Wert jedoch umstritten.

Traubenmole, *Medizin:* die →Blasenmole.

Traubenmost, der beim Keltern gewonnene Saft der Weintrauben, Ausgangsprodukt der Weinbereitung sowie der Herstellung von Traubensaft; kleinere Mengen werden zu →rektifiziertem Traubenmostkonzentrat verarbeitet sowie als →Süßreserve eingelagert. (→Wein)

Traubensäure, →Weinsäure.

Traubenwickler:
Einbindiger Traubenwickler
(Körperlänge 7–8 mm)

Traubenwickler, zwei Arten der Schmetterlingsfamilie der →Wickler, deren Raupen in Rebkulturen schädlich werden können: **Einbindiger T.** (Eupoecilia ambiguella; Clysia ambiguella); Falter strohgelb mit schwarzer Querbinde, Raupe fleischfarben mit schwarzem Kopf, und **Bekreuzter T.** (Lobesia botrana; Polychrosis botrana); Falter olivbraun und grünlich grau mit stark geschwungener Querbinde, Raupe mit gelbl. Kopf. – Die kleinen Falter fliegen in der Dämmerung (Mai/Juni) und legen je Weibchen tagsüber 30–100 Eier ab. an Knospen ab. Die Raupen der 1. Generation fressen zur Zeit der Heuernte (›Heuwurm‹) nachts von einer Wohnröhre zw. versponnenen Blüten aus an Knospen und Blüten. Die Falter der 2. Generation fliegen ab Ende Juli; ihre Weibchen legen die Eier an Weinbeeren ab. Der Raupenfraß führt zu einer Sauerfäule der Trauben (›Sauerwurm‹). Feuchtwarme Witterung begünstigt die Massenvermehrung des Einbindigen T., trockenwarme die des Bekreuzten Traubenwicklers.

Traubenzucker, die →Glucose.

Trauberg, Leonid Sacharowitsch, russ. Filmregisseur, *Odessa 17. 1. 1902, †Moskau 14. 11. 1990; arbeitete zus. mit G. M. →Kosinzew.

Trauer, das schmerzl. Innewerden eines Verlustes von Dingen, Lebensumständen oder v.a. von Personen (durch den Tod), zu denen Sinnbezug und Bindung bestanden haben, sowie die damit zusammenhängenden Ausdrucksphänomene. T. bzw. traurige Gestimmtheit (Traurigkeit) zeigt sich auf vielfältige Weise in Gesichtsausdruck, Körperhaltung und Verhalten, z.B. in stiller Zurückgezogenheit, in Weinen, Langsamkeit der Bewegungen, auch Appetitlosigkeit, Beeinträchtigung des Schlafes, Unempfänglichkeit für andere Gefühle, Eindrücke, Interessen u.a. Die Dauer der T. und die Formen ihrer Überwindung durch eine kontinuierl., bewusste ›T.-Arbeit‹ oder durch Umgestaltungen in der Struktur der eigenen Daseinsweise können individuell erheblich variieren. Psychologisch hat u.a. S. Freud das Phänomen der T. analysiert (›T. und Melancholie‹, 1916). Wie einerseits eine nicht zu überwindende, patholog. T. mit einer endogen-psychot. Komponente verbunden sein kann, spielt andererseits innerlich nicht verarbeitete, sondern verdrängte T. bei der Entstehung vieler Neurosen eine Rolle.

Die v.a. religiös bestimmten Ausdrucksformen der im Zusammenhang mit dem Tod eines Menschen erlebten T. sind Gegenstand der Religionswiss., Ethnologie, Soziologie und Kulturgeschichte. Neben Bestattungsriten (→Totenbestattung) kennen alle Kulturen vielfältige T.-Bräuche. Hierzu gehören in religiös unterschiedl. Ausprägung für die näheren Angehörigen T.-Bemalung (des Gesichts oder ganzen Körpers), →Totenklage oder Schweigegebote, Totenwache, Heirats- und Arbeitsverbote, Meidung bestimmter Speisen und Getränke, feststehende T.-Zeiten, in denen etwa gesellschaftl. Aktivitäten gemieden werden und →Trauerkleidung angelegt wird, auch das Verhüllen (Schleier), das Zerreißen der Kleider, das Bestreuen mit Asche (Israel) oder Dung (Afrika); auch Haarscheren und Verstümmelung sind belegt. Religionswissenschaftlich gelten die T.-Bräuche, die in vielen Kulturen Gemeinsamkeiten aufweisen, entweder als apotropäisch (als Mittel, negative Einflüsse der Verstorbenen auf die Hinterbliebenen zu verhindern) oder als Begleitung des Toten während seines Weges in das Jenseits oder die neue Existenzform.

H. Stubbe: Formen der T. Eine kulturanthropolog. Unters. (1985); Gerhard Schmied: Sterben u. Trauern in der modernen Gesellschaft (Neuausg. 1988); J. Bowlby: Verlust, T. u. Depression (a.d. Engl., 11.–12. Tsd. 1994); M. Klein: Das Seelenleben des Kleinkindes u. andere Beitrr. zur Psychoanalyse (a.d. Engl., [5]1994); A. u. M. Mitscherlich: Die Unfähigkeit zu trauern. Grundlagen kollektiven Verhaltens ([23]1994); V. Kast: Trauern. Phasen u. Chancen des psych. Prozesses ([18]1996).

Trauerbaum, Nyctanthes, Gattung der Ölbaumgewächse (z.T. auch zu den Eisenkrautgewächsen gerechnet) mit zwei Arten in SO-Asien. Die Art **Nyctanthes arbor-tristis** ist ein in den Tropen häufig kultivierter, in Indien als heilig geltender kleiner Baum oder Strauch, aus dessen weißen, nur nachts geöffneten Blüten ein äther. Öl gewonnen wird.

Trauerbeflaggung, das Setzen von Flaggen auf halbmast (halbstock) zum Zeichen der (Staats-) Trauer. Hierbei werden die Flaggen zunächst voll vorgehisst und danach erst auf halbmast gesetzt.

Trauerbienen, Melecta, Gattung der solitären Bienen mit rd. 30 etwa 12–16 mm langen Arten (davon zwei einheimisch); lang und meist schwarz behaart, Hinterleib seitlich mit hellen Haarflecken; Brutschmarotzer (›Kuckucksbiene‹) in den Nestanlagen von Pelzbienen.

Trauerbuche, Kulturform der →Rotbuche.

Trauerflor, aus leichtem, durchscheinendem Gewebe hergestelltes schwarzes Band, das als Zeichen der Trauer am Mantelärmel, Hut oder Revers des Anzugs getragen oder auch an einer Fahne oder Flagge befestigt wird.

Traubenhyazinthe:
Weinbergstraubenhyazinthe
(Höhe bis 30 cm)

Traubenkirsche:
Blühender Zweig und fruchtender Zweig

Trauerkleidung. Bis ins Altertum reicht die Sitte zurück, Trauer durch die Farbe der Kleidung auszudrücken. Griechen und Römer trugen ihre gewohnte Alltagskleidung in dunklen Farben oder Schwarz. Andere Trauerfarben sind Gelb im alten Ägypten, Hellgrau oder Weiß (Indien, China, Japan), auch Rot und Violett (Vorderer Orient). – Eine klar definierte T. war dem MA. fremd, doch waren auch hier Schwarz und Weiß Farben der Trauer. Am ehesten sind umhangartige Mäntel und bei den Männern schwarze, bei den Frauen weiße, zunächst nicht von der übl. Kirchgangshaube unterschiedene Kopfbedeckungen als Bestandteil einer sich im 15./16. Jh. v. a. bei den Oberschichten herausbildenden T. auszumachen. Kapuzenartige ›Klagkappen‹ als Extremform der spätmittelalterl. →Gugel verhüllten fast vollständig das Gesicht. In der 2. Hälfte des 16. Jh. leiteten schwarze Barette und Hüte über zu einer modisch orientierten T., die v. a. bei fürstl. Begräbnissen einem exakt definierten Zeremoniell folgte. Den →Kleiderordnungen vergleichbar regelten Leidordnungen die für T. zugelassenen Materialien, Farben, Macharten, Kosten u. a. – Im 17. und 18. Jh. blieben Schwarz und Weiß die bestimmenden Trauerfarben, im 19. Jh. setzte sich analog zur weißen →Brautkleidung die schwarze T. durch, wie Schwarz auch die Trauerfarbe der Volkstrachten war. Zur schwarzen ›Volltrauer‹ kam in den Phasen der ›Halb-‹ und ›Vierteltrauer‹ erneut das Weiß. In schwarzer Kleidung, die heute jedoch nicht mehr durchgängig zu beobachten ist, sowie Schleier und Trauerflor sind Farbzeichen und Elemente der Verhüllung als traditionelle Bestandteile der T. bis in die Gegenwart erhalten.

G. WAGNER: Beitr. zur Entwicklung der Trauertracht in Dtl. vom 13. bis zum 18. Jh., in: Waffen- u. Kostümkunde, Bd. 11 (1969); L. TAYLOR: Mourning dress (London 1983); E. HELLER-WINTER in: Die letzte Reise. Sterben, Tod u. Trauersitten in Oberbayern, hg. v. S. METKEN, Ausst.-Kat. (1984); H. STUBBE: Formen der Trauer (1985); J. ZANDER-SEIDEL: Textiler Hausrat. Kleidung u. Haustextilien in Nürnberg von 1500–1650 (1990); Trauerschmuck vom Barock bis zum Art déco, hg. v. W. NEUMANN, Ausst.-Kat. Museum für Sepulkralkultur, Kassel (1995).

Trauermantel: links Imago (Spannweite 7 cm); rechts Raupe (Länge bis 5,4 cm)

Trauermantel, Nymphalis antiopa, geschützte Art der Fleckenfalter mit dunkelsamtbraunen, gelb gerandeten (nach der Überwinterung weißlich gerandeten) Flügeln von 70 mm Spannweite. Die schwarze, rot gefleckte, bedornte Raupe lebt bes. an Birken.

Trauermücken, Lycoriidae, Sciaridae, Familie mit über 500 Arten (in Mitteleuropa rd. 100) nicht stechender, meist schwarzer Mücken, 1–7 mm lang; die Flügel der Weibchen mancher Arten sind reduziert. Die schlanken Larven leben von zerfallenden pflanzl. Stoffen, einige von zarten Wurzeln, andere sind Minierer. Die Larven mancher T. neigen zu gemeinsamen Wanderzügen (→Heerwurmtrauermücken).

Trauer muß Elektra tragen, engl. ›Mourning becomes Electra‹, Tragödie von E. O'NEILL; engl. Erstausgabe 1931, Uraufführung 26. 10. 1931 in New York.

Trauerschwan, Schwarzer Schwan, Cygnus atratus, in Australien und Tasmanien beheimatete Art der Schwäne (Größe etwa 1,1 m); mit Ausnahme

Trauerschwan (Größe etwa 1,1 m)

der weißen Handschwinge schwarz gefärbt, am roten Schnabel befindet sich eine weiße Binde.

Trauerspiel, dt. Bez. (seit dem 17. Jh.) für →Tragödie.

Trauerweide, 1) Chinesische Hängeweide, Salix babylonica, im südl. Asien von Transkaukasien bis nach Japan beheimatete Weidenart; bis über 10 m hoher Baum mit langen, dünnen, hängenden Zweigen und kurz gestielten, lanzettl. bis lineal-lanzettl., oberseits dunkelgrünen, unterseits graugrünen, kahlen, knorpelig gesägten Blättern. Wegen der geringen Winterhärte in Dtl. selten angepflanzt; ihr wird der widerstandsfähigere Bastard Salix alba x babylonica vorgezogen.

2) allg. Bez. für die durch hängende Zweige gekennzeichneten Kulturformen versch. Weidenarten.

Trauf, Stufentrauf, *Geomorphologie:* die Oberkante einer →Schichtstufe.

Traufe, Dachtraufe, österr. **Saum,** die waagerechte Unterkante eines geneigten Daches, an der die →Dachrinne angebracht ist.

Träufelspitze, *Botanik:* →Regenblätter.

Traum, i. e. S. Bez. für spontan auftretende Fantasieerlebnisse vornehmlich visuell-halluzinator. Art während des Schlafes, einhergehend mit eingeschränktem Bewusstsein. I. w. S. wird mit T. auch Unwirkliches (das vermeintlich für real gehalten wird) oder Ersehntes (Tag-T., Wunsch-T.) bezeichnet.

Neuere Untersuchungen belegen, dass alle Menschen und auch höher entwickelte Tiere träumen. Besonderheiten des T. (im Unterschied zum Wachbewusstsein) sind: Vorherrschen des Emotionalen, mangelnde Scheidung zw. Umwelt und Ich, unklare Zeit- und Ortsbegriffe, assoziatives Denken und mehr- bzw. vieldeutige, häufig irreale Bilder als T.-Inhalte. Diese mythen- und märchenähnl. Erlebnisweisen, die z. T. auch bei psych. Krankheiten und unter Rauschdrogen beobachtet werden können, haben zu allen Zeiten nach der Bedeutung von T. fragen lassen.

Kultur- und Religionsgeschichte

In frühen Hochkulturen und der Antike gab es bereits eine intensive Beschäftigung mit dem T. und der T.-Deutung (z. B. ›hierat. T.-Buch‹ Anfang des 2. Jt. v. Chr. in Ägypten, assyr. T.-Buch aus der Zeit des Königs HAMMURAPI). In den Religionen spiegelt der T. oft eine dem wachen Erleben gleich gestellte oder dieses sogar übersteigende Wirklichkeit. Er gilt als von Ahnen, Göttern oder Dämonen gesandt, als Erfahrung des Übersinnlichen schlechthin, wird deshalb auch bewusst herbeigeführt, im Tempelschlaf (griech. enkoimesis, →Inkubation), etwa mithilfe von Überkonzentration, Askese, Drogen oder Trance. Nahe verwandt mit Vision und Audition, spielt der T. eine Rolle in der Lebensgeschichte der meisten Religionsgründer (MOSE, ZARATHUSTRA, BUDDHA, MOHAM-

MED). Im Talmud wie auch im A. T. und im N. T. finden sich göttl. Botschafts- und Weisungs-T. an den Menschen. Der T. vermittelt oft einen göttl. Befehl (z. B. Matth. 2, 12). Symbol. Inhalte eines T. erfordern eine Deutung. Wie die Josephsgeschichte (1. Mos. 41) zeigt, stand der T.-Deuter im Alten Orient in hohem Ansehen; in bevorzugter Weise galt später Daniel als großer T.-Deuter. Oft wird die wahrsagende, mant. T.-Deutung (Oneiromantie) durch T.-Bücher vermittelt. – In der Antike unterschied PLATON göttl. Offenbarungs- von physiolog. Begierde-T.; ARISTOTELES verstand den T. im Wesentlichen als physiolog. und psycholog. Phänomen. Weite Verbreitung gewann die ›Oneirokritika‹, das T.-Auslegungswerk des ARTEMIDOROS VON DALDIS (2. Jh. n. Chr.). Darin findet sich eine relativ feste Zuordnung von T.-Motiven (T.-Symbole) und deren angenommener Bedeutung. Die ›Oneirokritika‹ diente als Vorlage für viele zur T.- und Zukunftdeutung genutzte T.-Bücher bis in die Renaissance und den Barock. Diese Neuauflagen gehen aber von einer unflexiblen Symboldeutung aus. Während der Rationalismus T. als Ausdruck dunklen und verworrenen Seelenlebens abwertete, setzte in der Romantik eine intensivere Beschäftigung mit den T. als Offenbarung der Wirklichkeit des Unbewussten ein (z. B. C. G. CARUS, G. H. SCHUBERT). Eine Übersicht über diesen Ansatz s. FREUD (1900), der als Urheber der wiss. Beschäftigung mit dem T.-Phänomen, der Oneirologie, in der Neuzeit anzusehen ist.

Phänomenologie des Traums

Durch die Entdeckung des REM-Schlafs (→Schlaf) konnte ein objektives physiolog. Korrelat der T. nachgewiesen werden. Wichtigste Ergebnisse sind: Jeder Mensch träumt, und zwar mehrmals, in Phasen von 5 bis 40 Minuten. Dabei ist der Schläfer schwer weckbar, obwohl das Hirnstrombild (EEG) dem des Wachzustands ähnelt (›paradoxer Schlaf‹) und Außenreize (z. B. Weckerläuten) wahrgenommen bzw. in den T. eingebaut werden. Beim T. kommen Augenbewegungen, leichte Muskelspannungen (Mikroinnervationen), unregelmäßiges Atmen und sexuelle Erregungen vor, Letztere nicht selten auch dann, wenn Träume keine sexuellen Inhalte haben. Experimentell nachgewiesen wurde auch, dass am Vortag nur unvollständig aufgenommene Informationsreize im T. vervollständigt (›nachentwickelt‹) werden. Mehr als 50 % aller T. enthalten Auszüge aus dem Vortag (›Tagesreste‹). Gezeigt werden konnte auch, dass T. in erster Linie visuell-halluzinator. Qualität sind. Weniger häufig treten akust. Sensationen, Körperempfindungen sowie Geruchs- und Geschmackserlebnisse auf. REM-Perioden mit starker Aktivierung des autonomen Nervensystems und vielen Augenbewegungen führen eher zu lebhaften und emotional getönten T. Bei dem am Morgen spontan erinnerten T. handelt es sich um den T. der letzten REM-Periode. Ohne Weckung bzw. spontanes Erwachen werden die meisten T. vergessen. T. hängen in ihrer Zeitdauer vom Lebensalter ab; während Neugeborene einen großen Teil ihrer Schlafzeit träumen, träumt der Erwachsene in einem etwa achtstündigen Nachtschlaf nur noch 20–25 % der Schlafzeit. – Das Träumen wird durch chem. Substanzen beeinflusst, z. B. führen die Einnahme bestimmter Schlafmittel, Psychopharmaka wie auch größerer Mengen Alkohol vor dem Schlafengehen zu einer deutl. Verkürzung der T.-Perioden.

Der Traum in Medizin und Psychologie

S. FREUD (›Die T.-Deutung‹, 1900) machte den T. zum Hauptbestandteil einer tiefenpsycholog. Theorie neurot. Erkrankungen und die Interpretation des T. zur ›via regia‹ (Königsweg) für das Verstehen des Unbewussten. Nach FREUD wird der T. durch äußere Sinnesreize und Leibreize angeregt. Zudem gehen Erlebnisse des Vortags (Tagesreste) in die ein. Vorrangig sind T. jedoch von äußeren Reizen unabhängige seel. Produktionen, die Trieb- und Affektzustände, Wünsche und Ängste der Person sowie deren lebensgeschichtlich bedingte Situation darstellen. Für FREUD ist der T. der ›Hüter des Schlafes‹, indem er unbewussten infantil-libidinösen Wünschen in verhüllter Form Ausdruck verschafft. Die ›T.-Arbeit‹, die Umformung der triebhaften ›T.-Gedanken‹ in das Bilderrätsel des ›manifesten T.‹, bedient sich zudem bestimmter Mechanismen wie etwa der Verschiebung, Verdichtung und Symbolbildung. Die psychoanalyt. T.-Deutung verwendet die Technik der freien Assoziation, wobei der Träumer am Tag in einem entspannten Zustand Einfälle, Gedanken und Assoziationen zu seinem T. wiedergibt. Mithilfe dieser Assoziationen soll der ›latente T.-Inhalt‹ (die unbewussten Wunschregungen) ausfindig gemacht werden.

Schüler FREUDS wie A. ADLER, C. G. JUNG modifizierten die ursprüngl. Theorie. JUNG ging von einer Kontinuität von Wach- und T.-Bewusstsein aus und verstand den T. als unmittelbare Darstellungsart der inneren Wirklichkeit des Träumers. Nach JUNG erfüllt der T. eine homöostat. Funktion der psych. Selbstregulation durch in Bezug zum Tagesgeschehen des Träumers komplementäre und kompensator. Mechanismen; fortlaufende T. bilden oftmals einen Sinnzusammenhang (T.-Serien). Die T.-Symbole sind nach JUNG vielfach Urbilder (Archetypen) aus einem kollektiven Unbewussten. Während bei FREUD die T.-Deutung im Wesentlichen kausal-reduktiv ist, kennt JUNG darüber hinaus eine ›final-progressive‹ Deutung (T. als Zukunftsentwurf, Selbstdarstellung der Person) und eine überindividuelle Deutung (T. als Spiegel kollektiver Menschheitserfahrungen in Bildern von Geburt und Tod, Reifung, Wandlung, Verhältnis zum anderen Geschlecht u. a.). Den T.-Motiven analoge oder ähnl. Motive aus Märchen, Mythen und Gleichnissen bezieht JUNG daher in die T.-Deutung mit ein (→Amplifikation). – Auch ADLER postulierte eine Kontinuität von Wach- und T.-Bewusstsein; er nahm an, dass Tagesreste die für den Träumer wichtigen Themen reflektieren. Im Zentrum seiner T.-Theorie steht der manifeste T.-Inhalt, der auch in der weiteren psychoanalyt. Theoriebildung zunehmend in den Mittelpunkt trat (u. a. bei E. ERIKSON). Die Tiefenpsychologie unterscheidet der Subjekt- und der Objektstufendeutung. Die Subjektstufendeutung versteht alle im T. dargestellten Personen, Gefühle u. a. als Aspekte der Persönlichkeit des Träumers. Bei der Objektstufendeutung werden alle Elemente des T. als externe Figuren interpretiert. Viele T. sind allein in Verbindung mit den Einfällen des Träumers ohne Theorie aus sich selbst verständlich, andere erfordern eine Vertrautheit mit der Symbolik, die lange Erfahrung und eine Kenntnis der Persönlichkeit des Träumers zur Voraussetzung hat. Während die T.-Interpretation im Rahmen der Psychoanalyse an Bedeutung abgenommen hat, findet sie bei Schülern JUNGS und Gestalttherapeuten nach wie vor große Beachtung.

In neueren Theorien der psychophysiologisch orientierten T.-Forschung wird angenommen, dass die T. bzw. der REM-Schlaf v. a. der Verarbeitung tagsüber aufgenommener Informationen dienen. Dies geschehe durch das Aufgreifen von Tagesresten und durch die Verbindung dieser Tagesreste mit älteren, ähnl. Erlebnissen des Träumers. Diskutiert wird, ob T. diese adaptive Funktion durch kompensator. (bei belastendem Tagesgeschehen Darstellung positiver Gegebenheiten) oder direkt bewältigende (›mastery‹, d. h. Aufgreifen belastender Ereignisse) T.-Inhalte erfüllen. Gedächtnisforscher meinen dagegen, dass der T. bzw. der REM-Schlaf dazu diene, tagsüber aufgenommene unnötige Informationen zu löschen. Physiologen wie JOHN ALLAN HOBSON (* 1933) und ROBERT WILLIAM MCCARLEY (* 1935) meinen, dass die T. eine Begleiterscheinung neuronaler Entladungssequenzen des Hirnstamms im REM-Schlaf sind, und verneinen eine eigenständige psychol. Funktion.

W. VON SIEBENTHAL: Die Wiss. vom T. (1953, Nachdr. 1984); C. S. HALL: The meaning of dreams (Neuausg. New York 1966); C. S. HALL u. R. L. VAN DE CASTLE: The content analysis of dreams (ebd. 1966); D. FOULKES: Die Psychologie des Schlafs (a. d. Engl., 1969); DERS.: A grammar of dreams (New York 1978); ARTEMIDOR VON DALDIS: Das T.-Buch, hg. v. K. BRACKERTZ (a. d. Griech., 1979); C. WINGET u. M. KRAMER: Dimensions of dreams (Gainesville, Fla., 1979); T. u. Träumen. T.-Analysen in Wiss., Religion u. Kunst, hg. v. T. WAGNER-SIMON u. a. (1984); W. W. KEMPER: Der T. u. seine Be-Deutung (Neuausg. 1987); Der T., hg. v. R. BATTEGAY u. a. (Bern ²1987); F. WEINREB: T.-Leben, bearb. v. C. SCHNEIDER, 4 Bde. (Neuausg. 1987); J. A. HOBSON: The dreaming brain (New York ²1988); K. THOMAS: T. – selbst verstehen (³1989); C. G. JUNG: Vom Wesen der T., in: DERS.: Welt der Psyche (Neuausg. 1990); The mind in sleep, hg. v. S. J. ELLMAN u. a. (New York ²1991); I. STRAUCH u. BARBARA MEIER: Den T. auf der Spur (Bern 1992); T. u. Gedächtnis. Neue Ergebnisse aus psycholog., psychoanalyt. u. neurophysiolog. Forschung, bearb. v. H. BAREUTHER u. a. (1995).

T-Raum, ein →topologischer Raum, dessen topolog. Struktur mindestens eines der Trennungsaxiome erfüllt.

Trauma [griech. ›Wunde‹] *das, -s/...men* und *-ta,* 1) *Medizin:* äußere Gewalteinwirkung, v. a. die hierdurch hervorgerufene Schädigung eines Organismus und ihre Symptome. Mehrfachverletzungen werden als →Polytrauma bezeichnet. Ein schwerwiegendes T. kann Ursache eines Schocks sein.
2) *Psychologie:* psych. oder nervöse Schädigung durch ein plötzlich eintretendes tief gehendes Erlebnis, heftiger Schock, der psych. Veränderungen (z. B. eine Neurose) zur Folge hat (→psychisches Trauma); bes. von S. FREUD und der Psychoanalyse untersucht.

traumatisch [griech. traumatikós ›zur Wunde gehörend‹], 1) das psych. Trauma betreffend, dadurch entstanden; 2) durch Gewalteinwirkung entstanden.

Traumatologie *die, -,* die →Unfallchirurgie.

Traum der roten Kammer, chin. Roman, →Hong lou meng.

Traumdeutung, →Traum.

Traun, 1) Stadt im Bez. Linz-Land, Oberösterreich, 276 m ü. M., südwestlich von Linz, 24 700 Ew.; zahlr. Industriebetriebe, u. a. Feinpapierfabrik, Herstellung von Brillen und Metallwaren, Textil- und Nahrungsmittelindustrie. – Schlichtes Schloss mit Ecktürmchen (2. Hälfte 16. Jh.). – T., um die seit dem 12. Jh. bestehende Burg, dem Stammsitz der Grafen von Abensperg und T., angelegt, wurde 1973 Stadt.
2) *die,* rechter Nebenfluss der Donau in Österreich, 153 km lang, entsteht aus dem Zusammenfluss von Kainisch-T., Altausseer T. und Grundlseer T. im steir. Salzkammergut bei Bad Aussee; durchfließt den Hallstätter See und den Traunsee, ab Gmunden das oberösterr. Alpenvorland (14 m hoher T.-Fall bei Roitham), mündet südöstlich von Linz; zahlr. Laufkraftwerke.
3) *die,* rechter Nebenfluss der Alz in Oberbayern, rd. 45 km lang, entspringt den Chiemgauer Alpen, mündet bei Altenmarkt a. d. Alz.

Traun, Julius von der, eigtl. **Alexander Julius Schindler,** österr. Schriftsteller, *Wien 26. 9. 1818, †ebd. 16. 3. 1885; Jurist und liberaler Politiker; schrieb Gedichte (›Die Rosenegger Romanzen‹, 1852), seinerzeit viel gelesene Romane und Novellen (›Der Schelm von Bergen‹, 1879), auch Dramen. Seine späte Prosa ist von deutlich polit. Tendenz (›Oberst Lumpus‹, hg. 1888).

Traun|gau, histor. Gebiet in Oberösterreich beiderseits der Traun, zw. Enns, Hausruck, Donau und Pyhrn, bildet einen großen Teil des →Traunviertels. *Geschichte:* Urspr. das röm. Stadtgebiet von Wels, das im 6. Jh. als Gau dem Herzogtum Bayern angeschlossen wurde, war der T. an das bayer. Grafengeschlecht der Otakare mit Sitz auf der Burg Steyr (seit 972 bezeugt) gefallen. Umfangreichen Besitz hatten auch das Erzstift Salzburg im Kremstal und das Hochstift Bamberg an der Krems-Pyhrn-Linie. Mit Besitz bes. im oberen Traun- und mittleren Ennstal waren die Otakare seit etwa 1050 Markgrafen von Karantan. Mark und ab 1180 Herzöge der Steiermark, ihre Herrschaft Steyr wurde mit dem größten Teil des T.s von Bayern getrennt und fiel 1192 mit der Steiermark an die Babenberger. Bei der Teilung des babenberg. Erbes im Vertrag von Ofen (1254) zw. König BELA IV. von Ungarn und König OTTOKAR II. PŘEMYSL von Böhmen mit dem übrigen babenberg. Besitz ›ob der Enns‹ an Letzteren gefallen und nun endgültig von der Steiermark getrennt, kam der T. als Kern des späteren Oberösterreich zum Herzogtum Österreich.

Traunreut, Stadt im Landkreis Traunstein, Bayern, im Chiemgau, 21 600 Ew.; Haushaltsgerätebau, Leuchtenwerk, Herstellung von Mess- und Präzisionsgeräten. – Die Gemeinde T. wurde 1950 auf dem Gelände eines ehem. Munitionslagers gegründet; 1960 Stadterhebung; 1978 Eingemeindung von drei angrenzenden Ortschaften.

Traunsee, Gmundner See, See im oberösterr. Salzkammergut, im ehem. Zungenbecken des Traungletschers, 423 m ü. M., 12 km lang, bis 3 km breit, 24,5 km², 191 m tief; Fremdenverkehr (Hauptort Gmunden). Am O-Ufer liegt der dreigipflige **Traunstein** (1 691 m ü. M., Naturschutzgebiet). (BILD →Österreich)

Traunstein, 1) Große Kreisstadt, Verw.-Sitz des Landkreises Traunstein, Bayern, 600 m ü. M., 17 800 Ew.; Heimatmuseum, Städt. Galerie; zentraler Ort des Chiemgaus; Metall verarbeitende Industrie, Brauereien, Fremdenverkehr. – Am weiten Stadtplatz finden sich der ›Brothausturm‹ (1541; Teil des Heimatmuseums), das neugot. Rathaus (1855; 1995-98 grundlegend saniert) sowie der ›Lindlbrunnen‹ (1526). Die Salinenkapelle St. Rupert ist ein frühbarocker Zentralbau (um 1630); in der Oswaldkirche (Neubau 1675-90 nach Entwurf von G. ZUCCALLI) neubarocke Stuckdekoration (1904-09). – T. gelangte durch seine verkehrsgünstige Lage an der alten Salzstraße von Bad Reichenhall nach München bereits im 14. Jh. durch den Salzhandel zu wirtschaftl. Bedeutung. Die erste nachweisbare Überlieferung der Stadtrechte stammt von 1375. 1876-1940 und 1948-72 war T. kreisfrei, seither ist es Große Kreisstadt. Die ab 1619 betriebene Saline wurde 1912 aufgelassen.
2) Landkreis im Reg.-Bez. Oberbayern, Bayern, 1 534 km², 164 200 Ew.; reicht von den Chiemgauer Alpen (Sonntagshorn 1 960 m ü. M.) über das Chiemsee- und Salzach-Moränenhügelland bis auf die Alz-Schotterplatte. Der Hauptteil der landwirtschaftl. Nutzfläche entfällt auf Grünland (Rinderhaltung). In den Städten Traunreut, Trostberg, Traunstein und Tittmoning sowie in den Gem. Grassau, Siegsdorf und Tacherting finden sich Industriebetriebe; wichtiger Wirtschaftszweig ist der Fremdenverkehr, v. a. in den Luftkur- und Wintersportorten Inzell, Reit im Winkl und Ruhpolding.

Traunsteinera [nlat.], *Botanik:* →Knabenkraut.

Traunviertel, amtl. **Traunkreis,** Gebiet in Oberösterreich, im Einzugsgebiet der unteren Traun, zw. Donau, Enns, nördl. Alpenrand und Hausruck; eine Schotterebene mit der fruchtbaren Welser Heide und der Traun-Enns-Platte (Getreide- und Zuckerrübenanbau). In der von Traun und ihrem Nebenfluss Ager gebildeten verkehrsgünstigen Ager-Traun-Furche ist die Industrie bes. entwickelt; größte Stadt ist Linz.

Trauring, Ehering, Bez. (seit dem 16. Jh.) für den zum Zeichen der Trauung (nach röm. Brauch) am vierten Finger der linken Hand getragenen, meist goldenen Fingerring; unverziert erst seit dem 16. Jh. verbreitet (→Ring). Der Brauch, der Braut zur Trauung den T. zu überreichen, entstand in Europa vermutlich schon im 10. Jh. Urspr. war er wohl eine Form des Handgelds, das der Bräutigam dem Vormund der Braut (in Form eines Ringes) zahlte; als Veranschaulichung der ehel. Verbundenheit wurde der Ringwechsel bis zum 12. Jh. zum Rechtssymbol. Im 16. Jh. war der Verlobungsring, mit dem die Ehe als versprochen galt, wichtiger als der T. – Im *Volksglauben* gilt der T. als Garant ewigen Eheglücks (Bindezauber); sein Verlust bringt angeblich Unheil.

Träuschlinge, Stropharia, Gattung der Lamellenpilze mit etwa zehn einheim. Arten, darunter der →Riesenträuschling und die häufige und auffällige, z. T. als essbar angegebene **Grünspan-T.** (Stropharia aeruginosa), vom Spätsommer bis -herbst in lichten Wäldern vorkommend; sein Hut ist 2–8 cm breit, grünspanfarben oder verblassend bis gelblich grün.

Traustí ['trœjstɪ], Jón, eigtl. **Guðmundur Magnússon,** isländ. Schriftsteller, *Rif (Verw.-Bez. Norður-Thingeyjar) 12. 2. 1873, †Reykjavík 18. 11. 1918. Aus einfachen Verhältnissen stammend, bildete sich T. autodidaktisch; nach anfängl. Behandlung aktueller Fragen wandte er sich histor. Themen und der Volksüberlieferung zu. Mit seinen Schilderungen des harten Lebens der isländ. Einödbauern wurde er zum Wegbereiter des modernen isländ. Romans.

Ausgabe: Ritsafn, 8 Bde. (1940–46).

Wolf Traut: Die heilige Sippe, Mitteltafel des Artelshofener Altars; 1514 (München, Bayerisches Nationalmuseum)

Traut, Wolf, Maler und Zeichner, *Nürnberg zw. 1480 und 1485, †ebd. 1520; Sohn des Malers HANS T. († 1487). T. zeichnete als Mitarbeiter A. DÜRERS neben H. SPRINGINKLEE und A. ALTDORFER einen großen Teil der Vorlagen für die Holzschnitte der ›Ehrenpforte‹ Kaiser MAXIMILIANS I. (1515). Stilistisch beeinflusst von DÜRER und H. VON KULMBACH, schuf er ferner Altarwerke (Artelshofener Altar, 1514; Mitteltafel München, Bayer. Nationalmuseum; Flügel Nürnberg, German. Nationalmuseum), Zeichnungen für den Buchholzschnitt und Scheibenrisse.

Trautenau, tschech. **Trutnov,** Stadt im Ostböhm. Gebiet, Tschech. Rep., 420 m ü. M., am SO-Fuß des Riesengebirges, 32 600 Ew.; Heimatmuseum; Leinenindustrie, Baumwollverarbeitung, Maschinenbau; nördlich der Stadt Steinkohlenbergbau. – Reste der ehem. Stadtbefestigung sowie die Randbebauung des Marktplatzes mit Laubenhäusern sind erhalten. Spätbarocke Marienkirche (18. Jh.; über einem Vorgängerbau des 13. Jh.). – T., 1264 von dt. Kolonisten besiedelt, erhielt 1340 Stadtrechte.

Trautmann, 1) Johann Georg, Maler und Radierer, *Zweibrücken 23. 10. 1713, †Frankfurt am Main 11. 2. 1769; gehörte zu den in GOETHES Vaterhaus verkehrenden Frankfurter Meistern der Kleinmalerei in niederländ. Art; ahmte bes. REMBRANDT nach.

2) Reinhold, Slawist, *Königsberg (heute Kaliningrad) 16. 1. 1883, †Jena 4. 10. 1951; Prof. in Prag, Königsberg, Leipzig und ab 1948 in Jena; verfasste Untersuchungen zur balt. und slaw. Philologie, zur Ortsnamenkunde und Volksdichtung; gab Sprach- und Literaturdenkmäler heraus, u. a. die Nestorchronik, die er auch übersetzte (›Die altruss. Nestorchronik. Povĕst' vremennych lĕt‹, 1931).

Werke: Die altpreuß. Sprachdenkmäler (1910); Baltisch-slav. Wb. (1923); Die altpreuß. Personennamen (1925); Die Volksdichtung der Großrussen, Bd. 1: Das Heldenlied (1935, mehr nicht erschienen); Die elb- u. ostseeslaw. Ortsnamen, 3 Bde. (1948–56).

E. EICHLER: R. T. u. die dt. Slawistik (Berlin-Ost 1984).

Trautonium [unter Anlehnung an Harmonium gebildet] *das, -s/...ni|en,* von FRIEDRICH TRAUTWEIN (* 1888, † 1956) entwickeltes, 1930 erstmals vorgeführtes elektron. Musikinstrument auf der Grundlage von Kippschwingungsgeneratoren. Frequenzänderungen (und damit die Tonauswahl) erfolgen durch einen dem Generator zugeordneten verstellbaren Widerstand, bestehend aus einer Kontaktschiene und darüber ausgespanntem Widerstandsdraht. Durch Fingerdruck werden unterschiedl. Drahtlängen und damit Widerstandswerte abgegriffen; gleitende Übergänge (Glissandi) sind möglich. Durch Ausfiltern von Schwingungen aus dem oberschwingungsreichen Frequenzspektrum ist die Klangfarbe vielfältig variierbar. Ab 1950 wurde das T. durch O. SALA zum zwei- bzw. vierstimmigen Mixtur-T. ausgebaut. Für das T. komponierten P. HINDEMITH (z. B. ›Konzertstück‹ für T. und Streichorchester, 1931) und H. GENZMER (Konzert für T. und Orchester, 1939).

Trauttmansdorff, Trautmansdorff, Maximilian Graf (seit 1623) von und zu, österr. Diplomat, *Graz 23. 5. 1584, †Wien 8. 6. 1650; hatte als Vertrauter Kaiser FERDINANDS II. entscheidenden Anteil am Abschluss des Bündnisses mit Herzog MAXIMILIAN I. von Bayern (Münchener Vertrag, 1619). Zu Beginn des Dreißigjährigen Krieges gewann T. die Kurie und Spanien für die kaiserl. Politik und schloss 1622 den Frieden von Nikolsburg mit G. BETHLEN VON IKTÁR. T. war am Sturz WALLENSTEINS beteiligt und handelte den Frieden von Prag (1635) aus. Als österr. Hauptbevollmächtigter bestimmte er wesentlich die Friedensverhandlungen in Münster und Osnabrück 1644–48 (Westfäl. Frieden).

Trauung, die kirchl. und standesamtl. Form der Eheschließung (→Ehe, →Eherecht). Zum anschließenden bürgerl. Fest →Hochzeit.

Nach *kath. Kirchenrecht* ist die T. die liturg. Feier des Sakraments der Eheschließung. Ihr wesentl., zum Zustandekommen der Ehe notwendiger Kern besteht aus der Erfragung des Ehewillens der Brautleute durch einen bevollmächtigten Priester oder Diakon in Gegenwart von zwei Zeugen und der Entgegennahme der Ehewillenserklärung sowie der Segnung der Ehe. –

Träuschlinge: Grünspanträuschling (Hutbreite 2–8 cm)

B. Traven
(Londoner Polizeifoto von Ret Marut, aufgenommen im Dezember 1923)

Anders als in der kath. Kirche gilt die Ehe in den *ev. Kirche* nicht als Sakrament, sodass die Zivil-T. grundsätzlich auch kirchenrechtlich als ausreichend gilt. – In den *orth. Kirchen* geschieht die T. (seit dem 8./9. Jh.) durch die sakramentale ›Bekränzung‹ von Braut und Bräutigam nach deren ausdrückl. Erklärung des Ehewillens; die ›Kränze‹ sind in der griechisch-orth. Kirche oft aus Blumen, in den slawisch-orth. Kirchen meist Metallkronen.

Geschichte: Der Ausdruck T., ihre rechtl. Bedeutung und die Substanz ihrer Zeremonien (beiderseitige Willenserklärung; Ringwechsel) gehen auf das germanisch-dt. Recht zurück. Nach diesem wurde die Braut von ihrem Vormund dem Bräutigam ›anvertraut‹, der damit die →Munt (›Vormundschaft‹) über sie erhielt. Als Gegenleistung war ein Lohngeld des Bräutigams üblich, das er oft in Form eines Ringes gab (→Trauring). Neben der Übertragung der Munt und der Leistung des Brautgeldes (Wittum) gehörte die ›Heimführung‹ der Braut ins Haus des Bräutigams (sowie bis in die Neuzeit das öffentl., z. T. symbol. Beilager) zur rechtserhebl. T. – Die kirchl. T. entstand im 14. Jh.; sie löste die bis dahin übl. Eheschließung durch einen weltl. Trauvormund ab und führte im 15. Jh. zum Verbot der Laien-T. In den prot. Gebieten setzte sich ein kirchl. Trauzwang erst im 17. Jh. durch. – Seit dem 15./16. Jh. ist die kirchl. T. vom Ortsgeistlichen in den Kirchenbüchern dokumentiert; die standesamtl. T. (Zivil-T., seit dem 18. Jh. üblich; seit 1876 [Kulturkampf] in Dtl. allein rechtsgültig) wird in das →Heiratsbuch eingetragen.

C. Schott: T. u. Jawort. Von der Brautübergabe zur Zivil-T. (²1992).

Travancore-Cochin [trævən'koː 'kəutʃɪn], ehem. Gliedstaat in Indien, 1956 in →Kerala aufgegangen. – Mit dem Untergang des Reiches von Vijayanagar 1565 gewannen die Fürstentümer Travancore und Cochin, in denen ab dem frühen 16. Jh. europ. Handelsniederlassungen bestanden hatten, ihre Unabhängigkeit. Ab 1791 (Cochin) und 1788/95 (Travancore) waren sie durch Verträge mit der Ostind. Kompanie mit Großbritannien verbunden und gingen 1949 als Gliedstaat T.-C. in der Ind. Union auf.

Trave *die*, Fluss in O-Holstein, entspringt südlich von Eutin, fließt durch den Wardersee, durch Bad Oldesloe und Lübeck und erweitert sich vor der Mündung in die Ostsee bei Travemünde seeartig in der Pötenitzer Wiek; 118 km lang, davon 53 km schiffbar. Die für Seeschiffe befahrbar gehaltene Unter-T. entwickelte sich zum Standort bedeutender Industrien (→Lübeck). Eine Verbindung zur Elbe (bei Lauenburg) stellt der Elbe-Lübeck-Kanal her.

Travée [tra've:; frz., von lat. trab(e)s ›Balken‹] *die, -/-n, Baukunst:* das →Joch.

Travellerscheck ['trævələ-; engl. traveller ›Reisender‹], engl. **Traveller's Cheque** [-tʃek], der →Reisescheck.

Travelling Salesman Problem ['trævəlɪŋ 'seɪlzmən 'prɒbləm, engl.], **Problem des Handelsreisenden, Rundfahrtproblem,** *Operations-Research:* kombinator. Optimierungsproblem, bei dem durch eine vorgegebene Menge von Orten von einem bestimmten Ausgangsort aus der kürzeste bzw. kostengünstigste Rundreiseweg zu ermitteln ist. Lösungsverfahren für das T. S. P. sind sowohl heurist. als auch Entscheidungsbaumverfahren.

Travemünde, Ostseeheilbad an der Mündung der Trave in die Lübecker Bucht, Stadtteil von Lübeck, rd. 12 000 Ew.; Dt. Schiffs- und Marinemuseum; Hafen mit Spielcasino und zahlr. Kureinrichtungen, Tagungs- und Kongressort, bedeutender Fährhafen (Fährverkehr u. a. nach Gedser, Malmö, Trelleborg, Bornholm, Helsinki, Reval und Memel sowie nach Swinemünde und Danzig). – Geschlossene kleine Altstadt um die ev. St.-Lorenz-Kirche (Neubau nach Brand 1557); Leuchtturm (1539); längs des Travehafens die ehem. Lüb. Vogtei (um 1600). Auf dem Gebiet der ehem. Befestigung Kurgarten (Kurhaus 1912/13). – T. entstand um eine 1187 an der Travemündung gegründete Burg, mit der es 1320/29 an Lübeck kam; seit 1802 Seebad und seit 1957 Seeheilbad.

Travemünder Woche, *Segeln:* internat. Regattaveranstaltung für Jollen und Kielboote, erstmals 1889 durchgeführt; findet alljährlich im August auf der Lübecker Bucht statt. (→Kieler Woche, →Warnemünder Woche)

Traven, B., andere Pseudonyme **Ret Marut, (B.) Traven Torsvan, Hal Croves** [kroʊvz], Schriftsteller, *San Francisco (Calif.) 25. 2. 1882 (?) oder Chicago (Ill.) 3. 5. (5. 3.?) 1890 (?), †Mexiko 26. 3. 1969. Geburtsort und -datum sind, wie überhaupt die ganze Identität T.s, der sich zeitlebens im Dunkel zahlr. Pseudonyme und Legenden verbarg, umstritten und ungeklärt. Einer der wenigen konkreten Hinweise ist der ›Neue Theater-Almanach‹ der Genossenschaft Dt. Bühnen-Angehörigen des Jahrgangs 1908, der am Stadttheater Essen einen Schauspieler und Regisseur namens Ret Marut verzeichnet. Obwohl auch dies nur ein Pseudonym, gilt dessen Identität mit T. heute als geklärt. Dieser Ret Marut gab ab 1917 die (1921 verbotene) sozialistisch-anarchist. Zeitschrift ›Der Ziegelbrenner‹ heraus, die ihn auch mit der Münchener Räterepublik in Verbindung brachte. Vermutlich war T. dort als Zensor von Tageszeitungen und Vorsitzender einer Kommission zur Bildung des Revolutionstribunals tätig. Nach seiner Verhaftung am 1. 5. 1919, deren Konsequenzen er sich – nach eigenen Angaben – durch Flucht entziehen konnte, führt sein Weg über die Station London (1923) nach Mexiko (Ankunft in der Hafenstadt Tampico 1924). – T., dessen Sympathie den Unterdrückten, v. a. den Indianern, gehörte, schrieb international erfolgreiche sozialkrit. Romane und Erzählungen, die durch leidenschaftl. Protest gegen Unmenschlichkeit und Gewalttätigkeit, schonungslose Offenheit der Darstellung und oft krasse Sprache gekennzeichnet sind. Zum Erfolg seines zuerst in dt. Sprache erschienenen Werks trugen spannende Erzählweise und exot. Kolorit bei.

Werke: *Romane und Erzählungen:* Das Totenschiff (1926); Der Wobbly (1926, u. d. T. Die Baumwollpflücker, 1930); Der Schatz der Sierra Madre (1927); Die Brücke im Dschungel (1929); Die weiße Rose (1929); Der Karren (1931); Regierung (1931); Der Marsch ins Reich der Caoba (1933); Die Rebellion der Gehenkten (1936); Die Troza (1936); Ein General kommt aus dem Dschungel (1940); Der dritte Gast u. andere Erzählungen (1958); Aslan Norval (1960).

Ausgaben: Erzählungen, 2 Bde. (1968); Werkausg., hg. v. E. Pässler, 18 Tle. (1977–82).

W. Wyatt: B. T. Nachforschungen über einen ›Unsichtbaren‹ (a. d. Engl., 1982); R. Recknagel: B. T. (Neuausg. 1983); K. S. Guthke: ›Das Geheimnis um B. T. entdeckt‹ – u. rätselvoller denn je (1984); ders.: B. T. Biogr. eines Rätsels (Neuausg. Zürich 1990); B. T., hg. v. H. L. Arnold (1989); M. Eigenheer: B. T.s Kulturkritik in den frühen Romanen (Bern 1993); C. Ludszuweit: B. T. Über das Problem der ›inneren Kolonisierung‹ im Werk von B. T. (1996).

Travers, Val de T. [valdətra've:r], 22 km langes Tal im Schweizer Faltenjura, Kt. Neuenburg, 700–750 m ü. M., durchflossen von der Areuse (entspringt als Karstquelle in einem Felsenkessel bei Saint-Sulpice, mündet nach dem Durchbruch durch die Areuseschlucht in den Neuenburger See); bei Noiraigues großartiger Felsenkessel **Creux du Van** (Naturschutzgebiet seit 1882, fast 200 m senkrecht abfallende Kalkfelswände); bis 1986 Asphaltgewinnung in der Mine La Presta (heute Museumsbergwerk), Abbau von kretaz. Kalken (Zementwerke); stark industrialisiert, v. a. Uhren- und Textilindustrie; seit der Römerzeit wichtige Verkehrsleitlinie (heute Bahnlinie und Straße nach Frankreich); Hauptorte sind Fleurier, Couvet und Travers. – Als polit. Bezirk Val-de-Travers 167 km² mit 12 300 Ew., Hauptort ist Môtiers (NE).

Travers, 1) Gian, oberengadin. Dichter, *1483, †1563; gilt als Begründer der oberengadin. Literatur; war u. a. Gouverneur des Veltlin, Botschafter in Mailand und Venedig. Seine Hinwendung zum Protestantismus (1552) war ausschlaggebend für den Übertritt des Oberengadins zur neuen Lehre. Von seinen oberengadinisch geschriebenen Dichtungen ist neben Fragmenten aus polit. Liedern der 704 elfsilbige Verse umfassende Kriegsgesang von Müs (›La chianzun dalla guerra dagl Chiaste da Müs‹, 1527) erhalten. Mit zwei bibl. Dichtungen (›La histoargia da Ioseph‹ und ›La histoargia dalg filg pertz‹) begründete T. auch die oberengadin. Theatertradition.

Ausgabe: Rätoroman. Chrestomathie, hg. v. C. DECURTINS, Bd. 5 (1900, Nachdr. 1983).

2) ['trævəz], Pamela Lyndon, engl. Schriftstellerin austral. Herkunft, *in Queensland 1906, †London 23. 4. 1996; seit 1923 in England; wurde bekannt als Autorin der fantastisch-humorist. Kinderbuchserie über die Abenteuer der Kinder der Familie Banks mit ihrem Kindermädchen Mary Poppins; schrieb auch Reisebücher.

Werke: Mary Poppins (1934; dt. u. a. als Jungfer Putzig, verfilmt); Mary Poppins comes back (1934; dt. Mary Poppins kommt wieder); Mary Poppins opens the door (1943; dt. Mary Poppins öffnet die Tür); Mary Poppins in the park (1952; dt. Mary Poppins im Park); Mary Poppins from A to Z (1962; dt. Mary Poppins von A bis Z).

Traversari, Ambrogio, latinisiert **Ambrosius Traversarius,** ital. Humanist und Theologe, *Portico di Romagna (bei Forlì) 16. 9. 1386, †Florenz 21. 10. 1439; trat 1400 in den Kamaldulenserorden ein, dessen Generalprior er 1431 wurde. Auf den Konzilien von Basel und Florenz verfocht er die Oberhoheit des Papstes über das Konzil. T. gehörte dem Florentiner Humanistenkreis an; er schätzte v. a. die griech. Kirchenväter, von denen er, neben dem Werk des DIOGENES LAERTIOS, zahlr. Schriften ins Lateinische übersetzte. Ferner schrieb er theolog. Traktate, eine Geschichte des Klosters Montecassino und einen Bericht über seine Reisen (›Hodoeporicon‹). Seine Briefe umfassen 25 Bücher.

Ausgabe: Hodoeporicon, hg. v. V. TAMBURINI (1985).

C. L. STINGER: Humanism and the Church Fathers. A. T. (1386–1439) and Christian antiquity in the Italian renaissance (Albany, N. Y., 1977); C. SOMIGLI u. T. BARGELLINI: A. T. monaco camaldolese (Bologna 1986); A. T. Camaldolese. Nel VI centenario della nascita, 1386–1986 (Florenz 1987).

Traverse [frz., zu en travers ›quer‹] *die, -/-n,* quer verlaufendes Bauteil, z. B. Querbalken oder Querstück zwischen Maschinenteilen, Querträger an einem Strommast.

Traversflöte, die →Querflöte.

Travertin [ital. travertino, älter auch: tiburtino, von lat. lapis tiburtinus ›Stein aus Tibur (heute Tivoli)‹] *der, -s/-e,* relativ fester, poröser, gelbl. bis bräunl. Kalksinter, z. T. durch Diagenese verdichtet (Ausfüllung des Porenraumes durch Kalkzement), oft bankig ausgebildet (gebändert). T. ist in bergfeuchtem Zustand leicht zu bearbeiten und dient als Werk- und Dekorationsstein; Vorkommen u. a. bei Tivoli, Bad Cannstatt und Weimar-Ehringsdorf.

Travestie [engl. travesty, eigtl. ›Umkleidung‹] *die, -/...'tien,* literar. Genre, das, ähnlich der →Parodie, die Verspottung eines literar. Werks bezweckt, sich jedoch nicht inhaltlicher, sondern formal-stilist. Mittel, d. h. der Wiedergabe des Inhalts in deutlich veränderter Stillage, bedient. Der kom. Effekt beruht auf der Diskrepanz zw. altem Inhalt und neuer Stilebene. Bedeutende T. schufen u. a. J. A. BLUMAUER, J. N. NESTROY, C. MORGENSTERN und P. SCARRON. – Dem ursprüngl. Sinn des Wortes entspricht seine Anwendung auf Verkleidungen im Rahmen des →Transvestismus.

T. STAUDER: Die literar. T. (1993).

Traviata, La, Oper von G. VERDI, Text nach A. DUMAS' (FILS) ›La dame aux camélias‹; Uraufführung 6. 3. 1853 in Venedig.

Travnik ['tra:vni:k], Stadt in Bosnien und Herzegowina, 70 km nordwestlich von Sarajevo, an der Lošva, 18 800 Ew.; Ivo-Andrić-Museum; Schuh-, Tabak-, Holzindustrie; 10 km südlich von Novi-T. (11 500 Ew.) eisenmetallurg. Werke. – Süleimanmoschee (›Bunte Moschee‹, 18. Jh.), Kastell (15. Jh.). – T., einst Hauptstadt von Bosnien und 1464 erstmals genannt, fiel 1503 an die Türken und war 1699–1850 Sitz des osman. Statthalters von Bosnien.

Travolta [træˈvɔltə], John, amerikan. Filmschauspieler, *Englewood (N. J.) 18. 2. 1954; nach Erfolgen v. a. in Musikfilmen der 70er-Jahre (›Saturday Night Fever‹, 1977; ›Grease‹, 1978) gelang T. in den 90er-Jahren ein Come-back in dem Actionfilm ›Pulp Fiction‹ (1994).

Weitere Filme: Schnappt Shorty (1995); Operation: Broken Arrow (1995); Michael (1996); Im Körper des Feindes (1997); Primary Colors (1998).

Trawl [trɔːl, engl.] *das, -s/-s,* Schleppnetz (→Fischereigeräte).

Trawler ['trɔːlər, engl.] *der, -s/-,* →Fischereifahrzeuge.

Josef Traxel

Traxel, 1) Josef Friedrich, Sänger (Tenor), *Mainz 29. 9. 1916, †Stuttgart 8. 10. 1975; debütierte 1942 in Mainz, war 1952–71 Mitgl. der Stuttgarter Staatsoper und ab 1962 Leiter einer Gesangsklasse (1965 Prof.) an der Stuttgarter Musikhochschule. Er wurde bes. als Mozart-, Wagner- und Strauss-Interpret sowie als Oratorien- und Liedsänger bekannt.

2) Werner, Psychologe, *Hanau 6. 12. 1924; Schüler von R. PAULI; Prof. in Kiel, Bayreuth, 1981–90 in Passau, wo er das Inst. für Gesch. der Neueren Psychologie gründete. Schwerpunkt seiner Arbeiten ist die experimentelle Psychologie; verfasste Schriften zu Methodik, Gegenstand und Gesch. der Psychologie.

Traz [tra], Robert de, schweizer. Schriftsteller frz. Sprache, *Paris 14. 5. 1884, †Nizza 9. 1. 1951; hatte wesentl. Anteil am Aufschwung der französischsprachigen Literatur der Schweiz am Anfang des 20. Jh. und gründete 1920 die einflussreiche ›Revue de Genève‹. Seine Romane und Erzählungen stehen in der Tradition des frz. psycholog. Romans. Seinen elitären, europäisch ausgerichteten Helvetismus spiegelt sein Essay ›L'esprit de Genève‹ (1929).

Weitere Werke: *Erzählungen:* L'homme dans le rang (1913; dt. Im Dienst der Waffen). – *Romane:* Fiançailles (1922; dt. Brautzeit); L'ombre et le soleil (1942; dt. Schatten u. Licht); La blessure secrète (1944; dt. Die geheime Wunde).

Trbovlje [tərˈbɔːvljɛ], Stadt in Slowenien, nordöstlich von Ljubljana, 17 400 Ew.; Mittelpunkt des größten slowen. Braunkohlenreviers mit Zement-, Elektro- und Metallindustrie. In **Hrastnik** (6 600 Ew.) Hüttenwerk.

Treasury ['trɛʒəri; engl. ›Schatzkammer‹], das brit. Finanzministerium, zuständig für die öffentl. Finanzen sowie die Geld- und Währungspolitik. Der Premier-Min. führt zwar den Titel eines First Lord of the T., die Funktionen des Finanz-Min. werden aber vom Chancellor of the Exchequer ausgeübt. – Das Finanzministerium der USA wird als **Department of the T.** bezeichnet.

Treatment ['triːtmənt; engl., eigtl. ›Behandlung‹] *das, -s/-s,* →Film 3).

Trebbia *die,* rechter Nebenfluss des Po, in der Emilia-Romagna, Italien, etwa 115 km lang (mit Mäandern), entspringt nordöstlich von Genua im Ligur. Apennin und mündet bei Piacenza. – An der T., lat.

Trebia, schlug HANNIBAL im 2. Pun. Krieg die Römer (Dezember 218 v. Chr.).

Trebbiano, in Frankreich v.a. **Ugni blanc** [yniˈblã], Weißweinrebe aus Mittelitalien, heute weit verbreitet und daher mit vielen lokalen Namen, z. T. auch mit Zusatz-Bez. für die versch. Klone; die ertragreichste Rebsorte überhaupt (durchschnittlich 150 hl/ha, in Italien 200 hl/ha), Anbaufläche weltweit 262 000 ha; i. d. R. spät reifend und wenig frostempfindlich (u. a. spät austreibend), liefert mittelmäßige, säurereiche Weine, v. a. Tafelweine (oft mit anderen Trauben oder Mosten verschnitten), die häufig destilliert werden. T. ist aber auch Cuvéekomponente (Anteil 10–90%) vieler Qualitätsweine in Italien (außer im NO überall, v. a. aber in Mittelitalien vertreten; insgesamt 130 000 ha), urspr. auch des Chianti. Der weitgehende Verzicht auf T. bei diesem erforderte für den T. Ersatzverwendungen, so wurden neue alkoholarme, säurereiche trockene Weißweine der Toskana geschaffen, u. a. der **Galestro**. In Frankreich (Rebareal rd. 125 000 ha und damit wichtigste Weißweinrebe) ist die Rebe v. a. in der Charente, hier **Saint-Émilion** gen., vertreten (95% der Rebfläche), wo sie den Grundwein für den Cognac liefert, und im Dép. Gers, wo sie am Armagnac Anteil hat.

Trebbin, Stadt im Landkreis Teltow-Fläming, Bbg., 40 m ü. M., südlich von Berlin, an der Nuthe, 5 100 Ew.; Büromöbelwerk. – T. entwickelte sich nahe einer um 1200 angelegten Burg und erhielt um 1213 Stadtrecht.

Trebenište [-ʃtə], Ortschaft bei Ohrid, Rep. Makedonien; Fundstelle mehrerer Fürstengräber des 6. Jh. v. Chr., die reiche Beigaben, darunter einheim. Stücke (z. B. Totenmasken aus Goldblech) und kostbare griech. Importe (Bronzegefäße, Keramik, Schmuck), enthielten. – Die Funde von T. gaben der wohl illyr. **T.-Kultur** den Namen.

Trebenište: Goldmaske aus einem der Fürstengräber; Ende des 6. Jh. v. Chr. (Belgrad, Nationalmuseum)

Treber, bei der Herstellung von →Bier die Rückstände der Maischebereitung; wertvolles Viehfutter.

Trebitsch, tschech. **Třebíč** [ˈtrʃɛbiːtʃ], Stadt im Südmähr. Gebiet, Tschech. Rep., 406 m ü. M., an der Iglava, 39 700 Ew.; Schuh-, Textil- und Möbelindustrie, Maschinenbau. – An der Stelle des 1101 gegründeten Benediktinerklosters entstand im 16. Jh. ein Renaissanceschloss, das im 17. Jh. barockisiert wurde (heute Museum); die ehem. Klosterkirche St. Prokop (1240–60) mit roman. und got. Stilelementen, erhielt 1731 eine barocke Doppelturmfassade; jüd. Friedhof (15./16. Jh.).

Trebitsch, Gyula, Film- und Fernsehproduzent, * Budapest 3. 11. 1914; produzierte 1936 seinen ersten Film in Ungarn; 1942–45 Arbeitsdienst und KZ; erlangte nach dem Krieg außerordentl. Erfolg als Produzent in Dtl.; Gründer (1960) des ›Studios Hamburg‹, das er bis 1980 leitete; danach freier Produzent.

Treble [trɛbl; engl. ›Diskant‹, ›hoher Ton‹], 1) *Musik:* →Sopran.
2) *Rundfunktechnik:* Bez. für den Klangfarbenregler im Hochtonbereich.

Trebitsch: Romanische Vorhalle an der ehemaligen Klosterkirche Sankt Prokop

Treblinka, Dorf in der Wwschaft Ostrołęka, Polen, nordöstlich von Warschau, am linken Ufer des Westl. Bug. – Ab Mai/Juni 1942 wurde in T. von der SS ein Vernichtungslager (T. II) eingerichtet, in dem insgesamt mehr als 974 000 Menschen, meist Juden aus O- und W-Europa, darunter etwa 320 000 Juden aus dem Warschauer Getto, in Gaskammern durch Motorabgase getötet wurden. Während eines Aufstands im August 1943 brachen 200 Häftlinge aus; etwa 60 überlebten. Danach wurde das Lager geschlossen, Anfang November 1943 die letzten Häftlinge nach Sobibór gebracht und das Lager abgerissen (seit 1964 Mahnmal). – In der Nähe des Vernichtungslagers befand sich von Dezember 1941 bis Juli 1944 ein Arbeitslager (T. I) für nichtjüd. Polen, in dem rd. 10 000 Menschen inhaftiert waren; rd. 7 500 kamen dort ums Leben (heute ebenfalls Gedenkstätte).

A. DONAT: The death camp T. (New York 1979); S. WILLENBERG: Surviving T. (Oxford 1989); G. SERENY: Am Abgrund: Gespräche mit dem Henker. Franz Stangl u. die Morde von T. (a. d. Engl., 1995).

Trebnitz, poln. **Trzebnica** [tʃɛbˈnitsa], Stadt in der Wwschaft Wrocław (Breslau), Polen, 220 m ü. M., in Niederschlesien, am N-Rand des Katzengebirges (Trebnitzer Höhen), 12 000 Ew.; Kurort (Solthermen von 37°C, Moorbäder); Waggonfabrik, Baustoffindustrie. – Zisterzienserabtei mit spätroman. Basilika (1203–41) mit Querschiff, roman. Portalen mit plast. Schmuck und Krypta (vor 1214, später umgebaut); neben dem Chor die got. Kapelle der Hl. HEDWIG (1268/69; im 17./18. Jh. umgebaut) mit barockem Grabmal, Klostergebäude (1697–1726); Rathaus (19. Jh.). – T. kam 1945 unter poln. Verw.; die Zugehörigkeit zu Polen wurde durch den Dt.-Poln. Grenzvertrag vom 14. 11. 1990 anerkannt.

Trebsen/Mulde, Stadt im Muldentalkreis, Sa., 130 m ü. M., an der Mulde, 3 600 Ew.; Herstellung von Verpackungsmitteln (bes. Papier und Papiersäcke), Baustoffindustrie. – Roman. Stadtkirche mit got. Chor (1518); Schloss (1522–24, 1783 erweitert). – T. wurde vermutlich um 1150 angelegt; 1404 noch als Dorf erwähnt, 1518 erstmals als Stadt bezeugt.

Trecento [treˈtʃɛnto; ital., eigtl. ›dreihundert‹, kurz für 1300] *das, -(s),* ital. Bez. für das 14. Jh., im Sinne eines kunsthistor. Stilbegriffs die Epoche der ital. Gotik, die im Duecento eingeleitet worden war; in der Musikgeschichte Bez. für die ital., überwiegend weltl., volkssprachl., mehrstimmige Musik zw. etwa 1330 und 1420, die sich v. a. als solist. Liedkunst für aristokrat. und großbürgerl. Gesellschaft entfaltete (→italienische Musik).

Treck *der, -s/-s,* Zug von Menschen, die mit ihrer auf Wagen, meist Fuhrwerke, geladenen Habe gemeinsam aus ihrer Heimat wegziehen (v. a. als Flüchtlinge oder Siedler); bes. die Auswanderungszüge der Buren aus der Kapkolonie seit 1835 **(Großer T.)**, die zur Gründung der Burenstaaten Natal, Transvaal und Oranje-Freistaat führten; auch Bez. für die nach W führenden Züge der nordamerikan. Siedler im 19. Jh. sowie für die Flüchtlingszüge **(Flüchtlings-T.)** aus den von der Roten Armee eroberten O-Gebieten des Dt. Reiches (östlich der Oder-Neiße-Linie) ab Ende 1944 bis Frühjahr 1945.

E. A. WALKER: Der große Trek (a. d. Engl., 1939).

Trecker, *der* →Ackerschlepper.

Tredezime [zu lat. tredecim ›dreizehn‹] *die, -/-n, Musik:* das Intervall von dreizehn diaton. Tonstufen (Oktave und Sexte).

Trediakowskij, Wassilij Kirillowitsch, russ. Dichter und Philologe, * Astrachan 5. 3. 1703, † Sankt Petersburg 17. 8. 1768; war nach Studien in Moskau und im Ausland (v. a. Paris) 1745–59 Prof. an der Akad. der Wiss.en in Sankt Petersburg; Mitbegründer des russ. Klassizismus, führte – unter dem Einfluss von M. OPITZ und der russ. Volksdichtung – den syllaboton. Versbau anstelle des russ. Sprache unangemessenen rein syllab. Verses ein und trug durch Übersetzungen und eigene Dichtungen (philosoph. Poem ›Feoptija‹, 1750–53 entst., verschollen, 1963 veröffentlicht) zur Ausbildung der russ. Literatursprache bei; er verwendete als erster russ. Dichter den Hexameter.

Ausgabe: Izbrannye proizvedenija (1963).

A. ADAMCZYK: Grundfragen der russ. Versgesch. Trediakovskij u. die Reform (Diss. Breslau 1940); W. BREITSCHUH: Die Feoptija V. K. Trediakovskijs (1979); C. CARRIER: Trediakovskij u. die ›Argenida‹ (1991).

Tree [tri:], Sir (seit 1909) Herbert Beerbohm, engl. Schauspieler, Regisseur und Theaterleiter, * London 17. 12. 1853, † ebd. 2. 7. 1917; Halbbruder von M. BEERBOHM; 1887–97 Leiter des Haymarket Theatre, ab 1897 des unter seiner Leitung erbauten Her Majesty's Theatre in London. Als Schauspieler v. a. auf kom. und satir. Rollen festgelegt.

H. PEARSON: B. T. (London 1956).

Treene *die,* rechter Nebenfluss der Eider in Schlesw.-Holst., entspringt südöstlich von Flensburg und mündet bei Friedrichstadt, 90 km lang. Die 8 000 ha große T.-Niederung (v. a. Nordmoor und T.-Marsch, nördlich von Stapelholm) ist wasserwirtschaftlich ausgebaut, an der Mündung gegen die Flutwellen der Nordsee abgedämmt (seit 1570), der Abfluss durch Schleusen geregelt.

Treff *das, -s/-s,* frz. **Trèfle** [ˈtrɛflə; ›Kleeblatt‹], dt. **Kreuz,** Farbe der frz. Spielkarte, entspricht der Eichel der dt. Spielkarte.

Treffertheorie, *Radiologie* und *Strahlenbiologie:* Theorie, nach der der biolog. Effekt einer Strahlung (z. B. Röntgenstrahlung) auf Elementarakten beruht (z. B. Ionisation), die sich an sensitiven Stellen von Zellen ereignen; sie berücksichtigt den stochast. Charakter biolog. Strahlenwirkung. Nach der T. muss eine sensitive Stelle mindestens einmal getroffen werden (z. B. durch Absorption eines Strahlungsquants oder Ionisation), um eine Wirkung zu erzielen. Wenn davon genet. Material betroffen ist, entstehen als Folge der Treffer in Genen Mutationen, deren Häufigkeit abhängig von der Strahlendosis ist.

Die T. wurde in den 1920er-Jahren entwickelt (u. a. von F. DESSAUER) und erwies sich als nützl. Grundlage für die quantitative Erfassung versch. Strahlenwirkungen, v. a. auf dem Gebiet der Genetik.

Treffurt, Stadt im Wartburgkreis, Thür., 185 m ü. M., zw. Hainich und Hess. Bergland, an der Werra, 6 400 Ew.; Bau von Laboreinrichtungen, dentaltechn. Geräten und Hebezeugen, Zigarrenfabrik. – Stadtkirche mit spätroman. Chor und Querschiff (um 1260), reiches Stufenportal, got. Langhaus (1341). Über T. Burgruine Normannstein (12.–14. Jh.). – Im Anschluss an Burg Normannstein entstand im 13. Jh. die Stadt, die im 14. Jh. befestigt wurde. Die im Besitz der 1104 erstmals genannten Herren von T. stehende Stadt wurde 1336 von den Landgrafen von Thüringen, denen von Hessen sowie vom Erzbischof von Mainz erobert und als Ganerbschaft (1736 trat Hessen seinen Teil an Kurmainz ab) bis Anfang des 19. Jh. verwaltet.

Trefulka, Jan, tschech. Schriftsteller, * Brünn 15. 5. 1929; wandte sich in seinen Literaturkritiken der 50er-Jahre – wie auch später in seiner Prosa – gegen die pseudorevolutionäre Phrasenhaftigkeit der sozialist. Literatur, erhielt 1970 wegen seines Eintretens für den ›Prager Frühling‹ Publikationsverbot; Unterzeichner der ›Charta 77‹ und Mitarbeiter illegaler Zeitschriften. Seine Arbeiten sind psycholog. Studien über Menschen, die versuchen, sich der Realität mit all ihren durch das gesellschaftl. System bedingten Verwerfungen zu stellen und entsprechend ihrem Bedürfnis nach innerer Reinheit und Wahrhaftigkeit zu leben.

Werke: *Romane:* O bláznech jen dobré (entst. 1969–73, Buchausg. 1978; dt. Der verliebte Narr); Zločin pozdvižení (entst. 1972–76, Buchausg. 1978); Svedený a opuštěný (entst. 1983, Buchausg. 1988; dt. Unbesiegbare Verlierer). – *Novellen:* Přelo jim štěstí (1962; dt. Es regnete Glück); Veliká stavba (entst. 1969–72, Buchausg. 1982).

Trehalose [frz.] *die, -,* **Mutterkornzucker, Mycose,** aus zwei Molekülen D-Glucose aufgebautes Disaccharid, das u. a. in Presshefe, Algen, Bakterien und im Mutterkorn vorkommt. T. kann aus Presshefe als farblose kristalline Substanz gewonnen werden; Verwendung für bakterielle Nährböden.

Treib|anker, ein →Anker.

Treib|arbeit, 1) *Kunst:* **Toreutik,** das Herstellen oder Verzieren von getriebenen Arbeiten aus Metallblech durch Bearbeiten mit Hammer und Punze auf kaltem Wege. Geeignet sind fast alle Metalle, bes. aber die weichen (Gold, Silber, Kupfer, Bronze und Messing). Als Unterlage für die T. dient ein Holz- oder Eisenklotz mit kantigen Löchern. In diese werden kleine Ambosse mit verschiedenförmiger Oberfläche gesteckt, auf denen abwechselnd wie unterschiedl. Hämmern (Treib-, Planier- oder Polierhammer, Schweifhammer) das Blech von der Vorder- und Rückseite her getrieben wird. Künstler. T. aus Edelmetall wird über einem Block aus nachgiebigem Treibpech (d. i. Mischung von Pech, Talg, Terpentin und Ziegelmehl), ausgeführt. Anstelle eines Klotzes kommen auch vorgeformte Holzkerne vor. T. wurde häufig anschließend ziseliert oder graviert.

Metall zu treiben ist allen alten Kulturvölkern schon früh bekannt. In Mesopotamien (Ur; BILD →Goldschmiedekunst), Ägypten, auf Kreta und in Mykene erzeugte man Schmuck, Gefäße, Waffen (Schilde, Schwerter, Dolche), Reliefs und Möbelschläge aus Gold und Silber, außerdem Totenmasken, z. B. aus Gold in Mykene (BILD →Maske) und in Ägypten (TUT-ENCH-AMUN); auch getriebene etrusk. Bronze- und hallstattzeitl. Goldmasken (BILD →Trebenište) sind nachgewiesen.

Im Mittelmeerraum waren im 7. Jh. v. Chr. getriebene phönik. Silberschalen weit verbreitet (BILD →phönikische Kunst). Bronze war das Hauptmaterial der T. bei den Etruskern (BILD →Ciste), in der archaischen (dädal.) griech. Kunst und in Mitteleuropa (Hallstattzeit). Auch bronzene Figuren wurden als T. gearbeitet, bevor der Bronzehohlguss aufkam. Von den Griechen übernahmen die Skythen (u. a. Fund von Vettersfelde) und Thraker die T.; als Material

Treibarbeit 1): Teil des Elisabethschreins in der Elisabethkirche in Marburg; in Kupfer getrieben und vergoldet, um 1240

diente Silber und Gold. Im Hellenismus fand getriebenes Tafelsilber weite Verbreitung. Produktionszentren waren anscheinend Alexandria und Pergamon. Formen und Verzierungsschemata wurden in der röm. Kaiserzeit fortgeführt; solche Silbergeschirre umfassten u. a. die Silberfunde von Boscoreale oder aus dem Menanderhaus in Pompeji, der →Hildesheimer Silberfund, der von Berthouville (Dép. Eure), für die Spätantike die Funde vom Esquilin in Rom, von Mildenhall, Traprain (Lothian Region) und Kaiseraugst (BILD →römische Kunst). Daneben waren die röm. Prunkrüstungen mit Gesichtshelmen ein wichtiges Anwendungsgebiet der antiken Toreutik.
Im MA. wurden kirchl. Geräte wie Pokale, Monstranzen, Reliquiare, Buchdeckel u. a., v. a. aber die Kleinplastik an den reichen Reliquienschreinen, durch T. hergestellt. In der Spätgotik und Renaissance trat bes. das profane Gerät aus vergoldetem Silber in den Vordergrund (Prunkschalen, Buckelpokale, Becher aller Art). T. in Messing schufen seit dem 15. Jh. die Beckenschläger v. a. in Dinant (Dinanderien), später im Rheinland und seit dem 15. Jh. in Nürnberg, das in Dtl. zum Zentrum der Goldschmiede-T. in der Renaissance wurde. Einen Höhepunkt erreichte die T. in Stahl bei der Herstellung von Prunkharnischen im 16. Jh. In der Barockzeit wurden neben Silber für Tafelgerät vielfach auch Messing und Kupfer für getriebenen Hausrat verwendet. Im 18. Jh. waren auch Dosen und Etuis aus vergoldetem getriebenem Kupfer sehr beliebt. Im 18. und 19. Jh. wurden Kolossalfiguren aus Kupfer getrieben (z. B. Herkules in Kassel-Wilhelmshöhe; Quadriga auf dem Brandenburger Tor von G. SCHADOW). – In vielen Metall verarbeitenden Randkulturen der Erde werden Dekors durch Hämmern von Dünnblechen aus der freien Hand oder Bossieren mit Modellierpunzen von der Rückseite her als Relief ausgetrieben (Repoussé). Auch das Aufziehen von Metallgefäßen über Widerlagern oder Schablonen ist gebräuchlich. Beispiele gibt es v. a. in den Hochkulturen Süd- und Mittelamerikas.

C. HERNMARCK: Die Kunst der europ. Gold- u. Silberschmiede von 1450–1830 (1978); M. PFROMMER: Studien zu alexandrin. u. großgriech. Toreutik frühhellenist. Zeit (1987). – Weitere Literatur →Goldschmiedekunst.

2) Metallurgie: →Treibprozess.

Treibball, (Sport-)Spiel zw. zwei Parteien, bei dem jede versucht, den Ball möglichst weit auf die gegner. Seite zu werfen und damit die Gegenpartei entsprechend weit von der Mittellinie wegzutreiben (z. B. Schleuderball).

Treib|eis, Trift|eis, Drift|eis, auf Flüssen, Seen und Meeren (→Meereis) treibendes Eis. Die **T.-Grenzen** sind wichtig für Schifffahrt und Fischerei. Auf der Nordhalbkugel gelangen Eisschollen gelegentlich bis 40° n. Br., Eisberge in kalten Meeresströmungen (Labrador-, Ostgrönlandstrom) sogar bis 36° n. Br., bes. in den Monaten April bis August. Auf der Südhalbkugel reicht T. bis etwa 50° s. Br., Eisberge erreichen sogar 35° s. Breite.

Treiben, 1) *Bergbau:* das Auf- und Abwärtsbewegen von Fördergefäßen oder -gestellen im Schacht; **Übertreiben** ist das unzulässige Hinausfahren über die vorgesehenen Endstellungen.
2) Chemie: →Treibprozess.
3) Gartenbau: die künstl. Anregung der Knospenentfaltung bzw. des Wachstums ausdauernder Pflanzen durch Zufuhr von Wärme, Licht und Feuchtigkeit (v. a. in Gewächshäusern) unter Verkürzung der jahresperiodisch bedingten Ruhezeit.
4) Jägersprache: 1) das Verfolgen brunftiger weibl. Tiere des Schalenwildes durch männl. Stücke (Hirsche u. a.); 2) das Abhalten einer Treibjagd.
5) Metallbearbeitung: handwerkl. Fertigungsverfahren zur Herstellung von Blechhohlteilen, bei dem ein Blech durch örtl. Strecken oder Stauchen mit einem Treibhammer in die gewünschte Form gebracht wird. Das T. wird angewendet, wenn die Hohlteile nicht durch Drücken oder Tiefziehen gefertigt werden können, wenn die Anfertigung spezieller Werkzeuge zu unwirtschaftlich ist oder für künstler. Zwecke (→Treibarbeit). Der Werkstoff (meist Stahl, Kupfer, Aluminium oder Legierungen) wird bei Raumtemperatur bearbeitet, wobei eine Kaltverfestigung eintritt; zur Vermeidung von Rissen wird gegebenenfalls zwischengeglüht.
6) Metallurgie: →Treibprozess.

Treiber, Driver [ˈdraɪvə, engl.], 1) *Elektronik:* Schaltkreis zur Signalverstärkung oder Signalumsetzung für Ein- und Ausgabekanäle (häufig in Form von Logikgattern). T. liefern elektr. Ströme und Spannungen in der jeweils auf den Kanälen erforderl. Größe. Häufig werden T. dazu verwendet, Signale auf Busleitungen zu legen (**Bus-T.**). In vielen Fällen benötigt die T.-Hardware für ihre zweckbestimmte Funktion eine entsprechende Software. (→Puffer)
2) Informatik: **T.-Routine** [-ru-], Programm in einem Betriebssystem, durch das ein Peripheriegerät eines Rechnersystems direkt angesteuert wird, d. h. durch das die einzelnen Aktionen eines Gerätes gesteuert werden (daher auch als **Geräte-T.** bezeichnet). Beispiele sind Bildschirm-T., Drucker-T., Magnetplattentreiber.

Treiber|ameisen, die →Wanderameisen.

Treibgase, 1) *Anwendungstechnik:* **Treibmittel,** unter Druck leicht verflüssigbare Gase, mit deren Hilfe Kosmetika, Arzneimittel, Lacke u. a. aus Sprühdosen herausgedrückt und zerstäubt werden. Wegen ihrer Unbrennbarkeit und Ungiftigkeit wurden in der Vergangenheit bevorzugt die →Fluorchlorkohlenwasserstoffe (CFK, ›FCKW‹) R 11 und R 12 verwendet. Da diese den Ozonabbau in der Stratosphäre katalysieren und zum Treibhauseffekt in der Atmosphäre beitragen, finden sie als T. heute nur noch in Sonderfällen Verwendung. Soweit nicht auf Pumpspraysysteme umgestellt wurde, werden heute v. a. die brennbaren T. Propan/Butan oder Dimethyläther verwendet. Als ungiftige und unbrennbare T. für Dosiersprays zur Inhalation in der Medizin kommen teilhalogenierte Fluorkohlenwasserstoffe wie CF_3CFH_2 (R 134a) infrage. Sie bewirken keinen Ozonabbau und haben nur 10 % des Treibhauspotenzials von R 12. Für Schlagsahne wird Lachgas als T. verwendet.
2) Kunststoffverarbeitung: als →Treibmittel dienende oder von Treibmitteln freigesetzte Gase.
3) Motortechnik: brennbare Gase wie Flüssiggas, Generatorgas oder Holzgas, die sich zum Antrieb von Verbrennungsmotoren eignen.

Treibhaus, *Gartenbau:* jeder Raum, in dem Gewächse getrieben werden (→Treiben). Im T. wird die Raumtemperatur dauerhaft auf einem Niveau oberhalb der Außentemperatur gehalten. Die zu diesem Zweck eingebaute Heizungsanlage wird zusätzlich durch den Treibhauseffekt unterstützt, der eine schnelle Abkühlung verhindert. Die Bez. T. wird meist fälschlich für das Gewächshaus verwendet.

Treibhaus|effekt, 1) *Bautechnik:* die Erscheinung, dass die Temperatur in glasgedeckten geschlossenen Häusern bei Sonneneinstrahlung erheblich über die Außentemperatur ansteigt. Bewirkt wird dieser Effekt durch die unterschiedl. Durchlässigkeit von Fensterglas für Strahlung versch. Wellenlängen. Das Sonnenlicht kann ungehindert das Glas passieren und wird im Boden durch Absorption in Wärme umgewandelt. Die vom Boden wieder ausgesandte Strahlung liegt jedoch im langwelligen Infrarotbereich, für das Glas undurchlässig ist, sodass eine Abkühlung des Innenraums durch Abstrahlung nach außen nicht stattfinden kann.

2) *Klimatologie:* Der natürl. T. kommt dadurch zustande, dass bestimmte Spurengase (Wasserdampf, Kohlendioxid u. a.) die Sonneneinstrahlung (→Strahlung) weitgehend ungehindert durch die Atmosphäre hindurchlassen, jedoch einen Großteil der terrestr. Wärmeabstrahlung absorbieren und teilweise dorthin zurückstrahlen (atmosphär. Gegenstrahlung). Mit einem Treib- oder Gewächshaus ist dies nur entfernt vergleichbar, obwohl der therm. Effekt qualitativ gesehen ähnlich ist. Der Betrag des natürl. T. der Atmosphäre wird konventionell mit einer Temperaturerhöhung um 33 K (bodennahe global gemittelte Lufttemperatur mit Treibhausgasen wie beobachtet rd. +15 °C, ohne Treibhausgase −18 °C) angegeben, bei Berücksichtigung der Konsequenz, dass mit dem Wasserdampf auch die Wolken verschwinden würden, mit ca. 20 K. Klimatologisch ist wichtig, dass Temperaturänderungen stets zu Änderungen der Zirkulation der Atmosphäre und somit, über die Temperatur hinaus, auch zu Änderungen der weiteren Klimaelemente führen. Der natürl. T. hat für das Leben auf der Erde eine positive, zu einem erhebl. Teil sogar existenzielle Bedeutung.

Der **anthropogene T.**, d. h. die Verstärkung des natürl. T. durch anthropogen bedingte atmosphär. Konzentrationszunahmen der Treibhausgase (Zusatz-T.), lässt sich dagegen nur schwer von weiteren anthropogenen Einflüssen und insbesondere natürl. Klimaänderungen unterscheiden. Bei Ansatz eines 100-Jahre-Zeithorizonts tragen dazu v. a. Kohlendioxid (CO_2) mit 61 %, Methan (CH_4) mit 15 %, die Fluorchlorkohlenwasserstoffe (FCKW) mit 11 %, Distickstoffoxid mit 4 % und der Rest (darunter das troposphär., d. h. bodennahe Ozon) mit 9 % bei (vgl. ÜBERSICHT). Im Ggs. zum natürl. T. spielt der Wasserdampf hier zwar auch eine wichtige, aber nur indirekte Rolle (mit Ausnahme eines gewissen direkten Beitrags durch hoch fliegende Luftfahrzeuge, bes. wenn sich diese in der →Stratosphäre bewegen).

Als wichtigste Quellen der anthropogenen Treibhausgasemissionen sind anzusehen: bei CO_2 Nutzung fossiler Energie (Kohle, Erdöl und -gas, einschließlich Verkehr) 75 %, Waldrodungen 20 %, Rest Nutzholzverbrennung und Zementproduktion; bei CH_4 Nutzung fossiler Energie 30 % (Grubengas beim Kohlebergbau, Erdgasverluste bei Erfassung und Transport u. a.), Viehhaltung (fermentative Verdauung) rd. 20 %, Reisanbau (durch mikrobielle Zersetzung unter Wasserabschluss) rd. 20 %, Rest Biomasseverbrennung, Müllhalden, Abwässer und Landnutzungseffekte; bei N_2O v. a. landwirtschaftl. Überdüngung und Bodenbearbeitung, daneben Polyamidfaserproduktion und fossile Energie (Zahlen sehr unsicher); FCKW (einziges Treibhausgas, bei dem die weltweite Emission seit etwa 1987 wieder abgenommen hat [→Ozon, →Ozonloch, →Fluorchlorkohlenwasserstoffe]); troposphär. Ozon indirekt durch Vorläufersubstanzen wie $NO_x = NO + NO_2$ sowie CO aus Kraftverkehr, fossiler Energie und z. T. Industrie. Zwar ist das CO_2 in den natürl. Kohlenstoffkreislauf eingebunden und etwa die Hälfte der anthropogenen CO_2-Emission wird derzeit davon abgepuffert (Aufnahme im Ozean, daneben auch in der außertrop. Vegetation, soweit sie eine zunehmende Tendenz zeigt); dennoch ist seine atmosphär. Konzentration in industrieller Zeit, d. h. seit ca. 1800, von rd. 280 ppm auf rd. 360 ppm (1995) angestiegen. Die Rekonstruktionsmethoden der →Paläoklimatologie sowie Modelle des Kohlenstoffkreislaufs belegen, dass dieser relativ langfristige Anstieg anthropogen ist; in den letzten 1 000, sehr wahrscheinlich sogar 10 000 Jahren, hat sich diese Konzentration (abgesehen vom Tages- und Jahresgang sowie Fluktuationen im Bereich von ca. 5 ppm) nämlich nicht geändert und im gesamten Quartär (→Klimaänderungen), d. h.

in den letzten ca. 2 Mio. Jahren, ist sie nie so hoch gewesen wie heute. Bei CH_4 ist in industrieller Zeit sogar eine atmosphär. Konzentrationsverdopplung eingetreten. Nur bei den FCKW ist die Emission rückläufig und die atmosphär. Konzentration seit Beginn der 90er-Jahre (ca. ab 1993) nicht mehr angestiegen.

Im Fall einer Trendfortschreibung könnten die Treibhausgase, die in Form der so genannten äquivalenten CO_2-Konzentration zusammengefasst werden (Addition der in CO_2-Konzentrationen umgerechneten Treibhauswirkung der weiteren Gase, etwa bis zum Jahr 2040/50 den doppelten Betrag des vorindustriellen Niveaus erreicht haben (CO_2 allein etwa um 1970–80). Mithilfe aufwendiger Klimamodellsimulationen (→Klimamodelle; hier im wesentl. Modelle der gekoppelten atmosphärisch-ozean. Zirkulation, aber auch vereinfachte so genannte Energiebilanzmodelle und statist. Schätzungen) werden die daraus resultierenden Klimaänderungen berechnet. Derzeit (1995) wird für einen solchen Fall eine Erhöhung der bodennahen Weltmitteltemperatur erwartet, die im Gleichgewicht je nach Modellrechnung rd. 2–4,5 °C, transient, d. h. unter Berücksichtigung der Zeitverschiebungen im Klimasystem (einige Jahrzehnte) rd. 1,5–4 °C beträgt (Verstärkung durch indirekte Wasserdampfrückkopplung wegen erhöhter Verdunstung, Rolle der Wolken größter Unsicherheitsfaktor). Dabei fallen die Erwärmungen in den Tropen gering, in den hohen Breiten der Nordhemisphäre im Winter sehr hoch (bis um grob 10 °C) aus. Gleichzeitig resultiert daraus eine Abkühlung der Stratosphäre, die den dortigen Ozonabbau (→Ozonloch) begünstigt. Bei der global gemittelten Erhöhung der Meeresspiegelhöhe (durch therm. Expansion des oberen Ozeans und Rückschmelzen außerpolarer Gebirgsgletscher) liegen die entsprechenden Abschätzungen zw. rd. 20 und 50 cm. Neben den quantitativen Unsicherheiten gibt es gravierende regionale Unsicherheiten, ganz bes. bei den in ihrer Wirkung bes. wichtigen Klimaelementen Niederschlag und Wind (einschließlich Extremereignissen wie Hochwässern, Orkanen usw.). Trotz weltweit zunehmender Sturmkatastrophen ist der Beitrag des anthropogenen T. dabei nur ungenau geklärt; beim Niederschlag werden vielfach mehr Trockenheit im Übergangsbereich der subtrop. und gemäßigten Klimazone (→Klima) erwartet, wozu z. B. das Mittelmeergebiet gehört, in der subpolaren und polaren Zone dagegen eine Niederschlagszunahme. Für die gemäßigte kontinentale Klimazone selbst gibt es Prognosen von weniger Sommer- und mehr Winterniederschlag.

Treibhauseffekt: Wichtigste atmosphärische Spurengase (Stand 1997)

Spurengas	anthropogene Emissionen/Jahr	atmosphärische Konzentrationen[1]	Treibhauseffekt natürlich[2]	anthropogen
Kohlendioxid	29 Gt	362 (280) ppm	22 %	61 %
Methan	400 Mt	1,7 (0,7) ppm	2,5 %	15 %
FCKW	0,4 Mt	F 12: 0,5 (0) ppb	—	11 %
Distickstoffoxid	15 Mt	0,31 (0,28) ppm	4 %	4 %
Ozon[3]	0,5 Gt (?)	30 (?) ppb	7 %	9 %[4]
Wasserdampf	relativ gering	2,6 (2,6) %	62 %	indirekt

[1] Klammerwerte gelten für die vorindustrielle Zeit (etwa 1800/50). – [2] Anteil weiterer Gase 2,5 %. – [3] bodennahe Mittelwerte (zeitlich-räumlich stark variabel). – [4] mit weiteren Gasen (genauer Ozonanteil unbekannt).
Gt: Milliarden Tonnen; Mt: Millionen Tonnen; ppm: 10^{-6}; ppb: 10^{-9} Volumenanteile; F 12: Dichloridfluormethan

Beim Vergleich der Prognosen aufgrund des anthropogenen T. mit Klimabeobachtungsdaten ist unbedingt zu beachten, dass sich in Letzteren auch weitere anthropogene Einflüsse (z. B. Stadtklimaeffekte, Abkühlungen durch troposphär. Sulfat, das aus der

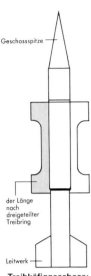

Geschossspitze

der Länge nach dreigeteilter Treibring

Leitwerk

Treibkäfiggeschoss: Flügelstabilisiertes TK-Geschoss für Panzerkanonen

Schwefeldioxidemission stammt) und v.a. die ganze Vielfalt der natürl. →Klimaänderungen widerspiegeln (z. B. durch Vulkanismus, Sonnenaktivität, El →Niño). Es ist sehr schwer, mittels der so genannten klimatolog. ›Signalanalyse‹ diese Anteile in der beobachteten Gesamtvarianz (›Klimarauschen‹) zu trennen. Dennoch spricht einiges dafür, dass im beobachteten 100-jährigen Trend der bodennahen Weltmitteltemperatur (rd. 0,5 °C Erwärmung, →Klimaänderungen) nicht nur der anthropogene T. als ursächl. Antrieb wirksam ist, sondern wegen der gleichzeitigen vom troposphär. Sulfat hervorgerufenen Abkühlung abgeschwächt ist, sodass das ›Treibhaussignal‹ sogar in der Größenordnung von bisher 1 °C Erwärmung liegen könnte, zumal evtl. auch natürl. Faktoren einen Abkühlungsbeitrag geliefert haben. Die regionale u. a. Klimaelemente (Meeresspiegel ausgenommen) betreffende ›Signalanalyse‹ ist weitaus schwieriger, sodass daraus resultieren aber Wahrscheinlichkeitsaussagen, die den Schluss nahe legen, dass sich das Weltklima durch die menschl. Aktivitäten ändert.

Daher erscheinen **Klimaschutzmaßnahmen** sehr angebracht, die auf eine Reduzierung der anthropogenen Treibhausgaskonzentrationen hinauslaufen (z. B. effektivere Energienutzung, verstärkter Einsatz nichtfossiler Energieträger, wobei derzeit v. a. der mögl. Beitrag von Sonnen- und Windenergie ausgelotet wird; umweltschonendere Verkehrsführung sowie landwirtschaftl. und industrielle Produktion). Zwei Enquetekommissionen des Dt. Bundestages (1987–91, 1991–94, zuletzt ›Schutz der Erdatmosphäre‹), haben dazu umfangreiche und weithin akzeptierte Vorschläge gemacht, deren Umsetzung jedoch nur zögerlich in Gang kommt. Internat. ist im Rahmen einer UN-Umweltkonferenz (1992, Rio de Janeiro) eine ›Klimarahmenkonvention‹ beschlossen worden, die seit März 1994 völkerrechtlich verbindlich, im Einzelnen aber wenig konkret ist. Bei der dritten Vertragsstaatenkonferenz dazu (1997, Kyôto) wurde ein Maßnahmenpaket beschlossen, das auf eine Emissionsverringerung der wichtigsten Treibhausgase um rd. 5 % bis ca. 2010 hinausläuft. Als nat. Beitrag strebt Dtl. u. a. eine Verringerung der CO_2-Emissionen um 25–30 % gegenüber 1990 bis zum Jahr 2005 an. Internat. Fachgremien wie das UN →Intergovernmental Panel on Climate Change (IPCC) fordern bis zur Mitte des kommenden Jahrhunderts eine Reduktion um 60 % bzw. mindestens Halbierung der CO_2-Emissionen sowie weitere Maßnahmen bezüglich der anderen Treibhausgase.

H. GRASSL u. R. KLINGHOLZ: Wir Klimamacher. Auswege aus dem globalen Treibhaus (^{3}1990); F. PEARCE: Treibhaus Erde (a. d. Engl., 1990); Global Warming. Die Wärmekatastrophe u. wie wir sie verhindern können. Der Greenpeace Report, hg. v. J. LEGGETT (a. d. Engl., 1991); C.-D. SCHÖNWIESE: Das Problem menschl. Eingriffe in das Globalklima (›T.‹) in aktueller Übersicht (1991); DERS. u. B. DIEKMANN: Der T. (Neuausg. 22.–26. Tsd. 1991); W. SEIFRITZ: Der T. (1991); C.-D. SCHÖNWIESE: Klima im Wandel (1992); P. READ: Responding to global warming. An integrated long-term strategy (London 1993); F. GASSMANN: Was ist los mit dem Treibhaus Erde (Zürich 1994); C.-D. SCHÖNWIESE: Klimaänderungen. Daten, Analysen, Prognosen (1995); Economics of atmospheric pollution, hg. v. E. C. VAN IERLAND u. K. GÓRKA (Berlin 1996); R. LOSKE: Klimapolitik. Im Spannungsfeld von Kurzzeitinteressen u. Langzeiterfordernissen (1996); J. HOUGHTON: Globale Erwärmung. Fakten, Gefahren u. Lösungswege (a. d. Engl., 1997); Risiko Klima. Der T. als Herausforderung für Wiss. u. Politik, hg. v. R. KOPFMÜLLER u. R. COENEN (1997); Klimaschutz. Eine globale Herausforderung, hg. v. P. BORSCH u. J.-F. HAKE (1998).

Treibjagd, Jagdart, bei der durch **Treiber** (Treiberwehr), teils auch durch Hunde, das aufgescheuchte Wild den Schützen zugetrieben wird.

Treibkäfig|geschoss, Kurz-Bez. **TK-Geschoss,** früher **Treibspiegelgeschoss,** unterkalibriges Wuchtgeschoss, bei dem die Übertragung der beschleunigenden Gaskräfte und die Führung im Rohr von einem kalibergleichen Führungselement (Treibkäfig, -spiegel, -kolben oder -ring) übernommen wird, das nach Verlassen des Rohres vom eigentl. Geschoss abfällt.

Treibmittel, 1) *Anwendungstechnik:* die →Treibgase.

2) *Bäckerei:* **Triebmittel, Lockerungsmittel,** Stoffe, die einem Teig beigemengt werden, um ihm beim Backen die erwünschte Lockerheit zu geben. T. wirken (›treiben‹) durch Freisetzung feiner Gasblasen, die entweder von lebenden Gärungserregern gebildet werden (Sauerteig, Backhefe) oder aus Stoffen entstehen, die unter chem. Umsetzung Kohlendioxid oder Ammoniak abscheiden (Backpulver).

3) *Kunststoffverarbeitung:* **Treibgase,** verdampfende oder Gas liefernde Stoffe, die bes. bei der Herstellung von ›Schaumstoffen‹ der zu verschäumenden Masse zugesetzt werden.

Treibmittelpumpe, die →Strahlpumpe.

Treibnetz, langes, wandartiges Netz für den Fischfang (v. a. Thunfisch, Schwertfisch, Dorsch, Lachs), in dessen Maschen sich die Fische mit ihren Kiemen verfangen. Das T. setzt sich aus einzelnen Netztüchern zu einer schwimmenden Netzwand (bis 60 000 m Länge) zusammen, die von der Wasseroberfläche aus durch Schwimmkörper und Taue gehalten wird. Da sich bes. in den sehr langen Netzen neben Fischen auch als Beifang bezeichnete Lebewesen wie z. B. Meeresschildkröten und Delphine verfangen (etwa 80 000 Wale und Delphine verenden jährlich in T.), ist es seit dem 1. 7. 1992 EG-Schiffen innerhalb und außerhalb der nat. Fischereizonen sowie fremden Schiffen innerhalb des EG-Meeres verboten, mit T. von über 2 500 m Länge zu fischen. Die Generalsammlung der UN verabschiedete am 26. 11. 1997 eine Resolution zur Verbesserung der Kontrolle und Durchsetzung des Verbots der großflächigen T.-Fischerei. Ab 1. 1. 2002 wird die Fischerei mit T. für EG-Schiffe und in EG-Gewässern generell verboten sein.

Treibprozess, Treiben, Abtreiben, 1) *Chemie:* Bez. für das Entfernen einer Substanz durch chem. Umsetzung; z. B. die Entfernung von Ammoniak aus Ammoniumsalzen bei Zugabe von Alkalien.

2) *Metallurgie:* **Treib|arbeit,** Bez. für die Isolierung von Edelmetallen durch Oxidation der unedleren Begleitmetalle. Der T. wird v. a. bei der Gewinnung von Silber aus dem nach dem Parkes-Prozess anfallenden Reichblei angewendet. Dabei wird auf das in einem Schmelzofen (›Treibherd‹) befindl. schmelzflüssige Blei-Silber-Gemisch Luft aufgeblasen; die entstehende Bleiglätte, PbO, wird ständig in flüssigem Zustand durch seitl. Rinnen abgezogen; zuletzt befindet sich ein dünnes Häutchen von Bleiglätte auf der Metallschmelze, bei dessen Aufreißen das blanke Silber sichtbar wird (›Blicksilber‹).

Treib|rad, *Maschinenbau:* das →Triebrad.

Treib|sand, Fließsand, schluffreiche Feinsande oder feinsandige Schluffe mit sehr geringem Tonanteil, die sich bei Wassersättigung unter Druck in Richtung einer Druckentlastung bewegen, z. B. in eine Baugrube hinein.

Treibsatz, pyrotechn. Substanzgemisch, das bei Abbrand Raketen, Feuerwerkskörper u. Ä. antreibt oder dessen Verbrennungsdruck zum Auslösen von Sicherheitseinrichtungen (z. B. Schleudersitz, Airbag, Gurtstraffer) und Beschleunigen von Geschossen **(Treibladung)** dient. (→Pyrotechnik)

Treib|schlag, Drive [draɪv, engl.], *Sport:* 1) im *Golf* Schlag mit einem Holzschläger, bes. beim Abschlag; 2) im *Polo* Schlag längs des Pferdes; 3) im *Tennis* Schlag, der den Ball flach und schnell an die gegner. Grundlinie bringt.

Treib|stange, Kurbelstange, Schubstange, 1) bei Verbrennungskraftmaschinen die →Pleuelstange; 2) bei der Dampflokomotive Überträger der Zylinderkräfte vom Kreuzkopf zum Treibzapfen; **Kuppelstangen** leiten die Kraft weiter zu den Kuppelzapfen, die sie auf alle Antriebsachsen verteilen.

Treib|stoffe, i. w. S. alle Stoffe, bei deren exothermer Reaktion chem. Energie in mechan. Arbeit umgesetzt wird, mit der Körper bewegt (angetrieben) werden können, also auch die →Kraftstoffe. I. e. S. Stoffe, mit denen ohne Zutritt von Luftsauerstoff in einer exothermen Zersetzungsreaktion ein Gasstrom hoher Geschwindigkeit erzeugt werden kann, der einen entgegengesetzten Schub zur Folge hat (z. B. Raketen-T., Treibsätze).

Treideln [niederdt.], das Ziehen eines Schiffes oder Bootes mit Tier- oder Menschenkraft auf Flüssen und Kanälen vom Ufer aus. (→Leinpfad)

treife [jidd.], **trefe,** *Judentum:* unrein, verboten im Ggs. zu →koscher; bezieht sich urspr. auf ein mit einem Fehler behaftetes Tier, dessen Genuss verboten ist, dann allg. auf jede rituell unreine, verbotene Speise.

Treinta y Tres [-i-], Hauptstadt des Dep. T. y T., Uruguay, 31 000 Ew.; landwirtschaftl. Handels- und Verarbeitungszentrum.

Treis-Karden: Teil des Terrakottahochaltars in der ehemaligen Stiftskirche Sankt Kastor in Karden; um 1430

Treis-Karden, Gemeinde im Landkreis Cochem-Zell, Rheinl.-Pf., 2 500 Ew. – Vom ehem. Stift St. Kastor sind die Kirche (12./13. Jh., mit reicher originaler Farbfassung und Hochaltar aus gebranntem Ton, um 1430), das spätroman. Stiftsherrenhaus (1238), das repräsentative Propsteigebäude (um 1200) und die Stiftsschule mit spätgotischen Wandmalereien (Ende 15. Jh.) erhalten. – Der Ortsteil **Karden** ist das röm. **Cardena.**

Treitschke, Heinrich von, Historiker und polit. Publizist, * Dresden 15. 9. 1834, † Berlin 28. 4. 1896; wandte sich, wegen fast völliger Taubheit in öffentlich-polit. Tätigkeit behindert, der Wiss. zu, wurde 1863 Prof. für Staatswiss. in Freiburg im Breisgau. In zahlr., meist in den ›Preuß. Jahrbüchern‹ veröffentlichten Aufsätzen, trat T. für die dt. Einigung unter preuß. Führung ein und lehrte, dass persönl. Freiheit den starken Staat zur Voraussetzung habe. Als sich 1866 Baden den Gegnern Preußens anschloss, legte T. seine Professur nieder und wurde in Berlin einer der wichtigsten publizist. Mitarbeiter BISMARCKS, der ›Herold der Reichsgründung‹. 1866 wurde T. Prof. der Geschichte in Kiel, 1867 in Heidelberg, 1874 in Berlin, nach L. VON RANKES Tod 1886 auch Historiograph des preuß. Staates. Als Mitgl. des Reichstages 1871–84 (anfangs nationalliberal, nach 1879 parteilos) trat er für eine zentralist. Reichsführung ein und bekämpfte den Sozialismus. Daneben vertrat er v. a. im Widerspruch zu T. MOMMSEN antisemit. Positionen (›Antisemitismusstreit‹ an der Berliner Univ.). In seinen viel besuchten Vorlesungen über Politik vertrat er den Gedanken des Machtstaats, der allerdings ethisch gebunden sein sollte. Sein Hauptwerk, die ›Deutsche Geschichte im 19. Jh.‹ (5 Bde., 1879–94) hat das Geschichtsbild der dt. Bürgertums entscheidend bestimmt und im Ausland das Deutschlandbild geprägt. Mit seiner antisemit., antisozialist. und anglophoben Grundhaltung hat T. auch zur Verfestigung entsprechender Feindbilder im Bürgertum beigetragen und so auf den dt. Nationalismus eingewirkt.

Ausgaben: Politik. Vorlesungen, ..., hg. v. M. CORNICELIUS, 2 Bde. (1897–98); Briefe, hg. v. DEMS., 4 Tle., (¹‾²1913–20).

G. IGGERS in: Dt. Historiker, hg. v. H.-U. WEHLER, Bd. 2 (1971); K. H. METZ: Grundformen historiograph. Denkens. Wissenschaftsgesch. als Methodologie, dargest. an Ranke, T. u. Lamprecht (1979); U. LANGER: H. v. T. Polit. Biogr. eines dt. Nationalisten (1998).

Treitzsaurwein, Marx (Markus), Ritter **von Ehrentreitz** (seit 1520), eigtl. **M. Treitz,** * Mühlau (heute zu Innsbruck) um 1450, † Wiener Neustadt 6. 9. 1527; stammte aus einer Familie von Harnischmachern, 1501 als Geheimschreiber Kaiser MAXIMILIANS I. erwähnt, in dessen Dienst er in Straßburg, Graz, Wien und zuletzt als niederösterr. Kanzler in Wiener Neustadt wirkte; arbeitete an fast allen poet. Werken MAXIMILIANS mit; seine bedeutendste Leistung ist die Redaktion des unvollendeten ›Weißkunig‹.

Trekking [engl.] *das, -s/-s, Bergtourismus:* etwa seit Ende der 1970er-Jahre etablierte Bez. für das organisierte Höhenwandern (mit Ausrüstung) in bislang kaum erschlossenen Gebirgsregionen. Die **Trekker** folgen in unwegsamem Gelände natürl. Landschaftslinien, wobei das Überwinden natürl. Hindernisse zum Erreichen des Tagesziels von 5 bis 50 km in Kauf genommen wird. – T.-Touren können auch mit robusten **T.-Rädern** bewältigt werden, die zw. Rennrädern und Mountainbikes einzuordnen sind, einen längeren Radstand aufweisen und mit Gepäckträgern sowie i. d. R. 27″-Rädern ausgerüstet sind.

Trelleborg, 1) [schwed. trɛlə'bɔrj], 1914–37 amtlich **Trälleborg** [trɛlə'bɔrj], Hafenstadt im Verw.-Bez. (Län) Malmöhus, Schweden, an der S-Küste von Schonen, 37 100 Ew.; Museum; Gummiwaren-, Nahrungsmittelindustrie; Fährhafen mit Verbindungen nach Saßnitz (seit 1909), Rostock und Lübeck-Travemünde. – Die 1257 mit Stadtrechten versehene Ansiedlung T. entwickelte sich zu einer bedeutenden Stadt. Durch die Konkurrenz von Malmö ging T.s Einfluss zurück. 1619 verlor T. seine Stadtrechte (erst 1867 erneut verliehen).

2) [dän. 'trelǝbɔr], auf der Insel Seeland, westlich von Slagelse, Dänemark, gefundene, kreisrunde Befestigung mit vier Toren und einer Vorburg, die wohl Ende des 10. Jh. eine Heeresabteilung der Wikinger beherbergte (1934–42 ausgegraben, z. T. rekonstruiert). Die Festung ist eine von vier gleichartigen Anlagen (→Aggersborg, →Fyrkat und Nonnebakken). BILD S. 284

P. NØRLUND: T. (Kopenhagen 1948); S. L. COHEN: Viking fortresses of the T. type (ebd. 1965); E. ROESDAHL: The Danish geometrical Viking fortresses and their context, in: Anglo-Norman Studies, Bd. 9 (Woodbridge 1987).

Trema [griech. ›die Punkte des Würfels‹] *das, -s/-s* und *-ta,* **1)** *Sprachwissenschaft:* diakrit. Zeichen in Form von zwei Punkten über dem einen von zwei nebeneinander stehenden, getrennt zu sprechenden Vokalen (z. B. frz. noël ›Weihnachten‹).

2) *Zahnmedizin:* →Diastema.

Treideln:
a Schleppkraft,
b Schleppleine,
c Ruderblatt

Heinrich von Treitschke

Trem Tremadoc – Trenck

Tremadoc [trɪˈmædək; nach dem Ort Tremadoc in Wales] *das, -,* **Tremadocium, Tremadocien** [-ˈsjɛ̃], *Geologie:* Stufe des →Ordoviziums.

Trematoda [griech.], die →Saugwürmer.

Trembecki [trɛmˈbɛtski], Stanisław, poln. Dichter, * Jastrzębniki (?, bei Sandomierz) 8. 5. 1739(?), † Tulczyn (Podolien) 12. 12. 1812; entstammte dem niederen Adel, bereiste Europa und kam in Paris mit den Enzyklopädisten in Berührung; wurde 1773 Kammerherr bei König STANISLAUS II. AUGUST, lebte später beim Grafen STANISŁAW SZCZĘSNY POTOCKI (* 1751, † 1805) in Tulczyn. T. verkündete in seinen pseudoklassizist. Fabeln, Idyllen und panegyr. Gedichten die Ideen der Aufklärung.
Ausgaben: Pisma wszystikie, 2 Bde. (1953); Poezje wybrane (1978).
A. NAZIŁOWSKA: Poezja opisova S. T. (Breslau 1990).

Tremblay [trãˈblɛ], Michel, kanad. Schriftsteller frz. Sprache, * Montreal 25. 6. 1942; leitete mit seinem Stück ›Les belles-sœurs‹ (1972; dt. ›Schwesterherzchen‹) eine Wende in der kanad. Literatur ein. Unter konsequenter Verwendung des ›joual‹, der zur Kennzeichnung der eigenen Identität dienenden Sprache der Montrealer Unterschicht, als Literatursprache reflektiert er in seinem dramat. Werk in äußerst krit. Form die soziale Realität Québecs und brandmarkt eine nur noch äußerlich in Form traditioneller Wertsetzungen gelebte Scheinmoral. Eine verwandte Thematik spiegelt auch sein erzähler. Werk (so die mit dem Roman ›La grosse femme d'à côté est enceinte‹, 1978, eingeleiteten ›Mont-Royal-Chroniken‹).
Weitere Werke: *Dramen:* La duchesse de Langeais (1970); À toi pour toujours, ta Marie-Lou (1971); Hosanna (1973); Bonjour, là, bonjour (1974); Les héros de mon enfance (1976); Damnée Manon, sacrée Sandra ... (1977); Les anciennes odeurs (1981); Albertine en cinq temps (1984). – *Romane:* Thérèse et Pierette à l'école des Saints-Anges (1980); La duchesse et le roturier (1982); Des nouvelles d'Édouard (1984); La cité dans l'œuf (1985); Le cœur éclaté (1993); Un ange cornu avec des ailes de tôle (1994); Quarante-quatre minutes, quarante-quatre secondes (1997).

tremblieren [trã-; frz. trembler ›zittern‹], **tambulieren, trambulieren, flecheln, flächeln, fleckeln,** mithilfe eines Gravurstichels eine zickzackförmige Linie herstellen, i. Allg. als Verzierung, bes. auf Zinngerät.

Tremellales [lat.], die →Gallertpilze.

Tremiti-Inseln, ital. **Isole Tremiti,** drei insgesamt 3,06 km² große Kalksteininseln (San Nicola, San Domino mit 2 km², Capraia) mit insgesamt 360 Ew. im Adriat. Meer nordwestlich vom Monte Gargano; gehören zur Prov. Foggia, Italien; Fischerei, Fremdenverkehr.

Tremolit [nach dem Val Tremola, Schweiz] *der, -s/-e,* **Grammatit,** weißes, graues oder hellgrünes Mineral aus der Gruppe der monoklinen Amphibole mit der chem. Zusammensetzung $Ca_2Mg_5[OH|Si_4O_{11}]_2$, eine Varietät des Strahlsteins; Härte nach MOHS 5,5–6, Dichte 2,9–3,0 g/cm³. T. bildet strahlige, stängelige bis faserige Aggregate, als Asbestmineral von prakt. Bedeutung. T. kommt v. a. in metamorphen Kalken und Dolomiten, auch in metamorphen Schiefern vor und als Kluftmineral.

Tremolo [ital., zu tremolare, eigtl. ›zittern‹, ›beben‹] *das, -s/-s* und *...li,* Abk. **trem.,** in der Musik, im Unterschied zu →Triller und →Vibrato, mit denen es oft gleichgesetzt bzw. verwechselt wird, die rasche mehrfache (zitternde, bebende) Wiederholung ein und desselben Tones. Beim Gesang wird das T. durch Intensitätsschwankungen der Stimme ausgeführt, bei Streichinstrumenten durch raschen, gleichmäßigen Bogenwechsel, bei Blasinstrumenten mit →Flatterzunge, bei Schlaginstrumenten als Wirbel, auf dem Klavier auch in Oktaven oder Akkorden.

Tremolit: Faseriges Kristallaggregat

Friedrich Freiherr von der Trenck

Trelleborg 2): Luftaufnahme der Wikingerfestung

Tremor [lat.] *der, -s, ...ˈmores,* Zittern; unwillkürlich auftretende rhythm. Bewegungen (Zuckungen) von Fingern, Händen, Füßen und Kopf infolge abwechselnder Kontraktionen antagonist. Muskelgruppen. T. verschwindet im Schlaf und wird durch Affekte und Aufmerksamkeit gesteigert. In Bezug auf die Amplitude der Zuckungen spricht man von fein-, mittel- oder grobschlägigem T.; man unterscheidet *Ruhe-, Halte-* und *Intentions-T.* Bei der Parkinson-Krankheit tritt meist ein Ruhe-T. (mit einer Frequenz von 3 bis 7/s) auf. Ein Halte-T. wird v. a. bei Schilddrüsenüberfunktion oder Vergiftungen beobachtet. Der nur bei gezielten Bewegungen vorkommende Intentions-T. weist insbesondere auf eine Kleinhirnschädigung hin und tritt z. B. bei multipler Sklerose auf.

Trenchcoat [ˈtrɛntʃkoʊt; engl., eigtl. ›Schützengrabenmantel‹] *der, -(s)/-s,* Wettermantel der englischen Soldaten im Ersten Weltkrieg, wurde bald danach in die modische Kleidung, auch für Frauen, übernommen (Material: Popeline oder Gabardine).

Trenčín [ˈtrɛntʃiːn], Stadt in der Slowak. Rep., →Trentschin.

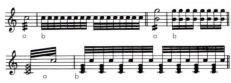

Tremolo: a Schreibung, b Ausführung

Trenck, 1) Franz Freiherr von der, österr. Offizier preuß. Herkunft, * Reggio di Calabria 1. 1. 1711, † Feste Spielberg (heute zu Brünn) 4. 10. 1749, Vetter von 2); stellte 1741, zu Beginn des Österr. Erbfolgekrieges, ein eigenes Pandurenkorps auf, mit dem er durch tollkühne Unternehmungen Angst und Schrecken verbreitete. Wegen Eigenmächtigkeit und aufgrund der Ausschreitungen seiner Truppe wurde er 1746 von einem österr. Militärgericht zum Tod verurteilt; im Verlauf des Prozesses hatte er den Vors. tätlich angriffen. T. wurde später zu lebenslanger Haft auf dem Spielberg begnadigt.

O. TEICHMAN: Pandur T. (a. d. Engl., 1928).

2) Friedrich Wilhelm Freiherr von der, preuß. Offizier, Abenteurer und Schriftsteller, * Haldensleben 27. 2. 1727, †(hingerichtet) Paris 25. 5. 1794, Vetter von 1); als Ordonnanzoffizier von König FRIEDRICH II., D. GR., 1745 aus ungeklärten Gründen (T. selbst deutete in seiner Autobiographie eine Liebesbeziehung zur Schwester des Königs an), vermutlich jedoch aufgrund der familiären Beziehung zu seinem Vetter FRANZ VON DER T. der Spionage verdächtigt, inhaftiert und in Glatz gefangen gehalten. 1746 gelang ihm die Flucht, 1754 erneut gefangen; 1763 auf Intervention von Kaiserin MARIA THERESIA entlassen, führte er in der Folge ein unstetes Leben, geprägt von schriftsteller. Bemühungen, häufigen Reisen, z. T. in diplomat. und geheimer Mission. Als Beobachter der Frz. Revolution 1794 in Paris der Spionage für Österreich verdächtigt und guillotiniert.

Trend [engl., zu to trend ›in einer bestimmten Richtung verlaufen‹] *der, -s/-s,* **1)** *allg.:* Grundrichtung einer Entwicklung, Entwicklungstendenz.

2) in den *Sozialwissenschaften* allg. Bez. für die Ausbildung einer bestimmten Richtung des Verhaltens oder des Verlaufs einer Entwicklung (z. B. Mode, polit. Präferenzen); i. e. S. die Grundrichtung einer in bestimmten Zeiteinheiten feststellbaren Entwicklung. Hierbei werden zu bestimmten Zeitpunkten die bei bestimmten Variablen festgestellten Vergleichswerte oder -merkmale als Grundlage für die T.-Aussage genommen, die ihrerseits in entsprechende Prognosen (z. B. Wahlprognosen) einfließen kann.

3) *Statistik:* Entwicklungstendenz oder Grundrichtung einer geordneten Reihe, meist einer →Zeitreihe. Der T. ist eine wachsende oder fallende Funktion der Zeit und bildet zus. mit der zykl. Komponente, der Saison- und der Zufallskomponente die Komponenten, die eine beobachtete Reihe erzeugen. In der statist. Zeitreihenanalyse werden Verfahren der T.-Analyse sowohl zur Eliminierung als auch der Isolierung (d. h. Schätzung) des T. entwickelt.

Trendelburg, Stadt im Landkreis Kassel, Hessen, 162 m ü. M., an der Diemel, 5 800 Ew.; Luftkurort. - Mittelalterl. Stadtgrundriss nach Art stauf. Gründungen. In der got. Pfarrkirche (13.–15. Jh.) spätgot. Wandmalereien (Anfang 16. Jh.). Fachwerkbauten (17.–18. Jh.) und Fachwerkrathaus (1582). Völlig erhalten ist die Burg (13.–15. Jh.) mit mächtigen Rundtürmen an den Ecken, Palas, Ringmauer und Bergfried. Das Wasserschloss Wülmersen (1108 erwähnt) mit Gebäuden des 17.-18. Jh. wurde seit 1987 wieder aufgebaut und dient heute als Europ. Jugendbegegnungsstätte. – Erste urkundl. Erwähnung fand T. mit seiner Burg 1303. Bis 1471 waren Stadt und Burg zw. Hessen, Mainz, Paderborn und den Herren von Schöneburg umstritten; T. kam zu Hessen.

Trendelenburg, 1) Ferdinand, Physiker, * Leipzig 25. 6. 1896, †Erlangen 19. 11. 1973; ab 1922 bei Siemens & Halske tätig, 1951–62 Direktor des Forschungslaboratoriums der Siemens-Schuckertwerke GmbH in Erlangen, daneben Lehrtätigkeit in Berlin, Freiburg im Breisgau und München. Durch seine Arbeiten zur Akustik, insbesondere zur Schallaufzeichnung, Klanganalyse und über Schallstrahler, wurde T. zu einem der Wegbereiter der Elektroakustik.

Werke: Klänge u. Geräusche (1935); Einf. in die Akustik (1939).

2) Friedrich, Chirurg, * Berlin 24. 5. 1844, †ebd. 15. 12. 1924, Sohn von 3), Vater von 4); ab 1875 Prof. in Rostock, ab 1882 in Bonn, ab 1895 in Leipzig; schlug 1908 die **T.-Operation** bei Lungenembolie vor (Eröffnung des Herzbeutels nach Resektion der zweiten Rippe; erstmals 1924 realisiert) und führte die Beckenhochlagerung (**T.-Lagerung**) für Operationen im Bereich des Beckens ein.

3) Friedrich Adolf, Philosoph, * Eutin 30. 11. 1802, † Berlin 24. 1. 1872, Vater von 2); war ab 1833 Prof. in Berlin und ab 1846 Mitgl. der Berliner Akad. der Wissenschaft; entwickelte eine an der platonisch-aristotel. Tradition orientierte, vom Zweckgedanken bestimmte, geschichtsbezogene ›organ. Weltanschauung‹; Gegner von G. W. F. HEGEL und J. F. HERBART; wirkte v. a. auf F. BRENTANO.

Werke: Elementa logices Aristotelicae (1836); Log. Unterss., 2 Bde. (1840); Histor. Beitr. zur Philosophie, 3 Bde. (1846–67); Notwendigkeit u. Freiheit in der griech. Philosophie (1855); Naturrecht auf dem Grunde der Ethik (1860).

4) Wilhelm, Physiologe, * Rostock 16. 7. 1877, †Tübingen 16. 3. 1946, Sohn von 2); wurde 1909 Prof. in Freiburg im Breisgau, 1911 in Innsbruck, 1916 in Gießen, 1917 in Tübingen und 1927 in Berlin. T. lieferte umfangreiche wiss. Beiträge zur Nerven- und Sinnesphysiologie, v. a. zur Physiologie des Farbensehens.

Trendsportarten, in jüngster Zeit entstandene Sportarten bzw. -disziplinen, die sich zunehmender Beliebtheit erfreuen. T. sind v. a. dadurch gekennzeichnet, dass sie neue Bewegungsformen mit neuen Sportgeräten kreieren; Spaß und Aktion stehen im Vordergrund. Die Kombination von Bewegungsform, Technologie und Lebensstilelementen macht eine T. i. e. S. aus und erlaubt gleichzeitig ihre umfassende Kommerzialisierung. Der Übergang von der T. zur etablierten Sportart ist abgeschlossen, wenn die jeweilige T. in den nat. und internat. Sportgremien formalrechtl. Bestätigung und Aufnahme gefunden und sich durch Austragung von nat. und internat. Meisterschaften, Cupwettbewerben u. Ä. bereits bewährt hat. Unter diesem Aspekt kann man zu den T. derzeit (bedingt) zählen: →Beachvolleyball, →Canyoning, →Gleitschirmfliegen, →Inlineskating, →Segelsurfen, →Skateboarding, →Snowboarden, →Streetbasketball, →Triathlon und →Wellenreiten. – T. weisen Überschneidungen mit den ebenfalls in letzter Zeit entstandenen →Extremsportarten auf.

Trengganu, Gliedstaat Malaysias, →Terengganu.

Trenjów, Trenev [-'njɔf], Konstantin Andrejewitsch, russ. Dramatiker, * Romaschowo (Gebiet Charkow) 2. 6. 1876, †Moskau 19. 5. 1945; Bauernsohn, studierte Archäologie, war später Lehrer; begann schon vor der Revolution mit Erzählungen. Sein als Klassiker des frühen Sowjetdramas geltendes, literarisch wenig bedeutendes Stück ›Ljubov' Jarovaja‹ (1926, mehrmals umgearbeitet; dt. u. a. als ›Die Entscheidung‹) schildert persönl. und polit. Konflikte während der Revolution.

Weitere Werke: *Dramen:* Pugačevščina (1924); Na beregu Nevy (1938).

Ausgaben: Povesti i rasskazy (1977); P'esy, stat'i, reči (1980).

Trenker, Luis, Schauspieler, Regisseur und Schriftsteller, * Sankt Ulrich 4. 10. 1892, † Bozen 12. 4. 1990; arbeitete bis 1927 als Architekt in Bozen, daneben auch als Skilehrer und Bergführer. Hierbei kam er mit dem Film in Kontakt, wobei für sein weiteres Schaffen v. a. die Zusammenarbeit (1921–27) mit A. FANCK wichtig wurde. Als freier Schriftsteller und Regisseur lebte er ab 1928 in Berlin, das er 1940, nach Schwierigkeiten mit dem natsoz. Regime, verließ, danach v. a. in Rom und Bozen. T. schrieb Romane und Erzählungen, die vornehmlich in der Tiroler Bergwelt spielen; gab auch Bildbände heraus. Für zahlr. seiner Filme war er zugleich Regisseur und Darsteller.

Werke: *Romane:* Berge in Flammen (1931, verfilmt); Der Rebell (1933, 1932 verfilmt); Der verlorene Sohn (1934, 1933/34 verfilmt); Der Feuerteufel (1940, 1939/40 verfilmt); Duell in den Bergen (1951); Schicksal am Matterhorn (1957, 1956 verfilmt); Der Kaiser von Kalifornien (1961, 1935/36 verfilmt). – *Autobiographisches:* Kameraden der Berge (1932, erw.

Friedrich Trendelenburg

Friedrich Adolf Trendelenburg

Wilhelm Trendelenburg

Luis Trenker

1970); Alles gut gegangen (1965, erw. 1979); Mutig u. heiter durchs Leben (1982). – *Filme:* Der Berg ruft (1937); Sein bester Freund (1962).

Trenn|art, *Biologie:* die →Differenzialart.

Trenndiät, Trennkost, von dem amerikan. Arzt HAY zu Beginn des 20. Jh. entwickelte Diätform, die v. a. darauf beruht, dass Kohlenhydrate und Eiweiße nicht zus., sondern nur in einem Abstand von mindestens vier Stunden verzehrt werden sollen. Durch die Vermeidung der gleichzeitigen Zufuhr verschiedener wesentl. Nahrungsstoffe soll die T. Patienten, die an chron. Verdauungsstörungen leiden, von ihren Beschwerden befreien. Nach wiss. Auffassung ist die T. weder physiologisch begründbar noch als solche selbst wirksam, d. h., sofern Erfolge beschrieben werden, lassen sich diese auf Suggestion bzw. Autosuggestion zurückführen.

Trenndüsenverfahren, →Isotopentrennung.

Trennen, 1) *Chemie* und *Verfahrenstechnik:* Zerlegung stoffl. Gemische entsprechend den physikal. und chem. Eigenschaften ihrer Komponenten. Mechan. Trennverfahren nutzen die Schwer- oder Zentrifugalkraft, Druck oder Vakuum aus, um Feststoffe von Flüssigkeiten (Filtration, Sedimentation, Dekantieren, Zentrifugieren) oder um Feststoffgemische zu trennen (Sieben, Sichten, Flotation, Sedimentation). Therm. Trennverfahren arbeiten mit Wärmezu- oder -abfuhr und den dadurch bedingten Phasenänderungen, z. B. um Flüssigkeitsgemische (Destillation, Adsorption) oder Flüssigkeiten von Feststoffen zu trennen (Trocknung, Abdampfen, Verdampfen). Andere therm. Trennverfahren sind die →Diffusionstrennverfahren und die →Extraktion. Elektr. und magnet. Verfahren beruhen auf der elektr. Leitfähigkeit oder den magnet. Eigenschaften der zu trennenden Stoffe, z. B. Elektrophorese, Elektroosmose, elektrostat. Entstaubung und Magnetscheidung. Chem. Verfahren haben Stoffumwandlungen, Fällungsreaktionen, Verbindungsbildung und Ionenaustausch zur Grundlage. Physikalisch-chem. Trennverfahren sind die Verfahren der →Chromatographie. (→Dialyse)

2) *Fertigungstechnik:* ein Fertigungsverfahren, bei dem die Formänderung des Werkstücks durch örtl. Aufhebung des Stoffzusammenhalts erreicht wird. Man unterscheidet spanendes T. (→Spanen), spanloses T. (Zerteilen, Abtragen, →Schneiden, umformend durch →Abschroten), Reinigen zur Entfernung eines unerwünschten Stoffes (z. B. durch Bürsten, Strahlen, Waschen, Beizen), Zerlegen (Demontieren) zusammengesetzter Körper und Evakuieren.

Trennmittel, Stoffe, die die Adhäsion zw. zwei sich berührenden Oberflächen vermindern. T. haben überwiegend die Aufgabe, ein Festkleben von Materialien an Formwerkzeugen zu verhindern. Bei der Kunststoffverarbeitung und beim Metallguss werden Wachsdispersionen, fette Öle oder Siliconöle, bei der Herstellung von Pressglas v. a. graphithaltige Harze (z. B. Phenolharze) verwendet. Um beim Backen und Braten ein Anhaften von Nahrungsmitteln zu verhindern, benutzt man Fette oder Silicontrennlacke.

Trennrohrverfahren, ein auf der Thermodiffusion beruhendes Verfahren zur Isotopentrennung (→Clusius-Dickel-Trennrohr).

Trennsäule, *Chemie:* →Gaschromatographie.

Trennschärfe, 1) *mathemat. Statistik:* wichtige Eigenschaft eines Tests; bezeichnet die Wahrscheinlichkeit, dass eine statist. Gegenhypothese zu Recht verworfen wird. Die T. wird maximal, wenn die Wahrscheinlichkeit für einen Fehler zweiter Art (die falsche Nullhypothese wird statt der Alternativhypothese angenommen) minimal ist (→Testtheorie).

2) *Nachrichtentechnik:* **Selektivität,** Eigenschaft eines Empfängers, den gewünschten Sender so von den frequenzmäßig benachbarten Sendern zu trennen, dass diese nicht gehört werden und keinen störenden Einfluss ausüben. Die T. ist umso besser, je mehr Schwingkreise (z. B. im Zwischenfrequenzteil eingebaute →Bandfilter) ein Rundfunkempfänger hat.

Trennungs|axiome, *Topologie:* Trennungseigenschaften eines →topologischen Raumes, die abkürzend mit T_0, T_1, T_2, T_3, T_{3a} und T_4 bezeichnet werden.

Trennungsfläche, *Strömungslehre:* Bez. für →Diskontinuitätsflächen in Strömungen, beiderseits derer sich die Beträge und/oder Richtungen der Geschwindigkeiten um endlich große Werte unterscheiden. Von der einen Seite einer T. zur anderen ändert sich die Tangentialgeschwindigkeit sprunghaft. Die Normalkomponente der Geschwindigkeit und der Druck sind in einer inkompressiblen Strömung beiderseits gleich, während in einer kompressiblen Strömung transversal zur T. eine sprunghafte Druckerhöhung durch einen Verdichtungsstoß möglich ist. T. im eigentl. Wortsinn entstehen, wenn zwei versch. reibungsfreie (ideale) Fluidströme aufeinander treffen, z. B. hinter einer scharfen Kante. In realen Fluiden mit Zähigkeit findet statt einer sprunghaften Änderung ein stetiger Übergang in einer endlich dicken Trennungsschicht statt. T. (und -schichten) sind instabil; zufällige Ausbuchtungen einer Trennungsschicht verstärken sich, bis diese in Wirbel zerfällt.

Trennungsgang, *Chemie:* →chemische Analyse.

Trennungsgeld, finanzielle Leistung, die ein Beamter erhält, der aus dienstl. Gründen an eine Dienststelle außerhalb seines bisherigen Dienstortes versetzt oder abgeordnet wird. T. wird gezahlt in Form von Trennungsreisegeld, Trennungstagegeld, Beihilfen für Familienheimfahrten, Entschädigung bei tägl. Rückkehr und Mietersatz. Im Arbeitsrecht spricht man von →Auslösung.

Trennung von Tisch und Bett, *kath. Eherecht:* die nach c. 1152 CIC erlaubte Aufhebung der ehel. Gemeinschaft bei rechtl. Fortbestand der Ehe. (→Eherecht)

Im *dt. bürgerl. Recht* ist die ›Aufhebung der Gemeinschaft‹ als Rechtsinstitut durch das Ehe-Ges. von 1938 weggefallen, ebenso in *Österreich* (§ 114 Ehe-Ges.). Das *schweizer.* Recht kennt demgegenüber als Alternative zur Scheidung noch die Trennung (Art. 146 ff. ZGB). Die Ehetrennung soll gemäß dem bundesrätl. Entwurf eines revidierten Ehescheidungsrechts beibehalten werden (Stand: Juni 1998).

Trennverstärker, *Elektronik:* 1) Verstärker mit der Eigenschaft eines Impedanzwandlers, durch den eine stark lastabhängige Quelle von einem Verbraucher getrennt wird (großer Eingangs- und kleiner Ausgangswiderstand); meist als Emitterfolger ausgelegt; 2) in der Messtechnik ein Verstärker, bei dem Eingangs- und Ausgangskreis galvanisch voneinander getrennt sind (z. B. für den Schutz vor Überspannung in der Medizintechnik oder von Explosionsgefahr in der Verfahrenstechnik). Das Nutzsignal wird dabei meist durch Optokoppler übertragen.

Trense [niederländ. trens(a), wohl von span. trenza ›Geflecht‹, ›Tresse‹], einfachste Zäumung des Pferdes (→Zaumzeug).

Trent *der,* Fluss in den Midlands, England, 270 km lang, entspringt im S des Penninischen Gebirges, fließt durch die Potteries nach S und SO, später in NO und N, bildet mit dem Ouse den Mündungstrichter des Humber; Gezeiteneinfluss über 50 km; Kanalverbindungen nach Sheffield und Lincoln nur noch von geringer Bedeutung; unterhalb von Burton upon Trent mehrere Großkraftwerke auf Kohlebasis, die ihr Kühlwasser dem Fluss entnehmen.

Trenta *die,* Hochgebirgstal in den Jul. Alpen, Slowenien, am Oberlauf der Soča (→Isonzo).

Trentepohlia [nach dem Botaniker JOHANN F. TRENTEPOHL, * 1748, † 1806], Gattung der Grünalgen mit etwa 60 zumeist trop. Arten; der Thallus besteht entweder aus verfilzten Fäden oder bildet scheibenförmige Lager, z.T. durch in Öltropfen gelöste Karotinoide rot oder gelb gefärbt; der eigenartige Geruch (›Veilchensteine‹) entsteht durch äther. Öle. **T. aurea** bildet in Europa gelb gefärbte Überzüge an Felsen, **T. umbrina** (›Veilchensteinalge‹) kommt in feuchtkühlen Schluchten vor. Aufgrund der landangepassten Lebensweise und der von sterilen Zellen umhüllten Sporangien werden die T. als Vorläufer der Landpflanzen diskutiert.

Trentino *das,* die Umgebung von Trient, auch das ital. Sprachgebiet der Region Trentino-Südtirol.

Trentino-Südtirol, ital. **Trentino-Alto Adige** [- 'a:didʒe], 1948–72 amtlich dt. **Trentino-Tiroler Etschland,** autonome Region in Italien, 13 607 km², 910 700 Ew., umfasst die mit besonderen Autonomierechten ausgestattete Prov. Bozen (Südtirol) und die Prov. Trient. Hauptstadt ist Trient. – Südlich der Alpen-Hauptwasserscheide gelegen, reicht T.-S. von den Zentralalpen im N (Ötztaler, Stubaier, Zillertaler Alpen, Sarntaler Alpen) und W (Ortlergruppe) über die Südl. Kalkalpen (Adamellogruppe, Brenta, Dolomiten) bis zum Gardasee und auf die Höhen der Lessinischen Alpen. Die Längstäler von Etsch und Rienza und das Quertal der Etsch sind von Gletschern überformt, übertieft und mit Schutt erfüllt. Innerhalb des sommerregenreichen Hochgebirges bilden die Talungen trockenwarme Gunsträume für Obst- und Weinbau. Waldweide- und Wiesenwirtschaft, z.T. mit Bewässerung, nutzen höhere und steile Hanglagen. Kleine Dörfer, Weiler und Einzelhöfe bestimmen das Bild der Kulturlandschaft in der Prov. Bozen, eng gebaute Dörfer das der Prov. Trient. T.-S. hat fünf Naturparks (Schlern, Puez-Geisler und Texelgruppe in Südtirol, Adamello-Brenta und Paneveggio-Pale di San Martino im Trentino) und den Stilfser-Joch-Nationalpark; stark ausgebautes Fremdenverkehrsangebot (u.a. Klimakurorte, Alpinismus, Wintersport). Industriestandorte (v.a. Metallverarbeitung, Stahl- und Aluminiumindustrie, Fahrzeugbau, Holz- und Textilindustrie) sind die großen Talsiedlungen, die zugleich auch als Verwaltungs- und Fremdenverkehrszentren fungieren; Wasserkraftwerke liefern elektr. Energie für die Poebene, Bozen und Trient. Der wichtigste Fernverkehrsweg von N nach S führt mit Eisenbahn und Autobahn über die Brennerlinie, Eisack- und Etschtal. Die Prov.-Grenze zw. Bozen und Trient entspricht etwa der traditionellen dt.-ital. Sprachgrenze (Salurner Klause). Ladinisch wird im Grödner Tal, im Gader- und Fassatal gesprochen. (→Südtirol)

E. MIGLIORINI: Trentino-Alto Adige (Neapel 1971);
R. LOOSE: Agrargeographie des südwestl. Trentino (1983).

Trentkanal, engl. **Trent Canal** [- kə'næl], Wasserstraßensystem in Kanada, 388 km lang, verbindet den Ontariosee mit dem Huronsee (Georgian Bay); heute für Freizeitzwecke genutzt.

Trento, ital. Name von →Trient.

Trenton [trentn], Hauptstadt des Bundesstaates New Jersey, USA, am linken Ufer des schiffbaren Delaware River, (1994) 84 400 Ew., fast 50% Schwarze (1960: 114 200 Ew.); kath. und anglikan. Bischofssitz; T. State College, Staatsbibliothek, Museen; Gummi-, Kunststoff-, Metallwaren- und Textilindustrie; Hafen. – Um 1630 niederländ. Handelsposten, ab 1679 permanent von Weißen besiedelt. Mit dem Landerwerb (1714) und Ausbau der Siedlung durch WILLIAM TRENT (* 1715, † 1787), einen Kaufmann aus Philadelphia (Pa.), entwickelte sich der Ort, ab 1721 bekannt als **Trent's Town,** zu einem wichtigen Handelsstützpunkt zw. Philadelphia und New York. 1784 und 1799 war T. zeitweilig Sitz der Bundes-Reg., seit 1790 Hauptstadt des Staates New Jersey. – Im Unabhängigkeitskrieg errang

Trentschin: Blick auf die Burganlage über der Stadt

G. WASHINGTON in den **Schlachten von T. und Princeton** (Dezember 1776/Januar 1777) für die Kontinentalarmee wichtige Siege.

Trentschin, slowak. **Trenčín** ['trɛntʃi:n], ungar. **Trencsén** [-tʃe:n], Stadt im Westslowak. Gebiet, Slowak. Rep., 211 m ü. M., an der mittleren Waag, 58 300 Ew.; Museum (im ehem. Gespanhaus), Gemäldegalerie; Werkzeugmaschinenbau, Textil-, Bekleidungs- und Nahrungsmittelindustrie. Bei T. Wasserkraftwerke der Waagkaskade. Nordöstlich von T., in den Ausläufern der Kleinen Fatra, der Kurort **Trenčianské Teplice** mit fünf schwefelhaltigen Thermalquellen (bis 40°C). – T. wird überragt von einer Burg mit fünfstöckigem Turm (im Kern 11. Jh.), Palas aus dem 13. Jh. (weitere Palastbauten 15.–16. Jh.) und mächtigen Befestigungen (11.–16. Jh.). Seit einem Brand (1790) verfiel die Burganlage, wurde jedoch gesichert. In der Altstadt am Marktplatz Renaissancehäuser (z.T. im 19. Jh. verändert) und barocke Piaristenkirche (1653–57, erneuert 1708–12) mit Doppelturmfassade.

Trepanation [frz., zu trépan ›Bohrgerät‹, zu griech. trypán ›durchbohren‹] *die, -/-en,* neurochirurg. Verfahren zur Eröffnung des Schädels. Bei der **osteoplastischen T.** wird der ausgesägte Knochendeckel später wieder eingefügt, während bei der **osteoklastischen T.** der knöcherne Defekt durch andere Materialien (z. B. Muskelgewebe) gedeckt wird. Die T. ist Voraussetzung bei Eingriffen in der Schädelhöhle und wird als so genannte Entlastungs-T. bei Hirndrucksteigerung durchgeführt. In der Zahnmedizin dient die T. zur Eröffnung der Zahnhöhle bei Eiterungen oder zur Wurzelbehandlung.

T. des Schädels wurden bereits in der Steinzeit durchgeführt, wahrscheinlich zur Schmerzerleichterung. Prähistor. Funde aus Peru und Bolivien lassen darüber hinaus auch kult. Handlungen vermuten.

Trepang [engl.-malaiisch] *der, -s/-e* oder *-s,* Handels-Bez. für getrocknete →Seewalzen.

Trepča ['treptʃa], Bergbauort bei →Kosovska Mitrovica, Serbien, Jugoslawien.

Treponematosen [zu griech. trépein ›drehen‹, ›wenden‹ und nēma ›Faden‹], *Sg.* **Treponematose** *die, -,* **tropische T.,** Sammel-Bez. für versch., meist in feuchtwarmen Gebieten auftretende chron. Infektionskrankheiten, die durch Bakterien der zu den →Spirochäten gehörenden Gattung **Treponema** hervorgerufen werden. Übertragung der Erreger durch direkten oder indirekten Kontakt mit den Erkrankten. Die T. führen zu unterschiedl. Haut- und Schleimhautveränderungen, im Spätstadium teils zu Knochen- und Gelenkschädigungen.

Zu den T. gehören die durch Treponema pallidum hervorgerufene, nicht durch Geschlechtsverkehr übertragene **endemische Syphilis (Bejel),** die im Unterschied zur vener. Syphilis zu keiner Schädigung des Nervensystems und der inneren Organe führt, die

Trep Treppe

→Frambösie sowie die durch Treponema carateum hervorgerufene **Pinta** oder **Carate**. Die *Behandlung* der T. erfolgt mit Penicillin.

Treppe, techn. Hilfsmittel zur Überwindung von Höhendifferenzen, im Unterschied zu →Rampen durch Stufen gegliedert. In den Bauordnungen ist eine T. durch die Folge von mindestens drei Stufen charakterisiert. Eine Stufenreihe bezeichnet man als **T.-Lauf**. Lange T.-Läufe werden durch Podeste (**T.-Absätze**) unterbrochen. Zur Sicherheit der T.-Benutzer ist ein Geländer bzw. Handlauf vorgeschrieben. Die erste Stufe wird ›Antritt‹, die letzte ›Austritt‹ genannt. Die **Trittstufe** (Auftritt) ist die waagerechte Auftrittsfläche, die **Setzstufe** die vordere senkrechte Fläche der Stufe; zur Befestigung werden die Stufen in seitl. **T.-Wangen** eingelassen. Je nach Bauweise können Setzstufen fehlen. Als **T.-Auge** bezeichnet man den freien senkrechten Raum, der von T.-Läufen umschlossen wird. **Wendel-T.** werden mit massivem Zentrum als **Spindel-T.** oder mit gewundener innerer Wange als **Hohlspindel-T.** ausgeführt. Bei **Doppelwendel-T.** winden sich zwei T.-Läufe um ein Zentrum. – Bei T. unterscheidet man nach Typen (z. B. gerade, gewendelt, gewunden, ein- oder mehrläufig, ein- oder mehrgeschossig), Material (z. B. Natur- oder Kunststein, Kunststoff, Holz, [Stahl-]Beton, Metall), Konstruktion (z. B. aufgesattelte T., Wangen-T., T. mit Hängestäben), Position (T. in oder an einem Gebäude, im Gelände als Garten-, Straßen-T. u.Ä.), Zweck (auf die Funktion, nicht den T.-Typ bezogen: z. B. Repräsentations-, Neben-, Sicherheits- bzw. Rettungs-T.), Gebäudeart (z. B. für Geschäfts-, Industrie-, Schulbauten, Gaststätten, Waren-, Kranken-, Wohnhäuser, Garagen) und Baurecht (notwendige und nicht notwendige T. [Bauordnungen, DIN 18065]).

Die Folge der Stufen und Podeste soll möglichst harmonisch mit dem menschl. Schritt übereinstimmen. Die leichte Steigbarkeit einer T. hängt vom Steigungsverhältnis ab, das sich aus der mittleren Schrittlänge des Menschen ergibt. Im 17. Jh. entwickelte F. BLONDEL eine Formel, der zufolge die Summe aus doppelter Stufenhöhe und Auftrittsbreite zwei frz. Fuß (65 cm) betragen soll (heute 63 cm, erfüllt bei einem Steigungsverhältnis von 17 cm Stufenhöhe und 29 cm Auftrittsbreite).

Die **T.-Forschung** befasst sich vornehmlich mit Funktion, Konstruktion und Material der T. sowie mit der →Scalalogie, d.h. mit den phys. und psych. Verhaltensweisen der T.-Benutzer.

Geschichte: Die Anfänge des T.-Baus verbinden sich mit den aus Erde und Fels ausgehauenen Tritten sowie aus eingekerbten Baumstämmen gefertigten Steigehilfen (Steigebäume mit Kerben in Abständen von 30–46 cm) und Leitern. Die Beziehung zu Gebäuden blieb solange variabel, bis sich Ordnungssysteme ausgebildet hatten, welche die Einteilung des Hauses festlegten. Sie entstanden zuerst im Sakralbereich, wo religiös (auch astronomisch) bestimmte Ordnungsprinzipien zu einer Architektur der T. führten, die überwiegend Symbolcharakter hat und keine Rücksicht auf das menschl. Schrittmaß nimmt, z. B. bei der Zikkurat, den Tempelpyramiden Mesoamerikas (mit Stufenhöhen von fast 50 cm), dem Stufenunterbau griechischer und dem Podium röm. Tempel, auch bei einigen monumentalen Altären (Pergamonaltar). Der repräsentative T.-Charakter wurde schon im Altertum auch im Palastbau genutzt (z.B. Persepolis, Susa, Dur-Scharrukin). Die kret. Paläste besaßen ebenfalls T.; vermutlich dienten sie als Schau-T. für religiöse Ereignisse. →Freitreppen.

Im MA. waren neben den Außen- und Freitreppen die schmalen T. im Mauerwerk (Mauer-T.) der Burgen und Kirchen sowie →Wendeltreppen jeder Art und für jeden Zweck verbreitet. Gerade T. aus Holz oder Stein erhielten noch keine künstler. Durchbildung innerhalb der Architektur, weil ihnen selten eine besondere Bedeutung zugemessen wurde. Die Wahl des Materials entsprach nicht nur der örtl. Gegebenheit, sondern oft der Wertschätzung des Aufstiegs. Der Baustoff ist Bedeutungsträger, weil seine Kosten den Status des Bauherrn und seinen Geltungsanspruch deutlich machen. Das Bürgertum musste sich lange mit einfachen Holz-T. begnügen. Seine wachsende wirtschaftl. Potenz spiegelt sich in steinernen und kunstvoll konstruierten T. Hinzu kam, dass die Bevorzugung von Massiv-T. auch durch das Verlangen nach Feuersicherheit gefördert wurde.

Im Hoch-MA. gewann die T. eine neue zeremonielle Bedeutung, zunächst als Frei-T. (mit Laube) vor stauf. Pfalzen (Eger, Gelnhausen) und Rathäusern (Olmütz). Nachfolger fand sie, z.T. unter ital. Einfluss, in fürstl. Lusthäusern (Stuttgart), Schlössern (Prag; Fontainebleau) und Klöstern (Sankt Florian). Die gestalter. Höhepunkte der Frei-T. wurden im 17. und 18. Jh. durch ital. Architekten und Bühnenbildner und im 19. Jh. bei nat. Monumenten erreicht (Walhalla).

Treppe: Einläufige Wendeltreppe im Treppenturm des Schlosses in Blois; um 1520

Die Innen-T. erfuhr in der ital. Renaissance erste künstler. Gestaltungen und wurde im Barock zu einem Mittel architekton. Prachtentfaltung des Schloss- und Klosterbaus. Der bedeutendste Architekt im dt. T.-Bau des 18. Jh. war B. NEUMANN (weiteres BILD →deutsche Kunst). Das Formenrepertoire des Barock wurde im 19. Jh. unter anderen räuml. und techn. Voraussetzungen nachgeahmt bei Justizpalästen, Opernhäusern (u.a. Repräsentationsbauten. Seit Ende des 19. Jh. erlaubten die verbesserten techn. Möglichkeiten (u.a. von Stahl, Glas und Beton) die fast stützenlose Konstruktion großer Räume und damit den Einbau vielarmiger T.-Anlagen. Als Stetigförderer entstand v.a. in Warenhäusern, Bahnstationen und Flughäfen die →Rolltreppe.

F. KRESS: Der Treppen-und Geländerbauer ([7]1952, Nachdr. 1988); F. MIELKE: Die Gesch. der dt. Treppen (1966); DERS.: Hb. der Treppenkunde (1993); Scale, hg. v. F. MAGNANI u.a. (Mailand 1972); Scale. Testi e didascalie in italiano ed inglese (Mailand 1973); H. GLADISCHEFSKI u. K. HALMBURGER:

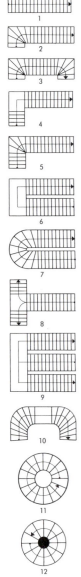

Treppe: 1–3 einläufige Treppen: 1 gerade Treppe, 2 und 3 Treppen mit Wendelstufen; 4–7 zweiläufige Treppen: 4 mit Eckpodest, 5 mit Wendelstufen, 6 mit Zwischenpodest, 7 gewendelte Treppe; 8 und 9 dreiläufige Treppen; 10 runde Treppe mit Zwischenpodest; 11 und 12 Spindeltreppen mit hohler (11) und voller (12) Spindel

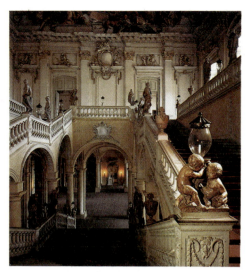

Treppe: Treppenhaus in der Residenz in Würzburg von Balthasar Neumann; 1735–44

Treppen in Stahl (1974); K. PRACHT: Innen- u. Außen-Treppen in Holz, Stahl, Stein u. Beton im privaten u. öffentl. Bereich (1986); G. BENZON: Gamle danske trapper (Kopenhagen 1987); C. BALDON u. I. MELCHIOR: Stufen u. Treppen (a. d. Engl., 1991); J. A. TEMPLER: The staircase, 2 Bde. (Cambridge, Mass., 1992); K. HARTISCH: Treppen in Stahl, Beton u. Holz (1993); U. REITMAYER: Holztreppen in handwerkl. Konstruktion (⁴1994); W. MANNES: T.-Technik (³1996).

Treppenbrunnen, der →Stufenbrunnen.

Treppenfunktion, *Mathematik:* eine Funktion $f:[a,b] \to \mathbb{R}$, zu der Punkte $a = a_0 < a_1 < \ldots < a_{n-1} < a_n = b$ existieren, sodass f über jedem der offenen Teilintervalle (a_k, a_{k+1}) von $[a,b]$ konstant ist $(k = 0, \ldots, n-1)$; $([a_k, a_{k+1}])_{k=0,\ldots,n-1}$ heißt auch eine zu f passende Zerlegung (→Integralrechnung).

Treppenturm, →Wendelstein.

Treppenverwerfung, *Geologie:* der →Staffelbruch.

Treppenzins, Zinssatz, der mit zunehmender Laufzeit eines Darlehens, einer Anleihe oder eines sonstigen festverzinsl. Wertpapiers (z. B. Bundesschatzbriefe) steigt.

Treptow [-to], **1)** Stadtbezirk im SO Berlins, 40,6 km², 111 400 Ew.; liegt größtenteils westlich von Dahme und Spree, die z. T. die O- und ganz die N-Grenze bildet, und erstreckt sich etwa 15 km von NW nach SO. T. wird von O nach W vom Teltowkanal durchzogen, der im W über weite Strecken den Verw.-Bez. begrenzt. Nördlich davon liegen die Ortsteile Baumschulenweg, Niederschöneweide, Johannisthal und Adlershof, südlich, z. T. auf der Grundmoränenfläche Teltow, die Ortsteile Altglienicke und Bohnsdorf. Im NW bildet der Landwehrkanal die Grenze. T. war bis zur Vereinigung Berlins nach Köpenick der zweitgrößte Industriebezirk von Berlin (Ost). Vorherrschend sind Betriebe der elektrotechn., elektron., chem. Industrie, Buntmetallurgie und des Maschinen- und Gerätebaus. An der Spree befinden sich der 84 ha große **Treptower Park** mit Sowjet. Ehrenmal (1949 eingeweiht), die Archenhold-Sternwarte (1896 erbaut) am Karpfenteich, südöstlich anschließend der Plänterwald (110 ha; im N-Teil Vergnügungszentrum Spreepark); nördlich von Johannisthal breitet sich die Königsheide aus, westlich davon liegt das Arboretum (3,5 ha) der Humboldt-Universität. Auf dem Gelände des ehem. Fernsehzentrums Adlershof und Flughafens Johannisthal siedelten sich u. a. Institute der Humboldt-Universität an. – Aus der seit dem 16. Jh. bekannten Fischerei Trebow bildete sich Anfang des 18. Jh. ein Vorwerk, das von der Stadt Berlin übernommen wurde, die hier im letzten Viertel des 18. Jh. Kolonisten ansiedelte. Bis 1874 war T. Gutsbezirk, 1876 wurde es Gemeinde, in der sich nach 1900 Industriebetriebe ansiedelten. Seit 1920 gehört T. zu Groß-Berlin. – 1945–90 war es Teil von Berlin (Ost).

2) poln. **Trzebiatów** [tʃɛˈbjatuf], Stadt in der Wwschaft Szczecin (Stettin), Polen, in Pommern, an der unteren Rega kurz vor ihrer Mündung in die Ostsee, 9 900 Ew.; Möbelfabrik, Sägewerk, Nahrungsmittel-, Baustoffindustrie, Maschinenbau. – Teilweise erhaltene Wehrmauer mit Festungstürmen (13.–15. Jh.); got. Marienkirche (erste Hälfte 14. Jh., 15. Jh.), Turm 1773 angebaut; spätgot. Kapelle der hl. GERTRUD (15. Jh.). – T. wurde 1170 erstmals urkundlich erwähnt. 1277 erhielt die Siedlung Stadtrechte. 1534 wurde hier der Landtag abgehalten, der die Einführung der Reformation in Pommern beschloss. T. kam 1945, bis dahin amtlich **Treptow a./Rega,** unter poln. Verwaltung, die Zugehörigkeit zu Polen wurde durch den Dt.-Poln. Grenzvertrag vom 14. 11. 1990 anerkannt.

Tresckow [-ko], Henning von, Generalmajor (seit 1944) und Widerstandskämpfer, *Magdeburg 10. 1. 1901, †(Selbstmord) bei Białystok 21. 7. 1944; war ab 1941 im Generalstab der Heeresgruppe Mitte, ab 1944 Chef des Stabes der 2. Armee an der Ostfront; sammelte eine der stärksten militär. Widerstandsgruppen um sich. Er unternahm – bes. 1943 – mit seinem Adjutanten F. VON SCHLABRENDORFF Attentatsversuche auf HITLER. An den Vorbereitungen zum → Zwanzigsten Juli 1944 war er maßgeblich beteiligt.

B. SCHEURIG: H. v. T. Ein Preuße gegen Hitler (Neuausg. 1997).

Três de Febrero [span. ›3. Februar‹], Verw.-Bez. im W von Groß-Buenos-Aires, Argentinien, 46 km², 349 200 Ew.; mit dem städt. Zentrum **Caseros;** Militärakademie, Museum; Metall-, Glas-, Papier-, Textil-, chem. u. a. Industrie. – Benannt nach der Schlacht am 3. 2. 1852, in der der argentin. Diktator J. M. DE ROSAS besiegt wurde.

Três Marias, Staudamm und -see im Rio →São Francisco, Brasilien. (→Stausee, ÜBERSICHT)

Tresor [frz., aus lat. thesaurus ›Schatz(kammer)‹, von gleichbedeutend griech. thēsaurós] *der, -s/-e,* **1) Geldschrank,** Stahlpanzer- oder Stahlbetonschrank mit Doppelwänden zur diebstahlsicheren und feuerfesten Aufbewahrung von Wertgegenständen. Als

Treppe: Bezeichnungen der wichtigsten Bauteile an einer Treppenstufe; der Quotient s/a ist ein Maß für die Neigung der Treppe; $2s + a = 63$ gibt das Stufenmaß einer bequem zu begehenden Treppe an

Henning von Tresckow

Treppe in Doppelspiralform im Verwaltungsgebäude der Nestlé AG in Vevey; 1960 aus Duraluminium von Jean Tschumi konstruiert

Trespe:
oben Waldtrespe
(Höhe 0,5–1,2 m);
unten
Aufrechte Trespe
(Höhe 0,4–1,2 m)

Sergej
Michajlowitsch
Tretjakow

Wiktor
Wiktorowitsch
Tretjakow

Füllmasse zw. den Doppelwänden dient Flugasche, Kieselgur, Beton, oft auch Hartklinker. Die bis 1 m dicke Panzertür besteht aus Stahl- und Stahlbetonschichten, wird durch mehrere Zentimeter dicke Bolzen verriegelt und durch spezielle Sicherheitsschlösser gesichert. Damit verbunden ist häufig eine →Alarmanlage. Kleinere T. werden auch als Safe bezeichnet. 2) **T.-Raum, Stahlkammer,** Panzergewölbe mit Stahlschränken und -fächern, i. Allg. aus Stahlbeton- oder Stahlklinkerwänden bestehend. Vielfach liegt der T.-Raum etwas unter Grundwasserhöhe, um ein Eindringen durch den Boden zu verhindern. Zusatzsicherungen finden sich in Alarmeinrichtungen zus. mit akust. und Videoüberwachung. Der Bank-T. dient zur Aufbewahrung von bankeigenen Wertpapieren, Bargeld u. Ä., der Kunden-T. für vermietete Schrank- oder Schließfächer, die unter gemeinsamem Verschluss von Bank und Kunde stehen. Der Nacht-T. ist mit einem verschließbaren Einwurf an der Gebäudeaußenwand verbunden.

Trespe [Herkunft unbekannt], **Bromus,** Gattung der Süßgräser mit etwa 50 Arten in den gemäßigten Gebieten der Nord- und Südhalbkugel; ein-, zwei- oder mehrjährige Gräser mit vielblütigen, in Rispen stehenden Ährchen. Von den 14 in Dtl. vorkommenden Arten sind v. a. die **Aufrechte T.** (Bromus erectus) auf Trockenrasen sowie in Laub- und Nadelwäldern die **Wald-T.** (Bromus ramosus) verbreitet. – Auf trockenen oder schwer bearbeitbaren Böden als Futtergras sowie zur Befestigung von Ufersand und Böschungen wird die **Unbegrannte T.** (Bromus inermis) angebaut; 0,15–1 m hoch; Deckspelze unbegrannt, höchstens mit kurzer Stachelspitze.

Trester, 1) die nach dem Auspressen (Keltern) der Maische von Trauben und Obst zurückbleibenden festen Rückstände; 2) **T.-Branntwein,** frz. **Marc,** aus diesen Rückständen destillierter Trinkbranntwein mit mindestens 38 Vol.-% Alkohol; der ital. Name für Trauben-T. ist Grappa.

Tres Zapotes [- sa-], archäolog. Fundort einer präkolumb. Kultur (besiedelt 1000 v. Chr.–500 n. Chr.), nahe der Golfküste im S des Bundesstaates Veracruz, Mexiko; die Blütezeit (400 v. Chr.–100 n. Chr.) entspricht der letzten Phase der olmek. Kultur, die T. Z. stark beeinflusste. Neben aus Erdhügeln (Vorläufer der Pyramiden) bestehenden Bauwerken, die gemauerte Treppenanlagen haben, Kolossalköpfen und Reliefskulpturen wurde die Stele C gefunden, ihre Datierung (nach dem Maya-System) entspricht dem Jahr 31 v. Chr., sie gehört damit zu den ältesten bekannten datierten Inschriften überhaupt.

Tretjakow, 1) Sergej Michajlowitsch, russ. Schriftsteller, *Goldingen (heute Kuldīga, Lettland) 20. 6. 1892, †(in Haft) 9. 8. 1939; war nach Teilnahme am Bürgerkrieg Mitgl. versch. Gruppen des Futurismus (Ego-Futuristen, LEF), vertrat in Theorie und literar. Praxis eine auf Tatsachen beruhende agitator. ›Literatur der Fakten‹. Der auf eigenen Erfahrungen in China basierende Roman ›Dėn Ši-chua‹ (1930; dt. ›Deng Schi-Chua‹), das Agitationsdrama ›Ryči, Kitaj‹ (1926; dt. ›Brülle China!‹) u. a. sind Muster dieser Richtung. Als Dramaturg arbeitete T. u. a. mit S. M. EISENSTEIN, W. S. MEJERCHOLD, E. PISCATOR und B. BRECHT zusammen; wurde 1937 verhaftet, 1956 rehabilitiert.

Weitere Werke: *Stück:* Slyšiš', Moskva (1924; dt. Hörst du, Moskau). – *Roman:* Vyzov (1930; dt. Feld-Herren). – *Prosa:* Tysjača i odin trudoden' (1934; dt. Tausendundein Arbeitstag).
Ausgabe: Lyrik, Dramatik, Prosa, hg. v. F. MIERAU (1972).
F. MIERAU: Erfindung u. Korrektur. Ästhetik der Operativität (Berlin-Ost 1976).

2) Wiktor Wiktorowitsch, russ. Violinist, *Krasnojarsk 17. 10. 1946; wurde 1966 Solist der Moskauer Philharmonie, 1983 Leiter des Staatl. Russ. Kammerorchesters (des früheren Moskauer Kammerorchesters) und trat internat. als Solist sowie als Kammermusikspieler hervor.

Tretjakow-Galerie, Museum für russ. Kunst in Moskau, entstanden aus der 1856 begründeten Privatsammlung des Kaufmanns PAWEL MICHAJLOWITSCH TRETJAKOW (* 1832, † 1898), die er 1892 der Stadt Moskau schenkte. Nach der Verstaatlichung (1918) wurde die Sammlung durch Übertragung der Bestände russ. Malerei aus dem Rumjanzew-Museum, der Zwetkow-Galerie und durch die Ikonensammlung von I. S. OSTROUCHOW erweitert.

Tretwerk, Tretmühle, früher zum Antrieb von Fördermitteln (z. B. Schöpfwerken), Mühlen u. Ä. eingesetzte Vorrichtung mit einem hölzernen Laufrad (Tretrad); an dessen äußerer oder innerer Kranzfläche sind Tretstufen (Leisten oder Sprossen) angebracht, über die das Tretrad mit Muskelkraft in Bewegung gehalten wird.

Treuburg, poln. **Olecko** [ɔ'lɛtsko], bis 1928 **Marggrabowa,** Stadt in der Wwschaft Suwałki, Polen, 158 m ü. M., im ehem. Ostpreußen, im O der Masur. Seenplatte, am Treuburger See, 16 600 Ew.; Erholungsort; Nahrungsmittel-, Baustoff-, Metall-, Spielzeugindustrie. – Die 1560 gegründete Stadt T. kam 1945 unter poln. Verwaltung, die Zugehörigkeit zu Polen wurde durch den Dt.-Poln. Grenzvertrag vom 14. 11. 1990 anerkannt.

Treuchtlingen, Stadt im Landkreis Weißenburg-Gunzenhausen, Bayern, 409–623 m ü. M., im Naturpark Altmühltal, 13 300 Ew.; Volkskundemuseum, Ortssammlung Wettelsheim, Aurnhammer-Sammlung (im Stadtschloss; u. a. leonische Waren und Posamenten); Erholungsort mit Thermalquelle; Eisenbahnknotenpunkt. – Das 899 erstmals urkundlich erwähnte T. wurde 1898 Stadt.

Treue, die sittl. Haltung der Beständigkeit in einer eingegangenen Bindung (Ehe, Freundschaft), die nicht um eigener Vorteile willen aufgegeben wird, auf die daher der andere ver-›trauen‹ kann.

Treuen, Stadt im Vogtlandkreis, Sa., 420 m ü. M., im mittleren Vogtland, 8 000 Ew.; Textilindustrie, Herstellung von textilen Förderbändern, Stickereien und Strickwaren. – Aus einem um 1200 gegründeten Waldhufendorf entwickelte sich die planmäßig angelegte, offene Stadt T., der 1390 die Stadtrechte formell verliehen wurden.

Treuenbrietzen, Stadt im Landkreis Potsdam-Mittelmark, Bbg., 60 m ü. M., am N-Rand des Hohen Flämings, 6 200 Ew.; Heimatmuseum (in der Heiliggeistkapelle); Metall-, Holzindustrie, Rohrleitungsbau. – T. besitzt zwei Pfeilerbasiliken: spätroman. Pfarrkirche St. Marien (1. Hälfte 13. Jh.), mit Westturm; frühgot. Pfarrkirche St. Nikolai (2. Drittel 13. Jh. begonnen), mit Vierungsturm und reichem Westportal. Die Heiliggeistkapelle ist ein spätgot. Zentralbau mit vorgelegter Backsteinfassade. – Neben der 1209 bezeugten Burg **Brietzen** entstand die gleichnamige Siedlung (seit 1290 Stadt), die 1420 erstmals mit dem Zusatz ›Treuen...‹ versehen wurde, aus Dankbarkeit, dass die Stadt im Streit mit dem ›falschen Waldemar‹ treu zum rechtmäßigen Landesherrn stand.

Treuepflicht, im *Arbeitsrecht* die sich aus dem Arbeitsverhältnis ergebende, der Fürsorgepflicht des Arbeitgebers (AG) entsprechende Pflicht des Arbeitnehmers (AN) zu einem bestimmten Verhalten. Während früher die dogmat. Begründung für die T. im Charakter des Arbeitsverhältnisses als eines personenrechtl. Gemeinschaftsverhältnisses gesucht wurde, das den AN verpflichte, sich für die Interessen des AG und des Betriebes einzusetzen und alles zu unterlassen, was diese Interessen beeinträchtigen könnte, wird diese Verpflichtung heute überwiegend als zu weitgehend angesehen und die T. als Oberbegriff für alle schuldrechtl. Nebenpflichten des AN interpretiert. Die T. begründet bestimmte Unterlassungs-, Rücksichts- und Verhaltenspflichten, v. a. Schweigepflichten in Bezug auf Betriebsgeheimnisse und konkrete betriebl. Vorgänge; die Verpflichtung, den Ruf des AG bzw. des Unternehmens nicht zu untergraben, Wettbewerbsverbote zu beachten u. a.

Im *Beamtenrecht* ist die T. als beiderseitige Rechtspflicht anerkannt und Folge des als öffentlich-rechtl. Dienst- und Treueverhältnis ausgestalteten Beamtenverhältnisses (→Beamte); sie äußert sich z. B. im Streikverbot.

Auch im *Gesellschaftsrecht* besteht eine T. als Pflicht der Gesellschafter einer Handelsgesellschaft untereinander und gegenüber der Gesellschaft, deren Interessen zu wahren und Schädigungen zu unterlassen; z. B. können Wettbewerbsverbote aus der T. abgeleitet werden.

Treuhand, Ausübung oder Verw. fremder Rechte **(Treugut)** durch eine Person **(Treuhänder, Treunehmer)** im eigenen Namen, aber in schuldrechtl. Bindung gegenüber demjenigen, dem die Rechte an sich zustehen **(Treugeber).** Das T.-Verhältnis ist gesetzlich nicht geregelt. Kennzeichnend für T.-Verhältnisse ist, dass dem Treuhänder nach außen mehr Befugnisse übertragen werden, als er im Verhältnis zum Treugeber ausüben darf. Die privatrechtl. T. kann ausgestaltet sein als bloße Ermächtigungs-T., bei der dem Treuhänder das Treugut nicht übertragen, sondern nur die Befugnis eingeräumt wird, im eigenen Namen darüber zu verfügen. Häufiger ist aber die Vollrechts-T., bei der der Treuhänder nach außen das volle Recht am Treugut erwirbt, also Eigentümer der Sachen, Inhaber der Forderungen usw. wird. Die T. kann den Interessen des Treuhänders dienen (eigennützige T., so z. B. bei der Sicherungsübereignung) oder denen des Treugebers (fremdnützige T., Verwaltungs-T., z. B. Abtretung zum Inkasso). Die T. wird durch Rechtsgeschäft (T.-Geschäft, fiduziar. Rechtsgeschäft) begründet; dem Treuhänder wird das Treugut mit der Abrede übertragen, wie, für wen und für welche Zwecke er es zu handhaben hat (→Treuhandeigentum). Fällt der Treuhänder in Konkurs, bestehen, je nachdem, ob es sich um eine eigen- oder um eine fremdnützige T. handelt, besondere Rechte des Treugebers.

Im *österr.* Recht gelten, da auch hier die T. nicht ausdrücklich geregelt ist, die gleichen Grundsätze. Im Wesentlichen dasselbe gilt nach *schweizer.* Recht; im Konkurs des Treuhänders steht dem Treugeber am Treugut kein Aussonderungsrecht zu (so die Rechtsprechung des Bundesgerichts), sofern nicht Spezialregelungen (z. B. Art. 37b Banken-Ges.) Anwendung finden.

Treuhand|anstalt, Abk. **THA,** umgangssprachlich kurz **Treuhand,** rechtsfähige bundesunmittelbare Anstalt des öffentl. Rechts unter der Fach- und Rechtsaufsicht des Bundes-Min. der Finanzen. Die T. wurde noch von der DDR auf Beschluss der Reg. Modrow am 1. 3. 1990 mit einer Zentrale in Berlin und 15 Außenstellen in den Bezirken gegründet. Sie sollte im Zuge des Übergangs zu einem ›marktwirtschaftl. Sozialismus‹ v. a. die Umwandlung der staatl. Betriebe in Unternehmen mit der Rechtsform von Kapitalgesellschaften in Angriff nehmen. Das am 17. 6. 1990 von der Volkskammer der DDR erlassene ›Ges. zur Privatisierung und Reorganisation des volkseigenen Vermögens (Treuhand-Ges.)‹, in Kraft seit 1. 7. 1990, bestätigt durch Art. 25 Einigungsvertrag, regelte den rechtl. Rahmen der T. neu und gab ihr den Auftrag, die unternehmer. Tätigkeit des Staates durch Privatisierung so rasch und so weit wie möglich zurückzuführen, die Wettbewerbsfähigkeit möglichst vieler Unternehmen herzustellen und somit Arbeitsplätze zu sichern und neue zu schaffen sowie Grund und Boden für wirtschaftl. Zwecke bereitzustellen. Gleichzeitig mit der endgültigen Umwandlung aller staatl. Unternehmen in Kapitalgesellschaften zum 1. 7. 1990 wurde die T. alleiniger Kapitaleigner dieser Unternehmen. Der aus den Kombinaten und volkseigenen Betrieben hervorgegangene Bestand umfasste 1990 rd. 8 000 Unternehmen und nahm durch Entflechtungen und Aufspaltungen noch beträchtlich zu. Darüber hinaus verwaltete die T. rd. 1,45 Mio. ha landwirtschaftl. Nutzfläche (rd. 30 % der landwirtschaftl. Nutzfläche in den neuen Ländern) und rd. 770 000 ha Forstfläche der volkseigenen Güter und LPG. Zusätzlich zu den drei Kernaufgaben der T., nämlich der Privatisierung, Sanierung (Umstrukturierung) und ggf. Stilllegung (›Abwicklung‹), wurden der T. zahlr. weitere administrative Aufgaben zugewiesen, z. B. die Verw. des Vermögens der Parteien und Massenorganisationen, die Rückübertragung von Vermögen an Kommunen (Rekommunalisierung z. B. von Kindergärten, Betrieben des öffentl. Personennahverkehrs) und die Rückgabe von Unternehmen an frühere Eigentümer (→offene Vermögensfragen). Bes. umstritten war die Aufgabe der Stilllegung von auch auf längere Sicht nicht wettbewerbsfähigen Unternehmen; in etl. Fällen wurden die Stilllegungspläne nach polit. Intervention und unter dem Druck der Öffentlichkeit aufgegeben.

Die T. beendete ihre Tätigkeit am 31. 12. 1994. Aus ihren Maßnahmen zur Sanierung, →Privatisierung, Ablösung der →Altschulden und Abwicklung hinterließ die T. Ende 1994 rd. 204,6 Mrd. DM aufgelaufene Schulden, die zum 1. 1. 1995 auf den →Erblastentilgungsfonds übertragen wurden. Die ab 1995 entstehenden Defizite der Nachfolgeeinrichtungen der T. (1995–97 insgesamt 34,3 Mrd. DM) werden direkt aus dem Bundeshaushalt finanziert.

Die verbleibenden Aufgaben der T. obliegen seit 1. 1. 1995 vier Nachfolgeorganisationen: 1) Für die noch nicht verkauften und als sanierungsfähig eingestuften Unternehmen waren als Träger der aktiven Sanierungsbegleitung Management-Kommanditgesellschaften (MKG) gebildet worden. Die vier bestehenden MKG mit 47 Beteiligungsunternehmen und zwei verbliebenen Direktbeteiligungen wurden unter dem Dach der **BMG Beteiligungs-Management-Gesellschaft mbH** zusammengefasst. Ein Großteil der Unternehmen wurde bis Ende 1996 privatisiert, die BMGB beendete ihre operative Privatisierungstätigkeit zum 31. 12. 1997. 2) Die bereits 1991 von der T. gegründete **Treuhand Liegenschaftsgesellschaft mbH (TLG,** auch **Liegenschaftsgesellschaft der T.** gen.)

Tretwerk mit Tretstufen am äußeren Kranzwerk als Antrieb einer Getreidemühle; Kupferstich aus Fausto Veranzios ›Machinae novae ...‹; 1616

wurde analog zur BMGB in eine Besitzgesellschaft umgewandelt (unmittelbare Bundesbeteiligung). Sie übernahm den gewerbl. und wohnungswirtschaftl. Liegenschaftsbestand der T. und führt die Rekommunalisierung und Privatisierung sowie die Rückgabe an Alteigentümer fort. 3) Die 1992 gegründete **Bodenverwertungs- und -verwaltungs GmbH (BVVG)** ist für die land- und forstwirtschaftl. Liegenschaften zuständig. Zunächst lagen 91,65% des Kapitals bei drei staatl. Banken, seit Ende 1995 ist die Bundesanstalt für vereinigungsbedingte Sonderaufgaben Alleingesellschafterin. In einer ersten Phase der Privatisierung verpachtete die BVVG rd. 90% der landwirtschaftl. Treuhandflächen langfristig, danach begann im Rahmen des so genannten Flächenerwerbsprogramms (→Flächenerwerb) der Verkauf v. a. an die Pächter. 4) Die **Bundesanstalt für vereinigungsbedingte Sonderaufgaben (BvS)** übernahm die übrigen Aufgaben der T., v. a. die Überwachung der noch (Mitte 1997) rd. 21 000 ›aktiven‹ Privatisierungsverträge auf die Einhaltung der von Investoren übernommenen Arbeitsplatz- und Investitionszusagen, die Bearbeitung der noch offenen Anträge auf Kommunalisierung (Ende 1997 rd. 30% von mehr als 227 000 Anträgen) und Vermögenszuordnung (rd. 244 000 Flurstücke) sowie die Bearbeitung von noch (Mitte 1997) rd. 4 000 unternehmensbezogenen vermögensrechtl. Reprivatisierungsansprüchen. Die Aufgabe der Stilllegung soll bis Ende 1998 nahezu beendet werden, von den Anfang 1998 noch in Abwicklung befindlichen 3 200 Unternehmen sollen dann noch 100–150 verbleiben. Urspr. sollte die BvS ihre Tätigkeit 1998 beenden, jedoch wurde eine Fortführung über 1998 hinaus beschlossen.

Treuhand intern, hg. v. B. BREUEL (1993); T., hg. v. W. FISCHER u. a. (1993); M. KEMMLER: Die Entstehung der T. (1994); F. EBBING: Die Verkaufspraxis der T. (1995); C. FREESE: Die Privatisierungstätigkeit der T. (1995); J. LAUB: Management buy-outs and Management buy-ins in den neuen Bundesländern (1995); R. MAYR: Die Privatisierungspolitik der T. (1995).

Treuhand|eigentum, das Eigentum des Treuhänders, das vom Treugeber stammt und ihm anvertraut wurde. Das T. ist Volleigentum des Treuhänders, jedoch im Innenverhältnis zum Treugeber durch die getroffene Abrede beschränkt. Abredewidrige Verfügungen des Treuhänders über das T. sind grundsätzlich wirksam, der Treuhänder macht sich aber dadurch gegenüber dem Treugeber schadenersatzpflichtig. Der Treugeber kann das T. (nach allgemeiner Ansicht) bei Vollstreckung in das Vermögen des Treuhänders aussondern.

Treuhandgebiete, die 1946 in die Treuhandschaft der UNO übernommenen →Mandatsgebiete. Nachdem Palau als letztes T. am 1. 10. 1994 unabhängig geworden war, löste sich der UN-Treuhandschaftsrat am 1. 11. 1994 formell auf.

Treuhandgeschäfte, entgeltl. Übernahme von Treuhandschaften, im Bankwesen v. a. Vermögensverwaltung, Erbschaftsverwaltung und Testamentsvollstreckung.

Treuhandgesellschaft, i. w. S. ein Unternehmen, das Treuhandtätigkeiten (bes. die Vermögensverwaltung für Dritte) wahrnimmt; i. e. S. Wirtschaftsprüfungsgesellschaften; Schwerpunkt ist heute die Prüfungs- und Beratungstätigkeit im Verhältnis zur Übernahme von Treuhandschaften.

Treuhandkredit, Form eines durchlaufenden Kredits, bei dem ein Kreditinstitut als Treuhänder des Geldgebers Mittel in Form von Krediten an einen Dritten weiterleitet und im Interesse des Geldgebers verwaltet. Das Kreditinstitut übernimmt nur die Haftung für die ordnungsgemäße Weiterleitung und Verw., nicht aber das Kreditrisiko. T. werden v. a. im Rahmen öffentl. Kreditprogramme gewährt.

George Macaulay Trevelyan

Treuhand Liegenschaftsgesellschaft mbH, →Treuhandanstalt.

Treuhandstelle für Industrie und Handel, Abk. **TSI,** bis zur dt. Wiedervereinigung am 3. 10. 1990 bestehende Institution im Geschäftsbereich des Bundes-Min. für Wirtschaft zur Abwicklung des →innerdeutschen Handels. Die TSI wurde als **Treuhandstelle für den Interzonenhandel** 1949 beim Dt. Industrie- und Handelstag eingerichtet, 1951 dem Bundeswirtschaftsministerium unterstellt und am 15. 12. 1981 umbenannt; Sitz war (seit 1950) Berlin (West).

Treurnicht ['trø:rnɪxt], Andries Petrus, südafrikan. Politiker, * Piketberg (Kapprovinz) 19. 2. 1921, † Kapstadt 22. 4. 1993; Geistlicher der Reformierten Kirche, zunächst Mitgl. der National Party (NP), ab 1971 Abg. im südafrikan. Parlament, 1978–82 Vors. der NP in Transvaal und 1976–82 Min. der Rep. Südafrika. Als Sprecher des betont konservativen Flügels seiner Partei wandte er sich entschieden gegen jede Auflockerung der Apartheidspolitik, brach mit der NP und gründete 1983 die Conservative Party.

Treu und Glauben, lat. **bona fides,** Rechtsgrundsatz, wonach von jedem ein Verhalten gefordert wird, das von redlich und anständig denkenden Menschen unter den gegebenen Umständen an den Tag gelegt würde. Nach § 242 BGB ist bei Schuldverhältnissen der Schuldner verpflichtet, die Leistung so zu bewirken, wie es T. u. G. mit Rücksicht auf die Verkehrssitte erfordern. Einen entsprechenden Grundsatz stellt § 157 BGB für die Auslegung von Verträgen auf. Darüber hinaus ist durch Lehre und Rechtsprechung T. u. G. ein allgemeines Prinzip unserer Rechtsordnung. Es verbietet die missbräuchl. Ausnutzung formaler Rechtsstellung (→Missbrauch, v. a. Verbot der →Schikane), bestimmt die Erweiterung der Leistung auf Nebenpflichten (Schutz-, Anzeige-, Unterlassungs-, Vorbereitungs-, Mitwirkungspflichten, z. B. ist Ware auch ohne ausdrückl. Vereinbarung ordnungsgemäß zu verpacken) und begründet schon mit dem Eintritt in Vertragsverhandlungen ein vertragsähnl. Vertrauensverhältnis. Weiterhin ist auf seiner Grundlage die Lehre von der Umgestaltung der durch die tatsächl. Verhältnisse überholten Rechtsverhältnisse (→Geschäftsgrundlage) sowie die Lehre von der Verwirkung bestehender Rechte entwickelt worden. Einen Verstoß gegen den Grundsatz von T. u. G. hat der Richter von Amts wegen zu berücksichtigen; dieser steht der Rechtswirksamkeit der entsprechenden Handlung und Erklärung entgegen.

Das österr. Recht kennt keine dem § 242 BGB entsprechende Generalklausel, enthält aber ähnl. Bestimmungen für die Auslegung von Willenserklärungen und Verträgen (§§ 863, 914 ABGB). Darüber hinaus ist der Grundsatz von T. u. G. als allgemeines Prinzip anerkannt. – In der *Schweiz* bestimmt Art. 2 ZGB ähnlich wie in Dtl., dass jedermann in der Ausübung seiner Rechte und in der Erfüllung seiner Pflichten nach T. u. G. zu handeln hat.

Trevelyan [trɪˈvɪljən], George Macaulay, brit. Historiker, * Welcombe (bei Stratford-upon-Avon) 16. 2. 1876, † Cambridge 20. 7. 1962; Großneffe von T. B. MACAULAY; 1927–40 Königl. (Regius) Prof., 1940–51 Master am Trinity College in Cambridge; einer der letzten großen Vertreter der liberalen brit. Geschichtsschreibung. T. schrieb u. a. eine populäre Garibaldi-Trilogie (1907–11).

Weitere Werke: British history in the nineteenth century, 1782–1901 (1922, erw. 1937; dt. Der Aufstieg des brit. Weltreichs im 19. u. 20. Jh.); History of England (1926; dt. Gesch. Englands, 2 Tle.); Grey of Fallodon (1937; dt. Sir Edward Grey); English social history (1944; dt. Kultur- u. Sozialgesch. Englands).

Treverer, lat. **Treveri, Treviri,** germanisch-kelt. Volksstamm zu beiden Seiten der Mosel, zw. Ardennen, Eifel und Hunsrück. Die T. wurden zw. 54 und 52 v. Chr. mehrfach von CAESAR geschlagen; ihre Aufstände, 29 v. Chr. und 21 n. Chr., blieben erfolglos. Ihr Hauptort in röm. Zeit war Augusta Treverorum (→Trier). Sie waren berühmt wegen ihrer Pferdezucht und Reitkunst. Ihr Kult betraf v. a. den mit Mars identifizierten Kriegsgott Lenus (Stammesheiligtum der T. am Markusberg bei Trier), die Waldgöttin Artio, einen Wassergott in Stiergestalt und die Pferdeschutzgöttin Epona; ein bedeutender Tempelbezirk mit etwa 70 Kultstätten findet sich im Altbachtal bei Trier. Kulturgeschichtlich bedeutende Relieffunde der röm. Zeit wurden in Neumagen-Dhron gemacht.

Trevesile [nach der ital. Familie Treves di Bonfiglio], **Trevesia**, Gattung der Araliengewächse mit acht Arten im trop. Asien und auf Inseln im Pazifik; kleine Bäume oder Sträucher mit großen, handförmig gelappten, gefingerten oder gefiederten Blättern. Einige Arten sind stattl. Warmhauspflanzen.

Trevira® [Kw.] *das, -,* Handelsname für bestimmte, zu den Polyesterfasern gehörende Chemiefasern hoher Festigkeit und vielseitiger Verwendung.

Treviranus, Gottfried Reinhold, Politiker, *Schieder (heute zu Schieder-Schwalenberg) 20. 3. 1891, †Florenz 7. 6. 1971; Marineoffizier, 1924–30 MdR, Gegner A. HUGENBERGS in der DNVP, gründete 1930 die Volkskonservative Vereinigung. 1930–32 gehörte er als Reichs-Min. dem Kabinett unter H. BRÜNING an. Nach dem Reg.-Antritt HITLERS (1933) ging er ins Exil, kehrte 1949 nach Dtl. zurück.

Schriften: Das Ende von Weimar. Heinrich Brüning u. seine Zeit (1968); Für Dtl. im Exil (hg. 1973).

Treviso, 1) Hauptstadt der Prov. T., Venetien, Italien, 15 m ü. M., in der wasserreichen Zone der Fontanili, 81 200 Ew.; kath. Bischofssitz; Bibliothek, Museum; Textil-, Nahrungsmittelindustrie, Keramik-, Messglas- und Glasinstrumenteherstellung. – T. ist von einem Mauerring mit reich dekorierten Toren (frühes 16. Jh.) und Kanälen umschlossen; Letztere durchziehen auch die Innenstadt. Mittelpunkt der im Zweiten Weltkrieg stark zerstörten Altstadt (z. T. wieder aufgebaut) ist die Piazza dei Signori, an drei Seiten von Palästen des 13. Jh. mit offenen Arkaden im Erdgeschoss umgeben, darunter der Palazzo del Trecento. Der bedeutendste got. Bau ist die in Backstein errichtete dreischiffige Dominikanerkirche San Nicolò (1282 begonnen, 1389 vollendet), mit hohem, steilem Innenraum, der von einer kielförmigen Holzdecke überwölbt ist. Im Kapitelsaal des ehem. Dominikanerklosters sind got. Freskenzyklen von TOMMASO DA MODENA erhalten. Die Baugeschichte des Doms San Pietro geht auf eine roman. Krypta zurück, über der im 15. und 16. Jh. der Neubau errichtet wurde (Langhaus 1759–1836). An der S-Seite die Bischofsresidenz (Episcopio, 13.–16. Jh.), nach dem Zweiten Weltkrieg wieder aufgebaut), an der N-Seite die Kirche San Giovanni del Battesimo (11. und 12. Jh.); San Francesco (13. Jh., Kapellen 14. und 15. Jh.); Santa Maria Maggiore (15. Jh., Querhaus mit Chorkapellen 16. Jh.); Loggia dei Cavalieri (13. Jh.); Bürgerhäuser mit Arkaden und den für T. charakterist. Fassadenmalereien (v. a. 15.–16. Jh.). – T., in röm. Zeit als Tarvisium Municipium, war in langobard. Zeit Mittelpunkt eines Herzogtums, dann einer karoling. Mark; seit dem 12. Jh. freie Kommune und Mitgl. des Lombardenbundes. 1339–1797 gehörte T. zu Venedig und danach mit Unterbrechungen bis 1866 zu Österreich.

2) Prov. in N-Italien, in der Region Venetien, 2477 km², 755 600 Einwohner.

Trevithick ['trɛvɪθɪk], Richard, brit. Ingenieur, *Illogan (Cty. Cornwall) 13. 4. 1771, †Dartford 23. 4. 1833; baute 1798 die erste brauchbare Hochdruckdampfmaschine, 1801 einen Straßendampfwagen und 1803/04 die erste Schienendampflokomotive; 1808 veranstaltete er in London die erste öffentl. Personenbeförderung auf einer Dampfeisenbahn.

Trevor ['trɛvə], William, eigtl. **W. T. Cox,** ir. Schriftsteller, *Mitchelstown (Cty. Cork) 24. 5. 1928; war Geschichts- und Kunstlehrer, Bildhauer und Werbetexter. Schildert in seinen Romanen und Erzählungen mit z. T. sardon. Humor Einsamkeit und Desillusionierung exzentr. Charaktere, häufig innerhalb geschlossener Gruppen, z. B. bei einem Klassentreffen (›The old boys‹, R., 1964, dt. ›Altherrentag‹), in Pensionen (›The boarding house‹, R., 1965) ›Mistress Eckdorf in O'Neill's hotel‹, R., 1969) oder im Krankenhaus (›Elizabeth alone‹, R., 1973).

Weitere Werke: *Romane:* Miss Gomez and the brethren (1971); The children of Dynmouth (1976; dt. Die Kinder von Dynmouth); Fools of fortune (1983; dt. Toren des Glücks); Nights at the Alexandra (1987); The silence in the garden (1988); My house in Umbria (1991; dt. Mein Haus in Umbrien); Turgenev (1991; dt. Turgenjews Schatten); Excursions in the real world (1993); Felicia's journey (1994; dt. Felicias Reise); After rain (1996). – *Erzählungen:* The stories (1983); The news from Ireland and other stories (1985); The collected stories (1992).

G. A. SCHIRMER: W. T. A study of his fiction (London 1990).

Trevoux [trə'vu], Daniel, Pseudonym des frz. Schriftstellers Jean →Tardieu.

Treysa, bis 1970 selbstständige Stadt in Hessen, heute zu →Schwalmstadt.

Trezzini, Domenico Andrea, russ. **Andrej Tresini,** russ. Architekt schweizer. Herkunft, *Astano (bei Lugano) um 1670, †Sankt Petersburg 2. 3. 1734; war als Hofarchitekt des russ. Kaisers PETER I. ab 1703 maßgebend an Planung und Aufbau Sankt Petersburgs beteiligt. Er errichtete klar konstruierte, sparsam dekorierte Bauten und schuf Entwürfe für die Bebauung der Wassilij-Insel sowie Pläne von Musterhäusern für die ›einfachen‹ Bürger und für die ›Wohlhabenden‹.

Werke: Festungsmauern der Peter-und-Pauls-Festung, Sankt Petersburg (1706–40); Peterstor der Peter-und-Pauls-Festung, ebd. (1717–18); Peter-und-Pauls-Kathedrale, ebd. (1712–33); Sommerpalast PETERS I., ebd. (1710–14); Verkündigungskirche des Alexander-Newskij-Klosters, ebd. (1717–22); Zwölf-Kollegien-Gebäude, ebd. (1722–42, heute Univ.).

Trgovište [-vɪʃtɛ], alter Name von →Novi Pazar.

Tri, *Chemie:* Abk. für →**Trichloräthylen.**

tri... [zu lat. tres, tria ›drei‹ oder gleichbedeutend griech. treĩs, tría], Wortbildungselement mit der Bedeutung: drei, dreifach, z. B. Trimer, Trioxid.

Gottfried Reinhold Treviranus

Richard Trevithick

Treviso 1): Fresko des Tommaso da Modena im Kapitelsaal des ehemaligen Dominikanerklosters; 1352

Triac [Kw. aus engl. **tri**ode **a**lternating **c**urrent switch ›Trioden-Wechselstromschalter‹] *der, -(s)/-s,* **Zweirichtungs-Thyristortriode,** Halbleiterbauelement mit einer Schichtenstruktur, aus der sich eine Funktion wie bei zwei antiparallel geschalteten Thyristortrioden (→Thyristor) mit einem gemeinsamen

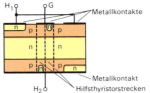

Triac: Schematische Darstellung der Schichtenstruktur; H_1 und H_2 Hauptelektroden, G Steuerelektrode (Gate)

Steueranschluss ergibt. Der T. hat dementsprechend zwei Schaltrichtungen, in denen er im Wesentlichen gleiche Eigenschaften besitzt. T. werden v. a. zur Leistungssteuerung in Wechselstromkreisen (z. B. durch →Phasenanschnittsteuerung) verwendet. Sie werden meist mit einer →Triggerdiode gezündet. (→Diac)

Triacetat, Kurz-Bez. für Cellulosetriacetat (→Celluloseester).

Triade [zu griech. triás, triádos ›Dreizahl‹, ›Dreiheit‹] *die, -/-n,* **1)** *Chemie:* Gruppe von drei bes. nahe verwandten Elementen, z. B. Chlor, Brom, Jod. T. spielten in der histor. Entwicklung des →Periodensystems der chemischen Elemente eine Rolle.

2) *griech. Dichtung:* eine Einheit von drei Strophen, von denen die beiden ersten (Strophe und Antistrophe) das gleiche metr. Schema aufweisen, während die dritte (Epode) im metr. Schema abweicht; verwendet u. a. in der →pindarischen Ode. Dasselbe Schema findet sich auch in der dt. Literatur, z. B. in der →Meistersangstrophe.

3) *Keltologie:* eine in den frühen inselkelt. Literaturen weit verbreitete literar. Kleinform in Prosa von prägnanter Kürze, in der Gruppen von drei Dingen, Personen oder Ideen unter einem Thema katalogisiert sind. Die T. sind wichtig als fragmentar. Zeugnisse verlorener Literaturwerke und in anderem Zusammenhang nicht erhaltener histor., geograph. oder rechtl. Angaben. Bedeutende frühe Sammlungen sind u. a. die irische ›Trecheng breth Féne‹ (T. der Urteile der Iren; vielleicht 9. Jh.) oder die kymr. ›Trioedd ynys prydein‹ (T. der Insel Britannien). T. finden sich auch in der altkelt. Mythologie (Darstellungen von dreiköpfigen Gottheiten, T. von Pferden, Kranichen sowie →Matronen).

Ausgabe: Trioedd ynys prydein. The Welsh triads, übers. v. R. BROMWICH (²1978).

KUNO MEYER: The triads of Ireland (Dublin 1906).

4) *Militärwesen:* 1) Bez. für die drei Trägersystemarten strateg. Kernwaffen: landgestützte ballist. Interkontinentalraketen (ICBM), seegestützte ballist. Raketen (SLBM) und strateg. Langstreckenbomber; 2) innerhalb der NATO Bez. für: konventionelle Streitkräfte, nukleare Kurz- und Mittelstreckensysteme sowie interkontinentalstrateg. Kernwaffen.

5) *Religionsgeschichte:* Bez. für eine Dreiheit (Trias) von Göttern. Am bekanntesten sind Anu – Enlil – Ea (Himmel – Luft – Erde) in Sumer, Schin – Schamasch – Ischtar (Mond – Sonne – Venus) in Babylon, Amun – Chonsu – Nut sowie Osiris – Isis – Horus in Ägypten, Jupiter – Mars – Quirinus sowie Jupiter – Juno – Minerva in Rom, Brahma – Vishnu – Shiva im Hinduismus. Auch Schicksalsgottheiten werden der Zeitstufen entsprechend oft triadisch gebildet: Parzen in der röm., Gorgonen (→Gorgo) in der griech., Nornen in der german. Religion. Daneben stehen metaphys. T., z. B. bei LAOZI yi – xi – wei (das Gleiche, Dünne, Feine) oder im ind. philosoph. Denken die drei Prädi-

kate des →Brahman Sat – Cit – Ananda (Sein, reines Bewusstsein, Wonne) in den jüngeren Upanishaden sowie To hen – Nus – Psyche (das Eine – der Geist – die Weltseele) im Neuplatonismus. (→Trinität)

6) *Wirtschaft:* Bez. für die drei derzeit wichtigsten Wirtschaftsregionen der Erde: Nordamerika, Europa (v. a. EU- und EFTA-Staaten) sowie Japan zus. mit den asiat. Schwellenländern.

Triaden, nach ihrem Symbol, dem Dreieck Himmel – Erde – Menschheit, bezeichnete chin. Gruppen der organisierten Kriminalität. Zentren der T. sind Mitte der 1990er-Jahre Hongkong, Macao und Taiwan. Allein in Hongkong wird die Anzahl der T. auf rd. 50 (z. B. Sun Yee On, Wo Group, 14 K) mit rd. 100 000 Mitgl. (›Drachen‹) geschätzt. Außerhalb Asiens sind T. i. d. R. in den Chinatowns großer Städte in Australien, Nordamerika (Kanada, USA) und Europa (Großbritannien, Niederlande, Frankreich, seit den 1990er-Jahren zunehmend auch Spanien, Italien, Dtl. und Ungarn) in versch. Kriminalitätsbereichen (z. B. Heroinhandel, Schutzgelderpressung, Menschenschmuggel, Geldwäsche) tätig.

Triadisches Ballett: Zwei der von Oskar Schlemmer für das Triadische Ballett geschaffenen Figurinen; 1920–22 (Stuttgart, Staatsgalerie)

Triadisches Ballett, ein 1920–22 von O. SCHLEMMER geschaffenes Ballett (Uraufführung 1922 in Stuttgart), das durch farbige, auf geometr. Grundformen (Kugel, Kubus, Pyramide) reduzierte Figurinen (aus Metall u. a. Materialien) und deren mechanisierte Bewegungen im Raum ein neues Gefühl für die Dreidimensionalität von Figur und Raum anstrebte. Die dreiteilige Fassung von 1922 unterschied die Gelbe, Rosa und Schwarze Tanzreihe und umfasste (für drei Tänzer) 18 Kostüme und 12 Tänze. – 1977 schuf G. BOHNER zu Musik von H.-J. HESPOS (*1938) eine Bühnenproduktion.

D. SCHEPER: Oskar Schlemmer, das T. B. u. die Bauhausbühne (1988).

Triage-Index [tri'jaːʒ-; frz. triage ›Auslese‹], in der Katastrophenmedizin gültige Zusammenstellung von Kriterien zur Festlegung der Dringlichkeitsreihenfolge bei der Versorgung einer größeren Anzahl von Verletzten; Priorität haben hierbei bedrohl. Schädigungen, bei denen eine Behandlung Erfolg versprechend ist.

Triakis|oktaeder [griech. triákis ›dreimal‹], **Trisoktaeder, Pyramiden|oktaeder** *das,* von 24 gleich-

Triakisoktaeder

schenkligen Dreiecken umschlossene spezielle Kristallform.

Triakis|tetraeder [griech. triákis ›dreimal‹], **Tristetraeder, Pyramidentetraeder** *das,* von 12 gleichschenkligen Dreiecken begrenzte spezielle Kristallform.

Trial [zu lat. tres, tria ›drei‹] *der, -s/-e, Sprachwissenschaft:* Numerus zur Bez. der Dreizahl, z. B. in den melanes. Sprachen.

Trial ['traɪəl; engl. ›Versuch‹] *das, -s/-s, Sport:* 1) im Motorradsport fahrtechn. Geschicklichkeitsprüfung auf Spezialmotorrädern (350-cm³-Motoren mit 15 kW Leistung) an Steilhängen, in Wasserdurchfahrten, auf steinigem Gelände, verschlammten Wegen und gefährl. Sandbahnen sowie anderen Hindernissen. Die Wettbewerbe werden nicht nach Zeit gefahren; gewertet werden die Fehler in den etwa 50 m langen Wertungsabschnitten (›Sektionen‹) durch Strafpunkte: Abstützen mit dem Fuß, Stehenbleiben des Vorderrades, Abrutschen, falsches Lenken, Abwürgen des Motors. 2) im Radsport →Mountainbike 2).

Trial and Error ['traɪəl ənd 'erə, engl.], →Versuch und Irrtum.

Trialeti, vorgeschichtl. Gräberfeld am Südabhang des Trialet. Gebirges im Kleinen Kaukasus, 65 km südwestlich von Tiflis, Georgien. Bei Ausgrabungen 1936–40 ergaben sich Aufschlüsse über die Bronzezeit im transkaukas. Raum. Die Höhenlage der Kurgane (1 500 m ü. M.) zeugt für sommerl. Weidewirtschaft der T.-Leute, die wohl auch Zugang zu den Goldvorkommen des Kaukasus hatten. Die Hügelgräber enthielten meist reiche Einzelbestattungen. Während Waffenbeigaben selten waren, wurden Reste von vierrädrigen Wagen aus Holz und Knochen von Haustieren (Rind, Schaf und Schwein) gefunden, außerdem bemalte Keramik, Vorrats- sowie Prunkgefäße aus Edelmetall. Die Gold- und Silbergeräte aus der Mitte des 2. Jt. v. Chr. lassen in Formen und Ornamentik Beziehungen zu Syrien, Kleinasien und Mykene erkennen. 1959–62 wurden weitere Kurgane der T.-Gruppe auf benachbarten Hochebenen des Chramibeckens untersucht (8 m hohe Grabhügel mit einem Durchmesser von 100 m, die über Innenbauten aus Trockenmauerwerk mit einem 6 m hohen und etwa 10 m × 10 m großen Saal aufgeschüttet waren).

Triangel [lat. triangulum ›Dreieck‹] *das, -s/-,* idiophones Schlaginstrument in der Form eines runden Stahlstabs, der zu einem gleichseitigen, an einer Ecke offenen Dreieck gebogen ist (Seitenlänge 15–30 cm) und mit einem geraden Metallstab angeschlagen wird (in Einzelschlägen oder als Wirbel). Das T. wird an einer der geschlossenen Ecken mit einer Schlinge aufgehängt, die in der Hand gehalten oder an einem Ständer befestigt wird. Der in der Höhe nicht bestimmbare Ton ist hell und äußerst durchdringend (höchste Obertonfrequenz aller Orchesterinstrumente). Das T. ist seit dem 14. Jh. in Europa bekannt und gelangte im 18. Jh. in das Orchester.

Triangulation [zu mlat. triangulare ›dreieckig machen‹] *die, -/-en,* 1) *Baukunst:* **Triangulatur,** Verwendung des gleichseitigen, in der Gotik vermutlich eines variablen spitzwinkligen Dreiecks als Maß- und Verhältniseinheit, während Renaissance und Barock ein gleichseitiges (›borromin. Dreieck‹, z. B. bei Sant' Ivo della Sapienza, Rom) zugrunde legten.

2) *Gartenbau:* →Veredelung.

3) *Geodäsie:* klass. Verfahren der Landesvermessung zur Bestimmung von →Festpunkten durch Messung von Horizontalwinkeln, heute weitgehend durch wirtschaftlichere Verfahren ersetzt. Bei der T. werden in dem durch die trigonometr. Punkte (TP) gebildeten Dreiecksnetz sämtl. Winkel mit dem Theodolit gemessen und die Längen einzelner Dreiecksseiten durch Basismessung (→Basis) oder durch elektron. Distanzmessung bestimmt. Zur Orientierung des Netzes auf der Erdoberfläche dienen die astronomisch bestimmten geograph. Breiten und Längen einzelner TP sowie die Azimute einzelner Dreiecksseiten. – In der Landesaufnahme wurde zw. TP 1. Ordnung (Dreiecksseite 40–60 km), 2. Ordnung (10–20 km), 3. Ordnung (3–10 km) und 4. Ordnung (1–3 km) unterschieden. Für die Beobachtung langer Seiten mussten Beobachtungs- und Signaltürme zur Herstellung der Sichtverbindung errichtet werden, soweit nicht Kirchturmspitzen als TP benutzt wurden. Das Verfahren liefert →geographische Koordinaten oder →gaußsche Koordinaten. Die TP dienen als Grundlage für die topograph., die Kataster- und Ingenieurvermessungen, wobei i. Allg. weitere Verdichtungsmessungen durch Polygonzüge oder Aerotriangulation notwendig werden.

Mit der Entwicklung der elektron. Distanzmessung wurde die T. durch Verfahren der Trilateration oder der Polygonierung (Polygonzug) ersetzt. Heute werden Festpunktfelder zunehmend mit Verfahren der Satellitengeodäsie aufgebaut. Die anfangs benutzte Satelliten-T. ist in den 1970er-Jahren zunächst durch die Doppler-Positionierung und danach durch die Anwendung von NAVSTAR/GPS ersetzt worden.

W. TORGE: Geodesy (a. d. Dt., ²1991); H. KAHMEN: Vermessungskunde (¹⁹1997).

Triângulo Mineiro [tri'aŋgulu mi'neiru] *der,* Region im W des Bundesstaates Minas Gerais, Brasilien, zw. den Paraná-Quellflüssen Paranaíba und Rio Grande mit den städt. Zentren Uberaba und Uberlândia, eines der bedeutendsten Rinderzucht- und -mastgebiete Brasiliens; Anbau u. a. von Bohnen.

Triangulum [lat. ›Dreieck‹], Abk. **Tri,** wiss. Name des Sternbilds →Dreieck.

Triangulum Australe [lat.], Abk. **TrA,** wiss. Name des Sternbilds Südliches Dreieck (→Dreieck).

Triangulumnebel, Dreiecksnebel, drittgrößtes der bekannten Sternsysteme der →lokalen Gruppe, eine Spiralgalaxie (M 33). Der T. liegt in einer Entfernung von etwa 700 kpc im Sternbild Dreieck; er ist bereits in einem lichtstarken Feldstecher zu erkennen.

Trianon [tria'nɔ̃], Name von Lustschlössern im Park von Versailles: **Grand T.,** unter LUDWIG XIV. 1687–88 von J. HARDOUIN-MANSART für die MARQUISE DE MAINTENON erbaut (im Innern prächtige Holztäfelungen); **Petit T.,** unter LUDWIG XV. von J.-A. GABRIEL 1764–68 errichtet (BILD →Gabriel, Jacques-Ange), später Lieblingsaufenthalt MARIE-ANTOINETTES. – Zum Friedensvertrag von T. (4. 6. 1920) →Pariser Vorortverträge.

Triarier [zu lat. tres, tria ›drei‹], lat. **Triarii,** im röm. Heer die ausgewählte, altgediente Kerntruppe im dritten Glied der traditionellen Schlachtordnung. (→Legion)

Tri|arylmethanfarbstoffe, synthet. Farbstoffe, deren Grundgerüst aus drei aromat. Ringsystemen (Arylgruppen) besteht, die an ein gemeinsames C-Atom gebunden sind. Die größte Bedeutung in dieser Gruppe haben die →Triphenylmethanfarbstoffe.

Trias [griech. ›Dreizahl‹, ›Dreiheit‹] *die, -, Geologie:* ältestes System des Mesozoikums. Die T. war eine Zeit bedeutender festländ. Ablagerungen (Geokratie) mit gelegentl. Flachmeereinschaltungen. Dagegen wurden in den Geosynklinalen (v. a. Tethys einschließlich Alpenraum sowie zirkumpazif. Gürtel) mächtige marine Sedimente abgelagert, die von der alpid. Gebirgsbildung gefaltet wurden; bedeutende orogenet. Bewegungen gab es erst in der obersten T. (altkimmer. Faltung). Man unterscheidet daher eine **germanische,** vorwiegend kontinentale, und eine **alpine** oder **mediterrane** T.-Fazies.

Der Name (›Dreiheit‹) stammt von der **germanischen T.,** die in →Buntsandstein, →Muschelkalk und →Keuper gegliedert wird und die sich von Süd-Dtl. bis

Triakistetraeder

Triangel

Triangulation 1) eines gotischen Spitzbogens

Triangulation 3): Von den trigonometrischen Punkten TP₁ und TP₂ aus wird die Länge der Strecken über ein Netz mit der bekannten Basis b berechnet

in den Nordseeraum (Brit. Inseln), im Bereich des →Germanischen Beckens, erstreckt. Von der alpinen T. wurde sie durch die →Vindelizische Schwelle getrennt. Erst in der jüngsten T. leiteten epirogene Bewegungen die transgressive Periode des Jura ein. – Die Ablagerungen von Buntsandstein und Keuper sind v. a. festländisch, die des Muschelkalks in einem seichten Binnenmeer entstanden. Ähnl. Verhältnisse wie im German. Becken finden sich im westl. Mittelmeergebiet, in Russland, China, Nordamerika (östlich der Kordilleren) und auf den Südkontinenten.

Schwerpunkte der geosynklinalen marinen (pelag.) **alpinen T.** lagen in den N- und S-Alpen, getrennt durch einen zentralalpinen Rücken. Riff- und Dolomitablagerungen erreichen hier bis zu 3 000 m Dicke. Die Kalke und Dolomite, die sich vom Rif-Atlas über die Kalkalpen und den Balkanraum bis in den Himalaja und nach Malaysia finden, sind charakterist. Ablagerungen der →Tethys. Sie mündete im Malaiischen Archipel in eine zirkumpazif. Geosynklinalzone (Sibirien, Japan, amerikan. Kordilleren) mit vorwiegend klast. Gesteinen mit eingeschalteten Tuffen. Im Skyth und Karn sind festländ. Einflüsse bemerkbar, im Ladin und Nor ist die pelag. Ausbildung am stärksten (Wettersteinkalk, Dachsteinkalk). Im Flachwasserbereich kamen die salinaren Werfener Schichten, in Lagunen das Steinsalz und Anhydrit führende →Haselgebirge zur Ablagerung (Solquellen von Bad Reichenhall, Steinsalzfunde in Berchtesgaden, Hallein, Hallstatt u. a.). Die Mittlere T. der S-Alpen war eine Zeit reger vulkan. Tätigkeit, wobei sich die Riffe des Schlerndolomits mit vulkan. Tuffen verzahnen. Anzeichen der Aufspaltung der Landmasse der S-Kontinente (→Gondwana) zeigen sich in der späten T. In Südamerika und Südafrika kam es zu riesigen Basalterguüssen (→Decke, →Flutbasalt).

Das *Klima* der T. war verhältnismäßig ausgeglichen. Auf stärkere Erwärmung in der Mittleren T. deuten Kalkalgen. Auch die kontinentalen Ablagerungen lassen semiarides Klima vermuten. Zu Kohlebildungen kam es in Asien und im Umkreis des Pazifik. Der Südpol lag vermutlich am Rand des antarkt. Kontinents, der Nordpol im Bereich Kamtschatkas. Die Pole waren wahrscheinlich eisfrei. Der Äquator verlief durch das südl. Nordamerika, N-Afrika und längs des Tethysmeeres.

Mit der T. vollzog sich bes. die Entwicklung der Reptilien, die in den Landablagerungen auch durch Fährtenabdrücke (Chirotherium) überliefert sind; die Thecodontia entfalteten sich, und die ersten Ichthyosaurier und Dinosaurier traten auf. Sauropterygia (u. a. Nothosaurus) und Placodontier (u. a. Placodus) kehrten zur marinen Lebensweise zurück. Die Therapsida wurden säugetierähnlicher. Aus der Oberen T. stammen die ältesten Säugetierfunde, etwa mausgroße Tiere. Unter den Fischen dominierten die Strahlenflosser, daneben Elasmobranchier, Quastenflosser und Lungenfische (u. a. Ceratodus). Anstelle der im Perm ausgestorbenen Runzelkorallen traten die Hexakorallen (Sechstrahlige Korallen) als Riffbildner auf. In der Oberen T. starben die Orthoceren aus (u. a. Orthoceras). Die durch Trockenheit gekennzeichnete kontinentale Vegetation ist artenarm, u. a. vertreten durch Schachtelhalmgewächse (Schizoneura; Equisetites im Schilfsandstein), Nadelhölzer (Voltzia), Bärlappgewächse (Pleuromeia). Mit dem Keuper erscheinen Cycadeen (Palmfarne), u. a. Bennettitales. Weit verbreitet sind Gingkogewächse und Samenfarne (Caytoniales, Lepidopteris). Auf dem Gondwanakontinent bestand die Glossopterisflora des Perms weiter.

Wichtigste Leitfossilien sind die Ceratiten, daneben in den marinen Schichten Conodonten (starben Ende der T. aus), Armfüßer, Muscheln (häufigste Fossilien der T.) und Kalkalgen (häufig gesteinsbildend), in den brackischen und kontinentalen Sedimenten Muschelkrebse, Wirbeltiere (Tetrapoden) sowie höhere Pflanzen und Sporen.

MARTIN SCHMIDT: Die Lebewelt unserer T., 2 Tle. (1928–38); H. KOZUR: Biostratigraphie der german. Mittel-T., 2 Tle. (Leipzig 1974); Die Stratigraphie der alpin-mediterranen T., hg. v. H. ZAPFE (Wien 1974); Neue Beitr. zur Biostratigraphie der Tethys-T., hg. v. DEMS. (ebd. 1983); D. MADER: Evolution of palaeoecology and palaeoenvironment of permian and triassic fluvial basins in Europe, 2 Bde. (Stuttgart 1992).

Trias|idee, vom Hubertusburger Frieden (1763) bis zum Dt. Krieg (1866) die polit. Vorstellung der Mittel- und Kleinstaaten, ein ›drittes Dtl.‹ zw. den Großmächten Österreich und Preußen bilden zu können. Ansätze zur Verwirklichung der T. waren der Dt. Fürstenbund (1785) und (mit Einschränkung) der Rheinbund (1806); im Dt. Bund wurde die T. vertreten von Württemberg, Bayern (Min.-Präs. L. VON DER PFORDTEN) und Sachsen (Min.-Präs. F. F. VON BEUST).

Triäthanolamin, →Alkanolamine.

Triathlon [aus griech. tri- ›drei‹ und āthlon ›Kampf‹, gebildet nach ›Biathlon‹] *das* und *der, -s/-s,* Ausdauermehrkampf mit (Freistil-)Schwimmen (Wassertemperatur mindestens 15°C), Radfahren und Laufen für Frauen und Männer; eine ›Trendsportart. Gewertet wird die Gesamtzeit der nacheinander ohne Unterbrechung absolvierten Disziplinen. Die bekanntesten Wettbewerbe sind der **olymp. T. (Kurz-T.)** mit 1,5 km Schwimmen, 40 km Radfahren, 10 km Laufen, der **Mittel-T.** mit 2 km Schwimmen, 80 km Radfahren, 20 km Laufen und der **Lang-T.** (›Ironman‹) mit 3,8 km Schwimmen, 180 km Radfahren, 42 km Laufen. – Eine dem T. ähnl. Disziplin ist **Duathlon,** bestehend aus Laufen, Radfahren, Laufen und ausgetragen über die Lang- (14, 60, 7 km) bzw. Kurzdistanz (10, 40, 5 km).

Wettbewerbe, Organisationen: Europameisterschaften auf allen drei T.-Distanzen werden seit 1985, Weltmeisterschaften auf der kurzen Distanz seit 1989 ausgetragen. – In Dtl. wird T. von der Dt. T.-Union (DTU; gegr. 1985, Sitz: Frankfurt am Main) organi-

Trias					
	alpine Trias		germanische Trias		Jahre vor heute
Obere Trias	Rät	Keuper	Oberer (Sandsteinkeuper)		213–225 Mio.
	Nor		Mittlerer (Gipskeuper)		
	Karn		Unterer (Lettenkeuper)		225–231 Mio.
Mittlere Trias	Ladin	Muschelkalk	Oberer (Hauptmuschelkalk)		231–238 Mio.
	Anis		Mittlerer (Anhydritgruppe)		238–243 Mio.
			Unterer (Wellenkalk)		
Untere Trias	Skyth	Buntsandstein	Oberer (Röt)		243–248 Mio.
			Mittlerer (Hauptbuntsandstein)		
			Unterer		

siert. In Österreich besteht der Österr. T.-Verband (ÖTRV; gegr. 1987, Sitz: Zell am See) und in der Schweiz der Schweizer T.-Verband (tri; gegr. 1985, Sitz: Zürich). Europ. Dachverband ist die European T. Union (ETU; gegr. 1984, Sitz: Sevran, Dep. Seine-Saint-Denis, Frankreich), Weltdachverband der International T. Union (ITU; gegr. 1989, Sitz: Vancouver, Kanada).

Geschichte: In San Diego fanden 1974/75 die ersten, mit dem heutigen Programm vergleichbaren T.-Veranstaltungen statt. Bekannt wurde T. v. a. durch den 1978 erstmals auf Hawaii ausgetragenen ›Ironman‹, dem ›Ur-T.‹. Eine weltweite Verbreitung erfuhr der T. seit Anfang der 80er-Jahre; 1989 wurde ein internat. verbindl. Regelwerk festgelegt. Die T.-Premiere in der BRD erfolgte 1982 (Landesmeisterschaften seit 1984). In der DDR wurden seit 1983/84 T.-Veranstaltungen durchgeführt (1990 erste und letzte DDR-Meisterschaft). Im Jahr 2000 ist T. (olymp. T.) erstmals im olymp. Programm enthalten (Frauen, Männer).

H. ASCHWER: Hb. für T. (Neuausg. 1995); DERS.: Tips für T. (1998); S. GROSSE: T. verständlich gemacht (1993); B. FRANZ: Auswahlbild T. (1996); 11. u. 12. internat. T.-Symposium, bearb. v. M. ENGELHARDT u. a. (1998).

Triberg im Schwarzwald: Triberger Wasserfälle

Tri|äthyl|aluminium, →aluminiumorganische Verbindungen.

Tri|äthylamin, →Amine.

Tri|äthylen|glykol, →Glykole.

Triazine, sechsgliedrige heterozykl. Verbindungen, die drei Stickstoffatome im Molekülring enthalten. Von den drei stellungsisomeren Verbindungen haben v. a. das **1,3,5-Triazin** und seine Derivate (u. a. Melamin, Guanamine) in der präparativen Chemie und u. a. bei der Herstellung von Kunststoffen, Textilhilfsmitteln und Farbstoffen Bedeutung.

Tribadie [zu griech. tríbas ›homosexuelle Frau‹], die weibl. Homosexualität, →Lesbierinnen.

Tribalismus [zu lat. tribus ›Bezirk‹, ›Gau‹, eigtl. ›einer der drei ältesten Stämme Roms‹] *der, -,* Bez. für Tendenzen, den Belangen der jeweils eigenen ethn. Gruppe den Vorrang einzuräumen vor der Zugehörigkeit zur ›Staatsnation‹; bes. in Hinsicht auf die Staaten Afrikas verwendet. Als Erscheinungsformen des T. in Afrika gelten z. B. die Sezessionsbestrebungen der Ibo in Nigeria oder die Bemühungen, die Ewe in Ghana und Togo sowie die Somal in Somalia und Äthiopien unter Aufhebung bestehender Grenzen in einem Staat zu vereinigen. Die OAU bekämpft den T. als mögl. Ursache von Kriegen zw. und innerhalb von Staaten Afrikas und lässt dabei die von den Kolonialmächten gezogenen Grenzen unangetastet.

Der Begriff T. ist wiss. und politisch fragwürdig, da es sich zum einen bei vielen ›Stämmen‹ nicht um ›natürl.‹ oder aufgrund langer histor. Entwicklung vorgegebene Größen handelt, sondern um Ergebnisse sehr unterschiedl. sozialer, geschichtl. oder polit. Differenzierungen. Zum anderen stellen die unter T. zusammengefassten Orientierungen zumeist die Reaktion auf komplexe wirtschaftl., histor. und soziale Probleme dar: Migration, Wirtschaftskrise, Unterprivilegierung, konfessionelle Differenzen, unterschiedl. Modernisierungsgrade, nicht zuletzt die durch die Kolonialmächte im eigenen Interesse gezogenen Grenzen, die vielfach ältere Zuordnungen und Verbindungen durchschnitten. – Der T. ist jedoch nicht allein auf Afrika speziell bezogen; die nach den weltpolit. Umbrüchen seit dem Beginn der 1990er-Jahre allenthalben aufflammenden Regionalkonflikte entwickelten sich vielfach entlang vorgeblich ethn. Grenzen.

Die Völker Afrikas u. ihre traditionellen Kulturen, hg. v. H. BAUMANN, 2 Tle. (1975–79); The democratic theory and practice in Africa, hg. v. W. O. OYUGI u. a. (Nairobi 1987); The precarious balance. State and society in Africa, hg. v. D. ROTHCHILD u. a. (Boulder, Col., 1988); G. ELWERT: Nationalismus u. Ethnizität, in: Kölner Ztschr. für Soziologie u. Sozialpsychologie, Jg. 41 (1989); C. LENTZ: ›T.‹ u. Ethnizität in Afrika. Ein Forschungsüberblick (1994); F. ANSPRENGER: Polit. Gesch. Afrikas im 20. Jh. (²1997); The invention of tradition, hg. v. E. HOBSBAWN u. a. (Neudr. Cambridge 1997).

Triberg im Schwarzwald, Stadt im Schwarzwald-Baar-Kreis, Bad.-Württ., 600–1000 m ü. M., 5 800 Ew.; heilklimat. Kurort in einem von Gutach, Prisenbach, Schonach und Nußbach gebildeten Kessel unterhalb der **Triberger Wasserfälle** (sieben Fälle), in denen die Gutach 163 m tief herabstürzt; Schwarzwaldmuseum; Metall-, Holz- und Uhrenindustrie, Werkzeugbau. – Wallfahrtskirche Maria in der Tanne (1700–05); Gnadenbild von 1645; das silbergetriebene Antependium von 1706 ist eine Votivgabe des Markgrafen LUDWIG WILHELM I. VON BADEN-BADEN (Türkenlouis). – Die um 1200 gegründete Burg und Stadt der Herren und Ritter von Tryberg fanden 1239 erste urkundl. Erwähnung. 1355–1797 war T. unter vorderösterr. Herrschaft, ab 1806 badisch und bis 1924 bad. Amtsbezirk.

Tribhanga [Sanskrit], bewegte Körperhaltung ind. Skulpturen mit doppelter Achsbrechung (BILD →Sthanakamurti).

tribo... [zu griech. tríbein ›reiben‹], Wortbildungselement mit der Bedeutung: Reibung, z. B. Tribologie.

Tribochemie, Teildisziplin der →Tribologie, die sich mit den chem. und physikalisch-chem. Erscheinungen an aufeinander einwirkenden, sich relativ zueinander bewegenden Festkörperoberflächen beschäftigt (z. B. bei Reibung oder Stoß). Tribochem. Reaktionen wie die Oxidation durch Luftsauerstoff bei durch Reibung erhöhten Temperaturen tragen zum Verschleiß von Werkstoffen bei. Bei oszillierenden Schlupfbewegungen zw. zwei Metallen kann Reibkorrosion (Passungsrost) auftreten. Von besonderer techn. Bedeutung sind tribochem. Reaktionen an Schmierstellen beim Reißen des Schmierfilms (Mischreibung). Hoch belasteten Schmierstoffen werden verschleißmindernde (z. B. Zinkdialkyldithiophosphate) oder fressverhütende (z. B. langkettige Chloralkane) Additive zugesetzt, die bei Mischreibung unter dem Einfluss der dabei auftretenden örtl. Erhitzung mit den Oberflächen der Reibpartner reagieren. Das führt zur Ausbildung von gleitfähigen Reaktionsschichten, die die Reibung vermindern.

Tribo|elektrizität, *die* →Reibungselektrizität.

Tribolo, eigtl. Niccolò di Raffaello de' Pericoli, ital. Bildhauer und Baumeister, * Florenz 1500, † ebd. 20. 8. 1550; Schüler von J. SANSOVINO. 1534 Mitarbeiter von MICHELANGELO in Florenz (Neue Sakristei, Bibliothek von San Lorenzo, Medici-Grabmäler); als

1,3,5-Triazin

Triazine

Gartenarchitekt der Medici (Terrassengarten für die Villa di Castello, 1538 ff.; Planung des Boboli-Gartens; 1549 begonnen) entwarf er Fontänen, Brunnen, Wasserspiele, Grotten und Labyrinthe. Einiges wurde später in die Villa della Petraia versetzt.

W. ASCHOFF: Studien zu N. T. (Diss. Frankfurt am Main 1966).

Tribolo: Marmorbrunnen (1538) in der Villa della Petraia in Florenz mit der Bronzefigur der ›Florenz‹ von Giambologna (1555–60)

Tribologie *die, -,* Wiss. von gegeneinander bewegten und aufeinander einwirkenden Oberflächen, umfasst die Gebiete →Reibung, →Schmierung und →Verschleiß. Die T. untersucht die auftretenden Grenzflächenwirkungen bei Beanspruchung eines festen Körpers durch Kontakt und Bewegung gegen einen festen, flüssigen oder gasförmigen Partner sowie die daraus resultierenden tribolog. Schäden durch Oberflächenveränderungen und Materialverlust. Die techn. Anwendung tribolog. Erkenntnisse heißt **Tribotechnik.** Sie hat die Herabsetzung von Reibung und Verschleiß bei bewegten Maschinenteilen u. Ä. durch Maßnahmen bei Konstruktion, Fertigung, Betrieb und Wartung zur Aufgabe und zielt auf die Werterhaltung bei Maschinen, die Vermeidung von Funktionsbeeinträchtigungen und den ökonom. Energieeinsatz ab. (→Tribochemie)

T., 12 Bde. (1981–88); Wissensspeicher Tribotechnik, hg. v. H. BRENDEL u. a. (Leipzig ²1988); O. PIGORS: Werkstoffe in der Tribotechnik (1992).

Triboluminęszenz, Form der →Lumineszenz, die bei vielen Kristallen auftritt, wenn sie zerbrochen werden (›Trennungsleuchten‹). Man kann die mit ihr verbundene Lichterscheinung (›Trennungslicht‹) bei völlig dunkel adaptiertem Auge beobachten, z. B. wenn man ein Stück Würfelzucker zerbricht, reibt oder im Mörser stößt, oder, noch deutlicher, wenn man Leuchtstoffe im Mörser zerreibt. Eine verwandte Erscheinung ist die **Kristalllumineszenz,** die dann auftreten kann, wenn die Übersättigung einer Lösung oder Schmelze so groß ist, dass aufgrund der Schnelligkeit des Kristallisationsprozesses die entstehenden Kristalle sich gegeneinander bewegen und aneinander reiben. Beim Kristallisieren von Natriumhydroxid aus der Schmelze sind z. B. manchmal sehr helle Blitze zu beobachten.

Tribon [griech. ›abgetragener Mantel‹] *der, -s/ ...'bone,* 1) einfacher altgriech. Mantel rechteckigen Zuschnitts, v. a. bei Spartanern und athen. Philosophen belegt; 2) Standeskleidung der Ärzte in Byzanz, dann ein tunikaartiges Gewand, in der Mitte geschlitzt, von blauer Farbe; mit hohem Hut getragen.

Tribrachys [griech., eigtl. ›dreifach kurz‹] *der, -/-, antike Metrik:* aus drei kurzen Silben bestehender Versfuß: ◡◡◡.

Tribsees, Stadt im Landkreis Nordvorpommern, Meckl.-Vorp., 12 m ü. M., im nordöstl. Hinterland der Mecklenburg. Seenplatte, am linken Ufer der Trebel, 3 000 Ew.; Heimatmuseum. – Die Thomaskirche, eine frühgot. Hallenkirche aus Backstein, wurde unter Einbeziehung älterer Bauteile im 14. Jh. errichtet; prächtiger Schnitzaltar (15. Jh.). Reste der ehem. Stadtbefestigung mit Steintor- und Mühltorturm (15. Jh.) mit Staffelgiebeln. – In der Folge einer Anfang des 12. Jh. erstmals erwähnten slaw. Burg entstand eine Burg der Fürsten von Rügen, nahe der im 1267 erstmals urkundlich erwähnte Siedlung T. angelegt wurde. 1285 erhielt T. Stadtrecht, 1328 mecklenburgisch, danach fiel T. an die Herzöge von Pommern; 1648–1815 schwedisch, danach preußisch.

Tribun [lat. tribunus, zu Tribus] *der, -s* und *-en/-e(n), im antiken Rom* Bez. für Beamte und Offiziere. Der **Ärar-T. (tribunus aerari|i)** war urspr. ein Beamter der →Tribus, der den Soldaten den Sold (stipendium) auszahlte; im 1. Jh. v. Chr. ein eigener, durch den →Census bestimmter Stand, der zu den Geschworenengerichten herangezogen wurde; von CAESAR abgeschafft. Der **Militär-T. (tribunus militum)** war einer der je sechs Stabsoffiziere einer Legion; Militär-T. gab es auch bei den Prätorianern, den Vigiles, den Hilfstruppen und der Flotte. In der Kaiserzeit waren die Militär-T. Anwärter auf die senator. oder ritterl. Ämterlaufbahn. Der **Konsular-T. (tribunus militum consulari potestate)** war im 5./4. Jh. v. Chr. Mitglied eines Kollegiums mit konsular. Befugnissen. Der **Volks-T. (tribunus plebis)** war ein Sonderbeamter zum Schutz der →Plebs gegen die Willkür patriz. Magistrate, seit dem Abschluss des Ständekampfes 287 v. Chr. selbst →Magistrat. Jeder der von der Plebs – zuerst von den Volksversammlungen, den →Concilia Plebis, dann von den Tributkomitien – auf ein Jahr gewählten zehn Volks-T. war unverletzlich (sakrosankt), hatte das Recht, die Plebs zu Volksversammlungen einzuberufen, sowie ein Vetorecht (ius intercessionis) gegen jede Amtshandlung eines Kollegen oder eines anderen Magistrats oder gegen Volks- und Senatsbeschlüsse, sofern diese den Interessen der Plebs zuwiderliefen. Seit dem 3. Jh. v. Chr. konnten die Volks-T. den Senat zusammenrufen, seit 149 v. Chr. hatten sie nach Ablauf der Amtszeit Anspruch auf Aufnahme in den Senat. Seit AUGUSTUS übernahmen die Kaiser, ohne selbst Volks-T. zu sein, deren Vollmachten und Vorrechte **(Tribunicia Potestas, tribunizische Amtsgewalt);** die Zählung der Jahre der Tribunicia Potestas entsprach den Regierungsjahren des Kaisers. – Im MA. trat COLA DI → RIENZO als Volks-T. auf, wie man auch später revolutionäre Volksführer so bezeichnete.

J. BLEICKEN: Das Volkstribunat der klass. Rep. (²1968).

Tribunal [frz., von lat. tribunal ›erhöhter Platz der Magistrate‹] *das, -s/-e,* 1) im *antiken Rom* der erhöhte Amtsplatz der Magistrate auf dem Forum Romanum, wo u. a. Recht gesprochen wurde; 2) danach (frz.) Bez. für (hoher) Gerichtshof; 3) im *MA.* bes. Bez. für geistl. Gerichte; 4) in der *Neuzeit* häufig Bez. für ein polit. Sondergericht, z. B. das frz. Revolutions-T. (1793–95) oder das für die Nürnberger Prozesse errichtete Internat. Militär-T. (1945/46); →Kriegsverbrechertribunal; 5) von gesellschaftl. bzw. polit. Gruppen gebrauchte Bez. für ein Forum mit dem Ziel, behauptete Verletzungen elementarer Rechte im Bereich des Völkerrechts und des innerstaatl. Rechts in einer öffentl., oft gerichtsähnl. Untersuchung nachzuweisen (z. B. die Russell-T.).

Tribus [lat. ›Bezirk‹, ›Gau‹, eigtl. ›einer der drei ältesten Stämme des antiken Rom‹] *die, -/-,* **1)** im *antiken Rom* Untergliederung der Bürgerschaft (vergleichbar der griech. →Phyle) als Grundlage für die Truppenaushebung, den →Census und die polit. Ordnung (→Komitien), urspr. drei etrusk. Geschlechterverbände (Ramnes, Tities, Louceres) zu je zehn →Kurien, seit dem 5. Jh. v. Chr. regionale Einheiten. Zu den vier stadtröm. T. **(tribus urbanae)** traten bis 241 v. Chr. 35 ländl. T. **(tribus rusticae)**, danach wurden alle Neubürger und alle neuen Bürgergemeinden in die bestehenden T. eingereiht. Die Zugehörigkeit zu einer T., die unter einem eigenen Obmann **(curator tribus)** stand, kennzeichnete den röm. Bürger und wurde seinem Namen beigefügt.

J. BLEICKEN: Die Verf. der Röm. Rep. (⁵1989).

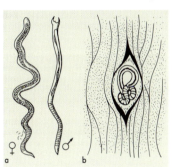

Trichine:
a Darmtrichinen (links Weibchen, rechts Männchen);
b eingekapselte Muskeltrichine

2) *Biologie:* Gattungsgruppe; in der biolog. Systematik benutzte Kategorie, die nah verwandte Gattungen einer Familie oder Unterfamilie zusammenfasst; die T.-Namen enden in der Zoologie auf *-ini,* in der Botanik auf *-eae.*

Tribut [lat., eigtl. ›dem Tribus auferlegte Steuerleistung‹, zu tribuere, tributum ›einteilen‹, ›zuteilen‹] *der, -(e)s/-e,* bis in die Neuzeit Bez. für Geld- und Sachleistungen, die ein besiegtes Volk dem Sieger auf dessen einseitige Anordnung oder nach Maßgabe des Friedensvertrages als Kriegsentschädigung oder im Sinne einer polit. Vergeltung oder Beherrschung zu erbringen hatte. Daraus entwickelte sich der heutige Gebrauch im Sinne von ›Beitrag‹, ›Opfer‹; übertragen ›schuldige Verehrung‹, ›Hochachtung‹.

Tricarbonsäurezyklus, der →Zitronensäurezyklus.

Tricastin [trikas'tɛ̃], Landschaft im Rhônetal, S-Frankreich, mit den Gem. Bollène, Pierrelatte und Saint-Paul-Trois-Châteaux; Weinbau. Südlich von Pierrelatte Kernkraftwerk mit Urananreicherungsanlage (Gasdiffusionsanlage). Das Werk hat vier Reaktorblöcke (je 915 MW Nettoleistung; seit 1980/81 in Betrieb).

Triceratops [zu tri... und griech. kéras, kératos ›Horn‹ und ōps, ōpós ›Gesicht‹, ›Auge‹], den Ornithischiern zugeordnete Gattung der Dinosaurier aus der Oberkreide Nordamerikas, bis 8 m lang, über 2,50 m hoch und 10 t schwer, mit massigen und kräftigen Beinen, kurzem, schwerem Schwanz und lederartiger Haut. Der mit einem knöchernen Nackenschild versehene, bis über 2 m lange Schädel trug ein kurzes Nasenhorn und seitlich zwei bis 1 m lange, nach vorn gerichtete Stirnhörner; Pflanzenfresser.

trich..., Wortbildungselement, →tricho...

Trichiasis [zu griech. thrix, trichós ›Haar‹] *die, -/...ses* oder *...'asen,* nach innen gerichtete Fehlstellung der Wimpern, die durch mechan. Reizung zu Binde- und Hornhautentzündungen, Epitheldefekten und Geschwürbildung der Hornhaut führen kann; tritt v. a. bei krankhaften Lidveränderungen (Entropium) und Lidschädigungen auf.

Trichine [engl. trichina, eigtl. ›Haarwurm‹, zu griech. thríx, trichós ›Haar‹] *die, -/-n,* **Trichinella spiralis,** 1,6–4 mm langer Fadenwurm, der erwachsen im Dünndarm **(Darm-T.)** von Mensch, Schwein, Hund, Katze, Ratte, vieler Pelztiere (z. B. Bär, Marder, Fuchs) und von Meeressäugern (z. B. Wal, Seehund) schmarotzt. Die begatteten Weibchen bohren sich in die Darmwand ein und bringen dort 200–1 500 Larven von 0,1 mm Länge hervor, die über das Blutgefäßsystem in stark durchblutete Muskeln (Zwerchfell, Zunge, Rippenmuskeln) gelangen **(Muskel-T.).** Dort wachsen sie zu 1 mm Länge heran, werden vom Wirt durch eine 0,4–0,7 mm lange, zitronenförmige Bindegewebskapsel, in die allmählich Kalk eingelagert wird, isoliert und bleiben viele Jahre (beim Schwein 11 Jahre, beim Menschen über 30 Jahre) lebensfähig. Durch Verzehr von trichinösem Fleisch infiziert sich der nächste Wirt. In seinem Darm lösen sich die Kapseln auf, und die T. werden geschlechtsreif.

Trichinenkrankheit, Trichinose, Trichinellose, durch Befall mit dem Fadenwurm Trichinella spiralis (→Trichine) hervorgerufene Erkrankung bei Mensch und Säugetieren. Die Infektion vollzieht sich durch Aufnahme der im Muskelfleisch befallener Tiere enthaltenen Larven. Hauptinfektionsgefahr für den Menschen sind Produkte aus trichinösem Schweinefleisch, die roh, ungenügend erhitzt, geräuchert, getrocknet oder gepökelt verzehrt werden, da die Trichinen erst bei Erhitzen des Fleisches auf mindestens 70 °C oder mehrwöchigem Tiefgefrieren absterben.

Die nach einer unterschiedl. Latenzperiode auftretenden Symptome, deren Schweregrad vom Ausmaß des Befalls abhängt, bestehen zunächst in Übelkeit, Erbrechen und Durchfall als Folge des Darmbefalls, später in Muskelbeschwerden, Lid- und Gesichtsödemen und hohem Fieber. Die T. klingt nach einer bis sechs Wochen ab; ein tödl. Verlauf ist bei starkem Befall des Herzmuskels, des Zwerchfells und der Zwischenrippenmuskeln möglich. Die Diagnose wird durch Muskelbiopsie und serolog. Untersuchungen (ab der dritten Woche positiv) gestellt. Die *Behandlung* erfolgt mit Wurmmitteln (Tiabendazol, Mebendazol). Aufgrund der vorgeschriebenen Trichinenschau bei der Fleischuntersuchung von Schlachttieren tritt die T. nur selten auf.

Trichinopoly [trɪtʃɪ'nɔpəlɪ], Stadt in Indien, →Tiruchirapalli.

Trichite [zu griech. thríx, trichós ›Haar‹], *Sg.* **Trichit** *der, -s* und *-en, Kristallographie:* →Mikrolithe.

Tri|chlor|äthan, Bez. für zwei Derivate des Äthans, die drei Chloratome enthalten (1,1,1- und 1,1,2-T.). Wichtig ist v. a. das **1,1,1-Trichloräthan,** CCl_3-CH_3, eine farblose, nichtbrennbare Flüssigkeit, die u. a. durch Anlagerung von Chlorwasserstoff an

Triceratops

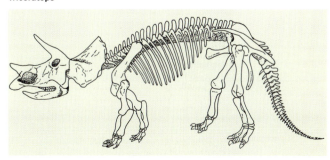

1,1-Dichloräthen (Vinylidenchlorid) hergestellt wird. Verwendung v. a. als Lösungsmittel (bes. zur Metallentfettung) sowie für Klebstoffe, Kitte, Polituren u. a.

Tri|chlor|äthylen, Tri|chlor|äthen, Abk. **Tri,** Derivat des Äthylens, bei dem drei Wasserstoffatome durch Chloratome substituiert sind, $CCl_2=CHCl$. T. ist eine leichtflüchtige, farblose, nichtbrennbare, chloroformartig riechende, giftige Flüssigkeit, die durch direkte Chlorierung oder Oxychlorierung von Äthylen gewonnen wird. Verwendet wird T. v. a. als Lösungs- und Extraktionsmittel für Fette, Wachse und Harze.

Tri|chlor|essigsäure, →Chloressigsäuren.

Tri|chlormethan, das →Chloroform.

Tri|chlorphenole, die sechs stellungsisomeren Derivate des Phenols, bei denen jeweils drei Wasserstoffatome durch Chloratome substituiert sind. Wichtig ist v. a. das farblose, kristalline **2,4,5-Trichlorphenol,** das man aus 1,2,4,5-Tetrachlorbenzol durch Umsetzen mit Alkalien erhält (hierbei kann sich, wenn die Reaktion außer Kontrolle gerät, das hochgiftige 2,3,7,8-TCDD bilden, →Dioxine). 2,4,5-T. dient u. a. als Zwischenprodukt bei der Herstellung des Desinfektionsmittels Hexachlorophen sowie des Totalherbizids 2,4,5-Trichlorphenoxyessigsäure (→Chlorphenoxyessigsäuren).

tricho... [zu griech. thríx, trichós ›Haar‹], vor Vokalen meist verkürzt in **trich...,** Wortbildungselement mit den Bedeutungen: 1) Haar, Körperbehaarung, z. B. Trichom; 2) Wimpern, z. B. Trichiasis; 3) haarförmiges Gebilde, z. B. Trichozysten.

Trichobothri|en [griech. bothríon ›kleine Grube‹], **Becherhaare,** bei Spinnentieren sowie einigen Tausendfüßern und manchen Insekten ausgebildete sehr dünne, lange und daher sehr bewegl. Sinneshaare, die in einer relativ großen, becherförmigen Vertiefung der Chitinkutikula stehen; T. sind Mechanorezeptoren mit großer Erschütterungsempfindlichkeit (Vibrationsrezeptoren), die auch auf (schwache) Luftströmungen sowie z. T. (als Hörhaare) auf Schallwellen ansprechen.

Trichocere|us [griech.], die Kakteengattung →Haarcereus.

Trichogramma [griech. grámma ›Buchstabe‹, ›Zeichen‹], Gattung der zu den Erzwespen gehörenden Familie Trichogrammatidae mit etwa 100, z. T. weltweit verbreiteten Arten (0,3–0,7 mm lang); die Larven entwickeln sich in den Eiern anderer Insekten; Arten der Gattung T. werden daher, in großem Maßstab v. a. in den USA, zur biolog. Schädlingsbekämpfung eingesetzt.

Tricholoma [griech. lōma ›Saum‹], die Pilzgattung →Ritterling.

Trichome [griech.], *Sg.* **Trichom** *das, -s,* die Pflanzenhaare (→Haare).

Trichomonas [griech. monás ›Einheit‹], Gattung der zu den Flagellaten gehörenden Unterordnung Trichomonadida; 8–45 µm lang, mit einem ovalen Zellkern und fünf Geißeln, von denen vier nach vorn gerichtet sind und die fünfte nach hinten gerichtet den Randsaum einer undulierenden Membran bildet. Beim Menschen kommen drei Arten vor, davon zwei apathogene, die Darm bzw. Mundhöhle besiedeln, sowie **T. vaginalis,** der Erreger der Trichomoniasis.

Trichomoniasis *die, -/...ses* oder *...'asen,* durch Flagellaten der Art Trichomonas vaginalis hervorgerufene, v. a. beim Geschlechtsverkehr übertragene Infektionskrankheit, die zu einer Entzündung der Schleimhäute des Urogenitaltrakts führt; bei Frauen kommt es zu Scheidenentzündung mit schleimigem, teils gelbgrünlichem Ausfluss, Juckreiz und brennenden Schmerzen (Trichomonadenkolpitis), beim Mann zu teils symptomarmen Harnröhren- und Blasen-, auch Prostataentzündungen. Im Anschluss an die akuten Erscheinungen ist ein chron. Verlauf möglich.

Die *Behandlung* wird (unter Einbeziehung des Partners) mit Metronidazol durchgeführt.

Trichomykosen, Sammel-Bez. für die durch Pilze verursachten Haarkrankheiten.

Trichonis *die,* in Ätolien gelegener, größter See ($96,5 \text{ km}^2$) Griechenlands.

Trichophorum [zu griech. -phoros ›tragend‹], die Riedgrasgattung →Haarsimse.

Trichophytie *die, -/...'tilen,* durch Befall mit Pilzen der Gattung Trichophyton hervorgerufene Erkrankungen der Haut sowie ihrer Anhangsgebilde Haare und Nägel (→Hautpilzkrankheiten).

Bei der **oberflächlichen** T. entstehen auf der Haut juckende, ringförmige entzündl. Herde mit Pusteln, Schuppen und Krusten; erkrankte Haare werden glanzlos, verfärben sich grauweiß und brechen z. T. ab. Bei der **tiefen** T., die bei Kindern bes. auf dem Kopf (→Erbgrind), bei Männern in der Bartgegend (Bartflechte) auftritt, bilden sich durch Einwandern der Pilze in die Haarfollikel Knoten, die zu Abszessen verschmelzen können und auf Druck wabenartig Eiter entleeren; die Haare fallen aus oder lassen sich herausziehen. Werden die Nägel befallen, bilden sich von den äußeren Rändern her ringförmige, graugelbe Verfärbungen und Verdickungen mit bröckeligem Zerfall der Nägel. Die *Behandlung* erfolgt mit antimykot. Lösungen, Salben und Pasten.

Die bei *Tieren* auftretenden Formen der T. bezeichnet man als →Glatzflechte.

Trichophyton [griech. phytón ›Gewächs‹, ›Pflanze‹], zu den Deuteromycetes gehörende Gattung der Pilze. Einige T.-Arten leben saprophytisch im Boden, andere verursachen Haut-, Haar- und Nagelerkrankungen bei Tieren und beim Menschen.

Trichoplax adhaerens [lat.-griech.], kleine (Durchmesser etwa 2 mm), an den Küsten warmer Meere auf Algen lebende, mehrzellige Tierart. Sie wurde von dem Zoologen KARL GOTTLIEB GRELL (* 1912) aufgrund ihres sehr einfachen Körperbaus (keine Organe, keine Muskel- und Nervenzellen) und ihres extrem niedrigen DNA-Gehalts (nur etwa 10-mal so viel wie das Kolibakterium) 1971 als eigenständiger Tierstamm betrachtet und an die Basis der Metazoa gestellt. Die Fortpflanzung erfolgt durch Zweiteilung, durch als Knospen entstehende Geißelschwärmer oder durch Geschlechtszellen. – Theoret. Bedeutung erhielt diese Tiergruppe durch die von GRELL aufgestellte **Placulatheorie** zur phylogenet. Entstehung der Metazoa. Die Placulatheorie nimmt als Urform der Metazoa eine aus einer Flagellatenkolonie durch Delamination (→Gastrulation) entstandene dorsoventrale Platte (Placula) an, die durch die Unterscheidung eines ventralen und eines dorsalen Epithels die Grundlage zur Differenzierung von (ventralem) Entoderm und (dorsalem) Ektoderm bildete.

Trichoptera [griech. pterón ›Flügel‹], die →Köcherfliegen.

Trichosen, *Sg.* **Trichose** *die, -,* Bez. für Anomalien der Behaarung in Form einer zu geringen (→Hypotrichosis) oder einer übermäßigen Behaarung (Hypertrichosis, →Haare).

Trichostomata [griech. stóma ›Mund‹], Unterordnung der zu den →Wimpertierchen gehörenden Ordnung Holotricha. Der Zellmund liegt bei den T. in einer Vertiefung; bes. spezialisierte Wimpern erzeugen einen Wasserstrom, der die Nahrung zum Zellmund heranstrudelt.

Trichothecene [griech.], *Sg.* **Trichothecen** *das, -s,* Mykotoxine (Pilzgifte), die bes. von Arten der als Parasiten auf Mais und Weizen auftretenden Pilzgattung Fusarium (v. a. Fusarium miniliforme), nach neueren Angaben jedoch auch von anderen Pilzen gebildet werden. Die T. stehen chemisch den Terpenverbindungen nahe; beim Verfüttern von mit Pilzen verseuchtem

2,4,5-Trichlorphenol

Trichlorphenole

Mais führen die T. etwa bei Geflügel und Schweinen zu schweren bis tödl. Vergiftungen.

Trichotomie [spätgriech. ›Dreiteilung‹, zu griech. trícha ›dreifach‹ und tomḗ ›Schnitt‹] *die, -/...'mi|en,* Dreiteilung, Einteilung in drei Glieder, z. B. des Menschen in Leib, Seele und Geist. PLATON unterschied in der Seele das Geistige, das Muthafte und das Begehrliche; ARISTOTELES ordnete das menschl. Tätigsein den drei Bereichen des Theoretischen, Praktischen oder ›Poietischen‹ (des Herstellens) zu. Bei G. W. F. HEGEL findet sich das für sein System beherrschende Dreischritt des An-sich (These), Für-sich (Antithese) und An-und-für-sich (Synthese).

Trichozysten, Organellen bei manchen Protozoen, die auf äußere Reize hin ausgestoßen werden (z. B. Spindel-T., Mukozysten bei Wimpertierchen). T. können als ›Waffe‹ dienen, meist ist die Funktion jedoch unbekannt.

Tri|chroismus [zu tri... und griech. chrṓs ›Farbe‹] *der, -, Kristalloptik:* Art des →Pleochroismus.

Tri|chromasie *die, -, Physiologie:* →Farbensehen.

Trichter [spätahd. trahter, træhter, von lat. traiectorium, eigentlich ›Gerät zum Hinüberschütten‹], **1)** *allg.:* Gerät von kon. Form, das an seinem unteren Ende in ein enges Rohr übergeht, v. a. zum Einfüllen von Flüssigkeiten in enge Öffnungen.

2) *Musik:* Bez. für den Schallbecher (Schall-T., Stürze) bei Blechblasinstrumenten und für den trichterförmigen Aufsatz bei Lingualpfeifen der Orgel.

Trichterbecherkultur, nach der charakterist. Gefäßform des ›Trichterbechers‹ benannte jungsteinzeitl. Kulturgruppe, verbreitet v. a. im nördl. Mitteleuropa sowie in S-Skandinavien. Die T. gliedert sich in versch. Regionalformen; von den Kulturgruppen von Baalberge, Bernburg und Walternienburg (alle in Sa.-Anh.) und der poln. T. unterscheidet sich die nordwestdt.-südskandinav. Gruppe. Diese – auch als ›nord. Megalithkultur‹ bezeichnet, da sie im Lauf der Zeit die Großsteingrabsitte übernahm – ist im N die älteste neolith. Kultur, geprägt durch Viehhaltung und Ackerbau (v. a. Weizen).

Die Träger der T. lebten in offenen Dörfern aus kleinen Hütten, seltener aus großen Langhäusern. Bestattet wurde urspr. in Erdgräbern ohne Hügel, später in Megalithgräbern, die eine Entwicklung vom Dolmen zum Gang- und zum Steinkistengrab erkennen lassen. Einblicke in die T. bieten Funde aus Mooren und Quellen (u. a. Steingeräte, Keramik, Bernsteinschmuck) sowie besondere Kultgebäude. Bereits aus ihrer Anfangsphase liegen z. T. größere Depotfunde von Metallgegenständen vor (z. B. der von Bygholm), die auf eine eigenständige Metallurgie hinweisen.

Wichtigen Einfluss bei der Herausbildung der T. hatte die donauländ. Lengyel- und die Rössener Kultur; ihr Ende wird durch das Aufkommen der Einzelgrabkultur markiert. (*Weiteres Bild* →Jungsteinzeit)

Trichterbrust, Pectus excavatum, angeborene, meist auf einer fehlerhaften Entwicklung des Brustkorbs beruhende trichterförmige Einsenkung des Brustbeins und der benachbarten Rippenanteile, die sich teils bis zur Pubertät verstärkt. Durch Organverdrängung kann es zu Herzfunktionsstörungen kommen; die Behandlung erfolgt operativ.

Trichterli|lie, die Pflanzengattung →Paradieslilie.

Trichterlinge, Clitocybe, Gattung der Lamellenpilze mit rd. 100 Arten in Europa und Nordamerika. Der Hut ist bei alten Pilzen oft trichterförmig. Einige der meist in Hexenringen wachsenden T.-Arten enthalten das Pilzgift Muskarin, andere, wie der →Mönchskopf, sind essbar.

Trichtermalve, Sommermalve, Malope, Gattung der Malvengewächse mit drei Arten im Mittelmeergebiet. Die in Spanien und N-Afrika beheimatete, über 1 m hohe Art Malope trifida wird als Sommerblume kultiviert; sie hat große, hellpurpurrote Blüten mit dunklerer Aderung.

Trichtermündung, trichterförmig erweiterte Flussmündung (→Ästuar).

Trichterspinnen, Trichternetzspinnen, Agelenidae, 600 Arten weltweit verbreiteter, kleiner bis mittelgroßer Spinnen. T. bauen meist auffällig große, waagerechte Netze, die trichterförmig in eine Wohnröhre übergehen, in der die T. auf Beute (bes. Insekten) lauern (Trichternetz). Zu den 29 mitteleurop. Arten gehören u. a. die oft in Gebäuden lebenden elf Arten der 5–20 mm langen **Hausspinnen** (**Hauswinkelspinnen,** Tegenaria), z. B. die 10–16 mm lange **Winkelspinne** (Tegenaria atrica; braun mit hellerer Zeichnung). Die 8–14 mm lange **Labyrinthspinne** (Agelena labyrinthica) ist graubraun mit zwei rötlich braunen Längsstreifen und hellen Winkelflecken auf dem Hinterleib; sie lebt meist an sonnigen Böschungen und Waldrändern in niedriger Vegetation und Gestrüpp.

Trichterbecherkultur: Trichterbecher aus einem geschlossenen Fund bei Gadeland, Kreis Segeberg, mit Bauchfransenzier (oben) und mit reicher Streifenzier; wohl aus einem Erdgrab; frühes Mittelneolithikum (Schleswig, Archäologisches Landesmuseum)

Trichterwinde, Prunkwinde, Purpurwinde, Ipomoea [-'mø], Gattung der Windengewächse mit rd. 500 Arten in den Tropen und Subtropen; meist einjährige oder ausdauernde, windende Kräuter mit großen, meist einzeln stehenden Blüten. Mehrere Arten werden als Schlingpflanzen gezogen, z. B. die **Purpurprunkwinde** (Ipomoea purpurea) mit herzförmigen, weichhaarigen Blättern; Gartenformen auch mit weißen, rosafarbenen, dunkelblauen, z. T. auch gefüllten Blüten. Eine als Kulturpflanze wichtige Art ist die →Batate.

Tricinium [spätlat. ›Dreigesang‹] *das, -s/...nia* und *...ni|en,* eine überwiegend im prot. Dtl. des 16. und beginnenden 17. Jh. übl. Bez. für eine meist kontrapunktisch gearbeitete dreistimmige Komposition (im Unterschied zum Bicinium). Unter den Triciniensammlungen gibt es textlose, wohl rein instrumentale Stücke, z. B. ›Trium vocum carmina‹ (1538) von HIERONYMUS FORMSCHNEYDER († 1556), sowie textierte, wahlweise vokal und instrumental auszuführende Stücke, z. B. ›Tricinia‹ von G. RHAU (1542).

Trickfilm, Animationsfilm, Film, der (im Ggs. zum Realfilm mit laufender Kamera) durch Einzelbildaufnahmen unterschiedl. Zustände der Objekte (Phasendarstellung) bei der Filmprojektion (24 Bilder pro Sekunde) synthetisch Bewegung und damit die Belebung der Objekte (**Animation**) vortäuscht. Aufgenommen werden figürl. Darstellungen mit Puppen (**Puppenfilm, Puppen-T.**), Gegenständen, Scherenschnitten, Zeichnungen (**Zeichen-T.**), verwendet werden aber auch direkt auf den Film fixierte Malereien und (Kratz-)Zeichnungen oder fotograf. Aufnahmen (›Pixilation‹). Zur Herstellung eines T. gehört ein Tricktisch für die präzise Fixierung und Verschiebung der Bilder und zur Bewegung der Kamera. Die Technik des T. wird auch für die Realisierung von ›Filmtricks‹ genutzt, bes. im Sciencefictionfilm (→Sciencefiction), Fantasyfilm (→Fantasy) und Actionfilm. T. dienen der Information und Unterhaltung, der Werbung und der Propaganda; ihre Stoffe kommen oft aus fantast. Literatur, Fabeln, Sagen, Märchen, Comics oder Karikatur. Der erste T. entstand 1898 in den USA (ALBERT E. SMITH, ›The Humpty-Dumpty-Circus‹), der erste Werbe-T. 1911 in Dtl. (JULIUS PINSCHEWER, ›Maggi‹), 1918 in den USA der erste politisch-propagandist. T. (WINSOR MCCAY, * 1869, † 1934; ›The sinking of the Lusitania‹). In Dtl. experimentierten in den 20er-Jahren mit vielen Techniken und teils abstrakten, teils werberelevanten Inhalten W. RUTTMANN, V. EGGELING, H. RICHTER,

Trichterspinnen: oben Labyrinthspinne (Körperlänge 8–14 mm); unten Winkelspinne (Körperlänge 10–16 mm)

Trichterwinde: Purpurprunkwinde (Höhe bis 3 m)

LOTTE REINIGER (mit dem Silhouettenfilm ›Die Abenteuer des Prinzen Achmed‹, 1923–26), O. FISCHINGER und später HANS FISCHERKOESEN. In den USA begannen gleichzeitig T.-Serien mit menschl. oder tier. Gestalten (PAT SULLIVAN, * 1887, † 1933, ›Felix the Cat‹, ab 1919), von denen W. DISNEYS ›Mickey Mouse‹ (ab 1928) und ›Donald Duck‹ (ab 1932) weltberühmt wurden; es folgten ›Tom and Jerry‹ (ab 1939), ›Woody Woodpecker‹ (ab 1940), ›Speedy Gonzales‹ (ab 1955). Daneben entwickelten sich in der Tschechoslowakei um J. TRNKA (›Das Lied der Prärie‹, 1949), in Kanada um N. MCLAREN (›Nachbarn‹, 1952), in den USA um RALPH BAKSHI (* 1939; ›Fritz the Cat‹, 1971), auch in Dtl. um WOLFGANG URCHS (›Die Gartenzwerge‹, 1962) unterschiedl. T.-Stile.

Die frühe fabrikmäßige Herstellung (›Schneewittchen und die sieben Zwerge‹, 1937, und ›Bambi‹, 1942, beide W. DISNEY), die später zunehmende Kommerzialisierung und nicht zuletzt die wachsende Computernutzung haben die Entwicklung beeinflusst und zeigen den hohen Standard der T.-Produktion (›Die Biene Maja‹, 1977, Japan/Österreich; ROBERT ZEMECKIS, ›Falsches Spiel mit Roger Rabbit‹, 1988;

Trickfilm: Kombination von Zeichentrickfilm und Spielfilm; R. Zemeckis, ›Falsches Spiel mit Roger Rabbit‹, 1988

URCHS, ›Peterchens Mondfahrt‹, 1990; ›Die Schöne und das Biest‹, 1992, USA). Mit ›Toy Story‹ (Regie: JOHN LASSETER, * 1958) wurde 1996 der erste vollständig 3-D-computeranimierte (→Stereofilm) Kinospielfilm aufgeführt.

J. HALAS u. R. MANVELL: The technique of film animation (Neudr. London 1973); W. REFF u. I. VÁSÁRHELYI: Filmtrick, T. (Leipzig ⁶1980); I. LOOS u. J. EHMANN: Das T.-Hb. (1995).

Trickmischung, *Video-* und *Fernsehtechnik:* Verfahren zur Erzeugung von Teilbildern innerhalb eines Fernsehbildes. Die gewünschte Teilfläche (Kreis, Rechteck, oberer, unterer oder seitl. Bildstreifen) wird ausgelöscht und mithilfe eines vom Tricksignal gesteuerten elektron. Umschalters **(Trickmischer)** durch das Videosignal eines anderen Fernsehbildes ersetzt. Diese ausgelöschte und mit anderem Bildinhalt gefüllte Fläche bezeichnet man als **Trickfigur;** ihre Form wird vom Tricksignal bestimmt. Sie kann unverändert bleiben (Trickschnitt), flächenhaft verändert (Trickblende) oder verschoben werden (Trickverschiebung). Durch Farbstanzen, d. h. durch Aufnahme vor einfarbigem Hintergrund (z. B. mit →Blue Box), können unregelmäßige, bewegl. Trickfiguren erzeugt werden, die mit den Konturen des elektronisch ›ausgestanzten‹ Vordergrundbilds übereinstimmen.

Trickski, frühere Bez. für →Freestyle.

Trickster [engl., eigtl. ›Gauner‹, ›Schwindler‹] *der, -s/-, Religionsgeschichte:* mytholog. Gestalt, die v. a. durch einen zwiespältigen Charakter gekennzeichnet ist. Der T. steht in engem Zusammenhang mit einem →Kulturheros, ist Teil oder Widersacher von diesem. Oft erscheint er in Tiergestalt (in den Mythen Nordamerikas als Koyote, W-Afrikas als Spinne, Mittel- und Nordeuropas als Fuchs und Indonesiens als Zwerghirsch). T. ist zugleich Schelm, Possenreißer, Tor, Betrüger, Lüstling, kann aber auch zum Heilbringer werden. In der altnord. Mythologie trägt Loki die Züge eines Tricksters.

P. RADIN: The trickster (New York ⁵1982).

Tricktrack [frz.] *das, -s/-s,* in Frankreich entstandenes, dem Puff ähnl. Würfelbrettspiel.

Tricomi, Francesco Giacomo Filippo, ital. Mathematiker, *Neapel 5. 5. 1897, †Turin 21. 11. 1978; Prof. in Rom 1922–24 und Florenz 1925–28, danach an der Univ. Turin 1948–50 und am California Institute of Technology, Pasadena (Calif.), tätig. T. lieferte wichtige Beiträge zur Analysis, v. a. zur Theorie der Differenzial- und Integralgleichungen und ihren Anwendungen in der Aerodynamik und Elektrotechnik; u. a. untersuchte er das Lösungsproblem einer nach ihm benannten grundlegenden partiellen Differenzialgleichung der Gasdynamik.

Triconodonta [zu griech. kõnos ›Kegel‹ und odoús, odóntos ›Zahn‹], ausgestorbene Ordnung der Säugetiere, von der Oberen Trias bis zur Unterkreide aus Europa, Nordamerika, Asien und dem südl. Afrika bekannt. Die T. waren meist kleine, höchstens katzengroße Insekten- oder Fleischfresser und sind bes. durch die dreispitzigen Backenzähne des lang gestreckten Schädels belegt.

Tricyrtis [zu tri... und griech. kyrtós ›krumm‹], die Pflanzengattung →Krötenlilie.

Tridens [eigtl. ›drei Zähne habend‹], *griech. Mythos:* lat. Bez. für den Dreizack.

Trident [ˈtraɪdənt; engl. ›Dreizack‹], *Militärwesen:* zum strateg. Kernwaffenpotenzial der USA gehörender, auf U-Booten stationierter Raketentyp.

Tridentinisches Glaubensbekenntnis, lat. **Professio fidei Tridentina,** Bekenntnis des kath. Glaubens, wie er durch das →Tridentinum formuliert worden ist. Festgeschrieben wurden die sieben Sakramente, die Lehre von der Erbsünde und der Rechtfertigung, dem Opfercharakter der Messe und der Transsubstantiation, dem Fegefeuer und der Heiligenverehrung, v. a. aber eine Gehorsamspflicht gegenüber dem Papst. Das T. G. wurde 1564 durch Papst PIUS IV. für kirchlich verbindlich erklärt und war bis 1967 als **Glaubenseid** von allen Geistlichen beim Empfang der Subdiakonatsweihe bzw. der Übernahme höherer kirchl. Ämter abzulegen.

Tridentinum, Tridentinisches Konzil, Konzil von Trient, Trienter Konzil, das zw. 1545 und 1563 in Trient tagende Konzil; nach Zählung der kath. Kirche das 19. ökumen. Konzil. Seit Ende des 14. Jh. im Rahmen der von vielen Seiten angestrebten inneren Erneuerung der Kirche wiederholt gefordert (u. a. Konzilappellation M. LUTHERS 1518), vermieden die Päpste zunächst aus Furcht vor einem Wiederaufleben des →Konziliarismus die Einberufung eines allgemeinen Konzils. Nach langen Auseinandersetzungen um Beschickung und Tagungsort (seit 1535) wurde dieses im Dezember 1545 durch Papst PAUL III. in Trient eröffnet. Das T. tagte in drei Perioden (1545–47, 1551–52 und 1562–63) und einer Zwischenperiode (›Bologneser Tagungsperiode‹, 1547–48), in der es jedoch nicht zur Verabschiedung von Dekreten kam. Die wichtigsten dogmat. Verhandlungsthemen waren: die Frage nach den Offenbarungsquellen (Betonung des autoritativen Charakters auch der Tradition gegenüber dem →sola scriptura LUTHERS), die Erbsünde, Rechtfertigungslehre, Siebenzahl der Sakramente und deren Einsetzung durch JESUS CHRISTUS, Eucharistie (Realpräsenz), Krankensalbung, Weihe, Opfercharakter der Messe, Reinigungsort (Fegefeuer), Ehe, Buße, Heiligen- und Bilderverehrung, Ablass. Die Beschlüsse fanden ihren Niederschlag auch im →Tridentinischen Glaubensbekenntnis. Dazu kamen Reformdekrete über die Residenzpflicht der Bischöfe und Pfarrer, Ordensreform, religiöse Unterweisung, Einrichtung von Priesterseminaren, Verpflichtung der Bischöfe zur Abhaltung von regelmäßigen Provinzial- bzw. Diözesansynoden und zur regelmäßigen Visitation ihres Sprengels.

Der Verlauf des T. war mehrfach durch polit. Kontroversen beeinträchtigt: Der Protest Kaiser KARLS V. (1548) gegen die Verlegung des Konzils (wegen Flecktyphusgefahr) nach Bologna führte zur Suspension der Verhandlungen. 1552 musste das Konzil vertagt werden, nachdem die prot. Fürstenopposition den Kaiser zur Flucht aus Innsbruck gezwungen hatte. Als 1562 die Verhandlungen wieder aufgenommen wurden, drohten sie schon bald erneut zu scheitern, da die Konzilsopposition unter Kardinal C. DE GUISE sich in der Debatte um das Verhältnis von päpstl. Primat und Episkopat unnachgiebig zeigte. Erst dem diplomat. Geschick des Konzils-Präs. G. MORONE gelang es zu vermitteln. In der Schlusssitzung des T. am 3. 12. 1563 wurden sämtl. Dekrete aus allen Tagungsperioden verlesen und von allen anwesenden Bischöfen gegengezeichnet. Die Bestätigung durch den Papst (PIUS IV.) erfolgte 1564.

Das T. hat den neuzeitl. Katholizismus so entscheidend geprägt, dass theologiegeschichtlich die folgende Zeit bis zum 2. Vatikan. Konzil (1962–65) als ›nachtridentinisch‹ bezeichnet wird; v. a. wurde eine einheitl., erneuerte (tridentin.) Liturgie durchgesetzt. Theologisch trug das T. durch seine dogmat. Beschlüsse und Reformdekrete – kirchlich vorangetrieben v. a. durch K. BORROMÄUS, politisch von Kaiser FERDINAND I. – zu einer Erneuerung der kath. Kirche bei, brachte zugleich aber auch zum Ausdruck, dass sich die kath. Kirche in Auseinandersetzung mit der Reformation nun zu einer Konfession entwickelt hatte, die sich deutlich von den anderen Konfessionen abgrenzte. Innerkirchlich festigte das T. die in den vorangegangenen Jahrzehnten in Misskredit geratene päpstl. Gewalt. (→katholische Reform, →Gegenreformation)

W. SMETS: Des hochheiligen, ökumen. u. allg. Concils von Trient Canones u. Beschlüsse. Nebst den darauf bezügl. päpstl. Bullen u. Verordnungen (⁶1868, Nachdr. 1989); Concilium T., hg. v. der Görres-Gesellschaft, auf zahlr. Bde. ber. (1901 ff.); H. JEDIN: Gesch. des Konzils von Trient, 5 Tle. (¹⁻³1975–82); Lateran V u. Trient, Beitrr. v. O. DE LA BROSSE u. a. (a. d. Frz., 1978); Concilium T., hg. v. R. BÄUMER (1979); Gesch. der ökumen. Konzilien, hg. v. G. DUMEIGE u. a., Bd. 11: Trient II (a. d. Frz., 1987); Il concilio di Trento e il moderno, hg. v. P. PRODI u. W. REINHARD (Bologna 1996).

Tridu|um [lat.] *das, -s/...du|en*, Zeitraum von drei Tagen; in der lat. Liturgie v. a. das T. sacrum Paschale, die Zeit vom Abend des Gründonnerstags bis (einschließl.) zur Vesper des Ostersonntags.

Tridymit [zu griech. trídymos ›dreifach‹] *der, -s/-e*, bei Temperaturen zw. 870 und 1 470 °C stabile, hexagonale Modifikation des Siliciumdioxids, SiO₂ (Hochtemperatur-T., β-T.). Sie geht bei Temperaturen unter 130 °C in eine metastabile, rhomb. Modifikation (Tieftemperatur-T., α-T.) über, die sich langsam in stabilen Quarz umwandelt. – T. kommt in Form farbloser bis weißer, glasheller oder milchig-trüber Kristalle (als sechsseitige Täfelchen, meist fächerartig zu Drillingen oder kugeligen Gruppen verwachsen) vor. T. entsteht exhalativ in Poren saurer Ergussgesteine (Trachyt, Andesit), durch Frittung in Sandstein am Basaltkontakt, auch als Komponente des Opals. Härte nach MOHS 6,5 bis 7, Dichte 2,27 g/cm³.

Trieb, 1) *Botanik:* der →Spross; allg. auch das Ingangkommen der Vegetation (Frühjahrstrieb).

2) *Psychologie:* seel. oder körperlich-seel. Antrieb, der gefühlsmäßig als drangbaft erlebt wird und ohne Vermittlung des Bewusstseins entstehen kann. T. lösen Reizsuche sowie gerichtete Handlungsweisen aus, die eine Aufhebung des psychophys. Spannungszustandes, d. h. eine T.-Befriedigung, zum Ziel haben. Der T.-Begriff wurde unterschiedlich weit gefasst. I. e. S. werden zu den T. beim Menschen die angeborenen, körperlich begründeten →Bedürfnisse gerechnet (z. B. Nahrungs-, Sexual- und Selbsterhaltungs-T.). Hier bestehen gewisse Parallelen zu Instinkt und Appetenzverhalten beim Tier. I. w. S. werden auch Motivationen, Bedürfnisse und Interessen als T.-Verhalten bezeichnet, wenngleich diese stark von geistigen und psych. Impulsen geprägt sind. Das menschl. T.-Leben ist stark bildsam: Die Gegenstände können gewechselt, T.-Befriedigung aufgeschoben, T.-Impulse in gewissen Grenzen vergeistigt (→Sublimierung) oder sekundär verfestigte Gewohnheiten triebhaft besetzt werden (z. B. in der Sucht). Die ›Überdeterminierung‹ der T. durch triebs-seel. Motive und die grundsätzl. Mehrdeutigkeit von triebbestimmten Handlungen erschweren eine klare Abgrenzung menschl. Grund-T. S. FREUD, der als Begründer der modernen T.-Lehre gilt, sah zunächst den Sexual-T. als Grund-T. an, später einen Lebens- (Libido) und Todestrieb; C. G. JUNG schränkte die Geltung der Libido ein. A. ADLER verstand den Geltungs- und Macht-T. als Hauptantrieb menschl. Verhaltens. Gegenüber diesen (mehr oder weniger ›monothemat.‹) wurden auch ›polythemat.‹ T.-Theorien entwickelt, z. B. die ›Instinktlehre‹ von W. MCDOUGALL, der 18 Grund-T. unterschied.

Psychisch wirksam ist der T. als motivationaler Zustand infolge eines Mangels (Nahrung, Droge, Hormon u. a.) oder einer aversiven Situation (Kälte, Schmerz, Gefahr u. a.). T.-Reduktion gilt in der Lerntheorie nach C. L. HULL als Ziel allen motivierten Verhaltens und als dessen Verstärkung, d. h., jedes Verhalten, das einer T.-Reduktion vorangegangen ist, wird dadurch verstärkt, ungeachtet dessen, ob es diese selbst bewirkt hat.

3) *Technik:* Übertragung einer Kraft bzw. eines Drehmoments.

Trieben, Stadt im Bez. Liezen, Steiermark, Österreich, 708 m ü. M., im Paltental, 4 300 Ew.; Magnesitabbau (am Triebenstein) und -verarbeitung, Graphitlagerstätte bei Sunk (Abbau 1993 eingestellt).

Triebes, Stadt im Landkreis Greiz, Thür., 344 m ü. M., auf der Ostthüringisch-Vogtländ. Hochfläche, östlich der Weidatalsperre, 4 100 Ew.; Werkzeugmaschinenbau, Textilindustrie. T., aus einem slaw. Dorf hervorgegangen, wurde 1919 Stadt.

Triebfahrzeug, Schienenfahrzeug mit eigenem Antrieb, das antriebslose Wagen ziehen kann; ausgeführt als →Lokomotive oder →Triebwagen.

Triebkopf, 1) *Eisenbahn:* →Triebwagen.

2) *Kraftfahrzeugtechnik:* allein nicht fahrfähiges Kfz, bestehend aus Fahrerhaus, Motor, Antrieb, Lenkung und einer einzigen angetriebenen Achse (Einachsschlepper); wird z. B. für Sonderfahrzeuge nach Bedarf mit speziellem Rahmen, Fahrwerk und Aufbau vervollständigt.

Triebkraft, *Landwirtschaft:* der Prozentsatz an Samen, aus dem unter erschwerten Keimbedingungen (10 °C, Bedeckung mit 4 cm hoher Ziegelgrusdecke) vollwertige Keimpflanzen hervorgehen.

Triebmittel, Bäckerei: das →Treibmittel.

Triebnigg, Heinrich, Maschinenbauer, * Maribor 11. 6. 1896, † Darmstadt 3. 12. 1969; war 1936–45 Prof. an der TH Berlin, danach Entwicklungsleiter für Strahltriebwerke bei einer frz. Firma in Paris, 1950–55 Prof. an der TU Berlin, später an der TH Darmstadt. T. lieferte bedeutende Arbeiten zur Entwicklung von Hochleistungskolbenmotoren und Turboluftstrahltriebwerken.

Trieb|rad, Treib|rad, bei Rädergetrieben das erste angetriebene Rad, das die Bewegung weiterleitet.

Tridymit: Kristallformen; oben sechsseitiges Täfelchen; unten fächerartiger Drilling

Trient 1): Piazza del Duomo mit Neptunbrunnen (1768) und Torre Civica

Trieb|stecher, Bez. für einige Arten der Rüsselkäfergattung Rhynchites, die zur Eiablage auf Laubbäumen die jungen Triebe so annagen, dass sie umknicken, welken und später abfallen; die Larven ernähren sich vom Mark der Triebe.

Trieb|stockverzahnung, Art der Verzahnung zw. Getriebeteilen, bei der Zapfen mit rundem Querschnitt zw. die Zähne eines Zahnrads greifen. Die Zapfen können rechtwinklig an einem Rad angebracht sein (z. B. bei Uhrwerken) oder, bei einem **Triebstock,** horizontal zw. zwei Holmen wie bei einer Sprossenleiter (z. B. bei Zahnradbahnen).

Triebwagen, Schienenfahrzeug mit eigenem Antrieb zur Personen-, seltener auch zur Güterbeförderung. T. können allein, mit Beiwagen ohne Antrieb oder zu Triebzügen gekuppelt fahren. Elektr. T. (ET) kommen bes. bei S-Bahnen, Diesel-T. (VT, Abk. für Verbrennungs-T.) im Nah- und Regionalverkehr zum Einsatz. Die elektr. Energie wird bei Wechselstrombahnen durch die Oberleitung, bei den mit Gleichstrom betriebenen S-Bahnen in Berlin und Hamburg sowie bei U-Bahnen durch eine seitl. Stromschiene zugeführt. Speicher- oder Akku-T. führen eine aufladbare Stromquelle mit, ihr Aktionsradius ist begrenzt (→elektrische Bahnen). Bei Diesel-T. kann die Antriebskraft mechanisch, hydraulisch oder elektrisch übertragen werden. Hochgeschwindigkeitszüge wie der ICE (BILD →Eisenbahn) sind Triebzüge, wenn die Antriebsleistung auf die Wagen verteilt ist, oder Triebkopfzüge, wenn sie als Einheit aus strömungsgünstig gestalteten Lokomotiven (Triebköpfen) und Wagen ohne Antrieb bestehen. Mit →Neigetechnik ausgerüstete T. können in Kurven schneller fahren.

Geschichtliches: Die ersten T. fuhren mit Dampf, in England schon um 1850. Krauß & Comp., München, baute 1877 zwei Dampf-T. für die Berlin-Görlitzer Bahn. Elektr. T. fanden bei Straßenbahnen Verwendung, in Berlin erstmals 1882, später bei Untergrundbahnen (London 1890), auf Vorortstrecken (Berlin 1900) und bei den S-Bahnen. Zwei elektr. T. erreichten 1903 auf Versuchsfahrten bei Berlin über 210 km/h. Verbrennungs-T. wurden anfangs mit Benzol- oder Benzinmotoren erprobt, erlangten jedoch erst mit Dieselmotoren (ab 1925) Bedeutung. Der ›Schienenzeppelin‹ von F. KRUCKENBERG erreichte 1931 mit einem Benzinmotor und Propellerantrieb zw. Hamburg und Berlin 230 km/h, 1933 begann auf dieser Strecke der erste fahrplanmäßige Schnellverkehr mit dem Diesel-T. ›Fliegender Hamburger‹ (160 km/h). Ab 1950 wurde der →Schienenomnibus eingesetzt.

Triebwerk, bei Fahrzeugen alle Bauteile, die zum Antrieb dienen (Verbrennungsmotoren mit Zusatzaggregaten, Kupplung, Getriebe, Differenzial u. a.). Bei Luftfahrzeugen werden nach Art der Antriebsmaschine Kolben- und Turbinen-T., nach Art der Vortriebserzeugung Luftschrauben- und Strahl-T. unterschieden.

Triebwerksbremse, 1) *Kraftfahrzeuge:* andere Bez. für →Motorbremse.
2) *Schienenfahrzeuge:* Bremsanlage in Triebfahrzeugen, bei der die kinet. Energie der Fahrzeuge elektrisch oder hydrodynamisch in Nutz- (→Nutzbremsung) bzw. Wärmeenergie (→Verlustbremsung) umgewandelt wird.

Trief|auge, Lippitudo [lat.] *die, -/...dines,* durch Auswärtskehrung des Unterlids (→Ektropium) hervorgerufenes Abfließen der Tränenflüssigkeit nach außen anstatt über den Tränenkanal in die Nase.

Triefenstein, Markt-Gem. im Landkreis Main-Spessart, Bayern, am Main, 4100 Ew. – Das 1102–1803 belegte Augustinerchorherrenstift ist heute Kloster und Sitz der ev. Christusträger-Bruderschaft; in der Kirche (1687–94) frühklassizist. Ausstattung, Altäre und Kanzel aus Stuckmarmor, Deckengemälde von JANUARIUS ZICK (1786). – T. wurde 1978 aus vier ehem. selbstständigen Gemeinden gebildet.

Triele [Herkunft unbekannt], **Burhinidae,** Familie bis über 50 cm langer, dämmerungs- und nachtaktiver Regenpfeifervögel mit neun Arten an Ufern, Küsten und in Trockengebieten der gemäßigten bis trop. Regionen. In Dtl. kommt nur der **Gewöhnliche** oder **Europäische T.** (Burhinus oedicnemus) vor; etwa 40 cm lang; Bodennestbrüter; Teilzieher. Er ist nach der Roten Liste vom Aussterben bedroht.

Triennium [lat.] *das, -s/...ni|en,* bildungssprachlich für: Zeitraum von drei Jahren.

Triens [lat.] *der,* das Drittel des antiken röm. As als Gewicht und Münze; 1 T. = $\frac{1}{3}$ As = 4 Unciae.

Trient, ital. **Trento,** 1) Hauptstadt der Prov. Trient und (seit 1948) der autonomen Region Trentino-Südtirol, Italien, 193 m ü. M., an der Etsch, 103 200 Ew.; Erzbischofssitz; Univ. (gegr. 1962), Museen (u. a. Naturkundemuseum der Region), Theater. Durch die Verkehrslage an der Brennerlinie, wo Straßen von Venedig und vom Gardasee münden, ist T. ein bedeutendes Handels- und Fremdenverkehrszentrum; Zement-, chem., Metall- u. a. Industrie.
Stadtbild: Der Dom (ab 1212 errichtet, Mitte des 16. Jh. vollendet) ist der bedeutendste roman. Bau Venetiens (1964–77 Reste der Vorgängerbauten aus dem 6., 9. und 11./12. Jh. unter dem Dom freigelegt und zugänglich gemacht), Haupttagungsstätte des Konzils von T. (kleinere Sitzungen fanden in der 1520–23 erbauten Kirche Santa Maria Maggiore statt); im Inneren Fresken des 14. Jh. Die N-Seite des Doms schließt die Piazza del Duomo mit Neptunbrunnen (1768), Palazzo Pretorio (13. Jh., heute Diözesanmuseum mit Domschatz und fläm. Wandteppichen des 16. Jh.) und Torre Civica ab. An der Via Belenzani vom Domplatz zur Jesuitenkirche San Francesco Saverio (1701 von A. POZZO begonnen) prachtvolle Paläste des 15. und 16. Jh., z. T. mit reichem Freskenschmuck an den Fassaden (v. a. Casa Alberti-Colico und Palazzo Geremia). T. ist reich an weiteren mittelalterl. Kirchen (San Lorenzo, Sant'Apollinare, San Pietro u. a.) und Palästen, auch der Renaissance und des Barock (Palazzo Tabarelli, Anfang 16. Jh.; Palazzo Galasso, Anfang 17. Jh.). Das Castello del Buonconsiglio (ehem. Residenz der Fürstbischöfe, heute Museo Nazionale mit Museo del Risorgimento) ist ein ausgedehnter Komplex mit mittelalterl. (Castelvecchio, 1. Hälfte des 13. Jh., Obergeschoss 1475 ff.) und Renaissanceteil (Magno Palazzo, 1528–36); im Adlerturm Freskenzyklus der Monatsbilder (vor 1407). – Im W der Stadt,

Trient 1) Stadtwappen

auf dem Plateau des steil aufragenden Felsblocks Dos Trento, röm. Siedlungsreste und die Grundmauern einer frühchristl. Kirche. 1934 wurde hier ein Monument für C. BATTISTI errichtet.

Geschichte: Das von Rätern oder Kelten gegründete spätere röm. **Tridęntum** (im 2. Jh. n. Chr. zur Kolonie erhoben) ist seit dem 4. Jh. als Bischofssitz bezeugt. Nach der Ostgotenherrschaft wurde es Mittelpunkt eines langobard. Herzogtums, dann einer fränk. Grafschaft. 952 kam T. als Teil der Mark Verona an Bayern. 1004/27 wurde es Hauptstadt des reichsunmittelbaren Bistums T., das nach ständigen Konflikten mit den Grafen von Tirol ab der 2. Hälfte des 14. Jh. in immer stärkere Abhängigkeit vom Haus Österreich geriet. Die Stadt T. gewann Bedeutung als Tagungsort des Konzils von T. (→Tridentinum). 1803 fiel T. mit dem zugehörigen Territorium an Tirol, es gehörte 1805-09 zu Bayern, 1810-13 zum napoleon. Königreich Italien; danach kam T. wieder an Österreich und wurde ein Zentrum der →Irredenta. 1919 fiel es mit Südtirol an Italien.

2) Prov. Italiens in der autonomen Region Trentino-Südtirol, 6 207 km², 462 600 Einwohner.

Trientalis [lat. ›vierzöllig‹], die Pflanzengattung →Siebenstern.

Triẹnter Konzil, das →Tridentinum.

Trier, 1) kreisfreie Stadt, Hauptstadt des Reg.-Bez. Trier und Verw.-Sitz des Landkreises Trier-Saarburg, Rheinl.-Pf., 130–150 m ü. M., zw. Hunsrück und Eifel in einer Talweitung der Mosel gelegen, 99 700 Ew.; kath. Bischofssitz; Sitz der Dt. Richterakademie, der Europ. Rechtsakademie und der Europ. Akad. für Bildende Kunst; Univ. (1970 wieder gegr.); kath. Theolog. Fakultät; FH; Studienzentrum Karl-Marx-Haus; Univ.-Bibliothek; Stadtbibliothek (mit karoling. Ada-Evangeliar um 800 und otton. Codex Egberti von 980-993, Gutenbergbibel); Bibliothek des Priesterseminars; Rhein. Landesmuseum T. (v. a. provinzialröm. archäolog. Sammlung, Gläser), Bischöfl. Dom- und Diözesanmuseum (u. a. Funde der Domgrabungen), Domschatz (u. a. otton. Andreastragaltar von 977-993), Karl-Marx-Geburtshaus, Städt. Museum, Spielzeugmuseum, Stadttheater, alternatives Kulturzentrum Tuchfabrik. T. ist Weinbau- und Weinhandelszentrum mit Sektkellereien, Standort von Tabakverarbeitung, feinmechan. und Metall verarbeitender Industrie sowie einer Schiffswerft; Fremdenverkehrs- und Tagungsstadt; Moselhafen, Eisenbahn- und Straßenknotenpunkt in Grenznähe (10 km von der luxemburg., 50 km von der frz. Grenze entfernt).

Stadtbild: Aus röm. Zeit stammen die →Porta Nigra (2. Jh. n. Chr.), die als das besterhaltene antike Baudenkmal nördlich der Alpen gilt, die Barbara- (2. Jh. n. Chr.) und die teilweise restaurierten Kaiserthermen (4. Jh. n. Chr.), das 20 000 Zuschauer fassende Amphitheater (um 100 n. Chr.) und die ›Basilika‹ (Palastaula Kaiser KONSTANTINS I., D. GR., um 305 n. Chr.). 1987 wurden als dritte Thermenanlage bei Tiefbauarbeiten die Thermen unter dem Viehmarkt (1. und 4. Jh. n. Chr.) entdeckt und konserviert. Die röm. Bauten von T. – wie auch der Dom und die Liebfrauenkirche – wurden von der UNESCO zum Weltkulturerbe erklärt. Der Dom St. Peter ist der älteste Kirchenbau in Dtl. (333 begonnen über dem kaiserl. Palast; der Vierstützenraum, vollendet 378-83, ist als Kern erhalten; 1028 ff. roman. Erweiterungsbauten mit dem frühsal. W-Bau, vollendet 1074; drei roman. Krypten des 11./12. Jh.; O-Chor 1196 geweiht, Langhauswölbung 1235 vollendet); seit dem Umbau im 18. Jh. eine dreischiffige Basilika mit Querhaus; zur Ausstattung gehören u. a. die Ostchorschranken (um 1190), das Ivograb (Mitte 12. Jh.), die Kanzel (1570-72) und zahlreiche Grabaltäre (16.–18. Jh.); frühgot. Kreuzgang (um 1245-70). Südlich neben dem Dom steht an der Stelle einer von KONSTANTIN I. noch vor St. Peter errichteten frühchristl. Kirche die Liebfrauenkirche (um 1235 begonnen, vor 1265 vollendet), einer der wenigen got. Zentralbauten. Gut erhalten ist die Benediktinerabtei St. Matthias (vor 707 gegr.) mit got. Konventsgebäuden und Kreuzgang (1237-57); die Kirche ist eine roman. Pfeilerbasilika (1127-60). Die Kirche der um 660 gegründeten Benediktinerabtei St. Maximin wurde Ende des 17. Jh. im Barockstil errichtet (Sanierung und Restaurierung 1995 abgeschlossen). Im ehem. Simeonstift (1034 gegr.) das Städt. Museum (Sammlungen zur Stadtgeschichte). Am Markt die Stadtpfarrkirche St. Gangolf (958 gegr., spätgot. Neubau 1410-59) mit W-Turm des frühen 16. Jh. In der spätgot. Antoniuskirche (zw. 1458 und 1514) prächtige Rokokokanzel (1762). Über röm. Getreidespeichern entstand die ehem. Benediktinerinnenabtei St. Irminen (gegr. 7. Jh.); barocke Abteikirche (1768-71). Neben dem barocken Jesuitenkolleg (1610-14, O-Flügel 1773-75 von J. SEITZ) die got. Dreifaltigkeitskirche (13. Jh.). Unter Beteiligung von B. NEUMANN entstand St. Paulin (1734-54; Hochaltar von F. DIETZ, 1755). Mittelalterl. Profanbauten sind der Frankenturm, ein roman. festungsartiger Wohnturm (wohl um 1100), das roman. Dreikönigenhaus mit palastartiger Stra-

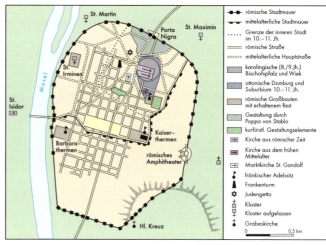

Trier 1): Stadtentwicklung in römischer Zeit und im Mittelalter

Trier 1) Stadtwappen

Stadt in Rheinl.-Pf.

an der Mosel

99 700 Ew.

Weinbauzentrum

Univ. (wieder gegr. 1970)

Porta Nigra (röm. Stadttor)

Trier 1): Dom Sankt Peter (333 begonnen, 1028 ff. romanische Erweiterungen, im 18. Jh. umgebaut) und Liebfrauenkirche (um 1235 begonnen), dahinter der Markt und die Stadtpfarrkirche Sankt Gangolf (1410-59)

ßenfront (um 1230) und die ›Steipe‹ (1481/83), das repräsentative Festhaus der Bürgerschaft. Das ehem. Kurfürstl. Schloss besteht aus zwei Flügeln einer Renaissanceanlage (1615 begonnen) mit der Palastaula als W-Flügel sowie dem spätbarocken S-Flügel (1756–61 von SEITZ); im Treppenhaus Geländer und Brüstungen aus Sandstein in lebhaften Rocailleformen von DIETZ. Bedeutendster Adelspalast ist das barocke Palais Kesselstatt (1740–45) mit einer dem Straßenknick angepassten Fassade. Zahlr. Domherrenkurien (17./18. Jh.) und Bürgerhäuser (14.–19. Jh.). – Im Stadtteil **Quint** Rokokoschloss (um 1760); im Stadtteil **Pfalzel** röm. Palastanlage, in ein Chorherrenstift einbezogen. – Am südöstl. Stadtrand von T. im Altbachtal liegt die Ausgrabungsstätte eines großen provinzialröm. Tempelbezirks (1.–4. Jh. n.Chr.; 337 von Christen zerstört); westlich von T., an der Mosel, befindet sich das klassizist. Lustschloss Monaise (1779–83; Restaurierung 1997 abgeschlossen).

Geschichte: Die röm. Stadt **Augusta Treverorum** (*Treveri,* Ende des 3. Jh. **Treveris,** später bereits T. genannt) wurde wahrscheinlich 16 v. Chr. von AUGUSTUS im Gebiet der Treverer gegründet, um die Rheinfront mit Nachschub zu versorgen. Dank ihrer verkehrsgünstigen Lage an wichtigen Straßen nach Köln und Mainz wurde sie als Umschlagplatz für Waren aller Art rasch wirtschaftl. Mittelpunkt der Umgebung. T. war Hauptort der Prov. Gallia Belgica, unter CLAUDIUS zur Colonia erhoben, 260–274 Residenz der gall. Gegenkaiser, wurde 275/276 von Franken und Alemannen zerstört; unter CONSTANTIUS I. CHLORUS wurde die Stadt Kaiserresidenz und Verw.-Sitz der gall. Präfektur. Mit etwa 70 000 Ew. war T. für ein Jahrhundert die größte Stadt nördlich der Alpen; sie erlebte eine außerordentl. Blüte, bes. unter Kaiser KONSTANTIN I., D. GR. Bereits ab etwa 200 n. Chr. gab es in der Stadt eine Christengemeinde, ein Bischof ist seit dem 3. Jh. nachweisbar. Mit der Verlegung des Kaiserhofs nach Mediolanum (heute Mailand) und der Präfektur nach Arelate (heute Arles) am Ende des 4. Jh. verlor die Stadt ihre polit. Bedeutung; 485 fiel sie an die Franken. Ihre Bedeutung sank, sie blieb jedoch weiterhin Mittelpunkt des christl. Lebens (Erzbistum T.). 882 wurde T. von den Normannen verwüstet. 902 erlangte der Erzbischof die Herrschaftsrechte über die Stadt. Nachdem ab 940 der Wiederaufbau T.s begonnen und mit Verlegung des Marktes von der Römerbrücke in den Bereich des Dombezirks sowie der Errichtung des Marktkreuzes 958 die Entwicklung zur mittelalterl. Stadt eingesetzt hatte, erfolgte bald nach 1100 die Anlage eines Palisadenwalls – unter Verkleinerung des röm. Areals –, der bis 1248 durch eine Mauer ersetzt war. T.s Stadtrecht wurde um 1190 kodifiziert. Als Mittelpunkt und Sitz eines Kurfürstentums (seit dem 13. Jh.) erlebte es eine neue Blüte, daneben hatte es Bedeutung als Umschlagplatz für Wein, Vieh, Holz, Getreide, Fische und Rohstoffe. Im 15. Jh. war T., das ab 1473 eine Univ. besaß (bis 1798), auf dem Weg zur Freien Reichsstadt, um 1580 wurde jedoch die Reichsunmittelbarkeit abgesprochen, und es wurde zur kurfürstl. Landstadt erklärt. 1559 war der Reformationsversuch des CASPAR OLEVIANUS unterdrückt worden. Um 1590 war T. ein Zentrum der Hexenprozesse. Durch den Dreißigjährigen Krieg sowie die Kriege LUDWIGS XIV. erlitten Handel und Wirtschaft einen bis ins 18. Jh. dauernden Rückschlag, die Bev.-Zahl sank. Ende des 18. Jh. wurde die erzbischöfl. Residenz erneut nach Koblenz verlegt. 1803 wurde das Erzbistum säkularisiert, nach mehreren Besitzwechseln fielen die Gebiete des Erzstifts T. mit der Stadt, die 1798–1814 Hauptstadt des frz. Saardepartements war, 1815 an Preußen (Rheinprovinz).

G. KENTENICH: Gesch. der Stadt T. (1915, Nachdr. 1979); Die kirchl. Denkmäler der Stadt T. ..., bearb. v. H. BUNJES u. a. (1938, Nachdr. 1981); Kurtrier. Jb. (1961 ff.); E. ZENZ: Gesch. der Stadt T. im 19. Jh., 2 Bde. (1979–80); DERS.: Die Stadt T. im 20. Jh. (1981); DERS.: T. im 18. Jh. 1700–1794 (1981); Der Trierer Dom, Beitr. v. G. BERETHS u. a. (1980); W. REUSCH: Augusta Treverorum. Rundgang durch das röm. T. (^{12}1982); M. MATHEUS: T. am Ende des MA. (1984); 2000 Jahre T., hg. v. der Univ. T., 2 Bde. ($^{1-3}$1993–96); H. HEINEN: Frühchristl. T. Von den Anfängen bis zur Völkerwanderung (1996).

2) Reg.-Bez. in Rheinl.-Pf., 4923 km^2, 507 700 Ew.; umfasst die kreisfreie Stadt Trier sowie die Landkreise Bernkastel-Wittlich, Bitburg-Prüm, Daun und Trier-Saarburg.

3) kath. Bistum und ehem. geistl. Kurfürstentum. Das seit dem 3. Jh. bezeugte Bistum ist schon im 6. Jh. als Erzbistum nachweisbar. Mit der Wiederherstellung der Metropolitan-Verf. durch KARL D. GR. wurde auch T. wieder Metropolitansitz, dem die Bistümer Metz, Toul und Verdun als Suffraganbistümer unterstellt wurden. 843 wurde die Diözese Teil des fränk. Mittelreiches, 870/879 des Ostfränk. Reiches. Bald darauf begann der Aufbau eines Territoriums an der mittleren Mosel, das 1018 durch kaiserl. Schenkung um Koblenz und Besitzungen im Westerwald vergrößert wurde. In der Auseinandersetzung um die Spitzenstellung im dt. Episkopat traten die Erzbischöfe von T. zwar hinter Mainz und Köln zurück, fanden aber Aufnahme in das Kurfürstenkollegium und erhielten 1308/14 die Würde eines Erzkanzlers für Burgund. Der eigentl. Begründer des Trierer Kurstaats war Erzbischof BALDUIN VON LUXEMBURG. Kurfürst RICHARD VON GREIFFENCLAU sicherte den Bestand T.s in der Sickingenschen Fehde (1522/23). Die Einführung der Reformation scheiterte, die Protestanten wurden 1559 vertrieben. 1801 ging der linksrhein. Hauptteil des Erzstifts an Frankreich verloren, die rechtsrhein. Teile kamen 1803 an Nassau-Weilburg. Unter der frz. Herrschaft wurde das Erzbistum T. als Bistum dem Erzbistum Mecheln unterstellt. Die verbliebenen rechtsrhein. Gebiete wurden von einem Apostol. Vikar mit Sitz in Ehrenbreitstein verwaltet. Seit 1821 gehört T. als Suffraganbistum zur Kirchen-Prov. Köln. – Bischof ist seit 1981 H. J. SPITAL. (→katholische Kirche, ÜBERSICHT)

Hann Trier: Trennung; 1956 (Köln, Museum Ludwig)

Trier, 1) Hann, Maler und Grafiker, * Kaiserswerth (heute zu Düsseldorf) 1. 8. 1915; studierte 1934–38 an der Kunstakademie in Düsseldorf; 1952–55 hielt er sich in Südamerika auf; 1957–80 Lehrtätigkeit an der Hochschule der Künste in Berlin-Charlottenburg. Seine Bilder stehen der Actionpainting und der informellen Kunst nahe, sind jedoch durch einen netzartigen Aufbau stärker strukturiert (Deckenmalerei in Schloss Charlottenburg, Berlin, 1972).

H. T. Retrospektive, Bilder 1949–1989, Ausst.-Kat. Von-der-Heydt-Museum, Wuppertal (1990); H. T. Monographie u. Werkverz., hg. v. S. FEHLEMANN (1990); H. T. Werkverz. der Druckgraphik, bearb. v. U. GERLACH-LAXNER, Ausst.-Kat. Märk. Museum, Witten (1994); H. T. Werkverz. der Gemälde

1990–1995, hg. v. M. EULER-SCHMIDT, Ausst.-Kat. Kölnisches Stadtmuseum (1995).

2) Walter, Maler, Illustrator und Karikaturist, * Prag 25. 6. 1890, † Collingwood (Ontario) 8. 7. 1951; war als Zeichner für den ›Simplicissimus‹, die ›Jugend‹ und die ›Lustigen Blätter‹ tätig, bevor er 1932 nach Großbritannien, 1947 nach Kanada emigrierte. T. schuf auch Mappenwerke und Buchillustrationen, v. a. für Kinderbücher von E. KÄSTNER.

Triere [lat. trieris (navis), von griech. triḗrēs ›Dreiruderer‹] *die, -/-n*, **Trireme, Dreiruderer,** Kriegsschiffstyp des Altertums, Mitte des 7. Jh. v. Chr. von einem Schiffbaumeister aus Korinth entwickelt; v. a. im 5. Jh. v. Chr. Hauptkampfschiff der griech. Flotten, später auch von den Römern verwendet. Die bes. durch die Seeschlacht von Salamis (480 v. Chr.) bekannte T. besaß beiderseits je drei übereinander angeordnete Reihen von Rudern (insgesamt rd. 170 Ruder, etwa 30–50 Krieger) sowie vorn in der Wasserlinie einen Rammsporn. Ihre Länge betrug etwa 37 m, die Breite 6 m.

J. S. MORRISON u. J. F. COATES: Die athen. T. Gesch. u. Rekonstruktion eines Kriegsschiffs der griech. Antike (a. d. Engl., 1990).

Triergon [Kw., zu tri... und griech. érgon ›Arbeit‹], von J. B. ENGL, JOSEPH MASSOLLE (* 1889, † 1957) und H. VOGT 1912–22 entwickeltes Verfahren zur Aufnahme und Wiedergabe von Tonfilmen (**T.-Lichttonverfahren;** 1922 erste öffentl. Vorführung in Berlin).

Trier-Saarburg, Landkreis in Reg.-Bez. Trier, Rheinl.-Pf., 1 091 km², 136000 Ew.; Verw.-Sitz ist Trier. Beiderseits der kanalisierten Flussläufe von Mosel und unterer Saar gelegen, hat der Kreis Anteil am Hunsrück (Osburger und Schwarzwälder Hochwald), an fruchtbaren Saargau und Bitburger Gutland (im W) sowie in geringem Maße an der Moseleifel. In den Tälern von Mosel, Saar und Ruwer wird Weinbau betrieben. Industriebetriebe finden sich in den Städten Konz, Hermeskeil, Saarburg und Schweich sowie in den Gemeinden Föhren, Kell am See und Trierweiler. Wirtschaftszentrum des Raumes und Pendlerzielort ist die kreisfreie Stadt Trier.

Triest, ital. **Trieste,** slowen. **Trst, 1)** Hauptstadt der Prov. T. und der Region Friaul-Julisch Venetien, Italien, Hafen-, Industrie- und Handelsstadt am Golf von T., zw. Karsthochfläche, Grenze zu Slowenien und Adriat. Meer, 222 600 Ew. (davon 5 % Slowenen); kath. Bischofssitz; Univ. (gegr. 1938, Wirtschaftshochschule seit 1924), astronom. und geophysikal. Observatorium, Internat. Forschungszentrum für theoret. Physik, Institut für Genetik und Biotechnologie, Museen, Meerwasseraquarium, Akademien, Dt. Kulturinstitut, Bibliotheken, Konservatorium, Kunstschule; zahlr. Banken, Konsulate, Handelskammern und internat. Messen. T., mit bedeutenden Hafenfunktionen für Österreich und Bayern, hat einen alten und einen neuen Handelsfreihafen sowie Container-, Holz-, Industrie- und Erdölhafen. Der Güterumschlag von (1994) 36,4 Mio. t beruht v. a. auf Importen von Rohöl der Transalpinen Ölleitung (TAL) nach Ingolstadt und Schwechat (Adria-Wien-Pipeline). Um den Industriehafen **(Zaule)** konzentrieren sich Erdölraffinerien, Tanklager, Eisen- und Stahlwerk, Werft, Zement-, chem., Nahrungsmittelindustrie, Maschinenbau, Aluminiumhütte; Fischerei; Fährverkehr; Flughafen.

Stadtbild: Das röm. Theater (2. Jh. n.Chr.) wurde 1937/38 freigelegt. Auf dem Burghügel, auf dem sich das antike Kapitol und Forum (Reste einer Basilika, 2. Jh. n. Chr.) befanden, liegen das Kastell (15.–17. Jh., mit Museum) und der Dom San Giusto; er entstand aus der Vereinigung zweier dreischiffiger roman. Kirchen, die, auf antiken (kapitolin. Tempel) und frühchristl. Vorgängerbauten errichtet, im 14. Jh. zu einer fünfschiffigen Basilika verbunden wurden und eine gemein-

Triest 1): Canal Grande, im Hintergrund die klassizistische Kirche Sant'Antonio Nuovo (1826–49)

same Fassade erhielten (Weihe 1385); im Innern ein prächtiges Apsismosaik (um 1200). Auf dem ehem. Friedhof des Doms, seit 1829 archäolog. Park (›Orto Lapidario‹), der Kenotaph des 1768 in T. ermordeten J. J. WINCKELMANN. 1627–82 wurde die Jesuitenkirche Santa Maria Maggiore erbaut. Im 18./19. Jh. entstanden klassizist. Bauten wie das Theater (1798–1801), die Alte Börse (1806), der Palazzo Carciotti (1805) und Sant'Antonio Nuovo (1826–49). Am Hafenbecken wird die Piazza dell'Unità d'Italia gesäumt von dem frühbarocken Palazzo Pitteri (1780), der klassizist. Casa Stratti sowie historisierenden Monumentalbauten. Auf dem Platz die Ehrensäule für Kaiser KARL VI. (1728) und der Brunnen der vier Kontinente (1750). – Nördlich von T. das an der Küste gelegene Schloss **Miramare** (erbaut 1856–60 nach Entwürfen des Erzherzogs MAXIMILIAN von Österreich, des späteren Kaisers von Mexiko), heute Museo Nazionale.

Geschichte: Das seit dem 2. Jh. v. Chr. röm. **Tergeste** wurde 52 v. Chr. zur Kolonie erhoben und von AUGUSTUS befestigt. Der erste Bischof ist im 6. Jh. bezeugt. Nach der Herrschaft der Ostgoten (bis 539) kam T. zum Byzantin. Reich (752–774 langobardisch), 788 zum Fränk. Reich und wurde mit der Mark Friaul vereinigt. 948 kam T. unter die Autorität der Bischöfe, 1202 unter venezian. Herrschaft, schließlich 1382 mit seinem Territorium an die Habsburger. Bis 1918 gehörte T. zu Österreich (1797, 1805 und 1809 frz. Besetzung, 1809–14 Bestandteil Illyriens). Der Aufstieg T.s begann, als es 1719 zum Freihafen erklärt wurde (1891 aufgehoben) und nach Schaffung künstl. Hafenanlagen den bis dahin von Venedig beherrschten Handel mit dem Nahen Osten an sich brachte. In der österr.-ungar. Monarchie war T. Hauptstadt des österr. Kronlandes →Küstenland. Durch den Frieden von Saint-Germain-en-Laye 1919 fiel T. an Italien. 1943 wurde es von dt. Truppen besetzt, 1945 von Tito-Partisanen; damit wurde es zum Streitobjekt zw. Italien und Jugoslawien. 1945–47 Teil der britisch-amerikanisch besetzten ›Zone A‹, 1947–54 des Freistaats T., kam die Stadt 1954 wieder an Italien (seit 1962 Hauptstadt der Region Friaul-Julisch Venetien).

2) Prov. in Italien, in der Region Friaul-Julisch Venetien, 212 km², 253 700 Einwohner.

3) ehem. Freistaat (1947–54), im Friedensvertrag von Paris (zw. Italien und den Siegermächten des

Triest 1)
Stadtwappen

Hafenstadt in Italien

am nördl. Adriatischen Meer

222 600 Ew.

Universität (1938 gegr.)

wichtiger Erdölhafen

klassizistisch geprägtes Stadtbild

röm. Gründung Tergeste

1382–1918 Haupthafen von Österreich

1947–54 Freistaat

Zweiten Weltkrieges) als entmilitarisiertes Gebiet (ital. ›Territorio Libero di Trieste‹) geschaffen, umfaßte die etwa von Duino bis zur Stadt T. sich erstreckende Zone A (von Großbritannien und den USA besetzt) und die Zone B (von Jugoslawien besetzt), die etwa von Koper bis Novi Grad reichte. Meinungsverschiedenheiten zw. den USA und Großbritannien einerseits und Jugoslawien andererseits verhinderten eine gemeinsame Verwaltung des Freistaates, die der Aufsicht der UNO unterstehen sollte. In einem Defacto-Abkommen (5. 10. 1954) erhielt Italien den größeren Teil der Zone A (einschließlich der Stadt T.), Jugoslawien den Rest. 1975 erkannten beide Länder den Status quo rechtlich an.

Trifels, Burg im Landkreis Südl. Weinstraße, Rheinl.-Pf., auf dem Sonnenberg (497 m ü. M.) bei Annweiler am Trifels. Der Palas der stauf. Reichsburg aus dem 11./12. Jh. (seit dem 17. Jh. Ruine) wurde 1938–50 wieder aufgebaut. Der erhaltene Bergfried war gleichzeitig Tor- und Kapellenturm. Der T. war 1125–1273 (mit zwei Unterbrechungen) Aufbewahrungsort der Reichskleinodien und zeitweise Staatsgefängnis (u. a. 1113–15 WIPRECHT VON GROITZSCH, 1193–94 RICHARD I. LÖWENHERZ).

Triffin, Robert, amerikan. Volkswirtschaftler belg. Herkunft, * Flobecq (Prov. Hennegau) 5. 10. 1911, † Ostende 23. 2. 1993; emigrierte 1939 in die USA; nach Tätigkeit bei internat. Organisationen (z. B. IWF) Prof. an der Yale University (1951–77) und Berater versch. Notenbanken. T. beschäftigte sich bes. mit Preis- und Wettbewerbstheorie **(triffinscher Substitutionskoeffizient)** sowie internat. Währungspolitik; er schlug u. a. regionale Währungsblöcke, eine Weltzentralbank **(T.-Plan)** sowie die Sonderziehungsrechte vor.

Werke: Monopolistic competition and general equilibrium theory (1940); Gold and the dollar crisis (1960); The evolution of the international monetary system (1964); Our international monetary system (1968).

Trifluorbromchloräthan, das →Halothan.

Trifokalgläser, Art der Brillengläser (→Brille).

Trifolium [lat. ›Dreiblatt‹], die Pflanzengattung →Klee.

Trifonow, Jurij Walentinowitsch, russ. Schriftsteller, * Moskau 28. 8. 1925, † ebd. 28. 3. 1981; Absolvent des Gorkij-Literaturinstituts (1949). T. schrieb eine auf zwei Erzählebenen angesiedelte, Gegenwart und Vergangenheit umfassende komplexe Prosa über die Moskauer Intellektuellen der Nachstalinzeit (Erzählungen ›Dolgoe proščanie‹, 1973, dt. ›Langer Abschied‹; ›Drugaja zizn'‹, 1975, dt. ›Das andere Leben‹; Roman ›Dom na naberežnoj‹, 1976, dt. ›Das Haus an der Moskwa‹). In dem biographisch-dokumentar. Kurzroman ›Otblesk kostra‹ (1966; dt. ›Widerschein des Feuers‹) behandelt er das Leben seines 1938 während der stalinschen ›Säuberungen‹ umgekommenen Vaters, in dem Roman ›Starik‹ (1979; dt. u. a. als ›Der Alte‹) die Kosakenverfolgungen nach der Revolution.

Weitere Werke: *Romane:* Studenty (1950; dt. Studenten); Utolenie žaždy (1963; dt. Durst); Neterpenie (1973; dt. Die Zeit der Ungeduld); Vremja i mesto (hg. 1981; dt. Zeit u. Ort); Isčeznovenie (hg. 1984, unvollendet; dt. Das Verschwinden). – *Erzählungen und Essays:* Beskonečnye igry (hg. 1989).

Ausgaben: Sobranie sočinenij, 4 Bde. (1985–87); Dnevniki, pis'ma, vospominanija (hg. 1990). – Ausgew. Werke, hg. v. R. SCHRÖDER, 4 Bde. (1983).

G. A. HOSKING: Beyond socialist realism (New York 1980); J. Trifonov. 1925–1981 gg. (Moskau 1986); C. DE MAEGD-SOËP: Trifonov and the drama of the Russian intelligentsia (Gent 1990); N. KOLESNIKOFF: Yury Trifonov. A critical study (Ann Arbor, Mich., 1991).

Triforium [mlat., zu lat. tri- ›drei‹ und foris ›Tür‹, ›Öffnung‹] *das, -s/...ri|en,* im Innenraum roman. und bes. got. Kirchen ein sich in meist dreifachen Bogenstellungen öffnender schmaler Laufgang unter den Fenstern des Chors, dann auch des Mittel- und Querschiffs, v. a. zur Wandgliederung; oft auch nur eine Blendbogenreihe ohne Gang **(Blend-T.).** In der Hochgotik wurde auch die Außenwand hinter der Bogengalerie in Fenster aufgelöst (z. B. Abteikirche in Saint-Denis).

Trift [mhd., zu treiben] *die, -/-en,* 1) Weg zum Weideauftrieb des Viehs. **T.-Gerechtigkeit,** auch **T.-, Tritt-** oder **Trattrecht,** die einem Grundeigentümer zustehende Befugnis, sein Vieh über das Grundstück eines anderen auf der Weide zu treiben; 2) Grasflur aus Hartgräsern als geringwertige Weide bes. für Schafe.

Trift|eis, das →Treibeis.

Trift|strom, Ekmanstrom, Reaktion des Meeres auf die tangentiale Schubspannung des Windes an der Meeresoberfläche. Der T. ist eine Meeresströmung, deren Richtung aufgrund der Coriolis-Kraft auf der nördl. Halbkugel um 45° nach rechts, auf der südl. Halbkugel um 45° nach links von der Richtung des erzeugenden Windes abweicht. Mit zunehmender Tiefe dreht der T. unter Abschwächung weiter nach rechts bzw. links und klingt schließlich in der ›Reibungstiefe‹ des T. ab. Diese liegt in der Größenordnung von 10–50 m. Der gesamte Massentransport des T. erfolgt senkrecht zur Windrichtung. Die Theorie des T. wurde von V. W. EKMAN entwickelt.

Trigeminus [lat. ›dreifach‹] *der, -/...ni,* **Nervus trigeminus, Drillingsnerv,** der paarige, vom verlängerten Mark ausgehende V. Hirnnerv der Wirbeltiere (einschließlich des Menschen), der sich in drei Hauptäste gliedert, die beim Menschen als **Ophthalmikus** (Nervus ophthalmicus, Augenhöhlennerv; sensorisch), **Nervus maxillaris** (Oberkiefernerv; sensorisch) und **Nervus mandibularis** (Unterkiefernerv; sensorisch und motorisch) bezeichnet werden. Der T. versorgt u. a. die Haut des Gesichts, die Bindehaut, die Tränendrüsen, die Schleimhäute von Nasen-, Mund- und Stirnhöhle, den größten Teil der Hirnhäute sowie die Kaumuskulatur. In ihm verlaufen ferner die Geschmacksfasern von der Zunge (ausgenommen hinteres Zungendrittel) gehirnwärts.

Trigeminusneuralgie, anfallartig, meist einseitig auftretende Schmerzen im Versorgungsgebiet des Trigeminus (mit Beschränkung meist auf ein oder zwei Trigeminusäste). Die sehr starken Schmerzattacken können durch Berührung der Haut (auch Luftzug), Kauen oder Schlucken ausgelöst werden, mitunter auch mit Kontraktionen der Gesichtsmuskulatur (Tic douloureux) verbunden. Die **symptomatische T.** tritt z. B. bei Zahn-, Unterkiefer-, Kieferhöhlen- oder Stirnhöhlenerkrankungen auf. Druck von hirnversorgenden Gefäßen (v. a. Kleinhirnarterien) oder Tumoren auf einzelne Trigeminusäste kann ebenfalls zu T. führen. Auch bei multipler Sklerose kommt T. gehäuft vor. Die **idiopathische T. (essenzielle T.),** deren Ursache unbekannt ist, tritt v. a. bei Frauen nach dem 50. Lebensjahr auf. Die *Behandlung* ist bei der symptomat. T. auf die Beseitigung der Ursache. Bei der idiopath. T. werden Antikonvulsiva (z. B. Carbamazepin) gegeben. Auch eine operative Blockade oder Ausschaltung des betreffenden Trigeminusastes wird mitunter vorgenommen.

Triggerdiode [engl. trigger ›Abzug‹, ›Drücker‹, ›Auslöser‹], **Thyristordiode,** Halbleiterbauelement, das beim Überschreiten eines bestimmten Werts der an den Anschlüssen anliegenden Spannung vom Rückwärts- oder Sperrzustand in den Vorwärts- oder Durchlasszustand kippt. T. werden zur Erzeugung der Zündimpulse für Thyristoren und Triacs, d. h. zu deren Ansteuern (Triggern), verwendet. Als T. eignen sich die →Vierschichtdiode und der →Diac.

Triggern [engl. to trigger ›auslösen‹], *Elektronik:* zeitlich definiertes Auslösen eines Vorgangs oder einer endl. Folge von Vorgängen. Das T. erfolgt meist durch eine besondere ›Triggerschaltung‹ (z. B.

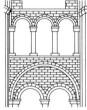
Triforium

→Schmitt-Trigger, →Triggerdiode), die immer dann einen Triggerimpuls abgibt, wenn eine bestimmte Schwelle (z. B. einer Spannung) über- oder unterschritten wird. – Beispiele sind das T. (Starten) der Zeitablenkung beim Oszilloskop, das Ansteuern eines Registers durch das Taktsignal (engl. clock) zur Übernahme einer am Eingang anliegenden Information, die Steuerung eines Impulsgenerators, das Auslösen eines Schaltvorgangs.

Triggerpunkt, engl. **Triggerpoint** [-pɔɪnt], umschriebene, tastbar verhärtete Stelle im Muskel- oder Unterhautzellgewebe, die auf Druck schmerzhaft reagiert. Das Auffinden der T. erlaubt den Nachweis schmerzhafter Zustände von Muskulatur und Bändern und ermöglicht eine gezielte Behandlung.

Triglav [tri'glau], höchster Gipfel der Jul. Alpen und Sloweniens, 2 864 m ü. M.; stark verkarstet und von kleinen Gletschern bedeckt; Mittelpunkt des T.-Nationalparks (848 km²).

Triglochin [griech. ›dreizackig‹], die Pflanzengattung →Dreizack.

Triglyceride, Gruppe der Glyceride (→Glycerinester).

Triglyphe [griech. tríglyphos, eigtl. ›Dreischlitz‹] *die, -/-n,* **Triglyph** *der, -s/-e,* antike Baukunst: rechteckige Steinplatte im Gebälk des dor. Tempels, in die zwei senkrechte Kerben und am Rand je eine halbe Kerbe eingeschnitten sind, hervorgegangen aus den drei Brettchen, die urspr. die Balkenköpfe der Dachkonstruktion verkleideten. Die T. bilden mit den Metopen (die Reliefs tragen können) den Fries des Tempels. Der **T.-Konflikt** entsteht, weil die T. bei der klass. dor. Säulenordnung jeweils über der Säulenachse und über der Mitte eines Säulenjochs angeordnet sind (erst in der hellenist. Baukunst wurde ihre Anzahl erhöht), nur der Eck-T. sitzt statt über der Säulenachse an der Ecke. Damit alle Metopen gleich sein können, wird das letzte Joch (Interkolumnium) gegenüber den anderen verringert (**Eckkontraktion**).

trigonal [spätlat., zu lat. trigonium, von gleichbedeutend griech. trígonon ›Dreieck‹], **1)** *Kristallographie:* bezeichnet eine Abteilung des hexagonalen Kristallsystems sowie die zugehörigen Kristallklassen und -formen (→Kristall, ÜBERSICHT; →Kristallsysteme).

2) *Mathematik:* dreieckig.

Trigonalschein, *Astronomie:* eine →Konstellation.

Trigonella [zu lat. trigonium ›Dreieck‹], die Pflanzengattung →Bockshornklee.

Trigonellin [zu Trigonella, in deren Samen es zuerst nachgewiesen wurde] *das, -s,* ein natürlich vorkommendes Nikotinsäurederivat (chemisch das N-Methylnikotinsäurebetain), das v. a. in Pflanzensamen (Getreide, Kaffeebohnen) enthalten ist; als Abbauprodukt des Nikotinsäureamids tritt es auch im Urin der Wirbeltiere auf.

Trigonometrie [zu griech. trígonon ›Dreieck‹] *die, -,* ein Zweig der Mathematik, der die Berechnung der Winkel und Seiten sowie daraus ableitbarer Größen ebener Dreiecke in der ebenen T. und sphär. Dreiecke im Rahmen der sphärischen Trigonometrie behandelt. Die Berechnung eines ebenen rechtwinkligen Dreiecks mit den Katheten a und b, der Hypotenuse c und den gegenüberliegenden Winkeln α, β, γ ist möglich mithilfe des pythagoreischen Lehrsatzes $a^2 + b^2 = c^2$, der Winkelsumme $\alpha + \beta = 90°$ sowie Beziehungen, die sich aus den elementarmathemat. Definitionen der →Winkelfunktionen im Einheitskreis ergeben. Dazu müssen neben dem rechten Winkel nur zwei weitere Bestimmungsstücke, hierunter mindestens eine Seite, bekannt sein. Zur Berechnung des allgemeinen ebenen Dreiecks sind drei Größen notwendig, die Berechnung erfolgt durch Aufteilung in zwei rechtwinklige Dreiecke oder mit dem →Sinussatz, dem →Kosinussatz, dem →Tangenssatz und den sich daraus ableitenden Halbwinkelsätzen der ebenen T. Die T. war seit ihren histor. Anfängen mit prakt. Problemen verknüpft und findet heute Anwendung in der Astronomie, Geodäsie, Geographie, Kartographie, Navigation und Physik.

Geschichte: Angeregt durch prakt. Konstruktionsprobleme sowie geograph. und astronom. Beobachtungen, wurde in der griech. Mathematik die Größe eines Bogens über die Längen zugehöriger Sehnen bestimmt. Erste trigonometr. Beziehungen kannten u. a. die Inder; sie verwendeten zur Bogenberechnung etwa seit dem 5. Jh. die später als Sinus bezeichnete Halbsehne und kannten auch den Kosinus und trigonometr. Beziehungen des rechtwinkligen Dreiecks. Die Erkenntnisse der Griechen und Inder wurden von den Arabern übernommen und weiterentwickelt; sie berechneten Sinus-, Tangens- und Kotangensfunktionen und wendeten den Sinussatz an. Ab dem 12. Jh. wurde das trigonometr. Wissen im Abendland bekannt und fand bes. durch die erste systemat. Darstellung von REGIOMONTANUS Verbreitung (›De triangulis omnimodis‹, hg. 1533). Die inneren Zusammenhänge der T. beschrieb L. EULER.

trigonometrische Funktionen, die →Winkelfunktionen.

trigonometrische Höhenmessung, *Vermessungstechnik:* Verfahren zur Bestimmung des Höhenunterschiedes zw. zwei Punkten aus dem mit einem Theodolit gemessenen Höhenwinkel und der Horizontalentfernung. Bei Zielweiten ab 250 m müssen die Erdkrümmung und die Refraktion berücksichtigt werden, ab 5 km geht die Genauigkeit der t. H. wegen der Refraktionsunregelmäßigkeiten stark zurück.

trigonometrische Reihe, die →Fourier-Reihe.

trigonometrischer Punkt, *Geodäsie:* →Triangulation.

Trijodmethan, *Chemie:* das →Jodoform.

Trijodthyronin [vgl. thyreo...] *das, -s,* Abk. **T₃,** aus der Vorstufe Dijodtyrosin gebildetes Schilddrüsenhormon, das im Wesentlichen das gleiche Wirkungsspektrum besitzt wie das →Thyroxin; der freie Anteil von T. liegt im Blut etwa zehnmal höher als der von Thyroxin. T. besitzt eine wesentlich kürzere Wirkdauer als Thyroxin. Die Halbwertszeit beträgt für T. einen Tag und für Thyroxin sieben Tage.

Trikala, Trikkala, Hauptstadt des Verw.-Bez. (Nomos) T. in Thessalien, Griechenland, in der fruchtbaren westthessal. Ebene, 44 200 Ew.; griechisch-orth. Bischofssitz; Textil-, Tabakindustrie.

Trikaya [Sanskrit ›drei Körper‹, ›einer, der drei Körper hat‹] *der, -, Mahayana-Buddhismus:* die Lehre von den drei Körpern des BUDDHA: **1)** Im Dharmakaya (›Körper der Lehre‹) sind die Buddhas miteinander identisch. Der Dharmakaya ist das Absolute, die Lehre selbst, die von den Buddhas entdeckte und verkündete Wahrheit. **2)** Mit dem leuchtenden Sambhogakaya (›Körper des Genusses‹) erfreuen die Buddhas die Bodhisattvas und Arhats in den Paradiesen. **3)** Den Nirmanakaya (›Erscheinungskörper‹) entsenden sie als ihren Stellvertreter in die Erscheinungswelt. Er vollbringt die Taten des histor. BUDDHA.

triklin [zu tri... und griech. klínein ›neigen‹], bezeichnet eines der →Kristallsysteme sowie die zwei zugehörigen Kristallklassen und -formen (→Kristall, ÜBERSICHT).

Triklinium [lat.] *das, -s/...ni|en,* das repräsentative Speisezimmer im röm. Wohnhaus, geöffnet zum Atrium und ggf. Garten (an der anderen Seite). Im T. standen urspr. drei Klinen.

Trikolon, *Rhetorik:* dreigliedriger Ausdruck, häufig als →Klimax oder als Satzgefüge aus drei gereihten Sinneinheiten; in der griech. und röm. Kunstprosa und Lyrik (z. B. bei HORAZ) ein oft verwendetes Stilmittel. Bes. beliebt wurde es in der Lyrik des Barock.

Trigonellin

Trijodthyronin

Trikot 2): Trikotbindung

Trikolore [frz. (drapeau) tricolore, zu spätlat. tricolor ›dreifarbig‹] *die, -/-n,* i. w. S. Bez. für jede dreifarbige Flagge mit gleichbreiten, senkrechten Streifen; i. e. S. Bez. für die seit 1794 in dieser Form bestehende blauweißrote Nationalflagge Frankreichs, deren Farbgebung auf die Kombination der weißen Fahne der Bourbonen mit den Stadtfarben von Paris (1789) zurückgeht.

Trikonchos, *Baukunst:* die →Dreikonchenanlage.

Trikot [tri'ko; frz. tricot, zu tricoter ›stricken‹], **1)** *das, -s/-s,* auch **Jersey** ['dʒœrzi, engl. 'dʒəːzi], *Sport:* meist eng anliegendes, farbiges Sporthemd. Im *Straßenradsport* gibt es T. mit bes. festgelegter Farbe zur Kennzeichnung der jeweiligen Spitzenreiter in den versch. Wertungen, z. B. in der Tour de France gelbes T. für die Einzelwertung, weißes T. mit roten Punkten für die Bergwertung, grünes T. für die Punktwertung (Spurts und Zieleinläufe). **2)** *der,* selten auch *das, -s/-s, Textiltechnik:* 1) einflächige Kulierware (meist glatte Rundstuhlware mit einer rechten und einer linken Warenseite), die für Textilerzeugnisse aus T. (**Trikotagen,** v. a. Unterwäsche und Sportkleidung) verwendet wird; 2) Kammoder Streichgarn (T.-Gewebe) mit feinen Rippen, das durch eine spezielle Art der Bindung der Fäden (T.-Bindung) eine den Maschenwaren ähnl. Elastizität erhalten hat; 3) bei der Herstellung von Kettenwirkware eine bestimmte Art der Fadenlegung (T.-Legung).

Trikotagen [-'taːʒən, frz.], *Textiltechnik:* Gewirke aller Art, bes. für Unterwäsche.

Tri|kresylphosphat [Kw.], Isomerengemisch der mit den drei isomeren →Kresolen gebildeten Phosphorsäureester, allgemeine Formel $(CH_3C_6H_4O)_3PO$. T. ist eine farb- und geruchlose, ölige Flüssigkeit, die als Hydraulikflüssigkeit und Schmiermittel bei Hochtemperaturbeanspruchung verwendet wird. Als Kraftstoffadditiv gegen Glühzündung und Weichmacher für PVC spielt T. wegen seiner Giftigkeit (bes. o-Kresylphosphat ist äußerst giftig; wirkt als Hemmstoff der Cholinesterase) keine Rolle mehr.

Trikupis, Charilaos, griech. Politiker, * Nauplion 23. 7. 1832, † Cannes 11. 4. 1896; Jurist; wurde 1865 Abg., 1866 Außen-Min. und war zw. 1875 und 1895 siebenmal Min.-Präs. T. wirkte v. a. für den inneren Ausbau Griechenlands (Schulen, Verkehrswege).

Tri|kuspidal|insuffizi|enz [zu tri... und lat. cuspis, cuspidis ›Spitze‹], Form der Herzklappenfehler, die Schlussunfähigkeit der dreizipfeligen Herzklappe (Trikuspidalklappe) zw. Vorhof und Kammer der rechten Herzhälfte; tritt angeboren oder erworben auf, meist als Folge einer Überlastung und Erweiterung der rechten Herzkammer, häufig aufgrund einer Verengung der Mitralklappe mit Hochdruck im Lungenkreislauf; führt zu venöser Einflussstauung, Lebervergrößerung, Ödemen und Atemnot bei Belastung. (→Herzkrankheiten)

trilateral, *Politik:* dreiseitig, von drei Seiten ausgehend, drei Seiten betreffend (z. B. Verträge).

Trilateration [zu lat. trilaterus ›dreiseitig‹] *die, -/-en, Geodäsie:* Verfahren zur Bestimmung von Lagefestpunkten durch elektron. Distanzmessung (›Distanz‹). Hierzu werden in einem Dreiecksnetz sämtl. Seiten und zur Kontrolle auch übergreifende Verbindungen gemessen. Der techn. Aufwand ist geringer als bei der →Triangulation. Heute werden für den Aufbau großräumiger Festpunktfelder überwiegend Distanzmessungen zu künstl. Erdsatelliten verwendet (→Satellitengeodäsie).

Trilemma [griech.] *das, -s/-s* und *-ta, Logik:* Urteil, in dem einem Gegenstand drei einander ausschließende Eigenschaften zugeschrieben werden. – Das von H. ALBERT formulierte **Münchhausen-T.** kennzeichnet die Problematik des Begründens und Letztbegründens, wenn Begründen rein deduktiv aufgefasst wird. Danach geht man entweder dogmatisch von bestimmten Sätzen aus, oder man verfällt in einen unendl. Regress oder aber in einen Circulus vitiosus.

Triller [ital. trillo, wohl lautmalend], *Musik:* eine →Verzierung, die in raschem, mehrmaligem Wechsel zw. einer Hauptnote und ihrer oberen Nebennote (große und kleine Sekunde) besteht. Tempo und Anzahl der T.-Schläge richten sich nicht nach dem Zeichen (⁓, ⁓, tr oder +), sondern nach der Länge der Note und dem Charakter des Stückes. Der T. kann verschieden ausgeführt werden: mit Beginn auf der oberen Nebennote, seit J. N. HUMMELS Klavierschule ›Ausführl. theoretisch-practische Anweisung zum Piano-Forte-Spiel‹ (1828) allg. auf der Hauptnote; mit gleichmäßigen T.-Schlägen oder langsam beginnend und im Tempo gesteigert. Er kann mit einem so genannten Anlauf, z. B. einem →Vorschlag oder einem →Doppelschlag, beginnen und mit einem →Nachschlag oder einer →Antizipation enden. Ein **Doppel-T.** von zwei Stimmen gleichzeitig ausgeführt; eine **T.-Kette** besteht aus der Aneinanderreihung mehrerer T. Unter **Trillo** verstand man in der Barockzeit eine dem Tremolo ähnl. Gesangsverzierung aus langsam beginnenden und allmählich im Tempo gesteigerten Tonwiederholungen. Ein Sonderfall des T. ist das →Vibrato.

Triller: oben Triller mit Beginn auf der oberen Nebennote; unten Triller mit Nachschlag, Beginn auf der Hauptnote

Trillhaas, Wolfgang, ev. Theologe, * Nürnberg 31. 10. 1903, † Göttingen 24. 4. 1995; war 1945 Prof. für prakt. Theologie in Erlangen und ab 1946 in Göttingen; lehrte dort 1954–72 systemat. Theologie. Ins Zentrum seines wiss. Werkes stellte T. die Frage, wie der christl. Wahrheitsanspruch mit dem neuzeitl. Wahrheitsbewusstsein zu vereinbaren sei. Seine ›Ev. Predigtlehre‹, ›Ethik‹ und ›Dogmatik‹ gelten als theolog. Standardwerke.
Werke: Schleiermachers Predigt u. das homilet. Problem (1933); Ev. Predigtlehre (1935); Grundzüge der Religionspsychologie (1946); Ethik (1959); Dogmatik (1962); Religionsphilosophie (1972); Aufgehobene Vergangenheit. Aus meinem Leben (1976).

Trilliarde [zu tri... und Milliarde] *die, -/-n,* tausend Trillionen (= 10^{21}).

Trilling, Lionel, amerikan. Kritiker, * New York 4. 7. 1905, † ebd. 5. 11. 1975; lehrte ab 1931 an der Columbia University; Mit-Hg. der Zeitschriften ›The Kenyon Review‹ und ›Partisan Review‹. Als Kulturkritiker verstand er Literatur als Schnittpunkt von Politik, Ästhetik und Moral und suchte seinen Gedanken einer ›moral. Vorstellungskraft‹ in seinem Roman ›The middle of the journey‹ (1947) über die Zeit des New Deal exemplarisch zu entwickeln. Seine Auseinandersetzung mit der Kultur der Moderne ist beeinflusst von tiefenpsycholog. Theorien (bes. S. FREUD) sowie den Idealen des amerikan. Liberalismus. Breite Wirkung entfaltete seine Essaysammlung mit dem programmat. Titel ›The liberal imagination. Essays on literature and society‹ (1950); er verfasste auch Erzählungen (›Of this time, of that place‹, hg. 1979).
Weitere Werke: *Literaturkritik:* Matthew Arnold (1939). – *Essays:* Freud and the crisis of our culture (1955); The opposing self (1955); A gathering of fugitives (1957); Beyond culture (1965); Sincerity and authenticity (1972; dt. Das Ende der Aufrichtigkeit).
Ausgaben: The works, 11 Tle. (Neuausg. Oxford 1980–82). – Kunst, Wille u. Notwendigkeit, hg. u. übers. v. H.-H. HENSCHEN (1980).

W. M. CHACE: L. T. Criticism and politics (Stanford, Calif., 1980); M. KRUPNIK: L. T. and the fate of cultural criticism in America (Evanston, Ill., 1986); D. T. O'HARA: L. T. The work of liberation (Madison, Wisc., 1988); S. L. TANNER: L. T. (Boston, Mass., 1988); T. M. LEITCH: L. T. An annotated bibliography (New York 1992).

Trillion [zu tri... und Million] *die, -/-en,* tausend Billiarden (= 10^{18}); in den USA, Frankreich, Russland u. a. Staaten der ehem. Sowjetunion Bez. für 10^{12}.

Trilobiten [zu griech. trílobos ›dreilappig‹], *Sg.* **Trilobit** *der, -en,* **Trilobita, Dreilapper,** ausgestorbene Klasse meist 3–8 cm, maximal 75 cm langer, meerbewohnender Gliederfüßer. Der Körper war von einem Rückenpanzer bedeckt, der in drei gelenkig miteinander verbundene Abschnitte gegliedert war: 1) Kopfschild (Cephalon), bestehend aus einem Mittelteil (Glabella) und zwei Seitenteilen (Wangen, oft zu Wangenstacheln verlängert), durch Häutungs- oder Gesichtsnähte unterteilt, mit i. d. R. zwei Facettenaugen (auch augenlose Formen sind bekannt), einem Paar Antennen und 3–4 Paar Spaltbeinen (mit ›Kiemenast‹ am Laufbein); 2) Rumpf (Thorax), meist in mehrere gegeneinander bewegl. Segmente (Spindelring und Pleuren) gegliedert, wobei jedes ein Paar Spaltbeine trug; 3) kurzer, ebenfalls segmentierter Schwanzschild (Pygidium) mit Spaltbeinen (außer am letzten Segment), z. T. mit Endstachel.

Die T. lebten überwiegend am Boden gut durchlüfteter küstennaher Flachmeerbereiche, vom Kambrium bis zum Perm (Blütezeit im Oberkambrium und Ordovizium); insgesamt etwa 1 500 Gattungen mit über 100 000 Arten. Viele T. sind wichtige Leitfossilien (u. a. Gliederung des Kambriums). Sie häuteten sich während des Wachstums mehrfach (bis zu 30 Larvenstadien). Die meisten Arten konnten sich einrollen. Die T. ernährten sich von kleinen pflanzl. und tier. Resten, manche wohl auch räuberisch.

H. JORDAN: T. (Wittenberg 1967); G. K. B. ALBERTI: T. des jüngeren Siluriums sowie des Unter- u. Mitteldevons, 2 Bde. (1969–70); G. u. R. HAHN: Die T.-Taxa des Karbons u. Perms, 2 Bde. (1993–96).

Trilogie [griech.] *die, -/...'gi|en,* Folge von drei selbstständigen, aber inhaltlich zusammengehörenden literar. oder musikal. Werken.

Trilussa, eigtl. **Carlo Alberto Salustri,** ital. Schriftsteller, *Rom 26. 10. 1871, †ebd. 21. 12. 1950; Journalist; war zu seiner Zeit als röm. Mundartdichter auch international bekannt. Schrieb u. a. in der Nachfolge G. G. BELLIS stehende satirische Sonette und Verserzählungen, in denen er Alltagsprobleme aus der Sicht röm. Kleinbürger behandelt; seine Fabeln entlarven skeptisch und ironisch menschliche Verhaltensweisen.

Ausgaben: Tutte le poesie, hg. v. P. PANCRAZI u. a. (^{29}1985). – Die bekehrte Schlange u. 27 andere Fabeln (1952); Die schönsten Fabeln (1953); Der erste Haifisch u. a. Fabeln (1962).

G. D'ARRIGO: T. Il tempo, i luoghi, l'opera (Rom 1977).

Trimaran [zu tri... und Katamaran] *der, -s/-e,* Schiff (Boot) mit einem meist größeren Hauptrumpf (z. B. für eine Kajüte) und zwei Nebenrümpfen (Auslegerrümpfen) mit Stützfunktion.

Trimbach, Gem. im Kt. Solothurn, Schweiz, 419 m ü. M., an der Aare und am Fuß des Hauensteins, 6 500 Ew.; Wohnvorort von Olten; Keksfabrik, Fahrzeug- und Maschinenbau, Herstellung von Verpackungsmaterial. – Die Kirche wurde um 1200 von den Grafen von Froburg gegründet, deren Burg bei T. lag.

Trimberg, 1) Hugo von, mittelalterl. Dichter, →Hugo, H. von Trimberg.
2) Süßkind von, mittelhochdt. Spruchdichter, →Süßkind von Trimberg.

Trimble ['trɪmbl], David, nordirischer Politiker, *Bangor 15. 10. 1944; Jurist und Univ.-Dozent, schloss sich 1973 der militanten prot. ›Vanguard Unionist Party‹ (VUP) an, wechselte Ende der 70er-Jahre

Trilobiten: Dorsalansicht eines Trilobitenpanzers; *links* Schematische Darstellung; *rechts* Elrathia kingi (Länge 22 mm)

zur prot. Ulster Unionist Party (UUP), wurde 1990 Abg. des brit. Unterhauses und 1995 Führer der UUP. Als Mitgl. der Orange Society (→Orangemen) zunächst Vertreter des radikalen Flügels seiner Partei, trat er seit 1996 für eine polit. Lösung des Nordirlandkonflikts ein und befürwortete das am 10. 4. 1998 geschlossene Friedensabkommen. Nachdem die UUP bei den Wahlen zum nordischen Regionalparlament am 25. 6. 1998 stärkste Fraktion geworden war, wählte man T. am 1. 7. 1998 zum ›Ersten Minister‹ (Chef der nordirischen Regionalregierung). Er erhielt zus. mit dem Katholiken JOHN HUME (*1937; Vors. der Social Democratic and Labour Party) den Friedensnobelpreis 1998.

Trimborn, Hermann, Amerikanist und Rechtsethnologe, *Bonn 15. 5. 1901, †ebd. 29. 8. 1986; war 1933–36 Prof. für Archäologie und Ethnographie Amerikas (bes. der Andenländer) in Madrid, 1936–69 in Bonn; spezielle Arbeiten zur Gesellschaftsordnung der Inka.

Werke: Das Alte Amerika (1959); Eldorado (1961); Die indian. Hochkulturen des alten Amerika (1963).

Trimellitsäure, Trimellithsäure, durch Oxidation von 1,2,4-Trimethylbenzol gewonnene dreiwertige aromat. Carbonsäure (chemisch die 1,2,4-Benzoltricarbonsäure), eine farblose, kristalline Substanz. T. und ihr Anhydrid dienen u. a. zur Herstellung von Weichmachern und thermisch besonders stabilen Polymeren.

Tri|mere [zu tri... und griech. méros ›Teil‹], *Sg.* **Trimer** *das, -s,* aus drei gleichen Grundmolekülen aufgebaute chem. Verbindungen.

Trimester [zu lat. trimestris ›dreimonatig‹] *das, -s/-,* Zeitraum von drei Monaten; Teilabschnitt eines in drei Phasen gegliederten Studienjahrs; in Dtl. (abweichend von der übl. Einteilung in Semester) v. a. an den Universitäten der Bundeswehr, z. T. an Volkshochschulen gebräuchlich.

Trimeter [lat., zu griech. trímetros ›drei Takte enthaltend‹] *der, -s/-, antike Metrik:* aus drei Metren bestehender Vers. Am häufigsten ist der jambische T.: ⏑–⏑–|⏑–⏑–|⏑–⏑–. Er begegnet bei ARCHILOCHOS (7. Jh. v. Chr.). Im Drama (Tragödie, Satyrspiel, Komödie) stellte er das Grundmetrum der Sprechverse dar. Die röm. Dichtung übernahm den T. zunächst als Senar (PLAUTUS, TERENZ, PHAEDRUS); seit dem 1. Jh. v. Chr. setzte sich der griech. (jamb.) T. durch (CATULL, HORAZ, SENECA D. J.). Dt. Nachbildungen sind selten (im Drama z. B. bei SCHILLER, in der Lyrik u. a. bei E. MÖRIKE).

David Trimble

Trimellitsäure

Trimethylenglykol

Trimethylen|glykol, 1,3-Propandiol, vom Propan abgeleiteter, zweiwertiger Alkohol; eine farblose,

Trim Trimm – Trinidad und Tobago

ölige Substanz, die ausgehend von Acrolein hergestellt werden kann. Verwendung v. a. in der präparativen Chemie.

Trimm [engl., zu trimmen] *der, -(e)s,* die Schwimmlage eines Schiffs in Längsrichtung, Neigung um seine Querachse; man unterscheidet kopflastigen T. (vorderer Tiefgang größer als hinterer), hecklastigen T. (hinterer Tiefgang größer als vorderer) und gleichlastigen T. (ausgeglichene Schwimmlage).

trimmen [engl. to trim, von altengl. tryman ›in Ordnung bringen‹], 1) *Flugzeug:* die zur Aufrechterhaltung eines stationären Flugzustandes erforderl. Steuerkräfte nahezu zum Verschwinden bringen: durch Veränderung des Einstellwinkels von Leitwerksflossen, den Ausschlag von Trimmrudern oder die Verlagerung von Massen (mithilfe eines **Trimmtanks** für Kraftstoff, →Kraftstofftrimmung). T. dient zur Entlastung des Flugzeugführers oder als Maßnahme zum Einnehmen bestimmter Flugzustände.

2) *Hundehaltung:* Hunden bestimmter Rassen (Pudel, Schnauzer) durch Scheren oder Auslichten das dem Rassestandard oder der Mode entsprechende Haarkleid geben.

3) *Schiff:* 1) die Schwimmlage eines Schiffs in der Längsrichtung (Trimm) ändern, durch Verteilung der Ladung, des festen Ballasts oder durch Fluten und Lenzen (Auspumpen) von speziellen **Trimmtanks**; 2) die Besegelung eines Segelboots zur Anpassung an die Windverhältnisse optimieren.

Trimmer, *Elektronik:* Kurz-Bez. für T.-Kondensator oder T.-Widerstand. T. sind Bauelemente, die in ihrer Kapazität bzw. ihrem ohmschen Widerstand manuell veränderbar sind, aber jeweils nur für Abgleichzwecke (fest) eingestellt werden und dann während des Betriebs normalerweise unverändert bleiben. **T.-Kondensatoren** werden mit Keramik, Glas, Glimmer, Kunststofffolien oder Luft als Dielektrikum hergestellt (mit i. Allg. geringer Kapazität). Verbreitete Bauformen sind Keramik-Rohr- und Kunststofffolien-T. **T.-Widerstände** sind veränderbare Drehwiderstände (T.-Potenziometer), meist als ein- oder mehrgängige Schicht-Cermet- oder Drahtwiderstände ausgeführt; Belastbarkeit bis zu etwa 1 Watt.

Trimmruder, *Flugzeug:* an der Hinterkante von Hauptrudern angeordnetes Hilfsruder, das vom Flugzeugführer während des Fluges so verstellt werden kann, dass es das Hauptruder in einer zur Einhaltung eines bestimmten Flugzustands erforderl. Stellung hält.

Trimurti [Sanskrit ›dreigestaltig‹], *Hinduismus:* die Dreiheit der obersten Götter Brahma, Vishnu und Shiva, die das Prinzip von Schöpfung, Erhaltung und Zerstörung symbolisieren; in der Ikonographie dargestellt als ein Körper mit drei Köpfen. Die meist fälschlich T. genannte Shivadarstellung auf →Elephanta zeigt drei Aspekte eines Gottes (→Maheshamurti).

Trincomalee [trɪŋkəmə'liː], Hafenstadt in Sri Lanka, an der NO-Küste Ceylons, nördlich der Mündung des Mahaweli, 51 000 Ew.; Werft, Nahrungsmittelindustrie; Tee-Export; ausgezeichneter Naturhafen, vor 1983 (Beginn des Bürgerkriegs) Fremdenverkehr, seitdem Zufluchtsort von Kriegsflüchtlingen.

Trindade, Ilha da T. ['iʎa da trin'dadi], Vulkaninsel im S-Atlantik, Brasilien, bei 20° 31′ s. Br. und 29° 20′ w. L., 10 km², bis 600 m hoch.

Třinec ['tr̝ʃinɛts], Stadt in der Tschech. Rep., →Trzynietz.

Trinicon [Kw.] *das, -s/...'cone,* auch *-s,* **Farbstreifenfenvidikon,** *Fernsehtechnik:* →Vidikon.

Trinidad, Name von geographischen Objekten:
1) **Trinidad,** Stadt im mittleren Kuba, nahe dem Karib. Meer, 67 400 Ew.; Zucker-, Tabakindustrie. – T. wurde wegen seines kolonialzeitl. Stadtbildes von

Trinidad 1): Blick über die Plaza Mayor mit dem Palacio Brunet und der Kirche Santísima Trinidad (frühes 17. Jh., 1894 umgestaltet)

der UNESCO zum Weltkulturerbe erklärt (ebenso die Zuckerfabriken im Valle de los Igenios). An der Plaza Mayor die Pfarrkirche Santísima Trinidad (frühes 17. Jh., 1894 umgestaltet, kunstvolle Schnitzarbeiten aus Mahagoniholz) und der Palacio Brunet mit dem Museo Romántico (Möbel und Hausgerät des 19. Jh.); von der Wallfahrtskapelle de la Popa (1726) weiter Blick über die Stadt. . – Gegr. 1514 von DIEGO DE VELÁZQUEZ.

2) **Trinidad,** Hauptstadt des Dep. Flores, Uruguay, 18 300 Ew.; Handels- und Verarbeitungszentrum eines Agrargebietes (Getreide, Obst; Rinder, Schafe); Bahnstation, Flugplatz.

3) **Trinidad de Mojos** [-'mɔxɔs], Hauptstadt des Dep. Beni, Bolivien, im Tiefland (Llanos de Mojos), nahe dem Rio Beni, 51 900 Ew.; TU; Handelszentrum des agrar. Umlandes (Zuckerrohr, Baumwolle, Reis; Rinder); Zuckerraffinerie; Flugplatz. – Gegr. 1656 durch span. Entdecker; wegen regelmäßiger Überschwemmungen 1662 von der ursprüngl. Lage am Fluss an die heutige Stelle verlegt.

Trinidad und Tobago
Fläche 5 128 km²
Einwohner (1996) 1,27 Mio.
Hauptstadt Port of Spain
Amtssprache Englisch
Nationalfeiertag 31.8.
Währung 1 Trinidad-und-Tobago-Dollar (TT$) = 100 Cents (cts)
Uhrzeit 7⁰⁰ Port of Spain = 12⁰⁰ MEZ

Trinidad und Tobago, amtlich englisch **Republic of Trinidad and Tobago** [rɪ'pʌblɪk əv 'trɪnɪdæd ənd tə'beɪgoʊ], ostkarib. Inselstaat vor der NO-Küste Südamerikas, zw. 10° 2′ und 11° 20′ n. Br. sowie 60° 32′ und 61° 56′ w. L., umfasst die zu den Westind. Inseln gehörenden Inseln Trinidad und Tobago. Fläche: 5 128 km², (1996) 1,27 Mio. Ew.; Hauptstadt ist Port of Spain (auf Trinidad), Amtssprache Englisch. Währung: 1 Trinidad-und-Tobago-Dollar (TT$) = 100 Cents (cts). Zeitzone: Atlantikzeit (7⁰⁰ Port of Spain = 12⁰⁰ MEZ).

STAAT · RECHT

Verfassung: Nach der Verf. von 1976 ist T. u. T. eine präsidiale Rep. Staatsoberhaupt ist der von einem Wahlkollegium (Vertreter beider Kammern des Parlaments) auf fünf Jahre gewählte Präs. Die Legislative liegt beim Zweikammerparlament, bestehend aus Senat (31 ernannte Mitgl.) und Repräsentantenhaus

Trinidad und Tobago

Staatswappen

Staatsflagge

Internationales Kfz-Kennzeichen

1970 1996   1970 1996
Bevölkerung   Bruttosozial-
(in Mio.)   produkt je Ew.
              (in US-$)

■ Stadt
■ Land

Bevölkerungsverteilung 1995

■ Industrie
■ Landwirtschaft
■ Dienstleistung

Bruttoinlandsprodukt 1995

(36 für fünf Jahre gewählte Abg., darunter zwei aus Tobago), die Exekutive bei der Reg. unter Vorsitz des Premier-Min. (vom Präs. ernannt).

Parteien: Am einflussreichsten sind der People's National Movement (PNM; gegr. 1955, gemäßigte Linkspartei, starke Basis in der schwarzen Bev.), der United National Congress (UNC; gegr. 1989, linksgerichtet, vertritt v. a. den ind. Bev.-Teil) und die National Alliance for Reconstruction (NAR; gegr. 1983, ein aus drei Parteien bestehendes Bündnis).

Wappen: In dem durch einen silbernen Sparren geteilten Schild stehen in der oberen Hälfte zwei Kolibris (sie repräsentieren die beiden Inseln), in der unteren Hälfte drei Karavellen aus der Zeit des C. KOLUMBUS; im Oberwappen über der Helmzier ein Schiffssteuerrad und eine Palme. Als Schildhalter dienen ein Scharlachibis und ein Cocrico (beide kommen nur auf T. u. T. vor). Schild und Schildhalter stehen auf einer Darstellung der Inseln, den unteren Abschluss bildet ein Schriftband mit dem Wahlspruch ›Together we aspire, together we achieve‹ (›Gemeinsam streben wir, gemeinsam haben wir Erfolg‹).

Nationalfeiertag: 31. 8., der an die Erlangung der Unabhängigkeit 1962 erinnert.

Verwaltung: Trinidad gliedert sich in drei Städte mit Selbstverwaltungsrecht und acht Verwaltungsbezirke. Tobago hat seit 1987 volle innere Autonomie und verfügt über ein eigenes Regionalparlament (15 Abg., für vier Jahre gewählt).

Recht: Die Rechtsprechung folgt engl. Vorbild. Der Gerichtsaufbau ist dreistufig (Oberster Gerichtshof, Berufungsgericht, Magistratsgerichte); letzte Berufungsinstanz ist der Privy Council in London. Ein Ombudsmann ist für Bürgerbeschwerden zuständig.

Streitkräfte: Die Gesamtstärke der Freiwilligenarmee beträgt etwa 2800, die der paramilitär. Polizeikräfte rd. 4800 Mann. Die Heerestruppen (2100 Soldaten) sind nur mit leichten Waffen ausgestattet. Die 700 Mann umfassende Marine (›Coast Guard‹) verfügt über etwa 20 Küstenwachboote.

LANDESNATUR · BEVÖLKERUNG

Die 15 km vor der venezolan. Küste (Orinokodelta) liegende Insel Trinidad (4828 km²) wird von drei W-O-verlaufenden Gebirgsketten (Fortsetzung der venezolan. Küstenkordillere) durchquert; die nördl. kristalline Gebirgskette erreicht im Mount Aripo 940 m ü. M. In der mittleren und der südl. Kette zu kreidezeitl. Sedimenten werden 300 m ü. M. kaum überschritten. Das nördl. Längstal des Caroni-Flusses entwässert westwärts in die alluvialen Caroni-Sümpfe.

Trinidad und Tobago: Strand bei Pigeon Point auf Tobago

Trinidad und Tobago: Übersichtskarte

Das südl. Längtal ist eine zerschnittene Tafelebene. Im SW Trinidads liegt der Asphaltsee Pitch Lake (→La Brea). Die 35 km nordnordöstlich von Trinidad gelegene Insel Tobago (300 km²) ist aus einem einzigen, 25 km langen Gebirgszug aufgebaut, der bis 576 m ü. M. ansteigt und sich nach SW zu einer Korallenkalkebene abdacht.

Klima: Die Inseln haben trop. Klima mit noch geringeren jahreszeitl. Temperaturschwankungen als auf den anderen Westind. Inseln (24 °C mittlere Januar-, 26 °C mittlere Septembertemperatur) und liegen im Einfluss des NO-Passats. Die jährl. Niederschlagsmengen variieren zw. 2500 mm an der O- und maximal 1600 mm an der W-Küste; Regenzeit Juli bis Dezember.

Vegetation: Immergrüner Regenwald bedeckt v.a. die Gebirge von Trinidad; im Regenschatten der Gebirge und im W der Insel finden sich regengrüner Feucht- und Trockenwald sowie Savannen. Tobago ist zur Hälfte von Regenwald bedeckt.

Bevölkerung: Die urspr. indian. Bev. (Aruak) ist ausgestorben (1800 noch 2000 Bewohner). Tobago ist von Schwarzen besiedelt wie andere Westind. Inseln, auf denen im 18. Jh. eine auf Sklavenarbeit gestützte Plantagenwirtschaft entwickelt wurde. Trinidad (heute mit 96 % der Gesamt-Bev.) weist dagegen eine ausgeprägte ethn. Vielfalt auf. Eingeleitet wurde die Entwicklung durch frz. Flüchtlinge, die mit ihren Sklaven auf die Insel kamen, um Kaffee- und Zuckerrohrplantagen anzulegen. Nach ihrer Befreiung (1834) ließen sich die ehem. Sklaven als Kleinbauern im Waldland nieder. 1846–1916 wanderten 140000 Inder ein (blieben zu 75 %), 1851–1963 insgesamt 222000 Personen (außer Indern v. a. Schwarze von den Antillen). Das Verhältnis von Indern und Schwarzen ist von Spannungen geprägt. 1990 waren 40,3 % indischstämmig bzw. 39,6 % der Bev. schwarz. Die Inder sind in der westl. Küstenebene konzentriert, in der Zuckerrohranbau und bäuerl. Ackerland, das Züge ind. Kulturlandschaft trägt, vorherrscht. Nur 0,6 % der Bev. sind europ. Herkunft, 0,4 % Chinesen, 0,1 % Libanesen und 18,4 % Mischlinge. Die Geburtenrate beträgt (1995) 20,0‰, die Sterberate 6,0‰; etwa 32 % der Bev. sind unter 15 Jahre. Größte Städte sind Port of Spain (1995: 45300 Ew., Agglomeration rd. 500000 Ew.), San Fernando (55800 Ew.), Arima (24900 Ew.),

Point Fortin (20 100 Ew.) auf Trinidad; Hauptort auf Tobago ist Scarborough. Neben Englisch werden in geringem Umfang auch ein frz. Patois, Spanisch sowie Chinesisch und Hindi gesprochen.

Religion: Die Religionsfreiheit ist durch die Verf. garantiert. Über 58% der Bev. sind Christen: rd. 30,4% gehören der kath. Kirche (Erzbistum Port of Spain) an, rd. 11,8% der anglikan. Kirche (Prov. Westindien), über 16% prot. Kirchen (Presbyterianer, Adventisten, Pfingstler, ›Church of God [Cleveland]‹, Baptisten, ›Church of the Nazarene‹, Brüdergemeine u. a.). – Rd. 60% der Bev. ind. Abstammung bekennen sich zum Hinduismus, rd. 15% zum Islam. Unter der schwarzen Bev. gibt es Anhänger der politisch-religiösen Bewegung der Rastafaris. – Kleine religiöse Minderheiten bilden die Zeugen Jehovas und die Bahais.

Bildungswesen: Das Schulsystem weist britisch-karib. Organisationsstruktur mit relativ hohem Bildungsniveau auf. Schulpflicht besteht vom 6. bis 12. Lebensjahr, Primarschule (sieben Jahre) und weiterführende Schulen sind gebührenfrei. Neben staatl. gibt es auch Privatschulen. Die Analphabetenquote ist unerheblich (rd. 2%). Auf Trinidad (St. Augustine) befindet sich die ingenieurwiss. Fakultät (gegr. 1948) der University of the West Indies (Kingston, Jamaika).

Publizistik: Tageszeitungen sind: ›Trinidad and Tobago Express‹ (Auflage 55 000), ›Trinidad Guardian‹ (53 000) und die 1993 gegründete ›Newsday‹. Neben dem staatl. ›National Broadcasting Service‹ (NBS) senden die kommerziellen Gesellschaften ›Prime Radio Ltd.‹ und ›Trinidad Broadcasting Co. Ltd.‹ Hörfunkprogramme. Fernsehprogramme veranstalten die staatl. (kommerziell betriebene) ›Trinidad and Tobago Television Co. Ltd.‹ sowie ›CNN TV 6‹.

WIRTSCHAFT · VERKEHR

Wirtschaftl. Grundlage ist die Förderung und Weiterverarbeitung von Erdöl und Erdgas. Gemessen am Bruttosozialprodukt (BSP) je Ew. von (1996) 3870 US-$ ist T. u. T. eines der reichsten Länder der Karibik. Die Inflationsrate lag 1985–95 bei jährlich 8,3%, die Auslandsverschuldung bei (1995) 2,56 Mrd. US-$. Die hohe Arbeitslosenquote von (1996) 16,1% wirkt sich negativ auf die wirtschaftl. Entwicklung aus.

Landwirtschaft: Der Agrarsektor erwirtschaftet (1995) 2,2% des Bruttoinlandsprodukts (BIP) und beschäftigt 10,6% der Erwerbstätigen. Da die Landwirtschaft v. a. für den Export produziert (Zucker, Zitrusfrüchte, Kakao, Reis u. a.), müssen große Mengen an Nahrungsmitteln importiert werden.

Industrie: Der industrielle Sektor (einschließlich Bergbau), in dem (1995) 25,6% der Erwerbstätigen beschäftigt sind, trägt 47,1% zum BIP bei; allein die Erdölindustrie 28,3%. Die Hauptfördergebiete liegen im Golf von Paria, im südöstl. Küstenschelf sowie im S Trinidads. Die Erdölraffinerien befinden sich in Pointe-à-Pierre und Point Fortin. Umfangreiche Erdgasvorkommen bilden die Grundlage für eine sich entwickelnde petrochem. Industrie und die Energiebasis für das Eisen- und Stahlwerk in Point Lisas. Im Asphaltsee Pitch Lake befindet sich das größte natürl. Asphaltvorkommen der Erde. Der geförderte Asphalt wird zu 50% exportiert. Zentren der Nahrungsmittel-, Stahl- und chem. Industrie sind die Hauptstadt Port of Spain, Point Lisas und Point Fortin.

Tourismus: Er konzentriert sich v. a. auf die Insel Tobago und den Karneval in Port of Spain. Die Mehrheit der jährlich rd. 200 000 ausländ. Besucher kommt aus den USA, Kanada und den Staaten der EG.

Außenwirtschaft: Die Außenhandelsbilanz ist seit 1975 fast durchweg positiv (Einfuhrwert 1994: 1,04 Mrd. US-$; Ausfuhrwert: 1,78 Mrd. US-$). Rohöl und Erdölprodukte sind mit einem Exportanteil von (1996) fast 50% wichtigste Ausfuhrgüter. Daneben sind noch Chemikalien, Eisen und Stahl, Nahrungs- und Genussmittel sowie Baumaterialien bedeutsam. Wichtigste Handelspartner sind die USA, EG-Staaten (v. a. Großbritannien und Dtl.), Kanada, Japan, Venezuela und Länder der Karib. Gemeinschaft.

Verkehr: Das Straßennetz (rd. 8 000 km) ist auf Trinidad gut ausgebaut, auf Tobago wenig entwickelt. Das Eisenbahnnetz ist seit 1968 stillgelegt. Trinidad liegt im Schnittpunkt wichtiger Schifffahrts- und Flugverkehrslinien. Größte Seehäfen sind Port of Spain, Point Lisas, Point Fortin. Der internat. Flughafen Piarco liegt 25 km östlich von Port of Spain.

GESCHICHTE

KOLUMBUS entdeckte beide Inseln auf seiner dritten Reise (1498). 1552 begann Spanien, Trinidad zu kolonisieren, doch erst seit etwa 1700 legten span. Siedler mithilfe von afrikan. Sklaven Plantagen (v. a. Kakaoplantagen) an, die sich jedoch nicht halten konnten. 1783 öffnete Spanien die Insel fremden Kolonisten. 1797 eroberten die Briten Trinidad, das sie 1802 im Frieden von Amiens zugesprochen erhielten. Tobago war, bis es 1814 endgültig Großbritannien überlassen wurde, häufig zw. Briten, Franzosen und Niederländern umkämpft. Beide Kolonien wurden 1888 zu einer Kronkolonie vereinigt. 1958–62 gehörten T. u. T. der Westind. Föderation an. Am 31. 8. 1962 wurden die Inseln als parlamentar. Monarchie im Commonwealth of Nations unabhängig. 1976 gab sich der Inselstaat eine republikan. Verf.; Premier-Min. wurde der seit 1956 als Reg.-Chef amtierende ERIC EUSTACE WILLIAMS (* 1911, † 1981; PNM). 1986 stellte erstmals das oppositionelle Parteienbündnis NAR die Reg., unter der Tobago die seit langem angestrebte volle innere Selbstverwaltung erhielt (1987). 1990 wurde der Staat durch einen Putschversuch militanter Muslime schwer erschüttert. Die Wahlen 1991 gewann erneut der PNM (Premier-Min. PATRICK MANNING, * 1946). Seit den Wahlen 1995 stellt der UNC die Reg., mit BASDEO PANDAY (* 1933) wurde erstmals ein Vertreter der ind. Bev.-Gruppe Premierminister.

H. BLUME: Die Westind. Inseln (²1973); J.-C. GIACOTTINO: T.-et-T. Étude géographique, 3 Bde. (Lille 1977); The natural resources of T. and T., hg. v. S. G. C. COOPER u. a. (London 1981); S. VERTOVEC: Hindu Trinidad. Religion, ethnicity and socio-economic change (London 1992); M. ANTHONY: Historical dictionary of T. and T. (Lanham, Md., 1997).

Trinil, Ort am Solofluss, im Innern von Ostjava, erste Fundstätte des →Homo erectus.

Trinitarier [zu Trinität], lat. **Ordo Sanctissimae Trinitatis de redemptione captivorum** [›Orden der heiligsten Dreifaltigkeit von der Befreiung der Gefangenen‹], Abk. **OSST,** früher auch **Eselsbrüder** gen. (weil sie auf Eseln reitend Almosen sammelten), ein 1198 von JOHANNES VON MATHA und FELIX VON VALOIS (* 1127, † 1212) auf der Basis der Augustinerregel gegründeter Orden mit dem ursprüngl. Ziel, christl. Gefangene und Sklaven loszukaufen. Die v. a. in Italien, Spanien und Lateinamerika beheimatete Gemeinschaft (1997: rd. 590 Mitgl.) wirkt heute in der Mission, der Krankenpflege, der Pfarrseelsorge und der Seelsorge für Strafgefangene. Sitz des Generalministers ist Rom. – Die 1236 gegründeten **Trinitarierinnen** sind ein Orden mit strenger Klausur. Die wenigen Niederlassungen befinden sich v. a. in Spanien. Für Laien besteht ein **Dritter Orden der Trinitarier.**

R. KRALIK: Gesch. des T.-Ordens von seiner Gründung bis zu seiner zweiten Niederlassung in Oesterreich (Wien 1918); Acta Ordinis Sanctissimae Trinitatis, auf mehrere Bde. ber. (Rom 1919 ff.).

Trinität [lat. trinitas, trinitatis ›Dreiheit‹] die, -, **Dreieinigkeit, Dreifaltigkeit,** zentrale Glaubensaussage der *christl. Theologie* über Gott. Die T. sagt Gott als die Einheit dreier wesensgleicher ›Personen‹ (Seinsweisen) von Ewigkeit her aus (Vater, Sohn und

Hl. Geist), die in ihrem ›innergöttl. Verhältnis‹ darin unterschieden sind, dass vom Vater der Sohn, vom Vater und vom Sohn der Hl. Geist ausgeht (→Filioque); in der orth. Theologie vom Vater durch den Sohn. Das Verhältnis der drei Personen wird dabei als Perichorese (gegenseitige Durchdringung) vorgestellt. Gemäß der christl. **T.-Lehre** hat sich der *eine* Gott im Verlauf der →Heilsgeschichte auf dreifache Weise geoffenbart (ökonom. oder heilsgeschichtl. T.-Lehre): als ursprungloser Schöpfer der Welt (als Vater), in Gestalt und Werk JESU VON NAZARETH (als Sohn) und in den Menschen, die in der Nachfolge und aus dem Geist JESU leben (als Hl. Geist).

Trinität: Bartolomé Esteban Murillo, ›Die beiden Trinitäten‹; um 1681/82 (London, National Gallery)

Hinsichtlich des religions- und geistesgeschichtl. Umfeldes wirkten auf die Ausformung der christl. T.-Lehre in starkem Maße Lehrentwicklungen im Frühjudentum (z. B. in der frühjüd. Engellehre, in den Spätschriften des A. T., bei PHILON VON ALEXANDRIA) und im Hellenismus (z. B. im Neuplatonismus) ein, die sich um eine Differenzierung innerhalb des einen Göttlichen (z. B. Wort Jahwes, Weisheit; Demiurg, Logos, Nus) bemühten. Während dabei im Judentum stets die Einheit Gottes im Vordergrund stand, wurden die Unterteilungen im Hellenismus teils tritheistisch, teils subordinatianisch, d. h. in der Art einer Rangfolge oder Abstufung verstanden. Innerhalb des N. T. knüpfte die T.-Lehre bes. an die triad. Formeln (z. B. Mt. 28, 19) und die Gottesprädikationen JESU an. Theologisch-systematisch entwickelt wurde der Gedanke der T. von den als die drei großen →Kappadokier in die Theologiegeschichte eingegangenen östl. Kirchenvätern sowie von AUGUSTINUS.

Als verbindl. kirchl. Lehre wurde die T.-Lehre in Abwehr des →Arianismus durch die Konzile von Nicäa (325) und Konstantinopel (381) formuliert; die Vielzahl anderer, z. T. weit verbreiteter Denkmodelle (Subordinatianismus [→Subordinatianer], →Monarchianismus, Modalismus, u. a. bis hin zum →Tritheismus) wurden als häretisch abgelehnt. Die T.-Lehre ihrerseits stieß in der späteren Geschichte der Kirche bes. bei den →Antitrinitariern und den →Sozinianern auf Ablehnung.

Die T. wird in der *bildenden Kunst* i. d. R. symbolisch dargestellt, v. a. im gleichseitigen oder gleichschenkligen Dreieck. Im MA. weniger häufig (z. B. im Evangelistar der Äbtissin UTA VON NIEDERMÜNSTER, 1. Viertel des 11. Jh.; München, Bayer. Staatsbibliothek; mit der Hand Gottes), kommt es in nachmittelalterl. Zeit oft mit dem Auge Gottes vor. Symbole der T. sind auch drei in einen Kreis eingeschriebene Kreise, drei Kugeln und der Dreipass, ferner drei einander berührende und ornamental zugeordnete Figuren und Tiere (Hasen, Fische, Löwen) in einem Kreis. Symbole in der byzantin. Kunst sind der leere Thron Gottes (Etimasia), das Kreuz und die Taube, die auch im W Verbreitung fand. – Als Hinweis auf die T. gelten Darstellungen wie der Besuch der drei Männer bei Abraham (Mosaik, um 440; Rom, Santa Maria Maggiore) und die drei Jünglinge im Feuerofen. In der spätmittelalterl. Typologie werden für die Darstellung der Offenbarung Gottes der drei Männer bei Abraham der Maiestas Domini gegenübergestellt. Später galt die Darstellung von drei gleichaltrigen Männern als Symbol der T., im späten MA. häufig in andere Bereiche miteinbezogen (Schöpfungsgeschichte, Marienkrönung u. a.). Durch Attribute (Gottvater mit Schwert und Tiara, Sohn mit Zepter und Krone, Hl. Geist mit Lilie und Krone) wie durch das Aussehen (Gottvater als Greis, CHRISTUS als Auferstandener oder Kind, Hl. Geist als Jüngling) sind die drei Personen voneinander unterschieden worden. Eine eigene Darstellungsform ist der →Gnadenstuhl. In der Emblematik des Barock gibt es verschlüsselte Ausdrucksformen der T. (Schloss mit drei Schlüsseln u. a.).

J. MOLTMANN: T. u. Reich Gottes. Zur Gotteslehre (³1994); T. Aktuelle Perspektiven der Theologie, hg. v. W. BREUNING (1984); E. SALMANN: Neuzeit u. Offenbarung. Studien zur trinitar. Analogik des Christentums (Rom 1986); H. VORGRIMLER: Gotteslehre, 2 Bde. (Graz 1989); J. SUDBRACK: Der göttl. Abgrund. Bilder vom dreifaltigen Leben Gottes (1991); J. ACKVA: An den dreieinen Gott glauben. Ein Beitr. zur Rekonstruktion des trinitar. Gottesverständnisses u. zur Bestimmung seiner Relevanz im westeurop. Kontext (1994); G. GRESHAKE: Der dreieine Gott. Eine trinitar. Theologie (³1998).

Trinitatis [lat.], das →Dreifaltigkeitsfest.

Trinitätslehre, die im Christentum entwickelte Lehre von der →Trinität der göttl. Personen. Durch die T. unterscheidet sich das christl. Gottesverständnis grundsätzlich von den monotheist. Religionen Judentum und Islam. Diese lehnen die T. als die Einheit Gottes (potenziell) infrage stellende Auffassung (Judentum) bzw. die Glaubensbotschaft von der Einheit und Einzigartigkeit Gottes (Allahs) verfälschende Lehre (›Tritheismus‹) ab.

Trinitron [Kw.], eine für Farbwiedergabe bestimmte Bildröhre. Durch eine Gittermaske (Streifenmaske) mit Parallelschlitzen erreichen die den Farben Rot, Grün, Blau zugeordneten, gemeinsam fokussierten Elektronenstrahlen den mit parallelen Farbstreifen belegten Bildschirm. (→Inlineröhre)

Trinitrotoluol, 2,4,6-Trinitrotoluol, Abk. **TNT, Trotyl,** gelbl. kristalline Substanz, die durch mehrstufige Nitrierung von Toluol hergestellt wird. T. ist ein wichtiger →Explosivstoff, dessen Sprengwirkung als Maß der Wirkung von Kernwaffen dient. Wegen seiner Gießbarkeit und Handhabungssicherheit ist T. allein sowie in Mischungen mit Hexogen (**Composition B**) oder Ammoniumnitrat (**Amatol**) der am meisten gebrauchte militär. Sprengstoff. Im gewerbl. Bereich wird T. z. B. als Bestandteil von Gesteinssprengstoffen (→Ammonite) verwendet. T. kann nur durch Initialsprengstoffe gezündet werden.

Trinkbranntwein, umgangssprachlich **Schnaps,** alkohol. Getränk, das entweder durch Destillation alkoholhaltiger Flüssigkeiten oder auf kaltem Weg aus Alkohol versch. Ursprungs und Wasser sowie Geruchs- und Geschmacksstoffen hergestellt wird. Edelbranntweine werden aus Wein (Weinbrand) oder aus Maischen, v. a. Obst- (Obstbrand, z. B. Kirschwasser, Slibowitz) und Getreidemaischen (Korn, Whisky), destilliert. Bei zuckerarmen Früchten kann der Maische auch Zucker und Alkohol zugesetzt werden (z. B. Him-

2,4,6-Trinitrotoluol

Trinitrotoluol

beergeist). Einfache T. werden durch Verdünnen von hochprozentigem Alkohol mit Wasser und Zusatz von Aromastoffen gewonnen (z. B. Aquavit). Liköre sind T. mit gelösten festen Stoffen, meist Zucker, sie sind daher meist süß. Man unterscheidet Emulsionsliköre (Eier-, Schokoladenlikör), Fruchtsaftliköre (Orangen-, Kirschlikör) und →Kräuterliköre. (→Branntwein)

Trinkhorn: Niederdeutsche Arbeit aus der 2. Hälfte des 15. Jh. (Wien, Kunsthistorisches Museum)

Trinkbräuche, Trinksitten, aus kult. Anlässen und dem Gebot der Gastfreundschaft entstandene Brauchformen. Sowohl in der antiken Welt als auch bei den Germanen war das Trankopfer bekannt. Die Germanen weihten das erste Horn den Göttern oder dem Andenken Verstorbener (Minnetrinken). Vom mittelalterl. Dtl. aus hat sich die Sitte, einen Gast mit einem Humpen Bier (oder Wein) zu ehren, als ›Willkomm-Trinken‹ nach Frankreich, Italien und Spanien ausgebreitet. Zünfte und Gilden beachteten während des ›Umtrunks‹ bestimmte Regeln. Einen ›Abendtrunk‹ durften Zunftmeister und Gesellen beim Eintritt eines Lehrjungen, bei seinem Abdingen nach beendeter Lehrzeit und bei der Ablieferung seines späteren Meisterstücks grundsätzlich erwarten. – Das bereits seit fränk. Zeit bekannte ›Zu- und Bescheidtrinken‹ begünstigte die Maßlosigkeit. Dem Drängen des zutrinkenden Gastgebers nicht nachzukommen, wurde als grobe Beleidigung empfunden. Um den Gast zum Austrinken zu nötigen, legte man in den Becher ein Stück geröstetes Brot (mittellat. tostea, frz. to(u)stée, engl. toast), das er zu verzehren hatte. Trotz vieler Verordnungen im 15./16. Jh. starb die Unsitte des Zutrinkens nicht aus.

Alltägl. Rechtsgeschäfte wie Kauf, Verlöbnis, Heirat, Gesindemiete und Soldatenwerbung fanden ihren Vertragsabschluss durch den Trunk (›Weinkauf‹).

Trinkerherz, durch chron. Alkoholkonsum hervorgerufene Form der Herzmuskelschädigung mit Herzinsuffizienz und Herzrhythmusstörungen.

Trinkgeld, das einem Arbeitnehmer oder sonstigem Dienstleistenden anlässlich einer Dienstleistung über die hierfür zu beanspruchende Vergütung hinaus freiwillig gewährte Entgelt. In der Gastronomie behält jeder das von ihm einkassierte T. oder Bedienungsgeld **(Serviersystem),** oder es fließt in eine gemeinsame Kasse und wird nach einem Schlüssel unter dem Bedienungspersonal aufgeteilt **(Troncsystem).** Arbeitsrechtlich gehören T. für Zeiten des Urlaubs und der Arbeitsunfähigkeit nicht zum vom Arbeitgeber fortzuzahlenden Entgelt, es sei denn, eine gegenteilige arbeitsvertragl. Vereinbarung liegt vor. T. dürfen nicht auf tarifl. Entgelt angerechnet werden. Bis zu einem Betrag von 2 400,– DM pro Jahr sind T. steuerfrei und unterliegen nicht der Beitragspflicht zur Sozialversicherung. Das Finanzamt kann bei Bedienungspersonal in Hotels und Gaststätten die Höhe zwischen 1 und 3 % des Umsatzes schätzen. Ob das T. der Lohnpfändung unterliegt, ist umstritten.

Trinkhorn, Trinkgefäß urspr. aus dem Horn eines Ochsen, Büffels, auch anderer Tiere, oder in der Form eines Horns aus den unterschiedlichsten Materialien; ein T. des Altertums heißt →Rhyton.

Trinklied, seit der Antike (z. B. bei HORAZ) gepflegter Liedtyp, in dem das Trinken oder bestimmte Getränke, v. a. der Wein, gepriesen werden. Im MA. waren T. ein wichtiger Bestandteil der Vagantendichtung; einen letzten Höhepunkt erfuhr das T. in der Anakreontik. Danach gehörten T. v. a. zum Themenkreis student. Verbindungen, in deren Kommersbüchern sie ihren Niederschlag fanden.

Trinkwasser, für den menschl. Genuss und Gebrauch geeignetes Wasser. Nach der ›Verordnung über T. und über Wasser für Lebensmittelbetriebe‹ (T.-VO) muss T. frei von Krankheitserregern sein. Diese Anforderung gilt als nicht erfüllt, wenn es Escherichia-coli-Bakterien enthält. In T. dürfen bestimmte Grenzwerte für chem. Stoffe nicht überschritten werden. Für Stoffe, für die in der T.-VO keine Grenzwerte für chem., physikal. und mikrobielle Parameter festgelegt sind, werden i. d. R. WHO-Empfehlungen als Vergleichsmaßstab gewählt. T. enthält je nach Herkunft (Grund- oder Quellwasser, Oberflächenwasser von Seen und Flüssen, Uferfiltrat, entsalztes Meerwasser) unterschiedl. Mengen gelöster Salze. Gutes T. muss farb- und geruchlos, klar, frei von Verunreinigungen und schädl. Beimischungen in toxikolog. und mikrobieller Hinsicht sein. Ferner soll es einen guten Geschmack haben, der weitgehend durch die Härte des Wassers bestimmt wird. Der Geschmack des Wassers wird auch durch die Wassertemperatur beeinflusst, die zw. 7 und 12 °C liegen sollte. Der Umfang der notwendigen Aufbereitungsschritte bei der Herstellung von T. (→Wasseraufbereitung)

Grenzwerte für chemische Stoffe im Trinkwasser	
Stoff	Grenzwert (mg/l)
Antimon	0,01
Arsen	0,01
Blei	0,04
Cadmium	0,005
Chrom	0,05
Cyanid	0,05
Fluorid	1,5
Nickel	0,05
Nitrat	50
Nitrit	0,1
Quecksilber	0,001
Selen	0,01
organ. Chlorverbindungen insgesamt	0,01
organ.-chem. Stoffe zur Pflanzenbehandlung und Schädlingsbekämpfung einschließlich ihrer tox. Hauptabbauprodukte	
einzelne Substanz	0,0001
insgesamt	0,0005
polyzykl. aromat. Kohlenwasserstoffe insgesamt	0,0002

hängt von der Rohwasserqualität ab. Die Verunreinigung des T. durch anthropogene Schadstoffe (Nitrate, Pflanzenschutzmittel, Schwermetalle, Chlorkohlenwasserstoffe) erreichte 1974 einen Höchstwert und ist seitdem z. B. durch die Entwicklung neuer Waschmittel und Lösungsmittel wieder geringer geworden. Dennoch kann man nicht von einer generellen Trend-

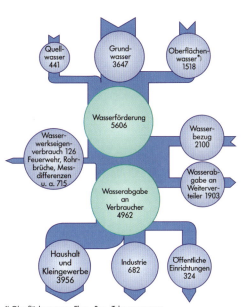

*) Oberflächenwasser, Fluss-, See-, Talsperrenwasser, Uferfiltrat, angereichertes Grundwasser

Trinkwasser: Wasserflussbild 1992 (in Mio. m³; geschätzt)

umkehr sprechen. – Eine Vielzahl chem. Stoffe und Substanzen bedroht die Gewässergüte der mitteleurop. Flüsse. Die Einhaltung der Grenzwerte durch techn. Maßnahmen am Einwirkungsort oder bei der T.-Aufbereitung (z. B. durch Aktivkohlefilter) führt meist nur zur Festschreibung der bestehenden Zustände, keineswegs jedoch zu einer Reduzierung der Schadstoffe. Dazu wäre v. a. eine enge Kooperation der Wasserwirtschaft mit der Landwirtschaft erforderlich. Zur Beurteilung des Oberflächenwassers wird die →Gewässergüte herangezogen. Dennoch müssen die Gewässer (auch bei Wasseraufbereitung) grundsätzlich geschützt werden (flächendeckender Gewässerschutz). Wenn zulässige Grenzwerte überschritten werden (nur bei Substanzen erlaubt, die nach heutigem Wissen kein erbgutschädigendes Potenzial aufweisen), können zeitlich befristete Ausnahmegenehmigungen erteilt werden, um die T.-Versorgung sicherzustellen. Die Erteilung einer Ausnahmegenehmigung ist unabhängig von der Nutzung immer mit der Aufstellung eines Sanierungsplanes verbunden, um die ursächl. Beseitigung des Schadstoffes anzugehen. Ökologisch und auch ökonomisch sinnvoller wäre es, durch Verringerung der Einträge (z. B. bei Nitraten) die Schadstoffe erst gar nicht in die Gewässer gelangen zu lassen, anstatt in immer aufwendigere Aufbereitungstechniken zu investieren.

Wassergefährdung durch die Landwirtschaft, hg. v. J. CONRAD (1988); Pflanzenschutzmittel im T., bearb. v. der Arbeitsgruppe Analytik der Dt. Forschungsgemeinschaft (1990); Das Wasser-Buch, Beitrr. v. A. BEARD u. a. (1990); O. KLEE: Angewandte Hydrobiologie (²1991).

Trinkwasserbiologie, Zweig der angewandten Limnologie, der sich (unter Berücksichtigung auch der im Wasser enthaltenen chem. Stoffe) v. a. mit der mikrobiol. Untersuchung des Trinkwassers sowie des Betriebswassers für Lebensmittelbetriebe befasst. Neben der Feststellung der bakteriellen Werte bzw. der Keimzahl (v. a. in Bezug auf Escherichiabakterien) aus dem zufließenden Wasser werden die in Filtern angereicherten Schwebstoffe (mit Kleinsttieren wie Protozoen, Ruderfußkrebse, Fadenwürmer) analysiert, außerdem der Besatz der Wände der Rohrleitungen, Trinkwasserbehälter und Brunnenschächte, der Bewuchs an Zapfhähnen sowie die Bodenablagerungen in Brunnen und Behältern mit ihren Lebewesen (v. a. Pilze, Bakterien).

Trint, Peter, Architekt, * Berlin 5. 10. 1929, und URSULA T., Architektin, * Hamburg 30. 6. 1931; entwerfen gliederungsreiche und fantasievolle Wohn-, Geschäfts- und Verwaltungsbauten sowie Schulen.

Werke: Musikhochschule, Köln (1978, mit den Gruppen ›Werkgruppe 7‹ und ›Bauturm 1978‹); Sprengel-Museum, Hannover (1975–79, mit D. QUAST; 1991–92 umgebaut und erweitert); Berufsgenossenschaftl. Akademie, Hennef (Sieg) (1980, mit QUAST und K. SCHMUCKER).

Trintignant [trɛ̃tiˈɲã], Jean-Louis, frz. Schauspieler, * Piolenc (Dép. Vaucluse) 11. 12. 1930; zunächst an der Bühne; seit 1956 beim Film; vielseitiger Charakterdarsteller; auch Filmregisseur.

Filme: Ein Mann u. eine Frau (1966); Der Lügner (1967); Z (1969); Meine Nacht bei Maud (1969); Der große Irrtum (1970); Das wilde Schaf (1974); Auf Liebe u. Tod (1983); Bunker Palace Hôtel (1989); Drei Farben: Rot (1994); Un homme est tombé dans la rue (1996).

Trio [ital., zu tri...] *das, -s/-s,* Komposition für drei Stimmen, seit dem 19. Jh. (in Unterscheidung vom vokalen →Terzett) häufig eingeengt auf das dreistimmige solist. Instrumentalstück und das entsprechende Ensemble der Ausführenden. Die in der frz. Tanzsuite des späten 17. Jh. praktizierte Besetzung des zweiten Tanzes von Tanzpaaren mit drei Instrumenten (oft zwei Oboen und Fagott) als Abwechslung zum vollstimmigen Orchestersatz führte zur Satz-Bez. T. Sie findet sich in der Orchestermusik und speziell in der Sinfonie des 18. und 19. Jh. (T. zum Menuett oder zum Scherzo) und zeigt hier nicht mehr unbedingt Dreistimmigkeit, sondern lediglich eine Verringerung der Besetzung und einen Wechsel im Charakter gegenüber dem kontrastierenden Rahmensatz an. – In der Orgelmusik des Barock wird mit T. eine polyphone, dreistimmige und auf drei Klaviaturen (zwei Manuale und Pedal) gespielte Komposition benannt (z. B. J. S. BACH, Orgel-T. d-Moll, BWV 583). Von den zwei in der instrumentalen Kammermusik häufigsten T.-Besetzungen (Streich- und Klavier-T.) geht das **Streich-T.** für Violine, Viola und Violoncello auf die barocke T.-Sonate und das Divertimento der Vorklassik zurück. J. HAYDNS frühe T. waren noch für zwei Violinen und Bass bestimmte Divertimenti. Die Besetzung mit Violine, Viola und Cello begegnet bei ihm erstmals vereinzelt um 1765. Der Vorliebe seines Dienstherrn Fürst NIKOLAUS JOSEPH ESTERHÁZY VON GALÁNTHA für das Baryton entsprach HAYDN mit 126 T. für Baryton, Viola und Violoncello (1765–78). Streich-T. schrieben in der Folgezeit W. A. MOZART, L. VAN BEETHOVEN und F. SCHUBERT. Während im 19. Jh. der klanglich diffizile und intime Besetzungstyp des Streich-T. gemieden wurde, findet er sich häufiger in der Musik des 20. Jh., z. B. bei M. REGER, P. HINDEMITH, A. WEBERN, J. FRANÇAIX, A. ROUSSEL, A. SCHÖNBERG, J. N. DAVID, W. FORTNER und W. RIHM. Das **Klavier-T.** für Klavier, Violine und Violoncello entstand aus der Sonate für Klavier und Violine; sie wiederum geht auf die T.-Sonate zurück, deren eine Oberstimme und deren Bass im Klavierpart zusammengefasst wurden, während die andere Oberstimme der Violine vorbehalten blieb. Die frühesten Klavier-T. (z. B. von J. SCHOBERT, HAYDN und MOZART) waren ihrer Struktur nach Klavier-(Cembalo-)Sonaten mit (Ad-libitum-)Begleitung von Violine und Violoncello, die auch von wenig geübten Spielern ausgeführt werden konnten. Erst allmählich erlangten die beiden Streichinstrumente Eigenständigkeit, z. B. in MOZARTS späten Klavier-T. (KV 496 und 564, 1786 und 1788) oder den Werken BEETHOVENS und SCHUBERTS. Fortgeführt wurde die Gattungstradition des Klavier-T. bis ins 20. Jh. u. a.

Jean-Louis Trintignant

Trio Triode – Tripelentente

von F. MENDELSSOHN BARTHOLDY, R. SCHUMANN, J. BRAHMS, B. SMETANA, A. DVOŘÁK, P. I. TSCHAIKOWSKY, REGER, H. PFITZNER, ROUSSEL, M. RAVEL, G. FAURÉ und D. D. SCHOSTAKOWITSCH. Der Besetzungstypus findet sich noch in neuester Musik (RIHM, ›Fremde Szenen‹ I–III, 1982/83).
W. ALTMANN: Hb. für Streichquartettspieler, Bde. 3 u. 4 (¹⁻²1929–31, Nachdr. 1974); DERS.: Hb. für Klaviertriospieler (1934); H. UNVERRICHT: Gesch. des Streich-T. (1969); DERS.: T., in: Hwb. der musikal. Terminologie, hg. v. H. H. EGGEBRECHT, Losebl. (1972ff.); B. SMALLMAN: The piano trio. Its history, technique and repertoire (Oxford 1990).

Triode [zu tri..., nach Diode gebildet] *die, -/-n,* eine →Elektronenröhre.

Triodion [griech. ›Dreiodenbuch‹] *das, -s,* liturg. Buch der rom. Kirche und zugleich Bez. für die von dem durch dieses Buch erfassten Abschnitt des Kirchenjahres, nämlich die große Fastenzeit und die Karwoche. Der Name leitet sich davon ab, dass in dieser Zeit im Kanon des Morgengottesdienstes statt der übl. neun (bzw. acht) Oden nur drei gesungen werden (am Samstag und Sonntag vier; **Tetraodion**). Seine endgültige Form erhielt das T. wohl im 10. Jh. im Studionkloster.

Trio Fontenay [- fɔ̃tə'nɛ], 1980 in Hamburg gegründetes Klaviertrio, mit WOLF HARDEN (* 1962, Klavier), MICHAEL MÜCKE (* 1962, Violine) und NIKLAS SCHMIDT (* 1958, Violoncello); erlangte bald den Ruf eines der führenden Kammermusikensembles Dtl.s und gastierte in allen bedeutenden Musikzentren Europas sowie bei zahlr. Festivals.

Triole [lat.] *die, -/-n, Musik:* eine Folge von drei Noten, die für zwei (seltener vier) Noten gleicher Gestalt bei gleicher Zeitdauer eintreten, angezeigt durch eine Klammer (kann bei Achtel-, Sechzehntelnoten usw. entfallen) und die Ziffer 3 unter oder über den Noten.

Triolen

Tri|olefinprozess, *Chemie:* →Metathese.

Triolet [triɔ'lɛ], Elsa, eigtl. **E. Kagan,** frz. Schriftstellerin russ. Herkunft, * Moskau 25. 9. 1896, † Saint-Arnoult-en-Yvelines (Dép. Yvelines) 16. 6. 1970; hochgebildet, verkehrte in den Kreisen der russ. Avantgarde; nach unruhigem Leben seit 1928 in Paris, ⚭ mit L. ARAGON. Schrieb zunächst in russ., seit ›Bonsoir Thérèse‹ (1938) in frz. Sprache Romane und Erzählungen, die meist um psychologisch differenziert gezeichnete Frauengestalten kreisen. Mit ›Les amants d'Avignon‹ (1943; dt. ›Die Liebenden von Avignon‹) setzte sie der Résistance, der sie angehörte, ein literar. Denkmal. Ihre kommunist. Überzeugung mündete nie in dogmat. Aussagen. Zweifel an der kommunist. Wirklichkeits- und Kunstauffassung artikulierte sie in ihrem Spätwerk (u. a. ›Le grand jamais‹ (1965); dt. ›Das große Nimmermehr‹). Bedeutende Übersetzerin aus dem Russischen (u. a. W. W. MAJAKOWSKIJ, A. P. TSCHECHOW).
Weitere Werke: Romane: Le cheval roux. Ou, Les intentions humaines (1953; dt. Das rote Pferd oder Wohin steuert die Menschheit); Écoutez-voir (1968); Le rossignol se tait à l'aube (1970). – *Romantrilogie:* L'âge de nylon: Roses à crédit (1959; dt. Rosen auf Kredit), Luna-Park (1959); L'âme (1963). – *Novellen:* Le premier accroc coûte deux cents francs (1944; dt. Das Ende hat seinen Preis); Six entre autres (1945).
L. MARCOU: E. T. Les yeux et la mémoire (Paris 1994); U. HÖRNER: Die realen Frauen der Surrealisten. Simone Breton, Gala Éluard, E. T. (Neuausg. 1998).

Elsa Triolet

Triolett [frz.] *das, -(e)s/-e,* in der Terminologie der frz. Dichtung seit Ende des 15. Jh. Bez. für ein →Rondeau aus acht Versen mit zwei Reimklängen, von denen Vers eins als Vers vier und die Verse eins und zwei als Schlussverse wieder aufgenommen werden. In der frz. Lyrik ist das T. seit dem 13. Jh. vertreten; im 19. Jh. griffen T. DE BANVILLE, A. DAUDET u. a. das T. wieder auf. Dt. Nachbildungen finden sich im 18. Jh. bei den Anakreontikern, im 19. Jh. bei A. VON PLATEN, F. RÜCKERT, A. VON CHAMISSO und E. GEIBEL.

Trionfi [ital., eigtl. ›Triumphzüge‹], didakt. Gedichte, meist in Terzinen, nach DANTES dichter. Vision des Triumphzuges der Beatrice (›Divina Commedia‹, Purgatorio). Ihre Struktur wird bestimmt durch die Beschreibung eines (meist allegor.) Triumphzuges, z. B. F. PETRARCAS Dichtung ›Triumphi‹ (gedruckt 1470).

Triosen [zu tri...], Gruppe der einfachen Zucker (Monosaccharide), die drei Kohlenstoffatome im Molekül enthalten. Zu den T. zählen der →Glycerinaldehyd (einfachste Aldose) und das →Dihydroxyaceton (einfachste Ketose); sie sind in phosphorylierter Form wichtig als Intermediärprodukte des Kohlenhydratstoffwechsels.

Triosonate, Komposition für zwei gleichberechtigte Melodieinstrumente in Sopranlage (v. a. Violinen, auch Zinken, Flöten, Oboen) und Generalbass (Orgel oder Cembalo, oft ergänzt durch ein Streich- oder Blasinstrument in Basslage, z. B. Gambe, Fagott). Die T. war im Barock die meistgepflegte Gattung der kirchl. und weltl. Instrumentalmusik. Sie entstand, wie die →Sonate überhaupt, zu Beginn des 17. Jh. in Italien aus der Übertragung von Vokalsätzen in die Instrumentalmusik; früheste Beispiele stammen von L. VIADANA, 1602, und von GIOVANNI PAOLO CIMA (* um 1570, † nach 1622), 1610. Wegweisend wirkten ferner S. ROSSI, 1613, G. FRESCOBALDI, 1623, und TARQUINIO MERULA (* um 1590, † 1665), 1637. Seit etwa 1650 war die Gattung auch in Dtl. und England verbreitet. Nach 1650 setzte sich die Unterscheidung zw. der meist viersätzigen **Kirchensonate** (Kirchen-T.) und der auf Tanzformen zurückgreifenden dreisätzigen **Kammersonate** (Kammer-T.) durch; vorbildlich wurden v. a. die Werke von A. CORELLI. Im 18. Jh. fand in der T. der Umschwung vom barocken zum frühklass. Stil statt im Nebeneinander von polyphon-gelehrter und homophon-galanter Faktur und mit Ansätzen zu themat. Arbeit. Dabei verlor die Scheidung von Kirchen- und Kammer-T. an Bedeutung, und das dialog. Gleichgewicht zw. den Oberstimmen wurde zugunsten der Führung einer Stimme aufgegeben. Seit etwa 1750 gab die T. ihre führende Rolle an Streichquartett und Kammermusik mit obligatem Klavier ab; etwa gleichzeitig vollzog sich in der Mannheimer Schule (J. STAMITZ) der Übergang von der T. zum Streichtrio.
E. SCHENK: Die ital. T. (1955); DERS.: Die außerital. T. (1970). – Weitere Literatur →Sonate.

Tri|oxan, zykl. Trimer des →Formaldehyds.

Tri|oxide, *Chemie:* →Oxide.

Tri|özie [zu tri... und griech. oikía ›Haus‹] *die, -,* **Dreihäusigkeit,** selten vorkommende Form der Getrenntgeschlechtigkeit bei Samenpflanzen, bei der männl., weibl. und zwittrige Blüten auf drei verschiedene Individuen einer Art verteilt sind, z. B. bei der Esche und beim Spargel.

Trip [engl. ›Reise‹] *der, -s/-s,* 1) kurze Reise, Fahrt; Ausflug; 2) *Jargon:* Rauschzustand nach dem Genuss von Drogen.

tripel... [zu frz. triple ›dreifach‹, von gleichbedeutend lat. triplus], Wortbildungselement mit der Bedeutung: drei, dreifach, z. B. Tripeltakt.

Tripel [vgl. tripel...] *das, -s/-, Mathematik:* ein geordnetes →Tupel von drei Elementen. In Bezug auf ein dreidimensionales kartes. Koordinatensystem z. B. bedeutet in dem T. (a_1, a_2, a_3) das Element a_1 stets die x-Koordinate, a_2 die y- und a_3 die z-Koordinate.

Tripel [nach Tripolis] *der, -s, Petrographie:* →Kieselgur.

Tripel|entente [-ãtãt], **Triple|entente** [triplã'tãt, frz.], **Dreiverband,** Bündnisverhältnis zw. Großbritannien, Frankreich und Russland. Es ging aus der russ.-frz. Militärkonvention (17. 8. 1892, →Zweiverband), der brit.-frz. ›Entente cordiale‹ (8. 4. 1904,

→Entente) und dem brit.-russ. Ausgleich in Persien, Afghanistan und Tibet (31. 8. 1907) hervor. 1911/12 durch wechselseitige militär. Abmachungen ergänzt und gefestigt, richtete sich die T. gegen den →Dreibund; ihre Herausbildung war ein wesentl. Schritt zur Formierung der antagonist. Bündnisblöcke im Vorfeld des Ersten Weltkriegs.

Tripelfuge, Fuge mit drei Themen, die zunächst nacheinander, dann höhepunktartig auch zusammen durchgeführt werden (J. S. BACH, Contrapunctus 8 und 11 aus der ›Kunst der Fuge‹ BWV 1 080).

Tripelkonzert, Instrumentalkonzert für drei (gleiche oder verschiedene) Soloinstrumente und Orchester (z. B. von J. S. BACH für Querflöte, Violine und Cembalo, BWV 1 044; von L. VAN BEETHOVEN für Klavier, Violine und Violoncello, op. 56).

Tripelpunkt, Dreiphasenpunkt, durch ein bestimmtes Wertepaar von Temperatur und Druck eindeutig gekennzeichneter thermodyn. Zustand, bei dem die drei Phasen einer chemisch einheitl. Substanz (fester, flüssiger und gasförmiger Aggregatzustand) gleichzeitig in einem stabilen Gleichgewicht vorliegen. Im →p-T-Diagramm ist der T. der gemeinsame Schnittpunkt der jeweils zwei Phasen trennenden Dampf-, Schmelz- und Sublimationsdruckkurven. Druck und Temperatur am T. sind stoffspezif. Konstanten. Der T. des Wassers bei 273,16 K und 612 Pa legt als Fixpunkt der Kelvin-Skala für die thermodynam. Temperatur fest, die T. weiterer Stoffe dienen als definierende Fixpunkte der internat. →Temperaturskala.

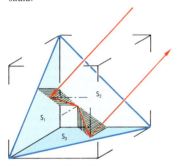

Tripelspiegel: Die drei Spiegel S_1, S_2, S_3 bilden zusammen eine Würfelecke (von dem in der Zeichnung angedeuteten Würfel die linke untere hintere Ecke); der einfallende Lichtstrahl (rot) trifft auf den linken Spiegel (S_1), wird von diesem zum hinteren Spiegel reflektiert (S_2) und von diesem zum unteren Spiegel (S_3); zur Verdeutlichung der Darstellung sind die Punkte, in denen der Strahl auf die Spiegel trifft, durch Pfeile markiert; die strichpunktierten Linien durch diese Punkte sind die jeweiligen Einfallslote

Tripelspiegel, *Optik:* ein Bauelement aus drei ebenen Spiegeln, die paarweise sehr präzise so aufeinander senkrecht stehen, dass sich ihre Schnittkanten in einem Punkt schneiden. Die spiegelnden Flächen sind dem Inneren der auf diese Weise durch die Spiegel gebildeten Ecke zugewandt; die Abweichungen vom rechten Winkel dürfen höchstens Bruchteile einer Bogenminute betragen. Der T. hat die Eigenschaft, jeden Strahl eines telezentr. Lichtstrahlenbündels parallel zur Einfallsrichtung zurückzuwerfen, wobei jeder Strahl i. d. R. an allen drei Spiegeln reflektiert wird. Die gleiche Wirkung wie ein T. hat ein Reflexionsprisma (Umlenkprisma) mit der Form einer Würfelecke, die senkrecht zur Raumdiagonale so von einem Glaswürfel abgeschnitten wird, dass die Grundfläche ein gleichseitiges Dreieck bildet **(Tripelprisma).** – T. oder Tripelprismen werden als Reflektoren bei opt. Blink- und Signalanordnungen verwendet, in einfacher Ausführung z. B. als Rückstrahler an Fahrzeugen. T. aus Metall finden als Reflektoren in der Radartechnik, z. B. an Bootsmasten, Anwendung.

Tripeltakt, *Musik:* der dreiteilige, d. h. drei Hauptzählzeiten enthaltende ungerade Takt, z. B. $^3/_1$, $^3/_2$, $^3/_4$, $^3/_8$, $^9/_8$, $^9/_{16}$, während $^6/_4$, $^6/_8$, $^{12}/_8$ als sechsteilige Takte mit zwei Hauptzählzeiten zu den geraden Takten gehören.

| Grundgerüst Triphenylmethylkation | Parafuchsin (Grundkörper der Aminotriphenylmethanfarbstoffe) | Fuchsin (Rosanilin, Magenta) |

Triphenylmethanfarbstoffe

Triphenylmethanfarbstoffe, Gruppe der →Triarylmethanfarbstoffe mit drei an ein gemeinsames C-Atom gebundenen (substituierten) Phenylgruppen, von denen mindestens zwei in p-Stellung zum gemeinsamen C-Atom eine Elektronen liefernde Gruppe (z. B. $-NH_2$, $-NR_2$, $-OH$) tragen. Amino-T. haben kation. Charakter; anion. Amino-T. können durch Einführung von Sulfonsäuregruppen hergestellt werden. Die T. →Fuchsin (1859), →Methylviolett (1861) und →Malachitgrün (1877) gehören zu den ältesten synthet. Farbstoffen, die auch heute noch Bedeutung haben. Wichtige anion. Amino-T. sind z. B. die Patentblau- und die Reflexblautypen. Amino-T. haben Bedeutung beim Färben von Wolle, Papier und Leder, bei der Herstellung von Druckfarben sowie auf dem Büroartikelsektor (Tinten, Stempelfarben, Kohlepapier u. a.). Speziell als Wollfarbstoffe werden Chromkomplexe von Hydroxy-T. verwendet (z. B. Chromoxan Reinblau B). Ein wichtiger Indikatorfarbstoff ist das →Phenolphthalein.

Triphthong [zu tri..., nach Diphthong gebildet] *der, -s/-e,* Verbindung von drei aufeinander folgenden, artikulatorisch untrennbaren Vokalen, die zu derselben Silbe gehören, z. B. ital. miei ›meine‹.

Triphyli|en, griech. **Triphylia,** Landschaft an der W-Küste der Peloponnes, südlich des Alpheios (heute Alphios) zw. Elis und Messenien; nach wiederholter Zugehörigkeit zu Elis 146 v. Chr. endgültig mit diesem vereinigt.

Triphylin [zu tri... und griech. phýlon ›Stamm‹] *der, -s/-e,* bläulich bis grünlich graues, rhomb. Mineral der chem. Zusammensetzung $Li(Fe,Mn)[PO_4]$; Härte nach MOHS 4–5, Dichte 3,4–3,6 g/cm³; meist derbe Aggregate. T. bildet mit dem gelben bis rotbraunen **Lithiophilit,** $Li(Mn,Fe)[PO_4]$, eine isomorphe Reihe und kommt mit diesem zus. in phosphatreichen Granitpegmatiten vor.

Tripitaka [Sanskrit ›Dreikorb‹] *das, -, Buddhismus:* das →Tipitaka.

Tripla [zu lat. triplus ›dreifach‹] *die, -,* **Proportio tripla,** *Musik:* das Verhältnis 3:1. In der Lehre von den Intervallproportionen die Duodezime. In der Mensuralnotation des 15./16. Jh. bedeutet die Anweisung T. (als Ziffer 3 hinter dem Mensurzeichen) eine Verdreifachung des Tempos in Bezug auf das Ausgangstempo.

Triplet [frz., zu triple ›dreifach‹, von gleichbedeutend lat. triplus] *das, -s/-s,* ein abbildendes opt. System

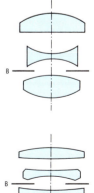

Triplet: Einfaches (taylorsches) Triplet (oben) und eine einfache Tripletvariante (Tessar; unten); die Objektseite liegt jeweils oben, B Blende

(Objektiv) aus drei getrennt stehenden Linsen, von denen die beiden äußeren sammelnd wirken, die innere dagegen zerstreuend. Die beiden (objektseitig) vorderen Linsen sind enger benachbart und haben zusammen eine große Brennweite. Die Form des T. wurde erstmals 1894 von dem brit. Optiker HAROLD DENIS TAYLOR angegeben und urspr. auch nach ihm benannt (daneben auch als ›Cooke-Lens‹ bezeichnet). Das T. hat über ein großes Bildfeld eine bemerkenswert gute Korrektion des Koma und des Astigmatismus sowie eine gute Bildfeldebnung. Wegen seiner Eigenschaften und seines einfachen Aufbaus wurde es zur Ausgangsform vieler moderner Konstruktionen. Bei **T.-Varianten** besteht mindestens eines der drei Glieder aus mehr als einer Linse; bei dem weit verbreiteten **Tessar**, einem fotograf. Objektiv (1902 erstmals errechnet), besteht das hintere Glied aus zwei verkitteten Linsen. Mit dem Tessar konnte das Öffnungsverhältnis der T. von seinem ursprüngl. Wert 1:6,8 auf 1:2,8 verbessert werden. – I. w. S. werden auch in der Teilchenoptik abbildende Systeme aus drei Elementen (z. B. drei Quadrupollinsen) als T. bezeichnet.

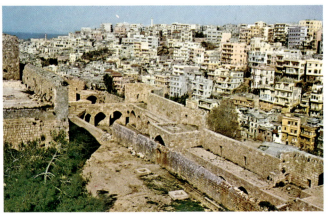

Tripoli 1): Blick auf das Stadtzentrum; im Vordergrund die Ruinen des Kastells Saint-Gilles aus der Kreuzfahrerzeit

Tripolis 2)
- Hauptstadt von Libyen
- Hafenstadt an der Kleinen Syrte
- 1,3 Mio. Ew.
- Universität (gegründet 1955/73)
- Triumphbogen für Mark Aurel
- im Malteserkastell (1533 erbaut) das Nationalmuseum
- Gründung der Phöniker
- karthagischer Handelsplatz
- Blüte in römischer Zeit
- 1551–1911/12 Sitz einer osmanischen Regentschaft

Tripletest ['tripl-], nichtinvasiver Pränataltest, Bestimmung der Blutserumkonzentration von Alpha-Fetoprotein, Östriol und Choriongonadotropin im Serum der Schwangeren zw. der 15. und 18. Schwangerschaftswoche. Der T. ermöglicht keine Diagnose von Chromosomenaberrationen, erlaubt jedoch eine Risikoabschätzung auf ein eventuelles Vorliegen bestimmter Chromosomenveränderungen, insbesondere eines Down-Syndroms, beim Fetus.

Triplett [frz. triplet, vgl. Triplet] *das, -s/-e* und *-s,* 1) *Molekulargenetik:* →genetischer Code.
2) *Physik:* →Multiplett.

Triplette [zu frz. triple ›dreifach‹] *die, -/-n,* geschliffener und aus drei Teilen zusammengesetzter Schmuckstein; häufig bestehen nur Oberteil und Unterteil der T. aus echten Schmucksteinen, die Mittelschicht dagegen aus (gefärbtem) Glas.

Triplett|expansion, Mutationsmechanismus, der erst 1991 erkannt wurde und Ursache einer Reihe von genetisch bedingten Erkrankungen, z. B. fragiles X-Syndrom oder Veitstanz, ist. Die genet. Veränderung besteht in der Verlängerung von bestimmten Abschnitten des Erbgutes, die jeweils drei Basenpaare (Triplett) oder ein Mehrfaches davon beträgt. Durch die T. kann es zur Inaktivierung des Gens und damit zum Ausfall des Genproduktes kommen. Mit bisher wenigen Ausnahmen erfolgt die T. nur bei der Weitergabe über die weibl. Keimbahn. Bemerkenswert ist zum einen, dass eine instabile, aber noch nicht krank machende Genmutation (Prämutation) beim Durchlaufen der Keimzellbildung weiter zu einer Vollmutation mit Krankheitsbedeutung expandieren kann, und zum anderen kann ein leicht betroffener Träger mit einer mäßigen T. einen schwer betroffenen Nachkommen mit ausgeprägter T. haben. Das bislang in der Humangenetik unverstandene Phänomen, dass bei bestimmten Erbkrankheiten eine von Generation zu Generation zunehmende Schwere der Erkrankung beobachtet wird (so genannte Antizipation), ist durch die T. eindeutig zu erklären.

Triplit [zu lat. triplus ›dreifach‹] *der, -s/-e,* rötl., bräunl. bis schwarzes, monoklines Mineral der chem. Zusammensetzung (Fe,Mn)$_2$[F|PO$_4$]; Härte nach MOHS 5–5,5, Dichte 3,5–3,9 g/cm^3; bildet meist derbe bis grobkörnige Massen in phosphatreichen Granitpegmatiten.

triploid [zu lat. triplus ›dreifach‹, nach diploid gebildet], Bez. für Zellen, Gewebe oder Organismen mit drei Chromosomensätzen (→Chromosomen).

Tripmadam [frz.], die Pflanzenart Felsenfetthenne (→Fetthenne).

Tripodie [griech., zu trípous, eigtl. ›dreifüßig‹] *die, -/...'di|en, griech.-röm. Metrik:* rhythm. Einheit aus drei Versfüßen.

Tripoli, 1) arab. **Tarabulus asch-Scham, Trablos,** Stadt in N-Libanon, an der Mittelmeerküste, Handels- und Verkehrszentrum des nördl. Landesteils und mit 200 000 Ew. zweitgrößte Stadt des Landes; Sitz eines maronit. und eines melchit. Erzbischofs; Museum, Theater; Textilindustrie, Seifenfabriken; 3 km nordwestlich auf einer Landzunge der Hafen **Al-Mina** und der Erdölhafen am Endpunkt der (seit 1982 stillgelegten) Pipelines von irak. Erdölfeldern (bes. Kirkuk), mit Erdölraffinerie. – Aus der Kreuzfahrerzeit (12. Jh.) stammen das Kastell Saint-Gilles sowie Reste der ehem. Kathedrale Sainte-Marie-de-la-Tour (im 14. Jh. in die Große Moschee umgewandelt; der Glockenturm in lombard. Stil dient heute als Mihrab). Die Teilani- (auch Tainal-)Moschee wurde im 14. Jh. um eine ehem. Karmeliterkirche des 12. Jh. erbaut. Bedeutend sind auch versch. Medresen, v. a. die Kartawija-Medrese, im 14. Jh. auf dem Grundriss des früheren Baptisteriums der Kathedrale erbaut (Fassade mit reichem Marmormosaik), und die Burtasijat-Medrese (1360) in mameluck. Stil (Mihrab mit reichem Goldmosaik); am Hafen der ›Löwenturm‹, ein 1441 erbauter Wachtturm der Mamelucken. – T. war eine phönik. Handelsniederlassung (griech. **Trípolis**); im MA. entwickelte sie sich unter der Herrschaft der Araber zur Handels- und Gewerbestadt; 1109 – nach siebenjähriger Belagerung – durch die Kreuzritter eingenommen, danach Sitz einer Grafschaft, 1289 durch den Mamelukensultan KALAUN (1279–90) rückerobert. 1516–1918 Teil des Osman. Reiches.
2) Hauptstadt von Libyen, →Tripolis 2).

Tripolis, 1) Hauptstadt des Verw.-Bez. (Nomos) Arkadien, Griechenland, 663 m ü. M., im Becken von T., 22 500 Ew.; orth. Bischofssitz; archäolog. Museum; Verkehrs- und Handelszentrum im Mittelpunkt der Peloponnes. – T., im 14. Jh. als **Dropolitza (Tripolitsa)** von Albanern gegründet, war in osman. Zeit Mittelpunkt der Peloponnes (Sitz des Paschas von Morea). Die Stadt wurde 1821 von den aufständ. Griechen erobert und 1825 von IBRAHIM PASCHA zerstört; später wieder aufgebaut.
2) arab. **Tarabulus al-Gharb** [-rarb], ital. **Tripoli,** Hauptstadt von Libyen, Hafenstadt am Mittelmeer an der Kleinen Syrte, am Rande einer 10 km breiten Küstenoase, (1993) 1,3 Mio. Ew. (im Verw.-Gebiet T.); Univ. (1973 hervorgegangen aus bestehenden Fakultäten der 1955 gegründeten Univ. von Libyen), Kunsthandwerkerschule, Fachschulen für Militärtechnik,

Erdölwirtschaft, Verwaltung, Maschinenbau, Informatik, Musik u. a.; Nationalarchiv, Bibliotheken, Museen; Rundfunk- und Fernsehsender; staatl. Buch- und Presseverlage. Die Industrie umfasst u. a. Getreidemühlen, Möbel-, Textil-, Nahrungsmittel-, Waschmittel-, Reifenfabriken und Lkw-Montage. Dem Wärmekraftwerk (325 MW) ist eine Meerwasserentsalzungsanlage angeschlossen. Der Hafen von T. ist neben dem von Bengasi der wichtigste Libyens; Erdölraffinerie; internat. Flughafen. – Seit 1996 erhält T. Wasser über ein Rohrleitungsnetz aus dem Fessan. – Aus röm. Zeit Triumphbogen für Kaiser MARK AUREL (163 n. Chr.); Kastell, 1533 auf einer Festung der Malteser erbaut (heute Nationalmuseum mit archäolog. und volkskundl. Abteilung); zu den histor. Moscheen gehören die Al Naqa Camii des 10. Jh. (1611 erneuert), die Ahmed Karamanli Camii (urspr. span. Kirche, seit 1736 Moschee) sowie die Gurgi Camii (1833). – Das antike **Oea**, im 7. Jh. v. Chr. von Phönikern gegr., war Zwischenhandelsplatz Karthagos, nach 146 v. Chr. blühende Hafenstadt mit engen Beziehungen zu Rom, später Mittelpunkt der Prov. Tripolitana. Im 5. Jh. kam T. unter die Herrschaft der Wandalen, im 6. Jh. zum Byzantin. Reich, um 650 unter arab. Herrschaft. 1146–58 war T. von sizil. Normannen besetzt; 1510–51 stand es unter span. Herrschaft (1530 als Lehen an den Johanniterorden vergeben). 1551–1911/12 war es Sitz einer Regentschaft des Osman. Reiches (→Tripolitanien), dann fiel es an Italien, das T. 1934 zur Hauptstadt seiner Kolonie ›Libia‹ machte. 1943–51 war es Sitz der brit. Militär-Verw., dann Hauptstadt der Prov. Tripolitanien, seit 1969 Hauptstadt Libyens.

Tripolitani̲en, der NW-Teil von Libyen, umfasst 1/6 der Landesfläche mit 65% der Bev. Am Mittelmeer erstreckt sich die (nach Tunesien hineinreichende) Küstenebene Djeffara, in der über 90% der Bev. von T. leben (zu 40% sesshaft auf dem Land, 26% als Bewohner der Küstenstädte, die übrigen als Nomaden). Hier finden sich Getreidebau und Ölbaumkulturen, z. T. mit Bewässerung; seit Ende der ital. Kolonialherrschaft (1951) wieder verstärkte Weidewirtschaft. Im Landesinnern wird die Küstenebene halbmondförmig (von der tunes. Grenze bis zum Mittelmeer bei Homs) vom **Tripolitanischen Bergland** umschlossen, einem Schichtstufenland aus kretaz. und jurass. Kalken, Mergeln, Dolomiten und Tonen, im O von vulkan. Ergüssen durchsetzt. Sein mittlerer (und höchster) Teil ist der Djebel →Nefusa. Die Siedlungen der Berber sind meist in Schutzlage auf den Spornen des Gebirgsrandes angelegt. Der N-Abfall, eine 400 bis 500 m hohe Kreidekalkschichtstufe, erhält Winterregen, die in den Wadis und am Rande der Höhe Oliven- und Feigenbäume gedeihen lassen. Die Steppenhochflächen mit Krautvegetation dienen Nomaden als Ziegen- und Schafweide. Sie fallen nach S in kleinen Stufen zur Hammada el-Homra ab, einem wenig beregneten, mit Basaltschutt bedeckten Plateau, das im S, wiederum mit einer Steilstufe, an den Fessan grenzt. Die Niederschläge nehmen von der Küste (Jahresmittel 350 mm) zum Nefusa nur wenig, dann von der Landstufe südwärts rasch ab (bis unter 50 mm Jahresmittel).

Tripolis 2): Blick auf die Bucht mit dem Malteserkastell (1533; heute Nationalmuseum)

Geschichte: Das urspr. von libyschen Stämmen bewohnte, nach den drei urspr. phönik. Kolonialstädten Oea (heute →Tripolis), →Sabratha und →Leptis Magna benannte T. (griech. **Tripolis** ›Dreistadt‹) gehörte bis nach dem 2. Pun. Krieg (218–201 v. Chr.) zu Karthago, bis 46 v. Chr. zu Numidien und dann zum Röm. Reich; Mittelpunkt der von DIOKLETIAN eingerichteten Prov. **Tripolitana** war ab 297 n. Chr. Tripolis. 450 wurde das Gebiet von den Wandalen erobert, die es 533 an Byzanz verloren. Um 650 eroberten die Araber das Land, das nun muslim. Dynastien beherrscht wurde. 1551 wurde T. mit den übrigen libyschen Gebieten zu einer Regentschaft des Osman. Reiches zusammengefasst; Statthalterresidenz war Tripolis. Die Beis von Tripolis regierten 1711–1835 nahezu unabhängig. Im 17./18. Jh. war T. als Seeräuberland (dagegen Eingreifen der USA 1802–05) und Sklavenumschlagplatz bekannt. 1911/12 fiel es unter die Herrschaft Italiens, gegen die sich aber, wie im Fessan und in der Cyrenaika, noch lange Widerstand regte. 1934 wurde T. Teil der ital. Kolonie ›Libia‹, und 1943 von brit. Truppen besetzt. (→Libyen, Geschichte).

Tripoljekultur, Kurz-Bez. für →Cucuteni-Tripolje-Kultur.

Trippe, mittelalterl. Schuh oriental. Ursprungs, aus einer von Lederriemen pantoffelartig am Fuß gehaltenen Holz- oder Korksohle. Holz-T., bei denen zwei Klötze unter der Sohle die eigentl. Lauffläche bildeten, wurden im Freien über der Fußbekleidung als Schutz gegen den Straßenschmutz angelegt.

Tri̲ppel, Alexander, schweizer. Bildhauer, * Schaffhausen 23. 9. 1744, † Rom 24. 9. 1793; schuf nach Studien in London, Kopenhagen und Paris (Einfluss J.-A. HOUDONS) in Rom (ab 1778) Bildwerke in frühklassizist. Stil, v. a. Porträtbüsten (Kolossalbüste GOETHES, 1790; Weimar, Herzogin Anna Amalia Bibliothek), mytholog. Figuren und Grabmäler.

Alexander Trippel: Porträtbüste Johann Wolfgang von Goethes; 1790 (Weimar, Herzogin Anna Amalia Bibliothek)

Tri̲pper [zu niederdt. drippen ›tropfen‹] *der, -s/-,* **Gonorrhö̲,** häufige →Geschlechtskrankheit, die durch Bakterien (Gonokokken) der Art Neisseria (Neisseria gonorrhoea) hervorgerufen wird; die Übertragung vollzieht sich durch Schleimhautkontakt beim Geschlechtsverkehr, selten durch Schmierinfektion. Der

Verlauf ist bei Männern meist akut, bei Frauen chronisch. Nach einer Inkubationszeit von 2 bis 4 Tagen (bis sieben Tage) treten beim Mann als Symptome einer Harnröhrenentzündung bes. bei der Harnentleerung Brennen und Jucken in der vorderen Harnröhre mit eitrigem, später wässrigem Ausfluss auf, durch den die Infektion auch auf Eichel und Vorhaut übergreifen kann (Balanoposthitis). Bei dem nach etwa drei Wochen durch aufsteigende Entzündung auftretenden Befall der hinteren Harnröhre kommt es zu häufigem schmerzhaftem Harndrang (Pollakisurie) mit Blutbeimengung am Ende, schmerzhaften Erektionen und Fieber. Komplikationen bestehen in einem Übergreifen auf Prostata, Nebenhoden, Samenblase, Samenstränge und Lymphknoten; eine Harnröhrenverengung kann durch Bildung von Narbengewebe entstehen. Nach 3–6 Wochen geht die Erkrankung in einen chron. Verlauf über, der durch Verklebung der Harnröhrenmündung und sporad. Brennen in der Harnröhre und morgendl. Entleerung einer milchigen Absonderung (›Bonjourtröpfchen‹) gekennzeichnet ist. Hierbei besteht nach wie vor Infektiosität.

Bei der Frau ist der gonorrhoische Harnröhrenkatarrh meist symptomärmer; i. d. R. ist neben der Harnröhre auch der Gebärmutterhals (einschließlich Halskanal) betroffen, was sich in gelbl. Ausfluss äußert, bei Erwachsenen (außer Schwangeren) jedoch selten die Scheide, häufiger die Mastdarmschleimhaut, auch die Bartholin-Drüsen (Bartholinitis). Komplikationen treten in Form einer Ausweitung auf die gesamte Gebärmutter, auf Eileiter und Eierstöcke, auch auf das Bauchfell (chron. Beckeninfektionen) auf. Durch (nichtgeschlechtl.) Kontakt- und Schmierinfektion wird im kindl. Alter eine Entzündung der äußeren Geschlechtsteile und der Scheide hervorgerufen. Durch Schmierinfektion auf die Augen übertragene Erreger rufen den **Augen-T. (Gonoblennorrhö)** mit akuter Bindehautentzündung, starkem Eiterfluss und Gefahr eines Übergreifens auf die Hornhaut hervor. Zur Vorbeugung einer Erkrankung der Neugeborenen aufgrund einer Übertragung von der erkrankten Mutter innerhalb der Geburtswege wurde bereits im 19. Jh. die Credé-Prophylaxe gesetzlich vorgeschrieben. Durch den Befall der inneren Geschlechtsorgane kann bei beiden Geschlechtern eine Sterilität verursacht werden.

Das Überstehen der Krankheit hinterlässt keine Immunität. Die *Diagnose* wird durch Nachweis der Erreger im Harn, Schleimhautabstrich und durch kulturelle Anzüchtung sowie serolog. Verfahren gestellt. Die *Behandlung* wird wegen zunehmender Penicillinresistenz der Erreger mit anderen Antibiotika oder Gyrasehemmern durchgeführt (sofort und nach 6–8 Wochen serolog. Kontrolle einer eventuell gleichzeitig erfolgten Syphilisinfektion). Der Vorbeugung dient die Verwendung von Kondomen.

TRIPS, Abk. für **Agreement on Trade-Related Aspects of Intellectual Property Rights,** [əˈgriːmənt ɔn ˈtreɪdrɪˈleɪtɪd ˈæspekts ɔf ɪntɪˈlektjuəl ˈprɔpətɪ raɪts, engl.], **Abkommen über handelsbezogene Aspekte der Rechte am geistigen Eigentum,** internat. Abkommen, das als Anlage Bestandteil des am 15. 4. 1994 geschlossenen WTO-Übereinkommens ist und neben dem →GATT und dem →GATS den dritten Pfeiler im WTO-Regelsystem darstellt. Es verfolgt das Ziel, Verzerrungen und Behinderungen des internat. Handels zu verringern und setzt hierzu Mindeststandards für den Schutz der Rechte am geistigen Eigentum fest. So enthält es Normen hinsichtlich der Verfügbarkeit, des Umfangs sowie der Ausübung von Rechten des geistigen Eigentums in den Bereichen Urheberrecht und verwandte Schutzrechte, Marken, geograph. Angaben, gewerbl. Muster und Modelle, Patente, Lay-out-Designs (Topographien) integrierter Schaltkreise sowie Schutz nicht offenbarter Informationen. Durch die Statuierung von Verfahrens- und Sanktionsnormen soll weiter sichergestellt werden, dass die normierten Rechte auch durchgesetzt werden können. Das Regelungsniveau entspricht europ. Maßstäben, durch deren Internationalisierung Handelshemmnisse z. B. mit Entwicklungsländern beseitigt werden sollen, die durch Unterschiede im Schutzrechtsniveau auf dem Gebiet des geistigen Eigentums hervorgerufen werden. Bisher sind dem Abkommen bereits mehr als 100 Staaten, auch Dtl., beigetreten.

Triptik [engl.-frz., zu griech. tríptychos ›dreifach‹] *das, -s/-s,* **Triptyk,** Dokument über die Berechtigung zur ein- oder mehrmaligen vorübergehenden zollfreien Einfuhr eines Land- oder Wasserfahrzeugs. Ein T. ist nur noch für Wasserfahrzeuge nach Ungarn erforderlich, die länger als sechs Monate dort verbleiben. Das **Carnet de Passage** ist ein Grenz- und Zolldokument (Passierscheinheft), das die vorübergehende zollfreie Einfuhr von Fahrzeugen in andere Kontinente erlaubt. Es ist für mehrere Reiseländer gültig und berechtigt zu mehreren Fahrten mit demselben Fahrzeug. Beide Dokumente werden in Dtl. vom ADAC ausgestellt.

Triptis, Stadt im Saale-Orla-Kreis, Thür., 360 m ü. M., an der Orla, 4 600 Ew.: Fensterbau, Porzellanherstellung, Kunststoffverarbeitung, Fahrzeugbau, Herstellung von Kfz-Teilen. – T. entstand im 13. Jh. im Anschluss an eine Burg als regelmäßig angelegte und später ummauerte Stadt.

Triptolemos: Darstellung als Jüngling auf dem Eleusinischen Relief; Triptolemos erhält aus der Hand der Göttin Demeter die heiligen Ähren, hinter ihm steht Kore und legt segnend die Hand über seinen Kopf (Athen, Archäologisches Nationalmuseum)

Triptolemos, *griech. Mythos:* Sohn des Königs Keleos von Eleusis und der Metaneira. Die Göttin Demeter gab ihm den Weizen und beauftragte ihn, den Ackerbau und ihren Kult über die gesamte Erde zu verbreiten. – Auf archaischen Vasen wurde T. reich gewandet und bärtig mit Zepter und Ähren in einem zweirädrigen Karren (wie er zur Aussaat tatsächlich benutzt wurde) sitzend dargestellt; im 5. Jh. v. Chr. wurden die Räder mit Schlangen und Flügeln ausgestattet und T. als Jüngling oder Knabe dargestellt. So ist er auch auf dem großen Eleusin. Weihrelief (Athen, Archäolog. Nationalmuseum) wiedergegeben, wo er zw. Demeter und ihrer Tochter Kore (Persephone) steht. In Rom ließ sich Kaiser CLAUDIUS als T. neben Ceres (wohl AGRIPPINA D. J.) auf dem Schlangenwagen darstellen.

Tripton [zu griech. triptós ›zerrieben‹] *das, -s, Ökologie:* →Seston.

Triptychon [zu griech. tríptychos ›dreifach‹] *das, -s/...chen* und *...cha,* dreiteiliges Altarbild, fest stehend oder als dreiteiliger Flügelaltar, der aus einem Mittelstück und zwei schmaleren bewegl. Flügeln besteht, die beidseitig bemalt oder geschnitzt sind (→Schnitzaltar); auch allg. für dreiteiliges Bild.

Tripura, Tripuri, Tippera, Volk der →Bodo im ind. Bundesstaat Tripura (etwa 250 000) und benachbarten Gebieten in Bangladesh (etwa 50 000).

Tripura ['trɪpʊrə], Bundesstaat in NO-Indien, grenzt an Bangladesh, 10 486 km², (1994) 3,06 Mio. Ew. (1971: 1,5 Mio. Ew.); Hauptstadt ist Agartala. T. hat im W Anteil am Tiefland von Bengalen, sonst von Bergland mit breiten Tälern eingenommen. Haupterwerbszweig ist die Landwirtschaft (Reis, Weizen, Jute, Tee, Obst), im Bergland auch Wanderfeldbau; außerdem Holzverarbeitung und Textilindustrie. – Das aus einem Fürstenstaat hervorgegangene und von der Zentral-Reg. verwaltete Unionsterritorium wurde 1972 in einen Bundesstaat umgewandelt.

Tripus [griech. trípous, eigtl. ›dreibeinig‹] *der, -/...'poden*, **Tripous** [-pu:s], *antike Kunst:* der →Dreifuß.

Tripylea [zu tri... und griech. pýlē ›Tür‹], **Phaeodaria,** Unterordnung der Strahlentierchen, die v. a. in tieferen Gewässern leben; charakteristisch sind drei Öffnungen in der Zentralkapsel, eine als Zellmund fungierende Hauptöffnung **(Astropyle)** und zwei Öffnungen **(Parapylen)** für die Axopodien; neben der Astropyle befindet sich eine bräunl. Pigmentmasse, das **Phaeodium.**

Trireme [lat. triremis (navis) ›Dreiruderer‹] *die, -/-n,* die →Triere.

Trisaccharide, →Kohlenhydrate.

Trisanna *die,* Fluss in Tirol, Österreich, durchfließt das →Paznaun, vereinigt sich mit der Rosanna zur Sanna, die bei Landeck in den Inn mündet.

Trischen, Insel mit Dünen und kleiner Wattfläche zw. der Außenelbe und Dithmarschen, Schlesw.-Holst., war vorübergehend eingedeicht und landwirtschaftlich genutzt. T. hat sich durch Gezeitenströmungen, Brandung und Sturmfluten nach O verlagert. Die Nutzung wurde darum 1942 aufgegeben. T. ist heute ein bedeutendes Vogelschutzgebiet.

Trisetum [zu tri... und lat. saeta, seta ›Granne‹, ›Borste‹], die Süßgrasgattung →Goldhafer.

Trishagion [griech. ›dreimal heilig‹] *das, -s/...gien, christl. Liturgie:* 1) die Akklamation ›heiliger Gott, heiliger Starker, heiliger Unsterblicher‹, die in der Eucharistiefeier und im Stundengebet der orth. Kirche und der meisten oriental. Nationalkirchen, aber auch im lat. Ritus (in den Improperien) gebraucht wird. Beim Konzil von Chalkedon (451) erstmals öffentlich akklamiert, wurde das T. bald allg. üblich, aber verschieden interpretiert: Während die orth. Kirche es trinitarisch versteht, hat das T. in den oriental. Liturgien eine christolog. Deutung erfahren, die durch einen entsprechenden Zusatz (›der für uns gekreuzigt‹) deutlich wird. Dieser von PETRUS DEM WALKER eingeführte Zusatz wurde von orth. Theologen als monophysitisch bekämpft und von der Trullan. Synode 691/692 verurteilt; 2) das →Sanctus.

P. PLANK: Das T. ..., in: Kirche im Osten, Bd. 35 (1992).

Trismegistos, *griech. Mythos:* →Hermes Trismegistos.

Trismus [griech. ›das Knirschen‹] *der, -/...men,* Krampf der Kaumuskulatur mit →Kieferklemme.

Trisoktaeder, der →Triakisoktaeder.

Trisomie [Kurzbildung zu tri... und Chromosom] *die, -/...'mi|en,* Bez. für einen aneuploiden Karyotyp, bei dem ein einzelnes Chromosom in drei statt nur in zwei Kopien vorliegt. Eine T. ist häufig mit krankhaften Störungen verbunden. Z. B. verursacht die T. 21 beim Menschen das →Down-Syndrom, die T. 13 das →Patau-Syndrom und die T. 18 das →Edwards-Syndrom.

Tris-Puffer, Trometamol, Puffer aus Tris-(hydroxymethyl)aminomethan (THAM); kann zur Behandlung einer →Acidose (z. B. bei Schock) zur Bindung von Wasserstoffionen langsam intravenös infundiert werden.

Trissenaar, Elisabeth, Schauspielerin, * Wien 13. 4. 1944; ⚭ mit H. NEUENFELS; Engagements ab 1964, u. a. in Frankfurt am Main (1972–78); in Berlin 1981–84 in den Staatl. Schauspielbühnen, 1985–91 an der Freien Volksbühne, dann u. a. am Bayer. Staatsschauspiel in München; hatte auch Erfolge in Filmen.

Filme: Bolwieser (1977); Die Reinheit des Herzens (1979); Heinrich Penthesilea von Kleist (1983); Bittere Ernte (1984); Pattbergs Erbe (1987, Fernsehfilm); Marleneken (1990, Fernsehfilm, 2 Tle.); Scheidung à la Carte (1991, Fernsehfilm, 2 Tle.); Keiner liebt mich (1995).

Trissino, Gian Giorgio, ital. Dichter, Grammatiker und Dichtungstheoretiker, * Vicenza 8. 7. 1478, † Rom 8. 12. 1550; war zeitweilig für Kaiser MAXIMILIAN I. und die Päpste LEO X., KLEMENS VII. und PAUL III. tätig; vertrat als Dichter die strikte Anwendung der aristotel. Poetik. Nach dem Vorbild der ›Ilias‹ verfasste er das missglückte Epos ›La Italia liberata da Gotthi‹ in reimlosen Elfsilbern (begonnen 1527, erschienen in 3 Bden. 1547–48) und die erste volkssprachl., streng nach den aristotel. Regeln gebaute Tragödie, ›La Sophonisba‹ (1524; dt. ›Sophonisbe‹), ebenfalls in reimlosen Elfsilbern. Das Werk gewann Modellfunktion für das klass. und klassizist. volkssprachl. Theater in Europa. Mit seinen grammat. und dichtungstheoret. Schriften beeinflusste T. nachhaltig die Diskussion um die ›Questione della Lingua‹ und über die angemessene Rezeption der ›Poetik‹ des ARISTOTELES.

Weitere Werke: Il castellano (1529); La poetica, 2 Bde. (1529–62). – *Übers.:* Dante: De la volgare eloquentia (1529).

Ausgaben: Scritti scelti, hg. v. A. SCARPA (1950).

A. SCARPA: G. G. T. (Vicenza 1950); Atti del convegno di studi su G. T. ... Vicenza 1979, hg. v. N. POZZA (ebd. 1980).

Tristan, Hauptgestalt eines im MA. in weiten Teilen Europas verbreiteten Stoffkreises der epischen Dichtung. Die Erzählung von der durch einen Liebestrank bewirkten leidenschaftl. Liebe zw. T. und **Isolde,** die mit T.s Onkel Marke verheiratet ist, ist wahrscheinlich kelt. Ursprungs. Die tatsächlich überlieferten kymr. (walis.) und irischen Erzählungen erlauben aber nicht, eine geschlossene kelt. T.-Dichtung romanhaften Umfangs zu rekonstruieren. Für die Entwicklung der T.-Dichtung sind neben kelt. Elementen international verbreitete Märchen- und Schwankmotive, antike Sagen und vielleicht auch oriental. Dichtungen (→Wis und Ramin) wichtig geworden. Der T.-Roman ist erst im 12. Jh. in Frankreich entstanden (die von der Forschung postulierte ›Estoire‹). Eine relativ altertüml. Form weist der T.-Stoff noch bei BEROL auf (spätes 12. Jh.), ebenso wie in der ältesten dt. T.-Version, dem ›Tristrant‹ EILHARTS VON OBERG (etwa 1170). Seine klass. Gestaltung hat der Stoff im Kontext der höf. Kultur durch THOMAS D'ANGLETERRE etwa um 1170 und, auf ihm fußend, durch GOTTFRIED VON STRASSBURG um 1210 erhalten. Die weiteste Verbreitung fand der frz. ›T. en prose‹ (seit etwa 1230), in dem der T.-Stoff mit dem Artuskreis verbunden worden ist, wie dann auch in der ital. ›Tavola ritonda‹ (um 1300) und in T. MALORYS ›Le morte Darthur‹ (entstanden 1469/70). In Dtl. wurde der frz. Prosaroman kaum rezipiert: Der dt. Prosaroman von ›Tristrant und Isalde‹ (erster Druck 1484) beruht – wie schon im 13. Jh. die höf. Versfortsetzungen in Versen durch ULRICH VON TÜRHEIM und HEINRICH VON FREIBERG – auf dem ›Tristrant‹ EILHARTS. Er ist die Grundlage für sechs Meisterlieder (1551 und 1553) und eine ›Tragedia‹ (1553) von H. SACHS. Neben den episch-romanhaften Ausformungen des T.-Stoffes gibt es episod. Gedichte, vielfach schwankhaften Inhalts, so zwei frz. von der Narrheit T.s (spätes 12. Jh.). – Innerhalb der neuzeitl. T.-Rezeption steht R. WAGNERS Oper ›T. und Isolde‹ (Text vom Komponisten, Uraufführung 10. 6. 1865 in München) im Mittelpunkt.

Elisabeth Trissenaar

Andere Versuche, v. a. in Dtl. zu Beginn des 20. Jh., den mittelalterl. Roman in die dramat. Form umzusetzen, konnten sich nicht auf der Bühne behaupten. Bes. zahlreich sind Neugestaltungen des T.-Stoffes durch engl. Dichter des 19. und frühen 20. Jh. (u. a. A. TENNYSON, A. C. SWINBURNE, T. HARDY, E. A. ROBINSON).

Ausgabe: T u. Isold. Originaltext (nach F. Ranke), bearb. v. W. SPIEWOK (²1991).

P. WAPNEWSKI: T., der Held Richard Wagners (1981); La légende de T. au moyen âge, hg. v. D. BUSCHINGER (Göppingen 1982); T.-Studien. Die T.-Rezeption in den europ. Literaturen des MA., hg. v. D. BUSCHINGER u. a. (1993); A. KECK: Die Liebeskonzeption der mittelalterl. T.-Romane. Zur Erzähllogik der Werke Bérouls, Eilharts, Thomas' u. Gottfrieds (1998).

Tristan-Akkord, der Klang f–h–dis¹–gis¹ im 2. Takt des Vorspiels von R. WAGNERS Oper ›Tristan und Isolde‹, das erste und umfassende Leitmotiv des ganzen Musikdramas.

Tristan da Cunha [ˈtristən də ˈkuːnə, engl.], Inselgruppe im südl. Atlant. Ozean, gehört politisch zur brit. Kronkolonie Sankt Helena; etwa auf halbem Wege zw. Südafrika und Südamerika, umfasst neben der gleichnamigen Hauptinsel die Inseln Inaccessible (10 km²), Nightingale (2,6 km²) und, über 400 km süd-südöstlich, →Gough (93 km²; Wetterstation). Bewohnt ist nur die Hauptinsel (104 km², 290 Ew.), die aus einem großen, 2 060 m hohen Vulkan besteht, der als erloschen galt, jedoch 1961 ausbrach. Die Bev. (Mischlinge), 1961–63 wegen des Vulkanausbruchs evakuiert, lebt von Kartoffel- und Obstanbau sowie Schafzucht und Fischerei (Langusten). Sie wird über den Seeweg von Kapstadt her versorgt. – Die Inselgruppe wurde 1506 durch den port. Admiral TRISTÃO DA CUNHA (* um 1460, † 1540) entdeckt, 1816 von Großbritannien in Besitz genommen und 1938 der Kronkolonie Sankt Helena angegliedert.

Tristán de Escamilla [-ʎa], Luis, span. Maler, * bei Toledo 1586 (?), † Toledo 7. 12. 1624; arbeitete im Atelier EL GRECOS, der ihn entscheidend beeinflusste. In seinen religiösen Bildern und Porträts legte er bes. Wert auf die Darstellung von Schmuck und kostbarer Kleidung und verarbeitete Anregungen der Helldunkelmalerei CARAVAGGIOS (›Der hl. Ludwig verteilt Almosen‹, um 1620; Paris, Louvre).

Tristan L'Hermite [tristɑ̃lɛrˈmit], eigtl. **François L'Hermite,** frz. Schriftsteller, * Schloss Soliers (Dép. Calvados) 1601, † Paris 7. 9. 1655; beschrieb seine abenteuerl. Jugendjahre – er musste bereits 1617 wegen eines Duells aus Frankreich fliehen – in dem autobiograph., als Zeitdokument wichtigen Roman ›Le page disgracié‹ (2 Bde., 1643); er verfasste ferner preziöse Gedichte und wurde mit seinen Tragödien zu einem Vorläufer J. RACINES.

Weitere Werke: *Lyrik:* Les plaintes d'Acante (1634); Les amours de Tristan (1638); La lyre (1641); Les vers héroïques (1648). – *Dramen:* La folie du sage (1635); Mariane (1636); La mort de Sénèque (1645); Le parasite (1654).

Tristano [trisˈtænəʊ], Lennie, eigtl. **Leonard Joseph T.,** amerikan. Jazzpianist, * Chicago (Ill.) 19. 3. 1919, † New York 18. 11. 1978; in früherer Jugend erblindet; spielte in den 1940er-Jahren eine Musik, die maßgeblich den Cooljazz der 50er-Jahre beeinflusste. Einige seiner stellenweise atonal klingenden Aufnahmen aus den späten 40er-Jahren nahmen freiere Spielformen vorweg, die im Jazz erst in den 60er-Jahren (Freejazz) weiterentwickelt wurden. In seiner Musik spielt die einzelne Melodielinie bei kontrapunkt. Ensemblespiel der versch. Instrumente eine wichtige Rolle.

Tri-State-Technik [-ˈsteɪt-; engl. state ›Zustand‹], **Three-State-Technik** [θrɪ-], *Digitaltechnik:* Variante der TTL-Technik, charakterisiert durch einen besonderen Eingang, über den die beiden Ausgangstransistoren in den gesperrten (hochohmigen) Zustand geschaltet werden; in diesem Zustand wird das Ausgangspotenzial einer Schaltung in T.-S.-T. von anderen, parallel geschalteten Schaltungen bestimmt. Die T.-S.-T. ist bes. geeignet für Verbindungen vom Typ des verdrahteten ODERs (Wired-OR). Sie kann auch in CMOS-Technik realisiert werden und hat gegenüber der Open-Collector-Schaltung den Vorteil, dass sie keine Pull-up-Widerstände (→Wired-AND) benötigt und ebenso schnell in den hochohmigen Zustand übergeht wie in den niederohmigen. Angewendet wird die T.-S.-T. insbesondere bei Bussystemen, bei denen mehrere Schaltungen durch einen gemeinsamen →Bus parallel geschaltet sind. Als **Tri-State-Ausgang** bezeichnet man den Ausgang einer Digitalschaltung in T.-S.-T. Im logisch neutralen Zustand (weder H noch L) ist ein solcher Ausgang sowohl von der Masse als auch von der Betriebsspannung durch einen hohen Widerstand getrennt (hochohmiger Zustand), und sein Potenzial wird von anderen, parallel geschalteten Ausgängen bestimmt.

Luis Tristán de Escamilla: Der heilige Ludwig verteilt Almosen; um 1620 (Paris, Louvre)

Tris|tetraeder, der →Triakistetraeder.

Tristichon [zu griech. trístichos ›aus drei Versen bestehend‹] *das, -s/-…chen,* Gedicht, Vers, Strophe aus drei Zeilen.

Tristram Shandy [ˈtrɪstrəm ˈʃændɪ], Titelheld des Romans ›The life and opinions of T. S., gentleman‹ (dt. ›Leben und Ansichten von T. S., Gentleman‹) von L. STERNE; engl. 9 Bde., 1759–67.

Trit|agonist [griech.] *der, -en/-en,* antikes griech. *Drama:* der dritte Schauspieler. (→Deuteragonist, →Protagonist)

Trit|anomalie [zu griech. trítos ›Dritter‹], Form der →Farbenfehlsichtigkeit.

Trit|anopie [zu griech. trítos ›Dritter‹], Form der →Farbenfehlsichtigkeit.

Tri|theismus, Dreigötterlehre, in der christl. Tradition als häretisch verworfene Deutung der →Trinität als drei selbstständige Gottheiten (drei auch im Wesen göttl. Personen). In der Entwicklung der Trinitätslehre hat die ihr zugrunde liegende Aporie (Dreiheit bei gleichzeitig behaupteter Wesenseinheit) vielfach zu einer vereinfachten Interpretation im Sinne des T. geführt, die jedoch kirchlicherseits verurteilt wurde. (→Subordinatianer)

Trithemius, Johannes, eigtl. **J. Heidenberg** oder **Zeller,** Benediktiner (ab 1482) und Humanist, *Trittenheim (bei Neumagen-Dhron) 1. 2. 1462, † Würzburg 13. 12. 1516; 1483–1506 Abt des Klosters Sponheim, ab 1506 des Würzburger Schottenklosters; führender Vertreter der Bursfelder Reformbewegung (→Bursfelde). Durch seine Gelehrsamkeit und auch als Sammler von Handschriften und Drucken machte er Sponheim mit der dortigen Bibliothek zu einem Zentrum des dt. Frühhumanismus. T. verfasste naturwiss., biograph. und histor. Werke, bediente sich allerdings z. T. selbst erfundener Quellen (→Fälschung).

K. ARNOLD: J. T. 1462–1516 (^{2}1991).

Triticale, aus einer Kreuzung von Weizen und Roggen (**Triticum × Secale**) gezüchtete Getreidehybride; frost- und krankheitsresistenter als Weizen; höherer Eiweißgehalt der Körner; bisher nur als Futtergetreide angebaut.

Triticum [lat.], die Süßgrasgattung →Weizen.

Tritium [zu griech. trítos ›Dritter‹, nach der Massenzahl 3 seiner Atome] *das, -s,* **überschwerer Wasserstoff,** chem. Symbol **T** oder ^{3}**H,** Isotop des Wasserstoffs mit der Massenzahl 3; sein Kern, **Triton,** Symbol **t,** besteht aus einem Proton und zwei Neutronen. Das T. ist radioaktiv und zerfällt mit einer Halbwertszeit von 12,32 Jahren unter Aussendung weicher Betastrahlung (Elektronen mit einer Energie von 18,61 keV) in das Heliumisotop ^{3}He. Das T. wird in der oberen Atmosphäre durch Reaktion von Neutronen der Höhenstrahlung mit Stickstoff gebildet: $^1_0n + ^{14}_7N \rightarrow ^3_1H + ^{12}_6C$. Künstlich wird es z. B. in Kernreaktoren durch Einwirkung von Neutronen auf Lithium erzeugt; es entsteht außerdem in Wiederaufarbeitungsanlagen für Kernbrennstoffe, an Teilchenbeschleunigern und bes. bei Kernwaffenexplosionen. – T. wird u. a. als Tracer zur Markierung von Verbindungen (**Tritiierung**) verwendet, um Reaktionsabläufe zu klären. Es ist ferner ein gutes Ionisierungsmittel für Gase und wird in Leuchtmassen benutzt. Von Bedeutung ist T. für die →Kernfusion. – T. wurde 1934 erstmals von E. RUTHERFORD, M. L. E. OLIPHANT und dem Physikochemiker PAUL HARTECK (*1902, †1985) künstlich hergestellt und 1950 von W. F. LIBBY auch in Regenwasser nachgewiesen.

Tritium|methode, Methode der Altersbestimmung, die auf der Messung des prozentualen Anteils des Tritiums am Gesamtwasserstoffgehalt einer Probe beruht. Die T. wird i. Allg. zur Altersbestimmung von Wässern verwendet, die gegen den Wasserkreislauf der Atmosphäre hinreichend abgeschlossen sind (z. B. Grundwasser, Wein). Weil die Erzeugungsraten des Tritiums, insbesondere die anthropogenen, nicht konstant sind und die aus ihnen resultierende Verteilung des Tritiums über die Erde nicht sicher bekannt ist, birgt die T. erhebl. Unsicherheiten. Wegen der kurzen Halbwertszeit von Tritium ist die Anwendbarkeit auf Alter bis zu etwa 30 Jahren begrenzt.

Trito|jesaja [griech. trítos ›Dritter‹], der dritte Jesaja; Teil des alttestamentl. Buches →Jesaja.

Triton [zu griech. trítos ›Dritter‹], **1)** *Astronomie:* ein Mond des Planeten →Neptun.

2) *das, -s/...'tonen, Chemie:* Symbol **t,** der Atomkern des →Tritiums.

Triton, *griech. Mythos:* Meeresgottheit, Sohn des Poseidon und der Amphitrite. Als Fischwesen erscheint T. auf Vasen und Reliefs des 6. Jh. v. Chr. (frühere Darstellungen sind nicht sicher zu deuten), dann auch zu zweit und weiblich, zunehmend in der Vielzahl (**Tritonen**), im 4. Jh. v. Chr. zus. mit Nereiden und Eroten in der männl. Gestalt mit Fischunterleib. Auch im Hellenismus und in der röm. Kunst, im MA. und oft in neuzeitl. Darstellungen erscheinen T. neben anderen Seewesen (T.-Brunnen auf der Piazza Barberini in Rom von G. L. BERNINI, 1640). Attribute der T., die auch als Meereskentauren dargestellt wurden, waren Fische, Delphine, Dreizack, Zepter, Muschelhörner, Trink- und Fruchtgefäße.

Tritonile [nach der griech. Meeresgottheit Triton], **Tritonia,** Gattung der Schwertliliengewächse mit etwa 30 Arten im trop. und v. a. im südl. Afrika; Rhizomstauden mit lanzettl. bis lineal. Blättern und oftmals sternförmigen Blüten. Bes. die in der S-Hälfte der Rep. Südafrika vorkommende Art Tritonia crocata wird in zahlr. Formen (Blüten leuchtend orange- bis pinkfarben, oft mit gelben Punkten) v. a. als Kalthauspflanze kultiviert.

Tritonshörner [nach der griech. Meeresgottheit Triton], **Trompetenschnecken,** zu den Tonnenschnecken gehörende Vorderkiemer versch. Gattungen (meist in der Familie Cymatiidae zusammengefasst) mit bis 40 cm großer, hochgetürmter, kegelförmiger Schale. T. wurden früher in der Südsee und von den Römern als Kriegstrompeten und werden noch heute von den Mittelmeerfischern als Signalhorn verwendet. Zu den **Eigentlichen T.** (Gattung Charonia) gehören u. a. das bis 40 cm große **Gemeine T.** (Charonia tritonis), das im Atlantik und Pazifik weit verbreitet ist; ebenso die bis 30 cm lange **Trompetenschnecke** (Charonia lampas) im Mittelmeer, Atlantik und Indopazifik. Sie ernährt sich vorwiegend von Stachelhäutern, die sie mit ihrem Rüssel ausweidet.

Tritonus [zu griech. trítonos ›mit drei Tönen‹] *der, -,* das Intervall aus drei Ganztönen (z. B. in C-Dur f-h), die übermäßige Quarte (klanglich gleich der verminderten Quinte). In der mittelalterl. Musik und im späteren strengen Kontrapunkt wurde der T. als bes. scharfe Dissonanz (diabolus in musica, ›Querstand‹) vermieden. In der abbildl. Musik des 16.–18. Jh. dient er oft der Textausdeutung, z. B. bei Begriffen wie Sünde, Klage, Tod. In der Funktionsharmonik (→Funktionstheorie) fungiert der T. als selbstverständl. Bestandteil des Dominantseptakkords und des verminderten Septakkords. In der atonalen Musik ist er die intensivste Sonanz und zugleich als Halbierung der Oktave ein Mittel für Symmetriebildungen von Klängen und Intervallfolgen.

Tritt, *Jägersprache:* **T.-Siegel,** beim Haarwild der Abdruck eines einzelnen Laufes; mehrere T. bilden die Fährte oder Spur.

Trittbrettfahrer, engl. **Free Rider** [ˈfriː ˈraɪdə], Nutznießer →öffentlicher Güter, die darauf vertrauen, ein bereitgestelltes öffentl. Gut unentgeltlich nutzen zu können, da es dem Anbieter nicht möglich ist, einzelne (nicht zahlungswillige) Wirtschaftssubjekte von der Nutzung auszuschließen. Um T.-Verhalten zu unterbinden, wird die Bereitstellung öffentl. Güter über Zwangsabgaben finanziert.

T.-Verhalten tritt auch bei der Organisation von Gruppeninteressen in einer pluralist. Gesellschaft auf, da die Mitgliedschaft in Vereinen und Verbänden freiwillig ist. Der T. zieht aus der Tätigkeit bestimmter Organisationen Nutzen oder Vorteile, ohne Beiträge zu zahlen. I. w. S. zählen z. B. Schwarzfahrer in öffentl. Verkehrsmitteln, Schwarzhörer und -seher von Rundfunksendungen zu den T., insofern sie sich – meist vorsätzlich – kosten- bzw. beitragspflichtige Leistungen erschleichen.

Tritium (überschwerer Wasserstoff)	
chem. Symbol:	Ordnungszahl ... 1
	relative Atommasse ... 3,01605
	relative Häufigkeit im Wasserstoffisotopengemisch ... $<10^{-12}$%
T oder ^{3}**H**	Dichte flüssig ... 0,260 g/cm^3
	Dichte gasförmig (bei 25 K) ... 0,0031 g/cm^3
	Schmelzpunkt ... −252,5 °C
	Siedepunkt ... −248,1 °C
	kritische Temperatur ... −233,2 °C

Tritonie: Tritonia crocata (Blütenschafthöhe 20–25 cm)

Tritonshörner: Gemeines Tritonshorn (Größe bis 40 cm)

Trit   Trittin – Triumphbogen

Triumphbogen: Arc de Triomphe de l'Étoile in Paris; 1806–36

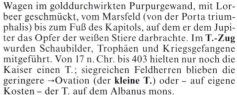

Jürgen Trittin

Trittin, Jürgen, Politiker, * Bremen 25. 7. 1954; Sozialwissenschaftler; ab 1980 Mitgl. der Grünen, war in Niedersachsen 1985–90 sowie 1994–95 und 1990–94 Min. für Bundes- und Europaangelegenheiten. T. wurde Ende 1994 Sprecher des Bundesvorstandes von Bündnis 90/Die Grünen, Oktober 1998 MdB und am 27. 10. 1998 Bundes-Min. für Umwelt, Naturschutz und Reaktorsicherheit.

Trittpflanzen, Bez. für niedrigwüchsige Pflanzenarten, die mechan. Schädigung und starke Bodenverdichtung ertragen und auf Feldwegen, in Pflasterritzen, auf Fußballplätzen mit lehmigem Boden vorkommen; in T.-**Gesellschaften (Trittfluren)** finden sich u. a. Engl. Raigras, Großer Wegerich, Einjähriges Rispengras, Vogelknöterich, Weißklee.

Trittschall, Schall sehr niedriger Frequenz, der durch punktweise Anregung z. B. einer Decke beim Begehen entsteht und als Körperschall (→Schall) übertragen wird. T.-Schutz wird durch schwimmenden Estrich oder elast. Gehbelag erreicht.

Trituration [zu lat. tritura ›das Dreschen‹, ›das Reiben‹] *die, -/-en,* feinste Verreibung eines festen Stoffs, bes. einer Droge, zu Pulver; in der Homöopathie gebräuchl. Arzneizubereitung.

TRIUMF [von engl. **tri** **u**niversity **m**eson **f**actory, ›Drei-Universitäten-Mesonenfabrik‹], von drei Univ. der Prov. British Columbia (Kanada) betriebenes Kernforschungszentrum in Vancouver. Kernstück der Anlage ist das weltgrößte →Zyklotron, ein Spiralsektor-Isochronzyklotron mit einem Durchmesser von 18 m und einer Magnetmasse von 3 800 t. Es beschleunigt Protonen auf Energien bis zu 520 MeV, bei einem Strahlstrom bis 200 µA. Der Protonenstrahl erzeugt beim Auftreffen auf geeignete Targetmaterialien intensive Strahlen von Pionen. Die Protonen- und Pionenstrahlen werden für Untersuchungen in der Elementarteilchenphysik sowie für physikal. Anwendungen (Bestrahlungen, medizin. Therapie, Radioisotopie) genutzt. (→Mesonenfabrik)

Triumph [lat. triumphus ›feierl. Einzug des Feldherrn‹, ›Siegeszug‹, ›Sieg‹] *der, -(e)s/-e,* **1)** *allg.:* großer Sieg, Erfolg.

2) im *antiken Rom* der festl. Einzug des siegreichen Feldherrn (**Triumphator**) und seines Heeres, eine Feier mit religiöser und polit. Bedeutung. In der Rep. konnte der T. nur jenen Magistraten vom Senat gewährt werden, die ein selbstständiges →Imperium besaßen. Der Triumphator fuhr als Inkarnation des Jupiter auf einem mit vier Schimmeln bespannten Wagen im golddurchwirkten Purpurgewand, mit Lorbeer geschmückt, vom Marsfeld (von der Porta triumphalis) bis zum Fuß des Kapitols, auf dem er dem Jupiter das Opfer der weißen Stiere darbrachte. Im **T.-Zug** wurden Schaubilder, Trophäen und Kriegsgefangene mitgeführt. Von 17 n. Chr. bis 403 hielten nur noch die Kaiser einen T.; siegreichen Feldherren blieben die geringere →Ovation (der **kleine T.**) oder – auf eigene Kosten – der T. auf dem Albanus mons.

E. KÜNZL: Der röm. T. Siegesfeiern im antiken Rom (1988).

3) in *Renaissance* und *Barock* Festaufzug des Hofes, i. Allg. zu Ehren des Fürsten, der auch in mytholog. Gestalt gefeiert wurde.

Triumphbogen, überwiegende Bez. der in der röm. Baukunst auf Straßen und an Plätzen oder auch vor der Stadtmauer errichteten monumentalen Bogen mit einem oder mehreren Durchgängen mit Tonnengewölben; den oberen Abschluss bildete eine Attika, die Statuen und i. d. R. eine Widmungsinschrift trug. Der T. war meist mit Reliefs geschmückt (auf Bogenpfeilern, Säulensockeln, Bogenwickeln, ggf. über den seitl. Durchgängen). Die Bez. T. (Arcus triumphalis) ist seit dem 3. Jh. n. Chr. belegt, davon nur einmal für einen aus Anlass eines Sieges errichteten Bogen, i. Allg. handelt es sich eigtl. um einen **Ehrenbogen.** In der röm. Republik wurden siegreiche Feldherren (nach ihrem Tod) durch Errichtung eines Bogens geehrt, in der Kaiserzeit der Kaiser und seine Familie vom Senat, aber auch andere Personen, seit dem 4. Jh. wurden solche T. auch vom Kaiser selbst in Auftrag gegeben. In den Prov. von Städten und städt. Honoratioren bei kaiserl. Besuchen errichtet, auch aus anderen Anlässen, z. B. dem Tod hoher Beamter oder Honoratioren, oder als Stadtgründungsmonument. Die ältesten, nur literarisch überlieferten T. in Rom wurden 196 und 190 v. Chr. errichtet. In der Kaiserzeit erreichte der T. seine klassische architekton. Form in der Verbindung der Bogenarchitektur des Kernbaus mit der vorgeblendeten Säulengliederung.

Eintorig sind u. a. die T. in Rimini (27 v. Chr.), Aosta (25 v. Chr.), Susa (8 v. Chr.), der ›Sergierbogen‹ in Pula (um 30 v. Chr.), der →Titusbogen in Rom, die Trajansbogen in Benevent (114) und Ancona (115) oder der Ehrenbogen für CARACALLA in ›Djemila, dreitorig neben vielen anderen der nur in den Fundamenten erhaltene Bogen des AUGUSTUS auf dem Forum Romanum (19 v. Chr.), der →Septimius-Severus-Bogen, der →Konstantinsbogen, der TIBERIUS als ›restitutor coloniae‹ (Neubegründer der Stadt) gewidmete Bogen in Orange, der DOMITIAN geweihte Bogen in Hierapolis (82/83), der T. in →Medinaceli und der nur im westl. Teil erhaltene Galerieapsis (Saloniki, nach 297), viertorig (Quadrifrons) z. B. der Septimius-Severus-Bogen in Leptis Magna (um 200 n. Chr.), der Mark-Aurel-Bogen in Tripolis (163 n. Chr.) und der Trajansbogen von Timgad (Ende 2. Jh. n. Chr.).

Der Reliefschmuck der T. besteht aus Bildern der Triumphsymbolik (Viktorien, Genien, Gottheiten, Waffen), der Apotheose (des Kaisers) sowie histor. Darstellungen des Ereignisses, das die Errichtung des Bogens veranlasste (kaiserl. Aufbruch, Siege, Schlachten, Unterwerfungen, Gnadenakte, Jubiläen).

Die Form des antiken T. wirkte in der europ. Architektur weiter, so in Fassaden roman. Kirchen (Saint-Gilles, Arles), in der Renaissancefassade von San Francesco in Rimini, im Triumphtor für König ALFONS I. am Castel Nuovo in Neapel. Für fürstl. Einzüge wurden T. oft aus vergängl. Material hergestellt (Entwürfe J. B. FISCHER VON ERLACHS in Wien), in ihrem Gefolge entstanden bes. seit dem Klassizismus T., die Akzente in der Stadtarchitektur setzten: Triumphpforte in Innsbruck (1765), Brandenburger Tor in Potsdam (1770), Arc de Triomphe du Carrousel (1806–08, BILD →Fontaine, Pierre François Léonard) und Arc de Triomphe de l'Étoile (1806–36) in Paris, Siegestor in München (1843–50).

Im Kirchenbau heißt der hohe Bogen vor dem Chor T. (in frühchristl. Zeit oft mit Triumphkreuz).

Triumph-International-Gruppe, Unternehmen der Bekleidungsindustrie (v. a. Unter-, Ober-, Bade- und Freizeitbekleidung), gegr. 1886 als Spiesshofer & Braun, Heubach; Sitz der heutigen Holdinggesellschaft: Zurzach (Schweiz). Umsatz (1996): 2,01 Mrd. sfr, Beschäftigte: rd. 32 000.

Triumphkreuz, lat. **Crux triumphalis,** Kruzifix (auch Kreuzigungsgruppe), das in Kirchen auf einen Balken montiert oder hängend im Triumphbogen über Lettner oder Chorschranken, dem Langhaus zugewendet, angebracht ist. Als Ausdruck der Deutung des Kreuzes als Siegeszeichen CHRISTI erscheint die großplast. Darstellung etwa seit dem Ende des 11. Jh., zuerst wohl in England (Canterbury, nach 1070), vermutlich oft in Zusammenhang mit der Errichtung eines Kreuzaltars. Neben der Darstellung des Gekreuzigten, oft mit Evangelistensymbolen an den Kreuzenden, steht die Dreifigurengruppe mit MARIA und JOHANNES, teils mit beflügelten Engeln und dem auferstehenden Adam (Dom in Halberstadt, um 1220; Schlosskirche in Wechselburg, um 1230–35). Für die got. T. ist Rankenwerk charakteristisch, das die Kreuzesbalken mit dem Baum des Lebens gleichsetzt (St. Lorenz in Nürnberg, Ende des 14. Jh.). Ein bedeutendes Beispiel der dt. Spätgotik ist das T. des B. NOTKE im Lübecker Dom (1477, BILD →Notke, Bernt). Die T. nördlich der Alpen waren i. d. R. plastisch aus Holz geschnitzt, in Italien verbreiteten sich dagegen im 11.–14. Jh. gemalte Großkreuze (›Croci dipinti‹).

T. im Dom zu Lübeck, Beitrr. v. K. STOLL u. a. (Neuausg. 1979).

Triumphtaler, der →Jesustaler.

Triumvir [lat., zu tres, trium ›drei‹ und vir ›Mann‹] der, -s und -n/-n, lat. Pl. tresviri oder triumviri, im antiken Rom Mitgl. eines Dreimännerkollegiums **(Triumvirat),** wie es für versch. staatl. Aufgaben, bes. für Landansiedlungen und Koloniegründungen, eingesetzt wurde. Das **erste Triumvirat** von CAESAR, POMPEIUS und CRASSUS (60 v. Chr.) war ein polit. Bündnis ohne gesetzl. Grundlage. Bedeutsam wurde das im November 43 v. Chr. geschlossene **(zweite) Triumvirat** von MARCUS ANTONIUS, OCTAVIAN (dem späteren Kaiser AUGUSTUS) und LEPIDUS, ein zur ›Wiederherstellung des Staates‹ geschaffenes Ausnahmeamt.

Triungulinus [zu tri... und lat. ungula ›Klaue‹, ›Huf‹], **Dreiklauer,** erstes Larvenstadium der Ölkäfer, gekennzeichnet durch drei klauenartige Gebilde am letzten Fußglied; mittels dieser Klauen heften sich an ›Trägerinsekten‹ (v. a. bestimmte Bienen), die sie in ihre Nester tragen. Dort machen sie ihre weitere Larvenentwicklung durch. – Auch die parasitierenden Larven der Fächerflügler werden als T. bezeichnet.

Trivandrum [trɪˈvændrəm], früherer Name der Stadt →Thiruvananthapuram, Indien.

trivial [lat.], bildungssprachlich für: abgedroschen, platt; alltäglich, gewöhnlich; unmittelbar einsichtig.

Trivialkunst [Kw. des 20. Jh., in Anlehnung an Trivialliteratur formuliert], Bez. für anspruchslose, als Schmuck gedachte Gegenstände der Alltagskultur (Trivialobjekte). Objekte der T. entstammen nicht selten handwerkl. Können, das sich mit Arrangieren und Verdeutlichen von längst Bekanntem, Selbstverständlichem befasst, wobei ein gewisser Grad von Originalität erreicht werden kann. Sie beziehen sich z. B. auf Trends im avantgardist. Design bei Fotografie, Film, Fernsehen und Werbung. Daneben behaupten sich Elemente der handwerkl. Volkskunst. – Wenn die Trivialobjekte innovative Momente und einen neuen Zugriff auf Wirklichkeit zeigen, ist ihre Charakterisierung als T. fraglich (z. B. bei einigen Comics oder Covergestaltungen oder bei Graffiti). Zeitgenöss. Künstler verschmähen nicht den Rückgriff auf T., z. B. R. LICHTENSTEIN u. a. Künstler der Pop-Art, die zudem eine Unterscheidung von Massenkultur und Kunst ablehnen. Die Ästhetik bemüht sich um Klärung und Anwendung des Begriffes →Kitsch auf T. oder Teile derselben.

Triviale Zonen der religiösen Kunst des 19. Jh., bearb. v. W. WIORA (1971); E. FORSSMAN: Die Kunstgesch. u. die T. (1975); W. NUTZ: Soziologie der trivialen Malerei (1975); Populäre Druckgraphik Europas. Dtl. Vom 15. bis zum 20. Jh., bearb. v. W. BRÜCKNER, 2 Tle. (a. d. Ital., ²1975); High & low. Moderne Kunst u. Trivialkultur, bearb. v. K. VARNEDOE u. a. (a. d. Engl., 1990). – Weitere Literatur →Trivialliteratur.

Trivialliteratur. Der Begriff leitet sich von lat. ›trivium‹ (Kreuzung dreier Wege) her und wurde im 17./18. Jh. aus dem Frz. ins Dt. übernommen; ›trivial‹ wäre also das, was auf öffentl. Straße verhandelt, was von jedermann gesprochen wird, was allen geläufig ist. ›Trivium‹ bezeichnet aber auch die sprachlich-literar. Teile der →Artes liberales, die als Propädeutikum für das Quadrivium galten. So verbindet sich hier die Vorstellung vom Allgemeinen und Bekannten mit jener des Einfachen und Unkomplizierten, ohne von vornherein abwertend zu sein. Daher besitzt gegenwärtig der Begriff der ›T.‹ in der dt. Literaturkritik (wieder) jenen relativ neutralen Bedeutungsgehalt, der dem engl. Terminus ›popular literature‹ eigen ist und entzieht sich dadurch eindeutigen Definitionen und Abgrenzungen. Gleichwohl bezeichnet ›T.‹ im allgemeinen Sprachgebrauch innerhalb eines Dreischichtenmodells (›Dichtung/Hochliteratur‹–›Unterhaltungsliteratur‹–›T.‹; H.-F. FOLTIN) aber noch immer die unterste Stufe literar. Qualität und beinhaltet somit auch eine negative Bewertung.

Geschichte: Wenngleich die massenhaft verbreitete T. ihre Ursprünge im 18. Jh. hat und im 19. Jh. dank der rasch steigenden Lesefähigkeit der (städt.) Bev. sowie der verbesserten Produktionstechniken und Distributionsmethoden (z. B. Kommissionsbuchhandlungen, gewerbl. Leihbibliotheken, Verkauf der Kolportageromane durch Hausierer) eine erste Blüte erreichte, so lassen sich doch einige ihrer Grundmuster bis zu den bereits im 15. Jh. in Europa weit verbreiteten Einblattdrucken zurückverfolgen, die urspr. v. a. religiöse Inhalte (Bibelszenen, Heiligendarstellungen) vermittelten. Das von Anfang an darin enthaltene Element drastisch-anschaul. Darstellungsweise entwickelte sich bis zum Ende des 18. Jh., losgelöst aus seinem religiösen Kontext, zum (oft auch illustrierten) Sensationsbericht mit unterschiedl. Inhalten (Kriege, Gräueltaten, Katastrophen) und gilt als Vorläufer der Groschenheftliteratur und der Comics. Ebenfalls bis ins 15. Jh. gehen die Kalender zurück, zunächst als Einblattdruck-Wandkalender, ab dem 16. Jh. als Kalenderhefte, die ab dem 17. Jh. zunehmend mit belehrenden und unterhaltsamen Zusätzen (Rätsel, Horoskope, Sensationsgeschichten usw.) angereichert wurden. Die Aufklärung des 18. Jh. sah die Kalender als wirksames Medium zur Vermittlung vernünftiger Kenntnisse (→Kalendergeschichten). Zu den im 18. Jh. beliebten Broschüren und Traktaten zählten u. a. Witzesammlungen, Anstandsschriften, Erotika, Beichtanweisungen, aber auch die ›Bänkelsängerhefte‹. Diese Lesestoffe der ›kleinen Leute‹ (R. SCHENDA) enthalten etliche jener Komponenten, die in der massenhaften bürgerl. T. des 19. Jh. Verfeinerung wie auch formelhafte Ausprägung erfuhren: Die dualist. Entgegensetzung von ›gut‹ und ›böse‹, ›schön‹ und ›hässlich‹, ›klug‹ und ›dumm‹ diente der Vermittlung stabilisierender Wertsysteme und ermöglichte zugleich jene Identifikation mit den siegreichen Protagonisten, die kompensator. bzw. eskapist. Bedürfnissen ebenso entgegenkam wie dem Verlangen nach Information und Sinnsuche.

Die geschichtl. Entwicklung der T. war von diesen Kompensationsbedürfnissen bestimmt. Schon im 18. Jh. und zunehmend im 19. Jh. bildeten sich (z. T. stark von der engl. Literatur beeinflusste) Muster heraus, aus denen die T.-Genres hervorgingen, die bis in die Gegenwart hinein bestehen. So mündeten – in der Tradition von S. RICHARDSONS Briefroman ›Pamela, or virtue rewarded‹ (2 Bde., 1740) stehende – empfindsam-sentimentale Schriften wie J. M. MILLERS ›Siegwart. Eine Klostergeschichte‹ (2 Tle., 1776) oder A. H. J. LAFONTAINES ›Die Gewalt der Liebe, in Erzählungen‹ (4 Tle., 1791–94) in die allein den privaten Lebensbereich herausstellenden Familien- und Liebesromane einer EUGENIE MARLITT oder HEDWIG COURTHS-MAHLER und fanden darüber hinaus ihren Niederschlag schließlich in den auf stereotype Grundmuster reduzierten Frauenschicksals-Heftromanen der Gegenwart. Auch die sich im 19. Jh. entfaltende Heimatliteratur begründete eine außerordentlich populäre Form der T., in Dtl. v. a. durch B. AUERBACHS ›Schwarzwälder Dorfgeschichten‹ (4 Bde., 1843–54). Ein weiteres literar. Muster entstand mit der heroischpathet. T., wie sie z. B. die Räuberromane von H. D. ZSCHOKKE (›Aballino, der große Bandit‹, 1793) und C. A. VULPIUS (›Rinaldo Rinaldini, der Räuber Hauptmann‹, 3 Bde., 1797) mit ihren Freiheitsidealen und ihrer Gesellschaftskritik einleiteten (→Räuberroman). Von ihnen führt eine direkte Linie zu der im 19. Jh. sich unter dem Einfluss J. F. COOPERS entwickelnden Indianer- und Wildwestliteratur und zum exot. →Abenteuerroman eines F. GERSTÄCKER und K. MAY. – Gefördert von romant. Impulsen und als Reaktion auf den Rationalismus bildete sich als ein bis heute populäres Genre der T. die von der Gothic Novel (H. WALPOLE, ANN RADCLIFFE) beeinflusste Schauerliteratur (→Schauerroman). Wichtige Vertreter waren hier u. a. CAJETAN TSCHINK (* 1763, † 1813; ›Geschichte eines Geistersehers‹, 3 Tle., 1790–93) und C. H. SPIESS (›Das Petermännchen‹, 2 Tle., 1793). Sofern all das, was im Leser Grauen und Irritation erzeugt, am Ende rational erklärt wird, gehört auch die Kriminalliteratur in diese Gruppe. Wo der Reizeffekt des Grauens sich verselbstständigt und dämon. Mächte allenfalls auf Zeit und nur mit phys. Gewalt oder mag. Kräften niedergezwungen werden, endete die Entwicklung im Genre der Horrorliteratur, in der auch (zunehmend) sadist. und pornograph. Elemente eine Rolle spielen. Mit nat. Identifikationsmustern und histor. Elementen arbeitet der triviale Geschichts- bzw. Zeitroman, seit Beginn des 20. Jh. v. a. auch in der literar. Thematisierung des Krieges. Eine Sonderstellung nimmt die →Sciencefiction ein, in die Motive der Abenteuer- und Reiseliteratur sowie der utop. Literatur einfließen. Bereits im 19. Jh. gab es auch eine erot. T., etwa die ›Kleinen Erzählungen‹ (2 Tle., 1827) von CHRISTIAN AUGUST FISCHER (Pseud. C. ALTHING, * 1771, † 1829). Schließlich ist auch die v. a. auf dem Volksschwank basierende komische T. zu erwähnen. – Keineswegs ist der Roman die ausschließl. Gattung der T.: →Ritterdrama und →Zauberstück, →Rührstück und Lokalposse (→Lokalstück) standen lange Zeit im Mittelpunkt des Interesses eines v. a. (klein)bürgerl. Publikums. Zwar dominierte seit Beginn des 19. Jh. der (dem Rührstück thematisch nahe) Familienroman, doch erhielten sich das Bühnenstück als ›bürgerl. Lachtheater‹ (V. KLOTZ) und die Boulevardkomödie bis heute ihre Beliebtheit und erreichen in den zeitgenöss. Formen von Fernsehschwank und ›Soapopera‹ bzw. TV-Familienserie hohe Einschaltquoten. Die triviale Lyrik hat im 20. Jh. bes. in Form des →Schlagers eine durch Schallplatte, Tonbandkassette und Videoclip geförderte Verbreitung erfahren. (→Unterhaltung, →Massenkultur, →Massenmedien).

M. GREINER: Die Entstehung der modernen Unterhaltungslit. Studien zum Trivialroman des 18. Jh. (1964); T., hg. v. G. SCHMIDT-HENKEL u. a. (1964); H.-F. FOLTIN: Die minderwertige Prosalit., in: Dt. Vjschr. für Literaturwiss. u. Geistesgesch., Jg. 39 (1965); Das Triviale in Lit., Musik u. bildender Kunst, hg. v. H. DE LAMOTTE-HABER (1972); K. F. GEIGER: Kriegsromanhefte in der BRD (1974); Lit. für viele. Studien zur T. u. Massenkommunikation im 19. u. 20. Jh., hg. v. A. KAES u. a., 2 Bde. (1975–76); K. ROSSBACHER: Heimatkunstbewegung u. Heimatroman. Zu einer Lit.-Soziologie der Jh.-Wende (1975); R. SCHENDA: Die Lesestoffe der kleinen Leute. Studien zur populären Lit. im 19. u. 20. Jh. (1976); DERS.: Volk ohne Buch. Studien zur Sozialgesch. der populären Lesestoffe 1770–1910 (^{3}1988); T., hg. v. A. RUCKTÄSCHEL u. a. (1976); G. FETZER: Wertungsprobleme der T.-Forschung (1980); H. PLAUL: Bibliogr. dt.-sprachiger Veröff. über Unterhaltungs- u. T. Vom letzten Drittel des 18. Jh. bis zur Gegenwart (Neuausg. 1980); DERS.: Illustrierte Gesch. der T. (Neuausg. 1983); P. NUSSER: Romane für die Unterschicht. Groschenhefte u. ihre Leser (^{5}1981); DERS.: T. (1991); Erfahrung u. Ideologie. Studien zur massenhaft verbreiteten Lit., hg. v. J. SCHUTTE (1983); Erzählgattungen der T., hg. v. Z. ŠKREB u. a. (Innsbruck 1984); O. F. BEST: Der weinende Leser. Kitsch als Tröstung, Droge u. teufl. Verführung (1985); H.-J. NEUSCHÄFER u. a.: Der frz. Feuilletonroman. Die Entstehung der Serienlit. im Medium der Tageszeitung (1986); V. KLOTZ: Bürgerl. Lachtheater (Neuausg. 1987); K. ACKER: Ultra light, last minute, ex + pop-literatur (a. d. Amerikan., 1990); P. NUSSER: T. (1991); G. KOSCH u. M. NAGL: Der Kolportageroman. Bibliogr. 1850 bis 1960 (1993); R. GERLACH: Der Trivialroman in Frankreich (1994).

Trivialname, 1) *Biologie:* nichtwiss., gemeinsprachl. Name für Pflanzen, Tiere, Mikroorganismen. **2)** *Chemie:* →chemische Nomenklatur.
Trivium [lat. ›Kreuzung dreier Wege‹] *das, -s,* die drei sprachlich-literar. Fächer der sieben freien Künste (→Artes liberales).
Trivulzio, mailänd. Adelsfamilie, seit dem Ende des 11. Jh. in der städt. Patriziat nachweisbar, 1622 in den Reichsfürstenstand erhoben, 1678 im männl. Stamm erloschen (1885 Fürstentitel erneuert).
An den frz. Feldzügen in Italien (seit 1494) waren als Condottieri in frz. Diensten, Marschälle von Frankreich, GIAN GIACOMO T. (* um 1440, † 1518) und TEODORO T. (* um 1454, † 1531) führend beteiligt. – Die **Trivulziana** in Mailand enthält die kostbare Sammlung der T. an Gemälden, Münzen, Handschriften, Urkunden und Inkunabeln.
Trizeps [zu lat. triceps ›dreiköpfig‹] *der, -es/-e,* **Drillingsmuskel,** *Anatomie:* Kurz-Bez. für: 1) Musculus triceps brachii: der dreiköpfige Oberarmmuskel an der Rückseite des Oberarms, dessen Sehne am Ellbogenhöcker ansetzt und der als Strecker des Unterarms fungiert (als Antagonist des Bizeps); 2) Musculus triceps surae: der dreiköpfige Wadenmuskel (→Bein).
Trizinat [engl.] *das, -(e)s,* **Bleistyphnat,** $C_6H(NO_2)_3O_2Pb$, das Bleisalz des 2,4,6-Trinitroresorcins (Styphninsäure); rotbraune, kristalline, bes. leicht durch Flamme oder elektr. Funken entzündbare Substanz, die als Initialsprengstoff verwendet wird.
Trizone, ehem. Wirtschaftsgebiet in Dtl., entstanden im April 1949 durch Zusammenschluss der Bizone (→Vereinigtes Wirtschaftsgebiet) mit der frz. Besatzungszone; aus der T. ging die BRD hervor.
TRK-Wert [TRK Abk. für techn. Richtkonzentration], für den Umgang mit einer Reihe Krebs erzeugender und Erbgut ändernder Arbeitsstoffe (die in Form von Gasen, Dämpfen oder Schwebstoffen in der Luft vorliegen) aufgestellte Konzentrationsangaben (Grenzwerte), die als Anhaltswerte für die zu treffenden Schutzmaßnahmen und die messtechn. Überwachung herangezogen werden. Die (in ml/m^3 oder mg/m^3 bzw. in Fasern/m^3 angegebenen) TRK-Werte werden für solche Arbeitsstoffe aufgestellt, für die zz. keine toxikologisch und arbeitsmedizinisch begründeten maximalen Arbeitsplatzkonzentrationen (MAK-Werte) aufgestellt werden können; sie werden jährlich vom Ausschuss für Gefahrstoffe (AGS) beim Bundes-

ministerium für Arbeit und Sozialordnung in einer Liste veröffentlicht (zz. etwa 70 Substanzen bzw. Substanzgruppen). Durch die TRK-Werte soll das Risiko einer Beeinträchtigung der Gesundheit so weit wie möglich vermindert werden; auch bei Einhaltung der TRK-Werte ist eine Gesundheitsgefährdung nicht völlig auszuschließen. – Die TRK-Werte bedürfen der ständigen Anpassung an den Stand der techn. Entwicklung und der analyt. Möglichkeiten sowie der Überprüfung nach dem arbeitsmedizin. und toxikolog. Kenntnisstand. Die Liste der TRK-Werte enthält im Unterschied zu den MAK-Werten Mittelwerte, die zwingend zu unterschreiten sind.

tRNA, Transfer-RNA, eine Ribonukleinsäure (→Nukleinsäuren).

Trnava ['trnava], Stadt in der Slowak. Rep., →Tyrnau.

Jiří **Trnka:** Ausschnitt aus einer Illustration aus seinem Kinderbuch ›Zahrada‹; 1962

Trnka ['trŋka], Jiří, tschechoslowak. Filmregisseur, Maler und Illustrator, * Pilsen 24. 2. 1912, † Prag 30. 12. 1969; Begründer eines Marionettentheaters; wirkte als Szenograph (für Spielfilme und für das Nationaltheater), Zeichner (Kinderbücher) und Maler; schuf ab 1945 bedeutende tänzer. und poet. Puppenspielfilme und wurde einer der internat. führenden Repräsentanten des Zeichentrick- und Puppenfilms.
Filme: Der Kaiser u. die Nachtigall (1947); Das Lied der Prärie (1949); Prinz Bajaja (1950); Der brave Soldat Schwejk (1955); Ein Sommernachtstraum (1959).
J. BOČEK: J. T. Artist and puppet master (a. d. Tschech., Prag 1965); J. T., Beitrr. v. M. BENEŠOVÁ u. a. (Paris 1981).

Troas, histor. Gebiet in Kleinasien, an der Dardanellenküste, benannt nach →Troja. Seit dem 4. Jt. v. Chr. finden sich Besiedlungsspuren, die Bevölkerung war seit dem 2. Jt. vorwiegend thrakisch; seit der Mitte des 8. Jh. wurden mehrere griech. Städte gegründet (u. a. →Abydos). Im 7./6. Jh. gehörte die T. zum Lyderreich, dann zum Reich der Achaimeniden; die Meerengen waren seit dem 7./6. Jh. Interessengebiet Athens; in hellenist. Zeit war die T. teils des Pergamen. Reiches, ab 133 v. Chr. des Röm. Reichs.

Trobador [provenzal.], →Troubadour.

Trobriand|inseln ['trəʊbrɪənd-], **Kiriwina|inseln,** Inselgruppe in der Salomonensee des westl. Pazifik, nördlich der D'Entrecasteauxinseln, zu Papua-Neuguinea gehörend. Die 22 Inseln (440 km²) sind z. T. gehobene Korallenriffe; die größte ist **Trobriand (Kiriwina)** mit dem Hauptort Losuia (Hafen); insgesamt 21 000 Ew. Sie leben von Gartenbau (Jamswurzel, Taro u. a.), Schweinehaltung und Fischfang und sind künstlerisch sehr aktiv. – Die T. sind nach dem frz. Reisenden DENIS DE TROBRIAND benannt, der 1783 die Expedition von A. R. J. DE BRUNI D'ENTRECASTEAUX begleitete. Die Bewohner (→Massim) wurden durch die Forschungen von B. MALINOWSKI (1915–18) bekannt.
B. MALINOWSKI: Das Geschlechtsleben der Wilden in NW-Melanesien (a. d. Engl., Neuausg. 1979); DERS.: Argonauten des westl. Pazifik (a. d. Engl., Neuausg. 1984).

Trochanter [griech., eigtl. ›(Um)läufer‹] *der, -s/...'teres,* **1)** *Anatomie:* der →Rollhöcker.
2) bei *Insekten* der Schenkelring des Beins.

Trochäus [lat. trochaeus, von griech. trochaîos, eigtl. ›schnell‹] *der, -/...'chäʃen, antike Metrik:* ein Versfuß mit der Form –◡–◡. Das wichtigste antike, nach dem trochäischen Metrum gemessene Versmaß war der trochäische Tetrameter. In der akzentuierenden Metrik (z. B. in der dt. Dichtung bei C. BRENTANO, J. G. HERDER) wird die Folge einer betonten und einer unbetonten Silbe: x́x als T. bezeichnet.

Trochilidae [griech.], die →Kolibris.

Trochilos [lat.] *der, -/...'chilen,* griech. **Trochilos,** der eingekehlte, mittlere Teil der att. Säulenbasis. (BILD →Basis)

Trochiten [zu griech. trochós ›Rad‹], volkstümlich **Bonifatiuspfennige, Bischofspfennige,** rädchenähnl. fossile Stielglieder von Seelilien (Crinoiden), v. a. von →Encrinus; im oberen Muschelkalk gesteinsbildend **(T.-Kalk).**

Trochlea [lat. ›Flaschenzug‹, ›Winde‹, von griech. trochalía ›Walze‹, ›Winde‹] *die, -/...leae, Anatomie:* Bez. für versch. walzenförmige Strukturen, z. B. T. humeri (Gelenkwalze am distalen Ende des Oberarmknochens für die Elle).

Trochlearis [zu Trochlea] *der, -,* **Nervus trochlearis, Rollnerv,** der IV. Hirnnerv; vom Mittelhirn ausgehender motor. Nerv, der einen der äußeren Augenmuskeln (Musculus obliquus superior) versorgt.

Trochoide [zu griech. trochós ›Rad‹ und ...eidés ›ähnlich‹] *die, -/-n,* eine Kurve, die ein innerer Punkt eines Kreises oder ein äußerer, fest mit diesem Kreis verknüpfter Punkt beim Abrollen desselben an einem anderen Kreis beschreibt. Je nachdem, ob der bewegte Kreis außerhalb auf der Peripherie oder innerhalb auf der Peripherie des festen Kreises rollt, spricht man von **Epitrochoiden** bzw. **Hypotrochoiden;** umschließt der rollende Kreis den festen Kreis, so entsteht eine **Peritrochoide.** Weiter werden die T. danach klassifiziert, ob der die Kurve beschreibende Punkt echt innerhalb, auf der Peripherie oder außerhalb des rollenden Kreises liegt. Entsprechend ergeben sich eine **gestreckte,** eine **gespitzte** bzw. eine **verschlungene** Epi-, Hypo- oder Peritrochoide. Eine gespitzte Epi-, Hypo- oder Peri-T. wird auch als **Epi-, Hypo-** bzw. **Perizykloide** bezeichnet (→Zykloide).

Trochoidea [griech.], die →Kreiselschnecken.

Trochophora [zu griech. trochós ›Rad‹ und phoreîn ›tragen‹], bis etwa 1 mm große, frei schwimmende Larve wirbelloser Meerestiere mit Spiralfurchung (z. B. bei Vielborstern, Igelwürmern; auch die Pilidiumlarven der Schnurwürmer und die Larven der Kranzfühler lassen sich auf die T. zurückführen). Die vielgestaltige T. ist meist durch einen Wimpernkranz in zwei Regionen geteilt. Der beim Schwimmen vorangehende Vorderpol trägt einen Wimpernschopf mit unterlagerten Sinnes- und Nervenzellen (Scheitelplatte). Der Hinterpol kann mit 1–2 weiteren Wimpernkränzen, manchmal auch mit Schwebefortsätzen versehen sein. Der Mund des durchgehenden Darmes mündet unten, der After hinten.

Trochtelfingen, Stadt im Landkreis Reutlingen, Bad.-Württ., 780 m ü. M., auf der Schwäb. Alb, 6 500 Ew.; Kunststoffverarbeitung, Textilindustrie. – Von der ehem. Stadtbefestigung sind der runde Geschützturm (16./17. Jh.) sowie Reste des ehemals zweifachen Stadtmauerrings erhalten; spätgot. Schloss (Ende 15. Jh.); kath. Stadtpfarrkirche St. Martin (Chor und Turm 1322, Langhaus 1451) mit Fresken aus dem

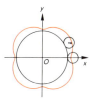

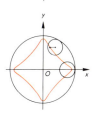
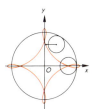

Trochoide:
Von oben gestreckte Epitrochoide; verschlungene Epitrochoide; gestreckte Hypotrochoide; verschlungene Hypotrochoide

Trochophora
(Größe bis etwa 1 mm)

15. Jh.; in der Haidkapelle (1475) Schnitzarbeiten von J. Syrlin d. J. (um 1490). – 1161 erstmals erwähnt, seit 1310 als Stadt bezeichnet.

Trockel, Rosemarie, Zeichnerin, Objekt- und Videokünstlerin, *Schwerte 13. 11. 1952; setzt sich in ihren Arbeiten kritisch-ironisch mit den Unterschieden männl. und weibl. Verhaltens- und Sichtweisen, die als Ausdruck gesellschaftl. Machtverhältnisse charakterisiert werden, auseinander. In ihrer Formensprache bezieht sie sich auf die klass. Avantgarde.

R. T., hg. v. S. Stich, Ausst.-Kat. Institute of Contemporary Art, Boston (München 1991); R. T., Herde. Werkverz., hg. v. G. Theewen (1997).

trocken, *Weinbereitung:* →dry.

Trocken|ätzverfahren, *Halbleitertechnik:* Sammel-Bez. für Ätzverfahren, d. h. für Verfahren der Strukturübertragung in der Fertigung von Halbleiterbauelementen, bei denen in einer Vakuumkammer in wasserfreier Atmosphäre geätzt wird, der Materialabtrag also in gasförmiger Umgebung erfolgt. Die Bedeutung der T. liegt darin, dass ungerichtete (isotrope) Ätzverfahren, z. B. nasschem. Ätzen, bei sehr feinen Strukturen (kleiner als etwa 2 μm) nicht mehr eingesetzt werden können, weil sie durch Unterätzen der Lackstrukturen Maßverluste verursachen.

Die Schichtabtragung beruht bei den T. auf physikal. Vorgängen (Abstäuben oder Sputtern der Oberfläche durch Ionenbeschuss), auf chem. Oberflächenreaktionen der auftreffenden Teilchen oder auf der kombinierten Wirkung beider Arten von Prozessen. Die dabei jeweils entstehenden Abprodukte werden über die Gasphase abtransportiert. T. sind gerichtet (anisotrop), gleichmäßig, reproduzierbar und selektiv; mit ihnen können extrem kleine Strukturen bei hohen Ätzraten erzeugt werden. Beispiele sind das →Plasmaätzen und das →reaktive Ionenätzen.

Trockenbatterie, →Trockenelement.

Trockenbeere, *botan. Morphologie:* Beerenfrucht mit bei der Reife eintrocknender Fruchtwand; z. B. die Paprikafrucht (›Paprikaschote‹).

Trockenelement: a Aufbau; b prinzipielle Zellenanordnung; c chemische Einzelreaktionen; 1 Abschlussklappe, 2 Abdeckscheibe, 3 Kohlestift, 4 positive Elektrode (Braunstein-Ruß-Gemisch), 5 Separatorträger mit Elektrolytsalzen kaschiert, 6 negative Lösungselektrode aus Zink, 7 Papier-Kunststoffisolation, 8 Metallmantel, 9 negativer Zellenpol

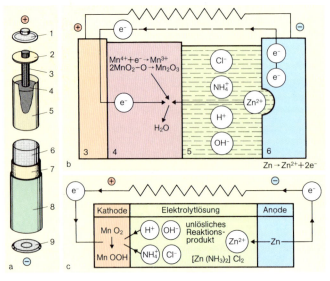

Trockenbeeren|auslese, höchste Prädikatsstufe für dt. und österr. Weine, bereitet aus meist einzeln ausgelesenen, stark eingetrockneten (rosinenähnl.) und meist auch edelfaulen Beeren, die daher (Wasserverlust) einen hohen natürl. Zuckergehalt aufweisen; ihre Mindestmostgewichte liegen bei 150° Öchsle, in Baden bei 154° Öchsle, in Österreich bei 30° KMW (= 156° Öchsle). Da die hohe Zuckerkonzentration die Gärung hemmt, wird nur ein kleiner Teil des Zuckers vergoren; es entsteht ein alkoholarmer (5–6 Vol.-%), aber sehr süßer Wein (Zuckergehalt 120 bis 250 g/l).

Trockenblumen, Blütenstände mancher Pflanzen (Strandflieder, Immortellen, Silberdistel, Gräser), die, luftgetrocknet, Farbe und Form lange bewahren. Die Farberhaltung beruht auf lufterfüllten Zellen ihrer Blütenstandshüllblätter (Weiß) oder auf Membranochromen, d. h. in Zellwänden inkrustierten Farbstoffen (Gelb, Orange, Rot). Die Formerhaltung wird durch Festigungsgewebe (Kollenchym) bewirkt.

Trockendiät, Schrothkur, von J. Schroth eingeführte fett-, eiweiß- und salzarme Ernährungsbehandlung; dabei wird periodisch zw. Trocken- und Trinktagen gewechselt. Die Nahrung besteht hauptsächlich aus altbackenen Brötchen, Getreidebrei und Vitaminzusätzen. Die T. wird durch feuchtkalte Ganzpackungen ergänzt und v. a. bei Fettsucht und rheumat. Erkrankungen angewendet.

Trocken|ei, Eipulver, meist durch Zerstäubungs- oder Gefriertrocknung aus pasteurisiertem Hühnerei gewonnenes pulverförmiges Produkt (neben Volleiauch getrennt Eigelb- und Eiklarpulver), das bes. zur Herstellung von Back-, Süß- und Teigwaren dient.

Trocken|eis, →Kohlendioxid.

Trocken|element, elektrochem. Primärelement, in dem die Elektrolytlösung von einem Kapillarsystem aufgesaugt oder durch Zusatz geeigneter Quellungs- und Verdickungsmittel verdickt und immobilisiert worden ist. T. sind u. a. Zink-Mangan-Zellen (Zink-Braunstein-Zellen) nach dem Prinzip des Leclanché-Elements (→Kohle-Zink-Zelle), →Luftsauerstoffzellen, →Alkali-Mangan-Zellen, →Quecksilberoxidzellen, →Silberoxidzellen und →Lithiumbatterien. Die Spannung liegt meist bei etwa 1,5 Volt.

Häufig verwendete T. sind die →Monozellen i. e. S.; **Trockenbatterien** bestehen meist aus drei in Reihe geschalteten T. (Flachbatterien; für flache Taschenlampen u. a.) mit zusammen 4,5 V, die unter der Handelsbezeichnung **Normal** geführt werden (Abmessungen 62,0 × 22,0 × 67,0 mm). Aus sechs sehr flachen T. aufgebaute blockförmige Trockenbatterien (Flachzellenbatterien) mit einer Nennspannung von 9 V werden als **Energie-, Block-** oder **Transistorbatterien** bezeichnet (Abmessungen 26,5 × 17,5 × 48,5 mm). Für Hörgeräte, Taschenrechner, Armbanduhren u. a. gibt es kleine Knopfzellen, meist Silber- oder Quecksilberoxidzellen mit Nennspannungen von 1,35 oder 1,5 V.

Trockenfäule, Bez. für Pflanzenkrankheiten, die zu morschem, trockenem Zerfall von pflanzl. Gewebe (v. a. von Knollen, Wurzeln und Früchten) führen; T. wird meist durch pilzl. Erreger verursacht; sie tritt häufig z. B. an eingelagerten Kartoffelknollen auf.

Trockenfeldbau, Trockenfarmsystem, eine Methode der Bodenbewirtschaftung an der Trockengrenze, bei der die Brache zur Wasseraufnahme und Wasserspeicherung dient. Der T. wird vornehmlich in den USA (Dry Farming) angewendet. Zur Wasserversorgung der Pflanzenvegetation wechselt ein Jahr Brache mit einem oder zwei Jahren Getreide (Weizen, im zweiten Jahr auch anderes Getreide). Im Brachejahr wird Schwarzbrache mit abwechselnd tiefgründiger und oberfläch. Lockerung des Bodens durchgeführt. Bei Wind und Starkregen sind die Brachflächen sehr erosionsgefährdet.

Trockenfleisch, an der Luft getrocknetes mageres Fleisch, z. B. Carne secca (Brasilien), Tassajo (Uruguay), Biltong (Südafrika), →Pemmikan. T. hat max. 13%, Bündner Fleisch bis zu 45% Wasser.

Trockengebiete, die Gebiete der Erde, in denen im Jahresdurchschnitt die Verdunstung stärker ist als der Niederschlag. Kennzeichnend ist Vegetationsarmut mit Pflanzenwuchs, der Anpassungen an die Trockenheit zeigt, oder sogar Vegetationslosigkeit (→Trockenwald, →Savanne, →Steppe, →Wüste).

R. GANSSEN: T. (1968). – *Zeitschrift:* Nature and resources, hg. v. der UNESCO (Paris 1965ff., früher u. a. T.).

Trockengemüse, Dörrgemüse, durch Wasserentzug (Trocknen) haltbar gemachtes Gemüse. Zur Herstellung wird gereinigtes, geschnittenes Gemüse blanchiert und dann bei niedriger Temperatur (-50 bis $-70\,°C$), oft auch im Vakuum oder durch →Gefriertrocknung, rasch getrocknet. T. wird in großen Mengen in der Suppenindustrie verwendet.

Trockengrenze, Ariditätsgrenze, *Klimatologie:* Grenze zw. den Gebieten ariden oder semiariden Klimas (Verdunstungshöhe ständig oder überwiegend größer als die Niederschlagshöhe) und den Gebieten humiden oder semihumiden Klimas (Vorherrschen von Niederschlag und Dauerabfluss). Über die Verdunstung hängt die T. von der Temperatur ab. T. zeigen raumzeitl. Veränderungen und sind wichtige Leitmarken für die landwirtschaftl. Nutzung. Sie lassen sich durch physiograph. Methoden auf kleinmaßstäbl. Karten relativ genau festlegen.

P. FRANKENBERG: Zum Problem der T., in: Geograph. Rundschau, Jg. 37 (1985).

Trockenhaube, Haartrockner; **Stand-T.** haben eine an einem Stativ befestigte Haube, **Trag-T.** eine aus Plastikfolie gefertigte, durch die Trockenluft aufgeblähte Haube.

Trockenhefe, 1) bei 25–30 °C schonend getrocknete, noch vermehrungsfähige Hefe der Gattung Saccharomyces, die als Bäckereihefe verwendet wird; hält bei sachgemäßer Verpackung mindestens ein Jahr.
2) inaktivierte Hefe z. B. der Gattung Torula, die im Walzen- oder Sprühtrockner gewonnen wird; dient als eiweiß- und vitaminreiches Futtermittel (z. T. auch als Nährhefe in der menschl. Ernährung).

Trockenlack, jap. Lacktechnik, →Kanshitsu.

Trockenlagerung, *Kerntechnik:* →Zwischenlagerung.

Trockenmasse, Trockensubstanz, Abk. **Tr.,** in der Lebensmitteltechnik übl. Bez. für den wasserfreien Anteil an der Gesamtmasse eines Lebensmittels. Die T. in Bier und bei Käse als Bezugswert für den Fettgehalt (% i. Tr.) benutzt, weil der Wassergehalt starken Schwankungen unterworfen ist, während die T., die das Fett einschließt, unverändert bleibt.

Trockenmilch, Milchpulver, durch Zerstäubungs- oder Walzentrocknung von Voll- oder Magermilch, z. T. auch Buttermilch hergestellte pulverförmige Milchkonserve, die sich in Wasser wieder zu einer milchähnl. Flüssigkeit löst. T. besteht überwiegend aus Milchproteinen und enthält (bei Vollmilch als Ausgangsprodukt) 25 % Fett sowie höchstens 5 % Wasser. Sie ist in luftdichter Verpackung jahrelang haltbar und dient in Haushalt und Nahrungsmittelindustrie als Ersatz für Frischmilch.

Trockenmittel, feste oder flüssige Stoffe, die leicht Wasser aufnehmen und daher zum Trocknen von Gasen, Flüssigkeiten (z. B. organ. Lösungsmittel) z. B. in einem →Exsikkator) Feststoffen verwendet werden. Die Wirkung von T. kann auf einer chem. Reaktion mit Wasser (z. B. konzentrierte Schwefelsäure, Phosphorpentoxid) oder auf der Bildung von Hydraten beruhen (z. B. Calciumchlorid, wirksamer: Magnesiumperchlorat). Salzartige T. haben den Nachteil, dass sie bei Wasseraufnahme zerfließen. Bestimmte Feststoffe mit sehr großer polarer innerer Oberfläche sind formstabil und können durch Erhitzen unter Abgabe des gebundenen Wassers leicht regeneriert werden. Bedeutung haben Kieselgel (→Blaugel), aktivierte Aluminiumoxide und – wegen ihrer extrem hohen Wirksamkeit (auch bei erhöhter Temperatur) bevorzugt – Zeolithe. Als flüssige T. für Gase werden →Glykole verwendet.

Trocken|obst, Dörr|obst, Back|obst, durch Wärmezufuhr in speziellen Trockenapparaten) oder an der Luft getrocknetes Obst. Zum Trocknen geeignet sind v. a. Äpfel, Birnen (zerschnitten), Aprikosen, Pflaumen (mit und ohne Kern) sowie Feigen.

Trockenpflanzen, Pflanzen, die trockene Standorte besiedeln, →Xerophyten.

Trockenpräparat, *Biologie* und *Medizin:* →Präparate.

Trockenrasen: Halbtrockenrasen, im Vordergrund mit Grasnelken

Trockenrasen, gehölzarme, mehr oder weniger geschlossene Gras- und Staudenvegetation auf trockenen Standorten mit flachgründigen, mageren Böden; v. a. in der submediterranen Zone sowie an bes. warmen Hängen der gemäßigten Breiten; in Mitteleuropa auch als →Steppenheide bezeichnet. **Halbtrockenrasen** sind artenreichere, durch extensive Bewirtschaftung geprägte Pflanzengesellschaften, die teils beweidet, teils gemäht werden. In T. und Halb-T. lebt eine große Zahl gefährdeter Tier- und Pflanzenarten.

Trockenreinigung, die →chemische Reinigung.

Trockenrisse, beim Austrocknen des Bodens durch Schrumpfung entstehende Bodenspalten, bes. in Lehm, Ton, Mergel; von Millimeter- bis Metertiefe. T. schließen sich zu netzartigen, oft polygonalen Gebilden zusammen. Wenn T. nach Niederschlägen zugeschlämmt werden, entstehen **Netzleisten,** die an der Unterseite der später darüber abgelagerten Schicht als Rippen oder Wülste zu erkennen sind. Fossile T. deuten auf Sedimentationsunterbrechungen mit zeitweiliger Trockenlegung hin.

Trockensavanne, Vegetationstyp der →Savanne in Gebieten mit fünf bis sieben ariden Monaten; die geschlossene Grasdecke erreicht 1–2 m Höhe, die Bäume sind regengrün, teilweise Wasser speichernd (typisch ist der Afrikan. Affenbrotbaum); Galeriewälder treten zurück. Die T. schließt sich als breiter Gürtel polwärts an die →Feuchtsavanne an und geht in die Dornstrauchsavanne über.

Trockenschlaf, länger andauerndes, schlafähnl. Ruhestadium mancher Tiere, Form des →Sommerschlafs.

Trockenspinnverfahren, →Chemiefasern.

Trockenstellen, die bei trächtigem Milchvieh zu dessen Schonung, Kräftigung und Vorbereitung auf die neue Milchzeit einige Wochen vor dem Gebären künstlich herbeigeführte (v. a. durch immer größere Intervalle beim Melken) Beendigung der Milchzeit.

Trockenstoffe, i. d. R. öllösl. Metallsalze (Metallseifen), die die Filmbildung von oxidativ trocknenden Bindemitteln (→trocknende Öle) in Öllacken, Alkydharzlacken u. a. katalytisch beschleunigen. **Sikkative** sind T. in gelöster Form. Die wichtigsten Metalle in den als T. verwendeten Metallseifen sind Kobalt, Mangan und (wegen seiner Giftigkeit an Bedeutung verlierend) Blei. Als Metallträger werden v. a. synthet. Carbonsäuren (z. B. 2-Äthylhexansäure) und Naphthensäuren verwendet.

Trockensubstanz, die →Trockenmasse.

Trockensumpfschmierung, Schmiersystem für Verbrennungsmotoren, die auch bei starken Schräglagen oder hohen Querbeschleunigungen betrieben werden (Geländefahrzeuge, Automobilsportwagen). Das abtropfende Öl wird dabei aus der Ölwanne (›Sumpf‹) abgesaugt und in einen separaten Sammelbehälter gefördert, aus dem die Schmierpumpe es wieder zu den Schmierstellen fördert. (→Schmierung)

Trockental: Wadi am Rand der Namib bei Sesriem, Namibia

Trockental, *Geomorphologie:* dauernd oder zeitweise wasserloses Tal; z. B. die Karsttäler, die nur nach stärkeren Niederschlägen und in der Schneeschmelzzeit Wasser führen, z. T. nur auf kurzen Strecken. Am häufigsten vertreten sind T. in den Trockengebieten (→Torrente, →Wadi). In den mittleren Breiten sind die T., wenn es sich nicht um Karstformen handelt, Formen aus geolog. Vorzeit, z. B. die zahlreichen Schmelzwassertäler ehemals vergletscherter Gebiete. Andere T. entstanden durch natürl. oder künstl. Flusslaufveränderungen (z. B. bei einem →Umlaufberg) oder durch Absinken des Grundwasserspiegels.

Trockenwald, regengrüner, lichter Wald der wechselfeuchten Tropen und Subtropen in Gebieten mit fünf bis sieben ariden Monaten. Die 8–20 m hohen, meist Laub abwerfenden, regengrünen Bäume (oft mit Schirmkrone) weisen geringe Wuchsleistung und xeromorphe Merkmale (dicke Borke, Verdornung, teilweise immergrünes Hartlaub) auf. In den niederschlagsärmsten Gebieten dominieren oft sukkulentenstämmige Flaschenbäume und Dornbäume sowie hochstämmige, blattlose Sukkulenten. Den Unterwuchs bilden Dorn- und Rutensträucher sowie Büschelgräser. Zur Formation des T. werden u. a. Miombowald und Mopanewald im südl. Afrika, Caatinga und Campos cerrados (z. T. auch den Feuchtsavannen zugeordnet) in Südamerika und die Eukalyptuswälder Australiens gerechnet.

Trockenzeit, die Jahreszeit ohne oder mit nur geringem Niederschlag, in trop. Ländern meist im Winter, im Mittelmeergebiet und in den Subtropen im Sommer. (→Regenzeiten)

trocknende Öle, ölartige Produkte (urspr. nur fette Öle), die in dünner Schicht unter dem Einfluss von Luftsauerstoff zu einem Film verfestigen (›trocknen‹) und daher als Filmbildner (z. B. in Ölfarben, Lacken, Firnissen, Druckfarben) oder Bindemittel (z. B. in Linoleum, Wachstuch, Kitt) verwendet werden können. Ist die Eigenschaft nur schwach ausgebildet, spricht man von →halbtrocknenden Ölen. Die Basis von natürl. t. Ö. sind Glycerinester von Fettsäuren mit Doppelbindungen, Hydroxylgruppen oder anderen funktionellen Gruppen. Diese Gruppen ermöglichen eine durch →Autoxidation eingeleitete Molekülvergrößerung (z. B. durch Vernetzung) beim Trocknungsvorgang. **Dicköle,** die aus t. Ö. (z. B. Holzöl, Leinöl, Sojaöl) durch Erhitzen unter Luftabschluss (**Standöle**) oder durch Blasen mit Luft (**geblasene Öle**) hergestellt werden, haben infolge der bereits beim Kochvorgang bzw. bei der Einwirkung des Luftsauerstoffs ablaufenden Polymerisationsreaktionen eine erhöhte Viskosität und geben glänzendere und zähere Filme mit höherer Wasserfestigkeit. Da die Filmbildung der t. Ö. für den prakt. Gebrauch meist zu langsam verläuft, werden ihnen bei der Anwendung →Trockenstoffe zugesetzt.

Trocknung, Trocknen, in der Lebensmitteltechnik **Dörren,** Abtrennen von anhaftender Flüssigkeit (Feuchte) aus Feststoffen. Darüber hinaus wird als T. die Entfernung von Wasserdampf aus Gasen (z. B. durch →Trockenmittel oder Kondensation) und von gelöstem oder emulgiertem Wasser aus Flüssigkeiten (z. B. organ. Lösungsmitteln) bezeichnet. Die T. von Feststoffen kann bis zu einem gewissen Grad mechanisch (z. B. durch Abpressen, Filtration, Zentrifugieren) erreicht werden. Bei der Sorptions-T. wird das zu trocknende Gas an Sorbenzien (Silikagel, aktiviertes Aluminiumoxid) vorbeigeleitet. Die am weitesten verbreitete T.-Art ist die **Verdunstungs-T.,** bei der der Dampf in ein Trockenmittel (Luft, Heißdampf, Rauchgas) diffundiert und mit diesem abgeführt wird. Bei der **Verdampfungs-T.** erfolgt die Abfuhr des Dampfes ohne Trockenmittel.

Die zur Überführung der Feuchtigkeit in den Dampfzustand benötigte Wärme wird bei der **Freiluft-T.** (natürl. T.) durch die Strahlungsenergie der Sonne und durch die Wärme der Luft aufgebracht. Bei der **thermischen T.** (künstl. T.) wird dem zu trocknenden Gut Wärme zugeführt (von außen oder im Innern des Gutes entwickelt), die zur Verdampfung oder Verdunstung der Feuchte führt. Man unterscheidet nach Art der Wärmezufuhr Konvektions-T., Kontakt-T., Strahlungs-T. und Hochfrequenz-T. Bei der **Konvektions-T.** wird das Gut von vorgeheiztem T.-Gas (z. B. Luft, Rauchgas) um- oder durchströmt. Da die Sättigungsdampfmenge mit zunehmender Temperatur steigt, wird die T. durch hohe Temperatur und großes Gasvolumen begünstigt. Bei zu hoher Temperatur kann allerdings eine Schädigung des zu trocknenden Gutes eintreten. Der große Energiebedarf bei der Konvektions-T. erfordert Maßnahmen zur Abwärmerückgewinnung (z. B. zur Frischgasvorwärmung). Bei der **Kontakt-T.** wird die Wärme von beheizten Wänden oder Einbauten des Trockners übertragen. Kontakt-T. wird bevorzugt, wenn das Durchströmen mit T.-Gas schwierig ist (z. B. bei teigigen oder pastösen Gütern) oder zu Problemen bei der Entsorgung oder Arbeitssicherheit führt (z. B. bei tox. oder explosiblen Feuchtdämpfen). Bei der **Strahlungs-T.** erfolgt die Wärmeübertragung von Strahlungsquellen aus, wobei zw. Hellstrahlern (z. B. Wolframfadenlampen) und Dunkelstrahlern (z. B. beheizte Stahlrohre oder keram. Platten) unterschieden wird. Das sehr energieaufwendige Verfahren wird hauptsächlich zur Kurzzeit-T. dünner Schichten (z. B. Lacke, Papier- und Textilbahnen) verwendet. Bei der **Hochfrequenz-T.**

(Elektrowärme-T.) wird das Feuchtgut zw. den Elektroden eines Plattenkondensators hochfrequenten Feldern (2–100 MHz) ausgesetzt. Die dadurch verstärkte Molekularbewegung erwärmt das Gut von innen heraus und ermöglicht so eine bes. schonende T. unter Vermeidung von Verformungen und Schwindrissen (z. B. bei Edelhölzern, keram. Produkten). Im Frequenzbereich von 2 450 MHz arbeitet die **Mikrowellen-T.**, ein bes. für Nahrungs- und Genussmittel geeignetes, schonendes und hygien. Schnelltrocknungsverfahren. Eine besondere Form der therm. T. ist die **Vakuum-T.**, bei der infolge des nach der Evakuierung im Aggregat herrschenden niedrigen Drucks die Siedetemperatur der Feuchtigkeit im Trockengut sinkt, sodass eine schonende T. erfolgen kann. Die →Gefriertrocknung (Vakuumgefrier-T.) ist ein weiteres schonendes T.-Verfahren.

Die T. wird in **Trocknern** durchgeführt. Ihre Einteilung kann nach der Betriebsform (kontinuierlich, diskontinuierlich), den Betriebsbedingungen (z. B. Umgebungsdruck, Vakuum), der Erscheinungsform des zu trocknenden Gutes (z. B. rieselfähig, stückig, teigig), dem Zeitbedarf (einige Sekunden in Kurzzeittrocknern, bis zu mehreren Stunden in Langzeittrocknern), dem T.-Verfahren oder nach der Formgebung für das zu trocknende Gut (z. B. Granulier-, Mahltrockner) erfolgen. Große Bedeutung haben Konvektionstrockner. Mit fester Unterlage für das zu trocknende Gut arbeiten z. B. die →Darre für landwirtschaftl. Produkte und der **Kammertrockner** (Trockenschrank, für formbeständige Trockengüter, z. B. für Schnittholz), ein Teil der Abluft wird zus. mit der Frischluft zurückgeführt. Mit bewegter Unterlage arbeiten in Trockenkanälen umlaufende Endlosbänder aus Tuchbahnen, Stahlplatten u. a. **(Bandtrockner).** **Trommeltrockner** (z. B. für Holzspäne, Grüngut, Kalidüngesalze) bestehen aus einem schwach geneigten Drehrohr, durch das rieselfähiges Gut hindurchbewegt und zugleich umgeschaufelt wird. Das z. B. durch eine →Heißluftdusche erwärmte T.-Gas kann im Gleichstrom oder Gegenstrom geführt werden. In **Wirbelschichttrocknern** (z. B. für Pharmazeutika) wird körniges oder pulveriges Gut durch aufströmendes T.-Gas aufgewirbelt und während der T. in der Schwebe gehalten. So werden guter Stoff- und Wärmeübergang und einheitl. Temperaturen erreicht. **Zerstäubungs-** oder **Sprühtrockner** bestehen aus turmartigen Behältern, in denen flüssiges bis pastöses Nassgut in einem Heißgasstrom zerstäubt wird (→Sprühtrocknung). Zu den Kontakttrocknern gehört der **Walzentrockner** (Dünnschicht-T., für pastöse Güter, z. B. Kakaomasse), in dem das Gut dünnflüssig bis breiartig auf innenbeheizte Walzen als dünner Film aufgetragen, während des Walzenumlaufs getrocknet und durch Schabmesser in Schuppen- oder Flockenform abgestreift wird. In der Landwirtschaft unterscheidet man →Durchlauftrockner und →Satztrockner. – Über die T. von Anstrichstoffen →Lacke.

F. KNEULE: Das Trocknen (³1975); T.-Technik, Beitrr. v. O. KRISCHER u. a., 3 Bde. (²–³1978–89); H. ROTH: T.-Prozesse (Berlin-Ost 1989); K. SATTLER: Therm. Trennverfahren (Neuausg. ²1995).

Troddel, 1) ein Fadenbüschel, das in Form einer Quaste als Besatz oder Abzeichen dient; 2) der nicht mehr abwebbare Rest einer Webkette.

Troddelblume, die Pflanzengattung →Alpenglöckchen.

Troell [truˈɛl], Jan, schwed. Filmregisseur, * Malmö 23. 7. 1931; drehte zunächst Kurzfilme, seit 1966 Spielfilme; war zunächst auch für Kamera, Drehbuch und Schnitt verantwortlich.

Filme: Hier hast du dein Leben (1966); Raus bist du (1967); Emigranten (1970); Das neue Land (1971); Zandys Braut (1974); Hurricane (1978); Der Flug des Adlers (1981); Das Märchenland (1988); Il Capitano (1992); Der Prozeß gegen Hamsun (1995).

Troelstra [ˈtruːlstraː], Pieter Jelles, niederländ. Politiker und Schriftsteller, * Leeuwarden 20. 4. 1860, † Scheveningen (heute zu Den Haag) 12. 5. 1930; Rechtsanwalt; ab 1890 Mitgl. des Sociaal-Democratische Bond, war 1894 Mitgründer der Sociaal-Democratische Arbeiderspartij (SDAP), die unter seiner Führung zweitstärkste Partei wurde. 1897–1925 Abg. in der Zweiten Kammer und ab 1900 Chefredakteur von ›Het Volk‹, setzte sich bes. für Sozialgesetzgebung und das allgemeine (Männer-)Wahlrecht ein. Als westfries. Dichter (Liebeslyrik, polit. Lieder, Erzählungen) wurde er unter dem Namen **Pieter Jelles** bekannt.

Jan Troell

Troeltsch [trœltʃ], Ernst, ev. Theologe, Philosoph und Historiker, * Haunstetten (heute zu Augsburg) 17. 2. 1865, † Berlin 1. 2. 1923; war ab 1892 Prof. für systemat. Theologie in Bonn, ab 1894 in Heidelberg, wo er ab 1910 auch Philosophie lehrte, und ab 1915 Prof. für Kultur-, Geschichts-, Gesellschafts- und Religionsphilosophie und christl. Religionsgeschichte in Berlin; daneben auch publizistisch und politisch tätig, u. a. 1918 als Mitbegründer der Dt. Demokrat. Partei (DDP), 1919–21 als Unterstaatssekretär für Fragen der ev. Kirche im Preuß. Ministerium für Erziehung und Unterricht. T. vertrat eine konsequent histor. Sichtweise, die den von den christl. Kirchen gegenüber den anderen Religionen vertretenen religiösen Absolutheitsanspruch relativierte, zugleich jedoch die grundlegende Bedeutung des Christentums für die Ausprägung der Kultur und Werteordnung Europas hervorhob. Die damit verbundene Kritik dogmat. Vorstellungen ließ ihn zum Begründer des →Neuprotestantismus werden. In Verbindung hiermit beschäftigte sich T. mit Geschichtsphilosophie und den Fragen der histor. Erkenntnismöglichkeiten (›Der Historismus und seine Probleme‹, 1922). Daneben trat T. bes. mit Arbeiten zur Gruppensoziologie der christl. Kirchen sowie – unter dem Einfluss des befreundeten M. WEBER – mit Untersuchungen über den Beitrag des Protestantismus zur Entwicklung des modernen Weltbildes hervor.

Weitere Werke: Die Absolutheit des Christentums u. die Religionsgesch. (1902); Die Bedeutung des Protestantismus für die Entstehung der modernen Welt (1906); Die Soziallehren der christl. Kirchen u. Gruppen, 2 Bde. (1912).

Ausgabe: Ges. Schriften, 4 Bde. (¹⁻³1922–25, Nachdr. 1962–77).

F. W. GRAF: Internat. T.-Lit. 1973–1990, in: Mitt. der E.-T.-Gesellschaft, Jg. 5 (1990); H.-G. DRESCHER: E. T. Leben u. Werk (1991); J. H. CLAUSSEN: Die Jesus-Deutung von E. T. im Kontext der liberalen Theologie (1997).

Ernst Troeltsch

Troer, Trojaner, die Bewohner von →Troja.

Troerinnen, Die, Tragödie von EURIPIDES (Uraufführung 415 v. Chr. in Athen), Tragödie von SENECA D. J. (entstanden um 53 n. Chr.), Tragödie von F. WERFEL (Erstausgabe 1915, Uraufführung 22. 4. 1916 in Berlin).

Trofaiach, Stadt im Bez. Leoben, Steiermark, Österreich, 659 m ü. M., in einem Talkessel der Eisenerzer Alpen; 8 300 Ew.; Heimatmuseum; Holz-, Metall-, Kunststoffverarbeitung. – Pfarrkirche (15.–18. Jh.), spätgot. Dreifaltigkeitskirche. – T., im 11. Jh. erstmals urkundlich erwähnt, wurde 1379 Markt.

Trog, 1) *Geologie:* lang gestrecktes Senkungsbecken mit verstärkter Sedimentation (→Geosynklinale).

2) *Meteorologie:* Gebiet tiefen Luftdrucks innerhalb der Rückseitenströmung eines kräftigen, meist zu altern beginnenden Tiefdruckgebiets. Der aus hoch reichender Kaltluft bestehende T. wandert meist in einem bestimmten Abstand hinter der Kaltfront her. T. zeichnen sich durch lebhafte Schauertätigkeit und starke bis stürm. Winde aus.

Trog Trogen – Trogtal

Trogen, Gem. im Kt. Appenzell Ausserrhoden, Schweiz, 903 m ü. M., am Gäbris, 2100 Ew.; Kantonsgericht; bis 1997 Landsgemeindeort (neben Hundwil); Kinderdorf (→Pestalozzidorf Trogen). – In der frühklassizist. ref. Pfarrkirche (Neubau 1779–81) Kanzel aus Stuckmarmor (1781); am Dorfplatz Bürgerhäuser (18. Jh.), Rathaus (1802–05) mit Fest- und Bibliothekssaal. – T. entwickelte sich durch die im 17.–18. Jh. bedeutenden Leinwandmanufakturen.

Paul Troger: Harmonie zwischen Glaube und Wissenschaft; Deckenfresko im Marmorsaal der Benediktinerabtei Seitenstetten, Niederösterreich; 1735

Troger, 1) Paul, österr. Maler, getauft Welsberg (bei Bruneck) 30. 10. 1698, † Wien 20. 7. 1762; ausgebildet in Venedig (G. B. PIAZZETTA), Rom, Neapel (F. SOLIMENA) und Bologna (G. M. CRESPI), war dann in Gurk und Salzburg, ab 1728 in Wien tätig (1754–57 Direktor der Akademie). T. malte, neben Altar- und Andachtsbildern von düsterer Stimmung und tiefem religiösem Ausdruck, für österr. Kirchen und Klöster monumental-dekorative Deckenfresken in zunehmend verfeinertem, kühlem Kolorit und mit kühner Raumillusion, in denen ein intensives Blau vorherrscht. Seine Malerei war maßgebend für die spätbarocke Malerei in Österreich.
Werke: *Fresken:* Kajetanerkirche (1728; Salzburg); Stift Melk (1732; Marmorsaal, Bibliothek); Zisterzienserkloster Zwettl (1732–33; Bibliothek); Benediktinerkloster Altenburg (1733–34; Stiftskirche); Benediktinerkloster Seitenstetten (1735, Marmorsaal, 1741, Bibliothek); Prämonstratenserkloster Geras (1738; Marmorsaal; BILD →Geras); Benediktinerabtei Göttweig (1739; Kaiserstiege); Dom (1748–50; Brixen). – *Altarbilder:* Steinigung des hl. Stephanus (1745; Baden bei Wien, Pfarrkirche); Abendmahl (1748–49; Zisterzienserkloster Zwettl); Christus am Ölberg (um 1750; Wien, Österr. Galerie; BILD →österreichische Kunst).
W. ASCHENBRENNER u. G. SCHWEIGHOFER: P. T. Leben u. Werk (Salzburg 1965); M. SCHRENZEL: P. T. Maler der Apokalypse (Wien 1985).
2) Simon, Bildhauer und Elfenbeinschnitzer, * Abfaltersbach (bei Lienz) 13. 10. 1693, † Haidhausen (heute zu München) 25. 9. 1768. Ab 1726 in München, arbeitete T. 1730–32 in der Werkstatt von A. FAISTENBERGER und gründete in Haidhausen mit Unterstützung des Kurfürsten eine eigene Werkstatt. T. schuf virtuose Stücke aus Elfenbein, meist in Verbindung mit anderem Material, die v. a. als fürstl. Prunkgeschenke dienten. Bekannt wurden v. a. seine Bettlerfiguren sowie ein kleines Reiterstandbild AUGUSTS DES STARKEN (1732; Sankt Petersburg, Eremitage) und eine Reiterstatuette CHRISTIANS VI. von Dänemark (um 1733; Kopenhagen, Schloss Rosenborg).

Walther Tröger

Trogone: Tokororo

Tröger, Walther, Jurist und Sportfunktionär, * Wunsiedel 4. 2. 1929; 1969–92 Gen.-Sekr. des Nat. Olymp. Komitees (NOK) für Dtl., seitdem dessen Präs.; seit 1989 Mitgl. des Internat. Olymp. Komitees. T. ist Honorarprofessor an der Univ. Potsdam.

Trogir, ital. **Traù,** Stadt in Kroatien, größtenteils (Altstadt) auf einer Insel an der Adriaküste (→Kaštela) westlich von Split, durch Brücken mit dem Festland und der Insel Čiovo, auf der die neueren Stadtteile liegen, verbunden, 10 200 Ew.; Fremdenverkehr; Schiffswerft. – Dom (Anfang des 13. Jh. begonnen, im 16. Jh. vollendet), Barbarakirche (wohl 10. Jh.), Kirchen und Palais des 14.–17. Jh., u. a. Palais Cipiko (15. Jh.), Loggia (15. Jh.); zwei Kastelle des 15. Jh. – Die um 385 v. Chr. gegründete griech. Kolonie **Tragurion** gehörte, ab 56 v. Chr. unter röm. Einfluss **(Tragurium),** bis um 1000 zum Byzantin. Reich. Danach zw. Byzanz, dem kroatisch-ungar. Reich, Venedig, Bosnien und dalmatin. Lokalherrschaften umstritten, unterstand es ab 1420 als Traù der Rep. Venedig, fiel 1797–1815 an Österreich und 1918/20 an Jugoslawien.

Trogkettenförderer, in einen geschlossenen Trog eingebauter Stetigförderer mit endlos umlaufenden Ketten, an denen Mitnehmer als Förderorgan befestigt sind.

Troglobionten [zu griech. trōglē ›Höhle‹ und bios ›Leben‹], die →Höhlentiere.

Troglodyten [griech. ›Höhlenbewohner‹], Sg. **Troglodyt** der, -en, Bez. für in der Antike als unzivilisiert angesehene Völkerschaften, v. a. an den Küsten des Roten Meeres und in Äthiopien.

Trogmuscheln, Mactridae, in Sandböden der Gezeitenzone eingegraben lebende Muscheln mit zahlreichen Arten in allen Meeren; mit langen Siphonen und fast gleichseitig-dreieckigen bis eiförmigen Schalen, die häufig am Strand angespült werden.

Trogone [zu griech. trōgein ›nagen‹], Sg. **Trogon** der, -s, **Trogons, Trogoniformes,** Ordnung der Vögel mit Ausnahme der einzigen Familie **Trogonidae;** gekennzeichnet u. a. durch heterodaktylen Fuß (erste und zweite Zehe nach hinten, dritte und vierte nach vorn gerichtet). Die bis 40 cm langen T. bewohnen Wälder der Tropen, wo sie in Baumhöhlen brüten. Die meisten der rd. 35 Arten sind außerordentlich farbenprächtig, z. B. der →Quetzal und der etwa amselgroße, auf Kuba lebende **Tokororo (Kuba-T.,** Priotelus temnurus); oberseits blau und grün schillernd, mit weißer Brust und rotem Bauch.

Trogtal, U-Tal, *Geomorphologie:* Tal mit trogförmigem (u-förmigem) Querschnitt, kennzeichnend für gegenwärtig oder ehem. vergletscherte Gebiete. Das (schon vorher bestehende) Tal wurde durch die ausschürfende Wirkung des Gletschers verbreitert und vertieft. Bei stärkerer spät- und nacheiszeitl. Talver-

Simon Troger: Herakles tötet den nemeischen Löwen; Elfenbein, Holz, Höhe 39,5 cm; um 1740 (München, Bayerisches Nationalmuseum)

schüttung liegt die Felssohle oft tief unter dem heutigen meist ebenen Talboden **(Trogsohle)**; die Talwände **(Trogwände)**, deren Steilheit vielfach durch Schutthalden gemildert wird, enden an der **Trogkante**, an die sich die ziemlich flach verlaufende **Trogschulter** anschließt; sie reicht bis zur **Schliffgrenze** (oft mit deutl. Knick als Schliffkehle ausgebildet), der Grenzlinie zw. den durch das Eis glatt geschliffenen Hangpartien und dem nach oben anschließenden, rauen, stark frostverwitterten Fels. Dann erst folgt mit neuerl. Steilanstieg die eigentl. Talbegrenzung. Im Längsprofil des T. fallen die wannenartigen, durch Steilstufen gegeneinander abgesetzten Talabschnitte auf. Bedingt durch die →glaziale Übertiefung münden Nebentäler als →Hängetäler mit einer oft gewaltigen Stufe (Wasserfälle) ins Haupttal. Das T. schließt häufig mit einem **Trogschluss** an seinem oberen Ende gegen die höheren Bergpartien ab. Wo das Meer in T. eindringen konnte, entstanden →Fjorde.

Trogus, Pompeius, röm. Geschichtsschreiber, →Pompeius Trogus.

Troia, 18 km lange, dünenreiche Halbinsel (Nehrung) in Portugal, schnürt die Mündungsbucht des Sado, gegenüber von Setúbal, vom Meer ab; Sandstrände, Pinienwälder, Badeort.

Troia, prähistor. Stadt, →Troja.

Troick ['trɔitsk], Stadt in Russland, →Troizk.

Troika [russ. trojka, zu troe ›drei‹] *die, -/...ken,* **1)** *allg.:* Gespann von drei Pferden, die nebeneinander vor einem Schlitten oder Wagen angeschirrt sind. *Übertragen* wird auch eine polit. Führungsgruppe aus drei Personen T. genannt.

2) *Militärwesen:* in der dt. Bundesmarine übl. Bez. für das aus einem Lenkfahrzeug (Minensuchboot Klasse 351) und zwei bootähnl. Hohlstabfernräumgeräten ›Seehund‹ bestehende Minenabwehrsystem HL 351. (BILD →Minensuchboot)

Tro|ilit [nach dem ital. Naturforscher DOMINICO TROILI, * 1722, † 1792] *der, -s/-e,* in Eisen-, selten auch in Steinmeteoriten vorkommendes hexagonales Mineral der chem. Zusammensetzung FeS, Reinform des Magnetkieses. T. bildet Tropfen bis 10 cm Durchmesser oder dünne Platten.

Troilos, *griech.* **Troilos,** *griech. Mythos:* jüngster Sohn des Trojanerkönigs Priamos und der Hekabe; wurde von Achill getötet. – Häufig wird dargestellt, wie Achill den hinter der Schwester Polyxena fliehenden T. verfolgt (Françoisvase; rotfigurige Vase des TROILOSMALERS, gefunden in Vulci; London, Brit. Museum), in archaischer Zeit auch, wie er T. am Brunnen auflauert (schwarzfigurige Halsamphore, ebd.), ferner wie er mit Hektor um T. kämpft (tyrrhen. Amphora, 6. Jh. v. Chr.; München, Staatl. Antikensammlung) und wie er T. tötet (Schildreliefs, 6. Jh. v. Chr.; Olympia, Museum).

Troisdorf ['troːsdɔrf], Stadt im Rhein-Sieg-Kreis, NRW, 60 m ü. M., in der Kölner Bucht, 73 600 Ew.; Fachschulen (u. a. für Techniker), Dienstleistungszentrum Bildung, Zentrum für Wagentechnik der Dt. Bahn AG, Europ. Astronauten-Centrum (EAC), Bilderbuchmuseum, Fischereimuseum; Eisen- und Stahlverarbeitung, feinmechan. und chem. Industrie (Sprengstoffe, Kunststoffe, Pharmazeutika), Ofen-, Maschinen- und Apparatebau. – Die heutige Stadt T. entstand 1969 durch Zusammenschluss von Troisdorf (1064 erstmals erwähnt, seit 1952 Stadt), Sieglar (832 erstmals erwähnt), Bergheim (987), Altenrath (1064), Eschmar (1068), Spich (1134), Kriegsdorf (1143), Müllekoven (1290), Oberlar (1375) und Friedrich-Wilhelms-Hütte (1825 gegründet).

Trois-Frères [trwaˈfrɛːr; frz. ›drei Brüder‹], Höhle bei Montesquieu-Avantès, Dép. Ariège, Frankreich; 1914 entdeckt von HENRI Graf BÉGOUËN (* 1863, † 1956) und dessen drei Söhnen (nach diesen be-

Trogir: Blick auf die Altstadt; im Hintergrund rechts der Turm des Doms

nannt). Die vorgeschichtl. Fundstätte enthält zahlr. Felsbilder der Altsteinzeit (v. a. Gravierungen, auch Malereien), darunter Mischwesen aus Mensch und Tier (u. a. ›Zauberer von T.-F.‹). In der Nähe die Höhle →Tuc d'Audoubert.

Trois-Rivières [trwariˈvjɛːr; frz. ›drei Flüsse‹], engl. **Three Rivers** [ˈθriː ˈrɪvəz], Stadt in der Prov. Quebec, Kanada, am N-Ufer des Sankt-Lorenz-Stroms, an der Mündung (drei Mündungsarme durch Flussinseln) des Saint Maurice River, 49 400 Ew.; kath. Bischofssitz; Univ. (gegr. 1969; Zweig der Université du Québec), Kunstgalerie, Museum der Ursulinen; Papier-, Textil-, Nahrungsmittel-, Metallindustrie; Hafen; Brücke über den Sankt-Lorenz-Strom. – Gegründet 1634 von S. DE CHAMPLAIN.

Trois-Vallées [trwavaˈle; frz. ›drei Täler‹], drei miteinander verbundene Täler im Massiv der Vanoise, im Dép. Savoie, Frankreich, mit den Wintersportorten Les Menuires, Méribel und Courchevel.

Troilos und seine Schwester Polyxena auf der Flucht; rotfigurige Malerei auf der Vase des Troilosmalers, frühes 5. Jh. v. Chr. (London, Britisches Museum)

Troize-Sergijewa Lawra [zu russ. troize ›Dreifaltigkeit‹], in Sergijew Possad, Russland, gelegene Lawra, das bedeutendste Kirchen- und Kulturzentrum des Moskauer Reiches (UNESCO-Weltkulturerbe). Um 1340 von SERGIJ VON RADONESCH gegr., brachte das Kloster mit 13 Tochtergründungen das monast. Leben zu neuer Blüte; es war Ausgangspunkt und Modell für die Missionierung und Klosterkolonisation NO-Russlands und wurde bald zum russ. Nationalheiligtum. Bes. im 16. und 17. Jh. mit reichen Stiftungen bedacht, war das Kloster bis zur ersten Säkularisation 1764 mit fast 17 000 Bauernhöfen und rd. 104 000 Kirchenbauern der reichste Grundbesitzer Russlands nach dem Zaren. Immer wieder war das Kloster mit der polit. Geschichte Russlands verbun-

Troi Troizk–Troja

Troize-Sergijewa Lawra: Dreifaltigkeitskirche (1422) in der Troize-Sergijewa Lawra Sergijew Possad

den (Abwehr der poln. Belagerung 1608–10; Flucht PETERS I., D. GR., in die T.-S. L. 1689). Seit 1742 beherbergt es ein geistl. Seminar, das 1814 zur noch heute (mit Unterbrechung 1920–46) dort bestehenden Moskauer Geistl. Akademie ausgebaut wurde; 1774 wurde das Kloster zur Lawra erhoben. – Auch in kultureller und künstlerischer Hinsicht war die T.-S. L. führend; sie war im 14.–17. Jh. die größte Buchproduktionsstätte des Russ. Reiches und beherbergte zahlr. geistl. Schriftsteller. 1914 gehörten der T.-S. L. rd. 420 Mönche an; 13 Kirchen und Kapellen sowie eine Bibliothek mit 823 Manuskripten und 10000 gedruckten Büchern waren in Klosterbesitz. 1920 als eines der ersten Klöster in Russland von der Sowjetmacht geschlossen, wurde es bereits 1945 wieder eröffnet und blieb bis 1988 das einzige Männerkloster in der RSFSR. Nominaler Abt ist der Patriarch von Moskau. Die T.-S. L. ist ein bedeutendes geistl. und Wallfahrtszentrum der russisch-orth. Kirche. – Zur *Kunstgeschichte* →Sergijew Possad. Weiteres BILD →Sergijew Possad.

N. THON: Das Hl.-Dreifaltigkeits-Sergius-Kloster. Ein Spiegel der russ. Kirchengesch., in: Der christl. Osten, Jg. 36 (1981).

Troizk, Troick [tro̯itsk], Stadt im Gebiet Tscheljabinsk, Russland, im östl. Vorland des Südl. Urals, 89 500 Ew.; Veterinärhochschule, Regionalmuseum; Werkzeugmaschinen-, Dieselmotoren-, Elektrogerätebau, Leder-, Nahrungsmittel-, Bekleidungsindustrie; Kohlekraftwerk (2 500 MW); Eisenbahnknotenpunkt. – T. wurde 1743 als Festung gegründet.

Troja, Trọja, Ịlios, Ịlion, lat. **Ịlium**, Stadt, die Schauplatz von HOMERS →Trojanischem Krieg ist und die nach HOMERS geograph. Angaben bereits von dem amerikan. Konsul FRANK CALVERT u. a. an der NW-Spitze Kleinasiens (in 4,5 km Entfernung von den Dardanellen) in der Troas im rd. 20 m hohen Ruinenhügel von Hissarlik (Hisarlık) vermutet wurde. Die Ausgrabungen des Hügels begann H. SCHLIEMANN 1870, sie wurden 1893–94 von W. DÖRPFELD fortgesetzt; 1932–38 grub C. W. BLEGEN, und 1988 nahm MANFRED KORFMANN mit einem internat. Team die Grabungen wieder auf, nachdem er bereits 1982–87 die Beşikbucht 7 km südwestlich des Burghügels erforscht hatte.

Archäologisch sind bislang in mehreren Schichten des Hügels Zerstörungen nachgewiesen, als deren Ursachen Brände, Erdbeben, aber auch Kriege denkbar sind. SCHLIEMANN vermutete die legendären krieger. Ereignisse in Periode II, in deren Schicht er reiche Schatzfunde machte (›Schatz des Priamos‹; seit dem 2. Weltkrieg verschollen, inzwischen wurde bekannt, dass er sich im Moskauer Puschkin-Museum befindet), DÖRPFELD in Periode VI und BLEGEN in Periode VII a. Auch Griechen und Römer sahen in diesem Hügel die Stätte der von HOMER beschriebenen Stadt Ilios oder Troia.

Die Beşikbucht griff seinerzeit erheblich tiefer ins Land ein und diente offenbar als Hafen für die frühen Handelsschiffe, die hier auf günstige Winde für die Durchfahrt durch die Dardanellen warteten. Auf ihrer Kontrolle beruhte vermutlich der Reichtum der Stadt. Das an der Bucht vorspringende Kap Yassıtepe besaß eine bronzezeitl. Siedlung (erste Hälfte des 3. Jt. v. Chr.), in 600 m Entfernung fanden sich Reste einer noch älteren spätneolith. Siedlung (an dieser Stelle wurde in hellenist. Zeit ein Grabhügel für Achill aufgeschüttet). Auf dem Yassıtepe lag auch eine archaische Befestigung (6. Jh. v. Chr.), Jahrhunderte später entstanden hier hellenist. und byzantin. Bauten. An seinem S-Hang lag ein Friedhof des späten 13. Jh. v. Chr., in den ausgeraubten Gräbern wurden neben lokaler Ware myken. Keramik, Schmuck und Siegel gefunden (keine Waffen). Ein Teil der Gräber waren Scheingräber; die Unterschiedlichkeit der Bestattungen weist auf eine kulturell gemischte Bevölkerung.

Beim Burgberg sind die neun von DÖRPFELD ermittelten Schichten (die unterste Schicht, T. I, wird von KORFMANN auf 2900–2500 v. Chr. angesetzt; die Ansätze der zeitl. Einordnung der Schichten differieren in der Forschung stark) durch Unterteilungen von BLEGEN auf insgesamt 46 gegeneinander abgesetzte Siedlungshorizonte erweitert worden. KORFMANN entdeckte unter der Schicht von T. I Holzkohlenreste, die er in die Mitte des 4. Jt. v. Chr. datiert (Periode ›älter als T. I‹). Die dörpfeldschen Schichten I–V gehören der ägäisch-anatol. Frühbronzezeit an, die zu Beginn des 2. Jt. v. Chr. endete. Die erste, auf dem gewachsenen Fels angelegte Burg (Periode I) besaß bereits megaronartige Langhäuser und hatte eine Ringmauer (90 m Durchmesser) und mindestens ein Tor (im S).

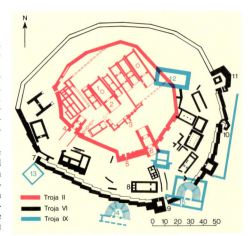

Troja: Rekonstruktion des Grundrisses von Troja II, VI und IX; Troja II: 1 Großes Megaron mit Vorhalle (2), 3 Hoftor, 4 Südwesttor mit Rampe, 5 Südtor, 6 Südosttor; Troja VI: 7 Westtor (nachträglich geschlossen), 8 Haus der Säulen, 9 Südtor, 10 Osttor, 11 Nordostbastion mit Zisterne; Troja IX: 12 Tempel der Athena Ilias, 13 Heiligtum, 14 Odeion, 15 Buleuterion

Sie reichte über zehn Bauphasen bis etwa 2500 v. Chr. T. II ist eine erheblich umfangreichere Anlage (8 000 m²) mit größeren Megara und stärkeren Mauern und

Toren. T. II wird andererseits in sieben Schichten untergliedert (II a–g). Um 2400 v. Chr. fiel diese (ganze) Burg einem Brand zum Opfer. Das Tongeschirr zeigt, dass man bereits die Töpferscheibe kannte; Bronze war mittlerweile gebräuchlich. Die Hausformen der mittleren Bronzezeit treten mit dem Beginn der Periode von T. VI auf, das einen größten Durchmesser von etwa 200 m hatte; die Burgmauer war rd. 540 m lang und umschloss eine Fläche von 20 000 m². Die Burg wurde im Verlauf des 18. Jh. v. Chr. gegründet; gleichzeitig kam die graue minysche Keramik auf, vermutet wurde deshalb das Auftreten eines neuen Bev.-Elements. Später erscheinen in T. VI die versch. Gruppen der mittelhellad. matt bemalten und die Keramik der myken. Welt als Einfuhrware. In der Endphase von T. VI (13. Jh. v. Chr.) bestand auf dem Yassıtepe bei der Beşikbucht der von KORFMANN untersuchte Friedhof. 1992 gelang ihm der Nachweis einer Unterstadt, die sich 1500–1300 v. Chr. direkt an die Burgmauer von T. VI anlehnte und die anscheinend eine erhebliche Ausdehnung hatte (geschätzt auf mehr als 200 000 m², die Burg der Periode VI dagegen 20 000 m²); etwa 400 m südlich der Burg wurde 1993 eine die Unterstadt schützende Verteidigungsanlage (T. VI) freigelegt. Nach der Zerstörung von T. VI (um 1250 v. Chr.), wahrscheinlich durch ein Erdbeben, baute man die Burg in T. VIIa wieder auf. Im Inneren der Burg befinden sich nun keine großen, palastartigen Gebäude mehr, sondern eine sehr dichte Verbauung mit kleineren Häusern. Sonst änderte sich die Kultur nicht. T. VIIa wurde nach 1200 v. Chr., wohl im Zuge krieger. Ereignisse, zerstört. Danach gab es zwei kleine, kurzlebige Nachfolgesiedlungen. Sie zeigen keine krieger. Einwirkungen. Die mit Buckeln verzierte Keramik von T. VII b 2 (um 1100 v. Chr.) belegt Verbindungen von T. nach Südosteuropa; sie gilt als thrakisch. Im 10. Jh. v. Chr. verödete der Ort.

Erst im 8. Jh. v. Chr. wurde der Hügel unter dem Namen Ilion in nennenswertem Umfang wieder besiedelt; Periode VIII endet 85 v. Chr., die Periode der röm. Besetzung beginnt (T. IX). Für den späthellenist. Athenatempel wurde eine Terrassierung vorgenommen, wobei die Kuppe von T. VI abgetragen wurde. Von ALEXANDER D. GR. und den Diadochen gefördert, gewann der Ort einige Bedeutung, AUGUSTUS gründete die röm. Stadt (Ilium), die südlich unterhalb der Akropolis angelegt wurde (und Siedlungsbezirke von Periode VI überlagert); freigelegt wurden u. a. Straßen, Hausgrundrisse, ein Buleuterion und ein Odeion sowie im NO Teile des großen Theaters, ferner ein Heiligtum mit zwei Tempeln (archaische bis röm. Zeit). Die neuen Grabungen auf dem Burgberg betreffen auch die Grabungsstellen SCHLIEMANNS (der zugeschüttete ›Schliemann-Graben‹, den dieser durch den Burgberg schnitt, wurde wieder freigelegt). Mit geophysikal. Prospektionsmethoden konnten neue Erkenntnisse zur Unterstadt gewonnen werden (bronzezeitl. Verteidigungsgräben, griechisch-röm. Straßennetz). – Die Meinungen über die histor. Bedeutung des Ortes reichen von äußerster Skepsis bis zur Überzeugung, dass hier der Schauplatz von HOMERS ›Ilias‹ zu suchen sei. Seit 1996 ›Histor. Nationalpark Troja‹.

W. DÖRPFELD: T. u. Ilion, 2 Bde. (Athen 1902, Nachdr. 1968); Troy. Excavations ..., 1932–1938, hg. v. C. W. BLEGEN u. a., 8 Tle. u. 4 Suppl.-Bde. (Princeton, N. J., 1950–82); F. W. GOETHERT u. H. SCHLEIF: Der Athenatempel von Ilion (1962); C. BLEGEN: Troy and the Trojans (London 1963); WERNER MÜLLER: T. (Leipzig 1972); M. WOOD: Der Krieg um T. Gesch. der Stadt, ihrer Wiederentdeckung u. der neuesten Grabungen (a. d. Engl., 1985); Studia Troica, auf mehrere Bde. ber. (1991 ff.); Der Schatz aus T. Schliemann und der Mythos des Priamos-Goldes, Beitrr. v. W. P. TOLSTIKOW u. M. J. TREJSTER, Ausst.-Kat. Moskau (1996); B. BRANDAU: Troia. Eine Stadt u. ihr Mythos (1997). – Weitere Literatur →Schliemann, Heinrich.

Troja: Burgmauer und Turmfundament; ca. 1500–1250 v. Chr.

Trojahn, Manfred, Komponist, *Cremlingen (bei Braunschweig) 22. 10. 1949; studierte in Hamburg Flöte (bei H. ZÖLLER) und Komposition (bei D. DE LA MOTTE und G. LIGETI), gewann zahlr. Kompositionspreise. T. schrieb, beeinflusst u. a. von G. MAHLER und A. BERG, Orchester-, Kammer-, Chor- und solist. Vokalmusik, u. a. ›Objet trouvé‹ (1979; für Flöte und Cembalo), ›Lieder auf der Flucht‹ (1988/89; nach Gedichten von INGEBORG BACHMANN), ferner die Opern ›Enrico‹ (1991; nach L. PIRANDELLO) und ›Was ihr wollt‹ (1998). Er ist einer der führenden Komponisten der jüngeren Generation, die in Abwendung von hochkomplexen (v. a. seriellen) und experimentellen Strukturen verstärkt einfachere, verständl. Klang- und Satztechniken aufgreifen.

Trojak, poln. für →Dreigröscher.

Trojan, Stadt in der Region Lowetsch, Bulgarien, 420 m ü. M., auf der N-Abdachung des mittleren Balkan am N-Ausgang des T.-Passes, etwa 25 000 Ew.; Kurort; pharmazeut., elektrotechn., Holz-, Lebensmittelindustrie, Maschinenbau; Kunsthandwerk. – Südöstlich von T. liegt das 1600 gegründete T.-Kloster, dessen heutige Gebäude aus dem 19. Jh. stammen: die dreischiffige Kirche Mariä Himmelfahrt (1835) mit drei kuppeltragenden Apsiden und Fresken (1847–49) sowie die dreigeschossige Klausur mit offenen Galerien (1865 und später). – T. entstand im 15. Jahrhundert.

Trojaner, Bez. für →Planetoiden, die synchron mit dem Planeten Jupiter und auf dessen Bahn die Sonne umlaufen. Die T. bewegen sich in zwei Gruppen in einem Abstand von im Mittel 60° (in Bewegungsrichtung) vor bzw. hinter dem Planeten nahe bei den lagrangeschen Librationspunkten L_4 und L_5 (→Mehrkörperproblem) des Systems Sonne–Jupiter; Sonne, Jupiter und L_4 bzw. L_5 bilden jeweils ein gleichseitiges Dreieck. Die Abstände der T. zu Jupiter sind nicht konstant, vielmehr führen die T. Schwingungen auf nierenförmigen Bahnen um die Librationspunkte aus, mit Umlaufperioden von mindestens 150 Jahren. Die T. sind nach Helden aus HOMERS ›Ilias‹ benannt; die vorausgehenden (bis auf Hektor) alle nach griech., die nachfolgenden (bis auf Patroclus) nach trojanischen. Die Anzahl der T. mit einem Durchmesser größer als 15 km wird auf etwa 1 000 geschätzt; 1994 waren 114 T. bekannt (davon 65 um den vorderen Librationspunkt). Der am längsten bekannte T. (Achilles) wurde 1906 entdeckt, der bei weitem größte ist Hektor.

Trojanische Krieg findet nicht statt, Der, auch u. d. T. ›Kein Krieg in Troja‹, frz. ›La guerre de Troie n'aura pas lieu‹, Schauspiel von J. GIRAUDOUX; Uraufführung 21. 11. 1935 in Paris, frz. Erstausgabe 1935.

Trojanischer Krieg, *griech. Mythos:* das wichtigste myth. Ereignis der griech. Frühzeit, die zehnjährige Belagerung von Troja durch die Griechen (Achaier, Argiver), die von Aulis aus unter Führung Agamemnons ausgefahren waren. Anlass des T. K., in dem auch die Götter Partei ergriffen, war die Entführung der →Helena durch →Paris.

Trojanischer Krieg: Das Trojanische Pferd mit angreifenden Kriegern; Halsbild einer kykladischen Amphora, um 670 v.Chr. (Mykonos, Archäologisches Museum)

In der ›Ilias‹ des HOMER werden nicht die Eroberung Trojas, sondern die Kämpfe im zehnten Kriegsjahr mit dem Tod von Patroklos und Hektor aus dem Sagenstoff herausgegriffen und dichterisch mit dem Motiv vom Zorn des Achill (über den Raub der ihm zugesprochenen Königstochter Briseis durch Agamemnon) verbunden. Die Erzählung der ›Ilias‹ wurde durch die fast ganz verlorenen Gedichte des epischen Zyklus (→zyklische Dichter) ergänzt, u. a. berichtet die ›Iliupersis‹ von der Zerstörung Trojas: Epeios erbaute den Griechen das hölzerne **Trojanische Pferd,** in dem sich die tapfersten Helden verbargen, während die Griechen zum Schein mit ihren Schiffen abfuhren. Trotz Laokoons Warnung zogen die Trojaner das Pferd als Weihgeschenk an die Göttin Athene in ihre Stadt; nachts stiegen die Helden heraus, riefen die Flotte durch Feuerzeichen zurück und öffneten das Tor. Durch diese List wurde Troja erobert; Priamos und seine Männer, auch Hektors Sohn Astyanax, fanden den Tod, die Frauen (Kassandra, Hekabe u. a.) wurden gefangen abgeführt; mit einigen Bundesgenossen entkam Äneas. Im Zyklus schlossen sich die ›Nostoi‹, Berichte über die Heimfahrten der griech. Helden, an, erhalten ist HOMERS ›Odyssee‹. Unter Verwendung zahlr. Märchenmotive werden die Irrfahrten des Menelaos und v. a. des Odysseus von Troja nach Sparta bzw. Ithaka dargestellt. – Neue Bedeutung erhielt die Trojasage durch ihre Verknüpfung mit den Darstellungen vom Ursprung Roms. Der ›Odyssee‹ wurde die Erzählung nachgebildet, der zufolge Äneas nach Irrfahrten über Latium kam und hier Kämpfe, wie sie die ›Ilias‹ vor Troja schildert, zu bestehen hatte. Romulus galt als sein Nachkomme; Rom wurde so zum wieder erstandenen Troja. Diese Darstellungszusammenhänge finden sich bei NAEVIUS und ENNIUS, erhielten aber ihre klass. Ausprägung in VERGILS ›Aeneis‹ und waren für das histor. Sendungsbewusstsein der Römer seit AUGUSTUS wichtig.

Im MA. war der T. K. beliebter Erzählstoff. Seine Quelle waren allerdings nicht HOMER, sondern spätantike Prosaerzählungen (v. a. der Roman des →DIKTYS). Wichtigste mittelalterl. Bearbeitung ist der ›Roman de Troie‹ des BENOÎT DE SAINTE-MAURE (um 1165). Erst Ende des 15. Jh. griff man wieder auf HOMERS und VERGILS Epen zurück. Bis heute werden Episoden des T. K. immer wieder mit den unterschiedlichsten Intentionen und in allen Gattungen gestaltet. – Die Frage nach der Geschichtlichkeit des T. K. wurde in der Neuzeit erst mit den Ausgrabungen H. SCHLIEMANNS aufgeworfen. Die Polemik betrifft inzwischen das gesamte Machtgefüge im östl. Mittelmeerraum um die Mitte des 2. Jt. v. Chr. Heute wird die Schicht Troja VI/VII von den meisten Archäologen mit der homer. Stadt identifiziert.

A. KRAWCZUK: Der T. K. (a. d. Poln., Leipzig 1990). – Weitere Literatur →Homer.

Trojepolskij, Troepolskij [trɔje-], G a w r i i l Nikolajewitsch, russ. Schriftsteller, * Nowospasswoka (Gebiet Woronesch) 29. 11. 1905, Sohn eines Geistlichen; Agronom, wurde in den 1930er-Jahren durch humorvolle Erzählungen bekannt. Bes. erfolgreich war der Roman über die Beziehungen Mensch–Hund ›Belyj Bim Černoe ucho‹ (1972; dt. u. a. als ›Bim Schwarzohr‹).

Weitere Werke: *Erzählungen:* Iz zapisok agronoma (1953; dt. Notizen eines Agronomen); Prochor semnadcatyj i drugie (1954; dt. Prochor XVII., König der Klempner); Kandidat nauk (1959).

Ausgabe: Sočinenija, 3 Bde. (1977–78).

Trokar [frz. trocart (troisquarts), eigtl. ›dreikantig‹] *der, -s/-e* und *-s,* **Troicart** [trwa'ka:r], an der Spitze dreikantige starke Nadel mit einer Hülse um den Schaft; dient zur Punktion und zum Entfernen von Flüssigkeiten aus Körperhöhlen. Die Hülse hält nach Rücknahme der Nadel den Einstich offen.

Trökes, Heinz, Maler und Grafiker, * Hamborn (heute zu Duisburg) 15. 8. 1913, † Berlin 22. 4. 1997; lehrte 1965–78 an der Hochschule der Künste in Berlin-Charlottenburg. T. kam um 1950, vom Surrealismus ausgehend, zu einer abstrakten Zeichensprache mit poet., oft an außereurop. Folklore orientierten Chiffren, die in den 1960er-Jahren wieder in eine buntfarbige herald. Figurenornamentik übergingen.

H. T..., bearb. v. L. GRISEBACH, Ausst.-Kat. (1983); H. T. zum 75. Geburtstag. Frühe u. späte Bilder, bearb. v.

Heinz Trökes: Fahrt ins Grüne; 1973

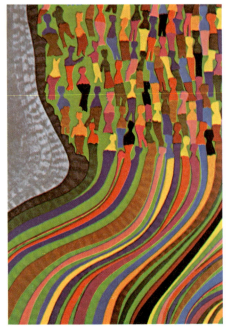

H. ERBSMEHL u. V. REUTER, Ausst.-Kat. Galerie Pels-Leusden, Villa Grisebach, Berlin (1988); H. T., neue Skizzenbücher 1984–1994, bearb. v. E. BLUME, Ausst.-Kat. Kupferstichkabinett, Berlin (1995).

Troktolith [zu griech. trōktós ›zernagt‹ und lithos ›Stein‹] *der, -s* und *-en/-e(n),* v. a. aus Plagioklas, Olivin (z. T. in Serpentin umgewandelt) und Pyroxen bestehendes Tiefengestein, eine Varietät des Gabbro; wegen des gefleckten Aussehens auch **Forellenstein** genannt.

Troll [aus dem Skandinav.], *german. Mythologie:* Sammel-Bez. für Dämonen beiderlei Geschlechts in Riesen- oder Zwergengestalt.

Troll, Erdgas- und Erdölfeld im norweg. Sektor der Nordsee, etwa 100 km westlich von Bergen; 1979 entdeckt. Die gewinnbaren Vorräte wurden Ende 1996 mit 1 268 Mrd. m³ Erdgas (größtes Offshore-Erdgasvorkommen Europas) sowie mit 105,6 Mio. m³ Erdöl und 0,4 Mio. t Kondensat angegeben; Erdölförderung seit 1990, seit 1995 reguläre Ölproduktion, Erdgasgewinnung seit 1991, starke Erweiterung der Förderkapazität seit 1996; Pipelines zum norweg. Festland und nach Seebrügge.

Troll, 1) Carl, Geograph, * Gabersee (heute zu Wasserburg a. Inn) 24. 12. 1899, † Bonn 21. 7. 1975, Bruder von 3); unternahm Forschungsreisen u. a. in Südamerika, Mexiko, Äthiopien und O-Afrika; nahm an der Nanga-Parbat-Expedition von 1937 teil; 1929 Prof. in Berlin, 1938 in Bonn. 1960–64 Präs. der Internat. Geograph. Union. In seinem umfassenden, v. a. naturgeograph. Erscheinungen gewidmeten Lebenswerk (etwa 360 Veröffentlichungen) beschäftigte er sich bes. mit Fragen der Geomorphologie (v. a. Quartärmorphologie des Alpenvorlands und Periglazialmorphologie der Hochgebirge), Vegetationsgeographie, Klimatologie sowie Luftbildinterpretation und entwickelte ein System der Landschaftsökologie und der vergleichenden Geographie der Hochgebirge (dreidimensionale Betrachtung auf ökolog. Grundlage). Er begründete die Zeitschrift ›Erdkunde‹ (1947) und mehrere Veröffentlichungsreihen.

H. LAUTENSACH: C. T., ein Forscherleben, in: Erdkunde, Bd. 13 (1959); Argumenta geographica. Festschr. C. T. zum 70. Geburtstag, hg. v. W. LAUER (1970); W. LAUER: C. T., Naturforscher u. Geograph, in: Erdkunde, Bd. 30 (1976).

2) Thaddäus, eigtl. **Hans Bayer,** Schriftsteller, * Stuttgart 18. 3. 1914, † (Selbstmord) ebd. 5. 7. 1980; Verfasser von Feuilletons, Essays, Theaterkritiken, Hörspielen und Satiren sowie von heiteren Erzählungen und Romanen; v. a. bekannt durch seine Bücher über Württemberg (›Dtl., deine Schwaben‹, 1967; ›Preisend mit viel schönen Reden‹, 1972).

3) Wilhelm, Botaniker, * München 3. 11. 1897, † Mainz 29. 12. 1978, Bruder von 1); Prof. in München (1931–33), Halle (Saale) und Mainz (ab 1946); widmete sich v. a. der Systematik und Morphologie der Pflanzen. Nach dem Werk ›Organisation und Gestalt im Bereich der Blüte‹ (1928) befasste er sich v. a. mit der morpholog. Typologie, nach der sich die Mannigfaltigkeit der biolog. Gestaltung auf bestimmte Grundzüge (›Typen‹ oder ›Baupläne‹) zurückführen lässt. Weite Verbreitung fand sein Lehrbuch auf vergleichend biolog. Grundlage ›Allgemeine Botanik‹ (1948, ab der 4. Aufl. 1973 bearbeitet von K. HÖHN).

Trollblume, Trollius, Gattung der Hahnenfußgewächse mit etwa 30 Arten in den temperierten Gebieten der Nordhalbkugel. Die in Europa auf feuchten Wiesen heim., auch als Zierpflanze kultivierte, 10–50 cm hohe, ausdauernde **Europäische T. (Goldranunkel, Schmalzblume,** Trollius europaeus) hat handförmig geteilte Blätter und kugelige, goldgelbe Blüten; die wild lebenden Populationen sind geschützt.

Trolleybus [ˈtrɔli-; zu engl. trolley ›Kontaktrolle an der Oberleitung‹], *der,* →Oberleitungsomnibus.

Trollhättan, Stadt im Verw.-Bez. (Län) Älvsborg, SW-Schweden, nahe dem Vänersee am Götaälv und Trollhättekanal, 52 500 Ew.; elektrochem. u. elektrometallurg. Industrie, Maschinenbau und Flugzeugindustrie (Sitz von SAAB Automobile AB); Kraftwerke an den 32 m hohen **Trollhättefällen** des Götaälv. Zur Umgehung der Fälle wurde 1793–1800, 1844 und 1916 der **Trollhättekanal** (28 km) erbaut.

Trollinger [wohl entstellt aus Tirolinger, nach der ursprüngl. Herkunft aus Südtirol], **Blauer T.,** in Südtirol **Groß-Vernatsch,** ital. **Schiava Grossa** [ski-], wichtigste Rotweinrebe Württembergs, auf rd. 2 500 ha (1994; 22,4% des Rebareals) und wichtigste Rebe Südtirols, auf 3 500 ha (einschließlich anderer Vernatscharten, v. a. Grauvernatsch); sehr spät reifend und ertragreich, höhere Qualitäten aber nur bei kleineren Erträgen (durch Rückschnitt); liefert frische, leichte, aber wenig farbintensive Weine (in Württemberg meist mit Lemberger verschnitten); auch gute Tafeltraube (u. a. als ›Black Hamburg‹ in Großbritannien). - T. ist seit dem 15. Jh. in N-Italien, seit dem 17. Jh. in Dtl. nachweisbar.

Trollblume: Europäische Trollblume (Höhe 10–50 cm)

Trollope [ˈtrɔləp], **1) Anthony,** engl. Schriftsteller, * London 24. 4. 1815, † Saint Marylebone (heute zu London) 6. 12. 1882, Sohn von 2); stammte aus verarmter Familie, besuchte die Schulen von Harrow und Winchester, wo er sich als Außenseiter fühlte; trat 1834 in den Postdienst ein, war 1841–59 höherer Postbeamter in Irland, 1859–67 wieder in England; daneben verfolgte er, nicht zuletzt im Bemühen um finanziellen und sozialen Aufstieg, seine Schriftstellerkarriere. T. gehört zu den bedeutenden realist. Romanciers der viktorian. Zeit; seine Werke entwerfen mit einem wiederkehrenden Figurenpersonal ein präzises bürgerl. Gesellschaftspanorama. In seiner als ›Barchester novels‹ bekannt gewordenen Romanfolge (›The warden‹, 1855, dt. ›Septimus Harding, …‹; ›Barchester towers‹, 3 Bde., 1857; ›Doctor Thorne‹, 3 Bde., 1858, dt.; ›Framley parsonage‹, 3 Bde., 1861, dt. ›Das Pfarrhaus Framley‹, 6 Bde.; ›The small house at Allington‹, 2 Bde., 1864; ›The last chronicle of Barset‹, 2 Bde., 1867) schildert er ironisch-humorvoll das Leben der Geistlichkeit in einer fiktiven südengl. Bischofsstadt. T. führte in den Romanen um die Figur des Plantagenet Palliser die Tradition des polit. Romans fort (›Can you forgive her?‹, 2 Bde., 1864; ›Phineas Finn …‹, 2 Bde., 1869; ›The Eustace diamonds‹, 3 Bde., 1873; ›Phineas redux‹, 2 Bde., 1874; ›The prime minister‹, 4 Bde., 1876; ›The duke's children‹, 3 Bde., 1880). ›Autobiography‹ (2 Bde., hg. 1883).

Anthony Trollope (Ausschnitt aus einem Ölgemälde von Samuel Laurence; 1865)

Ausgaben: The Oxford T., hg. v. M. SADLEIR u. a., 15 Bde. (1948–54); The letters, hg. v. N. J. HALL u. a., 2 Bde. (1983); The complete short stories, hg. v. B. BREYER, 5 Bde. (Neuausg. 1990–91). - Die Pallisers. Eine Familiensaga (Neuausg. 1979).

R. M. POLHEMUS: The changing world of A. T. (Berkeley, Calif., 1968); T. the critical heritage, hg. v. D. SMALLEY (London 1969, Nachdr. ebd. 1995); J. R. KINCAID: The novels of A. T. (Oxford 1977); J. C. AMARASINGHE u. J. E. WELCH: The reputation of T. An annotated bibliography 1925–1975 (New York 1978); W. M. KENDRICK: The novel-machine. The theory and fiction of A. T. (Baltimore, Ma., 1980); C. HERBERT: T. and comic pleasure (Chicago, Ill., 1987); V. GLENDINNING: T. (London 1992); N. J. HALL: T. A biography (Neuausg. Oxford 1993); D. SKILTON: A.T. and his contemporaries (Neuausg. Basingstoke 1996).

2) Frances, geb. **Milton** [ˈmɪltən], engl. Schriftstellerin, * Stapleton (heute zu Bristol) 10. 3. 1780, † Florenz 6. 10. 1863, Mutter von 1); lebte ab 1843 in Florenz. Bedeutend sind v. a. ihre Reisebücher (u. a. ›Domestic manners of the Americans‹, 1832, dt. ›Leben und Sitte in Nordamerika‹, 3 Bde.) sowie einige ihrer zahlreichen populären Romane (›The vicar of Wrexhill‹, 3 Bde., 1837, dt. ›Der Vikar von Wrexhill‹).

H. HEINEMAN: Mrs. T. (Athens, Oh., 1979); L. A. ELLIS: F. T.'s America (New Yok 1993).

Trom   Tromba – Trommel

Tromba *die, -/...ben,* ital. Bez. für Trompete; u. a. T. da tirarsi (→Zugtrompete), T. marina (→Trumscheit).

Trombe [frz., von ital. tromba, eigtl. ›Trompete‹] *die, -/-n,* Bez. für räumlich eng begrenzte Wirbelstürme unterschiedl. Größe, bestehend aus einer um eine vertikale Achse rotierenden Luftsäule. **Klein-T.,** zu denen **Sand-** und **Staubhosen** sowie **Sand-** oder **Staubwirbel** (engl. sand devil, dust devil) zählen, sind kurzlebig und von geringer vertikaler Ausdehnung. Bei starker lokaler Überhitzung (v. a. in Wüstengebieten) steigen Konvektionsblasen unter Rotation vom Erdboden auf, die dabei Sand und Staub mehrere Meter hoch aufwirbeln; sie wandern eine kurze Strecke und brechen dann wieder zusammen.

Bei **Groß-T.,** die v. a. in vegetationsarmen Trockengebieten, aber auch über Wasserflächen der wärmeren Zonen auftreten, setzt die Wirbelbildung in höheren, warmfeuchten und labilen Luftschichten ein, in denen kräftige Konvektion herrscht. Groß-T. ›wachsen‹ als trichter-, rüssel-, schlauchförmige Gebilde aus einer Wolke heraus, wobei es durch den Unterdruck in ihrem Innern (bis zu 100 Millibar) zu adiabat. Abkühlung und Kondensation kommt; sie erreichen schließlich die Erdoberfläche und wirbeln große Mengen Sand, Staub und Gegenstände **(Windhose)** oder Wasser **(Wasserhose)** auf. Der Sog im Innern der T. kann selbst schwere Gegenstände vom Boden anheben, kilometerweit forttragen und so erhebl. Schäden verursachen. Der Durchmesser von Groß-T. beträgt meist 100–500 m. In ihrem Bereich treten in extremen Fällen Windgeschwindigkeiten von 50 bis 100 m/s (180–360 km/h) auf. Während ihrer Lebensdauer von durchschnittlich 10–30 Minuten legen die meisten Groß-T. nur einige Kilometer zurück. Zu den Groß-T. zählt auch der →Tornado.

Trombidiidae [griech.], die →Laufmilben.

Trombone [ital.] *der, -/...ni,* ital., frz. und engl. Bez. für →Posaune 1).

Trommel [mhd. trumel, Ableitung von tru(m)me ›Schlaginstrument‹, lautmalend], 1) *Baukunst:* Teilstück der →Säule.

2) *Musik:* Sammel-Bez. für Membranophone, die als Schlaginstrumente benutzt werden. Zu unterscheiden sind ein- und zweifellige T. (über einen Rahmen oder die Öffnung eines Resonators gespannte Membranen), T. ohne oder mit Resonator (z. B. Röhre oder Gefäß aus Holz, Ton oder Metall); der Form nach werden Rahmen-, Walzen-, Fass-, Becher-, Sanduhr- und Konus-T. unterschieden. Auch einige unmittelbar angeschlagene Idiophone werden als T. bezeichnet, z. B. →Schlitztrommel und →Holzblocktrommel.

Für die meisten T. ist unmittelbarer Anschlag charakteristisch. Für den Anschlag werden entweder Teile der Hände (Finger, Handballen, flache Hand, Knöchel) oder →Schlägel verwendet. Vom Anschlagmittel und von der Anschlagstelle hängt der Klang ähnlich stark ab wie vom Instrument selbst. Bis zu einem gewissen Grad sind bestimmte Anschlagarten an bestimmte T.-Typen gebunden. Vorwiegend mit Schlägeln gespielt werden z. B. kleine und große T., Rühr-T., Einhand-T., Tom-Tom und Timbales. Dabei können für viele T.-Arten versch. Schlägel verwendet werden. Mit den Fingern bzw. den Händen gespielt werden Rahmen-T. (Schellen-T.), Bongo und Conga.

T. sind weltweit verbreitet. Sie dienen nicht nur der rhythm. Untermalung von Tänzen und Gesängen, sondern finden teilweise auch im Kult Verwendung. In der schamanist. Ekstasetechnik ist die T. als den Trancezustand förderndes Medium ebenso zu Hause wie in Kulturen, denen ihr Klang als kontemplatives Mittel gilt (vornehmlich in O-Asien). In Afrika gehört die T. als ›Mund des Herrschers‹ zu den Machtinsignien lokaler Potentaten. Dort, aber auch in Melanesien und Amazonien, wird sie ferner zur Nachrichtenübermittlung benutzt **(Signal-** oder **Sprech-T.);** Höhen- und Längenstimmung sind der jeweiligen Sprachmelodik angepasst. Vielerorts begleiteten T.-Signale das militär. Zeremoniell und ermannten im Kampf

Trommel 2): Einhandflöte und Trommel gespielt von arabischen Musikern; Miniatur aus den ›Cantigas de Santa María‹, 13. Jh. (El Escorial, Klosterbibliothek)

Verzagte. Im antiken Griechenland wurde das aus dem Vorderen Orient eingeführte Tympanon als Instrument orgiast. Kulte benutzt. In der mittelalterl. Kunst erscheinen Abbildungen zahlr. T.-Arten in den Händen von Engeln, auch von Spielleuten und Gauklern. Die seit dem 14. Jh. nachweisbare Form der kleinen zweifelligen Zylinder-T. mit Leinenbespannung kam wahrscheinlich mit den Kreuzzügen ins Abendland. Zu den verbreitetsten T. des MA. gehörte die vorwiegend von einem Spieler zus. mit einem Blasinstrument gespielte kleine, zweifellige Einhand-T. Die **Landsknechts-T.** oder **Rühr-T.** entstand im 15./16. Jh. durch eine starke Vergrößerung der Zylinder-T.; sie wurde zus. mit der Querpfeife zum typ. Instrument der Söldnerheere. Durch eine Verringerung der Zargenhöhe entstand im 17. Jh. die Parade- oder Basler T. Mit der Janitscharenmusik gelangte um 1700 eine noch größere Zylinder-T. ins Abendland, die dann in der Kunstmusik (erstmals von MARIN MARAIS, * 1656, † 1728, in ›Alcione‹, 1706) zum Ausdruck oriental. Kolorits eingesetzt wurde. Diese **Türken-T.** wurde mit waagerechter Zarge getragen oder aufgestellt; die senkrechten Felle wurden rechts mit einer Holzkrücke und links mit der Janitscharenrute geschlagen. In der Folge wurde sie als **große T.** bezeichnet und ist seit dem 19. Jh. das wichtigste Bassinstrument der Schlagzeuggruppe des Orchesters. Früher bestand die Zarge aus Holz, heute meist aus Metall. Die beiden Membranen als Fell oder Kunststoff werden auf den Fellwickelreifen befestigt und durch die Felldruck- oder Spannreifen gespannt. Die Felle sind einzeln stimmbar durch 6–12 Spannschrauben; bei älteren Modellen sind die Spannschrauben zu Spannspindeln verlängert, die die beiden Felldruckreifen miteinander verbinden. Als Konzertinstrument hat die große T. eine Zargenhöhe von 35–55 cm und einen Felldurchmesser von 70–80 cm (Jazz-T. 30–40 × 45–70 cm; Militär-T. je nach Land 15–45 × 36–76 cm). Durch die Einführung der großen Türken-T. wurde die Landsknechts-T. zur kleinen T. Seit dem 17./18. Jh. wurde ihre Zargenhöhe verringert, das Holzkorpus wich allmählich dem aus Messing,

Trommel 2): oben Sanduhrtrommel aus Neuguinea, Länge 74 cm; unten Trommel der Kuba in der Demokratischen Republik Kongo, Höhe etwa 70 cm

und an die Stelle der traditionellen Schnurspannung traten Spannschrauben. Diese Entwicklung mündete im 19. Jh. in die **Militär-T.** Die flache Militär-T. wurde in der Folgezeit in Dtl. als **kleine T.** bezeichnet. Im Orchester des 19. Jh. diente sie zunächst als Effektinstrument und zum Ausdruck des Militärischen. Die moderne kleine T. entstand im 20. Jh. durch eine weitere Verringerung der Zargenhöhe der alten Militär-T. Beim Standardinstrument beträgt die Zargenhöhe 16–18 cm, der Durchmesser 35–38 cm; die in der Militärmusik und im Jazz verwendeten T. haben i. d. R. kleinere Abmessungen. Das Resonanzfell weist einen (abnehmbaren) Bezug von Schnarrsaiten oder Drahtspiralen mit regulierbarer Spannung auf. Sie erzeugen den charakterist. harten, schnarrenden Klang. Das Instrument wird auf einem Ständer aufgelegt oder, als Marsch-T., an einem Trageriemen befestigt. Eine Abart der Rühr-T. ist der Anfang des 19. Jh. entwickelte **Tenor-T.** Ihre mit Standfüßen versehene Zarge hat eine Höhe von 30–60 cm, der Durchmesser beträgt 40–46 cm. Sie hat keine Schnarrsaiten und wird mit Paukenschlägeln gespielt.

C. L. WHITE: Drums through the ages. The story of our oldest and most fascinating musical instruments (Los Angeles, Calif., 1960); D. ARENDT: T. machen Gesch., in: Universitas, Bd. 43 (1988); T. KLÖWER: Die Welten der T. u. Klanginstrumente (Diever ²1996). – Weitere Literatur →Schlagzeug.

Trommelfell, *Anatomie:* →Ohr.
Trommelfellperforation, Defekt (Riss) im Trommelfell v. a. infolge Durchbruchs von Eiter bei akuter oder chron. Mittelohrentzündung; die bei der →Parazentese künstlich angelegte T. dient therapeut. Zwecken.
Trommelfeuer, *Militärwesen:* im Ersten Weltkrieg aufgekommene Bez. für ein über einen längeren Zeitraum hinweg (mitunter mehrere Tage) kontinuierlich anhaltendes Massenfeuer von Artilleriewaffen aller Kaliber auf einen bestimmten Raum. Erstmals von den Franzosen in der Herbstschlacht in der Champagne 1915 angewendet, wurde das T. bes. kennzeichnend für den Stellungskrieg an der West- und an der Isonzofront.
Trommelfisch, Name zweier Arten der Umberfische, die durch Muskelkontraktionen an der Schwimmblase trommelähnl. Geräusche erzeugen: **Trommelfisch** i. e. S. (Pogonias chromis) bis 3 m lang, im Westatlantik, und **Süßwasser-T.** (Aplodinotus grunniens) bis 1 m lang, in Seen und Flüssen Mittel- und Nordamerikas.
Trommeln, *Verhaltensforschung:* durch in Schwingung versetzte Membranen (z. B. die Trommelorgane der Zikaden) oder andere resonanzfähige Strukturen (z. B. Baumstämme) erzeugte rhythm. Lautäußerungen bei Tieren; Beispiele sind das T. der Spechte, das Brust-T. oder T. an ›Trommelbäumen‹ bei Gorillas und Schimpansen und die trommelähnl. Geräusche bestimmter Fische (→Trommelfisch).
Trommelorgan, arttyp. Schrilllaute erzeugendes Organ bei weibl. Zikaden, v. a. bei Singzikaden, das beiderseits am ersten Hinterleibsring liegt oder auch als unpaares Gebilde in der Rückenmediane in Form eines nach außen gewölbten, membranösen Kutikularfeldes **(Schallmembran, Schallplatte, Tympanum);** das T. wird jeweils durch einen sehr starken Dorsoventralmuskel in rascher Folge eingedellt und schnellt elastisch zurück.
Trommelschlägelfinger, Kolbenfinger, Digiti hippocratici, kolbenförmige Auftreibung der Fingerendglieder mit uhrglasartiger Nagelverformung (so genannte Uhrglasnägel) meist infolge chron. Sauerstoffmangels bei Lungen- und Herzkrankheiten, seltener bei Leber- und Darmkrankheiten; manchmal familiäre Formenvariante ohne Krankheitswert.
Trommelsieb, Apparat zum Siebklassieren durch kontinuierlich umlaufende, mit Drahtgeweben oder geflochtenen Blechen belegte Mäntel. Die Siebtrommel (Durchmesser rd. 0,8 bis 1,2 m) kann stehend oder liegend angeordnet sein. T. werden für Trocken- oder Nasssiebungen von Sand und Kies mit 50 bis 6 mm Trennkorngröße eingesetzt.

Trommelsucht, *Tiermedizin:* die →Aufblähung.
Trommler, Birgitta, Tänzerin, Choreographin, Pädagogin und Ballettdirektorin, * München 29. 1. 1944; studierte bei MAJA LEX (* 1906, † 1986) in Köln sowie u. a. bei J. LIMÓN und M. CUNNINGHAM in den USA, tanzte bei LEX und in versch. amerikan. Ensembles, bevor sie 1976 mit dem Tanzprojekt München eine Schule und eine kleine Kompanie gründete, mit der sie v. a. zwischenmenschl. Beziehungen thematisierte. 1989–96 war sie Direktorin des Tanztheaters Münster, seit 1996 leitet sie das Tanz/Theater Darmstadt.

Choreographien: Riesen raus! (1982); Stella (1986); Jeder ist eine kleine Gesellschaft (1989); Wie Lulu (1992); Kinder der Nacht (1996).

Trommsdorff, Johann Bartholomäus, Chemiker und Pharmazeut, * Erfurt 8. 5. 1770, † ebd. 8. 3. 1837; Apotheker; ab 1795 Prof. in Erfurt; gründete hier eine chemisch-pharmazeut. Lehranstalt und 1812 in Teuditz (heute zu Tollwitz, Landkreis Merseburg-Querfurt) die erste Fabrik für pharmazeut. Erzeugnisse; Verfasser chem. und pharmazeut. Lehrbücher.

Johann Bartholomäus Trommsdorff (Kupferstich)

Tromp, Maarten Harpertsz., niederländ. Admiral, * Brielle (bei Rotterdam) 23. 4. 1598, † (gefallen) vor Terheide (bei Den Haag) 10. 8. 1653; vernichtete am 21. 10. 1639 auf der Reede von The Downs die span. Flotte und leitete 1652–53 den Kampf gegen die typenmäßig bereits überlegene engl. Flotte.

Trompe [frz., eigtl. ›Trompete‹] *die,* -/-n, 1) *Baukunst:* nischenartige Wölbung in Trichter- oder Halbkugelform in zwei rechtwinklig aneinander stoßenden Mauern zur Überführung eines quadrat. Raumes in einen polygonalen; bes. bei islam. Kuppelbauten. (→Pendentif)
2) [trɔ̃p], *Musik:* seit dem 12. Jh. in Frankreich belegte Bez. für ein Signalinstrument, wohl ein gerades Horn aus Metall, das zur Jagd, zum Turnier und im Krieg geblasen wurde.

Trompe-l'Œil [trɔ̃p'lœj; frz., eigtl. ›Augentäuschung‹] *das,* auch *der,* -(s), eine besondere Art des Stilllebens, in der die Gegenstände so naturgetreu gemalt sind, dass sie dem Auge (im ersten Moment) als Wirklichkeit erscheinen. PLINIUS D. Ä. berichtet in seiner ›Naturalis historia‹, der griech. Maler ZEUXIS (5. Jh. v. Chr.) habe Trauben so täuschend echt gemalt, dass Vögel angelockt worden seien. Wenige antike Beispiele haben sich erhalten (in Pompeji, Haus der Giulia Felice, 1. Jh. n. Chr.). Erst wieder im 15. Jh. wird bei Stillleben, bes. auf den Außenseiten von Altarflügeln, diese Darstellungsweise angewendet, die dem Künstler die Möglichkeit gibt, sein Können (Perspektive, Licht- und Schattenwirkung) unter Beweis zu stellen. Sie spielte eine Rolle in der niederländ. Stilllebenmalerei des 17. Jh. und wurde im 19. Jh. (u. a. W. HARNETT, J. F. PETO) und im 20. Jh. vom Surrealismus und in neuen realist. Strömungen gelegentlich wieder aufgegriffen. (BILD S. 342)

Trompe 1)

M. MILMAN: Das T.-l'œil (a. d. Frz., Neuausg. Genf 1986); Das Bild als Schein der Wirklichkeit. Opt. Täuschungen in Wiss. u. Kunst, bearb. v. H. SCHOBER (Neuausg. 1988).

Trompete [mhd. trum(p)et, von mittelfrz. trompette, Verkleinerung von altfrz. trompe ›Trompete‹], *Musik:* 1) i. w. S. Bez. für Blechblasinstrumente mit überwiegend zylindr. Röhre im Unterschied zum kon. →Horn. I. e. S. ist T. ein Blechblasinstrument in Sopranlage mit zylindrisch-kon. Röhre (meist aus Messing oder Neusilber), leicht ausladender Stürze und drei Ventilen. Die T. wird mit einem Kesselmundstück angeblasen, ihr Klang ist strahlend hell und obertonreich. Im Orchester dominiert heute die T. in B (Um-

Trompetenbaum:
Gewöhnlicher
Trompetenbaum
(Blatt und Blütenstand)

Trompetenzunge:
Salpiglossis sinuata
(Höhe 0,5–1 m)

fang etwa e–c³, eine große Sekunde tiefer klingend als notiert), die mit einem Stellventil für die A-Stimmung versehen sein kann. Seltener sind die T. in F, die Bass-T. in B oder C sowie die →Aida-Trompete. Hohe, ›kleine‹ T. (→Bachtrompete) für barocke Clarinpartien stehen in D, Es, F oder G, auch in hoch B und C.

Trompetenartige Instrumente wurden seit der Antike verwendet, wobei die Abgrenzung zum Horn oft nicht eindeutig ist. Die zunächst aus natürl. Materialien, später aus versch. Metallen gefertigte Röhre konnte gerade (→Busine) oder leicht gekrümmt sein. Um 1400 kam die Kunst auf, Röhren zu biegen, was ihre Verlängerung und zugleich leichtere Handhabung ermöglichte. Neben oft bizarr geformten Modellen setzte sich schon bald die T. in S-Form oder mit schlaufenartiger Windung durch, die bis zur Erfindung der Ventile nicht wesentlich verändert wurde.

Die T. diente zunächst als Signalinstrument, bis um 1300 nutzte man nur die ersten vier Naturtöne. Aus dem Bestreben, das Instrument melodiefähig zu machen, entstand die →Zugtrompete, die jedoch in der weiteren Geschichte der T. nur eine Nebenrolle spielte. Allmählich entwickelte man die Technik des Überblasens in hohe Lagen (Clarinregister, →Clarino), was der T. bis in die Barockzeit den Einsatz als Melodieinstrument sicherte. Der seit dem 16. Jh. übliche bis zu fünfstimmige T.-Chor (nur die beiden obersten Stimmen waren Clarinpartien) wurde um die Mitte des 17. Jh. abgelöst durch einen Satz für drei T. (bevorzugte Stimmungen D und C), wobei die Pauke gleichsam als zusätzl. T.-Bass fungierte. Um auch die Mittellage und die Tiefe melodisch nutzen zu können, konstruierte man Ende des 18. Jh. eine gewundene T., bei der sich die rechte Hand in die Stürze einführen (Stopfen) und so die Tonhöhe verändern ließ, sowie die Klappen-T. mit geschlossenen →Klappen; beide Modelle konnten sich nur bis zur Erfindung der T. mit →Ventilen behaupten.

Virtuose T.-Musik komponierten im späten 17. Jh. und im 18. Jh. G. TORELLI und A. VIVALDI. Konzerte für T. schrieben u. a. L. MOZART, J. HAYDN und J. N.

Trompe-l'Œil: John Frederick Peto, ›Armeleute-Laden‹; 1885 (Boston, Museum of Fine Arts)

HUMMEL, im 20. Jh. A. JOLIVET, P. HINDEMITH (für T. und Fagott mit Streichorchester), B. A. ZIMMERMANN, K. STOCKHAUSEN und W. RIHM. In neuerer Musik wird die T. auch kammermusikalisch eingesetzt, so bei G. ENESCU, B. MARTINŮ, HINDEMITH, J. FRANÇAIX und P. M. DAVIES.

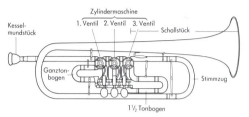

Trompete

In der Jazzmusik löste die T. mit Pumpventilen seit etwa 1925 das Kornett als Soloinstrument ab und fand herausragende Spieler in L. ARMSTRONG, B. BEIDERBECKE, D. GILLESPIE, M. DAVIS und C. BAKER. Die im Jazz entwickelte besondere Technik des Dämpfens wurde gelegentlich auch in die Orchestermusik übernommen (z. B. G. GERSHWIN).

D. ALTENBURG: Unterss. zur Gesch. der T. im Zeitalter der Clarinblaskunst. 1500–1800, 3 Bde. (1973); P. BATE: The trumpet and trombone (London ²1978); H. HEYDE: T., Posaunen, Tuben (Leipzig 1980); D. L. SMITHERS: The music and history of the baroque trumpet before 1721 (Carbondale, Ill., ²1988); W. ESCHER: Die T. im Jazz (Wien ²1991); E. TARR: Die T. Ihre Gesch. von der Antike bis zur Gegenwart (³1994).

2) in der Orgel ein Zungenregister mit trichterförmigen Bechern aus Metall in voller Länge, von kräftigem, markig schmetterndem Ton, in 8'-, 4'- und 16'-Lage gebaut.

Trompetenbaum, Katalpe, Catalpa, Gattung der Bignoniengewächse mit elf Arten in O-Asien und Nordamerika; sommergrüne Bäume mit meist sehr großen, gegenständig oder in Dreierwirteln angeordneten Blättern und verwachsenkronblättrigen, glockigen Blüten mit zweilippiger Krone in traubigen bis rispigen Blütenständen. Die meist in großer Zahl gebildeten Früchte sind herabhängende, 10–40 cm lange, 5–15 mm dicke Kapseln, die an Bohnenhülsen erinnern. Mehrere Arten sind prächtig blühende Parkbäume, so der **Gewöhnliche T.** (Catalpa bignonioides) mit weißer, innen purpurfarben gepunkteter und mit zwei gelben Längsstreifen versehener weißl. Krone.

Trompetenbaumgewächse, die →Bignoniengewächse.

Trompetenblatt, die Purpursarrazenie (→Sarrazenie).

Trompetenblume, die Pflanzengattung →Klettertrompete.

Trompetenfische, Familie der →Pfeifenfische.

Trompetengeige, das →Trumscheit.

Trompetenschnecken, die →Tritonshörner.

Trompetentierchen, Stentor, zu den →Heterotricha gehörende Gattung der Wimpertierchen; T. sind farblos, etwa 1 mm groß und trichterförmig; sie leben, meist festsitzend, gelegentlich frei schwimmend in nährstoffreichen Süßgewässern und ernähren sich von Bakterien.

Trompetenzunge, Salpiglossis, Gattung der Nachtschattengewächse mit zwei Arten in den südl. Anden. Die bis 1 m hohe Art **Salpiglossis sinuata,** eine einjährige, drüsig behaarte Pflanze mit auffällig netzadrig gezeichneten gelben bis dunkelpurpurfarbenen oder scharlachroten bis blauen Blüten, wird als Sommerblume kultiviert.

Trompeterprivilegi|en, die in der 1548 von Kaiser KARL V. unterzeichneten Reichspolizeiordnung erstmals festgeschriebenen Vorrechte der Trompeter (später auch der Pauker). Die Trompete durfte ausschließlich von entsprechend ausgebildeten, in königl. oder fürstl. Diensten stehenden Trompetern gespielt werden. Zugleich legten die T. den Ausbildungsgang und die Anforderungen verbindlich fest, hielten so die Zahl der Trompeter klein und sicherten ihnen eine Reihe von Rechten, u. a. den Offiziersrang, im Kriegsfall die Rechte eines Parlamentärs sowie standesgemäße Montur und Unterkunft. Die T. wurden erst Anfang des 19. Jh. aufgehoben.

Trompeterschwan, Cygnus cygnus buccinator, in den gemäßigten Zonen Nordamerikas verbreitete Unterart des Singschwans mit fast schwarzem Schnabel. Durch starke Bejagung war der T. Anfang des 20. Jh. vom Aussterben bedroht; infolge strenger Schutzmaßnahmen haben sich die Bestände wieder vergrößert.

Trompetervögel, Psophiidae, Familie der Kranichvögel mit drei Arten im südamerikan. Regenwald. Die bis 50 cm langen T. wirken wie kleine, gedrungene, kurzschnäbelige Kraniche mit dunklem Gefieder, sie halten sich meistens auf dem Boden auf, schlafen und brüten aber auf Bäumen.

Troms [trums], Prov. (Fylke) in N-Norwegen, 25 984 km², davon 837 km² Wasserfläche, 151 200 Ew.; Hauptstadt ist Tromsø. Der inselreichen, stark zerklüfteten Küste sind fischreiche ›Gründe‹ oder ›Bänke‹ des Europ. Nordmeeres vorgelagert. Das gebirgige Innere ist unwirtlich und kaum bewohnt (Lappen). Lebensgrundlage bilden außer der Landwirtschaft (meist Viehhaltung) die Fischerei und die Schifffahrt.

Tromsø ['trɔmzø, norweg. 'trumsø:], Hauptstadt der Prov. (Fylke) Troms, N-Norwegen, 56 600 Ew.; auf der Insel **Tromsøy** (Stadtzentrum) und dem gegenüberliegenden Festland gelegen; Univ. (gegr. 1968), Nordlichtobservatorium (gegr. 1928), Antennen von →EISCAT; Polar-, Freilicht-, T.-Museum; Fischfang und -verarbeitung, Brauerei; Hafen, Marinestützpunkt; Brücke zum Festland (1 036 m lang) und zur Insel Kvaløy (1 220 m lang); Flugplatz. – Ev. Kirche (2. Hälfte 19. Jh.); ›Eismeerkathedrale‹ (1965). – T., seit dem 9. Jh. bestehend, 1250 erstmals urkundlich erwähnt, verfiel im 16. Jh.; Mitte des 18. Jh. wurde der Ort neu besiedelt und entwickelte sich nach der Stadterhebung (1794) zur Handelsstadt.

Trøndelag ['trœndəla:g], Landschaft in Norwegen, um den Trondheimfjord, verwaltungsmäßig in →Sør-Trøndelag und →Nord-Trøndelag geteilt.

Trondheim ['trɔnhɛim], früher dt. **Drontheim,** im MA. und 1928–31 **Nidaros,** drittgrößte Stadt Norwegens, Verw.-Sitz der Prov. (Fylke) Sør-Trøndelag, am inneren T.-Fjord auf einer vom Nidelv umflossenen Halbinsel und den sie umgebenden Höhen, 143 800 Ew.; Sitz eines luther. Bischofs; Univ. (gegr. 1968; eingegliedert ist die 1910 gegründete TH), Fachhochschulen, Kunstakademie, Norweg. Forschungsinstitut für Meerestechnologie; Seefahrt-, Schul-, Freilichtmuseum, Museum für Kunsthandwerk, für Musikinstrumente, Wissenschaftsmuseum der Univ.; Schiffbau, Metall-, Nahrungsmittel-, Holzindustrie; eisfreier Hafen, Eisenbahnknotenpunkt. – Der über dem Grab OLAFS DES HEILIGEN errichtete Nidarosdom (BILD →norwegische Kunst) ist das bedeutendste mittelalterl. Bauwerk des Landes (im 19. und 20. Jh. restauriert) und Krönungskirche der norweg. Könige: Querschiff und Kapitelhaus in anglonormannisch beeinflusster Spätromanik (Mitte 12. Jh.), got. Hochchor, reich gegliederte W-Fassade mit Fensterrose und Skulpturen (1248 begonnen). Südlich des Doms der mittelalterl. Steinbau der ehem. erzbischöfl. Residenz (heute Museum). Got. Liebfrauenkirche (Vår Frue kirke, 13. Jh., im 16./17. Jh. umgebaut). Festung

Tromsø: Blick vom Berg Storstein auf die Insel Tromsøy, die durch eine 1 036 m lange Brücke mit dem Festland verbunden ist; im Hintergrund die Insel Kvaløy, vorn rechts die ›Eismeerkathedrale‹ (1965)

Kristiansten (1682–84). – 997 ließ hier König OLAF I. TRYGGVASSON den Königshof ›Nidarnes‹ und eine Kirche bauen; die sich bald entwickelnde Stadt wurde Nidaros genannt. Als Begräbnisort König OLAFS DES HEILIGEN (OLAF II. HARALDSSON) wurde sie zum Zentrum seiner Verehrung (Ziel großer Pilgerströme). T. war bis ins 13. Jh. wichtigste königl. Residenz, seit 1152 Erzbischofssitz und entwickelte sich zum kulturellen Mittelpunkt des Landes. Den mit der Reformation einsetzenden Verlust an polit. Bedeutung glich der auf dem Holzhandel beruhende wirtschaftl. Aufschwung weitgehend aus. – Wie schon im MA. ist T. seit 1814 wieder Krönungsstadt der norweg. Könige.

Trondheimfjord, Drontheimfjord, norweg. **Trondheimsfjord** ['trɔnhɛimsfjuːr], verzweigter Fjord in Norwegen, erstreckt sich bis Steinkjer, 126 km lang.

Trondheim: Kaianlage mit Lagerhäusern am Nidelv

Trondhjemit [nach Trondhjem, der alten Schreibung von Trondheim] *der, -s/-e,* helles Tiefengestein aus Oligoklas (→Feldspäte), Quarz (durchschnittlich 70%) und Biotit (5–10%). T. ist eine Varietät des Quarzdiorits oder Tonalits, an Orogene gebunden, v. a. im zirkumpazif. Raum (Alaska, Anden) und in den Kaledoniden.

Troodos, Hauptgebirge Zyperns, im SW der Insel, erreicht im Olympos 1 951 m ü. M.; teilweise mit

Forsten bedeckt (Aleppokiefern, T.-Zypressen, Zwergeichen, Zedern); die natürl. Zedernwälder waren bis in die 1920er-Jahre fast ganz abgeholzt (Schiffbaumaterial). Auf dem Olympos liegt im Winter Schnee (Skisport). Bodenschätze sind Asbest (bei Amiantos) und Chromerz, in den nördl. Vorbergen Pyrit (bei Skuriotissa); die letzte Kupfererzmine wurde 1980 geschlossen. – Die oft versteckt liegenden Kirchen und Kapellen des T. mit ihren zumeist byzantin. Wandmalereien (v. a. aus dem 11. und 12. Jh.) wurden von der UNESCO zum Weltkulturerbe erklärt.

Cornelis Troost: Das Taschengeld; 1741 (Amsterdam, Rijksmuseum)

Troost, 1) Cornelis, niederländ. Maler, *Amsterdam 8. 10. 1697, †ebd. 7. 3. 1750; begann mit Gruppenbildnissen. Seit den 1730er-Jahren malte er bes. Theater- und Genreszenen, häufig in Pastelltechnik (›Das Gastmahl des Biberius‹, fünfteiliger Zyklus, 1739–40; Den Haag, Mauritshuis). T. verband die Tradition des 17. Jh. mit den Strömungen seiner Zeit und fand eine eigene, humorist. Form des Sittenbildes.
2) Paul Ludwig, Architekt, *Elberfeld (heute zu Wuppertal) 17. 8. 1878, †München 21. 1. 1934; schuf traditionelle Wohnungsbauten und Entwürfe für Innenausstattungen der Dampfer des Norddt. Lloyd. Als einer der bevorzugten Architekten HITLERS wurde er mit der Neugestaltung des Münchener Königsplatzes mit ›Führerbau‹, Parteigebäude der NSDAP und Ehrentempeln sowie mit dem Entwurf für das Haus der Kunst (1933–37 erbaut; BILD →Neoklassizismus) beauftragt.

...trop [zu griech. tropḗ ›Wende‹, ›Kehre‹, ›Wendung‹, ›Drehung‹], Wortbildungselement mit der Bedeutung: Hinwendung, gerichtet auf, z. B. Heliotrop, eutrop; auch als **...tropie** in der Bedeutung: Hinwendung, gerichtete Einwirkung, z. B. Entropie.

Tropaeolum [zu lat. trop(h)aeum ›Siegeszeichen‹], die Pflanzengattung →Kapuzinerkresse.

Tropaion [griech.], lat. **Tropaeum**, antikes Siegesmal, z. B. das Tropaeum Traiani (→Adamclisi).

Tropan|alkaloide [zu Atropa, dem wiss. Gattungsnamen der Tollkirsche], Gruppe von Alkaloiden, die v. a. in Nachtschattengewächsen und im Kokastrauch vorkommen und sich von der stickstoffhaltigen bizykl. Verbindung **Tropan** ableiten. Zu den Nachtschatten-T. zählen z. B. L-Hyoscyamin und dessen racem. Form Atropin; sie bestehen aus den Estern eines Hydroxylderivats des Tropans, dem **Tropin** (3α-**Tropanol**), mit der (in D- und L-Form und als →Racemat auftretenden) **Tropasäure**. Das wichtigste Alkaloid des Kokastrauches, das Kokain, ist das Methylesterbenzoat der 3β-Hydroxy-2β-tropansäure (**Ecgonin**).

Troparion [griech.] das, -s/...ri|en, in der Hymnodie der orth. Kirche ein i. d. R. monostrophiger Kurzhymnus, der der Erläuterung des Tagesgedächtnisses dient und stets einen Schluss in Gebetsform aufweist. Nach dem Vorbild der synagogalen Poesie wurden die T. zw. die Verse der bibl. Oden oder der Psalmen eingeschaltet und später zu den →Stichera weiterentwickelt. Die ältesten T. stammen aus dem 5. Jh. und sind Vorläufer der späteren Form des Kontakions. Nach Inhalt bzw. Funktion unterscheidet man etwa 30 Arten, z. B. Anastasimon (›Auferstehungsgesang‹), Apolytikion (›Schlussgesang‹), Triadikon (›Gesang zu Ehren der Trinität‹), →Theotokion.

Troparium [nach Aquarium gebildet] das, -s/...ri|en, das →Tropenhaus.

Tropen [griech. tropaí (hēlíou) ›Sonnenwende‹, also eigtl. ›Wendekreise‹] Pl., der zw. den Wendekreisen (23°27′ n. Br. und s. Br.) gelegene Bereich (mathemat. Klimazone), der etwa 40 % der gesamten Erdoberfläche umfasst. Diese **solaren T.** sind dadurch gekennzeichnet, dass die Sonne zweimal im Jahr im Zenit steht, am Äquator jeweils am 21. 3. und 23. 9., zu den Wendekreisen hin in immer kürzeren Abständen, über den Wendekreisen jeweils nur einmal. Der Einfallswinkel der Sonnenstrahlen sinkt nie unter 43° (kein Sonnen- und Schattenhang). Der Wechsel zw. Tag und Nacht ist scharf, die Dämmerung kurz. Tag und Nacht sind am Äquator immer fast gleich lang (12 Stunden); an den Wendekreisen dauert der längste Tag etwa $13^{1}/_{2}$ Stunden, der kürzeste $10^{1}/_{2}$ Stunden. Aufgrund der v. a. in den äquatornahen Bereichen intensiven Sonneneinstrahlung während des ganzen Jahres, die zu einer starken Verdunstung bes. über den trop. Ozeanen führt, wirken die T. entscheidend auf den Wärme- und Wasserhaushalt des Systems Erde–Atmosphäre ein. Der Haupttransport latenter und fühlbarer Wärme erfolgt in der äquatorialen →Tiefdruckrinne im Zusammenhang mit starker Konvektionsbewölkung von der Erdoberfläche in die hohe trop. Atmosphäre.

Im klimatolog. Sinne versteht man unter T. die Gebiete beiderseits des Äquators (aufgrund unterschiedl. Abgrenzungskriterien nicht unbedingt mit den strahlungsklimat. T. identisch), in denen **tropisches Klima** herrscht. Dieses ist infolge des ganzjährig von der Senkrechten nur wenig abweichenden Sonnenstandes durch eine ganzjährig hohe Einstrahlung mit entsprechend hohen Temperaturen (außer in Gebirgen) gekennzeichnet, v. a. im äquatornahen Bereich. Da die Tageshitze im Wesentlichen von der direkten Sonneneinstrahlung herrührt, kühlt es nachts relativ stark ab, jedenfalls im Vergleich zu den äußerst geringen Unterschieden der im Laufe eines Jahres auftretenden Tagesdurchschnittstemperaturen. Man spricht daher von Tageszeitenklima.

Bei der Abgrenzung der Gebiete mit trop. Klima setzte man für Tiefländer eine Jahresdurchschnittstemperatur von 20 °C (manchmal auch von 18 °C) als begrenzenden Wert fest. Diesen **warmen T.** steht der Bereich der **kalten T.** in den Gebirgen gegenüber. Auch hier herrscht die ganze Jahr über eine relativ gleichmäßige Durchschnittstemperatur, aber je nach Höhenlage bei einem anderen (mit der Höhe abnehmenden) absoluten Wert und wesentlich stärkeren Schwankungen zw. Tag und Nacht (in großer Höhe z. T. ständig Nachtfrost). Die sich daraus ergebenden Höhenstufen der trop. Gebirge sind bes. deutlich in Süd- und Mittelamerika ausgeprägt (→Tierra); in Äthiopien Stufung in Kolla, Woina Dega und Dega. Eine Ausnahmeerscheinung stellen die Küstenregionen im Bereich kalter Meeresströmungen dar (kühle Küstenwüsten, v. a. vor der W-Küste Südamerikas).

Für die jahreszeitl. Differenzierung und die Gliederung der T. sind die Niederschlagsverhältnisse maßgebend. Durch die den Sonnenhöchstständen folgenden →Zenitalregen, die sich aus der Konvektion im Be-

Tropan

Tropin

Tropasäure

Ecgonin

Tropanalkaloide

reich der →innertropischen Konvergenzzone ergeben, ist in den **inneren** T. (bis etwa 10° n. Br. und s. Br.) eine doppelte Regenzeit (ohne ausgeprägte Trockenzeit) mit Maxima nach den Tag- und Nachtgleichen (Äquinoktialregen) ausgebildet. Diese **immerfeuchten** T. erhalten die größten Niederschlagshöhen auf der Erde.

Polwärts schließen sich die **äußeren** T. (**wechselfeuchte** T., **Rand-**T.) an, in denen mit dem zeitl. Zusammenrücken der Sonnenhöchststände (Nähe der Wendekreise) das doppelte Niederschlagsmaximum in eine einfache sommerl. Regenzeit übergeht (Solstitialregen, zu denen auch die Monsunregen S- und SO-Asiens gehören), die mit einer zunehmend ausgeprägten Trockenzeit wechselt (passat. Trockenheit aufgrund der winterl. Verlagerung der randtropisch-subtrop. Hochdruckgürtel äquatorwärts). Über den Meeren sind im Bereich der innertrop. Konvergenzzone die durch Windstille oder nur leichte Luftbewegungen charakterisierten →Kalmen ausgebildet, außerhalb davon können →tropische Wirbelstürme auftreten.

Den Niederschlägen und Temperaturen entsprechend wechselt die Ausprägung der natürl. Vegetation (u. a. trop. Regen- und Bergwald, Monsun-, Trockenwald, Savanne, Galeriewald, Mangrove, Halbwüste, Wüste). Abhängigkeit vom trop. Klima (u. a. infolge der tiefgründigen Verwitterung) zeigen auch Oberflächenformung (z. B. Flächenspülung, Inselberge, Rumpfflächenbildung, Kegelkarst) und Bodenbildung (→tropische Böden); wichtig war das Fehlen pleistozäner Kaltzeiten in den Tiefländern. Die landwirtschaftl. Nutzung unterliegt vielen, letztlich klimatisch bedingten Einschränkungen, v. a. in den immerfeuchten T. Für den Menschen nachteilig sind auch Schwüle und Tropenkrankheiten.

W. MANSHARD: Agrargeographie der T. (1968); DERS.: Entwicklungsprobleme in den Agrarräumen des trop. Afrika (1988); W. LAUER: Vom Wesen der T. (1975); H. RIEHL: Climate and weather in the tropics (London 1979); W. WEISCHET: Die ökolog. Benachteiligung der T. (²1980); S. NIEUWOLT: Tropical climatology (Neuausg. Chichester 1982); J. O. AYOADE: Introduction to climatology for the tropics (Chichester 1983); S. HASTENRATH: Climate dynamics of the tropics (Neuausg. Dordrecht 1991); A. WIRTHMANN: Geomorphologie der T. (²1994); Tropical, subtropical geomorphology. Research studies from coastal areas to high mountains, hg. v. K.-H. PFEFFER (Berlin 1996).

Tropen [spätlat. tropus ›Gesang(sweise)‹], *Sg.* **Trope** *die, -, Musik:* →Zwölftontechnik.

Tropen [griech. tropḗ, eigtl. ›(Hin)wendung‹, ›Richtung‹], *Sg.* **Trope** *die, -,* oder **Tropus** *der, -, Rhetorik:* zusammenfassende Bez. für in einem übertragenen Sinn verwendete sprachl. Ausdrucksmittel, z. B. Allegorie und Metapher.

Tropenhaus, Troparium, Tropikarium, Warm- oder Treibhausanlage, in der bes. trop. Pflanzen und/oder Tiere (v. a. Fische, Lurche und Kriechtiere) in möglichst natürl. Umgebung gepflegt und ausgestellt werden.

Tropeninstitute, zur Erforschung und Behandlung von Tropenkrankheiten weltweit bestehende Einrichtungen; in Dtl. gibt es neben dem Bernhard-Nocht-Inst. für Tropenmedizin in Hamburg auch T. in Berlin, München, Heidelberg und Tübingen. Andere Städte (Dresden, Leipzig, Würzburg u. a.) verfügen über spezialisierte Beratungsstellen.

Tropenkrankheiten, Sammel-Bez. für Krankheiten, deren Verbreitungsgebiete sich vorwiegend oder ausschließlich in trop. Ländern befinden; urspr. beschränkt auf Infektionen, deren Erreger und Übertragung an warmes Klima sowie bestimmte ökolog., soziale und hygien. Umstände gebunden sind, v. a. Malaria sowie Cholera, Schlafkrankheit, Amöbenruhr, Leishmaniasen, Bilharziose, Filariosen, Frambösie, Lepra, Gelbfieber. Ganz wichtig sind aber auch die Durchfallerkrankungen, die durch Bakterien, Viren, Protozoen oder Würmer verursacht werden. Außerdem werden bestimmte Erkrankungen (Mangelzustände, Vergiftungen, gewisse Tumoren oder Bluterkrankungen) zu den T. gerechnet, soweit sie häufig in diesen Bereichen auftreten.

Tropenmedizin, Fachgebiet der Medizin, das sich mit Erforschung, Vorbeugung und Behandlung der an trop. Klima gebundenen und durch besondere Lebensumstände bedingten Gesundheitsstörungen befasst. Neben den Tropenkrankheiten haben anwendungsorientierte Gesundheitsforschung in trop. Entwicklungsländern sowie Belange der →Touristikmedizin in neuerer Zeit besondere Bedeutung.

Tropentag, *Meteorologie:* →heißer Tag.

Tropentauglichkeit, körperl. und psych. Eignung eines in gemäßigtem Klima aufgewachsenen Menschen für einen Aufenthalt in den Tropen. Bei Berufsreisen ist die hierzu erforderliche ärztl. Untersuchung und Beratung in Dtl. vorgeschrieben; sie berücksichtigt den Gesundheitszustand des Reisenden sowie Zeit und Lebensbedingungen des Tropeneinsatzes. Im Versicherungsrecht ist die T. Grundlage für die Anerkennung einer möglicherweise in den Tropen erworbenen Berufskrankheit. Auch für tourist. Belange sollte die Beurteilung und Beratung im Hinblick auf Reisefähigkeit, Schutzimpfungen und ggf. sonstige Vorbeugungsmaßnahmen durch eine spezialisierte Institution erfolgen.

Tropenwälder, Bez. für in den Tropen liegende Wälder, umgangssprachlich häufig für den trop. →Regenwald.

Tropfbewässerung, →Beregnung.

Tröpfcheninfektion, Übertragung von Krankheitserregern durch Verbreitung über die beim Sprechen, Niesen und Husten ausgeschiedenen Schleimpartikel; durch T. werden u. a. Grippe, Keuchhusten, Diphtherie, Masern und Tuberkulose übertragen.

Tröpfchenmodell, Flüssigkeitsmodell, von N. H. D. BOHR 1936 zur Erklärung der →Kernbindungsenergie vorgeschlagenes und 1939 mit J. A. WHEELER für einen Versuch der theoret. Erklärung der →Kernspaltung angewendetes kollektives →Kernmodell. Nach dem T. verhalten sich die Nukleonen in einem →Kern ähnlich wie Moleküle in einem Tropfen inkompressibler, reibungsfreier Flüssigkeit. Dabei wird angenommen, dass die elektr. Ladung der Protonen gleichmäßig im Kern verteilt ist. Wird einem Kern genügend Energie zugeführt (z. B. durch die Absorption eines Neutrons), kann er sich nach dem T. hantelförmig verformen und schließlich an der dünnsten Stelle in zwei ähnlich große Stücke auseinander brechen. Obwohl dieses Modell nicht alle an Kernen beobachteten Phänomene erklären kann, insbesondere nicht solche, die mit der Schalenstruktur (→Schalenmodell) verbunden sind, liefert es gute Abschätzungen für mittlere Kerneigenschaften.

Aus den dem T. zugrunde liegenden Annahmen ist die **Bethe-Weizsäcker-Formel** für die Kernbindungsenergie $B(N,Z)$ abgeleitet. Sie lautet (wenn sie als positive Größe angegeben wird):

$$B(N,Z) = aA - bA^{2/3} - c(N-Z)^2/A \\ - dZ^2 A^{-1/3} + e\varepsilon A^{-1/2}.$$

Dabei sind N die Neutronen-, Z die Kernladungs-, $A = Z + N$ die Massenzahl und a bis e empir. Konstanten. Die versch. Beiträge, aus denen sich die Kernbindungsenergie zusammensetzt, werden physikalisch (von links nach rechts) als Volumenenergie, Oberflächenenergie, Antisymmetrieenergie, Coulomb-Energie und →Paarungsenergie interpretiert; ε ist dabei -1 für u-u-Kerne, 0 für u-g- und g-u-Kerne sowie $+1$ für g-g-Kerne (u und g stehen für ungerades bzw. gerades N und Z). – Aus der Bethe-Weizsäcker-Formel lassen sich bei fester Massenzahl A die Isobarenregeln (→Isobare) ableiten.

Trop Tropfen – trophotrop

Johannes Tropfke

Tropfen, flüssiger Körper kleiner Masse, der nur oder überwiegend unter dem Einfluss von Kohäsion und Oberflächenspannung steht und unter deren Wirkung bestrebt ist, eine kugelförmige Gestalt anzunehmen. T. werden umso größer, je kleiner die Dichte der Flüssigkeit und je größer die Kohäsion ist. Der Dampfdruck kleiner T. ist größer als der Sättigungsdampfdruck über einer ausgedehnten Flüssigkeitsoberfläche, bei einem T.-Radius 10^{-8} m um etwa 10 %. Daher findet in Nebeln ein Wachstum größerer T. zulasten kleinerer statt (isotherme Destillation).

Tropfenschildkröte, Clemmys guttata, bis 12 cm lange Sumpfschildkröte im N und NO der USA; mit gelben Punkten auf schwarzbraunem Untergrund.

Tropfke, Johannes, Mathematikhistoriker und Pädagoge, * Berlin 14. 10. 1866, † ebd. 10. 11. 1939; verfasste 1902–03 eine ›Geschichte der Elementarmathematik‹ (2 Bde.; 2. Aufl. in 7 Bden. 1921–24, 3. Aufl. in 4 Bden. 1930–40). 1980 erschien der 1. Bd. einer Neubearbeitung.

Tropfkopeke, Drahtkopeke, dt. Bez. für die unregelmäßig geformten russ. Silberkopeken des 14.–18. Jh. (zuletzt 1718 ausgegeben).

Tropfkörper, Teil einer Kläranlage zur künstlichen biolog. →Abwasserreinigung.

Tropfpunkt, Kenngröße für die Anwendbarkeit bes. von →Schmierfetten bei hohen Temperaturen; definiert als die Temperatur, bei der eine Probe beim Erwärmen unter genormten Bedingungen durch die Öffnung des Nippels eines T.-Bestimmungsgerätes fließt. Am T. verliert ein Schmierfett seine Konsistenz, da sich der Eindicker im Grundöl löst.

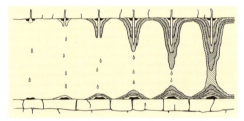
Tropfstein: Schematische Darstellung der Entstehung von Stalaktiten (oben) und Stalagmiten (unten)

Tropfstein, eiszapfenähnl. oder säulenförmige Gebilde aus Calcit (seltener Aragonit), vorwiegend in →Höhlen. Sie werden von abtropfendem Wasser gebildet, wenn dieses aus dem Gestein in einen lufterfüllten Raum tritt und durch den so bewirkten Druck- und Temperaturwechsel das Gleichgewicht von gelöstem Kalk und Kohlendioxid im Wasser gestört wird. T. bilden sich an der Stelle des abtropfenden Wassers als **Stalaktiten;** wo dieses am Boden auftrifft, entstehen **Stalagmiten.** Vereinigen sich beide, entstehen **T.-Säulen,** bei mehreren dicht nebeneinander **T.-Orgeln.** Läuft die Kalklösung streckenweise abwärts, entstehen **Sintervorhänge** oder **Sinterfahnen.** Eine gekrümmte Sonderform der T. sind die **Excentriques.**

Der konzentr., radialstrahlige Bau der T. (ähnlich den Jahrringen von Bäumen) weist auf eine wechselnde Bildungsgeschwindigkeit hin (0,04–100 mm je Jahr), die durch Datierungen mit der Radiokarbonmethode in Einzelfällen bestätigt werden konnte.

troph..., ...troph, Wortbildungselement, →tropho...

Trophäe [frz. trophée, über spätlat. trophaeum, lat. tropaeum ›Siegeszeichen‹, von gleichbed. griech. trópaion] *die,* -/-n, 1) *allg.:* Siegeszeichen, bes. in Gestalt erbeuteter Waffen.

2) *Jägersprache:* Beuteteil, den der Jäger als Erinnerungsstück aufbewahrt (z. B. Hirschgeweih).

Tropfstein: Stalaktiten und Stalagmiten in einer Tropfsteinhöhle

Wassilij Andrejewitsch Tropinin: Selbstbildnis mit Pinsel und Palette, im Hintergrund Blick auf den Kreml; 1844 (Moskau, Museum W. A. Tropinin und die Moskauer Künstler seiner Zeit)

...trophie, Wortbildungselement, →tropho...

tropho... [zu griech. trophḗ ›das Ernähren‹, ›Nahrung‹], vor Vokalen meist verkürzt zu **troph...,** Wortbildungselement mit der Bedeutung: Ernährung, Nahrung, Wachstum, z. B. Trophologie, trophotrop. – In gleicher Bedeutung als letzter Wortbestandteil, bei Adjektiven: **...troph,** z. B. hypertroph; bei Substantiven: **...trophie,** z. B. Hypertrophie.

Trophobiose [zu griech. bíos ›Leben‹] *die,* -/-n, Beziehungsform zw. zwei Organismenarten, bei der der eine Partner **(Trophobiont)** dem anderen Nahrung liefert und dafür dessen Schutz oder sonstige Vorteile erhält. Blattläuse z. B. geben zuckerhaltige Exkremente (›Honigtau‹) ab, die manchen Ameisen als wichtige Zusatznahrung dienen.

Trophoblast [zu griech. blastós ›Blatt‹, ›Spross‹] *der,* -en/-en, **Blastoderm,** Außenwand der Keimblase (Blastozyste), die aus einer äußeren vielkernigen Schicht ohne Zellgrenzen, dem Synzytio-T., und einer inneren Schicht aus einkernigen Zellen, dem Zyto-T., besteht. Der T. dient der Ernährung und dem Stoffaustausch des Keimes und bildet u. a. das Schwangerschaftshormon Choriongonadotropin. Nach der Implantation der Blastozyste in die Gebärmutterschleimhaut gewinnt der T. am 11.–12. Tag nach der Befruchtung Anschluss an das mütterl. Gefäßsystem, und es entsteht der uteroplazentare Kreislauf.

Trophoblasttumoren, fast ausschließlich aus den Zellschichten des →Trophoblasten des Mutterkuchens oder i. w. S. aus den Keimzellen entstandene Tumoren. Wichtige Formen sind →Blasenmole und →Chorionkarzinom.

trophogene Schicht [zu griech. -genḗs ›hervorgebracht‹], durchlichtete Oberflächenschicht eines Gewässers, in der von Pflanzen und einigen Bakterien durch Photosynthese Biomasse aufgebaut wird; Ggs. tropholytische Schicht.

Trophologie *die,* -, andere (fachsprachl.) Bez. für →Ernährungswissenschaft.

tropholytische Schicht [zu griech. lýein ›(auf)lösen‹], Tiefenschicht der Gewässer, in der wegen Lichtmangels keine pflanzl. Biomasse durch Photosynthese erzeugt wird; der mikrobielle Abbau von organ. Resten überwiegt. Die trophogene Schicht und die t. S. sind durch die Kompensationsebene getrennt.

Trophophylle [zu griech. phýllon ›Blatt‹], *Sg.* **Trophophyll** *das,* -s, grüne, ausschließlich der Assimilation dienende Blätter der Farne (im Ggs. zu den Sporen bildenden →Sporophyllen).

trophotrop [zu griech. tropḗ ›(Hin)wendung‹], *Physiologie:* auf den Ernährungszustand von Geweben bzw. Organen einwirkend; eine Erregung des Parasympathikus löst trophotrope Reaktionen aus, dabei sind alle Vorgänge, die der vollständigen Wiederherstellung (Heilung) dienen, gesteigert. Die Tätigkeit der Verdauungsdrüsen und der Darmmuskulatur nimmt zu, die Kreislaufleistung und die Atmung nehmen ab; Ggs.: ergotrop.

Tropical ['trɔpɪkəl; engl., eigtl. ›tropisch‹] *der, -s/-s,* *Textiltechnik:* →Fresko.

...tropie, Wortbildungselement, →...trop.

Tropikarium *das, -s/...ri|en,* das →Tropenhaus.

Tropik|luft, warme, aus südl. (subtrop.) Breiten stammende Luftmassen, die meist als **maritime T.** wandernder Tiefdruckgebiete Mitteleuropa erreichen. **Kontinentale T.** wird mit S- bis SO-Winden von der Sahara oder SO-Europa herangeführt.

Tropikvögel, Phaethontidae, den Ruderfüßern zugeordnete Familie bis 50 cm langer, vorwiegend weißer trop. Meeresvögel; v. a. nach Fischen und Tintenfischen stoßtauchende Tiere mit gelblich rotem Schnabel und stark verlängerten mittleren Schwanzfedern; T. brüten in Kolonien v. a. auf Felseninseln.

Tropin *das, -s,* →Tropanalkaloide.

Tropinin, Wassilij Andrejewitsch, russ. Maler, * Karpowo (Gouv. Nowgorod) 30. 3. 1776, † Moskau 16. 5. 1857. Seine Genrebilder (›Spitzenklöpplerin‹, 1823; Moskau, Tretjakow-Galerie) und Porträts waren wegweisend für die realist. Malweise der Moskauer Kunstschule in der Mitte des 19. Jahrhunderts.

tropisch, 1) *Astronomie:* bei Angaben von Periodendauern svw. auf den Frühlingspunkt bezogen, z. B. trop. →Jahr, trop. →Monat.
2) *Geographie:* die Tropen betreffend, zu den Tropen gehörend, für sie charakteristisch.

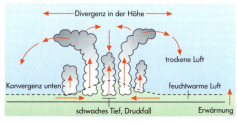

tropische **Wirbelstürme:** Schematische Darstellung der Entwicklung eines tropischen Tiefs

tropische Böden, unter immer- oder wechselfeuchtem trop. Klima entstandene Böden, gekennzeichnet durch intensive chem. Verwitterung, mächtiges Bodenprofil, relativ hohen Gehalt an Ton und Sesquioxiden (Fe_2O_3, Al_2O_3), raschen Humusabbau, meist geringe natürl. Fruchtbarkeit. Typische t. B. sind Latosol (mit Roterde), Plastosol (mit Rotlehm), Laterit, Vertisole.

tropischer Regenwald, →Regenwald.

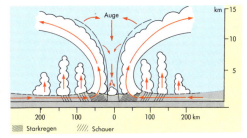

tropische **Wirbelstürme:** Vertikalschnitt durch ein tropisches Orkantief

tropische Wirbelstürme, Tiefdruckgebiete mit geschlossenen Isobaren von 300 bis 1 000 km Durchmesser in einheitlicher trop. Luftmasse. Übersteigt die Windgeschwindigkeit Orkanstärke (118 km/h), wird der t. W. zum **tropischen Orkan,** der je nach Gegend →Hurrikan, →Taifun, Willy-Willy (N-Australien), Mauritiusorkan, Baguio (Philippinen), Kapverd. Orkan, Cordonazo (vor der W-Küste Mexikos) u. a. genannt wird. T. W. entstehen nur über warmen Meeren mit einer Wassertemperatur von mindestens 27 °C, d. h. auf der Nordhalbkugel überwiegend im Sommer und frühen Herbst. Über dem Meer lagert dann eine feuchtwarme Luftmasse mit hoch aufgetürmten Quellwolken. Bei der Kondensation werden erhebl. Wärmemengen frei, die der aufsteigenden Luft einen zusätzl. Auftrieb verschaffen. Sie gelten als die Hauptenergiequelle der Wirbelbildung. Damit eine Zirkulation in Gang kommt, ist eine konvergente Strömung erforderlich, die am Südrand des Subtropenhochgürtels in den wellenförmigen Deformationen der Isobaren, den Easterly Waves, vorhanden ist.

In ihrem Zentrum weisen t. W. eine 10 bis 30 km breite Zone auf, in der der Wind schwach ist und die Wolkendecke aufgrund absinkender Luftbewegung aufreißt, das **Auge.** In einer bis 200 km breiten Zone um das Auge erreichen die Windgeschwindigkeiten volle Orkanstärke. Aus mächtig aufgetürmten Wolkenmassiven (Cumulonimben) fallen sintflutartige Niederschläge, mitunter 500 bis 1 000 mm in wenigen Stunden. An der Küste bilden meterhohe Flutwellen der aufgepeitschten See eine zusätzl. Gefahr. Beim relativ seltenen Übertritt auf das Festland richten die t. W. oft große Zerstörungen an, verlieren aber dann rasch an Energie und lösen sich auf. Zu beiden Seiten

tropische **Wirbelstürme:** Entstehungsgebiete (E) und Zugbahnen

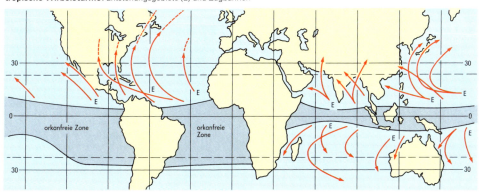

des Äquators, etwa bis 6° Breite, gibt es ein orkanfreies Gebiet. Das ist darauf zurückzuführen, dass die Coriolis-Kraft in Äquatornähe zu gering ist, um Wirbelbewegungen auszulösen. Die meisten t. W. werden am Südrand des Subtropenhochs nach W gesteuert und schwenken später in eine polwärts gerichtete Bahn ein. Im Gebiet der westl. Winde verwandeln sie sich oft in eine Zyklone der gemäßigten Breiten.

D. V. NALIVKIN: Hurricanes, storms and tornadoes (a. d. Russ., Rotterdam 1986).

Tropismen [zu griech. tropé ›(Hin)wendung‹], Sg. **Tropismus** *der, -,* Krümmungsbewegungen festsitzender Organismen (Pflanzen, sessile Tiere) oder von Organen, die durch einen einseitigen Reiz ausgelöst und in ihrer Richtung bestimmt werden, d. h., die Organismen (Organe) nehmen eine bestimmte Lage zur Reizquelle ein. Meist beruhen die T. auf unterschiedlich starkem Wachstum gegenüberliegender Flanken eines Organs, seltener auf Turgorbewegungen, sodass i. d. R. nur wachstumsfähige Organe zu T. befähigt sind. Die Ausrichtung erfolgt entweder direkt zur Reizquelle hin **(positiver T.)** oder von ihr weg **(negativer T.).** Bei schräger Einstellung in einem bestimmten Winkel spricht man von **Plagio-T.**, bei genau senkrechter (90°-Winkel) von **Transversal-** oder **Dia-T.** T. auslösende Reize sind u. a. die Schwerkraft (Geo-T.), Licht (Photo-T.), die Sonne (Helio-T.), unterschiedl. Konzentrationen gelöster oder gasförmiger Stoffe (Chemo-T.), unterschiedl. Feuchtigkeitsgrade (Hydro-T.), einseitige Berührung, z. B. von Ranken (Hapto-T., Thigmo-T.), Temperaturunterschiede (Thermo-T.), elektr. Reizung (Galvano-T., Elektro-T.) oder einseitige Verwundung (Traumato-T.).

Tropophyten [zu griech. tropé ›(Hin)wendung‹ und phytón ›Pflanze‹], Sg. **Tropophyt** *der, -en,* Pflanzen, die im äußeren Erscheinungsbild und in endogenen physiolog. Rhythmen Anpassungen an die jahreszeitlich wechselnden Temperatur- und Feuchtigkeitsverhältnisse zeigen, indem der Entwicklungsgang der Pflanze in der ungünstigen Jahreszeit unterbrochen wird, z. B. durch Samenbildung, Laubabwurf.

Troposphäre [Kurzbildung, zu griech. tropé ›Wendung‹ und Atmosphäre (bezogen auf die ständig auf- und absteigenden Luftströmungen in dieser Schicht)], das unterste ›Stockwerk‹ der Atmosphäre, nach oben begrenzt durch die **Tropopause**. Kennzeichen der T. ist eine allgemeine Temperaturabnahme mit der Höhe, die im Einzelnen aber starken Schwankungen unterworfen ist, gelegentlich auch von Schichten mit Temperaturzunahme (Inversionen) unterbrochen. Ursache der Temperaturabnahme ist, dass die T. überwiegend von der Erdoberfläche her erwärmt wird. Der Aufheizung durch die Sonne entsprechen die Temperaturzunahme vom Pol zum Äquator und die Temperaturunterschiede zw. Sommer und Winter. Letztere sind im Polargebiet am größten, da hier im Winter, in der Polarnacht, die Sonneneinstrahlung völlig entfällt, im Sommer dagegen ohne nächtl. Unterbrechung ist. Ähnl. Unterschiede zeigt die Tropopause, sie liegt am Äquator in 16–17 km Höhe, am Pol in 7,5–9,5 km Höhe, im Winter i. Allg. etwa 2 km niedriger. Außerdem gibt es wetterbedingte Änderungen, z. B. durch Überlagerung von unterschiedl. Luftmassen. Typisch für die T. ist die Zunahme der Windgeschwindigkeit mit der Höhe, nahe der Tropopause befinden sich die Strahlströme (→Jetstream). Die T. enthält etwa drei Viertel der Gesamtmasse der Atmosphäre und nahezu ihren gesamten Wasserdampf. So spielen sich alle bis auf wenige Ausnahmen das veränderl. Wetter prägenden Erscheinungen, die mit dem Wasserdampfgehalt in Verbindung stehen, in der T. ab (Ausnahme: →Perlmutterwolken). – Von besonderer Bedeutung ist die unterste Schicht der T., die als atmosphär. oder planetar. →Grenzschicht unmittelbar mit der Erdoberfläche in Berührung steht.

Tropotaxis [zu griech. tropé ›(Hin)wendung‹] *die, -/...xen,* Biologie: →Taxien.

Troppau, 1) tschech. **Opava** [ˈɔpava], Stadt im Nordmähr. Gebiet, Tschech. Rep., 260 m ü. M., am W-Rand des Hultschiner Ländchens, nahe der Grenze zu Polen, an der Oppa, 63 000 Ew.; Schles. Univ. (Fakultäten für Philosophie und Handelsunternehmertum); Museum und Theater; Schwer- (bes. Ausrüstungen für den Steinkohlenbergbau), Elektromaschinenbau, Textil-, Nahrungsmittel-, Lederindustrie; Straßenknotenpunkt. – T. wurde im Zweiten Weltkrieg stark zerstört. Erhalten blieben u. a. die zweitürmige Marienkirche aus dem 13.–15. Jh. (innen barockisiert), der Wartturm von 1618 (früher Rathausturm), die Minoritenkirche (13. Jh.; nach 1945 erneuert), das barocke Blücher-Palais (heute Museum) u. a. Paläste. – T., 1185 erstmals genannt, 1224 als Stadt Magdeburger Rechts belegt, war 1318–1742 Residenz des gleichnamigen Herzogtums, 1742–1918 Hauptstadt von Österreichisch-Schlesien. 1918/19 kam die Stadt an die Tschechoslowakei. – Auf Betreiben K. W. Fürst VON METTERNICHS beschloss der **Troppauer Kongress** (20. 10.–20. 12. 1820), auf dem die Vertreter der →Heiligen Allianz über die revolutionären Bewegungen v. a. in Spanien, Portugal und Neapel-Sizilien berieten, Maßnahmen gegen die revolutionäre Bewegung in Italien; ein endgültiger Beschluss wurde jedoch erst auf dem Laibacher Kongress 1821 gefasst.

2) ehem. Herzogtum im urspr. mähr. Oppaland, das seit 1318 einer přemyslid. Nebenlinie unterstand, schloss sich allmählich Schlesien an. 1336–67 stand es in Personalunion mit dem Herzogtum Ratibor, 1377 wurde es in die Fürstentümer Jägerndorf und T. geteilt. 1460 kam T. durch Kauf an die Familie Podiebrad, 1485 durch Tausch an König MATTHIAS I. CORVINUS von Ungarn, 1490–1501 hatte es dessen Sohn JOHANN (* 1473, † 1504) inne. SIGISMUND I. von Polen erwarb es danach durch Kauf und hielt es bis 1511; 1526 kam T. unter habsburg. Oberhoheit. Die Herzöge von Liechtenstein nahmen es 1614–1781 von Österreich zu Lehen. Nach Abschluss des 1. Schles. Krieges wurde T. 1742 entlang der Oppa geteilt: Der nördlich gelegene Teil fiel an Preußen (u. a. ›Hultschiner Ländchen‹), der südl. bildete bis 1918 einen Teil von Österreichisch-Schlesien.

troppo [ital. ›zu viel‹, ›zu sehr‹], in Verbindung mit musikal. Vortrags-Bez. gebraucht, z. B. **allegro ma non t.**, schnell, aber nicht zu sehr bzw. nicht zu schnell.

Tropsch, Hans, Chemiker, * Plan (heute Planá, Westböhm. Gebiet) 7. 10. 1889, † Essen 8. 10. 1935; nach Tätigkeit in der Industrie ab 1920 Abteilungsleiter am Kaiser-Wilhelm-Institut für Kohlenforschung in Mülheim a. d. Ruhr, 1928–31 Direktor am Kohlenforschungsinstitut in Prag, danach Prof. in Chicago (Ill.) und wiss. Mitarbeiter der Universal Oil Products Co. ebd. T. arbeitete u. a. über die Theorie der Kohlenentstehung; 1926 gelang ihm mit F. J. E. FISCHER die Synthese von Erdöl-Kohlenwasserstoffen durch Umsetzung von Wassergas (Synthesegas) an Katalysatoren (→Fischer-Tropsch-Synthese).

Tropus [spätlat. ›Gesang(sweise)‹] *der, -/...pen,* **1)** *Musik:* aus der antiken Tradition in die mittelalterl. Musiklehre übernommene Bez., die mit Kirchentonart (auch Modus oder Tonus) gleichbedeutend ist. Daneben findet sich die Bez. T. bei frühmittelalterl. Dichtern und Schriftstellern in der Bedeutung von Gesang und Gesangsweise. Unter T. wird heute i. e. S. die seit dem 9. Jh. in der abendländ. Liturgie bezeugte textl. (Texturierung von Melismen) oder textl. und musikal. Erweiterung eines liturg. Gesangs durch vorangestellte, eingeschaltete oder angehängte Zusätze bezeichnet. Diese Erweiterungen finden sich sowohl beim Ordinarium als auch beim Proprium Missae sowie bei Antiphonen und Responsorien des Offiziums

Tropyliumsalze – Trotz **Trot**

Tropyliumkation

Tropyliumsalze

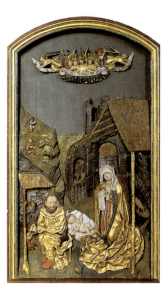

Trostberg: Holzrelief ›Christi Geburt‹ in der Traunkapelle; um 1500

(bes. 3., 6. und 9. Responsorium der Matutin). Als Eigenform des T. kann, wenigstens in ihren Anfängen, die →Sequenz 4) angesehen werden. Die Entstehung des T. wird in der 1. Hälfte des 9. Jh. in westfränk. Klöstern angenommen. Ein Zentrum seiner Pflege war Saint-Martial in Limoges. Noch im 9. Jh. gelangte er nach St. Gallen, von wo aus er sich v. a. mit Neuschöpfungen von TUTILO (†913) im gesamten dt.-sprachigen Gebiet ausbreitete. Nach urspr. kürzeren Texteinschüben gewannen v. a. die vorangestellten und angehängten T. eine zunehmende Ausdehnung und wurden mit der Einführung von Versmaß und Reim ein eigener Zweig mittelalterl. Dichtung. Diente der T. zunächst dazu, die liturg. Gesänge in ihrer Aussage deutlicher an den jeweiligen Festgedanken zu binden, so führte er bald ein Eigenleben und überwucherte die ursprüngl. Liturgie. Während die T. zum Proprium Missae im 12./13. Jh. wieder außer Gebrauch kamen, erhielten sich die anderen teilweise bis in das 16. Jh. und wurden schließlich durch das Konzil von Trient verboten. Die besondere geschichtl. Bedeutung des T. liegt darin, dass er zum Ausgangspunkt mehrerer dichter. und musikal. Formen des MA. wurde, z. B. von Motette und geistl. Spiel, mit dem dialogisierenden Oster-T. ›Quem queritis in sepulchro‹ (→Osterspiel) seinen Anfang nahm.

H. HUSMANN: Tropen- u. Sequenz-Hss. (1964); E. COSTA: Tropes et séquences dans le cadre de la vie liturgique au moyen âge (Rom 1979); W. ARLT: Zur Interpretation der T., in: Forum musicologicum, Bd. 3 (Bern 1982); Research on tropes, hg. v. G. IVERSEN (Stockholm 1983); Liturg. T. (1985); BERNHOLD SCHMID: Der Gloria-T. Spiritus et alme bis zur Mitte des 15. Jh., 2 Bde. (1988).

2) *Rhetorik:* →Tropen.

Tropyliumsalze, Salze, die vom Tropyliumkation (Cycloheptatrienyliumkation) gebildet werden. Ein Beispiel ist das **Tropyliumbromid,** $C_7H_7^+Br^-$, das durch Anlagerung von Brom an Cycloheptatrien und Abspaltung von Bromwasserstoff entsteht.

Tross [spätmhd. trosse ›Gepäck(stück)‹, von (alt)frz. trousse ›Bündel‹], *Militärwesen:* bis zum 18. Jh. übl., seitdem nur noch gelegentlich verwendete Bez. für die Gesamtheit der dem Transport von Gepäck und Versorgungsgütern dienenden Fahrzeuge (Heeres-T., Regiments-T.).

Aus dem noch verhältnismäßig ungeordneten, meist umfangreichen und schwerfälligen T. der mittelalterl. und frühneuzeitl. Heere entwickelte sich entsprechend der Herausbildung stehender Armeen seit Ende des 17. Jh. ein organisiertes Nachschub- und Transportwesen. Für jeweils spezielle Aufgaben wurden eigene Fuhrparks (nun Train genannt) geschaffen: Belagerungs-, Munitions-, Proviantrains.

Trosse [niederdt., von altfrz. trousse ›Bündel‹, letztlich zu lat. torquere ›drehen‹, ›winden‹], starkes Tau aus Hanf, Stahl oder Chemiefaser zum Festmachen oder Schleppen großer Schiffe.

Trossingen, Stadt im Landkreis Tuttlingen, Bad.-Württ., 760 m ü. M., auf der Baar, 14 500 Ew.; Staatl. Hochschule für Musik, Bundesakademie für musikal. Jugendbildung, Hohner-Konservatorium, Heimatmuseum, Dt. Harmonikamuseum; Musikinstrumenten-, Zigarettenpapier-, Metallwarenfabriken, Elektronikindustrie. – T., 797 erstmals erwähnt, erlangte mit dem im 19. Jh. einsetzenden Musikinstrumentenbau (1857 Gründung der Matth. Hohner Werke, heute AG) Weltruf. 1927 wurde T. Stadt.

Trostberg, Stadt im Landkreis Traunstein, Bayern, 485 m ü. M., im nördl. Chiemgau, 11 500 Ew.; Städt. Heimatmuseum. – Kath. Stadtpfarrkirche St. Andreas (Neubau um 1420 über Vorgängerbau, mehrmals verändert), mit Glasgemälden (um 1550) und Traunkapelle (um 1420); St. Sebastian (1650–51). Hoch über der Stadt die Burg (12. Jh.) mit Kapelle St. Michael (15./16. Jh.). – T. wurde 1233 von bayer. Herzögen gegründet. 1457 erhielt der Ort die Marktrechte, wurde aber erst 1913 zur Stadt erhoben.

Trotta, Margarethe von, Schauspielerin, Drehbuchautorin und Filmregisseurin, * Berlin 21. 2. 1942; 1964 erstes Theaterengagement, ab 1967 auch Filmrollen (›Strohfeuer‹, 1972; ›Das Andechser Gefühl‹, 1974); 1971–91 ⚭ mit V. SCHLÖNDORFF, mit dem sie zusammenarbeitete, z. B. an dem Film ›Die verlorene Ehre der Katharina Blum‹ (1975). Eigene zeitkrit. (feminist.) Filme entstanden ab 1977; erste Opernregie mit ›Lulu‹ (von A. BERG, 1997).

Filme: Regie: Das zweite Erwachen der Christa Klages (1977); Schwestern oder Die Balance des Glücks (1979); Die bleierne Zeit (1981); Heller Wahn (1982); Rosa Luxemburg (1985); Fürchten u. Lieben (1988); Die Rückkehr (1990); Das lange Schweigen (1993); Das Versprechen (1994); Winterkind (1997, Fernsehfilm).

Trottoir [trɔ'twaːr; frz., zu trotter ›traben‹, ›trotten‹] *das, -s/-e* und *-s, der* →Bürgersteig.

Trott zu Solz, Adam von, Widerstandskämpfer, * Potsdam 9. 9. 1909, † (hingerichtet) Berlin-Plötzensee 26. 8. 1944; Jurist, war seit Frühjahr 1940, zuletzt als Legationsrat, im Auswärtigen Amt. Spätestens seit 1937 Gegner des Nationalsozialismus, suchte er mithilfe seiner persönl. Beziehungen in Großbritannien und den USA auf Auslandsreisen (1941–43) internat. Unterstützung für die Widerstandsbewegung gegen HITLER. Er gehörte dem Kreisauer Kreis an und war ein Freund von C. GRAF SCHENK VON STAUFFENBERG. Nach dem Attentat vom 20. 7. 1944 wurde T. zu S. am 25. 7. verhaftet und am 15. 8. vom Volksgerichtshof zum Tode verurteilt.

Trotyl *das, -s, das* →Trinitrotoluol.

Trotz, *Psychologie:* von inhaltlich-sachl. Bezügen und Vernunftgründen unbeeinflussbarer innerer und äußerer Widerstand gegen andere Personen und deren Anforderungen, gegen Dinge und manchmal auch gegen unliebsame Einsichten und Notwendigkeiten. Frühkindl. T. äußert sich anfallartig, etwa in einem Sichsträuben, Strampeln, Kratzen; später können z. B. Wutausbrüche, Verweigerung des Gehorsams, Passivität, Haltung‹, ›negativist. Haltung‹, Eigensinn Ausdruck einer T.-Haltung sein. Die traditionelle Entwicklungspsychologie (CHARLOTTE BÜHLER) unterscheidet spezif. **T.-Phasen** (oder **T.-Alter**) in der kindl. Persönlichkeitsentfaltung: 1. T.-Phase 3/4. bis 5. Lebensjahr, 2. T.-Phase in der Pubertät zw. dem 12. und 15. Le-

Margarethe von Trotta

Adam von Trott zu Solz

bensjahr. Diese Phasen werden als nötige Erfahrungen der Ichfindung und Begründung der persönl. Selbstbehauptung gegenüber der Umwelt gedeutet, stellen nach neueren Forschungen jedoch keine allgemeine und rein endogen bedingte Erscheinung dar, sondern sind in ihrem grundsätzl. wie auch zeitl. Auftreten stark von individuellen Voraussetzungen und von Umwelteinflüssen abhängig.

Trotzendorf, Trozendorf, Valentin, eigtl. **V. Friedland,** Schulreformer, *Troitschendorf (bei Görlitz) 14. 2. 1490, †Liegnitz 26. 4. 1556; seit 1531 Rektor der Lateinschule in Goldberg, beeinflusst durch P. MELANCHTHON. Seine Schulordnung (1546) führte nach dem Vorbild des röm. Staates Schulämter ein (eine Art Schülerselbstverwaltung).

A. LUBOS: V. T. (1962).

Trotzig, Birgitta, schwed. Schriftstellerin, *Göteborg 11. 9. 1929; konvertierte zum Katholizismus, der auch thematisch ihr Werk durchdringt, in dem das Ausgesetztsein des Menschen in einer lieblosen Welt eine zentrale Stellung einnimmt. Ihr bildreicher, lyrisch-visionärer Stil macht sie zu einer der sprachlich versiertesten Gegenwartsautorinnen Schwedens.

Werke: *Lyrik:* Bilder (1954); Ordgränser (1968); Anima (1982). – *Romane:* De utsatta (1957; dt. Die Ausgesetzten); En berättelse från kusten (1961); Sveket (1966); Sjukdomen (1972; dt. Die Krankheit); Dykungens dotter. En barnhistoria (1985; dt. Moorkönigs Tochter). – *Erzählungen:* Ur de älskandes liv (1951); Levande och döda (1964); I kejsarens tid. Sagor (1975); Berättelser (1977); Dubbelheten. Tre sagor (1998). – *Essays:* Utkast och förslag (1962); Jaget och världen (1977).

Leo Dawidowitsch Trotzkij

Trotzkij, Leo (Lew) Dawidowitsch, seit 1902 Deckname von **Leib Bronschtein (Lejb Bronštejn** [-ʃt-]), russ. Revolutionär, *Janowka (Gebiet Cherson) 7. 11. 1879, †(ermordet) Coyoacán (bei Mexiko) 21. 8. 1940; gründete 1897 den revolutionären ›Südruss. Arbeiterbund‹; 1898 verhaftet, 1899 nach Sibirien verbannt, konnte 1902 ins Ausland fliehen. Er gewann 1902–04 als Redakteur bei der Zeitschrift ›Iskra‹ eine führende Stellung in der russ. Sozialdemokratie. Auf deren zweitem Parteitag geriet er 1903 bes. über Fragen des Parteistatuts und der personellen Besetzung der ›Iskra‹-Redaktion in einen erbitterten, langjährigen Ggs. zu LENIN. Nach der Spaltung der russ. Sozialdemokratie (1903) neigte er zunächst den Menschewiki zu, suchte aber dann zw. diesen und den Bolschewiki zu vermitteln. Angeregt durch den dt. sozialist. Theoretiker A. I. L. HELPHAND entwickelte T. seit 1904 den Gedanken der ›permanenten Revolution‹ (→Trotzkismus). In der russ. Revolution von 1905–06 nahm er von Oktober bis Dezember 1905 eine führende Stellung im Sankt Petersburger Sowjet ein. Im Dezember 1905 verhaftet, konnte er erneut ins der Verbannung ins Ausland fliehen. Als Publizist lebte er in Wien (1907–14), Paris (1914–16) und zuletzt in den USA (1917). Seit Beginn des Ersten Weltkrieges wandte sich T. wieder stärker LENIN zu, da dieser am Ziel der Revolution konsequent festhielt.

Nach dem Ausbruch der Februarrevolution 1917 kehrte T. im Mai 1917 nach Russland zurück und schloss sich im Juli den Bolschewiki an. Mit großer Energie und Beredsamkeit ausgestattet, stieg er schnell in die Führungsspitze der Bolschewiki auf (seit September Mitgl. des ZK, seit Oktober des neu gebildeten Politbüros). Dank seiner agitator. Fähigkeiten gewannen die Bolschewiki seit September 1917 die Mehrheit der Delegierten im Petrograder Sowjet. An der Spitze eines am 9. 10. 1917 gebildeten ›Militärrevolutionären Komitees‹ organisierte T. den Aufstand der Bolschewiki vom 25. 10. (7. 11.) 1917 gegen die Provisor. Reg. unter A. KERENSKIJ (→Oktoberrevolution).

Am 26./27. 10. 1917 übernahm T. im Rat der Volkskommissare unter LENIN das Amt des Außenkommissars. Seit Ende Dezember 1917 leitete er zugleich die Reg.-Delegation bei den Friedensverhandlungen mit den Mittelmächten in Brest-Litowsk. In der Erwartung, dass die russ. Revolution sich zur ›Weltrevolution‹ ausweiten und bes. auch Dtl. und Österreich-Ungarn ergreifen würde, trat er – im Ggs. zu LENIN – für eine Ablehnung der harten Friedensbedingungen und eine Politik des Abwartens unter der Formel ›weder Krieg noch Frieden‹ ein. Da im Februar 1918 die Mittelmächte die Annahme ihrer Friedensbedingungen erzwangen, trat T. vor Unterzeichnung des Friedensvertrages (3. 3. 1918) als Außenkommissar zurück.

Nach seiner Ernennung zum Kriegskommissar (März 1918) baute T. die Rote Armee auf. Als ihr Organisator und Oberbefehlshaber hatte er großen Anteil am Sieg des bolschewist. Russland im Bürgerkrieg (1918–21/22). Seit dem Tod LENINS (1924) entwickelten sich langjährige Spannungen zw. T. und STALIN zu einem Machtkampf. Die Auseinandersetzung kreiste um die steigende Machtfülle STALINS und ihren Missbrauch sowie – ideologisch – um die Rolle der Sowjetunion bei der Vorbereitung der Weltrevolution (Trotzkismus). Im Bunde mit G. J. SINOWJEW und L. B. KAMENEW gelang es STALIN, T. zu entmachten. Nach seiner Absetzung als Kriegskommissar (1925) musste T. 1926 das Politbüro, 1927 das ZK der Partei verlassen. 1928 wurde er nach Kasachstan verbannt und 1929 aus der Sowjetunion ausgewiesen. Als Emigrant (zuletzt in Mexiko) setzte er seinen Kampf gegen STALIN unter der Devise ›Verrat der Revolution‹ fort und veranlasste 1938 seine Anhänger, die ›Trotzkisten‹, zur Gründung der IV. Internationale. Nach einem gescheiterten Attentatsversuch auf ihn (24. 5. 1940) wurde T. am 20. 8. 1940 in seinem Haus von dem Spanier RAMÓN MERCADER, einem Agenten der sowjet. Geheimpolizei, tödlich verwundet; er starb einen Tag später.

I. DEUTSCHER: Trotzki, 3 Bde. (a. d. Engl., ²1972); L. COMBY: Léon Trotsky (Paris 1976); V. SERGE: L. T. Leben u. Tod (a. d. Frz., Neuausg. 1981); W. LUBITZ: Trotsky bibliography (München ²1988); D. WOLKOGONOW: Trotzki. Das Janusgesicht der Revolution (a. d. Russ., 1992); W. HEDELER: Stalin, T., Bucharin (1994); H. WILDE: L. T. (55.–56. Tsd. 1995).

Trotzkismus *der, -,* die von L. D. TROTZKIJ auf der Grundlage des Marxismus entwickelten Auffassungen über die dauerhafte Sicherung und den Ausbau einer (durch die Revolution des Proletariats geschaffenen) sozialist. Gesellschaft. Nach seinem Tod suchten die **Trotzkisten** seine Grundgedanken im Rahmen der IV. Internationale weiterzutragen.

Unter dem Eindruck der gescheiterten russ. Revolution von 1905 stellte TROTZKIJ zum ersten Mal die These auf, dass ein Sieg des russ. Proletariats zu seiner Sicherung der Unterstützung des Proletariats anderer, bes. der hoch entwickelten Industriestaaten West- und Mitteleuropas bedürfe. Nach der Oktoberrevolution von 1917 sah er die proletar. Revolution und die aus ihr hervorgegangene sozialist. Gesellschaft gefährdet, wenn sie nicht als ›permanente Revolution‹ auf kapitalist. Gesellschaften Europas und Nordamerikas übergreife. Mit dieser Idee geriet er in einen scharfen ideolog. Ggs. zu der von STALIN propagierten These vom ›Aufbau des Sozialismus in einem Lande‹. Für TROTZKIJ lässt sich die sozialist. Revolution im nat. Rahmen nicht zu Ende führen; sie entwickelt sich in Permanenz bis zur internat. Revolution und findet – so TROTZKIJ in seinem Werk ›Permanentnaja revoljucija‹ (1930; dt. ›Die permanente Revolution‹) – ›ihren Abschluss nicht vor dem endgültigen Siege der neuen Gesellschaft auf unserem ganzen Planeten‹.

Während in der KPdSU und den an ihr ausgerichteten kommunist. Parteien der T. als eine Form der Linksabweichung galt, entwickelten die Trotzkisten die Grundideen TROTZKIJS als eine ›linke‹ Richtung des Marxismus weiter. Zentrale Forderungen sind

›Arbeiterselbstverwaltung‹ und ›Arbeiterkontrolle‹ auf allen Gebieten. Geführt von einer ›Vorhutorganisation‹, soll die Arbeiterschaft bei Streiks und Fabrikbesetzungen den kapitalist. Führungen eigene Herrschaftsorgane (›Räte‹) entgegensetzen (Errichtung einer ›Doppelherrschaft‹), die sich im Sinne der ›permanenten Revolution‹ auf die internat. Ebene ausdehnen sollen, um der internat. Macht des ›Kapitals‹ international zu begegnen. Jedoch erlangten die organisatorisch stark zersplitterten Trotzkisten nur geringe polit. Bedeutung.

M. LÖWY: Revolution ohne Grenzen. Die Theorie der permanenten Revolution (a. d. Engl., 1987); W. ALLES: Zur Politik u. Gesch. der dt. Trotzkisten ab 1930 (²1994).

Troubadour [ˈtruːbaduːr, trubaˈduːr; frz., von altprovenzal. trobador ›Dichter‹, zu trobar ›dichten‹] *der, -s/-e* und *-s*, provenzal. **Trobador**, provenzal. Dichter-Sänger des 12. und 13. Jh. Die T. schufen Texte und Weisen ihrer Lieder und trugen sie meist selbst vor. Überliefert sind Texte von rd. 460 namentlich bekannten T. (unter ihnen 20 dichtende Frauen, ›trobairitz‹), darunter 25 Italiener und 15 Katalanen. Daneben gibt es zahlr. anonym überlieferte Texte. Die im Unterschied zum mittelhochdt. Minnesang sehr reiche handschriftl. (in →Chansonniers gesammelte) Überlieferung setzte nach der Mitte des 13. Jh. ein. In den Handschriften finden sich auch (meist stilisierte) Lebensläufe der T. (›vidas‹) und Angaben zur Deutung der Lieder (›razos‹). Die Sprache ist die (südfrz.) Langue d'oc. Die Hauptorte der T.-Kunst lagen im westl. und mittleren Südfrankreich, in den Grafschaften Poitou, Toulouse, im Herzogtum Aquitanien und im Gebiet der heutigen Provence (Orange, Aix-en-Provence, Marseille). – Als ältester T. gilt WILHELM IX., Herzog von Aquitanien. Die zweite Generation der T. wird vertreten durch JAUFRÉ RUDEL, CERCAMON und MARCABRU. Aus der dritten Generation ragen BERNART DE VENTADOUR und PEIRE D'ALVERNHA heraus. In der vierten Generation sind GUIRAUT DE BORNELH, BERTRAN DE BORN, PEIRE VIDAL, GAUCELM FAIDIT, ARNAUT DANIEL und FOLQUET DE MARSEILLE zu nennen. Im 13. Jh. wird die T.-Dichtung v. a. durch PEIRE CARDENAL, den Norditaliener SORDELLO und UC DE SAINT-CIRC († nach 1253) repräsentiert. Einer der letzten namhaften T. war GUIRAUT RIQUIER DE NARBONNE (* um 1230, † um 1295). Mit den Albigenserkriegen zu Beginn des 13. Jh. ging die Kultur der T. in der Provence verloren. Formen und Inhalte ihrer Dichtung wurden von der →Sizilianischen Dichterschule und im →Dolce stil nuovo weitergeführt.

Im Zentrum der verwendeten Gattungen stand die →Kanzone (Canso). Von den rd. 2600 erhaltenen Liedern sind 40 % Kanzonen. Mit etwa 20 % ist das →Sirventes vertreten. Beliebt waren ferner die →Tenzone und das →Partimen, daneben →Descort, Estampida (→Estampie), Dansa (weitgehend der Balada, einem Tanzlied ohne feste metr. Form, meist mit Refrain, entsprechend), Pastoreta (→Pastorelle), Retroencha (→Rotrouenge), Joc partit (→Jeu parti), Cobla (epigrammatisch verkürztes Sirventes gnomisch-didakt., politisch-histor. oder persönl. Inhalts), Planh (Klagelied), Alba (→Tagelied), nur im 13. Jh. und nur vereinzelt die Balada. Die T.-Lyrik ist formal hochartifiziell (kodifiziert in der Regelpoetik der Leys d'amors); die Originalität des T. äußert sich wesentlich in der kunstvollen Aufbereitung relativ stereotyper Inhalte. Die T. bedienten sich dazu dreier Stilformen, deren letzte beiden wohl identisch sind: des leicht verständl. Stils (›trobar leu‹), des reichen, ausgeschmückten Stils (›trobar ric‹) und des hermet., dunklen Stils (›trobar clus‹). In der zentralen Gattung, der Canso, bildete sich eine besondere Form stilisierter Frauenverehrung heraus, die Anbetung einer unerreichbaren höf. Herrin. Ihre sublimierte Erotik (›fin amors‹) war Ausdruck einer spiritualisierten Minneauffassung und ethisch-moral. Implikationen; eingespannt in die feudalhöf. Dienstideologie und angereichert mit Naturbildern, war die T.-Lyrik stärker weltzugewandt als der mittelhochdt. Minnesang.

Als Quellen der T.-Lyrik werden u. a. die arab. Lyrik sowie lat. und mittellat. Lyrik genannt (H. BRINKMANN), doch reicht keines der genannten Vorbilder zur alleinigen Erklärung der Entstehung dieser eigenartigen Liedkunst aus. Neben literarischen werden auch soziale und sozialpsycholog. Erklärungen erwogen (Einbettung in die feudale Gesellschaftsordnung und Kompensation mangelnden Sozialprestiges seitens der in den Ministerialenstand aufgestiegenen Autoren; E. KÖHLER).

Die Lieder der T. bilden einen wichtigen Zweig der weltl. einstimmigen Musik des MA. Von 282 erhaltenen Melodien sind 26 anonym überliefert, während die übrigen mit den Namen von 44 T. verbunden sind. Die musikal. Bauformen entsprechen den metrisch-reimtechnischen nicht immer, eine Kanzone kann als ›durchkomponiertes‹ Lied erscheinen. Dass sich die Sänger auf das Spiel von Instrumenten, v. a. der Fiedel, verstanden, geht aus literar. und bildl. Zeugnissen hervor. Man nimmt an, dass Vor- und Nachspiele wie auch das Spielen von Haltetönen und improvisierten Gegenstimmen beim Vortrag der Lieder üblich waren.

F. DIEZ: Leben u. Werke der T. (²1882, Nachdr. 1965); H. BRINKMANN: Gesch. der lat. Liebesdichtung im MA. (1925, Nachdr. 1979); H. ZINGERLE: Tonalität u. Melodieführung in den Klauseln der T.- u. Trouvèreslieder (1958); E. KÖHLER: Trobadorlyrik u. höf. Roman (1962); H.-J. MARROU: Les troubadours (Paris 1971); Leben u. Lieder der provenzal. T., hg. v. E. LOMMATZSCH, 2 Bde. (²1972); H. VAN DER WERF: The chansons of the troubadours and trouvères (Utrecht 1972); J. BOUTIÈRE u. A. H. SCHUTZ: Biographies des troubadours (Paris ²1973); D. RIEGER: Gattungen u. Gattungsbez. der Trobadorlyrik (1976); Mittelalterl. Lyrik Frankreichs, hg. v. D. RIEGER, Bd. 1: Lieder der Trobadors (1980); D. RIEGER: Die altprovenzal. Lyrik (1983, enthalten in: P. KLOPSCH: Die mittellat. Lyrik); Die Trobadors. Leben u. Lieder, hg. v. H. G. TUCHEL (Leipzig ³1985); Z. FALVY: Mediterranean culture and Troubadour music (a. d. Ungar., Budapest 1986); The voice of the trobairitz. Perspectives on the women troubadours, hg. v. W. D. PADEN (Philadelphia, Pa., 1989); Trobairitz. Der Beitr. der Frau in der altokzitan. höf. Lyrik, hg. v. A. RIEGER (1991); U. BUNGE: Übersetzte Trobadorlyrik in Dtl. Das Sirventes (1995); W. F. VELTMAN: Sänger u. Ketzer. Troubadourkult u. Katharertum in der provenzal. Welt des MA. (a. d. Niederländ., Neuausg. 1997).

Troubadour, Der [- ˈtruːbaduːr, - trubaˈduːr], ital. ›Il trovatore‹, Oper von G. VERDI, Text nach A. GARCÍA GUTIÉRREZ' Drama ›El trovador‹ (1836); Uraufführung 19. 1. 1853 in Rom.

Paolo Troubetzkoy: Bronzebüste ›Leo Tolstoi‹; 1899 (Sankt Petersburg, Russisches Museum)

Troubetzkoy, Paolo, russ. **Pawel Petrowitsch Trubezkoj**, russ.-ital. Bildhauer, * Intra (heute zu Verbania) 15. 2. 1866, † Suna (heute zu Verbania) 12. 2. 1938; entstammte der russ. Fürstenfamilie Trubezkoj;

Autodidakt, von A. RODIN beeinflusst, tätig in Italien, Russland, Frankreich und den USA. Er modellierte Kleinplastiken und Porträts (Büsten und Statuen) mit impressionistisch-lockerer Oberflächengestaltung und ausgeprägten Bewegungsmotiven.

Troupier [tru'pje:; frz., zu troupe ›Truppe‹] *der, -s/-s, Soldatensprache:* Bez. für den altgedienten Soldaten, daneben bes. für den Truppenoffizier.

Trouvère [tru'vɛ:r; frz., zu trouver ›finden‹ (in der alten Bedeutung ›Verse erfinden‹, ›dichten‹)] *der, -s/-s,* mittelalterl. frz. Dichter-Sänger. Seit etwa 1160 verbreiteten die T. das literar. und musikal. Schaffen der südfrz. →Troubadours, möglicherweise auf Anregung der MARIE DE CHAMPAGNE (* 1145, † 1198) in den altfrz. Dialekten Anglonormannisch, Champagnisch und Pikardisch. Dabei integrierten sie stärker als die Provenzalen volkstümlich-lokales Liedgut (›refrains‹). Die mit RICHARD LÖWENHERZ, GUIOT DE PROVINS, HUON D'OISY († 1190), CHRÉTIEN DE TROYES, HÉLINAND DE FROIDMONT (* um 1160, † nach 1229), THIBAUT IV DE CHAMPAGNE u. a. einsetzende T.-Lyrik erweiterte ihren zunächst nur höfisch-aristokrat. Ausdruck in der Folgezeit durch ADAM DE LA HALLE, BLONDEL DE NESLE, COLIN MUSET (13. Jh.), GACE BRULÉ u. a. um ein städtisch-bürgerl. Form- und Inhaltsregister. Von den bisher erfassten 2 130 T.-Dichtungen ist der größte Teil mit Melodien überliefert.

R. DRAGONETTI: La technique poétique des trouvères dans la chanson courtoise (Brügge 1960, Nachdr. Genf 1979); R. GUIETTE: D'une poésie formelle en France au moyen âge (Paris 1972); H. VAN DER WERF: The chansons of the troubadours and trouvères (Utrecht 1972); P. DRONKE: Die Lyrik des MA. (a.d. Engl., Neuausg. 1977); P. ZUMTHOR: La poésie et la voix dans la civilisation médiévale (Paris 1984); S. HUOT: From song to book. The poetics of writing in old French lyric and lyrical narrative poetry (Ithaca, N. Y., 1987); N. WILKINS: The lyric art of medieval France (Fulbourn ²1989).

François de Troy: Bildnis der Frau des Künstlers; um 1704 (Sankt Petersburg, Eremitage)

Trouville-sur-Mer [tru:vi:lsy:r'mɛ:r], Stadt im Dép. Calvados, Frankreich, Seebad an der normann. Küste, rechts der Mündung der Touques (gegenüber Deauville) in die Seinebucht, 5 600 Einwohner.

Trovoada [truvu'aða], Miguel dos Anjos da Cunha Lisboa, Politiker in São Tomé und Príncipe, * auf São Tomé 27. 12. 1936; Jurist; wurde 1960 Präs. der später in ›Movimento de Libertação de São Tomé e Príncipe‹ (MLSTP) umbenannten Befreiungsbewegung. 1975–79 erster Premier-Min. des neuen Staates, 1979 entmachtet und inhaftiert. 1981 begnadigt, ging er ins Exil und kehrte 1990 zurück. Bei den ersten freien Präsidentschaftswahlen am 3. 3. 1991 wurde T. als unabhängiger Kandidat zum Staatspräs. gewählt, am 15. 8. 1995 durch einen Militärputsch gestürzt, jedoch am 22. 8. 1995 auf internat. Druck hin wieder eingesetzt; bei den Präsidentschaftswahlen am 21. 7. 1996 im Amt bestätigt.

Miguel Trovoada

Jean-François de Troy: Die Entführung der Proserpina; 1735 (Sankt Petersburg, Eremitage)

Trowbridge ['trəʊbrɪdʒ], Hauptstadt der Cty. Wiltshire, S-England, 29 300 Ew.; ehem. Tuchmacherstadt, Maschinenbau, Großmolkerei. – Gut erhaltenes Stadtbild des 18. Jh.; Saint James' Church (14. Jh.); Town hall (1899).

Troy [trwa], **1)** François de, frz. Maler, * Toulouse 9. 1. 1645, † Paris 1. 5. 1730, Vater von 2); porträtierte LUDWIG XIV., Mitgl. seines Hofs, der adligen Gesellschaft, Künstler, Musiker, Schauspieler (›Der Lautenspieler Charles Mouton‹, 1690; Paris, Louvre). Weibl. Modelle stattete er oft mit Attributen antiker Göttinnen aus und schuf so den Typ des mytholog. Frauenporträts, der rasch in Mode kam.

2) Jean-François de, auch **J.-F. Detroy** [də'trwa], frz. Maler, * Paris 27. 1. 1679, † Rom 26. 1. 1752, Sohn von 1); malte, v. a. von der venezian. Malerei beeinflusst, Porträts, bibl. und mytholog. Szenen, Historienbilder sowie die ›tableaux de mode‹, zeitgenöss. Gesellschaftsszenen in kleinen Formaten (›Das Frühstück‹, 1723, Berlin, Gemäldegalerie); auch Entwürfe für Gobelins (›Szenen aus dem Leben der Esther‹, sieben Teile, 1736–42; Paris, Musée des Arts Décoratifs).

Troyanos, Tatjana, amerikan. Sängerin (Mezzosopran), * New York 9. 12. 1938, † ebd. 21. 8. 1993; debütierte 1963 in New York und gehörte 1965–75 zum Ensemble der Hamburg. Staatsoper. Sie trat u. a. an der Metropolitan Opera in New York, der Mailänder Scala und bei Festspielen (Salzburg, Edinburgh, Florenz, Aix-en-Provence) auf; wurde bes. als Händel-, Mozart- und Strauss-Interpretin sowie als Carmen (von G. BIZET) bekannt.

Troyat [trwa'ja], Henri, eigtl. **Lew Tarassow,** frz. Schriftsteller russ. Herkunft, * Moskau 1. 11. 1911; verfasste neben z. T. autobiographisch getönten Romanen über histor. und familiengeschichtl. Themen aus dem Lebensbereich des russ. und des frz. Bürgertums auch Dramen, Reiseberichte, Essays und Biographien (z. B. über F. M. DOSTOJEWSKIJ, A. S. PUSCHKIN, L. N. TOLSTOJ, N. W. GOGOL, M. GORKIJ, G. FLAUBERT, G. DE MAUPASSANT, PETER D. GR., KATHARINA D. GR.).

Werke: *Romane:* L'araigne (1938; dt. Die Giftspinne); Le front dans les nuages (1976; dt. Kopf in den Wolken); La gouvernante française (1989); Youri (1992). – *Romantrilogien:* Tant que la terre durera, 3 Tle. (1947–50; dt. Tl. 1: Solange die Welt besteht, Tl. 2 u. 3: Fremde auf Erden); Les Eygletière, 3 Tle. (1965–67; dt. Tl. 1: Und bauten den Kindern kein Haus, Tl. 2: Auf ihren eigenen Wegen, Tl. 3: Wie Spreu im Wind); Les héritiers de l'avenir, 3 Tle. (1968–70; dt. Die Erben der Zukunft). – *Romanzyklen:* Les semailles et les moissons, 5 Bde. (1953–58; dt. Die Saaten u. die Ernte); La lumière des justes;

Les compagnons du coquelicot (1959; dt. Die Brüder vom roten Mohn), La Barynia (1960; dt. Die Herrin von Kaschtanowka), La gloire des vaincus (1961; dt. Der Ruhm der Besiegten), Les dames de Sibérie (1962; dt. Die Damen von Sibirien), Sophie ou la fin des combats (1963).

Troyes [trwa], Stadt in der südl. Champagne, Verw.-Sitz des Dép. Aube, Frankreich, an der Seine, 59 300 Ew.; kath. Bischofssitz; Forschungszentrum für Wirkwaren; Kunstmuseen, histor. Museum, Wirkwarenmuseum; v. a. Wirkwarenindustrie, ferner Herstellung von Heizgeräten, Mopeds, Kinderwagen, Kerzen und Spiegeln, Leichtmaschinenbau, Reifenfabrik und Druckereien; Fremdenverkehr. – Die vorbildlich sanierte Altstadt mit Häusern des 16.–18. Jh. ist reich an Kirchen der Gotik und der Renaissance; gotische Kathedrale Saint-Pierre-et-Saint-Paul (13.–17. Jh.) mit Glasgemälden des 13.–16. Jh. und reichem Kirchenschatz, ehem. Stiftskirche Saint-Urbain (1262 von Papst URBAN IV. gegr.), Saint-Jean (14.–17. Jh.), Sainte-Madeleine (12.–16. Jh., mit Lettner im Flamboyantstil, 1508–16), Saint-Martin-des-Vignes (1589–1610, im Renaissancestil), Saint-Pantaléon (16. Jh., Barockfassade). Im ehem. Bischofspalais das Musée d'Art Moderne. – T., Hauptort der kelt. Trikassen (lat. Tricasses), das röm. **Augustobona Tricassium**, wurde im 4. Jh. Bischofssitz. ATTILA wurde 451 auf den →Katalaunischen Feldern westlich der Stadt geschlagen. T. besaß zwei der insgesamt sechs Messen der Champagne, die im 12. Jh. entstanden. Sie waren Umschlagplatz für Tuche aus den Niederlanden sowie Seide und Orientwaren aus Italien. Unter der Leitung der Grafen der Champagne, deren Hauptstadt T. war, organisierte sich auch ein Geldmarkt. Mit dem Hundertjährigen Krieg und der Verlagerung des Handels auf den Seeweg ging im 14. Jh. die Bedeutung der Märkte zurück. Dennoch blühte die Textilindustrie, bes. im 16. und 17. Jh. Da sie vielfach in der Hand von Hugenotten war, wurde T. durch die Aufhebung des Edikts von Nantes 1685 hart getroffen.

Der **Vertrag von T.** (21. 5. 1420) zw. England und Frankreich zwang König KARL VI. von Frankreich zum Ausschluss des Dauphins, des späteren KARL VII., von der Thronfolge zugunsten seines Schwiegersohns, des engl. Königs HEINRICH V. Aufgrund dieses Vertrags führten die engl. Könige bis 1802 den Titel eines ›Königs von Frankreich‹. (→Hundertjähriger Krieg)

Troyes [trwa], Chrétien de, altfrz. Dichter, →Chrétien, C. de Troyes.

Troyon [trwa'jɔ̃], Constant, frz. Maler, *Sèvres 28. 8. 1810, †Paris 20. 3. 1865; Vertreter der Schule von →Barbizon; malte mit pastosem Farbauftrag stimmungsvolle Landschaften, häufig mit Tieren.

Troy-System [trɔɪ-; engl., nach der frz. Stadt Troyes], System von Gewichts- und Masseneinheiten, in Großbritannien und den USA noch für Edelmetalle und Edelsteine gebräuchlich; gekennzeichnet durch den Zusatz ›tr‹ bzw. ›t‹ hinter dem Einheitenzeichen. (→Einheiten, ÜBERSICHT)

Trp, Abk. für →Tryptophan.

Trub, bei der Weinbereitung sich ausscheidende Trüb- und Feststoffe, bes. die nach der alkohol. Gärung ausfallende Hefe. Der T. bleibt beim Umfüllen (Abstich) in einen neuen Behälter (Fass, Tank) am Boden des bisherigen zurück.

Trubar, Primož, dt. **Primus Truber**, slowen. Schriftsteller, *Raščica (Slowenien) 9. 6. 1508, †Derendingen (heute zu Tübingen) 28. 6. 1586; seit 1542 Domherr in Ljubljana, als Anhänger der Reformation 1547 ausgewiesen, danach Prediger in Dtl.; gab 1550 in Tübingen einen Katechismus (›Catechismus in der windischen Sprach‹) und ein Abecedarium, die ersten gedruckten Bücher in slowen. Sprache, heraus und übersetzte seit 1557 das N. T. ins Slowenische (Gesamtausgabe 1582); neben A. BOHORIČ und J. DALMATIN Begründer der slowen. Schriftsprache.

Ausgaben: Cerkovna ordninga. Slowen. Kirchenordnung (1564, Nachdr. 1973); Dt. Vorreden zum slowen. u. kroat. Reformationswerk, hg. v. O. SAKRAUSKY (1989).

M. RUPEL: Primus Truber (a. d. Slowen., 1965).

Trübe, Flüssigkeit mit suspendierten Feststoffteilchen in fein verteilter, meist kolloidaler Form, die nicht zur Agglomeration und Sedimentation neigen.

Constant Troyon: Jagdhüter bei seinen Hunden; 1854 (Paris, Musée d'Orsay)

Trubezkoj, Trubeckoj [-ts-], russ. Fürstenfamilie, die ihre Herkunft von dem litauischen Großfürsten GEDIMIN ableitet. Die T. traten Anfang des 16. Jh. in den Dienst der Moskauer Großfürsten. – Bedeutende Vertreter:

1) Nikolaj Sergejewitsch, N. S. Trubetzkoy, Sprachwissenschaftler und Kulturphilosoph, *Moskau 16. 4. 1890, †Wien 25. 6. 1938; emigrierte 1919, ab 1922 Prof. für slaw. Philologie in Wien; betonte als Kulturphilosoph – gegen den romanogerman. Eurozentrismus – die Gleichwertigkeit aller Kulturen; Mitbegründer und einer der führenden Vertreter des Prager Linguistenkreises (→Prager Schule). T., der wesentlich zur Entwicklung der Phonologie und Morphologie als sprachwiss. Disziplin beitrug, gilt als einer der bedeutendsten Vertreter eines funktionalen Strukturalismus in der Sprachwiss.; auch Arbeiten zur allgemeinen und histor. Sprachwiss. der indogerman., kaukas. und slaw. Sprachen sowie zur Literatur- und Geistesgeschichte.

Werke: Evropa i čelovečestvo (1920; dt. Europa u. die Menschheit); K probleme russkogo samopoznanija (1927); Polab. Studien (1929); Grundzüge der Phonologie (1939).

Ausgaben: Izbrannye trudy po filologii, hg. v. V. A. VINOGRADOV u. a. (1987). – Die russ. Dichter des 18. u. 19. Jh., hg. v. R. JAGODITSCH (1956); Altkirchenslav. Gramm. Schrift-, Laut- u. Formensystem, hg. v. DEMS. (²1968); N. S. T.'s letters and notes, hg. v. R. JAKOBSON u. a. (²1985); Opera slavica minora linguistica, hg. v. S. HAFNER u. a. (1988).

J. KRAMMER: Fürst N. S. Trubetzkoy als Kultur- u. Geschichtsphilosoph (Diss. Wien 1982).

2) Pawel Petrowitsch, russ.-ital. Bildhauer, →Troubetzkoy, Paolo.

3) Sergej Petrowitsch, Revolutionär, *Nischnij Nowgorod 9. 9. 1790, †Moskau 4. 12. 1860; Garde-

Nikolaj Sergejewitsch Trubezkoj

oberst, einer der Organisatoren und Führer des ›Nordbundes‹ der →Dekabristen; nach der Niederschlagung des Aufstandes zunächst zum Tode verurteilt, dann zu Zwangsarbeit in Sibirien begnadigt, 1856 amnestiert.

Trübglas, nicht durchsichtiges Glas, entsteht durch Einführung von Fluorverbindungen, Phosphaten, Titandioxid, Zinnoxid in Silikat- oder Borosilikatschmelzen. Je nach der Art des Zuschlages und der Wärmebehandlung entstehen Teilchen mit Licht streuende Kriställchen, die eine zarte Trübung (Bein-, Opal-, Milchglas) oder dichte Trübung (Alabaster-, Opakglas) bewirken.

Trübheit, Trübung, durch →Lichtstreuung verursachte Schwächung eines Lichtbündels in durchsichtigen Medien, sodass diese in dickeren Schichten praktisch undurchsichtig werden. Ursache der T. sind Inhomogenitäten, die entweder auf Einschlüssen beruhen (z. B. suspendierte Teilchen wie Aerosole in der Atmosphäre, Bläschen) oder auf statist. Schwankungen von Ordnung und Dichte der Moleküle, aus denen das Medium besteht. In Flüssigkeiten sind solche Schwankungen in der Nähe des krit. Zustands (krit. →Opaleszenz) bes. groß.

Wilhelm Trübner: Tor zum Stift Neuburg bei Heidelberg; 1913 (Mannheim, Städtische Kunsthalle)

Trübner, 1) Karl Ignaz, Buchhändler und Verleger, *Heidelberg 6. 1. 1846, †Straßburg 2. 6. 1907, Bruder von 2); gründete 1872 in Straßburg einen sprach- und literaturwiss. Fachverlag, der 1906 an WALTER DE GRUYTER überging. T. vermittelte 1888 die Rückgabe der →Manessischen Handschrift aus Paris durch Handschriftentausch für die Heidelberger →Palatina.

2) Wilhelm, Maler, *Heidelberg 3. 2. 1851, †Karlsruhe 21. 12. 1917, Bruder von 1); studierte in Karlsruhe, Stuttgart und bei W. VON DIEZ in München. 1871 lernte er W. LEIBL kennen, dessen Kreis er sich anschloss. 1872 reiste er mit C. SCHUCH nach Italien. 1875–96 lebte er vorwiegend in München, unterrichtete dann am Städelschen Kunstinstitut in Frankfurt am Main und ab 1903 an der Kunstakademie in Karlsruhe. T., der zu den bedeutendsten Vertretern des Realismus in Dtl. gehört, verdankte G. COURBET, É. MANET und LEIBL wichtige Impulse. Seine Porträts und Landschaften der Frühzeit zeichnen sich durch meisterhafte Technik und nüchterne Sachlichkeit aus.

Pierre Trudeau

Nach dem Auseinandergehen des Leiblkreises wandte er sich mytholog. und religiösen Themen zu. Mit seinen ab 1891 in breiten Pinselstrichen gemalten Porträts und Landschaften näherte er sich dem Impressionismus.

Werke: Bürgermeister Hoffmeister (1872; Berlin, Nationalgalerie); Bootssteg auf der Herreninsel im Chiemsee (1874; Karlsruhe, Staatl. Kunsthalle); Der Maler Carl Schuch (1876; Berlin, Nationalgalerie); Knabe mit Dogge (1878; Düsseldorf, Kunstmuseum); Kentaurenpaar (1880; Köln, Wallraf-Richartz-Museum); Hof im Schloss Amorbach (1899; Mannheim, Städt. Kunsthalle); Tor zum Stift Neuburg bei Heidelberg (1913; ebd.).

W. T. 1851–1917, hg. v. J. BAHNS, Ausst.-Kat. Kurpfälz. Museum der Stadt Heidelberg (1994).

Trüb|ströme, Trübe|ströme, *Geologie:* die →Suspensionsströme.

Trübung, *Meteorologie:* Verringerung der Lichtdurchlässigkeit der Atmosphäre durch →Dunst; führt zur erhöhten Absorption und Streuung der Sonnen- und Himmelsstrahlung und im Ggs. zu einer reinen Atmosphäre (→Rayleigh-Streuung, →Himmelsblau) zu einer mehr weiß. Himmelsfarbe. Die T., an der v. a. Aerosolteilchen mit Durchmessern zw. 0,1 und 1 μm beteiligt sind, wird wesentlich durch die T. der Stratosphäre mitbestimmt. Die horizontale Sicht wird v. a. durch Teilchen um 0,3 μm beeinträchtigt. Starke T. treten innerhalb der Dunstglocken über Großstädten und Industrieballungsräumen auf oder begleiten Staubstürme.

Trübungsmessung, die →Turbidimetrie.

Truchsess [ahd. truh(t)saʒ(ʒ)o, wohl zu truht ›Trupp‹, ›Schar‹ und saʒo ›Ansässiger‹, also eigtl. ›Führer einer Schar‹], lat. **Dapifer,** bei den Franken der Vorsteher der Gefolgschaft, im MA. der Hofbeamte, der die Aufsicht über die fürstl. Tafel führte. Im Heiligen Röm. Reich war T. bis 1806 der Titel eines der →Erzämter. (→Seneschall)

Trucial States [ˈtruːʃəl steɪts, engl.], ehem. amtl. Bez. für die →Vereinigten Arabischen Emirate.

Truck [trʌk] *der, -s/-s,* engl. Bez. für (einen meist großen) Lkw. – Im *Motorsport* werden in Europa jährlich **T.-Grand-Prix-Rennen** ausgetragen (in Dtl. z. B. auf dem [verkürzten] Nürburgring).

Trucksystem [ˈtrʌk-; engl. truck ›Tausch(handel)‹], in früheren Wirtschaftssystemen (und heute v. a. in Russland) gebräuchl. Form des Arbeitsentgelts. Der Arbeitnehmer erhält statt Bargeld Waren aus dem Erzeugnisprogramm des Unternehmens (z. T. zu überhöhten Preisen) und übernimmt, da er die Güter z. T. wieder veräußern muss, Absatzfunktionen und -risiko. In Dtl. ist das T. in der gesamten gewerbl. Wirtschaft verboten (§ 115 Gewerbeordnung). **Truckverbot).** Gewerbetreibenden ist es auch untersagt, Arbeitnehmern Waren zu kreditieren. Es ist jedoch gestattet, Lebensmittel zum Betrag der Anschaffungskosten, Wohnraum gegen ortsübl. Miete u. Ä. unter Anrechnung bei der Lohnzahlung zu überlassen.

Trud [russ. ›Arbeit‹], russ. Tageszeitung, gegr. 1921 in Moskau, ehem. Organ des Zentralrats der Gewerkschaften, heute unabhängig; Auflage 1,4 Mio. Exemplare.

Trudeau, 1) [ˈtruːdəʊ], Garry Beekman, amerikan. Cartoonist, *New York 1948; wurde v. a. durch seine weltweit täglich in annähernd 1 000 Zeitungen abgedruckten, politisch-satir. ›(Mike) Doonesbury‹-Cartoons bekannt, für die er 1975 den Pulitzerpreis erhielt.

2) [frz. tryˈdo, engl. ˈtruːdəʊ], Pierre Elliott, kanad. Politiker, *Montreal 18. 10. 1919; Rechtsanwalt, 1961–65 Prof. für Verf.- und Zivilrecht an der Université de Montréal; seit 1965 Mitgl., 1965–84 Abg. der Liberalen; war 1966 parlamentar. Sekr. bei Premier-Min. L. B. PEARSON, 1967–68 Justiz-Min. und Generalstaatsanwalt. 1968–84 war T. Vors. der Liberalen

Partei, 1968–79 und 1980–84 Premier-Min. Er wandte sich entschieden gegen nationalist. und separatist. Strömungen in Quebec; er setzte sich z. B. durch die gesetzl. Verankerung der Zweisprachigkeit (Official Language Act, 1969) für die Chancengleichheit von Anglo- und Frankokanadiern ein. 1982 erreichte T. die Unabhängigkeit Kanadas vom brit. Parlament und die Ergänzung der revidierten Verf. um eine Charta der Menschenrechte. In der Außenpolitik verfolgte er einen im Rahmen der Bündnisverpflichtungen selbstständigen Kurs; er nahm diplomat. Beziehungen zu China (1970) auf, verbesserte wesentlich die Beziehungen zu Frankreich und setzte sich für nukleare Abrüstung ein. Angesichts unbewältigter wirtschaftl. Probleme (Inflation, hohe Arbeitslosenrate, wachsendes Haushaltsdefizit) verlor T. zunehmend an Popularität. 1984 trat er vorzeitig von seinem Amt zurück.

Schriften: Le fédéralisme et la société canadienne-française (1967); Les cheminements de la politique (1970); Lifting the shadow of war (1987).

G. RADWANSKI: T. (Toronto 1978); R. J. GWYN: The northern magus. P. T. and Canadians (ebd. 1980); C. McCALL-NEWMAN: Grits. An intimate portrait of the Liberal Party (ebd. 1982).

Trudeln, durch eine unsymmetr. Störung aus einem überzogenen Flugzustand entstandene oder beim →Kunstflug absichtlich herbeigeführte Flugbewegung, bei der sich der Schwerpunkt des Flugzeugs auf einer schraubenlinienförmigen Bahn um eine vertikale **Trudelachse** mit konstanter Winkelgeschwindigkeit abwärts bewegt. Nach Lage der Flugzeuglängsachse zur Horizontalen wird zw. dem steuerbaren **Steil-T.** und dem äußerst gefährl. **Flach-T.** unterschieden.

Trudowiki [russ., eigtl. ›Gruppe der Werktätigen‹], in der 1. russ. Reichsduma im April 1906 entstandenes loses Bündnis aus Vertretern der Bauern und der sozialist. Intelligenzija (etwa 100 Abg.), die für Volksherrschaft und ein radikales Bauernprogramm eintraten und den Terror ablehnten; in der 4. Duma wurde die auf zehn Abg. geschrumpfte Fraktion von A. F. KERENSKIJ geführt. Nach der Februarrevolution 1917 verschmolz sie mit der Volkssozialist. Partei zur Volkssozialist. Partei der Arbeit, die jedoch ohne nennenswerten Einfluss blieb.

Truffaut [tryˈfo], François, frz. Filmregisseur, * Paris 6. 2. 1932, † Neuilly-sur-Seine 21. 10. 1984; Drehbuchautor und Kritiker; einer der führenden Regisseure der ›Nouvelle Vague‹. T. gehört zu den bedeutendsten Vertretern des europ. Films; er veröffentlichte auch Bücher: ›Le cinéma selon Hitchcock‹ (1966; dt. ›Mister Hitchcock, wie haben Sie das gemacht?‹), ›Les films de ma vie‹ (1975; dt. ›Die Filme meines Lebens‹).

Filme: Sie küßten u. sie schlugen ihn (1959); Schießen Sie auf den Pianisten (1960); Jules u. Jim (1961); Die süße Haut (1964); Fahrenheit 451 (1966); Die Braut trug schwarz (1967); Geraubte Küsse (1968); Das Geheimnis der falschen Braut (1969); Der Wolfsjunge (1969); Tisch u. Bett (1970); Zwei Mädchen aus Wales u. die Liebe zum Kontinent (1971); Ein schönes Mädchen wie ich (1972); Die amerikan. Nacht (1973); Die Gesch. der Adele H. (1975); Taschengeld (1975); Der Mann, der die Frauen liebte (1977); Das grüne Zimmer (1978); Liebe auf der Flucht (1978); Die letzte Métro (1980); Die Frau nebenan (1981); Auf Liebe u. Tod (1983).

Ausgabe: Briefe, 1945–1984, hg. v. G. JACOB u. a. (1990).

E. P. WALZ: F. T. A guide to references and resources (Boston, Mass., 1982); F. T., hg. v. P. W. JANSEN u. a. (⁵1985); Monsieur T., wie haben Sie das gemacht?, hg. v. R. FISCHER (a. d. Frz., 1991); Vivement T.!, hg. v. R. FISCHER, Ausst.-Kat. Institut Français, München (1994); A. DE BAECQUE u. S. TOUBIANA: F. T. (Paris 1996); F. T. Les films de sa vie, bearb. v. A. INSDORF (a. d. Amerikan., ebd. 1996).

Trüffel [frz. truffle, Nebenform von truffe, dies über altprovenzal. truffa und vulgärlat. tufera von lat. tuber, eigtl. ›Geschwulst‹, ›Wurzelknolle‹] die, -/-n, **1)** *Botanik:* **Tuber,** Gattung der Schlauchpilze (Ordnung Tuberales) mit rd. 50 Arten in warmen Wäldern in Europa und Nordamerika; Fruchtkörper unterirdisch, kartoffelähnlich, mit rauer, dunkler Rinde. T. sind die kostbarsten Speise- und Gewürzpilze. Bekannt sind: **Perigord-T.** (Tuber melanosporum), kugelig, schwarzbraun, bis 15 cm groß, mit warziger Oberfläche; von leicht stechendem, pikantem Geruch; unter Eichen im Mittelmeergebiet, selten in Baden und im Elsass; **Winter-T.** (**Muskat-T.,** Tuber brumale), warzig, rotbraun bis schwarz, rundlich, bis 5 cm groß; aromatisch duftend; unter Eichen und anderen Laubbäumen in milden Wintern in der gemäßigten Zone; **Sommer-T.** (Tuber aestivum), außen grobwarzig, dunkelbraun bis schwarz, innen hellbraun; im Sommer in Laubwäldern der gemäßigten Zone. – Wo T. in größeren Mengen vorkommen (z. B. S-Frankreich), werden sie mithilfe von abgerichteten Hunden und Schweinen aufgespürt.

2) *Süßwaren:* kugelförmige Praline aus schokoladenartiger, oft mit Rum o. Ä. aromatisierter und in Kakaopulver gewälzter Masse.

Trugdolde, die →Scheindolde.

Trughirsche, Odocoileinae, Unterfamilie der Hirsche mit acht sehr unterschiedl. Gattungen, von denen die nord- und südamerikan. Gattungen in der Gattungsgruppe der Neuwelthirsche (Odocoileini) zusammengefasst sind. Zu diesen gehören neben dem →Sumpfhirsch, den →Spießhirschen, den →Pudus und dem →Virginiahirsch die **Andenhirsche** mit dem in höheren Lagen lebenden **Nördlichen Andenhirsch** (**Gabelhirsch,** Hippocamelus antisiensis) und dem die gemäßigten Regenwälder S-Chiles und Argentiniens bewohnenden **Südlichen Andenhirsch** (**Huemul,** Hippocamelus bisulcus), weiterhin als einzige Art seiner Gattung der **Pampashirsch** (Ozotoceros bezoarticus), der in kleinen Gruppen im trop. Grasland Südamerikas beheimatet ist. – Zu den T. gehören außerdem die →Rehe, das →Rentier und der →Elch.

Trugmotten, Eriocraniidae, Familie schmalflügeliger Schmetterlinge mit nur 15 mm Spannweite; in Mitteleuropa sieben Arten, deren Raupen in Blättern von Laubhölzern minieren; Dämmerungsflieger.

Trugnattern, Boiginae, Unterfamilie der Nattern mit etwa 73 Gattungen; bes. in trop., seltener in gemäßigten Gebieten. Im hinteren Bereich der Oberkiefers stehen große, gefurchte Giftzähne. Zu den T. gehören u. a. →Boomslang, →Eidechsennatter, die →Mussuranas und die →Nachtbaumnattern.

Trugratten, Octodontidae, Familie der Nagetiere, die mit acht Arten in sechs Gattungen in Südamerika beheimatet ist. Ihr wiss. Name kommt von der Kaufläche der Backenzähne, die die Form einer Acht hat. T. sind etwa rattengroß, mit meist langem Schwanz, der bei einigen Arten leicht abreißt und dann nicht wieder nachwächst. Über ihre Lebensweise ist wenig bekannt. Am besten untersucht ist der in Zentralchile bis in 3 000 m Höhe vorkommende **Degu** (Octodon degus); er lebt in unterird., weit verzweigten Bauen, in denen er trotz des milden Klimas Vorräte anlegt (Gras, Getreidekörner und Früchte).

Trugschluss, 1) *Logik:* zur Täuschung oder Überlistung des Gesprächspartners bzw. -gegners angewendeter →Fehlschluss, dessen (log.) Fehler meist in der verdeckten Verwendung von zwei versch. Mittelbegriffen (→Syllogismus) in den Prämissen liegt; zu den log. T. zählt der Haufenschluss (→Sorites); ein T. nach diesem Schema wird auch Acervus (lat. ›Haufen‹) genannt.

2) *Musik:* Form der →Kadenz, bei der nach der Dominante nicht die zu erwartende Tonika folgt, sondern ein anderer, meist mit der Tonika verwandter Akkord. Die hauptsächl. Form ist die T. zur VI. Stufe (in Dur ein Molldreiklang, in Moll ein Durdreiklang), wobei der Bass einen Sekundschritt aufwärts steigt und die Terz aus Stimmführungsgründen häufig verdoppelt

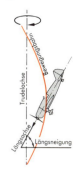
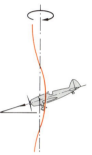

Trudeln: Bahnverlauf beim Trudeln eines Flugzeugs; oben Steiltrudeln; unten Flachtrudeln

François Truffaut

Trüffel 1): Sommertrüffel (Durchmesser 3–7 cm); links angeschnitten

Trug Trugschrift – Truk Islands

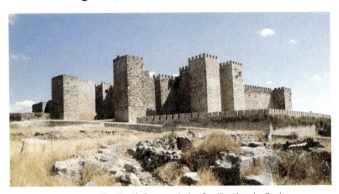

Trujillo 1): Das maurische ›Castillo‹ über der Stadt

Trugschluss 2): Trugschluss von C-Dur nach a-Moll (links) und von a-Moll nach F-Dur (rechts)

wird. Der T. war schon in der Musik des Barock und der Klassik ein beliebtes Mittel harmon. Ausweitung und Überraschung. Während dort jedoch meist eine reguläre Kadenz auf den T. folgte, verselbstständigte sich in der Musik der Romantik vielfach die neu erreichte Tonart, was zu farbenreichen Modulationen und Erweiterungen der Tonalität führte.

Trugschrift, v. a. auf kelt., german. und mittelalterl. Münzen vorkommende Umschriften, die in der Buchstabenfolge keinen Sinn ergeben. T. sind i. Allg. auf den Analphabetismus der Stempelschneider zurückzuführen. Bei den Rechenpfennigen des Spät-MA. wurden jedoch auch bewusst T. verwendet.

Trugwahrnehmung, →Halluzination.

Truhe [ahd. truha, eigtl. ›Gefäß aus Holz‹], Kastenmöbel, vornehmlich zur Aufbewahrung von Kleidern, Wäsche, Kostbarkeiten und Lebensmitteln bestimmt. Diesem Zweck diente die T. schon in der Antike. Meist besaß sie an den Seiten angebrachte Griffe, die das Möbel (v. a. bei Brand) leicht transportabel machten. Frühmittelalterl. Vorläufer zeigen einen ausgehöhlten Baumstamm mit Eisenbeschlägen.

Truhe: Frontstollentruhe; um 1400 (Köln, Museum für Angewandte Kunst)

Nach der Art der Beschaffenheit werden unterschieden: die v. a. in Nieder-Dtl. verbreitete **Frontstollen-T.,** bei der Brettstollen, die den Kasten vom Boden abheben, in Vorder- und Rückwand einbezogen sind; die **Seitenwandstollen-T.** mit über den Kasten hervortretenden Seitenwänden, auf denen dieser ruht; die in Nieder-Dtl. um 1600 heimisch werdende **Kufen-T.** mit Kufen unter den Seitenwänden und die **Sockel-T.** mit einem dem Kasten untersetzten Sockel. Eine Sonderform ist die **Dach-T.** des frühen MA., deren Bestandteile aus gespaltenem Holz bestehen können. Jünger ist die T. mit Balusterfüßen, ebenso die bes. im 18. Jh. gebräuchl., durch gewölbten Deckel und meist Eisenbeschlag charakterisierte **Koffertruhe.** – Die Ausstattung der T. wechselt im Hinblick auf die Anzahl der Felder (Zwei-, Drei-, Vierfelder-T. mit der entsprechenden Anzahl echter oder imitierter Füllungen) und die Ziertechniken. T. aus der Romanik schließen sich an die Architektur der Zeit an und sind durch Arkaden auf Doppelsäulen gegliedert, der Kasten selbst kann auf Säulen ruhen. In der Gotik wurden die Vorderwände niederdt. T. mit Tierfiguren in Kreisen und generell mit Maßwerk geschmückt. Got. T. wurden daneben bei glattem Holz reich mit Eisenbändern beschlagen. Höhepunkte künstler. Gestaltung der T. in der Renaissance sind der ital. →Cassone, die niederdt. T. mit figürl. Schnitzwerk, das allegorische wie bibl. Motive darstellt, und die intarsierten T. S-Europas. (Weiteres BILD →Intarsien)

Trujillo, 1) [truˈxiʎo], Stadt in der Prov. Cáceres, W-Spanien, Extremadura, 564 m ü. M., auf einem Granithügel am W-Fuß der Sierra de Guadalupe, 9 200 Ew.; Agrarzentrum, Viehmarkt, Nahrungsmittelproduktion, Holzverarbeitung; Spielcasino; Fremdenverkehr; wichtiger Straßenknotenpunkt. – Die von turmbewehrter Mauer mit sieben Toren umschlossene, höher gelegene Altstadt entspricht der ehem. arab. Kernstadt (Medina; im 11. Jh. befestigt), sie wird überragt von der mächtigen, aus Granitquadern erbauten Araberburg (Castillo); Eingangstor mit dreifachem Hufeisenbogen; zwei Zisternen. Das Stadtbild wird bestimmt von den Palästen der Konquistadoren, so v. a. an der arkadengesäumten Plaza Mayor mit einem geschlossenen Ensemble von Herrensitzen des 16. bis 18. Jh. sowie dem Reiterstandbild F. PIZARROS (1927). In der got. Kirche Santa María (15. Jh.) ein Flügelaltar von F. GALLEGO (um 1500). – T., eine keltiber. Gründung, hieß in röm. Zeit **Turgalium,** in westgot. Zeit **Torgiela,** blühte unter den Arabern (712–1232) als **Tardjala** [-dʒ-], dann **Truxillo** [trux-] auf und wurde nach der christl. Rückeroberung Sitz des Ritterordens von T. Die Stadt ist der Geburtsort von F. PIZARRO u. a. bedeutender Konquistadoren (noch heute führt T. deshalb den Ehrentitel ›Wiege der Konquistadoren‹).

2) [truˈxixo], Hauptstadt des Dep. La Libertad, Peru, inmitten bewässerter Anbaugebiete, 509 300 Ew.; Erzbischofssitz; zwei Univ.; Zucker-, Textilfabriken, Brauereien; nahebei der Ausfuhrhafen Salaverry. – T. wurde 1535 von F. PIZARRO gegründet und nach seinem Geburtsort in Spanien benannt.

3) [truˈxixo], Hauptstadt des Bundesstaates T., im W von Venezuela, in der Kordillere von Mérida, rd. 800 m ü. M., 32 700 Ew.; Bischofssitz; Handel mit Agrarprodukten des Umlands (Kaffee, Mais, Zuckerrohr u. a.). – Gegr. 1559.

4) [truˈxixo], Bundesstaat im westl. Venezuela, 7 400 km², (1995) 563 000 Ew.; Anbau bes. von Zuckerrohr und Kaffee.

Trujillo y Molina [truˈxixo i -], Rafael Leónidas, dominikan. Politiker, *San Cristóbal (bei Santo Domingo) 24. 10. 1891, †(ermordet) Ciudad Trujillo (heute Santo Domingo) 30. 5. 1961; errichtete nach einem Militärputsch (1930) als Staatspräs. (1930–38, 1942–52) ein diktator. Regierungssystem. Dabei brachte er das Land unter die wirtschaftl. und polit. Kontrolle seiner Familie. 1952 überließ er das Präsidentenamt seinem Bruder HÉCTOR BIENVENIDO T. y M. (* 1908). Die gesamte Familie verließ 1961 das Land.

Truk Islands [ˈtrʌk ˈaɪləndz], Inselgruppe der Ostkarolinen im westl. Pazifik, Teil der Föderierten Staaten von →Mikronesien, besteht aus Atoll (mit zahlr. kleinen Riffinseln), in dessen Lagune (rd. 2 100 km²) elf hohe Vulkaninseln (größte: Moen, Dublon, Fefan, Uman, Udot, Tol) liegen, zus. 100 km² Landfläche mit 44 000 Ew. Die Bewohner leben von den Kokospalmen (Kopraexport) und dem Anbau von Taro,

Brotfrucht, Jamswurzeln, Bananen sowie vom Fischfang. Der (Teil-)Staat **Chuuk** (früher Truk) umfasst außerdem mehrere andere Korallenatolle, darunter die Mortlock Islands und Hall Islands, zus. 294 Inseln mit 127 km^2 in einem Seegebiet von 466 000 km^2, mit 52 900 Ew. Der Reg.-Sitz ist auf Moen, mit Hafen und internat. Flughafen. – T. I. war im Zweiten Weltkrieg jap. Militärbasis.

Trullanische Synoden, Trullanische Konzile, Bez. für die im ›Trullos‹, dem Kuppelsaal des Kaiserpalastes in Konstantinopel, abgehaltenen Synoden: 1) das **Trullanum,** das 3. Konzil von →Konstantinopel; 2) das **Quinisextum** (lat. ›fünfsechstes‹ [Konzil]; 691–692). Es diente dem Erlass disziplinärer Kanones in Ergänzung des 5. und 6. ökumen. Konzils (daher sein Name). Seine 102 Kanones bilden einen Hauptbestandteil des orth. Kirchenrechts und stehen z. T. im Ggs. zu westkirchl. Gebräuchen, z. B. in der Frage des Zölibats und des Samstagsfastens.

Trullo [ital.] *der, -s/...li,* einräumiges, steinernes Rundhaus mit spitzkuppelförmigem Kraggewölbe, bes. in Apulien. BILD →Alberobello

Trum [ahd. drum ›Endstück‹, ›Splitter‹], **Trumm,** 1) *Bergbau* und *Geologie:* Teil eines Querschnittes und dessen Ausdehnung in Längsrichtung (z. B. **Fahr-T., Förder-T.** eines Schachtes, **liegendes** und **hängendes T.** eines Erz- oder Mineralganges, **Ober-** und **Unter-T.** eines Förderbandes).
2) *Technik:* der Riemenstrang beim Riemengetriebe. Der die Umfangskraft übertragende Riemenabschnitt zw. den Scheiben heißt **Arbeits-T.,** der entlastete Riemenabschnitt **Leertrum.**

Truman ['truːmən], Harry S., 33. Präs. der USA (1945–53), * Lamar (Mo.) 8. 5. 1884, † Kansas City (Mo.) 26. 12. 1972; übte versch. berufl. Tätigkeiten aus (u. a. Bankangestellter), bewirtschaftete 1906–17 die Farm der Familie; kämpfte im Ersten Weltkrieg in Frankreich (im Rang eines Hauptmanns); gründete dann ein Konfektionsgeschäft in Kansas City (1921 Bankrott); schloss sich der Demokrat. Partei an. Als Senator des Staates Missouri (1934–44) erlangte er bald Ansehen, u. a. als Vors. des Special Committee Investigating National Defense. 1944 wurde T. als Kompromisskandidat F. D. ROOSEVELTS Vize-Präs. Nach dessen Tod (12. 4. 1945) kam er ohne jede außenpolit. Erfahrung ins Amt, gewann jedoch bald eigenes polit. Profil. Er hielt zwar an den Kriegszielen der Alliierten (bedingungslose Kapitulation Dtl.s, Italiens, Japans) fest, nahm aber gegenüber Großbritannien in der Frage des Lend-Lease-Systems eine strengere Haltung ein und zeigte sich zunehmend ablehnend gegenüber sowjet. Machtansprüchen in Ost-, Südost- und Mitteleuropa. Auf der Potsdamer Konferenz 1945 fand er mit STALIN und dem brit. Premier-Min. C. ATTLEE einen Kompromiss über die Behandlung Dtl.s in der Nachkriegszeit. Im August 1945 befahl T. den – hinsichtlich seiner militär. Notwendigkeit umstrittenen – Abwurf der Atombomben auf Hiroshima und Nagasaki, den er zur Niederwerfung Japans ohne das Risiko größerer eigener Verluste für erforderlich hielt; zugleich handelte es sich hierbei um eine Demonstration militär. Stärke gegenüber der (noch nicht im Besitz von Kernwaffen befindl.) Sowjetunion im Vorfeld des Kalten Krieges.

Innenpolitisch sah sich T. nach Kriegsende v. a. mit ökonom. und sozialen Spannungen (Inflation, Streiks, Rassenkonflikten) und ab 1946 mit einem von den Republikanern beherrschten Kongress konfrontiert. 1948 überraschend gegen den favorisierten Republikaner T. DEWEY wieder gewählt, suchte T. ab 1949 mit seinem in Fortführung von ROOSEVELTS New Deal konzipierten Reformprogramm des →Fair Deal den inneren Problemen zu begegnen, setzte sich aber nur selten gegen den Kongress durch.

Mit dem Aufbrechen der Interessengegensätze zw. UdSSR und USA nach Kriegsende suchte T. durch eine Stabilisierung der ›freien Welt‹ v. a. mittels einer weltweiten Militär- und Wirtschaftspolitik, die von beiden amerikan. Parteien getragen wurde, eine Ausweitung des sowjet. Einflussbereichs zu verhindern. Ihren Ausdruck fand diese Politik des Containments bes. in der →Truman-Doktrin, in der Marshallplanhilfe zum Wiederaufbau Westeuropas (→ERP) sowie im →Punkt-Vier-Programm und der Gründung der NATO. Vor dem Hintergrund des Ost-West-Konflikts etablierte T. den Geheimdienst CIA (1947), initiierte angesichts der Berliner Blockade 1948 die Luftbrücke, beschleunigte nach dem Verlust des Atomwaffenmonopols der USA (1949) die Entwicklung der Wasserstoffbombe und entsandte 1950 Truppen nach Korea. Der Eindruck äußerer und innerer Gefährdung (v. a. Angst vor einem Vordringen des Kommunismus) schuf in den USA eine Atmosphäre von Unsicherheit und Misstrauen (→MCCARTHY, JOSEPH RAYMOND) und schwächte das Ansehen der Reg. T. erheblich. 1952 verzichtete T. auf eine erneute Kandidatur.

Ausgaben: Public papers of the presidents of the U.S.: H. S. T., 8 Bde. (1961–66); Memoirs, 2 Bde. (Neuausg. 1965).

R. J. DONOVAN: Conflict and crisis. The presidency of H. S. T., 1945–1948 (New York 1977); DERS.: Tumultuous years. The presidency of H. S. T., 1949–1953 (ebd. 1982); R. H. FERRELL: H. S. T. and the modern American presidency (Boston, Mass., 1983); The H. S. T. encyclopedia, hg. v. K. S. KIRKENDALL (ebd. 1989); W. E. PEMBERTON: H. S. T. Fair Dealer and cold warrior (ebd. 1989); The T. presidency, hg. v. M. J. LACEY (Washington, D. C., 1989); D. G. MCCULLOUGH: T. (New York 1992); M. J. HOGAN: A cross of iron. H. S. T. and the origins of the national Security (New York 1998); K. L. SHELL: H. S. T. Politiker, Populist, Präsident (1998).

Truman-Doktrin ['truːmən-], das vom amerikan. Präs. H. S. TRUMAN in einer Rede vor dem Kongress am 12. 3. 1947 entwickelte Programm einer Militär- und Wirtschaftshilfe in Höhe von 400 Mio. US-$ für Griechenland und die Türkei. Ausgehend von einer globalen Einteilung in freiheitlich-demokrat. und totalitär-kommunist. Reg.-Systeme betonte er ›die Verpflichtung der USA, alle freien Völker zu unterstützen, die sich der Unterwerfung durch bewaffnete Minderheiten oder durch Druck von außen widersetzen‹. Vor dem Hintergrund der wirtschaftl. und strateg. Bedeutung des östl. Mittelmeeres zielte die T.-D. mit bewusst übergezogener Bewertung des sowjet. Expansionswillens auf die Mobilisierung des Kongresses und der amerikan. Öffentlichkeit zu einem auch finanziellen Engagement in der Politik des →Containment.

Trumbić [-bić], Ante, kroat. Politiker, * Split 17. 5. 1864, † Zagreb 17. 11. 1938; Rechtsanwalt, wurde 1894 Mitgl. des dalmatin. Landtags, 1897 des Reichsrats in Wien; setzte sich für die Vereinigung aller Südslawen innerhalb Österreich-Ungarns auf föderativer Grundlage ein. Bei Ausbruch des Ersten Weltkrieges emigrierte er nach Italien. Als Führer des 1915 in Paris gegründeten ›Südslaw. Ausschusses‹ unterzeichnete er am 20. 7. 1917 mit N. PAŠIĆ die Deklaration von Korfu. Von Dezember 1918 bis November 1920 war er erster Außen-Min. Jugoslawiens.

Trumbull ['trʌmbəl], 1) John, amerikan. Schriftsteller, * Watertown (Conn.) 24. 4. 1750, † Detroit (Mich.) 11. 5. 1831; studierte an der Yale University und trat dort mit seinem Gedicht ›An essay on the uses and advantages of the fine arts‹ (1770) für die Lösung von neoklass. Ästhetik und die Hinwendung zu amerikan. Themen in der Literatur ein. Nach dem Jurastudium bei dem späteren Präs. J. ADAMS in Boston (Mass.), der ihn zu dem patriot. Gedicht ›An elegy of the times‹ (1774) anregte, war er Anwalt und Richter in Connecticut. T. gilt als einer der satirisch Begabtesten der Dichtergruppe der →Connecticut Wits und verfasste mehrere satir. Gedichte, so sein bedeutendstes

Harry S. Truman

Trum Trumeau – Trunkenheit im Verkehr

Werk ›M'Fingal‹ (1782), das England und seine Sympathisanten im amerikan. Unabhängigkeitskampf verspottet.
Ausgaben: The poetical works, 2 Bde. (1820, Nachdr. 1969); The works of Colonel J. T., artist of the American Revolution, hg. v. T. Sizer (²1951).
V. E. Gimmestad: J. T. (New York 1974).

2) John, amerikan. Maler, * Lebanon (Conn.) 6. 6. 1756, † New York 10. 11. 1843; studierte in London bei B. West, in Paris bei J.-L. David. Er schuf Historienbilder (›Tod des Generals Warren in der Schlacht von Bunker's Hill‹, 1787; New Haven, Conn., University Art Gallery) und Porträts.
J. T., hg. v. H. Cooper (New Haven, Conn., 1982).

Trumeau [try'mo, frz.] *der, -s/-s*, urspr. der mittlere Steinpfeiler eines Portals, später allg. der Wandpfeiler zw. zwei Fenstern, der, mit einem Spiegel geschmückt, in der höf. Barockkunst ein bes. wichtiges Element bei der Innenraumgestaltung war; auch der Pfeilerspiegel selbst.

Trümmelbachfall, Wasserfall im Berner Oberland, bei →Lauterbrunnen.

Trümmer|achat, eine Gangfüllung aus Achat, der durch Gebirgsdruck zertrümmert und durch Quarz neu verkittet ist, z. B. bei Schlottwitz im Müglitztal (Sachsen).

Trümmer|erz, durch Aufbereitung älterer Lagerstätten im fließenden Wasser oder in der Meeresbrandung entstandene Erzanreicherung; Vorstufe der →Seifen, z. B. die in der Kreidezeit entstandenen oolithisch-detrit. Eisenerze von Salzgitter und Peine-Ilsede, bei der Abtragung ins Meer transportierte und dort durch die Brandung zertrümmerte Toneisensteingeoden (Sideritkonkretionen) aus dem Jura (Lias und Dogger); sie wurden unmittelbar vor der Küste in Kolken, Rinnen und grabenähnl. Depressionen zusammengeschwemmt (bis 120 m mächtig). Dabei wurden die Sideritknollen z. T. zu Limonit oxidiert, auch kam es durch Ausscheidung von gelöstem Eisen zur Oolithbildung. Die Salzgittererze sind kieselsäurereich, die anderen kalkig und phosphorreich (0,6 bis 1,6% P). Der Abbau wurde 1982 eingestellt.

Trümmergesteine, die →klastischen Gesteine.

Trump, Georg, Grafiker, Schrift- und Buchkünstler, * Brettheim (heute zu Rot am See, Landkreis Schwäbisch Hall) 10. 7. 1896, † München 21. 12. 1985; Schüler von J. V. Cissarz und F. H. Schneidler; 1934–53 Leiter der ›Meisterschule für Deutschlands Buchdrucker‹ in München. Schuf Titelblätter, Illustrationen, Signete, Briefmarken und zahlr. Schriften (u. a. ›City‹, ›Delphin‹, ›Schadow-Antiqua‹, ›T.-Mediäval‹).

Trumpf [aus lat. triumphus ›Triumph‹], **Atout** [a'tu, frz.], *Kartenspiel:* die alle anderen stechende Farbe; auch die einzelne Karte dieser Farbe.

Trumpler, Robert Julius, amerikan. Astronom schweizer. Herkunft, * Zürich 2. 10. 1886, † Oakland (Calif.) 10. 9. 1956; seit 1915 in den USA, ab 1919 am Lick-Observatorium auf dem Mount Hamilton tätig, 1938–51 als Professor. T. arbeitete u. a. über galakt. Sternhaufen, interstellare Absorption, photometr. Entfernungsmessung und Lichtablenkung durch das Schwerefeld der Sonne, die er während der Sonnenfinsternis von 1922 maß.

Trumpp, Ernst, Indologe und ev. Pfarrer, * Ilsfeld (bei Heilbronn) 13. 3. 1828, † München 5. 4. 1885; Missionar und Sprachforscher in Karatschi, sammelte Material für eine Sindhi-Grammatik, die er 1861 in Dtl. veröffentlichte; seine Grammatik des Paschto gilt heute noch als Standardwerk. 1870 erhielt er von der brit. Reg. den Auftrag, die hl. Schrift der Sikhs, den ›Adigrantha‹, zu übersetzen.

Trumscheit, Trompetengeige, Marientrompete, Tromba marina, Streichinstrument des 12. bis 18. Jh. mit langem, schmalem, sich nach oben verjüngendem Schallkörper, der oft einen dreieckigen, im 17./18. Jh. auch bauchigen Querschnitt aufweist. Das bis zu 2 m hohe T. hat nur eine Saite (im MA. gelegentlich auch 1–3 Resonanzsaiten). Sie ruht auf dem einen Fuß eines (asymmetr.) Stegs, dessen anderer unbelasteter Fuß beim Anstreichen periodisch auf die Decke schlägt, was dem T. einen trompetenähnl. Ton verleiht. – Im MA. gewöhnlich als Monochord bezeichnet, war das T. u. a. Spielmannsinstrument.

Trumscheit: Darstellung auf einem Kupferstich aus Filippo Bonannis ›Gabinetto armonico‹; 1722

Truncus [lat., eigtl. ›Stamm eines Baumes‹] *der, -/...ci, Anatomie:* der →Rumpf.

Trundholm ['tronhɔlm], Moor bei Nykøbing auf Seeland, Dänemark; Fundort eines Sonnenwagens aus der mittleren nord. Bronzezeit (14./13. Jh. v. Chr.), wohl die Nachbildung eines →Kultwagens: eine Bronzescheibe von etwa 25 cm Durchmesser, auf einer Seite mit verziertem Goldblech belegt, von einem Pferd gezogen; beide sind auf ein Bronzegestell mit sechs Rädern montiert. Der Wagen gilt als Zeugnis eines Sonnenkults. Bild →Bronzezeit

Trunkelbeere, die →Rauschbeere.

Trunkenheit im Verkehr, amtlich **Fahruntüchtigkeit nach Alkoholgenuss,** die auf Trunkenheit beruhende Unfähigkeit, ein Fahrzeug sicher durch den Straßenverkehr zu führen. Nach § 316 StGB ist mit Freiheitsstrafe bis zu einem Jahr oder mit Geldstrafe bedroht, wer im Verkehr ein (auch unmotorisiertes) Fahrzeug führt, obwohl er infolge des Genusses alkohol. Getränke oder anderer berauschender Mittel nicht in der Lage ist, das Fahrzeug sicher zu führen. Hierbei ist unerheblich, ob die T. im V. zu einer konkreten Gefährdung führte. Nach der Rechtsprechung liegt bei einem Blutalkoholgehalt ab 1,1‰ (unabhängig von den Besonderheiten des Einzelfalls) **absolute Fahruntüchtigkeit** vor; bei Alkoholwerten darunter kann T. im V. nur bei weiteren Beweisanzeichen (z. B. unsachgemäßem Fahrverhalten) angenommen werden **(relative Fahruntüchtigkeit).** Nach dem durch Ges. vom 27. 4. 1998 geänderten § 24a Straßenverkehrs-Ges. (StVG) handelt ordnungswidrig, wer ein Kfz führt, obwohl er a) 0,40 mg/l oder mehr Alkohol in der Atemluft oder 0,8‰ oder mehr Alkohol im Blut hat oder b) 0,25 mg/l oder mehr Alkohol in der Atemluft oder 0,5‰ oder mehr Alkohol im Blut hat. Mit Geldbuße bis zu 3 000 DM kann eine Ordnungswidrigkeit zu a) und bis zu 1 000 DM eine Ordnungswidrigkeit zu b) geahndet werden. Handelt der Betroffene zu b) fahrlässig, beträgt der Regelsatz für die Geldbuße

200 DM; die Ordnungswidrigkeit wird nach dem Punktsystem mit zwei Punkten bewertet. Führt die T. im V. zu einer konkreten Gefährdung von Leib, Leben oder bedeutenden Sachwerten, so ist die Strafe nicht § 316 StGB, sondern § 315c StGB (→Straßenverkehrsgefährdung) zu entnehmen. (→Verkehrsverstöße)

In *Österreich* ist das Inbetriebnehmen und Lenken von Kfz seit 1.1.1998 ab einem Alkoholgehalt des Blutes von 0,5‰ oder einem Alkoholgehalt der Atemluft von 0,25 mg/l gemäß § 37a in Verbindung mit § 14 Abs. 8 Führerschein-Ges. 1997 als Verw.-Übertretung strafbar. Ab einem Alkoholgehalt des Blutes von 0,8‰ bzw. einem Alkoholgehalt der Atemluft von 0,4 mg/l ist das Lenken bzw. Inbetriebnehmen eines Kfz gemäß § 99 Abs. 1 Buchstabe a in Verbindung mit § 5 StVO 1960 als Verw.-Übertretung strafbar. Die Lenkberechtigung ist in diesem Fall (als administrative Sicherungsmaßnahme, nicht als Strafe) für die Dauer von vier Wochen, wenn der Alkoholgehalt des Blutes 1,2‰ oder mehr beträgt, für mindestens drei Monate, ab 1,6‰ für mindestens vier Monate zu entziehen. – In der *Schweiz* wird mit Gefängnis bis zu drei Jahren oder Buße bestraft, wer in angetrunkenem Zustand (ab 0,8‰) ein Motorfahrzeug führt (Art. 91 Abs. 1 Straßenverkehrs-Ges.); T. im V. in Verbindung mit dem Führen eines nicht motorisierten Fahrzeugs wird milder bestraft. Die Einführung der 0,5‰-Grenze wird (1998) diskutiert.

Trunksucht, die →Alkoholkrankheit.

Trunz, Erich, Literarhistoriker, * Königsberg (heute Kaliningrad) 13.6.1905; war 1940–45 Prof. in Prag, 1950–57 in Münster, 1957–70 in Kiel. Herausgeber der ›Hamburger Goethe-Ausgabe‹ (14 Bde., 1948–60), Forschungen zur Literatur des 16. und 17. Jh. (›Johann Matthäus Meyfart‹, 1987).

Trupp, *Militärwesen:* in der Bundeswehr spezielle Größenordnungs-Bez. für kleinste Kampfgemeinschaft aus 2–6 Soldaten unter Führung eines T.-Führers (erfahrener Mannschaftsdienstgrad oder Unteroffizier); z.B. in der Fernmeldetruppe der Funk-T. und in der Panzergrenadiertruppe der vom Schützenpanzer abgesessene Schützentrupp.

Truppe [frz. troupe, Herkunft unbekannt], **1)** *Militärwesen:* die Gesamtheit der Soldaten eines Staates, auch die Streitkräfte als solche und Teile davon.

2) *Theater:* engl. **Company** [ˈkʌmpənɪ], frz. **Compagnie** [kɔ̃paˈɲi], ital. **Compagnia** [kompaˈɲia], seit dem späten 16. Jh. bes. für das Wandertheater wichtige Organisationsform, in der die Schauspieler unter Leitung eines Prinzipals, meist eines bekannten Schauspielers, heute auch eines Regisseurs, zusammenarbeiten.

Truppendienstgericht, Dienstgericht des Bundes für Disziplinarverfahren gegen Soldaten nach der Wehrdisziplinarordnung (→Disziplinarrecht) und für Verfahren über Beschwerden von Soldaten nach der Wehrbeschwerdeordnung. T. sind die untere Instanz der Wehrdienstgerichte; sie entscheiden als Kammern, die mit jeweils einem Richter und zwei ehrenamtl. Richtern besetzt sind. Berufungs- und Beschwerdeinstanz sind die Wehrdienstsenate beim Bundesverwaltungsgericht.

Truppengattungen, früher **Waffengattungen,** nach Ausrüstung und Bewaffnung, Aufgaben und takt. Einsatzgrundsätzen sich voneinander unterscheidende Teile des Heeres. Truppenkörper bis zur Verbandsebene bestehen jeweils aus Einheiten einer T. (z.B. Panzerbataillon, Flugabwehrregiment), ab der Brigadeebene sind die (Groß-)Verbände aus Einheiten und Verbänden mehrerer T. zusammengesetzt.

Truppenteil, allg. verwendete Bez. für militär. Einheiten, Verbände und Großverbände. I.e.S. versteht der einzelne Soldat unter T. den Verband (Bataillon, Regiment), dem er ständig angehört.

Truppen|übung, militär. Übung, deren Ziel es ist, die Einsatzbereitschaft und Schlagkraft der Truppe so zu steigern, dass sie ihre Aufgaben im Frieden und im Krieg erfüllen kann. Zu den T. gehören v.a. die Gefechts- und die Rahmenübung. **Gefechtsübungen** (im größeren Rahmen auch Manöver gen.) finden mit ›Volltruppe‹ unter kriegsnahen Bedingungen, aus Sicherheitsgründen jedoch ohne scharfen Schuss statt; seit Ende der 1980er-Jahre aus Umweltschutzgründen i.d.R. auf T.-Plätzen. In **Rahmenübungen** werden Kommandeure und Stäbe in der prakt. Anwendung des Führungsvorgangs geschult. Bewegungen von Truppenteilen spielen sich hierbei nur auf Lagekarten bzw. Bildschirmen ab, realistisch üben außer dem beteiligten Stabspersonal nur noch die Fernmelder, deren Aufgabe die kommunikationstechn. Verknüpfung der in freiem Gelände oder Kasernen befindl. Gefechtsstände ist.

Truppen|übungsplatz, in der Schweiz **Waffenplatz,** größeres, von zivilen Ansiedlungen freies Gelände, ausgestattet mit festen Truppenunterkünften und Anlagen aller Art, die eine kriegsnahe Ausbildung ermöglichen.

Truppenverbandplätze, von den Truppensanitätsdiensten auf Bataillonsebene eingerichtete mobile Verbandplätze, auf denen verwundete und verletzte Soldaten im Kriegsfall die erste ärztl. Versorgung erhalten. Von den T. werden die Verwundeten zu den →Hauptverbandplätzen transportiert.

Truro [ˈtrʊərəʊ], Hauptstadt der Cty. Cornwall, SW-England, am Ästuar des Fal, 19 000 Ew.; anglikan. Bischofssitz; Museum mit Kunstgalerie; Nahrungsmittel-, keram., Strickwarenindustrie; kleiner Hafen; Fremdenverkehr. – Seit 1130/40 Stadtrecht, seit 1877 City.

Trust [trʌst; engl., kurz für trust company ›Treuhandgesellschaft‹] *der, -(e)s/-e und -s,* Form des Unternehmenszusammenschlusses, bei der Unternehmen mit dem Ziel der Marktbeherrschung in Konzernen zusammengeschlossen werden. Der T. wird i.d.R. von einer Dachgesellschaft (Holdinggesellschaft) geleitet. Im Unterschied zum Kartell, mit dem er die Zielsetzung gemeinsam hat, bildet der T. verwaltungsmäßig, produktionstechnisch sowie finanziell eine straff organisierte Einheit. Die rechtl. Selbstständigkeit einzelner Unternehmensteile hat lediglich formale Bedeutung.

Als typ. T. galten in den USA v.a. die Aluminum Company of America, die United States Steel Corp., die Standard Oil Company und die United Fruit Company sowie in Dtl. die I.G. Farbenindustrie AG und die Vereinigte Stahlwerke AG. In den USA wurde mithilfe der Gesetzgebung (→Antitrustgesetze) versucht, die T.-Bildung zu verhindern und einen funktionsfähigen Wettbewerb zu sichern. In Dtl. wurden nach 1945 die beiden genannten T. aufgelöst und mit dem Ges. gegen Wettbewerbsbeschränkungen ein wichtiges Instrument gegen wettbewerbspolitisch unerwünschte Unternehmenszusammenschlüsse geschaffen. (→Fusionskontrolle, →Missbrauchsaufsicht)

Truppengattungen im Heer der Bundeswehr	
ABC-Abwehrtruppe	Instandsetzungstruppe
Artillerietruppe	Jägertruppe
Fallschirmjägertruppe	Nachschubtruppe
Feldjägertruppe	Panzeraufklärungstruppe
Feldnachrichtentruppe	Panzergrenadiertruppe
Fernmeldetruppe	Panzertruppe
Fernspähtruppe	Pioniertruppe
Gebirgsjägertruppe	Sanitätstruppe
Heeresfliegertruppe	Topographietruppe
Heeresflugabwehrtruppe	Truppe für Operative Information

Trut Truth–ts

Truth [tru:θ, engl.], *Elementarteilchenphysik:* charakterist. ladungsartige Quantenzahl des als **Top**- oder **T.-Quark** (physikal. Symbol **t**) bezeichneten schwersten →Quarks.

Truthühner: Truthuhn; männliches Tier in Balzstellung (Größe bis 1,3 m)

Trut|hühner, Meleagridinae, Unterfamilie der →Fasanen mit nur zwei Arten. Das **Truthuhn** (Meleagris gallopavo) wird bis 1,3 m groß und lebt in den östl. und südl. USA sowie in N-Mexiko; es gleicht weitgehend dem von ihm abstammenden **Haustruthuhn (Pute;** männl.: **Truthahn, Puter)**, das allerdings deutlich größer und schwerer werden kann. Das **Pfauentruthuhn** (Agriocharis ocellata) von der Halbinsel Yucatán ist kleiner und zierlicher, sein nackter, blauer Kopf trägt rote ›Warzen‹, die Schwanzfedern ziert am Ende ein grünblau schillernder Fleck. – Die T. werden bisweilen als eigenständige Familie (Meleagrichidae) der Hühnervögel angesehen.

Trutnov, Stadt in der Tschech. Rep., →Trautenau.

Trutzwaffen, Angriffswaffen (Blank-, Schlag-, Stangen- und Schusswaffen), im Ggs. zu den Schutzwaffen wie Helm, Harnisch und Schild.

Truyère [tryˈjɛːr] *die,* rechter Nebenfluss des Lot im Zentralmassiv, Frankreich, 160 km lang, entspringt in den Monts de la Margeride und mündet bei Entraygues. Die T. und ihre Nebenflüsse speisen unter Ausnutzung der tief eingeschnittenen Schluchten unterhalb des Viaduc de Garabit (erbaut von A. G. EIFFEL, 1880–84) bei Saint-Flour fünf Kraftwerke (Talsperren).

Trybuna [poln. ›Tribüne‹], poln. Tageszeitung, gegr. 1948 in Warschau als ›Trybuna Ludu‹ (Volkstribüne); seit der Privatisierung der Presse 1990/91 Organ der Sozialdemokratie der Rep. Polen (SRP); Aufl. 150 000 Exemplare.

Trygger [ˈtrygər], Ernst, schwed. Jurist und Politiker, *Stockholm 27. 10. 1857, †ebd. 23. 9. 1943; war 1889–1905 Prof. in Uppsala, 1913–23 und 1924–34 Fraktionsführer der Konservativen Partei in der Ersten Kammer. T. sprach sich entschieden gegen die Verf.-Reform von 1918/19 (u. a. Wahlrechtsreform) aus. 1923–24 führte er als Min.-Präs. ein Minderheitenkabinett und war 1928–30 Außenminister.

Trypanosomen [zu griech. trýpanon ›Bohrer‹ und sõma ›Körper‹], Sg. **Trypanosoma** *das, -s,* **Trypanosomatidae,** Familie spindelförmiger Flagellaten, die in Menschen, Tieren, Pflanzen und Protozoen parasitieren und bei Wirbeltieren (einschließlich des Menschen) z. T. gefährl. Krankheitserreger sind. T. sind gekennzeichnet durch das Vorhandensein einer einzigen Geißel, die, an einem Basalkörper entspringend, nach vorn schwingt. Je nach Lage des Basalkörpers kann die Geißel über eine undulierende Membran mit der Zelloberfläche verbunden sein. Typ. Struktur in der T.-Zelle ist der →Kinetoplast.

Die wichtigsten Gattungen sind →Leishmania als Erreger der Leishmaniasen und **Trypanosoma,** u. a. mit den Erregern von →Schlafkrankheit, →Chagas-Krankheit, →Nagana, →Beschälseuche.

Die meisten Arten treten in morpholog. Varianten auf, die sich v. a. hinsichtlich der Lage von Kinetoplast und Geißelansatz unterscheiden, oft verbunden mit einem Wirtswechsel zw. Wirbellosen (bes. Insekten) und Wirbeltieren: Leishmaniaarten treten im Magen von Phlebotomen (Sandmücken) als begeißelte **Leptomonasform,** im Wirbeltier dagegen als unbegeißelte intrazelluläre **Leishmaniaform** auf. Die im Wirbeltierblut lebende **Trypanosomaform** wandelt sich in Blut saugenden Insekten entweder in eine **Crithidiaform** oder in eine Leptomonasform um. – T. können die Immunabwehr ihres Wirtes durch Veränderung ihrer Oberflächenantigene täuschen; die der Abwehr entkommenen T. bilden dann neue Populationen aus, was als Grund für die in unregelmäßigen Abständen auftretenden Krankheitserscheinungen angesehen wird.

Trypetidae [griech.], die →Fruchtfliegen.

Trypsin [Kurzbildung wohl zu griech. trýein ›aufreiben‹, ›verzehren‹ und Pepsin] *das, -s,* Eiweiß spaltendes Verdauungsenzym (Protease), das im Dünndarm unter der Wirkung des Enzyms Enteropeptidase aus seiner in der Bauchspeicheldrüse gebildeten Vorstufe **Trypsinogen** gebildet wird; T. spaltet optimal in schwach alkal. Medium (pH 7–9), bevorzugt an Lysin- und Argininresten, weshalb T. auch bei der Sequenzanalyse von Proteinen benutzt wird. Außerdem dient es als Enzympräparat zur Substitution von Verdauungsenzymen und wird zur Reinigung von Wunden verwendet.

Tryptophan

$CH_2-CH-COOH$
NH_2

Tryptophan [zu Trypsin und griech. phaínesthai ›erscheinen‹] *das, -s,* Abk. **Trp,** in zahlreichen Proteinen enthaltene essenzielle Aminosäure, die im Organismus zu Skatol abgebaut wird; chemisch die 2-Amino-3-(3-indolyl)-propionsäure; Tagesbedarf des Menschen 0,25 g. T. wird heute in großem Umfang synthetisch hergestellt und bei der künstl. Ernährung oder als Futterzusatz verwendet.

Trysa, antike Stadt in Lykien, →Gölbaşı.

Trysil|elv, Fluss in Norwegen, →Klarälv.

Trzcianka [ˈtʃtɕaŋka], Stadt in Polen, →Schönlanke.

Trzcińsko-Zdrój [ˈtʃtɕĩskɔ ˈzdruj], Stadt in Polen, →Schönfließ.

Trzebiatów [tʃɛˈbjatuf], Stadt in Polen, →Treptow.

Trzebinia [tʃɛˈbinja], Stadt in der Wwschaft Katowice (Kattowitz), Polen, im Krakau-Tschenstochauer Hügelland, 20 100 Ew.; Abbau von Steinkohle, Erdölraffinerie, Aluminiumoxidwerk, Blei- und Zinkhütte (in der Umgebung Abbau von Blei- und Zinkerzen); Kraftwerk (740 MW); Zement- und Bekleidungsindustrie.

Trzebnica [tʃɛbˈnitsa], Stadt in Polen, →Trebnitz.

Trzyniec [ˈtʃiːnjɛts], tschech. **Třinec** [ˈtr̝ʃinɛts], Stadt im Nordmähr. Gebiet, Tschech. Rep., 300 m ü. M., am N-Rand der Beskiden, an der Olsa, nahe der Grenze zu Polen, 45 100 Ew.; Hüttenmuseum; Zentrum der Eisenmetallurgie im Steinkohlenrevier Ostrau-Karwin; Glasindustrie.

ts, Abk. für **tons standard** [tʌnz ˈstændəd, engl.], im Washingtoner Flottenabkommen 1922 festgelegte Maßeinheit für die Typverdrängung von Kriegsschiffen; 1 ts = 1 016 kg. In ts wird das Gewicht des voll ausgerüsteten Schiffes (einschließlich Besatzung, je-

Pjotr Jakowlewitsch Tschaadajew (Ausschnitt aus einer zeitgenössischen Lithographie)

doch ohne Brennstoff und Zusatzkesselspeisewasser) angegeben.

Tsaidambecken [ˈtʃai-] Landschaft in Tibet, →Qaidambecken.

Tsai Lun, chin. Palasteunuch, * Kueiyang (Hunan) um 50, †114 oder 118; stellte um 105 aus Baumrinde, Hanf und Lumpen erstmals Papier her.

Tsaldaris, Konstantinos, griech. Politiker, * Alexandria (Ägypten) 14. 4. 1884, † Athen 17. 11. 1970; 1920–32 General-Gouv. von Kreta. Als Vors. der Volkspartei und Min.-Präs. (April 1946 bis Januar 1947 und August bis September 1947) setzte er sich mit Erfolg für die Wiederherstellung der Monarchie ein. 1946–50 war T. Außen-Min., nach dem Wahlsieg von Marschall A. PAPAGOS 1952 in der Opposition.

Tsamkong, Stadt in China, →Zhanjiang.

Tsangpo [tibet. ›Reiniger‹], der Oberlauf des →Brahmaputra in Tibet.

Tsantsa, der →Schrumpfkopf.

Tsaratanana der, Vulkanmassiv in Madagaskar, mit 2 876 m ü. M. die höchste Erhebung des Landes.

Tsavo-Nationalpark, größter Nationalpark Kenias, im SO des Landes, östlich des Kilimandscharo, 20 800 km²; Trockensavanne mit Galeriewäldern und Bergregenwäldern, vom Galana und seinen Quellflüssen Tsavo und Athi durchflossen. Reservat für Elefanten, Löwen, Kaffernbüffel, Spitzmaulnashörner, Flusspferde, Leoparden, Antilopen, Krokodile u. a. Der T.-N. wurde 1948 gegründet, er hat drei Fluglandeplätze nahe der Straße Mombasa–Nairobi, die – wie die parallel verlaufende Ugandabahn – den Park durchquert, z. T. auch dessen Grenze bildet.

Tsaya, Bantustamm, gehört zu den →Teke.

TSB [Abk. für **t**otaler **S**auerstoff**b**edarf], **TOD** [Abk. für engl. **t**otal **o**xygen **d**emand], Messgröße für den Gehalt an organ. Substanz in Wasser. Die Ermittlung des TSB erfolgt durch Verbrennung des Abdampfrückstands und Bestimmung des dabei verbrauchten Sauerstoffs (nachteilig ist dabei z. B. die Verfälschung des Ergebnisses durch Nitrate und Chlorate).

Tschaadajew, Čaadaev [tʃaaˈdajef], Pjotr Jakowlewitsch, russ. Publizist und Kulturphilosoph, * Moskau 7. 6. 1794, † ebd. 26. 4. 1856; baute, orientiert an den frz. Traditionalisten J. M. DE MAISTRE und L. G. A. DE BONALD sowie an F. W. J. VON SCHELLING, seine Philosophie auf der Identität des ›göttl. Idealen‹ und des ›geschichtl. Realen‹ auf; wurde wegen seiner scharfen Kritik an Russland in den ›Philosoph. Briefen‹ (›Lettres philosophiques adressées à une dame‹, 1829–31 in frz. Sprache verfasst; russ. ›Filosofičeskie pis'ma‹, 1836) vorübergehend für geisteskrank erklärt und unter Polizeiaufsicht gestellt (›Apologija sumasšedšego‹, 1837; dt. ›Apologie eines Wahnsinnigen‹). T., mit seinen histor., eth. und anthropolog. Werken Begründer einer russ. Geschichtsphilosophie, prägte entscheidend das histor. und polit. Denken in Russland im 19. Jh. und galt als einer der Wortführer der →Westler.
Ausgabe: Sočinenija i pis'ma, hg. v. M. O. GERŠENZON, 2 Bde. (1913–14, Nachdr. 1972).
R. T. MACNALLY: Chaadayev and his friends (Tallahassee, Fla., 1971).

Tschabukiani, Čabukiani [tʃ-], Wachtang Michajlowitsch, georg. Tänzer und Choreograph, * Tiflis 12. 3. 1910, † ebd. 5. 4. 1992; 1929–41 führender Tänzer des Leningrader Kirow-Balletts; kreierte viele Rollen des Sowjetballetts; unternahm als erster sowjet. Tänzer 1934 eine Tournee durch die USA. 1941 ließ sich T. in Tiflis nieder, wo er als Choreograph, Ballettdirektor und lange auch als Tänzer wirkte.
Choreographien: Laurencia (1939); Gorda (1950); Othello (1957); Der Dämon (1961).

Tschachar-Mongolisch, →mongolische Sprachen.

Tschad
Fläche 1 284 000 km²
Einwohner (1996) 6,5 Mio.
Hauptstadt N'Djamena
Amtssprachen Arabisch, Französisch
Nationalfeiertag 11.8.
Währung 1 CFA-Franc = 100 Centimes (c)
Zeitzone MEZ

Tschad [tʃat, tʃaːt], amtl. Namen: arab. **Djumhurijjat Taschat,** frz. **République du Tchad** [repyˈblik dy tʃad], Binnenstaat im N Zentralafrikas, grenzt im N an Libyen, im O an Sudan, im S an die Zentralafrikan. Rep., im W an Kamerun, Nigeria und Niger, 1 284 000 km², (1996) 6,5 Mio. Ew.; Hauptstadt ist N'Djamena, Amtssprachen sind Arabisch und Französisch; Währung: 1 CFA-Franc = 100 Centimes (c). Zeitzone: MEZ.

STAAT · RECHT

Verfassung: Nach der am 14. 4. 1996 in Kraft getretenen Verf. ist der T. eine präsidiale Rep. mit Mehrparteiensystem. Staatsoberhaupt und Oberbefehlshaber der Streitkräfte ist der mit weit reichenden exekutiven Vollmachten ausgestattete Präs.; er wird auf fünf Jahre direkt gewählt (einmalige Wiederwahl möglich). Der Präs. ernennt den Premier-Min., der seinerseits die übrigen Mitgl. des Kabinetts beruft. Die Legislative liegt beim Zweikammerparlament, bestehend aus der Nationalversammlung (125 Abg., für vier Jahre gewählt) und dem Senat (Mitgl. sind für sechs Jahre von einem Wahlkollegium zu wählen; bisher noch nicht etabliert).

Parteien: Das breit gefächerte Parteienspektrum wird vom Mouvement Patriotique du Salut (MPS) dominiert. Union pour le Renouveau et la Démocratie (URD), Union Nationale pour la Démocratie et le Renouveau (UNDR) und Union pour la Démocratie et la République (UDR) repräsentieren vorwiegend den südl. Landesteil.

Wappen: Ein goldenblau siebenmal zickzackförmig geteilter Schild mit Antilope und Löwe als Schildhaltern. Unter dem Schild befindet sich der Nationalorden des Landes, darunter ein Schriftband mit dem Wahlspruch ›Unité, Travail, Progrès‹ (›Einigkeit, Arbeit, Fortschritt‹).

Nationalfeiertag: 11. 8., zur Erinnerung an die Erlangung der Unabhängigkeit 1960.

Verwaltung: Die 14 Präfekturen gliedern sich in 53 Unterpräfekturen.

Recht: Nebeneinander stehen die traditionellen, animistisch oder zunehmend islamisch geprägten Regeln der Volksgruppen sowie das geschriebene Recht frz. Herkunft. Das Handels-, Wirtschafts- und Gesellschaftsrecht soll zw. den frz.-sprachigen Ländern Afrikas harmonisiert werden. – Die Justiz funktionierte wegen des Bürgerkrieges zeitweise nicht oder nur eingeschränkt. Das staatl. Gerichtssystem umfasst Friedensgerichte, Gerichte erster Instanz, ein Arbeitsgericht sowie an der Spitze einen Berufungsgerichtshof. Die Verf. von 1996 sieht die Einführung eines Obersten Gerichtshofes und eines Verf.-Rates vor.

Streitkräfte: Die Gesamtstärke der Wehrpflichtarmee (Dienstzeitdauer drei Jahre) beträgt etwa 26 000 Mann, genaue Angaben – auch bezüglich der paramilitär. Kräfte – sind kaum möglich. Die wenige Hundert Mann umfassende Luftwaffe verfügt über jeweils einige leichte Kampf- und Transportflugzeuge, das

Tschad

Staatswappen

Staatsflagge

1970 1996   1970 1995
Bevölkerung   Bruttosozial-
(in Mio.)   produkt je Ew.
              (in US-$)

☐ Stadt
☐ Land

22%
78%

Bevölkerungsverteilung 1996

☐ Industrie
☐ Landwirtschaft
☐ Dienstleistung

22% 34%
  44%

Bruttoinlandsprodukt 1995

Heer neben rd. 60 Schützen- und Spähpanzern nur über leichte Waffen.

LANDESNATUR · BEVÖLKERUNG

Der Binnenstaat T. (W-O-Erstreckung 1 150 km, N-S-Erstreckung 1 700 km) liegt in der Sahara, im Sahel und in der Sudanzone, und zwar im O-Teil des (geolog.) Tschadbeckens. Die von Treibsand und Dünen bedeckte Rumpffläche des Tschadbeckens (200–500 m ü. M.) wird von Inselbergen überragt und im O vom →Ennedi und von den westl. Ausläufern des Darfur, im N vom →Tibesti begrenzt, der mit 3 415 m ü. M. die höchste Erhebung des Landes aufweist. Hydrograph. Zentrum ist der abflusslose →Tschadsee, an dem T. im W Anteil hat. Von August bis Dezember (am Ende der Regenzeit und danach) erstrecken sich am S-Ufer des Tschadsees, an den Flüssen Schari und Logone (im SW) sowie an den rechten Nebenflüssen des Schari (im SO) weite Überschwemmungsgebiete.

Klimadaten von N'Djamena (295 m ü.M.)

Monat	Mittleres tägl. Temperaturmaximum in °C	Mittlere Niederschlagsmenge in mm	Mittlere Anzahl der Tage mit Niederschlag	Mittlere tägl. Sonnenscheindauer in Stunden	Relative Luftfeuchtigkeit nachmittags in %
I	33,5	0	0	7,7	13
II	36	Spuren	0,1	8,0	10
III	39,5	Spuren	0,1	7,1	10
IV	41,5	6	1,5	7,7	13
V	40	35	6,0	7,5	30
VI	37,5	65	8,6	7,2	40
VII	33,5	151	13,6	5,9	59
VIII	31	254	19,2	5,8	72
IX	33	95	10,7	6,3	63
X	36,5	29	3,9	8,0	41
XI	36,5	1	0,3	8,3	17
XII	34	Spuren	0,1	8,3	16
I–XII	36	636	64,1	7,3	32

Klima: Der N hat Wüstenklima mit nur sporad. Niederschlägen von 20-40 mm im Jahr (im Gebirge jedoch 1 000 mm jährlich) und großen tägl. Temperaturunterschieden (etwa 20 Celsiusgrade), die mittleren absoluten Maxima liegen um 50 °C, die absoluten Minima um 5 °C; im Winter treten jedoch fast täglich Nachtfröste auf (um −10 °C). Weiter südlich, im Sahel, nehmen die Niederschläge allmählich zu; ab 15° n. Br. gibt es eine Regenzeit, die von N (Juli/August) nach S immer länger andauert (Mai–September); die Jahressummen der Niederschläge erreichen im S 1 150 mm und nehmen nach N ständig ab (N'Djamena 636 mm, Abéché 500 mm). Allerdings treten regelmäßig niederschlagsarme Jahre auf, die zu katastrophalen Dürren führen. Die mittleren Temperaturmaxima liegen im S zw. 31 °C (in der Regenzeit) und 42 °C (März/April), die mittleren Minima zw. 14 °C (Dezember) und 23-25 °C (April/Mai).

Vegetation: Nördlich von 16° n. Br. herrscht Wüste mit nur wenigen Oasen, zw. 16° und 13° n. Br. Dornstrauchsavanne mit Akazien und Büschelgräsern. Südlich von 13° n. Br. schließt sich Trockensavanne mit hohen Gräsern an, im Bereich der Flüsse gibt es Überschwemmungssavannen und Galeriewälder; im äußersten S wachsen Trockenwälder.

Bevölkerung: Die Bev. im T. ist in eine Vielzahl von Ethnien zersplittert. Im N und in der Landesmitte dominieren die Sudanaraber (15%) u. a. islam., z. T. arabisierte Gruppen (Maba, Kanembu, Tubu, Tama u. a.; zus. rd. 40% der Gesamt-Bev.). Im S leben Sara, Mbum, Massa u. a. (etwa 30%). Dazu kommen kleinere Völker sowie Fulbe, Hausa u. a. Zuwanderer in den Städten. Zw. den oft hellhäutigeren, z. T. nomadisch lebenden Muslimen im N und den dunkelhäutigen Hackbauern im S, die vorwiegend ihren alten Glaubensvorstellungen anhängen, z.T. aber auch Christen sind, bestehen große Spannungen. Die jährl. Wachstumsrate der Bev. liegt bei (1985–95) 2,5%; der Anteil der städt. Bev. beträgt (1996) 22%.

Größte Städte (Ew. 1993)

N'Djamena	531 000	Sarh	193 800
Moundou	282 100	Abéché	187 900
Bongor	196 700	Doba	185 500

Religion: Die Verf. garantiert die Religionsfreiheit. Alle Religionsgemeinschaften sind rechtlich gleichgestellt. Grundlage der Gesetzgebung ist das Prinzip der Trennung von Staat und Religion. Etwa die Hälfte der Bev. sind sunnit. Muslime, überwiegend der malikit. Rechtsschule, 20–25 % werden traditionellen afrikan. Religionen zugerechnet. Etwa 19% (bes. im S) gehören christl. Kirchen an: rd. 7,5% der kath. Kirche (Erzbistum N'Djamena mit vier Suffraganbistümern), mindestens 11,5% prot. Kirchen; größte prot. Kirche ist die aus nordamerikan. Missionstätigkeit hervorgegangene ›Eglise Evangélique au Tchad‹. Eine kleine religiöse Minderheit bilden die Bahais.

Bildungswesen: Das am frz. Schulsystem orientierte Schulwesen (sechsjährige Primar-, siebenjährige, zweistufige Sekundarschule) hat unter den jahrzehntelangen Kriegswirren stark gelitten, Schulpflicht besteht z. T. nur formal (insbesondere auf dem Land). Eine wichtige Funktion haben christl. Schulen im S und Koranschulen im N des Landes. Die Analphabetenquote liegt bei 53%. Neben der Univ. in N'Djamena (gegr. 1971) gibt es u. a. eine Schule für Fernmeldewesen in Sarh. 20% der Studenten studieren im Ausland (v. a. in Frankreich und Algerien).

Publizistik: Das Pressewesen ist aufgrund der langen Kriegswirren und geringen Alphabetisierung noch wenig entwickelt; die Verf.-Garantie (1996) der Presse- und Meinungsfreiheit wird nicht immer realisiert. Einziges täglich erscheinendes Medium ist das von der Nachrichtenagentur ›Agence Tchadienne de Presse‹ (ATP) herausgegebene frz.-sprachige Bulletin ›Info-Tchad‹. Der Rundfunk ist staatlich kontrolliert. Die Hörfunkanstalt ›Radiodiffusion Nationale Tchadienne‹ verbreitet u. a. aus Moundou und Sarh Programme in Französisch, Arabisch und acht Landessprachen; der Fernsehsender ›Télé-Tchad‹ sendet wöchentlich 12 Stunden in frz. und arab. Sprache.

WIRTSCHAFT · VERKEHR

T. gehört gemessen an der Höhe des Bruttosozialprodukts (BSP) je Ew. von (1995) 180 US-$ zu den ärmsten Ländern der Erde. Bürgerkrieg, Mangel an mineral. Rohstoffen und ein schlecht ausgebautes Verkehrssystem verhindern eine konstante wirtschaftl. Entwicklung. Bei einer Auslandsverschuldung von (1995) 908 Mio. US-$ müssen 5,9% der Exporterlöse für den Schuldendienst aufgewendet werden. Die Inflationsrate lag 1985–95 bei jährlich nur 3,1%.

Landwirtschaft: Die gesamte Wirtschaft ist vom Agrarsektor, in dem (1994) 70% der Erwerbstätigen arbeiten, geprägt; der Anteil am Bruttoinlandsprodukt (BIP) belief sich 1995 auf 44%. Die Hauptgebiete des Ackerbaus (weitgehend Wanderhackbau) liegen südlich des Tschadsees, v. a. in den Überschwemmungsgebieten des Logone und Schari (dort Dauerfeldbau). Hier wird das Hauptexportgut Baumwolle angebaut (Ernteertrag 1994: 160 000 t), meist in Mischkultur mit dem Grundnahrungsmittel Hirse. Daneben sind Maniok, Bataten und Erdnüsse die wichtigsten Nahrungsmittel. Weitere Anbauprodukte sind Reis, Zuckerrohr und Tabak. In den Trockensavannen der Sahelzone wird Weidewirtschaft betrieben (v. a. Rinder, Schafe und Ziegen).

Fischerei: Der Fischfang im Tschadsee sowie in den Flüssen Logone und Schari dient der Versorgung der Bev., die Fangmenge liegt bei jährlich rd. 80 000 t.

Bodenschätze: Das nordöstlich des Tschadsees in geringen Mengen gewonnene Natron, das v. a. nach Nigeria exportiert wird, ist neben Steinsalz der einzige mineral. Rohstoff. Das Ölfeld in der Präfektur Kanem wurde über eine Pipeline an die Raffinerie in N'Djamena angeschlossen; die Fördermenge ist gering.

Industrie: Der Anteil des Industriesektors am BIP beträgt lediglich 22%. Das produzierende Gewerbe stützt sich hauptsächlich auf die Verarbeitung landwirtschaftl. Produkte, v. a. der Baumwolle. Wichtigste Industriestandorte sind N'Djamena und Moundou.

Außenwirtschaft: Seit 1970 ist die Außenhandelsbilanz fast durchweg negativ (Einfuhrwert 1995: 220 Mio. US-$; Ausfuhrwert: 156 Mio. US-$). Neben dem wichtigsten Exportgut Baumwolle werden v. a. Viehzuchtprodukte und Erdnüsse ausgeführt. Importiert werden v. a. Erdöl und Erdölprodukte, Baustoffe, Maschinen, Textilien und Nahrungsmittel. Die wichtigsten Handelspartner sind Frankreich, Kamerun, die USA und Nigeria.

Verkehr: Wegen der Binnenlage, häufiger Unterbrechungen der Straßenverbindungen während der Regenzeit und der beschränkten Schiffbarkeit der wenigen Wasserwege ist der T. verkehrsmäßig nur unzureichend erschlossen. Eisenbahnlinien sind nicht vorhanden. Vom (1995) 32 700 km langen Straßennetz sind lediglich 270 km asphaltiert; die Straßen im S können nur während der Trockenzeit befahren werden. Im N sind Karawanen noch immer wichtige Verkehrsmittel. Die Binnenschifffahrt auf dem Tschadsee und den Flüssen Schari und Logone ist nur während der Regenzeit möglich. Dem Luftverkehr kommt große Bedeutung zu. Der internat. Flughafen liegt nahe der Hauptstadt N'Djamena. Daneben gibt es für den Inlandsluftverkehr über 40 kleinere Flugplätze.

GESCHICHTE

Ab dem 8. Jh. bestand um den Tschadsee das Reich Kanem (→Kanem-Bornu). Weiter östlich bildeten sich entlang der Handelsstraßen zum Niltal und ans Mittelmeer mehrfach Staaten (u. a. →Wadai). Am 21. 4. 1900 schlugen frz. Truppen bei Kousseri RABEH ZUBAIR (* um 1846, †1900), einen Sklavenjäger, der ab den späten 1880er-Jahren weite Teile des Sudan und 1893 Kanem-Bornu erobert hatte. Bornu fiel danach an das brit. Nigeria, Kanem wurde französisch. In den folgenden Jahren gliederte Frankreich den ganzen T. seinem Kolonialreich ein; 1910 wurde der T. Teil von Frz.-Äquatorialafrika, 1946 Überseeterritorium innerhalb der Frz. Union.

1946 gründete der von den Westindischen Inseln stammende GABRIEL LISETTE (* 1919; 1946–51 und 1956–59 Abg. in der frz. Nationalversammlung) den ›Parti Progressiste Tchadien‹ (PPT, dt. ›Tschad. Fortschrittspartei‹) als tschad. Landesverband des überregionalen ›Rassemblement Démocratique Africain‹. Aus den Wahlen zur ersten tschad. Nationalversammlung ging 1958 der PPT, der v. a. das Ziel hatte, die ethn., religiösen und sozialen Gegensätze zw. dem islam. N und dem schwarzafrikan. S des T. zu mildern, als stärkste parlamentar. Gruppe hervor. Am 28. 11. 1958 erhielt der T. Autonomie innerhalb der Frz. Gemeinschaft. Erster Reg.-Chef wurde LISETTE, der jedoch 1959 F. TOMBALBAYE weichen musste.

Am 11. 8. 1960 erhielt der T. die staatl. Unabhängigkeit; Präs. der Rep. wurde TOMBALBAYE, der die Funktionen des Staatsoberhaupts und des Reg.-Chefs übernahm. Ab 1962 ging er zu einer diktator. Reg.-Weise über und verankerte 1964 die Alleinherrschaft des PPT in der Verf. Innenpolitisch stützte sich TOMBALBAYE auf die schwarzafrikan. Stämme des S, außen- und militärpolitisch v. a. auf Frankreich.

Ab 1966 sammelte sich die islam. Opposition im N gegen Präs. TOMBALBAYE im ›Front de Libération Nationale du Tchad‹ (FROLINAT, dt. ›Nat. Befreiungsfront des T.‹). Von Algerien und Libyen unterstützt, begann die islam. Aufstandsbewegung einen Untergrundkampf gegen die Reg. Gestützt auf einen tschadisch-frz. Beistandspakt (1960), entsandte der frz. Staatspräs. G. POMPIDOU frz. Truppen nach T. zur Unterstützung der Reg.-Truppen. Als die frz. Reg. unter innenpolit. Druck ihre Truppen wieder abzog, suchte Präs. TOMBALBAYE durch eine Kampagne der tschad. ›Authentizität‹ (Namensänderungen, Wiedereinführung von Initiationsriten) seinem Reg.-System die Massenbasis zu erhalten; am 13. 4. 1975 wurde er jedoch durch einen Militärputsch gestürzt und erschossen. Staatspräs. wurde FÉLIX MALLOUM (* 1932).

Tschad: Übersichtskarte

Im Verlauf ihres Guerillakriegs gegen die Reg. Tombalbaye und die Reg. Malloum war der FROLINAT in versch. Gruppierungen unter eigenem Kommando zerfallen, die sich untereinander bekämpften und den Krieg gegen die Reg. je nach eigenen Vorstellungen führten. Nach dem Sturz Präs. MALLOUMS im Frühjahr 1979 konzentrierten sich die Kämpfe auf die Rivalität zw. zwei Truppenführern aus dem N, dem von Libyen gestützten GOUKOUNI OUEDDEI (* 1944) und HISSÈNE HABRÉ (* 1942), der sich an konservative arab. Staaten und – zeitweise – an Frankreich anlehnte. Eine Friedenstruppe der OAU, an der sich bes. Nigeria und Zaire beteiligten, hatte 1981–82 keinen Erfolg, den Fortgang des Bürgerkriegs zu stoppen. Im Juni 1982 eroberten die Truppen HABRÉS N'Djamena. Dieser bildete als Staatspräs. eine Reg. und übernahm 1984 den Vorsitz der neu gebildeten Einheitspartei ›Union Nationale pour l'Indépendence et la Révolution‹. 1983 flammte der Bürgerkrieg wieder auf und führte zur direkten Konfrontation zw. Frankreich und Libyen. Nachdem sich OUEDDEI 1986 von Libyen losgesagt hatte, wandte er sich mit Präs. HABRÉ gegen Libyen, das den N-Teil des T. besetzt hielt. 1989 beendete ein Friedensvertrag die Kämpfe;

die Souveränität des T. über den von Libyen beanspruchten Teil (Aouzou-Streifen, 114000 km²) bestätigte 1994 der Internat. Gerichtshof in Den Haag, Anfang März 1994 erkannte Libyen den Schiedsspruch an und räumte daraufhin das Gebiet.

Am 4. 12. 1990 stürzte der vom Sudan aus operierende ehem. tschad. Offizier I. DÉBY im Zuge eines Militärputsches den diktatorisch herrschenden Präs. HABRÉ, in dessen Amtszeit schätzungsweise 40000 Menschen hingerichtet wurden oder in Haft starben. DÉBY, am 4. 3. 1991 offiziell als Staatspräs. vereidigt (1996 wieder gewählt), leitete Anfang 1993 mit der Bildung eines Übergangsparlaments einen allmähl. Demokratisierungsprozess ein. Dieser wird jedoch durch wirtschaftl. und v. a. ethnisch-religiös bedingte Unruhen erschwert, obwohl einzelne Widerstandsbewegungen den bewaffneten Kampf aufgaben und sich als Parteien registrieren ließen.

J. LE CORNEC: Histoire politique du Tchad, de 1900 à 1962 (Paris 1963); E. NIMINDE-DUNDADENGAR: Agrarentwicklung u. Ernährung in Schwarzafrika. Das Beispiel T. (1982); M. P. KELLEY: A state in disarray. Conditions of Chad's survival (Boulder, Colo., 1986); R. BUIJTENHUIJS: Le Frolinat et les guerres civiles du Tchad, 1977–1984 (Paris 1987); H. MATTES: T. Antagonismen von Wüstenbewohnern u. trop. Ackerbauern, Warlords u. externe Intervention, in: Vergessene Kriege in Afrika, hg. v. R. HOFMEIER u. a. (1992); ASTRID MEIER: Hunger u. Herrschaft. Vorkoloniale u. frühe koloniale Hungerkrisen im Nordtschad (1995); G. JAFFÉ u. V. DAY-VIAUD: Chad (Oxford 1995); S. C. NOLUTSHUNGU: Limits of anarchy. Intervention and state formation in Chad (Charlottesville, Va., 1996); S. DECALO: Historical dictionary of Chad (Lanham, Md., ³1997); T. LEMOINE: Tchad, 1960–1990. Trente années d'indépendance (Paris 1997).

Tschad|anthropus [tʃat-, tʃaːt-; zu griech. ánthrōpos ›Mensch‹], nördlich von →Koro Toro, Rep. Tschad, gefundener fossiler Vormenschentyp.

Tschad|arabisch ['tʃat-, tʃaːt-], eine Gruppe von arab. Dialekten, die östlich des Tschadsees, etwa zw. dem 10. und 16. Breitengrad, gesprochen werden. Das T. hat sich von nordafrikanisch-arab. Landesdialekten beträchtlich entfernt, steht aber in seiner osttschad. Form (von Wadai) dem Sudanarabischen recht nahe. Urspr. durch arab. Beduinenstämme verbreitet, ist es heute die wichtigste afrikan. Verkehrssprache in der Rep. Tschad.

A. ROTH-LALY: Lexique des parlers arabes tchado-soudanais. An Arabic-English-French lexicon of the dialects spoken in the Chad-Sudan area, 4 Bde. (Paris 1969–72).

Tschadbecken ['tʃat-, 'tʃaːt-], großräumiges Senkungsgebiet in Zentralafrika, mit Anteil an der Sahara (nördl. Teil) und der Sudanzone (südl. Teil), zw. Tibesti (im N), Ennedi und westl. Ausläufern des Darfur (im O), Asandeschwelle, Adamaua und Josplateau (im S) und Aïr (im W); tiefster Teil ist die nordöstlich des Tschadsees gelegene Senke Bodélé (160 m ü. M.).

tschadische Sprachen, Tschadsprachen ['tʃat-, 'tʃaːt-], früher **tschadohamitische Sprachen**, afrikan. Sprachfamilie des hamitosemit. Sprachstamms mit etwa 150 Sprachen, die in S-Niger, N-Nigeria, N-Kamerun und S-Tschad gesprochen werden. Wichtige t. S. sind (von W nach O) das →Hausa, Angas, Ron (Challa), Bolanci, Tangale, Margi, Bata, Yedina (Buduma), Mafa (Matakam), Gidar, Musgu, Masa, Gabri, Sokoro, Mokilko, Migama, Bidiya, Mubi, Mandara. Grundwörter, Pronomina, Pluralbildung, Genus und Ablaut sind ihnen z. T. gemeinsam.

H. JUNGRAITHMAYR: Die Ron-Sprachen. Tschadohamit. Studien... (1970); Current progress in chadic linguistics, hg. v. Z. FRAJZYNGIER (Amsterdam 1989); H. JUNGRAITHMAYR u. D. IBRISZIMOW: Chadic lexical roots, 2 Bde. (Berlin 1994); P. NEWMAN: Hausa and the Chadic language family. A bibliography (Köln 1996).

Tschador der, -s/-s, **Chador, Tschadyr**, langer, den Kopf und teilweise das Gesicht und den Körper bedeckender Schleier der pers. Frauen.

Tschadsee ['tʃat-, 'tʃaːt-], frz. **Lac Tchad** [lak tʃad], engl. **Lake Chad** [leɪk tʃæd], abflussloser, 3–7 m tiefer Süßwassersee in Zentralafrika, im zentralen S des Tschadbeckens. Seine Ausdehnung kann unter heutigen Klimaverhältnissen bis 24000 km² betragen. V. a. im O-Teil finden sich zahlr. Inseln (alte Dünen; durchschnittlich 10 km × 2 km groß, bis 15 m über dem Seespiegel; Lebensraum der →Buduma), die zus. über 2000 km² umfassen; etwa 6800 km² sind Sumpfgebiet (im N mit Schilf, im S mit Papyrus, das auch schwimmende Inseln bildet).

Der T. ist der Endsee des Schari (mündet im S), der mit etwa 400–450 Mrd. m³ Wasser knapp 90% der jährl. Wasserzufuhr liefert (sein Delta wächst dabei jährlich um mehrere Meter in den See hinein); nur wenig Wasser bringen die Zuflüsse Yedseram (im SW, Nigeria) und Komadugu Yobe (im W; erreicht den T. nur fünf Monate im Jahr). Etwa 10 % der Wasserzufuhr stammen aus den Niederschlägen (im S durchschnittlich 400 mm, im N 200 mm jährlich), jedoch mit sehr erhebl. jährl. Unterschieden. Die Wasserverdunstung dürfte bei 2000 mm im Jahr liegen. Das Wasser ist süß, enthält jedoch beachtl. Mengen Natron (zw. 200 mg/l im SO und 400 mg/l im N); am O-Ufer werden fossile Natronlager abgebaut.

Während der letzten Eiszeit war der N-Teil des T. ausgetrocknet (→Sahara, Klima). Dagegen bestand in humiderem Klima 9500–4500 v. Chr. ein ausgedehnter See (**Paleo-T.**). In histor. Zeit gab es zahlr. Trans- und Regressionen. Man unterscheidet heute drei Stadien: Beim ›großen T.‹, in der 2. Hälfte des 19. Jh. beobachtet, lag der Wasserstand bei 284 m ü. M. Bei 282 m ü. M. und niedriger, um 1908 erstmalig beobachtet und seit 1972 ständig, ist der N-Teil mit einer ehem. mittleren Tiefe von 2 m ausgetrocknet. – Die vier Anrainerstaaten Tschad, Niger, Nigeria und Kamerun haben 1964 die Lake Chad Bassin Commission gegründet, um den negativen Auswirkungen (v. a. auf Landwirtschaft und Fischerei) entgegenzuwirken.

Tschagatai, Tschaghatai, Mongolenkhan, →Dschagatai.

tschagataische Sprache und Literatur, →dschagataische Sprache und Literatur.

Tschagguns, Gem. im Bez. Bludenz, Vorarlberg, Österreich, 687 m ü. M., 2600 Ew.; bildet mit →Schruns ein Zentrum des Fremdenverkehrs im Montafon, Seilbahnen auf den Golm.

Tschaikowskij, Čajkowski [tʃ-], Stadt im Gebiet Perm, Russland, im Vorland des Ural am Wotkinsker Stausee der →Kama, 88 400 Ew.; Museum, Galerie; Seidenweberei, Herstellung von Synthesekautschuk, Präzisionsmaschinenbau, Holzverarbeitung; Hafen. – T. wurde 1955 beim Bau des Wotkinsker Wasserkraftwerks (1000 MW) gegründet und ist seit 1962 Stadt.

Tschaikowsky, Tchaikowsky, 1) André, poln. Andrzej Czajkowski [tʃ-], brit. Pianist poln. Herkunft, * Warschau 1. 11. 1935, † Oxford 26. 6. 1982; studierte u. a. bei K. SIKORSKI und S. ASKENASE; trat mit Orchesterwerken, zwei Streichquartetten, Klavierstücken und Liedern auch als Komponist hervor.

2) Pjotr (Peter) Iljitsch, **P. I. Čajkovskij** [tʃ-], russ. Komponist, * Wotkinsk 7. 5. 1840, † Sankt Petersburg 6. 11. 1893; nahm zunächst ein Jurastudium auf und war 1859–63 Sekr. im Justizministerium, studierte 1863–65 am Sankt Petersburger Konservatorium u. a. bei A. G. RUBINSTEIN, lehrte 1866–78 Musiktheorie am Moskauer Konservatorium, dessen Direktor N. RUBINSTEIN ihn ebenfalls förderte (hier war u. a. S. I. TANEJEW sein Schüler), wirkte daneben als Musikkritiker und ab 1878 zunehmend als Dirigent eigener Werke sowie als freischaffender Komponist, dessen Ruhm sich in Russland und im westl. Europa immer mehr ausbreitete. T. reiste häufig ins Ausland, v. a. nach Dtl., Frankreich, Italien, Großbritannien

Pjotr Iljitsch Tschaikowsky

und in die Schweiz, 1891 erstmals auch in die USA. Zw. 1877 und 1890 führte er einen umfangreichen, für sein Schaffen und seine innere Konstitution aufschlussreichen Briefwechsel mit der verwitweten NADESCHDA FILARETOWNA VON MECK (* 1831, † 1894), die ihn durch ihre Freundschaft auch finanziell unterstützte, mit der er aber auf beiderseitigen Wunsch niemals in persönl. Kontakt trat. T. war eine sensible, von Stimmungsschwankungen geprägte Persönlichkeit. Zu einer schweren Lebenskrise führte 1877 seine überstürzte Heirat mit ANTONINA MILJUKOWA, von der er sich sofort wieder trennte. Auch in späteren Jahren überschatteten Depressionen und Einsamkeit seine gesellschaftl. Ehrungen und Erfolge als Komponist. Nach neueren Untersuchungen starb T. nicht an Cholera, sondern beging Selbstmord, nachdem seine Liaison mit einem jungen Aristokraten publik zu werden drohte.

T.s Kompositionen zeigen in ihrer Entwicklung und Stilhaltung ein sehr unterschiedl. Bild. Einerseits ist sie (durch den Einfluss der Konservatoriumsausbildung und der Brüder RUBINSTEIN) verknüpft mit Form- und Klangerscheinungen der mittel- und westeurop. Musik, andererseits fühlte sich T. geistig und musikalisch vollkommen in Russland beheimatet. Zeitweilig pflegte er auch Kontakt zur Gruppe der Fünf und empfing v. a. von M. A. BALAKIREW wichtige Anregungen, ohne dessen programmat. russischnat. Zielen zu folgen. Darüber hinaus sind T.s Werke, v. a. die der Reifezeit, geprägt von einem sehr persönl., gefühlsstarken Ausdruckswillen, der lediglich in einigen an älteren Stilmodellen orientierten Kompositionen (Orchestersuiten Nr. 1–4; Variationen über ein Rokokothema für Violoncello und Orchester) sowie in salonhaften Genrestücken in den Hintergrund tritt. Ein wesentl. Stilmerkmal ist seine expressive, empfindungsvolle Melodik, verbunden oft mit farbiger, origineller Instrumentation, reich abgetönter Harmonik und – in schnellen Sätzen – zündender rhythm. Gestaltung. Überkommene Formmodelle bleiben durchweg erkennbar, werden aber häufig frei gehandhabt und durch individuelle themat. Bildungen neu gewichtet.

T. hat in fast allen Gattungen erfolgreiche Werke komponiert. Höhepunkte seines instrumentalen Schaffens sind die Sinfonien Nr. 4, 5 und 6 – bes. die letzte, ›Pathétique‹, als bewegende Selbstoffenbarung kurz vor dem Tode –, die Instrumentalkonzerte und einige der Orchestersuiten, -ouvertüren und -fantasien. Unter den Bühnenwerken gehören die späteren Opern (›Eugen Onegin‹, 1879; ›Pique Dame‹, 1890) und Ballette (›Schwanensee‹, 1877; ›Dornröschen‹, 1890; ›Der Nußknacker‹, 1892) bis heute zum Standardrepertoire. Nicht ganz so eigenständig erscheint seine Kammermusik. Auch von seinen Klavierwerken – zumeist Charakterstücke in der Nachfolge der dt. Romantik – sind nur wenige populär geworden.

Weitere Werke: *Opern:* Wakula der Schmied (1876, rev. 1887; nach N. W. GOGOL); Die Jungfrau von Orleans (1881; nach SCHILLER); Mazeppa (1884; nach PUSCHKIN); Die Zauberin (1887); Jolante (1892). – *Bühnenmusiken* zu A. N. OSTROWSKIJS ›Schneeflöckchen‹ (1873) u. SHAKESPEARES ›Hamlet‹ (1891). – *Orchesterwerke:* 6 Sinfonien: 1. g-Moll (›Winterträume‹, 1866), 2. c-Moll (1872, rev. 1879), 3. D-Dur (1875), 4. f-Moll (1877), 5. e-Moll (1888), 6. h-Moll (›Pathétique‹, 1893); ›Manfred-Sinfonie‹ (1886); vier Suiten (1879, 1883, 1884, 1887); Ballettsuiten; Sinfon. Dichtung ›Fatum‹ (1868); Orchesterfantasien ›Romeo u. Julia‹ (1869); ›Francesca da Rimini‹ (1876); 5 Ouvertüren, u. a. ›Das Jahr 1812‹ (1880); ›Capriccio italien‹ (1880); 3 Klavierkonzerte: b-Moll (1875), G-Dur (1880), Es-Dur (1893); Violinkonzert (1878); Variationen über ein Rokokothema für Violoncello u. Orchester (1876). – *Kammer- und Klaviermusik:* Streichsextett (1890, rev. 1892); 3 Streichquartette: D-Dur (1871); F-Dur (1874), es-Moll (1867); Klaviertrio (1882). – *Vokalwerke:* Chrysostomos-Liturgie (1878); Vespergottesdienst (1881/82); Kantate ›Moskau‹ (1883); über 100 Lieder u. Romanzen.

Ausgaben: Polnoe sobranie sočinenij, 62 Bde. (1940–74). – Teure Freundin. P. Tschaikowskis Briefwechsel mit Nadeschda von Meck, hg. v. E. VON BAER u. a. (Neuausg. 1988).

M. TSCHAIKOWSKY: Das Leben P. I. T.'s, 2 Bde. (a. d. Russ., 1901–04); K. VON WOLFURT: Die sinfon. Werke von Peter Tschaikowski (1947); Systemat. Verz. der Werke von P. I. T., hg. vom T.-Studio Hamburg (1973); K. PAHLEN: T. (Neuausg. 1977); E. M. ORLOVA: Petr Il'ich Chaĭkovskiĭ (Moskau 1980); E. GARDEN: T. Leben u. Werk (a. d. Engl., 1986); E. HELM: Peter I. T. (42.–54. Tsd. 1995); Peter T. im Spiegel seiner Zeit, hg. v. D. BROWN (a. d. Engl., Zürich 1996).

Tschaka, König der Zulu, →Chaka.

Tschakma [afrikan.], der Bärenpavian (→Paviane).

Tschako [ungar. csákó ›Husarenhelm‹] *der, -s/-s,* militär. Kopfbedeckung ungar. Ursprungs, zunächst aus Filz, später aus schwarz lackiertem Leder, verdrängte zuerst 1806 in der frz. Armee, später auch in den anderen Armeen der dreieckigen Hut der Infanterie; in der preuß. Armee wurde er 1842 durch die Pickelhaube ersetzt, doch behielten die Jäger u. a. Spezialtruppen den T. bis 1918; er wurde danach z. T. noch von der dt. Polizei getragen.

Tschakowskij, Čakovskij [tʃ-], Aleksandr Borissowitsch, russ. Schriftsteller, *Sankt Petersburg 28. 8. 1913, †Moskau 17. 2. 1994; war Frontberichterstatter im Zweiten Weltkrieg, seit 1954 Funktionär im Schriftstellerverband, 1962–88 Chefredakteur der ›Literaturnaja gaseta‹; schildert v. a. die Kriegs- und Nachkriegszeit im Sinne des sozialist. Realismus.

Werke: *Romane:* Ėto bylo v Leningrade (1946; dt. Es war in Leningrad); U vas uže utro (1949; dt. Bei uns ist schon Morgen); Blokada, 5 Tle. (1968–75; dt. Die Blockade); Pobeda, 3 Tle. (1980–82; dt. Der Sieg); Njurnbergskie prizraki, 2 Tle. (1987–89).

T-Schaltung, nach der Darstellung im Schaltbild (Ähnlichkeit mit dem Buchstaben T, BILD →Bandpass) benannte Vierpolschaltung mit zwei Impedanzen im Längszweig und einer Impedanz in der Querzweig der Schaltung. Die T-S. entspricht der Sternschaltung; sie ist dual zur Pi-Schaltung.

Tschamtänze, rituelle Zeremonienspiele im lamaist. Kulturkreis, die mytholog. Begebenheiten zum Gegenstand haben. Thema der Tänze ist der Sieg heilswirksamer Kräfte über übel gesinnte Mächte oder die rituelle Vernichtung des in der Gemeinschaft angehäuften Üblen.

Tschangan, Chang'an [tʃ-], früherer Name für die chin. Stadt →Xi'an.

Tschanysee, Čanysee [tʃ-], abflussloser inselreicher Salzsee in der Barabasteppe im S von Westsibirien, Russland, 105 m ü. M.; jahreszeitl. und jährl. Schwankungen der Fläche zw. 1990 km² und 2600 km²; durchschnittlich 2,2 m, maximal bis 10 m tief; besteht aus den Seeteilen Großer T., Kleiner T. und Jarkul; Fischfang.

Tschapajewsk, Čapaevsk [tʃaˈpajefsk], bis 1929 **Iwaschtschenkowo,** Stadt im Gebiet Samara, Russland, im Wolgagebiet, am Wolgazufluss Tschapajewka, 95 100 Ew.; Mineraldünger-, Bekleidungswerk, Nahrungsmittelindustrie.

Tschapka [poln. czapka ›Mütze‹] *die, -/-s,* urspr. Kopfbedeckung der poln. Ulanen, mit viereckigem Deckel, später von anderen Heeren übernommen.

Tschapygin, Čapygin [tʃ-], Aleksej Pawlowitsch, russ. Schriftsteller, *Bolschoj Ugol (Gebiet Archangelsk) 17. 10. 1870, †Leningrad 21. 10. 1937; schrieb Erzählungen über das nordruss. Bauernleben sowie histor. Romane in archaisierender Sprache über die Bauernunruhen 1667–70 (›Razin Stepan‹, 3 Tle., 1926–27, dt. ›Stepan Rasin‹; ›Guljaščie ljudi‹, 4 Tle., 1937).

Weiteres Werk: *Roman:* Bělyj skit (1913; dt. Das weiße Kloster).

Ausgabe: Sobranie sočinenij, 5 Bde. (1967–69).

Tschardarastausee, Stausee des →Syrdarja.

Tschardschou, Čardžou [tʃarˈdʒou], turkmen.
Tschärjew, Čärjev [tʃ-], bis 1940 **Tschardschui,** Ge-

Tschaslau, tschech. **Čáslav** [ˈtʃaːslaf], Stadt im Mittelböhm. Gebiet, Tschech. Rep., 263 m ü. M., südöstlich von Kuttenberg, 10 200 Ew.; Museum; Nahrungsmittelindustrie, Maschinenbau.

... bietshauptstadt in Turkmenistan, am Amudarja, 166 400 Ew.; Geschichts- und Heimatmuseum; Baumwollverarbeitung, Seidenindustrie, Verarbeitung von Karakulfellen, Stahlbetonwerk, Schuh- und Nahrungsmittelindustrie, in der Nähe Superphosphat- und petrochem. Werk; Eisenbahnknotenpunkt an der Transkasp. Eisenbahn, Flusshafen. – Seit 1469 bekannt; 1555 als Festung des Großfürstentums Moskau ausgebaut.

Tschawtschawadse, Ilja Grigorjewitsch, georg. Schriftsteller, *Kwareli (Georgien) 27. 10. 1837, †bei Tiflis 12. 9. 1907; entstammte einer fürstl. Gutsbesitzerfamilie, leitete mit A. R. ZERETELI die Schriftstellervereinigung ›Tergdaleuni‹, die liberale und soziale Ideen vertrat, und setzte sich für die Beseitigung des Analphabetentums ein; wurde unter Beteiligung der zarist. Geheimpolizei ermordet. T. schrieb lyrische Gedichte sowie Versepen und Erzählungen und gilt als einer der Schöpfer der neugeorg. Literatursprache.

Tschcheïdse, **Čcheidze** [tʃxeˈidze], Nikolaj Semjonowitsch, georg. Politiker, *Puti (bei Gori) 1864, †(Selbstmord) Paris 1926; Journalist; einer der Führer der Menschewiki, ab 1907 Duma-Abg., 1912–17 Fraktions-Vors., 1917 Vors. des Exekutivkomitees des Petrograder Sowjets der Arbeiter- und Soldatendeputierten und des 1. Allruss. Zentralexekutivkomitees der Sowjets. T. leitete 1918 den Transkaukas. Sejm und war 1919–21 Vors. der menschewist. Reg. in Georgien; danach in der Emigration.

Tscheboksary, **Čeboksary** [tʃ-], tschuwasch. **Schupaschkar**, Hauptstadt der Rep. Tschuwaschien innerhalb der Russ. Föderation, am rechten Ufer des Tscheboksaryer Stausees der Wolga, 450 000 Ew.; russ.-orth. Erzbischofssitz; Tschuwasch. Akademie der Wissenschaften, Tschuwasch. Nationalakademie, Univ. (gegr. 1967), landwirtschaftl. und pädagog. Hochschule, Forschungsinstitute, Regional-, Kunstmuseum, Gemäldegalerie, Philharmonie, fünf größere Theater; Maschinen- und Elektrogerätebau, Traktoren-, Baumwollverarbeitungs- und Möbelwerk sowie Nahrungsmittelindustrie; etwa 10 km westlich bei Nowotscheboksarsk befindet sich ein Wasserkraftwerk (1 404 MW). T. liegt am Endpunkt einer Stichbahn der Eisenbahnstrecke Moskau–Kasan; Hafen, Flughafen. – Dreifaltigkeitskloster (16. Jh.), Kathedrale (1651). – T. wurde 1555 an der Stelle einer älteren tschuwasch. Siedlung an der Moskauer Festung ausgebaut; im 17.–18. Jh. eine wichtige Handels- und Handwerkerstadt.

Tschebyschow, **Čebyšev** [tʃebyˈʃɔf], Pafnutij Lwowitsch, russ. Mathematiker, *Okatowo (Gebiet Kaluga) 26. 5. 1821, †Sankt Petersburg 8. 12. 1894; 1850–82 Prof. an der Univ. in Sankt Petersburg, ab 1859 Mitgl. der Akad. der Wissenschaften. T. war ein vielseitiger, auch an prakt. Anwendungen interessierter Mathematiker; u. a. erarbeitete er Methoden zur Konstruktion geograph. Karten und widmete sich techn. Problemen; im Zusammenhang mit Überlegungen zur Getriebelehre (Watt-Geradführung) entwickelte T. die nach ihm benannten Polynome. In seinen frühen Arbeiten beschäftigte er sich mit der Zahlentheorie, v. a. der Primzahlverteilung, und wirkte an der Herausgabe der zahlentheoret. Manuskripte von L. EULER mit. Bedeutende Beiträge leistete T. auch zur Approximations-, Integrations- und Wahrscheinlichkeitstheorie; u. a. bewies er eine Verallgemeinerung des Gesetzes der großen Zahlen.
Ausgabe: Œuvres, hg. v. A. MARKOFF u. a., 2 Bde. (1899–1907).

Tschebyschow-Polynome [nach P. L. TSCHEBYSCHOW], die für $n \in \mathbb{N}$ auf den komplexen Zahlen definierten Funktionen $T_n(x) := \cos(n \arccos x)$ und

$$U_n(x) := \frac{\sin([n+1]\arccos x)}{\sin(\arccos x)}$$

(T.-P. 1. Art bzw. T.-P. 2. Art). Ihre Rekursionsformeln lauten $T_{n+1}(x) = 2x T_n(x) - T_{n-1}(x)$ und $U_{n+1}(x) = 2x U_n(x) - U_{n-1}(x)$ mit den Anfangsgliedern $T_0(x) = U_0(x) = 1$ und $T_1(x) = \frac{1}{2} U_1(x) = x$. Dass T_n und U_n tatsächlich algebraische Polynome vom Grad n sind, kann mithilfe trigonometr. Funktionen gezeigt werden. Für $n > 0$ sind T_n und U_n linear unabhängige Lösungen der **tschebyschowschen Differenzialgleichung** $(1 - x^2) y'' - x y' + n^2 y = 0$. Die T.-P. sind für die Approximationstheorie von besonderem Interesse: Unter allen Polynomen

$$P_n(x) := x^n + a_{n-1} x^{n-1} + \ldots + a_1 x + a_0$$

ist $2^{1-n} T_n(x)$ das eindeutig bestimmte Polynom, für das das Maximum von $|P_n(x)|$ auf $[-1, 1]$ am kleinsten ist, und $2^{-n} U_n(x)$ dasjenige Polynom, für das

$$\int_{-1}^{1} |P_n(x)| dx$$

am kleinsten ist; in beiden Fällen beträgt dieser minimale Wert 2^{1-n}.

tschechische Kunst: Christoph und Kilian Ignaz Dientzenhofer, St.-Nikolaus-Kirche auf der Kleinseite in Prag; 1703–11 und 1737–53

Tschebyschow-Ungleichung [nach P. L. TSCHEBYSCHOW], 1) *Arithmetik:* Ungleichung zwischen arithmet. Ausdrücken, nach der für zwei endl. Folgen $0 < a_1 \leq a_2 \leq \ldots \leq a_n$ und $0 < b_1 \leq b_2 \leq \ldots \leq b_n$ reeller Zahlen und jede reelle Zahl $r > 0$ gilt

$$\left(\frac{1}{n} \sum_{i=1}^n a_i^r\right)^{\frac{1}{r}} \left(\frac{1}{n} \sum_{i=1}^n b_i^r\right)^{\frac{1}{r}} \leq \left(\frac{1}{n} \sum_{i=1}^n (a_i b_i)^r\right)^{\frac{1}{r}},$$

mit Ausnahme von $a_1 = \ldots = a_n$ oder $b_1 = \ldots = b_n$. Ist $0 < a_1 \leq a_2 \leq \ldots \leq a_n$ und $b_1 \geq b_2 \geq \ldots \geq b_n > 0$, so besteht die obige Ungleichung mit dem Zeichen $\geq$ anstelle von $\leq$.

2) *Wahrscheinlichkeitstheorie:* **Bienaymé-T.-U.** [bjɛ̃neˈme-], Ungleichung, die aussagt, dass die Wahrscheinlichkeit

$$P[|X - E(X)| > c\sigma(X)], \ c > 0,$$

für Abweichungen $|X - E(X)|$ der Zufallsvariablen X von ihrem Erwartungswert $E(X)$, die groß sind gegenüber ihrer Streuung σ(X), kleiner als $1/c^2$, also sehr unwahrscheinlich sind:

$$P[|X - E(X)| > c\sigma(X)] < \frac{1}{c^2}, \ c > 0.$$

Tschechei *die,* nichtamtl. Kurz-Bez. für die histor. Gebiete Böhmen und Mähren innerhalb der 1918 gegründeten Tschechoslowakei; in der NS-Zeit herabsetzend verwendet. Die zum 1. 1. 1993 entstandene Tschech. Rep. wird auch als **Tschechien** bezeichnet.

Tschechen, tschech. **Češi** [ˈtʃɛʃi], westslaw. Volk in Böhmen und Mähren, etwa 10 Mio. Menschen, größere Gruppen auch im Gebiet des ehem. Jugoslawien, in Österreich und Dtl., ferner in den USA und in Kanada sowie in Argentinien. – Die T. wanderten im 6. Jh. im Gefolge der Awaren ein. Trotz des sehr früh einsetzenden Einflusses der dt. Kultur konnten sich die Besonderheiten der tschech. Volkskultur erhalten. Seit der Gegenreformation sind sie überwiegend katholisch. Besondere Volksgruppen sind die **Hannaken** in Mittelmähren, die **Horaken** und **Podhoraken** in den östl. Randgebieten Mährens, die **Choden** in SW-Böhmen und die nach ihrer Herkunft **Walachen** genannten Bewohner der Beskiden.

Volkskunde: Die Volkskunst ist durch eine hoch entwickelte Stickerei sowie Dekorativglas- und Bijouterieherstellung vertreten. Die fast ausschließlich folkloristisch gepflegte Tracht zeichnet sich durch große Farbenfreudigkeit aus. Alte Musikinstrumente sind der Dudelsack und das Hackbrett, Volkstänze die Kalamaika, der Rejdowak und die Polka.

B. SCHIER: West u. Ost in den Volkskulturen Mitteleuropas (1989).

Tschechi|en, Kurz-Bez. für Tschech. Republik.

tschechische Kunst, die Kunst auf dem Territorium der heutigen Tschech. Rep. (Böhmen, Mähren, Mährisch-Schlesien). Von Beginn an war sie geprägt von den versch. Kulturen der auf diesem Gebiet siedelnden zahlr. ethnischen Gruppen. Erste Zeugnisse mittelalterl. Kunst stammen aus der Zeit des Großmähr. Reiches.

Die frühesten erhaltenen Denkmäler der *Baukunst* aus Stein sind kleine Rundkirchen aus dem 9. Jh.; die 926–929 als Rotunde errichtete Gründungskirche St. Veit in Prag war richtungsweisend für spätere Zentralbauten (Burgkapelle in Znaim, 11. Jh.). Im 10. Jh. entstanden die ersten Klosterkirchen nach basilikalem Vorbild (St. Georg in Prag, um 920). Die Klosterkirche (1240–60) in Trebitsch vereinigt roman. und got. Stilelemente. Der erste rein got. Bau in Böhmen ist die Franziskuskirche (1240–50) des Agnesklosters in Prag. Ihren Höhepunkt erreichte die mittelalterl. Baukunst mit dem (3.) Neubau des Prager St.-Veits-Doms (1344 begonnen, 1353 oder 1356 von P. PARLER fortgeführt). Ein hervorragendes Beispiel spätgot. Baukunst ist der Wladislawsaal im Königspalast der Prager Burg von B. RIED (1486–1502). Bau und Ausstattung der Barbarakirche in Kuttenberg (um 1380 von P. PARLER begonnen, 1585 vollendet) leiten bereits zur Renaissance über.

Zu den bedeutenden Beispielen *mittelalterl. Plastik* gehören die Portale der Klosterkirchen in Trebitsch und Tišnov-Předklášteří bei Brünn, Skulpturen des Meisters der Madonna von Michle (um 1340; Prag, Národní Galerie), die Schönen Madonnen (Krumauer Madonna, um 1390 bis um 1400; Wien, Kunsthistor. Museum), Werke des MEISTERS DER BEWEINUNG VON ŽEBRÁK (1500–10; Prag, Národní Galerie).

Die *Malerei* mit hervorragenden frühen Zeugnissen v.a. in Miniaturen (Codex aus Vyšehrad, 1085; Prag, Universitätsbibliothek) und Wandmalereien (Přemyslidenzyklus in der Burgkapelle in Znaim, 1134) gelangte wie die Baukunst unter dem in Prag residierenden Kaiser KARL IV. zu hoher Blüte (Wandmalereien

tschechische Kunst: Nationaltheater in Prag von Josef Zítek, 1868–81

im Emmauskloster in Prag, nach 1360). TOMMASO DA MODENA und THEODERICH VON PRAG malten auf der Burg Karlstein, der MEISTER VON HOHENFURTH und der MEISTER VON WITTINGAU in S-Böhmen. Hohe Qualität erreichte auch die böhm. Buchmalerei des 14. Jh. (Liber Viaticus des JOHANNES VON NEUMARKT, um 1355/60; Prag, Národní Muzeum). Bedeutendster Maler der Spätgotik in Böhmen war der MEISTER DES ALTARS VON LEITMERITZ (um 1500; erhaltene Teile Leitmeritz, Galerie výtvarného umění).

tschechische Kunst: Peter Johann Brandl, ›Simeon mit dem Jesuskind‹; nach 1725 (Prag, Národní Galerie)

Die ital. *Renaissancearchitektur* hatte wesentl. Einfluss auf die Profanbauten (Belvedere in Prag, 1536 ff.; Schlösser in Leitomischl und Teltsch,

tschechische Kunst: Josef Chochol, Villa unterhalb des Burgkomplexes Vyšehrad in Prag; 1911–12, Aufnahme der Gartenseite aus den 1990er-Jahren

2. Hälfte 16. Jh.; Rathaus in Pilsen, 1554–74). *Malerei* und *Plastik* wurden zur Zeit des Manierismus bes. gefördert unter RUDOLF II., für den u. a. G. ARCIMBOLDO, H. VON AACHEN, J. HEINTZ D. Ä., B. SPRANGER und A. DE VRIES tätig waren.

Eine weitere Blütezeit der t. K. ist die Zeit des *böhm. Barock*. Die *Architektur* wurde tief greifend mitgeprägt von ital. Baumeistern wie C. LURAGO (Klementinum in Prag, 1654–58), G. B. ALLIPRANDI (Spitalkirche in Kuks bei Jaroměř, 1707–17) und G. SANTINI, der Formen des Barock und der Gotik miteinander verband (St.-Johannes-Nepomuk-Wallfahrtskirche auf dem Grünen Berg bei Žďár nad Sázavou, 1719–22), von den Wiener Architekten J. B. FISCHER VON ERLACH (Palais Clam-Gallas in Prag, 1713–19; Schloss Frain in S-Mähren, 1688 ff.) und J. L. HILDEBRANDT (St. Laurentius in Jablonné v Podještědí, Nordböhm. Gebiet, 1699 ff.) sowie von Mitgliedern der süddt. Baumeisterfamilie Dientzenhofer (St.-Nikolaus-Kirche in Prag, 1703–11 und 1737–53).

tschechische Kunst: Bohumil Kubišta, ›Stillleben mit Schädel‹; 1912 (Prag, Národní Galerie)

Die *Barockskulptur* gipfelte in den expressiven Schöpfungen M. BRAUNS und im eher realist. Werk F. M. BROKOFFS. Namhafte Vertreter der *Barockmalerei* waren K. ŠKRÉTA ŠOTNOVSKÝ, J. C. LIŠKA, J. KUPECKÝ und P. J. BRANDL. W. L. REINER und N. GRUND öffneten sich den Einflüssen des Rokoko.

Im *19. Jh.* setzte unter dem Einfluss der Idee der nat. Wiedergeburt mit monumentalen Historienbildern sowie patriot. Landschaften (ANTONÍN MÁNES, *1784, †1843) eine nat. Strömung ein. J. MÁNES ist der Hauptvertreter einer romant. Richtung. J. NAVRÁTILS Werke tragen impressionist. Züge. SOBĚSLAV HIPPOLYT PINKAS (*1827, †1901), J. ČERMÁK, K. PURKYNĚ und VIKTOR BARVITIUS (*1834, †1902) orientierten sich v. a. am frz. Realismus. Den Höhepunkt nat. betonter Kunst bildeten Bau und Ausstattung des Prager Nationaltheaters (1868–81, von J. ZÍTEK). Zu den an seiner Ausschmückung beteiligten Künstlern gehörten die Landschaftsmaler A. CHITTUSSI, die Historienmaler M. ALEŠ und V. BROŽÍK sowie der Bildhauer J. V. MYSLBEK. A. SLAVÍČEK gelangte zu einer sehr persönl. Auffassung des Impressionismus. A. MUCHA erlangte internat. Anerkennung mit Jugendstilplakaten. Von Symbolismus bzw. Jugendstiltendenzen geprägt sind die frühen Bilder MAX ŠVABINSKÝS (*1873, †1962), Gemälde J. PREISLERS, das plast. Werk F. BÍLEKS sowie die frühen Skulpturen J. ŠTURSAS. Der Maler R. KREMLICKA wandte sich dem Neoklassizismus zu.

Als Begründer der modernen tschech. Architektur des *20. Jh.* gilt J. KOTĚRA. Die Maler E. FILLA, A. PROCHÁZKA, B. KUBIŠTA, V. ŠPÁLA und J. ČAPEK sowie der Bildhauer O. GUTFREUND begründeten den tschech. ›Kuboexpressionismus‹. Der Kubismus erfuhr auch in der Architektur eine spezielle Ausprägung durch JOSEF CHOCHOL (*1880, †1956), J. GOČÁR und P. JANÁK, die sich später dem Funktionalismus zuwandten. Eine soziale Ausrichtung erhielt der Funktionalismus v. a. durch B. FUCHS, J. HAVLÍČEK und J. KREJCAR. F. KUPKA war in Paris an der Entwicklung einer ›orphist.‹ abstrakten Malerei beteiligt.

Aus Mitgl. der 1920 gegründeten avantgardist. Künstlervereinigung ›Devětsil‹ (K. TEIGE, J. ŠÍMA, TOYEN, J. ŠTYRSKÝ, F. MUZIKA) entstand 1934 die Prager Surrealistengruppe. Abseits der maßgebl. Kunstströmungen stand J. ZRZAVÝ mit symbolist., imaginativen Bildern. Die Bildhauer V. MAKOVSKÝ, HANA WICHTERLOVÁ (*1903, †1990) und JOSEF WAGNER (*1901, †1957) traten in den 30er-Jahren mit abstrakten Plastiken hervor. Bes. unter dem Eindruck der dt. Besetzung der Tschechoslowakei schufen die Mitglieder der 1939 gegründeten Gruppe ›Sieben im Oktober‹ sowie der 1942 gebildeten ›Gruppe 42‹ (F. GROSS; FRANTIŠEK HUDEČEK, *1909, †1990; KAMIL LHOTÁK, *1912, †1990) sozial und politisch engagierte Bilder. J. LADA und J. TRNKA waren mit ihren Illustrationen auch im Ausland erfolgreich. Bis in die Gegenwart gilt die tschech. Illustration und Buchkunst als beispielhaft (u. a. J. ŠALAMOUN). Auf dem Gebiet der Fotografie fand v. a. J. SUDEK internat. Anerkennung.

In den 50er-Jahren lebten avantgardist. Tendenzen in Form der Gruppen ›Trasse‹ und ›Mai‹ weiter. Die t. K. wurde v. a. repräsentiert durch die Maler und Grafiker J. ISTLER, ČESTMIR KAFKA (*1922, †1988), M. MEDEK, Z. SYKORA, FRANTIŠEK RONOVSKÝ (*1929), THEODOR PIŠTĚK (*1932), ADRIENA SIMOTOVÁ und J. ANDERLE sowie die Bildhauer V. JANOUŠEK, K. MALICH und STANISLAV KOLÍBAL (*1925).

Die Doktrin des sozialist. Realismus und die Repressionen nach der sowjet. Intervention (1968) zwangen eine Reihe bedeutender Künstler zur Emigration, darunter M. MOUCHA, J. KOLAŘ, J. DOKOUPIL und die Bildhauerin MAGDALENA JETELOVÁ.

Unter den Künstlern der jüngeren Generation profilierten sich bes. die Maler JIŘÍ SOPKO (*1942), IVAN OUHEL (*1945), VLADIMÍR NOVÁK (*1947), VÁCLAV

BLÁHA (* 1949) und die Bildhauer KURT GEBAUER (* 1941), PETR ORIEŠEK (* 1941) und JIŘÍ BERÁNEK (* 1945) sowie der Maler und Bildhauer JIŘÍ SOZANSKÝ (* 1946). Eine oppositionelle tschech. Fluxusbewegung konzentrierte sich um MILAN KNIŽÁK (* 1940). Die in den späten 80er-Jahren gegründeten, vorwiegend konzeptionell arbeitenden Künstlergruppen ›Tvrdohlaví‹ (JIŘÍ KOVANDA, * 1953; J. RONA; M. GABRIEL; S. DIVIŠ; F. ŠKALA; JIŘÍ DAVID, * 1956) und ›Pondělí‹ (u. a. MILENA DOPITOVÁ, * 1963; PETR PISAŘÍK, * 1968) orientierten sich bereits an der westl. Postmoderne. Zu den wichtigsten Leistungen der tschech. Architektur nach 1945 gehören die Bauten von JAN ŠRÁMEK (* 1924, † 1978), ALENA ŠRÁMKOVÁ (* 1925) und JAN BOCAN (* 1937). Gegenwärtig dominiert die Restaurierung der zahlr. histor. Stadtkerne. Bei den Neubauten zeigt sich z. T. eine Rückbesinnung auf die Traditionen der Moderne der 20er- und 30er-Jahre (u. a. kleinere Hallenbauten von JOSEF PLESKOT in der Umgebung von Prag, von JIŘÍ ADAM und MARTIN PÁNEK in Brünn, Bürohhäuser und -umbauten von JAROSLAV ŠAFER und OMICRON K [MARTIN KOTÍK, VÁCLAV KRÁLÍČEK, VLADIMÍR KRÁTKÝ] in Prag, tschech. Pavillon auf der Expo in Sevilla, 1992, von MARTIN NĚMEČ und JÁN STEMPEL). Brünn öffnet sich bes. stark auch jüngeren Architekten (ALEŠ BURIAN, PETR PELČAK, JIŘÍ HRUŠA, JAN SAPÁK, PETR KŘIVICA).

tschechische Kunst: Adriena Simotová, ›Die Abgrenzung des Menschen: Gitter‹; 1977 (Privatbesitz)

Barock in Böhmen, hg. v. K. M. SWOBODA (1964); Romanik in Böhmen, hg. v. E. BACHMANN u. a. (1977); Die Parler u. der Schöne Stil 1350–1400, hg. v. A. LEGNER, Ausst.-Kat., 6 Tle. (1978–80); T. K. 1878–1914 auf dem Weg in die Moderne, Ausst.-Kat., 2 Bde. (1984); Prag um 1600. Beitrr. zur Kunst u. Kultur am Hofe Kaiser Rudolfs II., Ausst.-Kat., 3 Bde. (1988); T. K. der 20er + 30er Jahre – Avantgarde u. Tradition, hg. v. B. KRIMMEL, Ausst.-Kat., 2 Bde. (1988); Prager Barock, bearb. v. J. NOVOTNÝ, Ausst.-Kat. (Wien 1989); Photographie der Moderne in Prag, 1900–1925, bearb. v. M. FABER u. a., Ausst.-Kat. (Schaffhausen 1991); Tschech. Kubismus. Emil Filla u. Zeitgenossen, bearb. v. G. SONNENBERGER (1991); 1909–1925, Kubismus in Prag. Malerei, Skulptur, Kunstgewerbe, Architektur, hg. v. J. SVESTKA u. T. VLCEK, Ausst.-Kat. Kunstverein für die Rheinlande u. Westfalen, Düsseldorf (1991); Tradition u. Avantgarde in Prag, bearb. v. K. THOMAS u. a. (1991); Tschech. Kubismus. Architektur u. Design 1910–1925, hg. v. A. VON VEGESACK, Ausst.-Kat. (1991); Prager Jugendstil, hg. v. B. SCHEFFRAN, Ausst.-Kat. (1992); Vergangene Zukunft. Tschech. Moderne 1890 bis 1918, Ausst.-Kat. Künstlerhaus Wien (1993); Zweiter Ausgang. Tschech. u. slowak. Künstler, hg. v. J. ŠEVČÍKOVÁ u. J. ŠEVČÍK, Ausst.-Kat.

tschechische Kunst: IBC-Gebäude (International Business Center) in Prag nach Plänen von Václav Králíček und Martin Kotík; 1990–93

Ludwig-Forum für Internat. Kunst, Aachen (1993); Video vidim ich sehe. Slovenské, české a švajčiarske videoumenia, hg. v. E. M. JUNGO u. a., Ausst.-Kat. Považská Galéria Umenia, Žilina (Bern 1994).

Tschechische Legion, Bez. für militär. Einheiten, die im Ersten Weltkrieg aus Freiwilligen, Gefangenen und Überläufern tschech. Volkszugehörigkeit in Gegnerstaaten Österreich-Ungarns gebildet wurden. Die vom russ. Ministerrat am 24. 8. 1914 beschlossene Aufstellung einer T. L. wurde erst nach der Februarrevolution 1917 von der Provisor. Reg. verwirklicht. Die T. L. in Russland erreichte eine Stärke von 92 000 Mann und spielte im russ. Bürgerkrieg (→Sowjetunion, Geschichte) eine wesentl. Rolle. Am 16. 12. 1917 stimmte die frz. Reg. der Aufstellung von vier tschech. Regimentern (12 000 Mann), am 21. 4. 1918 die ital. Reg. der Erfassung von anfangs 11 500, nach der Kapitulation der Mittelmächte von etwa 70 000 Mann zu. Die T. L. bildeten autonome militär. Einheiten unter alliiertem Oberbefehl. Politisch unterstanden sie dem Tschechoslowak. Nationalrat. Ihre Existenz stärkte die Position der Tschechoslowakei auf den Pariser Friedenskonferenzen.

G. THUNIG-NITTNER: Die tschechoslowak. Legion in Rußland (1970).

tschechische Literatur, die Literatur in tschech. Sprache.

Mittelalter

Die Anfänge: Die frühesten Ansätze zu einer t. L. stehen in Zusammenhang mit der Missionstätigkeit der ›Slawenapostel‹ KYRILLOS und METHODIOS im

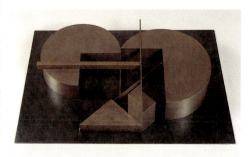

tschechische Kunst: Stanislav Kolíbal, ›Projekt mit T-Form‹; Messing und Eisen, 1992–94 (Privatbesitz)

Tsch tschechische Literatur

→Großmährischen Reich im 9. Jh. Alttschech. Einflüsse weisen z. B. dic im 9. Jh. entstandenen fragmentar. Missale ›Kiewer Blätter‹ auf.

Nach dem Zusammenbruch des Großmähr. Reiches (906) wurde die Tradition der altkirchenslaw. Literatur tschech. Prägung im Přemyslidenreich fortgeführt (›Hospodine pomiluj ny‹, geistl. Lied, 11. Jh.).

Durch die Übernahme des lat. Christentums ersetzte im Verlauf des *10./11. Jh.* die lat. Sprache das Altkirchenslawische bzw. Alttschechische. So entstand gegen Ende des 10. Jh. die Legende ›Svatý Václave‹ des CHRISTIAN, die das Leben des hl. WENZEL (VÁCLAV) und dessen Großmutter LUDMILLA beschreibt und gleichzeitig versucht, einen Abriss der Geschichte des Christentums in Böhmen und Mähren zu geben; sie kann daher als älteste tschech. Chronik gesehen werden. Anklänge an antike und bibl. Quellen weist die lat. Chronik des COSMAS VON PRAG (›Chronikon Boëmorum‹, 1119/21–25) auf.

Die ältesten Belege für das eigentl. Schrifttum in tschech. Sprache stammen aus der Mitte des 13. Jh. (religiöse Lieder, Psalterübersetzungen). Anfang des 14. Jh. entstanden die (fragmentarisch erhaltenen) ›Alexandreis‹, eine freie Nachdichtung des Alexanderepos des WALTHER VON CHÂTILLON, und die →Dalimilchronik, daneben Verslegenden nach Motiven der ›Legenda aurea‹.

Während der Regierungszeit KARLS IV. kam es zu einer kulturellen Blüte (1348 Gründung der Prager Universität) und zu einer Ausweitung der literar. Tätigkeit: religiöse und weltl. Belletristik, daneben aber auch wiss. Schrifttum (CLARETUS DE SOLENCIA, †um 1379). Es entstanden die Katharinen- und Prokoplegende sowie Übersetzungen (›Tristan und Isolde‹, ›Herzog Ernst‹, Trojaroman u. a.). Als erstes Rechtsdenkmal gilt das Rosenberger Buch (›Kniha Rožmberská‹). Großer Beliebtheit erfreuten sich die Marien-, Passions- und Osterspiele, v. a. das von derbem Volkshumor geprägte Stück vom Quacksalber (›Mastičkář‹, um 1340). Bemerkenswert ist auch das aus der 2. Hälfte des 14. Jh. stammende Liebeslied ›Závišova píseň‹, dessen Verfasser (ZÁVIŠE) durch den Titel überliefert ist. Gegen Ende des 14. Jh. verfasste S. FLAŠKA Z PARDUBIC einen Fürstenspiegel in Form eines Tierparlaments (›Nová rada‹), in dem er Verweltlichung und Sittenverfall geißelte. Das erste bedeutende Prosawerk ist der um 1409 entstandene ›Tkadleček‹, ein am ›Ackermann aus Böhmen‹ des JOHANNES VON TEPL orientiertes Zwiegespräch zw. dem Autor und dem personifizierten Unglück. Theolog. und philosoph. Traktate sowie Erklärungen zu den Evangelien in hervorragender alttschech. Sprache stammen von T. ŠTÍTNÝ ZE ŠTÍTNÉHO. In ihnen deuten sich bereits die Reformgedanken des 15. Jh. an.

15. bis 17. Jahrhundert

15.–16. Jh.: Die tschech. reformatorische Bewegung hatte ihren Höhepunkt in J. HUS, der seine Ideen auch in tschech. Predigten und Erbauungsschriften im Volk verbreitete, wobei er sich für eine Reform der tschech. Rechtschreibung (diakrit. Rechtschreibung) einsetzte. Die Zeit der Hussitenkriege (1419/20–1433/34), in der das Tschechische immer mehr an Bedeutung gewann, ist erfüllt von religiösen Polemiken und Aufrufen (J. ŽIŽKA). Auch Lieder spielen eine wichtige Rolle, wobei das Kampflied ›Ktož jsú boží bojovníci‹ das bekannteste ist. VAVŘINEC Z BŘEZOVÉ (LORENZ VON BŘEZOVÁ, * um 1370, † 1437) verfasste – in lat. Sprache – die wohl bedeutendste Quelle aus der Sicht der Prager Hussiten (›Chronicon‹) sowie – in tschech. Sprache – eine in zwei Fragmenten erhaltene Weltchronik (›Kronika světa‹). Nach religiösen und sozialen Reformen unter Ablehnung jegl. Gewalt strebte der Laientheologe P. CHELČICKÝ, der in seinem Hauptwerk ›Siet' viery‹ (1441) seine aus der Ethik des Urchristentums verstandene Sozaillehre niederlegte und zum geistigen Vater der Böhm. Brüder wurde.

In der 2. Hälfte des 15. Jh. begann mit dem *Humanismus* eine umfangreiche literar. Tätigkeit: Großen Einfluss auf das tschech. Nationalbewusstsein übte die ›Kronika česká‹ (1541) des V. HÁJEK Z LIBOČAN aus. Auf Anregung des Bischofs der Böhm. Brüderunität J. BLAHOSLAV, der u. a. das N. T. übersetzte, entstand 1579–93 die sprach- und kulturgeschichtlich bedeutendste Übersetzungsleistung der Böhm. Brüder, die →Kralitzer Bibel, deren Sprachform über zwei Jahrhunderten als vorbildlich galt. DANIEL ADAM Z VELESLAVÍNA (* 1546, † 1599), Verfasser von histor. und philolog. Werken, spielte als Initiator und Verleger (Unterhaltungs-, polit. Literatur, Reiseberichte, Chroniken, philolog. Abhandlungen, bibl. Spiele) eine bedeutende Rolle; nach ihm werden die beiden letzten Jahrzehnte des 16. Jh. auch als ›Doba Veleslavínova‹ (Zeitalter Veleslavíns) bezeichnet.

17. Jh.: Nach der Schlacht am Weißen Berg bei Prag (1620) führten repressive Maßnahmen der weltl. und kirchl. Autoritäten gegen prot. Autoren und ihre in tschech. Sprache verfassten Werke zu einer allmählichen literar. Stagnation und zu einem Verfall der tschech. Sprache. Während der Gegenreformation und in der Folgezeit erschienen v. a. Propagandaschriften und kath. Abhandlungen der Jesuiten. Viele der hervorragendsten Vertreter der tschech. Kultur und Literatur wurden zur Emigration gezwungen (böhm. Exulanten), die sich von ihrem Ausland her für Tschechentum und t. L. ein, so der Bischof der Böhm. Brüder J. A. COMENIUS mit pädagog. und religiösen Abhandlungen und PAVEL STRÁNSKÝ (* 1583, † 1657) mit Schriften zur Verteidigung von tschech. Sprache und Volkstum (›Respublica Bojema‹, 1634). Aber auch in Böhmen selbst lassen sich Bemühungen feststellen, die tschech. Sprache vor dem Niedergang zu bewahren, so BOHUSLAV BALBÍNS (* 1621, † 1688) ›Verteidigung der tschech. Sprache‹ (1672, hg. 1775) und VÁCLAV JAN ROSAS (* um 1620, † 1689) ›Čechořečnost seu Grammatica linguae Bohemicae‹ (1672). – Die Lyrik ist v. a. vertreten durch die kath. Barockdichter BEDŘICH BRIDEL (* 1619, † 1680; lyrisch-reflexives Gedicht ›Co Bůh; Člověk?‹, 1658) und ADAM MICHNA Z OTRADOVIC (* 1600, † 1676; Liedersammlungen, u. a. ›Loutna česká‹, 1653); bedeutend ist auch die tschech. Bearbeitung (›Zdoroslavíček‹, 1665) der ›Trutz-Nachtigall‹ von F. SPEE VON LANGENFELD durch den Jesuiten FELIX KADLINSKÝ (* 1613, † 1675). Daneben gab es eine reiche Volksdichtung mit Liedern, Märchen, Sagen und Erzählungen sowie Volksbücher und religiöse Lyrik.

Die nationale Wiedergeburt

Die Reformen MARIA THERESIAS und v. a. JOSEPHS II. (1781 Aufhebung der Leibeigenschaft, Toleranzpatent; Verbesserung des Schulwesens) gaben den Anstoß zu einer nat. Wiedergeburt (›obrození‹) des Tschechentums, die am Anfang der neueren t. L. steht. Unter der Führung von Gelehrten wie GELASIUS DOBNER (* 1719, † 1790), F. M. PELCL und v. a. J. DOBROVSKÝ entfaltete sich auf histor. und philolog. Gebiet eine rege Tätigkeit, die die Rückbesinnung auf die Werte der eigenen Kultur und Sprache in den Mittelpunkt stellte. DOBROVSKÝS Werke, v. a. sein ›Ausführl. Lehrgebäude der böhm. Sprache‹ (1809), schufen die Grundlagen der modernen tschech. Literatursprache, an die J. JUNGMANN mit poetolog. und philolog. Arbeiten, insbesondere seinem tschechisch-dt. Wörterbuch (›Slovník česko-německý‹, 5 Bde., 1835 bis 1839) anknüpfte. Die t. L. dieser Zeit orientierte sich v. a. an dt. anakreont. Vorbildern, die übersetzt und nachgeahmt wurden, u. a. VÁCLAV THÁM (* 1765, † um 1816) und der Kreis um A. J. PUCHMAJER, der auch die Dichtung des europ. Rokoko und des Klassizismus vermittelte.

In der 1. Hälfte des 19. Jh. kam es durch die Berührung mit der dt. Romantik und v. a. mit den Ideen J. G. HERDERS zu einer Blüte der t. L. Große Aufmerksamkeit erregten die von V. HANKA als literar. Denkmäler aus dem 13. bzw. 9. Jh. ausgegebenen →Königinhofer Handschrift und Grünberger Handschrift. Den ersten dichter. Höhepunkt des tschech. *Klassismus* bildete die nach dem Vorbild von PETRARCA, DANTE und F. W. KLOPSTOCK in tschech. Sprache verfasste Versdichtung ›Slávy dcera‹ (1824) des Slowaken J. KOLLÁR, deren Sonette nat. Sendungsbewusstsein in symbolhaft-histor. Umschreibung zeigen. Großen Einfluss übte auch KOLLÁRS im Sinne eines →Panslawismus verstandene Forderung nach ›slaw. Wechselseitigkeit‹ aus. Als Vertreter einer romantisierenden Geschichtsschreibung schufen die Historiker und Altertumskundler F. PALACKÝ und P. J. ŠAFÁRIK grundlegende Werke. – Die jüngere Romantik ist geprägt durch F. L. ČELAKOVSKÝ, der eine Poesie auf der Grundlage des Volksliedes vertrat und K. J. ERBEN, der ebenfalls slaw. Volksdichtung sammelte und dessen einzige Gedichtsammlung ›Kytice‹ (1853) wegweisend für die Ballade und den epischen Stil wurde. Einen weiteren Glanzpunkt der tschech. Romantik bildete K. H. MÁCHA mit der von Lord BYRON beeinflussten lyrisch-epischen Dichtung ›Máj‹ (1836). – Als Begründer des modernen tschech. Dramas gelten V. K. KLICPERA und J. K. TYL, der neben Possen und histor. Dramen auch sozialkrit. Stücke schrieb.

Die 2. Hälfte des 19. Jh. ist durch den Übergang zum *Realismus* und die Betonung der tschech. Eigenart gekennzeichnet. An der Wende zw. Romantik und Realismus steht der bekannteste tschech. Roman des 19. Jh. ›Babička‹ (1855) von BOŽENA NĚMCOVÁ, der noch idyll. Züge trägt. K. HAVLÍČEK-BOROVSKÝ, Vertreter eines krit. Realismus, begründete den tschech. Journalismus und die polit. Satire (›Tyrolské elegie‹, 1852).

In den 1860er- bis 90er-Jahren gruppierten sich die literar. Strömungen um drei Zeitschriften: die dem Realismus verpflichtete ›Máj‹-Bewegung mit J. NERUDA als Hauptvertreter, der die t. L. durch Feuilletons, Erzählungen (v. a. die humoristisch-realist. ›Povídky malostranské‹, 1878) und bedeutende Lyrik bereicherte, sowie dem Lyriker und Erzähler V. HÁLEK und der Autorin KAROLINA SVĚTLÁ, die als Begründerin des tschech. Dorfromans gilt. Die Autoren um den Almanach ›Máj‹ (1858, Mai) versuchten, sich von romant. Denkweisen und einem idealist. Literaturkonzeption zu lösen und an realist. Schreibmethoden (H. DE BALZAC, STENDHAL, H. HEINE) zu orientieren. Psycholog. Skizzen, soziale Probleme und auch die Frauenemanzipation befanden sich in ihrem literar. Blickfeld. Die Gruppe um die Zeitschrift ›Ruch‹ propagierte nat. Ideen, v. a. S. ČECH, dessen lyr. Dichtungen und histor. Epen dem bewussten Nationalismus und der Erhaltung der tschechischen bäuerl. Eigenart dienten. Diesem Gedankengut standen A. JIRÁSEK mit histor. Romanen und der histor. Romancier Z. WINTER ebenso nahe wie die Vertreter einer romantisch-nat. bis realistisch-krit. Dorfprosa um J. HOLEČEK, K. V. RAIS, TERÉZA NOVÁKOVÁ und die Literaturkritikerin ELIŠKA KRÁSNOHORSKÁ. Im Unterschied dazu war die Gruppe um die Zeitschrift ›Lumír‹, deren Hauptvertreter die Parnassisten J. ZEYER und J. VRCHLICKÝ waren, kosmopolitisch ausgerichtet; es gelang ihnen, den einengenden dt. Einfluss zugunsten einer frz. Orientierung zu überwinden. Einen Übergang zw. beiden Gruppen zeigt das Werk J. V. SLÁDEKS. ZEYER behandelte in seinem Werk neben Stoffen aus der tschech. Geschichte auch zeitgenöss. Themen und näherte sich im Alter den Symbolisten. Noch vielseitiger und von kosmopolit. Weltoffenheit geprägt ist das Werk VRCHLICKÝS, v. a. seine formvollendete Lyrik und die ep. Zyklen (›Zlomky epopeje‹, 1886). Daneben erschienen sozialkrit. Werke unter dem Einfluss der russ. Realisten, T. G. MASARYKS Theorie des Realismus (bes. die Brüder J. und K. ČAPEK, J. S. MACHAR) und É. ZOLAS (v. a. die Brüder A. und V. MRŠTÍK), während J. ARBES in der von ihm geschaffenen kürzeren Erzählform ›Romanetto‹ v. a. Ergebnisse der modernen Wiss. und soziale Probleme behandelte.

Das 20. Jahrhundert

Die t. L. des 20. Jh. folgte den Strömungen der westeurop. Literaturen und erlangte, v. a. nach der Gründung des tschechoslowak. Staates (1918), immer stärkere internat. Beachtung. Neben der aus dem Realismus entstandenen Richtung des ›Fortschritt‹ um F. V. KREJČÍ, der Milieuschilderung des Naturalismus bei K. M. ČAPEK-CHOD, GABRIELA PREISSOVÁ und BOŽENA BENEŠOVÁ finden sich in der t. L. impressionist. Einflüsse bei A. SOVA, eine kath. Moderne um J. DEML, J. DURYCH und J. ZAHRADNÍČEK sowie ein Vitalismus bei F. ŠRÁMEK, F. LANGER und – in seinen Anfängen – J. WOLKER. Als Begründer der modernen tschech. sozialen Lyrik gilt P. BEZRUČ (›Slezské písně‹, 1909). Das 20. Jh. wurde von der tschech. Moderne und ihrem u. a. vom Literaturkritiker F. X. ŠALDA unterzeichneten Manifest ›Česká moderna‹ (1895, ›Tschech. Moderne‹) beherrscht, das v. a. dem nat. Pathos skeptisch gegenüberstand. Ein Forum des im Zeichen des Transzendentalen stehenden Symbolismus bei O. BŘEZINA und der von Untergangsstimmung geprägten Kultur des Fin de Siècle und der Dekadenz um K. HLAVÁČEK und J. KARÁSEK ZELVOVIC bildete die Zeitschrift ›Moderní revue‹. Daneben orientierte sich v. a. die junge Dichtergeneration an S. K. NEUMANN und dem Kreis der Anarcho-Boheme (K. TOMAN, F. ŠRÁMEK). Auf Initiative der Brüder ČAPEK wurde mit dem ›Almanach na rok 1914‹ (1913, Almanach auf das Jahr 1914) ein neues Manifest der Moderne verfasst, das die Nachkriegsjahre entscheidend beeinflusste.

Die 20er-Jahre des 20. Jh. waren durch die Künstlergruppe des →Devětsil bestimmt, die – zumindest in den ersten Jahren ihres Bestehens – dem Proletkult nahe stand, v. a. V. NEZVAL und K. TEIGE, die Schöpfer der Theorie des →Poetismus. Weitere Vertreter des Poetismus waren K. BIEBL und J. SEIFERT sowie – in ihren Anfängen – F. HALAS, V. HOLAN und V. VANČURA. Diese Avantgardebewegung war auch nach der Auflösung des ›Devětsil‹ weiter lebendig.

Die parallele Entwicklung des tschech. Poetismus und des frz. Surrealismus führte in den 30er-Jahren zu einer Verbindung beider Richtungen: 1934 erklärten TEIGE und NEZVAL, dass die gegenwärtige Etappe des Poetismus der Surrealismus sei und gründeten die ›Skupina Surrealistů v ČSR‹ (Gruppe der Surrealisten in der ČSR). Daneben existierte die Richtung des Proletkults, der sich zu versch. Zeitpunkten MARIE MAJEROVÁ, I. OLBRACHT, WOLKER, SEIFERT, TEIGE, VANČURA und NEZVAL anschlossen. – Bedeutende Erzähler dieser Zeit sind J. HAŠEK, der mit seinem burlesksatir. Roman vom ›braven Soldaten Schwejk‹ (›Osudy dobrého vojáka Švejka za světové války‹, 1921–23, 4 Bde., unvollendet) Weltruhm erlangte, und K. ČAPEK mit philosophisch-hintergründigen Prosadichtungen und gleichnishaften Dramen. In vereinzelt sozialist. Modellromanen von OLBRACHT, MARIE MAJEROVÁ und MARIE PUJMANOVÁ spiegeln sich v. a. die Arbeits- und Lebensbedingungen des Proletariats. Mit der Gruppierung ›Skupina 42‹ (Gruppe 42, 1942) um die Dichter I. BLATNÝ und J. KOLÁŘ, die einen existenziellen Zivilismus propagierte und das Großstädtische thematisierte, wurde der frz. Einfluss auf die tschech. Lyrik zurückgedrängt. Große Bedeutung für das Avantgardetheater (Entwicklung des Theaters der kleinen Formen) vor, während und nach dem Zweiten Weltkrieg hatte das Schauspieler- und Autorenduo JIŘÍ VOSKOVEC (eigtl. JIŘÍ WACHSMANN, *1905, †1981) und J. WERICH. Nach dem Münchener Abkommen 1938 behandelten v. a. Lyriker wie SEIFERT, V. ZÁVADA, HALAS und HOLAN in ihren Werken das Abkommen und seine Folgen für ihre tschech. Heimat.

Zeichnete sich die t. L. seit der Jahrhundertwende v. a. durch Vielfalt und Formenreichtum aus, musste sie nach 1948 vorrangig polit. Bedürfnissen genügen. Nach der Regierungsübernahme der Kommunisten (1948) wurde auf dem Schriftstellerkongress 1949 der sozialist. Realismus zur verbindl. Kunstdoktrin erklärt und die Orientierung an der sowjet. Kunst gefordert, der sich mit einzelnen Werken, die einer dogmat. sozialist. Weltsicht verpflichtet waren, eine Reihe von Autoren anpasste, u. a. OLBRACHT, MARIE MAJEROVÁ, MARIE PUJMANOVÁ, J. DRDA, J. OTČENÁŠEK und V. ŘEZÁČ mit sozialist. Aufbauromanen oder Kriegsschilderungen sowie NEZVAL mit einigen Poemen zu Ehren STALINS; andere, wie der Lyriker IVAN BLATNÝ (*1919, †1990) und die Erzähler E. HOSTOVSKÝ und J. ČEP emigrierten; wiederum andere wurden zum Verstummen gebracht (LANGER, HOLAN, DEML, J. WEIL) oder verfolgt (ZAHRADNÍČEK). So herrschten in den 50er-Jahren ideologisch bestimmte Aufbau- und Produktionsromane und sozialist. Programmlyrik vor. Erst während der Entstalinisierung in der 2. Hälfte der 50er-Jahre konnte sich die t. L. in Teilbereichen vom polit. Druck befreien.

Die t. L. der 60er-Jahre wandte sich von den vereinfachenden Konstruktionen und Klischees ab und berücksichtigte stärker die persönl. Erfahrungswelt, in der Lyrik F. HRUBÍN, A. BROUSEK, J. SKÁCEL, IVAN SKÁLA (*1922, †1997), OLDŘICH MIKULÁŠEK (*1910, †1985), V. ZÁVADA; in der Prosa L. FUKS, J. GRUŠA, B. HRABAL, I. KLÍMA, M. KUNDERA, VĚRA LINHARTOVÁ, V. PÁRAL, J. PROCHÁZKA, J. ŠKVORECKÝ, L. VACULÍK; im Drama P. KOHOUT und V. HAVEL. Namhafte Literaturzeitschriften (›Literární listy‹, ›Tvář‹) waren führend in der Reformbewegung des Prager Frühlings.

Die sowjet. Invasion im August 1968 beendete die Phase der relativen Liberalisierung des literar. Schaffens: Die Literatur wurde einer rigorosen polit. Zensur unterworfen und ideologisch gleichgeschaltet, die literar. Presse liquidiert, der Schriftstellerverband aufgelöst und neu gegründet; die literar. Führer des Prager Frühlings wurden verfolgt, z. T. in die Emigration getrieben, viele Autoren erhielten Publikationsverbot. Dies alles führte zu einer Spaltung der t. L. in die offizielle Literatur, die Samisdat- und die Exilliteratur. Den Autoren, die weiterhin verlegt wurden (z. B. SKÁLA, FUKS, PÁRAL) oder die wieder in den offiziellen Literaturbetrieb zurückkehrten (z. B. HRABAL, ŠOTOLA, SEIFERT, SKÁCEL, MIKULÁŠEK) stand eine große Zahl entgegen, die sich zur Emigration entschlossen hatte oder ausgebürgert wurde, u. a. ŠKVORECKÝ, A. LUSTIG, KUNDERA, GRUŠA, KOHOUT, M. NÁPRAVNÍK, I. DIVIŠ. Autoren der offiziellen Sphäre wie ŠOTOLA und NORBERT FRYD (*1913, †1976) traten einen Rückzug in die Historienepik an. Die in der Tschechoslowakei verbliebenen Autoren, die offiziell nicht publizieren durften, u. a. HAVEL, M. UHDE, KLÍMA, J. TREFULKA, A. KLIMENT, MILAN ŠIMEČKA (*1930, †1990), VACULÍK, K. PECKA, veröffentlichten in Exil- und Samisdatverlagen.

V. a. für ihre Werke der 80er-Jahre ist eine verstärkte Reflexion des gesellschaftspolit. Makrokosmos – dabei spielen die nat. Traumata von 1938 und 1968 eine besondere Rolle –, eine Vorliebe für das Authentische und der Rückzug in den privaten Mikrokosmos feststellbar, u. a. in den Werken von VACULÍK, EVA KANTŮRKOVÁ (*1940), ŠIMEČKA, KOHOUT, KLÍMA. Daneben wird die ›Deformation‹ der Menschen unter den Bedingungen des totalitären Regimes beschrieben, u. a. bei PECKA, KLÍMA, EDA KRISEOVÁ (*1940), PETR KABEŠ (*1941), HAVEL, J. TREFULKA, ZUZANA BRABCOVÁ, KLIMENT und UHDE. Insbesondere die junge Autorengeneration organisierte sich in der literar. Undergroundbewegung um die Zeitschrift ›Revolver revue‹. Werke von J. TOPOL, PETR PLACÁK (*1964) und EGON BONDY (*1930) standen für Negation, Provokation und Nonkonformismus.

Eine Vielzahl der Exilanten schrieb in der jeweiligen Landessprache, u. a. LIBUŠE MONÍKOVÁ, SYLVIE RICHTEROVÁ (*1945), GRUŠA, O. FILIP, L. AŠKENAZY, GABRIEL LAUB (*1928, †1998), KUNDERA, andere hielten an ihrer Muttersprache fest (DIVIŠ, BROUSEK). Eine breite themat. Fächerung erfuhren in der Exilliteratur sowohl von 1948 als auch von 1969 die psycholog. Transformationen im Exil, Heimweh und Fremde, Identitäts- und Sprachverlust.

Nach der ›sanften Revolution‹ 1989 wurde das kulturelle Schisma der literar. Dreiteilung aufgehoben und die bis dahin weitgehend unreflektiert nebeneinander existierende offizielle und inoffizielle Literatur zusammengeführt. Nach 1990 wurden vorwiegend Samisdat- und Exilwerke verlegt, einige Autoren kehrten aus der Diaspora zurück (KOLÁŘ) u. a. pendeln zwischen ihren zwei Heimaten (LUSTIG, GRUŠA).

In der t. L. ab der 90er-Jahre ist eine zunehmende Differenzierung und Autonomisierung sowie die Abkehr von der außerliterar. Mission von Literatur beobachtbar, wobei v. a. die experimentelle Prosa eine große Rolle spielt, u. a. MICHAL AJVAZ (*1949), DANIELA HODROVÁ (*1946), MICHAL VIEWEGH (*1962), PAVEL REZNÍČEK (*1942). Deren Merkmale wie Intertextualität, Autoreferenz, Plagiierung und Artifizialität verweisen auf postmoderne Schreibstrategien und rufen im tschech. Kontext auch theoret. Überlegungen zum experimentellen Schreiben hervor (JIŘÍ KRATOCHVIL, *1940).

Nachschlagewerke: J. KUNC: Slovník soudobých českých spisovatelů, 2 Tle. (Prag 1945–46); Slovník českých spisovatelů, hg. v. R. HAVEL u. a. (ebd. 1964); R. ŠŤASTNÝ: Čeští spisovatelé deseti století (ebd. 1974); F. BURIÁNEK: Česká literatura první poloviny XX. století (ebd. 1981); J. PEJSKAR: Poslední pocta. Památník na zemřelé československé exulanty, 4 Bde. (Zürich 1982–94); Slovník českých spisovatelů. Pokus o rekonstrukci dějin české literatury 1948–1979, bearb. v. J. BRABEC u. a. (Toronto 1982); Lexikon české literatury, bearb. v. V. FORST, auf mehrere Bde. ber. (Prag 1985 ff.); Slovník české literatury 1970–1981, hg. v. DEMS. (ebd. 1985); J. ČULÍK: Knihy za ohradou. Česka literatura v exilových nakladatelstvích 1971–1989 (Prag 1991); Česka a slovenská literatura v exilu a samizdatu, bearb. v. L. MACHALA (Olmütz 1991); Slovník zakázaných autorů: 1948–1980, Beitrr. v. J. BRABEC u. a. (Prag 1991); Slovník českého románu 1945–1991, bearb. v. B. DOKOUPILA (Ostrava 1992); Panorama české literatury. Literární dějiny od počátků do současnosti, bearb. v. L. MACHALA u. a. (Olmütz 1994); Slovník české prózy. 1945–1994, bearb. v. B. DOKOUPILA (Ostrava 1994); Slovník českých spisovatelů od roku 1945, hg. v. P. JANOUŠEK, auf 2 Bde. ber. (Prag 1995 ff.); L. MACHALA: Průvodce po nových jménech české poezie a prózy: 1990–1995 (Olmütz 1996).

Bibliographien: J. KUNC: Česká literární bibliografie 1945–1966 (Prag 1967); Z. BROUKALOVÁ u. O. MALÁ: Česká kniha v cizině 1939–1965 (ebd. 1968); A. KRATOCHVÍL: Bibliografie krásné české literatury vydaná v exilu, únor 1948–květen 1968 (Rom 1968); J. ŠEFLOVÁ: Bibliografie literatury vydané českými a slovenskými autory v zahraničí, 1948–1972 (Köln 1978); J. POSSET: Česká samizdatová periodika 1968–1989 (Brünn 1991); A. ZACH: Kniha a český exil. 1949–1990 (Prag 1995); F. KNOPP: Česká literatura v exilu 1948–1989 (ebd. 1996).

Literaturgeschichte: A. NOVÁK: Die t. L. (a. d. Tschech., 1931); DERS.: Dějiny českého písemnictví (Prag ²1946); DERS.:

Stručné dějiny literatury české (Olmütz ⁴1946); Dějiny české literatury, hg. v. J. MUKAŘOVSKÝ, 3 Bde. (Prag 1959–61); J. VLČEK: Dějiny české literatury, 3 Bde. (ebd. ⁵1960); J. MÜHLBERGER: Tsch. Literaturgesch. (1970); J. HRABÁK u. a.: Průvodce po dějinách české literatury (Prag ³1984); A. MĚŠŤAN: Gesch. der t. L. im 19. u. 20. Jh. (a. d. Tschech., 1984); W. SCHAMSCHULA: Gesch. der t. L., auf 3 Bde. ber. (1990 ff.); I. BOCK: Die Spaltung u. ihre Folgen. Einige Tendenzen der t. L. 1969–1989 (1993); Tschech. Gegenwartsliteratur, hg. v. E. ECKER u. a. (1996).

Einzeldarstellungen: J. VAŠICA: České literární baroko (Prag 1938); F. VODIČKA: Počátky krásné prózy novočeské (ebd. 1948); F. BURIÁNEK: Česká literatura 20. století (ebd. 1968); Avantgarda známá a neznámá, hg. v. Š. VLAŠÍN, 3 Bde. (ebd. 1970–72); Čeští spisovatelé z přelomu 19. a 20. století, hg. v. Z. PREŠAT (ebd. 1972); H. KUNSTMANN: Tsch. Erzählkunst im 20. Jh. (1974); W. BAUMANN: Die Lit. des MA. in Böhmen. Dt.-lat.-tschech. Lit. vom 10. bis zum 15. Jh. (1978); P. I. TRENSKY: Czech drama since World War II (White Plains, N. Y., 1978); M. GOETZ-STANKIEWICZ: The silenced theatre. Czech playwrights without a stage (Toronto 1979); A. M. RIPELLINO: Storia della poesia ceca contemporanea (Rom 1981); Čeští spisovatelé 19. a počátku 20. století, hg. v. K. HOMOLOVÁ (Prag ³1982); K. DIVIŠ: Kommunikative Strukturen im tschech. Drama der 60er Jahre (1983); V. RZOUNEK: Nástin poválečné české literatury, 1945–1980 (Prag 1984); Lit. der ČSSR: 1945–1980, bearb. v. Š. VLAŠÍN u. a. (Berlin-Ost 1985); Zur t. L. 1945–1985, hg. v. W. KASACK (1990); M. POHORSKÝ: Zlomky analýzy. K poválečné české literatuře (Prag 1990); K. CHVATÍK: Pohledy na českou literaturu z ptačí perspektivy (ebd. 1991); S. RICHTEROVÁ: Slova a ticho (Neuausg. ebd. 1991); Z. ROTREKL: Skrytá tvář české literatury (Neuausg. Brünn 1991); K. CHVATÍK: Melancholie a vzdor. Eseje o moderní české literatuře (Prag 1992); Český Parnas. Literatura 1970–1990, Beitrr. v. J. HOLÝ u. a. (ebd. 1993); I. ADAMOVIČ: Slovník české literární fantastiky a science fiction (ebd. 1995); H. KOSKOVÁ: Hledání ztracené generace (ebd. ²1996).

tschechische Musik, seit der Mitte des 19. Jh. Bez. für die Kunst- und Volksmusik der Tschechen. Die landschaftlich sehr unterschiedl. Volksmusik ist seit dem 11. Jh. belegt. Mit der röm. Liturgie verbreitete sich der gregorian. Choral; der geistl. Volksgesang der Hussiten wirkte auf die Lieder der Böhm. Brüder, die Anfang des 16. Jh. gedruckt erschienen. Schon 1558 gab der Bischof der Böhm. Gemeinde J. BLAHOSLAV die erste musiktheoret. Schrift in tschech. Sprache, ›Musica‹, heraus und kurz danach ein Gesangbuch (1561), an das J. A. COMENIUS mit seinem Amsterdamer Gesangbuch (1639) anknüpfte. Die sich allg. parallel zur europ. Musik entwickelnde tschech. Kunstmusik des 16. bis 18. Jh. ist mit den überwiegend in Prag tätigen Musikern BOHUSLAV ČERNOHORSKÝ (* 1684, † 1742), F. X. BRIXI, F. X. DUSCHEK, V. J. TOMÁŠEK vertreten. Daneben machten sich ›böhm.‹ Musiker in ganz Europa einen Namen, u. a. JAN ZACH (* 1699, † 1773), J. D. ZELENKA, J. W. A. STAMITZ, F. und G. A. BENDA, JOSEF MYSLIVEČEK (* 1737, † 1781), J. L. DUSSEK und A. REICHA. Die Gesch. der tschech. Nationalmusik beginnt Anfang der 1860er-Jahre mit B. SMETANAS Eintreten für eine nat. geprägte tschech., bes. dramat. Musik. Seinem Beispiel folgte A. DVOŘÁK, der die t. M. auch um die Gattung der Märchenoper bereicherte. Zur Gründergeneration gehört auch Z. FIBICH, der die Stilprinzipien der wagnerschen Opernreform in seinen dramat. Werken, v. a. in dem szen. Melodram ›Hippodamia‹ (1890/91), konsequent durchführte. Mit L. JANÁČEK setzte eine neue musikal. Entwicklung ein; seine Vokalmusik, Opern und Instrumentalwerke bauen stilistisch auf der Basis der mähr. und ostslaw. Volksmusik und auf seiner Theorie der Sprachmelodie auf. DVOŘÁK und JANÁČEK bildeten Komponistenschulen, zu denen u. a. V. NOVÁK und J. SUK gehörten. In der Musik dieser Komponistengeneration setzten sich bereits impressionistische und frühexpressionist. Züge durch. Die tschech. Musikmoderne wird durch B. MARTINŮ, einen Komponisten folkloristisch-neoklassizist. Richtung, und durch den Mikroton-Avantgardisten A. HÁBA repräsentiert. Nach 1945 verlief die Entwicklung ideell und stilistisch mehrschichtig. Viele namhafte Komponisten knüpfen an die Tradition an, u. a. JAROSLAV ŘÍDKÝ (* 1897, † 1956), JAN SEIDEL (* 1908), VÁCLAV DOBIÁŠ (* 1909, † 1978), andere, v. a. der mittleren und jüngeren Generation, verwenden in sehr persönl. Art kompositor. Prinzipien der Neuen Musik, u. a. MILOSLAV KABELÁČ (* 1908, † 1979) und JAN KAPR (* 1914, † 1988), die sich neben M. KOPELENT auch im Ausland einen Namen erworben haben, sowie JAN RYCHLÍK (* 1916, † 1964), ZBYNĚK VOSTŘÁK (* 1920, † 1985), JAN NOVÁK (* 1921, † 1984), JAN TAUSINGER (* 1921, † 1985), JOSEF BERG (* 1927, † 1971), MILOSLAV IŠTVAN (* 1928, † 1990), JAN KLUSÁK (* 1934), LUBOŠ FIŠER (* 1935) und der seit 1969 in den USA lebende PETR KOTÍK (* 1942). Ein Ensemble für Neue Musik (Agon-Ensemble) gründeten 1983 in Prag die Komponisten PETR KOFROŇ (* 1955), MARTIN SMOLKA (* 1959) und MIROSLAV PUDLÁK. Mit Aufführungen zeitgenöss. Musik tritt auch das seit 1946 jährlich stattfindende, bedeutendste tschech. Musikfestival ›Prager Frühling‹ hervor.

J. RACEK: Česká hudba od nejstarších dob do počátků 19. století (Prag 1958); K. M. KOMMA: Das böhm. Musikantentum (1960); J. MATĚJČEK: Die Musik in der Tschechoslowakei (a. d. Tschech., Prag 1967); Čeští skladatelé současnosti, hg. v. A. MARTÍNKOVÁ (ebd. 1985); Hudba v českých dějinách od středověku do nové doby, hg. v. J. ČERNÝ (ebd. 1989).

Tschechische Philharmonie, 1896 gegründetes tschech. Orchester mit Sitz in Prag, Chefdirigent: W. ASHKENAZY (seit 1998). Frühere bedeutende Dirigenten waren u. a. A. DVOŘÁK, V. TALICH, R. KUBELÍK, K. ANČERL, V. NEUMANN und G. ALBRECHT.

tschechische Philosophie, Sammel-Bez. für die philosoph. Entwicklungen im tschech. Sprachraum. Die t. P. entstand im Laufe der Spätscholastik (Gründung der Karls-Univ. in Prag 1348). Erste Hauptvertreter eines philosophisch-religiösen Denkens waren STANISLAUS VON ZNAIM († 1415), J. HUS, der mit seiner Kritik an der kath. Kirche und deren Lehre zugleich als Beispiel emanzipator. Denkens auf die Reformation wirkte, P. CHELČICKÝ und T. ŠTÍTNÝ (nationalsprachl. Schriften anstelle des Latein). Übernat. Bedeutung gewann im 17. Jh. der Theologe und Pädagoge J. A. COMENIUS. Von Halle (Saale) und Leipzig aus erreichte die Aufklärung im Laufe des 18. Jh. Prag. Die weitere Entwicklung der t. P. wurde auch durch die Gewährung der Religionsfreiheit 1781 (Toleranzpatent Kaiser JOSEPHS II.) gefördert. Ende des 18. Jh. wurde die Karls-Univ. dt.-sprachig. In dieser Phase traten als einer der führenden Logiker des 19. Jh. B. BOLZANO, als Hegelianer AUGUSTIN SMETANA (* 1814, † 1851) hervor. Zu den ersten selbstständigen Beiträgen i. e. S. rechnen die Ästhetik und eine zunehmend panslawist. Geschichtsphilosophie des Romantikers F. PALACKÝ sowie naturphilosoph. Ansätze von J. E. PURKINJE. Offizielle Förderung erfuhr der Herbartianismus, der bald eine Wende zum Positivismus nahm (u. a. MATIÁŠ AMOS DRBAL, * 1829, † 1885; JOSEF DURDÍK, * 1837, † 1902). Bahnbrechend wirkte der von A. COMTE beeinflusste demokratisch und humanistisch eingestellte T. G. MASARYK, der das slaw. Denken der Neuzeit dem Westen erschloss und sich kritisch mit dem Marxismus auseinander setzte. Zu seinen Schülern gehörten der neovitalistisch orientierte Biologe EMANUEL RÁDL (* 1873, † 1942) und der Reformtheologe J. L. HROMÁDKA. U. a. von A. SCHOPENHAUER und F. NIETZSCHE beeinflusst waren O. BŘEZINA und L. KLÍMA. Zw. den Weltkriegen ragten v. a. der strukturalist. Soziologe und Erkenntnistheoretiker JOSEF LUDVÍK FISCHER (* 1894, † 1973) und der Literaturtheoretiker J. MUKAŘOVSKÝ hervor. Nach dem Zweiten Weltkrieg wurde die mar-

Tsch Tschechische Republik

xistisch-leninist. Philosophie bestimmend (Zentrum: die tschechoslowak. Akademie der Wiss.en in Prag). Einige Philosophen emigrierten (z. B. MILIC ČAPEK, *1913, †1989, in die USA, JAROMÍR DANĚK, *1925, nach Kanada). Ansätze zu einer relativ unabhängigen philosoph. Geschichtsforschung und Wiss.-Theorie (JOSEF ZUMR, *1928; MILAN SOBOTKA, *1927) wurden 1969/70 offiziell unterbunden. Zu den bedeutendsten, aus dem Prager Frühling 1968 hervorgegangenen Denkern und Mitgl. der Bürgerrechtsbewegung ›Charta 77‹ zählen J. PATOČKA sowie der Geschichtsphilosoph KAREL KOSÍK (*1926), deren Versuche, im Untergrund eine freie Forschung mit internat. Kontakten zu betreiben (u.a. Gründung einer privaten ›Patočka-Univ.‹), staatl. Verfolgung ausgesetzt waren. In der tschech. Philosophiegeschichte immer wieder thematisiert wurden die Begriffe der Freiheit und Humanität, die in unterschiedl. Zusammenhängen jeglichen Formen der Unterdrückung und des polit. Dogmatismus entgegengehalten wurden.

Hegel bei den Slaven, hg. v. D. TSCHIŽEWSKIJ (²1961); N. LOBKOWICZ: Marxismus-Leninismus in der ČSR (Dordrecht 1961); Das hussit. Denken im Lichte seiner Quellen, hg. v. R. KALIVODA u.a. (a.d.Tschech., 1969); J. ZUMR: Philosophie der Gegenwart in der Tschechoslowakei, in: La philosophie contemporaine, hg. v. R. KLIBANSKY, Bd. 4 (Florenz 1971); K. CHVATÍK: Tschechoslowak. Strukturalismus (a.d.Tschech., 1981); A. THOMAS: The labyrinth of the world. Truth and representation in Czech literature (München 1995).

Tschechische Republik

Staatswappen

Staatsflagge

CZ

Internationales Kfz-Kennzeichen

Tschechische Republik
Fläche 78 866 km²
Einwohner (1997) 10,3 Mio.
Hauptstadt Prag
Amtssprache Tschechisch
Nationalfeiertage 8.5., 5./6.7., 28.10.
Währung 1 Tschech. Krone (Kč) = 100 Heller (h)
Zeitzone MEZ

Tschechische Republik, Tschechi|en, tschech. **Česko** ['tʃɛskɔ], amtl. **Česká Republika** ['tʃɛska: -], Abk. **ČR** [tʃɛ'ɛr], Staat in Mitteleuropa mit den histor. Gebieten Böhmen (tschech. Čechy) und Mähren sowie einem kleinen Teil Schlesiens (Mähren und Schlesien, tschech. Morava a Slezsko), zusammengefaßt unter der Bez. Tschech. Länder (České země); grenzt im W und NW an Dtl. (Bayern und Sachsen), im N und NO an Polen, im SO an die Slowak. Rep. und im S an Österreich (Ober- und Niederösterreich). Mit einer Fläche von 78 866 km² ist die T. R. etwas kleiner als Österreich und größer als Bayern, sie hat (1997) 10,3 Mio. Ew.; Hauptstadt ist Prag, Amtssprache ist Tschechisch. Währung ist die Tschech. Krone (Koruna česká, Kč) zu 100 Heller (Haléřů, h). Zeitzone: MEZ.

STAAT · RECHT

Verfassung: Gemäß der am 1.1.1993 in Kraft getretenen Verf. (mehrfach, zuletzt 1998, revidiert) ist die T. R. ein demokrat. Rechtsstaat, der sich zu den Menschen- und Bürgerrechten bekennt. Letztere sind in der (noch tschechoslowak.) ›Charta der Grundrechte und Grundfreiheiten‹ vom 9.1.1991 enthalten, die in die tschech. Verf.-Ordnung übernommen wurde. Nach der Staatsform ist die T. R. eine Rep. mit parlamentar. Reg.-System.

Staatsoberhaupt und Oberbefehlshaber der Streitkräfte ist der von beiden Kammern des Parlaments mit absoluter Mehrheit auf fünf Jahre gewählte Präs. (einmalige unmittelbare Wiederwahl zulässig). Der Präs. besitzt im Gesetzgebungsverfahren ein aufschiebendes Vetorecht und kann das Abgeordnetenhaus unter bestimmten Voraussetzungen (z.B. gescheiterte Reg.-Bildung) auflösen. Seine staatsrechtl. Verantwortlichkeit ist auf Hochverrat beschränkt. Eine entsprechende Staatsanklage wird vom Senat beim Verf.-Gericht erhoben, das ggf. auf Amtsenthebung erkennt. Die gesetzgebende Gewalt wird vom Zweikammerparlament ausgeübt. Die 200 Abg. des Abgeordnetenhauses werden nach personalisierter Verhältniswahl für vier Jahre gewählt; die 81 Mitgl. des erst Ende 1996 gebildeten Senats werden nach Mehrheitswahl für sechs Jahre gewählt und alle zwei Jahre zu einem Drittel erneuert. Im Gesetzgebungsverfahren steht dem Senat das Initiativrecht und gegen Gesetzesbeschlüsse des Abgeordnetenhauses ein Einspruchsrecht zu. Eine polit. Verantwortlichkeit der Reg. besteht nur gegenüber dem Abgeordnetenhaus. Der Min.-Präs. und – auf dessen Vorschlag – die Min. werden vom Präs. ernannt; die Reg. hat innerhalb von 30 Tagen die Vertrauensfrage im Abgeordnetenhaus zu stellen. Letzteres kann seinerseits dem Kabinett mit der absoluten Mehrheit aller Abg. das Mißtrauen aussprechen, was zwangsläufig die Entlassung der Reg. zur Folge hat. – Das aus 15 Richtern (vom Präs. mit Zustimmung des Senats auf zehn Jahre ernannt) bestehende Verf.-Gericht hat im Juli 1993 seine Tätigkeit aufgenommen. In seine Zuständigkeit fallen neben der abstrakten und konkreten Normenkontrolle auch Verf.-Beschwerden wegen Grundrechtsverletzungen durch Einzelakte der öffentl. Gewalt.

Parteien: Das Mehrparteiensystem hatte sich bereits im Zuge der ›sanften Revolution‹ (1989/90) im Rahmen der Tschechoslowakei herausgebildet. Zu den derzeit einflussreichsten Parteien zählen die Nachfolgeorganisation des ›Bürgerforums‹ Demokrat. Bürgerpartei (Občanská demokratická strana, Abk. ODS), die Tschech. Sozialdemokrat. Partei (Česká strana sociálně democratická, Abk. ČSSD), die Kommunist. Partei Böhmens und Mährens (Komunistická strana Čech a Moravy, Abk. KSČM; Nachfolgerin der KP der Tschechoslowakei), die Christlich-Demokrat. Union – Tschech. Volkspartei (Abk. KDU-ČSL) und die Freiheitsunion (US; Ende 1997 als Abspaltung von der ODS gegründet).

Gewerkschaften: Die Anfänge der tschechoslowak. Gewerkschaften gehen auf das Jahr 1897 zurück, als im von der österr. Gewerkschaft unabhängiger Verband gegründet wurde. Nach 1945 wurden die Einzelgewerkschaften in der zentralist. Staatsgewerkschaft ROH (Revoluční odborové hnutí, dt. Revolutionäre Gewerkschaftsbewegung) zusammengefasst, die auch Träger der Sozialversicherung war. Infolge des polit. Umbruchs in der ČSSR kam es im März 1990 auf einem Sonderkongress zur Auflösung der ROH. Die neu gegründete ČSKOS (Československá konfederace odborových svazů, dt. Tschechoslowak. Konföderation der Gewerkschaftsverbände), die die Struktur eines föderativen Dachverbandes mit regionalen Verbandsstrukturen in beiden Landesteilen erhielt, übernahm Organisationsrahmen, Personal und Vermögen der ROH. Seit Auflösung der Tschechoslowakei fungiert die Tschechisch-mähr. Kammer der Gewerkschaften (Českomoravská komora odborových svazů, gegr. 1990) mit 35 Einzelgewerkschaften als Dachverband in der Tschech. Republik.

Wappen: Das Wappen zeigt im viergeteilten Schild im ersten und vierten Feld den böhm. Löwen, heraldisch oben links den mähr. Adler, heraldisch unten rechts den schles. Adler.

Nationalfeiertag: Nationalfeiertage sind der 8.5. (zur Erinnerung an die Befreiung 1945), der 5.7. (Tag der ›Slawenapostel‹ KYRILLOS und METHODIOS), der 6.7. (Todestag des tschech. Reformators JAN HUS)

1970 1997
Bevölkerung (in Mio.)
9,8 10,3

1992 1996
Bruttosozialprodukt je Ew. (in US-$)
2470 4740

Stadt
Land
30%
70%
Bevölkerungsverteilung 1995

Industrie
Landwirtschaft
Dienstleistung
40%
5%
55%
Bruttoinlandsprodukt 1997

sowie der 28. 10. (Jahrestag der Gründung der Ersten Tschechoslowak. Rep. 1918).

Verwaltung: Mit der Verw.- und Kommunalreform von 1990 ist die kommunale Selbstverwaltung eingeführt worden; zugleich wurden die bisherigen regionalen Verw.-Einheiten (7 Bezirke und die Hauptstadt) aufgehoben. Die seither umstrittene neue Regionalstruktur konnte erst Ende 1997 einer grundsätzl. Lösung zugeführt werden: Danach wird sich das Staatsgebiet ab 1. 1. 2000 in die Hauptstadt Prag und 13 Bezirke mit 76 Kreisen gliedern. Staatl. Verw.-Einheiten sind die Kreise, während die (Anfang 1998) 6 232 Gemeinden und die noch zu errichtenden Bezirke Selbstverwaltungskörperschaften darstellen. Staatl. Verw.-Behörden sind die dem Innenministerium unterstehenden Kreisämter, in der Hauptstadt und einigen großen Städten werden diese Aufgaben von städt. Verw.-Behörden wahrgenommen. Die neue Kommunal-Verf. verkörpert den Typus der traditionellen Magistratsverfassung. Beschlussorgan ist die von der Bev. auf vier Jahre gewählte Gemeindevertretung. Diese wählt als kollegiales Vollzugsorgan den Gemeinderat mit dem Bürgermeister an der Spitze.

Recht: Nach der Auflösung der Tschechoslowakei ist das tschech. Justizwesen 1993 reformiert worden. Die Militärgerichtsbarkeit wurde abgeschafft und der zuvor dreistufige Aufbau der ordentl. Gerichtsbarkeit zu vier Instanzen erweitert (Kreis- und Bezirksgerichte, zwei Obergerichte, Oberstes Gericht). Für den umfassenden gerichtl. Verwaltungsrechtsschutz ist die Errichtung eines Hauptverwaltungsgerichtes vorgesehen. Die Aufgaben der Staatsanwaltschaft, die dem Justizminister unterstellt ist, aber eine gewisse Eigenständigkeit besitzt, bestehen im Wesentlichen aus Strafverfolgung und Anklagevertretung.

Streitkräfte: Die Gesamtstärke der Wehrpflichtarmee (Dauer des Grundwehrdienstes 12 Monate) beträgt etwa 62 000, die der paramilitär. Einheiten (Grenztruppen und Sicherheitskräfte) rd. 6 000 Mann. Das Heer (etwa 37 000 Soldaten) ist gegliedert in sieben mechanisierte Brigaden, eine schnelle Eingreifbrigade und eine entsprechende Anzahl von Unterstützungsverbänden. Im Kriegsfall kommen weitere Brigaden der Territorialverteidigung hinzu. Die Ausrüstung besteht im Wesentlichen aus etwa 950 Kampfpanzern (T-54/55, T-72). Die rd. 25 000 Mann starke Luftwaffe verfügt über etwa 120 Kampfflugzeuge der Typen MiG-21/-23/-29 sowie Su-22 und Su-25. – Das Land ist seit 1994 (formal seit 1996) assoziierter Partner der WEU und unterzeichnete 1994 die ›Partnerschaft für den Frieden‹ der NATO; der NATO-Beitritt soll im April 1999 vollzogen werden. Ziel einer Streitkräftereform ist u. a. die Reduzierung der Truppenstärke bis 2005 auf etwa 50 000 Mann (darunter 25 000 Berufssoldaten), die Modernisierung der Ausrüstung sowie die Anpassung an NATO-Strukturen.

LANDESNATUR · BEVÖLKERUNG

Die Großformen des Reliefs werden überwiegend von den Hügel- und Bergländern des Böhm. Massivs bestimmt, in die oft große Beckenlandschaften und Plateaus eingeschaltet sind; lediglich die östl. Randbereiche des tschech. Territoriums gehören zu den alpidisch gefalteten Westkarpaten. Das Böhm. Massiv wird allseitig von waldreichen Mittelgebirgen eingerahmt: im SW auf der Grenze zu Bayern Böhmerwald (Plöckenstein am Dreiländereck 1 378 m ü. M.), Oberpfälzer Wald und Fichtelgebirge; im NW an der Grenze zu Sachsen Elster- und Erzgebirge (bis 1 244 m ü. M.), denen südlich Teilbecken (Eger-, Falkenauer, Brüzer Becken) der Egergrabensenke vorgelagert sind. Der Egergraben begrenzt Kaiserwald, Tepler Hochland sowie das vulkanisch geprägte Duppauer Gebirge nach N. Beiderseits der Elbe, die mit ihrem

Tschechische Republik: Die sich auf zwei Basaltfelsen erhebende Burgruine Trosky (488 m ü. M.; 1380) im Böhmischen Paradies (ältestes Naturschutzgebiet) im NO des Landes

Zufluss Moldau große Teile der T. R. zur Nordsee hin entwässert, ist das Böhm. Mittelgebirge vorgeschaltet. Im N und im NO an der Grenze zu Polen bilden das Elbsandsteingebirge und die Sudeten mit Lausitzer, Iser-, Riesengebirge (bis 1 602 m ü. M.; Nationalpark), Adlergebirge, Glatzer Schneegebirge, Reichensteiner Gebirge, Hohem Gesenke (Altvatergebirge) und Niederem Gesenke, im SO die breite Schwelle der Böhmisch-Mähr. Höhe (entlang der histor. Grenze zw. Böhmen und Mähren), zu der Saarcer und Drahaner Bergland mit dem Mähr. Karst gehören, die Einrahmung. Im S sind in das Böhm. Massiv um Pilsen, Bud-

Tschechische Republik: Das Prebischtor, eine durch Verwitterung entstandene Naturbrücke bei Hřensko (Herrnskretschen) in der Böhmischen Schweiz (Elbsandsteingebirge)

weis und Wittingau (Třeboň) Becken eingesenkt. Der O-Rand der Böhmisch-Mähr. Höhe fällt allmählich zur Außerkarpat. Senke ab, die (von N nach S) durch das Becken von Ostrau, die Mähr. Pforte und die nach S zur Donau geöffnete Marchsenke (untergliedert in Nordmähr. und Südmähr. Becken) gebildet wird. Östlich dieser Depressionsreihe erhebt sich an der Grenze zur Slowak. Rep. die äußere Flyschzone der Westkarpaten mit Weißen Karpaten (bis 970 m ü. M.), Javornikgebirge (bis 1 071 m ü. M.) und Mährisch-Schles. Beskiden (Lysá hora 1 323 m ü. M.). Die Thaya-Schwarzawa-Niederung südlich von Brünn gehört zum Wiener Becken.

Klimadaten von Prag (197 m ü. M.)

Monat	Mittleres tägl. Temperaturmaximum in °C	Mittlere Niederschlagsmenge in mm	Mittlere Anzahl der Tage mit Niederschlag	Mittlere tägl. Sonnenscheindauer in Stunden	Relative Luftfeuchtigkeit nachmittags in %
I	9,5	23	13	1,8	86
II	11,4	24	12	3,1	83
III	17,5	23	12	4,9	77
IV	22,5	32	13	6,3	70
V	27,9	61	13	7,8	69
VI	30,9	67	13	8,8	70
VII	32,7	82	13	8,5	72
VIII	31,8	66	13	7,9	71
IX	28,7	36	10	6,4	75
X	21,7	42	13	3,8	81
XI	13,8	26	13	1,8	87
XII	10,2	26	13	1,4	89
I–XII	21,6	508	150	5,2	78

Klima: Das Klima ist ozeanisch beeinflusst und trägt im O-Teil gemäßigt kontinentale Züge. Reliefbedingt treten jedoch regionale Unterschiede auf. Am wärmsten sind die Hügelländer und Flussniederungen an Biela, Eger und Elbe sowie das Südmähr. Becken. Der Durchschnittswert der Januartemperatur schwankt in den Niederungen zw. −1° und −3°C (mittlere Julitemperatur 19–21°C), in den Gebirgen des Böhm. Massivs um −7°C (8°C), in den Karpaten um −10°C (4°C). Die Niederschlagsmengen variieren stark; niederschlagsarm (weniger als 500 mm, stellenweise unter 450 mm im Jahr) sind Westböhmen, Südmähren und das Gebiet von Mährisch-Schlesien um Troppau (Opava). Nach O und zu den Luvseiten der Randgebirge nimmt die jährl. Niederschlagsmenge auf 700 mm und in den Grenzgebirgen auf über 1 000 mm (in den Mährisch-Schles. Beskiden über 1 500 mm) zu.

Größte Städte (dt./tschech. Name; Ew. 1997)

Prag/Praha	1 205 000	Pilsen/Plzeň	170 400
Brünn/Brno	387 500	Pardubitz/Pardubice	162 500
Ostrau/Ostrava	323 800	Königgrätz/Hradec Králové	161 800
Karwin/Karviná	285 300	Reichenberg/Liberec	159 600
Friedek-Mistek/Frýdek-Místek	228 800	Kladno	149 800
Olmütz/Olomouc	226 100	Aussig/Ústí nad Labem	118 600
Budweis/České Budějovice	177 600		

Bevölkerung: Bei der Volkszählung 1991 waren in der T. R. 94,8% der Bewohner Tschechen, 3,1% Slowaken, 0,6% Polen, 0,5% Deutsche, 0,3% Roma und 0,7% Angehörige anderer Nationalitäten. 1930 lag der Anteil der Deutschen bei 29,2%; sie wurden 1945–46 vertrieben (2,5 Mio.). Trotz der Umsiedlung von 0,8 Mio. Slowaken in den Jahren 1945–80 konnte der große Bev.-Verlust bis heute noch nicht ausgeglichen werden. Die Ew.-Zahl von 1930 (10,7 Mio.) lag um 0,4 Mio. über der von 1991 (10,3 Mio.; 1950: 8,9 Mio.). Der natürl. Bev.-Zuwachs lag 1997 bei −2,1‰. Am dichtesten sind Mittelböhmen mit dem Zentrum Prag sowie die Industrieregionen in Nordböhmen (um Aussig [Ústí nad Labem] und Brünn sowie im Egergraben) und Nordmähren (um Ostrau [Ostrava]), am schwächsten Südwestböhmen (Böhmerwald) besiedelt. Der Anteil der städt. Bev. betrug Ende 1995 70,3%.

Religion: Es besteht Religionsfreiheit. Grundlage der staatl. Religionspolitik ist das 1991 in der Tschech. und Slowak. Föderativen Rep. in Kraft getretene ›Ges. über die Freiheit des religiösen Glaubens und die Stellung der Kirchen und Religionsgesellschaften‹, das den Rechtsstatus einer Kirche bzw. Religionsgesellschaft an deren staatl. Registrierung bindet. Die von den Kirchen gewünschte Neugestaltung der Staat-Kirche-Beziehungen soll ein seit 1996 im Entwurf vorliegendes ›Kirchengesetz‹ ermöglichen, wobei bes. die Neuregelung der seit 1947 durch den Staat erfolgenden Besoldung der Geistlichen im Mittelpunkt steht und seitens der kath. Kirche die Forderung nach Rückgabe des 1948 enteigneten kirchl. Grund- und klösterl. Gebäudebesitzes. – Der kath. Kirche (Erzbistümer Prag und Olmütz mit sechs Suffraganbistümern) als der größten Religionsgemeinschaft gehören nach kirchl. Angaben über 39% der Bev. an (darunter rd. 42 000 Katholiken des byzantin. Ritus). Insgesamt rd. 4% sind Mitgl. nichtkath. Minderheitskirchen: in ihrer Mehrzahl sehr kleine prot. Gemeinschaften (Adventisten, ›Brüderkirche‹, Heilsarmee, Brüder-Unität, Methodisten, Baptisten u. a.). – Die größten nichtkath. Kirchen sind die ev. Kirche der →Böhmischen Brüder, die 1920 als kath. Nationalkirche entstandene →Tschechoslowakische Hussitische Kirche und die →Schlesische Evangelische Kirche Augsburger Bekenntnisses in der Tschechischen Republik. Die ›Orth. Kirche in den Tschech. Ländern und der Slowakei‹ besteht seit 1993 in der Struktur zweier autonomer Teilkirchen, deren kanon. Gemeinschaft durch ein gemeinsames Oberhaupt (Sitz: Prag) repräsentiert wird; die tschech. Teilkirche hat rd. 19 000 Mitgl. Die kleine altkath. Kirche hat rd. 3 000 Mitgl. – Die jüd. Gemeinden sind im ›Verband Jüd. Gemeinden in der T. R.‹ zusammengeschlossen und zählen rd. 3 000 Mitglieder. – Für die in der T. R. lebenden Muslime (staatlich nicht als Religionsgemeinschaft anerkannt) besteht seit 1998 eine Moschee in Brünn.

Bildungswesen: Es besteht neunjährige Schulpflicht vom 6. bis 15. Lebensjahr; Schul- und Hochschulwesen sind gebührenfrei; seit 1990 bestehen neben den staatlichen auch Privatschulen (in kirchl. Trägerschaft). Nach der Primarschule erfolgt der Wechsel auf eine Mittelschule; dazu gehören Gymnasien, Fachmittelschulen und Konservatorien sowie Berufsschulen. Die vollständige Mittelschulbildung (nach vier Jahren) eröffnet den Zugang zum Hochschulstudium, das (seit 1990) drei (Bakkalaureus) oder vier bis sechs Jahre dauert. Das Hochschulwesen umfasst u. a. die →Karls-Universität Prag, die Univ. in Olmütz und Brünn sowie die Neugründungen in Troppau, Pilsen und Aussig, die TU in Prag und Brünn, die Veterinärmedizin. Hochschule in Brünn, die Bergbau-Akad. in Ostrau, die ingenieurtechn. Hochschulen in Prag, Pardubitz, Pilsen und Reichenberg, die landwirtschaftl. Hochschulen in Prag und Brünn, vier Kunsthochschulen (für Musik, Theater, Film und Fernsehen, bildende und angewandte Kunst in Prag, für Musik und Theater in Brünn), ferner fünf pädagog. Fakultäten.

Publizistik: Die Presse ist seit der polit. Wende unabhängig und in Privatbesitz, größtenteils unter mehrheitl. Beteiligung ausländ., v. a. dt. Konzerne, u. a. der WAZ-Gruppe. Die wichtigsten Tageszeitungen sind:

›Mladá fronta dnes‹ (gegr. 1945, bis 1989 Organ des sozialist. Jugendverbandes, heute rechtsunabhängig; Auflage: 391 000 Exemplare), ›Právo‹ (1995 hervorgegangen aus dem KP-Organ ›Rudé právo‹, heute linksunabhängig; 370 000), ›Slovo‹ (gegr. 1945 als ›Svobodné slovo‹, unabhängig; 230 000), die Gewerkschaftszeitung ›Práce‹ (gegr. 1945; 220 000), die Wirtschaftszeitung ›Hospodářské noviny‹ (156 000), die Abendzeitung ›Večerník Praha‹ (130 000) und ›Lidové noviny‹ (gegr. 1893, in der Zeit des polit. Umbruchs Dissidentenorgan; 110 000). – Die *Nachrichtenagentur* ›Česká tisková kancelář‹ (ČTK) ist 1992 aus der früheren staatl. tschechoslowak. Agentur hervorgegangen. – *Rundfunk:* Es besteht ein duales System aus öffentlich-rechtl. und privatem Rundfunk. Der öffentlich-rechtl. Hörfunk umfasst vier Programme: ›Radio Prague‹, ›Radio Vltava‹ (Kultur), ›Radio Regina‹ (Regionalsendungen) und ›Interprogramme‹ (in engl., frz. und dt. Sprache). Daneben existieren zahlr. Lokalsender, darunter 37 private. Außerdem sendet →Radio Free Europe/Radio Liberty (RFE/RL) seit 1995 in 23 Sprachen aus Prag. Fernsehprogramme werden von zwei öffentlich-rechtl. (›ČT 1‹ und ›ČT 2‹) und zwei privaten Sendern (›Nova TV‹ mit einem Marktanteil von 60 % sowie ›Prima TV‹) ausgestrahlt.

WIRTSCHAFT · VERKEHR

Zum Zeitpunkt der Auflösung der Tschechoslowakei war die T. R. mit drei Viertel am tschechoslowak. Bruttoinlandsprodukt (BIP) beteiligt, das BIP je Ew. erreichte (1992) 2 473 US-$ (Slowak. Rep.: 1 936 US-$). Der Beginn der Eigenständigkeit der T. R. am 1. 1. 1993 fiel in die Zeit des forcierten Übergangs von der Plan- zur Marktwirtschaft, der nach November 1989 begann und 1991 mit der Freigabe der Preise, der Liberalisierung des Außenhandels und der Einführung einer restriktiven Finanz- und Lohnpolitik in seine entscheidende Phase trat. Die Verwirklichung dieser Maßnahmen sowie der Zusammenbruch des RGW-Marktes führten 1991–92 zum Rückgang des BIP (um 16 %), der Industrieproduktion (um rd. 20 %) und des privaten Verbrauchs (um 37 %); bis Anfang 1993 konnte jedoch die wirtschaftl. Talfahrt gebremst werden. Nach gesamtwirtschaftl. Wachstumsraten in den folgenden Jahren zw. 4 und 6 % des BIP geriet die T. R. 1997 in eine Währungs- und Wirtschaftskrise, die zur Wachstumsabschwächung auf nur 1,2 % des BIP führte. Ein Auslöser der Wirtschaftskrise war 1996 ein Leistungsbilanzdefizit von 4 299 Mio. US-$, das 1997 auf 3 098 Mio. US-$ reduziert werden konnte. Die Arbeitslosenquote lag wegen der im Vergleich zur Slowak. Rep. diversifizierteren Wirtschaftsstruktur Anfang 1993 bei nur 2,5 % (Slowak. Rep.: 11,8 %); sie ist Anfang 1998 auf 4,5 % gestiegen. Seit 1991 wurden die meisten Kleinbetriebe sowie einige wirtschaftlich rentable Mittel- und Großbetriebe privatisiert (›Kleine Privatisierung‹); die unrentableren Mittel- und Großbetriebe, die etwa die Hälfte des Nationaleigentums der T. R. ausmachten, wurden durch Direktverkauf, Versteigerungen (Auktionen), Umwandlung in Aktiengesellschaften und durch den Verkauf mithilfe von Privatisierungsgutscheinen in Privateigentum überführt (›Große Privatisierung‹). Bis Ende 1997 erwirtschaftete der private Sektor der T. R. bereits 75 % des BIP (1989: nur 0,5 %). Der Dienstleistungssektor erbrachte 1997 rd. 55 % am BIP.

Landwirtschaft: In der Landwirtschaft (mit Forstwirtschaft) sind (1997) 4,5 % (1989: 9,4 %) der Beschäftigten tätig. Die 1991 erlassenen Gesetze (über die Rückgabe des Bodens, über die Verteilung des genossenschaftl. Eigentums) schufen die Voraussetzungen dafür, dass die bis 1961 nahezu vollständig kollektivierten Betriebe allmählich in Privatbesitz überführt

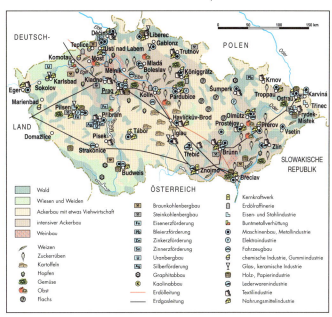

Tschechische Republik: Wirtschaft

wurden. Die landwirtschaftl. Nutzfläche umfasst rd. 4,5 Mio. ha, davon sind rd. 75 % Ackerland, 20 % Wiesen und Weiden, der Rest Weingärten, Obst- und Hopfenanlagen. Hauptanbaukultur ist Getreide, v. a. Weizen, Brau- und Futtergerste (Thaya-Schwarzawa-, Marchniederung) und Mais (Südmähren), daneben Anbau von Zuckerrüben (Südmähren), Raps, Flachs (auf der Böhmisch-Mähr. Höhe und in den Gebirgsgebieten), Hopfen (v. a. an der Elbe um Saaz), Wein (in Südmähren und um Melnik) und Gemüse (an der mittleren Thaya um Znajm [Znojmo]). Die Viehzucht (Rinder- und Schweinezucht; umfangreiche Geflügelhaltung) hat ihren Schwerpunkt in Böhmen und Nordmähren, in den böhm. Grenzgebirgen entwickelte sich Schafhaltung. Traditionell ist die Teichwirtschaft (v. a. Karpfenzucht) in Südböhmen.

Forstwirtschaft: Knapp ein Drittel der Staatsfläche ist bewaldet. Große Waldgebiete liegen in den Mittelgebirgen um das Böhm. Massiv und in den Westkarpaten, jedoch sind die Wälder stark geschädigt (v. a. im Erzgebirge und in den Sudeten), wodurch die Holzgewinnung große Rückschläge erlitt.

Bodenschätze: Größte Bedeutung hat der Abbau von Kohle; die einst umfangreichen Erzlagerstätten sind weitgehend ausgebeutet, die noch vorhandenen, oft nur mit hohem Aufwand zu fördernden Erze werden z. T. nicht mehr genutzt. Steinkohle (verkokbar) wird überwiegend im Revier von Ostrau und Karwin (Karviná), außerdem bei Kladno, Pilsen und Oslawan (Oslavany) in Südmähren gefördert. Der Abbau der z. T. qualitativ schlechten Braunkohle (überwiegend im Tagebau) wird v. a. im Nordböhm. Braunkohlenbecken zw. Aussig und Komotau sowie bei Falkenau an der Eger (Sokolov) betrieben; bei Göding (Hodonín) in Südmähren wird Lignit im Untertagebau gefördert. Eisenerze werden in Nordmähren und Westböhmen (Mies [Stříbro] und Nürschan [Nýřany]), Erdöl und -gas in geringen Mengen am Unterlauf der March in Südmähren gewonnen. Steine und Erden, v. a. Kaolin (bei Karlsbad), Kalk und Natursteine, sind reichlich in allen Teilen des Landes vorhanden. Gefördert werden weiterhin geringe Mengen an Buntmetallerzen und Uran.

Tsch Tschechische Republik

Energiewirtschaft: Die Elektrizität wird hauptsächlich in Braunkohlekraftwerken (v. a. im Nordböhm. Braunkohlebecken) erzeugt, deren ungenügende techn. Ausrüstung zu großen Umweltschäden führte. Wasserkraftwerke entstanden entlang der Moldau. Neben dem seit 1985 arbeitenden Kernkraftwerk →Dukovany ist ein weiteres bei Temelín in Südböhmen im Bau (projektierte Leistung 4 000 MW). Die Gasproduktion basiert vorwiegend auf fossilen Brennstoffen. Erdgas wird aus Westsibirien importiert.

Industrie: Die T. R. ist stark industriell geprägt. Der Anteil der Industrie (ohne Bauwesen) am BIP mit 31 % der Beschäftigten betrug 1997 rd. ein Drittel. Gemessen an der industriellen Produktion sind Maschinen- und Fahrzeugbau (1996: 16,5 %), Erzverhüttung einschließlich Bergbau (16,4 %), Lebensmittelindustrie (13,9 %), Elektrizität und Gaserzeugung (7,1 %) sowie das Bauwesen (7 %) die bedeutendsten Industriezweige. Mittelböhmen ist zus. mit Prag das wichtigste Industriegebiet. Die Hüttenindustrie ist v. a. im Steinkohlenrevier Ostrau und Karwin, ferner in Kladno, Beraun (Beroun) und Komotau angesiedelt. Hauptstandorte des Maschinenbaus (u. a. Diesel- und Elektrolokomotiven, Eisenbahnwaggons, Traktoren) sind Prag, Brünn, Pilsen, ferner Ostrau, Žďár nad Sázavou (Saar), Königgrätz, Pardubitz, Zlín. Der Hauptstandortbereich der chem. Industrie liegt an der Elbe von Königgrätz über Kolín (Erdölraffinerie), Pardubitz und Neratowitz (Petrochemie), Wegstädtl (Štětí), Lobositz bis Aussig. Prag ist Zentrum der pharmazeut. Industrie. Die Textilindustrie, bes. im N und NO von Böhmen, verliert an Bedeutung. Die Glas- und keram. Industrie ist um Teplitz (Teplice), Karlsbad, Gablonz an der Neiße (Kristallglasherstellung) und Haida angesiedelt. In Graslitz, Schönbach (Luby; nördlich von Eger) und Jägerndorf (Krnov) entwickelte sich der böhm. Musikinstrumentenbau. Weltbekannt sind die tschech. Bierbrauereien in Pilsen, Budweis und Prag.

Tourismus: Anziehungspunkte des Fremdenverkehrs sind v. a. die böhm. Kur- und Badeorte Karlsbad, Marienbad und Franzensbad sowie Teplitz (Teplice) und Sankt Joachimsthal (Radiumquellen). Haupterholungsgebiete sind die Randgebirge der T. R., bes. das Riesengebirge, tourist. Anziehungspunkte viele denkmalgeschützte Städte und zahlr. zu Schlössern umgebaute Burgen in Böhmen (v. a. Mittelböhmen) und Mähren.

Außenwirtschaft: Die T. R. war 1992 mit 70 % am Außenhandel der Tschechoslowakei beteiligt. Für 1997 wird von einem Handelsbilanzdefizit von 4,39 Mio. US-$ ausgegangen. Zw. der Tschech. und der Slowak. Rep. besteht eine Zollunion, die den zollfreien Warenaustausch sowie Dienstleistungsverkehr vorschreibt. Der Handel zw. beiden Ländern ist jedoch rückläufig. Wichtigste Handelspartner (Export; Import) waren (1997) Dtl. (36 %; 26,6 %), die Slowak. Rep. (12,8 %; 8,4 %), Österreich (6,5 %; 4,4 %) und die Staaten der GUS (3,3 %; 6,8 %). Hauptausfuhrwaren sind Maschinen und Kraftfahrzeuge, Chemieprodukte und elektrotechn. Güter. Eingeführt werden v. a. Maschinen und Transportausrüstungen, chem. Grunderzeugnisse sowie Brenn- und Rohstoffe.

Verkehr: Die T. R. verfügt über ein dichtes Eisenbahn- (1996: 9 435 km, davon 2 859 km elektrifiziert) und Straßennetz (55 489 km). Wichtigster Verkehrsträger ist die Eisenbahn. Die Hauptstrecken verlaufen in N-S-Richtung. Das dichteste Straßennetz besitzen Mittelböhmen und Nordböhmen. Autobahnen sind im Ausbau, eine der wichtigsten Strecken verläuft von N über Prag nach Brünn und weiter nach Preßburg (Slowak. Rep.) mit Abzweigungen von Prag und Brünn. Wichtigster Verkehrsknotenpunkt ist Prag. Die Binnenwasserstraßen (1996: 16 883 km) spielen eine bedeutende Rolle im Warenverkehr mit dem Ausland.

Größte Binnenhäfen sind Aussig und Tetschen (Děčín). Elbe und Oder stellen die Verbindung mit Hamburg bzw. Stettin her, wo die T. R. jeweils Freihafenrechte besitzt. In diesen Häfen unterhält der Binnenstaat eine eigene Handelsflotte. Neben dem internat. Flughafen in Prag bestehen wichtige Inlandflughäfen in Karlsbad, Brünn und Ostrau.

GESCHICHTE

Die ehem. Kronländer →Böhmen, →Mähren und (ehem. Österreichisch-)Schlesien gehörten 1620–1918 zu Österreich-Ungarn (das Hultschiner Ländchen 1742–1918 zu Preußen); 1918–39 bildeten sie Kerngebiete der neu gegründeten →Tschechoslowakei (1928 Zusammenlegung von Mähren und Schlesien zu Mährisch-Schlesien). – Vergeblich blieben 1918–20 die Bemühungen der Deutschen im ›Sudetenland‹, eine Zugehörigkeit zu (Deutsch-)Österreich zu erreichen. – Nach der Zerschlagung der ČSR durch das natsoz. Dtl. (1938/39) entstand aus den böhm. bzw. tschech. Ländern das vom Dt. Reich abhängige →Protektorat Böhmen und Mähren (1939–45), während das nach dem Münchener Abkommen (1938) an Dtl. abgetretene Sudetenland dt. Reichsgau wurde (1938–45).

Nach 1945 gehörten die **Tschechischen Länder** wieder als dominierender Teil zur (seit 1948) kommunistisch regierten Tschechoslowakei (ab 1960 ČSSR). Sie wurden nach Niederschlagung des Prager Frühlings (August 1968) und der formalen Umwandlung der ČSSR in einen Föderativstaat (ab 1. 1. 1969) als ›Tschech. Sozialist. Rep.‹ zu einem der beiden offiziell gleichberechtigten Nationalstaaten der ČSSR (mit eigener Reg., Verf. und Parlament). Erst nach dem Zusammenbruch der kommunist. Herrschaft im Zuge der ›sanften Revolution‹ (Zentrum: Prag) 1989/90 erfolgte im Frühjahr 1990 die wirkl. Umwandlung in eine föderative Rep. (T. R.) innerhalb der ČSFR; schon am 6. 2. 1990 war PETR PITHART (* 1941, Bürgerforum) erster nichtkommunist. Min.-Präs. der T. R. geworden. Die ersten freien Parlamentswahlen am 8./9. 6. 1990 gewann das →Bürgerforum (OF); PITHART wurde Min.-Präs. einer Koalitions-Reg. aus OF und (tschech.) Volkspartei (SL bzw. ČSL) aus dem Wahlbündnis Christdemokrat. Union (KDU-ČSL). Februar–Mai 1991 spaltete sich das Bürgerforum in die starke ODS, die Demokrat. Bürgerallianz (Občanská demokratická aliance, Abk. ODA) und die (seit Juni 1992 bedeutungslose) sozialliberale Bürgerbewegung (OH) um JIŘÍ DIENSTBIER (* 1937; 1989–92 Außen-Min. der ČSFR) und PITHART, die sich 1993 als ›Freie Demokraten‹ (SO) neu formierte und Ende 1995 mit anderen kleinen Partei zusammenschloss. Bei den Wahlen am 5./6. 6. 1992 wurde die ODS stärkste Partei und ihr Vors. V. KLAUS am 2. 7. 1992 neuer Min.-Präs. einer Koalitions-Reg. aus ODS, ODA und KDU-ČSL. Da er in den Verhandlungen mit dem slowak. Min.-Präs. V. MEČIAR den Erhalt des Bundesstaates in seiner bisherigen Form nicht durchsetzen konnte, kam es am 20. 7. 1992 zur Vereinbarung über die Trennung des tschech. Teil-Rep.; am 1. 1. 1993 trat sie mit der Auflösung der ČSFR in Kraft. Am 26. 1. 1993 wurde V. HAVEL erster Staatspräs. der T. R. (wieder gewählt am 20. 1. 1998).

Die Privatisierung der verstaatlichten Betriebe gelang ohne Massenentlassungen; als Wachstumsträger erwies sich die Exportwirtschaft. Zunächst galt die T. R. als derjenige postkommunist. Staat, dem die Transformation am schnellsten gelang. Außenpolitisch bemühte sich die Reg. der zur Visegrád-Gruppe zählenden T. R. unter KLAUS um eine möglichst rasche Integration in die Europ. Union (EU) und in die NATO: Am 30. 6. 1993 wurde sie Mitgl. des Europarats, am 4. 10. 1993 unterzeichnete die Reg. einen Assoziationsvertrag (Europaabkommen) mit der EU, der am 1. 2. 1995 in Kraft trat. Am 10. 3. 1994 trat die T. R. dem NATO-Programm ›Partnerschaft für den Frieden‹ bei; am 16. 12. 1997 wurde das Protokoll für den Beitritt im Jahre 1999 unterzeichnet. Am 23. 1. 1996 beantragte die T. R. die Vollmitgliedschaft in der EU. Nach der ›Agenda 2000‹ vom 18. 7. 1997 sollen 1998 die Verhandlungen über einen Beitritt zur EU im Jahr 2002 beginnen (unterlegt durch den Beschluss vom 12. 12. 1997). – Missverständnisse bezüglich sudetendt. Forderungen erschwerten die Normalisierung des dt.-tschech. Verhältnisses ebenso wie die Entscheidung des tschech. Verf.-Gerichts vom März 1995, dass die →Beneš-Dekrete unanfechtbar seien.

Die Wahlen vom 31. 5. und 1. 6. 1996 bestätigten zwar im Prinzip die Politik der ODS, doch konnte KLAUS nur eine Minderheits-Reg. mit der KDU-ČSL und der ODA bilden, die auf Tolerierung durch die enorm erstarkte ČSSD angewiesen war. Der (seit 1993) Vors. der oppositionellen ČSSD, MILOŠ ZEMAN (*1944), wurde am 27. 6. Parlaments-Präs. Bei den im November erstmals durchgeführten Wahlen zum Senat errangen die Parteien der Reg.-Koalition eine deutl. Mehrheit; im Dezember 1996 wurde der seit Juli 1996 parteilose PITHART zum ersten Senats-Präs. gewählt. Er hatte sich ebenso wie Präs. HAVEL für den Abschluss der in beiden Lagern nicht unumstrittenen Dt.-Vertrags. Erklärung vom 21. 1. 1997 eingesetzt (→Sudetendeutsche). – Nach dem Rücktritt von KLAUS (30. 11.) wegen einer Spendenaffäre seiner Partei amtierte ab Ende Dezember 1997 eine Übergangs-Reg. unter JOSEF TOSOVSKÝ (*1950). Die vorgezogenen Neuwahlen vom 19. und 20. 6. 1998 gewann erstmals die ČSSD; allerdings vermochte sie nur nach einem mit KLAUS geschlossenen ›Oppositionsvertrag‹ eine Minderheits-Reg. unter ZEMAN zu bilden. Dafür wurde KLAUS neuer Parlaments-Präs. (Juli 1998).

Statistická ročenka České Republiky (Prag 1993 ff.); R. BRÁZDIL u. O. KOTYZA: History of weather and climate in the Czech lands, in: Hist. ber. ber. (Zürich 1995 ff.); H. P. BROGIATO: Tschechoslowakei – Tschechien – Slowakei. Lit. in westl. Sprachen 1975–1995 (1997), Hb. der histor. Stätten, Bd.: Böhmen u. Mähren, hg. v. J. BAHLKE u. a. (1998).

Tschechische Sozialdemokratische Partei, tschech. **Česká strana sociálně demokratická** [ˈtʃɛska: - ˈsɔtsiaːlnje -titska:], Abk. **ČSSD** [tʃɛi-], polit. Partei in der Tschech. Rep.; gegr. am 7. 4. 1878 in Prag als **Tschechoslowakische Sozialdemokratische Arbeiterpartei** (›Československá sociálně demokratická strana dělnická‹); zunächst innerhalb der österr. Sozialdemokratie aktiv, löste sie sich 1911 von der SPÖ. Seit Anfang 1918 trat die Partei für einen unabhängigen tschechoslowak. Staat ein; 1919–20 stellte sie mit VLASTIMIL TUSAR (*1880, †1924) den Min.-Präs., 1920 die stärkste Fraktion im Parlament. Mit einem gemeinsamen Parteitag 1928 bemühten sich die tschechoslowak. Sozialdemokraten und die ›Dt. tschechoslowak. Sozialdemokrat. Arbeiterpartei in der tschechoslowak. Rep.‹ (DSAP; gegr. 1919) um eine Annäherung; beide beteiligten sich ›1929–38 an der Reg. und traten v. a. seit Mitte der 1930er-Jahre für den Erhalt der ČSR ein. Nach ihrer Zerschlagung (15. 3. 1939) durch das natsoz. Dtl. bauten die tschechoslowak. Sozialdemokraten die im Untergrund arbeitende ›Tschechoslowak. Sozialist. Revolutionsbewegung‹ auf. – Im Rahmen der Reg. der Nat. Front beteiligten sich die Sozialdemokraten 1945–48 an der Reg.-Bildung und stellten mit Z. FIERLINGER 1945–46 den Min.-Präs., 1946–48 den stellv. Min.-Präs. In innerparteil. Kämpfen setzte FIERLINGER (1946–47 Partei-Vors.) gegen die Gruppe um BOHUMIL LAUŠMAN (1947–48 Partei-Vors.; *1903, †1963) – nach innerparteil. Säuberungen – den Zusammenschluss mit der KP durch (27. 6./27. 9. 1948). – Im Dezember 1989 wieder gegr., blieb die ČSSD zunächst geschwächt; unter ihrem Vors. (ab 1993) MILOŠ ZEMAN (*1944) wurde sie 1996 zweitstärkste (61 Abg.), 1998 stärkste Fraktion im Parlament (74 Abg.) und bildete im Juli 1998 die Reg. (unter ZEMAN).

tschechische Sprache, westslawische Sprache (→slawische Sprachen), gesprochen von etwa 10 Mio. Tschechen in der Tschech. Rep., außerdem von 0,6 Mio. in den angrenzenden Ländern sowie von Minderheiten, v. a. in den USA und Kanada.

Die t. S. wird mit lat. Buchstaben und zusätzl. diakrit. Zeichen geschrieben: Háček bei č, Ď, ě, ň, ř, š, Ť, ž; Akut (čárka) für die Länge der Vokale á, é, í, ó, ú, ý; resultiert langes u aus o, wird die Länge durch ° bezeichnet (ů); zur Kennzeichnung der Palatalität am Wortende und vor Konsonant wird auch ' verwendet: ď, ť; i, í und e bezeichnen ebenfalls die Palatalität der vorhergehenden Konsonanten.

Die Betonung liegt grundsätzlich auf der ersten Silbe, bewirkt aber keine Längung; in der Verbindung von einsilbigem Pronomen und Nomen geht sie auf das Pronomen über. Vier- und Mehrsilber tragen einen schwachen Nebenton auf der vorletzten Silbe.

Die t. S. hat fünf jeweils kurze und lange Vokalphoneme (a, á, e, é, i, í, o, ó, u, ú), d. h., die Vokalqualität ist bedeutungsrelevant, z. B. mám ›Ich habe‹ – mam ›Trug‹. Sie verfügt außerdem über die Diphthonge ou, ej, au und eu. Auch r und l (in seltenen Fällen auch m) können Silben bildend sein und den Ton tragen, sind jedoch immer kurz, z. B. prst ›Finger‹, vlk ›Wolf‹. – Die Konsonanten unterliegen alle der Stimmbeteiligung. Sie können – mit Ausnahme der immer stimmhaften Sonanten (j, l, m, n, ň, r) – sowohl stimmhaft als auch stimmlos sein. Treffen mehrere Konsonanten aufeinander, wirkt die regressive Assimilation, d. h., der vorhergehende Konsonant passt sich dem folgenden (außer dieser ist v) im Stimmton an. Im Auslaut werden alle Konsonanten und Konsonantengruppen stimmlos. Die Palatalitätskorrelation betrifft nur die Konsonantenpaare d – ď, n – ň, t – ť. – Eine Besonderheit ist der Laut ř, der stimmhaft wie [ʒ], stimmlos wie [ʃ] mit gleichzeitigem Vibrieren der Zungenspitze gesprochen wird.

Die Deklination der Substantive ist nach dem Genusprinzip aufgebaut. Es gibt drei Genera (Maskulinum, Femininum, Neutrum), die jeweils über eine harte und eine weiche Deklination verfügen. Außerdem gibt es Feminina, die der konsonant. Deklination folgen. – Von den sieben Kasus (Nominativ, Genitiv, Dativ, Akkusativ, Instrumentalis, Lokativ, Vokativ) hat der Vokativ nur im Singular des Maskulinums und Femininums besondere Formen. Besondere Dualformen haben sich nur bei der Bezeichnung paariger Körperteile erhalten. Im Akkusativ Singular und Nominativ Plural der Maskulina gibt es unterschiedl. Formen für belebte (Belebtheitskategorie) und unbelebte Wesen. Im Nominativ Plural der Maskulina sind Tendenzen zur Ausbildung besonderer Endungen für männl. Personen (Personalkategorie) erkennbar.

Auch die Adjektive folgen einem harten und einem weichen Deklinationstyp und weisen im Nominativ und Akkusativ Lang- und Kurzformen auf. – Das Verbum verfügt über die Kategorien von Aspekt (perfektiv und imperfektiv) und Tempus (Präsens, Futur, Präteritum), Person, Numerus und Modus (Imperativ, Konditional). – Die Wortfolge ist relativ frei und ermöglicht stilist. Differenzierungen.

Der Wortschatz ist geprägt durch eine Vielzahl westl., v. a. dt. Lehnwörter, die in der Zeit der Wiedergeburt (19. Jh.) z. T. durch eigene Neubildungen ersetzt wurden. Seit 1945 kamen russ. Neubildungen, aber auch westl. Internationalismen hinzu.

Die Dialekte teilt man heute in die zentralböhm. Dialekte und drei mähr. Dialektgruppen ein: die zentralmährische (hanakische, um Brünn und Olmütz), die ostmährische (mährisch-slowakische, Zlín, Ungarisch-Hradisch) und die schlesische (lachische, Ostrau, Troppau); sie unterscheiden sich v. a. im Vokalismus. Die Hochsprache (spisovná čeština), die zur schriftl. und zur offiziellen mündl. Kommunikation verwendet wird, beruht auf dem zentralböhm. Dialekt. Die überregionale Umgangssprache (běžná mluva) wird in der inoffiziellen mündl. Kommunikation verwendet. Die Konversationssprache des Alltags ist das Gemeintschechische (obecná čeština), das ebenfalls auf den zentralböhm. Dialekten beruht und in ganz Böhmen und in weiten Teilen Mährens verwendet wird.

Geschichte: Aus der Periode des Urtschechischen (9.–11. Jh.) sind keine sprachl. Denkmäler überliefert, allenfalls enthalten die glagolitisch-kirchenslaw. Fragmente (Kiewer Blätter, 10. Jh.; Prager Blätter, 11.–12. Jh.) tschech. Einflüsse. Die Periode des Alttschechischen wird zwar vom 12. bis zum 15. Jh. angesetzt, doch beginnt eine eigentl. Textüberlieferung erst mit dem 14. Jh. (Alexandreis, Dalimilchronik u. a.). Zunächst wurden die tschech. Laute durch lat. Buchstaben wiedergegeben, wobei für unterschiedl. Laute häufig nur ein Buchstabe verwendet wurde. Später versuchte man, tschech. Laute, die es im Lateinischen nicht gab, durch Konsonantengruppen wiederzugeben. J. Hus (›Orthographica bohemica‹, 1410) führte für die Länge der Vokale und für die Konsonanten ohne lat. Entsprechung die diakrit. Zeichen ' und ˇ ein (ċ, ṡ, ż, ṙ für heutiges č, š, ž, ř) und vereinfachte die Sprache (Wegfall von Imperfektiv und Aorist). Die Schreibweise mit diakrit. Zeichen wurde nicht sofort angenommen und breitete sich erst Ende des 15. Jh. und im 16. Jh. aus. Mit der Einführung des Drucks wurde der Punkt durch das Háček, das Komma durch den Akut ersetzt. Im 14. und 15. Jh. wurden religiöse Texte durch kroat. Mönche im Emmauskloster in Prag nicht nur kroatisch, sondern zunehmend auch tschechisch in glagolit. Schrift geschrieben, die sich aber nicht durchsetzte.

Die Periode vom 16. bis zum 18. Jh. wird als Mitteltschechisch bezeichnet. Zur Zeit des Humanismus und der Böhm. Brüder wurde das Tschechische als gleichberechtigte Sprache der Wiss., des Rechts, der Geschichtsschreibung u. a. angesehen, orientierte sich nun aber stärker am Lateinischen. 1533 veröffentlichten Beneš Optát (*vor 1500, †1559), Petr Gzel und Václav Philomates (*1492) die erste tschech. Grammatik (›Grammatyka česká‹), die 1588 und 1643 in veränderten Fassungen erschien. Sie bildete die Grundlage der Grammatik (›Gramatika česká‹, 1571) von J. Blahoslav. Die erste systemat. tschech. Grammatik erstellte jedoch der Slowake V. B. Nedožerský (›Grammaticae bohemicae ad leges conformatae libri duo‹, 1603). In diese Zeit fallen auch die Wörterbücher von Daniel Adam (*1545, †1599) ›Nomenclator quadrilinguis‹, nach Sachgruppen geordnet, und ›Silva quadrilinguis‹, alphabetisch geordnet (beide 1598). Ihren Höhepunkt erreichte die Tätigkeit der Böhm. Brüder mit der →Kralitzer Bibel, deren Sprache bis ins 19. Jh. vorbildlich blieb. Nach der Schlacht am Weißen Berg (1620) und im Zeichen der Gegenreformation kam es zu einem Stillstand in der Sprachentwicklung: Latein und Deutsch wurden zur Sprache der Gebildeten.

Mit dem 19. Jh. begann die neutschech. Periode. J. Dobrovský leitete mit seiner Grammatik ›Ausführl. Lehrgebäude der böhm. Sprache‹ (1809) die Wiedergeburt der t. S. ein. J. Jungmann nahm in sein deutsch-tschech. Wörterbuch (›Slovník česko-německý‹, 5 Bde., 1835–39) Wörter aus der klass. tschech. Literatur, den Werken jüngerer Schriftsteller, aber auch eigene Neuprägungen nach slaw. Muster auf und trug damit erheblich zur Kodifizierung des tschech. Wortschatzes bei. Durch die Gründung von Zeitschriften und eine rege publizist. und literar. Tätigkeit (auch mit Übersetzungen) wurde die t. S. als Nationalsprache in allen Kommunikationsbereichen verwendet. Germanismen aus dem 18. Jh. wurden durch ältere tschech. Wörter oder Wörter aus anderen slaw. Sprachen ersetzt, so tyátr durch älteres divadlo und luft durch aus dem Russischen entlehntes vzduh. Trotz Anpassung der t. S. an westl. Standards kam es nun zu historisierenden und purist. Tendenzen. Erst durch die theoret. Arbeiten des Prager Linguistenkreises (→Prager Schule) wurde das Prinzip der histor. Reinheit durch das der ›elast. Stabilität‹ (Vilém Mathesius) bei der Kodifizierung der tschech. Literatursprache ersetzt, d. h., man orientierte sich mehr an der Sprache der besten zeitgenöss. Schriftsteller als an starren histor. Normen.

Wörterbücher: Česko-německý slovník zvláště grammaticko-fraseologicky, hg. v. F. S. Kott, 7 Bde. (Prag 1878–93); J. Gebauer: Staročeský slovník, 2 Bde. (ebd. 1903–16); Příruční slovník jazyka českého, hg. v. B. Havránek u. a., 8 Bde. (ebd. 1935–57); J. Holub u. F. Kopečný: Etymologický slovník jazyka českého (ebd. 1952); L. Kopeckij: Velký rusko-český slovník, 6 Bde. (ebd. 1952–62); Slovník spisovného jazyka českého, 4 Bde. (ebd. 1958–71); V. Machek: Etymologický slovník jazyka českého (Prag ³1971); J. Filipec u. F. Daneš: Slovník spisovné češtiny pro školu a veřejnost (ebd. 1978); Staročeský slovník, 2 Bde. (ebd. 1979–84); Slovník české frazeologie a idiomatiky, bearb. v. F. Čermák u. a., 2 Bde. (ebd. 1983–88); Česko-německý slovník, hg. v. H. Siebenschein, 2 Bde. (Prag ⁴1992); Dt.-tschech. Wb., hg. v. H. Siebenschein, 2 Bde. (Prag ⁵1993); Langenscheidts Taschenwb. Tschech., bearb. v. H. Henschel u. F. Kaleta (1996).

Sprachgeschichte, Historische Grammatiken: J. Gebauer: Historická mluvnice jazyka českého, 4 Tle. (Prag ¹⁻³1929–63); J. Bauer: Histor. Syntax der t. S. (a. d. Tschech., 1974); A. Lamprecht u. a.: Historický vývoj češtiny (Prag 1977); B. Koenitz: Gesch. der t. S. (Leipzig 1982).

Grammatiken, Phonetik, Orthographie: F. Trávníček: Mluvnice spisovné češtiny, 2 Bde. (Prag 1951); B. Hala: Uvedení do fonetiky češtiny (Prag 1962); J. Bauernöppel u. H. Fritsch: Gramm. der t. S. (Neuausg. Berlin-Ost 1964); R. Fischer: Tschech. Gramm. Leitfaden zur Einf. in die t. S. (Leipzig ⁴1975); Mluvnice češtiny, hg. v. J. Petr, 3 Bde. (Prag 1986–87); B. Havránek u. A. Jedlička: Česká mluvnice (ebd. ⁶1988); Pravidla českého pravopisu, bearb. v. J. Bělič u. a. (ebd. ¹⁹1990).

Lehrbücher: B. Koenitz: Grundkurs der t. S., 3 Bde. (Leipzig 1981–82); J. Březina: Kurzer Lehrgang der t. S. (Leipzig ⁵1983).

Dialekte: J. Bělič: Nástin české dialektologie (Prag 1972).

Tschechoslowakei, tschechisch **Československo** [ˈtʃɛskɔslɔvɛnskɔ], amtlich 1918–39 und 1945–60 **Československá Republika** [ˈtʃɛskɔslɔvɛnska: -], Abk. **ČSR** [tʃɛːɛsˈɛr], 1960–89 **Československá Socialistická Republika** [-stitska: -], Abk. **ČSSR** [tʃɛːɛsɛsˈɛr], 1990–92 **Česká a Slovenská Federativní Republika** [ˈtʃɛska:ˌ ˈslɔvɛnska: ˈfɛdɛratiːvni: -], Abk. **ČSFR** [tʃɛːɛsɛfˈɛr], ehem. Staat in Ostmitteleuropa, mit 127 899 km² und (1992) 15,6 Mio. Ew.; Hauptstadt war Prag. Die ČSFR teilte sich am 1. 1. 1993 in die →Tschechische Republik und die →Slowakische Republik.

Die Entstehung der Tschechoslowakei (1848–1918)

Ab 1848 erfasste der tschech. Nationalgedanke in den Ländern der böhm. Krone immer größere Kreise der tschech. Bev., v. a. in →Böhmen und →Mähren. Es entwickelten sich bes. Spannungen zw. der tschech. Nationalbewegung und dem dt.-sprachigen Bev.-Teil, der seine beherrschende Stellung nicht verlieren wollte. Die tschech. Nationalbewegung wurde zunächst allein getragen von den Alttschechen (Nationalpartei) unter Führung von F. Palacký, später bes. von den Jungtschechen (Freisinnige Nationalpartei, Karel Sladkovský, *1823, †1880), denen sich auch die Realisten (T. G. Masaryk, K. Kramář u. a.) anschlossen. Versuche der Reichs-Reg. Österreich-Ungarns, den Gegensatz zw. dem tschech. und dem dt.-sprachigen Bev.-Teil abzubauen (u. a. Sprachenverordnungen des Min.-Präs. K. F. Graf BADENI, 1897; ›Badeni-Krise‹) scheiterten 1899; 1913 suspendierte die Reg. die böhm. Landes-Verf. und hob die Autonomie auf.

Mit der Schaffung einer slowak. Schriftsprache um 1840 entstand im transleithan. (ungar.) Teil Österreich-Ungarns ein slowak. Nationalbewusstsein. Die rigorose Magyarisierungspolitik im 19. Jh. zwang jedoch Hunderttausende Slowaken zur Emigration (v. a. in die USA).

Nach dem Ausbruch des Ersten Weltkrieges richteten MASARYK und E. BENEŠ im Exil den ›Tschechoslowak. Nationalrat‹ ein (ab Februar 1916). Ihm waren formell die in Russland, Frankreich und Italien entstandenen →Tschechoslowakischen Legionen unterstellt. Am 30. 5. 1918 unterzeichnete MASARYK das mit den Vertretern der slowak. Emigration in den USA vereinbarte **Pittsburgher Abkommen** über den staatl. Zusammenschluss der tschech. und der slowak. Nation. Am 28. 10. 1918 rief ein von Vertretern aller tschech. Parteien gebildeter ›Nationalausschuss‹ in Prag den ›selbstständigen tschechoslowak. Staat‹ aus. Am 7. 11. 1918 wählte eine vorläufige Revolutionäre Nationalversammlung MASARYK zum Staatspräs., am 14. 11. KRAMÁŘ zum Min.-Präs.; Außen-Min. wurde BENEŠ. Im Zuge des militär. Zusammenbruchs Österreich-Ungarns setzte sich die neue Reg. in den tschechisch besiedelten Gebieten Böhmens und Mährens sofort, in den mehrheitlich dt. besiedelten Randgebieten des neuen Staates (›Sudetenländer‹) erst im Winter 1918/19 mit militär. Mitteln durch. Zuvor (29. 10. 1918) hatten die sudetendt. Abg. des früheren österr. Reichsrates ›Deutsch-Böhmen‹ zur Prov. Rep. ›Deutschösterreich‹ erklärt; Sitz der Landes-Reg. sollte Reichenberg sein. Gegen den militär. Widerstand der ungar. Räte-Reg. besetzte tschech. Militär bis Mitte 1919 auch die Slowakei. Die Pariser Vorortverträge (bes. Vertrag von Saint-Germain-en-Laye, 10. 9. 1919) bestätigten die staatsrechtl. Zugehörigkeit zur T., die nunmehr Böhmen, Mähren(-Schlesien), die Slowakei und die →Karpato-Ukraine (seit Juni 1919) umfasste; hinzu kam das ›Hultschiner Ländchen‹ (→Hultschin), das Dtl. an den neuen Staat abtreten musste. Um das Gebiet von →Teschen kam es zu einem bewaffneten Grenzstreit mit Polen (1920 gelöst). Im Ergebnis der Grenzregelungen der Pariser Vorortverträge war die T. ein Nationalitätenstaat geworden, dem neben den dominierenden Tschechen v. a. Sudetendeutsche, Slowaken, Ungarn, Polen und Ukrainer angehörten.

Die Erste Republik (1918–39)

Am 29. 2. 1920 verabschiedete die Provisor. Nationalversammlung (ohne Mitwirkung der Minderheitenvertreter) eine am frz. Vorbild orientierte republikan., parlamentarisch-demokrat. Verf. der T. (Abk. zunächst RČS); seit November 1918 bemühten sich die Regierungen, durch eine Neuordnung des Wirtschafts- und Gesellschaftssystems (1919 u. a. Einführung einer eigenen Währung; Bodenreform) sowie des Justiz- und Verwaltungswesens die historisch gewachsenen Bindungen an Österreich und Ungarn abzubauen und dadurch die innere Einheit der aus versch. Staaten stammenden Landesteile zu sichern (nach dem Motto ›Entösterreichung‹, MASARYK). Die Bemühungen der Regierungen, Tschechen und Slowaken über einen strengen Zentralismus zu einem einzigen ›tschechoslowak.‹ Staatsvolk zu formen, stießen bald auf den Widerstand der slowak. Autonomisten, die in dieser Politik einen Bruch früherer tschech. Abmachungen (eigene Amtssprache, eigenes Parlament und Gerichtswesen) sahen. Die Unzufriedenheit wurde noch dadurch gesteigert, dass wegen der vorherigen Magyarisierungspolitik durch Budapest (u. a. Mangel an slowak. Beamten) tschech. Kräfte beim Aufbau moderner Verwaltungs- und Bildungsstrukturen in der Slowakei überwogen. Auch →Sudetendeutsche und Ungarn sahen sich benachteiligt (z. B. durch die Verwaltungsreform von 1927; in Kraft ab 1928). Die Bildung Mährisch-Schlesiens führte dazu, dass der bisher einzige Landesteil mit dt. Bev.-Mehrheit (Schlesien) nicht mehr existierte.

Sehr unterschiedl. gesellschaftspol. Konzeptionen führten in enger Verknüpfung mit den Nationalitätenfragen zu einer starken Auffächerung der Parteienlandschaft. Politisch dominierend waren v. a. die Tschechoslowak. Sozialdemokrat. Arbeiterpartei, die Tschechoslowak. Nationaldemokratie (Vors.: KRAMÁŘ), die →Tschechoslowakische Nationalsozialistische Partei und die Agrarpartei (Tschechoslowak. Bauernpartei). Neben der Slowak. Volkspartei vertrat die Partei der ungar. Minderheit nat. Sonderinteressen; das nach den Tschechen zahlenmäßig zweitgrößte Volk, die Sudetendeutschen, orientierte sich zunächst noch an versch. polit. Parteien. Trotz starker Spannungen zw. diesen polit. Kräften verlief die innenpolit. Entwicklung der T. unter parlamentarisch-demokrat. Vorzeichen. Die meisten Regierungen waren Koalitions-Reg. Zw. 1919 und 1926 bildeten u. a. VLASTIMIL TUSAR (* 1880, † 1924), JOCHEN ČERNÝ (* 1877, † 1959), E. BENEŠ und ANTON SVEHLA (* 1873, † 1933) Regierungen im Rahmen der betont tschechisch bestimmten Parteien. 1926–29 bildete SVEHLA eine ›gesamtnat. Koalition‹ auf der Basis einer ›nat. Bündnispolitik‹, die 1929–38 von seinen Nachfolgern FRANZ UDRŽAL (* 1866, † 1938), JOHANN MALYPETR (* 1873, † 1947) und – erstmals – dem Slowaken M. HODŽA (ab 1935) weitergeführt wurde. Während sich vonseiten der später allmählich ein Gemeinschaftsgefühl ausbildenden Sudetendeutschen die →Deutsche Christlichsoziale Volkspartei, der Bund der Landwirte und die Sozialdemokratie (bedeutend später v. a.: W. JAKSCH) an der Reg. beteiligten (›aktivist.‹ Parteien), sammelten sich die radikalen Gegner des tschechoslowak. Zentralstaates in der Sudetendt. Heimatfront (SHF) bzw. der ›Sudetendeutschen Partei (SdP; Name seit 1935). War die wirtschaftl. Entwicklung in den 20er-Jahren von einem begrenzten Wohlstand geprägt, so stürzte die Weltwirtschaftskrise (1929) die T. in den Folgejahren in eine Phase wachsender Arbeitslosigkeit, die bes. die exportabhängige sudetendt. Industriegebiete traf und die nationalist. Tendenzen dort verschärfte, die ab 1933 auch durch den Einfluss des natsoz. Dt. Reiches verstärkt wurden. Die SdP wurde die stärkste dt. Partei. Am 9. 11. 1935 trat MASARYK als Staatspräs. zurück; sein Nachfolger wurde BENEŠ (18. 12. 1935).

Seit der Staatsgründung hatte BENEŠ bis 1935 im Rahmen wechselnder Regierungen die Außenpolitik der T. geleitet. Um deren territorialen Bestand v. a. gegenüber ungar. Revisionsansprüchen zu sichern, hatte er mit dem Bündnisvertrag mit dem ›SHS-Staat‹ (Jugoslawien) den Grundstein zum Bündnissystem der →Kleinen Entente gelegt (1920/21). Ein poln.-tschechoslowak. Vertrag (1921) mit der Verpflichtung zu gegenseitiger Unterstützung wurde von Polen nicht ratifiziert. Mit dem tschechoslowak.-frz. Bündnis (25. 1. 1924) fügte sich die T. in das europ. Sicherheitssystem Frankreichs, der Garantiemacht des Versailler Vertrags, ein. Nach der Machtübernahme A. HITLERS in Dtl. (1933) und wachsenden innenpolit. Spannungen schloss die T. am 16. 5. 1935 einen Beistandspakt mit der UdSSR (System der kollektiven Sicherheit).

Das von BENEŠ aufgebaute Bündnissystem verlor in den 30er-Jahren immer stärker seine Funktion als Garant der äußeren Sicherheit. Stattdessen geriet die T. –

Tsch Tschechoslowakei

v. a. seit 1937 – immer stärker unter den Druck der aggressiven Expansionspolitik des natsoz. Dtl.; die SdP (unter K. HENLEIN) wurde in der T. zu einem Instrument der Machtpolitik HITLERS, der nach dem ›Anschluss‹ Österreichs an das Dt. Reich (März 1938) in der ›Sudetenkrise‹ (April–September 1938) die Einverleibung der Sudetenländer in das Dt. Reich forderte. Nach dem Scheitern brit. Vermittlungsversuche (→Runciman-Bericht) gaben Frankreich und Großbritannien auf Vermittlung des faschist. Italien ohne Mitwirkung der T. im →Münchener Abkommen (29. 9. 1938) den dt. Forderungen nach (Appeasement-Politik); nach dt.-tschechoslowak. Verhandlungen musste die T. das ›Sudetenland‹ mit 29 000 km^2 und rd. 3,4 Mio. Ew. (davon 0,7 Mio. Tschechen) an das Dt. Reich abtreten. Unter dem Eindruck des Münchener Abkommens besetzte Polen im Oktober 1938 das Olsagebiet. Darüber hinaus verlor die T. im 1. Wiener Schiedsspruch (2. 11. 1938) südslowak. Gebiete und den größten Teil der Karpato-Ukraine an Ungarn.

Um den weiteren Zerfall des Staates aufzuhalten, erhielten die Slowakei (eigenständig proklamiert am 6. 10. 1938) und die Karpato-Ukraine im Oktober 1938 Autonomierechte (Föderalisierung nach dem neuen Verf.-Ges. vom 22. 11.; ›Tschecho-Slowak. Rep.‹ bzw. ›2. Rep.‹). Am 30. 11. wurde E. HÁCHA Staatspräs., am 1. 12. R. BERÁN Min.-Präs. Nachdem die Slowakei – von HITLER gedrängt – am 14. 3. 1939 unter dt. Schutz (deshalb auch ›Schutzstaat‹ gen.; Vertrag vom 23. 3. 1938) erneut ihre Selbstständigkeit erklärt hatte, besetzten dt. Truppen am 15. 3. 1939 das verbliebene tschech. Staatsgebiet. Mit einem ›Erlass‹ errichtete HITLER am 16. 3. 1939 das von Dtl. abhängige ›Protektorat Böhmen und Mähren‹. Im März/Juni 1939 fiel auch der Rest der Karpato-Ukraine an Ungarn.

Das ›Protektorat Böhmen und Mähren‹ und der ›Schutzstaat‹ Slowakei (1939–45)

Dem Protektorat wurde nach dem Protektoratsvertrag (15. 3. 1939) eine autonome Selbst-Verw. mit einem Präs. (HÁCHA) und eine eigene Reg. unter strikter Oberaufsicht des Reichsprotektors (K. Freiherr VON NEURATH, W. FRICK) zugestanden. Diese Protektoratsregierungen unter ALOIS ELIÁŠ (*1890, †1942), JAROSLAV KREJČÍ (*1892, †1956) und RICHARD BIENERT (*1881, †1949) besaßen aber keinen Einfluss. Die eigentl. Herrschaft übten die Stellv. der Reichsprotektoren aus: R. HEYDRICH, K. DALUEGE und KARL HERMANN FRANK (*1898, †1946). Sie verfolgten eine rücksichtslose, gegen Bürgertum und Intelligenz gerichtete Politik. Erst nach der ›Vergeltungsaktion‹ für das Attentat auf HEYDRICH (17. 5. 1942), der Zerstörung der Dörfer Lidice und Ležáky, begann ein stärkerer Widerstand gegen die NS-Willkürherrschaft, unter der v. a. die Juden litten (Holocaust). – Im ›Schutzstaat‹ Slowakei versuchten die Reg. unter J. TISO und V. TUKA (Oktober 1938 bis September 1944) die Möglichkeiten einer wirtschaftl. und kulturellen Entfaltung zu nutzen. Ende 1943 schlossen sich im Untergrund ›tschechoslowakisch‹ ausgerichtete Politiker mit den Kommunisten zusammen und lösten angesichts der seit dem 18. 8. in der Slowakei vorrückenden sowjet. Truppen am 29. 8. 1944 den Slowak. Nationalaufstand aus (erst im Oktober 1944 von dt. Truppen niedergeschlagen). – BENEŠ bildete im Herbst 1939 in London ein Tschechoslowak. Nationalkomitee, das am 23. 7. 1940 die vorläufige Anerkennung als ›Provisor. Reg. der T.‹ durch die Alliierten erhielt. Am 11. 12. 1940 konstituierte sich ein von BENEŠ ernannter Staatsrat als Exilparlament. Die (unter Einfluss von BENEŠ) am 18. 12. 1940 gebildete Exil-Reg. unter J. ŠRAMEK schloss u. a. am 12. 12. 1943 einen Vertrag mit der UdSSR.

Staatlicher Neuanfang (1945–48)

Gestützt auf diesen Vertrag bildete der Sozialdemokrat Z. FIERLINGER am 5. 4. 1945 in Kaschau – im Schatten der vorrückenden sowjet. Truppen – eine Koalitions-Reg. aus demokrat. Sozialisten, Kommunisten und Bürgerlichen; das von ihr proklamierte ›Kaschauer Programm‹ kündigte v. a. die Errichtung eines Wohlfahrtsstaates und die Verstaatlichung der Grundindustrie sowie der Banken und Versicherungen an. Am 4. 5. 1945 wurde BENEŠ Präs. der erneuerten Rep. Mit dem Volksaufstand in Prag gegen die dt. Besatzung (4.–9. 5.) und der Übersiedlung der Reg. nach Prag (10. 5. 1945) war die Wiedererrichtung der T. als Staat abgeschlossen, die jedoch auf ihre Ansprüche auf die Karpato-Ukraine zugunsten der UdSSR verzichtet hatte (jetzt ›Transkarpatien‹ gen.; ab 29. 6. 1945). Seit Mai 1945 kam es zur raschen und z. T. brutalen Aussiedlung der Sudetendeutschen (u. a. ›Brünner Todesmarsch‹, Massaker von Aussig, 31. 7. 1945) und Karpatendeutschen sowie der Ungarn. BENEŠ wurde im Juni 1946 durch die Wahlen als Staatspräs. bestätigt; dank ihrer Kontrolle der Schlüsselministerien und der Massenmedien stieg die KP zur stärksten polit. Kraft auf (Wahlen vom 26. 5. 1946; 43,3 % der Stimmen) und stellte ab 3. 7. 1946 mit ihrem Vors. K. GOTTWALD den Min.-Präs. (an der Spitze eines Kabinetts der Nat. Front). Mit der Verstaatlichung der Bergwerke, der industriellen Großbetriebe, der Banken und Versicherungen sowie der Beschlagnahme des Besitzes der vertriebenen Sudetendeutschen und der tschech. und slowak. ›Kollaborateure‹ (nach den Präs.-Dekreten; →Beneš-Dekrete) hatte bereits 1945/46 nach sowjet. Modell eine Umwandlung der Gesellschaft begonnen. Außenpolitisch lehnte sich die T. an die UdSSR an; im Sommer 1947 erzwang STALIN die Ablehnung der Marshallplanhilfe. Nach dem Scheitern der Pläne von BENEŠ, einen konstruktiven Modus Vivendi mit der UdSSR zu erreichen, versuchten die demokrat. Parteien im Herbst 1947, die KP aus ihrer dominierenden Stellung zu verdrängen. Unter starkem Druck auf die nichtkommunist. Reg.-Mitglieder (z. T. begleitet von Diffamierungskampagnen) erzwangen die Kommunisten im Februar 1948 eine Neubildung der Reg. Mit der zweiten Reg. Gottwald erfolgte, zwar verfassungskonform, die Übernahme der alleinigen Reg.-Verantwortung durch die KP (›Februarumsturz‹; 25. 2. 1948).

›Volksdemokratie‹ und kommunistische Herrschaft (1948–89)

Unter Abkehr von einer der Slowakei 1945 urspr. zugestandenen Autonomie ging die KP daran, die gesamte Staatsorganisation nach dem Vorbild der UdSSR zu ordnen. Entscheidend wurde der Tod MASARYKS (März 1948). Nachdem die Nationalversammlung am 9. 5. 1948 eine Verf. nach sowjet. Vorbild angenommen hatte, fanden am 30. 5. 1948 Wahlen statt, die der KP auf der Basis einer Einheitsliste die absolute Mehrheit sicherten. Die T. wurde eine ›Volksdemokratie‹, in der die KP fortan die alleinige Führung besaß, und die übrigen, noch bestehenden Parteien im Rahmen der Nat. Front ihre polit. Eigenständigkeit verloren (u. a. 27. 6./27. 9. 1948 Vereinigung der Sozialdemokraten mit der KP). BENEŠ verweigerte der neuen Verf. seine Zustimmung und trat am 7. 6. 1948 zurück. Die Kommunisten stellten nun neben dem Min.-Präs. (1948–53: A. ZÁPOTOCKÝ; 1953–63: V. ŠIROKÝ; 1963–68: J. LENART) auch den Staatspräs. (1948–53: GOTTWALD; 1953–57: ZÁPOTOCKÝ; 1957–68: A. NOVOTNÝ).

Nach der Übernahme des sowjet. Planungsmodells für die Volkswirtschaft geriet die ČSR (1960 in ČSSR umbenannt) mit dem Beitritt zum RGW (1949) ebenso ökonomisch in starke Abhängigkeit von der UdSSR. Als Erster Sekr. der KP verfolgte GOTTWALD – auch unter Anwendung terrorist. Mittel – einen stalinist. Kurs. Den Konflikt STALINS mit TITO nutzte GOTTWALD, innerparteil. Konkurrenten um die Führung von Partei und Staat auszuschalten. In Schauprozessen wurden prominente KP-Mitgl. u. a. wegen ›titoist. und zionist. Umtriebe‹ (KP-Gen.-Sekr. R. SLÁNSKÝ; Außen-Min. VLADIMIR CLEMENTIS, * 1900, † 1952) hingerichtet oder wegen ›bourgeoisem Nationalismus‹ (G. HUSÁK u. a.) zu langjährigen Gefängnisstrafen verurteilt. Gegen die kath. Kirche leitete die kommunist. Führung eine Verfolgungswelle ein (u. a. gegen Bischof F. TOMÁŠEK). In den 50er-Jahren wurde die Landwirtschaft kollektiviert. Mit dem Beitritt zum Warschauer Pakt (1955) fügte sich die T. in das von der UdSSR geführte System des Ostblocks ein.

Seit Beginn der 60er-Jahre sah sich die Partei- und Staatsführung erstmals gezwungen, viele Opfer der Schauprozesse in den 50er-Jahren zu rehabilitieren. Kritik innerhalb und außerhalb der KP an der staatl. Wirtschaftspolitik sowie am ideolog. Dogmatismus der Parteiführung leiteten – in Verbindung mit wachsender Unzufriedenheit in der Slowakei – einen innenpolit. Gärungsprozess ein. Der zunehmend erstarkende reformer. Flügel im ZK der KP (u. a. O. ŠIK, O. ČERNÍK, A. DUBČEK, J. SMRKOVSKÝ) einigte sich am 5. 1. 1968 auf DUBČEK als Nachfolger von Staatspräs. NOVOTNÝ im Amt des Gen.-Sekr. der KP; Staatspräs. wurde im März 1968 General L. SVOBODA, und ČERNÍK wurde Min.-Präs. Unter Wahrung der Alleinherrschaft der KP suchte die neue Partei- und Staatsführung Ansätze einer Liberalisierung und Demokratisierung der Gesellschaft (›Sozialismus mit menschl. Antlitz‹) zu verwirklichen, wobei jedoch das Bündnis mit der UdSSR nicht infrage gestellt wurde (→Prager Frühling). Dabei sollte die Wirtschaft nach dem von ŠIK entwickelten ›Neuen ökonom. Modell‹ (Verbindung marktwirtschaftl. Elemente mit staatl. Wirtschaftsplanung im Sinne einer →sozialistischen Marktwirtschaft) gestaltet, die Kulturpolitik (v. a. E. GOLDSTÜCKER) liberalisiert werden, u. a. durch zunehmende Presse- und Meinungsfreiheit. Die Reformpolitik wurde von der Bev. begeistert aufgenommen (u. a. Manifest der ›Zweitausend Worte‹ vom 27. 6.). Misstrauisch gegenüber der Duldung des sich bald verselbstständigenden Demokratisierungsprozesses intervenierte die UdSSR militärisch, nachträglich gerechtfertigt durch die →Breschnew-Doktrin. Am 20./21. 8. 1968 marschierten Truppen des Warschauer Paktes (mit Ausnahme Rumäniens) in die T. ein. In den folgenden Monaten wurden fast alle Reformpläne aufgehoben (u. a. verankert im erzwungenen ›Moskauer Protokoll‹ vom 26. 8.); nur die formal eingeleitete Föderalisierung der T. in einen Bundesstaat der Tschechen und Slowaken, d. h. die Bildung einer ›Tschech. Sozialist. Rep.‹ und einer ›Slowak. Sozialist. Rep.‹ (1. 1. 1969), verwirklichte ein wichtiges Anliegen der Reformer. Im April 1969 musste DUBČEK die Funktion des Gen.-Sekr. der KP an HUSÁK, im Januar 1970 ČERNÍK das Amt des Min.-Präs. an L. ŠTROUGAL abtreten. Nach der Unterzeichnung eines neuen Freundschaftsvertrages mit der UdSSR (Mai 1970) stellten parteiinterne Säuberungen, Massenentlassungen und polit. Prozesse den ideolog. Gleichschritt mit der sowjet. Partei- und Staatsführung wieder her. Schließlich wurde HUSÁK zum Staatspräs. gewählt (1975; Wiederwahl 1981).

Unter dem Eindruck der ›Schlussakte‹ von Helsinki (1975) entwickelte sich in der T. die →Charta 77 (etwa 1 800 fast nur tschech. Unterzeichner; Sprecher u. a.: J. HÁJEK, V. HAVEL), die 1980 durch die Solidarność-Bewegung in Polen weiteren Auftrieb erhielt (→Bürgerbewegung). Mit einer Verhaftungswelle suchte die Partei- und Staatsführung die Bürgerrechtsbewegung zu unterdrücken. Den von M. S. GORBATSCHOW in der UdSSR eingeleiteten Reformkurs lehnte die KPČ unter HUSÁK und seinem Nachfolger als Gen.-Sekr. der Partei (ab Dezember 1987), MILOŠ JAKEŠ (* 1922), ab; im Oktober 1988 trat Min.-Präs. ŠTROUGAL zurück. Alle folgenden Reformversuche blieben erfolglos.

Tschechoslowakei: Brennender, mit einem Hakenkreuz bemalter sowjetischer Panzer während der gewaltsamen Beendigung des Prager Frühlings durch Truppen des Warschauer Pakts

Der demokratisch-föderative Staat (1989/90–92)

Mit Massendemonstrationen, die zunächst (Ende Oktober 1989; Prag und Brünn) von der Polizei brutal zerstreut wurden, erzwang das Volk im November 1989 den Dialog zw. Reg. und Oppositionsgruppen und forderte tief greifende Umgestaltungen in der Gesellschaft (›sanfte‹ [›samtene‹] Revolution; Höhepunkt: Generalstreik am 27. 11.). Kristallisationskern und Sprachrohr der inzwischen stark angewachsenen Demokratiebewegung wurde das →Bürgerforum (OF). Reformkommunist MÁRIÁN ČALFA (* 1946) bildete am 10. 12. 1989 als Min.-Präs. eine erstmals nichtkommunistisch dominierte Koalitions-Reg. der nat. Verständigung. Der Sprecher des Bürgerforums, HAVEL, wurde nach dem Rücktritt von Staatspräs. HUSÁK (10. 12. 1989) am 29. 12. zu dessen Nachfolger gewählt (Juli 1990 wieder gewählt), am Tag zuvor war DUBČEK Parlaments-Präs. geworden (bis Juni 1992). Bereits am 29. 11. 1989 hatte das Parlament den Führungsanspruch der KP aus der Verf. gestrichen. Am 20. 4. 1990 erfolgte die Umbenennung in Tschech. und Slowak. Föderative Rep. (ČSFR), um die angestrebte Gleichberechtigung von Tschechen und Slowaken in einem neuen Föderativstaat zu verdeutlichen. Nach den ersten freien Wahlen zur Volkskammer und zur Nationenkammer (zus. das Bundesparlament) am 8./9. 6. 1990 bildeten das siegreiche Bürgerforum bzw. seine slowak. Partnerorganisation Öffentlichkeit gegen Gewalt (VPN) eine Koalitions-Reg. mit der slowak. Christlich-Demokrat. Bewegung (KDH) aus dem tschechisch-slowak. Wahlbündnis Christdemokrat. Union (KDU). Die neue Reg. unter ČALFA (seit 1990 VPN) leitete einen neuen Kurs ein; Schwerpunkte der Innenpolitik blieben Wirtschaftsreformen (Übergang zur Marktwirtschaft), stärkere Föderalisierung und Aufbau der kommunalen Selbstverwaltung. Im Frühjahr 1991 spalteten sich Bürgerforum und VPN in versch. Parteien.

Mit der Auflösung des Warschauer Paktes und des RGW (1991) wandte sich die T. bewusst den Staaten des westl. Europa zu. Der Dt.-Tschechoslowak. Nachbarschaftsvertrag (27. 2. 1992) löste in umfassenderer Form den dt.-tschechoslowak. Vertrag vom 11. 12. 1973 ab. – Seit 1990/91 nahmen nationalistisch-separatist. Bestrebungen in der Slowak. Rep. deutlich zu. Nach den Wahlen vom 5./6. 6. 1992 konnten sich die neuen Min.-Präs., V. KLAUS in der Tschechischen, V. MEČIAR in der Slowak. Rep., nicht auf den Fortbestand der Föderation in der bestehenden Form einigen. Nach der Proklamation der Unabhängigkeit der Slowakei (17. 7. 1992) trat Staatspräs. HAVEL am 20. 7. 1992 zurück; ohne Volksentscheid wurde die Trennung der ČSFR zum 1. 1. 1993 beschlossen.

J. KORBEL: Twentieth-century Czechoslovakia. The meanings of history (New York 1977); Die böhm. Länder zw. Ost u. West, hg. v. F. SEIBT (1983); R. STRÖBINGER: Schicksalsjahre an der Moldau. Die T. – 70 Jahre einer Rep. (1988); J. K. HOENSCH: Gesch. der T. (³1992); K.-P. SCHWARZ: Tschechen u. Slowaken. Der lange Weg zur friedl. Trennung (Wien 1993); The end of Czechoslovakia, hg. v. J. MUSIL (Budapest 1995); I. LUKAS: Czechoslovakia between Stalin and Hitler (New York 1996); H. P. BROGIATO: Die T. – Tschechien – Slowakei. Lit. in den westl. Sprachen 1975–1995 (1997).

Tschechoslowakische Hussitische Kirche, tschech. **Československá Husitská církev** ['tʃɛskɔslɔvɛnska: 'husitska: 'tsi:rkɛv], romfreie kath. Kirche, entstanden auf dem Boden der tschech. Los-von-Rom-Bewegung und aus liberal-kath. Bestrebungen des Klerikerverbandes ›Jednota‹ heraus (Demokratisierung der Kirche, nat. Patriarchat, Abschaffung des Zölibats, Feier der Messe in der Landessprache); rechtlich am 8. 1. 1920 in Prag als kath. Nationalkirche konstituiert. Die T. H. K. ist presbyterial-episkopal verfasst und umfasst fünf Diözesen. Ihr Oberhaupt ist der ›Bischof von Prag und Patriarch der T. H. K.‹. Für die theolog. Ausbildung (seit 1947 sind Frauen zum Priesteramt zugelassen) besteht die ›Hussit. Theolog. Fakultät‹ der Karls-Univ. Prag. Theologisch stellt sich die T. H. K., die sich als ›liturg. Reformationskirche‹ versteht, bewusst in die hussit. und in die Tradition des kath. Modernismus. – Die Gründung der T. H. K., der sich innerhalb eines Jahres eine halbe Million Gläubige anschlossen, erfolgte nach der Ausrufung des ›selbstständigen tschechoslowak. Staates‹ 1918 durch Mitgl. des radikalen Flügels der ›Jednota‹ (u. a. KAREL FARSKÝ, *1880, †1927; MATEJ PAVLÍK, *1879, †1942). Der erhoffte Übertritt der großen Mehrheit der Nation von der kath. Kirche zur T. H. K. blieb jedoch aus; in der Slowakei fanden sich kaum Mitgl. Heute (1998) hat die T. H. K. rd. 130 000 Mitgl. und zählt 322 Gemeinden in der Tschech. Rep. und drei Gemeinden in der Slowak. Republik.

R. URBAN: Die T. H. K. (1973); U. DASKE: Die T. H. K. in der dt. theolog. Lit. u. in Selbstzeugnissen (1987).

tschechoslowakische Legion, Bez. für militär. Einheiten, die im Ersten Weltkrieg aus Freiwilligen, Gefangenen und Überläufern tschech. und slowak. Volkszugehörigkeit in den alliierten Gegnerstaaten Österreich-Ungarns gebildet wurden. Der vom russ. Ministerrat am 24. 8. 1914 beschlossenen Bildung einer **Družina** (›Gefolgschaft‹) folgte erst nach der Februarrevolution 1917 von der Provisor. Reg. die Aufstellung einer t. L. in Russland. Sie erreichte eine Stärke von höchstens 40 000 bis 50 000 Mann und spielte im russ. Bürgerkrieg (→Sowjetunion, Geschichte) eine wesentl. Rolle. Am 16. 12. 1917 stimmte die frz. Reg. der Aufstellung von vier tschech. Reg. Regimentern (12 000 Mann), am 21. 4. 1918 die ital. Reg. der Erfassung von anfangs 11 500, nach der Kapitulation der Mittelmächte von etwa 70 000 Mann zu. Die t. L. bildeten autonome militär. Einheiten unter alliiertem Oberbefehl. Politisch unterstanden sie dem Tschechoslowak. Nationalrat. Ihre Existenz stärkte die Position der Tschechoslowakei auf den Pariser Friedenskonferenzen. – Die t. L. wurde Grundlage der tschechoslowak. Armee.

G. THUNIG-NITTNER: Die tschechoslowak. Legion in Rußland (1970).

Tschechoslowakische Nationalsozialistische Partei, tschech. **Československá národní socialistická strana** ['tʃɛskɔslɔvɛnska: 'na:rɔdni: 'sɔtsialistitska: -], Abk. **ČNSS** [tʃɛ:ɛnɛs'ɛs], gegr. 1897 von W. KLOFAČ als **Tschechische Nationalsozialistische Partei,** polit. Partei, die vor 1918 die Auflösung Österreich-Ungarns forderte und dabei tschechisch-nat. mit sozialist. Ideen verband. Nach Gründung der Tschechoslowakei (1918) war sie dort bis 1938 an allen Regierungen beteiligt (E. BENEŠ; 1925 mit 28, 1929 mit 32, 1935 mit 38 Sitzen in der Nationalversammlung vertreten). 1938 aufgelöst, bildete sie nach Wiedererrichtung der Tschechoslowakei (1945) neu und ging aus den Wahlen 1946 als zweitstärkste Partei hervor. Nach 1949 wurde sie im Rahmen der kommunistisch gelenkten Nat. Front als **Tschechoslowakische Sozialistische Partei** mit der KPČ gleichgeschaltet.

Tschechoslowakische Volkspartei, tschech. **Československá strana lidová** ['tʃɛskɔslɔvɛnska:-va:], Abk. **ČSL** [tʃɛ:ɛs'ɛl], gegr. 1918 durch Zusammenschluss von drei christlich-sozialen Parteien (entstanden zw. 1890 und 1900), vertrat eine konservativ-katholisch-konservative Linie. Sie war durch ihren Vors. J. ŠRÁMEK bis 1938 an fast allen Regierungen beteiligt (1925 mit 31, 1929 mit 25 und 1935 mit 22 Sitzen in der Nationalversammlung vertreten). 1938 aufgelöst, konstituierte sich die T. V. nach Wiedererrichtung der Tschechoslowakei (1945) neu, wurde jedoch nach 1948 im Rahmen der kommunistisch gelenkten Nat. Front zur Blockpartei. – Unter Ergänzung ihres Namens in **Christlich-Demokratische Union – T. V.** (tschech. Křest'anská demokratická unie – Československá strana lidová; Abk. KDU-ČSL) suchte die Partei ab 1989/90 wieder ein eigenständiges Profil zu gewinnen und war 1992 in der Reg. der Tschechoslowakei vertreten. Als **Christlich-Demokratische Union – Tschechische Volkspartei** (Abk. KDU-ČSL) ist sie in der Tschech. Rep. seit 1992 im Abg.-Haus (15, 1996: 18 Mandate) vertreten; 1992 bis 1998 war sie an der Reg. beteiligt (Vors.: JOSEF LUX).

Tschechow, Čechov [tʃ-], Anton Pawlowitsch, russ. Schriftsteller, *Taganrog 29. 1. 1860, †Badenweiler 15. 7. 1904; Arzt, Mitarbeiter bei Zeitungen und Zeitschriften; unternahm 1890 eine Informationsreise zur Strafkolonie auf Sachalin (Schrift ›Ostrov Sachalin‹, 1893, als Buch 1895; dt. ›Die Insel Sachalin‹). Ab 1898 lebte er, an Tuberkulose erkrankt, in S-Russland und in westeurop. Kurorten; 1901 heiratete er die Schauspielerin OLGA L. KNIPPER.

T., der seine literar. Laufbahn mit kurzen, humorist. Prosaskizzen begann, bevorzugte auch später die Kleinform (längere Erzählungen wie ›Step'‹, 1888, dt. ›Die Steppe‹, bilden die Ausnahme). Zwar bezeugt auch sein reifes Erzählwerk den Sinn für Humor, doch weicht hier die anfangs direkte Komik und Satire einer teils heiteren, teils melancholischen, Ironie, die auch die trag. Aspekte menschl. Zusammen- und Alleinseins zur Geltung bringt. Die Schilderungen der zeitgenöss. russ. Gesellschaft, des sich auflösenden Gutsadels, des neu entstandenen Kleinbürgertums und der ›Intelligenzija‹ setzen einerseits durch die liebevolle, aber unbestechl. Analyse menschl. Verhaltens und sozialer Missstände die Tradition des krit. Realismus fort; andererseits sind sie in der subtilen Darstellung und Deutung seel. Zustände und nuancierter Stimmungen dem europ. Impressionismus und Symbolismus verbunden (Klangwiederholungen, Iterationen von themat. und formalen Motiven).

Dies gilt in noch höherem Maß für die Dramen, in denen zunächst ebenfalls die humorist. Kleinform

Anton Pawlowitsch Tschechow

überwiegt (›Medvěd'‹, 1888, dt. ›Der Bär‹; ›Predloženie‹, 1889, dt. ›Der Heiratsantrag‹). Dann aber entwickelte T. in seinen dramat. Hauptwerken ›Čajka‹ (1896; dt. ›Die Möwe‹), ›Djadja Vanja‹ (1897; dt. ›Onkel Wanja‹), ›Tri sěstry‹ (1901; dt. ›Drei Schwestern‹) und ›Višnevyj sad‹ (1904; dt. ›Der Kirschgarten‹) einen neuen Typus des ›impressionist.‹ Stimmungsdramas, das bei weitgehendem Verzicht auf äußere dramat. Handlung seine Wirkung aus dem Neben- und Gegeneinander von Seelenzuständen und Stimmungen bezieht. Das erforderte einen eigenen, neuen Inszenierungsstil, der von K. S. STANISLAWSKIJS Moskauer Künstlertheater an diesen Stücken erarbeitet wurde und die neuere Bühnenkunst ebenso nachhaltig prägte wie die Wirkung T.s als Dramatiker.

Weitere Werke: *Erzählungen:* Smert' činovnika (1883; dt. Der Tod des Beamten); Tolstyj i tonkij (1883; dt. Der Dicke u. der Dünne). Skučnaja istorija (1889; dt. Eine langweilige Geschichte); Duel' (1891; dt. u. a. als Das Duell); Palata No. 6 (1892; dt. Krankenstation Nr. 6); Ariadna (1895; dt.); Moja žizn' (1896; dt. Mein Leben); Mužiki (1897; dt. Die Bauern); Dušečka (1898; dt. Seelchen); Čelovek v futlare (1898; dt. Der Mensch im Futteral); Dama s sobačkoj (1899; dt. Die Dame mit dem Hündchen); V ovrage (1900; dt. In der Schlucht). – *Drama:* Ivanov (1889; dt. Iwanow).

Ausgaben: Polnoe sobranie sočinenij i pisem, hg. v. N. F. BELČIKOV u. a., 30 Bde. (1974–83). – Werke, hg. v. J. VON GUENTHER, 3 Bde. (1963); Das dramat. Werk, hg. v. P. URBAN, 8 Bde. (1973–83); Das erzählende Werk, hg. v. DEMS., 10 Bde. (Neuausg. 1976); Briefe, hg. v. DEMS. (Neuausg. 1983); Tageb., Notizb., hg. v. DEMS. (1983).

P. M. BICILLI: A. P. Čechov. Das Werk u. sein Stil (a. d. Russ., 1966); G. SELGE: A. Čechovs Menschenbild (1970); A. P. ČUDAKOV: Poetika Čechova (Moskau 1971); DERS.: Mir Čechova. Vozniknovenie i utverždenie (ebd. 1986); S. MELCHINGER: A. T. (²1974); L. M. CILEVIČ: Sjužet čechovskogo rasskaza (Riga 1976); V. KATAEV: Proza Čechova (Moskau 1979); K. HIELSCHER: T. Eine Einf. (1987); T. WÄCHTER: Die künstler. Welt in späten Erzn. Čechovs (1992); R.-D. KLUGE: A. P. Čechov. Eine Einf. in Leben u. Werk (1995); E. WOLFFHEIM: A. Čechov. (19.–20. Tsd. 1996).

Tschenstochau 1): Die ›Schwarze Madonna‹ in der Marienkapelle des Klosters Jasna Góra; 14. Jh.; Zustand nach 1430

Tschechowa, Olga, Bühnen- und Filmschauspielerin, *Aleksandropol (heute Kumajri) 26. 4. 1897, †München 9. 3. 1980, Nichte von A. P. TSCHECHOW; ab 1918 beim Film; kam 1921 nach Dtl., wo sie bald zum Filmstar wurde (›Maskerade‹, 1934; ›Burgtheater‹, 1936; ›Bel Ami‹, 1939). Roman: ›Meine Uhren gehen anders‹ (1973).

Tscheka *die, -,* Kurzwort für russ. **Tschreswytschajnaja Komissija po Borbe s Kontr-revoljuziej i Sabotaschem,** dt. ›Außerordentl. Kommission zum Kampf gegen Konterrevolution und Sabotage‹, 1917–22 die polit. Polizei Sowjetrusslands, geleitet von F. E. DSERSCHINSKIJ; trug als Instrument des ›Roten Terrors‹ und Gegenterrors bes. während des Bürgerkriegs (u. a. Einrichtung von Konzentrationslagern für ›Klassenfeinde‹, Erschießung Tausender bereits 1918) zur Konsolidierung der Herrschaft der Bolschewiki bei. 1922 in die →GPU umgewandelt.

Tschelebi, 1) Evlija, türk. Schriftsteller, →Evlija Tschelebi.

2) Süleiman, türk. Dichter, →Süleiman Tschelebi.

Tscheleken, Čeleken [tʃ-], wüstenhafte Halbinsel (ehem. Insel, wurde nach 1937 durch Absinken des Wasserspiegels landfest) am O-Ufer des →Kaspischen Meeres, in Turkmenistan, etwa 500 km² groß, bis 100 m ü. M.; Erdölförderung und Erdgasgewinnung; Mineralquellen; Hauptort ist die Stadt T. (Erdölverarbeitung).

Tscheljabinsk, Čeljabinsk [tʃ-], Gebietshauptstadt in Russland, auf der O-Abdachung des Südl. Ural, am Miass, 1,09 Mio. Ew.; Kultur- und Wirtschaftszentrum des Südl. Ural; Univ., Agrar-Univ., TU und vier weitere Hochschulen, Regionalmuseum, Museum für dekorative und angewandte Kunst, Gemäldegalerie, Philharmonie, vier Theater (u. a. Glinka-Opernhaus); Zentrum der bisher stark auf die Rüstungsindustrie ausgerichteten russ. Metallurgie mit Stahl- und Zinkproduktion sowie Rohrwalzwerk, ergänzt durch Maschinen-, Traktoren-, Gerätebau, mehrere Wärmekraftwerke, chem., vielseitige Leicht- und Nahrungsmittelindustrie; Flughafen. Nordwestlich von T. die geheime und geschlossene Stadt **Osjorsk** (früher **Tscheljabinsk 65**) mit der Nuklearanlage **Majak,** in deren Umland durch schwere Störfälle (bes. am 29. 9. 1957) ein radioaktiv verseuchtes Gebiet (120 km² noch heute gesperrt). Im **Tscheljabinsker Braunkohlenbecken** (1 300 km²) bei T. liegen 750 Mio. t Kohle (Förderung im Tief- und Tagebau). – 1736 an der Stelle eines baschkir. Dorfes als russ. Festung gegr., entwickelte sich T. mit dem Bau der Transsibir. Eisenbahn seit 1891 als Eisenbahnknotenpunkt zu einem Handels- und Industriezentrum.

Tscheljuskin, Kap T., Kap Čeljuskin [tʃ-], früher **Nordostkap,** nördlichster Punkt des asiat. Festlandes, an der N-Küste der Halbinsel Taimyr, Russland, bei 77°43' n. Br. und 104°18' östl. Länge.

Tschenstochau, Częstochau [tʃ-], poln. **Częstochowa** [tʃẽstoˈxɔva], **1)** Hauptstadt der Wwschaft Częstochowa, Polen, 240-310 m ü. M., an der hier von der Warthe durchbrochenen Geländestufe des Krakau-Tschenstochauer Hügellandes (Poln. Jura), 259 500 Ew.; kath. Bischofssitz; TU und PH, Bezirksmuseum, Kunstmuseum (im Klostergelände), Theater; Zentrum der Textil- (Woll-, Baumwoll-, Leinenverarbeitung) und Eisenhüttenindustrie (die Eisenerzgruben südlich und nördlich von T. wurden stillgelegt); außerdem Maschinenbau, Baustoff-, Glas-, Holz- und Nahrungsmittelindustrie; Verkehrsknotenpunkt. – Das Kloster auf dem Lichten Berg (Jasna Góra) wurde nach 1620 erweitert und mit Befestigungsanlagen (im 18. Jh. umgebaut) umgeben. Der Zugang erfolgt durch vier z. T. prächtige Tore. Die Basilika des Klosters (Wallfahrtskirche) aus dem 15. Jh. wurde vielfach verändert, u. a. 1690–1702 nach einem Brand; 105 m hoher Turm. Im Innern Stuckarbeiten und Fresken (1690–1730), in der Marienkapelle barocker Ebenholzaltar mit dem Marienbild der ›Schwarzen Madonna von T.‹ (wahrscheinlich nach dem Vorbild eines byzantin. Gemäldes im 14. Jh. geschaffen, nach Zerstörung nach 1430 wiederhergestellt), das als größtes Nationalheiligtum Polens gilt. – 1220 erstmals erwähnt, erhielt T. 1356 dt. Recht. 1382 wurde bei T. das Paulinerkloster **Jasna Góra** gegründet, das durch das Marienbild zum meistbesuchten Wallfahrtsort Polens wurde. 1646 krönte man hier die Gottesmutter Maria zur ›Königin Polens‹ (›Regina Poloniae‹); seit

Olga Tschechowa

Pawel Aleksejewitsch Tscherenkow

Aleksandr Nikolajewitsch Tscherepnin

Nikolaj Konstantinowitsch Tscherkassow

einer erfolglosen schwed. Belagerung (1655) ist das Kloster Symbol nat. Widerstandes und der Treue des poln. Volkes zum kath. Glauben.

2) Wwschaft im S Polens, 6 182 km², 780 600 Einwohner.

Tschepetz, russ. Kopfputz, →Kakoschnik.

Tscheremchowo [-'xɔvɔ], **Čeremchovo** [tʃ-], Stadt im Gebiet Irkutsk, Russland, im S Ostsibiriens, westlich des Baikalsees, an der Transsibir. Eisenbahn, 73 500 Ew.; Steinkohlenförderzentrum mit Kokerei und Großkraftwerk im Irkutsker Steinkohlenbecken; Maschinenbau, Baustoff-, Nahrungsmittelindustrie; Flughafen.

Tscheremissen, finnougrisches Volk in Russland, →Mari.

Tscherenkow, Čerenkov [tʃ-], Pawel Aleksejewitsch, sowjet. Physiker, * Nowaja Tschigla (Gebiet Woronesch) 28. 7. 1904, † Moskau 6. 1. 1990; ab 1930 u.a. am Lebedew-Physik-Inst. der Akad. der Wiss.en in Moskau tätig, 1964–70 korrespondierendes Mitgl. und ab 1970 ordentl. Mitgl. der Akad. der Wiss.en. T. untersuchte 1934 die nach ihm benannte Strahlung an Uranyl-Salzlösungen und erhielt hierfür 1958 mit I. M. FRANK und I. J. TAMM den Nobelpreis für Physik.

Les Prix Nobel en 1958 (Stockholm 1959).

Tscherenkow-Strahlung, elektromagnet. Strahlung, die von schnellen elektrisch geladenen Teilchen in optisch transparenten Medien erzeugt wird, wenn ihre Geschwindigkeit v größer ist als die Phasengeschwindigkeit $c/n(v)$ der Strahlung in diesem Medium (c Vakuumlichtgeschwindigkeit, $n(v)$ Brechzahl des Mediums in Abhängigkeit von der Frequenz v der Strahlung). Die T.-S. wird bei allen Frequenzen emittiert, für die $v > c/n(v)$ ist (Tscherenkow-Bedingung), vorzugsweise im Bereich des sichtbaren Lichts, und nur in solche Richtungen abgestrahlt, die mit dem Impulsvektor des Teilchens einen Winkel ϑ einschließen, für den $\cos \vartheta = c/n v$ gilt. Die T.-S. wurde 1934 von P. A. TSCHERENKOW entdeckt und 1937 von I. J. TAMM und I. M. FRANK theoretisch als elektromagnet. Analogon der machschen Wellen in Überschallströmungen erklärt, vergleichbar dem Auftreten einer Kopfwelle in Form eines Mach-Kegels (mit dem halben Öffnungswinkel 90° – ϑ). Die T.-S. ist vollständig linear polarisiert, und zwar mit dem Vektor der elektr. Feldstärke in der durch die Strahlungsrichtung und den Impulsvektor aufgespannten Ebene. Die insgesamt durch die T.-S. von einem Teilchen abgestrahlte Energie ist verhältnismäßig gering (auch für $v \approx c$ weniger als 1 keV/cm Weglänge), weil die Tscherenkow-Bedingung immer nur in einem kleinen Frequenzintervall erfüllt ist.

Tscherenkow-Zähler, Nachweisgerät für schnelle geladene Teilchen, das auf der Erscheinung der →Tscherenkow-Strahlung beruht. Die durch das Teilchen in einem durchsichtigen Medium erzeugte Tscherenkow-Strahlung wird auf die Photokathode eines Sekundärelektronenvervielfachers gelenkt, dessen elektr. Ausgangsimpuls zur Registrierung des Teilchens dient. Mit einem T.-Z. kann die Geschwindigkeit eines Teilchens in gewissen Grenzen nach Größe und Richtung bestimmt werden. T.-Z. finden in der Elementarteilchenphysik Anwendung zur Unterscheidung von Teilchen, die durch magnet. Ablenkung bereits nach dem Impuls sortiert wurden. Da der Impuls von Masse und Geschwindigkeit des Teilchens abhängt, ist eine zweite Messung (z. B. die Geschwindigkeitsbestimmung mittels T.-Z.) notwendig.

Tscherepnin, Čerepnin [tʃ-], **1)** Aleksandr Nikolajewitsch, russ. Komponist und Pianist, * Sankt Petersburg 20. 1. 1899, † Paris 29. 9. 1977, Sohn von 2); unterrichtete 1938–45 in Paris, 1949–64 in Chicago (Ill.), entwickelte eine neunstufige Tonleiter und eine ›Intrapunctus‹ genannte Schichtung versch. Rhythmen; komponierte Opern, Ballette, Orchesterwerke, Kammer-, Klavier- und Vokalmusik.

2) Nikolaj Nikolajewitsch, russ. Komponist, * Sankt Petersburg 15. 5. 1873, † Issy-les-Moulineaux 26. 6. 1945, Vater von 1); war 1908–18 Prof. in Sankt Petersburg, 1918–21 Konservatoriumsleiter in Tiflis, ging 1921 nach Paris, war dort 1925–29 und 1939–45 Direktor des Russ. Konservatoriums. Er komponierte – beeinflusst von N. A. RIMSKIJ-KORSAKOW und dem frz. Impressionismus – Opern, Ballette, Orchester-, Kammer-, Klaviermusik, Chorwerke und Lieder.

Tscherepowez [-'vjɛts], **Čerepovec** [tʃ-], Stadt im Gebiet Wologda, Russland, an der Mündung der Scheksna (Teil des Wolga-Ostsee-Wasserwegs) in den nördl. Rybinsker Stausee, 320 000 Ew.; Industrie-, pädagog. Hochschule, Stadtmuseum; Eisen-, Stahl- und Walzwerk, chem. Industrie, Holzverarbeitung und andere Leichtindustrie; Hafen, Flughafen. Bei T. liegt der 1 670 km² große **Tscherepowezer Stausee** (**Scheksnastausee**; Stauinhalt 6,5 Mrd. m³).

Tscherkassow, Čerkasov [tʃ-], Nikolaj Konstantinowitsch, russ. Schauspieler, * Sankt Petersburg 27. 7. 1903, † ebd. 14. 9. 1966. T., der ab 1933 am Leningrader Puschkin-Theater wirkte, übernahm ab 1927 zahlr. Charakterrollen im russ. Film.

Filme: Alexander Newsky (1938); Iwan der Schreckliche (2 Tle., 1944–46).

Tscherkassy, Čerkasy [tʃ-], ukrain. **Tscherkassy** [-se], **Čerkasy** [tʃ-se], Gebietshauptstadt in der Ukraine, am W-Ufer des Krementschuger Dnjeprstausees, 311 000 Ew.; technolog. und pädagog. Hochschule, Regionalmuseum, Planetarium, Theater; Maschinenbau, elektrotechn. Industrie, Chemiewerk (Düngemittel, Chemiefasern), Textil- (bes. Seiden-) und Nahrungsmittelindustrie; Hafen. – T. ist seit 1394 als zum Kiewer Reich gehörendes befestigtes Städtchen bekannt.

Tscherkessen, Eigen-Bez. **Adyge, Adighe,** früher **Zirkassier,** zusammenfassende Bez. für Angehörige kulturell wie sprachlich verwandter Stämme (→kaukasische Sprachen), die vor 1864 im westl. Kaukasus und seinem Vorland vom Schwarzen Meer bis zum Kuban (mit der Halbinsel Taman), im O bis zum Oberlauf des Terek ansässig waren. Danach flohen etwa 80% der damals etwa 700 000 bis 1 Mio. T. vor den dieses Gebiet erobernden Russen und verstreuten sich über das ganze Osman. Reich. Schätzungen rechnen in Vorderasien (Syrien, Jordanien, Israel, Irak, Türkei) mit etwa 1,2 Mio. Menschen tscherkess. Abstammung. In Russland wurden die T. administrativ in drei Gruppen aufgeteilt: Unter dem Namen Adygei wurden Reste der Niedertscherkess. Stämme (Kjachen) am Kuban und seinen Nebenflüssen zusammengefasst (Abadsechen, Beslenen, Bseduchen, Khatukai, Makosch, Schapsugen, Temirgoi u. a.) und für sie das Adygeisch-Tscherkess. Autonome Gebiet (ab 1928 nur noch Adygeisches Autonomes Gebiet, seit 1990 die Rep. →Adygien), errichtet; einschließlich der Kleinen Schapsugen nahe der Küste des Schwarzen Meeres bei Tuapse sind es rd. 250 000 Menschen. Als eigentl. T. werden die im N →Karatschaio-Tscherkessiens lebenden Teile des Volkes (etwa 40 000 Menschen) bezeichnet, v. a. vom Stamm der Beslenen. Die bereits in vorruss. Zeit nicht mehr in Stämmen, sondern feudal organisierten Ober-T. oder →Kabardiner wurden durch die russ. Eroberung weniger beeinträchtigt und wohnen v. a. im N und NO der Rep. Kabardino-Balkarien. Nahe verwandt sind die Abasen, Abchasen und Ubychen. Traditionelle Wirtschaftsformen waren Ackerbau und Viehhaltung mit berühmter Pferdezucht (Reiterspiele). Die T. wurden, nach nur oberflächl. Christianisierung (Orthodoxe), mit Ausnahme weniger (1939 etwa 2 100) Kabardiner bei Mosdok im 18. Jh. islamisiert (Sunniten).

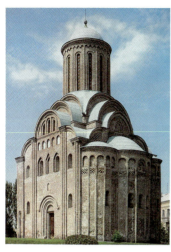

Tschernigow: Paraskewa-Pjatniza-Kirche; Ende 12./Anfang 13. Jh.

Geschichte: Durch die Mongoleneinfälle wurden die T. im 13. Jh. aus ihren ursprüngl. Wohnsitzen im Küstenbereich des Asowschen und Schwarzen Meeres in den Kaukasus abgedrängt. Ab dem 18. Jh. standen sie im Spannungsfeld russ. Expansion und osman. Hoheitsansprüche. Als Folge russ. Zwangsmaßnahmen und kosak. Übergriffe kam es zu Aufständen und ab etwa 1840 zur Teilnahme der T. an den kaukas. Freiheitskriegen. Sie wurden bis 1864 als letztes der kaukas. Völker durch Russland unterworfen.

Tscherkessk, Čerkessk [tʃ-], 1931–34 und 1937–39 **Batalpaschinsk,** 1934–37 **Sulimow,** Hauptstadt der Rep. Karatschaio-Tscherkessien, Russ. Föderation, in den nördl. Vorbergen des Großen Kaukasus, am Kuban, 119 000 Ew.; Technologiehochschule; Geschichts-, Naturparkmuseum, Theater; chem. Industrie, Maschinen- und Elektrogerätebau, Zementindustrie; Ausgangspunkt der →Suchumischen Heerstraße. – T. wurde 1804 als Festung gegründet.

Tschermak, 1) Erich, Edler **von Seysenegg,** österr. Botaniker, *Wien 15. 11. 1871, †ebd. 11. 10. 1962, Sohn von 2); ab 1903 Prof. für Pflanzenzüchtung an der Hochschule für Bodenkultur in Wien. Durch Bastardisierungsversuche an Erbsen gelangte T. 1900 (gleichzeitig mit H. DE VRIES und C. E. CORRENS, jedoch unabhängig von diesen) zur Wiederentdeckung der mendelschen Regeln, die er später planmäßig auf die Züchtung von Kulturpflanzen anwandte.

2) Czermak [tʃ-], Gustav, Edler **von Seysenegg,** österr. Mineraloge, *Littau (bei Olmütz) 19. 4. 1836, †Wien 4. 5. 1927, Vater von 1); ab 1868 Prof. in Wien, erforschte die chem. Verwandtschaft von Mineralgruppen mit gleichen Kristallformen und erkannte dabei 1864 das Prinzip des isomorphen Ersatzes (→Isomorphie), arbeitete auch über Meteoriten. 1871 gründete er die Zeitschrift ›Mineralog. Mittheilungen‹ (später nach ihm umbenannt in ›T.s mineralog. und petrograph. Mitteilungen‹).

Tschernenko, Černenko [tʃ-], Konstantin Ustinowitsch, sowjet. Politiker, *Bolschaja Tes (Region Krasnojarsk) 24. 9. 1911, †Moskau 10. 3. 1985; Bauernsohn; ab 1931 Mitgl. der KPdSU (B), stieg in enger Verbindung mit L. I. BRESCHNEW im Parteiapparat auf, ab 1971 Voll-Mitgl. des ZK und ab 1978 des Politbüros. Erst in hohem Alter und bereits krank wurde er als Übergangskandidat im Februar 1984 Gen.-Sekr. des ZK der KPdSU, im April 1984 auch Vors. des Präsidiums des Obersten Sowjets (Staatsoberhaupt).

Tschernichowsky, Schaul, hebr. Schriftsteller, *Michajlowka (Krim) 28. 8. 1875, †Jerusalem 14. 10. 1943; war Arzt in Russland, lebte 1921–31 in Berlin, ab 1931 in Palästina, 1934–36 als Arzt in Tel Aviv, dann in Jerusalem. Sein Werk umfasst sämtl. Gattungen außer dem Roman. Seine bilderreiche Natur- und Liebeslyrik huldigt (unter dem Einfluss F. NIETZSCHES) einem hellenist. Schönheitsideal, später trat ein nationalist. Zug hervor. Bedeutsam sind die Idyllen aus der Welt der Krimjuden und die metrisch virtuosen Balladen mit mittelalterl. Stoffen. T.s Vorliebe für das bibl. und vorbibl. Judentum leitete eine ›kanaanit.‹ Tendenz in der hebr. Literatur ein.

Tschernigow, Černigov [tʃ-], ukrain. **Tschernihiw** [-hɪv], **Černihiv** [tʃɛrˈnihɪv], Gebietshauptstadt in der Ukraine, an der Desna, im südl. Polesien, 312 000 Ew.; russisch-orth. Metropolitensitz, technolog. und pädagog. Hochschule, histor., Volkskunst- und Kozjubynskyj-Museum, Theater; Herstellung von Chemiefasern, Autoersatzteilen und techn. Geräten, Textil-, Leder-, Nahrungsmittelindustrie, Musikinstrumentenbau; Verkehrsknotenpunkt, Hafen und Flughafen. – Aus der Blütezeit T.s im 11.–13. Jh. stammt einer der ältesten Kirchenbauten des Kiewer Reichs, die Erlöser-(Spasso-Preobraschenskij-)Kathedrale (urspr. Bau bis 1036 vollendet, 1239 von Mongolen zerstört, 1675 wieder aufgebaut, 1770–99 klassizistisch umgestaltet), eine dreischiffige, von zwei Rundtürmen flankierte Kuppelbasilika (Freskenfragmente, Ende 11. Jh.); ferner u. a. Eliaskirche (Ende 11./Anfang 12. Jh., im 17. Jh. umgebaut), Boris-und-Gleb-Kathedrale (12. Jh., mehrfach umgebaut) und Paraskewa-Pjatniza-Kirche (Ende 12./Anfang 13. Jh., im 18. und 19. Jh. umgebaut). – T., eine der ältesten russ. Städte, war im 9. Jh. Zentrum der ostslaw. Sewerjanen. 907 in der altruss. Chronik als Fürstensitz erstmals erwähnt, wurde es 1024 Hauptstadt des Fürstentums T. und entwickelte sich zu einer Handwerker- und Handelsstadt. 1239 von den Mongolen erobert und zerstört, seit der 2. Hälfte des 14. Jh. unter litauischer Herrschaft, kam es 1503 zu Moskau, 1611 zu Polen (1623 Magdeburger Recht) und 1654 zu Russland (ab 1797 Gouv.-Hauptstadt).

Tscherning, Andreas, Dichter, *Bunzlau 18. 11. 1611, †Rostock 27. 9. 1659; Sohn eines Handwerkers, floh nach Görlitz, um Rekatholisierungsmaßnahmen zu entgehen; Literaturstudium in Rostock, war danach Privatgelehrter in Breslau, ab 1644 Prof. der Poetik in Rostock. T. schrieb nach dem Vorbild von M. OPITZ, mit dem er verwandt war, barocke Lyrik (›Deutscher Getichte Früling‹, 1642) sowie Fabeln und eine seinerzeit weit verbreitete Poetik.

Tschernitza [zu tschech. černý ›schwarz‹] *die, -, Bodenkunde:* schwarzerdeartiger Auenboden mit mächtigem, sandig-lehmigem, grauschwarzem Humushorizont (A_h-Horizont) über carbonathaltigem, schluffig-lehmigem C-Horizont; in Lössgebieten.

Tschernjachowsk, Stadt im Gebiet Kaliningrad (Königsberg), Russland, →Insterburg.

Tschernobyl, Černobyl [tʃ-], ukrain. **Tschornobyl, Čornobyl'** [tʃ-bel], Stadt im Gebiet Kiew, Ukraine, am Pripjet, nahe seiner Mündung in den Kiewer Stausee des Dnjepr; (1986, vor dem Reaktorunfall) rd. 18 000 Ew. Etwa 20 km von T. entfernt liegt bei Pripjat (→Pripjet) das Kernkraftwerk T. (vier Reaktorblöcke mit je 1 000 MW elektr. Leistung).

Am 26. 4. 1986 ereignete sich in Block 4 des Kernkraftwerks, einem graphitmoderierten und mit leichtem Wasser gekühlten Druckröhrenreaktor vom Typ RBMK-1000 (→Kernreaktor), der bisher folgenschwerste Reaktorunfall. Auslösendes Ereignis war ein Test an den Turbogeneratoren von Block 4, der bei niedriger Leistung durchgeführt werden sollte. Dazu musste die therm. Reaktorleistung heruntergefahren werden, fiel aber bis in einen Leistungsbereich, in dem der Reaktor instabil war und aus Sicherheitsgründen

Gustav Tschermak, Edler von Seysenegg

Konstantin Ustinowitsch Tschernenko

hätte abgeschaltet werden müssen. Die versuchsbedingte Verringerung des Kühlmitteldurchsatzes im Reaktorkern hatte nach Testbeginn dann einen plötzl. unkontrollierten Leistungsanstieg und dadurch eine Überhitzung des Brennstoffs und der Brennstäbe zur Folge. Das schlagartige Verdampfen des Kühlwassers aufgrund des Temperaturanstiegs, wahrscheinlich verstärkt durch eine so genannte Dampfexplosion, zerstörte zunächst den Reaktorkern, eine anschließende Wasserstoffexplosion die Reaktorkammer und das Reaktorgebäude. Reaktortrümmer wie Brennelementteile und Graphitblöcke, hochradioaktiver und heißer Brennstoff sowie Radionuklide wurden in die Gebäudeumgebung ausgeworfen und der Moderatorgraphit in Brand gesetzt. Wesentlich für den Unfallverlauf waren Bedienungsfehler und Verstöße gegen die Betriebsvorschriften sowie die Bauart des RBMK-Reaktors mit ungünstigen reaktorphysikal. und sicherheitstechn. Eigenschaften (z. B. positive Reaktivitätskoeffizienten) und mangelhaften Sicherheitseinrichtungen. Bauartbedingt kam es zu einer Selbstverstärkung des plötzl. Leistungsanstiegs, die durch die Regelung und das relativ träge Notabschaltsystem nicht kompensiert werden konnte. Zudem fehlte ein druckfester äußerer Sicherheitsbehälter des Reaktors als zusätzl. Sicherheitsbarriere.

Tschernobyl: Luftaufnahme des Kernkraftwerks vom 9. 5. 1986; der Pfeil weist auf den völlig zerstörten Reaktorblock

Nach zehn Tagen war nach Abwurf von etwa 5000 t wärmedämmenden und strahlungsabsorbierenden Materials (Sand, Ton, Dolomit, Bor, Blei) auf den Reaktor sowie Einleiten von Stickstoff der Graphitbrand gelöscht und die massive Abgabe von Radionukliden in die Umgebung und die Atmosphäre weitgehend beendet. Insgesamt wurden nach früheren offiziellen sowjet. Angaben 3–4% des radioaktiven Inventars freigesetzt (mehr als $2 \cdot 10^{18}$ Bq); neuere Schätzungen der Internat. Atomenergie-Organisation (IAEO) kommen jedoch auf etwa 30% des radioaktiven Inventars (etwa $1,2 \cdot 10^{19}$ Bq) einschließlich der Edelgase (100% Freisetzung). Etwa 240 unmittelbar beteiligte Personen (Reaktorpersonal, Feuerwehrleute, Hubschrauberpiloten) erhielten eine effektive Äquivalentdosis von mehreren Sievert (Sv) mit tödl. (in 28 Fällen) oder schwer gesundheitsschädigenden Folgen. Rd. 116000 Menschen wurden nach dem Unglück aus den am meisten betroffenen Ortschaften innerhalb einer 30-km-Zone um den Reaktor evakuiert. Es muss davon ausgegangen werden, dass größere Bev.-Teile Äquivalentdosen von bis zu 1 Sv erhalten haben. Erheblichen Strahlungsbelastungen waren auch die rd. 210000 ›Liquidatoren‹ (etwa zur Hälfte Soldaten) ausgesetzt, die mit weiteren 400000 bis 600000 Personen zu Aufräumarbeiten herangezogen wurden und bis Ende 1986 zur Isolierung des zerstörten Reaktors einen Mantel aus Stahl und Beton errichteten. Dieser ›Sarkophag‹ wird Temperatur- und Strahlenbelastungen aus dem Inneren sowie den Angriffen von Erosion, Korrosion und Auslaugung voraussichtlich nicht dauerhaft standhalten; er ist zudem nicht erdbebensicher. Maßnahmen zur Vermeidung einer erneuten Katastrophe durch Undichtigkeit oder Einsturz des ›Sarkophags‹ wurden bislang lediglich untersucht, aber weder entschieden noch umgesetzt. Für die Langzeitsicherung wird der Bau einer zweiten Umhüllung diskutiert.

Die Bewertung der Strahlenexposition hinsichtlich der gesundheitl. Folgen für die Bev. ist nur schwer möglich, weil aussagekräftige und zuverlässige Gesundheitsstatistiken fehlen und die kollektiven Äquivalentdosen nicht genau bekannt sind. Nach Reg.-Angaben starben von 1986 bis 1994 in der Ukraine 125000 Menschen an Strahlenkrankheiten, darunter rd. 6000 Helfer, die an den Lösch- und Bergungsarbeiten beteiligt waren. Eine ansteigende Krebserkrankungshäufigkeit (v. a. Leukämien und Schilddrüsenkrebs) in den betroffenen Gebieten wird für die nächsten Jahre befürchtet; verlässl. Aussagen über Art und Umfang von Spätschäden sind jedoch erst in Zukunft im Rahmen von Langzeitstudien zu erwarten. Erste gesicherte Ergebnisse dieser Studien zeigen in einigen Gebieten, z. B. in Weißrussland, bei Kindern, die in den Jahren 1985/86 geboren wurden, eine deutl. Zunahme von Schilddrüsenkrebs, die auf eine hohe Kontamination mit radioaktivem Jod zurückgeführt wird. Die IAEO geht davon aus, dass 160000 Kinder unter sieben Jahren einer erhöhten radioaktiven Strahlung ausgesetzt waren. Weiter gehende Angaben über den Anstieg der Krebshäufigkeit und der strahlungsbedingten Mortalität sind zurzeit umstritten bzw. nicht abschließend geprüft oder bestätigt.

In der Region T. u. a. Teilen der Ukraine sowie von Weißrussland und Russland sind infolge des Unglücks Gebiete mit einer Ausdehnung von etwa 25000 km² und einer Bev. von rd. 1 Mio. Menschen durch radioaktiven Fall-out langfristig stark kontaminiert (von 185 bis über 1480 kBq/m², v. a. durch das langlebige Radionuklid Cäsium 137 (Halbwertszeit 30 Jahre). Die Nahzone des Kraftwerks (im Umkreis von 5 km) gilt seitdem bis auf weiteres als unbewohnbar. Durch atmosphär. Ausbreitung der freigesetzten radioaktiven Stoffe wurden in den Tagen nach dem Reaktorunfall auch andere große Teile Europas unterschiedlich stark belastet (v. a. Finnland, Schweden, Polen und Rumänien). In Dtl. lag im S, SO und SW eine größere Bodenkontamination vor als im N und W (München rd. 35 kBq/m²), die Belastung ging aber nach wenigen Jahren auf die Werte der natürl. Radioaktivität zurück. Die resultierende Personendosis je Bev.-Mittel wird für Dtl. in 50 Folgenjahren auf insgesamt etwa 1 mSv geschätzt. Die mittlere natürl. Strahlenexposition in Dtl. (natürl. Umweltradioaktivität, Weltraumstrahlung usw.) beträgt im Vergleich dazu etwa 2 bis 2,5 mSv pro Jahr.

Trotz dieser Katastrophe beschloss die Reg. der Ukraine Ende 1993 mit Verweis auf Energieversorgungsengpässe, die Blöcke 1 und 3 weiter in Betrieb zu halten. Block 2 wurde nach einem Brand 1991 außer Betrieb genommen. Für die endgültige Abschaltung des Kernkraftwerks forderte die Ukraine 1995 4 Mrd. DM von den G7-Staaten. Die ukrain. Entwicklungsagentur (NAURR) und die Europ. Bank für Wiederaufbau und Entwicklung (EBWE) unterzeichneten 1997 ein Abkommen über einen T.-Sonderfonds, aus dem Bauarbeiten am ›Sarkophag‹ finanziert werden sollen. Neben der Schaffung von Ersatzkapazitäten gilt dieser Fonds als eine Voraussetzung für die in

Erwägung gezogene Schließung der Blöcke 1 und 3 im Jahre 2000. Neben den Blöcken 1 und 3 in T. sind heute in Osteuropa immer noch Kernkraftwerke der gleichen Bauart in Betrieb.

Die Erhöhung der atmosphär. Radioaktivität aufgrund des Unfalls lässt sich global nachweisen und stellt nach den oberird. Kernwaffentests sowie einem schweren nuklearen Unfall in einer militär. Anlage (ehem. Sowjetunion) die bislang größte Einbringung an künstl. Radioaktivität dar. Für die öffentl. Diskussion über nukleare Energiegewinnung bedeutete der Reaktorunfall von T. weltweit einen tiefen polit. und psycholog. Einschnitt und gab in vielen Ländern Anlass zu einer intensiv geführten Debatte um den Anstieg aus der Kernenergienutzung. (→Dosis, →GAU, →Radioaktivität, →Strahlenexposition, →Strahlenschäden, →Strahlenschutz)

Summary report on the post-accident review meeting on the Chernobyl accident, hg. v. der International Atomic Energy Agency IAEA (Wien 1986); Auswirkungen des Reaktorunfalls in T. auf die Bundesrep. Dtl., bearb. v. D. GUMPRECHT u. a. (1987); The international Chernobyl project, hg. v. der International Atomic Energy Agency IAEA, 4 Tle. (Wien 1991); G. MEDWEDEW: Verbrannte Seelen. Die Katastrophe von T. (a. d. Russ., 1991); W. M. TSCHERNOUSENKO: T.: die Wahrheit (a. d. Engl., 1992); R. KOEPP u. T. KOEPP-SCHEWYRINA: T. Katastrophe u. Langzeitfolgen (1996); One decade after Chernobyl. Summing up the consequences of the accident, hg. v. der International Atomic Energy Agency IAEA (Wien 1996); S. ALEXIJEWITSCH: T. Eine Chronik der Zukunft (a. d. Russ., 1997).

Tschernomyrdin, Černomyrdin [tʃ-], Wiktor Stepanowitsch, russ. Politiker, * Tschornij Otrog (Gebiet Orenburg) 9. 4. 1938; Ingenieur, trat 1961 der KPdSU bei, war 1967–73 Parteifunktionär in Orsk, hatte danach führende Funktionen in der Energiewirtschaft (u. a. 1985–89 Min. der UdSSR für Gasindustrie, ab 1989 Vorstands-Vors. des staatl. Gaskonzerns ›Gasprom‹); nach dem Ende der Sowjetunion von Mai bis Dezember 1992 in der russ. Regierung stellv. Min.-Präs. (mit Zuständigkeit für die Energiewirtschaft). Unter dem Druck der Reformgegner im Parlament ernannte ihn Präs. B. N. JELZIN im Dezember 1992 zum Min.-Präs.; als Amtsnachfolger des wirtschaftl. Radikalreformers J. GAJDAR verfolgte er eine gemäßigte Linie des wirtschaftl. Umbaus und unterstützte loyal den Kurs JELZINS. 1995 wurde er zum Vors. des Wahlbündnisses ›Unser Haus Russland‹ gewählt. Im März 1998 überraschend von JELZIN als Reg.-Chef entlassen, gab er kurz darauf seine Kandidatur für die Präsidentschaftswahlen 2000 bekannt.

Tschernosem [russ.] das, -s, **Tschernosjom, Schwarzlerde, Steppenschwarzlerde**, wichtigster Bodentyp der winterkalten Steppen, mit A_h-C-Profil. Der mächtige (über 40 cm), gut gekrümelte, lockere, grauschwarze A_h-Horizont entsteht aus dem Zusammenwirken von Klima, Vegetation und Bodenfauna (Bioturbation): Infolge des feuchten Frühjahrs und Frühsommers (kräftiges Graswachstum mit Anhäufung von organ. Substanz), des trockenen Hochsommers und kalten Winters (gehemmte chem. Verwitterung) überwiegt die Erhaltung und Umsetzung der pflanzl. Substanz (Humifizierung) und erfolgt eine starke Anhäufung von Humus. Für T. typisch sind **Krotowinen** (Wühlgänge und Wohnhöhlen von Bodentieren wie Ziesel und Hamster) sowie Carbonatkonkretionen (Lösspuppen, -kindel und -ausblühungen). Bevorzugter Untergrund (C-Horizont) sind feine kalkhaltige Lockergesteine wie Löss. T. sind v. a. in O-Europa, Asien und Nordamerika weit verbreitet; in Mitteleuropa sind sie fossile (Reliktböden), v. a. im frühen Holozän entstandene Vorkommen und mehr oder weniger stark degradiert (infolge Entkalkung, Verbraunung, Lessivierung). T. gehören zu den Böden der höchsten potenziellen Fruchtbarkeit.

Tschernowzy, Černovzy [tʃ-], ukrain. **Tschernіwzi** [tʃærˈnivtsi], **Černivci** [tʃærˈnivtsi], rumän. **Cernăuți** [tʃernəˈutsj], dt. **Czernowitz** [tʃ-], Gebietshauptstadt in der Ukraine, im Vorland der Waldkarpaten, am Pruth, 260 000 Ew.; kultureller und wirtschaftlicher Mittelpunkt der Bukowina, russisch-orth. Erzbischofssitz; Univ. (1875 als östlichste dt.-sprachige Univ. gegr.), medizin. Hochschule, Architektur-, Kobyljanska-, Regionalmuseum, Theater; Textil- und Bekleidungs-, Leder- und Schuh-, Nahrungsmittel-, Holzindustrie, Maschinenbau; Verkehrsknotenpunkt, Flughafen. – Ehem. Rathaus (1843); ehem. Residenz des Metropoliten der Bukowina (1864–82; heute Univ.) mit Seminarkirche; mehrere Holzkirchen des 17. und 18. Jh. – T., im 12. Jh. gegr. und 1408 als Zollpunkt des Fürstentums Moldau erstmals erwähnt, geriet im 16. Jh. unter osman. Herrschaft, fiel 1775 mit der Bukowina an Österreich und war 1786–1849 Verw.-Zentrum der Bukowina innerhalb Galiziens, 1849–1918 Hauptstadt des Kronlandes Bukowina. Am 3. 11. 1918 von den Ukrainern und wenige Tage später von den Rumänen besetzt, kam T. durch den Friedensvertrag von Saint-Germain-en-Laye (1919) zu Rumänien und wurde 1940 mit der nördl. Bukowina an die UdSSR und damit die Ukrain. SSR angeschlossen; war 1941–44 erneut rumänisch.

Tschernyschewskij, Černyševskij [tʃerniˈʃef-], Nikolaj Gawrilowitsch, russ. Schriftsteller und Literaturkritiker, * Saratov 24. 7. 1828, † ebd. 29. 10. 1889. T. studierte nach dem Besuch des Priesterseminars in Saratov 1846–50 an der historisch-philolog. Fakultät der Univ. in Sankt Petersburg; seine Magisterdissertation ›Ėstetičeskie otnošenija iskusstva k dejstvitel'nosti‹ (1855; dt. ›Die ästhet. Beziehungen der Kunst zur Wirklichkeit‹) wurde vom Kultusministerium abgelehnt. Er war Redakteur der Zeitschrift ›Sowremennik‹, wurde als aktiver Verfechter radikalsozialist. Ideen 1862 verhaftet und 1864–83 nach Sibirien verbannt. T. vertrat, an W. G. BELINSKIJ anknüpfend, eine ganz auf die gesellschaftl. Wirklichkeit und ihre Veränderung gerichtete utilitarist. Kunst. Sein literar. Hauptwerk, der Roman ›Čto delat'‹ (1863; dt. ›Was tun?‹), in dem er Idealtypen einer neuen sozialist. Gesellschaft zeichnet, war von großem Einfluss auf die junge Generation. Einst zu den führenden Theoretikern des russ. Nihilismus gerechnet, galt er in der UdSSR als einer der Hauptvertreter der ›revolutionären Demokraten‹ des 19. Jh. Mit seiner These, Russland könne nach einer bäuerl. Revolution die Etappe des Kapitalismus überspringen und direkt zu einer kollektiven Produktionsweise übergehen, beeinflusste er die Narodniki.

Ausgabe: Polnoe sobranie sočinenij, 16 Bde. (1939–53, Nachdr. 1971).

W. F. WOEHRLIN: Chernyshevskii. The man and the journalist (Cambridge, Mass., 1971); N. G. O. PEREIRA: The thought and teachings of N. G. Černyševskij (Den Haag 1975); A. N. LANŠČIKOV: N. G. Černyševskij (Moskau 1982); I. PAPERNO: Chernyshevsky and the age of realism (Stanford, Calif., 1988).

Tschernyschewskoje, Ort im Gebiet Kaliningrad (Königsberg), Russland, →Eydtkuhnen.

Tschernyschow, Černyšev [tʃerniˈʃɔf], 1) Aleksandr Iwanowitsch Graf (seit 1826), Fürst (seit 1841), russ. General und Politiker, * Moskau 10. 1. 1786, † Castellamare di Stabia (Italien) 20. 6. 1857; nahm an den Feldzügen gegen NAPOLEON I. teil, besetzte am 4. 3. 1813 Berlin und am 30. 9. 1813 Kassel. Als Kriegs-Min. (1832–52, ab 1828 bereits geschäftsführend) sowie Präs. des Reichsrats (1848–56) gilt er trotz einzelner von ihm durchgeführter Reformen als mitverantwortlich für die militär. Rückständigkeit Russlands im Krimkrieg.

2) Grigorij Petrowitsch Graf (seit 1742), russ. General und Politiker, * 31. 1. 1672, † Sankt Petersburg

Wiktor Stepanowitsch Tschernomyrdin

Nikolaj Gawrilowitsch Tschernyschewskij

10. 8. 1745, Vater von 3); enger Vertrauter PETERS I., D. GR.; nahm am Großen Nord. Krieg (1700–21) teil, zeichnete sich in der Schlacht bei Poltawa (1709) und bei der Eroberung Wyborgs (1710) aus; 1713–14 führend am Feldzug gegen Finnland beteiligt; war 1725–26 Gouv. von Asow, 1727 von Livland und 1731–32 von Moskau.

3) **Sachar** Grigorjewitsch Graf, russ. Generalfeldmarschall (seit 1773) und Politiker, *29. 3. 1722, †Moskau 9. 9. 1784, Sohn von 2); besetzte im Siebenjährigen Krieg 1760 Berlin, war ab 1773 Präs. des Kriegskollegiums, 1772–82 Gen.-Gouv. von Weißrussland und ab 1782 von Moskau.

Tscherokesen, andere Schreibung für →Cherokee.

Tscherskijgebirge, russ. **Chrebet Tscherskogo** [xreˈbjɛt ˈtʃerskɔvɔ], 1) Faltengebirge in NO-Sibirien, Russland, erstreckt sich über 1 500 km vom Unterlauf der Jana bis zum Oberlauf der Kolyma und ist überwiegend aus metamorphen Gesteinen, Sandsteinen sowie Graniten aufgebaut; die im Pobeda bis 3 147 m ü. M. aufragenden Gebirgsketten sind z. T. vergletschert und werden von zahlr. Flüssen (bes. Indigirka) zertalt. Die unteren Hänge sind von lichter Lärchenwaldtaiga bedeckt; Vorkommen an Kohle sowie Gold, Zinn- u. a. Erzen.

2) Mittelgebirge in Transbaikalien, Russland, erstreckt sich über 500 km in NO-Richtung, im Tschingikan bis 1 645 m ü. M.; vorwiegend aus Granit aufgebaut, bewaldet.

Tschertomlyk: Silberamphore mit ornamentalen Verzierungen und Reliefdarstellungen aus dem Leben der Skythen; 4./3. Jh. v. Chr.

Tschertomlyk, Čertomlyk [tʃ-], skyth. Kurgan des 4./3. Jh. v. Chr. in der Ukraine, 20 km nordwestlich von Nikopol am Dnjepr gelegen. Das reich ausgestattete Grab enthielt vier durch einen gemeinsamen Schacht zugängl. Grabkammern, in denen ein Skythenfürst mit Gefolge beigesetzt war. Gesondert waren eine weitere Bestattung mit Schatzkammer sowie drei Gruben mit elf Reitpferden (mit Zaumzeug aus Silber, Gold und Bronze), daneben zwei männl. Personen mit Beigaben. Eine Silberamphore zeigt an der Schulter einen Bandfries mit Reliefdarstellungen aus dem Leben der Skythen (wohl von einem griech. Künstler des Bosporan. Reichs), ein goldener Köcherbeschlag Darstellungen aus dem Leben des Achill (4. Jh. v. Chr.).

Tscherwenkow, Červenkov [tʃ-], Walko, bulgar. Politiker, *Slatiza (bei Sofia) 6. 9. 1900, †Sofia 21. 10. 1980; Mitgl. der KP, enger Mitarbeiter G. M. DIMITROWS, 1925–44 in der UdSSR, ab 1944 Mitgl. des Politbüros, verfolgte nach dem Tod DIMITROWS (1949) als Gen.-Sekr. der KP (bis 1954) und Min.-Präs. (1950–56) einen stalinist. Kurs. 1961 musste er als ›Stalinist‹ von allen Partei- und Staatsämtern zurücktreten.

Tscherwonez [russ. červonec, zu červonnyj ›rot‹] der, -/...ˈwonzen, **Tscherwonze,** ab dem 15. Jh. russ. Bez. für ausländ. Goldmünzen (Gulden, Dukaten), v. a. für die →Ugorskij. Eine eigene T.-Prägung begann in Russland unter IWAN III. WASSILJEWITSCH nach 1480 in Nachahmung der Ugorskij. Die russ. T. waren jedoch keine Umlaufmünzen, sondern wurden als Ordensersatz zur Belohnung und Auszeichnung verwendet. Erst nach der Münzreform PETERS I., D. GR., wurden T. für den Geldumlauf geprägt (1701), letztes Ausgabejahr war 1797. In der Sowjetunion wurden 1923 ein T. als 10-Rubel-Goldstück eingeführt und auch auf T. lautende Banknoten emittiert.

Tschetji-Minei [griech.-kirchenslaw. ›Monatslektionen‹], dt. **Leseminäen,** wichtiges Zeugnis der russ. Literatur des 16. Jh.; in der ersten Form Ergebnis einer zwanzigjährigen Kompilations- und Übersetzungsarbeit eines Kreises um den Metropoliten von Moskau MAKARIJ. Dabei wurde versucht, das gesamte geistl. Schrifttum in einem Werk zu ordnen und zugänglich zu machen. Die Sammlung hagiograph., patrist., aber auch populärer weltl. Schriften ist nach dem Kalender in zwölf Monatsbänden zum Vorlesen in Kirche und Familie geordnet und stellt eine Art Gesamtausgabe der erbaul. Literatur ab dem 11. Jh. dar. Es wurden drei handschriftl. Exemplare mit je rd. 27 000 Folienseiten angefertigt (1541 für die Sophienkathedrale in Nowgorod, 1552 für die Uspenskijkathedrale im Moskauer Kreml und 1554 für IWAN IV.), von denen nur eines vollständig erhalten ist. Gedruckt liegen bislang nur die ersten sechs Monate vor.

Ausgabe: Velikie Minei Četii, 18 Tle. (1868–1916).

P. PASCAL: Le Métropolite Macaire et ses grandes entreprises littéraires, in: Russie et chrétienté, 4. Serie, Jg. 1 (Boulogne-sur-Seine 1949), Nr. 1–2.

Tschetniks, Freischärler in SO-Europa, →Četnici.

Tschetschenen, Eigen-Bez. **Nachtschi,** Volk im nördl. Kaukasus, v. a. in den Republiken Tschetschenien und Inguschetien, als Minderheit auch in der Rep. Dagestan sowie in anderen Teilen Russlands, auch in Kasachstan, Kirgistan und in der Ukraine sowie in der Türkei; insgesamt etwa 940 000 Menschen. Die meisten Stämme (Auch, Nazran, Karabulakh u. a.) sind sunnit. Muslime; nur die Kist in Georgien sind orth. Christen. Die traditionelle Wirtschaft bestand aus hoch entwickeltem Feldbau in den Ebenen, Viehzucht (Schafe) im Gebirge. Infolge der kaukas. Kriege wurde im 19. Jh. die Pferdezucht intensiviert, ebenso das traditionsreiche Waffenschmiedehandwerk. Freie Geschlechterverbände bildeten polit. und wirtschaftl. Einheiten (keine Feudalstruktur wie sonst im N-Kaukasus) und waren untereinander oft stark zerstritten (verheerende Sippenkriege). Im Gebirge bewohnten sie Wohntürme mit einem daneben errichteten Wehrturm für Belagerungszeiten. Trotz christl. und islam. Mission blieben traditionelle Vorstellungen bis ins 19. Jh. lebendig (Herdkult, Verehrung von Naturgottheiten, Aussetzen der Verstorbenen in Totenhäusern). – Die im 8. Jh. oberflächlich christianisierten T. nahmen im 16. Jh. den Islam an und unterstützten den Führer des →Muridismus, SCHAMIL, in seinem Kampf gegen die Russen (1834–59). 40 000 T. flohen in die Türkei. Die sowjet. Verf. von 1936 gab den T. mit der Errichtung der ASSR der T. und Inguschen einen staatl. Rahmen innerhalb der RSFSR. Im Zweiten Weltkrieg ließ STALIN die T. wegen angebl. Zusammenarbeit mit den Deutschen nach Zentralasien deportiert. 1957 von der sowjet. Partei- und Staatsführung rehabilitiert, durften die T. wieder in ihre Gebiete zurückkehren. 1994–96 kämpften die nach staatl. Unabhängigkeit strebenden T. verlustreich gegen eine russ. Militärintervention.

Tschetschenien, Tschetschenische Republik Itschkeria, Rep. in Nordkaukasien, 16 100 km²,

(1997) 809 000 Ew.; Hauptstadt ist Grosnyj. Die im zentralen N-Kaukasus gelegene Rep. umfasst im S-Teil die bewaldete N-Abdachung des Kaukasus östlich des Terek (Tebulosmta 4 493 m ü. M.), die sich zur Tschetschen. Ebene (im N von Sunscha- und Terekgebirge begrenzt) absenkt. Nördlich des Terek liegt das von Trockensteppe eingenommene sandige Terek-Kuma-Tiefland. – Von der Bev. waren 1992 75% Tschetschenen, 20% Russen, 1% Armenier, 1% Ukrainer sowie 3% Angehörige anderer kaukas. Völker.

Durch den Krieg um die polit. Selbstständigkeit mit einhergehendem Wirtschaftsembargo wurde die Wirtschaft T.s stark geschädigt, bes. durch die Zerstörung des Wirtschaftszentrums Grosnyj als Mittelpunkt der Erdölförderung (1992: etwa 3,3 Mio. t) und -verarbeitung (wichtigster Wirtschaftszweig der Rep.), des Maschinenbaus und der Metallverarbeitung sowie der Lebensmittel- und Leichtindustrie. Große wirtschaftl. Bedeutung haben die vielfach mittels Bewässerung betriebene Obst- und Weinbau sowie der Getreide-, Gemüse-, Sonnenblumen- und Zuckerrübenanbau, die Schaf- (im N), Rinder- und Geflügelhaltung. T. ist wichtig als Transitland: Fernstraße und Bahnlinie Aserbaidschan/Dagestan–Russland, Erdölleitung (1 411 km lang) von Baku (Aserbaidschan) zum russ. Schwarzmeerhafen Noworossijsk. Der Fremdenverkehr im Kaukasus und seinem Vorland ist seit dem Bürgerkrieg bedeutungslos.

Geschichte: Aus der 1921 errichteten und mehrere nordkaukas. Völker zusammenfassenden ›Autonomen Sozialist. Sowjet. Bergrepublik‹, die bald wieder in separate ethn. Gebilde zerfiel, gingen 1922 das Tschetschenische und 1924 das Ingusch. Autonome Gebiet hervor. 1934 wurden beide Territorien vereinigt und 1936 zur ASSR erhoben. Gegen die Unterdrückung des Islam (u. a. Schließung der meisten Moscheen) und die stalinist. Kollektivierung der Landwirtschaft richtete sich der erbitterte Widerstand beider Völker, dem die sowjet. Zentral-Reg. mit dem Einsatz der Roten Armee (Höhepunkt 1929/30) und einer Repressionswelle (1937) begegnete. Daraufhin verstärkte sich (bes. seit Anfang der 40er-Jahre) die Guerillabewegung in diesem Gebiet. 1944 wurden die Tschetschenen und Inguschen wegen angebl. Zusammenarbeit mit Dtl. unter Einsatz brutaler Mittel (zahlr. Tote) kollektiv nach Zentralasien deportiert und ihre ASSR aufgelöst. Nach Rehabilitierung beider Völker 1957 wiederhergestellt, blieb die ASSR um versch. Territorien reduziert, die nach 1944 anderen Gebietseinheiten (Georgien, Dagestan, Nordossetien, Stawropol) angeschlossen worden waren; sie erwies sich als einer der wenigsten in das sowjet. System eingebundenen Bestandteile. So hatten auch die Deportationen die Integrationskraft nicht brechen können, die der Islam, bes. seit dem 19. Jh. (→SCHAMIL), für die übergroße Mehrheit der Tschetschenen besitzt. Unmittelbar nach der Rückkehr der Tschetschenen entfalteten die den tschetschen. Islam prägenden Sufi-Bruderschaften eine umfassende Wirksamkeit im Untergrund, die von den russisch dominierten Staatsbehörden und offiziell zugelassenen Islam (nur wenige Moscheen und Geistliche) kaum unter Kontrolle gebracht werden konnte. Nach 1990 gewann der Islam seine traditionelle Stellung im öffentl. Leben T.s zurück (Wieder- und Neuerrichtung zahlr. Moscheen; Wahl eines eigenen Großmufti für T.) und ist als Ausdruck nat. tschetschen. Identität in den gegenwärtigen polit. Auseinandersetzungen zu einem wichtigen Faktor geworden.

Politisch instrumentalisiert wurde er u. a. durch den Führer des ›Pan-Nationalen Kongresses‹ der Tschetschenen, General DSCHOCHAR DUDAJEW (* 1944, † 1996), der vor dem Hintergrund der zusammenbrechenden kommunist. Herrschaftsordnung im September 1991 die Macht in T. übernahm, sich im Oktober zum Präs. wählen ließ (Amtseid auf den Koran) und einseitig die Unabhängigkeit T.s erklärte. In der Folge übernahm T. eine führende Rolle in der im November 1991 gegründeten ›Konföderation der kaukas. Bergvölker‹ und verweigerte im März 1992 seinen Beitritt zum Föderationsvertrag mit Russland.

Aus dem ingusch. Teil der Rep., der sich den Unabhängigkeitsbestrebungen der Tschetschenen nicht anschloss, wurde auf Beschluss des russ. Parlaments 1992 die separate Rep. Inguschetien innerhalb der Russ. Föderation gebildet. Gestützt auf eine Nationalgarde, konnte DUDAJEW im März 1992 den Putsch innenpolit. Gegner niederschlagen. 1993 erreichten die innertschetschen. Auseinandersetzungen mit der Auflösung des Parlaments durch DUDAJEW ihren Höhepunkt. Am 11. 12. 1994 entsandte die russ. Reg., die die Unabhängigkeitserklärung T.s nicht anerkannt hatte, Truppen nach T., um die ›verfassungsgemäße Ordnung‹ mit Waffengewalt wiederherzustellen. Unterstützt von Luftangriffen auf militär. und zivile Ziele, drangen russ. Truppen gegen den entschlossenen Widerstand tschetschen. Einheiten vor und eroberten im Januar 1995 den Präs.-Palast in der weitgehend zerstörten Hauptstadt Grosnyj. Eine am 30. 7. 1995 vereinbarte Waffenruhe wurde nicht eingehalten (immer häufiger blutige tschetschen. Guerillaaktionen, u. a. Geiselnahme in der russ. Stadt Budjonowsk im Juni 1995). Zehntausende Flüchtlinge suchten Schutz v. a. in der Nachbar-Rep. →Dagestan, die 1996 auch zeitweise von dem militär. Auseinandersetzungen erfasst wurde. Am 23. 8. 1996 trat ein zw. dem russ. T.-Beauftragten A. I. LEBED und dem Stabschef der tschetschen. Widerstandskämpfer, ASLAN MASCHADOW (* 1951), ausgehandelter Waffenstillstand in Kraft, der zur Beendigung der blutigen Kämpfe führte (rd. 80 000 Tote); bis Anfang Januar 1997 war der russ. Truppenabzug beendet. Die Präsidentschaftswahlen am 27. 1. 1997 gewann MASCHADOW (Amtsantritt im Februar 1997); am 12. 5. 1997 unterzeichneten er und der russ. Präs. B. N. JELZIN einen Friedensvertrag, der aber Festlegungen über den künftigen polit. Status T.s ausklammerte (Verhandlungen darüber erst für 2001 geplant). Die innenpolit. Lage blieb auch danach instabil (häufige Geiselnahmen, Anschläge aus polit. und religiösen Motiven, steigende Kriminalität, Kämpfe zw. schwer bewaffneten Clans). Präs. MASCHADOW, unter dem die Islamisierung der Rep. voranschritt (Einführung der Scharia), sah sich mit einem wachsenden innertschetschen. Widerstand gegen seine Amtsführung konfrontiert.

H. KRECH: Der russ. Krieg in T. (1994–1996). Ein Hb. (1997).

Tschetschenisch, eine ostkaukasische Sprache (→kaukasische Sprachen).

Tschewakinskij, Čevakinskij [tʃ-], Sawwa Iwanowitsch, russ. Architekt, * Weschki (Gebiet Kaliningrad) 1713, † Sankt Petersburg (?) zw. 1774 und 1780; Hauptmeister des russ. Spätbarocks. Typisch für seine Bauten sind dekorativer Reichtum, reiche Verwendung von Bauplastik und besondere Schmuckmotive (dreiteilige Eckpilaster, frei stehende Kolonnaden, breite Gesimse, Kragsteine in Palmettenform). T. arbeitete ab 1745 unter B. F. Graf RASTRELLI in Zarskoje Selo. Sein Hauptwerk ist die Nikolskijkathedrale in Sankt Petersburg (1753–62).

Tschibuk [türk.] *der,* -s/-s, lange türk. Tabakspfeife aus rotem, gebranntem Ton, mit kleinem, deckellosen Kopf; oft reich verziert.

Tschichold, Jan, Buchkünstler, Typograph und Grafiker, * Leipzig 2. 4. 1902, † Berzona (Kt. Tessin) 15. 8. 1974; hatte durch seine theoret. Arbeiten maßgebl. Einfluss auf die zeitgenöss. Buchkunst und Typographie. Aus seiner Werkstatt stammen u. a. die Druckschriften Saskia (1931) und Sabon (1964).

Sabon-Antiqua normal

Sabon-Antiqua halbfett

Sabon kursiv normal

Jan Tschichold: Verschiedene Schriften der Schriftfamilie Sabon; 1964-67

Werke: Die neue Typographie (1928); Typograph. Gestaltung (1935); Gesch. der Schrift in Bildern (1941); Meisterbuch der Schrift (1952); Erfreul. Drucksachen durch gute Typographie (1960); Ausgew. Aufs. über Fragen der Gestalt des Buches u. der Typographie (hg. 1975). – **Hg.:** Schatzkammer der Schreibkunst. Meisterwerke der Kalligraphie aus 4 Jh. (1945). Leben u. Werk des Typographen J. T., bearb. v. W. KLEMKE (Neuausg. 1988).

Tschimkẹnt, Čimkẹnt [tʃ-], **Schymkẹnt, Schemkẹn,** Gebietshauptstadt im S Kasachstans, 512 m ü. M., im zum Syrdarja abfallenden westl. Vorland des Tienschan, 394 500 Ew.; chemisch-techn., Kultur- und sportpädagog. Hochschule, PH, Museum, Theater; Phosphatdüngerherstellung, Bleihütte und -walzwerk, Erdöl- (Pipeline vom seibir. Surgut), Metall-, Baumwollverarbeitung, Zement-, Arzneimittel-, Reifenherstellung und Nahrungsmittelindustrie, Verarbeitung von Karakulfellen; Verkehrsknotenpunkt an der Turkestan-Sibir. Eisenbahn, Flughafen. – T., seit dem 12. Jh. bekannt, war ein wichtiges Karawanenzentrum; 1864 kam es zu Russland.

Tschịn [russ. čin ›Rang‹, ›Dienstgrad‹], in Russland Bez. für jede der 14 Rangstufen (Dienstgrade und Ämter) in Hof-, Militär- und zivilem Staatsdienst, 1722 von PETER I., D. GR., mit der Rangtabelle eingeführt, die den Aufstieg in den Dienstadel ermöglichte; mit Änderungen bis 1917 in Kraft.

Tschịngis Khạn, mongol. Herrscher, →Dschingis Khan.

Tschịntulow, Čintulow [tʃ-], Dobri, bulgar. Lyriker, * Sliwen September 1822 (1823?), † ebd. 8. 4. 1886; schrieb intime Lyrik, die er z. T. selbst vertonte, sowie patriot. Gedichte, die zu ›Volksliedern‹ wurden.
Ausgabe: Stichotvorenija ([11]1975).

Tschịrin, Čirin [tʃ-], Prokopij Iwanowitsch, russ. Kirchenmaler, * Nowgorod 2. Hälfte 16. Jh., † Moskau Mitte 17. Jh.; bedeutender Meister der Stroganowstils; charakteristisch sind die miniaturartigen, verfeinert stilisierten Figuren.

Tschịrnhaus, Tschịrnhausen, Tschịrnhauss, Ehrenfried Walter (Walther) Graf von, Naturforscher und Philosoph, * Kieslingswalde (bei Görlitz) 10. 4. 1651, † Dresden 11. 10. 1708; ab 1682 als erster Deutscher Mitgl. der Pariser Académie des sciences. Von B. DE SPINOZA, G. W. LEIBNIZ, R. DESCARTES u. a. beeinflusst, vertrat T. in seinem Hauptwerk ›Medicina mentis‹ (1687) eine auf physikal. Prinzipien beruhende Erkenntnislehre. Seine Vorarbeiten und seine Zusammenarbeit mit J. F. BÖTTGER führten zur Erfindung des europ. Porzellans.

Tschirtschịk, Čirčik [tʃirˈtʃik], **1)** Stadt im Gebiet Taschkent, Usbekistan, an der W-Abdachung des Tienschan, am Tschirtschik, 158 400 Ew.; entstand ab 1932 mit dem Bau eines Wasserkraftwerks (86 MW) und elektrochem. und Hartlegierungswerk; außerdem Maschinen- und Transformatorenbau, Metall-, Nahrungsmittelindustrie.
2) *der,* rechter Nebenfluss des Syrdarja, Usbekistan, im westl. Tienschan, 155 km lang; entsteht durch den Zusammenfluss von Tschatkal und Pskem, hat in seinem engen Tal 19 Wasserkraftwerke (Gesamtleistung 3000 MW) und speist mehrere Bewässerungskanäle. In einer Oase des T. liegt Taschkent.

Tschịru, Orọngo, Tịbet|antilope, Pạntholops hodgsoni [ˈhɔdʒ-], einzige Art der Gattungsgruppe Pantholopini, die der Unterfamilie Saigaartige (→Saiga) angehört. Der etwa 1,3 m körperlange T. lebt in Herden in den Hochgebirgen Zentralasiens; der Körper ist graubraun mit heller Unterseite und schwarzweißer Gesichtszeichnung, nur die Männchen tragen lange, spitze, fast senkrecht stehende Hörner.

Tschistjakọw, Čistjakov [tʃ-], Pawel Petrowitsch, russ. Maler und Kunsttheoretiker, * Prudy (Gebiet Twer) 5. 7. 1832, † Detskoje Selo (heute Puschkin) 11. 11. 1919; malte v. a. Szenen des röm. Volkslebens; war v. a. als Lehrer (ab 1872 Prof. an der Sankt Petersburger Akademie) bedeutend. Zu seinen Schülern gehörten I. J. REPIN, W. I. SURIKOW, W. S. SEROW, W. M. WASNEZOW, W. D. POLENOW, M. A. WRUBEL.

Tschistjakọwo, bis 1964 Name der russ. Stadt →Tores.

Tschịstka [russ. čistka ›Säuberung‹], Bez. für die Entfernung politisch verdächtiger oder missliebiger Personen in der Sowjetunion (Gegner des Gesellschafts- und Reg.-Systems, innerparteil. Kritiker). Die T. war eine in unregelmäßigen Abständen wiederholte Form der polit. →Säuberung im sowjet. Partei- und Staatsgefüge; sie wurde offiziell 1939 abgeschafft.

Die **Große T.** (1935–39) war die umfassendste Säuberung unter der Herrschaft STALINS mit schwerwiegenden Folgen für die Entwicklung der Sowjetunion. Ausgelöst durch die Ermordung von S. M. KIROW am 1. 12. 1934, erreichte sie zw. 1936 und 1938 ihren Höhepunkt. Sie erstreckte sich auf alle Ebenen des Partei-, Staats-, Wirtschafts- und Kulturapparats und ergriff auch die Rote Armee. Darüber hinaus betraf sie die in der Sowjetunion lebenden ausländ. Kommunisten. Gestützt auf →NKWD und Staatsanwaltschaft (A. WYSCHINSKIJ), ließ STALIN unter mannigfaltigen Beschuldigungen (konspirative Tätigkeit, bes. Zusammenarbeit mit dem verfemten L. D. TROTZKIJ, Hochverrat, Spionage, Attentatspläne gegen STALIN u. a., Wirtschaftssabotage, Wiederherstellung der ›bürgerlich-kapitalist. Ordnung‹) nicht nur seine ehem. innerparteil. Gegner, sondern auch eine sehr große Zahl von Partei-Mitgl. und Sowjetbürgern verhaften, wobei die im Klima von Angst, wachsendem Terror und Rivalität blühende Denunziation innerhalb der Bev. gezielt instrumentalisiert wurde. Während man die Masse der meist willkürlich Beschuldigten auf administrativem Wege verurteilte, ließ STALIN seine Konkurrenten aus der Zeit der Oktoberrevolution. Machtkämpfe (u. a. G. J. SINOWJEW, L. B. KAMENEW, K. B. RADEK, N. I. BUCHARIN, A. I. RYKOW) in Schauprozessen verurteilen (viele von ihnen zum Tode). 1937/38 wurde die Führung der Roten Armee, darunter ein großer Teil der höheren Offiziere und der größte Teil der Generalität, in Geheimprozessen verurteilt und hingerichtet (u. a. M. N. TUCHATSCHEWSKIJ).

In der Großen T. ging die Mitgl.-Zahl der KPdSU (B) von (1933) 3,6 Mio. auf (1938) 1,9 Mio. zurück. Diese Entwicklung schloss die Liquidierung der Alt-Bolschewiki ein. Von den 1934 gewählten 140 Mitgl. des ZK der KPdSU (B) gehörten 1937 nur noch 15 diesem Gremium an. 1936–38 waren rd. 5% der damaligen Gesamt-Bev. der Sowjetunion in Gefängnissen des NKWD inhaftiert. In N-Russland und Sibirien entstand ein Netz von Straflagern mit Millionen von Insassen (→GULAG).

Die Große T. war Bestandteil der 1928–29 eingeleiteten ›Revolution von oben‹. Sie wurde ideologisch begründet mit der These von der ›Verschärfung des Klassenkampfes bei fortschreitendem Aufbau des Sozialismus‹ in der Sowjetunion (→Stalinismus) und war der letzte Schritt STALINS auf dem Wege zur Alleinherrschaft. Die Große T. ersetzte die alte revolutionäre Führungsschicht durch die techn. Intelligenz und Apparatschiks, die STALIN ganz ergeben waren.

R. CONQUEST: Der Große Terror. Sowjetunion 1934–1938 (a. d. Engl., 1992).

Tschịstopol, Čistopol' [tʃ-], Stadt in Tatarstan, Russ. Föderation, an der Kama, am O-Ufer des Samaraer Stausees, der sich von der Wolga in die untere Kama erstreckt, 66 400 Ew.; Heimat-, B.-L.-Pasternak-Museum, Uhrenmuseum; Uhrenwerk, Reparaturwerft, Likörfabrik, Bekleidungsindustrie, Holzverarbeitung.

Tschita, Čita [tʃ-], Gebietshauptstadt in Transbaikalien, Russland, 683 m ü. M., an der Mündung der T. in die Ingoda (→Schilka), 322 000 Ew.; Zentrum O-Sibiriens mit TH, medizin. und pädagog. Hochschule, geolog. Forschungsinstitut der Russ. Akad. der Wiss.en, Kunst-, Heimat-, mineralog. Museum, Philharmonie, Theater; Maschinenbau und Metallverarbeitung, Eisenbahnreparaturwerkstätten, Leichtindustrie, Braunkohlenförderung; Verkehrsknoten an der Transsibir. Eisenbahn, Flughafen. Das Gebiet T. ist eine Sonderwirtschaftszone und Mittelpunkt des Chinahandels. – T., seit 1653 als Winterlager, bis 1687 Slobodoj gen., seit 1690 als ständige Siedlung der Kosaken bekannt und ab 1851 **Tschitinskoje Selenije** genannt, war ab 1851 Mittelpunkt des Transbaikal-Gebiets und wichtiges Handelszentrum.

Tschitschenboden, slowen. **Čičarija** [tʃitʃaˈriːja], kroat. **Ćićarija** [tɕiˈtɕarija], ital. **Monti della Vena, Altopiano dei Cici** [- dei ˈtʃiːtʃi], karges, wenig besiedeltes Karstgebirge am NO-Rand von Istrien, etwa 45 km lang, beiderseits der Grenze zw. Slowenien und Kroatien, nordwestl. Ausläufer in Italien; der Planik 1 273 m ü. M. Es ist nach den **Tschitschen**, einem heute kroatisch sprechenden rumän. Volksstamm (Istrorumänen) benannt, die hier die vorherrschende Weidewirtschaft, früher als Wanderhirten, betreiben.

Tschitscherin, Čičerin [tʃitʃ-], G e o r g i j Wassiljewitsch, sowjet. Politiker, *Karaul (Gebiet Tambow) 24. 11. 1872, †Moskau 7. 7. 1936; ab 1897 Beamter im Außenministerium, schloss sich 1904 der russ. Sozialdemokratie an; 1904–17 Emigrant, zunächst in Berlin (bis 1907), dann in Paris (bis 1914) und London. Nach der Oktoberrevolution wurde T. von der brit. Reg. zunächst verhaftet, dann ausgewiesen. Im März 1918 wurde er Nachfolger L. D. TROTZKIJS als Volkskommissar des Äußeren. T. unterzeichnete den Frieden von Brest-Litowsk und trat für engere Beziehungen zu Dtl. ein; 1922 war er maßgeblich am Abschluss des Rapallovertrages beteiligt. 1930 trat er sein Amt an M. M. LITWINOW ab.

Tschižewskij [-ʒ-], Dmitrij, Slawist ukrain. Herkunft, *Aleksandrija 5. 4. 1894, †Heidelberg 18. 4. 1977; emigrierte 1921, ab 1924 Prof. u. a. in Prag, bis 1949 in Cambridge (Mass.) und ab 1956 in Heidelberg; ab 1962 Mitgl. der Heidelberger Akad. der Wissenschaften; grundlegende Untersuchungen zur slaw. Literaturwissenschaft und Geistesgeschichte.

Werke: Hegel bei den Slawen (1934); Russ. Geistesgesch., 2 Bde. (1959–61); Russ. Literaturgesch. des 19. Jh., 2 Bde. (1964–67); Vergleichende Gesch. der slav. Literaturen, 2 Bde. (1968); Abriß der altruss. Literaturgesch. (1968).

H.-J. ZUM WINKEL: Schriftenverz. von D. I. T. (1954–1965), in: Orbis Scriptus. D. T. zum 70. Geburtstag, hg. v. D. GERHARDT u. a. (1966).

Tschkalow, 1938–57 Name der russ. Stadt →Orenburg.

Tschoga Zanbil [-zan-], Ruinenstätte in Iran, →Dur-Untasch.

Tschoibalsan, bis 1921 **San-Beise**, bis 1941 **Bajan-Tumen**, Stadt im O der Mongolei, am Kerulen, 28 500 Ew.; Holz-, Wollverarbeitung, Nahrungsmittelindustrie; bei T. Braunkohlenbergbau; Straßenknotenpunkt am Ende einer Eisenbahnlinie aus Russland (Transbaikalien); Flugplatz.

Tschoibalsan, Chorlogijn, mongol. Marschall (seit 1936) und Politiker, *Aimak Dornod 8. 2. 1895, †Moskau 26. 1. 1952; aus einer Viehzüchterfamilie; Mitbegründer der kommunist. ›Mongol. (Revolutionären) Volkspartei‹, mit SUCHBAATAR (*1893, †1923) maßgeblich an der Umwandlung der Äußeren Mongolei in einen sozialist. Staat beteiligt; wurde 1924 Oberkommandierender der mongol. Armee, war ab 1930 mehrfach Min. (u. a. Innen-, Außen- und Verteidigungs-Min.) und ab 1939 Min.-Präs. der Mongol. VR.

T., das mongol. Pendant zu STALIN, errichtete ein diktator. System (polit. Säuberungen des Partei- und Staatsapparats, Massenrepressalien, Entmachtung und Zerstörung der lamaist. Klöster, Verschleppung bzw. Ermordung Zehntausender Mönche).

Tscholi, kurzes ind. Frauenjäckchen, das Schultern, Brust und Oberarme bedeckt.

Tschorny, Čorny [tʃ-], Kusma, eigtl. **Mikolaj Karlawitsch Ramanoŭskij**, weißruss. Schriftsteller, *Borki (bei Minsk) 24. 6. 1900, †Minsk 22. 11. 1944; Bauernsohn, gilt als einer der Begründer des weißruss. sozialpsycholog. Romans mit einer Tendenz zur Geschichtsphilosophie (›Bac'kaŭščyna‹, 1931; ›Trėdjae pakalenne‹, 1935; ›Wjaliki dzen'‹, 1947); schrieb auch kleinere Erzählungen und Feuilletons sowie Dramen; übersetzte u. a. A. S. PUSCHKIN, N. W. GOGOL.

Ausgabe: Zbor tvoraŭ, 8 Bde. (1972–75).

Tschorten [tibet. ›Objekt der Opferung‹] *der, -/-,* **Chörten**, tibet. Bez. des →Stupa. Im Lamaismus dient er als Schrein für die Reliquien hochrangiger Geistlicher, an Wegen und auf Passhöhen als reines Verehrungsobjekt oder als Symbol für Glück und Heil.

Tschu *der,* **Ču** [tʃu], Fluss in Kirgistan und Kasachstan, 1 067 km lang; entsteht durch die Vereinigung zweier gletschergespeister Quellflüsse im nördl. Tienschan oberhalb des T.-Stausees von **Orto-Tokoj** (24 km², Inhalt 500 Mio. m³), durchfließt zw. Kirgis. und Kungej-Alatau eine 30 km lange, bis 1 500 m tiefe Schlucht, unterhalb des Issykkulbeckens (auf weite Strecken die kirgisisch-kasach. Grenze bildend) das 200 km lange, 15–100 km breite **Tschutal** (bei Bewässerung ackerbaulich genutzt); versickert zw. der Wüste Mujunkum und der Nördl. Hungersteppe.

Tschubak, Sadegh, pers. Schriftsteller, *Buschehr 1916; schloss sich nach 1941 der Gruppe um S. HIDAJAT an und zählt zu den Begründern der modernen realistischen pers. Prosa; verfasste Novellen (›Der Pavian, dessen Herr gestorben war‹, pers. 1949; dt.), Romane (›Tangsir‹, pers. 1963) und dramat. Werke. Sein Interesse galt sozialen Randexistenzen; die Verwendung z. T. vulgärsprachl. Elemente trug ihm wiederholt Kritik ein.

Tschuchraj, Čuchraj [tʃ-], G r i g o r i j Naumowitsch, ukrain. Filmregisseur, *Melitopol 23. 5. 1921; Neuromantiker; gehört zu den Erneuerern der sowjet. Films nach STALINS Tod.

Filme: Der Einundvierzigste (1956); Die Ballade vom Soldaten (1959); Klarer Himmel (1961); Es lebten einmal ein alter Mann w. seine Frau (1964); Das Leben ist wunderbar (1980); Behaltet mich so in Erinnerung (1987).

Tschudi, seit dem 13. Jh. nachweisbares, aus dem Kt. Glarus stammendes schweizer. Geschlecht. – Bedeutende Vertreter:

1) Aegidius (Gilg), Staatsmann und Historiker, *Glarus 5. 2. 1505, †ebd. 28. 2. 1572; Schüler von H. GLAREANUS in Basel. T., der politisch führende Kopf der Katholischen in Glarus und in der Eidgenossenschaft, war 1530–32 Landvogt zu Sargans, 1533–35 und 1549–51 Landvogt zu Baden. Als Landamman von Glarus (1558–60) versuchte er unter zielbewusster Förderung der Beschlüsse des Konzils von Trient vergeblich, den Kanton zu rekatholisieren, was zum **T.-Krieg** (1560–64) führte. – T. widmete sich der Erforschung der schweizer. Geschichte. Er sammelte u. a. auf Reisen nach Italien und Frankreich als einer der Ersten Urkunden und anderes histor. Quellenmaterial, anhand dessen er seine Geschichtswerke im Geist der schweizer. Humanisten verfasste.

Werke: Die uralt warhafftig Alpisch Rhetia ... (1538); HauptSchlüssel zu zerschidenen Alterthumen oder gruendl. ... Beschreibung von dem Ursprung – Landmarchen – Alten Namen- u. Mutter-Sprachen Galliae comatae ... (1758).

Ausgaben: Vom fẽgfür. A treatise on purgatory ... (1925); Chronicon Helveticum, bearb. v. P. STADLER u. a., 2 Bde. (1968–75).

Hugo von Tschudi

Johann Jakob von Tschudi

Wassilij Iwanowitsch Tschujkow

2) Hans-Peter, Politiker, *Basel 22. 10. 1913; Prof. für Arbeitsrecht, 1956 in den Ständerat gewählt (SPS), leitete als Bundesrat (1959–73) das Departement des Inneren; 1965 und 1970 Bundes-Präs. T. ergriff u. a. Initiativen zum weiteren Ausbau des schweizer. Sozialsystems und zur Schaffung von Rechtsgrundlagen für den Umweltschutz.
Schrift: Im Dienste des Sozialstaates. Polit. Erinnerungen (1993).

3) Hugo von, Kunsthistoriker, *Jakobshof (Gem. Lichtenegg, Niederösterreich) 7. 2. 1851, †Cannstatt (heute zu Stuttgart) 23. 11. 1911, Sohn von 4); wurde 1895 Direktor der Berliner Nationalgalerie, 1909 der Königl. Bayer. Gemäldesammlungen in München, für die er zahlreiche zeitgenöss. Gemälde erwarb.
Werke: Edouard Manet (1902); Aus Menzels jungen Jahren (1905). – **Hg.:** Adolph von Menzel, Abb. seiner Gemälde u. Studien (1906).
Ausgabe: Ges. Schriften zur neueren Kunst, hg. v. E. SCHWEDELER-MEYER (1912).

4) Johann Jakob von, Naturforscher und Forschungsreisender, *Glarus 25. 7. 1818, †Jakobshof (Gem. Lichtenegg, Niederösterreich) 8. 10. 1889, Vater von 3); war u. a. schweizer. Gesandter in Brasilien und Österreich; bereiste 1838–42 und 1857–59 Südamerika (Andenländer, Brasilien, La-Plata-Gebiet).
Werke: Die Kechua-Sprache, 3 Bde. (1853); Reisen durch Südamerika, 5 Bde. (1866–69).

Tschudskoje osero, →Peipussee.

Tschufut-Kale, Čufut-Kale [tʃ-], heutige Bez. der Ruinen einer mittelalterl. Stadtfestung in der Nähe von Bachtschissaraj auf der Krim, Ukraine. Im 5./6. Jh. entstand eine alanisch-got. Siedlung, in der früh das Christentum Verbreitung fand (die christl. Bev. wurde später verdrängt). In der Zeit der mongol. Eroberung (13. Jh.) wird die Siedlung unter dem Namen Kyrk-Er erwähnt. Die Krim-Khane benutzten sie als Gefängnisort (17. Jh.). Mit dem Wachsen von Bachtschissaraj verfiel der Ort.

Tschujkow, Čujkov [tʃ-], Wassilij Iwanowitsch, sowjet. General, Marschall der Sowjetunion (seit 1955), *Serebrjanyje Prudy (Gebiet Moskau) 12. 2. 1900, †Moskau 18. 3. 1982; ab 1918 in der Roten Armee, absolvierte 1925 die Frunse-Militärakademie, war Oberbefehlshaber der 4. Armee im Finnisch-Sowjet. Winterkrieg (1939–40) und 1940–42 sowjet. Militärattaché in China. Als Oberbefehlshaber der 62. Armee hatte er großen Anteil am Sieg bei Stalingrad (1942/43). Unter Marschall G. K. SCHUKOW befehligte T. die 8. Gardearmee bei der Eroberung Berlins. 1945–49 war er Chef der SMAD in Thüringen, 1949–53 Oberbefehlshaber der Gruppe der sowjet. Kontrolltruppen in Dtl. und Vors. der Sowjet. Kontrollkommission in der DDR. 1960–64 war er Oberbefehlshaber der sowjet. Landstreitkräfte, 1961–72 Leiter der sowjet. Zivilverteidigung.
Schriften: Konec tret'ego rejcha (1973; dt. Das Ende des Dritten Reiches); Sraschenije weka (1975; dt. Die Schlacht des Jahrhunderts).

Tschukowskaja, Čukovskaja [tʃ-], Lidija Kornejewna, russ. Schriftstellerin, *Sankt Petersburg 24. 3. 1907, †Moskau 8. 2. 1996; Tochter von K. I. TSCHUKOWSKIJ, setzte sich für dissidente Schriftsteller ein und wurde deshalb 1974 aus dem sowjet. Schriftstellerverband ausgeschlossen (darüber ›Process isklučenija‹, 1979); behandelt in ihrer Erzählprosa v. a. die Stalinzeit (›Opustelyj dom‹, Paris 1965; dt. ›Ein leeres Haus‹, bes. die Situation der Schriftsteller (›Spusk pod vodu‹, Paris 1972; dt. ›Untertauchen‹); auch Schriften, Kritiken und Lyrik (›Po étu storonu smerti‹, Paris 1978). Ihr Tagebuch (1938–41 und 1952–62) über ihre Gespräche mit ANNA ACHMATOWA erschien 1976–80 in Paris (›Zapiski ob Anne Achmatovoj‹, 2 Bde.; dt. ›Aufzeichnungen über Anna Achmatowa‹).

Tschukowskij, Čukovskij [tʃ-], **1)** Kornej Iwanowitsch, russ. Schriftsteller, *Sankt Petersburg 31. 3. 1882, †Moskau 28. 10. 1969, Vater von 2) und von LIDIJA K. TSCHUKOWSKAJA; zunächst Literaturkritiker, wandte sich dann der Kinderliteratur zu, erforschte die Kindersprache (›Ot dvuch do pjati‹, 1928) und schrieb eigene Märchen (›Mojdodyr‹, 1923, dt. ›Wasch dich rein‹; ›Mucha-Zokotucha‹, 1927, dt. ›Die Fliege Sisesum‹); bedeutend als Übersetzer (v. a. aus dem Englischen und Amerikanischen, u. a. H. FIELDING, W. WHITMAN, O. WILDE) und Übersetzungstheoretiker (›Iskusstvo perevoda‹, 1930; ›Vysokoe iskusstvo‹, 1941) sowie als Verfasser mehrerer Studien über N. A. NEKRASSOW (v. a. ›Masterstvo Nekrassova‹, 1952).
Ausgaben: Sobranie sočinenij, 6 Bde. (1965–69); Dnevnik 1901–1929 (1991).
L. ČUKOVSKAJA: Pamjati detstva. Vospominanija o Kornee Čukovskom (Moskau 1989).

2) Nikolaj Kornejewitsch, russ. Schriftsteller, *Odessa 2. 6. 1904, †Moskau 4. 11. 1965, Sohn von 1); begann mit Gedichten und Prosa für Kinder (›Kapitan Džems Kuk‹, 1927; dt. ›James Cook, der Weltumsegler‹), schrieb später Erzählungen und Romane über den Bürgerkrieg (›Jaroslavl'‹, 1938) und den Zweiten Weltkrieg, v. a. ›Baltijskoe nebo‹ (1955; dt. ›Unter baltischem Himmel‹) über die Verteidigung Leningrads.

Tschuktschen, Eigen-Bez. **Luorawetlan,** paläosibir. Volk auf der Tschukotkenhalbinsel im äußersten NO-Sibirien. Die Mehrheit der etwa 15 000 T. lebt im Autonomen Kreis der T. (11 900), Minderheiten im Autonomen Kreis der Korjaken (1 500), in Jakutien (1 300) und anderen Gebieten Sibiriens. An der Küste betreiben die T. v. a. Jagd auf Meeressäuger, Pelztierzucht und Fischfang, in den Tundren des Landesinneren Rentierzucht. Die T. sind weitgehend Anhänger ihrer traditionellen schamanistisch-animist. Religion geblieben. Ihre Sprache ist mit dem Korjakischen und Itelmischen (→Paläosibirier) nahe verwandt. Gegenseitige kulturelle und sprachl. Einflüsse ergaben sich durch enge Kontakte zu den Asiat. Eskimo (Yuit). Kontakte zu den Russen (seit Mitte des 17. Jh.) führten trotz regen Handels (Pelze gegen Metallwaren) nie zu völliger Abhängigkeit. Nach der Oktoberrevolution wurde allerdings v. a. bei den Rentier-T. die Sesshaftigkeit gegen starken Widerstand durchgesetzt.

Tschuktschen, Autonomer Kreis der T., russ. **Tschukotskij awtonomnyj okrug,** autonomer Kreis in Russland (Russ. Föderation), im äußersten NO Asiens (nördl. Ferner Osten), 737 700 km², 158 000 Ew. (nach der Volkszählung von 1989 waren 7,3 % Tschuktschen, 66,1 % Russen, 16,8 % Ukrainer, 1,9 % Weißrussen, 1,4 % Tataren, 0,9 % Eskimo und 5,6 % Angehörige anderer Nationalitäten); Hauptstadt ist Anadyr. T. umfasst die →Tschuktschenhalbinsel, das angrenzende, überwiegend gebirgige, von subarkt. Tundra bedeckte Festland mit dem nördl. Korjakengebirge, Anadyrhochland u. a. Bergländern und dem vermoorten Anadyrtiefland im zentralen Teil sowie die Inseln vor der N- und NO-Küste (Wrangelinsel, Ajon u. a.). Es herrscht extrem kontinentales Klima (drei kühle Sommermonate). Neben der traditionellen Rentierzucht, Fischerei, Pelztierzucht und -jagd sowie Fischverarbeitung entstanden in jüngerer Zeit Bergbaubetriebe zur Ausbeutung der Gold- (Majskij; Förderung 1996: 2,7 t), Braunkohle- (Anadyrlagerstätte), Steinkohle- (Beringskij), Zinnerz- (Walkumej), Wolframerz-, Quecksilbererz- (Plammenyi) u. a. Lagerstätten; bei Bilibino Kernkraftwerk. Der Verkehr im Innern wird im Sommer über die zahlr. Flüsse (gefroren auch als Autostraßen genutzt), im Winter auch durch Rentier- und Hundeschlitten abgewickelt; weite Gebiete sind nur auf dem Luftweg erreichbar. Die wichtigsten, an der Nordostpassage gelegenen Häfen sind Pewek, Prowidenija und Anadyr. – Gegr. am 10. 12. 1930 als Nat. Kreis der T. (ab 1977 Autonomer Kreis).

Tschuktschenhalbinsel, stark gegliederter Landvorsprung im äußersten NO Asiens, im Autonomen Kreis der Tschuktschen, Russland, zw. Tschuktschensee im N, Beringstraße im O und Anadyrgolf (Beringmeer) im S, endet im Kap →Deschnjow; das **Tschuktschengebirge** (bis 1 843 m ü. M., aus Sand- und Schiefergesteinen aufgebaut; in den höheren Lagen vergletschert) erstreckt sich etwa 450 km von der Tschaunbucht der Ostsibir. See bis zur O-Küste der T.; Vorkommen und Abbau von Gold, Zinn-, Wolfram- u. a. Erzen.

Tschuktschensee, russisch **Tschukọtskoje more,** Randmeer des Nordpolarmeeres, durch die De-Long-Straße im W mit der Ostsibir. See, durch die Beringstraße im S mit dem Beringmeer (Pazif. Ozean) verbunden, stößt im O an die Beaufortsee; 595 000 km², meist 25–50 m, im N 200–1 256 m tief; nahezu ganzjährig eisbedeckt.

Tschulym der, **Čulym** [tʃ-], rechter Nebenfluss des Ob, Russland, 1 799 km lang, entspringt mit zwei Quellflüssen (Weißer und Schwarzer Ijus) im Kusnezker Alatau, durchfließt das Westsibir. Tiefland, mündet etwa 150 km unterhalb von Tomsk; auf 1 173 km schiffbar.

Tschumi, 1) Bernard, schweizer. Architekt und Architekturtheoretiker, * Lausanne 25. 1. 1944, Sohn von 2); Vertreter des →Dekonstruktivismus; nach Ausbildung an der ETH Zürich war er 1970–80 als Lehrer in London tätig, seit 1976 auch (seit 1988 Leiter der Architekturfakultät) an der Columbia University in New York. Er trat mit zahlr. Entwürfen (u. a. für den Kansai International Airport in Ōsaka, 1988) hervor. Bekanntestes ausgeführtes Projekt sind die roten Pavillonbauten (›Folies‹) für den Hightechpark La Villette in Paris (1982–91). Zu den neuesten Projekten gehören die Entwürfe für ein Shoppingcenter mit Kinos auf dem Letzipark-Areal in Zürich und für die Erweiterung des Museum of Modern Art in New York.

Weitere Werke: Nat. Studio für zeitgenöss. Kunst ›Le Fresnoy‹ in Tourcoing (1991–97); Architekturschule in Champs-sur-Marne bei Paris (1999); Lerner Student Center der Columbia University in New York (1994–99).

Schriften: Manhattan transcripts (1981); Architecture and Disjunction (1994).

Architekten – B. T., bearb. v. U. Stark (³1994, Bibliogr.); B. T.: Event-cities (Neudr. Cambridge, Mass., 1996).

2) Jean, schweizer. Architekt, * Genf 14. 2. 1904, † zw. Paris und Lausanne 25. 1. 1962, Vater von 1); zählte zu den führenden modernen Architekten der Schweiz, v. a. im Verwaltungsbau.

Werke: Laboratorien Sandoz in Orléans (1949–53); Verw.-Gebäude Mutuelle Vaudoise Accidents in Lausanne (1953–55); Verw.-Gebäude der Nestlé AG in Vevey (1960, BILD →Treppe); Gebäude der Weltgesundheitsorganisation in Genf (1961 geplant, 1966 vollendet).

3) Otto, schweizer. Maler und Grafiker, * Bittwil (Kt. Bern) 4. 8. 1904, † Bern 18. 2. 1985; hielt sich 1936–40 in Paris auf. Angeregt v. a. durch M. Ernst fand er in dieser Zeit zu seinem abstrahierenden surrealist. Stil. Neben Traum- und Todesvisionen schuf er heitere Fantasiestücke; auch Illustrationszyklen, u. a. für H. Melvilles ›Moby Dick‹ (1942) und J. Gotthelfs ›Die schwarze Spinne‹ (1944).

O. T., hg. v. S. Kuthy, Ausst.-Kat. (Bern 1987).

Tschungking, Stadt in China, →Chongqing.

Tschuprow, Čuprov [tʃ-], Aleksandr Aleksandrowitsch, russ. Statistiker, * Moskau 18. 2. 1874, † Genf 19. 4. 1926; war 1902–17 Prof. in Sankt Petersburg, später Privatgelehrter, vorwiegend in Dresden. T. ist der Hauptvertreter der ›kontinentalen Schule der mathemat. Statistik‹, die sich mit den log. und mathemat. Grundlagen der Statistik, v. a. in ihrer Anwendung auf wirtschaftl. und soziale Phänomene (Stichprobentechnik) befasste.

Tschuktschenhalbinsel: Rentierzüchter

Tschu Teh [dʒu də], chin. Militär und Politiker, →Zhu De.

Tschuwanen, Tschuwạnzen, von den Russen weitgehend assimilierte paläosibir. Volksgruppe in NO-Sibirien. Die etwa 1 400 T. leben nahe der Kolyma im Autonomen Kreis der Tschuktschen und in der Rep. Jakutien (Sacha).

Bernard Tschumi: ›Folie L 5‹ im Hightechpark La Villette in Paris; 1982–91

Tschuwạschen, Turkvolk in Russland, vermutlich hervorgegangen aus der Überschichtung wolgafinn. und kiptschaktürk. Gruppen durch alttürk. (wolgabulgar.) Stämme (Reich Bolgar). Die etwa 1,8 Mio. T. wohnen v. a. rechts der Wolga ziemlich geschlossen zw. Sura und Swijaga in der Rep. Tschuwaschien, in Streulage auch in Tatarstan und Baschkirien, in den Gebieten Samara, Uljanowsk, in und um Moskau sowie in Sibirien, Kasachstan und in der Ukraine. Die T. unterteilen sich in die oberen (Viryal) und unteren (Anatri) T.; sie sind meist orth. Christen, eine Minderheit durch tatar. Einfluss sunnit. Muslime. Traditionell sind Ackerbau, Viehzucht und Fischerei.

Tschuwạschi|en, Tschuwạschische Repubḷik, amtl. tschuwasch. **Tschawasch Respubliki,** russ.

Tschuwaschskaja Respublika, Teil-Rep. der Russ. Föderation, überwiegend rechts des Tscheboksaryer Stausees der mittleren Wolga, 18 300 km², (1997) 1,362 Mio. Ew., Hauptstadt ist Tscheboksary. T. umfasst ein im O und S zu den Wolgahöhen aufsteigendes Flachland zw. den Wolgazuflüssen Sura und Swijaga. Das Klima ist gemäßigt kontinental mit Durchschnittstemperaturen um 19 °C im Juli und −12 °C im Januar; die Jahresniederschlagsmengen liegen im Mittel bei 450 mm. Wälder (bes. Laubgehölze) bedecken ein Drittel, Ackerland knapp die Hälfte, Wiesen und Weiden etwa ein Zehntel der Fläche.

Nach der Volkszählung von 1989 waren von den Bewohnern 67,8 % Tschuwaschen, 26,7 % Russen, 2,7 % Tataren, 1,4 % Mordwinen und 1,4 % Angehörige anderer Nationalitäten. 60 % der Bev. leben in Städten.

Angebaut werden Getreide (Sommerweizen, Roggen, Gerste, Buchweizen), Hanf, Hopfen, Tabak (Machorka), Kartoffeln, Futterpflanzen und Gemüse; die Viehzucht ist auf die Milch- und Fleischerzeugung ausgerichtet (Rinder-, Schweine-, Geflügelhaltung). Ein Spezialzweig ist die Imkerei. Nach der Bruttowertschöpfung sind Maschinen- und Gerätebau (u. a. Elektroapparate, Webmaschinen, Spezialfahrzeuge, Traktoren), die Elektroenergieerzeugung (bes. durch das Tscheboksaryer Wolgawasserkraftwerk mit 1 404 MW Leistung), Nahrungsmittel-, chem. und Leichtindustrie die wichtigsten Industriezweige. Das Verkehrsnetz ist relativ gut ausgebaut; auf Wolga und Sura wird Flussschifffahrt betrieben.

Geschichte: In den 50er-Jahren des 16. Jh. gerieten die Tschuwaschen unter die Herrschaft Russlands. Ihr Territorium wurde am 24. 6. 1920 von der sowjetruss. Reg. als Autonomes Gebiet eingerichtet, das am 21. 4. 1925 den Status einer ASSR innerhalb der RSFSR erhielt. Am 24. 10. 1990 erklärte T. formal seine Souveränität, es unterzeichnete dann als erste autonome Gebietskörperschaft den Föderationsvertrag vom März 1992 mit Russland. Nachdem 1991–93 die polit. Macht in T. bei einem Triumvirat aus Parlaments-Präs., Reg.-Chef und einem Vertreter des russ. Präs. gelegen hatte, wurde im Dezember 1993 NIKOLAJ FJODOROW (*1958; Justiz-Min. Russlands 1990–93) zum Präs. der Rep. gewählt (Wiederwahl im Dezember 1997).

tschuwaschische Sprache und Literatur. Die *Sprache* der Tschuwaschen bildet einen selbstständigen Zweig der →Turksprachen mit zahlreichen lautl., grammat. und lexikal. Besonderheiten. Früher wurde sie fälschlich als turkisierte finnougr. Sprache oder als Zwischenglied zw. Mongolisch und Türkisch eingestuft. Sie steht der Sprache der Wolgabulgaren (→Protobulgaren) nahe und ist für deren Erforschung wichtig. Ihre Mundarten gliedern sich in zwei Hauptgruppen, Ober- und Niedertschuwaschisch. Die moderne Schriftsprache (geschrieben in kyrill. Schrift mit Zusatzzeichen) wurde 1871 geschaffen.

Literatur: Volkssliterar. Texte der T. wurden seit dem 19. Jh. von russ., finn. und ungar. Forschern publiziert. Die Kunstliteratur setzte um 1880 ein, u. a. mit MICHAIL FJODOROWITSCH FJODOROW (*1848, †1904). Ihre rasche Weiterentwicklung wurde u. a. durch die erste Zeitung ›Hypar‹, gegr. 1905) gefördert. Als das erste Meisterwerk der vorrevolutionären Dichtung gilt ›Narspi‹ von KONSTANTIN WASSILJEWITSCH IWANOW (*1890, †1915). Führende Autoren der sowjet. Periode waren u. a. PJOTR PETROWITSCH CHUSANGAI (*1907, †1970) und SEMJON WASSILJEWITSCH ELGER (*1894, †1966); in russ. Sprache schreibt der Lyriker G. N. AJGI.

Philologiae Turcicae fundamenta, hg. v. J. DENY u. a., 2 Bde. (Wiesbaden 1959–64); J. R. KRUEGER: Chuvash manual (Den Haag 1961); N. I. AŠMARIN: Thesaurus linguae Tschuvaschorum, 4 Bde. (Neuausg. Bloomington, Ind., 1968); J. BENZING: Bolgarisch-tschuwasch. Studien (1993).

T-S-Diagramm, Temperatur-Entropie-Diagramm, ein Zustandsdiagramm für Fluide, das die bei Zustandsänderungen umgesetzten Wärmemengen als Flächen (unter der zugehörigen T-S-Kurve) darstellt. Dies gilt auch für Kondensation und Verdampfung von Dämpfen, für die das entsprechende T-S-D. die Siede- und Sattdampflinie zur Abgrenzung der Bereiche Flüssigkeit, Sattdampf und Heißdampf enthält. Das T-S-D. ist ein wichtiges Hilfsmittel zur Berechnung von Wärmekraftmaschinenprozessen, z. B. in Dampf- und Gasturbinen. (BILD →Seiliger-Prozess)

Tsepo, Stadt in China, →Zibo.

TSE Stock Price Index [ti:es'i: stɔk praɪs 'ɪndeks, engl.], Aktienindex der →Tokyo Stock Exchange.

Tsetsefliege (Länge 6,5–12 mm)

Tsetsefliegen [Bantu tsetse, lautmalend], **Zungenfliegen, Glossina,** Gattung der Fliegen mit etwa 25 Arten, die mit einer Ausnahme (S-Arabien) im trop. Afrika vorkommen (Tsetsegürtel). Die 6,5–12 mm langen T. sind meist scheckig braungrau oder braunschwarz (z. B. Glossina morsitans); der Stechrüssel wird in Ruhehaltung waagerecht nach vorn gestreckt. Beide Geschlechter sind Blutsauger, nehmen gelegentlich auch Nektar aus Blüten auf. Wirtstiere sind je nach T.-Art Großwild und Vieh, Kleinsäuger, Vögel, Krokodile, Warane; manche Arten stechen auch Menschen. T. nehmen innerhalb von 2 min bis zu 200 mg Blut auf, ein Mehrfaches des eigenen Körpergewichts. Dabei können auf den Wirt →Trypanosomen übertragen werden, die die Erreger der Schlafkrankheit des Menschen und der Nagana bei Haus- und Wildtieren sind. Zur Bekämpfung der T. setzt man außer Insektiziden auch mit radioaktiven Strahlen künstlich sterilisierte Männchen ein. Zum Schutz von Vieh werden in der Nähe von Wildschutzgebieten zw. Weide und Reservat 3 km breite Zonen eingerichtet, die man frei von Bäumen und Gebüsch hält. Solch weites, offenes Grasland wird von T. gemieden, da sie schützende Gehölze als Ruhestätte und zum Absetzen der Larven brauchen. Die Weibchen gebären dort 7- bis 10-mal während ihres Lebens alle 8–10 Tage je eine bereits im Mutterleib voll herangewachsene Larve, die sich sofort verpuppt.

Tsetsekrankheit, die →Nagana.

T-Shirt ['tiː.ʃəːt; engl., wohl nach dem T-förmigen Schnitt] *das, -s/-s,* Hemd aus Baumwolltrikot mit kurzen, später auch langen Ärmeln. Urspr. Männerunterhemd, das seit den 1960er-Jahren zur Sport- und Freizeitkleidung beider Geschlechter wurde.

Tshitolien [tʃitɔ'ljɛ̃] *das, -(s),* vorgeschichtl. Kulturgruppe des subsahar. Late Stone Age, verbreitet im westl. Afrika und v. a. im Kongobecken. Das etwa um 12000 v. Chr. aus dem →Lupembien hervorgegangene T. ist bes. gekennzeichnet durch eine stetig fortschreitende Verkleinerung der Steinwerkzeuge. Die Träger dieser Kultur kannten noch keine Keramik und wahrscheinlich auch keinen Ackerbau.

Tshombé ['tʃɔmbe, auch tʃɔm'be], Moïse Kapenda, kongoles. Politiker, *Musumba (Prov. Katanga, heute Shaba, Demokrat. Rep. Kongo) 18. 11. 1919, †Algier 29. 6. 1969; Geschäftsmann, gründete 1959 die Confédération des Associations Tribales du

Katanga (CONAKAT, dt. ›Konföderation der Stammesverbände von Katanga‹) als Vertretung der Volksgruppe der Lunda. Im Mai 1960 errang die CONAKAT eine Mehrheit im Parlament von Katanga, T. wurde Reg.-Chef. Nach der Entlassung Belgisch-Kongos (als Demokrat. Rep. Kongo, später Zaire gen.) in die Unabhängigkeit (30. 6. 1960) löste T. am 11. 7. 1960 mit Rückendeckung aus Westeuropa Katanga aus der Demokrat. Rep. Kongo heraus und war vermutlich an der Ermordung des abgesetzten kongoles. Min.-Präs. P. LUMUMBA beteiligt. Nachdem die kongoles. Zentral-Reg. mithilfe von UN-Truppen 1963 die Sezession Katangas rückgängig gemacht hatte, ging T. ins span. Exil. Ab Juli 1964 Min.-Präs. der Demokrat. Rep. Kongo, wurde er am 23. 11. 1965 nach dem Militärputsch MOBUTU SESE-SEKOS abgesetzt und ging erneut ins span. Exil. Im März 1967 in Abwesenheit zum Tode verurteilt, wurde er am 1. 7. 1967 nach Algerien entführt, wo er in der Haft starb.

Ts'i [tʃi], chin. Lehnsstaat und Dynastien, →Qi.

Tsimihẹty, Volk im Innern N-Madagaskars, im Tsaratananagebirge und südlich davon. Die etwa 800 000 T. leben v. a. von Rinderzucht, ferner Reis- und Kaffeeanbau.

Tsimshian ['tʃimʃ-], mitunter noch **Chimmesyan,** Stammesgruppe der →Nordwestküstenindianer im nördl. British Columbia und südl. Alaska, aus der Penuti-Sprachgruppe. Die etwa 6 300 eigentl. T., davon 1 200 in Alaska, leben v. a. an der Küste, die 4 800 Gitskan und 3 950 Niska im Hinterland (Skeena und Nass Rivers).

Tsin [dʒin], chin. Lehnsstaat und Dynastien, →Jin.

Ts'in [tʃin], chin. Lehnsstaat und Dynastien, →Qin.

Tsinan [dʒ-], Stadt in China, →Jinan.

Ts'ing [tʃiŋ], chin. Dynastie, →Qing.

Tsingtau, Tsingtao, amtl. chin. **Qingdao** [tʃiŋ-], Stadt im O der Prov. und im S der Halbinsel Shandong, China, am Eingang zur Kiautschoubucht des Gelben Meeres am Fuß des Laoshan, 2,24 Mio. Ew.; wichtiges Industrie- und Handelszentrum und größte Hafenstadt der Prov. Shandong; Sitz eines kath. Bischofs; Shandong-Univ. (1926 gegr.), TH, Seefahrts-, medizin. Hochschule, zahlr. Forschungsinstitute; Meeres- und Stadtmuseum. Die Industrie, bes. unter der jap. Besetzung 1938–45 und nach 1950 entstanden, umfasst Baumwollverarbeitung (zweitgrößter chin. Standort), Lokomotiv- und Waggonbau, Eisenerzverhüttung, Autoreifen-, Farbstoffherstellung, Nahrungsmittel-, Papier-, Zementindustrie, Meersalzgewinnung. T. ist eine für Auslandsinvestitionen offene Stadt; etwa 4 km vom Stadtzentrum entfernt entstand auf einer Insel im Stadtteil **Huang Dao** eine Sonderwirtschaftszone mit einem 15 km² großen Industriegebiet. T. besitzt einen der besten Tiefwasserhäfen Chinas (durch Eisenbahnlinien nach Yantai und Jinan mit dem Hinterland verbunden) und einen Fischereihafen. – T., bis zu seiner Befestigung 1891 ein unbedeutendes Fischerdorf, wurde 1898 Teil des dt. Pachtgebiets →Kiautschou und entwickelte sich zu einer europ. geprägten Großstadt mit zahlr. repräsentativen Bauten im Stil der Jahrhundertwende (Gouv.-Residenz, kath. Kirche).

Tsingy de Bemaraha, Naturschutzgebiet (UNESCO-Weltnaturerbe) auf →Madagaskar.

Tsingyüan, 1913–49 Name der chin. Stadt →Baoding.

Tsining [dʒ-], Stadt in China, →Jining.

Tsinlingshan [tʃinliŋʃan], Gebirge in China, →Qinling Shan.

Tsi Poschi [tʃ-], chin. Maler, →Qi Baishi.

Tsirạnana, Philibert, madagass. Politiker, * Anahidrano (im N Madagaskars) 18. 10. 1912, † Antananarivo 16. 4. 1978; Lehrer, 1956–59 Abg. in der frz. Nationalversammlung, Gründer des Parti Social-Démocrate (PSD); verkündete als Präs. von Madagaskar (1959–72) am 26. 6. 1960 die Unabhängigkeit seines Landes. Die Zusammenarbeit mit Frankreich und der Rep. Südafrika löste wachsende innenpolit. Kritik aus. 1972 musste T. seine Ämter an General G. RAMANANTSOA abtreten.

Tsirkas, Stratis, eigtl. **Jannis Chatziandreas** [xat-], neugriech. Schriftsteller und Kritiker, * Kairo 10. 7. 1911, † Athen 27. 1. 1980; lebte bis 1963 in Ägypten und war mit K. KAVAFIS befreundet. In seiner Romantrilogie ›Unregierte Städte‹ (neugriechisch 1961–65; frz. ›Cité à la dérive‹) schildert er die Kriegsjahre 1941–44 im Mittleren Osten; auch Lyriker, Essayist und Übersetzer (u. a. von A. DE SAINT-EXUPÉRY, C. PAVESE, STENDHAL, ERASMUS VON ROTTERDAM).
Weitere Werke (neugriech.): *Essays:* Der Erzähler Vutyras (1948); Der Erzähler N. Nikolaidis (1950); Kavafis u. seine Zeit (1958); Die Mauern eines Kritikers u. Kavafis' Kunst (1958); Eine Ansicht (1961); Kavafis u. das neue Ägypten (1963); Der polit. Kavafis (1971). – *Romane:* Die Fledermaus (1965); Das Tagebuch der Trilogie ›Unregierte Städte‹ (1973); Der verlorene Frühling (1976). – *Erzählungen:* Seltsame Menschen (1944); Der April ist härter (1947); Der Schlaf des Schnitters (1954); Nuredin Bomba (1957); Am Kap (1966). – *Lyrik:* Fellachen (1937); Lyr. Reise (1939); Vorletzter Abschied (1946).

Tsitsikar, Stadt in China, →Qiqihar.

t SKE, *Maßeinheit:* →Steinkohleneinheit.

Tsodiloberge, Bergland in NW-Botswana, mit zahlr. Fundstellen von Felsbildern (etwa zw. 1000 n. Chr. und 1800 entstanden).

Tsoẹde, Kulturheros, Dynastie- und Reichsgründer des nigerian. Volkes der Nupe. T. lebte im 15. Jh. und soll aus der Igala-Hauptstadt Idah die Technik des Bronzegusses sowie Bronzeskulpturen in das Nupe-Reich mitgebracht haben. Die aus dieser Zeit stammenden zehn T.-Bronzen zählen zu den größten und bedeutendsten Bronzeplastiken Afrikas (Lagos, Nationalmuseum).

Tsomawang, See in Tibet, →Manasarowar.

Tsọnga, Thọnga, Gruppe eng verwandter Bantuvölker (Ronga, Shangaan, Hlengwe, Tswa) in Moçambique südlich der Save, in der Rep. Südafrika im NO der Nord-Provinz und im N der Prov. KwaZulu/Natal sowie in angrenzenden Gebieten von Simbabwe und Swasiland, insgesamt etwa 4,8 Mio. Weitgehend assimiliert wurden die einer älteren Schicht zuzurechnenden Chopi, Lenge und Tonga (1,7 Mio.) in Inhambane in Moçambique (zu weiteren Bantuvölkern mit Namen Tonga in Sambia, Malawi und Zentralmoçambique besteht kein unmittelbarer Zusammenhang). Früher lebten die T. v. a. von Hackbau und Kleintierhaltung, heute verdingen sich viele als Arbeiter in die südafrikan. Bergbau- und Industriegebiete. – Um 1820 errichteten im Verlauf des →Mfecane vor dem Zulukönig CHAKA nach N ausgewichene Nguni unter ihrem Herrscher SHOSHANGANE (auch MANIKUSA; * um 1790, † 1858) unter den T. im südl. Moçambique eine Herrschaft, die erst 1895 von den Portugiesen unterworfen wurde.

Tsongkhapa, tibet. Heiliger, Mönchsname **Losang Dragpa,** * Tsongka (NO-Tibet) 1357, † 1419; begründete in Weiterführung der Kadampa-Schule des ATISHA (* 982, † 1054) die Gelugpa-Schule des →Lamaismus (auch ›Gelbmützen‹ gen.). Diese legt besonderen Wert auf die Einhaltung sittl. Ordensregeln (Zölibat) als Grundlage tantr. Ritualpraxis. Unter T.s Einfluss entstanden bei Lhasa drei ›Gelbmützen-Klöster‹, die ›drei Säulen des Lamaismus‹ Ganden (1409), Drepung (1416) und (kurz nach seinem Tod errichtet) das Kloster Sera (1419).

Tsu, Hauptstadt der Präfektur Mie, Japan, auf Honshū, an der Isebucht, 163 300 Ew.; Univ. (gegr. 1949), Kunstmuseum; elektrotechn. Industrie, Schiffbau. – Schon im Altertum Hafen. Ende des 16. Jh.

Tsingtau

im S der Halbinsel Shandong

2,24 Mio. Ew.

bedeutender Tiefwasserhafen

Sonderwirtschaftszone im Stadtteil Huang Dao

europäisch geprägte Großstadt

wichtiger Erholungsort in reizvoller Lage

Zentrum des ehem. dt. Pachtgebietes Kiautschou

Burgbau, aber 1600 beim Sieg der Tokugawa zerstört; danach Wiederaufbau und Blüte als Burg- und Hafenstadt.

Tsuba [jap.] *das, -(s)/...ben,* Stichblatt am jap. Schwert. Die T. der Frühzeit wurden aus Eisen, z. T. mit Leder oder Lack bezogen, von Schwertfegern und Plattnern hergestellt; seit dem 11. Jh. auch in vergoldeter Bronze von Silberschmieden. Seit dem 16. Jh. gab es spezielle T.-Meister, die mit versch. Metallen arbeiteten. Dekorationstechniken fanden im 17. bis 19. Jh. ihren Höhepunkt.

Tsuba von Takahashi Michihiro, mit Auflagen aus Gold und Silber; um 1700 (Hamburg, Museum für Kunst und Gewerbe)

Tsubaki|öl, ein →Teesamenöl.

Tsubo|uchi [-tʃi], Shōyō, jap. Schriftsteller, *Ōta (Präfektur Gifu) 22. 5. 1859, †Atami 28. 2. 1935; Erneuerer der jap. Lit. und des jap. Theaters. In seiner Schrift ›Das Wesen des Romans‹ (1886, jap.) forderte er eine realist. Darstellung der menschl. Psyche.
Weitere Werke (jap.): Erzählung: Studentencharaktere von heute (1885–86). – *Theaterstück:* Ein Blatt vom Kiri-Baum (1894; dt.).

Tsuga [jap.], die Pflanzengattung →Hemlocktanne.

Tsugaru|straße, jap. **Tsugaru-kaikyō,** Meeresstraße zw. den Inseln Honshū und Hokkaidō, Japan, verbindet das Jap. Meer mit dem offenen Pazifik; im W vom →Seikantunnel unterquert; 1908–88 bestand zw. Aomori (Honshū) und Hakodate (Hokkaidō) eine Eisenbahnfährschiffsverbindung (113 km).

Tsui Daniel Chee, amerikan. Physiker chin. Herkunft, *1939 Henan; 1967 Professor an der Chicago University, seit 1982 Prof. an der Princeton University. Für seine Forschungen zum fraktionierten →Quanten-Hall-Effekt erhielt T. zus. mit ROBERT B. LAUGHLIN (*1950) und H. L. STÖRMER 1998 den Nobelpreis für Physik.

Daniel C. Tsui

Tsuishu [-ʃ-], chin., wohl seit dem 15. Jh. in Japan angewendete Schnitzlacktechnik, bei der ein dicker, aus verschiedenfarbigen Lackschichten gebildeter Belag in mannigfache Formen geschnitten wird.

Tsukuba, Stadt in der Präfektur Ibaraki, Japan, auf Honshū am Fuß des Tsukuba-san (876 m ü. M.), 60 km nordöstlich von Tokio, 156 000 Ew.; Forschungszentrum mit über 50 staatl. und privaten Forschungs-Inst. und zwei Univ. sowie Unternehmen der Hightechindustrie. – Die großzügig angelegte Wissenschaftsstadt (T. Science City) wurde 1963–80 errichtet.

Tsumeb, Bergbauort in N-Namibia, 1 279 m ü. M., am Rand des Otavigerlands, 13 500 Ew. Die Erzlagerstätte, die u. a. Kupfer, Blei, Zink, Silber, Cadmium, Vanadium, Arsen und Germanium enthält, gehört zu den reichhaltigsten der Erde; von den über 200 nachgewiesenen Erzen kommen zehn nur in dieser Lagerstätte vor. Kupfer- und Bleiverhüttung; Eisenbahnverbindung zum Atlantik (Walfischbai); Flugplatz.

Tsunamis [jap., eigtl. ›Hochwasser‹], Sg. **Tsunami** *der, -,* durch unterseeische Erdbeben und Vulkanausbrüche erzeugte Oberflächenwellen des Meeres, die sich ringförmig mit 700 km/h (mittlere Fortpflanzungsgeschwindigkeit im Pazifik) vom Herd ausbreiten und einen ganzen Ozean, gelegentlich sogar mehrere Ozeane durchqueren können; Wellenlänge 150–300 km. Im offenen Ozean haben sie eine geringe Wellenhöhe, aber an Küsten können sie sich bis zu etwa 35 m Höhe aufsteilen und dadurch katastrophale Überschwemmungen hervorrufen. Die meisten T. treten im Pazif. Ozean auf (große Seebebenhäufigkeit); hier gibt es einen Warndienst der Intergovernmental Oceanographic Commission.

Tsurezuregusa [tsurezure-; jap. ›Notizen aus Mußestunden‹], berühmtestes Werk der jap. Miszellenliteratur, ein philosoph. Skizzenbuch von hohem Rang, verfasst 1330/31 von dem aus einer Shintōpriesterfamilie stammenden YOSHIDA KENKŌ (*1283, †1350), der im Hofdienst stand und 1324 buddhist. Mönch wurde. Das Werk besteht aus 243 Notizen zu den verschiedensten Themen.
Ausgaben: YOSHIDA KENKŌ: Betrachtungen aus der Stille, übers. v. O. BENL (1963); Essays in idleness, übers. v. D. KEENE (1967).

Tsushima [-ʃi-], Doppelinsel in der Koreastraße, gehört zur Präfektur Nagasaki, Japan, 698 km²; nimmt tiergeographisch eine Brückenfunktion zw. Korea und Japan ein; an der südl. O-Küste liegt der Hafenort Izuhara mit Fährverkehr nach Fukuoka (auf Kyūshū). – Der jap. Sieg in der **Seeschlacht von T.** (27./28. 5. 1905) war entscheidend für den Ausgang des Russisch-Jap. Krieges 1904–05.

Tsushima [-ʃi-], Yūko, jap. Schriftstellerin, *Tokio 30. 3. 1947; Tochter von DAZAI OSAMU. Im Mittelpunkt ihrer autobiographisch geprägten Werke steht die Problematik von allein erziehenden Müttern sowie Kindern, die ohne Vater aufwachsen.
Werke (jap.): Romane: Glücksund (1978); Lichtkreise (1979; dt.). – *Erzählung:* Im Bad (1983; dt.).

Tsushimastrom [-ʃi-], warme Meeresströmung im Pazif. Ozean, zweigt vom Kuroshio ab und gelangt durch die Koreastraße ins Jap. Meer, wo sie an der W-Küste Japans und S-Sachalins klimawirksam ist (die Wintertemperaturen sind hier um 4–12 Celsiusgrade milder als an der Küste des asiat. Festlands).

Tsutsugamushi-Fieber [-ʃi-, jap.], zu den →Rickettsiosen gehörende Infektionskrankheit.

Tswana, Be|tschuana, Be|tschuanen, Volk der SO-Bantu im südl. Afrika; rd. 4,1 Mio. T. in etwa 65 Stämmen, darunter einige assimilierte Ndebele und N-Sotho, leben v. a. im NW der Rep. Südafrika (3 Mio., davon 1,7 Mio. in den Provinzen Nord-West und Nord-Kap) und als Staatsvolk in Botswana (1,1 Mio.), außerdem in Simbabwe und Namibia. Die traditionelle Wirtschaft (Ackerbau mit Rinderhaltung) verliert gegenüber Dienstleistungen und Arbeit in Industrie und Bergbau an Bedeutung. Die meisten T. sind heute Christen; v. a. in Botswana blieben jedoch viele T. Anhänger der traditionellen Religion. – Die Sprache der T., das **Tswana,** gehört zu den Bantusprachen. Es hat mehrere Dialekte, deren sprachl. Nähe zum Sotho bis zur gegenseitigen Verstehbarkeit reicht.
D. T. COLE: An introduction to T. grammar (London 1955); J. T. BROWN: Secwana-English dictionary (Lobatsi 1962); I. SCHAPERA u. a.: The T. (Neuausg. London 1990); F. GOLLBACH: Leben u. Tod bei den T. (1992).

TT, Nationalitätszeichen für Trinidad und Tobago.

TT-Antrieb [Kurz-Bez. für Treibgurt-Traggurt-Antrieb], zusätzl. Antrieb für eine große Bandförderanlage, um die Gesamtantriebskräfte über die Länge des Bandes zu verteilen. Er besteht aus einer Kleinbandanlage, deren Gurt auf die Unterseite des Traggurtes der Großbandanlage anliegt und diesen durch Reibschluss mitnimmt.

T-Tauri-Sterne, sehr junge (etwa 10^5 bis 10^7 Jahre) massearme Sterne der Spektraltypen F bis M mit unregelmäßigem Lichtwechsel (→Veränderliche). Die

TTL-Schaltkreise: Typische Kennwerte

Name	Kennbuchstabe	mittlere Verlustleistung in mW	mittlere Verzögerungszeit in ns	Verlustleistungs-Verzögerungszeit Produkt in pJ	maximale Zählfrequenz als Flipflop in MHz
Standard-TTL	–	10	10	100	35
High-Speed-TTL	H	22	6	132	50
Schottky-TTL	S	20	3	60	125
Low-Power-TTL	L	1	33	33	3
Low-Power-Schottky-TTL	LS	2	8	16	45
Advanced Schottky-TTL	AS	15	2	30	125…200
Advanced Low-Power-Schottky-I I L	ALS	1	4	4	35…50

T-T.-S. befinden sich noch in der letzten Kontraktionsphase vor dem Erreichen des Hauptreihenzustands; ihre Lage im Hertzsprung-Russell-Diagramm ist rechts oberhalb der Hauptreihe. Sie treten gewöhnlich in Gruppen auf (**T-Assoziationen**). Zu ihren spektralen Besonderheiten gehören Emissionslinien, die auf ausgedehnte Gashüllen hinweisen; die Doppler-Verschiebung dieser Linien lässt bei etwa der Hälfte der T-T.-S. auf einen mit großen Geschwindigkeiten (bis zu einigen 100 km/s) abströmenden Sternenwind schließen. Der Prototyp der T-T.-S., T Tauri (im Sternbild Stier, lat. Taurus), hat eine zehnmal größere Leuchtkraft als die Sonne.

t-Test, *mathemat. Statistik:* →t-Verteilung.

TTL, 1) *Elektronik:* Abk. für Transistor-Transistor-Logik, verbreitete Schaltkreisfamilie, bei der die log. Verknüpfung der Eingangssignale zu einem Ausgangssignal durch eine aus bipolaren Transistoren bestehende Schaltung realisiert wird. Charakteristisch

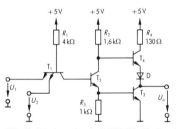

TTL 1): Schaltung für ein NAND-Glied in Standard-TTL, mit Multiemittertransistor als Eingangstransistor (T_1) und einer mit den Transistoren T_3 und T_4 aufgebauten Gegentaktendstufe (Totem-Pole-Schaltung), die durch den Transistor T_2 angesteuert wird; U_1, U_2 Eingangsspannungen, U_a Ausgangsspannung, D Diode, R_1–R_4 Widerstände

für die TTL sind ein invers betriebener Multiemittertransistor am Eingang und eine Gegentaktendstufe (›Totem-Pole-Schaltung‹). Ausgehend von der ursprüngl. **Standard-TTL** (seit 1963) sind Unterarten von TTL-Schaltkreisfamilien mit jeweils besonderen Eigenschaften (z. B. höhere Schaltgeschwindigkeit ›High Speed‹ oder niedrigere Leistung ›Low Power‹) entwickelt worden; bei der **Schottky-TTL** (und ihren Modifikationen, z. B. Low-Power-Schottky-TTL) sind den Basis-Kollektor-Strecken der Transistoren zur Elimination der Speicherzeit und damit zur Erhöhung der Schalt- oder Zählfrequenz Schottky-Dioden parallel geschaltet. Sie alle verwenden den gleichen →Logikpegel ($U_E \leq 0,8$ V und $U_A \leq 0,4$ V für L-Pegel; $U_E \geq 2$ V und $U_A \geq 2,4$ V für H-Pegel; U_E Eingangsspannung, U_A Ausgangsspannung) und eine einheitl. Betriebsspannung von 5 V ± 0,25 V. Darüber hinaus wurden viele andere Schaltkreisfamilien sowie Speicher- und Mikroprozessorschaltungen in ihren Logikpegeln der TTL angeglichen.

2) *Fotografie:* Abk. für engl. through-the-lens, Belichtungsmessung (für Dauer- und Blitzlicht) durch das Objektiv (→fotografische Kameras).

T-Typus, *Psychologie:* Begriff der von E. R. JAENSCH und seinem Bruder WALTER entwickelten Integrationstypologie: Persönlichkeitstypus, der durch starre, lang anhaltende eidet. Anschauungsbilder gekennzeichnet ist; im Grenzfall den Krankheitssymptomen der Tetanie ähnlich; Ggs.: →B-Typus.

TU, Abk. für techn. Universität (→technische Hochschule).

Tuaillon [tyaˈjɔ̃], Louis, Bildhauer, *Berlin 7. 9. 1862, †ebd. 21. 2. 1919; Meisterschüler von R. BEGAS. Ausgehend von dessen neubarockem Stil, fand T. in Rom (unter dem Einfluss von H. VON MARÉES und A. VON HILDEBRAND) zu einer klass. Klarheit der Form. Er nahm damit die Tradition des Klassizismus G. SCHADOWS und C. D. RAUCHS wieder auf. 1902 kehrte T. nach Berlin zurück und wurde 1906 Lehrer an der Akad. der Künste.
Werke: Sandalenbinderin (1886; Berlin, Nationalgalerie); Amazone zu Pferd (1890–95; ebd.; BILD →Amazonen); Reiterstandbild Kaiser WILHELMS II. (1907–10; Köln, Hohenzollernbrücke); Reiterstandbild Kaiser FRIEDRICHS III. (1908–10; ebd.).

Tualisch, →iranische Sprachen.

Tuam [ˈtuːəm], irisch **Tuaim** [ˈtuəm], Stadt in der Cty. Galway, Rep. Irland, 5 800 Ew.; Sitz eines kath. Erzbischofs und eines anglikan. Bischofs; Diözesankolleg für Priesterausbildung; Gewerbepark mit Elektronik- und Autozulieferindustrie, Zuckerfabrik; Pferderennbahn.

Tuamotu|inseln, Paumotu|inseln, zu Frz.-Polynesien gehörende Inselgruppe im südl. Pazifik, östlich der Gesellschaftsinseln, zw. 14° und 23° s. Br. sowie zw. 135° und 150° w. L., umfasst die gehobene Koralleninsel Makatea (im NW) und rd. 80 in einer doppelten, etwa 1 500 km langen Kette angeordnete Atolle, u. a. →Rangiroa, Fakarawa, Apataki (mit dem Verw.-Sitz der T.), Manihi, Makemo, Amanu, Hao, zus. 915 km², 11 100 Ew. Die Atolle sind v. a. mit Kokospalmen und Schraubenbäumen bestanden; Kopragewinnung, Fischerei, auch Perlenfischerei und -zucht; auf Makatea bis 1966 Phosphatabbau. Zum Verw.-Bezirk T. gehören auch die →Gambierinseln. – Die erste der T. wurde 1521 von F. DE MAGALHÃES entdeckt; die Entdeckung der meisten übrigen Atolle folgte im 17./18. Jh.; 1947 erreichte T. HEYERDAHL mit seinem Floß ›Kon-Tiki‹ das Atoll Raroia (→Französisch-Polynesien). Die Atolle Mururoa und Fangataufa, im SO, dienten Frankreich 1966–96 als Atombombenversuchsgelände.
B. GORSKY: Tuamotu (a. d. Frz., Rüschlikon 1975).

Tuapse, Stadt in der Region Krasnodar, Russland, an der T.-Bucht des Schwarzen Meeres und am Fuß des Großen Kaukasus, 64 400 Ew.; Regionalmuseum; Erdölverarbeitungswerk und -hafen, Maschinenbau, Reparaturwerft, Nahrungsmittelindustrie; Verkehrsknotenpunkt. Im Umkreis gibt es zahlr. Bade- und Luftkurorte.

Tuareg, *Sg.* **Targi,** Eigen-Bez. **Imuschag,** Berbervolk in den Gebirgen der westl. Zentralsahara und dem südlich anschließenden Sahel. Die rd. 1,4 Mio. T. verteilen sich auf ein Gebiet, das von W nach O

Tuareg: Targi aus der zentralen Sahara

1 600 km, von N nach S 1 300 km misst und zu fünf Staaten gehört: Algerien 35 000, Libyen 15 000, Niger 860 000, Mali 440 000 und Burkina Faso 15 000; weitere T. leben als (oft arbeitslose) Auswanderer in Marokko und Nigeria. Nur 10 % der T. wohnen in der eigentl. Wüste. Regional werden die vielen Stämme in sechs Gruppen zusammengefasst: **Kel Ajjer** (im Tassili N'Ajjer), **Kel Ahaggar** (im Hoggar), **Kel Aïr** mit den Kel Ewey (im Aïr), **Kel Iforas** (im Adrar des Iforas), **Kel Gress** (in Goulbin) sowie die zahlenmäßig größten, in vier Verbände (Kel Dennek, Kel Ataram, Kel Tademaket, Udalan) gegliederten **Ullemmeden** (im Sahel von Timbuktu bis Tagama). Ihr ausgeprägtes Klassensystem mit Adligen (Ihaggaren), tributpflichtigen Vasallen (Imrad) und geistl. Führern (Ineslemen) als eigentl. (weißen) T. sowie den beiden Gruppen der meist von schwarzen Sklaven abstammenden Leibeigenen (Izeggaren, Harratin) und den vielleicht auf die negride Urbevölkerung zurückzuführenden Schmieden und Jägern (Ineden), die zus. 30–60 % der T. ausmachen, löst sich allmählich auf. Die T. in der Wüste leben in lang gestreckten Zelten aus eingefärbtem Ziegen- oder Schafleder, im S in Hütten aus Stroh und Palmblättern, die Sesshaften in Lehm- und Steinhäusern. Die T. sind zwar sunnit. Muslime, haben aber ältere Glaubensvorstellungen und mutterrechtl. Elemente bewahrt und leben in Monogamie. Der Schleier (→Litham) wird von allen erwachsenen Männern getragen. Die traditionelle Kleidung (Baumwollhemd und -hose, Burnus mit Ärmeln, dazu Ledersandalen) ist weiß, schwarz und, als festl. Farbe, indigoblau. Da Indigo abfärbt, haben viele T. eine bläul. Hautfarbe (daher die Bez. ›die blauen Männer‹). – Bis zu Beginn des 20. Jh. hatten die T. den Transithandel durch die zentrale Sahara in Händen; heute werden Karawanendienste kaum noch gebraucht. Auch die nomad. Lebensweise, die auf dem Tauschhandel mit den Bauern der Sudanzone beruhte (Salz und Datteln gegen Hirse, Kameldung als willkommene Zugabe), verliert zunehmend an Bedeutung. Die langjährigen Dürren in den 1970er- und 80er-Jahren haben die T. bes. stark betroffen. Zu Beginn der 90er-Jahre führten zunehmende wirtschaftl. und polit. Pressionen gegen T. bes. in Algerien, Niger und Mali zu T.-Aufständen, die in N-Mali in einen Guerillakrieg der T. mündeten.

Die Sprache der T. ist eine Form der →Berbersprache und wurde bes. von C. E. DE FOUCAULD erforscht. Sie wird mit einer eigenen Schrift (→Tifinagh) geschrieben.

J.-M. CORTADE: Essai de grammaire touarègue (Algier 1969); T. Leben in der Sahara, bearb. v. G. M. SOLDINI u. a. (Zürich 1983); G. GÖTTLER: Die T. Kulturelle Einheit u. regionale Vielfalt eines Hirtenvolkes (1989); G. SPITTLER: Dürren, Krieg u. Hungerkrisen bei den Kel Ewey, 1900–1985 (1989). – Weitere Literatur →Foucauld, C. de, →Hoggar, →Sahara.

tua res agitur [lat.], *bildungssprachlich* für: es geht um deine Sache!

Tuatera [polynes.], **Tuatara,** einzige rezente Art der →Brückenechsen.

Tuba [lat., eigtl. ›Röhre‹] *die, -/...ben, Musik:* 1) bei den Römern ein der griech. →Salpinx entsprechendes Signalinstrument des Heeres. – 2) i. w. S. Bez. für die Bassinstrumente der Bügelhörner; i. e. S. und in Abgrenzung zu Baritonhorn (→Bariton), →Helikon und →Sousaphon das Instrument in gewundener Form mit nach oben gerichtetem Schalltrichter, seit 1830 in versch. Größen gebaut. Die T. setzte sich rasch beim Militär, später auch in den Kulturorchestern durch, wo sie die unzulängl. Polsterzungeninstrumente mit Klappen (u. a. →Ophikleide) verdrängte. Die etwa 3,6–5,4 m lange Röhre verläuft überwiegend konisch, die Mensur differiert regional stark. In Frankreich, teilweise auch in England, bevorzugt man Modelle mit engerer Bohrung, im dt.-sprachigen Raum und in O-Europa Tuben mit bes. weiter Bohrung und orgelartig vollem Klangvolumen (›Kaiserbass‹). Die **Bass-T.** (Umfang etwa $_1$Des–f^1) steht heute meist in F oder Es, die **Kontrabass-T.** (Umfang etwa $_2$A–c^1) in C oder B. Beide haben i. d. R. vier Ventile, doch können zusätzl. Kompensationsventile vorhanden sein. Eine Mischform zw. T. und Waldhorn ist die →Wagnertuba. – 3) ein Zungenregister der Orgel zu 16-, 8- und 4-Fuß, auch 32-Fuß im Pedal. – 4) in der Psalmodie der Rezitationston (→Psalmtöne); heute meist als Tenor bezeichnet.

Tuba in F mit sechs Ventilen

Tuba, Turkvolk in S-Sibirien, →Tuwinen.
Tubalaren, *Völkerkunde:* die →Tofalaren.
Tubalflöte, die →Jubalflöte.
Tubarão [tuba'rãu], 1) Stadt im Küstengebiet des Bundesstaates Santa Catarina, Brasilien, 100 km südlich von Florianópolis, 90 000 Ew.; Bischofssitz; Zentrum des wichtigsten Steinkohlenbergbaugebietes Brasiliens, Kohlewaschanlagen und Kokereien; Nahrungsmittel- u. a. Industrie.

2) der größte Erzexporthafen Brasiliens, 15 km nordöstlich von Vitória im Bundesstaat Espírito Santo, an der gleichnamigen Bucht, kann von Schiffen bis 250 000 tdw angelaufen werden. Hier werden v. a. die von der Vitória-Minas-Bahn durch das Rio-Doce-Tal transportierten Eisenerze des ›Eisernen Vierecks‹ verladen; Pelletierungsanlage.

Tubargravidität [zu lat. tuba uterina ›Eileiter‹], **Tubenschwangerschaft,** die Eileiterschwangerschaft (→Extrauteringravidität).

Tübbing [niederdt., zu mnd. tubbe ›Röhre‹] *der, -s/-s,* gebogenes, plattenförmiges Ringsegment aus Stahlbeton, Gusseisen oder Walzstahl zum Schacht- und Tunnelausbau. T. werden abschnittsweise von unten nach oben eingebaut, nach Einlegen von Bleidichtungen untereinander an Flanschen verschraubt und ggf. mit Rüttelbeton hinterfüllt. T.-Ausbau wird, da er sehr widerstandsfähig gegen Druck und Korrosion sowie wasserdicht ist, in wenig standfestem, Wasser führendem Gebirge angewendet. (→Tunnel)

Tube [frz.-engl., von lat. tubus ›Röhre‹] *die, -/-n,* **1)** *Anatomie:* **Tuba,** 1) Kurzform für Tuba uterina (→Eileiter); 2) →Eustachi-Röhre.
2) *Verpackungstechnik:* zylindr. Behälter, meist aus Aluminium, Kunststoff oder (früher) Zinn, für pastenartige Stoffe, die durch den engen T.-Hals herausgedrückt werden. T. werden auf der T.-Füllmaschine am hinteren Ende gefüllt und durch mehrfaches Falzen geschlossen.

Tubendurchblasung, die →Pertubation.
Tubenkatarrh, Entzündung der Ohrtrompete (→Ohrenkrankheiten); umgangssprachlich auch für Eileiterentzündung (→Eileiter).

Tuber [lat. ›Auswuchs am Körper‹, ›Höcker‹, ›Buckel‹] *das, -s/-a,* **1)** *Anatomie:* Höcker, Vorsprung an einem Knochen; z. B. **T. frontale** (Stirnhöcker am Stirnbein).
2) *Botanik:* die Pilzgattung →Trüffel.

Tuberaria [vgl. Tuber], die Pflanzengattung →Sandröschen.

Tuberculosis cutis [lat.], die →Hauttuberkulose.

Tuberkel [lat. tuberculum ›Höckerchen‹] *der, -s/-,* österr. auch *die, -/-n,* entzündl., knötchenförmige Gewebewucherung (Granulom) unterschiedl. Ursache, i. e. S. die v. a. im Spätstadium der Lungentuberkulose verbreitet auftretenden, mit Tuberkelbakterien besiedelten Rundherde.

Tuberkelbakterien, Tuberkulosebakterien, Tuberkelbazillen, Koch-Bazillen, meist unregelmäßig geformte, leicht verzweigte Stäbchenbakterien (Länge 2–4 μm), die optimal bei 37 °C wachsen; grampositiv, unbeweglich und säurefest, d. h., sie lassen sich nach Färbung mit Anilinfarbstoffen durch Nachbehandlung mit Säure im Ggs. zu den meisten Bakterien nicht entfärben. Der Grund für die Säurefestigkeit ist der hohe Gehalt der Zellwand an langkettigen Mycolsäuren (verzweigte Hydroxycarbonsäuren mit rd. 80 C-Atomen). Diese sind esterartig z. B. an Trehalose gebunden und machen die Zellen wachsartig und stark hydrophob. Der 1882 von R. KOCH entdeckte Erreger der →Tuberkulose des Menschen ist das zu den Mykobakterien gehörende **Mycobacterium tuberculosis. Mycobacterium bovis** ist der Erreger der Rindertuberkulose, **Mycobacterium avis** der Erreger der Geflügeltuberkulose.

Tuberkulide, *Sg.* **Tuberkulid** *das, -s,* allergisch bedingte Hautveränderungen bei →Hauttuberkulose.

Tuberkulin [zu Tuberkel] *das, -s,* von R. KOCH entwickeltes Antigengemisch aus gelösten Toxinen und Zerfallsstoffen von Tuberkelbakterien zum Nachweis einer erfolgreichen Impfung wie auch einer überstandenen oder noch bestehenden Infektion mit Tuberkulosebakterien (Mycobacterium tuberculosis).
Das **Alt-T.** bestand aus Stoffwechselprodukten und Bakterienextrakten, das **Neu-T.** aus einer Aufschwemmung pulverisierter Bakterien, das gegenwärtig verwendete **gereinigte T.** (Abk. **GT** oder **PPD,** von engl. **p**urified **p**rotein **d**erivate) ist eine durch Fällung und Ultrafiltration der Stoffwechselprodukte gewonnene Proteinfraktion. Der **T.-Test** wird durch Aufbringen exakt dosierter kleinster Mengen von T., die in Salbenform in die Haut eingerieben (→Moro-Probe), injiziert oder inzwischen meist eingeritzt werden, vorgenommen. Beim Infizierten rufen sie die charakterist. zellu-

läre Immunreaktion mit Rötung und Schwellung der Haut hervor.

Tuberkulose [zu Tuberkel] *die, -/-n,* Abk. **Tb, Tbc, Tbk,** weltweit verbreitete, von →Tuberkelbakterien hervorgerufene, meldepflichtige Infektionskrankheit bei Mensch und Tier (v. a. Haustieren). Die Übertragung der Erreger vollzieht sich fast ausschließlich durch Tröpfcheninfektion über die Atemwege. Früher war durch den Genuss roher Milch auch eine Infektion über den Darm möglich. Bei Schwangeren ist eine Infektion des Kindes auf dem Blutweg oder bei der Geburt über das Fruchtwasser in sehr seltenen Fällen möglich. Die Tuberkelbakterien führen am Ort der Erstinfektion zu einer unspezif. Entzündung (Primärherd), bei weiterer Ausbreitung oder späterem Wiederaufflammen zur Ausbildung granulomatöser Herde (Tuberkel) und zu fortschreitenden Gewebezerstörungen, bei Organbefall mit zunehmendem, im Endstadium tödl. Funktionsausfall. Der Verlauf ist von der Anzahl der eingedrungenen Keime und dem Allgemeinzustand (Abwehrkraft) des betroffenen Organismus abhängig.

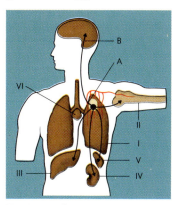

Tuberkulose: Organtuberkulose, Ausbreitung auf dem Blutweg (schematische Darstellung); I Lunge, II Knochen, III Leber, IV Niere, V Nebenniere, VI Lymphknoten; A Einbruch in die Blutgefäße, B Verschleppung zu den Hirnhäuten

Die Primärinfektion betrifft fast immer die Lunge. In 90–95 % der Fälle kommt es ohne wesentl. Symptome zu einer spontanen und dauerhaften Heilung unter Abkapselung der Erreger, die allerdings im Ruhezustand jahrzehntelang infektiös bleiben können. Durch Streuung der Erreger (Einschwemmung über die im Bronchialbereich gelegenen Lymphknoten in die Blutbahn) kann es jedoch grundsätzlich zum Befall aller Organe kommen. Die häufigste Form der Organ-T. nach der Lungen-T. ist die →Lymphknotentuberkulose; außerdem sind Kehlkopf-T., Bauchfell.-T. und Infektion anderer Organe des Bauchraums wie Leber und Milz (Abdominal-T.), aber auch des Gehirns (→Gehirnhauttuberkulose) möglich; im ungünstigsten Fall verbreiten sich die Erreger auf dem Blutweg in mehrere Organe (→Miliartuberkulose). Andere Formen bilden sich meist erst zu einem späteren Zeitpunkt aus (→Knochentuberkulose, →Hauttuberkulose). Die **Gelenk-T.** tritt als hartnäckige Infektarthritis in Form einer mit Gelenkerguss verlaufenden feuchten oder mit Kapselverdickung durch tuberkulöses Granulationsgewebe verbundenen trockenen Form auf, die zu Knorpel- und Knochenzerstörung führt. Die **Nieren-T.,** die nach der Lungen- und Lymphknoten-T. dritthäufigste Form der Organ-T., tritt meist erst nach einer Latenzzeit von 5–20 Jahren auf; sie kann zunächst die Nebennieren (→Addison-Krankheit) betreffen und verläuft als schleichende

Nieren- und Nierenbeckenentzündung (Pyelonephritis) mit drohender Niereninsuffizienz. Sie breitet sich auch auf Harnblase, Harnleiter und Geschlechtsorgane aus (**Urogenital-T.**). Aufgrund effektiver medikamentöser Behandlungsmöglichkeiten ist die Urogenital-T. sehr selten geworden.

Nach Schätzungen der Weltgesundheitsorganisation sterben jährlich weltweit etwa 3 Mio. Menschen an T., hinzu kommen jährlich etwa 8 Mio. Neuerkrankungsfälle. Wahrscheinlich ist etwa ein Drittel der Welt-Bev. mit dem T.-Bakterium infiziert, davon möglicherweise bereits 50 Mio. mit multiresistenten Bakterienstämmen. Patienten, die falsch behandelt werden, können eine arzneimittelresistente T. entwickeln. Unbehandelt steckt ein Mensch mit aktiver bzw. offener T. (T.-Bakterien können im Auswurf nachgewiesen werden) etwa 10 Gesunde an.

1997 wurden in Dtl. 11 166 Neuerkrankungen registriert, 896 Menschen starben an T. In den Industrienationen hat die T. ihren lebensbedrohl. Charakter verloren; die jährl. Neuerkrankungsrate liegt etwa bei 30 je 100 000 Ew. (in Dtl. bei etwa 15), im Unterschied dazu liegt die Rate in Entwicklungsländern bei etwa 200 je 100 000 Ew. Aufgrund der epidemiolog. Situation in Dtl. (rückläufige Tendenz bei Neuerkrankungen an T.) und der nicht seltenen schwerwiegenden Arzneimittelwirkungen des BCG-Impfstoffs ist eine generelle Impfung nicht mehr zu empfehlen.

Internat. Migrationsbewegungen gewinnen bei der T.-Problematik an Bedeutung, da jedes Land durch eine unzureichende Behandlung in anderen Ländern bedroht ist. – Zu *Behandlung* und *Geschichte* →Lungentuberkulose.

Rechtliches: In Dtl. richtet sich die Bekämpfung der T. nach dem Bundesseuchen-Ges. i. d. F. v. 18. 12. 1979 (→meldepflichtige Krankheiten). Die nach Landesrecht zuständige Behörde trifft die erforderl. Maßnahmen, z. B. Anordnung von Untersuchungen, Unterbringung zur Beobachtung. Personen, die an ansteckungsfähiger T. der Atmungsorgane erkrankt sind, dürfen nicht beim gewerbsmäßigen Herstellen, Behandeln oder In-Verkehr-Bringen bestimmter Lebensmittel tätig sein; erkrankte Lehrer dürfen an keiner Schulveranstaltung teilnehmen.

In *Österreich* besteht aufgrund des T.-Gesetzes von 1968 Melde- und Behandlungspflicht; unter Umständen kann die Einweisung in eine Anstalt angeordnet werden. Der Vorbeugung dienen Reihenuntersuchungen für exponierte Personengruppen und freiwillige Schutzimpfungen (Ges. vom 22. 1. 1969). Besondere Sozialleistungen (›T.-Hilfe‹) sind vorgesehen.

In der *Schweiz* stellen Bundesgesetz (Epidemien-Ges. vom 18. 12. 1970) und T.-Ges. vom 13. 6. 1928 die Bekämpfung der T. in die Kompetenz der Kantone. Der Bund übt die Oberaufsicht aus und kann, wenn nötig, die Maßnahmen der Kantone koordinieren.

T. bei Tieren: T. kommt bei allen Haustieren sowie bei wild lebenden Tieren vor. Sie wird durch klin. Untersuchung, Nachweis der Erreger (mikroskop. Untersuchung, Züchtung, Tierversuch), u. a. (bes. bei Wiederkäuern) mithilfe der Tuberkulinprobe festgestellt. Ihre frühere Bedeutung hat sie in Dtl. durch staatl. Bekämpfungsmaßnahmen verloren. Am häufigsten kommt die T. noch beim Geflügel vor (→Geflügelkrankheiten).

Die **Rinder-T.** spielt in den Industrienationen epidemiologisch keine Rolle mehr und hat auch in den Entwicklungsländern deutlich an Bedeutung verloren. In Dtl. gilt die Rinder-T. als ausgestorben. Damit besteht auch keine Gefahr mehr, sich über erregerhaltige Milch zu infizieren. Haustiere (Geflügel, Schweine u. a.) können vielmehr mit so genannten atyp. Mykobakterien infiziert sein, diese zählen aber nicht zu den T.-Erregern.

Tuberkulostatika [zu griech. statikós ›zum Stillstand bringend‹, ›hemmend‹], Sg. **Tuberkulostatikum** *das, -s,* **Antituberkulotika,** Chemotherapeutika zur Tuberkulosebehandlung. *Basisstoffe,* zu denen Ethambutol, Isoniazid (Isonikotinsäurehydrazid, Abk. INH), Pyrazinamid, Rifampicin und Streptomycin gehören, dienen zur Therapie im Normalfall, *Reservestoffe* (u. a. p-Aminosalicylsäure, Protionamid) werden verwendet, wenn gegen die Basisstoffe eine Unverträglichkeit oder Resistenz besteht. In der Initialphase der Behandlung (Dauer 2–3 Monate) ist eine Substanzkombination (i. d. R. mit 3–4 Substanzen) zur Vermeidung einer Resistenzentwicklung bzw. der Selektion von primär gegen ein Tuberkulostatikum resistenten Keimen erforderlich. In der Stabilisierungsphase wird die Behandlung mit zwei Stoffen fortgesetzt.

Tuberose [zu lat. tuberosus ›voller Höcker‹], Art der Pflanzengattung →Polianthes.

Tuberosen|öl, aus den Blüten der Tuberose (Polianthes tuberosa) durch Enfleurage gewonnenes, bes. wertvolles äther. Öl mit starkem blumigem Geruch, das in der Feinparfümerie verwendet wird; es enthält zahlr. Alkohole, Ester und Lactone.

Tuberosität [zu Tuber], Missbildung der Rebwurzel infolge Befalls durch die →Reblaus.

Tubifex: Bachröhrenwurm (Länge 2,5–8,5 cm)

Tubifex [zu lat. tubus ›Röhre‹ und facere ›machen‹], im Süßwasser lebende Gattung der Schlammröhrenwürmer. Bekannteste Art ist der 2,5–8,5 cm lange, durch Hämoglobin rot gefärbte **Bachröhrenwurm** (Tubifex tubifex); er lebt weltweit verbreitet, bes. auch in verschmutzten Gewässern, häufig kolonieweise in selbst gebauten Schlammröhren, und führt mit dem nach oben gerichteten Hinterende schlängelnde Bewegungen zur Darmatmung aus; er kann bis zu 48 Stunden ohne Sauerstoff auskommen, indem er Energie über die Glykolyse gewinnt. T. wird als Futter für Aquarientiere gezüchtet.

Tübingen, 1) Universitätsstadt T., Große Kreisstadt in Bad.-Württ., Verw.-Sitz des Reg.-Bez. und des Landkreises Tübingen, 341 m ü. M., am Neckar am südl. Rand des Schönbuch, 81 800 Ew.; Bundesforschungsanstalt für Viruskrankheiten der Tiere, Max-Planck-Institute für Biologie, biolog. Kybernetik und Entwicklungsbiologie sowie weitere Forschungsinstitute, Europ. Akad. für Umweltfragen, Dt. Institut für ärztl. Mission, Dt. Institut für Fernstudien; Eberhard-Karls-Univ.; Museen (u. a. Stadtmuseum, Museum für Geologie und Paläontologie, Museum Schloss Hohentübingen), Kunsthalle; Landestheater Württemberg-Hohenzollern; Landesarbeitsgericht; botan. Garten. T. ist v. a. Univ.- und Verw.-Stadt, daneben gibt es Maschinenbau, Metall-, Elektro- und Textilindustrie, außerdem Baustoff- und Holzindustrie; zahlr. Verlage und Druckereien. – Die maler. Altstadt mit Fachwerkhäusern (15.–18. Jh.) wird überragt vom Renaissanceschloss Hohentübingen (Neubau 1507–50 auf Vorgängerbau des 13. Jh.; heute Museum mit wertvollen Sammlungen der Univ.), einer Vierflügelanlage mit runden Ecktürmen; manierist. N-Portal (1606). Im netzgewölbten Chor der Stiftskirche St. Georg

Tübingen 1) Stadtwappen

Universitätsstadt in Württemberg

341 m ü. M.

beiderseits des Neckars

81 800 Ew.

Schloss Hohentübingen (16. Jh.)

Stiftskirche Sankt Georg (1470–83)

Wahrzeichen ist der Hölderlinturm am Neckar (18. Jh.)

1231 urkundlich als Stadt bezeugt

1477 Gründung der Universität durch Herzog Eberhard I., im Bart

(1470–83) Grabmäler von Angehörigen des württemberg. Grafen- und Herzogshauses von hohem künstler. Rang, spätgot. Kanzel und Lettner (um 1490), Glasmalereien (um 1480), Flügelaltar (1520). Am Neckar die Alte Aula (1547, 1777 umgestaltet), der ›Hölderlinturm‹ (18. Jh.) und der fünfgeschossige Bau des →Tübinger Stifts (1536, im 18. Jh. umgebaut; an der Stelle des Augustinerklosters des 13. Jh.). Stattl. Rathaus (15.–16. Jh.) mit Sgraffitomalerei und astronom. Uhr von 1511 an der Marktseite, Marktbrunnen (1617). Der ehem. Bebenhäuser Pfleghof ist eine spätgot. Winkelhakenanlage (1492–1501), das ehem. Collegium Illustre (Wilhelmsstift) ein schlossartiger Renaissancebau (1588–93). Die Univ. (Neue Aula) wurde 1841–45 als spätklassizist. Dreiflügelanlage mit einem Ehrenhof errichtet. – Das heutige Stadtgebiet war bereits zur Jungsteinzeit besiedelt. Auf dem Gelände um die Stiftskirche wurde eine alemann. Siedlung mit einem Herrenhof nachgewiesen. Bei dieser entstand eine Mitte des 11. Jh. durch die Grafen von T. mit einer Burg befestigte und 1078 erstmals genannte Siedlung **(Twingia)**, die 1231 erstmals urkundlich als Stadt erwähnt wurde. 1342 verkauften die Grafen von T. (seit 1146 Pfalzgrafen von Schwaben) die Stadt an die Grafen von Württemberg. 1477 gründete Graf EBERHARD I., IM BART, ab 1495 Herzog von Württemberg, aufgrund päpstl. Privilegs von 1476 die Univ., die ein Hort des Humanismus und ein Zentrum der Reformation wurde. 1945–52 war T. Hauptstadt des Landes Württemberg-Hohenzollern, seit 1952 Verw.-Sitz des Reg.-Bez. (bis 1973 Südwürttemberg-Hohenzollern). – Seit 1975 ist →Bebenhausen eingemeindet.

T. Eine Stadt u. eine Univ., hg. v. I. GAMER-WALLERT u. G. STEFFEN (1995); W. SETZLER: T. Auf alten Wegen Neues entdecken. Ein Stadtführer (1997).

2) Landkreis in Bad.-Württ., 519 km², 204 400 Ew. Der W des Kreisgebiets gehört zum Korngäu (→Oberes Gäu), auf dessen weiten Lössebenen v.a. Getreide angebaut wird. Nördlich der Kreisstadt Tübingen dient der Schönbuch mit seinen Mischwäldern (Naturpark) als Naherholungsgebiet. Südlich des Neckars reicht das Kreisgebiet über das Albvorland mit seinen Feldern und Obstwiesen und den steilen Albtrauf bis auf die mittlere Kuppenalb. Industrie ist v.a. im NO des Kreisgebiets (im Einzugsbereich Reutlingen und Nürtingen) zu finden. Die Kreisstadt und ihre Randgemeinden sind v.a. durch den Dienstleistungssektor geprägt.

Der Kreis T., hg. v. W. GFRÖRER (1988).

3) Reg.-Bez. in Bad.-Württ., 8 918 km², 1,73 Mio. Ew., umfasst den Stadtkreis Ulm sowie die Landkreise Alb-Donau-Kreis, Biberach, Bodenseekreis, Ravensburg, Reutlingen, Sigmaringen, Tübingen, Zollernalbkreis.

Tübinger Schule, Bez. für die von der Univ. Tübingen im 19. Jh. ausgehenden Richtungen der ev. und kath. Theologie. Die von G. W. F. HEGEL und F. D. E. SCHLEIERMACHER geprägte **evangelische T. S.** entwickelte durch Anwendung der ›historisch-krit. Forschung‹ auf die Kirchen- und Dogmengesch., v.a. aber auf die neutestamentl. Wiss., die histor. Quellenkritik zum method. Standard in der Theologie. Den Anstoß gab D. F. STRAUSS mit seinem Werk ›Leben Jesu‹ (2 Bde., 1835/36); als eigentl. Begründer gilt F. C. BAUR. Die **katholische T. S.** verband unter Vernachlässigung der Scholastik die historisch-krit. Methode mit einem gemäßigten Traditionalismus. Als Begründer dieser gesamte kath. Theologie stark beeinflussenden T. S. gelten J. S. VON DREY, J. B. VON HIRSCHER und J. A. MÖHLER; bedeutende Vertreter waren J. E. VON KUHN, Franz Anton STAUDENMAIER (*1800, †1856), C. J. HEFELE und F. X. FUNK. Sprachrohr war die seit 1819 erscheinende ›Theolog. Quartalschrift‹.

Tübingen 1): Marktplatz mit Rathaus (15.–16. Jh.) und Marktbrunnen (1617)

Ev. T. S.: K. A. KLÜPFEL: Die Univ. Tübingen in ihrer Vergangenheit u. Gegenwart (1877); F. C. BAUR: Für u. wider die T. S. (Neuausg. 1975). – *Kath. T. S.:* J. R. GEISELMANN: Die kath. T. S. (1964); H. HARRIS: The Tübingen School (Oxford 1975); Tübinger Theologen u. ihre Theologie, hg. v. R. REINHARDT (1977).

Tübinger Stift, nach der Einführung der Reformation in Württemberg von Herzog ULRICH als ›Hochfürstl. Stipendium‹ mit dem Ziel der Heranbildung einer ev. Theologenschaft 1536 gegründete Bildungsanstalt, von der ein starker Einfluss auf das dt. Luthertum ausging. Im 18. Jh. gingen aus dem T. S. die Theologen des schwäb. Pietismus hervor; hier studierten u.a. G. W. F. HEGEL, F. HÖLDERLIN, F. W. J. VON SCHELLING, F. T. VISCHER und D. F. STRAUSS. 1928 wurde das Stift der Verw. der württemberg. Landeskirche unterstellt.

M. LEUBE: Gesch. des T. S., 3 Bde. (1921–36); DERS.: Das T. S. 1770–1950 (1954); J. HAHN u. Hans MAYER: Das Ev. Stift Tübingen. Gesch. u. Gegenwart – zw. Weltgeist u. Frömmigkeit (1985); In Wahrheit u. Freiheit. 450 Jahre Ev. Stift in Tübingen, hg. v. F. HERTEL (1986).

Tübinger Vertrag, württemberg. Landtagsabschied vom 8. 7. 1514, mit dem die Stände Herzog ULRICH finanzielle Unterstützung und Hilfe im Kampf gegen den Aufstand des Armen Konrad zusagten. Dagegen gewährte der Herzog den Ständen ein Mitspracherecht in der Landes-Reg. Damit war der T. V. das wichtigste Staatsgrundgesetz Altwürttembergs.

Der T. V. vom 8. Juli 1514, hg. v. d. Kommission für Geschichtl. Landeskunde in Bad.-Württ. u. a. (1964).

Tubkạl, höchster Berg des Atlas, →Toubkal.

Tübke, Werner, Maler, Grafiker und Zeichner, *Schönebeck (Elbe) 30. 7. 1929; wurde 1972 Prof. (1973–76 Rektor) der Hochschule für Grafik und Buchkunst in Leipzig. Vertreter einer von Symbolik und Metaphern geprägten realist. Malerei, die z.T. surreale Visionen einbezieht und mit Stilanleihen aus Renaissance und Manierismus arbeitet. Einen Höhe-

Werner Tübke

punkt in seinem Werk bildet das monumentale Panoramagemälde (1976–87) zum dt. Bauernkrieg in der Bauernkriegsgedenkstätte in Bad Frankenhausen/Kyffhäuser. (BILD →Frankenhausen/Kyffhäuser)

Reformation – Revolution. Panorama Frankenhausen, Monumentalbild von W. T., Einl. v. K. M. KOBER (Neuausg. 1989); W. T. Das graph. Werk 1950–1990, bearb. v. B. TÜBKE (1991); Bauernkrieg u. Weltgericht. Das Frankenhausener Monumentalbild einer Wendezeit, Beitrr. v. G. MEISSNER u. G. MURZA (1995).

Werner Tübke: Bildnis eines sizilianischen Großgrundbesitzers mit Marionetten; 1972 (Dresden, Staatliche Kunstsammlungen)

Tubman [ˈtʌbmən], William Vacanarat Shadrach, liberian. Politiker, *Harper 29. 11. 1895, †London 23. 7. 1971; aus ›amerikoliberian.‹ Familie stammend; Jurist, ab 1923 politisch aktiv in der Einheitspartei ›True Whig Party‹, 1937 Vize-Präs. des Obersten Gerichtshofs, 1944–71 Präs. Liberias (bis zu seinem Tod regelmäßig wieder gewählt). 1960 leitete T. die panafrikan. Zusammenarbeit mit den entkolonisierten Staaten Afrikas ein und war 1963 maßgeblich an der Gründung der OAU beteiligt.

William Tubman

Tubocurarin [zu lat. tubus ›Röhre‹] das, -s, wasserlösl., sehr giftiges Reinalkaloid, das aus so genanntem Tubocurare isoliert wird. Bei Tubocurare handelt es sich um ein Pfeilgift südamerikan. Indianer, das aus mehreren Chondrodendronarten (Mondsamengewächse) gewonnen und in Bambusrohren (bamboo tubes) aufbewahrt wird (daher die Bez. Tubocurare im Unterschied zu anderen Curarearten). T. wurde in Form von T.-Dichlorid häufig als Muskelrelaxans verwendet, inzwischen ist es durch besser verträgl. Substanzen ersetzt worden.

Tubu, Tibu, Tibbu, Tebu, Goran, äthiopides Volk der östl. Zentralsahara (Tibesti, Borku, Djurab, N-Ennedi) und des südlich anschließenden Sahel bis fast zum Tschadsee, mit den Kanuri verwandt. Die etwa 400 000 T. leben v. a. im nördl. Tschad (315 000) und in benachbarten Gebieten von Niger (55 000), Libyen (29 000) und Sudan (3 000). Sie werden unterteilt in die jeweils in Stämme gegliederten eigentl. T. oder **Teda** (30 000) in der Wüste und die **Daza** im Sahel (370 000). Unter den durchweg sunnitisch-muslim. T. haben sich ältere Glaubensvorstellungen (Ahnenkult) erhalten; die soziale Sonderstellung der Sklavennachkommen (›Kamadja‹) sowie der Schmiede und Jäger (›Assa‹) verliert heute an Bedeutung. Wie bei den Tuareg beruht ihre Wirtschaft auf Viehhaltung mit ergänzendem Ackerbau in den Oasen sowie Handel (mit Salz). Ihr Verwandtschaftssystem ist patrilinear; jedoch sind Frauen als gleichberechtigte Partner anerkannt. Die T.-Gesellschaft ist geprägt von einem starken Unabhängigkeits- und Gleichheitsdenken, das u. a. in der Rebellion der T. im tschad. Bürgerkrieg zum Ausdruck kam. – Die saharan. Sprache der T. unterteilt sich in die Dialekte **Tedaga** und **Dazaga**.

A. KRONENBERG: Die Teda von Tibesti (Wien 1958); P. FUCHS: Die Völker der Südost-Sahara (Wien 1961).

Tubuai-Inseln, Austral|**inseln,** frz. **Îles Australes** [ilzosˈtral], zu Frz.-Polynesien gehörende Inselgruppe im Pazifik, zw. 21° 45′ und 28° s. Br. sowie 143° 30′ und 155° w. L., bestehend aus dem unbewohnten Atoll **Maria,** den fünf gebirgigen Vulkaninseln **Rimatara** (8 km^2), **Rurutu** (28 km^2; mit Flugplatz), **Tubuai** (47 km^2, bis 310 m ü. M.; mit dem Hauptort Mataura; Flugplatz), **Raivavae** (16 km^2) und **Rapa** (39 km^2, bis 630 m ü. M.), deren Luvseite von Regenwald eingenommen wird, sowie den **Bass-** oder **Marotiri-Inseln,** einer Gruppe von neun Felsinseln; 164 km^2, 7 200 Ew. Die Inseln liegen im Übergangsbereich von den Randtropen zum warmgemäßigten ozean. Klima. Die Bev. (Polynesier prot. Bekenntnisses) ernährt sich v. a. von Taro und Fischerei; Kopra, Kaffee, Orangen und Gemüse werden nach Tahiti verschifft. – Die Inseln wurden 1777 von J. COOK entdeckt und sind seit 1889 frz. Besitz.

tubulär, tubulös, *Anatomie* und *Medizin:* röhren-, schlauchförmig, einen Tubulus betreffend.

Tubulidentata [zu lat. tubulus ›kleine Röhre‹], *Zoologie:* die →Röhrchenzähner.

Tubulin *das,* -s/-e, dimeres Protein, das aus zwei weitgehend ident. globulären Proteinen (α- und β-Tubulin; relative Molekülmasse jeweils rd. 50 000) besteht und der Grundbaustein der →Mikrotubuli ist. Die Polymerisation der T.-Moleküle zu Mikrotubuli erfolgt unter physiol. Bedingungen ab einer bestimmten Konzentration von T. und in Gegenwart von Magnesiumionen (Mg^{2+}) spontan; die T. versch. Organismenarten zeigen in der Aminosäuresequenz ziemlich große Ähnlichkeit.

Tubulus [lat. ›kleine Röhre‹] *der,* -/...li, *Anatomie:* kleiner, röhrenförmiger Kanal, z. B. **T. renalis** (Nieren-T.) als Abschnitt des harnbereitenden Teils in den Nieren.

Tubus [lat. ›Röhre‹] *der,* -/...ben und -se, **1)** *Chemie:* oft mit einem Schliff versehenes Rohrstück an chem. Geräten zum Einführen und Befestigen von Thermometern u. Ä.

2) *Medizin:* i. w. S. ein zum Einbringen in Körperöffnungen (→Intubation) dienendes, dem jeweiligen Verwendungszweck entsprechend geformtes Rohr (Katheter größeren Durchmessers) aus Metall, Kunststoff oder Gummi; i. e. S. das v. a. zum Zweck der künstl. Beatmung und Freihaltung der Atemwege in den Mund (→Safar-Tubus), den Rachen (→Guedel-Tubus) oder die Luftröhre (Endotracheal-T.), auch mit Zugang über die Nase, eingeführte Atemrohr.

3) *Optik:* mechan. Bauteil opt. Geräte (früher ausschließlich röhrenförmig), das die Bauelemente opt. Systeme fest miteinander verbindet.

Tubuslinse, *Optik:* in →Mikroskopen, deren Objektive das Objekt nach unendlich abbilden (Bildweite unendlich), ein sammelndes Linsensystem, durch das das Zwischenbild in die objektseitige Brennebene des Okulars projiziert wird. Die T. (als Fernrohrobjektiv) stellt zus. mit dem (Mikroskop-)Okular ein Fernrohr dar, mit dem das vom Mikroskopobjektiv nach unendlich abgebildete Zwischenbild betrachtet wird. Mikroskope mit T. (Tubussystem) haben den Vorteil, dass an ihnen jedes für unendl. Bildweite berechnete Objektiv verwendet werden kann und dass opt. Zusatzvorrichtungen in den zw. Objektiv und T. für jeden Bildpunkt jeweils parallelen Strahlengang eingeführt werden können, ohne dadurch zusätzl. Abbildungsfehler zu erzeugen. Der **Tubusfaktor** für eine T. der Brennweite f_{Tu} ist der Kehrwert $f_{Tu}/250$ mm der auf die deutl. Sehweite von 250 mm bezogenen Lupenvergrößerung (Normalvergrößerung) 250 mm$/f_{Tu}$ der T. Mit ihm muss das Produkt der (normalen Lupen-)Vergrößerungen von Objektiv und Okular eines Mikroskops mit T. multipliziert werden, um dessen Vergrößerung zu erhalten.

TUC [tiːjuːˈsiː], Abk. für Trades Union Congress, →Trade Unions.

Tucana, wiss. Name für das Sternbild →Tukan.

Tucano, indian. Sprachfamilie, →Tukano.

Tuc d'Audoubert [tykdoduˈbɛːr], 1912 von HENRI Graf BÉGOUËN (* 1863, † 1956) entdeckte Höhle bei Montesquieu-Avantès, Dép. Ariège, Frankreich; vorgeschichtl. Kultstätte mit zahlr. Gravierungen, künstlerisch gestalteten Gegenständen (u. a. den Lehmplastiken eines männl. und weibl. Wisents sowie der kleinen Figur eines Wisentkalbs), Werkzeugen des Magdalénien sowie mit menschl. Fußabdrücken (Initiationstänze?); in der Nähe befindet sich die Höhle →Trois-Frères.

Tuch, Gewebe aus Wollstreichgarn, auch mit Kammgarn kombiniert, in Leinwand- oder Köperbindung mit Walkausrüstung.

Tuchatschewskij, Tuchačevskij [-ˈtʃef-], Michail Nikolajewitsch, sowjet. General, Marschall der Sowjetunion (seit 1935), * Gut Aleksandrowskoje (Gebiet Smolensk) 16. 2. 1893, † (hingerichtet) Moskau 11. 6. 1937; aus adliger Familie, Offizier; geriet während des Ersten Weltkriegs 1915 in dt. Kriegsgefangenschaft. 1918 schloss er sich den Bolschewiki an. In enger Zusammenarbeit mit L. D. TROTZKIJ hatte er maßgebl. Anteil am Aufbau der Roten Armee. Im Bürgerkrieg schlug er 1920 General A. I. DENIKIN und befehligte im Poln.-Sowjet. Krieg (1920–21) die Westfront. Mit TROTZKIJ schlug er 1921 den Aufstand von Kronstadt nieder. Als Inhaber hoher militär. Funktionen (1925–28 Stabschef, 1931–37 stellv. Vors. des Revolutionären Kriegsrats bzw. Stellv. des Volkskommissars für Verteidigung) trug T. entscheidend zur Modernisierung der sowjet. Streitkräfte bei. Mit anderen Offizieren wurde er während der Großen →Tschistka 1937 verhaftet und wegen angebl. Spionage, Zusammenarbeit mit dt. Militärkreisen sowie antisowjet. Verschwörung in einem Geheimprozess zum Tode verurteilt. Im Rahmen der 1956 eingeleiteten Entstalinisierung wurde T. rehabilitiert.

R. STRÖBINGER: Stalin enthauptet die Rote Armee. Der Fall T. (1990).

Michail Nikolajewitsch Tuchatschewskij

Tuchbindung, *Textiltechnik:* →Leinwandbindung.

Tucheler Heide, poln. **Bory Tucholskie** [ˈbɔri tuˈxɔlskjɛ], Kiefernwaldgebiet (1 200 km²) in Polen, auf der SO-Abdachung des Pommerschen Höhenrückens, zw. Brahe und unterer Weichsel, mit zahlr. Seen und einem 370 km² großen Naturschutzgebiet (Eiben). Zentrum ist **Tuchel** (poln. **Tuchola,** 13 900 Ew.).

Tucher|altar, →Meister des Tucheraltars.

Tuch|halle, das →Gewandhaus.

Tuchman [ˈtʌtʃmən], Barbara, geb. **Wertheim,** amerikan. Journalistin und Historikerin, * New York 30. 1. 1912, † Greenwich (Conn.) 6. 2. 1989; 1936–38 Kriegsberichterstatterin in Spanien, im Zweiten Weltkrieg in London; wurde bekannt als Autorin anschaul. Darstellungen histor. Stoffe, so durch ›Bible and sword‹ (1956; dt. ›Bibel und Schwert‹) zur Gesch. Israels, ›The guns of August‹ (1962; dt. ›August 1914‹) über die Ursachen des Ersten Weltkriegs und ›A distant mirror‹ (1978; dt. ›Der ferne Spiegel‹) über die Umbrüche in Europa im 14. Jahrhundert.

Weitere Werke: *Histor. Darstellungen:* The proud tower (1966; dt. Der stolze Turm); Stilwell and the American experience in China 1911–45 (1970; dt. Sand gegen den Wind. Amerika u. China 1911–1945); The march of folly (1984; dt. Die Torheit der Regierenden); The first salute (1988; dt. Der erste Salut). – *Essays:* Practicing history (1981; dt. In Gesch. denken).

Tucholsky, Kurt, Pseudonyme **Kaspar Hauser, Peter Panter, Theobald Tiger, Ignaz Wrobel,** Schriftsteller und Journalist, * Berlin 9. 1. 1890, † (Selbstmord) Hindås (bei Göteborg) 21. 12. 1935; wurde nach Jurastudium, Teilnahme am Ersten Weltkrieg und kurzem Bankvolontariat Literatur- und Theaterkritiker der Zeitschrift ›Die Schaubühne‹ (ab 1918 ›Die Weltbühne‹), die er 1926 nach dem Tod seines Mentors S. JACOBSOHN bis Oktober 1927 herausgab und die sich unter seinem Einfluss von einer reinen Theaterzeitschrift zu einem Organ der linken Intellektuellen entwickelte; lebte ab 1924 als Korrespondent in Paris, ab 1929 ständig in Schweden, von wo aus er zahlr. Reisen unternahm; 1933 wurden seine Werke von den Nationalsozialisten verbrannt, er selbst aus Dtl. ausgebürgert und verfemt. Krank und deprimiert von den polit. Verhältnissen in Dtl., nahm er sich das Leben. – T. war ein brillanter Satiriker mit Vorliebe für Kleinformen der Prosa und der Versdichtung; oft war der Einfluss des Kabarettistischen (Sketch, Chanson) formbestimmend. In sprachlich virtuosen Kritiken, Feuilletons, satir. Skizzen und Gedichten setzte er sich mit Nationalismus, Militarismus, Korruption in der Justiz und im Pressewesen sowie dem Nationalsozialismus auseinander. Die Zeitkritik des radikalen Pazifisten und Demokraten T. beruhte auf aufklärer. Ideen; inhaltlich lassen sich Einflüsse von G. C. LICHTENBERG, formal von H. HEINE nachweisen. T. schrieb neben sarkast. und iron. Werken die erfolgreichen heiteren Romane ›Rheinsberg. Ein Bilderbuch für Verliebte‹ (1912) und ›Schloß Gripsholm‹ (1931).

Weitere Werke: Der Zeitsparer (1914); Fromme Gesänge (1919); Träumereien an preuß. Kaminen (1920); Ein Pyrenäenbuch (1927); Mit 5 PS (1928); Deutschland, Deutschland über alles. Ein Bilderbuch (1929, mit J. HEARTFIELD); Das Lächeln der Mona Lisa (1929); Lerne lachen ohne zu weinen (1931); Christoph Kolumbus oder Die Entdeckung Amerikas (UA 1932, hg. 1985, mit W. HASENCLEVER).

Ausgaben: Ausgew. Werke, bearb. v. F. J. RADDATZ, 2 Bde. (Neuausg. 1994); Ges. Werke, hg. v. M. GEROLD-TUCHOLSKY u. F. J. RADDATZ, 10 Bde. (182.–201. Tsd. 1995); Gesamtausg. Texte u. Briefe, hg. v. A. BONITZ u. a., auf zahlr. Bde. ber. (1996 ff.).

P. GÖDER-STARK: Das K.-T.-Archiv (1978); ›Entlaufene Bürger‹. K. T. u. die Seinen, bearb. v. JOCHEN MEYER u. a., Ausst.-Kat. (1990); A. BONITZ u. T. WIRTZ: K. T. Ein Verz. seiner Schriften, 3 Bde. (1991); T. heute. Rückblick u. Ausblick, hg. v. I. ACKERMANN u. a. (1991); M. HEPP: K. T. Biograph. Annäherungen (1993); DERS.: K. T. (1998); H. BEMMANN: K. T. Ein Lebensbild (Neuausg. 1994); KLAUS-PETER SCHULZ: K. T. (146.–148. Tsd. 1995); DERS.: Wer war T.? (1996).

Kurt Tucholsky

Tucker [ˈtʌkə], **1)** Archibald Norman, brit. Afrikanist, * Kapstadt 10. 3. 1904, † London 16. 7. 1980; Prof. in London, machte sich bes. um die erstmalige exakte Aufnahme und Beschreibung zahlr. afrikan. Sprachen (bes. ihrer komplizierten Lautstruktur und Tonalität) verdient.

Werke: The eastern Sudanic languages (1940, Nachdr. 1967); The non-Bantu languages of North-Eastern Africa (1956, mit M. A. BRYAN); Linguistic analyses. The non-Bantu languages of North-Eastern Africa (1966).

2) James, austral. Schriftsteller engl. Herkunft, * Bristol 1808, † Sydney 1888(?); wohl mit 18 Jahren nach Australien verbannt; gilt als Autor des einflussreichen frühen Sträflingsromans ›Ralph Rashleigh. Or, The life of an exile‹ (entstanden 1844/45; in bearbeiteter Fassung hg. 1929) und verfasste das Theaterstück ›Jemmy Green in Australia‹ (hg. 1955).

3) Richard, eigtl. **Reuben Ticker** [ˈtɪkə], amerikan. Sänger (Tenor), * New York 28. 8. 1913, † Kalamazoo (Mich.) 8. 1. 1975; debütierte 1945 an der Metropolitan Opera in New York, dem er bis zu seinem Tod war, und trat u. a. auch an der Mailänder Scala und der Covent Garden Opera in London auf. Er wurde bes. als Interpret des ital. und frz. Heldenfachs bekannt; war auch Konzertsänger.

4) William, brit. Bildhauer, * Kairo 28. 2. 1935; lebt seit 1937 in Großbritannien. Beeinflusst v. a. von A. CARO, entwickelte er abstrakte Skulpturen aus Stahlplatten, Fiberglas, industriell gefertigten Balken und Röhren, z. T. in farbiger Fassung.

Richard Tucker

Tuckwell ['tʌkwel], Barry Emmanuel, austral. Hornist und Dirigent, *Melbourne 5. 3. 1931; war 1955–68 Mitgl. des London Symphony Orchestra, unterrichtete 1963–74 an der Royal Academy of Music in London und gründete 1968 das T. Wind Quartet. 1982 wurde er Chefdirigent des ebenfalls von ihm gegründeten Maryland Symphony Orchestra, 1993 Gastdirigent der Northern Sinfonia. Sein solist. Repertoire reicht vom Barock bis zur zeitgenöss. Musik.

Tudela: Puerta de Juicio (um 1200) an der Westfassade der Kathedrale

Franjo Tudjman

Tucson [tuːˈsɔn], Stadt in SO-Arizona, USA, 730 m ü. M., am Rand der Sonorawüste, (1995) 447 100 Ew. (1950: 45 500 Ew.); die Metrop. Area hat (1995) 752 400 Ew.; kath. Bischofssitz; University of Arizona (gegr. 1885); Zentrum der astronom. Forschung mit Observatorien (30–65 km entfernt) auf dem Mount Lemmon, dem Kitt Peak und dem Mount Hopkins; Kunst-, archäolog., Pferde- und Sonorawüste-Museum (v. a. Freilichtmuseum); bei T. Naturschutzgebiet ›Saguaro National Monument‹ für den Saguaro (→Riesenkaktus). T. ist wirtschaftl. Mittelpunkt eines Gebietes mit Bergbau (Kupfer-, Zink-, Silbererz), Rinderweidewirtschaft und Bewässerungsfeldbau (Zitrusfrüchte, Baumwolle, Gemüse), Standort von Flugzeug-, elektron. und opt. Industrie sowie Erholungsort (trockenes, sonniges Klima); internat. Flughafen. – Seit etwa 900 v. Chr. ist die Gegend besiedelt, 1692 kamen Jesuiten als erste Weiße an. 1700 entstanden mehrere Missionsstationen, 1776 wurde T. ein Posten der span. Armee. Bis 1853 mexikanisch, wurde T. 1862 von Truppen der Konföderierten Staaten besetzt. 1867–77 Hauptstadt des Territoriums Arizona; nach der Anbindung an die Eisenbahn 1880 nahm die Stadt einen raschen Aufschwung.

Tucumán, Name von geographischen Objekten:
1) Tucumán, Prov. in NW-Argentinien, in den Pampinen Sierren und ihrem östl. Vorland, 22 524 km², 1,21 Mio. Ew.; Hauptstadt ist San Miguel de Tucumán; größtes Zuckerrohranbaugebiet Argentiniens, auch Anbau von Obst, Gemüse, Kartoffeln, Tabak; Viehhaltung.
2) San Miguel de Tucumán [- miˈɣɛl -], Stadt in NW-Argentinien, 440 m ü. M., am Fuß der Nevados del Aconquija, 622 300 Ew.; Erzbischofssitz; zwei Univ., Museen; Zuckerfabriken, Textil-, Holz-, Zement- u. a. Industrie; Fremdenverkehr; Flughafen. – T., 1565 gegr., entwickelte sich zu einem wichtigen Handelszentrum. – Bei T. schlug der argentin. General MANUEL BELGRANO (*1770, †1820) am 24. 9. 1812 die Spanier; auf dem **Kongress von T.** verkündeten am 9. 7. 1816 die Vereinigten La-Plata-Prov. ihre Unabhängigkeit von Spanien.

Tucupita, Hauptstadt des Territoriums Delta Amacuro, NO-Venezuela, im Orinocodelta, 41 000 Ew.;

Zentrum eines Erdölfelds mit Raffinerie sowie von Agrarreformsiedlungen in eingedeichtem Poldergebiet.

Tudeh-Partei [pers. tūdahʰ ›Volk‹], nach der Besetzung Irans durch die UdSSR und Großbritannien im September 1941 von Kommunisten gegründete iran. Partei. Eine Parallelorganisation, die Demokrat. Partei Aserbaidschans (DPA), rief im iran. Teil Aserbaidschans am 12. 12. 1945 eine Volksrepublik aus und stellte deren sezessionist. Reg. (1945/46). 1949 verboten, wirkte die T.-P. bis zum Sturz des Schah-Regimes 1979 illegal; 1983 wurde sie erneut verboten.

Tudela [tuˈðela], Stadt in der Region Navarra, NO-Spanien, 324 m ü. M., auf einem Riedelsporn an der Mündung des Queiles in den Ebro, 27 000 Ew.; Bischofssitz; zentraler Ort der bewässerten Agrarlandschaft Ribera (Frühgemüse, Obst, Wein) mit Zucker-, Gemüsekonserven-, Textilindustrie; Verkehrsknotenpunkt. – Die alte Bischofsstadt hat zahlr. Kirchen und Paläste (u. a. Casa del Almirante, 16. Jh.). An der Kathedrale (12.–13. Jh.) qualitätvoller bauplast. Schmuck, bes. am W-Portal (Puerta de Juicio, um 1200) und an den Kapitellen des Kreuzgangs (Darstellungen aus dem N. T.); 19-bogige, urspr. röm. Ebrobrücke. – T. wurde 802 als arab. Stadt **Tuṭīla** auf altbesiedeltem Boden gegründet. Nach der Eroberung durch ALFONS I. von Aragonien Anfang des 12. Jh. lebten hier Christen, Morisken und Juden friedlich in eigenen, noch heute erkennbaren Vierteln zusammen bis ins 16. Jh.; aus der jüd. Gemeinde gingen so hervorragende Gelehrte wie BENJAMIN AUS T. und JEHUDA BEN SAMUEL HALLEVI hervor.

Tudertīnus, Jacobus, ital. Dichter, →Iacopone, I. da Todi.

Tudjman ['tudʒ-], **Tuđman,** Franjo, kroat. Politiker, *Veliko Trgovišće (bei Zagreb) 14. 5. 1922; Offizier, Historiker; nahm ab 1941 am Partisanenkampf TITOS gegen die Ustascha sowie gegen die dt. und ital. Besatzungsmacht teil; urspr. Mitgl. der KP und des späteren ›Bundes der Kommunisten Jugoslawiens‹ (BDKJ), schied als Generalmajor 1961 aus der jugoslaw. Volksbefreiungsarmee aus. Ab 1963 außerordentl. Prof. der polit. Wiss. an der Univ. Zagreb, entwickelte sich T. zu einem Verfechter der kroat. Eigenständigkeit. Er wurde 1967 aus dem BDKJ ausgeschlossen und war (u. a. wegen ›staatsfeindl. Propaganda‹) 1971–73 und 1981–84 in Haft. Am 28. 2. 1989 gründete T. die ›Kroat. Demokrat. Gemeinschaft‹ (kroat. Abk. HDZ; zuletzt 1998 als Partei-Vors. bestätigt). Als Vors. des Staatspräsidiums (ab 30. 5. 1990) trug er maßgeblich zur Ausrufung der Unabhängigkeit Kroatiens 1991 bei und vermochte als Staatspräs. (ab 2. 8. 1992) dessen territoriale Integrität 1991–95, bes. in der ›Krajina‹, militärisch und diplomatisch zu sichern. Zuletzt am 15. 6. 1997 als Präs. bestätigt; sein autokrat. Führungsstil ist nicht unumstritten.

Tudor ['tjuːdə], engl. Königshaus (1485–1603), das einem ab 1232 nachweisbaren walis. Geschlecht entstammte. OWEN T. (†1461), der in den Diensten HEINRICHS V. stand, heiratete dessen Witwe KATHARINA VON VALOIS und kämpfte mit seinem Sohn EDMUND T., Earl of Richmond (*um 1430, †1456), in den →Rosenkriegen aufseiten des Hauses →Lancaster. EDMUNDS Sohn HEINRICH gründete seinen umstrittenen Thronanspruch auf die Herkunft seiner Mutter MARGARET BEAUFORT (*1443, †1509), einer Urenkelin des JOHN OF GAUNT (STAMMTAFEL →Plantagenet). Die Entscheidung brachte schließlich HEINRICHS Sieg bei Bosworth (1485) über RICHARD III., nach dem er als HEINRICH VII. den Thron bestieg; durch seine Heirat (1486) mit ELISABETH (*1466, †1503), der Tochter EDUARDS IV., erreichte er den Ausgleich mit dem Haus →York. Ihm folgten sein Sohn HEINRICH VIII. (1509–47) und dessen Kinder EDUARD VI.

(1547–53), MARIA I. (1553–58) und ELISABETH I. (1558–1603). Nach ELISABETHS Tod wurde der Thronanspruch des schott. Königshauses →Stuart wirksam. STAMMTAFEL S. 408/409

Tudor ['tju:də], **1)** Antony, eigtl. **William Cook** [kʊk], brit. Tänzer und Choreograph, *London 4. 4. 1908, †New York 19. 4. 1987; choreographierte u. a. für das Ballet Rambert, ging 1940 nach New York, wo er u. a. für das American Ballet Theatre tätig war. Seine ›psycholog.‹ Choreographien behandeln menschl. Beziehungen und Charaktere sowie seel. Zustände.

Choreographien: Jardin aux lilas (1936); Dark elegies (1937); Gala performance (1938); Pillar of fire (1941); Echoes of trumpets (1963); The leaves are fading (1976).

2) David Eugene, amerikan. Pianist und Komponist, *Philadelphia (Pa.) 20. 1. 1926, †Tomkins Cove (N. Y.) 13. 8. 1996; widmete sich als Pianist v. a. der Avantgarde und arbeitete mit J. CAGE sowie der Merce Cunningham Dance Company zusammen. Seine (meist multimedialen) Kompositionen beziehen neben elektron. und Lichteffekten auch szen. Darbietungsformen (Theater, Tanz), ferner Film und Fernsehen als Mittel künstler. Aussage mit ein.

Tudorstil ['tju:də-, nach dem engl. Königshaus Tudor], Spätphase der engl. Gotik bis zum Reg.-Antritt ELISABETHS I. (1558). Ausgehend vom ›Perpendicular Style‹, entwickelte der T. eine bes. reiche Formensprache. Als Hauptbau gilt die Lady Chapel HEINRICHS VII. (1503–12) am Chor von Westminster Abbey in London mit reichem Fächergewölbe und hängenden Schlusssteinen. – Als **Tudorbogen** wird ein über Segmenten zweier kleiner Kreise und eines großen Kreises errichteter Bogen bezeichnet, der bereits ab dem späten 14. Jh. in der engl. Architektur gebräuchlich war.

Tuff [ital. tufo, von gleichbedeutend lat. tofus] der, -s, Geologie: **1)** vulkanischer T., Bez. für nachträglich verfestigte vulkan. Auswurfmassen versch. Korngrößen (v. a. Ascheteilchen und →Lapilli), oft mit Nebengesteinsfragmenten. Nach Art der Förderung werden unterschieden: Staub-, Aschen-, Bimsstein-, Lapilli-, Schlacken- und Bomben-T. Mineralogisch entsprechen die T. den versch. Ergussgesteinen (z. B. Rhyolith-, Trachyt-, Basalt-T.); z. T. enthalten sie große Kristalle von Plagioklas, Augit u. a. (**Kristall-T.**) oder bestehen weitgehend aus Glasfragmenten (**Glas-T.**). Dagegen enthält der **Pisolith-T.** durch Regentropfen entstandene, verfestigte Staubkügelchen. T. sind geschichtet, bilden Decken oder Aufschüttungskegel und wechseln in Stratovulkanen mit Schichten aus Ergussgesteinen (Lavaströmen). Wegen ihrer Ablagerung durch Wind oder Wasser werden die vulkan. T. zu den Sedimenten gerechnet (pyroklast. Gesteine).

2) Bez. für Sedimente von Calciumcarbonat oder Kieselsäure aus Quellen, z. B. poröser Kalk-T. (→Travertin) oder kompakter →Kalksinter. Aus heißen Quellen setzen sich gebänderte oder kleinkugelige Aragonit- (Karlsbader Erbsenstein) oder Kieselsinter ab.

H.-E. SCHWIETE u. U. LUDWIG: Der T., seine Entstehung u. Konstitution u. seine Verwendung im Baugewerbe im Spiegel der Lit. (1961).

Tuffit der, -s/-e, mit nichtvulkan. klast. Sedimenten wechsellagernde, geschichtete Ablagerung aus vulkan. Lockermassen (Tuffen); die Zumischung kann während der Eruption oder durch Umlagerung nach der Eruption erfolgt sein. Ein submarin gebildeter T. ist z. B. der →Schalstein des Lahn-Dill-Gebietes.

Tuftingmaschine ['tʌftɪŋ-; engl., zu to tuft ›in Büscheln anordnen‹], Textiltechnik: Vielnadelmaschine, die mit einer Nadelreihe in eine vorgelegte Textilfläche (z. B. Jute-, Baumwoll-, Glas- oder Synthetikbändchengewebe, Vlies) Florfäden mit Blindstichen einnäht. Die Florfäden werden von einem Großspulengatter durch Röhren zugeführt, Greifer halten die Fäden nach dem Einstich der Nadeln zurück, sodass Schlingenflor gebildet wird. Die Kombination der Greifer mit Messern gestattet es, die Schlingen während des Tuftens aufzuschneiden, um Velours zu bilden. Durch Steuerung der Fadenzuführung können Muster eingearbeitet werden.

Tuftingteppich ['tʌftɪŋ-, engl.], **Tufted-Teppich** ['tʌftɪd-], der →Nadelflorteppich.

Tu Fu, chin. Dichter, →Du Fu.

Tugan-Baranowskij, Michail Iwanowitsch, russ. Volkswirtschaftler und Politiker, *Gebiet Charkow 8. 1. 1865, †(in der Eisenbahn zw. Kiew und Odessa) 21. 1. 1919; Prof. in Sankt Petersburg (1895–99, 1905–13) und Kiew (seit 1917). Ab 1905 war er Mitgl. der Konstitutionell-Demokrat. Partei (Kadetten), 1917 vorübergehend Finanz-Min. der ukrain. National-Reg. Urspr. Marxist, vertrat er später revisionist. Positionen und versuchte, marxist. Gedankengut mit Ansätzen der histor. Schule und der Grenznutzenschule zu verbinden; galt als Theoretiker des ›legalen Marxismus‹. Bekannt wurde T.-B. v. a. durch die These, dass Krisen durch die Disproportionalität zw. Investition, Sparen und Konsumtion verursacht werden.

Werke: Russkaja fabrika v prošlom i nasto – jaš čem (1898; dt. Geschichte der russ. Fabrik); Teoretičeskie osnovy Marksizma (1905; dt. Theoret. Grundl. des Marxismus); Sovremennyj socializm v svoem istoričeskom razvitii (1906; dt. Der moderne Sozialismus in seiner geschichtl. Entwicklung); Osnovy političeskoj ekonomii (1909).

Tugela [Zulu ›der Erschreckende‹, ›der Bestürzende‹], Fluss in der Prov. KwaZulu/Natal, Rep. Südafrika, 520 km lang, entspringt, nur einige Hundert Meter von der Quelle des Oranje entfernt, in den Drakensbergen, 3282 m ü. M. auf dem Mont-aux-Sources. Er überwindet die Große Randstufe in mehreren Wasserfällen (der größte Einzelfall mit 411 m ist der höchste des Landes), nimmt zahlr. Nebenflüsse auf, bildet im letzten Teil des Unterlaufs die S-Grenze von Zululand und mündet 85 km nördlich von Durban in den Ind. Ozean. Der T. verursachte 1987 eine verheerende Flutkatastrophe. – Für das **T.-Vaal-Projekt** ist der T. mehrfach gestaut (Spioenkop-Damm, staut 282 Mio. m³ Wasser; Woodstock-Damm, 383 Mio. m³ Wasser), durch Pumpen wird Wasser (20 m³/s) über die Große Randstufe in das 500 m höher liegende Flusssystem des →Vaal transportiert (jährlich 555 Mio. m³); dort wird es durch den Sterkfontein-Damm (mit 18,5 Mio. m³ der größte des Landes) gespeichert (Stauvermögen von 2617 Mio. m³). Bei Spitzenbedarf der Energieversorgung kann das Wasser zurückgeleitet werden; die vier Pumpen dienen dann als Generatoren (je 250 MW).

Tugend [ahd. tugund, eigtl. ›Tauglichkeit‹, ›Kraft‹], Bez. für die Lebenshaltung, die das sittlich Gute erstrebt und die der Mensch in Freiheit durch permanente Übung erwirbt; urspr. Tauglichkeit oder Tüchtigkeit einer Sache (→Arete). T. bezeichnete zunächst allg. jede vollkommen entwickelte menschl. Fähigkeit auf geistigem und seel. Gebiet, das Vermögen, Leistungen zu vollbringen, die man als wertvoll anerkennt. Die Frage nach Wesen und Möglichkeit von T. wurde bereits von den antiken Philosophen als Thema der Ethik erörtert. Während noch die Sophisten T. als Technik des bestmögl. Sichbehauptens in einer feindl. Umwelt bestimmten, begann mit SOKRATES ein Prozess der Vergeistigung des Begriffs: T. wurde im Zusammenhang mit dem sozialen und sittl. Handeln definiert als Gesinnung des inneren Menschen, die auf Verwirklichung moral. Werte ausgerichtet ist. PLATON konzentrierte den Katalog versch. Einzel-T. auf die vier Grund- oder Haupttugenden (→Kardinaltugenden) Weisheit, Tapferkeit, Besonnenheit und Ge-

Tudorstil: Tudorbogen

Tugend: Skulptur am Westportal des Straßburger Münsters; um 1275

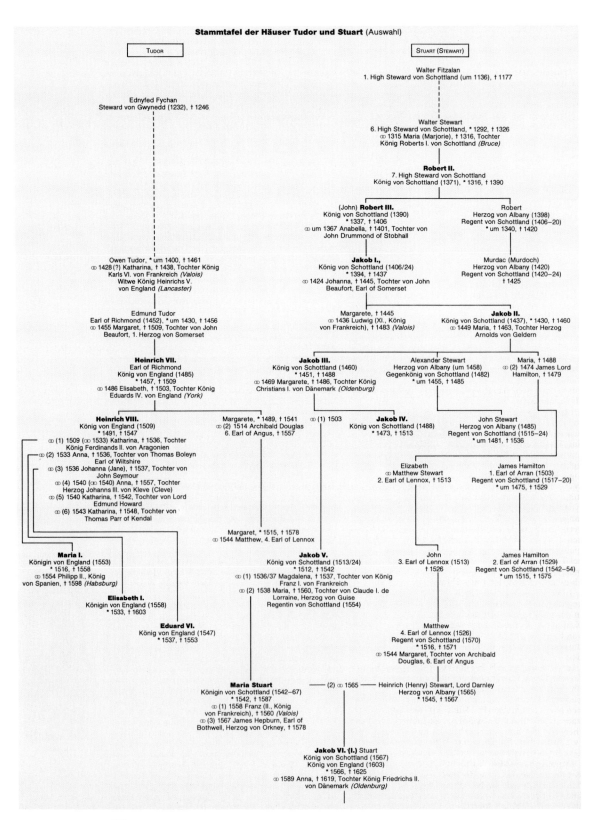

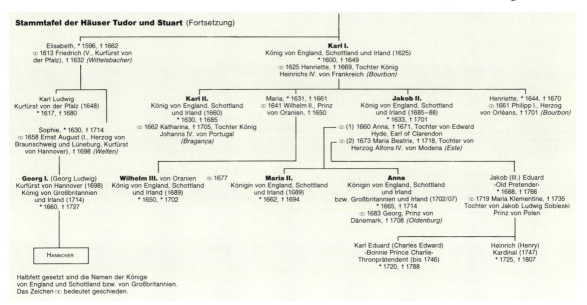

rechtigkeit. ARISTOTELES hob die dianoet. (Verstandes-)T. von den eth. T. ab, die im Finden und Einhalten der jeweils richtigen Mitte zw. Extremen bestehen. Die Stoiker und die Epikureer bestimmten die T. von ihren philosoph. Denkgebäuden her, die einen als vernunft- und naturgemäßes (asket.) Leben, die anderen als Suche nach wahrer und dauerhafter (d. h. nicht zügelloser) Lust. Eine systemat. T.-Lehre wurde im Anschluss an PLATON und ARISTOTELES von der christlich-mittelalterl. Philosophie entwickelt; sie ergänzte das überlieferte T.-System (der Kardinal-T. und der mitmenschl. T. wie Nächstenliebe, Hingabe, Wahrhaftigkeit, Treue u. a.) durch die drei ›göttl.‹ oder ›theolog.‹ T. Glaube, Hoffnung, Liebe (1. Kor. 13, 13). – Wie sehr der Begriff auf die jeweilige geschichtl. Situation bezogen ist, zeigt sich z. B. daran, dass in der Neuzeit das Bürgertum standesbezogene Wertvorstellungen (Ordnung, Fleiß, Sparsamkeit u. a.) zu ›bürgerl. T.‹ erhob. Gegenwärtig werden als sittl. Haltungen v. a. Solidarität und Toleranz gefordert. Da es nicht möglich ist, ein geschlossenes System von Einzel-T., die für alle Zeit Gültigkeit hätten, zu bestimmen, spricht man heute eher von Wert einer sittl. Handlung als von der T. des Handelnden.

In der *Dichtung* wie auch in der *bildenden Kunst* begegnet die Personifikation von T. und Lastern schon in der griech., häufiger noch in der röm. Antike. Der Kampf zw. T. und Lastern wurde literarisch erstmals von PRUDENTIUS in dem Lehrgedicht ›Psychomachia‹ dargestellt und v. a. im MA. oft aufgegriffen (z. B. in den →Moralitäten). Die christl. Kunst knüpfte an antike Vorbilder an, z. B. bei der Darstellung des Kampfes zw. T. und Laster oder der über das Laster triumphierenden T. (u. a. Westportalskulpturen des Straßburger Münsters); Kampf- oder Triumphmotiv können aber auch fehlen (Fresken GIOTTOS in der Arenakapelle in Padua). Seit karoling. Zeit werden die drei theolog. und die vier Kardinal-T. auch einzeln und (v. a. seit dem 13. Jh.) mit Attributen dargestellt: Glaube mit Taufbecken, Kreuz, Kelch; Hoffnung mit Olivenzweig, Anker; Liebe mit Speise und Trank, Kindern, flammendem Herzen; Weisheit mit Buch, Schlange, Spiegel; Tapferkeit mit Waffen; Besonnenheit mit Fackel und Krug oder zwei Krügen; Gerechtigkeit mit Waage, Schwert.

M. SCHELER: Zur Rehabilitierung der T. (Neuausg. Zürich 1950); V. JANKELEVICH: Traité des vertus, 3 Bde. (Neuausg. Paris 1968–72); J. KUBE: Techne u. Arete. Sophist. u. platon. T.-Wissen (1969); Ritterl. T.-System, hg. v. G. EIFLER (1970); R. FISCHER-WOLLPERT: Wege ins Wirkliche. Selbstverwirklichung u. Grund-T. (1979); O. F. BOLLNOW: Wesen u. Wandel der T. (99.–102. Tsd. 1981); Ordnung, Fleiß u. Sparsamkeit. Texte u. Dokumente zur Entstehung der ›bürgerl. T.‹, hg. v. P. MÜNCH (1984); J. RATTNER: Was ist T., was ist Laster? Tiefenpsychologie u. Psychotherapie als angewandte Ethik (1988); Eth. Perspektiven: ›Wandel der T.‹, hg. v. H.-J. BRAUN (Zürich 1989); H. WITZENMANN: Die T. (Dornach 1989); F. NIETZSCHE: Unsere T., in: DERS.: Jenseits von Gut u. Böse (Neuausg. ¹¹1991); J. PIEPER: Das Viergespann. Klugheit, Gerechtigkeit, Tapferkeit, Maß (⁶1991); R. GUARDINI: T. Meditationen über Gestalten sittl. Lebens (⁴1992); B. HÄRING: Wege zum Sinn. Eine zeitgemäße T.-Lehre (Graz 1997).

Tugendhat, Ernst, Philosoph, * Brünn 8. 3. 1930; 1966–75 Prof. in Heidelberg, 1975–80 Mitarbeit am

Tugend: Andrea Mantegna, ›Sieg der Tugend über die Laster‹; um 1502 (Paris, Louvre)

Tuilerien: Palais des Tuileries (im Hintergrund der Louvre) vor der Zerstörung 1871; Ausschnitt aus einer Lithographie von Charles Fichot

Max-Planck-Inst. in Starnberg, seit 1980 Prof. an der FU Berlin. Ausgehend von der Wahrheitsfrage bei E. HUSSERL und M. HEIDEGGER und anknüpfend an die philosoph. Tradition seit der Antike, entwarf T. das Programm einer sprachanalyt. ›ersten Philosophie‹, davon ausgehend, dass alle philosoph. Fragestellungen ihrem Wesen nach sprachlich und auf einer sprachanalyt. Grundlage zu behandeln seien. In neuerer Zeit beschäftigte er sich v. a. mit Fragen der prakt. Philosophie.
Werke: Ti kata tinos. Eine Unters. zu Struktur u. Ursprung aristotel. Grundbegriffe (1958); Vorlesungen zur Einf. in die sprachanalyt. Philosophie (1976); Selbstbewußtsein u. Selbstbestimmung. Sprachanalyt. Interpretationen (1979); Probleme der Ethik (1984); Ethik u. Politik. Vorträge u. Stellungnahmen aus den Jahren 1978–1991 (1992); Vorlesungen über Ethik (1993); Dialog in Leticia (1997).

Tugendkataloge, neutestamentl. Wiss.: →Lasterkataloge.

Tugendrose, →Goldene Rose.

Tuggurt, frz. **Touggourt** [tu'gurt], **Tughghurt** [tu-'gurt], Stadt in Algerien, →Touggourt.

Tugh [türk.] der, -s/-s, ein Rossschweif als Zeichen militär. Ranges bei den Osmanen, anstelle des von den zentralasiat. Türken als Standarte verwendeten Yakschwanzes. Der Rang wurde durch die Anzahl der (bis zu neun) Rossschweife bezeichnet.

Tugrik, Abk. **Tug.,** Währungseinheit in der Mongolei; 1 T. = 100 Mongo.

Tugurios [span., eigtl. ›(Schäfer)hütte‹] der, -/-s, Bez. für die innerstädt. Elendsviertel in den Großstädten der Anden, v. a. Kolumbiens.

Tugwell ['tagwel], **Rexford Guy,** amerikan. Politiker und Wirtschaftswissenschaftler, *Sinclairville (N. Y.) 10. 7. 1891, †Santa Barbara (Calif.) 21. 7. 1979; lehrte 1920–37 Volkswirtschaft an der Columbia University in New York; befürwortete staatl. Wirtschaftsplanung und Lenkungsmechanismen wie z. B. Preiskontrollen zur Herausbildung von rationalen kollektiven wirtschaftl. Verhaltensnormen. Ab 1932 Mitgl. in F. D. ROOSEVELTS →Braintrust, wurde T. ein führender Vertreter des →New Deal. Nach dem Wahlsieg ROOSEVELTS in das Landwirtschaftsministerium berufen, wo er (ab 1934 Unterstaatssekretär) mit der Planung und Durchführung des Agricultural Adjustment Act betraut war, gewann T. auch großen Einfluss auf andere Bereiche der Reform. 1936 verließ er u. a. aus Protest gegen die für ihn unzureichende staatl. Wirtschaftsplanung die Reg. Als Gouv. von Puerto Rico (1941–46) bemühte er sich um eine Verbesserung der wirtschaftl. und sozialen Verhältnisse. 1946–57 war er Prof. für Politikwiss.en an der University of Chicago.
Werke: The economic basis of public interest (1922); The stricken land, ... (1946); The brains trust (1968); To the lesser heights of Morningside. A memoir (1982).

TUI, Abk. für **Touristik Union International GmbH & Co. KG** [tu-], größter europ. Touristikkonzern, der primär im Pauschalreisegeschäft tätig ist, gegr. 1968; Sitz: Hannover. Zum Konzern gehören rd. 90 Tochtergesellschaften (z. B. Airtours International GmbH, Wolters Reisen GmbH, Robinson Club) und 44 assoziierte Unternehmen im In- und Ausland sowie 132 eigene Hotels. Kapitaleigner (Stand März 1998) sind die Dt. Bahn AG (20%), die Hapag-Lloyd AG (30%), die Westdt. Landesbank Girozentrale (30%) und die Schickedanz Holding Stiftung & Co KG (20%). Konzernumsatz (1996/97): 8,5 Mrd. DM, Beschäftigte: rd. 9 300.

Tuilerien [tɥilə'ri:ən], Parkanlage in Paris auf dem rechten Seineufer, 1664 ff. von A. LE NÔTRE angelegt. Bis zum Kommuneaufstand im Mai 1871 lag hier das **Palais des Tuileries,** ein Schloss der frz. Könige. An der Stelle von Ziegeleien (tuileries) ließ KATHARINA VON MEDICI den Bau 1564 als Lustschloss durch P. DELORME beginnen und von J. BULLANT 1570 nach reduzierten Plänen fortführen, 1572 aber einstellen. Der von DELORME errichtete Flügel mit Mittel- und Seitenpavillons wurde mit dem Louvre durch eine lange Galerie verbunden.

Tuisto, nach TACITUS (Germania, Kap. 2) der erdgeborene Gott der Germanen, der als Zwitter gedacht wurde. Sein Sohn Mannus galt als erster Mensch und als Stammvater der Germanen.

Tuja, Volk in China, →Tujia.

Tujamunit [nach der Grube Tjuja-Mujun bei Fergana, Turkestan] der, -s/-e, **Tjujamunit, Tyuyamunit,** gelbes bis orangefarbenes, auch grünliches, rhomb. Mineral der chemischen Zusammensetzung $Ca(UO_2)_2(VO_4)_2 \cdot 5-8H_2O$, einer der →Uranglimmer; Härte nach MOHS 2, Dichte 3,68 g/cm³; meist pulvrig.

Tujetsch, dt. **Tavetsch** das, oberster Talabschnitt des Vorderrheins, zw. Oberalppass und Disentis, Kt. Graubünden, Schweiz, 1 200–2 000 m ü. M., 134 km², 1 500 Ew., Hauptort ist Sedrun; Sommerfrische und Wintersportgebiet (Seilbahnen und Skilifte).

Tujia [-dʒia], **Tuja, Tuchia, Piseka,** Volk ungeklärter Herkunft in NW-Hunan und benachbarten Gebieten von Sichuan und Hubei, China. Die etwa 5,7 Mio. T. sprechen eine sinotibet. Sprache. Im Wirtschaftsleben werden Landwirtschaft und Handwerk zunehmend durch Industriebetriebe ergänzt.

Tuka, Vojtěch, slowak. Politiker, *Piargy (bei Kremnitz) 4. 7. 1880, †(hingerichtet) Preßburg 20. 8. 1946; Jurist, ab 1925 Gen.-Sekr. der ›Slowak. Volkspartei‹, wurde 1929 wegen Hochverrats zu 15 Jahren Zuchthaus verurteilt, 1938 begnadigt. 1939 war er Innen-Min., 1939–44 Min.-Präs., 1940–44 zugleich Außen-Min. der Slowakei.

Tukai, Gabdulla, tatar. Dichter und Publizist, *Kuschlautsch 26. 4. 1886, †Kasan 15. 4. 1913; der führende Vertreter der nach 1905 entwickelten tatar. Poesie. Sein Werk besteht aus meist kurzen lyr. und satir. Gedichten. T. schrieb zuerst im traditionellen Stil der oriental. Poesie, später unter Einfluss der europ. Romantik; er trug maßgeblich zur Schaffung einer modernen kasantatar. Literatursprache bei.

Tukan ['tu:kan, tu'ka:n], **Tucana,** Abk. **Tuc,** unscheinbares Sternbild des südl. Himmels; enthält die kleine →Magellansche Wolke.

Tukanbartvogel [ˈtuːkan-, tuˈkaːn-], Art der →Bartvögel.

Tukane [span. tucán, aus Tupí-Guaraní], *Sg.* **Tukan** *der, -s,* **Pfefferfresser, Rhamphastidae,** Familie der Spechtvögel mit rd. 40 neotrop. Arten. Zu den Kennzeichen der bis krähengroßen, meist kontrastreich gefärbten T. gehört u. a. der große, klobige, aber leicht gebaute, an den Rändern grob gezähnelte und oft bunte Schnabel. Sie bewohnen den Kronenbereich der Bäume und ernähren sich von Früchten und versch. kleineren Tieren. T. brüten in Höhlen; aus den zwei bis vier weißen Eiern schlüpfen unbedunte Junge. Größte Art ist der **Riesentukan** (Rhamphastus toco; Größe insgesamt 60 cm, davon entfallen 23 cm auf den Schnabel).

Tukane: Riesentukan (Größe 60 cm)

Tukano, Tucano, indian. Sprachfamilie mit einem östl. Zweig im Amazonastiefland Kolumbiens und NW-Brasiliens sowie einem westl. in W-Kolumbien, NO-Peru und O-Ecuador. Die Ost-T. zerfallen in 24 Stämme, darunter die (1981) 3 000–4 000 Daxsyẽ (die eigentl. T.), die 3 100 Pamíwa (Cubeo) und die 2 200 Ẽmẽkho Mahsãn (Wina oder Desana). Ein kompliziertes System aus Heiratsallianzen, Verwandtschaftsgruppierungen und sozialer Schichtung regelt das Verhältnis der Stämme untereinander und zu Nachbarvölkern. In jeweils einem der isoliert stehenden Langhäuser (bis 40 m lang) residieren die Mitglieder eines exogamen Lokalklans oder Klansegmentes. Die T. treiben Fischfang und Brandrodungsfeldbau.

Tukaram, ind. Dichter, * in der Nähe von Dehu (bei Pune) um 1608, †24. 2. 1649; gilt als der bedeutendste religiöse Marathi-Dichter. T. gehörte der Shudra-Kaste der Gemüsehändler an, entsagte nach dem Tod der Eltern und der Ehefrau dem weltl. Leben und schildert in Tausenden von Abhangas (Lieder mit Binnenreim) und Kirtans (mit Hymnengesang verbundene Predigten) seine spirituellen Erfahrungen.
Ausgabe: Psaumes du pèlerin, übers. v. G.-A. DEULERY (^{2}1956).
A. LOKHANDE: Tukārāma, his person and religion (Frankfurt am Main 1976).

Tukulor, frz. **Toucouleur** [tukuˈlœːr], **Tekarir, Futanke,** ein den negriden Völkern Senegals verwandtes, mit Fulbe, Mauren und Soninke vermischtes Volk beiderseits des Senegal in Mauretanien (150 000), Senegal (780 000) und Mali (40 000), daneben in Gambia und Guinea. Die rd. 1 Mio. T. sprechen Ful (→Fulbe) und hängen heute dem sunnit. Islam an. – Die T. bildeten im 9. Jh. am mittleren Senegal das Reich **Fouta-Toro (Tekrur),** das im 14. Jh. von Wolof und im 15. Jh. von Fulbe erobert wurde. Nach Beseitigung der Fulbeherrschaft beherrschten sie ab 1776 den Staat **Tekrur.** Unter dem religiösen Führer OMAR SAIDOU TALL (* 1797, †1864) errichteten sie Mitte des 19. Jh. ein Großreich, das bis zur frz. Eroberung um die Wende zum 20. Jh. weite Teile des heutigen →Mali umfaßte.

Tukulti-Ninurta I., assyr. König (1233–1197 v. Chr.); übernahm nach militär. Erfolgen, bes. in Syrien und Babylonien, die ein zeitgenöss. (babylon.) Epos verherrlicht, auch die Herrschaft in Babylon, wurde aber bei einem Aufstand ermordet. Er residierte zeitweilig in →Kar-Tukulti-Ninurta. In Assur wurde ein Kultsockel gefunden, auf dem der Herrscher dargestellt ist (Berlin, Vorderasiat. Museum).

Tukur, Ulrich Gerhard, Schauspieler, * Viernheim 29. 7. 1957; debütierte 1983 in Heidelberg; kam über Berlin und Zürich 1985 an das Dt. Schauspielhaus Hamburg, wo er unter P. ZADEK (wie 1984 in Berlin) und M. BOGDANOV spielte, ab 1995 künstler. Leiter (mit Regisseur ULRICH WALLER) der Hamburger Kammerspiele; auch Film- und Fernsehrollen.
Filme: Die weiße Rose (1982); Die Schaukel (1983); Stammheim (1985); Wehner – Die unerzählte Gesch. (1993, Fernsehfilm, 2 Tle.); Geschäfte (1995, Fernsehfilm); Nikolaikirche (1995, Fernsehfilm, 2 Tle., 1996 als Kinofilm); Der Mörder und sein Kind (1995, Fernsehfilm); Freier Fall (1997, Fernsehfilm); Ein Vater sieht rot (1997, Fernsehfilm).

Ulrich Tukur

Tula, Name von geographischen Objekten:
1) Tula, Gebietshauptstadt in Russland, 190 km südlich von Moskau, am rechten Okazufluss Upa, 532 000 Ew.; russisch-orth. Metropolitensitz; TU und PH, Regional-, Kunst- und Waffenmuseum, Theater, Philharmonie; Stahlguss- und Walzwerke, Bau von Land-, Bergbau- und Transportmaschinen sowie Motorrollern, Herstellung von Sport- und Jagdwaffen, Samowaren, Musikinstrumenten und Spielwaren, ferner chem., Textil-, Holz- und Nahrungsmittelindustrie; Verkehrsknotenpunkt, Flughafen. – Nach künstlich herbeigeführter Überschwemmung wurde der Kreml (1507–20) neu errichtet und T. zur befestigten Grenzstadt ausgebaut (1606–10); unter PETER I., D. GR., erfolgte eine planmäßige Stadtentwicklung mit radial auf den Kreml ausgerichteten Straßen. Im histor. Stadtzentrum mehrere Kirchen aus dem Ende des 17. und aus dem 18. Jh. – T., seit 1146 als Stadt im Fürstentum Rjasan bekannt, kam 1503 zu Moskau und wurde 1514–21 gegen die Krimtataren befestigt. Im 16./17. Jh. entstanden hier berühmte Eisen- und Waffenschmieden: 1632 errichtete der Holländer ANDREJ WINIUS († um 1652) eine Eisenmanufaktur und die erste Gewehrfabrik Russlands; 1712 gründete PETER I., D. GR., die erste Waffenfabrik. Seit 1775 Gouvernementshauptstadt, war T. im 19. Jh. wichtiger Handelsplatz, bes. für Silberarbeiten (→Tulaarbeiten).

2) Tula de Allende [- ðe aˈjende], Stadt im Bundesstaat Hidalgo, Mexiko, 2 066 m ü. M., 70 km nordwestlich der Stadt Mexiko, 31 000 Ew.; Bischofssitz; Erdölraffinerie. – Nahebei auf einem Gebirgsvorsprung liegt die altindian. Ruinenstätte **Tula (Tollan),** die einstige Hauptstadt der Tolteken (Blütezeit etwa 920–1160); der Siedlungsbereich umfasste etwa 14 km^2. Der zentrale Hauptplatz zeigt nur an zwei Seiten rechteckige, terrassierte Aufschüttungen (Bau B und C, durch eine Kolonnade verbunden). Auf einer Pyramide stehen die für T. typ., über 4 m hohen monumentalen Pfeiler aus Basalt (z. T. Kriegerfiguren, BILD →Tolteken). Reliefs an Gebäuden zeigen u. a. Krieger mit übergroß dargestellten Waffen, Adler, Jaguare und Kojoten, die Herzen verzehren. Von den Azteken wurden viele der Reliefs nach Tenochtitlán verschleppt. Die Wohnhäuser von T. waren einstöckige Bauten aus Steinmauerwerk mit flachen Dächern. Die Einwohnerzahl wird auf 30 000 geschätzt; künstl. Bewässerung wurde nachgewiesen. T. scheint ein Zent-

Tula 2): Zentraler Hauptplatz mit der die Atlanten tragenden Pyramide, davor die Säulenhalle

rum der Obsidianverarbeitung und Travertingewinnung gewesen zu sein.

R. A. DIEHL: T. The Toltec capital of ancient Mexico (London 1983).

Tula|arbeiten, Tulasilber [nach der russ. Stadt Tula], Metall-, bes. Silberarbeiten in Niellotechnik (→Niello), in der im 19. Jh. bes. Schmuck- und Gebrauchsgegenstände (Dosen, Besteckteile u. a.) verziert wurden.

Tulach Mhór ['tulax 'vuər], irischer Name der Stadt →Tullamore.

Tulagi, eine der Salomoninseln, im westl. Pazifik, Umfang 5 km, 1400 Ew. Die Stadt T. (900 Ew.) war 1893–1942 (Zerstörung durch die Japaner) der Verw.-Sitz des brit. Protektorats Salomoninseln.

Tulama, christianisierte Gruppe der Oromo, v. a. in der äthiop. Region →Schoa.

Tular|ämie [nach der County Tulare, Kalifornien, zu griech. haĩma ›Blut‹] *die, -/...'mi|en,* **Nagerpest, Hasenpest, Ohara-Krankheit, Lemming-Fieber,** erstmals 1912 in Kalifornien nachgewiesene, v. a. in Steppengebieten weltweit endemisch verbreitete akute Infektionskrankheit frei lebender Nagetiere, die zu einer tödlich verlaufenden Septikämie führt; Erreger ist das Bakterium Francisella tularensis. Die T. kann durch Bremsen und Zecken, direkten Kontakt mit befallenen Tieren (durch Abhäuten, Zerlegen), Inhalation erregerhaltigen Staubes oder Aufnahme infizierter Nahrungsmittel, teils auch durch infizierte Hauskatzen auf den Menschen übertragen werden und führt nach einer Inkubationszeit von 2 bis 3 Tagen zu Fieber und lokalen (entsprechend der Eintrittspforte der Erreger) Hautgeschwüren mit Lymphknotenschwellung oder -vereiterung; bei innerem Befall kommt es zu teils bedrohl., typhusähnl. Erkrankungen oder Lungenentzündung. In Dtl. (endem. Herde) ist die T. eine meldepflichtige Tierkrankheit. Die *Behandlung* wird mit Antibiotika (Streptomycin, Tetracycline) durchgeführt.

Tulcea ['tultʃea], Hauptstadt des Kr. Tulcea, Rumänien, 30 m ü. M., im westl. Donaudelta am rechten Ufer des Sankt-Georgs-Arms, 97 200 Ew.; Donaudeltamuseum; Schiffswerft, Werk für Eisenlegierungen, Alaunerdefabrik, Fisch-, Schilfrohrverarbeitung, Nahrungsmittel- und Möbelindustrie; Flusshafen (auch für Seeschiffe erreichbar), Flughafen. Östlich von T. Biosphärenreservat (4152 km²).

Tuléar [tyle'a:r], Stadt in Madagaskar, →Toliary.

Tulipa, die Pflanzengattung →Tulpe.

Tulku [tibet. ›Erscheinungskörper‹] *der, -,* ein tibet. Lama, der als Verkörperung eines →Bodhisattva betrachtet wird. Die sich in langen Reinkarnationslinien verkörpernden T. gelten nicht als das Resultat karm. Bildkräfte, sondern werden ihrem vor langen Zeiten abgelegten Bodhicitta-Gelöbnis (Sanskrit bodhicitta ›höchstes Erleuchtungsbewusstsein‹), selbstlos allen Lebewesen auf dem Wege zur Erleuchtung hilfreich zur Seite zu stehen, zugeschrieben. Diese im 13. Jh. entstandene Lehre war von großen polit., gesellschaftl. und wirtschaftl. Auswirkungen auf die gesamte tibet. Kultur und führte zu fest institutionalisierten Reinkarnationslinien mit häufig maßgebl. weltlicher Machtbefugnis. Sie bildete auch ein wesentl. Mittel zur Sanktionierung der polit. Rolle der Dalai-Lamas.

Tüll [frz., nach der frz. Stadt Tulle] *der -s/-e,* Sammel-Bez. für lockere, netzartige Gewebe (früher v. a. aus Baumwolle oder Seide, heute auch aus Chemiefasern), die v. a. für Gardinen verwendet werden. Im Ggs. zu anderen Geweben verlaufen beim T. die Schussfäden schräg zu den Kettfäden und umschlingen diese. Der fertig gewebte Stoff wird stark in die Breite gezogen; dadurch ergeben sich wabenförmige Löcher. Je nach der Musterung tragen die T. unterschiedl. Bezeichnungen, z. B. **Erbs-T.** (ungemustert, mit wabenförmigen Löchern), **Florentiner T.** (feiner, mit Rankenmustern bestickter Erbs-T.), **Jacquard-T. (Flandernspitze;** mit Musterung durch Bobinetfäden), **Gitter-T.** (mit viereckigen Öffnungen), **Tupfen-T. (englischer T.;** mit feinen, eingewebten Tupfen), **Spitzen-T. (Valenciennes-T.;** mit eingewebter, spitzenartiger Musterung). – Außer den gewebten T. gibt es gewirkte T., überwiegend auf der Raschelmaschine hergestellt. – Eine Abwandlung des T. ist der →Bobinet.

Tulla, Johann Gottfried, Bauingenieur, * Karlsruhe 20. 3. 1770, † Paris 27. 3. 1828; gründete 1807 nach dem Vorbild der Pariser École Polytechnique in Karlsruhe eine Ingenieurschule, aus der 1825 die Polytechn. Schule, die heutige Univ. Fridericiana (TH), hervorging. Ab 1817 leitete T. die Rheinkorrektion (→Rhein).

H. CASSINONE u. K. SPIESS: J. G. T., der Begründer der Wasser- u. Straßenbauverwaltung in Baden (1929).

Tullamore [tʌlə'mɔ:], irisch **Tulach Mhór** ['tulax 'vuər], Stadt im Zentrum der Rep. Irland, am Grand Canal, 10 000 Ew.; Verw.-Sitz der Cty. Offaly; Industriepark mit Maschinenbau, Elektronik- und Textilindustrie.

Tulle [tyl], Stadt im Limousin, Verw.-Sitz des Dép. Corrèze, Frankreich, an der Corrèze, 17 200 Ew.; kath. Bischofssitz; staatl. Waffenmanufaktur, Konservenindustrie, Herstellung von Nähmaschinen, Tuchen, Spielwaren und Musikinstrumenten. – Von der Kathedrale (12.–14. Jh.), der ehem. Abteikirche, sind das Mittelschiff, der 75 m hohe Turm und der Kreuzgang (mit Museum für Kunst und Archäologie) erhalten. Im alten Viertel nördlich der Kathedrale zahlr. Renaissancehäuser. – T. entstand um eine im 7. Jh. erwähnte Benediktinerabtei.

Tülle, *Technik:* röhrenförmiger Teil eines Werkzeugs o. Ä., in den etwas (z. B. ein Stiel) hineingesteckt wird.

Tullia, in der altröm. Sage die letzte Königin Roms, Tochter des Königs SERVIUS TULLIUS und Frau des TARQUINIUS SUPERBUS.

Tulln, 1) Bezirkshauptstadt in NÖ, 180 m ü. M., am rechten Ufer der Donau (Brücke), 14 300 Ew.; Bezirksgericht, Bundesfachschule für Flugtechnik (in Langenleborn), Niederösterr. Landesfeuerwehrschule, Forschungsinstitut für Agrartechnologie, Heimatmuseum, Feuerwehrmuseum; Zuckerfabrik, Schokoladefabrik, Käseerzeugung, Herstellung von kosmet. Artikeln, Maschinenbau, Druckerei, Rosenzucht; Handelszentrum mit jährl. Gartenbaumesse. – Röm. ›Salzturm‹; Pfarrkirche St. Stephan (12. Jh., mehrmals umgestaltet) mit roman. W-Portal (Anfang

Tullus Hostilius – Tulum **Tulu**

Tulln 1): Karner; Mitte des 13. Jh.

13. Jh.; mit beiderseits je sechs Halbfiguren in Rundbogennischen). Der spätroman. Karner (Mitte 13. Jh.) gilt als einer der schönsten in Österreich. – T. entstand an der Stelle des röm. Kastells **Comagena**; 1014 wurde es als Civitas, 1159 als Stadt bezeichnet und im 13. Jh. ummauert; zeitweise war T. babenberg. Residenz.

2) Bez. in NÖ, 658 km², 63 200 Ew., Hauptstadt ist Tulln; umfasst den größten Teil des **Tullner Beckens (Tullner Ebene)**, einer fruchtbaren Ebene (Ackerbau, Viehwirtschaft) beiderseits der Donau, zw. den Donaudurchbrüchen Wachau und Wiener Pforte; Teil südlich der Donau wird auch **Tullner Feld** genannt; den nördl. Beckenrand bildet der →Wagram.

Tullus Hostilius, nach der Sage der dritte König Roms (672–642 v. Chr.); ihm wird u. a. die Unterwerfung Alba Longas (Sage von den →Horatiern und den Curiatiern) zugeschrieben.

Tulpe [wohl von ital. tulipano, aus dem Türk.], **Tulipa**, Gattung der Liliengewächse mit etwa 80 Arten in Vorder- und Zentralasien, S-Europa und N-Afrika; Zwiebelpflanzen mit meist einblütigen Stängeln; Blüten groß, meist aufrecht, glockig oder fast trichterförmig, mit sechs Blütenhüllblättern, sechs Staubblättern und mit einem aus drei Fruchtblättern zusammengesetzten, oberständigen Fruchtknoten (›Stempel‹). Als **Garten-T.** werden zahlr. in Gärten kultivierte T.-Sorten bezeichnet, deren genaue Abstammung und Herkunft nicht zu klären ist; sie ist ein mehrjähriger Frühlingsblüher mit bis 3,5 cm dicker, eiförmiger Zwiebel, breiten, lanzettl. Laubblättern und auffallend gefärbten, einfachen oder gefüllten Blüten; sie wird in vielen Formengruppen gezüchtet, z. B.: **Lilienblütige Garten-T.** mit nach außen gebogenen Blütenblättern; **Papageien-Garten-T.** mit gefransten, welligen Blütenblättern. Neben diesen ist zahlr. **Wild-T.** in Kultur, v. a. die aus den Gebirgen stammende **Damen-T.** (Tulipa clusiana; mit am Grund violetten und außen rot gestreiften Blüten), die in zahlr. Sorten verbreitete **Fosteriana-T.** (Tulipa fosteriana), die **Greigii-T.** (Tulipa greigii; aus Turkestan; mit beim Austrieb braunrot gezeichneten Blättern) und die **Seerosen-T.** (Tulipa kaufmanniana; mit bei Sonnenlicht sternförmig ausgebreiteten Blüten) sowie die entsprechenden Hybriden. Die einzige in Dtl. wild vorkommende Art ist die **Wald-T. (Wilde T.,** Tulipa silvestris); 20–40 cm hoch; mit meist einzeln stehender, grünlich gelber, vor dem Aufblühen überhängender Blüte. Die wild lebenden Populationen sind alle geschützt.

Kulturgeschichte: Die Garten-T. war in der osman. Kunst ein beliebtes Dekorationsmuster (Kacheln, Miniaturen) und in der Türkei zu Beginn des 18. Jh. (›T.-Zeit‹) als Gartenpflanze sehr beliebt. In der pers. Literatur wird sie 1123 erstmals erwähnt. 1554 wurde sie vermutlich von dem niederländ. Diplomaten und Schriftsteller OGIER GHISLAIN BUSBECQ (*1522, †1592) nach Europa gebracht und von C. GESNER beschrieben und abgebildet. Um 1570 war die Garten-T. in den Niederlanden bekannt, die sich seither zum Zentrum der T.-Zucht entwickelten. In Dtl. wurde die T.-Zucht 1647 von niederländ. Emigranten eingeführt.

Tulpenbaum, Liriodendron, Gattung der Magnoliengewächse mit je einer Art in Nordamerika und China; sommergrüne Bäume mit vier- bis sechslappigen, großen Blättern und einzeln stehenden, tulpenähnl. Blüten. Die aus dem östl. Nordamerika stammende Art Liriodendron tulipifera hat gelbgrüne Blüten und wird als Parkbaum angepflanzt; sie erreicht jedoch bei weitem nicht die Höhe wie in ihrer Heimat, wo sie zu den sehr hohen Waldbäumen gehört.

Tulpenfeuer, durch den Schlauchpilz Botrytis tulipae verursachte Erkrankung der Tulpen; erkennbar im Frühjahr durch Faulstellen und grauen Sporensen auf verkrüppelten Blättern erkrankter Zwiebeln; von hier aus (bes. bei feuchter Witterung) schnelle Verbreitung, wonach die neu infizierten Pflanzen ›wie von Feuer versengt‹ aussehen.

Tulsa ['tʌlsə], Stadt in NO-Oklahoma, USA, am Arkansas River, der ab T. schiffbar ist, 374 900 Ew.; die Metrop. Area hat 746 500 Ew.; kath. Bischofssitz; University of T. (gegr. 1894 als presbyterian. College, seit 1920 Univ.-Status, seit 1928 staatlich), Oral Roberts University (gegr. 1965), Kunstmuseen. Wirtschaftsgrundlage von T. sind die reichen Erdöl- und Erdgasvorkommen der Umgebung (Midcontinent Field), Sitz vieler Erdölgesellschaften; Erdölraffinerien, Herstellung von Ausrüstungen zur Erdölgewinnung. T. ist ›Oil Capital of the World‹. – 1836 als Siedlung von Creek Indianern, die aus Alabama einwanderten, entstanden; die ersten weißen Siedler kamen nach der Anbindung an die Eisenbahn 1882. Das Erdöl (erste Funde 1901 und 1905) brachte T., seit 1908 City, einen bis heute ungebrochenen wirtschaftl. Aufschwung.

Tulsīdās, ind. Dichter, *Raipur (?) 1532, † Benares (heute Varanasi) 1623; seine in Althindi verfassten Werke sind v. a. der Ramaverehrung gewidmet. Seinem Hauptwerk ›Ramacaritmanas‹ (›See des Lebenslaufs des Rama‹) liegt der Stoff des ›Ramayana‹ zugrunde, bei T. wird jedoch die göttl. Natur Ramas hervorgehoben und die Form des Epos durch eingefügte religiöse Betrachtungen und Hymnen verändert.
   Ausgaben: Le lac spirituel, übers. v. C. VANDEVILLE (1955); The holy lake of the acts of Rāma, hg. v. W. D. P. HILL (²1971).
   C. K. HANDOO: Tulasīdāsa (Bombay 1964); P. LUTGENDORF: The life of a text. Performing the Rāmacaritmānas of T. (Delhi 1994).

Tulsi-Pflanze, Ocymum sanctum, in Indien, bes. bei Vishnu-Verehrern, heilige Pflanze, deren Blättern körper- und geistreinigende Wirkung zugeschrieben wird. Sie soll auch gegen Schlangengift und Insektenplagen nützlich sein. Die T.-P. lässt sich mit dem Basilikum vergleichen.

Tuluá, Stadt im W Kolumbiens, 1 025 m ü. M., im Tal des Río Cauca, 138 100 Ew.; mit Buga Zentrum der Agrarregion ›El Valle‹.

Tulufan, Stadt in China, →Turfan.

Tulul Aqr, Ruinenstätte von →Kar-Tukulti-Ninurta.

Tulum [türk. ›Sack aus Ziegenbalg‹] *der, -(s)/-,* ein im östl. Teil der türk. Schwarzmeerküste verbreiteter Typus der Sackpfeife mit zwei gleich langen Melodiepfeifen, ohne Bordun. Die aus Schilf gefertigten Pfeifen haben aufschlagende Zungen und liegen dicht nebeneinander in einer hölzernen Wanne, die in einem geraden oder nach vorn abgewinkelten Schallbecher auslaufen kann. Beide Pfeifen haben je fünf parallel angeordnete Grifflöcher; doch werden meist ein bis

Tulpe: oben Gartentulpe; unten Waldtulpe (Höhe 20–40 cm)

Tulpenbaum: Blüte von Liriodendron tulipifera

Tulu   Tulum – Tümmler

Tulum: Blick auf einen Teil der Ruinenstätte

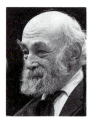

Franz Tumler

zwei Löcher der einen Pfeife nachträglich mit Wachs verschlossen, um eine bestimmte Art mehrstimmigen Spiels zu erleichtern.

Tulum, Ruinenstätte im Bundesstaat Quintana Roo, Mexiko, an der O-Küste der Halbinsel Yucatán, ehemals Stadt der nachklass. Mayakultur (um 1200 bis 1550). Auf der Landseite umschließt eine bis 5 m hohe Mauer mit fünf Toren und Befestigungsanlagen ein Gebiet von 380 m × 165 m; größter Gebäudekomplex ist die ›Castillo‹ genannte Tempelanlage am Rand eines Steilhanges, der zum Meer abfällt; die meisten Häuser auf künstl. Plattformen liegen zu beiden Seiten einer Art Hauptstraße. Die Einwohnerzahl wird auf weniger als 1000 geschätzt. In mehreren Bauwerken sind Fresken erhalten, deren Stil deutlich von Zentralmexiko beeinflusst ist.

Tulun, Stadt im Gebiet Irkutsk, Russland, im S Ostsibiriens, an der Ija (Zufluss zum Bratsker Stausee), 53 800 Ew.; Forstwirtschaft, Holzverarbeitung, Glashütte; in der Umgebung Braunkohlenbergbau.

Tuluniden, erste islam. Dynastie in Ägypten (868–905), begründet von →IBN TULUN, Statthalter von Ägypten, der vom Kalifat in Bagdad die fakt. Unabhängigkeit erlangte. Unter den T. erlebte Ägypten eine wirtschaftl. und kulturelle Blüte.

Tumaco, Hafenstadt an der feuchtheißen pazif. Küste des Dep. Nariño, im S Kolumbiens, mit 114 800 Ew.; Ausfuhr von Holz und Agrarerzeugnissen, Endpunkt einer Erdölleitung von Orito.

Tumangang, Grenzfluss von Nord-Korea, →Tumen.

Tumba [spätlat., von gleichbedeutend griech. týmba] *die, -/...ben,* sarkophagartiges, oft auf Füßen ruhendes Grabmal, gelegentlich mit Baldachin überdacht und meist mit einer Liegefigur des Toten auf der auf dem urspr. rechteckigen Unterbau angebrachten Grabplatte; auch als Wandnischengrab.

Tumba [span., zu retumbar ›ertönen‹] *die, -/-s,* Musikinstrument, →Conga.

Tumbaga [malaiisch-span.], Metalllegierung aus Gold und Kupfer in wechselnder Zusammensetzung, meist auch mit geringem Silberanteil, im vorkolumb. Amerika in der →Goldschmiedekunst von Kolumbien bis S-Mexiko verwendet, nicht aber in Peru. Die Legierung hat in der günstigsten Zusammensetzung (60% Gold, 40% Kupfer) einen Schmelzpunkt von nur 778 °C. Die rötl., vom Kupferanteil herrührende Farbe kann durch ein Mise en couleur genanntes Verfahren zugunsten des Goldglanzes beseitigt werden: Durch mäßiges Erhitzen und anschließendes Bad mit saurem Pflanzensaft wird das oberflächl. Kupfer entfernt, sodass eine feine, fast reine Goldschicht entsteht.

Tumbes, 1) Hauptstadt des Dep. T., im NW von Peru, in der wüstenhaften Küstenebene, 74 100 Ew.; Flugplatz. – Bei T. landete 1531 F. PIZARRO und begann von hier aus die Eroberung Perus.
2) Dep. in →Peru.

Tumbufliegen, Name zweier afrikan. Arten der zu den Schmeißfliegen gehörenden Gattung **Cordylobia,** deren Larven sich in die Haut von Menschen und Säugetieren einbohren und furunkelartige Geschwüre erzeugen.

Tumen *der,* korean. **Tumangang,** chin. **Tumen Jiang** [-dʒjaŋ], Grenzfluss von Nord-Korea gegen China und für die letzten etwa 30 km gegen Russland, 521 km lang, entspringt am Paektusan, mündet ins Jap. Meer.

Tumeszenz [zu lat. tumescere ›(auf)schwellen‹] *die, -/-en,* Gewebeschwellung, die im Unterschied zum Tumor (Geschwulst) keine scharfe Abgrenzung aufweist.

Tumi [Ketschua], Bez. für ein Zeremonialmesser aus den andinen Hochkulturen; aus Metall gearbeitet, mit charakterist. halbmondförmiger Klinge und meist kunstvoll gearbeitetem Griff (Einzelmotive und komplexe Szenen aus dem tägl. Leben).

Tumler, Franz Ernest Aubert, österr. Schriftsteller, * Gries (heute zu Bozen) 16. 1. 1912, † Berlin 20. 10. 1998; aufgewachsen in OÖ, dort bis 1935 Volksschullehrer; lebte seit 1950 meist in Berlin. Bekannt wurde T. durch die in Südtirol spielende Erzählung ›Das Tal von Lausa und Duron‹ (1935) sowie die Romane ›Der Ausführende‹ (1937) und ›Der Soldateneid‹ (1939); stand in der Folgezeit dem Nationalsozialismus nahe. In seinen späteren Romanen (›Ein Schloß in Österreich‹, 1953; ›Der Schritt hinüber‹, 1956) und Novellen verbindet sich die Darstellung aktueller und allgemein menschl. Probleme (Südtirol, Vergangenheitsbewältigung, Beziehungskrisen) mit einer Problematisierung des Erzählvorgangs. T. schrieb auch Lyrik (›Das Zerteilen der Zeit‹, 1989) und essayist. Werke (›Volterra‹, 1962; ›Das Land Südtirol‹, 1971).

Arsenal. Beitr. zu F. T., hg. v. P. DEMETZ u. a. (1977); Welche Sprache ich lernte. Texte von u. über F. T., hg. v. H. D. ZIMMERMANN (1986); W. BURGER: Heimatsuche. Südtirol im Werk F. T.s (1989).

Tummler, Steh|auf, Trinkglas ohne Fuß und Henkel, dessen Schwerpunkt im kräftigen, abgerundeten Boden liegt, sodass es sich aus der Schräglage wieder aufrichtet; im 16.–18. Jh. beliebtes Trinkgefäß.

Tümmler 1): Großer Tümmler (Länge 3–4 m)

Tümmler, 1) *Säugetiere:* **Großer Tümmler, Flaschen|nasendelphin, Tursiops truncatus,** in sämtl. Meeren außerhalb der Polargürtel verbreitete Art der Delphine; der 3–4 m lange, einfarbig graue (mit etwas hellerer Unterseite) T. ernährt sich von Fischen und Tintenfischen; T. treten meist in kleineren Gruppen (›Schulen‹) von etwa einem Dutzend Tieren auf. Die Weibchen gebären nach einer Tragzeit von einem Jahr ein Junges. T. können etwa 25, in Menschenobhut bis über 30 Jahre alt werden. Der T. ist die häufigste Art der Delphine und die am besten untersuchte Walart überhaupt; er wird häufig in Delphinarien gehalten. An dt. Küsten ist der T. nach den Roten Listen vom Aussterben bedroht. – Als T. werden auch einige Arten der Schweinswale bezeichnet, so z. B. der Kleintümmler oder Braunfisch.

2) *Vögel:* an Rassen und Schlägen zahlenreichste Rassengruppe von Haustauben; urspr. und z. T. noch heute Flugsporttauben. Nach ihren rassetyp. Flugspielen unterscheidet man u. a. **Purzler** (vollführen Purzelbäume am Boden), **Roller** (**Rollertauben;** überschlagen sich mehrmals hintereinander in großer Höhe, können dabei bis zur Erde herunterpurzeln und dann wieder hochsteigen) und **Hochflugtauben** (**Hochflieger;** in großen Höhen fliegend, auch im Segelflug), von denen v. a. die in vielen Farbschlägen gezüchtete Rasse Danziger Hochflieger bekannt ist.

Tumor [lat., zu tumere ›geschwollen sein‹] *der, -s/...moren,* 1) *Medizin:* **Geschwulst,** i. w. S. jede örtlich begrenzte (umschriebene) Schwellung von Gewebeteilen (Organen), z. B. durch Entzündung oder mechan. Einwirkung, die sich nach Beseitigung der Ursache zurückbildet; i. e. S. eine krankhafte unkontrollierte und fortschreitende Gewebeneubildung (**Neoplasma, Blastom**), die aus körpereigenen Zellen hervorgegangen ist und abweichend vom Gesamtplan des Organismus wuchernd wächst. Es kann in der Entwicklung zwar zu Stillstand, Schrumpfung mit Verhärtung und Vernarbung kommen, i. d. R. aber nicht zu einer Spontanheilung (Rückbildung ohne Therapie).

Die Einteilung wird einerseits nach Muttergewebe, Organ und Zelltyp, andererseits nach der Dignität, d. h. dem biolog. Verhalten (gut- oder bösartig), vorgenommen. Hauptgruppen sind v. a. die vom Deckzellgewebe ausgehenden **epithelialen T.,** z. B. des Drüsengewebes (Adenom bzw. Adenokarzinom) und des Plattenepithels (Papillom bzw. Plattenepithelkarzinom), und die **mesenchymalen T.,** z. B. der kollagenen Fasern (Fibrom), des Fettgewebes (Lipom), der Blut- oder Lymphgefäße (Hämangiom, Lymphangiom), des Muskelgewebes (Myom), des Knorpel- oder Knochengewebes (Chondrom, Osteom); des Weiteren werden T. der serösen Höhlen (z. B. Mesotheliom), Pigment-T. (z. B. Melanom), T. des Nervensystems (z. B. Gliom, Neurofibrom, Meningeom) und die Organ-T., z. B. Leberzell- oder Inselzelladenom, unterschieden. Daneben bestehen aus mehreren Geweben zusammengesetzte Misch-T.; zu ihnen gehören auch die aus unentwickelten Keimen der Embryonalzeit (z. B. in Nieren, Hoden, Muskelgewebe) v. a. im Kindesalter entstehenden (meist bösartigen) **embryonalen T.,** z. B. das →Teratom.

Gutartige T. (benigne T.), die nur in Ausnahmefällen (z. B. als Hirntumor) lebensbedrohend werden, wachsen langsam; sie sind scharf abgegrenzt, teils von einer bindegewebigen Kapsel umgeben, aus der sie leicht herausgeschält werden können, und verdrängen das benachbarte Gewebe. Histologisch bestehen sie meist aus differenzierten, dem Ursprungsgewebe sehr ähnl. Zellen. Eine maligne Entartung ist möglich.

Bösartige T. (maligne T.) dagegen infiltrieren und zerstören das umgebende Gewebe, werden zum Ausgangspunkt von Metastasen und führen, wenn sie nicht rechtzeitig behandelt werden, zum Tod. Auch nach Behandlung kann es zu Rückfällen (Rezidiven) und zur Absiedelung von T.-Zellen in andere Organe kommen. Bösartige epitheliale T. werden als Karzinom (→Krebs), bösartige nichtepitheliale T. als →Sarkom oder →Lymphom bezeichnet. Daneben bestehen **halbbösartige T. (semimaligne T.)** mit räumlich begrenztem invasivem Wachstum, aber ohne Metastasenbildung (z. B. Basaliom).

Prakt. T.-Therapie, bearb. v. U. DOLD (⁴1993); P. ERBAR: Einf. in Pathophysiologie, Klinik u. Therapie maligner Tumoren (²1995); Kombinierte T.-Therapie, hg. v. H. WRBA (²1995); Brain tumor. Research and therapy, hg. v. M. NAGAI (Tokio 1996); U. R. KLEEBERG: Ambulante T.-Therapie (1997).

2) *Phytopathologie:* Bestimmte Viren, Bakterien und Pilze vermögen das Gewebe ihrer Wirtspflanzen zu progressiven Wachstumsprozessen anzuregen. Die Folge der induzierten Zellvermehrung (Hyperplasie) sind auffallende morpholog. Veränderungen, die allgemein als →Pflanzenkrebs (Hypertrophie) bezeichnet werden, jedoch je nach Wirtspflanze und Erreger spezielle Krankheitsnamen führen. Dem T.-Gewebe fehlt die Polarität und jegl. ›Limitierungsmechanismus‹, was zu einer mangelhaften Differenzierung und unbegrenzter Wucherung, schließlich zur letalen Schädigung führt, wenn das Wasser-Nährstoff-Transportsystem der Pflanze unterbunden wird. Bes. gut untersucht ist die T.-Bildung durch →*Agrobacterium tumefaciens.*

Tumor|antigene, Abk. **TAG,** →Tumormarker.

Tumormarker, im Blutserum, ggf. auch in anderen Körperflüssigkeiten nachweisbare Substanzen (v. a. Eiweißstoffe) oder zelluläre Veränderungen, die aufgrund ihres Vorhandenseins oder ihrer erhöhten Konzentration auf das Bestehen bösartiger Tumoren hinweisen und für die Verlaufs- und Therapiekontrolle einer Krebserkrankung von Bedeutung sind. Sie werden vom Tumorgewebe gebildet, bei Zerfall freigesetzt oder entstehen als Reaktionsprodukte des Organismus.

Zu den **humoralen T.** gehören i. e. S. die **Tumorantigene** (Abk. **TAG**) als vom Tumor produzierte, tumorassoziierte Antigene wie das →CEA oder das →Alpha-Fetoprotein oder tumorspezif. (organspezif.) Antigene wie das PSA (Abk. für prostataspezif. Antigen) bei Prostatatumoren; weitere humorale T. sind Hormone, die von endokrinen Organen aufgrund von Tumorbefall oder außerhalb derselben als Folge anderer Organkarzinome (→paraneoplastisches Syndrom) vermehrt gebildet werden oder bestimmte Enzyme wie die Lactatdehydrogenase. Zu den **zellulären T.** gehören u. a. das →Philadelphia-Chromosom, Onkogene und zellmembrangebundene Antigene.

Tumornekrosefaktor, →Zytokine.

Tumorviren, onkogene Viren, RNA- oder DNA-Viren, die in Wirtstieren durch Transformation von Zellen zu Tumorzellen Tumoren erzeugen können. Entscheidender Schritt bei der Transformation ist wahrscheinlich der Einbau des Virusgenoms (RNA oder DNA) in das Wirtsgenom (DNA), wobei bei den RNA-Viren vor dem Einbau die viruseigene RNA durch das Enzym reverse Transkriptase erst in DNA umgeschrieben werden muss (→Retroviren). Wichtige Gruppen bei den RNA-T. sind die TYP-B-Viren, die Mammatumoren (bei Maus, Affe) verursachen, und die TYP-C-Viren, die bei versch. Wirbeltierarten Leukämien und Sarkome (z. B. Rous-Sarkom-Virus) induzieren. Als DNA-T. kommen Vertreter versch. Familien der DNA-Viren infrage, so z. B. der Papovaviren (z. B. Papillomavirus beim Kaninchen, SV 40 beim Hamster), der Adenoviren, der Herpesviren (z. B. →Epstein-Barr-Virus). T. sind nicht unbedingt in ihren natürl. Wirten onkogen, z. B. können bestimmte humane Adenoviren bei Hamster Tumoren induzieren, beim Menschen gibt es jedoch keine Hinweise darauf; viele RNA-Viren hingegen sind für ihre natürl. Wirte onkogen. T. werden auch als mögl. Verursacher bösartiger Tumoren beim Menschen diskutiert; als ziemlich wahrscheinlich gilt, dass der →Burkitt-Tumor und einige bösartige Nasopharynxtumoren durch das Epstein-Barr-Virus ausgelöst werden.

Tumorzelle, durch bestimmte Abweichungen von der Norm gekennzeichnete Zelle einer bösartigen Geschwulst, die zu autonomem Wachstum befähigt ist; wesentl. Merkmale sind Größenungleichheit und Formabweichungen von Zelle und Zellkern (Anisozytose, Polymorphie), Vergrößerung des Kerns gegenüber dem Plasma und Anomalie der Chromosomenzahl (Aneuploidie). Charakteristisch ist eine veränderte Anfärbbarkeit (Hyper-, Polychromasie). Zellstoffwechsel und -teilung sind v. a. bei schnell wachsenden Tumoren stark beschleunigt. (→Krebs)

Tums Tumschuk – Tunesien

Tumschuk, →iranische Sprachen.

Tumucumaque, Serra T. [ˈsɛrra tumukuˈmakə], Gebirgszug im nördl. Brasilien, an der Grenze zu Frz.-Guayana und Surinam, bis 850 m ü. M. Ein Teil der Serra T. im Bundesstaat Pará ist Nationalpark und Indianerreservation.

Tumuli [lat. tumulus ›(Grab)hügel‹], *Sg.* **Tumulus** *der, -, Archäologie:* über Bestattungen aufgeschüttete mächtige Erdhügel. T. können von einem Steinkreis oder Graben umgeben sein oder einen steinernen Sockel haben, Dromos oder Scheintür besitzen und von einer Figur oder Stele bekrönt sein. Im dt. Sprachbereich wird für vor- und frühgeschichtl. T. meist die Bez. →Hügelgräber verwendet, ausgenommen für O-Europa und Sibirien (→Kurgan), Italien (wo bes. etrusk. T. vorkommen) sowie Vorderasien und Ostasien. In Frankreich wird auch Tertre funéraire und im englischsprachigen Bereich →Barrow verwendet. BILDER →Hügelgräber, →Kuppelgrab, →Cerveteri, →Medracen.

Tumult [lat. tumultus, zu tumere ›aufgebracht sein‹, eigtl. ›geschwollen sein‹] *der, -(e)s/-e,* Aufruhr, lärmendes Durcheinander aufgeregter Menschen.

Rechtliches: Entstehen bei T. Schäden, haften die Schädiger insbesondere nach § 830 BGB, der eine gesamtschuldner. Haftung der einzelnen Beteiligten vorsieht; d. h., jeder, dessen Beteiligung an einem T. ursächlich für den rechtswidrig herbeigeführten Schaden war, haftet dem Geschädigten für den gesamten Schaden. Die bloße Teilnahme an einer gewalttätig verlaufenden Demonstration genügt für eine solch weitgehende Haftung aber nicht.

Darüber hinaus sieht das T.-Schäden-Ges. i. d. F. v. 24. 3. 1924 bei inneren Unruhen unter eng gefassten Voraussetzungen einen Ausgleichsanspruch gegen das betreffende Land vor.

Tuna el-Djebel [-ˈdʒɛ-], Ruinenhügel spätägypt. Zeit bei →Hermopolis Magna.

Tunbridge Wells [ˈtʌnbrɪdʒ ˈwelz], engl. Stadt, →Royal Tunbridge Wells.

Tunca [-ˈdʒa], Nebenfluss der Maritza, →Tundscha.

Tunceli [ˈtundʒeli], früher **Kalan,** Prov.-Hauptstadt in O-Anatolien, Türkei, nördlich des Kebanstausees im oberen Euphrat, 24 500 Ew. (1945: 760 Ew.); Zentrum des **T.-Berglands** (bis 3 462 m ü. M.), das die Prov. T. einnimmt.

Tunder, Franz, Komponist, *Burg auf Fehmarn 1614, †Lübeck 5. 11. 1667; 1632–41 Hoforganist auf Schloss Gottorf in Schleswig, ab 1641 Organist an der Marienkirche in Lübeck, wo er die →Abendmusiken einrichtete, die sein Schwiegersohn D. BUXTEHUDE fortführte. T. komponierte Orgelchoräle, Präludien (Toccatenfugen), Solomotetten, geistl. Arien und Choralkantaten.

Tundra [russ.] *die, -/...ren,* baumloses Gebiet der arkt. Zone jenseits der nördl. Waldgrenze in Eurasien und Nordamerika mit polaren und subpolaren Klimaverhältnissen mit niedrigen bis sehr niedrigen Temperaturen (Kältesteppe) und großen Schwankungen der Strahlungsverteilung (Polartag, Polarnacht) sowie Dauerfrostboden im Untergrund (→Tundraböden). Die Pflanzenwelt der T. wird von immergrünen, kleinblättrigen Sträuchern, Gräsern, Stauden und zahlr. Moosen und Flechten bestimmt und ist durch eine nur drei Monate dauernde Vegetationsperiode gekennzeichnet. Je nach den Bodenarten und dem durch die Auftautiefe bestimmten Bodenwasserstand kann man versch. Formationen der T.-Vegetation unterscheiden: im S die weit verbreitete **Zwergstrauch-T.** mit Zwergbirken, Zwergweiden und Heidekrautgewächsen; auf trockenen Böden die **Flechten-T.,** die die Grundlage der Rentier-Weidewirtschaft ist; auf feuchten Böden die **Moos-T.,** auf der bevorzugt Moose wachsen. Den Übergangsraum zum südlich anschließenden geschlossenen Waldgebiet bildet die **Waldtundra** (keine Art der T.), in der sich T.-Flächen und Waldareale mosaikartig, aber stets scharf voneinander getrennt durchmischen. – Charakterist. Tiere sind Ren, Schneehase, Polarfuchs, Moschusochse, Lemming, Raufußbussard und Schnee-Eule. Die Sommermonate sind reich an Stechmücken.

In den südlich anschließenden Gebirgen tritt – wenn auch in anderer Zusammensetzung – eine ähnl. Flora und Fauna auf, die **Hochgebirgstundra.** (BILDER →Arktis, →Russland).

Tundraböden, am weitesten verbreitete Böden der nördl. Nordkontinente, meist auf Dauerfrost im Unterboden. T. sind flachgründig, unfruchtbar und in ebener Lage infolge oft ständig gefrorenen Untergrunds im kurzen und kühlen Sommer häufig versumpft. Alle T. neigen zur Vergleyung, Rohhumusbildung und Vermoorung.

Tundrenzeit, späteiszeitl. Zeitabschnitte, →Dryaszeit.

Tundscha *die,* **Tundža** [-dʒa], türk. **Tunca** [-dʒa], linker Nebenfluss der Maritza, in Bulgarien (354 km) und in der Türkei (56 km); entspringt am S-Hang des Botew im Mittleren Balkan, durchquert das schmale **T.-Becken** zw. Balkan und Sredna gora (›Tal der Rosen‹), wo sie westlich und östlich von Kasanlak gestaut wird, mündet bei Edirne; schwankende Wasserführung.

Tuner [ˈtjuːnə(r); engl., zu to tune ›abstimmen‹, ›einstellen‹] *der, -s/-,* kompakte Baugruppe in Hörfunk- und Fernsehempfängern, die alle zur Vorverstärkung und Abstimmung erforderl. Stufen umfasst; i. w. S. bei Hörfunkempfängern der als Baueinheit ausgebildete Empfangsteil bis zum Ausgang des Demodulators bzw. des Stereodecoders.

Tunesien
Fläche 163 610 km²
Einwohner (1996) 9,1 Mio.
Hauptstadt Tunis
Amtssprache Arabisch
Nationalfeiertage 20. 3., 25. 7.
Währung 1 Tunes. Dinar (tD) = 1 000 Millimes (M)
Zeitzone MEZ

Tunesi|en, amtl. arab. **Al-Djumhurijja at-Tunisijja** [-dʒum-], dt. **Tunesische Republik,** Staat in N-Afrika, im →Maghreb zw. Algerien und Libyen am Mittelmeer, 163 610 km² (ohne Binnengewässer 154 530 km²) mit (1996) 9,1 Mio. Ew., Hauptstadt ist Tunis, Amtssprache Arabisch; Französisch dient als Bildungs- und Handelssprache. Währung: 1 Tunes. Dinar (tD) = 1 000 Millimes (M). Zeitzone: MEZ.

STAAT · RECHT

Verfassung: Nach der Verf. vom 1. 6. 1959 (mehrfach, zuletzt 1994, geändert) ist T. eine präsidiale Rep. Staatsoberhaupt, Oberbefehlshaber der Streitkräfte und oberster Inhaber der Exekutive ist der auf fünf Jahre direkt gewählte Präs. (zweimalige Wiederwahl möglich). Er ernennt und entlässt die Reg. unter Vorsitz des Min.-Präs. und hat Vetorecht im Gesetzgebungsverfahren. Die Legislative liegt bei der Nationalversammlung (163 Abg., für fünf Jahre gewählt; 144 Mandate werden nach Mehrheitswahlrecht und 19 nach Verhältniswahlrecht vergeben).

Parteien: Neben dem staatstragenden Rassemblement Constitutionnel Démocratique (RCD; 1988 hervorgegangen aus dem Parti Socialiste Destourien

---

Tunesien

Staatswappen

Staatsflagge

Internationales Kfz-Kennzeichen

1970 1996 1970 1995
Bevölkerung Bruttosozial-
(in Mio.) produkt je Ew.
(in US-$)

Bevölkerungsverteilung 1995

Bruttoinlandsprodukt 1995

Größe und Bevölkerung (1994)

Gouvernorate[1]	Fläche[2] in km²	Ew.	Ew. je km²
Tunis	346	887 800	2 565,9
Ariana	1 558	569 300	365,4
Ben Arous	761	371 700	488,4
Nabeul	2 788	578 600	207,5
Zaghouan	2 768	143 000	51,7
Biserta	3 685	483 100	131,1
Béja	3 558	303 800	85,4
Jendouba	3 102	404 800	130,5
Le Kef	4 965	272 400	54,9
Siliana	4 631	244 900	52,9
Kairouan	6 712	532 700	79,4
Kasserine	8 066	386 900	48,0
Sidi Bou Said	6 994	377 100	53,9
Sousse	2 621	433 700	165,5
Monastir	1 019	363 900	357,1
Mahdia	2 966	335 700	113,2
Sfax	7 545	733 700	97,2
Gafsa	8 990	307 500	34,2
Tozeur	4 719	89 000	18,9
Kebili	22 084	131 900	6,0
Gabès	7 175	311 700	43,4
Médénine	8 588	386 200	45,0
Tataouine	38 889	135 700	3,5
Tunesien	**154 530**	**8 785 100**	**56,8**

[1] die Gouvernorate sind nach ihren Hauptorten benannt. – [2] ohne Binnengewässer.

[PSD]) existieren seit 1981 zahlr. Oppositionsparteien, u. a. Mouvement des Démocrates Socialistes (MDS), Mouvement de la Rénovation (MR), Union Démocratique Unioniste (UDU) und Parti de l'Unité Populaire (PUP). Die islam. ›En-Nadha‹ (dt. Partei der Wiedergeburt) wurde bisher nicht legalisiert.

Wappen: Im dreigeteilten Schild eine karthagische (pun.) Galeere, eine Waage und ein Löwe mit Krummschwert. Ungewöhnlich ist die Positionierung des Schriftbandes in der Mitte des Schildes, das den Wahlspruch ›Freiheit, Ordnung, Gerechtigkeit‹ enthält. Oberhalb des Schildes schwebt ein roter Halbmond mit Stern als Symbol für den Islam.

Nationalfeiertag: Nationalfeiertage sind der 20. 3. (Unabhängigkeitstag) und der 25. 7. (Tag der Rep.).

Verwaltung: T. ist in 7 Regionen gegliedert, die sich in 23 Gouvernorate unterteilen, die in 199 Distrikte mit weiteren örtl. Einheiten untergliedert sind.

Recht: Die Rechtsprechung orientiert sich an europ. Vorbildern, berücksichtigt dabei auch islam. Regeln, jedoch nicht islam. Recht. Der mehrstufige Gerichtsaufbau besteht aus dem Obersten Gerichtshof, drei Berufungsgerichten, 13 Gerichtshöfen erster Instanz sowie 51 Amtsgerichten.

Streitkräfte: Die Gesamtstärke der Wehrpflichtarmee (Dienstzeit 12 Monate) beträgt etwa 35 000, die der paramilitär. Nationalgarde rd. 10 000 Mann. Das Heer (rd. 27 000 Soldaten) ist in eine Wüstenbrigade, drei mechanisierte Brigaden und eine Flugabwehrbrigade sowie mehrere selbstständige Regimenter (Panzeraufklärer, Fallschirmjäger, Artillerie, Pioniere) gegliedert. Luftwaffe und Marine verfügen über je etwa 4 000 Mann. Die Ausrüstung besteht im Wesentlichen aus rd. 85 Kampfpanzern M-60, etwa 55 österr. Jagdpanzern ›Kürassier‹, rd. 40 Kampfflugzeugen (F-5, MB-326) und 20 Kleinen Kampfschiffen über 100 ts.

LANDESNATUR · BEVÖLKERUNG

Relief, Klima und Vegetation gliedern T. (800 km N-S-Erstreckung) in fünf Großlandschaftsräume mit stark ausgeprägtem N-S-Wandel. Im mediterranhumiden Norden bilden die O-Ausläufer des alger. Tellatlas im Küstenbereich die Bergländer Kroumir (800–1 200 m ü. M.) und Mogod (400–600 m ü. M.). Nach S schließt sich die weit gespannte Hügellandschaft im Einzugsbereich des Medjerda, des einzigen größeren Dauerflusses des Landes, an; sie reicht von den Plateauausläufern des Hohen Tell in ihrem SW (800–1 000 m ü. M.) über die stark zerschnittene Medjerdaebene (400–600 m ü. M.) bis zu den Küstenebenen von Tunis und Biserta im NO und steigt in den Bergrücken der Kap-Bon-Halbinsel noch einmal auf 400–600 m ü. M. an. Diese Landschaftszone ist die wichtigste Agrarregion (z. T. Bewässerung) des Landes. Der nach S anschließende, von SW nach NO streichende und dabei flacher werdende Gebirgsrücken der Dorsale (mit der höchsten Erhebung des Landes, dem Djebel Chambi, 1 544 m ü. M.) bildet die S-Grenze des mediterranen T. Südlich folgen die plateauartigen zentraltunes. Steppenlandschaften: das Steppenhochland im W (700 bis 800 m ü. M.), das Steppentiefland im Zentrum (um 200 m ü. M.) und der tunes. Sahel im O mit Tafelflächen (100–200 m ü. M.) und Küstenebenen, die verbreitet Baumkulturen (v. a. Ölbäume) tragen. Der aride S beginnt zw. Gafsa und Skhirra mit der Wüstensteppe, die in der Schottregion in die Wüste übergeht, mit dem O-Rand des Östl. Großen Erg im W und der Dahar-Schichtstufe (bis 700 m ü. M.) im O, die mit 300–400 m hohem Steilrand nach O zur Djeffaraebene an der Syrtenküste abbricht. Die rd. 1 300 km lange Küste T.s ist durch die Golfe von Tunis, Hammamet und Gabès gegliedert, hat lang gestreckte Sandstrände auf der O-Seite des Landes sowie vorgelagerte flache Inseln (→Djerba, →Kerkennainseln).

Klima: Die Jahresniederschläge im mediterran geprägten N erreichen im Kroumir 1 000–1 570 mm (7–9 humide Monate) und im Mogod nur noch 600–800 mm (7–8 humide Monate); das im Regenschatten liegende Medjerdahügelland erhält 500–700 mm im SW und 400–450 mm im NO (5–7 humide Monate). An den NW-Hängen der Dorsale (Wolkenstau) steigen die Niederschläge wieder auf 500–700 mm und sinken an den SW-Hängen auf 300–500 mm ab. Die Steppenlandschaften erhalten nur noch 100–200 mm (0–3 humide Monate), die Wüstenregion südlich der Schotts unter 100 mm (episodisch).

Klimadaten von Tunis (Messstation 65 m ü. M.)

Monat	Mittleres tägl. Temperaturmaximum in °C	Mittlere Niederschlagsmenge in mm	Mittlere Anzahl der Tage mit Niederschlag	Mittlere tägl. Sonnenscheindauer in Stunden	Relative Luftfeuchtigkeit nachmittags in %
I	14,5	65	13	5,6	68
II	16	49	12	6,7	64
III	18	43	11	7,2	61
IV	20,5	40	9	7,8	61
V	24,5	22	6	9,9	55
VI	29	10	5	10,6	51
VII	32	2	2	12,1	46
VIII	32,5	7	3	11,3	48
IX	30	34	7	8,6	54
X	25	56	9	7,0	60
XI	20	54	11	6,1	65
XII	16	62	14	5,3	67
I–XII	23	444	102	8,2	58

Im N liegen die mittleren Januartemperaturen bei 9–11 °C, auf der westl. Dorsale und den westl. Hochflächen wegen des kontinentalen Einflusses bei 1,7 °C, auf der östl. Dorsale bei 5 °C, im Sahel bei 11,5 °C, in der ebenfalls kontinental beeinflussten Schottregion bei 3,1 °C. Die mittleren Julitemperaturen liegen im nördl. Bergland bei 25 °C, im Küstenbereich, im nördl. Sahel und auf der Dorsale bei 28 °C (mittlere Maxima

Tune Tunesien

an der Küste 30–32 °C, im nördl. Sahel 38 °C), im Medjerdatal bei 35–36 °C. In den Steppenlandschaften steigen die mittleren Julitemperaturen von 27 °C an der Küste (mittlere Maxima 32 °C) auf 32 °C im Landesinnern (mittlere Maxima 40 °C), südlich der Schotts erreichen sie 46 °C (mittlere Maxima im äußersten S um 55 °C).

Vegetation: In den nördl. Bergländern gibt es in Hochlagen noch mediterrane Hartlaubwälder, in niedrigeren Lagen Sekundärmacchie und Garigue. Im Medjerdahügelland und auf der Dorsale treten inselhaft Aleppokiefern- und Wacholderbestände auf, auf der Dorsale mit Steineichen durchsetzt; die S-Hänge tragen nur noch Macchie. Die Gebiete mit weniger als 400 mm Jahresniederschlag sind vielfach überweidete Steppen. Nördlich der Schotts beginnt die Wüstensteppe mit offenen Halbstrauch-, Zwergstrauch- und Trockengrasformationen, die nach S in die sahar. Halbwüsten- und Wüstenvegetation übergeht. – Der Nationalpark Ichkeul (126 km^2) am Südende des Ichkeulsees, Lebensraum von etwa 180 Vogelarten, einer Vielzahl von Sumpfpflanzen und der vom Aussterben bedrohten Wasserbüffel wurde von der UNESCO zum Weltnaturerbe erklärt.

Tunesien: Landschaft im tunesischen Sahel, südlich von Monastir

Bevölkerung: Rd. 98 % der Ew. sind Araber und arabisierte Berber. Berber mit eigenen Dialekten, beschränkt auf inselhafte Rückzugsgebiete im Dahar (Chenini, Beni Barka), auf der Dorsale (Kessera, Takruna) sowie auf Djerba, machen nur 1,2 % der Bev. aus. Etwa 70 % der Bev. leben im N, v. a. in den Küstengebieten um die Hauptstadt. Fast alle bedeutenderen Städte liegen in den Küstengebieten. Die Urbanisierung hat in jüngerer Zeit rasch zugenommen; 1995 lebten 57 % der Bev. T.s in Städten. Die Geburtenziffer ist seit Mitte der 1960er-Jahre rückläufig; durch die Verbesserung der medizinisch-hygien. und sozioökonom. Verhältnisse ergab sich jedoch eine jährl. Bev.-

Zunahme von (1985–95) 2,1 %. Einige Tausend Tunesier arbeiten v. a. in Frankreich, ferner in Dtl., Belgien und Italien.

Religion: Die Verf. bestimmt den sunnit. Islam in der Tradition der →Salafija zur Staatsreligion, garantiert jedoch auch das Recht der freien Religionsausübung nichtislam. Bekenntnisse. Dem Islam, überwiegend in der malikit. Rechtsschule vertreten, gehören rd. 98 % der Bev. an; Minderheiten bilden die Hanefiten sowie die Ibaditen (→Charidjiten) auf der Insel Djerba. – Die christl. Minderheit (nahezu ausschließlich Ausländer) bilden die rd. 21 000 kath. Christen des exemten Bistums Tunis, die Mitgl. der kleinen frz.-ref. Gemeinde und der anglikan. Gemeinde und der wenigen griechisch-orth. Christen. – Die jüd. Gemeinschaft zählt rd. 2 500 Mitgl. (1948: rd. 110 000) und steht geschichtlich in der Tradition der bereits um 500 v. Chr. belegten jüd. Gemeinde Karthagos.

Bildungswesen: Allgemeine Schulpflicht besteht vom 6. bis 14. Lebensjahr; Unterrichtssprachen sind Arabisch und Französisch. Das Schulsystem ist nach frz. Muster aufgebaut. Auf die Primarschule folgt die vierjährige Sekundarstufe, die zum Abitur führt. Die Arabisierung an Schulen und Hochschulen wird forciert, v. a. in den naturwiss. Fächern. Die Analphabetenquote beträgt 33 %. Das Hochschulwesen umfasst v. a. drei Univ. in Tunis (gegr. 1988) sowie eine Univ. in Sfax (gegr. 1986).

Publizistik: Alle Periodika erscheinen in Tunis. Die wichtigsten Tageszeitungen sind: ›L'Action‹ (frz., gegr. 1932, Auflage 50 000), ›Al-Amal‹ (arab., 1934, Organ der RCD, 50 000), ›Ach-Chaab‹ (arab., 1985, Organ der Gewerkschaft UGTT), ›As-Sabah‹ (arab., 1951, 50 000); ›La Presse de Tunisie‹ (frz., 1936, regierungseigen, 40 000), ›La Presse Soir‹ (frz., gegr. 1988). Staatl. Nachrichtenagentur ist ›Tunis Afrique Presse‹ (TAP, gegr. 1961). Die staatl. Rundfunkgesellschaft ›Radiodiffusion Télévision Tunisienne‹ (RTT, gegr. 1961) strahlt Hörfunkprogramme in Französisch, Arabisch und Italienisch aus. Fernsehen gibt es seit 1966 in N- und Zentral-T., seit 1972 landesweit; seit 1970 auch Direktübertragungen des frz. Fernsehens.

WIRTSCHAFT · VERKEHR

Die wirtschaftl. Entwicklung T.s basiert auf der Erdöl- und Phosphatförderung, der Textilindustrie und dem Tourismus. Mit einem Bruttosozialprodukt (BSP) je Ew. von (1995) 1820 US-$ gehört T. zu den Entwicklungsländern mit mittlerem Einkommen. Die Inflationsrate lag 1985–95 bei durchschnittlich jährlich 6 %. Die Auslandsverschuldung zeigt steigende Tendenz und betrug 1995: 9,938 Mrd. US-$, sodass 17 % der Exporterlöse für den Schuldendienst aufgewendet werden müssen. 1996 waren 16 % der Erwerbspersonen arbeitslos.

Landwirtschaft: Der Anteil des Agrarsektors (einschließlich Forstwirtschaft und Fischerei) am Bruttoinlandsprodukt (BIP) sank zwar von (1990) 16 % auf (1995) 12 %, dennoch sind 21 % der Erwerbstätigen in diesem Bereich beschäftigt. Die Besitzstruktur wird durch eine Vielzahl von Kleinbetrieben bestimmt. Im fruchtbaren N werden v. a. Getreide, Obst, Gemüse, Zitrusfrüchte und Weinreben (→nordafrikanische Weine) angebaut. Die Zentralregion wird durch Getreideanbau, Ölbaumplantagen und Weideland geprägt. Oliven (Ernte 1995: 475 000 t) sind das für den Export (meist Olivenöl) wichtigste Agrarprodukt. Im S bestehen vereinzelt Oasenwirtschaften (Dattelpalmen) und Weideflächen. Die landwirtschaftl. Nutzfläche umfasst (1995) 4,9 Mio. ha Ackerland und Dauerkulturen sowie 3,1 Mio. ha Weideland. Die bewässerte Fläche (275 000 ha; meist klein parzellierter Feldbau und Baumkulturen, v. a. im N und in den Oasen) erbringt allein über 25 % der landwirtschaftl. Produk-

Größte Städte (Ew. 1994)			
Tunis	674 100	Gabès	98 900
Sfax	230 900	Bardo	72 700
Ariana	152 700	Gafsa	71 100
Ettadhem	149 200	Zarzis	68 500
Sousse	125 000	Kasserine	68 300
Kairouan	102 600	Ben Arous	67 200
Biserta	98 900	La Goulette	66 500

Tunesien **Tune**

Tunesien: Reste einer byzantinischen Burg auf dem Ruinenfeld des antiken Limisa bei Ksar Lemsa, nordwestlich von Kairouan; zwischen 560 und 600

tion. Doch auch in guten Erntejahren müssen Nahrungsmittel importiert werden, v. a. Getreide, Milchprodukte und Zucker.

Forstwirtschaft: Größere Waldbestände gibt es nur noch im nordwestl. Bergland (Kork- und Steineichen) und im westl. Binnenland (Aleppokiefern und Steineichen), die aber überwiegend durch Verbiss und Raubbau degeneriert sind (Waldfläche 1995: 676 000 ha). Der Holzeinschlag belief sich 1994 auf 3,5 Mio. m³.

Fischerei: Das Zentrum der Fischerei (Sardinen, Sardellen, Garnelen, Thunfisch) liegt in Sfax am Golf von Gabès. Die Fangmenge lag (1994) bei 86 600 t.

Bodenschätze: Neben dem Phosphatbergbau (Förderung 1995: 6,3 Mio. t; in der Zentralregion bei Gafsa/Metlaoui und westlich von Kalaa-Djerda) sind die Erdölförderung (4,3 Mio. t; v. a. im Al-Borma-Feld im S und im Festlandsockel bei den Kerkennainseln) sowie die Erdgasgewinnung (335 Mio. m³; v. a. am Golf von Gabès) von großer Bedeutung. Weniger bedeutend sind die Eisenerzförderung (225 000 t) und Salzgewinnung (319 000 t) sowie der Abbau von Blei- und Zinkerzen, Flussspat und Baryt.

Industrie: Seit den 1970er-Jahren liegt der Schwerpunkt der industriellen Entwicklung auf dem Aufbau exportorientierter, arbeitsintensiver Industriezweige (BIP-Anteil der Industrie einschließlich Bergbau, Energie- und Bauwirtschaft 1995: 29%). Die Textilindustrie spielt eine führende Rolle, weitere wichtige Branchen sind das Nahrungsmittelgewerbe sowie die Metallverarbeitung. Die größten Industriestandorte sind Tunis sowie die Hafenstädte Sousse und Sfax; in Biserta befindet sich eine Erdölraffinerie.

Tourismus: Der Tourismus konzentriert sich auf die Küste und die Insel Djerba. Es werden jedoch vermehrt tourist. Zentren im Landesinneren eingerichtet. 1996 waren 3,9 Mio. ausländ. Gäste nach T., v. a. aus Dtl., Algerien, Frankreich und Libyen.

Außenwirtschaft: Die Außenhandelsbilanz T.s ist seit 1970 defizitär (Einfuhrwert 1995: 7,9 Mrd. US-$; Ausfuhrwert: 5,5 Mrd. US-$). Wichtigste Exportgüter sind zu 75% Industrieprodukte, ferner Erdöl, Phosphate und deren Derivate sowie Nahrungsmittel. Bedeutendste Handelspartner sind Frankreich (25% des Exportvolumens), Italien (21%) und Dtl. (14%).

Verkehr: Nord-T. verfügt über eine gut entwickelte Verkehrsinfrastruktur; so befinden sich rd. 70% des (1994) 2152 km langen staatl. Eisenbahnnetzes im nördl. Landesteil. Mehr als die Hälfte des rd. 29 000 km umfassenden Straßennetzes ist befestigt. Die 150 km lange Autobahn von Tunis über Hammamet nach Sousse ist teilweise fertig gestellt. Wichtigste Hafenstädte an der 1 300 km langen Küste sind Tunis-La Goulette, Biserta, Sfax, Sousse, Gabès und La Skhirra (v. a. Ölhafen). Der größte der fünf internat. Flughä-

fen ist Tunis-Carthage (Karthago), die von Djerba und Monastir dienen fast ausschließlich dem Tourismus.

GESCHICHTE

Das von Berberstämmen bewohnte Land wurde seit etwa 1100 v. Chr. von Phöniziern kolonisiert, die später Karthago gründeten. Nach der Zerstörung Karthagos durch die Römer Ende des 3. Pun. Krieges (146 v. Chr.) kam T. unter röm. Herrschaft (Prov. Africa mit der Hauptstadt Utica). 429 n. Chr. fielen die →Wandalen ein und machten T. zum Mittelpunkt ihres Reiches. Seit 533 stand es unter byzantin. Herrschaft (Exarchat Karthago). Etwa 650 bis 698 (endgültige Zerstörung Karthagos) eroberten die Araber T. und gründeten die Hauptstadt Kairouan. Im Rahmen des Kalifenreiches unterstand T. als Prov. Ifrikija eigenen Dynastien, den Aghlabiden, den Fatimiden und den Siriden. Im 10. Jh. gewann es als Ausgangspunkt der Eroberung Siziliens und als wiss. Zentrum allmählich größere Bedeutung; unter den Almohaden und Hafsiden wuchs auch seine polit. Rolle. Mithilfe seiner Seemacht konnte T. den Vorstoß LUDWIGS IX., DES HEILIGEN, von Frankreich abwehren (7. Kreuzzug) und zeitweise größere Teile Algeriens besetzen. Im Kampf gegen die Spanier, die seit 1535 die Oberhoheit innehatten, und die Hafsiden eroberten die Türken 1574 endgültig das Land und ließen es durch Paschas (bis 1590) und Deis (bis 1640) verwalten, denen Beis aus der Familie der Muradiden folgten (bis 1702). Die Ansiedlung von aus Spanien vertriebenen Morisken (nach 1609) brachte einen bedeutenden wirtschaftl. und kulturellen Aufschwung. Nach dreijährigem Machtkampf begründete der Janitscharenoffizier HUSAIN IBN ALI († 1739/40) 1705 die Beidynastie der Husainiden, die bis zur Einführung der Rep. (1957) an der Spitze blieben. Anfang des 19. Jh. wurde die Piraterie

Tunesien: Wirtschaft

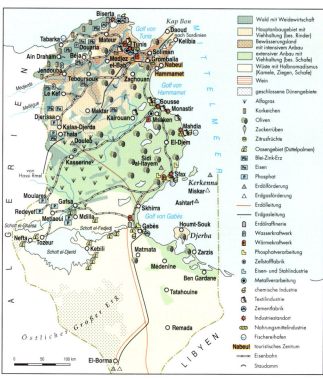

abgeschafft, was zum wirtschaftl. Niedergang beitrug; 1869 kam es zum Staatsbankrott. Der frz. Einfluss wuchs seit der Eroberung Algeriens (seit 1830); 1881 wurde T. frz. Protektorat, anerkannt durch den seit 1859 regierenden Bei MOHAMMED AS-SADIK (* 1813, † 1882) im Bardo-Vertrag vom 12. 5. 1881. Nach dem Vorbild der →Jungtürken, aber auch der Ereignisse in Russland und Persien seit 1905, bildete sich 1907 die Bewegung der ›Jungtunesier‹, 1920 die →Destur als Partei der Nationalisten. Von ihr spaltete sich, geführt von H. BOURGUIBA, 1934 die radikalere Neo-Destur-Partei ab. Verhandlungen über die Einführung eines parlamentarisch-demokrat. Systems zw. den Gruppen der tunes. Nationalbewegung und der frz. Volksfront-Reg. unter L. BLUM wurden nach deren Sturz von den folgenden Reg. nicht mehr aufgenommen. So lösten Unruhen (1937) die Ausrufung des Ausnahmezustandes aus (1938). Im Zweiten Weltkrieg war T. von November 1942 bis Mai 1943 Kriegsschauplatz. Neben der ›Neo-Destur-Bewegung‹ wuchs nach dem Zweiten Weltkrieg die Gewerkschaftsorganisation ›Union Générale des Travailleurs de Tunisie‹ (UGTT), gegr. 1948, zu einem zweiten Machtfaktor der tunes. Nationalbewegung heran. Nachdem die frz. Kolonialmacht zunächst versucht hatte, die tunes. Unabhängigkeitsbestrebungen zu unterdrücken (Inhaftierung BOURGUIBAS, 1952–55), sah sie sich unter dem steigenden polit. Druck der Nationalbewegung zum Einlenken gezwungen: Am 1. 9. 1955 erhielt T. Autonomie, am 20. 3. 1956 (mit Lösung des Protektoratsvertrages) die Unabhängigkeit. Am 15. 4. 1956 wurde BOURGUIBA Min.-Präs.; am 25. 7. 1957 setzte seine Reg. MOHAMMED VIII. AL-AMIN (* 1881, † 1962), seit 1943 Bei von Tunis, ab und rief die Rep. aus.

Im Rahmen eines präsidentiellen Reg.-Systems übernahm BOURGUIBA am 25. 7. 1957 neben dem Amt des Min.-Präs. auch das des Präs. der Rep. (1964 und 1969 wiedergewählt, 1975 auf Lebenszeit). Seit 1957 entwickelte sich die ›Neo-Destur-Bewegung‹ immer mehr zu einer bestimmenden Staatspartei, die sich zu einem Sozialismus auf islam. Grundlage bekannte. 1964 als PSD reorganisiert, beschloss sie 1964 die Sozialisierung aller Wirtschaftsbereiche. Die Durchsetzung eines kollektiven Farmsystems musste jedoch 1969 infolge des Widerstandes der ländl. Bev. gegen diese Politik gestoppt werden. In den 70er-Jahren gewann die Unzufriedenheit mit der Einparteienherrschaft des PSD an Boden und führte 1978 in Verbindung mit sozialen Spannungen zum Generalstreik und zu blutigen Auseinandersetzungen. Mit der Zulassung der KP (1981) sowie des MDS und des PUP entfernte sich T. vom Einparteiensystem. Bei den Parlamentswahlen von 1986 beteiligten sich jedoch die meisten in Opposition stehenden Parteien nicht; der herrschende PSD gewann alle Mandate.

Nachdem Präs. BOURGUIBA Amtsunfähigkeit bescheinigt worden war, wurde er am 7. 11. 1987 durch Min.-Präs. ZINE EL-ABIDINE BEN ALI entmachtet, der das Amt des Staatspräs. übernahm. Ein 1988 verabschiedetes Parteiengesetz institutionalisierte zwar das Mehrparteiensystem, wird aber wegen des darin festgeschriebenen Vorrangs für die Regierungspartei RCD und der restriktiven Bestimmungen von der Opposition abgelehnt. Bei den umstrittenen Parlamentswahlen von 2. 4. 1989 gewann der RCD wiederum alle Sitze. In den 80er-Jahren nahmen die Spannungen zw. den laizist. Kräften und den islam. Fundamentalisten stark zu. Im April 1990 verkündete die fundamentalist. Organisation ›En-Nadha‹ ihr Programm (›Islam steht über allem‹). Bei der Präsidentschaftswahl vom 20. 3. 1994 wurde Präs. BEN ALI, der als einziger Kandidat zur Wahl stand, im Amt bestätigt. Bei den gleichzeitigen Parlamentswahlen gewann die Regierungspartei RCD alle 144 zur Wahl stehenden Sitze;

aufgrund einer zuvor erfolgten Wahlrechtsreform erhielten erstmals seit der Unabhängigkeit jedoch auch die sechs Oppositionsparteien entsprechend ihrem jeweiligen Stimmenanteil 19 für sie reservierte Sitze im Parlament. Einem Erstarken der islamist. Gruppen suchte die Reg. mit dem Ausbau der sozialen Versorgung, Förderung der Bildung sowie dem Abbau der hohen Arbeitslosigkeit zu begegnen; daneben kam es zu verschärfter Verfolgung oppositioneller Kräfte.

Allgemeines: H.-J. KRESS: ›Andalus.‹ Strukturelemente in der kulturgeograph. Genese T.s, in: Beitr. zur Kulturgeographie der Mittelmeerländer, hg. v. C. SCHOTT, Tl. 3 (1977); H. MENSCHING: T. (³1979); P. FRANKENBERG: T. Ein Entwicklungsland im maghrebin. Orient (²1981); H. SETHOM u. A. KASSAB: Les régions géographiques de la Tunisie (Tunis 1981); T., hg. v. K. SCHLIEPHAKE (1984); H.-J. AUBERT: T. Kunst- u. Reiseführer mit Landeskunde (1986); M. JEDIDI: Croissance économique et espace urbain dans le Sahel tunisien depuis l'indépendance, 2 Bde. (1986); S. BANTLE: Schattenhandel als sozialpolit. Kompromiß. Die ›libyschen Märkte‹ in T. (1994); T. Landschaft, Kultur, Gesch., Beitrr. v. F. MELLAH u. a. (a.d. Ital., 1994).
Geschichte: É. F. GAUTIER: Les siècles obscurs du Maghreb (Paris 1927); É. FITOUSSI u. A. BÉNAZET: L'état tunisien et le protectorat français, 2 Bde. (Neuausg. ebd. 1931); R. BRUNSCHVIG: La Tunisie dans le haut Moyen Âge (Kairo 1948); C. H. MOORE: Tunisia since independence (Berkeley, Calif., 1965, Nachdr. Westport, Conn., 1982); P. GRANDCHAMP: Études d'histoire tunisienne XVIIᵉ–XXᵉ siècles (Paris 1966); A. PAVY: Histoire de la Tunisie (Tunis ²1977); K. J. PERKINS: Tunisia (Boulder, Colo., 1986); S. FAATH: Herrschaft u. Konflikt in T. (1989); M. NASRAOUI: La répresentation de la pauvreté dans la société tunisienne (Paris 1996).

tunesische Literatur, →maghrebinische Literatur.
Tung, Volk in China, →Dong.
Tungabhadra *die,* rechter Nebenfluss der Krishna im S Indiens, rd. 650 km lang, entspringt mit mehreren Quellflüssen in den Westghats, mündet unterhalb von Kurnool; im Ober- und Mittellauf gestaut und zur Bewässerung und Elektrizitätserzeugung genutzt.
Tungbaum, Art der Pflanzengattung →Lackbaum.
Tung Chung-shu [-dʒ-ʃ-], chin. Philosoph, →Dong Zhongshu.
Tungide [zu Tungusen und ...id], typolog. Bez. für zu den →Mongoliden zählende Menschenform von mittelhohem, kräftigem und untersetztem Körperbau, mit kurzem und niedrigem Kopf, zurückweichender Stirn, mongol. Flachgesicht und stark ausgeprägter Mongolenfalte. Hauptverbreitungsgebiet der tungiden Völker (u. a. Kalmücken, Mongolen und Tungusen) soll das nördl. Zentralasien sein.
T'ung-kou, histor. Stätte in NO-China, →T'onggu.
Tung|öl, das →Holzöl.
Tungrer, lat. **Tungri,** german. Volksstamm, von AUGUSTUS im 1. Jh. v.Chr. in der röm. Prov. Gallia Belgica im Gebiet der Eburonen angesiedelt; Hauptort war Aduatuca Tungrorum (heute Tongern).
Tungshan [-ʃan], 1912–45 Name der chin. Stadt →Xuzhou.
Tungstein [schwed. tung ›schwer‹], das Mineral →Scheelit.
Tungsten [schwed.], das chem. Element →Wolfram.
Tungstenit *der, -s/-e,* graues bis blaues hexagonales Mineral der chem. Zusammensetzung WS_2; Dichte 8,1 g/cm³; filzige Aggregate.
Tungstit [zu Tungsten] *der, -s/-e,* **Wolfram|ocker,** gelblich grünes bis hellgelbes rhomb. Mineral der chem. Zusammensetzung $WO_3 \cdot H_2O$; Härte nach MOHS 2,5, Dichte 5,5 g/cm³; erdige bis pulvrige Aggregate, Oxidationsbildung von Wolframmineralen.
Tungurahua [-'raɣa], Prov. in →Ecuador.
Tungusen, 1) früherer Name der →Ewenken.
2) Völker, die →tungusische Sprachen sprechen; zu ihnen gehören außer den Ewenken und Mandschu u. a. die Ewenen, Nanai, Orotschen, Oroken, Oltscha, Biraren und Negidalen.

Tungusisches Meer, früherer Name des →Ochotskischen Meeres.

tungusische Sprachen. Die t. S. gehören genetisch zu den altaischen Sprachen. Sie werden nach geograph. Gesichtspunkten klassifiziert.
Nordosttungusischer Zweig: a) Nordosttungus. Gruppe mit 1) Lamutisch oder Ewenisch (17 Subdialekte, unterteilt in Zentral-, Ost- und Westlamutisch), kyrillisch geschriebene Sprache; 2) Armanisch, nichtliterar. Übergangssprache zw. Lamutisch und Ewenkisch. – b) Nordwesttungus. Gruppe mit 1) Ewenkisch (63 Subdialekte, unterteilt in Zentral-, Nord-, Ost- und Südewenkisch), kyrillisch geschriebene Sprache; 2) Negidalisch (fünf Subdialekte), nichtliterar. Sprache; 3) Solonisch (fünf in China gesprochene Subdialekte), nichtliterar. Sprache.
Zentraltungusischer Zweig: a) Zentralosttungus. Gruppe mit 1) Orotschisch (drei Subdialekte), nichtliterar. Sprache; 2) Udeheisch (Udiheisch; zehn Subdialekte), kyrillisch geschriebene Sprache. – b) Zentralwesttungus. Gruppe mit 1) Kili (vier Subdialekte), nichtliterar. Übergangssprache zw. Ewenkisch und Nanaisch; 2) Nanaisch oder Goldisch (zehn Subdialekte), kyrillisch geschriebene Sprache, gesprochen in Sibirien und China; 3) Oltscha, nichtliterar. Sprache; 4) Orokisch, nichtliterar. Sprache.
Südtungusischer Zweig, Mandschurische Gruppe mit 1) Dschurdschenisch (im 13. Jh. ausgestorbene Schriftsprache); 2) Mandschurisch, →Mandschu.

W. GRUBE: Goldisch-dt. Wörterverz. mit vergleichender Berücksichtigung der übrigen tungus. Dialekte (Petersburg 1900); S. M. SCHIROKOGOROFF: Tungus dictionary (Tokio 1944); J. BENZING: Lamutische Gramm. (1955); DERS.: Die t. S. (1956); Mongol'skie, tunguso-man'čžurskie i paleoaziatskie jazyki, hg. v. P. J. SKORIK u. a. (Leningrad 1968); G. DOERFER u. a.: Lamut. Wb. (1980); S. N. ONENKO: Russko-nanajskij slovar' (Moskau 1986).

Tunguska die, Name mehrerer Flüsse in Russland:
1) Tunguska, linker Nebenfluss des Amur, im Fernen Osten, 86 km lang; entsteht durch den Zusammenfluss von **Urmi** (458 km lang) und **Kur** (434 km lang), mündet 15 km unterhalb von Chabarowsk.
2) Mittlere Tunguska, russ. **Srednjaja Tunguska,** **Steinige Tunguska,** russ. **Podkamennaja Tunguska,** Oberlauf bis **Katanga** gen.; rechter Nebenfluss des Jenissej, 1865 km lang, entspringt der NW-Abdachung des Angaraberglandes, ist nur bei hohem Wasserstand (zahlr. Stromschnellen) von Bajkit auf 571 km schiffbar, mündet bei Podkamennaja T.; in ihrem Flussgebiet fand am 30. 6. 1908 das T.-Ereignis (→Meteorite) statt (110 000 km² großer Nationalpark geplant).
3) Obere Tunguska, russ. **Werchnjaja Tunguska,** früherer Name für den Unterlauf der →Angara.
4) Untere Tunguska, russ. **Nischnjaja Tunguska,** rechter Nebenfluss des Jenissej, 2989 km lang, entspringt der NO-Abdachung des Angaraberglandes, mündet bei Turuchansk; ab Tura schiffbar.

Tunguska-Kohlenbecken, zweitgrößte Kohlenlagerstätte Russlands (nach dem Lenabecken), im Mittelsibir. Bergland, überwiegend im Flussgebiet der Unteren Tunguska, im Autonomen Kreis der Ewenken, in der Rep. Jakutien und im Gebiet Irkutsk; enthält auf 1,05 Mio. km² Fläche bis 1800 m Tiefe rd. 1980 Mrd. t Braun- und Steinkohle. Das T.-K. ist weithin unerschlossen und wenig erforscht. Nur im äußersten NW wird bei Norilsk Steinkohle abgebaut.

Tuniberg, durch Abgrenzung vom Kaiserstuhl entstandener Weinbaubereich von Baden (→badische Weine); 1074 ha, über 50% rote Sorten, bes. Spätburgunder, bei den weißen Sorten v. a. Müller-Thurgau.

Tunica [lat. ›Untergewand‹, ›Haut‹, ›Hülle‹] die, -/...cae, **1)** Anatomie: die meist bindegewebige und/ oder muskuläre Hülle eines Organs bzw. die meist als Schleimhaut (**T. mucosa**) ausgebildete Auskleidung von Hohlorganen (z. B. des Darms).

2) Botanik: der eine oder mehrere Zellschichten umfassende periphere Teil des Vegetationspunktes der Samenpflanzen, der das innen liegende →Corpus umgibt. Aus den sich (nur in der Scheitelregion) antiklin teilenden Zellen der äußeren Zellschicht entwickelt sich die Epidermis von Sprossachse und Blättern.
3) Zoologie: die Körperhülle der →Manteltiere.

Tunica, Stamm der Östl. Waldlandindianer Nordamerikas. Die Reservation der stark mit Biloxi und Ofo (Sioux) vermischten (1988) 440 T. liegt auf dem Land der verschwundenen Avoyelle-Indianer bei Marksville in Louisiana, USA.

Tunicata [zu Tunica], die, →Manteltiere.

Tunicin [zu Tunica] das, -s, celluloseähnl., aus Glucoseeinheiten aufgebautes Polysaccharid, das die Hüllsubstanz der →Manteltiere bildet.

Tunika [lat.] die, -/...ken, altröm. Unter- und Obergewand für Männer und Frauen, anfangs ärmellos und körpernah, seit dem 1. Jh. v. Chr. weiter und die Oberarme bedeckend. Die aus gleich großen Vorder- und Rückenteilen zusammengenähte, im Normalfall weiße T. wurde gegürtet getragen und reichte bis knapp unter die Knie; ihre Materialien waren Wolle, erst in späterer Zeit Leinen, auch Seide. Vorn und hinten von den Schultern ausgehende Vertikalstreifen (clavi) konnten ständ. Funktionen bezeichnen: Breite Purpurstreifen (lati clavi) kennzeichneten den Senator, schmale (angusti clavi) den Ritter. Im 3. Jh. bekam die fußlange T. (tunica talaris) lange Ärmel; daraus entwickelte sich die →Dalmatika. – In der kath. Kirche auch Bez. für die →Albe.

Tuning [ˈtjuːnɪŋ; engl., eigtl. ›das Abstimmen‹] das, -s/-s, Maßnahmen zur Steigerung der Fahrleistung von Kraftfahrzeugen. T. kann Motor, Fahrwerk und Karosserie betreffen. Am Motor erzielt man eine Leistungssteigerung durch Erhöhen von Drehzahl, Hubraum und mittlerem Druck, z. B. durch Vergrößern des Zylinderdurchmessers (›Aufbohren‹), verstärkte Kurbelwellen, geänderte Steuerzeiten der Ventile, Vergrößerung und Glättung der Ansaugquerschnitte, Verdichtungserhöhung oder →Auflading. Leistungserhöhung bei hohen Drehzahlen ist meist mit einem Verlust an Drehmoment bei mittleren und niedrigen Drehzahlen verbunden. Maßnahmen am Fahrwerk bestehen in der Absenkung des Fahrzeugschwerpunkts (›Tieferlegen‹), Verwendung härterer Federn und Dämpfer sowie breiterer Reifen, um den Fahrbahnkontakt zu verbessern. An der Karosserie strebt man eine Senkung des Luftwiderstands an und setzt →Spoiler ein, um einen Unterdruck zw. Fahrzeug und Straße und damit vertikale Luftkräfte zu erzeugen, die die Anpressung der Reifen an die Fahrbahn verbessern. T. erhöht zwar die Fahrleistung, verschlechtert aber i. Allg. den Fahrkomfort.

Tunis [ˈtuːnɪs, frz. tyˈnis], Hauptstadt Tunesiens und des Gouvernorats T., nahe dem Mittelmeer, 58 m ü. M., auf der Binnenseite des flachen Lagunensees El-Bahira am Golf von T., (1994) 674 100 Ew. im Stadtgebiet, 1,8 Mio. Ew. im Ballungsraum (⅕ der Landes-Bev.). T. ist polit., wirtschaftl. und kulturelles Zentrum Tunesiens; kath. Bischofssitz (seit 1995; 1884–1964 kath. Erzbischofssitz); drei Univ. (gegr. 1988, hervorgegangen aus einer 1958 gegr. Univ.), Fachhochschulen (u. a. für Verw., Wirtschaft, Luftfahrt, Post- und Fernmeldewesen), Dt. Kulturinstitut, internat. und nat. Forschungsinstitute (u. a. Institut Pasteur), Nationalbibliothek, Nationalarchiv, Nationalmuseum (in →Bardo) und weitere Museen, Nat. Ozeanograph. Institut (im Vorort Salammbô); Staatstheater; Kongresspalast; zoolog. Garten; Stadtbahnnetz 32 km lang, internat. Flughafen T.-Carthage (Karthago) 6 km nördlich. Der Passagierhafen von T. (u. a. Autofähren nach Marseille, Genua, Neapel, Palermo) ist mit dem Außenhafen →La Goulette durch

---

Tunis

Hauptstadt von Tunesien

58 m ü. M.

nahe dem Mittelmeer an einer Lagune

1,8 Mio. Ew. im Ballungsraum

drei Universitäten (1988 gegründet)

internationaler Flughafen

Große Moschee Djama es-Situna (732 gegründet)

bedeutende Bauwerke im hafsidischen, spanisch-maurischen und türkischen Stil

kath. Kathedrale (1882)

Gründung der Berber, lange im Schatten des benachbarten Karthago

Blüte in arabischer Zeit als Hauptstadt mehrerer Dynastien

1574 von den Osmanen erobert

1881–1956 französischer Protektoratssitz

Tuni Tunis–Tunnel

Tunis: Blick auf die Altstadt

einen 10 km langen Seekanal und Erddamm (Autobahn, Schnellbahn) verbunden. Der Großraum T. beherbergt rd. 65% aller größeren Industriebetriebe des Landes, v.a. der Nahrungsmittel-, Bekleidungs-, chem. (Superphosphat), metallurg. (u.a. Bleierzverhüttung, Stahl-, Graugießerei, Metallverarbeitung), elektrotechn. und Energie erzeugenden Industrie; Druckereien und Verlage (die Auslagerung von Betrieben ist geplant). Eine internat. Messe findet alle zwei Jahre statt.

Stadtbild: Zw. der Lagune im O und der Sebkha Sedjoumi im SW liegen die zum UNESCO-Weltkulturerbe erklärte Altstadt (Medina; 1 500 m × 800 m), die seit 1974 unter Leitung der ›Vereinigung zur Rettung der Medina‹ (ASMA) saniert, restauriert und modernisiert wird, und die nach O anschließende Neustadt (ehem. frz. Kolonialstadt; heute Cityfunktion) mit dem Passagierhafen, daher erfolgt die moderne Stadterweiterung nach N (Ariana), NW (Ettadhamen) und SO (Ben Arous, Radès); der nördl. Küstensaum von La Goulette bis Gammarth hat sich zu einer Seebäderzone entwickelt (Schnellbahn zum Stadtzentrum). In der Medina liegt die Große Moschee Djama es-Situna, ein 732 gegründetes religiöses Zentrum (864 von den Aghlabiden vollendet, unter den Hafsiden und in osman. Zeit durch spanisch-maur. Baumeister verändert, 1962–64 restauriert) mit 15-schiffigem Betsaal (antike Säulen) und Mihrabfassade; ihr Minarett wurde 1653 restauriert, 1834 auf 44 m erhöht. Die Moschee el-Ksar (1106 gegr.) hat ein Minarett (1647, 1978/79 erneuert) mit Dekor im spanisch-maur. Stil. Die Moschee der ehem. Kasba (1231–35; 1963/64 restauriert) hat ein Minarett im almohad. Stil. Die siebenschiffige Moschee Hammouda Pascha (um 1665) besitzt drei Innenhöfe und ein innen reich dekoriertes Mausoleum (1655). Im Komplex der Sidi-Jusuf-Moschee (1616) mit Medrese (1622) dominiert der hafsid. Stil. Die Moschee Sidi Mahres (um 1675) erhielt 1862 ein neues Grabmal des Stadtheiligen (er lebte im 10. Jh.). Die Medrese es-Slimanija (1740–50) ist ein Meisterwerk spanisch-maur. Baukunst. Der Mausoleumskomplex der Husainidendynastie, Tourbet el-Bey (1758–82), zeigt außen Einfluss der ital. Renaissance, das Innere orientiert sich an den Moscheen Istanbuls; Mausoleum Sidi Ben Arous (1491; 1654 verändert; Stuckdekor des 15. Jh.) mit schlankem Minarett im syr. Stil mit Umlaufbalkon. Der Palast Dar Husain (18./19. Jh.) beherbergt das Nationalinstitut für Archäologie und Kunst. Der Palast Dar Othman (17. Jh.) im hafsid. Stil zeigt spanisch-maur. Innendekor. Hafsidisch ist auch das Tor Bab Djedid (1276). Die Zawija Sidi Bou-Khrissane (Ende 11. Jh.) ist ein Viersäulenkuppelbau. In der Neustadt liegen die Kathedrale (1882) und das Staatstheater, im Belvedere-Park das Museum für moderne Kunst; der maur. Pavillon ›Koubba‹ (17. Jh.) wurde 1901 vom La-Manouba-Park hierher versetzt.

Geschichte: Der urspr. von Berbern gegründete Handelsort kam bald unter pun. Herrschaft (**Tynes** gen.), blieb aber neben dem aufblühenden Karthago von geringer Bedeutung und war oft Quartier für die Belagerer Karthagos. 146 v. Chr. wurde es mit diesem von den Römern zerstört, unter Kaiser AUGUSTUS als **Thuni** (später **Tunes**) wieder aufgebaut und im 3. Jh. Bischofssitz. Bedeutung erlangte es erst in arab. Zeit (ab 670) als Hauptstadt der Aghlabiden, der Almohaden und bes. der Hafsiden, unter denen sich T., v.a. durch Ansiedlung span. Muslime, zum wiss. und kulturellen Zentrum N-Afrikas entwickelte; 1332 wurde hier IBN CHALDUN geboren. Im 16. Jh. war T. zw. Spaniern und Osmanen umkämpft, Letztere eroberten es 1574 endgültig (→Tunesien, Geschichte). Unter dem frz. Protektorat (1881–1956) erfuhr T. starken Aufschwung und Ausbau. 1942/43 verursachten alliierte Luftangriffe gegen die dt.-ital. Besatzungstruppen schwere Schäden. 1979–90 war T. Sitz der Arab. Liga.

P. SIGNOLES: L'espace tunisien. Capitale et état-région, 2 Bde. (Tours 1985); B. S. HAKIM: Arabic-Islamic cities. Building and planning principles (London ²1988).

Tunis, Straße von T., anderer Name für die Straße von →Sizilien im Mittelmeer.

Tunja ['tunxa], Hauptstadt des Dep. Boyacá, Kolumbien, 2 820 m ü. M., in einem Hochtal der Ostkordillere, 114 900 Ew.; Erzbischofssitz; Pädagog. und Techn. Univ.; Handelszentrum. – Die Altstadt trägt kolonialzeitl. Züge. Im Kloster Santo Domingo (1551 bis Ende 17. Jh.) finden sich im Innern reiche Holzschnitzereien (in der der Klosterkirche zugehörigen Capilla del Rosario im indianisch geprägten Barockstil), ebenso in der Kirche Santa Clara (1571–1613, im Stil der isabellin. Gotik), in der Kapelle Domínguez Camargo Ornamente indian. Ursprungs. Santa Bárbara (17. Jh.) hat eine Holzdecke im Mudéjarstil indian. Prägung. Stark indianisch beeinflusst ist auch Santa Catalina (Schnitzwerk 16. Jh.). Ebenfalls im isabellin. Stil erbaut ist die 1574 geweihte Kathedrale, eine dreischiffige Basilika mit Renaissanceportal (1598–1600). Das Haus von JUAN DE VARGAS (1587–1605) besitzt Deckenmalereien nach europ. Stichen. – T., in vorspan. Zeit Hauptstadt eines Reiche der Muisca, wurde 1538 von G. JIMÉNEZ DE QUESADA erobert und zerstört; 1539 als span. Siedlung neu gegründet.

Tunjur [-dʒ-], **Tundjur** [-dʒ-], **Tundscher,** Volk ungeklärter Herkunft, das in der Gesch. der Reiche Darfur, Wadai und Kanem eine bedeutende Rolle spielte. Etwa 5 000 T. (sunnit. Muslime) leben weit verstreut in Darfur, Rep. Sudan, und im N der Rep. Tschad.

Tunkers ['tʌŋkəz, engl.], pietist. Gemeinschaft, →Dunkers.

Tunnel [engl., von altfrz. ton(n)el ›Tonnengewölbe‹] *der, -s/-,* seltener *-s,* lang gestreckter unterird. Hohlraum zur Aufnahme von Verkehrswegen (im Ggs. zum →Stollen). Nach dem Zweck unterscheidet man Eisenbahn-, Straßenbahn- und U-Bahn-, Straßen-, Fußgänger- und Wasserstraßen-T.; nach ihrer Lage werden sie als Gebirgs-, innerstädt. und Unterwasser-T. bezeichnet. T. werden in offener oder geschlossener Bauweise hergestellt.

Offene Bauweisen

Wenn aufgrund geringer Bodenüberdeckung die Baugrube nach oben geöffnet werden kann, ist eine offene

1

2

3

4

5

Tunnel: Klassische Bauweisen; 1 Deutsche Bauweise; 2 Belgische Bauweise; 3 Österreichische Bauweise; 4 Englische Bauweise; 5 Italienische Bauweise

Bauweise möglich. Die Baugruben werden durch Spund-, Schlitz- oder Pfahlwände gestützt oder frei abgeböscht. Unterhalb des Grundwasserspiegels wird aus dichten Baugrubenwänden und Abdichtungsinjektionen oder Unterwasserbetonsohlen ein dichter Trog erstellt. Bei der **Deckelbauweise** werden zunächst Wände und Deckenplatte der Baugrube hergestellt, das Auffahren des T. erfolgt danach, während die Fläche über dem Deckel dem Verkehr wieder zugänglich ist.

Für T. unter Gewässern werden Teilstücke der späteren T.-Röhre an Land betoniert, an den Stirnseiten wasserdicht geschlossen, an den Einsatzpunkt geschleppt und durch Entlüften und Ballastieren abgesenkt, zusammengekoppelt und abgedichtet. Zur Auftriebssicherung und als Schutz z. B. gegen havarierte Schiffe werden Unterwasser-T. meist überschüttet.

Geschlossene Bauweisen

Klassische Bauweisen: Für Festgestein wurden die heute weitgehend überholten klass. Bauweisen entwickelt. Gemeinsam ist ihnen ein Pilotstollen zum Materialtransport und zur Entwässerung, von dem aus an vielen Stellen gleichzeitig ausgebrochen und gesichert werden kann. In standfestem Gebirge ist ein Vollausbruch ohne sofortige Sicherung des Querschnitts möglich, in gebrächem (brüchigem) Gebirge sind mehrere Arbeitsgänge zur Herstellung von Teilausbrüchen notwendig, in druckhaftem Gebirge kann der Querschnitt nur im Schutz eines voreilenden Ausbaus hergestellt werden. Bei den klass. Bauweisen wurde je nach der Gebirgsfestigkeit mit mechan. Werkzeugen (z. B. Drucklufthammer) oder durch Sprengen ausgebrochen. Bei der **deutschen** oder **Kernbauweise** erfolgt der Abbau durch neben- und übereinander vorgetriebene Stollen unter Belassen eines Erdkerns bis zum Schlussausbruch. Bei der **belgischen** oder **Unterfangungsbauweise** wird von einem Firststollen aus der ganze obere Teil des Hohlraums (Kalotte) ausgebrochen, das Gewölbe eingezogen und anschließend der untere Teil (Strosse) stufenweise oder als Ganzes ab-

Tunnel: Blick in einen zur Abbaufront hin offenen Schild beim Schildvortrieb in weniger festem Gebirge ohne Wasserandrang; der Abbau erfolgt im Teilschnitt mit einem fest eingebauten speziellen Bagger

gebaut. Bei der **österreichischen** oder **Aufbruchbauweise** wird der Querschnitt in hintereinander liegenden Zonen zunächst ausgebrochen und mit Holz verbaut, anschließend wird abschnittsweise der Ausbau eingezogen. Bei der **englischen** oder **Vortriebsbauweise** wird das volle Profil abgebaut und das Gewölbe sofort eingezogen. Die **italienische** oder **Versatzbauweise** (nur für sehr schwieriges Gebirge) sieht die sukzessive Öffnung kleinerer Hohlräume vor, die sofort mit bleibendem oder vorübergehendem Mauerwerk versetzt werden und nur einen kleinen Arbeitsstollen offen lassen. Erst nach dem Schließen des Ausbaugewölbes wird das Lichtraumprofil durch Entfernen des Versatzmauerwerks freigelegt.

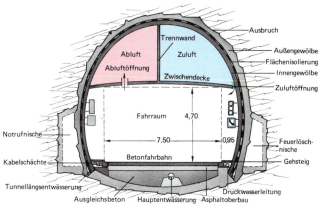

Tunnel: Querschnitt des Arlberg-Straßentunnels

Moderne Bauweisen: Beim **Schildvortrieb** wird ein meist kreisrunder Stahlzylinder in der Querschnittsgröße des späteren T. mit hydraul. Pressen vorgetrieben, die sich gegen das rückwärtig bereits fertig gestellte Gewölbe abstützen. Gleichzeitig wird an der in Vortriebsrichtung befindl. Stirnseite des Zylinders im Schutz des starren Stahlmantels (Schild) der eigentl. Bodenabbau oder Gesteinsausbruch vorgenommen, sodass das Gebirge zu keinem Zeitpunkt ungestützt ist. Der Vortriebsschild kann auch eine in Messer (**Messerschild**) oder Teilmesser längs aufgegliederte Röhre sein, bei der während des Vortriebs nicht der ganze Schild, sondern nacheinander einzelne stählerne Dielen in das Gebirge gepresst werden, sodass erheblich kleinere Reaktionskräfte abzutragen sind. Man unterscheidet offene und geschlossene Systeme, je nachdem, ob die Abbaufront (Ortsbrust) direkt zugänglich oder mit einem Medium zur Stützung gefüllt und vom rückwärtigen Schildteil durch ein Druckschott getrennt ist. Beim **Hydroschild** dient eine Tonsuspension als Stützflüssigkeit, die zusammen mit dem Ausbruchmaterial in Rohrleitungen abgepumpt und durch Siebe und Zentrifugen im T. oder oberirdisch abgetrennt wird. Beim **Druckluftschild** dient Druckluft zur Stützung der Ortsbrust, wobei gleichzeitig das Grundwasser abgehalten wird. Der Abbau erfolgt in geschlossenen Systemen durch in den Schild eingebaute T.-Bohrmaschinen (**Schildvortriebsmaschinen**), indem auf einer rotierenden Scheibe (Schneidrad) sitzende Rollen und Kratzmeißel über die Ortsbrust bewegt werden. Der Durchmesser des Schneidrads entspricht dem T.-Durchmesser, weshalb der Abbau vollflächig über den gesamten T.-Querschnitt erfolgt (Vollschnitt). – Beim offenen Schildvortrieb wird meist ein mobiles oder im Schild fest eingebautes Abbaugerät verwendet, das die Ortsbrust abschnittsweise bearbeitet (Teilschnitt). Diese Teilschnittmaschinen bestehen v. a. aus einem bewegl. Ausleger, an dessen Ende z. B. ein meißelbesetzter Bohrkopf oder ein Löffelbagger das Gebirge auffährt. Das abgebaute Material wird mit einem Förderband und durch schienengebundene oder gleislose Fördersysteme von der Ortsbrust wegtransportiert. Der Ausbau hinter dem Schild besteht i. d. R. aus vorgefertigten Beton- oder Stahlsegmenten, den Tübbings.

Beim **Rohrvortrieb** werden vorgefertigte Rohrschüsse von etwa 2 bis 4 m Länge in einem Vorpressschacht aneinander gereiht und taktweise unter manu-

Tunn Tunneldiode

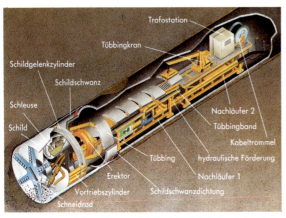

Tunnel: Geschlossener Schild mit im Vollschnitt arbeitender Schildvortriebsmaschine; die Stützung der Ortsbrust kann den Bodenverhältnissen angepasst werden, Einsatz als Hydro-, Druckluft- oder Erddruckschild, nachfolgend sofortiger Tübbingausbau (Teilschnittzeichnungen)

ellem oder mechanisiertem Aushub an der Ortsbrust vorgetrieben. Dies ist auch im Grundwasser möglich, wenn die Vortriebsrohre abgedichtet und unter Druckluft gesetzt werden. Mittels **Durchpressung** werden ganze Brückenquerschnitte unter ständigem Abgraben der Ortsbrust durch starke hydraul. Pressen durch Bahndämme gepresst, ohne dass der Zugverkehr unterbrochen werden muss.

Die weiteste Verbreitung, z. B. bei allen T. der Bundesbahn-Neubaustrecken, findet die **Spritzbetonbauweise** oder **neue österreichische T.-Bauweise (NÖT)**. Dabei wird durch günstige Formgebung des Querschnitts sowie schnelles Einbringen eines Spritzbetongewölbes mit Stahlmatten und stählernen Bögen die Entfestigung des Gebirges unterbunden und damit seine Tragwirkung erhalten. Teilweise wird zunächst die Kalotte und erst später die Strosse vorgetrieben, bei langen T. auch gleichzeitig in großem Abstand. Durch vorlaufende Sicherungen wurde die Anwendung der Spritzbetonbauweise auf immer weniger tragfähige Böden ermöglicht. Beim **Gefrierverfahren** zirkuliert in vorher eingebohrten Gefrierrohren um den T.-Querschnitt eine stark abgekühlte Flüssigkeit und gefriert das Porenwasser, sodass eine tragfähige temporäre Schale entsteht. Alternativ kann das Gebirge durch **Poreninjektionen** (Einpressen erhärtender Flüssigkeiten in die Poren des Gebirges) oder durch **Düsenstrahlinjektionen** (Zementierung des Gebirges, bei der unter hohem Druck aus einem vorgetriebenen Injektionsrohr austretende Zementsuspension den Boden aufreißt, sich mit ihm vermischt und anschließend aushärtet) voreilend gesichert werden.

Meist wird der vorläufige Ausbau (Tübbings, Extrudierbeton, Spritzbeton) durch eine Innenschale, teilweise auch abgedichtet, ergänzt.

Tunnelbetrieb

T. erfordern einen laufenden Unterhalt und versch. Betriebseinrichtungen wie Beleuchtung, Belüftung, Entwässerung und Signalisation sowie bei großen T. eine zentrale Überwachungsstelle.

Die *Beleuchtung* von Straßen-T. ist erheblich schwächer als das Tageslicht, weshalb am T.-Eingang eine **Adaptionsbeleuchtung** eingerichtet wird. Sie verringert die Leuchtdichte auf einer Strecke, die einer Fahrzeit von etwa 10 s entspricht, und erlaubt so dem menschl. Auge eine ausreichende Anpassung an die Lichtverhältnisse im Tunnel.

Belüftung: In Straßen-T. wird die Luft ständig durch Auspuffgase verunreinigt. Als Leitparameter dient das Kohlenmonoxid, wobei nach internat. Erkenntnissen eine Grenzkonzentration von etwa 200–250 ppm, d. h. 0,02–0,025%, als ungefährlich angesehen wird. Alle anderen Verunreinigungsstoffe sind dann erfahrungsgemäß ausreichend verdünnt. Als Bemessungsgröße wird entweder der ungünstigste Betriebszustand für die Prognoseverkehrsmenge oder die maximal mögl. Verkehrsmenge zugrunde gelegt oder es wird eine bestimmte Lüftungskapazität vorgehalten und der Verkehr nur bis zu einer dafür ungefährl. Dichte zugelassen. Bei nahezu allen Straßen-T. ist eine mechan. Zwangslüftung erforderlich. Bei der Längslüftung wird ein Luftzug im Verkehrsraum erzeugt, bei längeren T. ist eine Querlüftung mit getrennten Zu- und Abluftkanälen erforderlich. Bei sehr langen T. wird die Luft über zusätzl. Lüftungsschächte zur Geländeoberfläche ausgetauscht. – Zur Hilfeleistung bei Unfällen in T. werden gelegentlich Rettungsschächte oder -stollen angelegt, bei Eisenbahnen werden ständig einsatzbereite Rettungszüge vorgehalten.

Geschichtliches

Vorläufer der heutigen T. waren die unterird. Be- und Entwässerungskanäle, die schon in babylon. und assyr. Zeit, von den Minyern in Orchomenos, von Griechen (T. des EUPALINOS VON MEGARA für die Wasserleitung der antiken Stadt Samos durch den Berg Kastro, 1 km lang, um 530 v. Chr.), Etruskern und Römern (Ableitung des Fuciner Sees, 5,6 km langer T., Mitte des 1. Jh. n. Chr.) ausgeführt wurden. Der T.-Bau lebte erst wieder auf mit der Einführung des Schwarzpulvers zum Gesteinsprengen im 17. Jh. (z. B. 1679/81 der 157 m lange Malpas-T. für den Languedoc-Kanal). 1824–42 baute M. I. BRUNEL unter Anwendung des Schildverfahrens den T. unter der Themse in London. In Dtl. wurde der erste Eisenbahn-T. 1837/39 bei Oberau östlich von Meißen (Strecke Leipzig–Dresden) gebaut (512 m lang, abgetragen 1933/34). Die frühesten großen Alpen-T. sind: 1857/71 der über 12 km lange Mont-Cenis-T., 1872/82 der 15 km lange Gotthard-T. (verbesserte Bohrmaschine, Dynamit als Sprengmittel), 1898/1906 der 20 km lange Simplon-T. Der längste Eisenbahn-T. ist der →Seikantunnel in Japan. Zum Kanal-T. →Eurotunnel. In Dtl. sind rd. 550 km U-Bahn- und S-Bahn-T., rd. 250 km Eisenbahn- und rd. 62 km Straßen-T. in Betrieb.

Tunneldiode, Esaki-Diode [nach L. ESAKI], *Halbleitertechnik:* Halbleiterdiode (→Diode) aus hoch dotiertem Halbleitermaterial (mehr als etwa 10^{19} bis 10^{21} Fremdatome pro cm^3), bei der die Raumladungszone (Sperrschicht) so schmal ist, dass sie von Ladungsträgern durchtunnelt werden kann. Die hohe Dotierung führt dazu, dass die Fermi-Energie nicht in der Bandlücke, sondern im Valenzband des p-Leiters und im Leitungsband des n-Leiters liegt, sodass beim Anlegen einer geringen Spannung (etwa ± 0,1 V) jeweils die besetzte Zone der einen Bands auf das gleiche Niveau gebracht wird wie die unbesetzte des anderen; in diese gelangen die Ladungsträger durch Tunneleffekt. Bei größer werdender positiver Spannung werden die energet. Verhältnisse ungünstiger, sodass der Tunnelstrom kleiner wird, bis schließlich der gewöhnl. Diffu-

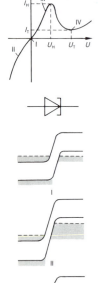

Tunneldiode: Von oben Strom-Spannungs-Kennlinie; Schaltzeichen; Bändermodell des p-n-Übergangs mit der Unterkante des Leitungsbands und der Oberkante des Valenzbands in den Spannungsbereichen I–IV (jeweils links n-leitendes, rechts p-leitendes Gebiet, Andeutung der besetzten Zustände durch graue Fläche); in den Bereichen I–III können Elektronen die Bandlücke durchtunneln; in den Bereichen II und III fließt ein Rückwärts- bzw. Vorwärtsstrom, im Bereich des Talstroms (IV) verschwindet der Tunnelstrom und die Diffusionsleitung setzt ein; *U* Spannung, *I* Stromstärke, U_H, I_H Höckerspannung bzw. -stromstärke, U_T, I_T Talspannung bzw. -stromstärke

sionsstrom einsetzt und die Stromstärke mit zunehmender Spannung wieder wächst. Die T. besitzt aufgrund dieser Eigenschaften eine Strom-Spannungs-Kennlinie mit einem Maximum (›Höckerstrom‹) bei einer kleinen positiven Spannung und einem breiten Minimum bei einer etwa dreimal höheren (›Talstrom‹). Sie wird als schneller Schalter, als Oszillator und als rauscharmer Verstärker bis in den GHz-Bereich hinein eingesetzt. (→Backward-Diode)

Tunnel|effekt, 1) *Psychologie:* experimentell erzeugbares Phänomen zum Nachweis der Abhängigkeit der Wahrnehmung vom ›Wissen‹ um die Beschaffenheit des Wahrnehmungsobjekts. Eine →Scheinbewegung zw. zwei im Wechsel aufleuchtenden Lichtpunkten scheint sie durch einen ›Tunnel‹ zu verlaufen, wenn ein undurchsichtiger Schirm dazwischengefügt wird; der Effekt bleibt erhalten, wenn der Schirm ohne Wissen der Versuchsperson entfernt wird; er tritt nicht ein, wenn der Schirm unbemerkt eingefügt wird.
2) *Quantenphysik:* auf der Wellennatur der Materie (→Welle-Teilchen-Dualismus) beruhende Erscheinung, dass atomare und subatomare Teilchen der Gesamtenergie E eine endlich breite Potenzialbarriere (→Potenzialwall) der Höhe (potenziellen Energie) V, z. B. einen Coulomb-Wall, auch dann mit einer endlich großen Wahrscheinlichkeit (ausgedrückt durch den Transmissionskoeffizienten T) überwinden (›durchtunneln‹) können, wenn $E < V$ ist. Damit korrespondiert, dass im umgekehrten Fall ($E > V$) solche Teilchen nicht mit der Wahrscheinlichkeit eins (also mit Sicherheit) die Barriere überwinden, sondern mit einer endlich großen Wahrscheinlichkeit (ausgedrückt durch den Reflexionskoeffizienten R) reflektiert werden. In beiden Fällen gilt: $R + T = 1$. Diese Erscheinungen stehen im Ggs. zum Verhalten klass. Wellen, die im ersten Fall die Barriere überhaupt nicht überwinden können ($T = 0$), im zweiten dagegen mit Sicherheit ($R = 0$), sind aber im Einklang mit klass. Wellenphänomenen (z. B. Schallwellen und elektromagnet. Wellen; ein entsprechendes Phänomen kann makroskopisch bei der Totalreflexion beobachtet werden, bei der über einen genügend schmalen Luftspalt an der Grenzfläche hinweg Wellenausbreitung erfolgen kann). – Im konkreten Fall hängt die Stärke des T. von der Größe (›imaginären Wellenzahl‹)

$$\kappa = \sqrt{2m(V-E)}/\hbar$$

(m Teilchenmasse, $2\pi\hbar$ plancksches Wirkungsquantum) und von der Breite a der Barriere ab. Für $\kappa a \gg 1$ gilt näherungsweise

$$T \sim \exp\left[-a\sqrt{2m(V-E)}/\hbar\right].$$

Die Durchdringungswahrscheinlichkeit nimmt mit wachsender Breite a und Verringerung der Energie E ab.
Der T. wurde erstmals im Zusammenhang mit dem Alphazerfall der Atomkerne von G. GAMOW (1928) diskutiert (→Gamow-Theorie). Auf dem T. beruhende Erscheinungen und Prozesse werden auf vielen Gebieten der Atom-, Festkörper- und Kernphysik sowie der Chemie beobachtet und teilweise technisch genutzt. Beispiele sind: thermische chem. Reaktionen mit Protonen oder Wasserstoffatomen, Langmuir-Effekt, Feldemission, Tunnelmikroskop, Tunneldiode, Elektronenleitung an Kontaktstellen, d. h. durch dünne dielektr. Schichten (auch bei Supraleitern), Josephson-Effekte, spontane Kernspaltung, kalte Kernfusion.

Tunnelmikroskop, Raster-T., Abk. **RTM,** engl. **STM** [von *scanning tunnel microscope*], von G. BINNIG und H. ROHRER (1982) entwickeltes Instrument zur Feinuntersuchung der Oberflächen von Leitern und Halbleitern mit atomarer Auflösung durch Anwendung des →Tunneleffekts. Dabei tunneln Elektronen zw. der Probe und der Spitze einer Sonde (Prüfspitze) aus feinem Wolframdraht, die in knappem (atomarem) Abstand über die Probenoberfläche geführt wird (→Rastermikroskope). Die Wirkungsweise

Tunnel (Auswahl von Tunneln über 2,5 km Länge)

Name	Lage	Länge in m	eröffnet
Straßentunnel			
Neuer Elbtunnel	Deutschland (Hamburg)	2653	1975
Hollandtunnel	USA (New York)	2820	1927
Brooklin-Battery-Tunnel	USA (New York)	2970	1950
Transpyrenäentunnel	Frankreich–Spanien	3010	1971
Merseytunnel	Großbritannien (Liverpool)	3400	1934
Kammontunnel[*]	Japan (Honshū–Kyūshū)	3605	1958
Katschbergtunnel	Österreich (Niedere Tauern)	5424	1975
Viellatunnel	Spanien (Pyrenäen)	5430	1929
Bosrucktunnel	Österreich (Wels–Graz)	5500	1983
Felber-Tauern-Tunnel	Österreich (Hohe Tauern)	5600	1967
Großer-Sankt-Bernhard-Tunnel	Schweiz–Italien (Rhônetal–Aostatal)	5885	1964
Tauerntunnel	Österreich (Niedere Tauern)	6400	1975
San-Bernardino-Tunnel	Schweiz (Graubünden)	6596	1967
Vogesentunnel	Frankreich (Sainte-Marie-Pass, Schlettstadt–Saint-Dié, 1937–73 Eisenbahntunnel)	6872	1976
Karawankentunnel	Österreich–Slowenien	7863	1991
Gleinalmtunnel	Österreich (Wels–Graz)	8320	1978
Seelisbergtunnel	Schweiz (Beckenried–Altdorf)	9250	1980
Montblanc-Straßentunnel	Frankreich–Italien (Chamonix-Mont-Blanc–Courmayeur)	11600	1965
Fréjustunnel	Frankreich–Italien (Modane–Bardonecchia)	12720	1980
Arlbergtunnel	Österreich (Vorarlberg–Tirol)	13972	1978
Gotthard-Straßentunnel	Schweiz (Reusstal–Tessintal)	16322	1980
Eisenbahntunnel			
Brandleitetunnel	Deutschland (Erfurt–Meiningen)	3038	1884
Distelrasentunnel	Deutschland (Fulda–Hanau)	3575	1914
Kammontunnel[*]	Japan (Honshū–Kyūshū)	3614	1942
Kirchheimtunnel	Deutschland (Hannover–Fulda)	3820	1991
Kaiser-Wilhelm-Tunnel	Deutschland (Koblenz–Trier)	4203	1879
Zugspitzbahntunnel	Deutschland (Zugspitze)	4466	1930
Bosrucktunnel	Österreich (Linz–Graz)	4770	1906
Rauhebergtunnel	Deutschland (Hannover–Fulda)	5211	1991
Pfingstbergtunnel	Deutschland (Mannheim–Stuttgart)	5380	1991
Freudensteintunnel	Deutschland (Mannheim–Stuttgart)	6800	1991
Severntunnel[*]	Großbritannien (Cardiff–Bristol)	7011	1886
Jungfraubahntunnel	Schweiz (Berner Oberland)	7123	1912
Somporttunnel	Spanien (Pyrenäen)	7260	1928
Dietershantunnel	Deutschland (Hannover–Fulda)	7375	1991
Karawankentunnel	Österreich–Slowenien	7976	1906
Colle-di-Tenda-Tunnel	Frankreich–Italien (Seealpen)	8100	1898
Andentunnel	Argentinien–Chile	8100	1910
Tauerntunnel	Österreich (Badgastein–Mallnitz)	8551	1909
Grenchenbergtunnel	Schweiz (Kt. Solothurn)	8565	1915
Rickentunnel	Schweiz (Kt. St. Gallen)	8603	1910
Rimutakatunnel	Neuseeland	8798	1955
Shimizutunnel	Japan (Honshū)	9702	1931
Arlbergtunnel	Österreich (Langen–Sankt Anton)	10250	1884
Mündener Tunnel	Deutschland (Hannover–Fulda)	10525	1991
Landrückentunnel	Deutschland (Fulda–Würzburg)	10785	1988
Mont-Cenis-Tunnel	Frankreich–Italien (Modane–Bardonecchia)	12200	1871
Cascadetunnel	USA (Cascade Range)	12542	1929
Hokurikutunnel	Japan (Honshū)	13870	1962
Lötschbergtunnel	Schweiz (Rhônetal–Kandertal)	14612	1913
Mount-Mac-Donald-Tunnel	Kanada (British Columbia)	14660	1989
Gotthardtunnel	Schweiz (Reusstal–Tessintal)	14998	1882
Furkabasistunnel	Schweiz (Rhônetal–Reusstal)	15442	1982
Rokkōtunnel	Japan (Honshū)	16250	1971
Apennintunnel	Italien (Bologna–Florenz)	18519	1934
Shin-Kammon-Tunnel[*]	Japan (Honshū–Kyūshū)	18560	1975
Simplontunnel	Schweiz–Italien (Rhônetal–Domodossola)		
erste Röhre		19803	1906
zweite Röhre		19823	1922
Dai-Shimizu-Tunnel	Japan (Honshū)	22200	1979
Eurotunnel[*]	Frankreich–Großbritannien (Calais–Folkstone)	50450	1994
Seikantunnel[*]	Japan (Honshū–Hokkaidō)	53850	1988

[*] Unterwassertunnel

des T. beruht darauf, dass die Stärke des elektron. Tunnelstroms empfindlich vom Abstand Sondenspitze–Probenoberfläche, d. h. der Breite der zu durchtunnelnden Barriere, abhängt und dass er als Rückkopplungssignal für einen Mechanismus zur Regelung dieses Abstands verwendet wird. Die mit dem T. erzielbare Auflösung beträgt lateral etwa 0,2 nm (wenn sich nur ein einziges Atom an der Spitze der Sonde befindet) und vertikal etwa 0,001 nm (zum Vergleich: Der Durchmesser eines Atoms beträgt etwa 0,5 nm).

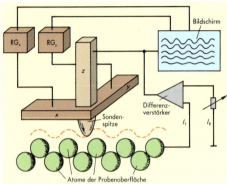

Tunnelmikroskop: Prinzip des Rastertunnelmikroskops; die Sondenspitze wird mithilfe der piezoelektrischen x- und y-Schenkel des orthogonalen Dreibeins und der zugehörigen Rampengeneratoren RG_x und RG_y über die Probenoberfläche geführt; die Höhe der Sondenspitze über der Probe wird durch die Differenz zwischen der Tunnelstromstärke I_T und einer einstellbaren Richtstromstärke I_R geregelt; aus den Signalen der Rampengeneratoren werden für die Darstellung z. B. an einem Bildschirm die x- bzw. y-Koordinaten gewonnen, mit dem z-Signal wird die Helligkeit (oder Farbe) des jeweiligen Bildpunkts gesteuert (hier als Amplitude der Wellenlinien angedeutet)

Tunnel|ofen, ein →keramischer Ofen.

Tunnel über der Spree, Berliner gesellig-literar. Zirkel, 1827 von M. Saphir gegründet; bestand in dieser Form bis 1897. Dem Kreis gehörten u. a. F. Dahn, T. Fontane, E. Geibel, P. Heyse, T. Hosemann, F. T. Kugler, A. Menzel, M. von Strachwitz und T. Storm an.

Tunström ['tunstrœm], Göran, schwed. Schriftsteller, *Karlstad 14. 5. 1937. Der värmländ. Dichtertradition, v. a. Selma Lagerlöf, verbunden, schreibt T. eine visionäre, fantasievolle und psychologisch einfühlsame Prosa; bedeutend auch als Lyriker. Menschl. Leid, die Relativität der Zeit und die Identitätsproblematik sind Themen seiner Dichtung.
Werke: *Romane:* Karantän (1961); Maskrosbollen (1962); De heliga geograferna (1973); Guddöttrarna (1975); Juloratoriet (1983; dt. Solveigs Vermächtnis); Tjuven (1986; dt. Der Dieb); Skimmer (1996; dt. Der Mondtrinker). – *Lyrik:* Inringning (1958); Samtal med marken (1969); Svartsjukans sänger (1975); Sorgesänger (1980). – *Erzählungen:* Det sanna livet (1991).

Tuor, Alfons Eduard, surselv. Dichter, *Rabius (heute zu Somvix, Kt. Graubünden) 17. 1. 1871, †ebd. 19. 3. 1904; gilt als bedeutendster surselv. Lyriker des 19. Jh. In seinen etwa 200 Gedichten stehen nicht mehr – wie bis dahin üblich – generalisierte Empfindungen im Vordergrund, sondern persönl. Gefühle; schrieb u. a. satir. und heimatbezogene Dichtungen sowie religiöse Werke (u. a. 36 Mariengedichte).
Ausgabe: Ovras, 3 Bde. (1934–36).

Tuotilo, Mönch, →Tutilo.

Tupạc Amarụ, 1) Inkaführer, †(hingerichtet) 1572; letzter Thronprätendent der Inka; er stand dem unabhängigen Neo-Inka-Reich vor, das die indian. Nobilität und ihre Anhänger nach der span. Eroberung in Vilcabamba errichtet hatten und das mit der Hinrichtung von T. A. durch den Vizekönig F. de Toledo zerschlagen wurde.
B. Lewin: T. A. (Montevideo 1970); Die Eroberung Perus in Augenzeugenberichten, hg. v. L. u. T. Engl (²1977); Lust an der Gesch.: Die Eroberung Perus. Ein Leseb., hg. v. dens. (1991).

2) eigtl. José Gabriel Condorcanqui [-'kaŋki], peruan. Revolutionär, *Tinta (Dep. Cuzco) 19. 3. 1743, †(hingerichtet) Cuzco 18. 5. 1781; Kazike, nannte sich T. A. II. nach dem Inka T. A. Um sein Ziel, die Verbesserung der sozialen Verhältnisse der Indianer, zu erreichen, entfachte T. A. im November 1780 einen Aufstand, der sich rasch ausbreitete, aber bald von span. Truppen mit indian. Hilfe niedergeschlagen wurde.

Tupạc Yupanqui [-ju'paŋki], der 10. Herrscher der Inka (Reg.-Zeit 1471–93); unter ihm erlangte das Inkareich seine nahezu größte Ausdehnung. Er setzte die von seinem Vater Pachacutec eingeleitete Expansionspolitik fort, eroberte die N-Küste und unterwarf das Reich der Chimú, das damals einzige ernsthaft mit den Inka rivalisierende Reich, sowie im S die Gebiete bis zum Río Maule in Chile und in NW-Argentinien; einen Aufstand der Völker am Titicacasee schlug er nieder.

Tupamạros, Kurz-Bez. für die uruguayische Guerillabewegung Movimiento de Liberación Nacional (MLN), die um 1962/63 aus der Bewegung der Zuckerarbeiter (UTAA) entstand. Die Bez. geht auf Tupạc Amaru II. zurück. Die T. fanden mit terrorist. Anschlägen in den späten 60er- und frühen 70er-Jahren Zustimmung in Teilen der Bevölkerung. 1972/73 wurden die T. durch das uruguayische Militär weitgehend zerschlagen. Nach Wiedererlangung demokrat. Strukturen in Uruguay 1985 reorganisierten sie sich als polit. Partei und wurden 1989 als legal anerkannt.

Tupel *das,* -s/-, *Mathematik:* Kunstwort zur Verallgemeinerung der Begriffe Paar, Tripel, Quadrupel usw.; eine entsprechende Zusammenfassung von n geordneten Elementen $(a_1, a_2, ..., a_n)$ heißt n-Tupel.

Tupẹlo|baumgewächse [indian.], **Nyssaceae,** mit den Hartriegelgewächsen verwandte Pflanzenfamilie mit etwa acht Arten in drei Gattungen u. a. im südl. Nordamerika und in O-Asien. Die gärtnerisch wichtigste Gattung ist der →Taubenbaum; daneben die Gattung **Tupelobaum** (Nyssa; drei Arten in Nordamerika, eine in China, eine im indomalaiischen Gebiet). Die Art Nyssa sylvatica ist neben der Sumpfzypresse ein Charakterbaum der Sumpfwälder des südöstlichen Nordamerika; wird wegen der schönen Herbstfärbung als Parkbaum angepflanzt.

Tüpfel, bei pflanzl. Zellwänden v. a. dem Stoffaustausch dienende, eng begrenzte Aussparungen in der Sekundärwand. Die T. benachbarter Zellen grenzen paarweise aneinander und werden durch eine dünne, aus den beiden Primärwänden und der Mittellamelle bestehende Schließhaut voneinander getrennt (die aber siebartig durchbrochen und von Plasmodesmen durchsetzt ist). Mit zunehmender Dicke der Sekundärwände werden die urspr. muldenförmigen T. röhrenförmig (**T.-Kanäle**) und können sich nach innen zu miteinander vereinigen, sodass verzweigte T.-Kanäle entstehen. Bei den für die (toten) Tracheen und Tracheiden der →Leitbündel typ. **Hof-T.** stehen beide Sekundärwände oder auch nur einseitig eine Wand (bei Angrenzen an eine lebende Zelle) rund um den T. bogenartig von der Schließhaut ab, was in Aufsicht als blendenartige Ringstruktur um einen zentralen **Porus** (der unüberdeckt bleibende zentrale Schließhautbezirk) in Erscheinung tritt (**zweiseitig** bzw. **einseitig**

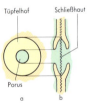

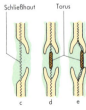

Tüpfel: Hoftüpfelschemata; a Aufsicht; b einseitig behöfter Tüpfel; c zweiseitig behöfter Tüpfel; d Hoftüpfel mit Torus; e Hoftüpfel durch Torus verschlossen behöfte T.). Bei den meisten Nadelhölzern weist die Schließhautmitte eine scheibenartige Verdickung, den **Torus,** auf, der den T. ventilartig verschließen kann, wenn er sich bei Überdruck im Gefäß dem (abstehenden) Sekundärwandring anlegt.

Tüpfel|analyse, Verfahren der Mikroanalyse, bei dem in wenigen Tropfen einer Analysenprobe auf Filtrierpapier **(Tüpfelpapier)** oder auf einer Porzellanplatte mit Vertiefungen **(Tüpfelplatte)** mit spezif. Reagenzlösungen charakteristisch gefärbte Verbindungen erzeugt werden. Die T. wird u. a. zur Identifizierung von legierten Stählen verwendet.

Tüpfelbärbling, Brachydanio nigrofasciatus, bis 4,5 cm lange Art der Karpfenfische aus dem nördl. Hinterindien; züchtbarer Schwarmfisch in Warmwasseraquarien.

Tüpfelbärbling
(Länge bis 4,5 cm)

Tüpfelbuntbarsch, Aequidens curviceps, bis 8 cm lange Art der Buntbarsche aus dem Amazonasgebiet; züchtbarer Warmwasseraquarienfisch.

Tüpfelbuntbarsch
(Länge bis 8 cm)

Tüpfelfarn, Polypodium, sehr schwierig zu gliedernde Gattung der T.-Gewächse mit etwa 150 v. a. in den Tropen verbreiteten, vielgestaltigen, häufig epiphyt. Arten. Eine der beiden einheim. Arten ist der auf kalkarmen Böden vorkommende **Gemeine T. (Engelsüß,** Polypodium vulgare); mit oberflächennah im Substrat oder oberirdisch kriechendem Rhizom und tief fiederteiligen, derben, dunkelgrünen Blättern.

Tüpfelfarngewächse, Polypodiaceae, überwiegend tropisch verbreitete Familie der zartkapseligen (leptosporangiaten) Farne sehr umstrittenen Umfangs (neuere Untersuchungen gehen von etwa 600 Arten in 52 Gattungen aus; früher wurden fast 7 000 Arten in 170 Gattungen angegeben). Epiphytisch oder terrestrisch lebende, meist kleine bis mittelgroße Farne. Blätter einfach, gelappt oder einfach (selten doppelt) gefiedert. Sporangienhäufchen (Sori) i. d. R. rundlich, stets ohne Schleier (Indusium), aber oft mit sterilen haarartigen Bildungen (Paraphysen); in einem Sporangium werden meist 64 Sporen gebildet. Wichtige Gattungen sind →Tüpfelfarn und →Geweihfarn.

Tüpfelralle, Tüpfelsumpfhuhn, Porzana porzana, von Mitteleuropa bis Westasien verbreitete Art der Rallen (Größe 23 cm); mit weiß getüpfelter, brauner Oberseite und gelbl. Unterschwanzdecken; T. sind dämmerungsaktiv und brüten in Bodennestern; Zugvögel, die bis nach N-Afrika und S-Asien ziehen.

Tüpfelskink, Eumeces schneideri, bis 32 cm langer Skink in trockenen Steppen von NW-Afrika bis W-Asien; oberseits braun mit gelben oder roten Flecken mit auffallender gelber Binde an den Seiten.

Tupí-Guaraní, Sprachfamilie Südamerikas, die im Amazonasbecken sowie südlich davon verbreitet ist. Zu den T.-G.-Sprachen gehören u. a. Guaraní, Guarayo, Siriono, Kokama und Tupinamba (Alt-Tupí); aus Letzterem entstand die Verkehrs- und Handelssprache des Amazonasgebiets, das Nheengatu. T.-G.-Sprachen sind hinsichtlich ihrer morpholog. Struktur synthetisch bis polysynthetisch. Das Subjekt des intransitiven Satzes wird nicht einheitlich (wie im Deutschen) durch den Nominativ, sondern sowohl durch den Subjekts- wie durch den Objektskasus markiert.

A. D. RODRIGUEZ: Classification of T.-G., in: International Journal of American Linguistics, Bd. 24 (Baltimore, Md., 1958); M. LEMLE: Internal classification of the T.-G. linguistic family, in: Tupí studies, Bd. 1 (Norman, Okla., 1971); W. DIETRICH: More evidence for an internal classification of T.-G. languages (Berlin 1990).

Tupinambá, erloschener, zu den Küsten-Tupí (Abaëté, Awaëté) zählender Indianerstamm, urspr. zw. São Paulo und Bahia (Brasilien) ansässig. Antrieb ihrer weiten Wanderungen, die Teile der T. bis an den Amazonas führten, waren messian. Heilserwartungen (Suche nach dem ›Land ohne Übel‹). In den Kolonialkriegen mit Frankreich verbündet, wurden die T. von den siegreichen Portugiesen fast ausgerottet.

Tupolew, Tupolev, Andrej Nikolajewitsch, russ. Flugzeugkonstrukteur, * Pustomasowo (Gebiet Twer) 10. 11. 1888, † Moskau 23. 12. 1972; ab 1918 enger Mitarbeiter von N. J. SCHUKOWSKIJ; konstruierte ab 1924 mehr als 100 Flugzeugtypen, zuerst mit der Serien-Bez. ANT, später Tu. Bekannt wurden u. a. das 1924 gebaute erste sowjet. Ganzmetallflugzeug ANT-2, das Langstreckenflugzeug ANT-4 durch den Flug Moskau–Seattle 1929, die viermotorige ANT-6, das um 1930 größte Ganzmetallflugzeug, die achtmotorige ANT-20 ›Maxim Gorki‹, 1934 das größte Landflugzeug, und die 1934 gebaute einmotorige ANT-25, mit der 1937 die ersten Transpolarfernflüge durchgeführt wurden. Nach dem Zweiten Weltkrieg entwickelte T. mit der Tu-104 eines der ersten Verkehrsflugzeuge mit Turboluftstrahltriebwerk, das sich ab 1956 im Linienflug bewährte; ihm folgten weitere Verkehrs- und Kampfflugzeuge. T.s Sohn ANDREJ ANDREJEWITSCH T. (* 1925) war Chefkonstrukteur des Überschallverkehrsflugzeugs Tu-144, dessen Erstflug am 31. 12. 1968 stattfand.

Tupungato, erloschener Vulkan in den Anden, an der argentinisch-chilen. Grenze, östlich von Santiago, 6 800 m ü. M.

Tür, bewegl., flächige Verschlussvorrichtung für eine den Zutritt ermöglichende Öffnung in einer Wand, einer Einfriedung, eines Fahrzeugs u. a. Bei Gebäude-T. werden die die T.-Öffnung umrahmenden Wandteile **T.-Gewände** genannt; die Begrenzungsflächen sind seitlich die **T.-Laibung,** oben der **T.-Sturz,** unten häufig eine **T.-Schwelle.** Die **T.-Zarge (T.-Gerüst)** ist eine tragende Rahmenkonstruktion aus Holz, Metall oder Beton, die in die T.-Öffnung eingesetzt und fest mit dem Gewände verbunden ist. Die Verkleidung der T.-Zargen wird als **T.-Futter** oder **T.-Rahmen** bezeichnet. Der in die T.-Zarge bzw. in den T.-Rahmen eingesetzte bewegl. T.-Abschluss ist ein meist mithilfe von T.-Bändern oder -Angeln seitlich befestigter **T.-Flügel (T.-Blatt),** der bei Holz-T. aus dem **T.-Flügelrahmen (T.-Fries)** und darin eingesetzter **T.-Füllung** (bei gestemmten T.) oder aus einem mit Sperrholz oder Spanplatten beplankten Rahmen (bei abgesperrten T.) besteht. **Latten-** oder **Bretter-T.** bestehen aus

Tüpfelfarn:
Gemeiner Tüpfelfarn
(Blätter bis 60 cm lang)

Tüpfelralle
(Männchen;
Größe 23 cm)

Andrej
Nikolajewitsch
Tupolew

Tüpfel: links Ausschnitt aus dem Keimblattgewebe der Großen Kapuzinerkresse; rechts Zellgruppe aus dem Steinnussgewebe der Elfenbeinpalme

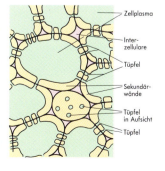
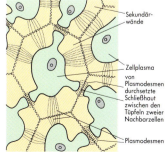

Tura Tura–Tur-Abdin

senkrechten Latten (Brettern), die auf zwei Querlatten genagelt und mit einer Schrägplatte verstrebt werden, T.-Flügel werden auch aus Stahl, Aluminium, Bronze oder Glas hergestellt (**Nurglas-T.** ohne Rahmen); die meisten T. sind ein- oder zweiflügelig. Nach der Öffnungsart unterscheidet man Rechts- oder Links-T. Die Bewegungsart der T. richtet sich nach der Funktion oder nach dem zur Verfügung stehenden Raum. Am gebräuchlichsten ist die ein- oder aufschlagende **Drehflügel-T. Schiebe-T.** benötigen einen Spezialbeschlag, laufen auf Rollen und haben meist eine im Fußboden eingelassene oder an der Decke befestigte Führung; ihre T.-Blätter werden seitlich in eine in der Mauer liegende Aussparung oder vor die Wand geschoben. Die **Hub-T.** wird angehoben und, in einer Führungsschiene nach innen abgekippt, unter die Decke geschoben (vorwiegend für Garagen). Die **Falt-T.** (**Harmonika-T.**) schließt große Öffnungen; sie besteht aus mehreren durch Scharniere miteinander verbundenen Blättern, die mit Rollen in einer Laufschiene hängen und mit einem Dorn in einer Fußbodenschiene geführt werden. Beim Öffnen legen sich die T.-Blätter gegeneinander. **Dreh-T.** (**Windschutz-T.**) bestehen aus vier um eine senkrechte Achse drehbaren Blättern, die mit Dichtungsstreifen das Drehgehäuse (Windfang) zugdicht abschließen. **Teleskop-T.** mit ineinander schiebbaren Flügelteilen werden z. B. als Aufzug-T. verwendet. **Pendel-T.** haben keine Anschlagleisten und können nach beiden Seiten geöffnet werden. Die **Fall-T.**, mit Seil und Gegengewicht, wird als waagerechter Verschluss verwendet. Feuersichere T. werden mit Stahlblechbekleidung in Stahlzarge hergestellt.

Zum Verschließen von T. dienen v. a. T.-Schlösser oder T.-Riegel, zum Handhaben T.-Griffe, T.-Klinken und T.-Knöpfe, zum Feststellen oder Anhalten des geöffneten T.-Flügels Haken, Feststeller, T.-Puffer u. a.; T.-Schließer bewirken das selbsttätige Schließen der T. Beim Drucklufttürschließer wird die in einem Gehäuse wirkende Feder durch einen Kolben gebremst, der beim Öffnen der T. durch ein kleines Loch Luft ansaugt und sie beim Schließen langsam ausstößt. Beim Öldrucktürschließer bremst das durch einen dünnen Kanal gepresste Öl die Bewegung.

Tür: 1 Drehflügeltür, nach rechts aufschlagend; 2 Hubtor (Seitenansicht); 3 einseitig geführte Falttür; 4 doppelte Falttür; 5 Drehtür; 6 zweiflügelige Pendeltür; 7 Falltür (Seitenansicht); 8 mehrflügelige Schiebetür mit Mitnehmern; 9 in einem Wandschlitz laufende einflügelige Schiebetür

Der T.-Öffner ist eine Vorrichtung zur Fernbetätigung des Riegels eines T.-Schlosses oder der T. selbst. Beim elektromagnet. T.-Öffner (bes. bei Haustüren) ist der sperrende Teil des Schließblechs um seine Längsachse federnd drehbar. Der ihn festhaltende Riegel wird durch einen von der Wohnung aus betätigten Elektromagneten hörbar gelöst. Bei Druck gegen die T. zwingt die Schlossfalle den Schließblechteil zum Ausweichen und wird frei. Beim pneumat. T.-Öffner (besonders bei Fahrzeugen) wird durch Druckluft eine Schiebe-T. unmittelbar, eine Dreh- und Falt-T. durch eine Gelenkstange geöffnet oder geschlossen.

Künstler. Gestaltung: Schon in sumer. Zeit wurden T., bes. Tempel-T., künstlerisch gestaltet. In Tell Obeid fand sich ein Kupferpaneel mit löwenköpfigem Adler und zwei Hirschen (2,38 m breit; um 2500 v. Chr.), einst auf Holz geschlagen, das wohl über einer T. angebracht war. Schmuck der T.-Flügel ist für die assyr. Zeit nachgewiesen (Bronzereliefs der Palasttore von →Imgur-Enlil). Mit figürl. Reliefs geschmückte T. sind aus frühchristl. Zeit erhalten (Holz-T. von Sant'Ambrogio in Mailand, 4. Jh., und von Santa Sabina in Rom, 5. Jh.). Im MA. waren die aus zusammengesetzten Bohlen gebildeten Außen-T. mit z. T. dichten Beschlägen versehen, die das Holzwerk sicherten und schmückten. Bei der Bretter-T. bildeten die Köpfe der Nägel, mit denen die Bretter auf die Gratleisten oder auf eine zweite Bretterlage aufgearbeitet waren, ein Zierelement. Bei bedeutenden Sakralbauten knüpfte man im MA. an die Form der frühchristl. Gestaltung an: Holz-T. von St. Maria im Kapitol in Köln (etwa Mitte 11. Jh.), Bronze-T. des Hildesheimer Doms (um 1015), der Sophienkathedrale in Nowgorod (zw. 1152 und 1154), der Dome in Pisa (1180) und Monreale (um 1186) sowie die mit Bronzeplatten verkleidete Holz-T. von San Zeno in Verona (um 1100 und 1200) u. a. Hervorragende Beispiele aus der Renaissance sind die von L. GHIBERTI geschaffene Bronze-T. für das Baptisterium in Florenz (1403–52) und die Bronze-T. von FILARETE für die Peterskirche in Rom (1433–45). Die Außen-T. stattl. Bürgerhäuser besaßen wie die zur Renaissance und Repräsentationsbauten häufig zwei Flügel, über ihnen befand sich seit dem 16. Jh. oft ein Oberlicht. Die Innen-T. wurden in Vertäfelungen und Raumdekorationen einbezogen. V. a. im Rokoko und Klassizismus waren auch die Außen-T. mit Schnitzwerk verziert. Während die künstler. Gestaltung von T. für den Profanbau im 20. Jh. zunehmend an Bedeutung verlor, suchte die sakrale Kunst nach neuen Ausdrucksformen: Bronze-T. für das Augustinerkloster in Marienthal bei Wesel (1945–49) von E. SCHARFF, Bronze-T. für den Kölner Dom (1948–54) und Kupfer-T. für die Weltfriedenskirche in Hiroshima (1954) von E. MATARÉ, Bronze-T. für den Salzburger Dom (1955–58) und für die Peterskirche in Rom (1960–64) von G. MANZÙ.

Tura, 1) Hauptort des Autonomen Kreises der Ewenken, Russland, an der ab hier schiffbaren Unteren Tunguska, etwa 5 000 Ew.; Holzwirtschaft; Hafen.
2) *die,* linker Nebenfluss des Tobol, im S Westsibiriens, Russland, 1 030 km lang; entspringt der O-Abdachung der Mittleren Urals, durchfließt das Westsibir. Tiefland, mündet unterhalb von Tjumen; auf 635 km von der Mündung flussaufwärts schiffbar; drei Staudämme mit insgesamt 23 Mrd. m³ Fassungsvermögen.

Tura, Cosmè, eigtl. **Cosimo T.,** ital. Maler, * Ferrara 1429 oder 1430, † ebd. April 1495; ein Hauptmeister der Schule von Ferrara, schuf v. a. Altarwerke, in denen er Schärfe der Zeichnung und metall. Härte der Formgebung mit einer Vorliebe für Schmuckelemente verband und einen eigentüml., fast manierist. Stil der Frührenaissance prägte. Malte auch allegor. Szenen sowie Porträts. Um 1470 leitete er als Hofmaler der Este die Ausmalung des Palazzo Schifanoia in Ferrara.

Werke: Hl. Georg und Verkündigung an Maria (1469, vielleicht Orgelflügel; Ferrara, Dommuseum); Gefangennahme und Enthauptung des hl. Maurelius (zwei Holztondi von der Predella eines Altars, um 1470; Ferrara, Pinakothek); Allegorie des Frühlings (um 1470; London, National Gallery); Thronende Madonna mit sechs Engeln (Mitteltafel des Roverella-Polyptychons, 1473/74; ebd.); Pietà von demselben Altar (Paris, Louvre); eine Reihe von Heiligenfiguren (Berlin, Gemäldegalerie; Caen, Kunstmuseum; Paris, Louvre) und eine Madonna mit Kind (Bergamo, Galleria dell'Accademia Carrara), Tafeln eines Polyptychons (um 1480).

Tur-Abdin [syrisch-aramäisch ›Berg der Diener (Gottes)‹], **Mardinschwelle,** Kalkplateaulandschaft in SO-Anatolien, Türkei, zw. oberem Tigris und der Grenze zu Syrien, 900–1 400 m ü. M., mit schütteren Trockenwäldern, Weidewirtschaft, extensivem Getreideanbau, teilweise Wein- und Obstbau; Hauptorte sind Mardin und Midyat. Die Mönchssiedlungen des T.-A. sind seit der Mitte des 4. Jh. für die Gesch. des syrisch-orth. Mönchtums von großer Bedeutung. Als ihr Gründer gilt MAR AUGIN DER WUNDERTÄTER (†363). Spätestens seit dem 6. Jh. ist T.-A. syr. Bischofssitz. Im MA. fanden sich dort auch einige nestorian. Klöster. Heute sind im T.-A. von den ehemals zahlr. Konventen nur noch wenige bewohnt, die Mehrzahl der aramäischsprachigen syr. Christen (Jakobiten) ist seit etwa 1960, bedroht durch die islam. Umwelt, nach W-Europa (v. a. in die Bundesrepublik Dtl., die Schweiz und die Niederlande) geflohen. Das syrisch-orth. Mar-Aprem-Kloster in Hengelo bemüht sich, die Tradition der Klöster des T.-A. fortzuführen.

Turabi, Hasan Abdallah **at-T.,** sudanes. Politiker, * Wad al-Turabi (Zentralsudan) um 1932; Studium der Rechtswiss. in Khartum und London; 1963/64 Prof. an der Univ. Khartum. 1964 übernahm T. die Führung der Muslimbruderschaft, aus der später die ›National Islamic Front‹ (NIF) hervorging, als deren Führer er seither für die Durchsetzung des islam. Rechts in allen Lebensbereichen und allen Teilen des Sudans kämpft; seit dem Staatsstreich von 1989 prägt er die Politik des Sudans wesentlich. Dabei orientiert sich T. nicht nur an dem unbedingten Vorrang des Islam innerhalb seines Landes, sondern propagiert und fördert darüber hinaus die Ausbreitung des Islam in ganz Afrika.

Turakos [afrikan.], *Sg.* **Tur̲a̲ko** *der, -(s),* **Musophagidae,** afrikan. Familie der →Kuckucksvögel mit 21 Arten; die alte Bez. **Bananenfresser** geht wohl darauf zurück, dass T. in Gefangenschaft gerne Bananen annehmen. Von den 40–70 cm langen T. bewohnen die hauptsächlich braun und grau gefärbten **Lärmvögel** (Gattung Crinifer) die Savanne, während die Gattungen Riesen-T. (Corythaeola), Schild-T. (Bananenfresser, Musophaga) und Eigentl. T. (Helm-T., Tauraco) Wälder vorziehen und ein vorwiegend grünes oder schwarzes, blau oder violett schimmerndes Gefieder haben. Die Grünfärbung geht ausnahmsweise auf einen Farbstoff, den Turacoverdin, zurück, während Grün bei anderen Vögeln i. d. R. als Strukturfarbe auftritt. Außer dem Riesen-T. (Corythaeola cristata), der einzigen Art seiner Gattung, haben alle waldbewohnenden T. prachtvoll purpurrot gefärbte Schwungfedern; die **Schild-T.** besitzen eine verbreiterte Oberschnabelbasis, die schildartig die Stirn bedeckt (z. B. der etwa krähengroße **Pisangfresser,** Musophaga violacea); auf dem Kopf der **Eigentlichen T.** oder **Helm-T.** befindet sich eine bunt gezeichnete Federhaube. – Alle Arten ernähren sich fast ausschließlich von Früchten, Samen u. a. Pflanzenteilen; sie bauen ein locker gefügtes Reisernest und brüten selber.

Tur̲a̲n, Tiefland von T., Flachland in Mittelasien, in den Republiken Turkmenistan, Usbekistan und Kasachstan, etwa 1,8 Mio. km² groß, im W vom Kasp. Meer, im N von den Mugodscharbergen, den Ausläufern des Südl. Urals, der Kasach. Schwelle und dem Tafelland von Turgai, im O vom Pamir und Tienschan und im S vom Kopet-Dag und von Gebirgsausläufern des Safid Kuh begrenzt, durch die Turgaisenke mit dem Westsibir. Tiefland verbunden. Vier Fünftel seiner Oberfläche bedecken Wüsten (Karakum, Kysylkum, Mujunkum u. a.). Isolierte paläozoische Restmassive (Kleiner und Großer Balchan u. a.) und Plateaus (bes. Ust-Urt-, Turkmenbaschier Plateau) überragen vereinzelt die weiten Sandflächen und Salztonebenen, die meist unter 300 m ü. M. liegen; eingelagerte Depressionen reichen bis 132 m u. M. (Karagijesenke auf der Halbinsel Mangyschlak). Im S steigen die lössbedeckten Vorgebirgsebenen, die dicht besiedelten Hauptgebiete des Bewässerungsfeldbaus, bis 1 000 m ü. M. an. Die in das Tiefland von T. einströmenden Flüsse (bes. Amudarja, Syrdarja, Ili, Tedschen, Murgab) münden in Endseen (Aralsee, Balchaschsee) oder versickern in der Wüste. Das subtropisch-kontinentale Klima zeichnet sich durch sehr geringe Niederschlagsmengen (80–200 mm im Jahr) aus. Die spärl. Vegetation (Sandsegge, Salzkraut und Saxaulsträucher) dient als Naturweide der Schaf- und Kamelzucht. Die reichen Erdöl- und Erdgas- (Halbinsel Tscheleken) sowie Salzvorkommen werden z. T. intensiv genutzt.

Tur̲a̲ndot, Märchenprinzessin in der Sammlung ›Tausendundein Tag‹. Sie lässt zahlr. Freier, die von ihr gestellten, sehr schwierigen Rätsel nicht lösen können, köpfen. Prinz Kalaf gelingt es schließlich, sie zur Gemahlin zu gewinnen. Der Stoff wurde von C. GOZZI 1762 als Commedia dell'Arte gestaltet, die SCHILLER (bearb. 1801, Uraufführung 1802) und K. VOLLMOELLER (1911) für die dt. Bühne bearbeitet haben. Auf GOZZI beruhen auch die Libretti der Opern von F. BUSONI (Uraufführung 1917) und G. PUCCINI (Uraufführung 1926). B. BRECHTS 1953/54 entstandenes Stück ›T. oder Der Kongress der Weißwäscher‹ (hg. 1967) blieb Fragment. W. HILDESHEIMER schuf drei freie Bearbeitungen (›Prinzessin T.‹, Hörspiel 1954; ›Der Drachenthron‹, gedr. 1955; ›Die Eroberung der Prinzessin T.‹, gedr. 1960).

Tur̲a̲ng Tep̲e̲, Siedlungshügel in der Ebene von Gorgan, Iran, nahe der SO-Küste siebes Kasp. Meeres. Ab 1960 legten frz. Grabungen sieben Kulturschichten frei. Schicht I–II (6.–3. Jt. v. Chr.) enthielt drei Keramikgattungen, darunter bemalte Keramik (Ende 4. Jt. v. Chr.) und graue Ware (die bis ins 2. Jt. hergestellt wurde, d. h. bis in Schicht III). In Schicht III (2500–1700 v. Chr.) wurden Lapislazuliperlen ähnlich denen aus den Königsgräbern von Ur gefunden (Handelsware). Um 2000 v. Chr. wurde eine hohe Terrasse aus Schichten von gebrannten und ungebrannten Ziegeln aufgeschüttet. Nach einer Siedlungspause setzte in kleinerem Umfang auf deren Überresten um 700 v. Chr. in der Mederzeit Schicht IV ein. Schicht V enthält Gebäude der Partherzeit (4. Jh. v. Chr.–3. Jh. n. Chr.), Schicht VI einen Feuertempel in einer Festung der Sassanidenzeit (3–7. Jh.), der im 8. Jh. (Schicht VII, 7.–10. Jh.) nochmals erneuert wurde. Es folgt die Bebauung aus islam. Zeit, sie endet in der Mongolenzeit.

turanische Bewegung [zu pers. Tūrān ›Turkestan‹], **Turan̲i̲smus, Pantürk̲i̲smus,** Bewegung mit dem Ziel, die Turkvölker zu vereinigen; entstand im 19. Jh. parallel zu den übrigen Einheitsbestrebungen.

turanische Sprachen, veraltete Bez. für Sprachen der Alten Welt, die weder indogermanisch noch hamitosemitisch sind.

Tur̲a̲s [zu frz. tour ›Umdrehung‹ und niederdt. as ›Achse‹] *der, -/-se,* **Kettenstern,** *Fördertechnik:* vier- bis sechskantiger Antriebs- und Umlenkkörper von Laschen- und Rundgliederketten in Stetigförderern.

Turbae [lat. turba ›Schar‹], *Sg.* **Turba** *die, -,* in Passionen, Oratorien und geistl. Schauspielen die in die Handlung eingreifenden dramat. Chöre (Jünger, Juden, Soldaten) im Unterschied zu den Chören betrachtenden Inhalts (Choräle u. a.) und in Gegenüberstellung zu den Einzelpersonen (Soliloquenten).

Turban [aus türk. tülbent, aus dem Pers.] *der, -s/-e,* bereits im alten Orient belegte Kopfbedeckung, die aus einem kunstvoll drapierten Stoffstreifen (meist Musselin oder Seide) besteht; von Sikhs und Muslimen getragen (heute zurückgedrängt). – Zeitweise mod. Damenkopfbedeckung.

Turban|augen, die kompliziert gebauten Augen der Männchen von Eintagsfliegen (z. B. Gattung Cloëon), die aus einem nach oben und einem nach der Seite und nach unten gerichteten Teil bestehen.

Türbe [türk., aus dem Arab.] *die, -/-n,* **Kümbet, Kumbat, Gumbad,** meist turmartiger Grabbau mit Krypta (für das Grab) und überkuppeltem Betraum,

Turakos: Riesenturako

in der Türkei und Iran. Seldschuk. T. haben meist über quadrat. Sockelgeschoss einen runden oder polygonalen Aufbau und schließen mit einem kegel- oder pyramidenförmigen Helmdach (innen Kuppel) ab, das wohl auf die Zeltform zurückgeht. Die Dekoration des Außenbaus konzentriert sich v. a. auf Portal, Kanten, Gesimse und Dächer. T. osman. Zeit zeigen die Kuppel als Dachform auch nach außen. Im Maghreb heißen entsprechende Grabtürme **Marabut.** (→Grabmal)

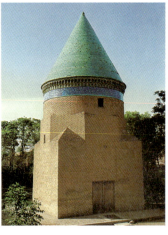

Türbe: Mausoleum des Hamd Allah Mustawfi in Kaswin, Iran; 1350

Turbellaria [zu lat. turbo ›Wirbel‹, ›Kreisel‹], die →Strudelwürmer.

Turbidimetrie [zu lat. turbidus ›unruhig‹, ›stürmisch‹, ›trübe‹] *die, -/...'tri\en,* **Trübungsmessung,** Bestimmung des Feststoffanteils (Trübung) von Suspensionen mithilfe opt. Methoden. Ein Lichtstrahl wird an den Feststoffpartikeln eines trüben Mediums gestreut; der **Streukoeffizient** ist der Kehrwert des Lichtweges, auf dem die Strahlungsleistung im Medium auf den Bruchteil 1/e (e eulersche Zahl) ihres Anfangswertes geschwächt wird. Wird die Schwächung der Strahlungsleistung photometrisch gemessen (Durchlichtverfahren), wird außer der Streuung auch die von der Färbung des Mediums abhängige Lichtabsorption erfasst. Genauer und für kleinste Trübungen geeignet ist die Messung der gestreuten Strahlungsleistung (Streulichtverfahren, →Nephelometrie). Die T. ist für die Trinkwassergewinnung und Abwasseraufbereitung von Bedeutung und dient zur Untersuchung von flüssigen Produkten, für die Partikelfreiheit (z. B. bei Infusionslösungen) oder eine gewünschte Trübung (z. B. bei Orangensaft) ein Qualitätskriterium ist. Als Trübungsstandard zur Kalibrierung der Geräte werden wässrige Suspensionen von Formazin, $H_2C=N-N=CH_2$, verwendet (gemessen in FTU ›Formazin turbidity units‹). Der Mensch kann eine Trübung ab etwa 8 FTU wahrnehmen. Die Trübung von Trinkwasser muss kleiner als 0,1 FTU sein. Bei der **Trübungstitration** scheidet sich am Endpunkt eine neue Phase aus, die durch T. bestimmt wird.

Turbidite [zu lat. turbidus ›trübe‹], *Sg.* **Turbidit** *der, -s, Geologie:* überwiegend klast. Ablagerungen aus →Suspensionsströmen, fossil bes. in Flyschgesteinen verbreitet. Die gut gebankten Sandstein-T. zeigen gradierte Schichtung (→Gradierung), die innerhalb der Bankung eine durch submarine Rutschung erzeugte Gleitfältelung aufweist. Sie lassen sich in den Alpen bis über 200 km Entfernung verfolgen; in den heutigen Ozeanen reichen T. bis über 800 km weit. An der Basis der T. finden sich oft **Sohlmarken,** Eintiefungen, die die Suspensionsströme in die unterlagernden feinkörnigen Sedimente erodiert haben.

Turbidity-Currents [təːˈbɪdɪtɪ ˈkʌrənts, engl.], die →Suspensionsströme.

Turbidostat [zu lat. turbidus ›trübe‹ und griech. statós ›stehend‹, ›gestellt‹] *der, -(e)s und -en/-e(n),* Gerät zur kontinuierl. Bakterienkultur; der Zufluss an Nährlösung richtet sich nach der durch Trübungsmessung ermittelten Bakteriendichte; dadurch sind alle Nährstoffe im Überfluss vorhanden und die Wachstumsraten höher als beim Chemostaten.

Turbine [frz., zu lat. turbo, turbinis ›Wirbel‹, ›Kreisel‹] *die, -/-n,* zu den →Strömungsmaschinen gehörende Kraftmaschine, die einem Fluid (Wasser, Gas oder Dampf) Energie entzieht und diese in mechan. Energie wandelt. Das Fluid tritt zunächst durch eine feste Leiteinrichtung (z. B. ein Leitrad), die eine gerichtete Strömungsbewegung erzeugt, wird auf die gekrümmten Schaufeln des Laufrads geleitet und treibt dieses an. Ihre Leistung gibt die T. an der Welle des Laufrads ab. Bei Axial-T. wird das Laufrad parallel zur Welle, bei Radial-T. senkrecht dazu beaufschlagt. Nach dem Arbeitsmittel unterscheidet man: →Wasserturbine, in der die kinet. Energie strömenden Wassers zum Antrieb von Arbeitsmaschinen oder elektr. Generatoren genutzt wird; →Dampfturbine, in der das Wärme- bzw. Enthalpiegefälle eines stetig zuströmenden Dampfes in nutzbare mechan. Arbeit umgewandelt wird; →Gasturbine, in der ein großer Teil der in einem strömenden heißen Gas enthaltenen hohen Enthalpie in Rotationsenergie oder auch (v. a. beim →Strahltriebwerk) in Schubkraft umgewandelt wird.

Turbinenkraftstoffe, Kraftstoffe zum Betrieb von →Gasturbinen; für den Bedarf der zivilen Luftfahrt werden T. vom Kerosintyp mit einem Siedeverlauf von 160–250 °C (z. B. Jet A1, JP-5) oder **Flug-T.** vom Benzin-Kerosin-Typ mit einem Siedeverlauf von 100–280 °C (z. B. Jet B, JP-4) verwendet. Militärflugzeuge benutzen spezielle T. Damit bei tiefen Außentemperaturen ein ungehinderter Kraftstofffluss garantiert ist, müssen Flug-T. Kristallisationspunkte von unter −38 bis −60 °C haben. Außerdem dürfen beim Erhitzen und bei der Verbrennung keine festen Rückstände gebildet werden. Als **Hochleistungs-T.** werden Kohlenwasserstoffgemische mit hohem Anteil an zykl. Verbindungen (z. B. Dekalin) sowie Wasserstoffverbindungen von Bor, Aluminium u. a. Metallen verwendet. Als T. für industrielle Zwecke (z. B. Kraftwerke) sind Erdgas und Heizöle geeignet.

Turbio, El T., Bergbauort im äußersten S Argentiniens, Prov. Santa Cruz, am Fuß der Patagon. Kordillere; Abbau von Steinkohle, die über eine Stichbahn (250 km) zum Hafen Río Gallegos transportiert wird.

Turbo, Kurz-Bez. für Abgasturbolader (→Abgasturbine) oder einen damit ausgerüsteten Motor.

turbo... [zu Turbine], Wortbildungselement mit der Bedeutung: Turbine, z. B. Turbogenerator.

turbo|elektrischer Antrieb, Fahrzeugantrieb für Schiffe, bei dem die Turbinen als Primärmaschinen einen Turbogenerator antreiben, der wiederum den Strom für die als eigentl. Antriebsmaschinen im Hinterschiff angeordneten Elektromotoren liefert. Diese arbeiten unmittelbar oder über ein Getriebe auf die Propellerwelle(n). Vorteile bestehen in der kurzen Wellenleitung, dem Wegfall des Wellentunnels und der Rückwärtsturbine (zur Rückwärtsfahrt lediglich Umpolung der Elektromotoren. Nachteilig sind die hohen Anlagenkosten und der im Vergleich zum reinen Turbinenantrieb geringere Gesamtwirkungsgrad. (→Elektroschiff)

Turbogenerator, →Generator 1).

Turbolader, Kurz-Bez. für Abgasturbolader (→Abgasturbine).

Turbomaschinen, die →Strömungsmaschinen.

Turboprop, Kurz-Bez. für Propeller-Turbinen-Luftstrahltriebwerk (→Strahltriebwerk).

Turbo-Ram-Jet [- ræm dʒet, engl.], die Staustrahlturbine (→Strahltriebwerk).

Turbosatz, Maschinengruppe, bestehend aus einer Dampf- oder Gasturbine und einer davon angetriebenen Arbeitsmaschine oder einem direkt gekuppelten Turbogenerator zur Drehstromerzeugung.

Turbotriebwerk, das Turbinen-Luftstrahltriebwerk (→Strahltriebwerk).

Turboverdichter, Kreiselverdichter, in der Bauart der Kreiselpumpe entsprechender →Verdichter zur Förderung gasförmiger Medien.

turbulente Strömung [lat. turbulentus ›unruhig‹, ›stürmisch‹], früher **Flechtströmung,** ungeordnete Bewegung in Flüssigkeits- oder Gasteilchen (im Ggs. zur laminaren Strömung); Druck- und Geschwindigkeitsfeld unterliegen dabei statist. Schwankungen. (→Turbulenz)

Turbulenz [lat. turbulentia ›Unruhe‹, ›Verwirrung‹] *die, -/-en,* **1)** *allg.:* Unruhe, lebhaftes, wildes Durcheinander.

2) *Meereskunde:* ungeordnete Störungen einer größerskaligen, geordneten Bewegung im Meer. Dreidimensionale T. sind bes. intensiv in einer oberflächennahen, bis zu etwa 100 m starken Deckschicht, die durch Winde, Wärmeabgabe an die Atmosphäre oder Eisbildung durchmischt wird, sowie in einer etwa 10 m starken Bodenschicht aufgrund der Bodenreibung. Im Inneren zw. diesen Schichten ist die T. meist gering und nur gelegentlich von Bedeutung, z. B. in Gebieten starker Stromscherung oder bei Brechung →interner Wellen. Ein Anwachsen der Mächtigkeit turbulenter Schichten unter Abbau der Dichteschichtung in der benachbarten Schicht nennt man **Entrainment.** Großskalige, nahezu zweidimensionale T. findet sich in Form von Wirbeln mit Durchmessern bis zu mehreren 100 km im gesamten Weltmeer; in Gebieten mit starker Stromscherung (äquatoriales Stromsystem, westl. Randströme) ist sie bes. energiereich. Die T. spielt v. a. beim Transport von Impuls, Wärme, Salz (auch Fremdstoffen) im Meer eine bedeutende Rolle.

3) *Meteorologie:* ungeordnete Strömung innerhalb der Atmosphäre, die entweder hauptsächlich in der Reibung strömender Luft an der Erdoberfläche und Windscherung begründet liegt (dynam. T.) oder v. a. auf der ungleichmäßigen Erwärmung der Erdoberfläche beruht (therm. T.). Die v. a. von der Windgeschwindigkeit, der Form der Erdoberfläche und Stabilität der Luftmasse abhängige **dynamische T.** erstreckt sich über ebenem Land bis in rd. 1 500 m Höhe. Über Gebirgen wirkt sie sich bes. stark aus; es treten hier v. a. an der Leeseite des Kamms Wirbel (Rotoren) und →Leewellen auf, die eine Gefahr für Flugzeuge darstellen können. – Die von den Untergrundverhältnissen sowie von der Feuchtigkeit und Stabilität der Luftmasse abhängige **thermische T.** (sie entspricht der →Konvektion) kann sich durch die gesamte Troposphäre auswirken. Wenn die Luft hinreichend trocken und stabil geschichtet und der Untergrund feuchtigkeitsarm (Steppen, Wüsten) ist, reicht sie bis in 2 000–2 500 m Höhe. In feuchten und labil geschichteten Luftmassen ist sie dagegen gewöhnlich mit der Bildung von hoch reichenden Quellwolken verbunden, in denen kräftige Auf- und Abwinde herrschen. Eine große Gefahr für die Luftfahrt stellt sie in dem wolkenfreien Raum der Troposphäre am Rand der Jetstreams auftretende →Klarluftturbulenz dar.

4) *Physik:* Bewegungszustand von flüssigen oder gasförmigen Medien (Fluiden), bei dem, im Ggs. zur →laminaren Strömung, der mittleren Hauptbewegung unregelmäßige Geschwindigkeits- und Druckschwankungen in Form von regellosen →Wirbeln überlagert sind. Dadurch wird der Reibungswiderstand an Flächen (z. B. Wänden, Leitungen, Kanälen, Tragflügelprofilen) wesentlich vergrößert. Infolge heftiger Durchmischung des betroffenen Mediums durch T. werden Beimengungen (z. B. Rauch in Luft) rasch verteilt, und die Wärmeübertragung wird intensiviert. Bei hohen Geschwindigkeiten führen T. zu starkem Lärm (Flugzeuge).

Turbulente Strömungen sind →offene Systeme, bei denen der Strömung kinet. Energie zugeführt und durch T. in Wärme, d. h. therm. Energie, umgewandelt wird. T. tritt nur dann auf, wenn die Zähigkeit (Viskosität) des strömenden Mediums eine bestimmte Grenze unterschreitet und damit die jeweilige →Reynolds-Zahl Re einen krit. Wert Re_{krit} überschreitet, dessen Größe von den konkreten Umständen abhängt. Andererseits könnte ein Medium ganz ohne Zähigkeit weder Energie in Form turbulenter Bewegung aufnehmen noch diese nach außen abgeben.

Die T. gehört zu den interessantesten Phänomenen der klass. Physik. Sie ist ein komplexes, nichtlineares, chaot. Geschehen, dessen Untersuchung eine der Wurzeln der heutigen Chaosforschung ist.

Türchau, poln. **Turoszów** [tu'rɔʃuf], Stadtteil von Reichenau, Wwschaft Jelenia Góra (Hirschberg), Polen; Mittelpunkt des **Türchauer Braunkohlenbeckens** (industriell verwertbarer Braunkohlenvorrat 900 Mio. t) an der Grenze zu Dtl. (Landkreis Löbau-Zittau in Sa.) und zur Tschech. Rep.; Braunkohlentagebau und Großkraftwerk (2 000 MW); Bergbaumuseum.

Turchi ['turki], Alessandro, gen. **L'Orbetto,** ital. Maler, * Verona 1578, † Rom 22. 1. 1649; wurde unter venezian. Einfluss ausgebildet, 1604 Mitgl. der Goldschmiedezunft in Rom; als Maler übersetzte er CARAVAGGIOS realist. Helldunkelstil in weichere und gefälligere Formen. Neben Leinwandbildern mit mytholog. und christl. Themen schuf T. auch kleine Kabinettstücke auf Stein (u. a. auf schwarzem Marmor).

Werke: Herkules und Omphale (München, Alte Pinakothek); Flucht nach Ägypten (Madrid, Prado).

Turckheim [tyʁ'kɛm], Stadt im Elsass, →Türkheim.

Turda, dt. **Thorenburg,** ungar. **Torda** ['tordɔ], Stadt im Kr. Cluj (Klausenburg), Rumänien, in Siebenbürgen, 330 m ü. M., am Arieș, 61 800 Ew.; Stadtmuseum (in der Fürstenpalais); Kurort (die Grundlage bilden Salzseen über alten eingestürzten Salzgruben); chem., Nahrungsmittel-, Zement-, elektrotechn., Glasindustrie; Straßenknotenpunkt; bei T. Gips-, Mergel- und Kalksteinbrüche. – T. liegt an der Stelle einer dak. Siedlung, die in röm. Zeit zu einem militär. Stützpunkt, **Potaissa,** ausgebaut wurde. 1176 wurde es erstmals als T. genannt. Hier wurde durch den Landtag 1438 der Zusammenschluss der drei ›Nationen‹ (→Siebenbürgen, Geschichte) bestätigt und 1542 Siebenbürgen als autonomes Fürstentum unter osman. Oberhoheit organisiert.

Turdaș, ungar. **Tordos** ['tordɔʃ], vorgeschichtl. Fundort am S-Ufer der Maros im Kr. Hunedoara, Rumänien. In einer bis zu 2 m mächtigen, durch Erosion mittlerweile zerstörten Kulturschicht wurden Funde der jungsteinzeitl. Vinčakultur geborgen (heute überwiegend im Museum von Klausenburg).

Turdidae [lat.], die →Drosseln.

Ture [russ., von griech. taūros ›Stier‹, *Sg.* **Tur** *der, -s,* zwei asiat. Unterarten des Steinbocks: der **Dagestan-Tur (Ostkaukasischer Steinbock,** Capra ibex cylindricornis) und der **Kuban-Tur (Westkaukasischer Steinbock,** Capra ibex severtzovi); ihr Verbreitungsgebiet ist auf den Kaukasus beschränkt. Über ihre Lebensweise ist wenig bekannt.

Turel [ty'rɛl], Adrien, schweizer. Schriftsteller, * Sankt Petersburg 5. 6. 1890, † Zürich 29. 6. 1957; lebte ab 1900 in Berlin; nach expressionist. Anfängen entwickelte die stark von der Psychoanalyse geprägte T. in seinen Gedichten, Dramen und Essays ein individualistisch-eigenwilliges Weltbild. 1934 kehrte T. in

Henri de La Tour d'Auvergne, Vicomte de Turenne (Ausschnitt aus einem Kupferstich von Antoine Masson; 1669)

Iwan Sergejewitsch Turgenjew

die Schweiz zurück; dort entstand sein erfolgreichstes Werk, der fantastisch-eigentüml. Sciencefiction-Kriminalroman ›Die Greiselwerke‹ (1942).

A. T. zum 100. Geburtstag, hg. v. H. EBERHARDT u. a. (Zürich 1990).

Turenne [tyˈrɛn], Henri de La Tour d'Auvergne [də laˈtuːr doˈvɛrɲ], Vicomte de, frz. Marschall (seit 1643) und Militärtheoretiker, * Sedan 11. 9. 1611, † (gefallen) bei Sasbach (Ortenaukreis) 27. 7. 1675; mütterlicherseits Enkel WILHELMS I. von Oranien, im kalvinist. Glauben erzogen. Nach militär. Lehrzeit in den Niederlanden trat er 1630 als Oberst in frz. Dienste und kämpfte im Dreißigjährigen Krieg zunächst in Italien, dann unter BERNHARD von Sachsen-Weimar am Oberrhein. Er eroberte 1640 Turin, 1642 das Roussillon und wurde 1643 mit der Leitung der Operationen am Oberrhein betraut; in vier Feldzügen schlug er mit dem GROSSEN CONDÉ (LOUIS II. DE BOURBON, 4. Prince DE CONDÉ) und General C. G. WRANGEL die kaiserl. und bayer. Kräfte im südwestdt. Raum und sicherte Frankreich eine militärisch günstige Position für die Friedensverhandlungen in Münster. Während der Fronde stand er anfangs gegen den Hof, ermöglichte aber 1652 LUDWIG XIV. die Rückkehr nach Paris. Im Krieg gegen Spanien eröffnete er 1658 durch seinen Sieg bei Dünkirchen den Weg zum Pyrenäenfrieden. T. hat den →Devolutionskrieg (1667/68) gegen die Span. Niederlande strategisch geplant und geführt. 1668 trat er zum kath. Glauben über. Im →Holländischen Krieg besetzte er die kurbrandenburg. Besitzungen am Niederrhein und zwang den Großen Kurfürsten FRIEDRICH WILHELM von Brandenburg zum Sonderfrieden von Vossem (1673). Er schlug die Kaiserlichen bei Sinsheim (1674) und verwüstete die Pfalz. Im Winterfeldzug 1674/75 gegen Graf R. VON MONTECUCCOLI errang er bei Mülhausen (29. 12. 1674) und Türkheim (15. 1. 1675) entscheidende Siege und zwang die Gegner zum Rückzug über den Rhein. T. war neben CONDÉ und MONTECUCCOLI der bedeutendste Feldherr seiner Zeit und wie Letzterer auch ein herausragender Militärschriftsteller. Er wurde auf Befehl LUDWIGS XIV. in der Königsgruft von Saint-Denis beigesetzt und 1800 auf Veranlassung NAPOLEONS I. in den Invalidendom überführt.

Ausgabe: Mémoires, hg. v. P. MARICHAL, 2 Bde. (1909–14).

M. WEYGAND: T. (a. d. Frz., 1937); Actes du Colloque International sur T. et l'art militaire, hg. v. F. GAMBIEZ u. a. (Paris 1978).

Turf [tɵrf, engl. təːf; engl. ›Rasen‹] *der, -s, Pferdesport:* die Rennbahn bei Galopprennen.

Turfan, amtlich **Turpan,** früher **Tulufan,** Oase im Zentrum des autonomen Gebiets Sinkiang, China, am NW-Rand der 4050 km² großen wüstenhaften **Turfansenke,** einem intramontanen Becken im östl. Tienschan mit extrem kontinentalem Klima (mittlere Julitemperatur 33,4 °C, Maximum 47,6 °C); hier liegt mit 154 m u. M. der tiefste Punkt Chinas; mittels künstl. Bewässerung intensive landwirtschaftl. Nutzung (Anbau von Baumwolle, Reis und Weizen; Obst- und Weinbau, Seidenraupenzucht); Erdölförderung.

Das T.-Gebiet ist mindestens seit dem 2. Jh. v. Chr. besiedelt. Damals lebten dort indogerman. →Tocharer und →Saken. Bis zum 2. Jh. n. Chr. war die Region zw. Chinesen und angrenzenden Völkern (v. a. den Xiongnu) umkämpft. China verlor die Oase zu Beginn des 3. Jh. Im 4. Jh. wurde T. zu einer wichtigen Station der nördlich die T.-Senke umgehenden Route der Seidenstraße. Von 500 bis 640 wurde sie von der einheim. Dynastie der Ju beherrscht. In der Tangzeit (618–907) stritten Chinesen, Tibeter und Uiguren um den Besitz der reichen Oase. Als Sitz eines uigur. Kleinkönigtums (etwa 850–1250) mit Zentrum →Qocho erlebte T. einen politisch-wirtschaftl. Aufstieg und eine kulturelle Blüte, die v. a. durch den Buddhismus geprägt war, aber auch durch den traditionellen uigur. Manichäismus, dem das Königshaus anhing, und das nestorian. Christentum. Im 13. Jh. wurde T. Teil des mongol. Weltreichs. Es verfiel, erneut unter chin. Herrschaft, als die Seidenstraße ihre Bedeutung verlor.

Geschichte und Denkmäler der Oase T. wurden v. a. durch vier dt. Expeditionen (1902–14) erschlossen und zahlr. Zeugnisse nach Berlin gebracht (heute Museum für Indische Kunst); sie belegen T. als kulturelles Zentrum, in dem Religionen und Kulturen Irans, Indiens und Chinas neben- und miteinander bestanden. Neben Textfunden v. a. religiösen Inhalts in einer Fülle von Sprachen (syr., mittel- und neupers., parth., sogd., baktr., ind., altuigur., mongol., tibet., tochar., chin. und tangut. Sprache) in entsprechend unterschiedl. Schriften wurden überwiegend buddhistisch-chinesisch geprägte Kunstdenkmäler aus Qocho u. a. Orten und Klöstern bekannt (→zentralasiatische Kunst).

A. VON GABAIN: Das Leben im uigur. Königreich von Qočo, 2 Tle. (1973); P. ZIEME: 70 Jahre T.-Forschung an der Berliner Akad., in: Spectrum, Bd. 5 (Berlin-Ost 1974); DERS.: Versunkene Kulturen an der Seidenstraße, in: Spectrum, Bd. 17 (ebd. 1986); H. J. KLIMKEIT: Die Seidenstraße (1988); T., Khotan u. Dunhuang, hg. v. R. E. EMMERICK u. a. (1996).

Turgai, Tafelland von T., semiaride Landschaft im NW von Kasachstan, zw. dem südl. Ural und den Mugodscharbergen im W und der Kasach. Schwelle im O, etwa 600 km lang, bis 300 km breit und 200–310 m ü. M.; durch zahlr., heute meist ausgetrocknete oder nur periodisch Wasser führende Täler in tafelförmige Plateaus aufgelöst. Das Tafelland wird im N von Trockensteppe (im Zuge des sowjet. Projekts Neulandgewinnung 1954–60 z. T. in Ackerland verwandelt), im S von Halbwüste bedeckt. Den zentralen Teil durchquert die tektonisch angelegte, von zahlr. Salzseen erfüllte **Turgaisenke** (20–75 km breit, 800 km lang), die das Tiefland von Turan mit dem Westsibir. Tiefland verbindet; sie wird vom Fluss **Turgai** (825 km lang, entspringt der W-Abdachung der Kasach. Schwelle, versiegt nordwestlich des Aralbeckens) und vom Ubagan durchflossen. Im Tafelland von T. werden u. a. Eisenerz (bei Rudnyj), Bauxit (Arkalyk) und Braunkohle (im T.-Kohlenbecken im Gebiet Kustanaj mit einem Kohlevorrat von 6,7 Mrd. t) gefördert.

Turgenjew, Turgenev [-njef], Iwan Sergejewitsch, russ. Schriftsteller, * Gut Spasskoje (bei Orel) 9. 11. 1818, † Bougival (bei Paris) 3. 9. 1883; entstammte einer Adelsfamilie, studierte in Moskau und Sankt Petersburg, dann 1838–41 in Berlin, wo er die Philosophie G. W. F. HEGELS kennen lernte; lebte seit 1855 vorwiegend im Ausland (v. a. in Frankreich und Dtl.) und war mit führenden frz. und dt. Dichtern befreundet, u. a. mit G. FLAUBERT, P. MÉRIMÉE, T. STORM und G. FREYTAG; er war lange mit der frz. Sängerin PAULINE VIARDOT verbunden.

T. begann seine literar. Tätigkeit mit noch der Romantik verpflichteten Verdichtungen und Erzählungen sowie Dramen, die – damals wie heute – nur selten gespielt werden (›Nachlebnik‹, 1848, dt. ›Gnadenbrot‹; ›Mesjac v derevne‹, 1855, dt. ›Ein Monat auf dem Lande‹), Stücke, die in ihrer Handlungsarmut und der Feinheit ihrer Charakter- und Stimmungszeichnung Züge der Dramatik A. P. TSCHECHOWS vorwegnahmen. Weite Anerkennung fand T. erst durch die ›Zapiski ochotnika‹ (1852; dt. ›Aufzeichnungen eines Jägers‹), eine Sammlung von Erzählungen in Ichform aus dem russ. Provinzleben, die durch die Darstellung der Lebensumstände der russ. Bauern als Protest gegen die Leibeigenschaft aufgefasst werden mussten, sich darüber hinaus aber durch subtile Naturschilderungen und sprachlich-stilist. Feinheit auszeichnen. Es folgten Romane und Novellen, die sich auch thematisch deutlich unterschieden. Die Romane zeichnen ein Panorama der zeitgenöss. russ.

Gesellschaft, wobei sich T. als Meister in der Erfassung von Zeitströmungen, der Darstellung passiver Charaktere, versagender Fortschrittler, skept. ›Nihilisten‹ und ›überflüssiger‹ Intellektueller, denen der Antrieb zum Handeln fehlt, zeigt (›Otcy i deti‹, 1862, dt. ›Väter und Söhne‹; ›Nakanune‹, 1860, dt. u. a. als ›Am Vorabend‹; ›Dym‹, 1867, in: Russkij vest'nik; dt. u. a. als ›Rauch‹). Demgegenüber behandeln die Novellen, die formal von der Briefnovelle (›Faust‹, 1856; dt.) bis zur stilisierten Renaissancenovelle (›Pesn' toržestvujuščej ljubvi‹, 1881; dt. ›Das Lied der triumphierenden Liebe‹) reichen, vorwiegend allgemein menschl. Themen, bes. das Liebesthema (›Asja‹, 1858, dt. ›Assja‹; ›Pervaja ljubov'‹, 1860, dt. ›Erste Liebe‹). Das Alterswerk ist, u. a. unter dem Einfluss A. SCHOPENHAUERS, von düsterer und trag. Weltsicht geprägt. Seine ›Stichotvorenija v proze. Senilia‹ (1882; dt. ›Gedichte in Prosa‹), kunstvoll stilisierte Prosaskizzen über Themen wie Natur, Liebe, Tod, knüpfen an C. BAUDELAIRES ›Poèmes en prose‹ an.

Weitere Werke: *Romane:* Rudin (1856; dt.); Dvorjanskoe gnezdo (1859; dt. Das adelige Nest, 2 Tle.); Nov' (1877; dt. Neuland). – *Novellen und Erzählungen:* Mumu (1854; dt.); Dva prijatelja (1854; dt. Zwei Freunde); Vešnie vody (1872; dt. Frühlingsfluthen); Klara Milič (1883; dt. Klara Militsch).

Ausgaben: Polnoe sobranie sočinenij i pisem, auf 30 Bde. ber. (²1978 ff.). – Ges. Werke in Einzelbänden, hg. v. K. DORNACHER, 10 Bde. (1979–85); Das erzähle. Werk, 4 Bde (1983); Gustave Flaubert u. Ivan Turgenev. Briefwechsel 1863–1880, hg. v. P. URBAN (1989); Erzählungen 1857–1883. Gedichte in Prosa, übers. v. E. VON BAER u. M. GRAS-RACIC (²1998).

A. YARMOLINSKY: Turgenev. The man, his art and his age (Neuausg. New York 1977); W. KOSCHMAL: Vom Realismus zum Symbolismus. Zu Genese u. Morphologie der Symbolsprache in den späten Werken I. S. Turgenevs (Amsterdam 1984); S. McLAUGHLIN: Schopenhauer in Rußland. Zur literar. Rezeption bei Turgenev (1984); A. I. BATJUTO: Tvorčestvo I. S. Turgeneva i kritiko-èstetičeskaja mysl' ego vremeni (Leningrad 1990); J. B. WOODWARD: Metaphysical conflict. A study of the major novels of Ivan Turgenev (München 1990); R.-D. KLUGE: Ivan S. Turgenev. Dichtung zw. Hoffnung u. Entsagung (1992); Ivan S. Turgenev: Leben, Werk u. Wirkung, hg. v. P. THIERGEN (1995); C. DOLNY: Literar. Funktionen der Personeneigennamen in den Novellen u. Erzählungen von I. S. Turgenev (Bern 1996); V. N. TOPOROV: Strannyj Turgenev (Moskau 1998).

turgeszent [zu lat. turgescere ›anschwellen‹], *Biologie, Medizin:* Bez. für Zellen und Gewebe, die mit Flüssigkeit prall gefüllt und dadurch ›gespannt‹ sind.

Turgor [spätlat. ›das Geschwollensein‹, zu lat. turgere ›angeschwollen sein‹] *der, -s,* **1)** *Botanik:* **Saftdruck**, der Innendruck der pflanzl. Zellen. Er entsteht durch die Zellsaftfüllung der Vakuole, die den zytoplasmat. Wandbelag gegen die Zellwand presst und in dieser einen Gegendruck (Wanddruck) auslöst. Darauf beruht die Straffheit **(Turgeszenz)** der unverholzten Kräuter. Der T. ist am größten, wenn die Zelle durch Osmose wassergesättigt ist. Lässt der T. infolge Transpiration und geringen Wassernachschubs nach, so erschlaffen und welken die Pflanzen. Manche Bewegungsvorgänge **(T.-Bewegungen)** kommen durch örtl. T.-Änderungen zustande, so das Öffnen und Schließen der Spaltöffnungen, die ruckartigen bis kreisenden Bewegungen der seitl. Blattfiedern der →Telegrafenpflanze, das Öffnen der Gräserblüte durch Schwellkörper (Lodiculae) und die Blattbewegungen der →Sinnpflanze sowie die Staubblattbewegung der Zimmerlinde, des Sonnenröschens und der Berberitze.

2) *Medizin:* vom Wasser- und Elektrolythaushalt des Organismus abhängiger Spannungszustand des Körpergewebes; der T. bewirkt die Elastizität des Gewebes. Der natürl. Vorgang des Alterns beinhaltet die allmähl. Minderung des T. Auch im Verlauf lang dauernder, zehrender Krankheiten und nach großen Wasserverlusten, z. B. bei heftigen Durchfällen, wird der T. geringer.

Turgot [tyr'go:], Anne Robert Jacques, Baron **de l'Aulne** [də 'lo:n], frz. Staatsmann und Nationalökonom, * Paris 10. 5. 1727, † ebd. 20. 3. 1781; 1761–74 Intendant der Generalität von Limoges, 1774–76 Generalkontrolleur der Finanzen unter LUDWIG XVI. In sechs großen Reformedikten suchte T. die wirtschaftl. und soziale Struktur Frankreichs zu modernisieren (Aufhebung des Zunftzwanges, Liberalisierung des Handels, Ablösung der Frondienste, Besteuerung des Grundbesitzes, Sanierung der Staatsfinanzen durch Sparpolitik, Finanz- und Justizreform). Die von ihm grundsätzlich bejahte absolute Monarchie wollte er durch eine Stufenfolge von Selbstverwaltungskörperschaften (›municipalités‹) mit beratender Funktion ergänzen. Sein Reformwerk scheiterte jedoch an der Verschwendungssucht und den Intrigen des Hofes sowie am Widerstand der privilegierten Stände. LUDWIG XVI. entließ ihn, v. a. unter dem Einfluss von MARIE-ANTOINETTE und ihrem Kreis. Sein Hauptwerk ›Réflexions sur la formation et la distribution des richesses‹ (1766; dt. ›Betrachtungen über die Bildung und Verteilung des Reichtums‹) weist ihn als Schüler F. QUESNAYS und Vertreter der →Physiokraten aus. Er folgte jedoch nicht ihrer Lehre von der alleinigen Produktivität des Bodens, sondern erkannte die Bedeutung von Arbeit und Kapital als Produktionsfaktoren. T. formulierte als Erster das →Ertragsgesetz.

Ausgabe: Œuvres de T. et documents le concernant, hg. v. G. SCHELLE, 5 Bde. (1913–23, Nachdr. 1972).

D. DAKIN: T. and the Ancien Régime in France (Neuausg. New York 1980); T., économiste et administrateur, hg. v. C. BORDES u. J. MORANGE (Paris 1982); C. MORILHAT: La prise de conscience du capitalisme. Économie et philosophie chez T. (Paris 1988); C. JESSUA: Der Ökonom J. T. (1990).

Turgud Reis, türk. Heerführer, →Dragut.

Turgutlu, früher **Kasaba,** Stadt in der Prov. Manisa, im W der Türkei, im Gedizgraben, 73 700 Ew.; landwirtschaftl. Zentrum. Handelszentrum, Thermalquellen; an der Eisenbahnlinie İzmir-Afyonkarahisar. – 30 km östlich von T. liegt die Ruinenstadt Sardes.

Turhal, Stadt in der Prov. Tokat, Türkei, 480 m ü. M., am oberen Yeşilırmak, 71 400 Ew.; landwirtschaftl. Zentrum. – Ruine einer Festung des Pont. Reiches.

Türheim, Ulrich von, mittelhochdt. Dichter, →Ulrich, U. von Türheim.

Turi, 1) Gruppe innerhalb der Mundavölker, v. a. in Bihar und West Bengal, Indien. Die T. gleichen in Herkunft und Kultur den →Munda; sie zählen heute zu den niederen Hindukasten.

2) Stamm der →Paschtunen, v. a. im Stammesgebiet Kurram in NW-Pakistan und benachbarten Gebieten von Afghanistan. Die T. sind anders als die Mehrheit der Paschtunen imamit. (Zwölfer-)Schiiten.

Turia *der,* katalan. **Túria,** Oberlauf (bis Teruel) **Guadalaviar,** Fluss in O-Spanien, 280 km lang, entspringt in der Sierra de Cuenca, ist im Mittellauf mehrfach gestaut und bewässert einen Großteil der Huerta von Valencia, mündet in Valencia ins Mittelmeer.

Turin, ital. **Torino, 1)** Hauptstadt der Prov. Turin und der Region Piemont, Italien, 239 m ü. M., an der Mündung der Dora Riparia in den Po, 929 400 Ew., viertgrößte Stadt und nach Mailand zweitgrößte Industrie- und Handelszentrum Italiens; Erzbischofssitz; Univ. (gegr. 1404), TH, Akademie der Wissenschaften, wiss. Institute, Musikhochschule, Kunstakademie, Museen und Galerien (u. a. naturwiss. Sammlungen und Automobilmuseum), Bibliotheken, mehrere Theater, Oper, botan. und zoolog. Garten, zahlr. Sportstätten, Autorennstrecke. – Der frühen industriellen Entwicklung dank Wasserkraftwerken an der Dora Riparia (Waffenfabriken, Tabakmanufaktur) folgte mit FIAT (seit 1899) die Autoindustrie

Anne Robert Jacques Turgot, Baron de l'Aulne

Turin 1)
Stadtwappen

zweitgrößtes Industrie- und Handelszentrum Italiens

am Po

239 m ü. M.

929 400 Ew.

Erzbischofssitz

Universität (gegr. 1404)

Zentrum der Autoindustrie

internat. Messen (Autosalon)

geradliniges römisches Straßennetz

Dom (15. Jh.)

Mole Antonelliana (1863), Wahrzeichen der Stadt

zahlreiche moderne Sportstätten

Hauptort der ligurischen Tauriner

1861–65 Hauptstadt des Königreichs Italien

Turi Turina – Turiner Grabtuch

Turin 1): Stadtansicht mit der 167 m hohen Mole Antonelliana (1863)

(heute die größte Italiens). T. hat dank weiterer Großindustrien die größte Arbeiterkonzentration Italiens; Stahlwerk, Eisenbahn- und Flugzeugbau, elektron. und elektrotechn., mechan., feinmechan., Schreibmaschinen-, Landmaschinen-, Autoreifen-, chem., pharmazeut., Bekleidungs-, Nahrungs- und Genussmittelindustrie; bedeutende internat. Messen (u. a. Autosalon und Bekleidungsmesse); internat. Flughafen. Hafen für T. ist Savona.

Stadtbild: Die Stadt breitet sich auf der ebenen linken Seite des Po aus, gegenüber dem dicht an den Fluss tretenden Hügelland von Monteferrato mit dem isolierten Monte dei Cappuccini (284 m ü. M., mit Kapuzinerkloster). Auf dem rechten Ufer liegen die Vororte Cavoretto, Rubatto und Borgo Po. Die geradlinigen, sich rechtwinklig kreuzenden Straßen der röm. Stadt (erhalten sind Reste des Amphitheaters und die restaurierte Porta Palatina, beide 1. Jh. n. Chr.) blieben für die spätere Stadtanlage maßgebend. Aus MA. und Renaissance sind nur wenige Bauten erhalten (u. a. der Dom San Giovanni Battista, 1491–98). Mit der Stadterweiterung seit dem 17. Jh. wurden auch einheitlich gebaute Häuserzeilen (z. T. mit Laubengängen) angelegt; im Ggs. dazu stehen die Kirchen und Paläste des Barock, v. a. im Zentrum im Umkreis der Piazza Castello und der nördlich angrenzenden Piazza Reale: Palazzo Madama (auch Castello d'Acaja, urspr. ein röm. Tor, im MA. Kastell, Erweiterungen 1718–21 mit Fassade und Treppenhaus von F. JUVARRA; heute Museo Civico), Palazzo Reale (Königl. Palast, 1646 begonnen; mit Prunkräumen, Rüstkammer und Bibliothek; bei einem Brand 1997 schwer beschädigt) und die beiden von G. GUARINI erbauten Paläste Palazzo Carignano (1679–85, Museo Nazionale del Risorgimento; BILD →Guarino, Guarino) und Collegio dei Nobili (auch Palazzo dell'Accademia delle Scienze, 1679; mit archäol. Museum, ägypt. Museum und der Gemäldegalerie ›Sabauda‹). Der Zentralbau von San Lorenzo (seit 1634) wurde um 1668–80 von GUARINI umgebaut (1687 vollendet), die an den Dom angebaute Cappella della Santa Sindone (birgt das →Turiner Grabtuch) nach seinen Entwürfen 1694 vollendet, nach GUARINIS Entwürfen auch das Santuario della Consolata (1678–1703; Innenausstattung von F. JUVARRA, 1714; 1903/04 verändert); ebenfalls von JUVARRA: Santa Maria del Car-

mine (1732–36) sowie die auf einem Hügel oberhalb der Stadt liegende Basilika →Superga. Die von Arkaden gesäumte Piazza San Carlo (Anlage des 17. Jh.) wird im S von zwei kleinen Barockkirchen, San Carlo und Santa Cristina, flankiert. Wahrzeichen der Stadt ist die Mole Antonelliana (1863 begonnen), ein spätklassizist. Zentralbau, von ALESSANDRO ANTONELLI als Synagoge geplant, 1878–90 turmartig (167 m hoch) ausgebaut, sie beherbergt seit 1997 ein Filmmuseum. Die Galleria Civica d'Arte Moderna wurde 1952 errichtet. Im S der Stadt erstreckt sich am Po ein großer Park mit dem Castello del Valentino (Mitte 17. Jh.), dem botan. Garten (1729 gegr.) und dem Ausstellungsgelände (mit Bauten von P. L. NERVI, ALBERTO SARTORIS u. a.). In einem Industrievorort das von GIACOMO MATTÉ TRUCCO 1914 konzipierte und 1919–26 gebaute FIAT-Werk Lingotto (BILD →Industriebauten), das 1982 stillgelegt und 1989 ff. von R. PIANO zu einem Kultur- und Wissenschaftszentrum umgebaut wurde. – In der Umgebung von T. liegen die ehem. Benediktinerabtei →Sacra di San Michele sowie das Schloss →Stupinigi.

Geschichte: T., als **Taurasia** Hauptort der ligur. (kelt. oder keltisierten?) Tauriner, wurde unter AUGUSTUS als **Augusta Taurinorum** röm. Kolonie. Im 6. Jh. wurde es Mittelpunkt eines langobard. Herzogtums, dann einer fränk. Grafschaft, im 10. Jh. der Markgrafschaft T. (bis Ende 11. Jh.). Im 12. Jh. waren Kommunal-Reg., Kaisertum, die Bischöfe und die Grafen von Savoyen entscheidende Machtfaktoren in T.; Letztere festigten ihre Herrschaft endgültig 1280 und machten, 1416 zu Herzögen aufgestiegen, T. im 15. Jh. zum Reg.-Zentrum in Piemont, 1560 – nach frz. Besetzung 1536–59 – zur Hauptstadt des Herzogtums Savoyen. Das von den Franzosen im Span. Erbfolgekrieg belagerte T. wurde am 7. 9. 1706 durch Prinz EUGEN und Fürst LEOPOLD von Anhalt-Dessau befreit. Nach der napoleon. Zeit wurde T. Mittelpunkt des Risorgimento; 1861–65 war es Hauptstadt des Königreichs Italien.

P. GABERET: T. Ville industrielle (Paris 1964); Torino nel basso medioevo. Castello, uomini, oggetti, hg. v. S. PETTENATI, Ausst.-Kat. (Turin 1982); Torino fra liberalismo e fascismo, hg. v. U. LEVRA (Mailand 1987); M. KNAPP-CAZZOLA: T. Das Insider-Lex. (1993).

2) Prov. in Italien, in der Region Piemont, 6830 km², 2,221 Mio. Einwohner.

Turina, Joaquín, span. Pianist und Komponist, * Sevilla 9. 12. 1882, † Madrid 14. 1. 1949; Schüler von V. D'INDY an der Schola Cantorum in Paris, seit 1931 Prof. am Konservatorium in Madrid. Wie M. DE FALLA gehört T. zur jüngeren span. Schule, die Elemente des frz. Impressionismus mit der Melodik der volkstüml. Musik Andalusiens verschmolz. T. schrieb Opern, Orchester- (›Sinfonia Sevillana‹, 1920), Kammer- und Klaviermusik, Werke für Orgel und Gitarre sowie Lieder und Kirchenmusik.

Turiner Grabtuch, ein seit 1578 im Dom von Turin (seit 1694 in der angebauten Cappella della Santa Sindone) aufbewahrtes 4,3 m × 1,1 m großes Tuch aus Leinen, das Blutspuren sowie den Abdruck eines menschl. Körpers zeigt und als Grabtuch JESU verehrt wird. Der Legende nach soll es das von JOSEPH VON ARIMATHAIA gekaufte Tuch sein, in das dieser den Leichnam JESU hüllte (Mk. 15, 46); von Kreuzfahrern sei es im Jahr 1204 von Konstantinopel nach Frankreich gebracht worden. Das Tuch wurde seit Mitte des 14. Jh. in der Stiftskirche von Lirey bei Troyes als Reliquie ausgestellt, seine Echtheit immer wieder bezweifelt (bereits 1389 durch den Bischof von Troyes). Das Tuch wurde 1898 erstmals fotografiert; auf dem entwickelten Negativ war deutlich ein gefolterter Mann mit durchbohrten Hand- und Fußgelenken erkennbar. 1988 stellte man bei wiss. Untersuchungen mittels der Radiokarbonmethode fest, dass das Tuch ›mit 95%iger Sicherheit aus der Zeit zw. 1260 und 1380‹ stammt. Das Ergebnis bleibt jedoch umstritten. Wie der Abdruck in das Tuch gekommen ist, ist ungeklärt. Möglicherweise geht er auf chem. Reaktionen zw. dem Schweiß des in das Tuch gewickelten Menschen und (unbekannten) Essenzen des Tuchs zurück. – Öffentlich ausgestellt wurde es zuletzt 1998.

I. WILSON: Eine Spur von Jesus. Herkunft u. Echtheit des T. G. (a.d. Engl., 1980); DERS.: Holy faces, secret places. An amazing quest for the face of Jesus (New York 1991); W. BULST u. H. PFEIFFER: Das T. G. u. das Christusbild, 2 Bde. (1987–91); K. HERBST: Kriminalfall Golgatha. Der Vatikan, das T. G. u. der wirkl. Jesus (1992); M. G. SILIATO: Das Grabtuch ist doch echt. Die neuen Beweise (a.d. Ital., 1998).

Turiner Grabtuch: Negativwiedergabe des Gesichtsabdrucks (Foto aus dem Jahr 1898)

Turiner Minenpapyrus, ein im ägypt. Museum in Turin aufbewahrter Plan von einer pharaon. Goldmine in der Arab. Wüste; um 1150 v. Chr. unter RAMSES IV. entstanden. Das dargestellte Gebiet konnte in den 1980er-Jahren etwa 100 km östlich von Luxor lokalisiert werden. Wegen der unterschiedl. Farbgebung für die versch. Gesteine gilt der T. M. als ältester Versuch einer geolog. Karte.

Turing [ˈtjʊərɪŋ], Alan Mathison, brit. Mathematiker, *London 23. 6. 1912, †(Selbstmord) Wilmslow (Cty. Cheshire) 7. 6. 1954; arbeitete während des Zweiten Weltkriegs als Entschlüsselungsspezialist im brit. Außenministerium, danach am National Laboratory of Physics am Einsatz der Großrechneranlage ACE (Automatic Computing Engine) und leitete ab 1948 die mit dem Bau der MADAM-(Manchester Automatic Digital Machine)-Anlage der Univ. Manchester zusammenhängenden mathemat. Arbeiten. T. arbeitete v.a. über die Theorie der Berechenbarkeit sowie zur Lernfähigkeit u.a. Fragen des intelligenten Verhaltens von Maschinen und entwickelte eine später nach ihm benannte abstrakte Rechenmaschine, die →Turing-Maschine. Neben Arbeiten über philosoph. Fragen der Kybernetik leistete T. auch einen grundlegenden Beitrag zur theoret. Biologie, indem er einen chem. Mechanismus für die Musterentstehung während der Embryonalentwicklung postulierte (1952); danach können unterschiedl. Diffusionsgeschwindigkeiten chem. Reaktionsteilnehmer stabile räuml. Konzentrationsmuster erzeugen (z. B. Pigmentflecken).

Weitere Werke: Computing machinery and intelligence (1950); Can a machine think? (1956).

S. TURING: A. M. T. (Cambridge 1959); A. HODGES: A. T., Enigma (a.d. Engl., Wien ²1994).

Turing-Maschine, *Informatik* und *mathematische Logik:* abstraktes Automatenmodell (→Automaten), das erstmals 1936 von A. M. TURING im Zusammenhang mit der Klärung der Begriffe Berechenbarkeit einer Funktion (→berechenbare Funktion) und →Algorithmus untersucht wurde. Eine T.-M. hat vier wesentl. Komponenten: 1) ein Schaltwerk, das endlich vieler Zustände $c_1, ..., c_m$ fähig ist; 2) ein unendlich langes, in endlich große (Speicher-)Zellen eingeteiltes Speicherband, dessen Zellen leer sind oder einen Buchstaben eines endl. Alphabets $A = \{a_1, ..., a_n\}$ enthalten; 3) einen Lese-/Schreibkopf, der jeweils den Inhalt einer Zelle lesen oder durch einen anderen Inhalt (d.h. auch: keinen) ersetzen kann; 4) eine Bewegungseinrichtung, die das Speicherband um jeweils eine Zelle nach rechts oder links verschieben kann. – Zur Steuerung dieser Aktionen (Schreiben und Bewegen) besitzt die T.-M. eine endl. Menge von Zuständen und eine Zustandsübergangstabelle. In Abhängigkeit von dem jeweiligen Zustand und dem gelesenen Zeichen wird eine Aktion ausgeführt, und die T.-M. geht in einen neuen Zustand über.

Jede T.-M. stellt einen speziellen Algorithmus dar, dessen Anwendung auf sie einen neuen Inhalt des Speicherbands als Ergebnis liefert, wenn die T.-M. nach endlich vielen Schritten anhält oder ergebnislos bleibt, falls sie nicht anhält. Eine für gewisse Wörter über einem endl. Alphabet A erklärte Wortfunktion f ist berechenbar, wenn es eine T.-M. gibt, die auf Wörter W über A anwendbar ist und für sie auf dem Speicherband $f(W)$ produziert, wenn diese Funktion erklärt ist, oder andernfalls nicht anhält. Nach einer Hypothese von TURING kann umgekehrt für jeden berechenbaren Algorithmus eine T.-M. angegeben werden. Es gibt jedoch (relativ einfach zu definierende) Funktionen, die nicht mit einer T.-M. berechenbar sind, weil es kein Verfahren gibt, nach dem man entscheiden könnte, ob diese T.-M. jemals anhält; solche Funktionen sind nach TURINGS Hypothese überhaupt nicht berechenbar. Als **universelle T.-M.** wird eine T.-M. bezeichnet, die jede beliebige andere T.-M. simulieren kann. Die universelle T.-M. muss auf dem Speicherband eine Beschreibung der zu simulierenden T.-M. enthalten. Wird unterstellt, dass die Speicher von Computern beliebig erweiterbar sind, kann man Computer als universelle T.-M. auffassen. (→churchsche Hypothese, →Entscheidungsverfahren)

Turing-Test, von A. M. TURING entworfener und nach ihm benannter Test für maschinelle Intelligenz (→künstliche Intelligenz).

Turione [lat. turio, turionis ›Trieb‹, ›Spross‹] *die, -/-n,* Überwinterungsknospe (Hibernakel) von frei schwimmenden Wasserpflanzen, die sich im Herbst von der absterbenden Mutterpflanze ablöst und im Frühjahr zu einer neuen Pflanze austreibt.

Türk, Daniel Gottlob, Komponist und Musikschriftsteller, *Claußnitz (bei Chemnitz) 10. 8. 1750, †Halle (Saale) 26. 8. 1813; war 1774–87 Kantor, ab 1779 auch Universitätsmusikdirektor in Halle, später Organist und Leiter des Stadtsingechors. Seine Aufführungen des ›Messias‹ und des ›Judas Makkabäus‹ begründen die Händeltradition in Halle. Er komponierte zahlr. Klavierstücke für Unterrichtszwecke; einflussreiche Schriften, u.a. ›Von den wichtigsten Pflichten eines Organisten‹ (1787), ›Klavierschule‹ (1789), ›Anleitung zum Generalbassspielen‹ (1791).

Turkana, Elgume, nilohamit. Volk westlich des Turkanasees im wüstenhaften NW-Kenia; ein kleiner Volksteil **(Bume)** lebt im äußersten SW-Äthiopien. Die etwa 220 000 T. sind Hirtennomaden (Rinder,

Turk Turkanasee – Türkei

Schafe, Kamele, Ziegen), seit 1970 auch Fischer (etwa 10% der T.) und hängen fast ausschließlich ihrer traditionellen (animist.) Religion an.

G. BEST: Vom Rindernomadismus zum Fischfang. Der sozio-kulturelle Wandel bei den T. am Rudolfsee, Kenia (1978).

Turkanasee, früher **Rudolfsee,** abflussloser, fischreicher See im Ostafrikan. Graben, in NW-Kenia (die N-Spitze liegt in Äthiopien), 427 m ü. M., 8 000 bis 8 600 km^2, etwa 250 km lang, bis 50 km breit, bis 73 m tief. Hauptzufluss (nur in der Regenzeit) ist der Omo. Im T. finden sich mehrere Vulkaninseln, auf denen zahlr. Wasservögel ihre Brutplätze haben. Aus der starken Verdunstung infolge des ariden Klimas resultiert eine Verkleinerung und Versalzung des Sees. – Das Gebiet des T.s ist wegen zahlr. Hominidenfunde (u. a. durch M. und R. LEAKEY) bedeutend für die Anthropologie.

M. AMIN: Turkana-See. Lebendiges Gestern; Schlüssel zur Wiege der Menschheit? (a. d. Engl., 1981).

Turkbaff [pers. ›türkischer Knoten‹] *der, -(s)/-s,* rotgrundiger iran. Teppich, in dem die Flor mit türk. Knoten eingeknüpft ist; im Fond ein vielstrahliger Stern als Medaillon, umgeben von Blumenmustern; Hauptbordüre mit Blumen und Rosetten.

Türkei

Staatswappen

Staatsflagge

TR
Internationales
Kfz-Kennzeichen

1970 1997   1970 1995
Bevölkerung Bruttosozial-
(in Mio.)   produkt je Ew.
             (in US-$)

□ Stadt
□ Land

Bevölkerungsverteilung
1995

□ Industrie
□ Landwirtschaft
□ Dienstleistung

Bruttoinlandsprodukt
1996

Türkei
Fläche 779 452 km^2
Einwohner (1997) 65,3 Mio.
Hauptstadt Ankara
Amtssprache Türkisch
Nationalfeiertag 29. 10.
Währung 1 Türkisches
Pfund/Türkische Lira (TL.) =
100 Kuruş (krş.)
Uhrzeit 13^{00} Ankara =
12^{00} MEZ

Türkei, türk. **Türkiye,** amtlich türkisch **Türkiye Cumhuriyeti** [dʒʊm–; ›Republik T.‹], dt. **Republik T.,** Staat in Vorderasien und SO-Europa, grenzt im N an das Schwarze Meer, im zentralen S und im W an das Mittelmeer. Die das Schwarze Meer und das Mittelmeer verbindende Wasserstraße Bosporus-Marmarameer-Dardanellen trennt die europ. T. (Türkisch-Thrakien) im W von der asiat. T. (Anatolien). Türkisch-Thrakien grenzt im W an Griechenland, im N an Bulgarien; Anatolien grenzt im NO an Georgien und Armenien, im O an Iran, im S an Irak und Syrien. Die Staatsfläche umfasst 779 452 km^2, davon 23 764 km^2 in Europa (Türkisch-Thrakien, etwa so groß wie Mecklenburg-Vorpommern) und 755 688 km^2 in Asien (Anatolien, mehr als doppelt so groß wie Dtl.); (1997) 65,3 Mio. Ew.; 1990 lebten 6 Mio. Ew. in Europa und 50,5 Mio. Ew. in Asien. Hauptstadt ist Ankara, Amtssprache Türkisch. Währung: 1 Türkisches Pfund/Türkische Lira (TL.) = 100 Kuruş (krş.). Zeitzone: Osteurop. Zeit (13^{00} Ankara = 12^{00} MEZ).

STAAT · RECHT

Verfassung: Nach der am 7. 11. 1982 durch Volksabstimmung angenommenen Verf. (letzte Revision 1995) ist die T. eine parlamentar. Rep. Staatsoberhaupt ist der vom Parlament für sieben Jahre gewählte (keine Wiederwahl möglich) und mit weit reichenden Vollmachten ausgestattete Präs.; er ernennt den Min.-Präs. und auf dessen Vorschlag die übrigen Mitgl. des Kabinetts sowie hohe Beamten, entscheidet über Staatsnotstand und Kriegsrecht und kann das Parlament auflösen. Gesetzgebendes Organ ist die Große Nationalversammlung (550 Abg., für fünf Jahre gewählt). Für Parteien existiert eine 10%-Sperrklausel. Die Reg. bedarf des Vertrauens des Parlaments.

Parteien: Seit 1983 existiert ein durch zahlr. polit. Auflagen reguliertes Mehrparteiensystem. Zu den derzeit einflussreichsten Parteien zählen die islam. Tugendpartei (Fazilet Partisi), die Mutterlandspartei (Anavatan Partisi, ANAP), die Partei des rechten Weges (Dogru Yol Partisi, DYP), die Demokrat. Linkspartei (Demokratik Sol Parti, DSP), die Republikan. Volkspartei (Cumhuriyet Halk Partisi, CHP) und die Partei für eine demokrat. T. (DTP). Die Kurd. Arbeiterpartei (Partîya Karkerên Kurdistan, PKK) und die islam. Wohlfahrtspartei (Refah Partisi, RP) sind verboten.

Gewerkschaften: Die türk. Gewerkschaften, denen polit. Betätigung und Beziehungen zu polit. Parteien untersagt sind, unterliegen strenger staatl. Kontrolle. Anerkennung, Tarif-, Streik- und Demonstrationsrecht sind restriktiv geregelt. Für bestimmte Berufsgruppen besteht Koalitionsverbot. Die beiden wichtigsten Dachverbände sind Türk-İş (Türkiye İşçi Sendikaları Konfederasyonu; gegr. 1952), der in 32 Branchengewerkschaften und Föderationen rd. 1,2 Mio. Mitgl. organisiert, und DİSK (Türkiye Devrimci İşçi Sendikaları Konfederasyonu; gegr. 1967, 1980–91 verboten), dem 30 Einzelgewerkschaften angeschlossen sind. Türk-İş und DİSK sind Mitgl. des IBFG und des EGB.

Wappen: Es existiert in versch. Ausführungen, zeigt aber stets als Staatsemblem die islam. Symbole Halbmond und Stern. Meist stehen sie in einem roten Hochoval, in dem zusätzlich am oberen Rand die offizielle Staats-Bez. erscheint.

Nationalfeiertag: Nationalfeiertag ist der 29. 10., der an die Ausrufung der Rep. 1923 erinnert.

Verwaltung: Es bestehen 79 Prov. (›İl‹), die sich in Bezirke (›İlçe‹) und weiter in Gemeinden (›Bucak‹) gliedern. Jede Prov. verfügt über eine gewählte Provinzversammlung; die Gouv. fungieren sowohl als Vertreter der Zentral-Reg. als auch der jeweiligen Prov. als Gebietskörperschaft.

Recht: Das Rechtssystem ist geprägt durch die Rezeption von europ. Kodifikationen nach dem Ersten Weltkrieg. Das ital. StGB und die dt. StPO sind weitgehend übernommen worden. Das HGB von 1926 beruhte ebf. auf dem dt. HGB, wurde jedoch 1956 revidiert. Der Code de Procédure Civile des schweizer. Kantons Neuenburg von 1925 diente als Vorbild für die türk. ZPO, in die jedoch auch zahlr. Bestimmungen der dt. ZPO aufgenommen wurden. Bes. bedeutsam war 1926 die Rezeption der beiden ersten Teile des schweizer. ZGB von 1907 und großer Teile des schweizer. Obligationenrechts von 1911. Es wurden jedoch gewisse Traditionen, die auf dem Islam beruhen, in der T. beibehalten. Gesetzesergänzungen der jüngeren Zeit (u. a. 1988 im ZGB) sind eigenständige türk. Entwicklungen. Im Gesellschaftsrecht schuf die T. die rechtl. Grundlagen für eine moderne Wirtschaftsstruktur. So wurde 1981 eine Kapitalmarktbehörde eingerichtet, die u. a. eine gewisse staatl. Kontrolle über die Gründung von Handelsgesellschaften ermöglicht. Das Internat. Privatrecht von 1982 regelt sowohl die Bestimmungen des anwendbaren Rechts als auch der internat. Gerichtsbarkeit auf diesem Gebiet.

Der Aufbau der ordentl. Gerichtsbarkeit ist zweistufig. Erstinstanzl. Gerichte sind Friedens-, Amts-, Amtsstraf-, Handels- und Militärgerichte sowie Gerichte für die Staatssicherheit; zweite und letzte Instanz ist der Kassationshof in Ankara. Die Friedensgerichte können in Zivilsachen bei geringem Streitwert und in einigen Sonderfällen urteilen. Für Fälle mit höherem Streitwert sind die Amts- oder die Handelsgerichte zuständig. Für verwaltungsrechtl. Fälle steht in jedem aus jeweils mehreren Provinzen bestehenden Gerichtsbezirk ein Verwaltungsgericht zur Verfügung. Gegen Urteile der Verwaltungsge-

Türkei **Türk**

Größe und Bevölkerung (1990)

Provinz (Hauptstadt)[1]	Fläche in km²	Ew. in 1000	Ew. je km²	Provinz (Hauptstadt)[1]	Fläche in km²	Ew. in 1000	Ew. je km²
Adana	17562	1933,4	110	Kahramanmaraş	14680	894,3	61
Adıyaman	7423	513,1	69	Karabük	4064	244,2	60
Afyonkarahisar	14295	738,8	52	Karaman	9163	215,2	24
Ağrı	11066	437,1	39	Kars	9587	349,8	36
Aksaray	7626	326,4	43	Kastamonu	12982	423,2	33
Amasya	5452	358,2	66	Kayseri	16537	943,7	57
Ankara	25604	3236,4	126	Kilis	1521	130,2	86
Antalya	20815	1132,2	54	Kırıkkale	4365	350,2	80
Ardahan	5661	169,8	30	Kırklareli	6378	309,5	49
Artvin	7436	212,8	29	Kırşehir	6501	256,7	40
Aydın	7870	824,8	105	Kocaeli (Izmit)	3467	920,4	265
Balıkesir	14456	974,2	67	Konya	40451	1752,7	43
Bartın	2120	205,8	97	Kütahya	11661	577,9	50
Batman	4694	344,1	73	Malatya	11752	702,1	60
Bayburt	3652	107,3	29	Manisa	13237	1154,4	87
Bilecik	4321	175,5	41	Mardin	8594	558,3	65
Bingöl	8319	249,1	30	Muğla	12504	562,9	45
Bitlis	8010	330,1	41	Muş	8413	376,5	45
Bolu	10575	536,9	51	Nevşehir	5540	289,5	52
Burdur	7167	254,9	36	Niğde	7831	305,9	39
Bursa	10768	1596,2	148	Ordu	6142	826,9	134
Çanakkale	9950	432,3	43	Rize	3920	348,8	89
Çankırı	7592	249,3	33	Sakarya (Adapazarı)	4821	683,3	142
Çorum	12729	608,8	48	Samsun	9739	1161,2	119
Denizli	11874	750,9	63	Siirt	6186	243,4	39
Diyarbakır	14908	1096,5	73	Sinop	5657	265,2	47
Edirne	6174	404,6	66	Şırnak	7172	125,3	18
Elâzığ	9455	498,2	53	Sivas	28568	766,8	27
Erzincan	11413	299,3	26	Tekirdağ	6333	468,8	74
Erzurum	25133	848,2	34	Tokat	9869	719,6	73
Eskişehir	13477	641,3	48	Trabzon	4498	795,8	177
Gaziantep	6496	1010,4	155	Tunceli	7954	133,6	17
Giresun	6965	499,6	72	Urfa[2]	19271	1001,5	52
Gümüşhane	6748	168,8	25	Uşak	5389	290,4	54
Hakkâri	7121	172,5	24	Yalova	817	134,5	165
Hatay (Antakya)	5570	1109,8	199	Van	21095	637,4	30
İçel (Mersin)	15448	1267,3	82	Yozgat	13597	579,2	43
Iğdır	3593	142,6	40	Zonguldak	3438	653,7	190
Isparta	8847	434,4	49	**Türkei** (Ankara)	779452	56335,9	72
Istanbul	5110	7195,8	1408				
Izmir	12263	2694,8	220				

[1] die Namen der Provinz und der Hauptstadt sind identisch, wenn nicht anders angegeben. – [2] offizieller Name Şanlıurfa.

richte kann im Wege des Kassationsverfahrens das Höhere Verwaltungsgericht angerufen werden. Seit 1961 besteht ein Verf.-Gericht.

Streitkräfte: Die Gesamtstärke der Wehrpflichtarmee (Dauer des Grundwehrdienstes 18 Monate, für Hochschulabsolventen 16 Monate) beträgt etwa 640000, die der paramilitär. Gendarmerie (Jandarma) rd. 150000 Mann. Das Heer (rd. 525000 Soldaten) verfügt v. a. über eine Infanterie- und eine mechanisierte Division, neun Infanterie-, 14 Panzer-, vier Kommando- und 17 mechanisierte Brigaden. Zur Luftwaffe gehören etwa 63000, zur Marine rd. 52000 Mann. Die Ausrüstung umfasst im Wesentlichen etwa 4200 Kampfpanzer (rd. 2900 M-48, 900 M-60, 400 Leopard 1), rd. 500 Kampfflugzeuge (F-4 Phantom, F-5, F-16), 20 Zerstörer/Fregatten, 15 U-Boote und 50 Kleine Kampfschiffe. - Die T. ist seit 1952 Mitgl. der NATO und seit 1992 (formal seit 1995) assoziiertes Mitgl. der WEU. Ein umfangreiches, ab Mitte der 90er-Jahre laufendes und langfristig geplantes Modernisierungs- und Beschaffungsprogramm soll die Mobilität und Schlagkraft der türk. Streitkräfte erhöhen. Gleichzeitig ist die Reduzierung der Personalstärke auf etwa 425000 Mann vorgesehen.

LANDESNATUR · BEVÖLKERUNG

Außer einem kleinen Anteil an Europa (Türkisch-Thrakien) umfasst die T. die Halbinsel Kleinasien und reicht im O bis zum Ararathochland. Sie gehört (mit Ausnahme eines kleinen Teils des obermesopotam. Tafellandes in SO-Anatolien) zum eurasiat. Kettengebirgsgürtel. – Das von Gebirgen umschlossene Hochland Inneranatoliens mit kristallinen Massen im Untergrund ist weithin von jungtertiären Schichttafeln und jungvulkan. Gesteinen bedeckt. Es steigt von durchschnittlich 800 m ü. M. im W auf über 1200 m ü. M. im O an, schließt abflusslose Senken ein und wird von Bergzügen mit z. T. aufgesetzten Vulkanen überragt. (In den vulkan. Auswurfmassen des Erciyas Dağı entstanden die Höhlenkirchen von →Göreme.) Umrahmt ist das Hochland vom →Pontischen Gebirge im N, vom →Taurus im S bzw. O und vom westanatol. Bergland. Taurus und Pont. Gebirge treten am oberen Euphrat eng aneinander und bilden im O mit dem Ararathochland ein von Senken durchzogenes, größtenteils vulkan. Hochgebirgsland mit den höchsten Erhebungen der T. (Ararat 5137 m ü. M.). W-Anatolien wird durch tekton. Grabensenken zerschnitten, es dacht sich zur stark gegliederten Küste der Ägäis ab. Nördlich von Dardanellen, Marmarameer und Bosporus schließt sich das thrak. Rumpfflächenland mit Mittelgebirgen im N (Istranca Dağları) und S an. Die Verbindung mit Europa wurde im Quartär durch Einbruch des Marmarameeres und die Überflutung der ehem. Flusstäler von Bosporus und Dardanellen unterbrochen. Die tekton. Bewegungen sind in ganz Anatolien noch nicht abgeklungen, wie die Erdbeben in der jüngsten Zeit beweisen (bei İzmir und Gediz 1970, Burdur und Bingöl 1971, Muradiye in der Prov. Van 1976, Erzincan 1991, Dinar 1995, Adana 1998).

Klima: Die T. liegt im Bereich des Mittelmeerklimas mit insgesamt milden, feuchten Wintern und trocke-

Türk Türkei

Türkei: Seebad Kuşadası an der Westküste (Ägäisches Meer), im Vordergrund der Jachthafen ›Turban Marina‹, rechts die Insel Güvercin Ada (Taubeninsel)

nen, heißen Sommern (zw. submediterran und subtropisch-mediterran). Bedingt durch Höhenlage, Lage innerhalb der planetar. Zirkulation und Relief wird das Klima in einzelnen Landesteilen stark modifiziert. Bes. das im Regenschatten von Pont. Gebirge und Taurus gelegene Inneranatolien hat kontinentales Klima mit heißen, trockenen Sommern und kalten Wintern. Die Niederschläge nehmen im Inneren Anatoliens von W nach O und von den tieferen zu den höheren Lagen zu (Ankara: mittlere Jahresniederschlagsmenge 360 mm, Erzurum 476 mm). Das Ararathochland weist streng kontinentale Klimazüge auf (kurzer, heißer, regenarmer Sommer, langer, schneereicher Winter). Ganzjährig ausreichende Niederschläge und gemäßigte Temperaturen hat die Schwarzmeerküste (Trabzon: mittlere Temperatur im August 23 °C, im Januar 7,2 °C, mittlere Jahresniederschläge 837 mm), im Hinterland von Rize werden z. T. Jahresniederschläge von über 2 000 mm erreicht (Kaçkargebirge). Zum mittelmeer. Klimabereich gehören die Süd- und Westküstenbereiche (İzmir: mittlere Temperatur im August 27 °C, im Januar 9 °C, mittlere Jahresniederschläge 693 mm) sowie Teile der Schwarzmeerküste.

Gewässer: Die Flüsse sind wegen der jahreszeitlich wechselnden Niederschlagsmengen großen Wasserstandsschwankungen unterworfen. Wichtigste Flüsse sind Kızılırmak, Sakarya und Yeşilirmak (zum Schwarzen Meer), Gediz und Büyük Menderes (zur Ägäis), Seyhan, Ceyhan und Göksu (zum Mittelmeer), Euphrat und Tigris (aus dem Ararathochland und Osttaurus). In Inneranatolien und Teilen Ostanatoliens versiegen die kleineren Flüsse im Sommer oder enden in Salzseen wie dem Tuz Gölü oder dem Vansee.

Vegetation: Das Klima bestimmt weitgehend die Vegetation. Der Wald bedeckt knapp 14 % der Fläche und kommt nur in feuchteren Randgebieten und in größeren Höhen vor. Mediterrane Vegetation tragen die Küstenregion der Ägäis, des West- und Mitteltaurus (Macchien und Kiefern) und Teile der Schwarzmeerküste. Die Schwarzmeerregion hat fast mitteleurop. Züge (Buchen, Tannen). Die Taurusketten im S reichen über die Zedernstufe. Das innere Steppenland ist durch Überweidung degradiert oder in Ackerland verwandelt.

Größte Städte (Ew. 1994)	
Istanbul 7 615 500	Diyarbakır 448 300
Ankara 2 782 200	Urfa 357 900
İzmir 1 985 300	Samsun 326 900
Adana 1 047 300	Malatya 304 800*)
Bursa 996 600	İzmit 254 800*)
Gaziantep 716 000	Erzurum 241 300*)
Konya 576 000	Kahramanmaraş 229 100*)
Mersin 523 000	Sivas 219 100*)
Antalya 497 000	Elâzığ 211 800*)
Kayseri 454 000	Kırıkkale 203 700*)
Eskişehir 451 000	Denizli 203 100*)

*) 1990

Bevölkerung: Die Bev. der T. hat sich seit Ende des Ersten Weltkriegs (rd. 12 Mio. Ew.) mehr als verfünffacht (jährl. Zuwachsraten 1,9–2,7 %); sie wuchs von (1927) 13,6 Mio., (1950) 20,9 Mio., (1965) 31,4 Mio., (1970) 35,6 Mio., (1990) 56,5 Mio. auf (1995) 62,5 Mio. Ew. Wegen ausgeprägter Landflucht wachsen trotz höherer Geburtenraten auf dem Land die Städte v. a. des W weit überdurchschnittlich. In Gebirgsregionen dagegen stagniert die Bev.-Zahl oder geht zurück. – Die regionale Bev.-Dichte schwankt zw. etwa 200 Ew. je km² in den Küstengebieten im W und N, etwa 17 Ew. je km² in den Gebirgen im O und über 1 000 in Ballungsgebieten (Istanbul). In Städten leben (1995) 70 % der Bev., allein in Istanbul 12 %; es gibt 38 Städte mit mehr als 100 000 Einwohnern.

Nach ethn. Zusammensetzung sind etwa 80 % der Bev. Türken. Die bis zum Ersten Weltkrieg sehr starken christl. Minderheiten sind heute unbedeutend (Griechen etwa 18 000, Armenier etwa 68 000; beide Gruppen leben vorwiegend in Istanbul). Die 13,5 Mio.

Klimadaten von Ankara (900 m ü. M.)					
Monat	Mittleres tägl. Temperaturmaximum in °C	Mittlere Niederschlagsmenge in mm	Mittlere Anzahl der Tage mit Niederschlag	Mittlere tägl. Sonnenscheindauer in Stunden	Relative Luftfeuchtigkeit nachmittags in %
I	3,9	37	14	3,1	70
II	5,8	35	12	4,2	64
III	10,7	36	10	5,6	50
IV	17,4	36	11	7,0	41
V	22,4	49	12	9,1	40
VI	26,6	30	8	11,2	34
VII	30,3	14	3	12,4	28
VIII	30,4	9	2	11,9	26
IX	25,9	17	4	9,7	30
X	20,2	24	7	7,3	39
XI	13,0	30	8	5,3	54
XII	6,2	43	12	3,1	68
I–XII . . .	17,7	360	103	7,5	45

(geschätzt) Kurden in der T. (etwa 20% der Gesamt-Bev.) sind offiziell nicht als nat. Minderheit anerkannt (→Kurden). Ihre Zahl ist seit der letzten amtl. Angabe von 1965 (2,4 Mio. Kurden, 7,6% der Gesamt-Bev.) stark angewachsen und bildet in SO-Anatolien die Bev.-Mehrheit. Der Anteil der Araber (v. a. im Grenzgebiet zu Syrien) betrug 1987 schätzungsweise 1% (600 000), 1995 etwa 2% der Ew.

Die Sprachen der restl. Gruppen, z. B. Lasen (20 000), Tscherkessen, Georgier, islam. Bulgaren (Pomaken), werden nur von wenigen Zehntausend Menschen gesprochen; eine ostaramäische Sprachinsel (Turoyo) ist Tur-Abdin.

Sozialstruktur: Für die rd. 40% der Ew., die auf dem Land und in kleinen Landstädten leben, ist die soziale Bindung in der Großfamilie islam. Stils noch immer entscheidendes Ordnungssystem; sie ist gleichzeitig Arbeitseinheit in der vorwiegend klein- bis mittelbäuerl. Agrarsozialstruktur. Großgrundbesitz tritt nur vereinzelt auf. Suche nach Arbeit führt zu ausgedehnten Binnenwanderungen und zu starkem Wachstum der Stadtrandzonen (Gecekondusiedlungen). Tonangebende soziale Oberschicht sind Offiziere, Beamte, Akademiker, in zunehmendem Maße Großunternehmer. Eine Industriearbeiterschaft (21% der Beschäftigten, 1995 geschätzt) gibt es erst in Ansätzen in wenigen industriellen Ballungszentren.

Religion: Die Verf. bestimmt die T. als laizist. Staat, garantiert die Religionsfreiheit und räumt allen Staatsbürgern unabhängig von ihrem religiösen Bekenntnis die gleichen Rechte ein. Die Religionsgemeinschaften unterliegen der staatl. Kontrolle. Staatl. Förderung im Sinne der Stärkung als einer wichtigen Grundlage türk. nat. Identität erfährt der sunnit. Islam (u. a. Besoldung der muslim. Geistlichen durch den Staat und 1982 Wiedereinführung des islam. Religionsunterrichts), wobei der Staat allerdings ausdrücklich seinen laizist. Charakter betont.

Mit über 98% bekennt sich fast die gesamte Bev. zum Islam: Rd. 75–80% sind Sunniten (überwiegend der hanefit. Rechtsschule), mindestens 15% gehören der Sondergemeinschaft der Alevis (→Nusairier) an; eine weitere Minderheit bilden die Imamiten (›Zwölferschiiten‹). – Die (v. a. der orth. Kirche und orientalischen Nationalkirchen angehörende) kleine christl. Minderheit umfasst maximal etwa 125 000 Christen (0,2% der Bev.): armen. Kirche (Patriarchat Istanbul), kath. Kirche (lat., armen., byzantin., westsyr., ostsyr. und syrisch-maronit. Ritus), syrisch-orth. Kirche, griechisch-orth. Kirche (Patriarchat von Antiochien, Ökumen. Patriarchat, bulgarisch-orth. Kirche), assyr. (›nestorian.‹) Kirche, prot. und anglikan. Gemeinden (v. a. Ausländer). – Die etwa 23 000 Juden (ganz überwiegend sephard. Tradition) leben v. a. in Istanbul (rd. 20 000) und İzmir (rd. 2 000). Eine weitere religiöse Minderheit bilden die Jesiden in der SO-Türkei.

Bildungswesen: Das Schulwesen orientiert sich an westl. Vorbildern. Wegweisend waren die Einführung der lat. Schrift (1928) anstelle der arab. und die Ausklammerung des Koranunterrichts aus der Grundschule. Das Bildungswesen ist koedukativ. Allgemeine fünfjährige Schulpflicht besteht vom 7. Lebensjahr an (Grundschulen). Die darauf aufbauende dreijährige Mittelschule (ab dem 12. Lebensjahr, ebenfalls gebührenfrei) gliedert sich in jeweils einen allgemein bildenden, berufsbildenden und techn. Zweig. Die Gymnasiumausbildung dauert drei bzw. vier Jahre. Die Analphabetenquote beträgt rd. 28%, wobei das Analphabetentum durch ein starkes W-O- bzw. Stadt-Land-Gefälle gekennzeichnet ist. Es gibt 28 Univ., darunter sechs in Istanbul und fünf in Ankara. Für Studenten und Dozenten besteht striktes polit. Betätigungsverbot.

Türkei: Sarkophag der antiken Stadt Hierapolis auf den zum Teil noch weißen Kalksinterterrassen ›Pamukkale‹ in Westanatolien, nördlich von Denizli; links im Hintergrund der Graben des Büyük Menderes

Publizistik: Trotz verfassungsmäßiger Verankerung ist die Pressefreiheit eingeschränkt, und Journalisten sind immer wieder Repressionen ausgesetzt. Die einflussreichsten Tageszeitungen sind die parallel in Istanbul, Ankara und İzmir erscheinenden Blätter ›Milliyet‹ (gegr. 1950; Auflage 600 000) und ›Cumhuriyet‹ (gegr. 1924; 72 000). Bekannt für ihre polit. Satire ist die Wochenzeitung ›Gırgır‹. Von Bedeutung sind ferner die Massenblätter ›Sabah‹ (550 000) und ›Hürriyet‹ (gegr. 1948; 543 000) sowie ›Yeni Günaydın‹ (300 000) und ›Zaman‹ (210 000); die meistverkaufte Zeitung in der ägäischen Region ist die in İzmir erscheinende ›Yeni Asir‹ (gegr. 1895; 60 000). Nebenausgaben vieler türk. Zeitungen erscheinen in den Zielländern türk. Arbeitsmigranten, in Dtl. z. B. ›Milliyet‹, ›Hürriyet‹, ›Tercüman‹, ›Türkiye‹ und wöchentlich ›Dünya‹. – *Nachrichtenagenturen:* die halbstaatl. ›Anatolian News Agency‹ (Anadolu) sowie die in Privatbesitz befindl. ›Akajans – Akdeniz Haber‹ (Kurz-Bez. Akajans), ›Ankara Ajansı‹ (ANKA), ›Hürriyet Haber Ajansı‹ u. a. – *Rundfunk:* Seit 1993 gibt es kein staatl. Hörfunk- und Fernsehmonopol mehr. 1994 trat ein neues Rundfunkgesetz in Kraft, das Beteiligungen ausländ. Gesellschafter auf 20% und Werbung auf max. 15% der tägl. Sendezeit begrenzt. Es werden drei Hörfunkprogramme landesweit ausgestrahlt, ferner ein Schulfunkprogramm und ein Programm des türk. Wetterdienstes; daneben gibt es mehr als 50 Lokal-

Klimadaten von Antalya (45 m ü. M.)					
Monat	Mittleres tägl. Temperaturmaximum in °C	Mittlere Niederschlagsmenge in mm	Mittlere Anzahl der Tage mit Niederschlag	Mittlere tägl. Sonnenscheindauer in Stunden	Relative Luftfeuchtigkeit nachmittags in %
I	14,8	255	14	4,8	60
II	15,5	143	11	6,6	58
III	17,6	86	8	7,2	56
IV	21,0	41	6	8,5	62
V	25,1	26	5	10,5	64
VI	30,1	10	2	12,2	60
VII	33,6	2	0,6	12,8	56
VIII	33,7	3	0,5	12,1	58
IX	30,8	10	1	10,7	55
X	26,4	53	6	8,6	56
XI	21,4	115	8	6,6	56
XII	16,8	284	12	5,1	60
I–XII	23,9	1028	74	8,8	58

Türk Türkei

Türkei: Von Höhlenwohnungen durchsetzte Tuffsteinfelsen bei Üçhisar im östlichen Inneranatolien (Kappadokien), oberhalb von Göreme

stationen. Neben fünf nat., terrestrisch übertragenen Fernsehkanälen können ausländ. TV-Programme über Kabel und Satellit empfangen werden.

WIRTSCHAFT · VERKEHR

Die türk. Wirtschaft ist geprägt durch ein starkes W-O-Gefälle zw. dem industriell entwickelten W und dem strukturschwachen, v. a. agrarisch ausgerichteten O. International bestimmen Westorientierung (angestrebte EU-Mitgliedschaft) sowie Ausdehnung der türk. Einflusssphäre auf den zentralasiat. und kaukas. Wirtschaftsraum das Bild. Seit Beginn der 1980er-Jahre hat ein umfangreicher Reformprozess (v. a. Abbau von Subventionen, Aufhebung von Importbeschränkungen, freier Kapitalverkehr) zu einer Liberalisierung der Volkswirtschaft geführt. Die binnenwirtschaftl. Lage ist infolge negativer Einflüsse des prowestl. Kurses im Golfkrieg 1991 (u. a. Einnahmeverluste aus entgangenen Exporten in die Golfregion und im Tourismusgeschäft) und des Abbaus von Handelsbarrieren labil. Die Expansion der Exportindustrie wird durch neu geschaffene Freihandelszonen an der Mittelmeerküste sowie durch eine Kooperationszone am Schwarzen Meer (Schwarzmeerwirtschaftsunion;

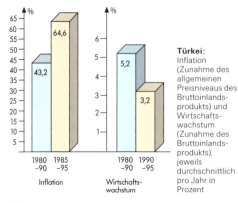

Türkei: Inflation (Zunahme des allgemeinen Preisniveaus des Bruttoinlandsprodukts) und Wirtschaftswachstum (Zunahme des Bruttoinlandsprodukts), jeweils durchschnittlich pro Jahr in Prozent

gegr. 1991) gefördert. Dennoch ist der Agrarsektor nach wie vor der wichtigste Teilbereich der Wirtschaft. Mit einem Bruttosozialprodukt (BSP) je Ew. von (1995) 2 780 US-$ gehört die T. zu den Entwicklungsländern mit mittlerem Einkommen. Eine Bedrohung für die wirtschaftl. Entwicklung (reales Wirtschaftswachstum 1990–95: 3,2 % pro Jahr) sind hohe Inflationsraten (1985–95: 64,6 % jährlich; 1996: 78 %) sowie wachsende öffentl. Schulden (Auslandsverschuldung 1995: rd. 74 Mrd. US-$); für den Schuldendienst müssen über 30 % der Exporterlöse aufgewendet werden. Zudem liegt die Arbeitslosenquote bei (1997) 6,6 % (inoffiziell 25 %), wobei der einheim. Arbeitsmarkt nur noch begrenzt durch Beschäftigungsmöglichkeiten im Ausland entlastet wird. 1996 arbeiteten über 1,2 Mio. türk. Arbeitskräfte im Ausland, davon 55 % in Dtl. und 10 % in Saudi-Arabien.

Landwirtschaft: Der Anteil des Agrarsektors am Bruttoinlandsprodukt (BIP) sank zwar von (1980) 23 % auf (1996) 18 %, dennoch sind knapp 48 % (1995) der Erwerbstätigen in diesem Bereich beschäftigt. Die landwirtschaftl. Nutzfläche von (1996) 47,2 Mio. ha setzt sich zusammen aus 27 Mio. ha Ackerland einschließlich Dauerkulturen (davon rd. 4,2 Mio. ha bewässert) sowie 20,2 Mio. ha Wiesen und Weiden. Die Bewässerungsflächen sollen im Rahmen des politisch und ökologisch umstrittenen →Südostanatolien-Projekts erheblich ausgedehnt werden. Obwohl rd. 20 % (von 27 Mio. ha) des Ackerlandes brachliegen, ist die T. Nahrungsmittelselbstversorger und erzielt regelmäßig hohe Exportüberschüsse. Die wichtigsten landwirtschaftl. Ausfuhrprodukte sind Baumwollfasern (Erntemenge 1996: 784 000 t), Tabak (230 000 t), Weizen (18,5 Mio. t), Früchte (u. a. Äpfel 2,2 Mio. t, Melonen und Wassermelonen 5,8 Mio. t) und Nüsse (v. a. Haselnüsse 446 000 t). Weitere bedeutende Anbaukulturen sind Gerste (8 Mio. t), Sonnenblumensaat (780 000 t), Mais (2 Mio. t), Zuckerrüben (14,5 Mio. t), Kartoffeln (4,9 Mio. t), Tomaten (7,8 Mio. t), Tee (600 000 t) und Oliven (1,8 Mio. t). Die berühmten Smyrnafeigen (395 000 t) kommen aus dem Raum İzmir. Von der gesamten Weinernte werden nur rd. 3 % gekeltert, ca. 70 % werden zu Sultaninen und dem Mostkonzentrat Pekmez verarbeitet, der Rest kommt als Tafeltrauben auf den Markt. In den anatol. Berglandschaften dominiert der Getreideanbau. Schwerpunkte des Obstanbaus (Stein- und Kernobst) befinden sich z. B. in den Becken Südwestanatoliens (Eğridir, Karaman, Beyşehir, Konya, Isparta, Bor, Korkuteli, Elmalı), aber auch im nordöstl. Küstenbereich am Schwarzen Meer, an den Dardanellen, um Bursa. 90 % der Zitrusfrüchte werden in der Mittelmeerregion angebaut. Das Hauptverbreitungsgebiet der Haselnuss- und Teekulturen ist die Schwarzmeerregion, während in der Ägäisregion Ölbaumkulturen und Tabakanbau dominieren. Baumwolle wird in den Grabenbrüchen W- und den Küstenebenen S-Anatoliens angebaut. – Zentren der *Viehwirtschaft* sind NW-Anatolien und die Schwarzmeerregion (Rinder), O-Anatolien (Rinder, Schafe) und taur. bzw. westanatol. Bergland (Ziegen). Der Viehbestand zählt mit (1990) 11,6 Mio. Rindern, 31,5 Mio. Schafen, 13,1 Mio. Ziegen und 1,2 Mio. Eseln zu den größten Vorderasiens.

Forstwirtschaft: Die Waldfläche umfasst (1996) 20,2 Mio. ha und befindet sich vorwiegend in Staatsbesitz. Der durch Raubbau verringerte Bestand wurde in den vergangenen Jahren durch Aufforstungsmaßnahmen wieder erhöht. Als Nutzholz werden Walnussbäume, Zedern, Kiefern, Pappeln und Weiden geschlagen (Holzeinschlag 1995: 11,2 Mio. m³, davon 3,6 Mio. m³ Nutzholz, 7,6 Mio. m³ Brennholz).

Fischerei: Das v. a. aufgrund der langen Küsten große Fischfangpotenzial ist erst in geringem Maße erschlossen. Hauptfanggebiet ist das Schwarze Meer,

Türkei **Türk**

Türkei: Wirtschaft

Hauptanlandeplatz Istanbul. Die gesamte Fangmenge betrug (1995) 602 100 t (davon rd. 93 % Meeresfische, v. a. Anchovis, Sardinen und Makrelen).

Bodenschätze: Der Bergbausektor, der (1996) 1,2 % des BIP erwirtschaftete und (1995) 0,7 % der Erwerbstätigen beschäftigte, gewinnt an Bedeutung. Die T. gehört zu den weltweit bedeutendsten Chromerzlieferanten (Abbau v. a. bei Guleman, Fethiye; Förderung 1994: 1,27 Mio. t). Darüber hinaus ist der Abbau von Kupfererz (3,3 Mio. t) und Baryt (57 000 t) von internat. Bedeutung. Weitere wichtige Bergbauprodukte sind Braunkohle (55,0 Mio. t), Steinkohle (4,2 Mio. t), Erdöl (3,7 Mio. t) sowie Eisenerz (5,75 Mio. t) und Bauxit (373 400 t).

Energiewirtschaft: Bedeutendster Energieträger ist das größtenteils importierte Erdöl (Anteil am Gesamtenergieverbrauch 1995: 46 %). Mit den an Euphrat und Tigris geplanten Staudammprojekten (Leistung: 7 513 MW, davon allein der Atatürkstaudamm, dessen erste Turbinen 1992 anliefen, 2 400 MW; jährl. Stromlieferung: rd. 24 Mrd. kWh) soll das umfangreiche Wasserkraftpotenzial genutzt und damit der heim. Energiesektor gefördert werden. Gegenwärtig sind Braunkohle sowie Holz- und Abfallprodukte die wichtigsten heim. Energieträger (Anteil am Gesamtenergieverbrauch 1995: Steinkohle 8,5 %, Braunkohle 16,2 %, Holz 8,6 %, Tezek [getrockneter Mist] 3,8 %, Hydroenergie 4,8 %). Bei Denizli besteht ein erstes geotherm. Kraftwerk.

Industrie: Die Industrialisierung hat bedeutende Fortschritte gemacht, sodass der verarbeitende Sektor (BIP-Anteil 1996: 18 %; Beschäftigtenanteil 1995: 13,8 %; Industrie insgesamt 1996: 27,9 % bzw. 20,7 %) allein (1995) über 80 % der gesamten Exporterlöse erzielte. Der hohe Anteil unrentabel arbeitender Staatsunternehmen wird seit 1986 durch Reprivatisierung zurückgedrängt; es handelt sich dabei um erheblich größere Betriebseinheiten als im Privatsektor. Die industrielle Produktion konzentriert sich auf die Marmararegion (Istanbul, Bursa, İzmit, Adapazarı) mit rd. 40 % der gesamten Industrieerzeugung, auf den Großraum Ankara–Konya, auf die Ägäisküste mit İzmir als Zentrum und die Çuturova-Region um Adana, Mersin, Tarsus, Ceyhan und Osmanige. Dominierende Branchen sind die Nahrungsmittelindustrie (Anteil an der industriellen Wertschöpfung 1997: 16,9 %), Textil- und Bekleidungsindustrie (14,6 %) sowie Maschinen- und Fahrzeugbau (18,8 %). Die Teppichproduktion, eines der traditionellen handwerkl. Kleingewerbe mit dem Zentrum Kayseri, konzentriert sich stark auf den ländl. Raum.

Tourismus: Der Tourismussektor ist einer der dynamischsten Wirtschaftszweige und wichtiger Devisenbringer. Die Anzahl der ausländ. Gäste stieg zw. 1985 und 1993 um über 300 % auf 5,1 Mio.; die Einnahmen beliefen sich (1993) auf 3,96 Mrd. US-$. Das mediterrane Klima, schöne Strände und antike Ruinenstätten sind die Hauptanziehungspunkte. Wichtigste Zielgebiete sind das Marmarameer mit Istanbul, die Ägäisküste mit den Ruinenstätten Troja, Ephesos, Milet und Pergamon sowie die Mittelmeerküste um Anta-

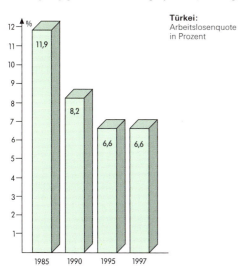

Türkei: Arbeitslosenquote in Prozent

Türk Türkei

lya. Die meisten Touristen kommen aus Dtl. (1993 fast 1 Mio.), Großbritannien und Frankreich.

Außenwirtschaft: Das Außenhandelsvolumen ist in den 1980er-Jahren stark angestiegen, die Handelsbilanz ist seit 1970 allerdings durchweg negativ (Einfuhrwert 1995: 35,7 Mrd. US-$; Ausfuhrwert: 21,6 Mrd. US-$). Dieses Defizit kann teilweise durch Deviseneinkünfte der im Ausland arbeitenden Türken (1995: 3,4 Mrd. US-$) ausgeglichen werden. Bei den Ausfuhren ist seit 1984 eine starke Verschiebung zugunsten industrieller Produkte zu verzeichnen (Anteil 1995: rd. 87%). Wichtigste Exportwaren sind Textilien (1995: 18,9% der Exporterträge), Eisen und Stahl (10,5%), Tabak, Weizen, Obst und Haselnüsse. Eingeführt werden v. a. Maschinen (25,7%) und Rohöl (10%). Haupthandelspartner sind Dtl. (1995: 18,5% des Außenhandelsvolumens), die USA, Saudi-Arabien und Italien.

Verkehr: Die verkehrsräuml. Bedingungen der T. werden bestimmt durch eine verstreut lebende Bev., große Distanzen zw. den Wirtschaftsräumen, eine lange Küstenlinie und die Lage zw. Europa und dem Nahen Osten. Seit den 1950er-Jahren hat der Straßenverkehr zunehmend an Bedeutung gewonnen. Etwa 11% des (1995) 8550 km langen Schienennetzes sind bisher elektrifiziert. Die wichtigste Strecke verläuft von der bulgar. Grenze über Istanbul und Ankara bis nach Syrien und Irak. 84,5% (1995) des 60000 km umfassenden Straßennetzes sind asphaltiert; 1990 gab es 280 km Autobahnen. 1988 wurde die zweite Brücke über den Bosporus eröffnet. Die wichtigste Transitroute für den Handelsweg Europa–Iran führt von Keşan (südlich von Edirne) über Istanbul, Ankara, Sivas, Erzincan und Erzurum zur iran. Grenze. – Die Küstenschifffahrt ist ein wichtiger Verkehrsträger. Bedeutendste Hafenstädte sind Istanbul und İzmir, daneben Mersin, İskenderun, İzmit, Samsun und Trabzon. Internationale Flughäfen befinden sich in Istanbul, Ankara, İzmir und Antalya sowie für den Charterverkehr in Adana, Dalaman (bei Fethiye), Bodrum und Gülşehir.

GESCHICHTE

Zur *Vorgeschichte* und *vorosman. Geschichte* des Gebiets der asiat. T. →Kleinasien, →Mittelmeerraum.

Von den Anfängen des Osmanischen Reiches bis zur Einnahme Konstantinopels (1071–1453)

Ausgangspunkt der Turkisierung und Islamisierung des heutigen Staatsgebiets der T. wurde das Sultanat der anatol. Seldschuken (Rumseldschuken) um Konya und Kayseri. Dieses entstand nach dem Einfall der Großseldschuken (→Seldschuken) unter Sultan ALP ARSLAN in das bisher größtenteils byzantin. Kleinasien (Sieg bei Mantzikert über Kaiser ROMANOS IV. DIOGENES, 1071). Im Gefolge der (ogus.) Seldschuken drängten weitere türk. Nomaden in großer Zahl nach Kleinasien. Nach dem Zerfall des großseldschuk. Reiches bildeten sich Kleinfürstentümer, zu denen neben dem rumseldschuk. Sultanat auch das Emirat der Danischmend in Kappadokien gehörte. In der 2. Hälfte des 12. Jh. verdrängten die Rumseldschuken, deren Oberschicht stark von pers. Kultur beeinflusst war, die Danischmend, aber auch Byzanz aus großen Teilen seines asiat. Besitzes; Kleinasien erlebte die erste islamisch geprägte Blüteperiode.

Nach der Eroberung durch die Mongolen (1243) und der allmähl. Auflösung des anatol. Seldschukenreiches entstanden neue türk. Kleinstaaten, darunter in NW-Anatolien ein Grenzfürstentum unter dem ogus. Hordenführer ERTOGRUL († 1281?) und seinem Sohn, OSMAN I. GHASI (seit etwa 1300 selbstständiger Fürst), nach dem das spätere Reich und seine herrschende Dynastie benannt wurden. Von ihm wurde ein wesentl. Teil des Glaubenskampfes (›Djihad‹) gegen Byzanz getragen. Die Osmanen breiteten sich allmählich in Kleinasien aus. 1326 eroberten sie unter OSMANS Sohn ORHAN (1326–60), der als erster Fürst den Sultanstitel annahm, Prusa (heute Bursa), das als Hauptstadt einrichteten, überschritten 1354 die Dardanellen und errichteten nahe Gallipoli (heute Gelibolu) den ersten Stützpunkt auf europ. Boden.

Als die eigentl. Begründer des Osman. Reichs gelten MURAD I. (1360–89) und BAJASID I. (1389–1402), unter deren Herrschaft die Osmanen zur führenden Macht in SO-Europa aufstiegen. 1361 (nach anderen Angaben 1366 oder 1369) wurde Adrianopel (heute Edirne) erobert und bald darauf zur Hauptstadt des Reichs erhoben. Byzanz musste den Status eines tributpflichtigen Vasallen hinnehmen. Als die vereinigten Heere der Balkanstaaten Serbien, Ungarn, Bulgarien und Bosnien an der Maritza 1371 geschlagen worden waren, kamen Thrakien und Makedonien in osman. Besitz. Nach MURADS I. Sieg auf dem →Amselfeld 1389 über den serb. Fürsten LAZAR I. HREBELJANOVIĆ und dessen Verbündeten wurde Serbien den Osmanen tributpflichtig. Bis 1393 eroberten die Osmanen den größten Teil Bulgariens und Thessaliens. 1394–97 setzten sie sich auch in Attika und auf der Peloponnes fest. Die Walachei wurde 1415/17 tributpflichtig, und 1396 sicherte der Sieg von Widin die neu eroberten Gebiete auf der Balkanhalbinsel. Der Versuch eines Kreuzfahrerheers, Byzanz aus der türk. Umklammerung zu befreien, wurde 1396 bei Nikopolis (heute Nikopol, Bulgarien) abgewehrt. BAJASID I. stieß 1402 bei Ankara mit TIMUR zusammen, der die osman. Armee vernichtend schlug und den Sultan gefangen nahm.

Während der 2. Hälfte des 14. Jh. wurden auch die wesentl. Grundlagen der inneren Struktur des osman. Staates gelegt. An der Spitze der Staatsverwaltung stand seit MURAD I. der Wesir (seit dem 15. Jh. der Großwesir). Die verdienten Krieger (erst später auch Zivilbeamte) erhielten das eroberte Land teilweise zur Nutznießung, dafür waren sie zur Aufstellung der Reiterei (Spahi) verpflichtet. Eine neue Fußtruppe, die →Janitscharen, wurde gebildet.

Trotz des überwältigenden Sieges TIMURS blieb das Osman. Reich in seinem Grundbestand erhalten. MURAD II. (1421–51) gelang die völlige Wiederherstellung der osman. Macht; darüber hinaus eroberte er den größten Teil Griechenlands. Weitere Expansionen scheiterten an dem von dem ungar. Feldherrn und (seit 1445) Reichsverweser J. HUNYADI organisierten Widerstand. Ein letzter Kreuzzug zur Rettung von Byzanz (ab 1441) brach 1444 in der Niederlage bei Warna zusammen. Nachdem 1448 HUNYADI in der zweiten Schlacht auf dem Amselfeld endgültig geschlagen worden war, konnte MEHMED II. (1444–46 und 1451–81) das restl. Byzantin. Reich annektieren; am 29. 5. 1453 eroberte er schließlich Konstantinopel.

Innere Festigung und Aufstieg zur Großmacht (1453 bis Ende 16. Jh.)

Das Reich erhielt mit Konstantinopel eine neue Hauptstadt, die durch Umsiedlung von Muslimen und Christen rasch bevölkert und zum polit. und wirtschaftl. Zentrum des Landes wurde. Die Ernennung von GENNADIOS II. zum Patriarchen (1453, Amtseinführung 1454) bedeutete für die griechisch-orth. Kirche ihr gesichertes Fortbestehen als religiöse wie zivile Autorität. In den folgenden hundert Jahren erlangte das Osman. Reich seine größte Macht und Ausdehnung (→Türkenkriege). Die Voraussetzungen hatte noch MEHMED II. gelegt, als er 1459 Serbien annektierte, 1461 Trapezunt (heute Trabzon), 1463 Bosnien und, nach dem Tod SKANDERBEGS (1468), Albanien

Türkei **Türk**

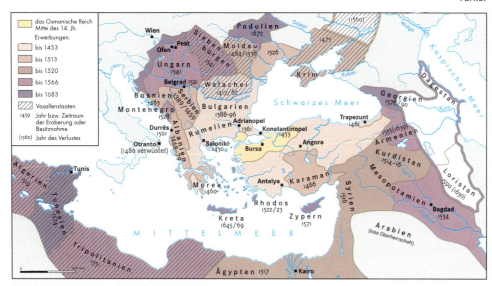

Türkei: Aufstieg des Osmanischen Reichs bis 1683

(endgültig 1478/79) unterwarf. Der Krieg mit Venedig 1463–79 brachte v. a. die Peloponnes und Athen ein und sicherte die Herrschaft über Albanien. Das Osman. Reich stieg zur beherrschenden Seemacht im östl. Mittelmeer auf und war im Seekrieg gegen Venedig 1499–1503 erfolgreich. Die Genuesen waren schon 1459–75 aus dem Schwarzen Meer vertrieben worden; der Khan der Krimtataren (→Girai) musste 1475 die Oberhoheit der Osmanen anerkennen.

In Anatolien wurde 1466 Karaman, 1474 Kleinarmenien besetzt. Versuche, in Unteritalien (Otranto) Fuß zu fassen, mussten 1481 aufgegeben werden. 1482/83 unterwarfen die Osmanen die Herzegowina, 1484/1538 brachten sie Bessarabien und die Moldau unter ihre Oberhoheit. O-Anatolien wurde bis zum Vansee osmanisch; 1516/17 wurden Syrien und Ägypten besetzt. Der Sultan, der ab 1517 auch den Kalifentitel trug, wurde zum Schutzherrn der hl. Stätten des Islam in Mekka und Medina. SÜLEIMAN I., DER PRÄCHTIGE (1520–66), vertrieb 1522/23 den Johanniterorden aus Rhodos, 1521 überschritt er die Donau, besetzte Belgrad und nach der Schlacht von Mohács (1526) große Teile Ungarns. 1529 drang er bis Wien vor. Trotz mehrerer Feldzüge erzielte SÜLEIMAN gegen die Safawiden keinen durchschlagenden Erfolg; der Irak mit dem wichtigsten Hafen Basra kam 1534 zum Osman. Reich; Teile Kaukasiens wurden erobert; Aserbaidschan konnte SÜLEIMAN jedoch nur vorübergehend halten. Seine Seemacht umfasste den ganzen S des Mittelmeers; CHEIREDDIN, der Herr von Algier, stellte sich 1519 in den Dienst des Sultans und wurde Großadmiral der osman. Flotte. 1551 kam Tripolitanien, 1570/71 Zypern, 1574 Tunesien unter osman. Herrschaft.

Die Periode äußerer Ausdehnung brachte auch den inneren Ausbau des Staates. SÜLEIMAN DER PRÄCHTIGE ließ das geltende Recht kodifizieren und schuf eine Staats-Verw., die auf Jahrhunderte hinaus in Kraft blieb. Die Verw. wurde zentralisiert und mehr und mehr in die Hände der osman. Oberschicht gelegt, die sich zum Islam bekennen musste und dem Sultan zu unbedingtem Gehorsam verpflichtet war. Die neue Oberschicht, die sich aus Angehörigen der verschiedensten Völker des Reichs zusammensetzte (auch nichttürk. Muslime stiegen in höchste Ämter auf, →KÖPRÜLÜ), löste die zum Zivildienst ausgebildeten ›Sklaven der Pforte‹ ab und verdrängte schließlich auch die alte türk. Stammesaristokratie. In vielen Provinzen herrschten örtl. Feudalherren (Beis, Deis). – Die nichtmuslim. Religionsgemeinschaften (Millet) erhielten eine gewisse Autonomie zugebilligt; von der Mitwirkung an polit. Entscheidungen blieben sie jedoch ausgeschlossen. Wenig erfolgreich waren die Osmanen im Ausbau der Wirtschaft. Als der Unterhalt der Armee nicht mehr durch die bei den Eroberungen gemachte Beute gesichert war, wurden den Untertanen (→Rajah) harte Steuerlasten auferlegt.

Niedergang der osmanischen Macht (Ende 16. Jh. bis 1918)

Während SELIM II. (1566–74) die Macht des Reiches noch behaupten konnte und trotz der in Europa gefeierten Vernichtung seiner Flotte bei →Lepanto 1571 den osman. Einfluss in N-Afrika (Tunesien) erweiterte, wurde unter seinen Nachfolgern die Schwäche schon deutlich. Am Ende eines 13-jährigen Krieges mit Österreich musste der Sultan 1606 den Kaiser als gleichrangigen Partner anerkennen. Im 6. Türkisch-Venezian. Krieg (1645–69) wurde Kreta erobert, im Krieg mit Polen (1672–76) Podolien und die poln. Ukraine; mit dem Vorstoß bis Wien 1683 und dessen vergebl. Belagerung war die Kraft der osman. Armee jedoch erschöpft. Der folgende Türkenkrieg (1683 bis 1699) mit der Hl. Liga von 1684 endete erst mit den Friedensverträgen von Karlowitz und Konstantinopel (1699/1700), in denen v. a. die Peloponnes und Athen, das westl. Dalmatien, Ungarn, der größte Teil des seit dem 15./16. Jh. mit weiten Teilen zum Osman. Reich gehörenden Kroatien mit Slawonien, Siebenbürgen, Podolien, die poln. Ukraine und Asow abgetreten werden mussten. Die 1. Hälfte des 18. Jh. brachte eine gewisse Stabilisierung, obwohl dem Osman. Reich 1718 im Frieden von →Passarowitz weitere Gebiete verloren gingen; die griech. Teile konnten jedoch überwiegend wiedergewonnen werden.

Dazu kam ein innerer Zerfall. Die Sultane verzichteten mehr und mehr auf die tatsächl. Leitung der Regierungsgeschäfte und (nach MURAD IV., 1623–40) auf die aktive Teilnahme an Feldzügen. Der Einfluss der Janitscharen wuchs; die örtl. Machthaber in den Provinzen wurden immer selbstständiger, Aufstände schwächten die Macht der Hohen Pforte (der Reg.),

Türk Türkei

Türkei: Zerfall des Osmanischen Reichs seit 1699

die Korruption wuchs, die Stellung der Griechen (→Phanarioten) wurde seit 1711 wesentlich gestärkt. Die beherrschende Stellung ging von den Militärs mehr und mehr auf Zivilbeamte über. In der ›Tulpenzeit‹ (nach der besonderen Vorliebe der höf. Gesellschaft für die Gartentulpe) erlebte das Osman. Reich unter AHMED III. (1703–30) eine kulturelle Blüte (Einführung des Buchdrucks 1727). Die Herausbildung einer Literatenschicht schuf die Voraussetzung für die spätere geistige Europäisierung.

In der 2. Hälfte des 18. Jh. wurde das aus den Kriegen mit Schweden erstarkt hervorgegangene Russland zum Hauptgegner der Osmanen. Es führte, zeitweilig mit Österreich, 1768–74 und 1787–92 Krieg gegen das Osman. Reich und zwang die Pforte in den Friedensschlüssen von →Kütschük Kainardschi (1774) und Jassy (1792), alle Gebiete im N des Schwarzen Meers bis zum Dnjestr aufzugeben (weitere Gebietsverluste bis zum Pruth folgten dem Russisch-Türk. Krieg 1806–12). Beiden Mächten wurden Schutzrechte über die christl. Untertanen zugestanden, die ihnen die Möglichkeit zur Einmischung in die inneren Angelegenheiten des Osman. Reichs eröffneten, während in Kütschük Kainardschi die alte Auffassung vom Sultan als geistl. Oberhaupt aller sunnit. Muslime (→Kalif) vertraglich festgestellt wurde.

SELIM III. (1789–1807) leitete eine Periode von Reformen ein, die MAHMUD II. (1808–39) und seine Nachfolger fortsetzten. So kam es zu einer Reform des Heeres (Ausschaltung der Janitscharen, 1826), die unter Teilnahme preuß. Offiziere (H. VON MOLTKE) auch auf anderen Gebieten europ. Einflüsse nach sich zog: in der Verw. (→Tansimat) und Gesetzgebung (Zivilgesetzbuch von 1869), Literatur und Weltanschauung. Infolge der Beseitigung der traditionellen Militärmacht der Janitscharen durch neue Truppen war das Reich jedoch seinen inneren und äußeren Gegnern nahezu hilflos ausgeliefert. Die an der Peripherie gelegenen Provinzen machten sich selbstständig (so Ägypten). Die europ. Mächte Frankreich, Großbritannien und Russland setzten die Unabhängigkeit der Griechen durch, nachdem sie am 20. 10. 1827 bei →Navarino die türkisch-ägypt. Flotte vernichtet hatten. Die Russen besetzten im Russisch-Türk. Krieg von 1828–29 osman. Gebiete auf dem Balkan und im Kaukasus; so musste der Sultan im Frieden von Adrianopel 1829 und im Londoner Protokoll 1830 die Autonomie Serbiens, der Moldau und der Walachei sowie die Unabhängigkeit Griechenlands anerkennen und kaukas. Gebiete an Russland abtreten. Auch Ägypten suchte seine Macht auf Kosten des nunmehr als ›kranker Mann am Bosporus‹ bezeichneten Osman. Reiches zu vergrößern. Erst die Quadrupelallianz von London (1840) zw. Großbritannien, Russland, Österreich und Preußen zwang Ägypten zum Rückzug aus Syrien und zur Wiederanerkennung der Oberhoheit des osman. Sultans. 1841 wurde in London der Dardanellenvertrag (→Dardanellen, Geschichte) abgeschlossen.

Die 500-jährige Herrschaft der Türken in SO-Europa isolierte die dort lebenden Völker von ihren europ. Nachbarn. Der Einfluss der Türken auf die Bev. war jedoch nur dort tief greifender, wo der Islam Fuß gefasst hatte, v. a. in Bosnien, Albanien und in Teilen Makedoniens. Im Übrigen bewahrten die Völker SO-Europas ihre nat. Identität und Eigenart.

Der →Krimkrieg 1853/54–56, in den die Westmächte auf osman. Seite eingriffen, um die völlige Abhängigkeit des Osman. Reiches von Russland zu verhindern, zwang den Staat zu so hoher Verschuldung, dass 1875 die Zahlungsunfähigkeit erklärt werden musste. Trotz aller Reformbemühungen nahm die Schwäche des Reiches zu; nach dem Russisch-Türk. Krieg 1877/78 erhielten Serbien, Montenegro und Rumänien (Moldau und Walachei) auf dem →Berliner Kongress 1878 die volle Unabhängigkeit, Bosnien und die Herzegowina wurden unter österr. Verw. gestellt, Zypern wurde Großbritannien zugesprochen. Frankreich, das 1830–70 bereits Algerien annektiert hatte, besetzte 1881 Tunesien, Großbritannien 1882 Ägypten. Unter dem Eindruck wachsender innerer und äußerer Schwierigkeiten setzte ABD ÜL-HAMID II. am 13. 2. 1878 die Verf. von 1876 außer Kraft (Auflösung des kurz zuvor gebildeten Parlaments). Die Ende des 19. Jh. erwachende Nationalbewegung der unter osman. Herrschaft stehenden Armenier, die sich im Kampf um die Herstellung ihrer nat. Rechte z. T. auch terrorist. Methoden bedienten (u. a. Überfall auf die Osman. Bank in Konstantinopel am 26. 8. 1896, fehlgeschlagenes Attentat auf den Sultan am 21. 7. 1905), führte zu schweren Repressalien gegen die armen. Bev. (Massaker 1894–96 und 1909 unter Beteiligung aufgewiegelter Kurden). Durch einen Armeeputsch der Jungtürken wurde der 30 Jahre lang als Alleinherrscher regierende ABD ÜL-HAMID 1908 zur Wiedereinsetzung der Verf. von 1876 gezwungen und er selbst 1909 abgesetzt. Sein Nachfolger MEHMED V. (1909–18) verlor die polit. Macht endgültig an die →Jungtürken unter Führung von ENVER PASCHA und TALAT PASCHA.

Bereits 1908 hatte Bulgarien mit Ostrumelien seine Unabhängigkeit erklärt, Österreich hatte Bosnien und die Herzegowina annektiert; Kreta war griechisch geworden. Der Italienisch-Türk. Krieg (1911/12) endete mit dem Verlust von Tripolis, der Cyrenaika und des Dodekanes; in den →Balkankriegen 1912–13 gingen die verbliebenen europ. Besitzungen fast ganz verloren; der Kriegseintritt an der Seite der Mittelmächte am 1. 11. 1914 verhinderte Ansätze einer inneren Erneuerung. Die von der jungtürk. Führung 1915 verfügte Zwangsumsiedlung der – z. T. mit dem Kriegsgegner Russland sympathisierenden und teilweise aufständ. – armen. Bev. aus dem ›Kampfgebiet‹ in O-Anatolien in die Wüstengebiete Syriens und Mesopotamiens führte (angesichts unmenschl. Deportationsbedingungen und zahlr. Massaker) zum Tod Hunderttausender Armenier (nach armen. Angaben rd. 1,5 Mio., nach türk. zw. 200 000 und 300 000; bis in die jüngste Zeit Leugnung eines Genozids durch die T.). 1917/18–21 gab es weitere Armenierverfolgungen. Im Waffenstillstand von Mudros (30. 10. 1918) kapitulierte das Osman. Reich.

Das Ende des Osmanischen Reiches (1918–23)

Am 10. 8. 1920 unterzeichnete die Reg. des Sultans MEHMED VI. den Friedensvertrag von Sèvres, der – obwohl nie in Kraft getreten – die Auflösung des Osman. Reiches besiegelte. Die Alliierten beschränkten das Herrschaftsgebiet des Sultans im Wesentlichen auf Mittel- und Nordanatolien sowie auf die Umgebung von Istanbul bis zur Çatalcalinie (→Çatalca). Neben Gebietsabtretungen großen Umfangs und Besetzungen türk. Gebiets durch alliierte Streitkräfte musste die Reg. der Internationalisierung der Meerengen, der Besetzung Istanbuls (bis 2. 10. 1923) und der Verselbstständigung Türkisch-Armeniens zustimmen und sich einer alliierten Militär- und Finanzkontrolle unterwerfen.

Seit Mai 1919 hatte MUSTAFA KEMAL PASCHA, später ATATÜRK gen., im unbesetzten Anatolien den nat. Widerstand organisiert. Auf ihrem ersten Kongress am 23. 7. 1919 in Erzurum forderten die nationalistisch-republikan. Kräfte die Bildung eines souveränen türk. Staates innerhalb des geschlossenen türk. Siedlungsraums und bildeten zugleich eine provisor. Reg. unter ATATÜRK. Am 23. 4. 1920 berief dieser die erste Große Nationalversammlung nach Ankara ein. Sie erkannte die Reg. des Sultans nicht mehr an und wählte ATATÜRK zum Parlaments-Präs. Unter seiner Führung kämpften türk. Truppen gegen die griech. Armee, die seit Mai 1919 mit Zustimmung der Alliierten W-Anatolien besetzt hatte. Nach wechselvollen Kämpfen gelangen den Türken entscheidende Siege bei İnönü (30. 3. 1921) und Dumlupınar (30. 8. 1922). Nach der Räumung von Smyrna (September 1922) sah sich Griechenland am 11. 10. 1922 zum Abschluss des Waffenstillstandes von Mudanya (bei Bursa) gezwungen. Nach Siegen über die Armenier konnte die republikan. Reg. in Ankara durch Verträge mit der Sowjetrepublik Armenien und der bolschewist. Reg. in Moskau 1920/21 die Grenze zur späteren Sowjetunion absichern. Am 1. 11. 1922 setzte die Große Nationalversammlung den Sultan ab. Ein Stimmungsumschwung bei den Alliierten zugunsten der Reg. Atatürks führte 1921 zum Rückzug der Franzosen aus Kilikien, 1922 der Italiener aus SW-Anatolien. Im Frieden von Lausanne (24. 7. 1923) erlangte die T. ihre Souveränität

Türkische Sultane und Präsidenten

Sultane			
Osman I. (Emir)	etwa 1300–1326	Mustafa II.	1695–1703
Orhan	1326–1360	Ahmed III.	1703–1730
Murad I.	1360–1389	Mahmud I.	1730–1754
Bajasid I.	1389–1402	Osman III.	1754–1757
Süleiman (I.)[1]	1403–1411	Mustafa III.	1757–1773
Mehmed I.	1413–1421	Abd ül-Hamid I.	1774–1789
Murad II.	1421–1451	Selim III.	1789–1807
Mehmed II.	1444–1446	Mustafa IV.	1807–1808
	und 1451–1481	Mahmud II.	1808–1839
Bajasid II.	1481–1512	Abd ül Medjid I.	1839–1861
Selim I.	1512–1520	Abd ül- Asis	1861–1876
Süleiman I.[2]	1520–1566	Murad V.	1876
Selim II.	1566–1574	Abd ül-Hamid II.	1876–1909
Murad III.	1574–1595	Mehmed V.	1909–1918
Mehmed III.	1595–1603	Mehmed VI.	1918–1922
Ahmed I.	1603–1617	**Präsidenten**	
Mustafa I.	1617–1618	M. Kemal Atatürk	1923–1938
	und 1622–1623	İ. İnönü	1938–1950
Osman II.	1618–1622	M. C. Bayar	1950–1960
Murad IV.	1623–1640	C. Gürsel	1961–1966
Ibrahim	1640–1648	C. Sunay	1966–1973
Mehmed IV.	1648–1687	F. Korutürk	1973–1980
Süleiman II.[3]	1687–1691	K. Evren	1980–1989
Ahmed II.	1691–1695	T. Özal	1989–1993
		S. Demirel	seit 1993

[1] in der türk. Reichshistoriographie nicht zu den Sultanen gerechnet. – [2] auch als Süleiman II. bezeichnet. – [3] auch als Süleiman III. bezeichnet.

Türk Türkei

und im Wesentlichen ihren heutigen territorialen Umfang (Zwangsaussiedlung der griech. Bev. Kleinasiens im Austausch gegen die türk. Minderheit Griechisch-Makedoniens). 1926 verzichtete die T. auf das Mosulgebiet zugunsten Iraks (→Mosulvertrag).

Die erste Phase der Republik (1923–45)

Am 29. 10. 1923 wurde die Rep. ausgerufen (Hauptstadt: Ankara). Die Große Nationalversammlung wählte zugleich ATATÜRK zum Präs., MUSTAFA İSMET PASCHA (später İSMET İNÖNÜ) zum Min.-Präs. Am 3. 3. 1924 wurde das Kalifat abgeschafft, am 20. 4. 1924 eine Verf. verabschiedet. Auf der Grundlage eines von der Republikan. Volkspartei getragenen Einparteiensystems führte ATATÜRK Reformen durch: u. a. Trennung von Religion und Staat, Gleichstellung der Frau, Europäisierung von Bildung, Schrift und Kleidung. An den liberalen und republikan. Ideen Europas orientiert, richteten sich diese Maßnahmen bes. gegen die vom Islam bestimmte Gesellschaftsordnung des Osman. Reiches. Nach dem Tod ATATÜRKs wurde 1938 İNÖNÜ Staatspräsident.

In der Außenpolitik suchte ATATÜRK die T. durch Verträge zu sichern: u. a. Neutralitäts- und Nichtangriffspakt mit der UdSSR (1925), Freundschaftspakt mit Griechenland (1930) sowie der →Balkanpakt (1934) und der Pakt von Sadabad (1937; zw. T., Irak, Iran und Afghanistan). Mit brit. Unterstützung gewann die T. im →Meerengenabkommen von Montreux (1936) die Souveränität über die Meerengen zurück. 1939 trat Frankreich als Mandatsmacht über Syrien Hatay an die T. ab. – Im Zweiten Weltkrieg suchte die T. die Neutralität zu wahren und schloss sich erst im Februar 1945 mit der Kriegserklärung an Dtl. der Anti-Hitler-Koalition an.

Nach dem Zweiten Weltkrieg (1945–61)

Seit 1946 wandte sich die T. dem Mehrparteiensystem zu (Gründung der ›Demokratischen Partei‹; Vors. C. BAYAR). In Abkehr vom Prinzip der Autarkie verfolgte die türk. Reg. eine Politik der wirtschaftl. Öffnung nach außen (1947 Beitritt zur Weltbank und zum Internat. Währungsfonds, 1948 zum GATT, 1986 zur OEEC/OECD). Nach dem Wahlsieg der Demokrat. Partei 1950 wurde BAYAR Staatspräs., A. MENDERES Min.-Präs. Dieser setzte verstärkt die Liberalisierung der Wirtschaft fort. Mit der Förderung der Landwirtschaftl. und religiösen Belange gewann MENDERES bes. bei den Bauern viele Anhänger. Inflation, zeitweilige Verknappung von Lebensmitteln und Industriegütern, Unterdrückung der Opposition und Pressezensur förderten die Unzufriedenheit bes. der städt. Bev. Diese Missstimmung entlud sich im Mai 1960 in Studentenunruhen, die am 27. 5. 1960 zum Militärputsch unter General C. GÜRSEL führten. Ein von ihm geführter Offiziersausschuss übernahm die Reg. In einem Prozess (Oktober 1960 bis September 1961) wurden drei Todesurteile (u. a. MENDERES) und langjährige Haftstrafen (u. a. BAYAR) verhängt.

Im Ost-West-Konflikt wandte sich die T. seit 1945 den von den USA geführten Mächten zu, zumal sie sich durch Ansprüche der Sowjetunion bedroht fühlte (1945 Kündigung des Nichtangriffsvertrags von 1925 durch die UdSSR). 1952 trat die T. der NATO, 1955 dem Bagdadpakt (→CENTO) bei. Im Koreakrieg stellte die T. der UNO Truppen zur Verfügung. Die Zusammenarbeit mit Griechenland wurde seit 1955 durch Spannungen um Zypern und den Streit um die Hoheitsrechte im Ägäischen Meer stark beeinträchtigt.

Unter einer neuen Verfassung (1961–80)

Nach Verabschiedung einer neuen Verf. (19. 7. 1961) wurde GÜRSEL Präs. (bis 1966; 1966–73 C. SUNAY; 1973–80 FAHRİ KORUTÜRK, *1903, †1987; 1980 İ. S. ÇAĞLAYANGİL). Koalitions-Reg. unter İNÖNÜ und S. ÜRGÜPLÜ wurden 1965 abgelöst durch Reg. der ›Gerechtigkeitspartei‹ (seit 1961 Nachfolgerin der Demokrat. Partei) unter S. DEMİREL. Zunehmender Terrorismus sozialrevolutionärer Organisationen führte 1971 zum Sturz der Reg. durch die Armee, die sich als Hüter des atatürkschen Reformgeistes betrachtete (→Kemalismus). Die nachfolgenden Kabinette (u. a. NİHAT ERİM, *1912, 1980 ermordet) bemühten sich um Reformen. Wirtschaftlich blieb die T. auf das westl. Europa ausgerichtet (seit 1963 mit der EWG assoziiert). Aus den Wahlen von 1973 ging die Republikan. Volkspartei unter B. ECEVİT als Sieger hervor. Im Juli/August 1974 besetzten türk. Truppen den N der Insel Zypern, was zu einem langwierigen Konflikt mit Griechenland, aber auch zu Spannungen mit den anderen Mitgl. der NATO führte. Nach einem Kabinett (1974) unter dem parteilosen SADİ IRMAK (*1904, †1990) übernahm 1975 wieder DEMİREL die Reg., nur kurz (1977 und 1978–79) durch Reg. unter ECEVİT unterbrochen. In dieser Zeit wurde die T. von politisch sehr unterschiedlich motivierten Terrorakten erschüttert, ein Drittel des Landes stand unter Kriegsrecht.

Neuere Entwicklung (seit 1980)

Am 12. 9. 1980 putschte die Armee erneut, das Parlament wurde aufgelöst und die Verfassung außer Kraft gesetzt. Staatspräs. und Vors. des Nat. Sicherheitsrates wurde General K. EVREN, Min.-Präs. Admiral B. ULUSU. Nach Billigung einer neuen Verf. (1982) fanden 1983 Neuwahlen statt, aus denen die Mutterlandspartei (ANAP) unter T. ÖZAL als stärkste Partei hervorging (1987 bestätigt). 1989 wurde ÖZAL zum Staatspräs. gewählt, die Reg. bildete YILDIRIM AKBULUT (*1935; Nachfolger Juni bis Oktober 1991 MESUT YILMAZ). Infolge innenpolit. Drucks suchten von Mai bis August 1989 über 300000 Angehörige der türkisch-muslim. Minderheit Bulgariens in der T. Zuflucht; der damit provozierte türkisch-bulgar. Konflikt wurde erst nach dem Sturz des kommunist. Reg.-Systems in Bulgarien beigelegt. Im 2. Golfkrieg stellte die türk. Reg. der NATO Stützpunkte für eine mobile Eingreiftruppe gegen Irak zur Verfügung; die Auflösung der Sowjetunion eröffnete der T. zunehmende kulturelle und wirtschaftl. Möglichkeiten in den turksprachigen Rep. der GUS.

Nach den Wahlen vom Oktober 1991 wurde eine Koalitions-Reg. unter DEMİREL, dem Vors. der Partei des rechten Weges (DYP, Nachfolgeorganisation der Gerechtigkeitspartei; 27,03% der Stimmen), und E. İNÖNÜ, dem Vors. der Sozialdemokrat. Volkspartei (SHP, 20,75%), gebildet und die Mutterlandspartei (24,01%) in die Opposition verwiesen. Im September 1992 wurde die Republikan. Volkspartei (CHP), die wie alle früheren Parteien seit 1983 nicht zugelassen war, unter dem Vorsitz von İNÖNÜ neu gegründet. Nach dem Tod ÖZALs wurde im Mai 1993 DEMİREL zum Staatspräs. gewählt; als erste Frau erlangte im Juni 1993 TANSU ÇİLLER (*1946; DYP) das Amt des Min.-Präs. Bei den Parlamentswahlen vom Dezember 1995 wurde die von N. ERBAKAN geführte fundamentalistisch-islam. Wohlfahrtspartei (RP) stärkste polit. Kraft. In langwierigen Verhandlungen einigten sich aber ANAP und DYP im März 1996 auf eine Reg.-Koalition, wobei sich ihre Führer YILMAZ und ÇİLLER als Min.-Präs. abwechseln sollten. Das Bündnis zerbrach bereits im Juni 1996. Die folgende Koalitions-Reg. von RP und DYP unter Min.-Präs. ERBAKAN verfolgte einen zunehmend islamist. Kurs. Sie trat im Juni 1997 unter dem Druck des Militärs, das nach wie vor eine einflussreiche außerparlamentar. Kraft darstellt und sich als Garant für die Aufrechterhaltung eines laizist. Staates in der T. versteht, zurück. Min.-Präs. wurde erneut YILMAZ. Im Januar 1998 wurde die RP, die im Parlament die größte Fraktion stellte, verboten; ihre Rolle übernahm die kurz vor der Ausschaltung der RP im Dezember 1997 von islam. Kräften gegründete Tugendpartei (1998 Übertritt der meisten ehem. RP-Abg.). Der mit großer Härte geführte Kampf gegen die militant-separatist. Kurd. Arbeiterpartei (PKK; gegr. 1978) in SO-Anatolien und ihrem Rückzugsgebiet in N-Irak sowie deren anhaltende Guerillaaktionen und die bisher unerfüllten Autonomieforderungen der →Kurden blieben das größte innenpolit. Problem. Daneben führten auch der zunehmende Islamisierungsprozess, die repressive Politik gegenüber der Opposition, zahlr. Menschenrechtsverletzungen durch die Sicherheitskräfte und die 1996 publik gewordene Verbindung zw. Staatsapparat, Politikern und organisierter Kriminalität (›Susurluk-Skandal‹, daraufhin in November 1996 Rücktritt des Innen-Min. M. AGAR) zu schweren gesellschaftl. Spannungen. Außenpolitisch kritisierte die T., die seit 1. 1. 1996 eine Zollunion mit der Europ. Union (EU) verbindet, deren ablehnende Haltung gegenüber dem türk. Wunsch einer EU-Vollmitgliedschaft. Zu einer verstärkten wirtschaftl. und militär. Zusammenarbeit der T. mit Israel kam es seit 1996 (Unterzeichnung mehrerer Abkommen, 1998 Vertiefung der Kooperation). Zu Syrien, das sich gegen dieses Bündnis wandte und das zudem bisher der kurd. PKK Unterstützung gewährt hatte, entwickelten sich starke Spannungen (nach türk. Truppenaufmarsch an der Grenze Anfang Oktober 1998 vertragl. Beilegung des Streits drei Wochen später).

Im Juni 1998 kündigte YILMAZ den Rücktritt seiner Reg. vor Jahreswechsel und vorgezogene Parlamentswahlen für 1999 an.

Landesnatur, Wirtschaft und Bevölkerung: Die T. Raum u. Mensch, Kultur u. Wirtschaft in Gegenwart u. Vergangenheit, hg. v. W. KÜNDIG-STEINER (1974); R. BRINKMANN: Geology of Turkey (Stuttgart 1976); V. HÖHFELD: Anatol. Kleinstädte. Anlage, Verlegung u. Wachstumsrichtung seit dem 19. Jh. (1977); DERS.: T. Schwellenland der Gegensätze (1995); N. GÜLDALI: Geomorphologie der T. (1979); W.-D. HÜTTEROTH: T. (1982); The lost peoples of the Middle East, hg. v. F. D. ANDREWS (Salisbury, N.C., 1982); Bergtürken oder Kurden? Das Kurdenproblem in der T., hg. v. H. WALSER (1983); O. EROL: Die naturräuml. Gliederung der T. (1983); DERS.: Regionalpolit. Entwicklung der T. Probleme u. Perspektiven (1986); E. STRUCK: Landflucht in der T. (1984); DERS.: Das Südostanatolien-Projekt. Die Bewässerung u. ihre Folgen, in: Geograph. Rundschau 2/46 (1994); R. DOH: Sozio-ökonom. Faktoren der internen Migration in der T. (1985); T., hg. v. K.-D. GROTHUSEN (1985); Ethnic groups in the Republic of Turkey, hg. v. P. A. ANDREWS (Wiesbaden 1989); G. RITTER u. W. RICHTER: Aktuelle Urbanisierungsprozesse in der T. (1990); F. ŞEN: T. Land u. Leute (³1991); G. YONAN: Christl. Minderheiten in der T. Ein Überblick (1992); K. KREISER: Kleines T.-Lex. (1992); A. SCHUBERT: Polit. Ökonomie der Handelsliberalisierung in der T., 1980–1990 (1996); F. ŞEN: T. (⁴1996); R. STEWIG: Genese der Industriegesellschaft in der T., auf mehrere Bde. ber. (1998 ff.).

Geschichte: *Allgemeine Darstellungen:* J. VON HAMMER-PURGSTALL: Gesch. des Osman. Reiches, 10 Bde. (Pest 1827–35, Neudr. Graz 1963); N. IORGA: Gesch. des Osman. Reiches, 5 Bde. (1908–13, Nachdr. 1990); Osman. Geschichtsschreiber, hg. v. R. F. KREUTEL, 10 Bde. (Graz 1955–81); A. D. ALDERSON: The structure of the Ottoman dynasty (Oxford 1956, Nachdr. Westport, Conn., 1982); S. J. u. E. K. SHAW: History of the Ottoman Empire and modern Turkey, 2 Bde. (Cambridge 1976–77, dt. ebd. 1985–87); E. WERNER u. W. MARKOV: Gesch. der Türken von den Anfängen bis zur Gegenwart (Berlin-Ost ²1979); M. NEUMANN-ADRIAN u. C. K. NEUMANN: Die T. Ein Land u. 9000 Jahre Gesch. (Neuausg. 1993); F. MAJOROS u. B. RILL: Das Osman. Reich 1300–1922 (1994); S. FAROQHI: Kultur u. Alltag im Osman. Reich (1995); W. GUST: Das Imperium der Sultane. Eine Gesch. des Osman. Reichs (1995); J. MATUZ: Das Osman. Reich. Grundlinien seiner Gesch. (Neuausg. 1996); H. AGUIÇENOGLU: Genese der türk. u. kurd. Nationalismen im Vergleich (1997).

Einzeldarstellungen: Bis zum Ende des Osman. Reiches: H. A. R. GIBB u. H. BOWEN: Islamic society and the West, 2 Tle. (London 1950–57); B. LEWIS: The emergence of modern Turkey (Neuausg. ebd. 1965); L. CASSELS: The struggle for the Ottoman Empire, 1717–1740 (ebd. 1966); WILLIAM MILLER: The Ottoman Empire and its successors: 1801–1927 (New York ³1966); R. H. DAVISON: Reform in the Ottoman Empire: 1856–1876 (ebd. ²1973); H. INALCIK: The Ottoman Empire. The classical age 1300–1600 (a. d. Türk., Neuausg. London 1975); C. V. FINDLEY: Bureaucratic reform in the Ottoman Empire. The Sublime Porte, 1789–1922 (Princeton, N. J., 1980); DERS.: Ottoman civil officialdom. A social history (ebd. 1989); E. WERNER: Die Geburt einer Großmacht – die Osmanen (Wien ⁴1985); M. S. ANDERSON: The Eastern question: 1774–1923 (Neuausg. Basingstoke 1987); F. BABINGER: Mehmed der Eroberer (Neuausg. 1987); E. EICKHOFF: Venedig, Wien u. die Osmanen. Umbruch in Südosteuropa 1645–1700 (Neuausg. 1988); R. MELSON: Revolution and genocide. On the origins of the Armenian genocide and the Holocaust (Chicago, Ill., 1992); A. KANSU: The revolution of 1908 in Turkey (Leiden 1997); A. PALMER: Verfall u. Untergang des Osman. Reiches (a. d. Engl., Neuausg. 1997). – *Türk. Republik:* H. W. DUDA: Vom Kalifat zur Republik. Die T. im 19. u. 20. Jh. (Wien 1948); L. KRECKER: Dtl. u. die T. im Zweiten Weltkrieg (1964); Z. Y. HERSHLAG: Turkey. The challenge of growth (Leiden ²1968); Social change and politics in Turkey, Beitrr. v. K. H. KARPAT u. a. (ebd. 1973); U. STEINBACH: Kranker Wächter am Bosporus (1979); W. MENZLER: Atatürk begründet die moderne T. Eine Einf. in die polit. u. gesellschaftl. Grundlagen der heutigen T. anhand des Reformwerks v. Kemal Atatürk 1918 bis 1938 (1992); A. BOZKURT: Das Kurdenproblem in der T. (1994); F. ADANIR: Gesch. der Rep. T. (1995); E. DURUGÖNÜL: Über die Reislamisierung in der T. als sozialreligiöse Bewegung unter besonderer Berücksichtigung der zwei Jahrzehnte 1970–1990 (1995); M. BUHBE: T. Politik u. Zeitgesch. (1996).

Türken, 1) seit Mitte des 6. Jh. bekannte Bez. für einen Teil der →Turkvölker. Als übergeordnete Eigen-Bez. fehlt sie unter den nichtmuslim. Turkvölkern Sibiriens. Einen bis heute nachwirkenden polit. Aspekt erhielt der Begriff ›Turk‹ in spätosman. Zeit durch den ›Pantürkismus‹ (→turanische Bewegung). Letzterer strebte das Zusammengehen aller muslim. T. Russlands mit den Osmanen im Kampf gegen das Zarenreich an. In der heutigen Türkei haben sich zur Unterscheidung von T. als Staatsangehörige die Bez. ›Auslands-T.‹ und ›ethn. T.‹ (als regionale Minderheit) eingebürgert.

2) das bei weitem größte Turkvolk und mit rd. 46 Mio. Angehörigen staatstragendes Element in der Türkei, bis zum Ende des Osman. Reiches nach der herrschenden Dynastie **Osmanen** genannt. Außerhalb der Türkei leben T. v. a. auf dem Balkan in Bulgarien (820 000), Griechenland (130 000), Makedonien (85 000), Rumänien (50 000), Albanien (40 000) sowie auf Zypern (160 000). Weitere T. leben in Irak (200 000–300 000), Syrien (100 000) und Jordanien (2 000); in diesen Ländern werden sie als Turkmenen bezeichnet. Über 3 Mio. T. wohnen in W-Europa, davon 2,11 Mio. in Deutschland.

Die T. sind Nachfahren der zw. dem 11. und 13. Jh. in Vorderasien eingedrungenen Ogusenstämme, die zunächst unter der Dynastie der Seldschuken, anderer türk. Feudalherren, später der Osmanen, das Byzantin. Reich allmählich in ihre Gewalt brachten und das Land weitgehend turkisierten, sich aber ihrerseits z. T. mit den Bewohnern des Landes (Griechen im W, Armenier und Kurden im O, Lasen und Georgier im NO) sowie Flüchtlingen aus Russland (Krimtataren, Tscherkessen u. a.) und dem Balkan (Albaner, Bosnier, Pomaken) vermischten. Die etwa 70 000 Kulughi in Libyen sind aus der Vermischung von T. mit Einheimischen entstanden. Die T. sind vorwiegend sunnit. Muslime.

Türkenbund, Art der Pflanzengattung →Lilie.

Türkenhilfe, Reichstürkenhilfe, im Heiligen Röm. Reich die dem Kaiser seit dem 16. Jh. vom Reichstag zur Durchführung der Türkenkriege fallweise gewährten Beihilfen, meist die auf der Grundlage der Reichsmatrikel von den Reichsständen erhobene Türkensteuer (→Gemeiner Pfennig), in den seltensten Fällen Truppen. (→Nürnberger Religionsfrieden)

Türkenkopf, Mineral, →Turmalin.

Türkenkriege, die Kriege der europ. christl. Staaten gegen das in SO-Europa eingedrungene und nach W ausgreifende islam. Osman. Reich. In die Auseinandersetzungen waren neben Österreich, das sich im 1526 ererbten Königreich Ungarn behaupten musste, noch Venedig, Polen und v. a. seit dem 18. Jh. Russland, das zunächst den Zugang zum Schwarzen Meer und später die Kontrolle über die Meerengen anstrebte, verstrickt. Die T. trugen anfänglich den Charakter von Kreuzzügen, dann traten polit. Motive in den Vordergrund. Erschwert wurde der Kampf gegen die Türken durch ein Bündnis mit Frankreich, das seine expansive Politik durch die militär. Bindung Österreichs im O stützen wollte.

1354 fassten die Osmanen mit einem Stützpunkt auf der Halbinsel Gallipoli (heute Gelibolu) erstmals in Europa Fuß. Abwehrversuche der Serben und ihrer Verbündeten an der Maritza (1371) und auf dem →Amselfeld (28. 6. 1389) konnten die osman. Expansion ebenso wenig aufhalten wie ein Kreuzfahrerheer, das bei Nikopolis geschlagen wurde (25. 9. 1396). Der Versuch, in einem letzten Kreuzzug (1441–44) die Türken vom Balkan zu vertreiben, endete bei Warna mit einer vernichtenden Niederlage (10. 11. 1444), gefolgt von der Niederlage des ungar. Reichsverwesers J. HUNYADI auf dem Amselfeld (19. 10. 1448). Die Eroberung Konstantinopels durch MEHMED II. (29. 5. 1453) gab dem Osman. Reich ein neues Zentrum.

Türkisch-Venezianische Kriege

Venedig, als führende Seemacht im östl. Mittelmeer im Interesse seines Handels in den Kreuzzügen meist nicht eindeutig als Vorkämpfer der Christenheit exponiert, versuchte der osman. Expansion erst einen Riegel vorzuschieben, als diese sich dem Adriat. Meer zuwandte (Valona, ab 1414 osmanisch). Nach dem 1. Türkisch-Venezian. Krieg (1423–30) gestand es den Osmanen 1432 Saloniki zu, um seine Handelsprivilegien im Osman. Reich zu erhalten. Nach dem Fall Konstantinopels begannen die Osmanen im 2. Türkisch-Venezian. Krieg (1463–79), die Venezianer vom griech. Festland (v. a. Peloponnes und Athen) und den Inseln (1470 Fall Negropontes, heute Euböa) zu vertreiben. Ein osman. Brückenkopf in Italien (Fall Otrantos 11. 8. 1480) musste 1481 wegen innerer Wirren nach dem Tod von MEHMED aufgegeben werden. Diese Schwierigkeiten nutzten die Venezianer zur Erwerbung Zyperns (1489). Im 3. Krieg (1499–1503) wurde Venedig von Spanien, Portugal, Frankreich, den Johannitern und dem Kirchenstaat unterstützt, musste aber den Osmanen weitere griech. Städte (Lepanto, Navarino) und Festungen sowie Durazzo überlassen und Tributzahlungen zusagen. Da die Venezianer auch im 4. Krieg (1537–40) keinen erfolgreichen Widerstand leisten konnten, ließ Kaiser KARL V., dessen Politik gleichzeitig gegen das Osman. Reich und gegen das mit diesem seit 1536 verbündete Frankreich gerichtet war, eine Flotte unter ANDREA DORIA gegen die Osmanen fahren, die sich letztlich nicht entscheidend durchsetzte. Venedig schloss einen Separatfrieden, um seine Handelsprivilegien zu retten, musste aber seine letzten Besitzungen auf der Peloponnes, in Dalmatien und der Ägäis aufgeben. Als die Osmanen im 5. Krieg 1570/71 Zypern erobert hatten, schlossen Spanien, der Kirchenstaat und Venedig eine Hl. Liga (20. 5. 1571), deren Flotte unter Don JUAN DE AUSTRIA die osman. Flotte bei Lepanto vernichtete (7. 10. 1571). Doch der Sieg wurde nicht genutzt, da die Ve-

nezianer in einem Separatfrieden (1573) auf Zypern verzichteten und 300 000 Dukaten zahlten. Im 6. Krieg (1645–69) versuchte Venedig aus dem Niedergang der osman. Macht Nutzen zu ziehen, musste nach anfängl. Erfolgen aber Kreta aufgeben (1669). Das Bemühen, im Bündnis mit Kaiser LEOPOLD I. (Hl. Liga von 1684) an dessen Erfolgen im Krieg von 1683 bis 1699 teilzuhaben, brachte zunächst Landgewinn in Griechenland (v. a. Peloponnes, Athen; bestätigt im Frieden von Karlowitz, 26. 1. 1699), aber nach dem nächsten Krieg (1714–18) gingen im Frieden von Passarowitz (21. 7. 1718) die letzten Stützpunkte auf Kreta und der Peloponnes verloren. Venedig spielte in den T. keine Rolle mehr.

Türkenkriege der Habsburger und ihrer Verbündeten

Der Vorstoß Sultan SÜLEIMANS I., DES PRÄCHTIGEN, in SO-Europa (Eroberung Belgrads 29. 8. 1521, Schlacht bei Mohács 29. 8. 1526) brachte das Osman. Reich in unmittelbaren Kontakt zum habsburg. Länderkomplex, da der spätere Kaiser FERDINAND I. die Nachfolge des bei Mohács gefallenen Königs LUDWIG II. von Ungarn und Böhmen antrat. Das Bündnis zw. SÜLEIMAN und dem von einer ungar. Partei gegen FERDINAND zum König gewählten siebenbürg. Fürsten JOHANN I. ZÁPOLYA stellte erstmals die den Habsburgern später noch oft gefährl. Verbindung von innerer Opposition und äußeren Gegnern im SO her. Die kaiserl. Truppen, die N-Ungarn schon besetzt hielten, fielen in Mittelungarn ein (1528), wurden aber von SÜLEIMAN zurückgeschlagen und bis Wien getrieben (1. Belagerung Wiens 29. 9.–14. 10. 1529). Schlechte Witterungsverhältnisse und Versorgungsschwierigkeiten zwangen den Sultan zum Rückzug und zum Friedensschluss auf der Basis des Status quo (22. 6. 1533). Im Krieg 1540–47 besetzte SÜLEIMAN den größten Teil Ungarns (1541 Eroberung Budas, heute zu Budapest); Siebenbürgen wurde endgültig osman. Vasallenstaat, wenngleich die Habsburger ihren Oberhoheitsanspruch nicht aufgaben. Die folgenden T. (1551–62, 1566–68) wurden auf beiden Seiten als Zerstörungsfeldzüge und ohne großen Einsatz geführt. Im ›Langen T.‹ (1593–1606/15) begann Kaiser RUDOLF II., unterstützt von Reichstruppen und Spanien, mit dem Sieg bei Stuhlweißenburg (1593), aber nach der Niederlage bei Erlau (1596) und dem Aufstand der Ungarn unter ISTVÁN BOCSKAY (1604–06) einigte man sich mit den von den pers. Safawiden bedrängten Türken im Frieden von Zsitvatorok (11. 11. 1606). Der 1611 wieder aufflammende Kampf wurde 1615 mit der Erneuerung des Friedens von 1606 beendet. Erst 1663 rückten die Türken wieder gegen Österreich vor, wurden aber am 1. 8. 1664 von R. Graf VON MONTECUCCOLI bei Sankt Gotthard an der Raab geschlagen. Um im Westen freie Hand zu haben, schloss Kaiser LEOPOLD I. den Frieden von Vasvár (10. 8. 1664), in dem der Sultan die Oberhoheit über Siebenbürgen behauptete.

Im Polnisch-Türk. Krieg (1672–76) musste Polen die poln. Ukraine den vom Sultan abhängigen Kosaken überlassen und Podolien an das Osman. Reich abtreten, das in der Ukraine nun mit dem Russ. Reich zusammenstieß, aber den 1. Russisch-Türk. Krieg (1677–1681) unter Anerkennung der russ. Oberhoheit über die östl. Ukraine abbrechen musste, um in Ungarn eingreifen zu können, das sich seit 1678 erneut gegen die Habsburger erhoben und die Osmanen zu Hilfe gerufen hatte. Großwesir KARA MUSTAFA zog fast unbehelligt bis vor Wien, das unter E. R. Graf VON STARHEMBERG der Belagerung vom 14. 7. bis 12. 9. 1683 standhielt, als das Entsatzheer unter dem poln. König JOHANN III. SOBIESKI und Herzog KARL V. LEOPOLD von Lothringen die Türken in der Schlacht am Kahlenberg schlug. Ein Waffenstillstand mit Frankreich und ein Bündnis mit Polen und Venedig (Hl. Liga von 1684) ermöglichten Österreich die Konzentration auf die Türkenfront, wo die Feldherren KARL V. LEOPOLD von Lothringen, MAXIMILIAN II. EMANUEL von Bayern und v. a. Markgraf LUDWIG WILHELM I. von Baden (›Türkenlouis‹) und Prinz EUGEN von Savoyen-Carignan rasch vordrangen; der **Große Türkenkrieg** (1683–99) leitete die Phase der Vertreibung der Osmanen aus Europa ein. 1685 fiel Neuhäusel, 1686 Buda; die 2. Schlacht bei Mohács (12. 8. 1687) öffnete den Weg nach SO-Europa; Slawonien und Siebenbürgen wurden unterworfen, 1688 fielen Banja Luka und Belgrad. 1690 eroberten die Türken in einer Gegenoffensive Bulgarien, Serbien, Siebenbürgen und Belgrad zurück, da Österreich wieder gegen das zeitweilig mit der Türkei verbündete Frankreich kämpfen musste. Nach der vernichtenden Niederlage bei Novi Slankamen (Szlankamen, nahe Novi Sad, 19. 8. 1691) gegen den bad. Markgrafen mussten die Osmanen 1692 auch Großwardein räumen. 1697 hatte Prinz EUGEN den Oberbefehl gegen die Osmanen übernommen und sie bei Senta besiegt (11. 9. 1697). Im Frieden von Karlowitz (26. 1. 1699) mussten sie Siebenbürgen sowie Ungarn (mit Ausnahme des Banats, jedoch einschließlich des größten Teils Kroatiens mit Slawonien) abtreten. 1716 schloss sich Österreich den Venezianern in ihrem T. an und erhielt nach dem Sieg Prinz EUGENS bei Peterwardein (heute zu Novi Sad, 5. 8. 1716) im Frieden von Passarowitz (21. 7. 1718) das Banat, N-Serbien und die Kleine Walachei; die beiden Letzteren gingen freilich nach dem österreichisch-russ. Krieg gegen die Osmanen (1735–39) wieder verloren (Friede von Belgrad, 18. 9. 1739). Bis auf die Abtretung der Bukowina an Österreich (1775) blieb die Grenze zw. Österreich und dem Osman. Reich (→Militärgrenze) dann bis 1878 stabil. Österreich, in den T. zur europ. Großmacht aufgestiegen und mit der Konsolidierung seines Besitzes beschäftigt, überließ die Initiative hinfort dem aufstrebenden Zarenreich, das nach Landerwerb und freiem Zugang zum Mittelmeer strebte.

Russisch-Türkische Kriege

1686–1700 beteiligte sich Russland als Verbündeter der Hl. Liga von 1684 am T. und führte unter Fürst W. W. GOLIZYN 1687 und 1689 wenig erfolgreiche Feldzüge gegen die Krimtataren. – Der T. Russlands 1710–11 (Pruthfeldzug PETERS I., D. GR.) endete mit der Kapitulation der russ. Armee am Pruth und der Rückgabe (12. 7. 1711) Asows, das 1696 eingenommen worden war. – Der T. Russlands und Österreichs 1735–39 brachte Russland nach erfolgreichen Kämpfen (17. 8. 1739 erster Feldsieg über die Türken in der Schlacht von Stawutschane) den endgültigen Besitz von Asow, für Kaiser KARL VI., der 1736 in den Krieg eintrat, jedoch den Verlust aller 1718 gewonnenen Gebiete mit Ausnahme des Temescher Banats (Frieden von Belgrad, 18. 9. 1739). – Durch den T. Russlands 1768–74 kam Russland nach mehreren Siegen (v. a. Vernichtung der osman. Flotte vor Çeşme, 7. 7. 1770) endgültig in den Besitz der N-Küste des Schwarzen Meeres. Im Frieden von Kütschük Kainardschi (21. 7. 1774) erhielt Russland außerdem freie Schifffahrt im Schwarzen Meer und freie Durchfahrt durch die Meerengen für Handelsschiffe (→Meerengenfrage). Das Khanat der Krimtataren wurde zwar für unabhängig erklärt, geriet aber schon 1783 unter russ. Herrschaft. – Der T. Russlands (1787–92) und Österreichs (1788–91) brachte Russland nach Siegen unter G. A. POTJOMKIN und A. W. SUWOROW im Frieden von Jassy (9. 1. 1792) das Gebiet zw. Bug und Dnjestr und bestätigte es im Besitz der Krim (seit 1783); damit war die gesamte N-Küste des Schwarzen Meeres rus-

sisch. Österreich konnte die Eroberung Belgrads (1789) durch G. LAUDON wegen Unruhen in Ungarn und den Österr. Niederlanden nicht ausnutzen; der Friede von Sistowa (4. 8. 1791) bestätigte den Status quo. – Nach dem T. Russlands 1806–12 erhielt es im Frieden von Bukarest (28. 5. 1812) Bessarabien; der Pruth wurde neue Grenze. Der T. Russlands 1828–29, der nach russ. Siegen auf rumän. und bulgar. Boden sowie im Kaukasus mit dem Frieden von Adrianopel (14. 9. 1829) beendet wurde, brachte Russland das Donaudelta mit den Inseln in der Donaumündung, die O-Küste des Schwarzen Meeres sowie Protektoratsrechte über die Donaufürstentümer Moldau und Walachei und Handelsfreiheit im Osman. Reich. Der Russisch-Türk. Krieg 1877/78 endete mit dem →Berliner Kongress. (→Balkankriege)

WINFRIED SCHULZE: Reich u. Türkengefahr im späten 16. Jh. Studien zu den polit. u. gesellschaftl. Auswirkungen einer äußeren Bedrohung (1978); A. BODE: Die Flottenpolitik Katharinas II. u. die Konflikte mit Schweden u. der Türkei: 1768–1792 (1979); T. M. BARKER: Doppeladler u. Halbmond. Entscheidungsjahr 1683 (a. d. Engl., Graz 1982); Das Osman. Reich u. Europa 1683–1789, hg. v. G. HEISS u. a. (Wien 1983); Die T. in der histor. Forsch., bearb. v. Z. ABRAHAMOWICZ u. a. (ebd. 1983); Österreich u. die Osmanen. Prinz Eugen u. seine Zeit, hg. v. E. ZÖLLNER u. K. GUTKAS (1988); J. P. NIEDERKORN: Die europ. Mächte u. der ›Lange Türkenkrieg‹ Kaiser Rudolfs II. 1593–1606 (Wien 1993).

Türkenlouis [-luːi], Beiname von LUDWIG WILHELM I., Markgraf von Baden (→Ludwig, Herrscher, Baden).

Türkensattel, Sella turcica, in der Schädelhöhle zw. den beiden mittleren Schädelgruben der →Schädelbasis gelegene sattelförmige Grube im Keilbein, in der die Hirnanhangdrüse liegt.

Türkensteuer, →Gemeiner Pfennig, →Türkenhilfe.

Türkentaube, Streptopelia decaocto, fast 30 cm große, hauptsächlich hell graubraun gefärbte, ein schmales schwarzes, weiß eingefasstes Nackenband tragende Art der Tauben. Urspr. wohl in Indien verbreitet, besiedelte sie versch. Gebiete Asiens und des Balkans. Von hier aus breitete sie sich etwa ab 1930 explosionsartig über nahezu ganz Europa aus; in Dtl. trat sie seit 1946 auf und gehört heute zu den häufigsten und auffallendsten Vögeln in vielen Ortschaften; die T. kann bis sechsmal im Jahr brüten.

Türkentaube (Größe etwa 30 cm)

Turkestan [ˈtʊrkɛstaːn, ˈtʊrkɛstan, tʊrkɛsˈtaːn], 1) kasach. **Türistan,** Stadt im S von Kasachstan, Gebiet Tschimkent, in den südwestl. Vorbergen des Karatau, 81 200 Ew.; Baumwollreinigung, Herstellung von Antibiotika, Baustoffindustrie.
2) veraltet **Turkistan,** historisch-geograph. Begriff für das von Turkvölkern bewohnte Gebiet Asiens östlich des Kasp. Meeres, durch Pamir und westl. Tienschan gegliedert in **West-T. (Russisch-T.)** mit Turkmenistan, Usbekistan, Tadschikistan, Kasachstan, Kirgistan und dem N-Teil von Afghanistan und in **Ost-T. (Chinesisch-T.),** das in China den südwestl. Teil des Autonomen Gebiets Sinkiang mit dem Tarimbecken umfasst.

Geschichte: In **West-T.** (zum histor. Raum sind auch Teile der heutigen Länder Iran und Afghanistan zu rechnen) siedelten im 1. Jt. v. Chr. indogerman. (iran.) Stämme, so die →Saken, Baktrer (→Baktrien), Sogdier (→Sogdiana), Charismier (→Charism) und Parther. Die südl. Teile West-T.s (Baktrien, Sogdiana mit dem später Transoxanien gen. Kerngebiet) gehörten seit der 2. Hälfte des 6. Jh. v. Chr. als Satrapie zum Perserreich der Achaimeniden, fielen dann an ALEXANDER D. GR., die Seleukiden und schließlich an das Hellenobaktr. Reich, das im 2. Jh. v. Chr. von Saken und →Tocharern überrannt wurde; große Teile des Gebiets gehörten in der Folge zum Reich der tochar. →Kushana. Um 450 n. Chr. kam Baktrien an die Hephthaliten, deren Reich um die Mitte des 6. Jh. von den pers. Sassa-

Turk Turkestankette – Türkis

Türkheim

Türkis
(feinkörniges Aggregat)

Türkis
(mugelig geschliffen)

niden mithilfe von Turkvölkern vernichtet wurde. Seitdem wanderten zunehmend auch turksprachige Völker in das Gebiet ein. Seit dem frühen 8. Jh. eroberten Araber Teile T.s; unter den sunnit. Samaniden setzte von Buchara aus die Islamisierung Zentralasiens ein. Die türk. →Iligchane, die 1141 den Kara-Kitai (→Kitan) unterlagen, eroberten 999 Transoxanien und bereiteten die Turkisierung auch der iranischsprachigen Bev. vor, die erst nach der mongol. Eroberung (1220) und der Herrschaft TIMURS und der Timuriden (seit 1369) unter den usbek. →Schaibaniden (seit 1500) vollendet wurde. Auch die iranischsprachig gebliebenen Tadschiken gerieten unter großen Anpassungsdruck. Vom 16. bis zum 18. Jh. entstanden die Khanate Chiwa, Buchara (später Emirat) und Kokand. 1865 eroberte Russland Taschkent und bildete 1867 das **Generalgouvernement T. (Russisch-T.);** 1868 kam Buchara unter russ. Oberhoheit, 1873 Chiwa, 1876 Kokand. 1918 wurde die **Turkestanische ASSR** innerhalb der RSFSR geschaffen, 1920 die Kirgis. (ab 1925 Kasach.) SSR, die 1936 als Kirgis. SSR Unionsrepublik wurde. 1920 erfolgten die Vertreibung des Khans von Chiwa und des Emirs von Buchara mithilfe der Roten Armee und die Bildung der Sowjet. VR (später Sozialist. Sowjetrepubliken) Choresm (Chiwa) und Buchara. Aus der Neuorganisation der Turkestan. ASSR 1924 gingen die Sowjetrepubliken Turkmenistan, Usbekistan sowie schließlich Kirgistan und Tadschikistan hervor. 1991 erlangten die fünf mittelasiat. Rep. der Sowjetunion ihre Unabhängigkeit und schlossen sich der →Gemeinschaft Unabhängiger Staaten (GUS) an.

Ost-T. war gleichfalls von indogerman. (iran.) Stämmen besiedelt und in viele Stadtstaaten gegliedert; das Gebiet war immer wieder zwischen Chinesen und Xiongnu sowie Saken, Tocharern u. a. umkämpft. Seit dem 6. Jh. n. Chr. wurde T. in verschiedene Reichsbildungen der Turkvölker einbezogen; der W gehörte seit dem 9. Jh. den Iligchanen, der O den →Uiguren. Seitdem drangen verstärkt turksprachige Siedler in das Gebiet vor, dessen Islamisierung im 10. Jh. einsetzte. Seit 1141 war T. in das Reich der Kara-Kitai, seit 1218/20 in die mongol. Teilreiche Dschagatai und Ögädäi (bis 1309) einbezogen. Im 16. Jh. setzten sich Hodjas (muslim. Geistliche) als Träger einer neuen Islamisierungswelle durch; 1680–1758 herrschten die Dsungaren (Oiraten). Seitdem unter-

steht das Gebiet meist chin. Oberhoheit (→Sinkiang, Geschichte).

B. HAYIT: T. zw. Rußland u. China (Amsterdam 1971); DERS.: T. im Herzen Eurasiens (1980); DERS.: ›Basmatschi‹. Nat. Kampf T.s in den Jahren 1917 bis 1934 (1992); A. BELENICKIJ: Zentralasien, dt. Bearb. v. G. DOERFER (Neuausg. 1978); T. als histor. Faktor u. polit. Idee, hg. v. E. VON MENDE (1988).

Turkestankette ['tʊrkɛstaːn-, 'tʊrkɛstan-, turkɛs'taːn-], Gebirgskette des Hissar-Alai-Gebirgssystems (nach anderer Auffassung Teil des westl. Tienschan), in Tadschikistan, N-Abdachung z. T. in Kirgistan und Usbekistan, zw. der Südl. Hungersteppe und dem westl. Ferganabecken im N und dem Serawschantal im S; etwa 340 km lang, im Pik Pyramidalnyj 5621 m ü. M.; stark vergletschert. Die N-Abdachung ist mit dichtem Wacholdergebüsch bedeckt. Über den Schachristanpass (3351 m ü. M.) führt die Straße Chudschand–Duschanbe.

Turkestan-Sibirische Eisenbahn ['tʊrkɛstaːn-, 'tʊrkɛstan-, tʊrkɛs'taːn-], russ. Kurz-Bez. **Turksib,** 1927–31 erbaute Eisenbahnlinie in Kasachstan und Russland (Südsibirien), von Lugowaja (östlich von Dschambul) über Alma-Ata (Almaty) nach Semipalatinsk, 1452 km lang; i. w. S. von Arys (145 km nördlich von Taschkent) am Endpunkt der →Transkaspischen Eisenbahn über Tschimkent–Alma-Ata–Semipalatinsk nach Nowosibirsk, wo sie Anschluss an die Transsibir. Eisenbahn hat, 2015 km lang. Wichtige Zweigstrecken führen von Tschu über Karaganda–Akmola nach Petropawlowsk sowie seit 1990 von Aktogaj durch die Dsungar. Pforte nach Ürümqi, China, Stichbahnen nach Bischkek, Kirgistan und in den Altai. Nur ein kurzes Teilstück ist elektrifiziert.

Türkheim, frz. **Turckheim** [tyrˈkɛm], Stadt im Dép. Haut-Rhin, Frankreich, 232 m ü. M., im Oberelsass, an der Fecht und am Austritt des Münstertals aus den Vogesen, 3600 Ew.; Papier- und Textilindustrie, Weinbau. – Maler. Ortskern mit Fachwerkbauten des 15.–17. Jh.; Rathaus (1620) mit geschweiftem Giebel; Stadtkirche über Vorgängerbau, von dem der spätroman. W-Turm erhalten blieb; mittelalterl. Stadtbefestigung mit Brandtor sowie Porte de France und Porte de Munster (14. Jh.). – T. wurde 1312 Reichsstadt und schloss sich 1354 der Dekapolis an.

Bei T. siegte am 5. 1. 1675 im Holländ. Krieg eine von H. DE TURENNE geführte frz. Armee über kaiserl. und kurbrandenburg. Truppen.

Türki, →uigurische Sprache und Literatur.

Türkis [mhd. turkīs, turkoys, aus (mittel)frz. turquoise, zu altfrz. turquois ›türkisch‹ (nach den ersten Fundorten)] der, -es/-e, **Kallaït,** himmelblaues, blaugrünes oder apfelgrünes, sehr feinkörniges, triklines Mineral mit der chemischen Zusammensetzung $CuAl_6[(OH)_2|PO_4]_4 \cdot 4H_2O$; undurchsichtig bis durchscheinend, wachsglänzend, muschelig brechend; Härte nach MOHS 5–6, Dichte 2,6–2,9 g/cm³. T. kommt fast nur in nierigen und traubigen, kryptokristallinen Massen, Überzügen oder Kluftfüllungen, selten als kleine Kristalle vor. **T.-Matrix** ist T. mit eingeschlossenem Begleitgestein oder mit kalkhalt., durch Limonit oder Manganhydroxid verkitteten Rissen. T. entsteht bei der Verwitterung durch Einwirkung kupferhaltiger Lösungen auf aluminium- und phosphorreiche Gesteine. Bedeutende T.-Vorkommen gibt es in den USA, in Iran, Tibet, auf der Sinaihalbinsel, bei Samarkand, in Afghanistan, Australien, Tansania und der Rep. Südafrika.

In Europa wurde der T. erst im 19. Jh. als Schmuckstein verwendet (Modestein der Biedermeierzeit). Lange vorher war er im Orient als Amulett (gegen den bösen Blick) und als Zierde von Waffen und Rüstungen verbreitet. In der Kultur der Tibeter und vieler Indianerstämme Nordamerikas gilt der T. als hl. Stein. In den altamerikan. Kulturen wurde er bes. für

Mosaikarbeiten verwendet (älteste T.-Objekte um 600 v. Chr.), v. a. in Mesoamerika (Maya, Azteken).

Türkische Hasel, Baumhasel, Corylus colurna, in SO-Europa und Kleinasien heim. Art der Gattung Hasel; Baum mit stumpf kegelförmiger Krone; Blätter herzförmig; Früchte einer von Vorblättern gebildeten, zerschlitzten Hülle eingeschlossen, dickschalig, mit essbarem Samen; Straßen- und Parkbaum.

Türkische Katze, früher **Van-Katze,** aus dem Vanseegebiet stammende Hauskatzenrasse mit keilförmigem Kopf, aufgerichteten behaarten Ohren und kalkweißem Fell; Gesicht mit kastanienroten Flecken und weißer Blesse; Schwanz kastanienrot, hell dunkel geringelt.

türkische Kunst, eine eigenständige t. K. formierte sich innerhalb der →islamischen Kunst unter den Seldschuken und bes. unter den Osmanen.

Seit dem 18. Jh. ist in der t. K. zunehmend europ. Einfluss spürbar. Während in der *bildenden Kunst* noch Anfang des 19. Jh. die europ. beeinflusste Miniaturmalerei dominierte, verbreiteten sich gegen die Konventionen der so genannten ›Regionalisten‹ die europ. Kunstgattungen und -genres (Stillleben, Landschaft, Bildnis). Seit dem 20. Jh. verstärkten sich, bestimmt von der Rückbesinnung auf nat. Traditionen (u. a. Vorliebe für das Ornament und Liebe zum Detail im Sinne der Miniaturmalerei), Tendenzen zur Weiterentwicklung einer eigenständigen bildenden Kunst. Gefördert durch die Istanbuler Akademie, an der in den 1930er-Jahren zahlr. Ausländer unterrichteten (u. a. B. TAUT, R. BELLING), wurde auch die Auseinandersetzung mit der westeurop. Moderne forciert.

Die Gegenwartskunst, die sich an den Kriterien des westl. Kunstmarktes orientiert, bildet innerhalb der islamisch geprägten Gesellschaft noch immer die Ausnahme. Allerdings ist festzustellen, dass sich aufgrund der Vorarbeit von Künstlerinnen und Künstlern wie FAHR EL NISSA ZEID (* 1901, † 1991), ZEKI FAIK IZER (* 1905, † 1988), CIHAT BURAK (* 1915), SELIM TURAN (* 1915), ADNAN ÇOKER (* 1927), TAMUR ATAGÖK (* 1939), BURHAN UYGUR (* 1940), NUR KOÇAK (* 1941), JALE ERZEN (* 1943), HALIL AKDENIZ (* 1944), ADEM GENÇ (* 1944) und HALE ARPACIOGLU (* 1951) eine reiche, maler. Tradition entfaltet hat, die von einem abstrakten Expressionismus über einen sozialkrit. Realismus bis zur Pop-Art reicht. Die jüngste Generation türk. Künstler orientiert sich noch stärker an den Tendenzen der westl. Gegenwartskunst, ohne dabei wie z. B. die Bildhauerin HANDAN BÖRÜTEÇENE (* 1957) Spezifika der islam. Formenwelt zu verleugnen. Im orientalisch-okzidental. Spannungsfeld arbeiten auch die Medienkünstlerin AYSE ERMEN (* 1949), der Licht- und Objektkünstler SERHAT KIRAZ (* 1954) und der Installationskünstler OSMAN DINÇ (* 1948). Die Künstlerinnen GÜLSÜN KARAMUSTAFA (* 1946) und FÜSUN ONUR (* 1938) können als Beispiele emanzipator. Bestrebungen genannt werden. Künstler wie ADEM YILMAZ (* 1955; BRD), HALE TENGER (* 1960; Irland), SELIM BIRSEL (* 1963; Frankreich), die aufgrund der Auswanderung oder der Ausbildung in anderen europ. Staaten aufgewachsen sind, bearbeiten grundsätzlich die gleichen bildner. Problemstellungen wie westeurop. Künstler.

In der *Architektur,* die im Wesentlichen bis ins 19. Jh. weitgehend traditionsgebunden blieb, setzte im Laufe des 18. Jh. unter westl. Einfluss der ›osman. Barock‹. Führend war die in mehreren Generationen tätige armen. Architektenfamilie Balyan, deren Mitglieder, vorwiegend im Ausland (Frankreich) ausgebildet, bes. im 19. Jh. zur Europäisierung der türk. Architektur beitrugen. Ihre massigen, prunkvollen Bauten mit westl. Gesicht, die osman. Grundrissen übergestülpt wurden, prägten entscheidend das Stadtbild von Istanbul (u. a. Dolmabahçe-Serail, Selimiye-Kaserne). Gegen Ende des 19. Jh. wurden von den überwiegend ausländ. Architekten in Istanbul die Bauten durch als ›orientalisch‹ verstandene Elemente verziert (Haydarpaşa-Krankenhaus, Sirkeci-Bahnhof). Der ital. Architekt RAIMONDO D'ARONCO (* 1857, † 1932) führte die Formensprache der Art nouveau v. a. in den Wohnungsbau ein.

Anfang des 20. Jh. wurden nat. Tendenzen z. B. durch die Bewegung ›Erste nat. Architektur‹ weitergeführt, vertreten in Istanbul durch KEMALETTIN (Vakif Hanlari, in der Nähe des Sirkeci-Bahnhofs) und VADAL (große Istanbuler Post). Seit den 1920er-Jahren holte man erneut ausländ. Architekten (u. a. C. HOLZMEISTER) ins Land. Moderne Tendenzen zeigten sich v. a. in der neuen Hauptstadt Ankara, an deren Ausbau nach 1927 zahlr. westeurop. Architekten beteiligt waren. Im Ergebnis städtebaul. Wettbewerbe entstanden hier neue Stadtteile mit europ. Gepräge (Pläne u. a. HOLZMEISTER, P. BONATZ, TAUT). Vorbildwirkung hatte der Schul- und Universitätsbau, den der Österreicher ERNST EGLI (* 1893, † 1973) als Architekt des Unterrichtministeriums 1927–36 leitete. EGLI orientierte sich am Neuen Bauen. Im Ggs. dazu zeigen die 1928–45 errichteten Regierungsbauten von C. HOLZMEISTER einen Monumentalstil, der bei seinen Bauten in Österreich und Dtl. nicht zur Anwendung kam. Zu den Pionieren einer modernen nat. Architektur gehörten die türk. Architekten SEYFI ARKAN (* 1908, † 1966) und SEDAD HAKKI ELDEM (* 1908, † 1988). In den 1940er-Jahren formierte sich eine zweite nat. Strömung, die von den zahlr. Bauten TAUTS (u. a. Historisch-philosoph. Fakultät in Ankara, 1936–40) als Synthese zw. Moderne und Tradition mit vorbereitet wurde. Im Wohnungsbau Ankaras z. B. zeigten sich nun weniger strenge Lösungsansätze (u. a. ELDEM). Die Entwicklung nach 1945 ist geprägt durch das Anknüpfen an Traditionen einerseits (v. a. auf dem Lande leben traditionelle Bauweisen weiter) und zunehmender Orientierung an der internat. Formensprache andererseits.

Modern Turkish architecture, hg. v. R. HOLOD u. A. EVIN (Philadelphia, Pa., 1984); Die Gesch. der türk. Malerei, Beitr. v. M. ASLIER u. a. (Genf 1989); Iskele. Türk. Kunst heute, hg. v. R. BLOCK, Ausst.-Kat. IFA-Galerie, Berlin (1994); Traditionelles Bauen in der Türkei, bearb. v. U. STARK (³1995).

türkische Literatur, i. e. S. die Literatur der Türken Anatoliens und der europ. Türkei in vorosman., osman. und nachosman. Zeit.

Die altanatolisch-türk. Literatur: Die altanatolischtürk. Periode (13.–15. Jh.) umfasst sowohl das an den Höfen der türk. Kleinfürstentümer Anatoliens entstandene *rumseldschuk.* Schrifttum als auch die *altosman.* Literatur. Die Literaturdenkmäler der Zeit vor der Eroberung Konstantinopels sind meist sprachlichstilistische schlichte, oft auf mündl. Tradition basierende Texte in gebundener und ungebundener Form: histor. Aufzeichnungen anonymer Chronisten, Heiligenlegenden, Heldensagen, Lobdichtungen auf lokale Herrscher. Wichtige literar. Zentren waren Konya, Bursa und Aydın. Die ersten bedeutenden Vertreter der suf. Derwischdichtung waren SULTAN VELED und der volkstüml. Mystiker JUNUS EMRE, der die spätere Dichtung stark beeinflusste. Schulebildend wirkte auch NESIMI, der zugleich der frühaserbaidschan. Literatur angehört. SÜLEIMAN TSCHELEBIS Gedicht auf die Geburt des Propheten MOHAMMED nimmt noch heute einen zentralen Platz in der Volksfrömmigkeit ein. Von bedeutenden Dichtern wie AHMEDI, FACHRI und SCHEJCHI (* 1389, † nach 1430) liegen türk. Bearbeitungen romant. islamischer Epenstoffe vor. Im 13. und 14. Jh. wirkten ferner AHMED FAKIH, SCHEJJAD HAMSA, DEHHANI, GÜLSCHEHRI, ASCHYK PASCHA und KADI BURHANEDDIN. Ein wichtiges Zeugnis der Volksdichtung ist der ogus. Epenzyklus →Dede Kor-

Türkische Hasel: Blatt und männliche Blüten; Frucht mit geschlitzten Hüllblättern und Nussfrucht

Türk türkische Literatur

kut. Ein bekannter Vertreter der Volkspoesie war KAYGUSUZ ABDAL († 1444).

Die klassisch-osman. Literatur: Für die klassisch-osman. Hochliteratur (etwa ab 1453) waren in einem noch stärkeren Maße pers. Vorbilder maßgeblich. Sie orientierte sich an einem schemat. Formideal, wirkt oft überladen und ist in mit zahlr. persisch-arab. Elementen durchsetzter hochosman. Sprache verfasst. Die führende Literaturgattung war die Poesie, die in ihren lyr. und epischen Spielarten Formen, Bilder und Motive der pers. Klassik übernahm und oft eine erhebl. formale Virtuosität erlangte. Mit ihrer Mischung von arabisch-pers. und türk. Elementen, Metaphern, Wortspielen u. Ä. war sie nur den Gebildeten verständlich. Zu den führenden Dichtern zählen im 15. Jh. AHMED PASCHA († 1497), im 16. Jh. BAKI, FUZULI, LAMII (* 1472, † 1532) und der sprachlich wie thematisch originelle JACHJA BEJ († um 1582), im 17. Jh. der Satiriker NEFI und der thematisch vielseitige SABIT (* um 1650, † 1712), im 18. Jh. A. NEDIM sowie SCHEICH GHALIB (* 1757, † 1799). Als Dichter traten nicht selten auch Sultane und Prinzen hervor. Die Prosa beschränkte sich weitgehend auf Theologie, Historiographie, biograph. Werke, Reiseberichte und Briefliteratur. Hofchronisten und Reichsannalisten leisteten – neben Lobpreisungen der jeweiligen Herrscher – wichtige Beiträge zur islam. Geschichtsschreibung. Zu nennen sind v. a. die Historiker ASCHYK-PASCHASADE († nach 1484), NESCHRI († um 1520), KEMALPASCHASADE (* 1469, † 1535), IBRAHIM PETSCHEVI (* um 1574, † um 1650) und MUSTAFA NAIMA (* 1655, † 1716). Zum Informationsschrifttum gehören u. a. geograph., astronom., kosmograph. und militärwiss. Arbeiten. Biograph. Werke in arab. Sprache stammen u. a. von TASCHKÖPRÜSADE AHMED (* 1495, † 1561). Als bedeutender osman. Polyhistor und Bibliograph gilt KATIB TSCHELEBI (* 1609, † 1657). Wertvolle Zeitdokumente sind v. a. auf eigener Anschauung der Autoren beruhende Arbeiten, z. B. das umfangreiche Reisewerk EVLIJA TSCHELEBIS (mit Daten zu Volkskunde, Zeitgeschichte u. a.). Neben der Hochliteratur existierte eine Volksliteratur mit Märchen, Anekdoten, Legenden, Gesängen, Rätseln und Sprichwörtern. Bekannte Vertreter der Troubadourdichtung (›Aşık‹-/›Aschyk‹- oder ›Saz‹-Dichtung) waren PIR SULTAN ABDAL (16. Jh.) und KARADJAOGHLAN (17. Jh.). Volksschauspielgattungen waren das komisch-satir. Schattenspiel (→Karagöz), das Puppenspiel und das ›orta oyunu‹, eine Art Schauspielertheater ohne Bühne.

Westlich beeinflusste Literatur: Im Zuge politisch-kultureller Reformen im 19. Jh. wurden europ. Literatureinflüsse dominierend. In der ›Tansimat‹-Zeit (der 1839 durch einen Erlass des Sultans eingeleiteten Epoche polit. Reformen) kam es zur entscheidenden Zäsur, indem eine von frz. Vorbildern geprägte Erzählliteratur entstand, die die beginnende geistige Umorientierung der osman. Oberschicht förderte. Literaten, die durch eigene Prosawerke, Übersetzungen und Adaptionen hierzu beitrugen, waren u. a. AHMED MIDHAT, SIYA PASCHA (* 1825, † 1880), AHMED WEFIK PASCHA, REDJAISADE MAHMUD EKREM (* 1847, † 1914), MUALLIM NADJI (* 1850, † 1893). I. SCHINASI wirkte u. a. auch für eine Publizistik und Bühnendichtung im europ. Sinne. M. NAMIK KEMAL war der erste bedeutende Vertreter einer patriot. Dichtung. Als der größte Poet der ›Tansimat‹-Zeit gilt A. H. TARHAN. Zur Durchsetzung westl. Tendenzen trugen v. a. die um die Zeitschrift ›Servet-i fünûn‹ (›Der Schatz des Wissens‹) gruppierten Autoren der ›Neuen Literatur‹ bei, u. a. TEVFIK FIKRET, HALID ZIYA UŞAKLIGIL (* 1866, † 1945), MEHMED RAUF (* 1875, † 1931), am Rande auch M. E. YURDAKUL und der Naturalist HÜSEIIN RAHMI GÜRPINAR (* 1864, † 1944). Eine wichtige Rolle spielte auch die europäisch orientierte Gruppe ›Fecr-i âtî‹ (›Morgenröte der Zukunft‹). Verbindung von Elementen des frz. Symbolismus mit traditionellen oriental. Formen kennzeichnet die Werke der Lyriker AHMED HAŞIM und Y. K. BEYATLI. Nach 1908 dominierten die vom ›Türkismus‹ des ZIYA GÖKALP beeinflussten, national und sprachpuristisch orientierten Autoren, zuerst die der Gruppe ›Genç kalemler‹ (›Junge Federn‹), v. a. ÖMER SEYFETTIN. ›Syllabisten‹ wie FARUK NAZIF ÇAMLIBEL (* 1898, † 1973) lehnten die quantitierende arabisch-pers. Metrik zugunsten der traditionell-türk. silbenzählenden Versmaße ab. Einer der bedeutendsten Erzähler der modernen Literatur‹ war R. H. KARAY.

Die republikan. Literatur: Die junge Literatur der republikan. Zeit war stark patriotisch geprägt. Nach der Schriftreform (Ersetzung der arab. Schrift durch die Lateinschrift 1928) und den Sprachreformen (→türkische Sprache) erfolgte eine Vitalisierung des literar. Lebens. Die Prosa, meist in Form von Kurzgeschichten und Kurzromanen, gewann an Eigenständigkeit durch Autoren wie H. E. ADIVAR, REŞAT NURI GÜNTEKIN (* 1889, † 1956) und Y. K. KARAOSMANOĞLU, die u. a. den nat. Freiheitskampf und den sozialen Wandel in der neuen Türkei schilderten. Bedeutende Zeitzeugen und Erzähler waren auch MEMDUH ŞEVKET ESENDAL (* 1883, † 1952), RUŞEN EŞREF ÜNAYDIN (* 1892, † 1959), BEKIR SITKI KUNT (* 1905, † 1958), der die psycholog. Konflikte dieses Wandels analysierende PEYAMI SAFA (* 1899, † 1961) und der eher nostalgisch zurückblickende ABDÜLHAK ŞINASI HISAR (* 1883, † 1963). In den 1930er- und 1940er-Jahren entstand eine realist. Erzählliteratur, die Probleme des Alltags und die Lebenssituation des ›kleinen Mannes‹ verarbeitete. Ein früher Vertreter der sozial engagierten Richtung war der Novellist SADRI ERTEM (* 1900, † 1943). Schulebildend wirkten SABAHATTIN ALIS Bilder aus dem anatol. Provinzleben und S. F. ABASIYANIKS impressionist. Skizzen aus Istanbul. Nach dem Zweiten Weltkrieg wandte sich die Prosa zunehmend sozialkrit. Themen zu. A. NESIN spiegelt in seiner satir. Prosa die vielfach widersprüchl. gesellschaftlichen Verhältnisse der modernen Türkei. Die von MAHMUT MAKAL (* 1930) eingeleitete und mehrere Jahrzehnte dominierende ›Dorfliteratur‹ behandelt gesellschaftl. Probleme aus der Sicht der Landbevölkerung Anatoliens. KEMAL TAHIR, YAŞAR KEMAL, F. BAYKURT, KEMAL BILBAŞAR (* 1910, † 1983), S. KOCAGÖZ u. a. gaben hervorragende Schilderungen des anatol. Dorflebens. ORHAN KEMAL beschrieb u. a. auch die sozialen Folgen von Urbanisierung und Slumbildung. Andere bekannte Erzähler sind u. a. HALIKARNAS BALIKÇISI (* 1886, † 1973), AHMET HAMDI TANPINAR (* 1901, † 1962), ILHAN TARUS (* 1907, † 1967), RIFAT ILGAZ (* 1911, † 1993), HALDUN TANER (* 1915, † 1986), ORHAN HANÇERLIOĞLU (* 1916), TARIK BUĞRA (* 1918), MEHMED SEYDA (* 1919), OKTAY AKBAL (* 1923), MUZAFFER BUYRUKÇU (* 1928) und TARIK DURSUN K. (* 1931). Von KEMAL TAHIR stammt eine Reihe krit. Romane zum histor. Hintergrund der modernen Türkei. Eine bedeutende moderne Theaterdichtung entstand erst in der republikan. Zeit. Für die Bühne schrieben mehrere der genannten Prosaschriftsteller sowie der Lyriker NAZIM HIKMET. Als Dramenautoren traten ferner CEVAT FEHMI BAŞKUT (* 1905, † 1971), SABAHATTIN KUDRET AKSAL (* 1920), RECEP BILGINER (* 1922), CAHIT ATAY (* 1925) und ÇETIN ALTAN (* 1926) hervor. Die moderne türk. Lyrik weist früh relativ freie Formen auf. Einige der ›Syllabisten‹, z. B. YUSUF ZIYA ORTAÇ (* 1895, † 1967), NECIP FAZIL KISAKÜREK (* 1905, † 1983) wirkten weiter bzw. fanden zu neuen Formen. In bewusstem Gegensatz zu dem am Anfang des Jahrhunderts entstandenen Neoklassizismus und Ästhetizismus führte Nazım Hikmet den freien Vers und die Volkssprache in die Poesie ein. Dieser zu Lebzeiten in der Türkei als Marxist politisch verfolgte Autor hat der modernen türk. Dichtung Weltgeltung verschafft. Ähnliche Wege im Formalen gingen die jüngeren Lyriker O. V. Kanık, Melih Cevdet Anday (*1915) und Oktay Rifat, Vertreter der (nach dem Lyrikband Garip ›Fremdartig‹ benannten) ›Garip‹-Gruppe und der ›ersten Moderne‹, die nach Versachlichung und Vereinfachung der Poesie strebte. Andere bedeutende Lyriker waren Cahit Sıtkı Tarancı (*1910, †1956), F. H. Dağlarca, B. Necatigil, Cahit Külebi (*1917), Necati Cumalı (*1921), Özdemir Asaf (*1923, †1981), Attilâ İlhan (*1925), Ümit Yaşar Oğuzcan (*1926), Metin Eloğlu (*1927), Cemal Süreyya (*1931) und Ülkü Tamer (*1937). Oktay Rifat vertrat auch die als schwer zugänglich geltende, v. a. für abstrakte Lyrik bekannte ›zweite Moderne‹, der z. B. auch İlhan Berk (*1916), Edip Cansever (*1925, †1986), Turgut Uyar (*1927, †1985) und Ece Ayhan (*1931) angehörten. Der bekannteste moderne Vertreter der alten Volkssängertradition ist Aşık Veysel Şatıroğlu (*1894, †1973). Einige krit. Autoren waren zeitweise, v. a. in den 50er-Jahren, polit. Repressalien (Publikationsverbot, Gefängnisstrafen u. a.) ausgesetzt; Nazım Hikmet, Kemal Tahir u. a. und Orhan Kemal fanden später aber allgemeine (auch internat.) Anerkennung.

Die Literatur der Gegenwart: Auf die politisch engagierte Literatur der 1960er- und 70er-Jahre folgte schon einige Jahre vor dem Militärputsch 1980 eine Reaktion, die u. a. Pluralismus und größere Offenheit für internat. Strömungen förderte. Der frühere sozial engagierte Realismus mit seinen spezif. Motiven ist einer vielschichtigeren Realitätsdarstellung gewichen. Behandelt werden u. a. – oft anhand einzelner Schicksale, auch verstärkt von Frauen versch. Schichten – gesellschaftl. und psycholog. Folgen der raschen Industrialisierung und Verstädterung. Zu den führenden Prosaautoren und -autorinnen gehören z. B. A. Ağaoğlu, Nezihe Meriç (*1925), Tahsin Yücel (*1933), Füruzan (Selçuk; *1935), Sevgi Soysal (*1936, †1976), Ferit Edgü (*1936), Aysel Özakın (*1942) und Selim İleri (*1949). Bes. bekannt wurden die Romane Orhan Pamuks (*1952), mit denen die t. L. in die Postmoderne eintritt, z. B. ›Beyaz kale‹ (1985) mit interessanten histor. Perspektiven auf die türk. Gegenwart. Für die Bühne schrieben einige der erwähnten Prosaisten (Meriç, Ağaoğlu u. a.) sowie z. B. Orhan Asena (*1922), Güngör Dilmen (*1930) und Turgut Özakman (*1930). Unter den zahlr. Lyrikern sind z. B. Gülten Akın (*1933) und Hilmi Yavuz (*1936) zu nennen. Unverkennbar ist seit den frühen 90er-Jahren in der türk. Erzählliteratur der Trend zu einer selbstbewussten entschieden islam. Literatur, z. B. als Bildungs- und Historienroman und in der Lyrik.

Seit Ende der 1960er-Jahre entwickelt sich eine t. L. auch in Westeuropa, bes. in Dtl., die sich z. T. mit der Situation der Arbeitsmigration auseinander setzt. Vertreter sind der Lyriker und Erzähler Aras Ören (*1939), der Lyriker und Essayist Yüksel Pazarkaya (*1940) und (seit 1979) F. Baykurt. Einige deutschlandtürk. Autoren (z. B. Ören; Pazarkaya; Şinasi Dikmen; *1945) und Autorinnen (u. a. Emine Sevgi Özdamar, *1946) schreiben auch in dt. Sprache.

Anthologien: Die Pforte des Glücks u. a. türk. Erzählungen, hg. v. H. W. Brands (²1969); Moderne türk. Lyrik, hg. v. Y. Pazarkaya (1971); Türk. Volksmärchen, hg. v. P. N. Boratav (a. d. Türk., Neuausg. 1990), Türk. Märchen, hg. v. O. Spies (21.–22. Tsd. 1991); B. Pflegerl: Es war einmal, es war keinmal. Türk. Volksmärchen (Wien 1992); Türk. Erzählungen des 20. Jh., hg. v. P. Kappert u. a. (1992).

E. J. W. Gibb: A history of Ottoman poetry, 6 Bde. (London 1900–05, Nachdr. ebd. 1958–67); F. Babinger: Die Geschichtsschreiber der Osmanen u. ihre Werke (1927); M. F. Köprülüzade in: Enzykl. des Islam, hg. v. M. T. Houtsma, Bd. 4 (Leiden 1934); O. Spies: Die türk. Prosalit. der Gegenwart (1943); Philologiae Turcicae Fundamenta, hg. v. J. Deny, Bd. 2 (1965); W. G. Andrews: An introduction to Ottoman poetry (Minneapolis, Minn., 1976); Türk dili ve edebiyatı ansiklopedisi, auf mehrere Bde. ber. (Istanbul 1976 ff.); A. S. Levend: Türk edebiyatı tarihi (Ankara ³1988); B. Necatigil: Edebiyatımızda isimler sözlüğü (Istanbul ¹³1989); W. Riemann: Über das Leben in Bitterland. Bibliogr. zur türk. Dtl.-Lit. u. zur Lit. in Dtl. (1990); A. O. Öztürk: Das türk. Volkslied als sprachl. Kunstwerk (Bern 1994); T. L. in Sprache. Eine Bibliogr., bearb. v. T. Demir u. a. (1995); B. Caner: T. L. – Klassiker der Moderne (1998).

türkische Literaturen, die Gesamtheit der alten, neueren und gegenwärtigen Literaturen in →Turksprachen. Sie sind seit dem 8. Jh. bekannt, wenn auch ältere Anfänge zu vermuten sind. Ihre Entstehungsgebiete reichen von der Mongolei bis nach Ägypten. Eine reiche Volksliteratur bestand in allen Perioden und Gebieten. Die klass. Hochliteratur gelangte v. a. im südwestl. und südöstl. Bereich des türk. Sprachraums zur Blüte und spielte eine erhebl. überregionale Rolle. Wichtige regionale Literaturen der Gegenwart sind u. a. die türkeitürk. (→türkische Literatur), die aserbaidschan. (→aserbaidschanische Sprache und Literatur), die turkmen. (→turkmenische Sprache und Literatur), die tatar. (→tatarische Sprache und Literatur), die usbek. (→usbekische Sprache und Literatur), die kasach. (→kasachische Sprache und Literatur), die kirgis. (→Kirgisen) und die uigur. Literatur (→uigurische Sprache und Literatur).

Philologiae Turcicae Fundamenta, hg. v. J. Deny u. a., Bd. 2 (1965); A. Bombaci: Histoire de la littérature turque (a. d. Ital., Paris 1968); Türk. Sprachen u. Literaturen, hg. v. I. Baldauf (1991).

türkische Musik. Die t. M. gründete als höf. Kunstmusik der Osmanen auf Stilprinzipien der transoxanisch-pers. Hofmusik, übermittelt durch die Schule des Abdülkadir Merağı (arab. Abd al-Kadir al-Maraghi, *um 1350, †1435), der selbst noch unter Timur und seinen Söhnen in Samarkand und Herat gewirkt hatte. Ihr weitgehend ›kompositor.‹ Stil mit Melodiemodellen (makam; arab. →Maqam), denen meist siebenstufige Gebrauchsleitern mit unterschiedlich großen Ganz- und Halbtonschritten und komplexe rhythm. Muster (usul) zugrunde liegen, wurde in Konstantinopel weiterentwickelt und führte bis zum 19. Jh. zu immer komplizierteren Formen. Mehrteilige ›Konzerte‹ (fasıl) mit Gesangssätzen (beste, şarkı, semai) und diese umrahmenden Instrumentalstücken (taksim, peşrev, saz semaisi) wurden in kammermusikal. Besetzung (die z. T. heute nicht mehr gebräuchl.) Instrumenten wie Laute (Ud), Hackbrett (Santur), Zither (Kanun), Langhalslaute (Tanbur), Streichinstrumenten (Rebab; kemençe, arab. →Kamangah) und Rohrflöte (Ney, arab. →Naj) gespielt, begleitet von Pauken (Kudüm) und anderen Rhythmusinstrumenten und geleitet vom ›Obersänger‹ (serhânende) des Ensembles. Der Name des Komponisten Buhurîzade Mustafa İtrî (*1640, †1712) steht für einen der Höhepunkte osman. Musikgeschichte, gefolgt von der musikalisch produktiven ›Tulpenzeit‹ (lâle devri) unter Ahmed III. (1703–30). Als Komponist und Mäzen trat Selim III. (1789–1807) hervor und förderte u. a. den nach İtrî bekanntesten Musiker, Hamâmîzade İsmail Dede (*1778, †1846). Europ. Anregungen machten sich seit der ›Tulpenzeit‹ im Instrumentarium (Violine) und in Spielmanieren bemerkbar, in der Entwicklung eigener Notenschriften und wohl auch im Interesse für die eigene Musikgeschichte, das wesentlich stärker als in den islam. Nachbarländern ausgeprägt ist. Im 19. Jh. wurde bei Hof und im Konstantinopeler Bürgertum europ.

Türk Türkische Republik Nordzypern – Turkmenbaschi

Türkisvogel
(Größe etwa 12 cm)

Musik (Militär- und Klaviermusik, Oper) gleichwertig neben einheim. Musik (zu nennen ist ZEKÂI DEDE, *1825, †1897) gepflegt, beidseitig mitgetragen von musikalisch ›zweisprachigen‹ griech., armen. und jüd. Musikern. Außerdem berief der Sultanshof 1828 G. DONIZETTI zum Musikdirektor, und M. KEMAL ATATÜRK beauftragte P. HINDEMITH, das Musikleben zu organisieren. Heute stehen epigonal traditionellem Musikschaffen eine (vom Schulunterricht an) westlich orientierte Musikpflege, auch in neuzeitl. Komposition (AHMED ADNAN SAYGUN, *1907, †1991) und v. a. Unterhaltungsmusik gegenüber.

Die einheim. Militärmusik, urspr. zentralasiat. Herkunft, wurde unter den Osmanen mit Oboen, Trommeln, Schellenbaum und weiteren Blas- und Schlaginstrumenten in bis zu 300 Mann starker Besetzung gespielt und während der Türkenmode des 18. Jh. als →Janitscharenmusik in Europa imitiert. Nach der Aufhebung des Janitscharenkorps (1826) wurden mehrfach historisierend traditionelle Militärkapellen gegründet, zuletzt 1952.

Von großer Vielfalt in Form, Darstellung und Instrumentarium spiegeln die ländl. Musik und der Volkstanz die ethn. Bevölkerungsschichtung der Türkei und ihre histor. Entwicklung. I. d. R. stehen hier dem engtönigen Melos der Kunstmusik diaton. (z. T. pentaton.) Melodien gegenüber, wie auch in Sprache und Versmaß entsprechend einfachere Liedertexte. Neben fest metrisierten Volksliedern (türkü, mani) lassen metrisch freie, häufig in absteigendem Septimumfang gesungene ›lange Lieder‹ (uzun hava) zentralasiat. Verwandtschaft erkennen, ebenso wie das Spiel auf großer Trommel (Dawul) und Oboe (Zurna), womit Volkstänze begleitet werden. Die halbprofessionellen Volkssänger (âşık), die sich selbst auf der Langhalslaute (Bağlama) begleiten, sind als Erben alttürk. Barden- und islamisch-myst. Troubadourtradition anzusehen (AŞIK VEYSEL ŞATIROĞLU, *1894, †1973).

E. EVLIYA: Turkish instruments of music in the seventeenth century (a. d. Türk., Glasgow 1937, Nachdr. Portland, Oreg., 1976); G. ORANSAY: Die melod. Linie u. der Begriff Makam der traditionellen türk. Kunstmusik vom 15. bis zum 19. Jh. (Ankara 1966); K. u. U. REINHARD: Musik der Türkei, 2 Bde. (1984).

Türklopfer: links Türklopfer an den Bronzetüren des Doms in Hildesheim, aus der Werkstatt Bischof Bernwards; 1015; rechts Bronzener Türklopfer am Portal des Rektorenpalastes in Dubrovnik; 15. Jh.

Türkische Republik Nordzypern, →Zypern.
Türkischer Honig, →Nugat.
türkischer Knoten, →Ghordesknoten.
Türkischer Weizen, der →Mais.
türkisches Bad, das →römisch-irische Bad.
türkische Sprache, osmanische Sprache, die in der Neuzeit wichtigste unter den →Turksprachen.

Sie ist Amtssprache der Türkei (Türkeitürkisch) und wird auch von Minderheiten außerhalb der Türkei (z. B. in Zypern, auf dem Balkan, in Westeuropa) gesprochen. Einige Zeichen der 1928 eingeführten Lateinschrift haben einen besonderen Lautwert: c [dʒ], ç [tʃ], ğ (bezeichnet meist nur Länge des vorangehenden Vokals), ı (etwa zw. [i] und [y]; i [i] wird auch Versal mit Punkt geschrieben: İ), j [ʒ], ş [ʃ], y [j], z [z].

Vom 12. Jh. an setzte sich die t. S. allmählich in Anatolien und Teilen des Balkans durch. Ihre älteren Stufen (Altosmanisch bis zum 15. Jh., Mittelosmanisch im 16./17. Jh., später Neuosmanisch) wurden in arab. (gelegentlich auch in uigur., armen., georg., griech. und hebr.) Schrift geschrieben. In der Hochsprache haben – anders als in den stark differenzierten Volksdialekten – arabisch-persische lexikal. und grammat. Elemente so zugenommen, dass der türk. Charakter stark zurückgedrängt wurde. Eine Sprachreformbewegung, deren Anfänge bis ins 19. Jh. zurückgehen, steht noch heute im Mittelpunkt der Kulturpolitik der Türkei. Die auf Initiative von M. KEMAL ATATÜRK gegründete Türk. Sprachgesellschaft (Türk Dil Kurumu) wirkte lange für ein ›Echttürkisch‹ (Öz Türkçe), d. h. den Ersatz vieler (auch alteingebürgerter) Lehnwörter durch alttürk., osttürk. sowie dialektale oder künstlich gebildete türk. Entsprechungen. Wiederholt kam es zu restaurativen Gegenströmungen, die später die Ziele der Sprachgesellschaft selbst beeinflussten. Der Wortschatz der heutigen Schriftsprache spiegelt einen kultursoziolog. Übergangsprozess wider.

J. DENY: Grammaire de la langue turque (Paris 1921, Nachdr. Niederwalluf 1971); J. W. REDHOUSE: A Turkish and English lexicon (Neuausg. Konstantinopel 1921); H. J. KISSLING: Osmanisch-türk. Gramm. (1960); A. VON GABAIN: Alttürk. Gramm. (³1974); G. HAZAI: Kurze Einf. in das Studium der t. S. (1978); Redhouse çağdaş Türkçe–Ingilizce sözlüğü. Redhouse contemporary Turkish–English dictionary (Istanbul 1983); H. JANSKY: Lb. der t. S. (¹¹1986); Studies in Turkish linguistics, hg. v. D. I. SLOBIN u. a. (Amsterdam 1986); K. STEUERWALD: Dt.-türk. Wb. (²1987); DERS.: Türkisch-dt. Wb. (²1988); Hb. der türk. Sprachwiss., hg. v. G. HAZAI, auf 2 Bde. ber. (1990 ff.); G. VAN SCHAAIK: Studies in Turkish grammar (Wiesbaden 1996).

Türkischrot, ein Farbstoff, →Alizarin.
Türkischrot|öl, durch Behandlung von Rizinusöl mit Schwefelsäure gewonnene klare, braungelbe Flüssigkeit, die neben anderen Verbindungen v. a. sulfatierte Ricinolsäure enthält, deren Natriumsalz als im kalkunempfindl. Netzmittel wirkt. T. wird in der Textilindustrie zum Waschen, Bleichen und Färben (früher v. a. mit Alizarin) verwendet.

Türkisvogel, Türkiszuckervogel, Türkisnaschvogel, Cyanerpes cyane|us, etwa 12 cm große Art der zu den →Tangaren gehörenden Zuckervögel (Cyanerpes) des trop. Mittel- und Südamerika. Im Prachtkleid ist das Männchen blauviolett mit türkisfarbener Kopfplatte, schwarzem Vorderrücken und Schwanz, die Flügel sind oberseits ebenfalls schwarz, unterseits gelb, die Füße rot. Im Ruhekleid ist das Männchen wie das Weibchen überwiegend grünlich.

Tür|klopfer, Tür|zieher, an der Tür beweglich angebrachter Ring oder hammerartiger Klopfer aus Metall, mit dem gegen einen darunter befindl. Metallknopf gepocht wird. Bronzene T. als Löwenmaske mit einem Ring im Maul finden sich, antikem Vorbild folgend, in Mitteleuropa seit karoling. Zeit. Bes. in der Romanik, der Renaissance und im Barock wurden sie kunstvoll gestaltet.

U. MENDE: Die Türzieher des MA. (1981).

Turkmenbaschi, bis 1993 **Krasnowodsk,** Gebietshauptstadt in Turkmenistan, an der T.-Bucht des Kasp. Meeres, in wüstenhaftem Gebiet, 59 500 Ew.; Erdölverarbeitung, Nahrungsmittelindustrie, Werft; Meerwasserentsalzungsanlage; Hafen und Ausgangspunkt der →Transkaspischen Eisenbahn, Eisenbahnfährverbindung mit Baku (340 km). – T. wurde 1869 als Militärstützpunkt gegründet.

Turkmenen, pers. **Turkomanan,** sunnitisch-muslim. Turkvolk; sie stellen mit 77% den Hauptanteil der Bev. in Turkmenistan. Weitere T. leben in Usbekistan (130 000), Russland (40 000), Tadschikistan (20 000) u. a. GUS-Staaten sowie in NO-Iran (800 000) und N-Afghanistan (rd. 600 000). Etwa 10 000 nach dem sowjet. Einmarsch 1979 von dort geflohene T. befinden sich in Pakistan; etwa 2 000 turkmen. Flüchtlinge wurden 1982–90 von der Türkei aufgenommen.

Die Bez. T., urspr. auf die zum Islam bekehrten ogus. Nomadenverbände im Reich der →Seldschuken angewendet, hatte sich bis zum 13. Jh. auch bei den übrigen, mittlerweile ebenfalls islamisierten Ogusen in Mittelasien durchgesetzt. In Zentralasien behaupteten die T. ihren Charakter als überwiegend nomad. Stammesgesellschaft, die keine polit. Einheit bildete, bis zum Ende des 19. Jh. Die russ. Eroberungen in Zentralasien und die Grenzziehungen zw. russ. und brit. Einflusssphären beendeten die turkmen. Stammeskriege und Raubzüge. Zw. 1918 und 1934 flohen Gruppen aller im Gebiet der ehem. UdSSR lebenden Stämme nach Afghanistan, wo schon seit dem 18./19. Jh. T. lebten. Die heute nur noch zum geringen Teil nomad. T. haben ihre alte Gliederung in Stämme und Stammesgruppen erhalten: Teke (Tekke), Ersari (z. T. in N-Afghanistan), Jomud (z. T. in NO-Iran), Saryk, Göklen (NO-Iran), Tschandor, Ali-eli, Karadasch, Emreli u. a. Umsiedlungen im 17. Jh. hatten T. in das nördl. Kaukasusvorland versprengt (Truchmenen; etwa 8 500). Aufgrund von sprachl. Kriterien werden auch die Salar (Salor) in der chin. Prov. Gansu (70 000) als eine Gruppe der T. angesehen. Bei den nach Vorderasien abgewanderten Ogusenstämmen blieb die Bez. T. nur vereinzelt unter heute sesshaften türk. Nomaden in Syrien (110 000), Irak (200 000) und in der Türkei (150 000) erhalten; sie sind z. T. Schiiten. – Die T. wurden v. a. wegen ihrer Teppiche und ihres prächtigen, mit Karneolen besetzten Silberschmucks bekannt.

W. KÖNIG: Die Achal-Teke (Berlin-Ost 1962); B. ROSSETTI: Die T. u. ihre Teppiche. Eine ethnolog. Studie (1992).

Turkmeni|**en,** →Turkmenistan.

turkmenische Sprache und Literatur. Die Sprache der Turkmenen gehört zur SW-Gruppe der →Turksprachen. Die moderne Schriftsprache entstand in den 1920er-Jahren auf der Grundlage der Jomuddialekte (mit Kerngebiet am SO-Ufer des Kasp. Meeres) und Tekedialekte (Kerngebiet im zentralen Turkmenistan und um Mary); sie wurde zuerst in arab. Schrift, 1928–40 in Lateinschrift, anschließend in kyrill. Schrift und seit 1993 schrittweise wieder in Lateinschrift geschrieben. Einige Dialekte tragen Züge des Übergangs zur SO- bzw. NW-Gruppe der Turksprachen. Ein besonderer Dialekt ist der der Truchmenen; eng mit Turkmenisch verwandt ist das →Khorasantürkische. Die Besonderheiten des Turkmenischen, z. B. die erhaltenen alttürk. Vokallängen, machen es zu einem wichtigen Forschungsgegenstand für die histor. Turkologie.

Literatur: Die ältesten Literaturdenkmäler (14. bis 15. Jh.) sind religiösen Charakters. Im 18. Jh. entstanden umfangreiche epische Werke der turkmen. Destan-Dichtung (z. B. ›Schasenem und Garib‹). Die Verbindung von Volks- und Kunstdichtung vollzog der bedeutendste klass. Dichter der Turkmenen, MACHTUMKULY (turkmen. MAGTYMGULY, 18. Jh.). Diese Tradition wurde von MOLLANEPES (*etwa 1810, †1862) auch zu einer zeitkrit. Literatur fortentwickelt. Einer der Begründer der turkmen. Sowjetliteratur war B. M. KERBABAJEW; als bedeutende Autoren der sowjet. Periode gelten u. a. der Lyriker AMAN KEKILOW (*1912, †1974) sowie die Prosaschriftsteller AGA-CHAN DURDYJEW (*1904, †1947) und BEKI SEITÄ-KOW (*1914). Zu den traditionellen Volkssängern gehörte noch DURDY GYLYTSCH (*1886, †1950).

Sprache: L. BAZIN in: Philologiae Turcicae Fundamenta, hg. v. J. DENY u. a., Bd. 1 (1959); Turkmensko-russkij slovar', hg. v. N. A. BASKAKOV (Moskau 1968); O. HANSER: Turkmen manual (Wien 1977).

Literatur: J. BENZING in: Philologiae Turcicae Fundamenta, hg. v. J. DENY u. a., Bd. 2 (1965).

Turkmenistan

Fläche 488 100 km²
Einwohner (1997) 4,23 Mio.
Hauptstadt Aschchabad
Amtssprache Turkmenisch
Nationalfeiertag 27. 10.
Währung 1 Turkmenistan-Manat (TMM) = 100 Tenge
Uhrzeit 15⁰⁰ Aschchabad = 12⁰⁰ Uhr MEZ

Turkmenistan, Turkmeni|**en,** amtlich turkmen. **Turkmenostạn Respublikasy,** dt. **Republik T.,** Staat im SW Mittelasiens, mit 488 100 km² größte der mittelasiat. GUS-Republiken und fast anderthalbmal so groß wie Dtl., (1997) 4,3 Mio. Ew., Hauptstadt ist Aschchabad (turkmen. Aschgabad). Das Land grenzt im W an das Kasp. Meer, im NW an Kasachstan, im N, NO und O an Usbekistan, im S an Afghanistan und im SW an Iran. Amtssprache ist Turkmenisch. Währung ist der T.-Manat (TMM) = 100 Tenge. Uhrzeit: 15⁰⁰ Aschchabad = 12⁰⁰ MEZ.

STAAT · RECHT

Verfassung: Die Verf. vom 18. 5. 1992 definiert T. als demokrat., rechtsstaatl. und laizist. Präsidialrepublik. Staatsoberhaupt und Inhaber der Exekutivgewalt (Reg.-Chef) ist der mit weitgehenden Vollmachten ausgestattete Präs. Er wird auf fünf Jahre direkt gewählt (nur einmalige unmittelbare Wiederwahl zulässig). Ungeachtet dieser Vorschriften hat sich der derzeitige (seit 1990 amtierende) Präs. seine Amtszeit durch Plebiszit vom 15. 1. 1994 bis zum Jahr 2002 verlängern lassen. Der Präs. stellt sein Kabinett selbstständig, wenn auch mit parlamentar. Billigung, zusammen. Er verfügt über ein unbeschränktes Verordnungsrecht, kann gegen jedes Gesetz sein Veto einlegen, das nur mit einer Zweidrittelmehrheit der Abg. zurückzuweisen ist, und das Parlament auflösen. Für die laufende Gesetzgebung ist das Einkammerparlament (Madjlis; 50 Abg., für fünf Jahre gewählt) zuständig. Daneben existiert seit 1992 ein Volksrat (Khalk maslahati; 250 Mitgl.), der für bestimmte staatspolit. Grundsatzentscheidungen zuständig ist und mit Zweidrittelmehrheit die Abberufung des Präs. durch Volksentscheid anregen kann. Er setzt sich z. T. aus gewählten Repräsentanten (alle Abg. des Parlaments, lokale Volksvertreter), z. T. aus vom Staatsoberhaupt ernannten Inhabern von Staatsämtern (z. B. Min., regionale und lokale Verw.-Chefs, Vertreter der Justiz) zusammen. – Eine Verfassungsgerichtsbarkeit existiert nicht.

Parteien: T. hat derzeit noch kein ausgeprägtes Parteiensystem; es dominiert die staatstragende Demokrat. Partei T.s (1991 durch Umbenennung der KP T.s entstanden). Daneben existieren die Bäuerl. Gerechtigkeitspartei (gegr. 1993, 1997 legalisiert) sowie bisher nicht zugelassene Oppositionsbewegungen, darunter die Volksfront Agzybirlik (dt. ›Einstimmigkeit‹, gegr. 1989) und die überregional strukturierte Islam. Partei der Wiedergeburt.

Turkmenistan

Staatswappen

Staatsflagge

Internationales Kfz-Kennzeichen

1970 1997 1991 1995
Bevölkerung Bruttosozial-
(in Mio.) produkt je Ew.
(in US-$)

☐ Stadt
☐ Land

Bevölkerungsverteilung 1995

☐ Industrie
☐ Landwirtschaft
☐ Dienstleistung

Bruttoinlandsprodukt 1996

Turk Turkmenistan

Turkmenistan: Übersichtskarte

Wappen: Das 1992 eingeführte, kreisrunde Wappen wird aus mehreren konzentr. Ringen gebildet. Im Zentrum ist innerhalb eines weißen Ringes ein weißes Pferd auf blauem Grund abgebildet, nach außen folgt ein goldgelber Ring mit traditionellen Teppichmustern. Der äußere, bordeauxrote Ring zeigt im oberen Bereich Weizenähren und einen weißen Halbmond mit fünf weißen Sternen, im unteren weiße Baumwollblüten und grüne Blätter.

Nationalfeiertag: 27. 10., zur Erinnerung an die Erklärung der Unabhängigkeit 1991.

Verwaltung: Nach sowjet. Verw.-System gliederte sich T. auf regionaler Ebene in fünf Gebiete sowie die Hauptstadt Aschchabad und auf lokaler Ebene in 46 Landkreise (Rayon), 11 kreisfreie Städte und drei Hauptstadtbezirke. Diese Gliederung besteht im Wesentlichen weiter, allerdings haben die Gebietseinheiten islam. Bez. erhalten: Wilajat (Gebiet), Etrap (Rayon), Schehir (Stadt). An der Spitze des Verw.-Apparats steht in jeder Gebietseinheit ein vom Staatspräs. ernannter Hakim (in Gebieten und Städten) bzw. Artschyn (in Etrapen). In Städten und Siedlungen wirken vom Volk gewählte Räte (Gengeschi).

Recht: Das sowjet. Justizsystem ist im Wesentlichen beibehalten und in den Einzelheiten an die Strukturen eines Präsidialsystems angepasst worden. Neben den ordentl. Gerichten auf lokaler und regionaler Ebene, die für Zivil-, Straf- und Verwaltungsrechtssachen zuständig sind, gibt es besondere Militärgerichte. An der Spitze der Gerichtshierarchie stehen das Oberste Gericht und das Oberste Wirtschaftsgericht. Alle Richter werden vom Staatspräs. auf die Dauer von fünf Jahren ernannt, was die in der Verf. deklarierte richterl. Unabhängigkeit praktisch ausschließt. Die nach sowjet. Vorbild strikt zentralistisch aufgebaute Staatsanwaltschaft ist nicht nur für die Strafverfolgung zuständig, sondern übt eine umfassende Rechtsaufsicht über alle Verw.- und Wirtschaftsbereiche aus. An ihrer Spitze steht der Generalstaatsanwalt, der vom Staatspräs. auf die Dauer von fünf Jahren ernannt wird.

Streitkräfte: Nach der Unabhängigkeit 1991 begann mit russ. Unterstützung und durch Übernahme von Teilen der ehem. sowjet. Armee der Aufbau eigener Streitkräfte, die eine geplante Stärke von etwa 40 000 Mann erreichen sollen. Zusätzlich verfügt T. über Innere Truppen (rd. 5 000 Mann) sowie paramilitär. Einheiten (Grenztruppen, Nationalgarde) in einer Stärke von etwa 18 000 Mann. Die Wehrdienstzeit beträgt 18, bei der Marine 24, für Hochschulabsolventen nur 12 Monate. Die Ausrüstung besteht im Wesentlichen aus etwa 500 Kampfpanzern vom Typ T-72 sowie aus rd. 130 Kampfflugzeugen (MiG-23/-25/-27, Su-17). Das Land unterzeichnete 1994 die ›Partnerschaft für den Frieden‹ der NATO.

LANDESNATUR · BEVÖLKERUNG

T. wird überwiegend von dem abflusslosen Tiefland von →Turan eingenommen (nahezu vier Fünftel des Landes), das sich zw. dem Kasp. Meer im W und dem Amudarja und der Grenze zu Usbekistan im O erstreckt; es besteht v. a. aus der Wüste Karakum und liegt 100–200 m ü. M., am Kasp. Meer teilweise unter dem Meeresspiegel (bis 110 m u. M. in der Sarygamyschsenke und 81 m u. M. in der Aktschakajasenke). Im SW (Grenze zu Iran) hat T. Anteil am Kopet-Dag (in T. im Rise 2 942 m ü. M.); dieses Gebiet ist stark erdbebengefährdet. Im O steigt die Wüste Karakum zu den Badchys- (bis 1 267 m ü. M.) und Karabilhöhen (bis 984 m ü. M.) an, im W bilden das Turkmenbaschier Plateau und der Kleine und Große Balchan (1 881 m ü. M.) die nordwestl. Fortsetzung des Kopet-Dag, während der äußersten NW noch der Ausläufer des aus flach lagernden Kalken bestehenden Ust-Urt-Plateaus erreichen. Die höchste Erhebung T.s bildet im äußersten O mit 3 139 m ü. M. die Kugitangtaukette (Ausläufer des Hissargebirges).

Klima: Insgesamt ist das Klima extrem kontinental. Die Sommer sind heiß und trocken (mittlere Julitemperatur 28 °C im NO und 32 °C im S), die Winter mild (mittlere Januartemperatur von −5 °C im NO bis 4 °C im SW). Charakteristisch sind erhebliche tägl. Temperaturunterschiede, eine lange tägl. Sonnenscheindauer, niedrige Luftfeuchtigkeit und geringe Niederschlagsmengen, die in Abhängigkeit von der Höhenlage von N nach S und SO zunehmen (im Tiefland von Turan 75–150 mm, im bergigen S- und SO-Teil bis 400 mm im Jahr); ihr Maximum liegt im Frühjahr (März/April) und Frühsommer.

Vegetation: Die Karakum hat nur eine spärl. Vegetation aus Saxaul, Beifuß, Salzkraut und Tamarisken. Längs der großen Flüsse wächst Galeriewald (Tugai), in Überschwemmungsgebieten auch Schilfrohr. Im Gebirge gibt es bis in größte Höhen nur Steppen. Die Gebirgsfußoasen am Rande des Kopet-Dag sind das Ergebnis intensiver künstl. Bewässerung.

Bevölkerung: Den Hauptteil der Bev. bilden mit (1995) 77,0 % die →Turkmenen, außerdem leben in T. Usbeken (9,2 %), Russen (6,7 %; zu 95 % in Städten), Kasachen (2 %), Tataren (0,9 %), je 0,2 % Ukrainer, Aserbaidschaner und Armenier sowie 3,6 % Angehörige anderer Nationalitäten. Mit einer Bev.-Dichte von 8,7 Ew. je km^2 gehört T. zu den am geringsten besiedelten GUS-Staaten Mittelasiens. Am dichtesten (100 bis 200 Ew. je km^2) sind die Oasen im Vorland des Kopet-Dag, die Gebiete am Unterlauf von Tedschen und Murgab, das Tal des Amudarja und die am Karakumkanal gelegenen Gebiete besiedelt. Das mittlere jährl. Bev.-Wachstum lag 1985–95 bei 3,3 % (1997: 1,61 %); dazu hat nicht unwesentlich die Zuwanderung aus anderen Gebieten der ehem. Sowjetunion beigetragen. 1926–97 stieg die Ew.-Zahl von 1 Mio. auf 4,23 Mio. an, 39 % der Bewohner sind bis 14 Jahre alt, 57 % 15 bis 64 Jahre und 4 % 65 Jahre alt und älter. Die Stadt-Bev. nahm 1939–95 von 14 % auf 45 % zu, v. a. wegen der industriellen Entwicklung während des Zweiten Weltkriegs und danach. In dieser Zeit entstanden u. a. die Städte Nebit-Dag, Besmein und Tscheleken. Die zunehmende Überbevölkerung auf dem Land führt wegen der Knappheit der Landwirtschaftsflächen zur weiteren Abwanderung in die Städte. Neben der Hauptstadt Aschchabad (1995: 525 500 Ew.) sind (Ew.-Zahl von 1995) Tschardschou (176 000 Ew.), Taschaus (144 000 Ew.), Mary (99 000 Ew.), Nebit-Dag

(99 000 Ew.) und Turkmenbaschi (60 000 Ew.) die größten Städte. Von den Erwerbstätigen waren (1996) 46 % in der Land- und der kaum ausgeprägten Forstwirtschaft sowie 20 % in der Industrie und im Bauwesen beschäftigt.

Religion: Es besteht Religionsfreiheit. Staat und Religion sind nach der Verf. getrennt. Die dominierende Religion ist der sunnit. Islam (überwiegend der hanefit. Rechtsschule), dem mit den Turkmenen, Usbeken, Kasachen, Tataren und Belutschen nominell über 85 % der Bev. zugerechnet werden; eine schiit. Minderheit besteht unter den über 30 000 Aserbaidschanern. Geistlich unterstehen die turkmen. sunnit. Muslime (wie in sowjet. Zeit) dem Muftiat in Taschkent. Seit 1989 wurden zahlr. Moscheen wieder eröffnet bzw. neu errichtet. Neben dem von den offiziellen islam. Institutionen getragenen Islam spielt traditionell der sufistisch geprägte Volksislam eine große Rolle (Verehrung zahlr. Grabstätten bedeutender Scheichs). – Der Anteil der Christen an der Bev. beträgt nach kirchl. Angaben etwa 4 %: Rd. 2,7 % gehören der russisch-orth. Kirche an, rd. 0,7 % der armen. Kirche, rd. 0,6 % der kath. Kirche; die wenigen ev. Christen sind mehrheitlich Baptisten. Für die orth. Christen (Russen und Ukrainer) in T., Usbekistan, Kirgistan und Tadschikistan besteht das russisch-orth. Erzbistum Taschkent; für die kath. Christen wurde 1997 mit der ›Mission T.‹ ein eigener kirchl. Jurisdiktionsbezirk geschaffen.

Bildungswesen: Nach dem Muster des Schulwesens der UdSSR gibt es weiterhin allgemein bildende Mittelschulen (Schulzeit 8–10 Jahre), beruflich-techn. Schulen und mittlere Fachschulen. Unterrichtssprache ist i. d. R. Turkmenisch, vereinzelt aber auch Russisch, Usbekisch und Kasachisch. Russisch überwog in den mittleren Fachschulen und in den Hochschuleinrichtungen, verliert aber zunehmend an Bedeutung. Eine Univ. (gegr. 1950) gibt es in Aschchabad.

Publizistik: Die wichtigsten Zeitungen sind die vom Parlament herausgegebenen, täglich erscheinenden Blätter ›Neltralnyj Turkmenistan‹ und ›Turkmenistan‹ sowie ›Mugallimlar gazeti‹ (Organ des Bildungsministeriums), die Jugendzeitungen ›Nesil‹ und ›Vatan‹ (dreimal wöchentlich), außerdem sechs Wochenzeitungen. Nachrichtenagentur ist ›Turkmen Press‹. Die staatl. Hörfunk- und Fernsehgesellschaft veranstaltet ein Fernsehprogramm und lokale Hörfunkprogramme. Zudem werden Relaissendungen aus Moskau in Russisch und Turkmenisch ausgestrahlt.

WIRTSCHAFT · VERKEHR

Mit einem Bruttoinlandsprodukt (BIP) von (1996) 570 US-$ je Ew. gehört die Rep. T. zu den ärmeren Entwicklungsländern; bereits unter der Sowjetherrschaft war es eine der ärmsten und am wenigsten entwickelten Sowjetrepubliken. Die Wirtschaft, von Korruption und Ineffizienz gekennzeichnet, ist einseitig auf die Erdöl- und Erdgasgewinnung sowie Baumwollerzeugung ausgerichtet. Seit Erlangen der polit. Unabhängigkeit bemüht sich das Land um die Überwindung der einseitigen Wirtschaftsstruktur. Der Übergang zur Marktwirtschaft ist für die Bev. mit einschneidenden Maßnahmen (Abbau von Subventionen, Preiserhöhungen, hohe Inflationsraten) verbunden. 1992 wurde ein Gesetz zur Privatisierung von Staatsbetrieben erlassen, wodurch bis 1997 insgesamt 1 850 Betriebe (bes. aus dem Dienstleistungssektor) entstaatlicht wurden. Außerdem wurden die Bestimmungen für die außenwirtschaftl. Tätigkeit gelockert und im Februar 1993 ein Gesetz über die Privatisierung in der Landwirtschaft verkündet. Im Ggs. zu anderen mittelasiat. GUS-Staaten vollzieht sich jedoch die Einführung marktwirtschaftl. Reformen in T. sehr zögernd. Große Bereiche der Wirtschaft werden weiterhin staatlich kontrolliert. Die Wirtschaft ist noch stark mit der Russlands verbunden; im Ausbau sind im Rahmen der Islam. Organisation für wirtschaftl. Zusammenarbeit (ECO) die Verbindungen (auch auf kulturellem Gebiet) mit dem Iran und der Türkei, die beide mit hohen Investitionen in T. vertreten sind. Auch für den Zufluss von Auslandskapital westl. Staaten wurden 1997 durch die Schaffung sieben freier Wirtschaftszonen Anreize geschaffen.

Turkmenistan: Südwestlicher Rand der Wüste Karakum mit den Bergen aus Tonsteinen, die den Übergang zu dem Gebirgsmassiv des Kopet-Dag bilden

Landwirtschaft: Im Agrarsektor, dessen Anteil rückläufig ist, waren 1996 46 % der Erwerbstätigen beschäftigt, sein Anteil am Gesamtwirtschaftsertrag beträgt jedoch nur etwa 17 %. Die Kolchosen und Sowchosen wurden 1995 zu Bauerngenossenschaften deklariert. Seit 1993 ist der Erwerb von Pachtland für zehn Jahre möglich. Die Landwirtschaft kann nur zu etwa 30 % (nach Schätzungen von 1996) das Land versorgen. Knapp drei Viertel der landwirtschaftl. Wertschöpfung erbringt der Ackerbau, obwohl von der landwirtschaftl. Nutzfläche (nach offiziellen Angaben zwei Drittel der Landesfläche) nur 3 % auf Ackerland, aber 96 % auf Weideland entfallen. Der Ackerbau ist auf Bewässerung angewiesen, die jedoch wegen des hohen Wasserverlustes durch die maroden Bewässerungskanäle (am längsten der Karakumkanal in der →Karakum) und der zunehmenden Versalzung der Böden zu ökolog. Schäden führt. Der hohe Mineraldüngereinsatz verursacht ebenso wie die Ableitung ungeklärten Wassers mit einhergehender Grundwasserverseuchung Gesundheitsschäden in der Bev. Der Anbau ist monokulturartig auf Baumwolle (1996: 1,3 Mio t) ausgerichtet; deren Anbaufläche (1996: 537 000 ha) wurde aber in den letzten Jahren zugunsten des Getreideanbaus (Weizen, Gerste, Reis) verringert. Außerdem werden Futterpflanzen (v. a. Luzerne), Kenaf und Sesam angebaut. Die Hauptanbaugebiete liegen an Amudarja, Murgab, Tedschen sowie in den Oasen am Fuß des Kopet-Dag am Karakumkanal. Bedeutsam sind Baum- und Sonderkulturen (Feigen, Datteln, Granatäpfel, Melonen, Weintrauben), v. a. in den Vorbergen des Kopet-Dag. – Die

Turk Turkmenistan

Viehwirtschaft ist mit rd. 25% an der landwirtschaftl. Produktion beteiligt. Größte Bedeutung hat die Karakulschafzucht, die ebenso wie die beträchtl. Kamelhaltung die dürftigen Naturweiden der Karakum nutzt. Spezialzweige sind die Seidenraupen- und Achal-Tekkiner Pferdezucht.

Bodenschätze: T. besitzt umfangreiche Vorkommen an Erdgas (zugängl. Vorräte 4,5 Billionen m³) und Erdöl (6,3 Mrd. t) im Kaspigebiet und in der Karakum, die in großem Umfang genutzt werden. Etwa 90% der Deviseneinnahmen erbringt die Erdgasförderung (1996: 35,2 Mio. m³), die zu 80% in dem Lagerstättenbereich Dauletobad-Dolmes erfolgt. Über zwei Drittel des Erdöls (Fördermenge 1997: etwa 5,5 Mio. t) wird in den Lagerstätten Kotur-Tepe und Barsa-Helmes gefördert; unter Mithilfe ausländ. Unternehmen (bes. Japan, USA und Türkei), deren Investitionen ein neues Erdölgesetz von Anfang 1997 begünstigt, werden weitere Erdöl- und Erdgaslagerstätten im Festlandssockel des südl. Kasp. Meeres sowie im Festlandsbereich erschlossen. Mittels Fernleitungen, die derzeit noch weitgehend von Russland kontrolliert werden und nur bei Zahlung hoher Transitgebühren von T. genutzt werden können, wird Erdgas nach der Ukraine, nach Aserbaidschan, Armenien, Russland, nach Westeuropa und (seit 1997) nach Iran sowie Erdöl in die Ukraine und nach Moldawien transportiert. Zur Umgehung der hohen Transitgebühren sind die Verlängerung der Erdgasleitung T.-Iran in die Türkei und nach Europa sowie der Bau der Gasleitungen T.-Afghanistan-Pakistan und T.-Aserbaidschan durch das Kasp. Meer bis zum Jahr 2002 geplant und z. T. schon im Bau. Die Förderung anderer Bodenschätze wie Natriumsulfat im Kara-Bogas-Gol, Schwefel bei Gaurdak in Ost-T., der Abbau von Baryt und Bentonit sowie die Gewinnung jod- und bromhaltigen Tiefenwassers und von Gold sind von untergeordneter Bedeutung.

Energiewirtschaft: Die Energieerzeugung (1996: Kapazität 3950 MW, Produktion 9,87 Mrd. kWh) beruht auf den umfangreichen landeseigenen Brennstoffen; die Wärmekraftwerke, die 95% der Elektrizität erzeugen, arbeiten auf der Grundlage von Masut und Erdgas, zu einem sehr geringen Teil von Kohle. 55% der erzeugten Elektroenergie werden exportiert (bes. nach Kasachstan, Tadschikistan und Iran).

Industrie: Etwa 90% der Industrieproduktion wurden 1997 noch von Staatsbetrieben erbracht. Die bedeutendsten Zweige der noch unzureichend ausgebauten verarbeitenden Industrie, die insgesamt nur wenige Betriebe, v. a. in Aschchabad, Tschardschou, Turkmenbaschi, Mary und Taschaus umfasst, sind die traditionelle Textil- (u. a. Baumwollverarbeitung, Teppichherstellung) und die Nahrungsmittelindustrie. Nach 1930 entwickelten sich die chem. Industrie, die neben Erdöl und -gas auch Schwefel und Natriumsulfat verarbeitet, der Maschinenbau (v. a. Anlagen für die Erdöl- und Erdgasindustrie), die Metallverarbeitung und die Baustoffindustrie, in der bes. türk. Arbeitskräfte tätig sind.

Tourismus: Der Tourismus befindet sich in der Entwicklung. Durch die Staatl. Gesellschaft für Tourismus erfolgt der Ausbau von Hotels, des Gastronomiewesens sowie von tourist. Besucherzentren in Aschchabad, dem histor. Merw und im Gebiet der heißen Quellen von Bacharden am Fuß des Kopet-Dag.

Außenwirtschaft: 1996 wurden Waren für 1,5 Mrd. US-$ aus- und für 1,2 Mrd. US-$ eingeführt. Der Handelsüberschuss beruht auf dem hohen Exportanteil von Erdöl und Erdgas. Etwa 55% der Einfuhren kamen 1997 aus den GUS-Staaten, daneben entwickelten sich die USA, die Türkei, Dtl. und Iran zu wichtigen Importländern. Exportgüter sind außerdem Baumwolle, Naturseide, Karakulfelle, Teppiche, Häute, chem. Rohstoffe, Einrichtungen für die Erdölwirtschaft, elektrotechn. Erzeugnisse und Zement, Haupteinfuhrgüter sind Maschinen und Industrieanlagen, Fahrzeuge, Nahrungsmittel (Getreide) und Konsumgüter des tägl. Bedarfs. Wichtige Exportländer sind die GUS-Staaten (bes. Russland), Dtl., Polen, die Tschech. Rep. und die Türkei.

Verkehr: T. besitzt eine wichtige Transitfunktion im Verkehr zw. den Golfstaaten und Europa, wird ihr aber wegen des zurückgebliebenen Verkehrsnetzes, das derzeit mit internat. Hilfe ausgebaut wird, noch nicht gerecht. Die Eisenbahn bewältigt den Hauptteil des Güterverkehrs. Ihr Streckennetz umfasst (1996) 2187 km; Hauptstrecken sind die Transkasp. Eisenbahn mit Zweigstrecken (u. a. von Mary nach Kuschka nahe der Grenze zu Afghanistan), die Strecke Tschardschou–Kungrad (Usbekistan) und (seit 1996) Tedschen–Meschhed (Iran); von Turkmenbaschi besteht eine Fährverbindung nach Baku. Das Fernstraßennetz ist (1996) 23 000 km lang, davon sind 18 300 km befestigt. Etwa 700 km Binnenschifffahrtsstraßen sind auf dem Amudarja und Karakumkanal befahrbar. Größter Hochseehafen ist Turkmenbaschi. Nat. Fluggesellschaft ist die Turkmen Avia. In T. gibt es (1994) 64 Landeplätze (davon 42 mit befestigten Rollbahnen). Der wichtigste Flughafen (bes. für den internat. Flugverkehr) liegt bei Aschchabad.

GESCHICHTE

Anfang des 1. Jt. v. Chr. nomadisierten iran. Skythenstämme auch östlich des Kasp. Meeres. Im Altertum gehörte das Territorium von T. zum pers. Großreich der →Achaimeniden. Mit dem Vordringen der Weißen Hunnen wurden massagetisch-alan. Stämme durch hunnisch-türk. Hephthaliten absorbiert, die bis ins frühe 8. Jh. der (bereits im 7. Jh. begonnenen) arab. Eroberung widerstanden. Ihre Kultur wurde durch Stammesteile der Ogusen (OGUS KHAN als Ahnherr der Turkmenen) im 10. Jh. weitergeführt. Sie waren im 11. Jh. Mitbegründer des Großreichs der Seldschuken (Blütezeit von Merw und Chiwa), später des Osmanenreiches. Diejenigen, die zum Islam bekehrt wurden und sich sesshaft niederließen, erhielten den – schon im 8. Jh. in China bekannten – Namen ›Turkomanen‹ (d. h. Turkmenen).

Im 13. Jh. fielen die Mongolen in T. ein. Nach dem Zerfall der →Goldenen Horde kamen die überwiegend nomadisch lebenden und als Krieger geschätzten Turkmenen seit dem 16. Jh. teilweise unter die lockere Oberhoheit der Khanate Buchara und Chiwa, teils unter die der Perser. Massenumsiedlungen der turkmen. Stämme v. a. im 18. Jh., u. a. bedingt durch das Austrocknen des Sarygamyschsees, führten zu grundlegenden wirtschaftl. und gesellschaftl. Veränderungen, von denen jedoch – trotz zunehmender Sesshaftwerdung der Turkmenen – bis ins 20. Jh. die Stammesstrukturen unberührt blieben. Im letzten Drittel des 19. Jh. unterwarf Russland die meisten turkmen. Stämme (nach Gründung der russ. Militärsiedlung Krasnowodsk 1869 und einer Niederlage gegen die Tekke-Turkmenen 1879 blutige Eroberung der turkmen. Festung Gök-Tepe 1881 sowie Einnahme von Merw 1884). 1890–98 ging das ›Transkaspien‹ genannte Gebiet von der turkmen. in die turkestan. Verwaltung über; das Gewohnheitsrecht und die Aul-Autonomie wurden davon nicht berührt, etwa 140 000 Turkmenen verblieben relativ autonom in den usbek. Gebieten von Chiwa, 120 000 in Buchara. 1916 beteiligten sich die Turkmenen am zentralasiat. Aufstand gegen die russ. Verwaltung. Nach der Oktoberrevolution leisteten sie (bes. unter DSCHUNAID KHAN bis 1928) erbitterten Widerstand gegen die Errichtung der bolschewist. Herrschaft. 1918–24 war T. Bestandteil der Turkestan. ASSR. Am 27. 10. 1924 (offizielles

Gründungsdatum 14. 2. 1925) wurde aus einem Teil dieser sowie aus Gebieten der Sowjetrepubliken Buchara und Choresm (Chiwa) die Turkmen. SSR gebildet. Ende der 1920er-/Anfang der 1930er-Jahre wurde die mit der zwangsweisen Sesshaftmachung der Nomaden verbundene Kollektivierung der Landwirtschaft durchgeführt. Die Säuberungen unter STALIN richteten sich u. a. gegen die junge nat. Intelligenz und nationalkommunist. Kräfte.

Die 1985 in der Sowjetunion eingeleitete Politik der Perestroika wirkte sich in T. kaum aus. Dem Beispiel anderer Unionsrepubliken folgend, erklärte T. am 22. 8. 1990 seine Souveränität innerhalb der Sowjetunion und nach einem Referendum am 27. 10. 1991 seine Unabhängigkeit (Umbenennung in Rep. T.). Die Ende 1991 aus der KP hervorgegangene Demokrat. Partei T.s konnte sich die Macht sichern. Am 21. 12. 1991 trat T. der Gemeinschaft Unabhängiger Staaten (GUS) bei, am 2. 3. 1992 wurde es Mitgl. der UNO. Nach Annahme einer neuen Verf. (18. 5. 1992), die ein Präsidialsystem festschrieb, wurde Staatspräs. S. NIJASOW (im Amt seit 1990) im Juni 1992 wiedergewählt; als ›Turkmenbaschi‹ (›Führer aller Turkmenen‹) von einem zunehmenden Personenkult umgeben und autokratisch regierend, ließ er sich per Referendum 1994 seine Amtszeit bis 2002 verlängern. Außenpolitisch führte T. seine engen Beziehungen zu Russland fort (bes. auf militär. und sicherheitspolit. Gebiet, 1993 Abkommen zur Gewährung einer doppelten Staatsbürgerschaft für die in T. lebenden Russen), baute jedoch auch die Verbindungen zur Türkei und zu Iran, mit dem es eine über 1 000 km lange Grenze hat, aus.

Biogeography and ecology of T., hg. v. V. FET u. a. (Dordrecht 1994); T., hg. v. der Weltbank (Washington, D. C., 1994); R. GÖTZ u. U. HALBACH: T. Informationen über eine unbekannte Rep., 2 Bde. (1995); S. K. u. S. L. BATALDEN: The newly independent states of Eurasia. Handbook of former Soviet Republics (Phoenix, Ariz., ²1997).

Turkmenistan-Manat, Abk. **TMM,** Währungseinheit in Turkmenistan seit 1994, 1 TMM = 100 Tenge.

Turkologie *die, -,* die Wiss. von Sprache, Literatur und Kultur der →Turkvölker. Als ihr frühestes Werk gilt M. AL-KASCHGHARIS arabisch verfasste Darstellung der alttürk. Sprache (11. Jh.).

I. e. S. die **Osmanistik,** entwickelte sich die T. in Europa seit dem 15. Jh. durch die Berührung mit den vordringenden osman. Türken und aus der Notwendigkeit, sich geistig mit ihnen auseinander zu setzen. Die sprachl. Forschung begann im 17. Jh. und erreichte mit J. VON HAMMER-PURGSTALL ihren ersten Höhepunkt. Zu den führenden deutschsprachigen Vertretern gehören u. a. FRIEDRICH VON KRAELITZ-GREIFENHORST (* 1876, † 1932), F. BABINGER, HERBERT DUDA (* 1900, † 1975), PAUL WITTEK (* 1894, † 1978), RICHARD KREUTEL (* 1916, † 1981), HANS-JOACHIM KISSLING (* 1912, † 1985) und A. TIETZE. Auch in Frankreich (J. DENY), Italien, Großbritannien (u. a. ELIAS GIBB, * 1857, † 1901), Ungarn, Polen, Russland, Skandinavien, den Niederlanden und später v. a. in der Türkei (u. a. MEHMET FUAT KÖPRÜLÜ, * 1890, † 1966) wurde sie gepflegt.

Eine T. i. w. S. entwickelte sich nach dem Bekanntwerden innerasiat. Turkstämme und ihrer Sprachen durch Entdeckungsreisen, nach der Entzifferung der alttürk. →Orchoninschriften durch VILHELM THOMSEN (* 1842, † 1927) und nach der Entdeckung wichtiger Handschriften in Ostturkestan (Turfan). Diese **Gesamtturkologie,** die sich mit der ganzen turksprachigen Welt befasst, entwickelte sich z. T. im Rahmen der altaischen und in Kontakt mit der ural. Philologie. Zu den führenden deutschsprachigen Vertretern zählen u. a. WILHELM BANG-KAUP (* 1869, † 1934), F. W. RADLOFF, ANNEMARIE VON GABAIN (* 1901, † 1993), NIKOLAJ NIKOLAJEWITSCH POPPE (* 1897, † 1991), K. H. MENGES, J. BENZING und G. DOERFER. Bes. aktiv auf den Gebieten der außerosman. T. waren u. a. auch ungar., russ., skandinav. und frz. Gelehrte.

Zur weiteren Entfaltung der T. in den letzten Jahrzehnten haben v. a. die neuen Schriftsprachen und Literaturen der Turkvölker in der ehem. Sowjetunion und in China sowie die wachsende Beteiligung von Angehörigen aller Turkvölker beigetragen.

J. BENZING: Einf. in das Studium der altaischen Philologie u. der T. (1953); Philologiae Turcicae Fundamenta, hg. v. J. DENY u. a., 2 Bde. (1959–64); T., Beitr. v. A. VON GABAIN (Leiden 1963, Nachdr. ebd. 1982); K. H. MENGES: The Turkic languages and peoples (Wiesbaden 1968); P. B. GOLDEN: An introduction to the history of the Turkic peoples (ebd. 1992); T. heute, hg. v. N. DEMIR u. E. TAUBE (1998). – Weitere Literatur →Turksprachen.

Turkomanen, Turkvolk in Zentralasien, die →Turkmenen.

Turksib, Kurz-Bez. für die →Turkestan-Sibirische Eisenbahn.

Turksprachen, türkische Sprachen, die Sprachen der →Turkvölker. Sie werden den →altaischen Sprachen zugerechnet, obwohl ihre Urverwandtschaft umstritten ist und die Gemeinsamkeiten z. T. auf Sprachkontakteinflüsse zurückgeführt werden.

Die T. gliedern sich in folgende Gruppen: 1) SW-Gruppe (Ogusisch): Osmanisch/Türkeitürkisch (→türkische Sprache), Aserbaidschanisch, Khorasantürkisch, Turkmenisch u. a.; 2) SO-Gruppe (Uigurisch): Usbekisch und osttürk. Vorläufersprachen, Neuuigurisch u. a.; 3) NW-Gruppe (Kiptschakisch): Tatarisch, Baschkirisch, Krimtatarisch, Kasachisch, Karakalpakisch, Kirgisisch, Nogaisch, Kumückisch, Karaimisch, Karatschaisch-Balkarisch; das Kumanische kann als ein Vorläufer gelten; 4) NO-Gruppe: südsibir. T. (Altaitürkisch, Chakassisch, Tuwinisch u. a.), nordsibir. T. (Jakutisch, Dolganisch); 5) Tschuwaschisch (im Wolgagebiet), vom Gemeintürkischen stark abweichend; Vorläufer ist Wolgabulgarisch (→Protobulgaren); 6) Chaladschisch (Mittelpersien), mit stark archaischen Zügen.

Die Schriftsprachen lassen sich grob periodisieren: 1) Ältere Periode (›Alttürkisch‹): a) Alttürkisch i. e. S. (ältere Bez. ›Köktürkisch‹ oder ›Runentürkisch‹, bes. die türk. Sprache der →Orchoninschriften; runenartige Inschriften und Handschriften, 8.–11. Jh.; b) (Alt-)Uigurisch; Handschriften in versch. Alphabeten, 11.–12. Jh.; c) Karachanidisch; islam. Spracheinflüsse, vorwiegend arab. Schrift, 11.–12. Jh. 2) Mittlere Periode (›Mitteltürkisch‹): Charismtürkisch, Wolgabulgarisch, Altkiptschakisch, Altosmanisch, Frühdschagataisch; ab 13. Jh., bei regional versch. Periodisierung. 3) Neuere Periode (Übergangsformen): Mittel- und Spätosmanisch, Spätdschagataisch, Wolga-Türki u. a.; ab 16. Jh. 4) Moderne Periode (jüngste Sprachformen): Türkeitürkisch, Aserbaidschanisch, Gagausisch, Turkmenisch, Tatarisch, Baschkirisch, Krimtatarisch, Kumückisch, Nogaisch, Tschuwaschisch, Usbekisch, Kasachisch, Karakalpakisch, Kirgisisch, Neuuigurisch, Altaitürkisch, Chakassisch, Tuwinisch, Jakutisch.

Charakteristisch für den Sprachbau der T. sind reiche Erweiterungsmöglichkeiten der Stammwörter durch Suffixe, Regelmäßigkeit in der Formenlehre, Lautharmonie, u. a. →Vokalharmonie (in den Einzelsprachen unterschiedlich wirkend), Stellung des Prädikatskerns am Satzende, vorangestellte →Komplemente und Attribute (auch als ganze Satzgefüge). Im Wortschatz finden sich bereits in den alten Sprachstufen Lehnwörter aus Nachbarsprachen: indoiran. und chin., seit dem 10. Jh. arab. und pers., seit dem 13. Jh. auch mongol. Herkunft. In der Neuzeit gewinnt europ. Wortgut an Bedeutung. Bei den Schriftsprachen innerhalb der ehem. Sowjetunion ist der Einfluss des Russischen z. T. erheblich. In einer

Turk Turks- und Caicosinseln – Turkvölker

Reihe ehem. Sowjetrepubliken mit T. wurden Anfang der 1990er-Jahre eine Reform der auf der kyrill. Schrift basierenden Graphie und der Übergang zur Lateinschrift diskutiert bzw. eingeleitet.

W. RADLOFF: Versuch eines Wb. der Türk-Dialecte, 4 Bde. (St. Petersburg 1893-1911, Nachdr. Den Haag 1960, Reg.-Bd.: Index der dt. Bedeutungen, 1972); J. BENZING: Einf. in das Studium der altaischen Philologie u. der Turkologie (1953); Philologiae Turcicae Fundamenta, hg. v. J. DENY u. a., Bd. 1 (1959); M. RÄSÄNEN: Versuch eines etymolog. Wb. der T., 2 Bde. (Helsinki 1969-71); G. CLAUSON: An etymological dictionary of pre-thirteenth-century Turkish (Oxford 1972); H. W. BRANDS: Studien zum Wortbestand der T. (Leiden 1973); G. HAZAI u. B. KELLNER-HEINKELE: Bibliograph. Hb. der Turkologie. Eine Bibliogr. der Bibliogr. vom 18. Jh. bis 1979, Bd. 1 (Budapest 1986); L. JOHANSON: Linguist. Beitrr. zur Gesamtturkologie (Budapest 1991); A. RÓNA-TAS: An introduction to turkology (Szeged 1991); L. JOHANSON: Strukturelle Faktoren in türk. Sprachkontakten (1992); Sprach- u. Kulturkontakte der türk. Völker, hg. v. J. P. LAUT u. K. RÖHRBORN (1993); Laut- u. Wortgesch. der Türksprachen, hg. v. B. KELLNER-HEINKELE u. M. STACHOWSKI (1995).

Turks- und Caicos|inseln [tə:ks- 'kaıkəs-], engl. **Turks and Caicos Islands** [- ənd - 'aıləndz], brit. Kronkolonie im Bereich der Westind. Inseln, bei 21°–22° n. Br. und 71°–72°30′ w. L., 430 km², (1995) 13 800 Ew.; Verw.-Sitz ist Cockburn Town auf der Insel Grand Turk. Englisch ist Amts- und Umgangssprache. Währung: 1 US-Dollar (US-$) = 100 Cents (c, ¢). Zeitzone: Eastern Standard Time. – Die zw. den Bahamainseln (geographisch eine Fortsetzung von diesen) und Hispaniola gelegenen etwa 30 flachen, aus Kalkstein aufgebauten Inseln umfassen die **Caicosinseln** mit den bewohnten Inseln Grand Caicos (Middle Caicos; 188 km², 280 Ew.), North Caicos (1 300 Ew.), South Caicos (1 200 Ew.) und Providenciales (5 600 Ew.) sowie die **Turksinseln** mit den bewohnten Inseln Grand Turk (24 km², 3 800 Ew.) und Salt Cay (210 Ew.). Beide Inselgruppen werden durch die Turks Island Passage, eine 30 km breite Meeresstraße, voneinander getrennt. Das Klima (500–800 mm Jahresniederschläge) steht unter Passateinfluss, die Durchschnittstemperaturen liegen zw. 24 °C (Januar) und 28 °C (Juli); es besteht zw. Juni und November Hurrikangefahr. – Rund zwei Drittel der Bev. sind Schwarze, ein Drittel Mulatten; die Zahl der Weißen und Asiaten ist gering. Mehrheitlich gehört die Bev. prot. Kirchen an. Erst der in jüngster Zeit verstärkte Fremdenverkehr (1971: 2 740; 1990: 48 800 Besucher; 1995: 79 000) stellt die Vollbeschäftigung der Bev. sicher. Wichtigstes Zentrum dafür ist Providenciales. Die meisten Bewohner der anderen Inseln sind Fischer (exportiert werden Langusten, Muscheln und Fische, v. a. in die USA), die nebenher etwas Landwirtschaft betreiben (Anbau von Mais, Bohnen, Obst und Gemüse). Auf Salt Cay wurde bis 1990 Meersalz gewonnen. In den 1980er-Jahren wurde ein Offshore-Finanzzentrum im Wirtschafts- und Regierungszentrum Grand Turk eingerichtet. Die bewohnten Inseln sind auf dem See- und Luftweg (Linienverkehr mit Miami, Haiti, der Dominikan. Rep., Kuba und den Bahamas) erreichbar. Wichtigster Flughafen ist Providenciales. – Die Inseln, 1512 von J. PONCE DE LEÓN entdeckt, sind seit 1766 britisch; mehrfach wechselnd der Verw. der Bahamainseln und Jamaikas unterstellt, seit 1793 eigenständige Kronkolonie.

Turku, schwed. **Åbo** ['o:bu:], Hauptstadt der Prov. Turku-Pori, Finnland, am Bottn. Meerbusen, 162 400 Ew. (5,1 % schwedischsprachig); luther. Erzbischofssitz; Oberlandesgericht; schwedischsprachige Univ. (Åbo Akademi, eröffnet 1922), finnischsprachige Univ. (gegr. 1920) und Wirtschaftshochschule, Technikum; Provinz-, Kunst-, Handwerks-, Naturkunde-, Sibelius-, Väinö-Aaltonen-Museum, Museumsschiff; Schiffbau, Metall-, Nahrungsmittel-, Textil- und Bekleidungsindustrie; Fremdenverkehr; Seehafen, Fähr-

Turku: Schloss; um 1300 und 14.–17. Jh.

verbindungen zu den Ålandinseln und nach Stockholm, Flughafen. – Domkirche (1290 geweiht; beim Stadtbrand 1827 beschädigt; 1929 restauriert); Observatorium (1818, von J. C. L. ENGEL); Rathaus (1885); Schloss (um 1300; weitere Bauphasen 14.–17. Jh.). Am Domplatz klassizist. Gebäude (ehem. Gebäude der Åbo-Akademi, 1802–15) sowie das heutige Hauptgebäude der Akad. (1832–33), Bibliothek der Åbo-Akademi (1955–57), dahinter der ›Bücherturm‹ von E. BRYGGMAN (1935–36); die Neubauten der Univ. auf einer Anhöhe von A. ERVI (1956–59). Orth. Kirche der hl. Alexandra (1846) nach Plänen von ENGEL; Friedhofskapelle (1938–41, von BRYGGMAN). Kultur- und Sportstadion ›Typhoon‹ (1988–90). – Die 1154 erstmals erwähnte Stadt war seit dem 13. Jh. ein bedeutender Handelsplatz und die wichtigste Festung Finnlands sowie bis 1812 finn. Hauptstadt. 1276 wurde T. (erster finn.) Bischofssitz; er wurde 1528 lutherisch. 1640–1828 besaß T. eine Univ. (nach dem Stadtbrand von 1827 nach Helsinki verlegt). Mit dem Anschluss an das Eisenbahnnetz (1876) entwickelte sich T. zu einer bedeutenden Industrie- und Handelsstadt.

Turku-Pori, finn. **Turun ja Porin lääni** [-'læ:ni], schwed. **Åbo och Björneborgs län** ['o:bu: ɔk bjœrnə'bɔrjs 'læ:n], Prov. in SW-Finnland, 20 719 km², 700 700 Ew. (3,9 % schwedischsprachig); Hauptstadt ist Turku. T.-P. hat die besten Ackerböden des Landes (Weizen, Zuckerrüben, Raps u. a.) und vielseitige Industrie.

Turkvölker, Sammelbegriff für alle Völker und Volksgruppen mit einer →Turksprache. Sprachen dieser Familie sind vom Balkan bis nach China, vom Polarkreis bis zum südl. Iran unter rd. 130 Mio. Menschen (1990) verbreitet. Es besteht keine Klarheit darüber, unter welchen abendländ. und chin. Bezeichnungen in früherer Zeit T. zu verstehen sind. Viele Forscher sind geneigt, in den Hunnen oder in Teilen von ihnen Vorfahren der T. zu sehen; mit einiger Wahrscheinlichkeit gehörten im 6./7. Jh. Teile der →Awaren 1) zu den T. Diese westl. Ausläufer einer sich durch Innerasien bis nach China erstreckenden Völkergruppe lebten im pontisch-kaspisch-aral. Steppengebiet, wo sich etwas später die sicher zu den T. gehörenden Chasaren, Petschenegen und Ogusen finden; sie führen aber, außer den Ogusen, die Bez. T. wohl ebenso wenig wie die Wolgabulgaren und Nachfahren, die Tschuwaschen. Auch die T. Sibiriens, z. B. die Kimäk (9./10. Jh. in W-Sibirien) und die vermutlich aus diesen hervorgegangenen und nach W gezogenen Kiptschak (zu denen die Kumanen gehörten), scheinen sich nicht zu den T. gerechnet zu haben.

Etwa 96 % der heutigen T. sind Muslime. Die Gagausen im westl. Schwarzmeergebiet und (mehrheitlich) die Tschuwaschen sind orth. Christen, ebenso kleinere Gruppen der Baschkiren (Nagaibak) und der

---

Turku

Stadt in Finnland

· am Bottnischen Meerbusen

· 162 400 Ew.

· Provinzmuseum (im ehemaligen Schloss)

· zwei Universitäten

· Industriestandort

· Hafen

· Dom (13. Jh.)

· 1154 erstmals genannt

· bis 1812 Hauptstadt Finnlands

Tataren (Krjaschen). Unter den Altaiern, Chakassen, Schoren, Tofalaren, Jakuten und den urspr. tungus. Dolganen sind neben dem Christentum Traditionen des Schamanismus verbreitet. Die Tuwinen bekennen sich mehrheitlich zum Lamaismus. Eine Sonderstellung nehmen die turksprachigen →Karäer (Karaimen) ein.

Turkwell Gorge [ˈtɔːkwel gɔːdʒ], Staudamm in NW-Kenia, in einer Schlucht des Turkwell, eines vom NO-Hang des Elgon kommenden Zuflusses des Turkanasees; der 153 m hohe, 150 m lange Damm, 1991 vollendet, staut ein Reservoir mit 1,6 Mrd. m³ Fassungsvermögen.

Türlin, 1) Heinrich von dem, mittelhochdt. Epiker, →Heinrich, H. von dem Türlin.
2) Ulrich von dem, mittelhochdt. Dichter, →Ulrich, U. von dem Türlin.

Turm [mhd. turn, turm, über das Altfrz. von lat. turris], 1) *Bautechnik:* hohes Bauwerk, dessen Grundfläche im Verhältnis zur Höhe gering ist und in dem es im Unterschied zum Hochhaus i. d. R. keine Wohn- oder Gewerberäume gibt. Die meisten T. dienen techn. Zwecken, z. B. als Fernmelde-T. (→Funkturm), Förder-T., Kühl-T., Leucht-T., Bohr-T. oder Wasser-T., aber auch als Aussichts-T. oder als Bestandteil militär. Anlagen (Wach-T., Festungs-T.). In vielen Religionen haben T. (z. B. Kirch-T., Glocken-T.) durch ihre aufstrebende Form eine symbol. Bedeutung für die Bindung zw. Himmel und Erde bzw. zw. Gott und Mensch.

Höhen einiger Türme (in m, gerundet)

Sendemast von Radio Warschau in Konstantynów[1]	646
Fernsehmast in Fargo (N.D., USA)	629
CN Tower im Metro Center Toronto[2]	553
Ostankino Fernsehturm in Moskau	541
Fernsehturm in Berlin[3]	365
Fernmeldeturm in Frankfurt am Main	331
Eiffelturm in Paris (mit Antenne 320,8 m)	300
Fernsehturm in München	290
Fernsehturm in Sankt Chrischona (Kt. Basel-Stadt)	248
Kabeltürme der Golden-Gate-Brücke in San Francisco	227
Fernsehturm in Stuttgart[4]	211
Kirchturm des Ulmer Münsters[5]	161
Kirchturm von St. Martin und Kastulus in Landshut[6]	131
Glockenturm ›Torrazzo‹ in Cremona	111
›Schiefer Turm‹ in Pisa	55

[1] 1991 umgestürzt, bis dahin höchstes Bauwerk der Erde. – [2] höchster, nicht kabelverankerter Turm. – [3] höchster Turm in Deutschland. – [4] erster Stahlbetonfernsehturm, erbaut 1954/55. – [5] höchster Kirchturm. – [6] höchster Ziegelsteinturm.

Frühere T. bestanden v. a. aus Holz oder Mauerwerk, heute haben Stahl und Stahlbeton Höhen von einigen Hundert Metern ermöglicht. Die durch Wind, aber auch durch Sonneneinstrahlung infolge einseitiger Erwärmung hervorgerufenen horizontalen Verschiebungen können bis zu 0,3 m betragen, die bei der geringen Schwingfrequenz (bei Wind) von 0,1 bis 0,5 Hz von sich auf dem T. aufhaltenden Menschen nicht wahrgenommen werden. Für die Fundamentierung hoher Stahlbeton-T. haben sich vorgespannte Ringfundamente bewährt, deren Durchmesser je nach Bodenverhältnissen, Kopfaufbauten und Antennenplattformen nur noch etwa ein Zehntel der Höhe des T. beträgt.

Geschichte: Als ältester T. kann der einst 13,5 m hohe, runde Wach-T. von Jericho gelten (um 7000 v. Chr.), Teil der Stadtmauer. Die Bibel berichtet vom aus Hybris errichteten →Babylonischen Turm, es handelt sich dabei offensichtlich um einen der in Mesopotamien verbreiteten Tempel-T. (→Zikkurat). Aus der griech. Antike sind T. fast unbekannt, mit Ausnahme v. a. von Signal- und Leucht-T. (Leucht-T. von Pharos, um 279 v. Chr. vollendet, eines der sieben Weltwunder). Das Lysikratesmonument (334 v. Chr.) in Athen reduziert die Tholos auf eine T.-Form. Aus hellenist. Zeit (1. Jh. v. Chr.) stammt das Athener Gebäude für eine Wasseruhr (→Turm der Winde). Auch Mausoleen hatten z. T. T.-Gestalt, z. B. röm. Grabbauten (→Grabmal). Die Aurelian. Mauer von Rom (272ff.) erhielt über 300 Türme. Byzantin. Baumeister folgten dieser Bauweise (z. B. Konstantinopel, Wormser Dom; →Romanik; Abteikirche von Maria Laach: →deutsche Kunst; →Notre-Dame-de-Paris; Kathedrale von Laon: →Gotik) blieb in der Kathedralbaukunst gebräuchlich bis in die Spätgotik (BILDER: Saint-Gatien →Tours; Kölner Dom: →Köln). Im dt. Kirchenbau wurde seit dem 14. Jh. die Einturmfassade bevorzugt, die im 15. Jh. auch im Kathedralbau zur Geltung kam (z. B. Freiburger Münster, BILD →Freiburg).

In der Festungsbaukunst des MA. hatte der T. eine zentrale Funktion. Als Bergfried oder Donjon war er Kern der Verteidigungsanlage, die weitere T. (v. a. Eck- und Tor-T.) besaß (BILDER →Burg; →Angers; →Chillon; →Olite). Auch die Stadtmauern und -tore wurden mit T. verstärkt oder überhöht (BILDER →Holstentor; →Mindelheim; →Stendal; →Tangermünde). Brücken-T. wurden bes. auch zur Einziehung von Zoll errichtet (BILDER →Cahors; →Metz; Altstädter Brücken-T. in Prag: →Parler, Peter). In mittelalterl. Städten Umbriens, der Toskana und Liguriens wuchsen die Stadtburgen der Patrizier zu T. empor (→Geschlechterturm). Mit dem Einsatz mauerbrechender Feuerwaffen verlor der T. im Festungsbauwesen seine Bedeutung.

Seit dem späten MA. waren in wohlhabenden Kaufmanns- und Handelsstädten Rathaus-T. (BILD →Siena), Glocken-T. (Belfried, BILD →Brügge) und Uhr-T. (BILD →Big Ben) Ausdruck bürgerl. Selbstbewusstseins. In der Schlossbaukunst des späten MA. und der Renaissance hatten Treppen-T. neben ihrem eigentl. Nutzen auch eine ästhet. Funktion in der Gliederung des Baukörpers. In der Sakralarchitektur des Barock war der T. weiterhin bedeutendes Bauglied, während er in der Profanarchitektur kaum eine Rolle spielte.

Mit der Entwicklung der Technik und Industrie im 19. Jh. bekam der T.-Bau neue Aufgaben als Wasser-T., Aussichts-T. (Eiffel-T. in Paris, 1885–89), Förder-T. (Malakoff-T., BILD →Bochum). Als neuer Typ trat im späten 19. Jh. der Denkmal-T. hinzu (›Bismarcktürme‹). T.-Bauten mit Memorialcharakter leben im 20. Jh. weiter (Hochzeits-T. in Darmstadt von J. M. OLBRICH; Einstein-T. in Potsdam von E. MENDELSOHN). Mit den neuen Baustoffen (Stahlbeton)

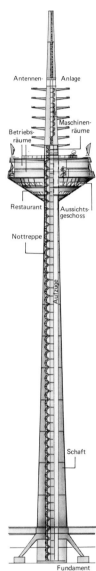

Turm 1): Querschnitt des Fernmeldeturms in Frankfurt am Main; Höhe 331 m

Turm   Turmair – Turmfalke

Turm der Winde in Athen; 3. Viertel des 1. Jh. v. Chr.

verwischen sich die Grenzen zw. T.-Bau und Hochhausbau (→Hochhaus), mit dem Fernseh-T. entstand eine neue T.-Form. – Turmähnliche außereurop. Bauten sind das →Minarett im islam. Bereich, der ind. →Stupa und seine zahlr. Abwandlungen, einschließlich der →Pagode in O-Asien, ferner die z. T. hohen Versammlungshallen der großen Tempelanlagen in Indien, Kambodscha und Thailand (BILDER →Prambanan; →Sukhothai) sowie Tor-T. (→Gopura).

2) *Schach:* Abk. **T**, Schachfigur, die sich gradlinig (parallel zu den Seiten des Brettes) in alle Richtungen beliebig weit bewegen kann.

Turmair, Johannes, Geschichtsschreiber, →Aventinus, Johannes.

Turmalin [frz. tourmaline, von singhales. turamalli] *der, -s/-e,* Gruppe von trigonalen, zu den Ringsilikaten gehörenden Mineralen, die versch. Farbvarietäten aufweisen und untereinander Mischkristalle bilden; allgemeine chemische Zusammensetzung: $XY_3Z_6[(OH)_4(BO_3)_3Si_6O_{18}]$, wobei X für Na, K, Li oder Ca, Y für Mg, Fe^{II}, Mn oder (Li, Al) und Z für Al, z. T. auch Fe^{III} oder Cr^{III} steht; Härte nach MOHS 7–7,5, Dichte 2,90–3,25 g/cm³; durchsichtig bis durchscheinend. T. bildet ein- oder aufgewachsene, säulig lang gestreckte und gestriefte oder gedrungene Kristalle, oft in säuligen, nadeligen und radialstrahligen Aggregaten (›T.-Sonnen‹), seltener dichte, feinkörnige und kryptokristalline Massen. Die Farbe wechselt je nach chem. Zusammensetzung (Anteil an Eisen, Chrom, Mangan, Magnesium, Lithium, Cäsium u. a.): **Achroit** (farblos bis blassgrün), **Rubellit** (rot), **Apyrit** (pfirsichrot), **Siberit** (lilarot bis violettblau), **Indigolith** (blau), **Dravit** (braun bis grün), **Verdelith** (grün), **Chrom-T.** (tiefgrün), **Schörl** (schwarz), **Buergerit** (fast schwarz), **Tsilaisit** (dunkelgelb), **Uvit** (braun). Es gibt auch an einem Kristall zonar oder in der Längserstreckung versch. Farben, z. B. fast farblose T. mit schwarzem Kristallende (›Mohrenköpfe‹ von der Insel Elba), grüne T. mit rotem Ende (›Türkenkopf‹), T. mit rotem Kern und grüner Hülle und umgekehrt. Die meisten T. sind pegmatitisch-pneumatolyt. Bildungen (in Granit), manche sind wahrscheinlich hydrothermal entstanden; infolge der großen Härte kommen T. auch in Seifenlagerstätten vor. Wegen des starken Pleochroismus (Dichroismus) und der piezoelektr. Eigenschaften sind T. technisch wichtig; gelegentlich werden sie zur Gewinnung von Bor genutzt. Bes. gut ausgebildete Kristalle dienen als Schmucksteine. Größere T.-Vorkommen gibt es in Brasilien (Minas Gerais), Namibia, Moçambique, Madagaskar, USA (Maine, Kalifornien), Tasmanien, Bolivien, Tansania, Simbabwe, Angola, Australien, im Ural.

Turmalin: oben Kristalle mit zonarer Farbbänderung; unten schwarze Kristalle in Glimmerschiefer

Holländer brachten 1703 erstmals T. von Ceylon nach Europa, zogen mit erwärmten Kristallen die Asche aus ihren Pfeifen (piezoelektr. Effekt) und nannten sie daher Aschentrekker (›Aschenzieher‹).

F. BENESCH: Der T. (1990).

Turmalinkatzen|auge, grüner (Verdelith) oder roter (Rubellit), auch trüber Turmalin aus Kalifornien mit wogendem Lichtschein.

Turmalinzange, *Optik:* einfacher älterer Polarisationsapparat, v. a. zur Beobachtung opt. Achsenbilder von Kristallen in konvergentem Licht. Die T. besteht aus zwei parallel zur opt. Achse geschnittenen Turmalinplatten, deren Fassungen elastisch gegeneinander beweglich sind. Eine zu untersuchende Kristallplatte wird zw. die beiden Fassungen geklemmt und mit dieser ›Zange‹ vor das Auge gehalten. – Die Turmalinplatten lassen praktisch nur die außerordentl. Welle hindurch und können folglich als Polarisator und Analysator verwendet werden. (→Polarisation).

Turmberg, poln. **Wieżyca** [vjɛˈʒitsa], höchste Erhebung (331 m ü. M.) des Balt. Landrückens, in N-Polen, südwestlich von Danzig; Naturschutzgebiet.

Turm der Winde, achteckiger Marmorbau aus dem dritten Viertel des 1. Jh. v. Chr. am röm. Markt in Athen, benannt nach den acht Reliefs der Windgötter unterhalb des Gesimses. Es handelt sich um ein Horologium mit einer Wasseruhr u. a. Einrichtungen, außen Sonnenuhren sowie früher, als Windanzeiger, einem bronzenen Triton. Als Techniker wird ANDRONIKOS VON KYRRHOS (in Makedonien) genannt.

Türme des Schweigens, Bez. für Bestattungsstätten der Parsen, die zwar offiziell Dakhmas (Verbrennungsstätte, Scheiterhaufen) heißen, jedoch nicht der Leichenverbrennung, sondern der Luftbestattung dienen: in drei konzentr. Kreisen (für Männer, Frauen und Kinder) errichtete, oben offene Türme, in denen die Verstorbenen den Aasvögeln ausgesetzt werden. In Iran von RESA SCHAH (1925–41) verboten.

Türmer, Der, dt. Kulturzeitschrift (1898–1943) mit protestantisch-konservativer Grundhaltung; vertrat in den 1920er-Jahren einen völk. Standpunkt; im T. gingen u. a. die ›Dt. Monatshefte‹ (1930) auf.

Turmfalke (Weibchen; Größe 32–35 cm)

Turmfalke, Falco tinnunculus, Art der →Falken, die 32–35 cm groß wird. Das Männchen ist an Oberkopf und Schwanz blaugrau, Letzterer mit dunkler Binde vor dem Endrand; der Rücken ist rotbraun, die Unterseite hell sandfarben, beide zerstreut dunkel gefleckt. Beim Weibchen sind Kopf und Schwanz braun, und die dunkle Musterung ist allgemein wesentlich dichter. Der T. bewohnt den größten Teil Eurasiens und Afrikas, fehlt aber im trop. Regenwald und in großen Wüsten. In Dtl. ist er wohl der häufigste Greifvogel, der sogar in Städten brütet. Als Brutplatz dienen verlassene größere Nester, z. B. von Krähen, sowie Höhlungen in Mauern, Türmen oder Felswänden. Seine Hauptbeute sind Mäuse. Charakteristisch für seine Jagdweise ist der häufig zu beobachtende Rüttelflug. Der T. kann bis 16 Jahre alt werden.

William Turnbull: Pferd; 1954 (London, Tate Gallery)

Turmkraut, Arabis glabra, Art der Kreuzblütlergattung Gänsekresse mit buchtig gezähnten bis leierförmigen Grundblättern und pfeilförmigen, stängelumfassenden bläulich grünen Stängelblättern; Blüten gelblich weiß; verbreitet an warmen, trockenen Standorten wie Gebüschen, Wäldern.

Turm|musik, Musikstücke, die v. a. im 16. und 17. Jh. von Stadtpfeifern oder Ratstrompetern zum →Abblasen vom Turm herab bestimmt waren, so u. a. das vierstimmige Quatricinium. Im 20. Jh. wurde, ausgehend von LUDWIG PLASS (* 1864, † 1946) in Berlin (1914), versucht, die T. neu zu beleben (W. HENSEL, 1922; P. HINDEMITH, 1932).

Turmschädel, Akrozephalus, Schädelfehlbildung, die durch eine Verkürzung des (Längs-)Durchmessers bei gleichzeitiger Überentwicklung der Schädelhöhe mit steilem Anstieg von Stirn und Hinterkopf gekennzeichnet ist; Ursache ist eine vorzeitige Verknöcherung einzelner Schädelnähte (Kranz- und Pfeilnaht).

Turmschnecken, Turritellidae, zu den Vorderkiemern gestellte Schnecken mit rd. 50 Arten in allen Meeren; mit meist hochgetürmter Schale mit vielen Windungen, längerem Siphonalkanal und charakterist. Schalenschlitz an der Mündung. Am großen Kopf befinden sich lange Fühler, der Fuß ist kurz. T. leben unterhalb der Gezeitenzone, sie ernähren sich vorwiegend filtrierend.

Turmspringen, *Schwimmsport:* →Wasserspringen.

Turmteleskop, Sonnenturm, feststehend in einem Turm eingebautes Fernrohr (Teleskop), in das das Licht der Sonne durch einen (→Siderostat) oder zwei Spiegel (→Zölostat) hineingelenkt wird. Die Vorteile von T. liegen v. a. in der Möglichkeit der Anwendung langer Brennweiten und im festen, z. T. im Vakuum verlaufenden unterird. Lichtweg, der die Verwendung großer, fest eingebauter Hilfsinstrumente ermöglicht (z. B. langbrennweitiger Spektrographen höchster Dispersion) und die Konstanthaltung der Temperatur erleichtert. Als Fernrohr dient meist ein Linsensystem, es werden jedoch auch Spiegelsysteme verwendet. – Das erste T. wurde 1907 von G. E. HALE auf dem Mount Wilson errichtet, ein bekanntes deutsches ist der →Einsteinturm in Potsdam.

Turnaround [tə:nə'raʊnd, engl.] *der,* -(s)/-s, der Umschwung in der wirtschaftl. Situation eines Unternehmens, insbesondere der Zeitpunkt der als sicher eingeschätzten Überwindung einer Krise, z. B. als Folge versch. Sanierungsmaßnahmen. Ein erfolgreicher T. führt bei börsennotierten Unternehmen häufig zu überproportionalen Kursgewinnen.

Turnau, tschech. **Turnov** [-ɔf], Stadt im Ostböhm. Gebiet, Tschech. Rep., 270 m ü. M. an der Iser, 14 500 Ew.; im Naturschutzgebiet **Böhmisches Paradies** (tschech. **Český ráj**), einem von Basaltkuppen durchsetzten Quadersandsteingebiet mit zahlr. Burgen gelegen; Inst. für Mineralforschung, Museum; Edelsteinverarbeitung (böhm. Granate), Glas-, Textil-, Holz-, Nahrungsmittelindustrie, Maschinenbau.

Turnbull ['tə:nbʊl], William, schott. Bildhauer und Maler, * Dundee 11. 1. 1922; begann unter dem Einfluss ALBERTO GIACOMETTIS, schuf dann Masken und pfahlartige Idole aus Holz, gelangte über eine zunehmende Abstraktion zu stereometr. Skulpturen aus bemaltem Stahl, die der Minimalart nahe stehen. Zugleich war T. ein Pionier des Hard-Edge-Painting in England.

Turnbulls Blau ['tə:nbʊlz -], →Eisenpigmente.

Turnen [ahd. turnēn ›drehen‹, von lat. tornare ›drehen‹; ›drechseln‹, zu tornus ›Dreheisen‹], von F. L. JAHN um 1810 geprägte Bez. für alle Leibesübungen. Ein seit der 2. Hälfte des 19. Jh. eng gefasster Begriff des T. als Geräte-T. in der Halle an den seit JAHN weiterentwickelten Geräten wie Reck, Barren, Pferd u. a. lässt sich abheben von der weit gefassten Verwendung im Dt. Turner-Bund zur Bez. aller dort ausgeübten Arten des T. wie Geräte-T., Gymnastik, Turnspiele, Fechten, Schwimmen u. a.

Die modernen, aus der Tradition der Turnerschaft herkommenden Großvereine bieten zunehmend eine Vielzahl von Sportarten und propagieren verstärkt ein ›Jedermann-T.‹, das nicht mehr einzelnen Sportarten zugerechnet werden kann (Breitensport). Das heutige T. i. e. S. umfasst das →Kunstturnen (bestehend aus Boden- und Geräte-T.), Hindernis-T. (Verwendung der Geräte als Hindernisse) und allgemeines T. (Anwendung spezieller Übungsformen zur Verhinderung von Haltungsfehlern und -schäden).

Organisationen: T. wird in Dtl. durch den Dt. Turner-Bund (DTB; gegr. 1950 in Tübingen, Sitz: Frankfurt am Main) organisiert. In Österreich besteht der Österr. Fachverband für T. (ÖFT; gegr. 1946, Sitz: Wien) und in der Schweiz v. a. der Schweizer. Turnverband (STV; gegr. 1832, Sitz: Aarau, urspr. als Eidgenöss. Turnverein (ETV) geführt und 1985 mit dem Schweizer Frauenturnverband (SFTV, gegr. 1908) fusioniert. Weltdachverband ist die Fédération Internationale de Gymnastique (FIG; gegr. 1881, Sitz: Moutier), europ. Dachorganisation die Union Européenne de Gymnastique (UEG; gegr. 1982, Sitz: Lausanne).

Geschichte: Die **Turnbewegung** entstand Anfang des 19. Jh., v. a. durch das Wirken von F. L. JAHN, der an

Turmkraut (Höhe 0,5–1,25 m)

Türme des Schweigens in Iran

Turn Turner

William Turner: Zinnoberrote Türme; 1834 (London, Britisches Museum)

die Bestrebungen von J. B. BASEDOW, J. C. F. GUTSMUTHS u. a. anknüpfte. Nach JAHN sollte das T. Körper und Charakter bilden und damit auch die Wehrhaftigkeit des dt. Volkes stärken. In der Zeit der napoleon. Herrschaft gewann das T. somit einen polit. Aspekt; es sollte Angelegenheit des ganzen Volkes werden und Standesunterschiede sowie Kleinstaaterei in Dtl. überwinden. 1816 wurde als weltweit erster Turnverein die Hamburger Turnerschaft gegründet; 1819 entstand der erste Turnverein in der Schweiz. Die dt. Turnbewegung wurde als Teil der nat. und liberalen Bewegung und wegen ihrer engen Verbindung mit den Burschenschaften nach der Ermordung A. VON KOTZEBUES 1818 verfolgt, das öffentl. T. verboten. Bes. streng ging Preußen vor: 1819 wurden die öffentl. Turnanstalten geschlossen, 1820 das T. durch die ›Turnsperre‹ überhaupt verboten; JAHN wurde verhaftet bzw. unter Polizeiaufsicht gestellt. Nach Aufhebung des Verbots (1842) erlebte die Turnbewegung einen raschen Aufschwung und wurde Mitträgerin der liberalen Kräfte und der Revolution von 1848. Im Zeichen der nat. Einigung standen seit 1860 (Coburg) die Dt. →Turnfeste, die ehe die Turnbewegung, die sich 1868 in der Dt. Turnerschaft (DT) vereinigte, nach der Reichsgründung einen mehr konservativen Charakter annahm. Im Rahmen der Arbeiterbewegung (bes. zur Zeit der Geltung des Sozialistengesetzes) bildete sich ein eigenes Turnwesen heraus, 1893 wurde dementsprechend ein Arbeiter-Turner-Bund gegründet (→Arbeitersport). 1933–45 war die Dt. Turnerschaft nach ihrer Auflösung als Fachamt I (zuständig für Geräte-T., Sommerspiele und Gymnastik) in den Natsoz. Reichsbund für Leibesübungen eingegliedert. – In der Bundesrepublik Dtl. wurde 1950 der Dt. Turner-Bund (DTB) gegründet, während in der DDR 1958 der Dt. Turn-Verband der DDR (DTV der DDR) gebildet wurde (hervorgegangen aus der Sektion Gymnastik und T. im Staatl. Komitee für Körperkultur und Sport). →Deutscher Sportbund, →Deutscher Turn- und Sportbund der DDR.

Turner ['tə:nə], **1)** Frederick Jackson, amerikan. Historiker, * Portage (Wis.) 14. 11. 1861, † Pasadena (Calif.) 14. 3. 1932; lehrte 1889–1910 an der University of Wisconsin, 1910–24 an der Harvard University. 1893 stellte er seine These von der ›Bedeutung der Grenze in der amerikan. Geschichte‹ (→Frontier) vor. Dabei wies er v. a. auf einen Zusammenhang hin zw. den mit dem Fortschreiten der Besiedlung nach W verbundenen äußeren Bedingungen einerseits und der Entwicklung spezif. Verhaltensweisen, die dann bes. das nat. Selbstverständnis der USA beeinflussten, sowie der Herausbildung demokrat. Institutionen andererseits. Damit wandte er sich insbesondere gegen die Theorie von der primären Ableitung der polit. Institutionen der USA aus der europ. Tradition. Durch zahlr. eigene Fallstudien untermauert, übte T.s Theorie, von anderen Historikern auch auf die Industrialisierung der USA angewandt, großen Einfluss auf die amerikan. Geistesgeschichte aus.

Werke: The frontier in American history (1920; dt. Die Grenze); The significance of sections in American history (1932); The United States 1830–1850. The nation and its sections (hg. 1935).

R. A. BILLINGTON: The genesis of the frontier thesis (San Marino, Calif., 1971); DERS.: F. J. T. (New York 1973); V. E. MATTSON u. W. E. MARION: F. J. T. (Boston, Mass., 1985).

2) ['tʊrnər], Georg, Pseudonym des Schriftstellers Hans José →Rehfisch.

3) John, engl. Keramiker, * 1739, † Lane End (heute zu Longton, Cty. Staffordshire) 1786; gründete in Lane End 1762 eine Manufaktur, die feines Steingut sowie porzellanähnliches Steinzeug im Stil von J. WEDGWOOD herstellte.

4) Joseph Mallord William, engl. Maler, * London 23. 4. 1775, † ebd. 19. 12. 1851; wurde 1789 Schüler der Royal Academy in London. Auf Reisen in England und Wales entstanden Zeichnungen und Aquarelle von alten Schlössern, Kathedralen und Küstenlandschaften. 1796 stellte er sein erstes Ölbild aus. Zunächst von J. COZENS und R. WILSON ausgehend, ab 1800 bes. an C. LORRAIN, N. POUSSIN, aber auch an der venezian. Malerei und den niederländ. Marinemalern orientiert, schuf T. Landschaftsbilder und Seestücke, die oft durch mytholog. Figuren und dramat. Motive ins Romantische gesteigert sind. 1802 wurde er ordentl. Mitgl. der Royal Academy. Im gleichen Jahr bereiste er Frankreich und die Schweiz, 1817 Belgien, Holland und Dtl. 1807–19 gab er in 14 Teilen sein ›Liber studiorum‹ heraus, eine nach didakt. Gesichtspunkten geordnete Folge von Mezzotintoblättern nach seinen Werken, die seine Theorie der Malerei dokumentierte. 1819–20 besuchte er erstmals Italien. Seitdem begann er, sich von der Wiedergabe des Gegenständlichen immer mehr zu lösen und die Wirkungen von Licht und Luft zu erfassen. Die Bilder seiner Spätzeit sind maler. Visionen, in denen Formen sich in Fluten von Licht und hell schimmernden starken Farben verlieren. Erhalten sind über 300 Ölbilder und Ölskizzen, mehrere Tausend Aquarelle und Zeichnungen. Die meisten seiner Gemälde befinden sich in der National Gallery und der Tate Gallery (Clore Gallery). Weitere BILDER →englische Kunst, →Romantik

Werke: Die zehnte ägypt. Plage (1802; London, Tate Gallery); Die Furt über den Brook (1815; ebd.); Odysseus, Polyphem verhöhnend (1829; London, National Gallery); Der Brand des Parlamentsgebäudes, 16. Oktober 1834 (1835; Philadelphia, Pa., Museum of Art); Norham Castle bei Sonnenaufgang (um 1835–49; London, Tate Gallery); Die ›Fighting Téméraire‹ (1838; London, National Gallery); La Dogana di Mare u. San Giorgio Maggiore in Venedig (1842; London, Tate Gallery); Regen, Dampf u. Geschwindigkeit – Die ›Great Western Railway‹ (1844; London, National Gallery).

A. J. FINBERG: J. M. W. T.'s Liber Studiorum (London 1924, Nachdr. San Francisco, Calif., 1988); A. WILTON: J. M. W. T. (a. d. Engl., 1979); DERS.: T. in seiner Zeit (a. d. Engl., 1987); L. STAINTON: W. T. in Venedig (a. d. Engl., ²1986); H. OHFF: W. T. Die Entdeckung des Wetters (1987); J. GAGE: J. M. W. T. (Neuausg. New Haven, Conn., 1991); T.'s rivers of Europe. The Rhine, Meuse and Mosel, Ausst.-Kat. (London 1991); W. T. in Dtl., hg. v. M. FATH, Ausst.-Kat. Kunsthalle Mannheim (a. d. Engl., 1995); J. M. W. T., hg. v. D. B. BROWN u. K. A. SCHRÖDER, Ausst.-Kat. Kunstforum Wien (1997).

5) Nat, schwarzer Anführer eines amerikan. Sklavenaufstands, * Southampton County (Va.) 2. 10.

Turnhout: Schloss der Herzöge von Brabant; 12. Jh., im 16. und 17. Jh. umgestaltet

Tina Turner

Turnerkreuz

1800, †(gehängt) Jerusalem (heute Courtland, Va.) 11.11.1831; als Sklave geboren, betätigte sich als Laienprediger und sah sich auserwählt zur Befreiung der Sklaven. In der Nacht des 21.8.1831 entfesselte er einen Sklavenaufstand, in dessen Verlauf mehr als 50 Weiße erschlagen wurden. Die schon nach zwei Tagen blutig unterdrückte Revolte trug wesentlich zur Verschärfung der Zwangs-Ges. gegen Sklaven bei.

The Southampton slave revolt of 1831, hg. v. H. I. TRAGLE (Amherst, Mass., 1971); S. B. OATES: The fires of jubilee. N. T.'s fierce rebellion (New York 1975).

6) **Robert Edward** (›Ted‹), amerikan. Medienunternehmer, *Cincinnati (Oh.) 19.11.1938. Seit 1970 als Betreiber von Privatfernsehanstalten tätig, gründete T. 1980 den Nachrichtensender CNN (Abk. für Cable News Network), der durch seine internat. Reichweite und seine auf maximale Aktualität ausgerichtete Berichterstattung (v. a. während des Golfkriegs 1991) bekannt wurde. T.s Konzern **Turner Broadcasting System Inc. (TBS)** erwarb u. a. 1986 die Filmbibliothek von MGM/UA (→Metro-Goldwyn-Mayer Inc.) und fusionierte 1996 mit →Time Warner Inc. Über Time Warner ist T. mit rd. 50% am Nachrichtenkanal n-tv (gegr. 1992; Sitz: Berlin) sowie über Warner Music Germany mit rd. 25% am Musikkanal Viva (gegr. 1993; Köln) beteiligt.

7) **Tina**, eigt. **Anna Mae Bullock** [ˈbʊlək], amerikan. Rock- und Popsängerin, *Nutbush bei Brownsville (Tenn.) 26.11.1939 (nach anderen Angaben 1938 oder 1940); ging 1953 nach Saint Louis (Mo.) und lernte dort 1956 den Rhythm-and-Blues- und Soulmusiker IKE TURNER (*1931) kennen, der sie als Leadsängerin in seine Band ›Kings of Rhythm‹ aufnahm und 1958 heiratete. Mit der ›Ike and Tina T. Revue‹ gelang dem Paar Ende der 60er-Jahre der internat. Durchbruch (›Bold blue sister‹, ›The hunter‹, beide 1970; ›Nutbush city limits‹, 1973). 1976 trennte sich Tina von Ike. Nach einer längeren Pause feierte sie in den 80er-Jahren ein eindrucksvolles Come-back (Alben: ›Private dancer‹, 1984; ›Break every rule‹, 1986), unternahm ausgedehnte Welttourneen (›Foreign affair‹, 1989; ›Wildest dreams‹, 1996; ›Cose della vita/ Can't stop thinking of you‹, 1997, zus. mit EROS RAMAZZOTTI [*1963]). T. wirkte auch in Filmen mit (u. a. ›Mad Max beyond thunderdome‹, 1985).

Turnera [nach dem engl. Arzt und Botaniker WILLIAM TURNER, *1515, †1568], Gattung der T.-Gewächse mit etwa 70 neotropisch verbreiteten Arten; Kräuter, Sträucher und Bäume. Wichtige Arten sind die als Warmhauszierstrauch kultivierte T. ulmifolia mit behaarten Blättern und großen, gelben Blüten und T. aphrodisiaca, deren Blätter ein Aphrodisiakum (Damiana) liefern.

Turneragewächse, Turneraceae, Familie der zweikeimblättrigen Pflanzen mit rd. 120 Arten in acht Gattungen im subtrop. und trop. Amerika sowie im trop. Afrika; die wichtigste Gattung ist →Turnera.

Turnerkreuz, von H. FELSING 1844 geschaffenes Zeichen, das die vier ›F‹ des von F. L. JAHN eingeführten →Turnerwahlspruchs in ein symmetrisches graf. Bild brachte, das die Form eines Kreuzes hat.

Turnerschaften, Farben tragende, schlagende Studentenverbindungen mit dem Grundsatz, Leibesübungen in akadem. Kreisen zu fördern. Aus dem 1872 gegründeten Cartell-Verband der Akadem. Turnvereine (ATV) ging nach Abspaltung der nichtfarbentragenden Vereine (1883; Akadem. Turnbund) 1885 der Vertreter-Convent (VC) der Akadem. Turnvereine hervor. 1897 änderte der ATV seinen Namen in Turnerschaft, 1933 in Verband der T. auf dt. Hochschulen. Zus. mit den österr. Landsmannschaften gründeten die österr. T. 1933 den Österr. Landsmannschafter- und Turnerschafter-Convent (ÖLTC). Nach dem Zweiten Weltkrieg schlossen sich die T. 1951 in Coburg mit den →Landsmannschaften zum →Coburger Convent zusammen.

Turner-Syndrom [ˈtəːnə-], das →Ullrich-Turner-Syndrom.

Turnerwahlspruch, von F. L. JAHN übernommener Studentenspruch, den JAHN in der Reihenfolge ›frisch, frei, froh (fröhlich), fromm‹ verwendete. In dieser Folge ist der T. bereits 1836 in der Schweiz geläufig gewesen. In den USA wurde der Wahlspruch, der sich in ähnl. Form (meist ohne das viel umstrittene, weil falsch ausgedeutete ›fromm‹) in sieben Sprachen findet, in ›frisch, frei, stark, treu‹ umgewandelt. Heute wird der T. in Dtl. meist in der Reihenfolge ›frisch, fromm, fröhlich, frei‹ gebraucht.

Turnfest, größte breitensportl. Veranstaltung auf nat. Ebene mit Wettkämpfen, Schauvorführungen und Kulturprogrammen. 1841 fand in Frankfurt am Main das erste überregionale T. in Dtl. statt, weitere folgten u. a. in Hanau (1843), Mainz (1844), Reutlingen (1845) und Heilbronn (1846). 1860 traf sich in Coburg erstmals die gesamte dt. Turnerschaft (rd. 1000 Teilnehmer). Von da an wurden zuerst unregelmäßig und seit 1898 meist alle fünf Jahre **Deutsche T.** veranstaltet. – Das erste Dt. T. nach dem Zweiten Weltkrieg fand 1948 in Frankfurt am Main statt (›Frankfurter T.‹), dem in der Bundesrepublik Dtl. bis 1983 in Abständen von fünf Jahren weitere folgten (zum 1987, 1990 und seitdem alle vier Jahre). In der DDR veranstaltete der DTSB der DDR zw. 1954 und 1987 in Leipzig acht **Turn- und Sportfeste der DDR.** Das erste T. nach der dt. Einheit fand 1994 in Hamburg statt.

H. NEUMANN: Dt. T. Spiegelbild der dt. Turnbewegung (²1987); H. E. LISSINNA: Nat. Sportfeste im natsozt. Dtl. (1997).

Turnhallenkonferenz, die 1975–77 von der Reg. der Rep. Südafrika nach Windhuk in die aus dt. Kolonialzeit stammende ›Turnhalle‹ einberufene Verfassungskonferenz für →Namibia. (→Demokratische Turnhallenallianz)

Turnhout [ˈtyrnhɔut], Stadt in der Prov. Antwerpen, Belgien, im Kempenland, 38 500 Ew.; Museum Taxandria (Regionalmuseum), Spielkarten-Nationalmuseum; Textil-, Pelzbekleidungs-, elektrotechn., Eisen-, Tabakwaren-, Nahrungsmittel-, Getränke- und Holzindustrie, Maschinenbau, Druckereien, Spielkartenherstellung. – Got. Sint-Pieters-Kerk (13. Jh., später verändert) mit Glockenspiel; Schloss der Herzöge von Brabant (12. Jh., im 16. und 17. Jh. umgestaltet); Beginenhof (1665) mit Barockkirche. – T., bei einem um 1110 angelegten Jagdschloss der Herzöge von Brabant entstanden, wurde 1212 Stadt. Der Tuchhandel bestimmte v. a. im 13./14. Jh. das wirtschaftl. Leben; durch Ansiedlung industrieller Betriebe nahm T. im 19. Jh. neuen Aufschwung.

Deutsche Turnfeste	
1860	Coburg
1861	Berlin
1863	Leipzig
1872	Bonn
1880	Frankfurt am Main
1885	Dresden
1889	München
1894	Breslau
1898	Hamburg
1903	Nürnberg
1908	Frankfurt am Main
1913	Leipzig
1922	Leipzig
1923	München
1928	Köln
1929	Nürnberg
1933	Stuttgart
1938	Breslau
1948	Frankfurt am Main
1953	Hamburg
1958	München
1963	Essen
1968	Berlin
1973	Stuttgart
1978	Hannover
1983	Frankfurt am Main
1987	Berlin
1990	Dortmund/Bochum
1994	Hamburg
1998	München
2002	Leipzig

Türnich, Ortsteil von →Kerpen, NRW.

Turnicidae [lat.], die →Laufhühnchen.

Turnier [mhd. turnier, zu turnieren, von altfrz. tourn(o)ier ›am Turnier teilnehmen‹] *das, -s/-e,* **1)** ritterl. Kampfspielveranstaltung, die der Vorbereitung auf das Kriegshandwerk diente, oft aber auch ausgesprochen festl. Charakter hatte. T. waren im MA. wichtige gesellschaftl. Ereignisse; der hierbei entfaltete Prunk geht aus vielen zeitgenöss. Darstellungen und Schilderungen hervor. Bedeutend war auch der Beitrag zur Entwicklung des Wappenwesens (→Heraldik), v. a. durch die Rolle, die die Herolde vor und während eines T. spielten.

Turnier 1): Illustration zu einem Turnier von 1561 aus einem Buch über historische Turniere; spätes 16. Jh. (New York, Metropolitan Museum of Art)

Zuerst wohl in Frankreich im frühen 11. Jh. in geregelte Formen gebracht, entwickelten sich die bereits vorher üblichen ritterl. Kampfspiele bald auch im übrigen Abendland zu einem Teil der höf. Kultur. Unter Kaiser KONRAD II. oder HEINRICH IV. teilten sich die dt. Ritter in vier große (die Rhein., Bayer., Schwäb. und Fränk.) T.-Gesellschaften. Im 12. Jh. erfuhr das T.-Wesen seine größte Verbreitung, trotz kirchl. Verbots konnte es sich auch in der Zeit danach noch behaupten. Nach einer Renaissance Ende des 15. Jh. (letztes Reichs-T. in Dtl. 1487) erfolgte der endgültige Niedergang; in Frankreich setzte den tödl. T.-Unfall König HEINRICHS II. 1559 den Schlusspunkt. Abgelöst wurde das T. durch das reiterl. ›Carrousel‹.

Im Wesentlichen unterscheidet man drei Arten des ritterl. Kampfspiels: 1) Das **Tournoy,** das T. i. e. S., war die von zwei Gruppen ausgeführte Simulierung eines Reitergefechts. Ungeachtet ihres sportl. Charakters wurde diese Form urspr. in feldmäßiger Gefechtsart und Bewaffnung (d. h. mit Lanze) ausgeführt und konnte daher leicht zu Verwundung oder Tod führen. Im 13. Jh. erfolgte eine Entschärfung durch Verwendung stumpfer Schwerter aus Fischbein, später des Streitkolbens, der in der 2. Hälfte des 14. Jh. in hölzerner Ausführung T.-Hauptwaffe wurde (›Kolben-T.‹). Eine Spielart des Tournoy war der ›pas d'armes‹ zu je einem Waffengang mit scharfer Lanze und stumpfem Schwert (Feld-T.). 2) Der **Tjost** galt als Nachahmung der Einzelkämpfe von Herausforderern zw. den Heeren, ausgetragen wurde er als Lanzenkampf zweier Kontrahenten mit stumpfer oder scharfer Lanze. Urspr. war der Tjost das Eröffnungsmanöver im Massen-T., seit dem 12. Jh. wurde er als autonomer Einzelkampf ausgetragen. Aus der harmloseren Version entwickelte sich im späten 14. Jh. das ›Gestech‹ (hier wurde die Lanze mit dreigeteilter Spitze, dem ›Krönlein‹, geführt), aus der gefährlicheren das 1392 erstmals erwähnte (Scharf-)›Rennen‹, bei dem das Scharfeisen geführt wurde. 3) Der **Buhurt** diente im Wesentlichen der Vorführung der Geschicklichkeit im Reiten und in der Waffenführung. Hierbei traten sich zwei Gruppen ungerüsteter Ritter mit stumpfen Waffen gegenüber und versuchten, sich gegenseitig zurückzudrängen bzw. zu überreiten.

A. Freiherr VON REITZENSTEIN: Rittertum u. Ritterschaft (1972); Das ritterl. T. im MA., hg. v. J. FLECKENSTEIN (1985).

2) *Sport:* sportl. Wettbewerb, der z. B. durch eine (relativ) große Teilnehmerzahl, besonderen Austragungsmodus und i. d. R. mehrmaliges Eingreifen der Teilnehmer in den Wettbewerb gekennzeichnet ist. – Von einem **Einladungs-T.** spricht man, wenn nur eingeladene Sportler teilnehmen, die weder von ihrem Verein oder Verband gemeldet wurden noch sich (sportlich) zuvor qualifizieren mussten (z. B. im Golf und Tennis).

Turnierkragen, *Heraldik:* als Beizeichen verwendeter, abwärts breitgezinnter Balken mit i. d. R. drei, seltener fünf herabhängenden Ansätzen (Lätzen). Der T. verläuft über den ganzen Schild und dessen Bild, oder er ist schwebend dargestellt (meist im Schildhaupt). Seine Farbe sticht von der des Schildes ab, ist jedoch wie die aller Beizeichen nicht an die herald. Farbregeln gebunden.

Turniersport, Sammel-Bez. für diejenigen Sportarten, die v. a. in Turnierform ausgetragen werden, z. B. Billard, Fechten, Golf, Reiten, Schachspiel, Sportfischerei (Casting, Turnierwurfsport) und Tennis, aber auch für Kompaktsportspiele wie Darts, Subbuteo, Tipp-Kick und Tischfußball.

Turniertanz, der →Tanzsport.

Turnose *die, -/-n,* **Turnosgroschen,** dt. Name des Gros tournois (→Groschen) sowie der dt. und niederländ. Beischläge. 20 Gros tournois = 1 Livre (Pfund). Die T. wurden rasch zum allg. akzeptierten Zahlungsmittel, da sie von gutem und auch über Jahrzehnte stabilem Feingehalt waren.

Turnpike [ˈtəːnpaɪk; engl. ›Drehkreuz‹] *der, -/-s,* autobahnähnl., gebührenpflichtige Schnellstraße in N-Amerika, die von eigenständigen Gesellschaften (**T. Authorities**) geplant, finanziert, gebaut und betrieben wird.

Turnu Măgurele [-məguˈrele], Stadt im Kr. Teleorman, im S Rumäniens, 23 m ü. M., in der Großen Walachei, an der Donau, unterhalb der Mündung des Alt, 36 900 Ew.; Düngemittel- und Schwefelsäurefabrik, Reparaturwerft, Konfektions-, Nahrungsmittel-, Möbelindustrie; Hafen. – T. M. wurde ab 1836 neben dem Dorf Măgurele östlich der Ruinen einer Festung (mit sechseckigem Turm; rumän. turn) errichtet, die um 1393 von MIRCEA DEM ALTEN gegenüber von Nikopolis erbaut worden war. Die Festung wurde 1419 von osman. Truppen erobert und war (seit der Mitte des 16. Jh. mit dem Umland) bis 1829 (Friede von Adrianopel) unter einem wichtiger osman. Stützpunkt.

Turnüre, Tournüre [tʊr-, frz., eigtl. ›Drehung‹] *die, -/-n,* längl. Halbreifengestell aus Stahl- oder Fischbeinstäben und Rosshaarpolstern zur Unterstützung der nach hinten bauschig ausladenden, mod. Silhouette der Frauenkleidung um 1868/75 und – etwas tiefer ansetzend – um 1882/88. Die in unterschiedl. Längen gefertigte T. wurde unter dem Kleid (T.-Kleid) über das Gesäß gelegt und in der Taille mit Bändern festgebunden. Die Kostümgeschichte klassifiziert die beiden T.-Moden als Erste und Zweite Turnüre.

Turnus [mlat., aus lat. tornus ›Dreheisen‹, von gleichbedeutend griech. tórnos] *der, -/-se, bildungssprachlich* für: festgelegte Wiederkehr, Reihenfolge, regelmäßiger Wechsel.

Turnus, *röm. Mythos:* Sohn des Daunus, Bruder der Quellnymphe →Iuturna; in der ›Aeneis‹ des VERGIL ist er der Verlobte der Lavinia, ein tapferer Krieger, der im Zweikampf mit Äneas fällt, woraufhin dieser Lavinia heiratet.

Turnu Severin, bis 1972 Name der rumän. Stadt →Drobeta-Turnu Severin.

Turoldus [frz. tyrɔl'dys], ein Name, der in der letzten Zeile der Oxforder Handschrift des altfrz. →Rolandsliedes genannt ist, hinter dem sich der Verfasser oder der Schreiber des Textes, möglicherweise auch der Autor einer verschollenen Vorlage verbirgt.

Turon [nach der lat. Bez. für Tours, Frankreich] *das, -(s)*, **Turonium, Turonien** [-'njɛ̃], *Geologie:* Stufe der →Kreide.

Turoszów [tu'rɔʃʊf], Stadt in Polen, →Türchau.

Turoyo, die westlichste der neuostaramäischen Sprachen (schriftlos), die von Christen im Tur-Abdin in der Prov. Mardin (SO-Türkei) gesprochen wird.
H. RITTER: Ṭūrōyo. Die Volkssprache der syr. Christen des Ṭūr 'Abdīn, 5 Tle. (1967–90); O. JASTROW: Lb. der T.-Sprache (1992); DERS.: Laut- u. Formenlehre des neuaramäischen Dialekts von Mīdin Ṭūr 'Abdīn (⁴1993); DERS.: Der neuaramäische Dialekt von Mlaḥsô (1994).

Turpan, Landschaft in China, →Turfan.

Turpin, →Pseudo-Turpin.

Turracher Höhe, Pass in den Gurktaler Alpen, Österreich, 1783 m ü. M.; Wintersportzentrum; die Straße über die T. H. verbindet das obere Murtal (Steiermark) mit dem Gurktal (Kärnten).

Turrell ['tʌrəl], James Archie, amerikan. Künstler, * Los Angeles (Calif.) 6. 5. 1943; Vertreter der kinet. Kunst; begann mit der Projektion weißer Lichtkuben, realisierte dann Environments, in denen geometr. Lichtfelder den Raum bauen oder Licht sich als farbige Substanz verteilt; parallel dazu entstehen Fotografien weiträumiger Landschaften in wechselndem Licht. 1977 begann er in der Wüste Arizonas mit seinem ›Roden Crater Project‹, bei dem er einen erloschenen Vulkan als Lichtraum nutzt; das Projekt, das der Künstler als Vollendung seines Lebenswerks betrachtet, soll 2006 fertig gestellt sein.
G. ADCOCK: J. T. The art of light and space (Berkeley, Calif., 1990).

Turrilites [lat.], Gattung der Ammoniten aus der Oberkreide Europas, Afrikas, Indiens und Nordamerikas mit turmschneckenförmigem Gehäuse, aufgewunden in lockerer oder geschlossener Spirale.

Turrini, Peter, österr. Schriftsteller, * Sankt Margarethen (Kärnten) 26. 9. 1944; Verfasser zumeist auf Provokation abzielender Volksstücke, in denen er, z. T. durch Einsatz des Dialekts, Brutalität, Intoleranz und Korruption in der modernen Gesellschaft darzustellen sucht. Bekannt wurde T. v. a. als Autor von Fernsehspielen wie z. B. (mit WILHELM PEVNY, * 1944) den historischen Serie ›Alpensaga‹ (1976–80; gedr. 1980, 3 Bde.), in der ohne verklärende Idyllik die Geschichte eines österr. Dorfes in der 1. Hälfte des 20. Jh. geschildert wird.
Weitere Werke: Dramen: Rozznjogd (1967); Sauschlachten (1971); Kindsmord (1973); Die Minderleister (1988); Tod u. Teufel (1990); Alpenglühen (1992); Endlich Schluß (UA 1997). – *Essays und andere Schriften:* Es ist ein gutes Land (1986); Mein Österreich. Reden, Polemiken, Aufsätze (1988); Die Verhaftung des Johann Nepomuk Nestroy. Eine Novelle (1998).

Türstock, *Bergbau:* Ausbaueinheit für untertägige Grubenbaue, die aus zwei Stempeln (›Beinen‹) und einer von diesen getragenen Kappe besteht, die an der Firste (Decke) eines Grubenraums anliegt.

Turteltaube, Streptopelia turtur, etwa 27 cm große Taube, v. a. in parkartigen Landschaften N-Afrikas und Eurasiens bis Turkestan; mit grauem Oberkopf, braunem, dunkel geflecktem Rücken, rötl. Vorderhals und schwarzweiß gestreiftem Halsseitenfleck; vorwiegend im trop. Afrika überwinternder Zugvogel.

Tuscaloosa [tʌskə'luːsə], Stadt in W-Alabama, USA, am Black Warrior River, 79 800 Ew.; University of Alabama (gegr. 1831); Holz-, Papier- und chem. Industrie; Handelszentrum für Baumwolle. – Als Siedlung nach dem Weißen 1816 nach dem Krieg gegen die Creek-Indianer gegründet, war T. 1826–46 Hauptstadt des Staates Alabama; im Sezessionskrieg von Unionstruppen teilweise zerstört.

Tuscania, Gem. in der Prov. Viterbo, Italien, 7900 Ew. – T. besitzt zwei bedeutende roman. Kirchen. In die im 8. Jh. auf einer Anhöhe (vermutlich die etrusk. Akropolis) erbaute Basilika San Pietro sind röm. Mauerteile integriert, die Kirche wurde im 11. Jh. (Apsis) und 12. Jh. erneuert und um 1200–50 erweitert (reich ausgestaltete Fassade mit großer Fensterrose, im Inneren Freskenreste des 12. Jh.). Dem 8. Jh. entstammt auch die im 12. Jh. umgestaltete Kirche Santa Maria Maggiore (mit Fensterrose und roman. Portalen, reiche Bildhauerarbeiten des 12. und 13. Jh.; im Inneren Kanzel mit ornamentalen Reliefplatten des 8./9. Jh.). – Rings um T. mehrere Nekropolen, aus dem 6. Jh. v. Chr. die Tomba a Dado bei Peschiera, die Grotta della Regina aus dem 4.–1. Jh. bei Madonna dell'Olivo, in den Kammergräbern Stein- und Terrakottasarkophage mit überlebensgroßen Liegefiguren der Verstorbenen, auch Grabreliefs und -beigaben (Museum mit etrusk. Funden). – T. ist aus einer etrusk. Siedlung hervorgegangen.

Tuscarora [engl. tʌskə'rɔːrə], ein urspr. im NO von North Carolina ansässiges irokes. Volk, das sich nach einem verlorenen Krieg gegen die Briten (1711–13) mehrheitlich der Irokes. Liga (→Irokesen) anschloss (1722). Die T. leben heute auf der Six Nations Reserve bei Brantford in Ontario (1300) und der T.-Reservation nahe den Niagarafällen im Staat New York (1000).

Tuscarora|reis, Art der Pflanzengattung →Wasserreis.

Tusch [zu mundartl. tuschen ›stoßen‹, ›schlagen‹], bis ins 19. Jh. ein Signal bei festl. Anlässen, heute das rhythmisch nicht geregelte Spielen eines aufsteigenden gebrochenen Dreiklangs durch alle Instrumente eines Ensembles der Militär- oder Unterhaltungsmusik oder auch des Klaviers allein als Untermalung eines Hochs oder Toasts.

Tusche [rückgebildet aus tuschen ›mit Tusche malen‹, dies aus frz. toucher ›berühren‹], feine, zum Zeichnen oder für Kunstschrift verwendete Pigmentaufschwemmung oder eine Farbstofflösung, die größere Mengen an Bindemitteln enthält und daher (im Ggs. zu den Tinten) in Form feiner Filme auftrocknet. Am längsten bekannt ist die **chinesische T.**; sie bestand aus Lampenruß, der mit Bindemitteln, meist tier. Leim, angerieben, getrocknet und erst kurz vor dem Gebrauch mit Wasser versetzt wurde. Heute werden schwarze T. meist aus Gasruß hergestellt, den in kolloidalen Lösungen von (verseiftem) Schellack und Bindemitteln wie Gummiarabikum oder Leim fein verteilt wird. Farbige T. enthalten wasserlösl. Farbstoffe oder Farbpigmente, z. B. weiße T. Zinkweiß und blaue T. Ultramarinblau.

Tuschieren, das Einfärben von Werkstückflächen zur Erfassung der Berührungsstellen zweier zusammenwirkender Flächen, z. B. Führungen an Werkzeugmaschinen. Mit **Tuschierplatten** oder mit dem **Tuschierlineal** kann die Ebenheit von Flächen geprüft werden.

Tuschmalerei, monochrome Malerei mit Tusche, entfaltete sich in China in der Songzeit im Zusammenhang mit der →Literatenmalerei. Literatenmaler wie MI FU und SU DONGPO sahen das Ziel der Amateurmalerei des Gelehrten nicht in der farbigen Wiedergabe der Naturdinge, sondern im Ausdruck der Persönlichkeit, die sich wie in der Kalligraphie im Pinselduktus und in der Beherrschung spontaner Tusche-Effekte manifestiert. Zu den beliebtesten Motiven zählten neben der Landschaft die symbolträchtigen Vier Edlen: Bambus, Orchis, Chrysantheme, Pflaumen-

Turrilites

Peter Turrini

Turteltaube
(Größe etwa 27 cm)

Tuschmalerei: Landschaft ›Kozan-shôkei‹; Hängerolle, Tusche und dünne Farben auf Papier aus der Schule Ten-yū Shōkei; meist dem japanischen Maler Shūbun zugeschrieben; 15. Jh. (Privatbesitz)

blüte. In der Sparsamkeit der Mittel und in ihrem expressiven Gehalt entsprach die monochrome T. dem Geist des Chan-Buddhismus und wurde zu seinem Ausdrucksmittel (Weiteres BILD →Chanmalerei).

In Japan wurde die monochrome T. (jap. Suiboku-ga oder Sumi-e) gegen Ende des 13. Jh. von jap. Zen-Mönchen aus China eingeführt; in der Muromachizeit (1338–1573) war sie wichtigste Kunstform in Japan (→Zenmalerei).

Tuschpa, heute der Burgberg der am O-Ufer des Vansees gelegenen türk. Stadt Van; älteste Hauptstadt des Reiches von Urartu (→Urartäer).

Tusculum, Tuskulum, antike Stadt in Latium, südöstlich des heutigen Frascati, wohl von Latinern gegründet, im 6. Jh. v. Chr. von den Etruskern beherrscht, erhielt nach der Unterwerfung durch Rom als erste Stadt das röm. Bürgerrecht (381 v. Chr.). In und um T. legten sich viele vornehme Römer Villen an, so z. B. CICERO.

Tuskakanal, Toschkakanal, Kanal in Oberägypten, 22 km lang, 1978–96 erbaut, leitet als Überlaufkanal Überschusswasser vom Nassersee in die Depressionszone →Neues Tal ab.

Tuskulaner, Bez. für die Grafen von Tusculum, die auf eine Patrizierfamilie des 10. Jh. zurückgingen. Gestützt auf ihre stark befestigte Burg in Tusculum rissen die T. Anfang des 11. Jh. nach langen Kämpfen gegen die →Crescentier als Parteigänger der dt. Kaiser in Rom die Macht an sich. Sie stellten 1012–45 drei Päpste (BENEDIKT VIII., JOHANNES XIX., BENEDIKT IX.). 1191 wurde ihre Burg von den Römern zerstört. – Einem Zweig der T. sollen die Colonna entstammen.

Tussahseide [Hindi], eine Wildseide (→Seide).

Tussaud [tyˈso], Marie, geb. **Grosholtz,** bekannt als **Madame T.,** frz. Wachsbildnerin vermutlich schweizer. Herkunft, *Straßburg (?) 7. 12. 1761, †London 16. 4. 1850; stellte in Paris Wachsfiguren von Anführern und Opfern der Revolution her; ging 1802 mit ihrer Wachsfigurensammlung nach London und begründete dort das berühmte Wachsfigurenkabinett.

Tussi, Watussi, in Ruanda und Burundi Bez. für die →Hima.

Tussilago [lat.], die Pflanzengattung →Huflattich.

Tussis [lat.] die, -, der →Husten. – **T. convulsiva,** der →Keuchhusten.

Tussockgräser [ˈtʌsək-, engl.], in den südl. Anden und auf den Inseln der subarkt. Zone formationsbildende, bis 1,5 m hohe Horstgräser der Gattungen Rispengras, Schwingel und Federgras.

Tuszilen, lat. **Tuscia,** histor. Name der →Toskana.

Tutchalija, Name mehrerer hethit. Herrscher; bekannt v. a.:

Tutchalija IV., König (nach 1236 v. Chr.); Sohn HATTUSILIS III., versuchte durch Diplomatie, das Hethiterreich gegen den Druck v. a. Assyriens zu halten, veranlasste Reformen des Kults und der Verwaltung sowie den Ausbau der Bibliothek und die Errichtung anderer Bauten in Hattusa. (→Yazılıkaya)

Tut-ench-Amun [ägypt. ›vollkommen an Leben ist Amun‹], **Tut|anch|amun,** ägypt. König (etwa 1347–1339 v. Chr.) der 18. Dynastie, verheiratet mit einer Tochter AMENOPHIS' IV. (ECHNATON), mit diesem wohl auch selbst verwandt. Er hieß urspr. nach dem von seinem Schwiegervater verehrten Sonnengestirn (Aton) **Tut-ench-Aton.** Unter seiner Reg. wurde die Sonnenreligion AMENOPHIS' IV. wieder aufgegeben und die Residenz von Amarna nach Memphis verlegt. Als Regent für den minderjährigen (bei seinem Tod etwa 18-jährigen) König amtierte HAREMHAB.

Das nahezu unberührte Grab des Königs wurde 1922 im Tal der Könige von dem brit. Archäologen H. CARTER entdeckt. Die Vorkammer enthielt u. a. einen für eine Statuette des Königs gedachten vergoldeten Holzschrein mit Reliefs, der auf einen silberbeschlagenen Schlitten gesetzt war, einen vergoldeten Lehnstuhlthronsessel (BILD →ägyptische Kultur), drei Totenbetten in Form von hl. Tieren, eine bemalte und eine mit Elfenbeinarbeiten verkleidete Holztruhe, Königsstatuen und -statuetten und 413 Uschebtis in seiner Gestalt. In der ausgemalten Sargkammer bargen vier ineinander gestellte Holzschreine einen Quarzitsarkophag; dieser enthielt zwei Holzsärge in Mumienform und als innersten einen aus massivem Gold in Gestalt von T.-e.-A. und Osiris, worin die Mumie des Königs lag. In einer Seitenkammer befand sich ein goldener Schrein mit vier Schutzgottheiten, der einen kleineren Alabasterschrein mit vier →Kanopen des Königs umschloss, ferner ein vergoldeter Holzschrein mit Anubis (heute in Kairo, Ägypt. Museum). Weitere BILDER →Goldschmiedekunst, →Sarkophag.

Tut-ench-Amun mit Harpune; Statuette aus stuckiertem und vergoldetem Holz aus seiner Grabkammer; zwischen 1347 und 1339 v. Chr. (Kairo, Ägyptisches Museum)

C. DESROCHES-NOBLECOURT: T.-e.-A. (a. d. Frz., Neuausg. 1976); T. E. S. EDWARDS u. a.: Tutanchamun. Das Grab u. seine Schätze (a. d. Engl., 1978); H. CARTER: Das Grab des T.-e.-A. (a. d. Engl., ⁶1981); H. A. SCHLÖGL: Echnaton – Tutanchamun. Daten, Fakten, Literaturen (⁴1993).

Tutenmergel, Tutenkalk, Tütenmergel, Dütenmergel, in Wechsellagerungen von Kalk und Ton auftretende, tütenförmig ineinander gestellte (Cone-in-Cone-Struktur) tongesäumte Kegel aus faserigem Calcit, mit quer gerunzelter Oberfläche, die sich lagenweise die Spitzen zukehren und untereinander ver-

Tutenmergel (schematische Darstellung)

zahnt sind. Durch Verwitterung bildeten sich auf der Schichtfläche nagelkopfartige Erhebungen (**Nagelkalk**). T. entstehen bei der Diagenese durch Umkristallisation von Karbonatlagen zw. Tonschichten; sie kommen bes. im Lias und Muschelkalk vor.

Tuticorin, Hafenstadt im Bundesstaat Tamil Nadu, S-Indien, 199 900 Ew.; kath. Bischofssitz; Zementindustrie; zweitwichtigster Seehafen (nach Madras) von Tamil Nadu.

Tutilo, Tuotilo, Mönch von St. Gallen aus alemann. Geschlecht, † St. Gallen 27. 4. 913 (?); wirkte zw. 895 und 912 als Baumeister, Goldschmied und Elfenbeinschnitzer (›T.-Tafeln‹; St. Gallen, Stiftsbibliothek), bes. als Komponist und Dichter, der die liturg. Kunstform des Tropus förderte. – Seliger (Tag: 27. 4.).

Tutiorismus [lat.] *der, -,* v. a. im Jansenismus (als Gegenposition zu dem für laxistisch gehaltenen →Probabilismus) vertretenes Moralsystem, das jede Entscheidungsfreiheit gegenüber einem moral. Gesetz ablehnt, da das Gesetz immer der sicherere (lat. tutior) Weg sei, eine Sünde zu vermeiden.

Tutor [lat. ›Beschützer‹, zu tueri ›schützen‹] *der, -s/...'toren,* Student, der v. a. Studienanfänger betreut (ergänzender Übungsunterricht in kleinen Gruppen), auch als gewählter Vertreter in Studentenwohnheimen tätig; aus dem angloamerikan. Hochschulwesen übernommene Einrichtung; in der reformierten gymnasialen Oberstufe Lehrer, der eine Gruppe von Schülern persönlich betreut.

Tutsi, Batutsi, in Ruanda und Burundi Bez. für die →Hima.

tutte le corde [ital. ›alle Saiten‹], Vorschrift beim Klavierspiel, nach vorangegangenem **una corda** oder **due corde** ohne Verschiebung der Mechanik durch das Pianopedal zu spielen. (→Corda)

Tutti [ital. ›alle‹] *das, -(s)/-(s),* Bez. für das Einsetzen des vollen Orchesters oder ganzen Chores, im Ggs. zum Solo oder kleinem Ensemble; z. T. gleichbedeutend mit →Ripieno.

Tuttifrutti [ital., eigtl. ›alle Früchte‹] *das, -(s)/-(s),* Süßspeise mit versch. Früchten.

Tuttle [tʌtl], Richard, amerikan. Künstler, * Rahway (N. J.) 12. 7. 1941; studierte u. a. bei AGNES MARTIN. Nach Arbeiten in Papier fertigte er seit den späten 60er-Jahren Achteckformen aus Holz, Papier, Draht oder Stoff, die auf den Boden gelegt oder als Teil der Wand gesehen werden können; er kombiniert auch dünne Drähte mit Bleistiftlinien an der Wand oder markiert diese mit kleinen geometr. Figuren.

R. T., hg. v. D. ELGER, Ausst.-Kat. (1990).

Tuttlingen, 1) Große Kreisstadt in Bad.-Württ., 649 m ü. M., Verw.-Sitz des Landkreises T., im oberen Donautal, 35 000 Ew.; Museen, städt. Kunstgalerie; Herstellung medizintechn. Geräte, Maschinenbau, Schuhindustrie. Der Ortsteil Möhringen ist Luftkurort; Versickerungsstelle der Donau. – Die Türme der Ruine der spätgot. Burg Honberg wurden 1883 und 1893 restauriert; die ev. Stadtkirche (1815–17, Turm 1868) bekam 1902–03 eine Jugendstildekoration. – 797 erstmals urkundlich erwähnt. Die Stadt (erste urkundl. Bezeugung des Stadtrechts 1338) brannte 1803 innerhalb der Stadtmauern völlig nieder, 1804–05 Wiederaufbau.

2) Landkreis im Reg.-Bez. Freiburg, Bad.-Württ., 734 km², 131 000 Ew. Der größte Teil des Kreisgebiets gehört zur Schwäb. Alb. Vom steil nach NW abfallenden Albtrauf, in dessen Nähe der Lemberg bis 1 015 m ü. M. aufragt, senkt sich die Hochfläche allmählich nach S (Baaralb, Großer Heuberg) über das tief in die Jurakalke eingeschnittene Donautal zur Hegaualb und ins schwäb. Alpenvorland, im W geht sie in die Baar über. Angesichts der kargen Böden entstand eine relativ hohe Industriedichte (Medizintechnik,

Metallverarbeitung, Maschinenbau, Elektrotechnik, Musikinstrumentenbau).

Tuttul, altoriental. Stadt an der Stelle des mehrkuppigen Tell Bia, östlich von Rakka, Syrien, auf einer Flussterrasse im Winkel zw. Euphrat und Balikh. Ausgrabungen (seit 1980) stießen in der zentralen Kuppe auf einen mit Eckbastionen und Tortürmen befestigten altbabylon. Palast; unter ihm Reste eines ins Ende der frühdynast. Zeit zu datierenden Vorgängerbaus. In einer Kuppe westlich davon die Reste eines Antentempels, der inmitten von Wohnbebauung lag und in die Stadtmauer aus altbabylon. Zeit einbezogen war. T. besaß bereits in frühdynast. Zeit eine Ringmauer. Die Ursprünge von T. reichen vielleicht in die Urukzeit zurück; eine Vorgängersiedlung bestand in 5 km Entfernung vom Tell Bia im Tell Saidan.

Tutu [ty'ty:, frz.] *das, -(s)/-s,* Ballettrock aus mehreren Schichten Tüll oder Nylon, gehört seit MARIE TAGLIONIS ›La Sylphide‹ (1832) zur Standardkleidung der Ballerina. Das romant. T. ist wadenlang, das klass. lässt das Knie, das moderne das ganze Bein der Tänzerin frei.

Richard Tuttle: Drift III; bemaltes Holz, 1965 (New York, Whitney Museum of American Art)

Tutu, Desmond Mpilo, südafrikan. anglikan. Theologe, * Klerksdorp 7. 10. 1931; war 1977–78 Bischof von Lesotho, 1979–84 Gen.-Sekr. des Südafrikan. Kirchenrates, 1984–86 Bischof von Johannesburg. 1986–96 war T. Erzbischof von Kapstadt und damit als erster Schwarzafrikaner Oberhaupt der anglikan. Kirche in Südafrika. Weltweite Anerkennung (1984 Friedensnobelpreis) erwarb er sich durch seinen gewaltlosen Einsatz gegen das Apartheidsystem. Nach 1989 beeinflusste T. die Neugestaltung der polit. Verhältnisse in Südafrika entscheidend und wurde 1995 Vors. der zur Aufklärung der Menschenrechtsverletzungen des Apartheidregimes eingesetzten ›Wahrheits- und Aussöhnungskommission‹.

Schriften: Crying in the wilderness (1982); Hope and suffering (1983; dt. Gott segne Afrika).

Ausgabe: Versöhnung ist unteilbar (²1986).

D. T.'s message. A qualitative analysis, hg. v. H. J. C. PIETERSE (Kampen 1995).

Desmond Mpilo Tutu

Tutub, Name einer altbabylon. Stadt, die im Hügel D von →Chafadji freigelegt wurde.

Tutuila, die Hauptinsel von Amerikanisch-Samoa, im südwestl. Pazifik, 135 km², 30 100 Ew.; vulkan. Ursprungs, bis 653 m ü. M. (Matafao), größtenteils bewaldet; Hauptort und Hafen ist Pago Pago. Thunfischfabriken; Anbau von Jamswurzel, Taro, Bananen, Brotfrucht, Zuckerrohr, Ananas; Fremdenverkehr.

Tutuola [tutu'əula], Amos, nigerian. Schriftsteller, * Abeokuta 1920, † Ibadan 8. 6. 1997; aus ärml. Verhältnissen stammend, arbeitete er nach kurzem Schulbesuch als Schmied und Bürobote. Mit seinem Roman ›The palm-wine drinkard‹ (1952; dt. ›Der Palmweintrinker ...‹) wurde er zum ersten internat. bekannten Schriftsteller W-Afrikas; sein eigenwilliger Gebrauch

Amos Tutuola

des Englischen und sein idiosynkrat. Stil begeisterten die europ. Kritik. T.s von Geistern und myth. Figuren bevölkerte Werke bestehen aus episodenartig gereihten Geschichten, die sich eng an die mündl. Erzähltraditionen der Yoruba anlehnen, aber auch Aspekte der modernen Lebenswelt Afrikas aufgreifen.

Weitere Werke: *Romane:* My life in the bush of ghosts (1954; dt. Mein Leben im Busch der Geister); Simbi and the satyr of the dark jungle (1955); The brave African huntress (1958); Feather woman of the jungle (1962); Ajaiyi and his inherited poverty (1967); The witch herbalist of the remote town (1981); Pauper, brawler and slanderer (1987). – *Kurzgeschichten:* The village witch doctor and other stories (1990).

Tutzing, Gem. im Landkreis Starnberg, Bayern, 603 m ü. M., am W-Ufer des Starnberger Sees, 9300 Ew.; Ev. Akad., Arbeitsgemeinschaft für Ev. Erwachsenen-Bildung in Bayern (AEEB), Akad. für Polit. Bildung; Forschungszentrum für molekulare Medizin, pharmazeut. Fabrik; Luftkurort.

Tuuri, Antti, finn. Schriftsteller, * Kauhava (bei Vaasa) 1. 10. 1944; 1980–82 Vors. des finn. Schriftstellerverbandes; exakt beobachtender Erzähler in klarer Sprache. Seine Protagonisten sind meist analysierende, experimentierende Glieder einer technisierten Welt, die nicht ohne Humor geschildert werden (›Der steinigste Ort‹, 1984, Ausw., Erzn.; ›Viisitoista metriä vasempaan‹, 1985, dt. ›Fünfzehn Meter nach links‹).

Weitere Werke: *Romane:* Pohjanmaa (1982); Talvisota (1984; dt. Winterkrieg). – *Tagebuch:* Suuri pieni maa (1993; dt. Großes kleines Land. Isländ. Tagebuch).

TÜV, Abk. für →Technischer Überwachungs-Verein.

Tuvalu
Fläche 26 km²
Einwohner (1996) 10 000
Hauptstadt Fongafale auf Funafuti
Amtssprachen Tuvaluisch, Englisch
Nationalfeiertag 1. 10.
Währung 1 Austral. Dollar ($A) = 100 Cents (c)
Uhrzeit 23⁰⁰ Funafuti = 12⁰⁰ MEZ

Tuvalu, Staat im südwestl. Pazifik, zw. 5° 30' und 11° s. Br. sowie 176° und 180° ö. L.; umfasst die 4000 km nordöstlich von Australien gelegenen Ellice-Inseln, eine Gruppe von neun Atollen (Nanumea, Nanumanga, Niutao, Nui, Vaitupu, Nukufetau, Funafuti, Nukulaelae, Niulakita). Landfläche: 26 km² in einem beanspruchten Meeresgebiet von 1,3 Mio. km², (1996) 10 000 Ew.; Hauptstadt ist Fongafale auf Funafuti; Amtssprachen: Tuvaluisch (ein polynes. Dialekt) und Englisch; Währung: 1 Austral. Dollar ($A) = 100 Cents (c), wertgleich dem Tuvalu Dollar; Uhrzeit: 23⁰⁰ Funafuti = 12⁰⁰ MEZ.

STAAT · RECHT

Verfassung: Nach der Verf. vom 1. 10. 1978 ist T. eine konstitutionelle Monarchie im Commonwealth. Staatsoberhaupt und oberster Inhaber der Exekutive ist der brit. Monarch, vertreten durch einen einheim. General-Gouv., der auf Vorschlag des Premier-Min. ernannt wird. Die Reg. ist dem Parlament verantwortlich, das auch den Premier-Min. aus dem Kreis der Parlaments-Abg. wählt. Die Legislative liegt beim Einkammerparlament (12 auf vier Jahre gewählte Mitglieder).

Parteien: Parteien existieren nicht.

Wappen: Das Wappen besteht aus einem Schild, auf dessen breitem gelbem Rand abwechselnd acht grüne Blätter und acht weiße Muscheln abgebildet sind. Der eigentl. Schild zeigt über blaugelben Wellen und einem schmalen grünen Landstreifen ein traditionelles Versammlungshaus. Den unteren Abschluss der Gesamtdarstellung bildet ein Schriftband mit dem Motto ›Tuvalu Mo Te Atua‹ (›Tuvalu für Gott‹).

Nationalfeiertag: 1. 10., erinnert an die Erlangung der Unabhängigkeit 1978.

Verwaltung: Die acht größten, bewohnten Inseln besitzen jeweils einen gewählten Inselrat als Exekutive für lokale Angelegenheiten.

Recht: Grundlagen des Rechts sind traditionelles und brit. Recht. Der Gerichtsaufbau besteht aus Gerichten mit eingeschränkter Gerichtsbarkeit auf den acht größten Inseln, aus Magistratsgerichten und dem High Court. Letzte Berufungsinstanz ist der Privy Council in London.

LANDESNATUR · BEVÖLKERUNG

Die neun Atolle (mit 50–560 ha) liegen in einer Kette, die sich über 590 km von NW nach SO erstreckt. Sie sind fast alle von Riffen umgeben und ragen nur bei Ebbe mehr als 5 m über den Meeresspiegel auf. Das Klima ist tropisch-maritim; die Jahresmitteltemperatur liegt bei 26–32 °C (geringe jahreszeitl. Schwankungen), die jährl. Niederschlagsmenge bei 3000–4000 mm (Hauptregenzeit von Oktober bis März); Taifune treten nur selten auf. Die Vegetation besteht überwiegend aus Kokospalmen, daneben finden sich Schraubenbaum und Brotfruchtbaum.

Bevölkerung: Die Bewohner der neun bewohnten Atolle sind fast ausschließlich den Samoanern und Tokelauern verwandte Polynesier (auf Nui Mikronesier aus Kiribati). Die Hauptstadt hat (1993) 4000 Ew. Im Ausland leben etwa 1000–1500 Tuvaluer.

Religion: Es besteht Religionsfreiheit. Die kongregationalist. ›Church of Tuvalu‹ (Ekalesia Tuvalu), der rd. 94% der Bev. angehören, besaß bis 1964 den Status der ›etablierten Kirche‹ T.s. Rd. 2% der Bev. sind Adventisten, rd. 1% gehört der kath. Kirche an (Mission Funafuti). – In geringer Zahl gibt es Zeugen Jehovas und Bahais.

Bildungswesen: Ab dem sechsten Lebensjahr besteht Schulpflicht. Es gibt neun Primarschulen, auf Vaitupu eine Sekundarschule. Die Analphabetenquote beträgt 5%. Auf Funafuti befindet sich eine Abteilung der University of the South Pacific (Suva).

Publizistik: Ein vom Rundfunk- und Informationsministerium herausgegebenes Blatt, ›Tuvalu Echos‹, erscheint 14-täglich in engl. Sprache, außerdem monatlich die kirchl. Publikation ›Te Lama‹. ›Radio Tuvalu‹, gegr. 1975, strahlt ein Hörfunkprogramm (43 Stunden wöchentlich) in Tuvaluisch und Englisch aus; ein eigener Fernsehsender existiert nicht.

WIRTSCHAFT · VERKEHR

T. ist wirtschaftlich kaum entwickelt, denn die kleinen flachen Inseln bieten mit ihren nährstoffarmen Böden nur geringe Siedlungs- und Anbauflächen. Gemessen am Bruttoinlandsprodukt (BIP) je Ew. von (1994) 924 US-$ gehört es zu den ärmsten Ländern der Pazif. Inseln. Die Inflationsrate lag (1985–93) bei 3,9%. Ein Teil der Erwerbstätigen arbeitet im Ausland, v. a. in den Phosphatminen auf der nordwestlich von T. gelegenen Insel Nauru sowie als Seeleute auf ausländ. Schiffen. Die Bev. lebt überwiegend von →Subsistenzwirtschaft, v. a. durch Kopragewinnung (in Kleinbetrieben) und Fischerei (Fangmenge 1994: 561 t). Das getrocknete Kokosfleisch dient als Grundlage zur Herstellung von Kokosfett, Seifen und Kerzen. – Der Tourismus ist noch nicht entwickelt.

Außenwirtschaft: Die Exporte T.s decken nur einen geringen Teil der Importausgaben. Kokosnüsse sind das einzige landwirtschaftl. Exportgut. Devisen fließen T. zusätzlich aus der Vergabe von Fischereilizen-

Tuvalu

Staatswappen

Staatsflagge

1970 1996 1970 1994
Bevölkerung Bruttoinlands-
(in Tausend) produkt je Ew.
              (in US-$)

zen, dem Handel mit Briefmarken und aus Geldüberweisungen der im Ausland arbeitenden Tuvaluer zu. Importiert werden müssen v. a. Nahrungsmittel, Erdölprodukte, Maschinen. Haupthandelspartner sind Australien, Fidschi und Neuseeland.

Verkehr: Auf Funafuti besteht ein ausgebautes Straßennetz. Dort befinden sich auch ein Hafen und ein internat. Flughafen.

GESCHICHTE

1568 wurde die erste Insel durch den Spanier A. DE MENDAÑA DE NEIRA entdeckt. Seit den 1820er-Jahren steuerten Walfänger die Inseln an; die christl. Mission begann in den 1860er-Jahren. In der 2. Hälfte des 19. Jh. erfolgte eine Dezimierung der Bev. durch Sklavenhändler und von Europäern eingeschleppte Krankheiten. Die Ellice-Inseln waren seit 1892 brit. Protektoratsgebiet, ab 1916 Bestandteil der brit. Kronkolonie Gilbert and Ellice Islands. Nach Referendum (1974) und Umbenennung in T. (1975) kam es am 1. 1. 1976 zur endgültigen administrativen Trennung von den Gilbertinseln (→Kiribati, Geschichte). T. erhielt im Mai 1978 innere Selbstverwaltung und am 1. 10. 1978 die Unabhängigkeit.

G. KOCH: Die materielle Kultur der Ellice-Inseln (1961).

Tuwạ, 1) Kurz-Bez. für die Rep. →Tuwinien.
2) andere Bez. für die →Tuwinen.

Tuweik, Djebel T. [dʒ-], **Tuwayqh,** verkarstetes Tafelbergland aus Jurakalken in Saudi-Arabien, bis 1081 m ü. M., zieht sich bogenförmig von N nach S durch die Mitte der Halbinsel und fällt nach W steil ab. Dieser Steilabfall ist die mächtigste Stufe des zentralarab. Schichtstufenlandes.

Tuwhare [tuːˈfareɪ], Hone, neuseeländ. Schriftsteller, *Kaikohe (bei Whangarai) 21. 10. 1922; in seiner von Gefühlstiefe gekennzeichneten, variationsreichen Lyrik verbindet er orale Traditionen der Maori, von denen er abstammt, mit der humorvollen Derbheit der neuseeländ. Umgangssprache.

Werke: *Lyrik:* No ordinary sun (1964, überarbeitet 1977); Come rain hail (1970); Sap-wood and milk (1972); Making a fist of it. Poems and short stories (1978); Year of the dog. Poems new and selected (1982); Mihi. Collected poems (1987).

Tuwim, Julian, poln. Schriftsteller, *Lodz 13. 9. 1894, †Zakopane 27. 12. 1953; Mitgründer und einer der führenden Dichter der Gruppe ›Skamander‹, lebte als Jude 1939–46 in der Emigration (seit 1942 in New York); begann mit an impressionist., expressionist. und futurist. Elementen reichen Gedichten. Die spätere Lyrik sucht die Unvereinbarkeit von Wort und Wirklichkeit durch satir. Inhalte, Sprachexperimente und außergewöhnl. Metaphorik zu bewältigen. Die in der Emigration entstandenen ›Kwiaty polskie‹ (1949, unvollendet) kleiden die von Sehnsucht und Trauer bestimmte Abrechnung mit der jüngsten Geschichte Polens in die Form eines romant. epischen Poems.

Ausgaben: Dzieła, 5 Bde. (1955–64); Poezje wybrane (1977); Pisma zebrane, 6 Bde. (1986–93).

J. SAWICKA: J. T. (Warschau 1986).

Tuwinen, Tuwạ, Tuba, Urjanchai, Sojoten, Turkvolk in S-Sibirien, etwa 235 000 Angehörige, davon 207 000 in Russland (fast alle in der Rep. Tuwinien), weitere siedeln im W und N der Mongolei, teilweise auch im chin. Teil des Altai. Die T. waren früher Jäger und nomad. Rentierzüchter, heute wird erweiterte Viehzucht und auch Ackerbau betrieben. An der Ethnogenese der T. waren neben türk. Stämmen auch turkisierte Mongolen, Samojeden und Keten beteiligt, andererseits wurden zahlr. T. von Burjaten, Chakassen, Tofalaren und in neuerer Zeit Russen assimiliert. Seit dem 17. Jh. breitete sich unter den T. der Lamaismus aus, daneben blieb der Schamanismus lebendig.

Die Sprache der T. **(Tuwinisch, Tuwisch,** früher auch **Sojotisch, Sojonisch, Urjanchaisch)** gehört zum südsibir. Zweig der NO-Gruppe der →Turksprachen und hat einige altertüml. Züge bewahrt. Eng verwandt ist die Sprache der Tofalaren. Eine Schriftsprache wurde seit 1930 entwickelt und zunächst mit Lateinschrift, ab 1941 mit kyrill. Schrift geschrieben. Zuvor existierte ein geringfügiges mongol. Regionalschrifttum. Die Volksdichtung enthält neben alten türk. Überlieferungen auch mongol. Einflüsse. Die ›Erzählung vom edlen Helden Keser‹ ist eine Variante des tibetisch-mongol. →Geser-Khan-Epos. Zu den führenden Autoren der sowjet. Periode gehört der Erzähler SALTSCHAK TOKA (*1901, †1973).

Litcratur: H. W. BRANDS: Nachrevolutionäre Literatursibir. Türkvölker, in: Ztschr. der Dt. Morgenländ. Gesellschaft, Bd. 113 (1964); G. DOERFER in: Philologiae Turcicae Fundamenta, hg. v. J. DENY, Bd. 2 (1965); Tuwin. Volksmärchen, hg. v. E. TAUBE (Berlin-Ost 1978); Tuwin. Lieder, hg. v. DERS. (Leipzig 1980).

Sprache: K. H. MENGES in: Philologiae Turcicae Fundamenta, hg. v. J. DENY u. a., Bd. 1 (1959); E. R. TENIŠEV: Tuvinsko-russkij slovar' (Moskau 1968); Tuvan manual, hg. v. J. R. KRUEGER (Bloomington, Ind., 1977).

Tuwinien, Republik Tuwạ, Republik Tuwịnien, amtl. tuwinisch **Tyva Respublika,** russ. **Tuwịnskaja Respụblika,** Kurz-Bez. **Tuwạ, Tywạ,** Teil-Rep. innerhalb der Russ. Föderation, im äußersten SW Ostsibiriens, grenzt an die Mongolei, 170 500 km^2, (1997) 310 000 Ew.; Hauptstadt ist Kysyl. T. umfasst als Kernland das von hohen, stark zerschnittenen Gebirgsketten eingeschlossene **Tuwinische Becken** (vorwiegend von Gras- und Wermutsteppe bedecktes, am Oberen Jenissej gelegenes hügeliges Becken, etwa 400 km lang, bis 70 km breit, 600 bis 900 m ü. M.), das durch das **Tuwinische Bergland** oder **Tuwabergland** (in der Obrutschewkette bis 2 895 m ü. M.) vom **Todschabecken** (150 km lang, 800 bis 1 800 m ü. M. gelegen und vom Großen Jenissej oder Bij-Chem durchflossen) im NO T.s getrennt wird. Höchster Gipfel ist mit 3 976 m ü. M. der Mongun-Taiga im SW des Landes. In Kysyl befindet sich der geograph. Mittelpunkt Asiens. Das Klima ist streng kontinental (Julimittel 15–20 °C, Januarmittel −28° bis −35 °C, 150–400 mm mittlerer Jahresniederschlag). In den Becken herrscht Steppe vor, die N-Abdachungen der Gebirge werden von Taiga (Wälder aus Zirbelkiefer, Lärche und Kiefer; insgesamt 50 % der Fläche bewaldet) bedeckt.

Nach der Volkszählung von 1989 waren von den Bewohnern 64,3 % Tuwiner, 32,0 % Russen, je 0,7 % Chakassen und Ukrainer, 0,4 % Tataren und 1,9 % Angehörige anderer Nationalitäten. 48 % der Einwohner wohnen in Städten.

Die Wirtschaft basiert auf der Landwirtschaft und dem Bergbau. Weideland nimmt 27 % der Landesfläche ein. Verbreitet sind Schaf- (Gewinnung von Mohärwolle), Rinder-, Kamel-, Yak- und die traditionelle Pferdezucht, im NO auch Pelztierhaltung und Renzucht. In bewässerten Gebieten des Tuwin. Beckens werden teilweise auch Getreide und Futterpflanzen angebaut. Gefördert werden Gold, Asbest, Kobaltu. a. Buntmetall- sowie Eisenerze, Quecksilber und Steinkohle. Die umfangreichen Bodenschätze sind erst z. T. erschlossen. Die Industrie (Standorte Kysyl, Ak-Dowurak) verarbeitet v. a. land- und forstwirtschaftl. Produkte. Die Straßen von Kysyl nach Minussinsk (436 km) und von Ak-Dowurak nach Abasa (237 km) stellen die Verbindung zur Transsibir. Eisenbahn bzw. deren Zweigbahn her. Auf dem Oberen und Großen Jenissej wird Binnenschifffahrt betrieben. Bei Kysyl befindet sich ein Flughafen.

Geschichte: Das Gebiet T.s, seit dem Paläolithikum besiedelt, war vom 2. Jh. v. Chr. bis zum 1. Jh. n. Chr. von den ostasiat. Hunnen (→Xiongnu) beherrscht und gehörte seit dem 6. Jh. zum alttürk. Großreich. Im 8. Jh. von den Uiguren, im 9. Jh. von den Kirgisen und 1207 von DSCHINGIS KHAN erobert, blieb es bis ins

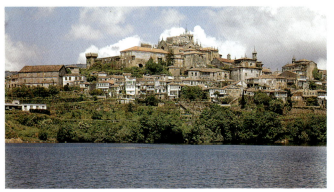

Túy: Blick auf die Stadt mit der sie überragenden Kathedrale

18. Jh. unter mongol. Herrschaft. Seit 1757 als Urjanchaj unter mandschurisch-chin. Herrschaft, erklärte es nach der Revolution in China 1912 seine Unabhängigkeit; seit 1914 war es russ. Protektorat, wurde 1921 als Tannu-Tuwa (so bis 1926 gen.) formal unabhängige Volksrepublik, 1944 autonomes Gebiet, 1961 ASSR innerhalb der RSFSR. Im Zuge des polit. Umbruchs in der UdSSR kam es 1990 zu Ausschreitungen einheim. Nationalisten gegen den russ. Bev.-Teil. 1991 benannte sich die Rep. in T. R. um.

Tux, Gem. im Bez. Schwaz, Tirol, Österreich; 1 900 Ew.; umfasst das **Tuxer Tal,** ein Nebental des Zillertals; in **Hintertux** (1 493 m ü. M.) Thermalquelle, Wintersport (Sommerskigebiet ›Gefrorene Wand‹, bis 3 270 m ü. M.), Seilbahnen. – Bei Vorderlanersbach (1 281 m ü. M.) bis 1976 Magnesitbergbau.

Tuxen [tukˈsən], Laurits, dän. Maler und Bildhauer, * Kopenhagen 9. 12. 1853, † ebd. 21. 11. 1927; Schüler von L. BONNAT in Paris, 1909–16 Prof. an der Kopenhagener Akademie. Unter dem Einfluss des Impressionismus schuf er hauptsächlich Porträts (u. a. ›Christian IX. und seine Familie‹, 1883–86; Schloss Frederiksborg) und Küstenlandschaften.

Tuxer Alpen, Tuxer Vor|alpen, Tuxer Gebirge, Teil der nördl. Schieferzone der Zentralalpen, Tirol, Österreich; zw. Wipp- und Zillertal, nördlich des Tuxer Jochs, im Lizumer Reckner 2 886 m ü. M.; Truppenübungsplatz Wattener Lizum; zahlr., auch durch Seilbahnen erschlossene Fremdenverkehrsgebiete (u. a. Patscherkofel).

Tuxpan de Rodríguez Cano [ˈtuspan de rroˈðriɣes -], Stadt im Bundesstaat Veracruz, Mexiko, am Río Tuxpan, 10 km oberhalb seiner Mündung in den Golf von Mexiko, 135 000 Ew.; Bischofssitz; archäolog. Museum (Huaxtekenkultur); Erdölhafen.

Tuxtla Gutiérrez [ˈtustla ɣuˈtjɛrrɛs], Hauptstadt des Bundesstaates Chiapas, SO-Mexiko, 530 m ü. M., 295 600 Ew.; Bischofssitz; Univ., archäologisch-ethnolog. Museum, botan. Garten, Zoo; landwirtschaftl. Handels- und Verarbeitungszentrum.

Túy [tuj], galicisch **Tui,** Stadt in der Prov. Pontevedra, NW-Spanien, Galicien, 45 m ü. M., am Unterlauf des Miño, der hier die spanisch-port. Grenze bildet (333 m lange Brücke), 15 500 Ew.; kath. Bischofssitz; Marktzentrum, Sägewerke, Keramikfabriken; Verkehrsknotenpunkt. – T. wird überragt von der festungsartigen Kathedrale (1120–1287) mit reich skulptiertem W-Portal (14. Jh.); im Innern zahlr. Bischofsgrabmäler (14.–16. Jh.). – T., die griech. Gründung **Tyde** und keltiber. Stadt **Tude,** wurde am Ende der Römerzeit Bischofssitz, Anfang des 8. Jh. westgot. Königssitz; 714 bis Ende 11. Jh. in arab. Besitz.

Tuz Gölü [ˈtuz gœˈly; türk. ›Salzsee‹], flacher, abflussloser Salzsee in Inneranatolien, Türkei, 899 m ü. M., mit einer zw. 1 100 und 1 600 km² schwankenden Fläche. Der Salzgehalt liegt fast immer an der Sättigungsgrenze (im Sommer bis zu 32 %). Nach sommerl. Austrocknen des größten Teils der Seefläche wird die zurückbleibende Kochsalzkruste von einer staatl. Monopolgesellschaft abgebaut.

Tuzla [ˈtuzla], Stadt in Bosnien und Herzegowina (bosniakisch-kroat. Föderation), 232 m ü. M., nördlich von Sarajevo am Fuß der Majevica, 131 900 Ew.; serbiakisch-orth. Bischofssitz, Univ. (1976 gegr.), Museum. Bis zum Ausbruch des Bürgerkriegs 1992 Industriezentrum O-Bosniens mit Braunkohlen-, Salzbergbau, Landmaschinenbau, chem. (bes. Sodagewinnung) und Nahrungsmittelindustrie; Flughafen. Am östl. Stadtrand liegt das Heilbad Slana Banja (Thermalquellen).

TV, Abk. für **T**ele**v**ision, engl. Bez. für →Fernsehen.

TVA [tiːviːˈeɪ], Abk. für →**T**ennessee **V**alley **A**uthority.

t-Verteilung, Student-Verteilung, *mathemat. Statistik:* von W. S. GOSSET (Pseudonym: STUDENT) 1907/08 angegebene Verteilung einer stetigen Zufallsvariablen X, die **t-verteilt** mit n Freiheitsgraden für $n \in \mathbb{N}$ heißt, falls sie die Dichtefunktion

$$f(x) = \frac{\Gamma[(n+1)/2]}{\Gamma(n/2)\sqrt{\pi n}} \cdot \frac{1}{(1+x^2/n)^{(n+1)/2}}$$

besitzt, wobei $\Gamma(x)$ die Gammafunktion ist. Im Fall $n = 1$ (**Cauchy-Verteilung**) besitzt sie keinen Erwartungswert, für $n \leq 2$ den Erwartungswert 0 und für $n \leq 3$ die Varianz $n/(n-2)$. Der Graph von $f(x)$ verläuft für kleine $|x|$ unterhalb, für größere $|x|$ oberhalb der gaußschen Normalverteilung und nähert sich dieser mit wachsendem n an. Sind Y und Z unabhängige Zufallsvariablen, ist Y normalverteilt mit dem Erwartungswert 0 und der Streuung 1 und ist Z χ^2-verteilt (→Chi-Quadrat-Verteilung) mit n Freiheitsgraden, so besitzt $X = Y/\sqrt{Z/n}$ eine t-V. mit n Freiheitsgraden. Die t-V. findet aufgrund dieser Eigenschaft häufig Anwendung in der mathemat. Statistik, z. B. beim **t-Test (Student-Test).** Dieser dient z. B. dem Vergleich zweier Mittelwerte aus normalverteilten Grundgesamtheiten Y und Z vom Umfang n_1 bzw. n_2 mit unbekannten Streuungen, sofern diese als gleich angenommen werden dürfen.

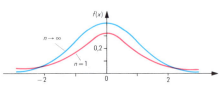

t-Verteilung: Dichtefunktion der *t*-Verteilung für $n = 1$ (roter Graph) und für $n \to \infty$ (blauer Graph), die identisch ist mit der Normalverteilung

TVM [tiːviːˈem, Abk. für engl. **t**rack **v**ia **m**issile], in der militär. Fachsprache verwendete Bez. für das in der Endanflugphase eines Flugkörpers zusätzlich zur Kommandolenkung angewendete Lenkverfahren, bei dem das Radargerät das Flugziel elektromagnetisch so beleuchtet, dass der Zielsuchkopf des Flugkörpers auf die reflektierte Energie aufschalten kann.

TVP [tiːviːˈpiː, Abk. für engl. **t**extured **v**egetable **p**rotein ›Sojafleisch‹], aus pflanzl. Proteinen, v. a. Sojabohneneiweiß, bestehendes fleischähnl. Lebensmittel (›Kunstfleisch‹, ›vegetabil. Fleisch‹), das erstmals in den 1970er-Jahren hergestellt wurde.

TV-Sat, dt. Fernsehsatellit. Der im November 1987 gestartete Satellit TV-Sat 1 blieb aufgrund eines techn. Defekts außer Betrieb und wurde im August 1989 durch den Satelliten TV-Sat 2 ersetzt. 1991 wurden die

TW, 1) *Automobilsport:* Abk. für →Tourenwagen.
2) *Physik:* Einheitenzeichen für **T**erawatt (→Watt).

Twa, Batwa, allg. Bez. für kleinwüchsige Bev.-Gruppen in Zentralafrika, z.B. im Kongobogen und dem Kasai-Sankuru-Gebiet in der Demokrat. Rep. Kongo, am Bangweolosee in N-Sambia, v. a. aber für die auch gesellschaftlich eine Sonderstellung einnehmende kleinwüchsige Bev. im südwestl. Zwischenseengebiet Ostafrikas; etwa 250 000 Angehörige.

John H. Twachtman: Winter Harmony; 1890 (Washington, D.C., National Gallery of Art)

Twachtman ['twɔktmən], **J**ohn **H**enry, amerikan. Maler und Radierer, *Cincinnati (Oh.) 4. 8. 1853, †Gloucester (Mass.) 18. 8. 1902; studierte in München und Paris; wandte sich Ende der 1880er-Jahre dem Impressionismus zu. Landschaftsmaler, bedeutend sind v. a. seine Winterbilder.

Twain [tweɪn], **M**ark, amerikan. Schriftsteller, →Mark Twain.

Twardowski, 1) Kazimierz, poln. Philosoph, *Wien 20. 10. 1866, †Lemberg 1938; war 1895–1930 Prof. in Lemberg; Begründer der einflussreichen sprachanalytisch ausgerichteten Warschau-Lemberg-Schule (→Warschauer Schule). T. war Schüler von F. BRENTANO und unternahm den Versuch, eine wiss. Philosophie auf der Grundlage einer ›deskriptiven Psychologie‹ im Sinne einer log. Analyse mentalistisch verstandener Begriffe aufzubauen. Er bezog damit (wie E. HUSSERL) sowohl gegen den Psychologismus wie gegen den Platonismus in der Logik Stellung. In seinen erkenntnistheoret. Untersuchungen setzte er sich mit Materialismus und Relativismus auseinander. T. hatte großen Einfluss auf die Entwicklung der poln. Philosophie. Zu seinen Schülern gehören J. ŁUKASIEWICZ, S. LEŚNIEWSKI, K. AJDUKIEWICZ und T. KOTARBIŃSKI.

Werke: Idee u. Perception. Eine erkenntnis-theoret. Untersuchung aus Descartes (1892); Zur Lehre vom Inhalt u. Gegenstand der Vorstellungen (1894); Rozprawy i artykuły filozoficzne (1927).

2) Samuel ze Skrzypny, poln. Dichter, *Lutynia (bei Jarotschin) vor 1600, †Zalesie (bei Krotoschin) 1661; adliger Abstammung, schrieb neben Satiren, Lobgedichten und Idyllen v. a. barocke Epen, in denen er die Feldzüge der Könige WLADISLAW IV. und JOHANN II. KASIMIR schilderte, v. a. ›Wojna domowa z Kozaki i Tatary‹ (hg. 1681), das chronikartig und unter Verwendung von Augenzeugenberichten über die langjährigen Kämpfe gegen die Kosaken berichtet.

Twardowskij, Tvardovskij, Aleksandr Trifonowitsch, russ. Schriftsteller, *Sagorje (Gebiet Smo-

lensk) 21. 6. 1910, †Krasnaja Pachra (bei Moskau) 18. 12. 1971; Journalist, Kriegsberichterstatter im Zweiten Weltkrieg. T. hat als Chefredakteur (1950–54 und 1958–70) der einflussreichen Literaturzeitschrift ›Nowyj Mir‹ eine krit. (aber nicht antikommunist.) Literatur wesentlich gefördert, u. a. A. I. SOLSCHENIZYN. Er pflegte das epische Volkspoem, das Einflüsse der Volksdichtung, so der städt. Volksgedichte (Tschastuschki), aufweist (›Vasilij Tërkin‹ in Teilen 1942, vollständig 1946; dt. ›Wassili Tjorkin‹); ferner lyr. Gedichte und Erzählungen. In seinem Versepoem ›Tërkin na tom svete‹ (1963; dt. ›Tjorkin im Jenseits‹) schildert er in fantasievoller Verkleidung ironisch-satirisch die stalinistische sowjet. Wirklichkeit.

Weitere Werke: *Poem:* Strana Muravija (1936; dt. Das Wunderland Murawia). – Iz liriki ėtich let (1967; dt. Gedichte dieser Jahre).

Ausgaben: Sobranie sočinenij, 6 Bde. (1976–83); Prosa, hg. v. N. THUN (1985). – Heimat u. Fremde, hg. v. A. KAEMPFE (1972).

Allein der Wahrheit verpflichtet. A. T. als Dichter u. Literaturmäzen, hg. v. R. HOTZ (Bern 1972); A. V. MAKEDONOV: Tvorčeskij put' Tvardovskogo (Moskau 1981); Tvorčestvo Aleksandra Tvardovskogo. Issledovanija i materialy, hg. v. P. S. VYCHODCEVA u. a. (Leningrad 1989).

Aleksandr Trifonowitsch Twardowskij

TWA – Trans World Airlines Inc. [ti:'dʌblju:'eɪ trænsˈwɜːld ˈeəlaɪnz ɪnˈkɔːpəreɪtɪd], amerikan. Luftverkehrsgesellschaft, gegr. 1925 als Western Air Express, die 1930 mit einem Teil der Transcontinental Air Transport zur Transcontinental and Western Air fusionierte, heutiger Name seit 1950; Sitz: New York. Das Streckennetz umfasst die USA, die Karibik, Afrika, Nahost, Asien und Europa. TWA beförderte 1995 mit einem Flugpark von 188 Flugzeugen und mit 22 487 Beschäftigten 21,5 Mio. Passagiere.

TWA – Trans World Airlines Inc.

Tweed [twi:d; engl., nach dem schott. Fluss (der durch das ursprüngl. Herstellungsgebiet fließt)] *der, -s/-s* und *-e,* klein gemustertes, weiches, tuch- oder köperbindiges Gewebe für Oberbekleidung.

Tweed [twi:d] *der,* Fluss in S-Schottland, 156 km lang, entspringt am Hart Fell, z. T. Grenzfluss zu England, mündet in die Nordsee.

Twen [zu engl. twenty ›zwanzig‹] *der, -(s)/-s,* junger Mensch in den Zwanzigern.

Twente *die,* O-Teil der Prov. Overijssel, Niederlande, grenzt an Dtl.; die traditionsreiche Textilindustrie (seit 1830) hat an Bedeutung verloren, neuere Industriezweige sind Maschinenbau und Elektrotechnik/Elektronik; das Hauptindustriegebiet reicht von Enschede über Hengelo bis Almelo; wichtiger Binnenschifffahrtsweg ist der **T.-Kanal** zw. Enschede und der IJssel bei Zutphen (Prov. Gelderland); Ausflugsverkehr. – T. war urspr. eine Grafschaft, die im 10. Jh. teilweise und im 13. Jh. ganz an die Bischöfe von Utrecht fiel. T. war eines der histor. Ämter (Länder) der Prov. Overijssel.

Twentieth Century Fox Film [ˈtwentɪəθ ˈsentʃʊri fɔks film], Kurz-Bez. **20th Century Fox,** amerikan. Filmgesellschaft, gegr. 1915 von WILLIAM FOX (*1879, †1952) als Fox Film Corporation, 1935 Fusion mit der Filmproduktionsgesellschaft Twentieth Century Pictures; Sitz: Los Angeles (Calif.). 1985 erwarb R. MURDOCH die Mehrheit der T. C. F. F., in dessen Konzern sie Fox Inc. zugeordnet ist. Schwerpunkte bilden Filmproduktion und -verleih.

Twer, 1931–90 **Kalinin,** Gebietshauptstadt in Russland, an der Mündung der Twerza in die obere Wolga, 455 000 Ew.; russisch-orth. Erzbischofssitz; Univ. (gegr. 1971), TU, medizin. und landwirtschaftl. Hochschule, Vereinigter Architektur- und Literaturmuseumspark, Gemäldegalerie, drei Theater, Philharmonie; Maschinen- und Waggonbau, Chemiefasererzeugung, Baumwollverarbeitung, zwei große Druckereien; in der Nähe Kernkraftwerk (2 000 MW); wichtiger Wolgahafen, im Bau internat. Flughafen. – Bis ins 18. Jh. entwickelte sich die Stadt um den Kreml mit der fünfkuppeligen Kathedrale (1689–96), die einen mittelalterl. Vorgängerbau ersetzte. Nach einem Brand 1763 wurde die Stadt einheitlich mit frühklassizist. Bauten neu gestaltet und mit vier Plätzen auf den 1809 umgestalteten Putewoj-Palast KATHARINAS II. ausgerichtet; dieser, das ehemalige Haus der Adels (1766–70) und das ehemalige Magistratsgebäude (1770–80) sind die bedeutendsten histor. Bauten des 18. Jh. in T. – Im 12. Jh. entstanden, um 1164 erstmals urkundlich erwähnt, gehörte T. seit 1209 zum Fürstentum Wladimir-Susdal, wurde 1238 von den Mongolen zerstört und war 1246–1485 Hauptstadt des selbstständigen Fürstentums T. Im 14. und 15. Jh. als bedeutendes Wirtschafts- und Kulturzentrum gefährlichster Rivale Moskaus im Kampf um die Vorherrschaft in NO-Russland, kam T. 1485 zum Moskauer Staat. 1775 wurde es Gouv.-Hauptstadt.

E. KLUG: Das Fürstentum Tvér. 1247–1485 (1985).

Twerski, Jochanan, hebr. Schriftsteller, * Schpikow (Gebiet Winniza, Ukraine) 24. 5. 1900, † Tel Aviv 28. 11. 1967; stammte aus einer chassid. Familie, emigrierte 1926 in die USA, lehrte 1927–47 am Hebrew College in Boston (Mass.) und lebte seit 1947 in Tel Aviv. Er schrieb histor. Romane über jüd. und nichtjüd. Persönlichkeiten (›Uriel Acosta‹, 3 Bde., 1935–38; ›Achad Haam‹, 1941; ›Alfred Dreyfus‹, 1946; ›Raschi‹, 1946; ›Höhe und Abgrund‹, 1951, aus der Zeit des zweiten Tempels, alle hebr.). Chassid. Themen behandelte er in ›Die Jungfrau von Ludmir‹ (1950, hebr.) und ›Im inneren Hof‹ (1954, hebr.).

Twi, Sprachwissenschaft: →Akan.

Twill [engl.] der, -s/-s und -e, früher Bez. für einen aus Baumwolle oder Zellwolle hergestellten dreibindigen →Köper, der als Taschenfutter und Westenrückenfutter (in glanzreicher Ausrüstung) diente; heute auch Bez. für einen Schussköper aus Seide oder Chemiefasern für leichte Kleiderstoffe.

Twinset [engl., aus twin ›Zwilling‹ und set ›Set‹] das, auch der, -(s)/-s, Mode: Pullover und Jacke aus gleichem Material und in gleicher Farbe.

Twins Seven Seven [twɪnz 'sevn 'sevn], eigtl. **Taye Salau** oder **Taiwo Olanyi,** nigerian. Künstler, * Ogidi (bei Onitsha) 1947; gehört seit 1964 zum Kreis der Oshogbo-Schule, wo er als Musiker, Tänzer und bes. als Maler gefördert wurde. In seinen mag., surrealen oder skurrilen Bildern (Gouachen, Radierungen) greift er alte Mythen seines Volkes, der Yoruba, auf. Sein Künstlername kennzeichnet ihn als einzigen Überlebenden von sieben Zwillingspaaren. (BILD →afrikanische Kunst)

Twirling [twɔːlɪŋ; zu engl. to twirl ›(herum-)wirbeln‹] das, -s, Tanzsport: Wettkampfdisziplin mit rhythm. Bewegungen zu i. d. R. frei gewählter Musik, wobei die Ballettformationen in Verbindung mit akrobat. Übungsteilen und dem Sportgerät ›Baton‹ (frz.), dem T.-Stab, gewertet werden. Man unterscheidet bei Frauen und Männern (bei mehreren Personen auch gemischt) die Disziplinen Solo Freestyle (Pflicht, Kür), Duo, Team (fünf bis neun Personen) und Gruppe (ab zehn Personen). – Ermittelt werden nat. und internat. Amateurmeister. T. wird in Dtl. vom Dt. T.-Sport-Verband (D. T. S. V.) organisiert, der seit 1980 dem Dt. Tanzsportverband (DTV, →Tanzsport) als Fachverband angehört. Weltdachverband ist die World Baton T. Federation (WBTF; gegr. 1971, Sitz in Belgien); europ. Dachverband die Confédération Européenne de T. Baton (C. E. T. B.; gegr. 1972, Sitz in Kanada).

Der D. T. S. V. betreut in Dtl. auch Majorettentanz (→Majorettes) und Cheerleadersport, wobei die ›Cheerleader‹ (engl.) Mädchen und Frauen sind, die als ›Entertainment‹ v. a. bei sportl. Großveranstaltungen eingesetzt werden, um die Zuschauer zum Anfeuern und zum Beifall zu bewegen.

Twist [engl., eigtl. ›Drehung‹, zu to twist ›(zusammen)drehen‹], **1)** der, -s/-s, Tanz: um 1960 in den USA entstandener, von C. CHECKER kreierter Modetanz, der bald auch in Europa populär wurde; aus der Boogie-Woogie-Rhythmik hervorgegangen. Er wird im schnellen $^4/_4$-Takt ohne Partnerkontakt mit vom Becken ausgehenden Drehbewegungen getanzt, wobei Oberschenkel und Knie dieser Bewegung folgen, während der Oberkörper sich i. d. R. nicht dreht.

2) der, -(e)s/-e, Textilkunde: 1) weich gedrehter Zwirn aus mehreren lose nebeneinander liegenden Fäden, die sich leicht trennen lassen; Verwendung je nach Garnrohstoffen zum Sticken oder Stopfen (Stick- bzw. Stopf-T.); 2) strapazierfähiges, schweres, gemustertes Gewebe aus groben mehrfachen Zwirnen aus gekämmten Wollgarnen, für Anzüge.

Twisted Pair ['twɪstɪd 'peə; engl. ›zusammengedrehtes Paar‹] das, --(s)/--s, Elektronik: verdrillte Zweidrahtleitung zur Übertragung impulsförmiger elektr. Signale (bitserielle Datenübertragung), z. B. zw. zwei Platinen oder zwei Stationen eines Netzes. Bei etwa 100 Windungen pro m haben T. P. einen Wellenwiderstand von etwa 110 Ω. Sie sind billig in der Herstellung und praktisch in der Verwendung (z. B. Führung über Steckerleisten).

Twistringen, Stadt im Landkreis Diepholz, Ndsachs., 55 m ü. M., 12 500 Ew.; Museum über die Stroh verarbeitende Industrie; Landwirtschafts- und Gewerbebetriebe, Futterhandel. – Das 1250 erstmals urkundlich erwähnte T. wurde 1964 Stadt.

Twobeat ['tuːbiːt; engl., eigtl. ›Zweischlag‹] der, -, metr. Konzept v. a. im Jazz der 1920er-Jahre (New-Orleans-Jazz, Dixielandjazz), bei dem der erste und dritte Taktschlag von der Rhythmusgruppe bes. (aber gleichmäßig) betont werden, während die anderen Instrumente alle vier Schläge betonen; zu unterscheiden vom **Fourbeat,** der mit dem Swing zum vorherrschenden metr. Prinzip wurde.

Cy Twombly: Ohne Titel; 1969 (New York, Whitney Museum of American Art)

Twombly ['twɒmbli], Cy, amerikan. Maler und Zeichner, * Lexington (Va.) 25. 4. 1928; lebt seit 1957 meist in Rom; ging vom abstrakten Expressionismus aus, den er in seinen Bildern und Zeichnungen zu einer an Kritzeleien erinnernden, Schrift- wie Textfragmente einschließenden Form weiterentwickelte. In den 1970er-Jahren kam er zu strengeren Strukturen und zur Objektkunst; bemalt seine Objekte aus Holzelementen und Fundgegenständen weiß.

H. BASTIAN: C. T. Das graph. Werk 1953–1984 (1984); C.T., Ausst.-Kat. (Zürich 1987); C. T. Catalogue raisonné of the paintings, hg. v. H. BASTIAN, auf 6 Bde. ber. (1992 ff.); J. GÖRICKE: C. T. Spurensuche (1995).

Tworkov ['tɔːkəv], Jack, amerikan. Maler poln. Herkunft, * Biała (heute zu Bielitz-Biala) 15. 8. 1900,

† Provincetown (Mass.) 4. 9. 1982; kam 1913 in die USA, ging unter dem Einfluss W. DE KOONINGS zum abstrakten Expressionismus über. Seine Bilder zeigen eine heftig bewegte, gestische Pinselschrift.

J. T. Paintings. 1928–1982, Beitrr. v. R. ARMSTRONG u. a., Ausst.-Kat. (Philadelphia, Pa., 1987).

Two-step-flow of communication ['tuːstepfləʊ əv kəmjuːniˈkeɪʃn, engl.], →Zwei-Stufen-Fluss der Kommunikation.

Twostepp ['tuːstep; engl., eigtl. ›Zweischritt‹] *der, -s/-s,* ein aus der Polka entwickelter amerikan. Gesellschaftstanz im $^2/_4$-Takt mit Betonung der zweiten Schrittsilbe, gelangte um 1900 nach Europa; ihm folgte um 1910 der Onestepp.

Twyman-Green-Interferometer ['twaɪmən 'griːn-; nach dem engl. Ingenieur FRANK TWYMAN, *1876, †1959, und dem engl. Chemiker ARTHUR G. GREEN, *1864, †1941], ein Zweistrahlinterferometer ähnlich dem →Michelson-Interferometer, bei dem aber im Ggs. zu diesem eine punktförmige Lichtquelle mit Kollimatorobjektiv zur Erzeugung eines Parallelstrahlenbündels verwendet wird. Das Interferenzbild wird mit einem Fokussierobjektiv in dessen Brennebene erzeugt. Das T.-G.-I. dient zur Prüfung von Objektiven oder anderen opt. Systemen (z. B. Prismen), die zu diesem Zweck in einen Arm des Interferometers eingebracht werden.

TX, postamtl. Abk. für den Bundesstaat Texas, USA.

Txistu ['tʃistu] *die, -/-s,* die bask. →Einhandflöte.

Tyard [tjaːr], Pontus de, frz. Dichter, *Bissy-sur-Fley (bei Chalon-sur-Saône) 1521, †Bragny-sur-Saône (bei Chalon-sur-Saône) 23. 9. 1605; war 1578–89 Bischof von Chalon-sur-Saône, stand zunächst unter dem Einfluss der neuplatonist. und petrarkist. Ideengut verschmelzenden ›École lyonnaise‹ um M. SCÈVE und gehörte dann der →Pléiade an (z. B. mit seiner Gedichtsammlung ›Erreurs amoureuses‹, 3 Tle., 1549–55). Seine theolog. und philosoph. Werke stehen in der Tradition des Platonismus (so ›Les discours philosophiques‹, 1587).

Weitere Werke: *Lyrik:* Odes (1552); Les œuvres poétiques (1573).

Tyche, *griech. Religion:* seit dem 4. Jh. v. Chr. verehrte Göttin der Schicksalsfügung im Sinne von Glück oder Unglück; sie verdrängte weithin den Glauben an die olymp. Götter. Ihre Attribute waren Füllhorn, Steuerruder sowie Rad oder Kugel als Symbole ihrer Unbeständigkeit. Sie war aber auch schützende Stadtgöttin, als solche trug sie eine Mauerkrone; ihre Monumentalplastik von EUTYCHIDES für Antiochia am Orontes ist in (kleinen) Kopien erhalten. (→Fortuna)

Tychismus [zu griech. týchē ›Zufall‹] *der, -,* in der Philosophie von C. S. PEIRCE Bez. für die Lehre vom absoluten Zufall, der ein gestaltendes Element in seiner evolutiven Kosmologie bildet. Der Zufall wird dabei als das Fehlen irgendeines bekannten Grundes für ein beliebiges Ereignis aufgefasst. Dieses Fehlen wird verstanden, als handle es sich um ein objektiv existierendes Agens, anstatt es so zu begreifen, als fordere lediglich die mangelnde Erkenntnisfähigkeit diesen Gedanken.

Tychonischer Stern, die 1572 von T. BRAHE beobachtete und beschriebene →Supernova.

tychonisches Weltsystem, von T. BRAHE vorgeschlagenes, zw. dem heliozentr. System und den geozentr. Weltsystemen stehendes Modell des Planetensystems, nach dem die Erde von Sonne und Mond umkreist wird, die Sonne aber von den übrigen Planeten.

Tychy ['tixi], Stadt in Polen, →Tichau.

Tycoon [taɪˈkuːn; engl., von jap. taikun, eigtl. ›großer Herrscher‹] *der, -s/-s,* bildungssprachlich für: mächtiger Geschäftsmann, Industriemagnat oder Parteiführer.

Tydeus, griech. **Tydeus,** *griech. Mythos:* Sohn des Oineus und Vater des Diomedes. Er gehörte zu den →Sieben gegen Theben. Von Melanippos wurde er tödlich verwundet.

Tyin *der,* kleine Währungseinheit von Kirgistan, 100 T. = 1 Som (Kirgistan-Som, Abk. K. S.).

Tyl [tɪl], Josef Kajetán, tschech. Schriftsteller, *Kuttenberg 4. 2. 1808, †Pilsen 11. 7. 1856; schrieb neben einem Roman und Erzählungen v. a. heitere Volksstücke, histor. Dramen sowie Märchenspiele (›Strakonický dudák aneb Hody divých žen‹, 1847, dt. ›Der Dudelsackpfeifer von Strakonitz‹). Seine Posse ›Fidlovačka aneb Žádný hněv a žádná rvačka‹ (1834, vertont von F. ŠKROUP) enthält die spätere tschech. Nationalhymne ›Kde domov můj?‹.

Ausgabe: Spisy, auf 24 Bde. ber. (1952 ff.).

M. OTRUBA u. M. KAČER: Tvůrčí cesta Josefa Kajetána Tyla (Prag 1961); Monology o Josefu Kajetánu Tylovi, bearb. v. F. ČERNÝ (Prag 1993).

Tyche von Antiochia mit dem Flussgott Orontes; eine der römischen Kopien nach dem frühhellenistischen Original des Eutychides (Paris, Louvre)

Tyler ['taɪlə], **1)** Anne, amerikan. Schriftstellerin, *Minneapolis (Minn.) 25. 10. 1941; ihre meist in Baltimore (Md.), ihrem Wohnsitz, oder kleineren Städten des Südens spielenden Romane zeichnen mitfühlend-ironisch, unsentimental und detailgenau den privaten Alltag, das Ehe- und Familienleben in der traditionalist. weißen Mittelschicht.

Werke: *Romane:* If morning ever comes (1964; dt. Wenn je der Morgen kommt); The tin can tree (1965; dt. Der Blechbüchsenbaum); Celestial navigation (1974; dt. Segeln mit den Sternen); Searching for Caleb (1976; dt. Caleb oder das Glück aus den Karten); Earthly possessions (1977; dt. Nur nicht stehenbleiben); Morgan's passing (1980; dt. Mister Morgan u. die Puppenspielerin); Dinner at the homesick restaurant (1982; dt. Dinner im Heimweh-Restaurant); The accidental tourist (1985; dt. Die Reisen des Mr. Leary, verfilmt); Breathing lessons (1988; dt. Atemübungen); Saint Maybe (1991; dt. Fast ein Heiliger); Ladder of years (1995; dt. Kleine Abschiede).

The fiction of A. T., hg. v. R. C. STEPHENS (Jackson, Miss., 1990); A. H. PETRY: Understanding A. T. (Columbia, S. C., 1990).

2) John, 10. Präs. der USA (1841–45), *Charles City County (Va.) 29. 3. 1790, †Richmond (Va.) 18. 1. 1862; Rechtsanwalt, 1817–21 Abg. der Demokraten im Repräsentantenhaus, 1825–27 Gouv. von Virginia, 1827–36 Senator. Als entschiedener Verfechter der States' Rights und einer strengen Auslegung der Verf. wandte er sich nach mehreren Konflikten von der Demokrat. Partei ab. 1840 als Kandidat der Whigs zum Vize-Präs. gewählt, übernahm T. nach dem Tod des Präs. W. H. HARRISON im April 1841 dessen Amt, überwarf sich jedoch bald auch mit seiner neuen Partei. Unter T.s Präsidentschaft wurden u. a. der 2. Seminolenkrieg beendet (1842) und der Konflikt mit Großbritannien um die NO-Grenze beigelegt (1842, Webster-Ashburton-Vertrag); er bahnte die (erst nach seiner Amtszeit vollzogene) Aufnahme von Texas in die

John Tyler

Tyle Tyler – Tympanon

Union an (1845). 1844 verzichtete T. auf die Präsidentschaftskandidatur. Kurz vor seinem Tod wurde er 1861 in den Kongress der Konföderierten Staaten von Amerika gewählt.

R. SEAGER: And T. too. A biography of J. and Julia Gardiner T. (New York 1963); N. L. PETERSON: The presidencies of William Henry Harrison and J. T. (Lawrence, Kans., 1989).

3) Royall, eigtl. **William Clark T.,** amerikan. Schriftsteller, *Boston (Mass.) 18. 7. 1757, †Brattleboro (Vt.) 26. 8. 1826; studierte Jura an der Harvard University, kämpfte im amerikan. Unabhängigkeitskrieg; 1807–13 Richter. Seine von R. B. SHERIDAN beeinflusste Komödie ›The contrast‹ (1790), eine selbstbewusste Darstellung amerikan. Ideale, brachte als erstes von einem gebürtigen Amerikaner geschriebenes Lustspiel kom. Yankeefiguren auf die Bühne, die sich ihres Dialekts bedienten. T. verfasste weitere Theaterstücke, satir. Verse, den pikaresken Roman ›The Algerine captive‹ (1797) sowie eine Serie humorvoller fiktiver Briefe ›The Yankey in London‹ (1809).

Ausgaben: The verse, hg. v. M. B. PÉLADEAU (1968); The prose, hg. v. DEMS. (1972).

G. T. TANSELLE: R. T. (Cambridge, Mass., 1967); A. L. u. H. L. CARSON: R. T. (Boston, Mass., 1979).

Tyler ['taɪlə; engl. ›Ziegelbrenner‹, eigtl. Berufs-Bez., kein Nachname] **Wat,** engl. Bauernführer, †(ermordet) Smithfield (heute zu London) 15. 6. 1381; neben dem Prediger JOHN BALL (hingerichtet 15. 7. 1381) einer der Führer im engl. Bauernaufstand (›Peasants' Revolt‹) von 1381, dessen Zentren im SO und in East Anglia lagen. Die Aufständischen in Kent wählten T. am 7. 6. 1381 zu ihrem Hauptmann. Unter seiner Führung eroberten sie Canterbury, drangen nach London ein und besetzten den Tower. Am 15. 6. trafen sie König RICHARD II. in Smithfield zu Verhandlungen, an deren Ende T. in eine Auseinandersetzung mit dem königl. Gefolge verwickelt und anschließend getötet wurde. Dem König gelang es durch falsche Versprechungen, T.s Anhänger zum Abzug zu bewegen. Bald darauf war der Aufstand niedergeschlagen.

The peasants' revolt of 1381, hg. v. R. B. DOBSON (London ²1983).

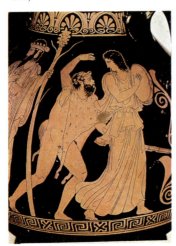

Tympanon 3): Satyr (links) und Mänade mit Tympanon aus dem Gefolge des Dionysos; rotfiguriges Vasenbild des Kleophonmalers auf einer Pelike; um 430 v. Chr. (München, Staatliche Antikensammlung)

Tylidae [griech.], die →Stelzfliegen.

Tylissos, Ort südwestlich von Heraklion, Kreta, wo drei minoische Häuser des 16./15. Jh. v. Chr. mit teils erhaltenen Grundmauern freigelegt wurden. Nach Zerstörung durch Brand um 1450 v. Chr. erneute Bautätigkeit (u. a. myken. Megaron). Andere Siedlungsspuren reichen von mindestens 2000 v. Chr. bis in die griechisch-dorische Zeit Kretas.

Tyloma [griech.] *das, -s/-ta,* die →Schwiele.

Tylopoda [griech.], die →Schwielensohler.

Tylor ['taɪlə], **Sir Edward Burnett,** brit. Ethnologe, *Camberwell (heute zu London) 2. 10. 1832, †Wellington (Cty. Somerset) 2. 1. 1917. Als Privatgelehrter unternahm er Forschungsreisen in Nord- und Mittelamerika (1855/56); er trug wesentlich zur Institutionalisierung der Völkerkunde als eigenständiger Universitätsdisziplin bei und wurde 1896 erster Lehrstuhlinhaber dieses Fachs in Oxford. T. gilt als wichtigster Vertreter des →Evolutionismus in Großbritannien. Im Hinblick auf allgemeine Gesetzmäßigkeiten untersuchte er kulturelle Gleichförmigkeiten in gegenwärtigen und vergangenen Gesellschaften; die zeitgenöss. ›primitiven‹ Kulturen sah er als frühere Stadien einer universellen menschl. Kulturentwicklung an. Neben dieser ›Survival-Theorie‹ hat sich v. a. der von ihm geprägte Begriff des →Animismus als wissenschaftshistorisch bedeutsam erwiesen.

Werke: Researches into the early history of mankind and the development of civilization (1865; dt. Forsch. über die Urgesch. der Menschheit u. die Entwicklung der Civilisation); Primitive culture, 2 Bde. (1871; dt. die Anfänge der Cultur); Anthropology (1881; dt. Einleitung in das Studium der Anthropologie u. Civilisation).

R. R. MARETT: T. (New York 1936).

Tympanal|organe [zu Tympanon], **tympanale Skolopal|organe, Trommelfell|organe,** unterschiedlich hoch differenzierte, symmetrisch angeordnete paarige Gehörorgane am Körper versch. Insekten (z. B. Langfühlerschrecken, Schmetterlinge), die im Unterschied zu den atympanalen Skolopalorganen (→Chordotonalorgane) mit einem ›Trommelfell‹ (**Tympanum:** straff gespannter, dünner, einer Tracheenblase anliegender Kutikularbezirk) ausgestattet sind. Die T. können offen liegen oder in (z. T. überdachte) Gruben eingesenkt sein. Die durch Druckschwankungen des Mediums erzeugten Trommelfellschwingungen werden von →Skolopidien als Mechanorezeptoren übernommen.

Tympanicum [lat.], das →Paukenbein.

Tympanie [zu Tympanon] *die, -/...'ni|en, Tiermedizin:* die →Aufblähung.

Tympanometrie [zu Tympanon] *die, -/...'ri|en,* in der ohrenärztl. Praxis durchgeführtes Verfahren der Audiometrie; Funktionsprüfung von Trommelfell und Mittelohr, wobei der Widerstand des Trommelfells bei Druckänderungen unter dem Einfluss von Schallwellen gemessen und in einer Kurve (**Tympanogramm**) aufgezeichnet wird; dient v. a. zur Beurteilung der Trommelfellbeweglichkeit (z. B. bei Trommelfellnarben), der Tubenfunktion (z. B. bei Tubenkatarrh) oder des Mittelohrdrucks (z. B. bei Paukenhöhlenerguss).

Tympanon [griech., eigtl. ›Handtrommel‹] *das, -s/...na,* **1)** *Anatomie:* **Tympanum, Cavum tympani,** die Paukenhöhle (→Ohr).

2) *Baukunst:* bes. im Kirchenbau des MA. das Bogenfeld über dem Türsturz eines Portals, oft mit Reliefs geschmückt. Möglicherweise gab es T. mit Reliefs oder Mosaiken schon im 4./5. Jh. in Byzanz. Sicher besteht ein Zusammenhang mit röm. Giebelfeldern, in denen Figurenreliefs anstelle der vollplast. Figuren an griech. Tempeln traten. Das reliefierte T. wurde im MA. bes. in Frankreich und Dtl. ausgebildet. (BILD →Autun)

3) *Musik:* lat. **Tympanum,** in der griech. und röm. Antike eine ein- (oder auch beid)seitig bespannte Rahmentrommel, Abbildungen zufolge oft mit gewölbtem Resonanzkörper (daher auch ›Handpauke‹ gen.) und bisweilen mit Schellen am Rand. Sie wurde, gespielt von Tänzerinnen, mit der linken Hand hochgehalten und mit der rechten Hand geschlagen. Ähnl. Instrumente gab es bereits im Alten Orient (z. B. bei den Sumerern; bei den Juden unter dem Namen **Toph**). Nach Griechenland kam das T. mit dem Vordringen der Kulte des Dionysos (aus Thrakien) und der Kybele (aus Phrygien) und wurde oft in Verbindung mit dem Aulos gespielt. In der röm. Antike und im MA. bezeichnete T. ein- oder zweiseitig bespannte Trommelinstrumente; im 16. und 17. Jh. allgemein die Heerpauke.

Tympanoplastik [zu Tympanon], hörverbessernde Operation zur Beseitigung von Trommelfelldefekten oder Fehlstellungen der Gehörknöchelchenkette sowie zur Wiederherstellung der Schallleitung zum Innenohr. Die T. wird in Lokalanästhesie und mit einem Operationsmikroskop durchgeführt; sie umfasst v. a. den Ersatz der Schallleitungskette mit körpereigenem Gewebe (Knochen-, Knorpelteile) und die Abdeckung von Trommelfelldefekten.

Tympf, der →Achtzehngröscher.

Tynda, Stadt im Gebiet Amur, Russland, 500 m ü. M., im S von Ostsibirien, 62 200 Ew.; Eisenbahnknotenpunkt an der →Baikal-Amur-Magistrale (Abk. BAM), die hier von der ›Kleinen BAM‹ gekreuzt wird; Autostraße nach Jakutsk; Flughafen.

Tyndale [tɪndl], William, engl. Theologe und Bibelübersetzer, *Grafschaft Gloucester 1490/95, †Vilvoorde (Belgien) 6. 10. 1536; wandte sich nach Studien in Oxford (ab 1510) dem Projekt einer Bibelübersetzung zu, musste aber zur Realisierung auf den Kontinent flüchten, wo er sich u. a. seit 1524 in Wittenberg (bei M. LUTHER) aufhielt. 1525 erschien in Köln seine engl. Übersetzung des N. T. (auf der Grundlage der griech. Erasmus-Ausgabe), 1530–31 der Pentateuch und das Buch Jona; seine Übersetzungen beeinflussten maßgeblich auch spätere Übersetzungen (M. COVERDALE; King James Version). Die gedruckten Übersetzungen sowie seine reformator. Schriften ließ T. in großer Zahl nach England schmuggeln. 1535 wurde er in den Niederlanden, wo er seit 1529 lebte, an die Inquisition verraten, festgenommen und nach schwerer Kerkerhaft erdrosselt und verbrannt.

Ausgabe: The work, hg. v. E. DUFFIELD (1964).

J. F. MOZLEY: W. T. (New York 1937, Nachdr. Westport, Conn., 1971); H. HOLECZEK: Humanist. Bibelphilologie als Reformproblem bei Erasmus, Thomas More u. W. T. (Leiden 1975); D. SMEETON: Lollard themes in the Reformation theology of W. T. (Kirksville, Mo., 1986).

Tyndall [tɪndl], John, irischer Physiker, *Leighlin Bridge (bei Carlow) 2. 8. 1820, †Hindhead (Cty. Surrey) 4. 12. 1893; Studium in Marburg und Berlin bei R. W. BUNSEN und G. H. MAGNUS, 1853 und Schreiben M. FARADAYS als Prof. für Naturphilosophie an die Royal Institution berufen und 1867–87 als dessen Nachfolger Präsident dieser Einrichtung. T. beschäftigte sich mit der Wirkung von Druck und Magnetfeldern auf kristalline Körper, mit der Absorption und Streuung von Licht- und Wärmestrahlung in versch. Medien und beschrieb insbesondere den nach ihm benannten Effekt (der J. W. RAYLEIGH zur Berechnung der so genannten Rayleigh-Streuung veranlasste). Seine Erkenntnisse wendete T. u. a. zur Erklärung von Gletscherbewegungen und der blauen Farbe des Himmels an; er regte auch die fraktionierte Sterilisation durch Wärmebestrahlung (das **Tyndallisieren**) an.

A. S. EVE u. C. H. CREASEY: Life and work of J. T. (London 1945).

Tyndall-Effekt [ˈtɪndl-], Sammel-Bez. für Erscheinungen, die auf der →Lichtstreuung in trüben Medien, v. a. in kolloidalen Lösungen beruhen. In Letzteren wurden solche Erscheinungen erstmals 1868 von J. TYNDALL untersucht. I. e. S. wird als T.-E. die Erscheinung bezeichnet, dass ein durch ein trübes Medium hindurchtretendes Strahlenbündel von der Seite her sichtbar ist (als **Tyndall-Kegel,** wenn das Strahlenbündel konvergent ist). Die Erscheinungen des T.-E. hängen im Einzelnen von der Art und der Form der Teilchen ab, die die Streuung bewirken, sowie von deren Größe im Vergleich zur Wellenlänge der elektromagnet. Strahlung (des Lichts). Demnach kann der T.-E. je nach Umständen z. B. auf →Rayleigh-Streuung oder auf Mie-Streuung (→Mie-Effekt) beruhen. Bei den ›Teilchen‹ kann es sich u. a. auch um Dichteschwankungen (z. B. durch Wärmebewegung bedingt) handeln; man bezeichnet den T.-E. dann auch als **eigentliches Tyndall-Phänomen.** Bes. groß ist diese Erscheinung bei Flüssigkeiten in der Nähe ihres krit. Zustands (krit. Opaleszenz). Die quantitative Untersuchung des T.-E. wird als →Nephelometrie bezeichnet.

Tyndallometer [tɪn-; nach J. TYNDALL] *das,* -s/-, photometr. Gerät zur Messung des Staubgehalts der Luft (z. B. des lungengängigen Feinstaubs im Bergbau) nach dem Prinzip der →Nephelometrie.

Tyndareos, *griech. Mythos:* König von Sparta, Gemahl der Leda, Vater der Klytämnestra und eines, nach manchen Überlieferungen auch beider →Dioskuren **(Tyndariden).**

Tyndaris, antike Stadt an der N-Küste Siziliens in der Nähe von Patti, Prov. Messina, 396 v. Chr. durch DIONYSIOS I. gegr., heute **Tindari.** Die antike Stadt wurde wohl im 4. Jh. n. Chr. nach hippodam. System auf der Hochebene neu angelegt mit 8 m breiten Straßen (N-S-Richtung). Die Stadtmauer wurde im 5. Jh. n. Chr. erneuert. Vorzüglich erhalten ein Gymnasion genanntes Gebäude (Ende des 4. Jh. v. Chr.), vielleicht ein Propylon, sowie das Theater aus derselben Zeit (später für Gladiatorenspiele umgebaut).

Tyne [taɪn] *der,* Fluss in N-England, 100 km lang, entsteht oberhalb von Hexham durch den Zusammenfluss von North T. und South T., mündet zw. Tynemouth und South Shields in die Nordsee; durchfließt im Unterlauf das Industriegebiet von Newcastle upon Tyne (Tyneside).

Tyne and Wear [ˈtaɪn ənd ˈwɪə], Metropolitan County in NO-England, 540 km², 1,31 Mio. Ew.; Verw.-Sitz ist Newcastle upon Tyne, andere Städte sind u. a. Sunderland, South Shields, Gateshead und Tynemouth; Altindustriegebiet auf der Basis von Kohle, Stahlindustrie und Schiffbau; Kohleabbau und -ausfuhr seit dem 13. Jh., seit dem 19. Jh. Träger der wirtschaftl. Entwicklung; daneben Bau von Schiffs- und Bergwerksmaschinen, Elektro- und chem. Industrie, Schiffsreparatur. Der Niedergang des Bergbaus und der Altindustrie setzte nach dem Ersten Weltkrieg ein, verbunden mit hoher Arbeitslosigkeit. Staatl. Planungsmaßnahmen zum Strukturwandel: neue Stadt Washington als Entwicklungszentrum; neue Gewerbeparks mit diversifizierter Industrie und Dienstleistungsunternehmen.

Tynemouth [ˈtaɪnmaʊθ], Stadt in der Metropolitan County Tyne and Wear, NO-England, an der Mündung des Tyne, 17 400 Ew.; Seehafen, Fischerei; mehrere Nordseebäder (u. a. Ortsteile Cullercoats und Whitley Bay). – Von den Bauten der Priorei Saint Mary und Saint Owin (gegr. im 7./8. Jh.) ist wenig erhalten; von der Prioratskirche (um 1090 gebaut) stehen der Chor im Early English sowie die Percykapelle (15. Jh.); Burg (14. Jh.). – T. erhielt 1849 Stadtrecht und wurde 1904 Stadtgrafschaft.

Tyner [ˈtaɪnə], Alfred McCoy, amerikan. Jazzpianist, *Philadelphia (Pa.) 11. 12. 1938; wurde v. a. durch seine Mitwirkung im ›klass.‹ Quartett des Saxophonisten J. COLTRANE bekannt (1960–65). Sein Klavierstil beruht stark auf modalen Spielweisen, er arbeitet mit Quart- und Quintakkorden und pentaton. Skalen.

Tyneside [ˈtaɪnsaɪd], Conurbation (städt. Ballung) in NO-England, bildet seit 1974 zus. mit der Stadt Sunderland und der Neuen Stadt Washington die Metropolitan County Tyne and Wear.

Tynjanow, Jurij Nikolajewitsch, russ. Schriftsteller und Literaturwissenschaftler, *Reschiza (Gebiet

John Tyndall

Witebsk) 18. 10. 1894, †Moskau 20. 12. 1943; bedeutender Theoretiker der russ. Formalismus (›Problema stichotvornogo jazyka‹, 1924, erw. 1965; dt. ›Das Problem der Verssprache‹) und führendes Mitgl. der formalist. Gruppe ›Opojas‹ (Gesellschaft zur Erforschung der poet. Sprache); verfasste grundlegende literaturtheoret. Arbeiten (›Archaisty i novatory‹, 1929) sowie histor. Romane und Novellen, u. a. ›Kjuchlja‹ (1925; dt. ›Wilhelm Küchelbecker‹), ›Smert' Vazir-Muchtara‹ (1929; dt. ›Der Tod des Wasir-Muchtara‹) und biograph. Romane (u. a. ›Puškin‹, 3 Tle., unvollendet, 1935–45; dt. ›Puschkin‹). Die Erzählung ›Podporučik Kiže‹ (1928; dt. ›Secondeleutnant Sjedoch‹) folgt formalist. Strukturprinzipien.

Ausgabe: Sočinenija, 2 Bde. (1985).

A. V. BELINKOV: J. T. (Moskau ²1965); V. KAVERIN u. V. NOVIKOV: Novoe zrenie. Kniga o Jurii Tynjanove (ebd. 1988).

Tynni, Aale, finn. Schriftstellerin, * Kolpino (Russland) 3. 10. 1913; studierte in Helsinki, bereiste Frankreich und Irland; zählt mit ihrer stil- und formsicheren, eleganten Sprache zu den wichtigsten Vertretern der modernen finn. Lyrik.

Ausgabe: Meine schöne Schwester, hg. v. I. SCHELLBACH-KOPRA (1990).

Typ [lat. typus, von griech. týpos ›Gepräge‹, ›Schlag‹, zu týptein ›schlagen‹] der, -s/-en, Grundform, Muster, Modell (→Prototyp; →Typus).

Type [nach frz. type rückgebildet aus Typen (Pl.)] die, -/-n, Kurz-Bez. für Drucktype (→Letter).

Typenkomödie, Form der →Komödie, deren kom. Wirkung nicht auf der Darstellung eines einmaligen Charakters beruht, sondern auf dem Vorführen bestimmter Figuren mit zugespitzten, typ. oder allgemein menschl. Eigenschaften. T. sind u. a. die Atellanen, die Commedia dell'Arte und die sächs. Komödie.

Typenlehre, *Psychologie:* die →Typologie.

Typenprüfung, *Technik:* die →Musterprüfung.

Typenrad, mit Typen (Lettern) besetzter, druckender Teil einer →Schreibmaschine oder eines T.-Druckers (→Drucker).

Typentheorie, eine von A. N. WHITEHEAD und B. RUSSELL erarbeitete Axiomatisierung der Mengenlehre mit einem entsprechend formalisierten Aufbau der Logik, die erstmals 1910–13 von ihnen in dem dreibändigen Werk ›Principia Mathematica‹ veröffentlicht wurde. Die T. ist gleichwertig zu anderen bekannten axiomat. Begründungen der Mengenlehre, aber technisch schwierig zu handhaben. Die Mengen sind in stufenförmig geordnete, durch Ordinalzahlen gekennzeichnete Typenklassen eingeteilt, weshalb beispielsweise der Ausdruck $x \in y$ (x ist Element von y) nur dann definiert ist, wenn die Stufe, zu der y gehört, um 1 höher als die Stufe von x ist, und die Gültigkeit einiger auch in äquivalenten Axiomatisierungen auftretender Axiome für jeden Typ einzeln gefordert werden muss. 1921 entwickelte auch L. CHWISTEK eine einfache T., die er 1924/25 zur Theorie konstruktiver Typen weiterentwickelte.

Typha [griech.], die Pflanzengattung →Rohrkolben.

Typhaceae [griech.], die Rohrkolbengewächse (→Rohrkolben).

Typhlitis [zu griech. typhlós ›blind‹] die, -/...'tiden, Entzündung des Blinddarms (→Blinddarmentzündung).

Typhlohepatitis [griech.], **Blackhead** ['blækhed, engl.], **Histomoniasis** [griech.], infektiöse Aufzuchtkrankheit der Hühnervögel mit hohen Verlusten in den ersten fünf Lebensmonaten. Erreger der T. ist der Flagellat Histomonas meleagridis. Die Ansteckung erfolgt v. a. durch orale Aufnahme erregerhaltigen Kotes. Die Tiere erkranken an einer Blinddarmentzündung, gelegentlich wird eine dunkle Verfärbung der unbefiederten Kopfhaut beobachtet.

Typhon [griech.-lat. ›Wirbelwind‹] das, -s/-e, engl. **Tyfon** ['taɪfən], Signalhorn mit einer meist elektrisch oder durch Druckluft bewegten Membran.

Typhon, Typhoeus, griech. *Mythos:* schlangenleibiger Riese mit 100 Schlangenköpfen, den Gaia dem Tartaros (nach einigen Quellen aus Zorn über die Vernichtung der Giganten durch Zeus) gebar; von Echidna Vater des Kerberos u. a. Ungeheuer. Zeus begrub ihn nach wechselvollem Kampf, nach HOMER im Arimer (Kilikien), nach späterer Überlieferung unter dem Ätna. – Auf schwarzfigurigen Vasen kommen geflügelte männl. Wesen mit Schlangenunterkörper vor (auch mit mehreren Oberkörpern), die vielleicht als T. zu deuten sind, ebenso oder als Gorgo auf einem Schildzeichen (getriebenes Bronzeblech) eine geflügelte männl. (?) Gestalt mit Gorgonenhaupt, Fischschwanz und Löwenbeinen (2. Hälfte 6. Jh. v. Chr.; Olympia, Archäolog. Museum).

Typhus [griech. typhos ›Dunst‹, ›Umnebelung der Sinne‹] *der,* -, **Typhus abdominalis, Unterleibstyphus**, weltweit verbreitete, in Entwicklungsländern endem., meldepflichtige Infektionskrankheit; Erreger ist eine Salmonellenart (Salmonella typhi), deren einziges Reservoir menschl. Dauerausscheider sind. Die Erreger überleben längere Zeit im Wasser und können sich in Muscheln anreichern; die Übertragung erfolgt meist durch Trinkwasser und kontaminierte Lebensmittel, auf denen sich die Salmonellen bei mangelnder Hygiene die zur Infektion erforderl. relativ hohe Keimzahl erreichen, selten durch unmittelbaren Kontakt (Schmierinfektion) mit Erkrankten.

Die Inkubationszeit beträgt 3–10 Tage; der Verlauf entspricht dem einer typischen zykl. Infektionskrankheit. Die Erreger dringen über den Dünndarm in die regionären Lymphknoten ein, treten im Generalisationsstadium in die Blutbahn über und befallen im Organmanifestationsstadium eine Reihe von Organen (v. a. Leber, Milz, Gallenwege, Nieren, Haut und Knochenmark).

Die *Symptome* bestehen zunächst in Kopf- und Gliederschmerzen, Mattigkeit und langsamem, treppenähnl. Fieberanstieg. Ab der zweiten Krankheitswoche bleibt das Fieber gleichmäßig hoch (40 bis 41 °C); kennzeichnend sind relativ niedriger Pulsschlag (Bradykardie), Verminderung der weißen Blutkörperchen (Leukopenie), graugelb belegte Zunge (**T.-Zunge**), Bewusstseinstrübungen bis hin zu Bewusstlosigkeit und Delirium, schubweise auftretender fleckförmiger Hautausschlag (Roseolen) am Bauch, Milzschwellung und Verstopfung. Im dritten Stadium (dritte bis vierte Woche) kommt es durch geschwürigen Zerfall der Darmfollikel zu erbsenbreiartigen Durchfällen; je nach Schwere des Verlaufs geht das Fieber langsam zurück (zunächst mit morgendl. Abfall und abendl. Wiederanstieg). Lebensbedrohl. Komplikationen können in Form von Darmblutungen und Durchbruch der Geschwüre in den Bauchraum (Bauchfellentzündung), Thrombosen, Herz-Kreislauf-Versagen oder Lungenentzündung auftreten. Leichtere Rückfälle sind häufig. Die Letalität beträgt bei Behandlung etwa 1 %; das Überstehen der Erkrankung verleiht meist lebenslange Immunität.

Die *Behandlung* (Isolierstation) wird mit Breitbandantibiotika, bei tox. Verlauf zusätzlich mit Corticosteroiden durchgeführt; wesentlich sind Flüssigkeitsersatz, kreislaufstützende Mittel und Intensivpflege. Ausscheidungen und Wäsche der Erkrankten müssen desinfiziert werden. 2–5 % der Betroffenen bleiben Dauerausscheider, die als potenzielle Überträger einer Kontrolle durch die Gesundheitsämter unterworfen sind und nicht in Lebensmittelbetrieben arbeiten dürfen; da der Infektionsherd meist in den Gallenwegen liegt, ist häufig eine Entfernung der Gallenblase erfolgreich, wenn eine medikamentöse Sanierung nicht gelingt. – Bei besonderer Gefährdung (z. B. bei Fernreisen) ist eine Schutzimpfung mit einem Lebendimpfstoff (Schluckimpfung) möglich, die einen Schutz für mindestens zwei Jahre verleiht.

Typhus exanthematicus [zu griech. exánthema ›Hautausschlag‹], das →Fleckfieber.

Typiebeziehungen [zu Typ], T. kennzeichnen den Grad der Ähnlichkeit der Gitterstrukturen versch. Kristallarten. Diese können sein: 1) untereinander ›gleich‹ **(isotyp)**, d. h. mit gleicher Atomanordnung und daher gleichem Achsenabschnittsverhältnis, gleichen Gitterkomplexen und gleicher Raumgruppe, z. B. die Gitter von Diamant, Germanium und Silicium; 2) untereinander ›ähnlich‹ **(homöotyp)**, wobei z. B. Unterschiede im Achsenabschnittsverhältnis, im Inhalt der Elementarzelle, zw. entsprechenden Gitterkomplexen **(Polytropie)** oder im Winkelbetrag der Bindungsrichtung **(Polysyngonie)**, z. B. bei Hochquarz, Tiefquarz) vorliegen können; 3) gittermäßig sehr unterschiedl. Strukturvarianten einer polymorphen Kristallart **(polytyp)**, z. B. die ein- bis sechsschichtigen Stapelungen in den Schichtstrukturen der Biotite; 4) ohne jede Strukturähnlichkeit **(heterotyp)**.

Typikon [mittelgriech. ›Regel(buch)‹] *das, -s/...ka, orth. Kirche:* 1) **liturgisches T.,** die Sammlung der Regeln zum Ablauf des Gottesdienstes an jedem Tag des ganzen Kirchenjahres. Es gibt drei Typen des T. (T. des Sabasklosters bei Jerusalem, des Studionklosters und der Hagia Sophia), aus denen sich durch Ausgleich der unterschiedl. Traditionen seit dem 11. Jh. das heute übl. verbreitete T. entwickelt hat; 2) **monastisches T.,** die Lebensordnung eines Klosters. Sie entspricht etwa einer abendländ. Ordensregel, gilt aber i. d. R. nur für ein Kloster (und eventuell seine Tochtergründungen). Daher gibt es eine Vielzahl versch. T., v. a. aus dem 11.–15. Jh. (z. B. das T. des Studionklosters oder das T. des Joseph von Wolokolamsk).

Typisierung, *Technik:* die →Typung.

Typographie [Kunstwort, im Sinn von Drucktype zu griech. ›týpos‹ und ›gráphein‹ schreiben] *die, -/...'phien, Satztechnik:* die Buchdruckerkunst i. Allg., heute bes. die künstler. Gestaltung von Textdrucksachen. Bei der Herstellung typograph. Erzeugnisse gibt es zwei verschiedene Aspekte: den techn. (z. B. Setzvorgang, Papierbearbeitung, Bindearbeit) und den ästhet. Aspekt (das Entwerfen der Drucksache: Auswahl und Platzierung der typograph. Elemente, Schmuckelemente, Bestimmung des Satzspiegels sowie der Abbildungen und deren Stand auf der Seite, Farbauswahl).

Die T. entwickelte sich stilistisch parallel zu Malerei, Architektur und Kunsthandwerk. Der Beginn der Buchdruckerkunst mit aus Metall vorgefertigten, bewegl., wieder verwendbaren Lettern stellte zugleich einen ersten Höhepunkt der T. dar (J. Gutenbergs 42-zeilige Bibel [Gutenberg-Bibel], 1456). In der Folgezeit durchlief die von Gutenberg erfundene Satztechnik mehrere fundamentale Veränderungen: vom maschinellen Satz zusammenhängender ganzer Zeilen (→Linotype®) und dem Satz ganzer Zeilen aus Einzelbuchstaben (→Monotype) bis zum →Lichtsatz. Bei der Gestaltung von Büchern, Plakaten, Lehrprogrammen, Leit- und Informationssystemen, Werbung, Glückwunsch- und Visitenkarten usw. werden kaum entsprechend der jeweiligen Zielstellung unterschiedl. Formen von T. (z. B. funktionale, informative, modische, individuelle und experimentelle T.) differenziert eingesetzt.

Urheberrecht: Typograph. Schriftzeichen können urheberrechtl. Kunstschutz genießen, wenn sie als Werke der angewandten Kunst die notwendige Gestaltungshöhe aufweisen. Im Übrigen können neue und eigentümliche typograph. Schriftzeichen nach dem Schriftzeichen-Ges. vom 6. 7. 1981 entsprechend dem Geschmacksmuster geschützt werden. Voraussetzung hierfür sind Anmeldung und Hinterlegung beim Dt. Patentamt. Die Schutzdauer beträgt 10 Jahre mit Verlängerungsmöglichkeit bis 25 Jahre.

typographischer Punkt, Einheitenzeichen p, nichtgesetzl. Längeneinheit für Satzmaterialien (→typographische Systeme); 1 p = 0,376065 mm, 12 p = 1 →Cicero.

typographische Systeme, SI-fremde Maßsysteme zur Größenbezeichnung von Druckschriften, Blindmaterial für Schriftsatzherstellung, Zeilenabmessungen und Satzspiegelformaten. Besonderheit ist, dass Größen nicht in Einheiten des Maßsystems bezeichnet werden, auf dem sie basieren, sondern dass durch Multiplikation der kleinsten Einheiten dieser t. S. mit ganzzahligen Multiplikatoren (›Punkt‹ gen.) ein in Punktzahlen abgestuftes Größensystem entsteht (→typographischer Punkt).

Typologie [zu Typ und griech. lógos ›Rede‹, ›Wort‹, ›Vernunft‹] *die, -/...'gi|en,* 1) *allg.:* die Lehre vom Typus; wiss. Beschreibung und Einteilung eines Gegenstandsbereichs nach Gruppen von einheitl. Merkmalskomplexen.

2) *bibl. Exegese:* die Auslegung bibl. Texte, wobei das A. T. christologisch (im Hinblick auf die Heilsbedeutung Jesu Christi) interpretiert bzw. bestimmte Personen aus A. T. und N. T. als Typos (→Typus 3) und Antitypos zueinander in Beziehung gesetzt werden. Aussagen des A. T. erscheinen so als sinnträchtige, über den Literalsinn (Buchstabensinn) hinausgehende Vorausdarstellungen, was im N. T. bzw. in Christus seine Entsprechung und Erfüllung findet. Eine solche (auf Christus bezogene) Deutung des A. T. findet sich bereits im N. T. selbst (z. B. 1. Kor. 10, 1–13; Röm. 5, 12 ff.; Joh. 6; Hebr. 7–8). Sie wurde als Auslegungsmethode aus dem hellenist. Judentum übernommen und später bes. bei den Kirchenvätern und im MA. gepflegt. Auch in der reformator. Auslegungstradition konnte sich trotz Ablehnung der Auffassung eines vielfachen Schriftsinns die T. als christolog. Deutung erhalten. Erst seit dem Rationalismus (v. a. durch J. S. Semler) und der Entwicklung der historisch-krit. Exegese wurde sie abgelehnt. (→Exegese, →Schriftsinn)

In der *christl. Kunst* finden sich frühe Beispiele einer T. auf der Lipsanothek von Brescia, auf den Türen der röm. Kirche Santa Sabina (um 430) und der Cathedra des Erzbischofs Maximian von Ravenna (*498, †556; um 550; Ravenna, Museo Arcivescovile). Reich an typolog. Bezügen sind Werke des Hoch-MA., so v. a. die urspr. 1181 von Nikolaus von Verdun in Klosterneuburg als Umkleidung eines Ambo gestalteten emaillierten Kupfertafeln des ›Verduner Altars‹, erweitert um 1330 nach der →Biblia pauperum und ihren typolog. Zyklen. Eine weitere Bilderbibel der Zeit war das ›Speculum humanae salvationis‹. In Frankreich ist bereits seit dem 13. Jh. eine Form der nach typolog. Gesichtspunkten illustrierten Bibel (Bible moralisée) nachzuweisen. – In der byzantin. Kunst, bes. der kirchl. Wandmalerei, sind typolog. Gegenüberstellungen üblich.

L. Goppelt: Typos. Die typolog. Deutung des A. T. im Neuen (1939, Nachdr. 1990); Probleme alttestamentl. Hermeneutik, hg. v. C. Westermann (³1968); H.-J. Spitz: Die Metaphorik des geistigen Schriftsinns (1972); P. Jentzmik: Zu Möglichkeiten u. Grenzen typolog. Exegese in mittelalterl. Predigt u. Dichtung (1973); D. Daube: T. im Werk des Flavius Josephus (1977); A. T. u. christl. Glaube, hg. v. I. Baldermann u. a. (1991).

3) *Biologie:* die vergleichende →Morphologie.

4) *Psychologie:* **Typenlehre,** der Versuch der systemat. Gliederung und Beschreibung von psych. oder psychophys. Erscheinungen und zugehörigen charakterl. Merkmalen und Verhaltensmustern. Entsprechend der für einen Typus als bestimmend angesehe-

nen Aspekte lassen sich typolog. Entwürfe unterscheiden, die entweder von einzelnen Merkmalen oder von umfassenden Bestimmungsmomenten morpholog. (anatom.), funktioneller (physiol. und psych.) oder geistig-weltanschaul. Art ausgehen.

Zu den ältesten Versuchen *morpholog. Typenbeschreibung* rechnet die antike **Temperamentenlehre** (→Temperament) mit ihrer Gliederung der Persönlichkeitsunterschiede nach vier Typen: →Choleriker, Phlegmatiker (→Phlegma), →Sanguiniker, Melancholiker (→Melancholie). Große Bedeutung erreichte in der Neuzeit die teils hieran anknüpfende, aber auf eine naturwiss. Begründung zielende **Konstitutions-T.** (→Konstitutionstypen). E. KRETSCHMER geht dabei von beobachtbaren Kriterien (Körperbau, Krankheitsneigung) aus und ordnet ihnen bestimmte Formen des Temperaments, Charakters und Verhaltens zu; er unterschied als Körperbautypen Leptosome, Pykniker, Athletiker, mit den Temperamenten der →Schizothymie, →Zyklothymie und dem →viskösen Temperament; W. H. SHELDON entwarf eine ähnl. Dreiteilung (→Somatotyp), die ausgehend von somat. Grundkomponenten ektomorphe, endomorphe und mesomorphe Typen annimmt und ihnen die psych. Grundfaktoren der →Zerebrotonie, →Viszerotonie und →Somatotonie zuordnet. CARL HUTER (*1861, †1912) versuchte eine T. auf der Grundlage der Physiognomik, die auch alle anderen morpholog. Typenbeschreibungen beeinflusste.

Funktionstypolog. Systeme gehen entweder von Art und Grad des Zusammenwirkens der psych. Funktionen aus, wie die Integrations-T. von E. R. JAENSCH, der nach Art und Richtung der Integration sechs Typen unterschied (darunter →B-Typus und →T-Typus), oder von den erlebnisweisen des Subjekts, wie bei den Einstellungs- und Funktionstypen von C. G. JUNG (Erlebnisstruktur der →Extraversion und →Introversion; Denk-, Empfindungs-, Fühl-, Intuitionstypus zur Beschreibung der seel. Grundfunktionen), den Aufmerksamkeitstypen von GERHARD PFAHLER (*1897, †1976), den →Vorstellungstypen von J. M. CHARCOT (akustischer, motor. und visueller Typus), wie auch den Wort- und Sachvorstellungstypen von E. MEUMANN. – Als herausragender Vertreter einer *philosophisch-weltanschaul. T.* erlangte neben W. DILTHEY mit seiner geisteswiss.-histor. Unterscheidung von ›Weltanschauungstypen‹ als mögl. Sinndeutungen der Welt v. a. E. SPRANGER Bedeutung; er beschrieb in den ›Lebensformen‹ die Idealtypen möglicher Lebenshaltungen und unterschied den →ästhetischen Typus, den theoret., ökonom., sozialen und den religiösen Typus.

Die klass. T. haben im Wesentlichen nur noch histor. Bedeutung. Da sie viele subjektive Momente beinhalten (z. B. Art der Typenbeschreibung und -diagnose, theoret. u. a. Ausrichtungen des Untersuchers), sind zunehmend quantitative Verfahren zur Standardisierung typolog. Analysen eingeführt worden; jedoch gingen einzelne der früher ermittelten Grundeigenschaften (z. B. Introversion, Extraversion, Neurotizismus) in die moderne empir., faktorenanalyt. →Persönlichkeitsforschung ein (R. B. CATTELL, J. P. GUILFORD, H. J. EYSENCK).

5) *Vorgeschichtsforschung:* das Aufstellen einer Abfolge von Typen bei Kulturgütern (z. B. Faustkeilformen); die typolog. Methode hat sich seit 1871 (HANS HILDEBRAND, *1842, †1913; O. MONTELIUS; G. DE MORTILLET) als unentbehrl. Hilfsmittel für die chronolog. Gliederung bewährt. Das Erkennen von Entwicklungstendenzen ermögliche bei vielen Kulturgütern die Aufstellung von Typenserien, die deren Typogenese spiegeln. Aber nur der Vergleich vieler Typenserien, unter Berücksichtigung von Fundumständen und Typenkombinationen, kann den Beweis erbringen, dass der Formenwandel weitgehend nach evolutionist. Mechanismen verläuft. Die Vorgeschichtsforschung bedient sich der T. deshalb nur noch in statist. gesichertem Rahmen und in Verbindung mit anderen chronolog. Hilfsmitteln, bes. der →Stratigraphie 2).

typomorphe Minerale, typomorphe Gemengteile, Indexminerale, Minerale, deren Auftreten für bestimmte Bildungstemperaturen und -drucke, d. h. für bestimmte Bildungsbereiche der Gesteinsmetamorphose und ihre →Mineralfazies typisch ist; Ggs.: Durchläufer.

Typos [griech.] *der, -/...poi, Theologie:* der →Typus 3).

Typoskript [zu Type und Manuskript gebildet] *das, -(e)s/-e,* im Druckwesen Bez. für ein maschinengeschriebenes Manuskript als Satzvorlage.

Typschein, allgemeine Betriebserlaubnis für seriengefertigte Fahrzeuge (§ 20 Straßenverkehrs-Zulassungs-Ordnung).

Typung, Typisierung, *Technik:* Vereinheitlichung von Einzelteilen, Baugruppen, Erzeugnissen oder Arbeitsabläufen. Die T. ist ein besonderer Zweig der Normung und oft eine Vorstufe für sie. Durch die Gleichartigkeit von Abmessung, Funktion und Leistung können bestimmte als **Grundtypen** entwickelte Erzeugnisse mit versch. Anbauteilen unterschiedl. Ausstattung zu einer Vielzahl von Produkten variiert werden. Durch typisierte Baugruppen lassen sich abgestufte **Typenreihen** zusammenstellen, die nach dem Baukastenprinzip miteinander kombinierbar sind **(Typnormung).** Die T. von Einzelteilen (Wiederholteileprinzip) ermöglicht auch bei breit gestreuter Produktpalette eine Großserienfertigung des Einzelteils, wenn alle Produkttypen aus gleichen Einzelteilen aufgebaut sind.

Typus [lat., von griech. týpos, vgl. Typ] *der, -/...pen,*
1) *allg.:* **Typ,** urspr. das Prägebild einer Münze, später Bez. für Urbild, Urform, Muster oder Gestalt, zumeist die einer Gruppe von Personen oder Dingen gemeinsame, anschaulich oder begrifflich heraushebbare, reale oder ideale Grund- oder Modellform. – Innerhalb einer wiss. Typenlehre (Typologie) kann die Bedeutung des T.-Begriffs vom reinen Ordnungsbegriff (z. B. Zoologie und Botanik) bis zum Idealbegriff reichen. Unterschieden wird dabei meist zw. dem in einer Gruppe von Dingen oder Personen häufigsten **Durchschnitts-T.** und dem **Idealtypus,** der die wesentl. Eigenschaften und Beziehungen darstellt und immer nur annäherungsweise verwirklicht ist. Die tatsächlich vorkommenden **Realtypen** sind Mischtypen, die Merkmale unterschiedl. Typen vereinigen. Die Genetik unterscheidet den →Genotyp als Inbegriff aller Erbanlagen vom →Phänotyp als dem Erscheinungsbild der wahrnehmbaren Eigenschaften. Zu jedem T. gehört ein **Gegen-T.;** hierdurch unterscheidet sich der T. von der Gattung oder Klasse.
2) *Philosophie, Psychologie, Soziologie:* In der Philosophie wurde die Vorstellung des T. seit der Antike im Sinne der allgemein charakterist., den Einzelnen zugrunde liegenden urbildl. Gestalt vertreten: bei PLATON als Idee (Eidos), bei ARISTOTELES als Form (Entelechie), im MA. und später als Wesen (Spezies) und schließlich als allgemeiner Begriff. I. e. S. ist der Begriff T. jedoch erst im 19. Jh. mit der geistesgeschichtl. (W. DILTHEY) und bes. der psycholog. →Typologie entwickelt worden. Im Anschluss daran fand er bes. in Kulturwissenschaften, Kulturphilosophie (J. BURCKHARDT, O. SPENGLER) und Soziologie (W. SOMBART, M. WEBER) Verwendung. In der Handlungs- und Herrschaftslehre WEBERS dient der →Idealtypus, ein begriffl. Konstrukt, der gedankl. Ordnung der geschichtl. Kulturwirklichkeit in der Fülle ihrer Erscheinungen. In der phänomenolog. Soziologie von

Tyrannenmördergruppe: Die Tyrannenmörder Harmodios und Aristogeiton; Marmorkopie aus hadrianischer Zeit nach dem zweiten Bronzeoriginal des Kritios und des Nesiotes von 477/476 v. Chr. (Neapel, Archäologisches Nationalmuseum)

A. SCHÜTZ wird die Bildung von Typen (personale Typen, Handlungstypen) zu einem wesentl. Bestandteil der Strukturierung der Alltagswelt.

W. SODEUR: Empir. Verfahren zur Klassifikation (1974); Logik der Sozialwiss.en, hg. v. E. TOPITSCH (^{12}1993).

3) *Theologie:* **Typos,** in der bibl. Exegese Bez. für Personen bzw. Erzählungen des A. T. (z. B. Adam, Abraham, Wüstenwanderung der Israeliten), denen vorbildhafte bzw. vorausweisende Bedeutung für Personen oder Ereignisse des N. T. zugesprochen wird. (→Typologie 2)

Tyr, Abk. für →Tyrosin.

Týr, althochdt. **Tiv, Ziu, Tiu,** altnord. Gott, vermutlich identisch mit →Saxnot, urspr. wohl ein Himmelsgott. Er erscheint bei SNORRI STURLUSON als Gott des Krieges und des Zweikampfs.

Tyramin [Kw.] *das, -s,* biogenes, in pflanzl. und tier. Geweben vorkommendes Amin; chemisch das 2-(4-Hydroxyphenyl)-äthylamin. T. entsteht durch enzymat. Decarboxylierung von Tyrosin in tier. Organismen und bei der bakteriellen Eiweißfäulnis. T. wirkt u. a. blutdrucksteigernd und uteruskontrahierend.

Tyrann [griech. *týrannos* ›Herr‹, ›Gebieter‹, ›Herrscher‹] *der, -en/-en,* 1) im antiken Griechenland der unumschränkte Alleinherrscher (→Tyrannis); 2) *übertragen:* strenger, herrschsüchtiger Mensch, Peiniger.

Tyrannen, Tyrannidae, Familie der →Tyrannenschreivögel, die mit fast 400 Arten von Goldhähnchen- bis Drosselgröße in ganz Amerika südlich der nördl. Baumgrenze verbreitet ist. In Aussehen und Verhalten sehr vielgestaltig, besiedeln sie unterschiedlichste Lebensräume. Sie sind größtenteils Insektenjäger, fangen aber auch kleine Wirbeltiere oder nehmen Früchte zu sich. Im Gefieder überwiegen gedeckte Färbungen, viele Arten haben aber auffällig gefärbte Scheitelfedern, die sie bei Erregung aufstellen. Die meisten Arten bauen frei stehende Nester, andere brüten in Baum- oder Erdhöhlen.

Tyrannenmord, Tötung des Inhabers der →Tyrannis, die in der Antike stets als Befreiung von illegitimer Herrschaft angesehen wurde. Im MA. war T. nur dann zulässig, wenn der unrechtmäßige Herrscher vom rechtmäßigen geächtet worden war. – In der Neuzeit wurde das Recht zur Absetzung und Bestrafung eines tyrann. Herrschers (Diktators), dessen Regierungsausübung verbrecher. Züge zeigt, anerkannt. (→Widerstandsrecht)

Tyrannenmördergruppe, eine zuerst von →Antenor geschaffene Bronzegruppe mit der Darstellung von →Harmodios und Aristogeiton.

Tyrannenschreivögel, Tyranni, Unterordnung der →Sperlingsvögel. Sie umfasst die (z. T. auch in die Unterordnung Schreivögel gestellten) rein amerikanischen Familien der Baumsteiger (Dendrocolaptidae), Töpfervögel (Furnariidae), Ameisenvögel (Formicariidae), Bürzelstelzer (Rhinocryptidae), Tyrannen (Tyrannidae), Schnurrvögel (Pipridae), Schmuckvögel (Cotingidae) und Pflanzenmäher (Phytotomidae).

Tyrannis [griech.] *die, -,* Bez. für die unumschränkte Gewaltherrschaft in antiken griech. Staaten. Die Entstehung der T. (**ältere T.:** 7./6. Jh. bis etwa Mitte des 5. Jh. v. Chr.) erklärt sich aus den nach dem Ende des Königtums entstandenen, zugleich durch das Aufkommen neuer Wirtschaftsformen (Ausdehnung des Handels, Geldwirtschaft) bedingten politisch-sozialen Auseinandersetzungen. Gestützt auf Einfluss beim Volk, v. a. auf Vermögen und Söldner gelangten immer wieder Einzelne, meist Aristokraten, durch gewaltsame Aktionen zur Macht außerhalb der (unter ihnen formal oft weiterbestehenden) Ordnung. Unter den älteren Tyrannen ragen bes. KLEISTHENES in Sikyon, PEISISTRATOS in Athen, PERIANDER in Korinth und POLYKRATES auf Samos hervor. Bei ihren Regierungsmaßnahmen stand häufig die Sicherung ihrer Macht im Vordergrund (Förderung unterer Schichten auf Kosten oberer, Arbeits- und Kolonisierungsprogramme, Steuerpolitik); durch Heranziehung von Dichtern suchten sie den Glanz ihres Hofes zu erhöhen. So wurden Tyrannen zugleich zu bedeutenden Trägern kulturellen Fortschritts und schufen in einer antiaristokrat. Politik gleichzeitig die Grundlagen weiterer Demokratisierung. Daneben förderte äußere Gefahr den Aufstieg von Tyrannen, z. B. THRASYBULOS von Milet, DIONYSIOS I. von Syrakus. Mit Letzterem beginnt die Zeit der **jüngeren T.** (Ende des 5. Jh.–3. Jh. v. Chr.), z. B. DIONYSIOS II., AGATHOKLES und HIERON II. in Syrakus sowie IASON in Pherai (Thessalien). Zur Stabilisierung der Verhältnisse wurde die T. auch von auswärtigen Oberherren für abhängige Stadtstaaten bevorzugt, so vom Perserreich für griech. Städte Kleinasiens. – Schon früh bildete sich das Charakterbild des Tyrannen als eines schlechten, grausamen, verwerfl. Herrschers aus. Es fand seinen Niederschlag bes. in den Werken der großen Philosophen (PLATON, ARISTOTELES). Nach ihrem Sturz wurden die Tyrannen i. d. R. verfemt.

H. BERVE: Die T. bei den Griechen, 2 Bde. (1967); Die ältere T. bis zu den Perserkriegen, hg. v. K. H. KINZL (1979); L. DE LIBERO: Die archaische T. (1996).

Tyranno|saurus [zu griech. týrannos und saũros ›Eidechse‹], zur Ordnung Saurischia gehörende Gattung der Dinosaurier aus der Oberkreide Nordamerikas und Ostasiens. Die bis 15 m langen und 8 t schweren, vorwiegend Fleisch fressenden Tiere liefen nur auf den säulenförmigen Hinterbeinen (mit drei gespreizten Zehen). Sie erreichten dabei bis über 5 m Höhe. Die Vorderextremitäten (mit zwei Zehen) waren kurz, verkümmert, der Rumpf gedrungen mit langem, kräftigem Schwanz. In dem bis 1,50 m langen Schädel saßen bis über 15 cm lange, gezackte, dolchartige Zähne. Bekannteste Art: T. rex. BILD S. 482

Tyras, im Altertum Name für die ukrain. Stadt →Belgorod-Dnjestrowskij und für den Fluss →Dnjestr.

Tyramin

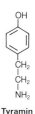

Tyrannen: Mexikanischer Königstyrann (Größe etwa 16 cm)

Tyrmand, Leopold, poln. Schriftsteller, *Warschau 16. 5. 1920, †Fort Myers (Fla.) 19. 3. 1985; zu Anfang des Zweiten Weltkriegs aktiv gegen die dt. und sowjet. Besetzung Polens; lebte nach der Flucht (aus dem Arbeitseinsatz in Dtl.) im Untergrund in Norwegen, 1949 Rückkehr nach Polen; seit 1966 in den USA, wo er als Journalist tätig war und auch in engl. Sprache publizierte. T. zeichnet in den zeitbezogenen Romanen ›Zły‹ (1955; dt. ›Der Böse‹) und ›Siedem dalekich rejsów‹ (1959; dt. ›Ein Hotel in Darlowo‹) ein satirisch-krit. Bild der polit. und sozialen Verhältnisse im Nachkriegspolen. T. verfasste auch Essays (›The ugly beautiful people‹, 1985).
Weitere Werke: *Romane:* Filip (1961); Życie towarzyskie i uczuciowe (1967). – *Tagebuch:* Dziennik 1954 (1980).

Tyrnau, slowak. **Trnava** ['trnava], Stadt im Westslowak. Gebiet, Slowak. Rep., 139–174 m ü. M., im östl. Vorland der Kleinen Karpaten, 70 000 Ew.; kath. Erzbischofssitz; Forschungsinstitut für Maisanbau, Westslowak. Museum, Kunstgalerie; Kfz- und Maschinenbau, Nahrungsmittel-, Glas-, Möbelindustrie, Webereien; nördlich von T. bei **Jaslovské Bohunice** Kernkraftwerk (880 MW). – Got. St.-Nikolaus-Kirche (14. Jh., 1906 innen restauriert); ehem. Univ.-Kirche (1629–37); ehem. Franziskanerkirche (14. Jh., im 17. Jh. barockisiert); ehem. erzbischöfl. Palais (1562); Gebäude der ehem. Univ. (1635 ff.); Teile der Backsteinbefestigung (13./14. Jh., erneuert im 15. und 16. Jh.) sind erhalten. – T., seit dem 12. Jh. bekannt, war 1543–1820 Sitz des Erzbischofs von Gran und 1635–1777 einer Univ. (dann verlegt nach Buda, heute Budapest).

Tyrnau: Bürgerhäuser und Stadtturm (1574 ff.) mit Sonnenuhr

Damm mit dem Festland verbinden (wodurch er T. 332 v. Chr. erobern konnte). Auf dem Festland lag Palai-T. (heute Tell Rachidije). T. ist seit dem 2. Jt. v. Chr. bezeugt. Im 11./10. Jh. v. Chr. wurde es neben →Sidon zur mächtigsten Handelsstadt Phönikiens und zum Ausgangspunkt phönik. Kolonisation (u. a. wohl im 8. Jh. v. Chr. Gründung von Utica und Karthago). König HIRAM unterhielt Handelsbeziehungen zu König SALOMO. Von den Königen Assyriens und Babyloniens abhängig, bewahrte sich die Inselfestung dennoch ihre fakt. Unabhängigkeit; NEBUKADNEZAR II. konnte sie 572 v. Chr. trotz 13-jähriger Belagerung nicht erobern. Seit 64/63 v. Chr. römisch, blieb T. durch Glas- und Purpurproduktion bedeutend. 638 durch die Araber erobert, kam es 1124–1291 in die Hand der Kreuzfahrer; danach wurde es stark zerstört.

Von der hoch gebauten phönik. Stadt des 9. Jh. v. Chr. gibt es eine Darstellung auf den Bronzetoren von Imgur-Enlil. Durch Ausgrabungen am S-Hafen und 2 km landeinwärts (in einer Nekropole) konnten in den 1970er-Jahren Bauten röm. und byzantin. Zeit gesichert werden: Säulenstraße mit Triumphbogen, Aquädukt, Thermen, Palästra(?), christl. Basilika, auch die Kreuzfahrerkirche; die phönik. Stadt und der Hafen liegen noch verschüttet, Einzelfunde stammen v. a. aus phönik. Gräbern im Tell Rachidije: Aus dem 14. Jh. v. Chr. wurde eine Bronze mit getriebenen Tierkampfszenen ausgegraben, aus dem 8.–6. Jh. v. Chr. wurden Keramik (Kleeblattkannen), Terrakottastatuetten (Oranten, →Orans) und Kalksteintorsen gefunden. In der Umgebung sind große phönik. (?) Bassins mit Aquädukten erhalten. Das ›Grab des Hiram‹ ist ein monumentaler Steinsarkophag aus pers. Zeit. Die libanes. Reg. und die UNESCO, die T. 1983 zum Weltkulturerbe erklärte, bemühen sich, der Gefährdung der Ruinenstätte (durch Raubgrabungen) ein Ende zu setzen.

M. E. AUBET SEMMLER: Tiro y las colonias fenicias de Occidente (Barcelona 1987).

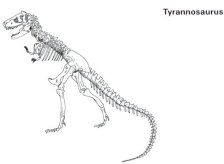

Tyrannosaurus

Tyrocidine [Kw., gebildet zu Tyrosin und lat. caedere, in Zusammensetzungen -cidere ›niederhauen‹, ›töten‹], *Sg.* **Tyrocidin** *das, -s,* Gruppe von drei aus je zehn Aminosäuren aufgebauten zykl. Peptidantibiotika (T. A, B und C), die mit den →Gramicidinen von Bacillus brevis gebildet werden und im →Tyrothricin vorkommen.

Tyrode-Lösung [ti'ro:d-; nach dem amerikan. Pharmakologen MAURICE VEJUX TYRODE, *1878, †1930], Ersatzlösung für Gewebeflüssigkeit; enthält in Wasser gelöst 0,8 % Kochsalz, 0,1 % Traubenzucker, 0,1 % Natriumhydrogencarbonat, 0,02 % Kaliumchlorid, 0,02 % Calciumchlorid, 0,01 % Magnesiumchlorid und 0,005 % primäres Natriumphosphat.

Tyrol, alte Schreibung von →Tirol; heute noch im frz. und angelsächs. Sprachbereich üblich.

Tyrolienne [tirol'jen; zu Tyrol] *die, -/-n,* **Tirolienne,** frz. Abart des →Ländlers, die im 19. Jh. als volkstüml. Rundtanz aufkam; in der Kunstmusik u. a. verwendet von G. ROSSINI (›Wilhelm Tell‹, 1829).

Tyros, lat. **Tyrus,** phönik. **Sor,** antike Stadt an der Küste Libanons, heute →Sur. Die phönik. Stadt lag urspr. auf zwei Inseln, die von König HIRAM I. (um 969–936 v. Chr.) zu einer einzigen Insel vereinigt wurden; diese ließ ALEXANDER D. GR. durch einen

Tyrosin

Tyrosin [zu griech. tyrós ›Käse‹] *das, -s,* Abk. **Tyr,** nichtessenzielle Aminosäure, die in den meisten Proteinen, v. a. im Kasein, vorkommt; chemisch das p-Hydroxyphenylalanin. T. wird heute aus Eiweißhydrolysaten gewonnen, es dient als Ausgangssubstanz für die Synthese von Dopa und Catecholaminen.

Tyrothricin [Kw.] *das, -s,* internat. Freiname für ein Gemisch von Peptidantibiotika, das aus Bodenbakterien der Tyrothrixgruppe, v. a. aus Bacillus brevis, gewonnen wird. T. enthält etwa 20 % →Gramicidine und 80 % →Tyrocidine; es wirkt bakterizid v. a. gegen grampositive Bakterien. Verwendet wird T. zur äußerl. Behandlung von Infektionen der Haut und der Schleimhäute (z. B. in Rachen- und Nasenpräparaten); bei parenteraler Anwendung ist T. sehr toxisch (es bewirkt Nierenschädigung und Hämolyse).

Tyrrell ['tɪrəl], George, irischer kath. Theologe, *Dublin 6. 2. 1861, †Storrington (Cty. West Sussex) 15. 7. 1909; zunächst Anglikaner, konvertierte 1879 zum Katholizismus, wurde 1881 Jesuit, 1894 Prof. für Philosophie an der Jesuitenhochschule Stonyhurst (Cty. Lancashire), 1896 Exerzitienmeister in London. Durch FRIEDRICH Freiherr VON HÜGEL (*1852, †1925) wurde er mit dem →Modernismus (bes. den Werken A. LOISYS) bekannt und gehörte in der Folge zu dessen Hauptvertretern in England. Seine die Stellung von Dogma und kirchl. Lehramt relativierende, den Glauben primär im religiösen Erlebnis begründende Theologie führte zum Ausschluss aus dem Jesuitenorden (1906), seine Kritik an der Antimodernismusenzyklika PIUS X. zur Exkommunikation (1907).

Werke: Nova et vetera (1897); Lex orandi (1903); Lex credendi (1906); Through Scylla and Charybdis (1907); Medievalism, a reply to Cardinal Mercier (1908); Christianity at the cross-roads (1909; dt. Das Christentum am Scheideweg); Autobiography and life of G. T., 2 Bde. (hg. 1912); Essays on faith and immortality (hg. 1914).

Ausgabe: Lettres de G. T. à Henri Bremond, hg. v. A. LOUIS-DAVID (1971).

T. M. LOOME: Liberal catholicism, reform catholicism, modernism (Mainz 1979).

Tyrrhenis [nach dem Tyrrhen. Meer], ehem. Landverbindung zw. dem ital. Festland und den Inseln Korsika und Sardinien. Die T., die bis ins Pleistozän bestanden haben dürfte, ermöglichte einen Faunenaustausch; tyrrhen. Faunenelemente sind z. B. Kors. Gebirgsmolch, Sard. Scheibenzüngler.

Tyrrhenisches Meer [nach den Tyrrhenoi (Etruskern)], ital. **Mare Tirreno**, Teil des →Mittelmeeres zw. der Apenninenhalbinsel, Korsika, Sardinien und Sizilien, bis 3 785 m tief. Die Entstehung des Tyrrhen. Beckens im Miozän wird durch die Theorie der Plattentektonik erklärt.

Tyrsener, Tyrrhener, griech. **Tyrsenoi, Tyrrhenoi**, 1) bei den Griechen gebräuchl. Name für die →Etrusker; 2) Name eines vorgriech. Volkes im Ägäisraum (u. a. auf Lemnos).

Tyrtaios, griech. Dichter, lebte Mitte des 7. Jh. v. Chr.; seine Herkunft ist strittig; während des 2. Messen. Krieges forderte er in seinen Elegien die Spartaner zum Aushalten im Kampf auf.

Ausgaben: Frühgriech. Lyriker, Tl. 1: Die frühen Elegiker, übers. v. Z. FRANYÓ (²1981); Poetarum elegiacorum testimonia et fragmenta, hg. v. B. GENTILI u. a., Tl. 1 (²1988).

Tyssedal, Industrieort in N der Gem. Odda, S-Norwegen, am südl. Seitenarm (Sørfjord) des Hardangerfjords; Aluminiumhütte, Wasserkraftwerk.

Tytonidae [griech.], die →Schleiereulen.

Tytschyna, Tyčyna [te'tʃena], Pawlo Hryhorowytsch, ukrain. Lyriker, *Peski (Gebiet Tschernigow) 27. 1. 1891, †Kiew 16. 9. 1967; Sohn eines Dorfgeistlichen, 1944–48 Kultus-Min., 1953–59 Vors. des Obersten Sowjets der Ukrain. SSR, auch Abg. im Obersten Sowjet der UdSSR. T. begann mit polit. Dichtungen, die durch pantheist. Elemente und nationalist. Gedankengut geprägt waren und daher auf Ablehnung stießen. Thema seiner späteren, ganz im Sinne der Parteidoktrin verfassten Gedichte ist der sozialist. Aufbau in der UdSSR. T. war Mitautor der ukrainisch-sowjet. Hymne, auch bedeutender Übersetzer (u. a. Russisch, Türkisch, Polnisch, Deutsch, Armenisch, Litauisch).

Ausgabe: Tvory, 6 Bde. (1961–62).

Tyuyamunit, das Mineral →Tujamunit.

Tywą, Teil-Rep. der Russ. Föderation, →Tuwinien.

Tzara [tsa'ra], Tristan, eigtl. **Samuel Rosenstock**, frz. Schriftsteller rumän. Herkunft, *Moinești (bei Bacău) 16. 4. 1896, †Paris 24. 12. 1963; Initiator und Hauptvertreter des Dadaismus. Mit Theaterhappenings (›Le cœur à gaz‹, 1921; ›Mouchoir de nuages‹, 1924), Zeitschriften (›Cabaret Voltaire‹, 1916; ›Dada‹, 1917–20), Manifesten (›La première aventure céleste de Monsieur Antipyrine‹, 1916; ›Manifeste Dada‹, 1918) und Lyrikbänden (›Vingt-cinq poèmes‹, 1918; ›Cinéma calendrier du cœur abstrait‹, 1920) wollte er das Publikum provozieren. Seine anarchist. Avantgarde-Ästhetik führte ihn 1920 nach Paris. Aus der dort von ihm lancierten Dadabewegung ging der Surrealismus hervor, gegen den T. sich z. T. abgrenzte (›Sept manifestes Dada‹, 1920, dt. ›Sieben Dada-Manifeste‹; ›L'Antitête‹, 1933; ›Grains et issues‹, 1935), dessen Zielsetzungen er z. T. aber auch mitdefinierte (›Essai sur la situation de la poésie‹, ›L'homme approximatif‹, Gedichtzyklus, beide 1931). 1935 kam es zum endgültigen Bruch mit den Surrealisten. Er engagierte sich im Span. Bürgerkrieg, später in der Résistance. Diese Erfahrungen sowie die existenziellen Hoffnungen und Nöte des modernen Menschen spiegeln sich in seinen Gedichtbänden wider (›Midis gagnés‹, 1939; ›Terre sur terre‹, 1946; ›Parler seul‹, 1950; ›De mémoire d'homme‹, 1950; ›La face intérieure‹, 1953).

Ausgaben: Œuvres complètes, hg. v. H. BÉHAR, 6 Bde. (1975–91). – Die frühen Gedichte, hg. v. O. PASTIOR (1984).

Bibliographie des œuvres de T. T. 1916–1950 (Paris 1951); T. T., hg. v. R. LACÔTE (ebd. 1960); E. PETERSON: T. T. Dada and surrational theorist (New Brunswick, N. J., 1971); I. KÜMMERLE: T. T. Dramat. Experimente zw. 1916 u. 1940 (1978); E. VILA-MATAS: Dada aus dem Koffer. Die verkürzte Gesch. der tragbaren Lit. (a. d. Span., Neuausg. 1991).

Tristan Tzara

T-Zellen, die →T-Lymphozyten.

Tzeltal, Volk der Maya im zentralen Chiapas, S-Mexiko; östl. Nachbarn der Tzotzil. Die etwa 260 000 T. betreiben neben Saisonarbeit in Plantagen v. a. Feldbau (Männer) und Töpferei (Frauen).

Tzetzes, Johannes, byzantin. Dichter, →Johannes, J. Tzetzes.

Tzintzuntzán, alte Hauptstadt der Tarasken im Staat Michoacán, Mexiko, am Ostufer des Pátzcuaro-Sees, 40 km südwestlich von Morelia. Von der früheren Hauptstadt der Tarasken, Pátzcuaro, sind nur wenige Reste erhalten. Die Blütezeit von T. als Hauptstadt war um 1000–1521. In T. wurden u. a. Messer, Äxte und Pinzetten gefunden, auch Bergkristall- und Obsidianarbeiten. Bekannt wurde T. auch durch die spezielle Form im Pyramidenbau. Auf einem 1 000 m² großen rechteckigen Pyramidenstumpf stehen in einer Reihe Ruinen von fünf Tempeln (Yácatas), eine Kombination aus runden und eckigen Baukörpern.

Tzotzil, Volk der Maya im zentralen Chiapas, S-Mexiko, vom Rio Grijalva im S bis nahe an die Grenze zu Tabasco. Die etwa 230 200 T. gliedern sich in fünf Gruppen (Chamula u. a.); sie betreiben v. a. Feldbau mit Viehhaltung (Männer) und Weberei (Frauen).

Tz'u-hsi [ts-ç-], chin. Kaiserin, →Cixi.

Tzutujil [tsutu'xil], **Tzutuhil**, Gruppe der Maya im Hochland von Guatemala, etwa 100 000 Angehörige. In nachklass. Zeit (1250 bis etwa 1520) siedelten sie hauptsächlich um den Atitlánsee. Die T. kontrollierten Kakaoanbaugebiete an der Pazifikküste. Gegen Ende des 15. Jh. hatten sie ein kleines Fürstentum mit komplexer hierarch. Sozialstruktur, das in ständiger Rivalität zu den anderen Fürstentümern der Hochlandmaya (Quiché und Cakchiquel) stand.

S. L. ORELLANA: The T. Mayas (Norman, Okla., 1984).

U

Altsemitisch

Altgriechisch (archaisch)

Römische Kapitalschrift

Unziale

Karolingische Minuskel

Textur

Renaissance-Antiqua

Humanistische Kursive

Fraktur

Klassizistische Antiqua

Egyptienne

Grotesk

U, u, 1) der 21. Buchstabe des dt. u. a. Alphabete, ein Vokal mit den Lautwerten [u] und [ʊ], im Französischen [y] und [ɥ], im Englischen [u], [juː], [jʊə], [ʊə], [ʌ], [əː], [ʊ], [jʊ], im Niederländischen [y] sowie einen Laut zw. [ə] und [œ], im Dänischen [u] und [o]. In Verbindung mit diakrit. Zeichen kommt der Buchstabe u. a. als û [y] im Französischen, ü [y] im Deutschen und Türkischen, ú [uː] und ů [uː] im Tschechischen und ú [uː] im Ungarischen vor. Der Buchstabe als Vokalzeichen wurde erst im 10. Jh. aus V differenziert, als in der Minuskelschrift das Zeichen V (der Kapitalschrift) als Initiale für den Wortanlaut, das Zeichen U (der Unzialschrift) im Inlaut benutzt wurde und sich infolge der statist. Häufigkeit (lat. Wörter lauten häufiger mit v- als mit u- an) die Trennung in das Vokalzeichen U und das Konsonantenzeichen V vollzog.
2) *Chemie:* U Symbol für das Element →Uran.
3) *Einheitenzeichen:* U für Umdrehung (veraltet), **u** für atomare Masseneinheit.
4) *Formelzeichen:* U für elektr. Spannung und innere Energie.
5) *Münzkunde:* U als Zeichen der Münzstätte Turin auf frz. Münzen aus den Jahren 1802–14.
6) *Physik:* **u** Symbol für →Upquark.
UA, Nationalitätszeichen für die Ukraine.
U. A. E., Abk. für United Arab Emirates, →Vereinigte Arabische Emirate.
Uakaris [indian.], *Sg.* **Uakari** *der, -(s),* Gattung der Kurzschwanzaffen (→Schweifaffen).
UART [Abk. von engl. **u**niversal **a**synchronous **r**eceiver/**t**ransmitter ›universeller asynchroner Empfänger/Sender‹], *Datenverarbeitung:* →Schnittstellenbaustein.
u. A. w. g., Abk. für: **u**m **A**ntwort **w**ird **g**ebeten (auf Einladungen).
Uaxactún [uaʃakˈtun], Stadt der Mayakultur, 30 km nördlich von Tikal, Guatemala, besiedelt 500 v. Chr. – 900 n. Chr. Ausgegraben wurden 6 Zeremonialgruppen (jeweils um einen Platz angeordnete Tempel und Paläste). Die älteste Pyramide (›E VII sub‹), die mit großen Stuckmasken geschmückt ist, stammt aus dem 3. Jh. v. Chr.; die erste Stele mit Hieroglypheninschrift datiert von 328, die letzte von 889.
Ubac [yˈbak], Raoul, frz. Maler und Fotograf belg. Herkunft, *Malmedy 31. 8. 1910, †bei Beauvais 22. 3. 1985; lebte ab 1929 meist in Paris, wo er in Kontakt mit den Surrealisten stand. Bei seinen Fotografien erzielte er bes. mit der Technik der ›Solarisation‹ (Verschiebung von Negativ und Positiv gegeneinander) surreale Verfremdungen. Ab 1942 entstanden abstrakte Kompositionen mit kristallinen Farbstrukturen.
A. Frénaud: U. et les fondements de son art (Paris 1985).
Übach-Palenberg, Stadt im Kr. Heinsberg, NRW, 123 m ü. M., am W-Rand der Jülicher Börde, 24 050 Ew.; Maschinenbau (bes. Textilmaschinen), Metall verarbeitende Betriebe, Bekleidungsfabrikation. – In Palenberg Pfarrkapelle (urspr. karolingisch, Neubau 11. Jh., ausgebaut im 12. und 17. Jh.); kath. Pfarrkirche (1930) mit der ›Palenberger Madonna‹ (um 1480); Wasseranlage Haus Zweibrüggen (1788; Wirtschaftshof 16./17. Jh.). – 1935 entstand durch Zusammenschluss der seit 1794 bestehenden selbstständigen Bürgermeistereien **Scherpenseel, Frelenberg** und **Übach** (erste Erwähnung 1172; mit Ortsteil **Palenberg,** der 867 erstmals urkundlich erwähnt wird als Palembach) die Ortschaft Ü.-P.; sie wurde 1967 Stadt.
U-Bahn, Kurz-Bez. für →Untergrundbahn.
Ubaid, Tell al-U., Ruinenhügel in Irak, →Tell Obeid.
Ubaid-e Sakani, pers. Dichter, *Kaswin etwa 1300, †Schiras 1371; schildert in seinen Satiren die gesellschaftl. Zustände und die Moral in Iran unter der Dynastie der Ilchane. Seine Schriften parodieren eth. und wiss. Traktate und sind häufig von grotesker, auf der Profanierung des Sakralen beruhender, stark sexuell gefärbter Komik geprägt.

Uaxactún: Statuette aus frühklassischer Zeit (4. Jh.); Fuchsit, Höhe 26 cm (Guatemala, Museo Nacional de Arqueologia y Etnologia)

Ubangi *der,* frz. **Oubangui** [ubãˈgi], rechter und längster Nebenfluss des Kongo, begrenzt die Demokrat. Rep. Kongo im N (gegen die Zentralafrikan. Rep.) und W (gegen die Rep. Kongo), vom Zusammenfluss der Quellflüsse →Uele und Mbomou 1 000 km, einschließlich des Uele 2 300 km lang, mündet bei Irebu (90 km unterhalb von Mbandaka). Bei Hochwasser bildet der U. im Mündungsbereich Sümpfe von mehreren Tausend Quadratkilometern, bei Niedrigwasser treten dagegen Sandbänke im Flussbett zutage und erschweren die Schifffahrt. Dennoch ist der U. ab Bangui ganzjährig schiffbar; er stellt eine bedeutende Wasserstraße dar. Im Mittellauf verhindern Wasserfälle eine durchgehende Schifffahrt; der Oberlauf ist bis Mobaye schiffbar.
Ubangi-Schari, früherer Name für das Gebiet der →Zentralafrikanischen Republik.
Ubari, Edeien U., ausgedehnte Dünenwüste in der Sahara, im Fessan, W-Libyen, W-O-Ausdehung etwa 500 km. Am S-Rand ein 150 km langer Oasenstreifen mit der Oase Ubari (Aubari).
Ubaye [yˈbɛj], Talschaft im östl. Teil der frz. Südalpen, durchflossen von der Ubaye, einem Nebenfluss der Durance (80 km lang, mündet in den Stausee von Serre-Ponçon). Im Zentrum liegt das Becken von Barcelonnette, das vom übrigen Frankreich aus nur über hohe Pässe zugänglich ist und erst 1883 durch eine Straße angebunden wurde; bis dahin war das Gebiet ganz nach Italien orientiert.

Ubbelohde, Otto, Maler und Grafiker, * Marburg 5. 1. 1867, † Goßfelden (heute zu Lahntal, Landkreis Marburg-Biedenkopf) 8. 5. 1922; wurde v. a. bekannt als Illustrator (u. a. der Märchen der Brüder GRIMM). Er malte auch Landschaften und Stillleben, entwarf Wandteppiche und schuf Zeichnungen.

Ube, Industrie- und Hafenstadt in der Präfektur Yamaguchi im W von Honshū, Japan, an der Suōsee, 175 100 Ew.; Chemiefaser-, Düngemittel- und Glasindustrie. – Bis 1967 Steinkohlenbergbau.

Úbeda [ˈuβeða], Stadt in der Prov. Jaén, S-Spanien, Andalusien, 758 m ü. M.; 31 400 Ew.; auf den Plateauflächen **Loma de Ú.** zw. Guadalimar im N und oberem Guadalquivir im S, inmitten ausgedehnter Ölbaum- und Sonnenblumenkulturen gelegen. Eisen-, Keramik- und Möbelindustrie, Landmaschinenbau, Ölmühlen, Gerbereien, Alfagrasverarbeitung. – Von der maur. Stadtbefestigung sind zahlr. Tore und Türme erhalten; geschlossenes Stadtbild mit histor. Bauten seit dem MA., v. a. Renaissancepaläste aus dem 16. Jh., der Blütezeit von Ú. (u. a. Palast de Vázquez Molina; 1562; Hospital Santiago mit Kirche, 1562–75), sowie die Kirchen San Salvador (1536 ff.; nach Plänen von D. DE SILOÉ; reiches Portal, Altarretabel von A. DE BERRUGUETE) und Santa María de los Reales Alcázares (um 1500; Kreuzgang 15. Jh.). – Auf altbesiedeltem Boden gründete der Omaijadenemir ABD AR-RAHMAN II. um 830 die mächtige Festungsstadt **Ubbadat al-Arab,** die rasch aufblühte, 1234 durch FERDINAND III. von Kastilien erobert und danach von Adelsfamilien besiedelt wurde.

Ubeidiya, Tell U., altsteinzeitl. Fundstätte am W-Ufer des Jordan, 3 km südlich des Sees Genezareth. Hier wurden Schädelfragmente und Zähne des ›Jordan man‹ (Homo erectus) zus. mit Knochen eiszeitl. Tiere (Elefant, Nashorn, Flusspferd) sowie auch Geröllgeräte aus Flint, Basalt und Dolomit entdeckt.

Übel, das Gegenteil des →Guten, d. h. das, was schädlich, Leid bringend, verderblich ist; auch was in sich wertwidrig und unerwünscht erscheint. Der seit AUGUSTINUS geläufigen Unterscheidung zwischen phys. Ü. (z. B. Krankheit) und moral. Ü. (dem →Bösen oder der Sünde) fügte G. W. LEIBNIZ das metaphys. Ü. hinzu, das in der Endlichkeit aller geschaffenen Gegenstände besteht und zur Erklärung der phys. und moral. Ü. wie zur Rechtfertigung des gütigen Schöpfergottes (→Theodizee) dienen soll.

Übelkeit, *Medizin:* →Nausea.

Uberaba, Stadt im Bundesstaat Minas Gerais, Brasilien, 785 m ü. M., im Triângulo Mineiro, 180 300 Ew.; Erzbischofssitz; Fakultät für Medizin und Zahnmedizin; Agrarzentrum (Rinderzucht; Zuckerrohr, Reis, Zitrusfrüchte u. a.); Fleischverarbeitung, Zucker-, Textil-, Zement-, Schuh- u. a. Industrie.

über|abzählbar, *Mengenlehre:* →abzählbar.

Über|alterung, demographische Alterung, *Bevölkerungswissenschaft:* →Altersgliederung.

Über|augenwulst, *Anatomie, Anthropologie:* →Torus.

Überbau, 1) *Bautechnik:* bei Brücken das gesamte, oberhalb des Unterbaus (Fundamente, Pfeiler, Widerlager) befindl. Tragwerk einschließlich der Lager; bei Häusern der über die untere Mauerflucht hinausragende Teil eines Obergeschosses.

2) *histor. Materialismus:* die Gesamtheit der für eine bestimmte Gesellschaft charakterist. Ideen und Institutionen (z. B. Rechts-, Bildungswesen), die als Produkt (Reflex) der objektiv gegebenen Produktionsverhältnisse, d. h. der materiellen Basis der Gesellschaft, aufgefasst wird. Der Ü. wirkt seinerseits in förderndem oder hemmendem Sinne auf die Entwicklung der Gesellschaft und ihrer materiellen Basis zurück. (→Basis und Überbau)

3) *zivilrechtlich* der Fall, dass der Eigentümer eines Grundstücks bei der Errichtung eines Gebäudes über die Grenze gebaut und somit einen Teil des Nachbargrundstücks benutzt hat. Der Nachbar hat den Ü. zu dulden, wenn dem anderen Teil weder Vorsatz noch grobe Fahrlässigkeit zur Last fällt und nicht vor oder sofort nach der Grenzüberschreitung Widerspruch erhoben worden ist. Für die Duldung ist der Nachbar durch eine jährl. Geldrente zu entschädigen (§§ 912 ff. BGB). Der Nachbar kann auch verlangen, dass der Überbauende ihm den überbauten Grundstücksteil abkauft. Besteht keine Duldungspflicht (bes. bei unentschuldigtem Ü.), so kann der Eigentümer des Nachbargrundstücks nach § 1004 BGB die Beseitigung des Ü. verlangen.

Überbauschrank, eine Schrankform, bei der von zwei übereinander gesetzten Schränken der obere zurückspringt; er hat ein durch Säulen gestütztes Gesims. Der Ü. ist im späten 16. Jh. in Köln als Nachfolger des Stollenschranks entstanden.

überbaut, *Tierzucht:* in der Tierbeurteilung von einem Körperbau gesagt, bei dem die Kruppe den Widerrist überragt; bei Jungtieren normal, bei erwachsenen Tieren, v. a. Pferden, unerwünscht.

Überbefruchtung, die →Superfetation.

Überbein, Ganglion, zyst. Geschwulst mit gallertartigem Inhalt im Bereich der Gelenkkapsel oder des Sehnengleitgewebes; tritt bes. an der Handgelenkstreckseite und am Fußrücken auf. Das Ü. entsteht durch eine Bindegewebedegeneration im Bereich der Gelenkkapsel, seltener der Sehnenscheiden oder Sehnen und wird vermutlich durch verletzungs- oder überlastungsbedingte Gefäßstörungen begünstigt. Die Behandlung erfolgt operativ.

Überbelichtung, Über|exposition, übermäßige Belichtung einer fotograf. Schicht; auf dem Negativ v. a. gekennzeichnet durch eine hohe →Dichte, wobei die von den hellsten Objektpunkten (Lichtern) verursachte Schwärzung (bzw. Farbdichte) so stark sein kann, dass die Negative unkopierbar werden, d. h., das Positiv weist in den Lichtern ungenügende Zeichnung auf (oder zeigt bei Diapositiven ›Ausfressen‹). Das Positiv wirkt insgesamt zu hell und kontrastarm (keine tiefen Schwärzen). Bei modernen Farbnegativfilmen steigert eine geringe Ü. die Farbsättigung.

Überbewertung, 1) *Außenwirtschaft:* ein Wechselkurs, der durch Spekulation und/oder Intervention der Zentralbank höher gehalten wird, als es der wirtschaftl. Situation des betreffenden Landes entspricht.

2) *betriebl. Rechnungswesen:* formal jeder Wertansatz für ein Bewertungsobjekt über dem rechtlich

Raoul Ubac: Rad; 1954 (Privatbesitz)

zulässigen oder wirtschaftlich angemessenen Wert. In der Bilanz wird Ü. meist im Hinblick auf die damit verbundene Eigenkapitaländerung definiert. Danach sind Aktiva (Passiva, soweit nicht Eigenkapital) überbewertet, wenn sie mit einem höheren (niedrigeren) Wert als rechtlich zulässig angesetzt werden. Bei einer Kapitalgesellschaft führt die Ü. gemäß §256 Abs. 5 Aktien-Ges. zur Nichtigkeit des Jahresabschlusses.

Überblasen, bei Blasinstrumenten das Anblasen eines höheren Teiltons statt des Grundtons, das sich durch die Verstärkung des Luftdrucks oder der Lippenspannung ergibt. Bei oktavierenden Instrumenten (z. B. Flöte, Oboe) entsteht beim Ü. der 1. Oberton (Oktave), bei quintierenden (z. B. Klarinette, Fagott) der 2. Oberton (Duodezime). Dem leichteren Ü. dienen bei Holzblasinstrumenten ein oder mehrere Überblaslöcher (Oktavklappe) in unmittelbarer Nähe des Mundstücks. – Bestimmte Blasinstrumente (z. B. die Einhandflöte) lassen sich wegen ihrer engen Mensur nur im Überblasregister spielen, der Grundton spricht nicht an (in der Orgel ist Schweizerpfeife ein oktavierendes überblasendes Register). Bei den entsprechenden Polsterzungeninstrumenten lässt sich durch Ventile der Tonraum unterhalb des 1. Obertons zumindest partiell ausfüllen.

Überblenden, *Bild- und Tontechnik:* das Übergehenlassen eines Signals oder einer Quelle in die einer anderen, z. B. der Bildübergang beim Wechsel von Filmszenen, bei Diavorführungen mit mehreren Projektoren das allmähliche Erscheinen des nächsten Bildes (Überblendtechnik) oder in Hörfunksendungen die Übergänge zw. Moderation und Musik.

Überbrettl: Innenseite aus dem Textbuch ›Ernst von Wolzogen – offizielles Repertoire‹; 1902

Überbrettl, eigtl. **Buntes Theater (Überbrettl),** 1901 in Berlin von ERNST VON WOLZOGEN (* 1855, † 1934) gegründetes erstes dt. Kabarett; der Name wurde in Anlehnung an F. NIETZSCHES ›Übermenschen‹ gewählt. Sowohl vom frz. Cabaret als auch vom literar. Varietee inspiriert, wurde das Ü. in seiner Verbindung von Unterhaltung und literar. Parodie unter weitgehendem Verzicht auf polit. Satire (v. a. wegen der Zensur) richtungsweisend für das dt. Kabarett der Kaiserzeit. 1903 wurde das Ü. geschlossen.

Überbringerklausel, Inhaberklausel, der in Dtl. übliche Scheckaufdruck ›oder Überbringer‹ hinter dem Namen des Schecknehmers. Die Ü. macht den Scheck als Orderpapier zum Inhaberscheck, der gegenüber jedem Einreicher eingelöst wird.

Überbrückungskredit, Kredit (meist Kontokorrentkredit) zur Überbrückung vorübergehender Liquiditätsengpässe. Als kurzfristiger Ü. wird auch der →Zwischenkredit bei der Vorfinanzierung bezeichnet.

Überdeckung, 1) *Mathematik:* in der Topologie eine Familie $(U_\alpha)_{\alpha \in A}$ von Teilmengen eines topolog. Raumes (X, T) mit der Eigenschaft

$$X = \bigcup_{\alpha \in A} U_\alpha$$

In der Theorie topolog. Räume finden sich zahlr. wichtige Ü.-Typen und -Sätze. Z. B. heißt eine Ü. des topolog. Raumes X **offen,** falls jede ihrer Mengen eine offene Teilmenge von X ist, und X heißt **kompakt,** falls X ein T_2-Raum ist und jede offene Ü. $(U_\alpha)_{\alpha \in A}$ von X eine endl. Überdeckung $(U_{\alpha_i})_{1 \leq i \leq n}$ von X enthält. Nach einem Satz von É. BOREL und H. LEBESGUE ist eine Teilmenge des $\mathbb{R}^n$ bezüglich der von allen der anschaul. Vorstellung entsprechenden Kugeln dieses Raumes induzierten Topologie genau dann kompakt, wenn sie abgeschlossen ist und in einer Kugel liegt.

2) *Photogrammmetrie:* das zur Ausmessung von Messbildern erforderl. Überschneiden benachbarter Bilder; bei →Luftbildern zur räuml. Betrachtung und Ausmessung eine Längs-Ü. in Flugrichtung von rd. 60 % und zur lückenlosen Erfassung des Geländes eine Quer-Ü. benachbarter Flugstreifen von rd. 20 %.

Überdimensionierung, Methode zur Erhöhung der Sicherheit von Geräten, Maschinen, Bauwerken u. Ä. durch Verwendung von Bauelementen, die so ausgelegt sind, dass auch in ungünstigen Fällen die Grenzen innerer oder äußerer Belastungen, z. B. durch hohe Spannungen oder durch eine aggressive Atmosphäre, nicht erreicht werden.

Überdruck, derjenige Anteil des →Drucks in einem Behälter (z. B. Dampfkessel, Autoreifen, Flugzeugkabine), der den außen herrschenden Druck übersteigt.

Überdüngung, →Düngung.

Über|empfindlichkeit, 1) *Medizin:* gesteigerte Empfindlichkeit gegenüber Sinnesreizen, Nerven- und Gefühlserregbarkeit (**Hyperästhesie**); i. e. S. gesteigerte Empfindlichkeit gegenüber bestimmten Stoffen, die als Allergene zu einer abnormen Immunreaktion führen (→Atopie-Syndrom, →Allergie).

2) *Pflanzenpathologie:* **Hypersensitivität,** verbreiteter aktiver Resistenzmechanismus des pflanzl. Gewebes bei einer Infektion. Die Zelllagen um den Infektionsherd sterben ab, womit dem Pathogen die Ernährungsgrundlage und eine weitere Ausbreitungsmöglichkeit entzogen werden. Um den abgestorbenen Bereich, der abgestoßen wird, bildet sich eine Trennschicht als Barriere (nekrot. Demarkation; z. B. bei der →Schrotschusskrankheit).

Überfall, 1) Im *Strafrecht* ist der hinterlistige Ü. eine der Tatbestandsalternativen der gefährl. →Körperverletzung (§ 224 StGB i. d. F. des 6. Strafrechtsreform-Ges. vom 26. 1. 1998, vorher § 223 a).

2) *Wasserbau:* Strömung mit freier Oberfläche, bei der Wasser über einen in den Abflussquerschnitt eingebauten Körper (z. B. Wehr) fließt. Der Ü. ist **vollkommen** bei Eintritt eines Fließwechsels vom Strömen zum Schießen (das Unterwasser beeinflusst den Oberwasserspiegel dann nicht), andernfalls ist er **unvollkommen.**

3) Im *Zivilrecht* ist das Ü.-Recht das Aneignungsrecht an über die Grundstücksgrenze gefallenen Früchten (§ 911 BGB). Der Nachbar ist aber nicht berechtigt, Früchte von überhängenden Ästen selbst abzupflücken oder abzuschütteln. (→Überhang 2)

Überfamili|e, Superfamilia, v. a. in der *zoolog. Systematik* eine zw. Ordnung und Familie stehende Kategorie, die mehrere Familien zusammenfasst.

Überfang|glas, Kameoglas, Flach- oder Hohlglas, dem auf einer Seite eine zweite, andersfarbige bzw. (bei farblosem Grund) farbige Glasschicht aufgeschmolzen ist (auch als mehrfacher Vorgang). Das antike Ü. (Flach- oder Hohlgläser) besaß über (dickem) blauem Grund eine (dünnere) weiße Schicht, die in der Weise abgetragen wurde, dass weiße figürl. Reliefs stehen blieben. Berühmtestes Beispiel ist die →Portlandvase. Im MA. wurde eingefärbtes oder farbig überfangenes Flachglas für Kirchenfenster verwendet. Im 17. und 18. Jh., bes. im Biedermeier, kam Ü. erneut in Mode (Hohlgläser). Ein an der Glasmacherpfeife hängender hohler Tropfen aus meist farblosem Grundglas wird durch (ggf. mehrfaches) Eintauchen in eine Farbglasschmelze mit einer dünnen Glasschicht überzogen und zum gewünschten Gegenstand fertig geblasen, dann werden häufig durch →Glasschnitt die versch. Schichten sichtbar gemacht.

Überflussgesellschaft, auf J. K. GALBRAITH zurückgehender Begriff (engl. affluent society) für moderne Industriegesellschaften, die durch Überfluss an Konsum- und Investitionsgütern geprägt sind. Ausgehend von der Überlegung, dass sich wirtschaftl. Handeln urspr. an der Deckung tatsächl. Bedürfnisse orientiert habe, wird mit dem Begriff Ü. darauf verwiesen, dass die moderne Industrieproduktion aufgrund überschüssiger Produktionskapazitäten nur dann aufrechterhalten werden kann, wenn beim Verbraucher ständig neue Bedürfnisse geweckt werden. Da nur eine ständige Steigerung der Produktion die Sicherung von Arbeitsplätzen und Einkommen garantiere, würden zunehmend Waren produziert, die nicht dringend benötigt werden. Der Absatz ›überflüssiger‹ Waren verlange infolgedessen einen gigant. Werbeapparat, der das Streben nach einem immer höheren Lebensstandard vorwärts treibt und nur kurzfristige Zufriedenheiten fördert. Güter werden daher von den Konsumenten nicht mehr in der Reihenfolge ihrer Dringlichkeit erworben. Die Ü. ist nach GALBRAITH durch ein Missverhältnis von privater Verschwendung und öffentl. Armut (d. h. unzureichende Ressourcenausstattung des Staates) geprägt. (→Konsum, →Lebensqualität, →Wohlstandsgesellschaft)

J. K. GALBRAITH: Gesellschaft im Überfluß (a. d. Amerikan., 39.–44. Tsd. 1973).

Überforderung, *Psychologie:* quantitative oder qualitative Überschreitung der Grenzen der Leistungs- und Beanspruchungsfähigkeit eines Menschen unter arbeitsphysiolog. und psycholog. Aspekt in einer Belastungssituation; kann zu Abwehrreaktionen (Schlaflosigkeit, Schlafsucht, Depressivität) und v. a. psychosomat. Störungen führen. Unterschiedl. Formen der Ü. liegen oft auch dem →Stress zugrunde.

Überfremdung, *Soziologie:* die Veränderung bestimmter sozialer Lebensformen unter Einwirkung fremder Einflüsse (z. B. früher ländl. Sozialstrukturen, Normen und Verhaltensweisen durch städt. Vorbilder).

Überfrucht, *Landwirtschaft:* Pflanzenbestand, der bei gleichzeitigem Anbau mehrerer Kulturen auf einer Fläche die niederwüchsigen Kulturen überragt.

Überführung, *Verkehrswesen:* →Kreuzung.

Überführungszahl, *Elektrochemie:* das Verhältnis der Leitfähigkeit einer Ionenart zur Gesamtleitfähigkeit eines Elektrolyten.

Übergabe, 1) *Militärwesen:* Auslieferung einer Festung oder einer Truppenabteilung an den Feind. Damit kommt die Truppe in Kriegsgefangenschaft, falls nicht freier Abzug gewährt wird.
2) *Zivilrecht:* neben der Einigung Voraussetzung für den Erwerb des →Eigentums. Bei Wohnimmobilien wird nach Fertigstellung meist ein **Ü.-Protokoll** zw. dem Bauherrn und dem Bauunternehmer gefertigt, das alle etwaigen Mängel aufführen soll (entspricht der Abnahme beim Werkvertrag).

Übergabevertrag, der z. T. noch heute übl. Vertrag, durch den einer der Erben bei Lebzeiten des bisherigen Eigentümers dessen Bauernhof übernimmt (›geschlossene Hofübergabe‹), unter der Verpflichtung, den Bauern zu unterhalten (→Altenteil) und die anderen Erben, meist die Geschwister (die ›weichenden Erben‹), abzufinden (→Höferecht). Der Ü. ist kein Erbvertrag.

Übergang, 1) *Eisenbahn:* →Bahnübergänge.
2) *Physik:* die Änderung des energet. Zustands eines atomaren oder subatomaren (quantenphysikal.) Systems; Übergänge in diesem Sinn (insbesondere zw. diskreten Zuständen) können nicht raumzeitlich deterministisch, sondern nur mit Wahrscheinlichkeitsbegriffen (z. B. Ü.-Wahrscheinlichkeit) beschrieben werden. **Strahlende** oder **Strahlungs-Ü.** sind mit der Emission oder Absorption von Photonen verbunden (Ggs.: →strahlungsloser Übergang). Als **verboten** werden Ü. bezeichnet, die bestimmte Auswahlregeln verletzen (→verbotene Linien).

Übergangsbahn, Bahn, längs der ein Raumflugkörper von einer Umlaufbahn in eine andere gebracht wird, z. B. Hohmann-Übergang (→Hohmann, Walter).

Übergangsbogen, *Straßen-* und *Eisenbahnbau:* Kurve mit stetig zu- oder abnehmendem Radius zur Herbeiführung einer allmähl. Richtungsänderung z. B. in Form einer →Klothoide.

Übergangs|elemente, Übergangsmetalle, chem. Elemente, deren Atome eine inkomplette innere Elektronenschale (d-, f-Schale) haben (→Atom); sie sind im →Periodensystem der chemischen Elemente in den Nebengruppen angeordnet. Zu den Ü. gehören die Elemente mit den Ordnungszahlen 21–28 (Scandium bis Nickel), 39–46 (Yttrium bis Palladium), 57–78 (Lanthan bis Platin) und 89–103 (Actinium bis Lawrencium). I. w. S. werden meist auch die Elemente 29, 30 (Kupfer, Zink), 47, 48 (Silber, Cadmium) und 79, 80 (Gold, Quecksilber) zu den Ü. gezählt. Die Ü. sind ausschließlich metall. Elemente; sie treten häufig in mehreren Oxidationsstufen auf und bilden zahlr. Komplexverbindungen; zu ihnen gehören viele der technisch bes. wichtigen Metalle, u. a. das Eisen.

Übergangsfunktion, →Sprungantwort.

Übergangsgeld, 1) *allgemein* eine befristete Geldzahlung zur Sicherung des Lebensunterhalts, die einen Einkommensausfall überbrücken soll, der durch einen beruflich verursachten oder arbeitsmarktbedingten Übergang (z. B. eine Umschulung) hervorgerufen wurde. **2)** Fachausdruck des *Sozialrechts* für Geldleistungen der Sozialversicherungen, die darauf zielen, den Lebensunterhalt eines Versicherten während eines Übergangsstadiums (bes. Rehabilitation und Umschulung) zu sichern. Ü. wird in der Unfallversicherung für die Dauer von berufsfördernden Leistungen für die Rehabilitation gezahlt (§§ 49 ff. SGB VII) und in der Rentenversicherung für die Dauer der berufsfördernden und medizin. Rehabilitation (§§ 20 ff. SGB VI). Voraussetzung ist, dass der Versicherte arbeitsunfähig ist oder wegen seiner Teilnahme an der Rehabilitationsmaßnahme eine ganztägige Erwerbsarbeit nicht aufnehmen kann. Die Bundesanstalt für Arbeit finanziert ein Ü. in Ergänzung von berufsfördernden Leistungen. Anspruch auf dieses Ü. hat z. B. im Grundsatz der Behinderte, der wegen der Teilnahme an einer Maßnahme v. a. zur berufl. Fortbildung, Umschulung und Berufsfindung daran gehindert ist, eine ganztägige Erwerbstätigkeit auszuüben (§§ 160 ff. SGB III). Die Höhe des Ü. ist nach der Art der Leistung und den persönl. Verhältnissen des Versicherten unterschiedlich. Bei den meisten Rehabilitationsträgern beläuft es sich auf 70 % des vorherigen Nettoverdienstes mit Zuschlägen für Haushalte mit unterhaltsberechtigten Kindern oder pflegebedürftigem Ehegatten. **3)** nach dem *Beamtenrecht* eine Leistung, die i. d. R. ein nicht auf eigenen Antrag ent-

Überfangglas:
Mit Glasschnitt dekorierte Vase von Émile Gallé; um 1900 (Leipzig, Museum für Kunsthandwerk)

lassener Beamter (z. B. ein wiss. Assistent einer Univ. nach Ablauf seiner meist sechsjährigen Dienstzeit) erhält (§ 48 Beamtenversorgungs-Ges.). Dieses Ü. bemisst sich nach der Länge der abgeleisteten Dienstzeit. Es dient u. a. als Ersatz für die fehlende Arbeitslosenversicherung des Entlassenen.

Übergangskegel, *Geomorphologie:* ein steiler Schwemmkegel, der von Schmelzwässern am Rande eines Gletschers aufgeschüttet wird und sich, im Gegensatz zum →Sander, in ein Tal hineinzieht. An seinem oberen Ende ist er mit der Endmoräne verzahnt; nach unten geht er in die Talschotter über.

Übergangsmetalle, die →Übergangselemente.

Übergangsriten, die →Rites de Passage.

Übergangsstrahlung, elektromagnet. Strahlung, die beim Durchgang schneller, energiereicher Teilchen durch die Grenzfläche zweier Medien mit versch. Dielektrizitätskonstanten (und damit unterschiedl. Brechzahlen) auftreten kann, insbesondere auch an der Grenzfläche eines Festkörpers zum Vakuum. Ein geladenes Teilchen erzeugt in seiner Nähe in der Materie, die es durchquert, eine elektr. Polarisation. Beim Durchqueren der Grenzfläche ändert sich die Polarisation plötzlich, und diese plötzl. Änderung führt mit einer gewissen Wahrscheinlichkeit zur Erzeugung eines Photons, d. h. zur Emission elektromagnet. Strahlung. Ü. kann auch dann auftreten, wenn die Teilchengeschwindigkeit kleiner ist als die Phasengeschwindigkeit der Strahlung der jeweiligen Wellenlänge, sodass (im Ggs. zur →Tscherenkow-Strahlung) Ü. auch im Röntgenbereich beobachtet werden kann (für den die Brechzahl kleiner als eins ist). – Der Effekt der Ü. wird in der Elementarteilchenphysik in Detektoren zur Identifizierung der Teilchenart ausgenutzt. Dabei werden u. a. etwa $1/100$ mm dicke Kohlenstofffolien (einige Hundert hintereinander, mit Abständen um $1/10$ mm) oder auch Knäuel aus dünnen Fasern oder Schäume verwendet.

Übergangsströmung, →Knudsen-Zahl.

Übergangstemperatur, *Supraleitung:* die →kritische Übergangstemperatur.

Übergangsverhalten, der zeitl. Verlauf des Ausgangssignals eines techn. oder kybernet. Systems (z. B. Übertragungssystem, Übertragungsglied) während eines →Ausgleichsvorgangs. Das Ü. wird meist mithilfe besonderer Eingangssignale untersucht (→Testfunktion). Aus seiner Kenntnis kann auf das allgemeine Betriebsverhalten geschlossen werden, insbesondere auf Stabilität und Dynamik.

Übergangsvorschriften, Bestimmungen, die bei Erlass eines Gesetzes, einer Rechtsverordnung oder Satzung (auch bei Novellen) die Überleitung vom alten in den neuen Rechtszustand regeln. Wird nicht materielles Recht, sondern Verfahrensrecht geändert, so gilt das neue Recht i. d. R. auch für schon anhängige Verfahren.

Übergangszustand, aktivierter Komplex, bei chem. Reaktionen (unter Einwirkung von Aktivierungsenergie) kurzzeitig auftretendes Aggregat der Moleküle aus Ausgangsstoffe, aus dem sich dann unter Neugruppierung der Atome die Moleküle der Reaktionsprodukte bilden.

Übergehen, *seemännisch:* die seitl. Verschiebung der Ladung eines Schiffs durch äußere Umstände (Wind, Seegang), die zu einer Krängung des Schiffes, im Extremfall zum Kentern führt.

Übergemengteile, Minerale, die in einem bestimmten Gestein normalerweise fehlen, aber, wenn sie vorhanden sind, dieser Varietät ihren besonderen Charakter verleihen, obwohl sie mengenmäßig nur sehr wenig ausmachen, z. B. Hornblende in Granit beim Hornblendegranit.

Übergewinnsteuer, Mehrgewinnsteuer, eine Steuer auf den über einen als ›normal‹ geltenden Gewinn oder über eine ›normale‹ Rendite hinausgehenden Gewinn einer natürl. oder jurist. Person; in der Praxis meist in Kriegszeiten zur Abschöpfung der durch den Nachfrageboom entstehenden ›Kriegsgewinne‹ erhoben (Beispiele: Dtl. 1916–19, USA während des Koreakriegs 1951–53). Mitte der 1970er-Jahre wurde anlässlich des Hochschnellens der Weltmarktpreise auch eine Ü. als Steuer auf die ›leistungslosen‹ Mehrgewinne (engl. windfall profits) einheim. Mineralölproduzenten diskutiert.

Übergitter, das →Supergitter.

Übergossene Alm, Plateaugletscher (5 km²) des →Hochkönig; einziger Gletscher der Salzburger Kalkalpen, Österreich.

übergreifende Lagerung, *Geologie:* eine Lagerung, bei der Schichten infolge einer →Transgression 2) diskordant und über verschiedene Schichten des Untergrundes übergreifen.

Übergussschichtung, *Geologie:* die →Schrägschichtung an Riffflanken, wobei sich der seesig entstandene und gebankte Riffschutt mit dem massigen Riffkalk verzahnt.

Überhälter, Oberständer, Waldrechter, gesunde, wuchskräftige, gut geformte ältere Bäume, die man bei der Endnutzung eines Waldbestandes einzeln oder gruppenweise stehen und in den neu zu begründenden Bestand einwachsen lässt.

Überhang, 1) *Fahrzeugtechnik:* die über ein bestimmtes Maß hinausragenden Fahrzeugteile; bei Kraftfahrzeugen die Partien vor der Vorderachse und hinter der letzten Hinterachse, bei Schienenfahrzeugen der Bereich zw. äußerer Achse und Puffertellern bzw. Kupplungsplatte, bei Schiffen die über die Länge zw. den Loten hinausreichenden Teile.
2) *Zivilrecht:* das Herüberwachsen von Zweigen und Wurzeln auf das Nachbargrundstück. § 910 BGB berechtigt den Eigentümer eines Grundstücks, die von einem Nachbargrundstück eingedrungenen Wurzeln abzuschneiden und zu behalten. Hinsichtlich überhängender Zweige steht ihm ein solches Selbsthilferecht dann zu, wenn er zuvor dem Besitzer des Nachbargrundstücks erfolglos eine angemessene Frist zur Beseitigung gesetzt hat. In beiden Fällen steht dem Grundstückseigentümer das Recht nur zu, wenn die Wurzeln oder Zweige die Grundstücksbenutzung beeinträchtigen.

Überhangmandate, im System der personalisierten Verhältniswahl diejenigen Direktmandate, die einer Partei nach der Zahl der gewonnenen Wahlkreise (Erststimmen) zufallen und die bei ihr verbleiben, obwohl sie die Zahl der Mandate übersteigen, die ihr nach den für die Sitzverteilung maßgebl. Zweitstimmen zustehen. Nach dem Wahlrecht einiger Bundesländer erhöht sich die Sitzzahl der übrigen Parteien entsprechend, um das Verhältnis der Mandate gemäß den Zweitstimmen wieder auszugleichen; diese Mandate werden als Ausgleichsmandate bezeichnet. – Nach dem Urteil des BVerfG vom 10. 4. 1997 ist die Regelung im Bundeswahl-Ges. (Ü. ohne Ausgleichsmandate) nach Auffassung von vier der Entscheidung tragenden Richtern mit dem GG vereinbar, während die anderen vier Richter einen Verstoß gegen die Wahlrechtsgleichheit des Art. 38 Abs. 1 Satz 1 GG sehen.

Überhauen, ein Grubenbau mit Streckenquerschnitt, der in steil einfallenden, in stockförmigen oder in mächtigen Lagerstätten schwebend oder schräg von unten nach oben aufgefahren wird.

Überhitzer, bei Dampfkesseln ein System nebeneinander liegender Stahlrohre von je 30–50 mm Durchmesser, in dem der aus dem Kessel zugeführte Sattdampf getrocknet und ohne Drucksteigerung überhitzt, d. h. über die Siedetemperatur erwärmt wird. **Berührungs-Ü.** werden von den die Wärme konvcktiv übertragenden Rauchgasen umströmt (meist **Schlangenrohr-Ü.**) oder durchströmt (**Rauchrohr-Ü.**), während bei **Strahlungs-Ü.** die Wärme durch die Feuerbett- und Flammenstrahlung auf die vom Wasserdampf durchströmten, bei **Wand-Ü.** auf die an den Feuerraumwänden oder als Wandverkleidung angebrachten Ü.-Rohre übertragen wird. **Zwischen-Ü.** werden beim Betrieb von Dampfturbinen zur nochmaligen Überhitzung des Dampfs nach seinem Durchgang durch den Hochdruckteil der Turbine benutzt, damit bei weiterer Entspannung kein Nassdampf entsteht, dessen Wassertröpfchen Schaufelerosionen bewirken können. Zur Regelung der Endtemperatur von Ü. werden →Heißdampfkühler eingesetzt.

Überhitzung, Erwärmung eines Stoffs über eine Temperatur hinaus, bei der er schon in einer anderen Phase oder Modifikation vorliegen müsste; ein Beispiel für Ü. ist der Siedeverzug (→Sieden). – Man spricht von überhitztem →Dampf, wenn dieser im ungesättigten Zustand oberhalb seiner Kondensationstemperatur vorliegt.

Überhöhung, 1) *Hoch-* und *Brückenbau:* das Maß, um das ein Tragwerk bei der Herstellung – entgegengesetzt der bei Belastung zu erwartenden Durchbiegung – in der Mitte eine höhere Lage erhält als an den Enden. Man überhöht für Eigengewicht oder für Eigengewicht und Verkehr.
2) *Kartographie:* die Vergrößerung des Höhenmaßstabs gegenüber dem Längenmaßstab; wird angewendet in Blockdiagrammen, Militärperspektiven, Profilen und Reliefs, um die Oberflächenformen und Höhenunterschiede besser erkennbar zu machen. Die Ü. verfälscht jedoch die Hangneigungswinkel.
3) *Straßen-* und *Eisenbahnbau:* Erhöhung des äußeren Fahrbahnrands oder der äußeren Schiene in einer Kurve gegenüber dem inneren Bereich. Die Ü. nimmt die Fliehkraft eines Fahrzeugs beim Durchfahren der Kurve auf. Sie ist abhängig vom Krümmungsradius der Kurve und von der Entwurfsgeschwindigkeit des Streckenabschnitts.

Überholen, 1) *seemännisch:* durch Wind, Seegang oder Ruderlegung verursachte plötzl. Neigung eines Schiffs um die Längsachse (Krängung).
2) *Straßenverkehr:* das Vorbeifahren an einem in gleicher Richtung fahrenden oder verkehrsbedingt anhaltenden Fahrzeug. Nach §5 StVO ist links zu überholen. Rechts überholt werden darf beim Fahren auf Fahrstreifen (auf Autobahnen jedoch nur bei Kolonnenbildung und nur mit mäßiger Geschwindigkeit); rechts zu überholen sind auch in der Straßenmitte fahrende Schienenbahnen und eingeordnete Linksabbieger. Beim Ü. müssen vorgeschriebene Geschwindigkeitsbegrenzungen eingehalten werden. Das Ü. ist verboten bei Behinderung oder Gefährdung des Gegenverkehrs oder eines bereits in einem Überholmanöver befindl. nachfolgenden Fahrzeugs, ferner vor Fußgängerüberwegen und auf den durch Überholverbotsschilder oder Fahrstreifenbegrenzung gekennzeichneten Straßenabschnitten.

Über-Ich, in der Psychoanalyse S. FREUDS eine der drei Instanzen des psych. Apparates. Während das Es die Triebregungen und das Ich die bewusste Orientierung und Kontrolle der Persönlichkeit bezeichnen, vertritt das Ü.-I. die verinnerlichten Normen der sozialen Umwelt in Form der moral. Forderungen und idealen Strebungen der Persönlichkeit; in Selbstkritik, Selbstverurteilung, Reue, aber auch in Anerkennung stellt es sich dar. Die Entwicklung des Ü.-I. setzt in der frühen Kindheit ein, wobei die Begegnung des Kindes mit den Forderungen der Umwelt, mit Bestrafung, Liebesverlust oder Belohnung, je nachdem, ob es diese Forderungen übertritt oder erfüllt, zur Verinnerlichung und damit zur Aneignung der elterlichen Gebote und Normen führt. Besondere Bedeutung kommt dabei dem Verzicht auf die libidinösen und aggressiven ödipalen Triebwünsche (→Ödipuskomplex) zu. Die Ü.-I.-Organisation wird im Verlauf der weiteren Entwicklung durch neue Vorbilder, religiöse, kulturelle und soziale Einflüsse ergänzt und fortgebildet. Das Ü.-I. sichert dem Individuum ein höheres Maß an Autonomie gegenüber der Umwelt. – Aus psychoanalyt. Sicht trägt es zu neurot. Erkrankungen wesentlich bei, insofern in ihm die Quelle von Selbstvorwürfen (z. B. Minderwertigkeitskomplexen), unbewussten Selbstbestrafungstendenzen und Schuldgefühlen (z. B. bei der Zwangsneurose) liegt.

Über|investitionstheorien, →Konjunktur.

Überkapazität, auf längere Sicht nicht ausgenutzte Leistungsfähigkeit eines Unternehmens bzw. eines Wirtschaftszweiges. Ü. sind i. d. R. Folgen von Fehlinvestitionen und Kapitalfehlleitungen aufgrund einer zu optimist. Beurteilung der Marktsituation oder schlechter konjunktureller Lage. Die mit der Ü. verbundenen hohen fixen Kosten mindern den Gewinn und können Grenzbetriebe zum Ausscheiden aus dem Markt zwingen. Ü. einer Branche führen zu Strukturkrisen und haben häufig Wettbewerbsbeschränkungen zur Folge.

Überkapitalisierung, in Bezug auf die Ertragskraft oder den realen Vermögenswert bereits bei Unternehmensgründung zu hoch angesetztes Nominalkapital. Ü. führt zur Herabsetzung der Rentabilität, da der erzielte Gewinn auf ein zu hohes Grund- bzw. Stammkapital bezogen werden muss.

Überkingen, Bad Ü., Gem. und Heilbad im Landkreis Göppingen, Bad.-Württ., 441 m ü. M., im oberen Filstal, am Rand der Schwäb. Alb, 3 700 Ew. Die Thermalmineralquellen werden gegen Stoffwechsel- und rheumat. Erkrankungen angewendet; Thermalbewegungsbad, Mineralwasserabfüllung. – Ev. Pfarrkirche (16. Jh.) mit hohem Spitzhelm und Holzdecke (1589); zu den frühen Badeanlagen gehören das Badhaus (1559, Fachwerkobergeschoss) und der Neue Bau (1582–1602) mit Freitreppe und Sgraffitofries. – Ü. wurde 1108 erstmals genannt.

Überkippung, *Geologie:* Aufrichtung von Gesteinsschichten um mehr als 90°, wodurch eine inverse →Lagerung entsteht.

Überkompensation, Begriff der Individualpsychologie (A. ADLER): der Ausgleich von Minderwertigkeitsgefühlen (→Minderwertigkeitskomplex) entweder durch übersteigerte Korrektur des empfundenen körperl., geistigen oder sozialen Mangels oder durch Überentwicklung einer Ersatzfunktion (z. B. Überheblichkeit, Ichbetonung).

überkritisch, 1) *Kerntechnik:* →kritischer Zustand.
2) *Thermodynamik:* bezeichnet die Zustände von Materie, in denen Temperatur und Druck oberhalb der krit. Größen T_k bzw. p_k liegen (→kritischer Zustand); in diesem Bereich bilden gasförmiger und flüssiger Zustand eine gemeinsame fluide Phase ohne scharf definierte Phasengrenze. (→Gasverflüssigung)

Überlagerung, 1) *Mathematik:* in der Topologie eine stetige surjektive Abbildung $p = (E, S) \to (X, T)$ zw. →wegzusammenhängenden Räumen. Dabei ist T die an offenen Mengen reichhaltigste topolog. Struktur auf X, bezüglich derer p stetig ist; darüber hinaus gilt: Für jedes $x \in X$ ist die Urbildmenge $p^{-1}(x) = \{e \in E \mid p(e) = x\}$ ein →diskreter Raum bezüglich der von S induzierten topolog. Struktur, und zu jedem $x \in X$ existiert eine Umgebung U, deren Urbild $p^{-1}(U) = \{e \in E \mid p(e) \in U\}$ die Vereinigung paarweise punktfremder offener Mengen von (E, S) ist, die alle homöomorph zu U sind.
2) *Nachrichtentechnik:* Verfahren zur Frequenzumsetzung, bei dem die Zeitverläufe zweier Wechselspannungen miteinander multipliziert werden (→Mischung).

3) *Soziologie:* Begriff, der im Wesentlichen in der älteren staatssoziol. Forschung (F. OPPENHEIMER), aber auch in kulturphilosoph. und geschichtsphilosophisch geprägten Universalentwürfen (A. WEBER, A. RÜSTOW) und nicht zuletzt bei den Rassentheoretikern des 19. Jh. (L. GUMPLOWICZ, J. A. Graf GOBINEAU) eine Rolle spielt. Ü. dient dort dazu, den Aufstieg oder Niedergang von Staaten bzw. herrschenden Schichten oder Klassen und der durch sie vertretenen sozialen Strukturen und kulturellen Muster dadurch zu erklären, dass diese von einer anderen Gemeinschaft (z. B. einem Volk, Stamm oder einer Kaste) gewaltsam unterworfen worden seien. In der Folge würden durch Ü. alte Strukturen verdrängt, und neue Strukturbildungen oder gemeinschaftsbildende Muster könnten auftreten.

Überlagerungs|empfänger, der Superheterodyn-Empfänger (→Rundfunk).

Überlagerungsprinzip, *Physik:* das →Superpositionsprinzip.

Uberlândia, Stadt im Bundesstaat Minas Gerais, Brasilien, 855 m ü. M., im Triângulo Mineiro, 366 700 Ew.; kath. Bischofssitz; Univ. Agrarzentrum (Rinderzucht, Baumwolle, Reis); Fleischverarbeitung, Molkereien, chem. u. a. Industrie.

Überlandwerk, Überland|unternehmen, Überlandzentrale, Unternehmen der Elektrizitätswirtschaft, das gewöhnlich mehrere Gemeinden und dabei großflächige, ländl. Gebiete versorgt.

Überlappungs|integral, *Quantenmechanik:* das über ein bestimmtes Volumen V erstreckte Integral

$$S = \int_V \psi_A^*(r)\psi_B(r)\,d^3r$$

über zwei unabhängige Eigenfunktionen (Wellenfunktionen) $\psi_A(r)$ und $\psi_B(r)$ für Einteilchenzustände, die zu zwei als unabhängig angenommenen, räumlich getrennten Systemen A und B gehören, insbesondere wenn es sich dabei um zwei Atome und deren Eigenfunktionen handelt, durch die ihre (elektron.) Eigenzustände beschrieben werden (* symbolisiert die konjugiert komplexe Funktion). Der Absolutbetrag $|S|$ des Ü. ist in Näherungen, in denen der Abstand zweier Atome als klassisch beschreibbar angenommen wird, ein Maß für die gegenseitige Beeinflussung dieser Atome. Das Ü. ist dabei für die Bildung einer Linearkombination der Wellenfunktionen ψ_A und ψ_B als Gesamtwellenfunktion für das aus A und B bestehende Gesamtsystem von Bedeutung sowie für die Berechnung seiner Energiezustände. Mit solchen Näherungen werden z. B. in der Atomphysik Molekülorbitale (MO) und damit Art und Stärke von Molekülbindungen und in der Festkörperphysik die Energiebänder berechnet.

Überlassungsvertrag, →Schuldrechtsänderungsgesetz.

Überlast, *Elektrotechnik:* Zustand in einem elektr. Stromkreis, bei dem die im Stromkreis befindl. elektrotechn. Betriebsmittel (Steuereinrichtungen, elektron. Bauelemente) und Leitungen durch einen kurzzeitig oder dauernd erhöhten Strom über ihre Nenndaten hinaus belastet werden. Die Ü. kann durch übermäßige Erwärmung (Defekt, ungenügende Kühlung) eines Betriebsmittels oder durch gleichzeitigen Anschluss zu vieler Verbraucher verursacht werden. Eine länger andauernde Ü. kann eine Beschädigung oder Zerstörung von Isolierungen u. a. Teilen der Betriebsmittel bewirken oder ihre Lebensdauer wesentlich verkürzen. (→Überspannung, →Überstrom)

Überlaufbit, engl. **Overflow-Flag,** Bit des Statusregisters (Teil des Rechenwerks eines Prozessors), das eine Bereichsüberschreitung im Zweierkomplement anzeigt. Bei einer Breite des Ergebnisses von n bit wird das Ü. gesetzt, wenn das Ergebnis kleiner als -2^{n-1} oder größer als $2^{n-1}-1$ ist.

Überlaufblase, tröpfchenweise Entleerung der Harnblase bei Harnverhaltung.

Überläufer *der, -s/-,* **1)** *Jägersprache:* Wildschwein im zweiten Lebensjahr.
2) *Militärwesen:* zum Feind übergehender Soldat; hiervon abgeleitet auch: zur Gegenpartei überwechselnder Politiker.

Überlebensrate, *Medizinstatistik:* Prozentsatz derjenigen Patienten, die bei Krankheiten mit hoher Letalität (v. a. Krebs) als Maßzahl des Behandlungserfolgs einen bestimmten Zeitraum (z. B. 5 oder 10 Jahre) überleben. Die **Überlebensquote** ist der Anteil der eine bestimmte Zeit überlebenden (Krebs-)Patienten an allen (Krebs-)Patienten.

Überlebensration, *Militärwesen:* Bez. für den im Krieg von Soldaten mitgeführten, bes. haltbaren und durch spezielle Verpackung geschützten Notverpflegungsvorrat, der die Minimalversorgung bei Ausfall der normalen Verpflegungsversorgung in besonderen Situationen gewährleisten soll; darf nur auf Befehl hin benutzt werden; früher auch als ›eiserne Portion‹, heute oft noch fälschlicherweise als →eiserne Ration bezeichnet.

Überlebenswahrscheinlichkeit, *Technik:* die Wahrscheinlichkeit für ein Element (z. B. elektron. Bauelement), aus einem (Anfangs-)Bestand von gleichartigen, zu Beginn des Beanspruchungszeitraums funktionstüchtigen Elementen erst nach einem bestimmten Zeitpunkt auszufallen, d. h. das betrachtete Zeitintervall zu ›überleben‹. Die Ü. $R(t)$ ist wie ihre komplementäre Größe, die **Ausfallwahrscheinlichkeit** $F(t)$, eine wichtige Kenngröße für die →Zuverlässigkeit von Komponenten und Systemen.

Überleitungsvertrag, Bez. für den ›Vertrag zur Regelung aus Krieg und Besetzung entstandener Fragen‹ vom 26. 5. 1952; er ist ein Zusatzvertrag zum Deutschlandvertrag zw. der Bundesrepublik Dtl., den USA, Großbritannien und Frankreich und Teil der ›Pariser Verträge‹. Er regelte die Weitergeltung von den Besatzungsbehörden erlassenen Rechtsvorschriften, Verwaltungsmaßnahmen und Urteile, räumte aber der Bundesrepublik Dtl. eine weitgehende Befugnis zur Aufhebung und Änderung der Rechtsvorschriften ein. Das Besatzungsrecht wurde zum größten Teil durch Bundesrecht aufgehoben; mit dem →Zwei-plus-Vier-Vertrag vom 12. 9. 1990, der die volle staatl. Souveränität Dtl.s hergestellt hat, ist er gegenstandslos geworden.

Überlichtgeschwindigkeit, Geschwindigkeit oberhalb der →Lichtgeschwindigkeit. Die Ausbreitungsgeschwindigkeit elektromagnet. Wellen im Vakuum (Vakuumlichtgeschwindigkeit c) ist nach der speziellen Relativitätstheorie die obere Grenzgeschwindigkeit für die Ausbreitung von Signalen und physikal. Wirkungen (z. B. Energie, Materie). Indem man in einem materiellen Medium mit der Brechzahl $n > 1$ Signale in dem Sinne Ü. besitzen lässt, dass sie sich schneller als elektromagnet. Wellen im selben Medium (Geschwindigkeit c/n) fortpflanzen, z. B. schnell bewegte Ladungen bei der Erzeugung von →Tscherenkow-Strahlung. In einem Medium mit $n < 1$ für bestimmte Wellenlängen kann die zugehörige Phasengeschwindigkeit (die nicht mit der →Signalgeschwindigkeit identisch ist) größer als c werden. (→Tachyonen)

Überliegen, 1) *Forstwirtschaft:* Keimungsverzögerung bei gewissen Gehölzsamen (z. B. Esche, Eibe) über eine oder mehrere Vegetationszeiten. Gegen das Ü. wendet man die →Stratifikation an.
2) *seemännisch:* 1) das Schrägliegen eines Schiffs (z. B. eines Segelboots unter dem Winddruck), Krängung; 2) der unfreiwillige Hafenaufenthalt, z. B. wegen schlechten Wetters.

Überlingen, Große Kreisstadt im Bodenseekreis, Bad.-Württ., 409 m ü. M., am N-Ufer des Überlinger

Sees (nordwestl. Zweigbecken des →Bodensees), 20 400 Ew.; Museum. Ü. ist Kneippheilbad und hat bedeutenden Fremdenverkehr; Geräte- und Maschinenbau u. a. Industrie; Weinbau. – Maler. Ortsbild. Das kath. Münster St. Nikolaus ist eine fünfschiffige spätgot. Basilika (Chor 1350 begonnen, 1408 geweiht; Langhaus 1424–60, Einwölbung 1512–62) mit Werken von J. ZÜRN (Hochaltar 1613–16, Sakramentshaus 1611). Am Münsterplatz die oktogonale Ölbergkapelle (1493) und die Alte Kanzlei (1599). Spätgot. Franziskanerkirche (1466 geweiht), das Innere 1752 barockisiert, Hochaltar von 1760 (BILD →Feuchtmayer, Joseph Anton). Spätgot. Rathaus (Ende 15. Jh.) in ital. Rustikaquadern; Ratssaal (1490–94) mit hervorragender spätgot. Raumdekoration. Im Reichlin-von-Meldegg-Haus, einem spätmittelalterl. Patrizierhof (Ende 15. Jh.; Festsaal mit Stuck der Wessobrunner Schule, um 1695), das Städt. Museum. – Im Stadtteil **Goldbach** die Sylvesterkapelle mit otton. Monumentalmalerei (um 1000; älteste Reste vor 849). An der Peripherie Ü.s liegt das 1992 vollendete Naturata-Haus, das im Sinn der organ. Architektur von dem Ungarn IMRE MAKOVECZ errichtet wurde. – Das Anfang des 7. Jh. erstmals, 770 dann erstmals urkundlich bezeugte Ü. war zunächst Sitz eines alemann. Herzogs, später, vermutlich seit 746, fränk. Königsgut. Die verkehrsgünstig im Schnittpunkt mehrerer wichtiger Straßen an einem viel benutzten Bodenseeübergang gelegene Ortschaft wurde im 11. Jh. Marktort und zw. 1180 und 1190 zur Stadt erhoben; nach 1268 Entwicklung zur Reichsstadt, die im späten MA. als führendes Mitgl. mehrerer Städtebünde von Einfluss war. 1802/03 fiel Ü. an Baden und war 1803–1972 Verw.-Sitz eines Landkreises; seit 1993 Große Kreisstadt.

Ü. Schlüssel zum Bodensee, Beitrr. v. G. BRUMMER u. a. (1989).

Übermaß, Differenz zw. dem Maß des Außenteils (z. B. Bohrung) und dem Maß des Innenteils (z. B. Welle) von zu paarenden Teilen vor dem Zusammenbau, wenn das Maß des Innenteils größer als das des Außenteils ist.

übermäßig, *Musik:* bezeichnet Intervalle, die um einen chromat. Halbton größer sind als reine (z. B. c-fis oder ces-f statt der reinen Quarte c-f) oder große (z. B. c-eis statt der großen Terz c-e). In der Umkehrung werden übermäßige Intervalle zu verminderten. Der **übermäßige Dreiklang** (z. B. c-e-gis) mit der übermäßigen Quinte als Rahmenintervall setzt sich aus zwei großen Terzen zusammen.

Übermaßverbot, nach ständiger Rechtsprechung des Bundesverfassungsgerichts die sich aus dem Rechtsstaatsprinzip ableitende übergreifende Leitregel allen staatl. Handelns, die besagt, dass staatl. Eingriffe in den Rechtskreis der Bürger nur dann rechtmäßig sind, wenn sie geeignet, erforderlich (notwendig) und verhältnismäßig sind. Teilweise wird auch das Verhältnismäßigkeitsprinzip als die anderen Elemente umschließender synonymer Oberbegriff angesehen.

Übermensch, ein Typus Mensch, der aufgrund seiner Vollkommenheit über das gewöhnl. individuelle Leben hinausgelangt ist. Der Begriff (griech. ›Hyperanthropos‹) findet sich zuerst bei LUKIAN in dem Dialog ›Die Hadesfahrt und der Tyrann‹, dann u. a. bei dem ev. Theologen HEINRICH MÜLLER (* 1631, † 1675), bei J. G. HERDER, GOETHE, T. G. VON HIPPEL, JEAN PAUL, F. NIETZSCHE. In der antiken Vorstellung erstrebt der Ü. seine Vervollkommnung durch Teilhabe am Göttlichen, bei GOETHE u. a. löst der Ü. dasjenige ein, was jeweils als das spezifisch Menschliche bestimmt wird. Demgegenüber beweist der Ü. im Rahmen von NIETZSCHES Konzept einer →Umwertung aller Werte seine Überlegenheit, indem er sich anderen gegenüber behauptet und sich genetisch wie gesellschaftlich durchsetzt.

Überlingen: In der Bildmitte das Münster Sankt Nikolaus (1350 begonnen)

R. M. MEYER: Der Ü. Eine wortgeschichtl. Skizze, in: Ztschr. für dt. Wortforschung, Jg. 1 (1901); Der Ü. Eine Diskussion, hg. v. E. BENZ (Zürich 1961); N. REICHEL: Der Traum vom höheren Leben. Nietzsches Ü. u. die Conditio humana europ. Intellektueller von 1890 bis 1945 (1994).

Übermurgebiet, der nordöstl. Teil Sloweniens nördlich der Mur, →Prekmurje.

Übernahmekurs, Übernahmepreis, Kurs, zu dem bei einer Fremdemission eine Bank oder ein Bankenkonsortium Wertpapiere vom Aussteller fest oder in Kommission übernimmt. Der Ü. ist i. d. R. niedriger als der Verkaufspreis an der Börse (Emissionskurs).

Übernahmeprinzip, Grundsatz der Zwangsversteigerung: Die dem betreibenden oder beitretenden Gläubiger vorgehenden Rechte, z. B. Hypotheken mit besserem Rang, erlöschen durch die Zwangsversteigerung nicht, sondern bleiben kraft Gesetzes bestehen und werden als Belastungen des Grundstücks vom Erwerber übernommen. So braucht der Ersteher dafür keine Barmittel aufzuwenden; auch kann ein nachrangig Berechtigter dem Inhaber eines Rechts mit besserem Rang nicht den Zeitpunkt aufzwingen, zu dem das Grundstück zur Deckung dessen Rechts verwertet wird. Nach dem Ü. darf die Zwangsversteigerung nur dann zur Veräußerung führen, wenn die übernommenen Rechte und die aus dem Erlös zu entnehmenden Verfahrenskosten gedeckt sind.

übernormaler Schlüsselreiz, Reiz, der durch Überbetonung (insbesondere von Größe, Form und Farbe) eine bestimmte Verhaltensweise besser auslöst als ein normaler (natürl.) →Schlüsselreiz. Gibt man z. B. einer brütenden Silbermöwe ein bemaltes Holzei ins Nest, das bedeutend größer ist als ihre eigenen Eier, zieht sie dieses den normalgroßen Eiern vor.

Über|ordnung, Super|ordo, v. a. in der *zoolog. Systematik* eine zw. Klasse und Ordnung stehende, mehrere Ordnungen umfassende Kategorie.

Überpfändung, Pfändung, deren wirtschaftl. Wert über das zur Befriedigung des Gläubigers und zur Deckung der Zwangsvollstreckungskosten notwendige Maß hinausgeht. Ü. ist verboten, aber nicht unwirksam (§ 803 ZPO). Gegen die Ü. kann der Schuldner beim Vollstreckungsgericht →Erinnerung einlegen (§ 766 ZPO) und in jedem Fall die Auszahlung des Mehrerlöses an sich verlangen.

Überproduktion, eine die Nachfrage übersteigende Herstellung von Gütern; als Missverhältnis zw. dem Bedarf und seiner Deckung eine Krisenerschei-

Über Überreichweite – Übersetzer

nung der Wirtschaft, die zu ruinöser Konkurrenz führen kann. (→Wettbewerb)

Über|reichweite, *Funktechnik:* →Reichweite.

Über|riesen, *Astronomie:* →Riesensterne.

Überrollbügel, bei Kfz ohne (hinreichend) feste Dachkonstruktion (auch bei landwirtschaftl. Schleppern und Motorsportfahrzeugen) ein über den Sitzen verlaufender Stahlbügel, der den Insassen Schutz bieten soll, falls das Fahrzeug sich überschlägt. Ein modernes, aufwendiges Überschlagschutzsystem für Kabrioletts ist ein ausklappbarer Ü., der bei einem Fahrzeugüberschlag mittels eines beschleunigungs- und neigungsempfindl. Sensors ausgelöst und durch eine vorgespannte Feder schlagartig ausgefahren wird.

Übersättigung, *Physik* und *Chemie:* 1) Zustand der →Unterkühlung von Wasserdampf (übersättigter Dampf); 2) Zustand von →Lösungen, die mehr gelösten Stoff enthalten, als der Löslichkeit entspricht.

Überschallflug, Bewegung von Luftfahrzeugen mit Überschallgeschwindigkeit. Der dabei bes. hohe Luftwiderstand kann nur durch sehr schubstarke Strahltriebwerke in Verbindung mit einer dem Ü. angepassten Formgebung der Zelle (bes. schlanke Rümpfe, Tragflügel geringer Dicke und Streckung mit besonderer Grundrissform wie Deltaflügel und Pfeilflügel) überwunden werden. Durch Verlagerung des Angriffspunktes der Auftriebskraft beim Überschreiten der Schallgeschwindigkeit und durch elast. Verformungen der dünnen Tragflügel werden Stabilisierung und Steuerung erschwert. Starke Aufwärmung der tragenden Bauteile durch Reibungswärme verlangt, dass Aluminiumlegierungen z.T. durch Titan oder Stahl ersetzt werden. Die Überwindung des hohen Luftwiderstands führt zu hohem Kraftstoffverbrauch, wodurch Nutzlast oder Reichweite stark eingeschränkt werden. Der Ü. wird daher fast ausschließlich militärisch genutzt. Hohe Beanspruchungen der Flugzeugzelle durch den dichteabhängigen Staudruck und Rücksichtnahme auf die Lärmbelästigung (→Fluglärm) überflogener Gebiete verweisen den Ü. in große Flughöhen (→Schallmauer).

Der erste bemannte Ü. gelang dem amerikan. Piloten CHARLES ELWOOD YEAGER (* 1923) am 14. 10. 1947 mit dem raketengetriebenen Forschungsflugzeug Bell XS-1. Doppelte Schallgeschwindigkeit erreichte erstmals die Douglas ›Skyrocket‹ 1953, mehr als sechsfache Schallgeschwindigkeit das North American X-15 im Oktober 1967. – Etwa ab 1950 wurden Überschallflugzeuge zunehmend bei den Luftstreitkräften eingeführt. Die britisch-frz. →Concorde nahm 1976 als erstes für eine Reisegeschwindigkeit von Mach 2 (rd. 2400 km/h) ausgelegtes Überschallverkehrsflugzeug den planmäßigen Linienpassagierflug auf, um die gleiche Zeit die sowjet. Tupolew Tu-144, die wegen techn. Mängel aber bald außer Dienst gestellt wurde.

Überschallgeschwindigkeit, Geschwindigkeit von Körpern, die größer ist als die →Schallgeschwindigkeit im umgebenden Medium. (→Gasdynamik)

Überschallströmungen, →Gasdynamik.

Überschiebung, *Geologie:* Lagerungsstörung, bei der längs der **Ü.-Fläche** ein Gesteinspaket auf oder über ein anderes geschoben wird, sodass ältere Schichten über jüngeren liegen. Eine **Falten-Ü.** entsteht durch Auswalzen oder Zerreißen des Mittelschenkels einer überkippten oder liegenden Falte, eine **Schollen-Ü.** durch Überschieben einer Gesteinsscholle durch eine andere. Ü. mächtiger Schichtfolgen mit großen Schubweiten bilden →Decken.

Überschlag, 1) *Elektrizität:* eine Funken- oder Lichtbogenentladung zw. Spannung führenden Teilen, die im Ggs. zum Durchschlag bei festen Isolierstoffen in der Luft verläuft. Die niedrigste Spannung, bei der an einer elektr. Anlage ein Ü. auftreten kann, bezeichnet man als **Ü.-Spannung.**

2) *Mathematik:* **Überschlagsrechnung,** die näherungsweise Berechnung eines Ergebnisses unter Verwendung gerundeter Zahlenwerte (→runden); z. B. wählt man für die Multiplikation 5,839 · 12,321 als Ü. 6 · 12 = 72.

3) *Turnen:* ganze Drehung des Körpers um die Breitenachse, wobei nach einer halben Drehung auf dem Boden abgestützt wird (freier Ü. →Salto, rascher Ü. →Flickflack).

Überschuldung, der Zustand, bei dem das Vermögen einer natürl. oder jurist. Person oder einer Gesellschaft die Schulden nicht mehr deckt. Ü. ist bei den Kapitalgesellschaften und bei der GmbH und Co. KG (anders als beim einzelkaufmann. Unternehmen und der Personengesellschaft) ein Grund für die Eröffnung des Konkursverfahrens, auch wenn keine Zahlungsunfähigkeit vorliegt. Das Gleiche gilt für sonstige jurist. Personen. Vorstand bzw. Geschäftsführer sind im Fall der Ü. verpflichtet, die Eröffnung des Konkurs- oder des Vergleichsverfahrens zu beantragen. Bei schuldhafter Unterlassung des Antrags haften sie persönlich auf Ersatz des Schadens, der den Gläubigern durch die verspätete Eröffnung des Verfahrens entsteht. Zur Feststellung der Ü. ist eine besondere **Ü.-Bilanz** (Ü.-Status) aufzustellen, für die nicht die Bilanzierungs- und Bewertungsprinzipien nach §§ 246 ff. HGB gelten. Vermögen und Schulden sind mit den Tageswerten anzusetzen, wobei zu berücksichtigen ist, ob vom Fortbestehen (engl. going concern) des Unternehmens oder von seiner Liquidation ausgegangen wird. Ü. tritt erst ein, wenn die Handelsbilanz nicht mehr genügend stille Rücklagen aufweist. In der Ü.-Bilanz wird der Differenzbetrag zw. Vermögen und Schulden als ›nicht durch Eigenkapital gedeckter Fehlbetrag‹ bezeichnet. Die am 1. 1. 1999 in Kraft tretende →Insolvenzordnung vom 5. 10. 1994 enthält in § 19 eine entsprechende Regelung; Ü. ist Eröffnungsgrund für das →Insolvenzverfahren. – Zur Ü. des Nachlasses →Nachlasskonkurs.

Überschuss|einkünfte, *Steuerrecht:* →Einkommensteuer.

Überschussrechnung, die →Einnahmen- und Ausgabenrechnung.

Überschussreserve, das über die vorgeschriebene →Mindestreserve hinausgehende Guthaben der Kreditinstitute bei der Zentralbank.

Überschwängerung, die →Superfekundation.

überschwere Elemente, *Chemie:* die →superschweren Elemente.

Überseedépartement [-departmã], frz. **Département d'Outre-Mer** [- dutraˈmɛːr], Bez. für die 1946 zu →Départements erhobenen ehemal‹ frz. Kolonien Guadeloupe, Martinique, Réunion, Französisch-Guayana. Nach Art. 73 der Verf. der Fünften Republik können Gesetzgebung und Verw.-Aufbau angepasst werden, um der besonderen Lage der Ü. Rechnung zu tragen. Die Verw. obliegt dem Generalrat, dessen Vors. Exekutivorgan ist. Die Rechtsaufsicht übt der Commissaire de la République (Präfekt) aus.

Überseeterritori|um, frz. **Territoire d'Outre-Mer** [tɛriˈtwaːr dutraˈmɛːr], Abk. **TOM,** Bez. für Gebiete unter frz. Hoheit mit beschränkter Selbstverwaltung: Neukaledonien, Französisch-Polynesien, Wallis und Futuna, Terres Australes et Antarctiques Françaises. Nach Art. 74 der Verf. der Fünften Republik besitzen die Ü. einen besonderen Aufbau, der ihren eigenen Interessen im Rahmen der Interessen der Rep. Rechnung trägt. Dieser Aufbau wird nach Beratung mit der zuständigen Territorialversammlung durch Ges. festgelegt und verändert. Saint-Pierre und Miquelon sowie Mayotte sind keine Ü. mehr, sondern Überseegebietskörperschaften eigener Art.

Übersetzer, 1) jemand, der (in Ausübung seines Berufes) Texte aus einer Sprache in eine andere

 Sand

 Sandstein

 Tonstein

 Kalkstein

Überschiebung: Entwicklung einer Überschiebung aus einer stehenden über eine liegende Falte

(i. d. R. aus einer Fremd- in die Muttersprache oder umgekehrt) schriftlich überträgt. (→Dolmetscher)

2) *Informatik:* allg. Bez. für ein Softwarewerkzeug (Programm), das einen als Programm in einer bestimmten Programmiersprache, der Quellsprache, formulierten Algorithmus in eine semantisch äquivalente Formulierung in einer bestimmten anderen Programmiersprache, der Zielsprache, umwandelt **(Programmübersetzung).** Je nach Art und relativer Mächtigkeit der betroffenen Programmiersprachen sind für die Ü. besondere Bez. üblich. Als →Compiler werden Ü. bezeichnet, die Programme aus einer mächtigeren Quellsprache in eine weniger mächtige Zielsprache übersetzen, das aus einer höheren Programmiersprache in die Maschinensprache des jeweiligen Computers. Ein →Assembler übersetzt aus einer (symbol.) Assemblersprache in die entsprechende Maschinensprache. Im Ggs. zum Compiler, durch den eine Anweisung der Quellsprache meist in mehrere Anweisungen der Zielsprache aufgelöst wird, handelt es sich beim Assembler prinzipiell um eine 1:1-Übersetzung, d. h., Quell- und Zielprogramm sind nicht nur äquivalent, sondern der Struktur nach gleich. – Während des Prozesses der Übersetzung eines Programms werden bei vielen Ü. Zwischensprachen (z. B. Assembler) verwendet. (→Interpreter)

Übersetzung, 1) *Computerlinguistik* und *künstl. Intelligenz:* →Sprachübersetzung.
2) *Informatik:* **Programm-Ü.**, →Übersetzer.
3) *Maschinenbau:* Verhältnis der Eingangs- zur Ausgangsgröße von Kraft, eines Drehmoments, Wegs oder einer Drehzahl; bei Getrieben das Verhältnis zw. der Antriebs- und Abtriebsdrehzahl des Getriebes oder der Getriebestufe, $i = n_1 : n_2$ (n_1 Drehzahl der treibenden Welle, n_2 Drehzahl der getriebenen Welle). Bei $i < 1$ liegt eine Ü. ins Schnelle vor, bei $i > 1$ eine Ü. ins Langsame (unkorrekt **Untersetzung** genannt).
4) *Philologie:* schriftl. Form der Vermittlung eines Textes durch Wiedergabe in einer anderen Sprache unter Berücksichtigung bestimmter Äquivalenzforderungen. Zu differenzieren sind einerseits die interlinguale (Ü. von einer Sprache in eine andere), die intersemiot. (Ü. von einem Zeichensystem in ein anderes, z. B. vom Text ins Bild) und die intralinguale (Ü. von einer Sprachstufe in eine andere, z. B. vom Althochdeutschen ins Neuhochdeutsche, vom Dialekt in die Standard- oder Hochsprache), andererseits umfasst der Oberbegriff die unterschiedlichsten Typen von Ü., z. B. Glossen, Interlinearversion, Übertragung (Bearbeitung), Nachdichtung (Adaption) oder auch Neuvertextung (z. B. Filmsynchronisation).

Seit der Antike ist die Tätigkeit des Übersetzens begleitet von theoret. Reflexion (von CICERO über HORAZ und HIERONYMUS, den Schutzpatron der Übersetzer, AUGUSTINUS, QUINTILIAN, LUTHER, GOETHE, J. G. HERDER, F. SCHLEIERMACHER, W. VON HUMBOLDT bis hin zu W. BENJAMIN, H.-G. GADAMER und G. STEINER), die sich zw. den klass. Gegensätzen von wörtlichem/sinngemäßem, treuem/freiem, verfremdendem/einbürgerndem Übersetzen bewegt, wobei entsprechend die prinzipielle Übersetzbarkeit oder Unübersetzbarkeit propagiert wird.

Die Verwissenschaftlichung der Debatte setzte nach dem Zweiten Weltkrieg ein. Aus der Notwendigkeit einer Systematisierung und Rentabilisierung heraus entstanden Ausbildungsmöglichkeiten an Hoch- und Fachschulen, Fachakademien und privaten Einrichtungen; dem Bedürfnis nach Austausch und Weiterbildung tragen Übersetzerakademien und -kongresse Rechnung, dem nach ökonomisch-sozialer Anerkennung die Schaffung von Berufsverbänden (BDÜ: Bundesverband der Dolmetscher und Übersetzer; VdÜ: Verband deutschsprachiger Übersetzer literar. und wiss. Werke).

Die moderne Ü.-Wiss. (Translatologie, Translatorik) beschäftigt sich mit Human- und maschineller (maschinengestützter) Ü. Während die Ü.-Theorie oder allgemeine Ü.-Wiss. die grundsätzl. Problematik des Übersetzens behandelt, erarbeitet die sprachenpaarbezogene Ü.-Wiss. systematisch Ü.-Einheiten und potenzielle Ü.-Äquivalente im kontrastiven Vergleich von Ziel- und Ausgangssprache; die textbezogene Ü.-Wiss. stellt die Methodik für eine übersetzungsrelevante Textanalyse und Textsortenklassifikation bereit. Die prozessorientierte Ü.-Wiss. analysiert die mentalen Abläufe beim Vorgang des Dolmetschens und Übersetzens; die wiss. Ü.-Kritik ist um die Objektivierbarkeit von Bewertungskriterien bemüht. Fernziel der angewandten Ü.-Wiss. ist die Erstellung von Ü.-Wörterbüchern; auf die Ergebnisse aus diesen Teildisziplinen greift die Didaktik des Übersetzens zurück; in ihrer histor. Dimension umfasst die Ü.-Wiss. eine theoriegeschichtl. und eine übersetzungs- und rezeptionsgeschichtl. Komponente.

Geschichtliches: Die ältesten erhaltenen Ü. reichen ins 3. Jt. v. Chr. zurück (altbabylon. Inschriftentafeln religiösen und administrativen Inhalts in sumer. und akkad. Sprache). Jahrtausendelang dominierte – neben Texten wiss. und administrativen Charakters – die Ü. der religiösen Literatur. Septuaginta, Vulgata, Wulfilabibel waren Meilensteine auf dem Weg der Bibel-Ü.; sie kulminiert in Dtl. in der Lutherbibel, die die Grundlagen für die neuhochdt. Schriftsprache schuf. Ein weiterer Hauptstrom der europ. Ü.-Geschichte ist das kontinuierl. Bemühen um die Aktualisierung und Anverwandlung der geistigen Vorbilder der Antike durch wiederholte Ü. ihrer Texte, die für Dtl. um 1800 ihren Höhepunkt erreichte: So wurden HOMER von J. H. VOSS, PLATON von F. SCHLEIERMACHER, SOPHOKLES von F. HÖLDERLIN, AISCHYLOS von W. VON HUMBOLDT, CICERO und HORAZ von C. M. WIELAND übersetzt. Die bedeutendsten Dichter, Philosophen und Philologen waren auch als Übersetzer tätig; ins Zentrum des Interesses rückten neben den antiken Autoren die Klassiker der europ. Literatur: So wurden J. RACINE von SCHILLER, B. CELLINI von GOETHE, P. CALDERÓN DE LA BARCA von VOLTAIRE, SHAKESPEARE von C. M. WIELAND, A. W. VON SCHLEGEL und L. TIECK (der mit seiner Tochter DOROTHEA und W. Graf von BAUDISSIN SCHLEGELS Übersetzung weiterführte), DANTE von A. W. VON SCHLEGEL und M. DE CERVANTES SAAVEDRA von TIECK übersetzt. Zur sich konstituierenden →Weltliteratur zählt auch die literar. Ü. aus strukturfernen Sprachen, wie sie sich seit dem 18. Jh. etablierte, so aus dem Sanskrit (die Bhagavadgita in der Ü. von A. W. VON SCHLEGEL), dem Persischen (DJALAL OD-DIN RUMI nachgedichtet von F. RÜCKERT, HAFIS von GOETHE) und dem Arabischen (die Makamen des HARIRI, übertragen von RÜCKERT). Eine Herausforderung an die Übersetzer stellt die experimentelle Literatur der Moderne und Postmoderne mit ihren formalen und stilist. Innovationen dar (z. B. J. JOYCE mit ›Ulysses‹ und ›Finnegan's wake‹).

J. ALBRECHT: Linguistik u. Ü. (1973); H. MESCHONNIC: Pour la poétique, Bd. 2: Épistémologie de l'écriture. Poétique de la traduction (Paris 1973); J. C. CATFORD: A linguistic theory of translation (London ⁴1974); J.-R. LADMIRAL: Traduire. Théorèmes pour la traduction (Paris 1979); P. NEWMARK: Approaches to translation (Oxford 1981, Nachdr. ebd. 1986); G. STEINER: Nach Babel. Aspekte der Sprache u. der Ü. (a. d. Engl., 1981); K. REISS u. H. J. VERMEER: Grundlegung einer allg. Translationstheorie (1984); J.-P. VINAY u. J. DARBELNET: Stylistique comparée du français et de l'anglais. Méthode de traduction (Neuausg. Paris 1985); K. DEDECIUS: Vom Übersetzen (1986); Ü.-Wiss. – eine Neuorientierung. Zur Integrierung von Theorie u. Praxis, hg. v. M. SNELL-HORNBY (1986); Göttinger Beitrr. zur internat. Übersetzungsforschung, hg. v. B. SCHULTZE, auf mehrere Bde. ber. (1987ff.); C. NORD: Textanalyse u. Übersetzen. Theoret.

Grundl., Methode u. didakt. Anwendung einer übersetzungsrelevanten Textanalyse (1988); D. SELESKOVITCH: Der Konferenzdolmetscher (a. d. Frz., 1988); Übersetzer u. Dolmetscher. Theoret. Grundlagen, Ausbildung, Berufspraxis, hg. v. V. KAPP (^{3}1991); W. KOLLER: Einf. in die Ü.-Wiss. (^{4}1992); R. STOLZE: Hermeneut. Übersetzen (1992); H. J. VERMEER: Skizzen zu einer Gesch. der Translation, 2 Bde. (1992); K. REISS: Texttyp u. Übersetzungsmethode. Der operative Text (^{3}1993). – *Zeitschriften:* Lebende Sprachen. Ztschr. für fremde Sprachen in Wiss. u. Praxis (1956 ff.); Actes des assises de la traduction littéraire (Arles 1985 ff.).

Übersetzungsverhältnis, *Elektrotechnik:* Verhältnis von der Primär- zur Sekundärspannung eines →Transformators im Leerlauf.

Übersichtigkeit, Hyper|op|ie, Hypermetropie, Fehlsichtigkeit (Ametropie), bei der der Schnittpunkt annähernd parallel von entfernten Gegenständen in das Auge fallender Strahlen hinter der Netzhaut liegt, wodurch auf der Netzhaut ein unscharfes Bild entsteht; Ursache ist meist ein im Verhältnis zur Brechkraft zu kurzer Augapfel (Achsenhyperopie), seltener ein Brechungsfehler durch Linsenveränderungen (Katarakt) oder -verletzungen, auch durch Abflachung der Hornhaut (Brechungshyperopie).

Aufgrund der bis zu einem gewissen Grad der Ü. mögl. und spontan eintretenden Kompensation durch Akkommodation bereits bei Fernsicht wird die Ü. häufig erst spät bemerkt, wenn mit zunehmendem Alter die Akkommodation abnimmt. Aufgrund des mit der Akkommodation verknüpften Konvergenzimpulses besteht eine Neigung zum Einwärtsschielen, durch Überanstrengung des Ziliarmuskels kann Sehschwäche (Asthenopie) auftreten. Die manifeste Ü. wird durch Brillen mit Plusgläsern oder entsprechende Kontaktlinsen ausgeglichen. Bei der latenten Ü. (bes. bei jungen Menschen) besteht eine anhaltende ausgleichende Akkommodation, wodurch eine Korrektur nicht möglich ist. Diese Form der Ü. bildet sich im Verlauf der Alterssichtigkeit zurück.

Übersiedler, Bez. für Deutsche, die aus der DDR bzw. Berlin (Ost) in die Bundesrepublik umgesiedelt sind und das Aufnahmeverfahren nach dem Aufnahme-Ges. durchlaufen haben. Den Ü. konnte (wie auch Aussiedlern) ein vorläufiger Wohnort zugewiesen werden, sofern sie über keinen eigenen Wohnraum verfügten und auf öffentl. Hilfe zur Unterbringung angewiesen waren (§ 2 Ges. über die Festlegung eines vorläufigen Wohnorts für Aussiedler und Ü. vom 6. 7. 1989). Das Aufnahmeverfahren (Notaufnahme) wurde ebenso wie z. B. das Eingliederungsgeld mit dem In-Kraft-Treten der Währungs-, Wirtschafts- und Sozialunion am 1. 7. 1990 abgeschafft. 1950–89 betrug die Zahl der Ü. 3,518 Mio. Davon hatten 88 % keine Genehmigung der DDR zur Übersiedlung; bis zum Bau der Berliner Mauer (13. 8. 1961) wurden 2,558 Mio. Ü. registriert.

Aussiedler u. Ü. – Zahlenmäßige Entwicklung u. Struktur, in: Wirtschaft u. Statistik, hg. vom Statist. Bundesamt (1989), H. 9.

Übersinnliches, das jenseits der Sinnenwelt Liegende oder über die Sinnenwelt Hinausgreifende, die Sinne jedoch anregend und damit verstehbar, im Unterschied zum ›Außersinnlichen‹ (→außersinnliche Wahrnehmung). – Nach I. KANT wird das Ü. nie Gegenstand der Erkenntnis; dem Ü. wird vielfach die metaphys. Erfahrung zugeordnet. (→Transzendenz)

Überspannung, 1) *Elektrochemie:* die Differenz zw. dem Elektrodenpotenzial bei Stromfluss und dem nach der →nernstschen Gleichung berechneten Gleichgewichtspotenzial, das für den stromlosen Zustand gilt. Die Größe der Ü. hängt von der Stromdichte und der Art der Elektrodenoberfläche ab und kommt durch kinet. Hemmungen einzelner Teilschritte der Elektrodenreaktionen und Veränderungen der Elektrolytkonzentration an den Elektroden gegenüber den Gleichgewichtskonzentrationen ohne Stromfluss zustande. Sie ist von großer prakt. Bedeutung, z. B. bei der Chloralkalielektrolyse. Erscheinung und Zahlenwert der Ü. werden oft ungenau als (elektrochem.) →Polarisation bezeichnet.

2) *Elektrotechnik:* in elektr. Netzen z. B. als Folge von Schaltvorgängen, Erdschlüssen, Resonanzerscheinungen oder atmosphär. Einwirkungen (v. a. Blitzschlag) kurzzeitig auftretende Spannung, die die Isolation elektr. Geräte und Anlagen weit höher beansprucht als die →Betriebsspannung. Als Ü.-Schutz dienen Funkenstrecken, Rohrableiter (Löschrohre), Kathodenfallableiter, spannungsabhängige Widerstände und zur Abflachung der Wellenstirn Überspannungsschutzkondensatoren. (→Hörnerableiter)

Überspezialisierungen, atelische Bildungen, *Biologie:* Bez. für extrem ausgebildete Strukturen, deren funktionelle Bedeutung für den Organismus unklar ist, die z. T. sogar die Anpassungsfähigkeit an Umweltänderungen einschränken (z. B. das über 3 m spannende Geweih des ausgestorbenen Riesenhirschs); in neueren Erklärungsversuchen werden solche Ü. als Folge intrasexueller Selektion gesehen, indem sie z. B. beim Balzverhalten oder Drohverhalten als ›übernormale‹ Reize wirken und so stärkere Reaktionen hervorrufen.

Überspielen, Aufnehmen von Funksendungen auf Ton- und Bildträger oder Übertragen eines auf Ton- oder Bildträger festgehaltenen Werkes auf einen anderen Ton- oder Bildträger. Urheberrechtlich fällt das Ü. in Bezug auf das überspielte Werk unter das →Vervielfältigungsrecht. Es steht also allein dem Urheber oder einer Person zu, der der Urheber ein entsprechendes →Nutzungsrecht eingeräumt hat (§§ 15, 31 Urheberrechts-Ges.). Wenn das Ü. allerdings zum privaten und sonstigen eigenen Gebrauch erfolgt, ist es auch ohne Genehmigung des Urhebers zulässig, jedoch vergütungspflichtig (§§ 53, 54 Urheberrechts-Ges.). Die Vergütung haben die Hersteller von Geräten und Bild- oder Tonträgern durch eine Abgabe an eine →Verwertungsgesellschaft zu leisten. (→Geräteabgabe)

Auch die interne Programmübermittlung von einem Sender zum anderen für (spätere) Wiederausstrahlung wird als Überspielung bezeichnet.

Übersprechen, unerwünschte gegenseitige Beeinflussung von benachbarten Informationskanälen, bei der die Signale eines Kanals (z. B. durch induktive oder kapazitive Kopplung) teilweise auf den anderen übergehen. Ü. tritt auf zw. nebeneinander verlaufenden Fernmeldeleitungen (→Nebensprechen), frequenzbenachbarten Sendern, den Einzelspuren bei mehrspuriger Schallaufzeichnung (z. B. Stereotonbandgerät und schallplatte). Ein Maß für die Ü. bei Schallträgern ist die **Übersprechdämpfung (Kanaldämpfung):** das am Ausgang des Wiedergabeverstärkers gemessene Verhältnis von einem voll ausgesteuerten Nachbarkanal gelieferten Ausgangsspannung zur Ausgangsspannung des mit einer vorgeschriebenen Aussteuerung arbeitenden gestörten Informationskanals.

Übersprunghandlung, Übersprungbewegung, Verhaltensweise bei Tieren (auch beim Menschen) im Verlauf eines Verhaltenskomplexes (Funktionskreis) ohne sinnvollen Bezug zu diesem, d. h. zur gegebenen Situation. Ü. sind meist Verhaltenselemente, die im Normalfall häufig aktiviert werden (z. B. Putzen, Nahrungsaufnahme). Sie treten v. a. auf, wenn ein →Appetenzverhalten verhindert wird, bei der Verhinderung der Endhandlung einer angeborenen Verhaltensweise durch Entfernen ihres Objektes oder auch bei gleichzeitiger Aktivierung von nicht miteinander zu vereinbarenden Motivationen. Urspr. wurde angenommen, dass eine Ü. durch das ›Überfließen‹ gestauter Triebenergie zustande kommt und nicht aufgrund eines eigenen zugrunde liegenden Triebes. Neueren Theorien zufolge entstehen Ü. beim Vorliegen zweier konkurrierender Verhaltenstendenzen, die sich gegenseitig hemmen und dadurch einer dritten Verhaltenstendenz ermöglichen aufzutreten **(Enthemmungskonzept).**

über Stag gehen, beim Segeln Bez. für das Wenden des Bootes.

Übersteuern, *Kraftfahrzeug:* →Eigenlenkverhalten.

Übersteuerung, *Elektronik:* das Ansteuern eines Verstärkers (auch eines Regelkreisglieds) mit einem Wert einer Steuergröße, der oberhalb der Grenze der zulässigen Werte liegt. Die Ü. führt zu einem vom Sollverhalten abweichenden Verhalten des Verstärkers, insbesondere zu einer Verzerrung der Ausgangssignale (›Klirren‹, →Klirrfaktor).

Überstrom, elektr. Strom, der den größten dauernd zulässigen Strom infolge von Erd- oder Kurzschlüssen bzw. Überlastung überschreitet. Ü. gefährdet die Isolierung elektr. Maschinen und Geräte durch Wärmeentwicklung. Schutz vor Ü. bieten elektr. Einrichtungen, die den Stromkreis beim Auftreten von Ü. selbsttätig abschalten, z. B. Schmelzsicherungen, Leistungsschalter, Motorschutzschalter, Sicherungsautomaten, Ü.-Relais, (Bimetall- oder Magnet-)Auslöser (→Sicherung, →Schalter).

Überstruktur, 1) *Halbleiterphysik:* →Supergitter.
2) *Kristallographie:* Struktur von Festkörpern, v. a. Legierungen, bei der bestimmte äquivalente Gitterplätze in regelmäßiger Weise von einer Komponente (Atomsorte) besetzt sind. Ü. können aus gewöhnl. →Mischkristallen durch Tempern entstehen. Auch Gitterleerstellen können eine Ü. bilden. Beim Übergang vom Mischkristall (›ungeordnet‹) zur Ü. (›geordnet‹) verändern sich die physikal. Eigenschaften beträchtlich. Ü. haben meist höhere Härten, Elastizitätsgrenzen und elektr. Leitfähigkeiten und sind wegen geringerer Gittersymmetrie röntgenographisch anhand zusätzl. Ü.-Linien erkennbar. Künstlich gezüchtete Ü. werden meist als →Supergitter bezeichnet.

Überstunden, im Unterschied zur →Mehrarbeit die über die tarifl., betriebl. oder arbeitsvertragl. Arbeitszeit hinaus geleistete Arbeit. Für die Überschreitung der tarifl. Arbeitszeit sind in den Tarifverträgen zumeist Zuschläge vorgesehen. Regelmäßig ergibt sich im Wege der Auslegung der Betriebsvereinbarungen oder der Arbeitsverträge, dass diese gleichfalls im Falle der Ableitung von Ü. bezahlt werden sollen. Im Rahmen der Flexibilisierung der Arbeitszeit werden Jahresarbeitszeitregelungen geschaffen, nach denen der Arbeitgeber im Jahresdurchschnitt die tarifl. Wochenarbeitszeit arbeiten lassen kann. In Zeiten schwacher Auftragslage kann er – mit Zustimmung des Betriebsrates – die Arbeitszeit vermindern, in Zeiten starker Auftragslage die Arbeitszeit verlängern. Bei derartigen Regelungen verliert der Arbeitnehmer die Ü.-Zuschläge. Er erhält stets seinen Arbeitsverdienst entsprechend der durchschnittl. Arbeitszeit. Diese Regelungen bedeuten im Ergebnis eine wechselseitige Kreditierung von Zeitguthaben und Zeitdefiziten. Dies konnte zu sozialsicherungsrechtl. Schwierigkeiten führen, wenn der Arbeitgeber bei einem hohen Zeitplus des Arbeitnehmers insolvent wurde. Insoweit bestand keine Sicherung durch das →Konkursausfallgeld (ab 1. 1. 1999 Insolvenzausfallgeld), wenn das Zeitplus früher als drei Monate vor dem Eintritt der Insolvenz aufgelaufen ist. Durch das Ges. zur sozialrechtl. Absicherung flexibler Arbeitszeitregelungen vom 6. 4. 1998 wurden die Arbeitnehmer mit Jahresarbeitszeitverträgen abgesichert.

Übersummativität, *Gestaltpsychologie:* →Summativität.

übertakelt, *Segeln:* bezeichnet die Führung einer im Verhältnis zur Schiffsgröße zu großen Segelfläche.

übertarifliche Zulage, vom Arbeitgeber häufig neben dem Tariflohn und Leistungszulagen gewährtes Entgelt, das regelmäßig freiwillig und ohne Rechtsanspruch erbracht wird. Bei Tariflohnerhöhungen werden die ü. Z. durch die Erhöhung aufgesogen, sofern individualvertraglich nichts anderes vereinbart ist. Dies lässt sich auch durch tarifl. Effektivklauseln, wonach die Tariflohnerhöhung zu dem bisherigen effektiven, durch Arbeitsvertrag festgesetzten Lohn hinzugezahlt werden muss, nicht verhindern. Dagegen wird die Leistungszulage auf die Tariflohnerhöhung aufgestockt. Die ü. Z. gehören zur betriebl. Lohngestaltung (§ 87 Abs. 1 Nr. 10 Betriebsverfassungs-Ges.). Der Betriebsrat hat wegen der Anrechnung der ü. Z. ein erzwingbares Mitbestimmungsrecht, wenn sich die Verteilungsgerechtigkeit zw. den einzelnen Arbeitnehmern ändert. Das Mitbestimmungsrecht entfällt, wenn der Arbeitgeber die gesamte Erhöhung anrechnet oder sich das Verhältnis der verbleibenden Zulagen zueinander nicht verändert.

Übertiefung, *Geowissenschaften:* →glaziale Übertiefung.

Übertrag, *Buchführung:* der Vortrag der Seitensummen eines Kontos u. Ä. auf die folgende Seite.

Übertragbarkeit, *Recht:* die Möglichkeit, eine Forderung (→Abtretung), ein anderes Recht (z. B. Eigentum) oder eine Verpflichtung (z. B. bei der Schuldübernahme) auf eine andere Person zu übertragen. Von der Ü. ausgenommen sind die höchstpersönl. Rechte, z. B. der Nießbrauch.

Übertrager, *Elektronik:* Bauelement für die Übertragung von Frequenzbändern bei galvan. Trennung und für die Leistungsanpassung (Impedanzwandlung). Ü. gleichen in Aufbau und Wirkungsweise →Transformatoren, müssen jedoch, anders als diese, oftmals in einem großen Frequenzbereich die erforderl. Eigenschaften aufweisen. Als Materialien für Kerne von Ü. werden wegen der geringen Wirbelstromverluste bei hohen Frequenzen und der Einfachheit der Montage nahezu ausschließlich →Ferrite verwendet. Kenndaten eines Ü. sind: primäre Leerlaufinduktivität L_1 (Hauptinduktivität), Übersetzungsverhältnis $ü = n_1/n_2 = \sqrt{L_1 L_2}$ und Streugrad $\sigma = 1 - M^2/L_1 L_2$ (n_1, n_2 primäre bzw. sekundäre Windungszahl, M Gegeninduktivität, L_2 sekundäre Leerlaufinduktivität). Beim streuungsfreien Ü. ist $\sigma = 0$. Nimmt man darüber hinaus auch $L_1 \to \infty$ an, unter Konstanthaltung von $L_1/L_2 = ü^2$, so erhält man den idealen Ü.; dieser übersetzt eine ausgangsseitig angebrachte Impedanz Z_2 mit $Z_1 = ü^2 Z_2$ an die Eingangsklemmen. (→Vierpol)

Überträgerstoffe, Überträgersubstanzen, die →Neurotransmitter.

Übertragung, 1) *Geburtshilfe:* Überschreitung des Geburtstermins; Ü. wurde früher angenommen, wenn der rechner. Geburtstermin um 7 Tage und mehr überschritten war. Inzwischen werden zwei Formen der Ü. unterschieden. Eine **absolute** oder **echte** Ü. liegt vor, wenn die Geburtsterminbestimmung um 14 Tage überschritten ist.
Bei der **relativen** Ü. besteht eine im Hinblick auf die Schwangerschaftsdauer vorzeitige Plazentainsuffizienz (→Mutterkuchen). Bei beiden Ü.-Formen ist eine intensive fetale Überwachung erforderlich. Bei Gefährdungshinweisen muss die Geburt künstlich eingeleitet werden.
2) *Psychologie:* 1) der Einfluss zurückliegender Eindrücke auf gegenwärtige Denk-, Lern- oder Wahrnehmungsleistungen (→Generalisierung, →Transfer); 2) zentraler Begriff der →Psychoanalyse; bezeichnet die Projektion frühkindl., latent weiterbestehender Wunsch-, Erwartungs-, Liebes- oder Ablehnungseinstellungen des Patienten in der psychoanalyt. Behandlung auf den Analytiker (z. B. in Form von Abwehr,

Verliebtheit, Idealisierung der Person). Bereits J. BREUER und S. FREUD erkannten, dass es sich hierbei nicht um beliebige positive oder negative Reaktionen, sondern um mit der zu behandelnden Neurose eng verflochtene Verhaltensmuster handelt, wobei aber in die Behandlungssituation auch Ü. oder reaktive Gegenübertragungen des Analytikers, d. h. dessen eigene Widerstände und Konflikte, einwirken können. Das Erkennen und Aufarbeiten der Ü.-Phänomene bilden heute das Kernstück der psychoanalyt. Behandlung, insofern auf diesem Wege zugleich die unbewusste (ödipale oder präödipale) Konfliktursache der psych. Störung reaktiviert werden kann und damit einer Veränderung zugänglich ist. Als Voraussetzung für eine Behandlung wird die Bereitschaft des Patienten zu einer gemäßigt positiven Beziehung zum Analytiker im Sinne einer ›therapeut. Allianz‹ angesehen.

3) *Technik:* →Datenübertragung, →Nachrichtenübertragung.

4) *Wirtschaft:* →Transfer, →Vermögensübertragung.

Übertragungsbereich, *Nachrichtentechnik:* der Frequenzbereich, in dem eine Nachrichtenübertragung erfolgt. Der Ü. wird durch definierte Eckfrequenzen (bei Fernsprechkanälen z. B. 300 Hz und 3400 Hz) begrenzt, an denen die Dämpfung einen vorgegebenen Wert erreicht. Bei Rundfunkempfängern, elektroakust. Wandlern u. a. wird auch der Frequenzbereich, in dem die Tonfrequenzen in der Lautstärke gegenüber anderen Frequenzen weder merklich angehoben noch abgesenkt sind, als Ü. bezeichnet.

Übertragungsbilanz, 1) *Außenwirtschaft:* **Bilanz der unentgeltlichen Leistungen, Schenkungsbilanz, Transfer|bilanz,** Teilbilanz der →Zahlungsbilanz, umfasst die Bilanz der laufenden Übertragungen und die Vermögensbilanz. In der Ü. werden private oder öffentl. unentgeltl. Leistungen, d. h. finanzielle oder reale Leistungen ohne Gegenleistungen (Transfers) an das bzw. vom Ausland gebucht. Während in der Bilanz der laufenden Übertragungen die Transfers erfasst werden, die vom Leistungsempfänger als laufende Einkommen betrachtet werden, gelten als Vermögensübertragungen jene Transfers, die als einmalig und somit vermögensverändernd anzusehen sind. Zu den laufenden Übertragungen zählen v. a. Überweisungen der in Dtl. tätigen ausländ. Arbeitnehmer in ihre Heimatländer, über die Grenzen geleistete oder empfangene Unterstützungszahlungen, Renten und Pensionen, Zahlungen im Rahmen der Entwicklungs- und Militärhilfe, Wiedergutmachungsleistungen sowie Leistungen des Staates an internat. Organisationen (z. B. EG, UNO). Zu den Vermögensübertragungen zählen z. B. Schuldenerlasse, Erbschaften, Schenkungen, Erbschafts- und Schenkungssteuern, bestimmte Investitionszuschüsse (z. B. Leistungen aus den Europ. Strukturfonds) sowie Vermögensmitnahmen von Aus- bzw. Einwanderern.

2) *Handels-* und *Steuerrecht:* Sonderbilanz (i. d. R. Schlussbilanz), die bei der →Umwandlung eines Unternehmens vom übertragenden Rechtsträger aufzustellen ist.

Übertragungsfunktion, 1) **Transferfunktion,** *Elektrotechnik* und *Schwingungslehre:* bei erzwungenen linearen Schwingungen (harmon. Oszillator) im eingeschwungenen Zustand der frequenzabhängige (komplexe) Quotient aus dem →Zeiger einer Zustandsgröße und dem Zeiger der Quellenerregungsgröße; bei einer festen Frequenz wird die Ü. auch als **Übertragungsfaktor** bezeichnet.

2) *Übertragungstechnik* und *Vierpoltheorie:* bei linearen zeitinvarianten Übertragungssystemen, Zweitoren (Vierpolen) oder Übertragungsgliedern im eingeschwungenen Zustand allg. der, meist frequenzabhängige, (komplexe) Quotient T einer komplexen Ausgangsgröße S_2 durch eine komplexe Eingangsgröße S_1, also $T = S_2/S_1$; bei Frequenzunabhängigkeit oder fester Frequenz wird T auch als **Übertragungsfaktor** bezeichnet. Der Kehrwert D von T heißt **Dämpfungsfunktion** oder **Dämpfungsfaktor.** I. e. S. ist die Ü. der Quotient $F(s) = V(s)/U(s)$ der Laplace-Transformierten $V(s)$ der (zeitabhängigen) Ausgangsfunktion $v(t)$ durch die Laplace-Transformierte $U(s)$ der Eingangsfunktion $u(t)$; dabei ist $s = \sigma + j\omega$ die komplexe Frequenz (σ Wuchsmaß, ω Kreisfrequenz, $j = \sqrt{-1}$) und t die Zeit. $F(s)$ ist gleich der Laplace-Transformierten der Gewichtsfunktion (Impulsantwort), d. h. der Systemantwort auf einen Einheitsimpuls (→Testfunktion) als Eingangsfunktion $u(t)$, weil die Laplace-Transformierte des Einheitsimpulses gleich eins ist. Die Ü. in diesem Sinn ist bes. geeignet zur Untersuchung von Regelkreisen und Übertragungssystemen. Der →Frequenzgang ist ihr Sonderfall für $\sigma = 0$, d. h., $s = j\omega$. (→optische Übertragungsfunktion)

Übertragungsgeschwindigkeit, *Datenübertragung:* die Anzahl der durch →Signale je Zeiteinheit übertragenen Binärentscheidungen (angegeben in bit/s), d. h. das Produkt aus der Schrittgeschwindigkeit v_S (→Schritt) der Signalübertragung und dem in einem Schritt enthaltenen Gehalt E_S an Binärentscheidungen: $v_Ü = v_S E_S$. Dabei ist die Bedeutung der Signale gleichgültig (z. B. Nutzinformation, Daten, Steuerzeichen, Sicherungszeichen). Dagegen wird mit der (mittleren) **Transfergeschwindigkeit** v_T der je Zeiteinheit im Mittel übertragene Informationsgehalt (→Information) an Nutzinformation angegeben: $v_T = v_S I_S$; dabei ist I_S der mittlere Informationsgehalt je Schritt. Da normalerweise $I_S < E_S$ gilt, ist die Transfergeschwindigkeit i. d. R. kleiner als die Ü. – Bei einem Signal, dessen Signalparameter n versch. Wertebereiche (Kennzustände) zugeordnet sind, von denen jeder mit der gleichen Wahrscheinlichkeit $1/n$ eingenommen werden kann, ist $E_S = \mathrm{ld}\, n$ bit; für $n = 2$ (Binärsignale) ist $\mathrm{ld}\, n = 1$ und die Ü. gleich der Schrittgeschwindigkeit (ld bezeichnet den Logarithmus dualis).

Übertragungsglied, mathemat. Modellierung oder Idealisierung (kybernet. System) eines realen techn. Systems, dargestellt als Funktionsblock mit mindestens einer Eingangs- und einer Ausgangsgröße (ein- oder mehrdimensionale Ü.). Ü. sind rückwirkungsfrei, d. h., ihre Ausgangsgrößen haben keinen Einfluss auf die Eingangsgrößen; eine Rückwirkung ist nur über eine →Rückkopplung möglich. Wirkungsweg und -richtung werden im Blockschaltbild (Signalflussplan) durch mit Pfeilen versehene Linien dargestellt. Ü. können linear oder nichtlinear sein (z. B. Multiplizierer, Dividierer, Kennliniengleid, Betragsbildner); sie werden als zeitinvariant bezeichnet, wenn ihr Übertragungsverhalten nicht vom Zeitpunkt der Signaleingabe abhängt. Das dynam. Verhalten linearer zeitinvarianter Ü. wird durch lineare Differenzialgleichungen mit konstanten Koeffizienten beschrieben. Solche Ü. lassen sich allg. durch Verknüpfungen elementarer Ü. (linearer Grundglieder) darstellen. Zu diesen gehören: proportionales, integrierendes und differenzierendes Ü. (P-, I- und D-Glied), Totzeit-, Nachgebe- und Verzögerungsglied 1. und 2. Ordnung. Allg. kann zur Charakterisierung eines Ü. die Systemantwort oder die Übertragungsfunktion herangezogen werden. Zur näheren Kennzeichnung wird in den Funktionsblock für ein Ü. u. a. seine Benennung oder ein sein Verhalten beschreibender mathemat. Ausdruck geschrieben oder eine graf. Darstellung seiner Systemantwort gezeichnet.

Übertragungskanal, die Einrichtungen (z. B. Leitungen) und/oder Medien (z. B. die Atmosphäre), die Informationen bzw. Signale von einem Sender zu einem Empfänger transportieren.

Übertragungsmaß, 1) *Akustik:* bei elektroakust. Wandlern (Schallstrahler und -aufnehmer) das logarithmierte Verhältnis (→Maß) eines Übertragungsfaktors zu einem gleichartigen, ggf. anzugebenden Bezugsübertragungsfaktor. Dabei ist der **Übertragungsfaktor** beim elektroakust. Schallstrahler der Quotient aus einer an einer anzugebenden Stelle erzeugten Schallfeldgröße (z. B. Schalldruck) und einer sie erzeugenden elektr. Feldgröße (z. B. Spannung); beim elektroakust. Schallaufnehmer ist er umgekehrt der Quotient aus einer von diesem erzeugten elektr. Feldgröße und einer Schallfeldgröße an einer anzugebenden Stelle.
2) *Übertragungstechnik* und *Vierpoltheorie:* bei zwei gleichartigen Größen S_1 und S_2, von denen die Leistung quadratisch abhängt, der negative Logarithmus der →Übertragungsfunktion (bzw. des Übertragungsfaktors) $T = S_2/S_1$, wobei der natürl. (ln) oder der dekad. (lg) Logarithmus verwendet werden kann (→Maß). Bei Verwendung des natürl. Logarithmus ist das **komplexe Ü.** $\ln T \equiv -g = -(a+jb)$, mit $-a = \ln|T|$ und $-b = \text{arc}T$, da $T \equiv |T| \exp(j \text{arc} T)$ gilt ($j = \sqrt{-1}$). Der Realteil $-a$ heißt Ü., der Imaginärteil $-b$ (hinter den das Einheitenzeichen rad gesetzt werden kann) **Phasenmaß** oder **Übertragungswinkel.** Bei Verwendung des natürl. Logarithmus kann dem Ü. *a* das Kurzzeichen Np hinzugefügt werden, bei Verwendung des 10fachen dekad. Logarithmus des Quadrats der Übertragungsfunktion muss das Kurzzeichen dB ergänzt werden. Entsprechende Bez. gelten für das **Dämpfungsmaß,** wobei an die Stelle der Übertragungsfunktion die Dämpfungsfunktion D (bzw. der Dämpfungsfaktor) tritt: $g = a + jb = \ln D$. Bei Leitungen wird statt Ü. auch die Bez. Fortpflanzungsmaß verwendet. Wenn dieses auf 1 km Leitungslänge bezogen wird, heißt es Fortpflanzungs- oder Ausbreitungskonstante; dementsprechend sind die Bez. Dämpfungskonstante und Phasen- oder Winkelkonstante üblich. In allen diesen Bez. kann statt ›-konstante‹ auch ›-belag‹ oder ›-koeffizient‹ verwendet werden.

Übertragungsnetz, *elektr. Energieerzeugung:* →Stromverbund.

Übertragungsprozedur, →Datenübertragung.

Übertragungssystem, Gesamtheit der Einrichtungen und Medien, die bei der Übertragung von Nachrichten (Informationen, Daten) bzw. deren physikal. Repräsentationen, den Signalen, von der Quelle bis zur Senke beteiligt sind. Dazu gehören Wandler, Sender, Empfänger und der Übertragungskanal. (→Datenübertragung, →optische Übertragungssysteme)

Übertragungstechnik, die Technik der Übertragungssysteme; häufig als Bez. für →Nachrichtentechnik verwendet.

Übertretung, *Strafrecht:* früher in der BRD Bez. für Straftaten, die mit Haft bis zu sechs Wochen und mit Geldstrafe bis zu 500 DM bedroht waren. Die Deliktkategorie der Ü. wurde mit Wirkung vom 1. 1. 1975 abgeschafft, die Tatbestände wurden meist in →Ordnungswidrigkeiten umgewandelt. – Auch das *österr.* Recht kennt Ü. nur noch als Ordnungswidrigkeiten. Nach *schweizer.* Recht sind Ü. die mit Haft (bis drei Monate) oder Buße (bis 5 000 sfr) bedrohten strafbaren Handlungen geringeren Gewichts, deren Beurteilung auch einer Verwaltungsbehörde übertragen werden kann (Art. 101 ff., 345 Nr. 1 StGB).

über- und außerplanmäßige Ausgaben, *Finanzwissenschaft:* Ausgaben, die im Haushaltsplan nach Zweck und Höhe gekennzeichnete Ausgabenermächtigung überschreiten **(überplanmäßige Ausgaben)** oder für die im Haushaltsplan überhaupt keine Ausgabenermächtigung für den vorgesehenen Zweck enthalten ist **(außerplanmäßige Ausgaben).** Sie bedürfen der Einwilligung des Bundes-Min. der Finanzen (→Notermächtigungsrecht) und stellen keine Ausgaben eines Eventualbudgets dar.

Überversicherung, Bez. dafür, dass die Versicherungssumme höher als der Versicherungswert eines Objektes ist. Im Schadensfall braucht der Versicherer nur bis zur Höhe des Versicherungswertes zu leisten (§§ 51, 50 Versicherungsvertragsgesetz).

Übervölkerung, 1) *Bevölkerungswissenschaft:* Missverhältnis zw. den sozialökonom. Existenzmöglichkeiten in einem Gebiet und seiner Bev. (ökonom. Tragfähigkeitslehre; →Tragfähigkeit). I. Allg. wird dieses Verhältnis auf einen bestimmten Lebensstandard bezogen, verglichen mit einem anderen Gebiet oder einem anderen Zeitpunkt (bzw. Zeitabschnitt) des gleichen Gebietes.
2) *Zoologie:* abnorm hohe Individuenzahl im Territorium einer Tierart aufgrund einer Massenvermehrung, sodass das ökolog. Gleichgewicht erheblich gestört ist. Der eingeengte Lebensraum versetzt die einzelnen Tiere in einen permanenten phys. und psych. Erregungszustand, der sich schädlich auswirkt (z. B. Abnahme des Körpergewichts, bis zum Kannibalismus ausartende Aggressionshandlungen) und eine Massenabwanderung der Tiere auslösen kann (→Tierwanderung).

Überwacher, *Informatik:* Programme zum Protokollieren (→Protokoll) von Programmläufen, bes. beim Testen komplexer Programme und bei der Fehlersuche. Prinzipiell zeichnen Ü. alle durchlaufenen Befehle eines Programms auf (→Trace), wobei aus dem jeweiligen Protokoll für jeden Befehl z. Z. seiner Ausführung auch der Stand des Befehlszählers, die Inhalte aller Register und diejenigen bestimmter relevanter Speicherzellen zu ersehen sind. Speziell für die Fehlersuche bestimmte Ü. werden auch als →Debugger bezeichnet.

Überwachung, 1) *Recht:* fortgesetzte Überprüfung von Personen, Sachen und Vorgängen zum Schutz Einzelner und der Allgemeinheit. Eine Ü. durch die zuständigen Behörden ist gesetzlich in zahlr. Fällen vorgesehen, z. B. für den Verkehr mit Kriegswaffen, Sprengstoffen, Arzneimitteln, hinsichtlich der Belastung der Umwelt durch Lärm und Schadstoffe. Von besonderer Bedeutung ist die **technische Ü.** der in § 2 a Gerätesicherheits-Ges. (und vielen weiteren VO) aufgezählten überwachungsbedürftigen Anlagen (Dampfkessel, Gashochdruckleitungen, Aufzüge, elektr. Anlagen in bes. gefährdeten Räumen, medizinisch-techn. Geräte u.a.). Prüfungen haben bei Inbetriebnahme und dann in regelmäßigen Abständen stattzufinden. Vorschriften zur Ü. von Abfällen enthalten die §§ 40 ff. Kreislaufwirtschafts- und Abfall-Ges. sowie dazu erlassene VO (→Sonderabfall). Zur Ü. sind versch. Nachweisverfahren über Verbleib, Verwertung und Beseitigung von Abfällen, Genehmigungen für Transporte und für Vermittlungsgeschäfte vorgesehen. Die Ü. von Kfz obliegt u. a. →Technischen Überwachungs-Vereinen (§ 29 Straßenverkehrs-Zulassungs-Ordnung). Ferner gibt es Großunternehmen, die ihre Anlagen selbst prüfen (›Eigenüberwacher‹).
2) *Technik:* während des Betriebes einer (automatisierten) Anlage hinsichtlich der Einhaltung von Grenzparametern vorgenommene Prüfung. Diese sowie das eventuell (bei Überschreiten der Grenzwerte) notwendige Eingreifen in den Betriebsablauf (z. B. Abschalten, Einschalten der Ersatzanlage, Drosseln des Ausstoßes) kann unter Einbeziehung des Menschen (z. B. über Melde-, Registriereinrichtungen) oder automatisch erfolgen (mittels BMSR-Technik).

überwachungsbedürftige Abfälle, besonders ü. A., →Sonderabfall.

Überwallung, Wundverschluss bei Holzgewächsen durch Gewebewucherung (→Kallus) aus dem Wundrand.

Überwälzung, *Finanzwissenschaft:* →Steuerüberwälzung.

Überwärmungsbad, Schlenzbad, *physikalische Therapie:* Vollbad, dessen Anfangstemperatur von 36°C durch Zulauf heißen Wassers langsam gesteigert wird. Es führt zu verstärkter Hautdurchblutung und Erhöhung der Körpertemperatur des Badenden. Ü. können den Kreislauf stark belasten und sollen nur stationär verabreicht werden. Der Kranke muss nach Beendigung des Bades aus der Wanne gehoben und in eine auf einem Ruhesofa vorbereitete Packung für zwei bis drei Stunden eingehüllt werden. Dann wird kalt nachgewaschen und weiter Ruhe eingehalten. Angewendet werden Ü. als Kur von acht bis zehn Bädern in dreitägigen Abständen bei Nervenkrankheiten und chron. rheumat. Erkrankungen.

Überweg, höhengleiche Kreuzung eines Fußwegs mit einem anderen Verkehrsweg, meist einer Straße (Zebrastreifen), aber auch mit Bahngleisen; häufig durch besondere Einrichtungen (Lichtzeichenanlagen, Schranken, Verkehrsinseln) gesichert.

Überweisung, 1) *Bankwesen:* bargeldlose Zahlung durch Umbuchung eines Betrages vom Konto des Zahlenden auf das Konto des Zahlungsempfängers aufgrund eines Ü.-Auftrags. Der Ü.-Auftrag ist rechtlich ein Geschäftsbesorgungsvertrag eines Kontoinhabers mit einem Kreditinstitut, wodurch dieses verpflichtet wird, zulasten des Girokontos des Kontoinhabers einen bestimmten Betrag dem Konto des Zahlungsempfängers gutzuschreiben. Die Gutschrift des Ü.-Betrages ist rechtlich und wirtschaftlich der Barzahlung gleichgestellt. Der bargeldlose Zahlungsverkehr mittels genormter Ü.-Vordrucke (**Ü.-Verkehr**) zählt zum Giroverkehr.

2) *Zwangsvollstreckungsrecht:* →Pfändung.

Überwinterung, Hibernation, die Fähigkeit von Pflanzen und Tieren, durch entsprechende Anpassungsleistungen ungünstige tiefe Temperaturen zu überdauern. Bei *Pflanzen* ist aktive Ü. auf unterschiedl. Weise mögl. Stauden werfen ihre oberird. Pflanzenteile im Herbst ab, während ihre unterird. Speicherorgane den Winter im Boden geschützt verbringen. Einjährige Pflanzen überdauern mit ihren Samen und Früchten, Laubgehölze werfen im Herbst ihr Laub ab und verhindern so ihr Erfrieren. Immergrüne Gehölze erhöhen ihre Frostresistenz durch Einlagerung von Zucker. Zur passiven Ü. zählen Maßnahmen des Menschen, wie z. B. das Abdecken kälteempfindl. Pflanzen oder ihre Teile, auch Früchte mit Reisig oder anderem Material, das Einbringen (von Früchten) in Mieten und das Einstellen v. a. subtrop. Zierpflanzen (z. B. Lorbeer, Myrte, Oleander) während der Vegetationsruhe in einem Ü.-**Haus**, einem gut lüftbaren Gewächshaus (Kalthaus; oft nur teilweise verglast) mit Temperaturen zw. 1 und 3°C; eine bekannte Sonderform ist die →Orangerie. - *Zoologie:* Zugvögel und auch Insekten weichen der kalten Jahreszeit durch jahresperiod. Wanderungen aus. Insekten schalten in ihre Entwicklung in unterschiedl. Stadien (Ei, Larve, Puppe, Imago) Ruheperioden ein (→Diapause, →Quieszenz) und können zusätzlich Frostresistenz aufweisen (z. B. durch die Bildung von Gefrierschutzproteinen). Besondere Formen der Ü. sind der →Winterschlaf und die →Winterruhe mancher Säugetiere. Einige homöotherme Tiere (z. B. Kolibris) reagieren auf tiefe Temperaturen mit →Torpor, poikilotherme Tiere der gemäßigten und kalten Zonen können in eine →Winterstarre fallen.

Überzeichnung, *Börsenwesen:* Bez. für eine Wertpapieremission, bei der die Summe der gezeichneten Beträge den angebotenen Gesamtbetrag übersteigt, sodass entweder eine beschränkte Zuteilung stattfinden (→Repartierung) oder der Emissionsbetrag entsprechend erhöht werden muss. Oft wird bei Ü. die Zeichnungsfrist verkürzt. - Kann der angebotene Betrag nicht vollständig platziert werden, spricht man von **Unterzeichnung.**

Überzeugungstäter, derjenige, der sich zur Begehung einer Straftat durch seine sittl., religiöse oder polit. Überzeugung für verpflichtet hält. Das dt. Strafrecht enthält keine besonderen Bestimmungen für Ü., doch ist bei der Strafzumessung ›die Gesinnung, die aus der Tat spricht‹, zu berücksichtigen (§ 46 Abs. 2 StGB).

Überziehen, 1) *Bankwesen:* die →Überziehung.
2) *Flugzeug:* **Stall** [stɔ:l, engl.], durch Ziehen des Steuerknüppels einen Flugzustand herbeiführen, bei dem der →Anstellwinkel des maximalen Auftriebsbeiwertes überschritten wird, was zum Abreißen der Strömung am Tragflügel mit plötzl. Auftriebsminderung führt. Bei gleichzeitigem Abreißen an beiden Flügelhälften sackt das Flugzeug unter Höhenverlust durch; bei einseitigem Abreißen an einer Flügelhälfte tritt →Abkippen auf. (→Überziehflugfähigkeit)

Überzieher, veraltet für Herrenmantel, v. a. im 19. Jh. unabhängig von der Mantelform verwendet.

Überziehflugfähigkeit, die Fähigkeit eines Flugzeugs, über die durch Abreißen der Strömung an einem konventionellen Flügel gegebene Überziehgrenze hinaus noch flugfähig und steuerbar zu bleiben. Dies lässt sich erreichen durch Flügelformen, die auch bei abgerissener Strömung noch Auftrieb durch kontrollierte Wirbelsysteme erzeugen (Hybridflügel), durch Einbau von Triebwerken, die einen das Fluggewicht übersteigenden und in seiner Richtung einflussbaren Schub liefern, und durch Steuer- und Stabilisierungssysteme, die auch bei abgerissener Strömung noch wirksam bleiben.

Überziehung, Überziehen, *Bankwesen:* die Kreditinanspruchnahme auf einem Bankkonto (Kontokorrentkonto), ohne dass hierfür eine entsprechende Vereinbarung mit dem Kreditinstitut vorliegen muss (**Konto-Ü.**). Der über das Guthaben hinausgehende Betrag ist ein →Überziehungskredit. Als Ü. wird von Banken meist auch die Kreditinanspruchnahme über die Kreditlinie, auch über den vereinbarten Termin hinaus bezeichnet.

Überziehungskredit, Dispositionskredit, von einer Bank formlos ohne besondere Sicherheiten eingeräumter Kredit für gelegentl. Inanspruchnahme. Die Bank lässt entweder die Überziehung eines Kontokorrentkontos (der Ü. ist insofern ein Kontokorrentkredit) oder eines vereinbarten Kreditbetrags zu oder vereinbart den Ü. widerruflich mündlich bzw. schriftlich. Der Ü. wird zwar kurzfristig gewährt, kann aber bei ordnungsgemäßer Kontoführung durch kontinuierl. Prolongation zu einem mittel- bis langfristigen Kredit werden. Die Bank berechnet i. d. R. neben den Sollzinsen besondere Überziehungszinsen und eine Überziehungsprovision. Falls der Ü. ein Konsumentenkredit ist, gelten besondere Regelungen (→Verbraucherkreditgesetz).

Überzüchtung, bei Haustieren und Nutzpflanzen die einseitige Zucht auf Leistung oder Rassenmerkmale ohne Rücksicht auf die Lebenseignung. Ü. begünstigt Krankheitsanfälligkeit und Degeneration und beeinträchtigt Fruchtbarkeit und Wohlbefinden.

Überzugspapier, Bez. für bunte, häufig geprägte, widerstandsfähige, meist holzfreie Papiersorten, die zum Überziehen der Buchdeckel von Pappbänden und der Decken von Halbleder- und Halbleinenbänden verwendet werden.

ubi bene, ibi patria [lat.], wo es mir gut geht, da ist mein Vaterland (nach CICERO, ›Gespräche in Tusculum‹, 5, 37).

Ubichinone [zu lat. ubique ›überall‹], in der Mitochondrienmembran tier. und pflanzl. Zellen vorkommende Derivate des p-Benzochinons (→Chinone), deren Moleküle neben einer Methylgruppe und zwei Methoxygruppen eine aus sechs bis zehn Isoprenresten aufgebaute Seitenkette besitzen; sie werden nach der Anzahl der in den Seitenketten enthaltenen Kohlenstoffatome als Ubichinon-30, -35 usw. bis -50 bezeichnet. Die zusammenfassend auch Coenzym Q genannten U. sind als Wasserstoffüberträger in der Atmungskette wichtig (sie gehen dabei in die entsprechenden Ubihydrochinone über). Dem Ubichinon Q 10, das auch als Vitamin Q 10 bezeichnet wird, werden membranstabilisierende, antioxidative Eigenschaften sowie eine Radikalfängerfunktion zugeschrieben.

Ubichinone

Ubier, lat. **Ubili**, german. Volksstamm, urspr. im Bereich des Mittelrheins und der unteren Lahn; von M. VIPSANIUS AGRIPPA, dem Feldherrn Kaiser AUGUSTUS', um 38 v.Chr. links des Rheins zum Schutz der röm. Grenze angesiedelt. Ihr Hauptort Oppidum Ubiorum (Ara Ubiorum) ist die Keimzelle →Kölns.

Ubiquisten [zu lat. ubique ›überall‹], *Sg.* **Ubiquist** *der, -en*, in versch. Lebensräumen ohne erkennbare Bindung auftretende Pflanzen- oder Tierarten (→Euryökie).

Ubiquität [zu lat. ubique ›überall‹], **1)** *christl. Theologie:* die Allgegenwart Gottes; in der luther. Theologie als Lehre von der (auch leibl.) Allgegenwart der menschl. Natur JESU CHRISTI die theolog. Begründung für seine →Realpräsenz im Abendmahl. Die U.-Lehre war bes. im 16. und 17. Jh. einer der wesentl. Streitpunkte zw. luther. und ref. Theologen (→Abendmahlsstreit). Eine gemeinsame Interpretation ihrer Lehrauffassungen über die Gegenwart CHRISTI im Abendmahl wurde 1957 in den →Arnoldshainer Abendmahlsthesen erreicht. Diese betonen das ›Dass‹ der personal einheitl. Präsenz CHRISTI im Abendmahl, vermeiden jedoch Aussagen über die Art und Weise dieser Gegenwart.
2) *Wirtschaft:* die Erhältlichkeit eines Gutes an jedem Ort. Der Begriff wurde in der Standorttheorie geprägt und wird heute v. a. im Marketing verwendet als Ziel der Vertriebspolitik, das als erreicht gilt, wenn ein Produkt (z. B. Markenartikel) in einem bestimmten Absatzraum möglichst überall (in jedem Einzelhandelsbetrieb) erhältlich ist.

üble Nachrede, die Verbreitung ehrenrühriger Tatsachenbehauptungen (→Beleidigung). Ein Sonderfall der ü. N. ist die wettbewerbsrechtlich verbotene **Anschwärzung** (§ 14 Ges. gegen den unlauteren Wettbewerb).

Üblhör, Üblher, Johann Georg, Stuckateur und Bildhauer, *Wessobrunn 21. 4. 1700, †Steinbach (heute zu Legau, Landkreis Unterallgäu) 27. 4. 1763; bedeutender Vertreter der →Wessobrunner Schule. Ü. arbeitete gemeinsam mit J. M. und J. A. FEUCHTMAYER an der Stuckausstattung der Kirchen in Amorbach, Dießen a. Ammersee, Ettal, Wilhering und der Residenz in Kempten.

Ubon Ratchathani, Stadt in O-Thailand, am Mun, im SO des Khoratplateaus, 132800 Ew.; Verw.-Sitz der gleichnamigen Prov.; kath. Bischofssitz; Zentrum eines Agrargebietes; Flugplatz.

U-Boot, Abk. für →Unterseeboot.

UBS AG, schweizer. Universalbank; Sitz: Basel und Zürich, entstanden 1998 durch Fusion der →Schweizerischen Bankgesellschaft und des →Schweizerischen Bankvereins.

Ubundu, früher **Ponthierville** [pɔ̃tjeˈvil], Stadt im NO der Demokrat. Rep. Kongo, am linken Ufer des Lualaba, der unterhalb von U. Stromschnellen und später die Stanleyfälle bildet. Deshalb ist U. Endpunkt der Schifffahrt auf dem Lualaba und Ausgangspunkt der Wasserfälle umgehenden Eisenbahnlinie nach Kisangani; wichtiger Umschlagplatz, daneben auch Handelszentrum seines agrar. Umlandes (Ölpalmprodukte, Reis, pflanzl. Fasern); in der Umgebung Eisenerzvorkommen.

Übung, 1) *Lernpsychologie:* jede Steigerung körperl., psych. oder intellektueller Leistungsfähigkeit durch systematisch-regelmäßige Beanspruchung und Wiederholung selbst vollzogener Handlungen; lernpsychologisch allgemein definiert als Verhaltensänderung (Konditionsverbesserung) durch zielgerichtete, variierte Probeausführungen von Verhaltensmustern, die so lange fortgeführt werden, bis sich das Ziel als quantitativer oder struktureller Leistungszuwachs einstellt.

Das Prinzip der Ü. findet sich im Bereich der Motorik (kindl. Entwicklung), der Pädagogik (Lernen), im Sport (Training) und in der Therapie (Rehabilitation, Bewegungstherapie). Bestimmte Tätigkeiten können durch Ü. automatisiert werden und laufen dann ohne bewusste Steuerung ab, wodurch die Aufmerksamkeit entlastet wird. Bei einsichtigem Lernen erhöht massierte Ü., beim Routinelernen von umfangreichem Lernmaterial und motor. Lernen durch Pausen unterbrochene, verteilte Ü. den Erfolg; auch negative Ü. (Einprägen von Fehlermöglichkeiten) wirkt förderlich; Lernbereitschaft und Motivation bestimmen Ü.-Ergebnisse erheblich mit. Im Verlauf des Ü.-Prozesses sind Ü.-Plateaus möglich, bei denen (scheinbare) Grenzen nach gewisser Zeit doch überschritten werden. (→Lernen, →Transfer)

Auch bei vielen Tieren erfordert das Erlernen bestimmter Tätigkeiten Ü.; so verfeinern Vögel durch Ü. das Landen bei ungünstigem Wind. (→Dressur)
2) *Militärwesen:* →Truppenübung.

Johann Georg Üblhör: Stuckfiguren (1745–51) in der Orgelempore der Stiftskirche in Wilhering

Übungsbehandlung, Übungstherapie, andere Bez. für →Bewegungstherapie.

Übungsfirma, Lehr- und Lernmodell in der kaufmänn. Berufsaus- und -weiterbildung. Die Ü. stellt das Modell eines Wirtschaftsbetriebs dar, dessen administrativ verwaltender Bereich mit den dort anfal-

Paolo Uccello: Reiterbild des John Hawkwood; 1436 (Florenz, Dom Santa Maria del Fiore)

lenden Tätigkeiten tatsächlich betrieben wird, wogegen die Produktion sowie der Waren- und Geldverkehr simuliert werden. Im Dt. Übungsfirmenring sind (1998) über 700 Ü. zusammengeschlossen, die ein volkswirtschaftl. Gesamtmodell bilden und den Lernenden durch konkretes Handeln unter Berücksichtigung der geltenden Rechtsnormen und Verkehrsformen entsprechende Kenntnisse vermitteln. Auf dem internat. Übungsfirmenmarkt sind mehr als 20 Länder im Übungsfirmennetz vertreten.

Übungsmittel, in Unterricht, Vorschulerziehung und Kindergarten Spiel- und Arbeitsmittel, die helfen sollen, bei Fertigkeiten, die in ihren Grundzügen beherrscht werden, Geläufigkeit zu erwerben. Zugleich fördern sie, bevor Routine eintritt, das Verstehen, unter Umständen führen sie auch erst zum Begreifen der Sache oder des Sachverhalts.

UBV-System, *Astronomie:* ein auf einer photoelektr. Dreifarbenphotometrie beruhendes Helligkeitssystem zur Untersuchung der spektralen Eigenschaften von Sternen u. a. kosm. Objekten. In ihm werden mit *U, B* und *V* photoelektrisch gemessene scheinbare →Helligkeiten in drei je etwa 100 nm breiten Wellenlängenbereichen bezeichnet, deren Schwerpunkte (zentrale Wellenlängen) bei 370 nm (**u**ltraviolett), 440 nm (**b**lau) und 550 nm (**v**isuell, d. h. gelbgrün) liegen. Diese Bereiche werden durch geeignete Kombinationen von Filtern und Photozellen definiert. Das UBV-S. ist so gewählt, dass ein Stern der Spektralklasse A0 im ultravioletten, blauen und sichtbaren Spektralbereich die gleiche scheinbare Helligkeit aufweist. Die Differenzen $B - V$ und $U - B$ bilden die →Farbenindizes des Systems.

Ubychen, Eigen-Bez. **Pech,** mit den Tscherkessen verwandter Volksstamm, ehem. am O-Ufer des Schwarzen Meeres sesshaft. Nach der russ. Eroberung 1864 wanderten die U. (etwa 30 000) geschlossen in die Türkei aus. Ihre Sprache, das **Ubychische,** gehört zu den →kaukasischen Sprachen; es findet sich in Resten in Dörfern W-Anatoliens.

Ucayali [ukaˈjali], **Río U.,** der längste der Hauptquellflüsse des Amazonas, entsteht im östl. Zentralteil von Peru aus dem Zusammenfluss von Apurímac und Urubamba; rd. 1 600 km lang; bildet nach dem Zusammenfluss (oberhalb von Iquitos) mit dem Marañón den Amazonas. Wichtigster Flusshafen und Endpunkt der Schifffahrt auf dem U. ist Pucallpa.

Uccello [utˈtʃɛllo], Paolo, eigtl. **P. di Dono,** ital. Maler, * Pratovecchio (bei Arezzo) um 1397, † Florenz 10. 12. 1475; Schüler von L. GHIBERTI; tätig in Florenz, 1425–30 in Venedig, 1445 in Padua, 1465–68 in Urbino. Sein Interesse galt der Perspektive, deren Erforschung ihn zu illusionist. Meisterleistungen wie dem ›Reiterbild des John Hawkwood‹ (1436; Florenz, Dom) befähigte; U. wandte nicht die Zentralperspektive an, sondern setzte mehrere Fluchtpunkte. In seiner v. a. auf eine mathematisch exakt ermittelte Wiedergabe von Figuren im Raum gerichteten Kunst erreichte er eine ästhet. Stilisierung, die weit von dem herkömml. Renaissancebegriff abweicht. Genaue Naturbeobachtung verbindet U. mit einer Vorliebe für geometr. Formen, fantast. Farbigkeit und Helldunkeleffekten zu einer irrealen Wirkung.

Weitere Werke: Schöpfungsgesch., Fresko (um 1430–35; Florenz, Santa Maria Novella); Gesch. Noahs, Fresko (um 1446–50; ebd.); drei Tafelbilder der Schlacht von San Romano (um 1456; Florenz, Uffizien; London, National Gallery; Paris, Louvre); Hl. Georg mit dem Drachen (um 1456; London, National Gallery; BILD →Georg, Märtyrer); Thebais (um 1460; Florenz, Galleria dell'Accademia); Nächtl. Jagd im Wald (nach 1460; Oxford, Ashmolean Museum); Legende vom Hostienwunder, Predellentafel (um 1467; Urbino, Palazzo Ducale); Glasmalereien im Dom von Florenz; Mosaiken in San Marco, Venedig.

J. POPE-HENNESSY: P. U. (London ²1969); L'opera completa di P. U., hg. v. E. FLAIANO (Mailand 1971); F. u. S. BORSI: P. U. Florenz zw. Gotik u. Renaissance (a. d. Frz., 1993); V. GEBHARDT: P. U., Die Schlacht von San Romano. Ein Bilderzyklus zum Ruhme der Medici (1995).

Uccle [ykl], niederländ. **Ukkel** [ˈykəl], Gem. im S der Region Brüssel, Belgien, 74 000 Ew.; Sternwarte, meteorolog. Institut; Gemüsebaubetriebe.

Uchaidir, Wüstenschloss, →Uhaidir.

Uchida [utʃi-], Mitsuko, jap. Pianistin, * Tokio 20. 12. 1948; ausgebildet in Tokio und an der Wiener Musikakademie; lebt seit 1972 in London. In ihrem umfangreichen Repertoire nehmen die Klavierwerke von W. A. MOZART einen bevorzugten Platz ein.

Uchimura [utʃi-], Kanzō, jap. Evangelist und Schriftsteller, * Tokio 26. 3. 1861, † ebd. 28. 3. 1930; lernte das Christentum während seines Studiums in Japan und Amerika kennen. Ab 1900 leitete er die von ihm gegründete ›Kirchenlose Bewegung‹ (Mukyōkai), freie Bibelstudienkreise, die jede kirchl. Organisation und Bindung ablehnen. Sie leistete Widerstand gegen den Nationalismus und Militarismus.

Werk: How I became a christian (1895; dt. Wie ich ein Christ wurde).

C. CALDAROLA: Christianity. The Japanese way (Leiden 1979).

Uchta, Stadt im Zentrum der Rep. Komi, Russ. Föderation, an der Uchta, die hier von der Petschorabahn überquert wird, im S des Timanrückens, 111 000 Ew.; Industriehochschule; Förderung von Erdöl und Erdgas (Timan-Petschora-Erdölbecken); Erdöl-, elektrotechn. Industrie, Maschinen-, Möbelbau. – U., 1931 als Bergbausiedlung **Tschibju** entstanden, wurde 1943 Stadt, die bis 1953 hauptsächlich durch Häftlinge des GULAG erbaut wurde.

Uchte, Flecken im Landkreis Nienburg, Ndsachs., am O-Rand des Großen Moores, 5 500 Ew.; Verw.-Sitz der Samtgemeinde U. (15 100 Ew.); Torfindustrie; Museumseisenbahn nach Rahden.

Üchtland, Gebiet in der Schweiz, →Üechtland.

Ucker, Ücker die, Zufluss zur Ostsee, →Uecker.

Uckermark, 1) **Ukermark,** glazial geformte Landschaft zw. der oberen Havel und unteren Oder, beiderseits der oberen und mittleren Uecker, in Bbg., nördl.

Ausläufer noch in Mecklenburg-Vorpommern, etwa 4000 km² groß; der N-Teil wird von Grundmoränen (durchschnittlich 30–50 m ü. M.) mit aufgesetzten Stauch- und Endmoränenbögen eingenommen; Geschiebemergelböden dienen dem Ackerbau. Die südl. U. mit der südlich anschließenden →Schorfheide liegt im seen- und waldreichen Endmoränengebiet (bis 138 m ü. M.) der Mecklenburg. Seenplatte und bildet teilweise den Naturpark Uckermärk. Seen (895 km²), die O-Grenze liegt im Nationalpark →Unteres Odertal. Die U. ist Naherholungs- und Ausflugsgebiet (bes. für Berlin). – Die U., urspr. Siedlungsgebiet der slaw. Ukranen, die sich im 12. Jh. den Herzögen von Pommern unterwerfen mussten, wurde seit dem 13. Jh. von der dt. Ostsiedlung erfasst. Herzog BARNIM I. von Pommern trat 1250 die U. an Brandenburg ab.

2) Landkreis in Bbg., grenzt im NO, N und NW an Meckl.-Vorp., im O mit der Oder an Polen, mit 3058 km² größter Kr. von Dtl., 159 000 Ew.; Kreisstadt ist Prenzlau. Der Kreis nimmt den größten Teil der Landschaft Uckermark ein. Die fruchtbare Grundmoränenlandschaft mit ihren Lehmböden ist deutlich von der Landwirtschaft geprägt (Anbau von Weizen, Gerste und Zuckerrüben, auch intensive Viehzucht). Das wannenartige Tal der Uecker ist über weite Teile vermoort; hier haben sich eiszeitl. Rinnenseen (Unter- und Oberueckersee) gebildet. Sie sind beliebte Naherholungsgebiete, ebenso der im NW gelegene waldreiche Übergangsbereich von der Uckermark zur Mecklenburg. Seenplatte mit dem Erholungsort Templin. Industriezentrum ist die Stadt Schwedt/Oder. Den Städten Angermünde, Prenzlau und Templin mit unterschiedl. Gewerbe stehen die vorwiegend landwirtschaftlich orientierten Kleinstädte Brüssow, Gartz (Oder), Greiffenberg und Vierraden gegenüber. Lychen am gleichnamigen See ist Erholungsort. – Der Landkreis U. wurde am 6. 12. 1993 aus den Landkreisen Angermünde, Prenzlau und Templin sowie der kreisfreien Stadt Schwedt/Oder gebildet.

Ud [arab. ›Holz‹] *der, -/-,* arab. Kurzhalslaute pers. Ursprungs, die als Vorläufer der abendländ. Laute gilt. Charakteristisch für den Ud sind Schalenkorpus, abgeknickter Wirbelkasten und seitenständige Wirbel. Im arab. MA. (7.–13. Jh.) besaß der Ud zunächst vier, später fünf in Quarten gestimmte Saiten und vier, später sieben Bünde. Der moderne Ud ist bundfrei und weist bis zu sieben (meist fünf) Doppelsaiten auf; er wird melodisch (nicht akkordisch) gespielt. Im MA. auch zur Demonstration des Tonsystems verwendet, gilt der Ud bis heute als vornehmstes Virtuoseninstrument der arab. Musik.

UDA [juːˈdiːeɪ], paramilitär. Organisation in Nordirland, →Ulster Defence Association.

Udaipur [ʊˈdaɪpʊə], Stadt im Bundesstaat Rajasthan, NW-Indien, 578 m ü. M., im Arawalligebirge, 308 000 Ew.; zwei Univ. (gegr. 1962 und 1983), archäolog. Museum; chem., Textil-, Nahrungsmittelindustrie, Kunsthandwerk. – Die Stadt ist mit einer Ringmauer bewehrt, die im S großzügige Gärten einschließt und im W an den im 14. Jh. aufgestauten Picholasee stößt; sie hat mehrere kostbar ausgestattete Paläste, v. a. die Residenz des Maharadschas (um 1570 ff.); im See zwei Palastinseln (Jag Niwas und Jag Mandir). U. war Zentrum der Malschule von Mewar (→Rajputmalerei). BILD →Palast. – U. wurde 1559 gegründet und war Hauptstadt des hinduist. Fürstenstaates U. (Mewar), der am 18. 4. 1948 im Bundesstaat Rajasthan aufging.

Udall [ˈjuːdəl], **Uvedale** [ˈjuːvdeɪl], Nicholas, engl. Dramatiker, * Southampton im Dezember 1504 (?), † London im Dezember 1556; war Rektor der Schulen von Eton (1534–41) und Westminster (ab 1555). Sein Schuldrama ›Ralph Roister Doister‹ (entst. um 1553, gedr. um 1556) gilt als die erste engl. Komödie nach dem klass. Vorbild des TERENZ. U. verfasste auch religiöse Dramen in lat. Sprache und übersetzte Werke von TERENZ und ERASMUS VON ROTTERDAM.

Ausgabe: Dramatic writings, hg. v. J. S. FARMER (1906, Nachdr. 1966).

W. L. EDGERTON: N. U. (New York 1965).

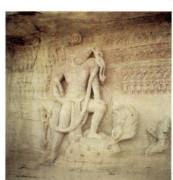

Udayagiri 1): Felsrelief mit einer Darstellung des Vishnu als Varaha; Höhe 3,5 m, Anfang des 5. Jh.

Udayagiri, 1) Felsmassiv nahe der altind. Stadt Vidisha nordöstlich von Bhopal, mit hinduist. Kulthöhlen und Felsreliefs aus der Zeit CANDRAGUPTAS II. (Anfang 5. Jh.), dargestellt sind Vishnu als Varaha und als Narasimha, ferner Durga Mahishasuramardini und Ganesha.

2) Hügel in Orissa, →Khandagiri-Udayagiri.

Uddevalla, Stadt im Verw.-Bez. (Län) Göteborg und Bohus, SW-Schweden, am Ende des Byfjords, 49 000 Ew.; Werft, Maschinenbau, Textil- und Bekleidungs-, Nahrungsmittelindustrie; Hafen. - Kirche (Anfang des 19. Jh.) mit frei stehendem Glockenturm (1751). – 1161 erstmals erwähnt, ältestes bekanntes Stadtrecht von 1498. Im 18. Jh. war U. eine der bedeutendsten Handels- und Hafenstädte Schwedens; es verlor seine Bedeutung durch den Trollhättekanal.

Udehe, Udege, Udihe, kleines tungus. Volk von Jägern, Fischern und Sammlern (etwa 1900), das zus. mit den nahe verwandten **Orotschen** (etwa 900) im Fernen Osten Russlands in der Region Chabarowsk östlich von Ussuri und Amur im Sichote-Alin-Gebirge lebt. Ihre Sprache, das **Udeheische (Udiheische),** gehört zu den →tungusischen Sprachen. Ihre religiösen Vorstellungen sind durch eine Mischung animistisch-schamanist. und christlich-orth. Praktiken sowie von chin. Einflüssen geprägt.

Uden, kleine Volksgruppe (6000) mit ostkaukas. Sprache, vermutlich ein Überrest der antiken Alvaner (Albaner), der Ureinwohner des heutigen Aserbaidschan, die zuerst von Iranern (Taten), dann von Armeniern und Aserbaidschanern assimiliert wurden. Die christl. U. wohnen im N Aserbaidschan (wegen ihrer Zugehörigkeit zur armen. Kirche bedroht) und in O-Georgien. Die schiit. U. sind fast vollständig in den Aserbaidschanern aufgegangen.

Uden [ˈyːdə], Gem. in der Prov. Nordbrabant, Niederlande, 37 300 Ew.; Museum für religiöse Kunst; Elektro-, Maschinen-, Nahrungs- und Futtermittelindustrie, Fahrzeugbau.

Uden [ˈyːdə], Lucas van, fläm. Maler, Radierer und Zeichner, * Antwerpen 18. 10. 1595, † ebd. Ende 1672 oder Anfang 1673; malte, von J. DE MOMPER und P. P. RUBENS beeinflusst, meist kleinformatige fläm. Landschaften, deren Staffage von anderen Künstlern (J. JORDAENS, D. TENIERS D. J.) stammt. Seine Landschaftsradierungen gehören zu den wichtigsten fläm. Schöpfungen auf diesem Gebiet.

Uderzo [ydɛrˈzo], Albert, frz. Comic-Künstler, * Fismes (Dép. Marne) 25. 4. 1927; wurde international v. a. durch die in Zusammenarbeit mit seinem

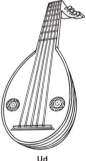

Ud

Udine 1): Schloss; 1517 ff.

Freund R. GOSCINNY seit 1959 geschaffene und von U. nach GOSCINNYS Tod 1977 allein weitergeführte Comicserie →Asterix bekannt.

Udet, Ernst, Generaloberst (seit 1940), * Frankfurt am Main 26. 4. 1896, † (Selbstmord) Berlin 17. 11. 1941; im Ersten Weltkrieg einer der erfolgreichsten dt. Jagdflieger (62 Abschüsse); nach 1918 u. a. Leiter einer Flugzeugbaufirma und Kunstflieger; 1935 als Oberst ins Reichsluftfahrtministerium berufen, wurde 1936 Chef des Techn. Amtes der Luftwaffe, 1938 Generalluftzeugmeister. Von H. GÖRING für die Schwächen der dt. Luftrüstung und den Misserfolg der Luftschlacht um England verantwortlich gemacht, nahm er sich das Leben. – Seine Person inspirierte C. ZUCKMAYER zu dem Drama ›Des Teufels General‹ (1946).

UDF [ydeˈɛf], frz. Parteienkonföderation, →Union pour la Démocratie Française.

Udine, 1) Hauptstadt der Prov. Udine, Italien, in der Ebene des Tagliamento, 113 m ü. M., Mittelpunkt der Landschaft Friaul, 95 400 Ew.; Erzbischofssitz; Univ. (gegr. 1977), Fachschulen; Bibliothek, Museen und Gemäldegalerie (im Schloss); Theater; Maschinenbau, Metall verarbeitende, Textil-, chem. und Nahrungsmittelindustrie; Verkehrsknotenpunkt. – Über der nach dem Vorbild des Markusplatzes in Venedig gestalteten Piazza della Libertà mit Palazzo del Comune (Loggia del Lionello; gegen 1456 vollendet) und Loggia di San Giovanni (1533–39) mit Uhrturm (Torre dell`Orologio, 1527) liegen das Schloss (1517 ff. an der Stelle einer mittelalterl. Burg) und die Schlosskirche (12./13. Jh., Campanile und Fassade 16. Jh., Freskenzyklen um 1250). Den Dom (13. bis 15. Jh.; im 18. Jh. barockisiert) schmücken Fresken von G. B. TIEPOLO (1726 ff.); Fresken TIEPOLOS befinden sich auch im Oratorio della Purità (1757 ff.) und im Erzbischöfl. Palast (1726 ff.). Palazzo Antoniani (von A. PALLADIO, 1556 begonnen) und weitere Palazzi des 16.–18. Jh. In der Maniukapelle (1718) Skulpturen von 1733. (Weiteres BILD →Loggia). – U. entstand an der Stelle eines Kastells, das Kaiser OTTO II. 983 den Patriarchen von Aquileja geschenkt hatte, die ihren Sitz dann 1238 nach U. verlegten. Die weltl. Herrschaft des Patriarchen ging 1420 faktisch an Venedig über (1445 förml. Verzicht), das Patriarchat wurde 1751 aufgehoben (Umwandlung in die Erzbistümer U. und Görz).

2) Prov. in der Region Friaul-Julisch Venetien, Italien, 4 893 km², 519 500 Einwohner.

Udisch, →kaukasische Sprachen.

Uditore, *kath. Kirche:* ital. Bez. für einen →Auditor der röm. Kurie.

Udmurten, Wotjaken, Volk in Osteuropa, etwa 740 000, davon 715 000 in Russland, bes. in Udmurtien, kleinere Einheiten in Tatarstan, Baschkirien, Mari El, im Gebiet Kirow, im Ural und in Sibirien, sonst noch in Kasachstan, in der Ukraine, in Usbekistan und Weißrussland. Ihre Sprache, das **Udmurtische** (Wotjakische) gehört zum perm. Zweig der finnougr. Sprachen. Nach ihrer Unterwerfung durch die Russen im 16. und 17. Jh. wurde ihnen seit 1721 das orth. Christentum aufgezwungen. Das Weiterleben ursprüngl. Vorstellungen (Schutzgötter, Ahnenkult) führte im 19. Jh. zur Bildung antichristlich orientierter Sekten, die trotz Verfolgung bis heute nachwirken. Weitgehend an die U. angeglichen haben sich die **Bessermänen,** ein Volk wolgabulgar. Abstammung im N Udmurtiens (etwa 10 000), mit einer eigentüml. Mischung aus orthodox-christl., sunnitisch-islam. und animistisch-schamanist. Glaubenselementen.

Udmurtilen, Republik Udmurtilen, russ. **Udmurtskaja Respublika,** Teil-Rep. innerhalb der Russ. Föderation, im westl. Uralvorland, 42 100 km², (1997), 1,634 Mio. Ew.; Hauptstadt ist Ischewsk. Die zw. der Kama und ihrem Nebenfluss Wjatka gelegene Rep. befindet sich in den Oberkama-Höhen und besteht weitgehend aus Hügelland (bis 330 m ü. M.), das zu etwa 40 % bewaldet ist. Das Klima ist gemäßigt kontinental mit mittleren Temperaturen von −14,1 °C im Januar und 18,9 °C im Juli.

Nach der Volkszählung von 1989 waren von den Bewohnern 30,9 % Udmurten, 58,9 % Russen, 6,9 % Tataren, 0,9 % Ukrainer und 2,4 % Angehörige anderer Nationalitäten. Etwa 60 % der Bewohner leben in Städten, davon zu etwa 50 % in der Hauptstadt.

Wirtschaftsbestimmend ist die Industrie, v. a. in Ischewsk, Wotkinsk, Sarapul und Glasow, mit Maschinen-, Fahrzeug- (Pkw, Motorräder, Diesellokomotiven) und Elektrogerätebau, Stahl- und Walzguterzeugung, Metallverarbeitung (u. a. Jagd- und Sportwaffen), Erdölförderung und -verarbeitung sowie Nahrungsmittel-, umfangreicher Leicht- und der Baustoffindustrie. Unter der Sowjetmacht bestimmte die sich heute in Konversion befindl. Rüstungsindustrie 80 % der gesamten Industrieproduktion. Die Landwirtschaft umfasst v. a. Rinder-, Schweine- und Geflügelhaltung sowie Anbau von Weizen, Roggen, Buchweizen, Flachs, Futterpflanzen, Kartoffeln und Gemüse. Die Kama ist Binnenschifffahrtsweg zum Wolga- und zentralen Industriegebiet um Moskau; Haupthäfen sind Sarapul und Kamparka.

Geschichte: Das Gebiet von U. stand vom 8. bis 13. Jh. unter der Herrschaft der Wolgabulgaren. Nach dem Mongoleneinfall (1236) kam der südl. Teil an das Khanat Kasan, der nördl. mit dem Gebiet Wjatka 1489 an Moskau. 1552 unterstellten sich auch die südl. Udmurten der russ. Oberhoheit. Am 4. 11. 1920 errichtete die sowjet. Reg. das ›Autonome Gebiet der Wotjaken‹, benannte es 1932 in ›Udmurt. Autonomes Gebiet‹ um und erhob dieses am 28. 12. 1934 zur ›Udmurt. Autonomen Sozialist. Sowjetrepublik‹. Am 19. 9. 1990 erklärte U. seine Souveränität und unterzeichnete im März 1992 als Rep. U. den Föderationsvertrag mit Russland.

Udo, Ort in Nigeria, etwa 45 km südwestlich von Benin-City. Das Gebiet von U. rivalisierte früher mit Benin und stellte ebenfalls Gedenkköpfe aus Messing her, wie sie am dortigen Königshof verwendet wurden. Insgesamt 13 dieser Köpfe sind heute bekannt; sie werden ins 16. Jh. datiert. Ihr Stil wirkt gegenüber den Köpfen von Benin einfacher; sie haben (statt einer runden) eine viereckige Öffnung am Hinterkopf.

Udokangebirge, russ. **Udokan,** Gebirgszug in Transbaikalien, südlich der Baikal-Amur-Magistrale im Gebiet Tschita und in der Rep. Jakutien (Sacha), Russ. Föderation, 250 km lang, bis 2 515 m ü. M.; aus Gneisen und kristallinen Schiefern aufgebaut; bis 1 200 m ü. M. von lichter Lärchentaiga bedeckt. Bei der Stadt Udokan (Gebiet Tschita) befindet sich eines der größten Kupfererzvorkommen der Erde (mehr als 1,2 Mrd. t Erz mit einem Kupfergehalt von 18–20 Mio. t), dessen Erschließung und Ausbeutung unter Beteiligung ausländ. Bergbaugesellschaften erfolgt.

Udon Thani, Stadt in O-Thailand, im N des Khoratplateaus, 80 400 Ew.; Verw.-Sitz der gleichnamigen Prov.; kath. Bischofssitz; Zentrum eines Agrargebietes; Flugplatz.

UDP-Glucose, Kurz-Bez. für Uridindiphosphatglucose (→Uracil).

UDR [ydeɛr], frz. Partei, →Union des Démocrates pour la République.

UDSR [ydeɛsˈɛr], frz. Partei, →Union Démocratique et Socialiste de la Résistance.

UdSSR, Abk. für: Union der Sozialistischen Sowjetrepubliken (→Sowjetunion).

Ueberreuter [ˈyːbər-], **Verlag Carl U.,** in Wien 1548 als Druckerei gegründeter Verlag, Sitz: Wien. Unter J. T. Edler VON TRATTNER (18. Jh.) hatte U. das alleinige Recht zur Herausgabe von Schulbüchern in Österreich. Schwerpunkt des Verlages ist heute die Jugend- und Kinderbuchproduktion, u. a. durch den Annette Betz Verlag; daneben werden Austriaca und Sachbücher sowie Fachbücher für Wirtschaft und Recht verlegt.

Ueberweg [ˈyːbər-], Friedrich, Philosoph, * Leichlingen (Rheinland) 22. 1. 1826, † Königsberg (heute Kaliningrad) 9. 6. 1871; Schüler von F. E. BENEKE und F. A. TRENDELENBURG; lehrte ab 1852 in Bonn, seit 1862 als Prof. in Königsberg; Vertreter eines ›Idealrealismus‹, der Erkennen als das Erzeugen eines bewussten Abbildes der Wirklichkeit beschrieb. Damit wollte U. zw. der formalist. Logik I. KANTS und J. F. HERBARTS und der metaphys. Logik G. W. F. HEGELS vermitteln. Er schuf ein philosophiegeschichtl. Standardwerk (›Grundriss der Geschichte der Philosophie von Thales bis auf die Gegenwart‹, 3 Tle., 1862–66).

Uebigau [ˈyː-], Stadt im Landkreis Elbe-Elster, Bbg., östlich von Falkenberg/Elster, nahe der kanalisierten Schwarzen Elster, 85 m ü. M., 2 000 Ew.; Gewerbepark mit Betrieben des Bauhandwerks, der Elektro- und Dienstleistungsbranche. - Mittelalterl. Stadtkern mit Nikolaikirche (13. Jh.) und Fachwerkhäusern. – Im Anschluss an eine 1235 bezeugte Burg entstanden, 1303 als Stadt genannt.

Üechtland, Üchtland, Gebiet in den Kt. Bern und Freiburg, Schweiz, zw. Aare und Saane, von der deutsch-frz. Sprachgrenze durchzogen; Hauptort ist Freiburg im Üechtland. - Der Name Ü. dürfte auf Ogo, auf die alte Bez. der Grafschaft Greyerz, zurückgehen. Erstmals 1082 wurde urkundlich Othlanden erwähnt, ab 1333 verbreitete sich die Bez. Uchtland; der heutige Name ist seit dem 15. Jh. gebräuchlich.

Uecker [ˈykər] *die,* **Ücker, Ucker,** Küstenfluss zur Ostsee, in Bbg. und Meckl.-Vorp., 93 km lang; entspringt östlich von Templin, durchschneidet in einem breiten, vermoorten, nordwärts gerichteten Tal die Uckermark, wo sie oberhalb von Prenzlau den 8 km langen **Oberueckersee** (7,4 km²) und den 7,2 km langen **Unterueckersee** (11,6 km²) durchströmt, durchfließt die Ueckermünder Heide, nimmt unterhalb von Torgelow ihren Hauptnebenfluss, die Randow, auf und mündet bei Ueckermünde in das Stettiner Haff; bis Pasewalk ist sie kanalisiert, für die Schifffahrt wird sie bis Ueckermünde genutzt.

Uecker [ˈykər], Günther, Maler und Objektkünstler, * Wendorf (Mecklenburg) 13. 3. 1930; 1974–95 Lehrtätigkeit an der Düsseldorfer Kunstakademie; wurde bekannt mit Nagelbildern (ab 1957), deren weiß bemalte Oberfläche meditative Wirkungen anstrebt. In der Folgezeit entstanden auch Nagelobjekte und Werke aus Holz, Seilen, Pappe u. a. Materialien. Als Mitgl. der Gruppe Zero wandte er sich einer kinet. Lichtkunst in Form von Lichtkästen und -mühlen, auch Lichtmodulationen in der Landschaft zu. U. schuf auch Aquarelle, Zeichnungen und graf. Arbeiten und gestaltete Bühnenbilder und Kostüme.

D. HONISCH: U. (1983); U., bearb. v. B. HOLECZEK u. a., Ausst.-Kat. (1987); U. in Wien, bearb. v. W. STORMS, Ausst.-Kat. (1992); G. U. - Retrospektive, Beitrr. v. D. HONISCH, Ausst.-Kat. Kunsthalle der Hypostiftung, München (1993).

Ueckermünde, Stadt im Landkreis Uecker-Randow, Meckl.-Vorp., links der Uecker, nahe ihrer Mündung in das Stettiner Haff, am N-Rand der Ueckermünder Heide, 12 000 Ew.; Haffmuseum, Tierpark; Eisengießerei; Badestrand, Jacht-, Industriehafen. - Renaissanceschloss (1546, 1720 z. T. abgebrochen; vom mittelalterl. Vorgängerbau ist der Bergfried erhalten); Barockkirche von 1766. – Entstand vermutlich vor der Mitte des 13. Jh. und erhielt um 1260 Stadtrecht. In der 2. Hälfte des 18. Jh. setzte der wirtschaftl. Aufschwung ein. U. war von 1819 bis 1994 (außer 1950–52) Kreisstadt.

Uecker-Randow [ˈykər ˈrando], Landkreis im NO von Meckl.-Vorp., grenzt im S an Bbg., im O an Polen und im N an das Stettiner Haff, 1 624 km² (davon 137 km² Seefläche des Stettiner Haffs), 88 000 Ew.; Kreisstadt ist Pasewalk. Das von der Uecker und ihrem Nebenfluss Randow durchflossene Kreisgebiet wird im N von der Ueckermünder Heide eingenommen. Im W-Teil schließen das weitgehend meliorierte Moorgebiet der Friedländer Großen Wiese, dann als Ausläufer der Mecklenburg. Seenplatte ein meist bewaldeter Endmoränenstreifen (bis 133 m ü. M.) an, im O-Teil das sumpf- und seenreiche Randowbruch mit Grünland, im S die fruchtbaren Grundmoränenflächen (Ausläufer der Uckermark) mit dem Anbau von Weizen, Gerste und Zuckerrüben. Gewerbeunternehmen befinden sich v. a. in den Städten Pasewalk, Torgelow, Ueckermünde, Eggesin und Strasburg (Uckermark). An der S-Küste des Stettiner Haffs Bäderverkehr. – Der Kreis wurde am 12. 6. 1994 aus den bisherigen Kreisen Pasewalk und Ueckermünde (ausgenommen einige Gem.) sowie der Stadt Strasburg und drei weiteren Gem. des bisherigen Kr. Strasburg gebildet.

Ueda, Akinari, jap. Schriftsteller, Philologe und Mediziner, * Ōsaka 1734, † Kyōto 27. 6. 1809. Seine Werke zeigen bedeutende Kenntnisse der chin. und jap. Literatur. Sein Erzählwerk spiegelt konfuzian. und buddhist. Gedankengut, zahlr. Erzählungen sind in der Welt der Geister und Verstorbenen angesiedelt. Am bekanntesten sind die Sammlungen ›Ugetsu-monogatari‹ (entst. 1768, hg. 1776, dt. ›Unter dem Regenmond‹; verfilmt 1953 von MIZOGUCHI KENJI), neun unheiml. Geschichten, und ›Harusame-monogatari‹ (1808), Erzählungen aus Gesch. und Legende.

Ausgabe: Erz. beim Frühlingsregen, übers. v. W. E. SCHLECHT (1990).

UEFA, Abk. für frz. Union Européenne de Football Association, den Europ. Fußballverband (→Fußball).

UEFA-Pokal, Fußballwettbewerb für europ. und israel. Spitzenvereinsmannschaften, die weder amtie-

Günther Uecker: Zwischen Hell und Dunkel; Nägel und Öl auf Holz; 1983 (Düsseldorf, Kunstsammlung Nordrhein-Westfalen)

render nat. Meister noch nat. Pokalsieger sind; eingeführt 1957 als ›Messestädtepokal‹, seit 1971 unter dem jetzigen Namen. Die Teilnehmer an den Pokalrunden rekrutieren sich nach einem Verteilerschlüssel, nach dem jeder nat. Verband eine Anzahl Vereine entsendet. Außerdem nehmen am UEFA-P. auch die nat. Vizemeister der in der Koeffizientenrangliste acht bestplatzierten Verbände teil, die in der Qualifikationsrunde zur Teilnahme an der Champions League (seit 1997/98 mit 24 Teilnehmern) gescheitert sind. Die Spiele finden nach dem K.-o.-System mit Hin- und Rückspiel statt, außer dem Finale.

Uele, Uelle, frz. **Uélé** [we'le:], Fluss im N der Demokrat. Rep. Kongo, etwa 1 300 km lang, bildet mit dem Mbomu bei Bangassou den Ubangi; mit mehreren Stromschnellen und Wasserfällen; daher nur lokal schiffbar.

Uelzen ['yltsən], **1)** Kreisstadt in Ndsachs., in der Lüneburger Heide, 35 m ü. M., an der Ilmenau und am Elbeseitenkanal, 35 500 Ew.; Heimatmuseum mit Gläsersammlung; Lebensmittelindustrie; Hafen am Elbeseitenkanal. – Got. Marienkirche (13./14. Jh.) mit überhöhtem Mittelschiff (mit Rundpfeilern) und hohem Chor (um 1380); in der Turmhalle das ›Goldene Schiff‹ (vergoldeter Tafelaufsatz aus dem 14. Jh.,

Uelzen 1): Tafelaufsatz ›Goldenes Schiff‹ in der Turmhalle der Marienkirche; 14. Jh.

Wahrzeichen der Stadt); Fachwerkhäuser; Rathaus (Spätbarock, 1789/90; im Kern gotisch, 1347) mit klassizist. Portal (1825). – Der Ort wurde zw. 1250 und 1266 unter den Grafen von Schwerin planmäßig angelegt (mit ovalem Grundriss), und zwar nahe einer im 12. Jh. erstmals nachgewiesenen Handelssiedlung, die um das 970 gestiftete Kloster U. im heutigen Oldenstadt erwachsen war. 1269 kam U. an die Welfen, die es 1270 zur Stadt erhoben. Ab 1374 zählte U. zu den Hansestädten; seine wirtschaftl. Blüte wurde Ende des 16. Jh. durch Pest und andere Epidemien sowie den Dreißigjährigen Krieg beendet.

2) Landkreis im Reg.-Bez. Lüneburg, Ndsachs., 1 454 km², 96 300 Ew.; in der östl. Lüneburger Heide gelegen. Im fruchtbaren Uelzener Grundmoränenbecken werden v. a. Getreide, Zuckerrüben und Kartoffeln angebaut. Die eingelagerten Sandinseln sowie die umgebenden Endmoränen (Wierener Berge bis 130 m ü. M.) tragen zumeist Kiefernforste. Durch das Kreisgebiet verläuft der Elbeseitenkanal. Die Städte des Kreises sind Uelzen und Bad Bevensen.

UEO, Abk. für frz. Union de l'Europe Occidentale, Bez. für die →Westeuropäische Union.

Uerdinger Linie ['yr-; nach ihrem Verlauf durch den Krefelder Stadtteil Uerdingen], Bez. für die sprachgeograph. Linie, die das Südniederfränkische als südlichsten Teil des Westniederdeutschen gegenüber dem Ripuarischen abgrenzt. Bis zur U. L. wurde in der zweiten Lautverschiebung -k zu -ch (ik zu ich) verschoben.

Uetersen ['y:tər-], Stadt im Kreis Pinneberg, Schlesw.-Holst., 5 m ü. M., an der Pinnau, am Rand der Geest gegen die Elbmarschen, 18 200 Ew.; Museum Langes Tannen (bürgerl. Wohnkultur); chem. und pharmazeut., Papier-, Lederindustrie, Maschinenbau, Kunststoffverarbeitung; Rosenzucht (Rosarium); Garnison, Flugplatz. – Die Backsteinkirche des ehem. Zisterzienserinnenklosters (1235 gegr., seit 1555 adeliges Damenstift) ist innen als spätbarocker Emporensaal (1748/49) mit Deckenfresko ausgebildet; Stiftsgebäude (17./18. Jh.). – Der Flecken U., um eine gegen 1234 erstmals erwähnte Burg entstanden, wurde 1870 zur Stadt erhoben.

Üetliberg, Ütliberg, Uto, nördlichster Gipfel des →Albis, südwestlich von Zürich, Schweiz, 871 m ü. M., viel besuchter Aussichtspunkt (Bergbahn, 30 m hoher Aussichtsturm); Fernsehstation. Auf dem Ü. bestanden bronzezeitl., röm. und mittelalterl. Befestigungsanlagen.

Uetze ['ytsə], Gem. im Landkreis Hannover, Ndsachs., am S-Rand der Lüneburger Heide, 19 500 Ew.; Naherholungszentrum.

Uexküll ['ykskyl], Jakob Johann Baron von, balt. Biologe, * Gut Keblas (Estland) 8. 9. 1864, † auf Capri 25. 7. 1944; studierte Zoologie in Dorpat, arbeitete 1892–1909 am Physiolog. Institut in Heidelberg und an der Zoolog. Station in Neapel. Nach Forschungsreisen (u. a. nach Afrika) wurde U. 1926 Prof. in Hamburg und richtete hier das ›Institut für Umweltforschung‹ ein. – U. ist der Begründer der Umweltforschung. In seiner Umwelttheorie (Bedeutungslehre) sieht er die subjektive, artspezif. Umwelt als Teil einer über →Funktionskreise geschlossenen, sinnvollen biolog. Einheit an (›Umwelt und Innenwelt der Tiere‹, 1909; ›Theoret. Biologie‹, 1920). Dabei zeigt er, dass jedes Tier in einer seinen Lebensbedürfnissen spezifisch zugehörigen Umwelt lebt, die aufgenommen wird (›Merkwelt‹) und die auf sein Verhalten einwirkt (›Wirkwelt‹). Mit seiner Umwelttheorie hat U. die Psychologie (V. VON WEIZSÄCKER) und v. a. die Verhaltensforschung beeinflusst.

Weiteres Werk: Streifzüge durch die Umwelten von Tieren u. Menschen (1934, mit G. KRISZAT).

Ufa, Abk. für **Universum Film Aktiengesellschaft,** Filmproduktionsgesellschaft, als Vereinigung mehrerer Produktionsfirmen 1917 in Berlin gegr. auf Veranlassung der Reichs-Reg., die dafür ein Startkapital von 8 Mio. Mark bereitstellte. Die Gründung der Ufa war militärisch motiviert; sie sollte als ›Aufklärungs- und Beeinflussungsmittel‹ die Kampfmoral der Truppen stärken. 1919 wurde das Lichtspielhaus ›Ufa-Palast am Zoo‹ mit der Uraufführung von E. LUBITSCHS ›Madame Dubarry‹ eröffnet. In den Folgejahren wurden eine Kinokette und ein eigenes Vertriebsnetz aufgebaut, sodass die Ufa einen Konzern von 71 Tochtergesellschaften, darunter 37 Filmtheatergesellschaften mit 115 Kinos, bildete. Nach Zusammenschluss mit der ›Decla Bioscop‹ von E. POMMER 1923 erhielt die Ufa deren Studiogelände in Neubabelsberg (heute zu Potsdam). Wegen eines drohenden Konkurses übernahm 1927 der →Hugenbergkonzern die Ufa; sein nationalkonservativer Einfluss schlug sich v. a. in den Wochenschauen nieder. Auf Betreiben des Propaganda-Min. J. GOEBBELS wurde 1937 die Filmindustrie und mit ihr die Ufa verstaatlicht; 1942 wurde als staatl. Holdinggesellschaft die ›Ufa Film GmbH‹ (Ufi) gegründet. 1945 stellte die Ufa ihre Produktion ein.

In der Sowjet. Besatzungszone befanden sich 70 % der Vermögenswerte; daraus entstand 1946 die

Jakob von Uexküll

Ufa – Uffenbach **Uffe**

Ufa: Ufa-Palast am Zoo in Berlin-Charlottenburg; Aufnahme aus dem Jahr 1925

→DEFA. Das im Westen verbliebene Vermögen einschließlich des dort verfügbaren Filmstocks ging in die Verwaltung der Bundes-Reg. über, die 1953 die Reprivatisierung beschloss (der Ufi-Abwicklungserlös von rd. 32 Mio. DM ist ein Sondervermögen des Bundes zur Förderung der Filmwirtschaft). Mit der 1956 erfolgten Entflechtung und Privatisierung entstanden die Bavaria Filmkunst GmbH (→Bavaria Film GmbH), München, die Ufa-Theater AG, Düsseldorf, sowie die Universum Film AG, Berlin, seit 1996 mit Sitz in Potsdam-Babelsberg. Die beiden letztgenannten Gesellschaften wurden 1964 vom Bertelsmann-Konzern übernommen. Die Universum Film AG wurde zunächst in eine GmbH umgewandelt, später in Ufa-Fernsehproduktion GmbH umbenannt; sie produziert seit 1964 Fernseh- und Kinofilme. Die Aktivitäten der Bertelsmann AG im Bereich Film- und Fernsehproduktion sind in mehreren Ufa-Gesellschaften zusammengefasst, 1997 fusionierte die Holdinggesellschaft Ufa-Film- und Fernseh-GmbH & Co. KG mit der Luxemburger →CLT zur CLT/UFA.
F. BEYER: Die Gesichter der Ufa (1992); K. KREIMEIER: Die Ufa-Story. Gesch. eines Filmkonzerns (1992).

Ufa, 1) Hauptstadt der Rep. Baschkirien, Russ. Föderation, im westl. Vorland des Südl. Ural, erstreckt sich mehr als 40 km zw. dem rechten Ufer der Belaja und dem Mündungslauf ihres Zuflusses Ufa, 1,08 Mio. Ew.; russisch-orth. Bischofssitz; Univ., Landwirtschafts-Univ., TU für Luftfahrt, TU für Erdölwirtschaft, Landwirtschafts-, Kunst- und pädagog. Hochschule, Forschungsinstitute der Baschkir. Filiale der Russ. Akad. der Wiss.en, Regionalmuseum, M.-W.-Nesterow-Kunstmuseum u. a. Museen, Baschkir. Oper, drei Theater, Philharmonie, Planetarium. Industriezentrum mit Erdölraffinerie, petrochem. und chem. Industrie, Maschinen- und Anlagenbau; außerdem Leicht- und Nahrungsmittelindustrie; Verkehrsknotenpunkt mit Fluss- und Flughafen. – U. wurde 1574 an der Stelle einer befestigten Siedlung (Tura-Tau) der Nogaj-Tataren gegründet. Seit 1586 Stadt, entwickelte sich im 17. Jh. dank seiner Lage am Handelsweg von Russland nach Sibirien zu einem Handelszentrum. 1781 wurde U. Gouvernementshauptstadt, 1922 Hauptstadt der Baschkir. ASSR.
2) *die,* rechter Nebenfluss der Belaja, in Baschkirien, Russ. Föderation, 918 km lang, entspringt im Mittleren Ural, mündet bei Ufa; 135 km oberhalb und 170 km unterhalb des Pawlow-Wasserkraftwerkes (160 MW; Stausee 120 km²) schiffbar.

Ufenau, Insel im Zürichsee, Kt. Schwyz, Schweiz, 11 ha, Naturschutzgebiet; Schiffsverbindung von Rapperswil. – Die Insel kam 965 an das Kloster Einsiedeln. – Die ehem. Pfarrkirche St. Peter und Paul (1141 geweiht) wurde auf den Grundmauern eines Vorgängerbaus des 10. Jh. gebaut; Grab ULRICHS VON HUTTEN. Die Kapelle St. Martin (1141) wurde über einem Vorgängerbau des 7. Jh. errichtet.

Ufer, seitl. von den Wasserspiegelschwankungen des jeweiligen Gewässers geformte Begrenzung eines Binnengewässers **(Fluss-U., See-U).** Fluss-U. werden, in Fließrichtung gesehen, als linkes und rechtes U. bezeichnet. Dem U. entspricht am Meer die →Küste.

Uferǀaas, Art der →Eintagsfliegen.

Uferbolde, die →Steinfliegen.

Uferfiltration, das Eindringen von Wasser oberird. Gewässer durch das Gewässerbett (Sohle, Ufer) in den Untergrund. Das versickernde Wasser (Uferfiltrat, Seihwasser) ergänzt das vorhandene →Grundwasser; Voraussetzung sind geeignete Oberflächenwassergüte und Durchlässigkeit des Gewässerbettes (keine Selbstdichtung).

Uferfliegen, die →Steinfliegen.

Uferkreuzkraut, Ligularia clivorum, in Ostasien heim. Korbblütler; bis 1 m hohe Staude mit großen, nierenförmigen Blättern und in Dolden stehenden Blütenköpfchen; Zungenblüten orangegelb, Röhrenblüten dunkelbraun; Gartenzierpflanze.

Uferliniǀe, Begrenzungslinie eines oberird. Gewässers bei einem bestimmten Wasserstand, im Binnenland meist beim mittleren Wasserstand (MW), im Tidegebiet beim mittleren Tide-Hochwasserstand (MThw).

Uferǀrebe, Vitis riparia, im östl. und mittleren Nordamerika heim. Art der Gattung Weinrebe; mit eiförmigen, dreilappigen Blättern und duftenden, in Rispen stehenden Blüten; Früchte purpurschwarz. Die U. wird als Veredlungsunterlage für Kultursorten der Weinrebe sowie für Kreuzungen mit dieser verwendet.

Uferschnepfe, Limosa limosa, etwa 40 cm großer (mit Ausnahme des weißl. Bauches) auf rostbraunem Grund schwarz und grau gezeichneter Schnepfenvogel; v. a. auf Sümpfen und nassen Wiesen sowie an Süßgewässern der gemäßigten Region Eurasiens; mit sehr langem, geradem Schnabel, weißer Flügelbinde und schwarzer Endbinde auf dem weißen Schwanz; brütet in einem Bodennest; Zugvogel, der in den Subtropen und Tropen überwintert. (→Pfuhlschnepfe)

Uferschwalbe, Riparia riparia, etwa 12 cm große Schwalbe, v. a. in großen Teilen Eurasiens und Nordamerikas; oberseits erdbrauner, unterseits (mit Ausnahme eines braunen Brustbandes) weiß gefärbter Vogel, der sich zum Nisten kolonieweise waagerechte Röhren in senkrechte Erdwände (bes. Flussufer) gräbt; Zugvogel, der bis in die Tropen zieht.

Ufersegge, Carex riparia, in Eurasien und NW-Afrika vorkommende Seggenart; 60–120 cm hohes Riedgras mit langen Ausläufern, scharfkantigen Stängeln, 6–12 mm breiten Blättern und jeweils zwei bis fünf männl. und weibl. Blüten in Ährchen, die in einer Ähre stehen; zerstreut auf nassen Böden.

Ufersicherung, Uferbefestigung, Uferschutz, bautechn. und/oder ingenieurbiolog. Maßnahme gegen Beschädigungen oder Zerstörung eines Gewässerufers. Es gibt →Lebendbau und Verbau mit totem Material wie Pflaster, Setzpack, Steinsatz, Steinschüttung, Drahtschotterkästen, Bitumenüberzüge, Bodenverfestigung, auch mit Faschinen, Wippen, Faschinenmatten, Rauwehr, Stangenbeschlag, Flechtwerk.

Ufersiedlungen, Uferǀrandsiedlungen, *Vorgeschichtsforschung:* in der wiss. Literatur häufig verwendete Bez. für die →Pfahlbauten.

Uferwanzen, die →Springwanzen.

Uffenbach, Philipp, Maler, getauft Frankfurt am Main 15. 1. 1566, † begraben ebd. 6. 4. 1636; schuf an

Uferschnepfe
(Größe etwa 40 cm)

Uferschwalbe
(Größe etwa 12 cm)

Uffe Uffenheim – Uganda

Uffizien: Die zum Arno hin gelegene Südfassade; 1560 ff.

Staatswappen

Staatsflagge

Internationales Kfz-Kennzeichen

1970 1996   1970 1995
Bevölkerung   Bruttosozial-
(in Mio.)   produkt je Ew.
(in US-$)

■ Stadt
■ Land

Bevölkerungsverteilung 1995

■ Industrie
■ Landwirtschaft
■ Dienstleistung

Bruttoinlandsprodukt 1995

der Wende von der Spätrenaissance zum Manierismus Altarbilder und Kupferstiche, in denen sich der Einfluss M. GRÜNEWALDS und A. DÜRERS zeigt, auch Aquarelle, Zeichnungen und Radierungen. Er war Lehrer von A. ELSHEIMER.

Uffenheim, Stadt im Landkreis Neustadt a. d. Aisch-Bad Windsheim, Bayern, 320 m ü. M., im Gollachgau (Mainfranken), 6100 Ew.; Heimatmuseum; Möbel-, Textilindustrie, Landwirtschaftsbetriebe. – Ev. Spitalkirche (im Kern 14. Jh., 1710/11 eingreifend umgestaltet); ehem. Schloss (15. Jh.); Bürgerhäuser des 17./18. Jh.; Teile der mittelalterl. Stadtmauer sind erhalten. – Das 1103 urkundlich belegte U. wurde 1349 Stadt und kam 1378 an die Burggrafen von Nürnberg. Bis 1791 war U. deren Amtsstadt. 1792–1806 war die Stadt preußisch, dann fiel sie an Bayern; 1806–1972 Kreisstadt.

Uffizi|en [lat.-ital., eigtl. ›Ämter‹], ital. **Palazzo degli Uffizi** [-'deʎi-], urspr. Verw.-Gebäude in Florenz (UNESCO-Weltkulturerbe), heute Kunstmuseum und Staatsarchiv (seit 1852), 1560 ff. im Auftrag COSIMOS I. DE' MEDICI von G. VASARI errichtet, um 1580 von B. BUONTALENTI ausgebaut. Die drei Trakte der U. (Teile bei einem Sprengstoff-Attentat 1993 schwer beschädigt) umschließen einen lang gestreckten, zur Piazza della Signoria geöffneten Innenhof. Das Obergeschoss beherbergte von Anfang an die Kunstsammlung der Medici und ist durch den ›Vasari-Korridor‹ (1565 ff. angelegt), der zu einem gedeckten Gang über den Ponte Vecchio führt, mit dem Palazzo →Pitti verbunden; 1585/86 wurde ein Theater (Teatro Mediceo) eingerichtet. Die Kunstsammlungen der U. umfassen heute v. a. Meisterwerke der ital., aber auch der dt. und niederländ. Malerei, antike Bildwerke, Skulpturen der Neuzeit, Zeichnungen, Stiche sowie eine Sammlung von rd. 1300 Selbstporträts. Mit dem Erweiterungsprojekt ›Neue U.‹ soll bis 2000 die Ausstellungsfläche verdreifacht werden.

UFO [Kw. aus engl. **u**nidentified **f**lying **o**bject, ›nicht identifiziertes fliegendes Objekt‹] *das, -(s)/-s,* **Ufo,** Bez. für beobachtete Phänomene (›Objekte‹) unbekannter Art und Herkunft, die als scheiben- oder zigarrenförmig, häufig als hell leuchtend und bewegt beschrieben werden (›fliegende Untertassen‹). Der Beginn der UFO-Sichtungen als Massenerscheinung datiert vor 1947 in den USA. Ursprung der UFOs ist Spekulation: Beobachtungsberichte über UFO-Sichtungen können in den meisten Fällen auf erklärbare natürl. oder künstl. Phänomene zurückgeführt werden (z. B. Flugzeuge, Erdsatelliten, Ballons, helle Planeten und Sterne, atmosphär. Leuchterscheinungen wie Polarlichter, Halos, Gewitter u. a., Meteore, verglühender Weltraumschrott, Wolken), aber auch auf bewusste Irreführungen (z. B. Modelle). Daneben wird von angebl. ›Begegnungen‹ zw. Zeugen und ›gelandeten‹ UFOs berichtet, die auch angebl. ›Entführungen‹ umfassen, was aber ebenfalls keiner Überprüfung standhält.

Weder astronom. Beobachtungen noch groß angelegte Untersuchungen von vielen Tausend UFO-Phänomenen ergaben irgendeinen Beweis für extraterrestr. Raumfahrzeuge o. Ä. Die mögl. Existenz →außerirdischen Lebens wird durch diese Untersuchungen nicht ausgeschlossen, doch sind bisher noch keinerlei Belege für extraterrestr. Intelligenzen gefunden worden; die Möglichkeit einer Kontaktaufnahme (→CETI, →SETI) wird weitgehend negativ beurteilt.

I. BRAND: Der Stand der UFO-Forschung (^{4}1994); J. CLARK: The UFO encyclopedia, 2 Bde. (Detroit, Mich., ^{2}1998).

UFZ-Umweltforschungszentrum Leipzig-Halle GmbH, Abk. **UFZ,** 1990 gegründete Gesellschaft, heute eine Einrichtung der →Hermann von Helmholtz-Gemeinschaft Deutscher Forschungszentren; Träger: Bundesrepublik Dtl., Freistaat Sachsen und das Land Sachsen-Anhalt, Sitz: Leipzig. Die Forschungsschwerpunkte des UFZ umfassen Konzepte zur Sanierung und Renaturierung von noch belasteten Landschaftsausschnitten; Stadtökologie und Stadtentwicklung; Biodiversität, Landnutzung und Ressourcenschutz; Fluss- und Seenlandschaften sowie biolog. Prinzipien in den Umwelt- und Biotechnologien. Am UFZ gibt es 11 hauptsächlich grundlagenorientierte wiss. Sektionen und vier Projektbereiche, denen die Koordination von Verbundprojekten obliegt. Insgesamt hat das UFZ (1998) ca. 600 Mitarbeiter.

Uganda
Fläche 241 038 km^2
Einwohner (1996) 22 Mio.
Hauptstadt Kampala
Amtssprachen Englisch, Suaheli
Nationalfeiertag 9. 10.
Währung 1 Uganda-Schilling (U. Sh.) = 100 Cents
Uhrzeit 14^{00} Kampala = 12^{00} MEZ

Uganda, amtliche Namen: engl. **Republic of Uganda** [rɪˈpʌblɪk əv juˈɡændə], Suaheli **Jamhuri ya Uganda,** Binnenstaat in O-Afrika, nordwestlich des Victoriasees, grenzt im N an Sudan, im O an Kenia, im S an Tansania und Ruanda, im W an die Demokrat. Rep. Kongo, mit 241 038 km^2 (davon rd. 44 000 km^2 Gewässer) etwa so groß wie Rumänien, (1996) 22 Mio. Ew., Hauptstadt ist Kampala, Amtssprachen sind Englisch und Suaheli; Währung: 1 Uganda-Schilling (U. Sh.) = 100 Cents. Uhrzeit: 14^{00} Kampala = 12^{00} MEZ.

STAAT · RECHT

Verfassung: Nach der am 8. 10. 1995 in Kraft getretenen Verf. ist U. eine präsidiale Rep. Staatsoberhaupt, Oberbefehlshaber der Streitkräfte und oberster Inhaber der Exekutive ist der auf fünf Jahre direkt gewählte Präs. Er ist stärker als bisher der parlamentar. Kontrolle unterworfen, hat aber weiterhin umfangreiche Befugnisse. Er ernennt den Vize-Präs. und die Reg. unter Vorsitz des Premier-Min. sowie Beamte und Richter. Die Legislative liegt bei der Nationalversammlung (276 Abg., davon 214 gewählt, 62 ernannt). Da nach der neuen Verf. Parteien zwar nicht verboten sind, aber politisch nicht aktiv werden dürfen, konn-

Uganda

ten bei den Parlamentswahlen 1996 nur Einzelpersonen antreten. Für 1999 ist ein Referendum über die Einführung des Mehrparteiensystems vorgesehen.

Parteien: Neben dem National Resistance Movement (NRM, gegr. 1981) spielen u.a. die Democratic Party (DP, gegr. 1954), der Uganda People's Congress (UPC, dt. Ugand. Volkskongress, gegr. 1960), die Conservative Party (CP, gegr. 1979) und der Movement for New Democracy in U. (gegr. 1994) eine Rolle. Zu den wesentl. Guerillaorganisationen zählen Lord's Resistance Army (LRA, gegr. 1987) und U. People's Freedom Movement (UPFM, gegr. 1994).

Wappen: Das Wappen zeigt einen von Antilope und Kronenkranich gehaltenen afrikan. Schild (hinter diesem zwei gekreuzte Speere); unter dem mehrfach wellengeteilten Schildhaupt in Schwarz eine goldene Sonne; unter dieser eine Trommel, die in U. als Ausdruck königl. Macht galt und heute als Symbol der staatl. Souveränität betrachtet wird. Schild und Schildhalter stehen auf einer Landschaftsdarstellung (Sinnbild für das Hochland von U. und den Nil), den unteren Abschluss bildet ein Schriftband mit dem Wahlspruch ›For God and my Country‹ (›Für Gott und mein Land‹).

Nationalfeiertag: 9. 10., zur Erinnerung an die Erlangung der Unabhängigkeit 1962.

Verwaltung: Die vier Regionen (Nord-, West-, Ost- und Zentralregion) sind in 38 Distrikte untergliedert, diese wiederum in weitere Untergliederungen geteilt.

Recht: Die Rechtsprechung folgt engl. Vorbild. Das Gerichtswesen ist mehrstufig: An der Spitze steht der Oberste Gerichtshof als Rechtsmittelinstanz des Hochgerichts. Auf unterer Ebene sind Amtsgerichte mit in sich gestaffelten Abstufungen errichtet.

Streitkräfte: Die Gesamtstärke der Armee beträgt rd. 50 000 Mann (etwa sechs Infanteriebrigaden und mehrere selbstständige Bataillone). Die Ausrüstung entstammt v. a. sowjet. Produktion, sie umfasst neben jeweils wenigen Panzerfahrzeugen und Patrouillenbooten im Wesentlichen nur leichte Waffen.

LANDESNATUR · BEVÖLKERUNG

Den größten Teil U.s nehmen nördlich des Victoriaseebeckens die einförmigen Rumpfflächen des Ostafrikan. Hochlands ein mit Höhen zw. 1 000 und 1 200 m ü. M., denen nur einzelne Inselberge aufgesetzt sind. Der Kiogasee bezeugt mit den anderen Seen seiner Umgebung (ein ertrunkenes Talsystem) die alte, westwärts gerichtete Entwässerung dieses Gebiets; er ist heute Teil des vorwiegend nordwärts fließenden Victorianils, der bei Jinja den Victoriasee verlässt. An die Rumpfflächen schließt sich im O die höher gelegene Ostafrikan. Schwelle an, die durch Vulkanberge gekrönt wird (Elgon 4 321 m ü. M.). Den W des Landes nimmt die vielgestaltige Zentralafrikan. Schwelle ein. Der in ihre Scheitelregion eingebrochene Zentralafrikan. Graben ist vom Rumpfflächenland durch deutl. Bruchstufen abgesetzt, die im NW vom Nil in den Kabalegafällen überwunden werden. An der Grabenflanke liegen im äußersten SW des Landes die Virungavulkane (im Muhavura 4 127 m ü. M.). Zw. Albertsee und Rutanzigesee erhebt sich auf der Grabensohle die kristalline Scholle des →Ruwenzori (im Margherita Peak 5 119 m ü. M.) mit dem Ruwenzori-Nationalpark (UNESCO-Weltnaturerbe).

Klimadaten von Entebbe (1 145 m ü. M.)					
Monat	Mittleres tägl. Temperaturmaximum in °C	Mittlere Niederschlagsmenge in mm	Mittlere Anzahl der Tage mit Niederschlag	Mittlere tägl. Sonnenscheindauer in Stunden	Relative Luftfeuchtigkeit nachmittags in %
I	27	65	9	7,5	63
II	27	91	11	7,1	65
III	26,5	159	16	6,6	69
IV	25,5	256	22	6,0	72
V	25,5	244	23	6,2	74
VI	25	121	14	6,5	72
VII	25	76	10	6,4	70
VIII	25	75	12	6,4	70
IX	26	75	11	6,5	68
X	26,5	95	13	6,6	66
XI	26,5	151	17	6,7	67
XII	26	116	12	6,9	66
I–XII	26	1524	170	6,6	69

Klima: Der größte Teil des Landes erhält ganzjährig Niederschläge (1 000–1 500 mm) mit stärker ausgeprägten Regenzeiten etwa von März bis Mai und von September bis November. Die höchsten Niederschlagsmengen (bis 2 100 mm) fallen an den Luvseiten der höheren Gebirge und auf den Inseln im Victoriasee. Der Zentralafrikan. Graben, im Regenschatten, empfängt nur etwa 750 mm. Das trockenste Gebiet mit Jahresniederschlägen unter 500 mm liegt im NO (Karamoja). Insgesamt sind die trop. Temperaturen durch die Höhenlage gemäßigt.

Vegetation: Die natürl. Vegetation wird durchweg von Breitlaubgehölzfluren (Übergang von der Feucht- zur Trockensavanne) beherrscht. In den Gebirgen finden sich Berg-, Bambus- und Heidekrautwälder sowie subnivale Grasfluren. Der Nationalpark von Bwindi (320 km²; UNESCO-Weltnaturerbe) weist eine Vielfalt an Baumarten und Farngewächsen, seltene Vogel- und Schmetterlingsarten sowie Berggorillas auf.

Bevölkerung: Die Bev. besteht aus über 40 ethn. Gruppen. Über die Hälfte der Bev. sind Bantu, die bes. das Gebiet südlich des Kiogasees bewohnen; größte Gruppen sind die →Ganda (18 % der Bev.), Nkole (Banyankore, 8 %), Soga (Basoga, 8 %). Im mittleren N leben Niloten (15 %, bes. Lango und Acholi), im NO Hamito-Niloten, bes. Teso (8 %) und Karamojong. Der im 16. Jh. eingewanderten →Hima leben bes. in Ankole. Die nichtafrikan. Bev. wurde 1972 durch die Ausweisung von rd. 50 000 Asiaten stark reduziert; von diesen kehren seit Ende der 80er-Jahre v. a. Inder, die eine große Rolle in der Wirtschaft spielen, zurück. Der Anteil der Europäer ist in U. gering.

Die Bev.-Dichte ist in einigen Gebieten des SW, SO und am Elgon sehr hoch (bis über 400 Ew. je km²); der N und bes. der NO sind menschenarm. Von der städt. Bev. (1995: insgesamt 12 %) lebt mehr als ein Drittel

Uganda: Übersichtskarte

Ugan Uganda

Uganda: Der Victorianil kurz nach seinem Austritt aus dem Victoriasee; in der Mitte das Kraftwerk an den Owenfällen

im Einzugsbereich der Hauptstadt. Das jährl. Bev.-Wachstum ist mit 3% (1985–95) recht hoch. 1997 lebten in U. etwa 250 000 Flüchtlinge aus dem Sudan, aus Somalia, Ruanda und Burundi.

Religion: Es besteht Religionsfreiheit. Alle Religionsgemeinschaften sind rechtlich gleichgestellt. Über 67% der Bev. gehören christl. Kirchen an: davon rd. 43% der kath. (Erzbistum Kampala mit achtzehn Suffraganbistümern), über 20% der anglikan. Kirche der Prov. U., rd. 3% prot. Kirchen (bes. Pfingstler, Adventisten, Baptisten), rd. 1% unabhängigen Kirchen; die wenigen orth. Christen gehören zum griechisch-orth. Erzbistum von Ostafrika. Die etwa 8% Muslime sind überwiegend Sunniten und bes. unter den Soga und Madi vertreten. Eine weitere religiöse Minderheit bilden die über 2% Bahais. Traditionellen afrikan. Religionen werden etwa 20% der Bev. zugerechnet.

Größte Städte (Ew. 1991)			
Kampala	773 500	Masaka	49 100
Jinja	61 000	Gulu	42 800
Mbale	53 600	Entebbe	41 600

Bildungswesen: Die Einrichtungen werden von staatl. und privaten Institutionen (v. a. Missionsschulen) getragen. Eine allgemeine Schulpflicht besteht noch nicht. Nach brit. Vorbild schließt sich an die siebenjährige Grundschule (6.–12. Lebensjahr) die vierjährige Sekundarstufe I oder eine dreijährige berufsbildende Schule an. Nach der Sekundarstufe I folgen die zweijährige Sekundarstufe II bzw. lehrerbildende Colleges und Fachschulen. Die Analphabetenquote beträgt 38,9%. U. besitzt eine Univ. (1922 als Technikum gegründet, seit 1970 Univ.) in Kampala und eine naturwiss.-techn. Univ. (gegr. 1989) in Mbarara.

Publizistik: Das Pressewesen konzentriert sich auf Kampala. Es erscheinen 15 meist englischsprachige Zeitungen, darunter die Tageszeitungen ›New Vision‹ (Reg.-Organ; Auflage 40 000), ›The Monitor‹ (30 000), ›Taifa Uganda Empya‹ (24 000), ›Citizen‹ (Organ der DP) sowie die Wochenzeitung ›Guide‹ (30 000). Nachrichtenagentur ist die staatl. ›Uganda News Agency‹ (UNA). Neben den staatlich kontrollierten Rundfunkanstalten ›Radio Uganda‹ (Hörfunkprogramme in 24 Sprachen) und ›Uganda Television Service‹ (kommerziell betrieben, Ausstrahlung in einem Radius von 320 km um Kampala) gibt es die unabhängigen Hörfunkstationen ›91,3 Capital FM‹ und ›Sanyu Radio‹ sowie die Fernsehstation ›Sanyu Television‹.

WIRTSCHAFT · VERKEHR

Die Landwirtschaft, v. a. der Kaffeeanbau, ist der dominierende Wirtschaftszweig. Seit 1987 konnte die ugand. Reg. durch eine Diversifizierung des Agrarsektors die Abhängigkeit vom Kaffee-Export verringern und durch die Privatisierung von Staatsbetrieben günstige Bedingungen für die Gewährung internat. Entwicklungshilfe schaffen. Gemessen am Bruttosozialprodukt (BSP) je Ew. von (1995) 240 US-$ gehört U. zu den ärmsten Ländern Afrikas. Bei einer Auslandsverschuldung von (1995) 3,6 Mrd. US-$ müssen 21% der Exporterträge für den Schuldendienst aufgewendet werden. Die Inflationsrate lag 1985–95 im Durchschnitt bei jährlich 65%, konnte aber bis 1997 auf 5% gesenkt werden.

Landwirtschaft: Der Agrarsektor, der 1995 rd. 50% zur Entstehung des Bruttoinlandsprodukts (BIP) beitrug, beschäftigt 83% der Erwerbstätigen. Ein Großteil der landwirtschaftl. Betriebe (durchschnittl. Flächen von 2,5 ha pro Haushalt) produziert v. a. für den Eigenverbrauch. Aufgrund günstiger natürl. Voraussetzungen (rd. die Hälfte der Landesfläche dient als landwirtschaftl. Nutzfläche) besitzt U. gute Voraussetzungen für die Eigenversorgung mit Nahrungsmitteln. Kaffee ist das mit Abstand wichtigste Anbauprodukt für den Export; Hauptanbaugebiete sind die Südregion und die Hochwaldgürtel am Elgon- und Ruwenzorigebirge; mit einer Erntemenge von (1996) 238 000 t lag U. weltweit an fünfter Stelle. Weitere Agrarexportprodukte sind Baumwolle, Tee, Tabak und Zuckerrohr. Für die Eigenversorgung werden Kochbananen, Maniok, Bataten, Hirse, Mais und Erdnüsse angebaut. Die Viehwirtschaft konzentriert sich auf Nord- und Ost-U. (Bestand 1995: 5,2 Mio. Rinder, 5,5 Mio. Ziegen, 900 000 Schafe).

Forstwirtschaft: Schwerwiegend sind die Folgen der Dezimierung der Waldbestände, bes. durch die Brennholz- und Holzkohlegewinnung, aber auch durch Brandrodung und Überweidung. Die Waldfläche beträgt (1992) 5,5 Mio. ha (1977: 6,2 Mio. ha), der Holzeinschlag (1994) 16,7 Mio. m³ (davon 13% Nutzholz).

Fischerei: Der Fischerei (v. a. im Victoria- und Kiogasee) kommt große Bedeutung für die Eiweißversorgung der Bev. zu (Fangmenge 1994: 213 000 t).

Bodenschätze: In U. werden die zweitgrößten Goldlager der Erde vermutet. Die Förderung begann erst Mitte der 90er-Jahre. Mit Ausnahme geringer Mengen an Kupfer- und Chromerz sowie Kalkstein werden kaum mineral. Rohstoffe abgebaut; weitere Vorkommen sind weitgehend unerforscht.

Industrie: Der Industriesektor (BIP-Anteil 1995: 14%) umfasst v. a. Betriebe, die heim. Agrarerzeugnisse wie Kaffee, Baumwolle oder Zuckerrohr weiterverarbeiten. Von Bedeutung ist auch die Herstellung von Düngemitteln, Metallprodukten und Zement. Außerdem bestehen Betriebe der Textil- und Bekleidungsindustrie, der Holz- und Papierverarbeitung. Wichtige Industriestandorte sind die Hauptstadt Kampala, das Industriezentrum Jinja (Kupferschmelze und Stahlwerk) und Tororo.

Außenwirtschaft: Seit 1989 verzeichnet U. v. a. aufgrund sinkender Weltmarktpreise für Kaffee ein hohes Außenhandelsdefizit (Einfuhrwert 1995: 1,06 Mrd. US-$; Ausfuhrwert: 0,46 Mrd. US-$). Kaffee hatte 1996 einen Anteil von 63% am gesamten Exportaufkommen. Weitere Ausfuhrwaren sind Gold (7%), Baumwolle und Tee. Bedeutendste Handelspartner sind Großbritannien, Kenia und Japan.

Verkehr: Aufgrund seiner Binnenlage ist U.s Verkehrspolitik auf die Transitwege zum Ind. Ozean ausgerichtet. Die wichtigste Linie des (1992) 1 241 km langen Eisenbahnnetzes führt von Kasese an der Grenze zur Demokrat. Rep. Kongo über Kampala, Jinja und Tororo quer durch Kenia zum Seehafen Mombasa (Ugandabahn). Von Jinja aus bestehen auf dem Victoriasee Eisenbahnfährverbindungen nach Kisumu in Kenia und Mwanza in Tansania. Nur 21% des 28 332 km langen Straßennetzes sind befestigt. Große Bedeutung kommt der Binnenschifffahrt auf dem Victoria-, Kioga- und Albertsee sowie dem Nil zu. Ein internat. Flughafen befindet sich in Entebbe, 40 km von Kampala entfernt.

GESCHICHTE

Im Gebiet der großen ostafrikan. Seen sind seit etwa 1500 Staatengründungen der Hima bekannt, in denen sich Rinderzüchter und Ackerbauern verbanden. Nach 1660 entwickelte sich →Buganda zur Vormacht in diesem Raum; Mitte des 19. Jh. erreichten europ. Reisende den Hof seines Kabaka (Königs) MUTESA I., der sowohl christl. Missionskirchen als auch dem Islam Zugang gewährte. Die Rivalität der Kolonialmächte Frankreich, Großbritannien und Dtl. wurde 1890 zugunsten Großbritanniens entschieden. Von Buganda aus erfasste die brit. Herrschaft in den 1890er-Jahren die anderen Zwischensee-Staaten (Bunyoro, Ankole, Toro). Die polit. Systeme blieben im Rahmen der brit. Indirect Rule erhalten. Die Kolonial-Reg. dehnte das Gebiet nach N unter dem Namen U. bis an die S-Grenze des angloägypt. Sudan aus. Ab 1922 war es Teil von »Britisch-Ostafrika«. 1920 stellte die brit. Reg. dem Gouv. einen gesetzgebenden Rat zur Seite, dem seit 1946 auch Afrikaner angehörten.

Geführt von Kabaka MUTESA II., suchte die gesellschaftl. Führungsschicht Bugandas dessen Sonderstellung innerhalb U.s zu erhalten und zeigte wenig Interesse an einer für ganz U. zuständigen Legislative. Als MUTESA II. die völlige Unabhängigkeit Bugandas forderte, schickte ihn die brit. Kolonialverwaltung, die U. als Ganzes zu erhalten suchte, 1953 ins Exil (bis 1955). Gegen die wachsende Sezessionsbewegung in Buganda wandten sich dort selbst die katholisch bestimmte Democratic Party unter BENEDICT KIWANUKA (* 1922) sowie der von M. OBOTE geführte, protestantisch orientierte, im nördl. U. verwurzelte UPC. Im Gegenzug bildete sich – im Sinne des Kabaka – die Kabaka Yekka (KY, dt. ›Der König allein‹).

Nach einem verfassungspolit. Kompromiss zw. den bugand. Eigenständigkeitsbestrebungen und den auf ganz U. bezogenen bundesstaatl. Vorstellungen v. a. der brit. Kolonialmacht entließ Großbritannien am 9. 10. 1962 U. in die Unabhängigkeit. MUTESA II. wurde Staatspräs. (ohne Exekutivfunktionen). Die bereits im April 1962 gebildete Koalitions-Reg. (UPC und KY) unter OBOTE zerbrach 1966 am sich erneut steigernden Antagonismus zw. der ugand. Zentral-Reg. und Buganda; im Mai 1966 zwang OBOTE MUTESA II. zum Verlassen des Landes. Mit der Verf. von 1967, die die historisch gewachsenen Gliedstaaten auflöste, erhielt U. eine unitar. Präsidial-Verf.; OBOTE wurde Staatspräsident.

Nach dem Vorbild Tansanias wandte sich OBOTE einem undoktrinären Sozialismus zu; er verstaatlichte Banken und zahlr. Industriebetriebe. Der zunehmend autoritäre Kurs OBOTES (Legalisierung des Einparteienstaates, Verbot aller Parteien außer dem UPC) sowie der nicht mehr entschärfbare Dauerkonflikt v. a. zw. den polit. Kräften in Buganda und der Zentral-Reg. lösten eine weit reichende Unzufriedenheit aus.

Nach einem Staatsstreich der Armee (25. 1. 1971) errichtete der muslim. General I. AMIN DADA als Staatspräs. ein diktator. Reg.-System (Suspendierung der Verf.) und stellte die Armee über das bisher geltende Recht. Die Vertreibung von etwa 50 000 Asiaten (bes. Inder, 1972), die Kleinindustrie und Handel bestimmt hatten, trug stark zum wirtschaftl. Niedergang U.s bei. Der sich ständig steigernden Willkürherrschaft AMIN DADAS fielen Hunderttausende von Menschen zum Opfer; seine Terrorherrschaft nach innen isolierte U. auch nach außen. Zahlr. Attentate und Putschversuche gegen ihn schlugen fehl. Grenzverletzungen ugand. Truppen gegen Tansania lösten 1978 einen von ugand. Freischärlern begleiteten tansan. Vorstoß nach U. aus, der im April 1979 zum Sturz AMIN DADAS führte.

Mit dem Abkommen von Moshi (März 1979) hatten sich versch. Exilgruppen in der Uganda National Liberation Front (UNLF) zusammengeschlossen. Diese ›Anti-Amin-Front‹ zerbrach jedoch bald nach dem Sturz AMIN DADAS an ihren inneren Gegensätzen; die von ihr gestellten Staatspräs. (1979–80) scheiterten. Nach Wiederbelebung der früheren Parteien ging der von OBOTE geführte UPC aus den (in Organisation und Verlauf umstrittenen) Wahlen vom Dezember 1980 als Sieger hervor, OBOTE selbst wurde Staatspräs. Unzufriedenheit mit der Reg. Obote führte jedoch fortgesetzt zu Unruhen; versch. polit. Gruppierungen gingen in den Untergrund und verschafften dem National Resistance Movement (NRM) Zulauf. Unter Y. MUSEVINI führte dieses einen Kleinkrieg gegen Präs. OBOTE, der im Juli 1985 durch einen Militärputsch gestürzt wurde. Im Januar 1986 eroberten die militär. Verbände des NRM die Hauptstadt Kampala, MUSEVINI wurde Staatspräs.; er ordnete 1987 marktwirtschaftlich orientierte Wirtschaftsreformen an und leitete einen Demokratisierungsprozess ein, der u. a. 1993 zur (symbol.) Wiedereinführung der Monarchie in Buganda und 1994 zur Wahl einer verfassunggebenden Versammlung führte. Jedoch kam es auch unter seiner Reg. zu schweren Menschenrechtsverletzungen. Bei den von internat. Beobachtern als fair und frei bezeichneten Parlamentswahlen im Juni 1996, zu denen laut Verf. keine Parteien, sondern nur Einzelkandidaten zugelassen waren, wurden fast ausschließlich Anhänger des im Mai im Amt bestätigten Präs. gewählt. Außenpolitisch unterstützte U. u. a. die Tutsi-Herrschaft in Ruanda sowie den Vormarsch der Truppen KABILAS in ehem. Zaire (heute Demokrat. Rep. Kongo). Trotz Normalisierung der innenpolit. Gesamtlage kam es seit Mitte der 1990er-Jahre verstärkt zu teilweise blutigen Konflikten mit Rebellenbewegungen, v. a. mit der vom Sudan unterstützten Lord's Resistance Army (LRA), die im Norden U.s einen Gottesstaat errichten will.

S. R. KARUGIRE: A political history of U. (London 1980); D. W. NABUDERE: Imperialism and revolution in U. (ebd. 1980); J. J. JØRGENSEN: U., a modern history (New York 1981); T. V. SATHYAMURTHY: The political development of U. 1900–1986 (Aldershot 1986); A. OMARA-OTUNNU: Politics and military in U., 1890–1985 (Houndsmills 1987); H. HECKLAU: Ostafrika. Kenya, Tanzania, U. (1989); DERS.: Ostafrika – Bibliogr. Kenia – Tansania – U. 1945–1993 (1996); Changing U. The dilemmas of structural adjustment and revolutionary change, hg. v. H. B. HANSEN u. M. TWADDLE (London 1991); R. HOFMEIER: U. Niedergang u. Wiederaufbau der einstigen ›Perle Afrikas‹, in: Vergessene Kriege in Afrika, hg. v. DEMS. u. a. (1992); P. MUTIBWA: U. since independence (London 1992); L. PIROUET: Historical dictionary of U. (Metuchen, N. J., 1995).

Ugandabahn, Eisenbahnlinie in Ostafrika, die Uganda mit dem Ind. Ozean verbindet, rd. 2 000 km lang; von Großbritannien zur Erschließung seines Protektorates Uganda unter großen techn. und geländebedingten Schwierigkeiten sowie menschl. Opfern 1896–1901 von Mombasa nach Kisumu am O-Ufer des Victoriasees geführt; die Hauptstrecke über Tororo wurde 1930 bis Kampala, 1956 bis Kasese bei Kilembe verlängert.

Ugarit, kanaanäische Stadt an der Mittelmeerküste, heute die Ruinenstätte **Ras Schamra** am gleich-

Ugarit: Kriegsgott auf einer Kalksteinstele; Höhe 160 cm, 7.–6. Jh. v. Chr. (Paris, Louvre)

Uged Ugedai – ugrische Sprachen

namigen Kap, nördlich von Latakia, Syrien; im Altertum Handelsmetropole und bedeutendes Kulturzentrum, seit etwa 2400 v. Chr. keilschriftlich bezeugt. Die Könige des Stadtstaats U. standen im 15. und 14. Jh. v. Chr. unter ägypt., seit etwa 1340 v. Chr. unter hethit. Oberhoheit. Um 1200 v. Chr. wurde U. von den Seevölkern zerstört. Den archäolog. Befunden nach lag die Blütezeit des rd. 100 Ortschaften umfassenden Stadtstaats um 1400–1200 v. Chr. Am Schnittpunkt der Interessensphären der Großmächte (Ägypten und Hethiter) gelegen, verstanden seine Könige (bes. AMMISTAMRU I., Zeitgenosse AMENOPHIS' IV., und NIKMADU II., Zeitgenosse des Hethiters SUPPILULIUMA I.) durch geschickte Politik ihre Selbstständigkeit zu wahren. Der Handel mit dem gesamten Vorderen Orient blühte, neben starkem ägypt. Einfluss gab es u. a. eine kret. Handelskolonie.

Ugarit: links Kopf aus dem Königspalast von Ugarit; Elfenbeinschnitzerei, um 1200 v. Chr. (Damaskus, Nationalmuseum); **rechts** Fruchtbarkeitsgöttin; Deckel einer Elfenbeindose; 14. Jh. v. Chr. (Paris, Louvre)

Seit 1929 werden Ausgrabungen auf dem Tell Ras Schamra durch frz. Archäologen durchgeführt (bis 1971), seit 1975 auch in Ras Ibn Hani, der Sommerresidenz der ugarit. Könige, 5 km südwestlich von U. Bisher sind z. T. spätbronzezeitl. Schichten (1500 bis 1200 v. Chr.) der stark befestigten Stadt von etwa 22 ha Fläche freigelegt, jedoch war die Stelle schon seit dem Neolithikum besiedelt. Ein großer Palast im W, zwei kleinere im S und N, jeweils mit Repräsentationsräumen am kleinen Zentralhof, der an einer Seite stets zwei Säulen aufweist, und unregelmäßig angeschlossenen Wohntrakten. Im Akropolisbereich wurden u. a. ein Tempel des Wettergottes Dagon und Priesterhäuser mit Grüften aufgedeckt. Die oft hochrangigen Fundgegenstände (Keramik, Schmuck, Waffen, Gebrauchsgüter, Prunkgeschirre, z. B. goldene Schale, Bronzestatuetten, Elfenbeinarbeiten, Steinstelen mit Götterbild) zeigen wie die ausgegrabenen spätbronzezeitl. Paläste und Tempel Einflüsse aus Ägypten, Mesopotamien, Kleinasien und der Ägäis. Deutlich ist die Verwandtschaft zur →phönikischen Kunst.

Aufschluss über die ugarit. Geschichte und Kultur geben die zahlreich aufgefundenen Schriftdokumente aus Tempel-, Palast- und Privatarchiven sowie Bibliotheken: Mythen und Epen, Wirtschafts- und Verwaltungstexte, Briefe, Opferlisten, Gebete, Glossare, Abecedarien u. a. Das entdeckte Schriftmaterial ermöglichte nicht nur die eindeutige Identifizierung der Stadt U., sondern liefert, wie auch die archäolog. Zeugnisse, Nachrichten über die ugarit. Mythologie und Götterwelt; diese Texte, z. B. die Mythenzyklen um El und Aschirat, Baal und Anat sind als älteste Quellen der altkanaanäischen Religion wichtig für die alttestamentl. Forschung.

Ähnlich bedeutsam sind Sprache (Ugaritisch ist eine nordsemit. Sprache) und Schrift U.s Gebräuchl. Sprachen waren ferner Akkadisch, Sumerisch und Hurritisch. Die überlieferten Texte sind in ägypt. Hieroglyphenschrift, in kyprominoischer Schrift sowie in hethit., sumer., akkad., hurrit. und v. a. ugarit. Keilschrift abgefasst. Bald nach der Entdeckung U.s wurden die Texte aus dem 14. bis 12. Jh. in einer spezifisch ugarit. Form einer alphabet. Keilschrift (Ras-Schamra-Alphabet) von H. BAUER und P. DHORME entziffert (→semitische Schriften).

H. KLENGEL: Gesch. Syriens im 2. Jt., Bd. 2 (Berlin-Ost 1969); D. KINET: U. – Gesch. u. Kultur einer Stadt in der Umwelt des A. T. (1981); O. LORETZ: U. u. die Bibel. Kanaanäische Götter u. Religion im A. T. (1990); U. Ein ostmediterranes Kulturzentrum im Alten Orient, hg. v. M. DIETRICH u. O. LORETZ, auf 2 Bde. ber. (1995 ff.); U., religion and culture, hg. v. N. WYATT u. a. (Münster 1996).

Ugedäi, mongol. Herrscher, →Ögädäi.

Uglitsch, Uglič [-tʃ], Stadt im Gebiet Jaroslawl, Russland, am Uglitscher Stausee der →Wolga, 39 800 Ew.; Forschungsinstitute, Kunstmuseum mit Gemäldegalerie; Uhrenfabrik; Nahrungsmittelindustrie. – Kreml mit Resten eines Palastes aus der 2. Hälfte des 15. Jh.; Christi-Verklärungs-Kirche (1485, Umbau 1713 und z. T. 19. Jh.) und Dmitrij-Kirche (1683–92). Nahe dem Kreml die Uspenskij-Kirche (1628) mit drei Türmen, im W-Teil der Stadt das Woskressenskij-Kloster (1674–77). – U., nach lokaler Überlieferung 937 gegr., in der russ. Chronik 1148 erstmals erwähnt, gehörte im 12. Jh. zum Fürstentum Wladimir-Susdal und seit 1207 zum Fürstentum Rostow. Seit 1218 war es Hauptstadt des Fürstentums U., bis es 1329 zum Großfürstentum Moskau kam (im 14./15. Jh. Residenz eines Teilfürsten). – In U. kam 1591 der jüngste Sohn des Zaren Iwan IV., DMITRIJ IWANOWITSCH, unter ungeklärten Umständen ums Leben.

Ugni blanc [yni'blã, frz.], Rebsorte, →Trebbiano.

Ugo, U. da Carpi, ital. Holzschneider, *Carpi um 1480, †Rom 1532; schuf nach Kompositionen von RAFFAEL und PARMEGGIANINO mehrfarbige Holzschnitte in dem wohl von ihm erfundenen Helldunkelschnitt. (→Farbholzschnitt)

Ugorski, Anatol, russ. Pianist, *Rubzowsk 28. 9. 1942; studierte am Leningrader Konservatorium; begann 1962 mit seiner Konzerttätigkeit und galt bald als Experte für Musik des 20. Jh. (u. a. Uraufführungen von Werken sowjet. Komponisten, Erstaufführungen von Kompositionen A. BERGS, A. SCHÖNBERGS, O. MESSIAENS). 1990 verließ U. aus polit. Gründen seine Heimat und lebt seitdem in Dtl. Inzwischen konzertiert er als gefeierter Pianist in den bedeutendsten Musikzentren Europas sowie in Japan.

Ugorskij, russ. Bez. für die ungar. Dukaten des MA., die seit dem 14. Jh. durch den Handel nach Russland gelangten, und dann auch für die russ. Goldmünzen im Dukatengewicht.

Ugra, linker Nebenfluss der Oka, Russland, 399 km lang.

Ugrešić [-ʃitɕ], Dubravka, kroat. Schriftstellerin, *Kutina (Slawonien) 27. 3. 1949; stellt in ihren Romanen ›Štefica Cvek u raljama života‹ (1981; dt. ›Des Alleinseins müde‹) und ›Forsiranje romana reke‹ (1988; dt. ›Der goldene Finger‹) mit spieler. Ironie und Verfremdungseffekten Frauenschicksale bzw. die Welt des Schriftstellers dar. Nach Ausbruch des serbischkroat. Krieges lebte sie zeitweilig im Ausland.

Weitere Werke: Erzählungen: Poza za prozu (1978); Život je bajka (1983); Američki fikcionar (1993); Das Museum der bedingungslosen Kapitulation (dt. 1998, Original n. n. e.). – *Essays:* Kultura laži (1996; dt. Teilübersetzung Die Kultur der Lüge).

ugrische Sprachen, →finnougrische Sprachen.

Uhaidir: Teilansicht der frühabbasidischen Schlossanlage; im Hintergrund die 17 m hohe äußere Verteidigungsmauer

Uhaidir, Uchaidir, Okheidir, frühabbasid. Wüstenschloss (8. Jh.), 50 km südwestlich von Kerbela, Irak. Die gut erhaltene Rechteckanlage wird von einer inneren (112 m × 82 m) und einer äußeren (175 m × 169 m) Mauer umgeben. Die 17 m hohe äußere Verteidigungsmauer ist mit Ecktürmen und dreiviertelrunden Türmen an den Seiten befestigt, die vier Eingänge sind von Tortürmen flankiert. Der Palast wird vom N-Tor betreten, er bestand aus einem dreigeteilten Haupttrakt mit Eingangsbau, Ehrenhof und Thronsaal, umschlossen von einem Korridor, der sich zu Wohnanlagen mit Höfen und Stallungen öffnet, westlich ein offener Hof mit Säulenarkaden und Mihrab. Der große Ehrenhof ist mit Blendarkaden geschmückt. Ein Iwan führt zum Thronsaal. Das Schloss hat sassanid. Anlagen zum Vorbild.

Uhde, 1) Fritz von, eigtl. **Friedrich Karl Hermann von U.,** Maler, * Wolkenburg/Mulde (heute zu Wolkenburg-Kaufungen, Landkreis Chemnitzer Land) 22. 5. 1848, † München 25. 2. 1911. Nach kurzem Studium an der Dresdner Akad. (1866/67) war U. Offizier, 1876 ging er nach Wien, wo er H. MAKART kennen lernte, und schloss sich 1879 in Paris M. VON MUNKÁCSY an. Ab 1880 lebte er in München, wo er unter dem Einfluss von M. LIEBERMANN zur Freilichtmalerei fand. In seinen religiösen Bildern übertrug U. das bibl. Heilsgeschehen in das zeitgenöss. Milieu der Bauern und Handwerker. Bedeutend sind Darstellungen aus dem Leben seiner Familie und Kinderbilder, sie zeigen einen Impressionismus, der das Licht als Stimmungsfaktor nutzt.

Werke: Im Atelier. Porträts U.s und seiner Gattin (1881; Hannover, Städt. Galerie); Familienkonzert (1881; Köln, Wallraf-Richartz-Museum); In der Sommerfrische (1883; München, Neue Pinakothek); Lasset die Kindlein zu mir kommen (1884; Leipzig, Museum der bildenden Künste); Komm, Herr Jesu, sei unser Gast (1885; Berlin, Nationalgalerie); Zwei Mädchen im Garten (1892; München, Neue Pinakothek); Senator Gustav Hertz und Frau (1906; Hamburg, Kunsthalle).

B. BRAND: F. v. U., das religiöse Werk zw. künstler. Intention u. Öffentlichkeit (1983).

2) Milan, tschech. Schriftsteller, * Brünn 28. 7. 1936; war 1958–70 Redakteur der literar. Zeitschrift ›Host do domu‹, erhielt 1970 für sein Eintreten für den ›Prager Frühling‹ und 1977 als Unterzeichner der ›Charta 77‹ teilweise Publikationsverbot; 1990–92 Kultus-Min. der Tschech. Republik. U. schreibt v. a. Film- und Fernsehdrehbücher, Hörspiele, Kurzgeschichten und Dramen; Grundthemen sind die gesellschaftl. Atmosphäre, die zwischenmenschl. Beziehungen und die Reaktionen der Individuen auf die Gegebenheiten unter einem totalitären Regime.

Werke: *Erzählungen:* Hrách na stěnu (1964); Záhadná věž v B. (1967). – *Hörspiele:* Zubařovo pokušení (1976; dt. Zahnarzt in Versuchung); Pan plaminků (1977); Modrý anděl (1979); Velice tiché Ave (1981). – *Fernsehspiel:* Hodina obrany (1978). – *Schwarze Komödie:* Zvěstování aneb Bedřichu, jsi anděl (1986). – *Essays:* Česká republiko, dobrý den (1995).

3) Wilhelm, Kunstschriftsteller, * Friedeberg Nm. 28. 10. 1874, † Paris 17. 8. 1947; lebte meist in Paris und setzte sich schon früh für die zeitgenöss. moderne Kunst (u. a. für P. PICASSO und G. BRAQUE), aber auch für Laienmaler ein, deren Bedeutung er als Erster erkannte.

Werke: Henri Rousseau (1914); Fünf primitive Meister. Rousseau, Vivin, Bombois, Bauchant, Seraphine (1947). – *Autobiographisches:* Von Bismarck bis Picasso (1938).

Uhde-Bernays, Hermann, Literar- und Kunsthistoriker, * Weimar 31. 10. 1873, † Starnberg 7. 6. 1965; verfasste zahlr. Monographien von dt. Malern. 1937 erhielt er Schreibverbot. Ab 1946 war er Honorarprofessor für neuere dt. Literatur in München.

Werke: Carl Spitzweg (1913); Feuerbach (1914); Die Münchner Malerei im 19. Jh., Bd. 2: 1850–1900 (1927); Im Lichte der Freiheit. Erinnerungen ... (1947).

Uhehe, das von den Hehe besiedelte Bergland in S-Tansania, im Hochland von Iringa.

Uherské Hradiště [ˈuhɛrskɛ ˈhradjiʃtjɛ], Stadt in der Tschech. Rep., →Ungarisch-Hradisch.

UHF [Abk. für engl. **u**ltra **h**igh **f**requency, ›Ultrahochfrequenz‹], der Frequenzbereich von 300 bis 3 000 MHz, entsprechend Wellenlängen zw. 100 und 10 cm (Dezimeterwellen). →elektromagnetische Wellen.

Uhl, Fritz, österr. Sänger (Heldentenor), * Wien 2. 4. 1928; wurde 1957 Mitgl. der Münchner, 1961 auch der Wiener Staatsoper. Er trat auch bei Festspielen auf (Salzburg, Bayreuth) und wurde bes. als Wagner- und Strauss-Interpret bekannt.

Uhland, Johann Ludwig, Schriftsteller und Germanist, * Tübingen 26. 4. 1787, † ebd. 13. 11. 1862. U., einer angesehenen Tübinger Gelehrtenfamilie entstammend, studierte 1801–11 Rechtswiss. und Philologie in Tübingen. Hierbei beschäftigte er sich bes. mit mittelalterl. dt. und frz. Literatur (1810–11 Handschriftenstudium in Paris). 1811 wurde er Anwalt in Tübingen, 1812–14 Sekr. im Justizministerium in Stuttgart; wirkte dann dort als Anwalt, 1819–26 und 1833–38 als liberaler Abgeordneter im württemberg. Landtag; ab 1820 ∞ mit EMILIE, geb. VISCHER (* 1799, † 1881); 1830 Prof. für dt. Literatur in Tübingen. U. legte das Amt 1833 aber nieder, da ihm die Reg. den Urlaub zur Ausübung seines polit. Mandats verweigerte. 1848/49 gehörte er, liberal und großdeutsch gesinnt, der Frankfurter Nationalversammlung, dann dem Stuttgarter Rumpfparlament an; 1850 zog er sich als Privatgelehrter nach Tübingen zurück.

U. gilt, neben dem mit ihm befreundeten J. KERNER, mit seinem dichter. Schaffen als bedeutendster Vertreter und Vollender der schwäb. Romantik (→schwäbischer Dichterbund). Seine überaus erfolgreichen ›Gedichte‹ (1815), die allein zu seinen Lebzeiten 42 Auflagen erfuhren, verbinden klass. Formstrenge mit volkstüml. Schlichtheit (u. a. ›Die Kapelle‹, ›Der Wirtin Töchterlein‹); viele wurden u. a. von J. BRAHMS, F. LISZT, F. SCHUBERT und R. SCHUMANN vertont. Neben Liebes- und Naturlyrik finden sich auch zahlr. patriot. Gedichte (z. B. ›An das Vaterland‹, ›Der gute Kamerad‹). U.s wiss. Tätigkeit (›Sagenforschungen‹, 1836) spiegelt sich in seinen Balladen und Romanzen, in denen Geschichts- und Sagenstoffe dominieren, die aber auch zum Ausdruck der poet. Auseinandersetzung mit aktuellen polit. Problemen werden (so die Kritik am Despotismus in ›Des Sängers Fluch‹). Dieser Bezug zur Gegenwart bestimmt auch U.s histor. Dramen ›Ernst, Herzog von Schwaben‹ (1817) und ›Ludwig der Baier‹ (1819). Zu seinen bedeutendsten wiss. Leistungen zählen die Monographie ›Walther von der Vogelweide, ein altdt. Dichter‹ (1822) sowie

Ludwig Uhland

Uhld Uhldingen-Mühlhofen – Uhr

Max Uhlig: Frauenkopf; 1986 (Dresden, Staatliche Kunstsammlungen)

seine Sammlung ›Alte hoch- und niederdt. Volkslieder‹ (2 Bde., 1844/45).

Ausgaben: Gedichte, hg. v. ERICH SCHMIDT u.a., 2 Bde. (1898); Briefwechsel, hg. v. J. HARTMANN, 4 Bde. (1911–16); Werke, hg. v. H. FRÖSCHLE u.a., 4 Bde. (1980–84).

H. FRÖSCHLE: L. U. u. die Romantik (1973); L. U. Dichter, Politiker, Gelehrter, hg. v. H. BAUSINGER (1988); Kerner, U., Mörike. Schwäb. Dichtung im 19. Jh., bearb. v. A. BERGOLD u.a., Ausst.-Kat. Schiller-Nationalmuseum Marbach (^{3}1992); L. U. 1787–1862, bearb. v. W. SCHEFFLER u.a., Ausst.-Kat. Schiller-Nationalmuseum Marbach (^{2}1998).

Uhldingen-Mühlhofen, Gem. im Bodenseekreis, Bad.-Württ., 400–440 m ü. M., 7500 Ew.; Jachthafen. – Am Ufer des Bodensees das Freilichtmuseum →Unteruhldingen, auf einer Anhöhe die Wallfahrtskirche →Birnau.

Uhle, Max, Archäologe, * Dresden 25. 3. 1856, † Loben (Oberschlesien) 11. 5. 1944; war an versch. Univ. im Ausland tätig, ab 1933 Prof. für andine Archäologie der Univ. Berlin; führte erste wiss. Grabungen in Peru, Chile und Ecuador durch und gilt als ›Vater der peruan. Archäologie‹; er entwickelte als Erster ein umfassendes Gerüst der chronologisch-histor. Kulturabfolge im Andenraum.

Werke: Die Ruinenstätte von Tiahuanaco im Hochlande des alten Peru (1892, mit A. STÜBEL); Pachacamac (1903).

D. MENZEL: The archaeology of ancient Peru and the work of M. U. (Berkeley, Calif., 1977).

Uhlenbeck ['y:-], George Eugene, amerikan. Physiker niederländ. Herkunft, * Batavia (heute Jakarta) 6. 12. 1900, † Boulder (Colo.) 31. 10. 1988; 1930–35 und 1939–61 Prof. in Ann Arbor (Mich.), 1935–39 in Utrecht, ab 1961 an der heutigen Rockefeller University in New York. U. arbeitete auf den Gebieten der Atom- und Kernphysik und der statist. Theorie der Materie. Im Zusammenhang mit Forschungen zur Struktur der Atomspektren postulierte er 1925 mit S. A. GOUDSMIT den Spin des Elektrons und leistete damit einen wesentl. Beitrag zur Entwicklung der Quantenmechanik.

Werk: Lectures in statistical mechanics (1963, mit G. W. FORD).

Uhlig, Max, Grafiker und Maler, * Dresden 23. 6. 1937; studierte 1955–60 in Dresden und war 1961–63 Meisterschüler von H. T. RICHTER. In Zeichnungen und Lithographien, die von einem dynam., verdichteten Liniengefüge geprägt sind, widmet er sich bes. dem Porträt (bedeutende Künstlerbildnisse, 1969–74), Alltagsmotiven und der Landschaft. In der Malerei zeigen sich Bezüge zur informellen Kunst.

M. U. Gemälde u. Aquarelle, Zeichnungen u. Grafiken, bearb. v. G. BURKAMP, Ausst.-Kat. Bielefelder Kunstverein (1990); M. U. Gemälde, Aquarelle, Zeichnungen, Graphik, Skizzenbücher, bearb. v. C. DITTRICH, Ausst.-Kat. Staatl. Kunstsammlungen Dresden, Kupferstich-Kabinett (1993); M. U. – Paysages de la Provence u. neue Bildnisse, Texte v. C. VOGEL u.a., Ausst.-Kat. Galerie Gabriele von Loeper, Hamburg (1996).

Uhlmann, Hans, Bildhauer, * Berlin 27. 11. 1900, † Berlin (West) 28. 10. 1975; schuf geometr. Figurationen aus Draht und Eisenelementen. Ihr konstruktivist. Aufbau bezieht im Spätwerk die Suggestion von Bewegung und Elastizität als rauminterpretierenden Faktor mit ein. Er schuf auch Zeichnungen und Aquarelle. 1926–33 lehrte er an der TH und 1950 an der Hochschule für Bildende Künste in Berlin.

H. U. Leben u. Werk, Beitrr. v. W. HAFTMANN u.a. (1975); H. U. (1900–1975). Die Aquarelle u. Zeichnungen, bearb. v. C. THIELE, hg. v. C. BROCKHAUS u.a., Ausst.-Kat. Wilhelm-Lehmbruck-Museum, Duisburg (1990).

Uhr [mhd. ūr(e), (h)ōre, über mnd. ūr(e) und altfrz. (h)ore ›Stunde‹, von lat. hora ›Stunde‹, ›Zeit‹, Pl. horae ›Uhr‹], Gerät oder Vorrichtung zur Angabe der Tageszeit (Zeitpunkt) oder zur Messung der Dauer von Zeitabläufen (Zeitspanne). Die meisten U. benutzen als Zeitmaß die Periodendauer eines zeitlich period. Vorgangs (meist eine Schwingung), dessen Frequenz mechanisch oder elektrisch/elektronisch umgesetzt (meist reduziert) und in den Einheiten Sekunde, Minute, Stunde angezeigt wird. Als Anzeige dienen u. a. Zeiger (Analoganzeige) oder Ziffern, die die U.-Zeit bzw. die Zeitspanne numerisch angeben (Digitalanzeige). Bei U. mit Analoganzeige dient eine in sechzig oder zwölf gleiche Sektoren geteilte Kreisscheibe (Zifferblatt) als Skale zum Ablesen. Nach den Gehäuse- bzw. Uhrwerkabmessungen unterscheidet man Klein-U. (Armband-U., Taschen-U.; Werkdicke 12 mm oder weniger) und Groß-U. (z. B. Tisch-U., Wand- und Stand-U., Turm-U.).

U., die nicht Schwingungen zur Bildung eines Zeitmaßes nutzen, sind z. B. die →Sanduhr, die →Sonnenuhr und die →Wasseruhr. Bei Öl- und Kerzen-U. (elementaren U.) dient die Mengenminderung durch Verbrennen (Sinken des Ölspiegels, Kürzerwerden der Kerze) als Zeitmaß. – I. w. S. werden häufig auch

Uhr: links Türmeruhr aus dem Nordturm der Kirche Sankt Sebald in Nürnberg; Schlaguhr mit Wecker, 1. Hälfte des 15. Jh. (Nürnberg, Germanisches Nationalmuseum); Mitte Modell nach Galileo Galileis Entwurf (1641) für ein Pendeluhrwerk; 1883 (London, Science Museum); rechts durch die eigene Schwerkraft angetriebene Sägeuhr; 19. Jh. (Privatbesitz)

Uhr

Hans Uhlmann: Großer Fetisch; 1958 (Duisburg, Wilhelm-Lehmbruck-Museum)

Meßgeräte mit Zifferblatt und Zeigeranzeige als U. bezeichnet, z. B. die Meß-U. und Durchflußzähler wie Gas- oder Wasseruhren.

Mechan. U. bestehen i. d. R. aus Werkgestell, Antrieb, Aufzugskrone mit Zeigerstellvorrichtung, Räderwerk aus Gehwerk, Zeigerwerk (z. T. mit einem Weckerwerk oder Schlagwerk gekoppelt), Schwingungssystem, Hemmung und Zusatzfunktionen (wie Chronographeneinrichtung, Kalender-, Tachymeter-, Gangreserve- oder Wochentagsanzeige) sowie Zifferblatt und Zeiger. Der **Antrieb** erhält die zur Bewegung des Räderwerks und zur Deckung der Reibungsverluste im Schwingungssystem benötigte Energie entweder von einem Gewicht oder von einer Zugfeder. Als Zugfeder dient eine gewundene Biegefeder (Spiralfeder), die meist in einer Trommel (Federhaus) angeordnet ist. – Das **Aufziehen** erfolgt bei größeren **Handaufzug-U.** mittels Schlüssel, Kette oder Seilzug, bei Taschen- und Armband-U. gewöhnlich durch Drehen der **Krone**, mit der auch die Zeiger gestellt werden. Bei Armband-U. mit automat. Aufzug (**Selbstaufzug-** oder **Automatik-U.**) ziehen die durch die Armbewegungen verursachten Drehungen eines Rotors die Zugfeder auf. Das vom Antrieb erzeugte Drehmoment setzt das Räderwerk in Bewegung, dessen Ablauf durch die →Hemmung geregelt wird.

Als taktgebendes **Schwingungssystem** (Gangregler, Gangordner) dient in **Pendel-U.** ein Schwerependel (U.-Pendel, Perpendikel), in **Unruh-U.** (Armband- und Taschen-U., Tisch- und Wand-U.) ein als **Unruhsystem** oder **Unruhschwingsystem** bezeichnetes Drehpendel in Form eines ausgewuchteten Metallreifens mit Speichen (Unruhreif) auf einer Unruhwelle und -kolben befestigten Spiralfeder; diese speichert die auf die Unruh übertragene Energie und gibt sie jeweils beim Zurückschwingen wieder ab. Die in federnden Fassungen gelagerte Unruh führt weitgehend lageunabhängige, isochrone Schwingungen aus, ist aber empfindlich gegen äußere Störungen.

Elektr. U. entnehmen die zur Inganghaltung ihres U.-Werks erforderl. Energie als elektr. Energie entweder dem Stromnetz, Batterien oder Solarzellen. Eine in Japan entwickelte Armband-U. erhält ihre Energie durch ein ›automatic generating system‹ (AGS-U.), bei dem mit jeder Armbewegung des Trägers der in Drehbewegung versetzte Rotor einen Ringmagneten antreibt, der zus. mit einer Induktionsspule die nötige Wechselspannung erzeugt. **Synchron-U.** sind von einem kleinen wechselstromgespeisten Synchronmotor angetriebene U., deren Ganggenauigkeit durch die Genauigkeit der Netzregelung bestimmt wird, da die Zeitbasis die Frequenz des Wechselstromnetzes bildet. **Elektromechanische U.** sind dem Prinzip nach mechan. U., die lediglich elektrisch aufgezogen werden. Als direkt elektrisch angetriebene U. werden Bauformen bezeichnet, bei denen meist nach dem elektrodynam. Prinzip die Energie direkt dem Schwingungssystem zugeführt wird, das seinerseits die Fortschaltung des Räder- und des Zeigerwerks bewirkt. Dabei trägt der Schwinger Permanentmagnete, die mit im Gestell fest stehenden Spulen zusammenwirken. Die period. Steuerung erfolgt im einfachsten Fall durch eine Rückkopplungsschaltung mit Transistor mit der Frequenz des Schwingungssystems (elektronisch gesteuerte U.). Als Schwinger dienen Pendel, auf 2,5 Hz bis maximal 5 Hz abgeglichene Unruhschwinger und gegenphasig mit 360 Hz schwingende Biegeschwinger (Stimmgabel-U.), die über ein Klinkensystem das Zeigerwerk mit einer Ganggenauigkeit von etwa ±0,2 s pro Tag antreiben. Bedeutend genauer gehen →Quarzuhren (durchschnittlich ±2 s bis max. zulässig ±30 s im Monat) und →Atomuhren, bei denen die durch das Schwingungssystem erzeugten Frequenzen mithilfe elektron. Schaltungen umgesetzt werden (deshalb auch als elektron. U. bezeichnet). Je nach Art der Anzeige gibt es Quarz-U. als →Digitaluhr oder mit Analoganzeige. Die **Hybrid-U.** ist wie eine Analog-U. mit Zeigern und Zifferblatt ausgerüstet und hat zusätzlich innerhalb des Zifferblattes eine LCD-Anzeige (→Flüssigkristallanzeige), auf der neben der Zeit Monat, Wochentag, Tag, gestoppte Zeiten, die Zeit einer anderen Zeitzone oder die Weckzeit abgelesen werden können.

Alle U. mit mechan. Schwingern (Pendel, Unruh, Stimmgabel, Quarz) sind **sekundäre Zeitmesser (Sekundär-U.)**, da ihre Schwingungen äußeren Einflüssen unterliegen; ihr Gang muß daher in gewissen Abständen durch Vergleich mit **primären Zeitmessern (Primär-U.)** kontrolliert werden. Lange geschah dies durch Vergleich mit den durch genaue astronom. Zeitmessung festgelegten Perioden der Erdrotation bzw. des Erdumlaufs um die Sonne, bis die erste Quarz-U. erkennen ließ, daß die durch die Bewegung der Erde definierten U. nicht konstant gehen. Heute verwendet man Quarz-U. und v. a. Atom-U. als Primär-U. **Elektrische Zentraluhranlagen** bestehen aus einer sehr genau gehenden, als Haupt- oder Mutter-U. bezeichneten Normal-U. mit selbstständigem Gangregler und beliebig vielen Neben-U., die vom Impulsgeber der zentralen Normal-U. durch genau gesteuerte Stromimpulse im Minutenabstand elektromagnetisch weitergeschaltet bzw. (bei eigenem Gangregler) synchronisiert werden. Sie gewährleisten die dauernde Übereinstimmung mehrerer U., z. B. in Schulen, Fabriken und auf Bahnhöfen. Funkgesteuerte U. (**Funk-U.**) bestehen aus Energiequelle, Empfänger, Verstärker, Decoder und Anzeigeeinheit. Sie ermöglichen die Anzeige einer hochgenauen, meist von einer Atom-U. ausgehenden Zeit, indem sie die über einen Zeitzeichensender über Langwelle (77,5 kHz Trägerschwingung) ausgestrahlten Impulse decodieren. Solarbetriebene Funk-Armband-U. laufen bei genauester Zeitangabe jahrelang völlig selbstständig (korrigiert durch Funksignale).

U. für Sonderzwecke: Hierzu gehören die **Wecker**, bei denen zur vorher eingestellten Zeit ein Signalwerk (Weckwerk) ausgelöst wird, indem ein freigegebener Weckerhammer mittels Anker von einer gespannten Zugfeder über ein Räderwerk in Bewegung gesetzt wird. Bei **elektrischen** oder **Quarzweckern** kann der Weckton auch durch einen Summer erzeugt werden, die **Radiowecker-U.** setzt den Radiobetrieb zur vorge-

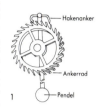

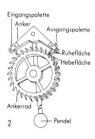

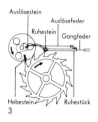

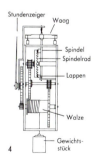

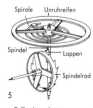

Uhr: Verschiedene Arten von Hemmungen; 1 Hakenhemmung; 2 Grahamhemmung; 3 Chronometerhemmung; 4 Spindelhemmung mit Waagschwingsystem bei einer der ersten Räderuhren; 5 Spindelhemmung einer Taschenuhr

Uhr

Uhr: Eiförmige, um den Hals zu tragende Federzuguhr mit Spindelhemmung; Mitte 16. Jh.

gebenen Einstellzeit in Gang; bei **Repetierweckern** werden die Wecksignale wiederholt, z. T. mit zunehmender Lautstärke und Dauer. **Kurzzeitwecker (-messer)** haben eine beschränkte Laufdauer (meist 60 min) und werden mit demselben Zeiger- bzw. Drehknopf aufgezogen und eingestellt; häufig sind sie mit einem Schaltwerk gekoppelt, durch das ein Gerät einoder ausgeschaltet werden kann. – Bei einer **Schach-U.** sind zwei unabhängige U.-Werke so in einem Gehäuse vereint, dass mit dem Einschalten der einen U. die andere gestoppt wird. – Weitere Sonder-U. sind die Park-U., die Stech-U., die →Stoppuhr, das →Chronometer, der →Chronograph und die →Weltzeituhr, außerdem alle in der Kurzzeitmesstechnik verwendeten Geräte. – Als **astronomische U.** (Observations-U.) bezeichnet man Präzisionspendel-U. mit Sekundenpendel, die als Normal-U. in Sternwarten u. a. zur gleichmäßigen Zeitunterteilung, zur genauen Zeithaltung sowie zu Beobachtungs- und Messzwecken dienen. Auch Kunst-U., die Sonnen-, Mondund Planetenstand, versch. Ortszeiten u. a. anzeigen, werden als →astronomische Uhren bezeichnet.

Wirtschaft: Die U.-Produktion ist durch eine internat. Spezialisierung geprägt: Quarz-U. vorwiegend der unteren Preisklasse stammen insbesondere aus Asien (v.a. China, Korea, Hongkong, Taiwan, GUS-Staaten), mechan. Quarz-U. der gehobenen Preisklasse kommen vorwiegend aus der Schweiz, U. der mittleren Preisklasse werden überwiegend in EU-Ländern hergestellt. Größte Produzenten und Exporteure der EU sind Frankreich, Dtl., Italien und Großbritannien. Die dt. U.-Industrie ist traditionell auf die Serienerzeugung von Großuhrwerken spezialisiert. Nach einer Stagnation in der 1. Hälfte der 1990er-Jahre wuchs die Produktion von Klein- und Groß-U. in der EU wieder, v.a. aufgrund steigender Nachfrage nach preiswerten Kult-U. (→Swatch) sowie Freizeit- und Sport-U. im mittleren Preisbereich einerseits und klass. (teuren) U. andererseits. In der U.-Industrie der EU waren (1997) ca. 15 000 Personen beschäftigt.

Geschichte: Früheste Zeitmesser waren Sonnen-U., seit etwa 400 v. Chr. auch als Reisesonnen-U. bekannt. Daneben benutzte man in der Antike Wasser-U. Die Sand-U. (das Stundenglas) ist erst für das 14. Jh. belegt, ist aber wohl älter. – Ende des 13. Jh. kamen durch Gewichtsstücke angetriebene Räder-U. auf, die zunächst durch einen horizontal pendelnden Balken (→Waag) über eine sich mitdrehende vertikale Spindel reguliert wurden und nur einen Stundenzeiger hatten. Ab Mitte des 14. Jh. wurden große Turm-U. mit Gehund Schlagwerk gebaut. Um 1500 ersetzte man in Italien und Süd-Dtl. das Gewicht durch eine Feder als Antriebskraft. Die Federzug-U. (zuerst nur mit Stundenzeiger), deren Erfindung P. HENLEIN zugeschrieben wird, waren zuerst trommel- oder dosenförmig, später eiförmig (Nürnberger Ei), doch leitet sich der Name ›Eierlein‹ von ›örlein‹ (lat. hora ›Stunde‹) ab. Mit steigender feinmechan. Fertigkeit stieg die Produktion von Taschen- und Tisch-U. ab dem 16. Jh. stark an. Die unterschiedl. Zugkraft der Feder wurde durch eine kon. Schnecke ausgeglichen, die sich schon um 1430 nachweisen lässt. Die Spindelhemmung mit Schweinsborsten in der Funktion einer Torsionsfeder (HENLEIN) wurde nur langsam durch die 1674 von C. HUYGENS erfundene Spiralfederunruh ersetzt.

Nachdem die Konstanz kleiner Pendelschwingungen bereits von J. BÜRGI (1612) und G. GALILEI (1609) zur Zeitmessung ausgenutzt worden war, konstruierte HUYGENS 1657 die auf einer Idee GALILEIS (briefl. Mitteilung 1637) beruhende Pendel-U. und leitete damit die Ära genauer Zeitmessungen ein. Er bewältigte die Schwierigkeit einer fortwährenden Energiezufuhr, indem er einen als Gangregler dienenden Pendel bei jeder Schwingung durch die schrägen Flanken eines Steigrades einen Antriebsimpuls vermittelte. Die Erfindung der Ankerhemmung 1680 durch WILLIAM CLEMENT (* 1638, † 1704) und R. HOOKE ermöglichte eine Gangdauer von über 30 Stunden. G. GRAHAM entwickelte ab 1712 das Kompensationspendel zum Ausgleich temperaturbedingter Einflüsse und 1715 die nach ihm benannte Hemmung, durch die auch die Ganggenauigkeit gesteigert wurde. Auf die erste ruhende Hemmung (Zylinderhemmung) für Taschen-U. erhielt EDWARD BARLOW (* 1639, † 1719) 1695 ein Patent, die erste freie Ankerhemmung wurde 1759 von THOMAS MUDGE (* 1715, † 1794) entwickelt.

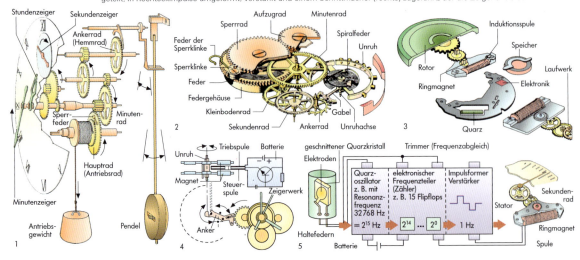

Uhr: Verschiedene Funktionsprinzipien; 1 und 2 mechanische Uhren: 1 gewichtsgetriebene Pendeluhr mit Ankerhemmung; 2 Aufbau einer zugfedergetriebenen Kleinuhr mit Unruhschwingsystem und Palettenankerhemmung; 3–5 elektrische Uhren: 3 AGS-Quarzarmbanduhr mit einem durch die Armbewegung des Trägers angetriebenen Generator, einem Kondensator als Speicherelement sowie elektronisch gesteuertem elektromechanischem Laufwerk; 4 batteriebetriebene Uhr mit Magnetschwinger und Transistorsteuerung; 5 schematische Darstellung des Prinzips einer Quarzuhr; der Schwingquarz (links) ist frequenzbestimmendes Bauelement des im integrierten Schaltkreis (Mitte) befindlichen Oszillators; die Schwingungen werden geteilt, in Rechteckimpulse umgeformt, verstärkt und einem Schrittmacher (rechts) zugeführt, der die Zeiger antreibt

Uhrenparadoxon – Uhus **Uhus**

Uhr: Turmuhrwerk (›Dover Castle Clock‹) aus Schmiedeeisen mit getrenntem Geh- und Schlagwerk und einer mit Gewichten zu verstellenden Waag; um 1575 (London, Science Museum)

Mit der Erfindung des Schiffschronometers durch J. HARRISON standen die zur Längenbestimmung auf See erforderl. genau gehenden U. zur Verfügung, die auch auf schwankenden Schiffen die Zeit genau anzeigten. Dadurch setzte ein Aufblühen der engl. U.-Industrie im 18. Jh. ein. Der Kronenaufzug an Taschen-U. wurde erst um 1840 erfunden. Zur gleichen Zeit kamen auch elektr. U. auf (ALEXANDER BAIN, * 1810, † 1877); sie fanden allerdings erst um 1920 nach Verwendung des Synchronmotors weitere Verbreitung.

Die erste Quarz-U. wurde 1929 hergestellt. 1947 folgte die Ammoniakmolekül-U., 1957 die elektr. und 1959 die elektron. Uhr. U. mit LCD-Anzeige wurden in den 1970er-Jahren entwickelt.

G. KÖNIG: Die U. Gesch., Technik, Stil (1991); J. ABELER: Ullstein-Uhrenbuch. Eine Kulturgesch. der Zeitmessung (1994); K. MENNY: Die Funktion der U. (^{2}1994); U.en, bearb. v. K.-E. BECKER u.a. (^{7}1994); G. DOHRN-VAN ROSSUM: Die Gesch. der Stunde. U.en u. moderne Zeitordnung (Neuausg. 1995); Faszination U. Eine Gesch. der Zeitmessung, Beitrr. v. G. NEGRETTI u. P. DE VECCHI (a.d. Frz., 1996).

Uhrenparadoxon, *Relativitätstheorie:* Bez. für einen aus der →Zeitdilatation folgenden scheinbaren Widerspruch: Man betrachte zwei Uhren, die jeweils in einem von zwei gegeneinander bewegten Inertialsystemen ruhen. Nach der speziellen →Relativitätstheorie geht dann für jeden Beobachter in einem der beiden Bezugssysteme die Uhr im relativ zu ihm bewegten System nach (d. h., sie geht langsamer als die Uhr im Beobachtersystem). Die wechselseitige Gültigkeit dieser Aussage ist Ausdruck des Relativitätsprinzips, wonach in beiden Inertialsystemen die gleichen physikal. Gesetzmäßigkeiten gelten. Auch liegt hierbei kein log. Widerspruch vor, weil die von jedem Beobachter gemessenen Zeitintervalle nicht direkt vergleichbar sind (sie beziehen sich auf Orte im jeweils anderen Bezugssystem). Die Frage, welche Uhr von beiden nun tatsächlich nachgeht, ist somit sinnlos; die Aussage beider Beobachter – bezogen auf ihr Inertialsystem – ist richtig. – Bisweilen wird der Begriff U. gleichbedeutend mit →Zwillingsparadoxon gebraucht.

Uhrgang, das Verhältnis der Differenz $t_{e2} - t_{e1}$ zweier →Uhrstände t_{e2} und t_{e1} zu der Differenz der entsprechenden Anzeigen t_{n2} und t_{n1} einer Referenzuhr: $G(t_{n1}, t_{n2}) = (t_{e2} - t_{e1})/(t_{n2} - t_{n1})$. Als Einheiten für den U. über ein Zeitintervall von t_{n1} bis t_{n2} sind 1 s/s und 1 s/d (Sekunde/Tag) gebräuchlich, wobei der angegebene Zahlenwert auf die Einheit des Nenners bezogen wird. Die **Gangänderungsrate** einer Vergleichsuhr über ein Zeitintervall von $(t_{n1}, t_{n2})/2 \equiv t_{n12}$ bis $(t_{n3} + t_{n4})/2 \equiv t_{n34}$ in Bezug auf eine Referenzuhr ist definiert als

$$A(t_{n1}, t_{n2}, t_{n3}, t_{n4}) = [G(t_{n3}, t_{n4}) - G(t_{n1}, t_{n2})]/(t_{n34} - t_{n12}).$$

Sie ist das Maß für die Ganggenauigkeit einer Uhr und umso kleiner, je genauer eine Uhr geht.

Uhrgläser, Uhrglasschalen, meist als Kugelsegmente geformte kreisförmige, flache Schälchen zum Bedecken von Gefäßen u. a. in chem. Laboratorien.

Uhrglasnägel, große, übermäßig gewölbte Nägel, oft in Kombination mit →Trommelschlägelfingern.

Uhrstand, die Differenz t_e zw. der Anzeige t_x einer Vergleichsuhr und der gleichzeitigen Anzeige t_n einer Referenzuhr: $t_e = t_x - t_n$. Je nach U. sagt man, die Vergleichsuhr gehe vor ($t_e > 0$) oder nach ($t_e < 0$).

Uhrzeit, allg. die auf einer Uhr abgelesene Zeitanzeige. I. e. S. ist die U. die Zeitangabe nach der örtl. →Zonenzeit. Diese U. bezeichnet nach DIN einen bestimmten Zeitpunkt im Ablauf eines Kalendertags und wird als Anzahl der seit Tagesbeginn (0 Uhr) vergangenen Stunden, Minuten und Sekunden angegeben, wobei der Kalendertag in 24 Stunden zu je 60 Minuten zu je 60 Sekunden unterteilt ist und mit 24 Uhr das Tagesende bezeichnet wird. Die Anzahl der Minuten und ggf. der Sekunden ist mit je zwei arab. Ziffern anzugeben, die einzelnen Bestandteile der U.-Angabe werden durch Punkte getrennt (Beispiel: 7.05.15 Uhr).

Uhse, Bodo, Schriftsteller, * Rastatt 12. 3. 1904, † Berlin (Ost) 2. 7. 1963; Offizierssohn; trat 1927 der NSDAP bei; ab 1930 Mitglied der KPD; emigrierte 1933 nach Frankreich, nahm am Span. Bürgerkrieg teil, ging 1940 nach Mexiko, von wo er 1948 nach Berlin zurückkehrte; 1949–57 Chefredakteur der vom ›Kulturbund der DDR‹ herausgegebenen Zeitschrift ›Aufbau‹; 1950–52 Vors. des ›Schriftstellerverbands der DDR‹; 1963 Chefredakteur der Zeitschrift ›Sinn und Form‹. Mitverfasser von Drehbüchern und Fernsehspielen, Autor von Reportagen, Essays und autobiographisch geprägten Romanen (›Leutnant Bertram‹, 1943; ›Die Patrioten‹, 2 Bde., 1954–65).

Uhuru [Suaheli ›Freiheit‹], im Dezember 1970 von Kenia aus gestarteter US-amerikan. Röntgensatellit, mit dem erstmals eine vollständige Durchmusterung des Himmels nach Röntgenquellen (Energiebereich 2–20 keV) durchgeführt wurde (Missionsende: März 1973). Es wurden u. a. ausgedehnte Röntgenquellen in Galaxienhaufen und erstmals Röntgendoppelsterne entdeckt, darunter →Hercules X-1 und →Centaurus X-3. (→Röntgenastronomie)

Uhus [lautmalend], **Bubo,** mit etwa zehn Arten weltweit verbreitete Gattung 35 bis über 70 cm großer Eulenvögel; davon in Europa nur eine einzige Art: **Eurasiatischer U.** (**Uhu,** Bubo bubo); etwa 70 cm groß; v. a. in felsigen Wäldern, Steppen und Wüsten Eurasiens und N-Afrikas; größte europ., in weiten Gebieten Mitteleuropas ausgerottete, aber stellenweise erfolgreich wieder angesiedelte Eule mit gelbbraunem, dunkelbraun längs geflecktem und gestricheltem Gefieder, langen Ohrfedern am dicken, runden Kopf und großen, orangeroten Augen; jagt vorwiegend in der Dämmerung Säugetiere (bis Rehkitzgröße), daneben auch Vögel, Fische und Frösche. Zur Fortpflanzungszeit (Januar bis Mai) lässt das Männchen häufig ein dumpfes ›uhu‹ ertönen. Das Weibchen brütet v. a. in Felshöhlen oder unter vorspringenden Felsen 2–3 Eier aus. Die Jungen sind zunächst grauweiß bedunt, bekommen später aber ein bräunl. Zwischenkleid. Sie verlassen nach etwa 4–5 Wochen das Nest, um in der

Uhus: Eurasiatischer Uhu (Größe etwa 70 cm)

Nähe herumzuklettern, werden aber erst mit 9 oder 10 Wochen flügge. Der Eurasiat. U. kann recht alt werden (in Gefangenschaft mehr als 60 Jahre). Er ist in der Jugend Strichvogel, danach Standvogel.

UHV, Abk. für Ultrahochvakuum (→Vakuum).

Uíbh Fhailí [iːv əiˈliː], County in der Rep. Irland, →Offaly.

UIC, Abk. für frz. →Union Internationale des Chemins de Fer.

Uiguren, Uighuren, Turkvolk in Ost-, Mittel- und Zentralasien, etwa 7,7 Mio. Angehörige. Die U. übernahmen um die Mitte des 8. Jh. die Macht im Khanat der östl. Türken (Köktürken, Orchontürken; →Orchoninschriften) sowie in der nördl. Mongolei. Vermittelt durch ostiran. Sogdier, die als Händler am uigur. Hof Einfluss gewannen, wurde im 8. Jh. der →Manichäismus offizielle Staatsreligion der U.; daneben hingen viele U. dem Buddhismus an, ein kleiner Teil bekannte sich zum nestorian. Christentum. Nach der Zerstörung des U.-Reichs durch die Jenissej-Kirgisen (→Kirgisen) 840 bildeten sich an der südl. Peripherie zwei Nachfolgestaaten heraus. Der östl. unterlag 1030 dem Tangutenstaat Xixia. Eine kleine Bev.-Gruppe in der chin. Prov. Gansu wird noch heute als **gelbe U.** (etwa 15 000 Angehörige) bezeichnet. Im westl. Staat (im östl. Ostturkestan) trugen die unterdessen sesshaft gewordenen U. zur Ausbildung der Kultur von →Turfan bei. Anfang des 13. Jh. wurde der uigur. Staat Teil des Mongolenreichs DSCHINGIS KHANS.

Für die Nachkommen dieser U., z. T. mit anderen Volksgruppen vermischt, wurde 1955 in China die Autonome Region (heute Autonomes Gebiet) Sinkiang geschaffen (etwa 7,3 Mio. U.); der Name U. war 1934 von China anerkannt worden, davor wurden sie als Ostürken bezeichnet. Im 19. Jh. waren einige dieser U.-Gruppen (u. a. Kaschgarier, Tarantschen) nach erfolglosen Aufständen gegen China in benachbarte russ. Gebiete geflohen, eine zweite Auswanderungswelle (nach Kasachstan) folgte in den 1960er-Jahren (heute rd. 300 000 U. in Kasachstan, Usbekistan, Kirgistan). Heute kämpfen die U. in Sinkiang, geführt von Exilorganisationen wie der Ostturkestan. Vereinigung in Istanbul, gegen die Vorherrschaft der Chinesen und für ihre polit. und kulturelle Eigenständigkeit. Eine Minderheit (rd. 20 000 U.) lebt in der Mongolei.

uigurische Sprache und Literatur. *Sprachen:* **Altuigurisch,** eine Varietät des ›Alttürkischen‹ (→Turksprachen), ist in Handschriften aus Ostturkestan (Turfan) dokumentiert (11./12. Jh., z. T. wesentlich später; versch. Alphabete). **Neuuigurisch,** Eigen-Bez. ›uyghur tili‹, frühere Bez. ›Türki‹, ›Ostürkisch‹, gehört zur Südostgruppe der Turksprachen und ist heute die (in modifizierter arab. Schrift geschriebene) Schriftsprache der Mehrheit der turksprachigen Bev. Ostturkestans (Autonomes Gebiet Sinkiang, China). Ein Teil der Sprecher lebt in Westturkestan, bes. in Kasachstan. Das **Tarantschi** (im Ili-Gebiet) gilt als eine besondere Varietät. Einen seit Jahrhunderten isolierten Dialekt sprechen die buddhist. gelben Uiguren in der chin. Provinz Gansu **(Gelbuigurisch).**

Literatur: Das reiche altuigur. Schrifttum besteht v. a. aus Übersetzungen religiöser (buddhist., manichäischer u. nestorian.) Schriften. Neben einer ostturkestan. Volksliteratur entwickelt sich neuerdings auch eine moderne neuuigur. Kunstliteratur.

Philologiae Turcicae Fundamenta, hg. v. J. DENY, auf mehrere Bde. ber. (Wiesbaden 1959 ff.); G. JARRING: An Eastern Turki-English dialect dictionary (Lund 1964); A. VON GABAIN: Alttürk. Gramm. (³1974); K. RÖHRBORN: Uigur. Wb. Sprachmaterial der vorislam. türk. Texte aus Zentralasien, auf mehrere Lfgg. ber. (1977 ff.); R. F. HAHN: Spoken Uyghur (Seattle, Wash., 1991).

uiguro|mongolische Schrift, →mongolische Schrift.

Uinta Mountains [juːˈɪntə ˈmaʊntɪnz], Gebirgszug der Rocky Mountains, in NO-Utah, USA, etwa 300 km lang, von W nach O streichend, bis 4123 m ü. M. (Kings Peak).

Uintatherium, fossile Huftiergattung, →Dinocerata.

Uists, The U. [ðə ˈjuːɪsts], gebirgige Inseln der Äußeren Hebriden, Schottland: **North Uist** (bis 347 m ü. M.; 2200 Ew.) und **South Uist** (bis 620 m ü. M.; 3000 Ew.) sind über die Insel **Benbecula** (2000 Ew.) durch Brücken miteinander verbunden; ausgedehnte Deckenmoore; z. T. steile, stark gegliederte Küsten. Kleinbäuerl. Landwirtschaft, Tweedweberei, Fischerei, Fischfarmen; Fremdenverkehr. Hauptsiedlungen sind Lochmaddy (auf North Uist) und Lochboisdale (auf South Uist).

Uitenhage [ˈœjtənhaːxə], Industriestadt im SW der Prov. Ost-Kap, Rep. Südafrika, 203 000 Ew.; Automobilindustrie (VW), Eisenbahnwerkstätten, Reifenherstellung. – Im alten Bahnhof von 1875 Eisenbahnmuseum.

Uithoorn [ˈœjtˈhoːrn], Gem. in der Prov. Nordholland, Niederlande, südlich von Amsterdam, 24 600 Ew.; Büromaschinen-, Papier-, Farbenfabrik, Molkerei, ferner Herstellung von Metallwaren und Transportanlagen, Fahrzeugbau.

U-Jagd, im militär. Sprachgebrauch übliche Kurz-Bez. für Unterseebootjagd. **U-J.-Mittel** bzw. **U-J.-Plattformen** sind Überwasserschiffe (Zerstörer, Fregatten, spezielle ›U-Jäger‹ in Korvettengröße), U-Boote, Luftfahrzeuge (U-J.-Flugzeuge sowie Hubschrauber). Die direkte Bekämpfung von U-Booten ist weitgehend abhängig von der Aufklärung mittels elektron. (Radar), akust. (aktives und passives Sonar), opt. und magnet. (auf die durch ein U-Boot entstehende Störung des Erdmagnetfelds reagierende) Überwachungsgeräte, die an Land, in Satelliten, Flugzeugen und auf Schiffen oder unterseeisch stationiert sein können.

U-J.-Waffen (engl. anti-submarine-weapons, Abk. ASW) sind Waffensysteme und Einrichtungen zur Abwehr und Bekämpfung von Unterseebooten: Wasserbomben, Minen und heute v. a. Torpedos, die entweder direkt von Schiffen oder Flugzeugen abgeworfen oder mithilfe besonderer Flugkörper (in diesem Fall als U-J.-Raketen oder U-J.-Raketentorpedos bezeichnet) ins Zielgebiet verbracht werden.

Ujamaa-Dörfer [Suaheli, ›Gemeinsinn‹], Kollektivdörfer in Tansania, im Rahmen der Politik von J. →NYERERE entstanden.

Ujević [ˈuːjɛtvɪtɕ], Tin, eigtl. **Augustin U.,** kroat. Lyriker und Essayist, * Vrgorac (Dalmatien) 5. 7. 1891, † Zagreb 12. 11. 1955; lebte 1913–19 in Paris. Seine subjektive, im Symbolismus wurzelnde Lyrik bevorzugt aktuelle soziale und polit. Themen. In der späteren Dichtung bilden Schmerz, Bitterkeit und Einsamkeit die Grundstimmung; auch metaphys. Lyrik, ferner kulturkrit. Essays.

Ausgabe: Sabrana djela, 17 Bde. (1963–67).

Uji [udʒi], im frühgeschichtl. Japan hierarchisch geordneter Verband blutsverwandter Sippen. Die U. bildeten bis zur Taikareform (645) die staatstragende Schicht des Reiches. Jedes U. wurde von einem Oberhaupt patriarchalisch geleitet und nach außen vertreten. Es verfügte zudem über einen Namen (Ursprung des jap. Familiennamenwesens) und eine eigene Schutzgottheit. Innerhalb der U. gab es eine soziale Rangfolge mit dem Kaiserhaus an der Spitze.

Uji [udʒi], Stadt in der Präfektur Kyōto, Japan, auf Honshū, 184 800 Ew.; Chemiefaserindustrie. – Berühmt wurde U. durch den südlich der Stadt gelegenen Byōdōin (UNESCO-Weltkulturerbe), urspr. eine Villa der Fujiwara-Familie, seit 1053 buddhist. Tempel, bedeutend v. a. die Phönixhalle ›Hōō-dō‹ (1053), einer der wenigen erhaltenen Bauten der Heianzeit, mit der 3 m hohen vergoldeten Amida-Statue von JŌCHŌ († 1057), die zum klass. Vorbild für spätere Skulpturen wurde. BILD →japanische Kunst. – U., an einem seit dem jap. Altertum bekannten, das Gebiet um Nara mit dem Kyōtobecken und das Biwasee verbindenden Handelsweg gelegen, entstand um eine vermutlich 647 angelegte Brücke über den Ujiwara. Die Kämpfe um diese Brücke (1180 zw. MINAMOTO YORIMASA und den Taira, 1184 zw. MINAMOTO YOSHITSUNE und seinem Vetter YOSHINAKA) gingen in die noch heute lebendigen Heldenepen der Kamakurazeit ein.

Ujiji [u:ˈdʒi:dʒi:], seit 1967 Ortsteil von →Kigoma, Tansania.

Ujiyamada [-ˈdʒi-], bis 1955 Name der jap. Stadt →Ise.

Ujjain [u:ˈdʒaɪn], Stadt im W des Bundesstaates Madhya Pradesh, Indien, am Sipra, 366 800 Ew. – U. ist Sitz eines Bischofs der mit der kath. unierten syromalabar. Kirche; Univ. (gegr. 1957); Baumwollspinnereien, Seiden-, Metallwaren-, chem. Industrie. – U. zählt zu den sieben hl. Städten der Hindu. Hier findet alle 12 Jahre das hinduist. Pilgerfest Kumbhamela statt (zuletzt 1992). Der bedeutende Mahakala-Tempel fiel 1235 der muslim. Eroberung zum Opfer (skulptierte Reste eines Tores nahe dem neuzeitl. Palast). König JAI SINGH II. ließ 1728–34 in U. eines seiner architektonisch bemerkenswerten Observatorien errichten. – U., früher **Ujjayini**, war vom 4. bis 2. Jh. v. Chr. Residenz eines Vizekönigs des Mauryareichs, im 4./5. Jh. eine der Hauptstädte des Guptareichs.

Ujung-Kulon-Nationalpark [ˈudʒʊŋ-], Nationalpark (seit 1980) in W-Java, Indonesien, an der Sundastraße, umfasst außer der gleichnamigen Halbinsel auch die vorgelagerte Insel Panaitan, zus. 41 120 ha; seit 1921 unter Naturschutz; trop. Regenwald mit Resten der ursprüngl. Tierwelt (u. a. Javatiger, Javanashorn, Banteng, Silbergibbon, Krokodile, Hirschferkel, Mützenlangur, Muntjak).

Ujung Pandang [ˈudʒʊŋ-], früher **Makasar, Makassar,** Hafenstadt auf dem SW-Sporn von Celebes, Indonesien, 913 200 Ew.; Verw.-Sitz der Prov. Sulawesi Selatan; kath. Erzbischofssitz; staatl. Univ., zwei private Univ.; Fernsehsender; zahlr. Gewerbebetriebe (Textil, Papier, Zement u. a.), Ausfuhr v. a. von Kopra und Pflanzenölen; Flughafen Hasanuddin. – Die Stadt bestand als Marktort schon bei der Ankunft der Portugiesen (16. Jh.); seit 1607 niederländ. Handelsstation; seit der Beseitigung des Sultanats Makasar (→Makasaren) 1667–69 unter niederländ. Herrschaft; 1949 an die Rep. Indonesien.

uk, Militärwesen: Abk. für **u**nab**k**ömmlich. Die Kreiswehrersatzämter können gemäß § 13 Wehrpflichtgesetz einen Wehrpflichtigen ›uk‹ stellen, wenn auf seine Tätigkeit im öffentl. Interesse nicht verzichtet werden kann.

UK [ˈjuːˈkeɪ], Abk. für engl. **U**nited **K**ingdom of Great Britain and Northern Ireland, →Großbritannien und Nordirland.

Ukas [russ., zu ukazat' ›befehlen‹, ›anordnen‹] *der, -ses/-se,* **Ukaz** [-z], Erlass, Verordnung des Zaren als allgemeine Ausdrucksform der Ausübung der Staatsgewalt. In der UdSSR ergingen U. von den Präsidien des Obersten Sowjets der UdSSR, der Unions- und der autonomen Republiken. Auch der Präs. der Russ. Föderation trifft innenpolit. Entscheidungen per Erlass (zumeist Dekret genannt).

Ukelei [aus dem Slaw.] *der, -s/-e* und *-s,* **Laube, Laugele, Albola, Alburnus alburnus,** schlanke, bis 18 cm lange Art der Karpfenfische mit oberständigem Maul, blaugrünem Rücken und silbrig glänzenden Seiten. Oberflächenorientierter Schwarmfisch in langsam fließenden und stehenden Gewässern nördlich der Alpen. Der U. laicht im Mai/Juni auf hartem Substrat (z. B. auf Steinen). Seit aus den Schuppen des U. kein →Fischsilber mehr hergestellt wird, ist er wirtschaftlich bedeutungslos. Ein wichtiger Fressfeind des U. ist der Zander. – In einigen Regionen (z. B. an der Mosel) wird der U. auch ›Schneider‹ genannt.

Ukelei (Länge bis 18 cm)

Ukerewe, größte Insel des Victoriasees (im SO), rd. 700 km² groß, zu Tansania gehörig; dicht besiedelt.

Ukermark *die,* Landschaft in Brandenburg, →Uckermark.

Ukiyo-e [jap. ›Malerei der fließenden, vergängl. Welt‹], die bürgerl. Genremalerei in Japan seit Ende des 16. Jh. Ihr Thema ist das Vergnügungsleben in den Städten, v. a. das der Kurtisanen und der Schauspieler des Kabukitheaters, aber auch das idealisierte Fest- und Alltagsleben des Volkes, häufig mit erot. Beigeschmack (Shunga sowie Mädchenbildnisse, Bijin-ga). Das U.-e umfasst auch den Genreholzschnitt (Buchillustrationen und Einzeldrucke, →Farbholzschnitt) gleicher Inhalte. MORONOBU begründete um 1660 diese Richtung in Edo (heute Tokio), HARUNOBU ist der erste bedeutende Meister des Vielfarbendrucks (1765). Höhepunkte bilden die großformatigen Köpfe und Liebesszenen des UTAMARO und die expressiven Schauspielerporträts des SHARAKU und des TOYOKUNI; mit HOKUSAI und HIROSHIGE gelangte die reine Landschaftsdarstellung ab 1800 zu größerer Bedeutung.

Ukiyo-e: Katsushika Hokusai, ›Der rote Berg Fuji bei schönem Wetter‹; um 1825 (Atami, Kunstmuseum)

Das Klatschen der einen Hand. Jap. Farbholzschnitte aus 3 Jh. ..., hg. v. G. FAHR-BECKER, Ausst.-Kat. (1992); U., Meisterwerke des jap. Holzschnittes aus dem Kupferstich-Kabinett Dresden, Beitrr. v. R. HEMPEL, bearb. v. G. AVITABILE u. a., Ausst.-Kat. Kupferstich-Kabinett Dresden (1995); U. Die Kunst des jap. Farbholzschnitts, Beitrr. v. N. CAWTHORNE (a. d. Engl., 1998).

Ukiyozōshi [-zo:ʃi; jap. ›Schriften über die vergängl. Welt‹], Bez. für die bürgerl. Unterhaltungsprosa Japans, die etwa 1680–1770 im Gebiet von Ōsaka ihre Blütezeit erlebte. Ein früher Meister dieses Genres war IHARA SAIKAKU mit seinen Sittenschilderungen.

H. HIBBETT: The floating world in Japanese fiction (New York 1960).

Ukkel [ˈykəl], belg. Gemeinde, →Uccle.

Ukra Ukraine

Ukraine
Fläche 603 700 km²
Einwohner (1997) 50,45 Mio.
Hauptstadt Kiew
Amtssprache Ukrainisch
Nationalfeiertag 24. 8.
Währung 1 Hrywnja = 100 Kopijki
Uhrzeit 13⁰⁰ Kiew = 12⁰⁰ MEZ

Ukraine

Staatswappen

Staatsflagge

UA
Internationales
Kfz-Kennzeichen

1970 1997 1991 1996
Bevölkerung Bruttosozial-
(in Mio.)   produkt je Ew.
             (in US-$)

☐ Stadt
☐ Land

Bevölkerungsverteilung 1995

☐ Industrie
☐ Landwirtschaft
☐ Dienstleistung

Bruttoinlandsprodukt 1995

Ukraine, ukrain. **Ukraïna,** amtlich **Respublika Ukraïna,** dt. **Republik U.,** Staat im SW Osteuropas, mit einer Fläche von 603 700 km², etwa so groß wie Frankreich, Belgien und die Niederlande zus., die drittgrößte GUS-Rep. und der zweitgrößte Staat Europas, (1997) 50,45 Mio. Ew.; Hauptstadt ist Kiew. Das Land grenzt im W an die Slowak. Rep. und Polen, im NW an Weißrussland, im NO und O an Russland, im S an das Asowsche und Schwarze Meer und im SW an Rumänien, Moldawien und Ungarn. Amtssprache ist Ukrainisch, in Gebieten mit geschlossenen russischen Siedlungsräumen auch Russisch. Währung: 1 Hrywnja = 100 Kopijki. Zeitzone: OEZ (13⁰⁰ Kiew = 12⁰⁰ MEZ).

STAAT · RECHT

Verfassung: Die Verf. vom 28. 6. 1996 definiert die U. als demokrat. Rechts- und Sozialstaat. Die Grundrechte, über deren Einhaltung ein parlamentar. Menschenrechtsbeauftragter wacht, entsprechen internat. Standard. Der Staatsform nach ist die U. eine Rep. mit einem präsidentiell-parlamentar. Reg.-System.

Staatsoberhaupt ist der auf fünf Jahre direkt gewählte Präs. (nur einmalige unmittelbare Wiederwahl zulässig). Für die Wahl ist die absolute Mehrheit der abgegebenen Stimmen bei einer Wahlbeteiligung von mindestens 50% erforderlich. Wird diese Mehrheit im ersten Wahlgang nicht erreicht, findet eine Stichwahl zw. den beiden erfolgreichsten Bewerbern statt. Wählbarkeitsvoraussetzungen sind ein ständiger Aufenthalt im Land von zehn Jahren und die Beherrschung der ukrain. Sprache. Der Präs. verfügt – namentlich in der Sicherheits- und Außenpolitik – über beträchtl. Befugnisse. Er ist Oberbefehlshaber der Streitkräfte, Vors. des Nat. Sicherheits- und Verteidigungsrates und Inhaber wesentl. Notstandsbefugnisse. Er verfügt über das Recht zur Gesetzesinitiative und kann gegen Gesetzesbeschlüsse sein Veto einlegen, das nur mit einer Zweidrittelmehrheit der Abg. zu überwinden ist. Die Akte des Präs. (z. B. seine Durchführungs-VO) bedürfen nur in besonderen Fällen einer Gegenzeichnung. Der Präs. kann im Ergebnis eines parlamentar. Anklageverfahrens wegen schwerer Straftaten seines Amtes enthoben werden. Nach Einholung von Gutachten des Verf.- und des Obersten Gerichts entscheidet hierüber das Parlament mit Dreiviertelmehrheit. Die Reg. unter Vorsitz des Premier-Min. ist zugleich dem Präs. und dem Parlament verantwortlich. Der Reg.-Chef und die Min. werden vom Präs. ernannt, doch bedarf dies – wie auch das Reg.-Programm – der Zustimmung des Parlaments. Während der Präs. das Kabinett jederzeit entlassen kann, hat ein mit absoluter Mehrheit zu beschließendes parlamentar. Misstrauensvotum zwar das Rücktrittsgesuch der Reg. zur Folge, doch muss der Präs. den Rücktritt nicht annehmen. Die Legislative liegt beim Obersten Rat (Werchowna Rada; Legislaturperiode von vier Jahren). Gemäß Wahl-Ges. vom 24. 9. 1997 werden die 450 Abg. je zur Hälfte in relativer Mehrheitswahl in Einzelwahlkreisen bzw. in Verhältniswahl nach landesweiten Listen (Sperrklausel von 4%) gewählt. Eine vorzeitige Parlamentsauflösung durch den Präs. ist mit Gegenzeichnung des Premier-Min. möglich, wenn innerhalb der ersten 30 Tage einer Sitzungsperiode keine Plenarsitzung stattfindet. – Hauptaufgabe des seit Anfang 1997 bestehenden Verf.-Gerichts (18 Richter, je zu einem Drittel vom Präs., dem Parlament und dem Richterkongress für neun Jahre bestellt) ist die Normenkontrolle; eine Verf.-Beschwerde ist unbekannt.

Parteien: Zum vielschichtigen, instabilen Parteiensystem gehören v. a. die Kommunisten der U. für soziale Gerechtigkeit und Volksmacht (gegr. 1993 als Nachfolgeorganisation der KP der U.), die Volksbewegung ›Ruch‹ (gegr. 1989, seit 1993 als Partei registriert), die Sozialist. Partei der U. (SPU; eine der Nachfolgeorganisationen der KP, gegr. 1991), die Bauernpartei der U. (gegr. 1990), die Demokrat. Volkspartei (gegr. 1996), die Vereinigte Sozialdemokrat. Partei der U. (VSDPU; gegr. 1995), die Grüne Partei (gegr. 1990) und die Bewegung ›Hromada‹.

Gewerkschaften: Seit 1990/91 entwickelt sich eine pluralist. Gewerkschaftsbewegung. Größter Dachverband ist die Ukrain. Gewerkschaftsföderation (entstanden 1990 als Nachfolgeorganisation der früheren staatl. Gewerkschaften in der U.), der 42 Einzelgewerkschaften und 26 regionale Gewerkschaftsverbände angehören. Daneben existieren die Nat. Gewerkschaftskonföderation sowie berufsorientierte Verbände wie die gut organisierte Unabhängige Gewerkschaft der Bergarbeiter.

Wappen: In Blau mit goldener Dreizack. Es ist abgeleitet von dem Emblem der Großfürsten von Kiew, bes. WLADIMIRS DES HEILIGEN (978–1015), und wurde erstmals 1918 verwendet.

Nationalfeiertag: 24. 8., zur Erinnerung an die Erklärung der Unabhängigkeit 1991.

Verwaltung: Auf regionaler Ebene gliedert sich die U. in die autonome Rep. Krim, 24 Gebiete (Oblast)

Größe und Bevölkerung (1997)			
Verwaltungseinheit (Hauptstadt)[1]	Fläche in 1000 km²	Ew. in 1000	Ew. je km²
Republik Krim[2] (Simferopol)	27,0	2 580,2	96
Gebiete			
Charkow	31,4	3 055,1	97
Cherson	28,5	1 255,1	44
Chmelnizkij	20,6	1 498,4	73
Dnjepropetrowsk	31,9	3 811,2	119
Donezk	26,5	5 125,4	193
Iwano-Frankowsk	13,9	1 465,6	105
Kiew	28,9[3]	1 880,4	65
Kirowograd	24,6	1 211,2	49
Lemberg	21,8	2 750,6	126
Lugansk	26,7	2 743,0	103
Nikolajew	24,6	1 332,1	54
Odessa	33,3	2 566,8	77
Poltawa	28,8	1 723,9	60
Rowno	20,1	1 192,5	59
Saporoschje	27,2	2 059,2	76
Schitomir	29,9	1 467,9	49
Sumy	23,8	1 384,3	58
Ternopol	13,8	1 172,3	85
Transkarpatien (Uschgorod)	12,8	1 288,6	101
Tscherkassy	20,9	1 491,1	71
Tschernigow	31,9	1 333,4	42
Tschernowzy	8,1	940,8	116
Winniza	26,5	1 862,2	70
Wolhynien (Luzk)	20,2	1 071,8	53
Hauptstadt Kiew	·	2 630,4	·
Ukraine	603,7	50 893,5	84

[1] die Namen des Gebiets und der Hauptstadt sind, wenn nicht anders angegeben, identisch. – [2] darin die republiksunmittelbare Stadt Sewastopol (1997: 401 200 Ew.). – [3] darin die Fläche der republiksunmittelbaren Stadt Kiew.

Ukraine **Ukra**

sowie die republiksunmittelbaren Städte Kiew und Sewastopol. Die lokale Verw.-Ebene besteht aus 479 Landkreisen (Rayon) mit rd. 10 200 Gemeinden (Städte, Siedlungen, Dörfer), 143 kreisfreien Städten sowie den Bezirken der beiden republiksunmittelbaren Städte. Seit den Verw.-Reformen von 1990 und 1992 wird zw. örtl. Selbst- und Staatsverwaltung unterschieden. Die endgültigen Rechtsgrundlagen der örtl. Selbstverwaltung wurden mit dem Ges. vom 21. 5. 1997 geschaffen und mit den Kommunalwahlen 1998 in die Tat umgesetzt. Beschlussorgan in den Gemeinden ist der auf vier Jahre direkt gewählte Rat; er bestellt den Vollzugsausschuss. Die Gebiete und Landkreise sind primär staatl. Verw.-Einheiten, deren Chefs vom Staats-Präs. auf Vorschlag der Reg. ernannt und entlassen werden. Allerdings bestehen auch hier Selbstverwaltungsorgane in Gestalt von volksgewählten Räten mit Beschlusskompetenzen. Eine Sonderstellung genießt die mehrheitlich von Russen bewohnte Krim, die Anfang 1991 den Status einer autonomen Rep. erhalten hat. Der Umfang ihrer Territorialautonomie und ihre Staatsorganisation waren allerdings bis zum Krim-Ges. vom 17. 3. 1995 umstritten. Nach der neuen ukrain. Verf. (Art. 134–139) verfügt die Krim über eine eigene Legislative (Oberster Rat) und Exekutive (Min.-Rat), während die Judikative bei der U. liegt. Der Vors. des Min.-Rats wird nach Abstimmung mit dem ukrain. Präs. vom Regionalparlament bestellt und entlassen.

Recht: Die ordentl. Gerichtsbarkeit ist für Zivil-, Straf- und Verwaltungsrechtssachen zuständig und dreistufig gegliedert in Gerichte der lokalen und der regionalen Gebietseinheiten sowie das Oberste Gericht. Auf der kommunalen Ebene soll das Amt des Friedensrichters für Bagatellsachen neu eingerichtet werden. Daneben besteht für wirtschaftsrechtl. Streitigkeiten zw. Unternehmen aller Eigentumsformen eine zweistufige Arbitragegerichtsbarkeit; sie soll umgestaltet und in regionale Wirtschaftsgerichte und das Wirtschaftsobergericht gegliedert werden. Die Staatsanwaltschaft ist nicht nur für die Strafverfolgung zuständig, sondern übt eine umfassende Rechtsaufsicht über alle Verwaltungs- und Wirtschaftsbereiche aus.

Streitkräfte: Die Wehrpflichtarmee hat eine Gesamtstärke von rd. 300 000 Mann. Die Dienstzeit beträgt bei Heer und Luftwaffe 18, bei der Marine 24 Monate; Wehrpflichtige mit höherem Bildungsabschluss dienen nur 12, bei der Marine 18 Monate. An paramilitär. Einheiten verfügt die U. über rd. 100 000 Mann (Innere Truppen, Grenztruppen, Nationalgarde). Das Heer (etwa 200 000 Mann) ist in zwei operative Kommandobereiche mit insgesamt sieben Armeekorps gegliedert. Die Luftwaffe hat etwa 60 000 Mann. Die Marine (rd. 40 000 Mann) befindet sich im Umbruch, nachdem sich Russland und die U. 1997 nach jahrelangen Verhandlungen über die Aufteilung der Schwarzmeerflotte geeinigt hatten. Die Ausrüstung besteht im Wesentlichen aus etwa 4 000 Kampfpanzern, 900 Kampfflugzeugen, zwei U-Booten und acht Fregatten. – 1994 unterzeichneten die U., Russland und die USA ein Abkommen über den Abbau und die Vernichtung der ukrain. Atomwaffen, das bis Juni 1996 erfüllt wurde. Der ›Partnerschaft für den Frieden‹ der NATO trat die U. 1994 bei; 1997 unterzeichneten NATO und U. die ›Charta über eine ausgeprägte Partnerschaft‹ und vereinbarten die Zusammenarbeit zur Konfliktverhütung, Abrüstung und der Kontrolle von Waffenexporten.

LANDESNATUR · BEVÖLKERUNG

Die U. liegt überwiegend im SW der glazial überformten Osteurop. Ebene, die von zahlr. Flüssen, bes. vom Dnjepr mit seinen Nebenflüssen Pripjet und Desna, vom Südl. Bug und Dnjestr, im W von San und Westl.

Ukraine: Schafherde in den Waldkarpaten

Bug und im äußersten SW an der Grenze zu Rumänien von der Donau durchzogen wird; dieser Bereich ist mit Ausnahme eines Gebietsstreifens im N weithin von Löss bedeckt, der Untergrund wird i. Allg. vom Ukrain. Massiv gebildet. Ausgedehnte Niederungen befinden sich im N (Polesien), im zentralen Landesteil (Dnjeprniederung) und im S entlang der Schwarzmeerküste; die Schwarzmeerniederung greift auf den N der Halbinsel Krim über. Charakteristisch sind durchschnittlich 200–400 m ü. M. aufsteigende Platten, so im W die Wolhynisch-Podol. Platte, an die sich südlich des Dnjestr die waldreiche N-Bukowina und der kleine ukrain. Teil Bessarabiens sowie östlich zw. Südl. Bug und Dnjepr die Dnjeprplatte anschließen. Von Ausläufern der Mittelruss. Platte wird der NO des Landes eingenommen. Östlich des großen Dnjeprbogens erstreckt sich der Donezrücken, der im SW in die Asowsche Platte übergeht. Die O-Hänge der Platten fallen steil zu den Flussniederungen ab und sind bes. am Dnjepr durch Balki und Owragi (→Owrag) stark zerschnitten. Im äußersten W der U. liegen die Waldkarpaten (Gowerla, ukrain. Howerla; 2 061 m ü. M.), deren S-Abdachung bis zur Theiß die Karpato-Ukraine bildet; nördlich davon reicht Galizien in die U. Die Waldkarpaten sind wie das Krimgebirge (bis 1 545 m ü. M.) Teil der alpid. Faltengebirgszone.

Klima: Die U. liegt in der warmgemäßigten, die S-Küste der Krim in der feuchtsubtrop. Klimazone. Charakteristisch ist eine zunehmende Kontinentalität von NW nach SO, wobei entsprechend die Sommer heißer, die Winter kälter und die jährl. Niederschlagsmengen geringer werden. Allg. sind die Winter (mitt-

Klimadaten von Kiew (179 m ü. M.)					
Monat	Mittleres tägl. Temperatur- maximum in °C	Mittlere Nieder- schlags- menge in mm	Mittlere Anzahl der Tage mit Nieder- schlag	Mittlere tägl. Sonnen- scheindauer in Stunden	Relative Luft- feuchtigkeit nachmittags in %
I	−1,4	43	17	1,4	87
II	−0,2	39	15	2,1	84
III	4,4	35	14	3,6	79
IV	13,3	46	12	5,2	69
V	20,7	56	13	8,3	63
VI	23,6	66	13	8,8	65
VII	25,7	70	13	9,3	67
VIII	24,5	72	12	8,2	70
IX	20,0	47	10	6,1	73
X	13,6	47	12	4,0	80
XI	5,8	53	15	1,6	86
XII	0,1	41	18	1,0	88
I–XII	12,5	615	164	5,0	76

Ukra Ukraine

lere Januartemperatur zw. −7 °C und −8 °C im NO und 2–4 °C an der S-Küste der Krim) relativ kurz und schneearm, die Sommer (mittlere Julitemperatur zw. 18 °C und 19 °C im NW und 23–24 °C im SO und an der S-Küste der Krim) warm, in der südl. Steppenzone heiß und trocken, wobei Trockenperioden von drei Monaten und mehr, gelegentlich mit heißen Staubstürmen (Suchowej) verbunden, keine Seltenheit sind. Das Jahresniederschlagsmittel erreicht in den Ebenen 700 mm im NW und 300 mm im S, im Krimgebirge 1000–1200 mm, in den Waldkarpaten 1200–1600 mm. Die Hauptmenge des Niederschlags fällt im Frühjahr und Sommer.

Vegetation: Der N-Teil liegt in der Mischwald-, der mittlere und südl. Teil in der Waldsteppen- und dürregefährdeten Steppenzone, die jedoch wegen der fruchtbaren Schwarzerdeböden weitgehend in Akkerland umgewandelt wurden. Die urspr. reichhaltige Steppenflora und -fauna ist nur noch in den Naturschutzgebieten (→Askanija-Nowa) anzutreffen. Waldbedeckte Flächen, bes. in den Gebirgen und im sumpf- und seenreichen Polesien, umfassen etwa ein Achtel der Landesfläche.

In den industriellen Ballungsgebieten bestehen große ökolog. Probleme, v. a. durch die hohen Schwefeloxid-Emissionen. Eine erhebl. Gefahr für die Menschen sind weiterhin die Folgen des Reaktorunfalls von →Tschernobyl. Mehr als 4 % der Landesfläche sind, v. a. durch das Radionuklid Cäsium 137, langfristig kontaminiert.

Bevölkerung: Von der Bev. waren 1989 72,7 % Ukrainer und 22,1 % Russen, die im 19. Jh., verstärkt aber unter der Sowjetherrschaft zuwanderten und heute bes. auf der Krim, im stark industrialisierten östl. Landesteil und in den zentralukrain. Städten wohnen. Daneben gibt es mehrere kleinere Nationalitäten, davon je 0,9 % Juden und Weißrussen, 0,6 % Moldawier, 0,5 % Bulgaren, 0,4 % Polen (bes. in den ehemals zu Polen gehörenden Gebieten der West-U.), je 0,3 % Ungarn sowie Tataren bzw. →Krimtataren, 0,2 % Griechen, 0,1 % Deutsche (1941: 350000, geschätzt 1998: 40000 bis 100000) sowie 1,0 % Angehörige anderer Nationalitäten. Das Bev.-Wachstum ist seit Beginn der 1990er-Jahre rückläufig; das natürl. Bev.-Wachstum lag 1990–96 bei −0,4 % pro Jahr (1997: −0,7 %). 1997 waren von der Bev. 19 % bis 14 Jahre, 67 % 15–64 Jahre und 14 % 65 Jahre alt und älter. 1940–95 erhöhte sich der Anteil der Stadt-Bev.

Größte Städte (Ew. 1997)

Kiew (Kyjiw)	2 630 400	Lemberg (Lwiw)	797 000
Charkow (Charkiw)	1 536 000	Kriwoj Rog (Krywyj Rih)	711 000
Dnjepropetrowsk (Dnipropetrowsk)	1 134 000	Nikolajew (Mikolajiw)	523 000
		Mariupol	504 000
Donezk	1 075 000	Lugansk (Luhansk)	480 000
Odessa	1 037 000	Makejewka (Makijiwka)	401 000
Saporoschje (Saporischschja)	871 000		

von 34 % auf 70 %. Mit 84 Ew. je km² gehört die U. zu den stärker besiedelten Staaten Europas. Am dichtesten bevölkert (bis 200 Ew. je km²) sind das Donez-Steinkohlenbecken, das Dnjeprgebiet, die südwestl. Landesteile, die Krim und die Karpato-U., am schwächsten (unter 20 Ew. je km²) die Waldkarpaten und Polesien. Von den (1996) etwa 23 Mio. Arbeitskräften waren 33 % in der Industrie und im Bauwesen, 21 % in der Land- und Forstwirtschaft, 16 % im Gesundheits-, Erziehungswesen und im kulturellen Sektor, je 7 % im Handels- sowie Verkehrs- und Kommunikationsbereich und 16 % in anderen Sektoren tätig.

Religion: Die Verf. garantiert die Religionsfreiheit. Grundlage der Religionspolitik ist das ›Gesetz über die Gewissensfreiheit und religiösen Organisationen‹ (1991 in Kraft gesetzt). Es verpflichtet den Staat zu religiöser Neutralität und Parität, bestimmt die Trennung von Staat und Kirche und verfügt gegenüber den Religionsgemeinschaften die Registrierungspflicht. Verantwortlich für die Regelung der Beziehungen zw. dem Staat und den Religionsgemeinschaften ist der Reg. beigeordnete ›Rat für religiöse Angelegenheiten‹. – Nach kirchl. Angaben sowie nach Schätzungen gehören etwa 66–71 % der Bev. christl. Kirchen an bzw. fühlen sich diesen verbunden: rd. 50–55 % den drei (infolge von Kirchenspaltungen entstandenen) ukrain. orth. Kirchen, rd. 12 % (v. a. in der West-U.) der kath. Kirche, über 3 % prot. Kirchen (neben Baptisten und Pfingstlern v. a. Reformierte, Adventisten und Lutheraner), rd. 0,8 % der Kirche der priesterl. Altgläubigen (→Popowzy), eine geringe Zahl der armen. Kirche. Von den kath. Christen gehören 81,6 % der ukrainisch-kath. Kirche und 5,2 % der ›ruthenischen Kirche‹, 13,2 % (v. a. in Polen) folgen dem lat. Ritus. Die Mehrheit der ungar. Bev.-Gruppe gehört der ›Ref. Kirche in der Karpato-U.‹ (Sitz der Kirchenleitung in Mukatschewo; rd. 120000 Mitgl.) an. Die ukrain. Gliedkirche der →Evangelisch-Lutherischen Kirche in Russland und anderen Staaten umfasst (1997) 22 Gemeinden. (→ukrainische Kirchen) – Die jüd. Gemeinschaft zählte 1995 rd. 446000 Mitgl. (Anfang des 20. Jh. über 1,9 Mio.), hat jedoch seither infolge Auswanderung stark abgenommen. – Die kleine islam. Gemeinschaft wird überwiegend von den →Krimtataren gebildet und untersteht geistlich einem Mufti mit Sitz in Kiew. – In der südl. U. lebt eine geringe Anzahl →Karäer.

Bildungswesen: Es besteht eine elfjährige Schulpflicht vom 6. bis 17. Lebensjahr. Die Anfangsschule umfasst die Klassen 1–3. Die allgemein bildende Mittelschule umfasst die Klassen 4–9 (unvollendete Mittelschule) und die Klassen 10–11 (vollendete Mittelschule), die zur Hochschulreife führt (allerdings veranstalten Hochschulen und Univ. ihrerseits Aufnahmeprüfungen), ebenso das seit jüngster Zeit wieder eröffnete Gymnasium (›Lizej‹, Lyzeum) und die zwei- bis dreijährige Fachschule, die geeignete Schüler (Aufnahmeprüfung nach der neunten Klasse der Mittelschule) aufnimmt. Sie bietet neben der Hochschulreife berufl. Abschlüsse. Nach der neunten Klasse ist auch der Übergang in beruflich-techn. Schulen möglich (1–3 Jahre); wer an ihnen eine Berufsausbildung absolviert, leistet seine restl. Schulpflicht (von zwei Jahren) in der Abendschule ab. Die bis zur Unabhängigkeit überwiegend russ. Schulen, an denen Russisch Unterrichtssprache war (und Ukrainisch als eine von zwei Fremdsprachen gelehrt wurde), wurden zunehmend von ukrain. Schulen abgelöst (sie bieten Russisch als eine von zwei Fremdsprachen an). Russisch ist auf Hochschulebene nach wie vor unentbehrlich (bes. in Mathematik und naturwiss. Fächern). Univ. befinden sich in Lemberg (gegr. 1661), Charkow (gegr. 1805), Kiew (gegr. 1834), Odessa (gegr. 1865), Tschernowzy (gegr. 1875 als östlichste deutschsprachige Univ.), Simferopol (gegr. 1918), Dnjepropetrowsk (gegr. 1918), Uschgorod (gegr. 1945), Donezk (gegr. 1965) und Saporoschje (gegr. 1985).

Publizistik: Die wichtigsten Tageszeitungen sind: ›Holos Ukrainy‹ (Organ des Parlaments; Auflage 450000), ›Silski Visti‹ (dreimal wöchentlich; 450000), ›Demokratychna Ukraina‹ (früheres KP-Organ, heute unabhängig; 312000), ›Robitnycha Hazeta‹ (Organ des Ministerrates; 176000). Die Nachrichtenagenturen ›Ukrainian Press Agency‹ und ›Respublika‹ sind unabhängig. Hörfunk und Fernsehen unterstehen der Aufsicht des 1995 gegründeten ›Staatskomitees für Fernsehen und Radio‹ und des 1994 gegründeten ›Nat. Rats für Fernsehen und Radio‹, der in Übereinstimmung mit den Entscheidungen des Parlaments ar-

Ukraine **Ukra**

beitet. Daneben sendet das ›Unabhängige Fernsehen der U.‹ (gegr. 1996). Auf der Krim gibt es eine Rundfunkanstalt mit einem regionalen Hörfunk- und Fernsehprogramm.

WIRTSCHAFT · VERKEHR

Dank umfangreicher Industrie und Landwirtschaft ist die U. nach Russland die zweitwichtigste Rep. innerhalb der GUS-Staaten. Der nach Erlangung der Unabhängigkeit 1991 eingeleitete Transformationsprozess in Richtung Marktwirtschaft bereitet erhebl. Schwierigkeiten und wird durch innenpolit. Auscinandersetzungen belastet. Durch das Auseinanderbrechen des sowjet. Wirtschaftsraumes, verstärkt durch übereiltes Herauslösen des Landes aus den wirtschaftl. Verbindungen mit den anderen GUS-Republiken, durch die geringe Konkurrenzfähigkeit ukrain. Wirtschaftsgüter auf dem Weltmarkt und durch die schleppende Verwirklichung von Wirtschaftsreformen (bis 1998 im Wesentlichen nur eine ›kleine‹ Privatisierung, d. h. Entstaatlichung v. a. kleiner Staatsbetriebe) hielt der nach der Unabhängigkeit einsetzende Wirtschaftsabschwung bis 1997 an und setzt sich z. T. noch bis in das Jahr 1998 fort, obwohl in diesem Jahr Momente der Stabilisierung (Anstieg der Wirtschaftsproduktion, Senkung der Inflationsrate auf 80 % u. a.) erkennbar sind. Die für den Transformationsprozess notwendigen Maßnahmen wie Freigabe der Verbraucherpreise und weitgehender Subventionsabbau für die Landwirtschaft führten zu Einkommensverlusten und z. T. zur Verarmung großer Teile der Bev. Auch die Einführung der neuen Währung Hrywnja (1996) trug nicht zur Lösung der anstehenden Wirtschaftsprobleme bei. Eine Besserung der wirtschaftl. Situation wird bes. durch die starke Abhängigkeit von der teuren Energiezufuhr v. a. aus Russland erschwert. Mit einem Bruttosozialprodukt (BSP) von (1996) etwa 1 625 US-$ je Ew. gehört die U. zu den Ländern mit geringerem Einkommen. Das Bruttoinlandsprodukt (BIP) von 80,127 Mrd. US-$ im Jahr 1995 lag um 14,3 % unter dem Niveau von 1990. Das Haushaltsdefizit machte 1995 7,3 % des BIP aus, die Auslandsverschuldung erreichte 1997 etwa 8,8 Mrd. US-$. Bis Anfang 1997 erhielt die U. von internat. Finanzorganisationen 3,5 Mrd. US-$ an Krediten, bes. vom IWF. – 1996 wurden nur 40 % des BIP im Privatsektor erzeugt; dieser machte (1995) in der Industrie 41 %, in der Landwirtschaft 18 % und im Dienstleistungsbereich 41 % aus. Inkonstante Gesetzgebung und bürokrat. Hindernisse verschrecken ausländ. Direktinvestitionen, die 1991–97 kumulativ nur 2 Mrd. US-$ betrugen. Wegen der noch großen Zahl von Staatsbetrieben ist die gegenwärtige Arbeitslosenzahl (1997: 2,8 %, inoffiziell 8,7 %) gering. Etwa 50 % des BIP entstammen der Schatten- und mafiosen Wirtschaft.

Landwirtschaft: Sie ist neben der Schwerindustrie eine der wirtschaftl. Hauptsäulen der U. Die seit 1990 bestehenden neuen Eigentums- und Nutzungsrechte ließen neben dem vorherrschenden genossenschaftl. (63 % der landwirtschaftl. Nutzfläche = LN) und staatl. (21 %) auch individuelles Eigentum (2 %) zusätzlich zu den bereits existierenden, privat genutzten Hofflächen (ohne Besitzrechte) der Hauswirtschaften und Hausgärten (13 % der landwirtschaftl. Nutzfläche) entstehen. Nach dem Ges. zur Landreform von Anfang 1992 ist der Erwerb kleinerer landwirtschaftl. Parzellen (bis 100 ha LN, davon 50 ha Ackerland pro Familie) möglich, jedoch brauchen die ehemaligen Kolchosen und Sowchosen nur 7–10 % ihrer ursprüngl. Fläche zu veräußern; Ausländer sind vom Grunderwerb nach wie vor ausgenommen.

Ackerland umfasst etwa 58 % und Dauerweideland und -heuschläge 15 % der Landesfläche. Von der Ackerfläche werden etwa 16 % mit Weizen, 13 % mit

Ukraine: Federgrassteppe im Naturschutzgebiet Askanija-Nowa

Gerste, 3 % mit Mais, 4 % mit Kartoffeln, 6 % mit Sonnenblumen und 4 % mit Zuckerrüben bestellt. Außerdem werden Futterpflanzen, Flachs, Gemüse und Tabak angebaut. In den trockenen Steppengebieten ist Ackerbau mit zuverlässigen Erträgen nur bei Bewässerung möglich (→Nordkrimkanal). Auf der Krim dominiert der Wein- und Obst-, in Transkarpatien und in der Schwarzmeer-Küstenregion der Weinbau. Seit 1990 gehen die landwirtschaftl. Erträge, v. a. aus ökolog. Gründen, wegen unzureichender Agrartechnik und fehlender Dünge-, Futtermittel und Wirtschaftsgebäude, aber auch wegen der geringen Kaufkraft der Bev. zurück. Ein großer Teil der geernteten Agrargüter verdirbt auf dem Weg in die Verarbeitungszentren. Die privaten Kleinerzeuger tragen etwa ein Drittel zur landwirtschaftl. Produktion bei. Die Rinder-, Schweine- und Schafzucht (im Karpatengebiet) sowie Geflügelhaltung sind ebenfalls bedeutend, der Viehbestand nahm jedoch seit 1990 um rd. ein Drittel ab.

Forstwirtschaft: Die Waldfläche umfasst einschließlich Buschland 18 % der Oberfläche. Mischwälder sind v. a. im N, Laubwälder im W vorherrschend. Bei abnehmender Einschlagsmenge (1993: 4,9 Mio. m³) ging der Umfang der Aufforstungen in den letzten zwanzig Jahren um über 25 % zurück.

Fischerei: 1994 wurden 310 722 t Fisch gefangen, davon 19 % in Binnengewässern, 56 % im Atlantik, 12 %

Ukraine: Wirtschaft

Ukra Ukraine

im Mittelmeer und Schwarzen Meer, 12% im Pazifik und 1% im Ind. Ozean.

Bodenschätze: Die U. besitzt mit 40 Mrd. t Reserven zwar mit die größten Steinkohlelagerstätten der Erde, bes. im →Donez-Steinkohlenbecken, komplizierter werdende geolog. Abbaubedingungen, veraltete Bergbautechnik und geringe Konkurrenzfähigkeit auf dem Weltmarkt führten aber zum Rückgang der Steinkohlenförderung (1980–97 von 197 Mio. t auf 82 Mio. t). Unter Mithilfe der Weltbank sollen der Steinkohlenbergbau reformiert und dabei unrentable Kohlegruben stillgelegt werden. Umfangreich sind die Vorkommen an Eisen- (bes. Kriwoj Rog, Krementschug, Kertsch), Manganerz (Nikopol) sowie Nichteisenerzen. Die rasante Verminderung der Erzförderung nach 1990 konnte 1997 (53,4 Mio. t Eisen- und etwa 3 Mio. t Manganerz) gestoppt werden. Schwerpunkte der Erdöl- und Erdgasgewinnung sind die Dnjepr-Donez-Region in der Ost-, das Karpatenvorland in der West- und die Region am Schwarzen Meer in der Süd-U. Auch die Gewinnung von Erdöl (1997: 4,2 Mio. t) und Erdgas (1997: 18 Mrd. m^3) ist rückläufig. Aus den vorhandenen Erdöl- und Erdgasfeldern kann nur etwa ein Fünftel des Eigenbedarfs gedeckt werden. Das Land wird von (1992) 2010 km Erdöl-, 1920 km Erdölprodukten- und 7800 km Erdgasleitungen durchzogen, größtenteils als Transitleitungen aus Russland (z. B. Erdölleitung ›Freundschaft‹). Daneben gibt es Vorkommen an Uran-, Blei-, Zinkerz, Salz, Graphit und Gips.

Energiewirtschaft: Die Energieversorgung der U. ist gekennzeichnet durch die starke Abhängigkeit von Erdgas- und Erdöllieferungen aus Russland, Turkmenistan und seit 1997 auch Usbekistan; diese decken gegenwärtig rd. 65% des ukrain. Gas- und rd. 80% des Ölbedarfs. Das Land leidet unter großer Energieknappheit. Die Elektroenergieerzeugung (1996: 181,6 Mrd. kWh) verringerte sich im Vergleich zu 1990 um 39%. Außer Wärme- und Wasserkraftwerken (am Dnjepr) arbeiten in 5 Kraftwerken 14 Kernreaktoren (Tschernobyl, Chmelnizkij, Saporoschje, Rowno, Süd-U. bei Nikolajew), die 1998 über die Hälfte der erzeugten Elektroenergie lieferten.

Industrie: Einem stärker industrialisierten O-Teil mit dem industriereichen Donez-Steinkohlenbecken steht ein industrieärmerer W-Teil gegenüber. Im Vergleich zu 1990 ging die Industrieproduktion bis 1995 durchschnittlich um etwa 13% zurück, wobei die Leichtindustrie stärker betroffen ist. Seit 1995 überwiegt die Zahl der nichtstaatl. die der staatl. Betriebe. Aus dem industriellen Zentrum in der Region um die Städte Charkow, Dnjepropetrowsk und Donezk stammen v. a. Dampf- und Elektrolokomotiven, Traktoren, Land- und Werkzeugmaschinen, Kraftfahrzeuge; ferner finden sich dort Kokereien, exportintensive Hüttenwerke der Eisen-, daneben der Nichteisenmetallurgie (Aluminium, Magnesium, Zink, Quecksilber) und große chem. Anlagen (Kohle- und Erdölchemie). In der Region um Kiew sind neben dem Maschinen-, Flugzeug- und Schiffbau auch zahlr. Betriebe der Leicht- (Konsumgüter, Holz, Glas, Textilien) und Nahrungsmittelindustrie ansässig. An der Schwarzmeerküste finden sich in Nikolajew und Cherson Schiffswerften. In der westl. U. dominiert die Nahrungsmittelindustrie (bes. Zuckerproduktion), im Bereich der Karpaten und in Polesien Holzverarbeitung. Betriebe des militärisch-industriellen Komplexes hatten einst einen Anteil von 77% an der Industrieerzeugung, ihre Umstellung auf zivile Produktion bereitet große Schwierigkeiten. Von den ehem. mehr als 1000 Rüstungsbetrieben arbeiten noch etwa 150.

Tourismus: Hauptgebiete des Fremdenverkehrs sind die Krim (einst wichtigstes Erholungs- und Kurgebiet der Sowjetunion), die Schwarzmeerküste und die Waldkarpaten; die unzureichende Infrastruktur lässt einen weiteren Ausbau derzeit nicht zu. 1994 besuchten 772 000 ausländ. Touristen das Land.

Außenwirtschaft: Der Außenhandelsumsatz lag 1996 bei 38 Mrd. US-$ (18,6 Mrd. Export und 19,4 Mrd. Import). Wichtigste Exportgüter (1996 in Prozent des Exportwerts) sind unedle Metalle und daraus gefertigte Erzeugnisse (32,2), Chemieprodukte (11,9), Maschinen, Apparate und Geräte (9,8), Lebensmittel (9,8), mineral. Stoffe, bes. Kohle (9,1), Waren pflanzl. Ursprungs (6,1) und Transportmittel. Wichtigste Importgüter (1996 in Prozent des Importwertes) sind Brennstoffe, Elektroenergie und andere mineral. Stoffe (52,4), Maschinen, Apparate und Geräte (13,3), Chemieprodukte (5,4), Lebensmittel (4,5), Kunststoffe und Kautschuk (4,2), unedle Metalle und daraus gefertigte Erzeugnisse (4,1) sowie Textilien (2,7). Im Jahr 1996 waren die bedeutendsten Importländer Russland (47% des Importwertes), Turkmenistan, Dtl., die USA, Polen und Weißrussland, die wichtigsten Exportländer Russland (47% des Exportwertes), Weißrussland, China, Türkei und Dtl. In Entwicklung befindet sich der Ausbau der Handelsbeziehungen mit den Industriestaaten des Westens.

Verkehr: Die U., die eine wichtige Transitfunktion im Verkehr zw. der Balkanhalbinsel und Russland besitzt, verfügt über eine relativ ausgebaute Verkehrsinfrastruktur mit einem dichten Eisenbahn- und Straßennetz, bes. im Donez-Kohlenbecken und im Einzugsbereich größerer Städte. Das Eisenbahnnetz hat (1996) eine Länge von 22 800 km, davon sind 8 600 km elektrifiziert. Von den (1996) 172 600 km Straßen sind 163 900 km befestigt; 1 875 km sind Schnellstraßen. Die Gesamtlänge der Binnenschifffahrtswege beträgt 4 400 km (davon 1 672 km auf den Pripjet und Dnjestr). Die Handelsflotte umfasst (1996) 301 Schiffe mit 2 507 463 BRT (3 156 522 dwt). Die wichtigsten Seehäfen sind Odessa, Iljitschowsk (Containerhafen; Eisenbahnfähre nach Warna), Cherson, Ismail, Mariupol und Kertsch. Von den 163 Flugplätzen mit befestigten Rollbahnen ist der internat. Flughafen Borispol bei Kiew am bedeutendsten; daneben gibt es 543 unbefestige Landeplätze. Internat. Fluggesellschaften sind die staatl. Ukraine International Airlines und die Air Ukraine.

GESCHICHTE

Mit U. (›Grenzland‹; von ›vkraj‹, dt. ›am Rande‹) bezeichnete man zunächst die ostslaw. Regionen an der Grenze zur Steppe (Trennlinie zw. sesshaften und nomadisierenden Völkern). Erstmals taucht dieser Begriff in einer Chronik des 12. Jh. auf und bezieht sich auf die Grenzgebiete des Kiewer Reichs in der heutigen U. Seit dem 16. Jh. nannten Ukrainer und Polen den Raum am mittleren Dnjepr verschiedentlich U.; im 17. Jh., als der Begriff auch im Ausland üblich wurde, verband er sich v. a. mit dem Hetmanat der Dnjeprkosaken und fand seit dem 19. Jh. – gefördert durch die ukrain. Nationalbewegung im Russ. Reich – immer häufiger Anwendung, v. a. für die im 20. Jh. auf ukrain. Gebiet gebildeten polit. Gremien und territorialen Einheiten.

Für die Ukrainer blieb aber bis ins 17. Jh. der schon für die Bev. des Kiewer Reichs übl. Name ›Rus‹ vorherrschend, für die nicht unter russ. Herrschaft stehenden sogar bis ins 20. Jh. (auch Bez. ›Rusyn‹, im Reich der Habsburger nach der lat. Form ›Rutheni‹ dt. ›Ruthenen‹ gen.). Im 17. Jh. kam im russ. Zarenreich für die Ukrainer der Name ›Kleinrussen‹ auf bzw. für das von ihnen bewohnte Gebiet ›Kleinrussland‹ (urspr. im 13./14. Jh. von der Patriarchatskanzlei in Konstantinopel für die Diözesen im SW geprägt, seit dem 19. Jh. von den Ukrainern als herabsetzend empfunden).

Die Zuordnung der U. zur ostslaw. bzw. russ. Gesch. ist weitgehend durch die nat. und polit. Einstellung bestimmt: Während die großruss. und kommunist. Geschichtsschreibung die Gesch. der U. nur als Territorialgesch. innerhalb Russlands (bzw. 1922–91 im Rahmen der Sowjetunion) interpretieren, behandelt die nationalukrain. Geschichtsschreibung seit M. HRUSCHEWSKYJ das Kiewer Reich als Teil der eigentlich ukrain. Gesch. und bemüht sich, die Landesgesch. als kontinuierl. Nationalgesch. zu sehen. Ein ukrain. Eigenständigkeitsbewusstsein bildete sich erstmals im Kosakenstaat des 17. Jh. heraus; von einem eigenen Nationalbewusstsein kann seit dem 19. Jh. gesprochen werden.

Zur *Vorgeschichte* →Osteuropa.

Altertum und Mittelalter

Im 7. Jh. v. Chr. setzte die skyth. und – am Nordufer des Schwarzen Meeres – die griech. Kolonisation, im 3. Jh. v. Chr. die sarmat. Besiedlung ein. Zur Völkerwanderungszeit war das Gebiet von einer Vielzahl von Völkern (Goten, Hunnen, Awaren u. a.) bewohnt, bis sich um die Mitte des 1. Jt. n. Chr. hier die (wohl) slaw. Anten niederließen und etwa seit dem 6. Jh. ostslaw. Stämme einwanderten.

Seit der 2. Hälfte des 9. Jh. entstand am mittleren Dnjepr, dem Kerngebiet der ostslaw. Stämme, unter dem Einfluss der →Waräger das Kiewer Reich, das seit 988 (Taufe WLADIMIRS DES HEILIGEN) in den byzantinisch-ostkirchl. Kulturkreis einbezogen wurde. Bis zur Eroberung durch die Mongolen (1237–40) ist die Gesch. der U. eng verbunden mit der →Russlands (Dynastiegesch. der Rurikiden). Danach veröden die Steppengebiete am unteren Dnjepr und Donez fast völlig, während die südwestl. Fürstentümer Galitsch und Wolhynien (ab 1199 zu einem Fürstentum vereint; →Galizien) unter Fürst DANIIL ROMANOWITSCH zeitweilig eine selbstständige Entwicklung nehmen konnten.

Litauisch-polnische Herrschaft, ›Hetmanat‹ und Eingliederung ins Russische Reich

Mit dem Niedergang der Goldenen Horde im 14. Jh. eroberte Litauen Podolien, Kiew (1362) und Teile Wolhyniens; Polen gewann unter KASIMIR III., D. GR., Galizien und einen Teil W-Wolhyniens (›Rotrussland‹ oder ›Rotreußen‹). In der Süd-U. entstand Mitte des 15. Jh. das Khanat der Krimtataren, das im 15./16. Jh. die gesamte Südwest-U. durch Raubzüge verheerte. Durch die Lubliner Union (1569, →Polen, Gesch.) kam der größte Teil der U. unter unmittelbare poln. Herrschaft. Die Vergabe großer Latifundien an poln. Magnaten verbunden mit der Begünstigung der kath. Konfession und die Beseitigung der bäuerl. Freizügigkeit im 3. Litauer Statut (1588) führte zu sozialen Spannungen, die verschärft wurden, als die Brester Union 1596 die Katholisierung der orth. Kirche einzuleiten schien. Führend im Widerstand gegen die poln. Herrschaft wurden die seit Ende des 15. Jh. an der Steppengrenze, am unteren Dnjepr, auftretenden →Kosaken. Ihr Aufstand unter B. CHMELNIZKIJ 1648, verbunden mit blutigen Pogromen an den (u. a. als Verwalter, Pächter und Steuereinzieher im Dienste poln. Magnaten stehenden) Juden, führte zur Bildung eines eigenen ukrain. Staatswesens (›Hetmanat‹ bzw. ›Hetmanstaat‹), das sich aber im Vertrag von Perejaslaw 1654 unter den Schutz des russ. Zaren stellte. Während die Kosaken geglaubt hatten, so ihre Freiheiten bewahren zu können, wurde dies von Russland als Beginn ihrer ›ewigen Untertanschaft‹ ausgelegt. Der darüber ausbrechende russisch-poln. Krieg endete im Waffenstillstand von Andrussowo (1667), in dem die U. geteilt wurde. Das Gebiet östlich des Dnjepr (›linksufrige U.‹) kam an Russland, das Saporoger Kosakengebiet unter ein polnisch-russ. Kondominium. Bereits 1663 war in Moskau ein für die U. zuständiges Zentralamt (›Kleinruss. Kanzlei‹) geschaffen worden.

Während des Nord. Krieges (1700–21) versuchte der zunächst mit Zar PETER D. GR. verbündete Hetman I. S. MASEPA, unter dem sich ein reges geistiges und künstler. Leben entwickelte (›ukrain. Barock‹), im Bündnis mit KARL XII. von Schweden die linksufrige U. vom Russ. Reich zu lösen. Nachdem dies durch die Niederlage von Poltawa (1709) fehlgeschlagen war, wurde deren Autonomie allmählich ausgehöhlt; 1764 wurde der letzte Hetman KIRILL GRIGORJEWITSCH RASUMOWSKIJ (*1728, †1803), ein Günstling der Kaiserin ELISABETH, von KATHARINA II. zur Abdankung gezwungen, 1775 das befestigte Zentrum der Saporoger Kosaken (Sitsch) von russ. Truppen zerstört und bis 1783 die rechtlich-soziale Sonderstellung der ukrain. Gebiete beseitigt. Mit den Poln. Teilungen (1772, 1793 und 1795) fiel der größte Teil des Gebietes an Russland; Galizien sowie Teile Wolhyniens und Podoliens kamen zu Österreich. Unter russ. Herrschaft wurden die bisher menschenleeren Steppengebiete rasch besiedelt, wobei die großen Städte (Kiew, Odessa) oft nichtukrain. Mehrheiten erhielten.

Das sich in der 1. Hälfte des 19. Jh. entwickelnde Nationalbewusstsein wurde unter NIKOLAUS I. unterdrückt, noch bestehende rechtl. Besonderheiten wie das Magdeburger Recht für die Städte abgeschafft (1835), die ukrainisch-kath. Kirche 1839 aufgelöst, ihre Mitgl. zum Eintritt in die orth. Kirche gezwungen. Die 1846 gegründete geheime Kyrillos-Methodios-Gesellschaft, die sich für nationalukrain. Ziele einsetzte, wurde 1847 gewaltsam aufgelöst. In der Reformära unter ALEXANDER II. (1855–81) konnte sich mit Kiew als Zentrum unter Führung des Historikers M. I. KOSTOMAROW und des Dichters T. H. SCHEWTSCHENKO ukrain. Schrifttum mit starken nat., jedoch nicht antiruss. Tendenzen entwickeln. Trotzdem sah die russ. Reg. Verbindungen zum poln. Januaraufstand 1863/64 und verbot den Druck ukrain. Bücher. Die ukrain. Sprache wurde als ›kleinruss.‹ Dialekt des Russischen bezeichnet; erst die Revolution von 1905 brachte die Druckfreiheit. 1900 entstand mit der ›Revolutionären Ukrain. Partei‹ die erste polit. Partei in der Ost-U.; nach Abspaltung eines linken Flügels, der sich 1908 der russ. Sozialdemokratie anschloss, benannte sie sich 1905 in ›Ukrain. Sozial-Demokrat. Arbeiterpartei‹ um.

In der ersten und zweiten Reichsduma (1906 und 1907) bestand eine den Trudowiki nahe stehende ukrain. Fraktion von 63 bzw. 47 Abgeordneten, die kulturelle Autonomie – nicht polit. Eigenständigkeit – anstrebte. Im habsburg. Ostgalizien (›Westukraine‹) wurden dagegen die ukrain. Sprache und die nat. Bewegung als Gegengewicht zum Polentum gefördert; 1848 wurde in Lemberg ein Lehrstuhl für ukrain. Sprache und Literatur, 1894 ein Lehrstuhl für ukrain. Gesch. (HRUSCHEWSKYJ) errichtet. Die angestrebte Teilung Galiziens in einen poln. und einen ukrain. Landesteil wurde jedoch nicht erreicht.

Der Kampf um eine unabhängige Ukraine

Nach der Februarrevolution von 1917 in Russland entstand unter Führung von HRUSCHEWSKYJ die Zentralrada (›Zentralna Rada‹) als ukrain. Parlament. Ihr Generalsekretariat bildete die Landes-Reg., die vorwiegend von Menschewiki und Sozialrevolutionären getragen wurde. Im Juni 1917 rief die Zentralrada die Autonomie und – nachdem sie am 19. 11. 1917 eine ›Ukrain. Volksrepublik‹ proklamiert hatte, der seit Dezember 1917 eine bolschewist. Sowjetregierung in Charkow gegenüberstand – am 22. 1. 1918 die Unabhängigkeit der U. aus. Ihre Vertreter nahmen an den Friedensverhandlungen von Brest-Litowsk zw. den

Ukra Ukraine

Mittelmächten und dem bolschewist. Russland teil und schlossen am 9. 2. 1918 mit den Mittelmächten einen Sonderfrieden, in dem die staatl. Unabhängigkeit der U. anerkannt wurde. Nach der Eroberung Kiews durch bolschewist. Truppen (8. 2. 1918) musste die Landes-Reg. vor den Bolschewiki weichen. Im Februar und März 1918 besetzten dt. und österreichisch-ungar. Truppen die U. und drängten die Bolschewiki wieder zurück. Am 29. 4. 1918 führten nationalkonservative Kräfte mit Unterstützung der dt. Besatzungsmacht das Hetmanat wieder ein (→Hetman). Nach dem Abzug der dt. und österreichisch-ungar. Truppen wurde der Hetman P. P. SKOROPADSKIJ am 14. 12. 1918 gestürzt und emigrierte. An die Spitze eines Direktoriums der Ukrain. Volksrepublik trat der nationaldemokratisch orientierte S. PETLJURA.

Am 22. 1. 1919 verkündete das Direktorium die Vereinigung der Ukrain. Volksrepublik mit der ›Westukraine‹ (Ostgalizien), die sich am 13. 11. 1918 zur ›Westukrain. Volksrepublik‹ ausgerufen hatte. Am 5. 2. 1919 nahm die Rote Armee erneut Kiew ein, das Direktorium musste weichen. Nachdem die bolschewist. Truppen im Sommer 1919 noch einmal von Weißgardisten unter A. I. DENIKIN aus der U. vertrieben worden waren, eroberten sie das Gebiet Ende 1919 zurück (am 6. 12. Kiew). Einen letzten Versuch, die Bolschewiki aus der U. zu verdrängen und einen selbstständigen ukrain. Staat durchzusetzen, unternahm PETLJURA durch ein Bündnis mit Polen (21. 4. 1920) unter Verzicht auf die Westukraine. Nach Anfangserfolgen der verbündeten Polen und Ukrainer im →Polnisch-Sowjetischen Krieg (am 7. 5. 1920 Einnahme von Kiew) ließ Polen nach militär. Rückschlägen den ukrain. Bundesgenossen fallen. Während des Bürgerkriegs spielten in der U. auch bäuerl. Aufstandsbewegungen eine bedeutende Rolle (u. a. die mehrere zehntausend Mann umfassenden Partisaneneinheiten unter N. I. MACHNO, erst 1921 von der Roten Armee ausgeschaltet). 1919 und 1920 richtete sich eine Welle von Pogromen gegen Juden (über 30 000 Tote). Im Frieden von Riga 1921 teilten Polen und das bolschewist. Russland die U. unter sich auf. Die →Karpato-Ukraine war bereits 1919/20 an die Tschechoslowakei gefallen.

Stalinistischer Terror und nationalsozialistische Besetzung

1922 wurde die U. als Ukrain. SSR Gliedstaat der Sowjetunion. Die unter Anwendung staatl. Terrors in der UdSSR von STALIN durchgeführte Zwangskollektivierung der Landwirtschaft (ab 1929) führte bes. in der U. zu hohen Menschenverlusten; allein an Hunger starben 1932–33 zw. 4 und 6 Mio. Menschen (nach den schlechten Ernten von 1931 und 1932 häufig unter Einsatz von Truppen erzwungene Ablieferung der Getreidevorräte durch die Bauern). 1934 wurde die Hauptstadt der Ukrain. SSR von Charkow nach Kiew verlegt. Die stalinist. ›Säuberungsaktionen‹ (Große →Tschistka) erreichten hier wie überall in der UdSSR 1937/38 ihren Höhepunkt (Auslöschung eines Großteils der polit. und wissenschaftlich-kulturellen ukrain. Elite). 1938–49 (mit Unterbrechung) führte der Russe N. S. CHRUSCHTSCHOW die ukrain. KP-Organisation. Nach Ausbruch des Zweiten Weltkrieges (1. 9. 1939) vereinigte die sowjet. Reg. unter Anwendung des Geheimen Zusatzprotokolls des Hitler-Stalin-Paktes (23. 8. 1939) die Westukraine wieder mit der Ukraine. 1940 wurde die Bukowina Teil der Ukrain. SSR.

Nach dem dt. Angriff auf die UdSSR (22. 6. 1941) war die U. bis Anfang 1944 eines der Hauptkampfgebiete; sie erfuhr starke Zerstörungen an Kultur- und Wirtschaftsgütern sowie hohe Verluste an Menschen. Insbesondere zu Beginn der Besatzungszeit kollaborierte ein Teil der ukrain. Bev. – unter dem Eindruck des stalinist. Terrors der vorangegangenen Jahre und in der Hoffnung, sich von der Sowjetunion lösen zu können – mit den dt. Besatzungsbehörden (u. a. Dienst ukrain. Freiwilliger in der Wehrmacht und der Waffen-SS, Beteiligung von Ukrainern an der natsoz. Judenverfolgung). Auch die dt. Minderheit in der U., soweit sie nicht bereits 1941 von den sowjet. Behörden nach Mittelasien deportiert worden war, arbeitete mit der dt. Besatzungsmacht zusammen. In der Schlucht von Babij Jar ermordete im September 1941 eine Einsatzgruppe der SS über 30 000 Juden. Der größte Teil der ukrain. Juden fiel in der Folgezeit dem →Holocaust zum Opfer.

Während der natsoz. Herrschaft (1941–44) war Galizien dem →Generalgouvernement angegliedert, die Bukowina, Bessarabien und die Dnjestr-Region wurden dem mit Dtl. verbündeten Rumänien überlassen; der größte Teil des Landes wurde jedoch zum ›Reichskommissariat U.‹ (unter der Leitung von E. KOCH) erklärt. Die brutale. Okkupationspolitik rief auch bald den ukrain. Widerstand hervor (1942 Gründung der ›Ukrain. Aufstandsarmee‹, die aber ebenso gegen kommunist. Partisanen wie gegen die Besatzer und poln. Bev. kämpfte und anschließend bis in die 50er-Jahre einen aussichtslosen Untergrundkrieg gegen die Sowjetmacht führte). 1943–44 eroberte die Rote Armee die U. zurück (am 6. 11. 1943 Einnahme von Kiew).

Die Ukraine nach dem Zweiten Weltkrieg

1945 wurde die Ukrain. SSR Gründungsmitglied der Vereinten Nationen. Im selben Jahr trat die Tschechoslowakei die Karpato-U. an die UdSSR ab, die dieses Gebiet 1946 als Transkarpatien mit der Ukrain. SSR vereinigte. 1954 trat Russland (RSFSR) die Halbinsel →Krim an die U. ab.

Im Winter 1946/47 war die U. noch einmal von einer schweren Hungersnot betroffen (Zehntausende Opfer). Im Zeichen eines Kampfes gegen den ›bürgerl. ukrain. Nationalismus‹ setzten 1946 neue stalinist. Säuberungen ein (später auch gegen den ›jüd. Kosmopolitismus‹ gerichtet). Im Rahmen einer Sowjetisierung der Westukraine wurde dort 1947–51 die Landwirtschaft zwangskollektiviert.

Seit den 1950er-Jahren wechselten in der Ukrain. SSR Phasen einer liberalen sowjet. Nationalitätenpolitik und Ukrainisierung mit polit. ›Säuberungen‹ und Russifizierungstendenzen. In den 1960er-Jahren formierte sich eine ukrain. Oppositionsbewegung mit national-kulturellen, aber auch allg.-polit. Forderungen; ihre Basis (v. a. die städt. Intelligenz) blieb allerdings schmal. Verstärkt wurde sie durch eine religiöse Opposition in der Westukraine (Wirken der verbotenen Griechisch-Kath. Kirche im Untergrund). Versuche des ab 1964 als ukrain. KP-Vors. amtierenden PETRO ŠELEST, ukrain. Interessen wieder stärker gegenüber der Zentrale in Moskau zu betonen, führten 1972 zu seiner Absetzung unter dem Vorwurf der Förderung des ukrain. Nationalismus. 1976 wurde das ›Ukrain. Helsinki-Komitee‹ gegründet, dem sich eine ganze Reihe von Dissidenten anschloss.

Der Reaktorunfall im Kernkraftwerk Tschernobyl am 26. 4. 1986, von dem nicht nur die U. schwer betroffen war, sondern auch bes. Weißrussland sowie weitere Teile Ost- und Nordeuropas, die Verharmlosung der Katastrophe und die verantwortungslose Verschleppung notwendiger Gegenmaßnahmen führten in der U. zur Kritik an den sowjet. Behörden und weckten ein ökolog. Bewusstsein, das u. a. 1987 zur Entstehung der Vereinigung ›Grüne Welt‹ führte (Vorläufer der 1990 gegründeten Grünen Partei).

Ukrain. Exilpolitiker setzten sich in der Emigration weiter für die Idee eines ukrain. Nationalstaates ein. Gut organisierte Emigrantenorganisationen in den

USA und Kanada nahmen sich der Pflege der ukrain. Kultur und Geschichtsschreibung an, bes. seit der Einbeziehung aller ukrainisch besiedelten Gebiete in die Ukrain. SSR und der Auflösung der ukrainisch-kath. Kirche in der Sowjetunion, die als ein Hort der ukrain. Kultur galt.

Der Weg in die Unabhängigkeit und die ersten Jahre der Eigenstaatlichkeit

Mit der Gründung von ›Ruch‹ (1989) als einer Volksbewegung unter dem Vorsitz des Schriftstellers IWAN F. DRATSCH (* 1936) schlossen sich versch. oppositionelle Gruppen zusammen. Nachdem Anfang 1990 das Ukrainische zur Staatssprache erhoben worden war, erklärte sich die U. am 16. 7. 1990 für souverän innerhalb der UdSSR. Seit 1990 entstanden zahlr. Parteien sehr unterschiedl. Richtung. Nach dem Putsch orthodox-kommunist. Kräfte im August 1991 in der UdSSR löste sich die U. ganz aus dem Staatsverband der UdSSR und erklärte am 24. 8. 1991 ihre Unabhängigkeit. In einer Volksabstimmung am 1. 12. 1991 bestätigte die Bev. diese Entscheidung und wählte L. M. KRAWTSCHUK zum Staatspräsidenten. Bemüht, mit Reformen die wirtschaftl. Krise seines Landes zu beheben, scheiterte KRAWTSCHUK jedoch mit seinen Initiativen oft an der reformfeindl. Mehrheit des Obersten Rates. In Wechselwirkung mit dieser wirtschaftspolit. Konstellation führte das Ausbleiben der Modernisierung und der Entstaatlichung der Wirtschaft zu einem Rückgang der gesamten Industrieproduktion. Kennzeichnend für die reformfeindl. Stimmung im Obersten Rat war die Zulassung der Nachfolgeorganisation der (1991 verbotenen) KP der U. 1993. Ein Ausdruck der zunehmenden Unzufriedenheit in der Bev. war der Bergarbeiterstreik im Juni 1993 (1998 erneut Bergarbeiterproteste). Bei den Wahlen zum Obersten Rat (März/April 1994) behielten die Reformgegner das Übergewicht. Im Juli 1994 wählte die Bev. den wirtschaftsreformerisch orientierten L. D. KUTSCHMA zum Staatspräs., der eine stärkere Zusammenarbeit mit Russland einleitete. 1997 wurde WALERIJ PUSTOWOJTENKO (Demokrat. Volkspartei) Reg.-Chef. Aus den Parlamentswahlen vom März 1998 gingen die Linksparteien zwar gestärkt hervor, verfehlten jedoch die Mehrheit (KP: 123 Mandate, Block aus Sozialisten und Bauernpartei: 32 Sitze, Progressive Sozialisten: 16 Sitze). Angesichts einer mehrere Monate anhaltenden Parlamentskrise entschloss sich Präs. KUTSCHMA im Juni 1998, per Dekret zu regieren; erst im Juli 1998 einigte sich der Oberste Rat auf O. TKATSCHENKO als Parlaments-Vorsitzenden.

Mit dem Abkommen von Minsk (8. 12. 1991) hatten Russland, Weißrussland und die U. den Vertrag vom 30. 12. 1922 über die Gründung der Sowjetunion abgelöst und konstituierten an ihrer Stelle die ›Gemeinschaft Unabhängiger Staaten‹ (GUS). Im März 1992 wurde die U. Mitgl. der KSZE.

Nach dem Zerfall der Sowjetunion führten die Frage nach der staatl. Zugehörigkeit der Krim sowie die Aufteilung der sowjet. Schwarzmeerflotte zu einem jahrelangen Streit zw. der U. und Russland; erst Ende Mai 1997 schlossen sie einen Grundlagenvertrag (Verzicht Russlands auf Territorialforderungen und Anerkennung der ukrain. Unabhängigkeit). Auch zu anderen Nachbarländern wurden die Beziehungen auf eine neue Grundlage gestellt (u. a. 1997 polnisch-ukrain. ›Gemeinsame Deklaration über Verständigung und Aussöhnung‹, Vertrag über die ukrainisch-weißruss. Grenze sowie ein Grundlagenvertrag mit Rumänien). Als erstes Mitgl. der GUS vereinbarte die U. mit der EU am 14. 6. 1994 ein Partnerschafts- und Kooperationsabkommen. Am 9. 11. 1995 wurde die U. in den Europarat aufgenommen; als längerfristiges Ziel kündigte sie – auch angesichts einer zunehmend ineffektiven Kooperation in der GUS – ihr Streben nach Mitgliedschaft in der EU an.

M. S. HRUŠEVS'KYJ: Istorija Ukraïny-Rusy, 10 Bde. (Lemberg [1-3]1905–36, Nachdr. New York 1954–58); B. KRUPNICKYJ: Gesch. der U. ([3]1963); C. B. O'BRIEN: Muscovy and the U. (Berkeley, Calif., 1963, Nachdr. Millwood, N. Y., 1980); W. H. MACNEILL: Europe's steppe frontier 1500–1800 (Chicago, Ill., 1964); Radjans'ka encyklopedija istoriji Ukraïny, bearb. v. A. D. SKABA u. a., 4 Bde. (Kiew 1969–72); D. DOROSHENKO: A survey of Ukrainian history (Neuausg. Winnipeg 1975); Poland and U., hg. v. P. J. POTICHNYJ (Edmonton 1980); N. L. CHIROVSKY: An introduction to Ukrainian history, 3 Bde. (New York 1981–86); Istorija Ukraïns'koj SSR, hg. v. J. J. KONDUFOR u. a., 10 Bde. (Kiew 1981–85); Encyclopedia of U., hg. v. V. KUBIJOVYČ, auf mehrere Bde. ber. (Toronto 1984ff.); Z. E. KOHUT: Russian centralism and Ukrainian autonomy (Cambridge, Mass., 1988); N. POLONS'KA-VASYLENKO: Gesch. der U. (a. d. Ukrain., 1988); O. SUBTELNY: U. A history (Toronto 1988, Nachdr. ebd. 1989); Gesch. der U., hg. v. F. GOLEZEWSKI (1993); U. Gegenwart u. Gesch. eines neuen Staates, hg. v. G. HAUSMANN u. A. KAPPELER (1993); E. WINTER: Byzanz u. Rom im Kampf um die U. ([2]1993); A. KAPPELER: Kleine Gesch. der U. (1994); D. DOROSCHENKO: Die U. u. Dtl. (1994); Ukrainian economic history, hg. v. I. S. KOROPECKYI (Neudr. Cambridge, Mass., 1994); E. LÜDEMANN: U. (1995); H. KRÄMER: Rußland u. die U. (1996); Rußland u. die U. nach dem Zerfall der Sowjetunion, Beitrr. v. W. BIHL u. a. (1996); A. ZIOLKOWSKI: Konversion: Polen – U. – Gesch. – Ökonomie – Politik (1996); Aufbruch in die Marktwirtschaft. Reformen in der U. von innen betrachtet, hg. v. L. HOFFMANN u. A. SIEDENBERG (1997); Malyj Slovnyk istoriï Ukraïny, bearb. v. V. SNOLIJ u. a. (Kiew 1997); G. POSPELOWA u. E. SCHINKE: Anbau u. Verarbeitung von Zuckerrüben in der U. (1997); Die U. in der europ. Sicherheitsarchitektur, hg. v. S. BOCK u. M. SCHÜNEMANN (1997); T. KUZIO u. A. WILSON: U. Perestroika to independence (London [2]1998).

Ukrainer, früher auch **Kleinrussen, Ruthenen,** ostslaw. Volk, etwa 45 Mio. Menschen, v.a. in der Ukraine (37,9 Mio.), ferner in Russland (4,4 Mio.), Kasachstan (0,9 Mio.), Moldawien, Weißrussland und anderen Gebieten der ehem. Sowjetunion. Ungefähr 2 Mio. Menschen ukrain. Herkunft leben in Polen, in der Tschech. Rep., in der Slowak. Rep., in Serbien sowie vereinzelt in Westeuropa, in den USA, in Kanada und Argentinien. – Die U., Nachkommen altoslaw. Stämme (Polanen, Drewljanen, Sewerjanen, Dregowitschen u. a.), besiedelten seit dem 6. Jh. das Gebiet vom mittleren Dnjepr bis zu beiden Hängen der mittleren Karpaten.

ukrainische Kirchen, Kurz-Bez. für die in der Ukraine entstandenen und v. a. dort verbreiteten →Ostkirchen: **1) ukrainisch-orthodoxe Kirche,** historisch eng mit der russisch-orth. Kirche verbundene Ostkirche, die gegenwärtig (1998) infolge von Kirchenspaltungen in drei orthodoxe ukrain. Landeskirchen zerfallen ist: die dem Moskauer Patriarchat in kanon. Gemeinschaft verbundene und von der Gesamtorthodoxie anerkannte autonome ›Ukrain. Orth. Kirche‹ (UOK) sowie die ›Ukrain. Autokephale Orth. Kirche‹ (UAOK) und die ›Ukrain. Orth. Kirche – Patriarchat Kiew‹ (UOK – PK), beide vom Moskauer Patriarchat und der Gesamtorthodoxie nicht anerkannt.

Den Anfang einer eigenständigen ukrain. Kirchenorganisation bildete die 1303 errichtete orth. Metropolie von Galitsch. 1458 ging diese in der für die Ukrainer und Weißrussen im polnisch-litauischen Staat errichteten neuen Metropolie von Kiew auf, 1685/86 wurde sie der russisch-orth. Kirche eingegliedert und auf den Rang eines bloßen Bistums (Eparchie) herabgestuft. Erst 1919 entstand im Zuge nat. und kirchl. Autonomiebestrebungen mit der UAOK wieder eine vom Moskauer Patriarchat unabhängige (von einem eigenen Patriarchen geleitete) ukrainisch-orth. Kirche, die allerdings innerhalb der Gesamtorthodoxie keine Anerkennung fand. Als ›Hort des ukrain. Nationalismus‹ in der Sowjetunion verboten

Ukra ukrainische Kunst

und verfolgt, blieb sie seit 1930 v. a. unter den ukrain. Auswanderern von Bedeutung. Im Exil gliederte sie sich in drei urspr. selbstständige Metropolien (USA/Südamerika; Kanada; Europa/Australien), die 1973 einen Verband eingingen, während kleinere Teile der kirchl. Emigration selbstständig blieben oder sich der Jurisdiktion des Ökumen. Patriarchats unterstellten. In der Ukraine wurde die ukrainisch-orth. Kirche 1944/45 wieder ganz dem Patriarchat von Moskau unterstellt, erhielt allerdings den Status eines Exarchats und wurde 1990, nachdem 1989 erste Anzeichen neuer ukrainisch-nationalkirchl. Bestrebungen sichtbar geworden waren, zu einer in Fragen ihrer inneren Verw. selbstständigen autonomen Kirche erhoben. Dennoch kam es Anfang der 1990er-Jahre zu heftigen innerkirchl. Auseinandersetzungen, in deren Folge sich Teile der UOK unter Führung des Metropoliten von Kiew und ehem. Exarchen FILARET (M. A. DENISENKO, *1929; 1992 amtsenthoben, 1997 exkommuniziert) der UAOK zuwandten, die sich 1990 in der Ukraine rekonstituiert hatte. 1992 schlossen sich Teile der UAOK und die kirchl. Partei FILARETS zur ›Ukrain. Orth. Kirche – Patriarchat Kiew‹ (UOK-PK) zusammen, deren rd. 1 500 Gemeinden v. a. in der Westukraine liegen und der FILARET seit 1995 als ›Patriarch‹ vorsteht. (→Ostkirchen, ÜBERSICHT)

F. HEYER: Die orth. Kirche in der Ukraine von 1917 bis 1945 (1953); J. VLASOVS'KYJ: Narys istoriji Ukrajinskoji Pravoslavnoji Cerkvy, 5 Tle. (New York 1955–66); M. ČUBATYJ: Istorija chrystyjanstva na Rusy Ukrajini, 2 Bde. (Rom 1965–76); V. K. LYPKIVS'KYJ: Die ukrain. autokephale orth. Kirche (a. d. Russ., 1982); M.-S. CONVENT: Le millénaire du Saint-Baptême de la Rous' de Kiev. 988–1988 (Löwen 1987).

2) ukrainisch-katholische Kirche, mit Rom unierte Ostkirche, umfasst die Katholiken des byzantinisch-ukrain. Ritus. Hervorgegangen aus der Union von Brest-Litowsk von 1595/96 (→Brester Union), bestand die ukrainisch-kath. Kirche nach der Teilung der Ukraine (1667) nur im poln. Teil weiter. Nach den poln. Teilungen wurde sie 1839 im russ. Herrschaftsgebiet bzw. 1875 im Cholmer Land aufgehoben und konnte sich nur im seit 1772 österr. Kronland Galizien weiterentwickeln (1807 Errichtung der Metropolie von Galitsch/Lemberg). Seit dem 19. Jh. verstand sie sich in starkem Maße auch (bes. unter dem Metropoliten A. SZEPTYCKYJ) als Vertreterin der nat. Interessen der Ukrainer. Nach der Angliederung Ostgaliziens an die Ukrain. SSR im Gefolge des Zweiten Weltkrieges erklärte eine unter staatl. Druck erzwungene ›Synode‹ der ukrainisch-kath. Kirche 1946 die Aufhebung der Brester Union und stimmte der ›Wiedervereinigung‹ mit der russisch-orth. Kirche zu. Danach in der Ukraine zu einer illegalen Existenz als ›Untergrundkirche‹ gezwungen, konnte sich die ukrainisch-kath. Kirche erst 1990 im Gefolge der in der UdSSR und der Ukrain. SSR erfolgten polit. Veränderungen rekonstituieren. 1963–91 residierten ihre Oberhäupter JOSYF SLIPYJ (*1892, †1984), M. I. LUBACHIVSKY in Rom; seit 1963 mit dem Titel ›Großerzbischof von Lemberg‹.

Heute (1998) umfasst die ukrainisch-kath. Kirche nach kirchl. Angaben rd. 5 Mio. Gläubige in der Ukraine. Eigene kirchl. Jurisdiktionen bestehen für die rd. 120 000 ukrainisch-kath. Christen in Polen und die etwa 500 000 unierten Ukrainer in der Diaspora (v. a. in den USA, in Kanada und Südamerika). Für die rd. 25 000 ukrainisch-kath. Christen in Dtl. besteht ein Apostol. Exarchat mit Sitz in München. Nach 1990 wurde mit der theolog. Akad. in Lemberg (1928 von A. SZEPTYCKYJ gegr.) auch das traditionelle geistige Zentrum der ukrainisch-kath. Kirche wieder eröffnet. (→Ostkirchen, ÜBERSICHT)

J. PELESZ: Gesch. der Union der ruthen. Kirche mit Rom ..., 2 Bde. (Wien 1878–81); E. WINTER: Byzanz u. Rom im Kampf um die Ukraine 955–1939 (1942); J. MADEY: Kirche zw. Ost u. West – Beitr. zur Gesch. der Ukrain. u. Weißruthen. Kirche (1969); Josyf Kardinal Slipyj u. seine ukrain. Kirche, hg. v. F. LOIDL (Wien 1987); D. ZLEPKO: Die ukrain. kath. Kirche. Orth. Herkunft, röm. Zugehörigkeit (1992); Ukraine. Ihre christl. Kirchen vor dem Hintergrund der Gesch. in Hoffnung u. Spannung, bearb. v. H. JANAS (1993).

ukrainische Kunst, Kunst und Kunstdenkmäler auf dem Gebiet der Ukraine. Älteste Zeugnisse reichen bis ins Paläolithikum zurück. An der nördl. Schwarzmeerküste existierten vom 7. Jh. v. Chr. bis zum 10. Jh. n. Chr. städt. Zentren antiker und byzantin. Kultur (u. a. Olbia, Kertsch, Cherson). Zw. Don und südl. Bug befand sich der Siedlungsraum skyth. und thrak. Stämme mit reicher materieller Kultur, darunter qualitätsvolle Goldschmiedearbeiten (u. a. stilisierte Tierornamente). Seit dem 3. Jh. n. Chr. hinterließen die Wandervölker der Goten, Hunnen und Awaren ihre Spuren. Von der l. Hälfte des 1. Jt. v. Chr. an Herausbildung von Kunst und Kultur der Ostslawen. Nach der Christianisierung 988 zeigte sich starker byzantin. Einfluss auf Kunst und Kultur der Kiewer Rus, die die Grundlage der späteren ukrain. wie russ. Kunst bildete (→russische Kunst).

Erste, mit Fresken und Mosaiken ausgeschmückte Kirchen (Erlöserkathedrale in Tschernigow, 11. Jh.; Sophienkathedrale in Kiew, 11. Jh.) errichteten noch byzantin. Baumeister. Mit dem Zerfall des Kiewer Reiches Anfang des 13. Jh. entstanden lokale Kunstzentren z. B. in Tschernigow, Wolhynien, Galizien. Begünstigt durch die polit. Union mit Litauen und später Polen geriet die W-Ukraine im 14./16. Jh. zunehmend unter westeurop. Kultureinfluss. Der Wehrbau (z. B. in Chotin) weist z. T. got. Züge auf, wobei in Wehrkirchen oftmals got. und orthodoxe Formen miteinander verschmolzen. Zu den traditionell dreischiffigen Kreuzkuppelkirchen kamen neue Bautypen wie die Rotunde hinzu (Basiliuskirche in Wladimir-Wolynskij, 14. Jh.). Rathäuser und Handelshöfe in den westukrain. Städten orientierten sich ebenfalls am westl. Vorbild. In der Monumentalmalerei (Fresken) behaupteten sich ostkirchl. Bildformen neben einer gleichzeitigen Tendenz zur Lockerung der byzantinisch-altruss. Überlieferung und dem Eindringen volkstüml. Elemente. In der Ikonenmalerei entstanden im 16./17. Jh. mit der Parsuna (verstümmelt aus ›persona‹, porträthafte Darstellungen) erste Vorläufer weltl. Porträtmalerei. Der Russe IWAN M. FJODOROW, der 1574 in Lemberg das erste slaw. Abc-Buch veröffentlichte, trug zur Verbreitung des Buchdrucks in der Ukraine bei, der wiederum dem Holz- und Kupferstich Anregungen gab.

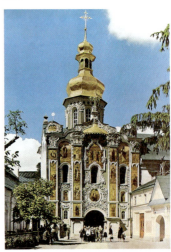

ukrainische Kunst: Ostfassade der Dreieinigkeits-Torkirche des Höhlenklosters in Kiew; 1106–08, barocke Verkleidung um 1700

Die Angliederung an Russland 1654 hatte einen kulturellen Dualismus zur Folge, da sich der O-Teil der Ukraine in der Kunst stärker an Russland anlehnte, während der W-Teil europäisch dominiert blieb. Im Sakralbau hatte sich der Typus der steinernen Ein- und Dreikuppelkirche endgültig durchgesetzt. Schwachen Renaissanceeinflüssen folgte im 17. Jh. eine wahre Flut an barocken Formen, auch in der O-Ukraine (Bernhardinerkirche in Lemberg, 1606–1630; Mariä-Schutz-Kirche in Charkow, 1689 ff.; Allerheiligenkirche in Kiew, 1696–98). Zwei- bis dreigeschossige Bürgerhäuser und Adelspaläste im Stil des so genannten ukrain. Barock, der Typen des älteren Holzhauses in Stein übersetzte und die Fassaden ornamental üppig gestaltete, entstanden v. a. in der W-Ukraine (u. a. Kiew, Lemberg, Perejaslaw [heute Perejaslaw-Chmelnizkij]), wo die figurale Plastik ebenfalls westl. Einflüssen folgte (z. B. zahlr. Epitaphien). Eigenständigkeit bewahrte die Volksarchitektur: Holzkirchen mit Vielstufendach und Galerien (bedeutend u. a. die Kirchen in Mukatschewo, 18. Jh.). Bedeutende Vertreter der ukrain. Historien-, Landschafts- und Porträtmalerei im 17. Jh. waren F. SENKOWITSCH und S. KORUNKA.

Mit dem 18. Jh. mündete die u. K. zunehmend in die russ. Kunstentwicklung ein, so wurden ukrain. Maler wie A. P. LOSSENKO, D. G. LEWIZKIJ, W. L. BOROWIKOWSKIJ, W. A. TROPININ an der Sankt Petersburger Akad. ausgebildet. Im 19. Jh. stand die ukrain. Malerei dem sozial sensiblen Realismus der russ. Wanderermaler (→Peredwischniki) nahe (z. B. NIKOLAJ K. PIMONENKO, *1862, †1912, und KIRIAK K. KONSTANDI, *1852, †1921). Einige klassizist. Bauwerke der 2. Hälfte des 18. Jh. entstanden nach Entwürfen von B. F. RASTRELLI und A. J. SACHAROW, die v. a. in Russland wirkten. In der 2. Hälfte des 19. Jh. und Anfang des 20. Jh. prägten Eklektizismus und Historismus die Architektur (Landesbank in Charkow, 1898; Oper in Kiew, 1901); daneben aber vorzügl. Jugendstilbauten (z. B. in Kiew und Poltawa).

Nach der Oktoberrevolution 1917 überwogen im städt. Bereich Wohn- und Gesellschaftsbauten; große Industriekomplexe entstanden (u. a. Wasserkraftwerk Dneproges, 1927–32). Der für die 1920er-Jahre für viele Bauten typ. Konstruktivismus wurde in den 1930er-Jahren durch den repräsentativen sowjet. Neoklassizismus verdrängt, der nach dem 2. Weltkrieg zur vollen Blüte gelangte (wieder aufgebauter Boulevard Kreschtschatik in Kiew, 1948–53). Dem neuen Realismusverständnis nach 1920 war in der Malerei, die Elemente moderner Kunst und stilisierter Folklore verarbeitet, v. a. der Kreis um MICHAIL L. (*1882, †1938 [1939?]) und TIMOFIJ L. (*1896, †1922) BOJTSCHUK verbunden. Einer neuen sozialen Ästhetik und der Forderung nach einer ›Kunst der Masse‹ folgten Künstler wie u. a. FJODOR G. KRITSCHEWSKIJ (*1879, †1947), ANATOLIJ G. PETRIZKIJ (*1895, †1964), KARL D. TROCHIMENKO (*1885, †1979), die Themen der Revolutionszeit und des Bürgerkrieges, aber auch Stillleben und Landschaften gestalteten. Parallel dazu vollzog sich die allmähl. Ablösung avantgardist. Strömungen (z. B. O. K. BOGOMASOW) durch den seit den 1930er-Jahren dominierenden →sozialistischen Realismus. 1922 wurde die Staatl. Kunsthochschule in Kiew gegründet, 1933 der Verband bildender Künstler der Ukraine, in vielem mitverantwortlich für die Gängelung der Künste im Sinne stalinist. Doktrinen. Zu den bedeutenden Malern und Grafikern nach 1945 zählen TATJANA N. JABLONSKAJA, W. G. PUSYRKOW, WLADIMIR N. KOSTEZKIJ, K. W. FILATOW, zu den Bildhauern WASSILIJ S. BORODAJ, M. K. WRONSKIJ. In den 1960er-/70er-Jahren traten in Malerei und Grafik u. a. hervor W. A. TSCHEKANJUK, GEORGIJ W. JAKUTOWITSCH, W. LENZIN, W. KU-

ukrainische Kunst: Tatjana Jablonskaja, ›Namenlose Hügel‹; 1969 (Moskau, Tretjakow-Galerie)

LIKOW, W. NENADO, in der Plastik u. a. E. P. MISKO, W. M. KLOKOW. In den 1980er-/90er-Jahren machten unter zahlreichen Künstlern auf sich aufmerksam in der Malerei u. a. W. BELIK, A. BORISOW, N. GONTAROWA, W. MUTIJ, A. OSIPOW, der ›Naive‹ A. RISTENKO, in der Plastik u. a. L. und F. BETLIEMSKIJ, A. KOSTIN, A. RIDNIJ, P. STARUCH.

Contemporary art from the Ukraine, Ausst.-Kat. (1980); M. M. MUDRAK: The new generation and artistic modernism in the Ukraine (Ann Arbor, Mich., 1986); Treasures of early Ukrainian art. Religious art of the 16th–18th centuries, bearb. v. S. HNATENKO (New York 1989); V. MARCADÉ: L'art d'Ukraine (Lausanne 1990); Gold der Steppe, Archäologie der Ukraine, hg. v. R. ROLLE, Ausst.-Kat. Archäolog. Landesmuseum, Schleswig (1991); Avantgarde u. Ukraine, hg. v. J.-A. B. DANZKER u. a., Ausst.-Kat. (1993).

ukrainische Literatur, die Literatur in ukrain. Sprache. Die *älteste Epoche* der u. L. ist im Wesentlichen identisch mit dem altostslaw. Schrifttum (→russische Literatur) der Kiewer Zeit (→Russland, Geschichte). Erst nach dem Untergang des Kiewer Reiches im 13. Jh. ermöglichte die Herausbildung eigener sprachl. Systeme des Ukrainischen, Russischen und Weißrussischen – neben dem vorherrschenden Kirchenslawischen – die Entstehung einer i. e. S. ukrainischsprachigen Literatur, deren wesentl. nationalsprachige Komponenten jedoch erst im späten 19. Jh. hinzutraten. Die Entwicklung der u. L. ist in besonderem Maße mit dem Schicksal der Ukraine verbunden, die vom 13. bis 16. Jh. zum litauischen, ab 1569 zum poln. und ab 1654 zum russ. Staat gehörte und keine dauerhafte staatl. Eigenständigkeit erlangen konnte.

Der Tatareneinfall 1237–40 und die litauische und poln. Herrschaft verursachten den fast vollständigen Stillstand der literar. Entwicklung; die Literatur dieser Zeit ist fast ausnahmslos eine kirchenslawisch-ukrain. Übersetzungs- und Chronikliteratur. Erst im 16. Jh. gaben westeurop. Einflüsse und der Widerstand der orth. Ukrainer gegen die Union mit der römisch-kath. Kirche den Anstoß zu einer Wiederbelebung des Schrifttums. So findet man im 16. und 17. Jh. ein reiches religiös-polem. Schrifttum um die Union mit Rom in ukrainisch-kirchenslaw., lat. und poln. Sprache. Mittelalterl. Denk- und Lebensformen vertrat der Athosmönch IWAN WYSCHENSKYJ (*um 1550, †um 1620). Die kirchenslaw. Sprache kodifizierte erstmals MELETIJ SMOTRYĆKYJ (*1578, †1633). Die häufigen Kämpfe mit den Krimtataren, Türken und später auch Polen begünstigten die Pflege des Heldenliedes (→Duma). Die kurze Epoche staatl. Selbstständigkeit unter dem Hetman B. CHMELNIZKIJ und die länger dauernde relative Autonomie des ukrain. Kosakentums unter poln. und später russ.

Herrschaft, wie sie in der anonymen ›Istorija Rusow‹ (18. Jh., veröffentlicht 1848) gefeiert wurde, bildeten neben der Folklore eine nie verloren gegangene Basis für die ukrain. nat. und sprachl. Eigenständigkeit. Der verspätete Barockdichter und Philosoph H. S. SKOWORODA verarbeitete westl. Anregungen zu einem eigenwilligen, auch die Mystik umfassenden System.

Die neuere u. L. begann im Zeichen der allgemeinen nat. Bewusstwerdung in Osteuropa Ende des 18. Jh. Bahnbrechend wirkte I. P. KOTLJAREWSKYJ, der durch seine klassizist., in der ukrain. Volkssprache geschriebene ›Aeneis‹-Travestie (›Eneida‹, 1798) die Entstehung der modernen ukrain. Schrift- und Literatursprache entscheidend förderte. Ihm folgten der Balladen- und Fabeldichter PETRO PETROWYTSCH HULAK-ARTEMOWSKYJ (*1790, †1865) und der z. T. noch Russisch schreibende Novellist H. F. KWITKA-OSNOWJANENKO, der als Begründer der neueren ukrain. Prosa gilt.

In den 30er- und 40er-Jahren des 19. Jh. bildeten sich national-romant. Dichtergruppen um die kulturellen Zentren Kiew, Lemberg und Charkow. Von großer Bedeutung wurde die 1846 gegründete geheime Kyrillos-Methodios-Gesellschaft, in der sich nat., panslawist. und soziale Bestrebungen verbanden, wie sie T. H. SCHEWTSCHENKO, der bedeutendste ukrain. Dichter, in vollendeter Form zum Ausdruck brachte. Zu seinem Kreis gehörten auch der Schriftsteller und Historiker M. I. KOSTOMAROW und der Dramatiker, Prosaist und Lyriker P. O. KULISCH. MARKYAN S. SCHASCHKEWYTSCH (*1811, †1843) trug durch seine romantisch-histor. und reflexive Lyrik zur literar. Wiedergeburt der ukrain. Volkssprache Galiziens bei.

Die offizielle russ. Reaktion auf diese nationalukrain. Bewegung waren ab 1845 eine noch strengere Zensur mit wiederholtem Druckverbot für ukrainischsprachige Publikationen (1863, 1876–1906, 1914–17) und eine verschärfte Russifizierungspolitik, durch die die jung u. L. in ihrer weiteren formalen und inhaltl. Entwicklung und Ausbreitung stark behindert wurde. Allein in der Westukraine, die mit ihrem kulturellen Zentrum Lemberg zu Österreich gehörte, konnte sie sich freier entfalten. Unter Beibehaltung folkloristisch-ethnograph. Themen gelang die Einbeziehung realist. Thematik und Stilistik, teilweise bis zu sozialen Fragestellungen, so bei IWAN SEMENOWYTSCH NETSCHUJ-LEWYZKYJ (eigtl. I. S. LEWYZKYJ, *1838, †1918), der in seiner Prosa über das ukrain. Dorf vor und nach der Aufhebung der Leibeigenschaft sowie über die Geistlichkeit und die neue nat. Intelligenzija die ukrain. Eigenständigkeit betonte, bei dem Erzähler P. MYRNYJ mit psychologisch vertieften Romanen und bei dem gelehrten Schriftsteller und Übersetzer B. D. HRINTSCHENKO, der sich in realist. Dramen und Erzählungen mit dem Problem des ukrain. Nationalismus und des Sozialismus in der bäuerl. Welt auseinander setzte; für die Dorferzählung wurde MARKO WOWTSCHOK führend. Den Höhepunkt dieser Epoche bildet das Schaffen des auch wissenschaftlich tätigen Westukrainers I. J. FRANKO, der sich vertiefter psycholog. Analyse und aktueller Problematik zuwandte.

Der ständige Kampf gegen die Russifizierung und die enge Verflechtung mit den politisch-nat. Tendenzen erschwerten das von der Moderne geforderte Bekenntnis zur ›reinen Kunst‹. Die u. L. übernahm viele der Neuerungen, die sich in der westl. und russ. Dichtung durchgesetzt hatten (Impressionismus, artistisch verfeinerte Verstechnik, kosmopolit. Neigungen, Vorliebe für krankhafte Seelen- und Geisteszustände), suchte sie aber mit den traditionellen Methoden zu verbinden. Die herausragenden Autoren dieser Übergangsepoche – seit 1904 war auch in Russland ein dynamischeres literar. Leben wieder möglich – waren der Prosaiker M. M. KOZJUBYNSKYJ und die Dramatikerin LESSJA UKRAJINKA, die die u. L. aus dem Bereich des Volkstümlich-Provinziellen zu europ. Rang führten, sowie der Lyriker O. OLES, der Anregungen der Moderne aufgriff.

Einen erneuten Aufschwung nahm die u. L. nach 1917. In den 20er-Jahren wirkten gleichzeitig Strömungen wie Impressionismus (HRYHORIJ M. KOSSYNKA, *1899, †1934; MYCHAJLO IWTSCHENKO, *1890, †1939; WALERJAN P. PIDMOHYLNYJ, *1901, †1941; JEWHEN P. PLUSCHNYK, *1898, †1936), Symbolismus (P. H. TYTSCHYNA), Futurismus (MYCHAJLO S. SEMENKO, *1892, †1938), Kiewer Neoklassizismus (M. T. RYLSKYJ; MYKOLA SEROW, *1890, †1941) und Neuromantik (WOLODYMYR S. SOSJURA, *1898, †1965). Themen waren – neben der Bürgerkriegsromantik – v. a. die Kritik an der russophilen Parteibürokratie und den Auswüchsen der Neuen Ökonom. Politik (→NEP), die Hungersnot, die Arbeit der Partei. Bes. aktiv war hier die linke Avantgarde der Charkower national-kommunist. Autoren mit WASSYLIJ BLAKYTNYJ-ELLANSKYJ (*1894, †1925), MYKOLA CHWYLJOWYJ-FITILJOW (*1893, †1933), MYKOLA KULISCH (*1892, †1942), J. I. JANOWSKYJ und ARKADIJ LJUBTSCHENKO (*1899, †1945). In den stalinist. Verfolgungen kamen zahlr. ukrain. Schriftsteller ums Leben (SEMENKO, KOSSYNKA, PIDMOHYLNYJ, SEROW, KULISCH u. a.), verstummten (IWTSCHENKO) oder passten sich der offiziellen Literaturdoktrin des sozialist. Realismus an (TYTSCHYNA, RYLSKYJ).

Der Zweite Weltkrieg, die Vereinigung der Westukraine mit der Ukrain. Sowjetrepublik und die damit verbundene Sowjetisierung sowie die anschließenden Jahre des Wiederaufbaus erweiterten – verbunden mit einer unbedeutenden Lockerung der Parteizensur – die Thematik. Der Krieg und die Zeit der dt. Besatzung (JANOWSKYJ; O. T. HONTSCHAR; HRYHORIJ M. TJUTJUNNYK, *1920, †1961), die Kollektivierung der Landwirtschaft (ANDRIJ W. HOLOWKO, *1897, †1972) und der Sieg der Arbeiterschaft (PETRO J. PANTSCH, *1891, †1978; IWAN L. LE, *1895, †1978) waren bevorzugte Themen. Mit histor. und patriot. Dramen trat O. J. KORNIJTSCHUK hervor.

Im ›Tauwetter‹ nach 1956 wurde von einigen Autoren vorsichtig auch das Thema des Stalinterrors behandelt (HONTSCHAR; MYCHAJLO P. STELMACH, *1912, †1983). Besinnung auf die nat. Eigenständigkeit und Gesch., unkonventionelles Heranwagen an alle Fragen des menschl. Seins und assoziations- und metaphernreiche Ausdrucksweise kennzeichnen die 60er-Jahre, in der Lyrik LINA W. KOSTENKO (*1930), IWAN F. DRATSCH (*1936), W. S. STUS; in der Prosa WOLODYMYR DROSD (*1939), JEWHEN P. HUZALO (*1937), WALERIJ O. SCHEWTSCHUK (*1939). Diese ›Tauwetter‹-Periode endete Anfang der 70er-Jahre mit Repressionen gegenüber den mutigsten Vertretern dieser Dichtergeneration (u. a. STUS), deren Versuche künstler. Eigenständigkeit und nat. Fühlens oft als ›bourgeoiser Nationalismus‹ diffamiert wurden.

Die nicht systemkonformen Autoren zogen sich aus der offiziellen Literatur zurück und wirkten im Untergrund, fanden jedoch außerhalb enger Literatenkreise kaum Beachtung; erst Ende der 80er-Jahre wurden ihre Werke einer breiteren Öffentlichkeit zugänglich. Die Lyrik von WASSYL HOLOBORODKO (*1946) und MYKOLA WOROBJOW (*1941) sowie die in den Straflagern und in der Verbannung entstandenen Gedichte von STUS, IWAN SWITLYTSCHNYJ (*1929), JEWHEN SWERSTJUK (*1928) u. a. greifen auf Symbole und Metaphern aus der Gesch. und Religion des ukrain. Volkes zurück und sorgen so für ein neues Bewusstsein nat. Identität.

Der Reaktorunfall von Tschernobyl (1986), der auch literarisch verarbeitet wurde (DRATSCH; WOLO-

Dymyr Jaworiwskyj, *1942; Mykola Olijnyk, *1923), trug erheblich dazu bei, einen Rückbesinnungsprozess auszulösen. Damit geht – anstelle der bis dahin aufgezwungenen ideolog. und stilist. Einheitlichkeit – eine Vielfalt von literar. Strömungen einher, die ästhet. Werte und hermet. Abgeschlossenheit ebenso umfasst wie Mythologie und Diesseitsbezogenheit, v. a. Jurij Andruchowytsch (* 1960), Wassyl Herasymjuk (* 1956), Holoborodko, Ihor Rymaruk (* 1958) und Worobjow.

Der eigentl. Durchbruch zur kulturellen Wiedergeburt gelang jedoch erst Ende der 80er-Jahre, wobei das Organ des ukrain. Schriftstellerverbandes ›Literaturna Ukrajina‹ führend war. Diese Wochenzeitung publizierte eine Rehabilitierungsrubrik und machte so das Schaffen totgeschwiegener, umgekommener und exilierter Autoren bekannt. Neben den Verfemten der Breschnew-Ära waren dies auch ältere Autoren wie der Sozialist Wolodymyr Wynnytschenko (* 1880, † 1951) oder der Avantgardist Mykola Chwylowyj (* 1897, † 1933). – Auch die Literaturwiss. wurde von der nat. und kulturellen Renaissance erfasst und erfuhr eine generelle Umorientierung: Arbeiten, deren Verfasser für eine eigenständige ukrain. Literaturgeschichte eingetreten waren und als ›Volksfeinde‹ galten, werden jetzt zugänglich gemacht (M. Hruschewskyj, D. Tschiževskyj u. a.). – Seit 1988 engagieren sich die ukrain. Schriftsteller vielseitig im Prozess der ukrain. Wiedergeburt. Sie haben eine Gesellschaft der ukrain. Sprache gegründet, nehmen sich ökolog. Probleme an (Bewegung ›Grüne Welt‹) und haben die demokrat. Bewegung ›Ruch‹ ins Leben gerufen.

M. Vozniak: Istorija ukraïns'koï literatury, 3 Bde. (Lemberg 1920–24, Nachdr. Den Haag 1970; teilweise dt. Gesch. der u. L., Bd. 2: 16.–18. Jh., 2 Tle., 1975); M. S. Hruševs'kyj: Istorija ukraïns'koï literatury, 5 Bde. (Kiew 1923–27, Nachdr. New York 1959–60); Ukrajins'kyj pys'mennyky: biobibliohrafičnyj slovnik, hg. v. O. I. Bileckyj, 5 Bde. (Kiew 1960–65); Istorija ukraïns'koï literatury, hg. v. dems., 2 Bde. (Neuausg. ebd. 1987–88); Istorija ukraïns'koï literatury, hg. v. B. S. Burjak u. a., 8 Bde. (ebd. 1967–71); Panorama najnovišoï literatury v URSR. Poezija, proza, krytyka, hg. v. I. Kosseliwec (München ²1974); D. Čyževs'kyj: A history of Ukrainian literatury (a. d. Ukrain., Littleton, Colo., 1975); Z. S. Golubeva: Novi grani žanru. Sučasnyj ukraïns'kyj radjans'kyj roman (Kiew 1978); H. M. Udovyčenko: Frazeolohičnyj slovnik ukrajins'koj movy, 2 Bde. (ebd. 1984); Pys'mennyky Radjans'koji Ukrajiny, 1917–1987. Biobibliohrafičnyj dovidnyk (ebd. 1988); G. S. N. Luckyj: Literary politics in the Soviet Ukraine: 1917–1934 (Neuausg. Durham 1990); Die Ukraine im Spiegel ihrer Lit. Dichtung als Überlebensweg eines Volkes, hg. v. A.-H. Horbatsch (1997); S. Simonek: Ivan Franko u. die ›Moloda Muza‹. Motive in der westukrain. Lyrik der Moderne (1997).

ukrainische Musik, →russische Musik.

Ukrainischer Schild, Asow-Podolischer Block, *Geologie:* Teil Fennosarmatias, im Bereich der Wolhynisch-Podol. Platte, der Dnjeprplatte (mit der Eisenerzlagerstätte von Kriwoj Rog, deren nördl. Fortsetzung die Eisenerzvorkommen bei Krementschug sind) und der Asowschen Höhe; hier tritt der präkambr. Untergrund teilweise zutage.

ukrainische Sprache, früher auch **ruthenische Sprache** oder fälschlich **kleinrussische Sprache,** gehört mit der russ. und weißruss. Sprache zur ostslaw. Gruppe der →slawischen Sprachen; nach der Zahl der Sprecher zweitgrößte slaw. Sprache, gesprochen von etwa 38 Mio. Menschen in der Ukraine und etwa 6 Mio. in anderen Nachfolgestaaten der UdSSR, daneben von kleineren Gruppen in den benachbarten Staaten Polen, Slowakei und Rumänien sowie in den USA (etwa 1 Mio.), Kanada (etwa 700 000), Argentinien, Brasilien und Australien.

Die u. S. wird in kyrill. Schrift geschrieben, in einer Variante der russ. →Kyrilliza. Sie wird nach dem Schriftsteller P. O. Kulisch, der ein weitgehend phonet. Prinzipien folgendes Alphabet entwickelte, ›kulišivka‹ genannt. – Unterschiede zum russ. Schriftsystem sind: die zusätzl. Buchstaben є [je], ї [ji] und і [i]; der Apostroph, der die Härte des vorhergehenden Konsonanten anzeigt, wenn auf diesen das Phonem j folgt, ausgedrückt durch die Buchstaben я, є, ї, ю [ja, je, ji, ju], z. B. b'ju ›ich schlage‹; der Buchstabe и gibt einen mittleren Laut [i] wieder, der aus dem Zusammenfall von altem [i] und [y] resultiert. Die Buchstaben ё, ъ, ы, э fehlen. Der Buchstabe г bezeichnet stimmhaftes [h]; bis 1933 wurde für [g] noch ґ (v. a. in Lehnwörtern) verwendet. Russisches ё [jo] wird anlautend йо, nach Konsonanten ьо wiedergegeben.

Der *Wortakzent,* der auf jede Silbe fallen kann, ist frei und innerhalb des Paradigmas beweglich. Unbetonte Silben werden kaum merklich reduziert.

Phonematik und *Phonetik:* Die u. S. verfügt über sechs Vokal- (i, y, e, u, o, a) und 32 Konsonantenphoneme. Ausgeprägt sind hier die Palatalitäts- und Stimmtonkorrelationen. 22 harten Konsonantenphonemen stehen 10 weiche (palatalisierte und j) gegenüber, die mit Ersteren die Paare d-d', t-t', ʒ-ʒ', c-c', z-z', s-s', n-n', l-l', r-r' bilden. Neben den neun Sonorlauten gibt es 23 Geräuschlaute, die sich in 11 stimmhafte und stimmlose Paare einteilen lassen, an denen das nur in onomatopoet. und Fremdwörtern vorkommende f nicht teilhat.

Weitere Besonderheiten sind: die häufige Alternation von [i] und [e] und von [i] und [o] in geschlossenen und offenen Silben, z. B. pič', Genitiv péči ›Ofen‹, nis, Genitiv nosa ›Nase‹; [i] und [u] werden vor und nach Vokal i. d. R. zu [j] und [u̯] (geschrieben й und в), z. B. brat i sestrá ›Bruder und Schwester‹, aber: sestrá j brat; vin u cháti ›er ist im Haus‹, aber: voná v cháti ›sie ist im Haus‹; v wird nach Vokalen am Silben- und Wortende als [u̯] ausgesprochen, z. B. pravda [prau̯da] ›Wahrheit‹, krov [krou̯] ›Blut‹.

Morphologie und *Syntax:* Das Nomen kennt drei Genera (Maskulinum, Femininum, Neutrum) und wird nach versch. (jeweils harten und weichen) Stämmen dekliniert. Es gibt sieben Kasus, jedoch besitzt der Vokativ nur im Singular der Maskulina und Feminina besondere Formen. Die Belebtheitskategorie (im Singular der Maskulina wird bei Lebewesen der Genitiv für den Akkusativ verwendet) erstreckt sich auch auf den Plural aller Substantive, die Lebewesen bezeichnen, wovon Haustiere allerdings i. d. R. ausgenommen sind (sie haben im Akkusativ die Form des Nominativs).

Die meisten Adjektive haben keine speziellen prädikativen Formen. Für Nominativ und Akkusativ Singular bei Feminina und Neutra sowie im Plural aller Adjektive werden i. d. R. kontrahierte Formen verwendet.

Das Verbsystem ist durch den Aspekt (perfektiv und imperfektiv) bestimmt. Modus- (Indikativ, Konditional, Imperativ) und Tempussystem (Präsens, Imperfekt, Futur; ein Plusquamperfekt wird nur selten verwendet) sind schwach entwickelt. Charakteristisch für das Präsens sind der Wegfall der Endung oder ihre Weichheit (-t') in der 3. Person Singular und die Weichheit der Endung der 3. Person Plural (-t'). Die Vergangenheitsformen werden nur in Genus und Numerus verändert (buv, bulá, buló; bulý ›er, sie, es war; sie waren‹). Das Futur wird von den Präsensformen der perfektiven Verben oder periphrastisch mit den Präsensformen des Hilfsverbs búty und imperfektivem Infinitiv oder durch die Formen -mu, -meš, -me, -mem(o), -mete, -mut', die an den Infinitiv angehängt werden, gebildet. – In der Syntax ist der Gebrauch des unpersönl. neutralen Passivpartizips auf -no, -to, das mit Akkusativobjekt verwendet wird, charakteristisch, z. B. výkonano prácju ›die Arbeit wurde erledigt‹.

Die *Lexik* weist typ. gemein- und ostslaw. Züge auf. Es gibt eine Reihe von Lehnwörtern aus dem Russischen, Polnischen, Griechischen und Lateinischen sowie den westeurop. Sprachen. Bei vielen dt. Lehnwörtern muss man poln. Vermittlung annehmen.

Die *Dialekte* werden in drei Gruppen eingeteilt: eine nördl. (nördlich der Linie Luzk–Kiew–Sumy), eine südwestl. (westlich der Linie Fastiw–Balta) und eine südöstliche. Letztere bildet die Grundlage der modernen ukrain. Literatursprache.

Geschichte: Die Periode vom 7. bis 12. Jh. wird als altukrainisch bezeichnet. Mit der Christianisierung des Kiewer Reiches (988) begann das altruss. (altostslaw.) Schrifttum (→russische Literatur). In der Periode des frühen Mittelukrainischen (12.–15. Jh.) drangen Elemente der u. S. in die altrussisch-kirchenslaw. Texte ein, z. B. wird e (aus e und ē), das zu i wurde, nun auch als solches geschrieben. Die wichtigsten lautl. und morpholog. Veränderungen ergaben sich in der Periode des Mittelukrainischen vom 16. bis 18. Jh. Durch die Angliederung der Ukraine an Polen-Litauen im 14.–17. Jh. wurde der poln. Einfluss verstärkt. Mehrere Revisionen des Kirchenslawischen im 14./15. und im 16./17. Jh. verhinderten jedoch eine Aufwertung zur Schriftsprache, trotz einer entwickelten, polnisch beeinflussten Barockliteratur. Erst in der Romantik wurde auf der Grundlage der Volkssprache die Literatursprache geschaffen, die jedoch wegen der Verbote der russ. Regierung (1863 und 1876) nicht im öffentl. Gebrauch zugelassen war. Die Verlagstätigkeit konzentrierte sich daraufhin in der zu Österreich gehörenden Westukraine (Galizien), wo derartige Verbote nicht bestanden. Erst in der Zeit zw. 1905 und 1914 und in den ersten Jahren nach der Oktoberrevolution konnte sich die u. S. zu einer Literatursprache, die in allen Kommunikationsbereichen verwendet wurde, entwickeln. Seit den 30er-Jahren wiederum zugunsten des Russischen zurückgedrängt, kann sie sich mit der Unabhängigkeit der Ukraine 1991 ungehindert entfalten.

Wörterbücher: Ukrajins'ko-rosijs'kyj slovnyk, hg. v. I. N. KIRIČENKO, 6 Bde. (Kiew 1953–63); Slovnyk ukrajins'koji movy, hg. v. I. K. BILODID u. a., 11 Bde. (ebd. 1970–80); Russko-ukrainskij slovar', bearb. v. DEMS. u. a., 3 Bde. (ebd. ³1987–88); Nimec'ko-ukrains'kyj slovnyk, hg. v. E. I. LYSENKO (ebd. 1978); Ukrains'ko-nimec'kyj slovnik, hg. v. DEMS. (ebd. 1983); Z. KUZELJA u. J. B. RUDNYC'KYJ: Ukrainisch-dt. Wb. (³1987). – *Sprachgeschichte:* J. B. RUDNYC'KYJ: An etymological dictionary of the Ukrainian language, auf zahlr. Tle. ber. (Winnipeg 1962 ff.); G. Y. SHEVELOV: Die ukrain. Schriftsprache 1798–1965 (a. d. Ukrain., 1966); Istorija ukrajins'koji movy, hg. v. V. O. VYNNYK u. a., 4 Bde. (Kiew 1978–83); Etymolohičnyj slovnyk ukraïns'koï movy, bearb. v. O. S. MEL'NYČUK u. a., auf 7 Bde. ber. (ebd. 1982 ff.). – *Gesamtdarstellungen und Grammatiken:* Sučasna ukrajins'ka literaturna mova, hg. v. J. K. BILODID, 5 Bde. (Kiew 1969–73); D. KYSYLCJA: Gramatyka ukrajins'koji movy, 2 Bde. (Toronto 1971/72); R. G. A. DEBRAY: Guide to the Slavonic languages, Bd. 3 (Columbus, Oh., ³1980); V. M. RUSANOVSKIJ: Ukrainskaja grammatika (Kiew 1986); J. B. RUDNYC'KYJ: Lb. der u. S. (⁵1992); O. ANHALT-BÖSCHE: Ukrainisch. Einführendes Lb. (1996).

Ukrajinka, Lessja, eigtl. **Laryssa Petriwna Kossatsch-Kwitka,** ukrain. Schriftstellerin, *Nowograd Wolynskij (Gebiet Schitomir) 25. 2. 1871, †Surami (Georgien) 1. 8. 1913; befreite durch ihr vielgestaltiges lyr., ep. und dramat. Werk die ukrain. Literatur aus ihrer Begrenzung auf das enge Nationale. U. beschäftigte sich in mehreren Poemen und Dramen mit der Rolle des Künstlers in der Gesellschaft. Ihre dramat. Poeme und Bühnenwerke greifen meist bibl., klass., altchristl. und mittelalterl. Themen auf, wobei sich Analogien zu aktuellen Problemen ergeben. Ein bedeutender Beitrag zur ukrain. Neuromantik ist das Märchendrama ›Lisova pisnja‹ (1911; dt. ›Das Waldlied‹). In anspruchsvollen Ideendramen behandelte sie Sujets der Weltliteratur, z. B. den Don-Juan-Stoff in ›Kaminnyj gospodar‹ (1912).

Ulan-Bator

Ausgaben: Tvory, 10 Bde. (1963–65); Tvory, 4 Bde. (1981–82).

Ukulele [polynes. ›hüpfender Floh‹] *die* oder *das,* -/-*n,* kleine viersaitige Gitarre, die mit port. Einwanderern Ende des 19. Jh. aus Madeira nach Hawaii gebracht wurde. Die U. ist seither das populäre Volksinstrument Polynesiens und hat auch in die amerikan. Unterhaltungsmusik Eingang gefunden (Stimmung der Konzert-U. h¹-fis¹-d¹-a¹). Der Klang der U., die mit einem Spielplättchen angeschlagen wird, liegt zw. dem von Zither und Gitarre.

UKW, Abk. für →Ultrakurzwellen.

ul, Form des arab. bestimmten Artikels, →al.

Ulala, bis 1932 Name der russ. Stadt →Gorno-Altajsk.

Ulam, Stanislaw Marcin, amerikan. Mathematiker poln. Herkunft, *Lemberg 13. 4. 1909, †Santa Fe (N. Mex.) 13. 5. 1984; arbeitete ab 1935 in den USA, u. a. an der Harvard University und am Atomlaboratorium in Los Alamos (N. Mex.), v. a. über Fragen der Maßtheorie und Topologie. U. entwickelte und verfeinerte zus. mit J. VON NEUMANN das später als →Monte-Carlo-Methode bezeichnete statist. Verfahren zur Behandlung komplexer numer. Probleme. Er war an der Ermittlung grundlegender numer. Abschätzungen für die Zündtemperatur und den Verlauf der Kernfusion beteiligt.

Ulan-Bator [›roter Recke‹], mongol. **Ulaanbaatar,** bis 1924 **Urga,** Hauptstadt und Sitz der Reg. der Mongolei, 1 350 m ü. M., erstreckt sich über 20 km am rechten Orchonzufluss Tuul, zw. dem Zezge-Gün-Uul (Bogd-Uul, bis 2 256 m ü. M.) im S und dem Chentejgebirge (bis 2 800 m ü. M.) im NO, (1996) 619 200 Ew.; bildet einen eigenen Verw.-Bezirk. U.-B. entwickelte sich nach 1921, bes. seit Anfang der 50er-Jahre, mit sowjet. Hilfe aus einer von Klöstern und Tempeln durchsetzten Jurtenstadt mit weiträumig verstreuten Holz- und Lehmhütten zu einer Großstadt. Etwa die Hälfte der Bewohner lebt in einfachen Jurtensiedlungen am Stadtrand. U.-B. ist das polit., wirtschaftl. und kulturelle Zentrum der Mongolei mit der Akad. der Wiss., Nat. Univ. (gegr. 1942), der Techn., Medizin., Landwirtschaftl. und Pädagog. Univ., zahlr. nach 1990 gegründeten privaten Hochschulen, Staatsarchiv und -bibliothek, Museen und Theatern. Die Industrie erzeugt über die Hälfte der mongol. Industrieproduktion und umfasst Betriebe der Nahrungsmittelindustrie (bes. Fleischverarbeitung), Teppich-, Leder-, Filz-, Bekleidungs-, Glas- und Porzellan-, Baustoffproduktion sowie der Holz-, Metallverarbeitung und Energieerzeugung. Verkehrsknotenpunkt, internat. Flughafen. – An den v. a. seit den 1940er-Jahren rechtwinklig angelegten Straßen mit Plätzen und Grünanlagen um den an der Stelle des ehem. lamaist. Hauptklosters befindl. großen Suchbaatar-Platz liegen u. a. Regierungsgebäude, das Mausoleum für den Revolutionär SUCHBAATAR (* 1893, † 1923) und für C. TSCHOIBALSAN, Theater, Univ. sowie das Zentralmuseum. Vier Klosteranlagen sind erhalten geblieben, nur eine davon ist noch von Mönchen bewohnt. – Die Stadt entstand 1639 als zeitweilige (seit 1778 ständige) Klosterresidenz des Oberhauptes der mongol. Lamaismus. Der an der Handelsstraße zw. Russland und China gelegene Ort entwickelte sich rasch zu einem bedeutenden Handelszentrum sowie zum religiösen und administrativen Mittelpunkt der N-Mongolei; seit dem späten 18. Jh. Sitz des Vertreters der Mandschuregierung, 1911–21 Sitz der Autonomen Mongol. Regierung. Nach der Gründung der Mongol. Volksrepublik (1924) wurde U.-B. ihre Hauptstadt.

Ulanen [poln. ułan, von türk. oğlan ›Knabe‹, ›Bursche‹], *Sg.* **Ulan** *der, -en,* mit der Lanze als Hauptwaffe ausgestattete Kavallerietruppengattung. Der Name leitet sich ab von der Leibwache der krimtatar. Khane, die sich aus Lanzen tragenden jungen Edelleuten zusammensetzte. Die Polen übernahmen im 16. Jh. die Bez. für eine entsprechend ausgerüstete leichte Reitertruppe, ab Ende des 17. Jh. folgten einzelne europ. Armeen diesem Beispiel. Größere Bedeutung erlangten die im 18. Jh. ebenso wie die Husaren zu Aufklärung und ›Kleinem Krieg‹ verwendeten Lanzenreiter (in Preußen →Bosniaken) ab Anfang des 19. Jh., v. a. nach den Befreiungskriegen. In der preuß. Armee wurde die Bez. U. endgültig 1807 eingeführt. Erst 1876 erhielt die Truppengattung zusätzlich zur Lanze den Karabiner. 1890 wurden im Zuge der Entwicklung der Einheitskavallerie alle Reitertruppen mit der Lanze (nun aus Gussstahl statt aus Holz) ausgestattet. Mit dem Ende des Ersten Weltkrieges verschwanden die U. aus den Armeen. – In den ersten Jahrzehnten des 19. Jh. bildete sich die für die U. charakterist. Uniform heraus, deren besondere Merkmale die Tschapka und die Ulanka waren. Letztere war ein Rock mit kurzen Schößen, breiten Aufschlägen, zwei Knopfreihen, die von der eng gehaltenen Taille nach den Schultern zu breit auseinander gingen.

Ulangom, Ulaangom, Stadt im NW der Mongolei, südwestlich des Sees Uws Nuur, 26 900 Ew.; Verw.-Sitz des Aimak Uws Nuur; Nahrungsmittelindustrie, Textilfabrik.

Ulanowa, Galina Sergejewna, russ. Tänzerin und Tanzpädagogin, * Sankt Petersburg 8. 1. 1910, † Moskau 21. 3. 1998; gehörte seit 1928 dem Kirow-Ballett, seit 1944 dem Moskauer Bolschoi-Ballett an und war in den 40er-Jahren bis zu ihrem Bühnenabschied 1962 ›Primaballerina assoluta‹ des Sowjetballetts. U. kreierte bedeutende Rollen des neuen sowjet. Repertoires und tanzte die großen klass. und romant. Ballerinenrollen.

F. FÜHMANN: G. U. (Berlin-Ost 1961).

Ulan-Tsab-Dialekte, →mongolische Sprachen.

Ulan-Ude, bis 1934 **Werchneudinsk,** Hauptstadt der Rep. Burjatien, Russ. Föderation, im S Ostsibiriens, südöstlich des Baikalsees, an der Mündung der Uda in die Selenga, 366 000 Ew.; bedeutendes Kultur- und Wirtschaftszentrum Transbaikaliens; Burjat. wiss. Zentrum der Sibirien-Abteilung der Akad. der Wiss.en, technolog., Landwirtschafts-, Kultur- und pädagog. Hochschule, Regional-, Kunst-, ethnograph., Natur- und Geologiemuseum, zwei burjat. und ein russ. Theater; Maschinen-, Geräte-, Flugzeug-, Lokomotiv- und Waggon-, Schiff- und Stahlbau, Nahrungsmittelindustrie, Holzverarbeitung, Flachglaswerk; Verkehrsknotenpunkt an der Transsibir. Eisenbahn und Handelszentrum im Transitverkehr nach China und in die Mongolei am Beginn der Eisenbahnlinie nach Nauschki (→Transmongolische Eisenbahn); Hafen und Flughafen. – Das 1666 von Kosaken gegründete Winterlager **Udinskoje** wurde 1689 zur Festung **Werchneudinsk** ausgebaut. Die hier im 18. Jh. entstandene Stadt war ab 1851 Zentrum des transbaikal. Gebietes und spielte eine wichtige Rolle im Handel mit China. Sie wurde 1923 Hauptstadt der Burjat. ASSR.

Ulbricht, Walter, Politiker, * Leipzig 30. 6. 1893, † Berlin (Ost) 1. 8. 1973; Tischler, zunächst (ab 1912) Mitgl. der SPD, dann (ab 1919) der KPD, wurde 1923 in die Parteizentrale gewählt. Er trat dort v. a. als Organisator hervor (u. a. Aufbau der Partei auf der Basis von Betriebszellen). 1924/25 arbeitete er in Moskau im Apparat der Komintern. 1926–29 war er MdL von Sachsen, 1928–33 MdR; ab 1927 gehörte er dem ZK, ab 1929 auch dem Politbüro der KPD an. 1929–32 leitete er auch den Partei-Bez. Berlin-Brandenburg–Lausitz-Grenzmark. Nach der natsoz. Machtübernahme 1933 emigrierte U. zunächst nach Frankreich, dann (1938) in die UdSSR. Er gewann in dieser Zeit eine programmatisch richtungweisende Funktion in der Exil-KPD (offiziell geführt von W. PIECK). 1936 bis 1938 nahm er als polit. Kommissar auf republikan. Seite am Span. Bürgerkrieg teil. Nach dem dt. Angriff auf die UdSSR beteiligte er sich führend an der Gründung des →Nationalkomitees Freies Deutschland.

Als Vertrauensmann STALINS kehrte U. im Zuge des sowjet. Vorstoßes auf Berlin am 30. 4./1. 5. 1945 an der Spitze der →Gruppe Ulbricht nach Berlin zurück. Gestützt auf die SMAD, organisierte er als Mitgl. des Sekretariats nach der dt. Kapitulation (7. bzw. 8./9. 5. 1945) den Wiederaufbau der KPD, brachte Mitgl. seiner Partei in Schlüsselpositionen der Berliner Stadtverwaltung und setzte 1946 den Zusammenschluss von KPD und SPD zur SED durch. Er war 1946–50 Mitgl. ihres Zentralsekretariates und stellv. Parteivorsitzender und nahm in diesen Funktionen entscheidenden Einfluss auf die Umwandlung der SED in eine marxistisch-leninist. Kaderpartei; 1949 wurde er Mitgl. ihres Politbüros. 1950 übernahm er die Führung der SED, zunächst als Gen.-Sekr., später (ab 1953) als Erster Sekretär. Im Bereich der sich unter sowjet. Aufsicht bildenden Staatlichkeit in der SBZ war er 1946–50 MdL von Sachsen-Anhalt, 1948/49 Mitgl. des Dt. Volksrates und der Dt. Wirtschaftskommission.

In der DDR formierte U. als politisch bestimmende Persönlichkeit (neben seiner Parteifunktion 1949–55 stellv. Min.-Präs., 1955–60 Erster Stellv. Min.-Präs.) diese im Sinne der sowjet. Dtl.-Politik zu einem kommunist. Staat nach volksdemokrat. Muster (Sowjetisierung); er folgte dabei – sowohl ideologisch als auch praktisch-politisch – den Wendungen der sowjet. Politik. Innerparteil. Gegner schaltete er mit rigorosen Methoden, d. h. unter Anwendung von Verleumdung und Kriminalisierung polit. Reformvorschläge, aus: v. a. 1952 F. DAHLEM, 1953 die Gruppe um W. ZAISSER und R. HERRNSTADT, 1958 K. SCHIRDEWAN und E. WOLLWEBER. U. fügte die DDR fest in das polit. und wirtschaftl. System des Ostblocks ein (→deutsche Geschichte, Deutsche Demokratische Republik). Seit 1955 vertrat er in der Dtl.-Politik die Zweistaatentheorie. Nach dem Tod des Staatspräs. W. PIECK (1960) übernahm U. neben seinen führenden Parteiämtern den Vorsitz des neu gebildeten Staatsrates (1960–73; damit faktisch Staatsoberhaupt) und die Leitung des Nat. Verteidigungsrates (1963–72). Nach dem Bau der Berliner Mauer (1961) bemühte er sich innenpolitisch um Ausbau und Reform der Wirtschaft (NÖS; um 1966 gescheitert) und außenpolitisch – mit wachsendem Erfolg – um die internat. Anerkennung der DDR. Seit Mitte der 60er-Jahre suchte er deren Bewegungsfreiheit unter sowjet.

Galina Sergejewna
Ulanowa

Walter Ulbricht

Vorherrschaft zu vergrößern; gegen Moskauer Verdikt unterhielt er Kontakte zu bundesdt. Politikern, ab 1969 zur sozialliberalen Koalition. U. gehörte 1968 zu den schärfsten Kritikern der reformkommunist. Bestrebungen in der Tschechoslowakei. Sowjet. Misstrauen und Meinungsverschiedenheiten in der SED-Spitze führten zu einem parteiinternen Putsch, infolge dessen es zum – von E. HONECKER in Moskau vorbereiteten – Rücktritt U.s als SED-Chef kam (3. 5. 1971; fortan ›Ehren-Vors.‹ der SED).

C. STERN: U. Eine polit. Biogr. (1963); E. W. GNIFFKE: Jahre mit U. (1966); P. C. LUTZ: Parteielite im Wandel. Funktionsaufbau, Sozialstruktur u. Ideologie der SED-Führung (³1970); N. PODEWIN: W. U. Eine neue Biogr. (1995); M. KAISER: Machtwechsel von U. zu Honecker. Funktionsmechanismen der SED-Diktatur in Konfliktsituationen 1962 bis 1972 (1997).

ulbrichtsche Kugel [nach dem Ingenieur FRITZ RICHARD ULBRICHT, *1849, †1923], **Kugelphotometer,** Hilfsvorrichtung zur Messung des Lichtstroms (→Photometrie). Die u. K. ist eine innen mattweiß gestrichene Hohlkugel, in deren Mitte die zu messende Lichtquelle gesetzt wird. Die auf der Kugelwand erzeugte indirekte Beleuchtungsstärke ist dem Lichtstrom der Lichtquelle proportional; der Proportionalitätsfaktor wird durch Vergleich mit einem Lichtstromnormal bestimmt.

Ule, Carl Hermann, Jurist, *Stettin 26. 2. 1907; Prof. in Speyer seit 1955; zahlr. Veröffentlichungen zum öffentl. Recht; Herausgeber mehrerer Zeitschriften und Sammelwerke.

Werke: Verwaltungsgerichtsbarkeit (1960); Verwaltungsprozeßrecht (1960); Beamtenrecht (1970); Bundes-Immissionsschutz-Ges. Komm. (1974ff., Losebl.); Verwaltungsverfahrensrecht (1977, mit H.-W. LAUBINGER).

Uleåborg [uːlǝoˈbɔrj, schwed.], finnische Stadt, →Oulu.

Ulema [arab., Pl. von ālim ›Gelehrter‹] der, -s/-s, **Ulama,** *Islam:* Vertreter der theolog. Gelehrsamkeit, der aufgrund seiner Kenntnis des Korans, der Aussagen MOHAMMEDS wie auch seiner Frömmigkeit im Volk höchste Anerkennung genießt und dem daher die letzte Entscheidung in Fragen der islam. Gemeinschaft zugebilligt wird (wobei er sich allein Gott gegenüber verantwortlich weiß). In politisch unterschiedl. Weise haben die U. einen großen Einfluss in den islam. Staaten ausgeübt. Äußere Zeichen eines U. sind traditionell ein weißer Turban und ein langer schwarzer Mantel.

Ulenspiegel, Ulenspegel, Held eines Schwankromans, →Eulenspiegel.

Uleten, die →Oloten.

Ulex [lat.], die Pflanzengattung →Stechginster.

Ulexit [nach dem Chemiker GEORG LUDWIG ULEX, *1811, †1883] der, -s/-e, **Boro|natrocalcit,** weißes, triklines Mineral der chem. Zusammensetzung NaCaB$_5$O$_9$ · 8 H$_2$O; Härte nach MOHS 1, Dichte 1,96–2,0 g/cm³; meist lockere Knollen (›cotton balls‹), auch nadelig-faserige Aggregate. Wichtiges Bormineral in Salzseen und -sümpfen u. a. Nord- und Südamerikas. Parallelfaserige Bruchstücke (Television Stones, Fernsehsteine) finden wegen ihrer sehr guten Lichtübertragungseigenschaften Verwendung in der Glasfaseroptik.

Ulfeldt, Leonora Christina, dän. Schriftstellerin, →Leonora Christina.

Ulfilas, westgot. Bischof und Bibelübersetzer, →Wulfila.

UL-Flugzeug, Kurz-Bez. für →Ultraleichtflugzeug.

Uli, Kultfigur aus dem Innern von New Ireland (Papua-Neuguinea). Die gedrungenen, etwa 1,5 m hohen Figuren aus massivem Holz haben leicht angewinkelte Beine, oft frei vor den Oberkörper gesetzte Arme, die z. T. zusätzl. Figuren stützen, weiß gefasste Gesichter, in denen Augen und Nase betont sind, mit feinen Zahnreihen im geöffneten Mund sowie einer Andeutung von Bart und kammartiger Frisur. Die U. galten den Surrealisten als Höhepunkt der fantast. Kunst Ozeaniens. Es scheint sich um Darstellungen einflussreicher Männer zu handeln; das Vorhandensein von männl. und weibl. Geschlechtsmerkmalen deutet auf ihre übernatürl. Macht.

Uli: Kultfigur aus bemaltem Holz aus dem zentralen Gebirgsteil von New Ireland (Privatbesitz)

Ulich, Heinrich Gottlob Robert, Philosoph und Erziehungswissenschaftler, *Riedermühle (heute zu Lam, Landkreis Cham) 21. 4. 1890, †Stuttgart 17. 6. 1977; war 1921–33 Referent im sächs. Volksbildungsministerium, ab 1928 Honorarprofessor an der TH Dresden, nach Emigration in die USA 1937–60 Prof. an der Harvard University.

Werke: History of educational thought (1945); Philosophy of education (1961).

Ulixes, lat. Bez. für →Odysseus.

Uljanow, Familienname von W. I. →Lenin.

Uljanowsk, Ul'janovsk [-w-], bis 1924 **Simbirsk,** Gebietshauptstadt in Russland, an der hier zum Samaraer Stausee gestauten Wolga, v. a. auf dem rechten Hochufer, 678 000 Ew.; Kultur- und Wirtschaftszentrum im mittleren Wolgagebiet; drei Hochschulen (Technik, Landwirtschaft, Pädagogik), zivile Fliegerschule, mehrere Museen, Gontscharow- (Heimat-), Kunst-, zentrales Leninmuseum, Buchpalast (mit alten Privatbibliotheken von N. M. KARAMSIN, I. A. GONTSCHAROW u. a.), Philharmonie, mehrere Theater (1790 Eröffnung der ersten öffentl. Bühne). Die Industrie umfasst Maschinen- (v. a. Spezialwerkzeugmaschinen), Kfz- und Motorenbau, Werft, Herstellung elektrotechn. Geräte, Schuhfabrik, Trikotagenwerk, Nahrungsmittelindustrie; Verkehrsknotenpunkt am Wolgaübergang (2,1 km lange Eisenbahn- und Straßenbrücke) mit Flusshafen, Flughafen. – U. wurde 1648 als Festung auf Befehl des Zaren gegründet; im 18. Jh. verlor es seine militär. Bedeutung und wurde Handelszentrum. U. ist auch ein altes Zentrum der tschuwasch. Kultur (hier wurde das erste Buch in tschuwasch. Sprache und Schrift gedruckt). – In U. wurde 1870 LENIN geboren.

Ulkus [lat.] das, -/Ulzera, **Ulcus,** das →Geschwür; **Ulcus corneae,** das →Hornhautgeschwür; **Ulcus cruris,** das →Beingeschwür; **Ulcus duodeni,** das →Zwölffingerdarmgeschwür; **Ulcus ventriculi,** das →Magengeschwür; **Ulcus durum** und **Ulcus molle,** der harte und der weiche →Schanker.

Ulkuskrankheit, von G. VON BERGMANN geprägte Bez. für das chron. Auftreten von Magen- und Zwölffingerdarmgeschwüren.

Ullman, Micha, israel. Bildhauer und Zeichner, *Tel Aviv 11. 10. 1939; seit 1991 Prof. an der Akad. der Bildenden Künste in Stuttgart; wurde bes. bekannt mit dem als unterird. Raum mit leeren Bücherregalen konzipierten Mahnmal auf dem Berliner Bebelplatz (1995 eingeweiht), das an die Bücherverbrennung 1933 erinnert.

Ullmann, 1) Fritz, Chemiker, *Fürth 2. 7. 1875, †Genf 17. 3. 1939; Prof. in Berlin und Genf. U. arbeitete v. a. über pharmazeut. Chemie; synthetisierte Diphenylaminderivate und Biaryle (U.-Reaktion). Bekannt wurde U. bes. als Herausgeber der ›Encyklopädie der techn. Chemie‹ (12 Bde., 1914–23), die in der 5. Auflage u. d. T. ›Ullmann's encyclopedia of industrial chemistry‹ (1985ff., auf 36 Bde. ber.) erscheint.

2) Liv Johanne, norweg. Bühnen- und Filmschauspielerin, *Tokio 16. 12. 1938; begann ihre Laufbahn am Theater, spielte ab 1957 in Filmen, bes. bei I. BERGMAN (ab 1966), unter dessen Regie sie ihre besten Rollen gestaltete; führte auch selbst Regie. Ihr polit. und soziales Engagement stellt sie z. B. als

UNICEF-Botschafterin (seit 1980) unter Beweis. Schrieb autobiograph. Bücher: ›Forandringen‹ (1976; dt. ›Wandlungen‹), ›Choices‹ (1984; dt. ›Gezeiten‹).

Filme: Persona (1966); Emigranten (1970); Schreie u. Flüstern (1972); Zandys Braut (1974); Szenen einer Ehe (1974); Von Angesicht zu Angesicht (1975); Der Rosengarten (1989); Sofie (1992, Regie); Kristin Lavrans Tochter (1995); Enskilda samtal (1996, Regie, Fernsehfilm).

3) **Manfred,** Orientalist, * Brandenburg an der Havel 2. 11. 1931; wurde 1970 Prof. in Tübingen. Untersuchungen v. a. zur klassisch-arab. Grammatik und Lexikographie; seit 1962 (mit A. SPITALER) Bearbeiter des ›Wörterbuchs der klass. arab. Sprache‹ (1957 ff.).

Werke: Die Natur- u. Geheimwiss.en im Islam (1972); Beitr. zur Lexikographie (1979 ff., Schr.-Reihe); Arab. Komparativsätze (1985); Adminiculum zur Gramm. des klass. Arabisch (1989); Das arab. Nomen generis (1989).

4) **Regina,** schweizer. Schriftstellerin, * St. Gallen 14. 12. 1884, † Ebersberg 6. 1. 1961; war u. a. Gärtnerin und Wachsgießerin, lebte lange in und bei München, 1938–59 in St. Gallen; konvertierte 1911 zum Katholizismus. Gefördert von R. M. RILKE (Briefwechsel ab 1908), gehörte sie in München zum Kreis von H. CAROSSA, LOU ANDREAS-SALOMÉ, K. WOLFSKEHL und T. MANN. Ihre schlichten, dennoch einem hohen ästhet. Ideal verpflichteten Erzählungen und Gedichte spiegeln sinnlich-poetisch die kleinen Dinge einer bäuerlich-verbundenen. Welt aus christl. Sicht (›Die Landstraße‹, 1921; ›Der Engelskranz‹, 1942; ›Schwarze Kerze‹, 1954).

Ausgaben: Erz., Prosastücke, Gedichte, hg. v. F. KEMP, 2 Bde. (1978); Ausgew. Erzn., hg. v. DEMS. (1979).

5) **Viktor,** österr. Komponist, * Teschen 1. 1. 1898, † Auschwitz 18. 10. 1944; Schüler u. a. von A. SCHÖNBERG und E. STEUERMANN; 1920 Kapellmeister am Dt. Theater in Prag, weitere Stationen: Aussig (1927–28), Zürich (1929–31) und Stuttgart (ab 1931). 1935–37 Kompositionsunterricht bei A. HÁBA in Prag. 1942 wurde U. in das KZ Theresienstadt deportiert, wo er als Organisator von Musikveranstaltungen wirkte. Hier schuf er zu seinen etwa 50 Kompositionen (u. a. die Oper ›Der Sturz des Antichrist‹, 1936; Klavierkonzert, 1939; vier Klaviersonaten) weitere 23 (u. a. zwei Sinfonien, 1943, 1944; ›Die Weise von Liebe und Tod des Cornets C. Rilke‹, 1944, für Sprecher und Orchester; drei weitere Klaviersonaten). Anfangs noch stark von der Atonalität der Schönbergschule geprägt, sind die Werke aus Theresienstadt in einer fasslicheren Tonsprache gehalten. Die Uraufführung seiner 2. Oper ›Der Kaiser von Atlantis‹ (1943; erst 1975 uraufgeführt) wurde wegen Anspielungen auf HITLER und den Krieg von der SS-Lagerleitung unterbunden. 1944 kam U. nach Auschwitz.

6) **Wolfgang,** ev. Theologe und Politiker, * Bad Gottleuba 18. 8. 1929; 1956–63 als Pfarrer, 1963–90 als Dozent für Kirchengesch. an Hochschulen der ev. Kirche in der DDR tätig; wurde in der Oppositions- und Bürgerbewegung aktiv, u. a. am 12. 9. 1989 Mitgründer von ›Demokratie Jetzt‹, die er von Dezember 1989 bis März 1990 am ›Zentralen Runden Tisch‹ vertrat; vom 3. 10. 1990 bis 1994 MdB (Bündnis 90/Grüne); wurde 1994 MdEP (Grüne).

Ullmannia, ausgestorbene Nadelholzgattung aus der Zechsteinzeit, bes. im Kupferschiefer, mit dicht stehenden, schuppenartigen, kurzen oder locker stehenden, über 1 cm langen Nadeln (Sonnen- bzw. Schattenformen). →Frankenberger Kornähren.

Ullmannit [nach dem Mineralogen JOHANN CHRISTIAN ULLMANN, * 1771, † 1821] *der, -s/-e,* **Antimonnickelglanz,** silberweißes bis stahlgraues, metallisch glänzendes, kub. Mineral der chem. Zusammensetzung NiSbS; Härte nach MOHS 5–5,5, Dichte 6,7 g/cm³; körnige oder derbe Aggregate.

Ullr, altnord. Mythos: nordgerman. Gott, urspr. vielleicht eine Himmelsgottheit. Zahlr. schwed. und norweg. Ortsnamenbelege weisen außerdem auf Beziehungen des U. zum Vegetationskult hin. In der mytholog. Überlieferung erscheint er als Gott des Skilaufens und Bogenschießens.

Ullrich, 1) Dietmar, Maler, * Breslau 22. 7. 1940; war Mitbegründer der Gruppe Zebra; malt bis zur Verfremdung illusionistisch übersteigerte Bilder, die häufig einen satir. Akzent haben, mit Themen v. a. aus dem Bereich des Sports.

D. U., Ausst.-Kat. (1982).

2) **Jan,** Radrennfahrer, * Rostock 2. 12. 1973; 1990 DDR-, 1991 und 1993 Dt. Meister im Punktefahren, 1993 (Amateur-)Straßeneinzelweltmeister; nach seinem Übertritt ins Profilager (1995) u. a. 1996 Zweiter bei der Tour de France, 1997 als erster Deutscher Gesamtsieger der Tour de France und 1998 wiederum Zweiter; Welt-Radsportler 1997.

3) **Luise,** Schauspielerin und Schriftstellerin, * Wien 31. 10. 1910, † München 21. 1. 1985; spielte (ab 1926) an Theatern in Wien, Berlin und München; im Film (ab 1932) zunächst Mädchen-, später Charakterrollen (Mütter); auch Fernseharbeit. Schrieb u. a. ihre Autobiographie ›Komm auf die Schaukel, Luise‹ (1973).

Filme: Ich liebe Dich (1938); Annelie (1941); Frau Irene Besser (1961); Acht Stunden sind kein Tag (1972, Fernsehserie).

Ullrich-Turner-Syndrom [-'tə:nə-; nach dem Kinderarzt OTTO ULLRICH, * 1894, † 1957, und dem amerikan. Endokrinologen HENRY HUBERT TURNER, * 1892, † 1970], **Turner-Syndrom,** Symptomenkomplex, der durch eine Chromosomenstörung unbekannter Ursache bedingt ist; sie besteht meist in einer Monosomie der Geschlechtschromosomen (Karyotyp 45, X), d. h., es fehlt in den Körperzellen durchgehend oder in einem Teil (Mosaikbildung, 45, X/46, XX) das zweite Geschlechtschromosom. Die Betroffenen sind ihrem Erscheinungsbild (Phänotyp) nach weibl. Geschlechts. Hauptsymptom ist ein Minderwuchs (Endgröße durchschnittlich 146 cm); aufgrund einer Unterentwicklung der Eierstöcke bleibt die Pubertätsentwicklung meist aus; bis auf seltene Ausnahmen besteht Unfruchtbarkeit. Mit unterschiedl. Häufigkeit und Ausprägung können als weitere Symptome Lymphödeme im Hand- und Fußbereich, Fehlbildungen von Herz und Nieren, flügelfellartige seitl. Halsfalte (Pterygium colli), Anomalien der Finger- und Fußnägel, Ptosis, Pigmentnaevi (›Leberflecken‹) und eine Disposition zu Mittelohrentzündungen mit Hörverminderung bei fehlender Behandlung auftreten. Die Intelligenz ist unbeeinträchtigt.

Das U.-T.-S. tritt mit einer durchschnittl. Häufigkeit von etwa 1 : 2 500 Geburten von Mädchen auf; in Dtl. beträgt die Zahl der Betroffenen rd. 12 000.

Die *Diagnose* wird durch Chromosomenanalyse gesichert; eine vorgeburtl. Erkennung bzw. Voraussage des Ausmaßes der Störungen ist im Rahmen der Pränataldiagnostik möglich. Die *Behandlung* besteht in der Gabe von Östrogenpräparaten, die zu einer Entwicklung der äußeren Geschlechtsmerkmale und zum Einsetzen der Menarche (ohne Beeinflussung der Unfruchtbarkeit) führen; zur Wachstumssteigerung können Anabolika und Wachstumshormone eingesetzt werden. Beratung und Unterstützung vermitteln auch die Selbsthilfegruppen; zentrale Einrichtung ist die U.-T.-S.-Vereinigung e. V. (Sitz: Nümbrecht).

Ullstein, U. Verlag, Buch- und Zeitschriftenverlagsgruppe, gegr. 1877 in Berlin von dem Papierhändler LEOPOLD ULLSTEIN (* 1826, † 1899); Sitz: Berlin. In dem von seinen Söhnen HANS (* 1859, † 1935), LOUIS (* 1863, † 1933), FRANZ (* 1868, † 1945), RUDOLF (* 1873, † 1964) und HERMANN (* 1875, † 1943) zu einem der größten dt. Presse- und Buchverlage in der Weimarer Republik ausgebauten Unternehmen er-

Liv Ullmann

Viktor Ullmann

Ullmannit: Kristallform

Jan Ullrich

Luise Ullrich

Ulm Ulm

Ulm: Blick über die Donau auf Teile der Altstadt und das Münster

Ulm
Stadtwappen

kultureller und
wirtschaftlicher
Mittelpunkt von
Ostschwaben

458 m ü. M.

an der Donau und am
Südrand der
Schwäbischen Alb

115 800 Ew.

Universität
(1967 gegründet)

Ulmer Münster mit
161 m hohem Turm

gotisches Rathaus
(14.–16. Jh.) mit
astronomischer Uhr

854 als Ulma erstmals
erwähnt

Stadtrecht seit
Friedrich I. Barbarossa

1530 Einführung der
Reformation

1802–10 bayerisch,
seitdem zu
Württemberg
gehörend

schienen zunächst Zeitungen und (Fach-)Zeitschriften, u. a. Titel wie ›Berliner Zeitung‹, ›Berliner Illustrirte Zeitung‹, ›Berliner Abendpost‹ (gegr. 1887), ›Berliner Morgenpost‹, ›Vossische Zeitung‹, ›Sieben Tage‹ (gegr. 1931). V. a. ab 1903 wurde auch der Buchverlag ausgebaut. 1908 erschienen die ersten Bände der ›U.-Weltgeschichte‹, 1910 folgten die ›Roten U.-Bücher‹, die Vorgänger der heutigen U. Taschenbücher. 1919 wurden vom Georg Müller Verlag die ›Propyläen‹-Ausgabe GOETHES und die ›Horen‹-Ausgabe SCHILLERS erworben und der Propyläen Verlag begründet, der sich auf Klassikerausgaben, Kunst- und Bildbände, Kunsteditionen (Originale) sowie enzyklopäd. Werke (›Propyläen Weltgeschichte‹, ›Propyläen Kunstgeschichte‹) spezialisierte. Zu U. gehörten u. a. auch der Slowo Verlag, Danzig, die U. Nachrichtendienst GmbH und die Aldus S. A., Santander. 1920 wurde die Terra Film AG, Berlin, gegründet. Nach dem erzwungenen Verkauf des Familienbetriebs 1934 an die NSDAP-Zentralverlag Franz Eher Nachf. GmbH wurde das Unternehmen 1937–45 als ›Dt. Verlag‹ geführt. 1945 stellte der amerikan. Besatzungsmacht die Firma unter Treuhänderschaft bis zur Rückgabe an die Familie Ullstein 1952. Der U. Taschenbuchverlag wurde 1953 in Frankfurt am Main, der Buchverlag in Berlin 1959 (neu) gegründet. Nach Erwerb einer Sperrminorität 1956 konnte der Axel Springer Verlag AG, Berlin, 1960 die Aktienmehrheit des U. Verlags erwerben, den er von einer AG in eine GmbH umwandelte. 1985–95 war der U. Verlag Teil der Holdinggesellschaft U. Langen Müller GmbH & Co. KG und ist seit 1996 wieder im alleinigen Besitz von Springer.

Ulm, Stadt in Bad.-Württ., 458 m ü. M., Stadtkreis und Verw.-Sitz des Alb-Donau-Kreises, an der Mündung der Blau in die Donau, gegenüber von Neu-Ulm und der Illermündung, 115 800 Ew.; Univ. (gegr. 1967), Fachhochschule für Ingenieurwiss. en, Inst. für Lebensmitteluntersuchungen, Theater, Stadt- und Universitätsbibliothek, Stadtarchiv, Museen (u. a. Dt. Brotmuseum). Schwerpunkte der Industrie sind Fahrzeugbau (Iveco, Kässbohrer) und Elektroindustrie, ferner gibt es Metall-, elektron. und Textilindustrie, Gartengerätebau. Seit 1988 entsteht der Sciencepark mit unternehmenseigenen Forschungsinstituten; das Ziel ist der Wissenschafts- und Technologietransfer zw. Univ., Fachhochschule und Industrieforschung.

Stadtbild: Wieder aufgebaut nach starker Zerstörung der Altstadt 1944 sind das repräsentative got. Rathaus (14.–16. Jh.) mit astronom. Uhr und Skulpturen von H. MULTSCHER (1427–30, Originale im Museum), die Architekturmalerei wurde erneuert, Salzstadel (1592; beherbergt heute das Dt. Brotmuseum), Kornhaus (1594), Schwörhaus (1612/13), Neuer Bau (urspr. Lagerhaus, 1585–93) im Renaissancestil, Löwenbau im Zeughausareal (1665/67). Berühmtestes Bauwerk ist das got. Münster (124 m lang, Gewölbehöhe des Mittelschiffs 42 m): 1377 unter Baumeistern der Parler-Familie (vermutlich unter HEINRICH D. Ä. oder dessen gleichnamigem Sohn) als Hallenkirche begonnen, 1383 Chorweihe (Netzgewölbe erst 1449). 1392–1417 Beginn der Umgestaltung zur Basilika und Planung des W-Turmes durch ULRICH VON ENSINGEN; 1477 ff. Vollendung des Turmvierecks und Beginn des Oktogons unter M. BÖBLINGER, 1493 ff. Umwandlung in eine fünfschiffige Basilika durch B. ENGELBERG, um den Turm abzusichern; 1543 endgültige Einstellung des Baus; 1844–90 Vollendung des Bauwerks nach den mittelalterl. Plänen, Ausbau des 161 m hohen durchbrochenen Turmhelms (1885–90) nach BÖBLINGERS Entwurf. Wertvollste Ausstattungsstücke sind das Chorgestühl von J. SYRLIN D. Ä. (BILD → Ptolemäus, Claudius) und MICHEL ERHART (1469–74), ferner das 28 m hohe Sakramentshaus (1471 vollendet), die 1498/99 von ENGELBERG umgearbeitete Kanzel (Schalldeckel 1510 von J. SYRLIN D. J.) und der Choraltar von M. SCHAFFNER (1521); am W-Portal Schmerzensmann von MULTSCHER (Original von 1429 heute im Kircheninnern). Im Kiechelhaus (um 1600) das Ulmer Museum (u. a. mittelalterl. Kunst Oberschwabens, spätgot. Münsterrisse, Barockmalerei). Neugot. kath. Georgskirche (1901–04) von MAX MECKEL (* 1847, † 1910); Pauluskirche (ehem. ev. Garnisonskirche) von T. FISCHER (1908–10). R. A. MEIER entwarf das Stadthaus (1989–93) und das Daimler-Benz Forschungszentrum (1989–93) auf dem Eselsberg, wo sich auch der Neubau der Ingenieurfakultät (1995 fertig gestellt) von O. STEIDLE befindet. – Im Ortsteil Wiblingen ehem. Benediktinerabtei (1093 gegr.); in den Klostergebäuden (1714–60) Bibliothekssaal mit umlaufender Empore, reiche maler. und plast. Dekoration. Die Abteikirche, der letzte große Kirchenbau Oberschwabens (1772–78), wurde unter der Leitung von JANUARIUS ZICK im frühklassizist. Stil ausgestattet. Ev. Gemeindezentrum (1959–64) von O. A. GULBRANSSON.

Geschichte: An einem Donauübergang nahe der Einmündung von Blau und Iller wurde erstmals 854 die Königspfalz *Ulma* erwähnt. 1096/98 gelangte U. an die Staufer und entwickelte sich in der Folge zu deren Hauptstützpunkt in Schwaben. Unter FRIEDRICH I. BARBAROSSA war die Entwicklung zur Stadt abgeschlossen. Das Ulmer Recht wurde an eine Reihe schwäb. Städte weitergegeben. Die Reichsstadt erreichte im 14. Jh. Selbstständigkeit in der inneren Verwaltung und die Bürgerschaft mit dem Schwörbrief 1397 polit. Gleichberechtigung. Die geograph. Lage begünstigte den auf Leinenweberei und Barchentproduktion beruhenden Export in fast alle Teile Europas. Den im Handel erworbenen Reichtum nutzte die Stadt seit dem 14. Jh. u. a. zum Erwerb eines Territoriums, das mit rd. 830 km² zu den größten reichsstädt. Gebieten zählte. In den Städtebündnissen des 14. Jh. im Schwäb. Bund und als Direktor der Städte im Schwäb. Reichskreis hatte U., auch Tagungsort des Schwäb. Kreises, eine führende Rolle. Durch die Abstimmung von 1530 bekannte sich die Mehrheit der Bürger zur Reformation. 1802 fiel U. an Bayern, 1810 an Württemberg. Dadurch war die Stadt zunächst von ihrem Hinterland rechts der Donau (Neu-U.) abgeschnitten, doch brachten der Bau der Bundesfestung (seit 1842; seit 1871 Reichsfestung), der sich zum Knotenpunkt erweiternde Eisenbahnanschluss (1850) und die Errichtung einer Garnison neuen Aufschwung.

H. BAUMHAUER: Das Ulmer Münster u. seine Kunstwerke (²1989); ELMAR SCHMITT: Münsterbibliogr. Kommentiertes Gesamtverz. aller Schriften über das Ulmer Münster (²1990); A. SILBERBERGER: Neugestaltung Ulmer Münsterplatz (1993).

Ulmaceae, die →Ulmengewächse.

Ulmanis, 1) Guntis, lett. Politiker, * Riga 13. 8. 1939; Großneffe von 2), 1941–46 mit seiner Familie nach Russland deportiert; Wirtschaftswissenschaftler; 1965–89 Mitgl. der lett. KP, 1990 an der Wiedergründung von ›Lettlands Bauernunion‹ beteiligt; gehörte ab 1992 dem Vorstand der Lett. Bank an; wurde 1993 zum Staatspräs. gewählt (1996 Wiederwahl).

2) Kārlis, lett. Politiker, * Berze 4. 9. 1877, † Krasnowodsk (heute Turkmenbaschi, Turkmenistan) 1942; Großonkel von 1), gründete 1917 ›Lettlands Bauernunion‹, war nach der Proklamation der Rep. Lettland (1918) wiederholt Min.-Präs. (1918–21, 1925/26, 1931 und 1934–40), errichtete durch einen Staatsstreich (15. 5. 1934) ein autoritäres Regime und war 1936–40 Staatspräs. Nach der Besetzung Lettlands durch sowjet. Truppen (1940) wurde er deportiert; starb in Haft.

Ulme [mhd. ulmbaum, von lat. ulmus (oder urverwandt damit), eigtl. ›die Rötliche‹, ›die Bräunliche‹, nach der Farbe des Holzes], **Rüster, Ulmus,** Gattung der Ulmengewächse mit etwa 20 Arten in der nördl. gemäßigten Zone und in den Gebirgen des trop. Asien; sommergrüne, seltener halbimmergrüne Bäume oder Sträucher; Blätter eiförmig, oft doppelt gesägt, an der Basis meist unsymmetrisch; Blüten unscheinbar, meist vor den Blättern erscheinend; Frucht eine von einem breiten Flügelrand umgebene, ebenfalls sich aus dem Blattaustrieb entwickelnde Nuss. Wichtige einheim. Arten sind: **Berg-U.** (**Bergrüster,** Ulmus glabra), bis 30 m hoch, v. a. in der Bergregion; Blätter doppelt gesägt, oberseits rau; **Feld-U.** (**Feldrüster,** Ulmus minor), 10–40 m hoch, in Wäldern und Flussauen tieferer Lagen; Krone reichästig, breit; **Flatter-U.** (**Flatterrüster,** Ulmus laevis), bis 35 m hoch, v. a. in feuchten Wäldern; Blätter doppelt gesägt, unterseits behaart. U. stellen hohe Anforderungen an Boden und Klima. Die heim. U.-Bestände sind durch das →Ulmensterben stark gefährdet.

Ulmenblasenlaus, Ulmengallaus, Byrsocrypta ulmi, Tetraneura ulmi, Art der Blasenläuse mit Wirtswechsel zw. Ulmenblättern, an denen sie durch ihre Saugtätigkeit Gallen verursachen, und Graswurzeln.

Ulmengewächse, Ulmaceae, den Brennnesselgewächsen nahe stehende Pflanzenfamilie mit etwa 140 Arten in 16 Gattungen, v. a. in den Tropen Asiens und Amerikas, seltener im trop. Afrika; Bäume und Sträucher mit einfachen, oft asymmetr. Blättern und meist kleinen Blüten. Bekannte Gattungen sind →Ulme, →Zürgelbaum und →Zelkove.

Ulmensterben, Ulmenkrankheit, erstmals 1919 in den Niederlanden beobachtete Krankheit der Ulme mit großen Schäden in Alleen und Parkanlagen; verursacht durch den bald in ganz Europa verbreiteten Schlauchpilz Ceratocystis ulmi (Ophiostoma ulmi); seit 1930 auch in Nordamerika beobachtet. Das Pilzmyzel dringt in die Wasser führenden Gefäßbündel ein; diese werden unter der Einwirkung eines pilzeigenen Toxins verstopft. Erste Symptome sind eingerollte Blätter, abwärts gekrümmte Zweigspitzen und Bildung von Wasserreisern; Verbreitung der Pilzsporen durch den 7 mm großen, schwarzen und dunkelbraunen **Großen Ulmensplintkäfer** (Scolytus scolytus). Die Weibchen bohren v. a. unter der Rinde Gänge, bei dünner Rinde bis tief in das Splintholz. – Auch Umweltbelastungen, v. a. aber das Absinken des Grundwasserspiegels, erhöhen die Anfälligkeit der Ulmen für das U. Die Zucht resistenter Formen scheint derzeit die einzige Erfolg versprechende Gegenmaßnahme zu sein.

Ulmer, Eugen, Jurist, * Stuttgart 26. 6. 1903, † Heidelberg 26. 4. 1988; war 1965–73 Direktor des Max-Planck-Instituts für ausländ. und internat. Patent-, Urheber- und Wettbewerbsrecht in München. U. war maßgeblich an der Urheberrechtsreform und der Revision der Berner Übereinkunft in Stockholm (1967) und Paris (1971) sowie am Abschluss des Welturheberrechtsabkommens (1952) und dessen Revision in Paris (1971) mitgewirkt.

Werke: Urheber- u. Verlagsrecht (1951). – Hg.: Das Recht des unlauteren Wettbewerbs in den Mitgliedstaaten der Europ. Wirtschaftsgemeinschaft, 6 Bde. (1965–81).

Ulmer Reichswehrprozess, Prozess vor dem Reichsgericht in Leipzig im September/Oktober 1930 gegen drei Offiziere des Ulmer Artillerieregiments 5, die entgegen dem Verbot für Reichswehrangehörige, sich an auf Änderung der Verf. zielenden Bestrebungen zu beteiligen, Verbindung zur NSDAP aufgenommen und mit Flugblättern zur Teilnahme an einer ›nat. Volkserhebung‹ aufgerufen hatten. Sie wurden zu 18 Monaten Festungshaft verurteilt. Als Zeuge in diesem Prozess suchte HITLER – propagandistisch wirksam – glaubhaft zu machen, dass er keinen Umsturz anstrebe, sondern die Macht legal erringen wolle. Er verband seinen ›Legalitätseid‹ jedoch mit der Drohung, nach der ›natsoz. Machtergreifung‹ würden ›Köpfe rollen‹.

Ulmus [lat.], die Pflanzengattung →Ulme.

Ulna [lat.] die, -/...nae, Anatomie: die Elle (→Arm).

Ulothrix [griech.], die Gattung →Kraushaaralge.

Ulpianus, Domitius, röm. Jurist, * Tyros um 170, † (ermordet) Rom 228; war Schüler von AEMILIUS PAPINIANUS und gewann unter Kaiser ALEXANDER SEVERUS als Praefectus praetorio maßgebenden Einfluss auf die Leitung des röm. Staates. Seine enzyklopäd. Werke (›Ad edictum‹, 83 Bücher; ›Ad Sabinum‹, 51 Bücher) sind meist durch Bruchstücke in JUSTINIANS ›Pandekten‹ (→Corpus Iuris Civilis) überliefert, von denen ein Drittel aus ulpian. Stellen besteht. U. war Repräsentant der spätklass., durch Bewahrung, Ordnung und Sichtung des Rechtsstoffs gekennzeichneten Periode des röm. Rechts.

Ulpia Traiana, Colonia U. T., befestigter röm. Handelsplatz am Niederrhein, nordwestlich des Lagers Vetera Castra (→Xanten).

Ulrich, Herzog von Württemberg (1498–1519, wieder 1534–50), * Reichenweier 8. 2. 1487, † Tübingen 6. 11. 1550; wurde 1498 anstelle seines vom Kaiser abgesetzten Onkels EBERHARD II. (*1447, †1504) Herzog; bis zu seiner Volljährigkeit (1503) führte ein Regimentsrat die Reg. Im Landshuter Erbfolgekrieg konnte U. 1503–05 im Bund mit Bayern beträchtl. Gebietsgewinne erzielen. Den Bauernaufstand des Armen Konrad vermochte er 1514 nur mithilfe der Stände, denen er dafür im →Tübinger Vertrag Zugeständnisse machen musste, niederwerfen. In der Folge geriet er jedoch in Konflikt mit ihnen. Die von ihm veranlasste Ermordung (1515) des Ritters HANS VON HUTTEN, den er des Ehebruchs mit der Herzogin, einer gebürtigen Prinzessin von Bayern und Nichte Kaiser MAXIMILIANS I., bezichtigt hatte, zog im Oktober 1516 die Ächtung U.s nach sich. Der Forderung des Kaisers nach sechsjährigem Regierungsverzicht folgte U. nicht. Nach einem Überfall auf die Reichsstadt Reutlingen wurde Württemberg vom Schwäb. Bund besetzt und U. vertrieben. 1526 fand er Aufnahme bei Landgraf PHILIPP I., DEM GROSSMÜTIGEN, von Hessen. Im Bund mit diesem konnte er 1534 sein Herzogtum zurückerobern, musste aber der Umwandlung des Landes in ein österr. Afterlehen zustimmen. 1534 führte er in Württemberg die Reformation ein und schloss sich 1536 dem Schmalkald. Bund an. Ein von seinem

Guntis Ulmanis

Ulme:
Flatterulme; Blätter (oben) und Früchte

Eugen Ulmer

Ulrich, Herzog von Württemberg

Ulri Ulrich

Ulrich von Augsburg
(Ausschnitt aus der Kupferplatte seines Sarkophags in der Kirche Sankt Ulrich und Afra in Augsburg; 1187)

Lehnsherrn, dem späteren Kaiser FERDINAND I., angestrengter Lehnsprozess wegen der Teilnahme U.s am Schmalkald. Krieg, war bei U.s Tod noch nicht abgeschlossen.

Ausgabe: L. F. HEYD: U., Herzog zu Württemberg, 3 Bde. (1841–44); W.-U. DEETJEN: Studien zur Württemberg. Kirchenordnung Herzog U.s (1981).

Ulrich, U. von Augsburg, Udalrich, Odalrich, Bischof von Augsburg (seit 923), *Augsburg 890, †ebd. 4. 7. 973; mit OTTO I. freundschaftlich verbunden, verteidigte er erfolgreich beim Ungarneinfall (955, Schlacht auf dem Lechfeld) die von ihm 926 neu befestigte Stadt Augsburg. Er förderte die Augsburger Domschule, gründete 968 das Kanonissenstift St. Stephan, sorgte für die Gründung eines Armenhospitals und die Erneuerung zahlr. Kirchen. – 993 wurde U. durch Papst JOHANNES XV. (erste formelle und feierl. Kanonisation) heilig gesprochen (Tag: 4. 7.).

Ausgabe: Vita sancti Uodalrici. Die älteste Lebensbeschreibung des hl. U., übers. u. hg. v. W. BERSCHIN u. A. HÄSE (1993).
Bischof U. von Augsburg 890–973. Seine Zeit – sein Leben – seine Verehrung, hg. v. M. WEITLAUFF (1993).

Ulrich, U. von dem Türlin, mittelhochdt. Dichter der 2. Hälfte des 13. Jh. aus Kärnten; gehörte mit HEINRICH VON FREIBERG und ULRICH VON ESCHENBACH zu den Prager Hofdichtern; verfasste zw. 1253 und 1278 eine OTTOKAR II. gewidmete Vorgeschichte (›Arabel‹) zu WOLFRAM VON ESCHENBACHS unvollendetem Roman ›Willehalm‹.

Ausgabe: Willehalm, hg. v. S. SINGER (1893, Nachdr. 1990).

Ulrich, U. von Ensingen, U. Ensinger, Baumeister, *Ensingen (heute zu Ulm) oder Oberensingen (heute zu Nürtingen) um 1350, †Straßburg 10. 2. 1419; wegen seiner Turmbauten einer der angesehensten Baumeister seiner Zeit. Als Leiter des Ulmer Münsterbaus (1392–1417) änderte er Grund- und Aufriss der urspr. geplanten Hallenkirche und entwarf den hochstrebenden basilikalen Bau des Münsters, vollendete die Chortürme, das Langhaus und begann den W-Turm. In Straßburg begann er 1399 den Turmbau des Münsters und war 1400 auch Bauleiter der Frauenkirche in Esslingen am Neckar (Entwurf des W-Turms). Sein Sohn MATTHÄUS ENSINGER (*um 1395, †1463) arbeitete unter ihm am Straßburger Münster, dann in Bern sowie Esslingen am Neckar; 1448ff. am Ulmer Münster (Einwölbung von Chor und nördl. Seitenschiff). 1463 folgte dessen Sohn MORITZ ENSINGER (*um 1430, †1482/83), er wölbte (um 1469) das Mittelschiff des Ulmer Münstes ein.

L. MOJON: Der Münsterbaumeister Matthäus Ensinger (Bern 1967).

Ulrich, U. von Eschenbach, U. von Etzenbach, mittelhochdt. Dichter der 2. Hälfte des 13. Jh.s, wahrscheinlich aus N-Böhmen; bürgerl. Herkunft; Vertreter der höf. Großerzählung des 13. Jh. am Prager Königshof; schrieb mit Romane ›Alexander‹ (1275/86) und den mit Minne- und Orientabenteuern ausgestatteten Legendenroman ›Wilhelm von Wenden‹ (um 1289/90). Für die in der 2. Hälfte des 13. Jh. entstandene höf. Neufassung des ›Herzog Ernst‹, den ›Herzog Ernst D‹, ist seine Verfasserschaft ungesichert bzw. aufgrund der dort ausgedrückten antikaiserl. Tendenz eher unwahrscheinlich.

Ausgaben: Alexander, hg. v. W. TOISCHER (1888, Nachdr. 1974); Wilhelm von Wenden, hg. v. H.-F. ROSENFELD (1957).

Ulrich, U. von Gutenburg, mittelhochdt. Dichter des späten 12. Jh.; Angehöriger eines freiherrl. elsäss. (oder pfälz.?) Geschlechts; ein Träger dieses Namens wird zw. 1172 und 1186 in der Umgebung FRIEDRICHS I. und HEINRICHS VI. bezeugt. Von ihm, der in engen literar. Beziehungen zu FRIEDRICH VON HAUSEN stand, ist neben dem ersten dt. Minneleich nur ein Minnelied überliefert.

Ausgabe: U. v. G., in: Des Minnesangs Frühling, bearb. v. H. MOSER u. a., Bd. 1 (³⁸1988).
G. SCHWEIKLE: Die mhd. Minnelyrik, Bd. 1 (1977).

Ulrich, U. von Lichtenstein, U. von Liechtenstein, mittelhochdt. Dichter, *um 1200/10, †26. 1. 1275. Urkundlich bezeugt 1227–74, übte als einer der mächtigsten Ministerialen im Herzogtum Steiermark u. a. die Hofämter des Truchsessen, Marschalls und Landrichters aus; sein Stammsitz war zuletzt die von ihm erbaute ›Frauenburg‹ bei Unzmarkt (Steiermark). Sein bedeutendstes literar. Werk ist der über 1800 achtzeilige Strophen umfassende ›Frauendienst‹ (etwa Mitte 13. Jh.), in dem aus der Ichperspektive vom grotesk übersteigerten Minnedienst und von Turnierfahrten im Kostüm der Frau Venus und des Königs Artus erzählt wird. In den Roman, der wegen der Nennung zahlreicher histor. Persönlichkeiten und Orte lange Zeit als Autobiographie missgedeutet wurde, sind neben Briefen auch 58 Minnelieder eingestreut. U.s zweites Werk, das ›Frauenbuch‹ (gleichfalls etwa Mitte 13. Jh.), diskutiert in der Form der ›Minnerede‹ das richtige Verhalten von Ritter und Dame. Der als Minnelyriker und Märendichter bekannte HERRAND II. VON WILDONIE (*um 1230, †um 1272/82) war U.s Schwiegersohn.

Ausgaben: Frauendienst, hg. v. F. V. SPECHTLER (1987); Frauenbuch, hg. v. DEMS. (1989).
U. PETERS: Frauendienst. Unters. zu U. v. L. u. zum Wirklichkeitsgehalt der Minnedichtung (1971); H. GERSTINGER: Frau Venus reitet... Die phantast. Gesch. des U. v. Liechtenstein (1995).

Ulrich von Lichtenstein: Der Dichter in prächtiger Rüstung, verkleidet als Frau Venus, mit der Figur der Frau Minne als Helmzier; Miniatur aus der Manessischen Handschrift, 1. Hälfte des 14. Jh. (Heidelberg, Universitätsbibliothek)

Ulrich, U. von Singenberg, schweizer. Minnesänger aus thurgauischem Ministerialengeschlecht, 1209–28 bezeugt; Truchsess der Abtei von St. Gallen (1209–19). Von U., der in der Nachfolge REINMARS DES ALTEN und WALTHERS VON DER VOGELWEIDE steht, sind etwa drei Dutzend Lieder überliefert, darunter (in Lied Nr. 20) ein Nachruf auf WALTHER.

Ausgabe: U. v. S., in: Die Schweizer Minnesänger, hg. v. M. SCHIENDORFER, Bd. 1 (1990).
M. SCHIENDORFER: U. v. S., Walther u. Wolfram (1983).

Ulrich, U. von Straßburg, auch U. Engelberti, Dominikaner, *Straßburg Anfang des 13. Jh., †Paris 1277/78 (?); war in Köln Schüler von ALBERTUS MAGNUS, danach Lektor im Straßburger Dominikanerkonvent, 1272–77 Ordensprovinzial. Sein vom Aristotelismus und Neuplatonismus geprägtes Werk ›De summo bono‹ hatte Einfluss auf die Mystik.

Ulrich, U. von Türheim, mittelhochdt. Dichter der 1. Hälfte des 13. Jh.; vermutlich aus einem Ministerialengeschlecht in der Nähe von Augsburg. U. führte in den 30er-Jahren des 13. Jh. den ›Tristan‹ GOTTFRIEDS

VON STRASSBURG in 3730 Versen zu Ende und vollendete zw. 1240 und 1250 WOLFRAM VON ESCHENBACHS ›Willehalm‹ in seinem 36000 Verse umfassenden ›Rennewart‹. Aufgrund der Zeugnisse RUDOLFS VON EMS wird U. – ohne Sicherheit – auch ein nur fragmentarisch überlieferter ›Cligès‹-Roman zugeschrieben.

Ausgaben: Rennewart, hg. v. A. HÜBNER (²1964); Tristan, hg. v. T. KERTH (1979).

Ulrich, U. von Winterstetten, mittelhochdt. Dichter des 13. Jh.; Minnesänger aus oberschwäb. Ministerialengeschlecht, als (Reichs-)Schenk von Schmalnegg-Winterstetten zw. 1241 und 1280 urkundlich bezeugt, zunächst in weltl., dann in kirchl. Position (Kanonikus in Augsburg). U. gehörte wie BURKHART VON HOHENFELS und GOTTFRIED VON NEIFEN zum spätstaufisch-schwäb. Dichterkreis. Charakteristisch sind für ihn neben den Tageliedern v. a. Tanzlieder und -leiche, die sich bes. durch den kunstvollen Einsatz des Refrains auszeichnen.

C. VON KRAUS: Dt. Liederdichter des 13. Jh., 2 Bde. (²1978, mit Textausg.).

Ulrich, U. von Zatzikhoven, U. von Zazikhoven, mittelhochdt. Dichter des frühen 13. Jh.; Verfasser des an einer frz. Vorlage orientierten Versromans ›Lanzelet‹, der frühesten dt. Bearbeitung dieses Stoffes (→Lancelot). Die Herkunft U.s ist ungeklärt, doch weist seine Sprache auf den hochalemann. Raum.

Ausgabe: Lanzelet, hg. v. K. A. HAHN (1845, Nachdr. 1965).

Ulrich, U. von Zell, U. von Regensburg, U. von Cluny [-kly'ni], **Udalrich,** Benediktiner, *Regensburg 1029, †Sankt Ulrich 1093; war ab 1061 Mönch in Cluny und wirkte für die Verbreitung der →kluniazensischen Reform im dt. Raum. Als Freund WILHELMS VON HIRSAU verfasste er um 1080 nach dem Vorbild von Cluny die ›Consuetudines‹ für das Kloster Hirsau. – Heiliger (Tag: 14. 7.).

Ulrich, 1) Hans, schweizer. Betriebswirtschaftler, *Brig 12. 11. 1919, †St. Gallen 23. 12. 1997; 1954–84 Prof. in St. Gallen; Begründer des systemorientierten Betriebswirtschaftslehre, in der Unternehmen als produktive, soziale und kybernet. Systeme aufgefasst werden und die der Wirtschaftspraxis Gestaltungsregeln liefern soll.

Werke: Die Unternehmung als produktives soziales System (1968); Unternehmenspolitik (1978); Management (1984); Anleitung zum ganzheitl. Denken u. Handeln (1988, mit G. J. B. PROBST).

2) Jochen, Choreograph und Ballettdirektor, *Osterode am Harz 3. 8. 1944; wurde 1971 mit HELMUT BAUMANN (*1939) und JÜRG BURTH (*1944), 1978 alleiniger Leiter des neu gegründeten Kölner Tanz-Forums; debütierte 1967 als Choreograph mit ›Der mag. Tänzer‹ und schuf seitdem zahlr. Ballette, u. a. ›Lewis C.‹ (1970), ›Requiem‹ (1976), ›Der wunderbare Mandarin‹ (1980), ›Übungen für Tänzer‹ (1983), ›Lulu‹ (1990), ›Carmen‹ (1993), ›Notebook‹ (1995), ›Quartette: Angels and Insects‹ (1997).

Ulrichs, Timm, Künstler, *Berlin 31. 3. 1940; hatte 1961 seine erste Ausstellung, auf der er sich im Sinne des von ihm geprägten Begriffs ›Totalkunst‹ als lebendes Kunstwerk ausstellte. Aus der Auseinandersetzung mit dem Dadaismus gingen wichtige Beiträge zu Aktionskunst und Conceptart hervor, denen die These ›Kunst = Leben‹ zugrunde liegt. U. befasste sich auch mit konkreter Poesie, formte Texte und Objekte, in denen er mit Wörtern spielt und deren Doppeldeutigkeit oder Fragwürdigkeit aufzeigt, und gestaltet Environments. Seit 1972 lehrt er Totalkunst/Bildhauerei an der Kunstakademie Münster.

T. U., bearb. v. U. OBIER, Ausst.-Kat. (1980); T. U., Landschafts-Epiphanien, hg. v. F. ULLRICH, Ausst.-Kat. (1991).

Ulrichstein, Stadt im Vogelsbergkreis, Hessen, 560 m ü. M., 3800 Ew. – Vermutlich im 11. Jh. entstanden, 1279 erstmals urkundlich erwähnt, erhielt U. 1347 die Stadt- und 1349 die Marktrechte.

Ulrike Eleonore, schwed. Königin (1718/19–20), *Stockholm 23. 1. 1688, †ebd. 24. 11. 1741; folgte 1718 ihrem Bruder KARL XII. auf dem Thron, konnte sich jedoch gegen die Stände nur durch verfassungsmäßige Zugeständnisse (1719 und 1720) den Thron sichern. 1720 dankte sie zugunsten ihres Mannes FRIEDRICH I., Landgraf von Hessen-Kassel, ab.

Ulriksdal, königl. schwed. Lustschloss bei Stockholm, um 1640 erbaut, von N. TESSIN D. Ä. und D. J. zur barocken Dreiflügelanlage erweitert; Theater (Anfang 18. Jh.), Orangerie (1705), Kapelle (1865).

Ulsan, Hafen- und Industriestadt im SO von Süd-Korea, an einer Bucht des Jap. Meeres, (1995) 967400 Ew. (1970: 159300 Ew.); Erdölraffinerie, chem., Eisen- und Stahlindustrie, bedeutende Schiffswerft (Hyundai-Konzern), Automontagewerk.

ULSI, *Elektronik:* Abk. für engl. **u**ltra **l**arge **s**cale **i**ntegration, →Integrationsgrad.

Ulster [nach der histor. Prov. in Irland] *der, -s/-,* Ende des 19. Jh. aufgekommener zweireihiger Herrenwintermantel aus **U.-Stoff,** einem schweren Walkgewebe in Köper- oder Fischgratbindung oder Doppelgewebetechnik, oft mit angewebtem Futter.

Ulster [ˈʌlstə], früher **Ulaid,** histor. Prov. im N der Insel Irland, die das Gebiet des heutigen →Nordirland und einen Teil der jetzigen Rep. Irland (die Countys Cavan, Donegal und Monaghan) umfasste. – Das altirische Königreich U. erstreckte sich zunächst über den ganzen N der Insel, blieb jedoch ab dem 5. Jh. auf ein Kleinreich an der O-Küste **(Ulidia)** beschränkt. Es wurde 1205 Teil einer vom engl. König verliehenen Grafschaft, die 1461 durch König EDUARD IV. an die engl. Krone kam. 1585–1608 wurden neun Verw.-Bez. geschaffen – Antrim, Down, Armagh, Monaghan, Coleraine (ab 1613 Londonderry, seit 1984 Derry), Donegal, Tyrone, Fermanagh, Cavan –, die U. bildeten. Nach Entmachtung und Exodus des keltisch-irischen Hochadels aus U. (1607 ›Flight of the Earls‹) wurden ab 1609 Engländer und Schotten im Rahmen der ›Plantation‹ angesiedelt, nach dem Aufstand von 1641–51/52 die meisten irischen Landbesitzer in U. enteignet. Nach gewalttätigen Auseinandersetzungen zw. prot. Engländern und Schotten und kath. Iren in U. (seit 1795) kam es 1798 zu irischen Aufständen, die bald von Reg.-Truppen niedergeschlagen wurden. Die ab 1886 zunehmenden Feindseligkeiten führten bei der Gründung der Rep. Irland 1920/21 aufgrund einer Abstimmung zur Abtrennung der sechs mehrheitlich prot. Countys Antrim, Down, Armagh, Fermanagh, Tyrone und Londonderry als Nordirland, das seither (unkorrekt) vielfach auch U. genannt wird.

J. BARDON: A history of U. (Belfast 1992, Nachdr. ebd. 1997).

Timm Ulrichs: Der Findling; 1979/80; Performance ›Zehn Stunden im geschlossenen Stein‹, 2.–3. Mai 1981 (heutiger Standort: Nordhorn, vor dem Konzert- und Theatersaal)

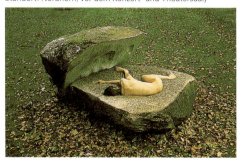

Ulster Defence Association [ˈʌlstə dɪˈfens əsəʊsɪˈeɪʃn], Abk. **UDA** [juːdiːˈeɪ], paramilitär. prot. Organisation in Nordirland (gegr. 1971); radikale Gegnerin der nationalist. kath. Organisationen, bes. der →IRA. 1992 verbot die brit. Reg. die UDA, die sich ebenso wie die 1973 von ihr abgespaltene Untergrundorganisation **Ulster Freedom Fighters (UFF)** und die bereits 1966 entstandene prot. paramilitär. Untergrundorganisation **Ulster Volunteer Force (UVF)** während der bürgerkriegsähnl. Unruhen terrorist. Kampfmethoden bediente.

Ulsterzyklus [ˈʌlstə-], →irische Sprache und Literatur.

Ultental, ital. **Val d'Ultimo** [v-], waldreiches rechtes Seitental des Etschtals in Südtirol, Italien, südlich von Meran, 32 km lang, von der Valschauer durchflossen. Hauptort ist **Sankt Pankraz (San Pancrazio),** 736 m ü. M., 1600 Ew.; Sankt Nikolaus (1256 m ü. M.), Sankt Gertraud (1501 m ü. M.) und Sankt Walburg (1190 m ü. M.) bilden die Gem. **Ulten (Ultimo)** mit 3000 Ew.; Stauseen mit Kraftwerk.

ulterior [lat. ›jenseitig‹], →citerior.

Ultima [lat. ›die letzte (Silbe)‹] *die, -/...mä* und *...men, lat. Grammatik:* die letzte Silbe eines Wortes.

Ultima Ratio [lat.] *die, - -, bildungssprachlich* für: letztes geeignetes Mittel, letztmöglicher Weg.

Ultimatum [zu lat. ultimus ›der Letzte‹] *das, -s/...ten* und (österr. nur so) *-s,* letzte, äußerste Aufforderung; in internat. Beziehungen die Erklärung eines Staates, dass er gegenüber einem anderen eine bestimmte Forderung erhebt, für deren Erfüllung eine oft sehr kurze Frist setzt und für den Fall der Nichterfüllung bestimmte Nachteile, Gewaltanwendung, im äußersten Fall Kriegshandlungen androht. Da das in der UN-Charta verankerte Gewaltverbot auch Drohung mit Gewalt untersagt, ist ein U. mit Gewaltdrohung (außer bei Selbstverteidigung und bei UN-Sanktionen) völkerrechtswidrig. Beiden Weltkriegen gingen U. voraus.

Ultimo [aus ital. (a di) ultimo ›am letzten (Tag)‹] *der, -s/-s, allg.* der letzte Tag des Monats; im *Geschäftsleben* **(ult.)** der letzte Tag eines Zeitabschnitts (Monats-U., Jahres-U.; z. B. ult. Juli = 31. Juli); im *Bank-* und *Börsenwesen* der letzte Geschäftstag eines Monats. U. ist oft der Stichtag für die Erfüllung von Termingeschäften **(U.-Geschäft)** sowie für das Auslaufen limitierter Börsenaufträge **(U.-Auftrag).**

Ultimo|branchialkörper, innersekretor. Zellen bei Fischen, Amphibien und Reptilien, die aus den letzten Kiementaschen hervorgehen. Sie bilden das Hormon →Calcitonin, das eine wichtige Rolle bei der Regulation des Calciumstoffwechsels spielt; bei Säugetieren wird es in der Schilddrüse erzeugt.

Ultimogeld, am Geldmarkt zw. Banken über den Monats- oder Jahresultimo eingeräumter kurzfristiger Kredit. Die Aufnahme von U. als Monatsgeld wird für eine Bank unter Umständen nötig, sofern sie zum Monatsultimo größere Auszahlungen leisten muss. Daneben wird U. als bilanzpolit. Instrument genutzt (›Window-Dressing‹): Indem sich die Banken untereinander zum Bilanzstichtag (Jahresultimo) U. gewähren, können sie die Bilanzsumme erhöhen und damit den Eindruck einer expansiven Geschäftstätigkeit sowie einer größeren Liquiditätsausstattung erzeugen.

Ultisole [zu lat. ultimus ›der Letzte‹ und solum ›Boden‹], in der amerikan. Bodenklassifikation Bez. für Böden mit deutl. Tonanreicherungshorizont (→Lessivierung) und geringer Basensättigung.

ultra... [lat. ultra ›jenseits‹, ›darüber‹, ›über – hinaus‹], Präfix mit den Bedeutungen: 1) jenseits eines bestimmten Wellenlängen- oder Frequenzbereichs liegend, z. B. Ultraschall, Ultraviolett; 2) äußerst, extrem, z. B. Ultraleichtflugzeug, Ultramikroskop.

Ultrabasite [zu Basen], *Sg.* **Ultrabasit** *der, -s,* **ultrabasische Gesteine,** extrem kieselsäurearme Gesteine (unter etwa 45% Siliciumdioxid). U. bestehen zu mehr als 90 Vol.-% aus dunklen Gemengteilen (Mafiten), v. a. aus Olivin (oder dessen Umwandlungsprodukt Serpentin) und Pyroxenen, ferner aus Hornblende, Biotit, Chlorit, Granat, Melilith und Erzmineralen (Magnetit, Chromit, Ilmenit). Sie treten v. a. als Tiefengesteine auf (→Peridotit), seltener als vulkan. Gesteine (Pikrit).

Ultrafilter, *der* →Membranfilter.

Ultrafiltration, →Membranverfahren.

Ultrahoch|erhitzung, Konservierungsverfahren für Milch, bei dem diese mit unterschiedl. techn. Verfahren nur wenige Sekunden auf Temperaturen von mindestens 130 °C erhitzt und danach rasch abgekühlt und steril abgefüllt wird. Bei der **Uperisation (Ultrapasteurisierung)** z. B. wird die vorgewärmte Milch durch eine etwa 2–8 Sekunden dauernde Dampfinjektion auf 135–150 °C erhitzt. Durch die U. werden auch die gegen Pasteurisieren resistenten Mikroorganismen abgetötet. Ultrahocherhitzte Milch kommt als **H-Milch** (haltbare Milch) mit einem Fettgehalt von 1,5 oder 3,5% in den Handel.

Ultraismus *der, -,* span. **Ultraísmo,** mit dem lateinamerikan. Creacionismo, der eine schöpferisch-naturhafte Erneuerung der Dichtung forderte, die hispan. Variante der europ. Avantgardebewegungen des Expressionismus, Surrealismus und Futurismus, bes. in den Jahren 1918/19 bis etwa 1923. Die Gruppe ›Ultra‹, v. a. in dem von G. DE TORRE verfassten ›Manifiesto vertical ultraísta‹ (1920) und der Zeitschrift ›Ultra‹ (1921/22), strebte eine tief greifende Erneuerung von Geist und Leben an; im Bereich der Dichtung propagierte sie den Bruch mit jedem mimet. Realismus und forderte eine ›reine Logik‹, die sich auf Bild und Metapher konzentrierte und auf alle narrativen, anekdot. und log. Strukturen sowie die überkommenen Themen (insbesondere die Liebe) verzichtete. In Spanien bereitete der U. den Weg für die →Generation von 1927 und damit für eine tief gehende Erneuerung der Lyrik. In Lateinamerika wirkten U. und Creacionismo langfristig über die Dichtung von V. HUIDOBRO, P. NERUDA und J. L. BORGES.

G. VIDELA: El ultraísmo (Madrid ²1971).

Ultrakurzwellen, Abk. **UKW, VHF** [viːeɪtʃˈef; Abk. für engl. ›very high frequency‹], früher **Meterwellen,** elektromagnet. Wellen in einem Frequenzbereich von 30 bis 300 MHz mit Wellenlängen zw. 10 und 1 m. U. verhalten sich in der Erdatmosphäre ähnlich wie das Licht (quasioptisch), breiten sich also geradlinig aus, lassen sich bündeln und reflektieren. I. Allg. können sie die Ionosphäre passieren, sodass die Reichweite annähernd auf die geometr. Sichtweite beschränkt ist; deshalb werden die UKW-Sendeantennen möglichst hoch auf Antennentürmen oder Bergen aufgestellt. Der UKW-Bereich ist in Bänder für die einzelnen Funkdienste aufgeteilt, von denen in Dtl. das 3-m-Band (90-MHz-Band) von 87,5 bis 108 MHz für den Hörfunk und die Bänder von 41 bis 68 MHz und 175 bis 230 MHz für das Fernsehen verwendet werden. Die durch die geringe Reichweite bedingte geringe gegenseitige Beeinflussung ermöglicht die Aufstellung vieler Sender. Der große Frequenzabstand von 300 kHz gestattet die Wiedergabe der hohen Töne bis 15 kHz und die Anwendung der Breitbandfrequenzmodulation nach E. H. ARMSTRONG. – U. wurden für den Rundfunk in Dtl. 1949 eingeführt (wegen der ›Wellenknappheit‹ auf dem Mittelwellenbereich).

Ultraleichtflugzeug, UL-Flugzeug, ein- oder zweisitziges, motorgetriebenes Luftfahrzeug, das durch Gewichtsverlagerung des Piloten und/oder mittels Steuerruders gesteuert wird; um 1975 in den USA entstanden. U. sind meist sehr einfach gebaut (i. d. R. geschweißte Stahlrohrkonstruktion aus Rippen und Holmen), haben Motoren zw. 20 und 37 PS und besitzen Spannweiten von 8–11 m; ihre Höchststartmasse beträgt 300 kg für Einsitzer und 400 kg für Doppelsitzer. Als Trikes (Motordrachen) werden hängegleiterartige Konstruktionen mit Steuerbügel bezeichnet. Zum Führen von U. ist das Erbringen eines Befähigungsnachweises vorgeschrieben. Mit U. werden in allen Klassen internat. und nat. Meisterschaften ausgetragen. *Organisationen:* →Luftsport.

H. PENNER: Hb. für Ultraleichtflieger (1993); FRIEDRICH SCHMIDT: Ultraleichtfliegen nach dem offiziellen Lehrplan des DULV u. DAeC (⁴1998).

Ultramarathon, Abk. **UM,** zu den →Extremsportarten zählende Disziplin mit den klass., weltweit verbreiteten Wettbewerben 100-km- und 24-Stunden-Lauf, mit Läufen über 50 km, 100 Meilen, 1 000 km und 1 000 Meilen sowie die 6-, 12-, 48-Stunden- und Sechstageläufe. Die internat. bedeutendsten, regelmäßig ausgetragenen Läufe sind der **Comrades-Marathon** in Südafrika (seit 1921, ca. 90 km, 12 000–15 000 Teilnehmer), der **100-km-Lauf von Biel** in der Schweiz (seit 1959, ca. 3 000 Teilnehmer) und der **Spartathlon** von Athen nach Sparta in Griechenland (seit 1983, 245 km; erstmals zurückgelegt 490 v. Chr.). Bisher längster Wettkampf ist der (unregelmäßig) stattfindende Transamerikalauf **(Trans America Race)** über ca. 5 000 km von Huntington Beach/Calif. (Pazif. Ozean) nach New York (Atlant. Ozean). – Weltmeisterschaften im 100-km-Lauf finden seit 1987 und Europameisterschaften seit 1992 (auch im 24-Stunden-Lauf, ›European Challenge‹) statt. In Dtl. werden Landesmeisterschaften im 100-km-Lauf seit 1987, im 24-Stunden-Lauf seit 1989 und im 50-km-Lauf seit 1995 ausgetragen. – U. wird in Dtl. von der Dt. U.-Vereinigung (DUV; gegr. 1985, Sitz: Rodenbach [bei Hanau]) in Kooperation mit dem Dt. Leichtathletik-Verband (DLV) organisiert.

Ultramarin [mlat. ultramarinus ›überseeisch‹ (da der Lapislazuli aus Übersee kam)] *das, -s,* Bez. für bes. lichteste blaue Farbpigmente mit der ungefähren chem. Zusammensetzung $Na_8[S_{2-4}|(AlSiO_4)_6]$ (ähnl. Kristallstruktur wie bei den Mineralen der Sodalithgruppe und beim Lasurit), die u. a. zur Herstellung von Malerfarben verwendet werden. Natürl. U. wurde urspr. durch Pulverisieren von Lapislazuli gewonnen. Heute werden grüne, blaue, violette und rote U., die sich v. a. in ihrem Gehalt an Sulfidanionen unterscheiden, technisch durch Zusammenschmelzen von Ton, Quarz, Soda, Schwefel und Holzkohle (als Reduktionsmittel) hergestellt. – Nicht in die Reihe der U. gehört das auch ›gelbes U.‹ genannte Barytgelb (enthält Bariumchromat).

Ultramarinblau, ein rötl. →Blau.

Ultrametamorphose, *Petrologie:* Stadium der Gesteinsumwandlung, bei dem durch starke Erhöhung von Druck (2 000–6 000 bar) und Temperatur (650–800 °C) im Ggs. zur eigentl. Metamorphose die Aufschmelzung (Anatexis) der Gesteine beginnt. Dabei lassen sich versch. Stufen (→Metatexis, →Diatexis) bis zur totalen Aufschmelzung (→Palingenese) unterscheiden. Durch U. entstehen die →Migmatite.

Ultramikroskop, jedes Lichtmikroskop zum Sichtbarmachen von Teilchen oder Strukturen, die kleiner sind als die Wellenlänge des verwendeten Lichts. Bei Dunkelfeldbeleuchtung können solche Objekte als Beugungsscheibchen erscheinen; Farbe, Intensität und Polarisationsgrad erlauben Rückschlüsse auf deren Eigenschaften. Ein typ. Anwendungsgebiet für U. ist die Kolloidchemie.

Ultramontanismus [mlat. ultramontanus ›jenseits der Berge‹ (d. h. der Alpen)] *der, -,* im 18. Jh. aufgekommene, meist als Schlagwort benutzte Bez. für einen streng papsttreuen Katholizismus. In den Auseinandersetzungen um den →Gallikanismus und den →Febronianismus wurzelnd, war der U. im 19. und

Ultraleichtflugzeug: Alurohrkonstruktion mit Stoffbespannung und Dreiradfahrwerk

Anfang des 20. Jh. die herrschende Strömung innerhalb des Katholizismus und bildete auch den Hintergrund für die Entscheidungen des 1. Vatikan. Konzils. In Dtl. war U. v. a. polit. Kampfbegriff im →Kulturkampf; in der Publizistik der Weimarer Rep. stand er für als reichs- und fortschrittsfeindlich angesehene Entwicklungen innerhalb des Katholizismus, die auf polit. Ebene v. a. durch das Zentrum verkörpert wurden. Die Verwendung des an sich wertneutralen Begriffs U. war deshalb in der Wiss. lange umstritten.

H. RAAB: Zur Gesch. u. Bedeutung des Schlagwortes ›ultramontan‹, in: Histor. Jb., Jg. 81 (1962); O. WEISS in: Ztschr. für bayer. Landesgesch., Bd. 41 (1978); Dt. Katholizismus im Umbruch zur Moderne, hg. v. W. LOTH (1991).

Ultrapasteurisierung [-pastø-], →Ultrahocherhitzung.

Ultrapräzisionsbearbeitung, Spezialverfahren des Spanens mit geometrisch bestimmter Diamantschneide großer Schärfe zur Herstellung von Werkstücken mit hochglänzender Oberfläche (mittlere Rauheit unter 10 nm), wie Laserspiegel, Druckwalzen, Magnetköpfe.

Ultrarot, ältere Bez. für →Infrarot.

Ultraschall, mechan. Schwingungen und Wellen in elast. Medien mit Frequenzen oberhalb der menschl. Hörgrenze (→Hörfläche), d. h. Schall mit Frequenzen über etwa 20 kHz (nach DIN über 16 kHz). Schall bes. hoher Frequenzen (über etwa 1 GHz) wird als →Hyperschall bezeichnet. Physikalisch gibt es keine scharfe Grenze zw. Hörschall und U., weil sich weder die Eigenschaften noch die Anwendungen des Schalls bei 20 kHz (oder auch bei 16 kHz) markant ändern. Die Wellenlänge von U. in Luft beträgt bei einer Frequenz von 500 MHz etwa 0,6 μm (vergleichbar der Wellenlänge des Lichts im grünen Bereich des Spektrums). U. in diesem Frequenzbereich zeigt daher ähnl. Ausbreitungseigenschaften wie Licht (v. a. bei der Beugung).

Zur Erzeugung von U. wurden früher kleine Stimmgabeln verwendet, später die →Galton-Pfeife. Mit U.-Sirenen werden bes. hohe Schallleistungen erreicht (über 200 W). Höhere Frequenzen werden mit magnetostriktiven (bis etwa 300 kHz) und piezoelektr. U.-Gebern erreicht (mit →Schwingquarzen bis etwa 250 MHz). Für besondere Zwecke werden auch →Interdigitalwandler verwendet. **Magnetostriktive U.-Geber** (meist Nickelscheiben oder aus solchen zusammengesetzte Stäbe) nutzen die period. Dicken- bzw. Längenänderung aus, die ferromagnet. Stoffe bei der Magnetisierung durch magnet. Wechselfelder erfahren (→Magnetostriktion): Im Wechselfeld schwingt die Scheibe bzw. der Stab, und die Schwingungen übertragen sich auf das umgebende Medium. Bei **piezoelektrischen U.-Gebern** wird die period. Änderung des Volumens eines Quarzkristalls bei Anlegen einer elektr. Wechselspannung (umgekehrter piezoelektr. Effekt) ausgenutzt: Bringt man einen Schwingquarz zw. die Platten eines Kondensators, an dem eine elektr. Wechselspannung liegt, so beginnt er mit der Frequenz dieser Wechselspannung Deformationsschwingungen auszuführen, die sich auf das umgebende Medium übertragen. – Da bei höheren Frequenzen Schalldruck und -schnelle proportional zur Frequenz, Schallintensität (Leistung) und Beschleunigung proportional zum Quadrat der Frequenz wachsen, ist der U. bes. geeignet für die Übertragung von Energie auf feste, flüssige und gasförmige Stoffe. U. zeichnet sich durch hohe Werte der Leistungsdichte aus (bei Fokussierung einige 100 W/cm³); Watte, die in den energiereichen Schallstrahl einer U.-Sirene gebracht wird, kann sich entzünden.

Anwendung findet U. zur Nachrichtenübermittlung unter Wasser, Echolotung, Werkstoffprüfung (→Ultraschallprüfung) und -bearbeitung, Herstellung sehr feiner Dispersionen, Beseitigung von fein verteilten Nebeln, Entgasung von Flüssigkeiten oder Schmelzen sowie zur Reinigung schwer zugängl. Oberflächen kompliziert geformter Gegenstände in ultraschallerregten Flüssigkeitsbädern, in der Chemie, in der Mikroskopie und in der Medizin zur U.-Diagnostik und U.-Therapie. Biolog. Wirkung zeigt der U. bes. bei der Abtötung von Einzellern (Sterilisierung der Milch).

V. A. ŠUTILOV: Physik des U. Grundl. (a. d. Russ., Neuausg. Wien 1984); H. KUTTRUFF: Physik u. Technik des U. (1988).

Ultraschallabtragung, Schwingläppen, Stoßläppen, spanendes Feinbearbeitungsverfahren, bei dem hochfrequent schwingende Abrasivkörnchen (Borcarbid, Korund, Diamantstaub, Siliciumcarbid) in einer Flüssigkeit zw. Werkstück und Werkzeug verteilt sind. Das mit Ultraschallfrequenz (20–25 kHz) schwingende Werkzeug ist als Negativ der Werkstückkontur ausgebildet. Die von ihm ausgehenden Schwingungen werden auf die ›Schleifkörper‹ des Arbeitsmediums übertragen. Dadurch erfolgt an der Wirkstelle zw. Werkstück und Werkzeug die Spanabnahme durch Einstoßen der Läppkörner, sodass die Werkstückkontur entsteht. Die U. dient meist zum Bohren von Glas, Keramik, Quarz und Ferriten, z.T. auch von Hartmetallen und gehärtetem Stahl.

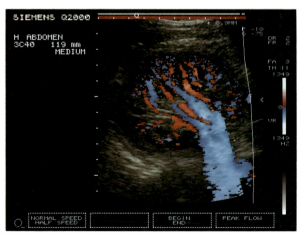

Ultraschalldiagnostik: Angiodynographie (Durchblutungsbild) der Niere im Farb-Doppler-Verfahren

Ultraschallchemie, Sonochemie, Teilgebiet der Chemie, das sich mit der chem. Wirkung des Ultraschalls befasst. Bei Einwirkung von Ultraschall auf Flüssigkeiten können infolge →Kavitation an Festkörperoberflächen lokal begrenzt Temperaturen bis zu 10000°C und Drücke bis zu 10000 bar auftreten, während die Flüssigkeit selbst weitgehend unbeeinflusst bleibt. Dadurch können chem. Bindungen gespalten **(Sonolyse)** und Metalloberflächen von Oxidschichten befreit werden. Weiter sind die Entstehung freier Radikale sowie eine Lichtemission **(Sonolumineszenz)** möglich. Als Folge treten erhöhte Reaktionsgeschwindigkeit (z. B. bei der Reaktion von metall. Lithium mit halogenierten Kohlenwasserstoffen zu lithiumorgan. Verbindungen oder bei der künstl. Alterung alkohol. Getränke) oder erhöhte katalyt. Aktivität (z. B. bei Nickelpulver) auf.

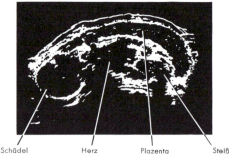

Ultraschalldiagnostik: Darstellung eines Kindes in der Gebärmutter gegen Ende der Schwangerschaft auf dem Bildschirm im B-Bild-Verfahren

Ultraschalldiagnostik, Sonographie, zu den bildgebenden Verfahren gehörende Form der medizin. Diagnostik; beruht auf dem Prinzip, dass mechan. Schwingungen mit Frequenzen oberhalb des Hörbereichs (Ultraschall) an versch. Grenzflächen unterschiedlich stark reflektiert werden, sodass ohne Strahlenexposition und ohne Anwendung von Kontrastmitteln Gewebestrukturen und innere Organe (Haut-, Gewebe-, Organschichtgrenzen) sichtbar gemacht werden können.

Funktionsprinzip: Über einen auf die Körperoberfläche aufgesetzten Schallkopf, in dem ein piezoelektr. Wandler durch eine hochfrequente elektr. Wechselspannung zu mechan. Schwingungen angeregt wird, gelangen die gebündelten oder fokussierten Ultraschallwellenimpulse in den Körper; zur Erzielung einer möglichst reflexionsfreien Einkoppelung wird vorher ein Gel auf die Haut aufgebracht. In den Sendepausen arbeitet der Schallkopf als Empfänger der reflektierten Wellen, die in elektr. Signale umgewandelt, verstärkt und auf einem Bildschirm sichtbar gemacht werden.

Verfahrensweisen: Die **Impulsechoverfahren** basieren auf der Verarbeitung des Impulsechos. Als **A-Mode-Verfahren** oder **A-Scan-Verfahren** wird die eindimensionale Darstellung der Echos einfacher Strukturen in Form von Signalen unterschiedl. Amplitude bezeichnet (→A-Bild-Verfahren), als **B-Mode-Verfahren** oder **B-Scan-Verfahren** das durch manuelle oder automat. Bewegung des Schallstrahls erzeugte zweidimensionale Schnittbild (→B-Bild-Verfahren), bei dem die Intensität des Echos in versch. Helligkeitsstufen umgesetzt wird und bei period. Abtastung oberhalb der Flimmerfrequenz des Auges Bewegungsabläufe praktisch ohne Zeitverzögerung sichtbar macht (**Real-Time-Verfahren**). Diese Methode bietet die breiteste Anwendungsmöglichkeit, z.B. in der Geburtshilfe zum Feststellen schwieriger Geburtslagen wie der Beckenendlage und zur Bestimmung der Größe des Fetus (→Fetometrie), der Herztätigkeit und möglicher

Anomalien, der Fruchtwassermenge, in der inneren Medizin und Urologie zur Erkennung von Tumoren oder Zysten und Steinbildungen, zur Herz- (→Echokardiographie) und Hirnuntersuchung (→Echoenzephalographie), zur Schilddrüsen- und Gelenkdiagnostik und zur Krebsdiagnostik der weibl. Brust (**Ultraschallmammographie**).

Als **M-Mode** oder **M-Scan** (Time-Motion-Verfahren) wird die Durchführung des B-Verfahrens mit fest stehendem Schallkopf zur eindimensionalen Darstellung bewegter Grenzflächen, z. B. der Herzklappen, bezeichnet.

Das **Doppler-Verfahren** (Doppler-Sonographie bzw. Dauerschallverfahren) arbeitet mit kontinuierl. Schallwellen konstanter Frequenz oder mit Schallpulsen, die aufgrund des Doppler-Effekts von sich bewegenden Grenzflächen (v. a. rote Blutkörperchen in Blutgefäßen) mit veränderter Frequenz reflektiert werden und z. B. Gefäßverengungen oder -verschlüsse erkennbar machen. Die →Duplexsonographie kombiniert das Doppler- und das B-Mode-Verfahren.

Ein höheres Auflösungsvermögen (bei geringerer Eindringtiefe) zur Untersuchung oberflächennaher Strukturen bieten Schallköpfe, die gegenüber den übl. 3–3,5 MHz eine Frequenz von 7,5–10 MHz (für die dermatolog. Diagnostik von bis zu 20 MHz) aufweisen. Eine Verbesserung der Auflösung und der Abbildungsdetails erbrachten die digitale Bildverarbeitung (**Computersonographie**) und die farbige Codierung der Graustufen (**Farbsonographie**). Besondere Bedeutung besitzt dieses Verfahren in der Gefäß- und Herzdiagnostik in Form der Farb-Doppler-Echokardiographie, die eine unterschiedl. Darstellung der arteriellen und venösen Blutströmung in der Gefäßdiagnostik (**Angiodynographie**) ermöglicht.

Bei der Computersonographie kann auch ein räuml. Bild erzeugt werden (**3-D-Sonographie**), das aus einer Vielzahl von aus unterschiedl. Winkeln aufgenommenen Schnittbildern erstellt wird und durch entsprechende Schattierung und computergesteuertes Drehen den plast. Eindruck vermittelt.

Eine neuere Entwicklung stellt der Einsatz der U. bei der endoskop. Untersuchung (**Endosonographie**) z. B. von Magen, Darm, Gallengängen und Rektum (endorektale Sonographie zur Diagnose des Prostata- und Rektumkarzinoms) mittels eines mit hoher Geschwindigkeit rotierenden Ultraschallwandlers in der Spitze des Endoskops dar. Spezialkatheter ermöglichen auch die Innendarstellung von Blutgefäßen (intraluminale oder intravasale Sonographie).

Eine Gefährdung durch Wärmebildung im Gewebe ist bei den herkömml. Verfahren nicht wahrscheinlich; da dies wegen der höheren Intensitäten der Duplex- und der farbcodierten Doppler-Sonographie nicht mit Sicherheit auszuschließen ist, wird deren Einsatz bei der Schwangerschaftsuntersuchung auf spezielle Indikationen eingeschränkt.

Erste Anwendung fand die U. in den 1940er-Jahren bei der Erkennung von Hirntumoren. Außer in der Humanmedizin ist sie inzwischen auch diagnost. Bestandteil der Tiermedizin.

Praxisrelevante U., hg. v. W. ZIMMERMANN (1990); U. für die Praxis. Normalbefunde u. patholog. Organbefunde im Sonogramm – Endosonographie, hg. v. DEMS. u. N. FRANK (1991); W. KÄHN: Atlas u. Lb. der U. (1991); Dopplersonograph. Diagnostik, hg. v. W. O. RULAND (²1993).

Ultraschallholographie, akust. **Holographie,** der opt. →Holographie entsprechendes Verfahren der Bildgewinnung, -speicherung und -wiedergabe mithilfe kohärenter Ultraschallwellenfelder. Im einfachsten Fall wird das abzubildende Objekt in den Strahlengang eines von zwei in eine Flüssigkeit getauchten Ultraschallgebern gebracht und das dann an der Flüssigkeitsoberfläche infolge Überlagerung der Ultraschallwellen der beiden Ultraschallgeber entstehende Wellenmuster (**akustisches Hologramm**) mit kohärentem Licht bestrahlt, womit eine unmittelbare Rekonstruktion und Fotografie des dreidimensionalen Objektbildes möglich wird.

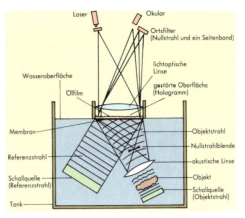

Ultraschallholographie in einem Wassertank, mit Signalwandler an der Flüssigkeitsoberfläche; die stationären Muster an der Grenzfläche Öl–Luft entstehen durch die Interferenz des am Objekt gestreuten Ultraschallwellenfeldes mit dem der Referenzquelle; das Hologramm wird mit einer laseroptischen Beugungseinrichtung über eines der Seitenbänder des Fourier-Spektrums ausgelesen

Ultraschall|interferometer, Gerät zur Messung der Wellenlänge von Ultraschallwellen in Gasen und Flüssigkeiten mithilfe stehender Ultraschallwellen, die sich zw. einem Ultraschallgeber und einem verschiebbaren Reflektor (Metallplatte) durch Interferenz ausbilden. Bei bekannter Frequenz lässt sich aus der Wellenlänge die Schallgeschwindigkeit berechnen.

Ultraschallkardiographie, die →Echokardiographie.

Ultraschallmikroskop, akustisches Mikroskop, ein Mikroskop, bei dem Streuung, Beugung, Absorption und Reflexion von Schallwellen, d. h. die Verteilungsmuster der elast. Eigenschaften von Objekten, zu deren Untersuchung ausgenutzt werden. Beim **akustischen Reflexions-Rastermikroskop** (Abk. **SAM** von engl. scanning acoustic microscope) dient ein kurzer Stab aus Saphir, dessen eines Ende flach und dessen anderes konkav geschliffen ist, als Ultraschallobjektiv. Das flache Ende ist mit einem piezoelektr. Material überzogen, das als piezoelektr. Wandler elektromagnet. Schwingungen in Schallschwingungen umwandelt und umgekehrt (→Piezoelektrizität). Die einfach konkave Saphirfläche dient als Fokussierelement (Durchmesser etwa 80 µm) für die im Saphirstab erzeugten Schallwellen. Sie grenzt an Wasser, das als Kopplungsmedium die Schallwellen auf das Objekt überträgt. Beim zeilenweisen Abtasten des Objekts werden die reflektierten Schallwellen von demselben Saphir aufgenommen und mit dem piezoelektr. Wandler wieder in elektr. Signale umgesetzt, verstärkt und auf einem Monitor als Bild dargestellt. Durch Variation des Abstands zw. Objekt und Linse können Bilder der versch. Ebenen des Objekts aufgenommen werden. Mit Schallfrequenzen von 3 GHz (Wellenlänge im Wasser rd. 520 nm) ist eine Auflösung von 0,5 µm möglich, was dem Auflösungsvermögen herkömml. Lichtmikroskope nahe kommt. – Hauptanwendungs-

Ultraschallmikroskop: Lichtmikroskopische (oben) und akustomikroskopische (unten) Aufnahme derselben integrierten Schaltung; die blasenförmigen Defekte (Pfeile) sind nur auf der akustomikroskopischen Aufnahme deutlich zu erkennen

gebiet der U. ist die Materialprüfung, bes. die Untersuchung von Halbleitern und mikroelektron. Schaltkreisen. Einsatzmöglichkeiten bestehen aber auch in Biologie und Medizin, z. B. bei der Beobachtung von Vorgängen in lebenden Zellen. (→Rastermikroskope)

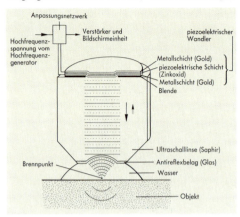

Ultraschallmikroskop: Schematische Darstellung der Wirkweise eines Ultraschallobjektivs

Ultraschall|ortung, *Zoologie:* →Echoorientierung.

Ultraschallprüfung, Verfahren der zerstörungsfreien Werkstoffprüfung mit Ultraschall zur Auffindung von Lunkern, Rissen, Einschlüssen, Inhomogenitäten u. a. Fehlern. Die mit →Schwingquarzen erzeugten Ultraschallwellen pflanzen sich nach geeigneter Bündelung und Durchqueren eines Kopplungsmediums (Wasser, Öl) mit höherem Schallwellenwiderstand als Luft im Werkstück fort; treffen sie auf einen Fehler, so werden sie gedämpft bzw. vollständig oder z. T. reflektiert.

Beim **Durchschallungsverfahren** regen die nicht reflektierten, durch das Werkstück hindurchgehenden Ultraschallwellen entsprechend ihrer Intensität einen auf der Gegenseite befindl. Empfängerquarz zu Deformationsschwingungen an. Diese liefern in Umkehrung des Piezoeffekts elektr. Wechselspannungen, die über einen Kondensator als elektr. Signale abgenommen und nach Verstärkung als ›Sonogramm‹ mithilfe eines Oszilloskops sichtbar gemacht werden. Dabei ergibt sich jedoch keine Aussage über die Tiefenlage der Fehler, das Prüfstück muss beidseitig zugänglich sein. Beim **Impulsechoverfahren** werden von dem über die Werkstückoberfläche bewegten Schwingquarz eines Prüfkopfs kurze Ultraschallimpulse erzeugt, die an fehlerfreien Stellen an der gegenüberliegenden Begrenzungsfläche reflektiert werden, zu dem inzwischen als Empfänger geschalteten Quarz zurücklaufen und ein Bodenecho hervorrufen; Reflexion der Ultraschallimpulse an einem Fehler führt zu einem Fehler-

echo. Auf dem Leuchtschirm eines Oszilloskops lassen sich Größe und Tiefe des Fehlers aus der Form der Fehlerechozacke und ihrer Lage zum Eingangsecho sowie der Stärke des Bodenechos ermitteln. Beide U.-Verfahren dienen in versch. Varianten zur automatisierten Prüfung von Halbzeugen und Bauteilen, bes. unter sicherheitstechn. Gesichtspunkten. Das Impulsechoverfahren findet v. a. Anwendung bei manuellen U., bes. bei Schweißnähten von Rohrleitungen.

J. u. H. KRAUTKRÄMER: Werkstoffprüfung mit Ultraschall ([5]1986); U. SCHLENGERMANN: Tb. Ultraschall-Werkstoffprüfung ([3]1992).

Ultraschallreinigung, für kompliziert geformte Werkstücke, feinmechan. Aggregate u. a. verwendetes Reinigungsverfahren. Die in einem ultraschallerregten Flüssigkeitsbad auftretenden hohen Beschleunigungskräfte, die Kavitation u. a. bewirken dabei eine hochgradige Reinigung und Entfettung der Oberfläche der eingetauchten Werkstücke.

Ultraschall-Schienenprüfzug, Eisenbahnfahrzeug zum Erkennen auch unsichtbarer Materialfehler in Schienen mit Ultraschall. Die Daten werden auf Messstreifen, neuerdings elektronisch aufgezeichnet. Die Prüfergebnisse ermöglichen vorsorgl. Fehlerbeseitigung. Der U.-S. der Dt. Bahn befährt regelmäßig alle wichtigen Strecken und erkennt bei 100 km/h Prüfgeschwindigkeit noch Werkstofffehler von 5 mm Größe.

Ultraschallschweißen, →Schweißen.

Ultraschalltherapie, Anwendung von hochfrequentem Ultraschall (300–1 000 kHz) zu Heilzwecken. Die Ultraschallwellen werden über eine Membran mithilfe eines Kopplungsmediums (z. B. Öl) auf die Oberfläche der zu behandelnden Körperteils übertragen und bewirken in einer Tiefe von bis zu 7 cm eine Mikromassage und Wärmetherapie; Anwendung v. a. bei Nerven- und Gelenkentzündungen.

H. G. KNOCH u. a.: Therapie mit Ultraschall ([4]1991).

Ultrastrahlung, ältere Bez. für die →kosmische Strahlung.

Ultrasüß, organ. Verbindung mit der 4 000fachen Süßkraft des Rohrzuckers, chemisch das 5-Nitro-2-propoxyanilin; als Süßstoff wegen toxikolog. Bedenken nicht zugelassen.

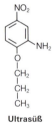

Ultrasüß

Ultraviolett, Abk. **UV,** der Bereich des elektromagnet. Spektrums, der auf der kurzwelligen, hochfrequenten (violetten) Seite, mit Wellenlängen von etwa 400 bis 10 nm, an den sichtbaren Bereich anschließt. Nach seiner biolog. Wirkung wird er unterteilt in **UV-A** (nahes UV oder ›Bräunungsstrahlung‹, etwa 400 bis 320 nm; fluoreszenzanregend), **UV-B** (auch **Dorno-Strahlung,** 320 bis 280 nm; erzeugt Hautrötung und bewirkt Vitamin-D-Photosynthese) und **UV-C** (280 bis 100 nm; bewirkt Sonnenbrand, Bindehautentzündung u. a.). Das UV-C wird unterteilt in **fernes UV** (FUV, 280 bis 200 nm) und **Vakuum-UV** (VUV, 200 bis 100 nm). Daneben sind, v. a. in der Physik, die Bez. **Quarz-UV** für den Bereich von etwa 300 bis 180 nm und **Schumann-UV** für den Bereich von etwa 185 bis 125 nm üblich; für den Bereich unterhalb

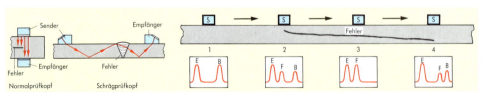

Ultraschallprüfung: links Durchschallungsverfahren; rechts Impulsechoverfahren; Versuchsanordnung (oben) und Fehlerbild auf dem Bildschirm (unten), S Sendequarz, E Eingangsecho, B Bodenecho, F Fehlerecho; 1 Werkstück ohne Fehler, 2 Fehler im Werkstück nahe der Oberfläche (F liegt nahe bei E), 3 Totalreflexion der Schallwellen am Fehler (Bodenecho entfällt), 4 Fehler nahe am Boden (F nahe bei B)

100 nm ist keine eigene Benennung eingeführt. Der Bereich des UV geht auf der langwelligen Seite in den des sichtbaren Spektrums und auf der kurzwelligen Seite ab etwa 30 nm in den der Röntgenstrahlung über. (→Ultraviolettstrahlung)

Ultraviolett|astronomie, UV-Astronomie, Teilgebiet der Astronomie, das sich mit der Erforschung der aus dem Weltall kommenden Ultraviolettstrahlung (von etwa 10 bis 350 nm) befasst. Wegen der starken atomaren und molekularen Absorption dieser Strahlung in der Erdatmosphäre, v. a. durch das Ozon in der Stratosphäre, können solche Untersuchungen nur von Ballons (im Bereich von etwa 250 bis 350 nm) oder, bei Wellenlängen unterhalb von etwa 250 nm, von Raketen, künstl. Erdsatelliten und Raumsonden aus vorgenommen werden. U. a. diente der Satellit →IUE speziell für Untersuchungen im UV-Bereich, gegenwärtig werden derartige Beobachtungen u. a. mit dem →Hubble-Weltraumteleskop durchgeführt. – Forschungsgegenstand der U. sind alle astronom. Objekte, die im UV-Bereich strahlen, z. B. die Sonne, Sterne hoher effektiver Temperatur (u. a. O- und B-Sterne, →Wolf-Rayet-Sterne), Gebiete leuchtender interstellarer Materie (Emissionsgebiete) und aktive Sternsysteme. Neben photometrischen stehen dabei v. a. spektroskop. Untersuchungen im Vordergrund.

Ultraviolettbestrahlung, UV-Bestrahlung, Anwendung von Ultraviolettstrahlung in der Kosmetik zur Hautbräunung (→Solarium), in der Lebensmitteltechnik zur Entkeimung (→Lebensmittelbestrahlung), in der Medizin zu therapeut. Zwecken. Bei kleiner Dosierung der Ultraviolettstrahlung des UV-A- und UV-B-Bereichs werden Stoffwechsel, Atmung, Kreislauf, Blutbeschaffenheit, Drüsenfunktion und Allgemeinzustand meist günstig beeinflusst; durch Bildung von Vitamin D wird Rachitis verhütet. Eine Überdosierung kann zu Schädigungen des Organismus führen. (→Lichtschäden)

Ultraviolettmikroskopie, UV-Mikroskopie, Verfahren der Mikroskopie, das zur Abbildung anstelle des sichtbaren Lichts Ultraviolettstrahlung verwendet. Vorteile sind u. a. die (durch die kürzere Wellenlänge) höhere Auflösung und die kontrastreicheren Bilder bestimmter organ. Objekte, da viele Eiweißstoffe im UV-Bereich stark absorbieren. Während langwellige UV-Strahlung noch die Verwendung von Glaslinsenobjektiven und normal sensibilisierter Aufnahmematerialien gestattet, sind bei kürzeren Wellenlängen Objektive aus Quarz- und Fluorit- bzw. Lithiumfluoridlinsen oder Spiegelobjektive sowie mit fluoreszierenden Substanzen sensibilisierte UV-Aufnahmematerialien oder Schumann-Platten erforderlich. Letztere tragen über einer Gelatineschicht eine fast gelatinefreie Silberbromidschicht, wodurch die bei Wellenlängen unterhalb von 185 nm starke Lichtabsorption in der Gelatine weitgehend vermieden wird.

Ultraviolettspektroskopie, spektroskop. Verfahren, bei dem die Anregung der Elektronen chem. Verbindungen durch Bestrahlung mit monochromat. UV-Licht (Wellenlängen i. Allg. von 120 bis 400 nm) zur Bestimmung und Strukturaufklärung verwendet wird. Atomspektren werden vorwiegend in Emission aufgenommen, Molekülspektren in Absorption, Festkörperspektren in Transmission oder Reflexion.

Ultraviolettstrahlung, UV-Strahlung, von J. W. RITTER 1802 entdeckte elektromagnet. Strahlung im UV (→Ultraviolett) mit Wellenlängen von etwa 400 bis 10 nm; nach der biolog. Wirkung oder nach der Art ihrer physikal. Wechselwirkung mit Stoffen (v. a. Absorption) wird die U. weiter unterteilt.

Die U. hat optisch weitgehend die gleichen Eigenschaften wie sichtbares →Licht und wird deshalb auch als **ultraviolettes Licht (UV-Licht)** bezeichnet. Quantitative Unterschiede ergeben sich dadurch, dass die U. aufgrund ihrer höheren Frequenz energiereicher ist (→einsteinsches Gesetz); sie lässt sich deswegen leicht nachweisen, obwohl die Strahlungsstärke der meisten Lichtquellen im UV ziemlich schwach ist. U. schwärzt jeden fotograf. Film und löst aus Metallen Elektronen aus (→Photoeffekt); ihre Photonenenergie reicht z. B. zur Spaltung und Umwandlung von Molekülen, zum Ausbleichen von Farbstoffen und zur Abtötung von Bakterien aus. Da Glas für U. unterhalb 350 nm weitgehend undurchlässig ist, müssen Linsen und Prismen aus Quarz (bis 200 nm), Steinsalz (bis 180 nm), Fluorit (Flussspat), Magnesiumfluorid oder Lithiumfluorid (bis 125 nm) bestehen. Unterhalb 180 nm müssen Apparaturen für U. evakuiert werden, weil der Sauerstoff der Luft die Strahlung absorbiert. Erst unterhalb von 0,1 nm, also im Röntgengebiet, kann wieder bei normalem Luftdruck gearbeitet werden.

Natürl. U. wird z. B. von der Sonne abgestrahlt. Ihr UV-C-Anteil wird von der (intakten) Ozonschicht der Atmosphäre weitgehend absorbiert, dadurch kommt die gewebezerstörende Wirkung des kurzwelligen UV-Lichts auf der Erde nicht zum Tragen. Biologisch und medizinisch hat U. eine große Bedeutung, da sie aufgrund ihrer Energie biochem. Veränderungen und damit biolog. Wirkungen hervorrufen kann. Hierzu gehören neben einer Vielzahl von positiven Wirkungen wie Aktivierung der D-Provitamine in der Haut, Heilung von Hautkrankheiten (Schuppenflechte, Akne) oder günstige Beeinflussung des Allgemeinzustandes des Menschen auch die UV-Schäden wie Hautatrophie, Genmutationen oder Hautkrebs. Das Bundesamt für Strahlenschutz betreibt gemeinsam mit dem Umweltbundesamt im Verbund mit dem Dt. Wetterdienst in Dtl. ein UV-Messnetz. Aus den Messwerten wird der so genannte UV-Index bestimmt (UVI). Der UVI beschreibt den Tagesspitzenwert der sonnenbrandwirksamen U., die von der Sonne auf die Erde trifft. Je größer der UVI ist, umso größer ist auch die UV-Belastung, und das Risiko, einen Sonnenbrand zu bekommen, steigt. – Künstl. UV-Strahler sind hocherhitzte Temperaturstrahler, Edelgas-, Quecksilber- und Wasserstofflampen.

Der Nachweis der U. kann durch UV-empfindl. Photozellen, -widerstände, durch Sekundärelektronenvervielfacher, UV-Dosimeter, Fluoreszenzanalyse oder chem. Aktinometrie erfolgen. – Anwendung findet U. in der Photochemie z. B. zur Photopolymerisation, Lackhärtung), Spektroskopie, in Leuchtstofflampen, zum Nachweis vieler Stoffe, die bei UV-Bestrahlung fluoreszieren (z. B. in Lebensmitteln und bei Ausbesserungen von Kunstwerken), für Farbechtheitsprüfungen; wichtig sind die biolog. Wirkungen der U. des UV-A- und UV-B-Gebiets zur →Ultraviolettbestrahlung.

Ultrazentrifuge, Spezialzentrifuge mit sehr hohen Drehzahlen (bis zu 100 000 min^{-1} und darüber) und damit Zentrifugalbeschleunigungen (bis zum 700 000fachen der Erdbeschleunigung und darüber). Die Stoffprobe, meist in Röhrchen aus Cellulosenitrat, Äthylen-Propylen-Copolymeren oder anderen Kunststoffen enthalten, wird mit Rotoren beschleunigt, die z. B. durch Induktionsmotoren oder Ölturbinen angetrieben werden. Präparative U. haben Bedeutung für die Anreicherung und Trennung von Biopolymeren (z. B. DNA), mit analyt. U. können z. B. Sedimentationskoeffizienten oder molare Massen bestimmt werden. Bei der Differenzialzentrifugation werden die mit Proben gefüllten Röhrchen so lange zentrifugiert, bis sich am Boden ein Niederschlag (Pellet) gebildet hat. Bei der Zonenzentrifugation und der isopykn. Zentrifugation befindet sich in den Röhrchen eine Lösung (z. B. von Cäsiumchlorid, Natriumjodid, Saccharose), deren Dichte zum Röhrchenboden hin zunimmt. Die Bestandteile der Probe wandern bei der Zentrifugation je nach Dichte und Größe der Teilchen unterschiedl. Strecken und reichern sich an bestimmten Stellen des Dichtegradienten an.

Ultschen, kleines Volk in Russland, →Oltscha.

Ulu [eskimoisch] *das, -/-s,* von den Eskimofrauen zur Fellbearbeitung verwendetes Messer mit halbmondförmiger Klinge und quer gestelltem Griff.

Ulu Dağ [uˈludaː; türk. ›großer Berg‹], Gebirgsstock in NW-Anatolien, Türkei, 2543 m ü. M.; Wintersportgebiet, im Sommer beliebtes Ausflugsgebiet; von Bursa aus durch Straße und Seilbahn erschlossen. – In der Antike lag der Berg im Grenzgebiet zw. Mysien und Bithynien und wurde **Mysischer** oder **Bithynischer Olymp** genannt.

Ulug Beg, U. B. Gurgan, eigtl. **Muhammad Taragay,** mittelasiat. Herrscher und Astronom, * Soltanije (Prov. Sandjan, Iran) 22. 3. 1394, † Samarkand 25. oder 27. 10. 1449; Enkel Timurs und durch Heirat mit der Sippe von Dschingis Khan verbunden, weshalb er sich auch Gurgan (Schwiegersohn) nannte. 1411–47 verwaltete er Westturkestan und übernahm nach dem Tod seines Vaters 1447 die Herrschaft über das timurid. Gesamtreich. Nach dynast. Zwistigkeiten und der militär. Niederlage gegen einen seiner Söhne wurde U. B. enthauptet. – In Samarkand gründete U. B. 1420 eine Hochschule und 1425 ein Observatorium, dessen Größe v. a. aufgrund des (z. T. erhaltenen) gemauerten Sextanten mit einem Radius von 40,21 m eine bis dahin nicht erreichte Messgenauigkeit ermöglichte. U. B. betrieb dort selbst astronom. Studien und berief zahlr. Gelehrte, u. a. Kaschi, nach Samarkand. Mit diesen erstellte er sein Handbuch ›Zig djadid Gurgani‹ (Neue astronom. Tafeln des Gurgan), das auf der ptolemäischen Astronomie beruht, damals bekannte Planetentheorien berücksichtigt und in seiner Genauigkeit bis zu T. Brahe unübertroffen blieb; er verbesserte weiterhin die Tabellen des Ptolemäus, bestimmte 1437 die Schiefe der Ekliptik und erstellte einen Sternkatalog mit 1018 Sternörtern.

L. P. E. A. Sédillot: Prolégomènes des tables astronomiques d'Oulough-Beg, 2 Bde. (Paris 1847–53); Ulugh Beg's catalogue of stars, übers. v. E. B. Knobel (Washington, D. C., 1917).

Ulug-Chem [-xem], Flussabschnitt des →Jenissej in Tuwinien, Russ. Föderation.

Ulvit [nach dem Vorkommen bei Ulvö, Schweden] *der, -s/e, Mineralogie:* der Titanspinell (→Spinelle).

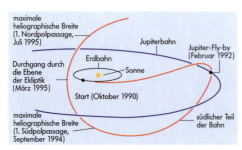

Ulysses: Bahnverlauf der Raumsonde (rot) im Sonnensystem von 1990 bis Mitte 1995; durch ein geeignetes Fly-by-Manöver bei Jupiter verließ Ulysses die Ebene der Ekliptik zur Untersuchung der Polarregionen der Sonne

Ulysses [engl. für Odysseus], am 6. 10. 1990 gestartete Raumsonde zur Erforschung der Sonne, v. a. ihrer Polgebiete, Magnetfelder, der Korona und des Sonnenwindes sowie des interplanetaren Raumes (hervorgegangen aus dem von ESA und NASA getragenen Projekt ISPM, engl. für International Solar Polar Mission). U. erreichte im Februar 1992 in 449 000 km Abstand den Planeten Jupiter und wurde durch die Jupitergravitation auf eine über die Sonnenpole führende Bahn gelenkt (→Fly-by). Die Sonde erreichte am 13. 9. 1994 (bei 80,2° südlicher heliograph. Breite; Sonnenabstand rd. 340 Mio. km) ihre südlichste Position außerhalb der Ekliptik. Am 12. 3. 1995 kreuzte U. die Ebene der Ekliptik bei ca. 200 Mio. km Sonnenabstand, überflog die Nordhemisphäre der Sonne und gelangte dabei am 31. 7. 1995 (bei 80,2° nördlicher heliograph. Breite und 302 Mio. km Sonnenabstand) an ihren nördlichsten Bahnpunkt. Ihre polare Bahn um die Sonne (Umlaufzeit 6,2 Jahre) führte U. bis April 1998 zur Jupiterbahn zurück; vom September 2000 bis Januar 2001 soll U. dann südlich der Ekliptik eine 2. Südpolpassage durchführen, der von September bis Dezember 2001 eine 2. Nordpolpassage folgen soll.

Ulysses [engl. juːˈlɪsiːz], Roman von J. Joyce; engl. 1922; dt. Titel identisch.

Ulzeration [zu lat. ulcus ›Geschwür‹] *die, -/-en,* Ausbildung eines Geschwürs. – **ulzerös,** geschwürig, durch Geschwüre gekennzeichnet.

UM, *Sport:* Abk. für →Ultramarathon.

Uma [Sanskrit], ein Name der hinduist. Göttin →Parvati, der Gattin des Shiva.

Umajjaden, Kalifendynastie, →Omaijaden.

Uman, Stadt im Gebiet Tscherkassy, Ukraine, etwa 85 000 Ew.; Landwirtschafts-, pädagog. Hochschule, Museum, Landschaftspark ›Sofijewka‹ der Ukrain. Akad. der Wissenschaften (150 ha, 1796–1859 angelegt); Landmaschinen-, Feingerätebau, Nahrungsmittelindustrie. – U., seit 1616 bekannt, war in der 2. Hälfte des 17. Jh. ukrain. Festung gegen die Krimtataren; 1726–1832 im Besitz der poln. Grafen Potocki; ab der 2. Poln. Teilung 1793 russisch.

Umanak, grönländ. Stadt, →Uummannaq.

Umbach, Jonas, Maler, Zeichner und Radierer, * Augsburg um 1624, † ebd. 28. 4. 1693; malte Landschaften und Kircheninterieurs; zeichnete und radierte histor., bibl. Darstellungen sowie Landschaften.

Umbanda [afrikan., Ursprung unklar, vielleicht von dem Bantuwort für ›Priester‹, ›Heiliger‹] *die, -,* eine der →afroamerikanischen Religionen in Brasilien, in der afrikanische religiös-mag. Traditionen mit indian., spiritist., esoter. und katholisch-christl. Elementen verschmolzen sind; dabei werden z. B. Gottheiten afrikan. Ursprungs mit kath. Heiligen, z. T. auch mit indian. Numina identifiziert. Der oberste Gott wird als Schöpfer der Welt und Herr der im Kult angerufenen göttl. Kräfte (›Geister‹) aufgefasst, erfährt selbst jedoch keine kult. Verehrung. Die kult. Praxis umfasst die Heiligung der einzelnen Lebensstadien, pflanzl. und tier. Opfer sowie Naturriten und wird durch Magie, spiritist. Medien und das Phänomen religiöser Besessenheit mitbestimmt. Die vereinsmäßig organisierten, völlig selbstständigen Kultstätten (Terreiros) sind z. T. in Dachorganisationen zusammengeschlossen. In den 1930er-Jahren von Rio de Janeiro ausgehend, fand die U. eine große Verbreitung in Brasilien und hat heute auch Anhänger in den Nachbarländern Argentinien und Uruguay.

L. Weingärtner: U. Synkretist. Kulte in Brasilien, ... (1969); U. Fischer: Zur Liturgie des U.-Kultes (Leiden 1970); M. Gerbert: Religionen in Brasilien (1970); H. H. Figge: Geisterkult, Besessenheit u. Magie in der U.-Religion Brasiliens (1973); R. Flasche: Gesch. u. Typologie afrikan. Religiosität in Brasilien (1973); I. Wulfhorst: Der ›Spiritualistisch-Christl. Orden‹. Ursprung u. Erscheinungsformen einer neureligiösen Bewegung in Brasilien (1985); A. Pollak-Eltz: Trommel u. Trance. Die afroamerikan. Religionen (1995).

Umbelliferae [lat.], die →Doldenblütler.

Umberfische [zu lat. umbra ›Schatten‹, roman. auch ›braune Erdfarbe‹ (wohl nach der dunklen Färbung)], **Sciaenidae,** Familie der Barschartigen Fische mit seitlich zusammengedrücktem Körper, geteilter Rückenflosse und bruststständigen Bauchflossen; Kinn häufig mit Barteln, an den Schlundknochen Reibeplatten. Durch Muskelkontraktionen können brummende, knarrende, quakende oder trommelähnl. Geräusche (→Trommelfisch) erzeugt werden; U. leben v. a. im Küstenbereich trop. und gemäßigter Meere, einige Arten auch im Süßwasser. – Zu den U. gehören u. a. der im O-Atlantik lebende **Umber-** oder **Schattenfisch** (Sciaena cirrhosa; Länge 40–70 cm) sowie die im Mittelmeer und Atlantik vorkommenden Arten **Adlerfisch** (Johnius hololepidotus; Länge bis 1,8 m) und **Meer-** oder **Seerabe** (Corvina nigra; Länge bis 70 cm).

Umberfische: Adlerfisch (Länge bis 1,8 m)

Umberto, dt. **Humbert,** Könige von Italien:
1) **Umberto I.,** König (seit 1878), *Turin 14. 3. 1844, †(ermordet) Monza 29. 7. 1900, Großvater von 2); Sohn VIKTOR EMANUELS II., regierte konsequent konstitutionell und schloss 1882 wegen kolonialer Ggs. zu Frankreich mit dem Dt. Reich und Österreich-Ungarn den →Dreibund. Er fiel einem Attentat des Anarchisten GAETANO BRESCI (*1869, †1901) zum Opfer.
2) **Umberto II.,** König (seit 1946), *Schloss Racconigi (Prov. Cuneo) 15. 9. 1904, †Genf 18. 3. 1983, Enkel von 1); ∞ seit 1930 mit MARIE JOSÉ, Prinzessin von Belgien (*1906); folgte am 10. 5. 1946 seinem Vater VIKTOR EMANUEL III. nach dessen Abdankung auf dem Thron; verließ Italien nach dem Volksentscheid für die Rep. am 13. 6. 1946.

Umbildgerät, Projektionsgerät zur Umbildung von Messbildern (→Photogrammmetrie), um bei der Auswertung von Luftbildern einheitliche perspektiv. Bedingungen für alle Aufnahmen zu erhalten.

Umbilicus [lat. ›Nabel‹], die Pflanzengattung →Venusnabel.

Umbo, eigtl. **Otto Umbehr,** Fotojournalist, *Düsseldorf 18. 1. 1902, †Hannover 13. 5. 1980; studierte ab 1921 am Bauhaus unter J. ITTEN, W. GROPIUS, P. KLEE u. a.; 1923 übersiedelte er nach Berlin, wo er als freischaffender Fotograf tätig war. 1943–80 arbeitete er als Pressefotograf u. a. für die Zeitschriften ›Der Spiegel‹ und ›Quick‹. 1957–74 lehrte U. an den Werkkunstschulen in Hannover und Hildesheim.

Umboi, Rooke Island [ruːk 'aɪlənd], vulkan. Insel des Bismarckarchipels (Papua-Neuguinea), rd. 800 km², bis 1 655 m ü. M., größtenteils bewaldet; Hauptort ist Siassi (mit Flugplatz). Die Bewohner, überwiegend christl. Melanesier, betreiben v. a. Jamswurzel- und Taroanbau sowie Fischfang zur Selbstversorgung; Kopragewinnung, Holzwirtschaft.

Umbra [lat. ›Schatten‹, roman. auch ›braune Erdfarbe‹] die, -, 1) Astronomie: →Sonnenflecken.
2) Chemie: **Erdbraun, Römischbraun, Kaledonischbraun, Sepiabraun, Mulm,** natürlich vorkommendes, braunes Pigment, chemisch ein eisen- und manganoxidhaltiger Ton, der durch Verwitterung von Eisen- und Manganerzlagern entsteht (enthält 20–35% Fe_2O_3, 7–15% Mn_2O_3, 7–15% Al_2O_3, 20–30% SiO_2, etwas $CaCO_3$ und wechselbare Mengen Wasser). Durch Mahlen und Glühen erhält man tiefrotbraune **gebrannte Umbra.** Größere U.-Vorkommen gibt es auf Zypern und in Virginia (USA), weitere im Harz, in Bayern, Belgien, den Niederlanden, Italien, Frankreich. – U. ist eines der ältesten bekannten Pigmente.

Umbrailpass, Wormser Joch, Pass in der Ortlergruppe in den Ostalpen, über den die Grenze zw. der Schweiz (Graubünden) und Italien (Lombardei) verläuft, 2 502 m ü. M. Die kurvenreiche Straße auf den U. von Santa Maria im Münstertal (13,4 km lang, fertig gestellt 1901) mündet unmittelbar hinter dem U. in die S-Rampe der Straße über das Stilfser Joch. Die Route über den U. ist die ursprüngl. Verbindung zw. dem Obervintschgau und dem Veltlin (Bormio).

Umbral, Francisco, span. Schriftsteller, *Madrid 11. 5. 1935; arbeitet auch als Journalist und Kritiker; Verfasser von Dichterbiographien (›Larra. Anatomía de un dandy‹, 1965; ›Lorca, poeta maldito‹, 1968; ›Ramón y las vanguardias‹, 1978) und aktuellen Informationen zum literar. Zeitgeschehen (›Guía de la posmodernidad. Crónicas, personajes e itinerarios madrileños‹, 1987). Seine zahlr. Romane sind krit. Chroniken des zeitgenöss. Spanien, insbesondere seiner Hauptstadt (›Travesía de Madrid‹, 1966; ›Mortal y rosa‹, 1975). Der hellsichtigen und illusionslosen Darstellung der Zeit seit dem Bürgerkrieg ist ein autobiograph. Romanzyklus gewidmet (›Memorias de un niño de derechas‹, 1972; ›Las ninfas‹, 1976; ›La noche que llegué al Café Gijón‹, 1977; ›A la sombra de las muchachas rojas‹, 1981).

Weitere Werke: Trilogía de Madrid. Memorias (1984); Nada en el domingo (1988); Memorias borbónicas (1992); Los cuerpos gloriosos. Memorias y semblanzas (1996).

Umbo: Serie Grock 18; 1928/29

Umbrer, lat. **Umbri,** griech. **Ombrikoi,** altitalisches Volk in Mittelitalien, das sich wohl um 1000 v. Chr., von N kommend (urspr. Nachbarn der Ligurer), beiderseits des oberen Tibers ansiedelte, von Etruskern und Kelten in den Apennin östlich des Tibers verdrängt und später romanisiert wurde. Hauptorte der U. waren u. a. Interamna (heute Terni), Spoletium (Spoleto), Iguvium (Gubbio), Tuder (Todi) und Sentinum (Sassoferrato, Prov. Ancona) Die Sprache der U., das **Umbrische,** gehört zu den →italischen Sprachen. Das wichtigste Denkmal in umbr. Sprache sind die →Iguvinischen Tafeln.

E. VETTER: Hb. der italischen Dialekte, Bd. 1 (1953); A. L. PROSDOCIMI: L'umbro, in: Lingue e dialetti dell'Italia antica, hg. v. DEMS. (Rom 1978).

Umbridae [lat.], die →Hundsfische.

Umbri|el [hebr.], ein Satellit des Planeten →Uranus.

Umbri|en, ital. **Umbria,** Region in Mittelitalien, 8 456 km², 827 900 Ew., umfasst die Provinzen Perugia und Terni, Hauptstadt ist Perugia. Zu U. gehören die vom Hauptkamm abzweigenden Höhenzüge des mittleren Apennin und die eingeschalteten Becken mit dem Trasimenischen See, etwa im Einzugsgebiet des oberen und mittleren Tibers und seines Nebenflusses Nera. U. ist v. a. Landwirtschaftsgebiet (Ölbäume, Reben, Weizen, Weideland) mit alten Städten (Perugia, Orvieto, Foligno, Assisi, Todi, Spoleto), Anziehungspunkten für den Fremdenverkehr. Industrie findet

Umbrien: Landschaft bei Bevagna, südwestlich von Foligno

sich v. a. in Terni (Eisen-, chem. Industrie), wo schon früh die Wasserkraft genutzt wurde. – Die Erdbeben in U. 1997 verursachten große Schäden v. a. in Assisi, Foligno, Sellano u. a. Städten.

Geschichte: Das von den Umbrern bewohnte antike U. bildete zus. mit dem im 4./3. Jh. v. Chr. von Kelten besiedelten Küstengebiet des Ager Gallicus unter AUGUSTUS die 6. Region **(Umbria),** die unter Kaiser DIOKLETIAN mit Etrurien vereinigt wurde. Im 6./7. Jh. war U. teils langobardisch (Herzogtum Spoleto), teils gehörte es zum Byzantin. Reich, bis PIPPIN III., D. J., und KARL D. GR. das Gebiet dem Papst gaben (Pippinsche Schenkung, 754/756). Die Päpste konnten ihre Herrschaft weder gegen die seit dem 11. Jh. zu Kommunen ausgebildeten Hauptorte U.s (Perugia, Assisi, Spoleto, Orvieto, Gubbio u. a.) noch gegen die im 14. Jh. aufkommenden Signorien längerfristig durchsetzen. U. blieb politisch zerrissen und verarmt; es wurde Herkunftsland zahlr. Söldner und Condottieri (GATTAMELATA u. a.). Erst im 15. Jh. konnten die umbr. Städte dem Kirchenstaat endgültig eingegliedert werden, zuletzt 1540 Perugia.

H. KELLER u. K. HELBIG: U. Landschaft u. Kunst (Wien 1959); H. DESPLANQUES: Campagnes ombriennes (Paris 1969); K. ZIMMERMANN: U. (1987); H.-J. FISCHER: U. (1989).

Umbruch, 1) *Bergbau:* U.-Strecke, Strecke zum Zweck der Umfahrung eines Schachtes oder eines anderen steil einfallenden Grubenbaues.

2) *Geologie:* geotektonischer U., →Regeneration.

3) *graf. Technik:* im Bleisatz das Herrichten von fertigen Druckseiten durch Ein- und Zusammenbau von Satzspalten, Klischees u. Ä. sowie Hinzufügen von Seitenzahlen und Kolumnentiteln (Umbrechen); wird in der Setzerei vom **Metteur** (→Mettage) ausgeführt. Beim →Fotosatz und →Computersatz entfällt v. a. bei einfachem Satz ein manueller U.; der Text wird mit speziellen U.-Programmen automatisch umbrochen. Bei stark gegliedertem und/oder bebildertem Satz wird mit Papierausdrucken (Fahnen) des Satzes und mit Andrucken der Abbildungen ein **Klebe-U.** erstellt, nach dessen Vorgaben dann die Text- und Bildfilme passgenau und standgerecht zur Kopiervorlage montiert werden. Der Trend geht jedoch auch bei schwierigerem Satz zum Bildschirm-U. (im Zeitungssatz schon völlig ausgeprägt), wobei auch die Abbildungen in digitalisierter Form vorliegen. Die Seiten werden dann am Bildschirm so dargestellt, wie sie im Druck erscheinen (→Desktop-Publishing, →Textverarbeitung). Bei Zeitungen und Zeitschriften geschieht der U. nach Gesichtspunkten der wirksamen Platzierung der redaktionellen Beiträge und der Anzeigen sowie der ansprechenden Gestaltung der Seite (Aufmachung) nach den Angaben eines besonderen U.-Redakteurs oder Layouters (U.-Spiegel).

4) *Landwirtschaft:* das durch Pflugarbeit bewirkte Wenden (Umbrechen) der Ackerkrume bzw. der Wiesennarbe.

Umbsee, russ. **Umbosero,** See auf der Halbinsel Kola, Russland, 151 m ü. M., 313 km² groß und bis 115 m tief; füllt die tekton. Senke zw. den Gebirgsmassiven Chibinen (1 191 m ü. M.) und Lowoserskije Tundry (1 120 m ü. M.) und wird durch die 123 km lange **Umba** zur Kandalakschabucht des Weißen Meeres entwässert.

Umbuchung, *Buchführung:* die Übertragung eines Postens oder Teilpostens auf ein anderes Konto, bes. zur Berichtigung einer falschen Buchung.

Umbundu, eine Bantusprache, →Mbundu.

Umdeutung, Konversion, in § 140 BGB vorgesehene Möglichkeit der Aufrechterhaltung eines nichtigen Rechtsgeschäfts: Entspricht das nichtige Rechtsgeschäft den Erfordernissen eines anderen (gültigen) Rechtsgeschäfts, so gilt das Letztere, wenn anzunehmen ist, dass die Parteien dessen Geltung bei Kenntnis der Nichtigkeit gewollt hätten, z. B. die U. eines nichtigen Erbvertrages in ein Testament.

Umdrehung, eine Drehung um einen Vollwinkel ($= 2\pi\,\text{rad} = 360° = 400\,\text{gon}$); bei rotierenden Körpern als Hilfseinheit zur Kennzeichnung der Drehfrequenz (→Drehzahl) verwendet, Abk. **U,** internat. **r** (lat. revolutio ›U.‹). Die Nennung der (dimensionslosen) Größe U. bei Angabe der Drehfrequenz (U. je Sekunde, U. je Minute) ist grundsätzlich nicht notwendig: $1\,\text{U/s} = 1\,\text{s}^{-1}$, $1\,\text{U/min} = 1\,\text{min}^{-1}$.

Umdrehungsfläche, die →Rotationsfläche.

Umdrehungsfrequenz, die →Drehzahl.

Umdruck, das Übertragen einer künstler. Darstellung auf einen anderen Bildträger, z. B. das 1818 von A. SENEFELDER entwickelte Verfahren, eine Zeichnung auf einen lithograph. Stein zu übertragen **(Autographie).** Gezeichnet wird seitenrichtig mit Fettkreide oder -tusche auf ein mit Kleister beschichtetes Papier **(U.-Papier),** das dann auf die Steinplatte gelegt, mit Wasser aufgeweicht, aufgepresst und schließlich abgewaschen wird. Die Zeichnung bleibt wie ein ›Abziehbild‹ auf dem Stein zurück und kann wie eine direkt, jedoch seitenverkehrt auf den Stein gezeichnete Lithographie gedruckt werden. Daraus entwickelte sich das Verfahren zum Übertragen einer Originaldruckplatte für die Herstellung einer weiteren Druckform. Von der Originaldruckform werden mit einer fetthaltigen Druckfarbe Abzüge auf ein oberflächenpräpariertes U.-Papier hergestellt, die auf einen lithograph. Stein oder eine Metallplatte umgedruckt und zur Druckform verarbeitet werden.

Umeå [ˈuːmæɔ:], Hauptstadt des Verw.-Bez. (Län) Västerbotten, N-Schweden, am Umeälv, nahe der Mündung in den Bottn. Meerbusen, 101 300 Ew.; Univ. (gegründet 1965), Forsthochschule, Västerbotten-Museum; Holz-, Zellstoff- und Papierindustrie; Seehafen (Holmsund), Fährverbindung mit Vaasa (Finnland).

Um|entwicklung, zum Zweck der Veränderung oder Erweiterung der Gradation, der Kornverfeinerung, Schleierbeseitigung u. Ä. durchgeführte erneute Entwicklung eines fotograf. Negativs, dessen Bildsilber durch Bleichen zunächst in Silberhalogenide rücküberführt wurde.

Um|esterung, Reaktion eines Esters mit Alkoholen, Säuren oder anderen Estern, wobei nach folgendem Schema ein Austausch der Alkohol- oder Säurekomponente im Ester erfolgt:

$$R-COOR' + R''OH \rightleftharpoons R-COOR'' + R'OH$$
$$\text{Ester 1} \quad \text{Alkohol 2} \quad \text{Ester 2} \quad \text{Alkohol 1}$$

Die U. läuft unter dem katalyt. Einfluss von Säuren oder Basen bis zu einem Gleichgewichtszustand ab. Sie hat Bedeutung bei der Herstellung von Estern höher siedender Alkohole und Polyestern (z. B. Umsetzung von Dimethylterephthalat mit Äthylenglykol).

Umfang, 1) *Logik:* →Extension.
2) *Mathematik:* die Länge der Begrenzungslinie einer Fläche (z. B. eines →Kreises).

Umfangswinkel, *Mathematik:* →Kreis.

Umfassung, *Militärwesen:* Operation mit dem Ziel, gegner. Kräfte von ihren Verbindungen abzuschneiden oder sie einzuschließen; erfolgt v. a. durch Angriff in eine oder beide Flanken oder den Rücken des Feindes.

Umfeld, 1) *Sozialpsychologie:* die Gesamtheit der Wechselbeziehungen einer Person zu ihrer Umgebung, die durch Wahrnehmungs-, sozialpsycholog. und Persönlichkeitsfaktoren geprägt sind; als **soziales U.** die Summe der auf Entwicklung, Denken und Handeln eines Individuums einwirkenden, v. a. schicht- und gruppenspezif. gesellschaftl. Einflüsse (Vorbilder, Verhaltensnormen, Denkweisen, Vorurteile).
2) *Wahrnehmungspsychologie:* nach G. E. MÜLLER der Rand des Wahrnehmungsfeldes, nach dessen Mitte **(Infeld)** mit voller Aufmerksamkeit aufgenommen werden kann.

Umfinanzierung, Ablösungsfinanzierung, Umwandlung von kurzfristigen in langfristige Verbindlichkeiten, von Fremd- in Eigenkapital oder von Krediten in Wertpapiere (z. B. Schuldverschreibungen).

Umfluter, Umflutkanal, Flutmulde, ein nur zur Hochwasserabführung dienendes natürl. oder künstl. zweites Gewässerbett zur Entlastung eines Wasserlaufs mit ungenügendem Abflussquerschnitt.

Umformen, Hauptgruppe der Fertigungsverfahren, bei denen ein fester Werkstoff durch geeignete Kräfte plastisch so verformt wird, dass ohne Veränderung der Masse oder des Stoffzusammenhalts das gewünschte Werkstück aus ihm entsteht. Beim U. bleibt der ›Faserverlauf‹ des Gefüges erhalten, die Festigkeit wird z. T. verbessert, und es können schwierige Formen mit guter Oberflächenqualität und engen Toleranzen hergestellt werden. Der Grad einer mögl. Verformung des Werkstoffes (Umformgrad), ohne dass es zu Brüchen und Rissen kommt, ist abhängig von der Rekristallisationstemperatur (→Rekristallisation). Beim U. oberhalb dieser Temperatur **(Warm-U.)** werden durch Neubildung des Gefüges die Spannungen geringer (hoher Umformgrad, geringer Kraftaufwand), die Festigkeit ändert sich kaum. Das U. unterhalb der Rekristallisationstemperatur **(Kalt-U.)** hat eine starke Verformung des Gefüges zur Folge, ohne dass es zur Kornneubildung kommt (geringerer Umformgrad, Kaltverfestigung). Je nach Wirkung der am Werkstoff außen angreifenden Kräfte unterscheidet man **Biege-U.** (Biegen mit geradliniger oder mit drehender Werkzeugbewegung), **Zug-U.** (Längen, Weiten, Tiefen), **Druck-U.** (Walzen, Freiformen, Gesenkformen, Eindrücken, Durchdrücken), **Zugdruck-U.** (Durchziehen, Tiefziehen, Kragenziehen, Drücken, Knickbauchen) und **Schub-U.** (Verdrehen, Verschieben). →Hochgeschwindigkeitsumformung.

Umformer, *Elektrotechnik:* 1) rotierende elektr. Maschine oder Maschinensatz zur Umwandlung elektr. Energie einer Stromart in eine andere, wobei Spannung, Strom, Frequenz und Phasenzahl geändert werden können, z. B. Motorgenerator oder Einankerumformer. Nach der Anwendung unterscheidet man **Erreger-U.** zur Speisung der Feldwicklungen von Gleichstrom- und Synchronmaschinen, **Schweiß-U.** mit einer der Lichtbogenkennlinie angepassten stark fallenden Spannung sowie →Frequenzumformer;
2) stationäre U. (ohne bewegl. Teile) arbeiten mit Halbleiterbauelementen, z. B. Gleich- oder Wechselrichter.

Umfrage, die →Befragung.

Umgangsrecht, Besuchsrecht, bis 1979 **Verkehrsrecht,** das Recht des Kindes mit jedem Elternteil und das Recht sowie die Pflicht jedes Elternteils mit dem Kind persönlich in Kontakt zu bleiben (nach der Scheidung der Eltern oder bei dauerndem Getrenntleben sowie bei außerhalb der Ehe geborenen Kindern). Das U. soll v. a. nach Trennung oder Scheidung der Eltern die gewachsenen familiären Beziehungen soweit wie möglich erhalten. Ebenfalls ein Recht auf Umgang, wenn dies dem Wohl des Kindes dient, haben die Großeltern des Kindes, die Geschwister, der Ehegatte oder frühere Ehegatte eines Elternteils, der mit dem Kind längere Zeit zusammengelebt hat (Stiefeltern) sowie Personen, bei denen das Kind längere Zeit in Pflege war (§§ 1684 f. BGB i. d. F. des Ges. zur Reform des Kindschaftsrechts vom 16. 12. 1997). Die Eltern haben alles zu unterlassen, was das Verhältnis zum jeweils anderen Elternteil beeinträchtigt oder die Erziehung erschwert. Bei fehlender Einigung der Beteiligten über die Ausgestaltung des Umgangs kann das Familiengericht über den Umfang des U. entscheiden und seine Ausübung, auch gegenüber Dritten, näher regeln (z. B. auch einschränken, soweit es zum Wohl des Kindes erforderlich ist).

Nach *österr.* Recht steht einem Elternteil, der nicht das Recht auf Pflege und Erziehung des minderjährigen Kindes besitzt, gleichwohl das Recht auf persönl. Verkehr mit dem Kind zu (§ 148 ABGB). Das Gericht hat auf Antrag die Ausübung dieses Rechtes in einer dem Wohl des Kindes gemäßen Weise zu regeln oder nötigenfalls zu untersagen, wenn die Beziehungen des Kindes zu dem Elternteil, bei dem es aufwächst, unerträglich gestört würden. Diese Regelung gilt im Prinzip auch für Großeltern und den nichtehel. Elternteil.

Nach *schweizer.* Recht haben die Eltern Anspruch auf angemessenen persönl. Verkehr mit dem unmündigen Kind, das nicht unter ihrer elterl. Gewalt oder Obhut steht (Art. 273 ff. ZGB). Für Anordnungen über den persönl. Verkehr ist i. Allg. die Vormundschaftsbehörde, im Eheschutz- und Ehescheidungsverfahren der Richter zuständig (Art. 145, 156 f., 176 und 275 ZGB).

Umgangs|sprache, 1) Sprache, die im tägl. Umgang mit anderen Menschen verwendet wird (Alltagssprache). 2) Nachlässige, saloppe bis derbe Ausdrucksweise. Charakterist. Merkmale für U. sind Mündlichkeit (im Ggs. zur geschriebenen Sprache), Verstöße gegen den normierten Regelapparat (z. B. im Deutschen die häufige Verknüpfung der Präposition ›wegen‹ mit dem Dativ in Fällen wie ›wegen dem Regen‹) und – im pragmat. Sinne – ihr Auftreten in spontan-informellen Sprechsituationen. Umgangssprachl. Formen entstehen v. a. in urbanen Zentren, wo ihnen eine Ausgleichsfunktion (zw. Standardsprache und Dialekt einerseits, zw. den unterschiedl. Dialekten der zugewanderten Bev.-Schichten andererseits) zukommt. In Lexikographie und Grammatik werden als umgangssprachlich i. d. R. Bildungen ausgewiesen, die in einer gehobenen Ausdrucksweise (schriftlich, formell) vermieden werden sollten. Die U. ist Untersuchungsgegenstand der linguist. Teildisziplinen Dialektologie, Pragmatik und Soziolinguistik sowie der linguistisch orientierten Kommunikationsforschung.
3) Sprache, in der eine Gruppe miteinander umgeht, sich unterhält.

Umga Umgangstempel – Umkehrung

Fachsprache – U., hg. v. J. S. PETÖFI u. a. (1975); U. BICHEL: U., in: Lex. der germanist. Linguistik, hg. v. H. P. ALTHAUS u. a., Bd. 3 (²1980); H. KÜPPER: Illustriertes Lex. der dt. U., 8 Bde. (1982–84); DERS.: Wb. der dt. U. (Neudr. 1993); A. I. DOMASCHNEW: U., Slang, Jargon, in: Sociolinguistics, hg. v. U. AMMON, Bd. 1 (Berlin 1987).

Umgangs|tempel, seit der mittleren und späteren La-Tène-Kultur bezeugte, u. a. galloröm. Form des Heiligtums (Fanum) mit geschlossener (meist quadrat.) Cella im Kern und einem nach außen offenen, überdachten Umgang an den vier Seiten. Aus dem Tempelbezirk im Altbachtal bei Trier sind etwa 40 U. bekannt, weitere z. B. in der Schweiz. (→provinzialrömische Kunst)

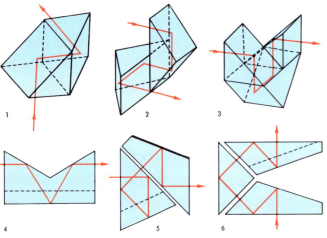

Umkehrprismen: Verschiedene Einzelprismen und Prismenanordnungen; 1–3 perspektivische Darstellung (Anordnungen ohne Dachkantfläche); 4–6 Hauptschnitte durch Umkehrprismen mit Dachkantfläche, wobei der Schnitt jeweils durch den First geht; 1 Nachet-Prisma; 2 und 3 Porro-Prisma erster bzw. zweiter Art; 4 Abbe-Prisma; 5 Schmidt-Prisma; 6 Uppendahl-Prisma

Umgebinde, die um die Blockstube eines Hauses gestellte, aus Pfosten, Rahmen, Riegeln und Kopfbändern bestehende Traganordnung für das Dach oder die Obergeschosswand. (→Bauernhaus)

Umgebung, *Topologie:* eine Teilmenge U eines →topologischen Raumes (X, T), die eine den Punkt p aus X oder die Teilmenge M von X enthaltende offene Teilmenge O von X umfasst, also $p \in O \subseteq U$ bzw. $M \subseteq O \subseteq U$. In diesem Fall ist U U. von p bzw. M. Insbesondere ist eine offene Teilmenge von X U. jeder ihrer Punkte.

Umgehungsgeschäft, Rechtsgeschäft, durch das die Beteiligten einen verbotenen Zweck zu erreichen suchen, ohne formell einen gesetzl. Verbotstatbestand zu erfüllen. U. sind nach § 134 BGB nichtig, wenn dies der Zweck des umgangenen Gesetzes verlangt. Z. B. ist der Verzichtsvertrag über die Entgeltfortzahlung im Krankheitsfall wegen Verstoßes gegen das Entgeltfortzahlungs-Ges. nichtig.

umgekehrte polnische Notation, →UPN.

Umgeld, das →Ungeld.

Umgreifende, das U., bei K. JASPERS dasjenige, was jenseits der Grenze unseres Erkennens liegt und uns mit allem Gegenständlichen trägt (und umgreift). Zum U., das wir nicht erkennen, sondern nur ›erhellen‹ können, zählt JASPERS das Sein an sich und das Sein, das wir sind (Bewusstsein überhaupt, Dasein, Geist, Vernunft und Existenz). Die Vergegenwärtigung des U. bildet für JASPERS die Grundlage einer Philosophie des Menschseins.

Umiak [eskimoisch] *der* oder *das, -s/-s,* großes, offenes Robbenjagd-, Walfang- und Transportboot (›Weiberboot‹) der Eskimos, aus einem mit Seehundfellen überzogenen Holzgerippe; wird mit breiten Paddeln gerudert.

umkehrbar, *Physik* und *Chemie:* →reversibel.

Umkehr|entwicklung, Umkehrprozess, zur Bildumkehr (Umwandlung des Negativs in ein Positiv) führender Entwicklungsprozess, der sich in folgenden Schritten vollzieht: Das belichtete Umkehrmaterial wird entwickelt, das entstandene Silberbild ausgebleicht, die Schicht geklärt und das nicht belichtete und unentwickelt gebliebene restl. Silberhalogenid einer diffusen Belichtung unterworfen; das dadurch entstehende Restbild wird in einem zweiten Entwicklungsgang zum Positiv. Bei Farbumkehrmaterialien wird die Erstentwicklung als Schwarzweiß-, die Zweitentwicklung als Farbentwicklung durchgeführt.

Umkehrfunktion, *Mathematik:* →Funktion.

Umkehr|osmose, →Membranverfahren, →Osmose.

Umkehrprismen, *Optik:* alle Einzelprismen oder Kombinationen aus solchen, deren primärer Zweck die Bildumkehr (Vertauschen zweier Seiten) oder die Bildaufrichtung (Drehung eines Kopf stehenden Bildes um 180°) ist. Für die Bildumkehr und -aufrichtung wird ähnlich wie bei den →Umlenkprismen die Reflexion an Grenzflächen der Prismen ausgenutzt. Bei der Spiegelung an einer ebenen spiegelnden Fläche werden bei schrägem Lichteinfall die Seiten (oder oben und unten) vertauscht. Da zweimaliges Spiegeln einer Drehung äquivalent ist, kann durch geeignete Orientierung einer geraden Zahl spiegelnder Ebenen die Drehung eines Bildes um einen beliebigen Winkel, insbesondere auch um 180° erreicht werden, zugleich mit der gewünschten Richtung des Strahlenbündels; bei vielen U. wird die Bildaufrichtung mithilfe einer Dachkantfläche (→Dachkantprisma) erreicht. Man findet zahlr. Ausführungsformen von U. Es gibt sowohl bildumkehrende als auch bildaufrichtende U. als Geradsichtprismen mit und ohne parallele Strahlversetzung, auch mit Strahlumlenkung, meist um 90°. Ein einfaches Geradsichtprisma mit Bildumkehr ist das →Reversionsprisma; mit ihm kann durch Kombination mit einem weiteren gleichartigen Prisma oder durch Modifikation zu einem Dachkantprisma auch vollständige Bildaufrichtung erzielt werden.

Umkehrsystem, abbildendes opt. System, das ein Kopf stehendes Bild aufrichtet (z. B. in einem Fernrohr). Die Bildaufrichtung wird entweder mit Linsen(systemen) bewirkt, die das von einem Objektiv erzeugte reelle Kopf stehende Bild nochmals abbilden und so aufrichten, oder mit Kombinationen von Spiegeln oder Prismen (→Umkehrprismen).

Umkehrung, *Musik:* das Vertauschen von Tönen und Stimmverläufen im Richtungssinn ›oben–unten‹ (vertikal). Ein →Intervall wird umgekehrt, indem ein

Umkehrung der Sekunde (1), Terz (2), Quarte (3); Umkehrung des Durdreiklangs (4) als Sextakkord (5), als Quartsextakkord (6); Umkehrung des Septimenakkords (7) als Quintsextakkord (8), Terzquartakkord (9) und als Sekundakkord (10)

Ton in die obere oder untere Oktave versetzt wird; dabei wird die Sekunde zur Septime, die Terz zur Sexte, die Quarte zur Quinte usw. Bei der U. von Akkorden wird ein anderer Ton als der →Grundton zum Basston. Die U. des Dur- bzw. Molldreiklangs sind der →Sextakkord und der →Quartsextakkord; die U. des →Septimenakkords sind der →Quintsextakkord, der →Terzquartakkord und der →Sekundakkord. Harmon. Funktion von U. und Grundstellung sind identisch.

Bei der U. von Motiven, Themen oder Melodien (Gegenbewegung, Inversion) werden die Intervallschritte (intervall- oder nur richtungsgetreu) in die jeweils entgegengesetzte Richtung geführt. – Die U. in der Horizontalen nennt man →Krebs. Der Krebs kann seinerseits (vertikal) umgekehrt werden. Bei rhythm. Gestalten sind U. und Krebs identisch. – U.-Verfahren (auch auf alle Stimmen eines Satzes ausgedehnt) erscheinen v. a. in →Kanon und →Fuge, sind aber auch in thematisch-motiv. Arbeit gebräuchlich. In der →Zwölftontechnik bildet die U. eine der vier Erscheinungsformen der →Reihe.

Umkopieren, *Fotografie:* ein- oder mehrmaliges Kopieren von Negativen oder Positiven auf entsprechende Kopierfilme zwecks Änderung des Kontrastes, bei Dias auch zur Behebung von Farbstichen.

Umkreis, ein Kreis, auf dem alle Ecken eines →Vielecks liegen. Ein Vieleck besitzt genau dann einen U., wenn sich die Mittelsenkrechten der Seiten in einem Punkt, dem U.-Mittelpunkt, schneiden. Dies ist bei allen Dreiecken, Quadraten, Rechtecken, gleichschenkeligen Trapezen sowie regelmäßigen Vielecken der Fall. – Entsprechend dem U. eines Vielecks liegen auf der Peripherie (Oberfläche) des **sphärischen** U. (der **Umkugel**) eines →Polyeders alle dessen Ecken. Nicht jedes Polyeder besitzt eine Umkugel, denn durch je vier Punkte des Raumes, von denen nicht alle vier in einer Ebene und keine drei auf einer Geraden liegen, verläuft genau eine Kugeloberfläche. Jeder →platonische Körper besitzt eine Umkugel.

Umkristallisation, 1) *Chemie:* eines der wichtigsten Verfahren zur Reinigung kristallisierbarer Stoffe. Die unreine Probe wird in der Hitze in möglichst wenig Lösungsmittel gelöst. Beim Abkühlen kristallisiert der Stoff aus, die Verunreinigungen bleiben in der restl. Lösung (der ›Mutterlauge‹) zurück. Unter Umständen muss die U. mehrmals wiederholt werden.

2) *Petrologie:* die Entstehung neuer Kristalle auf Kosten der älteren in einem Mineral bzw. Gestein, z. B. Kornvergrößerung des Kalkspats bei der U. von Kalkstein zu Marmor oder die Bildung neuer Mineralarten durch U. im Verlauf einer →Diagenese oder →Metamorphose.

Umkugel, *Mathematik:* →Umkreis.

Umlage, die Verteilung einer bestimmten aufzubringenden Summe auf einen Kreis von Personen oder Institutionen, die aus den damit finanzierten Vorhaben Vorteile ziehen. Die finanziellen Mittel werden auf der Grundlage versch. **U.-Verfahren** aufgebracht. Sie werden v. a. angewendet: 1) in der Individualversicherung als einfachstes System zur Erhebung der Versicherungsbeiträge, die erst nach Feststellung des Schadensverlaufs eines bestimmten Zeitabschnitts ermittelt und auf die Teilnehmer des Versichertenkollektivs umgelegt werden; 2) in der Sozialversicherung bei der U. der an die Versicherten gezahlten Leistungen auf die Sozialversicherungspflichtigen in der Weise, dass die Einnahmen eines bestimmten Zeitabschnitts die Ausgaben decken (Ausgabendeckungsverfahren); 3) bei Genossenschaften, um die die einzelnen Geschäftsanteile übersteigenden Nachschüsse auf die Mitgl. zu verteilen; 4) bei der Durchführung von öffentl. Projekten (z. B. Erschließungsvorhaben), indem die Gemeinden die anfallenden Aufwendungen auf die davon betroffenen Personengruppen durch Erhebung von Beiträgen verteilen; 5) beim Finanzausgleich zw. den Gebietskörperschaften als spezif. Zuweisungen von untergeordneten an übergeordnete Aufgabenträger (z. B. Landschaftsverbands-U.) oder an Gemeinschaftseinrichtungen mehrerer Gemeinden (z. B. Zweckverbands-U.). Weiterhin ziehen mehrere Bundesländer ihre Gemeinden durch U. zur Bildung der Finanzausgleichsmasse für den kommunalen Finanzausgleich heran. Auch erheben die Länder von den Gemeinden Krankenhaus-U. zur Finanzierung des Krankenhauswesens.

Umlagerung, Umlagerungsreaktion, chem. Reaktion, bei der durch Lösen und Neuknüpfen kovalenter Bindungen eine Umordnung im Grundgerüst der Moleküle stattfindet, sodass neue strukturell neue Moleküle entstehen, ohne dass neue Atome aufgenommen oder vorhandene abgespalten werden. U. werden durch Energiezufuhr (Wärmeenergie, energiereiche Strahlung) oder durch Katalysatoren ausgelöst.

Umlauf, 1) *Medizin:* die →Fingerentzündung.

2) *Wasserbau:* **U.-Kanal,** mit Schützen verschließbare Leitung zw. dem Oberwasser und einer Schleusenkammer oder zw. der Schleusenkammer und dem Unterwasser zum Füllen bzw. Leeren.

Umlaufbahn, *Raumfahrt:* Flugbahn eines Raumflugkörpers um die Erde oder andere Himmelskörper. Bei künstl. Erdsatelliten werden i. Allg. der Bahnneigungswinkel (Winkel zw. der Bahnebene der U. und der Äquatorebene der Erde), die Perigäumshöhe (erdnächster), die Apogäumshöhe (erdfernster Punkt auf der U.) und die Umlaufzeit (Zeit für eine vollständige Erdumkreisung) angegeben.

Umlaufberg, in einem Tal isoliert aufragende Erhebung, von einer ehem. Flussschlinge (→Mäander) umgeben. Durch Verlegung der Prallhänge infolge der am Schlingenhals bes. stark wirkenden Erosion wurde der Talsporn durchtrennt. Der dadurch entstandene U. wird nur noch an einer Seite vom Fluss berührt. Das ehemalige Flusstal auf den anderen Seiten wird von Nebenbächen benutzt, ist von Altwasser erfüllt oder ganz trockengefallen.

Umlaufdauer, *Physik* und *Technik:* →Periodendauer.

Umlaufen, ständige Richtungsänderung des Windes.

Umlauff, Ignaz, österr. Komponist, * Wien 1746, † Meidling (heute zu Wien) 8. 6. 1796; wurde 1778 Dirigent des von Joseph II. geförderten ›Dt. Nationalsingspiels‹, zu dessen Eröffnung 1778 er ›Die Bergknappen‹ komponierte. Seine Singspiele verbinden Elemente der Opera buffa und Opera seria mit der Wiener Tradition.

Umlauf/förderer, Stetigförderer für waagerechte, senkrechte und beliebig geneigte Förderung von Stückgütern. Zw. zwei endlosen, parallel umlaufenden Ketten sind Lastträger zur Aufnahme des Fördergutes befestigt, die durch eine Führung in einer pendelfreien, stets parallelen Lage gehalten werden.

Umlaufgeschwindigkeit, *Volkswirtschaftslehre:* das Verhältnis der in einer Periode insgesamt geleisteten Zahlungen zur Geldmenge. Ähnlich bezeichnet die **Einkommenskreislaufgeschwindigkeit** des Geldes das Verhältnis der in einer Periode erwirtschafteten nominalen Einkommen zur Geldmenge. Die U. ist eine Kennziffer, die erkennen lässt, welche Geldmenge erforderlich ist, um ein bestimmtes Zahlungsvolumen abzuwickeln. Bei gegebener U. (bzw. Einkommenskreislaufgeschwindigkeit) ist eine Ausweitung des

Umkreis
um ein Viereck (oben),
ein Rechteck (Mitte)
und einen
rechtwinkligen
Drachen (unten)

Umlaufberg: Entstehung; 1 Talmäander in hartem Gestein; 2 an der Außenseite des Bogens frisst sich der Fluss immer tiefer in den Talhang, die Krümmung nimmt zu; 3 der vorspringende Sporn wird an seinem Hals immer stärker eingeengt; 4 an der schmalsten Stelle bricht der Fluss durch, bildet zunächst einen Wasserfall, später Stromschnellen, die mit der Zeit durch weitere Abtragung verschwinden

Zahlungsvolumens (bzw. eine Erhöhung des nominalen Einkommens) nur möglich, wenn die Geldmenge entsprechend mitsteigt. Über die Steuerung der Geldmenge kann eine Notenbank demnach bei gegebener U. (bzw. Einkommenskreislaufgeschwindigkeit) auf die Entwicklung des Zahlungsvolumens (bzw. des Einkommens) einwirken. Allerdings kann eine von der Notenbank etwa zur Inflationsbekämpfung beabsichtigte Einschränkung des Zahlungsvolumens auch daran scheitern, dass die Verringerung der Geldmenge durch eine Erhöhung der U. ausgeglichen wird. (→Quantitätstheorie)

Umlaufgetriebe, das →Planetengetriebe.

Umlaufmarkt, der →Sekundärmarkt.

Umlaufmotor, Sternmotor, bei dem sich der Zylinderstern um die fest stehende Kurbelwelle dreht. Im Ersten Weltkrieg noch als Flugmotor eingesetzt, ergaben sich wegen der hohen Kreiselkräfte bei Änderung der Flugrichtung schwierig zu beherrschende Flugeigenschaften.

Umlaufrendite, die Rendite festverzinsl. Wertpapiere, die sich im Umlauf befinden, im Unterschied zur Rendite neu ausgegebener Papiere (Emissionsrendite). Die Dt. Bundesbank errechnet durchschnittl. U. z. B. für alle festverzinsl. Wertpapiere, für die versch. Arten von Schuldverschreibungen und öffentl. Anleihen sowie für versch. Restlaufzeiten. (→Kapitalmarkt)

Umlaufströmung, Drallströmung, eine bezüglich einer Achse (Umlaufachse) zentralsymmetr. Strömungsbewegung eines Fluids. Die Umlaufkomponente v_u der Strömungsgeschwindigkeit überlagert sich dabei oft, z. B. in Rohren, einer Axialkomponente, sodass sich die strömenden Teilchen auf Schraubenbahnen bewegen. Meist kann die U. als →Potenzialströmung mit $v_u \sim 1/r$ (r Radius) betrachtet werden. Für sehr kleine Radien im Innern einer U. bildet sich jedoch ein Wirbelkern (Rotationsströmung) mit $v_u \sim r$, wobei die Axialkomponente kleiner ist als im äußeren Potenzialströmungsbereich. Die Wirkungsweise von →Strömungsmaschinen beruht auf der Umsetzung des Dralls (Drehimpulses) einer U. in stat. Druck (Pumpen, Verdichter) bzw. umgekehrt (Turbinen) mithilfe einer Leiteinrichtung und einem vor- bzw. nachgeschalteten Laufrad.

Umlaufvermögen, Betriebskapital, die Vermögensteile eines Unternehmens, die im Ggs. zum Anlagevermögen zum kurzfristigen Verbrauch oder zur Weiterveräußerung bestimmt sind oder der finanziellen Abwicklung der Geschäfte dienen (z. B. Vorräte an Roh-, Hilfs- und Betriebsstoffen sowie fertigen und unfertigen Erzeugnissen, Forderungen, Wertpapiere, Kassenbestände, Guthaben bei Banken). Das U. wird nach dem strengen Niederstwertprinzip bewertet. Gleichartige Vermögensgegenstände des U. können unter Berücksichtigung von Durchschnittspreisen oder von Verbrauchsfolgefiktionen (z. B. Fifo-Methode, Lifo-Methode) bewertet werden.

Umlaufzeit, *Astronomie:* die Zeitdauer eines vollständigen Umlaufs eines (leichteren) Himmelskörpers (auch eines künstl. Satelliten) um einen anderen (schwereren). Je nach Bezugspunkt, der als maßgeblich für die Vollendung eines Umlaufs angesehen wird, werden versch. U. angegeben, für den Umlauf der Planeten um die Sonne z. B. die sider. und die →synodische Umlaufzeit. Die U. der Erde um die Sonne heißt →Jahr, die des Mondes um die Erde →Monat.

Umlaut, *Sprachwissenschaft:* partielle Assimilation des Stammsilbenvokals durch bestimmte Vokale oder Konsonanten der unbetonten Folgesilbe, bes. der Wandel von a, o und u zu ä, ö, ü durch i oder j der folgenden Silbe (**i-Umlaut**), z. B. ›falle‹ (ahd. ›vallu‹) gegenüber ›fällst‹ (ahd. ›vellis‹). Dieser U. hat sich, außer im Gotischen, in allen german. Sprachen durchgesetzt. Über den a-Umlaut →Brechung. (→Rückumlaut)

Umlegung, 1) *Baurecht:* **Bauland-U.,** Maßnahme der Bodenordnung (§§ 45 ff. Baugesetzbuch i. d. F. v. 27. 8. 1997). Im Geltungsbereich eines Bebauungsplanes können zur Erschließung oder Neugestaltung bestimmter Gebiete Grundstücke durch Grenzveränderungen so geordnet werden, dass nach Lage, Form und Größe für die baul. oder sonstige Nutzung zweckmäßig gestaltete Grundstücke entstehen. Zuständig für das U.-Verfahren ist die Gemeinde. Es beginnt mit einem U.-Beschluss, der eine Veränderungssperre begründet. Die beteiligten Grundstücke bilden die U.-Masse, aus der aufgrund des U.-Planes nach Absonderung von Verkehrs- und Grünflächen die beteiligten Eigentümer grundsätzlich gleichwertige Grundstücke erhalten sollen.

2) *Geometrie:* die Drehung einer projizierenden Ebene in die Zeichenebene; dabei wird die projizierende Ebene von einer nicht in der Zeichenebene liegenden und nicht senkrecht zu ihr stehenden Geraden g und deren senkrechter Projektion g' auf die Zeichenebene gebildet, die U. erfolgt um g' als Drehachse.

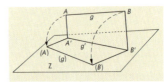

Umlegung 2): Drehung der von g definierten projizierten Ebene A, A', B, B' in die Zeichenebene Z und g'

3) *Landwirtschaft:* Bestandteil der →Flurbereinigung.

Umlenkprismen, *Optik:* alle Einzelprismen oder Kombinationen aus solchen, bei denen die Spiegelung an einer oder mehreren der begrenzenden Flächen zur Richtungsänderung (Umlenkung) oder parallelen Versetzung (Geradsichtprismen) von Lichtstrahlen ausgenutzt wird. Die U. bilden eine Unterklasse der →Reflexionsprismen. Sie werden nach der Art ihrer umlenkenden Wirkung sowie nach der Bauart unterschieden. Einfache U. sind das rechtwinklige Prisma, bei dem das Licht senkrecht auf eine Kathetenfläche einfällt und an der Hypotenusenfläche gespiegelt wird, und das geradsichtige Rhomboidprisma, bei dem ein Lichtstrahl durch Spiegelung an zwei parallelen Flächen parallel versetzt wird. Bei U. mit konstanter Ablenkung ist der Ablenkwinkel unabhängig von der Drehung der Prismen um bestimmte Achsen. Zu ihnen gehören neben dem →Bauernfeind-Prisma u. a. das Pentagonprisma (auch Pentaprisma, Prandtl- oder Goulier-Prisma genannt) und das Wollaston-Prisma; beide lenken um 90° um, und ihre Wirkung gleicht der entsprechender →Winkelspiegel. Ein spezielles U. mit konstanter Ablenkung um 180° ist das Tripelprisma (→Tripelspiegel). →Umkehrprismen.

Umluft, *Klimatechnik:* derjenige Teil der Abluft einer Lüftungs- oder Klimaanlage, der abgesaugt, aufbereitet und (ggf. mit Außenluft gemischt) erneut dem Raum oder Gebäudeteil zugeführt wird.

Umluftbackofen, Heißluftbackofen, Backofen eines Elektroherds, der in der Rückwand mit einem Heißluftgebläse ausgestattet ist, das durch intensive Luftumwälzung ein gleichmäßiges Garen des Backguts auch bei Verwendung mehrerer Backbleche übereinander ermöglicht; auch mit integriertem gewöhnl. Elektrobackofen oder Mikrowellenherd.

Umluftheizgerät, andere Bez. für →Heizlüfter.

Umma [arab. ›Volk‹, ›Gemeinschaft‹] *die, -, Islam:* die Gemeinschaft der Muslime, im Sprachgebrauch des Korans die aus Muslimen, Nichtmuslimen und

Umlenkprismen: 1 Rechtwinkliges Prisma; 2 Rhomboidprisma; 3 Pentagonprisma; 4 Wollaston-Prisma; die Prismen 3 und 4 lenken unabhängig vom Einfallswinkel um einen konstanten Winkel ab, im gezeigten Fall um 90°

Tieren bestehende Weltgemeinschaft; auch religiöse (›U. der Christen‹) oder ethn. (›U. der Araber‹) Einzelgemeinschaften. Im 20. Jh. wird U. häufig im nichtreligiösen Sinne als Bez. für Nation verwendet.

Umm al-Kaiwain, Umm al-Qaiwyn [-kai-], Teilstaat der Vereinigten Arabischen Emirate (VAE), am Pers. Golf, 777 km², (1995) 35 200 Ew.; Hauptstadt ist Umm al-Kaiwain. (KARTE →Vereinigte Arabische Emirate) – Die gleichnamige Hauptstadt (traditionelle Fischerei; Fischereihafen) liegt an einem Meeresarm des Pers. Golfes. Mit Sharja hat U. al-K. Anteil am Mubarak-Erdölfeld; zum Scheichtum gehört die Inlandoase Falaj al-Malla mit moderner Rinder- und Geflügelzucht. – Seit dem 19. Jh. unter brit. Herrschaft, gehörte U. al-K. 1971 zu den Gründungsstaaten der VAE. Staatsoberhaupt ist seit 1981 Scheich RASCHID IBN AHMAD AL-MU'ALLA.

Umm an-Nar, kleine Insel im Pers. Golf (VAE), wo eine Siedlung mit steinernen Rundhäusern und Rundgräbern für Kollektivbestattungen, teilweise aus gut behauenen Kalksteinen und mit Reliefs (Rind, Kamel), ausgegraben wurde (Datierung nach der hier gefundenen Buntkeramik Ende 3. bis Anfang 2. Jt. v. Chr.). Beziehungen nach Dilmun (heute Bahrain), Schar-e Sochta und Tepe Jahja sind evident.

Ummanz, flache Boddeninsel (bis 5 m ü. M.) in der Udarser Wiek der Ostsee, im Landkreis Rügen, Meckl.-Vorp., vor der W-Küste von Rügen (mit ihr seit 1901 durch eine 250 m lange Straßenbrücke verbunden), im Nationalpark Vorpommersche Boddenlandschaft, 19,7 km² groß; Hauptort ist U. (720 Ew.); z. T. bewaldet, sonst Weide-, stellenweise auch Ackerland; der S-Teil ist mit der vorgelagerten Insel **Heuwiese** (16 ha) Seevogelschutzgebiet. – In der Kirche von U.-Waase bedeutender Antwerpener Schnitzaltar (um 1520), zehn Wappenscheiben Stralsunder Ratsherren (1697).

Umm Baraka, Erdölfeld in Ägypten, zw. Siwa und dem Mittelmeer in der Libyschen Wüste; Pipeline zur Küste.

Ummerstadt, südlichste Stadt Thüringens, Landkreis Hildburghausen, 280 m ü. M., am rechten Mainzufluss Rodach, 540 Einwohner. – Der sicher 1223 belegte Ort U. wurde 1317 ausdrücklich als Stadt bezeichnet.

Umm Kasr, Umm Qasr [-k-], Überseehafen Iraks, inmitten steriler Salzmarschen am nordwestl. Pers. Golf, 60 km südlich von Basra (von dort neue Eisenbahnlinie und Straße), unmittelbar an der Grenze zu Kuwait. U. wurde 1967 eröffnet. Im 2. Golfkrieg (1991) wurden die Hafenanlagen stark zerstört, danach wieder auf- und ausgebaut. Der Verlauf der kuwaitisch-irak. Grenze im Hafenbereich ist umstritten.

Umm Kulthum [- -'su:m], **Om Kalsoum** [- -'su:m], ägypt. Sängerin, *Tamay az-Zuhaira (Nildelta) 31. 12. 1902, †Kairo 3. 2. 1975; bereicherte die moderne arab. Musik durch die Rückbesinnung auf das klassische arab. Lied. Sie hinterließ etwa 700 aufgezeichnete Lieder und Liederzyklen und trat auch in Filmen auf. U. K. gilt als bedeutendste arab. Sängerin des 20. Jh.

Umm Nasan, zu →Bahrain gehörende Insel im Pers. Golf.

Umm Said, Erdölhafen im Scheichtum Katar, an der O-Küste der Halbinsel Katar, 1949/50 eröffnet; Endpunkt der Pipelines vom Erdölfeld Dukhan im W der Halbinsel sowie von Offshorefeldern im O; Erdölraffinerie.

Umm Schaif, Offshore-Erdölfeld des Scheichtums Abu Dhabi, 95 km nördlich der Küste, 1958 in 2 700 m Tiefe entdeckt, Förderung seit 1967; geschätzte Vorräte: 300 Mio. t. Das geförderte Öl wird über den Verladehafen der Insel →Das exportiert.

Umpolung, die Vertauschung der Anschlüsse (Pole) einer elektr. Apparatur (bei Gleichstrom Vertauschung von Plus- und Minuspol); auch die Umkehrung der →Magnetisierung eines Körpers; speziell die U. des erdmagnet. Feldes in erdgeschichtl. Epochen (→Paläomagnetismus).

Umrechnungskurs, Umrechnungs|satz, Devisenkurs, zu dem die Börsenkurse von Wertpapieren, die in Fremdwährung angegeben sind, in inländ. Währung umgerechnet werden; meist am Kopf des amtl. Kurszettels angegeben.

Umrichter, Stromrichter zum Umwandeln von ein- oder mehrphasigem Wechselstrom einer Frequenz in Wechselstrom einer anderen Frequenz und/oder Phasenzahl. U. dienen zum direkten Energieaustausch zw. zwei Wechselstromnetzen versch. Frequenz und Phasenzahl. Beim **Zwischenkreis-U.** sind ein Gleich- und ein Wechselrichter gleichstromseitig verbunden, um eine Gleichspannung durch Wechselumrichtung, Transformierung und Gleichrichtung zu ändern (meist zu erhöhen). Beim **Direkt-U.** wird der Verbraucher über die Ventile des Stromrichters direkt aus dem Wechselstromnetz gespeist. Er liefert niedrige Ausgangsfrequenzen bis etwa ein Drittel der Netzfrequenz und wird bei langsam laufenden Großantrieben eingesetzt, z. B. bei Zementmühlen.

Umsatz, 1) *Betriebswirtschaftslehre:* **Umsatz|erlöse,** Produkt aus abgesetzter Menge an Erzeugnissen und deren Preis. Der U. gibt den Veräußerungswert (wertmäßiger Absatz, Erlös) der in Verfolgung des Unternehmenszieles abgesetzten Sachgüter und/oder Dienstleistungen bezogen auf einen Zeitraum (Tages-U., Monats-U., Jahres-U.) wieder (Stromgröße). Weitere Bezugsgrößen können die einbezogenen Unternehmensteile (Gesamtunternehmen, Finzelbetriebe, Abteilungen) und Leistungsgruppen (Gesamtsortiment, Produktgruppen, Produktart) sein. Der U. ist die wichtigste positive Komponente bei der Erfolgsermittlung (Gewinn- und Verlustrechnung, Kosten- und Leistungsrechnung) und eine der wesentlichen betriebl. Kennzahlen zur Ermittlung von Wirtschaftlichkeit, Rentabilität und →Umschlag. Der U. wird auch als Merkmal der Betriebsgröße sowie zur Festlegung der Buchführungspflicht herangezogen.

2) *Chemie:* **Stoffumsatz,** der Quotient aus der Substanzmenge, die im Laufe einer chem. Reaktion reagiert hat, zur urspr. eingesetzten Substanzmenge derselben Komponente.

Umsatzbilanz, die →Rohbilanz.

Umsatzrentabilität, Kennziffer zur Beurteilung der Ertragskraft eines Unternehmens. Sie drückt den Gewinn in Prozent des Umsatzes aus (→Rentabilität).

Umsatzsteuer, eine Steuer auf die Umsätze von Unternehmen. Je nachdem, ob (fast) alle oder nur bestimmte Arten von Umsätzen besteuert werden, kann unterschieden werden zw. allgemeinen U. (z. B. Mehrwertsteuer) und speziellen oder Sonder-U. (z. B. Grunderwerbsteuer, Versicherungsteuer). Dem Konzept nach soll die U. den Verbrauch (die Konsumausgaben) belasten; sie ist im Unterschied zur Einkommensteuer (Besteuerung der Einkommensentstehung) eine Steuer auf die Einkommensverwendung. Steuertechnisch erfolgt der Zugriff allerdings nicht beim Verbraucher selbst (wie im Konzept der →Ausgabensteuer), sondern beim Produzenten bzw. Lieferanten der Konsumgüter: Steuerschuldner sind also Unternehmer, Steuerdestinatar (→Steuerträger) die privaten Haushalte, d. h., der Gesetzgeber erwartet, dass die U. auf die Konsumenten überwälzt wird.

Nach der Zahl der Besteuerungsphasen auf dem Weg vom Rohstoffproduzenten bis zum Verkauf des Endproduktes an den Verbraucher unterscheidet man Einphasen-, Mehrphasen- und Allphasen-U. **Einphasen-U.** besteuern die Umsätze nur auf einer Stufe,

Umm al-Kaiwain
Flagge

Umsa Umsatzsteuer

bei den Herstellern, beim Großhandel (›Großhandelsteuer‹) oder beim Einzelhandel (›Einzelhandelsteuer‹). Einphasen-U. kommen in den modernen Industriestaaten nur noch in den USA und Kanada (jeweils Einzelhandelsteuer) und in Australien (Großhandelsteuer) vor. Sonst sind die U. **Allphasen-U.**, bei denen nach der Art der Behandlung der auf früheren Umsatzstufen erhobenen U. zw. Brutto-U. (kumulativen U.) und Netto-U. (nichtkumulativen U.) unterschieden wird. **Brutto-U.** besteuern auf jeder steuerpflichtigen Stufe den gesamten (Brutto-)Umsatz. Hierdurch werden Rohstoffe, Zwischenprodukte und Investitionsgüter, die von anderen Unternehmen bezogen wurden, um dann zur Erstellung der umgesetzten (End-)Produkte eingesetzt zu werden, und die als Kostenfaktor in den Verkaufspreis eingingen, erneut der U. unterworfen. Diese ›Kumulativwirkung‹ (auch ›Kaskaden-‹ oder ›Lawinenwirkung‹) der Brutto-U. ist umso größer, je mehr Umsatzstufen ein Gut auf dem Weg vom Hersteller bis zum Endverbraucher durchläuft und je größere Teile des Endwertes auf frühen Stufen entstanden sind. Umgekehrt verringert sich die U.-Last bei vertikaler Konzentration von Unternehmen. Eine Allphasen-Brutto-U., wie sie in Dtl. seit der Einführung der U. (1918) bis Ende 1967 galt, hat damit eine wettbewerbsschädl., konzentrationsfördernde Wirkung.

Umsatzsteuersätze (in %) **in den EU-Staaten und in der Schweiz** (1998)

Staat	Normalsatz	ermäßigte Sätze	Nullsatz*)
Belgien	21	12; 6	ja
Dänemark	25	–	ja
Deutschland	16	7	–
Finnland	22	12; 6	–
Frankreich	20,6	5,5; 2,1	–
Griechenland	18	8; 4	–
Großbritannien	17,5	8,0	ja
Irland	21	12,5; 2,5	ja
Italien	19	16; 10; 4	ja
Luxemburg	15	12,6	–
Niederlande	17,5	6	–
Österreich	20	10	–
Portugal	17	5	–
Schweden	25	21; 12	ja
Schweiz	6,5	3; 2	–
Spanien	16	7; 4	–

*) Nullsatz = Steuerbefreiung mit Vorsteuerabzug; hier nur erwähnt, sofern er außer für Ausfuhrumsätze auch für bestimmte Inlandumsätze gilt.

Bei der **Netto-U.** dagegen wird im Ergebnis auf jeder Umsatzstufe lediglich die Differenz zw. dem ausgeführten Umsatz und dem ›Vorumsatz‹ (den Vorleistungsbezügen und dem Kauf dauerhafter Produktionsmittel) belastet. Die Netto-U. besteuert somit nur den von der einzelnen Stufe zusätzlich geschaffenen Wert, sie ist also eine Art →Wertschöpfsteuer. Im Deutschen heißt sie allg. **Mehrwertsteuer** (engl. value added tax, Abk. VAT). Die Steuerbelastung des Endproduktes ist dann bei gegebenem (einheitl.) Steuersatz unabhängig von der Zahl der durchlaufenen Stufen. Das Nettoprinzip kann durch zweierlei Steuerberechnungstechniken verwirklicht werden: Bei der Vorumsatzabzugsmethode werden vom ausgeführten Umsatz (ohne U.) der jeweiligen Stufe die bezogenen Lieferungen (Vorumsätze) abgezogen; das Ergebnis stellt die U.-Bemessungsgrundlage dar. Bei der Vorsteuerabzugsmethode wird dagegen die zu zahlende U.-Last dadurch ermittelt, dass der Steuersatz auf den gesamten Umsatz des jeweiligen Unternehmens angewendet wird (steuerpflichtig ist also *nicht* nur der ›Mehrwert‹) und dass vom Ergebnis die U. abgezogen wird, die von den Lieferanten bezogener Vorlieferungen und Investitionsgüter in Rechnung gestellt wurde, die **Vorsteuer.** Bei einheitl. Steuersatz für alle Umsätze führen beide Verfahren zum selben Ergebnis. Gelten dagegen für bestimmte Umsätze (Umsatzstufen) ermäßigte Steuersätze, so wird im System der Vorsteuerabzugsmethode dadurch, dass dann auf der folgenden Stufe entsprechend geringere Vorsteuern abgezogen werden können, die beim ermäßigten Steuersatz der Vorstufe unterbliebene Besteuerung durch den normalen Steuersatz der folgenden Stufe nachgeholt (›Nachholwirkung‹). Das Endprodukt ist damit stets mit dem Steuersatz belastet, der auf der letzten Umsatzstufe Anwendung findet, und durch den Vorsteuerabzug der einzelnen Stufen ist gewährleistet, dass schließlich nur Konsumgüter mit U. belastet sind, nicht dagegen Produktionsmittel (Rohstoffe, Maschinen usw.). Die U. der EU-Länder sowie der Schweiz, Norwegens und der Türkei ist eine Netto-Allphasen-U. (Mehrwertsteuer) nach der Vorsteuerabzugsmethode. Auch die meisten europ. Staaten des ehem. Ostblocks haben inzwischen eine Mehrwertsteuer eingeführt.

Rechtsgrundlage der U. in Dtl. ist das U.-Ges. (UStG) i. d. F. v. 27. 4. 1993. Der U. unterliegen die folgenden (›steuerbaren‹) Umsätze: 1) Lieferungen und sonstige Leistungen, die ein Unternehmer im Inland gegen Entgelt im Rahmen seines Unternehmens ausführt; 2) der ›Eigenverbrauch‹ im Inland, der z. B. vorliegt, wenn ein Unternehmer Gegenstände aus seinem Unternehmen für Zwecke entnimmt, die außerhalb des Unternehmens liegen; 3) die Lieferungen und sonstigen Leistungen, die Körperschaften und Personenvereinigungen an ihre Anteilsigner, Gesellschafter, Mitgl. usw. ausführen und für die die Leistungsempfänger kein Entgelt aufwenden (so genannter ›Gesellschafterverbrauch‹); 4) die Einfuhr von Gegenständen aus nicht zur EU gehörenden Drittländern **(Einfuhr-U.);** 5) der ›innergemeinschaftl. Erwerb‹ (aus anderen EU-Ländern) durch ein Unternehmen im Inland von einem anderen Unternehmen. Dieser Tatbestand wurde mit Beginn des einheitl. Binnenmarktes zum 1. 1. 1993 im Rahmen einer vorläufig geltenden Übergangsregulierung eingeführt. Steuerbefreiungen gelten u. a. für die Vermietung und Verpachtung von Grundstücken, für Umsätze aus der Tätigkeit als Arzt, Zahnarzt, Heilpraktiker usw., für bestimmte Umsätze im Geld- und Kreditverkehr (z. B. Gewährung, Vermittlung und Verwaltung von Krediten), für Umsätze, die bereits einer Sonder-U. unterliegen (Grunderwerb, Versicherungsgeschäfte), sowie für Ausfuhrlieferungen (in Drittländer) und für innergemeinschaftl. Lieferungen (in andere EU-Länder). Durch die Steuerbefreiung von Ausfuhren und innergemeinschaftl. Lieferungen sowie durch die Besteuerung der Einfuhren und der innergemeinschaftl. Bezüge wird das →Bestimmungslandprinzip verwirklicht. Steuerschuldner der U. ist derjenige Unternehmer, der die steuerbaren Umsätze ausführt; Steuerschuldner der Einfuhr-U. können auch Nichtunternehmer sein. Unternehmer ist, wer eine gewerbl. oder berufl. Tätigkeit selbständig ausübt. Der U. unterliegen damit auch Freiberufler und Landwirte. Steuerbemessungsgrundlage ist bei Lieferungen und Leistungen das vereinbarte Entgelt (ohne U.), bei Einfuhren der Zollwert. Der (Regel-)Steuersatz beträgt (seit 1. 4. 1998) 16 %; ein ermäßigter Steuersatz von 7 % gilt u. a. für Nahrungsmittel (außer bei Abgabe zum Verzehr an Ort und Stelle in Gaststätten u. Ä.) sowie für Waren des Buchhandels. Für die Umsätze land- und forstwirtschaftl. Betriebe gelten besondere Steuersätze (§ 24 UStG, bei landwirtschaftl. Erzeugnissen 9,5 %). Die Multiplikation der im Besteuerungszeitraum (Kalenderjahr) ausgeführten steuerpflichtigen Umsätze mit dem Steuersatz liefert die ›Ausgangs-‹ oder ›Basis-U.‹. Die U.-Zahllast ergibt sich durch Abzug der Vorsteuern, die dem Unternehmen im Besteuerungszeitraum in Rechnung gestellt wurden. Bei gebrauchten Kfz, Antiquitäten u. a. wird eine spezif. U.-Berechnung vorgenommen (→Differenzbesteuerung). Monatlich ist eine U.-Voranmeldung abzugeben, in der Unternehmer die Steuer für den Voranmeldungszeitraum (Vorauszahlung) selbst zu berechnen hat. Für Kleinbeträge unter 200 DM und Reisekosten gelten Sonderregelungen (§ 35 ff. UStDV). Bestimmte Berufsgruppen können, wenn sie nicht buchführungspflichtig sind und ihr Jahresumsatz 120 000 DM nicht übersteigt, die absetzbaren Vorsteuern pauschal (ohne Einzelnachweis) berechnen (§ 69 UStDV); für landwirtschaftl. Erzeugnisse ist die Vorsteuerpauschale ebenso so hoch wie der U.-Satz (§ 24 Abs. 1 UStG).

Gegenwärtig ist für eine spätere Phase der U.-Harmonisierung in der EU geplant, die Steuerpflicht der innergemeinschaftl. Bezüge oder die Steuerfreiheit der innergemeinschaftl. Lieferungen aufzuheben und innergemeinschaftl. Umsätze wie nat. Umsätze zu behandeln. Das bedeutet, dass dann die von einem Lieferanten in einem anderen EU-Land in Rechnung gestellte U. bei der Finanzverwaltung des Landes des Empfängers als Vorsteuer geltend gemacht werden darf (›grenzüberschreitender Vorsteuerabzug‹, ›Gemeinsamer-Markt-Prinzip‹). Seit 1993 gibt es für Direktimporte privater Haushalte aus EU-Ländern (›Einkaufsfahrten‹) keine Einfuhr-U. mehr; die auf diesem Weg erworbenen Güter sind damit nur entsprechend dem nat. Steuersatz des Einkaufslandes belastet (→Ursprungslandprinzip). Da in einigen Fällen die nat. U.-Sätze beträchtlich voneinander abweichen, wurden für Versandlieferungen und für den Kauf von Kfz Sonderregelungen geschaffen, um ›Verzerrungen‹ durch hohe Direktimporte vorzubeugen: Es gilt der nat. U.-Satz des Empfängers bzw. Erwerbers.

Die U. ist mit einem Steueraufkommen von (1997) 240,9 Mrd. DM (davon 41,0 Mrd. DM Einfuhr-U.) die ertragsstärkste Steuer nach der →Einkommensteuer. Ihr Aufkommen steht Bund und Ländern gemeinsam zu (→Gemeinschaftsteuern), die Anteile werden gemäß Art. 106 Abs. 3 GG durch ein besonderes Bundesgesetz (Finanzausgleichs-Ges.) festgelegt. Der Bund erhält vorab 3,64 % (1998) bzw. 5,63 % (ab 1999) des Aufkommens als Ausgleich für die Belastung durch den erhöhten Bundeszuschuss zur Rentenversicherung. Vom verbleibenden Aufkommen bekommen die Gemeinden 2,2 % (als Ausgleich für den Wegfall der Gewerbekapitalsteuer zum 1. 1. 1998). Vom danach verbleibenden U.-Aufkommen gehen 50,5 % an den Bund und 49,5 % an die Länder. Aus dem Anteil der Länder erhält der Bund zusätzlich einen Betrag in Höhe von 50 % des Bundeszuschusses zum →Fonds ›Deutsche Einheit‹ zuzüglich eines Betrages von 2,1 Mrd. DM. Der Bund muss aus seinem U.-Anteil die U.-Eigenmittel der EU abführen.

In *Österreich* wurde die kumulative Allphasen-Brutto-U. 1993 durch die Mehrwertsteuer ersetzt. Der Regelsteuersatz beträgt 20 %, ein ermäßigter Steuersatz von 10 % gilt für Lebensmittel, Waren des Buchhandels, die Vermietung und Verpachtung von Grundstücken u. a. Das U.-Aufkommen, das (1998) zu 69,050 % dem Bund, zu 18,577 % den Ländern und zu 12,373 % den Gemeinden zusteht, betrug (1996) 204,1 Mrd. S.

In der *Schweiz* erhebt der Bund seit 1995 anstelle der früheren einstufigen Waren-U. (›Grossistensteuer‹) eine Mehrwertsteuer. Der Steuersatz beträgt 2 % z. B. für Ess- und Trinkwaren (außer alkohol. Getränke und gastgewerbl. Leistungen), für landwirtschaftl. Produkte, für Medikamente sowie für Zeitungen, Zeitschriften und Bücher. Für Beherbergungsleistungen gilt bis Ende 2001 ein U.-Satz von 3 %. Alle übrigen steuerpflichtigen Umsätze werden mit 6,5 % besteuert. Von der U. ausgenommen sind u. a. die Heilbehandlung durch Ärzte, Zahnärzte und in Spitälern sowie die Vermietung von Grundstücken; von der Steuerpflicht befreit sind Land- und Forstwirte. Das U.-Aufkommen betrug (1997) 12,48 Mrd. sfr.

F. X. BEA in: Hwb. der Wirtschaftswiss., hg. v. W. ALBERS u. a., Bd. 8 (Neuausg. 1988); Taxing consumption, hg. v. der OECD (Paris 1988); U. im EG-Binnenmarkt, hg. vom Bundesministerium der Finanzen (1992); D. DZIADKOWSKI u. P. WALDEN: U. (^{4}1996); W. JAKOB: U. (^{2}1998).

Umschalter, bei Vorliegen versch. Strompfade zum wahlweisen Herstellen des elektr. Kontakts dienender Schalter. In jeder Schaltstellung sind bestimmte Stromkreise unterbrochen (offen), andere geschlossen. Durch Betätigung des U. werden offene Stromkreise geschlossen, geschlossene Stromkreise unterbrochen. Bei U. mit Ruhestellung sind in dieser alle Stromkreise offen.

Umschlag, 1) *grafische Technik:* Kurz-Bez. für →Schutzumschlag.

2) *Handel* und *Verkehr:* die Überführung von Waren zw. Lager und Beförderungsmittel oder das Umladen der Waren von einem Transportmittel auf andere, bes. vom Schiff auf Landtransportmittel.

3) *Medizin:* eine Teilpackung (→Packung).

4) *Rechnungswesen:* betriebl. Kennzahl, die als Verhältnis aus einer Bewegungs- und einer Bestandszahl angibt, wie häufig die Bestandsgröße während des Betrachtungszeitraumes umgewälzt bzw. welche Zeit für einen U. benötigt wurde. Beispielsweise zeigen Lagerumschlagszahlen als Verhältnis von Abgangs- oder Umsatzgröße und Durchschnittsbestand, wie oft das Lager im Betrachtungszeitraum umgeschlagen oder umgesetzt wurde (**U.-Häufigkeit, U.-Geschwindigkeit, Umsatzgeschwindigkeit, Umsatzhäufigkeit**). Das umgekehrte Verhältnis multipliziert mit der Länge des Betrachtungszeitraumes in Tagen gibt die für einen Lager-U. benötigte Zeit an (**U.-Dauer**). Analog zum Lager-U. werden auch für andere Bereiche U.-Häufigkeiten errechnet, indem z. B. der Umsatz zu Größen wie Forderungen, Umlaufvermögen, Eigen-, Fremd- und Gesamtkapital in Beziehung gesetzt wird.

Umschlagen, *Weinkellerei:* die durch Bakterien verursachte Zersetzung von Weinsäure und Glycerin im Wein, wodurch sein Gehalt an flüchtigen Säuren und Milchsäure ansteigt. Der Wein wird trüb und in Geschmack und Geruch stark beeinträchtigt; v. a. bei Rotweinen.

Umschlagspunkt, 1) *Chemie:* andere Bez. für den Äquivalenzpunkt (→Maßanalyse), Titrationsendpunkt.

2) *Strömungslehre:* derjenige Punkt im Verlauf einer (Wand-)Stromlinie, in dem die bis dorthin laminare Strömung in die turbulente Form umschlägt. (→Strömungslehre)

Umschlagtitel, der auf einem Schutzumschlag oder dem Buchrücken angebrachte Titel, der (meist aus platz- oder werbetechn. Gründen) vom eigentl. Buchtitel auf der Titelseite abweichen kann.

umschrieben, *Medizin:* deutlich abgegrenzt, z. B. auf einen Entzündungsprozess bezogen.

Umschrift, *Münz-* und *Siegelkunde:* eine Inschrift, die parallel zum Rand der Münze bzw. des Siegels verläuft.

Umschuldung, die Ablösung aufgenommener Kredite durch neue Kredite mit günstigeren Konditionen. Umgeschuldet wird i. d. R. dann, wenn ein aktuell niedrigerer Zins auf dem Kreditmarkt genutzt oder kurzfristige in kostengünstigere langfristige Kredite umgewandelt werden sollen. U. spielen bei der Unternehmensfinanzierung, der Bekämpfung der Schuldenkrise und beim Debt-Management eine Rolle.

Umschulung, *Sozialpolitik:* die Ausbildung von bereits qualifizierten Arbeitskräften für einen anderen

Beruf. Die U. kann notwendig werden durch Arbeitslosigkeit, veränderte Anforderungen des Arbeitsmarktes, Arbeitsunfall, Erkrankung, Umstellung der Produktion, der Organisation oder der techn. Ausrüstung des Betriebes, Wunsch nach berufl. Aufstieg u. a. Die Dienststellen der Bundesanstalt für Arbeit, Träger der Unfallversicherung und der Rentenversicherung, der Kriegsopferversorgung und der Sozialhilfe führen U.-Maßnahmen z. T. in enger Zusammenarbeit durch. Allgemeine Vorschriften für die U. im Rahmen der berufl. Weiterbildung bzw. der Berufsbildung enthalten das SGB III (Arbeitsförderung) sowie das Berufsbildungs-Ges. vom 14. 8. 1969. – In *Österreich* tragen Arbeitsmarktservice, Berufsverbände, berufl. Interessenvertretungen (Kammern), Wirtschaftsförderinstitute und Werksstiftungen v. a. U. für infolge wirtschaftl. Umstrukturierungen nicht mehr vermittelbare Arbeitnehmer. Auch die Länder beteiligen sich an einzelnen U.-Projekten. In der *Schweiz* gibt es von Berufsverbänden und Privatwirtschaft organisierte U.-Möglichkeiten, in Zeiten wirtschaftl. Rezession heute zunehmend auch staatlich (Kantone, Bund) geförderte Umschulung.

Umsetzer, 1) *Elektronik:* allg. Bau- oder Funktionseinheit zum Umsetzen elektr. Signale von einer Darstellungsform in eine andere. Beispiele sind der Modulator (→Modulation), →Analog-digital-Umsetzer und →Digital-analog-Umsetzer. In der Datenverarbeitung und -übertragung sind darüber hinaus Einrichtungen zum Umsetzen von Digitalsignalen (Zeichen) aus einem Code in einen andern (Code-U.) oder zw. unterschiedl. Leitungssystemen (→Parallel-Serien-Umsetzer) von Bedeutung. Die Umsetzung von Zeichen kann durch Programme (Software) und/oder durch Schaltungen (Hardware) realisiert sein. (→Wandler)
2) *Elektrotechnik:* →Frequenzumsetzer.

Umsetzung, *Beamtenrecht:* ermessensgebundene innerdienstl. Maßnahme, durch die einem Beamten ein anderer Dienstposten derselben Dienststelle zugewiesen wird. Nach der Rechtsprechung des Bundesverwaltungsgerichts ist die U. kein mit der Anfechtungsklage angreifbarer Verwaltungsakt, da sich in ihr lediglich die Gehorsamspflicht des Beamten konkretisiere, die der Erhaltung und Gewährleistung der Funktionsfähigkeit der öffentl. Verwaltung diene; gegen die U. kann der Beamte bei fehlerhafter Ermessensausübung allerdings die allgemeine Leistungsklage erheben. Eine U. innerhalb der Dienststelle unterliegt der Mitbestimmung durch den Personalrat, wenn sie mit einem Wechsel des Dienstorts verbunden ist.

Umsetzungstruppe, die internat. Friedenstruppe →IFOR.

Umsiedlung, staatlich geförderte oder erzwungene Veränderung des Wohnsitzes von Personen- oder Volksgruppen innerhalb eines Staates oder zw. Staaten. Die erzwungene U. verfolgt i. d. R. macht- oder bevölkerungspolit. Ziele. Die →Deportation der Zivil-Bev. kommt, obwohl sie völkerrechtswidrig ist, häufig im Zusammenhang mit einem krieger. Besetzung vor. U. über eine Landesgrenze hinaus bedürfen einer völkerrechtl. Vereinbarung und können mit einem Optionsrecht (→Option) verbunden sein. Sie haben häufig dem nationalstaatl. Ziel einer ethnisch einheitl. Bev. gedient. Jede Zwangs-U. (→Vertreibung) ist ein Eingriff in die Menschenrechte. (→Flüchtlinge)

Umspanner, *Elektrotechnik:* →Transformator.

Umspannwerk, Hochspannungsschaltanlage, in der mithilfe von Transformatoren (Umspannern) Elektroenergie zur weiteren Übertragung und Verteilung von einer Spannung (> 1 kV) in eine andere transformiert wird. Kleinere U. sind die **Umspannstationen (Transformatoren-** oder **Trafostationen)** zur Verteilung von Elektroenergie aus Mittelspannungsnetzen (Spannung meist ≦ 10 kV) in Niederspannungsnetze (bes. die Ortsnetze). Ein U. enthält neben den Transformatoren die entsprechenden Schaltanlagen, Mess- und Zähleinrichtungen, Schutzeinrichtungen und Hilfsanlagen (z. B. Kühleinrichtungen.

Umspringbilder, Kippfiguren, *Wahrnehmungspsychologie:* Bildvorlagen zur Demonstration der opt. Inversion, wie →neckerscher Würfel, →schrödersche Treppe oder Beispiele zum →Figur-Grund-Verhältnis; dienen dem Nachweis, dass an der Wahrnehmung auch innere Gegebenheiten des Wahrnehmenden beteiligt sind.

Umspringen, die plötzl. starke Änderung der Windrichtung, bes. bei Kaltfronten.

Umspuren, der Wechsel der Spurweite von Eisenbahnwagen, v. a. an Grenzbahnhöfen. Dazu werden die Wagen angehoben und die Radsätze oder Drehgestelle ausgewechselt (wie an der weißrussisch-poln. Grenze in Brest) oder die Räder beim Durchfahren einer Spurwechselanlage auf den Achswellen entsprechend verschoben (wie an der spanisch-frz. Grenze in Hendaye und Port Bou). Beim Übergang von Normalauf Schmalspur können die Normalspurwagen auch auf Rollböcke gesetzt werden.

Umstandsbestimmung, *Sprachwissenschaft:* →Adverbiale.

Umstands|satz, der →Adverbialsatz.

Umstandswort, *Sprachwissenschaft:* →Adverb.

Umstellprobe, *Sprachwissenschaft:* →Permutation.

Umsteuerung, Umkehrung der Drehrichtung von Arbeits- und Kraftmaschinen; U. ist auch die Bez. für die Vorrichtung dafür. Bei Dampfmaschinen (Lokomotiven) wird durch Verstellen des Schiebers (Kulisse) der Dampf in entgegengesetzter Richtung dem Maschinenkolben zugeleitet. Bei Verbrennungskraftmaschinen (nur in Sonderfällen, z. B. Schiffsdieselmotoren) wirken Nocken für Vorwärts- und Rückwärtsfahrt je nach der Drehrichtung auf die Ventile ein. Bei den nicht direkt umsteuerbaren Verbrennungs- und Strömungskraftmaschinen wird der Drehsinnwechsel durch Wechselgetriebe erreicht, bei Schiffswellen meist mit zwei Schaltkupplungen, die auf Getriebe mit unterschiedl. Drehrichtung wirken. Elektromotoren werden bei Gleichstrom durch Umkehrung der Stromrichtung in der Anker-, selten in der Erregerwicklung umgesteuert, bei Drehstrom durch Vertauschen zweier Zuleitungen für die Ständerwicklung.

Umstimmungstherapie, die →Reizkörperbehandlung.

Umsturzvorlage, im Dezember 1894 nach dem Rücktritt des Reichskanzlers L. VON CAPRIVI im Dt. Reichstag eingebrachter Gesetzentwurf zur Strafschärfung bei polit. Delikten. Der Reichstag lehnte die v. a. gegen die Sozialdemokratie zielende U. 1895 ab, nachdem das Zentrum versucht hatte, sie auf einen allgemeinen Schutz der Religion, Kirche und öffentl. Sitte auszudehnen.

Umtali, Stadt in O-Simbabwe, →Mutare.

Umtata, Stadt in der Prov. Ost-Kap, Rep. Südafrika, 700 m ü. M., 100 000 Ew. (einschl. der Vororte); Univ. (gegr. 1977); Handelszentrum; Flughafen. – 1869 als europ. Siedlung gegründet, diente U., das 1882 zur Stadt erhoben wurde, zunächst v. a. als Puffer zw. den verfeindeten Tembu und Pondo, dann lange Zeit als brit. Militärstützpunkt; war 1976–94 Hauptstadt der Transkei.

Umtausch, 1) *Börsenwesen:* die Befugnis, Wertpapiere, die durch Beschädigung oder Verunstaltung zum Umlauf ungeeignet sind, bei dem Aussteller unter Kostenersatz gegen neue umzutauschen (§ 798 BGB; § 74 Aktien-Ges.). Ein besonderes U.-Recht gibt es bei →Wandelschuldverschreibungen. Angebote zum U. von alten in neue Aktien desselben oder eines anderen

Unternehmens (**Aktien-U.**) werden bei Fusionen, Kapitalherabsetzungen, Änderung der Stückelung sowie zur Korrektur unzutreffend gewordener Urkunden (z. B. durch geänderte Firmen-Bez.) unterbreitet.

2) *bürgerl. Recht:* das von vielen Verkäufern den Käufern (zeitlich begrenzt) gewährte Recht, Ware gegen andere (zumeist ähnl.) Ware des Verkäufers auszutauschen (i. d. R. gegen Vorlage der Kassenquittung). Der U. ist rechtlich kein Kauf auf Probe, sondern im Fall der Ersetzungsbefugnis. Auf U. besteht nur dann ein Rechtsanspruch, wenn das U.-Recht vorbehalten oder sonstwie vereinbart wurde. U. ist zu unterscheiden von den Gewährleistungsansprüchen bei Mängelhaftung.

Umtrieb, Umtriebszeit, *Forstwirtschaft:* die nach wirtschaftl., biolog. oder ökolog. Kriterien bestimmte Zeitspanne von der Begründung eines Waldbestandes durch Saat, Pflanzung oder Naturverjüngung bis zu seiner Endnutzung, z. B. durch Kahlschlag. Der U. ist nach Holzart, Standortbedingungen, Betriebsklasse und Wirtschaftsziel verschieden und liegt zw. zehn (Niederwald) und 300 Jahren (Eichenwertholzzucht).

U-Musik, Abk. für →Unterhaltungsmusik.

Umverpackung, →Verpackung.

Umverteilungspolitik, Gesamtheit der wirtschaftspolit. Maßnahmen, mit denen die durch Marktprozesse bestimmte primäre →Verteilung von Einkommen und Vermögen korrigiert werden soll. (→Einkommensverteilung)

Umwälzpumpe, Pumpe, die eine Flüssigkeit in einem geschlossenen System oder Kreislauf fördert (Zwangumlauf), z. B. in Heiz- und Kühlanlagen.

Umwandlung, 1) *Gesellschaftsrecht:* die Änderung der rechtl. Organisationsform eines Unternehmens ohne dessen Liquidation. Voraussetzungen und Rechtsfolgen sind im U.-Ges. (UmwG) vom 28. 10. 1994 geregelt. Das Ges. kennt vier Formen der U.: Verschmelzung (→Fusion), →Spaltung, →Vermögensübertragung und Formwechsel.

Bei Verschmelzung, Spaltung und Vermögensübertragung geht das Vermögen des bisherigen Rechtsträgers des Unternehmens oder ein Teil dieses Vermögens auf einen neuen Rechtsträger (gelegentlich auch je zu einem Teil auf mehrere neue Rechtsträger) über. Dies geschieht mit der Eintragung der U. im dafür zuständigen Register in einem einheitl. Vorgang, ohne dass einzelne Rechtsgegenstände übertragen werden müssen (Gesamtrechtsnachfolge). In den Fällen, in denen das gesamte Vermögen Gegenstand der U. ist (z. B. stets bei der Verschmelzung), erlischt mit dem Vollzug der U. der bisherige Rechtsträger ohne Liquidation; Vermögen und Schulden sind auf den neuen Rechtsträger übergegangen.

Beim Formwechsel (§§ 190 ff. UmwG) tritt dagegen kein Wechsel der Rechtsträgerschaft ein, sondern der Rechtsträger wechselt seine Rechtsform (U. i. e. S.). So kann sich z. B. eine OHG in eine GmbH, eine GmbH in eine GmbH und Co. KG, eine GmbH und Co. KG in eine AG umwandeln und umgekehrt (insgesamt kennt das Ges. 40 derartige Fälle des formwechselnden U.). Erforderlich ist ein U.-Beschluss der Anteilsinhaber des formwechselnden Rechtsträgers, der mindestens einer Dreiviertelmehrheit bedarf; bei Personengesellschaften ist, wenn nicht der Gesellschaftsvertrag einen Mehrheitsbeschluss zulässt, Einstimmigkeit erforderlich. Der Formwechsel wird mit Eintragung im Register wirksam. Der bisherige Rechtsträger besteht in der neuen Rechtsform weiter, und die bisherigen Anteilsinhaber behalten ihre Beteiligung in neuer Rechtsform (z. B. in Form von Aktien statt, wie bisher, in Form von Kommanditanteilen). Die das frühere Recht kennzeichnende Unterscheidung zw. ›formwechselnder U.‹ (z. B. GmbH in AG) und ›übertragender U.‹ (z. B. OHG in GmbH) ist aufgegeben.

Ergänzt wird das UmwG durch das U.-Steuergesetz (UmwStG) vom 28. 10. 1994, das die steuerneutrale Durchführung der U. durch Fortführung der bisherigen Buchwerte ermöglicht. Während die U. nach materiellem Recht immer am Tag der Eintragung wirksam wird, wirkt nach Steuerrecht die Eintragung auf den Stichtag der Bilanz zurück, die der U. zugrunde liegt.

2) *Kristallographie:* die Bildung einer polymorphen kristallinen Phase aus einer anderen; meist reversibel bei einer bestimmten **U.-Temperatur (U.-Punkt)** oder innerhalb eines Temperaturbereichs (**U.-Intervall**). Die U. kann beim Unterschreiten der U.-Temperatur gehemmt sein, sodass die Hochtemperaturmodifikation als metastabile Modifikation erhalten bleibt. Reversible U. werden auch als **enantiotrope U.** bezeichnet. **Monotrope U.** laufen nur in einer Richtung ab, z. B. die U. von weißem in roten Phosphor. Strukturell werden unterschieden: 1) U. mit Beibehaltung der Koordination der Nachbaratome; 2) U. von Legierungen in →Überstrukturen; 3) U. mit Änderung der Koordination der Nachbaratome; 4) U. mit Änderung des Bindungscharakters. Auch andere Zustandsänderungen, z. B. die Bildung oder Aufhebung einer teilkristallinen Ordnung bei polymeren Kunststoffen, heißen Umwandlung. (→Polymorphie)

3) *Physik* und *Technik:* 1) →Energieumwandlung; 2) →Kernumwandlung; 3) Phasen-U. (→Phasenübergang).

Umwandlungs|enthalpie, ältere Bez. **Umwandlungswärme, latente Wärme,** *Physik:* die bei →Phasenübergängen I. Art aufgenommene oder abgegebene Wärmeenergie, deren Umsetzung zu keiner entsprechenden Temperaturänderung führt. Die Temperatur, bei der der Phasenübergang erfolgt, heißt **Umwandlungspunkt.** Zugeführte Wärmeenergie bewirkt z. B. beim Schmelzen von Eis so lange keinen Temperaturanstieg, so lange Eis und Wasser nebeneinander vorliegen; sie wird als →Schmelzenthalpie gebunden und beim Gefrieren wieder freigesetzt (Kristallisations-, Erstarrungsenthalpie). Weitere U. sind u. a. die →Verdampfungsenthalpie, die Kondensationsenthalpie (→Kondensation) und die Sublimationsenthalpie (→Sublimation). In der physikal. Chemie wird die U. meist auf die Stoffmenge (**molare U.**) oder die Masse (**spezifische U.**) bezogen.

Umwandlungsgesteine, andere Bez. für →metamorphe Gesteine.

Umweghandlung, *Psychologie:* Verhalten, das dazu dient, ein Ziel zu verwirklichen, das nicht auf direktem Weg erreicht werden kann; setzt im Unterschied zum Versuchs-Irrtums-Verhalten Einsicht in die Situation voraus und ist neben dem Werkzeuggebrauch eine Grundform der Intelligenzhandlungen.

Umwelt, die Gesamtheit aller direkt und indirekt auf einen Organismus, eine Population oder eine Lebensgemeinschaft einwirkenden biot. und abiot. Faktoren einschließlich ihrer Wechselwirkungen. – Der Terminus U. wurde 1921 durch J. VON UEXKÜLL als zentraler Begriff der →Ökologie eingeführt; nach ihm bezeichnet er die spezif., lebenswichtige Umgebung einer Tierart, die als **Merkwelt** (Gesamtheit ihrer Merkmale) wahrgenommen wird und als **Wirkwelt** (Gesamtheit ihrer Wirkmale) alle die Umgebungsfaktoren umfasst, mit denen das Tier aktiv in Beziehung tritt und an denen es wirkt (→Funktionskreis). Als vorwiegend psychologisch konzipierter Begriff hat sich diese Definition jedoch als zu eng erwiesen, sodass eine Differenzierung in die versch. Teilbereiche, unter denen die U. eines Organismus betrachtet werden kann, vorgenommen wurde; man unterscheidet danach: 1) **psychologische U.,** die etwa dem U.-Begriff UEXKÜLLS entspricht; 2) **minimale U.,** die Summe der für einen Organismus lebensnotwendigen Faktoren;

3) **physiologische U.**, alle direkt auf den Organismus wirkenden Faktoren der Außenwelt sowie (in Erweiterung) auch die Wirkungen des Organismus auf diese;
4) **ökologische U.**, die neben den direkt wirkenden Faktoren auch indirekt wirkende Faktoren (z. B. den Zwischenwirt des Parasiten einer Art) einbeziehst;
5) **kosmische U.**, die Gesamtheit der im Weltzusammenhang stehenden Faktoren, die auf einen Organismus einwirken (z. B. Klima, Sonnenlicht).

Für den Menschen ist neben der phys. U. (natürl. Faktoren) und der techn. U. (die von Menschen geschaffene) bes. die soziale U. bedeutend; sie besteht aus der →Sozialstruktur, in der der Mensch lebt. Die Entwicklung der menschl. Persönlichkeit ist durch das →Milieu geprägt, in dem er seine sozialen Erfahrungen macht (→Sozialisation).

Umwelt|abgaben, vom Staat aus umweltpolit. Motiven Unternehmen und Haushalten auferlegte →Abgaben. Der wirtschaftstheoret. Hintergrund der Abgabenlösung ist im Ggs. zur Auflagen- (→Umweltauflagen) und Zertifikatlösung (→Umweltlizenzen) das Marktversagen bei negativen →externen Effekten: Soziale (volkswirtschaftl.) und private (einzelwirtschaftl.) Kosten fallen auseinander, der Marktpreis drückt nicht die Knappheit der Umwelt als Aufnahmemedium von Schadstoffen aus. U. sollen die bislang nicht fühlbaren Zusatzkosten spürbar machen (›internalisieren‹) und dadurch Knappheiten zum Ausdruck bringen und Anreize zur Schadstoffvermeidung schaffen. Der theoret. Idealfall einer solchen Abgabenlösung ist die **Pigousteuer** (nach A. C. PIGOU), die als Emissionsteuer zu bemessen wäre nach der Differenz zw. privaten und sozialen Grenzkosten im Allokationsoptimum (also dort, wo die Wertschätzung der Nachfrage für eine weitere Einheit gleich ist den sozialen Grenzkosten der Bereitstellung dieser Einheit). Da die für die Pigousteuer erforderl. Informationen dem Wirtschaftspolitiker kaum vorliegen werden, muss auf zweitbeste Lösungen zurückgegriffen werden. Kern derartiger Lösungen ist es, zunächst das Umweltziel in Form eines Standards (z. B. angestrebte Reduktion bzw. noch zuzulassendes Ausmaß an CO_2-Emissionen) politisch vorzugeben und sodann die relevanten Produktions- oder Konsumaktivitäten durch Umweltqualitätsabgaben so zu verteuern, dass sich der gewünschte Umweltstandard ergibt (Standard-Preis-Ansatz, Preislösung).

U. setzen i. Allg. an den spezif. Schadstoffemissionen an, Voraussetzung ist daher die Messbarkeit der Emissionen. Je weiter die Bemessungsgrundlage der jeweiligen U. von den emittierten Schadstoffmengen entfernt ist, desto geringer wird der Anreiz zur Schadstoffvermeidung sein. Spiegelbildlich zu U. könnten auch direkte **Umweltsubventionen** aus allgemeinen Steuermitteln oder Steuervergünstigungen eingesetzt werden. Die Allokationswirkung wäre die umweltpolit. Effizienz wären (bei richtiger Dosierung) gleich, die Verteilungswirkungen dagegen anders als bei der Abgabenlösung.

U. im beschriebenen Sinne sind keine Finanzierungsinstrumente des Staates, sondern dienen der Internalisierung von Kosten (›Internalisierungssteuern‹) und der Verhaltenslenkung (›Lenkungsabgaben‹). Sie sind damit nicht ohne weiteres in die rechtl. Begriffssystematik (Steuern, Gebühren, Sonderabgaben) einzuordnen und keine Steuern im Sinne der Abgabenordnung, weil es auf die Erzielung von Einnahmen überhaupt nicht ankommt. Von **Umweltgebühren** wird gesprochen, wenn U. als Preis für die Erlaubnis der Inanspruchnahme von Umweltressourcen interpretiert werden. Die in den letzten Jahren in der Öffentlichkeit häufiger verwendete Bez. **Umweltsteuern (Ökosteuern)** wird meist unterschiedslos angewendet auf U. im beschriebenen Sinne, auf umweltpolit. Modifikationen (Steuermehrbelastungen und -entlastungen) innerhalb des bestehenden, auf Einnahmenerzielung ausgerichteten Steuersystems sowie auf Vorschläge neuer Abgaben, die reine Finanzierungsinstrumente für Umweltschutzmaßnahmen sind ohne eine umweltspezif. (emissionsbezogene) Bemessungsgrundlage. Soweit es sich um Schadstoffemissionen (v. a. von Kohlendioxid, Stickoxiden und Schwefeldioxid) handelt, von denen negative Wirkungen auf das Weltklima (›Treibhauseffekt‹) oder regionale Wirkungen (z. B. Smogbildung, saurer Regen) befürchtet werden, wird eine entsprechende Besteuerung dieser Emissionen (v. a. bei der Energieerzeugung durch Verbrennung fossiler Energieträger) auch als **Klimaschutzsteuer** bezeichnet.

U. als Instrument der Internalisierung negativer externer Effekte sind Umweltauflagen insofern überlegen, als es bei ihnen den Betroffenen überlassen bleibt, wie sie reagieren. Unternehmen z. B., deren Grenzkosten der Emissionsvermeidung kleiner sind als die U. pro Emissionseinheit, werden ihre Emissionen durch geeignete Maßnahmen verringern, Unternehmen, die Emissionen nur mit sehr hohen Kosten vermeiden können, werden hingegen weiter emittieren und die U. zahlen. Sofern die Abgabe richtig bemessen ist, wird damit das insgesamt angestrebte Umweltziel mit geringeren tatsächl. volkswirtschaftl. Kosten erreicht als bei für alle Betroffenen einheitl. Umweltauflagen. Abgaben sind insofern ökonomisch effizienter als Auflagen. Nachteilig ist bei U., dass vorher nicht abzusehen ist, ob das gewünschte Umweltstandard erreicht, über- oder unterschritten wird. Ggf. muss daher der Satz der U. mehrfach variiert werden. Dies führt bei anfangs zu hohem Abgabensatz zu unnötigen Kosten für die Betroffenen, bei anfangs zu niedrigem Satz zu unerwünschten Umweltschäden. Geht es darum, schnelle Erfolge zu erzielen, und sind eingetretene Schäden irreversibel, so sind Auflagen vorzuziehen. Zugunsten der U. wird neuerdings angeführt, dass sich mit ihnen neben der Verbesserung der Umweltqualität ein zweiter Vorteil erreichen lasse, wenn ihr Ertrag dazu verwendet werde, bei unverändertem steuerl. Gesamtaufkommen andere, verzerrende Abgaben zu senken. Dieses Argument der ›doppelten Dividende‹ (engl. double dividend) ist nicht unumstritten. So wird bezweifelt, dass die vermiedenen Verzerrungswirkungen gesenkter Steuern die von den U. verursachten Zusatzlasten (→Excess Burden) übertreffen und das Aufkommen neu eingeführter U. tatsächlich zur Senkung anderer Steuern verwendet wird. Skeptiker befürchten überhaupt, dass in der polit. Praxis U. dazu missbraucht werden können, neue Abschöpfungen von Kaufkraft zugunsten des Staatssektors durchzusetzen.

⇨ *Abwasserabgabe · Energiesteuern · Verpackungsteuer*

Umweltpolitik mit hoheitl. Zwangsabgaben?, hg. v. K. MACKSCHEIDT u. a. (1994); Ökolog. Steuerreform, hg. v. O. HOHMEYER (1995); Beurteilung ökolog. Steuerreformvorschläge vor dem Hintergrund des bestehenden Steuersystems, bearb. v. B. LINSCHEIDT u. A. TRUGER (1995); H. REICHMANN: U. Theoret. Grundlagen, Klassifikationen u. potentielle Wirkungsbrüche (²1996); Umweltsteuern aus finanzwiss. Sicht, hg. vom Bundesministerium der Finanzen (1997); C. KREBS u. a.: Die ökolog. Steuerreform (Basel 1998); Steuersysteme der Zukunft, hg. v. G. KRAUSE-JUNK (1998).

Umwelt|analyse, Arbeitsschritt der →Unternehmensplanung, in dem die relevanten Entwicklungen in der Unternehmensumwelt untersucht werden. I. d. R. werden dabei die wirtschaftl., politisch-rechtl., sozialen, technolog. und demograph. Umweltfaktoren einer gesonderten Analyse unterzogen, die auf ökolog., bildungsbezogene und medizin. Einflüsse abzielt.

Umwelt|analytik, die Untersuchung der Umweltbereiche (v. a. Boden, Wasser, Luft) mithilfe chemisch-analyt. Verfahren, physikalisch-chem. Messmethoden oder auch bestimmter →Bioindikatoren auf Schadstoffe, Umweltchemikalien und Radioaktivität zur Feststellung des Grades der Umweltverschmutzung und Einleitung von Maßnahmen zum Umweltschutz. So werden in Untersuchungsgebieten u. a. Emissions- und →Immissionskataster erstellt. Umweltanalyt. Untersuchungen können lokal mit stationären oder mobilen Messstationen, aber auch großräumig durchgeführt werden, z. B. mit Lidar-Systemen zur Untersuchung der Atmosphäre (→Lidar). Der Einsatz →instrumenteller Analytik in der U. umfasst dabei insbesondere Verfahren der Spektroskopie (z. B. Atomabsorptionsspektroskopie), Chromatographie (z. B. Gaschromatographie) und Massenspektrometrie, aber auch Spurenanalyse und Aktivierungsanalyse. Umweltbelastungen lassen sich auch an lebenden Wirkobjekten (den →Biozönosen) mengenmäßig erfassen; Bioindikatoren (z. B. Flechten) können an jedem beliebigen Messstandort verwendet werden. Auch Kombinationswirkungen lassen sich über chem. Analysen des Pflanzengewebes erfassen.

Umwelt|archäologie, ein Forschungsbereich der Vor- und Frühgeschichte, dessen Ziel die Erschließung von Landschaft und Umwelt der vorgeschichtl. Epochen ist. Die U. ist aus der Verbindung archäolog., geograph. und naturwiss. Forschungen hervorgegangen. Die Entdeckung der Klimaschwankungen des Eiszeitalters und der Nacheiszeit bildeten entscheidende Anregungen. In der Praxis handelt es sich um interdisziplinäre Forschungen an Grabungsobjekten (→Ausgrabung) und die archäolog. Prospektion (→Luftbildarchäologie), wobei die prähistor. Archäologie auf die Zusammenarbeit mit naturwiss. Spezialfächern (Bodenkunde, Geomorphologie, Paläoethnobotanik, Archäozoologie u. a.) sowie auf besondere archäometr. Verfahren angewiesen ist. Forschungsschwerpunkt sind neben den naturbedingten Einflüssen auf die Umwelt (Klimaschwankungen, Naturkatastrophen) die kulturbedingten Einwirkungen.

Wechselbeziehungen zw. Mensch und Umwelt zeichneten sich bereits in der Altsteinzeit durch Eingriffe des Menschen in die Landschaft und Tierwelt ab (Nutzung des Feuers, Jagd ohne Schonzeit). In Mitteleuropa bildet die Waldgeschichte eine sichere Basis für die Rekonstruktion der Umwelt im Holozän. Die zu Beginn der Jungsteinzeit auftretenden grundlegenden wirtschaftl. Veränderungen werden von der U. in Bezug auf die stärkeren Auswirkungen der Ökonomie auf die Landschaft untersucht. Garten- und Ackerbau, Rodung, Bewässerung und Weidewirtschaft sind Phänomene, die von der Agrararchäologie (→Siedlungsarchäologie) bereits seit Jahrzehnten im Hinblick auf die Instabilität der Umwelt erforscht werden.

Umwelt|audit [-'ɔːdɪt; engl. audit ›Prüfung‹] *das, -s,* **Öko|audit,** regelmäßige, systemat. Untersuchung und Bewertung der Unternehmensaktivitäten bezüglich ihrer Umweltauswirkungen auf techn. und organisator. Gebiet durch spezielle Gutachter. Ziel des U. ist es, durch einen Soll-Ist-Vergleich Stärken und Schwächen des Unternehmens im Umweltschutz zu erkennen und Verbesserungsempfehlungen zu formulieren. Urspr. als betriebsinternes Kontrollverfahren konzipiert, wird das U. zunehmend zu einem Instrument staatl. Umweltpolitik. Rechtsgrundlage ist das U.-Ges. vom 7. 12. 1993, das auf der EWG-VO (Nr. 1836/93) vom 29. 6. 1993 basiert. Voraussetzungen für die freiwillige Teilnahme von gewerbl. Unternehmen an dem standardisierten Gemeinschaftssystem sind die Etablierung und Umsetzung eines Umweltmanagementsystems, die regelmäßige Durchführung von Umweltbetriebsprüfungen und die öffentl. Bereitstellung von Informationen über den betriebl. Umweltschutz (Umwelterklärung). Das U. mündet in einer Gültigkeitserklärung (Zertifizierung), die Voraussetzung für die Eintragung in ein Standortregister (Umweltregister) ist. Die in das Register eingetragenen Unternehmen sind berechtigt, die von der EG genormte Teilnahmeerklärung für die (nicht produktbezogene) Werbung zu verwenden.

P. DILLY: Hb. U. (1996); Öko-Audit u. Öko-Controlling gemäß ISO 14000ff u. EG-Verordnung Nr. 1836/93, hg. v. L. SCHIMMELPFENG u. D. MACHMER (1996); B. PETER u. a.: Öko-Audit (1996); P. KOTHE: Das neue U.-Recht (1997); Umweltmanagement u. Öko-Audit, hg. v. C. STEINLE u. a. (1997); Hb. U., hg. v. W. EWER u. a. (1998).

Umwelt|auflagen, staatl. Ge- und Verbote, durch die aus umweltpolit. Gründen Aktivitäten von Unternehmen und Haushalten eingeschränkt werden. Zu diesen umweltbezogenen Verhaltensvorschriften zählen u. a. Verbot des Einsatzes bestimmter Stoffe im Produktionsprozess, Festlegung bestimmter Höchstwerte für Abwasser- und Abluftemissionen, Verbot der Verwendung bestimmter Heizmaterialien z. B. bei Kaminfeuern, Fahrverbote für Kfz. U. sind formal i. Allg. für alle Betroffenen gleich, sie können insbesondere nicht nach den jeweiligen individuellen Kosten der Vermeidung der Umweltbelastung differenzieren. U. sind daher mit wesentlich höheren volkswirtschaftl. Kosten verbunden als →Umweltabgaben oder →Umweltlizenzen, die die insgesamt angestrebte Verminderung der Umweltbelastung ›besser‹ auf die Betroffenen verteilen.

Umweltbelastung, die Beeinflussung und Veränderung der natürl. Umwelt durch physikal., chem., biolog. und techn. Eingriffe, wie Flächenversiegelung, Eindeichung, Materialemission (Abfall, Abwasser, Klärschlamm usw.), Beweidung oder Tourismus. Gehen von einer U. keine eindeutigen negativen Wirkungen aus, spricht man auch von **Umwelteinwirkung** (oder -beanspruchung); Umwelteinflüsse mit negativen Auswirkungen, z. B. die Anreicherung von Schwermetallen oder Pestiziden, die Strahlung von Radionukliden) wird als **Umweltkontamination** bezeichnet. Stoffl. Verunreinigungen (z. B. durch Staub, Mikroorganismen, Chemikalien) können zur Umweltverschmutzung führen, wenn sie über die natürl. Regenerationskraft der verschmutzten Medien (Umweltkompartimente) hinausgehen. Die U. wächst mit der Zunahme wirtschaftl. Aktivitäten, solange diese nicht in die Erhaltung einer für das Leben notwendigen natürl. Umwelt eingeplant sind. (→Umweltschutz)

Umweltbeobachtung, Umwelt|überwachung, Umweltmonitoring [-mɔnɪtərɪŋ, engl.] Gesamtheit des Sammelns und Überwachens umwelt- und gesundheitsrelevanter Daten, die mithilfe techn. Messnetze sowie biot. (→Bioindikatoren) und abiot. Reaktionsindikatoren durchgeführt werden. (→Monitoring)

Umweltbilanz, die →Ökobilanz.

Umweltbundes|amt, durch Ges. vom 22. 7. 1974 in Berlin errichtete selbstständige Bundesoberbehörde im Bereich des Bundes-Min. für Umwelt, Naturschutz und Reaktorsicherheit. Als neuer Sitz wurde durch Ges. vom 2. 5. 1996 Dessau festgelegt. Zu den Aufgaben des U. gehören u. a. Verwaltungsaufgaben auf dem Gebiet des Umweltschutzes und gesundheitl. Belange des Umweltschutzes, die wiss. Unterstützung des Min. auf dem Gebiet des Umweltschutzes, die Entwicklung von Hilfen für Umweltplanung und Umweltverträglichkeitsprüfung, die Sammlung und Bereitstellung von Umweltdaten, die Aufklärung der Öffentlichkeit.

Umweltchemikali|en, 1) nach dem Umweltprogramm der Bundesregierung Bez. für Stoffe, die als Folge menschl. Aktivitäten (z. B. industrieller Herstellung oder Anwendung chem. Produkte) in die Umwelt gelangen und in Mengen oder Konzentrationen auftreten können, die geeignet sind, Lebewesen, Ökosysteme und/oder Sachgüter zu gefährden. Maßgebend für die Gefährlichkeit sind die Toxizität für den Menschen, die Auswirkungen auf die übrige belebte und unbelebte Umwelt und der Einfluss auf das Gleichgewicht von Ökosystemen, ferner die Produktionsmenge, Nebenprodukte, Persistenz, Bioakkumulation, Abbaubarkeit und Verbreitung. In den letzten Jahren wird intensiv zu hormonell wirksamen U. geforscht, die u. U. die Fortpflanzungsfähigkeit von Menschen und Tieren sowie das Artengefüge in Ökosystemen gefährden können. Hierbei handelt es sich meist um Stoffe mit östrogener Wirksamkeit wie z. B. Bisphenol A, Nonylphenol und Oktylphenol. Tributylzinn (TBT) ist der bisher einzige bekannte Stoff mit androgenem (vermännlichendem) Effekt. Besonders bei Wasserlebewesen (Fische, Wasserschnecken) sind bisher tiefgreifende Veränderungen durch hormonell wirksame U. nachgewiesen worden. 2) I. e. S. Bez. für chem. Produkte, die bei ihrer Herstellung, während oder nach ihrer Anwendung in die Umwelt gelangen.

R. KOCH: U. Physikal.-chem. Daten, Toxizitäten, Grenz- u. Richtwerte, Umweltverhalten (³1995).

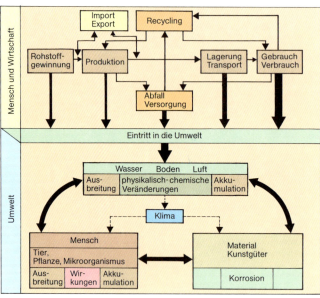

Umweltchemikalien: Ursprung und Ausbreitung

Umweltcontrolling [-kəntrəʊlɪŋ; engl. controlling ›Steuerung‹], **Ökocontrolling,** abteilungsübergreifende Querschnittsfunktion im Rahmen des unternehmer. Umweltmanagements. Die Kernaufgabe des U. besteht darin, Entscheidungsträger mit den notwendigen umweltbezogenen Informationen zu den ökolog., ökonom., rechtl. und gesellschaftl. Rahmenbedingungen und Effekten der Leistungserstellung und -verwertung zu versorgen. Für die Erfassung und Bewertung der ökolog. und gesellschaftl. Wirkungen der stoffl. Seite des Wirtschaftens bzw. des Aufdeckens diesbezügl. Schwachstellen und Problemfelder wurden Methoden wie ökolog. Buchhaltung, Ökobilanz, Belastungsbilanz, Produktlinienanalyse entwickelt. Neben der Gewinnung und Aufbereitung von Informationen umfasst das U. die Abstimmung der laufenden umweltbezogenen Informationsversorgungs-, Planungs- und Kontrollprozesse. Hierzu bedarf es der Einrichtung eines U.-Systems, das die Zuständigkeiten, Entscheidungskompetenzen, Verantwortlichkeiten und Abläufe im Rahmen des U. regelt. Effektivität und Effizienz dieser organisator. Maßnahmen werden durch das Umweltaudit überprüft.

Umwelt|engel, das deutsche →Umweltzeichen.

Umwelt|erklärung, i. d. R. jährlich, mindestens alle drei Jahre zu erstellender öffentl. Bericht eines Unternehmens über sein Umweltmanagementsystem und alle umweltrelevanten Daten. Die U. mit klar definierten Anforderungen ist Voraussetzung für die Teilnahme am →Umweltaudit und beinhaltet v. a. Aussagen zu Umweltprogramm und -politik, Schadstoffemissionen, Abfallaufkommen, Rohstoff- und Energieverbrauch.

M. STEVEN u. a.: Umweltberichterstattung u. U. nach der EG-Ökoaudit-Verordnung (1997).

Umwelt|ethik, →Umweltschutz.

Umweltfaktoren, die →ökologischen Faktoren.

Umweltforschung, die Untersuchung und Erforschung der durch die Tätigkeit des Menschen auftretenden Veränderungen seiner Umwelt und der komplexen Wechselwirkungen zw. dieser künstl. Umwelt und dem natürl. Ökosystem. Die Ergebnisse der U. finden prakt. Anwendung in Maßnahmen zur Erhaltung der Lebensgrundlagen. An der interdisziplinären U. sind v. a. Naturwissenschaften, Medizin, Psychologie und Soziologie, ferner Technologie und Wirtschaftswissenschaften beteiligt. Schwerpunkte der U. sind die Erfassung des Zustands von Ökosystemen (um den Grad fortlaufender Schädigungen zu erkennen), die Erarbeitung wiss. Grundlagen für Umweltkriterien, die Schaffung technolog. Grundlagen für die Entwicklung von Umweltkontrollmethoden und Standards, Mess- und Qualitätskontrollverfahren zur Feststellung von Umweltbedingungen im Hinblick auf Verträglichkeitsprüfungen sowie naturwiss., techn. und sozioökonom. Methoden für die Bewertung von Umweltschutzmaßnahmen. Eine bisher überwiegend analyt. Ausrichtung der U. erzielte eher spezielle als allgemeine Ergebnisse und begünstigte eine sektorale Umweltpolitik.

Umweltforschungszentrum Leipzig-Halle, →UFZ-Umweltforschungszentrum Leipzig-Halle GmbH.

Umweltgebühren, Form von →Umweltabgaben.

Umweltgipfel, Bez. für die 1992 in Rio de Janeiro abgehaltene UN-Konferenz für Umwelt und Entwicklung. (→nachhaltige Entwicklung)

Umweltgut|achten, →Rat von Sachverständigen für Umweltfragen.

Umweltgut|achter, geschützte Berufs-Bez. für eine natürl. Person, die im Rahmen des →Umweltaudits der teilnehmenden Unternehmen validiert. In Dtl. wird die Zulassung des U., der unabhängig, zuverlässig und fachkundig sein muss, durch das Umweltaudit-Ges. geregelt. Der U. übt keine gewerbsmäßige Tätigkeit aus. Als U. können auch zugelassene U.-Organisationen (z. B. eingetragene Vereine und Genossenschaften, Aktiengesellschaften, GmbH) tätig werden.

Umweltgüter, Bez. der →Umweltökonomie für die Umweltmedien (einschließlich Pflanzen und Tiere), um zu verdeutlichen, dass das ehem. freie Gut (natürl.) Umwelt zu einem knappen wirtschaftl. Gut geworden ist, das als Bestandsgut versch. Nutzungen (Umweltdienste) zulässt: Die Umwelt versorgt z. B. den Menschen mit lebenswichtigen Gütern wie Luft und Wasser, liefert Rohstoffe und stellt Boden als Standort für Produktions-, Wohn- und Konsumzwecke zur Verfügung; sie nimmt Produktions- und Konsumrückstände auf. (→Umweltkosten, →umweltökonomische Gesamtrechnung)

Umwelthaftung, die durch das Umwelthaftungs-Ges. vom 10. 12. 1990 (UmweltHG, in Kraft seit 1. 1. 1991) eingeführte Gefährdungshaftung des Inhabers bestimmter Anlagen (z. B. der chem. Industrie) für von der Anlage ausgehende Umwelteinwirkungen, durch die ein Mensch getötet, an Körper oder Gesundheit verletzt oder eine Sache beschädigt wird (§ 1 UmweltHG). Unter Umwelteinwirkungen versteht das Gesetz (§ 3) Stoffe, Erschütterungen, Geräusche, Druck, Strahlen, Gase, Dämpfe, Wärme oder sonstige Erscheinungen, die sich in Boden, Luft oder Wasser ausgebreitet haben. Die Haftung ist durch Höchstbeträge (jeweils 160 Mio. DM für Tötung, Körper- und Gesundheitsverletzung einerseits und Sachbeschädigungen andererseits) begrenzt (§ 15). Eine weitergehende Haftung aufgrund anderer Vorschriften, bes. bei Verschulden aus unerlaubter Handlung, bleibt unberührt (§ 18).

Umwelthygiene, Teilgebiet der Hygiene, das sich mit vorsorgenden Maßnahmen zur Vermeidung der Belastung von Luft, Wasser, Boden, Pflanzen, Tieren und Lebensmitteln durch chem., biolog. und physikal. Umweltfaktoren befasst.

Umwelt|informationsgesetz, Abk. **UIG,** Ges. vom 8. 7. 1994, das in Umsetzung einer EG-Richtlinie den freien Zugang von jedermann zu Informationen über die Umwelt, die bei einer Behörde oder einer näher bestimmten Person des Privatrechts vorhanden sind, regelt. Umweltinformationen sind alle in Schrift, Bild oder auf sonstigen Informationsträgern vorliegenden Daten über den Zustand der Gewässer, der Luft, des Bodens, der Tier- und Pflanzenwelt und der natürl. Lebensräume, über Maßnahmen, die diesen Zustand beeinträchtigen können, und über Maßnahmen zum Schutz dieser Umweltbereiche. Beschränkungen des Informationsanspruchs beinhalten die §§ 7 und 8 UIG. Die Bundes-Reg. hat in vierjährigen Abständen einen Bericht über den Zustand der Umwelt im Bundesgebiet zu veröffentlichen (§ 11 UIG).

Umweltkontamination, →Umweltbelastung.

Umweltkosten, volkswirtschaftl. Kosten für den Verbrauch von (Natur-)Ressourcen und die Zerstörung von Ökosystemen, techn. und kulturellen Gütern. Die Zuordnung zu einzelnen Verursachern und die Quantifizierung in Geldeinheiten sind schwierig und nur in wenigen Fällen möglich. Nur ein Teil dieser externen Kosten wird an Unternehmen weitergegeben und damit internalisiert (→externe Effekte). Im betriebl. Bereich verschwimmen die Grenzen zw. herkömml. Kosten- und U.-Begriff: Die **U.-Rechnung** bildet sowohl die Produktkosten als auch die Kosten des nachsorgenden, des produktions- und/oder produktintegrierten Umweltschutzes oder der Reststoffentstehung ab. Sie kann damit zur ökolog. und ökonom. Optimierung eingesetzt werden.

Hb. U.-Rechnung, hg. v. Bundesumweltministerium u. Umweltbundesamt (1996).

Umweltkrankheiten, durch unmittelbare oder mittelbare (z. B. über kontaminierte Tiere oder Pflanzen) Einwirkung von biolog., chem. oder physikal. Umweltfaktoren auf den menschl. Organismus verursachte Gesundheitsstörungen bzw. Erkrankungen (z. B. →Minamata-Krankheit oder →Itai-Itai-Krankheit). Mit dem Einfluss von Umweltfaktoren auf den menschl. Organismus werden auch weit verbreitete Krankheiten (z. B. Allergien, Erkrankungen der Atemwege und Krebs) in Zusammenhang gebracht.

Umweltkriegsübereinkommen, Kurz-Bez. für die ›Konvention über das Verbot der Verwendung umweltverändernder Techniken zu militärischen Zwecken‹.

Umweltkriminalität, →Umweltstrafrecht.

Umweltlizenzen, Umwelt|zertifikate, ein umweltpolit. Instrument, bei dem das Recht auf eine bestimmte Nutzung von Umweltressourcen mengenmäßig kontingentiert und in Form eines am Markt handelbaren Zertifikats verbrieft wird. Anders als bei →Umweltabgaben setzt die Steuerung hier nicht auf der Preis-, sondern auf der Mengenseite an. So berechtigen Emissionszertifikate ihren Besitzer pro Zeiteinheit eine bestimmte Schadstoffmenge (z. B. CO_2) zu emittieren, wobei die insgesamt zulässigen Emissionen durch die Menge der in Umlauf befindl. Zertifikate begrenzt werden. Um die erforderl. Anpassungsprozesse zu ermöglichen, ist i. d. R. vorgesehen, zunächst Zertifikate im Umfang der aktuellen Ist-emissionen auszugeben, die dann im Rahmen eines vorgegebenen Zeitplans ›abgewertet‹ werden. Infolge dieser Verknappung setzt unter den Emittenten ein Handel mit Emissionszertifikaten ein, und es bildet sich ein Knappheitspreis, der bewirkt, dass sich die insgesamt erforderl. Emissionsreduzierungen in kostenminimierender Weise auf die einzelnen Emittenten verteilen (gesamtwirtschaftl. Effizienz). Analog lässt sich auch das Recht zur Herstellung bzw. zum Import umweltbelastender Produkte (z. B. FCKW) durch Vergabe handelbarer Quoten reglementieren, und ein vergleichbarer Mechanismus von Inputzertifikaten kann für die Begrenzung umweltbelastender Produktionsfaktoren (z. B. Pflanzenschutzmittel) angewendet werden.

U. stellen dasjenige Instrument zur Korrektur von Marktversagen infolge negativer externer Effekte dar, das am stärksten der Funktionsweise des Marktes entspricht. In der Öffentlichkeit wird gegen U. häufig eingewendet, sie bedeuteten einen ›Verkauf der Umwelt‹. Jedoch läuft jedes umweltpolit. Instrument darauf hinaus, das Gut Umwelt zu rationieren und den Interessenten ein bestimmtes Gesamtmaß an Umweltnutzungen zuzuteilen. Der Unterschied besteht lediglich darin, dass diese Zuteilung im Rahmen ordnungsrechtl. Regelungen (Verbote und Auflagen) kostenlos erfolgt, während bei U. hierfür ein Preis zu entrichten ist. Ein anderer Einwand befürchtet, dass bei Einführung von U. Marktzutrittsschranken geschaffen werden sowie finanzkräftige Unternehmen Zertifikate aufkaufen und horten und auf diese Weise Konkurrenten aus dem Markt verdrängen. Dem steht u. a. entgegen, dass U. sich auf eine spezif. Umweltschädigung beziehen, während die Unternehmen auf (versch.) Produktmärkten konkurrieren.

Prakt. Versuche mit Zertifikatlösungen in Verbindung mit Umweltauflagen haben bisher v. a. in den USA stattgefunden. So wird im amerikan. ›Emissions-Trading-Program‹ für eine bestimmte Region z. B. vorgeschrieben, dass sich neue Unternehmen nur ansiedeln dürfen, wenn sich die Umweltqualität nicht verschlechtert (Ausgleichspolitik, Offset-Policy), oder dass sich die Emissionen in einer Region für alle Unternehmen nicht erhöhen dürfen bzw. kontinuierlich verringern müssen (Glockenpolitik, Bubble-Policy). Unternehmen, die ihre Emissionen über die Umweltauflage hinaus verringern, erhalten übertragbare, d. h. handelbare Emissionsgutschriften (Emissionsminderungsguthaben), die auch bei Umweltbanken deponiert werden können, um sie später selbst zu verwenden oder zu verkaufen (›kontrollierter Umwelthandel‹). Auf internat. Ebene wird zurzeit ein ähnl. System zur Realisierung der im Protokoll der Klimakonferenz von Kyōto (1997) vorgesehenen Verminderung von Treibhausgasemissionen diskutiert.

Umweltpolitik mit handelbaren Emissionsrechten, Beitrr. v. J. HEISTER u. a. (1991); J. SCHEELHAASE: Abgaben u. Zertifikate als Instrumente zur CO_2-Reduktion in der EG (1994); Grundfragen der U., hg. v. F. WASSERMEYER (1994); D. SCHNEIDER: U. (⁶1994).

Umweltmanagement [-mænɪdʒmənt], urspr. die Gesamtheit aller unternehmenspolit. Entscheidungen, die die Gestaltung der Beziehungen zw. Unternehmen und den von ihren Aktivitäten direkt und indirekt betroffenen Bezugsgruppen (z. B. Konsumenten, Staat, Banken, Lieferanten) zum Gegenstand haben. Dieser allg. auf das wettbewerbsstrateg. und soziopolit. Handeln von Unternehmen abzielenden Konzeption wird seit Mitte der 1980er-Jahre ein modifiziertes Verständnis gegenübergestellt. Danach meint U. die Gestaltung sämtl. Unternehmensaktivitäten, die im Zusammenhang mit dem Schutz der natürl. Umwelt stehen. U. wird in diesem Fall auch als **Ökologiemanagement, ökologieorientierte Unternehmensführung** oder **betriebliche Umweltökonomie** bezeichnet und umfasst die Planung, Durchführung und Kontrolle von strateg. und operativen Maßnahmen zur Vermeidung, Verminderung und Beseitigung von Umweltschäden sowie die Ausschöpfung der sich durch Umweltschutz eröffnenden Marktpotenziale.

Einflusswirksam auf umweltschützende Maßnahmen sind v.a. das ökolog. Bewusstsein im Unternehmen, die gesamtgesellschaftl. Ansprüche an die Unternehmen (staatl. Umweltpolitik, -recht, Werthaltungen), die Kostensenkungspotenziale (Reduzierung der Energie-, Rohstoff- und Abfallkosten; Senkung der Ausfall- und Krankheitskosten), die techn. Möglichkeiten zur Verminderung von Umweltbelastungen (z. B. integrierte Technologien, nachgeschaltete Reinigungstechnologien) sowie das jeweilige Wettbewerbsumfeld (Marktsignale der Beschaffungs- und Absatzmärkte). Dabei gilt aufgrund steigenden Umweltbewusstseins der Verbraucher, dass ein ökologieorientiertes Management v.a. dann zu Wettbewerbsvorteilen führt, wenn es glaubwürdig nach außen vermittelt werden kann (→Umweltaudit).

Innerhalb des durch umweltpolitische staatl. Maßnahmen abgesteckten Rahmens haben Unternehmen grundsätzlich die Wahl zw. einem lediglich auf die Vermeidung umweltschutzinduzierter Kosten hinauslaufenden defensiven und einem offensiven U. Ein über die Ergreifung von Ad-hoc-Maßnahmen hinausreichendes, offensives U. schlägt sich in sämtl. Bereichen der betriebl. Leistungserstellung und -verwertung nieder, u.a. in den Bereichen Marketing (z. B. Angebot umweltschonender Produkte), Finanzen (z. B. Deckungsvorsorge für Störfälle) und Beschaffung (z. B. Substitution knapper, nichtregenerativer oder gesundheitsgefährdender Roh-, Hilfs- und Betriebsstoffe. Bes. wichtig sind Umweltschutzmaßnahmen in der Fertigung. Ein offensives U. umfasst hier neben der Vermeidung und Verminderung des Einsatzes natürl. Ressourcen durch integrierte Technologien auch die Einrichtung einer inner- und überbetriebl. Kreislaufwirtschaft durch Wieder- und Weiterverwertung stoffl. und energet. Ressourcen (Recycling, Wärmerückgewinnung). Der Entlastung der natürl. Umwelt als dem bisherigen Aufnahmemedium für Schadstoffe dienen darüber hinaus die dem eigentl. Produktionsprozess vorgelagerten (z. B. Brennstoffentschwefelung) und nachgeschalteten Minderungstechnologien (z. B. Rauchgasentschwefelung).

Wichtige Instrumente zur Umsetzung eines offensiven Umweltschutzes sind die umweltschutzbezogene Änderung der Organisationskultur, der Aufbau ökologieorientierter Informationssysteme (Ökobilanzen, Produktlinienanalyse, Früherkennungssysteme, Umweltaudit), die Verankerung des Umweltschutzes in Unternehmenszielen und -strategien, die Organisation der Funktion ›Umweltschutz‹ (Umweltbeauftragte) sowie die Durchführung von Maßnahmen zur Förderung der umweltschutzbezogenen Motivation (betriebl. Vorschlagwesen, ökolog. Management by Objectives) und Qualifikation der Mitarbeiter.

Betriebl. Umweltökonomie, Beitrr. v. L. WICKE u.a. (1992); U. STEGER: U. Erfahrungen u. Instrumente einer umweltorientierten Unternehmensstrategie (²1993); D. BUTTERBRODT u.a.: U. (1995); D. BRODEL: Internat. U. (1996); Hb. Umweltschutz u. Organisation. Ökologisierung – Organisationswandel – Mikropolitik, hg. v. M. BIRKE u.a. (1997); Kosten senken durch U., hg. v. M. GEGE (1997); U. Aspekte einer umweltbezogenen Unternehmensführung, hg. v. J. WEBER (1997).

Umweltmedizin, Teilgebiet der Hygiene, befasst sich mit Erkrankungen bzw. Gesundheitsstörungen, die auf Umwelteinflüsse zurückgeführt werden. Zur **klinischen** und **analytischen** U. gehören die Schadstoffmessung in der Umgebung, in den Körperflüssigkeiten des Menschen (Biomonitoring) und die Erfassung der Auswirkungen beim Menschen (Effektmonitoring).

Umweltmonitoring [-mɔnɪtərɪŋ, engl.], die →Umweltbeobachtung.

Umwelt|ökonomie, Umwelt|ökonomik, Teilgebiet der Wirtschaftswissenschaften, das sich mit den Wechselwirkungen zw. wirtschaftl. Handeln und der Qualität der natürl. Umwelt befasst und in seine Analysen, Theorien und Handlungskonzepte Umweltgüter bzw. das Gut Umweltqualität einbezieht. Neben der traditionellen volkswirtschaftl. U. (U. i. e. S.) hat

Die **volkswirtschaftliche** U. ist sowohl wirtschaftstheoretisch (ökonom. Theorie der Umwelt) als auch wirtschaftspolitisch orientiert (Theorie der Umweltpolitik) und umfasst neben der ›Ökonomie der Umweltbelastung‹ auch die Ressourcen- oder Rohstoffökonomie. Die herkömml. wirtschaftstheoret. Sichtweise betrachtet die natürl. Umwelt als freies Gut, das aufgrund fehlender Knappheit unentgeltlich zur Verfügung steht. Die Kosten der Nutzung von Umweltgütern und der Beseitigung der Umweltschäden tragen deshalb nicht die Verursacher, sondern andere bzw. die Allgemeinheit (Umweltgüter als öffentl. Güter), d. h., die von Produktion und Konsum verursachten Umweltbeeinträchtigungen gehen mit ihren Kosten nicht in die Wirtschaftsrechnungen der Unternehmen und privaten Haushalte ein (negative →externe Effekte). Durch diese Verletzung des →Verursacherprinzips besteht bei Unternehmen und Haushalten i. d. R. kein unmittelbarer ökonom. Anreiz zu umweltentlastenden Maßnahmen. Darüber hinaus spiegeln die Güterpreise nicht die tatsächlich entstandenen sozialen Kosten wider, sodass sie aus gesamtwirtschaftl. Sicht häufig zu gering sind. Beide Effekte haben zur Folge, dass der Marktmechanismus ohne umweltpolit. Eingriffe nicht zu einer optimalen Allokation der volkswirtschaftl. Ressourcen führt (Marktversagen).

Die U. versucht u. a., Umweltschäden zu erfassen und zu bewerten (Kosten-Nutzen-Analyse, umweltökonom. Gesamtrechnung) sowie verursachergerecht den privaten Wirtschaftsrechnungen zuzuordnen (Internalisierung negativer externer Effekte) mit dem Ziel einer ökonomisch optimalen Umweltqualität bzw. eines möglichst großen gesellschaftl. Wohlstands bei hoher Umweltqualität. Weiterhin wird analysiert, inwieweit gesamtwirtschaftl. und umweltpolit. Ziele übereinstimmen (z. B. Auswirkungen umweltpolit. Maßnahmen auf Wachstum und Beschäftigung) und welche umweltpolit. Instrumente unter Effizienzgesichtspunkten (z. B. ökolog. Zielgenauigkeit, geringstmögliche volkswirtschaftl. Kosten, optimale Produktionsstruktur, umweltfreundl. techn. Fortschritt) einzusetzen sind. Auch Wechselwirkungen mit anderen wirtschaftspolit. Bereichen (z. B. Energie-, Rohstoff-, Verkehr-, Agrar-, Entwicklungs- und Regionalpolitik) sind Gegenstand der Umweltökonomie.

Eine neuere Richtung der U. bezeichnet sich als **ökologische Ökonomie.** Deren Repräsentanten vertreten die These, dass die Umwelt nicht länger als Kapital oder Gut besonderer Art betrachtet werden dürfe und dass auch die Wirtschaft Teil des globalen Ökosystems sei. Gefordert wird ein nachhaltiges Wirtschaften und eine →nachhaltige Entwicklung. Danach dürfen z. B. natürl. Ressourcen nur so weit genutzt werden, wie sie wieder nachwachsen oder (bei nicht erneuerbaren Ressourcen, z. B. Erdöl) wie Ersatz zur Verfügung steht (z. B. Sonnenenergie). Die Umweltmedien Wasser, Luft und Boden dürfen nur bis zur Grenze ihrer natürl. Regenerationskapazität mit Schadstoffemissionen belastet werden. Auch wird danach gefragt, ob und wie das gegenwärtige nat. und weltwirtschaftl. System den Bestand der Natur garantieren kann und mit welchen Inhalten wirtschaftl. →Wachstum und Wohlstand im Sinne der Nachhaltigkeit (→nachhaltige Entwicklung) verknüpft sein müssten.

Die **betriebliche U.** untersucht als Teilgebiet der Betriebswirtschaftslehre die Beziehungen zw. Unternehmen und natürl. Umwelt, die Auswirkungen der Umweltpolitik sowie die umweltbezogenen Anforderungen des Marktes und der Gesellschaft an das unternehmer. Handeln (→Umweltmanagement).

U. HAMPICKE: Ökolog. Ökonomie. Individuum u. Natur in der Neoklassik (1992); A. ENDRES u. I. QUERNER: Die Ökonomie natürl. Ressourcen (1993); L. WICKE: U. (^{4}1993); A. ENDRES: U. (1994); J. WEIMANN: Umweltökonomik (^{3}1995); H. BARTMANN: U. – ökolog. Ökonomie (1996); W. E. OATES: The economics of environmental regulation (Cheltenham 1996).

umwelt|ökonomische Gesamtrechnung, Abk. **UGR,** statist. Berichtssystem, das die durch wirtschaftl. Aktivitäten hervorgerufenen Veränderungen im ›Naturvermögen‹ (natürl. Kapitalstock) dokumentieren soll. Analog der im Rahmen der →volkswirtschaftlichen Gesamtrechnung (VGR) erfassten Abschreibungen für das Anlagevermögen sollen in der UGR Grunddaten für die Kalkulation von Abschreibungen auf das Naturvermögen ermittelt und damit gezeigt werden, welche natürl. Ressourcen durch Produktion und Konsum verbraucht, entwertet oder zerstört werden. Die Erfassung der wechselseitigen Beziehungen von Ökonomie und Ökologie erfolgt in fünf Themenbereichen, die gemäß dem internat. ›Pressure-State-Response-Ansatz‹ (Belastung der Umwelt, Umweltzustand, gesellschaftl. Reaktion) gegliedert sind: 1) Material- und Energiefluss, Rohstoffverbrauch, Emittentenstruktur; 2) Nutzung von Fläche und Raum; 3) Indikatoren des Umweltzustandes; 4) Maßnahmen des Umweltschutzes, Investitionen, Ausgaben; 5) Vermeidungskosten zur Erreichung von Umweltstandards.

Da jeder dieser Themenbereiche durch eine spezif. Methodik gekennzeichnet ist und auf dem Weg zur Kalkulation von Abschreibungen auf das Naturvermögen massive method. Probleme (Bewertung, Aggregation, mangelnde Kenntnisse von Ursache-Wirkungs-Zusammenhängen) zu überwinden sind, kann die UGR keine umfassende, in Geldeinheiten ausgedrückte Abschreibungsgröße oder ein Ökoinlandsprodukt ermitteln, weshalb derzeit auch eine vollständige Integration in die VGR weder sinnvoll noch möglich ist. Das Statist. Bundesamt stellt daher seine UGR als ergänzendes Rechenwerk (Satellitensystem) neben die VGR, versucht aber, mögl. Verknüpfungen herzustellen. Dieses Vorgehen entspricht weitgehend dem von den UN entwickelten System einer integrierten Umwelt- und ökonom. Gesamtrechnung (System for Integrated Environmental and Economic Accounting, SEEA), an dem sich auch das Statist. Amt der EG (Eurostat) mit seinem Satellitensystem (SERIEE) sowie die meisten europ. Staaten orientieren.

Integrated environmental and economic accounting, hg. v. Department for Economic and Social Information and Policy Analysis Statistical Division (New York 1993); Ökointegrative Gesamtrechnung, hg. v. H. SCHNABL (1993); J. KLAUS: Umweltökonom. Berichterstattung (1994).

Umweltpolitik, Umweltschutzpolitik, die Gesamtheit der Maßnahmen zur Verbesserung der Umweltqualität oder zur Aufrechterhaltung einer gegebenen Umweltqualität. Durch die Tätigkeit öffentl. und gesellschaftl. Institutionen auf dem Gebiet des →Umweltschutzes sollen Umweltschäden möglichst beseitigt oder vermieden werden, um ein regionales, nat., kontinentales oder globales ›ökolog. Gleichgewicht‹ wiederherzustellen.

Einerseits ist U. kein isolierter Politikbereich, sondern eher ein Querschnittsbereich. So bestehen enge Zusammenhänge mit Wirtschafts- und Finanzpolitik, mit Forschungs- und Technologiepolitik, mit Energie-, Verkehrs-, Entwicklungs- und Außenpolitik. Andererseits wird der staatl. U. der gleiche Rang eingeräumt wie anderen öffentl. Aufgaben.

Prinzipiell können an eine ›rationale U.‹ folgende Anforderungen gestellt werden: 1) Verwirklichung grundlegender umweltpolit. Prinzipien; 2) Bestandsaufnahme der Umweltsituation unter Berücksichtigung ökonom., sozialer und gesellschaftl. Belange im Sinne eines umfassenden ›Umweltqualitätsberichts‹ über eine umweltökonom. Gesamtrechnung hinaus; 3) Vorgabe eindeutig definierter, operationaler, nach Prioritäten geordneter umweltpolit. Ziele in den einzelnen Aktionsfeldern der U., die auch das Erreichen anderer wirtschafts- und gesellschaftspolit. Ziele ermöglichen; 4) Einsatz ökologisch und ökonomisch effizienter umweltpolit. Instrumente; 5) Messung des ökolog., aber auch des ökonom. und sozialen Erfolgs der durchgeführten umweltpolit. Maßnahmen im Sinne einer Evaluierung oder eines öffentl. Umweltcontrollings.

Träger und Adressaten

Umweltpolit. Maßnahmen können auf versch. Handlungsebenen vom kommunalen bis zum internat. Bereich ergriffen werden. Auf staatl. Ebene sind in Dtl. die Handelnden Bundes-Reg., Bundestag und Bundesrat, auf der Ebene der Bundesländer die Länder-Reg. und Landtage, auf kommunaler Ebene die Verwaltungen und Parlamente der Städte, Gemeinden und Landkreise. Ausgeführt wird die U. von der Umweltverwaltung.

Die meisten umweltpolit. Aufgaben des Bundes sind beim 1986 als Reaktion auf die Reaktorkatastrophe von Tschernobyl eingerichteten Bundesministerium für Umwelt, Naturschutz und Reaktorsicherheit (›Bundesumweltministerium‹) konzentriert, doch auch andere Ministerien sind für umweltpolitisch relevante Teilbereiche (z. B. Landwirtschaft, Rohstoffpolitik) zuständig, weshalb auch Koordinierungsgremien geschaffen wurden: Kabinettsausschuss für Umweltfragen (›Umweltkabinett‹), ständiger Abteilungsleiterausschuss für Umweltfragen, Interministerielle Arbeitsgruppe CO_2-Reduktion. Wichtigste Bundesbehörde für umweltpolit. Belange ist das Umweltbundesamt, Gremien der Politikberatung sind der Rat von Sachverständigen für Umweltfragen und der 1993 eingesetzte wiss. Beirat ›Globale Umweltveränderungen‹ (WBGU). Auf der Länderebene wird die Umweltverwaltung von den Landesumweltministerien und den ihnen nachgeordneten Behörden wahrgenommen. Bei ihnen sowie den Kommunen liegen die Schwerpunkte der Umweltverwaltungstätigkeit.

Akteure der internat. U. sind zunächst die einzelnen Staaten, die miteinander Verträge abschließen oder Konventionen aushandeln. In jüngster Zeit agieren sie verstärkt im Rahmen internat. Konferenzen wie der UN-Konferenz für Umwelt und Entwicklung (UNCED, ›Erdgipfel‹) in Rio de Janeiro 1992, der ersten Vertragsstaatenkonferenz zur Klimarahmenkonvention in Berlin 1995 (›Berliner Klimagipfel‹) und der Folgekonferenzen in Genf (1996) und Kyōto (1997) oder der United Nations Conference on Human Settlements (Habitat II) 1996 in Istanbul. Daneben spielen versch. internat. Organisationen in der U. eine Rolle wie die EU, die

OECD mit ihrem Umweltausschuss oder die Vereinten Nationen mit ihrem Entwicklungsprogramm (→UNDP) und Umweltprogramm (→UNEP).

U. ist nicht nur Aufgabe des kommunalen oder staatl. Bereichs, sondern auch Aufgabe gesellschaftl. Gruppen, die polit. Druck ausüben, um entweder Umweltschutzmaßnahmen zu verhindern oder um mehr umweltpolit. Maßnahmen durchzusetzen: Unternehmen und Wirtschaftsverbände, Berufsverbände und Gewerkschaften, Umweltschutzorganisationen und Bürgerinitiativen (→ökologische Bewegung). Der Einfluss dieser →Nichtregierungsorganisationen nimmt mit wachsendem öffentl. Bewusstsein und verstärkter Medienpräsenz zu. Die öffentl. U. richtet sich neben den Gebietskörperschaften selbst (auch Behörden und öffentl. Unternehmen müssen Umweltschutzgesetze einhalten) und gesellschaftl. Institutionen und Gruppen v. a. an Unternehmen und Verbraucher (Bürger), die letztlich durch ihr Verhalten dazu beitragen, ob und wie umweltpolit. Ziele erreicht werden. Hier greifen öffentl. U., betriebl. U. (→Umweltmanagement) und eine ökolog. →Verbraucherpolitik ineinander.

Ziele und Prinzipien

In Dtl. wurde der Schutz der natürl. Lebensgrundlagen in Verantwortung für künftige Generationen 1994 als Staatsziel im Grundgesetz verankert. Durch den Einsatz umweltpolit. Instrumente soll nach dem Umweltprogramm der Bundes-Reg. erreicht werden, dass bestehende Umweltschäden vermindert und beseitigt, Schäden für Mensch und Umwelt abgewehrt, Risiken für Menschen, Tiere und Pflanzen, Natur und Landschaft, Umweltmedien und Sachgüter minimiert werden sowie Freiräume für die Entwicklung der künftigen Generationen und der Vielfalt von wild lebenden Arten erhalten bleiben und erweitert werden. Solche allgemeinen Zielvorstellungen, die nicht mehr nur den Menschen allein in den Mittelpunkt der U. stellen, bedürfen der Konkretisierung. So nennt die Bundes-Reg. auch weitere qualitative Rahmenziele (z. B. ökolog. Ausrichtung der sozialen Marktwirtschaft, Förderung von Umweltbewusstsein und umweltverträglichem techn. Fortschritt) und spezielle Ziele für einzelne Umweltbereiche (Natur und Landschaft, Abfallbeseitigung, Wasser, Luft und Lärm, Umweltchemikalien und Biozide). Allerdings bleibt offen, welche konkret formulierte, quantitativ messbare Umweltqualität angestrebt werden soll. Dies gestaltet sich nicht selten auch schwierig, da theoretisch sämtl. Kosten und Nutzen umweltpolit. Maßnahmen gegenübergestellt werden müssen. Während die Kosten von Umweltschutzmaßnahmen i. d. R. leicht zu messen sind (v. a. Ausgaben für den Einsatz von Produktionsfaktoren), ist der Nutzen in Gestalt verhinderter Umweltschäden nur schwer empirisch zu bestimmen. Grundsätzlich sollen umweltpolit. Maßnahmen nach dem Kosten-Nutzen-Kalkül so lange durchgeführt werden, wie sie für die Gesellschaft einen größeren Nutzen stiften als sie Kosten verursachen. Schon dieser allgemeine Grundsatz lässt die Schwierigkeiten im umweltpolit. Willensbildungsprozess deutlich werden. Als Leitlinie der U. gilt das →Verursacherprinzip. Wer für das Entstehen einer Umweltbelastung verantwortlich ist, muss die Kosten für die Vermeidung oder Beseitigung tragen. In einer Marktwirtschaft sollen dadurch die ermittelten Umweltschäden als externe Kosten oder soziale Zusatzkosten von Produktion und Konsum den Wirtschaftsrechnungen der Unternehmen und privaten Haushalte zugeschlagen werden. Geschieht dies mit Erfolg, weisen die privaten Wirtschaftsrechnungen alle der Gesellschaft entstehenden Kosten von Produktion und Konsum aus. Anwendungsprobleme ergeben sich allerdings u. a. bei dem Bemühen, die jeweiligen Verursacher von Umweltschäden festzustellen, die Kosten exakt zu berechnen und gerecht aufzuteilen, da Umweltschäden oft durch komplexe Ursachen (z. B. chron. Toxizität und weitgehend unbekannte Wechselwirkungen einer Vielzahl umweltschädigender Stoffe) und viele Verursacher gekennzeichnet sind. Deshalb fungiert als Notbehelf das →Gemeinlastprinzip, nach dem die Allgemeinheit die Umweltschutzkosten trägt: Der Staat sorgt mit öffentl. Mitteln für die Verminderung der Umweltbelastung.

Gemäß dem →Vorsorgeprinzip wird U. als Gefahrenabwehr verstanden. Der Staat greift präventiv ein, wenn menschl. Handlungen geeignet erscheinen, Schäden für Mensch und Umwelt herbeizuführen, um Umweltgefahren und -risiken so gering wie möglich zu halten (Vermeidung von Umweltschäden). U. als Zukunftsvorsorge kann auch neue umweltverträgl. Entwicklungen sowie Innovationen aufzeigen. – Letztlich sollen umweltpolit. Ziele möglichst einvernehmlich im gesellschaftl. Konsens zw. Staat, Wirtschaft, Wiss., Umweltschutzorganisationen und Bürgern erreicht werden. Zu diesem →Kooperationsprinzip zählen Mitverantwortung und Mitwirkung der Betroffenen von umweltbeeinträchtigenden Aktivitäten an den geplanten umweltpolit. Maßnahmen. Der polit. Druck auf die Staaten, verbindl. Umweltziele festzusetzen, ist seit dem Rio-Gipfel 1992 gewachsen. Die dort unterzeichnete Agenda 21 ruft die Staaten zur Formulierung von Aktionsplänen für die Umsetzung des Konzepts einer →nachhaltigen Entwicklung auf.

Instrumente

Zu den umweltpolit. Instrumenten zählen alle Maßnahmen des Staates, seiner Untergliederungen sowie der gesellschaftl. Akteure, durch die das Verhalten im Bereich Umwelt gesteuert wird. Bei der Gestaltung der Instrumente werden i. d. R. Kompromisse gesucht zw. der ökolog. und ökonom. Wirksamkeit einer Maßnahme (ökolog. Zielgenauigkeit zu möglichst niedrigen Kosten), ihren wirtschaftl. und sozialen Konsequenzen (z. B. Förderung oder Beeinträchtigung der Beschäftigung) sowie ihrer v. a. verwaltungsbezogenen und rechtl. Praktikabilität und polit. Realisierbarkeit. In der umweltpolit. Praxis herrschen bisher eindeutig umweltbezogene Verhaltensvorschriften (→Umweltauflagen) vor. Vornehmlich marktwirtschaftlich orientierte Instrumente wie →Umweltlizenzen und →Umweltabgaben (i. e. S.) spielen noch eine untergeordnete Rolle. Das →Umweltaudit (Ökoaudit) wird zunehmend zu einem Instrument staatl. Umweltpolitik.

Aus der Vielfalt der getroffenen Maßnahmen sind zunächst ordnungsrechtl. und planungsrechtl. Instrumente zu nennen. Zu Ersteren gehören Verbote und Gebote (z. B. sind naturschutzrechtlich Eingriffe in die Umwelt verboten, immissionsschutzrechtlich kann der Einbau von Filtern geboten sein), Erlaubnispflichten (z. B. für die Nutzung von Gewässern) sowie Anzeigepflichten (z. B. von Messergebnissen in Bezug auf den Betrieb einer Anlage). Ferner können das Führen von Nachweisbüchern (z. B. hinsichtlich des Verbleibs von Sondermüll) gefordert, Verpackungs- und Kennzeichnungspflichten vorgeschrieben, eine Umwelthaftpflicht verankert sowie Ersatz- oder Ausgleichsmaßnahmen auferlegt werden.

Planungsrechtl. Instrumente sind bedeutsam, da sie der Vermeidung von Umweltbelastungen dienen können. Hier sind die versch. Pläne im Bereich der →Raumordnung und →Landesplanung bis zur regionalen Entwicklungs- und kommunalen Bauleitplanung zu nennen, einschließlich der →Umweltverträglichkeitsprüfung. Andere verwaltungsrechtl. Maßnahmen sind der Aufbau einer wirkungsvollen, hinreichend mit Personal und Sachmitteln ausgestatteten Umweltverwaltung, die Bürger- und Verbandsbeteiligung, Aufklärungs- und Beratungstätigkeiten sowie bes. im Interesse der Durchsetzbarkeit das Straf- und Ordnungswidrigkeitenrecht (→Umweltstrafrecht). Weiterhin kann der Staat darauf hinwirken, dass mit Verbänden und Wirtschaftsbranchen Abkommen zur Durchsetzung umweltpolit. Ziele geschlossen werden. Im Einklang mit Forderungen nach Deregulierung und Verschlankung des Staates kommt dieses Instrument der ›Freiwilligen Selbstverpflichtung‹ in jüngster Zeit verstärkt zum Einsatz (z. B. Selbstverpflichtung der Industrie zur CO_2-Reduktion). Die Wirksamkeit ist jedoch aufgrund bisher mangelnder Kontroll- und Sanktionsmechanismen umstritten.

Finanzwirtschaftl. und finanzpolit. Instrumente sind u. a. eine umweltbewusste Beschaffungspolitik im Rahmen der öffentl. Auftragsvergabe, direkte Umweltschutzmaßnahmen (auch öffentl. Umweltschutzinvestitionen) mit Finanzierung über Gebühren und Beiträge (z. B. bei Abfall- und Abwasserbeseitigung) oder über allgemeine Steuermittel sowie die finanzielle Förderung von Umweltschutzorganisationen. Eine besondere Bedeutung hat letztlich die Schaffung finanzieller Anreize für umweltverbessernde privatwirtschaftl. Aktivitäten (z. B. umweltfreundl. Produkte und Produktionsverfahren, umweltfreundl. Forschung und Entwicklung) durch Finanzhilfen, Steuervergünstigungen (Umweltschutzsubventionen) oder der Besteuerung umweltschädl. Aktivitäten (z. B. Energie-/CO_2-Steuer). Angesichts wachsender Staatsverschuldung und hoher Arbeitslosigkeit kommt letztgenanntem Instrument in Verbindung mit einer Senkung der Lohnnebenkosten eine besondere Bedeutung zu (aufkommensneutrale ökolog. Steuerreform).

Mit dem Einsatz umweltpolit. Instrumente sind oft auch Ausgaben verbunden, die in der volkswirtschaftl. Gesamtrechnung z. T. ausgewiesen werden. Diese laufenden Ausgaben und Investitionen für den Umweltschutz haben inzwischen Größenordnungen erreicht, die nicht unerheblich Produktion und Investitionen, Konsum und Arbeitsmarkt beeinflussen. In Dtl. haben sich die Betriebsausgaben und Umweltschutzinvestitionen von Staat und produzierendem Gewerbe von (1975) 13,4 Mrd. DM über (1980) 20,6 Mrd. DM, (1985) 26,6 Mrd. DM und (1990) 38,1 Mrd. DM auf (1995) 43,1 Mrd. DM mehr als verdreifacht (Angaben nur für alte Länder). Bis 1981 entfiel der Großteil dieser Ausgaben auf den Staat; seither sind Staat und produzierendes Gewerbe annähernd gleich beteiligt. Die staatl. Ausgaben betreffen überwiegend die Abfallbeseitigung und den Gewässerschutz, die Ausgaben des produzierenden Gewerbes bes. die Luftreinhaltung und den Gewässerschutz. Etwa 5,5 % der Investitionen des produzierenden Gewerbes (1995: 7,3 Mrd. DM) werden als Umweltschutzinvestitionen ausgewiesen. Auf der Habenseite stehen diesen Aufwendungen eine deutl. Verbesserung der Umweltqualität (v. a. von Luft und Gewässern), eine wachsende Zahl von Beschäftigten im Umweltschutz sowie einer der weltweit größten und modernsten Umweltschutzmärkte gegenüber.

Perspektiven

U. setzt oft am Ende einer Ursachenkette an, obwohl eine ursachenadäquate Maßnahme ökologisch effizienter und volkswirtschaftlich günstiger wäre. U. müsste künftig von diesem ›End-of-the-Pipe-Prinzip‹ Abschied nehmen. Damit einhergehen sollte eine Umorientierung des Maßstabs der U. Bisher dominierte das technisch und v. a. kurzfristig wirtschaftlich Machbare. Die Orientierung am Leitbild der nachhaltigen Entwicklung erfordert jedoch eine stärkere Orientierung am ökologisch Notwendigen.

U. wirkt oft kurzsichtig und trotz vielfältiger Aktivitäten konzeptionslos hinsichtlich der umweltgerechten Gestaltung des künftigen Wirtschafts- und Gesellschaftssystems. So werden z. B. trotz absehbarer Verknappung fossiler Energieträger und drohender Klimafolgen aus ihrer ungebremsten Verbrennung Forschungsmittel bisher nicht in ausreichendem Maße auf Technologien des →Energiesparens und der Nutzung →erneuerbarer Energien umgeschichtet. Eine vorausschauende U. steht auch im Ggs. zur heute oft anzutreffenden reaktiven U. (›U. als Reparaturwerkstatt‹): Sind die Mülldeponien gefüllt, wird über Recycling und vermehrte Müllverbrennung nachgedacht. Was U. bisher zu wenig leistet, sind Antworten auf die Fragen: Wie viel Umweltverschmutzung können oder wollen wir uns noch erlauben? Welches Recht hat die ›Natur‹ gegenüber dem Menschen? Mit welchen (negativen) Folgen für die Umwelt sind Wohlstand, Fortschritt und Freiheit verbunden? Die Zurückhaltung gegenüber solchen Grundsatzfragen steht in krassem Widerspruch zur krisenhaften Situation der Umwelt.

Unterstützt wird eine Hinwendung zu einer mehr vorausschauenden U. durch einen Wandel im Bewusstsein vieler Menschen hin zu einer modernen Umweltethik (→Umweltschutz), nach der u. a. der Mensch nicht mehr als befugt angesehen wird, sich die Erde untertan zu machen. Gefordert wird, die Rechte künftiger Generationen stärker zu berücksichtigen. Dazu gehört, die natürl. Lebensgrundlagen für diese Generationen zu erhalten und nicht durch Entscheidungen, die nicht mehr umkehrbare Prozesse auslösen, zu gefährden. Gefordert ist eine nachhaltige Entwicklung (Sustainable Development) als eine Form von Fortschritt, die die Bedürfnisse der Gegenwart befriedigt, ohne künftigen Generationen die Grundlage für deren Bedürfnisbefriedigung zu nehmen. Diese von der Staatengemeinschaft 1992 in Rio de Janeiro in den Rang eines gemeinsamen polit. Leitbildes erhobene Maxime wird bisher in internat. und nat. Maßnahmen nicht ausreichend umgesetzt.

Häufig wird Umweltschutz als Einschränkung des Wohlstands empfunden. So habe U. dazu beigetragen, die industrielle Produktion zu verteuern, erhebl. Mittel seien in Umweltschutzinvestitionen gebunden. Dies berge die Gefahr, der Standort Dtl. könne aufgrund der im internat. Vergleich strengen Umweltschutzgesetzgebung an Wettbewerbsfähigkeit einbüßen. Allerdings könnte sich auch herausstellen, dass die bisherige Wirtschaftsweise zu einer ›Wohlstandslüge‹ geführt hat. Denn der Verbrauch natürl. Ressourcen ist kostengünstig; d. h., die heutige Produktion wird auf Kosten künftiger Generationen subventioniert. Der jetzt vorhandene Wohlstand ist somit teilweise von den künftigen Generationen geliehen; diese werden große Anstrengungen aufbringen müssen, die Altlasten ihrer Vorfahren zu beseitigen. Die U. sollte berücksichtigen, dass sich die Bedeutung der Begriffe Wohlstand und Fortschritt geändert hat oder ändern wird. Fortschrittlich wird eine Gesellschaft in Zukunft sein, die z. B. ihre Güter und Dienstleistungen mit möglichst wenig Energie- und Rohstoffverbrauch herstellt, Reststoffe wieder verwendet, Abfälle vermeidet; wohlhabend wird sie sein, wenn sie über gesundes Klima mit reiner Luft, sauberes Wasser, intakten Boden, menschengerechte Städte und Dörfer sowie naturnahe und artenreiche Landschaften verfügt. Länder, die diesen Weg konsequent beschreiten, haben gute Chancen, auch im traditionellen Sinne ökonomisch erfolgreich zu sein, indem sie sich auf den zukünftig wachsenden Märkten für Ressourcen schonende Technologien eine Vorreiterposition verschaffen.

Beschränkungen der Freiheit durch U. werden mit dem Begriff Ökodiktatur verknüpft. Umgangssprachlich bezeichnet dieser Begriff die Regeln einer staatlich kontrollierten, strikt umweltbewussten Lebensweise. Im polit. und wiss. Sprachgebrauch wird damit ein Staat gekennzeichnet, der zwar die natürl. Lebensgrundlagen erhält, aber nicht rechtsstaatlich und demokratisch organisiert ist. Der Vorstellung einer Ökodiktatur liegt die Befürchtung zugrunde, ein demokrat. Staat könne kein hinreichendes Durchsetzungsvermögen für die notwendige U. besitzen. Aus der umweltpolit. Not könne eine staatl. Notstandssituation werden, die den Nährboden für ein totalitäres Regime bildet. Der Begriff Ökodiktatur wird sowohl von Gegnern als auch von Befürwortern einer strengeren U. benutzt. Die Gegner berufen sich v.a. darauf, dass U. die bürgerl. Freiheiten über Gebühr einschränke. Zudem wachse die staatl. Macht (z.B. durch Sammlung umweltrelevanter Daten) an. Die Befürworter einer strengeren U. legen demgegenüber dar, dass der Mensch gerade dann, wenn er seine bürgerl. Freiheiten uneingeschränkt wahrnimmt, seine natürl. Lebensgrundlagen zerstört.

Reine Luft, sauberes Wasser, intakte Böden gelten als Voraussetzung menschl. Lebens. Zu schaffen sind sie nur durch Einschränkungen der bürgerl. Freiheiten. Um die natürl. Lebensgrundlagen zu sichern, wird deshalb eine ökolog. Grundrechtsschranke gefordert. Die freie Entfaltung der Persönlichkeit soll nicht mehr nur durch die Rechte anderer, die verfassungsmäßige Ordnung und das Sittengesetz begrenzt werden, sondern nur gewährleistet sein, soweit sie nicht die Lebensgrundlagen in ihrer Nachhaltigkeit beeinträchtigt.

Die internat. U. wird in den letzten Jahren von der Erkenntnis geprägt, dass Umweltbeeinträchtigungen nicht nur grenzüberschreitende regionale oder kontinentale (z.B. saurer Regen), sondern weltweite Auswirkungen haben können (z.B. Treibhauseffekt, Ozonloch, Desertifikation). Internat. U. muss also als ›Erdpolitik‹ begriffen werden. Das strukturelle Problem der globalen U. liegt dabei im ›Allmende-Dilemma‹: Wer die eigenen Kühe auf der von allen benutzten Dorfweide (Allmende) weiden lässt, neigt dazu, eine Überweidung in Kauf zu nehmen, selbst wenn er weiß, dass das allen schadet, letztlich auch ihm selbst. Aber einer allein kann die Wiese nicht retten, wenn sich alle anderen weiterhin rücksichtslos egoistisch verhalten. Versucht er es dennoch, z.B. indem er seine Kuhherde verkleinert, hat er neben dem Schaden der langfristig zerstörten Wiese den unmittelbaren Nachteil des geringeren Ertrags. Auf die globale U. übertragen, bedeutet dies: Wirksamer internat. Umweltschutz ist nur möglich, wenn er von allen Staaten getragen wird. Ziel einer globalen U. muss es also sein, verbindl. Umweltschutzvereinbarungen mit möglichst vielen Staaten zu treffen. Alleingänge und Vorreiterrollen einzelner Staaten sind sinnvoll, wenn sie Vorbildcharakter für andere Staaten haben.

Als eines der schwierigsten Probleme der globalen U. erweist sich der Nord-Süd-Konflikt: Die in den reichen Industrieländern des Nordens lebenden 20% der Welt-Bev. verursachen in vielen Fällen (beim Treibhauseffekt und beim Rohstoffverbrauch) 80% der globalen Umweltbelastung. Die ökolog. Folgen dieses Fortschrittsmodells treten verstärkt in den Entwicklungsländern des Südens auf (Dürren, Überschwemmungskatastrophen, Überfischung), deren notwendige wirtschaftl. Entwicklung dadurch gefährdet wird. Seit Vorlage des ›Brundtland-Berichts‹ durch die UN-Kommission für Umwelt und Entwicklung unter Vorsitz der norweg. Ministerpräsidentin GRO HARLEM BRUNDTLAND (1987), spätestens jedoch seit der UN-Konferenz für Umwelt und Entwicklung in Rio de Janeiro 1992 (›Erdgipfel‹), herrscht in der internat. Politik Einigkeit darüber, dass Umwelt- und Entwicklungspolitik untrennbar zusammengehören. Diese Erkenntnis kam im internat. Verhandlungsprozess in der Nachfolge der Rio-Konferenz bisher jedoch nicht zum Tragen. Die Konventionen zum Schutz des Erdklimas und der biolog. Vielfalt konnten in den sechs Jahren seit ihrer Unterzeichnung in Rio de Janeiro nur teilweise und zögerlich durch konkrete Verpflichtungen der Industrieländer zur Reduktion ihrer Umweltbelastung konkretisiert werden. Ein deutlich gesteigerter Finanzmitteltransfer in die Entwicklungsländer ist noch nicht erfolgt. Dennoch stellt die Fortentwicklung internat. Umweltvereinbarungen die wichtigste Chance zur Bewahrung der globalen Gemeinschaftsgüter dar.

Zur Lage der Welt. Daten für das Überleben unseres Planeten, hg. v. Worldwatch Institute (1987ff.); Humanökologie. Grundlagen präventiver U., hg. v. B. GLAESER (1989); L. WICKE u. J. HUCKE: Der ökolog. Marshallplan (1989); Basiswissen U., hg. v. U. E. SIMONIS (1990); H. WEINZIERL: Ökologische Offensive. U. in den 90er Jahren (1991); Kurswechsel. Globale unternehmer. Perspektiven für Entwicklung u. Umwelt, bearb. v. S. SCHMIDHEINY (a. d. Amerikan., Neuausg. 1993); U. der Industrieländer. Entwicklung – Bilanz – Erfolgsbedingungen, hg. v. M. JÄNICKE (1996); U. E. SIMONIS: Globale U. Ansätze u. Perspektiven (1996); Weltumweltpolitik. Grundr. u. Bausteine eines neuen Politikfeldes, hg. v. DEMS. (1996); E. U. VON WEIZSÄCKER u.a.: Faktor Vier. Doppelter Wohlstand – halbierter Naturverbrauch (Neuausg. 1997); DERS.: Erdpolitik. Ökolog. Realpolitik als Antwort auf die Globalisierung (^{5}1997); Zukunftsfähiges Deutschland. Ein Beitr. zu einer global nachhaltigen Entwicklung, Beitrr. v. R. LOSKE u.a. (Basel ^{5}1998).

Umweltprobenbank des Bundes, vom Bundesministerium für Umwelt, Naturschutz und Reaktorsicherheit initiierte und vom Umweltbundesamt koordinierte, an versch. Institutionen (u.a. Forschungszentrum Jülich, Univ. Münster) angegliederte Einrichtung, in der ökologisch repräsentative Umwelt- und Human-Organproben (z.B. Muscheln, Gewebe) gesammelt, auf etwa 40 relevante Stoffe hin analysiert und dauerhaft so gelagert werden, dass eine chem. Veränderung ausgeschlossen ist (Tiefkühlung). So können in späterer Zeit Konzentrationen oder Folgeprodukte von Stoffen ermittelt werden, die z.Z. der Probenentnahme nicht bekannt oder nicht analysierbar waren oder deren Bedeutung unterschätzt wurde. Die Zeitreihen der Eingangsanalysen und die Möglichkeiten des analyt. Rückgriffs erlauben Bewertungen und Prognosen zur Prioritätensetzung umweltpolit. und umweltmedizin. Maßnahmen.

Umweltprogramm der Vereinten Nationen, →UNEP.

Umweltqualität, Sammelbegriff für den Gütezustand der Umwelt. U. wird als Bilanzierung und Bewertung aller anthropogenen Beeinflussung der Umwelt verstanden. Seit Ende der 1970er-Jahre werden in einigen dt. Bundesländern ›U.-Berichte‹ veröffentlicht. Einen Gesamtüberblick zur Umweltbeschaffenheit in Dtl. liefern die vom Umweltbundesamt veröffentlichten ›Daten zur Umwelt‹.

Umweltradioaktivität, →Radioaktivität.

Umweltrecht, die internat. und nat. verbindl. Regelungen, die dem Schutz der Umwelt dienen (→Umweltpolitik).

Entwicklung des U.: Bereits in der Antike gab es Ges., die heute dem U. zugeordnet würden. So wurden schon im antiken Rom Abwasser- und Hygienevorschriften erlassen. Ges. und VO mit ähnl. Zielen gab es im MA. in Dtl. Etwa ab 1500 wurden auch Waldschutz-Ges. erlassen. Mit der industriellen Revolution begann die Phase ernsterer Umweltschädigungen, z. B. durch die ersten Hüttenwerke. Anfang des 20. Jh. entstanden Ges., die die Wasserverschmutzung (v. a. durch die chem. Industrie) verhindern sollten. In den 1950er- und 60er-Jahren war in der BRD wirtschaftl. Wachstum vorrangiges polit. Ziel. Daher wurden nur vereinzelt Ges. erlassen, die zumindest teilweise dem Schutz der Umwelt dienten: 1957 z. B. das Wasserhaushalts-Ges., 1968 das Pflanzenschutzgesetz.

Von U. im heutigen Sinne spricht man erst seit den 1970er-Jahren. Dieses U. basiert auf drei Prinzipien: 1) Vorsorgeprinzip (Umweltbelastungen gar nicht erst entstehen lassen); 2) Verursacherprinzip (wer verschmutzt, ist verantwortlich); 3) Kooperationsprinzip (Private sollen in gewissem Rahmen bei Entscheidungen der öffentl. Hand mitwirken).

In einer ersten Phase der Umweltgesetzgebung wurden zahlr. Ges. zum Schutz der Umwelt erlassen, z. B. Bundesimmissionsschutz-Ges. und Umweltbundesamt-Ges. (1974); Bundeswald-Ges. (1975); Abwasserabgaben-Ges., Bundesnaturschutz-Ges., grundlegende Erneuerung des Wasserhaushalts-, Abfall- sowie Atom-Ges. (1976). In den 1980er-Jahren erforderte die Umweltproblematik weiteres Tätigwerden des Gesetzgebers; so folgten 1986 z. B. das Strahlenschutzvorsorge-Ges. sowie grundlegende Neuerungen beim Pflanzenschutz- und Bundesnaturschutz-Ges. Im Zuge der dt. Einheit wurde das U. mit Übergangsbestimmungen auch auf das Gebiet der neuen Länder ausgeweitet. In den 1990er-Jahren setzte eine weitere Phase der Umweltgesetzgebung ein, bes. bedingt durch Vorgaben des Europ. Rechts (z. B. Umweltinformations-Ges., Umweltaudit-Ges.) und des Völkerrechts. Der Umweltschutz ist 1994 als Staatszielbestimmung in das GG aufgenommen worden (Art. 20 a). Das Ministerium für Umwelt, Naturschutz und Reaktorsicherheit stellte 1997 den Entwurf eines Umweltgesetzbuchs vor, der die wesentl. Teile des U. zusammenfasst und weiterentwickelt. 1998 wurde das Bundes-Bodenschutz-Ges. erlassen.

Von Kritikern wird bemängelt, dass die einzelnen Umwelt-Ges. nicht genügend aufeinander abgestimmt sind. Dies gilt bes. für die europ. Ebene, die v. a. nach Öffnung des Binnenmarktes aufgrund unterschiedlicher nat. Standards den Im- bzw. Export umweltschädigender Produkte erlaubt. Außerdem fehlen in den Umwelt-Ges. Qualitätsziele: Die Ges. verbieten meist nur bestimmte Handlungen, lassen aber offen, welcher Zustand der Umwelt angestrebt ist. Von Umweltschützern wird ferner bemängelt, dass das U. immer noch nicht die Möglichkeit zur →Verbandsklage enthält. (→Umweltstrafrecht)

Umweltschadstoffe, →Schadstoffe.

Umweltschutz, zu Beginn der 1970er-Jahre aufgekommener Begriff für die Gesamtheit der Maßnahmen und Bestrebungen, die darauf abzielen, die natürl. Lebensgrundlagen des Menschen zu sichern, den Naturhaushalt (d. h. die Gesamtheit der Bestandteile Boden, Wasser, Luft, Klima, Tiere und Pflanzen sowie das Wechselgefüge zw. ihnen) zu schützen und eingetretene Schäden zu beheben.

Historische Entwicklung

Das Wort →Umwelt wurde erstmals im Jahr 1800 von dem dän. Dichter J. BAGGESEN (für den lesenden Menschen) verwendet. In die Naturwissenschaft wurde der Begriff durch JAKOB VON UEXKÜLL eingeführt. Die weltweite Auseinandersetzung mit Umweltproblemen sowie dem U. löste insbesondere RACHEL CARSONS Buch ›Silent spring‹ (1962; dt. ›Der stumme Frühling‹) aus.

Seit ihrer Existenz beeinflusst die Menschheit ihre Umwelt. Mit Beginn der neolith. Revolution vor etwa 10 000 Jahren erfolgte der Übergang vom Sammeln und Jagen der Steinzeit zu geordneten Ackerbau- und Viehzuchtgesellschaften, d. h. hin zur geplanten Gestaltung der natürl. Umwelt. In der Antike haben die Mittelmeerkulturen ihre Wälder abgeholzt, um Holz zur Metallverhüttung und für den Schiffbau zu gewinnen. Weite Teile der Böden wurden dadurch der Erosion durch Wind und Regen ausgesetzt. – Im dünner besiedelten Mitteleuropa griffen die Menschen erst seit dem MA. in stärkerem Ausmaß in die natürl. Umwelt ein. Die urspr. bewaldete Lüneburger Heide wurde für Salinen und frühe Kohlegruben gerodet. Gegen Ende des MA. waren weite Teile Mitteleuropas nahezu entwaldet. In den Städten bewirkten Abwässer und Abfälle von Berufsständen wie Gerber, Metzger und Färber eine Verunreinigung von Wegen und Gewässern, die die Gesundheit beeinträchtigten. – Mit der industriellen Revolution seit etwa 1800 kam es zu erhebl. Umweltbeeinträchtigungen. Einleitungen von ungeklärten Industrie- und Haushaltabwässern führten zum biolog. Absterben von Flüssen und Gewässern. In der Nähe von Industriegebieten stiegen die regionalen Luftbelastungen mit Gasen, Rauch, Staub und Schadstoffen stark an.

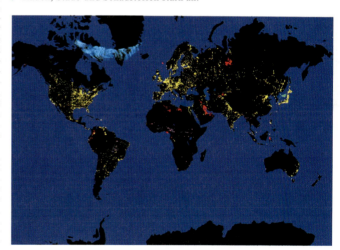

Umweltschutz: Aus Bildern von Militärsatelliten zusammengesetzte Darstellung der Lichtverteilung auf der Erde; Städte leuchten gelb, Ölfelder rot, Brandrodungen erscheinen violett (der grüne Fleck bei Japan ist eine Fischereiflotte, über Grönland ist das Nordlicht erkennbar)

Als erste U.-Maßnahmen können der Bau von Kanalisationen und hohen Schornsteinen sowie die Einrichtung erster Naturschutzgebiete gegen Ende des 19. und Anfang des 20. Jh. angesehen werden; zu den ersten Naturschutzgebieten in Dtl. gehörten z. B. das Siebengebirge bei Bonn (zur Verhinderung von Waldkahlschlag) und die Lüneburger Heide (um 1920).

Schlüsselbegriff

Der wirtschaftl. Wiederaufschwung seit den 1950er-Jahren und die mit ihm verbundenen hohen Wachstumsraten riefen steigende Umweltprobleme (bes. durch Industrieabgase) hervor. 1961 erhob deshalb W. BRANDT die Forderung nach einem ›Blauen Himmel über der Ruhr‹. 1971 erarbeitete die Bundes-Reg. erstmalig ein Programm zum Umweltschutz. Durch Gründung des →Umweltbundesamtes (1974) wurde der U. bundesweit institutionalisiert; →Umweltpolitik konnte sich seitdem zunehmend als eigenständiger Politikbereich etablieren und v. a. in den Bereichen Luft- und Gewässerreinhaltung Erfolge erzielen.

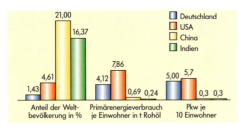

Umweltschutz: Weltbevölkerungsanteile, Energieverbrauch und Pkw-Bestand in den USA, Deutschland, China, Indien (1995)

Die fachl. Zuständigkeit für umwelt- und naturschutzrechtl. Maßnahmen lag in West-Dtl. zu dieser Zeit im Bundesministerium des Inneren, der Bereich Energie- und Atomrecht beim Bundesministerium für Wirtschaft. Weitere Aufgaben oblagen den Ministerien für Landwirtschaft und Gesundheit. Mit wachsenden Umweltproblemen wurde zunehmend die Gründung eines eigenständigen Ministeriums zur Bündelung der vielfältigen Aufgaben diskutiert. – Das Reaktorunglück von →Tschernobyl (Ukraine) und dessen Folgen führten 1986 zur Gründung des Bundesministeriums für Umwelt, Naturschutz und Reaktorsicherheit (BMU). Unterstellt sind ihm neben dem Umweltbundesamt das Bundesamt für Strahlenschutz sowie das Bundesamt für Naturschutz, die v. a. Eigenkompetenzen in den Bereichen Forschung und Entwicklung sowie Kontrolle (z. B. Luftqualität, Radioaktivität) haben. Seitdem findet bundesweit koordinierter U. statt, der v. a. bei der Reaktorsicherheit rasches Handeln ermöglichen soll. Auf Länderebene existieren Umweltministerien in versch. Zuständigkeitskombinationen (z. B. ›Umwelt, Raumordnung und Landwirtschaft‹ in NRW).

In Dtl. wurde der U. 1994 als Staatsziel im Grund-Ges. (Art. 20a) verankert. Grundlagen des U. bilden das →Kooperationsprinzip, das →Vorsorgeprinzip, das →Verursacherprinzip sowie die ökologisch verpflichtete soziale Marktwirtschaft.

Der U. ist mittlerweile (seit etwa 1990) in eine neue Phase eingetreten. In West-Dtl. konnte ein insgesamt hohes Niveau erreicht werden. Die Einheit Dtl.s und die Öffnung Europas haben deshalb die Aufmerksamkeit bes. auf drängende Probleme in Ost-Dtl. und in Staaten des ehem. Ostblocks gelenkt (z. B. Gewässersanierungen, nukleare Sicherheit, Altlasten des Uranbergbaus und des Militärs). Im Zusammenhang mit dem U. kann die Globalisierung der Wirtschaft zu nachteiligen Folgen führen: Würden alle Länder der Erde das Wohlstandsniveau mit dem Naturverbrauch der westl. Industrieländer verwirklichen, wäre die Tragfähigkeit lebenswichtiger Ökosysteme überfordert. So wäre z. B. der weltweite Energieverbrauch etwa doppelt so hoch wie gegenwärtig. Die neue Phase des U. erfordert daher verstärkte internat. Anstrengungen und die Verwirklichung des Vorsorgeprinzips über einen schrittweise sinkenden Umweltverbrauch in den westl. Industrieländern. Entsprechende rechtl. Grundlagen bilden z. B. das um Umweltbelange erweiterte Grundgesetz sowie verschiedene völkerrechtl. Konventionen.

Ursachen und Folgen gegenwärtiger Umweltbelastungen

Umweltbelastungen haben zahlr. Ursachen, die eng miteinander verbunden sind. Von besonderem Gewicht sind: 1) die industrielle Produktion, die Energie, Rohstoffe und Flächen verbraucht und Schadstoffe und Abfälle hervorbringt; 2) Handel und Distribution, die über den Transport Belastungen hervorrufen; 3) der Verbrauch umweltintensiver Produkte und der Lebensstil von Konsumenten.

Der Charakter wichtiger Umweltbelastungen hat in den letzten Jahren einen Bedeutungswandel erfahren. Wurden anfangs eher lokale Probleme wahrgenommen, die sinnlich unmittelbar erfahrbar sind, so stehen heute Internationalität, Komplexität und Langfristigkeit im Vordergrund. Ökosysteme und Länder sind über globale Stoffkreisläufe miteinander vernetzt, sodass nahezu jedes Umweltproblem grenzüberschreitende Auswirkungen hat. Umweltprobleme wie der Treibhauseffekt, die Ausdünnung der stratosphär. Ozonschicht, die Verschmutzung und Überfischung der Weltmeere, die Ausbreitung von Wüsten und die Abnahme fruchtbarer Bodenflächen sowie der Verlust der biolog. Vielfalt und die Vernichtung der Wälder erfordern internat. koordinierte Handlungsstrategien.

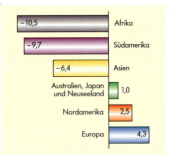

Umweltschutz: Veränderung der Waldfläche 1980–1995 in Prozent

Umweltprobleme wirken in vielfacher Weise aufeinander ein und kumulieren ihre Wirkungen, sodass gesicherte Aussagen über Ursachen und Schadenspotenziale häufig schwierig sind. So haben z. B. mehr als 10 Jahre intensiver Waldschadensforschung nicht zur Ermittlung hinreichend eindeutiger Aussagen führen können. Neuartige Umweltprobleme treten ferner zeitversetzt zu ihrer Verursachung auf, weil manche Reaktionen erst ab bestimmten Schwellenwerten sichtbar werden (z. B. kann die Lebensdauer von FCKW bis etwa 100 Jahre betragen, die Klimaforschung rechnet in Jahrhunderten). Negative Folgen sind dann erst Jahrzehnte später nachzuweisen. Die relative Langsamkeit ökolog. Prozesse steht im Kontrast zur Beschleunigung wirtschaftl. Prozesse. Der U. löst sich deshalb zunehmend von der Bekämpfung einzelner Probleme und wendet sich Verursachergruppen zu. Von Bedeutung sind dabei v. a. Energieversorgung,

Verkehr, Landwirtschaft, chem. Industrie sowie Freizeit und Tourismus. In diesen Bereichen werden Strategien entwickelt, in denen Politik, Unternehmen und Verbrauchergruppen kooperieren, um schrittweise die Umweltbelastungen zu reduzieren.

Kosten und Nutzen des Umweltschutzes

Kosten und Nutzen des U. werden unterschiedlich eingeschätzt. Kosten für U.-Maßnahmen entstehen i. d. R. für individuelle Marktteilnehmer, wohingegen ein intakter Naturhaushalt der Allgemeinheit und künftigen Generationen zugute kommt. Umgekehrt betrachtet, ruft unterlassener U. Kosten für die Allgemeinheit hervor, die mit einem funktionierenden Preismechanismus eigentlich von ihren privaten Verursachern getragen werden müßten. – Die Mehrzahl durchgeführter Untersuchungen über Kosten und Nutzen des U. weist eine volkswirtschaftlich positive Bilanz aus. Ein wirksamer U. ist mit Kostensenkungen, z. B. im Gesundheitswesen sowie hinsichtlich des Arbeitsschutzes, der Sanierung und des sparsameren Verbrauchs natürl. Ressourcen verbunden. Steigende Kosten entstehen für umweltintensive Industriezweige oder für Konsumgewohnheiten. Methodisch schwierig ist die Abschätzung indirekter Effekte und von Vorsorgemaßnahmen.

Ein integrierter U. und ein Anstieg der Ökoeffizienz sind weniger kostenintensiv als herkömml. Maßnahmen, die überwiegend am Ende der Wertschöpfungskette ansetzen. Über ein optimales →Umweltmanagement, ein Ausschöpfen von Effizienzpotenzialen und einen Übergang zu umweltverträgl. Technologien können laufende Betriebskosten weiter gesenkt und Systemlösungen realisiert werden. Die internat. Koordination von U.-Bemühungen erleichtert den Handel mit U.-Gütern. Die Umsetzung entsprechender Möglichkeiten auf der Ebene von Unternehmen und privaten Haushalten ist allerdings von der Gestaltung der polit. Rahmenbedingungen und von der allgemein dem U. zugemessenen Bedeutung abhängig.

Umweltethik

Die zunehmende Umweltzerstörung kann zu einer Gefährdung der menschl. Lebensgrundlagen für gegenwärtige und künftige Generationen in allen Gebieten der Erde werden. Dies stellt auch die Ethik vor neue Aufgaben und Fragen, denn der Freiheit des Menschen, sich nach eigenen Bedürfnissen in besonderem Maße materiell zu entfalten und die Natur als nutz- und beherrschbar zu begreifen, sind durch die Tragfähigkeit bzw. Belastbarkeit ökolog. Systeme Grenzen gesetzt. Ein aktiver U. erfordert Werturteile über die Schutzwürdigkeit des Naturhaushalts, seinen Wert für künftige Generationen und die Einbeziehung von Menschen in anderen Teilen der Erde.

Parallel zum frühen Erscheinen zahlr. Studien über die bedrohte Zukunft der Menschheit und des Planeten Erde (D. MEADOWS u. a.: ›Die Grenzen des Wachstums‹, 1972; H. GRUHL: ›Ein Planet wird geplündert‹, 1975) hat in Philosophie und Theologie seit den 1970er-Jahren eine intensive Auseinandersetzung mit umwelteth. Fragen begonnen.

In der *christl.* Umweltethik werden v. a. die Aussagen des Alten Testaments als richtungsweisend für das Verhalten vom Menschen zur Umwelt herangezogen. Mensch und Natur verdanken demnach ihre Existenz der Schöpfung Gottes; der Mensch hat den Auftrag erhalten, über die Erde mit allen Tieren zu herrschen (1. Mos. 1, 28) und den Paradiesgarten zu bebauen und zu bewahren (1. Mos. 2, 15). In der ersten Aussage ist Herrschaft im Sinne der Fürsorge eines Hirten für die Herde gemeint; die letzte Aussage weist auf den göttl. Auftrag an den Menschen, die Erde zu schonen und zu gestalten.

Von den Kirchen liegt bislang keine geschlossene Konzeption einer Umweltethik vor. Seit Beginn der 1970er-Jahre jedoch thematisieren eine Vielzahl von Stellungnahmen, Erklärungen und päpstl. Ansprachen ökolog. Probleme und fordern die Übernahme der Verantwortung des Menschen für die Natur (›die Schöpfung bewahren‹). Denn allein der Mensch ist in der Lage, für die Sicherung der Zukunft Sorge zu tragen. Ebenso wird der Natur ein Eigenwert zuerkannt, der sich nicht im Nutzen für den Menschen erschöpft (Dt. Bischofskonferenz und Rat der EKD, 1985).

Die vielfältigen *philosoph.* Positionen lassen sich in anthropozentr. und nichtanthropozentr. Ethiken gliedern. Ansätze einer Umweltethik reichen bis in die Antike zurück. **Anthropozentrische Ethiken** gehen von einem grundlegenden Unterschied zw. Menschen und der belebten (Pflanzen, Tiere) und unbelebten Natur aus. Pflichten hat der Mensch als sittl. Wesen nur sich selbst und anderen Menschen gegenüber, der Natur gegenüber allenfalls um des Menschen willen (I. KANT). Die aktuelle (anthropozentr.) Zukunftsethik begründet eine Vermeidung von Umweltschädigungen zugunsten gleicher Lebensbedingungen zukünftiger Generationen (H. JONAS). Dieser eth. Ansatz wurde im polit. Raum bes. durch die so genannte Brundtlandkommission (1987) aufgegriffen und findet seine polit. Konkretisierung in der Forderung der internat. Staatengemeinschaft, als Leitlinie eine nachhaltige, umweltgerechte Entwicklung anzustreben (→nachhaltige Entwicklung; UN-Konferenz für Umwelt und Entwicklung, Rio de Janeiro, 1992). Verstanden wird darunter eine Entwicklung, in der die heutigen Generationen ihre Bedürfnisse in Form und Ausmaß nur so weit befriedigen können, dass sie die Lebensgrundlagen kommender Generationen nicht gefährden. Gleichzeitig wird die intragenerative Gerechtigkeit im Verhältnis zw. Menschen in allen Teilen der Erde betont.

Biozentrischer Ethik zufolge hat der Mensch unmittelbare Pflichten gegenüber der belebten Natur (A. SCHWEITZER). Nach der **physiozentrischen** oder **kosmozentrischen Ethik** hat der Mensch darüber hinaus Pflichten gegenüber der gesamten Natur. So fordert K. M. MEYER-ABICH vom Ganzen der Natur her zu denken und übt Kritik am neuzeitl. Dualismus von Subjekt und Objekt. Dieser bestimme das anthropozentr. Denken und Verhalten und somit auch Maßnahmen zum Schutz der Umwelt. Neben der Aufklärung über die Gleichheit der Menschen solle eine Aufklärung über unsere natürl. Verwandtschaft mit der übrigen Welt erfolgen. MEYER-ABICH spricht in diesem Zusammenhang von der ›Mitweltlichkeit‹ mit Tieren, Pflanzen und Elementen. Die Anerkennung von Eigenrechten der Natur sieht er als notwendige Grundlage für die Lösung von Umweltproblemen an.

Forderungen der Umweltethik betreffen die Zielorientierung, die sittl. Haltung und das sich hieraus ergebende Handeln. Als Ziele werden genannt: ein ganzheitl. (d. h. ökolog.) Weltbild, das von der Vernetztheit und gegenseitigen Abhängigkeiten der Phänomene ausgeht (F. CAPRA); Überwindung der Entfremdung des Menschen in seiner Beziehung zur Natur und zu sich selbst durch Berücksichtigung der einheitl. Zusammengehörigkeit und einer Ausbildung aller Sinnesorgane; Überwindung der reduktionistisch-mechanist. Betrachtungsweise durch integrative Sicht; Glaube an die Schöpfung; Abkehr von materiellen Statussymbolen, quantitativem

Wachstum, Herrschafts- und Beherrschbarkeitsdenken und Hinwendung zu Grundwerten des Zeitwohlstands, der qualitativen Entwicklung, der Kooperation und der Solidarität.

Die sittl. Haltung soll geprägt sein durch Ehrfurcht und Achtung vor der Natur, Einfühlung in und Verständnis für ökolog., soziale und globale Zusammenhänge sowie ein hohes Umweltbewusstsein. Dennoch besteht oft ein Widerspruch zw. hohem Umweltbewusstsein (z. B. in Dtl.) und menschl. Verhalten. U. als globale Verantwortung und unter Einbeziehung der Rechte künftiger Generationen impliziert ein vorausschauendes, präventives Handeln. Neben allgemeinen Handlungsmaximen müssen dementsprechend Regeln für den Einzelnen entwickelt werden, die auf reale Entscheidungssituationen des Alltags beziehbar sind.

Umweltverhalten und Lebensstile

Umweltbelastungen gehen von der industriellen Produktion im weitesten Sinne aus und sind durch gesellschaftl. (ökonom.) Vorgaben (Energie-, Verkehrs-, Forschungs-, Wirtschaftspolitik u. a.) und Zielvorstellungen bestimmt (→Wachstum). Grundlagen der **Umweltvorsorge,** die der stärker werdenden Forderung, die natürl. Lebensgrundlage künftiger Generationen zu bewahren, nachkommt, sind neben den nach dem Stand der Technik möglichen techn. und technolog. Veränderungen (z. B. für die Produktion von Gütern mit geringerem Energie- und Ressourcenverbrauch), umweltpolit. Prinzipien und gesetzl. Regelungen insbesondere auch die Stärkung des Umweltbewusstseins und Maßnahmen zur Umweltbildung, die in zahlreiche internat. Vertragstexte (z. B. Klimarahmenkonvention, Konvention zur biolog. Vielfalt, Agenda 21) Eingang gefunden haben. Erforderlich ist eine allgemeine Richtungsänderung des techn. und sozialen Fortschritts, bei der die Veränderungen der Konsum- und Lebensgewohnheiten eine nicht zu unterschätzende Rolle spielen.

U. wird im Alltag oft mit Verzicht gleichgesetzt. Ein derartiger Ansatz greift jedoch zu kurz. Praktizierter U. kann vielmehr mit der ›Suche nach dem erfüllten Leben‹ einhergehen, das die Philosophie seit ARISTOTELES beschäftigt. Eine allgemeine Grundregel ist die Angemessenheit aller Handlungen, die auch auf der Einsicht basiert, nicht alles zugleich nutzen und besitzen zu können. Konsum sollte demzufolge bewusst und selektiv stattfinden. Die Beachtung umweltverträgl. Merkmale bei Kauf und Nutzung von Produkten kann als erster Schritt zu einem umweltbewussten Verhalten angesehen werden. Darüber hinaus sind allgemeine Lebensstile von Bedeutung, die das ökolog. Gleichgewicht bewahren (nach E. FROMM als Alternative zw. ›Haben oder Sein‹ bezeichnet).

Nach verschiedenen internat. Vergleichsstudien ist das Umweltbewusstsein in Dtl. hoch. Ausgeprägt sind Verhaltensweisen der Abfalltrennung und -aufbereitung sowie der Kauf umweltschonender Produkte. Darüber hinaus existieren versch. Handlungsmöglichkeiten (z. B. zum →Energiesparen, zur techn. Optimierung von Heizungs- und Kühlsystemen, bei der Entscheidung für langlebige Qualitätsgüter u. a.), die ohne tief greifende Verhaltensänderungen die Umwelt entlasten. In anderen Entscheidungssituationen, die einen Wandel der Lebensstile erfordern, treten Umsetzungshemmnisse zutage (Psychologen sprechen von ›kognitiver Dissonanz‹). Da Wachstum, Individualismus, Mobilität, zunehmende Erlebnisorientierung zu den Grundinhalten bzw. -zielen unserer Gesellschaft gehören, erfordert ein Wandel der Lebensstile zu einem umweltbewussten Leben, einer maßvollen Güterausstattung, gemeinschaftl. Nutzung von Gebrauchsgütern usw. sowohl Anreize von außen (wie funktionierende Nutzungsalternativen, Informationen und Finanzierbarkeit) als auch einen gesellschaftl. Wertewandel und eine stärker ausgeprägte Umweltethik. Der Umweltbildung kommt in diesem Zusammenhang eine wichtige Rolle zu. Zielorientierte Umweltbildung muss in den politisch-gesellschaftl. Kontext eingebunden sein, d. h. relevante Rahmenbedingungen thematisieren, um Entscheidungskriterien zum Handeln anbieten zu können. Ein allmähl. Wandel der Lebensstile zu einem umweltbewussten Verhalten wird deshalb nicht völlig ohne die Grundwerte der Verantwortlichkeit, des Gemeinsinns und ohne materiellen Verzicht auskommen können.

Umweltverbände

Wichtige Akteure im U. sind die Umwelt- und Naturschutzverbände, die zw. Staat, Bürgern sowie den Interessengruppen der Wirtschaft aktiv sind. Sie haben in Dtl. im Wesentlichen zwei histor. Wurzeln: Die romant. Naturschutzbewegung des 19. Jh. und die protestierenden Bürgerinitiativen der 1970er-Jahre. Beide Wurzeln prägen die organisator. Landschaft der Verbände und ihre inhaltl. Ausrichtung. Bedeutende Umweltverbände sind der Bund für Umwelt und Naturschutz Dtl. e. V. (→BUND), der →Deutsche Naturschutzring - Bundesverband für Umweltschutz e. V. (DNR), der →Naturschutzbund Deutschland e. V. (NABU) sowie die nat. Sektionen von →Greenpeace und dem →World Wide Fund for Nature (WWF).

In den 1970er-Jahren war die Mehrzahl der U.-Aktivitäten gegen bestimmte Risiken konkreter Großtechnologien ausgerichtet. Öffentlichkeitswirksame Handlungen wie Demonstrationen, Besetzungen von Fabriken, Baugeländen, Schiffen usw. bestimmten das Bild. Das Verhältnis zur staatl. Politik und zur Wirtschaft war demzufolge gespannt. Die Umweltverbände konnten jedoch Medien und weite Teile der Öffentlichkeit für ihre Anliegen mobilisieren; sie trugen dadurch maßgeblich zum hohen Stand des Umweltbewusstseins und zur Weiterentwicklung von Beteiligungsverfahren in Politik und Unternehmen bei. In den 1980er-Jahren wurden (unter der Bez. ›Wende‹) konkrete Konzepte zur umweltverträgl. Gestaltung wichtiger Handlungsfelder wie Energie, Verkehr, Landwirtschaft und Chemie vorgelegt. Parallel etablierten sich ›Die Grünen‹ als Partei und vertraten wichtige Anliegen der U.- und Naturschutzbewegung in den Parlamenten. Da auch Politik und Wirtschaft begannen, sich des Themas U. aktiv anzunehmen, fand ein Übergang von der Konfrontation zur Kooperation statt. – Die 1990er-Jahre sind von einer neuen Standortbestimmung geprägt, die auch mit dem allgemeinen Wandel des U. zusammenhängt. Allg. ist Umsetzungskönnen gefragt, d. h., maßgebl. Teile der U.-Bewegung arbeiten mittlerweile mit Industrie und Politik zusammen; einige Personen sind in Vorständen und als Min. tätig. Gleichsam ist weiterhin ein gesellschaftl. Korrektiv erforderlich, das bei Bedarf wirkungsvolle Protestaktionen inszeniert. So hat beispielsweise Greenpeace bei der angekündigten Versenkung der Nordseeölplattform ›Brent Spar‹ den Mineralölkonzern Shell zum Einlenken bewegen können. Konfliktlinien zeichnen sich bei neuen Technologien wie der Verwendung gentechnisch veränderter Lebensmittel ab.

Darüber hinaus hat die Umweltbewegung die anspruchsvolle Aufgabe, ihre Kompetenz und Glaubwürdigkeit in weiten Bev.-Kreisen für die weitergehende Motivation zu umweltverträgl. Lebensstilen, die Praktizierung einer Umweltethik und die allgemeine Umsetzung von Zukunftsentwürfen im Sinne einer nachhaltigen Entwicklung einzusetzen. In dieser Rolle ist sie weder von Industrie und Politik noch von Kirchen oder Gewerkschaften zu ersetzen. Sie ist dabei auf Kooperation und Unterstützung angewiesen. Ein dauerhafter Frieden mit der Natur im Einklang mit der Wirtschaft und den Bedürfnissen der unterschiedl. Gesellschaften der Erde bleibt daher eine Zukunftsaufgabe.

⇒ Abfallwirtschaft · Boden · Desertifikation · Ethik · Fortschritt · Gewässerschutz · Kernenergie · Klimaänderung · Lärm · Luftverschmutzung · Meeresverschmutzung · Natur · Naturschutz · Ökologie · Ozonloch · Recycling · Rohstoffe · Tierschutz · Tourismus · Treibhauseffekt · Verantwortung · Waldsterben

Daten zur Umwelt, hg. v. Umweltbundesamt (1984ff., unregelmäßig), B. IRRGANG: Christl. Umweltethik (1992); Lernorte in der Umwelterziehung, hg. v. K. SCHLEICHER (1992); M. SCHLITT: Umweltethik (1992); K. GILLWALD: Ökologisierung von Lebensstilen (1995); M. HEIDEGGER: Die Technik u. Die Kehre (⁹1996); Daten zur Natur, hg. v. Bundesamt für Naturschutz (1996); W. LOCHBÜHLER: Christl. Umweltethik (1996); Nachhaltiger Konsum. Welchen Beitr. kann die umweltbezogene Verbraucherarbeit leisten?, bearb. v. G. FLEISCHER u. a. (1996); Welt im Wandel. Wege zur Lösung globaler Umweltprobleme, hg. v. Wiss. Beirat der Bundesreg. Globale Umweltveränderung (1996); A. ETZIONI: Die Verantwortungsgesellschaft. Individualismus u. Moral in der heutigen Demokratie (a. d. Engl., 1997); K. M. MEYER-ABICH: Prakt. Naturphilosophie. Erinnerung an einen vergessenen Traum (1997); G. SCHERHORN u. a.: Wege zu nachhaltigen Konsummustern (1997); Nachhaltiges Dtl. Wege zu einer dauerhaft umweltgerechten Entwicklung, hg. v. Umweltbundesamt (²1998); Nachhaltige Entwicklung in Dtl., hg. v. Bundesministerium für Umwelt, Naturschutz u. Reaktorsicherheit, Referat Öffentlichkeitsarbeit (1998); Umwelt u. Wirtschaftsethik, hg. v. H. STEINMANN u. G. R. WAGNER (1998); Zukunftsfähiges Dtl. Ein Beitr. zu einer global nachhaltigen Entwicklung, Beitrr. v. R. LOSKE u. a. (Basel ⁵1998).

Umweltstandards, quantifizierbare Einzelziele der Umweltpolitik. U. beruhen auf zwei sach- und fachgerechten Bewertungen: dem Schutzwürdigkeitsprofil, das Schutzziele vorgibt, und dem Gefährdungsprofil, das Gefährdungen dieser Schutzziele einschätzt. U. werden nach Schutzstandards (Schädlichkeitsschwellen) und Vorsorgestandards unterschieden. Instrumente zur Festsetzung von U. sind Verwaltungsvorschriften, z. B. techn. Anleitungen, sowie Regelwerke wie DIN-Normen, VDI-Vorschriften und allg. anerkannte Regeln der Technik. U. werden für einzelne Sektionen des Umweltschutzes wie Bodenschutz, Gewässerschutz und Luftreinhaltung festgelegt und zunehmend auch als sektorübergreifende Zieldefinition (z. B. bei der →Umweltverträglichkeitsprüfung) gefordert.

Umweltsteuer, →Umweltabgaben.

Umweltstrafrecht, die strafrechtl. Vorschriften, die dem Schutz der Umwelt dienen. Das 18. Strafrechtsänderungs-Ges. zur Bekämpfung der Umweltkriminalität vom 28. 3. 1980 hat die zentralen Strafvorschriften zum Schutz der Umwelt, die vorher in verwaltungsrechtl. Spezialsetzen enthalten waren, in modernisierter und erweiterter Form in das StGB übernommen (urspr. 28., jetzt 29. Abschnitt, §§ 324–330 d). Mit der Absicht, eine wirksamere Bekämpfung umweltschädl. und umweltgefährl. Handlungen zu erreichen, wurde das 31. Strafrechtsänderungs-Ges. (2. Ges. zur Bekämpfung der Umweltkriminalität) vom 27. 6. 1994 erlassen. Geschütztes Rechtsgut ist die Umwelt (Wasser, Luft, Boden, Pflanzen- und Tierwelt), soweit sie die Funktion hat, den Menschen und den folgenden Generationen die Lebensgrundlage zu erhalten. Im Einzelnen werden bestraft: Gewässerverunreinigung (§ 324), Bodenverunreinigung (§ 324 a), Luftverunreinigung (§ 325), Verursachen von Lärm, Erschütterungen und nicht ionisierenden Strahlen (§ 325 a), unerlaubter Umgang mit gefährl. Abfällen (§ 326), unerlaubtes Betreiben von Anlagen (§ 327), unerlaubter Umgang mit radioaktiven Stoffen u. a. gefährl. Stoffen und Gütern (§ 328), Gefährdung schutzbedürftiger Gebiete (§ 329), bes. schwerer Fall einer Umweltstraftat (§ 330) und schwere Gefährdung durch Freisetzen von Giften (§ 330 a). Strafmilderung oder Absehen von Strafe bei tätiger Reue regelt § 330 b StGB. In zahlr. Spezial-Ges. sind weitere dem Umweltschutz dienende Strafvorschriften enthalten.

Die Hoffnungen auf einen verstärkten Umweltschutz durch das U. haben sich bislang nicht erfüllt. Da die strafrechtl. Regelungen überwiegend so konzipiert sind, dass sie in Abhängigkeit von verwaltungsrechtl. Genehmigungen und Verboten stehen, wird eine Bestrafung vielfach verhindert. Rechtsmissbräuchl. Verhalten (z. B. aufgrund einer durch Bestechung erwirkten Genehmigung) steht jedoch seit In-Kraft-Treten des 31. Strafrechtsänderungs-Ges. dem Handeln ohne Genehmigung gleich (§ 330 d Nr. 5 StGB). Die Ermittlung der Verantwortlichen ist häufig v. a. bei der Verfolgung starker industriell erzeugter Umweltverschmutzung durch großen Verfahrensaufwand erschwert.

Ähnl. Regelungen enthalten die §§ 180–183 b des österr. StGB. Deren Erheblichkeitsschwelle ist zudem sehr hoch, beim Lärm z. B. ›eine nachhaltige und schwere Beeinträchtigung des körperl. Befindens vieler Menschen‹. Tätige Reue gemäß § 183 b führt zwingend zur Straflosigkeit. – In der Schweiz ist die Materie in mehreren Spezial-Ges. geregelt (Umweltschutz-Ges. vom 7. 10. 1983, Art. 60 ff.; Gewässerschutz-Ges. vom 24. 1. 1991, Art. 37 ff.; Atom-Ges. vom 23. 12. 1959, Art. 29 ff.; Gift-Ges. vom 21. 3. 1969, Art. 32 ff.; vereinzelt auch im StGB).

K. TIEDEMANN: Die Neuordnung des U. (1980); Umweltschutz u. U., hg. v. H.-D. SCHWIND u. a. (1986); H. FRANZHEIM: U. (1991); M. KLOEPFER u. H.-P. VIERHAUS: U. (1995).

Umweltsubventionen, →Umweltabgaben.

Umwelt|technik, Umweltschutztechnik, die techn. und technolog. Bereiche, die die Entwicklung und den Einsatz spezieller Verfahren zum Schutz der Umwelt sowie zur Wiederherstellung bereits geschädigter Ökosysteme beinhalten; i. e. S. auch Bez. für die Geräte und Verfahren selbst. Gegenstand der U. sind neben der messtechn. Erfassung und Überwachung von Schadstoffen, Umweltschäden u. Ä. insbesondere die Entsorgung im weitesten Sinn (z. B. Abfallbeseitigung, Recycling, das Anlegen von Deponien, Abwasserreinigung), techn. Maßnahmen zum Gewässer-, Boden-, Lärm- und Strahlenschutz, Verfahren zur Verminderung der Luft-, Staub- und Klimatechnik (z. B. Rauchgasentschwefelung, Abgasreinigung, Entstaubungsverfahren) sowie die Entwicklung und Bereitstellung von Technik für die effektive Nutzung erneuerbarer Energien (z. B. Sonnenenergie, Erdwärme, Biokraftstoffe). Die U. beinhaltet auch Konzepte und techn. Maßnahmen zur umweltschonenden Produktion, zum Energiesparen oder zur Vermeidung (bzw. Verringerung) von Emissionen und Abfällen.

Umwelt|toxikologie, Ökotoxikologie, Teilbereich der Toxikologie, der die direkten Schadwirkungen von Umweltchemikalien auf den Menschen sowie die Einflüsse auf versch. Ökosysteme und Biozönosen und deren direkte oder indirekte Rückwirkungen auf die menschl. Gesundheit untersucht. Verstärkt befasst sich die U. mit analyt. Daten über Exposition und Aufnahme (auch Kumulation) von Fremdstoffen in Organismen.

Umweltzeichen: ›Blauer Engel‹

EU-Umweltzeichen

Umweltzeichen: Österreichisches Umweltzeichen ›Bäume‹

Umwelt|überwachung, →Umweltbeobachtung.

Umweltverschmutzung, allgemeinsprachl. Bez. für die stoffl. Belastung der Umwelt als Folge der menschl. Zivilisation (→Umweltbelastung); i.w.S. werden auch Lärm oder Beeinträchtigungen des Erscheinungsbildes einer Landschaft zur U. gerechnet. Aus der regelmäßigen Überwachung von U. (Umweltmonitoring) ergeben sich tiefere Einsichten für die Beurteilung der Belastungssituation eines Standortes, als sie allein durch Emissions- und Immissionsmessungen erbracht werden könnten. (→Umweltanalytik)

Umweltverträglichkeit, der Mengen- oder Intensitätsbereich, innerhalb dessen eine chem. Verbindung, ein physikal. Einfluss u.a. die Umwelt und bes. ein Ökosystem als nicht belastend erachtet wird.

Umweltverträglichkeitsprüfung, Abk. **UVP,** ein Instrument des präventiven Umweltschutzes mit der Aufgabe, alle umweltrelevanten Auswirkungen eines Vorhabens frühzeitig und umfassend zu ermitteln, zu beschreiben und zu bewerten. Die U. beruht auf dem U.-Ges. (UVPG) vom 12.2.1990, das die Richtlinie des Rates der Europ. Gemeinschaft vom 27.6.1985 über die U. bei bestimmten öffentl. und privaten Projekten in nat. Recht umsetzt. Der zugrunde liegende Umweltbegriff umfasst nach §2 UVPG Menschen, Tiere, Pflanzen, Boden, Wasser, Luft, Klima und Landschaft einschließlich der Wechselwirkungen sowie Kultur- und sonstige Sachgüter (ökosystemarer Umweltbegriff). Die U. dient zur Vorbereitung von Entscheidungen über die Zulässigkeit von Vorhaben aus umweltpolit. Sicht. Zum Katalog der zu prüfenden Vorhaben gehören im Wesentlichen der Bau und Änderung von großen Industrieanlagen, kerntechn. Anlagen, Geflügel- und Schweinehaltungen, planfeststellungsbedürftige Abfallentsorgungs-, Abwasserbehandlungs-, Bergbau-, Straßenbahn-, Eisenbahnanlagen des Bundes, Gewässerbaumaßnahmen, Bundesfernstraßen, Bundeswasserstraßen, Flugplätze, Feriendörfer (Anlage zu §3 UVPG). Auch die gemeindl. Bauleitplanung ist regelmäßig einer U. zu unterziehen. Das Ergebnis ist indessen nicht bindend, sondern soll den Planungsträger und die Öffentlichkeit über die mögl. Umweltwirkungen eines Vorhabens informieren, den Handlungsbedarf zur ökolog. Optimierung der Planung aufzeigen oder die Auswahl der umweltverträglichsten Standortalternative oder Variante eines Vorhabens ermöglichen. In *Österreich* ist die U. durch das U.-Ges. vom 14.10.1993 geregelt, welches für gesetzlich bestimmte Vorhaben eine U. in Form eines konzentrierten Genehmigungsverfahrens vor der zuständigen Landes-Reg. mit einer öffentl. Erörterung verlangt. Sofern das Ges. für einzelne Vorhaben keine U. fordert, ist ein Bürgerbeteiligungsverfahren vorgesehen. – Art. 9 des *schweizer.* Bundes-Ges. über den Umweltschutz vom 7.10.1983 sieht für die Planung, Errichtung oder Änderung der Anlagen, die die Umwelt erheblich belasten können, eine U. vor. Der U. unterliegen nur Anlagen, nicht aber die Festsetzung von Planungen, der Erlass von Gesetzen und die Durchführung von Veranstaltungen mit Auswirkungen auf die Umwelt. Das Ergebnis der U. fließt in den Bewilligungsentscheid ein.

Hb. der U., hg. v. P.-C. STORM u.a., Losebl. (1988 ff.); U. in der Kommunal-Verw., hg. v. K. OTTO-ZIMMERMANN (1990); W. ERBGUTH u. A. SCHINK: Ges. über die U. (1992); E. GASSNER u. A. WINKELBRANDT: UVP. U. in der Praxis (²1992); B. RASCHAUER: Komm. zum UVP-G. U.-Gesetz (Wien 1995); M. RITTER: U. u. konzentriertes Genehmigungsverfahren nach dem UVP-G (Wien 1995); G. M. BÖTTCHER: Die U. in Dtl. u. der Schweiz (1997).

Umweltvorsorge, die Gesamtheit der Maßnahmen, die erforderlich sind, um eine Kulturlandschaft oder eine erhaltenswerte Naturlandschaft vor Zerstörung oder Verschlechterung zu bewahren. Dazu gehören eine gründl. Umweltplanung in enger Zusammenarbeit mit Maßnahmen der Landesplanung, Landschaftsplanung, Raumordnung u.a., eine ›ökolog. Buchführung‹, die Prüfung von Umweltzustand, -qualität und -verträglichkeit und die Aufstellung einer Umweltbilanz, um damit für eine industrielle oder städtebauliche Standort-, Verkehrsplanung usw. die Frage der Umweltbelastung beurteilen zu können. Zur U. gehören ferner geeignete Maßnahmen der Umwelthygiene, der Umweltsanierung und -gestaltung (Landschaftsgestaltung, Landschaftsbau, Städtebau), der Umweltpflege (Landschafts-, Grünpflege) und schließlich der Umweltsicherung und -kontrolle. (→Vorsorgeprinzip)

Umwelt|zeichen, Kennzeichnung von Produkten mit vergleichsweise günstigen Umwelteigenschaften (umweltfreundl. Produkte, umweltverträgl. Produkte). Das dt. U. (›**Blauer Engel**‹, **Umweltengel**) geht auf eine Initiative des Bundes-Min. des Innern und der Umwelt-Min. der Länder von 1977 zurück und wird seit 1978 vergeben (erstmals für runderneuerte Reifen und Mehrwegflaschen). Die Vergabekriterien werden von der unabhängigen ›Jury U.‹ beschlossen. In das Vergabeverfahren sind v.a. noch das Umweltbundesamt (z.B. fachl. Vorbereitung des Vergabeverfahrens) und die RAL, Dt. Institut für Gütesicherung und Kennzeichnung (z.B. Abschluss von U.-Benutzungsverträgen mit Herstellern) einbezogen. Nur solche Erzeugnisse können das U. erhalten, die sich aufgrund bestimmter Eigenschaften (z.B. Reduzierung von Emissionen und Gefahrstoffen, Ressourcenschonung) im Vergleich mit gleichartigen Produkten ohne Beeinträchtigung von Gebrauchstauglichkeit und Sicherheit als weniger umweltbelastend erwiesen haben. Das dt. U. enthält das Umweltemblem der Vereinten Nationen (›Blauer Engel‹) und wird befristet vergeben (i.d.R. 4 Jahre mit Verlängerungsmöglichkeit). Bis 1997 wurden in 79 Produktgruppen Vergabekriterien festgelegt; 960 Hersteller haben für 4500 Produkte U.-Benutzungsverträge abgeschlossen. Aufgrund von Fortentwicklung bzw. Verschärfung der Kriterien werden Ende jedes Jahres ca. 500 Produkte gekündigt. Weitere U. sind die **EU-Umweltblume** mit ähnl. Vergabekriterien wie der Umweltengel sowie das **EG-Energielabel,** welches über den Energieverbrauch von Kühlschränken, Spül- und Waschmaschinen informiert. Das U. in Österreich wird auch ›**Bäume**‹ genannt, in der Schweiz wird ein Energiesparsiegel, bisher mit der Bez. **E 2000,** vergeben. (→Umweltpolitik, →Verbraucherpolitik)

Umwelt|zertifikate, die →Umweltlizenzen.

Umwertung aller Werte, von F. NIETZSCHE geprägte Formel, mit der er einen Akt ›höchster Selbstbesinnung der Menschheit‹ verbindet. Angesichts des von ihm behaupteten allg. Kulturniedergangs und der Entwertung aller Ideale kritisierte er alle Versuche einer an den traditionellen Werten orientierten neuen Sinngebung. Er forderte, statt in solchem ›unvollständigen Nihilismus‹ steckenzubleiben, das Prinzip der Wertsetzung zu ändern. ›Wert‹ bemisst sich für ihn den ›Erhaltungs- und Steigerungsbedingungen‹ des Lebens, wie sie im Geltungsstreben starker Individuen zum Ausdruck kommen und in denen sich der ›Wille zur Macht‹ seine eigenen Ziele setzt.

UN, Abk. für **United Nations** [juːˈnaɪtɪd ˈneɪʃnz, engl.], →Vereinte Nationen.

Una *die,* rechter Nebenfluss der Save, 214 km lang; entspringt im Dinar. Gebirge in Kroatien, bildet mit kurzer Strecke in der Quell- und mit dem gesamten Unterlauf die Grenze zw. Bosnien und Herzegowina sowie Kroatien, fließt sonst durch Bosnien, wo sie ober- und unterhalb von Bihać mächtige Schluchten im Karst bildet, mündet bei Jasenovac (90 km südöstlich von Zagreb).

Un|abdingbarkeit, *Recht:* das zwingende Recht (Ius cogens, →Ius) im Gegensatz zum abdingbaren Recht (→Abdingbarkeit).

Un|abhängige Gewerkschaftsorganisation, Abk. **UGO,** in Berlin 1948 entstandene gewerkschaftl. Opposition gegen den unter SED-Einfluss stehenden FDGB Berlin (gegr. 1945). Im Mai 1948 konstituierte sich die Opposition als selbstständiger Gewerkschaftsbund für Berlin (West). 1950 schlossen sich seine 19 autonomen Einzelverbände dem DGB bzw. der DAG als Landesbezirke an.

un|abhängige Kirchen, v. a. in Afrika verbreitete christl. Kirchen, die sich von den Missionskirchen gelöst haben und (gegen die westl. Ausprägung des Christentums) nach eigenem Verständnis ein authent., bewusst in den ethn., religiösen und sozialen Traditionen verwurzeltes afrikan. Christentum leben. Ihre Theologie ist in starkem Maße von nativist. und messianist. Vorstellungen geprägt. Eine der bedeutendsten u. K. ist die ›Kimbanguist. Kirche‹ (S. →KIMBANGU); in bes. großer Zahl sind u. K. in der Rep. Südafrika und in Nigeria vertreten. (→Afrika, Religion)

C. P. WILLIAMS: The ideal of the self-governing church (Leiden 1990).

Un|abhängige Republikaner, frz. **Républicains Indépendants** [repybli'kɛ̃ ɛ̃depɑ̃'dɑ̃], polit. Gruppen der Rechten oder rechten Mitte in Frankreich. In der Dritten Rep. bezeichneten sich ab etwa 1910 Abg. des rechten Flügels der Republikaner als U. R. (z. B. P. REYNAUD). Gemäßigte und liberale Rechte, die bes. die Unabhängigkeit des Individuums betonten, sammelten sich 1948 im Centre National des Indépendants (CNI), nach dem Zusammenschluss mit Teilen der Bauernpartei 1951 Centre National des Indépendants et Paysans (CNIP). Als Sammelgruppe der polit. Rechten bildete der CNIP eine der großen bürgerl. Parteien und gewann in der Vierten Rep. starken Einfluss. Er stellte 1954–59 mit R. COTY den Staatspräs., 1952 mit A. PINAY und 1953–54 mit JOSEPH LANIEL (* 1889, † 1975) den Min.-Präs. 1958 unterstützte der CNIP die Rückkehr C. DE GAULLES in die Reg.-Verantwortung. Über die Algerien- und die Innenpolitik DE GAULLES gespalten, brach die Partei 1962 auseinander. Mit einer größeren Gruppe der Abg. bildete V. GISCARD D'ESTAING die progaullist. Fraktion der Républicains Indépendants, aus der 1966 die Fédération Nationale des Républicains Indépendants (FNRI) hervorging. 1977 wurde sie in →Parti Républicain umbenannt.

Un|abhängige Sozialdemokratische Partei Deutschlands, Abk. **USPD,** gegr. 1917, forderte die sofortige Vergesellschaftung bestimmter Industriezweige, der Banken und des Großgrundbesitzes; außerdem trat sie - nach programmat. Zwischenstufen - seit 1919 offiziell für ein ›reines‹ Rätesystem ein. Im Ggs. zur Mehrheit in der SPD sammelten sich die innerparteil. Gegner einer Politik des ›Burgfriedens‹ am 24. 3. 1916 in der Sozialdemokrat. Arbeitsgemeinschaft (SAG). Am 6. 4. 1917 konstituierte sich diese als USPD; vorübergehend schloss sich ihr unter Wahrung seiner eigenen ideolog. und organisator. Identität der Spartakusbund an. In der →Novemberrevolution (November 1918 bis Februar 1919) arbeitete die USPD v. a. in den Arbeiter- und Soldatenräten mit. Vom 9. 11. bis 29. 12. 1918 gehörten mit H. HAASE, W. DITTMANN und EMIL BARTH (* 1875, † 1941) führende Mitgl. der USPD dem →Rat der Volksbeauftragten an. Nach der Entscheidung für die Errichtung einer parlamentar. Republik in Dtl. beteiligte sich die Partei an den Wahlen zur Weimarer Nationalversammlung (1919; 7,6 % der Stimmen) und zum Reichstag (1920; 14 %). Nachdem sich die Partei in der Frage eines Beitritts zur Dritten (Kommunist.) Internationale über die von LENIN gestellten Aufnahmebedingungen nicht hatte einigen können, trat die ›Parteilinke‹ 1921 zur KPD über, während sich die ›Parteirechte‹ wieder der SPD näherte und sich ihr anschloss (1922). Eine Gruppe um G. LEDEBOUR ging 1931 in der Sozialist. Arbeiterpartei (SAP) auf.

Un|abhängigkeit, 1) *mathemat. Logik:* die Eigenschaft einer Menge X von Ausdrücken, dass kein Ausdruck von X aus den anderen Ausdrücken logisch ableitbar ist. Mit X sind auch alle Teilmengen von X unabhängig und umgekehrt folgt die U. von X schon aus der U. aller endl. Teilmengen von X. Die bekannten Axiomensysteme der axiomat. Mengenlehre besitzen neben der →Vollständigkeit und →Widerspruchsfreiheit die Eigenschaft der U., ebenso das von D. HILBERT begründete Axiomensystem der euklid. Geometrie. Der Nachweis, dass ein Ausdruck A nicht aus den Ausdrücken aus X ableitbar ist, wird häufig durch Konstruktion eines Modells erbracht, in dem die Ausdrücke von X gelten, auf das A aber nicht zutrifft. Beispielsweise folgt die U. des Parallelenaxioms der euklid. Geometrie aus der Existenz des Modells einer nichteuklid. Geometrie, in dem bis auf das Parallelenaxiom alle Axiome der euklid. Geometrie gelten.

2) *Recht:* ein die Rechtsstellung einiger Institutionen kennzeichnendes Element, bes. die U. des Richters, Notars, Rechtsanwalts, Abgeordneten, der souveränen Staaten.

3) *Wahrscheinlichkeitstheorie:* **stochastische U.,** eine Eigenschaft von Ereignissen und Zufallsvariablen, die für die Gültigkeit vieler Resultate entscheidend ist. Zwei Ereignisse A und B heißen **(stochastisch) unabhängig** voneinander, falls die Wahrscheinlichkeit $P(A \cap B)$ für ihr gleichzeitiges Eintreten gleich dem Produkt der Wahrscheinlichkeiten $P(A) \cdot P(B)$ für ihr einzelnes Eintreten ist. Für $P(B) \neq 0$ ist dies äquivalent dazu, dass $P(A)$ gleich ist der bedingten Wahrscheinlichkeit $P(A|B)$ für das Eintreten von A unter der Bedingung, dass B bereits eingetreten ist. Entsprechend heißen n Zufallsvariable $X_1, ..., X_n$ voneinander (stochastisch) unabhängig, falls

$$P(X_1 \leq x_1, ..., X_n \leq x_n)$$
$$= P(X_1 \leq x_1) \cdot ... \cdot P(X_n \leq x_n)$$

für alle $(x_1, ..., x_n) \in \mathbb{R}^n$ gilt.

Un|abhängigkeitserklärung, Declaration of Independence [deklə'reɪʃn əv ɪndɪ'pendəns, engl.], Erklärung, mit der sich die 13 amerikan. Kolonien als Vereinigte Staaten von Amerika von Großbritannien lösten. Von einem Ausschuss des 2. Kontinentalkongresses unter T. JEFFERSON vorbereitet, wurde die U. am 4. 7. 1776 durch die Delegierten der Kolonien in Philadelphia (Pa.) angenommen (bei Enthaltung New Yorks, das aber am 9. 7. beitrat). Auf dem Gedankengut der Aufklärung und angelsächs. Rechtstraditionen basierend, postuliert die U. in der Präambel unter Berufung auf das Naturrecht die Freiheit und Gleichheit aller Menschen sowie das Prinzip der Volkssouveränität. Durch eine Aufzählung von Amtsverstößen König GEORGS III. werden Bruch des Herrschaftsvertrags und Legitimität der U. verdeutlicht. Mit der U. wurden die völkerrechtl. Anerkennung der Amerikaner als Krieg führende Partei und Hilfe durch andere Mächte ermöglicht. Der **Unabhängigkeitstag** (4. Juli) ist seit 1941 in den USA gesetzl. Feiertag.

J. R. POLE: The decision of American independence (New York 1975).

Un|abhängigkeitskrieg, Nord|amerikanischer U., im Rahmen der Amerikan. Revolution der Krieg 1775–83, in dem sich die amerikan. Kolonien von Großbritannien lösten, formell ab 1776 mit der Unabhängigkeitserklärung. Zu ersten Zusammenstößen kam es im April 1775 bei Lexington und Concord in-

Unab Unabhängigkeitsprinzip – Unamuno y Jugo

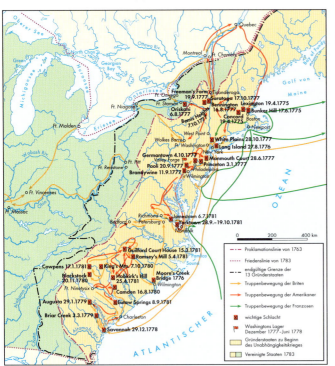

Unabhängigkeitskrieg 1775–1783: Übersichtskarte

folge des Versuchs brit. Truppen unter Gouv. THOMAS GAGE (* 1721, † 1787), ein Waffenlager der Miliz von Massachusetts auszuheben. Ab Juni 1775 unter dem Oberbefehl G. WASHINGTONS als Kontinentalarmee organisiert, konnten die amerikan. Miliztruppen zwar Briten und Loyalisten aus Boston (Mass.) vertreiben (März 1776), erlitten dann aber, da schlecht ausgerüstet und ausgebildet, einige schwere Rückschläge (1775/76 Scheitern der Expedition nach Quebec; August 1776 Niederlage auf Long Island, N. Y.; September 1776 Einnahme New Yorks und September 1777 Philadelphias, Pa., durch die Briten). Der u. a. durch dt. Söldner verstärkten brit. Armee gelang es angesichts ihrer Nachschub- und Koordinierungsprobleme jedoch nicht, sich gegen die amerikan. Kräfte durchzusetzen, die ihrerseits ausländ. Offiziere in Dienst nahmen (u. a. den Deutschen F. VON STEUBEN, den Franzosen Marquis de LA FAYETTE). Der Sieg der Kontinentalarmee über die brit. Nordarmee unter J. BURGOYNE bei Saratoga (N. Y.) im Oktober 1777 verhinderte die drohende Isolierung Neuenglands und leitete die Wende des U. ein: Nach inoffizieller Unterstützung der Amerikaner ab 1776 erkannte Frankreich im Februar 1778 die Vereinigten Staaten diplomatisch an und schloss einen Freundschafts- und Handelsvertrag sowie ein Militärbündnis. Mit dem Kriegseintritt Frankreichs im Juni 1778, dem 1779 Spanien und 1780 die Niederlande folgten, erfuhr der U. eine internat. Erweiterung, wodurch auch die Seewege verstärkt in die Kampfhandlungen einbezogen wurden. Nachdem die Briten ihre Position im S zunächst noch ausgebaut hatten, errangen die Kontinentalarmee unter G. WASHINGTON und die frz. Streitkräfte unter General JEAN BAPTISTE DE ROCHAMBEAU (* 1725, † 1807) schließlich im Oktober 1781 mit der Kapitulation der brit. Südarmee unter C. CORNWALLIS bei Yorktown (Va.) den entscheidenden Sieg. Nach Abschluss eines amerikanisch-brit. Präliminarvertrags im November 1782 erkannte Großbritannien im Frieden von Paris (September 1783), ausgehandelt von B. FRANKLIN, J. ADAMS und J. JAY, endgültig die Souveränität der Vereinigten Staaten an; ihr Gebiet wurde im N bis zu den Großen Seen, im W bis zum Mississippi erweitert; die S-Grenze bildete der 31. Breitengrad bzw. die N-Grenze des von Großbritannien wieder an Spanien abgetretenen Florida.

D. HIGGINBOTHAM: The war of American independence (Bloomington, Ind., 1977); G. WILLS: Inventing America (Garden City, N. Y., 1978); H.-C SCHRÖDER: Die amerikan. Revolution (1982); H. DIPPEL: Die Amerikan. Revolution 1763–1787 (1985); C. BONWICK: The American revolution (Charlottesville, Va., 1991).

Un|abhängigkeitsprinzip, *Physik:* →Superpositionsprinzip.

Un|abhängigkeitsregel, *Genetik:* →mendelsche Regeln.

Un|abkömmlichkeit, →Wehrpflicht.

un|abwendbares Ereignis, →Straßenverkehrshaftung.

una corda [ital.], *Musik:* →corda.

Unaiza [-za], Oasenstadt in Saudi-Arabien, →Aneisa.

Unalaska [uːnəˈlæskə], zweitgrößte Insel der Aleuten, USA, 2756 km², gebirgig (bis 2036 m ü. M.), Tundra; wichtigste Siedlung ist die gleichnamige Stadt (3100 Ew.); die Bewohner (Aleuten) betreiben Fischerei und Pelztierfang.

Unam sanctam [lat. ›die eine heilige (Kirche)‹], nach ihren Anfangsworten benannte Bulle Papst BONIFATIUS' VIII. vom 18. 11. 1302 gegen den frz. König PHILIPP IV., DEN SCHÖNEN. Mit U. s. beanspruchte der Papst den Vorrang der geistl. vor der weltl. Gewalt. (→Zweigewaltenlehre)

Unamuno y Jugo [-i ˈxuɣo], Miguel de, span. Schriftsteller, * Bilbao 29. 9. 1864, † Salamanca 31. 12. 1936; Hauptrepräsentant der →Generation von 98 und überragende geistige Gestalt im Spanien der Jahrhundertwende. War ab 1891 Prof. für Griechisch an der Univ. Salamanca, 1901–14 deren Rektor. Als Radikalliberaler 1924 nach Fuerteventura verbannt, blieb U. y J., trotz Amnestie im selben Jahr, bis 1930 im freiwilligen Exil in Paris und Hendaye. 1931–36 Prof. für span. Sprachgeschichte in Salamanca. 1936 begrüßte er den Militärputsch F. FRANCO BAHAMONDES als Rettung Spaniens vor dem Auseinanderbrechen in autonome Regionalstaaten. Angesichts des Bürgerkriegs distanzierte er sich jedoch öffentlich in scharfer Form vom beginnenden Francoregime.

U. y J. hat sein undogmat., vor widersprüchl. und paradoxen Formulierungen nicht zurückschreckendes Denken in literar. Texten (Essays, Romane, Erzählungen, Dramen, Lyrik) sowie in zahllosen, weit verstreuten Artikeln dargestellt. Es ist geprägt von der Krise des Rationalismus und Positivismus im ausgehenden 19. Jh. In seinem Frühwerk (›En torno al casticismo‹, 1902, Essaysammlung) forderte er, noch im Gefolge des Krausismus, die Modernisierung und Europäisierung Spaniens und engagierte sich politisch im Anarchismus und Marxismus. Nach einer religiösen Krise (1897) sah er jedoch die Lösung der Probleme seiner Zeit in einer metaphys. Neubesinnung, die den als tragisch empfundenen Widerspruch zw. Wissen und Glauben, dem Streben nach Unsterblichkeit und der Erfahrung der Endlichkeit aufheben sollte. In diesem Sinne forderte er in seinen großen Essays die Rückkehr zum Siglo de oro sowie zum idealist. Verhalten eines Don Quijote und verlangte darüber hinaus eine Hispanisierung Europas, die er als Abkehr von der naturwissenschaftlich-technisch bestimmten Moderne verstand (›Vida de Don Quijote y Sancho, ...‹, 1905, dt. ›Das Leben Don Quijotes und Sanchos ...‹, 2 Bde.); ›Del sentimiento trágico de la vida en los hombres y en

Miguel de Unamuno y Jugo

los pueblos‹, 1913, dt. ›Das trag. Lebensgefühl‹; ›L'agonie du christianisme‹, 1925, span. 1931 u. d. T. ›La agonía del cristianismo‹, dt. ›Die Agonie des Christentums‹). Diese stark egozentr., vitalistisch-skeptizist. Sicht stützt sich ebenso auf die Theologie S. KIERKEGAARDS und den religiösen Pragmatismus von W. JAMES wie auf den Solipsismus M. STIRNERS, den Voluntarismus F. NIETZSCHES und den Vitalismus H. BERGSONS. Sie ist eine frühe Form des europ. Existenzialismus und der erste Ansatz zum undogmat. Denken in religiösen Fragen in Spanien.

Die philosoph. Auffassungen spiegeln sich in den Dichtungen, die als bleibende Leistung U. y J.s gelten. Die Romane (u. a. ›Paz en la guerra‹, 1897, dt. ›Frieden im Krieg ...‹; ›Niebla‹, 1914, dt. ›Nebel‹; ›Abel Sánchez‹, 1917, dt.; ›La tía Tula‹, 1921, dt. ›Tante Tula‹) und Erzählungen (›San Manuel Bueno, mártir‹, 1931; dt. ›San Manuel der Gute‹) brechen mit dem realistisch-mimet. Erzählen und machen den Roman zum Ort existenzieller Reflexion (›Comment on fait un roman‹, 1926, span. 1927 u. d. T. ›Cómo se hace una novela‹, Essay, 1927). Seine Theaterstücke sind häufig Aktualisierungen klass. Stoffe: Phädra (›Fedra‹, 1921), Rachel (›Raquel encadenada‹, 1922), Don Juan (›El hermano Juan o el mundo es teatro‹, 1934). Im Sinne einer ›theatral. Nacktheit‹ verzichten sie auf das damals übliche dramat. Beiwerk. Die sprachlich schlichten Gedichte (›Poesías‹, 1907; ›El Cristo de Velázquez, poema ...‹, 1920; ›Teresa‹, 1923; ›Romancero del destierro‹, 1927; ›Cancionero. Diario poético‹, entstanden 1926–36, hg. 1953) sind Meisterleistungen der span. Gedankenlyrik. Schließlich hat U. y J. erstmals in der span. Literatur die Form des Essays umfassend verwendet und ihn als die seinem Denkstil angemessene Gattung für lange Zeit geprägt.

Ausgaben: Obras completas, hg. v. M. GARCÍA BLANCO, 9 Bde. (1966–71). – Ges. Werke, übers. u. hg. v. O. BUEK, 4 Bde. (1933); Selbstgespräche u. Konversationen, hg. v. E. PFEIFFER (1997).

M. GARCÍA BLANCO: En torno a U. (Madrid 1965); C. CLAVERÍA: Temas de U. (ebd. ²1970); A. FRANCO: El teatro de U. (ebd. 1971); M. EDERY: El sentimiento filosófico de U. (ebd. 1977); R. GARCÍA MATEO: Dialektik als Polemik. Welt, Bewußtsein, Gott bei M. de U. (1978); E. E. LARSON: M. de U. A bibliography (Washington, D. C., 1986); M. D. PÉREZ LUCAS: Un agónico español. U., su vida, su obra, su tiempo (Salamanca 1986); R. L. NICHOLAS: U. narrador (Madrid 1987); J. M. LÓPEZ-MARRÓN: U. y su camino a la ›individualización‹ (New York 1998). – *Zeitschrift:* Cuadernos de la Cátedra M. de U. (Salamanca 1948 ff.).

Un|animismus [zu lat. una anima ›eine Seele‹] *der, -,* Anfang des 20. Jh. von J.→ROMAINS (›La vie unanime‹, 1908) ausgehende philosophisch-literar. Bewegung, die den Menschen nicht als Einzelgestalt, sondern als Teil einer Gemeinschaft im Sinne einer beseelten Einheit (›unanime‹) mit kollektiven Regungen verstand, in der der Gegensatz zw. Individuum und Gruppe aufgehoben und eine subjektivist. Isolierung vor dem Hintergrund humanitärer Zielsetzungen überwunden wird. Der U. als literar. Strömung beeinflusste u. a. G. DUHAMEL; gedankl. Parallelen bestehen zu den soziolog. Theorien von É. DURKHEIM und G. LE BON.

A. CUISENIER: Jules Romains et l'unanimisme, 3 Bde. (Paris 1935–54).

Una-Sancta-Bewegung [lat. una sancta ›eine heilige (Kirche)‹], Selbst-Bez. jenes Zweiges der ökumen. Basisbewegung in Dtl., der in den 1930er-Jahren entstanden war und durch Gespräche und das gemeinsame Gebet eine mit einer inneren Erneuerung verbundene Zusammenführung der kath. und der ev. Kirche in *eine Kirche ev. Katholizität* anstrebte. Die prägende Persönlichkeit der U.-S.-B. war M. J. METZGER; großen Einfluss hatten von kath. Seite J. LORTZ und A. RADEMACHER und von ev. Seite der Theologe und Sozialpädagoge FRIEDRICH SIEGMUND-SCHULTZE (* 1885, † 1969) sowie F. HEILER. Stätten der Begegnung waren das ›Christkönigsinstitut‹ in Meitingen (bei Augsburg) und die Una-Sancta-Begegnungsstätte (seit 1962 ›Ökumen. Institut‹) der Benediktinerabtei Niederteich mit der von ihr herausgegebenen Zeitschrift ›Una Sancta. Rundbriefe für interkonfessionelle Begegnung‹ (1946 ff.).

M. LAROS: Schöpfer. Friede der Konfessionen. Die U.-S.-B., ihr Ziel u. ihre Arbeit (1950); G. REIDICK: Zur U.-S.-B. (1958).

Una voce [lat. ›mit einer (der) Stimme‹], internationale kath. Organisation, die sich im Sinne des Traditionalismus gegen bestimmte Reformen des 2. Vatikan. Konzils (Landessprache in der Liturgie u. Ä.) wendet; ihr Sitz befindet sich in der Schweiz.

Unbedenklichkeitsbescheinigung, Bescheinigung des Finanzamts, dass der Steuerpflichtige konkreten Steuerpflichten nachgekommen ist, erforderlich bei Grundstückserwerb zur Eintragung ins Grundbuch.

Unbefleckte Empfängnis, lat. **Conceptio immaculata,** *kath. Theologie:* die Lehre, dass MARIA, die Mutter JESU CHRISTI – natürlich als Kind ihrer Eltern geboren –, im Augenblick ihrer Empfängnis durch die besondere Gnade Gottes vor der →Erbsünde bewahrt blieb. In der Bibel nicht ausdrücklich enthalten, wurde die Auffassung von der U. E. zunächst (u. a. in Interpretation von Lk 1, 28: Maria die ›Gnadenvolle‹) bes. von östl. Theologen vertreten. Seit dem MA. wurde sie auch unter den westl. Theologen diskutiert, bes. in den zw. Franziskanern (J. DUNS SCOTUS) als Befürwortern und Dominikanern als ihren theolog. Gegnern geführten Auseinandersetzungen um die Heiligung und Erlösungsbedürftigkeit MARIAS. Seit dem 16. Jh. kirchlich bes. gegen die Reformatoren und die Jansenisten propagiert, wurde die U. E. 1854 von Papst PIUS IX. als Dogma verkündet. Das Fest der U. E. (›Mariä Erwählung‹) wird am 8. 12. gefeiert. – Die ev. Theologie lehnt die U. E. als nicht schriftgemäß ab.

Unbekannte, Bez. für ein gesuchtes mathemat. Objekt, z. B. für die Lösungsfunktion einer Differenzialgleichung oder für die reelle Zahl x in der Gleichung $3x + 5 = 0$.

Unbekannter Soldat, ein Gefallener unbekannten Namens, der symbolisch für alle in einem Krieg (bes. der in den beiden Weltkriegen) Gefallenen einer Nation geehrt wird.

unberechtigte Benutzung, *Recht:* →Gebrauchsanmaßung. (→Schwarzfahrer, →Straßenverkehrshaftung)

Unberührbare, →Paria.

Unbeschuhte, *kath. Ordenswesen:* →Barfüßer. Die Unbeschuhten Karmeliter sind ein Reformzweig der →Karmeliten.

Unbestimmte, *Mathematik:* →Variable.

unbestimmter Ausdruck, *Mathematik:* Bez. für eine Grenzwertaufgabe, die durch Verknüpfung zweier Funktionen $f(x)$ und $g(x)$ entsteht. Ist z. B. $f(a) = g(a) = 0$, so bildet die Quotientenfunktion $f(x)/g(x)$ im Punkt $x = a$ den u. A. ›0/0‹ und nimmt dort entweder den Grenzwert

$$\lim_{x \to a} [f(x)/g(x)]$$

an oder ist dort nicht definiert. Weitere u. A. sind

$$\infty/\infty, \ \infty - \infty, \ 0 \cdot \infty, \ \infty^0, \ 0^0 \text{ und } 1^\infty.$$

Die Grenzwerte werden mit der →l'hospitalschen Regel oder allgemeinen Grenzwertsätzen bestimmt.

unbestimmter Rechtsbegriff, eigtl. **unbestimmter Gesetzesbegriff,** ein Begriff (z. B. ›öffentl. Interesse‹, ›Eignung‹), der nicht durch einen fest umrissenen Sachverhalt ausgefüllt wird, sondern bei der Rechtsanwendung im Einzelfall präzisiert werden muss. Ein u. R. erscheint anders als das Ermessen im gesetzl. Tatbestand, nicht auf der Rechtsfolgenseite. Da es in rechtl. Sicht nur eine richtige Entscheidung geben kann, erfordert die Anwendung von u. R. im Einzelfall eine Wertung und Abwägung der unterschiedl. Gesichtspunkte. Ihre Handhabung unterliegt der vollen richterl. Überprüfung, soweit nicht der Behörde ein Beurteilungsspielraum eingeräumt ist.

unbestimmtes Fürwort, →Pronomen.

Unbestimmtheitsrelation, die →Unschärferelation.

Unbewusstes, *Psychologie:* unterschiedlich definierter Begriff zur Bez. der nicht bewussten Anteile des Psychischen. Zuerst wies G. W. LEIBNIZ in den postum (1765) erschienenen ›Nouveaux essais sur l'entendement humain‹ (dt. ›Neue Abhandlungen über den menschl. Verstand‹) noch vor der Einführung des Begriffs ›Bewusstsein‹ durch C. WOLFF (1719) darauf hin, ›dass auch die merkl. Perzeptionen stufenweise aus solchen entstehen, welche zu schwach sind, um bemerkt zu werden‹. Er nannte sie ›unmerklich‹. C. G. CARUS (1853) führte den Begriff des ›Un-Bewusstseins‹ in die Psychologie ein. Seit S. FREUD gilt U. als Schlüsselbegriff der Tiefenpsychologie. Eine Einigung, wie das U. zu definieren sei, konnte nicht erzielt werden. Gegenwärtig werden zehn Bereiche des U. unterschieden (H. BENESCH): 1) Das Vorbewusste ist ein Vorläufer des Bewusst-Psychischen u. a. beim Säugling; FREUD nennt es bewusstseinsfähig, aber momentan noch nicht zur bewussten Verarbeitung geeignet. 2) Das →Unterbewusste liegt unterhalb der variablen Wahrnehmungsschwelle. 3) Das Automatisierte gelingt nach Training beliebig oft ohne die Bewusstseinsbeteiligung hinsichtlich seiner einzelnen Elemente. 4) Das Verdrängte bezeichnet bei FREUD das System des U., das auf aktivem ›Fernhalten vom Bewusstsein‹ beruht. Oft wird der Begriff des U. in dieser Bedeutung verwendet. 5) Im Traumerleben ist Psychisches, außer bei seltenen ›luziden‹ Träumen, nur nach dem Erwachen bewusstseinsfähig. 6) C. G. JUNG unterscheidet das persönl. U. im Sinne vom Bewusstsein ausgeschlossener (vergessener oder absichtlich ausgeblendeter) Inhalte der persönl. Biographie und das kollektive U., das ähnlich wie das familiäre U. von L. SZONDI ererbter, unbemerkter und außerpersönl. Gemeinbesitz (Archetypen) ist. 7) Das intuitiv Erahnte wird von F. NIETZSCHE als Unkenntnis beschrieben, die aber schon untergründige Anhaltspunkte enthält. 8) Propterpsych. oder nebenpsych. Ausblendungen von Nebensächlichkeiten geschehen bei Höchstkonzentration. 9) Unter veränderten Bewusstseinszuständen werden süchtige, hypnoide, meditative, todesnahe, aber auch ›Gipfel‹-Zustände (z. B. religiöse Ekstasen) zusammengefasst, die außerhalb bewusster Vergegenwärtigung stehen. 10) Gestörte Bewusstseinszustände stellen Somnambulismus, Black- und Red-out (Bewusstseinsunterbrechungen bei Schock) bzw. Absencen (reaktive Bewusstlosigkeit) dar. (→Bewusstsein)

A. C. MACINTYRE: Das U. (a. d. Engl., 1968); W. TOMAN: Tiefenpsychologie (1978); E. NEUMANN: Ursprungsgesch. des Bewußtseins (Neuausg. ⁴1984); H. BENESCH: Verlust der Tiefe (1991); Grundl. der Psychologie, hg. v. D. KRECH u. a. (a. d. Amerikan., 1992); H. F. ELLENBERGER: Die Entdeckung des U. (a. d. Amerikan., Zürich ²1996).

Unbrauchbarmachung, mit der →Einziehung von Schriften, Abbildungen oder Darstellungen wegen ihres strafbaren Inhalts im Strafurteil anzuordnende Vernichtung der Vorrichtungen (Platten, Formen, Negative) zu ihrer Herstellung (§ 74 d StGB).

unbunt, →Farbe.

UNCED [Abk. für engl. **UN** Conference on **E**nvironment and **D**evelopment ›UN-Konferenz für Umwelt und Entwicklung‹], →nachhaltige Entwicklung.

UN-Charta [-k-], die Satzung der →Vereinten Nationen.

Uncia [lat.], alte röm. Längen- und Masseneinheit, →Unze.

UNCITRAL, Abk. für **United Nations Commission on International Trade Law** [juːˈnaɪtɪd ˈneɪʃnz kəˈmɪʃn ɔn ɪntəˈnæʃnl treɪd lɔː, engl.], Staatenausschuss der Vereinten Nationen zur Harmonisierung und Vereinheitlichung des internat. Handelsrechts, gegr. 1966, Sitz seit 1979 in Wien, vorher New York. Dieser Ausschuss besteht aus 36 Mitgl., die nach einem regionalen Schlüssel für jeweils sechs Jahre gewählt werden. Auf die Vorarbeiten der UNCITRAL gehen u. a. die 1978 in Hamburg von 74 Staaten verabschiedete Seefrachtrecht-Konvention (›Hamburg Rules‹) sowie das 1980 in Wien von 42 Staaten unterzeichnete Übereinkommen über den internat. Warenkauf (Revision von zwei 1964 in Den Haag abgeschlossenen Übereinkommen) zurück.

Uncle Sam auf einem Plakat von James Montgomery Flagg zur Anwerbung amerikanischer Soldaten während des Ersten Weltkriegs

Uncle Sam [ˈʌŋkl ˈsæm, engl.], die USA und ihre Reg. symbolisierende Figur, gewöhnlich dargestellt als hagerer weißhaariger Herr in Frack und Zylinder; seine Kleidung weist Farben und Elemente der amerikan. Flagge (→Stars and Stripes) auf. Als Spitzname der USA 1813 erstmals nachgewiesen, wohl aus einer Umdeutung der Initialen U. S. auf amerikan. Bundeseigentum entstanden.

Unconditional Surrender [ʌnkənˈdɪʃənl səˈrendə], engl. Bez. für bedingungslose Kapitulation, bekannt v. a. als Kriegsziel der Alliierten gegenüber den Achsenmächten im Zweiten Weltkrieg, 1943 vereinbart von F. D. ROOSEVELT und W. CHURCHILL auf der Konferenz von Casablanca; entsprach der aktuellen Situation des bes. vom Ggs. der polit. Leitvorstellungen geprägten Kriegs, in dem ein Einlenken des Gegners nicht zu erwarten war.

A. E. CAMPBELL: F. D. Roosevelt and U. S., in: Diplomacy and intelligence during the Second World War, hg. v. R. LANGHORNE (Cambridge, Mass., 1985).

UNCTAD, Abk. für **United Nations Conference on Trade and Development** [juːˈnaɪtɪd ˈneɪʃnz ˈkɔnfərəns ɔn treɪd ənd dɪˈveləpmənt, engl.], **W**elthandelskonferenz, Konferenz der Vereinten Nationen für Handel und Entwicklung, Spezialorgan der UN-Generalversammlung, gegr. 1964. Generalversammlungen der (1997) 188 Mitgl.-Länder finden i. d. R. alle vier Jahre statt (UNCTAD-Konferenzen): 1964 in Genf (UNCTAD I), 1968 in Neu-Delhi (UNCTAD II), 1972 in Santiago de Chile (UNCTAD

III), 1976 in Nairobi (UNCTAD IV), 1979 in Manila (UNCTAD V), 1983 in Belgrad (UNCTAD VI), 1987 in Genf (UNCTAD VII), 1992 in Cartagena (UNCTAD VIII), 1996 in Midrand (bei Johannesburg; UNCTAD IX). Ständiges Organ zw. den Konferenzen ist der Handels- und Entwicklungsrat (engl. Trade and Development Board, Abk. TDB), der i. d. R. zweimal im Jahr tagt, Verw.-Organ das ständige Sekretariat (Sitz: Genf). Der Gen.-Sekr. wird vom UN-Generalsekretär ernannt und von der UN-Generalversammlung bestätigt; er kommt i. d. R. aus einem Entwicklungsland.

Auslöser für die Gründung der UNCTAD war die Unzufriedenheit der in der Gruppe der 77 zusammengeschlossenen Entwicklungsländer (EL) mit den internat. Wirtschaftsorganisationen (v. a. GATT und Internat. Währungsfonds, IWF), denen eine einseitige Ausrichtung an den Interessen der westl. Industrieländer vorgeworfen wurde. Hauptziel der UNCTAD ist die Förderung des internat. Handels und der wirtschaftl. Entwicklung der EL. Hauptdiskussionspunkte der UNCTAD-Konferenzen waren bisher: besondere Bedingungen für EL im Rahmen des GATT (z. B. Zollpräferenzen), Zielformulierungen für den Nettokapitaltransfer in die EL bzw. die öffentl. Entwicklungshilfe, Interessenvertretung der EL im IWF und als Ziel, Sonderbestimmungen für Länder mit Strukturproblemen und für bes. arme Länder zu erreichen, →integriertes Rohstoffprogramm, Schaffung einer neuen Weltwirtschaftsordnung, Verstärkung der Süd-Süd-Kooperation, Abbau nichttarifärer Handelshemmnisse, Förderung des Technologietransfers, Lösung der internat. Schuldenkrise. Für den Nord-Süd-Dialog hat die UNCTAD stark an Bedeutung verloren, da die Industriestaaten handelspolit. Fragen künftig ausschließlich im Rahmen der WTO behandeln wollen. Im Mittelpunkt der letzten Konferenz standen Probleme der Globalisierung und Liberalisierung der Weltwirtschaft sowie eine Umstrukturierung und Neudefinition der UNCTAD als Forum für Analyse, Dialog und Beratung in Fragen der Armutsbekämpfung, techn. Hilfe für die EL und der internat. Kooperation.

UNDA [lat. unda ›Welle‹], Kurz-Bez. der **Association Catholique Internationale pour la Radio et la Télévision** [asɔsjaˈsjɔ̃ katɔˈlik ɛ̃tɛrnasjɔˈnal pur la raˈdjo e la televiˈzjɔ̃, frz.], 1928 in Köln als ›Bureau Catholique International de la Radio‹ gegründete international tätige kath. Organisation für das gesamte Rundfunkwesen (Sitz wechselnd). Die UNDA gibt Hilfestellung bei der Produktion und Verbreitung religiöser Programme für Hörfunk, Fernsehen und andere visuelle Kommunikationsmittel.

Undation [lat. ›das Wellenschlagen‹] *die, -/-en, Geologie:* von H. STILLE 1913 geprägte Bez. für die langsamen, weiträumigen Hebungen und Senkungen der Erdkruste bei der Epirogenese, wobei große Schwellen (Geoantiklinalen) und Becken (Geosynklinalen) entstehen.

Undationstheorie, *Geologie:* eine der →Oszillationstheorie verwandte geotekton. Hypothese, nach der Magmaströmungen in der Tiefe (Erdmantel) für großwellige Bewegungen der Erdkruste (Undationen) verantwortlich sind; seit 1933 von R. W. VAN BEMMELEN aufgestellt.

UNDCP, Abk. für **United Nations International Drug Control Programme** [[juːˈnaɪtɪd ˈneɪʃnz ɪntəˈnæʃnl drʌg kənˈtrəʊl ˈprəʊgræm, engl.], **Internationales Drogenkontrollprogramm der Vereinten Nationen,** 1991 geschaffene UN-Behörde (Sitz: Wien) zur Koordination aller UN-Maßnahmen zur Drogenkontrolle sowie zur Förderung der Einhaltung aller einschlägigen internat. Verträge, v. a. der Konvention über Suchtstoffe von 1961 (in Kraft seit 1964), der Konvention über psychotrope Substanzen von 1971 (in Kraft seit 1976) sowie der Konvention gegen den illegalen Handel mit Suchtstoffen und psychotropen Substanzen von 1988 (in Kraft seit 1990). UNDCP dient als internat. Informations- und Kontaktstelle zur Bekämpfung des Drogenmissbrauchs und überwacht weltweite Entwicklungen auf diesem Gebiet.

Undecensäure [zu lat. undecimus ›der elfte‹], **10-Undecensäure,** ungesättigte Carbonsäure, die durch therm. Zersetzung von Rizinusöl (Spaltung der Ricinolsäure zu U. und n-Heptaldehyd) gewonnen werden kann. U. wird in der Medizin (meist in Form ihres Zinksalzes in Salben, Emulsionen u. a.) gegen Pilzinfektionen verwendet.

Under, Marie, estn. Lyrikerin, * Reval 27. 3. 1883, † Stockholm 25. 9. 1980; emigrierte 1944 nach Schweden. U. gilt mit ihrer formvollendeten modernist. Natur-, Liebes- und Gedankenlyrik als die bedeutendste estn. Dichterin der Moderne; schrieb auch Balladen und übersetzte aus dem Deutschen, Französischen und Russischen.
Werke: *Gedichtsammlungen:* Sonetid (1917); Päriosa (1923); Hääl varjust (1927); Kivi südamelt (1935); Südamik (1957); Ääremail (1963).
Ausgaben: Kogutud teosed, 3 Bde. (1940); Kogutud luutused (1958). – Stimme aus dem Schatten (1949, Slg.).

Under-Chan [-xan], **Öndörchaan, Öndör Han,** Stadt im O der Mongolei, am Kerulen, etwa 300 km östlich von Ulan-Bator, Hauptort des Aimaks Chentej, 16 000 Ew.; Tierhaltung, Nahrungsmittelindustrie, Lederfabrik; bei U.-C. Braunkohlenabbau.

Undercoveragent [ˈʌndəkʌvə-, engl.], *der* →verdeckte Ermittler.

Underdog [ˈʌndədɔg, engl.] *der, -s/-s,* bildungssprachlich für: (sozial) Benachteiligter, Schwächerer; jemand, der einem anderen unterlegen ist.

Underdog-Effekt [ˈʌndədɔg-, engl.], **Außenseiter|effekt,** ein Wirkungsmechanismus in der Massenkommunikation, der dann auftritt, wenn durch bestimmte Prognosen eine (nicht beabsichtigte) gegenläufige Wirkung hervorgerufen wird (z. B. durch gezielte Veröffentlichung der Ergebnisse von Wahlumfragen eine höhere Stimmenzahl für die vorhergesagte Verliererpartei).

Underground [ˈʌndəgraʊnd; engl. ›Untergrund‹] *der, -s,* 1) Gruppe, Organisation außerhalb der etablierten Gesellschaft; 2) avantgardistische künstler. Protestbewegung.

Undergroundfilm [ˈʌndəgraʊnd-, engl.], *der* nonkonformist. Film; nach 1968, gesellschaftspolitisch interpretiert, auch Avantgarde- und →Experimentalfilm. U. werden 1) finanziell unabhängig von der kommerziellen Produktion hergestellt und ausgewertet, 2) künstlerisch alternativ zu den etablierten Formen gestaltet, 3) thematisch provokativ von anstößig-tabuisierten oder sinnlosen Inhalten bestimmt. Niedriger Produktionsaufwand und, bei eingeschränkter Publikumsresonanz, geringe Einnahmen, Versuche zur Beeinflussung von Wahrnehmungs- und Erkenntnisinteressen bei den Zuschauern, Auseinandersetzungen um Form und Inhalt mit staatl. Ordnungsorganen (Zensur) und gesellschaftl. Gruppen sind für den U. konstitutiv.
Nach dem abstrakten →Trickfilm und dem Surrealismus (J. COCTEAU, L. BUÑUEL) stagnierte der U. in den 30er-Jahren durch Produktionserfordernisse des Tonfilms und die Wirtschaftskrise, in den 40er-Jahren durch Kriegseinschränkungen; seine Gestaltungsmittel nutzten Werbung und Propaganda verstärkt; Exileuropäer verbreiteten seine Intentionen in der Neuen Welt. Den mehr individualist. und experimentellen U. Ende der 40er- und in den 50er-Jahren folgten, erleichtert durch verbilligte und vereinfachte Geräte, in

$$\begin{array}{c} COOH \\ | \\ (CH_2)_8 \\ | \\ CH \\ \| \\ CH_2 \end{array}$$

Undecensäure

den 60er-Jahren das gesellschaftl. wie polit. Engagement der U.-›Macher‹ und ihre Selbstorganisation. Zu den Protagonisten gehörten in den USA J. CASSAVETES (›Schatten‹, 1958), K. ANGER (›Scorpio rising‹, 1964), später A. WARHOL, in Dtl. dann HELLMUTH COSTARD (*1940, ›Bes. wertvoll‹, 1968), R. VON PRAUNHEIM (›Die Bettwurst‹, 1971), in Österreich O. MUEHL (›O Tannebaum‹, 1964). Die Entwicklung seit den 70er-Jahren ist durch kostenmindernde Produktions- und Vertriebsformen der Videoapparatur und durch Programmbedarf und -vielfalt des Fernsehens bestimmt, das U. auch in seine Randgruppenangebote aufnimmt. Formal und gestalterisch experimentelle U. (VLADO KRISTL, *1923, ›Elektromobil‹, 1992) treten gegenüber gesellschaftlich-politisch engagierten, weniger anstößigen U. zurück (CHRISTOPH SCHLINGENSIEF, *1960, ›Das dt. Kettensägenmassaker‹, 1991).

B. HEIN: Film im Underground (1971); S. RENAN: The underground film (Neuausg. London 1971); H. SCHEUGL u. ERNST SCHMIDT JR.: Eine Subgesch. des Films, 2 Bde. (1974); To free the cinema. Jonas Mekas & the New York underground, hg. v. D. E. JAMES (Princeton, N. J., 1992); P. TYLER: Underground film (Neuausg. New York 1995).

Undergroundliteratur [ˈʌndəɡraʊnd-, engl.], Sammelbegriff für unterschiedl. literarische Strömungen und Formen, die seit etwa 1960, ausgehend von den USA, Teil einer subkulturellen Szene waren. Dabei bedienten sich die Vertreter der U. nicht nur neuer bzw. weiterentwickelter dichter. Gestaltungsmittel (z. B. der →Collage und des ›Cut-up‹) und medienübergreifender Darstellungsweisen (z. B. Comics, Multimedia, →Happening), sondern auch eigenständiger (›alternativer‹) Produktions-, Kommunikations- und Distributionskanäle. Diese gingen einher mit der Propagierung neuer Lebensformen (z. B. Kommune) und einer geänderten Bewertung künstler. Schaffens. Da die U. über ein gefühlsmäßig betontes polit. Engagement meist kaum hinauskam, fand sie sich bereits Ende der 1960er-Jahre beinahe vollständig kommerzialisiert und in eine sich den neuen Strömungen öffnende Kulturindustrie integriert, während andererseits die traditionelle Literatur selbst wiederum Elemente und Formen der U. aufgriff. In Dtl. fanden sich Vertreter der U. v. a. unter den Autoren des ›März‹-Verlages, der mit ›Acid. Neue amerikan. Szene‹ (hg. v. R. D. BRINKMANN und R.-R. RYGULLA, 1969) auch die wichtigste dt. Übersetzungsauswahl amerikan. Undergroundschriftsteller herausgab.

Underground Press [ˈʌndəɡraʊnd pres, engl.], die Publizistik des Undergrounds, einer Protestbewegung gegen herrschende Kunst- und Kulturnormen, die sich in den 1950er- und 1960er-Jahren, ausgehend von San Francisco (Calif.) und New York, bes. in Film und Literatur, aber auch in Zeitschriften artikulierte. Bekannte Zeitschriften der U. P.: ›Konkret‹, ›Pardon‹ sowie ›Ramparts‹ und ›Realist‹.

Underlying [ˈʌndəlaɪŋ, engl.], **Basiswert,** →Optionsgeschäft.

Understatement [ʌndəˈsteɪtmənt; engl., zu understate ›zu gering angeben‹] *das, -s/-s, bildungssprachlich* für: (bewusste) Untertreibung; in der modernen Schauspielkunst nüchterne, unpathet., andeutende Ausdrucksform.

Underwriter [ˈʌndəraɪtə; engl.; eigtl. ›Unterzeichner‹] *der, -s/-,* in Großbritannien Bevollmächtigter des Versicherers zur Zeichnung von Risiken (→Lloyd's), ferner Bez. für Banken oder Makler, die sich bei einer Emission verpflichten, einen bestimmten Teilbetrag zu übernehmen.

Undeutsch, Udo, Psychologe, *Weimar 22. 12. 1917; Schüler von F. SANDER in Jena, seit 1951 Prof. für Psychologie in Köln. Schwerpunkte in U.s Werk bilden die Jugendpsychologie, die forensische Psychologie (Aussageglaubwürdigkeit und Zurechnungsfähigkeit) und bes. die Verkehrspsychologie.

U. U., in: Psychologie in Selbstdarst., hg. v. E. K. WEHNER, Bd. 3 (Bern 1992).

Undezime [zu lat. undecimus ›der elfte‹] *die, -/-n,* in der *Musik* das Intervall von elf diaton. Tonstufen (Oktave und Quarte).

UND-Funktion, AND-Funktion [ænd-, engl.], **Konjunktion,** zweistellige →boolesche Funktion auf {0,1}, die das Wertepaar (1,1) auf 1 abbildet und die übrigen Wertepaare (0,0), (1,0) und (0,1) auf 0 abbildet. Verknüpfungssymbole der UND-F. sind ∧, &, · und als unmittelbare Nebeneinandersetzen der Variablen: $A \land B, A \& B, A \cdot B, AB$. (→Logik)

UND-Glied, engl. **AND-Gate** [ˈændɡeɪt], elektron. Grundschaltung der Digitaltechnik zur Realisierung der UND-Funktion im Sinne der →Schaltalgebra durch die log. Verknüpfung zweier oder mehrerer Eingangssignale. Im einfachsten Fall lässt sich ein UND-G. durch die Reihenschaltung von →Schaltern realisieren. Das Anschalten eines NICHT-Glieds an den Ausgang eines UND-G. hat die Funktion eines →NAND-Glieds.

Undine, im Wasser hausender weibl. Elementargeist mit menschl. Gestalt; die unsterbl. Seele wird U. erst durch Vermählung mit einem ird. Mann zuteil. Der Name, zuerst im ›Liber de Nymphis‹ (Mitte 16. Jh.) des PARACELSUS belegt, ist wohl eine Schöpfung des späten MA. – F. DE LA MOTTE FOUQUÉ verschmolz Anschauungen des PARACELSUS mit der mittelalterl. Sage vom Stauffenberger zu seiner Märchennovelle ›U.‹ (1811). Diese wurde von E. T. A. HOFFMANN (1816) und A. LORTZING (1845) zu Opern und 1836 von PAUL TAGLIONI (*1808, †1884) und HERMANN SCHMIDT (*1810, †1846), 1843 von J. PERROT und C. PUGNI sowie 1958 von F. ASHTON und H. W. HENZE zu Balletten verarbeitet. Eine Neufassung des Stoffes gab J. GIRAUDOUX in seinem Drama ›Ondine‹ (1939), während INGEBORG BACHMANN ihre Erzählung ›U. geht‹ (1961) feministisch akzentuierte.

und-Konto, *Bankwesen:* →oder-Konto.

UNDP, Abk. für **United Nations Development Programme** [juːˈnaɪtɪd ˈneɪʃnz dɪˈvɛləpmənt ˈprəʊɡræm, engl.], **Welt|entwicklungsprogramm, Entwicklungsprogramm der Vereinten Nationen,** UN-Spezialorgan zur Finanzierung und Koordinierung der techn. Zusammenarbeit im Rahmen der multilateralen Entwicklungshilfe, gegr. am 22. 11. 1965 durch Zusammenlegung des Erweiterten Programms für techn. Hilfe (gegr. 1949) und des UN-Sonderfonds (gegr. 1958); Sitz: New York. Das UNDP untersteht der UN-Generalversammlung und dem Wirtschafts- und Sozialrat, der auch die 48 Mitgl. des UNDP-Verwaltungsrats wählt. An der Spitze der UNDP-Verw. steht ein Administrator. Da zahlr. Projekte zus. mit anderen UN-Organisationen ausgeführt werden, besteht als Koordinationsgremium ein beratender Ausschuss mit Vertretern anderer UN-Organisationen (z. B. UNCTAD, UNIDO, Weltbank). Der Etat (1996: 2,2 Mrd. US-$) wird v. a. durch freiwillige Beiträge der Mitgl.-Länder finanziert. Dem UNDP sind versch. Programme und Sonderfonds zugeordnet, z. B. der Entwicklungsfonds für Frauen (UNIFEM, United Nations Development Fund for Women). Seit 1990 wird jährlich der ›Human development report‹ (dt. Ausgabe: ›Bericht über die menschl. Entwicklung‹) herausgegeben. (→Human Development Index)

UNDRO, Abk. für **United Nations Disaster Relief Coordinator** [juːˈnaɪtɪd ˈneɪʃnz dɪˈzɑːstə rɪˈliːf kəʊˈɔːdɪneɪtə, engl.], **Amt des Koordinators der Vereinten Nationen für Katastrophenhilfe,** am 14. 12. 1971 gegründetes, seit 1. 3. 1972 tätiges UN-Spezialorgan mit Sitz in Genf zur Abstimmung der Katastrophenhilfe der Vereinten Nationen sowie

Undset ['unsɛt], Sigrid, norweg. Schriftstellerin, *Kalundborg (Seeland) 20. 5. 1882, †Lillehammer 10. 6. 1949; war zunächst Büroangestellte, 1912–25 ⚭ mit dem Maler ANDERS CASTUS SVARSTAD (*1869, †1943); 1925 Konversion zum Katholizismus; emigrierte 1940 in die USA, kehrte 1945 nach Norwegen zurück. U. begann mit Gegenwartsromanen und -novellen, in denen sie meist moderne Frauenschicksale thematisierte (u. a. ›Fru Marta Oulie‹, 1907; ›Jenny‹, 1911, dt.; ›Fru Waage‹, 1917, dt. ›Harriet Waage‹; ›Splinten av troldspeilet‹, 1917, dt. ›Splitter des Zauberspiegels‹), wandte sich dann aber in groß angelegten, stilistisch an den altisländ. Sagas geschulten Romanen Stoffen aus der norweg. Vergangenheit zu, die ihr Weltruhm einbrachten (›Kristin Lavransdatter‹, 3 Bde., 1920–22, dt. ›Kristin Lavranstochter‹; ›Olav Audunssøn i Hestviken‹, 2 Bde., 1925, und ›Olav Audunssøn og hans børn‹, 2 Bde., 1927, beide dt. u. d. T. ›Olav Audunssohn‹, 4 Bde.). 1928 erhielt sie den Nobelpreis für Literatur.
Ausgabe: Romaner og fortellinger fra nutiden, 10 Bde. (1949).
E. SOLBAKKEN: Redefining integrity (Frankfurt am Main 1992); T. ØRJASÆTER: Menneskenes hjerter. S. U. – en livshistorie (Oslo 1993).

Sigrid Undset

Und sie bewegt sich doch, G. →GALILEI zugeschriebener Ausspruch.

Undulation [zu lat. undula ›kleine Welle‹] *die, -/-en, Geologie:* die Verfaltung von Gesteinsschichten in Sättel und Mulden bei der Orogenese.

Undulator *der, -s/...'oren, Physiologie:* →Wiggler.

undulatorisch [lat.], *Physik:* wellenförmig, wellenartig.

undulierende Membran, *Biologie:* bei Wimpertierchen eine aus verklebten Wimpern bestehende Struktur in der Mundgrube, die wellenförmige Bewegungen ausführt. Bei Flagellaten (z. B. Trypanosoma) eine Membranfalte, die entlang des Körpers verläuft und außen von einer Geißel begrenzt wird.

Un|ebenbürtigkeit, *Rechtsgeschichte:* die durch niedrigere Geburt begründete ständ. Ungleichheit. In german. und mittelalterl. Zeit, als der Grundsatz der →Ebenbürtigkeit galt, war die U. mit Rechtsnachteilen verbunden; z. B. folgten Kinder bei U. eines Elternteils meist der →ärgeren Hand. Eine Folge der U. beim hohen Adel waren die Ehen zur →linken Hand.

un|edle Metalle, Sammel-Bez. für rd. 55 metall. Elemente, die an verklebten Luftsauerstoff und von nicht oxidierenden Säuren (z. B. Salzsäure) auch unter Luftabschluss angegriffen werden. Die u. M. haben in der elektrochem. →Spannungsreihe ein gegenüber Wasserstoff negatives →Normalpotenzial. Manche u. M. täuschen an der Luft oder gegenüber Säuren ein edleres Verhalten vor, da sie sich mit einer dünnen Oxidschicht überziehen, die das Metall vor weiterem Angriff schützt (→Passivierung).

un|eheliche Kinder, →nichteheliche Kinder.

Un|ehrlichkeit, rechtsgeschichtlich eine soziale, keine moral. Kategorie. Im alten dt. Recht besaßen diejenigen eine geminderte Rechtsstellung, die von unehel. Geburt waren oder ein unehrl. Gewerbe betrieben: Henker, Abdecker, fahrende Leute, Dirnen, seit dem 15. Jh. mit regionalen Unterschieden auch Schäfer, Müller, Gerber, Zöllner, Barbiere, Totengräber u. a. sowie deren Kinder und Enkel. Sie waren von Zünften, Gericht und Rat ausgeschlossen. Erst im 19. Jh. wurde die U. als Rechtsbegriff beseitigt.

un|eigentliche Punkte, un|endlich ferne Punkte, Fernpunkte, *projektive Geometrie:* Punkte, die durch Hinzunahme zu eigentl. Punkten den euklid. Raum zum projektiven Raum erweitern. In der euklid. Ebene definiert jedes Bündel paralleler Geraden einen u. P.; in der so erweiterten projektiven Ebene gilt ausnahmslos, dass sich zwei Geraden in einem Punkt schneiden, zwei Punkte eine Gerade bestimmen und zwei sich schneidende Geraden eine Ebene definieren. Die u. P. der projektiven Ebene bilden die **uneigentliche Gerade.** Im dreidimensionalen euklid. Raum sind bei Einführung homogener Koordinaten y_1, y_2, y_3, y_4 bezogen auf die kartes. Koordinaten $x_i = y_i/y_4$, $1 \leq i \leq 3$, die eigentl. Punkte durch $y_4 \neq 0$ und die u. P. durch $y_4 = 0$ charakterisiert; Letztere bilden zus. die **uneigentliche Ebene.** (→projektive Geometrie)

un|eigentliches Integral, ein Integral $\int_a^b f(x)\,dx$, bei dem entweder $a = -\infty$ oder $b = +\infty$ oder der Integrand $f(x)$ in Punkten des Integrationsintervalls $[a,b]$ unbeschränkt ist. Das u. I. ist als Grenzwert bestimmter Integrale bei Annäherung an die krit. Punkte definiert, z. B.

$$\int_a^{+\infty} f(x)\,dx = \lim_{b \to +\infty} \int_a^b f(x)\,dx$$

bzw.

$$\int_a^b f(x)\,dx = \lim_{\varepsilon \to 0} \int_a^{x_0-\varepsilon} f(x)\,dx + \lim_{\delta \to 0} \int_{x_0+\delta}^b f(x)\,dx$$

bei in x_0 unbeschränktem f. Existieren die entsprechenden Grenzwerte, so heißt das u. I. konvergent, sonst divergent.

un|einbringliche Forderungen, *Rechnungswesen:* als endgültig verloren anzusehende Forderungen (→Delkredere).

un|einheitlich, bezeichnet eine Börsentendenz, bei der Kursanstiege und -rückgänge in etwa ausgeglichen sind.

un|elastisch, in|elastisch, *Physik und Technik:* bezeichnet das Fehlen elast. Eigenschaften (→elastisch). Ein Körper heißt u., wenn eine aufgrund äußerer Krafteinwirkung hervorgerufene Verformung nach Wegfall dieser ganz oder teilweise bestehen bleibt (**unelastische Verformung**), d. h. nicht durch innere (elast.) Kräfte rückgängig gemacht wird. Beim **unelastischen Stoß** zweier Körper gilt bezüglich des Stoßsystems lediglich der Impulssatz, die Bewegungsenergie des Körpers wird beim →Stoß teilweise umgewandelt (Verformung, Wärmeerzeugung). In der Streutheorie spricht man von **unelastischer Streuung,** wenn das Streuzentrum oder das gestreute Teilchen (bzw. Quant) neben der Impulsänderung noch weitere ›innere‹ Änderungen (wie Anregung, Ionisation, Frequenzänderung) erfährt.

un|endlich, 1) *Mathematik:* **transfinit,** Zeichen ∞, bezieht sich auf Objekte, für die hervorgehoben werden soll, dass zugrunde liegende Mengen nicht endlich sind. Insbesondere heißt eine Menge u., falls sie gleichmächtig ist zu einer ihrer echten Teilmengen (→Mächtigkeit). Beispielsweise ist die Menge ℕ der natürl. Zahlen u., da die Menge G der geraden natürl. Zahlen zu ihr gleichmächtig ist, d. h. die Abbildung ℕ → G, $n \to 2n$ bijektiv ist; eine Folge $(a_n)_{n \in I}$ (mit $I \subseteq$ ℕ) reeller Zahlen heißt u., falls die Bildmenge der zugehörigen Abbildung $I \to$ ℝ, $n \to a_n$ u. ist. – In der Analysis verwendet man das Symbol ∞ (als u. groß, auch $+\infty$ oder als u. klein, auch $-\infty$), v. a. bei der Bildung von →Grenzwerten.

In der Mathematik des 19. Jh. wurden nichtendl. Mengen i. Allg. als potenziell u., d. h. als nicht schrittweise konstruierbar beschrieben. Aktual unendl. Mengen, transfinite Zahlen und Aussagen zur Mächtigkeit von Mengen wurden erst ab 1875 von G. CANTOR systematisch begründet.

2) *Philosophie:* bezeichnet das, was ohne Grenze ist, daher nicht bestimmt werden kann, das unvorstellbar

Große, Göttliche. Als →Apeiron bestimmte das Unendliche in der griech. Naturphilosophie Spekulationen über Entstehung und Aufbau der Welt. In der Antike galt das Unbegrenzte, Unendliche als unvollkommen, auch Angst erzeugend. Sinn und Ziel der Entwicklung als Wirklichen wurde in Wohlbestimmtheit (z. B. in rationalen Zahlenverhältnissen wie bei den Pythagoreern) und Wohlgeformtheit und damit in der Begrenzung gesehen, deren Vorbild der wohl geordnete Kosmos war. PHILON VON ALEXANDRIA identifizierte dagegen das Unendliche mit dem göttl. ›Einen‹. Die christl. Theologie und Philosophie des MA. knüpfte daran an: Die Welt, der Kosmos galten als endlich, Unendlichkeit wurde allein dem Göttlichen zugesprochen, in Bezug auf die grenzenlose Fülle göttl. Seins und seine durch keine endl. Kategorie erfassbare Vollkommenheit, die damit über allen Seinsstufen des geschaffenen Seins steht. Alles Endliche weist aufgrund seiner Unvollkommenheit auf das Unendliche hin und hat dieses zur Voraussetzung. NIKOLAUS VON KUES unterschied das (positive) aktual Unendliche als wesentl. Merkmal Gottes von dem, was endlich, wenngleich seiner Potenz nach u. ist; für ihn kommt der Welt potenzielle Unendlichkeit des Raumes und der Zeit im Sinne der unendl. Teil- und Vermehrbarkeit zu (→Coincidentia oppositorum). Dieser Gedanke kehrte bei G. BRUNO wieder. G. W. F. HEGEL hingegen unterschied später die ›schlechte‹ Unendlichkeit von der wahrhaften, der alles umgreifenden ›eigentl. Qualität des Geistes‹, d. h. der Unendlichkeit des absoluten Geistes. (→Endlichkeit)

J. COHN: Gesch. des Unendlichkeitsproblems im abendländ. Denken bis Kant (1896, Nachdr. 1960); G. BRUNO: Zwiegespräche vom unendl. All u. den Welten (a. d. Ital., ²1904, Nachdr. 1993); A. DEMPF: Das Unendliche in der mittelalterl. Metaphysik u. in der kant. Dialektik (1926); J. THOMSON: Infinity in mathematics and logic, in: The encyclopedia of philosophy, hg. v. P. EDWARDS, Bd. 4 (New York 1967, Nachdr. ebd. 1972); Das Problem des Unendlichen, hg. v. H. MESCHKOWSKI (1974); B. BOLZANO: Paradoxien des Unendlichen (²1975); E. MAOR: Dem Unendlichen auf der Spur (a. d. Engl., Basel 1989); R. RUCKER: Die Ufer der Unendlichkeit (a. d. Engl., 1989).

un|endliche Geschichte, Die, Roman für Kinder von M. ENDE, 1979; verfilmt von W. PETERSEN, 1984.

un|endliche Melodie, von R. WAGNER in seiner Schrift ›Zukunftsmusik‹ (1860) geprägter Ausdruck, der in der Folgezeit primär auf kompositionstechn. Charakteristiken der wagnerschen Musik im Sinne einer ›ununterbrochenen Melodie‹ bezogen worden ist. Es ist jedoch auch denkbar, dass er (zugleich?) in Zusammenhang mit WAGNERS Idealvorstellung von künstler. ›Unendlichkeit‹ im Sinne einer ›zeitlos gültigen Melodie‹, die als ›rein menschl.‹ unmittelbar in der ›Natur‹ des Menschen selbst begründet und deshalb auch nicht mehr der ›Mode‹ unterworfen und der Vergänglichkeit verfallen sein soll.

un|endlicher Rapport, *Ornamentik:* Muster aus sich wiederholenden Elementen, wobei die Addition auch ein Negativmuster sowie die Wiederholung versetzt oder auf eine Symmetrieachse bezogen sein kann. Ist das Muster nicht in sich abgeschlossen, sondern wird an den Enden halbiert, wirkt die gemusterte Fläche wie ein Ausschnitt aus einem größeren Teil, ein u. R. ist denkbar. Der u. R. ist ein bevorzugtes Stilmittel islam. Kunst, das aber bereits in Vorgeschichte und Altertum, z. B. auf Keramik oder Wandverkleidungen, vielfach vorkommt.

Un|endlichkeits|axiom, ein Axiom der *axiomat. Mengenlehre,* das die Existenz unendl. Mengen postuliert. In ihrem stufenfreien Aufbau sagt es aus, dass eine Menge *M* existiert, zu deren Elementen die leere Menge ∅ und mit jedem Element *x* auch die Vereinigungsmenge $x \cup \{x\}$ aus *x* und der einelementigen Menge {*x*} gehört. Im Stufenkalkül (→Typentheorie)

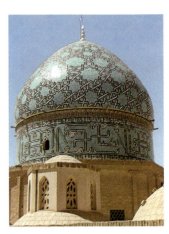

unendlicher Rapport: Fayencen von sich wiederholenden Sternmotiven auf der Kuppel eines Grabbaus in Mahan bei Kerman, SO-Iran, aus der Zeit Abbas' I., des Großen

wird die Existenz einer unendl. Menge erster Stufe gefordert. Das U. ermöglicht insbesondere die mengentheoret. Konstruktion der natürl. Zahlen mit der Nachfolgerfunktion $x \to x \cup \{x\}$. Dabei kann 0 als die leere Menge definiert werden, 1 als die Menge, die 0 als einziges Element enthält, 2 als die Menge, die 0 und 1 als Elemente besitzt, usw.

un|entgeltliche Leistungen, *Außenwirtschaft:* →Übertragungsbilanz.

Un|entschieden, *Sport:* der Ausgang eines Wettbewerbs ohne Sieger; in den Mannschaftsspielen (z. B. im Pokalkampf) kann es danach zur Verlängerung kommen, auch ein Wiederholungsspiel ist möglich. – Bei U. im *Fußball* in Punkt- und Turnierspielen erhalten beide Teams je einen Pluspunkt.

UNEP, Abk. für **United Nations Environment Programme** [juːˈnaɪtɪd ˈneɪʃnz ɪnˈvaɪərənmənt ˈprəʊɡræm, engl.], **Umweltprogramm der Vereinten Nationen,** 1972 gegründetes UN-Spezialorgan (Sitz: Nairobi); koordiniert weltweit die Umweltaktivitäten und gibt Anstöße für neue Umweltschutzmaßnahmen. UNEP soll die internat. Zusammenarbeit anregen und mithilfe aller auf dem Gebiet des Umweltschutzes tätigen staatl. und nichtstaatl. Organisationen ein umfassendes System der Sammlung und Auswertung von Kenntnissen über internat. Umweltprobleme schaffen sowie Regierungen beraten, umweltverträgl. Technologien fördern und Umweltexperten ausbilden. Schwerpunkte der Arbeit sind u. a.: Klimaveränderung und Verschmutzung der Erdatmosphäre, Verschmutzung und Verknappung des Trinkwassers, Schädigung der Küstenregionen und der Ozeane, Verschlechterung des Bodens und Desertifikation, biolog. Verarmung durch die Ausrottung von Pflanzen- und Tierarten, gefährl. Abfälle und giftige Chemikalien. – Geleitet wird UNEP von einem Verwaltungsrat, der sich aus Vertretern von 58 Mitgl.-Staaten zusammensetzt, die von der UN-Generalversammlung gewählt werden (Amtszeit vier Jahre). Die prakt. Arbeit obliegt dem von einem Exekutivdirektor geleiteten Sekretariat.

un|erlaubte Handlung, Delikt, *Zivilrecht:* der widerrechtl. Eingriff in einen fremden Rechtskreis, durch den ein Schaden verursacht wird. Das Recht der u. H. ist in §§ 823–853 BGB geregelt. Das Gesetz enthält keine umfassende delikt. Generalklausel, sondern knüpft die Verpflichtung zum Ersatz des entstandenen Schadens an die Verwirklichung einzelner Tatbestände. Grundsätzlich ist →Verschulden erforderlich, eine Ausnahme gilt aber für die Fälle der →Gefährdungshaftung (z. B. § 833 Satz 1, Haftung des Tierhalters).

Nach § 823 Abs. 1 haftet aus u. H., wer vorsätzlich oder fahrlässig das Leben, den Körper, die Gesundheit, die Freiheit, das Eigentum oder ein sonstiges →absolutes Recht (z. B. Urheberrecht, Persönlichkeitsrecht) eines anderen widerrechtlich verletzt. Die gleiche Verpflichtung trifft nach § 823 Abs. 2 denjenigen, der gegen ein →Schutzgesetz verstößt, und nach § 826 den, der einem anderen in sittenwidriger Weise vorsätzlich einen Schaden zufügt. Neben diesen drei Grundtatbeständen enthält das Gesetz eine Reihe von Sondertatbeständen, z. B. die →Kreditgefährdung (§ 824), die Gebäudehaftung (§§ 836–838) und die Amtshaftung (§ 839 BGB, →Staatshaftung). Wer einen anderen zu einer Verrichtung bestellt, ist zum Ersatz des Schadens verpflichtet, den der andere (Verrichtungsgehilfe) in Ausführung der Verrichtung widerrechtlich (nicht notwendigerweise schuldhaft) einem Dritten zufügt, es sei denn, dass er bei der Auswahl der bestellten Person die im Verkehr erforderl. Sorgfalt beobachtet hat oder dass der Schaden auch bei Anwendung dieser Sorgfalt entstanden sein würde (§ 831). Entsprechendes gilt nach § 832 für denjenigen, der zur Aufsicht über eine aufsichtsbedürftige Person verpflichtet ist (z. B. die personensorgeberechtigten Eltern gegenüber ihren minderjährigen Kindern). Schuldunfähigkeit bei u. H.: Wer im Zustand der Bewusstlosigkeit oder der Geistesstörung einem Schaden zufügt, ist dafür nicht verantwortlich (§ 827). Nicht verantwortlich ist, wer das 7. Lebensjahr noch nicht vollendet hat. 7- bis 17-Jährige sind für einen Schaden nur verantwortlich, wenn sie bei Begehung der schädigenden Handlung die zur Erkenntnis der Verantwortlichkeit erforderl. Einsicht hatten. Jedoch kennt § 829 eine Billigkeitshaftung des Nichtverantwortlichen, wenn seine Vermögensverhältnisse eine solche Haftung billig erscheinen lassen und der Geschädigte nicht von einem aufsichtspflichtigen Dritten Ersatz verlangen kann.

Über den Inhalt der Ersatzpflicht →Schadensersatz. Im Fall der Tötung hat der Ersatzpflichtige die Beerdigungskosten zu tragen sowie jedem Unterhaltsberechtigten des Getöteten während der mutmaßl. Lebensdauer des Getöteten eine Geldrente zu zahlen (§ 844). Bei Körper- und Gesundheitsschäden, Freiheitsentziehung und schweren Verletzungen des Persönlichkeitsrechts besteht neben dem Anspruch auf Ersatz des materiellen Schadens auch ein Anspruch auf →Schmerzensgeld (§ 847). Über die Verjährung von Ansprüchen aus u. H. →Verjährung, ÜBERSICHT.

Nach *österr.* Recht verpflichtet jede schuldhafte rechtswidrige Handlung zum Schadensersatz (delikt. Generalklausel); es wird für Vorsatz und jede Art von Fahrlässigkeit gehaftet (§ 1295 ABGB). – In der *Schweiz* gelten ähnl. Grundsätze (Art. 41 ff. OR) wie im dt. Recht. (→Haftpflicht)

un|erlaubtes Entfernen vom Unfallort, →Verkehrsunfallflucht.

un|erlaubte Werbung, die nach dem Recht des unlauteren Wettbewerbs verbotene, weil wettbewerbswidrige Werbung. Neben der bereits nach § 1 des Ges. gegen den unlauteren Wettbewerb (UWG) unzulässigen sittenwidrigen Werbung zählt hierzu v. a. die Verbreitung irreführender Angaben zu Wettbewerbszwecken über geschäftl. Verhältnisse, z. B. über Beschaffenheit, Ursprung und Preisbemessung von Waren und gewerbl. Leistungen, die nach § 3 UWG untersagt ist. Auch ein unbeabsichtigter Verstoß hiergegen zieht einen Unterlassungsanspruch, wissentl. oder fahrlässiges Zuwiderhandeln zusätzlich eine Schadensersatzpflicht nach sich. Die vorsätzl. Verbreitung unwahrer Angaben mit dem Ziel, den Anschein eines bes. günstigen Angebots hervorzurufen, ist strafbar (§ 4 UWG). Differenziert zu betrachten sind in diesem Zusammenhang die →Lockvogelangebote.

K. DIETZ: Werbung. Was ist erlaubt? Was ist verboten? (1992).

Un|erziehbarkeit, im Unterschied zu →Schwererziehbarkeit die Unbeeinflussbarkeit eines Heranwachsenden, auch nicht durch heil- und sozialpädagog. und psycho- und verhaltenstherapeuter. Erziehungs- und Behandlungsmethoden. Ursachen sind u. a. hochgradige geistige Behinderung und tief greifende Milieuschädigungen.

UNESCO, Abk. für **United Nations Educational, Scientific and Cultural Organization** [juːˈnaɪtɪd ˈneɪʃnz edjuːˈkeɪʃnl saɪənˈtɪfɪk ənd ˈkʌltʃərəl ɔːgənaɪˈzeɪʃn, engl.], UN-Sonderorganisation für Bildung, Wiss., Kultur und Kommunikation; wurde auf Veranlassung Großbritanniens und Frankreichs auf der Konferenz von London (1.–16. 11. 1945) gegründet und am 4. 11. 1946 wirksam; Sitz: Paris. Aufgaben der UNESCO, der (1998) 186 Staaten angehören, sind v. a. die Förderung der internat. Zusammenarbeit auf den Gebieten der Bildung und Erziehung, der Kultur, der Natur- und Sozialwissenschaften, der Information und Kommunikation sowie die Durchsetzung der Menschenrechte einschließlich des Rechts auf Bildung (u. a. durch internat. Programme zur Grund- und berufl. Bildung). Sie befasst sich mit der Erhaltung und dem Schutz des geistigen Eigentums und fördert den internat. Kulturaustausch. Eine weitere Aufgabe der UNESCO ist der Schutz des →Welterbes.

Oberstes Organ ist die alle zwei Jahre stattfindende **Generalkonferenz,** die Zielsetzung und allgemeine Richtlinien der Arbeit bestimmt und über die vom Sekretariat vorgelegten Programme sowie den Haushalt entscheidet. Von der Generalversammlung wird der aus (1998) 58 Mitgl. bestehende **Exekutivrat** gewählt, der das Bindeglied zw. Generalkonferenz und Sekretariat darstellt. Er überprüft das Arbeitsprogramm und die Haushaltsvorschläge, die er der Generalkonferenz mit entsprechenden Empfehlungen vorlegt. Das **Sekretariat** in Paris besteht aus dem vom Exekutivrat vorgeschlagenen und von der Generalkonferenz auf sechs Jahre gewählten (Wiederwahl möglich) **Generaldirektor** und seinem Arbeitsstab. Das Arbeitsprogramm in den Mitgliedsstaaten wird von **nat. Kommissionen** durchgeführt (Sitz der Dt. UNESCO-Kommission: Bonn; UNESCO-Inst. für Pädagogik in Hamburg). Die UNESCO gibt mehrere Zeitschriften heraus (u. a. ›UNESCO-Kurier‹, 1948 ff.; UNESCO heute, 1991 ff.), ferner wiss. und Kunstveröffentlichungen sowie Fachzeitschriften. Das Gesamtbudget betrug (1998/99) 544 Mio. US-$.

UNESCO-Hb., hg. v. K. HÜFNER u. W. REUTHER (1996).

UNESCO-Modellschulen, Schulen der Sekundarstufen, die der UNESCO assoziiert sind und zu deren besonderen Bildungszielen Erfahrungen und Informationen gehören, die durch internat. Kontakte der Schüler erwachsen. Dafür werden länderübergreifende Projekte durchgeführt. Die dt. UNESCO-Schulen sind den Bundesländern zugeordnet und arbeiten mit der Dt. UNESCO-Kommission zusammen.

UNESCO-Welt|erbe, →Welterbe.

Unfall, unvorhergesehenes, plötzl., von außen einwirkendes, örtlich und zeitlich begrenztes Ereignis, durch das eine körperl. und/oder psych. Verletzung (Trauma), ggf. mit Todesfolge, hervorgerufen wird. Die Ursache von Sachschäden wird als Schadensereignis bezeichnet. Mit dem U. beschäftigen sich die U.- und Sicherheitsforschung, die u. a. in Beschreiben und Erklären von U. (engl. accident research) und Vorhersagen von Unfällen und Beheben von U.-Ursachen (engl. accident prevention research) gegliedert werden. Zum Verständnis der komplexen Zusammenhänge von U. dienen interdisziplinäre Untersuchungen, in denen techn., medizin., soziolog., ökonom. und psycholog. Aspekte berücksichtigt werden.

Häufigste U.-Ursachen sind menschl. Versagen bei der Bedienung von techn. Einrichtungen und Verkehrsmitteln oder menschl. Fehlverhalten; hierbei können phys. (z. B. körperl. Mängel wie Sehschwäche, Drogeneinwirkung), psych. (Risikobereitschaft, Stress, emotionale Einflüsse, Fahrlässigkeit) und soziale Momente (Arbeitsklima) eine Rolle spielen. Eine weitere Ursache stellen techn. Mängel dar. Neuere psycholog. Ansätze sehen den U. nicht monokausal, sondern als Höhepunkt in einer Abfolge von Ereignissen, die in einer log. Folge stehen (U.-Kette). Die Annahme einer durch bestimmte Persönlichkeitsmerkmale und Verhaltensweisen zum U. neigenden Persönlichkeit konnte nicht aufrechterhalten werden. Bei systemat. Betrachtung stellt bes. der Arbeits-U. ein Systemversagen dar (→Sicherheitswissenschaft). Der Ermittlung der U.-Ursachen dienen Gefahranalysen und die Aufstellung von Risikoindikatoren (→Risiko); ihre Ergebnisse sind eine wichtige Voraussetzung für die Aufstellung von Maßnahmen zur →Unfallverhütung.

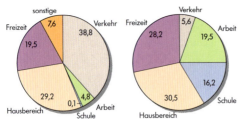

Unfall: Prozentuale Verteilung der Unfalltoten (links) und der Unfallverletzten (rechts) in Deutschland 1996

U. ereignen sich in den Hauptbereichen Straßenverkehr (→Verkehrssicherheit), Haushalt, Sport und Freizeit und im Beruf (→Arbeitsunfall). Im Kindes- und Jugendalter ist der U. die häufigste Todesursache. 1996 betrug die Zahl der U.-Verletzten in Dtl. 8,94 Mio., die der U.-Toten 23 549; die meisten tödl. U. (auch 52% der tödl. Arbeits- und Wege-U. und die tödl. Schulweg-U.) ereigneten sich im Verkehr, die meisten Verletzungen traten im häusl. Bereich auf, rd. 41% der Schulweg-U. mit Verletzungsfolge im Verkehr.

Der Versorgung von U.-Opfern dienen die Einrichtungen des →Rettungswesens; die Behandlung fällt in den Bereich der →Unfallchirurgie. Die Kosten für die Versorgung trägt ggf. die Krankenversicherung, bei Arbeitsunfällen die gesetzliche →Unfallversicherung. Entschädigung leisten gesetzliche und private U.-Versicherung, ggf. besteht Haftpflichtanspruch gegen Dritte.

Unfallchirurgie, Traumatologie, Unfallmedizin, Teilgebiet der Chirurgie, das sich mit der Erforschung und Behandlung von Unfallverletzungen und deren Folgen einschließlich der Rehabilitation beschäftigt. Eine besondere Bedeutung besitzen hierbei einerseits die Maßnahmen der →ersten Hilfe am Unfallort und die Einrichtungen des →Rettungswesens, andererseits die klin. Schockbehandlung und die sofortige oder spätere operative Wiederherstellung (z. B. durch Maßnahmen der Osteosynthese). An großen Krankenhäusern bestehen selbstständige unfallchirurg. Abteilungen (1998: 274), an Univ.-Kliniken 21 Lehrstühle sowie 11 selbstständige Abteilungen für U. mit etwa 20 000 Betten. Für die Behandlung von Arbeitsunfällen sind berufsgenossenschaftl. Unfallkliniken mit Spezialabteilungen u. a. für Querschnittgelähmte, Handchirurgie und schwere Brandverletzungen sowie für physikal. Therapie (zur klin. Rehabilitation) zuständig. Bei Arbeits- und Wegeunfällen ist eine Vorstellung beim →Durchgangsarzt zwingend. Zu den Aufgaben der U. gehört auch die Unfallbegutachtung, die die Beurteilung des Ursachenzusammenhangs sowie die Einschätzung der Erwerbsfähigkeitsminderung und die Feststellung von Spätschäden umfasst; sie bildet auch die Grundlage der Rentengewährung bei bleibenden Schäden. In der privaten Unfallversicherung steht die prämienabhängige Einmalentschädigung für den vollständigen oder partiellen Verlust der Gebrauchsfähigkeit einer Gliedmaße, eines Auges oder des Gehörs (›Gliedertaxe‹) im Vordergrund.

Unfallchirurg. Verfahren sind bereits seit der Antike bekannt. Das erste Unfallkrankenhaus der Welt (›Bergmannsheil‹) wurde 1890 in Bochum gegründet. Wiss. Vereinigung ist die Dt. Gesellschaft für Unfallchirurgie e. V. (gegr. 1922 in Leipzig). Seit 1992 besteht in der ärztl. Berufsordnung die Möglichkeit der Weiterbildung zum Facharzt für Chirurgie und Unfallchirurgie.

G. MEHRTENS u. a.: Arbeitsunfall u. Berufskrankheit ([5]1993); E. KUNER u. V. SCHOSSER: Traumatologie ([5]1995); Leitlinien U., hg. v. K. M. STÜRMER (1997); U. in Dtl., hg. v. H.-J. OESTERN u. J. PROBST (1997); Tscherne U., hg. v. H. TSCHERNE, auf 13 Bde. ber. (1997ff.); Kursbuch der ärztl. Begutachtung, begr. v. H. SPOHR, Beitr. v. E. LUDOLPH u. a., Losebl. (1998ff.).

Unfallflucht, →Verkehrsunfallflucht.

Unfallverhütung, Unfallschutz, Gesamtheit der Maßnahmen, durch die Unfälle verhindert werden sollen. Wesentl. Erkenntnisse über U. werden aus der Praxis und durch die interdisziplinäre Unfallforschung gewonnen, die Unfallursachen und -gründe sowie die Folgen von Unfällen untersucht. Unfallforschung betreiben oder unterstützen u. a. folgende In-

Ausgaben der gesetzlichen Unfallversicherung in der Bundesrepublik Deutschland (in Mio. DM)

Jahr	insgesamt	darunter				
		Rente an Verletzte und Hinterbliebene	ambulante und stationäre Heilbehandlung[1]	Übergangsgeld (Verletztengeld)	berufsfördernde Leistungen zur Rehabilitation[2]	Unfallverhütung und erste Hilfe
früheres Bundesgebiet						
1970	4 881	2 565	567	441	26	116
1980	11 130	5 999	1 521	646	137	355
1985	12 458	6 829	1 795	651	153	497
1990	15 593	7 437	2 315	798	311	704
Deutschland						
1991	18 751	8 419	2 683	938	365	876
1992	20 551	9 328	3 268	1 089	445	996
1993	22 028	9 970	3 510	1 151	529	1 119
1994	22 867	10 501	3 708	1 162	578	1 167
1995	23 742	10 749	3 944	1 170	597	1 258
1996	23 729	10 877	3 912	1 181	613	1 303

[1] einschließlich Zahnersatz. – [2] früher Berufshilfe.

Gesetzliche Unfallversicherung: Arbeitsunfälle, Verdacht auf Berufskrankheiten, Wegeunfälle in der Bundesrepublik Deutschland

Jahr	Vollarbeiter in 1000	angezeigte Unfälle insgesamt	Arbeitsunfälle	Verdacht auf Berufskrankheit	Wegeunfälle	angezeigte Arbeitsunfälle je 1000 Vollarbeiter	tödliche Unfälle
früheres Bundesgebiet							
1960	24883	3028410	2711078	33727	283605	109,0	0,20
1970	25218	2673197	2391757	25960	255480	94,8	0,17
1980	25597	2157920	1917211	45114	195595	74,9	0,10
1985	25616	1752085	1536090	37457	178538	60,0	0,07
1990	30717	1918066	1672480	57751	187835	54,0	0,05
Deutschland							
1991	37126	2330138	2016153	68858	245127	54,0	0,04
1992	37456	2417339	2069422	85721	262196	55,0	0,05
1993	37122	2307278	1931387	108989	266902	52,0	0,05
1994	37015	2247894	1903557	97923	246414	51,0	0,05
1995	37622	2174275	1813982	91561	268732	48,0	0,04
1996	38442	2011608	1657556	93861	260192	43,0	0,04

stitutionen: Bundesanstalt für Straßenwesen, Dt. Verkehrssicherheitsrat (Straßenverkehr) Landesregierungen, Krankenkassen, Aktion ›Das sichere Haus‹, Dt. Sportbund (Heim und Freizeit), Bundesanstalt für Arbeitsschutz und Arbeitsmedizin, berufsgenossenschaftl. Einrichtungen, Gewerbeaufsicht (berufl. Bereich). Die betriebl. U. liegt in der Verantwortung der Unternehmer. Diese arbeiten mit dem Betriebsrat, den Sicherheitsbeauftragten, den Fachkräften für Arbeitssicherheit sowie mit den Betriebsärzten zusammen. Die staatl. Aufsichtsorgane (v.a. Gewerbeaufsicht) sowie die techn. Aufsichtsdienste der Berufsgenossenschaften wirken bei der U. durch Aufklärung, Erlaß von Vorschriften und Betriebskontrollen mit. Wichtige Vorschriften sind dabei: SGB VII, Gewerbeordnung, U.-Vorschriften, Arbeitsstätten-VO, Arbeitsschutz-Ges., Gefahrstoff-VO, Gerätesicherheits-Ges. sowie Ges. über Betriebsärzte, Sicherheitsingenieure u. a. Fachkräfte für Arbeitssicherheit.

Unfallversicherung, 1) *Sozialversicherung:* gesetzliche U., Zweig der Sozialversicherung mit der Aufgabe, Arbeitsunfälle und Berufskrankheiten sowie arbeitsbedingte Gesundheitsgefahren zu verhüten, nach einer Schädigung die Gesundheit und Leistungsfähigkeit des Versicherten wiederherzustellen (Rehabilitation), ihn bzw. seine Hinterbliebenen finanziell zu entschädigen. *Rechtl. Grundlage* ist das SGB VII vom 7. 8. 1996. *Träger* der U. sind die gewerbl. und landwirtschaftl. Berufsgenossenschaften zuzüglich der See-Berufsgenossenschaft, der Bund, die Eisenbahn-Unfallkasse, die Unfallkasse Post und Telekom, die Unfallkassen der Länder, Gemeinde-U.-Verbände und Unfallkassen der Gemeinden, die Feuerwehr-Unfallkassen, die gemeinsamen Unfallkassen für den Landes- und den kommunalen Bereich. Kraft Gesetzes versichert sind nach §2 SGB VII alle aufgrund eines Arbeits-, Dienst- oder Ausbildungsverhältnisses Beschäftigten, landwirtschaftl. Unternehmer, Studenten, Schüler und Kinder in Kindergärten u. a.

Leistungen der U. werden gewährt, wenn ein Schaden durch Arbeitsunfall oder einen Wegeunfall entstanden ist bzw. eine Berufskrankheit vorliegt; sie werden unterteilt in →Heilbehandlung einschließlich Leistungen der medizin. Rehabilitation, in berufsfördernde, soziale und ergänzende Leistungen zur Rehabilitation, Leistungen bei Pflegebedürftigkeit sowie Geldleistungen. Leistungen zur Heilbehandlung und zur Rehabilitation haben Vorrang vor Rente. Bei Hilflosigkeit des Verletzten wird **Pflegegeld** gezahlt, eine Pflegekraft gestellt oder Heimpflege gewährt. **Verletztengeld** wird insbesondere erbracht, wenn der Versicherte infolge eines Versicherungsfalls arbeitsunfähig ist (Arbeitsunfähigkeit im Sinne der Krankenversicherung) oder wegen der Heilbehandlung keine ganztägige Erwerbstätigkeit ausüben kann und unmittelbar vor der Arbeitsunfähigkeit oder der Heilbehandlung Anspruch auf Arbeitsentgelt, Krankengeld, Arbeitslosengeld u. a. hatte (§ 45 SGB VII). Berechnet wird das Verletztengeld ähnlich wie das Krankengeld. Die **berufsfördernden Leistungen zur Rehabilitation** (§§ 35–38 SGB VII; frühere Bez. Berufshilfe) umfassen Maßnahmen zur Wiedergewinnung der Fähigkeit, den bisherigen Beruf weiter auszuüben, ggf. die Ausbildung für einen anderen Beruf sowie Hilfe zur Erlangung einer neuen Arbeitsstelle; sie beinhalten auch Leistungen an Arbeitgeber (Eingliederungshilfen u. a.). Während der berufsfördernden Leistungen nach § 35 Abs. 1 erhält der Versicherte →Übergangsgeld. **Leistungen zur sozialen Rehabilitation** umfassen Kraftfahrzeughilfe, Wohnungshilfe, Beratung und Betreuung, Haushaltshilfe, Reisekosten u. a. (§§ 30 ff. SGB VII). Die wichtigste Form der Entschädigungsleistungen ist die Rente **(Verletztenrente)**. Sie beträgt jährlich zwei Drittel des Jahresarbeitsverdienstes, wenn der Verletzte seine Erwerbsfähigkeit verloren hat (Vollrente). Daneben gibt es die Teilrente, die gemäß dem Grad der Erwerbsminderung die Vollrente reduziert. Eine Kinderzulage zur Rente eines Schwerverletzten wird nur gewährt, wenn der Anspruch vor 1984 entstanden ist. In bestimmten Fällen können Verletzte anstelle der Rente einen Kapitalbetrag (Abfindung) erhalten. Bei Tod durch Arbeitsunfall oder Berufskrankheit haben Hinterbliebene Anspruch auf Sterbegeld, Erstattung der Überführungskosten, Hinterbliebenenrenten (§§ 63 ff. SGB VII) und Beihilfe. Das Sterbegeld wird in Höhe von einem Siebentel der zum Todeszeitpunkt geltenden Bezugsgröße gezahlt (§§ 64 SGB VII, 18 SGB IV). Beziehen Empfänger von Witwen- oder Witwerrenten und volljährige Waisen Erwerbs- oder Erwerbsersatzeinkommen, wird dieses Einkommen, soweit es einen Freibetrag übersteigt, z. T. auf die Rente angerechnet. Die Witwen- und die Witwerrente beträgt grundsätzlich jährlich 30% des Jahresarbeitsverdienstes. Sie erhöht sich auf 40%, wenn die Witwe bzw. der Witwer mindestens 45 Jahre alt ist oder mindestens ein waisenrentenberechtigtes Kind erzieht oder berufs- oder erwerbsunfähig ist. Frühere Ehegatten können auf Antrag Hinterbliebenenrente erhalten, wenn der Verstorbene unterhaltspflichtig war. Die Waisenrente beträgt jährlich 20%, bei Vollwaisen 30% des Jahresarbeitsverdienstes. Sie wird bis zum vollendeten 18. Lebensjahr, in besonderen Fällen (z. B. bei Schul- oder Berufsausbildung) bis zum vollendeten 27. Lebensjahr gewährt. Verwandte der aufsteigenden Linie (Eltern, Großeltern), Stief- oder Pflegeeltern können eine Hinterbliebenenrente erhalten, wenn der Verunglückte sie wesentlich unterhalten hat oder unterhalten hätte.

Finanzierung: Die U. wird im Umlageverfahren durch Arbeitgeberbeiträge finanziert; deren Höhe richtet sich nach dem Finanzbedarf, dem Entgelt der Versicherten und nach dem Grad der Unfallgefahr im jeweiligen Betrieb (→Gefahrtarif). Für die landwirtschaftl. U. und die U.-Träger der öffentl. Hand gelten besondere Vorschriften.

In *Österreich* sind Arbeiter, Angestellte und Beamte aufgrund der Sozialversicherungsgesetze pflichtversichert; ähnl. Leistungen wie in der dt. U. – In der *Schweiz* ist die obligator. berufl. U. im Bundes-Ges. über die U. vom 20.3.1981 geregelt (→Schweizerische Unfallversicherungsanstalt).

Geschichte: Die dt. U. ist seit ihrer Gründung 1884 weniger stark verändert worden als andere Sozialversicherungszweige. 1925 wurden bestimmte Berufskrankheiten und Wegeunfälle in die U. eingeschlossen und die Berufshilfe (Berufsfürsorge) Pflichtleistung. 1928 wurde die U. auf die kaufmänn. und verwaltenden Teile der versicherten Betriebe ausgedehnt. Seit 1963 ist die Bundes-Reg. verpflichtet, jährlich einen Unfallverhütungsbericht vorzulegen, und Betriebe mit mehr als 20 Beschäftigten müssen einen Sicherheitsbeauftragten bestellen. Die Renten werden jährlich an die Lohn- und Gehaltsentwicklung angepasst. Schüler, Studenten und Kinder in Kindergärten sind seit 1971 in die U. einbezogen. In der DDR war die U. Bestandteil der einheitl. Sozialversicherung. Durch den Einigungsvertrag und das Renten-Überleitungs-Ges. wurde die U. auf das Beitrittsgebiet übertragen.

U., begr. v. W. BEREITER-HAHN, bearb. v. H. SCHIEKE, Losebl. (⁴1971 ff.); U. – Sozialgesetzbuch VII, begr. v. H. LAUTERBACH, Losebl. (⁴1997 ff.).

2) *Versicherungswirtschaft:* **private U.**, schützt vor den wirtschaftl. Folgen von Unfällen, d. h. von Ereignissen, die plötzlich und von außen auf den Körper des Versicherten einwirken und zu Invalidität oder zum Tod führen. Die private U. ergänzt die gesetzl. U. Zu unterscheiden sind Einzel- und Gruppen-U., Voll- und Teil-U. (Letztere für bestimmte Arten von Unfällen) sowie U. mit und ohne Beitragsrückgewähr. Der Versicherer leistet Invaliditätsentschädigung (gemäß Invaliditätssumme und -grad, Gliedertaxe) und/oder eine zuvor vereinbarte Todesfallsumme. Mitversichert werden können Tagegeld, Krankenhaustagegeld mit oder ohne Genesungsgeld, Übergangsentschädigung, Heilkostenersatz, Bergungskosten.

UNFDAC, Abk. für **United Nations Fund for Drug Abuse Control** [juːˈnaɪtɪd ˈneɪʃnz fʌnd fɔː drʌg əˈbjuːz ˈkɒntrəʊl, engl.], **Fonds der Vereinten Nationen zur Bekämpfung des Drogenmissbrauchs** [fɔ̃ -], 1971 eingerichtetes UN-Spezialorgan (Sitz: Wien), dessen Arbeit durch das Internat. Drogenkontrollprogramm der Vereinten Nationen (→UNDCP) koordiniert wird. Hauptaufgaben des von einem Exekutivdirektor geleiteten UNFDAC sind v. a. die Entwicklung und Unterstützung von Aktivitäten der einzelnen Staaten zur Senkung des illegalen Anbaus, des Handels und Konsums von Drogen. (→INCB)

Unfehlbarkeit, lat. **Infallibilität,** *kath. Kirche:* die dogmatisch definierte Irrtumslosigkeit der kirchl. Lehrverkündigung; theologisch in dem ihr nach kirchl. Auffassung zugrunde liegenden Beistand des Hl. Geistes begründet und innerhalb der Kirche an das →kirchliche Lehramt gebunden. Träger der U. ist die Gesamtheit der Bischöfe; als **päpstliche U.** ist im Rahmen des 1870 durch das 1. Vatikan. Konzil dogmatisierten päpstl. →Primates in besonderer Weise mit dem Papstamt verbunden. Mit U. gefasste Entscheidungen (Glaubensurteile) gelten als definitive Auslegungen der in der Bibel und Tradition niedergelegten christl. Offenbarung und sind für die gesamte Kirche verbindlich. Solche Glaubensurteile sind die Lehrentscheidungen der allgemeinen Konzilien und die Lehrverkündigung des Papstes →ex cathedra; bislang nur einmal (1950; nach vorheriger Befragung der Bischöfe) durch Papst PIUS XII. mit der Dogmatisierung der Aufnahme MARIAS ›mit Leib und Seele‹ in den Himmel (→Himmelfahrt Marias) erfolgt.

Kirchengeschichtlich findet sich die Vorstellung von der röm. Kirche als der Garantin für Glaubensreinheit und Irrtumslosigkeit seit dem 5. Jh., wobei nicht einzelne Entscheidungen oder Anordnungen, sondern der Glaube als Ganzes gemeint war. Seit der Scholastik wurde die Irrtumslosigkeit der lehramtl. Repräsentanz der Gesamtkirche (z. B. Kardinalskollegium oder Konzil) diskutiert, wobei der Konsens mit der Gemeinschaft der Glaubenden vorausgesetzt wurde. Grundsätzlich infrage gestellt wurde die U. des Papstes in der Auseinandersetzung um den →Konziliarismus im 14. und 15. Jh. Seit dem 16. Jh. propagierten bes. die Jesuiten und röm. Theologen die U. des Papstes. Den Höhepunkt dieser Entwicklung bildete die gegen den Widerstand einer beträchtl. Minorität der Konzilsteilnehmer erfolgte Dogmatisierung auf dem 1. Vatikan. Konzil. Das 2. Vatikan. Konzil hat an der U. festgehalten, zugleich jedoch das Prinzip der →Kollegialität von Papst und Gesamtepiskopat herausgestellt.

H.-J. POTTMEYER: U. u. Souveränität (1975); A. B. HASLER: Pius IX. (1846–1878). Päpstl. U. u. 1. Vatikan. Konzil (1977); DERS.: Wie der Papst unfehlbar wurde (Neuausg. 1981); U. HORST: Papst – Konzil – U. (1978); DERS.: U. u. Gesch. (1982); B. TIERNEY: Origins of papal infallibility 1150–1350 (Neudr. Leiden 1988); H. KÜNG: Unfehlbar? (Neuausg. 1989); K. SCHATZ: Der päpstl. Primat (1990).

UNFPA, Abk. für **United Nations Fund for Population Activities** [juːˈnaɪtɪd ˈneɪʃnz fʌnd fɔː pɒpjʊˈleɪʃn ækˈtɪvətiːz, engl.], **Bevölkerungsfonds der Vereinten Nationen** [-fɔ̃ -], hervorgegangen aus dem 1967 eingerichteten UN-Treuhandfonds für Bev.-Fragen, seit 1979 UN-Spezialorgan (Sitz: New York), 1987 umbenannt in ›United Nations Population Fund‹ (unter Beibehaltung der Abk. UNFPA). Seit 1969 dem Weltentwicklungsprogramm (→UNDP) unterstellt und von einem Exekutivdirektor geleitet, unterstützt UNFPA weltweit Projekte auf dem Gebiet der Bev.- und Familienplanung. Arbeitsschwerpunkte sind v. a. Aufklärungs-, Informations- und Ausbildungsprogramme, Maßnahmen zur medizin. Versorgung, die Errichtung von Dokumentationszentren und die Durchführung internat. Konferenzen (u. a. →Weltbevölkerungskonferenzen). Seit 1969 veröffentlicht UNFPA jährlich ›The state of world population‹.

UN-Friedenstruppen, →UNO-Friedenstruppe.

Unfruchtbarkeit, Sterilität, Unfähigkeit zur Hervorbringung von Nachkommen. U. tritt beim Menschen bei 10–20 % aller Partnerschaften auf; die Ursache ist in 45 % der Fälle die U. der Frau, in 35 % der Fälle die Zeugungsunfähigkeit (Infertilität) des Mannes. In 20 % der Fälle ist die Ursache bei beiden zu suchen oder ist ungeklärt. Eine Infertilität bei der Frau besteht, wenn eine eingetretene Schwangerschaft nicht ausgetragen werden kann. Von einer unfruchtbaren bzw. sterilen Partnerschaft spricht man, wenn bei bestehendem Kinderwunsch innerhalb von 2 Jahren keine Schwangerschaft eingetreten ist. Eine **primäre U.** liegt vor, wenn noch keine Schwangerschaft bestand, eine **sekundäre U.** bei Ausbleiben weiterer Schwangerschaften.

Die U. der Frau kann auf unterschiedl. Störungen beruhen. Funktionelle Ursachen sind Entwicklungs- oder Funktionsstörungen der Eierstöcke (etwa 45 %) oder der diesen übergeordneten Zentren (Hypophyse,

Hypothalamus), die zu einem Fehlen der Ovulation oder zu einem Mangel an Gelbkörperhormon oder Gonadotropinen führen und sich in Einnistungsstörungen der befruchteten Eizelle oder Zyklusstörungen (anovulator. Zyklus, Oligomenorrhö, Amenorrhö) äußern. Zu den organ. Ursachen gehört v. a. der Tubenverschluss oder eine Funktionsstörung des Eiabnahmemechanismus als Folge einer doppelseitigen Eileiterentzündung (etwa 25% der Fälle). Weitere Ursachen sind Fehlbildungen oder Erkrankungen der Geschlechtsorgane (z. B. Gebärmuttermyome). Auch Allgemeinerkrankungen wie Diabetes mellitus, Schilddrüsenerkrankungen, schwere Fett- oder Magersucht sind häufig mit U. verbunden.

Die *U. des Mannes* (Zeugungsunfähigkeit) kann durch eine psychisch oder organisch bedingte Unfähigkeit zur Ausübung des Geschlechtsverkehrs (Impotentia coeundi, →Impotenz) oder durch Störungen der Spermienentwicklung (Spermatogenese) oder der Funktion der Samenleiter hervorgerufen werden (Impotentia generandi). Die Beeinträchtigung der Spermatogenese wird durch doppelseitigen Leistenhoden, Hodenerkrankungen oder -verletzungen, endokrine Störungen (Hypopituitarismus) oder chromosomal bedingte, angeborene Unterentwicklung (Klinefelter-Syndrom) verursacht; sie besteht in einer Verminderung der Zahl (Oligospermie) oder im Fehlen (Azoospermie), aber auch in Fehlbildung oder mangelnder Dichte und Beweglichkeit der Samenfäden. Entzündungen von Hoden, Nebenhoden, Prostata oder Harnleiter können zu einem Verschluss der ableitenden Samenwege führen.

Bei U. unklarer Ursache wird eine Mitwirkung immunolog. Reaktionen zwischen Samenflüssigkeit und Scheidensekret vermutet, die die Beweglichkeit der Spermien hemmt.

Die *Behandlung* der U. setzt eine Klärung der Ursachen voraus, die zunächst in einer Untersuchung der Zeugungsfähigkeit des Mannes (Spermiogramm und Hormonuntersuchung, ggf. Hodenbiopsie), dann in einer Prüfung der Eierstockfunktion der Frau (Basaltemperaturkurve, Ultraschalldiagnostik), der hormonellen Funktion (v. a. Östrogen-, Progesteron-, FSH-, LH- und Prolaktinbestimmung), einer Untersuchung der Geschlechtsorgane, der Gebärmutterschleimhaut (Endometriumbiopsie) und der Durchgängigkeit der Eileiter (z. B. Hysterosalpingographie) besteht. Die Behandlung wird demgemäß mit einer Hormontherapie oder Sterilitätsoperation (mikrochirurg. oder laparoskop. Eileiterkorrektur) durchgeführt. Bei männl. Zeugungsunfähigkeit, bes. bei Spermienstörungen, werden Methoden der Reproduktionsmedizin, z. B. Spermiengewinnung durch Aspiration aus dem Nebenhoden oder Spermienexpression aus dem Hoden, angewendet. Das Spermium wird dann direkt in eine durch Eierstockpunktion gewonnene Eizelle injiziert. Nach Fertilisierung der Eizelle (→In-vitro-Fertilisation) wird diese wieder in die Gebärmutterhöhle transferiert (Embryotransfer). War eine Sterilisation des Mannes vorausgegangen, ist die →Refertilisierung durch Rekonstruktion der Samenleiter möglich.

Unfug, jedes ungeziemende Benehmen. Strafrechtlich erfasst wird nur der **beschimpfende U.** (nach der Rechtsprechung das Kundgeben der Missachtung in roher Form, die sich räumlich unmittelbar gegen die Sache richtet) an in- und ausländ. Hoheitszeichen (§§ 90a, 104), an einem Ort, der dem Gottesdienst einer Kirche oder Religionsgesellschaft gewidmet ist (§ 167) sowie an einer Beisetzungsstätte (§ 168 StGB). **Grober U.** ist seit 1. 1. 1975 als solcher nicht mehr strafbar, kann allerdings nach §§ 117–119 Ordnungswidrigkeiten-Ges. als Ordnungswidrigkeit verfolgt werden.

Ųngar, Hermann, Schriftsteller, * Boskowitz 20. 4. 1893, † Prag 28. 10. 1929; verbindet in seinen Erzählungen, Romanen und Dramen die psychologisch genaue Beschreibung von Extremem und Groteskem mit in distanzierter Sprache vorgebrachter Kritik an der bürgerl. Moral.

Werke: *Dramen:* Krieg (entst. 1916–17, hg. 1990); Der rote General (1928); Die Gartenlaube (hg. 1930). – *Erzählungen* und *Romane:* Knaben u. Mörder (1920); Die Verstümmelten (1923); Die Klasse (1927); Colberts Reise (hg. 1930).

Ausgaben: Der Bankbeamte u. a. vergessene Prosa, hg. v. D. SUDHOFF (1989); Das Gesamtwerk, hg. v. J. SERKE (1989).

D. SUDHOFF: H. U. Leben, Werk, Wirkung (1990).

Ungarętti, Giuseppe, ital. Lyriker, *Alexandria (Ägypten) 10. 2. 1888, † Mailand 1. 6. 1970; verbrachte seine Jugend in Ägypten; studierte 1912–14 in Paris, wo er neben G. APOLLINAIRE, G. PAPINI, A. SOFFICI und A. PALAZZESCHI u. a. auch P. PICASSO kennen lernte; 1915–18 Teilnahme am Ersten Weltkrieg, dann Journalist; 1936–42 war er Prof. für ital. Literatur in São Paulo (Brasilien), ab 1942 Prof. für zeitgenössische ital. Literatur in Rom. Unter dem Einfluss der Wortmusik des Symbolismus und der futurist. Sprengung der Syntax gelangte er zu fragmentarisch-evokator. Ausdrucksformen, die – autobiographisch inspiriert – existenzielle Extreme wie Angst, Einsamkeit und Tod aus der Magie des Schreis (›grido‹) entwerfen. U., der sich auch als herausragender Übersetzer (u. a. von W. BLAKE, J. RACINE und SHAKESPEARE) einen Namen machte, galt schon bald als Haupt des →Hermetismus und ist neben E. MONTALE einer der großen Erneuerer der ital. Lyrik des 20. Jahrhunderts.

Giuseppe Ungaretti

Werke: *Lyrik:* Il porto sepolto (1916); Allegria di naufragi (1919, 1931 u. d. T. L'allegria; dt. Die Heiterkeit); Sentimento del tempo (1933; dt. Zeitgefühl); Il dolore (1947; dt. Der Schmerz); La terra promessa (1950; dt. Das verheißene Land); Un grido e paesaggi (1952); Il taccuino del vecchio. 1952–1960 (1960; dt. Das Merkbuch des Alten); Morte delle stagioni (1967); Dialogo (1968). – *Prosa:* Il povero nella città (1949, erw. 1961 u. d. T. Il deserto e dopo; dt. Teilausg. u. d. T. Reisebilder).

Ausgaben: Vita d'un uomo. Saggi e interventi, hg. v. M. DIACONO u. a. (³1982); Vita d'un uomo. Tutte le poesie, hg. v. L. PICCIONI (¹⁴1994). – Vita d'un uomo. Ein Menschenleben, hg. v. A. BAADER u. M. VON KILLISCH-HORN, auf 6 Bde. ber. (1991 ff.).

L. REBAY: Le origini della poesia di G. U. (Rom 1962); C. OSSOLA: G. U. (Mailand 1975); G. GUGLIELMI: Interpretazione di U. (Bologna 1989); W. MAURO: Vita di G. U. (Mailand 1990); G. U. 1888–1970, hg. v. A. ZINGONE (Neapel 1995).

Ųngarisch-Ạltenburg, ehem. selbstständige Stadt in Ungarn, seit 1939 Teil von →Mosonmagyaróvár.

Ųngarische Eiche, die →Pannonische Eiche.

ungarische Kunst: Portal an der Westfassade der Abteikirche Sankt Georg (1256 geweiht) in Ják

ụngarische Kunst. Funde aus der Zeit der Landnahme (um 896) lassen Zusammenhänge mit der Steppenkunst erkennen. Viele Bauten des MA. wurden

Unga ungarische Kunst

durch den Mongolensturm (1241) und während der Türkenherrschaft zerstört. Große Kirchen der Romanik sind u. a. in Fünfkirchen und Ják erhalten, nur als Ruine die Prämonstratenserkirche in Zsámbék (bei Budapest). Architektur und Bauplastik lassen Beziehungen zu Dtl. (u. a. Bamberg) und Italien (bes. Lombardei) erkennen. Bedeutendster Profanbau war das spätromanische Arpadenschloss in Gran (Kapelle

ungarische Kunst: Apostel; Wandgemälde aus der spätromanischen Kapelle des Arpadenschlosses in Gran, 15. Jh.

1935–37 freigelegt). Seit der Mitte des 13. Jh. breitete sich der got. Stil aus (ehem. Franziskanerkirche in Ödenburg), der bis ins 16. Jh. dominierend blieb und auch eine reiche Plastik prägte. In der Freskenmalerei wurde byzantin. Einfluss (Krypta der Pfarrkirche in Feldebrő bei Erlau, Ende des 12. Jh.) durch frz. (Magdalenenkirche in Sopronbánfalva, heute zu Ödenburg; St. Andreas in Hidegség bei Ödenburg; kalvinist. Kirche in Vizsoly, Bez. Borsod-Abaúj-Zem-

ungarische Kunst: József Rippl-Rónai, ›Dorfbewohner‹; Farblithographie, um 1890

plén; 12.–13. Jh.), später durch ital. Einflüsse (Burgkapelle in Gran, 14. Jh.) abgelöst. Die ersten Tafelbilder (15. Jh.) verbinden Züge der dt. mit solchen der italienischen Gotik. – Zur Entwicklung in den Randgebieten →Siebenbürgen, →slowakische Kunst.

Gegenüber der Bürgerkunst der Städte war die Kunst am Hof der Anjou und Luxemburger aristokratisch-europäisch orientiert (got. Statuen in der Burg von Buda). Dank MATTHIAS I. CORVINUS und seiner berühmten Bibliothek, der Corvina, fand die it. Renaissance früh Eingang (Bakócz-Kapelle in Gran, zw. 1506 und 1510). Überwiegend österr. Künstler und Vorbilder bestimmten die nach der Türkenherrschaft aufblühende ungar. Barockkunst. Klöster, Kirchen und weltl. Bauten in Raab, Erlau, Stuhlweißenburg, Jászó (heute Jasov, Slowak. Rep.) u. a. wurden von Malern wie D. GRAN, P. TROGER, F. A. MAULBERTSCH und J. L. KRACKER mit gewaltigen Fresken geschmückt.

Im 19. Jh. entstanden in Budapest Bauten des Klassizismus (Nationalmuseum 1837–47, von MIHÁLY JANOS POLLACK, *1773, †1855), der Neurenaissance (Oper 1875–84, von MIKLÓS YBL, *1814, †1891) und der Neugotik (Parlament 1884–1904, von I. STEINDL). Der Versuch einer typisch ›magyar.‹ Architektur war das Kunstgewerbemuseum Ö. LECHNERS (1893–96). I. FERENCZY vertrat die klassizist. Bildhauerkunst, M. IZSÓ die nat. Romantik. Nat. Bildthemen wurden von B. SZÉKELY VON ÁDÁMOS in der Art der Wiener und Münchener Historienmaler gestaltet, z. T. sozialkritisch von M. MUNKÁCSY. Führender Meister der Malerkolonie ›Szolnok‹, deren Mitgl. unter unmittelbarer Beobachtung der Natur v. a. Landschafts- und Genrebilder malten, war A. FÉNYES. Die 1896 in Nagybánya (heute Baia Mare) sich bildende Künstlerkolonie widmete sich gleichfalls der Freilichtmalerei (u. a. P. SZINYEI MERSE, K. FERENCZY). Der bedeutendste Vertreter des Postimpressionismus, J. RIPPL-RÓNAI, gehörte zu den Nabis. CSONTVÁRY war Gründer einer visionär-expressiven Malerei. Die Künstlergruppe ›Nyolcak‹ (1909–14) hielt sich an die Lehren von P. CÉZANNE und die der Fauves. Bedeutender Bildhauer des Kubismus war J. CSÁKY. Aus dem Künstlerkreis um L. KASSÁK stammen hervorragende Vertreter des Konstruktivismus, u. a. S. BORTNYIK (sein bekanntester Schüler wurde V. VASARÉLY), ferner L. MOHOLY NAGY, der am Bauhaus lehrte. Die Grundsätze des Bauhauses wirkten in den 20er-Jahren auch auf die Tätigkeit der Architektengruppe ›Cirpac‹. Die künstler. Tendenzen zw. den beiden Weltkriegen zeigen u. a. die Werke G. DERKOVITS', die sich sozialen Themen widmen, ferner die lyrischpantheist. Landschaftsbilder von J. EGRY und die tief dramatischen surrealist. Visionen von LAJOS VAJDA (*1908, †1941). Die Bildhauerkunst der Epoche stand unter dem Einfluss von A. MAILLOL: FERENC MEDGYESSY (*1881, †1958), BENI FERENCZY (*1890, †1967). Die Gruppe ›Európai Iskola‹ (1945–49) vereinigte die surrealist. und abstrakten Tendenzen. Anfang der 60er-Jahre bildete sich eine Künstlergruppe um T. CSERNUS, ausgehend von stark realist. Strömungen einschließlich Pop-Art (L. LAKNER). Sehr individuell geprägt sind die Gemälde und Grafiken von B. KONDOR und die Werke der Bildhauerin ERZSÉBET SCHAÁR.

Um 1965 entfaltete sich an internat. Strömungen orientierende junge Avantgarde ein breites Spektrum künstler. Aktivitäten zw. den Gegenpolen konstruktivistisch-serieller Kunst (A. PÉTER TÜRK, *1943) und Aktionismus (M. ERDÉLY; TAMÁS SZENTJÓBY, *1944). Neben Vertretern der Avantgarde wie ENDRE BÁLINT (*1914, †1986), ILONA KESERÜ (*1933) oder ISTVÁN NÁDLER (*1938) und der Transavantgarde wie IMRE BAK (*1939) oder ÁKOS

BIRKÁS (* 1941), die die unterschiedl. Linien der reichen Tradition der modernen u. K. weiterentwickelten, werden in den 80er- und 90er-Jahren verstärkt auch Tendenzen der zeitgenöss. westl. Kunst aufgegriffen. Die Malerei zeigt eine Vielfalt individueller Stile. Die gestisch-kolorist. Tradition führen TAMÁS SOÓS (* 1955) und ZOLTÁN SEBESTYÉN (* 1954) fort. Im Bereich einer Malerei, die sich mit der sichtbaren Realität auseinander setzt, arbeiten so versch. Künstler wie ANDRÁS KONCZ (* 1953), KÁROLY KELEMEN (* 1948), LÁSZLÓ FÉHER (* 1953), SÁNDOR PINCZEHELYI (* 1946), ISTVÁN MAZZAG (* 1958), ÁRON GÁBOR (* 1954) und ISTVÁN EF ZÁMBÓ (* 1950), deren Werke die Spannweite von der realist. Abbildung bis zum postmodernen Zitat zeigen. Internat. Rang behaupten die Skulpturen u. a. von ATTILA MATA (* 1953), ILDIKÓ VÁRNAGY (* 1944), LÁSZLÓ FE LUGOSSY (* 1947), GYÖRGY CSESZLAI (* 1957), LAJOS KLICSU (* 1957), EL KAZOVSZKIJ (* 1948), KLÁRA BORBÁS (* 1955); die Grenze zur Rauminstallation überschreiten GÉZA SAMU (* 1947), IMRE BUKTA (* 1952), JÁNOS SZIRTES (* 1954) und JÁNOS SUGÁR (* 1958).

Innerhalb der modernen zeitgenöss. Architektur traten u. a. IMRE MAKOVECZ (* 1935; Kulturhaus in

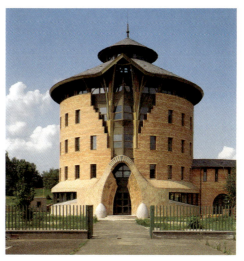

ungarische Kunst: Dezső Ekler, Hörsaalturm der Agraruniversität in Kaposvár; 1987 ff.

ungarische Kunst: István Nádler, Ohne Titel; Gouache, 1974 (Privatbesitz)

Sárospatak [Bez. Borsod-Abaúj-Zemplén], 1981; Kirche von Paks, 1990), ISTVÁN JANÁKY (Bürogebäude in Budapest, 1993) und GÁBOR TURÁNI, der sich mit der modernen ungar. Architektur der 30er-Jahre auseinandersetzt, hervor.

A. KAMPIS: Kunst in Ungarn (a. d. Ungar., Budapest 1966); E. KÖRNER: Die u. K. zw. den beiden Weltkriegen (a. d. Ungar., Dresden 1974); Neue Architektur in Ungarn, hg. v. J. SZENDRŐI (a. d. Ungar., 1978); L. NÉMETH: Kurze Gesch. der u. K. (a. d. Ungar., Budapest 1979); Kunstdenkmäler in Ungarn, hg. v. R. HOOTZ (a. d. Ungar., ²1981); Franz Anton Maulbertsch u. sein Kreis in Ungarn, hg. v. E. HINDELANG, Ausst.-Kat. (1984); Ungar. Malerei der 80er Jahre, bearb. v. L. HEGYI u. K. NERAY, Ausst.-Kat., Dortmund (1987); 80 Jahre ungar. Malerei von der Romantik bis zum Surrealismus, bearb. v. L. BEKE u. a., Ausst.-Kat. (a. d. Ungar., 1989); Ungar. Avantgarde in der Malerei der achtziger Jahre, bearb. v. L. HEGYI, Ausst.-Kat. (1989); Kunst heute in Ungarn, hg. v. G. UELSBERG, Ausst.-Kat. Neue Galerie, Aachen (1989); Kunst-Landschaft Ungarn, Beitr. v. G. BIEDERMANN u. a. (1990); Acht Ungar. Zeitgenöss. Kunst aus Ungarn, übers. v. M. PÁLVÖLGYI, Ausst.-Kat. Neue Galerie Graz (Szombathely 1992); Grenzenlos. 15 Künstler aus Ungarn, bearb. v. V. SCHWARZ, Ausst.-Kat. Haus des Dt. Ostens, München (1996).

ungarische Literatur. Die Voraussetzungen für die Herausbildung der u. L. waren um 1000 mit der Begründung des ungar. Königtums durch STEPHAN I. gegeben.

Vom Mittelalter bis zur Aufklärung

Die Zeugnisse aus nomad. Zeit sind verloren, doch haben sich in der später überlieferten Volksdichtung finnougr., türk. und skyth. Elemente erhalten.

Die frühesten Texte der u. L. stehen im Zeichen der abendländ. Latinität, es sind Übersetzungen geistl. Texte aus dem Lateinischen von z. T. beachtlicher poet. Qualität (u. a. Hymnen und eine Marienklage). Die Hochblüte der lat. Dichtung fiel in die Regierungszeit des Königs MATTHIAS I. CORVINUS (1458–90); ihr wichtigster Vertreter war der Humanist JANUS PANNONIUS. Von einer eigenständigen u. L. kann man aber erst vom Ende des 15. Jh., bes. von der Reformation an, sprechen.

Der Protestantismus, getragen von ungar. Theologen, die in Wittenberg studiert hatten, verbreitete sich in der Volkssprache. Dies hatte eine Kultivierung der ungar. Sprache (Grammatiken, Wörterbücher, Errichtung von Druckereien u. Ä.) zur Folge, eröffnete

ungarische Kunst: links Attila Mata, ›Die Büste‹, 1988 (Privatbesitz); rechts Imre Makovecz, Turm mit Haupteingang der katholischen Kirche in Paks, 1990

Unga ungarische Literatur

zugleich aber die Möglichkeit des literar. Ausdrucks sozialer Unzufriedenheit. Nach mehreren Teilübersetzungen der Bibel (hussitisch inspirierte Übersetzungen schon Anfang des 15. Jh.) erschien 1590 die vollständige Übersetzung von K. KÁROLYI. Sie war jahrhundertelang das meistgelesene ungar. Buch, ihre weltbildformende und stilist. Wirkung wurde für die Bildung in Ungarn ausschlaggebend. Unter den zahlr. Predigern ragte v. a. PÉTER BORNEMISZA (*1535, †1584) hervor, dessen umfangreiche Predigtsammlung (um 1580) ein reichhaltiges Dokument des zeitgenöss. ungar. Lebens darstellt. Das Werk seines Schülers B. BALASSI, vom Petrarkismus beeinflusste religiöse Lyrik, Soldaten- und Liebeslieder, bildet den Höhepunkt der u. L. der Renaissance.

Der Führer der Gegenreformation, die das geistige Leben in Ungarn seit der Mitte des 17. Jh. bestimmte, war P. PÁZMÁNY, ein scharfsinniger und redegewandter Jesuit, der in polem. Schriften einen neuen, barocken Stil schuf. Bedeutende Dichter des ungar. Barock waren der Feldherr M. ZRÍNYI, Verfasser eines an antiken und ital. Mustern orientierten Heldenepos, ›Der Fall von Sziget‹ (ungar. 1651), und ISTVÁN GYÖNGYÖSI (* 1629, † 1704), der durch höf. Hochzeitslieder große Popularität erlangte. Nat. Selbstbewusstsein drückte sich in patriot. Dichtungen der →Kuruzen aus, die in barocker Formensprache antihabsburg. Themen, Klagen um die Verwüstungen des Landes gestalteten.

Aufklärung und 19. Jahrhundert

Die Ideen der Aufklärung im Zeitalter der Reg. MARIA THERESIAS und JOSEPHS II. erneuerten auch das literar. Leben. Umschlagplatz des frz. Gedankengutes war Wien, wo die ungar. Leibgardisten des Hofes, an ihrer Spitze G. BESSENYEI, durch Übersetzungen und eigene Werke die Verbreitung dieser Ideen sowie die Modernisierung der ungar. Sprache und Literatur förderten (erste eigenständige Zeitschrift in ungar. Sprache ›Magyar Museum‹, 1788–1793). Die Niederschlagung der Verschwörung der ungar. Jakobiner durch FRANZ II. (1794) beendete die Verbreitung der Aufklärung vorzeitig und ließ den angehenden geistigen Wandel zu einer weltanschaulich neutralen, nur literar. Bewegung werden. BESSENYEI zog sich zurück, und auch JÁNOS BATSÁNYI (*1763, †1845), ein politisch denkender Literat, konnte sich gegenüber dem Stilisten und Spracherneuerer F. KAZINCZY nicht behaupten, unter dessen Führung sich die Anhänger des klassizist. Stilideals durchsetzten. Neben der bäuerl. Schwerfälligkeit wurde auch die Wirklichkeitsorientierung aus der u. L. verdrängt. Die von Adligen verfasste Dichtung der Folgezeit stand im Zeichen der Innerlichkeit und des ständ. Patriotismus. DÁNIEL BERZSENYI (*1776, †1836) schrieb Oden und Elegien nach antiken Mustern, F. KÖLCSEY pessimist. und patriot. Lyrik, polit. und literar. Essays sowie literarhistorisch bedeutsame Kritiken. Demgegenüber verband M. CSOKONAI VITÉZ in seiner Lyrik Elemente der Rokokodichtung, rousseausche Empfindsamkeit und Volkstümlichkeit und gestaltete auf diese Weise ungar. Lebensgefühl; er wurde erst nach seinem Tod gewürdigt. Auch JÓZSEF KATONA (*1791, †1830) blieb mit seinem Tyrannenmord-Drama ›Bánk bán‹ (1814) zeitlebens isoliert, während SÁNDOR KISFALUDY (*1772, †1844) mit seiner sentimentalen Lyrik und K. KISFALUDY mit seinen patriot. Dramen die Gunst des Publikums fanden.

Wie in den anderen Ländern Osteuropas war auch in Ungarn die Romantik eng mit den nat. Befreiungsbewegungen verbunden; führende Dichtergestalt war zunächst M. VÖRÖSMARTY. Sein Werk kam den Erwartungen der in ihrem Nationalbewusstsein erstarkten ungar. Gesellschaft entgegen. Die Aufbruchstimmung des Vormärz fand ihren Ausdruck in der Gründung zahlr. Gesellschaften, Zeitschriften und des Nationaltheaters, auch in ersten realist. Werken (so dem Roman ›Der Dorfnotair‹ (3 Bde., 1845; dt.) von J. EÖTVÖS. Mit dem gehobenen Stil der ständ. Romantik brach S. PETŐFI, der mit seiner unkonventionellen Natur- und Situationslyrik sowie mit seinen polit. und Liebesgedichten eine neue Stilepoche einleitete. Neben VÖRÖSMARTI und PETŐFI war J. ARANY die dritte Hauptgestalt der u. L. Höhepunkts der u. L. Er führte die volkstüml. Dichtung zur Vollendung; seine Werke galten in der offiziellen Kritik jahrzehntelang als Kanon.

Das Scheitern der Revolution von 1848 und die Problematik des beginnenden bürgerl. Zeitalters führten zu einem Zerfall des traditionellen Weltbildes und des überkommenen Wertesystems, gespiegelt in der Literatur durch psycholog. Differenzierung (etwa in der Spätdichtung ARANYS), durch Bilder von Untergang und Scheitern (Spätdichtung VÖRÖSMARTYS, I. MADÁCHS dramat. Dichtung ›Die Tragödie des Menschen‹, 1861; dt.). Der pessimist. Lyriker JÁNOS VAJDA (*1827, †1897) hielt als einziger Dichter nach PETŐFI die revolutionäre Tradition wach. Noch in romant. Tradition stehen die histor. Romane des konservativen Politikers und Publizisten ZSIGISMOND KEMÉNY (*1814, †1875) und die von M. JÓKAI, der beherrschenden Gestalt der u. L. der 2. Hälfte des 19. Jh., der bis heute das ungar. Geschichtsbild prägt. Ein iron. Ton wird in den Romanen und Anekdoten K. MIKSZÁTHS spürbar, die (wenn auch in traditionellem Stil gehalten) in gewissem Sinne auch eine sozialkrit. Botschaft vermittelten. Der letzte volkstümlich-konservative Erzähler der Vorkriegszeit war G. GÁRDONYI, der in seinen Ehe- und Liebesromanen auch psycholog. und soziales Problembewusstsein offenbarte.

20. Jahrhundert

Die ungar. Moderne beginnt mit E. ADY, der in seiner auf kalvinist. Traditionen zurückgreifenden, politisch radikalen und sprachlich eigenwillig verschlüsselten Lyrik das traditionelle ungar. Weltbild vehement infrage stellte. Urbanität und polit. Engagement, Erotik und stilist. Experimente traten an die Stelle der bis dahin herrschenden, erstarrten patriarchal. Idyllik. Sammelpunkt der neuen Autoren war die 1908 gegründete liberale Zeitschrift ›Nyugat‹ (›Westen‹), die sich gegen die konservative Akademie wandte. Einer ihrer Redakteure war IGNOTUS (eigtl. HUGÓ VEIGELSBERG, *1869, †1949), ein Wortführer des kosmopolit., meist jüd. Großbürgertums von Budapest. Zu den progressiven Vertretern dieser Schicht gehörte auch, zumindest in seinen Anfängen, F. MOLNÁR, dessen geistvoll-krit. Erzählungen und Feuilletons ein lebendiges Bild der Metropole Budapest bieten. Die Hauptstadt. Gesellschaft, bes. die Halbwelt, bildet auch die bevorzugte stoffl. Vorlage für die impressionistisch-verspielten Romane und Novellen G. KRÚDYS. Neben ADY waren der kalvinist. Erzähler Z. MÓRICZ sowie die Lyriker M. BABITS und D. KOSZTOLÁNYI die wichtigsten Vertreter der literar. Erneuerung. MÓRICZ demaskierte die zum Untergang verurteilte halbfeudale Gesellschaft der östl. Komitate und schilderte mit suggestiver Kraft die Habgier der Bauern, das Elend der Landarbeiter und die ausschweifende Lebensweise der Gutsbesitzer. KOSZTOLÁNYI und bes. BABITS orientierten sich demgegenüber an spätbürgerlich-artist. Vorbildern westeurop. Literaturen. Weitere namhafte Autoren der ungar. Moderne sind A. TÓTH, MILAN FÜST (*1888, †1967) und G. JUHÁSZ.

Der Gegensatz zw. politisch engagierten und ästhetisierenden Autoren spaltete die Schriftsteller bald in zwei Lager, zw. denen es, bes. in den 30er-Jahren, zu heftigen ideolog. Auseinandersetzungen kam. Während sich die apolit. Autoren um BABITS gruppierten, hingen die engagierten versch. Vorstellungen an, je nachdem, ob sie die Probleme der ungar. Gesellschaft von der politisch-sozialen oder von der ethnisch-kulturellen Seite her zu bewältigen suchten. Der militanteste Vertreter der letzteren war D. SZABÓ, der Verkünder einer völk. Ideologie. Auf der Gegenseite stand v. a. A. JÓZSEF, ein proletar. Lyriker, der nach surrealist. Anfängen bald den Weg zu einer marxistisch inspirierten, das moderne Lebensgefühl dennoch differenziert gestaltenden Dichtung fand. LAJOS NAGY (*1883, †1954) führte mit seinen sozialkrit. Erzählungen eine Art Neuer Sachlichkeit in die u. L. ein. Ebenfalls zu den linksorientierten Schriftstellern gehörten L. KASSÁK und T. DÉRY, die alle avantgardist. Richtungen ihrer Zeit zu übernehmen suchten (z. B. Expressionismus, Surrealismus) und schließlich zu einem eher konservativen Weltverständnis gelangten.

Der ungar. Volkskultur verpflichtet waren zwei der wichtigsten Autoren des 20. Jh.: G. ILLYÉS und L. NÉMETH; im Lebenswerk beider spielten die kulturelle und gesellschaftl. Eingliederung der ländl. Bevölkerung und die Wiederbelebung der untergegangenen Traditionen eine Hauptrolle.

In der während der Zwischenkriegszeit – einer außerordentlich produktiven und vielgestaltigen Epoche – von zahlr. Autoren gepflegten Essayistik ragt die ›Ungar. Literaturgeschichte‹ (2 Bde., 1934; dt.) von ANTAL SZERB (*1901, †1945) hervor, ein an neuen, v. a. soziolog. Gesichtspunkten reiches Werk. Im selben Jahr erschien auch der erste Gedichtband des Lyrikers S. WEÖRES, in dessen surrealist. Poemen sich ein heidnisch-kosm. Weltgefühl bekundet. Der aus dem siebenbürg. Gebiet der Szekler stammende ARON TAMÁSI (*1897, †1966) fing die eigenartig-urtüml. Welt dieser alten ungar. Landschaft atmosphärisch in seinen Erzählungen ein.

Der staatl. Zusammenbruch 1945 samt seinen politisch-gesellschaftl. Folgen veränderte die u. L. grundlegend. Einer bis 1948 andauernden, allen zeitgenöss. Geistesströmungen gegenüber noch offenen Übergangsperiode (repräsentiert u. a. durch die Zeitschrift ›Ujhold‹ [›Neumond‹], zu der auch die bedeutende Lyrikerin ÁGNES NEMES NAGY, *1922, †1991, gehörte) folgte eine Zeit der stalinist. Restriktionen. Einziges literar. Ereignis der frühen 50er-Jahre war das Auftreten des Lyrikers F. JUHÁSZ, eines Schülers von WEÖRES. Erst einige Zeit nach dem gescheiterten Volksaufstand 1956, der für viele Schriftsteller Haft (u. a. DÉRY) und Exil (u. a. G. HAY) zur Folge hatte, entwickelte sich eine neue, krit. Geistigkeit. Die danach auftretende Autorengeneration (E. FEJES; FERENC SÁNTA, *1927; TIBOR CSERES, *1920; SÁNDOR SOMOGYI-TÓTH, *1923; I. MÁNDY; I. CSURKA) vollzog eine zeitgeschichtl. Bestandsaufnahme, die der im Sinne des sozialist. Realismus indoktrinierten Literatur nicht gelingen konnte. International bekannt wurden v. a. die psychologisch präzisen Romane von MAGDA SZABÓ und die streng gebauten, iron. Kurzromane von DÉRY. Nicht direkt sozialkritisch, sondern mehr individualpsychologisch bemerkenswert sind die dem Existenzialismus nahe stehenden Romane von GÉZA OTTLIK (*1912, †1990) und M. MÉSZÖLY. Die ersten surrealist. oder der Literatur des Absurden zugewandten Prosatexte der u. L. verfassten in dieser Zeit T. TARDOS und I. ÖRKÉNY.

Insgesamt war das geistige Leben seit Ende der 60er-Jahre weniger indoktriniert als in den anderen Ostblockstaaten (Publikationsverbote gab es dennoch, so konnte GYÖRGY PETRI, *1943, ein Meister sensibler Gedankenlyrik, nur im Untergrund veröffentlichen). Eine neue Autorengeneration brach nicht nur mit den jahrzehntelang obligaten politisch-weltan-

schaul. Denkschemata, sondern auch mit allen traditionell-realist. Stilidealen. Das Spiel mit allen Möglichkeiten und Grenzen der Sprache, die Ausschaltung jegl. Transzendenz und Beschränkung auf Alltagserscheinungen waren die Leitprinzipien der literar. Avantgarde der 70er-Jahre. Die Romane von P. ESTERHÁZY und DEZSŐ TANDORI (*1938) sowie dessen Lyrik repräsentierten diese Bestrebungen am deutlichsten. Auch G. KONRÁD schlug mit seinen essayist. Romanen neue Wege ein. P. NÁDAS suchte sich in seinen Romanen und Erzählungen durch assoziationsreiche Darstellung nach dem Vorbild M. PROUSTS der widersprüchl. Vergangenheit und Gegenwart zu nähern (›Buch der Erinnerung‹, 1986; dt.); Bemühen um Bewältigung der Erlebnisse von Deportation und KZ beherrscht das Werk von I. KERTÉSZ (u. a. ›Trilogie der Schicksallosigkeit‹, 1975–90; dt.). LÁSZLÓ KRASZNAHORKAI (*1954) komprimierte in seinen Romanen die osteurop. Erfahrungen mit den Totalitarismen des 20. Jh. zu düsteren, visionären Bildern (›Satanstango‹, 1985; dt.). Die Lyriker nahmen v. a. surrealist. Einflüsse auf (LÁSZLÓ NAGY, *1925, †1978; S. CSOÓRI). Eine große Rolle spielt in der Prosa wiederum das essayist. Element (so bei MIKLOS SZENTKUTHY, *1908, †1988, und PÉTER LENGYEL, *1939).

Mit dem politisch-ökonom. Umbruch 1989/90 verloren die Schriftsteller zwar ihre Funktion eines öffentl. Gewissens, doch konnte nun eine Fülle von Titeln erscheinen, die v. a. die stalinist. Unterdrückung in Ungarn aufarbeiten, z. B. von ISTVÁN EÖRSI (*1931) die Gefängniserinnerungen und von GYÖRGY G. KARDOS (*1925) der Roman ›Benefizvorstellung‹ (1993).

Zur u. L. gehören auch die Autoren der ungar. Minderheiten in den Nachbarländern, so ANDRÁS SÜTŐ (*1927) aus Siebenbürgen und die gleichfalls aus Rumänien stammende bedeutende Lyrikerin ZSÓFIA BALLA (*1949).

J. VON FARKAS: Die Entwicklung der u. L. (1934); A. SCHÖPFLIN: A magyar irodalom történet a XX. században (Budapest 1937); A magyar irodalom története 1849-ig, hg. v. L. BÓKA u. a. (ebd. 1957); A. SIVIRSKY: Die u. L. der Gegenwart (a. d. Niederländ., Bern 1962); T. KLANICZAY u. a.: Gesch. der u. L. (a. d. Ungar., Budapest 1963); Magyar irodalmi lexikon, hg. v. M. BENEDEK, 3 Bde. (ebd. [1-2]1963–78); I. SÖTÉR: Nemzet és haladás (ebd. 1963); A magyar irodalom története, hg. v. I. SÖTÉR, 6 Bde. (ebd. 1964–66); G. B. NÉMETH: Türelmetlen és elkésedő félszázad a romantika után (ebd. 1971); A. SZERB: Ungar. Literaturgesch., 2 Bde. (a. d. Ungar., Youngstown, Oh., 1975); Hb. der u. L., hg. v. T. KLANICZAY (Budapest 1977); L. CZIGÁNY: The Oxford history of Hungarian literature from earliest times to the present (Oxford 1986); A journey into history. Essays on Hungarian literature, hg. v. M. M. NAGY (New York 1990); ›Kakanien‹. Aufss. zur österreich. u. u. L., Kunst u. Kultur um die Jahrhundertwende, hg. v. E. THURNHER u. a. (Budapest 1991); P. DERÉKY: Ungar. Avantgardedichtung in Wien 1920–1926 (Wien 1991); G. DALOS: Vom Propheten zum Produzenten. Zum Rollenwandel der Literaten in Ungarn u. Osteuropa (Wien 1992); Hungarian literature, hg. v. E. MOLNÁR BASA (New York 1993); I. CHINEZU: Aspects of Transylvanian Hungarian literature (a. d. Rumän., Klausenburg 1997); L. RÓNAY: Abriß der u. L.-Gesch. (a. d. Ungar., Budapest 1997).

ungarische Musik. Die ungar. Volksmusik lässt im einstimmigen Volkslied zwei Schichten unterscheiden: eine ältere mit halbtonloser Pentatonik und Parlando-rubato-Vortrag, eine jüngere mit siebenstufiger Skala und rhythmisch strengem Vortrag. Volksmusikinstrumente sind u. a. neben versch. Formen der Geige ein celloartiges Instrument (Gardon), Hackbrett (Cimbalom), Drehleier (Tekerő), Kernspaltflöte (Furulya) und eine volkstüml. Oboe (Tárogató).

Die ungar. Kunstmusik beginnt mit gregorian. Gesängen sowie volkssprachl. Epik und dem Wirken ausländ. Musiker am ungar. Königshof (um 1000). Mittel- und westeurop. Einwanderer (seit dem 12. Jh.) brachten ihre Musik mit; fahrende Musiker und Studenten vermittelten den Austausch mit dem übrigen Europa; seit Ende des 15. Jh. sind ungar. Tänze (Ungaresca) fester Bestandteil des gesamteurop. Repertoires. Während der türk. Herrschaft (seit 1526) und der Dreiteilung des Landes (seit 1541) lebten, bes. im österr. Teil, Historiengesänge (Reimchroniken, polit. Lieder) weiter; prot. und hussit. Choralelemente ergänzten das volkstümliche geistl. Lied. Kunstmusik pflegten die Höfe des Hochadels, die Kirchen, Klöster und z. T. die Schulen. Zw. 1690 und 1711 entstanden die ›Kurutzenlieder‹, eine Verbindung von Historiengesang und Volkslied mit slowak., rumän. und poln. Zügen (z. B. die ›Rákóczi-Weise‹). Mitte des 18. Jh. trat der →Verbunkos in Erscheinung, der durch Violinvirtuosen, u. a. JÁNOS BIHARI (*1764, †1827), JÁNOS LAVOTTA (*1764, †1820) und A. CSERMÁK ausgeprägt und von Zigeunerkapellen verbreitet wurde. Der Verbunkos und seine Abzweigungen in Csárdás und städt. Lied sowie Freiheits- und Studentenlieder bilden einen volkstüml. Stil, der von 1790 bis ins 20. Jh. als typisch für die u. M. angesehen wurde. F. LISZT, MIHÁLY MOSONYI (*1815, †1870) und F. ERKEL schufen eine nat. u. M. romantischer Prägung. An LISZT schließen ÖDÖN MIHALOVICH (*1842, †1929) und J. HUBAY direkt an. In der dt. romant. Tradition stehen die Werke von E. VON DOHNÁNYI und LEÓ WEINER (*1885, †1960); ERWIN LENDVAI (*1882, †1949) gilt als bedeutender Chorkomponist. Zur Moderne zählen SÁNDOR JEMNITZ (*1890, †1963), LÁSZLÓ LAJTHA (*1892, †1963) und F. FARKAS. Die bedeutendsten ungar. Komponisten, B. BARTÓK und Z. KODÁLY, waren zugleich Volksmusikforscher von Rang und griffen in ihren Kompositionen auf die ursprüngl. Bauernmusik zurück. BARTÓK verschmilzt nationales, volksmusikal. Material mit hoch entwickelten Kompositionsverfahren. Die Konzeption KODÁLYS als Komponist und Pädagoge geht von der Volksmusik aus und hat über eine breite Chorbewegung und ein System von Musikschulen bes. seit 1945 die Grundlage einer neuen ungar. Musikkultur geschaffen; sie findet seit den späten 1950er-Jahren als Modell internat. Beachtung. Als Lehrer hat KODÁLY mehrere Komponistengenerationen ausgebildet, u. a. P. KADOSA, FERENC SZABÓ (*1902, †1969), RUDOLF MAROS (*1917, †1982), P. JÁRDÁNYI; im Ausland tätig waren u. a. M. SEIBER, A. DORÁTI, S. VERESS. Die zeitgenöss. Musik vertreten u. a. G. KURTÁG, G. LIGETI, EMIL PETROVICS (*1930), SÁNDOR SZOKOLAY (*1931), ISTVÁN LÁNG (*1933), Z. DURKÓ, ATTILA BOZAY (*1939), P. EÖTVÖS, R. WITTINGER und Z. KOCSIS.

B. BARTÓK: Das ungar. Volkslied (a. d. Ungar., 1925); Z. KODÁLY u. D. BARTHA: Die u. M. (a. d. Ungar., Budapest 1943); B. SÁROSI: Die Volksmusikinstrumente Ungarns (Leipzig 1967); DERS.: Folk music. Hungarian musical idiom (a. d. Ungar., Budapest 1986); B. SZABOLCSI: Gesch. der u. M. (a. d. Ungar., ebd. ³1975); G. KROÓ: U. M. – Gestern u. heute (a. d. Ungar., ebd. 1980).

Ungarische Pforte, Engtal der Donau, →Hainburger Pforte.

Ungarischer Enzian, Brauner Enzian, Gentiana pannonica, bis 60 cm hohe, Kalk meidende Art der Gattung Enzian mit trüben oder bläulich purpurfarbenen, schwarzrot punktierten Blüten; in frischen Magerrasen der östl. Alpenteile; auch im Bayer. Wald; geschützt.

ungarischer Volksaufstand, die Ereignisse in Ungarn vom 23. 10. bis 15. 11. 1956, angestoßen mittelbar von der Verurteilung der Herrschaftsmethoden STALINS auf dem XX. Parteitag der KPdSU, bestimmt von der wachsenden polit. Unzufriedenheit mit dem stalinist. Reg.-System unter M. RÁKOSI und E. GERŐ in Ungarn selbst, unmittelbar ausgelöst durch den ›Poln. Oktober‹. Stark beeinflusst von der Regimekritik des ›Petőfi-Kreises‹, einer Gruppe ungar. Intellektueller, nach S. PETŐFI benannt, forderten Studenten auf einer Kundgebung am 23. 10. 1956 in Budapest eine unabhängige nat. Politik, beruhend auf den Prinzipien des Sozialismus und der Gleichheit allen Staaten gegenüber, wirtschaftl. und demokrat. Reformen sowie freie Wahlen. Als erstes Zugeständnis an die zum offenen Aufstand angewachsene Bewegung wurde I. NAGY in der Nacht vom 23. zum 24. 10. wieder zum Min.-Präs. ernannt. Armee und Polizei unterstützten binnen zwei Tagen die Aufständischen. Auch die Ernennung J. KÁDÁRS zum Ersten Partei-Sekr. am 25. 10. konnte nicht verhindern, dass spontan gebildete Revolutionskomitees und Arbeiterräte überall im Lande die Verwaltung übernahmen. Vertreter der UdSSR erklärten sich bereit, über die Forderung nach dem Abzug der sowjet. Truppen aus Ungarn zu verhandeln. Nach Wiederzulassung der Parteien am 30. 10. bildete NAGY ein Koalitionskabinett und versprach freie Wahlen. Er kündigte am 1. 11. die Mitgliedschaft im Warschauer Pakt und proklamierte Ungarns Neutralität. Der Angriff sowjet. Truppen auf Budapest und die Bildung einer prosowjet. Reg. durch KÁDÁR führten seit dem 4. 11. zum Zusammenbruch des Aufstandes, der 2 652 Todesopfer forderte. Es setzte eine harte Verfolgung der am Aufstand Beteiligten ein (239 Hingerichtete; →Ungarn, Geschichte); über 200 000 Menschen flohen nach W-Europa. Der Generalstreik lähmte das Land noch für Wochen. Der Versuch D. HAMMARSKJÖLDS, die UNO als friedensstiftende Macht einzusetzen, scheiterte. – Der u. V. war, wie der →Siebzehnte Juni 1953 in der DDR, Teil des bis 1989 anhaltenden Widerstands in O- und Mitteleuropa gegen den Sowjetkommunismus.

The counter-revolutionary forces in the October events in Hungary, 4 Bde. (Budapest 1957); Der Volksaufstand in Ungarn. Bericht des Sonderausschusses der Vereinten Nationen (1957); I. NAGY: Polit. Testament (a. d. Ungar., 1959); J. RADVÁNYI: Hungary and superpowers. The 1956 Revolution and Realpolitik (Stanford, Calif., 1972); Der u. V. in Augenzeugenberichten, hg. v. P. GOSZTONY (Neuausg. 1981); Die Ungar. Revolution 1956. Reform, Aufstand, Vergeltung, hg. v. G. LITVÁN (a. d. Ungar., Wien 1994); G. ALFÖLDY: Ungarn 1956. Aufstand, Revolution, Freiheitskampf (1997).

Ungarisches Mittelgebirge, Gebirgsschwelle, die das nördl. Ungarn auf einer Länge von etwa 350 km (Breite 40–50 km) von SW nach NO durchzieht und das Alföld (→Ungarisches Tiefland) im NW begrenzt; während der karpat. Gebirgsbildung entstanden. Es wird durch das Engtal der Donau nördlich von Budapest in das Transdanub. Mittelgebirge (bis 757 m ü. M.) und das Nordungar. Mittelgebirge (bis 1 015 m ü. M.) geteilt. Das **Transdanubische Mittelgebirge** (größtenteils Triaskalkstein und -dolomit) umfasst v. a. den Bakonywald, das Vértesgebirge, das Budaer Gebirge, das Gerecsegebirge und das Pilisgebirge sowie das Visegráder Gebirge, das wegen seines vulkan. Aufbaus bereits zum Nordungar. Mittelgebirge gerechnet werden kann. Das **Nordungarische Mittelgebirge,** das bis in die Slowak. Rep. reicht, ist größtenteils vulkanisch geprägt, so im Börzsönygebirge, im Matragebirge (mit dem Kékes, 1 015 m ü. M., der höchsten Erhebung Ungarns) und dem Zempliner Gebirge; dagegen sind Bükkgebirge, Cserhát und Cserehát aus Triaskalksteinen und z. T. aus Karbonschiefern aufgebaut. Das U. M. ist weitgehend bewaldet (bes. Eichen, Buchen, Eiben); an der steil abfallenden S-Seite findet der Weinbau günstige Bedingungen. Im Transdanub. Mittelgebirge werden Bauxit, Braunkohle und Manganerze, im Nordungar. Braunkohle, Blei-, Zink-, Kupfer- und Eisenerze abgebaut. Zahlreiche Thermalquellen führten zur Entstehung bedeutender Kurorte; Matra- und Bükkgebirge sind wichtige Erholungsgebiete.

ungarische Sprache, magyarische Sprache
[madʒ-], eine der →finnougrischen Sprachen, im Wesentlichen in Ungarn und angrenzenden Gebieten der Nachbarstaaten (z. B. Wojwodina, Siebenbürgen) und verstreut in versch. europ. und Überseeländern gesprochen. Die u. S. ist dialektal wenig gegliedert; charakteristisch ist u. a. in lautl. Hinsicht die Anfangsbetonung im Wort, die →Vokalharmonie, der Ggs. von kurzen und langen Vokalen (Länge wird durch Akzent bezeichnet) und Konsonanten (hier Länge durch Verdoppelung angegeben, z. B. szál [sa:l] ›Faden‹ – száll [sa:ll] ›er fliegt‹), grammatisch die Vielzahl der Affixe, beim Nomen das Fehlen der Genera und der Kasusreichtum (über 20 Kasus, kein Genitiv), der Ausdruck des Possessivverhältnisses (z. B. ház-a-i-nk ›unsere Häuser‹, ház ›Haus‹), beim Verb das Auftreten der objektiven Konjugation (die auf ein bestimmtes Objekt hinweist, z. B. a mai újságot olvasom ›ich lese die heutige Zeitung‹) neben der subjektiven (z. B. újságot olvasok ›ich lese Zeitung‹). Die meisten Lehnwörter der u. S. sind lat., slaw., dt. und türk. Ursprungs.

Belegt ist die u. S. durch Einzelwörter seit dem 10. Jh., der älteste zusammenhängende Text, eine Totenrede, stammt vom Ende des 12. Jh. Im 16. Jh. setzte die Grammatikschreibung ein, die neben den Bibelübersetzungen die Herausbildung einer einheitl. Schriftsprache förderte. Die Ende des 18. Jh. beginnende ›Spracherneuerung‹ bereicherte die Ausdrucksmöglichkeiten der u. S. und leitete die neuungar. Periode ein.

J. LOTZ: Das ungar. Sprachsystem (Stockholm 1939); J. TOMPA: Ungar. Gramm. (Den Haag 1968); The Hungarian language, hg. v. L. BENKÖ u. a. (ebd. 1972); E. HALÁSZ: Német-magyar szótár, 2 Bde. (Budapest ¹¹1992); DERS.: Magyar-német szótár, 2 Bde. (Budapest ¹¹1994); L. KERESZTES: Prakt. ungar. Gramm. (a. d. Ungar., Debrecen 1992); S. ROT: Ungarisch: eine europ. Sprache (Budapest 1994); B. SZENT-IVÁNYI: Der ungar. Sprachbau (³1995).

Ungarisches Tiefland, junge, z. T. lössbedeckte, schwachwellige Aufschüttungsebene innerhalb des Karpatenbogens, durch das Ungar. Mittelgebirge in das Kleine Ungar. Tiefland im NW und das Große Ungar. Tiefland im O und S gegliedert.

Das **Kleine Ungarische Tiefland** (ungar. **Kisföld**), durchschnittlich 125 m ü. M., das von der Donau und ihren Zuflüssen Raab, Waag und Neutra in breiten, vielfach versumpften Flussniederungen durchflossen wird, erstreckt sich über 15 000 km² östlich der Alpenausläufer und südlich der Westkarpaten. Etwa 7 000 km² liegen in Ungarn, der übrige Teil im Wesentlichen im SW der Slowak. Rep. (Südslowak. Ebene); ein kleines Gebiet reicht nach Österreich (nördl. Burgenland), wo im Bereich des Neusiedler Sees die tiefste Stelle erreicht wird. Seine versumpften Böden wurden melioriert (Anbau von Weizen und Gerste, Grünlandnutzung durch Rinderzucht).

Das von Donau und Theiß mit ausgedehnten Überschwemmungsebenen durchflossene **Große Ungarische Tiefland (Nordungarisches Tiefland,** ungarisch **Alföld)** mit einer Ausdehnung von 100 000 km² nimmt den S, den O und das Zentrum Ungarns ein (47 000 km²), randl. Teile liegen in Serbien (Wojwodina), Rumänien (Crișana), in der Ukraine (Transkarpatien) und in der Slowak. Rep. (Ondava-Ebene). Es fällt, in viele Einzellandschaften unterteilt, von 183 m i. NO auf etwa 75 m ü. M. im S ab. Weite Teile sind von pleistozänen Flugsandfeldern und Lössablagerungen, über denen sich fruchtbare Schwarzerdeböden entwickelten, bedeckt. Meist sandbedeckt ist das Donau-Theiß-Zwischenstromland (Wanderdünen). Die ursprüngl. Vegetation (Steppenwälder und Federgrassteppen, durchsetzt von Auwäldern und Sümpfen) ist nur noch stellenweise vorhanden. Die erst in der Neuzeit entstandene →Puszta verschwand durch die landwirtschaftl. Nutzung weitgehend: Anbau von Weizen, Mais, Roggen, in den Überschwemmungsgebieten auch Reis, ferner Kartoffeln, Zuckerrüben, Tomaten, Paprika, Melonen und Tabak; auf den Flugsandflächen Obst- und Weinbau (rd. 100 000 ha Rebland); Schweine-, Schaf-, Pferde- und Rinderzucht sowie Geflügelhaltung. Um Szeged, Szolnok und Debrecen wurden Erdöl- und Erdgasvorkommen erschlossen.

ungarische Weine. Ungarn produziert jährlich rd. 5,2 Mio. hl Wein (zu 60 % Weiß-, 25 % Rosé- und 15 % Rotweine), von denen etwa 2 Mio. hl exportiert werden; seine Rebfläche umfasst rd. 180 000 ha. Wichtigste Rebsorten (auf je über 10 % des Rebareals) sind Kadarka unter den roten und Welschriesling (ungar. Olaszrizling) unter den weißen; an heim. Rebsorten sind v. a. Furmint und Leányka (→Mädchentraube) zu nennen. Unter den 14 Weinbaugebieten ist Alföld zw. Donau und Theiß mit seinen reblausfeindl. Sandböden das größte (fast 100 000 ha); es liefert über 40 % der u. W., v. a. Tafel- und Markenweine. Für den Export wichtig sind Tokaj-Hegyalja (7 000 ha) im NO, das den berühmten →Tokajer liefert, und die Gebiete am nördl. Ufer des Plattensees (rd. 8 000 ha).

Ungarisch-Hradisch, tschech. **Uherské Hradiště** [ˈuherskɛː ˈhradjiʃtjɛ], Stadt im Südmähr. Gebiet, Tschech. Rep., im südl. Moravabecken, 188 m ü. M., an der unteren March, 27 400 Ew.; Slowak. Museum und Slowak. Kunstgalerie; Flugzeug- und Maschinenbau, Textil- und Bekleidungs-, Möbel-, Leder-, chem. (bes. Farbenherstellung) und Nahrungsmittelindustrie. – Die spätgot. Franziskanerkirche wurde im 17. Jh. barockisiert; Jesuitenkirche (17. Jh.); spätgot. Rathaus. – In der Nähe Staré Město u Uherskeho Hradiště (Altstadt) mit Ausgrabungsstätte einer Siedlung des Großmähr. Reiches aus dem 9. Jh.

Ungarn
Fläche 93 030 km²
Einwohner (1997) 10,16 Mio.
Hauptstadt Budapest
Amtssprache Ungarisch
Nationalfeiertage 15. 3., 20. 8., 23. 10.
Währung 1 Forint (Ft) = 100 Fillér (f)
Zeitzone MEZ

Ungarn, ungarisch **Magyarország** [ˈmɔdjɔrorsaːg], amtlich **Magyar Köztársaság** [ˈmɔdjɔr ˈkøztaːrʃɔʃaːg], dt. **Ungarische Republik, Republik U.,** Staat im SO Mitteleuropas, grenzt im N mit der Donau an die Slowak. Rep., im NO an die Ukraine, im O an Rumänien, im S an Jugoslawien (Serbien [Wojwodina]) und Kroatien, im SW an Slowenien und im W an Österreich (Burgenland). Mit einer Fläche von 93 030 km² ist U. etwa so groß wie Bayern und Hessen zusammen und hat (1997) 10,16 Mio. Ew.; Hauptstadt ist Budapest. Die Amtssprache ist Ungarisch. Währung: 1 Forint (Ft) = 100 Fillér (f). Zeitzone: MEZ.

STAAT · RECHT

Verfassung: Nach der am 18./19. 10. 1989 einer Totalrevision unterzogenen und seither mehrfach geänderten Verf. vom 18. 8. 1949 ist U. eine Rep. mit parlamentar. Reg.-System. Die geltende Verf. entspricht den Prinzipien der Demokratie, der Rechtsstaatlichkeit und der sozialen Marktwirtschaft und fixiert dem internat. Standard entsprechende Grundrechte. Der Minderheitenschutz, dessen verfassungsrechtl. Vorgaben durch das Minderheiten-Ges. von 1993 konkretisiert wurden, kombiniert Individual- und Gruppenrechte sowie Elemente der Personal- und Territorial-

Ungarn

Staatswappen

Staatsflagge

Internationales Kfz-Kennzeichen

1970 1997 1970 1996
Bevölkerung Bruttosozialprodukt je Ew.
(in Mio.) (in US-$)

Bevölkerungsverteilung 1995

Bruttoinlandsprodukt 1995

Unga Ungarn

Ungarn: Donautal bei Visegrád

autonomie. Über die Einhaltung von Datenschutz, Bürger- und Minderheitenrechten wachen u. a. drei Parlamentsbeauftragte (auf Vorschlag des Präs. vom Parlament auf sechs Jahre gewählt).

Im Wesentlichen repräsentatives Staatsoberhaupt ist der auf fünf Jahre vom Parlament gewählte Präs. (nur einmalige Wiederwahl zulässig). Er ist formell Oberbefehlshaber der Streitkräfte, ernennt die Mitgl. des Kabinetts sowie höhere Beamte und Offiziere, kann Gesetze initiieren und verfügt über ein Vetorecht. Staatsrechtlich ist der Präs. für Verf.- und Gesetzesverletzungen verantwortlich. Eine Staatsanklage wird vom Parlament mit Zweidrittelmehrheit beim Verf.-Gericht erhoben, das auf Amtsenthebung erkennen kann. Die vollziehende Gewalt wird schwerpunktmäßig von der Reg. unter Vorsitz des Min.-Präs. ausgeübt. Der Reg.-Chef wird auf Vorschlag des Präs. vom Parlament mit absoluter Mehrheit gewählt, wobei die Wahl zugleich eine Abstimmung über das Reg.-Programm ist. Kommt die Wahl innerhalb von 40 Tagen nicht zustande, kann das Parlament aufgelöst werden. 1990 ist das konstruktive Misstrauensvotum nach dt. Vorbild eingeführt worden. Der Min.-Präs. kann von sich aus jederzeit die Vertrauensfrage stellen, wobei eine verlorene Vertrauensabstimmung automatisch zum Rücktritt der Reg. führt. Die Legislative liegt bei der Nationalversammlung, deren 386 Abg. nach einem komplizierten System kombinierter Mehrheits- und Verhältniswahl (Sperrklausel von 5%) für vier Jahre gewählt werden. Die Nationalversammlung kann sich selbst auflösen oder vom Präs. unter bestimmten Voraussetzungen (z. B. gescheiterte Reg.-Bildung, wiederholtes Misstrauensvotum) nach Anhörung des Reg.-Chefs, des Parlaments-Präs. und der Fraktions-Vors. aufgelöst werden. Die Gesetzgebung wird dadurch erschwert, dass zahlr. Gesetze mit Zweidrittelmehrheit verabschiedet werden müssen. – Zu den weit reichenden Kompetenzen des seit Anfang 1990 bestehenden Verf.-Gerichts (11 vom Parlament auf neun Jahre gewählte Richter) zählen v. a. Normenkontrollverfahren und Verf.-Beschwerden gegen Rechtsnormen. Jeder Bürger kann einen Antrag auf Normenkontrolle stellen (Popularklage). Die Rechtsprechung des Verf.-Gerichts hat die reale Verf.-Ordnung maßgeblich beeinflusst.

Parteien: Einflussreichste Parteien sind die Ungar. Sozialist. Partei (ungar. Abk. MSzP, gegr. 1989 als Nachfolgeorganisation der kommunist. Ungar. Sozialist. Arbeiterpartei [MSzMP, gegr. 1918]), die FIDESz-Ungar. Bürgerpartei (FIDESz-MPP, gegr. 1988 als Verband Junger Demokraten [FIDESz], Umbenennung 1995), die Unabhängige Partei der Kleinen Landwirte, Landarbeiter und Bürger (FKgP, gegr. 1909, Neugründung 1988), der Bund Freier Demokraten (SzDSz, gegr. 1988), das Ungar. Demokrat. Forum (MDF, gegr. 1987), die Christlich-Demokrat. Volkspartei (KDNP, gegr. 1989) und die rechtsextreme, nationalist. Ungar. Partei für Gerechtigkeit und Leben (MIÉP, gegr. 1993).

Gewerkschaften: Größter Dachverband ist die Nat. Konföderation der Ungar. Gewerkschaften (MSzOSz, gegr. 1990 als Nachfolgeorganisation der früheren Einheitsgewerkschaft [SzOT]), der 49 nach Branchenprinzip gegliederte Gewerkschaftsorganisationen mit rd. 850 000 Mitgl. angehören. Daneben bestehen unabhängige Gewerkschaften, die u. a. in der Assoziation Ungar. Freier Gewerkschaften (gegr. 1994, 200 000 Mitgl.) und in der Demokrat. Liga unabhängiger Gewerkschaften (FSzDL; gegr. 1989, 98 000 Mitgl.) zusammengeschlossen sind.

Wappen: Das als Kossuthwappen bekannte Wappen (1947–90 außer Kraft gesetzt) zeigt in der heraldisch linken Hälfte des gespaltenen Schildes auf einem bekrönten grünen Dreiberg ein silbernes Patriarchenkreuz (auch als ›Doppelkreuz‹ oder ›ungar. Kreuz‹ bezeichnet). In der heraldisch rechten Hälfte liegen auf rotem Grund vier silberne Balken für die Flüsse Donau, Theiß, Save und Drau. Über dem Wappenschild befindet sich die →Stephanskrone.

Nationalfeiertag: Nationalfeiertage sind der 15. 3. (zur Erinnerung an den Ausbruch der Märzrevolution 1848), der 20. 8. (›Stephanstag‹) und der 23. 10. (zum Gedenken an den Beginn des Volksaufstands 1956).

Verwaltung: U. ist auf regionaler Ebene in 19 Bezirke (Komitate, ungar. Megyék [Sg. Megye]) sowie die Hauptstadt Budapest und auf lokaler Ebene in rd. 3 150 Kommunen (Städte, Gemeinden, Hauptstadtbezirke) gegliedert. Durch die Verw.-Reformen von 1990 und 1994 wurde die Selbst-Verw. ausgebaut und von der Staats-Verw. getrennt. Kommunales Beschlussorgan ist die gewählte Vertretungskörperschaft, Vollzugsorgan der direkt gewählte Bürgermeister, der als Vors. der Vertretungskörperschaft auch staatl. Verw.-Aufgaben wahrnimmt. In den Komitaten wird die Generalversammlung seit 1994 direkt von der Bev. ge-

Größe und Bevölkerung (1995)

Bezirk (Megye)	Hauptstadt	Fläche in km²	Ew. in 1 000	Ew. je km²
Budapest	–	525	1996	3802
Bács-Kiskun	Kecskemét	8362	541	65
Baranya	Fünfkirchen*)	4487	412	92
Békés	Békéscsaba	5631	405	72
Borsod-Abaúj-Zemplén	Miskolc*)	7247	750	103
Csongrád	Szeged*)	4263	429	101
Fejér	Stuhlweißenburg	4373	426	97
Hájdú Bihar	Debrecen*)	6211	550	88
Heves	Erlau	3637	330	91
Jász-Nagykun-Szolnok	Szolnok	5607	423	75
Komárom-Esztergom	Tatabánya	2251	313	139
Nógrád	Salgótarján	2544	224	88
Pest	Budapest	6394	973	152
Raab-Wieselburg-Ödenburg (Győr-Moson-Sopron)	Raab*)	4062	426	105
Somogy	Kaposvár	6036	338	56
Szabolcs-Szatmár-Bereg	Nyiregyháza	5937	573	96
Tolna	Szekszárd	3704	250	67
Vas	Steinamanger	3336	273	82
Veszprim (Veszprém)	Veszprim	4639	379	82
Zala	Zalaegerszeg	3784	302	80
Ungarn	**Budapest**	**93030**	**10313**	**111**

*) Städte mit Bezirksrecht (Stadtbezirke).

wählt. Vollzugsorgan ist das Verw.-Amt, dessen Leiter (vom Innen-Min. ernannt) als staatl. Verw.-Behörde fungiert. Seit 1994 besteht auf kommunaler und gesamtstaatl. Ebene ein System der Selbst-Verw. nationalcr und cthn. Minderheiten.

Recht: Die Justiz wurde durch Reform (1997) umfassend umgestaltet. Es besteht im Wesentlichen Einheitsgerichtsbarkeit, in der die ordentl. Gerichte für Zivil-, Straf- und Verw.-Sachen zuständig sind. Der Instanzenzug führt von den 111 Ortsgerichten über die 19 Komitatsgerichte bzw. das Hauptstadtgericht zum Obersten Gericht. Eine Besonderheit stellen die 20 Arbeitsgerichte am Sitz der Komitatsgerichte und in der Hauptstadt dar, von denen der Instanzenzug über die Komitatsgerichte zum Obersten Gericht führt. Die Justiz-Verw. ist 1997 vom Justizministerium auf den neu errichteten Landesjustizrat übertragen worden, der ein richterlich geprägtes Verw.-Gremium mit eigenem Behördenapparat darstellt. Die Staatsanwaltschaft ist v. a. Strafverfolgungs- und Anklagebehörde, daneben ist sie jedoch auch für die Rechtsaufsicht über die Verw. zuständig.

Streitkräfte: Die Gesamtstärke der Wehrpflichtarmee (Dauer des Grundwehrdienstes neun Monate) beträgt rd. 60000 Mann. Das Heer (etwa 45000 Soldaten) setzt sich etwa je zur Hälfte aus Feldtruppen und solchen der Ende der 1980er-Jahre neu geschaffenen Territorialverteidigung zusammen. Die Luftwaffe umfasst rd. 15000 Mann. Die Ausrüstung ist hauptsächlich sowjet. Herkunft. Sie besteht v. a. aus rund 835 Kampfpanzern (rd. 150 T-72, daneben T-54/-55) sowie rd. 130 Kampfflugzeugen (MiG-21, MiG-23 und Su-22). – Das Land ist seit 1994 (formal seit 1996) assoziierter Partner der WEU und unterzeichnete 1994 die ›Partnerschaft für den Frieden‹ der NATO; der NATO-Beitritt soll im April 1999 vollzogen werden. Ziel einer Streitkräftereform ist u. a. die Reduzierung der Truppenstärke bis 2010 auf etwa 35000 Mann (die Einführung einer Berufsarmee bis etwa 2005 wird diskutiert), die Modernisierung der Ausrüstung sowie die Anpassung an NATO-Strukturen.

LANDESNATUR · BEVÖLKERUNG

U. liegt überwiegend im vom alpid. Gebirgssystem (im W, N und S) umschlossenen →Pannonischen Becken. Das durch Absenkung entstandene →Ungarische Tiefland, das durch das →Ungarische Mittelgebirge in das Kleine Ungar. Tiefland (Kisalföld) im NW und das Große Ungar. Tiefland (Alföld) im O und S getrennt ist, nimmt den größten Teil der Staatsfläche ein, die zu 30% unter 100m und zu über 68% zw. 100m und 200m ü. M. liegt. Die Donau (ungar. Anteil 417 km) teilt mit einem bei Visegrád gelegenen Durchbruchstal das Ungar. Mittelgebirge in das westl. Transdanub. Mittelgebirge und das östl. Nordungar. Mittelgebirge (hier bildet der Kékes des Matragebirges mit 1015 m ü. M. die höchste Erhebung U.s). Bedeutende Flüsse sind Sió, Raab und Donau im westl. sowie Theiß und Körös im östl. Landesteil. Südlich des Transdanub. Mittelgebirges erstreckt sich zw. Plattensee und Donau die fruchtbare Lössebene des Mezőföld, die mit einem Steilabfall zur 50–60 m tiefer liegenden Donauniederung abfällt. Das südl. W-Ungarn wird zw. Donau und Drau vom Transdanub. Hügelland eingenommen, aus dem im S das Mecsekgebirge (682 m ü. M.) herausragt. An der Grenze zu Österreich reichen mit dem Ödenburger Gebirge und dem Günser Gebirge Ausläufer der Ostalpen nach U. hinein. Größte natürl. Seen sind der →Plattensee, der Velencer See und der nur mit seinem S-Teil zu U. gehörende Neusiedler See.

Klima: Geograph. Breite, Becken- und Binnenlage bedingen ein gemäßigt kontinentales Klima, das atlant. und subtropisch-mediterranen Einflüssen unterliegt. Die mittlere Temperatur des Januar beträgt −1 bis −3°C, die des Juli 20 bis 26°C. Die mittlere jährl. Niederschlagsmenge liegt zw. 500 und 800 mm, wobei die größte Menge im Spätfrühling und Frühsommer fällt; die Niederschlagsintensität nimmt von W nach O ab. Die geringsten Niederschläge erhält das Große Ungar. Tiefland (östlich der Theiß z. T. weniger als 500 mm Niederschlag im Jahr), wo häufig Dürreperioden auftreten, die meisten der SW des Landes (bis 1000 mm jährlich).

Klimadaten von Budapest (120 m ü. M.)

Monat	Mittleres tägl. Temperaturmaximum in °C	Mittlere Niederschlagsmenge in mm	Mittlere Anzahl der Tage mit Niederschlag	Mittlere tägl. Sonnenscheindauer in Stunden	Relative Luftfeuchtigkeit nachmittags in %
I	1,2	42	8	1,9	81
II	4,1	44	7	3,0	76
III	10,1	39	7	4,4	67
IV	16,8	45	7	6,2	60
V	21,9	72	9	8,1	62
VI	25,5	76	8	9,0	62
VII	27,7	54	7	9,6	60
VIII	27,3	51	6	8,7	62
IX	23,2	34	6	6,5	65
X	15,9	56	6	4,3	74
XI	8,1	69	9	2,2	81
XII	3,6	48	9	1,3	83
I–XII	15,5	630	91	5,4	69

Vegetation: Die zum mitteleurop. Florengebiet zählende natürl. Vegetation hat sich nur noch in den Gebirgswäldern und Flussauen erhalten. Die Vegetation der Mittelgebirge besteht in tieferen Lagen aus Eiche und Esche, in höheren Lagen aus Buche, Ahorn und Birke; Nadelwälder sind erst in neuerer Zeit durch Aufforstung entstanden. Die im Großen Ungar. Tiefland früher verbreitete, von Au- und Moorwäldern durchsetzte, als Kulturlandschaft entstandene Steppe (→Puszta) ist bis auf wenige Reste (Naturschutzgebiete) durch Melioration verschwunden. Das Transdanub. Hügelland zeigt mediterrane Einflüsse.

Größte Städte (Ew. 1995)

Budapest	1 909 000[1]	Steinamanger (Szombathely)	84 000
Debrecen	211 000	Szolnok	79 000
Miskolc	182 000	Tatabánya	73 000
Szeged	169 000	Kaposvár	69 000
Fünfkirchen (Pécs)	163 000	Békéscsaba	65 000
Raab (Györ)	127 000	Veszprim (Veszprém)	65 000
Nyíregyháza	113 000	Zalaegerszeg	62 000
Stuhlweißenburg (Székesfehérvár)	108 000	Erlau (Eger)	60 000
Kecskemét	105 000	Dunaújváros	58 000[2]

[1] 1996. – [2] 1994.

Bevölkerung: 97,8% (1990) der Bev. sind Ungarn; daneben gibt es elf nat. Minderheiten: Ungarndeutsche (0,3% der Bev.; v. a. in der Umgebung von Budapest, um Fünfkirchen, im S-Teil des Donautals und nahe der österr. Grenze), Slowaken (0,1%; v. a. im SO des Großen Ungar. Tieflands), Kroaten (0,1%), Rumänen (0,1%; im SO und O des Großen Ungar. Tieflands), Serben, Slowenen, Bulgaren, Griechen, Armenier, Polen sowie etwa 143000 Sinti und Roma. Etwa 5 Mio. Ungarn leben im Ausland. Die Bev.-Zahl betrug 1840 (bezogen auf die heutigen Landesgrenzen) 4 Mio., verdoppelte sich bis 1920 und erreichte 1980 10,71 Mio. Seit Anfang der 80er-Jahre ist die Bev.-Zahl infolge einer hohen Sterbe- (1995: 14,1‰) und geringen Geburtenrate (10,9‰) rückläufig und ging

Unga Ungarn

Ungarn: Gehöft bei Debrecen

bis 1997 auf 10,16 Mio. zurück. Das jährl. Bev.-Wachstum liegt durchschnittlich (1985–95) bei −0,3%. Der Anteil der städt. Bev. stieg zw. 1870 und 1995 von etwa 33% auf 65% an; fast jeder fünfte ungar. Bürger wohnt heute in Budapest. Nach dem Zweiten Weltkrieg entstanden neue, planmäßig erbaute Städte, so Tatabánya, Dunaújváros, Salgótarján und Kazincbarcika. Für das Große Ungar. Tiefland sind die als Alföldstädte bekannten Agrarstädte typisch, die während der Türkenkriege entstanden, als die Land-Bev. in größere, mehr Sicherheit bietende Siedlungen flüchtete. Nach den Kriegen errichteten die Bauern auf ihren entfernt liegenden Feldern Wirtschaftsgebäude, die sich zu Gehöften entwickelten. Diese Außensiedlungen (›Tanyas‹) entstanden auch später noch. Zu den Agrarstädten gehören auch die Städte von Kumanien, die sich aus den Zeltlagern der vor den Mongolen geflüchteten, nomad. Kumanen entwickelt haben. Einen besonderen Typ bilden die Anfang des 17. Jh. gegründeten Heiduckenstädte, ehem. befestigte Siedlungen der Heiducken. Mit einer mittleren Bev.-Dichte von 111 Ew./km² gehört U. zu den dichter besiedelten Staaten Europas.

Religion: Es besteht Religionsfreiheit. Staat und Kirche sind gesetzlich getrennt. Grundlage der Religionspolitik ist das 1990 in Kraft gesetzte ›Ges. über die Gewissens- und Religionsfreiheit und die Rechtsstellung der Kirchen‹. Nach dem Ges. über die Kirchenfinanzierung von 1997 kann jeder Bürger 1% seiner jährl. Lohn- bzw. Einkommensteuerschuld einer anerkannten Religionsgemeinschaft widmen. Staatl. Finanzzuweisungen an die Religionsgemeinschaften erfolgen, wenn diese zus. weniger als 0,5% des Lohn- und Einkommensteueraufkommens erhalten. Grundlage der Beziehungen zw. dem Staat und der kath. Kirche als der größten Glaubensgemeinschaft sind darüber hinaus mehrere seit 1990 geschlossene konkordatäre Vereinbarungen (u. a. 1997 über die Rückgabe des nach 1948 verstaatlichten kirchl. Eigentums). – Über 92% der Bev. gehören christl. Kirchen an: rd. 66,7% der kath. Kirche (darunter rd. 280 000 Katholiken des byzantin. Ritus), rd. 19,7% der ref. Kirche, rd. 4,3% der luther. Kirche, etwa 1% anderen prot. Kirchen (bes. Baptisten, ›Church of the Nazarene‹, Pfingstler, Adventisten, Methodisten), rd. 0,5% orth. Kirchen. Die kath. Kirche umfasst vier Erzbistümer mit neun Suffraganbistümern, darunter die Eparchie Hajdúdorog (Sitz des Bischofs in Nyíregyháza) für die Katholiken des byzantin. Ritus in Ost-U. Die ›Ref. Kirche in U.‹ gliedert sich in vier je von einem Bischof geleitete Kirchendistrikte. Die orth. Christen innerhalb der rumän., serb. und bulgar. Minderheit unterstehen ihren orth. Landeskirchen, die orth. Christen ungar. Nationalität der Jurisdiktion des Moskauer Patriarchats. – Von den rd. 100 000 ungar. Juden leben etwa 80 000 in Budapest, das ebenfalls Sitz der islam. Gemeinde (rd. 3 000 Mitgl.) ist.

Bildungswesen: Es besteht allgemeine zehnjährige Schulpflicht vom 7. bis 16. Lebensjahr; der Unterricht ist unentgeltlich. Die Angehörigen der nat. Minderheiten haben das Recht auf Unterricht in der Muttersprache; schul. Religionsunterricht ist fakultativ. An die Vorschuleinrichtungen schließt sich die achtjährige Elementarschule mit je vierklassiger Unter- und Oberstufe an; danach tritt die Mehrheit der Schüler in eine Mittelschule ein, ein Teil bleibt in der Elementarschule und besucht dort die 9. und 10. Klasse. Der Sekundarschulbereich ist aufgeteilt in die vierjährige Mittelschule (Gymnasium), die vier- bis fünfjährige Fachmittelschule (beide vermitteln Hochschulreife), eine dreijährige Berufsschule (Facharbeiterausbildung) und sonstige zwei- bis dreijährige Berufsschulen. Von den 20 Univ. befinden sich acht in Budapest, darunter die älteste (Loránd-Eötvös-Univ., gegr. 1635).

Publizistik: Bereits 1988 wurde die Pressezensur erheblich gelockert; seit 1989 ist die private Herausgabe von Zeitungen und Zeitschriften erlaubt. 1990 befanden sich die meisten Tageszeitungen in Privatbesitz, größtenteils unter mehrheitl. Beteiligung ausländ. Medienkonzerne (u. a. Bertelsmann AG, Kirch-Gruppe, R. MURDOCH). Die einflussreichsten Tageszeitungen (alle in Budapest erscheinend) sind: ›Népszabadság‹ (ehem. Zentralorgan der kommunist. Partei, jetzt unabhängig; Auflage 316 000), ›Nemzeti Sport‹ (140 000), ›Népszava‹ (120 000), ›Mai Nap‹ (90 000), ›Magyar Hírlap‹ (75 000), ›Esti Hírlap‹ (70 000) und die publizistisch angesehene ›Magyar Nemzet‹ (70 000). – *Nachrichtenagentur:* ›Magyar Távirati Iroda‹ (MTI), gegr. 1880, staatlich. – *Rundfunk:* Am 1. 2. 1996 trat ein neues Mediengesetz in Kraft, durch das die staatl. in öffentlich-rechtl. Anstalten umgewandelt wurden und die bereits kommerziell arbeitenden Sender eine gesetzl. Grundlage erhielten. Oberstes Medienorgan ist die allein dem Parlament verantwortl. ›Landeskörperschaft Rundfunk und Fernsehen‹; sie vergibt Frequenzen, kontrolliert die Medien, beobachtet die Programme und nimmt Beschwerden entgegen. Der öffentlich-rechtl. Hörfunksender ›Magyar Rádió‹ verbreitet drei Programme, ›Rádió Kossuth‹, ›Rádió Petöfi‹ und ›Rádió Bartók‹, daneben existiert der kommerzielle Sender ›Rádió Danubius‹ (gegr. 1986). Die Fernsehanstalt ›Magyar Televízió 1‹ (MTV 1) verbleibt in öffentl. Hand, während ›MTV 2‹ privatisiert wurde. Ein zweiter privater Fernsehkanal ist ›Nap-TV‹.

WIRTSCHAFT · VERKEHR

Die Industrialisierung des v. a. agrarisch ausgerichteten Landes begann bereits Ende des 19. Jh. mit der Hauptstadt als wichtigstem Industriestandort. Zu einem Industriestaat mit bedeutender Landwirtschaft entwickelte sich U. im Wesentlichen nach dem Zweiten Weltkrieg auf der Grundlage sozialist. Eigentumsverhältnisse. Budapest blieb bedeutendster Industrieraum, aber es setzte auch eine starke Dezentralisierung ein. Nach Bodenreform (1945) und Verstaatlichung der Montanwirtschaft (1946) begann mit dem Dreijahresplan 1947–50 die zentral gelenkte Planwirtschaft; die Banken wurden verstaatlicht und bis 1949 die gesamte Industrie. Im Fünfjahresplan 1950–54 wurde vorrangig die Industrie gefördert, bes. die Schwerindustrie. Ab 1968 wurde die zentralisierte Planung durch den Einbau marktwirtschaftl. Elemente stufenweise gelockert. Dadurch sollten Eigeninitiative der Betriebe, Rentabilität und Marktverhältnisse stärker berücksichtigt werden. Ende der 70er- und zu Beginn der 80er-Jahre trat jedoch eine wirtschaftl. Stagnation bei gleichzeitig zunehmender Auslandsverschuldung ein. 1982 führten neue Bestimmungen über die Gründung von Klein- und Mittelbetrieben zu einer Erweiterung des privaten Sektors. Weitere Maßnahmen zum Ausbau der Wirtschaftsreform (1984 beschlossen) traten 1985 in Kraft, um die großen wirtschaftl. Schwierigkeiten (unzureichende Qualität der Ausfuhrprodukte, fehlende Devisen, mangelnde Effizienz in den Industriebetrieben) durch Erhöhung der Selbstständigkeit der Betriebe, Aufspaltung der Großbetriebe in kleinere Einheiten und Mitbestimmung in den Betrieben zu beheben. Diese Wirtschaftspolitik war eine wesentl. Grundlage für die gute Versorgung der Bev. mit einem für den Ostblock vergleichsweise reichhaltigen Konsumgüterangebot.

Seit 1990 kontrolliert eine zentrale Privatisierungsbehörde die Übertragung von Staatsunternehmen in Privateigentum; 1997 waren fast drei Viertel privatisiert. Insgesamt hatte der Reformprozess jedoch einen gesamtwirtschaftl. Einbruch zur Folge (Rückgang der Industrieproduktion, Konkurswelle), der für die Bev. zu erhebl. Wohlstandsverlusten führte. So ging die Kaufkraft bei hoher Inflationsrate (1997: 18,5%) zurück und die Arbeitslosenquote liegt bei (1997) 10,4%. Mit einem Bruttosozialprodukt je Ew. von (1996) 4402 US-$ gehört U. zu den Ländern mit mittlerem Einkommen. Die hohe Auslandsverschuldung (Schuldenstand 1996: 31,8 Mrd. US-$; Belastung durch den Schuldendienst 43,6% der Exporterlöse) konnte aufgrund hoher Exportsteigerungsraten verringert werden (1997: 23,7 Mrd. Schulden; Schuldendienst 28,9%). V. a. die wachsende Konkurrenzfähigkeit der ungar. Exportgüter auf den Westmärkten lässt eine weitere Stabilisierung der Wirtschaft erwarten.

Landwirtschaft: Erhöhte Produktionskosten sowie Subventionskürzungen auf der Erzeuger- und Verbraucherseite haben die Produktionsanreize reduziert, was zu Landflucht und verringerter Produktion führt. Zudem ist die Agrarreform noch nicht abgeschlossen. Durch die Bodenreform von 1945 waren über 3,5 Mio. ha (Betriebe mit mehr als 115 ha) enteignet und 1,9 Mio. ha an Privatpersonen verteilt, der Rest in Staatsgüter eingebracht worden. Bei der 1948–62 in mehreren Phasen durchgeführten Kollektivierung waren die Familienbetriebe größtenteils in den landwirtschaftl. Produktionsgenossenschaften (LPG) aufgegangen. Die (1982) 1302 LPG verfügten mit 5,6 Mio. ha über 86% der landwirtschaftl. Nutzfläche, 927000 ha entfielen auf die 129 Staatsgüter. Heute (1996) befinden sich von der landwirtschaftl. Nutzfläche 3,35 Mio. ha (54,1%) in privatem Besitz von Bauern, 1,75 Mio. ha (28,3%) in genossenschaftl. Besitz; landwirtschaftl. Gesellschaften (meist in Staatsbesitz) verfügen über 1,09 Mio. ha (17,6%). Noch immer herrschen große Betriebsflächen vor. Privatbetriebe haben sich v. a. auf Obst- und Gemüsebau sowie Tierhaltung spezialisiert. Der Agrarsektor, der (1995) 9% der Erwerbstätigen beschäftigt, trägt 8% zur Entstehung des Bruttoinlandsprodukts (BIP) bei; sein Anteil an den ungar. Ausfuhren beträgt trotz sinkender Produktion (1996) noch rd. 19%. Die Landwirtschaft nutzt (1996) rd. 6,2 Mio. ha (rd. 66% der Landesfläche), davon sind 72,8% Ackerland, 18,3% Wiesen und Weiden, 3,6% Obst- und Rebkulturen sowie 5,3% Gartenland. Angebaut werden v. a. Mais (Erntemenge 1996: 6,0 Mio. t), Weizen (3,9 Mio. t), Zuckerrüben (4,7 Mio. t), Gerste (0,9 Mio. t) und Kartoffeln (1,9 Mio. t); in U. liegt das weltweit nördlichste Reisanbaugebiet (Erntemenge 7000 t). Tomaten, Paprika, Zwiebeln, Obst (u. a. Äpfel, Aprikosen,

Pfirsiche, Pflaumen) und Wein (Traubenernte 1996: 665000 t; →ungarische Weine) spielen eine große Rolle für den Export. – Die Viehhaltung ist nach wie vor bedeutend (1996: 0,91 Mio. Rinder, 5,3 Mio. Schweine), obwohl seit Beginn der 80er-Jahre die Tierbestände v. a. bei Geflügel (1996: 32,4 Mio.) und Schafen (0,9 Mio.) abgenommen haben. Truthühner, Enten und Gänse werden v. a. für den Export gehalten.

Forstwirtschaft: U. gehört zu den waldärmsten Ländern Europas. Der Waldbestand umfasst (1996) nur 19% der Landesfläche, nämlich 1,76 Mio. ha (14% sind Nadelwald); der Holzeinschlag beträgt (1994) 4,8 Mio. m^3; das Laubholz (Anteil 80%) wird zu 60% als Nutzholz verwendet, der Rest ist Brennholz.

Fischerei: Etwa 70% der Fangmenge (1996: 15000 t) stammen aus Fischteichen, der Rest v. a. aus Plattensee, Donau und Theiß.

Ungarn: Wirtschaft

Bodenschätze: Es gibt zwar Vorkommen von Eisen-, Mangan- und Kupfererz, reichlich vorhanden ist jedoch nur Bauxit (Förderung 1996: 1,1 Mio. t); sein Abbau beschränkt sich im Wesentlichen auf den Bakonywald und das Vértesgebirge. Des Weiteren werden v. a. Braunkohle (insgesamt 14,1 Mio. t), Erdöl (1,5 Mio. t) und Erdgas (4,9 Mrd. m^3) gefördert; sie können den Landesbedarf jedoch nicht decken.

Energiewirtschaft: Die entscheidende Energiequelle sind Erdöl und Erdölprodukte, wovon U. nur 25% aus Inlandsaufkommen decken kann, der Großteil wird importiert. Die gesamte installierte Leistung der ungar. Kraftwerke wird mit (1995) 7012 MW beziffert; davon entfallen 74% auf Wärmekraftwerke, 25% auf das Kernkraftwerk von Paks und nur 0,7% auf Wasserkraftwerke. Auf die Ausführung der Kraftwerkprojekte von →Nagymaros und von →Gabčikovo hat die ungar. Reg. verzichtet.

Industrie: Das produzierende Gewerbe, das (1995) 31% der Erwerbstätigen beschäftigt, trägt 33% zur Entstehung des BIP bei. Besondere Bedeutung haben neben den Aluminiumhütten der Maschinen- und Fahrzeugbau (Omnibusse), die chem., Nahrungsmittel-, metallurg., Textil- und Bekleidungs-, Baustoff-, Leder-, Holz- und Papierindustrie. Industriezentrum ist der Raum Budapest, wo fast 50% aller Industriebeschäftigten tätig sind. Die Industrieproduktion hat nach einem Rückgang Anfang der 90er-Jahre wieder deutlich zugenommen (1997: um rd. 11%). Die Umstrukturierung von Großunternehmen, bis 1997 waren über 900 mittlere und große Staatsbetriebe in privatrechtl. Unternehmen umgewandelt, dauert an.

Tourismus: Innerhalb des zunehmenden Dienstleistungssektors gewinnt der Tourismus als wichtiger Devisenbringer weiter an Bedeutung; die Zahl der Auslandsgäste belief sich 1996 auf 39,8 Mio. Die Deviseneinkünfte betrugen 1997 fast 1,5 Mrd. US-$. 12,1 Mio. Ungarn reisten ins Ausland, wodurch wiederum Devisen abflossen. Traditionelle Reiseziele in U. sind Budapest, der Plattensee und die Puszlalandschaften; weitere wichtige Reiseziele sind der Velencer See, das Donauknie, Matra-, Bükk- und Mecsekgebirge.

Außenwirtschaft: Die frühere handelspolitisch enge Bindung an den RGW bedeutete für U. erhebl. Vorteile (v. a. Bezug von Energieträgern und Rohstoffen aus der Sowjetunion zu günstigen Preisen). Außerhalb des RGW war der Außenhandel durch die Einfuhr von Industriegütern aus westl. Industrieländern gegen die Lieferung von Nahrungsmitteln und Halbfertigwaren bestimmt. Seit 1986 wurden im Handel mit den wichtigsten mittel- und osteurop. Handelspartnern der Transferrubel und die bilateralen Warenkontingente aufgegeben und eine Freihandelszone (→CEFTA) gebildet; gleichzeitig wurden die zw. U. und den westl. Industrieländern bestehenden Handelsbarrieren abgebaut (Assoziierungsabkommen mit der EG). Das ungar. Außenhandelsvolumen stieg beträchtlich (Einfuhrwert 1997: 21,2 Mrd. US-$; Ausfuhrwert: 19,1 Mrd. US-$). Die wichtigsten Exportwaren sind verarbeitete Erzeugnisse, Maschinen und Ausrüstungen, Nahrungsmittel. Die Einfuhrseite bestimmen Fertigwaren, Maschinen und Ausrüstungen sowie Energieträger. Die Ausfuhren in den EU-Raum haben einen Anteil am Gesamtexport von über 60%, die Exporte in die ehem. RGW-Partnerländer von 17%. Dtl. ist der wichtigste Handelspartner, gefolgt von Österreich.

Verkehr: Das Eisenbahn- und Straßennetz ist recht dicht und auf die Hauptstadt orientiert. Die Streckenlänge der Bahnen beläuft sich auf (1996) 7 715 km (davon 1 203 km zweigleisig und 2 353 km elektrifiziert). Die ungar. Staatseisenbahn (MÁV) wird seit Ende 1991 modernisiert. Die Länge des Straßennetzes beträgt (1996) 30 049 km, von denen 93% asphaltiert sind. Donau und Theiß sind die wichtigsten Schifffahrtswege; das schiffbare Wasserstraßennetz hat eine Länge von 1 622 km. U. besitzt trotz Fehlens eigener Seehäfen eine Hochseereederei (1996: 3 Seeschiffe). Der internat. Flughafen Ferihegy liegt rd. 16 km südöstlich von Budapest.

GESCHICHTE

Zur *Vorgeschichte* →Mitteleuropa, →Südosteuropa.

Völkerwanderung und Landnahme der Magyaren (5.–10. Jh.)

Das mittlere Donautal (→Pannonien) hatte nach dem Rückzug der Römer bis zum Tod ATTILAS (453) den Hunnen als Wohngebiet gedient, danach waren zeitweilig german. Wandalen und Langobarden sowie dauerhaft Gepiden ins Land gekommen, denen Ackerbau treibende Slawen folgten. Der 567 errichteten Herrschaft der Awaren setzte KARL D. GR. zw. 791 und 803 ein Ende. Im 9. Jh. gehörte Pannonien als Grenzprovinz zum Ostfränk. Reich, die westl. Distrikte (Kleines Ungar. Tiefland) wurden vom Großmähr. Reich kontrolliert, während das Land östlich von Donau und Theiß (Großes Ungar. Tiefland, Siebenbürgen) bulgar. Fürsten Tribut leistete. Ab 895/896 besetzte der halbnomad. Stammesverband der →Magyaren unter Führung von Fürst (gyula) ÁRPÁD das dünn besiedelte Pannon. Becken und unternahm ganz Europa in Schrecken versetzende Raubzüge (›U.-Einfälle‹). Die vernichtende Niederlage, die König OTTO I., D. GR., ihnen auf dem Lechfeld 955 bereitete, beschleunigte das Sesshaftwerden der Magyaren und die Assimilation der Vorbevölkerung sowie von Zuwanderern.

Das mittelalterliche Königreich (bis 1526)

Großfürst GÉZA (etwa 970–997) brach den Widerstand rivalisierender Stammesfürsten, baute eine starke Zentralgewalt auf und betrieb die Christianisierung, die sein Sohn STEPHAN I., DER HEILIGE, (997–1038) nach der im Einvernehmen mit Kaiser OTTO III. und Papst SILVESTER II. erfolgten Königskrönung (1000) mit dem Aufbau des Burgkomitatssystems und einer eigenen Kirchenorganisation weiterführte. Seine oft in Erbstreitigkeiten verstrickten Nachfolger mussten Mitte des 11. Jh. zeitweilig ein Vasallenverhältnis zum Heiligen Röm. Reich akzeptieren und unterwarfen im Verlauf des 11. Jh. die Slowakei; 1091 wurde Kroatien – mit Slawonien und Dalmatien – in Personalunion mit U. verbunden (›Länder der Hl. Stephanskrone‹; Dalmatien ging 1202 an Venedig verloren). Unter König GÉZA II. (1141–62) begann um 1150 die Ansiedlung von Deutschen in Siebenbürgen (→Siebenbürger Sachsen), Ende des 12. Jh. auch in der →Zips. Die von König BÉLA III. (1172–96) geförderte Entwicklung des Städtewesens wurde von ANDREAS II. (1205–35) durch im Ausland angeworbene Siedler gezielt vorangetrieben, wobei die Siebenbürger Sachsen 1224 im ›Privilegium Andreanum‹ weitgehende Selbstverwaltungsrechte erlangten; ab 1239 kam es zur Aufnahme der Kumanen. Der selbstbewusste und auf Kosten der Krone zu großem Grundbesitz gelangte Adel erzwang 1222 in der →Goldenen Bulle U.s die Bestätigung der errungenen Privilegien und des Widerstandsrechts. Nach der Katastrophe des Mongolensturms 1241 und während der Kriege mit Böhmen mussten die Herrscher dem Hochadel weitere Mitbestimmungsrechte einräumen. U. verfiel daher nach dem Aussterben der Arpaden im Mannesstamm (1301) und dem Versuch der Nachbarn, sich die Stephanskrone zu sichern, in feudale Anarchie.

König KARL I. ROBERT von Anjou-Neapel (1308–42) brauchte lange, um die Königsmacht wiederherzustellen und durch eine Münzreform sowie die Förderung des Handels die Wirtschaft zu beleben. Sein Sohn LUDWIG I., D. GR., (1342–82) konnte die Herrschaft über Dalmatien sichern und 1370 auch die poln. Königskrone erwerben. Dessen Schwiegersohn, König SIEGMUND VON LUXEMBURG (1387–1437; seit 1410 auch dt. König, seit 1419/36 böhm. König und seit 1433 Röm. Kaiser), schenkte dem Vordringen der Türken (1396 Niederlage bei Nikopol) nur geringe Aufmerksamkeit, sodass Reichsverweser JÁNOS HUNYADI (1445–52) sie zwar besiegen, aber nicht mehr aufhalten konnte. Sein Sohn MATTHIAS I. CORVINUS (1458–90) unterwarf im Kampf gegen GEORG VON PODIEBRAD UND KUNŠTÁT, Kaiser FRIEDRICH III. und König WLADISLAW II. von Polen (→JAGIELLO) auch Mähren, Schlesien und die Lausitz, Niederösterreich und die Steiermark seiner Herrschaft; unter ihm erlebte U. zwar eine kulturelle Blütezeit (Renaissance), gleichzeitig aber auch einen Höhepunkt adliger Willkürherrschaft. Unter der Dynastie der Jagiellonen (1490–1526) zerfiel die Zentralmacht. Schon WLADISLAW II. (1490–1516; seit 1471 König von Böhmen) musste eine systemat. Beschneidung der Königsmacht hinnehmen. Nach der Niederschlagung des Bauernaufstands (1514) unter G. DÓZSA wurde die ›ewige Schollengebundenheit‹ der Bauern verfügt (›Tripartitum‹, 1514, von ISTVÁN WERBŐCZI, *1458, †1541, ab 1526 Kanzler). Da sich die Magnaten nicht zu einer entschlossenen Abwehr der Türken bereit fanden, endete die Entscheidungsschlacht am 29. 8. 1526 bei Mohács mit einer verheerenden Niederlage; König LUDWIG II. fand auf der Flucht den Tod.

Ungarn dreigeteilt (1526–1699)

Im Kampf um LUDWIGS Erbe kam es zur Doppelwahl von 1526; die Nachfolge wurde endgültig 1538 im Vertrag von →Großwardein geregelt. Dennoch konnte JOHANN I. ZÁPOLYA, Woiwode von Siebenbürgen (1511–40), mit osman. Unterstützung den Machtbereich seines habsburg. Gegenkönigs FERDINAND I. (1526/27–64; seit 1531 auch Röm. König) auf Ober-U. (Slowakei und Karpato-Ukraine) sowie einen schmalen Teil West-U.s beschränken; dieses **Königliche U.** sank zur österr. Prov. herab. Da Sultan SÜLEIMAN DER PRÄCHTIGE nach seinem 5. U.-Feldzug 1541 aber Zentral-U. – mit Slawonien – als ›Paschalik Ofen‹ dem Osman. Reich eingliederte (fortan auch **Türkisch-U.** gen.) und Siebenbürgen (Ost-U.) als tributpflichtiges selbstständiges Fürstentum JOHANN SIGISMUND ZÁPOLYA (1540/59–71) übertrug, kam es zur Dreiteilung des Landes. Die Ausplünderung Türkisch-U.s durch türk. Beamte und Krieger führte zu großen Bev.-Verlusten und zur Verödung, z. B. in der →Wojwodina; aber fast ebenso schwer litten die Bewohner des habsburg. ›Königl. U.‹ unter ständigen Feldzügen (1591–1606 ›langer‹ Türkenkrieg) und hohen Steuern.

Fürst STEPHAN IV. BÁTHORY (1571–86) legte die Grundlagen eines starken siebenbürg. Staates, dessen Unabhängigkeit und Religionsfreiheit (Reformation) nach einem Aufstand der ungarischen Stände unter I. BOCSKAY (1604–06) von König RUDOLF (1576–1608) im Wiener Frieden (1606) anerkannt wurden. G. BETHLEN VON IKTÁR (1613–29) machte Siebenbürgen zum Ausgangspunkt neuer Unabhängigkeitsbestrebungen.

Die Glaubensspaltung in U. beschwor ebenfalls schwere Konflikte herauf, weil sich die Mehrheit des ungar. Adels zum Kalvinismus, die meisten Deutschen zum Luthertum bekannten, während im habsburg. Teil die Gegenreformation triumphierte. Wegen seiner verfassungswidrigen Reg. und gewaltsamer Rekatholisierungsmaßnahmen hatte sich König LEOPOLD I. (1655/57–1705; ab 1658 Kaiser) gegen die →Wesselényische Verschwörung (1666–71) und die Kuruzen (1672–82) zur Wehr zu setzen. Als die Türken den Aufstand unter Graf I. TÖKÖLY (1678–82; Fürst von Ober-U. 1682–85) unterstützten, entbrannte der ›Große Türkenkrieg‹ (1683–99). Nach der raschen Eroberung U.s durch kaiserl. Truppen (1686 Fall Budas, 1697 Sieg bei Zenta) traten die Osmanen im Frieden von Karlowitz 1699 U. (mit Ausnahme des Banats von Temeswar), Kroatien und Slawonien an die Habsburger ab. Die Rückeroberung U.s nutzte der Kaiser, um 1687 das adlige Widerstandsrecht aufzuheben, ein Erbkönigtum der Habsburger zu errichten und Siebenbürgen als Kronland (Diploma Leopoldianum, 1691) zu organisieren.

Unter habsburgischem Absolutismus (1699–1848)

Nach dem Tokajer Kuruzenaufstand 1697 und dem Freiheitskampf (1703–11) unter FRANZ II. →RÁKÓCZI, der 1707 das Haus Habsburg für abgesetzt erklärte, sicherte Kaiser KARL VI. (1711–40) im Frieden von Sathmar 1711 die ständ. Verf. und die Religionsfreiheit; die Stände behaupteten in der Folgezeit immer wieder ihre Sonderrechte (Steuerfreiheit des Adels, Leibeigenschaftssystem). Der Frieden von Belgrad (1739) legte die bis 1918 gültigen Grenzen fest.

Im Gebiet der →Militärgrenze wurden vor den Türken geflohene Serben und Kroaten angesiedelt. Die Kolonisation von (u. a. dt.) Bauern in der verödeten Batschka und im Banat (Banater Schwaben), v. a. un-

Ungarn 1038–1301

ter MARIA THERESIA (1740–80), ließ die Magyaren im Land zur Minderheit werden. Nicht zuletzt der ungar. Unterstützung hatte MARIA THERESIA im Österr. Erbfolgekrieg (1740–48) die Behauptung ihres Thrones zu verdanken. Die Ausweitung der Militärgrenze auf Siebenbürgen (1764/66), das 1765 zum Großfürstentum erhoben wurde, der wachsende Zentralismus und die Vernachlässigung des Manufakturwesens lösten in U. Klagen aus, die sich während der Herrschaft JOSEPHS II. (1780–90), der sich nicht krönen ließ, zu Protesten verdichteten. Weniger die Duldung nichtkath. christl. Konfessionen (Toleranzpatent, 1781) und die Abschaffung der Leibeigenschaft (1785), sondern die einschneidenden Verw.-Reformen mit Deutsch (statt Latein) als Amts- und Unterrichtssprache erregten den Unwillen des Adels, den LEOPOLD II. (1790–92) mit der Rücknahme der anstößigen Verordnungen zu besänftigen wusste. Nach der Aufdeckung einer Verschwörung ungarischer ›Jakobiner‹ 1794/95 musste König FRANZ I. (FERENC I., 1792–1835; als FRANZ II. 1792–1806 Röm. Kaiser, ab 1804 Kaiser von Österreich) nur 1822/23 den Widerstand der Komitate gegen die hohen Steueranforderungen brechen, obschon die Unzufriedenheit mit dem ›System Metternich‹ immer breitere Kreise erfasste. Das von einem kulturellen Aufschwung begleitete erwachende ungar. Nationalbewusstsein manifestierte sich während der ›Reformära‹ auf der ›langen Ständeversammlung‹ (ab 1831) und nahm auch den die Bev.-Mehrheit stellenden Volksgruppen, den Rumänen, Slowaken, Deutschen (später auch ›Donauschwaben‹ gen.), Kroaten sowie Serben, mit. Während die Liberalen unter dem Einfluss von I. Graf SZÉCHENYI den sozialen und wirtschaftl. Umbau nach westl. Vorbild Priorität einräumten, verlangte L. KOSSUTH als Sprecher der Radikalreformer im Landtag die konstitutionelle Staatsform mit einem eigenverantwortlichen Ministerium für U. (1847/48).

Revolution, Neoabsolutismus und Dualismus (1848–1918)

Der Ausbruch der Februarrevolution in Paris sowie der →Märzrevolution in Wien veranlasste die vom

Dichter S. PETŐFI geführte ›Märzjugend‹, am 15. 3. 1848 in Pest ihre Reformvorstellungen niederzulegen, die vom Landtag übernommen und am 17. 3. von König FERDINAND V. (1835–48; als österr. Kaiser FERDINAND I.) akzeptiert wurden. Gegen die vom Reformministerium unter L. Graf BATTHYÁNY erlassenen Aprilgesetze (11. 4.; Aufhebung der Leibeigenschaft, Pressefreiheit, Union mit Siebenbürgen u. a.) protestierten sowohl die Nationalitäten als auch die mit den Konditionen ihrer Befreiung unzufriedenen Bauern. Im September 1848 kam es zum offenen Bruch mit Habsburg, dessen Truppen KOSSUTH mit der Honvéd-Armee bezwang (Anfang 1849). Wegen der oktroyierten Verf. (4. 3. 1849) Kaiser FRANZ JOSEPHS I. (1848–1916) und der Siegen über kaiserl. Truppen vom April folgenden Entthronung des Hauses Habsburg, der Erklärung der Unabhängigkeit U.s sowie der Bestellung KOSSUTHS zum Reichsverweser (14. 4. 1849) eskalierte der ungar. Freiheitskampf; er wurde erst nach der Niederlage der Honvéd-Armee bei Schäßburg (31. 7.) mithilfe russ. Truppen am 13. 8. 1849 beendet. Das brutale Vorgehen gegen die Aufstandsführer (Hinrichtungen) rechtfertigte Österreich mit der ›Verwirkungstheorie‹; das um Siebenbürgen sowie Kroatien mit Slawonien und das Banat verkleinerte U. wurde fortan unter Missachtung seiner bisherigen Sonderstellung im Rahmen des neoabsolutist. Systems der Innen-Min. A. BACH nach dem Muster der übrigen österr. Kronländer direkt von Wien aus verwaltet.

Nach der Niederlage Österreichs im Dt. Krieg 1866 kam es zum Österr.-Ungar. →Ausgleich von 1867, durch den U. in Realunion mit Österreich selbstständiges Königreich wurde; es entstand die dualistisch gegliederte **Österreichisch-Ungarische Monarchie** (k. u. k.; →Österreich-Ungarn, →Österreich, Geschichte); am 8. 6. 1867 erfolgte die Krönung FRANZ JOSEPHS zum ungar. König. Der →Kroatisch-Ungarische Ausgleich vom Juni 1868 regelte das Verhältnis zu Kroatien und Slawonien; die Union Siebenbürgens mit U. wurde im Dezember 1868 endgültig vollzogen. Das Banat war 1860 wieder an U. gekommen.

Wachsende polit. und nat. Auseinandersetzungen zwischen den beiden Reichshälften Österreich-U.s schwächten den Zusammenhalt und verhinderten die Durchführung überfälliger polit. sowie sozioökonom. Reformen. Die von der Reg. unter K. TISZA (1875–90) eingeleitete Magyarisierungspolitik setzte sowohl einen Assimilierungsprozess als auch Abwehrmaßnahmen der nat. Minderheiten und eine Auswanderungswelle nach Übersee in Gang. Auch die sozialen Gegensätze verschärften sich (Arbeiterunruhen).

Im Ersten Weltkrieg musste angesichts der intensivierten Nationalstaatspropaganda der Minderheiten und nach der Verkündung des Programms der →Vierzehn Punkte des amerikan. Präsidenten W. WILSON (8. 1. 1918) mit der Aufteilung des Landes gerechnet werden. Kaiser KARL I. (1916–18; als KARL [KÁROLY] IV. ungar. König) proklamierte zwar mit dem ›Völkermanifest‹ vom 16. 10. 1918 die föderative Umgestaltung Österreich-U.s, sie sollte aber nicht für U. gelten; am 13. 11. dankte er ab.

Die Republik Ungarn und die restaurierte Monarchie (1918–45)

Die Niederlage im Ersten Weltkrieg und KARLS ›Völkermanifest‹ lösten die bürgerlich-demokrat. ›Asternrevolution‹ aus; am 29. 10. 1918 wurde die Lösung U.s von Österreich erklärt. Der Reg.-Übernahme durch M. Graf KÁROLYI VON NAGYKÁROLYI am 31. 10. folgte die Proklamation der **Republik U.** am 16. 11. 1918. Die Reg. musste weite Gebiete im S und O des Landes räumen. Kroatien-Slawonien hatte bereits am 29. 10. die staatsrechtl. Verbindung mit U. gelöst. Unter dem Schutz der Entente-Alliierten besetzten die Tschechen Ober-U. (Slowakei), die Rumänen Siebenbürgen und die Serben Süd-U. Am 21. 3. 1919 musste KÁROLYI (seit 11. 1. auch provisor. Präs.) einer sozialdemokratisch-kommunist. Reg. weichen, die faktisch von B. KUN geleitet wurde und die ›Ungar. Räte-Rep.‹ proklamierte; in Szeged bildete sich eine gegenrevolutionäre Reg. Roter Terror, wirtschaftl. Stillstand und der Krieg gegen die ČSR sowie v. a. Rumänien brachten die Räte-Reg. rasch zu Fall (1. 8. 1919). Nach blutiger Abrechnung mit den Anhängern der Räte-Rep., u. a. mit antisemit. Pogromen, siegte bei den Wahlen zur Nationalversammlung die Partei der Kleinen Landwirte, Landarbeiter und Bürger (kurz: Partei der Kleinen Landwirte; 1909 gegr.). Am 1. 3. 1920 wählte die Nationalversammlung Admiral M. HORTHY zum ›Reichsverweser‹ und stellte trotz späterer Amtsenthebung der Habsburger (6. 11. 1921) die Monarchie wieder her. Nach den Friedensverträgen von Saint-Germain-en-Laye (1919) und Trianon (4. 6. 1920) verlor U. 68 % seines früheren Staatsgebietes (Siebenbürgen, Banat, Slowakei, Kroatien, das spätere →Burgenland) und 59 % seiner früheren Bev. Die Forderung nach Revision des als ungerecht empfundenen Friedens beherrschte künftig die ungar. Innen- und Außenpolitik. – Unter dem autoritär Maßnahmen deckenden HORTHY konnte Min.-Präs. I. BETHLEN VON BETHLEN (1921–31) nach Wiederherstellung der halbfeudalen Staats- und Gesellschaftsordnung die innenpolit. und ökonom. Lage konsolidieren wie auch die Restaurationsversuche König KARLS IV. am 5. 4. und 25. 10. 1921 abwehren.

Die Weltwirtschaftskrise bewirkte innenpolitisch einen Rechtsruck; außenpolitisch wurde die Anlehnung an Italien und das Dt. Reich, gegen die Kleine Entente sowie überlagert von deutl. Sympathien für Großbritannien, bestimmend. Die →Wiener Schiedssprüche (1938/40) und die Zerschlagung Jugoslawiens im April 1941 brachten U. einen Teil der 1918/20 verlorenen Gebiete zurück (Batschka, Karpato-Ukraine, N-Siebenbürgen). Die unpopuläre Beteiligung am dt. Russlandfeldzug (ab 23. 6. 1941) ließ nach der katastrophalen ungar. Niederlage am Don 1943 den Wunsch nach Ausscheiden aus dem Zweiten Weltkrieg wachsen, worauf U. am 19. 3. 1944 von der Wehrmacht besetzt wurde. Als HORTHY am 15. 10. 1944 die Einstellung der Kampfhandlungen anordnete, errichteten die ›Pfeilkreuzler‹ unter F. SZÁLASI mit dt. Unterstützung eine Diktatur, die den Krieg fortsetzte und unter Regimegegnern sowie Juden wütete. In dem ab August 1944 von Sowjettruppen besetzten Gebiet nahm am 22. 12. 1944 eine provisor. Reg. unter General BÉLA DÁLNOKI-MIKLÓS (* 1890, † 1948) die Arbeit auf; sie schloss am 20. 1. 1945 unter Verzicht auf die wiedergewonnenen Gebiete einen Waffenstillstand mit den Alliierten ab. Am 4. 4. 1945 hatten die Sowjettruppen das Land völlig erobert.

›Volksdemokratie‹ und kommunistische Herrschaft (1945–89)

Von Debrecen aus richtete die provisor. Reg. DÁLNOKI-MIKLÓS im Zuge des Vormarsches der sowjet. Truppen eine neue Verw. in U. ein; Min.-Präs. DÁLNOKI-MIKLÓS stützte sich dabei auf ein Volksfrontbündnis, das unter dem Namen ›Ungar. Nat. Unabhängigkeitsfront‹ die Partei der Kleinen Landwirte, die Ungar. KP, die Sozialdemokrat. Partei, die Nat. Bauernpartei und die Bürgerlich-Demokrat. Partei umfasste. Unterstützt durch Präs. der Alliierten Kontrollkommission für U., dem sowjet. Marschall K. J. WOROSCHILOW, besaßen die Kommunisten von Anfang an eine starke Stellung in dieser Reg. Am 15. 11. 1945 errang die Partei der Kleinen Landwirte bei den Wahlen zur Nationalversammlung mit 57 % der Stimmen die absolute Mehrheit und stellte den Min.-Präs.: 1945–46 Z. TILDY, 1946–47 F. NAGY. Am 1. 2. 1946 rief die Nationalversammlung die Rep. aus; erster Staatspräs. wurde TILDY (bis Juli 1948). Unter den Schlagworten ›Mobilisierung der Massen‹ und ›Volksjustiz‹ schaltete die von M. RÁKOSI geführte KP, die 1945 lediglich 16,9 % der Stimmen erhalten hatte, bis zu den Wahlen im August 1947 die konkurrierenden Parteien, v. a. die Partei der Kleinen Landwirte, durch Kompromittierung und Einschüchterung sowie Anwendung offener Gewalt politisch gleich; bis Sommer 1948 waren fast alle Parteien verboten bzw. hatten sich selbst aufgelöst. Nach Ausschaltung aller für einen politisch eigenständigen Parteikurs eintretenden Mitgl., u. a. ANNA KÉTHLY, erfolgte am 12. 6. 1948 – unter Druck – die Vereinigung der Sozialdemokraten mit der KP zur ›Partei der Ungar. Werktätigen‹ (Abk. PdUW; seit 1956 ›Ungar. Sozialist. Arbeiterpartei‹, Abk. USAP). An der Spitze einer von ihr beherrschten ›Volksfront der Unabhängigkeit‹ (gegr. im März 1949) bestimmte diese über eine Einheitsliste auch die Zusammensetzung des Parlaments. Die Partei der Kleinen Landwirte, die mit ISTVÁN DOBI (* 1898, † 1968) 1948–52 noch den Min.-Präs. sowie 1952–66 das Staatsoberhaupt stellte, verlor ihr polit. Eigengewicht. Die Verf. vom 20. 8. 1949 erklärte U. zu einer **Volksrepublik** (VR) nach volksdemokrat. Muster.

Mit der Bodenreform im März 1945 (Enteignung des Grundbesitzes von über 52 ha zugunsten von Kleineigentümern, die oft wirtschaftlich nicht lebensfähig waren) begann eine Adaption des sowjet. Sozialismusmodells. Die einer einzigartigen Hyperinflation folgende Währungsreform (1946, Einführung des Forint) sollte ebenso wie ein Dreijahresplan (1947–50) den wirtschaftl. Wiederaufbau und eine beschleunigte Industrialisierung U.s einleiten sowie das ungar. Wirtschaftssystem an das der UdSSR anpassen. 1946/47 wurden die Grundstoffindustrien, Banken und Großbetriebe, 1948 Betriebe mit über hundert Beschäftigten verstaatlicht. Mit einer nach stalinschem Vorbild klassenkämpferisch, z. T. terroristisch bestimmten Kampagne gegen die selbstständigen Bauern betrieb RÁKOSI seit 1948 die Bildung landwirtschaftl. Produktionsgenossenschaften auf ›freiwilliger‹ Basis. Auf kulturellem Gebiet verstaatlichte die Reg. die kirchl. und privaten Schulen. Um den Widerstand des kath. Klerus zu brechen, veranstaltete sie Anfang 1949 einen Schauprozess gegen J. Kardinal MINDSZENTY.

Der Pariser Frieden (10. 2. 1947), der im Wesentlichen die im Frieden von Trianon (1920) festgelegten Grenzen U.s wiederherstellte, verpflichtete U. zu Reparationsleistungen v. a. an die UdSSR und bestätigte die Stationierung sowjet. Truppen in U. über den Zeitpunkt des Friedensschlusses hinaus. Der Freundschaftsvertrag mit der UdSSR vertiefte die politisch-militär., wirtschaftl. und kulturelle Abhängigkeit von der UdSSR. 1949 beteiligte sich U. an der Gründung des RGW. Vor dem Hintergrund des ideologisch-machtpolit. Streites zw. J. TITO und STALIN über den sowjet. Führungsanspruch in dem sich bildenden Ostblock setzte RÁKOSI die vollständige Unterordnung der ungar. Politik unter den Willen STALINS durch. In einem Schauprozess ließ er 1949 u. a. Außen-Min. L. RAJK (führendes Mitgl. der PdUW) unter dem Vorwurf des ›Titoismus‹ zum Tode verurteilen.

RÁKOSI gelang es, seine innenpolit. Machtstellung nach dem Vorbild STALINS immer stärker zu einer persönl. Diktatur auszubauen. Er stützte sich dabei auf eine ›Staatsschutzbehörde‹, die mit ihren Agenten das ganze Land überzog. Von August 1952 bis Juli 1953 führte er selbst als Min.-Präs. eine kommunist. Block-Reg. Nach dem Tod STALINS (März 1953) verlor er jedoch einen Teil seiner unumschränkten Machtstellung; am 3. 7. 1953 wurde I. NAGY Min.-Präs. an der Spitze einer Volksdemokrat. Block-Reg.; er verkündete eine Politik des ›neuen Kurses‹, die eine allg. Besserung des Lebensstandards und eine stärkere Rechtssicherheit bringen sollte (v. a. Milderung der schnellen Industrialisierung und der auf Gewalt begründeten Kollektivierung). In Ggs. zu RÁKOSI geraten, ließ ihn dieser 1955 absetzen und durch ANDRÁS HEGEDÜS (* 1922) ersetzen. Mit dem Eintritt U.s in den Warschauer Pakt (1955) wurde die weitere Stationierung sowjet. Truppen in U. neu legitimiert (durch einen Truppenvertrag 1957 bestätigt).

Nach dem XX. Parteitag der KPdSU (Februar 1956) und der von ihm offiziell eingeleiteten Entstalinisierung setzte die sowjet. Partei- und Staatsführung (unter N. S. CHRUSCHTSCHOW) die Ablösung RÁKOSIS (Juli 1956) als Erster Sekr. der PdUW und die Ernennung des ebenfalls dogmat. Stalinisten ERNŐ GERŐ zu seinem Nachfolger durch. Wachsende Unzufriedenheit mit dem diktator. Einparteiensystem, bestärkt durch den ›Poln. Oktober‹, lösten am 23. 10. 1956 den →ungarischen Volksaufstand aus, der ab Anfang November von sowjet. Truppen gewaltsam niedergeschlagen wurde. Gestützt auf diese, sicherte J. KÁDÁR, ab Ende Oktober Erster Sekr. des ZK der neu gegründeten kommunist. USAP, die politisch-ideolog. Monopolstellung seiner Partei; als Min.-Präs. (4. 11. 1956 bis 28. 1. 1958) leitete er eine harte Verfolgung der am Aufstand Beteiligten ein. Im Juni 1958 wurden die Führungspersonen des Volksaufstands, I. NAGY, P. MALÉTER u. a., in einem geheimen Gerichtsverfahren zum Tode verurteilt (am 16. 6. 1989 rehabilitiert). Unter Ausschaltung der Konservativen um J. RÉVAI gelang es, das polit. und ökonom. System zu konsolidieren.

Ab etwa 1962/63 schlug KÁDÁR, 1961–65 selbst noch einmal Min.-Präs., schrittweise einen Kurs der Versöhnung nach innen und der Einfügung U.s in die von der UdSSR geführte ›sozialist. Staatengemeinschaft‹ nach außen ein, der bei größerer wirtschaftl. Eigeninitiative zu einem Wirtschaftsaufschwung, zu sozialen Verbesserungen sowie zu einer gewissen geistig-kulturellen Liberalisierung führte (bis 1972–74; ›Gulaschkommunismus‹). So führten die Reg. unter den Min.-Präs. J. FOCK (1967–75) und GYÖRGY LÁZÁR (* 1924; 1975–87) – gestützt auf einen Beschluss der USAP (1966) – eine v. a. von RESZŐ NYERS (* 1923) vorbereitete Wirtschaftsreform durch, die im Rahmen der Planwirtschaft eine selbstständigere Produktionsplanung der Betriebe sowie eine begrenzte Freigabe der Preise ermöglichte (Beginn: 1968). Die 1972 noch einmal modifizierte Wirtschaftsreform entwickelte die ungar. Wirtschaft zur relativ erfolgreichsten in den staatssozialistisch strukturierten Staaten.

Die schon vor Beginn der sowjet. Politik von Glasnost und Perestroika einsetzenden reformkommunist. Bestrebungen in U. (u. a. Anpassung der Preispolitik an das Preisniveau des Weltmarktes 1980, Aufnahme U.s in den Internat. Währungsfonds 1982, Gründung eines ungarisch-dän. Jointventure 1984) erfuhren ab 1985 durch M. S. GORBATSCHOW eine Verstärkung, v. a. Reform des Bankwesens (zum 1. 1. 1987). Mit der Wahl von KÁROLY GRÓSZ (* 1930) im Juni 1987 zum Min.-Präs. dehnten sich die Reformen auf das polit. Gebiet aus (Steuerreform zum 1. 1. 1988) und schlugen in eine umfassende Liberalisierung um, die den Übergang zum polit. Pluralismus (Oktober 1989 gesetzlich verankert) und zur Marktwirtschaft vorbereitete. Parallel dazu entwickelte sich 1988 in der Bev. eine Reformbewegung mit eigener Dynamik, die die Reformkommunisten bald überrollte (→Bürgerbewegung). Nach dem bei der Umbildung des Politbüros erzwungenen Rücktritt KÁDÁRS als Gen.-Sekr. der USAP (22. 5. 1988) übernahm GRÓSZ als Partei-Präs. auch die Führung der Partei, musste jedoch am 24. 11.

1988 sein Amt als Reg.-Chef an M. NÉMETH abtreten. Neben diesem trat v. a. auch I. POZSGAY, Mitgl. des Politbüros der USAP und Staats-Min. (1988/89), führend für die Neuordnung U.s auf demokrat. Basis ein.

Das neue demokrat. Ungarn (seit 1989/90)

Schon am 27. 9. 1987 war das Ungar. Demokrat. Forum (ungar. Abk. MDF, dt. Abk. UDF) gegründet worden. Weitere Parteien entstanden 1988/89, u. a. der Bund Freier Demokraten (SzDSz bzw. BFD; gegr. am 13. 11. 1988), die Partei der Kleinen Landwirte (FKgP, wieder gegründet am 18. 11. 1988) und die Christlich-Demokrat. Volkspartei (KDNP, gegr. am 11. 5. 1989). Im Januar 1989 verzichtete die USAP auf ihre verfassungsmäßig garantierte Führungsrolle in Staat und Gesellschaft. Am 26. 6. 1989 löste NYERS (seit 1988 wieder Mitgl. des Politbüros) GRÓSZ als Partei-Präs. ab.

Unter dem nachlassenden Druck des zerfallenden Ostblocks wandte sich die ungar. Außenpolitik stärker den westl. Staaten zu. Der am 2. 5. 1989 begonnene Abbau der Sperranlagen an der österr.-ungar. Grenze führte im Sommer (z. B. →Ödenburg) und Frühherbst 1989 zu einer in ihrem Ausmaß ungeahnten Flüchtlingswelle v. a. jugendl. DDR-Bürger. Außen-Min. G. HORN ließ am 11. 9. 1989 den DDR-Bürgern die Grenze zur freien Ausreise öffnen. Die damit verbundenen schweren polit. Erschütterungen lösten schließlich den tief greifenden gesellschaftl. Umbruch in der DDR und ganz O-Europa mit aus (bis hin zur Wiederherstellung der staatl. Einheit Dtl.s am 3. 10. 1990). Im Ergebnis der Selbstauflösung der USAP (7./8. 10. 1989) entstand u. a. die (sozialdemokrat.) Ungar. Sozialist. Partei (MSzP bzw. USP). Am 23. 10. 1989 änderte das Parlament den Staatsnamen in **Republik U.**; am 10. 3. 1990 wurde der vollständige Abzug der sowjet. Truppen bis Ende Juni 1991 vereinbart (bis 17. 6. 1991 realisiert).

Die ersten freien Wahlen seit 1947 am 25. 3. bzw. 8. 4. 1990 gewann die MDF (47,7 % der Stimmen; 164 Abg.); Min.-Präs. einer Koalitions-Reg. von MDF, FKgP und KDNP wurde am 23. 5. 1990 J. ANTALL (MDF; † 1993; Nachfolger ab 21. 12. 1993: PÉTER BOROSS). Am 2. 3. 1990 wählte das Parlament Á. GÖNCZ (SzDSz) zu seinem Präs., am 3. 8. 1990 zum Staats-Präs. (am 19. 6. 1995 für weitere fünf Jahre bestätigt).

Der polit. Systemwechsel konnte, auch aufgrund der von 1988 bis 1990 durchgeführten Reformen, schnell vollzogen und verfassungsmäßig sowie gesetzlich gesichert, die Wirtschaftsschwierigkeiten verringert und der Transformationsprozess eingeleitet werden. Am 6. 11. 1990 wurde U. in den Europarat aufgenommen, am 16. 12. 1991 unterzeichnete die Reg. mit der EG ein Assoziierungsabkommen. Am 6. 2. 1992 wurde in Budapest ein weit reichender ungarisch-dt. Vertrag über Freundschaft und Zusammenarbeit abgeschlossen.

Im April 1994 billigte das Parlament ein Boden-Ges., gemäß welchem ungar. Staatsbürger maximal 300 ha Land erwerben können. Nach dem Minderheiten-Ges. vom 7. 7. 1993 wurde ab 1994 auf kommunaler und gesamtstaatl. Ebene ein System der Selbst-Verw. nat. und ethn. Minderheiten errichtet. Bei den Parlamentswahlen vom 8./29. 5. 1994 gewann die bisher in Opposition stehende MSzP die absolute Mehrheit; zweitstärkste Partei wurde der SzDSz; das bisher regierende MDF fiel auf den dritten Platz zurück. An der Spitze einer sozialistisch-liberalen (MSzP und SzDSz) Koalitions-Reg. wurde HORN (MSzP) am 15. 7. 1994 Min.-Präs.; er konnte eine Stabilisierung der Wirtschaft und eine innenpolit. Beruhigung einleiten.

In der Außenpolitik bemühte sich U., die von Minderheitenproblemen belasteten Beziehungen zu den Nachbarstaaten zu verbessern (u. a. 1992 Abschluss eines ›Grundlagenvertrages‹ mit der Ukraine, am 19. 3. 1995 mit der Slowak. Rep., am 6. 4. 1995 mit Kroatien). Am 8. 2. 1994 trat U. dem NATO-Programm ›Partnerschaft für den Frieden‹ bei; am 16. 12. 1997 wurde das Beitrittsprotokoll für einen Beitritt im Jahr 1999 unterzeichnet. Nach dem Antrag auf Vollmitgliedschaft in der EU vom 1. 4. 1994 begannen 1998 die Beitrittsverhandlungen (vorgesehener Beitritt: zw. 2000 und 2006).

Die Wahlen am 10./24. 5. 1998 brachten mit dem Sieg der rechtsliberalen FIDESz-Ungar. Bürgerpartei (38 % der Stimmen; 148 Mandate) einen Machtwechsel; zum neuen Min.-Präs. einer nationalliberalen Koalition aus FIDESz, FKgP und MDF wurde am 6. 7. 1998 VIKTOR ORBÁN (* 1963) gewählt.

Allgemeines: G. MARKOS: U. Land, Volk, Wirtschaft in Stichworten (Wien 1971); M. PÉCSI u. B. SÁRFALVI: Physical and economic geography of Hungary (Budapest 1977); T. FÉNER u. S. SCHEIBER: Jüd. Traditionen in U. (a. d. Ungar., 1985); U., hg. v. K.-D. GROTHUSEN (1987); H. SPANAUS u. I. PARIGI: U. Kunst- u. Reiseführer mit Landeskunde (²1988); Magyarország nemzeti atlasza. National atlas of Hungary, bearb. v. M. PÉCSI (Budapest 1989); P. GUST: Die bäuerl. Gesellschaft U.s in der Zeit zw. den beiden Weltkriegen (a. d. Ungar., Budapest 1991); B. VÁRKONYI u. K. LIEBMANN: U. Eine kleine polit. Landeskunde (a. d. Ungar. 1993); L. TRUNKÓ: Geology of Hungary (a. d. Dt., 1996); M. BANSE: Die Analyse der Transformation der ungar. Volkswirtschaft (1997); J. HABUDA: Perspektiven der ungar. Industrie im Spiegel der europ. Integration (1997); Migration u. ihre Auswirkungen. Das Beispiel U. 1918–1995, hg. v. G. SEEWANN (1997).

Geschichte: *Gesamtdarstellungen:* Magyar történet, bearb. v. B. HÓMAN u. a., 6 Bde. (Budapest ⁷1941–43); Z. HALÁSZ: Kurze Gesch. U.s (a. d. Ungar., ebd. 1974); J. VÖLGYES: Hungary. A nation of contradictions (Boulder, Colo., 1982); Magyarország története, hg. v. Z. P. PACH, 8 Bde. (Budapest ¹⁻³1983–89); Die Gesch. U.s. Von den Anfängen bis zur Gegenwart, hg. v. P. HANÁK (a. d. Ungar., 1988); T. VON BOGYAY: Grundzüge der Gesch. U.s (⁴1990); A history of Hungary, hg. v. P. SUGAR u. a. (Bloomington, Ind., 1990); J. K. HOENSCH: U.-Hb. Gesch., Politik, Wirtschaft (1991); Kultur u. Politik in Österreich u. U., hg. v. P. HANÁK (Wien 1994); I. NEMESKÜRTY: Abriß der Kulturgesch. U.s (a. d. Ungar., Budapest 1994); Die Ungarn, ihre Gesch. u. Kultur, hg. v. L. KÓSA (a. d. Ungar., ebd. 1994); I. LÁZÁR: Kleine Gesch. U.s (a. d. Ungar., ebd. ⁴1996); DERS.: Illustrierte Gesch. U.s (a. d. Ungar., ebd. ³1997). – *Vorgeschichte:* E. PATEK: West-U. in der Hallstattzeit (1993). – *Bis 1526:* B. HÓMAN: Gesch. des ungar. MA., 2 Bde. (a. d. Ungar., 1940–43); S. DE VAJAY: Der Eintritt des ungar. Stämmebundes in die europ. Gesch. (1968); J. M. BAK: Königtum u. Stände in U. im 14.–16. Jh. (1973); E. FÜGEDI: Kings, bishops and burghers in medieval Hungary (London 1986). – *1526–1918:* R. A. KANN: Das Nationalitätenproblem der Habsburgermonarchie (a. d. Engl., Graz 1964); Probleme der Franzisko-Josephin. Zeit 1848–1916, hg. v. F. ENGEL-JANOSI u. a. (1967); Die Habsburgermonarchie 1848–1918, hg. v. A. WANDRUSZKA u. a., auf mehrere Bde. ber. (Wien 1973 ff.); E. DEÁK: Das Städtewesen der Länder der ungar. ›Krone‹, 2 Bde. (ebd. 1979–89); P. HANÁK: U. in der Donaumonarchie (a. d. Ungar., Budapest 1984); J. K. HOENSCH: Gesch. U.s 1867–1983 (1984); V. ZIMÁNYI: Economy and society in 16th and 17th century Hungary. 1526–1650 (Budapest 1987); F. FEJTÖ: Requiem für eine Monarchie. Die Zerschlagung Österreich-U.s (a. d. Frz., Wien 1991). – *1919–1945:* C. A. MACARTNEY: October fifteenth. A history of modern Hungary. 1929–1945, 2 Bde. (Edinburgh 1956–57); N. M. NAGY-TALAVERA: The Green Shirts and the others. A history of Fascism in Hungary and Rumania (Stanford., Calif., 1970); M. D. FENYO: Hitler, Horthy, and Hungary. German-Hungarian relations, 1941–1944 (New Haven, Conn., 1972); L. TILKOVSZKY: Nationalitätenpolit. Richtungen in U. in der gegenrevolutionären Epoche 1919–1945 (Budapest 1975); T. HAJDÚ: The Hungarian Soviet Republic (a. d. Ungar., ebd. 1979); G. JUHÁSZ: Hungarian foreign policy 1919–1945 (a. d. Ungar., ebd. 1979); Z. L. NAGY: The liberal opposition in Hungary 1919–1945 (a. d. Ungar., ebd. 1983); G. RÁNKI: Unternehmen Margarete. Die dt. Besetzung U.s (a. d. Ungar., Budapest 1984). – *Seit 1945:* W. BORCHARDT: U.s Wirtschaftsbeziehungen u. Entspannungspolitik. Das Beispiel der ungar. Westwirtschaftsbeziehungen (1980); G. P. HEFTY: Schwerpunkte der Außenpolitik U.s 1945–1973. Vorgesch., Infrastruktur, Orientierung, Interaktionsprozesse (1980); G. DALOS: Archipel Gulasch. Die Entstehung der demokrat. Opposition in U. (a.d.Ungar., 1986); DERS.: U. Vom roten Stern zur Stephanskrone (a.d.Ungar., 1997); H.-H. PAETZKE: Andersdenkende in U. 30 Jahre nach der Revolution (1986); F. FEJTÖ: Die Gesch. der Volksdemokratien, 2 Bde. (Neuausg. 1988); A. OPLATKA: Der Eiserne Vorhang reißt. U. als Wegbereiter (Zürich 1990); U. nach 1945, hg. v. H. TIMMERMANN (1990); Der Schock der Freiheit. U. auf dem Weg in die Demokratie, hg. v. J. BAYER u. R. DEPPE (a.d.Ungar., 1993); Vor der Wende. Polit. System, Gesellschaft u. Reformen im U. der achtziger Jahre, hg. v. S. KURTÁN (a.d.Ungar., Wien 1993); A. PETSCHE: Der Weg U.s in die Europ. Union (1997).

Ungarn, Volk in SO-Europa, →Magyaren.

Ungarndeutsche, die heute zw. Ungar. Mittelgebirge und Donau ansässige deutschstämmige Bev.-Gruppe; um 210 000 (1990: 37 500 Personen dt. Muttersprache); größte ethn. Minderheit in Ungarn.
Geschichte: Erste dt. Siedler kamen schon im 10./11. Jh. nach Ungarn. Nach den Ansiedlungen von dt. Bergleuten und Siedlern (›Sachsen‹) im 12. Jh. in Siebenbürgen und in der Zips entstanden im 17./18 Jh. nach den Türkenkriegen im habsburg. Ungarn mehrere Siedlungsgebiete von zumeist aus SW-Dtl. stammenden dt. Siedlern (daher ›Donauschwaben‹). Bes. nach den Türkenkriegen wurden auf Beschluss des ungar. Reichstages von 1723 Kolonisten ins Land gerufen; Österreicher und Schlesier siedelten im Bakonywald, Bayern aus dem Donauraum im Vértesgebirge und im Budaer Gebirge bis an den Rand des Großen Ungar. Tieflands, Alemannen, Schwaben und Hessen in der Baranya (›Schwäb. Türkei‹), Elsässer, Lothringer, Pfälzer und Moselfranken in der Batschka sowie im Banat. Noch im 19. Jh. erfolgten Ansiedlungen an der ehem. →Militärgrenze in Bosnien (→Deutsche).
Von den (1941) in Ungarn lebenden etwa 477 000 Deutschen waren bis 1944 rd. 80 000 weggezogen; 65 000 wurden 1944/45 zur Zwangsarbeit in die UdSSR verschleppt, weitere 170 000 1945–46 enteignet (Bodenreform) und vertrieben. Seit Ende der 1980er-Jahre verstärkt um Wahrung der nat. und kulturellen Identität bemüht, wurde den U. per Ges. 1994 kommunale Selbstverwaltung und eine eigene polit. Vertretung gewährt.
W. ASCHAUER: Zur Produktion u. Reproduktion einer Nationalität: Die U. (1992).

Ungarn|einfälle, Bez. für die Streif- und Beutezüge der →Magyaren im 9. und 10. Jh., v. a. in das entstehende Heilige Röm. Reich (bis zur ›Ungarnschlacht‹, 933 bzw. zur Schlacht auf dem Lechfeld, 955).

Ungarnschlacht, Bez. für den Sieg König HEINRICHS I. 933 über die Ungarn bei →Riade.

ungeborenes Leben, im Rechtssinne der gezeugte, aber noch nicht geborene Mensch. Das Recht verleiht dem u. L. weit reichenden Schutz. Erbrechtlich ist der ungeborene Mensch voll erbberechtigt (§ 1923 BGB). Auch bei vorgeburtl. Gesundheitsverletzungen erwachsen ihm delikt. Ansprüche, und zwar unabhängig davon, ob die Ursachen hierfür schon im Mutterleib oder sogar vor der Zeugung, z. B. durch eine Infektion der mütterl. Blutes, gesetzt wurden. Sehr strittig ist, inwieweit das fundamentalrechtl. Gebot, das Recht auf Leben zu schützen, das u. L. vor einem →Schwangerschaftsabbruch bewahrt.

Ungehorsam, die Verweigerung des →Gehorsams. (→ziviler Ungehorsam)

Ungeld, Umgeld, eine im MA namentlich in den Städten erhobene verbrauch- und umsatzsteuerartige Abgabe v.a. auf Bier, Wein, Getreide und Fleisch. Seit dem 16. Jh. finden sich häufiger auch territoriale U. (→Akzise)

Unger, 1) Carl, österr. Maler und Zeichner, * Wolframitzkirchen (bei Znaim) 24. 8. 1915, † Wien 21. 12. 1995; Schüler von H. BOECKL; 1971–75 Rektor der Hochschule für angewandte Kunst in Wien; entwickelte in Verbindung zur frz. Malerei um die École de Paris einen verhalten expressiven abstrakten Stil mit geometrisierenden Formen.
M. WAGNER: C. U. Bilder, Zeichnungen (Wien 1982); C. U., bearb. v. C. SOTRIFFER (1990).

Carl Unger: Donaulandschaft 1; 1952 (Graz, Neue Galerie am Landesmuseum Joanneum)

2) *Friederike Helene,* geb. **von Rothenburg,** Schriftstellerin, * Berlin 1741 (?), † ebd. 21. 9. 1813; Erzählerin in der Tradition der Aufklärung; ihr bekanntestes Werk war der Roman ›Julchen Grünthal. Eine Pensionsgeschichte‹ (2 Bde., 1784). Nach dem Tod ihres Mannes leitete sie dessen Verlag.

3) *Georg Christian,* Architekt, * Bayreuth 1743, † Berlin 20. 2. 1799; Schüler K. VON GONTARDS; errichtete Bauten in Berlin und Potsdam (u. a. 1770–72 nach Plänen FRIEDRICHS II., D. GR., das Belvedere auf dem Klausberg in Potsdam, im Zweiten Weltkrieg ausgebrannt, 1990–93 wiederhergestellt).

4) *Rudolf,* Literarhistoriker, * Hildburghausen 8. 5. 1876, † Göttingen 2. 2. 1942; ab 1915 Prof. in Basel, 1917 in Halle (Saale), 1920 in Zürich, 1921 in Königsberg und 1925 in Göttingen. U. stellte im Anschluss an W. DILTHEY und H. WÖLFFLIN die Literaturwiss. als eine geistesgeschichtl., bes. problemgeschichtl. Literaturbetrachtung in den Zusammenhang eines psychologisch fundierten Typensystems.
Werke: Hamanns Sprachtheorie im Zusammenhange seines Denkens (1905); Hamann u. die Aufklärung, 2 Bde. (1911).
Ausgabe: Ges. Studien, 3 Bde. (1929–44, Nachdr. 1966).

ungerade Funktion, eine Funktion $f(x)$ mit der Eigenschaft $f(-x) = -f(x)$ für alle Argumente x ihres Definitionsbereichs. Das Bild einer u. F. liegt zentralsymmetrisch zum Ursprung, die Ableitung ist im Falle der Existenz eine →gerade Funktion.

ungerade Zahl, eine ganze Zahl, die nicht durch 2 teilbar ist.

ungerechtfertigte Bereicherung, *bürgerliches Recht:* das Erlangen eines Vermögensvorteils (gleich welcher Art, z. B. auch die Verringerung einer Schuld), ohne dass hierfür eine rechtl. Grundlage (lat. ›causa‹) besteht. §§ 812 bis 822 BGB regeln die Pflicht zur Herausgabe der u. B. an denjenigen, zu dessen Lasten die Vermögensverschiebung eingetreten ist. Je nach der Ursache der Vermögensverschiebung unterscheidet man zw. versch. Bereicherungstatbeständen (Kondiktionen). Die wichtigste Unterscheidung ist die zw. der Bereicherung aufgrund einer Leistung (Leistungskondiktion, § 812 Abs. 1 Satz 1, 1. Alternative) und der Bereicherung in sonstiger Weise (Nichtleistungskondiktion, § 812 Abs. 1 Satz 1, 2. Alternative).

Tomi Ungerer: Illustration aus dem Buch ›Tomi Ungerer's Tierleben‹, 1990

Eine Leistungskondiktion ist z. B. dann gegeben, wenn jemand eine vermeintl. Verbindlichkeit (z. B. Kaufpreisforderung) erfüllt, die in Wahrheit nicht besteht (z. B. weil der Kaufvertrag von Anfang an nichtig war) oder wenn ein mit der Leistung bezweckter Erfolg nicht eintritt. Hauptfall der Nichtleistungskondiktion ist die Eingriffskondiktion, die einen rechtswidrigen Eingriff in vermögenswerte Rechte eines anderen voraussetzt (z. B. der unbefugte Gebrauch einer fremden Sache oder die Veräußerung einer Sache durch einen Nichtberechtigten an einen Dritten, der kraft guten Glaubens das Eigentum daran erwirbt; im letzteren Fall besteht ein Anspruch des urspr. Berechtigten gegen den nichtberechtigt Verfügenden auf Herausgabe des Veräußerungserlöses, § 816 Abs. 1).

Schwierigkeiten bereiten die Konstellationen, in denen mehr als zwei Personen an der Vermögensverschiebung beteiligt sind. Die Leistungskondiktion hat in solchen Dreipersonenverhältnissen grundsätzlich Vorrang vor der Eingriffskondiktion. Eine Herausgabepflicht aus u. B. besteht auch dann, wenn der Empfänger durch die Annahme der Leistung gegen ein gesetzl. Verbot oder gegen die guten Sitten verstößt. Die Rückforderung ist aber ausgeschlossen, wenn dem Leistenden ebenfalls ein solcher Verstoß zur Last fällt. Der Umfang der Herausgabepflicht erstreckt sich auf gezogene Nutzungen und auf an die Stelle des urspr. Bereicherungsgegenstandes getretene Surrogate (§ 818 Abs. 1). Ist die Herausgabe in natura nicht (mehr) möglich, ist Wertersatz zu leisten (§ 818 Abs. 2). Die Haftung des gutgläubig Bereicherten entfällt aber, wenn er nicht mehr bereichert ist, z. B. weil er empfangenes Geld verbraucht hat, ohne sich Ausgaben, die er normalerweise hätte machen müssen, zu ersparen. Bei der bereicherungsrechtl. Rückabwicklung von Leistungen, die im Gegenseitigkeitsverhältnis stehen (z. B. im Fall eines von beiden Seiten erfüllten unwirksamen Kaufvertrages), gilt nach herrschender Meinung grundsätzlich die Saldotheorie, nach der die gegenseitigen noch vorhandenen Bereicherungen zu saldieren sind und ein Bereicherungsanspruch nur in Höhe des Wertes der Differenz zw. den beiden Posten besteht.

In *Österreich* ist die Leistungskondiktion in den §§ 1431 ff. ABGB – inhaltlich im Wesentlichen wie oben dargestellt – geregelt. Für den Fall, dass ein Konsument von seinem gesetzlich eingeräumten Rücktrittsrecht vom Haustürgeschäft Gebrauch macht, verpflichtet eine Spezialnorm beide Beteiligte zur Rückerstattung bereits erbrachter Leistungen (§§ 3 ff. Konsumentenschutz-Ges.). Der Eingriffskondiktion entspricht der Verwendungsanspruch gemäß § 1041 ABGB. – Im *schweizer*. Recht gelten ähnl. Grundsätze wie im dt. Recht (Art. 62–67 OR). Die prakt. Bedeutung des Bereicherungsrechts ist indessen geringer als in Dtl., weil Verfügungsgeschäfte sowohl über Grundstücke als auch über bewegl. Sachen nur gültig sind, wenn ihnen ein rechtsverbindl. Verpflichtungsgeschäft zugrunde liegt. Wird eine Sache ohne gültigen Rechtsgrund veräußert, so steht daher dem Veräußerer primär ein dingl. Rückforderungsanspruch (Vindikation) zu. Neben der Leistungskondiktion und der Eingriffskondiktion kennt das schweizer. Recht auch noch die Zufallskondiktion (z. B. bei zufälliger Vermischung von fremdem Bargeld).

ungeregelter Freiverkehr, *Börsenwesen:* der →Telefonhandel.

Ungerer, Tomi, frz. Zeichner und Cartoonist, *Straßburg 28. 11. 1931; lebte 1956–71 in New York, dann in Kanada, seit 1976 in Irland und Straßburg. Bes. seine frühen Werke sind geprägt von Sadismus und aggressiver Komik und stehen in der Nachfolge von F. DE GOYA, W. BUSCH und G. GROSZ. U. ist als Kinderbuchautor, Buchillustrator (›Das große Kinderliederbuch‹, 1975) und Fotograf erfolgreich; gestaltet auch Plastiken. U. gehört mit seinen sarkast., gesellschaftskrit. Arbeiten zu den renommiertesten und umstrittensten Zeichnern der Gegenwart.

Weitere Werke: Horrible (1960; dt. Weltschmerz); Fornicon (1969; dt.); Heute hier, morgen fort (1983); Schwarzbuch (1984); Tomi Ungerer's Tierleben (1990); Tomi Ungerer's Hintereinander (1991); À la guerre comme à la guerre. Dessins et souvenirs d'enfance (1992; dt. Die Gedanken sind frei. Meine Kindheit im Elsaß); Flix (1997).

T. U. Cartoons, bearb. v. J. MOTZ, Ausst.-Kat. (1981); T. U. Photographie 1960–1990, hg. v. R. MISSELBECK u. a. (1990); T. U. Eine Retrospektive, Beitrr. v. D. KEEL u. a. (1991); T. U., das Spiel ist aus. Werkschau 1956–1995, hg. v. H. J. NEYER, Ausst.-Kat. Wilhelm-Busch-Museum, Hannover (1995).

Ungern-Sternberg, Alexander Freiherr von, Pseudonyme **A. von Sternberg, Sylvan,** Schriftsteller, *Gut Noistfer (bei Reval) 22. 4. 1806, †Dannenwalde (bei Stargard in Pommern) 24. 8. 1868; lebte u. a. in Weimar, Berlin und Dresden, war zeitweilig Korrespondent der ›Kreuzzeitung‹; schrieb neben histor. und gesellschaftskrit. Romanen und Novellen (›Die Zerrissenen‹, 1832; ›Elisabeth Charlotte, Herzogin von Orléans‹, 1861) spannende, z. T. auch frivole Unterhaltungsliteratur (›Tutu‹, 8 Tle., 1846–48; ›Braune Märchen‹, 1850) und trat auch als Maler und Zeichner hervor.

Ausgabe: Die Doppelgängerin u. a. dämon. Erz. (1982).

Ungers, Oswald Mathias, Architekt und Architekturtheoretiker, *Kaisersesch (Landkreis Cochem-Zell) 12. 7. 1926; studierte 1947–50 an der TH Karlsruhe u. a. bei E. EIERMANN, 1950 eröffnete er ein Architekturbüro in Köln, dem weitere Büros in Berlin und New York folgten; lehrte u. a. an der TU in Berlin (1963–73), ab 1969 an der Cornell University in Ithaca (N. Y.), wo er bis 1975 Leiter der Architekturabteilung war, 1986–92 an der Kunstakademie Düsseldorf. Nach ersten Bauten und Projekten, die er im Stil des Brutalismus gestaltete, bekennt sich U. seit den 70er-Jahren zur →rationalen Architektur. Klare Geometrie und archetyp. Grundformen prägen seine Arbeiten, die unter Bezug auf den jeweiligen Ort Identität schaffen sollen. U. gehört zu den Hauptvertretern postmoderner Architektur.

Werke: Haus Ungers in Köln (1958/59, 1989–90 erweitert); Dt. Architekturmuseum in Frankfurt am Main (1981–84); Messehaus 9 mit Galleria, ebd. (1980–83); Badische Landesbibliothek in Karlsruhe (1984–92); Messehochhaus (›Torhaus‹) in Frankfurt am Main (1983–85); Alfred-Wegener-Inst. für Meeres- u. Polarforschung in Bremerhaven (1989); Thermenmuseum in Trier (1989–98); Filiale der Hypobank in Düsseldorf (1990–91); Residenz des dt. Botschafters in Washington, D. C. (1992–94); Erweiterungsbau der Kunsthalle in Hamburg (1992–97); weiteres Haus Ungers in Köln (1994–96); Friedrichstadt-Passagen (Quartier 205) in Berlin (1992–96); Umgestaltung des Kunstpalastes und Neubau der Hauptverwaltung

Oswald Mathias Ungers: ›Torhaus‹ auf dem Messegelände in Frankfurt am Main; 1983–85

der VEBA AG in Düsseldorf (1998 ff.); Neubau des Wallraf-Richartz-Museums in Köln (1998 ff.).

O. M. U. Architektur 1951–1990, Beitrr. v. F. NEUMEYER u.a. (1991); O. M. U., bearb. v. M. KIEREN (Zürich 1994); Architekten – O. M. U., bearb. v. D. HEZEL (⁴1997, Bibliogr.).

Unger-Sabatier [-'tje], Karoline (Carlotta), österr. Sängerin (Alt), * Stuhlweißenburg 28. 10. 1803, † auf ihrem Landsitz La Concezione (bei Florenz) 23. 3. 1877; Schülerin von ALOYSIA WEBER (* 1760, † 1839) und J. M. VOGL; debütierte 1821 in Wien, sang bei den Uraufführungen von L. VAN BEETHOVENS ›Missa solemnis‹ und der 9. Sinfonie, trat v. a. an ital. Bühnen sowie in Paris auf und gab 1843 ihre Abschiedsvorstellung in Dresden. Sie wurde bes. als Rossini-, Donizetti- und Bellini-Interpretin bekannt.

Ungersheim, Gem. im Dép. Haut-Rhin, Frankreich, nördlich von Mülhausen, 1 500 Ew.; Freilichtmuseum ›Ecomusée‹ (Sundgauer Bauernhäuser).

ungesättigte Logik, *Digitaltechnik*: Schaltungstechnik (Schaltkreisfamilie), bei der die aktiven Elemente (bipolare →Transistoren) nicht durch Überschwemmen des Steuereingangs (Basis) mit Ladungsträgern in die →Sättigung gebracht werden, sondern das binäre (log.) Ausgangssignal aus der Differenzspannung der Eingangssignale gewonnen wird. Realisiert wird die u. L. durch die als →ECTL (auch ECL) bezeichnete Schaltkreisfamilie.

ungesättigte Verbindungen, chem. Verbindungen, deren Moleküle bestrebt sind, weitere Atome oder Atomgruppen anzulagern, z. B. die Radikale und die Verbindungen mit Doppel- oder Dreifachbindungen (z. B. u. ungesättigte →Kohlenwasserstoffe).

Ungewitter, Georg Gottlob, Architekt, * Wanfried 15. 9. 1820, † Kassel 6. 11. 1864; Vertreter der Neugotik; lehrte ab 1851 an der Gewerbeschule in Kassel; baute v. a. Kirchen.

Schriften: Entwürfe zu goth. Möbeln, 2 Tle. (1851–52, fortgeführt v. B. ZINDEL); Entwürfe zu goth. Ornamenten ... (1854); Lb. der goth. Constructionen, 4 Tle. (1859–64); Land- u. Stadtkirchen, 6 Tle. (Hg. 1865–68).

Ungka [malaiisch] *der*, -/-s, Art der →Gibbons.

ungleiche Verträge, mit China seit Beendigung des Opiumkrieges (1842) unter Ausnutzung von dessen Schwäche durch die europ. Mächte abgeschlossene Verträge (→China [Geschichte], →Vertragshäfen); ihre Beseitigung war ein wesentl. Ziel der nationalist. und revolutionären Bewegung, die 1911/12 zum Sturz der Mandschudynastie führte.

Ungleichflügler, die →Großlibellen.

Ungleichgewichts|theorie, Sammel-Bez. für zahlr. Konzepte zur Erklärung dauerhafter Abweichungen vom allgemeinen Gleichgewicht gemäß der →Neoklassik. Als Leitvorstellung wird oft angenommen, dass Disharmonie den Normalzustand ökonom. Systeme beschreibe. Hinter dem Begriff U. verbergen sich sehr unterschiedl. Ansätze, die von modifizierten neoklass. Modellen über keynesian. und postkeynesian. Modelle bis hin zu Antigleichgewichtstheorien reichen. Auch die Anwendung der Chaostheorie auf ökonom. Zusammenhänge kann zu den U. gezählt werden. – Bes. bekannt ist die von DON PATINKIN (* 1922), ROBERT JOSEPH BARRO (* 1944), HERSCHEL J. GROSSMANN (* 1939) und EDMOND MALINVAUD (* 1923) entwickelte keynesian. U. (neue keynesian. Makroökonomik). Im Ggs. zum klass. Preis- bzw. Marktmechanismus (→Preis) eilen Mengenanpassungen als Reaktion auf veränderte Angebots- und Nachfrageverhältnisse den Preisänderungen voraus. Preise reagieren also langsamer als Mengen. In einer einfachen Analyse werden die Preise konstant gehalten; die Bewegung zum Gleichgewichtspreis, der den Markt räumt, unterbleibt. Es kommt zu einer Markttransaktion bei nicht markträumenden Preisen (False Trading), wobei die ›kürzere‹ Marktseite über die abgesetzte Menge entscheidet. Die ›längere‹ Marktseite wird rationiert; d. h., entweder können Anbieter einen Teil ihres Angebots nicht absetzen (Käufermarkt) oder ein Teil der Nachfrage kann nicht befriedigt werden (Verkäufermarkt). Aufgrund der Rationierung kommt es zu Übertragungs- und Rückkopplungseffekten auf anderen Märkten, bis theoretisch ein neues Gleichgewicht bei allerdings gesunkenem Transaktionsvolumen erreicht ist (Gleichgewicht bei Mengenrationierung). So führt z. B. ein Überangebot auf dem Arbeitsmarkt bei nach unten starren Löhnen zur Rationierung der Arbeitsanbieter (Arbeitslosigkeit), zu niedrigeren Einkommen und damit auch zu einer sinkenden Nachfrage nach Konsumgütern. Das Überangebot auf dem Gütermarkt hat bei nach unten starren Preisen eine Rationierung der Hersteller zur Folge, die ihr geplantes Angebot nicht mehr absetzen können und daraufhin ihre Produktion und Arbeitsnachfrage einschränken.

K. W. ROTHSCHILD: Einf. in die U. (1981); F. SCHLEICHER: Keynesian. makroökonom. Modelle in der Interpretation der U. (1988); L. GERKEN: U. im Mehr-Sektoren-Modell (1989).

Ungleichsichtigkeit, An|isometropie, Ungleichheit der Brechungskraft beider Augen, die zu einer abweichenden Sehleistung und Größe der Netzhautbilder (Aniseikonie) führt (z. B. Normal- und Übersichtigkeit, mäßige und starke Kurzsichtigkeit). Bei Kindern mit U. besteht Neigung zu einseitiger Schwachsichtigkeit und zum Schielen. Bei starker U. ist eine Korrektur durch Kontaktlinsen erforderlich, da bei Brillenkorrektur ein Größenausgleich der Netzhautbilder und das Zusammenspiel der Augen nicht erzielbar sind.

Ungleichung, ein mathemat. Objekt, das aus zwei voneinander verschiedenen Termen besteht; diese sind entweder durch ein Ungleichheitszeichen ≠ oder durch eines der Symbole < ›kleiner als‹, ≦ (bzw. ≤) ›kleiner oder gleich‹, > ›größer als‹, ≧ (bzw. ≥) ›größer oder gleich‹ miteinander verknüpft. – Bekannte U. sind z. B. die Dreiecks-U., die bernoullische, die schwarzsche und die Tschebyschow-Ungleichung.

Unglückshäher, Perisore|us, Gattung der Rabenvögel (Gruppe Häher) mit zwei v. a. in Wäldern lebenden Arten: dem in Kanada beheimateten **Kanadischen U.** (Perisoreus canadensis) und dem in N-Eurasien lebenden **Eurasiatischen U.** (Perisoreus infaustus; Größe etwa 30 cm); überwiegend graubraun, mit rotbraunen Abzeichen in Flügeln und Schwanz; seltener Irrgast in Mitteleuropa, wo er früher wegen seiner heiml. Lebensweise und kreischenden Stimme als Unglücksbote galt.

Unglückshäher: Eurasiatischer Unglückshäher (Größe etwa 30 cm)

Ungnad, Arthur, Altorientalist, * Magdeburg 3. 8. 1879, † (Selbstmord) Falkensee 26. 4. 1945; war Prof. in Jena, Greifswald und (seit 1921) in Breslau; arbeitete über akkad. Grammatik, den ›Codex Hammurapi‹, altbabylon. Briefe und Rechtsurkunden.
Werke: Babylon. Briefe aus der Zeit der Hammurapi-Dynastie (1914); Subartu (1936).

Ungräser, Schadgräser, *Landwirtschaft:* unerwünschte Grasarten auf Kulturland; Acker-U. sind u.a. Ackerfuchsschwanzgras (v. a. im Wintergetreide), Windhafer (bes. im Sommergetreide); auf Grünland u.a. Rasenschmiele, Borstgras und Wolliges Honiggras.

Unguentum [lat. ›Salbe‹, ›Salböl‹] *das, -s/...ta,* Abk. **Ungt.,** die → Salbe.

Unguis [lat.] *der, -/...gues, Anatomie:* der → Nagel.

Ungula [lat.] *die, -/...lae,* der → Huf.

Ungulata [zu lat. ungula ›Huf‹], **Huftiere,** Gruppe der Säugetiere, die nach neueren wiss. Erkenntnissen nicht mehr als verwandtschaftlich geschlossene, systemat. Einheit angesehen wird; unter der Bez. Huftiere werden sechs rezente Ordnungen zusammengefasst: Röhrchenzähner, Schliefer (mit der einzigen gleichnamigen Familie), Rüsseltiere, Seekühe, Unpaarhufer, Paarhufer; ihnen gemeinsam ist die Abstammung von den ausgestorbenen → Urhuftieren, die hornige Umkleidung der letzten Zehenglieder und fast ausnahmslos die Anpassung an pflanzl. Ernährung.

Unguligrada [lat.], die Zehenspitzengänger; → Zehengänger.

Ungvár [-va:r, ungar.], Stadt in der Ukraine, → Uschgorod.

UNHCHR [ju:eneɪtʃsi:eɪtʃa:; Abk. für engl. United Nations High Commissioner for Human Rights], → Hoher Kommissar der Vereinten Nationen für Menschenrechte.

UNHCR [ju:eneɪtʃsi:a:; Abk. für engl. United Nations High Commissioner for Refugees], → Hoher Flüchtlingskommissar der Vereinten Nationen.

Unhold, seit german. Zeit belegte Bez. für bösen Geist; heute (abwertend) für: brutaler Mensch, Sittlichkeitsverbrecher.

uni [ˈyni, yˈni:; frz., eigtl. ›einfach‹], einfarbig, nicht gemustert.

uni... [zu lat. unus ›einer‹], Wortbildungselement mit der Bedeutung: einzig, nur einmal vorhanden, einheitlich, z. B. unilateral, unifazial, Unicode.

União Nacional para a Independência Total de Angola [uniˈãu nasioˈnal ˈpara indepenˈdensia-, port.; ›Nationale Union für die vollständige Unabhängigkeit Angolas‹], Abk. **UNITA,** urspr. Befreiungsbewegung gegen die port. Kolonialherrschaft in Angola, geführt von J. SAVIMBI, führte seit der Entlassung Angolas in die Unabhängigkeit (1975) einen erbitterten Bürgerkrieg gegen den Movimento Popular de Libertação de Angola (MPLA) und die von ihm getragene Reg. (→ Angola, Geschichte).

Unibos [lat., ›Einochs‹], Spottname für einen armen Bauern, den Helden des nach ihm benannten mittellat. Märchenschwanks, den ein flämisch-niederländ. Geistlicher nach mündl. Quellen in 216 gereimten Strophen um 1000 dichtete. Die derbe, z. T. dialogisierte, oft satir. Fabel vom pfiffigen Bäuerlein, das seinen Ochsen verliert, durch einen Schatzfund reich wird und mit drast. Schelmenstreichen über seine Neider triumphiert, wirkte v. a. in der frz. und niederdt. Volksliteratur fort bis hin zu den Märchen der Brüder J. und W. GRIMM und H. C. ANDERSENS.
Ausgabe: Waltharius, Ruodlieb, Märchenepen, hg. v. K. LANGOSCH (³1968).
T. A.-P. KLEIN: ›Versus de Unibove‹, in: Studi Medievali, Jg. 32 (Spoleto 1991).

UNICEF [Abk. für United Nations International Children's Emergency Fund, engl.; ›Fonds der Vereinten Nationen für internat. Kindernothilfe‹], seit 1953 offizielle Bez. **United Nations Children's Fund** [juˈnaɪtɪd neɪʃnz ˈtʃɪldrənz fʌnd, engl.; ›Kinderhilfsfonds der Vereinten Nationen‹], **Kinderhilfswerk der Vereinten Nationen,** 1946 gegründetes UN-Spezialorgan, Sitz: New York; urspr. eingerichtet, um den vom Zweiten Weltkrieg betroffenen Kindern zu helfen, knüpfte damit an die 1946 eingestellte Tätigkeit der UN-Hilfs- und Wiederaufbauorganisation (United Nations Relief and Rehabilitation Administration, UNRRA) an. 1953 wurde UNICEF als ständiges UN-Organ eingerichtet und arbeitet eng mit zahlr. UN-Organisationen, v. a. UNDP, UNESCO und WHO, den jeweiligen Regierungen, nichtstaatl. Organisationen sowie dem UN-Kinderrechte-Komitee zusammen, das die Regierungsberichte der Unterzeichnerstaaten über die Situation der Kinder in dem jeweiligen Land überprüft. UNICEF ist in über 160 Entwicklungsländern tätig, hilft Kindern und Frauen in den Bereichen Gesundheitsversorgung, Familienplanung, Wasserversorgung und -entsorgung, Hygiene, Bildung, Ernährung und Nothilfe. Seit der Verabschiedung der UN-Konvention über die Rechte des Kindes vom 12. 11. 1989 setzt sich UNICEF verstärkt auch für den Schutz der Kinder vor sexueller Ausbeutung, für die Bekämpfung von Kinderarbeit sowie das Verbot von Landminen ein. UNICEF unterstützt die Regierungen darüber hinaus bei der Umsetzung der Konvention über die Rechte des Kindes.

An der Spitze von UNICEF steht der Exekutivrat mit 36 Mitgliedern. Weltweit gibt es sieben Regionalbüros, das Versorgungszentrum in Kopenhagen, ein Forschungszentrum in Florenz sowie das Europabüro in Genf. Weltweit hat UNICEF (1996) in 37 Nat. Komitees neben vielen ehrenamtl. über 7 200 hauptamtl. Mitarbeiter, die Mehrzahl von ihnen in Entwicklungsländern. Beim Dt. Komitee für UNICEF (Sitz: Köln) sind rd. 8 000 ehrenamtl. Mitarbeiter tätig. UNICEF finanziert sich weitgehend aus Spenden und Verkäufen (u. a. von Grußkarten) sowie aus freiwilligen Regierungsbeiträgen. 1996 betrugen die Programmausgaben 936 Mio. US-$. – 1965 erhielt UNICEF den Friedensnobelpreis.

Unicode [-ˈkoːt], *Informatik:* ein Zeichensatzstandard aus 16-Bit-Zeichen, 1988–91 durch das ›Unicode Consortium‹ entwickelt. U. verwendet für die Darstellung eines Zeichens zwei Byte und kann auf diese Weise fast alle Schriftsprachen der Welt mittels eines einzigen Zeichensatzes darstellen (im Ggs. hierzu kann der aus 8-Bit-Zeichen bestehende ASCII-Code nicht einmal alle Buchstaben und diakrit. Zeichen des lat. Alphabets darstellen). Bislang wurden schon etwa 39 000 der 65 536 mögl. Zeichencodes zugewiesen; die verbleibenden Codes stehen für Erweiterungen zur Verfügung.

Uničov [ˈunjitʃɔf], Stadt in der Tschech. Rep., → Mährisch-Neustadt.

UNIDIR [Abk. für engl. United Nations Institute for Disarmament Research], **Institut der Vereinten Nationen für Abrüstungsforschung,** 1980 innerhalb des Ausbildungs- und Forschungsinstituts der Vereinten Nationen (→ UNITAR) gegründet; seit 1982 eigenständig arbeitendes UN-Spezialorgan (Sitz: Genf). Arbeitsschwerpunkte von UNIDIR sind v. a. Datensammlungen und Forschungen zur internat. Sicherheit, Abrüstung und Rüstungskontrolle, um für UN-Abrüstungsverhandlungen und -konferenzen zusätzl. Informationen bereitstellen zu können.

UNIDO [Abk. für engl. United Nations Industrial Development Organization], **Organisation der Vereinten Nationen für industrielle Entwicklung,** UN-Sonderorganisation (seit 1. 1. 1986), gegr. am 17. 11. 1966 als UN-Unterorganisation, Sitz: Wien. Die UNIDO (1998: 168 Mitgl.-Staaten) verfolgt das

UNICEF

Ziel, die industrielle und technolog. Entwicklung und die Wettbewerbsfähigkeit der Entwicklungsländer sowie der Reformstaaten Mittel- und Osteuropas durch Förderung der techn. und industriellen Zusammenarbeit mit den Industrieländern, industriepolit. Beratung, Ausbildung von Fachkräften sowie Technologie- und Investitionskooperation voranzutreiben. Organe der UNIDO sind die seit 1985 alle zwei Jahre tagende Generalkonferenz, die u. a. die 53 Mitgl. des Rats für industrielle Entwicklung (Industrial Development Board, Abk. IDB) wählt. Dieser Rat ist wichtigstes Beschlussorgan. Exkutivorgane sind der Programm- und Haushaltsausschuss sowie das Sekretariat mit einem Generaldirektor an der Spitze. Der ordentl. Haushalt der UNIDO wird aus Beiträgen der Mitgl. finanziert, der Projekthaushalt v. a. durch freiwillige Beiträge und UNDP-Zuweisungen. Die USA traten 1996 aus der UNIDO aus; auch in Dtl. wird über einen Austritt diskutiert.

unierte Kirchen [zu lat. unire ›vereinigen‹], **1)** *Ostkirchen:* mit der römisch-kath. Kirche unter Beibehaltung ihres eigenen Ritus und Wahrung eigener kirchenrechtl. Traditionen verbundene (unierte) Kirchen orth. und oriental. Tradition. Die u. K. erkennen den Primat des Papstes und die kath. Glaubenslehre an, bilden kirchenrechtlich →Teilkirchen und unterstehen seitens der röm. Kurie der Kurienkongregation für die Ostkirchen. Die zahlenmäßig größten u. K. sind die unierten Ostkirchen des byzantin. Ritus (→griechisch-katholische Kirche); die einzige vollständig mit der römisch-kath. Kirche unierte ist die Syrisch-maronit. Kirche. (→Ostkirchen, ÜBERSICHT)

L. A. ZANDER: Einheit ohne Vereinigung (a.d. Russ., 1959); W. DE VRIES: Orthodoxie u. Katholizismus (1965); D. PAPANDREOU: Orthodoxie u. Ökumene. Ges. Aufss., hg. v. W. SCHNEEMELCHER (1986); Im Dialog der Wahrheit, hg. v. T. PIFFL-PERČEVIĆ u. a. (Innsbruck 1990).

2) *Protestantismus:* die im 19. und 20. Jh. entstandenen Zusammenschlüsse (Unionen) von prot. Kirchen gleichartiger oder unterschiedl. Konfession. Sie sind entweder lediglich Verwaltungsunionen, in denen eine gemeinsame Kirchenleitung die vereinigten Kirchen unter Wahrung ihrer jeweiligen Rechte vertritt, oder Bekenntnisunionen (Konsensusunionen), die beim Abschluss des Unionsvertrages eine für das Verständnis des christl. Glaubens und der kirchl. Gemeinschaft ausreichende theolog. Übereinstimmung proklamiert, sich auf ein gemeinsames Bekenntnis geeinigt oder ein neues Bekenntnis formuliert haben. Von Bedeutung ist in Dtl. v. a. die →Evangelische Kirche der Union. Aus ökumen. Sicht erscheinen die u. K. als ein Modell für die Überwindung der Konfessionsunterschiede im Hinblick auf die erstrebte Einheit der Kirche. Andere Modelle gehen im Ggs. dazu von einer strukturellen theolog. und ekklesiolog. Pluralität des Christentums aus und entwickeln Konzepte für die Abendmahls- und Kirchengemeinschaft im Sinne einer ›versöhnten Verschiedenheit‹ oder ›konziliaren Gemeinschaft‹ (→Leuenberger Konkordie; →Porvoo-Erklärung).

Kirchenunionen im 19. Jh., hg. v. G. RUHBACH u. a. (²1968); Kirchenunionen u. Kirchengemeinschaft, hg. v. R. GROSCURTH u. a. (1971); Die u. K., hg. v. J. W. GRANT (teilweise a. d. Engl., 1973); Die Gesch. der Ev. Kirche der Union. Ein Hb., hg. v. J. F. G. GOETERS u. a., auf mehrere Bde. ber. (1992 ff.).

unifazial [zu lat. unus ›einer‹ und facies ›Gestalt‹, ›Aussehen‹], *Botanik:* einseitig gestaltet; von Blättern oder Blattstielen gesagt, deren Oberfläche nur aus der stärker wachsenden Unterseite der Blattanlage gebildet wird; im Ggs. zum normalen bifazialen Bau, bei dem Ober- und Unterseite versch. gestaltet sind.

uniform [lat.-frz., zu lat. unus ›einer‹ und forma ›Form‹], *bildungssprachlich* für: ein-, gleichförmig.

Uniform [frz. uniforme, zu lat. uniformis ›einförmig‹, ›gleichförmig‹] *die, -/-en*, nach einheitl. Richtlinien hergestellte (Dienst-)Kleidung, die, anders als die Livree, die Zugehörigkeit einer Person zu einer bestimmten Institution (Militär, Polizei, Zoll, Eisenbahn, Feuerwehr, Post u. a.) äußerlich kennzeichnet.

U. für den militär. Gebrauch setzten sich seit dem Ende des 17. Jh. parallel zur Herausbildung stehender Heere durch. Vielfach lebten alte Nationaltrachten in der U. weiter (z. B. bei den Husaren und Ulanen, später u. a. bei den Zuaven). Auch Teile des mittelalterl. Harnischs (v. a. in der Form des Kürass) sowie der Helm wurden, z. T. in veränderter Form, beibehalten. Charakteristisch war Ende des 17./Anfang des 18. Jh. der bis an die Knie reichende kollerartige Rock mit großen, manschettenförmigen Umschlägen an den Ärmeln, ferner der lederne Stulpenstiefel der Berittenen. Mitte des 18. Jh. trug man die Krempe des Hutes auf drei Seiten aufgebogen (Dreispitz), das Haar war zu einem Zopf geflochten. Die Weste (Kamisol) wurde sichtbar getragen, darüber der Rock. Über den Hosen wurden von Fußtruppen bis an die Knie reichende, seitlich geknüpfte Gamaschen getragen. Kennzeichen der Offiziere wie der Ringkragen sowie die Epauletten sind Überreste des Harnischs. An die Stelle der Feldzeichen (Armbinde, Schärpe u. a.) traten die Kokarden in den jeweiligen Landesfarben. Die Schulterklappe der Mannschaften hielt urspr. das Bandelier, später diente sie u. a. der Kenntlichmachung von Truppenteilen.

Um 1800 trat im Zuge der Napoleon. Kriege, von Frankreich ausgehend, eine grundlegende Wandlung ein. Kürassiere und Dragoner erhielten den griech. Vorbildern entliehenen Helm aus Metall oder Leder mit hohem Steg, Rosshaarschweif und tief herabgezogenem Stirnschirm, Fußtruppen den Tschako. Mitte des 19. Jh. verschwanden die langen Schöße, der Waffenrock reichte nun bis über das Gesäß, lange enge Beinkleider bis zu den Schuhen. Von vielen europ. Staaten wurde als Helm die von Preußen eingeführte Pickelhaube übernommen, die bis zur Einführung des Stahlhelms im Ersten Weltkrieg in Gebrauch blieb. Mit Beginn des 20. Jh. wurde die farbenprächtige U. mehr und mehr durch feldgraue, grüne und khakifarbene U. ersetzt. Man führte einheitl. U. von gleicher Farbe und gleichem Schnitt für alle Waffengattungen ein. Die Kennzeichen schrumpften zu Nummern, Zeichen und farbigen Vorstößen. Die Parade-U. entfiel. Nach dem Zweiten Weltkrieg zeigte sich die Tendenz zu repräsentativen U. einerseits und zu reinen Kampf- und Arbeitsanzügen andererseits.

Rechtliches: Bestimmungen über die U. der Soldaten hat der Bundes-Präs. getroffen. Das Tragen von U. durch aus dem Wehrdienst ausgeschiedene Soldaten bedarf der Genehmigung nach der U.-Verordnung vom 1. 8. 1986. Unbefugtes Tragen von in- oder ausländ. U. ist nach § 132a StGB strafbar. Das Verwenden von U.-Stücken ist für verfassungswidrig erklärten Partei, einer verbotenen Vereinigung oder einer ehem. natsoz. Organisation ist nach § 86a StGB strafbar. Als Ausdruck gemeinsamer polit. Gesinnung dürfen U. oder U.-Teile öffentlich und in Versammlungen nicht getragen werden (Verbot und Strafbarkeit in §§ 3 und 28 Versammlungs-Ges.). Arbeitsrechtlich ist der Arbeitgeber, wenn er das Tragen von U. im dienstl. Interesse anordnet, zur Kostentragung verpflichtet.

R. KNÖTEL u. a.: Hb. der U.-Kunde (Neuausg. 1971); L. u. F. FUNCKEN: Histor. U., 8 Bde. (a. d. Frz., 1978–83); J.-M. HORMANN: Die Bundeswehr u. ihre U. (1987); U. in den NATO-Staaten 1900 bis heute, bearb. v. R. WIRTGEN (1989); U. der Nat. Volksarmee der DDR, 1956–1986, Beitrr. v. K.-U. KEUBKE u. a. (Berlin-Ost 1990); Die dt. Wehrmacht. Uniformierung u. Ausrüstung, auf 3 Bde. ber. (a. d. Engl., 1992 ff.).

uniformer Raum, *Mathematik:* ein Paar (X, U), bestehend aus einer Menge X und einer **uniformen Struk-**

tur U auf X. Eine uniforme Struktur U auf X ist ein →Filter U auf $X \times X$ mit folgenden Eigenschaften: 1) jede Menge aus U umfasst die Diagonale $\{(x,x)/x \in X\}$ von $X \times X$; 2) mit V gehört auch $V^{-1} = \{(y,x)/(x,y) \in V\}$ zu U; 3) zu jeder Menge V aus U existiert eine Menge W aus U, sodass $W^2 = \{(x,y) \in X \times X/$ es existiert $z \in X$ mit $(x,z) \in W$, $(z,y) \subset W\}$. Der Filter U heißt **Nachbarschaftsfilter**, die Mengen aus U heißen **Nachbarschaften** des u. R. Jeder u. R. (X, U) ist ein →topologischer Raum, da für jeden Punkt y aus X die Familie aller Teilmengen von X, die eine Menge $V(y) = \{z \in X/(y,z) \in V\}$, $V \in U$, enthalten, einen Umgebungsfilter von y bildet. Eine Teilmenge von X ist also bezüglich dieser induzierten topolog. Struktur genau dann offen, wenn sie für jeden ihrer Punkte y eine Menge $V(y)$ umfasst. Ist (Y, T) ein topolog. Raum, so existiert genau dann eine uniforme Struktur U auf Y, welche die Topologie T auf Y induziert, wenn (Y, T) ein T_{3a}-Raum ist. Insbesondere ist jeder metr. Raum (X, d) ein u. R.; sein Nachbarschaftsfilter besteht aus den Mengen

$$V_\varepsilon = \{(x,y)/d(x,y) < \varepsilon\}, \varepsilon > 0.$$

Im Vergleich zu allgemeinen topolog. Räumen, in denen die Stetigkeit und Konvergenz von Abbildungen behandelt werden können, ist in u. R. die Betrachtung gleichmäßig stetiger und gleichmäßig konvergenter Abbildungen möglich.

uniforme Struktur, *Mathematik:* ein Filter U auf dem zweifachen kartes. Produkt $X \times X$ einer Menge X, sodass (X, U) ein →uniformer Raum ist.

Uniformitarianismus [engl.] *der, -, Geologie:* andere Bez. für →Aktualismus.

Uniformitäts|akte, engl. **Acts of Uniformity** [ækts əv juːnɪˈfɔːmətɪ], die vier Gesetze, durch die der Gottesdienst der Kirche von England einheitlich festgelegt wurde: 1) die Einführung des →Common Prayer Book unter EDUARD VI. (1549); 2) die Einführung von dessen z. T. im Sinn des Kalvinismus veränderter Fassung (1552; von MARIA I., DER KATHOLISCHEN, 1553 aufgehoben); 3) die Wiedereinführung der zweiten Fassung des Common Prayer Book in abgeschwächter Form durch ELISABETH I. (1559), deren Nichtbefolgung mit Strafen bis zu lebenslänglicher Haft belegt wurde; 4) die Wiederherstellung dieser Ordnung nach der Beseitigung der cromwellschen Presbyterial-Verf. durch KARL II. (1662, Abspaltung der Dissenters). – Diese U. ist z. T. bis heute geltendes Recht. Die Strafbestimmungen sind aufgehoben, die liturgischen Bestimmungen zum größten Teil ersetzt durch die Church of England (Worship and Doctrine) Measure von 1974.

Uniformitäts- und Reziprozitätsregel, *Genetik:* →mendelsche Regeln.

Unihockey [-hɔkeː], internat. **Floorball** [ˈflɔːbɔːl; engl.], schwed. **Innebandy** [ˈinə-], v. a. in den skandinav. Ländern sowie in Mittel- und O-Europa ausgeübtes, dem Eis- und Hallenhockey ähnl. Sportspiel zw. zwei Mannschaften, dessen Ziel es ist, einen hohlen gelochten Kunststoffball mithilfe eines U.-Schlägers (›Stock‹ mit auswechselbarer Schaufel) möglichst oft in das gegner. Tor zu treiben. U. wird internat. auf einem Großfeld (40 m × 20 m) mit je fünf Feldspielern und einem Torhüter gespielt. Das Spielfeld ist von einer 50 cm hohen Bande umgeben. Die Spielzeit beträgt 3 × 20 min, wobei fliegender Wechsel erlaubt ist. Es amtieren zwei gleichberechtigte Schiedsrichter. Hinter den Toren darf weitergespielt werden, und es gibt keine Abseitsregel. Bei Foulspiel erhält der Gegner einen Freischlag oder einen Strafstoß, der wie ein →Penalty beim Eishockey ausgeführt wird, zugesprochen.

Wettbewerbe, Organisationen: Europameisterschaften werden seit 1994 (Männer) bzw. 1995 (Frauen), Weltmeisterschaften seit 1996 (Männer) bzw. 1997 (Frauen) ausgetragen. – In Dtl. wird U. vom Dt. U. Bund (DUB; gegr. 1992, Sitz: Bremen) organisiert. In Österreich besteht der Österr. Floorball und Innebandy Bund (ÖFIB; gegr. 1995, Sitz: Leoben), in der Schweiz der Schweizer. U.-Verband (SUHV; gegr. 1985, Sitz: Bern). Internat. Dachverband ist die International Floorball Federation (IFF; gegr. 1986, Sitz: Bern).

Geschichte: In Nordamerika entstanden, gelangte U. Anfang der 1970er-Jahre nach Schweden und in die übrigen skandinav. Länder. Etwa ein Jahrzehnt wurde es in der Schweiz gespielt und seit Mitte der 80er-Jahre verstärkt auch in Dtl. (v. a. an Univ.).

Unijunction-Transistor [juːnɪˈdʒʌŋkʃn-; engl.], **Doppelbasisdiode,** ein in seinem Aufbau dem JFET (→Feldeffekttransistor) ähnelnder →unipolarer Transistor mit nur einem p-n-Übergang. In ein schwach n-leitendes Gebiet mit zwei metall. Endkontakten (Basis 1 und Basis 2) ist unsymmetrisch zu diesen eine als Emitter bezeichnete p-leitende Zone eingebracht. Bei einer bestimmten Durchbruchspannung schaltet die Diode durch, die von der Strecke zw. dem Emitter und dem weiter von diesem entfernten Basiskontakt gebildet wird. Der U.-T. findet Anwendung als Schwellenwertschalter (z. B. zum Zünden von Thyristoren) und als Sägezahn- und Impulsgenerator.

Unikat [zu lat. unicus ›der Einzige‹, nach Duplikat gebildet] *das, -(e)s/-e,* einzige Ausfertigung, z. B. eines Schriftstücks, einer Zeichnung oder einer Skulptur.

UNILAC [Kurz-Bez. für engl. **Uni**versal **L**inear **Ac**celerator], Beschleuniger der Gesellschaft für Schwerionenforschung mbH (GSI) in Darmstadt für die Beschleunigung von Ionen aller Massenzahlen bis auf 20% der Lichtgeschwindigkeit, d. h. auf Energien bis zu 20 MeV/u (u →atomare Masseneinheit), bei Teilchenströmen bis zu einigen 10^{13} Ionen pro Sekunde.

UNILAC: Grundriss des Schwerionenbeschleunigers UNILAC und der angeschlossenen Experimentiereinrichtungen bei der Gesellschaft für Schwerionenforschung in Darmstadt: Vom Hochstrominjektor mit anschließender Wideroe-Sektion oder vom Hochladungsinjektor werden die Ionen in die Alvarez-Sektion eingeschossen. Der Ionenstrahl kann nun in die anschließende Experimentierhalle oder zur weiteren Beschleunigung in das Schwerionensynchrotron (SIS) geleitet werden (SHIP Abk. für engl. separator for heavy ion reaction products, FRS Fragmentseparator, ESR Experimentierspeicherring).

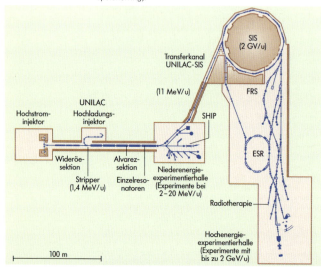

UNILAC besteht im Wesentlichen aus drei Beschleunigerabschnitten, von denen jeder nach einem anderen Hochfrequenz-Beschleunigungsprinzip (→Linearbeschleuniger) arbeitet, und in denen eine Beschleunigungsspannung von etwa 150 Mio. V erreicht wird. Am Beginn des insgesamt 120 m langen Linearbeschleunigers stehen zwei Vorbeschleuniger (Injektoren) mit je einer Ionenquelle, deren Längen 30 m (z. B. für zehnfach geladene Uran-Ionen, U^{10+}) und 8 m (z. B. für U^{28+}) betragen. Durch schnelle Umschaltung können beide Vorbeschleuniger die auf 5 % der Lichtgeschwindigkeit vorbeschleunigten Ionen in den 60 m langen Alvarez-Abschnitt einschießen. Im ersten Abschnitt der Beschleunigungsstrecke, in den die Ionen nach Vorbeschleunigung mit Hochstrominjektor injiziert werden, werden die Teilchen in vier Wideroe-Beschleunigern durch elektr. Wechselfelder mit einer Frequenz von 27 MHz auf 1,4 MeV/u beschleunigt; Gleiches leistet die modernere 8 m lange Vorbeschleuniger. Zur Steigerung der Ionenladung mittels Abstreifen (Strippen) von Elektronen durchqueren die Ionen dann einen so genannten Stripper (ein Überschallgasstrahl oder eine dünne Folie aus Kohlenstoff), bevor sie in den zweiten Abschnitt eintreten, der aus vier Alvarez-Beschleunigern besteht. Zuvor wird durch magnet. Ablenkung des Strahls die gewünschte Ladungskomponente ausgewählt (z. B. U^{28+}). In diesem Abschnitt erreichen die Ionen 11 MeV/u. Der kontinuierl. Geschwindigkeitsvariation der Ionen dient im dritten Beschleunigerabschnitt eine 30 m lange Kette von 17 Einzelresonatoren; die Ionen können bis auf die max. erreichbare Energie beschleunigt oder auf eine gewünschte Energie abgebremst werden (bis zu 2 MeV/u). Die zweite und die dritte Beschleunigerstufe werden mit der vierfachen Frequenz (108 MHz) der ersten betrieben.

Die Ionen aus UNILAC werden in der anschließenden Experimentierhalle für Versuche verwendet oder in das Schwerionensynchrotron →SIS zur weiteren Beschleunigung eingeschossen, wo sie für weitere Experimente zur Verfügung stehen.

unilateral [zu lat. unus ›einer‹ und latus, lateris ›Seite‹], einseitig, nur eine Seite betreffend, von einer Seite ausgehend.

Unilaterale, *Sg.* **Unilateral** *der, -s,* **Monolaterale,** Seitenlaute (→Laut), bei deren Artikulation die Luft nur an einer Seite der Zunge entweicht; bes. in den west- und ostkaukas. Sprachen verbreitet.

Unilever-Konzern [engl. 'juːnɪliːvə-, niederländ. 'yːnileːvər-], niederländisch-brit. Mischkonzern mit den Geschäftsfeldern Lebensmittel, Wasch- und Reinigungsmittel, Kosmetika und Körperpflegemittel; 1930 entstanden durch Fusion der N. V. Margarine Unie (Rotterdam, gegr. 1927) mit der Lever Brothers Ltd. (London, gegr. 1884); besteht aus den Holdinggesellschaften Unilever PLC (London) und Unilever N. V. (Rotterdam). Zu den Tochtergesellschaften gehören in Dtl. u. a. Union Dt. Lebensmittelwerke GmbH, Lever GmbH, Langnese Iglo GmbH. Bekannte Marken: Becel, Du darfst, Iglo, Langnese; Umsatz (1997): 48,72 Mrd. US-$, Beschäftigte: 287 000.

Unimak ['juːnɪmæk], größte Insel der Aleuten, USA, westlich an die Alaskahalbinsel anschließend, 4 144 km²; gebirgig, der aktive Vulkan Shishaldin erreicht 2 857 m ü. M.; die Bewohner (Aleuten) betreiben Pelztierfang und Fischerei.

unimodulare Matrix, quadrat. Matrix mit Elementen aus einem Integritätsbereich *R*, deren Determinante ohne Einheit aus *R* ist bzw. den Wert ± 1 besitzt, falls reelle Zahlen zugrunde liegen.

unimolekulare Reaktion, die →monomolekulare Reaktion.

Unio mystica [lat.-griech. ›myst. Vereinigung‹, die ›geheimnisvolle Vereinigung‹ der Seele mit Gott; die höchste Stufe des Weges zur Gotteserkenntnis in der →Mystik.

Union [kirchenlat. unio ›Einheit‹, ›Vereinigung‹, zu lat. unus ›einer‹] *die, -/-en,* **1)** *allg.:* Vereinigung, Bund.

2) *Kirchenrecht:* der Zusammenschluss von Kirchen gleicher oder unterschiedl. Konfession bzw. kirchl. (liturg.) Tradition. (→unierte Kirchen)

3) *Reformationsgeschichte:* Bez. für Zusammenschlüsse, v. a. die **Protestantische U. (U. von Auhausen),** ein am 14. 5. 1608 in Auhausen geschlossenes militär., politisch-konfessionelles Bündnis luther. und ref. Fürsten (von Anhalt, Württemberg, Baden-Durlach, Ansbach, Bayreuth, Pfalz-Neuburg) unter Führung des Kurfürsten FRIEDRICH IV. von der Pfalz als Bundesdirektor. Anlass der Gründung war die gemeinsame Wiedereinführung des Katholizismus in der ev. Reichsstadt Donauwörth durch den streng kath. Herzog MAXIMILIAN I. von Bayern. 1609 schlossen sich die Reichsstädte Straßburg und Ulm der U. an, 1610 Brandenburg, Hessen-Kassel, Nürnberg und weitere Reichsstädte. Die U. verbündete sich 1612 mit England, 1613 mit den Generalstaaten. Das führende prot. Land, Kursachsen, blieb der U. fern. Bei Ausbruch des Dreißigjährigen Krieges 1618 zeigte sich die U. der 1609 unter MAXIMILIAN I. gegründeten kath. →Liga nicht gewachsen; 1621 löste sie sich auf.

M. RITTER: Gesch. der dt. U. ..., 2 Bde. (1867–73); DERS.: Politik u. Gesch. der U. z. Z. des Ausgangs Rudolfs II. (1880); F. W. KANTZENBACH: Das Ringen um die Einheit der Kirche im Jh. der Reformation (1957); Die Territorien des Reichs im Zeitalter der Reformation u. Konfessionalisierung, hg. v. A. SCHINDLING u. a., 7 Bde. (¹⁻³1992–97).

4) *Staatslehre:* eine Art der Staatenverbindung, die dauerhafter und enger ist als die Allianz oder Konföderation. U. ist v. a. die Verbundenheit mehrerer Staaten durch denselben Monarchen (→Personalunion, →Realunion). Doch kann sich eine U. auch ohne Gemeinsamkeit des Staatsoberhaupts ergeben, wenn andere Staatsorgane gemeinsam sind (U. von →Utrecht). Auch der Akt, durch den zwei oder mehr Staaten verschmelzen, wird oft U. genannt (U. zw. Großbritannien und Irland 1801). Die Verbindung der nordamerikan. Kolonien (anfänglich Konföderation) nahm 1787 den Namen U. an (Vereinigte Staaten). Auch vertragl. Institutionen mehrerer Staaten zur Besorgung einer gemeinsamen Verwaltungsangelegenheit (Verwaltungs-U.) und supranat. Einrichtungen (bes. bei den EG), die zur Erreichung eines gemeinsamen polit. Zwecks geschaffen wurden, werden als U. (z. B. Zoll-U.) bezeichnet.

5) *Verfassungsgeschichte:* Begriff, der auch im Zusammenhang mit dem nach dem Scheitern der Märzrevolution von 1848 v. a. von J. M. VON RADOWITZ bestimmten Versuch gebraucht wird, eine kleindt. Einigung unter preuß. Führung herbeizuführen, die in einem weiteren Bund mit dem habsburg. Gesamtstaat Österreich stehen sollte. Das **(Erfurter) U.-Parlament** (20. 3.–29. 4. 1850), das sich auf die ›Gothaer‹ (Erbkaiserliche) stützte, änderte die Frankfurter Reichs-Verf. im konservativen Sinn. Die U. scheiterte v. a. an der ablehnenden Haltung Österreichs, Bayerns und Württembergs. Auf russ. Druck verzichtete Preußen in der →Olmützer Punktation auf die Union.

Unión de Centro Democrático [-'θentro-], Abk. **UCD** [uθe'ðe], span. Partei, gegr. 1977 unter Führung von Min.-Präs. A. SUÁREZ GONZÁLEZ als ein Verbund christlich-demokrat., liberaler, sozialdemokrat. und unabhängiger polit. Kräfte, 1977–82 stärkste Partei der Cortes, zerfiel seit 1981/82, da sie die unterschiedl. Strömungen nicht mehr integrieren konnte.

Union de la Gauche [yn'jɔ̃ də la 'goːʃ, frz.], 1972 geschlossenes Bündnis zw. dem Parti Socialiste, dem Parti Communiste Français und dem linksliberalen Mouvement des Radicaux de Gauche. Nach ersten

Unio Union Démocratique et Socialiste de la Résistance – Union Jack

Wahlerfolgen 1973 stellte die U. de la G. für die Präsidentschaftswahlen 1974 F. MITTERRAND als gemeinsamen Kandidaten auf, der jedoch V. GISCARD D'ESTAING knapp unterlag. Nach dem Scheitern der Verhandlungen über eine Aktualisierung des gemeinsamen Reg.-Programms 1977 lebte sie in Wahlabsprachen und regionalen Koalitionen fort. Für die Linkskoalition der Reg. Jospin (im Amt seit 1997) wird der Name nicht mehr verwendet.

Union Démocratique et Socialiste de la Résistance [yn'jɔ̃ demɔkra'tik e sɔsja'list də la rezis'tɑ̃s], Abk. **UDSR** [y:deɛs'ɛr], frz. Partei, 1946 gegr., hervorgegangen aus dem Zusammenschluss (1945) von Widerstandsgruppen versch. polit. Richtungen; 1946–53 geführt von R. PLEVEN, 1953–58 von F. MITTERRAND. Die UDSR vertrat zunächst ein gemäßigt sozialreformer. Programm. Mit dem Schwinden des konservativen Elements durch den Wechsel v. a. von gaullist. Anhängern zum Rassemblement du Peuple Français (RPF) gewann der prosozialist. Flügel um MITTERRAND zunehmend an Bedeutung. Trotz Stimmenverlusten nahm die UDSR als Koalitionspartner vieler Reg. bis 1958 eine polit. Schlüsselstellung ein. Nach der Einführung des Mehrheitswahlrechts in der Fünften Rep. verlor sie ihre Bedeutung.

Union der Arabischen Maghreb-Staaten, die →Maghreb-Union.

Union der Leitenden Angestellten, Abk. **ULA,** Spitzenverband der →leitenden Angestellten.

Union der Sozialistischen Sowjetrepubliken, Abk. **UdSSR,** →Sowjetunion.

Union des Démocrates pour la République [yn'jɔ̃ dɛ demɔ'krat pu:r la repy'blik], Abk. **UDR** [y:de:'ɛr], frz. Partei, 1968–76 die gaullist. Parteiorganisation, hervorgegangen aus dem Zusammenschluss (1963) von Union pour la Nouvelle République und Union Démocratique du Travail (UNR-UDT). Urspr. nur sehr locker organisiert, erhielt die Partei im November 1967, unter dem Namen Union des Démocrates pour la Ve République (UD-V^e), ein Zentralkomitee und ein Exekutivbüro. Unter dem Eindruck der Maiunruhen 1968 präsentierte sich die Partei als Union des Démocrates pour la Défense de la République (UDR) und gewann im Juni die absolute Mehrheit in der Nationalversammlung, ab jetzt unter der Bez. U. des D. pour la R. Nach dem Rücktritt von Staatspräs. C. DE GAULLE im April 1969 konnte G. POMPIDOU, der zum informellen Parteiführer aufgestiegen war, als neuer Staatspräs. die UDR ganz auf sich verpflichten. Nach dem Tod POMPIDOUS im April 1974 und den folgenden Auseinandersetzungen um die Unterstützung der beiden Präsidentschaftskandidaten J. CHABAN-DELMAS übernahm J. CHIRAC die Führung. 1976 wurde sie, nach organisator. Straffung, in →Rassemblement pour la République umbenannt.

J.-C. PETITFILS: Le Gaullisme (Paris 1988); Le dictionnaire du Gaullisme, Beitrr. v. P. RAGUENEAU u. G. SABATIER (ebd. 1994).

Union Européenne de CIC [yn'jɔ̃ ørɔpe'ɛn də sik], frz. Großbank mit Sitz in Paris, entstanden 1990 durch Fusion der Compagnie Financière de Crédit Industriel et Commercial (gegr. 1859) mit der Banque de l'Union Européenne (gegr. 1968), jetzige Bez. seit 1991.

Union Française [yn'jɔ̃ frɑ̃'sɛ:z, frz.], die →Französische Union.

Union Internationale des Chemins de Fer [yn'jɔ̃ ɛ̃ternasjɔ'nal dɛ ʃmɛ̃d'fɛ:r, frz.], Abk. **UIC** [y:i'se], der Internat. Eisenbahnverband, gegr. 1922; Sitz: Paris. In der UIC sind 85 Bahnen zusammengeschlossen. (→Eisenbahnverbände)

Union Island ['ju:njən 'ailənd, engl.], Insel der Kleinen Antillen, eine der Grenadinen (→Saint Vincent and the Grenadines).

Union Islands ['ju:njən 'ailəndz, engl.], früherer Name der Tokelau-Inseln (→Tokelau).

Unionisten, engl. **Unionists** ['ju:njənɪsts], Bez. für die Befürworter der 1801 errichteten Union zw. Großbritannien und Irland. 1886 spalteten sich die Gegner der Home-Rule-Politik (→Homerule) des liberalen Premier-Min. W. E. GLADSTONE als ›Liberale U.‹ von der →Liberal Party ab, bildeten mit den Konservativen eine Koalition und vereinigten sich 1912 mit ihnen (seitdem →Konservative und Unionistische Partei). – In *Nordirland* sind U. die (prot.) Anhänger einer Verbindung mit Großbritannien. Ab 1892 schlossen sich U. zur Unionist Party (UP) zus., seit Gründung des Irischen Freistaats 1921 Ulster Unionist Party (UUP). Als prot. Mehrheitspartei, die für die Wahrung der Selbstverwaltung Nordirlands eintritt, stellte sie 1921–72 den Premier-Min. Nach Ausbruch der Unruhen in Nordirland 1969 und Übernahme der Reg.-Gewalt durch die brit. Reg. 1972 kam es v. a. wegen Auseinandersetzungen über das Verhältnis zur kath. Minderheit und zu Großbritannien zur Spaltung der UP (seit 1975 Official UP): 1971 bildete sich um I. PAISLEY die radikalere Democratic Unionist Party (DUP), die ein ›Powersharing‹ mit der kath. Minderheit ablehnt. 1973 entstand – in enger Verbindung mit paramilitär. Verbänden – die Vanguard Unionist Progressive Party (seit 1980 Ulster Popular Unionist Party), die für die Unabhängigkeit Nordirlands eintritt; ihre urspr. extrem antikath. Haltung gab sie zugunsten größerer Kompromissbereitschaft auf. Die Unionist Party of Northern Ireland (gegr. 1974) setzt sich für eine bes. enge Anlehnung an Großbritannien ein. Als unionist. Traditions- und Interessenverband konnte sich der fundamentalistisch gesinnte ›Orange Order‹ (→Orangemen) bis in die Gegenwart einen starken Einfluss auf die prot. Bev. erhalten. 1975 fanden sich die U. im Ulster Unionist Council zusammen. Das Abkommen zw. Großbritannien und der Rep. Irland von 1985 über ein begrenztes Mitspracherecht der Dubliner Reg. in nordir. Angelegenheiten lehnten die U. ab. An den ab 1990 wieder aufgenommenen Gesprächen über die Zukunft Nordirlands (November 1992 ergebnislos abgebrochen) waren UP und DUP beteiligt. Im Zuge der von der brit. und der irischen Reg. ab Dezember 1993 angestrengten Friedensinitiative für Nordirland erklärten die unionist. Terrororganisationen zum 14. 10. 1994 den Waffenstillstand. Eine Teilnahme an dem von der irischen Reg. im Oktober 1994 einberufenen gesamtir. Gesprächsforum für Frieden und Versöhnung lehnten die unionist. Parteien jedoch zunächst ab. Auch standen sie – bes. die radikalen U. um PAISLEY – dem im Februar 1995 vorgelegten brit.-irischen Rahmenplan für Nordirland skeptisch gegenüber und forderten die Entwaffnung der IRA vor der Aufnahme von Friedensgesprächen. An den seit Juni 1996 geführten Allparteiengesprächen nahmen die wichtigsten unionist. Parteien teil. Das am 10. 4. 1998 geschlossene ›Stormont-Abkommen‹ zur Einleitung einer polit. Lösung des Nordirlandkonflikts spaltete die nordir. U. in Befürworter (v. a. die von D. TRIMBLE geführte verständigungsorientierte Mehrheit der UUP) und Gegner (bes. Anhänger von PAISLEY, ›Orange Order‹, aber auch Teile der UUP und anderer unionist. Parteien), was aber ein deutl. Votum der nordir. Bev. für das Abkommen durch das Referendum am 22. 5. 1998 nicht aufhalten konnte.

Union Jack ['ju:njən 'dʒæk, engl.] *der, - -s/- -s,* volkstüml. Bez. der brit. Nationalflagge. Das rote Kreuz auf weißem Grund ist das Symbol des hl. Georg, dessen Kult sich in England zu Beginn des 15. Jh. durchsetzte, sodass das Georgskreuz zum Nationalzeichen der Engländer wurde. Das weiße Andreaskreuz (auf blauem Grund; Symbol des schott. Landespatrons Andreas) ist bereits seit dem 12. Jh. das Natio-

Union Jack:
Von **oben** englisches Georgskreuz; schottisches Andreaskreuz; irisches Patrickskreuz; Union Jack

nalzeichen der Schotten. 1606 wurde das rote Georgskreuz mit dem Andreaskreuz zum ersten U. J. verbunden; die Namengebung leitet sich ab von König JAKOB I., seit 1603 König von England und Schottland in Personalunion. Durch die Errichtung des Vereinigten Königreiches Großbritannien und Irland 1801 kam noch das rote Schrägkreuz des irischen Schutzpatrons Patrick in die Nationalflagge.

Union nationale [yn'jɔ̃ nasjɔ'nal], Bez. für Parteienkoalitionen in Frankreich während der Dritten Rep., in denen sich Parteien von der gemäßigten Rechten bis zur gemäßigten Linken zur Lösung innenpolit. Probleme zusammenfanden. 1926 bildete R. POINCARÉ eine Reg. der U. n. (bis 1929) zur Bewältigung der Finanzkrise, an der die vom →Cartel des gauches gestützten Reg. gescheitert waren. V. a. von rechtsextremist. Gruppen ausgelöste Unruhen im Februar 1934 führten zur Bildung einer Reg. der U. n. unter G. DOUMERGUE. Die Idee der U. n. knüpft an die Politik des →Bloc national an.

Union of South Africa ['juːnjən əv sauθ 'æfrɪkə, engl.], 1910–61 Name des brit. Dominions →Südafrika.

Union-Pipe ['juːnjən paɪp, engl.] *die, -/-s,* seit dem 18. Jh. in Irland verbreitete, hoch technisierte Sackpfeife, die wegen ihrer komplizierten Spieltechnik ausschließlich im Sitzen gespielt werden kann. Dabei wird die Luft durch einen Blasebalg (statt einer Blaspfeife) in den Sack geleitet, die Pfeifen liegen schräg auf den Knien des Spielers. Die U.-P. hat eine Melodiepfeife (7 + 1 Grifflöcher) mit Doppelrohrblatt sowie drei gedackte Bordune mit Aufschlagzungen. Darüber hinaus sind drei weitere gedackte Bordunpfeifen (engl. regulators) mit Doppelrohrblättern vorhanden. Die Regulatoren haben vier bzw. fünf Grifflöcher, die alle mit Klappen versehen sind und mit dem Handballen bzw. den gerade unbeschäftigten Fingern betätigt werden. Dadurch lassen sich der Melodieraum erweitern oder unabhängige Begleitstimmen ausführen.

Union Postale Universelle [yn'jɔ̃ pɔs'tal ynivɛr'sɛl, frz.], Abk. **UPU** [yːpeˈyː], der →Weltpostverein.

Union pour la Démocratie Française [yn'jɔ̃ puːr la demɔkra'si frã'sɛːz], Abk. **UDF** [yːdeˈɛf], frz. liberalkonservative Parteienkonföderation aus Parti Républicain (PR, seit 1997 Démocratie liberale), Centre des Démocrates sociaux (CDS, seit 1995 Force démocrate, FD), Radikalsozialisten und weiteren Gruppierungen, im Vorfeld der Parlamentswahl von 1978 zur Unterstützung von Staatspräs. V. GISCARD D'ESTAING gegr.; bis zum Ende seiner Amtszeit 1981 die parlamentar. Basis des Präs., gleichzeitig aber eine Koalition rivalisierender Parteien, die autonom blieben. Einflussreichster Teil der UDF war lange Zeit der PR unter dem Vorsitz von J. LECANUET vom CDS. Ab 1983 arbeitete die UDF mehrfach mit dem gaullist. RPR zusammen und war 1986–88 an der Reg. Chirac beteiligt. Nach der Niederlage des parteilosen, von der UDF unterstützten Präsidentschaftskandidaten R. BARRE 1988 übernahm GISCARD D'ESTAING den Vorsitz, der CDS bildete eine eigene Parlamentsfraktion. Einfluss auf die Reg. erlangte die UDF wieder nach den Parlamentswahlen 1993 (Beteiligung an einer Koalitions-Reg. mit RPR und CDS). 1996 ging der Vorsitz an F. LÉOTARD. Bei den (vorzeitigen) Parlamentswahlen 1997 verlor das konservative Lager die Mehrheit, in der Folge formierte es sich neu: Nachdem im Mai 1998 UDF und RPR ein Bündnis (›Alliance pour la France‹) geschlossen hatten (Vereinbarung zur Aufstellung gemeinsamer Wahlprogramme und -kandidaten), verließ die Démocratie libérale die UDF und konstituierte sich als eigenständige Partei. Zum Vors. der UDF wurde FRANÇOIS BAYROU (* 1951) vom FD gewählt.

Union pour la Nouvelle République [yn'jɔ̃ puːr la nu'vɛl repy'blik], Abk. **UNR** [yːɛnˈɛr], frz. Partei, im Oktober 1958 u. a. von J. SOUSTELLE, J. CHABAN-DELMAS und ROGER FREY (* 1913, † 1997) als Wahlallianz zur Unterstützung C. DE GAULLES gegründet. Weil dieser einen ›Parteienstaat‹ ablehnte, entwickelte die UNR nur eine lockere Organisationsform mit einem Gen.-Sekr. an der Spitze; Programmatik und polit. Praxis bestimmte allein DE GAULLE, der jedoch kein Parteimandat übernahm. 1962 errang die UNR zus. mit der linksgaullist. Union Démocratique du Travail (UDT) die absolute Mehrheit der Parlamentssitze. 1963 schlossen sich beide Parteien zur UNR-UDT zusammen. (→Union des Démocrates pour la République.)

J. CHARLOT: L'U. N. R. (Paris 1967)

Union sacrée [yn'jɔ̃ sa'kre; frz. ›heilige Union‹ *die, - -,* anlässlich der Kriegserklärung des Dt. Reichs an Frankreich im August 1914 von Reg.-Mehrheit und der sozialist. SFIO unter Hintansetzung von Klassen- und Interessengegensätzen geschlossene Koalition zur Verteidigung der Rep. Durch die Unterstützung der Gewerkschaften wurde die U. s. zunächst breit abgesichert. Mit der Verschlechterung der militär. Lage, dem Fortbestehen gesellschaftl. Ungleichheiten und bes. unter dem Eindruck der russ. Februarrevolution 1917 wuchs jedoch unter Sozialisten und Gewerkschaftern die Ablehnung der U. s., die im September 1917 mit dem Austritt der SFIO aus der Reg. zerbrach.

Unionsbestrebungen, die Bestrebungen der röm.-kath. Kirche, die Gesamtheit oder wenigstens Teile der →Ostkirchen für eine Vereinigung mit der röm.-kath. Kirche zu gewinnen, so z. B. auf den Konzilen von →Lyon (1274) und →Florenz (1439) oder durch die →Brester Union (1595). →unierte Kirchen.

Unionsbürgerschaft, →Staatsangehörigkeit, →Wahlrecht.

Union shop ['juːnjən ʃɔp, engl.], *angloamerikan. Arbeitsrecht:* Bez. für ›Absperrklausel‹.

unipolar, *Elektrotechnik:* einpolig, den elektr. Strom nur in einer Richtung leitend.

unipolare Transistoren, Unipolartransistoren, zusammenfassende Bez. für →Transistoren, bei denen nur eine Ladungsträgerart (Elektronen oder Löcher) für die Funktion notwendig ist, deren Wirkprinzip also auf der Steuerung des Ladungstransports nur durch Majoritätsträger (→Halbleiter) beruht; z. B. →Feldeffekttransistor, →Unijunction-Transistor.

Unipolarinduktion, die Erzeugung (→Induktion) eines elektr. Stroms bei der Bewegung einer Metallplatte durch ein Magnetfeld. Dabei wird die Platte mit der Geschwindigkeit v parallel zu ihren großen Flächen und senkrecht zur →magnetischen Flussdichte B durch das Magnetfeld geführt und der Stromkreis durch einen Draht geschlossen, dessen Enden über ortsfeste Schleifer mit der Platte Kontakt haben. Die Verbindungsgerade der Schleifer auf der Platte steht senkrecht auf v und auf B. Die U. beruht auf der →Lorentz-Kraft $F = -e(v \times B)$, die auf die mit der Platte bewegten Leitungselektronen wirkt (e Elementarladung). Die Kraft F bewirkt das Fließen eines elektr. Stroms, dessen Stärke I durch die Summe der Widerstände R_P zw. den Schleifern in der Platte und R_D des Drahts begrenzt wird; $IR_P = E$ ist dann die elektromotor. Kraft der Vorrichtung.

Die U. wurde bereits von M. FARADAY beschrieben. Demonstrieren kann man sie mit dem →Barlow-Rad, wenn man dieses dreht, statt einen äußeren Strom anzulegen. Der Geschwindigkeit v entspricht dann die Umlaufgeschwindigkeit der Radscheibe beim jeweiligen Radius. Die Bez. U. rührt daher, dass zu ihrer Erzielung bereits ein Magnetpol (z. B. eines Stabmagneten) ausreicht. – Auf der U. beruhende elektr. Maschinen werden als **Unipolarmaschinen** bezeichnet.

Unipolarinduktion: Die infolge der Drehbewegung der Kupferscheibe durch das Magnetfeld des Stabmagneten in der Scheibe induzierte Spannung wird mit Schleifern auf deren Achse abgegriffen

Unipolartechnik, Bez. für Halbleitertechnologien bzw. Schaltungstechniken, die auf unipolaren Bauelementen beruhen. Basistechnologie bildet die →MIS-Technik. Grundelemente einer unipolaren integrierten Schaltung sind MISFET-Transistor (→Feldeffekttransistor) und Halbleiterdiode. Als Widerstand kann der Kurzschluss von Gate und Source wirksam werden. Kapazitäten lassen sich durch Metalloxidhalbleiterstrukturen realisieren.

Unisono [ital. ›Einklang‹] *das, -s/-s* und *...ni,* das Fortschreiten mehrerer Stimmen im →Einklang, seit dem 18. Jh. auch in Oktaven (Letzteres wurde zuvor als aequisonus bezeichnet), in der Notation gefordert durch all'unisono. Im strengen Satz ist das Fortschreiten im U. untersagt, da es die qualitative Selbstständigkeit der Stimmen aufhebt.

UNITA, Abk. für →União Nacional para a Independência Total de Angola.

Unità, L' [›die Einheit‹], ital. Tageszeitung, gegr. 1924, Organ der KP Italiens und (seit 1990) ihrer Nachfolgepartei PDS. Verlagsorte sind Rom und Mailand, Auflage (1996): 241 000.

unitär [frz. unitaire ›einheitlich‹, zu lat. unitas ›Einheit‹], **unitarisch,** *allg.:* 1) Einigung bezweckend oder erstrebend; 2) die Lehre der Unitarier betreffend.

UNITAR [Abk. für engl. United Nations Institute for Training and Research], **Ausbildungs- und Forschungsinstitut der Vereinten Nationen,** 1963 gegründetes UN-Spezialorgan (Sitz: seit 1993 Genf, vorher New York), das 1965 seine Arbeit aufnahm. Arbeitsschwerpunkte sind v. a. die Aus- und Fortbildung von Personen (bes. aus Staaten der Dritten Welt), die Aufgaben im UN-System übernehmen sollen oder die in nat. Institutionen im Zusammenhang mit UN-Aktivitäten arbeiten, sowie von UN-Mitarbeitern, ferner die Koordinierung der UN-Forschungs- und Bildungsarbeit, die sich auf grundlegende Ziele und Aufgaben der Vereinten Nationen bezieht.

unitäre Abbildung, eine lineare Abbildung $A: U \to V$ zw. den unitären Räumen U und V mit der Eigenschaft $\langle Ax, Ay \rangle = \langle x, y \rangle$ für alle $x, y \in U$ (›Skalarprodukt‹). Ist U von endl. Dimension, so lässt sich A durch eine unitäre Matrix darstellen. Die u. A. (auch **unitäre Transformationen**) auf einem unitären Raum U der Dimension n bilden die **unitäre Gruppe** $U(n)$ (auch U_n abgekürzt) vom Grad n; die unitären Transformationen auf U, deren zugehörige unitäre Matrizen die Determinante 1 besitzen, bilden die **spezielle unitäre Gruppe** $SU(n)$ (SU_n) vom Grad n.

unitäre Matrix, eine quadrat. Matrix A mit komplexen Elementen a_{ij}, die der Bedingung $\bar{A}^T = A^{-1}$ genügt, wobei $\bar{A} = (\bar{a}_{ij})$ mit den konjugiert komplexen Elementen, A^T deren Transponierte und A^{-1} die Inverse der Matrix A bezeichnet. Die n Eigenwerte einer n-reihigen u. M. besitzen alle den Betrag 1.

unitärer Operator, eine stetige lineare Abbildung A auf einem Hilbert-Raum H, deren Adjungierte A^* die Umkehrabbildung zu A ist, also $A^* = A^{-1}$. Die Adjungierte A^* von A ist eine durch $\langle Ax, y \rangle = \langle x, A^*y \rangle$ für alle $x, y \in H$ definierte Abbildung auf H, die immer eindeutig existiert und auch linear und stetig ist. Ein u. O. ist insbesondere eine →unitäre Abbildung, denn $\langle Ax, Ay \rangle = \langle x, A^*Ay \rangle = \langle x, A^{-1}Ay \rangle = \langle x, y \rangle$ für alle $x, y \in H$. – In der Quantenmechanik und Quantenfeldtheorie spielen u. O. bei der Beschreibung von Streuprozessen (→Streuoperator), der Zeitentwicklung eines Systems und Eichtransformationen eine Rolle. U. O. können als Differentialoperatoren oder unitäre Matrizen dargestellt werden.

unitäre Symmetrie, innere Symmetrie von Elementarteilchen, die aus der Invarianz gegenüber bestimmten unitären Transformationen (→unitäre Abbildung) folgt und zur Klassifizierung der Hadronen und zur Beschreibung der fundamentalen Wechselwirkungen dient. In den zugrunde liegenden Elementarteilchenmodellen werden die Hadronen in Multipletts zusammengefasst, die jeweils als Darstellung einer zugehörigen unitären Gruppe aufgefasst werden. Physikalisch lassen sich dann die ein Multiplett bildenden Hadronen wie versch. Zustände eines einzigen Teilchens auffassen, die sich lediglich in gewissen ladungsartigen Quantenzahlen (z. B. Spin, Isospin, Ladung, Hyperladung, Strangeness, Charm) unterscheiden. Die spezielle u. S.-Gruppe $SU(2)$ (SU_2) beschreibt z. B. die Aufteilung in Isospinmultipletts (→Isospin). Eine zentrale Bedeutung in der Elementarteilchenphysik hat die $SU(3)$-Symmetrie (SU_3), die die Multiplettklassifizierung der Hadronen liefert; Teilchen mit gleichem Spin und gleicher Parität, die sich aber in der dritten Komponente I_3 des Isospins und in der Hyperladung Y (bzw. Strangeness S) unterscheiden, werden dabei in jeweils einem Multiplett zusammengefasst (›Achtfach-Weg-Modell‹, →Oktettmodell). Damit ergibt sich eine übersichtl. und anschaul. Systematik der Baryonen und Mesonen (→Elementarteilchen).

Zuerst wurde dieses Konzept auf das Baryonenoktett (Spin $1/2$, Parität $+1$) angewendet; dieses besteht aus vier Isospinmultipletts – einem Singulett (Λ), zwei Dubletts (die Nukleonen n, p sowie Ξ^-, Ξ^0) und einem Triplett (Σ^-, Σ^0, Σ^+) –, die sich untereinander hinsichtlich der Hyperladung (0, ± 1) unterscheiden. Das Baryonenoktett lässt sich wiederum aus den beiden dreidimensionalen Fundamentaldarstellungen von $SU(3)$ konstruieren. Deren Basiszustände werden nach heutiger Vorstellung mit den →Quarks Up, Down und Strange bzw. deren jeweiligen Antiteilchen identifiziert, aus denen sich die Baryonen des Oktetts zusammensetzen. Bei Hinzunahme weiterer Quarks ist das Elementarteilchenmodell in der Dimension der Symmetriegruppe entsprechend zu erweitern. Die betrachteten u. S. sind i. Allg. nicht exakt erfüllt, d. h., es liegt →Symmetriebrechung vor, was in versch. Massen der Teilchen eines Multipletts (keine Entartung) zum Ausdruck kommt. – Mithilfe u. S. werden auch die Strukturen und Eichinvarianzen der fundamentalen Wechselwirkungen erfasst. Auf u. S. hoher Dimensionen, z. B. $SU(5)$, wird bei Theorien mit dem Ziel der einheitl. Beschreibung aller Wechselwirkungen zurückgegriffen (→Große Vereinheitlichte Theorien).

unitäre Transformation, →unitäre Abbildung.

Unitari|er [zu lat. unitas ›Einheit‹], bes. im angelsächs. Sprachraum Bez. für prot. Gruppen, die im Sinne der →Antitrinitarier und →Sozinianer die Trinitätslehre ablehnen und statt dessen die Einheit Gottes betonen. Begründet wird dies aus der allein nach der Vernunft ausgelegten Bibel. Die U. vertreten ein liberal-rationalist., entschieden-humanist. Christentum und praktizieren, meist Taufe, Konfirmation und Abendmahl. Verbreitung fand der **Unitarismus** bes. in Siebenbürgen, England und in den USA. In Siebenbürgen konnten sich die U. bereits im 16. Jh. als Kirche konstituieren; in England breitete sich der Unitarismus seit dem 17. Jh. aus (J. BIDDLE). In den USA war er v. a. im 19. Jh. einflussreich und wirkte u. a. auf die Bewegung des →Transzendentalismus.

In Dtl. konstituierte sich 1876 die Religionsgemeinschaft Freier Protestanten, der sich nach dem Zweiten Weltkrieg auch Anhänger der Dt. Glaubensbewegung und der Dt. Christen anschlossen und die weithin die Ideologie der deutschgläubigen Bewegungen aufnahm; 1950 wurde sie in Dt. U. Religionsgemeinschaft umbenannt. Diese hat sich im Unterschied zu den auf die Reformationszeit zurückgehenden U. bewusst vom Christentum gelöst. Ihre Anhänger betrachten sich als ›Nichtchristen‹ und vertreten eine monistisch-

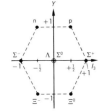

unitäre Symmetrie: oben SU_3-Baryonenoktett; unten SU_3-Fundamentaldarstellung mit den Basiszuständen Up (u), Down (d) und Strange (s); I_3 Isospin, Y Hyperladung

pantheist. Weltanschauung in scharfem Kontrast zum ›oriental. Dualismus‹ des Christentums als einer dem ›europ. Menschen‹ angeblich fremden Lehre. Heute (1997) hat die ›Siebenbürg. Unitar. Kirche‹ rd. 100 000 Mitgl. und die ›Unitarian Universalist Association‹ (v. a. in den USA verbreitet) etwa 200 000. Die ›Dt. U. Religionsgemeinschaft‹ gibt ihre Mitgl.-Zahl mit 10 000 an. – Die versch. Richtungen der U., auch die nichtchristl., sind verbunden in der ›International Association for Religious Freedom‹.

O. SCHAUMANN: Der Unitarismus als religiöse Gemeinschaft. Entstehung, Lehre u. Gesch. (1956); A stream of light, hg. v. C. WRIGHT (Boston, Mass., 1975); W. SEIBERT: Dt. U.-Religionsgemeinschaft (1989); Hb. religiöse Gemeinschaften, hg. v. H. RELLER u. a. (⁴1993).

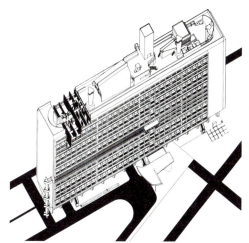

Unité d'Habitation: Isometrie der 1947–52 von Le Corbusier in Marseille gebauten ›Wohnmaschine‹

Unitarismus [lat.] *der, -,* **1)** *Politik:* in einem Bundesstaat oder Staatenbund das Streben nach Stärkung der Kompetenzen des Gesamtstaats gegenüber den Gliedstaaten. Der entschiedene U. führt zum zentralisierten, der maßvolle U. zum dezentralisierten Einheitsstaat; Ggs.: →Föderalismus.
2) *Religion:* die Weltanschauung der →Unitarier.

Unitary Taxation [ˈjuːnɪtərɪ tækˈseɪʃn], **einheitliche Besteuerung,** in den USA entwickeltes Konzept der steuerl. Gewinnermittlung bei Tochtergesellschaften multinat. Unternehmen mit dem Ziel, dem ›Verschieben‹ großer Teile des Gewinns in Länder mit günstiger Besteuerung über konzerninterne Verrechnungspreise entgegenzuwirken. Dabei wird, ausgehend vom Weltgewinn des multinat. Unternehmens, der inländ. Steuer derjenige Teil zugrunde gelegt, der sich aus dem Anteil des Vermögens, der Lohnsumme und/oder des Umsatzes im Inland am gesamten (Welt-)Vermögen, Lohnvolumen und Umsatz des Konzerns errechnet. Dieses Verfahren steht im Widerspruch zu den geltenden Doppelbesteuerungsabkommen und führte daher zu Protesten v. a. der EU-Staaten.

United Airlines, Inc. [juːˈnaɪtɪd ˈɛəlaɪnz ɪnˈkɔːpəreɪtɪd], Abk. **UAL** [juerˈel], eine der großen amerikan. Luftverkehrsgesellschaften, gegr. 1926 durch Zusammenschluss mehrerer privater Fluggesellschaften; Sitz: Chicago (Ill.). Die UAL beförderte 1997 mit einem Flugpark von 574 Flugzeugen und mit rd. 92 200 Beschäftigten 84,2 Mio. Passagiere auf einem internat. Streckennetz. Gemeinsam mit dem Kooperationspartner Dt. Lufthansa AG ist die UAL das tragende Element des im Mai 1997 gegründeten globalen Luftverkehrsverbundes Star Alliance.

United Arab Emirates [juːˈnaɪtɪd ˈærəb eˈmɪərəts, engl.], →Vereinigte Arabische Emirate.

United Artists Communications Co. Inc. [juːˈnaɪtɪd ˈɑːtɪsts kəmjuːnɪˈkeɪʃnz ˈkʌmpəni ɪnˈkɔːpəreɪtɪd], **UA** [juːˈeɪ], amerikan. Filmproduktions- und -verleihgesellschaft, gegr. 1919 von C. CHAPLIN, MARY PICKFORD, D. FAIRBANKS und D. W. GRIFFITH, um eine Kontrolle von Produktion und Verleih ihrer Filme durch andere Gesellschaften zu verhindern und nur Filme unabhängiger Produzenten zu unterstützen; ab 1981 Teil der →Metro-Goldwyn-Mayer Inc.

Unité d'Habitation [yniˈte dabitaˈsjɔ̃, frz.], von LE CORBUSIER entwickeltes Wohngebäude, in dem er seine Ideen der funktional bis in alle Details durchgebildeten ›Wohnmaschine‹ gemäß dem Proportionsschema →Modulor verwirklichte. Die erste U. d'H. entstand 1947–52 in Marseille. (Weitere BILDER →Le Corbusier)

United Kingdom of Great Britain and Northern Ireland [juːˈnaɪtɪd ˈkɪŋdəm əv ˈɡreɪt ˈbrɪtn ənd ˈnɔːðn ˈaɪələnd], das Vereinigte Königreich von →Großbritannien und Nordirland.

United Kingdom Support Command [juːˈnaɪtɪd ˈkɪŋdəm səˈpɔːt kəmɑːnd; engl.], **Unterstützungskommando des Vereinigten Königreiches,** 1994 aus der Brit. Rheinarmee hervorgegangene, in Dtl. (Mönchengladbach) mit etwa 17 000 Mann stationierte brit. Panzerdivision, die zu den Reaktionsstreitkräften der NATO gehört.

United Nations [juːˈnaɪtɪd ˈneɪʃnz; engl.], Abk. **UN** [engl. juːˈen], die →Vereinten Nationen.

United Parcel Service [juːˈnaɪtɪd ˈpɑːsl ˈsəːvɪs, engl.], Abk. **UPS** [juːˈpiːˈes], weltweit größtes privates Paket-Distributionsunternehmen, gegr. 1907 als Botendienst für Warenhäuser; Sitz: Atlanta (Ga.). 331 500 Beschäftigte beförderten (1997) mit mehr als 157 000 Fahrzeugen und 218 eigenen Flugzeugen rd. 3,04 Mrd. Sendungen. Seit 1997 ist UPS in Dtl. (Sitz: Neuss) mit rd. 15 500 Mitarbeitern tätig. In den USA gehört UPS rd. 120 000 Mitarbeitern (davon 26 000 leitende Angestellte). Umsatz (1997): 22,5 Mrd. US-$.

United Press International [juːˈnaɪtɪd pres ɪntəˈnæʃnl; engl.], Nachrichtenagentur, →UPI.

United States International Communication Agency [juːˈnaɪtɪd steɪts ɪntəˈnæʃnl kəmjuːnɪˈkeɪʃn ˈeɪdʒənsɪ], Abk. **USICA** [juːesaɪsɪˈeɪ], amerikan. Bundesbehörde für Öffentlichkeitsarbeit und Förderung des kulturellen Austauschs mit anderen Ländern. Als Mittel dienen Pressedienste, Zeitschriften, Filme, der Rundfunksender →Stimme Amerikas, eigene Informationszentren und Bibliotheken (Amerikahäuser), Sprachkurse, Tagungen, Ausstellungen und seit 1978 Buchförderungs-, Bibliotheks- und Austauschprogramme (z. B. →Fulbright-Programm; ›East-West-Center‹, Honolulu). Die USICA wurde am 1.4.1978 als Nachfolgeorganisation der **United States Information Agency** (USIA, gegr. 1953) und der früheren Abteilung für kulturelle Angelegenheiten beim Außenministerium (Bureau of Cultural and Educational Affairs) gegründet.

United States of America [juːˈnaɪtɪd ˈsteɪts əv əˈmerɪkə], Abk. **USA** [engl. juesˈeɪ], die →Vereinigten Staaten von Amerika.

United States of America Standards Institute [juːˈnaɪtɪd ˈsteɪts əv əˈmerɪkə ˈstændədz ˈɪnstɪtjuːt], Abk. **USASI** [juesˈɛɪsɪ], 1966 aus der →ASA hervorgegangene amerikan. Normungs- und Standardisierungskörperschaft, die 1969 in das →ANSI übergeleitet wurde.

United Technologies Corp. [juːˈnaɪtɪd tekˈnɔlədʒɪz kɔːpəˈreɪʃn; engl.], Unternehmen der Luft- und Raumfahrt-, Maschinenbau- und Elektroindustrie, gegr. 1934 als United Aircraft Corp., Umbenennung 1975;

United Airlines, Inc.

Sitz: Hartford (Conn.). Das Produktionsprogramm umfasst Düsen-, Propeller- und Raketentriebwerke (Pratt & Whitney), Druckkontrollsysteme für Flugzeuge und Weltraumanzüge (Hamilton Standard), Zivil- und Militärhubschrauber (Sikorsky), Aufzüge und Rolltreppen (OTIS), Automobilzulieferteile (UT Automotive), Klimaanlagen und Wärmepumpen (Carrier). Umsatz (1997): 24,7 Mrd. US-$. Beschäftigte: 180 000.

Univalente [zu lat. valere ›stark, gesund sein‹, ›Wert, Geltung haben‹], *Genetik:* Bez. für Chromosomen, die bei einer Meiose aufgrund eines fehlenden homologen Partnerchromosoms (z. B. bei Aneuploidie) ungepaart, d. h. einzeln, bleiben. U. werden während der Anaphase der Reduktionsteilung zufallsbedingt den Chromosomen des einen oder des anderen Zellpols zugeordnet, oder sie erfahren in der Äquatorialplatte eine Teilung in zwei Chromatiden, die dann jeweils an die entgegengesetzten Pole wandern.

univariant, bezeichnet ein physikalisch-chem. System, von dessen Zustandsgrößen nur eine frei wählbar ist, während alle übrigen durch diese Wahl bereits festgelegt werden. (→gibbssche Phasenregel)

universal [spätlat. universalis ›zur Gesamtheit gehörend‹, ›allgemein‹], *bildungssprachlich* für: 1) die verschiedensten Bereiche einschließend, umfassend; 2) die ganze Welt umfassend, weltweit.

Universalbanken, Kreditinstitute, die – im Ggs. zu Spezialbanken – praktisch alle Arten des Bankgeschäftes betreiben (Ausnahme: Ausgabe von Banknoten). Im Ggs. zu den USA und Großbritannien hat sich in der Bundesrepublik Dtl. der Typ der U. von Anfang an durchgesetzt. (→Banken)

Universalbibliotheken, Allgemeinbibliotheken, Bibliotheken, die (im Unterschied zu den Spezial- oder Fachbibliotheken der Behörden, Institute, Forschungsstätten, Unternehmen usw.) kein thematisch eingegrenztes Sammelgebiet haben, sondern das wichtigste Schrifttum aller Wissensgebiete des In- und Auslandes sammeln. Als U. in Dtl. gelten u. a. Die Dt. Bibliothek, Frankfurt am Main und Leipzig, die Bayer. Staatsbibliothek, München, und die Staatsbibliothek zu Berlin – Preuß. Kulturbesitz; i. w. S. auch zahlr. →Universitäts- und Hochschulbibliotheken.

Universaldrehtisch, Hilfsgerät in der Kristallographie und Mineralogie für Untersuchungen mit dem →Polarisationsmikroskop. Der U. ermöglicht durch Drehung um versch. Achsen (bis zu fünf) einen Kristallschnitt in jede beliebige Durchstrahlungsrichtung und eignet sich bes. zum Auffinden der opt. Achsen.

Universal Edition, Musikverlag in Wien, gegr. 1901, urspr. mit der Absicht, durch Herausgabe von Klassikerausgaben und musikpädagog. Werken den österr. Bedarf zu decken und den Musikalienhandel von den dt. Verlegern unabhängig zu machen. Ab 1907 wandte sich der Verlag der zeitgenöss. Musik zu, er zählt seither zu den führenden Verlagen jeweils neuester Musik. Der Verlagskatalog umfasst u. a. Werke von G. MAHLER, A. SCHÖNBERG, K. WEILL, L. BERION, A. PÄRT, W. RIHM, K. STOCKHAUSEN. Seit 1994 erscheint die Alban-Berg-Gesamtausgabe. Zus. mit →Schott, Musikverlag B. Schott's Söhne, wird seit 1966 die Schönberg-Gesamtausgabe und seit 1973 die Wiener Urtext-Edition (quellenkrit. Ausgaben klass. Musik) verlegt.

Universale Transversale Mercatorprojektion, Abk. **UTM,** aus der Militärkartographie der USA und der NATO stammende Bez. für eine konforme transversale Zylinderabbildung (→gaußsche Koordinaten, →Kartennetzentwürfe) des Internat. Erdellipsoids in 60 Meridianstreifensystemen (Zonen) von je 6° O-W-Ausdehnung, bei der der Mittelmeridian nicht längentreu, sondern mit dem Verjüngungsfaktor 0,9996 abgebildet wird. Mit der durchlaufenden Zählung der Zonen und deren Teilung in Felder entsteht ein universelles Meldegitter (UTM-Gitter) zur Lageangabe von Punkten auf Karten. Für die Polargebiete oberhalb 80° Breite wird in entsprechender Weise die **Universale Polare Stereographische Projektion (UPS)** als konforme Azimutalabbildung benutzt.

Universalgeschichte, die →Weltgeschichte.

Universalgrammatik, im 17. und 18. Jh. verbreitete, vom philosoph. Rationalismus beeinflusste Annahme, nach der alle Sprachen über gemeinsame Eigenschaften verfügen, die in den universalen Gesetzen des log. Denkens begründet sind (oft auch allgemeine oder philosoph. Grammatik genannt); vom Gedanken einer U. geht u. a. die →Grammatik von Port-Royal (1660) aus. Erst im 20. Jh. gewann das Konzept einer U. wieder an Bedeutung, und zwar v. a. im Rahmen der →generativen Grammatik, die davon ausgeht, dass die Sprachfähigkeit des Menschen einschließlich seiner Fähigkeit zum Spracherwerb auf angeborenen universalen Prinzipien beruht, die als U. bezeichnet werden. Daneben beschäftigt sich aber auch die eher funktionalistisch ausgerichtete →Sprachtypologie mit Eigenschaften, die allen menschl. Sprachen gemeinsam sind.

Universali|en [zu spätlat. universalis ›zur Gesamtheit gehörend‹, ›allgemein‹], **1)** *Philosophie:* Allgemeinbegriffe, allgemeine Ideen, bes. in Bezug auf die fünf ›Prädikabilien‹: Art (›species‹), Gattung (›genus‹), unterscheidendes Merkmal (›differentia specifica‹), unwesentl. Merkmal (›accidens‹) und Eigenart (›proprium‹).
2) *Sprachwissenschaft:* Eigenschaften, die allen natürl. Sprachen gemeinsam sind oder für alle Sprachen gemeinsam gehalten werden. U. gelten u. a. als Voraussetzung für die Verständigung zw. Menschen sowie für die Aneignung fremder Sprachen. Man unterscheidet u. a. 1) uneingeschränkte U. (z. B. das Phänomen, dass alle Sprachen Vokale besitzen); 2) einseitige Implikationsbeziehungen (z. B. die Feststellung, dass alle Sprachen, die über die Kategorie ›Dual‹ verfügen, auch einen Plural besitzen); 3) statist. U. (Quasi-U., z. B. wird das Vorhandensein von Nasalkonsonanten, obwohl nicht alle Sprachen solche besitzen, als statistisch universell angenommen). →Universalgrammatik, →Universalsprache.

Universali|enstreit, eine philosoph. Auseinandersetzung im MA. (bes. 12.–15. Jh.) um die Realität oder Unwirklichkeit des Allgemeinen (→Universalien) in ihrem Verhältnis zu den konkreten Einzeldingen. Der histor. Ausgangspunkt des U. war die Kritik und Umdeutung der Ideenlehre PLATONS (Ideen als das Wirkliche, die Urrealität) durch ARISTOTELES (dem MA. vermittelt durch PORPHYRIOS VON TYROS sowie BOETHIUS), der Ideen für eine unnötige Verdoppelung der Dinge und die behauptete Transzendenz für eine nicht begründbare Hypothese hielt.

Gegenstand des mittelalterl. Streites war die Frage, inwiefern der Begriff ›Gott‹, der als Konjunktion der Begriffe ›gut‹, ›allmächtig‹, ›allwissend‹ u. a. verstanden wurde, als Einer zu denken sei, wenn sein Wesen doch in irgendeiner Weise durch obige Begriffe zusammengesetzt ist. Von dem Begriff ›Gott‹ war also durch die Konjunktion von Prädikaten eine Wesensdefinition gegeben, doch Gott selbst konnte unmöglich das log. Produkt von mehreren Eigenschaften sein. Dies war das Hauptproblem der ›alten Logik‹ (→Via antiqua) in ihrer Auseinandersetzung mit dem ›modernen Weg‹ (Via moderna).

Im Wesentlichen entwickelten sich drei Lösungsansätze: 1) Der →Nominalismus (ROSCELIN VON COMPIÈGNE) verstand die Universalien als bloße Worte (›flatus vocis‹, d. h. ›Hauch der Stimme‹), die lediglich als Namen für Dinge stehen und darüber hinaus nichts Wirkliches bezeichnen. In einer gemäßigten Variante, dem →Konzeptualismus (BOETHIUS, P. ABAELARDUS, ADELARD VON BATH, v. a. aber W. VON OCKHAM), wurden Universalien als allgemeine Begriffe aufgefasst, die durch Abstraktion aus den Sinneswahrnehmungen gebildet werden, denen über ihr Gedächtnis hinaus jedoch keine Realität zukommt (›universale post rem‹). 2) Der →Platonismus betrachtete die Universalien als eine vom Denken unabhängig existierende und dem Einzelding vorausgehende Realität, eine die Wirklichkeit normierende Idee, von manchen als Gedanke Gottes aufgefasst (›universale ante rem‹). 3) Der →Realismus (JOHANNES SCOTUS ERIUGENA, ANSELM VON CANTERBURY, WILHELM VON CHAMPEAUX, BONAVENTURA, THOMAS VON AQUINO, J. DUNS SCOTUS) sah in den Universalien eine reale Bestimmung, die ›Washeit‹ oder Formalität des Einzeldinges, in der es mit anderen Dingen übereinstimmt (›universale in re‹), im Unterschied zu seiner Individualität. ALBERTUS MAGNUS fasste, im U. vermittelnd, die Universalien als sowohl ›ante rem‹ (als Gedanke Gottes, vor den Einzeldingen) als auch als Gattungswesen in den Einzeldingen (›in re‹) und durch die Abstraktion existierend (›post rem‹, den Einzeldingen nachgeordnet) auf. (→Scholastik)

In anderer Form kehrt das Problem in der modernen, bes. in der sprachanalyt. Philosophie wieder in Gestalt der Auseinandersetzungen zw. tendenziell nominalist. Positionen, wie dem Rationalismus, Realismus, Positivismus, histor. Materialismus, Individualismus, Strukturalismus, Formalismus und mit Einschränkungen auch der formalen Logik, und tendenziell realist. Positionen, wie dem Idealismus, der Phänomenologie, der neuen Ontologie. Der reine Platonismus wird heute kaum noch vertreten.

F. ZABEEH: Universals (Den Haag 1966); C. F. GETHMANN: Allgemeinheit, in: Hb. philosoph. Grundbegriffe, hg. v. H. KRINGS u. a., Bd. 1 (1973); W. STEGMÜLLER: Glauben, Wissen u. Erkennen. Das Universalienproblem einst u. jetzt (^{3}1974); G. I. RUZAVIN: Die Natur der mathemat. Erkenntnis (a. d. Russ., Berlin-Ost 1977); Das Universalien-Problem, hg. v. W. STEGMÜLLER (1978); W. VAN ORMAN QUINE: Von einem log. Standpunkt (a. d. Amerikan., 1979); W. KÜNNE: Abstrakte Gegenstände. Semantik u. Ontologie (1983); Texte zum U., hg. v. H.-U. WÖHLER, 2 Bde. (1992–94).

Universall**indikatoren,** aus Gemischen von →Indikatorfarbstoffen aufgebaute Indikatoren, die über weite pH-Bereiche versch. Farbumschläge zeigen. U. werden als Lösungen oder als Reagenzpapiere und Teststäbchen angeboten, die mit den Lösungen imprägniert sind.

Universall**instrumente,** Messgeräte, die erlauben, mehrere Größen zu messen, z. B. ein Theodolit zur Bestimmung von Azimut und Höhe eines Gestirns, elektr. Messgeräte für Stromstärke- und Spannungsmessungen von Gleich- und Wechselstrom.

Universalisierung, Verallgemeinerung, die universale Anwendung und Anwendbarkeit eines bestimmten Satzes oder einer Norm. In der Ethik bemisst sich die Bedeutung eines sittl. Grundsatzes an der Möglichkeit seiner U., womit partikuläre menschl. Interessen als Bestimmungsgründe des Handelns ausgeschaltet werden sollen. Ein **U.-Prinzip,** mit dessen Hilfe sittl. von unsittl. Normen unterschieden werden können, ist I. KANTS kategorischer Imperativ.

Universalismus *der,* -, 1) *Philosophie:* die Erklärung der Mannigfaltigkeit des als Ganzheit verstandenen Wirklichen aus allgemeinsten (universalen) Prinzipien im Ggs. zur Hervorhebung des Teils und des Einzelnen im →Individualismus. Einen U. vertraten u. a. die Scholastik (→Universalienstreit), der absolute Idealismus (G. W. F. HEGEL) und in neuerer Zeit die metaphys. Kosmologie des angelsächs. Neurealismus (A. N. WHITEHEAD).
2) *Soziologie:* in histor. Perspektive die in der organisch-ganzheitl. Staatsauffassung O. SPANNS formulierte Vorstellung, wonach das Individuum im Gesellschaftszusammenhang als abhängiger Faktor in Erscheinung tritt und sich diesem unterzuordnen hat. In kulturvergleichenden Fragestellungen bezeichnet U. eine Position, die das Vorhandensein bestimmter Formen des sozialen Handelns, die Ausbildung bestimmter sozialer Institutionen und die Existenz allgemein gültiger Werte und Normen für alle menschl. Gesellschaften postuliert. Bei T. PARSONS findet sich in den Pattern variables ein Analyseschema sozialen Handelns, das einen Allgemeingültigkeitsanspruch vertritt und deshalb auch als U. bezeichnet wird.

Universalität, im Bildungskonzept W. VON HUMBOLDTS der Begriff für eine umfassende Bildung, die die Entfaltung aller Persönlichkeitskräfte zum Ziel hat. Ihr dienten seine Reformen des Gymnasiums und der Universität. (→humanistische Bildung)

Universalmotor, kleiner Reihenschlussmotor (bis etwa 500 W) für Gleich- oder Wechselstromeinspeisung (→Elektromotor).

Universal Pictures Company [juːnɪˈvəːsl ˈpɪktʃəz ˈkʌmpənɪ], 1912 von C. LAEMMLE gegründetes Filmstudio in Hollywood, das in den 20er-Jahren in der Produktion von Serienfilmen, in den 30er-Jahren in der Produktion von populären Horrorfilmen führend war und zahlr. Filme F. E. VON STROHEIMS präsentierte; Eigner der U. P. C. ist heute die Universal Studios Inc., vormals Music Corporation of America.

Universal Postal Union [juːnɪˈvəːsl ˈpəʊstl ˈjuːnjən; engl.], der →Weltpostverein.

Universalprinzip, *Strafrecht:* im Unterschied zu →Personalitätsprinzip und →Territorialitätsprinzip 2) das System der Weltrechtspflege: Jeder Staat als Träger der internat. Kulturgemeinschaft soll jeden von ihm ergriffenen Verbrecher verfolgen ohne Rücksicht auf Staatsangehörigkeit und Begehungsort. Das U. findet nach § 6 StGB Anwendung bei der Verletzung internat. geschützter Rechtsgüter (Völkermord, Kernenergie-, Sprengstoff- und Atomverbrechen, Angriffe auf den Luft- und Seeverkehr, schwere Fälle der Prostitutionsförderung und Menschenhandel, unbefugter Vertrieb von Betäubungsmitteln, Verbreitung bestimmter pornograph. Schriften, Geld- und Wertpapierfälschung, Fälschung von Zahlungskarten und Vordrucken für Eurochecks, Subventionsbetrug und Taten, deren Verfolgung auf zwischenstaatl. Abkommen beruht).

Universalreligion, Bez. für eine Religion, deren Botschaft universal ausgerichtet ist und die somit als Trägerin eines grundsätzlich an alle Menschen gerichteten Heilsangebots diese durch →Mission für sich gewinnen will. Im Sinne ihrer Heilsangebote können alle →Weltreligionen als U. aufgefasst werden, hinsichtlich ihres missionar. Ausrichtung jedoch nur bedingt (z. B. innerhalb des Hinduismus der →Neohinduismus). – Als U. werden auch religiöse Gemeinschaften bezeichnet, die durch eine Synthese von Elementen vieler Religionen bzw. durch Auswahl bestimmter (›der besten‹) Traditionen universelle Geltung bzw. die Vereinigung aller Religionen im Sinne einer einzigen, die gesamte Menschheit umfassenden Religion anstreben.

Universalsorte, Kulturpflanzensorte, die bei unterschiedl. Standortverhältnissen (große ökolog. Streubreite) gute und i. d. R. sichere Erträge bringt, z. B. Winterroggensorten. – Eine **Lokalsorte** dagegen ist den Umweltbedingungen eines engen Bezirks angepasst.

Universalsprache, 1) →Welthilfssprachen; 2) von der Annahme einer Universalität alles Begrifflichen und seiner Identität in allen Sprachen ausgehendes sprachl. Zeichensystem als Verständigungs- (und Erkenntnis-)Mittel. Eine entsprechende U. wurde von G. W. F. LEIBNIZ im Rahmen seiner →Characteristica universalis angestrebt; ähnl. Ideen wurden u. a. von

Universiade
(Sportarten)

Sommeruniversiade
Baseball[*]
Basketball
Fechten
Fußball
Kunstturnen
Leichtathletik
rhythm. Sportgymnastik[*]
Schwimmen
Tennis
Volleyball
Wasserball
Wasserspringen

Winteruniversiade
alpiner Skisport
Biathlon
Eishockey
Eiskunstlauf
Eisschnelllauf[*]
nord. Skisport
Shorttrack

[*] Wahlsportart

É. B. DE CONDILLAC vertreten. Ferner findet der Gedanke einer U. auch in einer z. T. in Mathematik, mathemat. Logik, Physik, Chemie und Linguistik realisierten Tendenz zur Formalisierung seinen Ausdruck.

Universalsukzession, Recht: →Rechtsnachfolge.

universell [frz., von spätlat. universalis, vgl. universal], **1)** *allg.*: 1) alle Bereiche umfassend, allgemein; 2) vielseitig (verwendbar).

2) *traditionelle Logik:* allgemein, im Ggs. zu einzeln (singulär). Der Übergang von einer Aussage über ein Einzelnes (z. B. ›Sokrates ist sterblich‹) zu einer Allaussage (›Alle Menschen sind sterblich‹) heißt **Universalisierung,** im Unterschied zur →Generalisierung, einer Form der Verallgemeinerung, bei der ein allgemeiner Gültigkeitsbereich einer Aussage durch einen größeren erweitert wird.

universelle Algebra, ab 1940 begründete algebraische Disziplin, in der allgemeine Eigenschaften →algebraischer Strukturen insbesondere mithilfe der →Kategorientheorie untersucht werden, auch Bez. für eine sehr allgemeine Fassung des Begriffs der algebraischen Struktur innerhalb dieser Theorie. Eine u. A. ist ein Paar $(X, f_{i, n_i})_{i \in I}$, bestehend aus der Trägermenge X und einer Familie $(f_{i, n_i})_{i \in I}$ n_i-stelliger Operationen

$$f_{i, n_i}: X^{n_i} \to X, (x_1, ..., x_{n_i}) \to f_{i, n_i}(x_1, ..., x_{n_i})$$

auf X, wobei die Indexmenge I auch unendlich viele Elemente besitzen kann und die Familie $\tau = (n_i)_{i \in I}$ der Stelligkeiten aller Operationen f_{i, n_i} der Typ der u. A. heißt. Zahlr. bekannte algebraische Strukturen wie Halbgruppen, Gruppen, Ringe und Verbände sind u. A., und viele analoge Begriffe und Sätze für diese lassen sich leicht auf u. A. übertragen. Beispielsweise ist ein Unterraum einer u. A. $(X, f_{i, n_i})_{i \in I}$ ein Paar $(U, f_{i, n_i}|U)_{i \in I}$, wobei $U \subseteq X$ und $f_{i, n_i}(U^{n_i}) \subseteq U$ für alle $i \in I$ und eine Abbildung $h: (X, f_{i, n_i})_{i \in I} \to (Y, g_{i, n_i})_{i \in I}$ zwischen u. A. heißt Homomorphismus, falls

$$h[f_{i, n_i}(x_1, ..., x_{n_i})] = g_{i, n_i}[h(x_1), ..., h(x_{n_i})]$$

für alle $i \in I$. In Analogie zu speziellen algebraischen Strukturen heißt eine u. A. $(X, f_{i, n_i})_{i \in I}$ frei über der Basis $B \subseteq X$, falls zu jeder u. A. vom selben Typ mit Trägermenge Y und zu jeder Abbildung $g: B \to Y$ ein Homomorphismus $h: X \to Y$ existiert, der g fortsetzt. Eine Klasse V von u. A. desselben Typs heißt **Varietät,** falls mit u. A. aus V auch alle Unteralgebren, homomorphen Bilder und direkten Produkte zu V gehören. In Varietäten V existieren alle freien u. A., sie sind bis auf Isomorphie durch die Kardinalzahl ihrer Basen festgelegt, und eine Klasse von u. A. bildet genau dann eine Varietät, wenn sie durch ›Gleichungen‹ definiert werden kann, etwa wie die Klasse der Halbgruppen durch die Gleichung $(ab)c = a(bc)$ in der u. A. $(X, f: X \times X \to X)$. Die Theorie der u. A. hat auch für die einzelnen Strukturen neue Resultate erbracht, dient aber wesentlich zur einheitl. Darstellung und Bereitstellung allgemeiner Satzgruppen, die auch in anderen Disziplinen wie der mathemat. Logik Anwendung finden.

Universelles Leben, 1977 unter dem Namen **Heimholungswerk Jesu Christi** von GABRIELE WITTEK (* 1933) gegründete, v. a. im Großraum Würzburg verbreitete Religionsgemeinschaft mit stark esoter. und fernöstl. Einflüssen; seit Mitte der 80er-Jahre unter dem Namen U. L. Ziel ist es, JESUS CHRISTUS nicht in den traditionellen Kirchen zu suchen, sondern mithilfe eines ihr meditativ verstandenen ›Inneren Weges‹. Grundlage der Lehre sind die Offenbarungen WITTEKS. Charakteristisch ist die heftige Kritik an den großen Kirchen. Das U. L. unterhält u. a. Kindergärten, Schulen, Bildungszentren, medizin. Einrichtungen sowie versch. Wirtschaftsunternehmen. Die Anhänger werden auf einige Tausend geschätzt.

H.-W. JUNGEN: U. L. Die Prophetin der Endzeit u. ihr Management (Neuausg. 1998).

Universiade [Kw. aus **Universi**tät und Olymp**iade**] *die,* -/-n, Weltspiele im Studentensport, die alle zwei Jahre als **Sommer-U.** (erstmals 1959 in Turin) bzw. **Winter-U.** (erstmals 1960 in Chamonix) stattfinden. Neben den Pflichtsportarten stehen zusätzl. Wahlsportarten auf dem Programm. Die U. werden von der FISU organisiert. (→Hochschulsport)

Universismus [zu lat. universus ›ganz‹, ›sämtlich‹] *der,* -, von J. J. M. DE GROOT geprägte Bez. für eine durchgängige Tendenz des traditionellen chin. Denkens, bes. der Philosophie und Religion, einen Grundzusammenhang zw. allen Erscheinungen der Natur- und Menschenwelt anzunehmen. Die Auswirkungen des U. wurden in neuerer Zeit weiter untersucht, v. a. im Rahmen der Geschichte der chin. Naturwissenschaft und des Individualismus.

J. J. M. DE GROOT: U. (1918); J. NEEDHAM: Science and civilization in China, Bd. 2 (Cambridge 1956, Nachdr. ebd. 1991); Individualism and holism, hg. v. D. J. MUNRO (Ann Arbor, Mich., 1985).

Universität [mhd. universitēt ›Verband (der Lehrenden und Lernenden)‹, von lat. universitas ›(gesellschaftl.) Gesamtheit‹, ›Kollegium‹] *die,* -/-en, traditionelle, weltweit verbreitete Form der wiss. Hochschule mit dem Recht, akadem. Titel zu verleihen.

Als Gemeinschaft von Lehrenden und Lernenden, ausgestattet mit Rechten der Selbstverwaltung, der Festlegung und Ausführung von Studienplänen und Forschungsvorhaben sowie der Verleihung öffentlich anerkannter akadem. Grade, ist die U. eine Schöpfung des europ. MA. Um 1200 schlossen sich in Bologna die ortsfremden Rechtsstudenten zur Wahrung ihrer Interessen gegenüber Stadtbehörden und Professoren zu Genossenschaften (›universitates‹) zusammen. Anfang des 13. Jh. bildeten in Paris die Lehrer der →Artes liberales, die zugleich Theologie, Medizin oder Recht studierten, die universitas magistrorum et scholarium‹, um die Studienverhältnisse selbstständig zu regeln. Die übergreifenden polit. Mächte, Papst und Kaiser bzw. König, nahmen die U. gegenüber den lokalen Behörden unter ihren Schutz und verliehen ihnen Privilegien. Durch das Privileg, allg. gültige akadem. Grade zu verleihen, wurde die hohe Schule als →Studium generale anerkannt. Die akadem. Grade bescheinigten – wie noch heute – dem Träger die Fähigkeit, eine wiss. Disziplin so zu beherrschen, dass er andere darin unterrichten könnte, unter Aufsicht als →Bakkalaureus, selbstständig als →Magister bzw. →Doktor. Das Erlernen und Lehren wiss. Erkenntnis erwies sich aber zugleich als hervorragende Schulung der rationalen Fähigkeiten, die zur Bewältigung öffentlich bedeutsamer Aufgaben notwendig waren, und erlaubte eine Elitenbildung in der zunehmend urbanisierten Gesellschaft. U.-Absolventen wurden mit führenden Aufgaben in der kirchl., staatl. und städt. Verwaltung, im Rechts-, Schul- und Gesundheitswesen beauftragt, der Doktortitel einem Adelsprädikat gleichgestellt.

U. entstanden zuerst in Italien, Frankreich, England und Spanien, aus Rechtsschulen wie – neben Bologna – Oxford (Anfang des 13. Jh.), aus Medizinschulen wie Montpellier (Anfang des 13. Jh.), aus Domschulen wie Salamanca (1218), aus Abwanderungen wie Cambridge (1209) von Oxford, Padua (1222) von Bologna, vorwiegend dank fürstl. oder städt. Initiativen. Ein Jahrhundert später erreichte die Gründungswelle unter recht unterschiedl. Bez. das übrige Europa. 1500 gab es 66 U., 17 in Frankreich, 16 im Hl. Röm. Reich, 13 in Italien, elf in Spanien, drei in Schottland, zwei in England, je eine in Dänemark, Polen, Portugal und Schweden. Ein Viertel wies mindestens 1 000 Studenten auf, ein Viertel zw. 300 und

1000, die andere Hälfte selten mehr als 100. In Italien, S-Frankreich und Spanien überwog das Bologneser Modell der ›Studenten-U.‹, in der die v. a. aus Adligen zusammengesetzte Studentenschaft anfänglich die Professoren einstellte und die Rektoren aus ihren eigenen Reihen wählte, schon bald aber Trägerschaft und Kontrolle der U. den städt. oder fürstl. Behörden abtreten musste. Im nördl. Teil Europas überwog das Pariser Modell der ›Magister-U.‹, die meist von bepfründeten Klerikern geleitet wurde. Gelehrt wurden die öffentlich zugänglichen, v. a. aus dem Altertum überlieferten Wissenschaften. Eine U. musste neben den Artes liberales mindestens eine der drei höheren Fakultäten (Theologie, Recht, Medizin) aufweisen und zog mit dieser oft Studenten aus ganz Europa an, so Paris und Oxford Theologen, Bologna und Orléans Juristen, Montpellier, Padua und Paris Mediziner. Alle U. und Fakultäten wandten die gleichen Lehrmethoden an: die kommentierende Vorlesung autoritativer Texte und die Disputation über daraus sich ergebende Fragen. Im 15. Jh. kam die humanist. Methode der historisch-philolog. Interpretation antiker Originalwerke aus allen Gebieten der Wiss. hinzu.

Die territorialstaatl. und konfessionelle Spaltung sowie die weltweite Expansion Europas zw. 1500 und 1800 hatten eine Ausbreitung der U., zugleich aber eine Veränderung und Relativierung ihrer gesellschaftl. Rolle zur Folge. 1538 gründeten die Kolonisatoren in Santo Domingo, 1551 in Lima und Mexiko U., in den folgenden 150 Jahren über 24 weitere in Mittel- und Südamerika. In Nordamerika entstand 1636 das erste College der →Harvard University, bis 1800 kamen 12 weitere U. hinzu. In Europa hatte sich bis 1790 die Anzahl der U. mit 142 mehr als verdoppelt. Dtl. wies jetzt 34 U. auf, Italien 26, Frankreich 25, Spanien 23, Österreich-Ungarn 12, die Niederlande sechs, Schottland fünf, Skandinavien vier, England und Russland je zwei, Irland, Portugal und die Schweiz je eine. Die meisten Neugründungen gingen auf Reformation und Gegenreformation zurück. Auch schon bestehende U. erhielten z. T. konfessionelle Prägung. Das stark philologisch und mathematisch ausgerichtete Studium umfasste zunehmend Gegenstände der Erfahrung und Beobachtung. U. erhielten ›anatom. Theater‹, botan. Gärten, archäolog. Sammlungen. Europ. Leit-U. wurden im 16. Jh. Salamanca und Padua, im 17. Jh. Leiden (gegr. 1575), im 18. Jh. Halle (Saale), gegr. 1694, und Göttingen (1737); diese führten die in wiss. Gesellschaften und Akad. entwickelte Forschungsfreiheit in den U.-Unterricht ein. Insgesamt überwog die Ausrichtung auf gesellschaftl. Nutzen, die Ausbildung von Geistlichen, Juristen und Ärzten unter strenger Kontrolle der Behörden, die im 16. und 17. Jh. unorthodoxe Professoren zu Widerruf oder Scheiterhaufen verurteilten und noch 1792–97 I. KANT der Zensur unterwarfen. – Ohne Promotionsrecht entstanden im 16. Jh. reformierte Hochschulen und kath. Kollegien, im 17. Jh. Adels- und Ritterakademien, im 18. Jh. Spezialhochschulen für Bergbau, wie Schemnitz (1762) und Freiberg (1765), sowie für militär. Zwecke (Kadettenanstalten, Dresden 1766, Stuttgart 1775, →Karlsschule).

Um 1750–75 studierten in Oxford 0,2%, in Polen gleichfalls 0,2%, in Frankreich 1,2%, im Hl. Röm. Reich 1,7% der entsprechenden Altersgruppe, durchschnittlich kaum 200 pro Hochschule. Die Frz. Revolution und die Napoleon. Kriege führten – auch in Dtl. – zur Auflösung zahlreicher U. und in der Folge zu einer Neugliederung der europ. U.-Systems: Frankreich setzte auf Berufsausbildung in Medizin- und Rechtsschulen (erst 1895 wurden die aufgelösten U. wieder eingerichtet) und in den Grandes Écoles (→École), die mit strengen Auswahlverfahren eine Elite von Offizieren, Professoren und Ingenieuren dem Staatsdienst zuführten. Im Ggs. dazu wurde die in den Befreiungskriegen 1810 gegründete U. Berlin (→Humboldt-Universität zu Berlin) zum Modell einer auf der Einheit von Forschung und Lehre beruhenden Reform, die zunächst die mittel- und osteurop. Länder, 1876 mit der Johns Hopkins University in Baltimore (Md.) die USA und um 1900 auch die west- und südeurop. U. erfasste und zum strukturellen Grundprinzip des universitären Lehrbetriebs wurde. Daneben entwickelten sich z. T. nach frz. Vorbild die techn. Hochschulen (TH), in Dtl. 1899 (zus. mit dem Diplomabschluss), in Österreich 1901 das Promotionsrecht erhielten und damit den U. gleichgestellt wurden. Dazu kamen Spezialhochschulen für Bergbau, Tiermedizin, Landwirtschafts- und Forstwesen, Handel und Wirtschaft, im Dt. Reich 25, von denen später 14 in U. und TH aufgingen. In England und Wales erhielt sich das Modell der Collegeerziehung von Oxford und Cambridge und wurde von den neu gegründeten Stadt-U. übernommen, die auch Ingenieurwissenschaften pflegten.

Die zunehmende Verwissenschaftlichung der Lebensverhältnisse hatte ebenso wie die Entwicklung universitärer Forschungsinstitute, Laboratorien und Kliniken die Einführung von Staatsprüfungen und staatl. Berechtigungsnachweisen für akadem. Berufe zur Folge und erhöhte allg. die student. Nachfrage. Im 19. Jh. wurden in Ländern mit nur wenigen U. neue gegründet und bestehende Hochschulen zu U. ausgebaut. Die Studentenzahl stieg in Dtl. von weniger als 6000 am Ende des 18. Jh. bis 1931 in den 23 U. und 10 TH auf 138010 (unter Einschluss der seit 1905 zugelassenen Frauen), ging jedoch bis 1939 wieder auf rd. 62000 zurück.

Nach dem Zweiten Weltkrieg wurden die materiell und ideell schwer beschädigten U. weiter Teile Europas erstaunlich rasch wieder aufgebaut. Überwiegend wurden bereits im Herbst 1945 die U. in Dtl. wieder eröffnet, von der frz. Besatzungsmacht 1946 in Mainz und 1948 in Saarbrücken U., in Speyer 1947 eine Verwaltungshochschule gegründet. Während in den W-Zonen wie im übrigen W- und S-Europa die früheren Hochschul- und Forschungsstrukturen wiederhergestellt wurden, erfolgte im Ostblock die Anpassung an das sowjet. Hochschulsystem in einem achtjährigen Säuberungs-, Indoktrinierungs- und Reorganisationsprozess. Mitte der 50er-Jahre, v. a. nach dem ›Sputnikschock‹ 1957, als der künstl. Erdsatellit eine Überlegenheit der sowjet. Wiss. zu signalisieren schien, verstärkten nicht nur die USA, sondern auch die Staaten W-Europas ihre Maßnahmen zur Ausbildung eines quantitativ und qualitativ konkurrenzfähigen Potenzials an Wissenschaftlern und Ingenieuren. Überall wurde das Hochschulwesen hinsichtlich der örtl. Lage und regionalen Verteilung wie des Lehrangebots verbessert und breiteren Bev.-Schichten ein Studium ermöglicht. Die neuen U. entwickelten sich meist aus berufsbildenden Einrichtungen und unterschieden sich von den traditionellen durch die Aufnahme techn. und anderer berufsorientierter Disziplinen. Die TH erhielten medizin., rechts-, wirtschafts- und sozialwiss. Fakultäten und wurden ihrem Wesen, oft auch ihrem Namen nach U. Ab 1960 entstanden in Europa bedeutend mehr U. als in den vorherigen 750 Jahren und öffneten einem Viertel bis zur Hälfte der entsprechenden Altersgruppe. (→Hochschulen)

Literatur →Hochschulen.

Universitäten der Bundeswehr, seit 1973 (bis 1985 Hochschulen der Bundeswehr) bestehende bundeswehreigene Universitäten in Hamburg und München. Vom Bundesministerium der Verteidigung verwaltet und finanziert, sind die U. d. B. jedoch autonom und der Kulturhoheit der jeweiligen Bundesländer unterstellt. Hochschul- bzw. Fachhochschulreife, eine

Dienstverpflichtung von mindestens 12 Jahren und die bestandene Offiziersprüfung sind Zulassungsvoraussetzungen für das Studium, das Kernstück der Ausbildung zum Offizier ist. Die Studienzeit beträgt 3 1/4 Jahre (die letzten drei Monate für die Diplomprüfung); das Studienjahr ist in Trimester eingeteilt. Das Studienangebot umfasst Maschinenbau, Elektrotechnik, Wirtschaftsingenieurwesen, Betriebs- und Volkswirtschaftslehre, Pädagogik, Geschichts- und Politikwiss.en sowie zusätzlich in München Luft- und Raumfahrttechnik, Bauingenieurwesen, Umwelttechnik, Vermessungswesen, Wirtschafts- und Organisationswiss.en, Sportwiss. und Informatik; Abschluss: zivil anerkanntes Diplom. Außerdem haben die U. d. B. Promotions- und Habilitationsrecht. Neben Lehre und Studium wird die Forschung (z. T. in Kooperation mit Industrieunternehmen) unabhängig und ohne themat. Vorgaben betrieben.

Universitätspresse, mit einer Univ. assoziierte Buchpresse. Die U. ist charakteristisch für den angelsächs. Raum. 1478 wurde in England die Oxford University Press gegründet, 1521 erschien der erste Druck bei der Cambridge University (die Presse als solche wurde erst 1582 institutionalisiert). In Russland entstand 1756 die Moskauer U., in den USA 1905 die Princeton University Press, 1913 die Harvard University Press. In der heutigen Rechtsform handelt es sich bei den U. durchweg um Verlage.

Universitätstheater, Theaterspiel an Univ. (seit dem frühen 15. Jh.), das als **Studententheater** zw. Amateur- und Berufstheater steht. Eine besondere Rolle spielt die Beziehung der Spielgruppen zur Univ.; bestimmte universitäre Ausbildungsgänge sind entscheidend, wie z. B. Theatergruppen an theaterwiss. Instituten, die die theoretisch erworbenen Kenntnisse praktisch erproben oder auch unbekannte oder in Vergessenheit geratene Stücke in Erinnerung bringen wollen; daneben Theatergruppen an Hochschulen für darstellende Kunst, wo Inszenierungen unmittelbarer Bestandteil des Ausbildungsbetriebs sind (z. B. als Abschlussprüfungen). Kontakte zu ausländ. U.-Gruppen ermöglichen die jährlichen internat. Treffen in Erlangen (ab 1949) und in Parma (ab 1952). Experimentelle Dramatik in den 60er- und Politisierung in den 70er-Jahren bis hin zum Straßentheater der außerparlamentar. Opposition prägten das U. in Dtl.; in Polen unter Einfluss der experimentellen Theaterformen (J. GROTOWSKIS ›armes Theater‹) Suche nach eigener Identität auf der Basis der aktuellen Geschichte. An den Schauspielfachbereichen (Drama-Departments) mancher amerikan. Univ. kann ein akadem. Abschluss (Bachelor of Arts) erreicht werden. In Großbritannien wurde bereits 1885 die Oxford University Dramatic Society (OUDS) gegründet, aus der zahlr. Schauspieler und Regisseure hervorgegangen sind.

Universitäts- und Hochschulbibliotheken. Zu den U.- u. H. gehören die Bibliotheken der Univ., techn. Univ., Gesamthochschulen, pädagog. Hochschulen, Fachhochschulen und Spezialhochschulen (→Hochschulen). Sie sind wiss. Universalbibliotheken und dienen der Forschung, der Lehre und dem Studium sowie der berufl. und allgemeinen Bildung. Soweit die U.- u. H. gleichzeitig landes- oder regionalbibliothekar. Aufgaben wahrnehmen, d. h. das regionale Pflichtexemplarrecht besitzen, dienen sie der allgemeinen Versorgung mit wiss. Literatur und haben somit den Status von öffentlich zugänglichen wiss. Bibliotheken. Der Aufbau des Bestandes der U.- u. H. orientiert sich an den Bedürfnissen der an der Hochschule vertretenen Fachgebiete und kann dementsprechend eher universal oder, im Fall der Fachhochschulen, eher speziell ausgerichtet sein. Aufgrund histor. Entwicklungen sind an den U.- u. H. mitunter Sondersammlungen entstanden, die ihnen eine über die Hochschule und das lokale und regionale Einzugsgebiet hinausgehende Bedeutung verleihen. In manchen Fällen sind Zentralkataloge bzw. Verbundnetze von bibliothekar. Ausbildungseinrichtungen Teil einer Univ.- oder Hochschulbibliothek. Viele U.- u. H. nehmen darüber hinaus überregionale Aufgaben im Rahmen des Sondersammelgebietsplans der Dt. Forschungsgemeinschaft oder des Programms ›Sammlung dt. Drucke 1450–1912‹ wahr.

Das Bibliothekswesen an den dt. Hochschulen ist nicht einheitlich organisiert; zu unterscheiden sind das einschichtige und das zweischichtige System. Letzteres, dadurch charakterisiert, dass neben der Zentralbibliothek, unabhängig von ihr und auch untereinander nicht verbunden, eine Anzahl selbstständiger Institutsbibliotheken besteht, war bis Mitte der 60er-Jahre vorherrschend. Um den sich hieraus ergebenden Nachteilen (Personalintensität, Doppelanschaffungen, Mehrarbeit bei der Katalogisierung, Zugänglichkeit nur für Institutsangehörige) vorzubeugen, wurde bei den seit den 60er-Jahren gegründeten Univ. das einschichtige Bibliothekssystem eingeführt, das auch für die Hochschulen der neuen Bundesländer charakteristisch ist. Bei den älteren Univ.-Bibliotheken existieren oft Mischformen, d. h., die Zweigleisigkeit bleibt bestehen, wird aber durch Kooperationen in Anschaffung und Katalogisierung durchbrochen. Kontrovers diskutiert wird neben der grundsätzl. Organisationsfrage das Problem der Aufstellung der Bestände (Magazinierung, Teilmagazinierung mit Freihandzonen oder völlige Freihandaufstellung).

Die größten dt. U.- u. H. sind (1998): Bibliothek der Humboldt-Univ. Berlin (5,7 Mio. Bde.), Stadt- und Univ.-Bibliothek Frankfurt am Main (3,8 Mio. Bde.), die Univ.-Bibliotheken Göttingen (4 Mio. Bde.), Leipzig (4,7 Mio. Bde.) und Tübingen (2,98 Mio. Bde.); in Österreich die Univ.-Bibliotheken Wien (5,34 Mio. Bde.), Graz (2,2 Mio. Bde.) und Innsbruck (2,3 Mio. Bde.); in der Schweiz Basel (3 Mio. Bde.), Bern (2 Mio. Bde.), Genf (1,8 Mio. Bde.) und die ETH Zürich hat einen Bestand von 5,2 Mio. Einheiten. In Dtl. gibt es (1991) 73 Univ.-Bibliotheken mit 3 559 Institutsbibliotheken und 199 sonstige Hochschulbibliotheken mit 161 Abteilungsbibliotheken.

Vom Strukturwandel dt. Hochschulbibliotheken, hg. v. W. HAENISCH u.a. (1973); Die Hochschulbibliothek, hg. v. K.-O. LEHMANN u.a. (1978); Empfehlungen zur Entwicklung der Fachhochschulen in den 90er Jahren, hg. vom Wissenschaftsrat (1991).

Universitätsversammlung, *Hochschulwesen:* →Senat.

University Press [juːnɪˈvəːsɪti pres; engl.], →Universitätspresse.

University wits [juːnɪˈvəːsɪti wɪts], 1) eine Gruppe akademisch gebildeter engl. Schriftsteller (C. MARLOWE, T. KYD, T. NASHE, J. LYLY, R. GREENE, T. LODGE u.a.), die mit ihren etwa 1590–1600 geschriebenen Stücken die Entwicklung des engl. Dramas entscheidend beeinflussten; 2) eine nicht organisierte Gruppe von engl. Romanautoren und Lyrikern der 1950er-Jahre, die z. T. auch den Angry young men bzw. dem Movement zugerechnet wurden und zumeist Univ.-Dozenten waren (u.a. K. AMIS, J. WAIN, P. LARKIN, auch IRIS MURDOCH).

W. VAN O'CONNOR: The new. u. w. and the end of modernism (Neuausg. Carbondale, Ill., 1968).

Univẹrsum [lat., zu universus ›ganz‹, ›sämtlich‹, eigtl. ›in eins gekehrt‹, zu unus ›einer‹ und versus ›gewendet‹] *das, -s,* das →Weltall.

Univẹrsum Film AG, →Ufa.

Univibrator, andere Bez. für den monostabilen →Multivibrator.

univoltin [zu ital. una volta ›einmal‹], **monovoltin,** im Laufe des Jahres nur eine einzige Generation

Jörg Unkair: Renaissanceflügel der Schelenburg bei Bissendorf, Landkreis Osnabrück; um 1530 ff.

hervorbringend; v. a. von Insektenarten gesagt. **Bivoltine** Arten bringen zwei, **plurivoltine** mehrere Generationen hervor.

univor [lat.], *Biologie:* →monophag.

UNIX [ˈjuːnɪks; engl.], 1973 in den Bell Laboratories entwickeltes universelles Betriebssystem. UNIX hat seither große Verbreitung erlangt, weil es durch seine →Portabilität leicht an unterschiedl. Rechner angepasst werden kann; es gilt heute als eines der Standardbetriebssysteme für alle Rechnertypen, i. d. R. für vernetzte Computer.

UNIX ist ein Betriebssystem für →Mehrprogrammbetrieb und →Mehrbenutzerbetrieb, das sowohl Dialog- als auch Stapelbetrieb erlaubt. Es ist in Schichten oder Schalen **(Shells)** aufgebaut, von denen nur die innerste, hardwarenächste z. T. in der jeweiligen Assemblersprache geschrieben und daher nicht portabel ist. Alle übrigen, der UNIX-Kern, die Standardprogramme und der Kommandointerpreter, die Benutzerschale (die Shell i. e. S.), sind in der Programmiersprache →C geschrieben. Hierauf beruht die Portabilität von UNIX; notwendig ist lediglich ein Übersetzer (Compiler) für C auf dem jeweiligen Computer.

Der UNIX-Kern verwaltet die Prozesse und deren Synchronisation, das Dateisystem und die Hardware und bietet eine Reihe elementarer Funktionen des Betriebssystems **(Systemaufrufe)** an, die von den über ihm liegenden Schichten und von Anwenderprogrammen benutzt werden können. Die Standardprogramme dienen u. a. zur Manipulation des Dateiensystems, der Editoren sowie der Übersetzer. Die Shell ist ebenfalls ein Standardprogramm; sie liest jeweils eine Zeile ein und führt das in ihr enthaltene Kommando aus, d. h., sie startet ein Standard- oder Anwenderprogramm (jedes Kommando ist ein Programm). – In UNIX sind alle Dateien als Zeichenfolgen ohne weitere Struktur organisiert. Geräte zur Ein- und Ausgabe von Daten werden ebenfalls als Dateien behandelt **(Spezialdateien),** was die Datenein- und -ausgabe vereinfacht. Als dritte Dateiart gibt es Verzeichnisse **(Directories)** mit den Namen anderer Dateien und Verweisen auf diese, wodurch das Dateiensystem eine Baumstruktur (→Baum) erhält. Durch die große Zahl an Standardprogrammen und die vielen Funktionen, die die Shell anbietet, können viele Probleme allein mit UNIX gelöst werden. Möglich ist v. a. auch die **Pipe-Operation** (initiiert durch den Operator ›|‹ zw. zwei Kommandos), die es erlaubt, die Ausgabedaten eines Programms unmittelbar als Eingabedaten eines anderen zu verwenden. Jedes Programm kann durch die Eingabe eines besonderen Zeichens im Hintergrund gestartet werden; dadurch wird es möglich, ein nächstes Kommando einzugeben, ohne auf die Erledigung des vorherigen warten zu müssen.

Neben den zahlreichen herstellerspezif. Varianten von UNIX, wie SUN-OS/Solaris (entwickelt von der Firma Sun Microsystems), AIX (IBM Corporation), HP-UX (Hewlett Packard Company), SINIX (Siemens Nixdorf) oder Ultrix (DEC), gibt es auch eine frei verfügbare UNIX-Version, **Linux,** die in weltweiter Zusammenarbeit von dem Schweden LINUS TORVALDS entwickelt und nach ihm benannt wurde.

Unjamwesi, engl. **Unyamwezi** [ʌnjəmˈwezɪ], flachwelliges, beckenförmiges Hochland in Tansania südlich des Victoriasees, 1 200–1 300 m ü. M., mit lichtem Miombowald bedeckt; weithin von der Tsetsefliege verseucht. Die Bewohner, die Nyamwezi, bauen Hirse, Mais, Reis, Erdnüsse und Baumwolle an. Hauptort ist Tabora.

Unkair, Jörg, früher **Meister Jürgen von Tübingen** gen., Architekt und Bildhauer, * Lustnau (heute zu Tübingen) um 1500, † Detmold 1553; Vertreter der frühen Weserrenaissance, erbaute Schloss Neuhaus bei Paderborn (1524 ff.), den Renaissanceflügel der Schelenburg bei Bissendorf, Landkreis Osnabrück (um 1530 ff.), die Schlösser in Stadthagen (1534–45), Petershagen (1544–47) und Detmold (1549 ff.).

J. SOENKE: J. U. (1958).

UN-Kaufrecht, das →Einheitliche Kaufrecht.

Unkei, jap. Meister buddhist. Holzskulptur, * um 1148, † 1223; Sohn des KŌKEI, dessen neuen, realistisch-bewegten Stil der Kamakuraplastik (→japanische Kunst) er zur Reife führte.

Werke: Zwei monumentale Ni-ō (1203, Höhe über 8 m, im Tempel Tōdaiji, Nara; Statuen des Miroku (BUDDHA) und der Priester MUCHAKU und SESHIN (1208, im Tempel Kōfukuji, Nara).

Unkei: Statue des indischen Priesters Muchaku; bemaltes Holz, Höhe 192 cm; 1208 (Nara, Tempel Kōfukuji)

Unkel, Stadt im Landkreis Neuwied, Rheinl.-Pf., 52 m ü. M., am rechten Ufer des Mittelrheins, 5 200 Ew.; Fruchtsaftherstellung. – Kath. Pfarrkirche St. Pantaleon, eine got. Hallenkirche (Anfang 13. Jh., 1502 umgebaut), mit wertvoller Ausstattung (u. a. barocker Hochaltar 1705) und Kirchenschatz; mehrere stattl. Herrenhäuser (16.–18. Jh.) und Fachwerkhäuser (17./18. Jh.). – U., 886 urkundlich erwähnt, wurde ab 1474 als Stadt bezeichnet und stand bis 1803 in kurköln. Besitz. 1952 erhielt U. erneut Stadtrechte.

Unken, Bombina, Gattung der Froschlurche aus der Familie der Scheibenzüngler mit dunkler Oberseite und auffällig gefleckter Unterseite. U. sind tagaktiv, gesellig und bewohnen gut besonnte Kleingewässer; die kalte Jahreszeit verbringen sie außerhalb des Wassers in lockeren Böden. Bei Gefahr wölben sie den Körper schüsselartig auf und zeigen die grell gefärbten Unterseiten der Hand- und Fußflächen (›Unkenreflex‹); die Haut sondert ein giftiges, stark schleimhautreizendes Sekret ab. U. werden mit zwei Jahren geschlechtsreif, in Menschenobhut können sie über zwölf Jahre alt werden. – In Europa kommen →Gelbbauchunke (in Dtl. nach der Roten Liste als stark gefährdet eingestuft) und →Rotbauchunke vor, drei weitere Arten leben in Ostasien.

Unken, Gem. im Pinzgau, Bundesland Salzburg, Österreich, 563 m ü. M., an der Saalach, unweit der Grenze zu Dtl., 1 900 Ew.; Heimatmuseum Kalchofengut; Fremdenverkehr; Sitz eines der drei bayer. Saalforstämter, die als Ausgleich für die Ausdehnung des Halleiner Salzabbaus der bayer. Gebiet einige österr. Waldgebiete an der Saalach forstwirtschaftlich nutzen dürfen.

UN-Konferenz für Umwelt und Entwicklung, UN Conference on Environment and Development [juːˈen ˈkɔnfrəns ɔn ɪnˈvaɪrnmənt ənd dɪˈveləpmənt, engl.], Abk. **UNCED,** Gipfeltreffen (Erdgipfel) vom 3. 6. bis 14. 6. 1992 in Rio de Janeiro, an dem Vertreter von 178 Staaten beteiligt waren (→nachhaltige Entwicklung).

Unkosten, umgangssprachl. Ausdruck für Kosten, bes. auch für vermeidbare oder unvorhergesehene Kosten, sowie für Ausgaben.

Unkrautbekämpfungsmittel, →Herbizide.

Unkräuter, Segetalpflanzen, Stauden (Wurzel-U.) oder ein- bzw. zweijährige Kräuter (Samen-U.), die in Kulturpflanzenbestände eindringen und mit den Nutz- bzw. Zierpflanzen um Bodenraum, Licht, Wasser und Nährstoffe konkurrieren und damit deren Ertrag mindern. U. besitzen gegenüber den Kulturpflanzen meist eine kürzere Entwicklungszeit, höhere Widerstandsfähigkeit sowie hohe Regenerations- und Ausbreitungsfähigkeit. U. gehören z. T. zur ursprünglichen heim. Flora (z. B. Brennnessel) und fanden dann im Kulturland gute Lebensbedingungen (Stickstoffanreicherung durch Düngung) oder sind bereits seit langer Zeit eingebürgerte, aus anderen Florengebieten (vorderasiat. Steppen, Mittelmeergebiet) stammende Zuwanderer; z. T. wurden sie auch als Kulturpflanzenbegleiter – in neuerer Zeit auch verstärkt aus Übersee – eingeschleppt und verursachten gelegentlich durch Massenvermehrung größere Schäden. U. verhindern jedoch auch Bodenerosion in Hanglagen, beschatten den Boden und sind als Wildpflanzen wichtige Genreservoire, die im Hinblick auf zukünftige Nutzungsmöglichkeiten nicht ausgerottet werden dürfen. Zu den U. zählen ferner zahlr. →Ruderalpflanzen.

U. sind Kulturfolger; je nach den speziellen Lebensbedingungen der versch. Standorte und entsprechend ihrer Anpassungsfähigkeit bilden sie bestimmte Pflanzengesellschaften (z. B. Wechsel zw. Mähwiese und Weide). Neben der Acker-U., die im Feldbau neben Kulturpflanzen auftreten, und Garten-U. (z. B. Gartenwolfsmilch, Vogelknöterich, Ackerwinde, Gemeine Quecke) gibt es U. der Wiesen und Weiden (z. B. versch. Distelarten, Herbstzeitlose, Scharfer Hahnenfuß) sowie Forst-U. (z. B. Adlerfarn, in jungen Kulturen die Birke und als Lichtkonkurrenten hochwüchsige Gräser wie Reitgras).

Infolge ihrer Vitalität vermögen die U. sich Wurzelraum und Nährstoffe früher anzueignen als die Kulturpflanzen; die rechtzeitige Bekämpfung im Jugendstadium entscheidet daher wesentlich über den Ernteertrag. Die mechan. Bekämpfung hat sich in ihrer hergebrachten Form erhalten (z. B. Jäten, Mulchen, Abbrennen). Zur Bearbeitung der Felder wurden Geräte mit unterschiedl. Wirkungsweise (Pflüge, Eggen, Striegel, Fräsen) geschaffen. Zur chem. U.-Bekämpfung dienen →Herbizide, wobei der Einsatz von Wuchsstoffherbiziden im Getreideanbau eine Veränderung bei den U. bewirkte, da sie ausschließlich zweikeimblättrige U. erfassen und den Raum für die einkeimblättrigen Ungräser freimachen. Beispiele für erfolgreiche biolog. U.-Bekämpfung lieferten Australien (Feigenkaktus durch Kleinschmetterlinge) und Nordamerika (Johanniskraut durch Blattkäferarten). →Wildkräuter.

M. HANF: Acker-U. Europas mit ihren Keimlingen u. Samen. (³1990).

Unland, →Ödland.

unlauterer Wettbewerb, Verhalten im Wirtschaftsverkehr, durch das jemandem mit rechtlich unzulässigen Mitteln ein Vorsprung vor den Konkurrenten verschafft werden soll. Der u. W. widerspricht dem für eine Marktwirtschaft grundlegenden Prinzip eines freien Wettbewerbs durch Leistung. Er ist deshalb nach dem Ges. gegen den u. W. (UWG) vom 7. 6. 1909 sowie zahlr. Sondervorschriften (z. B. Rabatt-Ges., Zugabe-VO) verboten. Zentrale Bedeutung hat die Generalklausel des § 1 UWG; sie untersagt jedes Verhalten, das gegen die guten Sitten im Wettbewerb verstößt. Von der Rechtsprechung wurde sie in einzelne Tatbestände aufgegliedert, wie den Kundenfang durch Irreführung und Verlockungsangebote, die Absatz- und Werbungsbehinderung, die Ausbeutung fremder Leistung, die Ausnutzung rechtswidrigen Verhaltens sowie die Marktstörung durch systemat. Preisunterbietung. Die §§ 3 ff. UWG und die Sondervorschriften untersagen bestimmte Wettbewerbshandlungen (unerlaubte Werbung, Schmiergeldzahlung, Kreditschädigung) auch dann, wenn sie nicht sittenwidrig sind; Verstöße sind häufig bußgeldbewehrt oder strafbar. Gegen Maßnahmen des u. W. können die Mitbewerber, z. T. auch Wirtschaftsverbände und Verbraucherorganisationen auf Unterlassung klagen. Schuldhafte Verstöße lassen zusätzlich Schadensersatzansprüche sowie Auskunftsansprüche entstehen. Im Fall der Kreditschädigung (§ 14 UWG) wird auch ohne Verschulden gehaftet. Diese wettbewerbsrechtl. Ansprüche verjähren in sechs Monaten ab Kenntnis, spätestens aber in drei Jahren.

Rechtsgrundlage in *Österreich* ist das UWG 1984 (mit Änderungen). Es gelten dem dt. Recht entsprechende Regelungen, v. a. hinsichtlich der Generalklausel des § 1 UWG. – In der *Schweiz* ist der u. W. im Bundes-Ges. über den u. W. vom 19. 12. 1986 (UWG) geregelt. Als unlauter und widerrechtlich gilt täuschende oder in anderer Weise gegen den Grundsatz von Treu und Glauben verstoßende Verhalten oder Geschäftsgebaren, welches das Verhältnis zw. Mitbewerbern oder zw. Anbietern und Abnehmern beeinflusst (Art. 2 UWG). Der Tatbestand des u. W. setzt kein Wettbewerbsverhältnis zw. Handelndem und Verletztem voraus, weshalb bes. auch Journalisten (trotz presserechtl. Bedenken) als Täter infrage kommen.

H. OTTO: Die strafrechtl. Bekämpfung unseriöser Geschäftstätigkeit (1990); O. D. DOBBECK: Wettbewerb u. Recht (1991); H. OESTERHAUS: Die Ausnutzung des internat. Rechtsgefälles u. § 1 UWG (1991); O.-F. FREIHERR VON GAMM: Ges. gegen den u. W. (³1993); K.-J. MELULLIS: Hb. des Wettbewerbsprozesses... (²1995); V. EMMERICH: Das Recht des u. W. (⁵1998).

unlimitierte Order, unlimitierter Auftrag, Börsenauftrag zum Kauf oder Verkauf ohne Kursvorschrift (→bestens).

unmittelbarer Zwang, ein Zwangsmittel zur Durchsetzung eines Verwaltungsakts, der ein Ge- oder Verbot ausspricht. U. Z. besteht im gewaltsamen Einwirken auf Personen oder Sachen, z. B. im Schlag mit dem Gummiknüppel, im Eintreten einer Tür oder im →Schusswaffengebrauch.

Unmittelbarkeit, Prozessgrundsatz, demzufolge die Verhandlung und die Beweisaufnahme unmittelbar vor dem in der Sache entscheidenden Gericht stattfinden muss, soweit keine Ausnahmen zulässig sind (z. B. bei Verhandlungen vor dem →beauftragten Richter). Besondere Bedeutung kommt diesem Grundsatz im Strafprozess zu, in dem das Gericht seine Entscheidung unmittelbar durch eigene Vernehmung der Angeklagten, Zeugen und Sachverständigen gewinnen muss (§§ 250, 261 StPO). Die Protokollverlesung aus früheren Vernehmungen ist daher in Durchbrechung des U.-Grundsatzes nur begrenzt zulässig (§§ 251–256 StPO). Eine weitere Einschränkung des U.-Grundsatzes hat das am 1. 12. 1998 in Kraft getretene Zeugenschutz-Ges. vom 30. 4. 1998 gebracht. Es ermöglicht, eine Zeugenaussage auf Bild-Ton-Träger aufzunehmen und direkt in das Verhandlungszimmer des erkennenden Gerichts, in dem sich die übrigen Verfahrensbeteiligten einschließlich des Vors. befinden, zu übertragen (§ 247a StPO). Voraussetzung ist allerdings, dass eine nicht anders abwendbare, dringende Gefahr eines schwerwiegenden Nachteils für das Wohl des Zeugen besteht, wenn er in Gegenwart der in der Hauptverhandlung Anwesenden vernommen wird. § 255a StPO stellt nunmehr die Vorführung einer auf Video aufgezeichneten Zeugenaussage den Verlesungsvorschriften der §§ 251–253, 255 StPO gleich und eröffnet die Möglichkeit, dass unter bestimmten Voraussetzungen bei Sexual- und Tötungsdelikten sowie bei Kindesmisshandlungen die Vernehmung von Zeugen unter 16 Jahren in der Hauptverhandlung durch die Verwertung einer solchen Videovorführung sogar ersetzt wird.

Unmöglichkeit, unmögliche Leistung, *Schuldrecht:* Bez. für die Situation, in der im Unterschied zum Schuldnerverzug eine Leistung endgültig nicht erbracht werden kann. Das Ges. unterscheidet zum einen zw. **objektiver U.,** die vorliegt, wenn die Leistung von niemandem bewirkt werden kann (z. B. wenn die geschuldete Sache vernichtet wurde), und **subjektiver U. (Unvermögen),** bei der nur der bestimmte Schuldner die Leistung nicht erbringen kann (z. B. weil die Sache einem Dritten gehört), zum anderen zw. **ursprünglicher U.,** die schon bei Vertragsschluss besteht, und **nachträglicher U.,** die erst nach Vertragsschluss eintritt. Ein Vertrag, der auf eine urspr. objektiv unmögl. Leistung gerichtet ist, ist nichtig (§ 306 BGB), u. U. besteht aber eine Pflicht zum Ersatz des Schadens (§ 307 BGB). Das ursprüngl. Unvermögen berührt dagegen die Wirksamkeit des Vertrages nicht, der Schuldner hat – nach herrschender Meinung ohne Rücksicht auf sein Verschulden – für sein fehlendes Leistungsvermögen einzustehen, d. h., er ist zum Ersatz des Nichterfüllungsschadens verpflichtet. Nachträgl. objektive und nachträgl. subjektive U. werden in § 275 BGB gleich behandelt. Der Schuldner wird von seiner primären Leistungspflicht frei, muss aber, wenn er für den geschuldeten Gegenstand einen Ersatz oder Ersatzanspruch erhalten hat, diesen an den Gläubiger auf dessen Verlangen herausgeben. Hat der Schuldner die U. verschuldet (z. B. das zu einem bestimmten Zeitpunkt bestellte Taxi erscheint nicht, der Fahrgast versäumt deshalb den Zug), hat er Schadensersatz wegen Nichterfüllung zu leisten (§ 280 BGB). Für gegenseitige Verträge enthalten §§ 323–325 BGB besondere Bestimmungen, v. a. ist dort auch das Schicksal der Gegenleistung geregelt.

Das *österr.* Recht enthält parallele Bestimmungen. Nach § 878 ABGB ist ein Vertrag, in dem ›geradezu Unmögliches‹ vereinbart wurde, absolut nichtig. – Auch im *schweizer.* Recht gelten ähnl. Grundsätze wie im dt. Recht (Art. 20, 97 und 119 OR).

Unna, 1) Kreisstadt in NRW, im östl. Ruhrgebiet, 96 m ü. M., am Hellweg, 67 500 Ew.; Maschinen-, Rohrleitungs- und Apparatebau, Baustoff-, Stahl-, Elektro-, Metallwaren- und Textilindustrie, Kunststoffbau; wegen verkehrsgünstiger Lage Standort

Unna 1): Blick auf die Stadt

mehrerer Distributionsbetriebe (Zentrallager). – Ev. Stadtkirche (Chor 1396 geweiht, Turm und W-Partie 1407–79); ehem. Burg (im Kern spätes 14. Jh., heute Hellweg-Museum); Fachwerkbauten (16.–18. Jh.). In U.-Lünern ev. Pfarrkirche (12.–15. Jh., 1873/74 Erweiterung) mit fläm. Schnitzaltar (um 1520) und Taufstein (12. Jh.). – U., 1032 als Kirchort gen., erhielt frühzeitig eigene Gerichtsbarkeit und ist seit 1290 als Stadt bezeugt. Als Mitgl. der Hanse erlangte U. als 2. Vorort der märk. Hansestädte eine regional herausragende Stellung. 1614 kam U. mit der Grafschaft Mark an Brandenburg, wurde 1807 dem Großherzogtum Berg zugeschlagen und fiel 1815 an Preußen. 1930 wurde U. Kreisstadt.

2) Kreis im Reg.-Bez. Arnsberg, NRW, 543 km^2, 430 000 Ew. Das untere Sauerland mit dem Lauf der Ruhr bildet den südl. Rand des Kreisgebietes. Es erstreckt sich über die fruchtbare Hellwegzone mit der Haar und die Kamener Hügelland und senkt sich nach N über die Lippe zum Münsterland. Die günstige Verkehrslage am O-Rand des Ruhrgebiets (vier Autobahnkreuze, Datteln-Hamm-Kanal, Flugplatz) hat die wirtschaftl. Entwicklung begünstigt. Die Wirtschaft des Kreises wird bestimmt von Bergbau, Maschinenbau, Eisen- und Stahl-, chem. u. a. Industrie sowie vom Dienstleistungsgewerbe.

Unnil... [zu lat. unus ›eins‹ und nil, nihil ›nichts‹], Zahlwortbestandteil, der nach Vorschlag der IUPAC zur systemat. Bez. der chem. Elemente mit Ordnungszahlen zw. 101 und 109 (bis zu deren endgültiger Benennung; →Transurane) diente.

unnotierte Werte, die →nicht notierten Werte.

UNO, Abk. für **United Nations Organization** [juːˈnaɪtɪd ˈneɪʃnz ɔːɡənaɪˈzeɪʃn], →Vereinte Nationen.

UNO-Friedenstruppe, zusammenfassende Bez. für multinational zusammengesetzte Truppenkontingente bzw. Beobachtermissionen, die auf Ersuchen des UN-Sicherheitsrates und mit Zustimmung aller am Konflikt Beteiligten zur Aufrechterhaltung des Weltfriedens und der internat. Sicherheit von UN-Mitgliedstaaten (i. d. R. jedoch nicht von den ständigen Mitgl. des Sicherheitsrats) freiwillig zur Verfügung gestellt werden und mit UN-Insignien gekennzeichnet sind (daher auch **Blauhelme** gen.). Dabei ist zu unterscheiden zw. 1) militär. Beobachtermissionen, bei denen unbewaffnete Soldaten die Einhaltung eines Waffenstillstandes überwachen, Waffenstillstandsverletzungen untersuchen, Abzüge von Truppen oder Konfliktparteien kontrollieren oder Wahlen beobach-

Unpaarhufer: Fußskelett von Tapir (1), Nashorn (2) und Pferd (3); II–V: zweite bis fünfte Zehe

Friedrich Franz von Unruh

ten und deren Durchführung sicherstellen, und 2) den eigentl. Friedenstruppen, die aus bewaffneten Einheiten bestehen und über die Aufgaben von Beobachtermissionen hinaus dazu beitragen, ein Wiederaufflammen der Kämpfe zu verhindern, Ruhe und Ordnung wiederherzustellen und die Rückkehr zu normalen Lebensbedingungen zu fördern. Die Truppen sind deshalb ermächtigt zu verhandeln; sie beobachten die Lage, stellen Tatsachen fest, führen Patrouillen durch oder sind zw. feindl. Einheiten stationiert. Sie besitzen jedoch keinen Offensivauftrag. – Der erste Einsatz einer Beobachtermission erfolgte 1948 im Nahen Osten (UNTSO, dauert gegenwärtig [1998] mit 160 Mann noch an); eine Friedenstruppe 1956 anlässlich der →Suezkrise (UNEF I, rd. 6 000 Mann, Abzug 1967). In der Folgezeit wurden zahlr. UNO-F. in weitere Konfliktgebiete (östl. Mittelmeer, Pers. Golf, indisch-pakistan. Grenze, Kroatien, Bosnien und Herzegowina, Mittelamerika, Afrika, Kambodscha, ehem. Sowjetunion u. a.) entsandt. 1988 erhielten die UNO-F. den Friedensnobelpreis.

Unold, Max, Maler und Grafiker, *Memmingen 1. 10. 1885, †München 18. 5. 1964; wurde anfangs vom Leiblkreis, in Frankreich (1911–13) von P. CÉZANNE beeinflusst, näherte sich dann der Neuen Sachlichkeit. Seine schlichten Porträts, Stillleben und Landschaftskompositionen zeigen gedämpfte Farbigkeit. U. illustrierte zahlr. Bücher.

Unpaarhufer, Perissodactyla, seit dem Eozän bekannte, im Alttertiär sehr formenreiche Ordnung der Säugetiere mit bes. stark ausgebildetem Mittelzehe (bei mehr oder weniger starker Rückbildung der übrigen Zehen); drei rezente Familien: →Nashörner, →Pferde, →Tapire.

unperiodisch, →aperiodisch.

UNPO, →Unrepresented Nations and Peoples Organization.

UNR [y:ɛn'ɛr], frz. Partei, →Union pour la Nouvelle République.

Unrepresented Nations and Peoples Organization ['ʌnrɪprɪ'zentɪd neɪʃnz ənd 'piːplz ɔːgənaɪ'zeɪʃn; engl. ›Organisation nicht repräsentierter Nationen und Völker‹], Abk. **UNPO,** 1991 gegründete Organisation (Sitz: Den Haag) zur Wahrung der Interessen von Völkern, die in den Vereinten Nationen u. a. internat. Organisationen unzureichend oder gar nicht vertreten sind; auch als Alternative Vereinte Nationen bezeichnet. Im Ggs. zu den Vereinten Nationen verfügt die UNPO über keine rechtl. Instrumente. In ihr sind u. a. vertreten: Kurden, Exiltibeter, die Ureinwohner Australiens (Aborigines). An der Spitze der UNPO steht ein Generalsekretär.

UNRISD, Abk. für **United Nations Research Institute for Social Development** [juːˈnaɪtɪd neɪʃnz rɪˈsəːtʃ ɪnstɪˈtjuːt fɔː ˈsəʊʃl dɪˈveləpmənt, engl.], **Forschungsinstitut der Vereinten Nationen für Soziale Entwicklung,** UN-Spezialorgan (Sitz: Genf), das 1964 seine Arbeit aufnahm und sich v. a. mit Problemen der sozialen und wirtschaftl. Entwicklung befasst; Forschungsprojekte waren u. a. Ernährungssysteme und ihr gesellschaftl. Umfeld oder die soziale Integration von Flüchtlingen.

UNRRA, Abk. für **United Nations Relief and Rehabilitation Administration** [juːˈnaɪtɪd neɪʃnz rɪˈliːf ənd riːəbɪlɪˈteɪʃn ədmɪnɪˈstreɪʃn, engl.], 1943 in Atlantic City (N. J.) gegründete, 1945 von der UNO übernommene Hilfsorganisation zur Unterstützung der Flüchtlinge und Verschleppten (→Displaced Persons) in den von den Alliierten besetzten Gebieten; 1947 aufgelöst. Ihre Aufgaben übernahmen z. T. UNICEF und die Internat. Flüchtlingsorganisation, 1951 der Hohe Flüchtlingskommissar der Vereinten Nationen.

Unruh, der Frequenzgeber (zeitbestimmendes Glied) einer mechan. →Uhr.

Unruh, 1) Friedrich Franz von, Schriftsteller, *Berlin 16. 4. 1893, †Merzhausen (Landkreis Breisgau-Hochschwarzwald) 16. 5. 1986, Bruder von 2); Offizier im Ersten Weltkrieg schwer verwundet, nach dem Studium zunächst Journalist, ab 1932 freier Schriftsteller. U., den das Kriegserlebnis zum Pazifisten machte, schrieb formvollendete Essays, Erzählungen und Novellen (›Die Heimkehr‹, 1938; ›Tresckow‹, 1952), v. a. auch biographisch-histor. Darstellungen. Mit der Schrift ›Nationalsozialismus‹ (1931) warnte er vor den drohenden Gefahren. Von zeitgeschichtl. Bedeutung sind seine autobiograph. Werke (u. a. ›Ehe die Stunde schlug. Eine Jugend im Kaiserreich‹, 1967).

2) Fritz von, Schriftsteller, *Koblenz 10. 5. 1885, †Diez 28. 11. 1970, Bruder von 1); Offizier im Ersten Weltkrieg (das Kriegserlebnis ließ ihn eine pazifist. Haltung einnehmen), emigrierte 1932 über Italien nach Frankreich (dort 1940 interniert), dann in die USA (mit Unterbrechungen bis 1962). Seine Erstlingsdramen über Probleme des Gewissens und des militär. Gehorsams erregten während des Kaiserreichs Missfallen (Aufführungsverbote). Seine bedeutendsten Frühwerke tendieren zu Lakonismus und ekstat. Sprachformung nach expressionist. Vorbild. U. propagierte die Ideale der Völkerversöhnung und Menschlichkeit und wandte sich gegen jede Form der Gewaltherrschaft. 1914 erhielt er den Kleist-Preis.

Werke: *Romane:* Der nie verlor (1948; engl. u. d. T. The end is not yet, 1947); Der Sohn des Generals (1957). – *Erzählung:* Opfergang (1919). – *Dramen:* Offiziere (1911); Louis Ferdinand Prinz von Preußen (1913); Ein Geschlecht (1917); Platz (1920); Phaea (1930).

Ausgabe: Sämtl. Werke, hg. v. H. M. ELSTER u. B. ROLLKA, 11 Bde. (1970–91).

F. v. U. zum 100. Geburtstag u. 15. Todestag, hg. v. W. SCHREIBER, Ausst.-Kat. (1985).

unruhige Beine, *Medizin:* →Restless Legs.

UNRWA, Abk. für **United Nations Relief and Works Agency for Palestine Refugees in the Near East** [juːˈnaɪtɪd neɪʃnz rɪˈliːf ənd wəːks ˈeɪdʒənsɪ fɔː ˈpæləstaɪn ˈrefjudʒiːz ɪn ðə ˈnɪə ˈiːst, engl.], **Hilfswerk der Vereinten Nationen für Palästinaflüchtlinge im Nahen Osten,** 1949 gegründetes UN-Spezialorgan (Sitz: seit 1978 Wien, vorher Beirut) zur Unterstützung (Erziehung, ärztl. und soziale Hilfe) palästinens. Flüchtlinge im Libanon, in Syrien, Jordanien, im Westjordanland sowie im Gazastreifen. Für UNRWA gilt jede Person als Palästinaflüchtling, die vor dem Nahostkonflikt 1948 mindestens zwei Jahre ihren Wohnsitz in Palästina hatte und infolge der arabisch-israel. Feindseligkeiten ihr Heim und ihren Lebensunterhalt verloren hat.

Unschärfekreis, *Fotografie:* der →Zerstreuungskreis.

Unschärferelation, Unbestimmtheitsrelation, *Quantenmechanik:* quantitativer mathemat. Ausdruck für das von W. HEISENBERG 1927 begründete **Unbestimmtheitsprinzip (heisenbergsches Unbestimmtheitsprinzip),** nach dem es Paare von beobachtbaren physikal. Größen (Observablen) gibt, die man nicht gleichzeitig mit beliebig großer Genauigkeit messen kann (v. a. kanonisch konjugierte →Variablen). Eine U. wird i. Allg. unter Angabe eines Wertes formuliert, den ein Unbestimmtheitsprodukt nicht unterschreiten kann, ggf. unter Festlegung des Maßes für die Unbestimmtheit (Ungenauigkeit) einer Messung.

Für zwei kanonisch konjugierte Variablen q und p (z. B. die Ortskoordinate und die Impulskomponente eines Teilchens) gilt die **heisenbergsche U.:** $\Delta q \cdot \Delta p \geqq h/4\pi$ (h plancksches Wirkungsquantum; für eine Observable, ihre Darstellung durch einen hermiteschen Operator und einen zugehörigen Messwert steht hier dasselbe Symbol). Dabei ist die Standardabweichung das Maß für die Unbestimmtheit. Nach dieser U. beeinflussen sich die Genauigkeiten, mit denen die beiden Variablen gemessen werden können, gegenseitig: Je genauer die Messung der einen vorgenommen wird (z. B. die des Ortes), umso ungenauer muss notwendigerweise die der andern ausfallen (z. B. die des Impulses). Darin zeigt sich, dass im Rahmen der Mikrophysik – anders als in der klass. Physik – bei einem Experiment nicht grundsätzlich von der Störung des untersuchten Objekts durch die Beobachtung oder Messung abgesehen werden kann. Hieraus folgt, dass die Bewegung eines Teilchens nicht (oder nicht genau) vorhersagbar ist, weil dies die genaue Kenntnis von Ort und Impuls zu einem bestimmten Zeitpunkt voraussetzt. Damit werden die Begriffe von Bahn und Determiniertheit der Bewegung in der Quantenmechanik prinzipiell gegenstandslos, an ihre Stelle treten Wahrscheinlichkeiten. Eine gleiche U. wie für Koordinate und Impuls gilt auch für Energie E und Zeit t, also $\Delta E \cdot \Delta t \geq h/4\pi$. Sie wird anschaulich so interpretiert, dass innerhalb einer endl. Zeitspanne Δt eine Energie nur bis auf einen endl. Wert ΔE genau bestimmt werden kann. Die U. von Energie und Zeit steht in enger Verbindung mit der Existenz von →Austauschkräften und von →virtuellen Zuständen, da sie innerhalb genügend kurzer Zeitintervalle das Entstehen (und Vergehen) virtueller Teilchen erlaubt, ohne dass die nach dem →einsteinschen Gesetz dafür erforderl. Energie aufgebracht oder absorbiert werden müsste.

U. sind quantitative Formulierungen des Prinzips der →Komplementarität und ermöglichen damit die begriffl. Widerspruchsfreiheit der Quantenmechanik, v. a. die des →Welle-Teilchen-Dualismus. Dass die U. für die klass. Physik ohne Folgen sind, liegt daran, dass die durch sie gegebenen Unschärfen so klein sind, dass sie bei makroskop. Messungen weit unterhalb der Messgenauigkeit liegen. Ihre Konsequenzen konnten erst bemerkt werden, als durch die Verfeinerung der Messverfahren die physikal. Objekte so klein werden konnten, dass die Messwerte den durch die U. gegebenen Unschärfen vergleichbar wurden. (→Vertauschungsrelationen)

Unschlitt, *Chemie:* der →Talg.

Unschuldige Kinder, seit dem 5. Jh. am 28. Dezember liturgisch begangener Gedächtnistag des von HERODES I., D. GR., angeordneten →bethlehemitischen Kindermords. Das seit dem 11. Jh. damit verbundene ›Knabenbischofsfest‹ der Dom- und Klosterschulen verband sich später mit dem Brauchtum des Nikolaustags (6. Dezember). In Teilen der Schweiz wurden am ›Kindlitag‹ Arme, Kranke und Hilflose einer Gemeinde zum ›Kindlimahl‹ eingeladen und mit dem ›Kindli-Almosen‹ bedacht.

UNSDRI, Abk. für **United Nations Social Defence Research Institute** [juːˈnaɪtɪd neɪʃnz səʊʃl dɪˈfens rɪˈsəːtʃ ɪnstɪˈtjuːt, engl.], **Forschungsinstitut der Vereinten Nationen für Soziale Verteidigung,** 1968 gegründetes UN-Spezialorgan (Sitz: Rom); Schwerpunkt der Arbeit bilden internat. kriminolog. Forschungen sowie entsprechende Dokumentationen.

Unseld, Siegfried, Verleger, * Ulm 28. 9. 1924; seit 1952 im Suhrkamp-Verlag tätig, den er seit P. →SUHRKAMPS Tod (1959) leitet und an dem er mit 30 % beteiligt ist. Außerdem ist U. persönlich haftender Gesellschafter der Insel Verlags, des Nomos Verlags sowie der Tochtergesellschaften Jüd. Verlag und Dt. Klassiker Verlag. 1994 nahm der mit ARNULF CONRADI gegründete Berlin Verlag seine Arbeit auf.

Unsere Liebe Frau, Abk. **U. L. F.,** im Sprachgebrauch der kath. Kirche Ehrentitel für →MARIA, die Mutter JESU; oft als Weihetitel (bes. für Kathedralen) verwendet.

Unsinkbarkeit, behördl. Kategorie für die weitestgehende Sicherheit eines Schiffs gegen Sinken aufgrund konstruktiver und techn. Maßnahmen gemäß bestimmter Vorschriften, v. a. durch Unterteilung des Schiffskörpers mit Querschotten. (→Schiff, Sicherheit)

Unsinnsliteratur, Unsinnsdichtung, Unsinnspoesie, Nonsensliteratur, literar. Gestaltungen – meist Verse –, die durch absurde Vorstellungen, unlog. Gedankenverbindungen oder bloße Klangspiele verblüffen. Sie sind v. a. Kinderliedern und Abzählreimen nachgebildet und haben sich bes. seit dem 19. Jh. durch die Werke E. LEARS und L. CARROLLS literarisch etabliert. Im dt. Sprachraum sind v. a. C. MORGENSTERN, J. RINGELNATZ, P. SCHEERBART und A. OKOPENKO als Vertreter der U. zu nennen.

A. LIEDE: Dichtung als Spiel (²1992).

Fritz von Unruh

Unsöld, Albrecht Otto Johannes, Astrophysiker, * Bolheim (heute zu Herbrechtingen) 20. 4. 1905, † Kiel 23. 9. 1995; ab 1932 Prof. in Kiel; bedeutende Arbeiten zur theoret. Astrophysik und zur kosm. Radio- und Höhenstrahlung; U. war einer der Begründer und führenden Forscher auf dem Gebiet der Sternatmosphären.

Werke: Physik der Sternenatmosphären (1938); Max Planck, Physik u. Historie (1958); Der Neue Kosmos (1967); Evolution kosm., biolog. u. geistiger Strukturen (1981).

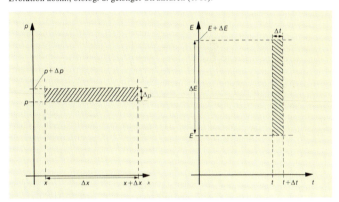

Unschärferelation: Heisenbergsche Unschärferelation für die Variablenpaare Impuls (p) – Ort (x; links) und Energie (E) – Zeit (t; rechts); will man eines Atoms bzw. die Zeit möglichst genau bestimmen, d. h., macht man Δp (bzw. Δt) so klein wie messtechnisch möglich, dann kann der Ort (bzw. die Energie) umso ungenauer (unschärfer) bestimmt werden, d. h., Δx (bzw. ΔE) wird sehr groß

Unspunnenfest, Schweizerisches Trachten- und Alphirtenfest, von den Trachten-, Jodler-, Alphornbläser-, Volkstanz- und Schwingvereinen getragenes Volksfest mit Wettkämpfen in den Hirtensportarten (→Schwingen und →Steinstoßen); erstmals am 17. 8. 1805 unterhalb der Ruine Unspunnen bei Interlaken veranstaltet, um die Gemeinsamkeit der Schweizer in der damals von NAPOLEON I. abhängigen Eidgenossenschaft zu dokumentieren und zu festigen. Weitere U. folgten 1808, 1905 (Eidgenöss. Schwing- und Älplerfest), 1946, 1955, 1968, 1981 und 1993.

Unst [ʌnst], die nördlichste der Shetlandinseln, Schottland, 98 km², 1 000 Einwohner.

Unsterblichkeit, Athanasie, *Religionsgeschichte:* die Vorstellung von der Unvernichtbarkeit des Lebens bzw. vom Tod als Übergang in eine andere (höhere oder niedere) Existenz. Sie steht in Zusammenhang mit dem Mythos vom ewigen Leben in einem uranfängl. Paradies oder goldenen Zeitalter, in das der Tod durch Zufall, Versäumnis oder Sünde gekommen ist. In vielen Religionen ist sie mit der Vorstellung von der →Wiedergeburt, Reinkarnation oder →Seelenwanderung verbunden (Stammesreligionen, Hinduismus,

Buddhismus, Jainismus) und wird u. a. in der →Ahnenverehrung zum Ausdruck gebracht. Sie wird aber auch als Vergöttlichung (z. B. in den Mysterienreligionen) oder als das endgültige Sein bei Gott bzw. der Zustand oder Ort der absoluten Gottesferne und -verlassenheit (Parsismus, Judentum, Christentum, Islam) verstanden und steht hier theologisch i. d. R. im Zusammenhang mit Auffassungen von der Belohnung, Läuterung oder Bestrafung der Verstorbenen (→Auferstehung der Toten; →Gericht Gottes; →Hölle).

Unstrut [auch -ʃtruːt] *die,* linker Nebenfluss der Saale, in Thür. und Sa.-Anh., 192 km lang; entspringt im Oberen Eichsfeld bei Dingelstädt, mündet bei Naumburg (Saale); oberhalb von Sömmerda Hochwasserrückhaltebecken Straußfurt (9 km², Stauinhalt 19,2 Mio. m³; erster Stau 1961); um Naumburg (Saale) und Freyburg (Unstrut) Weinbau (→Saale-Unstrut).

Unstrut-Hainich-Kreis, Landkreis in Thür., grenzt im W an Hessen, 975 km², 121 400 Ew.; Kreisstadt ist Mühlhausen/Thüringen. Das Kreisgebiet umfasst Teile des fruchtbaren Thüringer Beckens (Anbau von Weizen, Gerste und Zuckerrüben), das im W bogenförmig von den bewaldeten Höhenzügen Hainich (bis 494 m ü. M.; seit 1998 sind davon 7 500 ha Nationalpark, eingebunden in den Naturpark Eichsfeld-Hainich-Werratal) und Dün (bis 520 m ü. M.) umgeben wird. Hauptfluss ist die das Kreisgebiet diagonal durchfließende Unstrut. Neben der Kreisstadt sind Bad Langensalza, Schlotheim und Bad Tennstedt weitere Städte. Die im Kreis angesiedelten Unternehmen gehören vorwiegend zum Dienstleistungsbereich und zur Tonverarbeitung. – Der Kreis wurde am 1. 7. 1994 aus den Kreisen Mühlhausen und Bad Langensalza (mit Ausnahme von sechs Gemeinden) gebildet.

Unsuri, Onsori, Abu l-Kasim Hasan, pers. Dichter, *etwa 940, †Ghazni um 1040; wirkte am Hof MAHMUDS VON GHAZNI, von dem er den Titel ›König der Dichter‹ erhielt. Seinen Ruhm verdankt er v. a. der von ihm mit großer rhetor. Kunst gepflegten Kasside. Seine Epen (darunter ›Wamik und Asra‹) sind nur in Fragmenten erhalten.

Untätigkeitsklage, Unterart der verwaltungsprozessualen Verpflichtungsklage mit dem Ziel, dass die Behörde binnen angemessener Frist über den Antrag auf Erlass eines Verwaltungsaktes entscheidet.

Unter, Wenzel, Figur der dt. Spielkarte, entspricht dem ›Buben‹ in der frz. und ›Jack‹ in der angloamerikan. Spielkarte.

Unter|aargletscher, Talgletscher in den Berner Alpen, →Aargletscher.

Unterach am Attersee, Gem. im Bez. Vöcklabruck, Oberösterreich, 470 m ü. M., am S-Ende des Attersees 1 600 Ew.; pharmazeut. Industrie; Fremdenverkehr.

Unterägypten, Bez. für den Lebensraum des Nildeltas, Ägypten, umfasst rd. 22000 km².

Unter|allgäu, Landkreis im Reg.-Bez. Schwaben, Bayern, 1 230 km², 131 300 Ew.; Kreisstadt ist Mindelheim. Der im Alpenvorland gelegene Kreis erstreckt sich vom Illertal über die von Günz und Mindel durchflossene Iller-Lech-Platte ins Wertachtal (im O). Der Hauptteil der landwirtschaftl. Nutzfläche entfällt auf Grünland (Rinderhaltung). Bad Wörishofen, der älteste dt. Kneippkurort, hat bedeutenden Fremdenverkehr. Kneippkurorte sind auch Ottobeuren und Bad Grönenbach. Größere Industriebetriebe finden sich in Mindelheim und Türkheim.

Unter|art, Subspezi|es, Abk. **ssp.,** Bez. für Populationen innerhalb einer Art, die sich nach Gestaltmerkmalen weitgehend ähneln, jedoch eine unterscheidbare Unterabteilung bilden; in der zoolog. Systematik synonym mit →Rasse.

Unterbau, *Bauwesen:* →Bahnkörper, →Brücke, →Straßenbau.

Unterbelichtung, Unter|exposition, zu geringe Belichtung einer fotograf. Schicht, bei der das Belichtungsintervall ganz oder teilweise im Bereich des Durchhangs der Dichtekurve liegt; die Schatten weisen keine Zeichnung auf, die helleren Tonwerte sind ungenügend differenziert (flau).

Unterberger, Unterperger, Malerfamilie aus Südtirol. – Bedeutende Vertreter:
1) Christoph, *Cavalese (Fleimstal) 27. 5. 1732, †Rom 25. 1. 1798, Neffe von 2) und 3); Schüler seiner Onkel. Nach Aufenthalten in Venedig und Verona wurde er Gehilfe von A. R. MENGS in Rom, wo er ab 1758 nachweisbar ist. Er malte Altarbilder und Fresken (Deckenfresken in einem Saal der Villa Borghese in Rom, 1784–86).
2) Franz Sebald, *Cavalese (Fleimstal) 1. 8. 1706, †ebd. 23. 1. 1776, Bruder von 3), Onkel von 1); reiste gegen 1750 nach Venedig, wo er bes. von G. B. PITTONI beeinflusst wurde; malte zahlr. Bilder für Kirchen und Klöster in Brixen u. a. Orten Tirols (u. a. Altarbild in der Domkirche zu Brixen, 1758).

F. S. Unterperger. Maler, 1706–1776, bearb. v. N. RASMO (Bozen 1977).

Michelangelo Unterberger: Altarbild ›Tod Mariens‹; 1750 (Brixen, Domkirche)

3) Michelangelo, *Cavalese (Fleimstal) 11. 8. 1695, †Wien 28. 6. 1758, Bruder von 2), Onkel von 1); ließ sich nach einem Aufenthalt in Venedig (Einflüsse von G. B. PIAZZETTA, G. B. PITTONI u. a.) 1726 in Bozen nieder, zog Anfang der 1730er-Jahre nach Passau, lebte ab 1737 in Wien, wo er 1738 Mitgl. der Akad. (zeitweise Direktor) wurde. Er schuf zahlr. Altarbilder für Kirchen in Tirol, Bayern, Österreich, Ungarn und Mähren (›Tod Mariens‹, 1750; Brixen, Domkirche).

M. A. U. 1695–1758, Beitrr. v. J. KRONBICHLER u. E. MICH, Ausst.-Kat. Dommuseum, Salzburg (Salzburg 1995).

Unterbeschäftigung, mangelnde Auslastung des gesamtwirtschaftl. Produktionspotenzials bzw. der betriebl. Kapazitäten (→Arbeitslosigkeit, →Beschäftigung).

Unterbewertung, 1) *Außenwirtschaft:* Bez. für einen Wechselkurs, der nicht der wirtschaftl. Stärke des betreffenden Landes entspricht, sondern durch

Spekulation und/oder Interventionen der Zentralbank niedriger gehalten wird.

2) *betriebl. Rechnungswesen:* der Ansatz von Aktivposten mit einem niedrigeren, von Passivposten mit einem höheren Betrag (Überbewertung), als er sich bei ordnungsgemäßer Buchführung ergäbe. Die U. führt zur Bildung stiller →Rücklagen in der Bilanz. Wird durch U. die Vermögens- und Ertraglage einer AG vorsätzlich verschleiert, ist der Jahresabschluss nichtig (§ 256 Aktien-Ges.).

Unterbewusstes, Unterbewusstsein, *Psychologie:* Bez. für seel. Inhalte und Vorgänge, die nur schwach bewusst sind oder unterhalb der Bewusstseinsschwelle liegen und vom (Ober-)Bewusstsein nicht gesteuert werden (z. B. Träume), auch für nicht erinnerte, nicht beabsichtigte oder nicht bemerkte Ereignisse und Handlungen, vielfach gleichbedeutend mit →Unbewusstes. Der Begriff wird auch im Sinne des Mitbewussten (H. ROHRACHER), d. h. der dem Bewusstsein zugängl., aber nicht gegenwärtigen Inhalte, oder des →Vorbewussten (S. FREUD) aufgefasst.

Unterbilanz, im wirtschaftl. Sinne eine Bilanz, in der die Schulden größer sind als das Vermögen (→Überschuldung). I. w. S. spricht man bereits von einer U., wenn Verlustvortrag und Verlust nicht mehr durch die offenen Rücklagen gedeckt sind, somit ein Teil des Grund- oder Stammkapitals verloren ist.

Unterbindung, *Medizin:* →Ligatur.

Unterboden, 1) *Bodenkunde:* Bodenschicht unter der regelmäßig bearbeiteten Krume; humusarm (mit Ausnahme der tiefgründigen Tschernoseme), entspricht i. Allg. dem B-Horizont (→Bodenhorizont).

2) *Fahrzeugbau:* Bez. für die Unterseite eines Kfz. Der **U.-Schutz** ist ein Korrosionsschutz durch Konservierungsmittel auf Wachs-, Kunststoff- und Bitumenbasis, bes. gegen Schäden durch mit Streusalz versetztes Spritzwasser.

Unterbrecher, Vorrichtung zum period. Öffnen und Schließen eines Stromkreises. U. dienen dazu, einen Gleichstrom zu zerhacken, um ihn einer Induktionsspule, z. B. Zündspule eines Ottomotors, zuzuführen (→Zündung). Die mechan. Schwingungen eines U., der nach dem Prinzip des **wagnerschen Hammers** arbeitet (ein Elektromagnet zieht den auf dem Unterbrecherkontakt liegenden Anker an, sodass der Strom unterbrochen wird und der Anker auf den Kontakt zurückfällt, um erneut den Stromkreis zu schließen usw.), werden z. B. bei der elektr. Klingel und der elektr. Hupe genutzt. Ein U. hoher Leistung ist der **Quecksilber-** oder **Turbinen-U.,** bei dem ein rotierender Quecksilberstrahl als bewegl. Stromleiter gegen feste Kontakte geschleudert wird. **Relais-U.** zum Antrieb von Schrittschaltwerken, Wählern o. Ä. enthalten zwei Relais, die sich wechselseitig einschalten und wieder kurzschließen. **Elektronische U.** sind Schaltstufen und Kippschaltungen mit Transistoren und Thyristoren.

Unterbrecherbad, das →Stoppbad.

Unterbrechung, 1) *Informatik:* dt. für →Interrupt.

2) *Verfahrensrecht:* Stillstand des Zivilprozesses bei Tod oder Konkurs der Partei, Wegfall ihres gesetzl. Vertreters, Verlust ihrer Prozessfähigkeit, Fortfall des Rechtsanwalts im Anwaltsprozess u. a. (§§ 239 ff. ZPO). Die U. tritt kraft Ges. ein und beendet laufende Fristen, die nach Ende der U. neu zu laufen beginnen; während der U. vom Gericht oder von den Parteien vorgenommene Prozesshandlungen sind grundsätzlich unwirksam. Die U. endet durch Aufnahme des Verfahrens nach Beseitigung des Hindernisses, u. U. auch durch besondere Anzeige (§ 250 ZPO). Bis zur U. vorgenommene Prozesshandlungen bleiben wirksam. Über die U. der Verjährung →Verjährung. – Im Strafprozess darf die Hauptverhandlung bis zu zehn Tagen, ausnahmsweise bis 30 Tagen, unterbrochen werden (§ 229 StPO). Wird sie nicht spätestens am Tage nach Ablauf der U.-Frist fortgesetzt, so hat eine völlig neue Hauptverhandlung stattzufinden.

Unterbrechungsmaskenregister, *Informatik:* ein →Register zur Softwaresteuerung (Programmsteuerung) der Annahme (bzw. Abweisung) von Aufforderungen zur Programmunterbrechung (→Interrupt), die von Peripheriegeräten an die Zentraleinheit eines Rechners gerichtet werden. Mit dem Inhalt des U. (dem jeweiligen ›Wort‹) wird der Inhalt desjenigen Registers (gleich langes Wort), in das die Unterbrechungsaufforderungen eingetragen werden **(Unterbrechungsregister),** an denjenigen Binärstellen ›maskiert‹, die Aufforderungen entsprechen, die nicht angenommen werden sollen. Die Entscheidung erfolgt z. B. durch die stellenweise UND-Verknüpfung der beiden Registerworte.

Unterbringung, der zeitweilige oder dauernde zwangsweise verfügte Aufenthalt von schuldunfähigen Straftätern, körperlich oder geistig kranken Personen, Seuchenverdächtigen, Kindern und Jugendlichen u. a. in einer Anstalt. Als freiheitsbeschränkende Maßnahme ist die U. nur zulässig aufgrund eines förml. Gesetzes (z. B. Bundes-Seuchen-Ges.) und an die Zustimmung der Gerichte gebunden. Spezielle U.-Gesetze der Länder betreffen die U. psychisch Kranker und Suchtkranker und ihre Betreuung.

Zivilrechtlich können geistig oder körperlich kranke Minderjährige im Rahmen der Personensorge von Eltern oder Vormund in einer geeigneten Anstalt untergebracht werden. Soweit damit eine Freiheitsentziehung verbunden ist (so bei der Einweisung in eine geschlossene Anstalt), ist die Zustimmung des Vormundschaftsgerichts erforderlich. Die Einweisung darf nur so lange aufrechterhalten werden, wie das Wohl der Betroffenen dies erfordert (§§ 1800, 1631 b BGB). Auch bei einem unter Betreuung stehenden Volljährigen hängt die U. von einem Beschluss des Vormundschaftsgerichts ab (§ 1906 BGB). Das Verfahren ist in den §§ 70 ff. Ges. über die freiwillige Gerichtsbarkeit (FGG) geregelt. – Im Strafverfahren ist die U. eine →Maßregel der Besserung und Sicherung.

Unterbrecher: 1 Wagnerscher Hammer; **2** Selbstunterbrecher bei einer elektrischen Hupe; **3** Mechanisch betätigter Zündunterbrecher eines Verbrennungsmotors; A Anker, B Batterie, E Elektromagnet, K Funkenlöschkondensator, M Motor, N Nocken, S Schalter, U Unterbrecherkontakt, Z Zündkerze

Unterbringungsbefehl, die gerichtl. Anordnung der →einstweiligen Unterbringung einer Person.

Unterdominante, *Musik:* die →Subdominante.

Unterdruck, *Medizin:* unter der Norm liegender Blutdruck (→Hypotonie).

Unterdruckkammer, luftdichte Kammer, die eine Herabsetzung des Luftdrucks ermöglicht; sie dient luftfahrtmedizin. Untersuchungen (Höhenflugbedingungen) oder zur Verwendung als →Klimakammer; von besonderer Bedeutung war in der Medizingeschichte der Einsatz bei Lungenoperationen durch F. SAUERBRUCH (→Druckdifferenzverfahren).

untere Grenze, *Mathematik:* das →Infimum.

Unter|einstandspreis, →Lockvogelangebote.

Unter|elsass, der nördl. Teil des →Elsass, entspricht dem Dép. Bas-Rhin, Frankreich.

Unter|engadinisch, →Bündnerromanisch.

Unter|entwicklung, Zustand einer v. a. im wirtschaftl. Bereich vorliegenden Rückständigkeit der →Entwicklungsländer und z. T. auch der mittel- und osteurop. Reformstaaten gegenüber den Industrieländern. Als Indikatoren für U. gelten u. a. niedriges Pro-Kopf-Einkommen, hohe Konsumquoten (Großteil des Einkommens wird für Grundnahrungsmittel ausgegeben), niedrige Spar- und Investitionsquoten, geringe Kapitalausstattung und Arbeitsproduktivität, hoher Anteil von Land-, Forstwirtschaft und Fischerei am Bruttoinlandsprodukt und bei den Erwerbstätigen (Produktion v.a. für den eigenen Bedarf), niedriger Industrialisierungs- und Verarbeitungsgrad (geringe Wertschöpfung), unzureichende Markt- und Kreditorganisation, ungenügende Infrastruktur (v.a. Einrichtungen des Verkehrs- und Kommunikationswesens, Energie- und Wasserversorgung), z.T. hohe Auslandsschulden. Als allgemeine Merkmale von U. und als Begleiterscheinungen von wirtschaftl. Rückständigkeit werden u.a. hohe Wachstumsraten der Bev., schlechte Gesundheitsverhältnisse und geringe Lebenserwartung, hohe Analphabetenquote und begrenzte Möglichkeiten der berufl. Bildung (Fehlen qualifizierter Arbeitskräfte und eines Mittelstandes) genannt. Im Rahmen der Entwicklungstheorie werden zur Erklärung von U. versch. Ansätze diskutiert (→Entwicklungspolitik). Während die Weltbank in ihrem jährl. ›Weltentwicklungsbericht‹ stärker die wirtschaftl. Kennzahlen untersucht, präsentiert die UNDP in ihrem seit 1990 jährlich erscheinenden ›Bericht über die menschl. Entwicklung‹ Daten zu breit gefächerten Aspekten menschl. Entwicklung (→Human Development Index).

Unter|ernährung, eine Form der →Malnutrition.

Unterer Neckar, Region im Reg.-Bez. Karlsruhe. (→Baden-Württemberg, ÜBERSICHT)

untere Schranke, *Mathematik:* →Infimum, →Schranke.

Unteres Odertal, Nationalpark im Land Brandenburg, 10 500 ha; eingerichtet 1995; erstreckt sich entlang der Oder von den Orten Hohensaaten im S bis Mescherin im N. Der Nationalpark hat zwei Schutzzonen, auf poln. Seite wird er durch zwei Landschaftsschutzparks ergänzt. Die Flussauen des Unterlaufs der Oder bilden natürl. Überschwemmungsgebiete. Sie und angrenzende Hänge und Auenwälder beherbergen eine artenreiche Lebensgemeinschaften. Die Feuchtwiesen bieten zahlr. Vögeln Lebensraum (etwa 3 000 Kraniche rasten hier im Herbst), 120 Vogelarten wie Seeadler, Trauerseeschwalbe und Seggenrohrsänger brüten im Nationalpark.

unterfahren, *Bergbau:* einen Grubenbau unter einer Lagerstätte oder einem anderen Grubenbau auffahren.

Unterfahrschutz, bei Lastkraftwagen vorgeschriebene, seitlich bzw. heckseitig angebrachte Stahlkonstruktion am Rahmen, die verhindert, dass ein anderes Fahrzeug beim Aufprall unter den Lastwagen gedrückt wird.

Unterfamil|e, Subfamilia, in der biolog. Systematik eine mehrere Gattungen zusammenfassende Kategorie unterhalb der Familie; U. sind in der wiss. Nomenklatur duch die Endung **-oidea** (Botanik) bzw. **-inae** (Zoologie) charakterisiert.

unterfangen, 1) *Bautechnik:* ein Bauteil oder Bauwerk zur Sicherung gegen Absinken von unten her abstützen, z.B. bei Fundamentarbeiten und bei Unterspülungen.

2) *seemännisch:* ein leckgeschlagenes Wasserfahrzeug in die Mitte von zwei Bergungsfahrzeugen nehmen, die unter dem Havaristen hindurchführende, tragende Trossen halten.

Unterfertigung, *Diplomatie:* die eigenhändige Unterzeichnung einer Urkunde durch den Aussteller zum Zweck der Beglaubigung oder bei Herrscherurkunden das Einfügen eines Vollziehungsstrichs im Monogramm.

Unterflurbewässerung, Zuführen von Wasser in den Boden durch etwa 0,5 m unter der Erdoberfläche verlegte Rohrleitungen mit Austrittsöffnungen. Vorteilhaft ist, dass die U. die Bewirtschaftung praktisch nicht behindert, die Verdunstung klein hält und keine Auswaschung des Bodengefüges verursacht.

Unterflurmotor, Verbrennungsmotor mit liegend angeordneten Zylindern, der aufgrund seiner kleinen Bauhöhe bei Lastkraftwagen unter dem Fahrgestell, bei Personenkraftwagen unter dem Fahrgastraum eingebaut werden kann; nachteilig wegen mögl. Geräuschbelästigung und schlechter Zugänglichkeit für Wartungsarbeiten; aufgrund der guten Innenraumnutzung vorrangig bei Omnibussen eingesetzt.

Unterfranken, Reg.-Bez. in Bayern, 8 532 km^2, 1,32 Mio. Ew.; Verw.-Sitz ist Würzburg; umfasst die kreisfreien Städte Aschaffenburg, Schweinfurt und Würzburg sowie die Landkreise Aschaffenburg, Bad Kissingen, Haßberge, Kitzingen, Main-Spessart, Miltenberg, Rhön-Grabfeld, Schweinfurt und Würzburg.

Unterführung, Bauwerk, das niveaufreies Kreuzen eines Verkehrswegs auf einem anderen unterhalb gelegenen Verkehrsweg mittels einer tunnel- oder brückenartigen Konstruktion erlaubt, z.B. Straßen-, Eisenbahn-, Kanalunterführung.

Untergang, *Astronomie:* →Aufgang.

Untergang des Abendlandes, Der, kulturkrit. Werk von O. SPENGLER (2 Bde., 1918–22). – Der Titel fand auch als Schlagwort für ein pessimist. Geschichtsbild Verbreitung.

Untergattung, Subgenus, v.a. in der zoolog. Systematik Kategorie unterhalb der Gattung, fasst mehrere Arten zu einer Artengruppe zusammen.

Unterglasurmalerei, das Auftragen von Farben (Scharffeuerfarben) auf die geglühte Keramik, bevor diese ihre Glasur erhält. In der chin. und jap. Porzellanherstellung wurde die U. mit versch. Farben sehr früh verwendet, während beim europ. Porzellan lange nur die Anwendung des Kobaltblaus als Unterglasurfarbe möglich war. Erst Ausgang des 18. Jh. konnten auch andere Farben für die U. benutzt werden.

Unterglasurmalerei: Islamischer Keramikteller mit Unterglasurmalerei aus Rakka, Syrien; Ende des 12. Jh. (Washington D.C., Freer Gallery of Art, Smithsonian Institution)

Untergräser, *Landwirtschaft:* Bez. für niedrig- bis mittelhochwüchsige, halmarme, aber blattreiche Gräser des Grünlands; gewöhnlich weidefest und daher Grundbestand von Weiden; z.B. Engl. Raigras, Wiesenrispengras, Rotschwingel. Im Ggs. dazu die hoch- und massenwüchsigen, meist horstbildenden **Obergräser**, v.a. der Nutzwiesen, z.B. Glatthafer, Lieschgras, Wiesenschwingel.

Untergrund, 1) *Bodenkunde:* das unveränderte Ausgangsgestein, der C-Horizont. (→Bodenhorizont)

2) *polit. Sprachgebrauch:* bildhafte Bez. für Aktionsbasis und Rückzugsraum von Einzelpersonen und Organisationen, die das herrschende Reg.- und Gesellschaftssystem bekämpfen. Die **U.-Organisationen** besitzen meist ein Netz getarnter Stützpunkte und Verbindungen. Ihre Kampfformationen greifen – zumindest in der Anfangsphase eines Aufstandes – nach

Untergrundbahn – Unterhaltsklage **Unte**

Untergrundbahn: links Die Station Semjonowskaja, eine der prunkvollen U-Bahn-Stationen in Moskau; rechts Zug der Pariser Métro auf dem Pont de Bir Hakeim

den Regeln des verdeckten Krieges (→Guerilla) an. Zahlr. →Geheimbünde und →Befreiungsbewegungen entstanden in U. Auch terrorist. Gruppierungen arbeiten aus dem U. heraus.

3) *Straßenbau:* gewachsener oder geschütteter Boden unterhalb der Straßenbefestigung.

Untergrundbahn, U-Bahn, Metro, elektr. Schienenbahn mit eigenem Streckennetz zur Personenbeförderung in Großstädten. Außer im Tunnel fahren U. auch ebenerdig oder aufgeständert als Hochbahn (z. B. Berlin, Hamburg). U. können bis zu 40 000 Reisende je Stunde und Richtung bei Zugfolgezeiten von nur 90 s befördern. Die Leistungsfähigkeit hängt wesentlich vom raschen Fahrgastwechsel in den Stationen ab. Dazu tragen stufenlose Übergänge zw. Bahnsteig und Wagenboden sowie hinreichend viele Einstiegstüren bei.

U. werden meist mit Triebzügen (→Triebwagen) auf Normalspur (1435 mm) betrieben. Sie nehmen den Fahrstrom i. d. R. mit 600 bis 1 000 V Gleichspannung von seitl. Stromschienen ab. U. erreichen Höchstgeschwindigkeiten von 80 bis 100 km/h und haben im Vergleich zu S-Bahnen, die als Eisenbahnen gelten, größere Längsneigung, in Gleisen und Weichen engere Bogenhalbmesser, geringeres Zuggewicht, eingeschränktes Lichtraumprofil und daher auch kleinere Wagen mit niedrigeren Radsatzlasten. Gegenüber Unterpflaster-Straßenbahnen besitzen U. höhere Kapazität, fahren schneller und stets auf eigenem Bahnkörper. Die Zugfolge wird meist durch Selbstblock (→Eisenbahnblock) geregelt und von einer Betriebsleitstelle überwacht; z. T. fahren U. bereits computergesteuert ohne Triebwagenführer. Die U.-Tunnel liegen 10 bis 70 m tief unter Straßen, Flüssen, kreuzenden Strecken und Gebäuden. Einfluss auf die Tiefenlage haben auch Wasser führende Bodenschichten. Das Bauverfahren richtet sich nach den örtl. Gegebenheiten (→Tunnel). Die gesetzl. Grundlagen sind in Dtl. die gleichen wie für →Straßenbahnen.

Geschichtliches: Die ersten unterird. Bahnen fuhren in London, mit Dampf 1863 und elektrisch ab 1890. Weitere elektr. U. eröffneten in Europa die Städte Budapest (1896), Paris (1900), Berlin (1902), Hamburg (1912) und Moskau 1935; mit prunkvoll gestalteten Stationen), in Amerika Chicago, Ill. (1892), Boston, Mass. (1897), New York (1904) und Buenos Aires (1913), in Japan Tokio (1927) und Kyōto (1931).

Metros der Welt, hg. v. H.-W. SCHLEIFE (²1992); D. RIECHERS: Metros in Europa (1996).

Untergrundliteratur, 1) (in totalitären Staaten) Literatur, die offiziell verboten ist und insofern unter illegalen Umständen entsteht und verbreitet wird (u. a. →Samisdat); 2) eindeutschende Bez. für →Undergroundliteratur.

Untergrundpublizistik, die illegale, daher geheim arbeitende Publizistik der Widerstands- und Oppositionsbewegungen in autoritären und totalitären polit. Systemen in Form von Flugblättern, Wandzeitungen, Tarn-, Geheim- und Störsendern, Literatur und Film (z. B. Widerstandspublizistik in der Zeit des Nationalsozialismus, Literatur des →Samisdat).

Untergrundsender, Rundfunksender, der illegal betrieben wird, um der strafrechtl. Verfolgung wegen bestimmter (kritisch-alternativer) Inhalte oder Verletzung des staatl. Rundfunkmonopols zu entgehen.

Untergrundspeicherung, die →Untertagespeicherung.

Untergrundwirtschaft, →Schattenwirtschaft.

Unterhaching, Gem. im Landkreis München, Bayern, am südl. Stadtrand von München, 19 900 Ew.; mittelständ. Gewerbebetriebe.

Unterhalt, regelmäßige Geldleistung zur Deckung des Lebensbedarfs. Die Höhe des U. bestimmt sich grundsätzlich nach der Lebensstellung des U.-Bedürftigen (angemessener U.). Der U. von Kindern umfasst auch die Kosten der Erziehung und Ausbildung für einen Beruf. – Das BGB enthält unterschiedl. Regelungen für den Verwandten-U. (bes. Kindes-U., §§ 1601 ff.), den Familien-U. (§§ 1360–1360 b), den U. getrennt lebender Ehegatten (§ 1361) und den U. nach der Scheidung (§§ 1569 ff.). Besonderheiten gelten für den U.-Anspruch eines minderjährigen Kindes gegen den Elternteil, mit dem es nicht in einem Haushalt lebt. Hier ist der Mindest-U. durch Verordnung festgesetzt (→Regelbedarf).

U.-Ansprüche können darüber hinaus auch auf vertragl. Grundlage beruhen. Unter Umständen kann der U. (durch Abfindung) kapitalisiert werden (§ 1585).

Unterhaltsgeld, finanzielle Unterstützung der Bundesanstalt für Arbeit, die Personen bei Teilnahme an einer für die Weiterbildungsförderung anerkannten Vollzeitmaßnahme erhalten können (§§ 153 ff. SGB III).

Unterhaltshilfe, →Lastenausgleich.

Unterhaltsklage, Leistungsklage zur Durchsetzung des gesetzl. Unterhaltsanspruchs, für die das Amtsgericht zuständig ist, bei Unterhaltsansprüchen von Ehegatten und ehel. Kindern als Familiengericht (§§ 23 a, b Gerichtsverfassungs-Ges.). Wird im Ehescheidungsverfahren von einem Ehegatten Unterhalt für sich oder ein Kind begehrt, so ist hierüber grundsätzlich gleichzeitig mit der Ehesache zu verhandeln und zu entscheiden (Folgesache, §§ 623, 628 ZPO); das Familiengericht kann den Unterhalt durch einstweilige Anordnung regeln (§§ 620ff. ZPO). – Ein Kind, dessen Eltern nicht miteinander verheiratet sind, kann mit der Feststellung der Vaterschaft im Klageverfahren zugleich die Verurteilung des Vaters zur Zahlung des Regelunterhalts (→Regelbedarf) verlangen; der Streit um den Unterhalt ist dann ein Teil des Kindschaftsprozesses (§ 653 ZPO). Eine davon isolierte U. (§§ 642 ff. ZPO) ist zulässig, wenn die Eltern des Kindes zum Zeitpunkt der Geburt miteinander verheiratet sind, die Vaterschaft rechtskräftig festgestellt oder vom Vater anerkannt ist. Das Kind kann einen bestimmten Unterhaltsbetrag oder, wenn es minderjährig ist und mit dem in Anspruch genommenen Elternteil nicht in einem Haushalt lebt, in einem vereinfachten Verfahren den Regelunterhalt verlangen. Mit der Verurteilung zum Regelunterhalt wird dieser im Beschlussverfahren durch den Rechtspfleger sofort festgesetzt und bei Änderung der maßgebenden Umstände angepasst (§§ 645–660 ZPO).

In *Österreich* sind Streitigkeiten über den aus dem Gesetz gebührenden Unterhalt im streitigen Verfahren vor dem Bezirksgericht auszutragen (sachl. Eigenzuständigkeit, § 49 Abs. 2 Ziffer 2 Jurisdiktionsnorm). Unterhaltsangelegenheiten minderjähriger ehel. Kinder sind im außerstreitigen Verfahren zu erledigen; ebenso die U. nichtehel. Kinder gegen den Vater, wenn die Vaterschaft anerkannt oder gerichtlich festgestellt ist. – Im *schweizer.* Recht ist die U. des Kindes gegen Vater oder Mutter in den Art. 279 ff. ZGB geregelt. Daneben sind auch die einschlägigen Vorschriften der kantonalen Prozessordnungen maßgebend.

Unterhaltspflicht, Rechtspflicht zur Gewährung von Unterhalt; sie besteht v. a. zw. Verwandten in gerader sowohl ab- als auch aufsteigender Linie (also Großeltern, Eltern, Kindern usw., nicht aber zw. Geschwistern) und zw. Ehegatten (§§ 1601, 1360 BGB). Im ersten Fall ist berechtigt, wer außerstande ist, sich selbst zu unterhalten; verpflichtet, wer nicht den eigenen angemessenen Unterhalt **(Selbstbehalt)** gefährden würde (§ 1603); die U. betrifft die Abkömmlinge vor Verwandten der aufsteigenden Linie, im Übrigen die näheren vor den entfernteren Verwandten (§ 1606). Unverheiratete minderjährige Kinder sowie unverheiratete volljährige Kinder bis zur Vollendung des 21. Lebensjahres, die im Haushalt der Eltern oder eines Elternteils leben und sich in der allgemeinen Schulausbildung befinden, können von ihren Eltern Unterhalt verlangen, falls die Einkünfte eigenen Vermögens oder der Ertrag ihrer eigenen Arbeit den Unterhalt nicht decken; die Eltern sind in diesem Fall verpflichtet, alle verfügbaren Mittel für ihren und der Kinder Unterhalt einzusetzen (§ 1603 Abs. 2). Die U. ist regelmäßig durch Zahlung einer Geldrente monatlich im Voraus zu erfüllen; Eltern, die einem unverheirateten (minderjährigen oder volljährigen) Kind Unterhalt zu gewähren haben, können ihrer U. aber auch durch Gewährung von Naturalunterhalt (Verpflegung, Kleidung usw.) nachkommen. Die U. umschließt auch die Kosten einer angemessenen Vorbildung für einen Beruf, d. h. für eine Berufsausbildung, die der Begabung, den Fähigkeiten, dem Leistungswillen und den beachtenswerten Neigungen des Kindes am besten entspricht. Im Rahmen ihrer Leistungsfähigkeit sind Eltern zur Finanzierung einer Zweitausbildung (z. B. Studium nach Lehre) verpflichtet, wenn diese auf einer vorherigen Ausbildung beruht, keinen Fachrichtungswechsel bedeutet und die bisherige Ausbildung die Begabung des Kindes nicht ausschöpft. Stellt die Zweitausbildung einen Berufswechsel dar, sind an die Finanzierungspflicht strengere Maßstäbe geknüpft (U. bes. bei gesundheitl. Gründen, mangelnder Begabung bei der Erstausbildung). Nach erhebl. Überschreitung der Regelstudienzeit erlischt der Anspruch auf Unterhalt. Für eine gewisse Übergangszeit besteht ferner U. im Rahmen der Arbeitsplatzsuche, das Anstellungsrisiko trägt der Unterhaltspflichtige aber nicht.

Ehegatten sind verpflichtet, durch ihre Arbeit und ihr Vermögen die Familie angemessen zu unterhalten. Der Ehegatte, dem die Haushaltsführung überlassen ist, erfüllt damit i. d. R. seine U. (§ 1360). Die U. der Ehegatten geht derjenigen der Verwandten vor (§ 1608). Der Familienunterhalt umfasst die Kosten des Haushalts, der persönl. Bedürfnisse des Gatten und den Lebensbedarf der gemeinsamen unterhaltsberechtigten Kinder; er ist so zu leisten, wie es der ehel. Lebensgemeinschaft entspricht. Ein getrennt lebender Ehegatte kann von dem anderen den nach den Lebensverhältnissen und den Erwerbs- und Vermögensverhältnissen angemessenen Unterhalt verlangen (§ 1361). Auf eigene Erwerbstätigkeit kann er, wenn er vor der Trennung nicht erwerbstätig war, nur verwiesen werden, wenn dies nach seinen persönl. Verhältnissen und unter Rücksicht auf die Dauer der Ehe erwartet werden kann. – Zur U. gegenüber dem geschiedenen Ehegatten →Eherecht.

Hat jemand von den Sozialbehörden Unterhalt erhalten, so kann die Behörde den Anspruch des Unterhaltsberechtigten auf sich überleiten (§§ 90 f. Bundessozialhilfe-Ges.). – Durch Ges. vom 23. 7. 1979 i. d. F. v. 19. 1. 1994 wurde für Kinder allein stehender Mütter oder Väter der Anspruch auf **Unterhaltsvorschuss** gegen den Staat eingeführt. Er kann monatlich bis zur Höhe des Regelbetrags für minderjährige Kinder, die nicht mit beiden Elternteilen in einem Haushalt leben (→Regelbedarf), für ein noch nicht 12-jähriges Kind für längstens 72 Monate gezahlt werden. Die Kosten werden vom Bund und von dem jeweiligen Land je zur Hälfte getragen. Dieses Ges. gilt in den neuen Ländern nach Maßgabe dortiger Regelsätze.

In ähnl. Weise geregelt ist die U. in *Österreich* (§§ 94 ff., 140 ff., 168 ABGB, §§ 66 ff. Ehe-Ges.) und in der *Schweiz* (Art. 151, 152, 163 ff., 173, 276 ff., 328 ff. ZGB u. a. Vorschriften). In Österreich ist das Unterhaltsvorschuss-Ges. von 1985 i. d. F. v. 1991 bedeutsam, wonach der Staat in mehreren Fällen auf die gesetzl. Ansprüche v. a. Minderjähriger Vorschüsse zu gewähren hat. In der Schweiz besteht U. auch für Geschwister (Art. 328 ZGB). Im Rahmen der zurzeit hängigen Scheidungsrevision wird die Unterstützungspflicht der Geschwister abgeschafft und diejenige der Verwandten in auf- und absteigender Linie begrenzt auf Pflichtige, die in günstigen Verhältnissen leben (Stand: September 1998). Die Regelung des Vorschusses der Alimente für den Fall, dass ein Elternteil seiner U. nicht nachkommt, ist Sache der Kantone (Art. 293 ZGB).

Unterhaltsrecht, begr. v. G. BRÜHL, fortgef. v. H. GÖPPINGER ([6]1994); E. KALTHOENER u. H. BÜTTNER: Die Rechtsprechung zur Höhe des Unterhalts ([6]1997); R. SCHOLZ: Unterhaltsvorschuß-Ges. ([3]1997); P. WENDL u. S. STAUDIGL: Das Unterhaltsrecht in der familienrichterl. Praxis ([4]1997).

Unterhaltung, Bez. für die Qualität der Beziehung einer Person zu Objekten oder anderen Personen, für die das Empfinden von Spaß, Abwechslung und Genuss zum Zweck der Entspannung kennzeichnend ist. Grundsätzlich sind zwei Formen der U. zu unterscheiden: die personale U., die auf Primärerfahrungen basiert (z. B. Spiele oder Gespräche mit Freunden oder Bekannten), und die medial vermittelte U., die sich auf Sekundärerfahrungen bezieht (z. B. beim Fernsehen, Lesen oder bei Computerspielen).

Begriffsgeschichte

Die Bedeutung des U.-Begriffs hat sich im Laufe des 20. Jh., v. a. in den Sozial- und Geisteswissenschaften, grundlegend gewandelt. Zunächst wurde die U. im Rahmen der Diskussionen über Funktionen und Wirkungen der Massenkommunikation als eine bestimmten Kulturprodukten immanente Eigenschaft angesehen. In den ästhetisch wertenden Kulturwissenschaften setzten sich Begriffe wie U.-Literatur, U.-Kunst, U.-Musik, U.-Film und U.-Sendungen seit Beginn des 20. Jh. zur Abgrenzung massenmedial verbreiteter Kulturprodukte gegenüber den traditionell der Hochkultur zugerechneten Werken durch. Hier wurde U.-Kultur zumeist ohne weitere Differenzierung mit den auch als Trivial-, Populär- oder →Massenkultur bezeichneten Bereichen der Kulturproduktion gleichgesetzt und i. Allg. negativ bewertet. Diese Trennung in ›minderwertige‹ U.-Kultur auf der einen und wertvolle Hochkultur auf der anderen Seite hatte ihre geistigen Wurzeln in der frühen Reaktion intellektueller Eliten auf die wachsende Bedeutung der techn. Vervielfältigung und massenhaften Verbreitung von Kulturprodukten seit dem Ende des 18. Jh. V. a. im Zuge der literaturwiss. Auseinandersetzung mit der →Trivialliteratur begann sich im Laufe der 1960er-Jahre mit der Anerkennung unterschiedlicher Motivationen zur Rezeption kultureller Produkte ein Dreischichtenmodell durchzusetzen (H. BAUSINGER, H.-F. FOLTIN), in dem U. auf einem mittleren Niveau zw. hoher Kultur und Trivialkultur rangierte. Hier stand U. für jene kulturellen Produkte, die vorwiegend der Befriedigung des Bedürfnisses nach zeitweiser Entspannung dienen, sich von der so genannten Trivialkultur aber durch eine größere themat., formale und sprachl. Vielfalt unterscheiden. Hierdurch wurden zwar verschiedenartige Rezeptionsbedürfnisse einbezogen, der U.-Charakter aber nach wie vor bestimmten Werken und nicht konkreten Rezeptionssituationen zugeordnet. Eine grundlegende Neudefinition der U. als spezif. Qualität einer Beziehung setzte sich erst in neuerer Zeit durch den Rückgriff auf die im Kern bereits in den 1940er-Jahren entwickelten motivationalen Ansätze der Rezeptionsforschung durch. Hier wird der Rezipient als aktiver Nutzer verstanden, der medial vermittelte Kulturprodukte vor dem Hintergrund seiner Lebenssituation bewusst auswählt und in der Beschäftigung mit ihnen seinen Vorstellungen gemäß spielerisch verändert. Anstelle des Kulturproduktes tritt der Prozess der Kulturrezeption in den Blickpunkt der Betrachtung: U. ist zunächst das, was ein Rezipient als unterhaltsam, d. h. als nicht langweilig empfindet. V. a. neuere Studien zur Fernseh-U. belegen, dass Kulturprodukte und Rezeptionssituationen durchaus zugleich unterhaltend, informierend und bildend sein können. So betrachtet, erscheint U. als prinzipiell wertfreier Begriff. Im alltägl. Sprachgebrauch herrscht aber oft noch die traditionelle Verwendung des U.-Begriffs vor, wie z. B. die Diskussion über das ›Infotainment‹ zeigt, in der U. und Information meist als gegensätzl. Bereiche aufgefasst werden.

Unterhaltung als anthropologische Konstante

In anthropologisch argumentierenden Ansätzen der neueren Kommunikationsforschung wird das Bedürfnis nach U. als eine Grundkonstante menschl. Kultur angesehen, die in der medial vermittelten U. lediglich ihre den modernen Gesellschaftsformen entsprechende Ausprägung erfährt. So entwickelte L. BOSSHART 1979 einen theoret. Ansatz, der die modernen Formen medial vermittelter U. als direkte Nachfolger archaischer Erzählformen wie Sage, Märchen oder Rätsel interpretiert und die Funktionsäquivalenz alter und neuer Formen der U. hervorhebt. Durch einen Bezug auf stets wiederkehrende idealisierte Grundmuster (wie Liebe oder Gewalt) werde dem Einzelnen die Möglichkeit zur spieler. Aneignung von und Auseinandersetzung mit Informationen über die soziale Beschaffenheit einer Gesellschaft, ihre Normen und Werte gegeben. Dadurch biete die U. dem Individuum Orientierungshilfen für seine Integration in die Gesellschaft und diene zugleich dem Erhalt der gegebenen sozialen Strukturen und Wertsysteme. Durch die Darstellung idealisierter Welten helfe sie die Frustrationen des Einzelnen über erlebte Unterschiede zw. der ideellen und der realen Kultur abbauen.

Neuere Modelle orientieren sich in einer noch allgemeineren Form am spieler. Grundcharakter der U. Sie haben ihren Ursprung in der von W. STEPHENSON 1967 entwickelten ›Spieltheorie der Massenmedien‹, die zum einen von den allgemeinen spieltheoret. Überlegungen von J. HUIZINGA und R. CAILLOIS ausgeht, zum anderen an den Nutzenansatz der Massenkommunikationsforschung (→Uses and gratifications approach) anknüpft. Hier erscheint U. durch Medieninhalte als eigene Form des Handlungstypus →Spiel. Die Grundcharakteristika von Spiel und U. – Freiheit von äußeren Zwecksetzungen, Wiederholbarkeit, Scheinhaftigkeit, innere Spannung, Geschlossenheit nach außen, Gegenwärtigkeit – werden von den Menschen als positiv empfunden, da sie einen zeitlich begrenzten und folgenlosen Entzug aus der ›sozialen Kontrolle‹ des Regelsystems einer Gesellschaft in einen persönl. Freiraum ermöglichen.

Auf die Grenzen der Freiheit des Spiels in Bezug auf massenmedial vermittelte U., die sich durch ein vorgegebenes Spielmaterial und die stets vorhandenen Verbindungen von Spiel und gesellschaftl. Wirklichkeit ergeben, hat G. HALLENBERGER 1990 hingewiesen. Er unterscheidet zwei Formen von Realitätsbezügen der U.: den simulatorischen, bei dem im Spiel reale Phänomene modellhaft imitiert werden, und den personalen, der persönl. Erfahrungen der Spieler in der Spielwelt auch in ihre Alltagswelt hineinwirken lässt. In beiden Fällen gilt nach diesem Modell einer ›Welt der bestimmten Negation‹ ein Vorrang der Realität gegenüber dem Spiel, da auch das freiwillig gewählte Spiel und sein angestrebter Verlauf immer nur als aus der Realität abgeleitet verstanden werden können.

Individuelle Wirkungen und Funktionen von Unterhaltung

Konkrete Wirkungen und Funktionen der U. wurden bislang fast ausschließlich in Bezug auf die medial (v. a. durch das →Fernsehen) vermittelte U. erforscht. Das von der frühen Massenkommunikationsforschung entwickelte theoret. Modell linear verlaufender Kommunikationsprozesse mit direkt aus den Medieninhalten ableitbaren Wirkungen auf den Rezipienten kann schon seit den frühen Ansätzen einer empir. Wirkungsforschung (u. a. P. F. LAZARSFELD, B. BERELSON) als widerlegt gelten (→Massenmedien). Eine Neuorientierung in der Erforschung von Wirkungen und Funktionen setzte auf breiterer Ebene allerdings erst in jüngerer Zeit durch eine Schwerpunktverlagerung auf die Zuschauerforschung ein. Das konkrete, mehr oder minder absichtsvolle Umgehen mit Medien und Medieninhalten ist hier eine ziel- und zweckorientierte Aktivität, die als nicht durch die Medien, sondern durch die Menschen kontrolliert gilt (M. DRABCZYNSKI). Da das Empfinden von U. unter diesen Voraussetzungen nicht vom Medieninhalt, sondern vom jeweils unterhaltenen Menschen und seiner sozialen und psych. Situation abhängig ist, sind Funktionen und Wirkungen als Bündel mögl. Eigenschaften von U. zu interpretieren. Hierbei lassen sich prinzipiell medienspezif. (Nutzung eines Mediums zum Zweck der U.) und stoffspezif. U. (Umgang mit konkreten Stoffen und ihren inhaltl. und formalen Qualitäten) unterscheiden.

Hinsichtlich der U. durch Mediennutzung können die Funktionen der Ablenkung, der Regeneration und des Eskapismus als allg. anerkannt gelten. Durch den immer größeren Anteil frei verfügbarer Zeit im Alltag der Menschen moderner industrialisierter Gesellschaften entsteht Bedarf nach Aktivitäten, die in dieser Zeit ausgeübt werden können und v. a. der Erholung, Wiederherstellung der Kräfte, Entfaltung und Selbstverwirklichung dienen (→Freizeit); zu den bevorzugten Freizeitbeschäftigungen zählt U., und hier in zunehmendem Umfang U. durch Medien. Vielfach dient die U. dabei einer relativ oberflächl. Beschäftigung und Ablenkung. Die durch Medien vermittelten Sekundärerfahrungen werden dabei im spieler. Umgang mit dem Rezipierten zu Primärerfahrungen in Beziehung gesetzt. Voraussetzung für diese Spiele mit der Wirklichkeit ist nicht einmal das gezielte Verfolgen bestimmter Inhalte, wie sich etwa bei neueren Formen des Fernsehkonsums wie dem schnellen ›Zappen‹ durch versch. Programme zeigt. Das Empfinden partieller Unterschiede zw. realer Welt und Spielwelt wird ganz allg. als entspannend empfunden. Eskapismus durch U. muss demnach nicht notwendigerweise als Flucht aus der Realität verstanden werden, sondern kann sich auch als Akt des bewussten zeitweisen Außer-Kraft-Setzens der Alltagslogik erweisen (E. Tschernokoshewa). Im Ggs. zu frühen Modellen der Wirkungsforschung wird heute angenommen, dass nicht eine Wiederholung des bereits Bekannten, sondern eine Auseinandersetzung mit dem noch nicht, nicht mehr oder gar nicht Möglichen vom Individuum bei der U. angestrebt wird. Inhalte werden gemäß den Werten und Normen der eigenen sozialen Gruppe oder Subkultur wahrgenommen, interpretiert und z. T. modifiziert. Das Empfinden der Dynamik von Spannung und Entspannung, Sicherheit und Ungewissheit, Erwartung und Erfüllung, Konservation und Innovation, Wiederholung und Abwechslung im Prozess der U. dient der psych. Regeneration und wird von den Rezipienten als unspezif. Kraft in eine Auftriebswirkung umgesetzt (Bosshart, J. Grimm). Allg. wird U. durch Medien von ihren Rezipienten als ein schwächeres Abbild der als U. schlechthin angesehenen sozialen Kontakte in der Freizeit empfunden. Dieser Umstand verweist darauf, dass medial vermittelte U. primär als Ersatzerfahrung angesehen wird und damit der Befriedigung von Bedürfnissen dient, die aufgrund fehlender sozialer Kontakte oder Grenzen des Möglichen im wirkl. Leben nicht erfüllt werden können. Eine wichtige Funktion erfüllt in diesem Zusammenhang die parasoziale Interaktion, in der der Rezipient eine Als-ob-Beziehung zw. sich und den Personen oder Figuren eines Stoffes herstellt, ohne dabei die eigene Identität aufzugeben (z. B. mit den Kandidaten einer Quizsendung). Eigene Erfahrungen werden zu den inneren und äußeren Eigenschaften der jeweiligen Person oder Figur in Beziehung gesetzt und miteinander verglichen. Ähnl. Spiele mit Elementen eines Stoffes lassen sich auch bezüglich seines Verlaufs, seiner Inhalte und seiner Gestalt inszenieren. Durch die Idealisierung der so konstruierten Spielwelten erweisen diese sich als Verkörperung abstrakter Ideale, der vorübergehenden Kompensation von Frustrationen dienen, die der Einzelne aufgrund der Einschränkung seiner individuellen Möglichkeiten durch die Umwelt erfährt. Während die techn. Weiterentwicklung immer weiter gefächerte und individueller nutzbare U.-Möglichkeiten in Aussicht stellt (z. B. interaktives Fernsehen) und computersimulierte Kunstwelten immer realistischere Sinneseindrücke vermitteln (›virtuelle Realität‹), wird demgegenüber auf die Gefahr hingewiesen, dass die Verringerung der realen sozialen Kontakte zu einer abnehmenden kommunikativen Kompetenz führen könnte (→Multimedia).

Gesellschaftliche Wirkungen und Funktionen von Unterhaltung

Da das komplexe Netz gesellschaftl. Wirklichkeit von unzähligen Einzelfaktoren bestimmt wird, sind konkrete Auswirkungen der U. auf eine Gesellschaft schwer nachzuweisen. Trotzdem kann den unterschiedl. Theoriemodellen eine mehr oder minder hohe Plausibilität zugesprochen werden. Die am weitesten zurückreichenden diesbezügl. Theorien finden sich in der kulturkrit. und materialist. Kommunikationsforschung der 1940er-Jahre. Hier wird die U. entweder auf ihren Aspekt als Träger von Ideologie oder ihren Warencharakter reduziert und ihre Funktion in der Ablenkung von den ›objektiven Interessen‹ des Einzelnen nach Systemveränderung gesehen (T. W. Adorno, M. Horkheimer). Diese Thesen scheiterten jedoch letztlich als Erklärungsmodelle, da sie der Funktionsvielfalt der U. nicht gerecht werden. Neuere Ansätze versuchen die gesellschaftl. Funktion der U. als Möglichkeit zur öffentlichen symbol. Auseinandersetzung mit Wert- und Wunschvorstellungen von Subkulturen zu fassen. Demnach verständigen sich Individuen und Subkulturen u. a. durch die in der U. gegebene symbol. Verkörperung ihrer abstrakten Idealwelten über ihre sozial- und schichtenspezif. ideelle Kultur. Im weitesten Sinne kann man daher den Prozess der U. als eine besondere Form des Kontaktes und der Verständigung des Einzelnen mit der Außenwelt bezeichnen. V. a. in weitgehend individualisierten Gesellschaften kommt daher gerade der medial vermittelten U. eine große Bedeutung zu, da sie als Ersatz für die quantitativ zurückgehende direkte Kommunikation dienen kann. Somit erweist sie sich tatsächlich als gesellschaftsstabilisierend, wenn man unter dem Begriff der Gesellschaft nicht ein konkretes polit. System, sondern allgemeiner eine Gruppe von Individuen und ihre Beziehungen untereinander versteht. In diesem Sinne kann U. als eine soziale Klammer der sich immer weiter ausdifferenzierenden modernen Gesellschaft und der Wertsysteme ihrer Subkulturen angesehen werden. Der Aspekt der Systemstabilisierung darf jedoch nicht mit einem Entwicklungsstillstand verwechselt werden. U. stellt immer wieder auch ›neue‹ Normen und Werte zur Diskussion, die von ihren Nutzern im Prozess der U. auf ihre Brauchbarkeit geprüft werden, und kann somit zur ›kontrollierten Innovation‹ (Bosshart) der ideellen Kultur beitragen. Unter diesem Gesichtspunkt erweisen sich auch neuere kulturpessimist. Positionen (z. B. N. Postman), die von einer allgemeinen Nivellierung oder gar dem Untergang der Kultur durch die U. sprechen, als zweifelhaft. Letztlich ist U. eine offene Form gesellschaftl. Kommunikation und damit allen Inhalten und Zielen der an ihr Partizipierenden prinzipiell zugänglich. Besondere Bedeutung erhält U. daher zunächst weniger aufgrund ihrer konkreten Inhalte und Formen, sondern wegen ihrer weiterhin zunehmenden Ausbreitung im Alltag der Menschen. Auch dies scheint aber weniger die Ursache für gesamtgesellschaftl. Entwicklungen als vielmehr deren Folge zu sein.

H. Bausinger: Schwierigkeiten bei der Unters. von Triviallit., in: Wirkendes Wort, Jg. 13 (1963); H.-F. Foltin: Die minderwertige Prosalit., in: Dt. Vjschr. für Literaturwiss. u. Geistesgesch., Jg. 39 (1965), H. 2; W. Haacke: Die Spielgärten der Erwachsenen. Zur Soziologie der U. in den Massenmedien, in: Kölner Ztschr. für Soziologie u. Sozialpsychologie, Jg. 21 (1969); L. Bosshart: Dynamik der Fernseh-U. Eine kommunikationswiss. Analyse u. Synthese (Freiburg 1979); Entertainment, a cross-cultural examination, hg. v. H.-D. Fischer u. a. (New York 1979); K. H. Müller-Sachse: U.-Syndrom. Massenmediale Praxis u. medientheoret. Diskurse (1981); M. Drabczynski: Motivationale Ansätze in der Kommunikationswiss. (1982); U. Dehm: Fernseh-U. Zeitvertreib, Flucht oder Zwang? Eine sozial-psycholog. Studie zum Fernseh-Erleben (1984); J. GRIMM: U. – Zw. Utopie u. Alltag. Methode u. prakt. Anwendung der Inhaltsanalyse am Beispiel von Kriminalheftromanen (1986); E. TSCHERNOKOSHEWA: Besitzen wir die Fähigkeit zur U.? Zum Begriff der U., in: Freizeit als Lebensraum arbeitender Menschen im Sozialismus – ihr Platz in der Freizeitkultur des 20. Jh., bearb. v. I. DIETRICH u. a. (Berlin-Ost 1987); M. KAUSCH: Kulturindustrie u. Populärkultur. Krit. Theorie der Massenmedien (1988); G. MALETZKE: Kulturverfall durch Fernsehen? (1988); W. STEPHENSON: The play theory of mass communication (Neuausg. New Brunswick, N. J., 1988); G. HALLENBERGER u. H.-F. FOLTIN: U. durch Spiel. Die Quizsendungen u. Game-Shows des dt. Fernsehens (1990); Fernsehshows. Theorie einer neuen Spielwut, hg. v. W. TIETZE u. a. (1991); L. BAUER: Authentizität, Mimesis, Fiktion. Fernseh-U. u. Integration von Realität am Beispiel des Kriminalsujets (1992); Medienwirkungen. Einflüsse von Presse, Radio u. Fernsehen auf Individuum u. Gesellschaft, hg. v. WINFRIED SCHULZ (1992); U. Sozial- u. literaturwiss. Beitr. zu ihren Formen u. Funktionen, hg. v. D. PETZOLD u. E. SPÄTH (1994); N. POSTMAN: Wir amüsieren uns zu Tode. Urteilsbildung im Zeitalter der U.-Industrie (a. d. Amerikan., Neuausg. 133.–140. Tsd. 1997).

Unterhaltungsliteratur, Bez. für literar. Texte, deren Hauptfunktion die Befriedigung eines Unterhaltungsbedürfnisses des Publikums ist. Innerhalb eines heute noch häufig angeführten und auch in den allgemeinen Sprachgebrauch eingebundenen Dreischichtenmodells (H.-F. FOLTIN) wird die U. auf einer mittleren Rangstufe zw. →Dichtung und →Trivialliteratur angesiedelt. Danach unterscheidet sie die U. von der Trivialliteratur v. a. durch eine größere themat., formale und sprachl. Vielfalt, von der gehobenen Literatur und Dichtung durch geringere gedankl. Tiefe, formalen und inhaltl. Konservativismus und ein sprachlich meist niedrigeres Niveau. Diese Zuweisungen und Abgrenzungen bleiben aber, v. a. wegen der Ausblendung der jeweiligen Rezeptionsbedingungen und -bedürfnisse, letztlich problematisch und subjektiv-wertenden Zuordnungen unterworfen. (→Unterhaltung)

W. R. LANGENBUCHER: Der aktuelle Unterhaltungsroman (^{2}1974). – Weitere Literatur →Trivialliteratur.

Unterhaltungsmusik, Musik, die der Entspannung und geselligen Erholung dient und in ihrer Art von daher geprägt ist. So wie es das Bedürfnis nach Entspannung und Erholung zu allen Zeiten gegeben hat, so gibt es auch seit jeher eine zur Unterhaltung bestimmte Musik, deren Wert sich dadurch definiert, dass sie diese Funktion qualitätsvoll erfüllt. Kennzeichen sind: Beschränkung der kompositor. Mittel (›leichte‹ Musik), originelle Anlehnung an Vertrautes, Alltags- und Lebensnähe, Abwechslung, Raffinesse und Sound. Während mit dem Begriff U. keine Aussage zur Qualität einer Musik gemacht wird, beinhaltet der Begriff **Trivialmusik** ein abwertendes Urteil im Sinne von ›platt‹, ›abgedroschen‹, ›seicht‹. Das Trivialitätsurteil bezieht sich speziell auf Musik, deren Anspruch, bedeutend zu sein, ästhetisch nicht bzw. nur zum Schein erfüllt wird.

Zur U. gehörten in älterer Zeit z. B. Tafelmusik, Promenaden-, Feuerwerksmusik u. Ä., Quodlibet, Catch und Glee, in neuerer Zeit z. B. Divertimento, Serenade, Musik aus Singspielen, Operntranskriptionen; in der Gegenwart zählt man u. a. auch Schlager (Hit), Tanzmusik, Chanson, Song, Musical hinzu, während Folklore und Volksmusik, Jazz, Pop- und Rockmusik zuweilen als eigene Sparten ausgeklammert werden. Immer gab es zw. der U. und der anspruchsvolleren Kunstmusik Berührungen und Überschneidungen, so bewusst herbeigeführt z. B. von J. BRAHMS (Ungar. Tänze, Walzer), F. LISZT (Paraphrasen), E. KRENEK (Märsche, Potpourris), K. WEILL (Songs), H. EISLER (Lieder, Chöre).

Der Begriff der U. entstand im 19. Jh. im Zusammenhang mit den aufkommenden musikal. Massen- und Klassenbedürfnissen vor dem Hintergrund der durch die Industrialisierung hervorgerufenen gesellschaftl. Veränderungen. Das Verlangen nach musikal. Unterhaltung wurde von Komponisten und Arrangeuren, Instrumentenbauern und Verlegern in Richtung einer musikal. Unterhaltungsindustrie kommerziell angefacht. Salonmusik, Garten-, Kur-, Blas- und Kaffeehausmusik, Operette, Virtuosentum um seiner selbst willen, musikal. Massenware in bildreichen und gefühlvollen ›Stücken‹ und ›Alben‹, Arrangements in Paraphrasen und Potpourris umreißen das Terrain. Mit dem Aufkommen der Massenmedien (Rundfunk und Tonträger) verstärkten sich die Unterscheidungen der Musikbedürfnisse, -zwecke und -arten, und aus dem Sprachgebrauch der Verwertungsgesellschaften (in Dtl. →GEMA) gelangte die in ihrer Pauschalisierung und Polarisierung problematische Einteilung der Musik in U. (U-Musik) und ›ernste‹ oder ›klass.‹ Musik (E-Musik) in die Umgangssprache.

I. KELDANY-MOHR: U. als soziokulturelles Phänomen des 19. Jh. (1977); R.-A. FRITSCHE: Über den psycholog., musikal., techn. u. ökonom. Aspekt moderner U. (^{2}1985); H. SCHRÖDER: Tanz- u. U. in Dtl. 1918–1933 (1990); H. MÜHE: U. Ein geschichtl. Überblick (1996).

Unterhaltungszeitschriften, Zeitschriften, die weniger das Informations- oder Bildungsinteresse der Leser ansprechen als deren Interesse an allgemeiner Zerstreuung und Sensation. U. zielen meist auf ein möglichst breites Publikum (→Publikumszeitschriften), seltener wenden sich weltanschaul. oder polit. Gruppen, Standes- und Berufsorganisationen durch sie an ein spezif. Publikum. U. gewannen als vergleichsweise billiger Lesestoff im 19. Jh. mit der Zunahme des lesekundigen Publikums an Bedeutung. Der Typ der →Familienzeitschrift war hauptsächlich in der 2. Hälfte des 19. Jh. erfolgreich, er wurde von den illustrierten Wochenzeitschriften abgelöst.

Unterhaus, in Großbritannien und Staaten mit britisch beeinflusstem Verfassungssystem eine Kammer des Parlaments, in Großbritannien das **House of Commons**. (→Großbritannien und Nordirland, Verfassung; zur Geschichte →Parlament)

unterhaus – Mainzer Forum-Theater GmbH, privates Kleinkunsttheater, gegr. 1966 als ›unterhaus‹ durch Zusammenschluss des ›Kleinen Theaters‹ (gegr. 1964) und des Kabaretts ›Die Poli(t)zisten‹ (gegr. 1965); zunächst eigenes Kabarett- und Theaterprogramm, ab 1971 v. a. Gastspielstätte für alle Formen der Kleinkunst, daneben auch Kinder- und Jugendtheater mit Eigenproduktionen; vergibt seit 1972 jährlich den Dt. Kleinkunstpreis in den Sparten Kabarett, Chanson und Kleinkunst.

Kleinkunst auf Teufel komm raus – 25 Jahre Mainzer Forumtheater Unterhaus (1991).

Unterkalibergeschoss, andere Bez. für →Treibkäfiggeschoss.

Unterkanada, histor. Prov. in Britisch-Nordamerika (→Kanada, Geschichte).

Unterkieferdrüse, *Anatomie:* →Speicheldrüsen.

Unterklettgau, Bez. im Kt. Schaffhausen, Schweiz, 41,3 km^2, 4400 Ew.; umfasst den westl. →Klettgau.

Unterkonsumtionstheori|en, →Konjunktur.

Unterkühlung, 1) *Medizin:* →Hypothermie.
2) *Physik:* Abkühlung eines Stoffs unter die Temperatur eines für ihn charakterist. Umwandlungspunkts, ohne dass eine Änderung des Aggregatzustands oder der vorliegenden Modifikation erfolgt. Ein **unterkühlter Stoff** befindet sich in einem instabilen Zustand in Gebiet einer anderen Phase. Viele Flüssigkeiten und metall. Schmelzen lassen sich, wenn sie sehr rein sind und nicht erschüttert werden, durch langsames Abkühlen bis tief unter den Schmelzpunkt flüssig halten (z. B. Wasser bis unterhalb $-70°C$). Plötzl. Erschüttern oder Einbringen von Kristallisationskeimen führt schlagartig zum Erstarren, wobei die dabei freigesetzte Schmelzwärme das Gemisch bis zur Schmelz-

temperatur erwärmt. Man spricht beim Übergang flüssig–fest von unterkühlter Schmelze, beim Übergang gasförmig–flüssig von unterkühltem oder übersättigtem →Dampf. – Manche amorphe Stoffe, z. B. Glas, sind als unterkühlte Schmelzen in einem praktisch stabilen Zustand anzusehen.

Unterland, 1) das gegenüber Schwarzwald und Schwäb. Alb niedriger gelegene, vom Neckar entwässerte Gebiet (›Neckarland‹) N-Württembergs; umfasst den Kern des Schwäbisch-Fränk. Schichtstufenlandes. Oberschwaben bildet dagegen das **Oberland**.
2) Bez. für Tallandschaften im Unterlauf (bezogen auf Österreich) einiger Flüsse: in Tirol für das Unterinntal, in Vorarlberg für das Rheintal von Götzis bis zur Bregenzer Klause, in Südtirol für das Etschtal südlich von Bozen bis zur Salurner Klause (Bozner Unterland).

Unterlandquart, Bez. im nördl. Kt. Graubünden, Schweiz, 348 km^2, 26 700 Einwohner.

unterlassene Hilfeleistung, →Hilfeleistung.

Unterlassung, *Recht:* i. w. S. jedes Nichtstun, i. e. S. die Nichterfüllung einer Pflicht, bes. der Rechtspflicht gegenüber einem anderen. Die Pflicht zu einem bestimmten Tun, dessen U. Schadensersatzansprüche auslösen kann, kann sich z. B. aus Vertrag oder Gesetz ergeben. Werden dagegen rechtswidrige Eingriffe in das Eigentum und andere absolute Rechte (z. B. das Namensrecht) ausgeübt, so besitzt der Berechtigte einen Anspruch auf U. gegen diese Eingriffe. Man unterscheidet den vorbeugenden und den beseitigenden Anspruch auf U. Beiden gemeinsam ist, dass es auf ein Verschulden des Störers nicht ankommt. Der vorbeugende U.-Anspruch setzt die Gefahr eines objektiv widerrechtl. Eingriffs in ein geschütztes Recht voraus. Hat die Störung bereits begonnen, muss der Anspruch darauf gestützt werden, dass die Gefahr ihrer Wiederholung besteht. Der beseitigende U.-Anspruch gibt bei fortdauernder widerrechtl. Rechtsverletzung einen Anspruch auf Beseitigung der Beeinträchtigung, bei Verschulden auch auf Schadensersatz. Der U.-Anspruch hat bes. im Presserecht erhebl. Bedeutung. Er wird durch die **U.-Klage,** eine Unterart der Leistungsklage, durchgesetzt.

Unterlassungsdelikt, Unterlassungs|straftat, Omissivdelikt, die Verletzung strafrechtlich geschützter Rechtsgüter durch Unterlassung einer Handlung, zu der man rechtlich verpflichtet ist. Bei **echten U.** unterbleibt eine durch eine besondere gesetzl. Vorschrift gebotene Handlung schuldhaft, z. B. bei Unterlassung der rechtzeitigen Anzeige bevorstehender schwerer Verbrechen (§ 138 StGB), bei Unterlassung der Hilfeleistung in Unglücksfällen oder gemeiner Gefahr oder Not (§ 323 c StGB). Bei **unechten U.** wird der Tatbestand eines Begehungsdelikts (z. B. des Totschlags) dadurch verwirklicht, dass der Täter es unterlässt, einen bestimmten strafrechtlich bedeutsamen Erfolg (also z. B. den Tod) zu verhindern (indem etwa Eltern ihr Kind verhungern lassen). Der Unterlassende haftet hier strafrechtlich für den eingetretenen Erfolg, wie wenn er ihn durch aktives Handeln verursacht hätte, jedoch nur dann, wenn er rechtlich dafür einzustehen hat, dass der Erfolg nicht eintritt **(Garantenpflicht, Garantenstellung),** und wenn das Unterlassen der Verwirklichung des gesetzl. Tatbestandes durch ein Tun entspricht (§ 13 StGB). Im Einzelnen ist umstritten, wann eine Gleichstellung des Unterlassens mit dem Tun möglich ist. Die Rechtsprechung leitet sie vornehmlich aus gesetzl. Handlungsgeboten ab, aus Amtspflichten, aus Vertrag, aus Lebens- oder Gefahrengemeinschaften, aus der Pflicht zur Überwachung bestimmter Gefahrenquellen und aus gefährdenden Vorhandlungen **(Ingerenz),** also vorangegangenem Tun (wer z. B. einen Autounfall verursacht hat, darf das Opfer nicht sich selbst überlassen).

Das *österr.* StGB regelt die unechten U. ähnlich wie das deutsche (§ 2) und bestraft die Unterlassung der Verhinderung einer mit Strafe bedrohten Handlung in weiter gehendem Maße als das dt. StGB (§ 286). – In der *Schweiz* ist das unechte U. weitgehend durch die Rechtsprechung entwickelt.

R. D. HERZBERG: Die Unterlassung im Strafrecht u. das Garantenprinzip (1972); W. SCHÖNE: Unterlassene Erfolgsabwendungen u. Straf-Ges. (1974); A. KAUFMANN: Die Dogmatik der U. (^{2}1988); W. GALLAS: Studien zum U. (1989).

Unterleib, Hypogastrium, der untere Bereich des menschl. Bauchs; umgangssprachlich auch Bez. für die (inneren) weibl. Geschlechtsorgane.

Unterleibstyphus, der →Typhus.

Untermalung, *Maltechnik:* die Farbschichten zw. Grundierung und oberster Farblage.

Untermaschinerie, →Bühne.

Untermeyer, Louis, amerikan. Schriftsteller, * New York 1. 10. 1885, † Newton (Conn.) 18. 12. 1977. Sein umfangreiches Werk umfasst Gedichte, die Traditionen der Romantik aufgreifen, Parodien, Übersetzungen (z. B. H. HEINE) und kommentierte Lyrikanthologien, u. a. ›Modern American poetry‹ (1919). Unter den zahlr. weiteren Werken befinden sich auch zwei Autobiographien (›From another world‹, 1939; ›Bygones‹, 1965) sowie die Briefsammlung ›The letters of Robert Frost to L. U.‹ (1963).
Weitere Werke: *Lyrik:* Roast Leviathan (1923); Collected parodies (1926); Burning bush (1928); Food and drink (1932); Long feud (1962). – *Biographien:* Heinrich Heine, 2 Bde. (1937); Makers of the modern world (1955). – *Literaturkritik:* Play in poetry (1938). – *Kurzgeschichten:* The firebringer and other stories (1968).

Untermiete, Weitervermietung einer gemieteten Sache, bes. von Wohnraum durch den Mieter; bedarf der Erlaubnis des Vermieters.

Unternehmen, Unternehmung, i. w. S. jede Veranstaltung, der ein gewisses Risiko anhaftet, i. e. S. eine dauerhafte organisator. Einheit, in der wirtschaftl. Aufgaben (Produktion von Sachgütern, Bereitstellung von Dienstleistungen) zum Zweck der Erfolgserzielung (z. B. Gewinn- oder Rentabilitätsstreben) erfüllt werden.

In der *Betriebswirtschaftslehre* wird der Begriff U. unterschiedlich und uneinheitl. Abgrenzung zum Begriff →Betrieb gebraucht, umgangssprachlich werden beide Begriffe i. d. R. synonym verwendet. Nach E. GUTENBERG ist ein Betrieb gekennzeichnet durch die Kombination von Produktionsfaktoren (Arbeit, Betriebsmittel, Werkstoffe) unter Beachtung des Wirtschaftlichkeitsprinzips bei Wahrung des finanziellen Gleichgewichts, ein U. darüber hinaus durch das Autonomie-, das erwerbswirtschaftl. Prinzip und durch Privateigentum. Danach ist Betrieb ein systemunabhängiger Begriff, während das U. als soziale, rechtl. und wirtschaftl. Einheit von Betrieben nur in einer Marktwirtschaft denkbar ist.

Rechtswissenschaft: Juristisch gesehen ist das U. kein selbstständiges Rechtssubjekt. Adressat der Gesetze und Normen (v. a. im Kündigungsschutz- und Betriebsverfassungsrecht sowie in den Mitbestimmungs-Ges.) ist immer der Träger des U. Bei Veräußerung kann das ganze U. Gegenstand des Kaufvertrags sein und schließt so den immateriellen Firmenwert mit ein; die Erfüllung des Kaufvertrags erfolgt im Wege der Einzelübertragung. Die Haftung für Verbindlichkeiten ist nach BGB gesondert zu regeln, das HGB schließt aber die Schuldenübernahme für vollkaufmänn. U. mit ein. Steuerrechtlich sind Kapitalgesellschaften immer selbstständige Steuersubjekte, bei Personengesellschaften sind je nach Steuerart entweder das U. oder die Gesellschafter steuerpflichtig.

Klassifikationen: U. lassen sich nach unterschiedl. Kriterien klassifzieren. Umsatz, Zahl der Beschäftigten oder Höhe des U.-Vermögens (Bilanzsumme) führen zur Unterscheidung in Klein-U., mittelständ. U. und Groß-U., die auch auf das Ausmaß der U.-Konzentration und die optimale U.-Größe hinweist. Aus der Größe des Betätigungsfelds folgt eine Einteilung in regionale, nat. und multinat. U.; darüber hinaus werden U. nach Wirtschaftssektoren, Wirtschaftszweigen bzw. Branchen und v. a. ihrer Rechtsform (→Unternehmensform) unterschieden. Den privaten U. werden solche im alleinigen Eigentum oder unter maßgebl. Beteiligung eines öffentl. Gemeinwesens (→öffentliche Unternehmen, →gemischtwirtschaftliches Unternehmen) gegenübergestellt. Besondere Bedeutung haben versch. Formen von U.-Zusammenschlussen (z. B. U.-Kooperation, U.-Konzentration).

Unternehmenstheorien: Die klass. Auffassung der Wirtschaftswiss. betrachtet die U. als gewinnmaximierende Einheit, wobei die Betriebswirtschaftslehre die Organisation der Leistungserstellung in U. betrachtet, die Volkswirtschaftslehre die U. im Unterschied zum konsumierenden privaten Haushalt in ihrer Funktion als Güterproduzenten beschreibt. Verhaltenswissenschaftlich orientierte U.-Theorien ersetzen die Gewinnmaximierung durch Anspruchsanpassungs- oder Anreiz-Beitrags-Theorien. Systemtheoret. Ansätze sehen das U. als ein ganzheitl., äußerst komplexes, offenes, produktives, soziales System, das sich durch Regel- und Steuerungsmechanismen an die Umwelt anpasst. In der Organisationswiss. wird das U. als Koalition von Arbeitnehmern, Lieferanten, Kunden, Staat und Kapitalgebern gesehen. Eine Möglichkeit zur Erklärung der Existenz, Größe und Funktionsweise von U. liefert der Transaktionskostenansatz von R. H. COASE: Ein Gut kann danach entweder durch das vertragl. Zusammenwirken mehrerer wirtschaftlich selbstständiger Individuen über die Institution des Marktes mit dem Koordinationsmechanismus Preis oder unter einheitl. Leitung durch Arbeitnehmer in der Institution U. produziert werden. U. entstehen bzw. vergrößern sich, wenn die Transaktionskosten der Koordination über den Markt höher sind als die Organisationskosten der Koordination in U. Die Transaktionskosten werden so auch zum Bestimmungsgrund für die optimale U.-Größe.

Neben den Entscheidungen über U.-Form und Standort ist der wirtschaftl. Prozess in U. durch zahlr. weitere Entscheidungen und Handlungsabläufe gekennzeichnet, bei denen sich U. an Zielen bzw. Zielsystemen orientieren (→Unternehmensziele) und zunehmend Überlegungen über U.-Ethik, U.-Leitbild, U.-Kultur eine Rolle spielen. Die Lenkung des Wirtschaftsprozesses ist Aufgabe des →Managements bzw. der →Unternehmer. Gegenstand des Wirtschaftens ist der Leistungsprozess (Beschaffung, Produktion und Absatz von Gütern), dem in einer Geldwirtschaft entsprechende Finanzprozesse (Finanzierung) gegenüberstehen. Der Dokumentation des Wirtschaftsprozesses in U. dient das →Rechnungswesen.

H. u. R. ALBACH: Das U. als Institution (1989); G. STRASSER: Zur Evolution von Unternehmungen (1991); Neuere U.-Theorie. Informationsmonopole – Risikomanagement – hierarch. Planung, hg. v. W. SCHÜLER u. H. ALBACH (1993); C. SCHREITER: Evolution u. Wettbewerb von Organisationsstrukturen (1994); R. WAGNER: Die Grenzen der Unternehmung (1994); Moderne Theorie der Unternehmung, Beitr. v. S. G. SCHOPPE u. a. (1995); R. M. CYERT u. J. G. MARCH: Eine verhaltenswiss. Theorie der Unternehmung (a. d. Engl., ²1995); G. KRAUSE: Die Unternehmung u. ihre Märkte (1996).

Unternehmens|analyse, Phase der →Unternehmensplanung, in der unter Berücksichtigung des Istzustands ein Zukunftsbild derjenigen Faktoren entworfen wird, die zukünftige Aktivitäten eines Unternehmens wesentlich bestimmen. Ausschlaggebende Faktoren der U. sind Marktattraktivität, relative Wettbewerbsposition, Investitions- und Kostenattraktivität (→PIMS-Projekt).

Unternehmensberatung, Betriebsberatung, Consulting [kənˈsʌltɪŋ, engl.], **Management-Consulting** [ˈmænɪdʒmənt, engl.], **Wirtschaftsberatung,** von unabhängigen Unternehmen oder Einzelpersonen (**Unternehmensberatern, Betriebsberatern, Consultants**) durchgeführte Beratung von Unternehmen in betriebswirtschaftl. Fragen, besteht in der Identifizierung der Probleme sowie der Unterstützung bei der Problemlösung durch Erarbeitung und Umsetzung von Lösungskonzepten. Die U. kann sich auf alle betriebl. Teilfunktionen erstrecken, v. a. aber auf Datenverarbeitung, Unternehmensführung, Personal und Verwaltung. Sie orientiert sich dabei am Grundsatz des Treuhandprinzips; zur Wahrung der Unabhängigkeit und Objektivität von Beratungsleistungen sollen diese nicht in Form von erfolgsorientierten Zahlungen honoriert werden. Die Berufs-Bez. Unternehmensberater ist gesetzlich nicht geschützt, sodass sie keine bestimmten Qualifikationen anzeigt. Gleichwohl versuchen die meist. Berufsverbände, einen einheitl. Rahmen der U. zu erstellen und Voraussetzungen für die Beratungstätigkeit zu formulieren; in Dtl. geschieht dies durch den Bundesverband Dt. Unternehmensberater e. V. (BDU), Bonn (gegr. 1954), auf europ. Ebene durch die Fédération Européene des Associations de Conseils en Organisation (FEACO), Brüssel (gegr. 1960).

Theorie u. Praxis der U. Bestandsaufnahme u. Entwicklungsperspektiven, hg. v. M. HOFMANN (1991); R. F. SCHRUMPF u. A. QUIRING: Hb. der praxisorientierten U. (1993); Formen der U., hg. v. G. WALGER (1995); C. NIEDEREICHHOLZ: U., 2 Bde. (¹⁻²1996–97); A. SCHÜTTE: U. in der Bundesrep. Dtl. (1996); P. BLOCK: Erfolgreiches Consulting (a. d. Engl., 1997); J. WEBER: Einf. in das Controlling (⁷1998).

Unternehmensbesteuerung, i. w. S. die Besteuerung der finanziellen Ergebnisse von Unternehmen (Einkommen-, Körperschaft-, Gewerbeertragsteuer), der Unternehmensleistungen (allgemeine Umsatz- und spezielle Verbrauchsteuern) und des Unternehmensvermögens (Grund- sowie früher Vermögen- und Gewerbekapitalsteuer). I. Allg. werden die Umsatz- und die Verbrauchsteuern nicht zu den **Unternehmensteuern** gezählt, da unterstellt wird, dass sie (voll) weitergegeben werden.

Die einzelnen Unternehmensteuern bilden kein geschlossenes ›System‹; aus steuerwiss. Sicht wird v. a. kritisiert, dass die bestehende U. nicht entscheidungsneutral ist und es dadurch zu gesamtwirtschaftlich nachteiligen Allokationsverzerrungen kommt. Nicht neutral ist die U. z. B. hinsichtlich der Wahl der Rechtsform: Bei Kapitalgesellschaften wird der einbehaltene Gewinn mit einem einheitl. Körperschaftsteuersatz besteuert, bei Personengesellschaften dagegen mit dem gewogenen arithmet. Mittel der individuellen Einkommensteuersätze der Gesellschafter. Im Zentrum der Kritik der U. steht die mangelnde Neutralität hinsichtlich der Finanzierungs- und Investitionsentscheidungen. Finanzierungsneutralität im Sinne einer steuerl. Gleichbehandlung von Fremdfinanzierung, Selbstfinanzierung aus einbehaltenen Gewinnen und Beteiligungsfinanzierung aus neuen Kapitaleinlagen ist nicht gegeben, wenn Beteiligungserträge (z. B. Dividenden), einbehaltene Gewinne und Zinseinkommen (Zinszahlungen) steuerlich unterschiedlich belastet werden. Investitionsneutralität würde erfordern, dass durch die U. die Rangfolge von Investitionsprojekten gemäß ihrer Rentabilität durch die U. nicht gestört wird und die ›Grenzinvestitionen‹, die gerade noch den Kalkulationszinsfuß erbringen (deren Kapitalwert null ist), unbesteuert bleibt. Die Folge mangelnder Investitionsneutralität ist ein gesamtwirtschaftlich niedrigeres Investitions- und Sparvolumen und damit eine niedrigere Wachstumsrate des Sozialprodukts. Da eine Abhilfe im Rahmen des bestehenden Systems der Gewinn- und Einkommensbesteuerung v. a. wegen der Problematik der exakten Berechnung des ökonom. Werteverzehrs im Sinne der Ertragswertabschreibung so gut wie unmöglich ist, werden grundsätzl. Reformen wie die Ersetzung der U. durch eine Teilhabersteuer oder aber durch eine →Cash-Flow-Steuer vorgeschlagen.

Die Kritik der Wirtschaft an der bestehenden U. konzentriert sich v. a. auf die Kompliziertheit der steuerl. Regelungen zur Gewinnermittlung und Bewertung, die Scheingewinnbesteuerung bei Geldentwertung und die Höhe der U.-Belastung im internat. Vergleich.

Gutachten zur Reform der U., hg. vom Wiss. Beirat beim Bundesmin. der Finanzen (1990); Taxing Profits in a Global Economy, hg. v. der OECD (Paris 1991); U. in EU-Staaten, hg. v. J. Lang (1994); D. Schneider: Grundzüge der U. (^{6}1994); Grundfragen der U., hg. v. F. Wassermeyer (1994).

Unternehmensbeteiligungsgesellschaft, im weiteren Sinn eine Holdinggesellschaft; im engeren Sinn nach dem Ges. über U. vom 17. 12. 1986 eine AG, die ausschließlich dem Erwerb, der Verwaltung und Veräußerung von Anteilen oder Beteiligungen in stiller Gesellschafter (grundsätzlich Minderheitsbeteiligungen) an mindestens zehn anderen Unternehmen dient, deren Anteile zum Zeitpunkt des Erwerbs nicht an der Börse notiert werden. Durch U. soll besonders mittelständ. Unternehmen der mittelbare Zugang zum organisierten Kapitalmarkt ermöglicht werden. U. müssen spätestens zehn Jahre nach ihrer Gründung an der Börse notiert werden und sollen dadurch Privatanlegern die Beteiligung an Unternehmen der mittelständ. Wirtschaft eröffnen. Bisher wurden U. vor allem von Banken und Versicherungsunternehmen gegründet.

Unternehmensbewertung, die Ermittlung des Werts eines Unternehmens als Ganzes bei bestimmten Anlässen (z. B. Kauf oder Verkauf eines Unternehmens, Ein- und Austritt eines Gesellschafters, Verschmelzung, Erbauseinandersetzungen) z. B. durch Käufer, Verkäufer, Schiedsgutachter. Dazu sind weder die Handels- noch die Steuerbilanz geeignet, da in ihnen gewisse Unter- und Überbewertungen möglich sind und immaterielle Wirtschaftsgüter (z. B. Markenzeichen) nicht berücksichtigt werden. Für börsennotierte Gesellschaften ist der **Unternehmenswert** aus den Börsenkursen ableitbar. Nicht notierte Unternehmen sind nach dem →Ertragswert zu bewerten; für steuerl. Zwecke oder im Fall der Liquidation kann die U. auch auf der Basis des →Substanzwerts vorgenommen werden. In der Praxis sind davon abgeleitete Verfahren gebräuchlich. So wird z. B. ein Mittelwert zw. Ertrags- und Substanzwert gebildet, da der Ertragswert oft viele Mutmaßungen enthält.

G. E. Tichy: U. in Theorie u. Praxis (Wien 1994); K. Born: Unternehmensanalyse u. U. (1995); J. Drukarczyk: U. (^{2}1998).

Unternehmens|ethik, Teil der →Wirtschaftsethik, der sich mit Wertestandards für das Handeln von Unternehmen und Managern beschäftigt. Während die traditionelle Betriebswirtschaftslehre von der Zweckrationalität im Sinne des Gewinnziels ausgeht, werden im Rahmen der U. die gesellschaftl. Auswirkungen zweckrationalen Handelns problematisiert.

Unternehmensform, *Betriebswirtschaftslehre:* Rechtsform, unter der ein →Unternehmen nach außen in Erscheinung tritt, z. B. Einzelunternehmen, Personengesellschaft (offene Handelsgesellschaft, Kommanditgesellschaft), Kapitalgesellschaft (Aktiengesellschaft, Gesellschaft mit beschränkter Haftung, Kommanditgesellschaft auf Aktien), Genossenschaft. Beeinflusst wird die Wahl der U. u. a. durch den Kapital- und Finanzierungsbedarf, steuerrechtl. Gründe sowie Möglichkeiten der Haftungsbeschränkung.

Unternehmensforschung, →Operations-Research.

Unternehmensführung, Gebiet der Betriebswirtschaftslehre, teils als spezielle Betriebswirtschaftslehre, teils als Problemfeld versch. spezieller Betriebswirtschaftslehren angesehen. Ältere Veröffentlichungen behandeln v. a. normative Probleme der U., wobei die Bez. Unternehmenspolitik synonym verwendet wird; in den neueren Arbeiten steht dagegen das erfolgsorientierte strateg. Handeln der U. im Vordergrund. Zur uneinheitl. Begriffsverwendung trägt bei, dass als Synonym für U. auch der Begriff Management benutzt wird.

Unternehmensgründung, Gründung, Bez. für alle Maßnahmen, durch die ein wirtschaftl. Unternehmen ins Leben gerufen wird. Mit U. wird dabei i. Allg. der finanziell-jurist. Akt des Geschäftsbeginns (Aufnahme des Handelsgewerbes, Eintragung in das Handelsregister) bezeichnet, während man beim technisch-organisator. Aufbau von ›Errichtung‹ spricht. Durch die Wahl der Rechtsform werden gleichzeitig Entscheidungen über die wirtschaftl. Gestaltung, bes. Haftung, Risikoübernahme, Gewinnverteilung, Kapitalbeschaffungsmöglichkeiten, Leitungsbefugnisse und steuerl. Belastungen, getroffen. Über die eingebrachten Vermögensgegenstände und Kapitalverhältnisse ist eine Gründungsbilanz (§ 242 HGB) zu erstellen. Die U. ist bei Einzelunternehmen und Personengesellschaften nicht formgebunden; bei Kapitalgesellschaften gibt es Rechtsvorschriften. Da U. als gesamtwirtschaftl., struktur- und regionalpolitisch wünschenswert erscheinen, existieren im Rahmen der staatl. Existenzgründungspolitik Gründungshilfen in Form von zinsgünstigen Darlehen, Eigenkapitalhilfen oder Bürgschaften und kostenloser Gründungsberatung. Ferner sind z. B. Kommunen und Verbände bei der Standortsuche behilflich.

E. Hamer: Mittelständ. Unternehmen. Gründung, Führung, Chancen, Risiken (1990); U. Hb. des Gründungsmanagements, hg. v. W. K. M. Dieterle u. a. (1990); H. Schoeffling: Arbeitsbuch. Existenzgründung (^{4}1991); M. Hebig: Existenzgründungsberatung. Steuerl., rechtl. u. wirtschaftl. Gestaltungshinweise zur U. (^{3}1994); E. Schneider: Erfolgreich sich selbständig machen (^{12}1995); W. Bach u. U. Kilian: Sicher in die Selbständigkeit von A–Z (^{7}1997); G. Kirschbaum u. W. Naujoks: Erfolgreich in die berufl. Selbständigkeit (^{7}1998).

Unternehmenskonzentration, i. w. S. die Ballung von Marktanteilen und Verfügungsmacht über Produktionsmittel bei Unternehmen durch überproportionales Wachstum eines Unternehmens (U. durch internes Unternehmenswachstum) oder durch Unternehmenszusammenschlüsse (U. durch externes Unternehmenswachstum). U. durch internes Wachstum beruht i. d. R. auf überlegenen Leistungen im Wettbewerb; bei offenen Märkten ohne Marktzutrittsschranken kommt es dabei kaum zu einer dauerhaften Monopolstellung oder zu einem engen Oligopol mit aufeinander abgestimmten Verhaltensweisen. Weitaus häufiger und wettbewerbspolitisch bedeutsamer ist U. durch externes Wachstum (U. i. e. S.). Der Begriff Unternehmenszusammenschluss v. a. durch Unternehmensübernahmen beschränkt sich dabei nicht auf die rechtl. Vereinigung von Unternehmen, sondern bezieht auch Formen ein, durch die bisher selbstständige Unternehmen unter einer einheitlichen wirtschaftl. Leitung zusammengefasst werden. Hierzu zählen v. a. die Bildung eines ›Konzerns durch teilweisen oder vollständigen Erwerb von Verfügungsrechten (→Beteiligung), womit i. d. R. auch personelle Verflechtungen zw. Aufsichtsrat und Vorstand der beteiligten Unternehmen verbunden sind, sowie die rechtl. Verschmelzung von Unternehmen zu einem neuen Unternehmen. Auch die Gründung von →Gemeinschaftsunternehmen durch in anderen Geschäftsbereichen kon-

Unternehmenskonzentration

kurrierende und selbstständig bleibende Unternehmen, Kartelle, strateg. Allianzen und Interessengemeinschaften wird in einem weiten Sinn als U.-Formen bezeichnet.

U. lassen sich nach versch. Kriterien klassifizieren: Nach der Verbindung zw. den betroffenen Märkten wird unterschieden zw. **horizontaler U.**, bei der die beteiligten Unternehmen der gleichen Produktionsstufe angehören, **vertikaler U.**, bei der sich Unternehmen aus vor- oder nachgelagerten Produktionsstufen verbinden, und **konglomerater U.**, bei der die beteiligten Unternehmen auf versch. Märkten agieren. Nach der Herkunft der Beteiligten wird unterschieden zw. internat. (→multinationale Unternehmen), nat. und regionaler U. Unter dem Aspekt der quantitativen Auswirkungen auf die Marktstruktur wird unterschieden zw. **absoluter U.**, bei der sich der Gesamtbetrag des Branchenumsatzes auf wenige Unternehmen verteilt, und **relativer U.**, bei der zwar viele Unternehmen am Markt agieren, jedoch eine ungleichmäßige Verteilung des Branchenumsatzes vorliegt.

Ursachen und Wirkungen

Von den beteiligten Unternehmen wird U. häufig mit der Möglichkeit zur Rationalisierung und Kosteneinsparung durch Vergrößerung der Produktionskapazitäten und Annäherung an die optimale Betriebsgröße begründet. Solche Größenvorteile liegen z. B. vor, wenn die Stückkosten mit steigender Ausbringungsmenge sinken (Fixkostendegression, →Skalenerträge). Meist handelt es sich dabei um Betriebe, die aus techn. Gründen hohe Investitionen erfordern oder hohe Kapazitäten vorhalten müssen (z. B. Stahlwerk, Energieversorgungsunternehmen). Die Kapazitäten von Großunternehmen in den hoch konzentrierten Wirtschaftszweigen liegen allerdings häufig über der Schwelle, von der an weitere Kostenvorteile durch Erweiterung zu erzielen sind; andere Motive für U. sind hier gewichtiger. Auch sind Produktivitäts- und Kostenvorteile nur zu erwarten, wenn sich nicht gleichzeitig die Wettbewerbsintensität vermindert. Reduziert die U. den Wettbewerbsdruck, fehlt der Zwang zur Anpassung sowohl im produktionstechn. Bereich (z. B. verlangsamte Prozess- und Produktinnovationen) als auch in der Preispolitik (z. B. Produktivitätsfortschritte und Kosteneinsparungen werden nicht in Preissenkungen an die Abnehmer weitergegeben).

Ein weiteres Motiv für U. ist die Diversifizierung, die u. a. einen Risikoausgleich durch die Verringerung der Abhängigkeit von einer begrenzten Produktpalette ermöglicht. Ein Unternehmen mit einem breiten Produktionsprogramm erscheint in der Lage, Misserfolge auf einigen Märkten auszugleichen, ohne in eine Krise zu geraten. Auch lassen sich bei einer Diversifizierungsstrategie (konglomerate U.) durch Zusammenfügung bestimmter betriebl. Teilbereiche (z. B. Forschung und Entwicklung, Beschaffung und Absatz) und Straffung des Managements Verbundvorteile (Synergieeffekte) erzielen, die zu Kosteneinsparungen führen. Allerdings sind auch Verbundnachteile nicht ausgeschlossen (z. B. Bürokratisierung, Managementfehler, unzureichende Anpassungsfähigkeit an Marktentwicklungen).

Für Großunternehmen bestehen Finanzierungsvorteile, weil sie i. d. R. leichter und günstiger Kredite erhalten als kleine und mittlere Unternehmen (KMU). Außerdem können finanzkräftige Großunternehmen eher risikoreiche und kostenintensive Investitionen realisieren und besser auf den Weltmärkten agieren. Oft wird U. auch durch staatl. Handeln begünstigt. So kritisiert z. B. die Monopolkommission, dass die Einführung der Verpackungs-VO vom 12. 6. 1991 zu nachhaltigen Konzentrationstendenzen im Entsorgungssektor geführt hat. In Schwierigkeiten geratene Großunternehmen werden auch eher durch Subventionen gestützt als KMU. Forschungs- und Technologieförderung bevorzugt oft größere Unternehmen oder macht sogar Unternehmenszusammenschlüsse zur Voraussetzung für die Projektförderung. Auch steuerrechtl. Regelungen sind nicht immer konzentrationsneutral. Zudem wird U. durch versch. Formen des Protektionismus begünstigt: Importbeschränkungen verhindern z. B. den Markteintritt ausländ. Konkurrenten; Exportförderung bevorzugt nicht selten Großunternehmen.

Unternehmenskonzentration: Unternehmenszusammenschlüsse in Deutschland (angezeigte Zusammenschlüsse nach Paragraph 23 Gesetz gegen Wettbewerbsbeschränkungen, GWB)[1)]

Jahr	Anzahl	Jahr	Anzahl	Jahr	Anzahl
1959	19[2)]	1972	269	1985	709
1960	19[2)]	1973	34	1986	802
1961	19[2)]	1974	294	1987	887
1962	38[3)]	1975	445	1988	1 159
1963	38[3)]	1976	453	1989	1 414
1964	38[3)]	1977	554	1990	1 548
1965	38[3)]	1978	558	1991	2 007
1966	43	1979	602	1992	1 743
1967	65	1980	635	1993	1 514
1968	65	1981	618	1994	1 564
1969	168	1982	603	1995	1 530
1970	305	1983	506	1996	1 434
1971	220	1984	575	1997	1 751

[1)] GWB in der jeweils gültigen Fassung; seit 1971: mehr als 500 Mio. DM Umsatz, Beteiligung mehr als 25 Prozent. – [2)] Durchschnitt der Jahre 1959 bis 1961. – [3)] Durchschnitt der Jahre 1962 bis 1965.

U. ist ein in der Marktwirtschaft legitimes und betriebswirtschaftlich häufig vorteilhaftes Instrument zur Steigerung der Wettbewerbsfähigkeit von Unternehmen. Durch U. erzielte Kostenvorteile können gesamtwirtschaftlich als Produktivitätsfortschritte durchaus positiv bewertet werden. Andererseits führt U. auch zur Beschränkung des Wettbewerbs mit Folgen wie überhöhte Preise, erlahmende Innovationstätigkeit, verringerte Anpassungsfähigkeit an veränderte Marktbedingungen. U. kann zur Bildung marktbeherrschender Unternehmen mit entsprechender Machtposition auf Beschaffungs- und Absatzmärkten führen, was bis zur Ausbeutung von Lieferanten (z. B. im Einzelhandel oder bei Zulieferern von Industriekonzernen) reichen kann. U. hat eine Verringerung der Dezentralisierung wirtschaftl. Entscheidungen, ein Wesensmerkmal von Marktwirtschaften, zur Folge. Die Marktmacht von Großunternehmen kann die leistungsorientierte primäre Einkommensverteilung verzerren. Bei fehlender oder unzureichender Wettbewerbsintensität wird wirtschaftl. Macht von Großunternehmen weder wirksam begrenzt noch kontrolliert, wobei die Gefahr besteht, dass wirtschaftl. Macht als polit. Macht missbraucht werden kann (These vom Monopolkapitalismus). U. führt zu einer Verminderung der Zahl und der Chancen von selbstständigen Unternehmern, beschleunigt die Entwicklung zu von Topmanagern und Großbanken beherrschten, von den Eigentümern nur unzureichend kontrollierten Großunternehmen und Unternehmensverbindungen, die allein aufgrund ihrer Größe (Umsatz, Arbeitsplätze) polit. Bedeutung und Einfluss haben, wettbewerbspolitisch aber – zumal bei multinat. Unternehmen – nur schwer zu kontrollieren sind.

Messung und Entwicklung

In Dtl. beobachten Bundeskartellamt und Monopolkommission Stand und Entwicklung der U. Probleme ergeben sich dabei schon bei der Frage nach dem geeigneten Indikator (für Industrieunternehmen meist der Umsatz, bei Banken die Bilanzsumme; andere Indikatoren sind z. B. Beschäftigtenzahl und Gewinn). Versch. Konzentrationsmaße können nur auf Basis der amtl. Statistik (die Angebotskonzentration nach Gütergruppen und Warenklassen, die U. nach Wirtschaftsbereichen) berechnet werden. Solche Daten lassen z. B. Diversifizierungen und Kapitalverflechtungen über die Grenzen der Wirtschaftszweige hinaus nicht erkennen. Dies versucht die Monopolkommission mithilfe einer Analyse der Konzentration der nach der Wertschöpfung 100 größten dt. Unternehmen zu leisten (**aggregierte U.**). Für wettbewerbspolit. Zwecke sind Gütergruppen zu grob; eigentlich müsste der jeweils relevante Markt sachlich und räumlich abgegrenzt werden. Auf die nat. Ebene bezogene Zahlen müssen differenziert werden, um das Ausmaß regionaler oder lokaler Marktbeherrschung (z. B. durch Energieversorgungs- und Bauunternehmen oder durch Zeitungsverlage im Zusammenhang mit der Medienkonzentration) sachgerecht beurteilen zu können. Abgrenzungen des relevanten Marktes und diagonale U. sind schwierige Probleme, mit denen sich v. a. das Bundeskartellamt auseinander setzt. Konzentrationsmessungen auf nat. Märkten verlieren zudem angesichts des →Europäischen Binnenmarkts, fortschreitender →Globalisierung und weltweiter Handelsverflechtungen in außenhandelsintensiven Wirtschaftsbereichen (z. B. Luft- und Raumfahrt-, Automobil-, Pharmaindustrie) an Aussagekraft.

So sind Zahlen zur absoluten Größe von Konzernen zwar eindrucksvoll und werden jährlich zu nat. wie internat. Ranglisten zusammengestellt, zur Beurteilung der U. sind sie aber wenig aussagefähig. Zur Messung der **absoluten U.** verwendet die Monopolkommission die Konzentrationsrate (Concentration-Ratio, Abk. CR) und den Hirshman-Herfindahl-Index. Die Konzentrationsrate misst den Anteil der größten Unternehmen am Gesamtumsatz eines Marktes oder eines Wirtschaftszweiges. Nehmen diese Anteile zu, steigt auch der Konzentrationsgrad. Ein Nachteil dieser Methode ist, dass Größenunterschiede zw. den einzelnen Unternehmen nicht deutlich werden. Um dieses Problem zu überwinden, erfasst der Hirshman-Herfindahl-Index alle Unternehmen einer Gütergruppe oder eines Wirtschaftszweiges und gewichtet die größeren gegenüber den kleineren Unternehmen stärker. Der Index ist als Summe der quadrierten Anteilswerte aller Unternehmen definiert. Auch hier spiegelt ein großer Indexwert einen hohen Konzentrationsgrad wider: Gibt es im Extremfall nur ein Unternehmen, so erreicht er einen Wert von 1; ist die Anzahl der Unternehmen dagegen sehr groß, und sind die einzelnen Anteile gleichmäßig verteilt, so konvergiert er gegen 0. Um die Verteilung der Umsätze auf unterschiedl. Unternehmensgrößenklassen und deren Veränderung zu erfassen (**relative U.**), errechnet die Monopolkommission den Variationskoeffizienten (Verhältnis der Standardabweichung der Merkmalswerte zu ihrem arithmet. Mittel). Die relative U. kann durch die Lorenz-Kurve grafisch veranschaulicht werden.

In Dtl. verlaufen die Konzentrationsprozesse innerhalb der Wirtschaftszweige sehr unterschiedlich. Der Anteil der fünfzig größten Industrieunternehmen am Umsatz aller Industrieunternehmen hat sich von (1994) 27,6 % auf (1996) 29,4 % erhöht. Im gleichen Zeitraum stieg der Anteil der zehn größten Handelsunternehmen am Umsatz aller Handelsunternehmen von 7,1 % auf 8,3 %. Die Bilanzsumme der zehn größten Kreditinstitute erhöhte sich zw. 1994 und 1996 um 29,2 %, während die Bilanzsumme aller Kreditinstitute im gleichen Zeitraum nur um 22,1 % anstieg. Demgegenüber sind die Beitragseinnahmen der zehn größten Versicherungsunternehmen zw. 1994 und 1996 nur um 2,4 % angestiegen, während die Beitragseinnahmen aller Versicherungen um 8,2 % zunahmen. Insgesamt betrachtet, ging der Anteil der 100 größten Unternehmen an der Wertschöpfung aller Unternehmen von (1994) 19,6 % auf (1996) 17,8 % zurück.

Aufgrund der von der Monopolkommission veröffentlichten Daten lassen sich oftmals keine eindeutigen Aussagen über Stand und Prozess der U. formulieren. Gleichwohl bleiben vorbeugende Kontrolle wettbewerbsgefährdender Unternehmenszusammenschlüsse (→Fusionskontrolle) und →Missbrauchsaufsicht über bestehende Formen der U. wichtige Elemente einer Wettbewerbspolitik, die die Schaffung und Sicherung eines funktionsfähigen →Wettbewerbs zum Ziel hat.

Tätigkeitsbericht, hg. vom Bundeskartellamt (1959ff.); Hauptgutachten der Monopolkommission (1976ff.); M. HAUBROCK: Konzentration u. Wettbewerbspolitik (1994); U. TAENZER: Wettbewerb u. Konzentration (1994); S. PAPROTTKA: Unternehmenszusammenschlüsse. Synergiepotentiale u. ihre Umsetzungsmöglichkeiten durch Integration (1996); E.-M. REISSMANN: Großunternehmen, Konzentration u. Kartelle (1996); INGO SCHMIDT: Wettbewerbspolitik u. Kartellrecht (^{3}1996); DERS. u. S. BINDER: Wettbewerbspolitik im internat. Vergleich (1996).

Unternehmenskultur, die →Organisationskultur.

Unternehmensplanspiele, Unternehmensspiele, Bez. für eine v. a. in der Schulung von Führungskräften angewendete Methode, bei der die komplexen Prozesse der Unternehmensführung mithilfe von EDV-gestützten Modellen simuliert werden. U. werden meist mit mehreren Spielergruppen und in mehreren Runden durchgeführt. Die von den Spielern getroffenen Entscheidungen werden in ihren Konsequenzen deutlich und beurteilbar und bilden die Grundlage für weitere Entscheidungen. Der Vorteil von U. besteht darin, dass mit ihnen eine permanente und dynam. Anpassung des Unternehmens an sich wandelnde Situationen eingeübt wird.

Unternehmensplanung, das vorausschauende und systemat. Durchdenken und Formulieren von Verhaltensweisen, Zielen und Handlungsalternativen, deren optimale Auswahl sowie die Festlegung von Anweisungen zu ihrer rationellen Realisierung; seit jeher zentraler Gegenstand der Betriebswirtschaftslehre.

Die U. erfüllt im Wesentlichen drei Funktionen: Abstimmung von Zielen, Mitteln und Maßnahmen unter Berücksichtigung des inneren und äußeren Kontexts (Strukturierungsfunktion), Aufzeigen der besten Handlungsalternativen (Optimierungsfunktion), Erkennen zukünftiger Risiken und Formulieren mögl. Anpassungsmaßnahmen (Sicherungs- und Flexibilisierungsfunktion). Der idealtyp. Prozess der U. erfolgt in sechs Stufen. Der Festlegung der handlungsleitenden →Unternehmensziele anhand quantitativer Größen (z. B. Kosten, Umsatz, Gewinn, Deckungsbeitrag, Kapitaleinsatz) folgen Analyse und Prognose der inneren und äußeren Rahmenbedingungen, die bei der Zielverfolgung zu beachten sind. Dem schließt sich die Ausarbeitung von Handlungsalternativen an, die in der nächsten Stufe einer Bewertung anhand ihrer wirtschaftl., sozialen, techn., politisch-rechtl. und ggf. ökolog. Wirkungen zu unterziehen sind (→Scoring-Modelle). Auf der Basis dieser Bewertung wird anschließend eine Entscheidung über die als verbindlich zu erklärende Handlungsalternative gefällt, und in der letzten Stufe wird nach Realisierung der Handlungsalternative durch einen Soll-Ist-Vergleich überprüft, inwieweit die vorgegebenen Unternehmensziele realisiert werden konnten. Hieran schließt sich ggf. eine Planrevision an.

Während der U.-Prozess von der Prognose der Kontextsituation bis zur Bewertung von Handlungsalternativen in vielen Unternehmen von Planungsstäben durchgeführt wird, bleibt die Auswahl von Handlungsalternativen zumeist dem Linienmanagement

(→Liniensystem) vorbehalten. Der U.-Prozess kommt mit der Durchsetzung der gewählten Handlungsalternativen zum Abschluss. Da das Handlungsprogramm von versch. Einheiten im Unternehmen realisiert wird, ist es notwendig, Prozessstufen der Realisierung herauszuarbeiten, zeitlich gestaffelte Teilziele zu bestimmen, Zuständigkeiten festzulegen und die ausführenden Einheiten in verbindl. Form mit der Durchführung der zur Planrealisierung notwendigen Teilaufgaben zu beauftragen. Die U. umfasst sämtl. Wertschöpfungsprozesse des Unternehmens. Sie kann nach versch. Kriterien klassifiziert werden. Nach der Fristigkeit unterscheidet man die **strategische U.**, die als übergeordnete Planungsphase die Bestimmung langfristig gültiger Grundsatzentscheidungen beinhaltet, die **operative U.**, die auf zwei bis drei Jahre ausgelegt ist, und die hierauf aufbauende **taktische U.**, die jeweils ein Jahr umfasst. Nach der Form der Abstimmung der Teilpläne unterscheidet man die **simultane U.**, bei der alle Teilpläne mithilfe von Optimierungsmodellen bzw. dynam. Programmierung parallel zueinander festgelegt werden, und die **sukzessive U.**, bei der die Teilpläne nacheinander festgelegt werden. Zur gegenseitigen Abstimmung werden Rückkoppelungen vorgenommen (z. B. nachträgl. Anpassung des Produktprogramms an das Finanzierungsprogramm, falls sich der Finanzbedarf nicht decken oder nur zu unvertretbar hohen Zinskosten decken lässt).

Um durchführbar und hinreichend effizient zu sein, muss die U. folgende Mindestanforderungen erfüllen: gegenseitige Abgestimmtheit sämtl. Unternehmensvariablen, Angepasstheit an die künftigen Umweltbedingungen und rasche Korrigierbarkeit bei Fehlprognosen. Die Durchführung der U. erfolgt meist in der organisierten Form von Planungs- und Kontrollsystemen. Trotz ihres unterschiedl. Charakters werden in der Praxis U. und Kontrolle häufig zu einem geschlossenen Aufgabenkomplex, dem →Controlling, zusammengefasst.

H. KOCH: Planungssysteme, in: Hwb. der Betriebswirtschaft, hg. v. W. WITTMANN u. a. (^{5}1993); R. M. HAMMER: Unternehmungsplanung (^{6}1995); H. FISCHER: U. (1997); H. KREIKEBAUM: Strateg. U. (^{6}1997); H.-C. PFOHL u. W. STÖLZLE: Planung u. Kontrolle (^{2}1997); Strateg. Unternehmungsplanung – strateg. Unternehmungsführung, hg. v. D. HAHN u. B. TAYLOR (^{7}1997).

Unternehmenspolitik, Geschäftspolitik, Teilgebiet der Unternehmensführung bzw. des →Managements, über dessen inhaltl. Abgrenzung innerhalb der Betriebswirtschaftslehre kein endgültiger Konsens besteht. I. w. S. umfasst U. folgende Komponenten: Festlegung einer Unternehmens-Verf., die bestimmt, welche obersten, mit abschließenden Entscheidungskompetenzen ausgestatteten Leitungsorgane bestehen und welchen Unternehmenseinheiten welche formalen Mitbestimmungsrechte und welche Entscheidungsangelegenheiten zukommen; Festlegung der für das Unternehmen konstitutiven, langfristig bindenden und nicht delegierbaren Entscheidungen über Ziele und Strategien (U. i. e. S.); Gestaltung der polit. Prozesse innerhalb des Unternehmens zur Realisierung seiner Ziele und Strategien.

W. HILL: U., in: Hwb. der Betriebswirtschaft, hg. v. W. WITTMANN u. a. (^{5}1993); U. u. Unternehmensstrategie, hg. v. H. SIEGWART u. a. (1995).

Unternehmensteuern, →Unternehmensbesteuerung.

Unternehmens|übernahme, Take-over [teɪk ˈəʊvə, engl.], **Unternehmenskauf, Unternehmensakquisition,** Erwerb eines Unternehmens und Übernahme der Unternehmensleitung durch andere Unternehmen oder Privatpersonen. Die Initiative geht dabei meist vom Interessenten aus, der den Eigentümern bzw. Aktionären ein Übernahmeangebot (Take-over Bid, Tender-Offer) unterbreitet und i. d. R. mindestens die Mehrheit des Unternehmens erwerben will, um es z. B. als juristisch selbstständige Tochtergesellschaft weiterzuführen. Auch ein sofortiger oder späterer Unternehmenszusammenschluss in Form einer Fusion (Merger) ist möglich. Ein Unternehmen kann durch Verhandlung und Zustimmung beider Vertragspartner übernommen werden (freundl. U., Friendly Take-over) oder gegen den Willen der übernommenen Gesellschaft bzw. deren Unternehmensleitung, bes. bei börsennotierten Unternehmen (feindl. U., Unfriendly Take-over, Hostile Take-over). Bei feindl. U. wird der Angreifer auch als Raider bezeichnet, ein mögl. Übernahmepartner aus Sicht des angegriffenen Unternehmens als White Knight (weißer Ritter).

Die Motive des Käufers reichen von strateg. Überlegungen (z. B. Diversifizierung, Erhöhung des Marktanteils, Beseitigung von Konkurrenten, Zugang zu ausländ. Märkten) über die Nutzung von Synergieeffekten (gemeinsame Forschung und Entwicklung, Beschaffung, Vertrieb) bis zu rein spekulativen Absichten. Steht Spekulation im Vordergrund, so dient die U. dem Wiederverkauf einzelner Unternehmensteile bzw. der Gewinn bringenden Zerschlagung des Unternehmens (Asset-Stripping). Dabei wird die U. weitgehend mit Fremdkapital finanziert (→Leveraged Buy-out, Abk. LBO). Daneben gibt es auch einen unternehmer. LBO, bei dem die Sanierung und Fortführung des Unternehmens im Vordergrund stehen; Käufer sind entweder Manager des Unternehmens (Management-Buy-out), Teile der Belegschaft (Belegschafts-Buy-out) oder außen stehende Manager (Management-Buy-in). Banken sowie andere Finanz- und/oder Unternehmensberater unterstützen die U. durch zahlr. Serviceleistungen (→Mergers & Acquisitions). Ein Unternehmen kann auch von den bisherigen Eigentümern zum Verkauf angeboten werden, um z. B. die Nachfolge zu regeln, Geschäftsbereiche zu bereinigen (Konzentration auf Kernbereiche) oder eine Sanierung zu ermöglichen.

U. bergen die Gefahr der Wettbewerbsbeschränkung, können aber auch eine effizientere Nutzung wirtschaftl. Ressourcen ermöglichen. Allerdings ist mit U. oft ein massiver Abbau von Arbeitsplätzen verbunden. U. erscheinen betriebswirtschaftl. nur dann sinnvoll, wenn z. B. Synergieeffekte erzielt, die Konkursgefahr reduziert oder steuerl. Möglichkeiten besser genutzt werden können. (→Unternehmenskonzentration)

T. REICHENEDER: Investment banking. Mergers & acquisitions, buyouts, junk bonds, going public (Wiesbaden 1992); W. JUNG: Praxis des Unternehmenskaufs (^{2}1993); Unternehmensfinanzierung, Management buy-out, Management buy-in, bearb. v. D. GÖRGMAIER (1995); Hb. des Unternehmens- u. Beteiligungskaufs, hg. v. W. HÖLTERS (^{4}1996); U. SCHARLEMANN: Finanzwirtschaftl. Synergiepotentiale von Mergers u. Acquisitions (1996); S. HAGEMANN: Strateg. Unternehmensentwicklung durch mergers & acquisitions (1996).

Unternehmensverfassung, Gesamtheit aller konstitutiven und langfristig gültigen Grundsatzentscheidungen, die auf die Beteiligung und das Zusammenwirken der versch. Interessengruppen im Unternehmen bezogen sind. Dazu gehören die Rechte und Pflichten der Unternehmens-Mitgl., die Struktur der Entscheidungsorgane sowie die Unternehmensziele. Die U. regelt Machtbeziehungen der Interessengruppen innerhalb eines Unternehmens und im Außenverhältnis die Beziehungen einer Vielzahl von an dem Unternehmen interessierten Personenkreisen (Gläubigern, Lieferanten). Sie beruht auf gesetzl., vertragl. (z. B. Tarifvertrag, Gesellschaftsvertrag, Betriebsvereinbarungen) und prozeduralen Regelungen, sofern die Betroffenen die ihnen zugesicherten Rechte einklagen können. Juristisch gesehen gehören zur U. die Mitbestimmungsregelungen sowohl auf der Unternehmensebene (Arbeitnehmervertreter im Aufsichtsrat,

Arbeitsdirektor im Vorstand) als auch auf der Betriebsebene (→Betriebsrat). – Vorschläge zu einer europ. U. konzentrieren sich auf die Harmonisierung des Aktienrechts, bes. auf die Vereinheitlichung der Struktur der Aktiengesellschaften.

Unternehmensvertrag, Bez. des Aktienrechts für Verträge, die die Beherrschung, Gewinnabführung, Teilgewinnabführung, Gewinngemeinschaft, Betriebspacht oder Betriebsüberlassung regeln (§§ 291 ff. Aktien-Ges.). U. bedürfen der Schriftform, einer Dreiviertelmehrheit der Hauptversammlung und der Eintragung ins Handelsregister.

Unternehmenswert, →Unternehmensbewertung.

Unternehmensziele, künftige Zustände der Realität, die von den Entscheidungsträgern des Unternehmens angestrebt werden. Sie dienen als Entscheidungskriterien für die Auswahl von Handlungsalternativen (→Unternehmensplanung), der Orientierung und Koordination der Unternehmensangehörigen sowie der Legitimation gegenüber unternehmensinternen und -externen Interessengruppen. U. können diese Funktionen jedoch nur dann erfüllen, wenn sie nach den Dimensionen Inhalt, Ausmaß und zeitl. Bezug präzisiert sind. Der Zielinhalt bezeichnet die Festlegung dessen, was angestrebt wird. Das Zielausmaß legt in absoluter oder relativer Form das im Hinblick auf den Zielinhalt verfolgte Anspruchsniveau fest. Der zeitl. Bezug bestimmt, zu welchem Zeitpunkt ein Ziel erreicht werden soll. Mehrere Entwicklungstendenzen lassen sich für die U. feststellen: Bezugsgruppenorientierte U. wie hohe Qualität des Angebots, ökolog. oder soziale Verantwortung scheinen in der Unternehmen an Bedeutung zu gewinnen. U. wie Überleben des Unternehmens oder Erhöhung der Wettbewerbsfähigkeit, die in Konzeptionen des strateg. Managements gefordert werden, treten in den Vordergrund. Vergangenheits- und gegenwartsorientierte ertragswirtschaftl. U. scheinen die Funktion als zentrale Steuergrößen verloren zu haben. – Ähnl. Funktionen wie bei **Unternehmensgrundsätze** als Komplex von Zwecken, Zielen, Potenzialen und Verhaltensweisen des Unternehmens, die für Mitarbeiter, Führungskräfte, Eigentümer und Aktionäre und gegenüber der Gesellschaft gelten (→Organisationskultur). Unternehmensgrundsätze sollen v. a. eine Verbindung zw. Markt und Unternehmen schaffen.

V. BREIT: Integrative Zielbildung in Unternehmen (1996); H.-J. BULLINGER u. C.-U. LOTT: Target Management (1997).

Unternehmenszusammenschluss, Bez. 1) für versch. Formen der Zusammenarbeit meist rechtlich selbstständiger Unternehmen im Rahmen zwischenbetriebl. Kooperation bei grundsätzl. Aufrechterhaltung der wirtschaftl. Selbstständigkeit der beteiligten Unternehmen; 2) im Rahmen der →Unternehmenskonzentration für Zusammenschlüsse aufgrund externen Unternehmenswachstums, bei denen die wirtschaftl. Selbstständigkeit eingeschränkt wird (beim Konzern) oder verloren geht (bei der Fusion) und die meist durch Unternehmensübernahmen zustande kommen. U. können vorübergehend oder dauerhaft sein, das gesamte Produktionsprogramm umfassen oder nur bestimmte Bereiche, freiwillig oder zwangsweise zustande kommen, durch Unterordnung oder Gleichordnung der beteiligten Unternehmen gekennzeichnet sein, auf mündl. oder Verträgen beruhen, mit einer Kapitalbeteiligung verknüpft sein oder nicht. Die jeweilige Form des U. ist von der Zielsetzung der Beteiligten abhängig, wobei bessere wirtschaftl. Bedingungen bei Beschaffung, Produktion und Absatz, eine Verbesserung der Kosten- und Gewinnsituation sowie langfristige strateg. Planungen im Vordergrund stehen. Da U. den Wettbewerb beschränken können und den Grad der Unternehmenskonzentration erhöhen, unterliegen sie unter bestimmten Voraussetzungen der Anzeigepflicht und Kontrolle (→Fusionskontrolle).

J. LÖFFELHOLZ: Unternehmensformen u. U. (1993); S. PAPROTTKA: U. Synergiepotentiale u. ihre Umsetzungsmöglichkeiten durch Integration (1996).

Unternehmer, Person, die Eigentümer eines Unternehmens ist oder dieses leitet. Die traditionelle Unternehmensführungslehre geht von der Einheit des Eigentums am und der Verfügungsgewalt über das Unternehmen aus. Mit wachsender Bedeutung von Kapitalgesellschaften ging jedoch die Leitungsfunktion des U. zunehmend an Topmanager und damit an einen auf die Leitungsfunktion spezialisierten Personenkreis über (→Management). In der Volkswirtschaftslehre wird der U. als Motor der wirtschaftl. Entwicklung angesehen. So geht J. SCHUMPETER in seiner Theorie der wirtschaftl. Entwicklung davon aus, dass der dynam. oder Pionier-U. Innovationen am Markt durchsetzt, die später imitiert und dadurch in großer Breite vermarktet werden. Im Handelsrecht werden auch Personengesellschaften oder jurist. Personen als U. angesehen.

P. H. WERHAHN: Der U. Seine ökonom. Funktion u. gesellschaftspolit. Verantwortung (1990); B. WELZEL: Der U. in der Nationalökonomie (1995).

Unternehmergewinn, i. w. S. das Einkommen des Unternehmers, das ihm nach Abzug der Kosten (ohne Unternehmerlohn und Eigenkapitalverzinsung) von den Erträgen aus unternehmer. Tätigkeit zur Verfügung steht **(Unternehmereinkommen);** i. e. S. der Teil, der nach Abzug des Entgelts für seine Arbeit **(Unternehmerlohn)** und des kalkulator. Eigenkapitalzinses (sofern Unternehmer und Kapitalgeber identisch sind) vom U. i. w. S. als Gewinn übrig bleibt. Der U. i. e. S. gilt als Risikoprämie zum Ausgleich für das allgemeine Unternehmerwagnis. (→Gewinn)

Unternehmerpfandrecht, das gesetzl. →Pfandrecht des Unternehmers für seine Forderungen aus dem Werkvertrag (§ 647 BGB).

Unternehmersoziologie, Teilgebiet der Soziologie, das sich auf einer makrosoziolog. Ebene (z. B. M. WEBER, W. SOMBART, J. SCHUMPETER) mit der histor. und sozialen Bedeutung der Unternehmer für die Entwicklung der modernen Gesellschaften und des techn. Fortschritts beschäftigt. In einer gruppensoziolog. oder schichtungstheoret. Perspektive untersucht die U. die soziale Gruppe der Unternehmer im Hinblick auf ihr soziales Verhalten, ihre Rekrutierungsmechanismen, ihre Rolle im gesellschaftl. Leben und ihre Stellung innerhalb der sozialen Eliten. Daneben untersucht sie das soziale Handeln der Unternehmer als Wirtschaftssubjekte und im Hinblick auf die soziale Organisation der jeweiligen Unternehmen.

WALTER MAIER: Kontrolle u. Subjektivität in Unternehmen (1991); D. BÖGENHOLD u. U. STABER: Von Dämonen zu Demiurgen? Studien zur (Re-)Organisation des Unternehmertums in Marktwirtschaften (1994); A. BROSZIEWSKI: Unternehmerisches Handeln in moderner Gesellschaft. Eine wissenssoziolog. Unters. (1997).

Unternehmerverbände, →Wirtschaftsverbände.

Unternehmung, das →Unternehmen.

Unter|offizier, *Militärwesen:* Bez. für die Angehörigen der zw. den Mannschaften und den Offizieren stehenden Laufbahngruppe, die die Dienstgradgruppen ›U. mit Portepee‹ sowie ›U. ohne Portepee‹ umfasst; i. e. S. Bez. für den untersten Dienstgrad dieser Laufbahngruppe (→Dienstgrad, ÜBERSICHT). U. beider Dienstgradgruppen führen ›kleine Kampfgemeinschaften‹ (z. B. als Panzerkommandant oder Geschützführer) und Teileinheiten bis zur Zugebene; daneben dienen sie als Spezialisten in Einheiten und Verbänden, Stäben und Ämtern.

Geschichte: In der 1. Hälfte des 17. Jh. setzte sich im dt. Sprachraum die Bez. Offizier für alle militär. Vorgesetzten durch; bald unterschied man diese in Oberoffiziere (innerhalb der Einheiten Hauptmann, Leutnant, Fähnrich) und U., zu denen die wichtigen Funktionsträger einer Einheit (Feldwebel, Furier) und die jeweils Gruppen von 10–30 Mann führenden Rottmeister (ab Mitte des 17. Jh. Korporale) gehörten.

Bei der Herausbildung stehender Heere in der 2. Hälfte des 17. Jh. wurden viele Funktions-Bez. von U. zu Dienstgraden; unterster U.-Rang war der Korporal (in dt. Armeen seit Mitte des 19. Jh. U.). Im 18. Jh. entwickelte sich die Rangklasse der U. zu einem relativ homogenen Berufsstand. Angesichts der Technisierung und Differenzierung der Streitkräfte ab der 2. Hälfte des 19. Jh. kam den U. immer größere Bedeutung zu.

Unterprima, *Schulwesen:* →Prima.

Unterprogramm, engl. **Subroutine** [ˈsʌbruːtiːn], **Subprogram** [-prəʊɡræm], *Informatik:* allg. eine geschlossene Folge von Befehlen oder Anweisungen, die als solche mit einem speziellen Befehl (einer speziellen Anweisung) in einem Programm zur Ausführung aufgerufen werden kann (**U.-Aufruf);** i. e. S. ein in bestimmter Weise strukturierter und abgeschlossener sowie bezeichneter Teil eines vollständigen Programms (in diesem Sinn weitgehend synonym mit →Prozedur).

Nach ihren Aufgaben teilt man U. v. a. in Funktionen oder Funktionsprozeduren und eigentl. Prozeduren oder U. ein. Funktionsprozeduren werden i. d. R. implizit, durch Verwendung ihres →Bezeichners in einem →Ausdruck aufgerufen und übergeben immer ein Ergebnis an das aufrufende Programm. Eine eigentl. Prozedur wird dagegen explizit aufgerufen und braucht nicht unbedingt ein Ergebnis zu übergeben. Bei den meisten Programmiersprachen kann in einem U. ein weiteres U. aufgerufen werden, bei vielen sogar das aufrufende Programm selbst (→Rekursion). Hat ein U. formale Parameter, müssen ihm beim Aufruf die entsprechenden aktuellen Parameter in geeigneter Form übergeben werden.

U. werden v. a. dann eingesetzt, wenn ein Algorithmus öfter verwendet wird; U., die bereits in der Programmierumgebung einer Programmiersprache auf einer Rechneranlage zur Verfügung gestellt werden, werden als Standardfunktionen und →Standardprozeduren bezeichnet. Außerdem wird ein Programm durch U. übersichtlicher und besser durchschaubar (→strukturierte Programmierung); da entsprechend formulierte U. separat übersetzt und getestet werden können, verringert sich der Aufwand bei der Programmentwicklung, v. a. weil die erneute Übersetzung nach der Entdeckung eines Fehlers oder nach einer Programmveränderung auf die betroffenen U. beschränkt werden kann. (→Makrobefehl)

Unter|raum, *Mathematik:* ein →Raum, der aus einer Teilmenge und der darauf induzierten Struktur eines Raumes besteht. Ist X die Trägermenge eines Raumes R, dessen Struktur durch mehrstellige Relationen und Abbildungen auf X definiert ist, so ist eine Teilmenge Y von X bezüglich der Einschränkungen dieser Relationen und Abbildungen auf Y genau dann ein U. von R, wenn die Bildmengen der Einschränkungen in Y liegen. Die Struktur der Gruppe $(\mathbb{Q}, +)$ der rationalen Zahlen mit der Addition $+: \mathbb{Q} \times \mathbb{Q} \to \mathbb{Q}$, $(a,b) \to a + b$ umfasst wie jede Gruppe auch die Inversenabbildung $\mathbb{Q} \to \mathbb{Q}, a \to -a$, die bei Einschränkung auf die natürl. Zahlen in die ganzen Zahlen abbildet, weshalb die natürl. Zahlen keinen U. bzw. keine Untergruppe von $(\mathbb{Q}, +)$ bilden. Die ganzen Zahlen hingegen sind abgeschlossen gegenüber Addition und Inversenabbildung und bilden eine Untergruppe von $(\mathbb{Q}, +)$.

Unter|regenbach, Dorf an der Jagst (heute zu Langenburg), Landkreis Schwäbisch Hall, Bad.-Württ., mit z. T. erhaltenen Resten zweier bedeutender frühmittelalterl. Sakralbauten. Neben einem Adelssitz mit Eigenkirche und naher Fluchtburg (8.–9. Jh.) entstand Ende des 10. Jh. auf Initiative der Herzöge von Schwaben eine große Basilika (Krypta erhalten) als Stiftskirche. Ältere Saalkirche und Adelssitz wurden im 11. Jh. vergrößert. Nach 1200 verlor dieses Zentrum herzogl. Macht schnell an Bedeutung.

H. SCHÄFER u. G. STACHEL: U. Archäolog. Forsch. 1960–1988 (1989).

Unter|rheintal, Bez. im Kanton St. Gallen, Schweiz, 51 km², 40 000 Ew., umfasst das Gebiet um die Mündung des Rheins in den Bodensee.

Unterricht, absichtsvolle, planmäßige und regelmäßige Vermittlung von Fähigkeiten, Wissen und Können in einem bestimmten Fach (z. B. Sprach-U., Musik-U.) oder einem durch ein bestimmtes Bildungsziel geprägten Fächerkanon. U. ist im Sinn der Schule meist institutionalisiert und professionalisiert. Solcher U. unterscheidet sich von gelegentl. absichtsvollen Belehrungen auch dadurch, dass er außerhalb des ›natürl.‹ Lebenszusammenhangs stattfindet. Dies ermöglicht ein systemat. Vorgehen, birgt aber die Gefahr, dass die Bedeutsamkeit der Lerninhalte von den Lernenden selbst nicht mehr eingesehen werden kann, und dass in vielen, scheinbar unverbundenen Einzelfächern vermittelte Wissensstoff undurchschaubar bleibt, sodass seine Wichtigkeit für das Leben der Schüler von diesen nicht erkannt werden kann. Es ist eine wichtige Aufgabe der Didaktik, hinsichtlich dieser Problematik geeignete Lösungen zu finden.

Das unterrichtl. Geschehen ist von einer Vielzahl von Faktoren abhängig, zu denen Persönlichkeitsmerkmale der beteiligten Schüler und Lehrer ebenso gehören wie die durch die jeweilige schul. Umwelt vorgegebenen Lernbedingungen (z. B. Schulgebäude, bes. deren Größe, materielle Ausstattung, Schulklima, d. h. der vorherrschende Ton in einer Schule), Vorgaben des Lehrplans (→Curriculum) und außerschul. Faktoren, z. B. eine starke oder eine fehlende Bildungsmotivation im Elternhaus. Man spricht hier auch von den Bedingungsfeldern von Unterricht.

Nach dem U.-Modell der Berliner Schule (PAUL HEIMANN u. a.) gibt es sechs Strukturmomente (Faktoren), die prinzipiell jeden U. kennzeichnen, und zwar zwei Bedingungsfelder (auf die der U. seinerseits Rückwirkungen zeigt): die anthropogenen Voraussetzungen (Entwicklungsstand der Schüler) und der soziokulturelle Hintergrund (im U. muss mit der Vorgeprägtheit der an ihm Teilnehmenden gerechnet werden) sowie vier Entscheidungsfelder: Intentionalität (Unterrichtsziele), Inhalt (Thematik), Methodik und Medien (→Lehrmittel) des U. Sowohl beim prakt. Unterrichten als auch bei der theoret. Analyse müssen außerdem drei Prinzipien beachtet werden: Interdependenz, Variabilität und Überprüfbarkeit. Dies bedeutet, dass alle den U. konstituierenden Momente als wechselseitig voneinander abhängig zu betrachten sind (Prinzip der Interdependenz), dass bei allen Planungen wegen der prinzipiellen Unvorhersehbarkeit von Schülerreaktionen mehrere Verlaufsmöglichkeiten vorzusehen sind (Prinzip der Variabilität) und dass die unterrichtl. Planungen so zu gestalten sind, dass das Maß ihrer Erfüllung in Lernerfolgskontrollen überprüft werden kann (Prinzip der Kontrolle).

Bei der U.-Planung und -Vorbereitung durch den Lehrer werden die Rahmenplanung, die sich auf längere Zeiträume bezieht, und die Phasenplanung unterschieden, bei der es meist um die Konzeption einer U.-Einheit von mehreren U.-Stunden geht. Die U.-Vorbereitung umfasst außerdem Überlegungen zu den Unterrichtszielen und die Wahl der U.-Methoden für die geplante Unterrichtseinheit.

Die Strukturmomente und Prinzipien des U., die zudem in einem Implikationszusammenhang mit der allgemeinen →Didaktik stehen, bestimmen die **U.-Me-**

thode, die Art und Weise der planmäßigen Gestaltung von Lehr-lern-Prozessen, die v. a. fünf Aspekte umschließt: 1) die U.-Artikulation, d. h. die Aufgliederung des U. in eine Abfolge von Stufen oder Phasen (Einstieg, Erarbeitung, Vertiefung, Festigung, Anwendung); 2) die Verfahrensweisen (z. B. projektorientiertes Vorgehen, programmierte Instruktion); 3) die Sozialformen (z. B. differenzierter →Gruppenunterricht, Partnerarbeit, Einzelunterricht, Klassenunterricht); 4) die Aktionsformen des Lehrers, z. B. Lehrervortrag, Lehrerimpuls, freies oder gebundenes (zielgerichtetes, fragendentwickelndes) U.-Gespräch, Auslösung einer kommunikativen Situation; 5) den U.-Stil, bei dem man lehrer- und schülerzentrierten U. sowie direkte Instruktion und indirekte U.-Führung unterscheidet; außerdem ist immer das Attribuierungsverhalten des Lehrers zu berücksichtigen. Unter Attribuierung wird die subjektive Ursachenzuschreibung von Schulleistungen verstanden; d. h., der Lehrer traut den Schülern oder bestimmten Schülern die Befähigung zu besseren Leistungen zu, als sie bringen, oder er erwartet nichts von ihnen, weil er ihnen mangelnde Intelligenz und Begabung oder eine ungeeignete soziokulturelle Prägung zuschreibt. Der oder die Schüler reagieren auf diese Erwartungen entsprechend (bestätigen damit die vorgefassten Meinungen), und es ergibt sich eine positive bzw. eine negative Lehrer-Schüler-Interaktion.
⇨ *Didaktik · kompensatorische Erziehung · Lehrer · Lernen · Pädagogik · programmierter Unterricht · Schule*
HANS MAIER u. H.-J. PFISTNER: Grundlagen der U.-Theorie u. U.-Praxis (^{3}1992); HILBERT MEYER: Leitfaden zur U.-Vorbereitung (^{12}1993); DERS.: U.-Methoden, 2 Bde. (^{6}1994); W. PALLASCH u. D. ZOPF: Bausteine für den U., 2 Bde. ($^{4-7}$1993-96); M. BÖNSCH: Variable Lernwege. Ein Lb. der U.-Methoden (^{2}1995); W. H. PETERSSEN: Hb. U.-Planung, Grundfragen, Modelle, Stufen, Dimensionen (^{8}1998).

Unterrichtsfilm, für den Unterricht in Schulen bestimmter →Lehrfilm von meist kurzer Laufzeit (bis zu 12 Minuten).

Unterrichtsforschung, die Analyse des Ablaufs von Unterricht und die Bewertung seiner Ergebnisse auf der Grundlage seiner möglichst präzisen Beobachtung und Beschreibung, bes. in Schulen, mit den Zielen, das Verhalten der Beteiligten und die Bestimmung der Voraussetzungen von Unterricht zu erklären und schließlich daraus Optimierungsvorschläge zur Unterrichtsplanung und -realisation abzuleiten. U. ist v. a. empirisch ausgerichtet und erfolgt bes. in den Bereichen der Lehrerbildung, der →Bildungsforschung und der pädag. Psychologie; sie betrifft z. B. Fragen der Curriculumforschung und -revision (→Curriculum) und der Entwicklung von Lehrprogrammen für Fernunterricht, Telekolleg und Schule.
Literatur →Unterricht.

Unterrichtslehre, →Didaktik.

Unterriesen, *Astronomie:* →Riesensterne.

Untersatz, 1) *Logik:* zweite Prämisse (lat. propositio minor) eines syllogist. Schlusses, die den Subjektbegriff der Konklusion enthält (→Syllogismus).
2) *Orgelbau:* ein Pedalregister mit meist gedackten Pfeifen (ähnlich dem Subbass) in 16- oder 32-Fuß-Lage.

Untersberg, Gebirgsstock in den Salzburgisch-Oberösterr. Kalkalpen, Dtl. und Österreich, im Berchtesgadener Hochthron 1972 m ü. M., im Salzburger Hochthron 1852 m ü. M.; stark verkarstetes Plateau aus Dachsteinkalk mit Dolinen, Karstquellen, Eishöhlen (z. B. die Schellenberger Eishöhle), das bes. nach N und O steil abfällt; Seilbahn von Sankt Leonhard auf das Geiereck. Am N-Fuß wird bei Grödig Kalk (›Untersberger Marmor‹) gebrochen. Der U. gilt als Sagen- und Zauberberg. (→Kaisersage)

Unterscheidbarkeit, *statist. Physik:* die Eigenschaft von Teilchen, individuell identifizierbar zu sein (z. B. durch Verfolgung ihrer Bahn). Die klass. Gleichgewichtsstatistik unterscheidbarer Teilchen ist die →Boltzmann-Statistik. Die Eigenschaft der U. besitzen Objekte atomarer und subatomarer Größe nicht (Moleküle, Atome, Elementarteilchen); sie sind nichtunterscheidbar und gehorchen quantenstatist. Gesetzen (→Nichtunterscheidbarkeit).

Unterscheidung der Geister, in der christl. Tradition die Fähigkeit, den Eingebungen Gottes, den Einflüsterungen von Dämonen und genuin menschl. Gedanken zu unterscheiden; im N. T. als Charisma erwähnt (1. Kor. 12, 10).

Unterscheidungslehren, in der →Kontroverstheologie die in systematisch-theolog. Form dargestellten, zw. den versch. Kirchen und Konfessionen bestehenden Differenzen in Glaubenslehre, Kirchen-, Amts- und Gottesdienstverständnis und davon abgeleitet in Liturgie und Kirchenverfassung, insofern diese kirchentrennende Unterschiede darstellen.

Unterschenkel, *Anatomie:* →Bein.
Unterschenkelgeschwür, →Beingeschwür.
Unterschicht, *Soziologie:* →Schichtung.
Unterschiebung, *Geologie:* Bewegung einer unterlagernden Scholle gegenüber einer (nachweislich) starren Überdeckung.

Unterschieds|schwelle, *Physiologie:* gerade eben merkl. Unterschied zw. zwei Reizen derselben Sinnesmodalität.

unterschlächtig, mit Wasser von unten angetrieben (z. B. bei einem Mühlrad).

Unterschlagung, veraltet **Unterschleif, Defraudation,** das vorsätzl. rechtswidrige Sichaneignen einer fremden bewegl. Sache, die der Täter bereits in seinem Besitz oder Gewahrsam hatte (z. B. als Entleiher, als Besitzer einer unter Eigentumsvorbehalt gelieferten Sache). Im Unterschied zum Diebstahl erfolgt bei der U. also kein Gewahrsamsbruch (›Wegnahme‹), da der Täter die Sachherrschaft über die Sache bereits besaß sei es auch nur durch Fund. Daher ist die Zueignung einer gefundenen Sache rechtlich i. d. R. Fund-U. Die einfache U. ist mit Freiheitsstrafe bis zu drei Jahren oder Geldstrafe bedroht. War die Sache dem Täter anvertraut, handelt es sich um **Veruntreuung,** die mit Freiheitsstrafe bis zu fünf Jahren oder mit Geldstrafe geahndet wird (§ 246 StGB). Die U. (ebenso der Diebstahl) gegen nahe Verwandte oder mit dem Täter in häusl. Gemeinschaft lebende Personen wird nur auf Antrag verfolgt (§ 247 StGB). – Das *österr.* StGB (§§ 133, 134) bestraft die Aneignung von fremden Sachen, die schon im eigenen Gewahrsam sind, z. T. als Veruntreuung, z. T. als U., und das *schweizer.* StGB (Art. 137, 138) z. T. als unrechtmäßige Aneignung, z. T. als Veruntreuung.

Unterschleißheim, Gem. im Landkreis München, Bayern, 474 m ü. M., nördlich von München, 25 300 Ew.; Gewerbestandort.

Unterschlundganglion, Sub|ösophagealganglion, bei Ringelwürmern und Gliederfüßern im Kopfteil unterhalb des Schlundes gelegener Ganglienkomplex; durch die den Schlund als Nervenring (Schlundring) umgreifenden Schlundkonnektive mit dem Oberschlundganglion bzw. Gehirn verbunden.

Unterschrift, der Namenszug; im *Recht* der zum Zeichen des Einverständnisses mit dem Inhalt unter eine Urkunde gesetzte, eigenhändig geschriebene Name einer Person. Abkürzungen, wie Paraphen, werden nicht als U. angesehen. Vornamen oder Pseudonyme sind U., wenn sie die Identifizierung der Person erlauben (praktisch bedeutsam z. B. bei Testamenten). Zwar ist nicht erforderlich, dass eine U. lesbar ist, sie muss jedoch individuelle Züge tragen; so genügt z. B. ein irgendwie gearteter unleserl. ›Schriftzug‹, mit dem eine Rechtsmittelschrift versehen ist, zur wirksamen Einlegung des Rechtsmittels nicht. Soweit vom Gesetz nicht als Ausnahme zugelassen (z. B. bei Inhaberschuldverschreibungen), sind nicht eigenhändig vollzogene U., z. B. Stempel-U. oder Faksimile-U., keine U. Blanko-U. (Unterzeichnungen unvollständig ausgefüllter Dokumente) sind zwar zulässig; die abredewidrige Ausfüllung des Blanketts berechtigt aber zur Anfechtung. Keine beweiskräftige U. ist die ›Oberschrift‹, wie sie v. a. auf Überweisungsformularen von Banken oberhalb des eigentl. Erklärungsraums eingeführt wurde. Eine blanko geleistete Oberschrift begründet nicht den Rechtsschein, dass die darunter stehende Erklärung vom Aussteller herrührt, sodass der Blankettgeber ein abredewidrig ausgefülltes Blankett ebenfalls nicht gegen sich gelten zu lassen braucht (so der BGH).

Unterschwingungen, Bez. für Schwingungen einer (jeweils versch.) Frequenz f, die an geeigneten schwingungsfähigen Systemen mit nichtlinearen Eigenschaften auftreten, wenn sie mit der Frequenz einer der Oberschwingungen zu f, z. B. $2f$, angeregt werden. Diese Erscheinung wird häufig zur Frequenzteilung benutzt, bes. in elektron. Geräten (z. B. Quarzuhr); beim Oszillographen und beim Fernsehgerät ist die mit einer höheren Frequenz synchronisierte Kippschwingung ebenfalls eine U. In der Akustik werden U. als **Untertöne** bezeichnet.

Untersee, Westteil des →Bodensees; in der Schweiz oft als eigener See betrachtet.

Unterseeboot, Kurz-Bez. **U-Boot,** *Militärwesen:* zur Unterwasserfahrt geeignetes Kriegsschiff. Es besitzt einen wasserdichten, mehrfach unterteilten, i. d. R. zigarrenförmigen Rumpf (Druckkörper), nach dessen Festigkeit sich die erreichbare Tauchtiefe richtet. Der Druckkörper enthält die Aufenthalts- und Versorgungsräume der Besatzung, die Operationszentrale mit den Ortungs-, Navigations- und Kommunikationseinrichtungen, Unterwasserhorchgeräten u. a., ferner die Antriebs- und Hilfsmaschinenanlagen, die Betriebsstoff-, Sauerstoff- und Druckklufttanks sowie die Waffenvorräte (Torpedos, Raketen). Der dem Rumpf meist als gesonderter Druckkörper aufgesetzte Turm enthält die Einstiegsluke, die Halterungsvorrichtungen für die Ausfahrgeräte (Periskop, Antennen, Schnorchel, Radarmast) und dient als Ausguckplattform und Schutz der Brückenwache bei Überwasserfahrt.

Zum Tauchen muss ein U. sein Gewicht so weit vergrößern, dass es das Gewicht der von ihm verdrängten Wassermenge übertrifft. Das geschieht durch Fluten der Tauch- und Ballastzellen, die bei älteren Zweihüllenbooten den Druckkörper nahezu ganz umgaben, bei neueren Konstruktionen (Einhüllenboote) im Wesentlichen im Bug- und Heckteil des U. angeordnet sind. Mithilfe besonderer Trimmzellen wird es so ausgewogen (getrimmt), dass es mit geringen Bewegungen der vorderen (am Bug oder am Turm befindlich) und hinteren Tiefenruder seine Fahrt in der gewünschten Tiefe fortsetzen kann. Zum Auftauchen wird das Wasser aus den Ballast- und Tauchzellen mit Druckluft oder Lenzpumpen wieder herausgedrückt.

Nach der Antriebsart unterscheidet man grundsätzlich zw. U. mit dieselelektr. Antrieb und U. mit Kernenergieantrieb (›Atom-U.‹). Dieselelektrisch angetriebene U. sind mit Dieselmotoren für die Überwasserfahrt und die Fahrt in geringer Tauchtiefe (mit Schnorchel) sowie mit Elektromotoren für die Unterwasserfahrt in größerer Tiefe ausgerüstet. Die Elektromotoren werden von Akkumulatoren gespeist, die von (mit den Dieselmotoren koppelbaren) Generatoren nachgeladen werden; sie ermöglichen ohne Nachladen heute Unterwasserfahrtstrecken von mehreren Hundert Seemeilen bei kleiner Fahrt. Mit den modernen hoch entwickelten dieselelektr. Antrieben werden unter und über Wasser bis zu 20 kn erreicht.

Atom-U. können mit ihrem Kernenergieantrieb theoretisch unbegrenzt weite Strecken unter Wasser zurücklegen. Sie zeichnen sich daher durch große Unabhängigkeit von Marinestützpunkten, darüber hinaus durch hohe Geschwindigkeiten (unter Wasser bis zu 35 kn) dank hohen Leistungen des Turbinenantriebs sowie beträchtl. Tauchtiefen (bis zu 450 m und teilweise auch mehr) aus. I. d. R. haben moderne U. mit Unterwasserverdrängungen ab etwa 4 000 ts einen Kernenergieantrieb, aufgrund ihrer Größe bezeichnet man sie auch als Unterwasserkreuzer oder -schiffe.

Hinsichtlich Bewaffnung und Einsatzzweck unterscheidet man konventionelle U. (Angriffs-U.), strateg. U. (Raketen-U.) und Marschflugkörper-U. Hauptwaffe der **konventionellen U.** (Unterwasserverdrängungen bis 10 000 ts) ist der Torpedo. Mit ihm werden gegner. Schiffe (Kriegs- und Handelsschiffe) sowie U. bekämpft; Geschützbewaffnung gibt es seit dem Ende des Zweiten Weltkriegs nicht mehr. Einige U.-Typen sind daneben auch zum Legen von Seeminen geeignet. Hauptwaffe der **strategischen U.** (Unterwasserverdrängungen 8 000–26 000 ts) sind mit Kernsprengköpfen ausgestattete ballistische Raketen (SLBM) und z. T. Marschflugkörper (Cruisemissiles, SLCM). Als **Marschflugkörper-U.** (Unterwasserverdrängungen 4 500–18 000 ts) werden solche Typen bezeichnet,

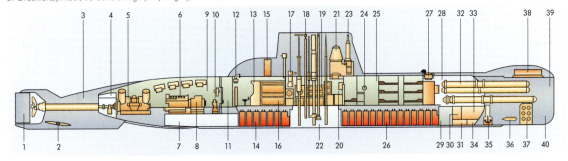

Unterseeboot: Längsschnitt durch ein modernes Unterseeboot mit dieselelektrischem Antrieb; 1 Seitenruder, 2 hinteres Tiefenruder, 3 hintere Tauchzelle, 4 hintere Trimmzelle, 5 Fahrmotor (Elektromotor), 6 Dieselmotor, 7 Treibstoffbunker, 8 Generator, 9 Maschinenraum, 10 Hilfsaggregate, 11 schiffstechnische Zentrale, 12 Abluftventil, 13 Überwachungsinstrumente, 14 Batterieraum, 15 Rettungsinsel, 16 Schalttafel, 17 Schnorchelanschluss, 18 Teleskopmasten (Radarantenne, Schnorchel, Sehrohr u. a.), 19 Funk- und Navigationssysteme, 20 Operationszentrale, 21 druckfester Einstiegsschacht, 22 Bilge, 23 Sonaranlage (Sender), 24 Aufenthaltsräume, 25 Kombüse, 26 Batterieraum, 27 Batterieluke, 28 Torpedostation, 29 Kühlraum (für Lebensmittel), 30 Lagerraum, 31 Torpedozelle, 32 Torpedorohre, 33 Bilge, 34 vordere Trimmzelle, 35 Anker, 36 vorderes Tiefenruder, 37 Druckluftzylinder, 38 Sonaranlage (Empfänger), 39 vordere Tauchzelle, 40 Treibstoffbunker

die neben Torpedos v. a. über Cruisemissiles verfügen. Sofern diese Cruisemissiles mit Kernsprengköpfen bestückt sind, gehören die entsprechenden U. einsatzmäßig einer ›Grauzone‹ an.

Die aktive **U.-Abwehr** beschränkte sich im Ersten Weltkrieg auf Rammen von U., ihren Beschuss durch Artillerie, den Einsatz von U.-Fallen (Handelsschiffe mit getarnt aufgestellter Bewaffnung) und das Werfen von Wasserbomben. Im Zweiten Weltkrieg wurde die U.-Bekämpfung unter und über Wasser durch den Einsatz von Schallortung und Radaraufklärung immer erfolgreicher. Neben den techn. Mitteln verbesserte man v. a. auch die takt. Maßnahmen: Über den eigentl. Schutz von Geleitzügen hinaus wurde mit kombinierten Kampfgruppen aus See- und Luftstreitkräften gezielt Jagd auf U. gemacht; der heute übl. Begriff für alle Maßnahmen zur U.-Bekämpfung lautet dementsprechend →U-Jagd.

Unterseeboot: Rekonstruktion von Wilhelm Bauers ›Brandtaucher‹ (München, Deutsches Museum)

Geschichte: An der Entwicklung des U. waren Erfinder aus mehreren Ländern beteiligt. Die ersten prakt. Versuche mit Unterwasserfahrzeugen sind aus dem 17. und 18. Jh. überliefert. 1851 unternahm der bayer. Unteroffizier WILHELM BAUER (* 1822, † 1876) vor Kiel die erste Erprobung seines ›Brandtauchers‹. Die Konstruktion militärisch brauchbarer U. gelang aber erst gegen Ende des 19. Jh., nachdem erste Verbrennungsmotoren für die Überwasser- und Elektromotoren für die Unterwasserfahrt zur Verfügung standen. Das U. verbesserten v. a. der frz. Marineingenieur GUSTAVE ZÉDÉ (* 1825, † 1891; er entwarf 1888 das erste frz. U.) und der amerikan. Erfinder J. P. HOLLAND, der das erste U. mit Verbrennung- und Elektromotoren baute. Kurz vor Beginn des Ersten Weltkriegs wurden die bis dahin mit Petroleummotoren getriebenen U. durch die Serienreife des Dieselmotors und die Einführung des Kreiselkompasses hochsee- und damit voll frontfähig. Gleichwohl blieben sie bis zum Zweiten Weltkrieg hinsichtlich Formgebung und Auslegung der Antriebsanlage mehr Über- als Unterwasserfahrzeuge, da die Leistung der Elektromotoren und die Batteriekapazität für die Unterwasserfahrt relativ gering waren, Fahrbereich und Geschwindigkeit unter Wasser lagen beim dt. Typ VII B z. B. bei lediglich 90 sm bei 4 kn Fahrt. Eine entscheidende Verbesserung brachte Mitte des Zweiten Weltkriegs die Einführung des →Schnorchels. Erst durch ihn wurde das U. zum richtigen Unterwasserfahrzeug, auch wenn der für die gegner. Aufklärung schon optisch erkennbare Schnorcheleinsatz das Boot zur Fahrt in geringer Wassertiefe zwang.

Eine erhebl. Steigerung der Leistungsfähigkeit unter Wasser (Verdoppelung der Geschwindigkeit, Vervierfachung des Fahrbereichs) erreichten dank größerer Batteriekapazität, stärkerer Elektromotoren und der Unterwasserfahrt angepasster Form des Bootskörpers (Tropfenform) schließlich die dt. Elektroboote der Typen XXI und XXIII. Erst 1944/45 frontreif geworden und nur noch bedingt zum Einsatz gekommen, baute die weitere Entwicklung konventioneller U. in den Siegerstaaten auf diesen dt. Typen auf. Die in Dtl. während des Krieges vorangetriebene Entwicklung außenluftunabhängiger, leistungsstarker Verbrennungsantriebe (Kreislauf- und Walterantrieb) erreichte bis 1945 nur das Erprobungsstadium. Mit der Entwicklung des Hybridantriebs für U. knüpft man neuerdings an die damaligen Versuchsergebnisse an. 1954 lief das erste durch Kernenergie angetriebene U. (→Nautilus 2) vom Stapel.

Die äußere Konstruktion betreffend, baute man zu Beginn des 20. Jh. neben kleineren Einhüllenbooten (für den küstennahen Einsatz) v. a. Zweihüllenboote, bei denen der Druckkörper von einer für die Überwasserfahrt günstig geformten Außenhülle mit spitz zulaufendem Bug umgeben war. Nach dem Zweiten Weltkrieg ist man parallel mit den Fortschritten in der Bau- und v. a. der Antriebstechnik auf die eine schnelle Unterwasserfahrt begünstigende, wirbelfreie Einhüllenkonstruktion mit tropfenförmigem, rundem Vorschiff zurückgekommen.

U. für zivile Zwecke nennt man Unterwasserfahrzeuge, meist sind es →Tauchboote.

E. RÖSSLER: Gesch. des dt. Ubootbaus, 2 Bde. (²1986–87); DERS.: Die dt. Uboote u. ihre Werften. Eine Bilddokumentation über den dt. Ubootbau von 1935 bis heute (Neuausg. 1990); DERS.: Die Sonaranlagen der dt. U-Boote (1991); E. BAGNASCO: Uboote im 2. Weltkrieg (a. d. Engl., 1988); J. BRENNECKE: Jäger – Gejagte. Dt. U-Boote 1939–1945 (⁷1989); F. KÖHL u. A. NIESTLÉ: Vom Original zum Modell: Uboottyp VIIc (1989); D. BOTTING: Die U. (a. d. Engl., Neuausg. 1992); H. EWERTH: Die U-Flottille der dt. Marine (²1995).

Unterseebootkrieg, Bez. für die in beiden Weltkriegen mit U-Booten durchgeführte Seekriegführung, die sich in erster Linie gegen die Handelsschiffe des Feindes und damit gegen seine überseeischen Versorgungslinien richtete (›Zufuhrkrieg‹).

Im Ersten Weltkrieg richteten sich die ersten U-Boot-Einsätze noch überwiegend gegen Kriegsschiffe, mangels eindeutiger Bestimmungen des internat. Seerechts erfolgten Angriffe auf Handelsschiffe weitgehend nach Prisenrecht. Als Antwort auf die von Großbritannien durchgeführte, völkerrechtlich nicht abgedeckte Fernblockade des Dt. Reiches erklärte Dtl. im Februar 1915 die Gewässer um die Brit. Inseln zum Kriegsgebiet, in dem Schiffe mit warnungsloser Versenkung rechnen mussten. Aus Rücksicht auf die Neutralen (v. a. die USA; →Lusitania-Zwischenfall) wurde jedoch diese Form des U. bereits im September 1915 eingeschränkt, ehe sie nach Ablehnung des Friedensangebotes der Mittelmächte (Dezember 1916) mit Erklärung vom 31. 1. 1917 in ›uneingeschränkter‹ Form wieder aufgenommen wurde. Einerseits geriet hierdurch Großbritannien in eine gefährl. Lage, andererseits war die dt. Entscheidung einer der Anlässe, die zum Kriegseintritt der USA im April 1917 führten.

Zu Beginn des Zweiten Weltkriegs erließ HITLER in der Hoffnung auf ein Einlenken Großbritanniens und Frankreichs stark einschränkende Befehle für den U. (u. a. Verbot des Angriffs auf Passagierschiffe, auch wenn diese in militär. Geleit fuhren), die erst nach und nach als Reaktion auf brit. Maßnahmen (z. B. Bewaffnung von Handelsschiffen) aufgehoben wurden. Bis zum Frühjahr 1943 brachten die dt. U-Boote unter Anwendung des uneingeschränkten U. den Alliierten schwere Verluste bei, ehe diese durch schrittweise Verbesserung ihrer Abwehrmaßnahmen (Einsatz von Radar auf Schiffen und Flugzeugen, Verwendung neuartiger Ortungs- und Kampfmittel) die Wende in der Schlacht im Atlantik erzwingen konnten.

F. KUROWSKI: Krieg unter Wasser. U-Boote auf den sieben Meeren 1939–1945 (Neuausg. 1984); J. BRENNECKE: Die Wende im U-Boot-Krieg. Ursachen u. Folgen 1939–1943

(²1996); M. GANNON: Operation Paukenschlag. Der dt. U-Boot-Krieg gegen die USA (a. d. Amerikan., Neuausg. 1998).

Unterseen, Gem. im Kt. Bern, Schweiz, 580 m ü. M., auf dem Bödeli zw. Brienzer und Thuner See, mit Interlaken zusammengewachsen, 4800 Ew.; Touristik-Museum der Jungfrauregion. – Stadt mit spätmittelalterl. Rechteckanlage; von der got. Kirche (1470 ff.) ist der mächtige Turm erhalten (Langhaus von 1852); Schloss (1654–56, später umgestaltet); auf dem Stadtplatz das Stadthaus (1819). – U. wurde vor 1279 gegründet und kam 1386 endgültig zu Bern.

Untersekunda, *Schulwesen:* →Prima.

Untersetzung, 1) *Elektronik* und *Nachrichtentechnik:* →Frequenzteiler.
2) *Maschinenbau:* →Übersetzung.

Untersonne, *atmosphär. Optik:* →Halo.

Unterspülung, durch Strömung oder Wellen verursachte Erosion unter einem Bauwerk im Fließgewässer, (großen) See oder Meer bzw. im Ufer- oder Küstenbereich.

unterständig, *Botanik:* Stellung des Fruchtknotens unterhalb der Kelch-, Kron- und Staubblätter (→Blüte).

Untersteuern, *Kraftfahrzeug:* →Eigenlenkverhalten.

Unterstimme, *Musik:* die jeweils tiefste Stimme eines mehrstimmigen Satzes; sie kann sich, je nach Besetzung (z. B. beim Kinder- oder Frauenchor) oder beim Wechsel versch. Klanggruppen, auch relativ hoch über der Basslage bewegen.

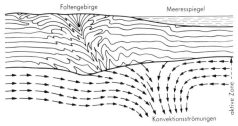

Unterströmungstheorie: Subkrustale Strömungen bewirken ein Zusammendrängen der überlagernden Schichten; schematische Darstellung

Unterströmungstheorie, von O. AMPFERER begründete, von E. KRAUS, H. CLOOS, F. A. VENING-MEINESZ u. a. weiterentwickelte geotekton. Hypothese, nach der Konvektionsströmungen in den zähplast. Zonen des Erdmantels (**Unterströmungen**) Bewegungen der Erdkruste verursachen. Dabei kann diese durch Zerrung zerbrechen (Bildung von Gräben, Schollengebirgen u. a.), aber auch zusammengeschoben werden (Faltung, Überschiebung), wobei die tieferen Teile in die Tiefe gezogen, ›verschluckt‹ werden (**Verschluckungszonen**). Die Unterströmungen sollen durch Wärmeaustausch entstehen (als Energiequelle wird meist radioaktiver Zerfall angenommen), ihre Geschwindigkeiten wenige Millimeter bis Zentimeter pro Jahr betragen. Ähnl. Vorstellungen liegen auch der →Plattentektonik zugrunde.

Unterstützungskassen, betriebl. Einrichtungen (Betriebs-, Gruppen-, Konzern-U.) zur einmaligen oder laufenden Unterstützung von (ehemaligen) Betriebsangehörigen in Fällen der Not, der Invalidität oder im Alter. Im Ggs. zu den Pensionskassen gewähren die U. keinen Rechtsanspruch und unterliegen nicht der Versicherungsaufsicht. U. stellen Sondervermögen dar und werden ausschließlich von Arbeitgebern finanziert. Die Rechtsverhältnisse sind durch Satzungen geregelt; Umfang und Voraussetzung von Unterstützungsleistungen sind meist in Leistungsplänen festgelegt; die Verwaltung von U. unterliegt der erzwingbaren Mitbestimmung des Betriebsrats.

Untersuchung, 1) *Medizin:* der Krankheitserkennung (durch eindeutige Zuordnung von Krankheitssymptomen) dienende ärztl. Maßnahmen.
2) *Recht:* Das Strafprozessrecht nannte früher die Ermittlung U. (→Ermittlungsverfahren). Im Handelsrecht gibt es die U.-Pflicht des Käufers, →Handelskauf.

Untersuchungs|ausschuss, in Dtl. ein Ausschuss des Bundestages (Art. 44 GG), der Ermittlungen anstellt und darüber dem Bundestag berichtet. Er dient neben der Beschaffung von Materialien zur Vorbereitung eines Gesetzes (Enquetekommission) insbesondere der Aufklärung von Sachverhalten, die auf Missstände im staatl. Bereich, bes. in der Exekutive, hinweisen. Er ist damit eines der ältesten und wichtigsten Instrumente der parlamentar. Information und Kontrolle, dessen sich v. a., aber nicht nur, die Opposition zur Auseinandersetzung mit der Regierungsmehrheit bedient. Der Bundestag kann jederzeit und muss auf Antrag eines Viertels seiner Mitgl. einen U. einsetzen. Der U. kann Beweise nach den Vorschriften der StPO erheben und Rechts- und Amtshilfe der Gerichte und Verwaltungsbehörden in Anspruch nehmen. Die Verhandlungen der U. sind öffentl., soweit die Öffentlichkeit nicht mit einfacher Mehrheit ausgeschlossen wird. Der U. kann keine Entscheidungen fällen, v. a. nicht solche strafrechtl. oder disziplinar. Art; seine Feststellungen sind der gerichtl. Überprüfung entzogen, aber für die Gerichte auch nicht bindend. Bemühungen, das Recht der U. im Hinblick auf zahlr. streitige Verfahrensfragen durch Bundesgesetz zu ordnen, sind bisher erfolglos geblieben. Die Rechte eines U. hat auch der Ausschuss für Verteidigung (Art. 45 a Abs. 2 GG). Entsprechendes galt für die U. der Weimarer Reichs-Verf. und gilt für die U. der Länder nach deren Verfassungen.

In *Österreich* kann der Nationalrat nach näherer Bestimmung seiner Geschäftsordnung U. einsetzen. Die Gerichte und alle anderen Behörden sind verpflichtet, dem Ersuchen dieser Ausschüsse um Beweiserhebungen Folge zu leisten, öffentl. Ämter haben auf Verlangen Akten vorzulegen (Art. 53 Bundes-Verf.-Ges.). – In der *Schweiz* können die eidgenöss. Räte parlamentar. Untersuchungskommissionen einsetzen, um Vorkommnisse von großer Tragweite in der Bundesverwaltung abzuklären (Art. 55 ff. Geschäftsverkehrs-Ges. vom 23. 3. 1962). Ähnl. Vorschriften bestehen in den Kantonen.

Untersuchungs|ausschuß freiheitlicher Juristen, Vereinigung von Juristen zur Aufdeckung von Unrechtshandlungen des Regierungssystems der DDR, seit dem 1. 10. 1969 als jurist. Fachreferat in das Gesamtdt. Institut (Bonn) eingegliedert und mit diesem 1991 aufgrund der dt. Vereinigung aufgelöst.

Untersuchungsgebiet, früher **Belastungsgebiet,** ein Gebiet, in dem Luftverunreinigungen (Immissionen) auftreten oder zu erwarten sind, die wegen ihrer Häufigkeit und Dauer ihres Auftretens, ihrer hohen Konzentration oder der Gefahr des Zusammenwirkens versch. Immissionen schädl. Umweltwirkungen hervorrufen können. Nach dem Bundesimmissionsschutzgesetz ein Gebiet, in dem die geltenden Immissionswerte der TA Luft überschritten werden. U. werden durch Rechts-VO der Landes-Reg., u. a. nach Erstellung eines Emissionskatasters (→Emission) festgesetzt. Ergibt dessen Auswertung, dass die Schadstoffkonzentration bedenklich hohe Werte erreicht oder ein stetiges Ansteigen der Luftverschmutzung über längere Zeiträume festzustellen ist, müssen für das U. oder für Teilgebiete Abhilfe- und Vorsorgemaßnahmen getroffen werden (z. B. Aufstellung von Luftreinhalteplänen).

Unteruhldingen: Rekonstruierte Pfahlbauten im ›Pfahlbaumuseum Deutscher Vorzeit‹ am Ufer des Bodensees

Untersuchungsgrundsatz, prozessrechtl. Grundsatz, der die Verfahren beherrscht, in denen das Gericht die Herrschaft über den Prozessstoff innehat, also alle entscheidungserhebl. Gesichtspunkte des Sachverhalts unabhängig von den Anträgen der sonstigen Beteiligten ermittelt. Der U. ist kennzeichnend für Teile des Ehe- und Kindschaftsprozesses der ZPO, das Verfahren der freiwilligen Gerichtsbarkeit, den Verwaltungs- sowie den Strafprozess (dort gleichbedeutend mit dem Inquisitionsprinzip) und findet auch im Finanzprozess Anwendung. Sein Gegenstück ist der →Verhandlungsgrundsatz.

Untersuchungshaft, →Haft.

Untersuchungsrichter, der vor der Erhebung der öffentl. Anklage mit der Untersuchung einer Straftat betraute Richter. Das dt. Strafverfahrensrecht kennt die Institution des U. nicht. Vielmehr liegt das Schwergewicht der Ermittlung in Strafsachen bei der Staatsanwaltschaft, die das →Ermittlungsverfahren führt, in das der →Ermittlungsrichter eingeschaltet werden kann. Andere Rechtssysteme, z. B. das der Schweiz (Ges. über die Bundesstrafrechtspflege sowie kantonale Prozessrechte, hier z. T. **Verhörrichter** genannt), Österreichs (§§ 88 ff. StPO) sowie Frankreichs kennen den U. (frz. ›juge d'instruction‹).

Untersumme, *Mathematik:* →Integralrechnung.

Untertageablagerung, die Ablagerung von Abfällen mit langfristig umweltschädigenden Eigenschaften in unterird. Gesteinsschichten. Genutzt werden z. B. stillgelegte Salz- und Steinkohlebergwerke zur →Endlagerung radioaktiven Abfalls oder **Untertagedeponien** (→Deponie) für die Entsorgung von bes. überwachungsbedürftigem Abfall (Sonderabfall).

Untertagebau, der, →Bergbau unter Tage.

Untertagespeicherung, Untergrundspeicherung, Speicherung von Flüssigkeiten, wie Rohöl, Mineralölprodukte, Wasser und Gasen (z. B. Erdgas) in unterird. Hohlräumen. Verwendet werden Kavernen in Felsgestein und Salzlagern (z. B. für Erdgas oder für Druckluft für ein →Luftspeicher-Gasturbinenkraftwerk) sowie natürl. (Aquifer) oder quasinatürl. (abgebaute Erdöl- und Erdgasfelder) poröse Gesteinsschichten (z. B. als →Erdgasspeicher). Vorteile der U. gegenüber oberird. Tanks sind: geringere Kosten, geringerer Platzbedarf, größere Sicherheit.

Untertagevergasung, In-situ-Vergasung, Vergasung von fossilen Brennstoffen durch Injektion von Dampf-Luft-Gemischen in die Lagerstätte (→Kohlevergasung). Die U. wird für die Erschließung von Kohle-, Ölschiefer- und Ölsandlagerstätten erwogen, die wegen zu großer Teufen mit konventionellen Abbaumethoden nicht erschlossen werden können, sie kann aber auch für geringe Teufen interessant sein, da keine Rückstände anfallen und keine Rekultivierung erforderlich ist. Während bei der U. von Braunkohle gute Chancen für eine Realisierung bestehen, haben Feldversuche zur U. von Steinkohle in großen Teufen (860 m) im Rahmen eines deutsch-belg. Projektes nicht den gewünschten Erfolg gebracht.

Untertan, lat. **Subditus,** im vorkonstitutionellen Staat, aber z. B. auch im dt. Konstitutionalismus des 19. und beginnenden 20. Jh. der Staatsangehörige in Betonung der Unterworfenheit unter den Herrscher. Der mit vollen polit. Rechten ausgestattete Staatsangehörige im Verfassungsstaat ist nicht U., sondern →Staatsbürger.

Untertan, Der, Roman von H. MANN, entstanden 1906–14, vollständig veröffentlicht 1918 (Privatdruck 1916); verfilmt von W. STAUDTE, 1951.

Untertanenländer, in der Schweiz die vor 1798 unter der Herrschaft eines oder mehrerer Orte (Kantone) stehenden Gebiete, denen auf der Tagsatzung keine Vertretung zustand und die auch sonst in keiner Weise an der Führung der eidgenöss. Politik beteiligt waren. Die Verwaltung der U. lag in den Händen der Landvögte, Angehörigen der regierenden Orte, die ihr Amt durch Volkswahl, Kauf oder Los zugesprochen erhielten. Auf der unteren Stufe konnten sich aber auch in den U. genossenschaftl. und polit. Einrichtungen entwickeln, was ihre Umwandlung in gleichberechtigte Kantone nach der helvet. Revolution von 1798 bis 1803 erleichterte. Ganz oder teilweise aus ehemaligen U. entstanden die Kantone St. Gallen, Aargau, Thurgau, Tessin, Waadt und Wallis.

Untertemperatur, Körpertemperatur, die unter dem Normalwert von 36,5 °C liegt. (→Hypothermie)

Untertertia, *Schulwesen:* →Prima.

Untertoggenburg, Bez. im Kanton St. Gallen, Schweiz, 106 km², 36 600 Ew., im mittleren Thurtal.

Untertürkheim, Stadtteil von Stuttgart, am rechten Neckarufer, Daimler-Benz-Museum (Oldtimer); bedeutende Industrie (Daimler-Benz AG).

Unter|uhldingen, Ort am Bodensee, Teil der Gem. Uhldingen-Mühlhofen, Bad.-Württ., mit dem ›Pfahlbaumuseum Deutscher Vorzeit‹, einer ab 1922 nach damaligem Kenntnisstand errichteten Nachbildung einer vorgeschichtl., im ufernahen Flachwasser liegenden ›Pfahlbausiedlung‹; nach Brand 1977 restauriert. Nach heutiger Auffassung standen jung- und bronzezeitl. Siedlungen wie die U. nicht im Wasser, sondern als ›Uferrandsiedlungen‹ wassernah an Land.

Literatur →Pfahlbauten.

Unterversicherung, der Tatbestand, dass die Versicherungssumme geringer ist als der Versicherungswert. Im Schadensfall wird nur im Verhältnis von Versicherungssumme zu Versicherungswert entschädigt (Ausnahme Erstrisikoversicherung). U. kann versehentlich, durch Wertsteigerungen der versicherten Güter oder bei Geldentwertung entstehen. Ein Verzicht des Versicherers auf die Geltendmachung der U. ist in bestimmten Versicherungssparten (z. B. Hausrat-, Wohngebäudeversicherung) möglich (U.-Verzichtklausel).

Unterwalden, einer der Urkantone der Schweiz, besteht aus den zwei Kantonen U. nid dem Wald (→Nidwalden) und U. ob dem Wald (→Obwalden). 1291 trat zuerst Nidwalden, später Obwalden dem Bund mit Uri und Schwyz bei; 1309 wurde U. reichsunmittelbar.

Unterwanderung, das Eindringen von Angehörigen einer anderen Gruppe in das Macht- und Organisationsgefüge einer bestehenden Gruppe mit dem Ziel, diese zu zersetzen. Während sich der Begriff U. hinsichtlich intensiv zusammenhängender Kleingruppen (z. B. Geheimdienste) noch sachgerecht verwenden lässt, dient die Vorstellung von U. im weiteren gesellschaftl. Zusammenhang (z. B. im Kalten Krieg) eher der Propagierung von Feindbildern als der Beschreibung einer Realität.

Unterwäsche, unmittelbar auf dem Körper getragene Wäsche. U. im heutigen Sinn begann sich erst im 19. Jh. allmählich durchzusetzen, wenn auch einzelne schützend und stützend unter der sichtbaren Kleidung getragene Wäschestücke wesentlich früher nachzuweisen sind.

In der griech. und röm. Antike kannte man Brustbinden für Frauen (Strophion, Fascia pectoralis), bei den Römern darüber hinaus Untertunika, Schurz und Unterhose. Im MA. sind kurze Leinenhosen für Männer als Unterhosen belegt (→Bruch 7), Leinenhemden, ähnlich den Ober- und Nachthemden, dienten beiden Geschlechtern als U. Vereinzelt, bes. in Italien, sind Unterhosen bereits im 16. Jh. für Frauen überliefert, für die (im Bereich der mod. Kleidung) von nun an v. a. formende Reifröcke und Schnürbrüste zur Unterkleidung gehörten. Im 19. Jh. kamen für Männer lange Unterhosen auf, unter dem Eindruck der →Reformkleidung U. aus Wolle (›Jägerwäsche‹) und Baumwolle. Für Frauen wurden Unterhosen ab Mitte des 19. Jh. üblich, begünstigt durch die Mode weiter Röcke und die darunter getragenen Stützröcke und -auflagen (Krinoline, Turnüre, Cul). Im 20. Jh. passte sich die U., jetzt v. a. Trikotwaren sowie (für Frauen) elast. Miederwaren, einem geänderten Lebensstil an.

E. EWING: Dress and undress. A history of women's underwear (London 1978); C. W. u. P. CUNNINGTON: The history of underclothes (Neuausg. ebd. 1981); Die zweite Haut. Zur Gesch. der U. 1700–1960, bearb. v. A. JUNKER u. a., Ausst.-Kat. (1988).

Unterwasser, *Wasserbau:* Gewässerstrecke unmittelbar unterhalb eines Stufenbauwerks (Wehr, Schleuse, Kraftwerk).

Unterwasser|archäologie, Zweig der Archäologie, der sich v. a. mit archäolog. Forschungen auf dem Meeresgrund befasst, jedoch auch Unterwasseruntersuchungen versunkener Landstriche und Städte, von Binnenseen und Flüssen mit einbezieht. Das Hauptinteresse gilt Wracks gesunkener Schiffe, aus denen die meisten und bedeutendsten Funde stammen. Zu den Aufgaben der U. gehören neben der Bergung von Objekten auch Grabung, Kartierung und Fotografieren (→Unterwasserfotografie). Den eingesetzten Tauchern stehen an techn. Hilfsmitteln u. a. Echolote, Schlammpumpen und Unterwasserfernsehgeräte zur Verfügung. Wegen der Lagerung unter Wasser haben sich organ. Materialien wie Holz und textile Stoffe (Schiffstaue) gut erhalten. Die geborgenen Gegenstände bedürfen meist einer sofortigen Konservierung an Land. Bekannt sind u. a. die Funde der Frachtschiffe des Altertums und der Antike vor Ulu Burun (westl. von Myra), S-Türkei (14. Jh. v. Chr.), beim Kap Gelidonya, SW-Türkei (um 1200 v. Chr.) und →Kyrenia, Zypern (4. Jh. v. Chr.), und Yassi Ada bei Bodrum, SW-Türkei (7. Jh. n. Chr.) sowie eines karthag. Kriegsschiffes vor Marsala, Sizilien (241 v. Chr. gesunken), das rekonstruiert wurde (Museum von Marsala). Restauriert wurden auch versch. aus Schiffsgräbern oder als Wracks geborgene Wikingerschiffe (bekannt v. a. diejenigen von Roskilde, BILDER →Gokstad, →Nydam, →Oseberg) sowie Römerschiffe (BILD →Mainz). Weitere Beispiele der U. sind die 1961 erfolgte Bergung des 1625–28 erbauten schwed. Kriegsschiffes →Wasa sowie 1981 die Freilegung des Trikliniums (mit prächtiger Stauenausstattung) der kaiserl. Villa des Claudius bei Baia.

History from the sea. Shipwrecks and archaeology. From Homer's Odyssey to the Titanic general, hg. v. P. THROCKMORTON (London 1987); G. HOFFMANN: Versunkene Welten. Schiffe u. Städte auf dem Meeresgrund. Die Archäologie unter Wasser (Neuausg. 1989); In Poseidons Reich. Archäologie unter Wasser, hg. v. der Dt. Gesellschaft zur Förderung der U. e. V. (1995).

Unterwasserböden, *Bodenkunde:* die →subhydrischen Böden.

Unterwasserfahrzeuge, Geräte zum Transport von Personen und/oder Geräten unter Wasser. Bemannte U. für militär. Zwecke sind die →Unterseeboote; für Meeresforschung, Bergungsarbeiten u. a. meist →Tauchboote. Antriebslose U. werden von einem Schiff geschleppt und sind durch ein Versorgungskabel mit ihm verbunden; Horizontalbewegungen werden durch Höhenruder (dynam. Auftrieb) bewirkt. Moderne Unterwassergleiter verfügen über eigene Schubdüsen (Geschwindigkeit bis 6 kn) und erreichen Tiefen bis 3 000 m. U. als Fortbewegungshilfe für Taucher sind Nasstauchboote, bei denen sich der Taucher nicht in einem Druckkörper, sondern in einer mit Umgebungswasser gefüllten Kabine (›im Nassen‹) aufhält, i. w. S. auch elektromotorisch angetriebene Schleppmittel (›Scooter‹). Unbemannte U. sind z. B. geschleppte Kameraschlitten und ferngesteuerte, mit Videokameras, Sonar, Scheinwerfern und Greifern ausgerüstete Geräteträger.

Unterwasserfotografie: Sporttaucher mit Unterwasserkamera und Scheinwerfer beim Fotografieren einer Mördermuschel

Unterwasserfotografie, von Sporttauchern und Meeresforschern angewandte Form der Fotografie. Kamera und Beleuchtungseinrichtung befinden sich in wasserdichten, druckfesten Spezialgehäusen, die die Bedienung der Geräte von außen zulassen. Für geringe Tauchtiefen gibt es Spezialkameras. Wegen des höheren Brechwertes des Wassers, durch den die einzustellende Gegenstandsweite gegenüber der tatsächl. Entfernung um 25 % verkürzt und der Bildwinkel um ein Drittel verringert werden, ist die Verwendung von Weitwinkelobjektiven üblich. Zur Vermeidung eines Blaustichs kann ein auf die Farbverhältnisse abgestimmter Umkehrfarbfilm verwendet werden.

A. RÖDIGER: Makrofotografie unter Wasser (1989); H. HASS: Abenteuer unter Wasser ([2]1991); H. FREI: Blitzlichtfotografie unter Wasser ([2]1994).

Unterwassergymnastik, Form der →Krankengymnastik in einem großen Wasserbecken oder in einer Spezialwanne zur Behandlung von Lähmungen und Gelenkversteifungen.

Unterwasserkabel, Seekabel, Fernmelde- oder Starkstromkabel, die durch Binnengewässer, Meeresarme oder Meere verlegt werden. Bei der elektr. Energieübertragung verwendet man zur Unterquerung schmaler Meeresarme und von Flussmündungen U. mit Hochspannungsdrehstromübertragung (HDÜ), für größere Entfernungen U. mit Hochspannungsgleichstromübertragung (HGÜ). Mit Fernmeldekabeln können auch interkontinentale Entfernungen überbrückt werden.

Unterwasserlabor, Abk. **UWL, Unterwasserhaus,** engl. **Sealab** ['siːlæb], Tauch- und Arbeitsstation auf dem Meeresboden für meereskundl. Aufgaben. U. sind druckfeste Kugeln, Zylinder oder Ellipsoide (für Tiefen über 100 m mit mehreren Zellen), die mit den für einen längeren Aufenthalt notwendigen Einrichtungen ausgestattet sind. Zum U. gehört meist eine schwimmende Versorgungsstation, die über dem getauchten Labor verankert wird, es mit Energie und Druckluft versorgt und die Funkverbindungen mit dem Labor herstellt. Die übrigen Versorgungsgüter werden von einem Schiff aus in speziellen Behälter trocken in das Labor eingebracht. Das System wird durch versetzbare Unterwasser-Aufenthaltsstationen und Personenrettungskapseln vervollständigt. Ein U. wird schwimmend zum Einsatzort geschleppt, vor Ort abgesenkt und verankert.

Unterwasserlabor ›Helgoland‹ bei der Vorbereitung zum Einsatz

Ein U. ist im Betrieb ein nach unten offenes System, d. h., in dem Raum herrscht der Druck der umgebenden Wassertiefe. Die Besatzung (›Aquanauten‹) kann vom U. aus tauchen und Beobachtungen und Experimente ausführen; die Taucher dürfen allerdings zwischendurch nicht auftauchen (→Druckluftkrankheit). Am Ende eines Aufenthaltes in der U. muss eine längere Dekompressionszeit eingehalten werden. Zu den bekanntesten U. gehören die unter J.-Y. COUSTEAU eingesetzten ersten U. ›Précontinent I‹ (1962), ›Précontinent II‹ (1963) und ›Précontinent III‹ (1965), die amerikanischen U. ›Sealab‹ (1963/64), ›Tektite‹ (1969/70) und ›Aegir‹ (1971) sowie die sowjet. U.-Typen ›Sadko‹ (1966–69) und ›Tschernomor‹ (1968–71). Die Bundesrepublik Dtl. betrieb 1969–79 das U. ›Helgoland‹ in der Nord- und Ostsee sowie im Nordatlantik. – Heute werden U. weitgehend durch Unterwasserroboter und Panzertaucher ersetzt.

Unterwassermotor, der →Tauchmotor.

Unterwasser|rugby [-ˈrʌgbɪ; zu →Rugby], Torspiel zweier Mannschaften von je sechs Spielern und bis zu fünf Auswechselspielern in einem 12–18 m langen, 8–12 m breiten und 3,5–5 m tiefen Wasserbecken. Die Spieler sind mit Schnorchel, Maske und Brille ausgerüstet. Der mit Salzlösung gefüllte Ball mit 52–54 cm Umfang ist in Metallkörbe (›Tore‹) am Beckenboden zu befördern. Die effektive Spielzeit beträgt 2 × 15 min, drei mit Tauchgeräten ausgerüstete Schiedsrichter leiten das Spiel. Weltmeisterschaften werden seit 1980 (Männer) bzw. 1995 (Frauen) ausgetragen. *Organisationen:* →Sporttauchen.

Unterwasserschutz, Schutzeinrichtungen bei Kriegsschiffen gegen die Auswirkungen von Unterwassertreffern (Torpedos, Minen), bestehend aus Quer- und Längsschotten, Doppel- oder Dreifachböden sowie Wallgängen. Die entstehenden Räume werden nicht oder nur z. T. für die Aufnahme von flüssigen Brennstoffen und Wasservorräten genutzt.

Unterwasserstrahlmassage [-saːʒə], Massage im warmen Vollbad, wobei die Kranke mit einem Wasserstrahl von 2–4 at Druck massiert wird. Massage und Wärme bewirken eine erhebl. lokale Anregung der Durchblutung und Entspannung der Muskulatur; wird bes. bei Gelenkversteifungen angewendet.

Unterwasserstrand, →Vorstrand.

Unterwellenborn, Industrie-Gem. im Landkreis Saalfeld-Rudolstadt, Thür., in einer Talweitung am N-Rand des Thüringer Schiefergebirges, 3 000 Ew.; Elektrostahlwerk (seit 1995) für Trägerprofile, Nachfolgebetrieb des 1992 stillgelegten metallurg. Komplexes der ›Maxhütte‹; Baustoff-, Metall- und chem. Industrie, besonders im Gewerbegebiet ›Maxhütte‹ (280 ha).

Unterwelt, in den Vorstellungen vieler Religionen das Reich der Verstorbenen, häufig auch Ort eines Totengerichts. Im *griech. Mythos* ist die U. (der Hades) i. Allg. das Reich der Toten unter der Erde, in dem Hades (Pluton) und Persephone herrschen. Die von Hermes geleiteten Seelen werden von Charon über die U.-Flüsse (Acheron, Kokytos, Styx) gesetzt, treten durch den von Kerberos bewachten Eingang der U. vor die Totenrichter Aiakos, Minos und Rhadamanthys und werden von diesen in das →Elysium oder in den →Tartaros gewiesen. Mehrere Gestalten des griech. Mythos sind hier zu ewiger Buße verdammt (z. B. Tantalos, Sisyphos, Ixion, Tityos und die Danaiden). Im *röm. Mythos* wird die U. als Orcus (Orkus) bezeichnet. – U.-Vorstellungen begegnen auch in zahlr. Religionen (→Jenseits).

Unterweltsbücher, früher **Jenseitsführer,** eine Gruppe von altägypt., reich illustrierten Texten aus der Zeit des Neuen Reiches (1552–1070 v. Chr.). Meist in zwölf Abschnitte eingeteilt, beschreiben sie die zwölfstündige nächtl. Unterweltsfahrt der Sonne, bei der sie sich regeneriert und den toten Osiris und mit ihm die Toten durch ihre Strahlen zu neuem Leben erweckt. Daher ließen die ägypt. Könige des Neuen Reiches ihre Gräber im Tal der Könige bei Theben mit Abschriften der U. ausschmücken. Die wichtigsten U. sind das →Amduat, das ›Pfortenbuch‹ und das ›Höhlenbuch‹.

Ausgabe: Die U. der Ägypter, übers. v. E. HORNUNG (³1989, Nachdr. 1992).

E. HORNUNG: Die Nachtfahrt der Sonne (Zürich 1991).

Unterweltsfahrten, *Mythos* und *Religionsgeschichte:* →Jenseitswanderungen, →Höllenfahrt, →Höllenfahrt Christi.

Unterwerk, 1) Umspannstation, die Niederspannungsenergie an nahe gelegene Verbraucher abgibt; 2) Umformerwerk, das Eisenbahn-, Straßenbahn- oder U-Bahn-Netze versorgt (→elektrische Bahnen).

Unterzeichnung, *Börsenwesen:* →Überzeichnung.

Unterzug, *Bautechnik:* Träger, der die eigentl. Deckenträger trägt und so die Last aufnimmt und auf Wände oder Stützen überträgt. Beim Grubenausbau wird der U. als zusätzl. Tragelement unter den Kappen quer zu deren Richtung eingebracht.

Unterzungendrüse, *Anatomie:* →Speicheldrüsen.

Unterzwerge, *Astronomie:* →Zwergsterne.

Untiefe, *Geomorphologie:* →Bank 3).

Untreue, 1) *Ethik:* Bruch der →Treue.
2) *Strafrecht:* die Schädigung fremden Vermögens durch Missbrauch der dem Täter durch Ges., behördl. Auftrag oder Rechtsgeschäft eingeräumten Befugnis, über fremdes Vermögen zu verfügen (Missbrauchstatbestand) oder durch Verletzung einer ihm aufgrund eines Treueverhältnisses obliegenden Pflicht, fremde Vermögensinteressen wahrzunehmen (Treuebruchs-

tatbestand, §266 StGB). Nicht erheblich ist, ob sich der Täter durch die Tat bereichert hat. U. ist mit Freiheitsstrafe bis zu fünf Jahren oder mit Geldstrafe, in bes. schweren Fällen mit Freiheitsstrafe von sechs Monaten bis zu zehn Jahren bedroht. Richtet sich die Tat gegen Angehörige, Vormund oder Betreuer, ist Antragsdelikt. Es gelten zahlr. Sonderbestimmungen, z. B. §266a StGB für das Veruntreuen von Beiträgen des Arbeitnehmers zur Sozialversicherung, §266b StGB für den Missbrauch von Scheck- oder Kreditkarten od. §17 Ges. gegen den unlauteren Wettbewerb für den Verrat von Geschäftsgeheimnissen durch Arbeitnehmer.

Das *österr.* StGB (§§ 153, 166) bestraft als U. nur den Missbrauch der Verfügungsmacht über fremdes Vermögen, nicht aber die Verletzung einer bloßen Treuepflicht.

Das *schweizer.* StGB kennt den Begriff der U. als solchen nicht, bestraft aber als Veruntreuung (→Unterschlagung) auch die unrechtmäßige Verwendung anvertrauten Gutes zum eigenen oder eines anderen Nutzen (Art. 138) sowie als ungetreue Geschäftsbesorgung die Schädigung fremden Vermögens, für das zu sorgen der Täter verpflichtet ist (Art. 158).

M. O. WEGENAST: Mißbrauch u. Treubruch (1994).

Unuk Elhaja [arab. ›Hals der Schlange‹], der Stern α Serpentis im Sternbild Schlange.

Un|unterscheidbarkeit, *Quantenstatistik:* andere Bez. für →Nichtunterscheidbarkeit.

unver|äußerliche Rechte, andere Bez. für →höchstpersönliche Rechte.

unverbindliche Preisempfehlung, →Preisempfehlung.

Unverdorben, Otto, Chemiker und Apotheker, *Dahme (Landkreis Dahme) 13. 10. 1806, †ebd. 27. oder 28. 12. 1873; entdeckte 1826 bei der trockenen Destillation (therm. Zersetzung) von Indigo mit Kalk das von ihm ›Kristallyn‹ genannte Anilin.

Unver|einbarkeit, *Staatsrecht:* →Inkompatibilität.

Unverseifbares, zusammenfassende Bez. für die in natürl. Fetten und fetten Ölen in geringen Mengen (meist < 1%) vorkommenden Nebenbestandteile, die sich nicht durch →Verseifung spalten lassen; u. a. Kohlenwasserstoffe, z. B. Squalen, Sterine, z. B. Cholesterin und Phytosterine, sowie fettlösl. Vitamine, z. B. Vitamine A und E (Retinol, Tokopherol).

Unverträglichkeit, 1) *Medizin:* anlagebedingte Überempfindlichkeit eines Organismus gegenüber Antigenen mit allerg. Reaktion (Idiosynkrasie) und gegenüber Nahrungsbestandteilen aufgrund eines Enzymdefekts; auch die serolog. oder pharmakolog. →Inkompatibilität; i. w. S. die Unbekömmlichkeit oder Schädlichkeit bestimmter Speisen aufgrund individueller oder krankheitsbedingter Verwertungsstörungen.

2) *Obstbau:* 1) Unfähigkeit zweier Komponenten (Unterlage und Edelreis), durch Veredelung eine dauerhafte Verbindung einzugehen; Plasma-U. bei Obstgehölzen der gleichen Art, die eine Selbstbefruchtung verhindert.

3) *Pflanzenbau:* die Erscheinung, dass gewisse Kulturpflanzen bei unmittelbar oder zu kurz hintereinander erfolgendem Anbau auf dem gleichen Feldstück kümmern und Mindererträge bringen. Selbst-U. zeigen z. B. Weizen, Erbse, Lein, Zuckerrübe, Rotklee. Miteinander unverträglich sind z. B. Weizen und Gerste sowie Rotklee und Erbse. Ursache ist die →Bodenmüdigkeit. (→Verträglichkeit)

unverzinsliche Wertpapiere, festverzinsl. Wertpapiere, für die die Zinsen nicht regelmäßig gezahlt, sondern im Kaufpreis verrechnet werden. Der Zins ergibt sich als Differenz zw. geringerem Ausgabe- und höherem Rückgabekurs. Zu den u. W. zählen Abzinsungspapiere, Zerobonds oder unverzinsl. Schatzanweisungen.

unverzüglich, *Recht:* ohne schuldhaftes Zögern (§ 121 BGB); stellt auf die auch im Subjektiven liegende Zumutbarkeit alsbaldigen Handelns ab.

Unvollendete, Die, Name der Sinfonie Nr. 7 (früher Nr. 8) h-Moll D 759 (1822) von F. SCHUBERT, zwei Sätze (der dritte ist nur fragmentarisch überliefert).

unvollkommener Markt, *Volkswirtschaftslehre:* →Markt.

Unwetter, Bez. für meteorolog. Ereignisse (Sturm, Hagel, Wirbelstürme sowie Hochwasser verursachende starke Regenfälle, Dauerniederschläge und plötzl. Schneeschmelze), die stärkste Auswirkungen haben und u. U. einen Notstand hervorrufen können. Die Warnung vor U. ist Aufgabe der Wetterdienste.

Unwin [ˈʌnwɪn], Sir Stanley, brit. Verleger, *London 19. 12. 1884, †ebd. 13. 10. 1968; Leiter und Mitinhaber des Verlags George Allen & U. Ltd. (heute Unwin Hyman Ltd.); machte sich um die Organisation des brit. und internat. Buchhandels verdient (1933–35 Präs. der brit., 1936–38 und 1946–54 Präs. der Internat. Verlegervereinigung).

Unwirksamkeit, *Recht:* Ungültigkeit oder Vernichtbarkeit eines Rechtsakts. U. tritt bei Rechtsgeschäften und Hoheitsakten als Folge bestimmten Mängel auf. **Absolute U.** ist gegeben, wenn das Ges. einen Rechtsakt, bes. ein Rechtsgeschäft, für schlechthin unwirksam erklärt. Für absolut unwirksame Rechtsakte gelten die Regeln der →Nichtigkeit. **Relative U.** liegt vor, wenn ein Rechtsgeschäft an sich rechtsgültig ist, bestimmten Personengruppen gegenüber aber nichtig ist (z. B. weil deren Schutz bezweckt ist, bes. bei Verstößen gegen gesetzl. oder gerichtl. Veräußerungsverbote). **Schwebende U.** tritt bei Rechtsgeschäften ein, bei denen eine bestimmte Frist ablaufen muss oder bei denen der Handelnde (z. B. nur beschränkt geschäftsfähige Jugendliche) nicht oder nicht allein vertretungs- oder verfügungsbefugt ist.

Unwucht, Aufteilung der Masse eines rotierenden Körpers, sodass der Schwerpunkt nicht auf der Drehachse liegt (stat. U.) oder diese mit keiner Haupträgheitsachse zusammenfällt (dynam. U.; es treten dann Deviationsmomente bezüglich der Drehachse auf, →Trägheitstensor). U. verursacht unruhigen Lauf (Schwingungen, Taumeln) und resultiert bei rotationssymmetr. Körpern (z. B. einem Autoreifen) aus ungleichmäßiger (unsymmetr.) Masseverteilung. U. wird durch →Auswuchten beseitigt.

Unwuchtmotor, *Fördertechnik:* zum Antrieb von Schwingförderrinnen verwendeter Elektromotor, auf dessen Wellenenden Unwuchtsegmente aufgesetzt sind (Wuchtmassenantrieb). Die durch die Unwucht erzeugte Fliehkraft bewirkt die Schwingungen der Förderrinne. (→Schwingförderer)

Unze [lat. uncia ›$1/12$ eines Asses oder einer anderen Einheit‹] *die, -/-n,* 1) seit der Antike eine Einheit für den 12. Teil einer größeren Einheit. Als Längeneinheit war die röm. Uncia = $1/12$ Pes (Fuß). Als Masseneinheit (und Bronzemünze) galt 1 Uncia = $1/12$ As = 27,288 g. Vom MA. bis ins 19. Jh. war die U. ein Teil des Pfundes, galt beim Handelspfund $1/16$ Pfund, beim Medizinalpfund $1/12$ Pfund (→Apothekergewichte). Im Dt. Zollverein war 1 U. = 31,250 g. – Heute ist die U. bes. als Masseneinheit für Edelmetalle gebräuchlich: 1 U. = 31,103481 g; v. a. bezeichnet man als ein Fein-U. die Menge von einer U. Edelmetall größter handelsübl. Reinheit, z. B. einer U. Feingold (Goldlegierung mit 99,99% Massenanteil Gold). 2) im Boxen Masseneinheit für die Handschuhe; 1 U. = $1/16$ lb = 28,35 g. (→Once, →Ounce)

Unzelmann, Friedrich Ludwig, Holzschneider, *Berlin Dezember 1797, †Wien 29. 8. 1854; maßgebend an der Wiederbelebung des Holzschnitts in Dtl. beteiligt; schuf u. a. Faksimileholzschnitte nach Zeichnungen von A. MENZEL und A. RETHEL.

Unze Unzen – Updike

Unzertrennliche: Rosenköpfchen (Größe 17 cm)

Unzen [-z-], jap. **Unzen-dake,** Stratovulkan im Zentrum der Shimabarahalbinsel von W-Kyūshū, Japan; dreigipfeliger Bergkegel, erreicht im **Fugen-dake** 1359 m ü. M. Am U. finden sich schwefelhaltige heiße Quellen (Kurbetrieb). Der von einem Erdbeben und einer Flutwelle begleitete Ausbruch des U. von 1792 forderte 15 000 Menschenleben. Während der letzten Ausbrüche des Fugen-dake von 1990, 1991 (42 Tote), 1992 und 1993 fanden Evakuierungen statt, von denen 1991 über 10 000 Menschen betroffen waren. In Shimabara besteht ein vulkanolog. Observatorium der Univ. von Kyūshū.

Unzertrennliche, Agapornis, Gattung bis 17 cm langer, gedrungener, kurzschwänziger Papageien mit acht Arten in Afrika und einer Art (Grauköpfchen; Agapornis cana) in Madagaskar; U. sind vorwiegend grün, an Kopf, Bürzel und Schwanz meist bunt gefärbt. Einige Arten, wie das **Rosenköpfchen** (Agapornis roseicollis; Größe 17 cm), lassen sich leicht halten und züchten und gehören zu den häufigsten Käfigvögeln; in seiner Heimat lebt es bevorzugt in Wassernähe. Das **Orangeköpfchen** (Agapornis pullaria; Größe 14 cm) bewohnt Savannen und Waldlichtungen; beide Arten werden gelegentlich in Kulturpflanzungen (Mais und Reis) schädlich. Im Ggs. zu den meisten Papageien bauen die U. in den Bruthöhlen umfangreiche Nester. Der Name U. besagt, dass die Paare bes. stark zusammenhalten.

Unziale [spätlat. (litterae) unciales ›zolllange Buchstaben‹] *die, -/-n,* im 4. Jh. aufgekommene Majuskelschrift mit gerundeten Formen (**griechische U.** bis 12. Jh.; **römische U.** 4.–8. Jh.); Neuschöpfungen u. a. von O. HUPP. (→Halbunziale, →Schrift)

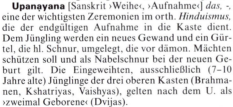

Unziale in einer Handschrift aus dem 4./5. Jh.

Unzucht, Verletzung der geschlechtl. Sittlichkeit. Seit 1973 wird in den entsprechenden Tatbeständen des StGB die neutrale Bez. **sexuelle Handlung** verwendet (→Sexualdelikte, →Prostitution).

Unzurechnungsfähigkeit, →Schuldunfähigkeit.

Upanayana [Sanskrit ›Weihe‹, ›Aufnahme‹] *das, -,* eine der wichtigsten Zeremonien im orth. *Hinduismus,* die der endgültigen Aufnahme in die Kaste dient. Dem Jüngling werden ein neues Gewand und ein Gürtel, die hl. Schnur, umgelegt, die vor dämon. Mächten schützen soll und als Nabelschnur bei der neuen Geburt gilt. Die Eingeweihten, ausschließlich (7–10 Jahre alte) Jünglinge der drei oberen Kasten (Brahmanen, Kshatriyas, Vaishyas), gelten nach dem U. als ›zweimal Geborene‹ (Dvijas).

John H. Updike

Upanishaden [-ʃ-; Sanskrit upaniṣad ›das Sich-in-der-Nähe-Niedersetzen‹ (bei einem Lehrer)], *Sg.* **Upanishad** *die, -,* philosophisch-theolog. Abhandlungen des Brahmanismus in Prosa und Versen am Ende der Veden (→Veda). Die älteren, im spätved. Sanskrit verfassten U. wie die ›Bradaranyaka-U.‹ und die ›Chandogya-U.‹ bilden oft Teile von →Brahmanas oder →Aranyakas und sind vermutlich 800–600 v. Chr. entstanden. Zusammen mit den mittleren und den jüngeren U. ergibt sich die traditionelle Zahl von 108 U. Sie behandeln den Ursprung der Welt, den Geburtenkreislauf (Samsara), das Wirken der Tatenvergeltung (→Karma) und die Erlösung (Nirvana). Dabei werden Leben und Sterben mit dem Kreislauf des Wassers verglichen. Andere Spekulationen sehen im Atem die wichtigste Lebenskraft oder entwickeln aus der Lehre vom alles durchdringenden Feuer ein System, in dem die Erkenntnis der Einheit der Individualseele (Atman) mit der Weltseele (Brahman) zur Erlösung führt. Aus einer weiterführenden Umdeutung dieser Gedanken ging die Philosophie des Vedanta (u. a. bei SHANKARA) hervor. – Die U. wurden wegen der Vielfalt ihrer Lehren zu einer wesentl. Grundlage der späteren →indischen Philosophie und wirkten auch auf das Abendland (u. a. auf die Neuplatoniker, die mittelalterl. Mystik, im 19. Jh. auf A. SCHOPENHAUER).

Ausgaben: Sechzig Upanishad's des Veda, übers. v. P. DEUSSEN (1897, Nachdr. 1980); Upanischaden, übers. v. P. THIEME (1966, Nachdr. 1985); Älteste ind. Dichtung u. Prosa, hg. v. K. MYLIUS (Neuausg. 1981); U. Die Geheimlehre der Inder, übers. u. hg. v. A. HILLEBRANDT ([12]1996); Die Weisheit der U. Klassiker ind. Spiritualität, übers. u. hg. v. H. G. TÜRSTIG (1996).

E. FRAUWALLNER: Gesch. der ind. Philosophie, Bd. 1 (Salzburg 1953); E. HANEFELD: Philosoph. Haupttexte der älteren Upaniṣaden (1976).

Upasbaum [malaiisch upas ›Gift‹], *Botanik:* die →Antiaris.

Upaya und Prajna [-pradʒ-; Sanskrit ›Methode und Weisheit‹], die Grundkomponenten des Heilsweges des →Vajrayana. Upaya bezeichnet die Praxis von Bodhicitta (höchstes Erleuchtungsbewusstsein) als die ›Methode‹ der Heilsverwirklichung, Prajna die aus der unmittelbaren Einsicht in die Natur der Wirklichkeit entstehende Weisheit. Als sich ergänzende und gegenseitig bedingende Prinzipien finden U. u. P. ihren Ausdruck in den Ritualinstrumenten →Vajra und →Ghanta sowie in den männl. und weibl. Gottheiten des lamaist. Pantheons (→Yab-Yum).

UPC-System [Abk. für engl. **u**niversal **p**roduct **c**ode], nordamerikan. System zur Artikelnummerierung; entspricht dem →EAN-System.

Update [ˈʌpdeɪt, zu engl. update ›auf einen neuen Stand bringen‹] *das, -s/-s, Informatik:* i. w. S. jede Aktualisierung eines Informations- bzw. Datenträgers; i. e. S. eine Neuveröffentlichung eines vorhandenen Softwareprodukts (Programms). Dabei fügt ein U. dem bisherigen Produkt z. T. geringfügige neue Funktionen hinzu oder korrigiert Fehler, die nach der Veröffentlichung des Produkts entdeckt wurden. Diese U. werden meist durch kleine Änderungen in der Software-Versionsnummer (→Version) gekennzeichnet.

Updike [ˈʌpdaɪk], John Hoyer, amerikan. Schriftsteller, * Shillington (Pa.) 18.3.1932; 1955–57 Mitarbeiter der Zeitschrift ›The New Yorker‹, seither freier Schriftsteller und Literaturkritiker. Zum vielfach ausgezeichneten Erfolgsautor wurde U. v. a. durch seine ›Rabbit‹-Romane ›Rabbit, run‹ (1960; dt. ›Hasenherz‹), ›Rabbit redux‹ (1971; dt. ›Unter dem Astronautenmond‹), ›Rabbit is rich‹ (1981; dt. ›Bessere Verhältnisse‹) und ›Rabbit at rest‹ (1990; dt. ›Rabbit in Ruhe‹). Die Tetralogie verfolgt die Entwicklung des amerikan. ›Jedermann‹ Harry Angstrom, gen. Rabbit, von der Jugend bis ins Alter in enger Verknüpfung mit den Veränderungen amerikan. Alltagskultur und Wertvorstellungen. Hier wie auch in zahlr. weiteren Romanen und Erzählungen zeichnet U. in realist. Stil und präzise-geschliffener Prosa ein ironisch-exaktes Bild des Verfalls der amerikan. Gesellschaft, bes. der bürgerl. Mittelschicht; Bindungslosigkeit, Kommunikationsverflachung, Verlust von Idealen und konsumorientierte Sexualität werden dabei zu Indizien der Auflösung christl. Traditionen. U.s umfangreiches Werk umfasst auch zahlr. Gedichtbände und Essays.

Weitere Werke: *Romane:* The centaur (1963; dt. Der Zentaur); Of the farm (1965; dt. Auf der Farm); Couples (1968; dt. Ehepaare); Bech, a book (1970); Bech is back (1982; dt. zus. u. d. T. Henry Bech); A month of Sundays (1975; dt. Der Sonntagsmonat); Marry me (1976; dt. Heirate mich!); The coup (1978; dt. Der Coup); The witches of Eastwick (1984; dt. Die Hexen von Eastwick, verfilmt); Roger's version (1986; dt. Das Gottesprogramm, Rogers Version); S. (1988; dt.); Memories of the Ford administration (1992; dt. Erinnerungen an die Zeit unter Ford); Brazil (1994; dt. Brasilien); In the beauty of the lilies (1996; dt. Gott u. die Wilmots). – *Erzählungen:* Too far to go (1979; dt. Der weite Weg zu zweit); Trust me (1987; dt. Spring doch!); The afterlife and other stories (1995; dt. Der Mann, der ins Sopranfach wechselte). – *Essays:* Hugging the shore (1983; dt. Amerikaner u. a. Menschen); Just looking (1989); Odd jobs. Essays and criticism (1991; dt. Vermischtes. Essays). – *Autobiographisches:* Self-consciousness (1989; dt. Selbst-Bewußtsein). – *Lyrik:* Seventy poems (1972); Jester's dozen (1984); Facing nature (1985).

Ausgaben: Collected poems 1953–1993 (Neuausg. 1995). – Glücklicher war ich nie (1966); Ges. Erzn., übers. v. M. CARLSSON u. a. (1971); Gedichte (1986); Der verwaiste Swimmingpool: Erzn. (1987).

J. U. A collection of critical essays, hg. v. D. THORBURN u. a. (Englewood Cliffs, N. J., 1979); R. DETWEILER: J. U. (Neuausg. Boston, Mass., 1984); J. U., hg. v. H. BLOOM (New York 1987); J. NEWMAN: J. U. (ebd. 1988); R. M. LUSCHER: J. U. A study of the short fiction (ebd. 1993); Conversations with J. U., hg. v. J. PLATH (Jackson, Miss., 1994); N. KOCH: ›An organized mass of images moving forward‹. Motive u. Motivstrukturen im Romanwerk von J. U. (1995).

Upemba, tekton. Grabenzone in Zentralshaba, Demokrat. Rep. Kongo, 550 m ü. M., zw. den Hakanssonbergen (1 200 m ü. M.) im W sowie dem Plateau von Biano und den Kibarabergen (1 700 m ü. M.) im O, vom Lualaba durchflossen. Das Gebiet hat zahlr. Seen (größter ist der **U.-See**, etwa 500 km²) mit Papyrusinseln und Papyrussümpfen. Der östl. Teil gehört zum **U.-Nationalpark** (1938 gegr., 5 000 km², mit Wasservögeln, Krokodilen, Nilpferden, Savannentieren), der auch Teile der Kibaraberge umfasst. In der Grabensohle liegt an Straße und Bahnlinie Lubumbashi–Ilebo (am Kasai) und am Beginn der Lualaba-Schifffahrt der Handelsort Bukama.

Uperisation [Kw. für Ultrapasteurisation] *die, -/-en,* →Ultrahocherhitzung.

UPI [ju:pi:ˈaɪ], Abk. für **United Press International** [juːˈnaɪtɪd pres ɪntəˈnæʃnl], Nachrichtenagentur mit Sitz in New York; entstand 1958 durch Fusion von United Press Association (gegr. 1907) und International News Service (INS, gegr. 1909 als American News Service, INS seit 1928). UPI verbreitet Wort-, Bild- und Filmmaterial für Presse und Rundfunk. Aus dem dt.-sprachigen Dienst von UPI ging 1971 die Dt. Depeschen Dienst AG (ddp) hervor (→ddp/ADN).

Upington [ˈʌpɪŋtən], Stadt in der Prov. Nord-Kap, Rep. Südafrika, 805 m ü. M., am Oranje, 55 300 Ew.; Verarbeitung landwirtschaftl. Erzeugnisse. Das aride Gebiet der Kalahari, das der Oranje hier als Fremdlingsfluss durchzieht, wurde durch intensive Bewässerung zu einem ertragreichen Landwirtschaftsgebiet, auf dem v. a. Reben (für Wein und Sultaninen), ferner Datteln, Baumwolle, Luzerne, Weizen, Mais, Zitrusfrüchte u. a. angebaut werden. U. ist auch ein Zentrum für Karakulschafzucht.

Upīts, Andrejs, lett. Schriftsteller, *Römerhof (Livland) 4. 12. 1877, †Riga 17. 11. 1970; bedeutendster Vertreter des literar. Realismus in Lettland; behandelte in zahlreichen um histor. Objektivität bemühten Romanen und Erzählungen das Schicksal der lett. Bauern und Arbeiter im Konflikt mit dem dt.-balt. Adel und Bürgertum.

Werke: *Romane:* Sievietē (1910); Renegāti (1915/16); Laikmetu griežos, 4 Tle. (1937–40). – *Erzählungen:* Darbo laikā (1915); Kailā dzīvība (1926).

Ausgabe: Kopoti raksti, 22 Bde. (1946–54).

Upland, das →Waldecker Upland.

UPN, Abk. für **umgekehrte polnische Notation, Postfixnotation,** *Informatik:* eine →Notation für Formeln, in der bei binären Verknüpfungen der Operator (z. B. j) nicht zw. die beiden Operanden (z. B. *A* und *B*) wie bei der Infixnotation (*A* j *B*), sondern nachgestellt wird (*AB*j). Die UPN hat wie die Präfixnotation (→polnische Notation), bei der Operator vorangestellt wird, den Vorteil der Eindeutigkeit; sie benötigt keine

Uppsala 1): Blick auf die Stadt, in der Bildmitte der doppeltürmige Dom (um 1287–1435)

Klammern und kommt folglich mit weniger Zeichen aus. Sie wird i. d. R. verwendet, wenn Ausdrücke mithilfe eines →Kellers ausgewertet werden, und tritt daher bei vielen Übersetzungsvorgängen auf.

Upolu [uːˈpəʊluː, engl.], die zweitgrößte der Samoainseln (→Westsamoa).

Uppdal, Kristofer Oliver, norweg. Schriftsteller, *Beitstad (Prov. Nord-Trøndelag) 19. 2. 1878, †Oppdal (Prov. Sør-Trøndelag) 26. 12. 1961. Als sein Hauptwerk gilt der Romanzyklus ›Dansen gjenom skuggeheimen‹ (10 Bde., 1911–24), in dem er die Industrialisierung Norwegens und die Herausbildung der Arbeiterschaft schildert. Daneben entstanden auch Essays und Gedichte (›Kulten‹, 3 Bde., 1947).

Uppercut [ˈʌpəkʌt, engl.] *der, -s/-s, Boxen:* der Aufwärtshaken (→Haken).

Upper Mantle Project [ˈʌpə mæntl prɔˈdʒekt, engl.], internat. geowiss. Forschungsprojekt, 1961 von dem russ. Geologen W. W. BELOUSSOW initiiert, zur Untersuchung des oberen Erdmantels und Erforschung der Ursachen der tekton. und magmat. Vorgänge mittels seism. u. a. geophysikal. Verfahren.

Uppland, histor. Prov. in Svealand, Schweden, zw. Mälarsee, unterem Dalälv und Ostsee, umfasst den Verw.-Bez. (Län) Uppsala sowie Teile der Verw.-Bez. Västmanland und Stockholm; ein flachwelliges bis ebenes, altbesiedeltes Tiefland mit fruchtbarem Ackerland auf spät- und nacheiszeitl. Tonböden, von einzelnen Moränenrücken und Osern (→Os) durchzogen. Der seit 1480 bestehende Eisenerzbergbau von Dannemora wurde 1992 eingestellt. – U. gehört seit dem frühen Hoch-MA. zum Kerngebiet des Königreichs Schweden, seine Grenzen wurden 1296 erstmals festgelegt.

Uppländisches Recht, mittelalterl. Rechtsbuch Upplands, wurde Ende des 13. Jh. auf der Basis der bis dahin mündl. uppländ. Rechtsüberlieferung erstmalig in der schwed. Rechtsgeschichte durch einen vom König eingesetzten Ausschuss redigiert. Es trat 1296 in Kraft und war – neben dem →Ostgötenrecht – Vorbild für die übrigen Landschaftsrechte Svealands sowie für das erste schwed. Reichsrecht von 1350.

Ausgaben: Samling af Sweriges gamla lagar, hg. v. H. S. COLLIN u. a., Bd. 3 (1834). – Germanenrechte, hg. v. K. A. ECKHARDT, Bd. 7 (1935).

Uppsala, 1) Hauptstadt des Verw.-Bez. (Län) Uppsala, Mittelschweden, zu beiden Seiten des bis hierher schiffbaren Flüsschens Fyriså, 183 500 Ew.; Sitz des Erzbischofs der Ev.-Luther. Kirche von Schweden;

Uppsala 1)
Stadtwappen

älteste Univ. N-Europas (gegr. 1477, wieder gegr. 1593 als prot. Univ.) mit der größten Bibliothek Schwedens, Münzkabinett und Kunstsammlung; Landwirtschafts-Univ. (gegr. 1977), Forschungsinstitute (u. a. Afrikainstitut), Linné-Museum und -Garten, Upplandmuseum, Museum für nord. Altertümer; Druck-, pharmazeut. und Nahrungsmittelindustrie. – Das Stadtbild wird von dem doppeltürmigen Dom (um 1287–1435, 1885–93 durchgreifend restauriert) bestimmt; die Kapellen des Chors und Chorumgangs wurden später zu Grabkapellen umgewandelt (u. a. Grabchor des Königs GUSTAV I. ERIKSSON WASA, um 1576; Grabkapelle der Familie Oxenstierna); die Barockkanzel (1706–09) wurde nach einem Entwurf N. TESSINS D. J. angefertigt. Gegenüber dem Dom das Gustavianum (1623), das ehem. Hauptgebäude der Univ. mit Theatrum anatomicum (anatom. Vorlesungssaal); dahinter das neue Univ.-Gebäude im Neurenaissancestil (1878–87). Auf einer Anhöhe liegt das Schloss, 1549 unter GUSTAV WASA begonnen, nach dem Stadtbrand von 1702 nach Plänen C. HÅRLEMANS wieder aufgebaut. – Mit der Verlegung (1273) des Erzbischofssitzes von →Altuppsala nach dem im 12. Jh. entstandenen, südlicher gelegenen Handelsplatz **Östra Aros** übernahm diese Ortschaft den Namen U. Sie erhielt 1314 Stadtrecht und war von der Mitte des 16. Jh. bis ins 17. Jh. die Residenzstadt der schwed. Könige. Die 1643 regelmäßig ausgebaute Stadt wurde 1702 bei einem Brand größtenteils zerstört.

2) Verw.-Bez. (Län) in Schweden, 6989 km², 288 500 Ew.; umfasst den mittleren Teil von →Uppland; größte Städte sind Uppsala und Enköping.

Ur: Luftaufnahme des ausgegrabenen Stadtgebiets; links oben die Zikkurat, in der Mitte Palast und Friedhof der 3. Dynastie, rechts unten Wohnviertel

Upquark [ˈʌpkwɔːk, engl.], physikal. Symbol **u**, *Elementarteilchenphysik:* →Quarks.

Upstalsboom, bronzezeitl. Grabhügel bei Aurich, Ostfriesland, im 12. (?), 13. und 14. Jh. Tagungsort der (im U.-Verband, der ein eigenes Siegel führte) zusammengeschlossenen fries. Länder, Symbol der ›Fries. Freiheit‹. Hier wurden wichtige Verträge geschlossen und 1323 umfassende Rechtssatzungen (Leges Upstalsbomicae) verkündet. Die letzte Versammlung ist für 1327 bezeugt; zur Erinnerung wurde 1833 von den ostfries. Ständen eine Steinpyramide errichtet. In neuerer Zeit wurde als Ausdruck engerer Beziehungen zw. dem niederländ. Westfriesland, dem niedersächs. Ostfriesland und dem schleswig-holstein. Nordfriesland die U.-Tradition erneuert.

up to date [ˈʌp tə ˈdeɪt, engl.], *bildungssprachlich* für: auf dem neuesten Stand, zeitgemäß.

UPU [yːpeˈyː], Abk. für frz. **Union Postale Universelle** [ynˈjɔ̃ pɔsˈtal ynivɛrˈsɛl], der →Weltpostverein.

Upuaut [ägypt. ›Öffner der Wege‹], ägypt. Gott in Gestalt eines schwarzen Schakals oder Wolfs. Meist auf eine Standarte gestellt, zog er dem König voraus und bahnte ihm den Weg. Sein wichtigster Kultort lag im heutigen Assiut, dessen griech. Name Lykonpolis auf die Wolfsgestalt verweist. In Abydos führte U. die Prozession beim großen Osirisfest an und wurde als ›Herr der Nekropole‹ zum Totengott.

Upupidae [lat. upupa ›Wiedehopf‹], die →Wiedehopfe.

ur..., Wortbildungselement, →uro...

Ur, der →Auerochse.

Ur, sumer. Stadt in S-Mesopotamien, 150 km westlich von Basra, Irak; heute der Ruinenhügel **Tell Mukajir;** v. a. von C. L. WOOLLEY 1922–34 ausgegraben. Schon in der Obeidzeit (→Tell Obeid) besiedelt, erlebte Ur eine kulturelle Blütezeit unter der 1. Dynastie von Ur (um 2400 v. Chr.). Davon zeugen Schachtgräber des ›Königsfriedhofs‹ mit kostbaren Beigaben, bes. kunstvolle Metall- und Edelsteinarbeiten (Instrumente mit Tierfiguren, BILDER →Goldschmiedekunst, →sumerische Kunst; Kopf- und Halsschmuck; kult. und Herrschaftsinsignien, z. B. goldener Helm und Goldgefäße) sowie Einlegearbeiten (so genannte →Ur-Standarte, BILD →Rad) in den Königsgräbern und Gefolgschaftsbestattungen. Unter der 3. Dynastie von Ur (um 2047–1940 v. Chr.) erlebte die Stadt einen weiteren kulturellen Aufschwung mit bedeutender Bautätigkeit; es entstand über Vorläuferbauten die Zikkurat für den Mondgott Nanna, den Stadtgott von Ur, die im 6. Jh. v. Chr. von NEBUKADNEZAR II. und NABONID erneuert wurde und der besterhaltene Tempelturm Mesopotamiens ist (restauriert). Südlich der Zikkurat sind Reste weiterer Baukomplexe freigelegt (Tempelhof [mit oberird. Gebäude] und -bereich des Nanna und seiner Gemahlin Ningal, Gerichtsbau, Schatzhaus, Palast und Friedhof der 3. Dynastie). Nach 1. Mos. 1, 28, 31 war Ur (›Ur in Chaldäa‹) die Heimat ABRAHAMS. Der Platz blieb bis in achaimenid. Zeit besiedelt.

E. STROMMENGER u. M. HIRMER: Ur (1964); H. J. NISSEN: Zur Datierung des Königsfriedhofs von Ur (1966).

Urabá, Golf von U., Bucht des Karib. Meeres, Teil des Golfs von →Darién.

Urabi Pascha, Ahmed, ägypt. Politiker, →Arabi Pascha, Achmed.

Ur|abstimmung, geheime Abstimmung von Mitgl. einer Gewerkschaft über einen geplanten Streik. Nach den Richtlinien des Dt. Gewerkschaftsbunds, von denen die Einzelgewerkschaften aber abweichen können, müssen sich mindestens 75 % der abstimmenden Mitgl. für einen Streik aussprechen, damit dieser ausgerufen werden kann.

Urach, Bad U., Stadt und Heilbad im Landkreis Reutlingen, Bad.-Württ., 464 m ü. M., in einer Talweitung der Erms kurz vor deren Austritt an die Schwäb. Alb, 12 500 Ew.; Museen. Die Thermalmineralquelle (1970 erbohrt) wird bei Herz- und Kreislauferkrankungen, Rheuma u. a. angewendet. In der Industrie dominiert die Stahl- und Maschinenbau. – Maler. spätmittelalterl. Ortsbild; die ehem. Stiftskirche St. Amandus ist eine spätgot. netzgewölbte Pfeilerbasilika (1479–1500) mit geschnitztem Betstuhl des späteren württemberg. Herzogs EBERHARD I., IM BART (1472), Taufstein (1518), Kanzel (16. Jh.); spätgot. Fachwerkrathaus (1562), Marktbrunnen (um 1500). Im Schloss, einem 1443 begonnenen Fachwerkbau, u. a. der Goldene Saal (Dekoration um 1609). Über der Stadt das ehem. Kaufmannserholungsheim ›Haus auf der Alb‹, Beispiel des Neuen Bauens Ende der 1920er-Jahre von G. A. F. SCHNECK. Hohen-U. (12. Jh.), Stammburg der Grafen von U., wurde 1767 abgetragen, erhalten blieben der Palas (14. Jh.) und Reste der Befestigung des 16. Jh. – U., vermutlich

Bad Urach: Spätgotisches Fachwerkrathaus (1562) und Marktbrunnen (um 1500)

eine Gründung der Grafen von U., kam 1265 an Württemberg. 1316 wurde U. erstmals urkundlich als Stadt bezeugt und ist seit 1983 Bad.

Uracher Vulkan, der →Schwäbische Vulkan.

Uracher Wärme|anomalie, geotherm. Anomalie im Untergrund von Bad Urach (in 500 m Tiefe über 50 °C, in 1 000 m über 70 °C), ursächlich nicht mit dem Vulkanismus (des Schwäb. Vulkans) verknüpft, sondern wahrscheinlich mit geochem. Prozessen in den kohlenwasserstoffreichen Tonsteinen des Juras. Die U. W. wurde durch Bohrungen erforscht, eine Nutzung der Erdwärme ist bisher nicht möglich.

The Urach Geothermal Project, hg. v. R. HAENEL (Stuttgart 1982).

Urachus [griech.] *der, -/...chi,* **Harnblasen-Allanto|isgang,** ein bei den Säugetieren (einschließlich des Menschen) während der Embryonalentwicklung die Kloake mit der Allantois (→Harnhaut) verbindender Gang, der bereits bei der Geburt zu einem bindegewebigen Strang (U.-Strang) verödet und vom Scheitel der Harnblase bis zum Nabel verläuft.

Uracil [Kw.] *das, -s,* **1H, 3H-Pyrimidin-2,4-dion,** zu den Nukleinsäurebasen zählende Pyrimidinverbindung (Pyrimidinbase), die in Form ihres Ribosids **Uridin** Bestandteil der Ribonukleinsäure ist. **Uridintriphosphat** (UTP) ist eine dem Adenosintriphosphat analoge Verbindung, die anstelle des dritten Phosphatrestes ein Zuckermolekül in energiereicher Bindung aufnehmen kann; mit Glucose (in Form von Glucose-1-phosphat) bildet es **Uridindiphosphatglucose** (UDP-Glucose), die bei der Biosynthese von Glykosiden, Oligosacchariden und Glucuronsäure eine wichtige Rolle spielt.

Ur|adel, eine weder geschichtlich noch rechtlich gerechtfertigte Bez. des →Alten Adels, aufgekommen in der 2. Hälfte des 19. Jh. und im 20. Jh., aus verlagstechn. Gründen von dem Gothaischen Genealog. Taschenbüchern übernommen.

Ural, 1) *der,* paläozoisches Rumpfgebirge in Russland, südl. Ausläufer in Kasachstan, trennt die Russ. Ebene vom Westsibir. Tiefland, über 2000 km lang, 40–150 km breit, erreicht in der Narodnaja 1 895 m ü. M. Der U. zieht sich in meist zwei bis drei parallelen Ketten von der Karasee meridional nach S bis zum Fluss Ural zw. Orsk und Orenburg, sein O-Fuß gilt als geograph. Grenze zw. Europa und Asien. Nach W senkt er sich, von Vorgebirgen begleitet, allmählich in die Russ. Ebene, der Abfall nach O ist steiler, oft mit einer deutl. Stufe. Fortsetzungen des U.s sind im N das Bergland Paj-Choj (bis 467 m ü. M.) und die Gebirge von Nowaja Semlja, im S die Mugodscharberge. Aufgebaut ist der U. meist aus präkambr. Sediment- und Ergussgesteinen, jüngeren Kalk- und Sandsteinen sowie Schiefern; die reichen Bodenschätze im mittleren und südl. Teil (v. a. Eisen-, Kupfer-, Chrom-, Nickelerze, Gold, Platin, Salze, Asbest, Edelsteine, im Vorland auch Bauxit, Erdöl und Erdgas) sind zu einem großen Teil bereits abgebaut.

Von N nach S wird der U. in fünf Abschnitte gegliedert: **Polarer U.** (zw. 68° 23′ und 65° 40′ n. Br.), ein bis 1 499 m ü. M. aufsteigender schmaler Gebirgszug mit kleinen Gletschern; **Subpolarer U.,** aus isolierten, steilgratigen Massiven bestehend, die bis 1 895 m ü. M. aufragen und den höchsten Gebirgsabschnitt des U.s bilden, in der Gipfelregion mehrere kleine Gletscher; **Nördlicher U.** (zw. 64° und 59° 08′ n. Br.), bis 1 617 m ü. M., im S-Teil in mehrere parallele Bergzüge aufgelöst, denen Härtlinge aus widerständigem Gestein aufgesetzt sind; Quellgebiet der Petschora; **Mittlerer U.,** wegen seiner geringen Höhe (bis 994 m ü. M.) in histor. Zeit Übergangsgebiet der Kosaken nach Sibirien; von mehreren, nach Jekaterinburg führenden Eisenbahnlinien durchquert; **Südlicher U.** (zw. den Flüssen Ufa bei 55° 55′ n. Br. und Ural), fächerförmig in mehrere Bergzüge (im Jamantau bis 1 640 m ü. M.) bis 150 km Breite aufgespalten, senkt sich nach S auf 700–500 m ü. M. ab und ist deshalb verkehrsmäßig leicht zu überwinden. Hier liegen der Ilmen- und der Baschkir. Nationalpark (303,8 km² und 721 km²).

Das kontinentale Klima ist wegen der großen N-S-Ausdehnung uneinheitlich. Die 1–2 °C kältere O-Abdachung erhält im Jahresdurchschnitt 200–300 mm weniger Niederschläge. Die mittleren Temperaturen betragen im Juli im Polar-U. 10 °C, im Südl. U. 20 °C, im Januar entsprechend −21 °C bzw. −16 °C, bei mittleren Jahresniederschlägen bis zu 1 000 mm im N und 700 mm im S. Entsprechend der klimat. Gegebenheiten ist die Vegetation mannigfaltig. Gebirgswälder, an der W-Abdachung aus Lärche und Kiefer bestehend, herrschen vor. Nur der Polar- und Subpolare U. sind von Tundra und Waldtundra, der Südl. U. bis 500–600 m ü. M. von Steppe, die Hochlagen von Gebirgstundra bedeckt.

Bergbau und Industrie begannen sich unter Zar PETER I. zu entwickeln. Die Verhüttung der Eisenerze, v. a. für die Waffenproduktion, setzte ab 1699 ein, im großen Umfang zw. 1752 und 1762. Ende des 19. Jh. verlor mit der Einführung der Koksverhüttung im ukrain. Donez-Steinkohlenbecken die Eisenerzverhüttung im U. ihre Bedeutung, da die Steinkohle des Mittleren U. nicht verkokbar ist. Eine starke industrielle Entwicklung begann unter der Sowjetherrschaft ab 1930. Neben der Eisen schaffenden Industrie, die mit Kokskohle aus dem westsibir. Kusnezker Steinkohlenbecken (später auch Karaganda-Kohlenbecken) produziert (→Ural-Kusnezker Kombinat), entstanden Großbetriebe des Schwermaschinenbaus und der Rüstungsindustrie, der Buntmetallurgie, chem. und Baustoffindustrie. Die Bergbau- und Industriegebiete erstrecken sich über den Mittleren U.s (Zentren Jekaterinburg, Nischnij Tagil), den Südl. U. (Tscheljabinsk, Magnitogorsk, im S Orsk), den S-Teil des Nördl. U. (Serow) sowie über das westl. U.-Vorland (Perm, Ischewsk, Orenburg), wo im S im Gebiet Orenburg umfangreiche Erdgas- und Erdöllagerstätten ausgebeutet werden. Die Industriegebiete des U.s sind stark umweltgeschädigt, Nuklearunfälle in den 50er- und 60er-Jahren führten im Südl. U. in einigen Gebieten zu radioaktiver Verseuchung (→Tscheljabinsk).

Vorgeschichte und *Geschichte:* Der U. ist schon in der Würm-Kaltzeit vom Menschen aufgesucht worden. Höhlen mit Eiszeitfauna und Kulturresten der Altsteinzeit sind bes. im Mittleren und Südl. U. erforscht worden. Die →Kapowahöhle enthält altstein-

Uracil

zeitl. Malereien. Funde der Mittelsteinzeit sind von der oberen Petschora bis zum Quellgebiet des Uralflusses verbreitet. Die Kulturen der Jungsteinzeit bilden zwei größere, in das 3. Jt. v. Chr. zu datierende Formenkreise: 1) die Ob-Ural-Gruppe, 2) die Kama-Wolga-Gruppe. Kulturelle Beziehungen dieser subneolith. Jägerkulturen, die vom Baltikum bis zum Baikalsee reichen, sind durch die Pelztierjagd und die darauf beruhenden Handelsverbindungen zu erklären. Diese günstige Wirtschaftsbasis hat den U. in Verbindung mit der Metallgewinnung auch in der Bronze- und Eisenzeit zum Schnittpunkt nordeuras. Kulturströmungen gemacht (→Ananinokultur, →Sejma-Turbino-Kultur). Seit 1200 v. Chr. ist im Mittleren U. Kupfer aus lokalen Vorkommen verarbeitet worden. Die Nenzen des Nördl. U.s und die Ostjaken des Ob-Ural-Gebiets haben in ihrer Kultur viele Elemente der Vor- und Frühgeschichte bewahrt.

Die Bewohner des U.-Gebiets hatten schon in der Antike Handelsbeziehungen mit den griech. Städten am Schwarzen Meer, mit Mittelasien und Persien. Seit dem 11. Jh. dehnten Nowgoroder Kaufleute ihre Aktivitäten bis zum U. aus. Im 16. Jh. begann durch die Familie Stroganow die systemat. Nutzbarmachung der Naturschätze. Die Hüttenwerke des U.s ließen Russland im 3. Viertel des 18. Jh. zum bedeutendsten Eisenexporteur Europas werden. – Bestrebungen des Gebiets Swerdlowsk, größere (v. a. wirtschaftl.) Eigenständigkeit gegenüber der russ. Zentral-Reg. zu erreichen, äußerten sich 1993 in dem Versuch, eine ›Ural-Rep.‹ innerhalb der Russ. Föderation zu schaffen.

Istorija Urala, 2 Bde. (Moskau 1989–90).

2) *der,* bis 1775 **Jaik,** Fluss in Russland und Kasachstan, 2 428 km lang, entspringt im Südl. Ural, den er im S begrenzt, durchfließt die Kasp. Senke und mündet mit zwei Armen bei Atyrau ins Kasp. Meer; ab Uralsk bis zur Mündung schiffbar, Stauseen im Oberlauf bei Magnitogorsk und Iriklinskij (mit Wasserkraftwerk). Der U. gilt als geograph. Grenze zw. Europa und Asien.

sprache, die sich etwa um 4000 v. Chr. aufgelöst hat. Für das Gebiet dieser Grundsprache gibt es mehrere Theorien, die meist Teile des Uralgebiets einbeziehen. Die Verwandtschaft zw. den beiden Sprachgruppen wurde durch M. A. CASTRÉN dargelegt, die der u. S. mit anderen Sprachen und Sprachfamilien ist zumindest umstritten.

Die u. S. u. Literaturen, Beitrr. v. P. HAJDÚ u. a. (a. d. Ungar., 1987); The Uralic languages, hg. v. D. SINOR (Leiden 1988).

Uralit [nach dem Gebirge Ural] *der, -s/-e,* Mineral, faserige, pseudomorph nach Pyroxenen gebildete Hornblende.

Uralitisierung, im späten Stadium der Erstarrung von Magmen, durch hydrothermale Einwirkung und bei der Regionalmetamorphose eintretende Umwandlung der Pyroxene in Hornblende.

Ural-Kusnezker Kombinat, einst bedeutendstes zwischenregionales Kombinat der Sowjetunion mit je einem 1927–32 erbauten Hüttenwerk in Magnitogorsk und in Nowokusnezk: über eine Entfernung von 2 200 km wurden die Eisenerze von Magnitogorsk und die Steinkohle des Kusnezker Steinkohlenbeckens ausgetauscht und verarbeitet. Nachdem die Magnitogorsker Erzlagerstätte weitgehend erschöpft war, wurde das U.-K. K. aufgelöst, doch blieb die Bindung des Urals an die Kusnezker Kohle bestehen.

Uralsk, kasach. **Oral,** Hauptstadt des Gebietes Westkasachstan, Kasachstan, am von hier an schiffbaren Ural, 219 100 Ew.; Landwirtschafts-, pädagog. Hochschule, Museum, Theater; Maschinen-, Armaturenbau, Pelz-, Lederverarbeitung, Nahrungsmittelindustrie; Hafen, Flughafen. – U., 1613–22 als befestigtes Städtchen **Jaizkij gorodok** entstanden (seit 1775 heutiger Name), wurde 1868 zum Zentrum des Uralgebiets.

Urämie [zu griech. oûron ›Harn‹ und haîma ›Blut‹] *die, -/...'mi|en,* die →Harnvergiftung.

Uran [nach dem im gleichen Jahrzehnt entdeckten Planeten Uranus] *das, -s,* chem. Symbol **U,** ein →chemisches Element aus der Reihe der →Actinoide im Periodensystem der chem. Elemente. U. ist ein radioaktives, an frischen Oberflächen silberglänzendes, mäßig hartes Schwermetall; es ist an der Luft bei normaler Temperatur beständig, überzieht sich jedoch sehr schnell mit einer dunklen Oxidschicht. In fein gepulvertem Zustand ist U. pyrophor. Beim Erhitzen verbrennt U. unter Bildung von Triuranoctoxid, U_3O_8. In Säuren löst es sich rasch unter Bildung von Salzen, durch (verdünnte) Alkalien wird es kaum angegriffen. U. und seine Verbindungen sind sowohl vom chem. als auch vom radiolog. Standpunkt aus gesehen sehr giftig. – Natürlich vorkommendes U. besteht aus den Isotopen ^{238}U, ^{235}U und ^{234}U, von denen ^{238}U und ^{235}U Ausgangsglieder zweier natürl. Zerfallsreihen, der U.-Radium- und der U.-Actinium-Reihe, sind (→Radioaktivität, ÜBERSICHT).

Vorkommen: U. steht in der Häufigkeit der chem. Elemente an 54. Stelle und gehört damit nicht zu den seltenen Elementen. Es ist in zahlr. Mineralen enthalten, die v. a. in sauren silikat. Gesteinen (bes. Granit) sowie in Sedimentgesteinen auftreten; daneben kann U. auch in Golderzen, in Braunkohlen und Ölschiefern enthalten sein. Das für die U.-Gewinnung wichtigste Mineral ist das →Uranpecherz; weitere wirtschaftlich bedeutende U.-Minerale sind →Carnotit, →Torbernit und sonstige →Uranglimmer. Der Gehalt an U.-Mineralen in den Gesteinen ist i. Allg. sehr gering und liegt meist zw. 0,1 und 5 %; nur bei hochwertigen Vorkommen von Uranpecherz erreicht er Werte von 50 % und darüber. Vielfach gelten U.-Vorkommen mit weniger als 0,1 % U.-Gehalt noch als abbauwürdig, v. a. dann, wenn das U., wie bei Golderzen, einigen Phosphatvorkommen oder Ölschiefern, als Nebenprodukt gewonnen werden kann. – Die größten U.-Vor-

---

Uran

chem. Symbol:		
U	Ordnungszahl	92
	relative Atommasse	238,0289
	Häufigkeit in der Erdrinde	$2,9 \cdot 10^{-4}$ %
	natürliche Isotope (mit Anteil in %)	^{234}U (0,0055), ^{235}U (0,720), ^{238}U (99,2745)
	insgesamt bekannte Isotope (alle radioaktiv)	^{222}U, ^{225}U bis ^{240}U, ^{242}U
	längste Halbwertszeiten	
	(^{238}U)	$4,46 \cdot 10^9$ Jahre
	(^{235}U)	$7,04 \cdot 10^8$ Jahre
	(^{236}U)	$2,34 \cdot 10^7$ Jahre
	(^{234}U)	$2,45 \cdot 10^5$ Jahre
	(^{233}U)	$1,59 \cdot 10^5$ Jahre
	Dichte (bei 25 °C)	$19,05 \pm 0,02$ g/cm³
	Schmelzpunkt	1135 °C
	Siedepunkt	4131 °C
	spezifische Wärmekapazität (bei 25 °C)	0,116 J/(g · K)
	elektrische Leitfähigkeit	$3,33 \cdot 10^6$ S/m
	Wärmeleitfähigkeit (bei 27 °C)	27,6 W/(m · K)

---

ural|altaische Sprachen, Sammel-Bez. für →uralische Sprachen und →altaische Sprachen.

Uraliden, *Geologie:* das varisk., v. a. im Perm gefaltete Gebirgssystem des Urals, am O-Rand der Russ. Tafel, mit Fortsetzung bis Nowaja Semlja und (im Untergrund) bis zum Kasp. Meer. Nach Abtragung zur Rumpffläche wurde der Ural im Jungtertiär erneut schollenweise gehoben.

uralische Sprachen, Sprachfamilie, die die →finnougrischen Sprachen und die Gruppe der samojed. Sprachen umfasst; ihre genet. Verwandtschaft zeigt sich in histor. Lautlehre und darauf beruhenden Etymologien, Morphologie und Syntax. Die u. S. entstammen nach vorherrschender Meinung einer Grund-

kommen befinden sich in den USA (Colorado), in Kanada (Ontario), Schweden, Australien, der Rep. Südafrika, Niger, Namibia, Brasilien, Frankreich, Gabun; in Dtl. gibt es nur geringe Vorkommen (u. a. in Thüringen, Sachsen und im S-Schwarzwald); der U.-Bergbau in der ehem. DDR (v. a. im Ronneburger Erzfeld und im Erzgebirge) wurde 1991 eingestellt.

Bei der *Gewinnung* von U. werden die Erze nach Aufbereitung und Zerkleinerung meist zunächst mit verdünnter Schwefelsäure oder mit Sodalösung ausgelaugt. Aus den dabei erhaltenen Lösungen werden durch Ionenaustausch oder durch Extraktion mit speziellen Lösungsmitteln (u. a. alkylierten Phosphorsäuren, höheren aliphat. Aminen) Konzentrate von Uranylsulfat, UO_2SO_4, bzw. eines Tricarbonatodioxouranat-Komplexes, $Na_4[UO_2(CO_3)_3]$, gewonnen. Aus den Lösungen wird das U. durch Zugabe von Basen in Form von (schwer lösl.) Uranaten ausgefällt (nach deren gelber Farbe als →Yellow Cake bezeichnet), die anschließend abfiltriert und getrocknet werden. Das so gewonnene U.-Konzentrat ist jedoch für die direkte Weiterverarbeitung zu unrein; es wird deshalb nochmals in Salpetersäure gelöst, wobei sich Uranylnitrat, $UO_2(NO_3)_2$, bildet, das durch Extraktion (meist mit Tri-n-butylphosphat in Kohlenwasserstoffen) isoliert wird. Auf mehreren Wegen, z. B. durch Eindampfen und Hitze. Zersetzung (Glühen), wird anschließend das Uranylnitrat in U.-Trioxid, UO_3, überführt, das (meist mit Wasserstoff) zum U.-Dioxid, UO_2, reduziert und dann durch Reaktion mit Fluorwasserstoff zu U.-Tetrafluorid, UF_4, umgesetzt wird. Aus diesem erhält man durch Reduktion mit Calcium oder Magnesium das metall. U. Für die Verfahren der U.-Anreicherung wird das U.-Tetrafluorid mit Fluor zu (leicht flüchtigem) U.-Hexafluorid, UF_6, umgesetzt.

Verwendung findet v. a. ^{235}U-angereichertes U. (→Urananreicherung), meist in Form von U.-Dioxid, in erster Linie als →Kernbrennstoff (auch als Brutstoff, →Brüten) sowie zur Herstellung von →Kernwaffen. Das bei der ^{235}U-Gewinnung zurückbleibende ^{238}U (›abgereichertes U.‹) wird wegen seiner hohen Dichte u. a. als Strahlenschutzmaterial, als Werkstoff in der Luftfahrttechnik (Trimmgewichte) sowie zur Panzerung verwendet; daneben wird es auch einigen Stahlsorten und Katalysatoren zugesetzt. Natürl. U. hat nur geringe Bedeutung; einige U.-Salze wurden früher in der Glasfärberei und in der Porzellanmalerei verwendet (in Dtl. heute verboten); in der Fotografie dienten U.-Salze zur Herstellung von Tönungsbädern.

U. wurde 1789 von M. H. KLAPROTH im Uranpecherz entdeckt und 1841 von dem frz. Chemiker E. M. PÉLIGOT (* 1811, † 1890) zum ersten Mal als Metall isoliert.

Wirtschaft: Die von 1940 bis zur ersten Erdölkrise 1973–74 wesentlich durch die militär. Nachfrage bestimmte U.-Produktion erreichte 1959 mit weltweit 34 000 t einen ersten Höhepunkt. Die durch die Verwendung für Kernkraftwerke geprägte zivile Verwendung von U. stieg bis 1980 an, stieß im Zusammenhang mit der Kontroverse um die Kernenergie aber auf zunehmende Ablehnung. 1980 wurden in der damaligen ›westl. Welt‹ 44 200 t U. gefördert. Seitdem ist der U.-Markt durch einen Angebotsüberhang mit tendenziell sinkenden Preisen gekennzeichnet: Entsprechend sank die Produktion von 61 073 t im Jahr 1987 auf 34 326 t im Jahr 1992. 1996 wurden weltweit 35 229 t U. produziert. Die größten Produzenten und Anbieter auf den freien Märkten sind (1996) Kanada (11 448 t), Australien (4 945 t), Niger (3 320 t), Namibia (2 453 t), die USA (2 423 t) und Usbekistan (2 000 t). Die U.-Förderung in der DDR durch die SDAG Wismut (gegr. 1947 als sowjet. Aktiengesellschaft; →Wismut AG), die von 1947 bis 1990 mehr als 200 000 t U.-Erz förderte und verarbeitete, belief sich 1989 auf 3 800 t, sank aber im Zuge der Wiedervereinigung Dtl.s und wurde 1990 eingestellt. Mit dem Zusammenbruch des Ostblocks traten neue Anbieter (z. B. Russland u. a. Nachfolgestaaten der UdSSR und China) auf. Zu den ohnehin derzeit existenten größeren Lagern wird zunehmend U. durch Abrüstung aus dem militär. Sektor frei.

F. KIRCHHEIMER: Das U. u. seine Gesch. (1963); S. J. WARNECKE: Welturanreserven u. energiewirtschaftl. Sicherheit (a. d. Engl., 1980); F. BARTHEL u. a.: Kernenergierohstoffe, in: Angewandte Geowiss.en, hg. v. F. BENDER, Bd. 4 (1986); Strahlende Geschäfte. Der Tanz auf dem Welturanmarkt, hg. v. T. SIEPELMEYER (1988); R. GATZWEILER u. K.-E. KEGEL: Der Energierohstoff U., in: Die Geowiss.en, Jg. 7 (1989); ›Strahlende Vergangenheit‹. Studien zur Gesch. des U.-Bergbaus der Wismut, hg. v. R. KARLSCH u. H. SCHRÖTER (1996).

Uran-Actinium-Reihe, eine radioaktive Zerfallsreihe (→Radioaktivität, ÜBERSICHT).

Uran|anreicherung, *Kerntechnik:* die Anreicherung des Uranisotops ^{235}U in Spaltmaterial auf einen für die Verwendung in Kernreaktoren oder Kernwaffen erforderl. Anteil. Der notwendige Anreicherungsgrad an ^{235}U beträgt für die heute überwiegend gebauten Leichtwasserreaktoren etwa 3%, für Waffenuran etwa 60%. Zur U. stehen versch. Verfahren der →Isotopentrennung zur Verfügung, die zur Erzielung des gewünschten Anreicherungsgrades in vielen Trennstufen oder Trennelementen kaskadenartig hintereinander geschaltet werden müssen. Bei den drei bisher angewendeten Verfahren der U. erfolgt die Isotopentrennung in der Gasphase, wobei der geringfügige Massenunterschied der Isotope ^{235}U und ^{238}U ausgenutzt wird. Dazu wird das Natururan zunächst in Uranhexafluorid (UF_6) überführt, das zu den wenigen Uranverbindungen gehört, deren Dampfdruck bei Raumtemperatur hinreichend hoch für einen in der Gasphase ablaufenden physikal. Prozess ist. Außerdem ist Fluor ein anisotopes Element, sodass allein die Uranisotope den Trennvorgang bestimmen. Das Endprodukt wird i. Allg. zu dem als Kernbrennstoff geeigneten Urandioxid, UO_2, weiterverarbeitet. Wichtige Größen für die Auswahl der Anreicherungsverfahren sind neben den techn. Eigenschaften der U.-Anlage der Trennfaktor (Verhältnis der Konzentration von ^{235}U im angereicherten Produkt am Ausgang und der Konzentration am Eingang der Trennstufe), die Trennleistung (in kg U/Jahr), der Urandurchsatz (verarbeitete Menge pro Zeiteinheit) und der Energieverbrauch.

Heute wird der Bedarf an Reaktoruran überwiegend mit Gasdiffusionsanlagen gedeckt (rd. 90%). Ein Nachteil des zugrunde liegenden Diffusionsstromverfahrens ist der geringe Trennfaktor von höchstens 1,004 (theoret. Grenze 1,0043), sodass zur Anreicherung von Natururan auf einen ^{235}U-Gehalt von 3% etwa 1 200 Trennstufen benötigt werden, was sich in hohen Investitions- und Energiekosten niederschlägt. Die U. mittels →Gaszentrifugen ist das zweite großtechnisch eingesetzte Verfahren. Der Trennfaktor von 1,2 bis 1,5 (theoretisch bis 1,6) erlaubt eine ^{235}U-Anreicherung auf 3% mit 10 bis 20 Trennstufen bei erheblich geringerem Energieaufwand als bei der Gasdiffusion. Nachteilig ist jedoch der geringe Durchsatz (nur etwa 100 mg UF_6/s), der die Parallelschaltung vieler Zentrifugen innerhalb einer einzelnen Stufe erforderlich macht. Während die Gasdiffusion bei Anlagen größerer Kapazität wirtschaftlich arbeitet, können Gaszentrifugenanlagen auch bei kleinerer Kapazität effizient betrieben werden. Ein weiteres Verfahren ist das Trenndüsenverfahren, das mit 1,02 einen wesentlich günstigeren Trennfaktor als die Diffusion hat und damit erheblich weniger in Reihe geschaltete Trennstufen erfordert. Die Produktionskapazität ist dabei ausreichend, um auf eine Parallelschaltung mehrerer

Uran Uranate–Uranpecherz

Einheiten in einer Stufe verzichten zu können. Neuere Entwicklungen sind U.-Methoden mithilfe der Laser-Isotopentrennung, die sich durch einen hohen Trennfaktor auszeichnen, aber eine noch zu niedrige Trennleistung besitzen.

Uranate, →Uranverbindungen.

Uranblei, Zeichen **RaG,** ältere Bez. für das Bleiisotop ^{206}Pb, das stabile Endprodukt der Uran-Radium-Zerfallsreihe (→Radioaktivität, ÜBERSICHT).

Uran-Blei-Methode, auf dem radioaktiven Zerfall des Urans (U) zu dem stabilen Endprodukt Blei (Pb) beruhende Methode der →Altersbestimmung, v. a. von Mineralen und Meteoriten. Die radioaktiven Nuklide ^{235}U und ^{238}U stehen am Anfang je einer Zerfallsreihe (Uran-Actinium-, Uran-Radium-Reihe) mit den stabilen Bleiisotopen ^{207}Pb und ^{206}Pb am Ende (→Radioaktivität, ÜBERSICHT). Bei der U.-B.-M. wird ähnlich verfahren wie bei der Rhenium-Osmium- und der Rubidium-Strontium-Methode, d. h., es wird von einer Beziehung zw. den relativen Mengen des jeweiligen Ausgangs- und Endnuklids, z. B. ^{238}U und ^{206}Pb, in der zu datierenden Probe ausgegangen. Dabei werden deren Mengen auf diejenige Menge des natürl. stabilen Bleiisotops ^{204}Pb bezogen, das nicht am Ende einer Zerfallsreihe steht und dessen Menge daher in einer gegen Bleitransport abgeschlossenen Probe konstant ist. Aus diesen gemessenen Verhältnissen unter Berücksichtigung der schon bei der Bildung der Probe vorhandenen Menge der Endnuklide (ebenfalls bezogen auf ^{204}Pb) lässt sich mit der bekannten Halbwertszeit der radioaktiven Ausgangsnuklide das Probenalter berechnen.

Als radioaktives Ausgangsnuklid wird statt der Uranisotope auch das Thoriumisotop ^{232}Th verwendet, das in das stabile Bleiisotop ^{208}Pb übergeht **(Thorium-Blei-Methode);** zusammenfassend werden beide Datierungsmethoden auch als »Bleimethoden oder **U,Th-Pb-Methode** bezeichnet.

Die einfachen Beziehungen zw. den relativen Nuklidmengen können trotz der vielen Zwischenstufen in den Zerfallsreihen verwendet werden, weil die Halbwertszeiten der Ausgangsnuklide sehr viel größer sind als die der jeweiligen Tochternuklide, sodass nach der Einstellung des Zerfallsgleichgewichts die Zerfallsrate der Ausgangsnuklide jederzeit so groß ist wie die Bildungsrate der zugehörigen Bleiisotope.

Uranblüte, das Mineral →Zippeit.

Uran|glimmer, eine große Gruppe uranylhaltiger Minerale mit der Baugruppe $(UO_2)^{2+}$ und glimmerähnl. Schichtstrukturen. Man unterscheidet: 1) die **eigentlichen U.,** wasserhaltige Uranyl-Doppelphosphate und -arsenate, tetragonal oder pseudotetragonal; dazu gehören v. a. →Torbernit, **Autunit, Kalkuranglimmer;** gelbgrün, $Ca[UO_2|PO_4]_2 \cdot 8–12\,H_2O)$, **Saléeit** (zitronengelb, $Mg[UO_2|PO_4]_2 \cdot 10–12\,H_2O)$, **Trögerit** (gelb bis grün, $H_2[UO_2|AsO_4]_2 \cdot 8\,H_2O)$, **Uranocircit** (gelbgrün, $Ba[UO_2|PO_4]_2 \cdot 8\,H_2O)$, **Uranospinit** (gelbgrün, $Ca[UO_2|AsO_4]_2 \cdot 12\,H_2O)$, **Zeunerit** (gelb bis grün, $Cu[UO_2|AsO_4]_2 \cdot 8–12\,H_2O)$; 2) die **Phosphuranylit-Gruppe,** unter anderem mit **Phosphuranylit** (rhombisch, zitronengelb, $Ca[(UO_2)_4(OH)_4(PO_4)_2] \cdot 8\,H_2O)$, **Sengierit** (monklin, olivgrün bis graugelb, $Cu[UO_2|OH|VO_4] \cdot 3\,H_2O)$, **Parsonsit** (triklin, zitronengelb bis bläulich grün, $Pb_2[UO_2|(PO_4)_2] \cdot 2\,H_2O)$; 3) die **Carnotit-Tujamunit-Gruppe** mit zahlr. Uranyl-Vanadaten, u. a. →Carnotit, →Tujamunit, **Francevillit** (rhombisch, gelb, $(Ba,\,Pb)[(UO_2)_2|(VO_4)_2] \cdot 5\,H_2O)$, **Vanuranylit** (gelb, monklin, $(H_3O)_2[(UO_2)_2|(VO_4)_2] \cdot 4\,H_2O)$.

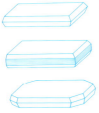

Uranglimmer: Verschiedene Kristallformen

Urania, griech. **Urania,** *griech. Mythos:* 1) eine der →Musen; 2) Beiname der Aphrodite.

Urania Berlin e.V., Deutsche Kultur-Gemeinschaft, gemeinnütziger Verein mit Sitz in Berlin; 1888 von W. VON SIEMENS u. a. als Zentrum zur Vermittlung wiss. Bildung gegründet. Diese Tradition bewusst weiterführend, bildet auch heute die Vortragstätigkeit den Schwerpunkt der Arbeit. Darüber hinaus führt die U. B. e. V. kulturelle Veranstaltungen durch (Ausstellungen, Konzerte), unterhält Berlins größtes Programmkino und ist in der Erwachsenenbildung tätig. Sie vergibt die Urania-Medaille. – In der DDR bestand seit 1966 unter dem Namen ›URANIA‹ eine Gesellschaft zur Verbreitung von Kenntnissen der Natur- und Gesellschaftswiss.en (1954 als ›Gesellschaft zur Verbreitung wiss. Kenntnisse‹ gegr.). Nach ihrer Auflösung 1990 kam es in den neuen Ländern zur Neugründung von Urania-Vereinen, die in Landesverbänden zusammengeschlossen sind.

Uraninit *der, -s/-e,* Mineral, →Uranpecherz.

Uranis, Kostas, eigtl. **Konstantinos Nearchos,** neugriech. Schriftsteller, * Leonidion (Verw.-Bez. Arkadien) 1890, †Athen 12. 7. 1953; lebte lange als Diplomat im Ausland; in seiner pessimist. Lyrik drückte er die Sehnsucht nach fremden Welten aus; er verfasste auch stilistisch faszinierende Reisebücher.
Werke (neugriech.): *Reiseberichte:* Sol y sombra (1934); Sina, der gottbetretene Berg (1944); Leuchtende Wege (1947); Reisen in Griechenland (1949). – *Lyrik:* Wie Träume (1907); Spleen (1911); Sehnsüchte (1920); Ges. Gedichte (1953). – *Monographie:* Achilleus Paráschos (1944).

Uranismus, die →Homosexualität (nach Uranos, in der griech. Mythologie Vater der ohne Mutter geborenen Göttin Aphrodite).

Uranium City [jʊəˈreɪnjəm ˈsɪti], Bergbausiedlung im NW der Prov. Saskatchewan, Kanada; nahe dem N-Ufer des Athabascasees. – Gegr. 1952 mit dem Abbau von Uranerz in der näheren Umgebung; der Bergbau wurde nach wechselnder Produktion 1982 eingestellt.

Uranocircit [zu griech. kírkos ›Falke‹, nach dem Vorkommen von Falkenstein/Vogtl.] *der, -s/-e,* ein →Uranglimmer.

Uran|ocker, das Mineral →Uranopilit.

Uranometria, Name der →Sternkarten von J. BAYER. (→Sternnamen)

Uranophan [zu Uran und griech. phanós ›hell‹, ›leuchtend‹] *der, -s/-e,* **Uranotil,** zitronen- oder schwefelgelbes, monoklines Mineral der chem. Zusammensetzung $CaH_2[(UO_2)|SiO_4)_2] \cdot 5\,H_2O$; Härte nach MOHS 2,5, Dichte 3,7–3,9 g/cm^3; kleine, prismat., nadelige Kristalle (bes. in radialstrahligen Kugeln) oder feinfaserige, büschelige, verfilzte Aggregate, v. a. als Zersetzungsprodukt von Uranpecherz.

Uranopilit [zu Uran und griech. pílos ›verfilzte Haare‹, ›Filz‹, ›Kugel‹] *der, -s/-e,* **Uran|ocker,** zitronen-, orange- oder grünlich gelbes, monoklines Mineral, $(UO_2)_6[(OH)_{10}|SO_4] \cdot 12–16\,H_2O$; Härte nach MOHS 2, Dichte 3,7–4,0 g/cm^3; Sekundärbildung, feinfaserige oder samtige Überzüge auf Uranpecherz.

Uranos [griech. ›Himmel‹], griech. **Uranós,** lat. **Uranus,** *griech. Mythos:* Sohn und Gemahl der →Gaia.

Urano|schisis [zu griech. ouranós ›Himmel(sgewölbe)‹, ›Gaumen‹ und schízein ›spalten‹] *die, -/...sen,* die →Gaumenspalte.

Uranoscopidae [griech.], *Biologie:* die →Himmelsgucker.

Uranosphärit [zu Uran und griech. sphaîra ›(Himmels)kugel‹] *der, -s/-e,* orangefarbenes bis ziegelrotes, rhombisches Mineral der chem. Zusammensetzung $[UO_2(OH)_2|BiOOH]$; Härte nach MOHS 2–3, Dichte 6,36 g/cm^3; halbkugelige Aggregate aus kleinen, spitzen Kristallen.

Uranospinit [zu Uran und griech. spínos ›Zeisig‹ (nach der Farbe)] *der, -s/-e,* ein →Uranglimmer.

Uranotil [zu Uran und griech. tílos ›Gezupftes‹, ›Fasern‹] *der, -s/-e,* das Mineral →Uranophan.

Uranpech|erz, schwarzes, auch dunkelbraunes oder grünschwärzl., stark radioaktives, kub. Mineral,

Uranglimmer: Autunit, gelbe Kristalle

Uran

das v. a. aus Urandioxid, UO_2, besteht und wechselnde Mengen an Verbindungen mit Thorium, Seltenerdmetallen, Blei, Silicium, Calcium, Eisen, Schwefel u. a. enthält. Dazu zählen die Minerale Bröggerit (thoriumreich, etwa 80% UO_2), Cleveit und Nivenit (beide etwa 65% UO_2), Brannerit (etwa 45% UO_2). Härte nach MOHS 4–6, Dichte 7,5–10,6 g/cm³. An der Luft nimmt U. Sauerstoff auf, wobei das UO_2 langsam in U_3O_8 übergeht. U. tritt meist in Form kryptokristalliner bis kolloidaler, nierig-traubiger, pechglänzender, muschelig brechender Aggregate (**Pechblende**), auch in kleinen Kugeln auf, seltener in würfeligen oder oktaedr., stark glänzenden Kristallen (**Uraninit**) oder in pulvrigen Massen (**Uranschwärze**). Pechblende entsteht bei tieferen, Uraninit bei höheren Temperaturen. Bei der Verwitterung bilden sich Uranhydroxide, -phosphate, -vanadate, -silikate, oft in enger Verbindung mit organ. Substanz (**Thucholith, Carburan, Nasturan**). U. ist der Hauptrohstoff für die Gewinnung des Urans.

Etwa 20% der Bergwerksproduktion von Uran (U_3O_8) stammen aus magmat., die übrigen aus sedimentären Lagerstätten. Die an Granit- und Syenitpegmatite gebundenen magmat. Vorkommen (mit meist gut kristallisiertem Uraninit) sind fast immer reich an Thorium und Cer, selten aber abbauwürdig. Sehr viel höhere Urangehalte (bis 4%) entstehen durch hydrothermale Lösungen (Gänge und metasomat. Körper, meist mit Pechblende), z.B. im Erzgebirge, in Sankt Joachimsthal, im Zentralmassiv (Frankreich), in Katanga (Demokrat. Rep. Kongo), Kanada (u. a. Port Radium), N-Australien. Sedimentäre Lagerstätten beruhen auf der guten Löslichkeit des Urans und seiner Wiederausscheidung (Reduktion durch Schwefelwasserstoff, Eisen u. a.) aus dem zirkulierenden Grundwasser in den Sedimenten (Pechblende und Uranschwärze). Es sind relativ arme, aber oft riesige Vorkommen; aus ihnen stammt der größte Teil der Weltproduktion, z. B. Sandsteine in Colorado (›black ores‹) und Niger oder die präkambr. Konglomerate des Witwatersrandes (Uraninit, vergesellschaftet mit Gold, gebunden an die sauerstoffarme Atmosphäre der Frühzeit) und von Elliot Lake (Kanada). Ähnl. Anreicherungen erfolgten in Zementationszonen.

Uran-Radium-Reihe, eine radioaktive Zerfallsreihe (→Radioaktivität, ÜBERSICHT).

Uranschwärze, pulvriges →Uranpecherz.

Uranus [nach Uranos], *Astronomie:* Zeichen ♅, der von der Sonne aus gezählt siebente Planet, gleichzeitig der sonnennächste der nicht schon im Altertum bekannten Planeten. Obwohl U. mit bloßem Auge gerade noch erkennbar ist, wurde er erst am 13. 3. 1781 von F. W. HERSCHEL mit einem Fernrohr entdeckt.

U. bewegt sich mit einer mittleren Geschwindigkeit von 6,84 km/s auf einer Ellipsenbahn mit einer großen Halbachse von 2883 Mio. km rechtläufig um die Sonne. Seine Entfernung von der Erde variiert zw. 2590 Mio. und 3140 Mio. km. U. gehört zu den jupiterartigen Planeten. Seine mittlere Dichte ist mit rd. 1/4 der mittleren Erddichte deutlich größer als die mittlere Dichte von Jupiter und Saturn. Er weist eine differenzielle Rotation auf: In einer planetograph. Breite von 27° beträgt die Rotationsperiode der sichtbaren Wolkenschichten 16,9 Stunden, in etwa 40° Breite 16,0 Stunden. Die Rotationsachse liegt fast in der Bahnebene; die Rotation ist rückläufig.

Von der Erde aus sind auf dem U. keine Einzelheiten zu erkennen. Nahaufnahmen von der Raumsonde Voyager 2 aus zeigten eine fast völlig einheitl., matte, grünlich getönte Wolkendecke (Albedo 0,81) mit vereinzelten Wolkenstrukturen. In der U.-Atmosphäre ist Wasserstoff der Masse nach mit rd. 85% und Helium mit rd. 15% vertreten, in geringen Mengen auch Methan und Acetylen. Die Wolken bestehen bei einer

Astronomische und physikalische Daten des Uranus
(gerundete Vielfache der entsprechenden Erdgrößen in Klammern)

Bahn	
größte Entfernung von der Sonne	$3,016 \cdot 10^9$ km (19,8)
kleinste Entfernung von der Sonne	$2,750 \cdot 10^9$ km (18,7)
Umfang der Bahn	$18 \cdot 10^9$ km (19,1)
numerische Exzentrizität	0,0462 (2,85)
Bahnneigung gegen die Ekliptik	0° 46'
siderische Umlaufzeit	83,75 a
synodische Umlaufzeit	369,6 d
Planet	
Äquatorradius	$a = 25560$ km (4,01)
Polradius	$b = 24998$ km (3,93)
Abplattung	$f = (a-b)/a = 0,022$ (6,4/)
Masse	$8,662 \cdot 10^{25}$ kg (14,4)
mittlere Dichte	1,30 g/cm³ (0,24)
Schwerebeschleunigung an der Oberfläche	8,82 m/s² (0,90)
Entweichgeschwindigkeit	21,3 km/s (1,90)
Rotationsperiode	16 h 50 min
Äquatorneigung gegen Bahnebene	98°
scheinbarer Winkeldurchmesser	maximal 4,6"
scheinbare Helligkeit	maximal 5ᵐ,5

Temperatur von etwa −190 °C wahrscheinlich aus Methaneiskristallen, die rd. 40 km höher liegenden Nebelschwaden, deren Temperatur etwa −220 °C beträgt, möglicherweise aus Acetylen- und Ethandunst. In der Wolkenschicht herrschen starke, in Rotationsrichtung wehende Winde mit Geschwindigkeiten bis zu 200 m/s. – Das *Magnetfeld* des U. ist an der Wolkenobergrenze mit etwa $2,5 \cdot 10^{-5}$ Tesla nahezu so stark wie das Erdfeld an der Erdoberfläche. Die Neigung der Feldachse gegen die Rotationsachse übertrifft mit etwa 60° erheblich diejenige der anderen Planeten. Das Magnetfeld ist an das U.-Innere gekoppelt und wird bei dessen Rotation (Periode 17,24 Stunden) mitgeschleppt. Die Grenze der U.-Magnetosphäre befindet sich auf der der Sonne zugewandten Seite bei mindestens 10 U.-Radien, in der Gegenrichtung in wesentlich größeren Entfernungen. – Der *innere Aufbau* des U. ist weitgehend unbekannt. Möglicherweise ist ein Gesteinskern von etwa 4 Erdmassen von einer flüssigen, elektrisch leitfähigen Schicht aus Wasser, Ammoniak und Methan umgeben, die sich vielleicht zw. etwa 0,3 und 0,7 U.-Radien erstreckt. An der Obergrenze existiert wahrscheinlich ein abrupter Übergang zur hauptsächlich aus Wasserstoff und Helium bestehenden Außenschicht. Möglicherweise sind die Temperatur- und Dichteverhältnisse des Planeten so, dass keine klare Phasengrenze zw. Flüssigkeit und Gas, damit keine wohl definierte,

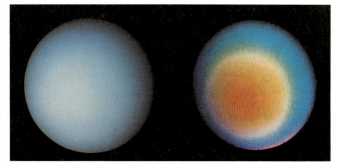

Uranus aus einer Entfernung von 9,1 Mio. km; das linke Bild zeigt den Planeten so, wie er dem menschlichen Auge erscheinen würde, das rechte ist eine Falschfarbendarstellung zur Hervorhebung atmosphärischer Besonderheiten; beide Bilder sind Montagen von Aufnahmen in verschiedenen Spektralbereichen durch die Raumsonde Voyager 2 am 17. 1. 1986

das U.-Innere von seiner Atmosphäre trennende Oberfläche existiert.

Der U. besitzt 10 schmale *Ringe,* von denen 9 von der Erde aus beobachtbar sind. Der 10. Ring wurde erst bei Nahaufnahmen durch die Raumsonde Voyager 2 entdeckt. Die U.-Ringe machen sich bei der Bedeckung von Hintergrundsternen bemerkbar und können bei Infrarotbeobachtungen auch direkt abgebildet werden. Sie haben Radien zw. 41 880 und 51 190 km und eine geringe Exzentrizität (max. 0,008). Die Ringebenen liegen fast in der Äquatorebene des Uranus. Die Ringbreite beträgt i. Allg. weniger als 3 km, nur beim äußersten variiert sie zw. etwa 20 und 100 km. Das Ringmaterial besteht vorwiegend aus relativ großen Partikeln im Zentimeter- bis Meterbereich, sehr kleine Staubteilchen der Größenordnung 0,02 mm sind über das gesamte Ringsystem verstreut. Das Ringmaterial hat eine sehr geringe Albedo, es besteht möglicherweise aus gefrorenen Kohlenstoffverbindungen mit Methan als Ausgangsmaterial.

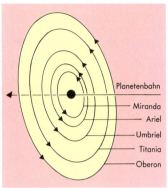

Uranus: Der Planet und die Bahnen seiner fünf größten Monde; die Bahnebenen stehen nahezu senkrecht auf der Bahnebene des Planeten; die Durchmesser von Planet und Mondbahnen sind etwa maßstabsgerecht

Satelliten (Monde) des Uranus

	Durchmesser in km	Große Bahnhalbachse in 10^3 km
Cordelia	rd. 50	49,8
Ophelia	rd. 50	53,8
Bianca	rd. 50	59,2
Cressida	rd. 60	61,8
Desdemona	rd. 60	62,7
Juliet	rd. 80	64,6
Portia	rd. 80	66,1
Rosalind	rd. 60	69,9
Belinda	rd. 60	75,3
Puck	rd. 170	86,0
Miranda	484	129,8
Ariel	1 160	191,2
Umbriel	1 190	266,0
Titania	1 600	435,8
Oberon	1 550	582,6

U. besitzt 15 *Satelliten* (›Monde‹) mit gut gesicherten Bahnelementen, davon 10 Zwergsatelliten, die erst mithilfe der Raumsonde Voyager 2 entdeckt wurden. Ihr Abstand vom U.-Mittelpunkt liegt in dem relativ schmalen Bereich von etwa 2 bis 3,5 U.-Radien. Die beiden innersten, Cordelia und Ophelia, sind wahrscheinlich ›Schäferhundsatelliten‹ für den äußersten U.-Ring. Die fünf größeren Satelliten bewegen sich weit außerhalb des Ringbereichs in schwach exzentr. Ellipsenbahnen. Es handelt sich, nach ihren mittleren Dichten zu schließen, wahrscheinlich um eisartige

Uranus: Aufnahme der Oberfläche des Uranusmonds Miranda aus einer Entfernung von 29 000 km; die bei der Bildaufzeichnung erzielte Auflösung beträgt etwa 0,5 km

Himmelskörper. Von zwei weiteren Zwergsatelliten (S/1997 U1 und S/1997 U2), die sich anscheinend auf stark exzentrischen und wahrscheinlich rückläufigen Bahnen mit mittleren Abständen von etwa 5,7 Mio. bzw. 5,8 Mio. km (entsprechend etwa 223 bzw. 226 U.-Radien) um U. bewegen, sind die Bahnelemente noch nicht sicher bekannt. Aller Wahrscheinlichkeit nach handelt es sich um irreguläre Satelliten.

Uranverbindungen. Uran kommt in seinen meist stark gefärbten Verbindungen in den Wertigkeitsstufen + 3 bis + 6 vor; alle U. sind sehr giftig.

Uran bildet mit Sauerstoff mehrere Verbindungen, unter denen drei bes. wichtig sind. Das **Urandioxid, Uran(IV)-oxid,** UO_2, eine braunschwarze, pulvrige Substanz, wird durch Reduktion von Urantrioxid mit Wasserstoff gewonnen. Es wird (in Form des mit ^{235}U-angereicherten Urandioxids) zu Presskörpern verarbeitet und als Kernbrennstoff verwendet. Die stabilste Sauerstoffverbindung des Urans ist das **Triuranoctoxid,** U_3O_8 (Mischoxid $UO_2 \cdot 2\,UO_3$), ein grünlich schwarzes Pulver; es entsteht beim Glühen von Urandioxid oder Urantrioxid an der Luft unter Sauerstoffaufnahme bzw. -abgabe und bildet sich auch beim Verbrennen von metall. Uran. Das **Urantrioxid, Uran(VI)-oxid,** UO_3, ist ein ziegelrotes Pulver, das z. B. bei der therm. Zersetzung von Uranylnitrat (→Uran) entsteht. Es löst sich in Basen unter Bildung von kräftig gelb bis grün gefärbten **Uranaten,** Salzen mit der allgemeinen Formel $M_2^I UO_4$, und in Säuren unter Bildung von gelben, gelbgrün fluoreszierenden **Uranylsalzen,** Salzen mit dem Uranylkation, $(UO_2)^{2+}$; Beispiele sind das **Uranylsulfat,** $UO_2SO_4 \cdot x\,H_2O$, das beim Auslaugen uranhaltiger Erze mit Schwefelsäure entsteht, sowie das **Uranylnitrat,** $UO_2(NO_3)_2 \cdot x\,H_2O$, das beim Auflösen von Urankonzentraten in Salpetersäure gewonnen wird.

Mit Halogenen bildet Uran mehrere Verbindungen. Technisch wichtig sind v. a. das **Urantetrafluorid, Uran(IV)-fluorid,** UF_4, eine grüne, pulvrige Substanz, die als Zwischenprodukt bei der Gewinnung von Uran hergestellt wird, sowie das **Uranhexafluorid, Uran(VI)-fluorid,** UF_6, eine farblose, kristalline, leichtflüchtige Substanz (Sublimationspunkt 56 °C), die bei der Trennung der Uranisotope Bedeutung hat.

Unter den mit Kohlenstoff gebildeten Urancarbiden sind das graue **Uranmonocarbid,** UC, und das dunkelbraune **Urandicarbid,** UC_2, zu nennen; sie werden v. a. durch Umsetzen von Uranoxiden mit Kohlenstoff bei hohen Temperaturen im Vakuum oder unter Schutzgas hergestellt und wurden früher z. T. als Kernbrennstoff verwendet.

Uran|vitriol, Johannit, smaragd- bis apfelgrünes, triklines Mineral der chem. Zusammensetzung $Cu[UO_2|OH|SO_4]_2 \cdot 6\,H_2O$; Härte nach MOHS 2–2,5; Dichte 3,32 g/cm³; stark pleochroitisch; prismat. und tafelige Kristalle, kleine kugelige, faserige Aggregate; Verwitterungsprodukt von Uranpecherz.

Uranzu, Stadt in Spanien, →Irún.

Urard Mac Coise [ˈuːraːrd mak ˈkoˈʃi], **Airard Mac Coise,** irischer Dichter, †990. Seine Burg Clartha wurde durch das Geschlecht des Eogan Mac Neil (Cenél Eogain Maic Neil) zerstört. Nach der Legende begab er sich daraufhin zum Oberkönig von Irland, dem er alle bekannten Sagen vortrug. Diese (in Handschriften des 15.–16. Jh. überlieferte) Liste B der mittelalterl. Sagenverzeichnisse findet sich in der Erzählung ›Verstandeserfindung des Urard Mac Coise‹ (Airec menman Uraird Maic Coise); sie enthält (ebenso wie die ab dem 12. Jh. überlieferte Liste A) eine Aufzählung der versch. irischen Sagentypen.

R. THURNEYSEN: Die irische Helden- u. Königsage bis zum 17. Jh. (1921, Nachdr. 1980); A. u. B. REES: Celtic heritage (Neuausg. London 1978); P. MACCANA: The learned tales of medieval Ireland (Dublin 1980).

Urare, *Toxikologie:* das →Curare.

Ur|artäer, fälschlich **Chalder** [k-], Bewohner des alten Urartu, des Gebiets um den Vansee in O-Anatolien (KARTE →Assyrien), dessen Name mit falscher Vokalisation im bibl. Berg Ararat enthalten ist; schon im 13. Jh. v.Chr. als Gegner der Assyrer gen. Das **Reich Urartu** wurde um 860 v.Chr. gegründet und von den Königen SARDUR I. (um 832 bis um 825 v.Chr.), ISCHPUINI (825 bis um 815 v.Chr.), MINUA (815 bis um 790 v.Chr.), ARGISCHTI I. (790 bis um 765 v.Chr.) und SARDUR II. (765 bis um 733 v.Chr.) über große Gebiete O-Anatoliens, W-Irans und Transkaukasiens ausgedehnt. Bedeutende Städte des Reiches waren Tuschpa (heute Van) und Rusahinili (heute Toprakkale). Das Wiedererstarken Assyriens nach 745 v.Chr. und der Kimmeriersturm um 714 v.Chr. schwächten das Reich, das aber in verkleinerter Form bis mindestens um 640 v.Chr. fortbestand.

Die Inschriften aus Urartu (9.–7. Jh. v.Chr.) sind meist in urartäischer (chaldischer), einer mit dem Hurritischen verwandten Sprache abgefasst und in assyr. Keilschrift geschrieben. Eine Hieroglyphenschrift steht der der Hethiter nahe. Das Verbreitungsgebiet reichte vom oberen Euphrat im W bis zum Sewansee im NO, zum Urmiasee im O und zum irakisch-iran. Grenzgebiet im SO. Lehnwörter aus der um 600 v.Chr. ausgestorbenen urartäischen Sprache hat das Armenische bewahrt.

I. M. DIAKONOFF: Hurrisch u. Urartäisch (a.d.Russ., 1971); G. A. MELIKIŠVILI: Die urartäische Sprache (a.d.Russ., Rom 1971); Das Reich Urartu. Ein oriental. Staat im 1. Jt. v.Chr., hg. v. V. HAAS (1986); R.-B. WARTKE: Urartu, das Reich am Ararat (1993).

ur|artäische Kunst, die Kunst des Reiches Urartu vom 9. Jh. bis Anfang des 6. Jh. v.Chr. Charakteristisch für die Region um den Vansee und Erewan sind die Reste der auf hohen Felsen gelegenen urartäischen Burgen aus exakt behauenen Steinquadern (die größten bis 6 m lang). Zu jeder gehörte einst eine befestigte Unterstadt. Die Festungen dienten auch als Fluchtburgen für die in den Tälern und an den terrassierten Hängen Landwirtschaft betreibende Bev. (Wein-, Getreide-, Ölbaumanbau, Rinderzucht). Der Fels, auf dem die Festung von Tuschpa (Van) lag, enthält Felsgräber mit mehreren Kammern, der Bewässerungskanal (8. Jh. v.Chr.) der alten Hauptstadt ist weitgehend erhalten. In den Zitadellen sind oft auch in Fels eingelassene Magazine und Zisternen erhalten. In Rusahinili (→Toprakkale) und Sardurihinili (Çavuştepe) südöstlich von Van fanden ebenso Ausgrabungen statt wie in den beiden Zitadellen im S von Erewan oder in der von Argischtihinili (heute Armawir), die das Gebiet westlich von Erewan sichern sollte.

In der Baukunst gingen die Urartäer auch in der Palast- (mit Säulenhalle) und Tempelbauweise (so genannter Susi-Tempel, quadrat. Einraumtempel) im Vergleich zu den Nachbarländern eigene Wege. Das Mauerwerk über dem Steinsockel bestand aus Lehmziegeln. Die Wände der Gebäude waren mit Wandmalereien (z.B. in →Altıntepe), mit Orthostaten (z.B. Relief des Haldi von der Burg von Adılcevas nördlich des Vansees) oder mit Bronzeschilden (Treibarbeiten) verkleidet. Neben Steinreliefs (auf den Orthostaten) gab es auch reliefierte Stelen mit Götterbildern.

urartäische Kunst: Greif; Bronzehohlguss, Höhe 21,2 cm; Teil eines Prunkmöbels aus Rusahinili (Toprakkale), 7. Jh. v.Chr. (Berlin, Vorderasiatisches Museum)

In der Bildkunst besteht die angenommene Abhängigkeit von der assyr. Kunst oft nur vordergründig. Deutlich ist die gestalter. Tendenz zur Abstraktion, Stilisierung und Reduktion auf das Wesentliche. Besondere Bedeutung erlangte die Bronzekunst (gegossene und getriebene Arbeiten). Die Dreifußkessel mit Tierprotomen wurden bis nach Etrurien gehandelt. Es sind ferner groß- und kleinformatige Rundplastiken von Gottheiten, Tieren und Mischwesen erhalten, Möbelbeschläge, Dolche, Weih- und Votivgaben, Gefäße und Geräte, bes. für Pferd und Wagen, sowie Gürtel (zahlr. Grabfunde). Häufige Motive sind der Hauptgott Haldi (Chaldi), der Gott Teischeba (Tejscheba, Tescheba), weibl. Gottheiten, Mischwesen sowie den Lebensbaum flankierende Genien. Stempelsiegel und eine kombinierte Form des Roll- und Stempelsiegels bezeugen eine eigenständige Siegelkunst. In der Keramik ist eine rot polierte (auch schwarz oder grau polierte) Ware typisch.

M. N. VAN LOON: Die Kunst von Urartu, in: Der alte Orient, hg. v. W. ORTHMANN (1975); B. B. PJOTROWSKI: Urartu (a.d.Russ., Neuausg. 1980); E. BAUER-MANNDORF: Das

urartäische Kunst: Teil eines Bronzeschildes mit Reliefverzierungen (Treibarbeit) und Ziselierungen, aus Kamir-blur (Erewan); Mitte des 8. Jh. v.Chr. (Sankt Petersburg, Eremitage)

frühe Armenien (Wien 1984); Das Reich Urartu. Ein altorientalˌ Staat im 1. Jt. v. Chr., hg. v. V. HAAS (1986); H.-J. KELLNER: Gürtelbleche aus Urartu (1991); R.-B. WARTKE: Urartu, das Reich am Ararat (1993); M. SALVINI: Gesch. u. Kultur der Urartäer (1995).

Ur|artu, das Gebiet der →Urartäer.

Urate [zu griech. oûron ›Harn‹], Sg. **Urat** das, -(e)s, Salze der →Harnsäure.

Urat-Mongolisch, →mongolische Sprachen.

Ur|atmosphäre, die bei der Abkühlung entstandene ursprüngl. Gashülle der Erde, →Atmosphäre (Entstehung).

Urat|oxidase, das Enzym →Uricase.

Uratsteine, Harnsäuresteine, Form der →Harnsteine.

Ur|aufführung, →Erstaufführung.

Uräusschlange (Länge etwa 2 m)

Uräus|schlange [griech. ouraîos, aus dem Ägypt.], **Naja haje,** in Trockengebieten Afrikas (außer dem S) und auf der Arab. Halbinsel verbreitete, etwa 2 m lange Art der Kobras; meist schwarzbraun mit helleren Flecken, ohne Brillenzeichnung am gespreizten Halsschild. Ihr auch für den Menschen sehr gefährl. Gift wirkt v. a. neurotoxisch, der Tod tritt meist durch rasche Atemlähmung ein.

Nach der *ägypt. Mythologie* bäumt sie sich an der Stirn des Sonnengottes oder an der Sonne selbst gegen die Feinde auf und vernichtet sie mit ihrem Gluthauch. Urspr. war sie das Tier der unterägypt. Kronengöttin Uto, die in Buto, der vorgeschichtl. Residenz im Nildelta, beheimatet war. Hier wurde sie zu einem Herrschersymbol, das mit dem Beginn des Einheitsreiches (zuweilen zusammen mit dem Geierkopf) vom ägypt. König und von Göttern als Diadem getragen wurde. Der Gott Mont sowie die nub. Könige der 25. Dynastie trugen zwei U. (je eine für Nubien und Ägypten). Ägypt. Bauwerke wurden oft mit einem Fries von U. versehen, um feindl. Mächte abzuwehren.

Uräusschlange: Wandmalerei im Grab der Königin Titi im Tal der Königinnen, Theben-West

Ur|austronesisch, Ursprache der austrones. Sprachen, von der angenommen wird, dass sie um etwa 5000 v. Chr. im heutigen S-China und in Taiwan gesprochen wurde. Die Rekonstruktion des U. beschränkt sich in der bisherigen Forschung v. a. auf Phonologie und Wortschatz. U. besitzt i. d. R. zweisilbige Morpheme. Konsonantengruppen erscheinen nur im Wortinnern und bestehen fast ausschließlich aus Verschlusslauten, denen der homorgane (mit dem gleichen Artikulationsorgan gebildete) Nasal vorausgeht (z. B. -mp-, -mb-, -nt-, -nd-).

O. DEMPWOLFF: Vergleichende Lautlehre des austrones. Wortschatzes, 3 Bde. (1934–38, Nachdr. Nendeln 1969).

Urawa, Hauptstadt der Präfektur Saitama, Japan, auf Honshū, 25 km nördlich von Tokio, 453 300 Ew.; kath. Bischofssitz; Univ. (gegr. 1949).

Urbain [yrˈbɛ̃], Georges, frz. Chemiker, * Paris 12. 4. 1872, † ebd. 5. 11. 1938; ab 1908 Prof. an der Sorbonne. U. arbeitete u. a. über Koordinationslehre, Phosphoreszenz, Spektroskopie, Magnetismus und die Seltenerdmetalle; er stellte z. B. Samarium und Europium rein dar und entdeckte 1907 (unabhängig von C. AUER VON WELSBACH) das Lutetium.

urban [lat. urbanus, zu urbs ›Stadt‹], 1) für die Stadt, das städt. Leben charakteristisch; 2) weltgewandt, weltmännisch, gebildet.

Urban, Urbanus, Päpste:
1) **Urban I.** (222–230), † Rom 230; Römer; unter ihm dauerte das Schisma des Gegenpapstes HIPPOLYT an. – Heiliger (Tag: 25. 5.). Seit dem frühen MA. wurde er als Patron der Winzer und des Weinbaus verehrt, da sein Fest in den Beginn der Rebenblüte fällt.

2) **Urban II.** (1088–99), früher **Odo von Châtillon** [ʃatiˈjɔ̃] (oder **Lagery** [laˈʒri]), * bei Châtillon-sur-Marne (?, bei Reims) um 1035, † 29. 7. 1099; studierte bei BRUNO VON KÖLN in Reims, wurde später Mönch in Cluny, um 1080 Kardinalbischof von Ostia. 1084–85 Legat GREGORS VII. in Dtl. Im Investiturstreit konnte U. die Gegensätze mildern und das gregorian. Reformpapsttum einem neuen Höhepunkt zuführen. Auf der Synode von Clermont (1095) rief U. zum (ersten) →Kreuzzug auf. – Seliger (Tag: 29. 7.)

3) **Urban III.** (1185–87), früher **Uberto Crivelli,** * Mailand um 1120, † Ferrara 20. 10. 1187; wurde 1182 Kardinal, 1185 Erzbischof von Mailand; wegen Unruhen in Rom residierte U. in Verona; 1186 kam es zum Bruch mit Kaiser FRIEDRICH I. BARBAROSSA, der deshalb seinen Sohn HEINRICH VI. in den Kirchenstaat einrücken und U. in Verona einschließen ließ.

4) **Urban IV.** (1261–64), früher **Jacques Pantaléon** [pɑtaleˈɔ̃], * Troyes um 1200, † Perugia 2. 10. 1264; war 1247–49 und 1251 päpstl. Legat und wurde 1253 Bischof von Verdun, 1255 Patriarch von Jerusalem; residierte als Papst in Viterbo und Orvieto. Er bahnte die Übertragung von Neapel und Sizilien an KARL I. VON ANJOU an und führte 1264 das Fronleichnamsfest für die ganze Kirche ein.

5) **Urban V.** (1362–70), früher **Guillaume de Grimoard** [də grimoˈaːr], * Schloss Grisac (bei Mende) um 1310, † Avignon 19. 12. 1370; Benediktiner; Abt von Saint-Germain-d'Auxerre und Saint-Victor in Marseille; Legat KLEMENS' VI. und INNOZENZ' VI. in Italien; reformeifriger Förderer der Wiss.en. Nach Eroberung des Kirchenstaats durch Kardinal G. ALBORNOZ ging U. auf Drängen Kaiser KARLS IV., F. PETRARCAS und der hl. BIRGITTA 1367 nach Rom, kehrte aber 1370 enttäuscht nach Avignon zurück. – Seliger (Tag: 19. 12.).

6) **Urban VI.** (1378–89), früher **Bartolomeo Prignano** [-priˈɲaːno], * Neapel um 1318, † Rom 15. 10. 1389; wurde 1363 Erzbischof von Acerenza (Prov. Potenza), 1377 von Bari und war seit der Rückkehr GREGORS XI. von Avignon nach Rom Leiter der päpstl. Kanzlei. U. wurde unter starkem Druck des röm. Volkes, das einen Italiener forderte und gewalttätig ins Konklave drang, gewählt und schien zunächst anerkannt. Er überwarf sich jedoch bald mit den (v. a. frz.) Kardinälen, die die Wahl U.s für ungültig erklärten. Mit der Wahl KLEMENS' (VII.) zum Papst, der nachträglich auch von den ital. Kardinälen anerkannt wurde und nach Avignon ging, begann das →Abendländische Schisma.

7) **Urban VII.** (1590), früher **Giambattista Castagna** [kasˈtaɲɲa], * Rom 1521, † ebd. 27. 9. 1590; war ab 1551 im diplomat. Dienst der Kurie, 1553–73 Erzbischof von Rossano, 1562–63 nahm er am Tridentinum teil, 1583 wurde er Kardinal. U. starb nach zwölftägigem Pontifikat an Malaria.

8) **Urban VIII.** (1623–44), früher **Maffeo Barberini,** * Florenz 5. 4. 1568, † Rom 29. 7. 1644; Nuntius in Paris, 1606 Kardinal, 1608–17 Bischof von Spoleto, 1611–14 Legat von Bologna; Dichter, Förderer der Künste und Wiss.en. Im Ggs. zu seinen Vorgängern PAUL V. und GREGOR XV. stellte U. die Subsidienzahlungen an die kath. Partei (Kaiser und →Liga) ein, un-

Papst Urban VIII. (Ausschnitt aus einem Kupferstich, 1623)

terstützte, auch unter dem Druck Kardinal RICHELIEUS, Frankreich gegen Habsburg und damit indirekt die prot. Partei, drängte aber ab 1632 zum Frieden (unter fakt. Preisgabe der Gegenreformation). Sein Pontifikat war geprägt von einem hemmungslosen Nepotismus, einer für den Kirchenstaat ruinösen Finanzpolitik, aber auch einer grandiosen Bautätigkeit (1626 Weihe der Peterskirche). Als folgenschwer erwiesen sich die Bekämpfung des →Gallikanismus und →Jansenismus sowie die Verurteilung G. GALILEIS.

Urban, Milo, slowak. Schriftsteller, * Rabčice (Mittelslowak. Gebiet) 24. 8. 1904, † Preßburg 10. 3. 1982; gehörte zur christlich-nat. Gruppe um die Zeitschrift ›Vatra‹; als Befürworter der slowak. Eigenstaatlichkeit 1940–45 in der Redaktion der Tageszeitung ›Gardista‹ tätig; stellte in Erzählungen und Romanen v. a. soziale und moral. Probleme der slowak. Dorfbewohner realistisch dar, wobei er auch moderne Ausdrucksmittel verwendete. Die Trilogie ›Živý bič‹ (1927; dt. ›Die lebende Peitsche‹), ›Hmly na úsvite‹ (1930) und ›V osídlach‹ (1940) mit den lockeren Fortsetzungen ›Zhasnuté svetlá‹ (1958) und ›Kto seje vietor‹ (1964) behandelt die Zeit vom Ersten Weltkrieg bis zum Slowak. Nationalaufstand 1944.

M. U. Personálna bibliografia, hg. v. M. MIKITOVÁ (Martin 1994).

Urbaniana, die von JOHANNES XXIII. am 1. 8. 1962 zur ›Pontificia Universitas Urbaniana‹ erhobene päpstl. Univ. zur Ausbildung von Priestern und Klerikern der Mission; sie geht zurück auf das 1627 von URBAN VIII. gegründete ›Collegium Urbanum de Propaganda Fide‹, das 1933 von PIUS XI. als Päpstl. Athenäum mit Promotionsrecht der philosoph. und theolog. Fakultät neu organisiert wurde. Die U. umfasst seit 1986 vier Fakultäten (Philosophie, Theologie, Kirchenrecht, Missionswiss.) und mehrere Institute.

Urbanisierung [zu lat. urbanus ›städtisch‹], **Urbanisation,** das starke Bev.- und Beschäftigungswachstum in den Kernstädten von →Verdichtungsräumen (städt. Agglomerationen) durch innerregionale Konzentration von Bev. und Arbeitsplätzen. Der Prozess der U. setzte in den Industriestaaten in der 1. Hälfte des 19. Jh. ein, zuerst in Großbritannien. Teilweise wird der Begriff U. auch zur Bez. eines Zustands der Siedlungsentwicklung, synonym mit Verstädterung, verwendet. **Suburbanisierung** bezeichnet den jungen Prozess der Expansion von Städten hoch industrialisierter Staaten in das ländl. Umland. **Exurbanisierung** kennzeichnet die Verlagerung des Bev.- und damit des Siedlungswachstums von (Groß-)Stadtregionen in benachbarte, noch überwiegend ländlich strukturierte oder ›zwischenstädt.‹ Räume, die jedoch durch den Berufspendlerverkehr noch mit der (Groß-)Stadtregion verbunden sind. **Desurbanisierung** (Entstädterung) bedeutet absolute Bev.- und Beschäftigungsabnahme im gesamten Verdichtungsraum, falls die Zunahme im Umland die Verluste in der Kernstadt nicht mehr ausgleicht. Neuerl. relative Bev.- und Beschäftigungszunahme in der Kernstadt wird als **Reurbanisierung** bezeichnet. (→Verstädterung)

U. im 19. u. 20. Jh. Histor. u. geograph. Aspekte, hg. v. H. J. TEUTEBERG (1983); W. GAEBE: Verdichtungsräume (1987); J. REULECKE: Gesch. der U. in Dtl. (⁴1997).

Urbanistik [zu lat. urbanus ›städtisch‹] die, -, zusammenfassende Bez. für alle sich mit der Stadt befassenden Sachgebiete und Wissenschaften, z. B. Stadtgeographie, Stadtsoziologie und Städtebau; häufig als →Kommunalwissenschaft bezeichnet.

Urban & Schwarzenberg GmbH, Fachverlag für Medizin, gegr. 1866 von ERNST URBAN (* 1838, † 1923) und EUGEN SCHWARZENBERG (* 1838, † 1908) als Reise- und Verlagsbuchhandlung in Wien. 1898 Eröffnung einer Niederlassung in Berlin und Kauf der medizin. Fachbuchhandlung O. Rothacker, 1949 Verlegung des Sitzes in die 1946 errichtete Zweigniederlassung in München. 1976 Gründung einer Filiale in Baltimore (Md.). Seit 1998 gehört der Verlag zur Verlagsgruppe Holtzbrinck und wird 1999 mit dem Gustav Fischer Verlag zum Verlag Urban & Fischer GmbH KG mit Sitz in München zusammengeführt.

Ur|bantu, die ältesten (hypothet.) gemeinsamen Formen der Bantusprachen, die als Bezugssystem der von C. MEINHOF begründeten historisch-vergleichenden Bantusprachforschung dienen. Das U. umfasste danach urspr. mindestens 23 Nominalklassen sowie die entsprechenden pronominalen Konkordanzsysteme. (→Protobantu)

C. MEINHOF: Grundr. einer Lautlehre der Bantusprachen (1899, Nachdr. Nendeln 1966); DERS.: Grundzüge einer vergleichenden Gramm. der Bantusprachen (³1967).

Urbar [mhd. urbar, urbor ›Zins tragendes Grundstück‹, zu erbern, ahd. urberan ›hervorbringen‹] *das, -s/-e,* im MA. 1) die Einkünfte aus Grund und Boden, 2) das Grundstück selbst, 3) das in Listen- oder Buchform angelegte Verzeichnis dieser Einkünfte und Güter (**Urbarium,** ›Salbuch‹, ›Lagerbuch‹, frz. censier, polyptique). U. wurden angelegt für die Wirtschaftsführung und Verwaltung, seit dem 9. Jh. v. a. von Klöstern und Bistümern, seit dem 12./13. Jh. auch von weltl. Landesherren, denen sie zum Ausbau und zur Festigung der Herrschaft dienten. U. zählen zu den wichtigsten Quellen der Rechts-, Verfassungs-, Wirtschafts-, Sozial- und Siedlungsgeschichte.

R. FOSSIER: Polyptyques et censiers (Turnhout 1978); G. RICHTER: Lagerbücher- oder U.-Lehre (1979).

Urbärlappe, Protolepidodendrales, fossile Ordnung der Bärlappgewächse, vom Mitteldevon bis zum Oberkarbon; gabelig verzweigte, meist kleine krautige, aber auch baumförmige Pflanzen. Von den am oder im Wasser stehenden kriechenden Wurzelstöcken erhoben sich die aufrechten, dicht stehenden Sprossen mit nadelförmigen Blättern. Die U. werden wegen der Struktur der nach dem Blattfall zurückbleibenden Blattnarben als Vorläufer der Schuppenbäume (→Lepidodendron) angesehen. Zu den U. gehören u. a. die Gattungen Asteroxylon (→Rhynie) und **Drepanophycus** (krautig, bis 0,5 m hoch, gegabelte Achsen mit dornenförmigen Blättchen; Devon).

Urbarmachung, die Umwandlung von im Naturzustand befindl. Ländereien (z. B. Moor, Heide, Steppe, Urwald) in land- oder forstwirtschaftlich nutzbares Kulturland.

Urbarmachungskrankheit, Heidemoorkrankheit, durch Kupfermangel bedingte Krankheit versch. Kulturpflanzen. Symptome sind Weißfärbung und zwirnförmiges Sichaufrollen der Blattspitzen; Behandlung durch Kupfersulfatlösung.

Urbienen, die →Seidenbienen.

urbi et orbi [lat. ›der Stadt (Rom) und dem Erdkreis‹], Formel für den an Festtagen vom Balkon der Peterskirche gespendeten päpstl. Segen. Sie erinnert an das Weltbild der röm. Antike, die Rom als Inbegriff der Stadt (lat. urbs) und Mittelpunkt des Erdkreises (lat. orbis) betrachtete.

Urbild, *Mathematik:* →Abbildung.

Urbino, Stadt in den Marken, Prov. Pesaro e Urbino, Italien, 451 m ü. M., im Flyschhügelland der O-Abdachung des Apennins, 15 200 Ew.; Erzbischofssitz; Univ. (gegr. 1506 als Rechtsschule, Univ.-Status 1671), Kunstinstitut, Fachschulen, Gemäldegalerie. – U. hat bis heute den Charakter einer Residenzstadt der Renaissancezeit bewahrt. Die Stadt wird überragt von dem mächtigen Palazzo Ducale, der 1444 begonnen und 1468–72 unter Leitung von L. LAURANA ergänzt und erweitert wurde (BILD →Laurana, Luciano). An der 1472 begonnenen kostbaren Innendekoration (herzogl. Wohnräume, Tanz- und Thron-

Urbino: In der Bildmitte der Palazzo Ducale (1444 ff.), davor das Teatro Sanzio (1845–53), links Campanile (18. Jh.) und Kuppel des Doms (1474–1534, nach Erdbeben von 1787 neu errichtet)

saal, Studiolo) waren MELOZZO DA FORLÌ und v. a. FRANCESCO DI GIORGIO MARTINI beteiligt; heute ist hier die Galleria Nazionale delle Marche mit Werken von PIERO DELLA FRANCESCA, RAFFAEL, TIZIAN, L. SIGNORELLI untergebracht. Der Dom (1474–1534) wurde nach dem Erdbeben von 1787 (Kuppeleinsturz 1789) neu errichtet, Campanile (18. Jh.), Staurothek im Diözesanmuseum; Santo Domenico (1365 geweiht, 1632–65 barockisiert). Die reiche Freskendekoration des Oratorio di Giovanni Battista (Ende 14. Jh.) wurde bis 1416 ausgeführt. Im Geburtshaus RAFFAELS ›Casa di Raffaello‹ befindet sich die 1869 gegründete ›Accademia Raffaello‹. – U., das antike **Urbinum Metaurense,** nach verschiedenen Besitzwechseln durch die Pippinsche Schenkung 754/756 an den Papst gekommen, erlebte unter der Herrschaft der Montefeltro (seit dem 13. Jh.) Blütezeiten; unter FEDERIGO DA MONTEFELTRO, der 1474 zum Herzog von U. erhoben wurde, war der Hof von U. Zentrum von Wiss. und Kunst; 1508 fiel U. an die Familie Della Rovere, 1631 wurde es dem Kirchenstaat direkt unterstellt.

Ur|bulgaren, die →Protobulgaren.

Urchristentum, Urkirche, von der Kirchengeschichtsschreibung geprägte Bez. für den Zeitabschnitt in der Kirchengeschichte, in dem sich das →Christentum als eigenständige Religionsgemeinschaft konstituiert hat; etwa den Zeitraum zw. dem →Apostelkonzil (48/49) und dem Tod der letzten Apostel (Mitte des 2. Jh.) umfassend. Kennzeichnend für das U. waren der Beginn der heidenchristl. Mission (→PAULUS) und damit verbunden die zunehmende Hellenisierung christl. Verkündigung. Die aramäische Sprache sowie die aus der jüd. Tradition lebende Terminologie, die die Predigt JESU und die Verkündigung der →Urgemeinde bestimmt hatten, traten zugunsten des Griechischen (Koine) und der hellenist. Begrifflichkeit zurück. Die Entwicklung des Christentums zu einer ›Schriftreligion‹ begann (Entstehung des N. T.), ebenso die Herausbildung fester (institutioneller) Formen des Gemeindelebens (Gemeindeordnungen) und des Gottesdienstes (v. a. Taufe und Abendmahlfeier), deren ›Notwendigkeit‹ für die ersten christl. Gemeinden wohl stark in der von ihnen unmittelbar erwarteten Wiederkunft JESU CHRISTI (→Parusie) begründet war. – In der späteren Kirchengeschichte wurde das U. vielfach idealtypisch als die Epoche des wahren Christentums angesehen, auf die sich sowohl kirchl. Erneuerungsbewegungen wie auch christl. Sondergemeinschaften beriefen und bis in die Gegenwart berufen. Es gilt dabei i. d. R. (weithin ohne Rücksicht auf die histor. Wirklichkeit) als eine von ›evangel. Vollkommenheit‹, Liebe und Armut gekennzeichnete, charismatisch-geistgeleitete Gemeinschaft, die von der unmittelbaren Erwartung der Parusie lebte und in der kirchl. (hierarch.) Strukturen keine wesentl. Bedeutung hatten.

W. SCHNEEMELCHER: Das U. (1981); Umwelt des U., hg. v. J. LEIPOLDT u. a., 3 Bde. (⁶⁻⁸1987–91); H. CONZELMANN: Gesch. des U. (⁶1989); G. THEISSEN: Studien zur Soziologie des U. (³1989, Nachdr. 1991); DERS.: Soziologie der Jesusbewegung (⁶1991); H. KRAFT: Die Entstehung des Christentums (³1990); Die Frau im U., hg. v. G. DAUTZENBERG u. a. (⁵1992); A. JENSEN: Gottes selbstbewußte Töchter. Frauenemanzipation im frühen Christentum? (1992); E. BRANDENBURGER: Studien zur Gesch. u. Theologie des U. (1993); W. SCHMITHALS: Theologiegesch. des U. Eine problemgeschichtl. Darst. (1994); K. BERGER: Histor. Psychologie des N. T. (³1995); P. HOFFMANN: Studien zur Frühgesch. der Jesus-Bewegung (²1995); E. W. u. W. STEGEMANN: Urchristl. Sozialgesch. (²1997); R. BULTMANN: Das U. im Rahmen der antiken Religionen (Neuausg. 1998).

Urd, altnord. Mythologie: eine der drei →Nornen.

Ur|darm, Archenteron, der die **U.-Höhle** (Gastralhöhle, Gastrozöl, Gastralraum) umschließende Entodermanteil der Gastrula (→Entwicklung) mit dem →Urmund als Mündung nach außen. Der U. stellt die erste Anlage des späteren Darmtrakts (genauer: dessen entodermalen Mitteldarmanteils) der Mehrzeller dar. Bei den Hohltieren bleibt er (in Form des Gastrovaskularsystems) zeitlebens erhalten.

Urdbohne [Hindi], **Phaseolus mungo,** vermutlich in Indien heim. und dort und in anderen Gebieten der Alten Welt in vielen Sorten kultivierte Bohnenart mit 80–100 cm hohen, mit kurzen, braunen Haaren besetzten Stängeln; Blüten hellgelb, Hülsen etwa 7 cm lang, mit sieben bis zehn schwarzen, eiweißreichen Samen; diese und die unreifen Hülsen werden als Gemüse gegessen.

Urdu, zu den indoarischen Sprachen gehörende offizielle Staatssprache Pakistans mit etwa 9 Mio. Sprechern in Pakistan und etwa 28 Mio. in Indien. Das U. ist in der Grammatik dem Hindi identisch, dagegen wird sein Wortschatz von arabisch-pers. Lehnwörtern beherrscht; es wird in einer Variante der arab. Schrift geschrieben; seine Abgrenzung vom Hindustani ist fließend. (→indische Literaturen).

Urdunn, Al-U., arab. Name für den →Jordan.

Urea [nlat., zu griech. oûron ›Harn‹] die, -, veraltete wiss. Bez. für →Harnstoff.

Ureaplasma, zu den →Mykoplasmen gehörende Bakteriengattung. **U. urealyticum** ist im Urogenitaltrakt des Menschen stark verbreitet (zu etwa 10 % bei gesunden, zu etwa 80 % bei an Tripper erkrankten Personen).

Urease [zu Urea] die, -/-n, Enzym, das Harnstoff in Kohlendioxid und Ammoniak spaltet; kommt weit verbreitet im Pflanzenreich (bes. in Samen und Pilzen) sowie in Bakterien, ferner in Krebsen und marinen Muscheln vor. U. wird in der klin. Chemie zur quantitativen Bestimmung von Harnstoff in Blut und Urin verwendet. – U. wurde 1926 von J. SUMNER als erstes Enzym in reiner kristalliner Form dargestellt.

Ureche [u'rekje], Grigore, rumän. Geschichtsschreiber, * Jassy um 1590, † ebd. 1647. Seine Chronik der Moldau behandelt die Zeit 1359–1595; sie ist das erste bekannte Geschichtswerk in rumän. Sprache.

Ausgabe: Letopisețul țării moldovei, hg. v. L. ONU (Neuausg. 1967).

Uredinales [lat.], die →Rostpilze.

Uredosporen [lat.], die Sommersporen bei Rostpilzen, die der raschen ungeschlechtl. Ausbreitung in den befallenen Kulturen dienen.

Ureide [zu Urea und vgl. ...id], Sg. **Ureid** das, -(e)s, **N-Acylharnstoffe,** Verbindungen des Harnstoffs mit organ. Säuren, allg. Formel $H_2N-CO-NH-R$ (R Acylrest). Bes. bekannt sind die mit Dicarbonsäuren gebildeten **zyklischen U.,** zu denen die →Barbitursäure und ihre Derivate zählen.

Ur|eizellen, Ausgangszellen der Eibildung (→Oogenese). →Urgeschlechtszellen.

Urengoj, Siedlung im Autonomen Kreis der Jamal-Nenzen, Russ. Föderation, an der Nordsibir. Eisenbahn, etwa 10 000 Ew.; liegt im Gebiet eines der größten russ. Erdgasvorkommen, das zum Westsibir. Erdöl- und Erdgasrevier gehört und dessen Förderzentrum →Nowyj Urengoj ist; Ausgangsbereich mehrerer Erdgasleitungen an die W-Grenze der Ukraine, zum Ural und in den S Westsibiriens.

ureotelisch [zu Urea und griech. télos ›Ziel‹, ›Ende‹], Biologie: Tiere bezeichnend, die Harnstoff als hauptsächl. Endprodukt des Eiweißstoffwechsels im Harn ausscheiden.

Ureter [griech. ›Uringang‹] der, -s/...'teren, der →Harnleiter.

Ureteritis [zu Ureter] die, -/...'tiden, die Harnleiterentzündung (→Harnleiter).

Uretero|tomie [zu Ureter und griech. tomé ›das Schneiden‹] die, -/...'mi|en, operative Eröffnung des Harnleiters, z. B. zur Steinentfernung.

Urethane [Kw.], Sg. **Urethan** das, -s, **Carbamate,** Ester der (in freier Form nicht beständigen) →Carbamidsäure; sie sind durch die Gruppierung $-NH-CO-O-$ (›Urethangruppe‹) charakterisiert. U.-Derivate werden als Herbizide, Insektizide, Tranquilizer und Schlafmittel verwendet. Urethangruppen sind in den Polyurethanen enthalten.

Urethra [griech. ›Harngang‹] die, -/...thrae, die →Harnröhre.

Urethritis [zu Urethra] die, -/...'tiden, die Harnröhrenentzündung (→Harnröhre).

Urethrographie [zu Urethra und griech. gráphein ›schreiben‹, ›zeichnen‹] die, -/...'phi|en, Röntgenkontrastuntersuchung der männl. Harnröhre in Rücken- und Seitenlage zur Diagnose von Verletzungen, Fisteln oder Verengungen (Strikturen).

Urethroplastik [zu Urethra], plastisch-operativer Verschluss von angeborenen oder erworbenen Harnröhrendefekten (u. a. Fehlbildungen, Verletzungen).

Urethroskopie [zu Urethra und griech. skopeĩn ›spähen‹, ›betrachten‹] die, -/...'pi|en, endoskop. Untersuchung der Harnröhre.

Urethrotomie [zu Urethra und griech. tomé ›das Schneiden‹] die, -/...'mi|en, operative Eröffnung der Harnröhre zur Behandlung von Fehlbildungen, Erkrankungen, Verletzungen oder Verengungen (auch endoskopisch durch innere Spaltung durchgeführt).

Urethro|zystographie [zu Urethra], Röntgenkontrastdarstellung von Harnröhre und Harnblase.

Ur|europa, Archäo|europa, von H. STILLE geprägte Bez. für die im Präkambrium konsolidierten Teile N- und O-Europas (→Eria, →Fennosarmatia).

Urewera National Park [urə'werə 'næʃnəl 'pɑːk], Nationalpark im O der Nordinsel Neuseelands, im Gebiet um den Lake Waikaremoana und den Lake Waikareiti, 2 075 km²; umfasst das größte noch erhaltene ursprüngl. Waldgebiet der Nordinsel. – 1954 errichtet.

Urey [ˈjʊərɪ], Harold Clayton, amerikan. Chemiker, * Walkerton (Ind.) 29. 4. 1893, † San Diego (Calif.) 6. 1. 1981; ab 1929 Prof. an der Columbia University in New York, 1945–58 an der University of Chicago, danach an der University of California in San Diego. U. arbeitete v. a. über Atom- und Molekülspektren und Molekülstruktur, über das Frühstadium der Planeten und die Uratmosphäre sowie über Isotopentrennung (u. a. über die Gewinnung von schwerem Wasser und des Uranisotops ^{235}U). Für seine Entdeckung des Wasserstoffisotops Deuterium (1931) erhielt er 1934 den Nobelpreis für Chemie.

Urey-Effekt [ˈjʊərɪ-], nach H. C. UREY benannte Hypothese, dass in der Uratmosphäre zwar geringe Mengen von Sauerstoff durch die unter dem Einfluss der UV-Strahlung der Sonne stattfindende Photolyse des Wassers entstanden, dieser Sauerstoff jedoch von Mineralen gebunden und in der Atmosphäre zu Ozon umgesetzt wurde, sodass die Atmosphäre sauerstofffrei blieb; die sich allmählich bildende Ozonschicht absorbierte in der Folge die UV-Strahlung in immer größerem Maße, sodass auch die Wasserspaltung nach und nach weniger wurde. Eine allmähl. Anreicherung der Atmosphäre mit Sauerstoff wird erst mit Entstehung der Photosynthese angenommen.

Urf [arab. ›Gewohnheit‹], **Ada, Adat,** türk. **Örf,** Islam: das Gewohnheitsrecht, im Unterschied zur Scharia, der islam. Rechtsordnung.

Urfa: Die stark zerstörte Kreuzfahrerburg mit zwei Säulen aus frühchristlicher Zeit

Urfa, seit 1983 offiziell **Şanlıurfa** [ʃanlə-; türk. ›berühmtes Urfa‹], Prov.-Hauptstadt in SO-Anatolien, Türkei, 550 m ü. M., am NW-Rand der Harranebene, (1994) 357 900 Ew. (1980: 147 500 Ew.); Museum; Handels- und Wirtschaftszentrum für das überwiegend agrar. Umland (Weizen, Baumwolle, Wolle, Vieh), Verarbeitung landwirtschaftl. Produkte und Textilindustrie; Flugplatz. Bei U. endet die durch einen Bergrücken im Vorland des Osttaurus führende U.-Tunnel (26,4 km lang, noch im Bau), durch den Wasser aus dem Atatürkstausee des Euphrat in die Harranebene für die Bewässerung von rd. 142 000 ha Land geleitet werden soll (→Südostanatolien-Projekt). – Im S über der Stadt liegt die stark zerstörte Kreuzfahrerburg mit einem doppelten, durch 25 Türme verstärkten Mauerring. Die einst zahlr. christl. Kirchen der Stadt wurden abgerissen und durch Moscheen überbaut: Über der alten Marienkirche entstand im 17. Jh. die Halil Rahman Camii, die am Rande eines 30 × 150 m großen Wasserbeckens steht, östlich des Beckens, der ehem. Einsiedelei des Propheten HALIL IBRAHIM, erhebt sich heute die Dersa Camii (auch Makam Ibrahim Mevlud Halil Camii). – U. ist vielleicht identisch mit dem in sumer., akkad. und hethit. Keilschrifturkunden genannten **Urschu;** die Makedonier nannten die Stadt **Edessa** (griech. **Edessa**). Von 132 v. Chr. bis 216 n. Chr. war sie Zentrum des **Reiches von Edessa,** dessen Herrscher den Titel Abgar trugen. Nach byzantin., zeitweise pers. Herrschaft wurde die Stadt 637 von den Arabern erobert; 1031 von Byzanz zurückerobert. 1098–1144 war sie Zentrum eines Kreuzfahrerstaats, der fränk. **Grafschaft Edessa,** 1517 fiel sie an das Osman. Reich. – Nach dem Übertritt ABGARS IX. (179–214)

Harold C. Urey

zum Christentum entwickelte sich Edessa im ausgehenden 2. Jh. zu einem der geistigen Zentren des syr. Christentums. Hier wirkten u.a. BARDESANES und EPHRÄM DER SYRER. Seit Ende des 5. Jh. war Edessa das Zentrum der westsyr. Kirche (→Jakobiten).

Urfahr-Umgebung, Bez. in Oberösterreich, 649 km², 74 900 Ew.; umfasst das Gebiet nördlich von Linz.

Urfarben, im Rahmen der Gegenfarbentheorie (→Gegenfarben, →Farbensehen) Bez. für die Farbtöne Rot, Gelb, Grün und Blau, die im Vergleich mit allen anderen als einfach, d.h. unvermischt empfunden werden. Die zw. je zwei U. liegenden Farbtöne (z.B. Orange, Blaugrün, Purpur) werden als **Zwischenfarben** bezeichnet. Die Wellenlängen des Lichts, bei denen Spektralfarben als U. wahrgenommen werden, liegen für Blau, Grün, Gelb bei 468, 504 bzw. 568 nm. Für Rot lässt sich keine Wellenlänge angeben, weil das langwellige Ende des Spektrums immer noch als schwach gelblich empfunden wird. – Für die Wahrnehmung besonderer Qualitäten bei den U. werden u.a. physiolog. Gründe angegeben.

Urfarne, Psilophyt̲o̲psida, Psilophyten, Nacktpflanzen, vom Obersilur bis zum Devon verbreitete Klasse der Farnpflanzen. Die nur wenige Zentimeter bis Dezimeter großen, gabelig verzweigten Gefäßpflanzen waren blattlos (höchstens kleine schuppenförmige Anhängsel) und meist wurzellos, mit Sporenkapseln (Sporangien) am Ende der Sprossen. Sie wuchsen im Küstenbereich (im Watt oder in Marschen), stellenweise in so großen Mengen, dass es zur Kohlebildung kam. Sie sind der ersten Pflanzen (von möglicherweise noch früher aufgetretenen Grünalgen abgesehen), die das Land besiedelten, und werden daher auch als **Urlandpflanzen** bezeichnet. Zu den U. zählen die Rhyniales (→Nacktfarne), u.a. mit den Gattungen Cooksonia, Horneophyton, →Taeniocrada, Rhynia (→Rhynie), die **Zosterophyllales,** u.a. mit den Gattungen Zosterophyllon und Sawdonia, und die **Trimerophytales** (Unter- bis Mitteldevon), u.a. mit den Gattungen Trimerophyton und Psilophyton.

Urfé [yr'fe], Honoré d', frz. Schriftsteller, * Marseille 11. 2. 1568 (1567?), † Villefranche 1. 6. 1625; Offizier, nahm während der frz. Religionskriege an den Feldzügen der Liga gegen die Hugenotten teil. U. entwickelte in seinen ›Epistres morales et amoureuses ...‹ (1598, erweitert 1603 und 1608) u.a. eine platonisierende Liebestheorie und führte mit dem idealisierenden Schäferroman ›L'Astrée‹ (6 Tle., 1607–27; dt. in 2 Bden. u. d. T. ›Von der Lieb Astreae und Celadonis‹), dessen letzte Teile von seinem Sekretär BALTHAZAR BARO (* 1600, † 1650) vollendet und herausgegeben wurden, die frz. Schäferdichtung zum Höhepunkt. Die Quellen des umfangreichen Romans liegen in der antiken und spätantiken, mehr noch in der ital. und span. Schäferdichtung der Renaissance.

Colloque Commémoratif du Quatrième Centenaire de la Naissance d'H. d'U., hg. v. R. LEBÈGUE (Montbrison 1970); M. GAUME: Les inspirations et les sources de l'œuvre d'H. d'U. (Saint-Étienne 1977); J. BONNET: H. d'U. et la symbolique de l'astrée (ebd. ²1982); L. K. HOROWITZ: H. d'U. (Boston, Mass., 1984).

Urfehde [mhd. urvehe(de), zu ur- in der Grundbedeutung ›(her)aus‹, also eigtl. ›das Herausgehen aus der Fehde‹], das vom Verletzten oder seiner Sippe beim Abschluss des Sühnevertrages geleistete Friedensversprechen, d.h. die eidl. Zusicherung der Beendigung jeder Feindschaft. Im späteren MA. und in der Neuzeit der vom Angeklagten zu leistende Eid, sich jeder Rache gegenüber Kläger und Richter zu enthalten; in U.-Briefen und U.-Büchern beurkundet.

Urfi-e Schirasi, pers. Dichter, * Schiras 1555, † Lahore 1591; wirkte am Hof des Mogulkaisers AKBAR und gilt als größter Meister der Kasside im ind. Stil; seine Wirkung reichte von Indien über Iran und Zentralasien bis ins Osman. Reich, wo er einen bedeutenden Einfluss auf NEFI ausübte.

Urfirnis, traditionelle Bez. für einen einfarbigen Überzug auf bronzezeitl. Keramik Griechenlands (hellad. Kultur). Die schwarze und braunrote Farbe (auch gelblich) entstand infolge des unterschiedlich dicken Auftrags des eisenhaltigen Tonschlickers beim Brand.

Urfische, zusammenfassende Bez. für niedere Wirbeltiere mit fischähnl. Gestalt, v.a. für die →Kieferlosen und →Panzerfische, i.w.S. auch für urtüml., ausgestorbene Knorpelfische (→Cladoselachii) und Knorpelganoiden (→Palaeoniscus).

Urflügler, Palaeoptera, Sammel-Bez. für ausgestorbene Ordnungen teilweise sehr großer, schwerfällig fliegender Insekten mit starren, nicht zusammenlegbaren Flügeln, oft unbewegl., flügelartigen Fortsätzen am Prothorax und einem Saugrüssel, wie bei den →Palaeodictyoptera (u.a. mit der Gattung Stenodictya), oder einem kurzen Stechrüssel, der auf räuber. Lebensweise schließen lässt, wie bei den libellenähnl. **Megasecoptera** (**Protodonata, Urlibellen;** Karbon bis Perm); zu diesen gehören u.a. die Gattungen →Meganeura und **Meganeuropsis** (Perm Nordamerikas), mit bis zu 75 cm Flügelspannweite. – Die U. waren wahrscheinlich nicht die direkten Vorfahren der heutigen Insekten, sondern bildeten einen frühen Seitenzweig. Die ältesten geflügelten Insekten traten vielleicht schon im Oberdevon auf.

Urformen, Urformung, eine Hauptgruppe der Fertigungsverfahren, bei denen aus formlosem Stoff (Flüssigkeiten, Pulver, Fasern, Späne, Granulat) ein fester Körper durch Schaffen des Zusammenhalts gefertigt wird. Man unterscheidet U. aus dem gas- oder dampfförmigen Zustand, U. aus dem flüssigen Zustand (z.B. durch Gießen), U. aus dem ionisierten Zustand durch elektrolyt. Abscheiden (z.B. durch Galvanoplastik), U. aus dem körnigen oder pulverförmigen Zustand (z.B. durch Sintern), U. aus dem teigigen Zustand (z.B. durch Extrudieren), U. aus dem breiigen oder pastenförmigen Zustand, U. aus dem spanförmigen sowie aus dem faserförmigen Zustand.

Urfrösche, zusammenfassende Bez. für Froschlurche der Familien Ascaphidae (mit der einzigen Art →Schwanzfrosch) und Leiopelmatidae (Neuseeländ. U.), aufgrund gemeinsamer ursprüngl. Merkmale (neun Wirbel, freie Rippen). Einzige Gattung der **Neuseeländischen U.** ist Leiopelma mit drei Arten, die in den Bergwäldern Neuseelands heimisch sind.

Urft die, rechter Nebenfluss der Rur in der Eifel, NRW, 41 km lang, entspringt westlich von Blankenheim, ist unterhalb von Gemünd vor ihrer Mündung in den Rurstausee durch die **U.-Talsperre** (1905 erbaut; 54 m Stauhöhe; 45,5 Mio. m³ Stauvermögen) zum **U.-Stausee** (2,2 km²) gestaut; Kraftwerk.

Urga, eigentlich **Örgöö** [›Palastjurte‹], bis 1924 der in der europ. Literatur verbreitete Name von →Ulan-Bator.

Urgebirge, frühere Bez. für →Grundgebirge.

Urgel, Canal de U. [- ʊrˈxɛl], katalan. **Canal d' Urgell** [- ʊrˈʒɛl], Bewässerungskanal in NO-Spanien, im nordöstl. Ebrobecken, verläuft windungsreich vom mittleren zum unteren Río Segre, speist rd. 62 000 ha Bewässerungsland in der Ebene östlich von Lérida.

Urgemeinde, von der Kirchengeschichtsschreibung geprägte Bez. für die erste christl. Gemeinde, die in Jerusalem um die zwölf Apostel im Anschluss an die von ihnen erfahrene →Auferstehung CHRISTI entstanden war. Die U. lebte in intensiver Erwartung der baldigen Wiederkunft JESU CHRISTI (Parusie) und wurde im Bewusstsein ihrer Sendung durch den Hl. Geist nach dem Pfingstereignis (Apg. 2,1 ff.) missionarisch tätig. Gemeindeleiter waren PETRUS, JAKOBUS (der Herrenbruder) und JOHANNES DER EVANGE-

Honoré d'Urfé
(Kupferstich nach einem zeitgenössischen Gemälde von Anthonis van Dyck)

LIST, die drei so genannten ›Säulen der U.‹. In ihrer Frömmigkeitspraxis hielt die U. an den Vorschriften des jüd. Zeremonialgesetzes fest, sodass sie in ihrer Umwelt als eine jüd. Sondergemeinschaft angesehen wurde. Welcher Art die in ihr nach Apg. 2, 44 und 4, 34 praktizierte Gütergemeinschaft war, ist in der Bibelwissenschaft umstritten. – I. w. S. gehören zur U. auch jene Gemeinden, die nach dem Weggang der griechischsprachigen Judenchristen (eine gesetzes- und tempelkrit. Verkündigung vertretende ›Hellenisten‹; z. B. STEPHANUS) aus Jerusalem im syr. Bereich (Damaskus, Antiochia) gegründet wurden (Apg. 6–8).

L. SCHENKE: Die U. Geschichtl. u. theolog. Entwicklung (1990).

Urgentsch, bis 1929 **Nowolurgentsch,** Hauptstadt des Gebiets Choresm, Usbekistan, in einer am unteren Amudarja gelegenen Oase, 130 400 Ew.; Univ; Baumwollreinigung und -entkernung, Naturseideverarbeitung, Nahrungsmittelindustrie, Weinkellereien; Flughafen. – Orientalisch geprägte Altstadt.

Urgeschichte, die →Vorgeschichte.

Urgeschlechtszellen, Urkeimzellen, diploide Zellen der →Keimbahn, die schon zu Beginn der Keimesentwicklung vorhanden sind (treten jedoch oft erst viel später als besondere Zellen in Erscheinung) und nicht wie die übrigen Furchungszellen des Eies die Körperzellen (Somazellen) des künftigen Lebewesens ergeben, sondern als Ursamen- oder Ureizellen die →Spermatogenese bzw. →Oogenese einleiten und schließlich zu reifen (befruchtungsfähigen) Samen- bzw. Eizellen werden.

Urgesellschaft, nach F. ENGELS und K. MARX die erste Gesellschaftsformation in der Geschichte der Menschheit, die von allen Völkern in ihrer Frühzeit durchlaufen wurde. Sie war eine klassenlose Gesellschaft, gekennzeichnet durch gesellschaftl. Eigentum an Produktionsmitteln, niedriges Niveau der Produktivkräfte und gering strukturierte Arbeitsteilung.

Urgestein, früher Bez. für die magmat. und metamorphen Gesteine, die man (irrtümlich) als erstgebildete Gesteine der Erdkruste ansah.

Urginea [nlat., nach dem Volksstamm Ben(i) Urgin in NO-Algerien, auf dessen Gebiet diese Pflanzen erstmals gefunden wurden], Gattung der Liliengewächse mit etwa 50 Arten in Afrika und im Mittelmeergebiet; bekannteste Art ist die →Meerzwiebel.

Urgneisformation, alter Name für das ältere Paläozoikum.

Urgon [nach Urgonium, dem lat. Namen der südfrz. Stadt Orgon] *das, -s,* kalkige Flachseefazies der Unterkreide im Bereich der Tethys.

Urheber|recht, subjektiv das Recht, das den **Urheber** in seinen geistigen und persönl. Beziehungen zu seinem Werk und in der Nutzung und Verwendung des Werkes schützt. Seine Anerkennung und Ausgestaltung findet das U. in nat. Ges. über das U. und den internat. Verträgen (objektives U.). Das U. ist in Dtl. v. a. durch das Ges. über das U. und verwandte Schutzrechte vom 9. 9. 1965 (U.-Gesetz, Abk. UrhG) geregelt. Schutzvoraussetzung des U. ist, dass das Werk eine persönl. geistige Schöpfung darstellt. Auf den Grad der angewendeten Geistestätigkeit und den künstler. Wert kommt es nicht an. Die durch Natur und Geschichte vorgegebenen Tatsachen sowie Ideen sind Allgemeingut und können im Unterschied zu der konkreten Form, in der sie Ausdruck gefunden haben, frei benutzt werden. Zu den geschützten Werken der Literatur, Wissenschaft und Kunst zählen u. a. Sprachwerke (Schriftwerke, Reden, Computerprogramme), Werke der Musik, der Pantomime, der bildenden Künste einschließlich der Baukunst und der angewandten Kunst, Lichtbild- (→Fotografie), Film- und Fernsehwerke, Darstellungen wiss. oder techn. Art (Zeichnungen, Pläne, Karten, Skizzen u. a.). Sammlungen von Werken, Daten oder anderen unabhängigen Elementen, die aufgrund der getroffenen Auswahl oder Anordnung persönl. geistige Schöpfungen darstellen, sind als solche geschützt. Dies gilt entsprechend für systematisch oder methodisch angeordnete Datenbanken. Auch Teile eines Werkes, die Werkcharakter aufweisen, sind geschützt; ebenso Bearbeitungen, z. B. Übersetzungen. Amtl. Werke genießen hingegen keinen Schutz. Träger des U. ist, wer das Werk geschaffen hat, mehrere Schöpfer sind i. d. R. **Miturheber.** Bei nur verbundenen Werken, die sich trennen oder gesondert verwerten lassen, behält jeder Urheber sein selbstständiges U., es kann sich jedoch die Verpflichtung zur Einwilligung in eine Verwertung der verbundenen Werke ergeben. Anders als etwa in den USA steht das U. auch im Arbeits- oder Auftragsverhältnis jeweils dem persönl. Schöpfer zu. Das U. gewährt für eine Schutzfrist von 70 Jahren nach dem Tod des Urhebers Schutz.

Die geistigen und persönl. Beziehungen des Urhebers zu seinem Werk werden durch das **Urheberpersönlichkeitsrecht** (§§ 12–14 UrhG) geschützt. Dieses umfasst u. a. das Veröffentlichungsrecht, d. h. das Recht zu bestimmen, ob und wie ein Werk zu veröffentlichen ist, den Anspruch auf Anerkennung der Urheberschaft (Namensnennungsrecht) und das Recht, sich gegen Entstellungen des Werkes zu wenden.

Die **Verwertungsrechte** (§§ 15 ff. UrhG) beinhalten das ausschließl. Recht, das Werk in körperl. Form zu verwerten (Vervielfältigungs-, Verbreitungs- und Ausstellungsrecht) sowie das Recht der öffentl. Wiedergabe in unkörperl. Form (u. a. Vortrags-, Aufführungs-, Vorführungs-, Senderecht). Das U. schützt auch gegen neue Formen der Verwertung (etwa Angebote zur Nutzung im Internet). Bearbeitungen dürfen nur mit Einwilligung der Urheber des Originals und der Bearbeitung veröffentlicht oder verwertet werden.

Das U. ist in seiner Gesamtheit vererblich, im Unterschied zu einzelnen ausländ. Rechtsordnungen aber nicht als solches übertragbar. Die Verwertungsrechte können jedoch anderen zur ausschließl. oder nichtausschließl. Nutzung eingeräumt werden (Lizenz). Der Umfang der eingeräumten Rechte ist dabei regelmäßig eng auszulegen (Zweckübertragungsgrundsatz). Lizenzen für noch nicht bekannte Nutzungsarten sind ungültig. An einem unerwarteten Auswertungserfolg ist der Urheber grundsätzlich angemessen zu beteiligen. Werden eingeräumte Nutzungsrechte über einen längeren Zeitraum nicht genutzt, so besteht ein Recht zum →Rückruf.

Im Interesse der Allgemeinheit unterliegt das U. einer Reihe von Beschränkungen, insbesondere Formen der Nutzung von Werken – z. T. gegen Einräumung eines Anspruchs auf angemessene Vergütung – zulassen. Hierzu zählt z. B. das Zitatrecht, das im Rahmen eines wiss. Werkes oder sonst zum Beleg für die eigene Meinung die Wiedergabe von veröffentlichten Werken bzw. Ausschnitten von Werken unter Angabe der Quelle gestattet. Das Gleiche gilt, wenn ein fremdes Werk nur als Anregung zu neuem, eigenständigem Schaffen genutzt wird (freie Benutzung). Werden diese Grenzen überschritten, so handelt es sich um ein →Plagiat. Zulässig sind weiter der Vortrag und die Aufführung von Sprach- und Musikwerken, wenn die Darbietung keinem Erwerbszweck dient. Gleiches gilt für Musikaufführungen bei Gottesdiensten. Auch das Herstellen einzelner Vervielfältigungsstücke (z. B. durch Kopieren, Aufzeichnen auf Videorekorder) zum privaten Gebrauch ist gestattet (→Überspielen). In engen Grenzen gilt dies auch in weiteren Fällen des eigenen Gebrauchs, bes. zu wiss. und berufl. Zwecken. In gewissem Umfang sind Vervielfältigungen zu Schul- und Prüfungszwecken und Aufzeichnungen von Schulfunksendungen zulässig.

In den meisten Fällen, in denen das U. aus Gründen des Interesses der Allgemeinheit zurücktreten muss, steht den Urhebern jedoch ein Anspruch auf angemessene Vergütung zu (→Geräteabgabe). Weitere Vergütungsansprüche sieht das UrhG bei erneuten Veräußerungen eines Originalwerks (→Folgerecht), der gewerbsmäßigen Vermietung und dem Verleih durch öffentl. Einrichtungen (Vermiet- und Verleihtantieme, Bibliotheksgroschen) und der Kabelweitersendung vor. Diese können regelmäßig nur durch →Verwertungsgesellschaften wahrgenommen werden.

Wird das U. verletzt, kann der Urheber Beseitigung und Unterlassung der Beeinträchtigung, bei Verschulden auch Schadensersatz, z. B. in Form einer angemessenen Lizenz, verlangen. Außerdem bestehen Ansprüche auf Vernichtung oder Überlassung der unrechtmäßig hergestellten Vervielfältigungsstücke. Bestimmte urheberrechtl. Verletzungshandlungen sind unter strafrechtl. Schutz gestellt.

Neben den Regelungen zum U. enthält das UrhG Bestimmungen über die →Leistungsschutzrechte, die zugunsten von Personen bestehen, die im Umfeld urheberrechtl. Werke, sei es durch ihre interpretator. Leistung (Schauspieler, Musiker), sei es durch ihre organisator. und finanzielle Leistung (Tonträgerhersteller, Produzent, Sendeunternehmen, Datenbankhersteller) gekennzeichnet sind.

Im Zusammenhang mit der Harmonisierung bestimmter urheberrechtl. Regelungen in der EG wurde das UrhG in den letzten Jahren wiederholt novelliert (z. B. im Bereich des Softwareschutzes, der Kabel- und Satellitensendungen, des Vermiet- und Verleihrechts, der europaweiten Anpassung der Schutzfristen, des Schutzes von Datenbanken). Die EG hat weitere Maßnahmen zur Anpassung des U. im Hinblick auf die Herausforderungen der Informationsgesellschaft angekündigt. Das UrhG ist laut Einigungsvertrag in den neuen Ländern auch auf vor dem Beitritt geschaffene Werke anzuwenden.

Rechtsgrundlage in *Österreich* ist das U.-Ges. 1936. Es gelten dem dt. U. entsprechende Regelungen. Mit Übernahme der EG-Computerrichtlinie durch die U.-Novelle 1993 werden auch Computerprogramme urheberrechtlich geschützt. Österreich ist allen bedeutenden internat. U.-Abkommen beigetreten.

Im *schweizer*. Recht gelten ähnl. Grundsätze wie in Dtl. Die Schweiz ist Vertragsstaat des Welturheberrechtsabkommens sowie der Berner Übereinkunft. Innerstaatlich gilt seit 1. 7. 1993 ein neues U.-Gesetz. Das neue Recht bezweckt bes. die Anpassung des U.-Schutzes an die techn. Entwicklung (v. a. elektron. Medien) sowie die Erweiterung des Schutzes auf Computerprogramme und dem klass. U. verwandte Rechte. Auf Leerkassetten für Video- und Tonbandgeräte wird eine Gebühr erhoben, die über Verwertungsgesellschaften den Urhebern zufließt.

Internat. Regelungen: Dt. Staatsbürger und Staatsangehörige anderer Mitgliedsstaaten der EU sowie anderer Vertragsstaaten des Abkommens über den Europ. Wirtschaftsraum genießen den Schutz des UrhG für alle ihre Werke. Im Übrigen genießen Ausländer den Schutz für ihre in Dtl. erschienenen Werke, es sei denn, dass das Werk oder eine Übersetzung hiervon früher als 30 Tage vor dem Erscheinen in Dtl. bereits im Ausland erschienen ist. Darüber hinaus können alle Urheber aus Vertragsstaaten der →Berner Übereinkunft weitestgehend den gleichen Schutz wie Inländer beanspruchen. Umgekehrt sind im Ausland die Werke dt. Urheber nach Maßgabe der dortigen ausländ. U.-Gesetze geschützt und sie können in Vertragsstaaten der Berner Übereinkunft den von ihr vorgesehenen Mindestschutz beanspruchen. Dtl. gehört seit dem 22. 1. 1974 der Pariser Fassung der Berner Übereinkunft an. Zum Bereich der Leistungsschutzrechte gehören auf internat. Gebiet: das Internat. Abkommen über den Schutz der ausübenden Künstler, der Hersteller von Tonträgern und der Sendeunternehmer vom 26. 10. 1961 (Rom-Abkommen); das Übereinkommen zum Schutz der Hersteller von Tonträgern gegen die unerlaubte Vervielfältigung ihrer Tonträger vom 29. 10. 1971; das Europ. Abkommen zum Schutz von Fernsehsendungen vom 22. 6. 1960; das Übereinkommen über die Verbreitung der durch Satelliten übertragenen programmtragenden Signale vom 21. 5. 1974. Ein wesentl. Schritt zur internat. Aktualisierung des U.-Schutzes der Berner Übereinkunft und zur Verstärkung der weltweiten Durchsetzung von Leistungsschutzrechten wird durch das zu erwartende In-Kraft-Treten der Protokolle der Weltorganisation für geistiges Eigentum vom Dezember 1996 bewirkt werden.

Quellen des U., hg. v. P. MÖHRING u. a., Losebl. (1961 ff.); Komm. zum U., bearb. v. E.-J. MESTMÄCKER u. a., Losebl. (1962 ff.); P. KATZENBERGER: Das Folgerecht im dt. u. ausländ. U. (1970); A. DIETZ: Das U. in der EG (1978); M. SCHOLZ: Die rechtl. Stellung des Computerprogramme erstellenden Arbeitnehmers nach U., Patentrecht u. Arbeitnehmererfindungsrecht (1989); H. HUBMANN: Urheber- u. Verlagsrecht ([7]1991); B. VON MOLTKE: Das U. an den Werken der Wiss. (1992); H. J. FISCHER u. S. A. REICH: Urhebervertragsrecht (1993); L. GIESEKE: Vom Privileg zum U. Die Entwicklung des U. in Dtl. bis 1845 (1995); S. MÄGER: Der Schutz des Urhebers im internat. Vertragsrecht (1995); Urheber- u. Verlagsrecht, hg. v. H.-P. HILLIG ([6]1995); G. KUCSKO: Österr. u. europ. U. (Wien [4]1996); M. REHBINDER: Schweizer. U. (Bern [2]1996); Leitf. zum U. des Künstlers, hg. v. MARCEL SCHULZE (1997); H. PÜSCHEL: U. (1997); U., begr. v. F. K. FROMM u. W. NORDEMANN, fortgef. v. W. NORDEMANN u. a. ([9]1998).

Urheberrechtsgesellschaften, →Verwertungsgesellschaften.

Urheberrechtsstreitsachen, Rechtsstreitigkeiten, durch die ein Anspruch aus einem im Urheberrechts-Ges. (UrhG) geregelten Rechtsverhältnis geltend gemacht wird (§ 104 UrhG). Zuständig für U. sind grundsätzlich die Zivilgerichte. Für U. aus Arbeits- oder Dienstverhältnissen, die ausschließlich Ansprüche auf Leistung einer vereinbarten Vergütung zum Gegenstand haben, ist der Rechtsweg zu Arbeits- bzw. Verwaltungsgerichten gegeben. Örtlich zuständig ist neben dem Gerichtsstand des Beklagten auch das Gericht des Begehungsortes der Rechtsverletzung als Ort der unerlaubten Handlung gemäß § 32 ZPO. Gemäß § 105 UrhG kann die Zuständigkeit auf bestimmte Land- und Amtsgerichte aufgrund landesrechtl. Rechtsverordnungen konzentriert werden.

Urheberrolle, das beim Dt. Patentamt in München geführte Register, in dem auf schriftl. Antrag (VO über die U. vom 18. 12. 1965) die wahren Namen von Verfassern schutzfähiger Werke eingetragen werden, die anonym oder pseudonym erschienen sind (§ 138 Urheberrechts-Ges.). Der urheberrechtl. Schutz solcher Werke erlischt i. d. R. 70 Jahre nach der Veröffentlichung. Der Fristbeginn wird jedoch hinausgeschoben auf den Todeszeitpunkt des Urhebers, wenn sein wahrer Name eingetragen wird. – In *Österreich* kann mit der gleichen Wirkung der wahre Name des Urhebers in das Urheberrechtsregister eingetragen werden (§§ 60, 61 Urheberrechts-Ges.). In der *Schweiz* erlischt der urheberrechtl. Schutz eines Werkes 70 Jahre nach dessen Veröffentlichung, wenn der Urheber unbekannt ist. Wird der Urheber vor Ablauf dieser Schutzfrist allgemein bekannt, erlischt der Schutz 70 Jahre nach dessen Tod (Art. 31 Urheberrechts-Ges.).

Urhebervertragsrecht, Beziehungen zw. dem Urheber eines Werkes und einem Verwerter (z. B. Verlag, Bühne, CD-, Filmproduzent, Rundfunk), dem der Urheber ein Nutzungsrecht eingeräumt hat. Eine allgemeine gesetzliche Regelung des U. besteht bisher nicht. Jedoch enthält das Urheberrechts-Ges. Vorschriften über die Einräumung von →Nutzungsrechten

(§§ 31–44). Für Werke der Literatur und Tonkunst enthält ferner das Verlags-Ges. vertragsrechtl. Regelungen (→Verlagsrecht).

H. J. FISCHER u. S. A. REICH: U. (1993).

Urhobo, Stamm der Sobo im nordwestl. Nigerdelta, Nigeria. Die U. stellen statuarisch wirkende, ausdrucksvolle Ahnenfiguren her, meist weiß, gelegentlich auch gelb und rot gefärbt, mit parallel über die Stirn verlaufenden, vertikalen Schmucknarben und rechteckiger Mundgestaltung.

Urhuftiere, Condylarthra, fossile Ordnung der Säugetiere, von der Oberkreide bis zum Oligozän, in Südamerika bis zum Miozän; im Paläozän die häufigsten Säugetiere. Die U. waren wiesel- bis bärengroße Pflanzen- oder Fleischfresser, hatten fünfzehige Füße mit Krallen oder Hufen, einen niedrigen Schädel und einen langen Schwanz. Frühester Vertreter ist **Protungulatum; Phenacodus** aus dem unteren Eozän Nordamerikas war bis 160 cm lang. Aus den U. entwickelten sich u. a. die Paarhufer, Wale und Unpaarhufer.

Uri: Alter Streckenabschnitt des Sankt-Gotthard-Passes und Teufelsbrücke über die Schöllenen, dahinter die neue Brücke der Gotthardautobahn

Uri, Kanton im Innern der Schweiz, 1077 km², (1996) 35 900 Ew. (davon 8,9% Ausländer); Hauptort ist Altdorf (UR). Die Bev. ist überwiegend dt.-sprachig und gehört meist der kath. Kirche an. Der in sich geschlossene Gebirgskanton mit weitgehend naturgegebenen Grenzen umfasst das Flussgebiet der oberen Reuss (u. a. →Urserental) bis zum Vierwaldstätter See (Urner See) mit seinen Nebentälern (die größten sind das Maderanertal und das bis zum Klausenpass reichende Schächental); nur der Urnerboden (jenseits des Klausenpasses) liegt im Einzugsbereich der Linth. Trotz seiner Abgeschlossenheit (der ›natürliche‹ Zugang ist nur über Gebirgspässe, den Sankt Gotthard, die Furka, den Susten, den Oberalp- oder den Klausenpass oder über den Urner See möglich) ist der Kanton heute v. a. ein Durchgangsland.

Staat und Recht: Nach der Verf. vom 28. 10. 1984 (mit Änderungen) übt der auf vier Jahre nach Proporzverfahren gewählte Landrat (64 Mitgl.) die Gesetzgebung aus. Verf.-Änderungen, Gesetze und Finanzbeschlüsse über 500 000 sfr unterliegen dem obligator. Referendum. 300 Stimmberechtigte können mit einer Volksinitiative Erlass oder Änderungen von Verf. oder Gesetzen oder die Abberufung von Behörden verlangen. Die vollziehende Gewalt liegt beim Reg.-Rat (sieben gewählte nebenamtl. Mitgl.). Seine Amtsdauer beträgt vier Jahre, Landammann und Landesstatthalter werden für zwei Jahre gewählt. Stimm- und wahlberechtigt ist jeder Bürger, der das 18. Lebensjahr vollendet hat (Frauenstimmrecht seit 1972). – Höchstes Gericht ist das Obergericht.

Wappen: Als redendes Wappen zeigt es dem Kantonsnamen entsprechend den Kopf eines Ur oder Auerochsen in den kantonalen Farben Gelb und Schwarz.

Bildungswesen: Die Schulpflicht beträgt neun Jahre (sechs Jahre Primarschule, drei Jahre Sekundar- oder Realschule). Der Eintritt ins Gymnasium (Typen A, B und C) ist im Anschluss an die Primarschule (Dauer sechs Jahre) oder an die Sekundarschule (drei Jahre) möglich. Außerdem gibt es ein Lehrerseminar (Unterseminar), gewerbl., kaufmänn., land- und hauswirtschaftl. Berufsschulen.

Wirtschaft: Von den (1996) 17 190 Erwerbstätigen sind 12,9% (Schweiz 1995: 4,2%) in der Land- und Forstwirtschaft, 36,2% (29%) im industriellen Sektor und 50,9% (66,8%) im Dienstleistungsbereich beschäftigt. Mit einem Volkseinkommen je Ew. von (1995) 38 875 sfr liegt U. an 21. Stelle unter den 26 Kantonen (Schweiz: 45 276 sfr). In der Landwirtschaft (nur 7,7% der Bodenfläche werden landwirtschaftlich genutzt) dominiert die Almwirtschaft, denn mehr als 80% der landwirtschaftl. Nutzfläche liegen in den höchsten Bergzonen. Der Durchgangsverkehr auf der Gotthardroute ist eine wichtige wirtschaftl. Basis des Kantons. Die Zunahme des Transitverkehrs auf der Straße führte allerdings zu erhebl. Umweltbeeinträchtigungen. Die Verkehrssituation soll sich durch den Gotthard-Basistunnel im Rahmen der Neuen Eisenbahn-Alpentransversale (Fertigstellung bis 2010 geplant) wesentlich verbessern. Industrie findet sich fast ausschließlich im Raum um Altdorf (UR). In der Kraftwerkzentrale Göschenen wird das Wasser des Göscheneralpsees zur Energiegewinnung genutzt. Der Fremdenverkehr ist v. a. in Andermatt, Flüelen und Seelisberg am Vierwaldstätter See ausgeprägt. Die Zahl der Übernachtungen belief sich (1996) auf 218 300 (davon 68% ausländ. Gäste).

Geschichte: U., seit dem 7. Jh. von Alemannen besiedelt, fand 732 erste urkundl. Erwähnung. 853 schenkte König LUDWIG DER DEUTSCHE dem neu gegründeten Stift Fraumünster in Zürich Güter in U. Neben diesem und anderen Stiften sowie weltl. Herren, die Land in U. besaßen, bestand ein freies Bauerntum, das mit den Hörigen von Kirchen und Klöstern eine Markgenossenschaft einging. Seine überragende Bedeutung erlangte das Gebirgstal mit der Gangbarmachung der Schöllenenschlucht (wohl noch im 12. Jh.), wodurch U. zum Durchgangsland über den Sankt Gotthard nach Italien wurde. 1231 erlangten die Talleute die Reichsunmittelbarkeit, die 1274 bestätigt wurde. Durch den Ewigen Bund mit Schwyz und Unterwalden sicherte sich U. seine Unabhängigkeit (einer der drei Urkantone). Die Reformation konnte in U. nicht Fuß fassen. Während der Helvet. Republik gehörte U. zum Kanton Waldstätten, entstand aber 1803 wieder als eigenständiger Kanton. 1845–47 war U. als traditionell kath. und konservativer Kanton Mitgl. des Sonderbunds. Die Bundes-Verf. von 1848 nahm es nur widerstrebend an. Die Landsgemeinde wurde erst 1928 abgeschafft.

Adieu – altes Uri. Aspekte des Wandels eines Kantons vom 19. bis 20. Jh., bearb. v. K. ITEN (Zürich 1990); H. STADLER-PLANZER: Gesch. des Landes U., auf mehrere Bde. ber. (Schattdorf 1993 ff.).

Uri
Kantonswappen

Uria — Urknall

Uria [hebr. ›mein Licht ist Jahwe‹], in der Vulgata **Urias**, im A. T.: **1) Uria der Hethiter,** Gatte der von König DAVID verführten BATHSEBA (2. Sam. 11). Um den Ehebruch zu vertuschen, schickte DAVID U. an die gefährlichste Stelle der Kriegsfront, wo er fiel.

2) Uria der Prophet, Zeitgenosse JEREMIAS, dem er auch bezüglich der Verkündigungsinhalte nahe stand. Er floh vor dem Todesbeschluss des Königs über ihn nach Ägypten, wurde jedoch zurückgeholt und getötet (Jer. 26, 20 ff.).

Uriah Heep [juˈraɪə hiːp], 1970 in London gegründete brit. Hardrock-Band mit ständig wechselnder Besetzung, u. a. DAVID BYRON (* 1947, † 1985, Gesang), TREVOR BOLDER (* 1950, Bassgitarre), MICK BOX (* 1947, Gesang, Gitarre), KEN HENSLEY (* 1945, Gesang, Gitarre, Keyboards) und LEE KERSLAKE (* 1947, Schlagzeug). Erfolge u. a. mit ›Salisbury‹, ›Lady in black‹, ›Gypsy‹.

uric..., Wortbildungselement, →uriko...

Uricase die, -, **Urikase, Urat|oxidase,** kupferhaltiges Enzym, das in Leber, Milz und Nieren der meisten Säugetiere (mit Ausnahme der Primaten und des Menschen) sowie bei vielen wirbellosen Tieren und in bestimmten Mikroorganismen (u. a. Candida utilis) vorkommt. U. katalysiert im Purinstoffwechsel den Abbau der Harnsäure (Name!) und der harnsauren Salze (Urate) zu Allantoin. Da die U. dem Menschen fehlt, endet bei ihm der Purinstoffwechsel auf der Stufe der Harnsäure, er ist urikotelisch. – Aus Schweineleber und Mikroorganismen gewonnene U. dient in der klin. Diagnostik zum Nachweis des bei Gicht erhöhten Harnsäurespiegels.

Uridin, →Uracil.

...urie, Wortbildungselement, →uro...

Uri|el [hebr. ›mein Licht ist Gott‹], in der nachbiblischen jüd. Überlieferung einer der höchsten Engel; nach dem äthiop. Henochbuch und 4. Buch Esra der Regent der Sternenwelt und des Engelheeres. (→Erzengel)

uriko... [zu lat. uricus, in der Fügung Acidum uricum ›Harnsäure‹, zu griech. oûron ›Harn‹], vor Vokalen verkürzt zu **urik...,** latinisiert **uric...,** auch erweitert zu **urikos...,** Wortbildungselement mit der Bedeutung: Harnsäure, z. B. Urikostatika, Uricase. (→uro...)

Urikostatika [zu griech. stásis ›das Stehen‹, ›Stillstand‹], *Sg.* **Urikostatikum** *das, -s,* Arzneimittel, die durch Hemmung der Harnsäurebildung den Blutharnsäurespiegel senken und daher neben →Urikosurika zur Behandlung der →Gicht eingesetzt werden. Das derzeit einzige therapeutisch verwendete Urikostatikum ist Allopurinol. Es blockiert das für die Bildung der Harnsäure erforderl. Enzym Xanthinoxidase. An der Allopurinol-Wirkung ist vermutl. auch sein im Organismus gebildeter Metabolit Oxipurinol maßgeblich beteiligt.

Urikos|urie [zu griech. oûron ›Harn‹] *die, -/...ˈrien,* vermehrte Ausscheidung von Harnsäure mit dem Urin.

Urikos|urika [zu Urikosurie], *Sg.* **Urikos|urikum** *das, -s,* Arzneimittel, die durch Hemmung der Rückresorption von Harnsäure in der Niere zu einer gesteigerten Harnsäureausscheidung und damit zu einer Erniedrigung des Blutharnsäurespiegels führen. Sie werden wie die →Urikostatika zur Behandlung der (chron.) Gicht eingesetzt. Die derzeit als U. gebräuchl. Substanzen sind Benbromaron und Probenecid.

urikotelisch [zu griech. télos ›Ende‹], *Physiologie:* bezeichnet Tiere, die Harnsäure als hauptsächl. Endprodukt des Eiweißstoffwechsels ausscheiden.

Urim und Tummim [hebr.], **Urim und Thummim,** im israelit. Kult benutzte Orakelsteine, die am Ephod des Hohenpriesters befestigt waren (2. Mos. 28, 30) und mit denen ein Gottesentscheid eingeholt werden konnte. In dieser Funktion standen U. u. T. in älterer Zeit in Israel als Offenbarungsmedium neben Träumen und Prophetie (1. Sam. 28, 6), kamen aber in nachexil. Zeit außer Gebrauch. Über den Vorgang des Losorakels durch U. u. T. ist nichts Genaueres bekannt, möglicherweise wurden beschriftete Steine (Urim ›nein‹, Tummim ›ja‹) geworfen oder gezogen.

Urin [lat. urina, urspr. ›Wasser‹] *der, -s/-e* (Pl. selten), der →Harn.

Urinfistel, die →Blasenfistel.

Urinphlegmone, die Harnphlegmone (→Harninfiltration).

Ur|insekten, Apterygota, früher als Unterklasse der Insekten aufgefasst, zu der die Ordnungen Doppelschwänze, Beintastler, Springschwänze und Borstenschwänze gestellt wurden. Nach neuerer Auffassung stehen die drei erstgenannten Ordnungen in der Unterklasse der Sackkiefler (Entognatha), die letztgenannte Ordnung wurde aufgespalten in die Ordnungen Archaeognatha und Zygentoma, die der Unterklasse der Freikiefler (Ectognatha) zugeordnet werden. Die U. sind seit dem Mitteldevon bekannt.

Urinstatus, Gesamtheit der klin. Befunde bei der mikroskop. und chem. Harnuntersuchung (→Harn).

Uri-Rotstock, Gipfel des gleichnamigen vergletscherten Massivs in den Urner Alpen, Schweiz, 2 928 m ü. M., zw. Reusstal und Engelberger Tal.

Uris [ˈjʊərɪs], Leon Marcel, amerikan. Schriftsteller, * Baltimore (Md.) 3. 8. 1924; schreibt populäre zeitgeschichtl. Romane, die oft Elemente der polit. Reportage, der histor. Dokumentation und des Melodrams enthalten. Bes. bekannt wurde der Roman ›Exodus‹ (1958; dt., verfilmt), der die Gründungsgeschichte des Staates Israel einbezieht.

Leon M. Uris

Weitere Werke: Romane: Battle cry (1953; dt. Urlaub bis zum Wecken); The angry hills (1955; dt. Die Berge standen auf); Exodus revisited (1960; dt. Auf den Spuren von Exodus); Mila 18 (1961; dt.); Armageddon. A novel of Berlin (1964; dt. Entscheidung in Berlin, auch u. d. T. Armageddon); Topaz (1967; dt. Topas); QB VII (1970; dt.); Trinity (1976; dt.); The haj (1984; dt. Haddsch); Mitla Pass (1988; dt.); Redemption (1995; dt. Insel der Freiheit).

Urjanchai, älterer, in der Mongolei noch gebräuchlicher Name für die →Tuwinen.

Urk [yrk], ehem. Insel im IJsselmeer, Niederlande, heute Gem. und Hafenort am Rande des →Nordostpolders in der Prov. Flevoland, 14 500 Ew.; Fischverarbeitung, Transportanlagenbau; Fremdenverkehr.

Urkantone, die drei Waldstätte Uri, Schwyz und Unterwalden, die 1291 den Ewigen Bund schlossen (→Schweiz, Geschichte).

Urkeimzellen, die →Urgeschlechtszellen.

Urkiemer, Bez. für Muscheln mit urspr. gebauten Fiederkiemen, in künstl. Systemen in der Ordnung →Fiederkiemer zusammengefasst; etwa 550 Arten mit 0,1–10 cm langer Schale, z. B. die →Nussmuscheln.

Urkilogramm, Vorläufer des Kilogrammprototyps, der mit dem Urmeter im frz. Staatsarchiv verwahrt wurde. Als U. wird häufig auch der heutige Internat. Kilogrammprototyp (→Kilogramm) bezeichnet. (→metrische Einheiten)

Urkirche, das →Urchristentum.

Urknall, Big Bang [- ˈbæn, engl. ›großer Knall‹], **kosmologische (kosmische) Singularität,** *Kosmologie:* Bez. für den in kosmolog. Standardtheorien angenommenen physikalisch singulären Zustand, in dem das gesamte Weltall ein unendlich kleines Volumen mit einer unendlich hohen Energiekonzentration (und damit unendlich hoher Temperatur) einnahm und von ihm ausgehend explosionsartig mit zunächst unendlich hoher Geschwindigkeit expandierte (›Chaosära‹). Zur Annahme dieses singulären Zustandes gelangt man, wenn man die gegenwärtige, im →Hubble-Effekt beobachtete Expansion des Weltalls gedanklich in die Vergangenheit zurückverfolgt. Dabei ergibt sich ein stetiges Anwachsen der Materie- und Energiedichte der →kosmischen Hintergrundstrahlung bis zu den genannten physikalisch singulären Werten. Die dem U. folgenden Entwicklungsphasen des Weltalls sind durch eine ständig abnehmende Energiekonzentration und Expansionsgeschwindigkeit gekennzeichnet. – Die ursprüngl. Form dieses kosmolog. Modells geht auf G. LEMAÎTRE sowie auf H. A. BETHE und G. GAMOW zurück. Mit den bislang zur Verfügung stehenden theoret. Grundlagen lassen sich Aussagen nur über Vorgänge machen, die ab 10^{-43} s (Planck-Zeit) nach dem U. abgelaufen sind. (→Kosmologie)

Urkommunismus, der von F. ENGELS und K. MARX als inhaltl. Bestimmung der →Urgesellschaft angenommene Idealzustand der Gesellschaft in der Alt- und Jungsteinzeit. Mit der wachsenden Arbeitsteilung und der fortschreitenden Differenzierung der Produktion hätten sich dann die klassenbestimmten Gesellschaftsformationen entwickelt (→Marxismus). – Verschiedentlich ist ein U. auch in der Antike und im Urchristentum vermutet worden. Im antiken U. (Sparta, als Ideal bei PLATON) gab es jedoch keine Verstaatlichung der Produktionsmittel und die Gemeinschaftlichkeit war auf die herrschenden Familien beschränkt. Der urchristl. ›Liebeskommunismus‹ (E. TROELTSCH) beruhte auf dem Prinzip einer durch das Liebesgebot motivierten Freiwilligkeit des Teilens und ließ Familie und Privateigentum als gesellschaftl. Institutionen unangetastet. Eine völlige Gütergemeinschaft gab es in der Urgemeinde nicht.

Urkontinent, Urkraton, *Geologie:* →Kraton.

Urkrebse, frühere Bez. für die →Trilobiten.

Urkunde [ahd. urkundi ›Zeugnis‹, ›Beweis‹], lat. **Charta** [k-], **Instrumentum,** *Recht:* allg. jeder Gegenstand, der einen menschl. Gedanken verkörpert (z. B. Grenzstein, Kerbholz), i. e. S. das einen Gedanken verkörpernde Dokument aus Schriftzeichen, so im Strafprozess, wo Verlesbarkeit Kriterium für den Beweis durch U. ist (§ 249 StPO); andernfalls ist es ein Gegenstand des →Augenscheins. Im Recht der →Urkundenfälschung gilt ein weiterer, nicht nur schriftlich niedergelegte Worte, sondern auch Zahlen und Symbole (Beweisanzeichen) umfassender Begriff der U. I. Allg. unterscheidet man zw. öffentl. und privaten U. Öffentl. U. sind die von einer öffentl. Behörde oder von einer mit öffentl. Glauben versehenen Person (Notar, Gerichtsvollzieher) innerhalb des ihr zugewiesenen Geschäftskreises in der vorgeschriebenen Form ausgestellten U. (§ 415 ZPO); alle übrigen U. sind Privat-U. (auch bei öffentl. Beglaubigung der Unterschrift). Maßgeblich ist stets die Form der U., nicht ihr Inhalt. Ferner wird zw. Urschrift und Abschrift unterschieden. Letztere kann es als Ausfertigung und als beglaubigte Abschrift geben. Als bloße Reproduktion des Originals, für die niemand die Gewähr der Richtigkeit übernimmt, stellen Abschriften sowie einfache Kopien nach herrschender Meinung keine U. dar. Dagegen sind →Ausfertigungen (z. B. vollstreckbare Ausfertigung eines Urteils) als U. anzusehen, da sie im Rechtsverkehr an die Stelle der Urschrift treten. Eine besondere Art der U. ist das Wertpapier. Das Eigentum an U. über Rechte, kraft deren eine Leistung gefordert werden kann, bes. an Schuldscheinen, Hypotheken- und Grundschuldbriefen, steht dem Gläubiger zu. Das Recht eines Dritten an der Forderung, z. B. das Pfandrecht, erstreckt sich auch auf die U. (§ 952 BGB). Das Eigentum an Inhaber- und Orderpapieren dagegen geht nach sachenrechtl. Grundsätzen über. Der **U.-Beweis** wird im Zivilprozess durch Vorlegung der U. angetreten, bei U.-Besitz des Gegners oder Dritter durch entsprechenden Vorlegungsantrag (§§ 420 ff. ZPO). Sofern nicht ausnahmsweise Streit über die Echtheit (Urheberschaft) der U. oder ihre inhaltl. Aussage entsteht, wird der Inhalt der U. unstreitiger Sachvortrag. Zudem enthält die ZPO eine Vermutung der Echtheit bes. für öffentl. U. sowie Vorschriften über die ›formelle Beweiskraft‹ von U. (§§ 415 ff. ZPO); ob der danach bewiesene U.-Inhalt aber dem rechtswirksamen Tatsachenablauf entspricht (materielle Beweiskraft), unterliegt der freien Beweiswürdigung des Richters. – Eine besondere Rolle spielt die U. im →Urkundenprozess sowie als →vollstreckbare Urkunde.

Geschichte: Da die Rechtsverhältnisse im MA. nur in Ausnahmefällen durch allgemein verbindl. Gesetze, dagegen überwiegend durch individuelles Privilegienrecht gesichert waren, gehört die U. zu den wichtigsten Quellen v. a. der mittelalterl., aber auch der neueren Geschichte. Unter wechselnden, auch den Sachverhalt treffenden Bez. (althochdt. ›urchundi‹, ›urkundi‹, mittelhochdt. ›brief‹, ›handveste‹, mlat. ›charta‹, ›privilegium‹, ›praeceptum‹, ›litterae‹, ›instrumentum‹) ist der U. eine mehr oder weniger strenge Formelhaftigkeit eigen. Diese war in den Grundzügen aus dem spätröm. Kaiserreich in die Papstkanzlei und seit dem 6. Jh. in die german. U. übernommen worden und hatte im hohen MA. im Idealfall folgendes Bild: Protokoll mit Invocatio, Intitulatio und Devotionsformel, Inscriptio und Salutatio; Kontext mit Arenga, Promulgatio, Narratio, Dispositio, Pönformel und Corroboratio; Eschatokoll mit Subscriptio, Datierung und Apprecatio. Zur Beglaubigung der U. dienten im Früh- und Hoch-MA. versch. Formen der Unterfertigung, deren Bedeutung seit dem 13. Jh. durch das Siegel stark reduziert wurde. Die daneben übl. Beglaubigung durch Zeugen verschwand nie ganz und hat in der neuzeitl. U. eine Fortsetzung in der Gegenzeichnung gefunden.

Die →Urkundenlehre unterscheidet versch. U.-Arten: dauernde Rechtskraft besitzende feierlich gestaltete Kaiser-, Königs- und Papst-U. (›Diplome‹) im Unterschied zu den v. a. Verwaltungszwecken dienenden Mandaten; Privat-U. der Städte, Klöster, Stifte und siegelmäßigen Einzelpersonen; die zusätzlich zu einer mündl. Rechtsverhandlung ausgestellten Beweis-U. (notitia) im Unterschied zu den dispositiven, eigenständig Recht schaffenden Urkunden.

Urkundenfälschung, die Herstellung einer unechten Urkunde (d. h. einer Urkunde mit falschem Aussteller), die Verfälschung einer echten Urkunde sowie der Gebrauch einer unechten oder verfälschten Urkunde, wenn diese Handlungen zur Täuschung im Rechtsverkehr begangen werden (§ 267 StGB). Unter Urkunde wird im Strafrecht eine verkörperte Gedankenerklärung verstanden, die geeignet ist, etwas Rechtserhebliches zu beweisen und die den Aussteller angibt oder wenigstens erkennen lässt. Urkunden brauchen nicht aus Worten zu bestehen; auch das Preisetikett an einer Ware, die Kfz-Nummer und ›Beweiszeichen‹, die nach Gesetz, Herkommen und Vereinbarung erkennbar beweiserhebl. Wissensäußerung des Urhebers darstellen (z. B. Stempel des Fleischkontrolleurs), sind Urkunden, sodass ihre eigenmächtige Veränderung ggf. eine U. darstellt. Keine U. ist die ›Lüge‹, durch die ein richtig angegebener Aussteller inhaltlich falsche Angaben macht; sie ist nur bei Amtsträgern als Urkundendelikt strafbar.

U. ist auch das unbefugte Ausfüllen eines mit der Unterschrift eines anderen versehenen Papiers, z. B. eines Wechselformulars (Blankettfälschung). Die Tat ist mit Freiheitsstrafe bis zu fünf Jahren oder Geldstrafe bedroht. Eigene Straftatbestände erfassen die Urkundenvernichtung oder -unterdrückung in der Absicht der Nachteilszufügung (§ 274 StGB), die Vorbereitung der Fälschung von amtl. Ausweisen (§ 275 StGB), die Fälschung oder unrichtige Ausstellung von Gesundheitszeugnissen oder deren Gebrauch (§§ 277–279 StGB), die →Falschbeurkundung sowie die →Fälschung technischer Aufzeichnungen. – Ähnl. Bestimmungen enthalten §§ 223–231 des *österr.* StGB sowie Art. 251–255 des *schweizer.* StGB.

<small>D. Kienapfel: Urkunden u. andere Gewährschaftsträger (1979); E. Samson: Urkunde u. Beweiszeichen (1968); B. Steinmetz: Der Echtheitsbegriff im Tatbestand der U. (§ 267 StGB) (1991).</small>

Urkundenhypothese, in der Exegese des A.T. Bez. für die Annahme von zwei literar. Quellen für den Pentateuch, die sich durch den Gebrauch der Namen ›Jahwe‹ (Jahwist) bzw. ›Elohim‹ (Elohist) für Gott unterscheiden. Gegenüber dieser älteren U. nimmt die jüngere U. vier Quellen an (→Pentateuch).

Urkundenlehre, Diplomatik *die, -,* eine histor. Hilfswissenschaft, die die Arten, Überlieferung, Entstehung, Datierung, Besiegelung und Echtheit der Königs-, Kaiser-, Papst- und Privaturkunden (→Diplom 1)) behandelt und den Zweck hat, deren Wert als Grundlage geschichtl. Interpretation zu bestimmen und sie in krit. Ausgaben zugänglich zu machen.

Als Begründer der modernen wiss. U. gilt der Benediktiner J. Mabillon; der Name Diplomatik entstand in Anlehnung an sein Werk ›De re diplomatica libri VI‹ (1681), das sich bes. mit der Paläographie der Urkunden beschäftigt. In Frankreich setzt seit 1821 die École des chartes die von Mabillon begründete Tradition fort. In Dtl. wurde die U. durch C.H. Eckhard (*1716, †1751) in den Universitätsunterricht eingeführt (›Introductio in rem diplomaticam‹, 1742). Förderung erfuhr sie durch die Gesellschaft für ältere dt. Geschichtskunde unter Führung von G.H. Pertz und J.F. Böhmer. Das 1854 gegründete Inst. für Österr. Geschichtsforschung wurde v.a. unter der Leitung (1869–91) von T. von Sickel, der sich hauptsächlich der Urkundenkritik widmete, zum Ausgangspunkt der U. im dt. Kulturbereich.

<small>W. Erben u.a.: U., 2 Bde. (1907–11); L. Bittner: Die Lehre von den völkerrechtl. Vertragsurkunden (1924); A. de Bouard: Manuel de diplomatique française et pontificale, 4 Bde. (Paris 1929–48); Archiv für Diplomatik, Schriftgesch., Siegel- u. Wappenkunde (1955 ff.); F. Dölger: Byzantin. Diplomatik (Ettal 1956); Münchener Histor. Studien, Abt. Geschichtl. Hilfswiss.en, hg. v. P. Acht (1961 ff.); G. Tessier: La diplomatique (Paris ³1966); H. Bresslau: Hb. der U. für Dtl. u. Italien, 2 Bde. (⁴1968–69); H. Fichtenau: Das Urkundenwesen in Österreich vom 8. bis frühen 13. Jh. (Wien 1971); L. Santifaller: Urkundenforschung (⁴1986).</small>

Urkundenprozeß, beschleunigte (summar.) Form des Zivilprozesses zur Verfolgung von Ansprüchen auf Zahlung einer bestimmten Geldsumme oder Leistung einer bestimmten Menge anderer vertretbarer Sachen oder Wertpapiere (§§ 592–600 ZPO). Sämtl. zur Begründung des Klageanspruchs erforderl. Tatsachen müssen durch vorzulegende Urkunden beweisbar sein. Als Beweismittel für die Echtheit der Urkunden sowie sonstige Tatsachen, bes. auch Einwendungen des Beklagten, sind nur Urkunden und Antrag auf Parteivernehmung zulässig; Widerklagen sind unstatthaft. Hat der Beklagte dem Klageanspruch widersprochen, so ergeht eine dem Klageantrag zusprechende Entscheidung als Vorbehaltsurteil, das dem Beklagten die Ausführung seiner Rechte (Einwendungen) im Nachverfahren vorbehält, in dem dann alle Beweismittel zulässig sind. Das Vorbehaltsurteil ist ein ohne Sicherheitsleistung vorläufig vollstreckbares, rechtsmittelfähiges Endurteil (§§ 599, 708 Nr. 4 ZPO), jedoch durch die Entscheidung im Nachverfahren auflösend bedingt. Als Unterarten des U. haben der Wechsel- und der Scheckprozeß (§§ 602 ff. ZPO) besondere prakt. Bedeutung; sie gewährleisten eine erhebl. Beschleunigung des Verfahrens durch Abkürzung der Ladungsfristen.

Urkundenschrift, die im Ggs. zu Zweck und Form der Buchschrift für Urkunden verwendete Schrift, z.B. die karoling. Minuskel. Mit dem Begriff der U.

Urkundenschrift: Immunitätsprivileg Ottos III. für das Bistum Passau in diplomatischer Minuskel; Urkunde vom 22.7.976 (Ausschnitt; München, Bayerisches Hauptstaatsarchiv)

verbindet sich bes. die vom Anfang des 10. bis zum Ende des 12. Jh. übliche diplomat. Minuskel, die durch die Überhöhung ihrer verzierten Oberlängen, bes. in der Anfangszeile, gekennzeichnet ist.

Urkunden|unterdrückung, →Computerstraftaten.

Urkundsbeamte, Beamte der →Geschäftsstelle.

URL [Abk. für engl. **u**niform **r**esource **l**ocator], *Informatik:* →World Wide Web.

Urlader, engl. **Bootstrap-Loader** [ˈbuːtstræp ˈlədə], *Informatik:* ein kurzes, i.d.R. in einem ROM residierendes (gespeichertes) Programm, das nach dem Einschalten (›Kaltstart‹) des Computers den Prozeß zum Laden des Betriebssystems (bzw. Teilen davon) in den Arbeitsspeicher aktiviert. Die Startphase unter Beteiligung des U. wird auch als **Booten** oder **Bootstrapping** bezeichnet.

Urlandschaft, →Altlandschaft.

Urlaub [ahd. urloup ›Erlaubnis (wegzugehen)‹], *arbeitsrechtlich* i.w.S. die zeitlich befristete Freistellung des Arbeitnehmers von der Arbeit unter Fortzahlung des regelmäßigen Arbeitsentgelts, i.e.S. der bezahlte Erholungs-U. Der U.-Anspruch ist weder abtretbar noch vererbbar, da nur der Arbeitnehmer von der Arbeit freigestellt werden kann. Rechtsgrundlage für den U.-Anspruch bilden das Bundesurlaubs-Ges. (BUrlG) vom 8.1.1963, Tarif- und Einzelverträge. Für einige Personengruppen (Beamte, Soldaten, Richter, Schwerbehinderte, Jugendliche, Seeleute) gelten besondere, z.T. ergänzende Regelungen.

Die gesetzl. Mindesturlaubsdauer beträgt in Dtl. unabhängig vom Lebensalter 24 Werktage im Kalenderjahr (§ 3 BUrlG). Werktage sind alle Kalendertage, die nicht Sonn- oder gesetzl. Feiertage sind, grundsätzlich also auch die arbeitsfreien Samstage; tarif- oder einzelvertragl. Bestimmungen behandeln den Samstag aber nicht als Werktag. Erweiterte U.-Ansprüche haben Schwerbehinderte und Jugendliche (→Jugendschutz). Zur U.-Anrechnung im Krankheitsfall und bei Maßnahmen der medizin. Vorsorge und Rehabilitation (Kur) →Entgeltfortzahlung.

Vom U. sind sonstige **Beurlaubungen** aus persönl. Gründen (z.B. Eheschließung, Wahrnehmung staatsbürgerl. Pflichten), die auf den Erholungs-U. nicht angerechnet werden, zu unterscheiden. Getrennt zu betrachten ist der →Bildungsurlaub.

Der volle U.-Anspruch wird erstmalig nach einer **Wartezeit** von sechs Monaten seit Bestehen des Arbeitsverhältnisses erworben (§ 4 BUrlG), wobei für die U.-Berechnung die Wartezeit eingerechnet wird. Einen Anspruch auf **Teil-U.** in Form eines Zwölftels des Jahres-U. für jeden vollen Monat seit Bestehen des Arbeitsverhältnisses hat der Arbeitnehmer 1) für Zeiten eines Kalenderjahres, für die er die Wartezeit nicht erfüllt, 2) wenn er vor erfüllter Wartezeit aus dem Arbeitsverhältnis ausscheidet, 3) wenn er nach erfüllter Wartezeit in der ersten Hälfte eines Kalenderjahres aus dem Arbeitsverhältnis ausscheidet; scheidet er in der zweiten Hälfte aus, steht ihm wenigstens der volle gesetzl. Mindest-U. zu. Einer der U.-Teile soll zwölf aufeinander folgende Werktage umfassen (§ 7 Abs. 2 BUrlG). Bei der zeitl. Festlegung des U. durch den Arbeitgeber sind die U.-Wünsche des Arbeitnehmers zu berücksichtigen. Dringende betriebl. Belange, sozial bevorrechtigte Belange anderer Arbeitnehmer (z. B. Eltern schulpflichtiger Kinder im Verhältnis zu kinderlosen Arbeitnehmern) gehen vor. Wird kein Einvernehmen erzielt, kommt dem Betriebsrat ein Mitbestimmungsrecht zu; notfalls entscheidet die Einigungsstelle. Es gibt kein Recht des Arbeitnehmers, seinen U. eigenmächtig anzutreten oder zu verlängern. Eigenmächtigkeit in diesem Bereich berechtigt den Arbeitgeber zur Kündigung des Arbeitsverhältnisses. Betriebsferienregelungen unterliegen der betriebl. Mitbestimmung.

Ein Anspruch auf U. besteht nicht, soweit dem Arbeitnehmer für das laufende Kalenderjahr bereits von einem früheren Arbeitgeber U. gewährt wurde (§ 6 BUrlG, Ausschluss von **Doppelansprüchen**). U. ist im laufenden Kalenderjahr zu nehmen und zu gewähren. Ein Übertragen auf das nächste Kalenderjahr ist nur zulässig, wenn dringende betriebl. oder persönl. Gründe dies rechtfertigen, längstens jedoch bis zum 31. 3. des Folgejahres. Danach verfällt er, nach der Rechtsprechung des Bundesarbeitsgerichts auch dann, wenn der Arbeitnehmer durch Krankheit gehindert war, ihn zu nehmen. Tarifverträge können allerdings ein Hinausschieben dieser Grenze vorsehen. Erkrankt der Arbeitnehmer im U., so werden die durch ärztl. Zeugnis nachgewiesenen Tage der Arbeitsunfähigkeit auf den Jahres-U. nicht angerechnet (§ 9 BUrlG).

Während des U. ist Erwerbstätigkeit zu unterlassen, wenn sie dem U.-Zweck widerspricht. Der Arbeitnehmer hat grundsätzlich keinen Anspruch auf **unbezahlten U.**, jedoch kann aus Treu und Glauben ein solcher Anspruch erwachsen (z. B. aus dringenden persönl. Gründen, wenn der Jahres-U. bereits aufgebraucht ist). Im U.-Recht gilt das **Abgeltungsverbot**, d. h., beansprucht der Arbeitnehmer keine U.-Freizeit, verfällt sie. Eine Ausnahme lässt das Ges. nur dann zu, wenn der U. wegen Beendigung des Arbeitsverhältnisses nicht mehr genommen werden kann (§ 7 Abs. 4 BUrlG).

Während das BUrlG lediglich die Weiterzahlung der Bezüge für die Zeit des U. vorschreibt (**U.-Entgelt**), begründen einzel- und kollektivvertragl. Regelungen vielfach den Anspruch des Arbeitnehmers auf ein zusätzl. **U.-Geld**, das entweder in Form einer Pauschale, eines prozentualen Anteils am U.-Entgelt oder in Form eines Betrages in U.-Tag gewährt wird.

In der Bundesrepublik Dtl. stieg der durchschnittl. Jahres-U. aller abhängig Beschäftigten (einschließlich Sonder-U.) von (1960) 15,5 über (1970) 21,2 und (1980) 27,3 sowie (1992) 30,8 (alte Länder) und 26,8 (neue Länder) auf (1997) 31,1 (alte Länder) und 30,1 Arbeitstage (neue Länder). Nach Angaben des Instituts der dt. Wirtschaft betrug der tarifl. Jahres-U. (1997, in Arbeitstagen) für Arbeiter in der verarbeitenden Industrie in Italien 35,0, den Niederlanden 31,2, Dtl. 30,0, in Großbritannien, Schweden und Dänemark 25,0, in Spanien, Griechenland und Portugal 22,0, Irland 21,0, Belgien 20,0 sowie den USA 12,0.

Zivilrechtlich kann U. (im Ggs. zur Freizeit) als vermögenswertes Gut angesehen werden, dessen Verletzung Schadensersatzansprüche begründen kann (→Reisevertrag).

Hauptrechtsquelle der *österr.* U.-Regelungen ist das UrlG 1976, ähnl. Bestimmungen finden sich in Sondergesetzen, z. B. im Landarbeiter-Ges. oder im Bauarbeiter-UrlG. Das jährl. U.-Ausmaß beträgt 30 Werktage, bei einer Dienstzeit von 25 Jahren 36 Werktage (§ 2 UrlG). Der Arbeitnehmer hat darüber hinaus einen Anspruch auf U. zur notwendigen Pflege eines im gemeinsamen Haushalt lebenden nahen Angehörigen (Pflegefreistellung, §§ 15 ff. UrlG).

In der *Schweiz* beträgt der gesetzl. Mindestanspruch auf Ferien für Arbeitnehmer bis zum vollendeten 20. Altersjahr fünf Wochen, für die übrigen Arbeitnehmer vier Wochen pro Jahr (Art. 329 a OR). Arbeitnehmer bis zum vollendeten 30. Altersjahr haben unter bestimmten Umständen Anspruch auf eine Woche (unbezahlten) U. für außerschul. Jugendarbeit (Art. 329 e OR).

J. CERNY: U.-Recht (Wien ⁵1991); Gemeinschaftskomm. zum Bundesurlaubs-Ges., bearb. v. E. STAHLHACKE u.a. (⁵1992); W. LEINEMANN u. R. LINCK: U.-Recht (1995); D. NEUMANN: U.-Recht (¹¹1995).

Urlibellen, →Urflügler.

Urliste, *beschreibende Statistik:* ein Verzeichnis, das die Gesamtheit der erfassten Untersuchungseinheiten mit Laufnummer und den Ausprägungen der erfragten Merkmale enthält (z. B. das Alter der Angehörigen einer bestimmten Personengruppe). Aufgrund der U. lässt sich später mit der Laufnummer jede Untersuchungseinheit identifizieren, wenn persönl. Merkmale erfasst werden. Sind alle Einträge einer U. Beobachtungen eines Zufallsexperiments, so werden sie für die statist. Untersuchung als Stichprobe aufgefasst.

Urmensch, *Religionsgeschichte:* die in vielen Religionen verbreitete Vorstellung von einem ersten Menschen oder Menschenpaar. Der U. erscheint als der (göttl.) Prototyp des Menschen des jeweiligen Stammes oder Volkes. Häufig ist der U. androgyn oder aus einem göttl. Inzest hervorgegangen gedacht; Zeugung und Geburt durch zwei anthropomorphe göttl. Partner ist ebenso verbreitet wie das Formen des ersten Menschen(paares), z. B. aus Lehm, Holz oder Bast, oder die Abstammung von einem tier- oder menschenähnl. Urahn. – Beispiele für die U.-Vorstellung sind →Gayomart, →Yama und Yami, →Adam und Eva.

Urmenschen, andere Bez. für die →Australopithecinen.

Urmeristem, *Botanik:* aus großkernigen, plasmareichen Zellen bestehendes primäres →Bildungsgewebe des Embryos.

Urmesodermzelle, Urmesoblast, Ursprungszelle des mittleren Keimblattes (→Mesoderm) der Tiere.

Urmeter, frz. **Mètre des archives** [ˈmɛtrə dəzarˈʃiv], ein Vorläufer des durch die erste Generalkonferenz für Maß und Gewicht am 26. 9. 1889 ausgewählten Meterprototyps. Das U. ist eine Stange aus gehämmertem Platinschwamm von 1 m Länge als →Endmaß (Querschnitt rechteckig 25,3 × 4,0 mm). Es sollte den 40millionsten Teil eines Erdmeridians darstellen. Der **Meterprototyp** dagegen ist ein als →Strichmaß gebauter Stab von x-förmigem Querschnitt (20 × 20 mm) aus einer Legierung von 90 % Platin und 10 % Iridium. Er sollte die Länge des U. möglichst genau wiedergeben und war bis 1960 zugleich Definition und Realisierung der Längeneinheit →Meter; er wird in Sèvres aufbewahrt (→metrische Einheiten).

Urmia, Orumijeh, 1930–79 **Resaieh** [rezaiˈje], **Rezajeh, Rezaiyeh,** Stadt in Iran, 1 340 m ü. M., Hauptstadt der Prov. West-Aserbaidschan, westlich des Urmiasees, 357 400 Ew.; Zentrum eines ertragreichen agrar. Umlands mit überwölbtem Basar; petrochem. Komplex. – Freitagsmoschee (vor 1277 errichtet).

Urmiasee, 1930–79 **Resaiehsee** [rezaiˈje-], abflussloser See in NW-Iran, 1 274 m ü. M., in einem weiten, verhältnismäßig dicht besiedelten Becken der Gebirgslandschaft von Aserbaidschan, mit einer Fläche

Urmo Urmonotheismus – uro...

von 4700–6000 km² der größte See des Landes; bis 16 m tief; Salzgehalt 15–23%; fischlos.

Urmonotheismus, *Religionswissenschaft:* die Auffassung, dass die Urform der Religion der Glaube an einen Gott sei und alle späteren davon abweichenden Glaubensformen, v.a. die polytheist. Religionen, Entstellungen dieses ursprüngl. ›reinen Gottesglaubens‹ darstellten. Innerhalb der Religionswiss. wurde die (heute als unwissenschaftlich-spekulativ abgelehnte) U.-Hypothese bes. von dem Ethnologen WILHELM SCHMIDT vertreten.

Urmotten, Kau|falter, Micropterygidae, einzige Familie der teils als Unterordnung, teils als Ordnung (Zeugloptera) betrachteten Gruppe kleiner, urtüml. Schmetterlinge; 80 Arten (in Mitteleuropa sieben). Starke Unterschiede gegenüber allen übrigen Schmetterlingen: kein Saugrüssel, Oberkiefer gut entwickelt zum Kauen von Pollen und Pflanzensporen. Raupen mit elf Beinpaaren und relativ langen Fühlern; U. leben im Moos und Detritus.

Urmund, Prostoma, Blastoporus, bei der Gastrulation am vegetativen Pol der Gastrula sich ausbildende, in den Urdarm führende Öffnung, an der das Ekto- in das Entoderm überleitet. Je nachdem, ob der U. zum definitiven Mund oder zum After wird, unterscheidet man →Protostomier und →Deuterostomier.

Urmünder, die →Protostomier.

Urmützenschnecken, die →Napfschaler.

Urmuz [urˈmus], eigtl. **Demetru Demetrescu-Buzău** [-buˈsəu], rumän. Schriftsteller, *Curtea de Argeș 17.3.1883, †(Selbstmord) Bukarest 23.11.1923; Justizbeamter; gehört mit seinen bizarr-grotesken Erzählungen zu den Vorläufern des Surrealismus und der absurden Prosa.

Ausgaben: Pagini bizare, hg. v. S. PANA (1970). – Das gesamte Werk, hg. v. O. PASTIOR (²1983).

Urnammu, neusumer. Herrscher (2047–2029 v.Chr.), Begründer der 3. Dynastie von Ur; wohl ein Sohn UTUCHENGALS von Uruk, des Bezwingers der Gutäer; von Ur aus Reorganisator der sumer. Macht und erster König des zentralistisch regierten Reiches von Ur. Nach seinem Tod vergöttlicht und Held mehrerer Unterweltsdichtungen. Von ihm stammt die älteste bisher bekannte Kodifikation des sumer. Rechts.

Urnäsch, Gem. im Kt. Appenzell Ausserrhoden, Schweiz, 832 m ü. M. am gleichnamigen Fluss, 2500 Ew.; Fremdenverkehrs-Gem. (auch Wintersport) mit schönen Bauernhäusern, Museum für Appenzeller Brauchtum (Silvesterkläuse).

Urne [lat. urna ›(Wasser)krug‹], meist aus Metall oder Ton gefertigtes Gefäß zur Aufnahme des Leichenbrands nach der Kremation des Toten; zur vorgeschichtl. U. →Urnengrab.

Urnenfelderkultur, Kulturgruppe der späten Bronzezeit Europas, deren Hauptmerkmal die Bestattung des Leichenbrands in Urnen auf großen Friedhöfen (**Urnenfeldern**) ist. Ihre Wurzeln sind in einen östl. Zweig, der vom nördl. Mittel-Dtl. (Lausitzer Kultur) über den Raum der Tschech. und der Slowak. Republik (Knovízer, Milavečer, Velaticer Kultur) bis Ungarn (Válkultur), Slowenien und Kroatien reicht, sowie einen westl. Zweig, der den südtl. Raum, die Schweiz und Teile O-Frankreichs umfasst. Die U. brachte eine Uniformierung des kulturellen Erscheinungsbildes weiter Gebiete mit sich, z. B. die allgemeine Einführung des Pfluges, die Kultur von Roggen und Hafer sowie der Gebrauch des Griffzungenschwerts.

H. MÜLLER-KARPE: Beitr. zur Chronologie der Urnenfelderzeit nördl. u. südlich der Alpen (1959, Nachdr. 1970). – H. ECKHARDT: Pfeil u. Bogen. Eine archäolog.-technolog. Unters. zu urnenfelder- u. hallstattzeitl. Befunden (1996).

Urnengrab, Grab, in dem Leichenbrand in einer Urne beigesetzt ist. Die ältesten U. gehören der jungsteinzeitl. →Schönfelder Gruppe und frühbronzezeitl.

Kulturen Kleinasiens an. In der Bronzezeit waren die U. vorherrschende Grabform in SO-Europa (→Hausurnen, →Gesichtsurnen), allgemeine Verbreitung im weiteren mitteleurop. Raum fanden sie in der ausgehenden Bronzezeit, die deshalb für dieses Gebiet auch als Urnenfelderzeit (geprägt durch die →Urnenfelderkultur) bezeichnet wird.

Urnenmodell, *Wahrscheinlichkeitstheorie:* eine Darstellungsweise zur Veranschaulichung von elementaren Wahrscheinlichkeitsmodellen. Eine Urne ist dabei ein Behälter, der Einheiten (z.B. Kugeln versch. Farbe) einer Grundgesamtheit enthält, die nach einem bestimmten Ziehungsschema entnommen werden. Die Ziehung aus einer Urne, die Kugeln von zwei versch. Farben enthält, mit Zurücklegen führt auf die Binomial-, ohne Zurücklegen auf die hypergeometr. Verteilung.

Urnenpflanze, Dis|chidia, Gattung der Schwalbenwurzgewächse mit rd. 100 Arten im trop. Asien und in Australien; epiphyt., windende Pflanzen mit meist eiförmigen, fleischigen Blättern, die bei einigen Arten z. T. zu großen, abgeflachten Taschen umgebildet sind (durch verstärktes Flächenwachstum bei gleichzeitiger Hemmung des Randwachstums), in die ein Teil der Luftwurzeln hineinwächst. Die Schlauchblätter dienen wahrscheinlich als Wasserspeicher sowie durch sich in ihnen ansammelnde, sich zersetzende organ. Stoffe der Nährstoffversorgung der Pflanze.

Urnammu vor dem Mondgott Nanna, dem Stadtgott von Ur; Teil einer Stele aus dem Nanna-Heiligtum in Ur; 2. Hälfte des 3. Jt. v. Chr. (Philadelphia, Pa., University Museum)

Urner See, Teil des →Vierwaldstätter Sees, zw. Reussmündung und Brunnen.

Urnes [ˈuːrneːs], Ort am Lustrafjord (innerster Arm des Sognefjords) in Norwegen, gehört zur Gem. Luster in der Prov. Sogn og Fjordane. – Die älteste erhaltene Stabkirche Norwegens (1. Hälfte 12. Jh.; UNESCO-Weltkulturerbe) besitzt in Schiff und Chor reich geschnitzte Würfelkapitelle der Säulen (Stäbe) sowie – von einem früheren Kirchenbau (2. Hälfte 11. Jh.) – Balken an N-Portal und Planken an der N-Wand und in den Giebelfeldern mit reichen Schnitzereien im U.-Stil: stilisierte kämpfende Tiere, verschlungen mit Bandornamenten.

Ur|niere, →Niere.

Ur|nierengang, der primäre Harnleiter (→Niere).

uro... [zu griech. oûron ›Harn‹], vor Vokalen meist verkürzt zu **ur...**, Wortbildungselement mit der Bedeutung: Harn, z. B. Urokinase, Urämie. – Auch als letzter Wortbestandteil **...urie**, in der Bedeutung: Harn, Ausscheidung mit dem Harn, das Harnen, z. B. Hämaturie.

Urnes: Schnitzereien im Urnesstil am Portal der Stabkirche

Urobilin [zu lat. bilis ›Galle(nblase)‹] *das, -s,* über die Zwischenstufe **Urobilinogen** (farblos) im Darm durch die Tätigkeit von Darmbakterien entstehendes, orangefarbenes Abbauprodukt des Gallenfarbstoffs Bilirubin; U. wird in Harn und Stuhl ausgeschieden und bewirkt die Stercobilin ähnliche Färbung; stark vermehrt kommt U. mit Stercobilin im Harn bei Lebererkrankungen (z. B. Hepatitis, Leberzirrhose, tox. oder infektiöser Leberparenchymschädigung) vor.

Uro|chrom [zu griech. chrôma ›Farbe‹] *das, -s,* Biochemie: Bez. für den gelben Farbstoff des normalen Harns, bestehend v. a. aus Polypeptidverbindungen sowie Abbauprodukten des Hämoglobins.

Urodela [griech.], die →Schwanzlurche.

Ur|offenbarung, lat. **Revelatio universalis, Revelatio generalis,** ein von P. ALTHAUS geprägter Begriff, der die indirekte Selbstoffenbarung Gottes innerhalb der erfahrbaren Wirklichkeit in Gestalt von Natur und Gewissen bezeichnet, die als der christl. Offenbarung zugrunde liegend und zeitlich vorausgehend gedacht wird; im Unterschied zur vernunftgemäßen Erkenntnis Gottes (→natürliche Theologie). Bibl. Hinweise auf eine der christl. Offenbarung vorausgehende Selbstbekundung Gottes sind z. B. Röm. 1, 19–21 und Apg. 17, 23–31. Namhafte Vertreter einer am Konzept der U. anknüpfenden, wenn auch je unterschiedlich entfalteten Position sind u. a. E. BRUNNER, P. TILLICH, der ev. Theologe CARL HEINZ RATSCHOW (* 1911), W. TRILLHAAS, G. EBELING, W. PANNENBERG, K. RAHNER und H. KÜNG.
P. ALTHAUS: Die christl. Wahrheit. Lb. der Dogmatik (^{8}1969, Nachdr. 1972).

Uroflowmetrie [-flaʊ-; engl. flow ›Strömung‹ und griech. métron ›Maß‹] *die, -/...'tri|en,* Bestimmung und graf. Aufzeichnung der je Zeiteinheit abgegebenen Harnmenge bei der Blasenentleerung in ein Gefäß mit elektron. Messeinrichtung; der Normalwert liegt zw. 20 und 50 ml/s. Die U. dient zur Feststellung einer beginnenden →Harnabflussstörung.

Urogenitalsinus [zu lat. genitalis ›die Geschlechtsorgane betreffend‹], **Sinus urogenitalis,** bei den Säugetieren (einschließlich des Menschen; ausgenommen Kloakentiere) der Raum, in den gemeinsam Harn- und Geschlechtswege (Samenleiter bzw. Scheide) einmünden. Der U. des Mannes, die im Penis verlaufende Harn-Samen-Röhre, beginnt mit der Einmündung der Samenleiter in die Harnröhre, der U. der Frau wird als Scheidenvorhof bezeichnet.

Urogenitalsystem [zu lat. genitalis ›die Geschlechtsorgane betreffend‹], **Urogenitaltrakt,** zusammenfassende Bez. für die beiden bei den Wirbeltieren (einschließlich des Menschen) morphologischfunktionell miteinander verknüpften Organsysteme: das der Ausscheidung dienende Harnsystem und das für die Fortpflanzung zuständige Geschlechtssystem. Eine direkte Verbindung zw. den beiden Systemen wird jedoch nur im männl. Geschlecht (außer bei Rundmäulern und Knochenfischen) bei der Bildung des Nebenhodens aus der Urniere und beim Funktionswechsel des Urnierengangs zum Samenleiter bzw. Harn-Samen-Leiter (Harnröhre) vollzogen.

Urographie [zu griech. gráphein ›schreiben‹, ›zeichnen‹] *die, -/...'phi|en,* Röntgenkontrastdarstellung der Nieren (Nephrographie), des Nierenbeckens (Pyelographie), der Harnleiter (Ureterographie) und der Blase (Zystographie) zur Diagnose von Nierentumoren und -zysten, Abflusshindernissen der ableitenden Harnwege und Blasenfunktionsstörungen. Bei der **Ausscheidungs-U.** wird eine jodhaltige Kontrastmittelflüssigkeit intravenös injiziert oder im Bedarfsfall in größeren Mengen als intravenöse Infusion **(Infusions-U.)** gegeben. Die in versch. Zeitabständen angefertigten Röntgenaufnahmen **(Urogramme)** bilden durch den Schatten gebenden Kontrastharn das Harn produzierende Nierengewebe und die ableitenden Hohlorgane ab. Bei fehlender Harnausscheidung kann eine **retrograde U.,** bei der die Kontrastmittelflüssigkeit mit einem Zystoskop durch Katheter unmittelbar in Harnleiter und Nierenbecken eingebracht wird, Aufschluss geben. Die während der Harnentleerung durchgeführte **Miktionszystourethrographie** erlaubt eine Diagnose des Rückstroms von Harn aus der Harnblase in die Nieren (vesikoureteraler Reflux) und von Harnrohrabflussstörungen. – Die U. wird nur dann eingesetzt, wenn eine Ultraschalluntersuchung keinen Aufschluss bietet.

Urokinase, von den Nierenzellen gebildetes proteolyt. Enzym, das in Form eines Komplexes mit einem α-Globulin im Plasma transportiert wird und die Umwandlung von Profibrinolysin (Plasminogen) in Fibrinolysin (Plasmin) bewirkt. – Die U. wurde erstmals aus Urin isoliert (Name!). Derzeit wird sie aus Nierenzellkulturen des Menschen oder auch gentechnologisch aus Kulturen genetisch veränderter Bakterien gewonnen und als Fibrinolytikum verwendet.

Urolitholyse *die, -/-n,* medikamentöse Auflösung von Harnsteinen (Blasen- und Nierensteine); die U. ist nur bei bestimmten Formen von Harnsteinen (v. a. bei reinen Harnsäure- oder Cystinsteinen) möglich; durch alkalisierende Behandlung können diese Steine in 5–12 Wochen aufgelöst werden.

Urologie *die, -,* Fachgebiet der Medizin, umfasst die Prävention, Erkennung, Behandlung, Rehabilitation und Nachsorge von Erkrankungen, Fehlbildungen und Verletzungen des männl. Urogenitalsystems und der weibl. Harnorgane, die Kinder-U., die urolog. Onkologie und die Andrologie. Die U. ist ausgewiesenes Gebiet der ärztl. Weiterbildung und wird vom Urologen (Facharzt für U.) ausgeübt.

Urologika, *Sg.* **Urologikum** *das, -s,* Arzneimittel zur Behandlung von Erkrankungen der Nieren und Harnwege.

Urometer *das, -s/-, Medizin:* Aräometer zur Bestimmung des spezif. Gewichts des Harns bei der Nierendiagnostik.

Urondo, Francisco, argentin. Schriftsteller, * Santa Fe 10. 1. 1930 (?), † in der Prov. Mendoza 17. 6. 1976; engagierter Essayist, der auch in seiner Lyrik Verständlichkeit anstrebte, um (v. a. in ›Adolecer‹, 1968) Sprachreflexion, Geschichtsdarstellung und polit. Botschaft zu verbinden; stand in der Tradition der Argentinienkritik und berief sich auf humanitäre wie sozialist. Ideale. U. kam im Kampf gegen die Militärdiktatur ums Leben.
Weitere Werke: *Lyrik:* Todos los poemas, 1950–1970 (1972). – *Erzählungen:* Todo eso (1966); Al tacto (1967). – *Essays:* Veinte años de poesía argentina (1968); La patria fusilada (1973).

Uronsäuren [Kw.], organ. Säuren, die sich von den Aldosen (Gruppe der Monosaccharide, →Kohlenhydrate) durch Oxidation der endständigen, primären Alkoholgruppe, –CH$_2$OH, zur Carboxylgruppe, –COOH, ableiten. In der Natur treten die Glucuronsäure und die Galakturonsäure (die U. der D-Glucose bzw. der D-Galaktose) z. B. als Bestandteile des Gummiarabikums und der Pektine auf; weitere (von den Monosacchariden D-Mannose und L-Gulose abgeleitete) U. sind die Mannuronsäure und die Guluronsäure, die die Bausteine der Alginate bilden. – Die im tier. Stoffwechsel aus Glucose entstehende →Glucuronsäure besitzt große physiol. Bedeutung für die Ausscheidung von (giftigen) Stoffwechselprodukten.

Uropoese [zu griech. poiein ›hervorbringen‹] *die, -,* die Harnbildung (→Harn).

Uro|porphyrin *das, -s,* Zwischenprodukt der Porphyrinbiosynthese; im Organismus in pathol. Fällen (→Porphyrie) vermehrt in Harn und Kot.

Uropygi [griech.], die →Geißelskorpione.

Urosepsis, von den Harnorganen (Niere, Harnwege, Harnblase) ausgehende →Sepsis.

Uro|tropin [Kw.] *das, -s,* Handelsname für →Hexamethylentetramin.

Ur|ozeane, von H. STILLE angenommene Kernräume der Erde, die seit präkambr. Zeit vom Meer bedeckt waren (Urpazifik, Südl. Uratlantik, Nördl. Uratlantik, Urskandik und Urarktik). Diese Auffassung ist durch die Konzeption der →Kontinentalverschiebung und der →Plattentektonik hinfällig geworden.

Urpassat, Ostwindzone beiderseits des Äquators oberhalb der →Passate.

Urphänomen, *Philosophie:* Grunderscheinung, die das Gesetz einer in der Natur vielfältig variierten Klasse von Gestalten an einem einzigen Modellfall unmittelbar einsichtig macht, insofern dieser die wesentl. Bedingungen vereint (so GOETHE in seiner Farbenlehre).

Urpilze, Archimycetes, Chytridiales, Klasse der Schleimpilze mit etwa 500 Arten. Alle Arten besitzen nackte, einkernige Protoplasten, die kein Plasmodium bilden. Die Zoosporen und Gameten haben eine nach hinten weisende Schubgeißel. Durch die Art Synchytrium endobioticum wird der **Kartoffelkrebs,** bekannt als Pflanzenschädling und anzeigepflichtig, hervorgerufen. Die Sporen dringen durch die Augen der Knollen ein und verursachen tumorartige Zellvermehrung.

Urraca, Königin von Kastilien und León (seit 1109), * um 1080, † Saldaña (Prov. Palencia) 8. 3. 1126; Erbtochter König ALFONS' VI.; ihre zweite Ehe mit ALFONS I. von Aragonien, geschlossen zur Sicherung ihrer Herrschaft, verwickelte das Königreich in Kriege mit ihrem Gemahl, weil der Adel und ihr Sohn aus erster Ehe, ALFONS VII. (1126-57), einem Zusammenschluss mit Aragonien widerstrebten.

B. F. REILLY: The kingdom of León-Castilla under Queen U., 1109-1126 (Princeton, N. J., 1982).

Ur|rassen, *Landwirtschaft:* die →Primitivrassen.

Ur|raubsauri|er, dt. Bez. für die Sphenacodontoidea, eine Gruppe räuberisch lebender säugetierähnl. fossiler Reptilien (→Synapsida).

Ur|raubtiere, ausgestorbene Säugetierordnung, →Hyaenodonta.

Ur|religion, eine in der von der Romantik beeinflussten Religionsforschung immer wieder gesuchte fiktive Größe, der man sich auf histor., psycholog., soziolog., ethnolog. und theolog. Weg anzunähern suchte. Zu den im Rahmen der wiss. Suche nach dem Urgrund und Ursprung der Religion entstandenen Theorien gehören der Animismus, Totemismus, Animatismus, die Uroffenbarungslehre und die Urmonotheismustheorie, aber auch die Lehren vom ›sensus numinis‹ (R. OTTO), von den Hierophanien (M. ELIADE) und den religiösen Archetypen (C. G. JUNG). Aus Sicht der neueren Religionswissenschaft sind die mit diesen Theorien verbundenen Vorstellungen (bes. wegen ihrer religiösen und spekulativen Voraussetzungen und Implikationen) wiss. nicht haltbar.

Ursache [urspr. ›erster Anlass zu gerichtl. Vorgehen‹], *Philosophie:* allg. ein Ding, Zustand oder Geschehen, das notwendig als der reale log. Grund von anderem anerkannt werden muss. Die Verknüpfung von Gegebenheiten nach U. und Wirkung (Ursächlichkeit, Prinzip der →Kausalität) und das log. Grund-Folge-Verhältnis gehören zu den wichtigsten Grundsätzen der menschl. Erkenntnis und sind Grundlagen jeder Wissenschaft. Die U.-Lehre des ARISTOTELES (→Causa) prägte auf lange Zeit die abendländ. Philosophie.

Ursa Maior [lat.], das Sternbild →Großer Bär.

Ursa-Maior-Haufen, Bärenstrom, Bewegungssternhaufen im Sternbild Großer Bär (Ursa Maior), dem über 100 Sterne angehören, darunter β, γ, δ, ε, ζ Ursae Maioris und Sirius. Ihre Geschwindigkeit im Raum beträgt etwa 27 km/s, ihr Vertex (Zielpunkt) liegt im Sternbild Adler.

Ur|samenzellen, Ausgangszellen der Samenbildung (→Spermatogenese). →Urgeschlechtszellen

Ursa Minor [lat.], das Sternbild →Kleiner Bär.

Urschieferformation, alte Bez. für das jüngere →Präkambrium.

Ursegmente, *Keimesentwicklung:* →Somiten.

Ur|sendung, →Erstaufführung.

Urserental, Talschaft der obersten Reuss, im Kt. Uri, Schweiz, von Realp (1 538 m ü. M.) bis zur Schöllenenschlucht (1 440 m ü. M.), zw. Gotthard- und Dammagruppe, von der Straße über die Furka (ab Hospental gleichzeitig über den Sankt Gotthard) und der Furkabahn durchzogen; Fremdenverkehrsgebiet; Hauptorte sind →Andermatt, Hospental (1 453 m ü. M., 243 Ew., Barockkirche, Wehrturm aus dem 13. Jh.) und Realp (198 Ew., Ausgangspunkt des Furkabasistunnels). – Das U. war seit etwa 800 im Besitz des Klosters Disentis und seit etwa 1230 Reichsvogtei; 1317 kam es in den Besitz des Kt. Uri.

Ursidae [lat.], die →Bären.

Ursinus, Gegenpapst (366-367), † 381 (?); nach dem Tod LIBERIUS' im September 366 von einer Minderheit erhoben, während die Mehrheit DAMASUS I. wählte; musste am 16. 11. 367 auf kaiserl. Befehl Rom endgültig verlassen.

Ursinus, Zacharias, eigtl. **Z. Beer,** ref. Theologe, * Breslau 18. 7. 1534, † Neustadt an der Weinstraße 6. 3. 1583; Schüler P. MELANCHTHONS; nach Aufenthalten u. a. in Genf und Paris 1558-60 Lehrer in Breslau; ab 1561 Prof. der Theologie in Heidelberg. Mit C. OLEVIANUS prägte er maßgeblich den →Heidelberger Katechismus. Nach dem Tod Kurfürst FRIEDRICHS III. (1576) als Reformierter entlassen, lehrte er ab 1578 am Casimirianum, der von Pfalzgraf JOHANN CASIMIR (* 1543, † 1592) in Neustadt gegründeten reformierten Lateinschule.

K. SUDHOFF: C. Olevianus u. Z. U. Leben u. ausgew. Schrr. (1857); E. K. STURM: Der junge Z. U. Sein Weg vom Philippismus zum Calvinismus. 1534-1562 (1972).

Ursol|asthma, als Berufskrankheit anerkanntes, bei Fellfärbern auftretendes allerg. Asthma; hervorgerufen durch Arbeiten mit aromat. Diaminen, z. B. p-Phenylendiamin.

Urson [lat.-frz.] *der, -(s)/-s,* Art der →Baumstachler.

Urspannung, *Elektrizitätslehre:* andere Bez. für Quellenspannung, die Leerlaufspannung einer Spannungsquelle (→Klemmenspannung).

Ursprache, 1) Originalsprache; 2) hypothetisch angenommene, auf der Basis von Sprachvergleich rekonstruierte Grundsprache als Ausgangspunkt für die Entwicklung genetisch verwandter Sprachen.

Ursprung, 1) *Mathematik:* der Bezugspunkt (Nullpunkt) eines Koordinatensystems (→Koordinaten).
2) *Philosophie:* lat. **Origo,** das Entspringen, Entstehen von etwas, i. e. S. *genetisch-zeitlich* die Abstammung, Entwicklung, *metaphysisch* der Seinsgrund (erste Ursache, →Arche, →Prinzip), *erkenntnistheoretisch* der log. Geltungsgrund (Beweisgrund, Grundsatz, Axiom).

Ursprungsland, Herstellungsland, *Außenwirtschaft:* das Land, in dem eine Ware geerntet, gefördert oder erzeugt wurde oder die letzte Bearbeitung erfahren hat. Ein **Ursprungsnachweis** dient vielfach bei der Wareneinfuhr zur Erfüllung handelspolit. oder devisenwirtschaftl. Vorschriften oder zur Erlangung von Vergünstigungen (Einfuhrbewilligung, Zollvergütung). Das hierfür auszustellende **Ursprungszeugnis** muss die Ware nach Art, Menge, Beschaffenheit und Herkunft (→Herkunftsbezeichnung) bezeichnen und beglaubigt sein.

Ursprungslandprinzip, Prinzip der Besteuerung grenzüberschreitenden Handels: Die Besteuerung ist so zu gestalten, dass Güter ohne Rücksicht darauf, wo sie verwendet werden, nach den Steuerregeln des Landes der Produktion (Ursprungsland) belastet werden (Ggs.: Bestimmungslandprinzip). Das U. behandelt die Steuern als Standortfaktor wie andere Kostenfaktoren und ist daher bes. bei nach dem Äquivalenzprinzip erhobenen Unternehmensteuern und bei Umweltabgaben angemessen. Entscheidend ist die Höhe der Steuerbelastung; wo die Besteuerung technisch vorgenommen wird, ist irrelevant. Eine künftige Harmonisierungsregelung im Rahmen der EU, die vorsieht, dass Exporte im Exportland besteuert werden und dass diese Steuer dann beim importierenden Unternehmer im Importland als Vorsteuer abzugsfähig ist, läuft nicht auf das U. hinaus, sondern verwirklicht wegen der Nachholwirkung (→Umsatzsteuer) weiterhin das Bestimmungslandprinzip. Lediglich bei Direktimporten durch Verbraucher bestimmt sich die Mehrwertsteuerbelastung wegen der Einfuhrabgabenfreiheit nach dem Ursprungslandprinzip.

Urstand, *christl. Theologie:* allg. die urspr. unmittelbare Gemeinschaft des Menschen mit Gott im →Paradies. Im Anschluss an die Paradieserzählung nahmen die Verfasser des A. T. und N. T. ein geschichtlich fixierbares Ereignis an, durch das sich der Zustand der Menschheit radikal verändert habe (→Sündenfall) und der Mensch seine im U. gegebene Unsterblichkeit und Sündenfreiheit, d. h. die ›natürl.‹ Fähigkeit, gemäß seiner von Gott gewollten Bestimmung zu leben, verloren habe. Die Theologie des U. wurde bes. in der Scholastik vertieft und im Kontext von Gnade, Erlösung und Erbsünde entfaltet. In der ev. Theologie wird U. seit F. D. E. SCHLEIERMACHER vornehmlich – im Rahmen der theolog. →Anthropologie – im Sinne der geistigen, sittl. oder in Gottes Wort bzw. in JESUS CHRISTUS gegebenen Bestimmung des Menschen zum Ebenbild Gottes (→Imago Dei) diskutiert.

Ur-Standarte, Bez. für einen mit Einlegearbeit (Muschelkalk, Kalksteinplättchen, Lapislazuli) geschmückten Holzkasten (vielleicht Resonanzkasten eines Musikinstruments) aus dem Königsfriedhof in Ur (Mitte 3. Jt. v. Chr., heute London, Brit. Museum; BILD →Rad). Die Darstellungen der beiden Längsseiten (20,3 × 48,3 cm) des Kastens (Schlachtszenen; kult. Festmahl) sind in drei Registern angeordnet, die von unten nach oben zu lesen sind; auf den Schmalseiten mytholog. Szenen.

Urstele, Protostele, *Botanik:* nach der →Stelärtheorie die einfachste, bei den erdgeschichtlich ältesten Landpflanzen und den Jugendstadien heutiger Farnpflanzen vorkommende Form der →Stele. Die U. besteht aus einem zentral verlaufenden Tracheidenstrang, der von einem Mantel lang gestreckter, wenig differenzierter, als Vorstufe des Phloems gedeuteter Zellen umgeben ist.

Urstromtäler, breite Talniederungen, die während der Eiszeiten am Rand des Inlandeises entstanden, weil die Schmelzwässer parallel zum Eisrand abfließen mussten, wenn (wie in Mittel- und Nord-Dtl.) die periglaziale Landoberfläche gegen das Eis geneigt war. Damit hängt zusammen, dass die U. nicht durchgehend von nur einem Fluss benutzt wurden und auch kein gleichmäßiges, nicht einmal ein gleichsinniges Gefälle besitzen. Auch heute werden sie nur streckenweise von einem größeren Fluss benutzt, im Übrigen von kleinen, wegen des geringen Gefälles oft nur trägen Wasserläufen. Die in den U. durch die eiszeitl. Schmelzwasserfluten abgelagerten Sande lieferten vielfach das Material für Binnendünen. Die U. sind von großer Bedeutung für den Verkehr (Anlage von Kanälen) und – infolge ihrer reichen Grundwasservorräte – für die Wasserversorgung.

Die U. Nord-Dtl.s bilden ein verzweigtes Netz mit der Hauptausrichtung O–W oder SO–NW. Entsprechend den einzelnen längeren Pausen beim jeweiligen Eisrückzug kann man vier größere U. unterscheiden:
1) Breslau-Magdeburger Urstromtal (Warthe-Stadium der Saale-Eiszeit),
2) Glogau-Baruther Urstromtal (Brandenburger Stadium der Weichsel-Eiszeit),
3) Warschau-Berliner Urstromtal (Frankfurter Stadium der Weichsel-Eiszeit),
4) Thorn-Eberswalder Urstromtal (Pommersches Stadium der Weichsel-Eiszeit).

Im Umkreis der Alpen werden entsprechende, am ehemaligen Gletschersaum verlaufende Schmelzwasserrinnen oder Talzüge als ›Eisrandtäler‹ bezeichnet. Größere außereurop. Beispiele für U. sind die Talzüge des Ohio und des Missouri in Nordamerika.

Ursubstanz, *Chemie:* die →Urtitersubstanz.

Ursula: C'est moi (Das bin ich); 1966 (Köln, Museum Ludwig)

Ursula, eigtl. U. **Schultze-Bluhm,** Malerin, Zeichnerin und Objektkünstlerin, *Mittenwalde 17. 12. 1921; ∞ mit dem Maler B. SCHULTZE. U. wurde 1954 von J. DUBUFFET entdeckt. Sie gestaltet ihre traumhaft-fantast. Motive häufig unter Verwendung von Pelz und Objets trouvés.

U. Retrospektive. Werke 1951–1992, hg. v. S. FEHLEMANN, Ausst.-Kat. (1992).

Ursula und ihre elftausend Jungfrauen, christl. Märtyrerinnen. Nach der auf das 10. Jh. zurückgehenden Legende war URSULA die christl. Tochter eines brit. Königs. Um der Heirat mit einem Heiden zu entgehen, begab sie sich mit 11 000 Gefährtinnen auf Schiffe und pilgerte nach Rom. Auf der Rückreise starben alle bei Köln, das von den Hunnen belagert wurde, durch diese den Martertod. – Heilige (Tag: 21. 10.). Unter dem Patronat der hl. URSULA stehen u. a. die →Ursulinen. Mittelpunkt der Ursulaverehrung war Köln. Eine geschichtl. Grundlage der Legende (das Martyrium mehrerer christl. Jungfrauen) wird durch die Clematiusinschrift aus dem 4. oder 5. Jh. in der Kölner Kirche St. Ursula bezeugt. Die Zahl 11 000 geht wahrscheinlich auf einen Lesefehler der Zahl Elf zurück. – Die Legende ist in der *bildenden*

Ursula und ihre elftausend Jungfrauen: Meister der Ursulalegende, ›Begräbnis der heiligen Ursula und ihrer Gefährtinnen‹; um 1495–1500 (Köln, Wallraf-Richartz-Museum)

Kunst oft dargestellt worden, bes. in Köln (→MEISTER DER URSULALEGENDE). H. MEMLING schilderte sie in den Bildern des Ursulaschreins (1489; Brügge, Memling-Museum), V. CARPACCIO in einem Gemäldezyklus (1490 bis etwa 1495; Venedig, Galleria dell'Accademia); TINTORETTO malte den feierl. Zug der Jungfrauen (um 1547; Venedig, San Lazzaro). An der Spitze der (oft kleiner oder nur andeutend dargestellten) 11000 Jungfrauen trägt die hl. URSULA häufig eine Kreuzfahne; Attribute sind auch Palme und Pfeil.

F. G. ZEHNDER: Sankt Ursula Legende, Verehrung, Bilderwelt (1985).

Ursuleac, Viorica, rumän. Sängerin (Sopran), *Tschernowzy 26. 3. 1899, †Ehrwald (Tirol) 22. 10. 1985; Schülerin von LILLI LEHMANN, debütierte 1922 in Zagreb, war u. a. Mitgl. der Wiener (1931–35) und der Münchner Staatsoper (1936–44) und trat auch bei Festspielen (Salzburg) und mit ihrem Mann C. KRAUSS bei Liederabenden auf. Sie wurde bes. als Strauss-Interpretin bekannt, in dessen Werken sie bei der Uraufführung (›Arabella‹, ›Capriccio‹) hervortrat. Ab 1959 lehrte sie am Mozarteum in Salzburg.

Ursulinen, lat. **Ordo Sanctae Ursulae,** Abk. **OSU,** kath. Frauenorden, der auf eine 1535 von ANGELA MERICI in Brescia gegründete religiöse Frauengemeinschaft zurückgeht; deren Mitgl. lebten urspr. nicht in Klöstern, sondern blieben in ihren Familien und kümmerten sich v. a. um die religiöse Grundbildung und die Erziehung junger Mädchen. Es entstanden, zunächst v. a. in Oberitalien, dann auch in anderen Ländern (bes. Frankreich), weitere Gemeinschaften, die etwa ab 1610 klösterl. Lebensformen annahmen und v. a. mit der Einrichtung von Schulen befasst waren. Es gibt keine zentrale Ordensleitung, die einzelnen Niederlassungen sind weitgehend selbstständig oder in nat. Föderationen oder Kongregationen zusammengefasst. Tätigkeitsschwerpunkt ist die Erziehungs- und Bildungsarbeit. – Heute (1998) gehören dem Orden weltweit etwa 11 300 Ordensschwestern an, davon über 2 900 in den Niederlassungen (darunter vier in Österreich) der seit 1900 bestehenden ›Röm. Union‹. Die ›Föderation deutschsprachiger U.‹ umfasst 26 Niederlassungen in Dtl., zwei in Österreich (Graz, Innsbruck) und eine in Chile (Santiago de Chile). In der Schweiz bestehen drei Niederlassungen (Freiburg im Üechtland, Brig-Glis, Sitten).

M.-P. DESAING: Die U. (Freiburg 1968); A. CONRAD: Zw. Kloster u. Welt. U. u. Jesuitinnen in der kath. Reformbewegung des 16./17. Jh. (1991); DIES.: Mit Klugheit, Mut u. Zuversicht. Angela Merici u. die U. (1994).

Ursuppe, →Urzeugung.

Ursus, 1952–77 selbstständige Stadt in Polen, heute zu →Warschau.

Ursus und Viktor, Märtyrer, †Solothurn um 303; nach der Legende Angehörige der →Thebäischen Legion, die aber von Agaunum (heute Saint-Maurice) nach Solothurn fliehen konnten und dort durch Kaiser MAXIMIAN hingerichtet wurden; seit dem 5./6. Jh. bes. in der Schweiz verehrt. – Heilige (Tag: 30. 9.).

Urteil [ahd. urteil(i), eigtl. ›Wahrspruch, den der Richter erteilt‹], **1)** *Logik:* die bejahende oder verneinende Zuordnung eines Subjekts zu einer allgemeinen Bestimmung (Prädikat) nach log. Gesetzen. Das U. umfasst als konstitutive Elemente die sprachl. Form bzw. log. Struktur in der Verbindung von Subjekt und Prädikat durch die Kopula ›ist‹, die Äußerung (U.-Akt), den geäußerten Inhalt (U.-Sinn) und die darin enthaltene Stellungnahme, die auf die Entsprechung von U.-Sinn und Sachverhalt in der Wirklichkeit zielt. Das U. stellt somit den Ermöglichungsgrund und den zentralen Ort menschl. Erkennens dar. Die Logik untersucht in der U.-Lehre oder U.-Theorie die Struktur von U. und die Regeln ihres Aufbaus und ihrer Verknüpfung, nach denen ein U. als richtig oder falsch angesehen werden kann. In der traditionellen Logik werden U. eingeteilt nach der Qualität ihrer Aussage in affirmative (bejahende) und negative (verneinende) U., nach ihrem Geltungsumfang (Quantität) in universale (allgemeine), partikuläre (besondere), singuläre (einzelne), indefinite (unendl.) U., nach der Verbindung (Relation) zw. Subjekt und Prädikat in kategor. (unbedingte), hypothet. (bedingte), disjunktive U. (Entweder-oder-U.), nach ihrem Gewissheitsgrad (Modalität) in problemat. (mögl.), apodikt. (notwendige), assertor. (tatsächl.) U., nach ihrem Aufbau in einfache und zusammengesetzte U., nach ihrer Leistung in synthet. (Erweiterungs-U.) und analyt. U. (Erläuterungs-U.), bei I. KANT auch in U. a priori (vor aller Erfahrung) und U. a posteriori (aufgrund von Erfahrung). – Die moderne formalisierte Logik behandelt das U. als Aussage in der Aussagen-, Prädikaten- und Klassenlogik.

2) *Prozessrecht:* der den Prozess entscheidende Richterspruch (§§ 300ff. ZPO, §§ 260ff. StPO). Das Verfahren zur Fällung eines U. wird auch **Erkenntnisverfahren** genannt.

Im *Strafprozess* lautet das das Hauptverfahren abschließende schriftl. U. (Straf-U.) auf Freisprechung, Verurteilung, Anordnung einer Maßregel der Besserung und Sicherung oder Einstellung des Verfahrens (§ 260 StPO, →Strafprozess). Verkündet wird das U. am Schluss der Hauptverhandlung oder spätestens am 11. Tag nach dem Schluss durch öffentl. Verlesung der U.-Formel und Mitteilung der U.-Gründe (§ 268 StPO). Die U.-Gründe müssen die für erwiesen erachteten Tatsachen angeben, in denen die gesetzl. Merkmale der strafbaren Handlung gefunden werden; sie sollen auch die Beweistatsachen enthalten und haben das angewendete Strafgesetz und die Gründe der Strafzumessung mitzuteilen (§ 267 StPO). Bei allseitigem Rechtsmittelverzicht oder bei freisprechendem U. können die U.-Gründe vereinfacht werden. Der U.-Spruch wird in jedem Fall öffentlich verkündet; nur bei Verkündung der U.-Gründe kann unter bestimmten Voraussetzungen die →Öffentlichkeit ausgeschlossen werden (§ 173 Gerichtsverfassungs-Ges.). Die öffentl. Bekanntmachung des Straf-U. ist für einzelne Fälle (bes. Beleidigungsklagen) vorgesehen. Über die Vollstreckung des U. →Strafvollzug.

Ähnliches gilt in *Österreich* und auch in der *Schweiz,* wo die Einzelheiten v. a. in den versch. kantonalen Prozessgesetzen geordnet sind.

Im *Zivilprozess* ergehen U. i. d. R. aufgrund notwendiger mündl. Verhandlung in besonderer Form (§ 313 ZPO) und können unterschiedlich ausgestaltet sein. **End-U.** erledigen für die Instanz entweder den Prozess im Ganzen oder einen entscheidungsfähigen Teil (**Teil-U.**). Nach Art der Erledigung enthalten sie als **Sach-U.** eine Entscheidung in der Sache selbst, die auf Verurteilung (Feststellung, Gestaltung, Leistung) oder Klageabweisung ergehen kann, als **Prozess-U.** weisen sie die Klage wegen Fehlens einer prozessualen Sachurteilsvoraussetzung als unzulässig ab, ohne über den Klageanspruch selbst zu befinden. **Zwischen-U.** i. e. S. betreffen nur prozessuale Vorfragen des End-U., ohne die Instanz zu beenden; i. w. S. zählt dazu auch das →Grundurteil, das allerdings instanzbeendend über den Grund des Klageanspruchs entscheidet. Je nach Klageart und Inhalt der Entscheidung ist zw. **Leistungs-, Feststellungs-** und **Gestaltungs-U.** zu unterscheiden. I. d. R. ergehen U. unbedingt, anders aber die →Vorbehaltsurteile. Je nach Ablauf der mündl. Verhandlung – u. U. auch im →schriftlichen Verfahren – ergehen kontradiktor. (streitige) U. oder Versäumnis-U., nach Anerkenntnis des Beklagten **Anerkenntnis-U.,** nach Verzicht des Klägers **Verzichts-U.** Das U. darf nur von den Richtern gefällt werden, die der ihm zugrunde liegenden Verhandlung beigewohnt haben (Ausnahme bei Entscheidung ohne mündl. Verhandlung oder nach Lage der Akten). Es ist schriftlich abzufassen und am Schluss der Verhandlung oder in einem besonderen Termin bekannt zu machen. Diese **Verkündung** kann auch durch den Vorsitzenden in Abwesenheit der Mitgl. des Prozessgerichts erfolgen. Das U. enthält im U.-Rubrum (erstellt auf der Grundlage der Klage) die Bez. der Parteien, ihrer Vertreter, des Gerichts und der mitwirkenden Richter und die die ergeht. Die Entscheidung darstellende **U.-Formel (U.-Tenor),** i. d. R. mit Ausspruch über die Kosten und die vorläufige Vollstreckbarkeit. Es folgen der Tatbestand als knappe Darstellung der erhobenen Ansprüche mit Angriffs- und Verteidigungsmitteln sowie den Anträgen und die Entscheidungsgründe als kurze Zusammenfassung der Erwägungen, auf denen die Entscheidung in tatsächl. und rechtl. Hinsicht beruht. Tatbestand und Entscheidungsgründe können nach §§ 313 a, b, 495 a ZPO ausnahmsweise fortgelassen werden. Das U. ist von den Richtern, die es gefällt haben, zu unterschreiben. Das U. wird von Amts wegen zugestellt. Zw. mündl. Verkündung eines U. und seiner schriftl. Begründung dürfen nicht mehr als fünf Monate vergehen, andernfalls ist es rügeweise aufzuheben. Schreib- und Rechenfehler sowie offenbare Unrichtigkeiten können jederzeit richtig gestellt werden (§ 319 ZPO, **U.-Berichtigung**). Unter gewissen Voraussetzungen ist auch eine Berichtigung des Tatbestandes (§ 320 ZPO) oder Ergänzung des U. möglich (§ 321 ZPO), während sonst das Gericht an die einmal erlassene Entscheidung gebunden ist. Ein mit →Rechtsmitteln nicht mehr anfechtbares U. erwächst in →Rechtskraft. Aus rechtskräftigen oder für vorläufig vollstreckbar erklärten U. findet die Zwangsvollstreckung statt. Besonderheiten gelten bei ausländ. Urteilen. – Weitergehende parallele Bestimmungen gelten auch in den Ordnungen der Arbeits-, Verwaltungs-, Finanz- und Sozialgerichtsbarkeit.

Ähnl. Regelungen kennen *Österreich* und die *Schweiz.*

Urteil, Andreas, österr. Bildhauer und Zeichner, * Gakovo (bei Sombor) 19. 1. 1933, † Wien 13. 6. 1963; Schüler von F. WOTRUBA. Knorpelartige und züngelnde Formelemente kennzeichnen seine Plastiken aus Stein, Holz und Bronze sowie seine Zeichnungen.

Urteilskraft, die Fähigkeit, ein Urteil zu bilden. Der Begriff geht auf G. W. LEIBNIZ zurück und wurde von I. KANT in der ›Kritik der Urtheilskraft‹ (1790) im Unterschied zum Verstand, der die Regeln des Urteils gebe, und zur Vernunft, die nach Regeln schließe, als das Vermögen, unter Regeln zu subsumieren, definiert. Die U. ist bestimmend, wenn sie Einzelbefunde unter ein bekanntes Allgemeines ordnet, oder reflektierend, wenn sie zu einem Besonderen das Allgemeine auffindet. **Ästhetische U.** ist das Vermögen, formale Zweckmäßigkeit des Gegenstandes durch das Gefühl der Lust oder Unlust zu beurteilen, die Kritik der U. ist hier Analytik des Schönen (Erhabenen) als apriori. Untersuchung des Geschmacksvermögens. **Teleologische U.** ist das Vermögen, die Natur durch Verstand und Vernunft in Analogie zur Freiheit nach Zwecken zu beurteilen.

Urtica [lat.], die Pflanzengattung →Brennnessel.

Urticaceae [lat.], die →Nesselgewächse.

Urtierchen, die →Protozoen.

Urtika [lat. urtica ›Brennnessel‹] *die, -/...kä,* die ›Quaddel‹.

Urtikaria [zu lat. urtica] *die, -,* die →Nesselsucht.

Urtit [nach der Fundstätte Lujawr-Urt auf der Halbinsel Kola] *der, -s/-e,* mittelkörniges, helles bas. Tiefengestein aus Nephelin (80–95%), Augit (Ägirin; bildet dunkle Flecken), auch Plagioklas und Apatit.

Ur|titersubstanz, Ursubstanz, chemisch reinste, unbegrenzt haltbare, nicht hygroskop., in Wasser und/oder Alkohol leicht lösl. Chemikalie, die sich zur Herstellung von Lösungen mit genau bekanntem Gehalt (**Urtiterlösungen**) eignet, die ihrerseits zur Bestimmung des Gehalts weiterer Titrierlösungen verwendet werden können. Als U. eignen sich u. a. Natriumoxalat, Bernsteinsäure, Kaliumdichromat, Arsentrioxid und Silbernitrat.

Uru, Eigen-Bez. **Pukina,** Vogeljäger- und Fischervolk an Flüssen und Seen im Hochland von Bolivien und Peru. Die mit zugewanderten Aimara vermischten U. haben von ihren Nachbarn Landwirtschaft (Kartoffel, Quinoa) und Kleinviehhaltung (Schweine, Hühner) übernommen, ebenso deren Sprache. Im Titicacasee siedeln sie auf schwimmenden Plattformen aus übereinander geschichteten Binsenlagen, die mit Erde abgedichtet sind. Das Verbreitungsgebiet von Pukina-Sprechern war früher ausgedehnter. Auch die **Callawaya** aus bolivian. Dep. La Paz, die sich als reisende Krankenheiler und Wahrsager einen Namen machten, gehörten dazu (heute Ketschua). Die Herrscherfamilie der Inka geht wohl ebenfalls auf eine Pukina-Gruppe zurück. Enge Verwandte der U. sind die etwa 1700 **Kotsun** (Chipaya) nördlich des Coipasa-Sees in SW-Bolivien; sie konnten ihre Sprache bewahren. Sie züchten Lamas und Schafe; Feldbauprodukte handeln sie von den Aimara ein.

Uruapan del Progreso, Stadt im Bundesstaat Michoacán, Mexiko, auf der S-Abdachung der Cordillera Neovolcánica, 1 610 m ü. M., 219 500 Ew.; Volkskunstmuseum; Zentrum eines Agrargebietes, Herstellung von Lackarbeiten; Fremdenverkehr; Eisenbahnendpunkt, Flugplatz.

Urubamba *der,* einer der Quellflüsse des Ucayali, im südöstl. Peru, 725 km lang. Am tief eingeschnittenen Ober- und Mittellauf (**Vilcanota**) Ruinenstätten der Inka (Machu Picchu, Ollantaytambo).

Urubu [indian.] *der, -s/-s,* der Rabengeier (→Geier).

Urubupungá, Salto de U., ehem. Wasserfall des Paraná, 10 m hoch, an der Grenze zw. den brasilian. Bundesstaaten São Paulo und Mato Grosso do Sul. Der hier entstandene Kraftwerkkomplex umfasst die Werke **Ilha Solteira** und **Jupiá** mit einer Leistung von 3 230 bzw. 1 411 MW.

Urucúm, Serra do U., Höhenzug im W von Mato Grosso do Sul, Brasilien, bei Corumbá, 1 160 m ü. M.,

Urug Uruguaiana – Uruguay

Uruguay

Staatswappen

Staatsflagge

(ROU)

Internationales
Kfz-Kennzeichen

1970 1996 1970 1996
Bevölkerung Bruttosozial-
(in Mio.)   produkt je Ew.
             (in US-$)

☐ Stadt
☐ Land

Bevölkerungsverteilung
1996

☐ Industrie
☐ Landwirtschaft
☐ Dienstleistung

Bruttoinlandsprodukt
1995

mit bedeutenden Eisenerz- (Bändereisenerze, mehrere Mrd. t, 55 % Fe-Gehalt) und Manganerzvorkommen (35 Mio. t, 45 % Mn-Gehalt), von denen bisher nur die Manganerze abgebaut werden.

Uruguaiana, Hafenstadt im Uruguay im Bundesstaat Rio Grande do Sul, Brasilien, gegenüber der argentin. Stadt Paso de los Libres, 79 100 Ew.; kath. Bischofssitz. U. liegt in einem Gebiet mit bedeutender Viehhaltung (Rinder, Schafe) und hat Fleischverarbeitung und Lederindustrie.

Uruguay
Fläche 175 016 km²
Einwohner (1996) 3,2 Mio.
Hauptstadt Montevideo
Amtssprache Spanisch
Nationalfeiertag 25. 8.
Währung 1 Uruguayischer Peso (urug$) = 100 Centésimos (cts)
Uhrzeit 8⁰⁰ Montevideo = 12⁰⁰ MEZ

Uruguay [ˈʊrʊgvaɪ, uruˈɡvaːi, span. uruˈɣwai], amtlich spanisch **República Oriental del U.,** dt. **Republik Östlich des U., Republik U.,** Staat in Südamerika, zw. dem Atlantik im SO, dem Río de la Plata im S und dem Río Uruguay im W, grenzt im N an Brasilien, im W an Argentinien, 175 016 km², (1996) 3,2 Mio. Ew. Hauptstadt ist Montevideo, Amtssprache Spanisch; Währung: 1 Uruguayischer Peso (urug$) = 100 Centésimos (cts); Uhrzeit: 8⁰⁰ Montevideo = 12⁰⁰ MEZ.

STAAT · RECHT

Verfassung: Nach der Verf. vom 27. 11. 1966 (letzte Revision 14. 1. 1997) ist U. eine präsidiale Rep. Staatsoberhaupt und Chef der Exekutive ist der auf fünf Jahre direkt gewählte Präs., der auch die Reg. ernennt. Bei den Präsidentschaftswahlen wird es künftig eine Stichwahl geben, falls keiner der Kandidaten im ersten Wahlgang die absolute Mehrheit erhält. Die Legislative liegt beim Zweikammerparlament (Legislaturperiode fünf Jahre), bestehend aus Senat (31 Mitgl.) und Abgeordnetenhaus (99 Abgeordnete).

Parteien: Neben den beiden 1836 gegründeten traditionellen Parteien, Partido Colorado (Colorados) und Partido Nacional (PN, Blancos) spielen v. a. zwei Parteienbündnisse eine Rolle. Dem Frente Amplio (gegr. 1971, seit 1994 auch Encuentro Progresista) gehören u. a. der Partido Comunista (gegr. 1920), der Partido Socialista del U. (gegr. 1910), der Partido de Democracia Avanzada (gegr. 1992) und der Movimiento de Liberación Nacional (MLN, gegr. 1962; →Tupamaros) an. Der Nuevo Espacio (gegr. 1989) umfasst den Partido Demócrata Cristiano (PDC, gegr. 1962), die Unión Cívica (gegr. 1980) und den Partido por el Gobierno del Pueblo (Lista 99, gegr. 1962).

Gewerkschaften: Im Dachverband Plenario Intersindical de Trabajadores – Convención Nacional de Trabajadores (PIT – CNT, gegr. 1966) sind 83 Einzelgewerkschaften und 17 Föderationen mit rd. 320 000 Mitgl. zusammengefasst.

Wappen: Das Wappen zeigt in gespaltenem und leicht bogenförmig geteiltem hochovalem Schild die Waage der Gerechtigkeit, einen grünen Hügel mit Festung (Cerro von Montevideo), ein Pferd sowie einen Stier, Sinnbild für die die Wirtschaft des Landes prägende Viehzucht. Den Schild umkränzen Ölbaum- und Lorbeerzweige, über dem Schildhaupt ist eine aufgehende Sonne mit Gesichtszügen zu sehen.

Nationalfeiertag: Nationalfeiertag ist der 25. 8., der an die Erlangung der Unabhängigkeit 1825 erinnert.

Verwaltung: Das Land ist in 19 Departamentos mit beschränkter Selbstverwaltung gegliedert.

Recht: An der Spitze des Gerichtsaufbaus steht der Oberste Gerichtshof, nachgeordnet sind Gerichte in den Departamentos und örtl. Gerichte; weiterhin existieren Appellationsgerichte.

Streitkräfte: Die Gesamtstärke der Freiwilligenarmee beträgt etwa 25 600 Mann; die paramilitär. Kräfte verfügen über rd. 2 000 Angehörige der Küstenwache sowie je 500 Mann der Hauptstadt- und der Republikan. Garde. Das Heer (rd. 17 600 Soldaten) ist hauptsächlich gegliedert in fünf Infanteriebrigaden, je eine Pionier- und Artilleriebrigade sowie in drei Kavalleriebrigaden (z. T. gepanzert). Die Luftwaffe hat etwa 3 000, die Marine rd. 5 500 Mann. Die Ausrüstung besteht im Wesentlichen aus etwa 60 leichten Panzern älterer amerikan. Bauart, 20 leichten Kampfflugzeugen, drei Fregatten und vier Patrouillenbooten der ehem. Volksmarine der DDR.

LANDESNATUR · BEVÖLKERUNG

U. nimmt den äußersten S des Brasilian. Schildes ein, der im S als 200 km breiter Saum zutage tritt. Im größten Teil U.s wird der präkambr. Sockel des Brasilian. Schildes von paläozoischen und mesozoischen Gesteinen bedeckt. Die leicht nach W und NW einfallenden Schichten bilden markante Schichtstufen. Die bedeutendste ist in den Trappdecken der Trias (stellenweise durch zwischengelagerte Sandsteine verstärkt) entwickelt, in der Cuchilla de Haedo (bis 274 m ü. M.) und Cuchilla Negra (300–400 m ü. M.) im N. Der Río Uruguay folgt dem westl., tektonisch bedingten Abbruch des Brasilian. Schildes. Die ihm zuströmenden Flüsse gliedern U. in O-W-verlaufende, ebenfalls Cuchillas genannte Hügelreihen. Insgesamt entsteht so, auch im Bereich des Kristallins (Rumpffläche), der Charakter eines weiten Hügellandes, das von Schichtstufen und Härtlingen (im Kristallin) überragt wird. Nur 10 % des Landes übersteigen 200 m ü. M. Die höchste Erhebung (501 m ü. M.) findet sich in der Sierra de las Ánimas (im SO, nahe dem Río de la Plata), der südl. Fortsetzung der lang gestreckten Cuchilla Grande Principal, der Hauptwasserscheide des Landes. Der östl. Küstenstreifen, am offenen Atlantik, besteht aus einem Schwemmland mit Lagunen und Nehrungen (v. a. Laguna Merín). Der Küstenbereich des Kristallins am Río de la Plata ist in 100–120 km Breite mit Löss bedeckt, seit Mitte des 19. Jh. das Hauptackerbaugebiet des Landes.

Klima: U. hat warmgemäßigtes, subtrop., vollhumides Klima, das sowohl von den feuchten Luftmassen aus NO als auch von Kaltlufteinbrüchen aus dem S (Pamperos) beeinflusst wird. Die sommerl. Tempera-

Klimadaten von Montevideo (20 m ü. M.)

Monat	Mittleres tägl. Temperaturmaximum in °C	Mittlere Niederschlagsmenge in mm	Mittlere Anzahl der Tage mit Niederschlag	Mittlere tägl. Sonnenscheindauer in Stunden	Relative Luftfeuchtigkeit nachmittags in %
I	28,5	83	5	10,6	53
II	28	74	5	10,1	55
III	25,5	104	5	9,1	57
IV	21,5	102	6	7,5	51
V	18	91	6	6,3	66
VI	15	88	5	5,4	69
VII	14,5	73	6	5,1	69
VIII	15	87	7	6,2	67
IX	17	84	6	7,1	65
X	20	73	6	7,8	62
XI	23,5	79	6	10,0	56
XII	26	77	7	10,4	52
I–XII	21	1015	71	8,0	60

turmittelwerte liegen zw. 21 und 23 °C an der Küste und 25 und 26 °C im N, im Winter 10–14 °C (im Winter auch Fröste). Hauptregenzeit ist der Herbst, im NW der Sommer; die jährl. Niederschlagsmenge erreicht im S 900–1 000 mm, im N z. T. über 1 300 mm. In größeren Zeitabständen treten Dürren und starke Niederschläge mit Überschwemmungen auf.

Vegetation: Vorherrschend sind die weiten, heute baumarmen oder -losen Grasflächen der Campos, die als natürl. Weide genutzt werden; in feuchten Niederungen stehen noch Reste der natürl. Gehölze der ehem. Parklandschaft, an trockenen Standorten Xerophyten, auch Kakteen. Insgesamt ist die Vegetation der Campos reichhaltiger und für die Weidenutzung besser geeignet als die der argentin. Pampas.

Bevölkerung: Um 1830 starben die letzten Indianer (v. a. Charrúa; Wildbeuter) aus. An der heutigen Bev. haben auch die in der Kolonialzeit als Sklaven ins Land verschleppten Schwarzen nur einen geringen Anteil. Die Bev. ist überwiegend erst im Zuge der europ. Einwanderung des 19. Jh. ins Land gekommen. 1796 gab es nur rd. 46 000 Ew., 1852 (erster Zensus) 132 000, 1908 bereits 1,04 Mio. Ew. Die ersten Weißen kamen von der S-Seite des Río de la Plata. Ende des 17. Jh. gab es im N des Landes große Estanzias der Jesuiten zur Versorgung ihrer Reduktionen in Paraguay und in →Misiones. In der 2. Hälfte des 18. Jh. entstanden Estanzias im Hinterland der Küste. Seit 1836 kamen rd. 800 000 europ. Einwanderer ins Land, außer Spaniern und Italienern (zus. rd. 70%) auch Schweizer (1861), Waldenser des Piemont, frz. Basken, Russen und Tschechen. Die deutschstämmige Bev. wird auf etwa 10 000 geschätzt; unter den Einwanderern waren u. a. Russlanddeutsche (1921–33), Juden (30er- und 40er-Jahre) und Mennoniten (1948, 1951).

Die dichteste Besiedlung hat der S des Landes, der Bereich des Río de la Plata. 90% der Bev. leben in Städten, allein 42% (1996) im Dep. Montevideo. Die jährl. Geburtenrate beträgt (1995) 17‰, die Sterberate 10‰. 26% der Bev. sind jünger als 15 Jahre. Aufgrund der heute negativen Wanderungsbilanz ist das Bev.-Wachstum (1985–95: 0,6% pro Jahr) äußerst gering und liegt noch unter der natürl. Wachstumsrate. Im Ggs. zu anderen lateinamerikan. Staaten ist U. durch eine breite Mittelschicht gekennzeichnet (vielfach Staatsbedienstete), Sozialversicherung und Gesundheitswesen sind hoch entwickelt. Lebenserwartung (73 Jahre) und relativ niedrige Säuglingssterblichkeit (19‰) übersteigen bzw. unterschreiten den südamerikan. Durchschnitt (1995). Größte Städte sind die Hauptstadt Montevideo, Salto, Paysandú, Las Piedras und Rivera.

Religion: Die Verf. garantiert die Religionsfreiheit. Staat und Kirche sind seit 1919 getrennt. – Nach kirchl. Angaben gehören rd. 82% der Bev. christl. Kirchen an: rd. 77,5% der kath. Kirche (Erzbistum Montevideo mit neun Suffraganbistümern), rd. 3,6% prot. Kirchen (Pfingstler, Waldenser, Adventisten, Baptisten, ›Church of God [Cleveland]‹, Methodisten, Lutheranern, Mennoniten u. a.) und der anglikan. Kirche (Bistum U. der ›Anglikan. Kirche der Südspitze Amerikas‹), rd. 0,9% den auf einzelne Volksgruppen (Griechen, Russen, Ukrainer, Armenier) beschränkten orth. und oriental. Kirchen. – Die jüd. Gemeinschaft hat über 32 000 Mitgl. (v. a. in Montevideo). – Eine weitere religiöse Minderheit bilden die Bahais. Außerdem gibt es Mormonen, Zeugen Jehovas sowie zahlr. Anhänger des europ. Spiritismus (Kardecismus). In den letzten Jahrzehnten fanden auch afrobrasilian. Religionen (bes. Umbanda) Verbreitung.

Bildungswesen: Allgemeine Schulpflicht besteht vom 6. bis 15. Lebensjahr; der Unterricht an öffentl. Schulen (einschließlich Hochschulen) ist unentgeltlich. Die Schulzeit in den Primarschulen und den all-

Uruguay: Übersichtskarte

gemein bildenden Sekundarschulen beträgt jeweils sechs Jahre, bei Letzteren untergliedert in zwei Zyklen zu drei Jahren; der zweite Zyklus führt zur Hochschulreife. Die Analphabetenquote beträgt 2,9%. In Montevideo befinden sich eine staatl. (gegr. 1849) und eine kath. Univ. (gegr. 1985).

Größe und Bevölkerung (1996)				
Departamento	Hauptstadt	Fläche in km²	Ew. in 1 000	Ew. je km²
Artigas	Artigas	11 928	75,0	6,3
Canelones	Canelones	4 536	443,7	97,8
Cerro Largo	Melo	13 648	82,5	6,0
Colonia	Colonia del Sacramento	6 106	121,2	19,8
Durazno	Durazno	11 643	55,6	4,8
Flores	Trinidad	5 144	24,8	4,8
Florida	Florida	10 417	66,4	6,4
Lavalleja	Minas	10 016	61,2	6,1
Maldonado	Maldonado	4 793	127,3	26,6
Montevideo	Montevideo	530	1 330,4	2 510,2
Paysandú	Paysandú	13 922	111,0	8,0
Río Negro	Fray Bentos	9 282	51,6	5,6
Rivera	Rivera	9 370	98,9	10,6
Rocha	Rocha	10 551	70,2	6,7
Salto	Salto	14 163	118,0	8,3
San José	San José de Mayo	4 992	98,2	19,7
Soriano	Mercedes	9 008	81,4	9,0
Tacuarembó	Tacuarembó	15 438	85,0	5,5
Treinta y Tres	Treinta y Tres	9 529	49,4	5,2
Uruguay	Montevideo	175 016	3 151,8	18,0

Publizistik: U. gilt traditionell als Land mit tatsächl. Pressefreiheit; die während der Militär-Reg. herrschende Zensur wurde 1985 wieder aufgehoben. Die wichtigsten Tageszeitungen sind: ›El País‹ (gegr. 1918, dem Partido Nacional nahe stehend, Auflage 130 000), ›El Diario‹ (1923, unabhängig, 80 000), ›La

Urug Uruguay

Uruguay: Blick vom Hafenviertel in Montevideo zum gegenüberliegenden Ufer der Bahía de Montevideo (Río de la Plata)

Mañana‹ (1917, dem Partido Colorado nahe stehend, 40 000), ›La Hora Popular‹ (1984, linksgerichtet, 30 000), ›Ultimas Noticias‹ (1981, kirchlich, 25 000), ›El Diario Español‹ (1905, Organ der span. Minderheit, 20 000). Es existieren (1995) etwa 30 Mittel- und Kurzwellen- sowie zehn UKW-Sender in der Umgebung von Montevideo. Außerhalb der Hauptstadt sind rd. 80 Hörfunkstationen in Betrieb. Die meist kommerziellen Sender sind in der ›Asociación Nacional de Broadcasters Uruguayos‹ (ANDEBU) zusammengeschlossen. Daneben gibt es die staatl. Rundfunkgesellschaften ›Dirección Nacional de Comunicaciones‹ und ›Administración Nacional de los Servicios de Telecomunicaciones‹. In Montevideo können vier Fernsehsender empfangen werden: ›Monte Carlo TV Color‹, ›SAETA-TV – Canal 10‹, ›SODRE – Servicio Oficial de Difusión Radiotelevisión y Espectáculos‹ sowie ›Teledoce Televisora – Color – Canal 12‹, weitere 22 Stationen existieren außerhalb der Hauptstadt.

WIRTSCHAFT · VERKEHR

Traditionell bildet der exportorientierte Agrarsektor die wichtigste Säule der Wirtschaft. Der in der Weltwirtschaftskrise beginnende und sich nach dem Koreakrieg fortsetzende Nachfrage- und Preisrückgang bei den wichtigsten Exportprodukten konnte auch durch eine importsubstituierende Industrialisierung seit den 30er-Jahren und die Steigerung nichttraditioneller Exporte (im Wesentlichen verarbeitete Agrarprodukte) ab Ende der 70er-Jahre nicht aufgefangen werden. Seit den 70er-Jahren wechselten Rezession und kurzfristige Wachstumsphasen miteinander ab, z. T. auch als Folge von Krisen in den Nachbarstaaten Brasilien und Argentinien; im langjährigen Durchschnitt stagnierte die Wirtschaft, was zu einer fühlbaren Absenkung des Lebensstandards führte. Die 1989 eingeleiteten marktwirtschaftl. Reformen (v. a. Fortsetzung der 1978 begonnenen Zollsenkungen, Sanierung der öffentl. Finanzen und Privatisierung von Staatsunternehmen) kommen nur langsam voran, weil sie aufgrund ihrer sozialen Folgen den Widerstand der traditionell starken Gewerkschaften und weiter Bev.-Teile hervorrufen. Im Dezember 1992 sprachen sich 70% der Bev. gegen das Privatisierungsgesetz aus.

Der staatl. Verwaltungssektor ist übersetzt; die daraus resultierenden Belastungen sind nur schwer zu reduzieren. Seit 1996 ergänzt ein privater Pensionsfonds die staatl. Altersversorgung. Das Bruttoinlandsprodukt (BIP) ist 1990–97 durchschnittlich um 3,7% gewachsen, und die Inflationsrate, die 1985–95 im Durchschnitt bei jährlich 70,5% lag, konnte auf (1997) rd. 15% gesenkt werden. Gemessen an der Höhe des Bruttosozialprodukts (BSP) je Ew. von (1996) 5 760 US-$ gehört U. zu den reichsten Ländern Südamerikas. Die Auslandsverschuldung stagniert und beläuft sich auf (1997) 7,6 Mrd. US-$. Annähernd 10% der Erwerbspersonen sind arbeitslos.

Landwirtschaft: Die fortschreitende Integration mit Argentinien, Brasilien und Paraguay zum gemeinsamen Markt →Mercosur wirft große Probleme für die Landwirtschaft auf, da die Nachbarländer in den meisten Bereichen kostengünstiger produzieren. 1997/98 erlitt die Landwirtschaft aufgrund von Überschwemmungen infolge des El-Niño-Phänomens Schäden in Höhe von rd. 10. Mio. US-$. Der Agrarsektor trug (1995) 9% zur Entstehung des BIP bei und beschäftigte 13% der Erwerbstätigen. Wichtigste Anbaukulturen sind (1996) Reis (810 000 t) und Weizen (371 000 t). Daneben werden Gerste, Mais, Sorghumhirse, Zuckerrohr und Zuckerrüben angebaut. Weniger als 10% der landwirtschaftl. Nutzfläche sind Ackerland (1994); der Großteil umfasst Wiesen und Weiden. Die Viehzucht, v. a. die Rinder- und Schafhaltung, ist dominierend im Agrarsektor (Bestand 1995: 10,7 Mio. Rinder und 21,2 Mio. Schafe), wobei der Schwerpunkt auf der Fleisch- und Wollerzeugung bei allerdings relativ geringer Produktivität liegt. Die Landwirtschaft ist überwiegend großbetrieblich organisiert.

Fischerei: Das Fangvolumen erreichte 1995 rd. 126 000 t; Fisch wurde ein wichtiges Ausfuhrerzeugnis.

Bodenschätze: Mit Ausnahme geringer Mengen an Kalkstein, Eisenerz und Feldspat werden kaum mineral. Rohstoffe abgebaut.

Energiewirtschaft: Die Energiewirtschaft basiert zu zwei Dritteln auf Wasserkraft. Die Elektrizitätserzeugung betrug (1995) 6 167 Mio. kWh.

Industrie: Zwar liegt der BIP-Anteil des Industriesektors mit (1995) 26% deutlich höher als der der Landwirtschaft, jedoch verarbeitet rd. die Hälfte der Industriebetriebe landwirtschaftl. Rohstoffe (Nahrungs- und Genussmittel-, Textil- und Lederindustrie); der Beschäftigtenanteil belief sich (1993) auf ebenfalls 26%. Der Industriesektor wächst nur langsam; die Produktionsmenge des Jahres 1996 entsprach ungefähr der des Jahres 1988. Hauptindustriestandorte sind neben Montevideo Paysandú und Fray Bentos am Rio Uruguay.

Tourismus: Die ausgedehnten Sandstrände am Atlant. Ozean sind die Hauptanziehungspunkte. 1994 besuchten 1,9 Mio. ausländ. Gäste U., v. a. aus Argentinien (88%), Brasilien, Paraguay und Chile.

Außenwirtschaft: Als Folge der stärkeren marktwirtschaftl. Öffnung ist die Handelsbilanz seit 1992 negativ (Einfuhrwert 1996: 3,11 Mrd. US-$, Ausfuhrwert: 2,40 Mrd. US-$). Hauptexportgüter (1995) sind Leder, Lederwaren und Schuhe (13%), Rindfleisch (12%), Wolle (12%), Textilien (9%), Reis (8%). Wichtigste Abnehmerländer sind Brasilien (33%), Argentinien (13%), die USA und Dtl. (je 6%); unter den Lieferländern führt ebenfalls Brasilien (24%) vor Argentinien (21%) und den USA (10%).

Verkehr: Das (1995) rd. 3 000 km lange Eisenbahnnetz verbindet alle größeren Orte miteinander; es dient überwiegend dem Frachtverkehr. Es bestehen Anschlüsse an das argentin. und brasilian. Streckennetz. Mit einer Gesamtlänge von (1996) 8 660 km Teerstraßen und rd. 40 000 km sonstigen Straßen verfügt U. über das dichteste Straßennetz Südamerikas. Wichtigste N-S-Verbindung ist die Straße von Rivera an der brasilian. Grenze nach Montevideo. Die bedeutendsten Binnenschifffahrtswege sind der Río de la Plata und der Río Uruguay, die zus. auf 560 km schiffbar sind. Insgesamt gibt es 1 250 km schiffbare Binnengewässer. Der Großteil des Außenhandels U.s wird über den Seehafen von Montevideo abgewickelt; seit September 1992 besteht eine Schnellbootverbindung nach Buenos Aires (1995: 633 700 Passagiere). Der internat. Flughafen Carrasco liegt 20 km östlich von Montevideo (1995: 988 000 Passagiere).

GESCHICHTE

Das Gebiet von U. wurde 1516 von dem span. Seefahrer JUAN DÍAZ DE SOLÍS (*um 1470, †1516), der als Erster den Río de la Plata befuhr, entdeckt. Die dort lebenden Indianer, die krieger. Charrúa, leisteten den Ankömmlingen Widerstand – DÍAZ DE SOLÍS und fast alle seine Begleiter wurden getötet – und verhinderten lange eine Besiedlung des Landes, das unter dem Namen **Banda Oriental de U.** (›Ostseite des Flusses U.‹) von den Siedlern am S-Ufer des Río de la Plata für Viehzucht genutzt wurde.

In dem Bestreben, Zugang zu dem verkehrswichtigen La-Plata-Flusssystem zu erlangen, gründeten die an der brasilian. Küste vordringenden Portugiesen 1680 das Fort Colonia do Sacramento (heute Colonia del Sacramento). Im Gegenzug gründeten die Spanier, deren Herrschaft über das La-Plata-Gebiet bedroht war, 1724 Montevideo. Nach wechselvollen Kämpfen kam das Gebiet 1777 (Frieden von San Ildefonso) an Spanien. Die Banda Oriental wurde Teil des neuen Vizekönigreichs Río de la Plata. Nach Ausrufung der Unabhängigkeit in Buenos Aires (25. 5. 1810) erhoben sich die Bewohner U.s und besiegten unter J. ARTIGAS die spanientreuen Gruppen (Las Piedras, 18. 5. 1811). Montevideo wurde erst am 23. 6. 1814 mit argentin. Hilfe erobert. ARTIGAS wurde Protektor der Banda Oriental. Ein erneutes brasilian. Vordringen führte zur Besetzung Montevideos im Januar 1817 und zur Eingliederung U.s als ›Cisplatan. Prov.‹ in Brasilien. Am 19. 4. 1825 begann ein neuer Unabhängigkeitskampf gegen Brasilien. Ein Kongress verkündete am 25. 8. 1825 in Florida die Unabhängigkeit U.s, die durch den Sieg bei Ituzaingó (20. 2. 1827) und den Frieden von Rio de Janeiro (27. 8. 1828) endgültig gesichert wurde. 1830 wurde Montevideo Hauptstadt.

Die Jahrzehnte bis zur Jahrhundertwende waren von innenpolit. Streit, Revolutionen und bürgerkriegsähnl. Auseinandersetzungen bestimmt; Spannungen zw. Stadt und Land, Unitariern und Föderalisten, Liberalen (›Colorados‹) und Konservativen (›Blancos‹) waren die Gründe. Die Einmischung Argentiniens und Brasiliens führte zu dem Krieg der Tripelallianz Argentinien, Brasilien und U. gegen Paraguay (1865–70; →Paraguay, Geschichte).

1903 wurde mit J. BATLLE Y ORDÓÑEZ ein ›Colorado‹ zum Präs. gewählt, der die Grundlagen des heutigen U.s schuf. In zwei Amtsperioden verwirklichte er ein Programm, das Arbeitsgesetzgebung, staatl. Sozialfürsorge, staatl. Kontrolle des Baues von Eisenbahnen und Straßen sowie die Verstaatlichung u. a. der Energieversorgung umfasste. Er führte erstmals durch die Schaffung des Staatsrates das Kollegialsystem ein (1919–33), das die polit. Opposition bzw. Minderheit an der Reg. beteiligte. Es wurde während der Weltwirtschaftskrise zugunsten einer starken Exekutive aufgegeben. Nach einer Volksabstimmung wurde 1952 das Amt des Staatspräs. zugunsten des kollegial besetzten Nationalrats wieder abgeschafft, aber Ende 1966 erneut eingeführt.

Die Amtszeit (1967–72) des Präs. J. PACHECO ARECO (*1920) war von wirtschaftl. Problemen gekennzeichnet. Die Bekämpfung der Inflation und Stagnation durch restriktive Maßnahmen (u. a. Preis- und Lohnstopp) stieß auf den Widerstand der Gewerkschaften und führte zu Streiks. Die sozialen Spannungen begünstigten die Terroranschläge der →Tupamaros und die Gegenmaßnahmen des Militärs. Seit 1970 wandelte sich der Staat zur Diktatur (Ausnahmezustand seit 1969). Präs. JUAN MARIÁ BORDABERRY AVOCENA (*1928; Partido Colorado) löste nach bürgerkriegsähnl. Unruhen in einem Staatsstreich mit Zustimmung des Militärs 1973 das Parlament auf und ersetzte es durch einen von ihm ernannten Staatsrat. Zum wichtigsten Reg.-Organ wurde der Consejo de Seguridad Nacional, über den das Militär direkt an der Staatsführung beteiligt war. 1976 wurde BORDABERRY von den Militärs, die langfristig eine demokratisch-parlamentar. Entwicklung anstrebten, gestürzt. Der Versuch des neuen Präs. APARICIO MÉNDEZ MANFREDINI (*1904, †1988), auf der Grundlage einer vom Militärregime ausgearbeiteten Verf. Parlaments- und Präsidentschaftswahlen abzuhalten, scheiterte 1980 durch die Ablehnung dieser Verf. in einer Volksabstimmung. Im September 1981 wurde der als gemäßigt geltende General GREGORIO ÁLVAREZ ARMELLINO (*1925) von den Militärs zum Präs. bestimmt. Polit. Hauptaufgabe blieb der Demokratisierungsprozess unter Aufhebung der Restriktionen für die Parteien. Obwohl 1984 das Land durch Generalstreik und Verhängung des Ausnahmezustands erschüttert wurde, fanden nach Verhandlungen zw. Militärs und Parteien am 25. 11. 1984 die ersten freien Parlaments- und Präsidentschaftswahlen nach achtjähriger Militärherrschaft statt. Dabei gewann der mit einem gemäßigt sozialdemokratisch orientierten Programm angetretene Partido Colorado knapp, neuer Präs. wurde J. M. SANGUINETTI. Mit der Zulassung einer Vielzahl von Parteien und Gewerkschaften setzte sich der Demokratisierungsprozess fort, an dem SANGUINETTI wesentl. Anteil hatte. Ein wirtschaftl. Stabilisierungsprogramm zielte auf Abbau von Arbeitslosigkeit und sozialen Spannungen. Das von der Reg. im Dezember 1986 eingebrachte Amnestiegesetz für Gewalttaten angeklagter Militärs und Polizisten versuchte die Opposition vergeblich durch ein Referendum (April 1989) aufzuhalten.

Die Wahl von 1989 brachte mit LUIS ALBERTO LACALLE (*1941) wieder einen ›Blanco‹ ins höchste Regierungsamt (Amtsantritt 1990). Dieser begann mit der Privatisierung der umfangreichen Staatsunternehmen gegen erhebl. Widerstand der Gewerkschaften. Zum Sanierungsprogramm gehörte auch eine Währungsreform (1993), eine Verminderung der Streitkräfte und die Straffung des Staatsapparats. Die Wahl 1994 entschied mit knapper Mehrheit wiederum SANGUINETTI für sich (Amtsantritt 1995). Er konnte 1996 mit einem Referendum eine Verf.-Reform durchsetzen, deren wichtigster Bestandteil, eine Änderung des Wahlrechts, eine breitere demokrat. Willensbildung ermöglicht (in Kraft seit 1997). Die notwendigen radikalen Reformen zur Entbürokratisierung des Staates stehen noch aus.

H. WILHELMY u. W. ROHMEDER: Die La-Plata-Länder. Argentinien, Paraguay, U. (1963); E.-J. KERBUSCH: Das uruguayische Reg.-System. Der 2. Colegiado. 1952–1967 (1971); Historia Uruguaya, auf mehrere Bde. ber. (Montevideo 1974 ff.); J. L. WILLIS: Historical dictionary of U. (Metuchen, N. J., 1974); Argentinien u. U., hg. v. T. HEYDENREICH u. a. (1983); Historia Uruguaya, bearb. v. J. C. WILLIMAN u. a., 8 Bde. (Montevideo 1–9 1989–91, teilw. Neudr.); E. KROCH: U. zw. Diktatur u. Demokratie. Ein lateinamerikan. Modell? (1991); C. WAGNER: Politik in U. 1984–1990. Probleme der demokrat. Konsolidierung (1991); U. zw. Tradition u. Wandel, hg. v. K. BODEMER u. a. (1993); Transformation im südl. Lateinamerika. Chancen u. Risiken einer aktiven Weltmarktintegration in Argentinien, Chile u. U., hg. v. B. TÖPPER u.

U. MÜLLER-PLANTENBERG (1994); J. M. G. KLEINPENNING: Peopling the purple land. A historical geography of rural U., 1500–1915 (Amsterdam 1995).

Uruguay [ˈʊrugvaɪ, uruˈgvaːi], span. **Río U.** [uruˈɣuai̯], brasilian. **Rio Uruguai** [ˈrriːu -], Zufluss des Atlantiks in Südamerika, 1650 km lang; entspringt in Brasilien auf der Westabdachung der Serra Geral in nur 60 km Entfernung von der Atlantikküste (Quellflüsse: Rio Canoas und Rio Pelotas), fließt in weitem Bogen durch das Brasilian. Bergland (stark gewundener Lauf) und das Paraná-U.-Tiefland (der U. fließt am Ostrand des Zwischenstromlandes), wobei er ab der Mündung des Rio Peperi Guaçu zunächst die Grenze Argentiniens zu Brasilien, dann zu Uruguay bildet; er mündet nördlich von Buenos Aires in den Río de la Plata. Die Schiffbarkeit des U. (ab Santo Tomé in der argentin. Prov. Corrientes) ist infolge Stromschnellen zw. dem Dreiländereck und Salto (Uruguay) bzw. Concordia (Argentinien) unterbrochen; Seeschiffe können bis Paysandú gelangen. Das Wasserkraftwerk **Salto Grande** (oberhalb von Salto, Inbetriebnahme 1980; 1890 MW) errichtete Uruguay zusammen mit Argentinien, das Wasserkraftwerk **El Palmar** (Inbetriebnahme 1982; 330 MW) zusammen mit Brasilien.

uruguayische Literatur [ˈʊrugvai-, uruˈgvaːi-], →lateinamerikanische Literatur.

Uruguay-Runde [ˈʊrugvaɪ-, uruˈgvaːi-], achte und letzte Verhandlungsrunde im Rahmen des →GATT.

Uruk, hebr. **Erech,** bedeutender sumer. Stadtstaat in S-Mesopotamien, nordwestlich von Ur, heute die Ruinenstätte **Warka,** Irak. Die um 4000 v. Chr. gegründete Stadt war um 3000 v. Chr. Zentrum der Kultur der Sumerer (Entstehung der Keilschrift, des Rollsiegels; monumentale Tempel) mit engen Verbindungen nach Syrien und Obermesopotamien. Um 2700 v. Chr. wurde die Stadt mit einer 9,5 km langen Stadtmauer umgeben. U. war in frühdynast. Zeit Sitz sagenhafter Könige, darunter GILGAMESCH. Nach der 3. Dynastie von Ur (um 2000 v. Chr.) verlor es an Bedeutung, blieb aber bis in die Partherzeit besiedelt. Ausgrabungen u. a. durch dt. Archäologen seit 1912.

Im Mittelpunkt der fast kreisförmigen Stadt (Durchmesser etwa 3 km) lag der Tempelkomplex Eanna der Göttin Inanna (Innini; Ischtar), 400 m südwestlich davon befand sich das Heiligtum des Anu. Hier konnten bereits in obeizeitl. Schichten Kultbauten festgestellt werden. In die Blütezeit um 3000 v. Chr. gehören die Stiftmosaike des Eanna (BILD →sumerische Kunst). Ein dritter großer Tempelbezirk, das Irigal der Ischtar und des Mondgottes Sin, ist erst seleukidisch. Die Zikkurat der Inanna geht auf eine flache Terrasse der Obeidzeit zurück, auf der in frühsumer. Zeit ein Hochtempel entstand, den URNAMMU (um 2047 v. Chr.) zur Zikkurat ausbauen ließ (Umbauten und Erneuerungen in neubabylon. Zeit unter MARDUK-APLA-IDDINA II. und SARGON II.). Anu besaß einen frühsumer. Hochtempel (nach dem Stuckgips ›Weißer Tempel‹ genannt, Anfang 3. Jt. v. Chr.) auf einer hohen Terrasse (13 m). Aus altbabylon. Zeit (um 1800 v. Chr.) stammt der Palast des SINKASCHID (etwa 1802–1772 v. Chr.). Hervorzuheben ist der kassit. Inninitempel (um 1420 v. Chr.) des Fürsten KARAINDASCH, v. a. seine in Nischen gegliederte Fassade mit Figurenschmuck aus Formziegeln (BILD →kassitische Kunst). Aus neubabylon. Zeit stammt das Neujahrsfesthaus (140 × 140 m) etwa 500 m östlich der Stadt. Dichte Bebauung ist für die parth. Zeit nachgewiesen. – U. ist mit seiner kontinuierl. Besiedlung und den frühsumer. Funden – Urukvase, Jagdstele, Frauenkopf (BILD →Porträt), Schrifttafeln – eine für die Früh- und Kulturgeschichte des Zweistromlandes bes. wichtige Ruinenstätte.

J. JORDAN: U.-Warka (1928, Nachdr. 1969); H. KEISER: Tempel u. Türme in Sumer (^{2}1977).

Urukvase, 105 cm hohes, fast zylindr. Gefäß aus Alabaster, 28. Jh. v. Chr., gefunden in Uruk (jetzt Bagdad, Irak-Museum), ein bedeutendes Zeugnis frühsumer. Kunst mit sehr flachen Reliefdarstellungen auf vier umlaufenden Registern (durch verschieden breite Bänder getrennte Friese): Über dem Wellenband des Wassers wachsen Pflanzen (Getreide), darüber wird mit Mutterschafen und Widdern die Fauna verdeutlicht. Im dritten, breit abgesetzten Fries folgt der Mensch (nackte Gabenträger); im obersten Fries erscheint die Gottheit (Inanna), vor ihr der Priesterfürst mit Diener und Gabenträger. (BILD →Steingefäße)

Ürümqi [-tʃi], **Urumchi, Urumtschi,** amtl. chin. **Wulumuqi** [-tʃi], bis 1953 chin. **Tihwa, Dihua,** Hauptstadt des autonomen Gebietes Sinkiang, NW-China, erstreckt sich entlang des N-Fußes des Tienschan in einer Oase (3460 km², davon rd. 70% kultiviert), 950 m ü. M., (1993) 1,22 Mio. Ew. (1948: 88 000 Ew.). Das bedeutende Handelszentrum an der nördl. Gebirgsausgang einer Handelsstraße zw. Tarimbecken und Dsungarei entwickelte sich nach 1950 – begünstigt durch die dsungar. Erdölfelder bei →Karamai und die Kohle- und Eisenvorkommen der Ü. – zu einem Industriestandort und zu einem kulturellen Zentrum mit Univ. (gegr. 1960), TH, medizin. und landwirtschaftl. Hochschule, Sinkiang-Museum und Volkstheater. Neben Eisen- und Stahlwerken, Erdölraffinerie, Landmaschinenbau, Zement- und chem. Industrie gibt es umfangreiche Nahrungsmittel- und Baumwollindustrie. Ü. ist Verkehrsknotenpunkt an der Eisenbahnlinie von Lanzhou, die seit 1990 mit der Turkestan-Sibir. Eisenbahn in Kasachstan verbunden ist; westlich der Stadt internat. Flughafen. – Wahrzeichen von Ü. ist die neunstöckige Pagode auf dem Roten Berg (Hong Shan). Das Stadtbild ist von modernen Handels- und Verwaltungs(hoch)häusern (aus den 1960er-Jahren) geprägt. Von der alten Oasenstadt ist v. a. der orientalisch anmutende Basar erhalten.

Urundi, Name von →Burundi z. Z. der belg. Mandats- und Treuhandverwaltung.

Urushi-e [-ʃi-; jap. ›Lackbilder‹], die mit glänzender Tusche, Goldstaub u. a. Metallpulvern auf Leimgrund handkolorierten Holzdrucke (Umrissdrucke), die in Japan etwa zw. 1720 und 1745, vor Aufkommen des Mehrfarbendrucks (→Farbholzschnitt), entstanden.

Urutau, Art der →Tagschläfer.

Urvogel, Bez. für den →Archaeopteryx. (→Vögel)

Urwald, Bez. für vom Menschen nicht beeinflussten Wald, der heute nur noch sehr begrenzt vorhanden ist. (→Regenwald, →Wald)

Urwale, Arachaeoceti, fossile Unterordnung der Wale, vom Eozän bis Miozän. Die ältesten, ursprünglichsten Vertreter (Pakicetus aus dem Untereozän Pakistans) hatten noch ein vollständiges, heterodontes Säugetiergebiss und besaßen noch deutlich ausgeprägte Hinter- und Vordergliedmaßen; sie lebten amphibisch, im Süßwasser und auf dem Land und ernährten sich v. a. von Fischen. Die späteren U. waren vollständig an das Wasserleben angepasst, ihre Hintergliedmaßen wurden rückgebildet, die Vordergliedmaßen zu Flossen, und eine Schwanzflosse entwickelte sich. Die U. entwickelten sich aus urtüml. Urhuftieren; aus den U. gingen die Barten- und Zahnwale hervor.

Urwildpferd, das →Prschewalskipferd.

Ury [ˈuːri], **1)** Else, Schriftstellerin, * Berlin 1. 11. 1877, † (Deportation in das KZ Auschwitz) 12. 1. 1943; wurde v. a. bekannt durch ihre Ideale (bürgerl.) dt. Mädchenerziehung prägenden und widerspiegelnden Erzählungen, bes. durch die Reihe um das ›Nesthäkchen‹ Annemarie (10 Bde., 1918–25); 1935 wurde sie als Jüdin aus dem Reichsverband dt. Schriftsteller ausgeschlossen.

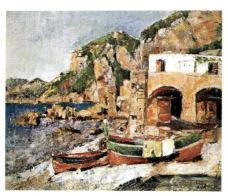

Lesser Ury: Capri, Strand mit Booten; 1890 (Privatbesitz)

M. BRENTZEL: Nesthäkchen kommt ins KZ. Eine Annäherung an E. U. 1877–1943 (Neuausg. 9.–12. Tsd. 1997).

2) Lesser, Maler, * Birnbaum (Wwschaft Gorzów) 7. 11. 1861, † Berlin 18. 10. 1931; ab 1887 in Berlin tätig. Seine fläm. und märk. Landschaften zeichnen sich wie seine späteren Berliner Straßenbilder und Interieurs durch ungewöhnl. Motivwahl und neuartige Kompositionsprinzipien aus. Die Farb- und Lichtbehandlung (auch in den Schatten) weisen ihn als einen der frühesten Vertreter des dt. Impressionismus aus.

J. SEYPPEL: L. U. (1987); L. U., Zauber des Lichts, hg. v. C. H. EBBINGHAUS, Ausst.-Kat. Käthe-Kollwitz-Museum, Berlin (1995).

Urysson, Pawel Samuilowitsch, russ. Mathematiker, * Odessa 3. 2. 1898, † (beim Baden ertrunken) Batz-sur-Mer (Dép. Loire-Atlantique) 17. 8. 1924; 1923 Prof. an der 2. Moskauer Univ.; leistete richtungsweisende Beiträge zur Mengentheorie und Topologie, insbesondere zur Dimensionstheorie und Metrisierbarkeit topolog. Räume, und begründete zus. mit P. S. ALEKSANDROW die sowjet. Schule der Topologie.

Urzeugung, Abiogenesis, Archiogenesis, Archigonie, Generatio spontanea, die spontane, elternlose Entstehung von Lebewesen aus anorgan. (**Autogonie**) oder organ. Substanzen (**Plasmogonie**); im Ggs. zur Erschaffung von Lebewesen durch einen göttl. Schöpfungsakt. Eine U. wurde bis zur Erfindung leistungsfähiger Mikroskope bes. für einfache Organismen, wie Würmer und einige Schmarotzer, als möglich angesehen. Dass das Phänomen der U. für die Mikrowelt Gültigkeit haben könnte, wurde endgültig durch L. PASTEUR im 19. Jh. in einem Versuch widerlegt, bei dem er zeigte, dass in einer mit Hefe versetzten und gekochten Zuckerlösung, die in ein Gefäß eingelötet worden war, auch nach längerer Zeit kein Leben zu beobachten ist. – Das unvermittelte Auftreten relativ hoch differenzierter Organismen im Unterkambrium (vor 570 Mio. Jahren) schien dem pasteurschen Befund zu widersprechen. Einen Ausweg bot die →Panspermielehre, nach der das Leben in Gestalt einzelliger Bakterien oder Sporen mit Meteoriten oder kosm. Staub von anderen Weltkörpern auf die Erde gelangt sei und sich erst in der Folgezeit zu seiner heutigen Höhe entwickelt habe.

Eine neue Phase der Untersuchungen zur Entstehung des Lebens begann mit den Überlegungen von A. OPARIN 1924, die später durch Experimente von S. L. MILLER und H. C. UREY (1953) sowie M. CALVIN und Mitarbeitern bestätigt wurden: Durch elektr. Entladungen in einer künstl. Uratmosphäre aus Wasserstoff, Methan, Kohlenmonoxid, Schwefelwasserstoff, Wasserdampf, Ammoniak und anderen niedermolekularen Verbindungen über einer Wasserschicht als **Urozean** entstanden organ. Verbindungen, zunächst einfache Moleküle wie Formaldehyd, Blausäure und Essigsäure, sodann hieraus Aminosäuren, Zucker und Nukleotide, die Grundbausteine der für die Lebensvorgänge wichtigen Proteine, Polysaccharide und Nukleinsäuren, jedoch keine Fettsäuren und Phospholipide. In Abwandlung des ursprüngl. Oparin-Modells der Entstehung hochmolekularer Biomoleküle nimmt man heute an, dass sich Eiweiß, Polysaccharide, Nukleinsäuren und Phospholipide nicht in einer ozean. **Ursuppe,** sondern unter der katalyt. Wirkung von Mineralen am Meeresgrund gebildet haben, wie sich aus Experimenten der Woods Hole Oceanographic Institution in den 1960er-Jahren ergeben hat (geochem. Modell). Gestützt wird diese Theorie durch Forschungsergebnisse, die an heißen untermeer. Schwefelquellen (→Schwarze Raucher) gewonnen wurden. An der Oberfläche von Mineralbrocken aus den heißen Quellen konnte die Synthese von organ. Molekülen aus Kohlendioxid und Wasserstoff beobachtet werden, wobei die für die Reaktion nötige Energie aus der Bildung des schwefelhaltigen Minerals Pyrit stammt. Zudem wurden in diesen heißen Quellen Archaebakterien gefunden, die nach vergleichender Untersuchung des genet. Materials als sehr ursprünglich eingestuft werden.

Urzidil, Johannes, österr. Schriftsteller, * Prag 3. 2. 1896, † Rom 2. 11. 1970; war 1921–32 Pressebeirat der dt. Gesandtschaft in Prag, wo er im Umfeld des Prager Kreises verkehrte; 1935–37 Mitherausgeber der Literaturzeitschrift ›Das Silberboot‹, emigrierte 1939 über Italien nach Großbritannien, lebte ab 1941 in New York, 1946 erhielt er die amerikan. Staatsbürgerschaft; u. a. Mitarbeiter des Rundfunksenders ›Voice of America‹. Schrieb nach Anfängen mit expressionist. Lyrik v. a. Romane und Erzählungen, in denen die starke Bindung an seine böhm. Heimat zum Ausdruck kommt (›Die verlorene Geliebte‹, 1956; ›Prager Triptychon‹, 1960) sowie Essays (›Goethe in Böhmen‹, 1932, erweitert 1962); daneben entstanden Übersetzungen aus dem Englischen. 1964 erhielt er den Großen Österr. Staatspreis.

Weitere Werke: *Gedichte:* Sturz der Verdammten (1919); Die Stimme (1930). – *Erzählungen u. Romane:* Der Trauermantel (1945); Die Memnonsäule (1957); Das große Halleluja (1959); Das Elefantenblatt (1962); Die erbeuteten Frauen (1966); Bist du es, Ronald? (1968); Die letzte Tombola (hg. 1971); Morgen fahr' ich heim (hg. 1971). – *Essays:* Amerika u. die Antike (1964); Da geht Kafka (1965, erweitert 1966); Väterliches aus Prag u. Handwerkliches aus New York (1969).

C. HELLING: J. U. u. Prag (Triest 1981).

Johannes Urzidil (Tuschfederzeichnung von Oskar Kreibich, 1970; Marbach am Neckar, Schiller-Nationalmuseum)

USA [engl. juːesˈeɪ], **U.S.A.,** Abk. für United States of America (→Vereinigte Staaten von Amerika).
USA, *Kunst:* →amerikanische Kunst.
USA, *Literatur:* →amerikanische Literatur.
USA, *Musik:* →amerikanische Musik.

US Airways [juːes ˈeəweɪz], amerikan. Luftverkehrsgesellschaft, gegr. 1937 als All American Airways, 1953 in Allegheny Airlines umbenannt, von 1979 bis 1997 US Air, seit 1997 heutiger Name; Hauptsitz: Arlington. Das Streckennetz umfasst die USA mit Schwerpunkt O-Küste, Kanada, Mexiko, Bahamas, Bermudas, Cayman Islands, Jamaika, Niederländ. Antillen, Dtl., Westeuropa. US Airways beförderte 1997 mit einem Flugzeugpark von 376 Flugzeugen und mit 38 500 Beschäftigten 58,7 Mio. Passagiere.

Uşak [ˈuʃak], Prov.-Hauptstadt in der Türkei, 906 m ü. M., im Bergland W-Anatoliens, 105 300 Ew.; Textilindustrie, Zuckerfabrik; seit dem 16./17. Jh. bed. Herstellung von Teppichen, die zunehmend aus kleinen Handwerksbetrieben in Fabriken verlegt wird.

Usambara, horstartiges Plateau im NO Tansanias, nördlich des unteren Pangani, bis 2230 m ü. M.; eine durch Brüche begrenzte Gneisscholle. Im W überwiegend Hochweiden; im niederschlagsreichen O (bis 2000 mm) teilweise immergrüner Gebirgsregenwald;

US Airways

Usam   Usambaraveilchen – Usbekistan

Usambaraveilchen:
Saintpaulia ionantha

Usbekistan

Staatswappen

Staatsflagge

Internationales
Kfz-Kennzeichen

1970 1997   1991 1996
Bevölkerung Bruttosozial-
(in Mio.)   produkt je Ew.
             (in US-$)

☐ Stadt
☐ Land

Bevölkerungsverteilung
1995

☐ Industrie
☐ Landwirtschaft
☐ Dienstleistung

Bruttoinlandsprodukt
1995

dicht besiedelt. Auf Rodungsinseln Tee-, Chinarindenbaum- und Kaffeepflanzungen, Obst- und Gemüsebau, am S-Fuß Sisalplantagen; Forstwirtschaft; Glimmerabbau.

Usambaraveilchen, Saintpaulia, in O-Afrika heim. Gattung der Gesneriengewächse mit etwa 20 Arten; kleine Stauden mit in Rosetten stehenden, rundl., meist fleischigen, weich behaarten Blättern und blauvioletten, fünfzähligen, zweiseitig symmetr. Blüten in wenigblütigen Trugdolden. V. a. die Art Saintpaulia ionantha ist in zahlr. blau, rosafarben oder weiß blühenden Formen weltweit als Zimmerpflanze beliebt; diese und verwandte Arten sind am natürl. Standort (in senkrechten schattigen Rissen am Fuß von Felswänden) durch Biotopzerstörung (Abholzung) stark bedroht.

Usance [y'zãs; frz., zu Usus] *die, -/-n,* bildungssprachlich für: Brauch, Gepflogenheit (im gesellschaftl. Verkehr); Handelsbrauch, Qualitätsnorm.

Usancenhandel [y'zãs-], unmittelbarer Handel in zwei fremden Währungen (z. B. frz. Francs gegen holländ. Gulden) bei einem dt. Kreditinstitut. Den Kurs nennt man dann **Usancekurs** (→Crossrate).

Usangu-Ebene, Bewässerungslandschaft am Oberlauf des →Ruaha, Tansania.

USART [engl. 'juːzɑːt; Abk. von **u**niversal **s**ynchronous/**a**synchronous **r**eceiver/**t**ransmitter], *Datenverarbeitung:* ein →Schnittstellenbaustein.

Usatowokultur [nach der Erstfundstelle Ussatowo bei Odessa], **Ussatowokultur,** kupferzeitl. Kulturgruppe mit Elementen der durch Sesshaftigkeit geprägten Cucuteni-Tripolje-Kultur (bemalte Keramik, Idolplastik) und nomad. Steppenkulturen des südukrain. Raumes (u. a. Schnurkeramik).

Usbeken, Ösbeken, Özbeken, größtes Turkvolk in Zentralasien, etwa 25 Mio. Angehörige, 19 Mio. in Usbekistan, 1,7 Mio. in Tadschikistan, 700 000 in Kirgistan, 450 000 in Kasachstan, 400 000 in Turkmenistan, etwa 150 000 in Russland, 2 Mio. in N-Afghanistan, 18 000 in China (Sinkiang), kleinere Gruppen in der Türkei und der Mongolei. An der Ethnogenese waren versch. türk. Stämme und turkisierte Mongolen beteiligt, welche die meist sesshaften iran. Vorbewohner assimilierten. Die Assimilation von Karakalpaken, Uiguren und v. a. Tadschiken (Sarten) hielt bis ins 20. Jh. an. Während dadurch in Turkestan Stammesunterschiede eingeebnet wurden (lediglich bei den Kurama, etwa 50 000, und Kiptschak, etwa 30 500 Angehörige, ist im Ferganatal it noch eigenständige Ethnizität spürbar), ist in Afghanistan das Stammesbewusstsein noch weitgehend vorhanden. Die U. sind durchweg Anhänger des sunnit. Islam. Traditionelle Erwerbszweige sind Viehzucht, Ackerbau, Handwerk und Handel. – Zur *Geschichte* →Usbekistan.

usbekische Sprache und Literatur. Die *Sprache* der Usbeken gilt als moderne Fortsetzung des Dschagataischen (→dschagataische Sprache und Literatur) und bildet mit dem Neuuigurischen (→uigurische Sprache und Literatur) die SO-Gruppe der Turksprachen. Der iran. Einfluss auf das Usbekische ist erheblich, ebenso der russ. Einfluss auf den Wortschatz der modernen Sachprosa. Die Dialekte, außerhalb Usbekistans auch in Afghanistan und Ost-Turkestan (chin. autonomes Gebiet Sinkiang) vertreten, haben z. T. nordwesttürk. (Kiptschak-Usbekisch) und südwesttürk. (Ogusisch-Usbekisch) Charakter. Die Standardsprache ist im Vokalbestand stark iranisiert (Vokalharmonie beschränkt). Umgekehrt üben usbek. Dialekte seit langem Einfluss auf benachbarte tadschik. Dialekte (die zu den iran. Sprachen gehören) aus. Bis 1929 wurde mit arab. (in Afghanistan weiterhin in Gebrauch), bis 1940 mit lat., danach mit kyrill. Alphabet geschrieben; der Übergang zur Lateinschrift wird seit den 1990er-Jahren diskutiert.

Zur usbek. *Literatur* ist bereits die Volksdichtung vor und während der dschagataischen Periode zu rechnen, deren Motive sich größtenteils mit der Tradition anderer Turkvölker berühren (Epenzyklen, →Alpamysch-Epos, →Köroghlu u. a.). In der Kunstliteratur lässt sich die spätdschagataische Phase von der frühusbek. Phase schwer unterscheiden; so vertritt z. B. der Aufklärungsdichter FURKAT (* 1858, † 1909) den Übergang von der höf. Poesie zur bürgerlich-demokrat. Literatur. Die Vertreter der Letzteren, z. B. FITRAT (* 1886, † um 1938), spielten in der Frühphase der usbek. Sowjetliteratur eine gewisse Rolle, wurden aber später als reaktionäre Romantiker oder Nationalisten abgelehnt. Als Begründer der usbek. Sowjetliteratur gilt der Dichter und Dramatiker H. H. NIJAZI. Als Autoren der sowjet. Periode sind u. a. G. GHULAM, AJBEK, H. ALIMDJAN, A. KADIRI, der Erzähler ABDULLA KAHHAR (* 1907, † 1968) und der Bühnendichter KAMIL JASCHIN (* 1909) von Bedeutung.

A. VON GABAIN: Özbek. Gramm. (1945); S. WURM in: Philologiae Turcicae Fundamenta, hg. v. J. DENY u. a., Bd. 1 (1959); A. N. KONONOV: Grammatika sovremennogo uzbekskogo literaturnogo jazyka (Leningrad 1960); J. BENZING in: Philologiae Turcicae Fundamenta, hg. v. J. DENY, Bd. 2 (1965); N. WATERSON: Uzbek-English dictionary (Oxford 1980); S. KLEINMICHEL: Aufbruch aus orientalischen Dichtungstraditionen. Studien zur usbek. Dramatik u. Prosa zw. 1910 u. 1934 (1993).

Usbekistan
Fläche 447 400 km²
Einwohner (1997) 23,468 Mio.
Hauptstadt Taschkent
Amtssprache Usbekisch
Nationalfeiertag 31. 8.
Währung 1 Usbekistan-Sum (U. S.) = 100 Tijin
Uhrzeit 16:00 Taschkent = 12:00 MEZ

Usbekistan, Usbekilen, amtlich usbek. **Özbekiston Jumhuriyati,** dt. **Republik U.,** Staat im nördl. und mittleren Teil Mittelasiens, mit einer Fläche von 447 400 km² etwas kleiner als Schweden, mit (1997) 23,468 Mio. Ew. ist U. unter den mittelasiat. Republiken der Gemeinschaft der Unabhängigen Staaten (GUS) die bevölkerungsreichste. Hauptstadt ist Taschkent. Das Land grenzt im W und N an Kasachstan, im NO und O an Kirgistan, im O und SO an Tadschikistan, im S an Afghanistan und im SW an Turkmenistan. Den nordwestl. Landesteil um den S-Teil des Aralsees nimmt die Teilrepublik →Karakalpakien ein, die mehr als ein Drittel der Fläche von U. bedeckt. Amtssprache ist Usbekisch. Währung (seit dem 1. 7. 1994): 1 Usbekistan-Sum (U. S.) = 100 Tijin. Uhrzeit: 16:00 Taschkent = 12:00 MEZ.

STAAT · RECHT

Verfassung: Nach der Verf. vom 8. 12. 1992 ist U. eine Rep. mit Präsidialsystem. Staatsoberhaupt, Oberbefehlshaber der Streitkräfte und Chef der Exekutive ist der auf fünf Jahre direkt gewählte Präs. (nur einmalige unmittelbare Wiederwahl zulässig). Erhält im ersten Wahlgang kein Kandidat die absolute Mehrheit, ist im zweiten Wahlgang eine Stichwahl zw. den beiden erfolgreichsten Bewerbern erforderlich. Ungeachtet dieser Vorschriften hat sich der derzeitig (seit 1990 amtierende) Präs. seine Amtszeit durch Plebiszit vom 27. 3. 1995 bis zum Jahr 2000 verlängern lassen. Der Präs. ist kraft Amtes Vors. des Kabinetts, dessen Mitgl. er ernennt, wobei für Ernennung und Abberufung des Premier-Min. und der übrigen Kabinetts-

Mitgl. die nachträgl. parlamentar. Bestätigung einzuholen ist. Eine parlamentar. Verantwortung der Reg. besteht indes nicht. Die Legislative liegt bei der Obersten Versammlung (Ali Madschlis), deren 250 Abg. für fünf Jahre nach dem System der absoluten Mehrheitswahl – mit eventuell folgender Stichwahl – in Einzelwahlkreisen gewählt werden. Der Präs. ist durch Gesetzesinitiativ- und Vetorecht maßgeblich an der Gesetzgebung beteiligt; sein Veto kann vom Parlament mit Zweidrittelmehrheit zurückgewiesen werden. Er kann das Parlament nach Abstimmung mit dem Verf.-Gericht auflösen, kann selbst aber nicht zur Verantwortung gezogen werden. – Das Verf.-Gericht (sieben auf Vorschlag des Präs. vom Parlament für fünf Jahre gewählte Richter) hat seine Tätigkeit 1996 aufgenommen.

Parteien: Neben der Volksdemokrat. Partei U.s (Nachfolgeorganisation der KP) sind nur die Vaterländ. Fortschrittspartei (gegr. 1992) und die Partei Adolat (Gerechtigkeit, gegr. 1995) offiziell zugelassen. Die Volksfront Birlik (Einheit, gegr. 1988), die Partei Erk (Freiheit, gegr. 1990) und die Partei der Islam. Wiedergeburt sind verboten.

Wappen: Das Wappen (Juli 1992) zeigt im Zentrum einen Vogel, der mit den Spitzen seiner Flügel eine über Berge und Flüsse aufgehende Sonne umfasst. Eingerahmt wird die Darstellung von einem Kranz aus Baumwollfrüchten und Weizenähren, der seinerseits von einem Band in den Nationalfarben umschlungen ist; oben ein achtstrahliger Stern, belegt mit islam. Halbmond und Stern.

Nationalfeiertag: 31. 8., zur Erinnerung an die Erklärung der Unabhängigkeit 1991.

Verwaltung: U. gliedert sich auf regionaler Ebene in elf Gebiete (Wilajate), die Hauptstadt Taschkent und die Teilrepublik Karakalpakien. Die lokale Ebene besteht aus 162 Rayons (Landkreisen), zu denen 1 500 Gem. (Städte, Siedlungen, Kischlaks, Auls) gehören, 57 kreisfreie Städte sowie Bezirke der Hauptstadt und vier anderer Städte. An der Spitze der hierarchisch aufgebauten örtl. Verw. steht in den regionalen und lokalen Gebietseinheiten sowie den kreisangehörigen Städten der Hokim, der Chef des Verw.-Apparates und Vors. des Rats der Volksdeputierten ist, der als Beschlussorgan der regionalen und lokalen Ebene (nicht aber der kreisangehörigen Städte) für fünf Jahre gewählt wird. Die Hokims der Gebiete und Taschkents werden vom Staatspräs. mit nachträgl. Bestätigung durch den regionalen Rat für fünf Jahre ernannt. In gleicher Weise werden die Hokims der nachgeordneten Gebietseinheiten durch den übergeordneten Hokim mit Bestätigung durch den lokalen Rat ernannt. Von einer Selbst-Verw. wird nur in Bezug auf die ländl. Gemeinden (Siedlungen, Kischlaks, Auls) gesprochen, wo die traditionelle Dorfversammlung einen Vorsteher (Aksakal) und seine Ratgeber wählt. Karakalpakien ist innerhalb des usbek. Staatsverbandes eine ›souveräne‹, mit eigener Verf.-Organisation und dem Sezessionsrecht ausgestattete Teilrepublik. Ihr Reg.-Chef gehört dem usbek. Min.-Kabinett von Amts wegen an.

Recht: Das sowjet. Justizsystem wurde im Wesentlichen beibehalten. Für Zivil-, Straf- und Verw.-Rechtssachen sind die ordentl. Gerichte in den lokalen und regionalen Gebietseinheiten sowie das Oberste Gericht zuständig, zu dem auch der Rechtsweg von den zweistufigen Militärgerichten führt. Außerdem gibt es eine zweistufige Wirtschaftsgerichtsbarkeit, die von regionalen Wirtschaftsgerichten und dem Höchsten Wirtschaftsgericht ausgeübt wird. Die zentralistisch aufgebaute Staatsanwaltschaft ist nicht nur für die Strafverfolgung zuständig, sondern übt eine umfassende Rechtsaufsicht über alle Verw.- und Wirtschaftsbereiche aus.

Usbekistan: Verfallene Medrese in der Nähe von Buchara

Streitkräfte: Die Gesamtstärke der Wehrpflichtarmee beträgt etwa 55 000 Mann, der Wehrdienst dauert 18, für Hochschulabsolventen 12 Monate. Daneben existieren die Inneren Truppen mit einer Stärke von rd. 10 000 Mann sowie paramilitär. Kräfte (Grenztruppen, Nationalgarde) mit insgesamt etwa 5 500 Mann. Langfristig ist der Aufbau einer Berufsarmee von etwa 100 000 Soldaten geplant. 1994 schloss sich U. der ›Partnerschaft für den Frieden‹ der NATO an.

LANDESNATUR · BEVÖLKERUNG

U. liegt zum größten Teil im Zwischenstromland von Amudarja und Syrdarja in der Mitte des Tieflands von →Turan, das vier Fünftel der Oberfläche bedeckt. Es wird überwiegend vom Plateau der Sandwüste Kysylkum (Anstieg von 100 m ü. M. im NW auf 200–300 m ü. M. im SO) eingenommen, die sich über 40% des Territoriums von U. erstreckt. Die beiden Hauptzuflüsse des Aralsees, Amudarja und Syrdarja, erreichen ihren Endsee nach massiver Wasserentnahme für Bewässerungszwecke nur noch als dünnes Rinnsal oder überhaupt nicht mehr. Das usbek. Gebiet westlich des austrocknenden Aralsees wird vom wüstenhaften Ust-Urt-Plateau (durchschnittlich 200 m ü. M.) durchzogen, südlich des Aralsees liegen Delta und Alluvialebene des unteren Amudarja, die einst fruchtbare Oase Choresm (bis 100 m ü. M.). Das Tiefland von Turan wird von zahlr. Restbergen (Tamdytau, 922 m ü. M.; Kuldschuktau, 785 m ü. M.; Bukantau, 764 m ü. M.) überragt, ebenso sind Kessel und Senken

Usbekistan: Übersichtskarte

Usbe Usbekistan

(am tiefsten die bis 12 m u. M. abfallende Sarygamyschsenke) eingelagert. Im O geht das Tiefland von Turan allmählich in ein flaches Vorgebirgsland mit der bewässerten Oase von Taschkent und der bewässerten Südl. Hungersteppe über. Die Hochgebirge, die U. im O und SO begrenzen, sind Ausläufer des Hissar-Alai-Systems (bis 4 643 m ü. M.) im S und des westl. Tienschan (bis 4 299 m ü. M.) im N; dazwischen schiebt sich keilförmig ein Teil von Tadschikistan. Sie umschließen mehrere Gebirgssenken und Gebirgstäler, darunter das Ferganabecken am oberen Syrdarja, das größtenteils zu U. gehört, sowie Serawschan- und Tschirtschik-Angren-Becken. Vorgebirgs- und Hochgebirgsgebiete sind stark erdbebengefährdet.

Klima: U. gehört zur kontinental geprägten trockenen subtrop. Klimazone mit trockenheißen, langen Sommern (mittlere Julitemperatur 26–32 °C) und milden, kurzen und schneearmen, aber wolkenreichen Wintern (mittlere Januartemperatur −6,3° bis 3 °C), die im S anderthalb bis zwei, im N bis zu fünf Monate andauern. Der mittlere Jahresniederschlag liegt im Tiefland von Turan zw. 60 und 150 mm, an den Luvseiten der Hochgebirge zw. 400 mm und stellenweise 1 000 mm. 70 % der Niederschläge fallen im Winter und im sehr kurzen Frühjahr.

Vegetation: Auf den verfestigten Hügelsanden der Wüste Kysylkum wachsen vereinzelt Saxaul- und Azienbüsche, versch. Gräser und Sträucher, v. a. Wermut. Die Flora der Vorgebirgsebenen ist, allerdings auch nur im feuchteren Frühjahr, etwas reichhaltiger. Bei möglicher künstl. Bewässerung werden diese Gebiete landwirtschaftlich genutzt. Die Gebirge sind durchweg von Krautsteppen bedeckt, ein zusammenhängender dichter Waldgürtel fehlt.

U. ist von der ökolog. Katastrophe des →Aralsees sowie den ökolog. Schäden der Baumwollmonokultur und des hemmungslosen Mineraldüngereinsatzes während der Sowjetzeit stark betroffen.

Bevölkerung: Den Hauptteil der Bewohner bilden nach Schätzungen von 1996 mit 80 % die Usbeken, dagegen ist der Anteil der übrigen zahlr. vertretenen Nationalitäten (5,5 % Russen, 5 % Tadschiken, 3 % Kasachen, 2,5 % Karakalpaken, 1,5 % Tataren und 2,5 % andere Völker wie Krimtataren, Kirgisen, Koreaner, Ukrainer, Turkmenen, Türken u. a., auch etwa 25 000–30 000 Deutsche) an der Gesamt-Bev. gering. Regional erreichen diese Minderheiten aber einen beachtl. Anteil (z. B. die Bev.-Mehrheit der Tadschiken in den Gebieten Buchara und Samarkand). Etwa 280 000 Russen emigrierten 1990–94 aus Usbekistan.

U. hat ein hohes natürl. Bev.-Wachstum (1990–96 durchschnittlich 2,1 %); 1897–1966 stieg die Bev.-Zahl von 4,064 Mio. auf 10,581 Mio. an und wuchs bis 1997 nochmals um mehr als das Doppelte auf 23,468 Mio., davon waren 39 % bis 14 Jahre, 57 % 15–64 Jahre und 4 % 65 Jahre alt und älter; 38 % der Bev. leben in Städten. Die bevölkerungsreichsten Städte (Ew.-Zahl von 1995) sind Taschkent (2 107 000), Samarkand (362 000), Namangan (333 000), Andischan (313 000), Buchara (238 000), Fergana (227 000) und Nukus (182 000). Mit einer durchschnittl. Bev.-Dichte von 52,5 Ew. je km^2 ist U. die am dichtesten besiedelte mittelasiat. GUS-Republik. Entsprechend den natürl. Bedingungen konzentriert sich die Bev. in den Oasen der Vorgebirgszone, in den Flusstälern und in den neuen Bewässerungsgebieten, wo trotz teilweise katastrophaler ökolog. Lebensbedingungen Siedlungsdichten von 400 bis 500 Ew., stellenweise sogar bis 2 000 Ew. je km^2 vorkommen. Dagegen leben in den Hochgebirgsgebieten im O und SO sowie in den Wüsten- und Halbwüstenregionen im NW, die 70 % des usbek. Territoriums einnehmen, nur 9–1 Ew. je km^2. Von den Erwerbstätigen waren 1994 44 % in der Landwirtschaft, 20 % in der Industrie und 36 % im Dienstleistungssektor beschäftigt.

Religion: Das Gesetz ›Über die Gewissensfreiheit und die religiösen Organisationen‹ (1991 in Kraft gesetzt) garantiert die Religionsfreiheit, erklärt aber zugleich (wohl auf ausländ. Missionare bezogen) die missionar. Tätigkeit für unzulässig. Den Status einer jurist. Person besitzen nach dem 1998 erfolgten Modifizierung der Religionsgesetzgebung die sunnitisch-islam. Glaubensgemeinschaft und die russisch-orth. Kirche. Der Staat vertritt den Grundsatz des Laizismus, erkennt jedoch den Islam als wichtige Grundlage der usbek. nat. Identität an. – Dem sunnit. Islam (überwiegend der hanefit. Rechtsschule) werden mit den Usbeken, Tadschiken, Kasachen und den übrigen turksprachigen Nationalitäten nominell ca. 86 % der Bev. zugerechnet. Geistlich unterstehen die usbek. Muslime dem Muftiat in Taschkent. Neben dem von den offiziellen islam. Institutionen getragenen Islam ist (bes. unter den Karakalpaken) der sufistisch geprägte Volksislam von großer Bedeutung. – Von der rd. 2 % Christen gehören über 60 % der russisch-orth. Kirche an. Für die orth. Christen (Russen und Ukrainer) in U., Kirgistan, Tadschikistan und Turkmenistan besteht das russ.-orth. Erzbistum Taschkent. Für die nach kirchl. Angaben rd. 120 000 kath. Christen wurde 1997 mit der ›Mission U.‹ ein eigener kirchl. Jurisdiktionsbezirk geschaffen. Die ev. Christen sind mehrheitlich Pfingstler und Baptisten; die wenigen Lutheraner (überwiegend Angehörige der dt. Minderheit) gehören zur Eparchie U. der →Evangelisch-Lutherischen Kirche in Russland und anderen Staaten. – Sehr kleine religiöse Minderheiten bilden die Juden sowie die Buddhisten innerhalb der korean. Bev.-Gruppe.

Bildungswesen: Es besteht ab dem sechsten Lebensjahr neunjährige Schulpflicht in der Primarstufe, der sich die zweijährige Sekundarstufe anschließt. Für über zwei Drittel der Schüler ist Usbekisch Unterrichtssprache, daneben hält Russisch einen Anteil von 15 %, außerdem sind Kasachisch, Karakalpakisch, Tadschikisch, Turkmenisch und Kirgisisch vertreten. Private Bildungseinrichtungen gibt es nicht. U. verfügt über 14 Univ., davon fünf in Taschkent (TU, Univ. für Wirtschaft, Landwirtschaft, Weltsprachen sowie Weltwirtschaft und Diplomatie).

Publizistik: Die Medien stehen noch immer unter staatl. Kontrolle; Aufsichtsbehörden sind das Staatskomitee für die Presse und die Staatl. Fernseh- und Hörfunkgesellschaft U.s. Die wichtigsten Tageszeitungen sind: ›Khaik Suzi‹ (Welt des Volkes; Organ des Parlaments und des Kabinetts, gegr. 1991, Auflage 51 000), ›Prawda Wostoka‹ (Östl. Wahrheit; Kabinettsorgan, gegr. 1917, 24 000), ›Narodnoje Slowo‹ (Wort des Volkes; Regierungsorgan, gegr. 1990, 19 000) sowie die Wochenzeitung ›Molodets Uzbekistana‹ (Jugend von U.; gegr. 1926, 30 000). Staatl. Nachrichtenagentur ist die ›Uzbek Information Agency‹ (UzA). Neben dem staatl. ›Uzbek Radio‹ (Programme in Usbekisch, Russisch, Englisch und 13 weiteren Sprachen) und ›Uzbek Television‹ (vier regionale Programme) existieren seit 1992 der Satellitensender ›Kamalak Television‹ als Gemeinschaftsunternehmen des staatl. Fernsehens und einer US-amerikan. Gesellschaft.

WIRTSCHAFT · VERKEHR

U. ist neben Kasachstan das wirtschaftlich bedeutendste Land der mittelasiat. GUS-Staaten. Mit einem Bruttosozialprodukt (BSP) je Ew. von (1996) 1 010 US-$ gehört das Land zu den Entwicklungsländern mit mittlerem Einkommen. Die Wirtschaftsleistung U.s beruht auf dem Baumwollanbau und Bergbau (bes. Brennstoffe und Gold). Nach Erlangung der Unabhängigkeit war durch einen gemäßigten Kurs im Transformationsprozess von der Plan- zur Marktwirtschaft (›vorsichtiger Übergang zum Markt‹) der reale Rückgang des Bruttoinlandsprodukts (BIP) nicht so groß wie in den anderen mittelasiat. GUS-Staaten, er betrug 1990–95 durchschnittlich 4,4 % im Jahr. Seit 1996 ist wieder ein reales Wachstum erkennbar, bes. getragen von Auslandsinvestitionen. Der Prozess der Privatisierung verlief bis 1996 schleppend, der Anteil des Privatsektors am BIP lag 1996 nach staatl. Angaben bei 80 % (nach ausländ. Beobachtungen nur etwa 30 %). Die Oberhoheit des Staates ist im Wirtschaftsleben noch deutlich erkennbar, auch die Institutionen aus der Sowjetära sind unter neuem Namen noch vielfach vorhanden. Hoch sind die Auslandsverschuldung (1995: 1,6 Mrd. US-$) und die Inflationsrate, die in den Jahren 1985–95 durchschnittlich 239 % (1997: 75 %) betrug. Dem 1996 zu Tage tretenden großen Devisenmangel wird durch die 1996 eingeführte Devisenzwangsbewirtschaftung begegnet, die Konvertibilität der 1994 eingeführten Währung Usbekistan-Sum wurde aufgehoben. Die Arbeitslosenrate wurde 1996 auf 13 % geschätzt.

Landwirtschaft: Sie ist etwa mit einem Drittel an der Gesamtproduktion des Landes beteiligt. Nur knapp 10 % der Landesfläche sind landwirtschaftlich nutzbar. Von dieser Nutzfläche sind etwa 4,5 Mio. ha Ackerland und 20,8 Mio. ha Weideland und Heuwiesen (extensive Weidewirtschaft). 90 % der Anbauflächen müssen künstlich bewässert werden. Trotz eines seit 1990 bestehenden Bodenreform-Ges., das die rechtl. Grundlage für die Umwandlung der Staatsbetriebe in Genossenschaften gab, steckt die Privatisierung der landwirtschaftl. Nutzfläche noch in den Anfängen, denn privater Landbesitz ist verboten und nur Landpacht ist möglich. Hauptanbaufrucht ist die Baumwolle (mit 5,1 Mio. t im Jahr 1997 an vorderer Stelle in der Weltproduktion), der Hauptdevisenbringer des Landes. Ihr bereits in Sowjetzeiten betriebener monokultureller Anbau mittels extensiver Bewässerungswirtschaft (hoher Wasserverlust durch marode Kanäle) führte zu großen ökolog. Schäden (Bodenversalzung). Neben Rohbaumwolle werden Getreide (Weizen, Gerste, Reis und Mais), Gemüse, Melonen und Hülsenfrüchte sowie Weintrauben und Obst erzeugt. Seit 1996 wurde die Anbaufläche von Baumwolle zugunsten der von Getreide zurückgedrängt, um die Importabhängigkeit bei der Lebensmittelversorgung der Bev. zu verringern. Der hohe Mineraldüngereinsatz im Feldbau verursacht ebenso wie die Ableitung ungeklärten Wassers mit einhergehender Grundwasserverseuchung Gesundheitsschäden bei der Bev. Die Viehzucht konzentriert sich auf die Haltung von Rindern (Bestand 1995: 5,3 Mio.), Schafen (8,6 Mio., davon 4,9 Mio. Karakulschafe), Ziegen und Kamelen (20 000) sowie auf die Geflügelhaltung (31 Mio.). Ein Spezialzweig ist die Seidenraupenzucht.

Bodenschätze: U. verfügt über zahlr. Bodenschätze. Neben reichen Erdgas- und Erdölvorkommen (Vorräte 5 400 Mrd. m³ bzw. 4,5 Mrd. t) sowie Gold- und Uranerzfunden werden Buntmetallerze, Schwefel, Bauxit und Kohle bergbaulich genutzt. Die erhebl. Auslandsinvestitionen im Bergbausektor führten nach 1990 zu einem teilweise großen Förderanstieg bei bestimmten Bergbauprodukten (z. B. 1992–97 bei Erdgas um 15 % und Erdöl um 150 %). Die Erdgasfördermenge betrug (1997) 51,2 Mrd. m³; bedeutende Vorkommen sind um Buchara und Karschi sowie im Ferganabecken erschlossen. Erdöl (Fördermenge 1997: 8 Mio. t) wird im Ferganabecken, um Buchara und nördlich von Termes gewonnen, Kohle (3,8 Mio. t, fast ausschließlich Braunkohle) in Angren und im SO gefördert. Weltweit steht U. bei der Golderzeugung (1995: 80 t, bes. aus der Mine von Muruntau bei Serafschan in der Wüste Kysylkum) und Uranerzförderung (1995: 3 000 t) an vorderer Stelle.

Energiewirtschaft: Elektroenergie (1995: 47,5 Mrd. kWh) wird zu 85 % in Wärmekraftwerken, die zum größten Teil auf Erdgas-, sonst auf Kohlebasis (Braunkohlenkraftwerk in Angren) arbeiten, und zu 15 % in Wasserkraftwerken (Kraftwerkskaskade am Fluss →Tschirtschik) in ausreichender Menge erzeugt und kann noch in die benachbarten Staaten exportiert werden.

Industrie: Die aus Sowjetzeiten überkommene Industriestruktur war einseitig auf den Baumwollanbau mit der Erstverarbeitung von Rohbaumwolle ausgerichtet. Im Vordergrund steht jetzt der Aufbau anderer Zweige der verarbeitenden Industrie einschließlich der Entwicklung der Erdöl und Erdgas verarbeitenden Industrie (neue Raffinerie in Karaulbasar im Gebiet Buchara) zur besseren Versorgung des Binnenmarktes unter Mitwirkung ausländ. Konzerne (z. B. Kfz-Bau). Hauptindustriezweige sind, gemessen am Anteil der Industriebeschäftigten, die Textil- und Bekleidungsindustrie, der Bau von Maschinen, landwirtschaftl. Geräten und Fahrzeugen sowie die Elektrotechnik; es folgen die Nahrungsmittel-, chem. und Papier- und die Hüttenindustrie. Wichtige Industriestandorte sind Taschkent, Fergana, Samarkand, Andischan und Buchara.

Tourismus: Touristisch ist das Land noch wenig erschlossen. Die Städte Samarkand, Buchara, Chiwa und Taschkent sind Hauptanziehungspunkte des internationalen Fremdenverkehrs. 1997 besuchten etwa 300 000 ausländ. Gäste das Land.

Außenwirtschaft: Der Außenhandel liegt noch in staatl. Händen. Das Land ist um die Erweiterung der Außenhandelsbeziehungen mit den westl. Industriestaaten bemüht. Knapp ein Drittel des Außenhandels entfiel 1996 auf die GUS-Staaten (bes. Russland, Kasachstan, Tadschikistan, Turkmenistan), über zwei Drittel auf andere Länder (bes. Dtl., die USA, Türkei und Süd-Korea). Durch den Verfall der Baumwollpreise auf dem Weltmarkt und höhere Einfuhren von Lebensmitteln (bes. Getreide) ist die 1994–95 positive Handelsbilanz seit 1996 negativ (Ausfuhr: 3,7 Mrd. US-$, Einfuhr: 4,7 Mrd. US-$). 1996 waren wichtigste Ausfuhrgüter Baumwollfasern (38,1 %), Elektroenergie (6,0 %), Lebensmittel (4,5 %), Metalle, bes. Gold (3,5 %), Maschinen (2,8 %) und Chemieerzeugnisse (2,4 %); wichtigste Einfuhrerzeugnisse waren Maschinen (35,8 %), Nahrungsmittel (29,5 %), Chemieerzeugnisse (12,5 %), Metalle (6,6 %) und Energie (1,1 %).

Verkehr: U. verfügt über ein relativ entwickeltes Verkehrsnetz, das jedoch saniert und modernisiert werden muss. Größte Bedeutung hat der Eisenbahnverkehr auf einem Schienennetz von (1996) 3 380 km. Im Bau ist eine Eisenbahnlinie von Andischan über Osch (Kirgistan) nach Kaschgar (China). Das Straßennetz umfasst (1995) 80 000 km, davon sind 69 760 km befestigt. Schifffahrt ist auf dem Amudarja nur noch auf Teilstrecken möglich. U. wird von (1992) 250 km Erdöl- und 810 km Erdgasleitungen durchzogen; es ist noch in hohem Maße von den Kapazitäten der Erdöl- und Erdgasleitungen durch Russland abhängig. Das Inlandflugnetz ist relativ dicht ausgebaut; es umfasst 35 Flugplätze mit fester und 226 Landeplätze ohne feste Piste. Wichtigster Flughafen ist Taschkent. Der Flugverkehr wird durch die 1992 gegründete nat. Fluggesellschaft Uzbekistan Airways betrieben.

GESCHICHTE

Das Gebiet des heutigen U., der histor. Region W-Turkestan zugehörig, teilte im Altertum und Mittelalter deren Geschichte (→Turkestan, bes. die Landschaften →Sogdiana, →Charism). Anfang 8. Jh. wurde das Gebiet von den Arabern erobert und anschließend als Bestandteil des Kalifats islamisiert (bekannt unter der arab. Bez. ›Mawarannahr‹). Im 9. und 10. Jh. stand die Region unter der Herrschaft der →Samaniden. 1219–21 unterwarfen die Mongolen unter DSCHINGIS

Usch Uschak–Uschgorod

KHAN das Land; 1369/70–1405 wurde es von TIMUR und anschließend von seinen Nachfolgern (Timuriden) beherrscht, unter denen es zu einem ostislam. Kulturzentrum aufstieg.

Unter dem Druck des von O vordringenden Oiraten und von N vorstoßender kasach. Stämme griffen seit Ende des 15. Jh. die turkstämmigen Usbeken (ihr Name leitet sich vom Mongolenkhan USBEK [ÖZBEG], †1341, ab) in die Machtkämpfe der Timuriden in Transoxanien ein. Unter MOHAMMED SCHAIBANI (*1451, †1510) eroberten die Usbeken um 1500 das Gebiet (→Schaibaniden). Die Turkisierung der Region wurde vollendet; die Herrscherkultur der Usbeken verdeckte die Traditionen der iran. Kulturzentren. Im 16. Jh. kämpften die sunnit. Schaibaniden und die schiit. Safawiden in verheerenden Feldzügen um Khorasan. Nach dem Zerfall des Usbekenreiches (Ende des 16. Jh.) bildeten sich die – miteinander rivalisierenden – Khanate Buchara (seit dem 18. Jh. Emirat), Chiwa und Kokand. Seit dem 16. Jh. hatte das Gebiet bes. durch den ständigen Rückgang des Karawanenhandels (→Seidenstraße, Quelle des Reichtums der Oasenstädte) und die Verschiebung der fernöstl. Handelsrouten nach N an Reichtum und Macht verloren.

In kolonialer Konkurrenz zu Großbritannien unterwarf Russland in den 1860er- und 1870er-Jahren das usbek. Territorium (1865 Eroberung Taschkents, 1867 Bildung des Gen.-Gouv. Turkestan, 1868 Errichtung eines Protektorats über Buchara und 1873 über Chiwa, 1876 Annexion von Kokand). Nach der russ. Oktoberrevolution wurde am 30. 4. 1918 die regional begrenzte Turkestan. ASSR proklamiert, deren Sowjetisierung erst ab 1920 gelang. Einschneidend waren weitere künstl. Grenzziehungen: Nach ihrer Eroberung durch sowjetruss. Truppen unter M. W. FRUNSE 1920 wurden das Khanat Chiwa in die Sowjet. Volksrepublik Choresm (26. 4.) und das Emirat Buchara in die Sozialist. Volksrepublik Buchara (8. 10.) umgewandelt. 1923 veränderte man den Status der Volksrepublik Choresm in SSR und zergliederte sie in ein Usbek., Turkmen. und Kirgisisch-Karakalpak. Autonomes Gebiet. 1924 wurden die Volksrepublik Buchara, die SSR Choresm und die Turkestan. ASSR aufgelöst und territorial den am 27. 10. 1924 neu gegründeten SSR Usbekistan und Turkmenistan und der am 14. 10. 1924 geschaffenen Tadschik. ASSR zugeordnet. Unter Einschluss Letzterer (bis 1929) trat U. am 13. 5. 1925 der UdSSR bei; 1936 wurde die vorher zur RSFSR gehörende Karakalpak. ASSR (→Karakalpakien) Bestandteil von U. Dessen Hauptstadt war zunächst Samarkand, 1930 abgelöst von Taschkent.

Gegen die bolschewist. Herrschaft richtete sich bis in die 1920er-Jahre hinein der Widerstand der ›Basmatschi‹ (muslim. Guerillabewegung). Im Rahmen der stalinschen ›Revolution von oben‹ wurde die islam. Tradition unterdrückt; mit der Zwangskollektivierung ging die forcierte Steigerung der Gewinnung von Baumwolle und deren industrielle Verarbeitung einher. Der ›Großen Tschistka‹ fielen in den 1930er-Jahren zahlr. Funktionäre zum Opfer (u. a. Min.-Präs. FAISULLAH CHODSCHAJEW, der 1938 erschossen wurde). Unter SCHARAF RASCHIDOW (Parteichef 1959–83), der sich als ›Otakhan‹ (›Vater der Nation‹) huldigen ließ, bildete sich eine ausgeprägte Cliquenwirtschaft heraus (groß angelegte Unterschlagungen und Planfälschungsaffären im Baumwollsektor), die die sowjet. Zentralmacht 1983 zum Eingreifen veranlasste.

Die während des Zweiten Weltkrieges (November 1944) von Georgien nach U. (u. a. ins Ferganabecken) zwangsumgesiedelten turkstämmigen Mescheten waren 1989 von blutigen Pogromen betroffen (danach Evakuierung). Am 20. 6. 1990 erklärte U. seine Souveränität, am 31. 8. 1991 seine Unabhängigkeit; am 21. 12. 1991 trat U. der Gemeinschaft Unabhängiger Staaten (GUS) bei, ohne sich in der Folgezeit allzu eng in den von Russland dominierten Staatenbund integrieren zu lassen. Unter der Führung von ISLAM ABDUGANIJEWITSCH KARIMOW (*1938; 1989–91 Erster Sekr. des ZK der usbek. KP, Staatsoberhaupt seit 1990, im Dezember 1991 durch Wahlen bestätigt) blieb die kommunist. Nomenklatura in U., die sich nunmehr einer nationalist. Ideologie verschrieb, weitgehend an der Macht. Die KP wurde 1991 in die Volksdemokrat. Partei U.s umgewandelt, die oppositionellen Organisationen Birlik und Erk drängte man 1992/93 unter dem Vorwurf ›regierungs-‹ bzw. ›staatsfeindl. Aktivitäten‹ in die Illegalität. Mit der durch Referendum (27. 3. 1995) bestätigten Verlängerung seiner Amtszeit bis zum Jahr 2000 baute Präs. KARIMOW das autoritäre Präsidialsystem weiter aus.

Außenpolitisch u. a. um enge Zusammenarbeit mit der Türkei bemüht, vereinbarte U. zus. mit den anderen mittelasiat. Republiken der GUS im Januar 1993 eine Wirtschaftsgemeinschaft. Aus Sorge, dass der tadschik. Bürgerkrieg auf U. übergreifen könnte, schloss die Reg. mit Tadschikistan am 4. 1. 1993 einen ›Vertrag über Freundschaft und gute Zusammenarbeit‹, dem am 10. 1. 1997 weitere Freundschaftsabkommen mit den mittelasiat. Republiken Kasachstan und Kirgistan folgten. Am 28. 3. 1997 vereinbarte U. mit Russland einen Vertrag über die Zusammenarbeit am Grenzabschnitt zu Afghanistan.

M. KRAFT u. A. KAMPE: U. (1994); Erben der Seidenstraße – U., hg. v. J. KALTER u. M. PAVALOI (1995); E. A. ALLWORTH: The modern Uzbeks. From the fourteenth century to the present (Neudr. Stanford, Calif., 1996); J. M. ECKERT: Das unabhängige U.: auf dem Weg von Marx zu Timur (1996); R. GÖTZ u. U. HALBACH: Polit. Lex. GUS (³1996).

Uschak, Uşak [ˈuʃ-] *der*, -(s)/-s, dunkelrot- oder dunkelblaugrundiger Teppich aus der türk. Stadt Uşak und Umgebung, mit größerer oder kleinerer Medaillonmusterung.

Uschakow, Ušakov [uʃ-], Simon (Pimen) Fjodorowitsch, russ. Maler und Kupferstecher, *Moskau 1626, †ebd. 25. 6. 1686; 1648–64 arbeitete er als Hofmaler der Zaren und als Vorzeichner in der Ikonen- und Goldschmiedewerkstatt der Oruschejnaja Palata, seit 1664 war er Leiter der Ikonenwerkstatt. U. löste sich vom Stroganowstil und wurde Haupt einer Künstlergruppe, die mehr Individualität, Realismus und Plastizität in die Ikonenmalerei einführte.

Werke: Ikone ›Verkündigung mit Akathistos‹ für die Dreifaltigkeitskirche in Nikitniki (1659; heute Moskau, Histor. Museum); Ikone ›Gottesmutter von Wladimir‹ (auch ›Stammbaum des Moskauer Reiches‹ gen., 1668; Moskau, Tretjakow-Galerie); Die hl. Dreifaltigkeit (1671; Sankt Petersburg, Russ. Museum).

U-Schätze, Kurz-Bez. für unverzinsl. →Schatzanweisungen.

Uschebti [ägypt.] *das,* -s/-(s), kleine mumiengestaltige Figuren (14–20 cm groß), die die Ägypter seit dem Mittleren Reich ihren Toten mitgaben, oft in großer Zahl (bis zu 400). Die in Fayence, Ton, Holz oder Stein gearbeiteten U. sind als Abbild des Verstorbenen gestaltet und sollen ihn im Jenseits vertreten, wenn er dort zu einer Arbeit aufgerufen wird. Die U. können mit der U.-Formel (6. Spruch des Totenbuchs) sowie mit Name und Titel des Verstorbenen beschriftet sein.

Uschgorod, Užgorod [ˈuʒ-], ukrain. **Uschhorod,** ukrain. und slowak. **Užhorod** [ˈuʃhɔrɔd], ungar. **Ungvár** [-vaːr], Hauptstadt des Gebietes Transkarpatien (→Karpato-Ukraine), Ukraine, am S-Fuß der Waldkarpaten, nahe der Grenze zur Slowak. Rep. (Straßengrenzübergang), am Usch, 127 000 Ew.; Sitz eines griechisch-kath. Bischofs (Oberhaupt der ruthen. Kirche); Univ. (1945 gegr.), Kunstmuseum, Museum für transkarpat. Holzarchitektur, Heimatmuseum; Möbelherstellung, Maschinen- und Elektrogerätebau, chem., Nahrungsmittelindustrie, Schuhfabrik; Flug-

Uschebti
aus einem Grab
in Abydos,
18./19. Dynastie
(Kairo, Ägyptisches
Museum)

Usedom 1): Anklamer Torturm (um 1450), links der Turm der Marienkirche

etwa 75 000 Menschen, davon etwa 30 000 auf dt. Seite. Die Insel besteht aus mehreren pleistozänen, durch Nehrungen und Haken verbundenen Inselkernen (bis 69 m ü. M.) mit dazwischen liegenden Niederungen mit Mooren (Halbinsel Lieper Winkel), Bruchland und Binnenseen (Gothensee, 6,1 km^2; Schmollensee, 5,2 km^2), v. a. im östl. Teil. An der etwa 40 km langen Ostseeküste wechseln Flach- und Steilküstenabschnitte (Streckelsberg bei Koserow bis 56 m ü. M.), ebenso am Uferabschnitt gegen das Stettiner Haff. Durch Krumminer Wiek und Achterwasser (boddenartige Erweiterungen des Peenestroms) wird die weithin von einem Schilfgürtel begleitete Binnenküste von U. stark aufgegliedert und die Insel zw. Zempin und Koserow auf weniger als 100 m verengt. Große Teile der Ostseeküste und die Dünengebiete im S sind bewaldet. Größte wirtschaftl. Bedeutung hat der Fremdenverkehr (in den Ostseebädern Bansin, Heringsdorf, Ahlbeck, Koserow und Zinnowitz, Trassenheide und Karlshagen) vor Küstenfischerei, Ackerbau und Viehzucht. Gewerbe ist nur auf poln. Seite in Swinemünde stärker vertreten. Im NW von U. liegt →Peenemünde. Durch zwei Fernstraßen ist U. mit dem Festland verbunden (Straßenbrücke in Wolgast und bei Zecherin nahe der Stadt U.), die Eisenbahnverbindung ist seit Sprengung der Karniner Brücke 1945 unterbrochen; im S bei Garz Flughafen Heringsdorf. Etwa vier Fünftel von U. gehören mit sieben Naturschutzgebieten zum Naturpark Usedom-Oderhaff.

Usener, Hermann, klass. Philologe, *Weilburg 23. 10. 1834, †Bonn 21. 10. 1905; wurde 1861 Prof. in Bern, 1863 in Greifswald, 1866 in Bonn. Grundlegend waren seine Arbeiten bes. auf dem Gebiet der griech. Philosophie und der Religionsgeschichte.

Ausgaben: Vorträge u. Aufsätze, hg. v. A. DIETERICH (1907); Kleine Schr., hg. v. L. RADERMACHER u. a., 4 Bde. (1912–14, Nachdr. 1965); Glossarium Epicureum, hg. v. M. GIGANTE u. a. (1971); Religionsgeschichtl. Unterss., 3 Tle. (Neuausg. 1972); H. U. u. Ulrich von Wilamowitz-Moellendorff. Ein Briefwechsel. 1870–1905, hg. v. W. M. CALDER (^{2}1994).

User ['ju:zə; engl. ›Benutzer‹] *der, -s/-,* Datenverarbeitung: der →Benutzer.

Uses and gratifications approach ['ju:sɪz ənd grætɪfɪ'keɪʃnz ə'prəʊtʃ, engl.] *der, ----,* **Nutzen- und Belohnungs|ansatz, Nutzen|ansatz,** in *Kommunikationswissenschaften* und *Publizistik* ein Erklärungsmodell, welches davon ausgeht, dass der Mediennutzer (Rezipient) diejenigen Medienangebote auswählt, die seinen Bedürfnissen, z. B. der ›Flucht aus dem Alltag‹, am besten entsprechen. Der v. a. seit Mitte der 1970er-Jahre vertretene Nutzenansatz stellt eine Abkehr von der bis dahin vorherrschenden Stimulus-Response-Theorie (→Reiz-Reaktions-Schema) dar.

Usher ['ʌʃə], **Ussher,** James, irischer anglikan. Theologe, *Dublin 4. 1. 1580, †Reigate 20. 2. 1656; war ab 1621 Bischof von Meath und wurde 1625 von JAKOB I. zum Erzbischof von Armagh berufen. Nach seinem Amtsverzicht 1630 lebte er als Gelehrter in England, wo er 1641 zum Bischof von Carlisle ernannt wurde. Seit 1643 Mitgl. der →Westminstersynode, zeigte sich U. als Royalist und erfuhr damit O. CROMWELLS Ungnade. Die von U. 1615 entworfenen 104 ›Irischen Artikel‹ suchten zw. der hochkirchl. und der kalvinist. Richtung in Irland zu vermitteln; Verfasser zahlreicher theolog. und histor. Werke.

Ausgabe: The whole works, hg. v. C. R. ERLINGTON u. a., 17 Bde. (1847–64).

Ushnisha [uʃ'niʃa, Sanskrit], der Deckstein von Steinzäunen ind. Kultbauten, ferner der Turban bei Götter- und Herrscherdarstellungen und bes. die halbkugelförmige Erhöhung auf dem Scheitel von Buddhafiguren, urspr. dessen Asketenhaarschopf, später umgedeutet als Knochenauswuchs.

Ushuaia [u'sɯaia], Hauptstadt des Nationalterritoriums Tierra del Fuego, Argentinien, am Beaglekanal,

---

hafen. – Archäolog. Funden zufolge ist U. im 8./9. Jh. entstanden und gehörte im 10./11. Jh. zum Kiewer Reich. Seit Ende des 11. Jh. war es ungarisch, als **Ungvár** Hauptstadt des Komitats Ung. 1919 fiel es an die Tschechoslowakei. 1938/39 war U. Hauptstadt der autonomen Karpato-Ukraine, mit der es 1945 an die Sowjetunion kam.

Uschinskij, Ušinskij [uʃ-], Konstantin Dimitrijewitsch, russ. Pädagoge, *Tula 2. 3. 1824, †Odessa 3. 1. 1871; Ausbildung als Jurist; hatte als Lehrer an versch. Adelsschulen und infolge seiner ersten Veröffentlichungen (1860/61) Probleme mit den Behörden; reiste 1862–67 durch westeurop. Staaten. Mit Schriften zur pädagog. Anthropologie und zur Didaktik gilt er als ›Vater der russ. Pädagogik‹. Er sah – als Narodnik – Volkstum, Muttersprache, Kirchenglauben und Arbeit als pädagogisch bes. bedeutsam an.

Ausgabe: Ausgew. pädagog. Schriften, hg. v. K.-H. GÜNTHER u. a. (1963).

Usedom, 1) Stadt im Landkreis Ostvorpommern, Meckl.-Vorp., im SW der Insel U., am Usedomer See, einer Einbuchtung des Stettiner Haffs, 2 000 Ew.; Erholungsort; Fischfang und -verarbeitung; Fischereihafen; bei U. die Zecheriner Brücke über den Peenestrom nach Anklam. – Von der mittelalterl. Befestigungen ist nur der Anklamer Torturm (um 1450) erhalten; Marienkirche (im Wesentlichen 19. Jh.); Rathaus (18. Jh.). – U., um eine 1115/19 von Dänen zerstörte slaw. Burg entstanden, wurde 1159 als Markt, 1184 als Burgflecken erwähnt. Gegen 1250 dürfte die Stadt auf regelmäßigem Grundriss angelegt worden sein. 1298 erhielt U. lübisches Stadtrecht; 1648 fiel die Stadt an Schweden, 1720 an Preußen.

2) poln. **Uznam** ['uznam], Ostseeinsel zw. dem Stettiner Haff im S und der Pommerschen Bucht der Ostsee im N, durch den Peenestrom vom Festland, durch die Swine von der Insel Wollin getrennt, 445 km^2 groß, davon der größte Teil in Meckl.-Vorp. (Landkreis Ostvorpommern), der 90,8 km^2 große O-Teil mit dem auf U. liegenden Teil von Swinemünde kam 1945 unter poln. Verwaltung, die Zugehörigkeit zu Polen (Wwschaft Szczecin) wurde durch den Dt.-Poln. Grenzvertrag vom 14. 11. 1990 anerkannt. Auf U. leben

Usia USIA – Ussolje-Sibirskoje

an der S-Küste von Feuerland, 29 500 Ew.; Handelsplatz, Hafen; Garnison; Fremdenverkehr; Flugplatz. U. galt lange als südlichste Stadt der Erde (jetzt Puerto Williams, Chile). – Gegr. 1868 als prot. Missionsstation.

USIA [Abk. für russ. Uprawlenije Sowjetskogo Imuschtschestwa w Awstrii, dt. ›Verwaltungsstelle des sowjet. Besitzes in Österreich‹], Besatzungsbehörde, die etwa 300 Industriebetriebe (darunter fast die gesamte Erdöl fördernde Industrie) und 140 land- und forstwirtschaftl. Unternehmen, die als früheres ›dt. Eigentum‹ in Österreich angesehen und damit kraft Besatzungsrechts als sowjet. Eigentum beansprucht wurden, verwaltete; durch den Österr. Staatsvertrag vom 15. 5. 1955 an den österr. Staat unter bestimmten Auflagen zurückgegeben.

Usigli [uˈsiɣli], Rodolfo, mexikan. Dramatiker, * Mexiko 17. 11. 1905, † ebd. 18. 6. 1979. Seine Dramen behandeln Themen aus Mythologie, Geschichte und Politik in moralisierend-aufklär. Absicht. Die Trilogie ›Corona de sombra‹ (1947), ›Corona de fuego‹ (1961) und ›Corona de luz‹ (1965) nimmt histor. Episoden auf, um zur Wesensbestimmung des Mexikanischen beizutragen.

Weitere Werke: *Dramen:* La mujer no hace milagros (1939); El gesticulador (1944); El niño y la niebla (1951). – *Essay:* Anatomía del teatro (1967).

Ausgabe: Teatro completo, 3 Bde. (1963–79, tlw. Nachdr. 1997).

Usija [hebr. ›Jahwe ist meine Stärke‹], **Asarja**, in der Vulgata **Ozias**, König von Juda (773–736? v. Chr.), Zeitgenosse JEROBEAMS II. von Israel. Nach 2. Kön. 14, 22 gewann er Stadt und Hafen von Elat am Golf von Akaba für Juda zurück (Seehandel). U. herrschte in einer Epoche des Friedens und der Prosperität. Als er aussätzig wurde, übernahm sein Sohn JOTHAM die Regierungsgeschäfte (2. Kön. 15). Nach Jes. 6,1 wurde im Todesjahr U.s JESAJA zum Propheten berufen.

Usingen, Stadt im Hochtaunuskreis, Hessen, 290 m ü. M., 14 700 Ew.; an der Usa, im Mittelpunkt eines lössbedeckten, waldfreien Beckens (**Usinger Becken**) des östl. Hintertaunus gelegen. Heimatmuseum; mittelstand. Industriebetriebe. – 1651–58 wurde die ev. Pfarrkirche nach Brand (1635) wieder aufgebaut, mächtiger Turm (1490 ff.); Fürstengruft (1770). Zahlr. Fachwerkhäuser (17./18. Jh.); Rathaus (1687); Prinzenpalais (1768). – U., in der 2. Hälfte des 8. Jh. erstmals erwähnt, kam als Reichslehen 1207 an die Grafen von Diez-Weilnau, 1326 nacheinander an versch. Linien der Grafen von Nassau. Im 14. Jh. zur Stadt erhoben, war U. 1659 bis 1744 Residenzort der Grafschaft Nassau-Usingen.

Fritz Usinger

Usinger, Fritz, eigtl. **Friedrich Wilhelm U.**, Schriftsteller, * Friedberg 5. 3. 1895, † ebd. 9. 12. 1982; war bis 1949 Lehrer, danach freier Schriftsteller; traditionsverbundener Lyriker; darüber hinaus umfangreiche Herausgebertätigkeit sowie Übersetzungen v. a. frz. Lyrik; erhielt 1946 den Georg-Büchner-Preis.

Ausgabe: Werke, hg. v. S. HAGEN, 6 Bde. (1984–87).
A. NENTWICH: F.-U.-Bibliogr. (1989).

Usinor Sacilor S. A. [yziˈnɔr sasiˈlɔr sɔsjeˈte anɔˈnim], frz. Stahlkonzern, entstanden aus mehreren Fusionen, Vorläufergesellschaft gegr. 1881; Sitz: Paris; 1995 privatisiert. Umsatz (1997): 72,0 Mrd. FF, Beschäftigte: rd. 50 000.

Usipeter, lat. **Usipetes, Usipi,** Volksstamm der Rhein-Weser-Germanen, am rechten Mittelrhein. Die U. überschritten 55 v. Chr. den Rhein, wurden aber von CAESAR zurückgedrängt. Danach siedelten sie im Bereich der Sugambrer; in den Franken aufgegangen.

Uskoken [serbokroat. uskoci ›Flüchtlinge‹], Bez. für die seit Ende des 15. Jh. vor den Osmanen geflüchteten Serben, Bosnier und Kroaten, die sich z. T. entlang der slowen. Grenze niederließen, z. T. in Dalmatien (1530 in Klis bei Split, nach dessen Eroberung durch die Osmanen 1537 in Senj) festsetzten und von dort Einfälle in das osman. Gebiet unternahmen. Da ihre Schiffe auch den venezian. Handel störten, kam es 1615–17 zum Krieg, worauf sich Österreich im Frieden von Paris verpflichten musste, die U. in die südl. Militärgrenze der Habsburgermonarchie umzusiedeln, in das nach ihnen benannte **U.-Gebirge** (bis 1 181 m hohes, stark bewaldetes Gebirge westlich von Zagreb, über das die Grenze zw. Slowenien und Kroatien verläuft).

Uslar, Stadt im Landkreis Northeim, Ndsachs., 173 m ü. M., am Solling, 17 100 Ew.; Museum; Fremdenverkehr. – Die ev. Johanniskirche wurde 1837–45 umgebaut; Westturm aus dem 13. Jh. erhalten; im Chor (1428 ff.) spätgot. Glasmalereien; Fachwerkhäuser im Stil der Weserrenaissance; Altes Rathaus (1476); Ruine Schloss Freudental, das 1559–65 anstelle der abgebrochenen älteren Burg entstand. – Burg und Stadt U. wurden in der 2. Hälfte des 13. Jh. angelegt; 1269 erste urkundl. Erwähnung als Stadt.

Uslar Pietri, Arturo, venezolan. Schriftsteller, * Caracas 16. 5. 1906; Diplomat und Politiker; Inhaber hoher Staatsämter (u. a. 1939–41 Erziehungs-Min., 1945 Innen-Min.); 1945–50 im Exil, 1963 Präsidentschaftskandidat. Seine Erzählungen (u. a. ›Barrabás y otros relatos‹, 1928) und Romane (v. a. ›Las lanzas coloradas‹, 1931; dt. ›Die roten Lanzen‹) trugen wesentlich zur Entwicklung moderner Erzähltechniken in Lateinamerika bei.

Weitere Werke: *Romane:* El camino de El Dorado (1947; dt. Rauch über El Dorado); Oficio de difuntos (1976); La isla de Róbinson (1981); La visita en el tiempo (1990). – *Erzählungen:* Treinta cuentos (1969). – *Lyrik:* El hombre que voy siendo (1986).

El valor humano de A. U. P., hg. v. T. POLANCO ALCÁNTARA (Caracas 1984).

Usman dan Fodio, islam. Reformator und Reichsgründer, →Osman, O. dan Fodio.

Usneaceae [mlat., von arab.-pers. ušnah ›Moos‹], die →Bartflechten.

U. S. News and World Report [juːes njuːz ənd wəːld rɪˈpɔːt], illustriertes amerikan. Nachrichtenmagazin, erscheint wöchentlich, gegr. 1933 u. d. T. ›The United States News‹, seit 1948 heutiger Name, Redaktionssitz: Washington (D. C.), Auflage (1997): 2,35 Mio. Exemplare.

Usninsäure [zu mlat. usnea ›Bartflechte‹, von arab.-pers. ušnah ›Moos‹], **Flechtensäure,** in →Bartflechten u. a. Flechten vorkommende, sauer reagierende Dibenzofuranverbindung mit antibakterieller und antimykot. Wirkung (Summenformel $C_{18}H_{16}O_7$); Anwendung bei Haut- und Schleimhauterkrankungen.

Usoi, türk. Stamm, →Ogusen.

USPD, Abk. für →Unabhängige Sozialdemokratische Partei Deutschlands.

Uspenskij, Gleb Iwanowitsch, russ. Schriftsteller, * Tula 25. 10. 1843, † Strelna (bei Sankt Petersburg) 6. 4. 1902; Bauernsohn, ab 1862 Journalist; begann mit Erzählungen und Skizzen, in denen er sachlich und in einfacher Sprache die hoffnungslosen gesellschaftl. und wirtschaftl. Verhältnisse seiner Zeit schildert; seit den 1880er-Jahren idealisierte er das Bauerntum im Sinne der Narodniki (›Vlast' zemli‹, 1882), daneben ökonom. und soziale Arbeiten.

Weitere Werke: *Skizzenzyklen:* Nravy Rasterjaevoj ulicy (1866; dt. Die Straße der Verlorenen); Razoren'e (1869–71; dt. Der Ruin); Novye vremena, novye zaboty (1873–78; dt. Neue Zeiten, neue Sorgen).

Ausgabe: Sobranie sočinenij, hg. v. V. P. DRUZIN, 9 Bde. (1955–57).

I. LOTHE: G. I. U. et le populisme russe (Leiden 1963).

Ussolje-Sibirskoje, bis 1940 **Ussolje,** Stadt im Gebiet Irkutsk, Russland, im S Ostsibiriens, an der Angara und an der Transsibir. Eisenbahn, 106 900 Ew.;

Uster 1): Das Schloss mit mächtigem Turm; 11. Jh., danach häufig verändert

seit Ende des 17. Jh. russ. Zentrum der Siedesalzgewinnung; chem. und pharmazeut. Industrie, Maschinenbau, Furnierherstellung; Kurort (Natriumchloridquellen).

U. S. Standard Atmosphere (1976) [juːes ˈstændəd ˈætməsfɪə -], →Normalatmosphäre.

Ussuri *der,* chin. **Wusuli Jiang** [- dʒjaŋ], rechter Nebenfluss des Amur, im Fernen Osten Russlands, 897 km lang; entsteht aus den im Sichote-Alin entspringenden Quellflüssen **Ulache** und **Daubiche**, fließt weiter als Tieflandsfluss, bildet mit seinem Mittel- und Unterlauf die russisch-chin. Grenze und mündet bei Chabarowsk. Der U. ist ab Lessosawodsk auf einer Länge von 622 km bis zur Mündung schiffbar. – Auf der im U. gelegenen Damanskij-Insel westlich von Iman kam es im März 1969 zu heftigen Kämpfen zw. sowjet. und chin. Grenztruppen.

Ussurijsk, bis 1935 **Nikolsk-Ussurijskij,** bis 1957 **Woroschilow, Vorošilov** [-ʃ-], Stadt in der Region Primorje, Russland, im Fernen Osten, am Suifun, 162 000 Ew.; landwirtschaftl. und pädagog. Hochschule, zwei Theater; Nahrungsmittelindustrie, Maschinenbau, Herstellung von Haushaltsgeräten, Leichtindustrie; Bahnknotenpunkt an der Transsibir. Eisenbahn, Flugplatz. Südöstlich von U. liegt das Ussuri-Naturschutzgebiet (404 km²).

Ustaritz [y-], Stadt im Dép. Pyrénées-Atlantiques, Frankreich, südlich von Bayonne an der Nive, 4 300 Ew.; histor. Hauptstadt des Labourd; Priesterseminar (gegr. 1753).

Ustascha, Ustaša [-ʃ-; kroat. ›Aufrührer‹, ›Aufständischer‹], kroat. Organisation radikaler Nationalisten, die ab Frühjahr 1929 von A. PAVELIĆ – aus Protest gegen die Errichtung der ›Königsdiktatur‹ in Jugoslawien durch König ALEXANDER I. – vom ital. Exil aus aufgebaut wurde. Ideologisch unter dem Einfluss des ital. Faschismus stehend, kämpfte sie von Italien und Ungarn unterstützt, für die staatl. Unabhängigkeit Kroatiens. Sie löste im September 1932 einen Aufstand im Velebitgebirge aus und organisierte das Attentat auf ALEXANDER I. am 9. 10. 1934 in Marseille. In dem unter dt. und ital. Protektorat am 10. 4. 1941 ausgerufenen ›Unabhängigen Staat Kroatien‹ (USK) war sie die tragende polit. Kraft eines diktator. Reg.-Systems; PAVELIĆ wurde Staatschef (Poglavnik). Juden, orth. Christen (meist Serben) und Muslime (Bosnier) wurden von diesem faschist. System grausam verfolgt, u. a. im KZ →Jasenovac. Nach 1945 kam es zu Bemühungen kroat. Kräfte um PAVELIĆ, vom argentin. Exil aus die U. neu zu beleben. – Der serb. Kampf gegen die kroat. Unabhängigkeitsbestrebun-

gen 1991 wurde u. a. mit dem angebl. Wiederaufleben der faschist. U.-Ideologie begründet.

L. HORY u. M. BROSZAT: Der kroat. U.-Staat. 1941–1945 (²1965); M. ROGIĆ: Die Idee des kroat. Staates bei Ante Pavelić ... (Diss. München 1985).

Uster, 1) Bezirksstadt im Kt. Zürich, Schweiz, 464 m ü. M., zw. Pfäffiker- und Greifensee, 26 600 Ew.; Apparate- und Maschinenbau, Kunststoff-, Textil- und Nahrungsmittelindustrie. – Klassizist. ref. Kirche (1823/24); kath. Kirche St. Andreas (1959–65). Das Schloss (11. Jh.) wurde in den nachfolgenden Jh. häufig verändert, Renovierung und teilweiser Neubau 1917–19.

2) Bez. im Kt. Zürich, Schweiz, 120 km², 99 400 Ew., im mittleren und oberen Glatttal.

Usteri, 1) Johann Martin, schweizer. Schriftsteller, * Zürich 12. 4. 1763, † Rapperswil 29. 7. 1827, Vetter von 2); Kaufmannssohn; unternahm 1783/84 eine Reise durch Dtl., die Niederlande und Frankreich, auf der er GOETHE, F. G. KLOPSTOCK und M. CLAUDIUS kennen lernte. Er schrieb idyll. Erzählungen und Gedichte, oft in Zürcher Mundart. Sein Lied ›Freut euch des Lebens‹ (1793, vertont von H. G. NÄGELI) wurde volkstümlich, bekannt ist auch die Mundartidylle ›De Vikari‹ (entst. um 1810, hg. 1831).

2) Paulus (Paul), schweizer. Mediziner und Politiker, * Zürich 14. 2. 1768, † ebd. 9. 4. 1831, Vetter von 1); lehrte 1789–98 am medizin. Institut in Zürich. Unter dem Eindruck der Frz. Revolution wandte er sich der Politik zu und wurde 1798 Senator, 1802 Mitgl. der ›Consulta‹, der in Paris unter frz. Leitung beratenden schweizer. Verf.-Versammlung. In der Restaurationszeit wirkte er an versch. Zeitungen als Vorkämpfer liberalen Gedankenguts und setzte sich bes. für die Pressefreiheit ein. 1831 wurde er zum Bürgermeister von Zürich gewählt, starb aber vor Amtsantritt.

Ustilaginales [lat., zu ustilare ›ein wenig brennen‹], Ordnung der →Brandpilze.

Ust-Ilimsk, Stadt im Gebiet Irkutsk, Russland, in Ostsibirien, an der Angara, 110 000 Ew.; Holzverarbeitung (u. a. Zellstoffwerk), Baustoffindustrie; Hafen, Flughafen, Anschluss an die Baikal-Amur-Magistrale. – U.-I. entstand ab 1966 beim Bau des Wasserkraftwerks (Leistung 4 320 MW) am Ust-Ilimsker Stausee (Fläche 1 873 km², Stauinhalt 59,4 Mrd. m³) und ist seit 1973 Stadt.

Ústí nad Labem [ˈuːstji ˈnadlabɛm], Stadt in der Tschech. Republik, →Aussig.

Ustinov, Sir (seit 1990) Peter Alexander, eigtl. **Petrus Alexandrus von U.,** engl. Schauspieler, Schriftsteller, Theater- und Filmregisseur russisch-frz. Abstammung, * London 16. 4. 1921; verfasste Theaterstücke, die sich durch geschmeidige Dialoge sowie wirkungsvolle Formexperimente mit farcenhaften Überzeichnungen und märchenhaften Elementen auszeichnen (›The Banbury nose‹, 1945; ›Photo finish‹, 1962, dt. ›Endspurt‹). Wiederholt thematisierte der engagierte Kosmopolit den Ost-West-Konflikt (›The love of four colonels‹, 1951, dt. ›Die Liebe der vier Obersten‹; ›Romanoff and Juliet‹, 1957, dt. ›Romanoff und Julia‹; ›Overheard‹, 1981, dt. ›Abgehört‹). U. verfasste auch Romane, Kurzgeschichten und autobiograph. Werke (›Dear me‹, 1977, dt. ›Ach du meine Güte‹; ›My Russia‹, 1983, dt. ›Mein Rußland‹). – Der bedeutende Allroundkünstler U. trat als Darsteller in dramat. und kom. Rollen hervor, auf der Bühne, in Film (seit 1940) und Fernsehen; Bühnen- (auch Operninszenierungen), Film- und Fernsehregisseur. U. war als Sonderbotschafter von UNICEF u. a. Weltorganisationen tätig; 1968–74 war er Rektor der Univ. Dundee.

Werke: *Filmrollen:* Quo Vadis (1951); Spartacus (1960); Romanoff u. Julia (1961, auch Regie); Die Verdammten der Meere (1961, auch Regie); Topkapi (1964); Lady L (1966, auch

Johann Martin Usteri

Paulus Usteri

Sir Peter Ustinov

Regie); Viva Max! (1969); Hammersmith is out (1972, auch Regie); Tod auf dem Nil (1978); La révolution française (1989); The Old Curiosity Shop (1994, Fernsehfilm); Stiff Upper Lips (1996). – *Dramen:* House of regrets (1943); Plays about people (1950); Halfway up the tree (1966; dt. Halb auf dem Baum). – *Romane:* The loser (1960; dt. Der Verlierer); Krumnagel (1971; dt.); The old man and Mr. Smith (1990; dt. Der alte Mann u. Mr. Smith); Monsieur René (dt. 1998, a. d. Ms. übers.). – *Erzählungen:* The frontiers of the sea (1966; dt. Gott u. die staatl. Eisenbahnen).

G. WILLANS: P. U. (London 1957); V. L. STEWART: P. U. and his world (Nashville, Tenn., 1988); C. WARWICK: P. U. Schlitzohr u. Gentleman (a. d. Engl., 1992).

Ustinow, 1984–87 Name der russischen Stadt →Ischewsk.

Ustinow, Dmitrij Fjodorowitsch, sowjet. Politiker, Marschall der Sowjetunion (seit 1976), * Samara 30. 10. 1908, † Moskau 20. 12. 1984; Schlosser, Ingenieur; 1941–53 Volkskommissar bzw. (ab 1946) Min. für Bewaffnung, 1953–57 Min. für Verteidigungsindustrie; 1957–63 Stellv., 1963–65 Erster Stellv. des Vors. des Min.-Rates sowie Vors. des Obersten Volkswirtschaftsrates, 1965–76 Sekr. des ZK der KPdSU, ab 1976 Mitgl. des Politbüros und Verteidigungs-Min. Mit seinem Namen ist der Ausbau der strateg. Waffen, der Flotte und der Weltraumfahrt verbunden.

Ustka, Stadt in Polen, →Stolpmünde.

Ust-Kamenogorsk, kasach. **Öskemen,** Gebietshauptstadt im O von Kasachstan, in den Vorbergen des Altai, an der Mündung der Ulba in den Irtysch, 324 100 Ew.; Ostkasach. Univ., Hochschule für Straßenbau, PH, Forschungsinstitute für Bergbau und Metallurgie; Regionalmuseum; Zentrum der Buntmetallerzverhüttung (Blei, Zink, Titan, Magnesium u. a.) auf der Grundlage naher Vorkommen, Maschinenbau, Nahrungsmittelindustrie, Kunstfaserwerk; Bahnknotenpunkt, Hafen, Flughafen. Südöstlich der Stadt Stausee im →Irtysch. – U.-K. wurde 1720 als Festung Ust-Kamennaja gegründet.

Ust-Ordynskij, Burjatischer Autonomer Kreis U.-O., russ. **Ust'-Ordynskij Burjatskij awtonomnyj okrug,** autonomer Kreis in Südsibirien, im Gebiet Irkutsk, Russland, 22 400 km², (1997) 143 000 Ew. (davon 1989 36,3 % Burjaten, 56,5 % Russen, 3,2 % Tataren); Verw.-Zentrum ist Ust-Ordynskij (etwa 10 000 Ew., Holzverarbeitung); umfasst den teilweise bewaldeten S des Lena-Angara-Plateaus nördlich von Irkutsk; Haupterwerbszweige sind Getreideanbau, Viehzucht, Forstwirtschaft, Pelztierjagd und Bergbau (Kohle, Gips).

Ustroń ['ustrɔjn], Stadt in der Wwschaft Bielsko (Bielitz), Polen, am Rand der westl. Beskiden, 350–550 m ü. M., an der oberen Weichsel, 15 900 Ew.; Kurort (Sol- und Moorbad).

Ust-Syssolsk, bis 1930 Name der Stadt →Syktywkar in der Rep. der Komi (Russ. Föderation).

Ust-Urt-Plateau [-plato], russ. **Plato Ustjurt,** wüstenhaftes, durchschnittlich 200 m ü. M. gelegenes Kalkplateau in Usbekistan (Rep. Karakalpakien), Kasachstan und Turkmenistan (südl. Ausläufer), zw. Aralsee im O und der Halbinsel Mangyschlak und dem Kara-Bogas-Gol (Kasp. Meer) im W, rd. 200 000 km², bis zu 370 m ü. M.; fällt in einer 60–150 m hohen Stufe zu den umliegenden Tiefländern ab. Die spärl. Salzwüstenvegetation dient im Frühjahr Schafen und Kamelen als Weide; Erdöl- und Erdgasgewinnung.

Usualgeld [spätlat. usualis ›gebräuchlich‹], im 17. Jh. Bez. für Silbermünzen (Usualmünzen), die nicht der Reichsmünzordnung entsprachen (→Landmünze). Da dies aber die große Mehrheit der kleineren Münzsorten betraf, waren sie dennoch im Umlauf ›Usus‹, weil man auf sie nicht verzichten konnte.

Usualmark, *Münzwesen:* →König.

Usuard, U. von Saint-Germain [-sɛ̃ ʒɛr'mɛ̃], mittellat. Autor, um 850/60; Mönch des Klosters Saint-Germain-des-Prés in Paris, verfasste neben einer Grammatik für den Lateinunterricht ein umfangreiches Martyrologium (›Martyrologium Usuardi‹), das seine Vorläufer in dieser Gattung rasch verdrängte. Es fand weite Verbreitung und besaß seit 1584 bis in die jüngste Zeit als ›Martyrologium Romanum‹ in der kath. Kirche offiziell Gültigkeit.

Ausgabe: Le martyrologe d'U., hg. v. J. DUBOIS (1965).

J. DUBOIS: Les martyrologes du moyen âge latin (Turnhout 1978).

Usuki, Stadt in der Präfektur Ōita, Japan, an der NO-Küste von Kyūshū, 40 000 Ew.; Werft, Zigarettenindustrie. – Ehem. Burgstadt mit noch erkennbaren Mauern und Wallanlagen. Etwa 8 km westlich im Bereich des (verschwundenen) Tempels Mangetsuji befinden sich etwa 50 Buddhaskulpturen, die zw. dem 9. und 12. Jh. nach chin. Vorbild aus den Felswänden herausgehauen wurden (z. T. noch mit Resten von Bemalung).

Usuki: Aus den Felswänden herausgehauene Buddhaskulpturen aus dem 9.–12. Jh.

Usulután, Dep.-Hauptstadt im SO von El Salvador, am Rand des Küstentieflands, am Fuß des Vulkans U., 63 000 Ew.; Handels- und Verarbeitungszentrum des landwirtschaftl. Umlandes.

Usumacinta, Río U. ['rrio usuma'sinta], Zufluss des Golfs von Mexiko, in SO-Mexiko, entsteht an der Grenze gegen Guatemala durch Vereinigung der in Guatemala entspringenden Flüsse **Río Chixoy** (400 km langer linker Quellfluss) und **Río de la Pasión** (350 km lang), fließt (im Oberlauf Grenzfluss) nach NW, gabelt sich in der Küstenebene von Tabasco in drei Arme auf: in den **Río Palizada** (mündet in die Laguna de Términos), in den direkt ins Meer mündenden **Río San Pedro y San Pablo** und in einen westl. Arm **(R. U.),** der sich mit dem Río Grijalva vereinigt; etwa 550 km lang, schiffbar.

Usumbura, früherer Name von →Bujumbura.

Usur [lat. usura ›Abnutzung‹] *die, -/-en,* Schwund; z. B. Knorpel- oder Knochenschwund an Stellen mechan. Beanspruchung, meist durch Druck.

Usurpation [lat., zu usurpare, eigtl. ›durch Gebrauch an sich reißen‹] *die, -/-en,* widerrechtl. Besitzergreifung, widerrechtl. Aneignung staatl. Macht, v. a. durch einen Staatsstreich oder einen Putsch. – **Usurpator,** Person, die sich z. B. unrechtmäßig einen Thron (›Thronraub‹) oder ein republikan. Staatsamt angeeignet hat.

Usus [lat. ›Gebrauch‹] *der, -,* umgangssprachlich für: Brauch, Gewohnheit, Sitte. (→ad usum)

Usutu *der,* Swasi **Lusutfu,** der wasserreichste Fluss in Swasiland, SO-Afrika; entspringt im SO von Mpumalanga, Rep. Südafrika, bildet einen Teil der Grenze Rep. Südafrika/Moçambique, mündet in den Pongola. Das Tal des U. mit großen Bewässerungsgebieten (Anbau von Zuckerrohr und Zitrusfrüchten) ist das Hauptsiedlungsgebiet des Landes.

ut, *Musik:* in der mittelalterl. →Solmisation die erste Silbe im Hexachord (im Sinne von c, f oder g); im Französischen Bez. für den Ton →C.

UT [juːˈtiː], Abk. für engl. Universal Time [›Weltzeit‹], →Weltzeit.

Ut., postamtlich **UT,** Abk. für Utah, USA.

Uta [jap. ›Lied‹, ›Gedicht‹] *das, -/-,* Sammel-Bez. für die traditionellen reimlosen und silbenzählenden Gedichtformen der jap. Literatur, insbesondere das gattungstyp. →Tanka (Kurzgedicht); als ›jap. Gedicht‹ (→Waka) auch im Unterschied zur chin. Lyrik verwendet. Die ersten großen U.-Anthologien waren das →Manyōshū und das →Kokinshū. – **U.-awase** [jap. ›Gedichtwettstreit‹], urspr. gesellschaftl. Spiel der altjap. Aristokratie, später themat. Wettdichten von Tanka nach festen Regeln unter Aufsicht von Preisrichtern; es wurde seit dem 9. Jh. bis in die neuere Zeit in Japan gepflegt. (→Nagauta)
Ausgaben: Lyrik des Ostens, hg. v. W. GUNDERT u. a. (Neuausg. 1982); An anthology of traditional Japanese poetry competitions, hg. v. S. ITO (1992).
A. WALEY: Japanese poetry. The ›U.‹ (Oxford 1919, Nachdr. London 1946); R. H. BROWER u. E. MINER: Japanese court poetry (Neuausg. Stanford, Calif., 1988).

Utagawaschule, jap. Schule von Holzschnittzeichnern für das Ukiyo-e, im späten 18. Jh. von UTAGAWA TOYOHARU I. (* 1735, † 1814) gegr.; die U. führte die zentralperspektiv. Raumdarstellung für den Holzschnitt ein und hatte bis Ende des 19. Jh. Bestand; bedeutendster Meister war TOYOKUNI.

Utah [ˈjuːta, engl. ˈjuːtɑː; nach den Ute-Indianern], Abk. **Ut.,** postamtlich **UT,** Bundesstaat im W der USA, 212 816 km², (1995) 1,95 Mio. Ew. (1910: 373 900, 1930: 507 800, 1960: 890 600, 1980: 1,5 Mio. Ew.). Hauptstadt ist Salt Lake City. U. ist in 29 Verw.-Bez. (Countys) gegliedert.
Staat und Recht: Verf. von 1896 (mit zahlr. Änderungen); Senat mit 29, Repräsentantenhaus mit 75 Mitgl. Im Kongress ist U. mit zwei Senatoren und drei Abg. vertreten.
Landesnatur: Der wüstenhafte W (Great Salt Lake Desert) mit dem abflusslosen Großen Salzsee ist Teil des Großen Beckens; er wird im O begrenzt durch die Wasatch Range (bis 3 620 m ü. M.) der Rocky Mountains. Im NO erreichen die ebenfalls zu den Rocky Mountains gehörenden Uinta Mountains im King's Peak 4 126 m ü. M. Nach S geht das Gebirge in das Colorado Plateau über, dessen Sedimentschichten vom Colorado River in tiefen Cañons durchschnitten und von einzelnen Lakkolithen überragt werden. Klimatisch gehört U. größtenteils zum intramontanen Trockengebiet der USA (Jahresniederschlagsmengen im W 220 mm, am Fuß der Wasatch Range 450 mm, im Gebirge über 1 000 mm). Der Temperaturverlauf ist kontinental.
Bevölkerung: Von der Bev. sind (1990) 93,8% Weiße, 1,4% Indianer, 0,7% Schwarze, andere 4,1%. In Städten wohnen (1990) 87% der Bev., die größten sind Salt Lake City, West Valley City, Provo und Sandy City. Etwa 70% der Bev. sind Mormonen.
Wirtschaft: U. ist reich an Bodenschätzen. Gefördert werden v. a. Kupfer-, Silber-, Blei-, Eisenerze, Erdöl, Erdgas und Kohle; am Großen Salzsee Salzgewinnung. Die bes. seit dem Zweiten Weltkrieg entstandene Industrie umfasst Erzverhüttung und Metallverarbeitung, Flugzeug- und Triebwerkbau, Bekleidungsindustrie und Erdölraffinerien; im ›Bionic Valley‹ Unternehmen der biomedizin. Technik, die eng mit der University of U. in Salt Lake City zusammenarbeiten. In der Landwirtschaft Anbau von Weizen, Zuckerrüben, Obst, Kartoffeln überwiegend mit

Utah: Ausgetrocknetes Flussbett im Arches National Park am Colorado River

Bewässerung, ferner extensive Viehwirtschaft (Rinder, Schafe). Bedeutender Fremdenverkehr; besondere Anziehungspunkte sind Arches National Park, Bryce Canyon National Park, Canyonlands National Park, Zion National Park und das Schluchtensystem des Colorado River oberhalb des Glen Canyon Dam.
Geschichte: Das seit mindestens 9000 v. Chr. von Indianern besiedelte Gebiet wurde 1540 von Spaniern entdeckt und 1776 von span. Franziskanern erkundet, als dort v. a. Shoshone (Paiute, Ute) lebten. In der 1. Hälfte des 19. Jh. kamen Pelzjäger nach U., das dann Durchgangsgebiet für die Siedlerzüge nach Kalifornien und Oregon wurde. Der Offizier JOHN CHARLES FRÉMONT (* 1813, † 1890) erforschte im Auftrag der amerikan. Reg. 1843 das nördl. U. und 1845 auf dem Weg nach Kalifornien das Gebiet des Großen Salzsees. Mit der Einwanderung der aus Illinois vertriebenen →Mormonen unter BRIGHAM YOUNG (* 1801, † 1877) begann 1847 die permanente Besiedlung U.s durch Weiße. Sie gründeten Salt Lake City als ihr neues Zion, von dem aus neue Mormonensiedlungen entstanden, und schufen mit einem intensiven Anbau- und Arbeitssystem ein blühendes, an der Gemeinschaft orientiertes und gegen außen abgegrenztes Gemeinwesen. Nach dem Mexikan. Krieg fiel U. 1848 an die USA; 1850 als Territorium organisiert. Mit der Zuwanderung nichtmorm. Siedler kam es, da diese sich in ihren Rechten beeinträchtigt sahen, ab den 1860er-Jahren zu erhebl. Spannungen. Die ab 1849 als ›State of Deseret‹ angestrebte Aufnahme in die Union erfolgte erst am 4. 1. 1896 (45. Staat), nachdem der von der Kirche verwaltete Grundbesitz der Mormonen auf die Gläubigen verteilt, die Polygamie in der Mormonengemeinde offiziell aufgegeben (1890), nationale polit. Parteien zugelassen, wirtschaftl. Beziehungen auch zu Nichtmormonen aufgenommen und Religionsfreiheit, Trennung von Kirche und Staat und das Verbot der Polygamie verfassungsrechtlich verankert worden waren. Nach Vollendung der ersten transkontinentalen Eisenbahn (Union Pacific Railroad) in U. (10. 5. 1869) förderte v. a. die Ausbeutung der großen Vorkommen an Bodenschätzen im 20. Jh. die wirtschaftl. Entwicklung.
C. S. PETERSON: U. A bicentennial history (New York 1977); U.'s history, hg. v. R. D. POLL (Provo, Ut., 1978); J. V. YOUNG: State Parks of U. A guide and history (Salt Lake City, Ut., 1989).

Utah
Flagge

Utahsee [ˈjuːta-], engl. **Utah Lake** [ˈjuːtɑː ˈleɪk], Süßwassersee im Bundesstaat Utah, USA, südlich des Großen Salzsees, in den er entwässert, 1 341 m ü. M., 370 km²; einer der Restseen des pleistozänen Lake →Bonneville.

U-Tal, das →Trogtal.

Utamaro:
Geisha; Blatt aus der Folge ›Drei Arten Vergnügungen mit Schönheiten von heute‹; Farbholzschnitt, um 1800

Utamaro, eigtl. **Kitagawa U.,** jap. Maler und Zeichner für den Farbholzschnitt, *Kawagoe 1753 oder 1754, †Edo (heute Tokio) 31. 10. 1806; veröffentlichte 1788–90 zeichnerisch und drucktechnisch hervorragende Bücher mit Bildern aus dem Naturleben (Insekten-, Muschel- und Vogelbuch), aber auch Landschaften (›Silberwelt‹; Faltbuch mit Schneelandschaften). Nach 1790 entstanden Holzschnitte mit Halbfigur-, Porträt- und Gruppenbildern schöner Frauen (Bijin-ga), von Kurtisanen, Müttern und Mädchen aus dem einfachen Volk in realist. Alltagsszenen, mit Anmut, psycholog. Einfühlung und kultivierter Erotik dargestellt. U. gehört damit zu den Hauptmeistern des →Ukiyo-e.

U Tam'si [ytam'si], Tchicaya, kongoles. Schriftsteller, →Tchicaya U Tam'si.

UTC, Abk. für engl. **Universal Time Coordinated** [juːnɪˈvəːsl taɪm kəʊˈɔːdɪneɪtɪd], frz. **Temps Universel Coordonné** [tã ynivɛrˈsɛl kɔɔrdɔˈne], dt. **koordinierte Weltzeit,** auch engl. **Coordinated Universal Time,** Abk. **CUT,** auf der Internat. →Atomzeit beruhende Zeitskala, die durch die Festlegung des Nullpunktes der Sekundenzählung an die →Weltzeit (UT) gebunden ist; die Grundlage sowohl für die bürgerl. als auch für wiss. Zeitangaben. Um die Differenz zw. der auf die Sonne bezogenen Weltzeitskala UT 1 und der Internat. Atomzeitskala (Abk. engl. IAT, frz. TAI) nicht größer als 0,9 s werden zu lassen, wird (vom ›Bureau International de l'Heure‹ in Paris festgelegt) seit 1972 am 31. 12. und, falls nötig, am 30. 6. eine Schaltsekunde eingefügt oder weggelassen. Die UTC liegt den von den Radiosendern ausgestrahlten Zeitzeichen zugrunde. (→Zeitmessung)

Ut de Franzosentid, Roman von F. REUTER; Erstausgabe 1859.

Ute [engl. juːt(ɪ)], Gruppe der nordamerikan. Indianer im →Großen Becken. Die etwa 7 300 U. leben z.T. noch auf ihren Reservationen in NO-Utah (Uintah-Ouray) und SW-Colorado (Ute-Mountain, Southern Ute) von etwas Viehhaltung, Lohnarbeit und ein wenig Tourismus; hohe Arbeitslosigkeit.

Ute, Uote, Heldenmutter in der mittelhochdt. Heldenepik (z. B. ›Nibelungenlied‹, ›Kudrun‹).

Utensil [lat. utensilia (Pl.), zu utensilis ›brauchbar‹] *das, -s/...li\en, meist Pl.,* notwendiger Gebrauchsgegenstand, Gerät, Hilfsmittel.

uterin, *Medizin:* zur Gebärmutter (Uterus) gehörend, die Gebärmutter betreffend.

Uterinmilch, Embryotrophe, Nährflüssigkeit für den Keim bzw. Embryo lebend gebärender Wirbeltiere, die in der Gebärmutter aus enzymatisch abgebauten Schleimhautzellen und Leukozyten, bei Säugetieren (einschließlich des Menschen) v. a. auch aus dem Sekret von Drüsen **(Uterindrüsen, Uterusdrüsen)** der Uteruswand gebildet und vom Keim, bei den plazentalen Säugetieren über den Trophoblasten, aufgenommen wird. Nach Ausbildung der Plazenta wird der Embryo von Nährsubstanzen aus dem mütterl. Blut ernährt.

Uterus [lat.] *der, -/...ri,* die →Gebärmutter.
Uteruskarzinom, der →Gebärmutterkrebs.

Utgard, *altnord. Mythos:* in der nordgerman. Kosmologie der von Menschen unbewohnte Teil der Welt (im Unterschied zu →Midgard), über den Riesen und Dämonen herrschen.

U Thant, Sithu, birman. Politiker, →Thant, Sithu.

Utica, 1) [ˈjuːtɪkə], Industriestadt im Bundesstaat New York, USA, am Mohawk River und am New York State Barge Canal, 68 600 Ew.; die Metrop. Area hat 316 600 Ew.; im 19. Jh. bedeutende Textil-, seit dem Zweiten Weltkrieg Metall- und Elektronikindustrie. – An der Stelle des 1758 errichteten brit. Forts Schuyler entstanden. Nach der Fertigstellung des Eriekanals 1825 wurde U., seit 1832 City, ein bedeutendes Textilzentrum.

2) antike Hafenstadt an der N-Küste Afrikas, im Mündungsbereich des Oued Medjerda, 30 km südlich von Biserta, N-Tunesien. Im 11. Jh. v. Chr. von Phönikern aus Tyros direkt am Meer gegründet (heute 10 km landeinwärts gelegen). Im karthag. Reich hatte U. eine bevorzugte Stellung. Nach der Zerstörung Karthagos 146 v. Chr. wurde es Hauptstadt der röm. Prov. Africa (seit 25 v. Chr. Africa proconsularis). Durch Versandung des Hafens verlor U. an Bedeutung. – Unter meterhohem Schwemmland wurden im 19. Jh. Reste aus röm. Zeit (Villen mit Bodenmosaiken, Zisternen, ein Amphitheater und Statuen) freigelegt, nach 1950 auch, in vier bis fünf Meter Tiefe unter dem Niveau der röm. Bebauung, pun. Steinkistengräber des 7.–5. Jh. v. Chr.

Utilitarismus [nach engl. utilitarianism, zu lat. utilitas ›Nützlichkeit‹] *der, -,* Theorie der Ethik und Sozialphilosophie, des Rechts sowie der Volkswirtschaftslehre, nach der eine Handlung danach beurteilt und bewertet wird, in welchem Maße sie zur Förderung und Mehrung des Glücks der meisten Menschen beiträgt. Nach diesem Nützlichkeitsprinzip wird eine Handlung also nicht an dem inneren Motiv oder der Gesinnung (Gesinnungsethik, Verantwortungsethik), sondern an den äußeren Folgen gemessen. Utilitarist. Momente finden sich in der Handlungstheorie des Epikureismus, bei B. DE MANDEVILLE, bei den schott. Moralphilosophen (z. B. D. HUME, A. SMITH, A. FERGUSON) und in der frz. Aufklärung. Der engl. Philosoph und anglikan. Bischof RICHARD CUMBERLAND (*1631, †1718) formulierte in ›De legibus naturae ...‹ (1672) erstmals als obersten Handlungsgrundsatz die Maxime ›greatest happiness of all‹ (›größtes Glück aller‹). Zur method. Grundlegung des U. trugen F. BACON und T. HOBBES bei. Als geschlossenes eth. System wurde der U. von J. BENTHAM begründet und von J. MILL und J. S. MILL weiterentwickelt. Dieses System zielte auf ein Glückskalkül, bei dem der Maximierungseffekt des gesellschaftl. Glücks, das aus bestimmten Handlungen oder Institutionen folgt, rational kalkulierbar und empirisch verifizierbar werden sollte. Der U. wurde damit zum Basistheorem der klass. Nationalökonomie und diente v. a. im 19. Jh. in Großbritannien der Begründung einer wohlfahrtsstaatl. Sozialpolitik.

A. BOHNEN: Die utilitarist. Ethik als Grundl. der modernen Wohlfahrtsökonomik (1964); N. HOERSTER: Utilitarist. Ethik u. Verallgemeinerung (²1977); B. WILLIAMS: Kritik des U. (a. d. Engl., 1979); Über John Rawls' Theorie der Gerechtigkeit, hg. v. O. HÖFFE (Neuausg. 1987); Einf. in die utilitarist. Ethik, hg. v. DEMS. (²1992); R. W. TRAPP: ›Nicht-klass.‹ U. Eine Theorie der Gerechtigkeit (1988); W. WOLBERT: Vom Nutzen der Gerechtigkeit. Zur Diskussion um U. u. teleolog. Theorie (1992); J.-C. WOLF: U., Pragmatismus u. kollektive Verantwortung (Freiburg 1993).

Ütliberg, Berggipfel bei Zürich, Schweiz, →Üetliberg.

UTM, Abk. für →Universale Transversale Mercatorprojektion.

Ut mine Festungstid, Roman von F. REUTER; Erstausgabe 1862.

Ut mine Stromtid, Roman von F. REUTER; 3 Tle., 1862–64.

Uto|aztekisch, Sprachfamilie Nord- und Mittelamerikas; Hauptvertreter sind im nordamerikan. Raum die Sprachen der Shoshone, Ute, Comanchen und Hopi, im mittelamerikan. Raum u. a. die der Huichol und Pipil sowie die versch. Varietäten des Nahuatl. Letztere bilden zus. mit dem Pipil und dem ausgestorbenen Pochutec den aztek. Zweig der utoaztek. Sprachfamilie.

Utopia [engl. juːˈtəʊpjə], Staatsroman von T. MORE; 1516 lat. u. d. T. ›De optimo reipublicae statu deque nova insula Utopia‹; engl. 1551.

Utopie [zu griech. ou ›nicht‹ und tópos ›Ort‹, also eigtl. ›(das) Nirgendwo‹] *die, -/...ˈpiǀen,* nach dem 1516 erschienenen Roman ›Utopia‹ von T. MORE benanntes literar. Genre (→utopische Literatur) und Phänomen des Utopischen, die seitdem unterschiedlich definiert und in ihrer Bedeutung unterschiedlich bewertet wurden. In der Umgangssprache wird ›utopisch‹ auch im Sinne von ›übersteigert‹, ›unrealistisch‹, ›träumerisch‹, ›realitätsblind‹ verwendet. Bei MORE ist Utopia die Fantaseinsel mit einer besten Staatsverfassung. Der engl. Dichter O. WILDE äußerte sich 1891 zum Thema U. in folgender Weise: ›Eine Weltkarte, in der das Land Utopia nicht verzeichnet ist, verdient keinen Blick, denn sie lässt die eine Küste aus, wo die Menschheit ewig landen wird. Und wenn die Menschheit da angelangt ist, hält sie Umschau nach einem besseren Land und richtet ihre Segel dahin. Der Fortschritt ist die Verwirklichung der Utopien.‹ WILDES positives Bekenntnis zu den U. war schon im 19. Jh. nicht unumstritten. Mit dem Zusammenbruch der kommunist. Herrschaftssysteme in Europa hat eine vehemente Diskussion um den Begriff, die Bedeutung und die Zukunft der U. und des utop. Denkens eingesetzt, verstand sich doch der Realsozialismus als zunehmende Verwirklichung des von den Sozialisten seit dem 19. Jh. (C. H. DE SAINT-SIMON, R. OWEN u. a.) entwickelten utop. Projekts einer perfekten, auf Gemeineigentum gegründeten Gesellschaft als Grundlage für menschl. Vervollkommnung, allgemeinen Wohlstand und Glück des Einzelnen wie des gesamten Gemeinwesens. Gilt den einen U. schlechthin als widerlegt und überholt, sehen andere im utop. Denken nicht anders fassbare Potenziale, um soziale und gesellschaftl. Veränderungsmöglichkeiten projektieren.

Auch in den Wissenschaften gibt es keinen Konsens darüber, was man unter dem Begriff der U. zu verstehen hat. Der fachspezif. Eingrenzung der U. in Literaturwissenschaft, Geschichte, Philosophie und Soziologie kann nur dadurch begegnet werden, dass ihr ursprüngl. Selbstverständnis als Fantasiebild einer entweder staatlich verfassten oder staatsfreien idealen Gesellschaft aufgegriffen wird. I. w. S. als Beschreibung eines Zustands des Friedens, Wohlstands und Glücks reichen U. bis in die Mythologie zurück: z. B. Mythos vom goldenen Zeitalter, vom Garten Eden und, in die Zukunft gewandt, die jüd. Erwartung des neuen Jerusalem.

Sozialwissenschaftliche Modelle des Utopiebegriffs

Im sozialwiss. Diskurs sind v. a. der intentionale, der totalitäre und der klass. U.-Begriff traditionsbildend geworden. Die intentionale Konzeption geht in ihren Ursprüngen auf G. LANDAUER zurück. In seiner 1905 erschienenen Studie ›Revolution‹ interpretierte er die U. als den entscheidenden sozialen Sprengsatz der revolutionären Umbrüche in Europa seit dem 16. Jh. Deren Mechanismen suchte er dadurch zu kennzeichnen, dass die gesellschaftl. Entwicklung immer zw. zwei ›Zuständen relativer Stabilität‹ pendelt. Diese Ordnungsgefüge, die alle Bereiche der Gesellschaft umfassen und auch in das Individualleben eingreifen, nannte er ›Topien‹. Deren Bestandssicherheit ist nicht absolut, weil es in ihrem Wirkungsbereich Potenziale gibt, die sie nicht zu absorbieren vermögen: die ›U.‹, die sich der Sphäre der herrschenden gesellschaftl. Normen und Institutionen entziehen. Das intentionale, weil von der individuellen Handlungsmotivation ausgehende U.-Verständnis ist von K. MANNHEIM und E. BLOCH folgenreich weiterentwickelt worden. MANNHEIM ordnet der Topie die die bestehenden Machtverhältnisse legitimierende Ideologie zu, während er die U. durch die Funktion kennzeichnet, die Strukturen der Topie zu sprengen. Auch BLOCH sieht in der U. eine im Kern nach vorn gerichtete Intention, ein antizipator. Bewusstsein, das sich in Träumen, Wünschen, Sehnsüchten v. a. der Jugend, in gesellschaftl. Wendezeiten wie der Frz. Revolution, dem dt. Sturm und Drang, den Studentenunruhen 1968, in künstler. und wiss. Produktivität Ausdruck verschafft und auf die Gestaltung der besseren Möglichkeiten einer keineswegs vollständig determinierten Zukunft drängt.

Lassen LANDAUER, BLOCH und MANNHEIM das Urmuster des Utopischen mit den sozialrevolutionären Bestrebungen der Wiedertäufer und des Bauernkrieges beginnen, so führt K. R. POPPER den totalitären U.-Begriff auf PLATONS ›Politeia‹ zurück. Dessen entscheidendes Gestaltungsprinzip sei der Holismus im Sinne eines geschlossenen Systementwurfs, der sich freilich mit dem geschichtsphilosoph. Historizismus und einer utop. Sozialtechnik verbindet. Diese schafft als ›Methode des Planens‹ des vollkommenen Staates, in dem jedes Individuum seine feste Stelle im Rahmen eines in Regierende, Wächter und Krieger und die große Masse des Volkes gegliederten Ganzen hat, irreversible Fakten. Zugleich ist die Anwendung des totalitären Terrors ihr notwendiges Korrelat, weil nur dann die Stetigkeit der utop. Zielsetzung auf lange Zeit gesichert erscheint, wenn der Pluralismus konkurrierender Interessen ebenso zerstört wird wie alle anderen, aus dem sozialen Wandel folgenden Hindernisse, die der Verwirklichung des Endziels im Wege stehen.

Das Dilemma des intentionalen und des totalitären U.-Begriffs liegt auf der Hand: Sie stehen unter dem Zwang, die utop. Fiktion auf ihr vorgegebene Größen wie ›Totalitarismus‹ oder ›Revolution‹ zurückführen zu müssen. Zwar können sie mit dem Utopischen konvergieren, dennoch sind sie mit ihm nicht identisch. Demgegenüber sind in der klass. Tradition, die mit MORES ›Utopia‹ begann, polit. U., wie N. ELIAS betont, Fiktionen innerweltl. Gesellschaften, die sich zu einem Wunsch- oder Furchtbild verdichten. Ihre Zielprojektionen zeich-

Schlüsselbegriff

nen sich durch eine präzise Kritik bestehender Institutionen und soziopolit. Verhältnisse aus, der sie eine rational nachvollziehbare Alternative gegenüberstellen. Mit dem Wegfall reduktionist. Zuordnungen wird der Weg frei für eine kritisch-hermeneut. Untersuchung der U. Erst sie ermöglicht es, von den vielfältigen Gestalten des Utopischen zu reden und es als ein lernfähiges Phänomen zu begreifen. Daher soll im Folgenden ausschließlich vom klass. U.-Begriff die Rede sein.

Kontexte und Gestalten utopischen Denkens

Die klass. U. der Neuzeit riskieren zwar den Traditionsbruch mit der Herkunftswelt, in der sie entstanden sind, um eine Alternative zu deren gesellschaftl. Fehlentwicklungen aufzeigen zu können. Gleichwohl lassen utop. Entwürfe sich nicht immer nur mit idealen Gemeinwesen oder zukünftigen Schreckensszenarien gleichsetzen und ausschließlich unter diesem Aspekt betrachten. Ebenso wichtig ist der soziopolit. Anlass, der sie hervorgebracht hat. Die U. der Renaissance und der Reformation bei MORE, T. CAMPANELLA, J. V. ANDREÄ und GERRARD WINSTANLEY (*1609, †1652) reagieren auf die extreme Polarisierung zw. Armen und Reichen, auf die feudale und frühkapitalist. Ausbeutung der arbeitenden Menschen, aber auch auf einen Staat und seine Justiz, die von den Interessen der besitzenden Oberschicht bestimmt werden. Die U. im Zeitalter des Absolutismus, wie sie von GABRIEL DE FOIGNY (*1630, †1692), DENIS VAIRASSE (*um 1630, †nach 1683), B. DE FONTENELLE, LOUIS ARMAND DE LOM D'ARCE, Baron DE LAHONTAN (*1666, †um 1715), FÉNELON, J. G. SCHNABEL, L. S. DE MERCIER, MORELLY, D. DIDEROT, N. RESTIF DE LA BRETONNE u.a. konzipiert wurden, greifen die Institution der Monarchie sowie deren Stützmächte in Gestalt des Adels und der kath. Kirche an. Sie prangern den Luxus der Reichen ebenso an wie die Unterdrückung und das Elend der Armen. Im 19. und frühen 20. Jh. stellen Utopisten wie SAINT-SIMON, C. FOURIER, OWEN, ÉTIENNE CABET (*1788, †1856), E. BULWER-LYTTON, E. BELLAMY, W. MORRIS, H. G. WELLS und A. A. BOGDANOW dem durch die Industrialisierung erzeugten gesellschaftl. Reichtum ohne histor. Beispiel die äußerste Verelendung breiter Schichten der Bevölkerung gegenüber. Die ›schwarzen‹ oder Negativ-U. seit Beginn der 1920er-Jahre bei J. I. SAMJATIN, A. L. HUXLEY und G. ORWELL gehen von der Destruktionskraft der modernen Technik im Ersten Weltkrieg und der Anwendung totalitärer Herrschaftstechniken sowohl in ihrer östl. als auch in ihrer westl. Ausprägung aus. In den ›postmateriellen‹ U., die von B. F. SKINNER, HUXLEY, ERNEST CALLENBACH (*1929) und URSULA LE GUIN entworfen wurden, kommt die Empörung über den ungehemmten Konsumismus der reichen Industrieländer und die zunehmende Verarmung der südl. Regionen, die noch nicht erfolgte Gleichstellung der Frau mit dem Mann und die zunehmende Zerstörung der natürl. Lebensbedingungen der Menschheit durch den Industrialisierungsprozess zum Ausdruck.

Aber der soziopolit. Kontext der klass. U. ist nicht nur deren Auslöser; er wirkt auch auf die Entwürfe des utop. Gemeinwesens selbst ein und bedingt somit deren jeweilige epochenspezif. Gestalt. In dem Maße nämlich, in dem das utop. Denken die mit dem jeweiligen Stand der Naturbeherrschung gegebenen Möglichkeiten seiner Ursprungsgesellschaft auslotet, bleiben seine Fiktionen ihr zumindest punktuell verhaftet. Zeigen lässt sich dies an der Triade ›Wissenschaft/Technik‹, ›Arbeit‹ und ›Bedürfnisse‹, die als die Triebkraft der materiellen Reproduktion der utop. Gemeinwesen zu gelten haben, sofern sich diese nicht als bloßes krit. Korrektiv des Zivilisationsprozesses, wie in der anarchist. U. des ›edlen Wilden‹ (frz. bon sauvage) im 18. Jh., sondern auch als eine konstruktive Alternative zu ihm verstanden. So zogen die großen Utopisten der Renaissance und der Reformation aus dem begrenzten Stand der Naturbeherrschung durch Wiss. und Technik, der selbst bei F. BACON den Rahmen der Agrargesellschaft nicht zu sprengen vermochte, zwei Konsequenzen: Sie werteten die phys. Arbeit in einem Maße auf, wie es das MA. und die Antike nicht kannten, und sie plädierten für deren vollständige Mobilisierung in möglichst effizienter Weise, die sich nicht zuletzt am organisator. Vorbild militär. Hierarchien orientierte. Dem niedrigen Stand der Produktivität der Arbeit entsprach das strikte Luxusverbot: Legitim war nur die Befriedigung ›natürl.‹ Bedürfnisse. Dadurch wurde es möglich, die gesamte Wirtschaft ausschließlich auf die Erzeugung lebensnotwendiger Güter festzulegen.

Zu einer Neubewertung dieser Triade kam es erst mit der industriellen Revolution im 19. Jh.: Wiss. und Technik eröffneten zum ersten Mal in der Geschichte die Perspektive einer Industriegesellschaft, die nicht mehr in der phys. Arbeit, sondern in der maschinellen Produktion die Quellen eines gesellschaftl. Reichtums sieht, der die Perspektive eines grenzenlosen materiellen Überflusses zu verbürgen schien. Aus dieser Erwartung zogen die Utopisten weit reichende Folgerungen: Das Sparsamkeitsgebot wurde ersetzt durch das Ideal hedonist. Massenkonsums, und an die Stelle der phys. Fron trat die Maschine, die die menschl. Arbeit nicht abschaffte, ihr aber neue, qualifizierte Betätigungsfelder zuwies. Diese Entwürfe lebten von dem Glauben, dass die Technik an sich wertneutral sei: Ob sie sich zum Nutzen oder Schaden der Menschen auswirke, hänge allein von den gesellschaftl. Rahmenbedingungen ab. Bereits in␣der 2. Hälfte des 19. Jh., v.a. aber nach den Erfahrungen der großen Materialschlachten des Ersten Weltkriegs kamen Zweifel an dieser Prämisse auf: Sie wurden von den klass. ›schwarzen‹ U. zu einem Furchtbild der Zukunft verdichtet. Wiss. und Technik stellten sich nun als die große, durch Eigendynamik gekennzeichnete Zerstörungskraft dar, die die vollständige Versklavung des Menschen bewirkt. Auch die ›postmateriellen‹ U. seit Anfang der 60er-Jahre sehen sich insofern auf ihre Ursprungsgesellschaft zurückverwiesen, als ihre Fiktionen entscheidende Impulse von der drohenden ökolog. Katastrophe erhalten. Sie sehen Wiss. und Technik nur noch insoweit als förderungswürdig an, als diese die Überlebensbedingungen der Menschheit sichern helfen. Bei gleichzeitiger Aufwertung der Bedürfnisse nach Schönheit und Kommunikation kehren sie zu einer Ethik des Konsumverzichts zurück, der eine Entlastung der menschl. Arbeit von den Geboten äußerster Effizienz zugunsten selbst bestimmter, kreativer und in Freiheit verrichteter Tätigkeit entspricht.

Die Abhängigkeit der utop. Fiktion von dem soziopolit. Kontext ihrer Entstehung geht auch aus ihrem Geltungsanspruch hervor. Nicht zufällig ist er im 18. Jh. in der Augenblick einem wichtigen Paradigmenwechsel unterworfen, als eine Reihe bedeutender techn. Erfindungen, die von der Koksverhüttung des Eisens über die Dampfmaschine bis hin zur Dreschmaschine reichen, einen neuen Stand der Naturbeherrschung ankündigen und auch neue Möglichkeiten der Gesellschaftsgestaltung zu eröffnen schien. Diese Weichenstellung der zivilisator. Entwicklung in Europa hinterließ im utop. Denken tiefe Spuren. In den älteren U. stellte sich i. d. R. die perfekte Gesellschaftsordnung bereits als fertig dar: Der Erzähler hatte deren ideales Funktionieren dem Leser lediglich mitzuteilen. Seit dem 18. Jh. jedoch erlebt der Leser mit, wie das utop. Gemeinwesen entsteht: Die handelnden Subjekte werden zu Demiurgen einer idealen Welt; das utop. Konstrukt wird zu einer konkreten Aufgabe, die auch tatsächlich gelöst werden kann: eine Überzeugung, die im Umschlag von der Raum- zur Zeit-U. ihren prägnantesten Ausdruck findet. In der Epoche der Renaissance und der Reformation wurde das utop. Gemeinwesen, zumeist in Gestalt einer Insel, zeitgleich zu den kritisierten gesellschaftl. Verhältnissen gedacht, denen es als die bessere Alternative entgegengehalten wurde. Utop. Ideal und Ursprungsgesellschaften waren durch ein räuml. Kontinuum miteinander verbunden. Demgegenüber wird das utop. Ziel jetzt in die Zukunft projiziert, und zwar mit der geschichtsphilosophisch verbürgten Erwartung, dass die Realität es einholen wird.

Diese Verbindung des utop. Entwurfs mit dem teleolog. Fortschrittsdenken hat u. a. auch mit dem wachsenden Vertrauen in die Fähigkeit der Menschen zu tun, ihre gesellschaftl. Verhältnisse von Grund auf rational und zukunftswirksam gestalten zu können. Umgekehrt wirkte freilich die Erfahrung der Destruktionskräfte der Technik seit dem Ersten Weltkrieg auch auf den Geltungsanspruch der Zeit-U. zurück: Seit Samjatins U. ›My‹ (1924) ist die geschichtsphilosoph. Fortschrittsperspektive diskreditiert, weil in ihrem Namen selbst ernannte ›Eliten‹ Menschen verachtende Unterdrückungssysteme gerechtfertigt haben. Dies vorausgesetzt, ist im neueren U.-Diskurs die Tendenz erkennbar, zum Geltungsanspruch der älteren Raum-U. zurückzukehren: Er hat den Status eines regulativen Prinzips, das immer nur annäherungsweise verwirklicht werden kann und nicht mehr auf eine revolutionäre Totalrevision der soziopolit. Wirklichkeit abzielt, jedoch als die gegenwärtige Wirklichkeit übersteigernder Zukunftsentwurf notwendig ist.

Utopien als Lernprozesse

Die klass. U. reagiert nicht nur auf die ihr von außen vorgegebenen Rahmenbedingungen; sie versucht, diese zugleich durch Ausschöpfung ihrer Potenziale zu erweitern. Darüber hinaus ist der utop. Diskurs durch alternatives Denken und durch seine Lernfähigkeit geprägt. Zu Recht ist oft darauf hingewiesen worden, dass die autoritäre Sozial-U. in der Nachfolge von More und Campanella die Welt in ein riesiges Kloster verwandelt, das seiner antiindividuellen. Stoßrichtung auf allen Ebenen der Gesellschaft Geltung verschafft: Militär. Disziplin und rationalist. Planung reglementieren den Tagesablauf und die Lebenswelt der einzelnen Menschen. Ihre Privatheit ist ganz oder weitgehend aufgehoben, ihre Bewegungsfreiheit von der Obrigkeit eingeschränkt, und ihre Bedürfnisse, Sitten und Gebräuche, ihre Zeremonien, selbst ihre Kleidung, Wohnungen und die Grundrisse ihrer Städte unterliegen dem Diktat vollständiger Homogenität.

Seit dem 16. Jh. sind immer auch fiktive Gegenmodelle zu diesen utop. Leviathanen konstruiert worden, die die individuelle Freiheit und die Vielheit der Bedürfnisse zur höchsten Maxime erhoben. In F. Rabelais' Abtei ›Thélème‹ (in seinem Romanzyklus um Gargantua und Pantagruel) gibt es als Antwort auf Mores ›Utopia‹ nur eine Regel: ›Tu, was dir gefällt!‹ In de Foignys Australien-U. am Ende des 17. Jh. sind Gesetze und Staat abgeschafft: Alle Entscheidungen werden von Gleichen auf lokaler Ebene getroffen. Im Zeitalter des Absolutismus prägten v. a. de Lahontan und Diderot den utop.

Sozialcharakter des ›edlen Wilden‹: Er ruht in sich selbst und lebt mit seinesgleichen in einer ›wohl geordneten Anarchie‹, die – frei von aller individuellen Fremdbestimmung – durch das Gesetz der Natur sich selbst reguliert. Fourier und Morris entwarfen im 19. Jh. das Szenario eines von institutionellen Zwängen weitgehend befreiten Gemeinwesens, damit sich die Individuen ohne Bevormundung autonom entfalten können. Selbst die utop. Fiktionen bei Cabet und Bellamy lassen die Tendenz einer Individualisierung der menschl. Bedürfnisse erkennen. Unterdessen haben diese Beispiele für das utop. Denken der Gegenwart Modellcharakter gewonnen: Im Unterschied zu den totalitären Sozial-U. der frühen Neuzeit wird die Garantie individueller Privatheit und die eigenverantwortl. Selbstentfaltung jedes Einzelnen zu einem unverzichtbaren Strukturelement der alternativen Fiktion.

U. ließen aber von Anfang an die Bereitschaft erkennen, die eigenen Prämissen zu überprüfen. Bereits bei More wird Hythlodeus, dem Parteigänger der Utopier, die entscheidende Frage gestellt, ob das kommunist. Gemeinwesen, das er propagiere, nicht das Gegenteil von dem bewirke, was er beabsichtige: nämlich Mord und Aufruhr sowie trostlose Nivellierung und lähmende Initiativlosigkeit. Theodor Hertzka (* 1845, † 1924) und Wells kritisierten die klass. Tradition mit dem Argument, dass der Defizit bestehe darin, dass sie der Tugend einen viel höheren Stellenwert eingeräumt habe als der individuellen Freiheit. Diese Tendenz selbstkrit. Infragestellung der antiindividualist. Stoßrichtung der klass. Tradition erreicht dann im 20. Jh. in den ›schwarzen‹ U. ihren Höhepunkt: Tatsächlich lassen sich Samjatins ›My‹, Huxleys ›Brave new world‹ (1932) und Orwells ›1984‹ (1949) nicht nur als Reaktionen auf die totalitären Herrschaftstechniken, sondern auch als detaillierte Kritik der zentralen Strukturmerkmale der klass. Tradition lesen. Vereinfacht ausgedrückt, werden deren normative Vorgaben in dem Maße in ihr Gegenteil verkehrt, in dem ihre ursprüngl. Absicht der Emanzipation der Menschheit von Ausbeutung und Unterdrückung entfällt. Da die Utopisten in der Nachfolge Mores ihre idealen Gemeinwesen nie vom Individuum, sondern immer vom Ganzen her dachten, ist diese Konsequenz gezogen, sobald das ›Ganze‹ gleichgesetzt wird mit dem ebenso partikularen wie absoluten Machtanspruch einer totalitären Herrschaftskaste. Für Samjatin, Huxley und Orwell ist das Positive nur noch indirekt, im Schatten des Furchtbildes von ›1984‹ erkennbar. Die postmaterielle U. der Gegenwart ist gleichsam durch den Filter dieser U.-Kritik hindurchgegangen. So wird zwar in Le Guins U. ›Planet der Habenichtse‹ die Positivität des utop. Konstrukts erneuert. Aber er streift zugleich den Schein höchster Perfektion des menschl. Zusammenlebens ab. Stattdessen liefert der utop. Entwurf seine eigene Kritik gleich mit: Er ist reflexiv geworden, weil er selbst die Möglichkeiten des Scheiterns des utop. Ideals aufzeigt. Und schließlich trägt er der ökolog. Kritik von H. Jonas dadurch Rechnung, dass er die Fiktion einer solidar. Gesellschaft an den partnerschaftl. Umgang der wissenschaftlich-techn. Zivilisation mit der äußeren Natur bindet.

Wirkungsgeschichte utopischen Denkens

Der klass. U.-Diskurs ist historisch von weitreichender Wirkung gewesen. Utop. Denken fand seinen Ausdruck in einer Reihe von sozialen Institutionen und Bewegungen, z. B. im Täuferreich von Münster und im Jesuitenstaat von Paraguay. Auch die Zielsetzungen der Frz. Revolution waren durch ›utop.‹ Züge bestimmt. U. wirkten sich sowohl auf die Struktur der westl. Gesellschaften als auch auf die Herrschaftsordnungen der sowjet. Typs aus. In CAMPANELLAS ›Sonnenstaat‹ spielen Zeitmessgeräte und Wetterfahnen eine große Rolle. Sie symbolisieren das reibungslose Funktionieren der Einzelnen in den soziotechn. Strukturen der westl. Zivilisation. Die Erkenntnis der Utopisten insbesondere des 19. Jh., dass infolge der immer komplexer werdenden Arbeitsteilung jeder von jedem auf einer sich stets erweiternden Stufenleiter in zunehmendem Maße abhängig werde, hat ihre Entsprechung in der Herausbildung von ›Sachzwängen‹, die den Einzelnen zu angepasstem Verhalten zwingen. In den kommunist. Systemen findet sich die Vorstellung der autoritären Variante des utop. Denkens wieder, dass das ideale Gemeinwesen nur zu verwirklichen ist, wenn die Politik Vorrang gegenüber der Wirtschaft, die Bürokratie gegenüber den Rechten der Einzelnen, die Planung gegenüber der individuellen Spontaneität und Kreativität, die Überwachung und Bevormundung gegenüber der persönl. Autonomie und das Prinzip der Abschottung nach außen gegenüber dem Recht eines jeden Einzelnen auf ungehinderte Bewegungsfreiheit hat. Auch die Vision eines ›neuen Menschen‹ findet sich im utop. Denken der Bolschewiki. Dieser Vision hat L. TROTZKIJ emphatisch Ausdruck verliehen, als er 1924 schrieb, im vollendeten Sozialismus erhebe sich der gewöhnl. Mensch auf die Höhe eines ARISTOTELES, GOETHE und K. MARX.

Über ihre Spuren in den gesellschaftl. und staatl. Strukturen hinausgehend, sind U. in vielen anderen Lebensbereichen der Moderne präsent, z. B. in der Architektur und Malerei. So sind die Architekturkonzeptionen der klass. U.-Tradition in ihrem Vorbildcharakter für die Moderne nicht hoch genug einzuschätzen. Die Bauweise und der Grundriss der utop. Stadt in der Renaissance (→Idealstadt) sind vollkommen funktionalistisch und rationalistisch ausgerichtet. Orientiert an geometr. Mustern, lassen sie ein instrumentelles Verhältnis zur Natur erkennen. Es handelt sich um Vorwegnahmen einer von techn. Zweckrationalität geprägten Bauweise und Stadtplanung, die heute zum Alltag der Weltzivilisation gehört. Aber die klass. U. insbesondere des 19. Jh. brachte auch Alternativen hervor. So gab MORRIS die an geometr. Strukturen orientierte Stadt- und Landschaftsplanung auf: Er stellte sie in den Dienst einer groß angelegten Renaturalisierung, die z. B. der Gartenstadtbewegung entscheidende Impulse vermittelte. Wer heute eine Alternative zur ›unwirtl. Stadt‹ sucht, kann immer noch Anregungen in den Architekturkonzeptionen der utop. Sozialisten wie FOURIER und OWEN finden, die ihre Baupläne in den Dienst der Befriedigung der sozialen Bedürfnisse der Menschen stellten. Der Konstruktivismus einer russ. Avantgarde zw. 1915 und 1932 zog einen radikalen Schlussstrich unter die künstler. Formen der Vergangenheit. Sein Gestaltungsmedium war, an zentrale Strukturmerkmale der Renaissance-U. erinnernd, die geometr. Figur, die die äußerste Radikalität des Traditionsbruches symbolisierte. Planung, Klassenlosigkeit, Ablehnung der Vergangenheit, der Aufbau eines ›neuen Lebens‹ gleichsam vom Nullpunkt an sowie die Wende von der Analyse zur Synthese bezeichnen Elemente einer ästhet. Programmatik, die ihre Herkunft aus dem utop. Denken nicht leugnen können. Neue Impulse erhielt die utop. Architektur durch die Einführung der Stahl- und Betonbauweise. Die ital. Futuristen, z. B. A. SANT'ELIA, entwarfen in ihrer Città nuova (ab 1913) eine Industrie- und Handelsmetropole mit Hochhausarchitektur, Fahrbahnen auf versch. Ebenen, Bahnhöfen und Flugplatz. In den 1950er- und 60er-Jahren wurden die urbanist. Aufgaben v. a. von den jap. Metabolisten und der brit. Gruppe Archigram aufgegriffen.

Zukunftsperspektiven utopischen Denkens

Spätestens seit dem Zusammenbruch der kommunist. Systeme in Europa wird – z. B. von E. NOLTE und J. FEST – die These vom Ende des utop. Denkens vertreten, da dieses, notwendig mit Revolution und totalitärer Herrschaft verbunden, sich mit den Prinzipien einer offenen liberalen Gesellschaft als nicht vereinbar erwiesen habe. Diese These ist zutreffend, wenn man sie auf die autoritäre Linie des klass. U.-Diskurses einschränkt. Die Gesellschaftsordnungen der sowjet. Typs haben alle Realisierungsbedingungen ihrer eigenen U. erfüllt: von der Abschaffung des privaten Eigentums an den Produktions- und Arbeitsmitteln über die Erziehungsdiktatur bis hin zur Alleinherrschaft einer selbst ernannten Elite. Dennoch brachen sie in sich zusammen, ohne dass es einer gewaltsamen Einwirkung von außen bedurft hätte. Die Gründe dieses welthistor. Vorganges haben – neben vielen anderen Faktoren – auch mit den Strukturmerkmalen jener Fiktion zu tun, die in BOGDANOWS Mars-U. ihren klass. Ausdruck fand. Drei Ursachenzusammenhänge sind bes. hervorzuheben: 1) Ein System, das einer kleinen Elite das Wahrheits- und Politikmonopol zugesteht, ist unfähig, auf neue Herausforderungen innovativ zu reagieren. Tatsächlich werden neue Einsichten immer nur von Minoritäten außerhalb der bestehenden Machtapparate vertreten. Wer sie unterdrückt, entzieht innovativen Ideen und damit jeder Weiterentwicklung den Boden. 2) Eine Gesellschaftsformation, die vorgibt, sie brauche keine individuellen Menschenrechte zu kodifizieren, weil – wie in den autoritären U. – den kollektiven Wertemustern der absolute Primat zugesprochen wird, muss für diese Prämisse einen hohen Preis bezahlen. Wenn bürgerl. Freiheiten fehlen, verkümmern die Talente von Millionen. Kulturelle, wirtschaftl. und ökonom. Stagnation ist die Folge. 3) Ein System, das nach dem Vorbild der autoritären Sozial-U. die große Masse der Bevölkerung bevormundet, untergräbt seine eigene Legitimität. Es beruht in letzter Instanz auf der Überwachung der Einzelnen, ohne wirkl. Loyalitäten entwickeln zu können, und bricht zusammen, sobald der Überwachungsapparat ausfällt.

Dennoch wäre es falsch, mit der autoritären U.-Variante utop. Denken schlechthin seine Berechtigung abzusprechen. Der Problemdruck, der seit MORE U. hervorbrachte, besteht fort. Aber seine Qualität hat sich selbst noch im Vergleich zu den ersten Jahrzehnten des 20. Jh. so verändert, dass die Lösungen der klass. Tradition, insbesondere die Entwürfe des 20. Jh., ihnen nicht mehr gewachsen sind. Heute stehen die Überlebensbedingungen der Menschheit selbst auf der polit. Tagesordnung. Dieser Bedrohung kann nur begegnet werden, wenn es zu einem neuen Ausgleich zw. den unverzichtbaren Rechten der Einzelnen und den unabweisbaren Ansprüchen eines solidar., v. a. aus ökolog. Sicht auf die gesamte Menschheit und Erde ausgedehnten Ganzen kommt. Das eigentl. Problem, das von Anfang an im Zentrum des utop. Denkens stand, das vorstellungsmäßige Überschreiten der eigenen zeitgeschichtl. Wirklichkeit im Hinblick auf eine bessere Welt, ist also mit dem Scheitern der Ideale wissenschaftlich-techn. Fortschritts und unbegrenzten Wirtschaftswachstums wie auch nach dem Zusammenbruch der kommunist. Staatssysteme nicht gegenstandslos geworden. Im Gegenteil: Es stellt sich erneut mit aller Schärfe.

utopisch – utopische Literatur **Utop**

⇨ *Alternativkultur · Autorität · Elite · Emanzipation · Fortschritt · Frieden · Gemeinwohl · Gesellschaftskritik · Glück · Hoffnung · Ideologie · Menschenrechte · politische Willensbildung · Technikfolgenabschätzung · Tradition · utopische Literatur*

G. LANDAUER: Revolution (Neuausg. 3.-5. Tsd. 1977); F. E. u. F. P. MANUEL: Utopian thought in the western world (Cambridge, Mass., 1979); U.-Forschung. Interdisziplinäre Studien zur neuzeitl. U., hg. v. W. VOSSKAMP, 3 Bde. (Neuausg. 1985); U. Begriff u. Phänomen des Utopischen, hg. v. A. NEUSÜSS (^{3}1986); Der Traum vom besten Staat. Texte aus Utopien von Platon bis Morris, hg. v. H. SWOBODA (^{3}1987); E. BLOCH: Das Prinzip Hoffnung, 3 Bde. (^{3}1990); R. SAAGE: Polit. U. der Neuzeit (1991); Hat die polit. U. eine Zukunft?, hg. v. DEMS. (1992); DERS.: U.-Forschung (1997); K. R. POPPER: Die offene Gesellschaft u. ihre Feinde, 2 Bde. (a. d. Engl., ^{7}1992); Der utop. Staat, übers. u. hg. v. K. J. HEINISCH (112.–114. Tsd. 1993); M. WINTER: Ende eines Traums. Blick zurück auf das utop. Zeitalter Europas (1993); H. JONAS: Das Prinzip Verantwortung. Versuch einer Ethik für die technolog. Zivilisation (Neuausg. ^{12}1995); K. MANNHEIM: Ideologie u. U. (a. d. Engl., ^{8}1995); J. R. BLOCH: U.: Ortsbestimmung im Nirgendwo. Begriff u. Funktion von Gesellschaftsentwürfen (1997).

utopisch, nur in der Vorstellung, Fantasie möglich, fantastisch; wirklichkeitsfremd.

utopische Literatur, Bez. für philosoph. und dichter. Werke, in denen mit den Mitteln der Literatur eine →Utopie entwickelt wird. Von Sciencefiction, Fantasy und fantast. Literatur unterscheidet sich die u. L. durch ihr umfassenderes gesellschaftspolit. Anliegen, dem techn. bzw. fantast. Elemente eher untergeordnet werden. In der literar. Praxis sind die Übergänge zw. diesen Formen jedoch fließend. Die dichter. Gestaltung einer Utopie ist grundsätzlich gattungsmäßig nicht begrenzt. Traditionell bevorzugte Gattung ist jedoch der utop. Roman, wozu neben den →Staatsromanen auch die romanhaften Typen der →Fürstenspiegel gerechnet werden müssen. Sie greifen stofflich teilweise auf PLATONS Entwurf eines Idealstaates im Dialog ›Politeia‹ zurück, richten sich häufig satirisch gegen bestehende Staatsformen und sind nach dem Muster der begriffsbildenden Schilderung der Insel ›Utopia‹ durch T. MORE (›De optimo reipublicae statu deque nova insula Utopia‹, 1516) oft in der Form einer Reisebeschreibung gestaltet, durch die insbesondere dem häufig anzutreffenden Element des Exotischen Rechnung getragen wird. Dieses verbindet sich dann seit der Aufklärung (v. a. unter dem Einfluss von J.-J. ROUSSEAU und D. DIDEROT) meist auch mit dem Aspekt der Zivilisationskritik. – Reich an utop. Reiseschilderungen ist auch F. RABELAIS' Romanzyklus um Gargantua und Pantagruel; seine humanist. Überzeugungen gipfeln in der Utopie der Abtei Thélème. T. CAMPANELLAS ›La città del sole‹ (1602), die den Jesuitenstaat in Paraguay den Weg bereitete, schließt sich an MORE auch in dem Ideal des ›Kommunismus‹ an, während J. V. ANDREÄS ›Rei publicae christianopolitanae descriptio‹ (1619) von dem Gedanken der Nachfolge CHRISTI bestimmt ist und einen christl. Idealstaat zu entwerfen sucht. Für F. BACON war Naturbeherrschung und -nutzbarmachung zur Vervollkommnung der Kultur Zweck der Naturerkenntnis. Sein ›Nova Atlantis‹ (hg. 1627) ist die Darstellung eines auf diesem Weg entworfenen technisch perfekten Zukunftsstaates. Während J. G. SCHNABELS von der Empfindsamkeit geprägte ›Wunderl. Fata einiger Seefahrer ...‹ (4 Bde., 1731–43, neu hg. 1828 u. d. T. ›Die Insel Felsenburg ...‹) die ideale Gemeinschaft von der sittl. und sozialen Haltung ihrer Mitglieder erhofft, lässt B. DE MANDEVILLES ›Fable of the bees ...‹ (1714) den Idealstaat an seiner Vollkommenheit scheitern. Satirisch richtet sich auch J. SWIFTS ›Gulliver's travels‹ (4 Tle., 1726) gegen den Optimismus mancher Utopien. Weitere Utopien des 17. und 18. Jh. schufen u. a. CYRANO DE BERGERAC (›Histoire comique des estats et empires de la lune‹, hg. 1657; ›Histoire comique des estats et empires du soleil‹, hg. 1662), JAMES HARRINGTON (* 1611, † 1677; ›The commonwealth of Oceana‹, 1656), GABRIEL DE FOIGNY (* 1630, † 1692; ›La Terre Australe connue‹, 1676), DENIS VAIRASSE (* um 1630, † nach 1683; ›The history of the Sevarites or Sevarimbi‹, 1675), L. VON HOLBERG (›Nicolai Klimii iter subterraneum‹, 1741), MORELLY (›Naufrage des isles flottantes, ou Basiliade du célèbre Pilpay‹, 1753), L. S. DE MERCIER (›L'an deux mille quatre cent quarante ...‹, 1771), J. J. W. HEINSE (›Ardinghello und die glückseeligen Inseln‹, 2 Bde., 1787) und F. L. Graf ZU STOLBERG-STOLBERG (›Die Insel‹, 1788). – Bes. seit der Mitte des 19. Jh. glaubte man unter dem Eindruck des naturwiss. und sozialen Fortschritts zunächst überwiegend an die Möglichkeit einer Bewältigung gesellschaftl. Probleme durch Technisierung und einer zunehmenden Perfektionierung neuer sozialer Organisations-, Wirtschafts- und Lebensformen, so z. B. der Frühsozialist ÉTIENNE CABET (* 1788, † 1856; ›Voyage en Icarie‹, 1840), R. OWEN (›The social system‹, 1820; ›The book of the new moral world‹, 7 Tle., 1836–44), E. BELLAMY (›Looking backward, 2000–1887‹, 1888; ›Equality‹, 1897), BERTHA VON SUTTNER (›Das Maschinenalter‹, 1889), THEODOR HERTZKA (* 1845, † 1924; ›Freiland‹, 1890; ›Entrückt in die Zukunft‹, 1895), H. G. WELLS (›When the sleeper wakes‹, 1899; ›The food of the gods and how it came to earth‹, 1904; ›A modern Utopia‹, 1904). Andere Utopien des 19. Jh., wie z. B. Werke J. VERNES, markieren bereits den Übergang zur →Sciencefiction. – Hiergegen zeichnete sich schon Ende des 19. Jh., z. B. bei E. BULWER-LYTTON (›The coming race‹, 1871), S. BUTLER (›Erewhon‹, 1872) und W. MORRIS (›News from nowhere‹, 1890) und Anfang des 20. Jh. (J. LONDON, ›The iron heel‹, 1907), v. a. aber nach dem Ersten Weltkrieg eine bis heute anhaltende Tendenz zur **Antiutopie** (negative Utopie, Gegenutopie, schwarze Utopie) ab als Reaktion auf ungehemmten Fortschrittsglauben, optimist. Verklärung oder die tatsächl. gesellschaftl. und polit. Verhältnisse negierende Zukunftsprojektionen. Warnungen bzw. Furcht vor den Gefahren massengesellschaftl. Entindividualisierung, unkontrollierbarer Technologien und allgegenwärtiger diktator. Herrschaftssysteme spiegeln sich in den Werken u. a. von K. ČAPEK (›R. U. R.‹, 1920; ›Válka s mloky‹, 1936), J. I. SAMJATIN (›My‹, 1924), A. L. HUXLEY (›Brave new world‹, 1932; ›Ape and essence‹, 1948) und G. ORWELL, auf dessen ›1984‹ (1949) zahlreiche der über 200 Werke dieses Genres, die allein in Großbritannien in der 1. Hälfte des 20. Jh. erschienen, z. T. erhebl. Einfluss hatten: u. a. OLAF STAPLEDON (* 1886, † 1950; ›Darkness and light‹, 1942), A. NOYES (›The last man‹, 1940; ›The edge of the abyss‹, 1944), C. S. LEWIS (›That hideous strenght‹, 1945), E. WALLACE (›1925‹, 1915; ›1938: A preview of next year's news‹, 1937). In den Kontext solcher u. L. gehören auch die Werke von KARIN MARIA BOYE (›Kallocain‹, 1940), ERIK MARIA VON KÜHNELT-LEDDIHN (* 1909; ›Der gefallene Engel oder Moskau 1997‹, 1961), E. JÜNGER (›Heliopolis‹, 1949), CONSTANTIN VIRGIL GHEORGHIU (* 1916, † 1992; ›La vingt-cinquième heure‹, aus dem Manuskript übers., 1949), R. D. BRADBURY (›Fahrenheit 451‹, 1953). Letztlich ebenfalls pessimistisch endet H. HESSES Überhöhung wiss. Kultur ins Religiös-Kultische in dem gelehrten Ordensstaat seines ›Glasperlenspiels‹ (2 Bde., 1943). – Nach dem Zweiten Weltkrieg zeigt sich ein eher heterogenes Bild: Während die auf eine positive Perspektive hin ausgerichtete (›postmaterielle‹) Utopie ›Walden two‹ (1948) von B. F. SKINNER in den USA sehr

Utop utopischer Film – Utrecht

Utrecht 1): Der Dom mit frei stehendem Westturm (Höhe 112 m) in der Altstadt

Utrecht 1)
Stadtwappen

Stadt in den Niederlanden
·
am Amsterdam-Rhein-Kanal
·
235 600 Ew.
·
ein altes Kulturzentrum der Niederlande
·
zwei Universitäten (gegr. 1636 und 1989)
·
Finanz- und Messeplatz
·
Industriestandort
·
Dom (13.–16. Jh.)
·
Papsthaus (1517)
·
römische Gründung
·
1579 Union von Utrecht
·
1713 Frieden von Utrecht

erfolgreich war und v. a. die Diskussion um den Begriff des Social Engineering mitbestimmte, standen in der dt. u. L. nach 1945 v. a. die Angst vor einer nuklearen Katastrophe und die Auffassung von einer Ausweglosigkeit der zivilisator. Entwicklung im Vordergrund, so bei F. WERFEL (›Stern der Ungeborenen‹, hg. 1946), ARNO SCHMIDT (›Schwarze Spiegel‹, 1951; ›Kaff auch Mare crisium‹, 1960), J. REHN (›Die Kinder des Saturn‹, 1959) und C. AMERY (›Der Untergang der Stadt Passau‹, 1975). Daneben erfolgt, nach Vorläufern im 19. Jh. (E. A. POE, ›Eldorado‹, 1849) und zu Beginn des 20. Jh. (J. R. BECHER, ›Klänge aus Utopia‹, 1920; W. HASENCLEVER, ›Der polit. Dichter‹, 1919; C. MORGENSTERN, ›Auf dem Fliegenplaneten‹, hg. 1919), in neuerer Zeit eine verstärkte gattungsmäßige Ausweitung, so z. B. für das Drama durch E. CANETTI (›Die Befristeten‹, 1964), F. DÜRRENMATT (›Porträt eines Planeten‹, 1971) und G. KUNERT (›Futuronauten‹, 1981), für das Hörspiel u. a. durch DÜRRENMATT (›Das Unternehmen der Wega‹, 1958), GÜNTER KLONZ (* 1917; ›Auf höheren Befehl. Ein dt. Märchen‹, 1982), für die Lyrik u. a. durch P. P. ALTHAUS (›In der Traumstadt‹, 1951), H. M. ENZENSBERGER (›utopia‹, 1957), JOHANNES SCHENK (* 1941; ›Die Genossin Utopie‹, 1973) und KUNERT (›Unterwegs nach Utopia‹, 1977). – Daneben besitzt das Element des Utopischen auch in den jüngeren Werken der übrigen europ. Literaturen sowie in den USA einen hohen Stellenwert. Exemplar. Werke schufen u. a. in den Niederlanden STEFAN DENAERDE (das ist ADRIANUS BEERS, * 1924; ›Buitenaardse beschaving‹, 1969), in Italien PAOLO MANTEGAZZA (* 1831, † 1910; ›L'anno 3000‹, 1897) und C. MALAPARTE (›Storia di domani‹, 1949) und in Spanien P. SALINAS (›La bomba increíble‹, 1950). Seit den 1970er-Jahren entstehen auch Utopien mit betont ökolog. und feminist. Gesellschaftsentwürfen. Ökologisch orientiert sind u. a. ERNEST CALLENBACHS (* 1929) ›Ecotopia‹ (1975), URSULA LE GUINS' ›The dispossessed‹ (1974) und SAMUEL R. DELANYS (* 1942) ›Triton‹ (1976); die unabwendbare ökolog. Katastrophe schildert EDWARD ABBEY in ›Good news‹ (1980). In den feminist. Visionen alternativer egalitärer Gesellschaften sind oft soziale und ökolog. Themen verschränkt, so z. B. in den Werken von JOANNA RUSS (›The female man‹, 1975), DOROTHY BRYANT (* 1940; ›The kin of Ata are waiting for you‹, 1976), MARGE PIERCY (›Woman on the edge of time‹, 1976), G. BRANTENBERG (›Egalias døttre‹, 1977), SALLY MILLER GEARHART (›The wanderground‹, 1978), DORIS LESSING (›The marriages between zones three, four and five‹, 1980), ULLA HAGENAU (* 1938; ›Schöne verkehrte Welt oder die Zeitmaschine meiner Urgroßmutter‹, 1980) und MARIA ERLENBERGER (›Singende Erde‹, 1981). MARGARET ATWOOD entwirft in ›The handmaid's tale‹ (1985) die Schreckensvision einer fundamentalistisch-alttestamentar. Kriegergesellschaft. Gemeinsam ist allen diesen neueren (Anti-)Utopien ein stark gesellschaftskrit. und anthropolog. Ansatz, der sein Engagement v. a. aus der Erkenntnis der weltweiten Gefährdung durch Gewalt und Umweltzerstörung gewinnt.

M. WINTER: Compendium utopiarum. Typologie u. Bibliogr. literar. Utopien (1978); W. BIESTERFELD: Die literar. Utopie (^{2}1982); Die Utopie in der angloamerikan. Lit., hg. v. H. HEUERMANN u. a. (1984); Literar. Utopien von Morus bis zur Gegenwart, hg. v. K. L. BERGHAHN u. a. (^{2}1986); N. B. ALBINSKI: Woman's utopias in British and American fiction (London 1988); L. T. SARGENT: British and American utopian literature, 1516–1985 (Neuausg. New York 1988); K. OTTEN: Der engl. Roman. Entwürfe der Gegenwart: Ideenroman u. Utopie (1990); Ideologie u. Utopie in der dt. Lit. der Neuzeit, hg. v. B. SPIES (1995).

utopischer Film, ältere Bez. für Filme, die inzwischen dem →fantastischen Film oder dem Sciencefictionfilm (→Sciencefiction) zugeordnet werden; gelegentlich präzisere Bez. für Filme, die eine sozial-gesellschaftl. →Utopie thematisieren, wie ›Alphaville ...‹ (1965, J.-L. GODARD) oder ›Blade Runner‹ (1982, RIDLEY SCOTT).

ut pictura poesis [lat. ›wie ein Bild (sei) das Gedicht‹], in Anlehnung an die Mimesistheorie des ARISTOTELES (→Mimesis) zur programmat. Formel erhobenes Zitat aus der Poetik des HORAZ, das von der Spätantike bis ins 18. Jh. dahingehend gedeutet wurde, dass Dichtung und Malerei denselben Strukturgesetzen unterworfen seien. Unter dieser Formel tendierte v. a. die Dichtung zum beschreibenden poet. Gemälde (so z. B. beim →Nürnberger Dichterkreis). In Auseinandersetzung mit der nach diesem Prinzip beschreibenden zeitgenöss. dt. Literatur, v. a. aber mit dem Werk J. J. WINCKELMANNS, versuchte G. E. LESSING in seiner kunsttheoret. Schrift ›Laokoon oder Über die Grenzen der Mahlerey und Poesie‹ (1766) eine doppelte Grenzziehung zw. beiden Künsten: einmal hinsichtlich ihrer materialen Beschaffenheit, zum anderen in ihrer Relation zu Zeit und Raum.

Utraquisten [zu lat. sub utraque specie ›(Abendmahl) unter beiderlei Gestalt‹], die Mehrheit der →Hussiten, die sich von den radikalen Taboriten durch eine gemäßigtere Haltung unterschieden. Auf dem Basler Konzil erklärte sich 1433 eine Abordnung der U. zu Verhandlungen mit dem Konzil bereit. Die erreichte Vereinbarung (Prager Kompaktaten) wurde jedoch 1462 von PIUS II. für nichtig erklärt.

Utrecht [niederländ. 'y:trɛxt], **1)** Prov.-Hauptstadt in den Niederlanden, im SO der →Randstad Holland, am Amsterdam-Rhein-Kanal, 235 600 Ew.; Sitz des altkath. und des kath. Erzbischofs der Niederlande, mehrerer staatl. Zentralverwaltungen, Gerichte, der Reichsmünze und des Reichsarchivs; Univ. (gegr. 1636), Univ. für Philosophie (Universiteit voor Humanistiek, gegr. 1989), Konservatorium, Inst. für Weltraumforschung, Zentralmuseum U., Museum für christl. Kunst (Het Catharijneconvent), Nationalmuseum für Spieluhren und Drehorgeln, Phonograph. Museum, Niederländ. Eisenbahnmuseum, paläobotan. Museum, Theater. Vielseitige Industrie: bes. Nahrungsmittel-, pharmazeut., elektrotechn. und elektron. Industrie, Maschinenbau, Papierverarbeitungs- (Etiketten), Bau- und Textilunternehmen; zwei Elektrizitätswerke. U. ist ein wichtiger Finanz- und Versicherungsplatz, Messestadt und Mittelpunkt im niederländ. Verkehrsnetz.

Stadtbild: Der Dom im Mittelpunkt der von alten Wallgräben umgebenen Altstadt, urspr. eine fünfschiffige got. Basilika (1254 anstelle eines roman. Vorläuferbaus begonnen), besteht seit der Zerstörung des Langhauses durch einen Orkan (1674) aus dem 112 m hohen frei stehenden Westturm (1321–82) sowie dem Chor (war 1317 noch nicht vollendet) mit Kapellenkranz und Querschiff; Kreuzgang mit Kapitelsaal (um 1450; heute Univ.-Aula). Erhaltene urspr. roman. Kirchen sind Sint-Pieter (1048 geweiht, Chor und Querschiff im 13. Jh. umgestaltet), Sint-Jan (1040; Chor 16. Jh., Fassade 1681), Sint-Nicolaas (12. Jh.) mit zweitürmiger W-Fassade. Spätgotisch sind Sint-Jacob (14.–15. Jh., BILD →Architekturbild), Buurkerk (14.–15. Jh., auf Vorgängerbau des 13. Jh.; beherbergt heute das Nationalmuseum für Spieluhren und Drehorgeln) und die Catharijnekerk (um 1470–1551). Viele alte Profanbauten sind erhalten, so Huis Oudaen (um 1300), Huis Zoudenbalch (1467–68) sowie das für den späteren Papst HADRIAN VI. 1517 gebaute Paushuize (Papsthaus), Fleischhalle (1637) und zahlreiche stattl. Wohnhäuser, v. a. an den Grachten. Das Rathaus aus drei mittelalterl. Häusern erhielt 1824–47 eine klassizist. Fassade. Ein Beispiel der De-Stijl-Architektur ist das Haus Schröder von G. RIETVELD (1924, BILD →Rietveld, Gerrit). 1938–41 errichtete W. M. DUDOK das Theater in den Anlagen der alten Befestigung. Mit ›Hoog Catharijne‹, das mit dem neuen Hauptbahnhof (Centraal Station) verbunden ist, entstand eines der größten überdachten Einkaufszentren Europas; H. HERTZBERGER schuf das Musikzentrum Vredenburg (1976–78). Grundlage für die Neustrukturierung des Univ.-Geländes ›De Uithof‹ bildet der 1989 von R. KOOLHAAS und seinem Architekturbüro OMA vorgelegte Masterplan, der bisher z. T. verwirklicht wurde: Neubau der Hochschule für Wirtschaft und Management (1995, Architekturbüro Mecanoo), Educatorium (1997, von KOOLHAAS und OMA).

Geschichte: U. erwuchs aus dem etwa 47 n. Chr. angelegten röm. Kastell **Traiectum ad Rhenum** und der sich anschließenden Zivilsiedlung. In fränk. Zeit verwendete Bischof WILLIBRORD deren Überreste beim Bau eines Missionszentrums für die nördl. Niederlande. Die rasch aufblühende Siedlung, aufgrund der verkehrsgünstigen Lage schnell dem Handel zugewandt, erlitt durch Normanneneinfälle im 9. Jh. Rückschläge, erholte sich aber rasch wieder. 1122 wurde U. unter bischöfl. Hoheit Stadt. Anfang des 14. Jh. erlangten die Zünfte vom Bischof weitgehenden Einfluss auf die Stadtregierung. Im Achtzigjährigen Krieg stand die Stadt aufseiten der Aufständischen. 1579 schlossen sich in der **Union von U.** die sieben nördl. Provinzen der Niederlande als Reaktion auf die Union von Arras zusammen und sagten sich 1581 von Spanien los. Der am 11. 4. 1713 geschlossene **Frieden von U.** beendete den →Spanischen Erbfolgekrieg. In napoleon. Zeit war U. 1806–10 Residenz König LUDWIGS von Holland.

R. BLIJSTRA: 2000 jaar U. (Utrecht 1969); Architectuurgids voor U., bearb. v. G. KEMME (Amsterdam 1990).

2) kleinste Prov. der Niederlande, nördlich von Neder-Rijn und Lek, Landfläche 1 356 km², 1,063 Mio. Ew.; hat Anteil an der Niederung der Gelderse Vallei, umfasst den teilweise bewaldeten Strauchmoränenzug des Utrechter Hügelrückens (bis 69 m ü. M.), Flussgebiete von Neder-Rijn, Lek, Kromme Rijn und Vecht, alte Fehngebiete um die Loosdrechtse Plassen (Seen) und im W (tiefster Punkt 6 m u. M.). In der Landwirtschaft sind Milchviehhaltung, Erwerbsgartenbau (Freilandgemüse, Obst) und Blumenzucht, in der Gelderse Vallei auch Geflügelzucht am wichtigsten. Größte Städte und wirtschaftl. Zentren der Prov. sind Utrecht und Amersfoort, weitere wichtige Industriestandorte Maarssen, Veenendaal und Zeist.

Utrechter Kirche, Kirche von Utrecht, amtl. **Roomsch Katholieke Kerk van de Oud-Bisschoppelijke Cleresie** [roːms, van də ɔut ˈbɪsxɔpəlɛɪkə -; niederländ. ›Römisch-kath. Kirche der Altbischöfl. Klerisei‹], die altkath. Kirche der Niederlande. Seit der Einführung der Reformation in den Generalstaaten waren die Niederlande für Rom Missionsland ohne kirchl. Organisation. 1592 wurde für die kleine kath. Minderheit ein Apostol. Vikar mit Sitz in Utrecht ernannt. Nach wiederholten Spannungen zw. Rom und Utrecht im Zusammenhang mit dem Jansenismus kam es 1723 zu einer von Rom nicht anerkannten Bischofswahl seitens des Utrechter Kapitels. Mit der Weihe des Kandidaten des Kapitels, CORNELIUS STEENOVEN (* 1662, † 1725), durch den suspendierten, jansenistisch gesinnten Bischof DOMINIQUE VARLET (* 1678, † 1742) erfolgte der endgültige Bruch mit Rom. Durch diese unerlaubte, jedoch gültige Weihe erhielten die U. K. und in ihrer Nachfolge die übrigen altkath. Kirchen die Apostol. Sukzession. Die U. K. verstand sich seitdem als rechtmäßige Erbin der römisch-kath. Kirche in den Niederlanden, während Rom die Niederlande bis zur Wiederherstellung der Hierarchie im Jahre 1853 von der Nuntiatur in Brüssel aus verwaltete. Neben dem Erzbistum Utrecht besteht das altkath. Bistum Haarlem; die U. K. ist seit 1889 durch die →Utrechter Union mit den anderen altkath. Kirchen verbunden.

V. CONZEMIUS: Katholizismus ohne Rom. Die altkath. Kirchengemeinschaft (Zürich 1969).

Utrechter Schule, Bez. für eine Gruppe Utrechter Maler des 17. Jh., die sich an der Malerei CARAVAGGIOS orientierten. Zu ihr gehörten v. a. A. C. BLOEMAERT, H. TERBRUGGHEN, G. H. VAN HONTHORST, D. VAN BABUREN und J. VAN CAMPEN.

Holländ. Malerei in neuem Licht, bearb. v. A. BLANKERT u. a., Ausst.-Kat. (a. d. Niederländ., 1986).

Utrechter Sonnen|atlas, Utrechter Atlas, *Astronomie:* Verzeichnis der fraunhoferschen Linien des Sonnenspektrums.

Utrechter Union, eigtl. **Internationale Altkatholische Bischofskonferenz,** der im September 1889 in Utrecht erfolgte Zusammenschluss der altkath. Bistümer

Utrechter Schule: Gerard Hermansz. van Honthorst, ›Christus vor dem Hohenpriester‹; um 1617 (London, National Gallery)

Utre Utrechtpsalter – Ut unum sint

Maurice Utrillo: Le Lapin Agile; 1910 (Paris, Musée National d'Art Moderne)

Dtl.s, der Niederlande und der Schweiz. Später traten die ›Alt-kath. Kirche in Österreich‹, die ›Altkath. Kirche in der Tschechoslowakei‹ (heute ›Altkath. Kirche in der Tschech. Rep.‹), die ›Polnisch-Kath. Kirche in Polen‹, die ›Polish National Church of America‹ (in den USA und in Kanada) und die ›Kroatische Kath. Kirche‹ der U. U. bei. Ziel der U. U. ist die gegenseitige Information sowie die Klärung der Haltung anderer Kirchen gegenüber. Sie besitzt jedoch keine Weisungsbefugnis gegenüber den einzelnen Bistümern, die ihre Angelegenheiten selbstständig regeln. (→Altkatholiken)

Utrechtpsalter, um 830 entstandene Handschrift der →Reimser Schule, seit 1718 in der Univ.-Bibliothek Utrecht. Sie enthält eine Fülle von Federzeichnungen, die, frisch und geistreich erzählend skizziert, den Text illustrieren.

S. DUFRENNE: Les illustrations du Psautier d'Utrecht. Sources et apport Carolingien (Paris 1978).

Utrera, Stadt in der Prov. Sevilla, SW-Spanien, 49 m ü. M., in Niederandalusien, 37 km südöstlich von Sevilla, 44 600 Ew.; Zentrum eines Agrargebiets (Oliven, Sonnenblumen, Weizen, Gerste, Wein) mit bedeutender Kampfstierzucht; Nahrungsmittel- und Textilindustrie (Wolle, Baumwolle); Eisenbahn- und Straßenknotenpunkt. – Ruinen der arab. Stadtmauern (34 Türme) und der Alcazaba; spätgot. Kirchen Santa María de la Asunción (14. Jh.) und Santiago (15. Jh.). – U., urspr. das röm. **Castra Vinaria** und spätere **Utricola,** blühte unter den Arabern als Festungsstadt **Medina Utrirah** auf und wurde 1340 rückerobert.

Utricularia [zu Utriculus], die Pflanzengattung →Wasserschlauch.

Utriculus [lat. ›kleiner Schlauch‹], *Botanik:* das schlauchförmige, den Fruchtknoten umhüllende Tragblatt der weibl. Blüten der Seggenarten.

Utrillo [u'trijo, frz. ytri'jo], Maurice, bis 1891 **M. Valadon** [vala'dɔ̃], frz. Maler, *Paris 25. 12. 1883, †Dax 5. 11. 1955; begann unter Anleitung seiner Mutter SUZANNE VALADON zu malen. Seine Bilder von Straßen, bes. des Montmartre, dörfl. Vorstädten und Kathedralen, die er nach der Natur, aus der Vorstellung, auch nach Postkarten malte, fesseln durch ihre naive Sachlichkeit und den Stimmungsreiz ihrer Farben. Anfangs mit düsteren Tönen an die Malweise C. PISSARROS erinnernd, gewinnen die Bilder ab etwa 1908 mit satter, aufgehellter, aber gedeckter Farbigkeit und strengem Bildaufbau ihre Eigenart. Teilweise mischte U. Gips unter die Farbe, um die Darstellung von Hauswänden in ihrem Wirklichkeitsgrad zu steigern. Um 1920 folgte auf diese ›weiße‹ die ›farbige Periode‹, ab 1926 erweiterte er nochmals seine Palette. Für S. DIAGHILEWS Ballets Russes entwarf er 1926 Kostüme und Bühnenbilder. Ein U.-Museum (1996 eröffnet) befindet sich in Sannois (Dep. Val-d'Oise).

L'œuvre complet de M. U., hg. v. P. PÉTRIDÈS, 4 Bde. u. Suppl.-Bd. (Paris 1969–74); J. FABRIS: U., sa vie, son œuvre (ebd. 1982); J. WARNOD: M. U. (a.d.Frz., 1984); U. u. der Montmartre, bearb. v. P. COURTHION (a.d.Frz., Neuausg. 1988).

Utsjoki, nördlichste Gem. Finnlands, 5 168 km² Fläche, 1 600 Ew., darunter zahlr. Lappen (Rentierhalter); in der Siedlung Nuorgam (im N) meteorolog. Station.

Utstein ['utstein], ehem. Augustinerkloster auf der Insel Mosterøy bei Stavanger, die besterhaltene Klosteranlage Norwegens (2. Hälfte 13. Jh.), bis 1965 restauriert und z. T. rekonstruiert.

Utsunomiya, Hauptstadt der Präfektur Tochigi, Japan, auf Honshū, am N-Rand der Kantōebene, 435 500 Ew.; Landmaschinenbau, Elektronik-, Zigaretten-, Nahrungsmittel-, opt. Industrie. Ausgangspunkt zur Tempelstadt →Nikkō. – U., seit dem jap. Altertum bekannt, wurde im ausgehenden 8. Jh. systematisch ausgebaut. 1844 wurde es Hauptstadt der Präfektur Tochigi.

Uttar Pradesh ['ʊtə prəˈdeɪʃ], Bundesstaat in N-Indien, grenzt an Nepal und China (Tibet), 294 411 km², (1994) 150,7 Mio. Ew. (1971: 88,4 Mio. Ew.); größte Städte sind Kanpur, die Hauptstadt Lucknow, Varanasi, Agra, Allahabad, Meerut, Bareilly, Gorakhpur und Aligarh. – U. P. erstreckt sich vom Himalaja und Tarai über den Ganges und Yamuna bis zum Hochland von Dekhan im S. In der Gangesebene (1 000 mm Jahresniederschlag) intensiver Feldbau mit Bewässerung; wichtigste Agrarerzeugnisse sind Weizen (als Winterfrucht), Reis (als Sommerfrucht), Zuckerrohr, Mais, Hirse, Hülsenfrüchte, Baumwolle, Südfrüchte und Tabak. Der industrielle Sektor umfasst v. a. Zuckerfabriken, Mühlen, Spinnereien, Webereien, Maschinenbau, Elektro- und chem. Industrie sowie Leder verarbeitende Betriebe.

Geschichte: Seit frühen Zeiten kulturell-religiöses Zentrum des Hinduismus, blieb U. P. bis Ende des 18. Jh. unter der Herrschaft der Großmoguln. Danach eigneten sich die Briten das Gebiet an (zuletzt Besetzung von Oudh, 1856); 1857 war es Hauptschauplatz eines großen antibrit. Aufstandes (›Sepoyaufstand‹). 1877 erfolgte der Zusammenschluss der Nordwestprovinzen (Agra) mit Oudh; 1902 führte man für diese Verbindung der Bez. ›United Provinces of Agra and Oudh‹ ein (später kurz ›United Provinces‹ gen.). Nach Erlangung der ind. Unabhängigkeit wurden die United Provinces, um kleinere Gebiete erweitert, Bundesstaat Indiens (seit 1950 heutiger Name).

Utuchengal, sumer. Herrscher von Uruk, der um 2055 v.Chr. die Gutäer vernichtend schlug und dadurch der 3. Dynastie von Ur (→Urnammu) den Weg zur ›sumer. Renaissance‹ ebnete.

Ut unum sint [lat. ›Damit sie eins seien‹], Enzyklika Papst JOHANNES PAULS II. vom 25. 5. 1995 über den Einsatz für die Ökumene. Auf den Auftrag JESU CHRISTI an alle seine Jünger hinweisend, untereinander die Einheit zu bewahren, und ausgehend von dem vom 2. Vatikan. Konzil formulierten ökumen. Auftrag der Kirche (→Ökumenismus) betont die Enzyklika die ökumen. Verpflichtung der kath. Kirche, nimmt eine kirchengeschichtl. und theolog. Einordnung der bisher im ökumen. Dialog erreichten Ergebnisse vor und hebt in Zusammenhang mit dem vom Papst zum →heiligen Jahr ausgerufenen Jahr 2000 den päpstl. Wunsch nach einer Vertiefung und neuen Qualität der Beziehungen zw. den Kirchen hervor.

Utz, Arthur-Fridolin, schweizer. kath. Theologe und Sozialphilosoph, *Basel 15. 4. 1908; Dominikaner; Studium der Theologie, Philosophie und Wirtschaftswiss.; war 1946–76 Prof. für Ethik und Sozialphilosophie in Freiburg im Üechtland. Aufbauend auf der Gesellschaftslehre THOMAS VON AQUINOS, behandelt U. in seinen Arbeiten v. a. Fragen der Sozialethik und betont die Begründung sozialeth. Handelns in einem dem jeweiligen Einzelhandeln übergeordneten (philosoph.) Normensystem, das seine Mitte im Begriff des Gemeinwohls hat. Durch sein wiss. Werk erwarb er sich – gerade auch in der Gegenüberstellung zum wiss. Ansatz O. VON NELL-BREUNINGS – Anerkennung als einer der profiliertesten kath. Sozialethiker.

Werke: Freiheit u. Bindung des Eigentums (1949); Formen u. Grenzen des Subsidiaritätsprinzips (1956); Sozialethik, 4 Bde. (1958–94); Die marxist. Wirtschaftsphilosophie (1982).
B. KETTERN: Sozialethik u. Gemeinwohl. Die Begründung einer realist. Sozialethik bei Arthur F. U. (1992).

Utzerath, Hansjörg, Regisseur und Theaterleiter, *Schorndorf 20. 3. 1926; Gründer (1956) und Leiter (bis 1966) der Düsseldorfer Kammerspiele; 1967–73 Intendant der Freien Volksbühne Berlin; 1977–92 Schauspieldirektor der Städt. Bühnen Nürnberg.

Utzon, Jörn, dän. Architekt, *Kopenhagen 9. 4. 1918; war nach dem Studium an der Kopenhagener Akad. Mitarbeiter von G. ASPLUND in Stockholm (1942–45) und von A. AALTO in Helsinki (1946) und eröffnete nach Studienaufenthalten in den USA (bei F. L. WRIGHT) und in Mexiko 1950 ein Büro in Kopenhagen. U. wurde internat. bekannt durch seinen Entwurf für das Opernhaus in Sydney (1957 begonnen, 1973 durch andere fertig gestellt, BILD →Stahlbeton). In Dänemark schuf er Wohnsiedlungen (Helsingør, 1958–60, und Fredensborg, 1962–63). Er entwarf ferner das Gemeindezentrum Bagsvaerd in Kopenhagen (1969–75), das Parlamentsgebäude in Kuwait (1972–83, im Golfkrieg 1990/91 schwer beschädigt), das Paustian-Möbelmuseum in Kopenhagen (1985–87). U. trat auch als Designer von Möbeln und Glas hervor.

L. DOUMATO: J. U. (Monticello, Ill., 1984); J. U. Houses in Fredensborg, bearb. v. T. FABER u. a. (Berlin 1991); Architekten – Joern U., bearb. v. U. STARK (1993, Bibliogr.).

Uummannarsuaq, grönländischer Name von Kap →Farvel.

Uummannaq, dän. **Umanak,** Stadt in Westgrönland, 1 500 Ew.; Fischfang und Fischverarbeitung. – U. wurde 1758 durch Missionare der Herrnhuter Brüdergemeine gegründet.

Uusikaupunki [ˈuːsi-], Stadt in Finnland, →Nystad.
Uusimaa [ˈuːsimaː], amtlich finn. **Uudenmaan lääni** [ˈuːdɛmmɑːn ˈlæːni], schwed. **Nylands län,** Prov. in S-Finnland, 10 404 km², 1,33 Mio. Ew. (10,5 % schwedischsprachig); umfasst den flachen, z. T. von fruchtbaren Tonebenen eingenommenen, schärenreichen Küstensaum beiderseits von Helsinki, das Verw.-Sitz ist. Die vielseitige Industrie konzentriert sich im Ballungsraum Helsinki.

UV, Abk. für →Ultraviolett.

Uvala [serbokroat.] die, -/-s, Geomorphologie: durch Zusammenwachsen zweier oder mehrerer →Dolinen entstandene schüssel- oder wannenartige Hohlform im →Karst.

UV-Ceti-Sterne, die →Flare-Sterne.

UvD, Abk. für **Unter|offizier vom Dienst,** in dt. Streitkräften Bez. für die Dienststellung des in einer Einheit jeweils für die Dauer von 24 Stunden den allgemeinen Ordnungsdienst wahrnehmenden Soldaten im Rang eines Unteroffiziers (heute in der Bundeswehr meist erfahrener Mannschaftsdienstgrad).

Uvéa, 1) eine der →Loyaltyinseln, Neukaledonien.
2) Hauptinsel der Wallisinseln des frz. Überseeterritoriums →Wallis und Futuna.

Uvedale [ˈjuːvdeɪl], Nicholas, engl. Dramatiker, →Udall, Nicholas.

UV-Filter, →Lichtfilter, →Filter.

UVP, Abk. für →Umweltverträglichkeitsprüfung.

Uvular [zu mlat. uvula, Verkleinerung von lat. uva ›Traube‹] der, -s/-e, mit dem Zäpfchen artikulierter →Laut.

Uvularie [zu mlat. uvula, vgl. Uvular], **Zäpfchenkraut, Uvularia,** Gattung der Liliengewächse mit fünf Arten im östl. Nordamerika; Stauden mit eiförmigen oder lanzettl. Blättern und glockigen, hängenden Blüten. Die gelb blühende Art Uvularia grandiflora wird als Gartenzierpflanze kultiviert.

Uwajima [-dʒi-], Hafenstadt in der Präfektur Ehime, Japan, an der W-Küste der Insel Shikoku, 75 000 Ew. – Von der Burg sind noch Reste der Anlage und der dreigeschossige Wohnturm erhalten. Der Landschaftsgarten Tensha-en wurde im 18. Jh. von dem lokalen Fürsten angelegt. – Die Hafenstadt U. wurde 1595 zur Burgstadt ausgebaut.

Uwarow, Uvarov, Sergej Semjonowitsch Graf (seit 1846), russ. Gelehrter und Politiker, *Moskau 5. 9. 1786, †ebd. 16. 9. 1855; ab 1818 Präs. der Akad. der Wissenschaften; als Min. für Volksaufklärung (1833–49) wirkte er restaurativ-reglementierend im Sinne seiner Formel ›Orthodoxie, Autokratie, Volkstum‹.

Uwarowit [nach S. S. Graf UWAROW] der, -s/-e, **Kalk-Chrom-Granat,** ein dunkelsmaragdgrünes, durchsichtiges bis durchscheinendes, kub. Mineral der chem. Zusammensetzung $Ca_3Cr_2[SiO_4]_3$ aus der Gruppe der Granate; Härte nach MOHS 6,5–7,5, Dichte 3,71–3,79 g/cm³; körnige bis dichte, krustenförmige Aggregate, aufgewachsene Kristalle. Größere, schön gefärbte Kristalle werden als Schmucksteine verwendet; Vorkommen u. a. im Ural, in Finnland, der Rep. Südafrika und in den USA.

Uweinat, Uwainat, Djebel U. [dʒ-], Bergland aus Gneis und Granit in der Libyschen Wüste, bis 1 892 m ü. M.; erhält Niederschläge nur in mehrjährigen Abständen, die dann aber heftige Gewitterregen, nach denen es für längere Zeit Weideplätze für Schafe und Ziegen der Tubu bietet. Im U. grenzen Ägypten, Sudan und Libyen aneinander. – Der U. war bereits in der Altsteinzeit besiedelt. Auffallendste Kulturreste aus neolith. Zeit sind zahlr. Felsbilder (v. a. Malereien), die der ›Rinderperiode‹ zuzurechnen sind.

UWG, Abk. für das Ges. gegen den →unlauteren Wettbewerb.

Uws Nuur, Ubs Nuur, Ubsa-nor, Ubsu-nur, größter abflussloser Salzsee der Mongolei, im N des Beckens der Großen Seen, 759 m ü. M., etwa 3 350 km²; mittlerer Salzgehalt 18,7 %.

Uxmal [uʃmal], Zeremonialzentrum und Stadt der Mayakultur in NW-Yucatán, Mexiko, besiedelt im 7.–11. Jh. Es umfasst ein Areal von 600 m × 1 000 m mit mehreren Gebäudekomplexen (palastähnl. Gebäude und Pyramiden, Ballspielplatz), die auf künstl. Plattformen unterschiedl. Höhe stehen und – typisch für U. – um einen Innenhof gruppiert sind. Die Fassaden sind hauptsächlich mit Steinmosaiken, Chacmasken, Schlangen- und geometr. Motiven im ›Puucstil‹ dekoriert, einige Bauwerke zeigen aber auch Stileinflüsse aus Zentralmexiko. Die Hauptgruppe bilden vier Bauten des ›Nonnenvierecks‹; die ›Pyramide des Wahrsagers‹ wurde mehrfach überbaut und ist in ihrem ovalen Grundriss in der Mayaarchitektur einmalig. Eindrucksvollstes Gebäude ist der auf einer riesigen Plattform gelegene ›Palast des Gouverneurs‹ (98 m lang, 12 m breit, 8 m hoch) mit 3 m hohem dekorativem Mosaikfries. Hieroglypheninschriften finden

Uvularie:
Uvularia grandiflora
(Länge des
Blütenschafts bis
30 cm)

Uxmal: Blick von der ›Pyramide des Wahrsagers‹ auf das ›Nonnenviereck‹; zwischen 600 und 900

sich auf den Ringen des Ballspielplatzes, auf den 14 Stelen, die konzentriert auf einer Plattform aufgestellt sind, auf einigen kon. Altären, Gewölbedecksteinen und niedrigen Plattformen. Der gesamte Komplex wurde von der UNESCO zum Weltkulturerbe erklärt.

J. K. KOWALSKI: The House of the Governor (Norman, Okla., 1987).

uxorilokal [zu lat. uxor, uxoris ›Ehefrau‹ und locus ›Ort‹], *Ethnosoziologie:* andere Bez. für →matrilokal.

Uyl [œjl], **Johannes Marten den,** gen. **Joop d. U.,** niederländ. Politiker, * Hilversum 9. 8. 1919, † Amsterdam 24. 12. 1987; Wirtschaftswissenschaftler und Journalist; 1956–63 und ab 1967 Abg. der sozialist. PvdA in der Zweiten Kammer, 1967–73, 1977–81 und 1982–86 Fraktions-Vors., auch führend in der Sozialist. Internationale tätig; war 1965–66 Wirtschafts-Min. in der Reg. Cals. Ab 1973 leitete er als Min.-Präs. eine Mitte-Links-Reg., die jedoch 1977 am Streit über die Bodenpolitik und den Ausbau des Sozialstaats zerbrach. 1981–82 war er in der Koalitions-Reg. van Agt Sozial-Min. und stellv. Ministerpräsident.

Johannes den Uyl

Uys [œjs], **Pieter-Dirk,** südafrikan. Dramatiker, Schauspieler und Humorist, * Kapstadt 28. 9. 1945. In seinen sprachlich brillanten, auf Englisch und Afrikaans verfassten polit. Karikaturen und Gesellschaftssatiren greift er äußerst kontroverse Themen auf; mit schwarzem Humor inszeniert er im ›weißen‹ Südafrika angesiedelte Tragödien. Seine erfolgreiche Revue ›Skating on thin Uys‹ parodiert die fiktive Botschafterin Bopetikoswetis ›Evita Bezuidenhout‹; auch Fernsehrevuen und Videoproduktionen.

Weitere Werke: *Dramen und Satiren:* Farce about Uys (1983); No one's died laughing (1986); A part hate, a part love. The biography of Evita Bezuidenhout (1990); Funigalore (1995).

Ausgabe: Paradise is closing down and other plays (1989).

Uytewael [ˈœjtaːl], Joachim Anthonisz., niederländ. Maler, →Wttewael, Joachim Anthonisz.

Uyttenbroeck [ˈœjtənbruːk], **Wttenbroek, Wytenbroek,** Moyses van, niederländ. Maler, Zeichner und Radierer, * Den Haag um 1590, † ebd. 1648; wurde 1620 Mitgl. der Lukasgilde in Den Haag. Er malte, anfangs A. ELSHEIMER, später P. LASTMANN und J. S. PIJNAS nahe stehend, Ideallandschaften mit bibl. oder mytholog. Staffage, schuf auch Radierungen und Holzschnitte.

U. WEISNER: M. v. U. Studien u. krit. Kat. seiner Gemälde u. Zeichnungen (Diss. Kiel 1963).

Uyuni, Salar de U., Salztonebene in SW-Bolivien, auf dem Altiplano, 3 660 m ü. M., 150 km lang, 130 km breit; abflusslos; Wasserzufuhr nur während der Regenzeit (Dezember/Januar) durch den Río Grande de Lipez u. a. kleine Zuflüsse; um den gleichnamigen Ort

U. Salzgewinnung. Die spärl. Vegetation der Puna bietet Weideplätze für Schafe, Lamas und Alpakas.

Uz, Johann Peter, Schriftsteller, * Ansbach 3. 10. 1720, † ebd. 12. 5. 1796; studierte 1739–43 Jura und Philosophie in Halle (Saale), wo er sich J. W. L. GLEIM und J. N. GÖTZ anschloss; wurde 1763 Assessor beim kaiserl. Landgericht in Nürnberg, 1790 Landgerichtsdirektor, 1796 Geheimer Justizrat. Typ. Anakreontiker, dessen gesellig-graziöse Lyrik einen heiteren, sinnenfrohen und harmon. Lebensgenuss preist. Neben seinen Gedichten machte ihn bes. das A. POPE beeinflusste kom. Epos ›Der Sieg des Liebesgottes‹ (1753) bekannt. Später wandte er sich dem ernsten Odenstil zu. Daneben entstanden auch Übersetzungen (v. a. ANAKREON, HORAZ).

Ausgabe: Sämtl. poet. Werke, hg. v. A. SAUER (1890, Nachdr. 1968).

Johann Peter Uz

UZ, Nationalitätszeichen für Usbekistan.

u. Z., Abk. für: unsere(r) Zeitrechnung (entspricht n. Chr.).

Uzès [yˈzɛs], Stadt im Dép. Gard, S-Frankreich, nördlich von Nîmes, in der hügeligen Landschaft der Garrigues, 7 600 Ew.; Obst- und Weinbau. – Schloss der Herzöge von U. (›Duché‹, 14.–16. Jh.) mit Tour Bermonde (11. Jh., ehem. Donjon) und Renaissancefassade; ehem. Kathedrale (17. Jh.) mit zylindr. Tour Fénestrelle (12. Jh.) des Vorgängerbaus; klassizist. Kirche Saint-Étienne (18. Jh.).

Užgorod [ˈuʒ-], **Užhorod** [ˈuʒ-], Stadt in der Ukraine, →Uschgorod.

Užice [ˈuʒitsɛ], 1946–91 **Titovo Užice,** Stadt in Serbien, Jugoslawien, 411 m ü. M., am NO-Rand des Zlatiborgebirges, 53 600 Ew.; Museum; Metallverarbeitung, Textil-, Leder- und Nahrungsmittelindustrie. – Alte Festung (im 15. Jh. ausgebaut); ›Alte Kirche‹ (1721, mit Ikonen des 17.–18. Jh.). – U., von großer strateg. Bedeutung, im 14. Jh. erstmals als Stadt gen., war im Besitz serb. Despoten, bis es 1459 unter osman. Herrschaft kam. Im ›Großen Türkenkrieg‹ 1683–99 stark zerstört, erlebte es nach der Befreiung von den Osmanen (endgültig 1862) einen wirtschaftl. Aufschwung. – Nach der Befreiung von W-Serbien und Teilen O-Serbiens durch Partisanen TITOs (ab Ende Juli 1941) war U. Zentrum des befreiten Gebietes (›Rep. von U.‹, 24. 9. bis 29. 11. 1941).

Uznach, Hauptort des Bez. See im Kanton St. Gallen, Schweiz, 431 m ü. M., am N-Rand der Linthebene, 5 200 Ew.; Heimatmuseum; Textil-, Kunststoff-, Möbelindustrie, Maschinen- und Apparatebau, Schirmfabrikation. – Die kath. Kreuzkirche (urspr. 9. Jh.) wurde 1494–1505 erneuert; an der Stelle einer got. Kapelle entstand die kath. Pfarrkirche St. Maria (1867–70). – U., 741 erstmals erwähnt, wurde um 1220 als Stadt angelegt. Es kam 1469 als gemeine Herrschaft an Glarus und Schwyz.

Uznam [ˈuznam], poln. Name für →Usedom.

Uzwil, Stadt im Kanton St. Gallen, Schweiz, 564 m ü. M., im mittleren Thurtal, 11 400 Ew.; wichtiger Industriestandort (Maschinenbau, Textilindustrie) im Untertoggenburg. – U. wurde 754 erstmals erwähnt.

U-2-Zwischenfall, Bez. für den Abschuss eines amerikan. Aufklärungsflugzeugs vom Typ U2 bei Swerdlowsk (heute Jekaterinburg) am 1. 5. 1960, in dessen Folge Präs. D. D. EISENHOWER schließlich zugab, dass auf seine Anordnung ab 1955 geheime Aufklärungsflüge zur Erkundung des sowjet. Nukleararsenals durchgeführt worden waren. Die Flüge hatten u. a. gezeigt, dass die Sowjetunion den USA in der Atomrüstung nicht überlegen war. N. S. CHRUSCHTSCHOW nahm EISENHOWERs spätes Eingeständnis zum Anlass, die amerikan.-sowjet. Gipfelkonferenz in Paris am 16. 5. 1960 abzubrechen.

M. R. BESCHLOSS: Mayday: Eisenhower, Krushchev and the U-2 affair (New York 1986).

V

V, v, 1) der 22. Buchstabe des dt. u. a. Alphabete, in den meisten Sprachen ein stimmhafter labiodentaler Reibelaut [v], im Deutschen meist ein stimmloser labiodentaler Reibelaut [f], ebenso im Tschechischen vor stimmlosem Konsonanten und am Wortende; im Slowakischen wird v im Silbenauslaut vor Konsonanten und im Wortauslaut als [u̯] gesprochen, ebenso im Slowenischen; im Spanischen kann v die Lautwerte [b] und [β] haben. Im lat. Alphabet war V der 20. Buchstabe und hatte die Lautwerte [u], [u:] und [u̯]. Die (überwiegende) Beschränkung auf konsonant. Verwendung des Zeichens vollzog sich im MA. (während zur Vokal-Bez. das →U herausgebildet wurde).
2) *Chemie:* 1) **V,** Symbol für das Element →Vanadium; 2) V, Kurzzeichen für Vinyl... in Abk. der Namen von Polymeren (z. B. PVC für Polyvinylchlorid) und Weichmachern.
3) *Einheitenzeichen:* V für →Volt.
4) *Formelzeichen:* *V* für Volumen, Potenzial, potenzielle Energie, *v* für Geschwindigkeit (vektoriell *v*), spezif. Volumen.
5) *Münzkunde:* **V,** auf Münzen Zeichen für die Münzstätte Venedig (Königreich Italien 1807-13, Lombardo-Venetien bzw. Österreich bis 1866), auf frz. Münzen für die Münzstätte Troyes (1693-1772).
6) *Nationalitätszeichen:* V für Vatikanstadt.
7) *röm. Zahlzeichen:* V für 5.
v., Abk. für →vide!
V 1, V 2 [V Abk. für Vergeltung], →V-Waffen.
V.24, *Datenübertragung:* Empfehlung der ITU (International Telecommunication Union) für Leitungen an seriellen Schnittstellen zw. Datenend- und Datenübertragungseinrichtungen (z. B. zw. einem Datensichtgerät und einem Modem); sie umfasst u. a. die Funktionen und Leitungen sowie die betriebl. Anforderungen. Die elektr. Eigenschaften der Leitungen sind in weiteren Empfehlungen beschrieben (z. B. V.10, V.11, V.28). Die Empfehlung V.24 ist an die amerikan. Empfehlung **RS 232 C** der EIA (Electronic Industries Association) angelehnt. Es gibt entsprechende Normen nach DIN und ISO.
VA, Einheitenzeichen für →Voltampere.
Va., postamtlich **VA,** Abk. für den Bundesstaat Virginia, USA.
Vaal [engl. vɑ:l, afrikaans fɑ:l] *der,* rechter, größter Nebenfluss des Oranje, Rep. Südafrika, 1 251 km lang; entspringt auf dem Hochveld von SO-Mpumalanga, bildet auf weiten Strecken die Grenze zw. den Prov. Nord-West und Freistaat, mündet südwestlich von Kimberley. Der V. ist der am intensivsten zur Wasserversorgung und Bewässerung genutzte Fluss des Landes. Pläne dazu gab es bereits 1881 (C. RHODES); sie konnten erst 1933 durch das Vaal-Harts-Bewässerungssystem, das größte der südl. Hemisphäre, am Unterlauf des V. realisiert werden. Größter der Stauanlagen, die die wirtschaftlich wichtigste Region des südl. Afrika mit Wasser versorgen, ist der 1936 bei Vereeniging enstandene **Vaal Dam** (Stauraum 2,5 Mrd. m³). Durch das Tugela-V.-Projekt kann das Flusssystem des V. bei Bedarf vom →Tugela her zusätzlich Wasser erhalten. – Die Flussterrassen des V. bergen zahlr. Steinartefakte, v. a. Geräte des Acheu-
léen. Das Alter der Terrassen ergibt einen gesicherten Rahmen für die relative Chronologie der paläolith. Kulturen im südl. Afrika.
Vaaldreieck [engl. vɑ:l-, afrikaans fɑ:l-], Industriegebiet in der Rep. Südafrika mit den nördlich des Vaal gelegenen Städten Vanderbijlpark und Vereeniging (Prov. Gauteng) sowie Sasolburg, südlich des Vaal (Prov. Freistaat), insgesamt mehr als 500 000 Ew. Ausgehend von den reichen Kohlevorkommen bei Vereeniging entstand hier bedeutende Eisen- und Stahl- (Vanderbijlpark) sowie chem. Industrie (Sasolburg).
Vaals [vɑ:ls], Gem. in der Prov. Limburg, Niederlande, 5 km westlich von Aachen, 11 000 Ew.; Nahrungsmittelindustrie, Nadelfabrik, Fahrzeugbau.
Vaasa [v-], schwed. **Vasa** [v-], **1)** Hauptstadt der gleichnamigen Prov. in Finnland, am Bottn. Meerbusen, 55 100 Ew. (26,4 % schwedischsprachig); Univ. (gegr. 1966), Österbottenmuseum (volkskundl. Sammlung), zwei Kunstsammlungen, Naturkunde-, Automobil- und Motoren-, Freilichtmuseum; Holzverarbeitung, Textilindustrie, Motorenherstellung, Zucker- und Schokoladenfabriken; Hafen, lebhafter Fährverkehr nach Schweden (Umeå, Sundsvall). – Neugot. Gebäude, oft an Tudorgotik orientiert, u. a. die Stadtkirche (1862-67) und das Appellationsgericht (1862). – V. wurde 1606 durch den schwed. König KARL IX. gegründet und nach dem königl. Haus Wasa benannt. Nach einem verheerenden Stadtbrand (1852) entstand die Stadt an der heutigen Stelle, 7 km nordwestl. der alten Stadt. – Das Jägerdenkmal in V. erinnert an den von hier ausgehenden Kampf der ›Weißen‹ (1918; →Finnland, Geschichte).
2) amtlich finn. **Vaasan lääni** [ˈvɑ:san ˈlæ:ni], schwed. **Vasa län** [v-], Prov. in W-Finnland, 27 319 km², 449 400 Ew. (22,3 % schwedischsprachig); eine der reichsten Agrarlandschaften Finnlands; Hafenstädte an der schärenreichen Küste des Bottn. Meerbusens sind Vaasa, Kokkola, Pietarsaari und Kristinestad.
Vaballathus [v-], eigtl. **Lucius Iulius Aurelius Septimius V. Athenodorus,** Fürst von Palmyra (um 267-272); regierte nach dem Tod seines Vaters ODAENATHUS unter Vormundschaft seiner Mutter ZENOBIA. 272 wurde V. mit seiner Mutter von Kaiser AURELIAN gestürzt, das Reich 273 endgültig zerschlagen.
Vabanque spielen [vaˈbãk -; va banque, frz. ›(es) geht (= gilt) die Bank‹], **va banque spielen,** *bildungssprachlich* für: ein sehr hohes Risiko eingehen, alles auf eine Karte setzen.
Vac [vak, vɑ:tʃ, Sanskrit], in Indien seit dem Rigveda die als Göttin personifizierte Rede.
Vác [vɑ:ts], Stadt in Ungarn, →Waitzen.
Văcărescu [vəkəˈresku], **1)** Iancu, rumän. Schriftsteller, * Bukarest 1792, † ebd. 3. 3. 1863, Enkel von 2). Seine Poesie (Liebeslyrik, Balladen) ist dem anakreont. sowie ital. und frz. Modellen des späten 18. Jh. verpflichtet. Von den Fortschrittsidealen der Aufklärung beflügelt, trug V. durch zahlreiche Übersetzungen, Bearbeitungen und auch eigene Schöpfungen zur Begründung des rumän. Nationaltheaters bei.
2) Ienăchiță, rumän. Philologe, Historiograph und Schriftsteller, * um 1740, † Bukarest 12. 7. 1797, Groß-

Altsemitisch

Altgriechisch (archaisch)

V
Römische Kapitalschrift

u
Unziale

u
Karolingische Minuskel

Textur

V v
Renaissance-Antiqua

Humanistische Kursive

Fraktur

V v
Klassizistische Antiqua

V v
Egyptienne

Grotesk

vater von 1). V. entstammte einem alten walach. Bojarengeschlecht; stand als hoher Amtsträger im Dienst walach. Fürsten, u. a. in diplomat. Missionen. Humanistisch gebildet und polyglott, verfasste V. eine rumän. Grammatik, die nicht zuletzt wegen der Originalverse, mit denen der Autor die Grammatik- und Prosodieregeln illustrierte, sehr bekannt wurde. In Versen sind auch die Porträts der Sultane in V.s Geschichte des Osman. Reiches verfasst, einer v. a. durch die persönl. Zeugnisse des Autors bemerkenswerten Schrift.

Vaccinium [v-; lat. ›Hyazinthe‹], die Pflanzengattung →Heidelbeere.

Vacha [ˈfaxa], Stadt im Wartburgkreis, Thür., 225 m ü. M., am N-Rand der Rhön, 4 000 Ew.; Industrie- und Gewerbestandort im thüring. Werragebiet mit Metall-, Holz-, Natursteinverarbeitung (Basaltbrüche). – Klassizist. Stadtkirche (1821–24) mit roman. Westturm vom Vorgängerbau; Haus Widemark (Rathaus, 1613). – Das 817 erstmals genannte Dorf V. ist bereits 1186 als Stadt mit einer Brücke über die Werra bezeugt. V. gehörte zunächst zum Kloster Fulda, seit 1406 zu zwei Dritteln und seit 1648 völlig den Landgrafen von Hessen, die die Landeshoheit 1816 an Sachsen-Weimar abtraten.

Vacheleder [ˈvaʃ-; frz. vache ›Kuh‹], ein pflanzlich gegerbtes Sohlleder für Straßenschuhe; auch für Brandsohlen, Kappen und Rahmen.

Vachętten [vaʃ-; zu frz. vache ›Kuh‹], pflanzlich gegerbtes, durch mäßige Fettung geschmeidig gemachtes Rindsleder von 1–2 mm Stärke, u. a. für Ledersessel, Kfz-Sitze, Koffer.

Vācietis [ˈvaːtsɪɛtɪs], Ojārs, lett. Lyriker, * Trepene 13. 11. 1933, † Riga 28. 11. 1983; knüpfte in seiner Lyrik während der ›Tauwetterperiode‹ nach Stalins Tod (1953) an Expressionismus und Futurismus an und trug noch später seine Hinwendung zu allgemein menschl. Problemen wesentlich zur Überwindung des sozialist. Realismus in der lett. Literatur bei.

Werke: *Lyrik:* Tālu ceļu vējš (1956); Elpa (1966); Melnās ogas (1971); Klavierkoncerts (1978); Nolemtība (hg. 1985).

Ausgabe: Kopoti raksti desmit sējumos, auf 10 Bde. ber. (1989 ff.).

Václav [ˈvaːtslaf], tschech. Form für →Wenzel.

Ludvík Vaculík

Vaculík [ˈvatsuliːk], Ludvík, tschech. Schriftsteller, * Brumov (Südmähr. Gebiet) 23. 7. 1926; einer der Hauptvertreter des ›Prager Frühlings‹, den er in seinem ›Manifest der 2 000 Worte‹ programmatisch verteidigte; erhielt 1968 Publikationsverbot; war Begründer des Samisdat-Verlags ›Edice petlice‹ (Hinter Schloss und Riegel). In seinen Werken spiegeln sich zum einen Irrtümer und Folgen eines polit. Dogmatismus und zum anderen werden Fragen nach der Standhaftigkeit eines dissident. Kreises im Gegensatz zum passiven Ganzen aufgeworfen. V. verfasste tagebuchartige Romane (›Milí spolužáci‹, 1986, und ›Jak se dělá chlapec‹, 1993) und gab Sammelbände tschech. Feuilletons heraus.

Weitere Werke: *Roman:* Sekyra (1966; dt. Das Beil); Morčata (1970; dt. Die Meerschweinchen). – *Prosa:* Český snář (Toronto 1983; dt. Tagträume); Ach Stifter (1960, mit P. Becher, dt. u. tschech.); V obklíčení příběhů (1998, mit M. Jungmann).

Vădastrakultur [vəˈdastra-], nach dem Fundort Vădastra nordwestlich von Corabia, W-Rumänien, bezeichnete jungsteinzeitl. Kulturgruppe (um 5000 v. Chr.); verbreitet im östlichen Oltenien und in Teilen N-Bulgariens und gekennzeichnet durch eine Keramik mit eingeritzten, eingeschnittenen und eingekerbten spiralähnl. Mustern.

Vaduz
Stadtwappen

Vadder [v-], Lodewijk (Louis) de, fläm. Maler, getauft Brüssel 8. 4. 1605, begraben ebd. 10. 8. 1655; schuf unter dem Einfluss von A. Brouwer locker komponierte Wald- und Hügellandschaften, oft mit baumbestandenen Hohlwegen, nach Motiven aus Brabant; auch Kartons für Bildteppiche.

Vademękum [v-; lat. ›geh mit mir!‹] *das, -s/-s, bildungssprachlich* für: Lehrbuch, Leitfaden; Ratgeber in Form eines kleinen Buches.

Vadgård [ˈvaːðɡɔːr], Gehöft bei Aggersund an der S-Küste des Limfjordes, Dänemark. Hier wurden Überreste eines bronzezeitl. Dorfes (13. Jh. v. Chr.) entdeckt, das aus ovalen Häusern mit Torfsodenwänden bestand. Auf einen Felsblock ist ein harpunierter Fisch von 70 cm Länge eingraviert.

Vadianus [v-], Joachim, eigtl. **J. von Watt,** schweizer. Humanist, * St. Gallen 29. 11. 1484 (1. 12. 1483 ?), † ebd. 6. 4. 1551; 1512–17 Prof. in Wien, 1518 Stadtarzt und (seit 1526 wiederholt) Bürgermeister seiner Heimatstadt. Mit U. Zwingli befreundet, führte V. 1524 die Reformation in St. Gallen ein.

Ausgabe: Dt. histor. Schr., hg. v. E. Götzinger, 3 Bde. (1875–79).

W. Näf: Vadian u. seine Stadt St. Gallen, 2 Bde. (St. Gallen 1944–57, Nachdr. ebd. 1984); V.-Studien, hg. v. W. Näf, 8 Bde. (1945–65).

Vadim [vaˈdim], Roger, eigtl. **R. V. Plemiannikov,** frz. Filmregisseur, * Paris 26. 1. 1928; war ∞ mit Brigitte Bardot und Jane Fonda; drehte Filme (ab 1956) mit erot. Thematik und großzügiger, dekorativer Bildgestaltung; auch (autobiogr.) Autor.

Filme: Und immer lockt das Weib (1956); Gefährl. Liebschaften (1959); Und vor Lust zu sterben (1960); Laster u. Tugend (1962); Das Ruhekissen (1962); Ein Schloß in Schweden (1963); Der Reigen (1964); Die Beute (1966); Barbarella (1968); Don Juan 73 (1972); Adams kesse Rippe (1988).

M. Frydland: R. V. (Paris 1963).

Vadodara [vəˈdəʊdərə], früher **Baroda,** Stadt im Bundesstaat Gujarat, W-Indien, (1994) 1,02 Mio. Ew. (1971: 467 400 Ew.); kath. Bischofssitz; Univ. (gegr. 1949); Textil-, petrochem. Industrie, Erdölraffinerie. – Zu den ältesten erhaltenen Monumenten der Stadt zählt der Stufenbrunnen Naulakhi Vav (um 1450). Das Stadtbild wird von Bauten im engl. Kolonialstil und der internat. Formensprache geprägt.

vadoses Wasser [v-; lat. vadosus ›sehr seicht‹], in der Erdkruste zirkulierendes, dem Wasserkreislauf angehörendes (v. a. Grund-)Wasser, das aus Sicker- oder Niederschlagswasser entsteht; es kann an Klüften große Tiefen erreichen, wo es sich erwärmt und durch Lösungsvorgänge im Gestein mineral. Bestandteile aufzunehmen vermag, und z. B. als Quelle an der Erdoberfläche austreten; Ggs.: juveniles Wasser.

Vadsø [ˈvatsø], Hauptstadt der Prov. (Fylke) Finnmark, N-Norwegen, am Varangerfjord, auf der Varangerhalbinsel, 6 300 Ew.; wichtiger Fischereihafen mit Heringsöl- und Fischkonservenfabrik. – V. wurde 1833 Stadt.

Vadstena [ˈvadsteːna], Stadt im Verw.-Bez. (Län) Östergötland, Schweden, am O-Ufer des Vättersees, 7 700 Ew. – Die ehem. Klosterkirche (1369 ff., Bild →schwedische Kunst), heute Pfarrkirche, ist als Hallenkirche nach genauen Bauvorschriften der hl. Birgitta errichtet und war prägend für den Kirchenbau des Birgittenordens; zwei Schnitzaltäre des 15. und frühen 16. Jh., Marienskulptur (um 1460). Schloss (1545 begonnen; Hauptportale 1563, Schmuckgiebel 1605 und 1620). – V. entwickelte sich bei einer Königspfalz der Folkunger und dem auf Königsgut (Schenkung 1346) erbauten Mutterkloster des Birgittenordens (1384 geweiht). 1400 wurde V. zur Stadt erhoben. Hier erzwang 1434 Engel Engelbrechtsson das Mitwirken des Reichsrats beim Aufstand gegen König Erich XIII.; 1521 wurde Gustav Wasa in V. zum Reichsverweser gewählt.

Vaduz [f-], Hauptstadt des Fürstentums Liechtenstein, 455–576 m ü. M. am Rand der Alpenrheinebene gelegen, (1996) 5000 Ew.; staatl. und fürstl. Kunstsammlung, Landes-, Postmuseum. Mit dem nördlich

angrenzenden **Schaan** (5100 Ew.) größter Industriestandort Liechtensteins: Textilindustrie, Maschinenteilfabrikation, Apparatebau; Vermarktung von Wein und Obst; Fremdenverkehr. – Das über der Stadt liegende Schloss V. wurde 1322 erstmals urkundlich erwähnt (1499 zerstört, 1905–12 erneuert, BILD→Liechtenstein); aus dem MA. sind der Bergfried und die Schlosskapelle (12. Jh.) erhalten. Reg.-Viertel mit neugot. Pfarrkirche (1873), Landtags- und Reg.-Gebäude (1903–05) und Rathaus (1933). Das Zürcher Architekturbüro Stürm & Wolf gewann den Wettbewerb für den Bau des neuen Kunstmuseums (1998 ff.). – V., 1150 erstmals erwähnt, wurde 1342 Hauptort der später nach ihm benannten Grafschaft, die 1396 Reichsunmittelbarkeit erlangte und 1699/1712 an das Haus Liechtenstein kam. Seit Dezember 1997 ist V. Sitz des das Fürstentum Liechtenstein umfassenden exemten kath. Erzbistums Vaduz.
P. KAISER: Gesch. des Fürstenthums Liechtenstein, 2 Tle. (Neuausg. Vaduz 1989).

VAE, Abk. für →Vereinigte Arabische Emirate.

Værøy ['værœi], eine der →Lofotinseln, Norwegen.

vae victis [v- v-; lat. ›wehe den Besiegten!‹], bildungssprachlich für: einem Unterlegenen geht es schlecht (angeblich nach dem drohenden Ausruf des gall. Fürsten BRENNUS nach seinem Sieg über die Römer, wahrscheinlich 387 v. Chr.).

Vág [va:g], ungar. Name der →Waag.

Vaga [v-], Pierin (Perino) del, eigtl. **Pietro Buonaccorsi,** ital. Maler und Zeichner, * Florenz 28. 6. 1501, † Rom 19. 10. 1547; wurde 1517/18 Mitarbeiter von GIOVANNI DA UDINE, verband Einflüsse von RAFFAEL und MICHELANGELO. V. malte dekorative Fresken mit lebhaft bewegten Gestalten von manierist. Eleganz; schuf auch Zeichnungen.
Werke: Mitarbeit an den Loggien im Vatikan, im Palazzo Doria-Pamphili in Genua und in der Engelsburg in Rom; Decke der Sala Regia des Vatikans.

Vagabund [v-; spätlat. vagabundus ›umherschweifend‹, zu lat. vagari ›umherschweifen‹] *der, -en/-en,* Landstreicher, Herumtreiber.

Vaganten [v-; lat. vagantes ›Umherziehende‹], im MA. Bez. für Studenten und Studierte, die von einem Lehrer zum andern oder auf der Suche nach kirchl. und weltl. Ämtern in weiten Teilen Europas umherzogen. Im 12. und 13. Jh. strömten zunehmend Studenten in die Gelehrtenschulen und Univ.; gleichzeitig nahm die Zahl freier Pfarrstellen und Pfründen durch Ämterhäufung und Besetzung mit Mönchen (Zisterziensern, Dominikanern) ab. Diese allgemeine soziale Entwicklung ließ, ebenso wie individuelle Auflehnung gegen moralisch-kirchl. Zwänge (z. B. Zölibat), Verfolgung nonkonformist. und häret. Lehrmeinungen (z. B. ABAELARDUS), auch Freiheitsdrang und Aussteigertum, ein akadem. Proletariat meist stellenloser Geistlicher entstehen, die von Gelegenheitsaufträgen (wie Dichtung, Musik), von Unterhaltungskünsten (wie Spielleute und Gaukler) oder vom Betteln leben mussten. Mit satir. Versen kritisierten daher gebildete V. kirchl. Missstände und bezeichneten die kirchl. Amtsträger u. a. als ›Golias‹ (nach dem bibl. Goliath, der dem MA. als Teufel galt); zugleich bekannten sie sich mit selbstbewusster Ironie zum ›Orden der V.‹ und ihrem Oberhaupt ›Bischof Golias‹. Die Kirche ihrerseits diffamierte die V. als **Goliarden,** d. h. als Teufelsbrüder (die nach zeitgenöss. Aussage nur dem ›Fressen‹ und ›Saufen‹ frönten; nach lat. goliardus ›Schlemmer‹, von lat. gula ›Kehle‹), und bekämpfte sie im 13. Jh. z. B. durch Verbote des Vagantentums.
In der **V.-Dichtung** kommen Lebensfreude und Diesseitsstimmung zum Ausdruck. In metr., häufiger rhythm. lat. Versen (typisch die vierzeilige endgereimte ›V.-Strophe‹) wurden, meist vor gebildetem Publikum und oft in bittender Absicht, Natur, Frühling, Liebesglück und -leid, auch eigene Nöte besungen, über den besten Liebhaber (Kleriker oder Ritter?) gestritten und mit Witz und Parodie die Verderbtheit von Klerus und Mönchtum gegeißelt. Unter den namentlich bekannten Autoren ragen im 12. Jh. HUGO VON ORLÉANS, der ARCHIPOETA und WALTER VON CHÂTILLON als Dichterfürsten hervor. Die meisten Lieder aber sind anonym in späteren Sammlungen, z. B. →Carmina Burana (13. Jh.), überliefert, häufig in ›zersungener‹ Fassung; ein Zeugnis ihres Fortlebens ist das Studentenlied.
Goliards in: Dictionary of the Middle Ages, hg. v. J. R. STRAYER, Bd. 5 (New York 1985); V., in: Lex. für Theologie u. Kirche, hg. v. J. HÖFER, Bd. 10 (Neuausg. 1986).

vagierender Akkord [v-; zu lat. vagari ›umherschweifen‹], eine von A. SCHÖNBERG in seiner ›Harmonielehre‹ (1911) eingeführte Bez. für Akkorde, die auf der Basis der gleichschwebend temperierten Tonskala leicht umzudeuten sind (z. B. verminderter Septakkord, übermäßiger Dreiklang und Quintsextakkord) und demzufolge vielen Tonarten angehören können. Ihr gehäuftes Auftreten führt zu unbestimmter (›schwebender‹) und zu aufgehobener Tonalität.

Vagilität [v-; zu lat. vagari ›umherschweifen‹], *Tiergeographie:* Ausbreitungsfähigkeit einer Art, die von ihrer →ökologischen Valenz und ihrem Aktionsradius bestimmt wird.

Vagina [v-, lat.] *die, -/...nae* und *...nen, Anatomie:* die →Scheide.

Vaginismus [v-; zu Vagina] *der, -/...men,* der →Scheidenkrampf.

Vaginitis [v-; zu Vagina] *die, -/...'tiden,* die →Scheidenentzündung.

Vagolytika, die →Parasympatholytika.

Vagotomie [v-; zu Vagus und griech. tomé ›das Schneiden‹] *die, -/...'mi|en,* operative Durchtrennung der unteren Vagusnerven, meist nur der den Magen versorgenden Äste **(selektive V.)** zur Behandlung von Magen- und Zwölffingerdarmgeschwüren; dadurch wird die Stimulation der Magensekretion vermindert und die Salzsäureproduktion vermindert. Der Eingriff wird teils in Verbindung mit einer Resektion des Geschwürs, ggf. auch mit operativer Korrektur einer Pylorusstenose (Pyloroplastik) durchgeführt.

Vagotonie [v-; zu Vagus und lat. tonus ›Spannung‹] *die, -/...'ni|en,* **Parasympathiko|tonie,** gesteigerte Erregbarkeit des Parasympathikus, führt u. a. zu verlangsamter Herztätigkeit, niedrigem Blutdruck, blasser Haut und erhöhter Magen-Darm-Tätigkeit. – Ggs.: Sympathikotonie.

Vagus [v-; lat. ›umherschweifend‹] *der, -/...gi,* **Nervus vagus,** der X. Gehirn- oder Kopfnerv der Wirbeltiere und des Menschen; der V. entspringt im verlängerten Mark und versorgt die harte Hirnhaut der hinteren Schädelgrube, die Haut des äußeren Gehörgangs, die Muskeln von Gaumen, Schlund und Kehlkopf, Luft- und Speiseröhre sowie einen großen Teil der Brust- und Bauchorgane und bildet den größten Anteil des parasympath. Nervensystems (›Lebensnerv‹).

Váh [va:x], slowak. Name der →Waag.

Vahana [v-, Sanskrit], Symbol- oder Reittier ind. Gottheiten, das ihnen nach mythologisch-ikonograph. Kanon unveränderlich zugeordnet ist und somit zur sicheren Identifizierung der Gottheit dient.

Vai [vai], **Wey, Gallina,** westafrikan. Volk, das aus dem Landesinneren an die Küste und in deren nahes Hinterland vordrang. Die etwa 100000 V. leben etwa zw. dem Saint Paul und dem Mano River im SO Sierra Leone (20000) und SW-Liberia (80000). Traditionell werden Ackerbau (Reis, Maniok), Viehzucht und Fischerei betrieben; früher beteiligten sich die V. auch am Sklavenhandel. Ihre bünd. Organisationen sind jeweils bestimmten Maskentraditionen verpflich-

Vaič Vaičiulaitis – Väisälä

tet (große Stülpmasken). Die V. sind weitgehend islamisiert (Sunniten). Ihre Sprache, das **Vai**, gehört zur NW-Gruppe der Mandesprachen und besitzt eine eigene (1834 geschaffene), aus über 200 Zeichen bestehende Silbenschrift.

Vaičiulaitis [vaitʃʊˈlaːitis], Antanas, litauischer Schriftsteller und Literaturhistoriker, * Didieji Šelviai (bei Vilkaviškis) 20. 6. 1906; emigrierte 1940 in die USA und war Lektor für frz. Sprache und Literatur in Scranton (Pa.). V., Vertreter des literar. Impressionismus, schrieb v. a. Erzählungen, die sich durch treffende Schilderungen von Eindrücken, Gefühlen und Stimmungen sowie durch eine meisterhaft einfache, klare Sprache auszeichnen; auch Übersetzungen (u. a. C. Miłosz, G. E. Lessing, F. Mauriac).

Werke: *Erzählungen:* Vakaras sargo namely (1932); Pelkių takas (1939); Gluosnių daina (1966). – *Roman:* Valentina (1936). – *Literaturgeschichte:* Outline history of Lithuanian literature (1942).

Vaičiūnaitė [vaiˈtʃuːnaite], Judita, litauische Lyrikerin, * Kaunas 12. 7. 1937; ist mit ihren seit 1962 veröffentlichten Gedichtbänden (›Kaip žalias vynas‹, 1962; ›Per saulėtą gaublį‹, 1964; ›Smuikas‹, 1984; ›Žiemos lietus‹, 1987) die bedeutendste zeitgenöss. Lyrikerin Litauens. Ihre weit gespannte Thematik reicht von der Natur über den Menschen mit all seinen Freuden und Leiden bis zu Figuren der antiken Literatur und Mythologie, denen sie in neuer, verfremdeter Sicht Aktualität verleiht. Schon früh benutzte sie fast ausschließlich modernist. Verfahrensweisen und gelangte bes. in der Verwendung unreiner Reime zu großer Virtuosität.

Vaida-Voievod [ˈvaidavoieˈvod], Alexandru, rumän. Politiker, * Olpret (heute Bobâlna, Siebenbürgen) 27. 2. 1873, † Bukarest 19. 3. 1900; Arzt, war als Führer des gemäßigten Flügels der Rumän. Nationalpartei 1906–18 Abg. im ungar. Landtag; 1. 12. 1919–13. 3. 1920, 6. 6.–17. 10. 1932 und 14. 1.–9. 11. 1933 Min.-Präs.; 1926–33 Vors. der Nat. Bauernpartei, 1935 gründete er die faschistoide ›Rumän. Front‹.

K. P. Beer: Zur Entwicklung des Parteien- u. Parlamentssystems in Rumänien 1928–1933, 2 Bde. (1983).

Vaihingen an der Enz [ˈfaɪŋən -], Stadt im Landkreis Ludwigsburg, Bad.-Württ., 245 m ü. M., am W-Rand des Neckarbeckens, 26 900 Ew.; Weinmuseum; Stanz- und Gießwerke, chem. und elektrotechn. Industrie, Leim- und Gelatinefabrik; Weinbau. – Die ev. Stadtkirche (urspr. 13. Jh.) wurde 1513 grundlegend verändert, 1892 und 1967/68 renoviert. Schloss Kaltenstein (v. a. 16. Jh.); von der Stadtbefestigung blieben der Haspelturm (13. Jh.) und der Pulverturm (15. Jh.) erhalten. – Das im 8. Jh. erstmals erwähnte V., 1252 als Stadt bezeugt, kam 1339 an Württemberg.

Vaihinger [ˈfaɪŋər, ˈvaɪ-], Hans, Philosoph, * Nehren (Kr. Tübingen) 25. 9. 1852, † Halle (Saale) 18. 12. 1933; war ab 1883 Prof. in Straßburg, seit 1894 in Halle (Saale); Kantforscher. Beeinflusst von I. Kant, F. A. Lange und A. Schopenhauer, entwickelte er eine eigenständige Form des →Pragmatismus, die ›Philosophie des Als-ob‹ (Fiktionalismus), nach der jegl. Erkenntnis als hypothet. Fiktion zustande kommt; ihr Wahrheitsgehalt misst sich allein an ihrem prakt. Lebenswert, dem jegl. Denken und Erkennen als Mittel dienen. Objektive Wahrheit im Sinne der Übereinstimmung mit der Wirklichkeit kann nicht erreicht werden. V. begründete 1897 die ›Kant-Studien‹, 1904 die →Kant-Gesellschaft.

Werke: Commentar zu Kants Kritik der reinen Vernunft, 3 Tle. (1881–92); Die Philosophie des Als Ob (1911); Autobiogr., in: Die Philosophie der Gegenwart in Selbstdarstellungen, hg. v. Raymund Schmidt, Bd. 2 (1921).

Die Philosophie des Als Ob u. das Leben. Festschrift zu H. V.s 80. Geburtstag, hg. v. A. Seidel (1932, Nachdr. 1986); K. Ceynowa: Zw. Pragmatismus u. Fiktionalismus. H. V.s ›Philosophie des Als Ob‹ (1993).

Hans Vaihinger

Roger Vailland

Vaikuntha [v-], *Hinduismus:* 1) Beiname des Indra und des Vishnu; 2) *der* oder *das, -,* Vishnus Himmel und Paradies (Vaikunthasvagra ›Vaikuntha-Himmel‹). In der Mythologie wird er als Sonnenschirm über dem Weltenberg →Meru schwebend vorgestellt oder an seinen südl. Hängen angesiedelt und dort von der himml. Ganga (dem myth. Fluss Ganges) durchflossen; er wird als eine Stadt mit Straßen aus Gold und Palästen aus Juwelen beschrieben, als ein Ort ohne Lebensangst, wo es keine Daseinshindernisse mehr gibt.

Vail [veɪl], Wintersportort im Bundesstaat Colorado, USA, in den Rocky Mountains, westlich von Denver, 3 700 Ew. – Im alpenländ. Stil nach 1960 entstanden.

Vailland [vaˈjã], Roger, frz. Schriftsteller, * Acy-en-Multien (Dép. Oise) 16. 10. 1907, † Meillonnas (Dép. Ain) 12. 5. 1965; war Kriegsberichterstatter und Mitgl. der Résistance. In den frühen Werken (so in dem Roman ›Drôle de jeu‹, 1945; dt. ›Seltsames Spiel‹) spiegelt sich seine marxist. Weltanschauung, später schrieb er in der Tradition von F. Choderlos de Laclos und Stendhal stehende Romane und Essays mit erot. Thematik (›La loi‹, 1957; dt. ›Hart auf hart‹). Er verfasste auch Dramen und Filmdrehbücher.

Weitere Werke: *Essays:* Esquisses pour un portrait du vrai libertin (1946); Le surréalisme contre la révolution (1948); Le regard froid (1963); Écrits intimes (hg. 1968). – *Romane:* Beau masque (1954; dt. Die junge Frau Amable); 325 000 Francs (1955; dt.); La fête (1960; dt. Das Liebesfest); La truite (1964). – *Dramen:* Héloïse et Abélard (1947); Le colonel Foster plaidera coupable (1951).

Vaillant [vaˈjã], 1) André, frz. Slawist, * Soissons 3. 11. 1890, † Paris 23. 4. 1977; ab 1920 Prof. in Paris (seit 1952 am Collège de France); zahlr. Arbeiten zur Gesch. der slaw. Sprachen, Herausgeber alter Texte; Hauptwerke sind eine altkirchenslaw. Grammatik (›Manuel du vieux slave‹, 2 Bde., 1948) und v. a. eine vergleichende Grammatik der slaw. Sprachen (›Grammaire comparée des langues slaves‹, 5 Bde., 1950–77).

2) Marie Édouard, frz. Politiker, * Vierzon 29. 1. 1840, † Saint-Mandé (Dép. Val-de-Marne) 18. 12. 1915; Ingenieur und Arzt; Anhänger der Ideen von P. J. Proudhon und L. A. Blanqui; war 1871 Mitgl. des Rats der Pariser Kommune, wo er sich um eine aufklärer. Bildungsreform bemühte. Nach der Niederschlagung der Kommune (Mai 1871) in London im Exil, wurde er dort Mitgl. des Generalrats der Ersten Internationale. 1872 in Abwesenheit zum Tod verurteilt und 1880 amnestiert, kehrte V. nach Paris zurück und wurde als Führer des blanquist. Comité Révolutionnaire Central (gegr. 1881, ab 1898 Parti Socialiste Révolutionnaire) zu einem populären Sozialistenführer. Ab 1884 Abg. im Pariser Gemeinderat, ab 1893 in der Nationalversammlung, trat V. als Gegner einer Zusammenarbeit mit den bürgerl. Parteien und zugleich als Verfechter der Einheit der frz. Arbeiterparteien hervor, die 1905 mit der Gründung der SFIO gelang.

M. Dommanget: É. V. (Paris 1956); J. Howorth: É. V. La création de l'unité socialiste en France (ebd. 1982).

3) Wallerand, niederländ. Maler und Radierer, getauft Lille 30. 5. 1623, begraben Amsterdam 29. 9. 1677; brachte die als Geheimnis behandelte Technik der Schabkunst in die Niederlande und schuf über 200 Blätter in dieser neuen Technik, v. a. Porträts nach eigenen und fremden Vorlagen.

Vaiont [v-] *der,* Nebenfluss der Piave in Italien mit Stausee, →Longarone.

Väisälä [v-], Yrjö, finn. Astronom und Geodät, * Kontiolahti (Prov. Pohjois-Karjala) 6. 9. 1891, † Turku 21. 6. 1971; ab 1924 Prof. in Turku, ab 1940 in Tuorla (bei Turku). V. konstruierte 1924 ein komafreies Spiegelteleskop, das 1931 auch unabhängig von ihm entwickelt wurde, und leistete mit seinen Arbeiten zur Stellartriangulation wichtige Beiträge zur Satellitentriangulation.

Vaisheshika [vaiʃɛˈʃika; Sanskrit ›sich auf die Unterschiede beziehend‹, zu vishesha ›Unterschied‹] *das, -*, eines der sechs orthodoxen philosoph. Systeme (darshana) der Hindus. Es ist dargestellt im V.-Sutra, dessen Verfasser KANADA (zw. dem 2. Jh. v. Chr. und dem 2. Jh. n. Chr.) gewesen sein soll. Das V. ist eine naturphilosoph. Ergänzung zum (traditionellen) System der ind. Logik (→Nyaya). Es teilt die Natur in sechs Kategorien im Sinne realer Wesenheiten ein: Materie (dravya), Qualität (guna), Tätigkeit (karman), Gemeinsamkeit (samanya), Unterschied (vishesha) und Inhärenz (samavaya). Das V. enthält außerdem eine Atom- und Monadenlehre. Seit dem 9. Jh. sind Nyaya und V. zu einem System verschmolzen.

B. K. MATILAL: Nyāya-Vaiśeṣika (Wiesbaden 1977).

Vaison-la-Romaine: Teile der freigelegten, zum Teil rekonstruierten gallorömischen Stadtanlage

Vaison-la-Romaine [vɛzɔlarɔˈmɛn], Stadt im Dép. Vaucluse, S-Frankreich, am Austritt der Ouvèze (Nebenfluss der Rhône) aus dem Massiv des Mont Ventoux, in der Provence, 5 700 Ew.; archäolog. Museum. – Von der galloröm. Stadtanlage wurden Teile freigelegt und z. T. rekonstruiert, u. a. Theater (1. Jh. n. Chr.), Säulenportikus, Peristyl- und Atriumhäuser, ›Basilika‹, Ladenstraße, Nymphäum, Thermen, Brücke über die Ouvèze (17,20 m langer Bogen). Die ehem. Kathedrale, eine dreischiffige Basilika des 12. Jh. im Stil der provenzal. Bauschule (Baubeginn vielleicht 11. Jh.), wurde auf einem Vorgängerbau wohl des 10. Jh. (Apsis freigelegt) errichtet, der Kreuzgang (1. Hälfte 12. Jh.; im 19. Jh. wiederhergestellt) steht über einem antiken Gebäude; Kapelle Saint-Quénin (12. Jh., Langhaus im 17. Jh. erneuert); Ruine der Burg der Grafen von Toulouse (12. bis 15. Jh.).

Vaitkus [v-], Mykolas, litauischer Schriftsteller, * Gargždai (bei Memel) 27. 10. 1883, † Providence (R. I.) 20. 5. 1973; 1936–44 Prof. für Theologie am Priesterseminar in Kaunas, emigrierte 1944 in die USA. V. schrieb modernist. Lyrik, Dramen und Prosa; war auch als Übersetzer tätig.

Werke: *Lyrik:* Šviesūs krislai (1913); Nušvitusi dulkė (1933); Aukso ruduo (1955); Alfa ir Omėga (1963). – *Dramen:* Žvaigždės duktė (1924); Žaibas ir mergaitė (1936). – *Erinnerungen:* Atsiminimai, 8 Bde. (1962–72).

Vaivahimurti [v-, Sanskrit], *ind. Kunst:* →Kalyanasundara Shiva.

Vaivasvata [v-; Sanskrit ›der Sonnengeborene‹], *ind. Mythologie:* der siebente →Manu.

Vaižgantas [ˈvaiʒ-], eigtl. **Juozas Tumas,** litauischer Schriftsteller, * Malaišiai (bei Rokiškis) 8. 9. 1869, † Kaunas 29. 4. 1933; Geistlicher, Landtags-Abg., 1922–27 Dozent in Kaunas; behandelte in seiner zw. Neuromantik und Realismus stehenden Prosa soziale Probleme der bäuerl. Bevölkerung Litauens (Erzählung ›Dėdės ir dėdienės‹, 1921). In seinem Hauptwerk, dem Roman ›Pagiedruliai‹ (3 Bde., 1918–20), schilderte er den Kampf des litauischen Volkes um seine kulturelle Eigenständigkeit.

Vajanský [ˈvajanski:], Svetozár Hurban, slowak. Schriftsteller und Publizist, →Hurban Vajanský, Svetozár.

Vajda [frz. vaˈɪda, ungar. ˈvɔɪdɔ], Georges, frz. Orientalist ungar. Herkunft, * Budapest 1908, † Paris 7. 10. 1981; war 1940–78 Direktor der Oriental. Abteilung an Institut de Recherche et d'Histoire des Textes in Paris, wurde 1954 Prof. an der École pratique des Hautes Études und 1970 an der Sorbonne in Paris. Seine Untersuchungen zur Überlieferung und Interpretation mittelalterl. arabischer und hebr. Texte sind wegweisend.

Werke: Index général des manuscrits arabes musulmans de la Bibliothèque Nationale de Paris (1953); Album de paléographie arabe (1958); Le dictionnaire des autorités ... ad-Dimyāṭī (1962); Deux commentaires karaïtes sur l'ecclésiaste (1971); La transmission du savoir en islam (1983). – Hg.: Le commentaire d'Ezra de Gérone sur le Cantique des Cantiques (1969).

Vajpayee [vadʒpajiː], Atal Behari (Bihari), ind. Politiker, * Gwalior (Madhya Pradesh) 25. 12. 1924; Journalist; 1951 Gründungs-Mitgl. der hinduistisch-nationalist. Partei Bharatiya Jana Sangh (1957–77 Fraktions- und 1968–73 Partei-Vors.); ab 1957 Parlaments-Mitgl. (Unter- bzw. Oberhaus). 1975–77 inhaftiert, war Mitbegründer der Janata Party und nach deren Wahlerfolg 1977–79 Außen-Min. 1980–86 Vors. der Bharatiya Janata Party und wiederholt deren Fraktionschef; im Mai 1996 kurzzeitig Premier-Min., erneut ab März 1998 (zugleich Außen-Min.). Er ließ im Mai 1998 (erstmals wieder seit 1974) ind. Atomsprengsätze testen, was die Spannungen zu Pakistan verschärfte, das daraufhin ebenfalls Atomtests durchführte.

Vajra [ˈvadʒra, Sanskrit], 1) im Hinduismus Bez. für den ›Donnerkeil‹ und Blitzstrahl des Gottes Indra; 2) im →Vajrayana (›Diamant‹) Bez. der ›Leerheit‹ (Shunyata) als der eigentl. Natur der Wirklichkeit, die als in allem enthalten, fest, unteilbar, unspaltbar und unvergänglich gleich einem ›Diamanten‹ definiert wird; 3) Bez. des lamaist. ›Diamantzepters‹ als Symbol geistiger Macht, das mit der Glocke (→Ghanta) als Symbol der Polaritäten von →Upaya und Prajna angesehen wird. Der Mönch hält bei den hl. Zeremonien das fünf- oder siebenstrahlige V. in der rechten, den Ghanta in der linken Hand.

Vajrayana [vadʒ-; Sanskrit ›Diamantfahrzeug‹] *das, -*, **Mantrayana** [Sanskrit ›Mantrafahrzeug‹], Bez. für den tantr. Buddhismus, eine esoter. Spätform, die sich um 500 n. Chr. von Indien ausgehend aus dem Mahayana entwickelte. Er beruht auf der Praxis von ›liebendem Mitgefühl‹, deren Quelle im höchsten Erleuchtungsbewusstsein (Bodhicitta) und in der Erkenntnis aller Phänomene, Gedanken und Handlungen als ›Leerheit‹ (Shunyata) liegt. Die Schriften des V. sind die →Tantras, deren früheste Zeugnisse etwa ins 7. Jh. datiert werden. Angestrebt wird die schnelle Sublimierung des Menschen in seiner Gesamtheit. Dazu werden spezielle Meditationsmethoden und eine Verbildlichung der Lehrinhalte benutzt. Hl. Silben(→Mantras) und symbol. Handhaltungen (→Mudras) sind dem Gläubigen Mittel, in die Einheit mit dem Göttlichen einzutauchen und die Heilswirksamkeit der in →Mandalas versinnbildlichten göttl. Kräfte zu erfahren. Meditative Techniken sollen die Aktivierung feinstoffl. Energiezentren (→Cakras) und -kanäle im Körper ermöglichen. Große Bedeutung hat die Führung durch einen Lehrer, der den Adepten in die Geheimnisse des Weges einführt und seinerseits in der geistigen Übertragungslinie der Lehren steht. Das V. bildet die philosoph. Basis des →Lamaismus.

KALU RINPOCHE: Den Pfad des Buddha gehen (a. d. Engl., Neuausg. Bern ³1994).

vakạnt [v-; zu lat. vacare ›frei, unbesetzt sein‹], *bildungssprachlich* für: unbesetzt, offen.

Vakạnz [v-, lat.] *die, -/-en,* freie Stelle; *kirchenrechtlich* das Freisein eines Kirchenamtes; während der V. dürfen vom vorübergehenden Verwalter des Amtes keine Neuerungen eingeführt werden. (→Sedisvakanz)

Vakạt [v-; lat. vacat ›es fehlt‹, ›es ist frei‹] *das, -(s)/-s, graf. Technik:* übl. Bez. für eine leere, absichtlich unbedruckte Seite.

Vakkạ̈er [v-], lat. **Vaccaei,** keltiber. Volksstamm des Altertums am Mittellauf des Duero in N-Spanien. Die urspr. kelt. V. waren wohl im 6. Jh. v. Chr. N eingewandert und hatten sich dann mit den Iberern vermischt. Sie wurden von HANNIBAL 220 v. Chr. bekämpft, von den Römern erst unter AUGUSTUS völlig unterworfen. Als ihre Hauptstadt galt Pallantia (heute Palencia).

Vakuọle [v-; zu lat. vacuus ›frei‹, ›leer‹] *die, -/-n,* meist von einer Membran umschlossener, flüssigkeitsgefüllter (bei im Wasser lebenden Bakterien und Blaualgen auch gasgefüllter) Hohlraum in tier. und pflanzl. Zellen; i. e. S. die von einer Plasmahaut (Tonoplast) umschlossene V. ausdifferenzierter, lebender Pflanzenzellen, die aus zahlr. Bläschen des Protoplasmas embryonaler Zellen hervorgeht, indem sich diese mit fortschreitender Zelldifferenzierung unter Wasseraufnahme vergrößern und zu meist einer einzigen, den größten Teil der Zelle einnehmenden V. (Saftraum) verschmelzen. Der V.-Inhalt (Zellsaft) ist für die osmot. Eigenschaften der pflanzl. Zelle bestimmend, da der osmot. Druck der in der V. gelösten Stoffe den →Turgor aufbaut. Im Zellsaft können Farbstoffe (z. B. Anthocyane) gelöst sein, Reservestoffe (z. B. Kohlenhydrate, Eiweiß) gespeichert und für die Pflanze wertlose oder giftige Stoffwechselprodukte (z. B. Salze) abgelagert sein und dadurch unschädlich gemacht werden. Außerdem enthalten V. auflösend wirkende Enzyme (Hydrolasen, Proteinasen) und können daher auch als den →Lysosomen analog angesehen werden. Bei Einzellern und tier. Zellen (z. B. bei Fresszellen) dienen V. v. a. der Nahrungsaufnahme und Verdauung (→Nahrungsvakuolen). Im Süßwasser lebende Protozoen besitzen zur Osmoregulation →kontraktile Vakuolen.

Vạku|um [v-; zu lat. vacuus ›frei‹, ›leer‹] *das, -s/...kua* und *kuǀen,* im Idealfall der völlig leere, materiefreie Raum; praktisch ein (abgeschlossener) Raum mit verminderter Gasdichte, der durch einen Druck unterhalb des Atmosphärendrucks gekennzeichnet ist. Ein solches V. wird durch Auspumpen (**Evakuieren**) eines Raumes erzeugt, d. h. durch Förderung des enthaltenen Gases oder Dampfes aus dem Behälter oder Gefäß nach außen (→Vakuumpumpe). Zur Angabe der Güte eines V. unterscheidet man meist folgende Druckbereiche:

Grob-V. . . . . 10^5 bis 10^2 Pa (1000 bis 1 mbar)
Fein-V. . . . . 10^2 bis 10^{-1} Pa (1 bis 0,001 mbar)
Hoch-V. . . . . 10^{-1} bis 10^{-5} Pa (0,001 bis 10^{-7} mbar)
Ultrahoch-V. (Höchst-V.) < 10^{-5} Pa (< 10^{-7} mbar)

Äquivalent zur Angabe des Gasdrucks p ist die der Teilchendichte n gemäß $n = (N_A / V_{mol}) \cdot (p/p_0)$, mit N_A →Avogadro-Konstante, p_0 Normdruck

(1,01325 · 10^5 Pa), V_{mol} →molares Volumen im Normzustand. Sie beträgt bei Atmosphärendruck (d. h. etwa bei Normdruck) 2,69 · 10^{19} cm^{-3} und bei 10^{-5} Pa rd. 3 · 10^9 cm^{-3}. Das beste vorzufindende V. existiert im interstellaren Weltraum; die Teilchendichte des interstellaren Gases beträgt etwa 1 Atom pro cm³.

Die →mittlere freie Weglänge λ der Gasteilchen ist umgekehrt proportional zum Druck, sodass sich mit sinkendem Druck der Materie- und Energietransport verringern. Für Luft ergibt sich bei Atmosphärendruck $\lambda \approx 10^{-5}$ cm, bei einem Druck von 10^{-1} Pa $\lambda \approx 10$ cm. Die Wärmeleitfähigkeit von Gasen und Dämpfen bleibt zunächst so lange konstant, so lange λ sehr klein gegenüber den für das Temperaturgefälle charakterist. Abständen ist, und liegt meist zwischen 10^{-3} und 10^{-4} W/(cm · K); sie sinkt mit zunehmendem V. allmählich. Die Wärmeübergangszahl zwischen Wand und Gas eines Behälters liegt für Luft von Atmosphärendruck bei freier Konvektion und einer Temperaturdifferenz von 20 bis 200 °C zwischen 0,059 und 0,118 W/(cm² · K) und sinkt auf etwa 8,4 · 10^{-4} W/(cm² · K) bei 10^{-2} Pa. Von diesem Effekt des schlechten Wärmeübergangs wird z. B. beim Dewar-Gefäß Gebrauch gemacht. – Zum Begriff des V. in der Quantenfeldtheorie →Vakuumzustand.

Geschichte: Nach der theoret. Diskussion über das V. in der Antike (→Horror Vacui) gewann das Problem des leeren →Raumes erst durch die Versuche von E. TORRICELLI (1644), B. PASCAL (1647/48) und O. VON GUERICKE (1654) prakt. Bedeutung. Diese erbrachten den experimentellen Nachweis der Herstellbarkeit luftverdünnter und luftleerer Räume. Das wachsende Bestreben, derartige V. herzustellen und zu untersuchen, führte zur Entwicklung spezieller V.-Pumpen. Zu deren Vervollkommnung trugen u. a. R. BOYLE (Mitte des 17. Jh.) und im 19. Jh. H. GEISSLER (1855) und A. J. I. TOEPLER (1862) mit ihren Quecksilberpumpen sowie im 20. Jh. W. GAEDE (rotierende Quecksilber-, Molekularluft-, Diffusionspumpe) bei. Nachdem die sich allmählich entwickelnde V.-Technik bereits im 19. Jh. bei der Untersuchung elektr. Entladungen in verdünnten Gasen eine Rolle gespielt hatte, gewann sie um die Wende zum 20. Jh. rasch an Bedeutung für die Glühlampen- und die Röntgentechnik sowie für die Elektronik. – Die Vorstellung, dass das V. des Weltraums von einem →Äther als Träger von Lichtwellen und Kraftwirkungen erfüllt sei, geht auf R. DESCARTES zurück. Durch eine Reihe von Experimenten (z. B. Michelson-Versuch, Fizeau-Versuch) und deren relativist. Interpretation wurde die Ätherhypothese schließlich widerlegt.

Vạku|umbedampfung [v-], die →Bedampfungstechnik.

Vạku|umbeton [v-, -betɔn, -betɜ], der →Saugbeton.

Vạku|um|entgasung [v-], →Vakuummetallurgie.

Vạku|um|extraktion [v-], **Saug|glocken|entbindung,** vaginale operative Entbindungsmethode, bei der auf die Kopfschwarte des kindl. Kopfes eine Saugglocke (Metall, Siliconkautschuk, Gummi) aufgesetzt wird, die sich durch Erzeugung eines Unterdrucks mit einer Vakuumpumpe festsaugt. Durch wehensynchronen Zug an einer mit der Saugglocke verbundenen Kette mit Handgriff erfolgt schließlich die Geburt des Kopfes. Die V. wird bei akuter Gefährdung des Kindes und Wehenschwäche in der Austreibungsperiode oder bei Erkrankungen der Mutter, bei denen ein Mitpressen vermieden werden soll (z. B. Herz-, Lungen- oder bestimmten Augenerkrankungen), angewendet. Die V., die als schonendere Methode die Anwendung der Geburtszange weitgehend ersetzt hat, erzeugt als Nebenwirkung eine →Kopfgeschwulst, die sich bald zurückbildet.

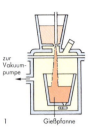

1 Gießpfanne

Stahlschmelzofen

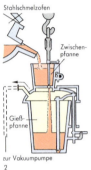

Zwischenpfanne

Gießpfanne

zur Vakuumpumpe

2

zur Vakuumpumpe
Vakuumkammer

3 Rührgas

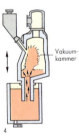

Vakuumkammer

4

zur Vakuumpumpe

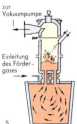

Einleitung des Fördergases

5

Vakuummetallurgie: Schematische Darstellung von Verfahren zur Vakuumentgasung von Stahlschmelzen; **1** Durchlaufentgasung; **2** Abstichentgasung; **3** Pfannenentgasung; **4** Heberentgasung; **5** Umlaufentgasung

Vakulumfette [v-], Mineral- oder Siliconfette von salbenartiger Konsistenz und möglichst niedrigem Dampfdruck, die zur Abdichtung von Schliffverbindungen (→Schliff) in Vakuumapparaturen verwendet werden.

Vakulumformen [v-], *Kunststoffverarbeitung:* Verfahren zur Herstellung geformter Hohlkörper aus thermoplast. Folien, die nach Vorwärmen mittels Unterdruck in die Form gezogen werden.

Vakulumformverfahren [v-], →Gießerei.

Vakulumheber [v-], Vorrichtung zum Anheben und Transportieren von Lasten mit glatter, ebener oder leicht gewölbter Oberfläche durch die Saugwirkung von evakuierten Räumen bzw. tellerförmigen Gefäßen (Plattengummi mit Vakuumgeber, Saugnäpfe, Sauggummi), die dicht abschließend auf die Lastoberfläche aufgesetzt werden. V. werden z. B. bei Verpackungs- und Verglasungsarbeiten eingesetzt.

Vakulumkonstanten [v-], diejenigen →Naturkonstanten, die das elektromagnet. Feld im Vakuum kennzeichnen: zu ihnen gehören die →Lichtgeschwindigkeit im Vakuum c, die →elektrische Feldkonstante ε_0 und die →magnetische Feldkonstante μ_0.

Vakulumkürettage [v-, -tażə], die →Saugkürettage.

Vakulum|matratze [v-], im Rettungswesen bei Wirbelsäulenverletzungen, Becken-, Schenkelhals- und Oberschenkelbrüchen zur Ruhigstellung eingesetztes Transportmittel; die V. besteht aus einem mit kleinen Kunststoffkugeln gefüllten, matratzenförmigen Sack, der sich den Körperformen anpasst und nach Evakuierung versteift. Die V. kann auch vorübergehend die Funktion eines →Gipsbettes übernehmen.

Vakulum|metallurgie [v-], die Durchführung metallurg. Prozesse unter Unterdruck. Ein wichtiges Verfahren ist die **Vakuumentgasung**, bei der die in der Schmelze gelösten Gase durch die Verminderung des über ihr befindl. Gasdrucks entfernt werden. Die Vakuumentgasung wird v. a. bei der Nachbehandlung (**Vakuumbehandlung**) von Stahlschmelzen in Verbindung mit weiteren metallurg. Prozessen (Feinentkohlung [**VOD-Verfahren,** VOD Abk. für engl. **v**acuum-**o**xygen-**d**ecarburization], Legieren, Desoxidation) durchgeführt, um niedrige Gasgehalte, gute Reinheit und enge Legierungstoleranzen zu erhalten.

Bei der **Gießstrahlentgasung** wird ein in das Vakuum eintretender Gießstrahl in feine Tröpfchen zerstäubt, wobei die gelösten Gase entweichen. Wird die Schmelze vom Frischgefäß in eine evakuierte Gießpfanne abgelassen, spricht man von Abstichentgasung, wird von einer Pfanne in die andere umgefüllt, spricht man von Durchlaufentgasung. Beide Verfahren werden heute nur selten angewendet. Bei der **Pfannenentgasung** (auch als **Pfannenstandentgasung** oder **VD-Verfahren** [VD Abk. für engl. **v**acuum **d**egassing] bezeichnet) wird die in Pfannen befindl. Schmelze in eine Vakuumkammer eingebracht, z.T. mit zusätzl. Aufheizung und Argonspülung. Bei der **Teilmengenentgasung** wird nur ein Teil der Schmelze dem Vakuum ausgesetzt. Das geschieht durch Umlaufentgasung, indem die Schmelze durch ein inertes Fördergas in einen evakuierten Behälter gedrückt wird (**RH-Verfahren** [RH Abk. für **R**uhrstahl **H**eraeus]), oder durch Heberentgasung (**DH-Verfahren**), bei der die Schmelze durch Heben und Senken der mit einem Stutzen von oben in die Schmelze eintauchenden Vakuumkammer in den Entgasungsraum gelangt. Die V. hat weiterhin Bedeutung für die Gewinnung und Verarbeitung von sauerstoffempfindl. Metallen, z. B. Titan. Für die V. gibt es spezielle, unter Vakuum arbeitende Schmelzöfen, v. a. Lichtbogen- und Induktionsöfen.

Vakulum|meter [v-], *Vakuumtechnik:* Geräte (Manometer) zur Messung von Gasdrücken, die weit geringer als der Normdruck sind (→Vakuum). Im Bereich des Grobvakuums (10^5 bis 10^2 Pa) kann noch mit **mechanischen V.** gemessen werden, dazu zählen das quecksilbergefüllte **U-Rohr-Manometer (U-Rohr-V.)** und mechan. Zeigerinstrumente wie das **Röhrenfeder-V.** mit einer →Bourdon-Feder und das **Membran-V.**, bei dem die Durchbiegung einer Membran von einem Zeiger auf einer geeichten Skala angezeigt wird (Messbereich bis 10 Pa). Im Druckbereich zw. 1 000 und 10^{-3} Pa können die **Kompressionsmanometer (Kompressions-V.)** messen, bei denen der Gasdruck über das Boyle-Mariotte-Gesetz aus dem Kompressionsverhältnis eines bekannten Ausgangsvolumens bestimmt wird; z. B. das →McLeod-Vakuummeter. Etwa im gleichen Druckbereich messen die **Wärmeleitungsmanometer (Wärmeleitungs-V.)**, bei denen die Druckabhängigkeit der Wärmeleitung in Gasen ausgenutzt wird, die auftritt, wenn die mittlere freie Weglänge der Gasmoleküle mit den linearen Abmessungen der wärmeabführenden Teile des Systems vergleichbar wird. Bei konstanter Wärmezufuhr, die man durch elektr. Heizung eines Drahts mit konstanter Stromstärke erreicht, ist dessen Temperatur abhängig von der Wärmeableitung durch die ihn umgebenden Gasmoleküle und damit ein Maß für den Druck. Beim **Reibungsmanometer (Reibungs-V.)** wird die Druckabhängigkeit der inneren Reibung eines Gases ausgenutzt und über die sich entsprechend ändernde Dämpfung eines schwingenden Quarzfadens bestimmt; es können Drücke zw. 1 und 10^{-4} Pa gemessen werden. Die Wirkungsweise des **Molekulardruck-, Knudsen-** oder **Radiometer-V.** beruht auf der Tatsache, dass bei Drücken von 10^{-1} bis 10^{-6} Pa die von versch. temperierten Wänden kommenden Gasmoleküle eine unterschiedl. Druckwirkung ausüben. – Bei den v. a. bei kleinsten Drücken verwendeten **elektrischen V.** wird aus der Stärke des Ionenstroms einer Gasentladung auf den Gasdruck geschlossen. Hierzu gehören die versch. Formen der →Ionisationsvakuummeter, v. a. das Philips- oder Penning-Ionisations-V., das →Alphatron und das bis etwa 10^{-11} Pa messende **Redhead-** oder **Magnetron-V.**, bei dem durch ein starkes Magnetfeld die Ionisierungswahrscheinlichkeit der dann auf zykloidenähnl. Bahnen laufenden Elektronen stark erhöht wird. Für zusätzliche gasanalyt. Zwecke wird das →Omegatron eingesetzt.

Vakulumpolarisation [v-], *Quantenelektrodynamik:* die →Polarisation des Vakuums.

Vakulumpumpe [v-], Gerät, das in einem abgeschlossenen Raum die Dichte von Luft u. a. Gasen und damit den Druck erniedrigt und so der Erzeugung, Verbesserung und/oder Aufrechterhaltung von Vakuum dient. Charakterist. Daten einer V. sind erreichbares **Endvakuum** (Enddruck, niedrigster Druck bzw. Vakuumgüte), **Saugvermögen** (Sauggeschwindigkeit in l/s oder m^3/h) und **Saugleistung** (bei bestimmten Ansaugdruck geförderte Gasmenge in Pa ls^{-1}).

Nach dem Arbeitsprinzip lassen sich V. in zwei große Gruppen einteilen: 1) **Transportpumpen**, die Gasteilchen aus dem zu evakuierenden Behälter (Rezipient) in irgendeiner Weise an die atmosphär. Luft befördern, wobei die Gasmoleküle auf der Niederdruckseite angesaugt und zur Hochdruckseite transportiert werden (Verdränger-, Treibmittel-, Turbopumpen) und 2) **Kapazitäts-** oder **Speicherpumpen**, die Gasteilchen durch Anlagerung an eine pumpende

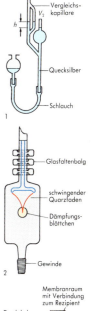

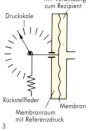

Vakuummeter: 1 Kompressionsvakuummeter; durch Anheben der unteren Kugel wird das ursprüngliche Gasvolumen in der oberen Kugel (V_1) auf V_2 zusammengedrückt; über die Messung der Höhendifferenz h wird mit der Formel $p = h \cdot V_2/(V_1 - V_2)$ der Gasdruck bestimmt; die Vergleichskapillare dient der Fehlervermeidung bei unterschiedlicher Kapillardepression; 2 Reibungsvakuummeter; der Balg dient zur Schwingungsanregung des Quarzfadens; 3 Membranvakuummeter

Vaku Vakuumschwankungen – Vakuumtechnik

Oberfläche aus dem Rezipienten entfernen, z. B. durch Sorptions- (Getterpumpen) oder Kondensationsprozesse (Kryopumpen). Nach dem Arbeitsbereich unterscheidet man Vorvakuum-, Hochvakuum- und Ultrahochvakuumpumpen.

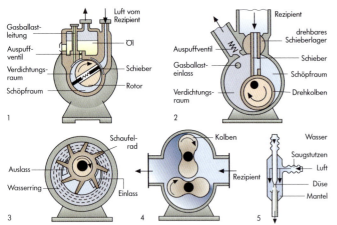

Vakuumpumpe: Schematische Querschnittszeichnungen; 1–4 Verdrängerpumpen: 1 Drehschieberpumpe, 2 Sperrschieberpumpe, 3 Wasserringpumpe, 4 Rootspumpe, 5 Treibmittelpumpe (Wasserstrahlpumpe)

1) *Transportpumpen:* Vakuum-Verdrängerpumpen fördern das Gas mithilfe von Kolben, Schiebern u. a., wobei Vorgänge wie Ansaugen, Verdichten und Ausstoßen auf einer period. Erweiterung und Verengung des Pumpraums (Schöpfraums) beruhen. Zur Anwendung kommen v. a. ölgedichtete Drehkolbenpumpen (Rotationspumpen, insbesondere Drehschieber- und Sperrschieberpumpen), Flüssigkeitsringpumpen, Rootspumpen und Hubkolbenpumpen. **Drehschieberpumpen** bestehen aus einem exzentrisch gelagerten Rotor, in dem sich mindestens zwei Schieber befinden, die durch Federkraft oder durch die Zentrifugalkraft während der Rotation an die Gehäusewand gepresst werden. Das abzusaugende Gas tritt in den sich durch die Rotation vergrößernden Schöpfraum von sichelförmigem Querschnitt ein, gelangt beim Weiterdrehen in den Verdichtungsraum und wird über ein Ventil ausgestoßen. Die erreichbaren Endvakua liegen im Fein- und Hochvakuumbereich (zw. 10 und 10^{-2} Pa). Das Saugvermögen beträgt je nach Bauart zw. einigen und mehreren Hundert Kubikmeter je Stunde. Bei der **Sperrschieberpumpe** wird ein mit dem Drehkolben starr verbundener Sperrschieber in einer abgedichteten Gehäusebohrung verschiebbar geführt und unterteilt mithilfe des an der Gehäusewand anliegenden Drehkolbens den sichelförmigen Schöpfraum in zwei Räume veränderl. Volumens; im Verlauf der Umdrehung des exzentrisch geführten Drehkolbens wird das durch den röhrenartigen Schieber angesaugte Gas verdichtet und ausgestoßen sowie gleichzeitig Gas neu angesaugt. Zum Absaugen von Dämpfen werden die Pumpen mit einem Gasballastventil gebaut **(Gasballastpumpen),** bei dem zur Vermeidung von Kondensation und Korrosion ein geeignetes Gas während der Kompressionsphase eingelassen wird. – Bei **Flüssigkeitsringpumpen** ist in einem z. T. mit Dichtflüssigkeit gefüllten zylindr. Gehäuse ein Flügelrad exzentrisch angeordnet, das bei Rotation einen konzentrisch zur Gehäuseachse kreisenden Flüssigkeitsring bildet. Wegen der exzentr. Anordnung des Flügelrades bildet sich zw. diesem und dem Flüssigkeitsring ein sichelförmiger Schöpfraum aus. Als Dichtflüssigkeit wird fast ausschließlich Wasser benutzt (Wasserringpumpen). Bei **Rootspumpen** drehen sich zwei Kolben mit achtförmigem Querschnitt in entgegengesetztem Drehsinn mit sehr hoher Geschwindigkeit (etwa 3 000 U/min), ohne dass sich ihre Flächen aneinander oder an der Gehäusewand reiben. Die innere Reibung des Gases in den engen Luftspalten (dynam. Dichtung) bewirkt in Verbindung mit der infolge der Kolbendrehung eintretenden Volumenänderung eine Förderwirkung (hohes Saugvermögen bis ca. 10 000 m³/h, Endvakuum ca. 10^{-2} Pa). Sie werden u. a. für Stahlentgasungsanlagen, Aufdampfanlagen, Trockenanlagen sowie als Vorpumpen für Diffusions- und Boosterpumpen eingesetzt. (→Gaede-Pumpen).

Treibmittelpumpen nutzen die Saugwirkung eines aus einer Düse austretenden Flüssigkeits- oder Gasstrahls, z. B. **Wasserstrahlpumpen,** mit denen ein Grobvakuum bis ca. 2 000 Pa erreichbar ist. →Dampfstrahlpumpen arbeiten mit Wasser-, Quecksilber- oder Öldampf hoher Strahldichte. In großtechn. Vakuumanlagen werden für Drücke bis zu 1 Pa häufig mehrstufige Aggregate eingesetzt. Ein sehr hohes Saugvermögen (50 000 l/s) haben →Diffusionspumpen. Sie benötigen ein Vorvakuum von mindestens 10 Pa. **Treibdampfpumpen** sind Diffusionspumpen mit erhöhtem Druck im Siedegefäß. Gegenüber Diffusionspumpen haben Treibdampfpumpen den Vorteil, dass das Saugvermögen über 10^{-1} Pa nicht so stark abfällt wie bei Diffusionspumpen, es werden jedoch nur Endvakuumwerte von 10^{-3} Pa erreicht. **Boosterpumpen** bestehen aus hintereinander geschalteten Dampfstrahlpumpen und Treibdampfpumpen.

Turbopumpen sind V., in denen kinet. Energie sehr schnell rotierender mechan. Teile auf ein zu förderndes Gut direkt übertragen wird. Man unterscheidet →Molekularpumpe und Turbo-Molekularpumpe.

2) *Kapazitätspumpen:* Bei **Getterpumpen** wird die Pumpwirkung durch gasbindende Stoffe (→Getter) erreicht. Die versch. Arten von Getterpumpen unterscheiden sich durch die zur Sorption verwendeten Stoffe und den Sorptionsvorgang. Man unterscheidet →Sorptionspumpen, →Ionenpumpen, Ionengetterpumpen und die Sublimationspumpen, bei denen eine gasbindende Schicht durch Verdampfen eines Metalls (Barium, Titan) erzeugt wird. – →Kryopumpen werden wegen ihres hohen Saugvermögens bei der Errichtung von Weltraumsimulationskammern und Windkanälen für sehr große Geschwindigkeiten in stark verdünnten Gasen eingesetzt.

Va̱ku|umschwankungen [v-], **Va̱ku|umfluktuationen,** *Physik:* nach der Quantenfeldtheorie mittlere quadrat. Schwankungen der Feldgrößen, die sich aus deren Operatorcharakter ergeben, speziell aus ihrer Nichtvertauschbarkeit mit dem Anzahloperator der entsprechenden Teilchen. In der Quantenelektrodynamik ergibt sich so für den Vakuumzustand, d. h. den Zustand, in dem ›kein Photon vorhanden ist‹, dass zwar der Erwartungswert der elektromagnet. Feldstärke verschwindet, nicht aber der ihres Quadrats. Unter dem Einfluss dieses statistisch um den Nullpunkt schwankenden Nullpunktsfelds führt ein Elektron eine →Zitterbewegung aus, durch die es räumlich ›verschmiert‹ erscheint. Eine Folge hiervon ist eine spezielle Feinstruktur in den Spektrallinien des Wasserstoffatoms (→Lamb-Shift). Eine andere Manifestation von V. ist die →Polarisation des Vakuums. (→Schwankungserscheinungen)

Va̱ku|umtechnik [v-], Geräte und Verfahren zur Erzeugung, Aufrechterhaltung und Messung eines Vakuums sowie die Anwendung des Vakuums für techn. Zwecke. Entsprechend den versch. Druckbereichen beim →Vakuum gliedert man auch die V. in versch. Bereiche: in die V. im Grob- und im Feinvakuumgebiet, die Hoch-V. und die Ultrahoch-V. (UHV-Technik). Von besonderer Bedeutung sind die Hoch- und die Ultrahoch-V., bei denen hohe Anforderungen an die Dichtigkeit und Entgasbarkeit der für die Vakuumapparaturen verwendeten Werkstoffe gestellt werden. Die Werkstoffe müssen eine geringe Gasdurchlässigkeit, eine bei Betriebstemperatur geringe Gasabgabe, eine ausreichende Festigkeit und gute Bearbeitbarkeit aufweisen. Verwendet werden Metalle (z. B. Nickel, Kupfer, Kupferlegierungen, nicht rostender Stahl, Aluminium), bei denen durch hochglanzpolierte Flächen das Haften der Gasmoleküle verringert wird, Gläser (Weich-, Hart-, Quarzglas), Keramik (Silikat-, Reinoxidkeramik) und versch. Kunststoffe.

Vakuumtechnik: Vollautomatisches Pumpsystem mit mehreren Diffusionspumpen zur Erzeugung eines Hochvakuums für die Weltraumsimulation

Beim Aufbau einer Vakuumapparatur sind zum Anschluss der für die Erzeugung und Messung des Vakuums benötigten →Vakuumpumpen bzw. →Vakuummeter an den →Rezipienten Verbindungen und Absperrorgane (Vakuumbauteile) notwendig. Zum Herstellen vakuumdichter, lösbarer Verbindungen werden in der V. Flanschverbindungen aus gummielast. Kunststoffen (z. B. Fluorelastomer, Neopren) verwendet. Müssen die Verbindungen thermisch belastbar sein, werden Metalldichtungen (Aluminium, Kupfer, Gold) eingesetzt. Zum Absperren von Vakuumbehältern oder Leitungen, zum Einlassen von Luft und anderen Gasen in Vakuumapparaturen oder zum Aufbau von Vakuumschleusen verwendet man gummigedichtete oder bei extrem hohen Dichtheitsanforderungen manuell, pneumatisch oder elektromagnetisch betätigte Vakuumventile mit Faltenbälgen aus Edelstahl. Zur Übertragung von Drehbewegungen oder zur Versorgung des im Rezipienten ablaufenden Prozesses mit elektr. Energie gibt es spezielle Drehbzw. Stromdurchführungen. Zusätzl. Dichtungsmittel sind Vakuumöle, -fette und -wachse. Um die in der V. angestrebten Vakuumgüten zu erzielen, ist häufig die Auffindung und Beseitigung kleinster Undichtheiten (Lecks mit einem Porendurchmesser unter 1 μm) notwendig. Die einfachste Methode zur Lecksuche besteht darin, dass man die einzelnen Teile des Vakuumsystems durch Ventile absperrt und die Druckänderung in den Teilen mittels Vakuummetern verfolgt. Bei dem undichten Teil ist ein schneller Druckanstieg zu beobachten. Weiterentwickelte Methoden arbeiten mit →Lecksuchgeräten oder →Ionisationsvakuummetern.

Die V. spielt in vielen Bereichen der Technik und der Naturwiss.en eine bedeutende Rolle. Ein wichtiger Zweig ist die Vakuummetallurgie, in der Chemie sind Vakuumverfahren wie Vakuumtrocknung, Vakuumdestillation, -sublimation, -kristallisation und -kühlung von Bedeutung. In der pharmazeut. und Nahrungsmittelindustrie werden Vakuumtrocknungs- und Vakuumverpackungsanlagen angewendet. In der Fertigungstechnik wird mit Vakuum gearbeitet, z. B. beim Elektronenstrahlschweißen und Tiefziehen. Bei bestimmten Produktionsprozessen, z. B. in der automatisierten Fließfertigung, wird die V. (Saugtechnik) zum Transport der Teile genutzt. In der Kryo- und Raumfahrttechnik dienen Vakuumanlagen zur Erzeugung von Isoliervakua bei der Herstellung und Aufbewahrung tiefsiedender verflüssigter Gase bzw. zum Aufbau von Weltraumsimulationskammern und Überschallwindkanälen. Die Hoch-V. ist v. a. bei der Herstellung von elektr. und elektron. Geräten wie Glühlampen, Gasentladungslampen, Elektronen-, Röntgen- und Fernsehbildröhren sowie von Halbleiterbauelementen von großer Bedeutung. Vakuumaufdampfanlagen dienen zur Herstellung von Spiegeln für Projektoren, Reflektoren und Scheinwerfer sowie zur Vergütung opt. Systeme. Zum Betrieb physikal. Experimentier- und Messgeräte bzw. -anlagen wie Teilchenbeschleuniger, Massenseparatoren, Massenspektrometer, Elektronenmikroskope u. a. werden Hochvakuum- oder Ultrahochvakuumanlagen benötigt. Die Höchst-V. wird u. a. bei der Untersuchung der Eigenschaften sehr reiner Oberflächen und dünner Schichten angewendet.

V., hg. v. W. PUPP u. H. K. HARTMANN (1991); V. in der industriellen Praxis, Beitrr. v. J.-H. KERSPE u. a. (²1993).

Vaku|umverfahren [v-], Verfahren zum Herstellen von Formteilen aus härtbaren, faserarmierten Reaktionsharz-Formmassen (→Niederdruckpressverfahren). Das flüssige Harz wird durch Unterdruck in der zweigeteilten Form verteilt. Atmosphär. Druck dient als Zuhaltedruck. Das V. kann mit dem →Injektionsverfahren kombiniert werden. Die Härtung erfolgt meist bei Raumtemperatur.

Vaku|umzustand [v-], in der Quantenfeldtheorie Bez. für den Grundzustand eines Systems (›Vakuum‹), d.h. den Zustand niedrigster Energie. Der Erwartungswert der Teilchenzahl ist im V. gleich null, es treten jedoch →Vakuumschwankungen auf. Spezielle Vakuumerwartungswerte sind die →Green-Funktionen.

Vakzination [v-; zu Vakzine] die, -/-en, urspr. Bez. für die Pockenschutzimpfung mit dem Kuhpocken-(Vaccinia-)Virus, seit L. PASTEUR (1881) allg. für die Impfung.

Vakzine [v-; zu lat. vaccinus ›von Kühen stammend‹, zu vacca ›Kuh‹], Sg. **Vakzin** das, -s, andere Bez. für →Impfstoffe. (→Autovakzine)

Val [v-], frz. und ital. für Tal.

Val [v-], 1) *Biochemie:* Abk. für →Valin.
2) *Chemie: das, -s,* Einheitenzeichen **val**, von Äquivalent (Grammäquivalent) abgeleitete, früher gebräuchl. Angabe der →Stoffmenge; heute durch →Mol ersetzt. Die dem Grammäquivalent entsprechende Stoffmengenangabe erhält man, indem die relative Atommasse oder die relative Teilchenmasse (Molekülmasse) eines Stoffes durch dessen Wertigkeit in einer bestimmten Reaktion (z. B. ist H_3PO_4 als Säure dreiwertig und Ca^{2+} beim Ionenaustausch zweiwertig) geteilt und mit der Einheit Gramm versehen wird. (→Normalität)

Valadier [vala'dje], Giuseppe, ital. Architekt, * Rom 14. 4. 1762, † ebd. 1. 2. 1839; führender Vertreter des Klassizismus in Rom; restaurierte mit Sorgfalt antike Bauwerke (Titusbogen, Kolosseum) und Kirchen Roms (San Martino ai Monti; San Lorenzo in

Vala Valadon – Valdés

Val Camonica: Felsgravierungen bei Capo di Ponte

Damaso; Sant'Andrea in Via Flaminia); beim Titusbogen machte er die restaurierten Teile kenntlich.
Weitere Werke: Umgestaltung des Turms der Milv. Brücke (Rom, 1805); Ausgestaltung der Parkanlage auf dem Pincio mit der ›Casina Valadier‹ (ebd., 1809–14); Umgestaltung der Piazza del Popolo (ebd., 1809–24); Fassaden von Sant'Andrea del Fratte (ebd., 1826), von Santi Apostoli (1827) und San Rocco (1832; nach Zeichnungen von A. PALLADIO).

Valadon [vala'dɔ̃], Suzanne, eigtl. **Marie-Clémentine V.**, frz. Malerin, * Bessines-sur-Gartempe 23. 9. 1865, † Paris 19. 4. 1938; Mutter von M. UTRILLO. Sie arbeitete zunächst als Modell und wandte sich dann, gefördert bes. von E. DEGAS, H. TOULOUSE-LAUTREC, A. RENOIR, der Malerei zu. Sie schuf v. a. Akte, Figurenbilder, Landschaften und Stillleben von strenger Linienführung und kräftigen, kontrastierenden Farben; auch Zeichnungen. (Weiteres BILD →Akt)

J. CHAMPION: Die Vielgeliebte. Kunst u. Leben der S. V. (a. d. Frz., Neuausg. 1990); J. BRADE: S. V. Vom Modell in Montmartre zur Malerin der klass. Moderne (1994); S. V., hg. v. D. MARCHESSEAU, Ausst.-Kat. Fondation Pierre Gianadda, Martigny (Martigny 1996).

Suzanne Valadon: Maurice Utrillo; 1921 (Privatbesitz)

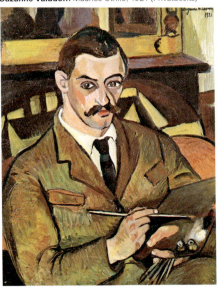

Valais, Le V. [lə va'lɛ], amtlicher frz. Name des schweizer. Kantons →Wallis.
Valamo, Inselgruppe im Ladogasee, →Walaaminseln.
Val Bavona [v-], Seitental der Maggia, →Vallemaggia.
Valbonne, Plateau de V. [platodəval'bɔn], kleine hügelige Hochfläche nördlich von Cannes, Dép. Alpes-Maritimes, S-Frankreich, mit der Gem. **Valbonne,** 9 500 Ew.; geometr. Stadtanlage mit zentralem Platz, gut erhaltene histor. Bauten (16.–18. Jh.). Der Ort ist Teil des Technologieparks →Sophia-Antipolis.
Val Bregaglia [v-, -'gaʎa], ital. Name des →Bergell.
Val Camonica [v-], Tallandschaft in den ital. Alpen, westlich der Adamellogruppe und der Brescianer Alpen, 81 km lang, vom Oglio durchflossen; Wasserkraftwerke; Eisenindustrie; Stahl- und Walzwerke. – Bei Capo di Ponte finden sich Felsbilder der Bronze- und Eisenzeit. Die in großer Zahl in den Stein gemeißelten und geritzten Darstellungen mit Motiven aus dem häusl. Leben, der Wirtschaftstätigkeit (Jagd, Hirtentum, Feldbau) und dem Kult bieten wichtige Einblicke in die Lebensweise und die religiösen Vorstellungen der Alpenbevölkerung (Kelten) dieser prähistor. Epochen. Die Felsbilder wurden 1979 von der UNESCO zum Weltkulturerbe erklärt.
Vǎlčí Trǎn [ˈvəltʃi trən], Fundort eines Goldschatzes wohl aus dem 9./8. Jh. v. Chr. bei Plewen, N-Bulgarien. Der Fund ist ein wichtiges Zeugnis der frühen thrak. Goldschmiedekunst.
Valckenborch [ˈvalkənbɔrx], **1)** Frederik (Friedrich) van, fläm. Maler und Zeichner, * Antwerpen um 1570, † Nürnberg 23. oder 28. 8. 1623, Neffe von 2); Vertreter des Spätmanierismus. V. hielt sich um 1595 in Rom und Venedig, ab 1602 in Nürnberg auf und malte v. a. fantastische Waldlandschaften, auch Bilder mit historischer, mythologischer oder religiöser Thematik.
2) Lucas van, fläm. Maler, * Löwen (?) um 1535, begraben Frankfurt am Main 2. 2. 1597, Onkel von 1); tätig in Mecheln, Lüttich, Aachen, Linz, ab 1593 in Frankfurt am Main. Er schuf, von P. BRUEGEL D. Ä. und J. PATINIR ausgehend, kleinformatige Fantasielandschaften, die häufig topograph. Motive enthalten; auch Veduten und Porträts. Er übte großen Einfluss auf seinen Bruder MARTEN (* 1534 oder 1535, † 1612) aus, der v. a. bibl. Szenen malte.

A. WIED: L. u. Marten van V. (1990).

Val d'Aoste [valda'ɔst], frz. Name des →Aostatals.
Valdecaballeros [balðekaβa'ʎerɔs], Ort in der Prov. Badajoz, W-Spanien, am N-Rand des Stausees García de Sola (im Guadiana) in der Extremadura, 1 500 Ew.; Wasserkraftwerk.
Val-de-Marne [valdə'marn], Dép. in Frankreich, in der Region Île-de-France, 245 km², 1,2 Mio. Ew., Verw.-Sitz: Créteil.
Val d'Entremont [valdãtrə'mɔ̃], Hochtal in den Walliser Alpen, →Entremont.
Valdepeñas [balðe'peɲas], Stadt in der Prov. Ciudad Real, Spanien, Neukastilien, 705 m ü. M., am SW-Rand der Mancha inmitten eines der größten span. Weinbaugebiete, 25 900 Ew.; Sitz der Nationalen Ausstellung bildender Kunst; viele große Weinkellereien; Flugplatz 16 km südöstlich. – Der Schachbrettgrundriss von V. geht auf die Zeit der Kath. Könige zurück; zweischiffige Kirche La Asunción (15./16. Jh.); Renaissancepalast des Marqués de Santa Cruz; größte Windmühle Spaniens.
Val-de-Ruz [valdə'ry], Bez. im Kt. Neuenburg, Schweiz, 128 km², 13 700 Ew.; Hauptort ist Cernier.
Valdes [v-], **Valdesius,** Petrus, Begründer der Waldenserbewegung. →Waldes, Petrus.
Valdés [bal'des], **1)** Alfonso de, span. Schriftsteller, * Cuenca um 1490, † (an der Pest) Wien 3. 10. 1532,

Bruder von 3); humanist. Bildung, seit 1520 im Dienst KARLS V., ab 1526 dessen Sekretär; stand in Briefwechsel mit ERASMUS VON ROTTERDAM, seit 1527 Haupt der erasmischen Reformbewegung in Spanien (Konflikte mit der Inquisition); begleitete KARL V. nach Bologna und Augsburg, wo er mit P. MELANCHTHON eine Lösung im Konflikt der Konfessionen suchte. Sein ›Diálogo de las cosas ocurridas en Roma‹ (1528) stellt KARL V. als christlich-pazifist. Idealherrscher dar, verteidigt ihn gegenüber dem Papsttum und dem frz. Königtum; die antiklerikale polit. Satire ›Diálogo de Mercurio y Carón‹ (1528; dt. ›Discours über Kayser Carolen des Fünfften ... Schlacht von Pavien‹) zeichnet ein düsteres Bild von der reformbedürftigen kath. Kirche und plädiert darüber hinaus für eine verinnerlichte Religiosität.

D. DONALD u. E. LÁZARO: A. de V. y su época (Cuenca 1983).

2) Armando **Palacio** [pa'laθjo], span. Schriftsteller, →Palacio Valdés, Armando.

3) Juan de, span. Schriftsteller, *Cuenca um 1509(?), †Neapel im Juli 1541, Bruder von 1); humanistisch gebildet, bemühte sich unter starkem Einfluss von ERASMUS VON ROTTERDAM um eine Reform des span. Katholizismus, tendierte später zur subjekt. Mystik der ›Iluminados‹; aus Furcht vor der Inquisition ab 1530 in Italien. Der ›Diálogo de doctrina christiana ...‹ (1529), das ›Alfabeto christiano‹ (hg. 1545) und die ›Ciento y diez consideraciones divinas ...‹ (hg. 1550, dt. ›Hundertundzehn göttl. Betrachtungen‹) üben Kritik am kath. Dogma und schließen sich der reformator. Rechtfertigungslehre von M. LUTHER und P. MELANCHTHON an. Sein ›Diálogo de la lengua‹ (entst. 1533; hg. 1737) gibt eine Einführung in das Kastilische als Sprache der Gebildeten.

B. VOIGT: J. de V. u. Bermúdez de Pedraza. 2 span. Sprachgeschichtsschreiber (1980); A. DUEÑAS MARTÍNEZ: J. de V. Un reformador español en Italia (Udine 1981).

4) Juan Meléndez [-deð-], span. Dichter, →Meléndez Valdés, Juan.

Valdés Leal [bal'ðez-], eigtl. **Juan de Nisa,** span. Maler und Radierer, *Sevilla 4. 5. 1622, †ebd. 15. 10. 1690; letzter bedeutender Meister der barocken Malerei Sevillas, dort ab 1656 nachweisbar. Nach dem Vorbild J. DE LAS ROELAS malte er religiöse Szenen voller Bewegung und Leidenschaft, die von Todes- und Vanitasgedanken durchdrungen und bisweilen zu einem extremen Naturalismus gesteigert sind (zwei Wandbilder für das Hospital de la Caridad in Sevilla: ›Triumph des Todes‹ und ›Allegorie der Vergänglichkeit‹, 1672 vollendet; Letzteres heute in Hartford, Conn., Wadsworth Atheneum).

Val-de-Travers [valdǝtra'vɛːr], Bez. im Kt. Neuenburg, Schweiz, 167 km², 12 300 Ew.; Hauptort ist Môtiers (NE).

Valdez [væl'diːz], Hafenstadt an der S-Küste Alaskas, USA, 4 100 Ew.; eisfreier Hafen am V.-Arm des Prince William Sound, Endpunkt der →Trans-Alaska-Pipeline. – Nach der Entdeckung des Hafens durch Spanier (1790) als **Copper City** entstanden; 1964 wurde V. durch Erdbeben schwer zerstört, in unmittelbarer Nähe wieder aufgebaut.

Valdez [væl'diːz], Luis Miguel, amerikan. Dramatiker, *Delano (Calif.) 26. 6. 1940; wurde nach dem Studium 1965 Mitgl. der San Francisco Mime Troupe und gründete im gleichen Jahr das ›Teatro Campesino‹, eine Straßentheatertruppe. Die auf Spanisch oder Englisch, aber auch in einer Sprachmischung gespielten, oft mit der Truppe gemeinsam erarbeiteten Stücke dienten anfangs (›actos‹) der Mobilisierung der als Landarbeiter tätigen Chicanos. Spätere Stücke (›mitos‹) wenden sich der myth. Vergangenheit des vorkolumb. Mexiko sowie politisch-kulturellen und sozialen Problemen v. a. der Chicanos zu. V.' größtenteils noch

Lucas van Valckenborch: Der Turmbau zu Babel; 1594 (Paris, Louvre)

nicht gedruckt vorliegendes dramat. Werk verarbeitet Elemente der mexikan. Tradition, der Farce und des kulturnationalist. Mythos zu einer modernen Form des Straßentheaters.

Werke: Actos (1971, mit dem Teatro Campesino); I don't have to show you no stinking badges (1986). – **Hg.:** Aztlan. An anthology of Mexican American literature (1972).

J. A. HUERTA: Chicano theater (Neudr. Tempe, Ariz., 1990); M. M. KOHTES: Guerilla-Theater. Theorie u. Praxis des polit. Straßentheaters in den USA 1965–1970 (1990).

Val d'Hérémence [valdere'mɑ̃s], Tal der →Dixence im Kt. Wallis, Schweiz.

Val di Fiemme [v-], das Fleimstal, Südtirol, Italien, →Fassatal.

Valdés Leal: Der zwölfjährige Jesus unter den Schriftgelehrten; 1686 (Madrid, Prado)

Val-d'Isère [valdi'zɛːr], Fremdenverkehrsort im Dép. Savoie, Frankreich, 1 850 m ü. M., am Col de l'Iseran in den Savoyer Alpen, 1 700 Ew.; ganzjähriger Skisport bis 3 750 m ü. M.; unterird. Standseilbahn (bis 2 698 m ü. M.), Höhenflugplatz.

Val di Solda [v-], Hochtal in Südtirol, →Suldental.

Valdivia [v-], *Forschungsschiffe:* 1) Dampfer, mit dem 1898–99 unter Leitung des Zoologen CARL

Vald Valdivia – Valencia

Valdiviakultur: Figurine aus Ton mit roter Engobe (Quito, Museos Arqueologicos, Arte y Etnografia del Banco Central del Ecuador)

Valencia 1) Stadtwappen

Regionshauptstadt in Ostspanien

in der Huerta de Valencia nahe der Mittelmeerküste

mit 763 300 Ew. drittgrößte Stadt Spaniens

Universität (1502 gegründet)

Kathedrale La Seo (1262–1482)

138 v. Chr. römische Veteranenkolonie

im islamischen Spanien überregionale wirtschaftliche und kulturelle Bedeutung

CHUN (* 1852, † 1914) die dt. Tiefsee-Expedition (**V.-Expedition**) im Atlant. und Ind. Ozean durchgeführt wurde.

2) Forschungsschiff der Bundesrepublik Dtl., 1961 als Hecktrawler ›Vikingbank‹ gebaut, 1970 zum Rohstoff-Forschungsschiff umgebaut. 73 m lang, 11 m breit, 2 040 BRT, Fahrtgeschwindigkeit 11,5 Knoten. Bietet Platz für 20 Besatzungs-Mitgl. sowie 16 Wissenschaftler; ausgerüstet mit Spezialwinden, Kränen, Schleppvorrichtungen, Echoloten und Radargeräten sowie sieben Laborräumen und fünf Stellplätzen für Laborcontainer für alle Disziplinen der Meeresforschung. 1981 von der Dt. Forschungsgemeinschaft e. V. für die Univ. Hamburg erworben. Eigentümer ist die Freie und Hansestadt Hamburg, Korrespondenzreeder die RF Reedereigemeinschaft Forschungsschiffahrt GmbH, Bremen. Hauptarbeitsgebiet der multidisziplinären Arbeiten sind die Nordsee und angrenzende Teile des Atlantiks; neben ökolog. Grundlagenforschung bildet die Untersuchung der Umweltbelastung einen wichtigen Schwerpunkt.

Valdivia [bal'diβja], Stadt im Kleinen Süden Chiles, am Zusammenfluss von Río Calle-Calle und Río Cruces zum Río V., 15 km vor dessen Mündung in den Pazifik, 120 700 Ew. (darunter viele Deutschstämmige); kath. Bischofssitz; Univ.; Schiff-, Waggonbau, Sägewerke, Papier-, Leder-, Metall- u. a. Industrie; Eisenbahnendpunkt, Flugplatz. – V., 1552 von PEDRO DE VALDIVIA gegr., war seit Mitte des 19. Jh. Mittelpunkt dt. Siedlungen in S-Chile.

A. BORSDORF: V. u. Osorno (1976).

Valdivia [bal'ðiβja], Pedro de, span. Konquistador, * Villanueva de la Serena (Prov. Badajoz) um 1500 (1497?), † Tucapel (Chile) 25. 12. 1553; zog 1540 von Cuzco aus, um Chile zu erobern, gründete am 12. 2. 1541 Santiago de Chile und später andere Stützpunkte, die es trotz anfänglich schwerer Kämpfe mit den Araukanern in Chile ermöglichten, eine hispan. Kultur zu entwickeln. Während eines Aufstandes der Araukaner 1553 wurde V. gefangen und getötet.

Valdiviakultur [bal'ðiβja-], nach dem Ort Valdivia auf der Halbinsel Santa Elena bei Guayaquil, Ecuador, benannte prähistor. Indianerkultur. Ihr Beginn kann durch Keramikfunde und ausgegrabene Siedlungen auf die Zeit vor 3000 v. Chr. datiert werden. Neben Fischen, Jagen und Sammeln ist intensiver Maisanbau um 2450 v. Chr. für diese Region belegt. Die Siedlungsstruktur zeigt Dorfanlagen (bis 1 500 Ew.) mit Kultplatz und Wohnhäusern und die Entwicklung zu einer hierarchisch gegliederten Gesellschaft. Die Keramik der V. gehört zu den ältesten in ganz Amerika. Neben Gefäßen wurden auch Figurinen gefunden, nackte weibl. Gestalten; sie sind Belege für einen ausgeprägten Fruchtbarkeitskult.

D. W. LATHRAP: Ancient Ecuador – culture, clay and creativity, 3000–300 B. C. (Chicago, Ill., 1975); P. BAUMANN: V. (Neuausg. 1981).

Valdivielso [baldi'βjelso], José, span. Schriftsteller, * Toledo um 1560, † Madrid 19. 6. 1638; Priester, befreundet mit M. DE CERVANTES SAAVEDRA und LOPE DE VEGA; behandelte ausschließlich religiöse Themen. Sein episches Gedicht über den hl. JOSEPH (›Vida, excelencias, y muerte del glorioso patriarca ... S. Ioseph‹, 1604) gehört zu den meistgelesenen Werken des span. Barock; seine geistl. Lyrik (›Primera parte del romancero espiritual‹, 1612) sowie die 15 Autos sacramentales folgen dem Stil LOPE DE VEGAS.

Val-d'Oise [val'dwa:z], Dép. in Frankreich, in der Region Île-de-France, 1 246 km², 1,1 Mio. Ew.; Verw.-Sitz: Cergy-Pontoise.

Válek ['va:ljɛk], Miroslav, slowak. Lyriker, * Tyrnau 17. 7. 1927, † Preßburg 27. 1. 1991; 1967–68 Vors. des slowak. Schriftstellerverbandes, 1969–88 Kultur-Min.; stellte in seiner Lyrik (›Gedichte‹, 1969; dt.

Ausw.), die an Poetismus und Surrealismus anknüpft, aber auch vom Sozialismus geprägt ist, Gegensätze der modernen Zeit dar. Die Bände ›Zakázaná láska‹ (1977; dt. ›Verbotene Liebe‹) und ›Pieseň o lese‹ (1978; dt. ›Lied vom Wald‹) enthalten ausschließlich Liebes- und Naturgedichte. V. ist auch mit Kinderbüchern erfolgreich, u. a. mit ›Veľká cestovná horúčka pre malých cestovateľov‹ (1964; dt. ›Das große Reisefieber‹). Seine Nachdichtungen von Werken P. VERLAINES, R. M. RILKES, A. A. WOSSNESSENSKIS u. a. sind in der Auswahl ›Preklady‹ (1977) zugänglich.

Valen [v-], Olaf Fartein, norweg. Komponist, * Stavanger 25. 8. 1887, † Valevåg (Prov. Hordaland) 14. 12. 1952; studierte in Oslo und Berlin (M. BRUCH). Sein musikal. Werk (fünf Sinfonien, ein Violin-, ein Klavierkonzert, zwei Streichquartette u. a.) stand zunächst J. BRAHMS und M. REGER nahe, nach 1924 entwickelte V. eine selbstständige polyphone und nichttonale Setzweise, seit etwa 1940 bediente er sich einer freien Zwölftontechnik.

Valençay [valã'sɛ:], Stadt im Dép. Indre, Frankreich, am Übergang vom Berry zur Touraine, 2 900 Ew. – Renaissanceschloss mit mächtigem Mittelpavillon (›Tour Vieille‹, um 1540) und S-Flügel (17. Jh.), ab 1801 im Besitz von C. M. DE TALLEYRAND; prächtige Innenausstattung.

Valence [va'lãs], Stadt in S-Frankreich, Verw.-Sitz des Dép. Drôme, an der mittleren Rhône unterhalb der Isèremündung, 63 400 Ew.; Bischofssitz; Kunstmuseum; landwirtschaftl. Handelszentrum in einem Obstbaugebiet; Maschinen- und Apparatebau, Elektro-, Textil-, Möbel- und Nahrungsmittelindustrie, Schmuckherstellung; Flugplatz. – Roman. Kathedrale (11./12. Jh., im 17. Jh. erneuert), Grabkapelle von 1548 (›le Pendentif‹) und mehrere Häuser aus dem 16. Jh.; im ehem. Bischofspalast (16./18. Jh.) Museum. – V., als **Valentia** Hauptort der kelt. Segallauni (Segovellauni), wohl seit CAESAR röm. Kolonie, ist seit dem 4. Jh. Sitz eines Bischofs, der auch die Reg.-Gewalt in der Stadt errang. Kaiser FRIEDRICH BARBAROSSA bestätigte 1157 den Bischöfen ihre Unabhängigkeit und Lehnsherrschaft über die Stadt. 1449 erkannten die Bischöfe die Lehnshoheit des frz. Königs an, der die Stadt 1452 mit einer Univ. ausstattete (in der Frz. Revolution aufgehoben).

Valencia [va'lɛntsia, va'lɛnsia, span. ba'lenθja], 1) katalan. **València**, Provinz- und Regionshauptstadt und drittgrößte Stadt Spaniens, 16 m ü. M., 3 km vor der Mittelmeerküste auf dem Schuttkegel des Turia, 763 300 Ew. (Ballungsraum 1,4 Mio. Ew.); Erzbischofssitz; Univ. (gegr. 1502), TU, Museen, Internat. Mustermesse (jährlich), Garnison; Sitz des unabhängigen Wassergerichts ›Tribunal de las aguas de la vega‹ (ältester ständiger Gerichtshof der Erde, 960 von den Arabern installiert). Landeinwärts ist V. umgeben von der **Huerta de V.** (von acht Kanälen und vielen Brunnen bewässertes, 28 000 ha großes Gartenland), bedeutender Agrarhandel (Apfelsinen, Mandarinen, Zitronen, Reis, Gemüse, Wein, Oliven, Speiseöl). Ist viertgrößtes Industriezentrum des Landes mit Automobilbau, Maschinenbau, Metall-, chem., elektrotechn., Möbel-, Leder-, Nahrungsmittel-, Getränke-, Tabakindustrie, Schiffbau und hat einen Technologiepark mit Forschungs- und Prüfinstituten; Fremdenverkehr (Seebäder El Saler, La Devesa). Bedeutender Verkehrsknotenpunkt; U-Bahn (7,5 km). Vom Hafen **El Grao** Fährlinien nach Mallorca, Ibiza, den Kanar. Inseln und nordafrikan. Häfen; internat. Flughafen Manises 9 km westlich.

Stadtbild: Die Altstadt zeigt im N noch Reste des arabischen Stadtgrundrisses, südlich schließen sich schachbrettartige Erweiterungszonen (›Ensanches‹; 1865–1900, 1927–40) an. Die meisten alten Kirchen entstanden aus ehem. Moscheen, u. a. die Kathedrale

(La Seo), 1262-1482 erbaut und 1774 barockisiert, mit dem 68 m hohen Glockenturm ›El Miguelete‹ (1381-1418; Wahrzeichen der Stadt), in der Capilla del Santo Cáliz (1369) der ›Hl. Kelch‹, der als Abendmahlskelch CHRISTI gilt; bedeutende Gemälde im Kathedralmuseum. Zahlr. Kirchen und Klöster bestimmen das Stadtbild. Die Lonja de la Seda (Seidenbörse) wurde von PEDRO COMPTE († 1506) 1482-98 aus einem arab. Stil in spätgot. Stil erbaut (UNESCO-Weltkulturerbe). Im Palacio del Marqués de Dos Aguas (18. Jh.) das Nat. Keramikmuseum. Im Colegio del Patriarca (1568-1610; Patio mit Doppelarkaden) u. a. Wandteppiche (16. Jh.) sowie span., ital. und fläm. Gemälde. Im ehem. arab. Kornspeicher Almudín das Paläontolog. Museum. Palacio Generalidad (1510-79) mit prunkvollen Räumen (Artesonado). Von der alten Befestigung sind die zur Stadt hin offene Puerta de Serranos (14. Jh.), die zur Brücke über den Río Turia führt, und die Torres de Cuarte (15. Jh.) erhalten.

Geschichte: V., vielleicht eine griech. Gründung, wurde 138 v.Chr. röm. Veteranenkolonie **(Valęntia);** seit dem 4. Jh. Bischofssitz. 413 wurde es von den Westgoten, 713 von den Arabern erobert. Diese legten ab 800 eine große Vega an und bauten die Stadt als **Balansija** zu einer der wirtschaftlich und kulturell bedeutendsten Metropolen des islam. Spanien aus, die auch Emiratssitz wurde (Gründung der Residenzanlage Ar-Rusafa, heute gleichnamiges Stadtviertel) und über 150 Jahre lang ein Zentrum arab. Poesie war. 1010-94 war V. Hauptstadt eines arab. Teilreiches (Taifa), 1094 wurde es vom CID erobert, 1102 von den Almoraviden übernommen und stark befestigte Hauptstadt eines maur. Königreichs. 1238 von JAKOB I. von Aragonien erobert, wurde V. Hauptstadt des **Königreichs V.,** das innerhalb der Krone von Aragonien eine gewisse Autonomie mit eigener Verw., Gesetzgebung und eigenem Parlament innehatte (bis 1707). Im Span. Bürgerkrieg war V. von November 1936 bis Oktober 1937 Sitz der republikan. Reg. und ergab sich erst am 30. 3. 1939 (zwei Tage nach Madrid).

T. F. GLICK: Irrigation and society in medieval V. (Cambridge, Mass., 1970); V., hg. v. A. LÓPEZ GÓMEZ u. a. (Madrid 1985).

2) [ba'lɛnsịa], Hauptstadt des Bundesstaates Carabobo, Venezuela, 490 m ü. M. in der Küstenkordillere, 903 600 Ew.; Erzbischofssitz; Univ.; drittgrößte Stadt und eines der wichtigsten Industriezentren Venezuelas (Metallverarbeitung, Kraftfahrzeug-, keram., Nahrungsmittelindustrie, Herstellung von Düngemitteln, Chemikalien u. a.); Autobahn zum Hafen Puerto Cabello und nach Caracas; 15 km östlich der Stadt der Valenciasee. - Gegr. 1555.

3) Provinz in S-Spanien, 10 776 km², 2,2 Mio. Ew.; gehört zur Region Communidad Valenciana und bildet das Zentrum der Küstenlandschaft Valencia.

4) span. amtlich **Comunidad Valenciana** [-'ðað βalɛnθị-], autonome Region in O-Spanien, umfasst die Prov. Castellón, Valencia und Alicante, 23 255 km², 4,029 Mio. Ew. Hauptstadt ist Valencia. Sprachlich ist die Region geteilt in den östl. Küstenraum mit dem katalan. Regionaldialekt Valenciano und in den (kleineren) westl. Gebirgsraum, in dem Spanisch (Kastilisch) gesprochen wird. – Der heutigen Region liegt das Territorium des ehem. mittelalterl. Königreichs V. zugrunde; zu ihm kamen durch spätere Verwaltungsreformen 1836 die Gebiete um Villena und Sax sowie 1851 die um Requena und Utiel hinzu.

5) Küstenlandschaft in Spanien, erstreckt sich über 270 km entlang der Mittelmeerküste am Golf von V., beginnt südlich des Ebrodeltas mit 30-40 km Breite, reicht bis in den N der Prov. Alicante und ist hier im Bergland von Alcoy über 100 km breit; sie umfasst einen Großteil der autonomen Region V. Im N küsten-

Valencia 1): Stadtansicht

parallele Staffelbrüche des Iber. Randgebirges in Form asymmetr. Horste (bis 1 450 m ü. M.), zw. denen mit Quartärablagerungen gefüllte Senken liegen. Vom Kap Oropesa bis Denia erstreckt sich eine 6-30 km breite, sichelförmige Küstenebene, die einen typ. mediterranen Küstenhof mit Ausgleichsküste (seit dem 1. Jh. Landzuwachs bis zu 4 km Breite) bildet; zw. den flachen Schuttkegeln des Turia und Júcar wurde der Strandsee **Albufera de V.** abgeschnürt; vereinzelt ragen Höhenrücken (200-300 m) aus der Küstenebene heraus. Das warmmediterrane Klima bringt im Küstensaum 400-500 mm, im Bergland 650-950 mm Jahresniederschläge (Frühjahrs- und Herbstmaxima); nebelfreie Küste, im Bergland bis zu 50 Nebeltage. Die kurzen Küstenflüsse schwanken zw. absoluter Trockenheit und gewaltigen Hochwässern, die in den letzten Jahrzehnten durch den Bau vieler Staubecken sowie durch umfangreiche Aufforstungen abgemildert wurden. Zw. Castellón de la Plana und Denia dehnt sich, mit der Huerta de V. im Zentrum, die größte zusammenhängende Bewässerungslandschaft (über 160 000 ha; intensiver, kleinparzellierter Gartenbau, 2-3 Ernten/Jahr) der Iber. Halbinsel aus; sie ist maur. Ursprungs. Angebaut werden v. a. Apfelsinen, Mandarinen, Zitronen, Reis u. a. Getreide, Gemüse, Baumwolle, Erdnüsse, Erdmandeln, Tabak, Blumen, Luzerne, Dattelpalmen; die landeinwärts anschließenden, meist terrassierten Hänge tragen Wein-, Mandelbaum-, Ölbaum- und Johannisbrotbaumkulturen; im macchie- und gariguebestandenen Bergland Schaf- und Ziegenhaltung. Hauptausfuhrhäfen für landwirtschaftl. Produkte sind El Grao und Denia. Die Bev.-Dichte, im Bewässerungsland 250 bis 370 Ew./km², erreicht in der Huerta de V. 1 000 Ew./km², sinkt aber im Bergland auf unter 25 Ew./km² ab. Die vielfältige Industrie umfasst sowohl traditionelle, z. T. auf maur. Ursprung zurückgehende Branchen (u. a. Seidenweberei, Keramik, Süßwarenherstellung, Metall-, Holzverarbeitung) als auch moderne (Elektrotechnik, Maschinen-, Schiff-, Automobilbau, Chemie, Eisenhütten, Konservenindustrie); Zentren sind die Prov.-Hauptstädte sowie Sagunto und Alcoy. Der Fischfang konzentriert sich auf Sardinen, Langusten, Anchovis und Thunfische. Zahlr. ehem. Fischerdörfer haben sich zu Badetouristikzentren an der →Costa del Azahar entwickelt.

Vale Valenciasee – Valentin

Valenciasee [baˈlensi̯a-], span. **Lago de Valencia,** rd. 350 km² großer abflussloser See zw. den Küstenkordilleren Venezuelas, bis 32 m tief. Zw. 1750 und 1975 verringerte sich die Wasserfläche um 40%, da bei nur unwesentl. Zuflüssen und hoher Verdunstung große Mengen Wasser zur Beregnung umliegender Agrarflächen entnommen wurden. Seit etwa 1980 steigt der Wasserspiegel beträchtlich, gehen landwirtschaftl. Nutzflächen verloren. Im Nahbereich des Sees wachsen Siedlungs- und Industrieflächen sehr stark an (etwa 2,5 Mio. Ew.). Die Städte werden durch Fernwasserleitungen mit Trinkwasser versorgt. Alle Abwässer gelangten bisher ungeklärt in den See, ein kostenaufwendiges Projekt zur Abwasserreinigung ist jedoch eingeleitet.

Valencia-Seri|**e** [baˈlensi̯a-], Reihe archäolog. Kulturen in Zentralvenezuela, sowohl an der Küste als auch im Landesinnern; benannt nach dem Becken von Valencia (Carabobo), von 1000 bis 1550 n. Chr. Hauptformen der unbemalten Keramik sind Tongefäße mit kugeligem Körper (u. a. Ollas, Tecomates) und halbkugelige Schalen, Letztere z. T. mit durchbrochenem Standfuß; Verzierung durch einfache Ritzungen und Appliqué (teilweise Gesichter von Mensch oder Tier). Bes. typisch sind die zahlr., oft stehenden weibl. Tonfiguren mit flachen, breit ausladenden Köpfen und ›Kaffeebohnenaugen‹. Ferner gab es Tabakspfeifen und Miniaturhocker aus Ton; Mörser, Metaten, Manos (Handreibsteine zum Mahlen), Hämmer und Beilklingen sowie rechteckige oder fledermausartige Anhänger aus Stein; Perlen, Ringe oder Anhänger sowie an der Küste Beilklingen aus Muschelschale. Die Häuser waren Pfahlbauten oder standen auf künstl. Hügeln. Anbau von Mais oder Maniok. Bestattungen in Urnen.

Caterina Valente

Valentin de Boulogne: Die Wahrsagerin; um 1628 (Paris, Louvre)

Valenciennes [valãˈsjɛn], Industriestadt im Dép. Nord, N-Frankreich, an der oberen Schelde, 38 400 Ew. (Agglomeration: 338 000 Ew.); Univ. (gegr. 1976); Kunstmuseum; Zentrum des nordfrz. Kohlenreviers; Eisen- und Stahlindustrie, Metallverarbeitung, Autoindustrie, Herstellung von Bergbaugeräten, Erdölraffinerie (Pipeline von Le Havre), Düngemittel- und Textilindustrie (v. a. Wirkwaren). Die früher weltbekannte Spitzenfabrikation hat an Bedeutung verloren. – V., das eine alte kulturelle Tradition hat und im 18. Jh. den Beinamen ›L'Athènes du Nord‹ trug, wurde während der Weltkriege fast ganz zerstört; erhalten blieb u. a. die Kirche Saint-Géry (13. Jh.) mit bedeutendem Chorgestühl. – V., das auf eine röm. Gründung zurückgeht, fiel Ende des 11. Jh. an die Grafschaft Hennegau und kam mit dieser 1477/82 an das Haus Habsburg (1555/56 an die span. Habsburger). Der Aufstand der prot. gewordenen Stadt gegen die Spanier wurde 1567 niedergeschlagen. Nach der Einnahme durch Marschall VAUBAN (1677) im Holländ. Krieg wurde V. im Frieden von Nimwegen (1678) an Frankreich abgetreten.

Valenciennesspitze [valãˈsjɛn-; nach der Stadt Valenciennes], sehr feine, überaus haltbare geklöppelte Wäschespitze. Seit dem 17. Jh. bekannt, wurde sie früher nur aus feinsten Leinenfäden gefertigt. V. sind nur schmal (bis 10 cm), da für 1 cm Breite 50–80 Klöppel benötigt werden; heute v. a. auf der Spitzenwebmaschine hergestellt.

Valendis [falɛnˈdiːs; nach der Gem. Valendis, frz. Valangin, Kt. Neuenburg, Schweiz] *das, -,* **Valanginien** [valãʒiˈnjɛ̃], *Valanginium, Geologie:* Stufe der →Kreide.

Valens [v-], Kurort im Kt. St. Gallen, Schweiz; bildet mit Bad →Ragaz eine Bädergemeinschaft.

Valens [v-], Flavius, röm. Kaiser (seit 364), * Cibalae (heute Vinkovci, Kroatien) um 328, † (gefallen) Adrianopel (heute Edirne) 9. 8. 378. Nach Erhebung durch seinen Bruder VALENTINIAN I. zum Augustus des Ostens schlug er 366 einen Aufstand des Usurpators PROKOPIOS (hingerichtet 28. 5. 366) nieder und kämpfte bis 369 gegen die Westgoten unter ATHANARICH. Anschließend kam es mehrfach zum Konflikt mit den Persern um Armenien. Die Aufnahme (376) der Westgoten unter →Fritigern führte zu Auseinandersetzungen und schließlich zur Schlacht von Adrianopel, in der V. fiel. V. förderte den Arianismus.

Valente, 1) [v-], Caterina Germaine Maria, Schlager- und Jazzsängerin sowie Entertainerin ital.-span. Herkunft, * Paris 14. 1. 1931; wurde als Jazzsängerin bei K. EDELHAGEN bekannt, sang dann v. a. Schlager; Showstar der 50er- und 60er-Jahre; auch Filmdarstellerin (›Bonjour Kathrin‹, 1956).

2) [baˈlente], José Angel, span. Lyriker, * Orense 25. 4. 1929; lebte nach Lektorat in Oxford (1955–57) in Genf und Paris, heute in Almería. Seine frühen Gedichte (›A modo de esperanza‹, 1955; ›Poemas a Lázaro‹, 1960) brechen mit dem Formalismus der Lyrik der Nachbürgerkriegszeit und tendieren zur engagierten ›poesía social‹. In der Folge plädiert er für eine ›Dichtung der Erkenntnis‹ und – orientiert an JUAN DE LA CRUZ – für eine Kunst der ›kargen Rede‹ (›Punto cero‹, 1972; ›Tres lecciones de tinieblas‹, 1980; ›Los ojos deseados‹, 1990; ›No amanece el cantor‹, 1992). V. ist auch als polem. Essayist (›Variaciones sobre el pájaro y la red‹, 1991) und als Übersetzer (von K. KAVAFIS, P. CELAN, B. PÉRET u. a.) hervorgetreten.

Valentia [vəˈlenʃi̯ə], irisch **Dairbhre** [ˈdarvri], Insel in der Cty. Kerry, SW-Irland, südlich der Dingle Bay, 26,3 km², 700 Ew., wichtige Kabelstation (von hier 1866 erstes transatlant. Kabel nach Neufundland).

Valentin [ˈva-], Papst (827), * Rom, † ebd. im September 827; röm. Archidiakon, seit August 827 Papst. Der Liber Pontificalis rühmt sein geistl. Leben.

Valentin [ˈva-], Bischof in Rätien, † 7. 1. um 475; urspr. beigesetzt in der Kirche der Zenoburg in Meran. Um 764 wurden seine Gebeine in den Stephansdom nach Passau überführt, wo er seither als Patron der Diözese verehrt wird. – Heiliger (Tag: 7. 1.).

Valentin, V. de Boulogne [valãˈtɛ də buˈlɔɲ], **V. de Boullongne, Moïse Valentin** [moˈiːz -], frz. Maler, * Coulommiers 3. 1. 1591, begraben Rom 20. 8. 1632; kam 1612 nach Rom, wo er in der Art der Nachfolger CARAVAGGIOS außer religiösen Bildern großformatige Genreszenen mit Kartenspielern und Soldaten in kräftigen Helldunkelkontrasten unter starker Verwendung von Schwarz malte. (Weiteres BILD →Salomo)

Valentin ['va:-], **V. von Terni,** Bischof von Terni, Märtyrer, seit dem 4. Jh. in Rom verehrt. Nach späteren Legenden (nach dem 6. Jh.) war er Priester in Rom, wurde unter Kaiser CLAUDIUS II. GOTICUS (268-270) am 14. 2. hingerichtet und an der Via Flaminia in Rom beigesetzt. – Heiliger (Tag: 14. 2.).

Für das seit dem 14. Jh. mit dem →Valentinstag verbundene Brauchtum bieten die V.-Legenden keine Anknüpfungspunkte.

Valentin, 1) ['fa-], Karl, eigtl. **Valentin Ludwig Fey,** Komiker und Schriftsteller, *München 4. 6. 1882, †ebd. 9. 2. 1948; hatte mit seiner Partnerin LIESL KARLSTADT großen Erfolg als Kabarettist. In seinen Couplets, Monologen und kurzen, grotesk-komischen von abstrakter, absurder Logik stellte er die Hilflosigkeit des Menschen in der Alltagswelt dar. V. hatte Einfluss auf die Jugendarbeiten B. BRECHTS. Ab 1912 trat er auch als Darsteller in Filmen auf, meist – mit LIESL KARLSTADT – in Verfilmungen seiner Bühnenszenen (u. a. ›Orchesterprobe‹, 1933; ›Im Schallplattenladen‹, 1934; ›Der Firmling‹, 1934; ›Ein verhängnisvolles Geigensolo‹, 1936).

Ausgabe: Sämtl. Werke, hg. v. H. BACHMAIER u. M. FAUST, 8 Bde. u. 1 Reg.-Bd. (1991-97).

K. V. Volkssänger? Dadaist?, hg. v. W. TILL, Ausst.-Kat. (Neuausg. 1982); K. V.s Filme, hg. v. M. SCHULTE u. a. (Neuausg. 1989); K. V. Eine Bildbiogr., Beitr. v. M. BISKUPEK (1993); M. SCHULTE: K. V. Eine Biogr. (Neuausg. 1998).

2) ['va:-], Thomas, Schriftsteller, *Weilburg 13. 1. 1922, †Lippstadt 22. 12. 1980; 1947-62 Lehrer und Dozent, 1964-66 Chefdramaturg in Bremen, dann freier Schriftsteller, Verf. v. a. gesellschaftskrit. Dramen und Romane (›Die Unberatenen‹, 1963, verfilmt 1969 u. d. T. ›Ich bin ein Elefant, Madame‹); schrieb auch Gedichte, Fernsehspiele und Kinderbücher.

Valentiner [va-], Wilhelm (William) Reinhold Otto, Kunsthistoriker, *Karlsruhe 2. 5. 1880, †New York 6. 9. 1958; lebte ab 1908 in den USA. Er trat als Reformer der großen amerikan. Museen hervor; Herausgeber von ›Art in America‹ (1913-31) und ›Art Quarterly‹ (1938-49, Mitherausgeber 1949-58).

Werke: Frans Hals (1921); Rembrandt, 2 Bde. (1925-34); Jacques Louis David and the French revolution (1929); Studies of Italian Renaissance sculpture (1950); Rembrandt and Spinoza (1957).

M. H. STERNE: The passionate eye. The life of W. R. V. (Detroit, Mich., 1980).

Valentinian [v-], lat. **Valentinianus,** Name röm. Kaiser:

1) Valentinian I., eigtl. **Flavius Valentinianus,** Kaiser (seit 364), *Cibalae (heute Vinkovci, Kroatien) 321, †Brigetio (heute Komárom-Szőny, Ungarn) 17. 11. 375, Vater von 2), Urgroßvater von 3); in Nikaia (heute İznik) am 25. 2. 364 vom Heer zum Kaiser erhoben, ernannte drei Tage später seinen Bruder VALENS und 367 seinen Sohn GRATIAN zu Mitregenten. V. sicherte als Kaiser des westl. Reichsteils erfolgreich die Reichsgrenze an Rhein und Donau, u. a. in Kämpfen gegen die Alemannen (366 und Sommer 368, 374) sowie gegen Franken und Sachsen (Herbst 368). Sein Feldherr THEODOSIUS († 376) stellte 368 in Britannien die röm. Herrschaft wieder her. V. residierte v. a. in Augusta Treverorum (heute Trier). Im Juni 375 begab er sich zur Abwehr von Quaden und Sarmaten nach Pannonien, wo er bei Verhandlungen starb; wurde in Konstantinopel beigesetzt.

2) Valentinian II., eigtl. **Flavius Valentinianus,** Kaiser (seit 375), *Augusta Treverorum (?, heute Trier) Herbst 371, †Vienna (heute Vienne) 15. 5. 392, Sohn von 1); nach dem Tod des Vaters unter der Vormundschaft seines Stiefbruders GRATIAN zum Augustus für Italien, Illyricum und Africa erhoben; musste 387 vor MAXIMUS nach Thessalonike fliehen, konnte erst dank der Hilfe THEODOSIUS' I. (der V.s Schwester heiratete) zurückkehren. Maßgebl. Ratgeber waren der hl. AMBROSIUS, mit dem er wegen eines Toleranzedikts zugunsten der Arianer in Konflikt geriet, und der heidn. Franke BAUTO († um 385); durch BAUTOS Sohn ARBOGAST ermordet oder in den Selbstmord getrieben.

3) Valentinian III., eigtl. **Flavius Placidus Valentinianus,** weström. Kaiser (seit 425), *Ravenna 2. 7. 419, †Rom 16. 3. 455; Sohn CONSTANTIUS' III. und der GALLA PLACIDIA (deren Mutter eine Tochter VALENTINIANS I. war); von THEODOSIUS II. als Augustus des Westens eingesetzt. Bis 437 regierte für ihn seine Mutter, dann übte v. a. der oberste Heermeister FLAVIUS →AETIUS den entscheidenden Einfluss aus. Dieser verteidigte den größten Teil des Reiches gegen die vordringenden Germanen und Hunnen, während Pannonien, Africa und Britannien verloren gingen.

Valentinit [v-; nach dem Alchimisten BASILIUS VALENTINUS, 15. Jh.] der, -s/-e, **Antimonblüte, Weißspießglanz,** farbloses, weißes, graues oder gelbl., rhomb. Mineral der chem. Zusammensetzung Sb_2O_3; Härte nach MOHS 2,5-3, Dichte 5,6-5,8 g/cm^3; langsäulige bis nadelige Kristalle, faserige, strahlige oder körnige, dichte Aggregate; Verwitterungsprodukt von Antimonerzen.

Valentini Terrani [v-], Lucia, ital. Sängerin (Mezzosopran), *Padua 28. 8. 1946; debütierte 1969 in Brescia und trat u. a. an den großen Opernhäusern Italiens, der Wiener Staatsoper, der Covent Garden Opera in London und der Metropolitan Opera in New York auf; bes. als Rossini-Interpretin bekannt.

Valentino [v-], Rudolph, eigtl. **Rodolfo Alfonzo Raffaello Pierre Filibert Guglielmi di Valentina d'Antonguolla,** amerikan. Filmschauspieler ital. Herkunft, *Castellaneta (bei Tarent) 6. 5. 1895, †New York 23. 8. 1926; kam 1913 in die USA, u. a. Tänzer; ab 1918 beim Film, seit 1921 einer der großen Hollywoodlegenden und bis über seinen Tod hinaus als Idol (der Frauen) verehrt.

Filme: Eine von vielen (Camille, 1921); The four horsemen of the Apocalypse (1921); Der Scheich (1921); Blut u. Sand (1922); Der Adler (1925); Der Sohn des Scheichs (1926).

A. WALKER: R. V. (London 1976); Latin lover. A Sud della passione, hg. v. G. MALOSSI (Mailand 1996).

Valentinstag ['va:-], der 14. 2., der Tag des hl. VALENTIN VON TERNI; in England und Frankreich seit dem späten 14. Jh. als Fest der Jugend und der jungen Liebenden bezeugt, später v. a. in den USA als Festtag der Familie und Freundschaft mit dem Verschicken von Grußkarten populär geworden; fand von Frankreich und Belgien aus als ›Freundschaftstag‹ mit Blumengrüßen bes. über die Schweiz (ab 1948/49) in Dtl. und Österreich (ab 1950) zunehmende Verbreitung, nach 1980 z. B. auch in Japan (v. a. mit Geschenken von Frauen an Männer).

J. AELLIG: Wie ein neuer Brauch entstehen kann: Der V., in: Schweizer Volkskunde, Jg. 40 (Basel 1950); F. STAFF: The Valentine and its origins (London 1969).

Valenz [v-; lat. valentia ›Stärke‹, ›Kraft‹] die, -/-en, **1)** *Biologie:* →ökologische Valenz.

2) *Chemie:* die →Wertigkeit.

3) *Psychologie:* der →Aufforderungscharakter.

4) *Sprachwissenschaft:* von L. TESNIÈRE (in Anlehnung an den Begriff der Wertigkeit in der Chemie) eingeführter Terminus zur Bez. der Eigenschaft sprachl. Ausdrücke, andere Ausdrücke, die so genannten Ergänzungen (Aktanten, Mitspieler), an sich zu binden. Diese Eigenschaft kommt v. a. Verben, aber auch Substantiven und Adjektiven zu. Je nach Zahl der Ergänzungen (quantitative V.) unterscheidet man bei den Verben zw. einwertigen Verben (z. B. ›weinen‹), zweiwertigen Verben (z. B. ›helfen‹) und dreiwertigen Verben (z. B. ›schenken‹). Außerdem differenziert man noch nach der Art der Ergänzungen (qualitative V.); so sind z. B. ›besuchen‹, ›helfen‹ und

Karl Valentin

Valentinian I., römischer Kaiser (Porträt auf einer Silbermünze, um 364-367; Paris, Bibliothèque Nationale de France)

Valentinit

Rudolph Valentino

›denken‹ alle zweiwertig, unterscheiden sich aber insofern, als ›besuchen‹ ein Akkusativobjekt, ›helfen‹ ein Dativobjekt und ›denken‹ ein Präpositionalobjekt mit ›an‹ erfordert. Den Ergänzungen stehen die nicht valenzabhängigen Angaben gegenüber wie z. B. ›jeden Tag‹ und ›im Garten‹ in ›Er hat jeden Tag im Garten gearbeitet‹. Für die Unterscheidung von Ergänzungen und Angaben hat man unterschiedl. Kriterien herangezogen, z. B. das Obligatorischsein bestimmter Ergänzungen; auf Schwierigkeiten stieß man jedoch u. a. in Fällen wie ›ihr‹ in ›Er schenkt ihr ein Buch‹, das nicht obligatorisch ist, aber auch als Ergänzung angesehen wurde. Man hat deshalb den z. T. widersprüchl. Begriff der fakultativen Ergänzung eingeführt. Günstiger ist es, Ergänzungen als die Elemente, die hinsichtlich ihrer Form (Nominalphrase, Präpositionalphrase, Satz bestimmten Typs, Kasusmarkierung usw.) vom Verb bzw. (allgemeiner) vom V.-Träger abhängig sind, und Angaben als die Elemente, die frei hinzufügbar sind, anzusehen. V. wird aber nicht nur als syntakt., sondern auch als semant. und kommunikativer Begriff verstanden. Von Bedeutung ist besonders der Begriff der logisch-semant. V., der sich darauf bezieht, dass Verben und andere V.-Träger ihren Ergänzungen bestimmte semant. Rollen wie z. B. Agens, Patiens zuweisen. Die V.-Eigenschaften sprachl. Ausdrücke werden meist in Dependenzgrammatiken behandelt, sind aber auch in Konstituentenstrukturgrammatiken erfassbar; V. und Dependenz sind nicht synonym.

K. Welke: Einf. in die V.- u. Kasustheorie (Leipzig 1988); G. Helbig: Probleme der V.- u. Kasustheorie (1992).

Valenzband [v-], *Festkörperphysik:* →Bändermodell.

Valenz|elektronen [v-], *Physik* und *Chemie:* die Wertigkeit (Valenz) eines Atoms bzw. Elements bestimmenden →Außenelektronen. In den chem. Formeln werden die V. häufig durch Punkte (Einzelelektronen) oder Striche (Elektronenpaare) wiedergegeben.

Valenz|elektronenregeln [v-], 1) →Matthias-Regeln; 2) die Hume-Rothery-Regel (→Hume-Rothery-Phasen).

Valenz|isomerie [v-], bei organ. Verbindungen auftretender Spezialfall der Isomerie, bei dem sich die chem. Bindungen innerhalb der Moleküle (durch Umordnung der Sigma- und Pielektronen) lösen und neu bilden, sodass – ohne Platzwechsel von Atomen oder Atomgruppen – mehrere Isomere **(Valenzisomere)** entstehen, die sich nur durch die Lage ihrer Bindungen unterscheiden. Valenzisomere des Benzols sind z. B. Dewar-Benzol und Prisman.

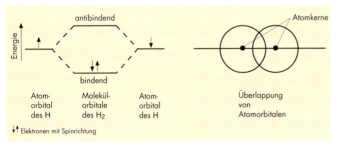

Valenztheorie: Bindung im H_2-Molekül nach dem Molekülorbitalmodell (links) und dem Valence-Bond-Modell (rechts)

Valenztheorie [v-], zusammenfassende Bez. für Theorien zur Beschreibung →chemischer Bindungen, aus denen sich z. B. die Stabilität von Molekülen, bestimmte Bindungsabstände und -energien, Molekül-geometrien und Elektronenverteilungen ableiten lassen. Dass Bindungen auf verschiedene elektr. Ladungen der Atome zurückzuführen sind, wurde erstmals 1807 von H. Davy angenommen. Davon ausgehend entwickelte J. J. Berzelius 1812 die **elektrochemische Theorie,** nach der chem. Elemente in elektropositive und elektronegative unterteilt wurden. Widersprüche zw. dieser Theorie und den prakt. Erkenntnissen der organ. Chemie (z. B. die Möglichkeit der Substitution von Wasserstoff durch elektronegative Elemente) führten zur Entwicklung der **Typentheorie** durch A. Laurent, J. B. A. Dumas und C. F. Gerhardt (1840–56). 1852 wurde von E. Frankland die **Valenz** (Wertigkeit) als Fähigkeit eines Atoms definiert, mit einer bestimmten Anzahl anderer Atome eine Verbindung einzugehen. A. S. Couper hat als Erster Bindungen als Striche zw. den Elementsymbolen angegeben (1858) und unabhängig von F. A. Kekulé von Stradonitz und A. W. H. Kolbe (1857) die Vierwertigkeit des Kohlenstoffs festgestellt. Erweiterungen waren die Annahme von Mehrfachbindungen, die Aufstellung der Ringformel des Benzols mit alternierenden Doppel- und Einfachbindungen (Kekulé von Stradonitz, 1865) sowie die Grundlegung der Stereochemie durch J. H. van't Hoff und J. A. Le Bel (1874). Das Bestehenbleiben restl. Bindungsmöglichkeiten bei den an Doppelbindungen beteiligten Kohlenstoffatomen versuchte man durch so genannte Partialvalenzen zu erklären (F. K. J. Thiele, 1899).

Die erste V. unter Berücksichtigung von Atommodellen wurde um 1910 von J. J. Thomson und J. Stark entwickelt. Kaufman George Falk (* 1880, † 1953) und John Maurice Nelson (* 1876, † 1965) schlugen zur gleichen Zeit vor, als ›Wertigkeit‹ eines Elements die Zahl der bei einer chem. Reaktion aufgenommenen oder abgegebenen Elektronen zu bezeichnen (›Valenzelektronentheorie‹). G. N. Lewis erklärte 1916 die chem. Bindung durch die Existenz gemeinsamer Elektronenpaare. Er wies darauf hin, dass Moleküle dann bes. stabil sind, wenn jedes Atom – wie bei den Edelgasen – von acht Valenzelektronen umgeben ist (→Okletttheorie). Moderne V. beruhen auf den Gesetzen der →Quantenchemie. Das **Valence-Bond-Modell (VB-Modell, Valenzstrukturmethode)** nach W. H. Heitler, F. W. London, J. C. Slater und L. C. Pauling (1927–31) geht davon aus, dass die Elektronenhüllen der Einzelatome (Atomorbitale) im Molekül erhalten bleiben. Bei der Molekülbildung nähern sich die Atome, und es kommt unter Energieabgabe zu einer Überlappung ihrer Atomorbitale bis zu einem energetisch begünstigten Abstand zw. den Atomkernen (Bindungslänge). Die vorhandenen Elektronen werden unter der Bedingung, dass überlappende (ebenso wie nicht überlappende) Atomorbitale maximal zwei Elektronen mit antiparallelem Spin (Pauli-Prinzip) enthalten dürfen, auf das Molekül verteilt. Das VB-Modell erklärt die Bindungswertigkeit von Hauptgruppenelementen und – bei Einbeziehung des Modells der Hybridorbitale (→Hybridisierung) – auch das Zustandekommen bestimmter Bindungswinkel. Das **Molekülorbitalmodell (MO-Modell),** das ab 1930 von F. Hund und R. S. Mulliken entwickelt wurde, geht davon aus, dass bei der Molekülbildung die Atomorbitale ihre Identität verlieren und dass für das ganze Molekül charakterist. Molekülorbitale gebildet werden. Die zur mathemat. Beschreibung von Atomorbitalen verwendeten Wellengleichungen sind für Moleküle nicht exakt lösbar. Nach der Näherungsmethode der Linearkombination erhält man aus zwei Atomorbitalen zwei Molekülorbitale. Eines davon liegt energetisch höher und damit ungünstiger (antibindendes Molekülorbital), das andere liegt energetisch tiefer und damit günstiger (bindendes Molekülorbital) als die isolierten Atomorbitale. Molekülorbitale werden unter Berücksichtigung des Pauli-Prinzips nach steigender Energie mit Elektronen besetzt. Die Besetzung bindender Molekülorbitale führt zu einer Festigung, die Besetzung antibindender Molekülorbitale zu einer Lockerung der Bindung.

Vale of Glamorgan [veɪl əv glæˈmɔːgn], walis. **Bro Morgannwg,** Verw.-Distr. in Wales, 335 km², 118 800 Ew., Verw.-Sitz ist Barry.

Valepotriate [v-; Kw. aus **Val**eriana-**epoxy-tri**ester], Gruppe von drei Wirkstoffen (Terpenabkömmlinge), die in einigen Baldrianarten, z. B. im Gemeinen Baldrian (Valeriana officinalis) und (in größeren Mengen) im Mexikan. Baldrian (Valeriana mexicana), vorkommen. V. wirken bei Erregungszuständen beruhigend, bei Ermüdung eher psychotrop aktivierend. Sie wurden als Beruhigungsmittel verwendet, wegen ihrer Krebs erzeugenden Wirkung in Tierversuchen vor einiger Zeit aber vom Markt genommen.

Valera [b-], Handels- und Industriestadt in Venezuela, 550 m ü. M., 107 200 Ew.; Regionalzentrum und Verkehrsknotenpunkt im Motatán-Tal, nahe an dessen Austritt aus den Anden. In V. beginnt die Anden-Längsstraße (Carretera Transandina), nahe der Carretera Panamericana.

Valera [vəˈleərə], Eamon de, irischer Politiker amerikan. Herkunft, *New York 14. 10. 1882, †Dublin 29. 8. 1975; Sohn eines Spaniers und einer Irin, wuchs in Irland auf, besuchte die Royal University in Dublin und wurde Mathematiklehrer; trat der Gäl. Liga bei, engagierte sich ab 1913 in der irischen Unabhängigkeitsbewegung und schloss sich den neu gegründeten Irish Volunteers an, einem militanten Flügel von →Sinn Féin. Als einer der Führer des Osteraufstands 1916 in Dublin von einem brit. Gericht zum Tode verurteilt, wurde de V. nach Umwandlung der Strafe in lebenslange Zwangsarbeit aufgrund seiner amerikan. Staatsbürgerschaft bei der Generalamnestie 1917 freigelassen. Als gefeierter Nationalheld übernahm er 1917 den Vorsitz von Sinn Féin sowie der Irish Volunteers und wurde Abg. im brit. Unterhaus. Wegen seines Protests gegen die Zwangsaushebung irischer Soldaten 1918 erneut verhaftet, wurde de V., nachdem Sinn Féin im Dezember 1918 die Mehrheit der irischen Sitze bei den Unterhauswahlen gewonnen und im Januar 1919 das erste irische Parlament gebildet hatte, in Abwesenheit zum Präs. der neu proklamierten Irischen Rep. gewählt. Im Februar 1919 gelang ihm die Flucht in die USA, von wo er 1921 zurückkehrte. Zur Beendigung der gewaltsamen Auseinandersetzungen zw. irischen und brit. Truppen schloss er im Juli 1921 mit der Reg. Lloyd George einen Waffenstillstand. Aus Protest gegen den von seinen eigenen Unterhändlern im Dezember 1921 geschlossenen und im Januar 1922 vom irischen Parlament gebilligten angloirischen Vertrag über die Errichtung des Irischen Freistaats im Status eines brit. Dominions unter Abtrennung der Prov. Ulster trat er 1922 als Präs. zurück. Im folgenden Bürgerkrieg führte de V. die republikan. Vertragsgegner gegen die gemäßigte Reg. des neuen Freistaats. August 1923 bis Juli 1924 erneut in Haft, trat de V. 1926 als Vors. der Sinn Féin zurück und gründete in Opposition zur Reg. Cosgrave die Partei ›Fianna Fáil‹. Nach dem von der Labour Party unterstützten Wahlsieg der Fianna Fáil ab 1932 Min.-Präs., verfolgte er die Loslösung Irlands von Großbritannien (Abschaffung der Treueids auf die Krone, Einstellung der Jahreszahlungen an Großbritannien, vierjähriger Zollkrieg). Mit der Ausrufung des souveränen und demokrat. Staats Éire (neue Verf. vom 29. 12. 1937) Premier-Min., setzte sich de V. weiter für die Wiedervereinigung mit Nordirland ein, lehnte aber nun den Einsatz von Gewalt ab. Im Zweiten Weltkrieg vertrat er eine strikte Neutralitätspolitik. Nach der Wahlniederlage 1948 Oppositionsführer, war de V. 1951–54 und 1957–59 erneut Premier-Min., 1959–1973 Staatspräsident.

T. RYLE DWYER: E. de V. (Dublin 1980); J. J. LEE u. M. A. G. Ó TUATHAIGH: The age of de V. (ebd. 1982); De V. and his times, hg. v. J. P. O'CARROLL u. a. (Cork 1983).

Valera y Alcalá Galiano [baˈlera i-], Juan, span. Schriftsteller, *Cabra 18. 10. 1824, †Madrid 18. 4. 1905; entstammte mütterlicherseits dem andalus. Landadel; begann seine diplomat. Karriere im Gefolge des Herzogs VON RIVAS in Neapel (1847–49); 1865–67 Bevollmächtigter beim Dt. Bund, 1881–95 Gesandter in Lissabon, Washington (D. C.), Brüssel und Wien. Als Liberalkonservativer sah V. y A. G. das polit. Geschehen der Zeit (u. a. die ›bürgerl. Revolution‹ von 1868) mit skept. Distanz; er versuchte den traditionellen Katholizismus mit den geistigen Neuerungen des Krausismus zu versöhnen; in der Kunst tendierte er zur Position des L'art pour l'art und lehnte den Naturalismus der Romane É. ZOLAS scharf ab (›Apuntes sobre el nuevo arte de escribir novelas‹, 1887). Sein erster und erfolgreichster Roman, ›Pepita Jiménez‹ (1874; dt.), versöhnt in einem idyllisch-paradies. Andalusien den Widerspruch zw. Religion und der stärkeren profanen Liebe. Das Thema ist in ›Doña Luz‹ (1879) und ›Juanita la Larga‹ (1895; dt.) wieder aufgenommen. In ›Las ilusiones del doctor Faustino‹ (1875; dt. ›Die Illusionen des Doctor Faustino‹) schildert er die geistige und polit. Orientierungslosigkeit seiner Generation. In ›Morsamor‹ (1899) spiegelt sich das nat. Desaster von 1898. V. y A. G. verfasste auch ein einflussreiches essayist. und literaturkrit. Werk, in dem er u. a. als Erster R. DARÍO vorstellte. Er übersetzte u. a. GOETHES ›Faust‹ sowie ›Daphnis und Chloe‹ von LONGOS.

Ausgaben: Obras completas, hg. v. L. ARAUJO COSTA, 3 Bde. (²⁻⁵1949–68); Obras desconocidas, hg. v. C. C. DECOSTER (1965).

J. FERNÁNDEZ MONTESINOS: Valera o la ficción libre (Madrid 1970); C. C. DECOSTER: Juan Valera (New York 1974); Á. GARCÍA CRUZ: Ideología y vivencias en la obra de don Juan Valera (Salamanca 1978).

Valeri [v-], Diego, ital. Schriftsteller, *Piove di Sacco (Prov. Padua) 25. 1. 1887, †Rom 27. 11. 1976; war Prof. für frz. Sprache und Literatur in Padua und Präs. der Accademia di belle arti in Venedig. Seine Dichtungen standen zuerst unter dem Einfluss des frz. Symbolismus, entwickelten dann aber einen sehr persönl. zarten, fast spieler. Charakter. V. verfasste auch Kinderbücher und übersetzte frz., alt- und neuprovenzal. sowie dt. Literatur (›Lirici tedeschi‹, 1959). Seine wiss. Veröffentlichungen galten u. a. M. DE MONTAIGNE, der frz. Klassik, dem Symbolismus und der Moderne (›Da Racine a Picasso‹, 1956).

Weitere Werke: Lyrik: Le gaie tristezze (1913); Poesie, 1910–1960 (1962); Verità di uno (1970); Calle del vento (1975). – Prosa: Fantasie veneziane (1934).

Valerian [v-], eigtl. **Publius Licinius Valerianus,** röm. Kaiser (seit 253), *um 200, †nach 262 (?); von den Truppen in Rätien oder Noricum zum Kaiser ausgerufen, setzte seinen Sohn GALLIENUS als Mitregenten ein. V. suchte im O die Einfälle der Goten und der Perser abzuwehren, in deren Hände er schließlich fiel (Gefangennahme durch den Sassanidenkönig SCHAPUR I. 259 [oder 260] bei Edessa, BILD ›Naksch-e Rostam‹). 257 veranlasste V. eine Christenverfolgung.

Valeriana [v-, mlat.], die Pflanzengattung →Baldrian.

Valerianaceae [v-, mlat.], die →Baldriangewächse.

Valerianate [v-, mlat.], **Valerate,** Salze oder Ester der Valeriansäuren.

Valerianella [v-; Verkleinerungsbildung zu Valeriana], die Pflanzengattung →Feldsalat.

Valeriansäuren [v-; zu Valeriana], **Pentansäuren,** die vier strukturisomeren, von den Pentanen abgeleiteten Carbonsäuren. Einige angenehm riechende

Eamon de Valera

Juan Valera y Alcalá Galiano

Ester der (selbst ranzig riechenden) flüssigen **n-V.** (n-Pentansäure) und der im Baldrian vorkommenden flüssigen **Iso-V.** oder **Baldriansäure** (3-Methylbutansäure) werden für Fruchtaromen und als Riechstoffe verwendet; hergestellt werden die V. heute meist durch Oxosynthese (z. B. aus Butenen). – Geringe Bedeutung haben die **Methyläthylessigsäure** (2-Methylbutansäure), eine farblose Flüssigkeit, und die **Trimethylessigsäure** (2,2-Dimethylpropionsäure), eine farblose, kristalline Substanz.

$CH_3-(CH_2)_3-COOH$	$CH_3-CH_2-C(CH_3)_2-COOH$
n-Valeriansäure	Methyläthylessigsäure
$(CH_3)_2CH-CH_2-COOH$	$(CH_3)_3C-COOH$
Isovaleriansäure	Trimethylessigsäure

Valeriansäuren

Valerius [v-], Name einer altröm. patriz. Familie. Die Valerier traten seit der Gründung der Republik – nach der sagenhaften Überlieferung soll PUBLIUS VALERIUS POPLICULA (PUBLICOLA) am Sturz des Königtums (509 v. Chr.?) beteiligt und anschließend viermal Konsul gewesen sein – politisch führend hervor. Zu der Familie gehört auch VALERIA →MESSALINA.

Valerius Cato [v-], Publius, röm. Philologe und Dichter, * um 95 v. Chr.; übertrug Theorie und Praxis der hellenist. Dichtung (bes. des KALLIMACHOS) nach Rom und wurde damit richtungsweisend für die Neoteriker. Von seinen Werken ist nichts erhalten.

Valerius Flaccus [v-], eigtl. Gaius V. F. Setinus Balbus, röm. Dichter, † vor 95 n. Chr.; schrieb ein dem Kaiser VESPASIAN gewidmetes (unvollendetes oder unvollständig erhaltenes) Epos ›Argonautica‹ in acht Büchern in Anlehnung an das gleichnamige Epos des APOLLONIOS VON RHODOS und unter dem Einfluss VERGILS, jedoch in eigenständiger Ausgestaltung des Stoffes.
Ausgaben: Argonauticon, hg. v. W.-W. EHLERS (1980). – Argonautica. Die Argonautenfahrt, übers. v. H. RUPPRECHT (1987).
Ratis omnia vincet. Unterss. zu den Argonautica des V. F., hg. v. M. KORN u. a. (1991).

Valerius Maximus [v-], röm. Schriftsteller der 1. Hälfte des 1. Jh. n. Chr.; widmete um 31 n. Chr. dem Kaiser TIBERIUS eine nach sachl. Gesichtspunkten geordnete Sammlung von Beispielen und Anekdoten aus der röm. und der griech. Geschichte für rhetor. Zwecke (›Facta et dicta memorabilia‹); ihre wichtigsten Quellen sind CICERO, VARRO und LIVIUS.
Ausgabe: Factorum et dictorum memorabilium libri IX, hg. v. C. KEMPF (²1888, Nachdr. 1982). – Samml. merkwürdiger Reden u. Thaten, übers. v. F. HOFFMANN, 5 Bde. (1828-29).

Valéry [valeˈri], Ambroise Paul Toussaint Jules, frz. Schriftsteller, * Sète 30. 10. 1871, † Paris 20. 7. 1945; war früh befreundet mit A. GIDE und S. MALLARMÉ, der ihm geistiges und ästhet. Vorbild wurde; gehörte auch zum Kreis um E. DEGAS. 1900–22 war V. bei der Agence Havas in Paris tätig, danach freier Schriftsteller, seit 1937 Prof. für Poetik am Collège de France.

Nach symbolistisch geprägter Jugendlyrik (1920 erschienen u. d. T. ›Album de vers anciens‹; dt. ›Album alter Verse‹) widmete er sich ab 1892 der method. Analyse psychisch-geistiger Phänomene und deren exakter sprachl. Erfassung, detailliert bezeugt in den 263 ›Cahiers‹ (29 Bde., hg. als Faksimile 1957–61; tlw. dt.). Sein Interesse galt v. a. den schöpfer. Prozessen der dichterisch-literar. Produktion; wiss. Methoden und Theorien (u. a. der Mathematik, Physik, Biologie und Neurophysiologie) werden für die Beschreibung allg. gültiger Funktionen des Geistes nutzbar gemacht. Neben theoret. Erörterungen finden sich in den ›Cahiers‹ Werkentwürfe, graf. Darstellungen, Feder- und Tuschzeichnungen. Erstes Aufsehen in der literar. Öffentlichkeit erregte V. mit dem Romanfragment ›La soirée avec Monsieur Teste‹ (1896, mehrfach erweitert; dt. ›Herr Teste‹) und dem Essay ›Introduction à la méthode de Léonard de Vinci‹ (1895, überarbeitet und erw. 1919 und 1933; dt. ›Leonardo‹); in beiden Werken stehen der moderne Mensch und die Analyse des menschl. Intellekts im Mittelpunkt. V.s lyr. Schaffen, das erst mit ›La jeune Parque‹ (1917; dt. ›Die junge Parze‹) wieder einsetzte, folgte dem Konzept einer →Poesie pure. Die formstrengen Gedichte, so das berühmte ›Le cimetière marin‹ (dt. ›Der Friedhof am Meer‹ von R. M. RILKE, in der Sammlung ›Charmes‹, 1922; dt.) spiegeln die mentalen und philosoph. Analysen der ›Cahiers‹ wider, ebenso die Dialoge ›Eupalinos ou L'architecte‹ (1923; dt. ›Eupalinos oder Über die Architektur‹), ›L'âme et la danse‹ (1921; dt. ›Die Seele und der Tanz‹) und ›L'idée fixe ou Deux hommes à la mer‹ (1932; ›Die fixe Idee oder Zwei Männer am Meer‹). Im Zusammenhang mit Vortragsreisen durch Europa entstanden polit. und zeitkrit. Essays zur geistigen Situation Europas (›La crise de l'esprit‹, 1919, dt. Auswahl u. d. T. ›Die Krise des Geistes‹; ›Propos sur l'intelligence‹, 1925). In Arbeiten zur Kunst und Ästhetik (›Degas, danse, dessin‹, 1936, dt. u. a. als ›Tanz, Zeichnung u. Degas‹; ›Pièces sur l'art‹, 1931, dt. ›Über Kunst‹; ›Variété‹, 5 Bde., 1924–44; ›Tel Quel‹, 2 Bde., 1941–43, dt. Auswahl u. d. T. ›Windstriche‹), Vorträgen zur Literatur (u. a. über GOETHE, DESCARTES, STENDHAL, VOLTAIRE), Aphorismen (›Rhumbs‹, 1926; ›Autres Rhumbs‹, 1927; ›Mauvaises pensées et autres‹, 1941, dt. ›Schlimme Gedanken u. andere‹) und den beiden Dramenskizzen ›Mon Faust‹ (1945; dt. ›Mein Faust‹) variierte er die zentrale Thematik der ›Cahiers‹.
Ausgaben: Œuvres, 12 Bde. (1931–50); Vues (1948); P. V. – G. Fourment. Correspondance: 1887–1933, hg. v. O. NADAL (1957); Cahiers, hg. v. J. ROBINSON-VALÉRY, 2 Bde. (1973–74); Alphabet (1976); Œuvres, hg. v. J. HYTIER, 2 Bde. (Neuausg. 1980–84); Cahiers 1894–1914, hg. v. N. CELEYRETTE-PIETRI, auf mehrere Bde. ber. (1987ff.); Le cycle de ›Mon Faust‹..., hg. v. K. A. BLÜHER u. a. (1991). – Briefe, übers. v. W. A. PETERS (1954); André Gide u. P. V. Briefwechsel. 1890–1942, Komm. v. R. MALLET (Neuausg. 1987); Cahiers, Hefte, hg. v. H. KÖHLER u. J. SCHMIDT-RADEFELDT, 6 Bde. (¹,²1988–93); Werke. Frankfurter Ausg., hg. v. J. SCHMIDT-RADEFELDT, 7 Bde. (1989–95).

J. ROBINSON: L'analyse de l'esprit dans les Cahiers de V. (Paris 1963); J. HYTIER: La poétique de V. (ebd. ²1970); K. LÖWITH: P. V. Grundzüge seines philosoph. Denkens (1971); H. HARTH u. L. POLLMANN: P. V. (1972); H. KÖHLER: V. Dichtung u. Erkenntnis. Das lyr. Werk im Lichte der Tagebücher (1976); P. V., hg. v. J. SCHMIDT-RADEFELDT (1978); N. CELEYRETTE-PIETRI: V. et le moi (Paris 1979), P. V. Perspectives de la réception (Tübingen 1984); B. STIMPSON: P. V. and music (Cambridge 1984); P. GIFFORD: P. V. Le dialogue des choses divines (Paris 1989); Valéry. Herausforderung der Moderne. Annäherungen an P. V., hg. v. C. H. BUCHNER u. a. (1991); Funktionen des Geistes. P. V. u. die Wissenschaften, hg. v. J. ROBINSON-VALÉRY (a. d. Frz., 1993); Un nouveau regard sur V., hg. v. N. CELEYRETTE-PIETRI (Paris 1995). – Zeitschriften u. Reihen: Bulletin des études valéryennes (Montpellier 1974ff.); La revue des lettres modernes (Paris 1974ff.); Cahiers P. V. (ebd. 1975ff.); Archives P. V. (ebd. 1977ff.); Forschung zu P. V. – Recherches Valéryennes (1988ff.).

Valet [vaˈlet, vaˈleːt; zu lat. valete ›lebt wohl‹] das, -s/-s, veraltet: das Lebewohl.

Valet [vaˈlɛ; frz. ›Diener‹] der, -s/-s, Bube im frz. Kartenspiel.

Valetta, La [-v-], früherer Name der maltes. Hauptstadt →Valletta.

Valetti [va-], Rosa, eigtl. **R. Vallentin** [ˈvaː-], Schauspielerin und Kabarettistin, * Berlin 25. 1. 1876, † Wien 10. 12. 1937; gründete in Berlin 1920 das

Paul Valéry

›Cabaret Größenwahn‹, interpretierte Chansons von A. BRUANT, W. MEHRING, K. TUCHOLSKY u. a., bevor sie sich dem Theater zuwandte (u. a. Rolle der Mrs. Peachum in der Uraufführung der ›Dreigroschenoper‹, 1928). V. emigrierte 1933 nach Wien.

Valetudo [v-; lat. ›Wohlbefinden‹, ›Gesundheit‹], *altröm. Religion:* die als Göttin verehrte Personifikation der persönl. Körperkraft und Gesundheit, wie Salus mit der griech. Hygieia gleichgesetzt.

Valeur [va'lœr; frz. ›Wert‹] *der, -s/-s,* **1)** *bildende Kunst: meist Pl.,* Ton-, Farbwert, Abstufung von Licht und Schatten (→Valeurmalerei).
2) *Recht:* (veraltet) Wertpapier.

Valeurmalerei [va'lœr-; frz. ›Wert‹], **Tonmalerei,** Malerei mit nuancierten Farbabstufungen einer oder mehrerer verwandter Farben (Helligkeitsstufen); spielt eine Rolle bei Darstellungen mit Luft- und Farbperspektive (→Perspektive); charakteristisch für den Impressionismus.

Valga, Stadt in Estland, →Walk.

Val Gardena [v-], Tal in den Dolomiten, →Grödner Tal.

valgus [v-, lat.], *Medizin:* krumm, nach außen abgewinkelt, z. B. zur Bez. einer Fehlstellung der Großzehe **(Hallux valgus).**

Vali [v-], *altnord. Mythos:* Sohn Odins und Rächer des Gottes Baldr an seinem Mörder Hödr.

valid [v-; aus lat. validus ›kräftig‹, ›stark‹], *veraltet* 1) kräftig, gesund; 2) rechtskräftig.

Validierung [v-; zu engl. valid ›gültig‹, aus lat. validus ›kräftig‹, ›stark‹] *die, -/-en, Informatik:* Gültigkeitsprüfung im Softwareentwicklungsprozess, die eine Analyse hinsichtlich der Übereinstimmung von Zielstellung und Ergebnis vornimmt (z. B. mittels Testläufen). Im Ggs. zur →Verifikation beweist eine derartige Analyse jedoch nicht die Korrektheit der getesteten Software.

Validität [v-; spätlat. validitas ›Stärke‹], die Gültigkeit eines wiss. Versuchs oder eines Messverfahrens, z. B. eines (psycholog.) Tests. Die V. gibt den Grad der Genauigkeit an, mit dem ein Verfahren das misst, was es zu messen vorgibt (z. B. ein Persönlichkeitsmerkmal oder eine Verhaltensweise). Die Feststellung der V. **(Validierung)** geschieht 1) aufgrund der Übereinstimmung des Testergebnisses mit einem Kriterium, das außerhalb von Testwerten (z. B. über ein Schätzurteil) gewonnen wird **(Kriteriums-V.),** 2) aufgrund des Zutreffens einer Vorhersage **(Vorhersage-V.,** engl. **predictive validity),** 3) aufgrund logisch-inhaltl. Plausibilität **(inhaltliche V.,** content validity) oder 4) aufgrund von im Kontext belegbaren Theorien und Verfahrensweisen **(Konstrukt-V.).** In der experimentellen Forschung (Sozialpsychologie, Psychologie) weist die Unterscheidung zw. **interner V.** und **externer V.** auf die Problematik der Generalisierbarkeit von in Laboratoriumsexperimenten gewonnenen Erkenntnissen auf natürl. Situationen hin.

Valier [va'lje], Max, Ingenieur und Schriftsteller österr. Herkunft, * Bozen 9. 2. 1895, † (verunglückt bei Raketenversuchen) Berlin 17. 5. 1930; konstruierte 1928 mit F. VON OPEL einen von Pulverraketen getriebenen Rückstoßversuchswagen, 1928–29 einen von Pulverraketen getriebenen Schlitten, der unbemannt eine Geschwindigkeit von 380 km/h erreichte, und erprobte anschließend Flüssigkeitsraketen für den Fahrzeugantrieb. In zahlr. Publikationen setzte sich V. für die Raumfahrt ein.

Werk: Der Vorstoß in den Weltenraum (1924, 1928 u. d. T. Raketenfahrt).

Max Valier

Valin [v-, Kw.] *das, -s,* Abk. **Val,** eine essenzielle →Aminosäure. Das rechtsdrehende L-V. (chemisch die L-2-Amino-3-methylbuttersäure) kommt in fast allen Proteinen vor.

Valjevo [v-], Stadt in Serbien, Jugoslawien, 185 m ü. M., südwestlich von Belgrad, 59 000 Ew.; Metall- und Lederindustrie, Verarbeitung von Pflaumen.

Valka, Stadt in Lettland, →Walk.

Valkeakoski [v-], Stadt in der Prov. Häme, Finnland, im SW der Finn. Seenplatte, zw. Hämeenlinna und Tampere, 21 250 Ew.; Papier- und Zellstofffabriken, Chemiefaserherstellung. – V., seit 1923 Marktflecken, wurde 1963 zur Stadt erhoben.

Valkenauer [f-], Hans, österr. Bildhauer, * Regensburg (?) um 1448, † nach 1518; Hauptmeister der spätgot. Plastik in Salzburg, wo er 1479 das Bürgerrecht erhielt. Er schuf Grabsteine und Epitaphien. Im Auftrag Kaiser MAXIMILIANS I. begann er 1514 ein Denkmal für die in Speyer bestatteten Kaiser und Könige des Hl. Röm. Reiches (unvollendet; Fragmente befinden sich im Salzburger Museum Carolino Augusteum).

Valkenburg aan de Geul ['vɑlkənbyrx, xø:l], Stadt im S der Prov. Limburg, Niederland, 18 100 Ew.; Sitz der niederländ. Jesuiten-Prov.; Brauerei; starker Fremdenverkehr. – Die unterird. Steinbrüche wurden teilweise schon zur Römerzeit betrieben.

Valkenswaard [vɑlkəns'wa:rt], Gem. in der Prov. Nordbrabant, Niederland, im Kempenland südlich von Eindhoven, 30 800 Ew.; Elektroindustrie, Getränke- und Zigarrenfabriken, Bau lichttechn. Anlagen, Fahrzeugbau; Pendlerwohnort.

Válkultur ['va:l-], nach dem Fundort Vál, Bez. Fejér, Ungarn, benannte Regionalgruppe der Urnenfelderkultur, bes. im nordöstl. Transdanubien; gekennzeichnet durch große, z. T. befestigte Siedlungen sowie reichhaltige Depotfunde (v. a. mit Bronzegerät und Keramik). Enge Beziehungen lassen sich bes. zum mitteleurop. Raum nachweisen.

Hinweise für den Benutzer

Ausführliche Hinweise für den Benutzer finden sich am Ende des ersten Bandes.

Reihenfolge der Stichwörter

Die Stichwörter sind in alphabetischer Reihenfolge angeordnet, sie stehen am Anfang eines Artikels. Alphabetisiert werden alle fett gedruckten Buchstaben des Hauptstichworts, auch wenn es aus mehreren Wörtern besteht. Umlaute (ä, ö, ü) werden wie einfache Vokale eingeordnet, z. B. folgen aufeinander: **Bruck, Brück, Bruck an der Leitha, Brücke;** ß steht vor ss, also **Reuß, Reuss.** Buchstaben mit diakritischen Zeichen (z. B. mit einem Akzent) werden behandelt wie die Buchstaben ohne dieses Zeichen, z. B. folgen aufeinander: **Acinetobacter, Ačinsk, Acinus.** Unterscheiden sich mehrere Stichwörter nur durch ein diakritisches Zeichen oder durch einen Umlaut, so wird das Stichwort mit Zusatzzeichen nachgestellt; so folgen z. B. aufeinander: **Abbe, Abbé.** Unterscheiden sich mehrere Stichwörter nur durch Groß- und Kleinschreibung, so steht das kleingeschriebene Stichwort voran.

Gleich lautende Hauptstichwörter werden in der Reihenfolge: Sachstichwörter, geographische Namen, Personennamen angeordnet.

Gleich lautende geographische Namen mit und ohne Namenszusatz werden zu einem Artikel ›Name von geographischen Objekten‹ zusammengefasst.

Gleich lautende **Personennamen** erscheinen in dieser Reihenfolge: biblische Personen, Herrscher, Päpste, Vornamen (mit Zusatz), Nachnamen.

Herrschernamen werden alphabetisch nach Territorien angeordnet, das Heilige Römische Reich und das Deutsche Reich werden vorangestellt. Innerhalb der Territorien erscheinen die Herrscherbiographien in chronologischer Reihenfolge. Vornamen mit Zusatz (z. B. Adam von Bremen) werden unter dem Vornamen eingeordnet, der abgekürzte Vorname wird zusammen mit dem Zusatz nachgestellt, z. B.: **Adam, A. von Bremen.** Vornamen mit Zusatz werden nach den Zusätzen alphabetisch angeordnet, so folgen z. B. aufeinander: **Adam, A. de la Halle; Adam, A. von Bremen; Adam, A. von Fulda.**

Angaben zur Betonung und Aussprache

Fremdwörtliche und fremdsprachliche Stichwörter erhalten als Betonungshilfe einen Punkt (Kürze) oder einen Strich (Länge) unter dem betonten Laut. Weiterhin wird bei Personennamen sowie bei geographischen Namen die Betonung angegeben.

Die getrennte Aussprache von üblicherweise zusammen gesprochenen Lauten wird durch einen senkrechten Strich angezeigt, z. B. **Ais|chylos, Lili|e.**

Weicht die Aussprache eines Stichwortes von der deutschen ab, so wird in der dem Stichwort folgenden eckigen Klammer die korrekte Aussprache in phonetischer Umschrift angegeben. Diese folgt dem Internationalen Lautschriftsystem der Association Phonétique Internationale. Die verwendeten Zeichen bedeuten:

a = helles a, dt. Blatt, frz. patte
ɑ = dunkles a, dt. war, engl. rather
ã = nasales a, frz. grand
ʌ = dumpfes a, engl. but
β = halboffener Reibelaut b, span. Habanera
ç = Ich-Laut, dt. mich
ɕ = sj-Laut (stimmlos), poln. Sienkiewicz
ð = stimmhaftes engl. th, engl. the
æ = breites ä, dt. Äther
ε = offenes e, dt. fett
e = geschlossenes e, engl. egg, dt. Beet
ə = dumpfes e, dt. alle
ɛ̃ = nasales e, frz. fin
ɣ = geriebenes g, span. Tarragona, niederländ. Gogh
i = geschlossenes i, dt. Wiese
ɪ = offenes i, dt. bitte
ĩ = nasales i, port. Infante
ʎ = lj, span. Sevilla
ŋ = ng-Laut, dt. Hang
ɲ = nj-Laut, Champagner
ɔ = offenes o, dt. Kopf
o = geschlossenes o, dt. Tor
õ = nasales o, frz. bon
ø = geschlossenes ö, dt. Höhle
œ = offenes ö, dt. Hölle
œ̃ = nasales ö, frz. parfum
s = stimmloses s, dt. was
z = stimmhaftes s, dt. singen
ź = zj-Laut (stimmhaft), poln. Zielona Gora
ʃ = stimmloses sch, dt. Schuh
ʒ = stimmhaftes sch, Garage
θ = stimmloses th, engl. thing
u = geschlossenes u, dt. Kuh
ʊ = offenes u, dt. bunt
ũ = nasales u, port. Atum
v = stimmhaftes w, dt. Wald
w = halbvokalisches w, engl. well
x = Ach-Laut, dt. Krach
y = geschlossenes ü, dt. Mütze
ɥ = konsonantisches y, frz. Suisse
: = bezeichnet Länge des vorhergehenden Vokals
' = bezeichnet Betonung und steht vor der betonten Silbe, z. B. 'ætlɪ = Attlee
ˆ = unter Vokalen, gibt an, dass der Vokal unsilbisch ist

b d f g h j k l m n p r t geben in den meisten Sprachen etwa den Lautwert wieder, den sie im Deutschen haben. Im Englischen wird ›r‹ weder wie ein deutsches Zäpfchen-r noch wie ein gerolltes Zungenspitzen-r gesprochen, sondern mit der Zungenspitze an den oberen Vorderzähnen oder am Gaumen gebildet.

Abkürzungen

Außer den im Abkürzungsverzeichnis aufgeführten Abkürzungen werden die Adjektivendungen ...lich und ...isch abgekürzt sowie allgemein gebräuchliche Einheiten mit bekannten Einheitenzeichen (wie km für Kilometer, s für Sekunde).

Das Hauptstichwort wird im Text des jeweiligen Artikels mit seinem Anfangsbuchstaben wiedergegeben. Bei Stichwörtern, die aus mehreren Wörtern bestehen, wird jedes Wort mit dem jeweils ersten Buchstaben abgekürzt. Dies gilt auch für Stichwörter, die mit Bindestrich gekoppelt sind.

Alle Abkürzungen und Anfangsbuchstaben der Hauptstichwörter gelten auch für flektierte Formen (z. B. auch für Pluralformen) des abgekürzten Wortes. Bei abgekürzten Hauptstichwörtern, die aus Personennamen oder Namen von geographischen Objekten bestehen, wird die Genitivendung nach dem Abkürzungspunkt wiedergegeben.

Benennung und Abkürzung der biblischen Bücher können der Übersicht ›Bücher der Bibel‹ beim Stichwort ›Bibel‹ entnommen werden.

Abg. . . . . Abgeordnete(r)	Diss. . . . . Dissertation	i. e. S. . . . . im engeren Sinn
ABGB . . . . Allgemeines Bürgerliches Gesetzbuch (Österreich)	Distr. . . . . Distrikt	Ill. . . . . Illinois
	d. J. . . . . der (die) Jüngere	Ind. . . . . Indiana; Industrie
	DM . . . . Deutsche Mark	Inst. . . . . Institut
	Dr(n). . . . . Drama/Dramen	internat. . . . . international
Abh(h). . . . . Abhandlung(en)	dt. . . . . deutsch	ital. . . . . italienisch
Abk. . . . . Abkürzung	Dtl. . . . . Deutschland	i. w. S. . . . . im weiteren Sinn
Abs. . . . . Absatz	EA . . . . Erstausgabe	jap. . . . . japanisch
Abt(t). . . . . Abteilung(en)	ebd. . . . . ebenda	Jb. . . . . Jahrbuch
a. d. . . . . aus dem	EG . . . . Europäische Gemeinschaft	Jg. . . . . Jahrgang
AG . . . . Aktiengesellschaft		Jh. . . . . Jahrhundert
ags. . . . . angelsächsisch	ehem. . . . . ehemalig; ehemals	jr. . . . . junior
ahd. . . . . althochdeutsch	eigtl. . . . . eigentlich	Jt. . . . . Jahrtausend
Akad. . . . . Akademie	Einf. . . . . Einführung	Kans. . . . . Kansas
Ala. . . . . Alabama	Einl. . . . . Einleitung	Kap. . . . . Kapitel
Alas. . . . . Alaska	entst. . . . . entstanden	Kat. . . . . Katalog
allg. . . . . allgemein	Enzykl. . . . . Enzyklopädie	kath. . . . . katholisch
Anh. . . . . Anhang	Erg(g). . . . . Ergänzung(en)	Kfz . . . . Kraftfahrzeug
Anm(m). . . . . Anmerkung(en)	Erl(l). . . . . Erläuterung(en)	KG . . . . Kommandit- gesellschaft
Anth. . . . . Anthologie	ersch. . . . . erschienen	
AO . . . . Abgabenordnung	erw. . . . . erweitert	Kl. . . . . Klasse
Ariz. . . . . Arizona	Erz(n). . . . . Erzählung(en)	Komm. . . . . Kommentar
Ark. . . . . Arkansas	Es(s). . . . . Essay(s)	Kom(n). . . . . Komödie(n)
Art. . . . . Artikel	EStG . . . . Einkommensteuer- gesetz	Kr. . . . . Kreis
ASSR . . . . Autonome Sozialistische Sowjetrepublik		Krst. . . . . Kreisstadt
	EU . . . . Europäische Union	Kt. . . . . Kanton
	europ. . . . . europäisch	KV . . . . Köchelverzeichnis
A. T. . . . . Altes Testament	ev. . . . . evangelisch	Kw. . . . . Kunstwort; Kurzwort
Aufl(l). . . . . Auflage(n)	e. V. . . . . eingetragener Verein	Ky. . . . . Kentucky
ausgew. . . . . ausgewählt	Ew. . . . . Einwohner	La. . . . . Louisiana
Ausg(g). . . . . Ausgabe(n)	f., ff. . . . . folgende..., folgende	lat. . . . . lateinisch
Ausst. . . . . Ausstellung	Fasz. . . . . Faszikel	Lb. . . . . Lehrbuch
Ausw. . . . . Auswahl	Festschr. . . . . Festschrift	Leitf. . . . . Leitfaden
autobiogr. . . . . . . autobiographisch	FH . . . . Fachhochschule	Lex. . . . . Lexikon
...b. . . . .buch	Fla. . . . . Florida	Lfg(g). . . . . Lieferung(en)
Bad.-Württ. . . . . . Baden-Württemberg	fortgef. . . . . fortgeführt	LG . . . . Landgericht
Bbg. . . . . Brandenburg	fortges. . . . . fortgesetzt	Lit. . . . . Literatur
Bd., Bde. . . . . Band, Bände	Forts. . . . . Fortsetzung	Losebl. . . . . Loseblattausgabe, -sammlung
bearb. . . . . bearbeitet	frz. . . . . französisch	
begr. . . . . begründet	Ga. . . . . Georgia	Lw. . . . . Lehnwort
Beitr(r). . . . . Beitrag/Beiträge	geb. . . . . geborene(r)	MA. . . . . Mittelalter
ber. . . . . berechnet	Ged(e). . . . . Gedicht(e)	magy. . . . . magyarisch
bes. . . . . besonders	gedr. . . . . gedruckt	Masch. . . . . Maschinenschrift
Bev. . . . . Bevölkerung	gegr. . . . . gegründet	Mass. . . . . Massachusetts
Bez. . . . . Bezeichnung; Bezirk	Gem. . . . . Gemeinde	max. . . . . maximal
BGB . . . . Bürgerliches Gesetzbuch	gen. . . . . genannt	Md. . . . . Maryland
	Gen.-Gouv. . . . . . Generalgouverneur; Generalgouvernement	MdB . . . . Mitglied des Bundestags
BGH . . . . Bundesgerichtshof		
bibliogr. . . . . bibliographisch	Gen.-Sekr. . . . . . . Generalsekretär	MdEP . . . . Mitglied des Europäischen Parlaments
Bibliogr(r). . . . . . . Bibliographie(n)	ges. . . . . gesammelt	
Biogr. . . . . Biographie	Ges. . . . . Gesetz	
BRD . . . . Bundesrepublik Deutschland	...gesch. . . . .geschichte	MdL . . . . Mitglied des Landtags
	Gesch. . . . . Geschichte	
Bull. . . . . Bulletin	Gew.-% . . . . Gewichtsprozent	MdR . . . . Mitglied des Reichstags
BWV . . . . Bach-Werke- Verzeichnis	GG . . . . Grundgesetz	
	ggf. . . . . gegebenenfalls	Me. . . . . Maine
bzw. . . . . beziehungsweise	Ggs. . . . . Gegensatz	Meckl.-Vorp. . . . . . Mecklenburg- Vorpommern
Calif. . . . . Kalifornien	gleichbed. . . . . . . gleichbedeutend	
chin. . . . . chinesisch	GmbH . . . . Gesellschaft mit beschränkter Haftung	Metrop. Area . . . . Metropolitan Area
Colo. . . . . Colorado		Metrop. Cty. . . . . . Metropolitan County
Conn. . . . . Connecticut	Gouv. . . . . Gouverneur; Gouvernement	MGG . . . . Die Musik in Geschichte und Gegenwart, hg. v. F. Blume
ČR . . . . Tschechische Republik		
ČSFR . . . . Tschechoslowakei (1990–1992)	Gramm. . . . . Grammatik	
	Grundl. . . . . Grundlage	
ČSSR . . . . Tschechoslowakei (bis 1990)	Grundr. . . . . Grundriß (bei Buchtitel)	mhd. . . . . mittelhochdeutsch
	...h. . . . .heft	Mich. . . . . Michigan
Cty. . . . . County	H. . . . . Heft	min. . . . . minimal
D . . . . Deutsch-Verzeichnis	Ha. . . . . Hawaii	Min. . . . . Minister
d. Ä. . . . . der (die) Ältere	Habil. . . . . Habilitationsschrift	Minn. . . . . Minnesota
dargest. . . . . dargestellt	Hb. . . . . Handbuch	Min.-Präs. . . . . . . Ministerpräsident
Darst. . . . . Darstellung	hebr. . . . . hebräisch	Mio. . . . . Million(en)
D. C. . . . . District of Columbia	Hg. . . . . Herausgeber(in)	Miss. . . . . Mississippi
DDR . . . . Deutsche Demokratische Republik	HGB . . . . Handelsgesetzbuch	Mitarb. . . . . Mitarbeit
	hg. v. . . . . herausgegeben von	Mitgl. . . . . Mitglied
	hl., Hl. . . . . heilig; Heilige(r)	Mitt. . . . . Mitteilung
Del. . . . . Delaware	Hob. . . . . Hoboken-Verzeichnis	mlat. . . . . mittellateinisch
Dep. . . . . Departamento	Hörsp(e). . . . . Hörspiel(e)	mnd. . . . . mittelniederdeutsch
Dép. . . . . Département	Hs(s). . . . . Handschrift(en)	m. n. e. . . . . mehr nicht erschienen
ders. . . . . derselbe	Hwb. . . . . Handwörterbuch	
dgl. . . . . dergleichen, desgleichen	Ia. . . . . Iowa	Mo. . . . . Missouri
	i. Allg. . . . . im Allgemeinen	Mont. . . . . Montana
d. Gr. . . . . der (die) Große	Id. . . . . Idaho	Mrd. . . . . Milliarde(n)
d. h. . . . . das heißt	i. d. F. v. . . . . in der Fassung von	Mschr. . . . . Monatsschrift
d. i. . . . . das ist	idg. . . . . indogermanisch	Ms(s). . . . . Manuskript(e)
dies. . . . . dieselbe(n)	i. d. R. . . . . in der Regel	N . . . . Nord(en)

Nachdr.	Nachdruck
Nachr(r).	Nachricht(en)
nat.	national
natsoz.	nationalsozialistisch
n. Br.	nördliche Breite
N. C.	North Carolina
n. Chr.	nach Christi Geburt
N. D.	North Dakota
NDB	Neue Deutsche Biographie, hg. v. der Histor. Kommission bei der Bayer. Akademie der Wissenschaften, Berlin
Ndsachs.	Niedersachsen
Nebr.	Nebraska
Neuaufl.	Neuauflage
Neuausg.	Neuausgabe
Nev.	Nevada
N. F.	Neue Folge
N. H.	New Hampshire
nhd.	neuhochdeutsch
niederdt.	niederdeutsch
N. J.	New Jersey
nlat.	neulateinisch
N. Mex.	New Mexico
NO	Nordost(en)
NÖ	Niederösterreich
Nov(n).	Novelle(n)
Nr.	Nummer
N. R.	Neue Reihe
NRW	Nordrhein-Westfalen
N. S.	Neue Serie
N. T.	Neues Testament
NW	Nordwest(en)
N. Y.	New York
O	Ost(en)
o. Ä.	oder Ähnliches
oberdt.	oberdeutsch
Oh.	Ohio
OHG	Offene Handelsgesellschaft
o. J.	ohne Jahr
Okla.	Oklahoma
ö. L.	östliche Länge
OLG	Oberlandesgericht
OÖ	Oberösterreich
o. O.	ohne Ort
op.	Opus
OR	Obligationenrecht (Schweiz)
Ordn.	Ordnung
Oreg.	Oregon
orth.	orthodox
österr.	österreichisch
Pa.	Pennsylvania
Pauly-Wissowa	Pauly Realencyclopädie der classischen Altertumswissenschaft, neu bearb. v. G. Wissowa u. a.
PH	Pädagogische Hochschule
Pl.	Plural
port.	portugiesisch
Präs.	Präsident
Prof.	Professor
prot.	protestantisch
Prov.	Provinz
Pseud.	Pseudonym
R.	Reihe
R(e).	Roman(e)
rd.	rund
ref.	reformiert
Reg.	Regierung
Reg.-Bez.	Regierungsbezirk
Reg.-Präs.	Regierungspräsident
Rep.	Republik
rev.	revidiert
Rheinl.-Pf.	Rheinland-Pfalz
R. I.	Rhode Island
RSFSR	Russische Sozialistische Föderative Sowjetrepublik
S	Süd(en)
S.	Seite; Spalte
Sa.	Sachsen
Sa.-Anh.	Sachsen-Anhalt
Sb.	Sitzungsberichte
s. Br.	südliche Breite
S. C.	South Carolina
Schlesw.-Holst.	Schleswig-Holstein
Schr(r).	Schrift(en)
Schsp(e).	Schauspiel(e)
S. D.	South Dakota
Sekr.	Sekretär
Sg.	Singular
Slg(g).	Sammlung(en)
SO	Südost(en)
SSR	Sozialistische Sowjetrepublik
St.	Sankt
Staatspräs.	Staatspräsident
stellv.	stellvertretende(r)
Stellv.	Stellvertreter(in)
StGB	Strafgesetzbuch
StPO	Strafprozessordnung
Suppl.	Supplement
svw.	so viel wie
SW	Südwest(en)
Tab(b).	Tabelle(n)
Tb(b).	Taschenbuch/Taschenbücher
Tenn.	Tennessee
Tex.	Texas
TH	Technische Hochschule
Thür.	Thüringen
Tl., Tle.	Teil, Teile
tlw.	teilweise
Trag(n).	Tragödie(n)
TRE	Theologische Realenzyklopädie, hg. v. G. Krause u. a.
Tsd.	Tausend
TU	Technische Universität
UA	Uraufführung
u. a.	und andere, unter anderem
u. Ä.	und Ähnliches
u. a. T.	unter anderem Titel/unter anderen Titeln
übers.	übersetzt
Übers.	Übersetzung
UdSSR	Union der Sozialistischen Sowjetrepubliken (Sowjetunion)
u. d. T.	unter dem Titol
u. M.	unter dem Meeresspiegel
ü. M.	über dem Meeresspiegel
Univ.	Universität
Unters(s).	Untersuchung(en)
urspr.	ursprünglich
USA	United States of America (Vereinigte Staaten von Amerika)
usw.	und so weiter
Ut.	Utah
u. U.	unter Umständen
u. v. a.	und viele(s) andere
v.	von
Va.	Virginia
v. a.	vor allem
v. Chr.	vor Christi Geburt
verb.	verbessert
Verf.	Verfasser; Verfassung
verh.	verheiratete(r)
Verh(h).	Verhandlung(en)
Veröff.	Veröffentlichung
versch.	verschieden
Verw.	Verwaltung
Verz.	Verzeichnis
vgl.	vergleiche
Vjbll.	Vierteljahresblätter
Vjh.	Vierteljahresheft
Vjschr.	Vierteljahresschrift
VO	Verordnung
Vol.-%	Volumenprozent
Vors.	Vorsitzende(r)
VR	Volksrepublik
Vt.	Vermont
W	West(en)
Wash.	Washington
Wb.	Wörterbuch
Wis.	Wisconsin
wiss.	wissenschaftlich
...wiss.(en)	...wissenschaft(en)
Wiss.(en)	Wissenschaft(en)
w. L.	westliche Länge
W. Va.	West Virginia
Wwschaft	Woiwodschaft
Wyo.	Wyoming
zahlr.	zahlreich
z. B.	zum Beispiel
Zbl.	Zentralblatt
ZGB	Zivilgesetzbuch
ZK	Zentralkomitee
ZPO	Zivilprozessordnung
z. T.	zum Teil
Ztschr.	Zeitschrift
zus.	zusammen
zw.	zwischen
zz.	zurzeit
z. Z.	zur Zeit
*	geboren
†	gestorben
∞	verheiratet
→	siehe
⇨	siehe
®	Marke (steht bei fett und halbfett gesetzten Wörtern. – Siehe auch Impressum)

Das Bildquellenverzeichnis für alle Bände befindet sich am Ende des letzten Bandes.